Judit Pákh

Das rote Hanau

Arbeit und Kapital 1830–1949
Darstellung und Dokumente

Herausgegeben von der IG Metall Hanau/Fulda

CoCon-Verlag Hanau

Judit Pákh: Das rote Hanau.
Arbeit und Kapital 1830–1949. Darstellung und Dokumente
Herausgegeben von der IG Metall Hanau/Fulda

ISBN 978-3-937774-28-2

Erschienen im CoCon-Verlag Hanau 2007
In den Türkischen Gärten 13, 63450 Hanau
Tel.: (0 61 81) 1 77 00, Fax: (0 61 81) 18 13 33
E-Mail: cocon-verlag@t-online.de
www.cocon-verlag.de

Titelbild: Hanau, Kundgebung auf dem Marktplatz, 10. November 1918

Inhalt

Geleitwort

Nach jahrelanger, intensiver Forschungsarbeit ist es so weit: Die Dokumente zur Geschichte der Arbeiterbewegung in Hanau liegen vor. Zum ersten Mal ist es möglich, den ganzen gewaltigen Zyklus von den Tagen des Vormärz bis zur Neugründung der Gewerkschaften nach der Befreiung vom Faschismus zu überblicken.

Was manchem wie ein Märchen vorkommt, das ist nun Schritt für Schritt und Text für Text nachzuvollziehen: die Verwandlung einer kleinen, aus fürstlichem Wohlwollen und kameralistischem Kalkül erwachsenen Gewerbestadt in eine Hochburg der bürgerlichen Revolution, in eine Zitadelle der Arbeiterbewegung.

Das vorliegende Buch ist dreierlei: erstens ein Denkmal für die Generationen selbstbewusster, lebensfroher und, wenn es denn sein musste, opferbereiter Menschen, die früher als andere erkannt haben, dass hinter den Sonderinteressen und eigensinnigen Traditionen der Gewerke und Berufe die Gestalt des Arbeiters steht, deren geschichtliche Mission es war und ist, alle Klassenschranken aufzuheben. Generationen haben in dieser Stadt und draußen auf den Dörfern erlebt, wie brüchig die feudalen Fassaden waren, und sie haben auch erlebt, wie schwach das Bürgertum war, wenn es darum ging, seine feierlich beschworenen Freiheiten zu verteidigen. Über die Distanz von Jahrhunderten hinweg werden die Jugendlichen, die Frauen, die Männer der Arbeiterbewegung in Hanau nun wieder lebendig, denn sie sind ja nur so lange und so weit tot, als wir sie vergessen haben.

Zum Zweiten ist dieses Buch ein Arbeitsbuch. Es soll dem Lernen aus der Geschichte als festem Bestandteil unserer gewerkschaftlichen Bildungsarbeit eine sichere Grundlage geben. Denn wie dieses Lernen am Ende in praktisches Handeln ausmündet, so kann es auch nicht bei abstrakten Lehrsätzen stehen bleiben. Noch weniger darf es den jeweils »modernen« Phrasen nachlaufen. Es braucht die lebendige Anschauung, die Vergewisserung, wie es denn eigentlich war, wie sich das Große und das Lächerliche, wie sich die befreiende Tat und die Verknechtung vollzogen haben, hier vor Ort. Dabei geht es nicht um Heimattümelei oder einen Rückzug auf das Regionale, weil uns die größeren Räume etwa unheimlich geworden wären. Vor Ort meint ja auch nicht das Leben innerhalb des vertrauten Tellerrandes, sondern kommt aus der Bergmannssprache und meint: am Vortrieb des Stollens, vor der Spitze des Werkzeugs, dort also, wo die Bahn gebrochen wird.

Aus der gewerkschaftlichen Tagesarbeit ist das Buch hervorgegangen. Ihr soll es nützlich sein. Das ist die dritte Aufgabe und nicht die geringste in einer Zeit, wo manchen das Vermögen abhanden gekommen ist, zwischen einer Versicherungsfirma und einer Gewerkschaft zu unterscheiden. Unter dem nebelhaften Begriff der »Dienstleistung« verliert mancher aus dem Auge, dass Gewerkschaften nicht aus Sterbekassen und Bausparvereinen hervorgegangen sind, sondern im Kampf geboren wurden und im Kampf gewachsen sind. So mag denn dieses Buch am Weltfrauentag, am Maifeiertag, am 8. Mai, dem Tag der Befreiung vom Faschismus, am Antikriegstag und an jedem anderen Tag des gewerkschaftlichen Jahres, bei der Werbung und im Streik vor Augen führen, in welcher Pflicht wir stehen, unseren Mitgliedern gegenüber und ebenso gegenüber den Generationen, die erkämpft haben, was wir heute verteidigen.

In diesen Tagen ist viel von »Patriotismus« die Rede. Die Farben der Revolution von 1848 werden missbraucht, eine arbeitnehmerfeindliche Politik zu bemänteln, abzulenken, und sei es nur für ein paar Wochen, von Angst, Arbeitslosigkeit, Steuerlast und militärischen Abenteuern. Es kann aber keine echte Vaterlandsliebe geben, wenn dieses »Vaterland« und seine Arbeitgeber immer mehr Menschen für überflüssig erklären; wenn der Kranke seine Krankheit verstecken muss, der Alte sich seines Alters schämen soll und der Kinderreiche nicht stolz sein darf.

Wir widmen dieses Buch dem Andenken der Revolution des 9. November 1918 in Erinnerung an die Frauen und Mädchen in den Rüstungsbetrieben, die Arbeiter und die Matrosen, die Soldaten des Heeres, die Nein sagten zu Krieg, Nein zu Unterdrückung und Ausbeutung. Man hat diese Tat kleingeredet, und sie ist unter der Schmach des faschistischen Pogroms fast in Vergessenheit geraten. Und doch ist dort unser Anfang, liegen dort die Fundamente der deutschen Republik.

Möge dieses Buch, das so vieles in sich zusammenfasst, nicht nur Erbe sein, sondern auch Auftrag, den Weg weiterzugehen.

Mein besonderer Dank gilt der Agentur für Arbeit, ohne deren Unterstüzung die Herausgabe dieses Buches nicht möglich gewesen wäre.

Hanau, im Oktober 2007

Michael Pilz
1. Bevollmächtigter IG Metall Hanau/Fulda

Vorwort

Als ich im Herbst 2000 mit der Arbeit an diesem Buch begann, hatte ich keine Vorstellung davon, wie komplex das Thema war, das ich mir vorgenommen hatte. Es gab zwar eine reiche Literatur, aber vieles musste doch aus den Quellen ganz neu erarbeitet werden.

Die Herausgabe der Dokumente folgte den in vielen Projekten der IG Metall zur regionalen Geschichte der Arbeiterbewegung seit Jahrzehnten maßgeblichen Regeln. Die aus der Fülle des Materials ausgewählten Texte wurden in der Rechtsschreibung und Zeichensetzung unter Wahrung des Lautstandes modernisiert. Auch in den Einzelheiten der Textgestaltung sollte nicht die historische Ferne, sondern die politische Nähe akzentuiert werden. Die meisten Dokumente sind ungekürzt abgedruckt. Wo Kürzungen erfolgten, sind diese gekennzeichnet.

Es ist mir ein Bedürfnis, allen zu danken, die dazu beigetragen haben, ein so umfangreiches Vorhaben zu einem glücklichen Ende zu führen. In erster Linie danke ich dem Ortsvorstand der IG Metall Hanau/Fulda und ihrem 1. Bevollmächtigten Michael Pilz, der es in all den Jahren nie an Zuspruch hat fehlen lassen. Wertvolle Unterstützung habe ich jederzeit von den Kolleginnen und Kollegen der IG Metall Hanau/Fulda sowie des DGB in Hanau erfahren. Ich danke den Mitarbeiterinnen und Mitarbeitern der Archive und Bibliotheken, insbesondere der Zentralbibliothek der IG Metall, der Universitätsbibliothek Frankfurt am Main, der Deutschen Nationalbibliothek Frankfurt am Main, der Bundesarchive in Berlin und in Freiburg i. Br., der Staatsarchive in Wiesbaden und Marburg, des Stadtarchivs Hanau, des Historischen Museums und der Stadtbibliothek. Dank gilt auch dem Dokumentationsarchiv des deutschen Widerstandes in Frankfurt am Main. Hervorheben möchte ich die Hilfe von Frau Helga Seibel-Schneider, die mir die Recherchen im Privatarchiv von Rudolf Schneider ermöglicht hat.

Besonders danke ich Kollegen Peter Scherer für seine unermüdliche Unterstützung und seinen fachlichen Rat. Marc Nördinger hat die mühevolle Arbeit des Korrekturlesens übernommen und manche Anregung gegeben.

Hanau, im Oktober 2007

Judit Pákh

Hanau, Verbrennung von Akten und Mobiliar des sogenannten Lizentamtes, einer Steuerbehörde, 24. September 1813

I.

Von den Anfängen bis zum Fall des Sozialistengesetzes (1830–1890)

Politische und wirtschaftliche Verhältnisse

1815 bis 1866 gehörte das Kurfürstentum Hessen, dessen südlicher Landesteil die Provinz Hanau bildete, zum Deutschen Bund. Dieser lockere Zusammenschluss von 38 selbständigen Staaten wurde nach dem Sieg über Napoleon 1815 auf dem Wiener Kongreß als politischer Rahmen für die Zersplitterung Deutschlands geschaffen. Kurfürst Wilhelm I. strebte nach seiner Rückkehr 1813 die Restauration der alten, feudalabsolutistischen Herrschaftsverhältnisse an, die Regierung von »Gottes Gnaden«, ohne Verfassung und ohne Standesvertretung. Die Reformen der napoleonischen Ära, wie die Bauernbefreiung, die Religionsfreiheit für Juden und Katholiken und die Gewerbefreiheit, wurden aufgehoben und als auffallendster Ausdruck der Reaktion der Zopf beim Militär wieder eingeführt. Statt die bürgerlichen Antriebskräfte in der Wirtschaft zu fördern, wurde das Handwerk 1816 erneut in das Korsett des Zunftsystems gezwängt. Der führende Wirtschaftszweig Kurhessens war die Landwirtschaft. Ungünstige Bodenverhältnisse, ein hoher Zersplitterungsgrad des bäuerlichen Besitzes und rückständige Anbaumethoden führten aber dennoch zu einer labilen Versorgungslage. Die im Agrarsektor entstandenen überzähligen Existenzen konnte weder das siechende, mit Überbesetzung kämpfende Handwerk aufnehmen noch die in den Kinderschuhen steckende Industrie. Die Folge war ein schleichender Pauperisierungsprozess, der in anschwellenden Bettlerscharen sichtbaren Ausdruck fand.

In dieses vorindustrielle Landschaftsbild passte die Stadt Hanau, die bis zur Jahrhundertmitte noch vor der Residenz Kassel das wichtigste Gewerbezentrum Kurhessens war, nicht hinein. Die Hanauer Unternehmer, teilweise Nachfahren hier angesiedelter niederländischer und französischer Glaubensflüchtlinge, hielten die Tradition der von diesen eingeführten, stark exportorientierten Gewerbezweige aufrecht. Textilindustrie, mit der Dominanz der Herstellung feiner Seidenartikel, und Edelmetallindustrie mit der Produktion von Gold- und Silberschmuck (Bijouterieartikel) bildeten neben der Tabakverarbeitung Schwerpunkte. Dank der zugunsten der ausländischen Siedler in der 1597 gegründeten so genannten Neustadt gewährten Privilegien konnten sich diese Gewerbezweige außerhalb der Zunftverfassung entwickeln, was zur Entstehung größerer, arbeitsteiliger Produktionseinheiten, Manufakturen und Fabriken und im Textilbereich zur Ausbildung des Verlagswesens führte. Die Teppichfabrik Leisler beschäftigte 1845, als das größte Unternehmen seiner Art, 450 Arbeiter und Arbeiterinnen, darunter viele Kinder – eine auch im internationalen Vergleich beträchtliche Zahl. Die Wollweberei Pannot hatte 1817 neben 150 Fabrikarbeitern im Verlagssystem noch bis zu 1500 Spinner auf dem Lande angestellt. Der Verleger kaufte die Rohstoffe ein, die er an die Textilwerker zur Bearbeitung weitergab. Diese lieferten die fertigen Erzeugnisse gegen Lohn an den Verleger zurück.[1] 1830 ließ der Strumpffabrikant Wagner Stricker und Spinnerinnen außer in Hanau auch in Steinau, Schwarzenfels, Schlüchtern und dem Freigericht arbeiten. (Dok. 2a)

1 Harm-Hinrich Brandt, Wirtschaft und Wirtschaftspolitik im Raum Hanau. Die Geschichte der IHK Hanau-Gelnhausen-Schlüchtern und ihre Vorläufer, Hanau 1963, S. 63. Im Weiteren: Brandt, Wirtschaft und Wirtschaftspolitik.

Neben einigen größeren Produktionsstätten überwogen, besonders in der Bijouteriebranche, kleinere Werkstätten mit 20 bis 50 Personen. Von den 1840 in Kurhessen bestehenden 352 Fabriken befanden sich 110 in der Provinz Hanau, davon 93 in der Stadt Hanau.[2] Zu der strukturellen Andersartigkeit des südlichen kurhessischen Landesteils kam hinzu, dass hier bis in die 70er Jahre des 19. Jahrhunderts der Reichsgulden im Umlauf war, während in Oberhessen und Niederhessen der Taler kursierte.

Als notwendige Begleiterscheinung dieser besonderen Entwicklung ist in Hanau früh eine zahlreiche Lohnarbeiterschaft entstanden. Neben den hochspezialisierten und relativ gut bezahlten männlichen Facharbeitern der Edelmetallindustrie wurden vor allem im Textilbereich, im Verlagswesen und in den Tabakfabriken wesentlich niedriger entlohnte Frauen und Kinder beschäftigt. Gerade durch das Verlagswesen sicherte sich das Kapital auch in ländlichen Gebieten billige Arbeitskräfte.

Charakteristisch war für die auf Luxusbedürfnisse ausgerichtete, exportorientierte Hanauer Industrie ihre große Abhängigkeit von gesellschaftlichen Veränderungen und wirtschaftlichen Wechsellagen. Die napoleonische Kontinentalsperre von 1806 bis 1813 und die Kriegsgeschehnisse führten zu einem starken Nachfrage- und Produktionsrückgang, besonders im Bereich der Hanauer Edelmetall- und Tabakindustrie. Die Produktionseinbrüche hatten ein drastisches Ansteigen der Arbeitslosigkeit zur Folge.[3] 1813 waren 735 Arbeiter ohne Erwerb, zusammen mit ihren Angehörigen etwa ein Drittel der Bevölkerung. Zwischen 1806 und 1819 sank die Bevölkerung um ein Fünftel.[4]

Die Aufbauphase der Hanauer Industrie nach der napoleonischen Zeit beinhaltete gleichzeitig einen Umbau: die Ersetzung von Luxus- durch Gebrauchsgüter. Nicht mehr Seidenstrümpfe, sondern Wollstrümpfe wurden produziert; in den Bijouteriewerkstätten traten kleinere Goldarbeiten, wie Ohr- und Fingerringe, Broschen und Souveniers, in den Vordergrund.[5]

Parallel zum unzünftigen Gewerbe existierte auch in Hanau das Zunfthandwerk mit all seinen zeittypischen Niedergangserscheinungen. Überfüllung, niedrige Gesellenzahl je Meister und verarmte Kleinmeister in Einmannbetrieben prägten das Zunfthandwerk.

Neben seiner wirtschaftlichen Abhängigkeit sah sich ein großer Teil der Stadtbevölkerung auch in den Stand der politischen Unmündigkeit gezwungen. In Hanau war ein Vermögensnachweis von 300 Gulden die Voraussetzung für

[2] Hellmut Seier (Hrsg.), Akten und Briefe aus den Anfängen der kurhessischen Verfassungszeit 1830–1837, Marburg 1991, S. 5. Im Weiteren: Seier, Akten und Briefe 1830–1837.

[3] Alfred Tapp, Hanau im Vormärz und in der Revolution von 1848–1849. Ein Beitrag zur Geschichte des Kurfürstentums Hessen, Hanau 1976, S. 21. Im Weiteren: Tapp, Hanau 1848–1849.

[4] Dieter Gessner, Die Anfänge der Industrialisierung am Mittelrhein und Untermain 1780–1866, Frankfurt am Main 1996, S. 220f. Im Weiteren: Gessner, Die Anfänge der Industrialisierung.

[5] Ebd., S. 80, 83, 96; Kulturamt der Stadt Hanau, Historisches Museum (Hg.), Hanau im Vormärz und in der Revolution 1848/49. Hanau 1980, S. 10. Im Weiteren: Historisches Museum (Hg.), Hanau im Vormärz.

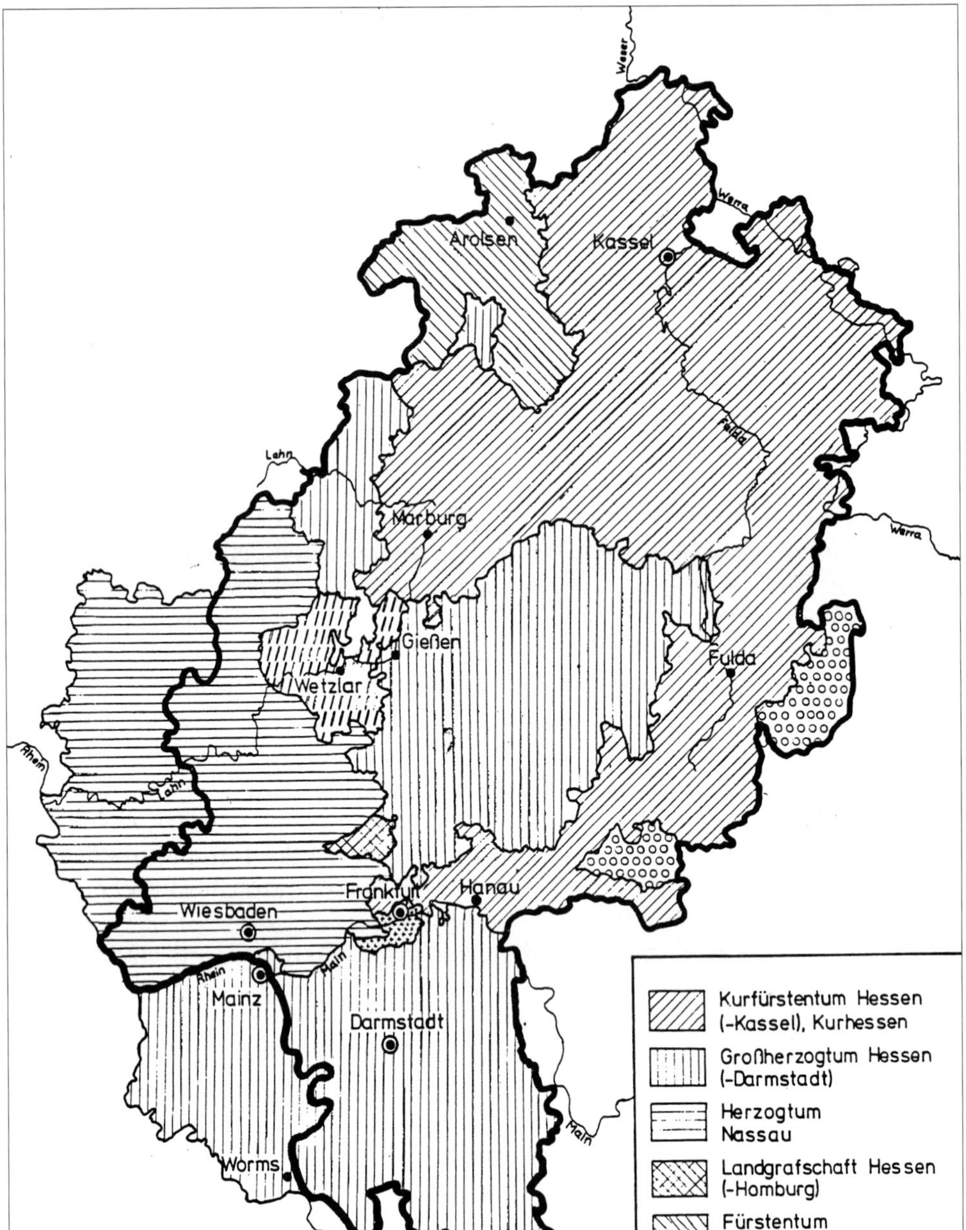

Hessen, Politische Gliederung vor 1866

die Aufnahme als Bürger, was für die meisten Tagelöhner, Gesellen, Dienstboten und für die Masse der ungelernten Fabrikarbeiter ein kaum überwindbares Hindernis bedeutete. Selbst einheimische Unterschichtsangehörige hatten nur dann eine Chance zur Bürgeraufnahme, wenn sie Haus- oder Grundbesitzer waren. Frauen waren nach der kurhessischen Gemeindeordnung vom Bürgerrecht generell ausgeschlossen und konnten nur als Beisitzer anerkannt werden. Wie die wanderenden Gesellen erhielten die auswärtigen Arbeiter für die Dauer der Beschäftigung eine Aufenthaltserlaubnis. Sie konnten bei Arbeitslosigkeit oder Arbeitsniederlegungen jederzeit ausgewiesen werden. Die wirtschaftliche Diskriminierung traf diese Schichten sogar bei einer Eheschließung. Männer ohne Grundbesitz und Vermögen mussten sich vor der Heirat ihre Erwerbsfähigkeit – die Fähigkeit, eine Familie ernähren zu können – durch den Magistrat bescheinigen lassen. Heiraten war unter den Gesellen nur denen des Bauhandwerks, der Tuchmacherei und der Lohgerberei gestattet.[6]

Von lebenswichtiger Bedeutung war für die exportorientierte Hanauer Wirtschaft der freie Handel und der mit Abgaben möglichst niedrig belastete Warenverkehr, dies umso mehr, weil die Provinz Hanau von drei Seiten von »ausländischen Staaten« umgeben war: das Großherzogtum Hessen im Norden und südlich des Mains, im Westen die Freie Stadt Frankfurt und im Osten und Süden das Königreich Bayern.

Eine konfliktträchtige Veränderung bewirkte die Einführung der neuen preußischen Zollordnung im September 1819, die ein System von Grenzzöllen schuf und die Transitwaren stark besteuerte. Die benachbarten Staaten versuchten, sich dem preußischen Druck zum Anschluss zu entziehen. Kurhessen führte 1824 als Antwort eine eigene Grenzzollordnung ein. Die protektionistische Zielrichtung dieser Zollregulierung war jedoch für die exportorientierte Hanauer Wirtschaft völlig verfehlt. Den bis dahin ungehinderten Grenzverkehr unterbanden jetzt direkt vor den Stadttoren Grenzzollstätten, die den Lizentämtern[7] Hanau und Mainkur unterstanden. Der bedeutende Verkehr zwischen Hanau und Frankfurt wurde empfindlich gestört. Auch der für Hanau wichtige Verkehr nach Bayern wurde erschwert.

Noch schlimmer kam es für Hanau nach dem Anschluss des Großherzogtums Hessen an den preußischen Zollverein im Februar 1828. Die preußisch-hessische Zollgrenze verlief jetzt unmittelbar vor der Stadt Hanau entlang des Mains, sperrte aber auch im Norden die Handelswege zum oberhessischen Gebiet jenseits von Windecken. Da die Provinz Hanau zwischen Zollmauern eingekeilt war, blühten Schmuggel und Bestechung auf.[8] Besonders für die Textilindustrie wirkte es sich verhängnisvoll aus, dass die neue Verzollung nicht mehr nach Warenwert, sondern nach Gewicht erfolgte. Von sieben Hanauer Woll-

[6] Volker Fischer, Stadtbürger oder Staatsbürger? In: Winfried Speitkamp (Hrsg.), Staat – Gesellschaft – Wissenschaft. Beiträge zur modernen hessischen Geschichte, Marburg 1994, S. 131ff., 141ff.

[7] Lizent wurde die Eingangsabgabe auf importierte Waren genannt.

[8] Tapp, Hanau 1848–1849, S. 47ff.

Hanau, Erstürmung des Mautamtes, 24. September 1830

Hanau, Militäreinsatz gegen eine bewaffnete Demonstration, 20. November 1830

strumpf- und Strickwarenfabriken, die bis 1819 für Hunderte Beschäftigte in der Stadt Hanau und für etwa 2000 Spinner auf dem Lande Arbeitsplätze geschafft hatten, blieb 1830 nur eine einzige übrig.[9] (Dok. 2a)

Die Hanauer »Krawalle« 1830–1832

Der Unmut der Bevölkerung richtete sich nicht nur gegen die Zollabgaben. Verhasst war auch die Schlachtakzise, die das Fleisch verteuerte, und besonders die Stempeltaxe: der Zwang, im Verkehr mit den Behörden teures, mit einem amtlichen Stempel versehenes Papier zu benutzen. Zur drückenden Steuerlast kam 1830 eine schlechte Ernte, die das Brot verteuerte. »Armut und Unzufriedenheit wuchsen mit jedem Tage und namentlich bei derjenigen Klasse, welche in den Fabriken und durch den kleineren Gewerbsbetrieb sich ernährte«, schrieb 1832 der Hanauer Abgeordnete Gehring in einem Antrag an den kurhessischen Landtag über das Jahr 1830.[10] In der Stadt lebten um diese Zeit etwa 3000 Männer, Frauen und Kinder ohne Erwerb und oft auch ohne Obdach – bei einer Einwohnerzahl von rund 13 800. Trotz strenger Verbote waren Scharen von Bettlern unterwegs.[11] »Es bestanden noch so genannte Bittage, mehrere in jeder Woche, an denen sich vorzugsweise die Bettelzüge durch die Straßen der Stadt bewegten«, erinnerte sich später der damalige Oberbürgermeister Bernhard Eberhard.[12]

Wie Donnerhall wirkten die Nachrichten über die Pariser Juli-Revolution, über die Revolution in Brüssel und den Aufstand der Braunschweiger gegen Herzog Karl und seine Misswirtschaft. Der Sturm erreichte bald das kurhessische Territorium. Brotpreiserhöhungen bewirkten am 6. September in Kassel einen Auflauf vor Bäckerläden. Am 15. September überreichte eine Delegation des Kasseler Magistrats eine Massenpetition, welche die Einberufung der Stände forderte.[13] Über tausend Unterschriften sammelte in Hanau ein spontan gebildeter Bürgerausschuss. Seine Eingabe an die Magistrate von Alt- und Neuhanau enthielt die Bitte, die Sorgen der notleidenden Bevölkerung dem Kurfürsten vorzutragen und von ihm die Aufhebung der Maut und die Bewilligung einer landständischen Verfassung zu verlangen. Die Abordnung der Hanauer Stadträte trat mit der Wunschliste am 15. September die Reise nach Kassel an.[14] Nach mehrtägiger Wartezeit bekamen sie die kurfürstliche Antwort am 22. September. In Hanau herrschte während des langen Ausbleibens der Delegation gespannte Erwartung. Am 24. September, Freitagabend, als die Abgeordneten endlich

[9] Tapp, Hanau 1848–1849, S. 52.
[10] Verhandlungen des kurhessischen Landtags, Anlage 212 zur Sitzung v. 24. 10. 1833, S. 1ff.
[11] Tapp, Hanau 1848–1849, S. 64.
[12] Bernhard Eberhard, Aus meinem Leben. Hanauer Geschichtsblätter N. F. Nr. 1, 1911, S. 14ff.
[13] Seier, Akten und Briefe 1830–1837, S. 15.
[14] HStAM, 16–3613, fol. 48–51, auch StAH, L 1, M 618a-K 113, Nr. 997.

zurückkamen, füllte eine erwartungsvolle Menschenmenge den Marktplatz: »Kinder, Lehrbuben, Handwerksgesellen, darunter viele Fremden, arme Fabrikarbeiter, Tagelöhner gefährlicher Art, gemeines Weibsvolk, auch ein Teil rechtlicher Bürger versammelten sich in der Menge.«[15] Der magere Inhalt des kurfürstlichen Erlasses, der die Hanauer zur Aufrechterhaltung der Ordnung ermahnte und sie auf spätere Beratungen vertröstete, löste nach anfänglicher Unsicherheit helle Empörung aus. Mit den Rufen »Freiheit« und »Nieder mit der Maut« strömte die Volksmenge zum Lizentamt (auch das »Letzte-Hemd-Amt« genannt) am Heumarkt, zerstörte das Mobiliar und verbrannte die Papiere. (Dok. 1b) Die hochlodernde Feuersäule bemerkte sogar der Turmwächter des Frankfurter Doms. Unterwegs wurden Stempelpapiere verbrannt. Anschließend wandten sich die Aufständischen, denen sich weder Polizei noch Militär in den Weg stellten, in getrennten Zügen gegen Privatpersonen, die als Getreidewucherer berüchtigt waren. (Dok. 1a) Während sich der Kornhändler Konrad Deines, ein Bruder des am Kasseler Hof einflussreichen Finanzrats Johann Michael Deines, rechtzeitig militärischen Schutz verschafft hatte, wurde der Hausrat des Händlers Jakob Ballin in der Judengasse in seiner Abwesenheit vollkommen zertrümmert. »Wie groß aber die ausgestandene Angst der Israeliten und Israelitinnen gewesen sein mag, das lässt sich wohl denken, aber nicht beschreiben«, bemerkte ein Augenzeuge zu diesen Ausschreitungen.[16] Am Samstagmittag richtete sich ein Hanauer Zug gegen das kurhessische Zollamt auf der Mainkur, das den Waren- und Personenverkehr nach Frankfurt kontrollierte.[17]

Am 27. September erschien unerwartet der Kronprinz Friedrich Wilhelm persönlich in Hanau. Als Geste seiner Friedfertigkeit gab er am 28. September in einer Proklamation die vorläufige Aussetzung der Mauterhebung bis zur Entscheidung auf dem bevorstehenden Landtag bekannt.[18]

Parallel mit den Hanauer Ereignissen und teilweise durch deren Erfolge ermutigt, hatte sich auch die dörfliche Bevölkerung in der Provinz Hanau und in noch stärkerem Maße in der großherzoglich-hessischen Provinz Oberhessen gegen Maut und Stempel sowie gegen die bedrückenden bäuerlichen Lasten erhoben. Zerstört wurden auch die Zollämter in der Umgebung Hanaus, in Bergen, in Windecken, in Gelnhausen und Schlüchtern sowie Steinheim am gegenüberliegenden Mainufer. Die Standesherren in Wächtersbach und Meerholz mussten fliehen.[19] Der Einsatz des Militärs und die Einquartierungen in den Dörfern führten bis Anfang Oktober zum Zusammenbruch der Aufstände, an denen bis zu 10 000 Menschen beteiligt gewesen waren.[20]

15 Aus dem Hanauer Krawalljahre 1830. Erinnerungen eines unbekannten Hanauers, Hanauisches Magazin 9, 1930, Nr. 8/9, S. 59.

16 DFG van de Sande, Die Hanauer Revolution, Hanau 1831, S. 26.

17 Tapp, Hanau 1848–1849, S. 64ff.

18 Seier, Akten und Briefe 1830–1837, S. 19.

19 Martin Kukowski, Pauperismus in Kurhessen. Ein Beitrag zur Entstehung und Entwicklung der Massenarmut in Deutschland 1815–1855, Darmstadt/Marburg 1995, S. 148f. Im Weiteren: Kukowski, Pauperismus.

20 Tapp, Hanau 1848–1849, S. 73ff.; Historisches Museum (Hg.), Hanau im Vormärz, S 78f., 85.

Durch diese Ereignisse wurde das kurhessische Zollwesen im Südwesten des Landes jahrelang lahmgelegt.«Die Maut ist ein für alle Mal ein moralisch-politisches Ungeheuer«, schrieb ein Zeitgenosse.«Die Hanauer haben dieses Ungeheuer erlegt.«[21]

Wer waren diese Hanauer? Die Träger der Protestbewegung waren Tagelöhner, aus der Fremde zugewanderten Handwerksgesellen, Lehrlinge, Polierjungen, Gassenläuferinnen, Arbeiter und Arbeitslose mit ihren Familien (»Weibsmenschen« und Kinder). Sie gehörten zu den unterbürgerlichen Schichten, verfügten also nicht einmal über das Stadtbürgerrecht. Spontan, noch ohne Organisation und weiterführende politische Ziele, trieben sie die Ereignisse voran. Die Anführer, arbeitslose Tagelöhner um den »General Paulsohn« und seinen »Sekretär« Gimbel, kamen aus ihrer Mitte. Ihr Feindbild sahen sie, ebenso wie die Gewerbe und Handel treibenden Stadtbürger, in dem willkürlichen feudalen Abgabensystem, mit deren Hilfe die Fürsten einen immer größer werdenden Teil des hergestellten Mehrprodukts abschöpften und sich aneigneten.[22] Diese Interessengemeinschaft machte die Bürger zu geheimen Komplizen der Aufrührer. Als Problem galt noch nicht die Widersprüchlichkeit der kapitalistischen Wirtschaft, sondern der Feudalismus mit seinen hemmenden Schranken.

Beim Sturm auf das Lizentamt am 24. September beschränkte sich die Bürgerwehr auf die Zuschauerrolle. Anderntags wurden die heimkehrenden Belagerer des Mainkurzollamts von den Bürgergardisten, trotz entsprechenden Befehls der Militärkommandanten, nicht verhaftet. Die neu organisierte Bürgergarde wurde mit dem Ziel, die »Krawaller«[23] zu integrieren, auch für nichtbürgerliche Einwohner, für Tagelöhner und Arbeitslose, geöffnet.[24] Da die kurfürstliche Regierung die Gefährlichkeit solcher bewaffneten Vereinigungen erkannt hatte, unterstellte sie die vielerorts entstandenen Bürgergarden bald dem Kriegsministerium. Ihre Rekrutierungsbasis wurde auf Bürger und Bürgersöhne beschränkt.[25] Ebenso wurde das in Hanau schon heimisch gewordene 2. Infanterieregiment, das den Septemberereignissen tatenlos zugesehen hatte, abgelöst.[26]

Unterdessen hielt der Missmut der Hanauer Bevölkerung an. Am 9. Oktober wurde der Laden des Papierhändlers Rühl gestürmt. Er hatte es gewagt, neu ausgegebene Stempelpapiere zu verkaufen. Der bei dieser Gelegenheit verhaftete Goldarbeiter Bäcker musste anderntags auf Druck einer größeren Volksmenge freigelassen werden.[27]

[21] Ernst Freymund (Bearb.), Die Geschichte unserer Tage. Das Jahr 1831, 3. Bd., Stuttgart 1832, S. 501.

[22] Historisches Museum (Hg.), Hanau im Vormärz, S. 14; Stadtzeit. Geschichtsmagazin anlässlich des Jubiläums 150 Jahre Revolution und Turnerbewegung Hanau 1848–1998, Hanau 1998, S. 62ff. Im Weiteren: Stadtzeit, Revolution 1848–1998.

[23] Die in jenen Tagen aufgekommene Bezeichnung der Protestaktionen als Krawall ist nach Vermutungen aus dem Wort »Gerebell« entwickelt worden.

[24] Tapp, Hanau 1848–1849, S. 82; Stadtzeit, Revolution 1848–1998, S. 63.

[25] Tapp, Hanau 1848–1849, S. 88f.; Historisches Museum (Hg.), Hanau im Vormärz, S. 88f.

[26] Tapp, Hanau 1848–1849, S. 90.

[27] Ebd.

Die Ankündigung neuer Brotpreiserhöhungen führte am 19. und 20. November zu Tumulten vor einem Bäckerladen. Während die Bürgergarde die tobende Menge zu zerstreuen versuchte, erschien das Militär und ging mit aufgepflanztem Bajonett vor. Fünf Demonstranten wurden verhaftet und sollten am nächsten Tag, Sonntagmittag, nach Fulda eskortiert werden. Eine mit Knüppeln und Steinen bewaffnete Menge versuchte den Gefangenentransport am Nürnberger Tor aufzuhalten. Das Sturmläuten der Französischen Kirche veranlasste viele Bauern aus den umliegenden Dörfern, bewaffnet nach Hanau zu eilen.

Die blutige Auseinandersetzung hinterließ zahlreiche Verletzte und mehrere Tote, zu denen neben einem Soldat der Tagelöhner Gimpel, der Schreinergeselle Melius und der Küferlehrling Johann Georg Keller gehörten. Während die fünf Arretierten vom Samstag bei der Kämpfen am Nürnberger Tor entkommen konnten, nahm die Bürgergarde 17 Verhaftungen vor, unter ihnen vorwiegend Gesellen, Lehrlinge, Tagelöhner, so auch den berüchtigten »General Paulsohn«.[28] Als Antwort auf diese Ereignisse setzte die wütende Bevölkerung noch am gleichen Abend die in Privathäusern einquartierten Soldaten des 3. Regiments auf die Straße. Auch die vom Stadtkommandanten geforderte militärische Verstärkung musste in den Wirtshäusern untergebracht werden.[29]

Während dieser Ereignisse änderte sich an der Arbeitslosigkeit nur wenig. Im Herbst 1830 war staatlich finanzierte Arbeitsbeschaffung durch Erdarbeiten vor dem Kanaltor und am »Rohr«, einem Sumpfgebiet südöstlich der Stadt, eingeleitet worden. Nach Auslaufen dieser Projekte blieben neue Maßnahmen sowohl von städtischer als auch von staatlicher Seite trotz verzweifelter Bittschriften zunächst aus.[30] (Dok. 2b) Die Hanauer Polizeidirektion verwies in einem Schreiben im November 1831 auf die strukturelle Erwerbslosigkeit als Quelle der zunehmenden Armut: Bürgerliches Gewerbe und erlernte Profession verschafften infolge der Krisenerscheinungen im Handwerk vielen nicht mehr den Unterhalt. Unter den 41 Personen, die mit der Austrocknung des Rohrs beschäftigt waren, befanden sich nur 16 Tagelöhner, die anderen – vom Bäcker, Gärtner, Schneider bis zum Weber – hatten alle erlernte Berufe. Die Polizei empfahl, den Notstandsarbeitern nur etwa zwei Drittel des Tageslohnes zu bezahlen. (Dok. 2c)

Mit dem Beitritt Kurhessens zum preußischen Zollverein 1831 ging die »mautlose« Zeit in der Provinz Hanau zu Ende. Zollstationen sollten in Hanau am Frankfurter Tor und wieder an der Mainkur eröffnet werden. Zwar entfielen von jetzt an die Behinderungen an den Grenzen zum Großherzogtum Hessen, aber der für Hanau so wichtige Verkehr nach Frankfurt, das sich erst 1836 dem preußischen Zollverband anschloss, blieb weiterhin gestört. Am 5. Januar 1832 zerstörten Protestierende in Hanau wieder das neu eingerichtete Zollbüro. In der Nacht vom 6. auf den 7. Januar zogen Bauern aus Bergen, die die größten Nachteile durch die Zollsperre nach Frankfurt erlitten, zur Zollstätte an der Mainkur. Der Zusammenstoß mit dem Militär hinterließ Verwundete und Tote. Weitere Protestaktionen wurden auf diese Weise erstickt.[31]

[28] Vgl. auch Polizeiberichte: HStAM, 6a-2805 und 2921.
[29] Tapp, Hanau 1848–1849, S. 93ff.; Stadtzeit, Revolution 1848–1898, S. 65f.
[30] Vgl. auch: HStAM, 82c-51, Bittschrift v. 28. 6. 1832.
[31] Tapp, Hanau 1848–1849, S. 116ff.; Stadtzeit, Revolution 1848–1998, S. 66.

Am 6. Januar 1831 wurde die kurhessische Verfassung verkündet, die dem Kurfürsten auch mit Hilfe der Hanauer Volksbewegung abgetrotzt worden war. Kurhessen wurde eine konstitutionelle Monarchie mit einer Landesvertretung des Adels, der Bauern und des Bürgertums in einer Kammer. Die Verfassung enthielt wichtige liberale Forderungen, aber auch entscheidende monarchische Vorrechte. Aus dem indirekten und zensusbedingten Wahlrecht zum Landtag blieben die Frauen, die männliche Jugend (bis zum 30. Lebensjahr), die männlichen Einwohner ohne Bürgerrecht, das heißt die Beisassen, die Gesellen und Tagelöhner, Lohnarbeiter und Gesinde, überhaupt alle, die in Lohn und Kost eines anderen standen, ausgeschlossen – insgesamt 90 Prozent der Einwohnerschaft. Dem allergrößten Teil der Hanauer Bevölkerung wurde die Teilnahme am politischen Geschehen verweigert. Auch ein Koalitions- und Versammlungsrecht war nicht vorgesehen.[32]

Der Aufschwung der liberalen Bürgerbewegung

Der im November 1830 ausgebrochene polnische Aufstand bedrängte erstmals ernsthaft die Bastion des zaristischen Absolutismus in Russland. Das Fehlen eines geeinten Nationalstaates rückte auch in Deutschland schmerzlich ins Bewusstsein und bewirkte den Aufschwung einer breiten, liberal-demokratisch ausgerichteten bürgerlichen Bewegung. Überall, so auch in Hanau, entstanden Polenvereine. Sie unterstützten die Teilnehmer des Aufstands und leisteten nach dessen Niederlage den polnischen Flüchtlingen, die im Januar und Februar 1832 zu Tausenden durch die Stadt zogen, materiellen und ideellen Beistand.[33]

Angesichts der im Deutschen Bund geltenden Zensurvorschriften kursierte schon in den Polenvereinen der Gedanke der Unterstützung einer freien deutschen Presse. Diesem Anliegen diente die Gründung des »Vaterlandsvereins zur Unterstützung der freien Presse« (Press- und Vaterlandsverein) Ende Januar 1832 in der bayerischen Rheinpfalz. Der Press- und Vaterlandsverein wurde neben den verbotenen Burschenschaften die erste gesamtnationale Organisation der liberal-demokratischen Bürgerbewegung. Im Juli 1832 entstand auch in Hanau eine Filiale.[34] Da in Hanau die Zensur nach der Verkündung der kurhessischen Verfassung zunächst sehr großzügig gehandhabt wurde, erschienen hier zeitweilig mehrere in Frankfurt verbotene oppositionelle Presseerzeugnisse, so Wilhelm Sauerweins »ABC-Buch der Freiheit für Landeskinder«.[35] Der Deutsche Bundestag reagierte bald mit Zeitungsverboten und mit einer Mahnung an Kurhessen, die Oberaufsicht über die Presse in Hanau künftig mit größerer Strenge

[32] Helmut Seier, Hanau und Kurhessen im Spiegel des Vormärz und seines Geschichtsbewusstseins, in: Hess. Jb. für Landesgeschichte Nr. 45, S. 139.
[33] Tapp, Hanau 1848–1849, S. 130ff.
[34] Ebd., S. 136ff., 150f.
[35] Ebd., S. 139ff.

wahrzunehmen. Der verschärfte Druck nötigte die oppositionelle Bürgerbewegung, ihre politischen Veranstaltungen in der unverfänglichen Form von Volksfesten abzuhalten.[36]

Der Höhepunkt der liberaldemokratischen Bewegung für die nationale Einheit und für eine freiheitliche Staatsverfassung war das vom Pressverein organisierte »Nationalfest der Deutschen« am 27./28. Mai auf der Ruine des Hambacher Schlosses bei Neustadt an der Haardt mit etwa 30 000 Teilnehmern. Weitere Feste folgten landesweit, so auch in Bergen und am 22. Juni in Wilhelmsbad.

Zum Fest hatte ein Komitee von gemäßigt liberalen, wohlsituierten Hanauer Bürgern eingeladen. Als Kern des Volksfestes in Wilhelmsbad war von den Veranstaltern ein Festessen im Kurhaus mit 300 Gästen vorgesehen, wobei der hohe Preis des Menüs schon für eine Selektion sorgen und »Auswüchse« wie in Hambach verhindern sollte. Polizei und Militär wurden zur Überwachung und für Fälle »verbrecherischer Regungen« bereitgestellt.[37] Trotz des strömenden Regens und ungeachtet der Tatsache, dass der 22. Juni auf einen Arbeitstag – einen Freitag – fiel, versammelten sich im Park um die 10 000 Menschen aus Hanau, Frankfurt und deren Umgebung. Die Menschenmenge nötigte die Redner, ihre Ansprachen vom Balkon des Kurhauses aus zu halten. (Dok. 3a) Besondere Aufmerksamkeit wurde der Rede des Burschenschafters Karl Heinrich Brüggemann zuteil, der als Mitglied des Heidelberger Pressvereins eingeladen war. (Dok. 3b) Brüggemann griff auch soziale Fragen auf, reflektierte die Lage der Lohnarbeiter, forderte Arbeitszeitverkürzung und Volksbewaffnung, plädierte für das Widerstandsrecht des Volkes. Er wies nachdrücklich auf die Unzuverlässigkeit des reichen Bürgertums im Kampf für die liberaldemokratischen Ziele hin. Brüggemanns Ausführungen lenkten das Augenmerk auf die wachsende Kluft zwischen Bürgertum und Arbeiterklasse, die zu verdecken die Forderung nach nationaler Einheit nicht imstande war.

Die Verfolgung mehrerer Redner setzte gleich nach dem Wilhelmsbader Fest ein. Brüggemann wurde in Heidelberg verhaftet und, weil aus Westfalen stammend, an Preußen ausgeliefert und dort zum Tode durch das Rad verurteilt. Nach langer Zuchthausstrafe wurde er schließlich 1840 begnadigt.[38]

Die Zeit der Geheimbünde

Die Reaktion hatte sich schon seit dem Hambacher Fest auf einen Schlag gegen die politische Opposition vorbereitet. Am 28. Juni 1832 beschloss der Bundestag, die Rechte der Landtage zugunsten der Fürsten einzuschränken. Die am 5. Juli 1832 beschlossene »Maßregel zur Aufrechterhaltung der gesetzlichen Ordnung und Ruhe im Deutschen Bund« verfügte die Verschärfung der Zensur, das Ver-

[36] Ebd., S. 144f.; Historisches Museum (Hg.), Hanau im Vormärz, S. 30.
[37] Ebd., S. 31; Tapp, Hanau 1848–1849, S. 158ff.; Seier, Akten und Briefe 1830–1837, S. 185f.
[38] Ebd., S. 191; Historisches Museum (Hg.), Hanau im Vormärz, S. 33.

bot politischer Vereine, Volksversammlungen und Volksfeste mit Reden politischen Inhalts sowie die Farben der Einheitsbewegung »Schwarz-Rot-Gold«.

Die kurhessische Regierung übernahm die Bundestagsbeschlüsse als Landesgesetz unter Umgehung des Landtags, obwohl dies einen eindeutigen Bruch der kurhessischen Verfassung darstellte. (Dok. 3c) Unter Führung des Ministers Ludwig Hassenpflug wurde eine durch Repression gekennzeichnete, konservativ-reaktionäre staatspolitische Linie durchgesetzt. Das Geheime Kabinett des Kronprinzen wurde im Laufe der 30er Jahre schrittweise zu einer Schaltstelle der Macht.[39] Zensur und Denunziantentum überzogen das Land, in dem Polizisten und Gendarmen ein Drittel der veranschlagten Strafgelder völlig legal für sich selbst beanspruchen konnten.

Den Unterdrückungsmaßnahmen folgte jedoch nicht Resignation, sondern eine allgemeine Radikalisierung und zunehmende Aktivität im Untergrund. Im Herbst und im Winter 1832/1833 wurde im Kreis ehemaliger Burschenschafter, Studenten und Pressvereinsmitgliedern, die vorwiegend in Frankfurt und Umgebung aktiv waren, der abenteuerliche Plan zur bewaffneten Aushebung des Deutschen Bundestages geschmiedet. Sein Ziel war es, das Signal für eine allgemeine revolutionäre Erhebung zu geben und die Errichtung eines deutschen Einheitsstaates einzuleiten.

Als die Aufständischen, insgesamt nur etwa 60 Personen, überwiegend Studenten, am 3. April 1833 in Frankfurt in drei Gruppen die Hauptwache, die Konstablerwache und die Zollstätte Preungesheim angriffen, war die Aktion schon verraten und binnen einer Stunde von Frankfurter Linienmilitär unterdrückt. Die aus der Umgebung von Hanau, aus Oberhessen und aus kurhessischen Orten erwarteten Zuzüge blieben weitgehend aus.[40]

Nach dem missglückten Wachensturm wandten sich die radikalen Demokraten der Volksagitation zu. Durch gezielte Werbung bei ansässigen und zugewanderten Handwerksgesellen organisierten im Herbst 1833 ehemalige Pressvereinsmitglieder in Frankfurt am Sitz des Deutschen Bundes den revolutionär-demokratischen Geheimbund »Union« oder »Männerbund«. Sektionen, voneinander nach Geheimhaltungsregeln isoliert, existierten außer in Frankfurt auch in Höchst, Hofheim, Mainz, Darmstadt und Hanau. Wehrübungen, kombiniert mit sonntäglichen Ausflügen in die Gemeinden der Umgebung, sollten Kontakt zur bäuerlichen Bevölkerung herstellen. Für ihre Agitation diente das von den oppositionellen Frankfurter Literaten Funck, Sauerwein und Freyeisen verfasste und von Januar bis März 1934 in fünf Folgen ausgelieferte »Bauern-Conversations-Lexikon«. Die Flugblattserie fand außer in Frankfurt, Bockenheim und Darm-

39 Seier, Akten und Briefe 1830–1837, S. XXXII.

40 Tapp, Hanau 1848–1849, S. 195; Miroslaw Hroch, Der soziale Charakter des Frankfurter Wachensturms, in: Aus 500 Jahren deutsch–tschechoslowakische Geschichte, Berlin 1958, S. 158; Reinhard Görisch, Thomas Michael Mayer (Hrsg.), Untersuchungsberichte zur republikanischer Bewegung in Hessen 1831–1834, Frankfurt 1982, S. 368. Im Weiteren: Görisch, Mayer, Untersuchungsberichte.

stadt auch in Hanau starke Verbreitung.[41] Nachdem im März 1834 bei dem Lehramtskandidaten Emmel aus Hanau 100 Exemplare der 3. Folge des »Lexikons« entdeckt worden waren, rollte auf die Geheimorganisation eine Verhaftungswelle zu. Wegen Verdachts der Teilnahme an der »Union« wurden allein in Hanau 14 Personen angeklagt, unter ihnen sieben Handwerker und Handwerksgesellen.[42]

In der Zeit, als die Reaktion gegen die »Union« Sturm lief, entstand – von dem evangelischen Pfarrer Ludwig Weidig und dem jungen Arzt Georg Büchner organisiert – im Großherzogtum Hessen, in Darmstadt und in Gießen, als erste frühkommunistische Geheimgesellschaft in Deutschland die »Gesellschaft der Menschenrechte«. In tiefster Illegalität verteilten im August 1834 ihre Mitglieder die in Offenbach gedruckte erste Ausgabe des von Büchner verfassten »Hessischen Landboten«. Auch dieser Geheimbund hatte Kontakte nach Hanau, wo mit dem Ziel einer weiträumigeren Verteilung der Flugschrift auch die Aufstellung einer Druckpresse in Erwägung gezogen wurde.[43] Nach der Verhaftung eines der Mitwisser mit einem Kontingent der Flugschrift setzte auch die Verfolgung dieser Organisation ein. Büchner gelang die Flucht ins Elsass; Weidig wurde gefasst und in der Untersuchungshaft zu Tode gefoltert.

Inhalt und Aussage von Büchners Flugschrift gingen weit über das kleinbürgerlich-demokratische Programm des »Lexikons« hinaus. »Der hessische Landbote« versuchte, der ausgeplünderten Bauernschaft ihre Interessen bewusst zu machen und sie dadurch für den revolutionär-demokratischen Kampf zu gewinnen: »Friede den Hütten! Krieg den Palästen!« Der Landbote zählte im Urteil der politischen Polizei zu den gefährlichsten Flugschriften der Zeit und wurde auch nach zehn Jahren noch strengstens verfolgt.[44]

Der »Bund der Geächteten« und der »Bund der Gerechten«

Die Unterdrückungsmaßnahmen zwangen etliche Mitwirkende der Geheimbünde zur Flucht ins Ausland, vor allem in die Schweiz und nach Frankreich, wo sie Verbindungen mit dortigen deutschen Handwerkervereinen knüpften. Gerade in der Zeit der verschärften Reaktion kam den republikanischen und frühsozialistischen Aktivitäten der Deutschen im Ausland stärkere Bedeutung zu. Der Schwerpunkt lag in den 30er Jahren des 19. Jahrhunderts in Paris, wo die deutsche Handwerkerkolonie etwa 20 000 Personen umfasste.[45] Aus dem linken Flü-

41 Tapp, Hanau 1848–1849, S. 199; Der Metzger Tempel aus Hanau half bei der Verteilung in Frankfurt–Sachsenhausen. Vgl. Görisch, Mayer, Untersuchungsberichte, S. 248.

42 Ebd., S. 375; Tapp, Hanau 1848–1849, S. 199ff.

43 Görisch, Mayer, Untersuchungsberichte, S. 339.

44 Gerhard Beier, Arbeiterbewegung in Hessen. Zur Geschichte der hessischen Arbeiterbewegung durch einhundertfünfzig Jahre (1834–1984), Frankfurt am Main 1984, S. 66f. Im Weiteren: Beier, Arbeiterbewegung.

45 Ernst Schraepler, Handwerkerbünde und Arbeitervereine 1830–1853, Berlin/New York 1972, S. 41; Wolfgang Schieder, Anfänge der deutschen Arbeiterbewegung. Die Auslandsvereine im Jahrzehnt nach der Julirevolution von 1830, Stuttgart 1963, S. 97ff.

gel der dortigen Pressvereinsfiliale, des »Deutschen Volksvereins«, entwickelte sich unter der Führung von kleinbürgerlichen Demokraten der geheime »Bund der Geächteten«. Sein Programm stützte sich auf die jakobinische Fassung der »Erklärung der Menschen- und Bürgerrechte« aus der Französischen Revolution. Diese Schrift, zusammen mit dem »Glaubensbekenntnis eines Geächteten«, das die einige deutsche Nation als eine demokratische Republik begriff, gelangte schon im Frühjahr und Sommer 1834 durch Vermittlung der »Union« nach Frankfurt. Das erste »Zelt«, die unterste Organisationseinheit des Bundes, ist erst 1836 dort gegründet worden.[46] 1838 schied eine Gruppe von Handwerksgesellen, die nach einer eigenständigen politischen Rolle der Arbeiterschaft trachteten, aus dem Bund der Geächteten aus. Sie gründeten den »Bund der Gerechten«, die erste selbständige politische Organisation deutscher Arbeiter.[47]

Trotz der Spaltung wuchs die Organisation der »Geächteten« in der Frankfurter Gegend weiter. 1838/39 entstanden in Darmstadt, Bad Homburg, Obereschbach, Höchst und in Dörnigheim Ableger. Das dortige »Zelt« wurde vom Schreinermeister Johannes Lapp gegründet. (Dok. 4) Johannes Lapp war vom Hanauer Tischlergesellen Johann Heinrich Engelhardt angeworben worden. Beide gehörten dem Frankfurter Bund an, wie auch der Hanauer Tischlergeselle Caspar Lettra.[48]

Nach längerer Beobachtung schritten die Behörden im Herbst 1840 zur Zerschlagung der Bundes der Geächteten. Der Hanauer Johann Heinrich Engelhardt gehörte in Frankfurt zu den ersten Verhafteten. Die Frankfurter Verhaftungen lösten nach einer Agentenmeldung unter den Hanauer Handwerksgesellen »eine unruhige Bewegung« aus.[49] Die Existenz eines »Zeltes« oder »Lagers«[50] konnte in Hanau im Laufe der späteren Untersuchungen jedoch nicht nachgewiesen werden, wenn auch das Kochsche Wirtshaus am Steinheimer Tor ein Treffpunkt der Geheimbündler gewesen sein soll. Als Ergebnis der Ermittlungen in 18 Bundesstaaten wurden bis August 1842 382 Mitglieder bekannt. Unter den 197 Verhafteten wurden allein 45 in Frankfurt, elf in Hanau verhört.[51]

46 Werner Kowalski, Die Volksagitation in der Freien Stadt Frankfurt am Main nach dem Wachensturm vom April 1833, in: Hans-Joachim Bartmuss (Hrsg.), Die Volksmassen. Gestalter der Geschichte. (Festgabe Leo Stern), Berlin 1962, S. 157; Der Bund der Kommunisten. Dokumente und Materialien, Bd. I. 1836–1849, Berlin 1970, S. 995f.; im Weiteren: Bund der Kommunisten, Bd. 1.

47 Werner Kowalski, Vorgeschichte und Entstehung des Bundes der Gerechten, Berlin 1962, S. 46. Im Weiteren: Kowalski, Vorgeschichte.

48 Franz Neuland, Proletarier und Bürger, Frankfurt am Main 1973, S. 12; Tapp, Hanau 1848–1849, S. 210f.

49 Judit Pákh (Bearb.), Frankfurter Arbeiterbewegung in Dokumenten, Bd. I. 1832–1914, Frankfurt am Main 1994, S. 58ff.

50 Die zweite Organisationsstufe des Bundes.

51 Kowalski, Vorgeschichte, S. 63; Franz Neuland, Proletarier und Bürger, Frankfurt am Main 1973, S. 12; Tapp, Hanau 1848–1849, S. 210f.

Der lange Weg der Gesellen

Die wichtigste Trägerschicht der Geheimbünde, dieser frühen Arbeiterorganisationen, waren die Handwerksgesellen. Der Wanderzwang verpflichtete die Gesellen auf eine mehrjährige mobilen Lebensphase, die ihnen einen Einblick in übergreifende Lebenszusammenhänge erlaubte und zu Identifikationsmöglichkeit in größerem Maßstab verhalf. In eigentümlichem Widerspruch stand dazu die zunehmend kleinliche Reglementierung ihres Alltags. Die »Bruderschaften« oder Gesellenzünfte, Frühformen der Gewerkschaften, wurden verfolgt und größtenteils verboten. Passkontrollen, Wanderbücher, Visitationen sollten eine lückenlose staatliche Kontrolle über die fremden Gehilfen garantieren. Die in das Arbeitsbuch gestempelte polizeiliche Erlaubnis war die Voraussetzung jedweder Arbeitssuche. In den Polizeistuben waren die Gesellen oftmals polizeilicher Willkür ausgeliefert: die Prügelstrafe war dort gang und gäbe.[52] Auch im Arbeitsleben unterlagen die Gesellen strenger Kontrolle. Nach der kurhessischen Zunftordnung von 1816 waren die Zunftmeister befugt und verpflichtet, über die Gesellen Aufsicht zu führen und ihren Lebenswandel zu kontrollieren.[53] Viele Gesellen standen bei Kost und Logis unter der direkten Gewalt ihrer Meister und Hausherren.

Die Hanauer Gewerke verfügten über 15 eigene Herbergen, die allesamt Bierbrauereien angeschlossen waren. In den Gewerksherbergen lebten die Gesellen bestimmter Berufsgruppen zusammen, so im »Schwarzem Ross« die Müller, im »Thiergarten« die Schreiner und Schlosser. Der gemeinsame Alltag förderte das Zusammengehörigkeitsgefühl sowie die Wahrnehmung gemeinsamer Interessen und bildete damit die Grundlage späterer gewerkschaftlicher Organisationen.[54]

Vorläufer gewerkschaftlicher Betätigung in der Form von Unterstützungskassen entstanden auch außerhalb der Zünfte. In Hanau gründeten die Gold- und Silberarbeiter im Dezember 1830 eine »Kranken- und Beerdigungskasse« mit einem wöchentlichen Pflichtbeitrag von 5 Kreuzern.[55] 1831 folgten ihnen die Zigarrenarbeiter.[56]

Mit der Verbreitung der Geheimbünde erhöhte sich der Druck, die Auslandswanderung der Gesellen zu unterbinden. 1835 erließ der Bundestag ein Wanderverbot für die Gesellen in Staaten mit Versammlungsrecht. Parallel mit der Unterdrückung des Bundes der Geächteten beschloss er im Dezember 1840 die verschärfte Überwachung durch die Einführung von vorgeschriebenen Reiserouten,

52 Die deutschsprachige »Brüsseler Zeitung« hat in ihrer Ausgabe vom 10.10.1847 eine Seite aus einem Gesellenwanderbuch abgebildet mit dem Eintrag: »Inhaber, welcher wegen Bettelns mit zehn Stockschlägen dahier bestraft wurde, geht weiter über Mainz und Landau. Hanau am 11. August 1847.« Vgl.: Bund der Kommunisten, Bd. 1, S. 1075f.

53 Sammlung von Gesetzen, Verordnungen, Ausschreiben und anderen allgemeinen Verfügungen für die kurhessischen Staaten, Cassel, o.J., Bd. 1, 1816, S. 26.

54 Historisches Museum (Hg.), Hanau im Vormärz, S. 12.

55 Tapp, Hanau 1848–1849, S. 224; Lorenz Caspari, Die Entwicklung des Hanauer Edelmetallgewerbes von seiner Entstehung im Jahr 1597 bis zum Jahr 1873, Elberfeld 1916, S. 135. Hier wird das Gründungsjahr irrtümlich auf 1840 datiert.

56 HStAM, 82c-496. Bericht des Hanauer Landratsamts an die Regierung vom 1.10.1851.

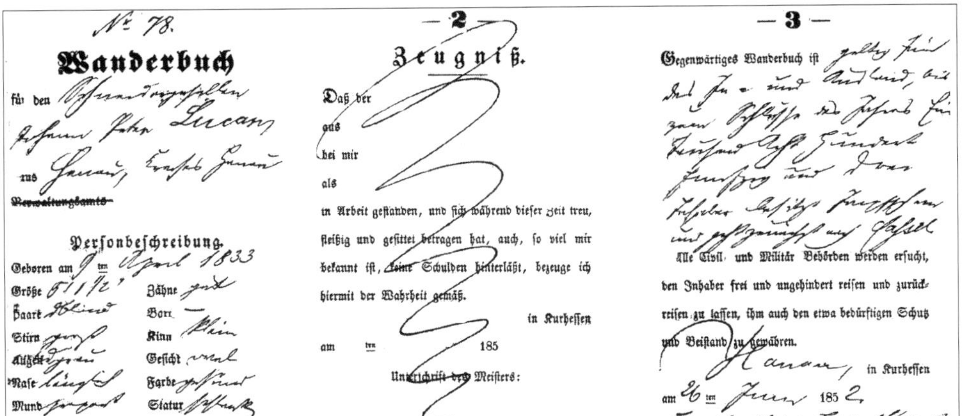

No. 78.

Wanderbuch

für den

Johann Peter Lucan

aus Hanau, Kreis Hanau

~~Verwaltungsamts~~

Personbeschreibung.

Geboren am 9ten April 1833

Größe 5'1½'' Zähne gut

Haare blond Bart –

Stirn Kinn klein

Augen grau Gesicht oval

Nase Farbe gesund

Mund Statur schlank

Besondere Kennzeichen:

Unterschrift des Inhabers:

— 2 —

Zeugniß.

Daß der

aus

bei mir

als

in Arbeit gestanden, und sich während dieser Zeit treu, fleißig und gesittet betragen hat, auch, so viel mir bekannt ist, keine Schulden hinterläßt, bezeuge ich hiermit der Wahrheit gemäß.

in Kurhessen

am ten 185

Unterschrift des Meisters:

Unterschrift des Zunftmeisters:

— 3 —

Gegenwärtiges Wanderbuch ist gültig für das In- und Ausland, bis zum Schlusse des Jahres Ein Tausend Acht Hundert Fünfzig und drei

Alle Civil- und Militär Behörden werden ersucht, den Inhaber frei und ungehindert reisen und zurückreisen zu lassen, ihm auch den etwa bedürftigen Schutz und Beistand zu gewähren.

Hanau, in Kurhessen

am 26ten Juni 1852.

Hanau, Wanderbuch eines Schneidergesellen, 1852

durch den Vermerk politischer Aktivitäten in den Pässen sowie ein strenges Koalitions- und Streikverbot. Die kurhessische Regierung übernahm ohne die Mitwirkung des Landtags alle diese Beschlüsse als Gesetz.[57]

Das Wanderleben der Gesellen bedeutete allerdings nur in einem geringen Umfang politische Konspiration. Es wurde im Laufe der Krisenjahre des Vormärz mehr und mehr zum Synonym für Armut und Bettelei, das so genannte »Fechten«. Der Meisterstatus rückte für viele Gesellen in unerreichbare Ferne. Das Selbstbewusstsein dieser Schicht schloss sich in den 40er Jahren immer stärker an den Begriff des Arbeiters an, der in der linksliberalen Publizistik der Zeit das gemeinsame Schicksal der Lohnabhängigkeit bezeichnete, im Gegensatz zu den Partikularinteressen der einzelnen Gewerke.

Die Gesang- und Turnvereine

In diesen Jahren spärlicher eigenständiger Wirkungsmöglichkeiten boten die Gesang- und Turnvereine, in denen ständische Schranken nicht galten, für Vertreter der unteren Bevölkerungsschichten ein wichtiges Betätigungsfeld. Besonders unter den Turnern bestand ein Großteil der Mitgliedschaft neben Handwerkern, Kaufleuten, Bildungsbürgern aus Handwerksgesellen.[58]

Nach den Turnvereinsverboten 1818/19 war in Hanau 1837 wieder ein Turnverein gegründet worden, der bald über 70 Mitglieder zählte. Seit 1841, unter der Leitung des Küfermeisters und Weinhändlers August Schärttner, wirkte der Verein in Süddeutschland und in den hessischen Provinzen bei der Neugründung von Turnvereinen kräftig mit.[59] Unter den Turnvereinen entwickelte sich eine lebhafte Verbindung. Regionale und überregionale Feste, wie 1843 in Hanau oder 1846 in Heilbronn, mit Hunderten von Teilnehmern stärkten das nationale und soziale Zusammengehörigkeitsgefühl. Der Anfang der 40er Jahre gegründete Rheinisch-Hessische Turnbezirk wurde der erste Turngemeindezusammenschluss in Deutschland.[60]

Der kurhessischen Obrigkeit blieb es nicht verborgen, dass in den Turnvereinen der Gedanke der nationalen Einheit sowie demokratische und republikanische Ideen einen fruchtbaren Boden fanden. Im Juni 1844 wurden per Erlass Turnfeste als »Volksfeste« deklariert und so im Sinn des Gesetzes von 1833 verboten. Nicht einmal das Turnfest zum Geburtstag des Kronprinzen am 20. Au-

[57] Tapp, Hanau 1848–1849, S. 208 und S. 214.

[58] Dieter Düding, Organisierter gesellschaftlicher Nationalismus in Deutschland (1808–1847). Bedeutung der Turner– und Sängervereine für die deutsche Nationalbewegung, München 1984, S. 251, 256. Im Weiteren: Düding, Organisierter Nationalismus.

[59] Heinrich Heusohn, Aus der Hanauer Turngeschichte. Festschrift zum 28. Mittelrheinischen Kreisturnfest zu Hanau am Main 14.–18. Juli 1906, Hanau 1906, S. 28ff.

[60] Tapp, Hanau 1848–1849, S. 231f.; Stadtzeit, Revolution 1848–1898, S. 57.

gust 1845, das in Hanau stattfinden sollte, wurde erlaubt.[61] Trotz aller Schikanen existierten Ende 1847 in der Rhein-Main-Neckar-Großregion über 100 Turnvereine.[62]

Die Industrie in Hanau und die Lebensverhältnisse der Arbeiter 1831–1851

Der Eintritt Kurhessens in den Preußischen Zollverein, seit 1835 Deutscher Zollverein genannt, der den freien Handel mit den meisten deutschen Staaten erlaubte, führte auch zu einer beschleunigten Entwicklung der Hanauer Wirtschaft. 1827 wohnten in der Stadt 13 792 Menschen, bis 1846 stieg ihre Zahl auf 16 329. Hanau hatte den stärksten Bevölkerungszuwachs in ganz Kurhessen.[63] Neue Produktionsstätten entstanden. Die Einführung neuer Produkte und neuer Produktionsverfahren bildete die Grundlage des Aufschwungs. In der Tabakindustrie wurde die Zigarrenherstellung aufgenommen und breitete sich dank der Erfindung der »Wickelform« durch den Hanauer Fabrikanten Oldenkott rasch aus. Die Bijouteriewarenindustrie führte die Kettenfabrikation ein. In der Teppichfabrik Leisler & Co. wurde um 1842 eine mechanische Spinnerei eingerichtet, in deren Rahmen die erste Dampfmaschine in Hanau Aufstellung fand.[64] Die »Dampfspinnerei« bewirkte in Hanau die Entstehung eines völlig neuen Beschäftigungszweiges, da die Garne zuvor aus dem agrarischen Hinterland bezogen worden waren.[65] Für die Zigarrenfabrikation entwickelten sich Zuliefererbetriebe, etwa für die Herstellung von Zigarrenkisten und Wickelformen sowie lithographische Anstalten für die Ausstattung der Zigarrenkisten.[66] Nach und nach wurden weitere Dampfmaschinen in Betrieb genommen, so 1848 in der Zigarrenkistenfabrik des Zimmermanns Conrad Deines, 1850 in der Maschinenfabrik Bracker. Die Eisengießerei Zimmermann, seit 1840 in Betrieb, arbeitete 1845 mit 75, 1852 mit 170 Beschäftigten. 1842 trat Hanau der Main-Dampfschifffahrts-Gesellschaft bei. Die Eröffnung der Eisenbahnstrecke Hanau-Frankfurt am 10. September 1848 gab das deutliche Signal, dass die erste Welle der industriellen Revolution auch Hanau erreicht hatte.[67] Mitte der 40er Jahre arbeiteten in den Hauptzweigen der Hanauer Industrie etwa 2700 Lohnarbeiter- und Arbeiterinnen, davon 1000 in der Zigarrenindustrie, 850 in der Edelmetallindustrie und

61 Tapp, Hanau 1848–1849, S. 233.

62 Düding, Organisierter Nationalismus, S. 230.

63 Tapp, Hanau 1848–1849, S. 221; Hanauisches Magazin 1925 Nr. 3, S. 19.

64 Bereits in seiner 1842 in Kassel gedruckten Beschreibung des Kurfürstentums Hessen berichtet Georg Landau über die Verwendung der Dampfmaschine. Seit 1844 war auch eine Maschine zum Kämmen der Wolle in Betrieb, die über 950 Spindeln für das Spinnen des Kammgarns und 650 Feinspindeln für das Spinnen des Streichgarns verfügte. Vgl.: Rheden v., Frh., Gewerbliche Zustände Kurhessens nach amtlichen Quellen. In: Zeitschrift des Vereins für deutsche Statistik, Nr. 1, 1847, S. 512f.

65 Gessner, Die Anfänge der Industrialisierung, S. 144f.

66 Brandt, Wirtschaft und Wirtschaftspolitik, S. 65.

67 Historisches Museum (Hg.), Hanau im Vormärz, S. 10f.

850 in der Textilbranche. Rechnet man alle Lohnabhängigen der großgewerblichen Tätigkeitsfelder zusammen, so arbeiteten ungefähr 3000 Beschäftigte in über 100 als »Fabrik« bezeichneten Werkstätten. In den Krisenjahren 1848 und 1852 ging ihre Zahl auf etwa 2370 beziehungsweise 2464 zurück.[68] (Dok. 6)

Eine andere große Gruppe von Lohnempfängern bildeten die außerhalb der industriellen Fabrikation beschäftigten Männer und Frauen: die so genannten Handarbeiter (Kutscher, Tagelöhner, Näherinnen, Wäscherinnen), die selbständig Arbeiten annahmen, und das Gesinde. Zum Gesinde zählten die Arbeitskräfte, die in einem häuslichen (Dienstboten, Stubenmädchen) oder außerhäuslichen (Knechte, Mägde) Dienstverhältnis, meist in der Landwirtschaft, arbeiteten. Mit etwa 2270 Personen reichte diese Gruppe 1847 noch immer an die Zahl der industriellen Lohnarbeiter heran. Später verringerte sie sich schrittweise.

Die dritte Gruppe umfasste die Arbeiter im Handwerk, bestehend aus den Gesellen und Lehrlingen der zunftgebundenen Gewerke, die hauptsächlich für den örtlichen Bedarf produzierten. Der größte Anteil der Handwerker entfiel auf das Bekleidungsgewerbe (Schneider und Schuster), auf das Nahrungsgewerbe (Bäcker und Metzger) sowie auf das Bauhandwerk. Statistisch gesehen kamen in Hanau im Handwerk während der ganzen Periode, also bis über die Jahrhundertmitte hinaus, im Durchschnitt etwa 1,6 Gehilfen auf einen Meister. Jedoch verfügten die Meister in den Bauhandwerken über eine größere Anzahl von Gehilfen; in den Massenhandwerken (Schuhmacher, Tischler, Schneider) überwogen die Kleinmeister oder die Einmannbetriebe.

Insgesamt gehörten dem Handwerk im Jahr 1847 1671 Personen (801 Meister, 850 Gesellen und Lehrlinge) und im Jahr 1852 1755 Personen (696 Meister, 1059 Gesellen und Lehrlinge) an.[69] Die Bedeutung der Fabrikarbeit wuchs rasch. Im Betrieb des Fabrikanten Ernst Georg Zimmermann arbeiteten um die Mitte des Jahrhunderts Gürtler, Schlosser, Eisengießer, Former und Schreiner.[70] 1852 waren in Hanau 29 Prozent der männlichen Erwerbsbevölkerung Fabrikarbeiter. In Kassel erreichte ihr Anteil um die gleiche Zeit noch nicht einmal 14 Prozent.[71]

Während das Handwerk eine Männerdomäne war, arbeiteten in der Industrie wie auch im außerindustriellen Bereich zahlreiche Frauen. In den Tabakfabriken stellten sie – hauptsächlich als Wickelmacherinnen – etwa die Hälfte der Belegschaften; in der Textilproduktion (Garne, Stoffweberei, Strumpfwirkerei) und in

[68] Das Zahlenmaterial für diese und die folgenden Berechnungen wurde aus den nachstehenden Quellen und Bearbeitungen entnommen: HStAM, 180 Hanau 1365; Bruno Hildebrand, Statistische Mitteilungen über die volkswirtschaftlichen Zustände Kurhessens: nach amtlichen Quellen, Berlin 1853; im Weiteren: Hildebrand, Statistische Mitteilungen; Tapp, Hanau 1848–1849, S. 222f.; Brandt, Wirtschaft und Wirtschaftspolitik, S. 60ff., 67f.; Wolfram Heitzenröder, Sozialer Protest und organisierte Arbeiterbewegung in Hanau 1848–1851, in: Hess. Jb. für Landesgeschichte, Bd. 48, S. 166f.; im Weiteren: Heitzenröder, Sozialer Protest.

[69] Heitzenröder, Sozialer Protest, S. 166f; Tapp, Hanau 1848–1849, S. 222; Brand, Wirtschaft und Wirtschaftspolitik, S. 67f.; Kukowski: Pauperismus, S. 435f.

[70] Gessner, Die Anfänge der Industrialisierung, S. 193f.

[71] Kukowski, Pauperismus, S. 78ff.

der Goldbearbeitung waren sie stark vertreten.[72] 1840 beschäftigten die Goldwarenfabriken 472 männliche und 39 weibliche Personen.[73] 1847 arbeiteten in der Zigarrenfabrikation neben 385 Männern 440 Frauen.[74] In diesem Jahr befanden sich unter den Handarbeitern doppelt so viele Frauen wie Männer. Das Handwerk nicht mitgerechnet, standen rund 2490 Lohnarbeiterinnen etwa 2190 Lohnarbeiter gegenüber.[75]

Teil der Arbeiterschaft waren die in den Werkstätten der Tabak- und Textilindustrie beschäftigten Kinder. (Dok. 5a; 6) Ihre Zahl wird für das Jahr 1839 mit 121 angegeben, für 1840 mit 131 und Ende der 40er Jahre allein in den Textilbetrieben mit 141. Der Teppichfabrikant Leisler beschäftigte 1840 34 Kinder vom sechsten bis zum 14. Lebensjahr in der Spinnerei und Weberei.[76] 1842 verpflichteten sich die Fabrikanten auf Empfehlung der Regierung, Kinder unter zwölf Jahren nicht mehr zu beschäftigen. Diese Praxis galt in Hanau bis in die 60er Jahre des 19. Jahrhunderts, im Gegensatz zum übrigen Kurhessen, wo Kinder inzwischen erst nach der Konfirmation mit 14 Jahren eingestellt werden konnten.[77] Nach einem Rückgang Ende der 50er Jahre nahm die Fabrikarbeit der schulpflichtigen Kinder in den 60er Jahren wieder zu. 1857 sind 33 Knaben und 30 Mädchen erwähnt, die in der Mehrzahl in den Goldarbeiterwerkstätten und nur vereinzelt in den Zigarrenfabriken beschäftigt waren; 1864 waren 97 Kinder in der Zigarren- und in der Edelmetallbranche sowie bei der Teppichherstellung beschäftigt. In einer Eisengießerei waren immer noch Sieben-, Acht- und Neunjährige an der Arbeit.[78]

Die Zahl der arbeitenden Kinder war weit größer, als in den Statistiken aufgezeichnet. Kinder in der Heimarbeit und in Wohlfahrtsanstalten wurden von den Erhebungen nicht erfasst. In Kurhessen gab es für die Kinderarbeit bis zur Auflösung dieses Staatsgebildes keine gesetzliche Regelung. Eine Einschränkung erfolgte erst 1869 durch die Gewerbeordnung des Norddeutschen Bundes.

Für Kinder galten die gleichen Arbeitsbedingungen wie für die Erwachsenen. Das bedeutete in den 40er und 50er Jahren in der Tabak- und in Edelmetallindustrie im Sommer elf-, im Winter zehnstündige Arbeit. In der Textilbranche wurde nicht selten auch 12 bis 13 Stunden, in der Hutproduktion sogar 14 Stunden gearbeitet.[79] Nach der Arbeit folgte für die Kinder – um der Schulpflicht zu genügen – von 19.00 bis 20.30 Uhr der Besuch der Abendschule. Von 1844 an wurden diese Schulstunden in die Mittagszeit und auf den Sonntag gelegt.[80]

[72] Heitzenröder, Sozialer Protest, S. 167.
[73] Caspari, Die Entwicklung der Hanauer Edelmetallgewerbes, S. 134.
[74] HStAM, 180 Hanau-1365.
[75] Ebd.
[76] HStAM, 82d-63; Hildebrand, Statistische Mitteilungen, S. 117.
[77] Brand, Wirtschaft und Wirtschaftspolitik, S. 67; Robert Friderici, Kinderarbeit in kurhessischen Fabriken und Bergbaubetrieben (1841–1866), in: Hess. Jb. für Landesgeschichte Bd. 12, 1962, S. 219. Im Weiteren: Friderici, Kinderarbeit.
[78] HStAM, 82d-63.
[79] Heitzenröder, Sozialer Protest, S. 167.
[80] HStAM, 82d-63.

Das Hauptkontingent der arbeitenden Kinder kam aus den örtlichen Freischulen, die sie bis zum zwölften Lebensjahr unterrichteten. In Hanau hatte der Frauenverein 1848 für Schülerinnen der Mädchenfreischule eine Art Arbeitsanstalt eingerichtet, um »diese Mädchen soweit möglich von dem frühen Eintritt in Fabrikarbeit fern zu halten«. Die Mädchen erledigten unter der Aufsicht der Lehrerinnen Aufträge für Näharbeiten. Geld sahen sie keines. Der Lohn wurde ihnen »bis zu zweckmäßiger Verwendung gutgeschrieben«.[81]

In der Lohnskala standen die Kinder an letzter Stelle. Zu den am schlechtesten entlohnten Gruppen gehörten auch das männliche und weibliche Gesinde. Frauen mussten sich in der ersten Hälfte des 19. Jahrhunderts allgemein mit einem Drittel des Männerlohnes zufrieden geben (Tab. 28).

Der Statistiker Bruno Hildebrand errechnete das Existenzminimum, mit dem eine Fabrikarbeiterfamilie mit zwei Kindern in einer »gewöhnlichen Arbeiterwohnung«, aus Stube, Kammer und Küche bestehend, die Lebenshaltung organisieren konnte. (Dok. 6; Tab. 29)

Fast drei Viertel des Budgets mussten für die dürftige Ernährung ausgegeben werden. Berücksichtigt man die unumgänglichen Ausgaben für Kleidung und andere Lebensbedürfnisse, zeigt sich, dass, von Spitzenfachkräften abgesehen, ein Arbeiter nicht in der Lage war, ohne die Mitarbeit der Frau und womöglich der Kinder, seine Familie zu unterhalten. An Rücklagen für Zeiten der Arbeitslosigkeit oder Krankheit war nicht zu denken. Um die Notlage der erwerbstätigen Eltern zu lindern, wurde 1836 unter der Fürsorge des Hanauer Frauenvereins für ihre noch nicht schulpflichtigen Kinder der erste Kinderhort (»Kleinkinderschule«) gegründet.[82]

Man kann davon ausgehen, dass sich in Hanau um die Jahrhundertmitte etwa zwei Drittel der männlichen Erwerbsbevölkerung und fast die gesamte weibliche Erwerbsbevölkerung in einem unselbständigen Beschäftigungsverhältnis befand. Diese Masse der Lohnabhängigen, deren Existenz ständig bedroht war, wurde sich allmählich der gemeinsamen wirtschaftlichen Lage und ihrer gesellschaftlichen Kraft bewusst.

Im Kreuzfeuer zweier Krisen

Katastrophale Getreide- und Kartoffelernten in den Jahren 1845 und 1846 führten in ganz Deutschland zu einer Teuerungswelle, in weiten Landstrichen zu Hungersnot und im Bereich des Handwerks zu weiterer Destabilisierung. Die Brotpreise stiegen vom Frühjahr 1845 bis April 1847 nahezu auf das Dreifache. Der Kartoffelpreis verdoppelte sich.[83] Im Frühjahr 1847, auf dem Höhepunkt der

81 Zweiter Bericht über die Wirksamkeit und Verwaltung der Kleinkinderschule zu Hanau (Von April 1843 bis Ende 1848), Hanau, den 27. April 1849, S. 10f.

82 Tapp, Hanau 1848–1849, S. 220.

83 Tapp, Hanau 1848–1849, S. 225; Kukowski, Pauperismus, S. 260. Die Kartoffel war in den 40er Jahren zum Hauptnahrungsmittel von bereits zwei Dritteln der Bevölkerung geworden.

Hungerkrise, war der Anteil der Unterstützungsbedürftigen im Kurfürstentum auf zwei Drittel der Bevölkerung angestiegen.[84]

Seit März 1846 gab der Hanauer Stadtrat an Bedürftige Brotkarten aus, mit denen sie verbilligt einkaufen konnten. Im Januar 1847 wurde ein »Hilfsverein zur Verleihung von Brotkarten« gegründet. Hier wurden, wie auch in dem im Oktober 1846 gebildeten »Hilfsverein zur Beschaffung von Kartoffeln und Baumaterial«, von wohlhabenden Bürgern Spenden gesammelt.[85] (Dok. 7) Mit dem Geld wurde den Bäckern die Differenz zwischen dem verbilligten und dem tatsächlichen Brotpreis ausgeglichen. Kartoffeln wurden in großen Mengen eingekauft und ohne Gewinn an die Notleidenden verkauft. Über 300 Hanauer Bürger, meist Handwerker, beklagten im August 1846 in einer Eingabe an den Kronprinzen die in der Struktur des Getreidehandels liegende Wuchertendenz, die sie als Hauptursache der Teuerung anprangerten.[86]

Der kaum ausgestandenen Hungerkrise mit noch vorindustriellem Charakter folgte im Herbst 1847 die erste Krise der neuen Zeit: ein aus England übergreifender Konjunktureinbruch im Bankwesen und im industriell-gewerblichen Bereich. Durch die Schließung zahlreicher Unternehmen kam es vielerorts zu Massenentlassungen und Arbeitslosigkeit. Die Zahl der Beschäftigten in der Hanauer Edelmetallindustrie sank von 1845 bis 1847 auf etwa die Hälfte. Arbeiteten 1845 in 54 Bijouteriefabriken 800 und in vier Silberwarenfabriken 35 bis 40 Beschäftigte, waren 1847 nur noch 44 Betriebe mit 404 Arbeitern vorhanden, und ihre Zahl blieb bis 1849 bei 400. In der Zigarrenfabrikation gab es 1845 14 Fabriken und einige Kleinbetriebe mit insgesamt 1000 Arbeitern, im Krisenjahr 1847 mit 825 Beschäftigten ein Fünftel weniger. Die Teppichfabrik Leisler hatte auf dem Zenit ihres Wirkens im Jahr 1845 450 Arbeiter (einschließlich Frauen und Kinder). 1847 ging diese Zahl auf 172 zurück; von 65 Teppichknüpfstühlen standen 48 still; von 1541 Spindeln wurden 384 nicht benutzt.[87] Die Zahl der Entlassenen in der Hanauer Industrie mag um die Tausend gelegen haben. Eine Erholung trat in der ganzen Revolutionszeit nicht ein.

Vor dem Hintergrund der Wirtschaftskrise beschleunigte sich der Differenzierungsprozess im Lager der liberaldemokratischen Opposition. Das Offenburger Programm der süddeutschen Demokraten vom September 1847 enthielt Forderungen, die über die Bestrebungen des liberalen Bürgertums weit hinausgingen: gleiches Wahlrecht, gleiche Bildungschancen, Steuerprogression und ganz allgemein »Ausgleichung des Missverhältnisses zwischen Arbeit und Kapital«.[88]

[84] Martin Kukowski, Vom »Pauperismus« zum »Proletariat«. Stufen und Phasen der Pauperisierung in Kurhessen in der 1. Hälfte des 19. Jahrhunderts, in: Hess. Jb. für Landesgeschichte, Bd. 42, 1992, S. 210.

[85] StAH, C 1, Nr. 681.

[86] Seier, Akten und Eingaben, S. 410ff.

[87] Zahlen zu der Krise: Tapp, Hanau 1848–1849, S. 224; Brand, Wirtschaft und Wirtschaftspolitik, S. 60, 64f.

[88] Freiheitsmuseum Rastatt, Ständige Ausstellung, Katalog-Nr. 198.

Die demokratischen Reformforderungen machten auch vor den kirchlichen Institutionen nicht Halt. Ziel der sich seit 1845 ausbreitenden »deutschkatholischen« Bewegung war die Gründung einer deutschen »Nationalkirche« ohne Priesterhierarchie, ohne die äußeren Formen der katholischen Frömmigkeit und mit dem Gebrauch der deutschen Sprache im Gottesdienst. Die Sozialstruktur des Deutschkatholizismus wurde, der Sänger- und Turnerbewegung ähnlich, durch das mittelständisch bürgerliche und kleinbürgerliche Element bestimmt: Kaufleute, Handwerker, Kleinmeister und Gesellen sowie Vertreter der bürgerlichen Intelligenz dominierten. Am Vorabend der Revolution waren die etwa 70 000 Deutschkatholiken in 240 Gemeinden organisiert.[89] In Hanau gründeten im Mai 1845 eingewanderte katholische Gold- und Silberarbeiter die erste Gemeinde. Mit zeitweise 216 Mitgliedern war sie die größte derartige Assoziation in Kurhessen mit engen Verbindungen zu den Gemeinden in Offenbach und in Frankfurt.[90]

Nach anfänglicher Duldung ging die kurhessische Regierung zur offenen Unterdrückung der deutschkatholischen Bewegung über. Im August 1845 wurde die Religionsausübung durch Ministerialerlass auf geschlossene Versammlungen beschränkt, im September nur noch die Hausandacht zugestanden. Ehe-Einsegnung, Taufe und kirchliches Begräbnis wurden verweigert, obwohl die kurhessische Verfassung die Gewissensfreiheit garantierte.[91]

Die breite Solidarisierung, die die Hanauer Deutschkatholiken erfuhren, drückte den zunehmenden Unmut gegen die feudalistisch-monarchistische Repression aus. Über 200 Bürger – die politische Führungsschicht der Stadt – protestierten im September 1846 in einer Eingabe an das Innenministerium gegen die verfassungswidrige Behandlung dieser Sekte, »was Misstrauen, Verwirrung und Demoralisation« in der Bevölkerung bewirke.[92] Für die Hanauer Turner war das Begräbnis eines deutschkatholischen Hasenhaarschneiders aus Klein-Auheim am 16. Dezember 1847 Anlass für demonstrativen Protest.[93] (Dok. 8)

Schon fünf Tage nach dem Begräbnis traf den aus 162 Mitgliedern bestehenden Turnverein das polizeiliche Verbot. Der Geist des Widerstandes war jedoch nicht mehr zu zähmen. Der aufgelöste Turnverein konstituierte sich als Gesangverein; sein Treffpunkt, die Wirtschaft »Zum weißen Schwan« am Steinheimer Tor, entwickelte sich zum Hauptquartier der Radikalen.[94] Auf der überregionalen Turnerversammlung in Hattersheim am 9. Januar 1848 wurde ganz offen die Vorbereitung der Revolution erörtert, über das Zusammenwirken von Turnern und Proletariern und über die Gründung von Arbeitervereinen debattiert.[95]

89 Düding, Organisierter Nationalismus, S. 154f.
90 Verhandlungen des kurhessischen Landtags, Beilage 152, S. 3; Tapp, Hanau 1848–1849, S. 235f.
91 Seier, Akten und Eingaben 1837–1848, S. LXIf., 355, 430.
92 Ebd., S. 355, 430, 413f.
93 Tapp, Hanau 1848–1849, S. 245f.
94 Ebd., S. 246.
95 Düding, Organisierter Nationalismus, 238ff., 296f. In Hattersheim waren circa 400 hessische, nassauische und badische Turner (besonders zahlreich aus Mannheim) anwesend.

Unmissverständlich brachte ein Flugblatt, das am Morgen des 1. Januar 1848 in Hanau vorgefunden wurde und in diesen Wochen auch in Mainz und in Frankfurt auftauchte, die Stimmung der Unterdrückten zum Ausdruck. Es rief die deutschen Proletarier auf, das angebrochene neue Jahr 1848 zum Jahr der Revolution werden zu lassen. (Dok. 9) Der Text wurde vermutlich von dem Mechaniker Adolph Cluß verfasst, einem Mitglied des Bundes der Kommunisten, und heimlich in Hanau gedruckt.[96] Im Februar 1848 erschien auch das Programm dieses im August 1847 in Brüssel gegründeten Bundes: das von Karl Marx und Friedrich Engels verfasste »Kommunistische Manifest«.

Der Ausbruch der Revolution

Das Signal zum Aufstand gab die Februar-Revolution in Frankreich. In Paris wurde am 25. Februar 1848 die Republik ausgerufen. Auch in Deutschland waren die Spannungen zwischen dem feudalabsolutistischen System einerseits und Bürgertum sowie Volksopposition andererseits zur Entladung reif. »Es scheint fast, als bediene sich die Revolution der Eisenbahnen«, schrieb ein Zeitgenosse,[97] mit solcher Geschwindigkeit breitete sich die Umwälzung in den deutschen Staaten aus, bis durch die Volksaufstände in Wien und Berlin am 13. und 18. März auch die letzten Säulen der alten Herrschaft gefallen schienen.

Die Nachrichten aus Paris heizten die in Hanau schon seit Jahresanfang unruhige Stimmung weiter an. (Dok. 10a) In den verschiedenen Gastwirtschaften wurden täglich Volksversammlungen abgehalten. Man entwarf eine Petition der Hanauer Bürgerschaft an den Kurfürsten, die eine Deputation am 29. Februar nach Kassel brachte. Die darin enthaltenen Forderungen – Verabschiedung des verhassten Staatsministeriums, Neuwahl der Landstände ohne jede Wahlbeschränkung, sofortige Freigabe der Presse, politische Amnestie und Aufhebung der Repressionen gegen die Deutschkatholiken – zielten auf eine generelle Neuordnung der politischen Verhältnisse.

Der im Dezember 1847 aufgelöste Turnverein hatte sich inzwischen neu konstituiert. Am 4. März formierte sich ein Arbeiterfreikorps unter der Führung von Carl Röttelberg, eines ehemaligen Leutnants der Freiheitskriege. In den Wirtshäusern kursierten Sammellisten mit Hunderten von Anmeldungen. Da der Hanauer Polizeipräsident seine Zustimmung verweigerte, wurden beide Formationen durch die Entscheidung des Oberbürgermeisters Eberhard in die Bürgerwehr integriert.[98]

[96] Beier, Arbeiterbewegung in Hessen, S. 71; Eckhart G. Franz, Die hessischen Arbeitervereine im Rahmen der politischen Arbeiterbewegung der Jahre 1848–1850, in: Archiv für hessische Geschichte und Altertumskunde, NF Bd. 33, 1975, S. 172. Im Weiteren: Franz, Die hessischen Arbeitervereine.

[97] Hans Adler (Hrsg.), Literarische Geheimberichte. Protokolle der Metternich-Agenten, Bd. 2. 1844–1848, Köln 1981, S. 194.

[98] Tapp, Hanau 1848–1849, S. 257ff.; Franz, Die hessischen Arbeitervereine, S. 183.

Die Volkscommission in Hanau an den Kurfürsten von Hessen, Königl. Hoheit.

Königliche Hoheit!

Durch die Proclamation Eurer königl. Hoheit vom 7. dieses sind die Wünsche des Volkes nicht erfüllt und seine Bitten unvollständig gewährt worden. —

Das Volk ist mißtrauisch gegen Eure königl. Hoheit Selbst, und sieht in der unvollständigen Gewährung seiner Bitten eine Unaufrichtigkeit.

Das Volk hat in der unvollständigen Gewährung seiner Bitten nichts gesehen, als die dringendste Aufforderung sich noch enger zusammenzuschaaren und eine noch festere Haltung Eurer Königl. Hoheit gegenüber einzunehmen.

Das Volk, welches wir meinen, ist nicht der vage Begriff mehr von ehedem, nein es sind Alle — Alle! — Ja, Königl. Hoheit: Alle! Auch das Militär hat sich für einstimmig erklärt!

Das Volk verlangt, was ihm gebührt. Es spricht den **Willen** aus, daß seine Zukunft besser sein solle, als seine Vergangenheit, und dieser Wille ist unwiderstehlich. —

Das Volk hat sich eine Commission erwählt, und diese verlangt nun für es und Namens seiner:

1) **Besetzung aller Ministerien, soweit diese nicht neuerdings geschehen ist, mit Männern, welche das Vertrauen des Volks genießen.**
2) **Auflösung der wiedereinberufenen Ständeversammlung und als baldige Berufung neu zu wählender Stände.**
3) **Bewilligung vollständiger Preßfreiheit auf Grund der hierzu im §. 95 der Verfassungs-Urkunde gewährten Zuständigkeit.**
4) **Vollständige Amnestie für alle seit dem Jahr 1830 begangenen politischen Vergehen.**
5) **Gewährung vollständiger Religions- und Gewissensfreiheit und deren Ausübung.**
6) **Hinwirkung bei dem deutschen Bund auf Bildung einer deutschen Volkskammer. Zurücknahme aller den Genuß verfassungsmäßiger Rechte, ganz insbesondere des Petitions-Einigungs- und Versammlungsrechtes beschränkenden Beschlüsse.**
7) **Die bestimmte Zusage, daß die bereits durch die Proclamation vom 7. dieses zugesicherten und in Beziehung auf die ausgesprochenen Desiderien weiter erforderlichen Gesetzentwürfe der nächsten Ständeversammlung vorgelegt werden. —**
8) **Entschließung Eurer Königlichen Hoheit binnen drei Tagen von heute an, deren Verstreichen ohne Antwort als Ablehnung angesehen werden soll.**

Jetzt ist die Stunde gekommen, wo Sie zu zeigen haben, Königl. Hoheit, wie Sie es mit dem Volke meinen.

Zögern Sie nicht einen Augenblick zu gewähren, vollständig zu gewähren.

Besonnene Männer, Königl. Hoheit, sagen Ihnen hier, daß die Aufregung einen furchtbaren Charakter angenommen hat. Bewaffneter Zuzug aus den Nachbarstädten ist bereis vorhanden, schon wird man mit dem Gedanken einer Lostrennung vertraut und kennt recht wohl das Gewicht der vollendeten Thatsache.

Königl. Hoheit, gewähren Sie! Lenke Gott Ihr Herz.

Hanau, den 9. März 1848.

Die Volkscommission:

P. Jung,	Dr. G. Pressel,	J. G. Schreyer,
Ed. Graf,	L. A. Pelissier,	A. Rühl,
Renaud,	H. Rau,	Springmühl,
Rollenberger,	Ph. Heydt,	W. Ziegler,
L. Braun,	A. Gouze,	Eberhard,
Lautenschläger,	Braubach,	Rommel,
G. Pflüger,	E. Weidman,	Manns,
C. Röttelberg,	E. W. Wagner,	A. Schärttner,

Hanau, Forderungen der Volkskommission an den Kurfürsten, das sogenannte »Hanauer Ultimatum«, 9. März 1848

Währenddessen verzögerte der Kurfürst den Empfang der Hanauer Delegation. Eine Volksversammlung beschloss am 6. März den Rückruf der Delegierten auch ohne eine kurfürstliche Antwort. »Mit jeder Minute wuchs die Aufregung«, berichtete ein Augenzeuge. »Alle Feuerarbeiter schmiedeten Sensen und Lanzen. Die Waffenarbeiter und Händler hatten nicht Hände genug; Schießübungen wurden veranstaltet, kurz, die sonst so heitere und friedliche Stadt hatte das Ansehen eines Feldlagers im Bauernkriege.«[99] Aus der Umgebung kamen zahlreiche bewaffnete Turner in die Stadt.

Am Nachmittag des 8. März versammelte sich die gesamte bewaffnete Macht auf dem Neustädter Marktplatz: »An 1500 Mann Bürgergarde, die Turner, das beinahe 2000 Mann starke Freikorps, ungefähr 300 Mann aus Offenbach, und etwa ebenso viel aus Gelnhausen, Mainz, Frankfurt, Friedberg, Steinheim etc.«, berichtete die »Hanauer Zeitung«.[100] Die kurfürstliche Antwort auf die Ende Februar verfassten Hanauer Forderungen wurde am 7. März vom Rathausbalkon aus verlesen. Sie hob die Zensur und die Repressionsmaßregeln gegen die Deutschkatholiken auf und kündigte ein Pressegesetz und Reformen im Justizwesen an. »Missbilligendes Geschrei« war die Antwort. Das Volk von Hanau verlangte jetzt schon mehr.

Stadtrat und Bürgerausschuss sahen sich nicht mehr in der Lage, in dieser Situation allein zu handeln. Eine Vertretung aller Schichten der Bevölkerung, eine Volkskommission, wurde mit Zustimmung des Militärs per Akklamation durch die Volksversammlung gewählt. (Dok. 10b) Der größere Teil der 24 Mitglieder, hauptsächlich Fabrikanten und Kaufleute, gehörte der städtischen Oberschicht an. Die Mittel- und Unterschicht waren durch den Turnführer August Schärttner, den Kommandeur des Arbeiterfreikorps Carl Röttelberg, den Goldarbeiter und Mitbegründer der deutschkatholischen Gemeinde Ernst Weidmann, den Lithograph Adam Nollenberger und den Graveur Christian Lautenschläger vertreten.[101]

Am 9. März legte die Volkskommission eine Neufassung der Hanauer Forderungen an den Kurfürsten in der Form eines Ultimatums vor. (Dok. 10c) Die Forderungen entstammten dem liberalen Bürgertum, ohne republikanische oder sozialrevolutionäre Elemente, wurden jedoch nicht von den in solchen Eingaben üblichen Demutsformeln eingeleitet, sondern mit bürgerlich-demokratischem Selbstbewusstsein vorgetragen. Die mit dem Dokument nach Kassel entsandte Delegation traf unterwegs in Friedberg, Butzbach, Gießen und Marburg auf begeisterte Unterstützung.[102]

99 G. Conrad Herrmann, Die in der ersten Hälfte des Monats März 1848 statt gehabten Hanauer Ereignisse, Hanau [1848]; im Weiteren: Herrmann, Die Hanauer Ereignisse.
100 HZ Nr. 70, 9.3.1848.
101 Tapp, Hanau 1848–1849, S. 264ff.
102 Ebd., S. 269.

Erinnerung an die Hanauer Freischaaren

(am 12. März 1848.)

Zu haben bei H. P. Hartmann, Breitengasse 31

Ein einiges freies Deutschland hoch!

Erinnerungsblatt an die Mobilisierung der Hanauer Freischaren am 12. März 1848

In Hanau begann, von der Volkskommission organisiert, die fieberhafte Vorbereitung des Widerstandes für den Fall einer fürstlichen Ablehnung. Ein Generalstab, bestehend aus den Kommandeuren der Bürgergarde, der Turnerwehr, des Arbeiterfreikorps und der bürgerlichen Schützencorps, übernahm die militärische Leitung. Zur Organisierung der herbeiströmenden Hilfsscharen wurde ein eigener Stab für die Mobilmachung aufgestellt. Turner aus Marburg, Gießen und Mainz, aus Offenbach und Bockenheim kamen. Die umliegenden Dörfer waren ebenfalls bereit. In Mainz warteten 5000 Turner und in Mannheim ein Freicorps von 600 Mann auf einen Hilferuf.

Die Stadt verwandelte sich in eine Festung. An den Stadttoren wurden aus aufgerissenen Pflastersteinen Barrikaden angelegt, in den Häusern für den Häuser- und Straßenkampf Steine und Wurfgeschosse gelagert, Munition und Waffen eingekauft, Gewehrkugeln gegossen. Während Bürgerwehr und Freischaren einheitlich mit Gewehren bewaffnet waren, war das Arbeiterfreicorps nur mit umgeschmiedeten Sensen ausgerüstet. Am 10. März verursachte der Abzug des gesamten Militärs aus der Stadt große Aufregung, da man dessen Vereinigung mit den Truppen aus den Nachbarorten zu einem Angriff befürchtete.[103] Man hoffte, die Soldaten, die ihre Sympathie mit der Revolution schon öffentlich kundgetan hatten, durch Aufrufe zu gewinnen. (Dok. 10e)

Der Hanauer Deputation in Kassel wurden Berichte über die vorangeschrittenen Abwehrvorbereitungen nachgeschickt. (Dok. 10d) Nach längerem Hinhalten akzeptierte der Kurfürst am 11. März das Ultimatum. Die Hanauer Delegierten trafen mit der kurfürstlichen Proklamation, die außer der Auflösung des Landtags alle Hanauer Forderungen erfüllte, am 12. März in der Stadt ein. (Dok. 10f) August Rühl verkündete vom Balkon des Rathauses einer gespannt wartenden Menschenmenge die Nachricht. »Ein Jubel, wie er in Hanaus Mauern noch nicht erhört worden, erfüllte jetzt die Luft, tausend Büchsen und Musketen knallten, man umarmte sich mit Freudentränen in allen Straßen, aus allen Fenstern Freuden-Salven bis in die späte Nacht.«[104] Am nächsten Tag marschierte im Anschluss an einen Dankgottesdienstes am Neustädter Markt die gesamte revolutionäre Streitmacht aus Hanauern und Fremden zu einer großen Parade auf. (Dok. 10g) Am Ende der Parade lagerte das Arbeiterfreikorps seine Sensen im Rathaus ein.[105]

103 Ebd., S. 272f.
104 Herrmann, Die Hanauer Ereignisse, S. 19.
105 Tapp, Hanau 1848–1849, S. 276f.

Der Volksrat

In den Märztagen gelang es in Hanau, die Volksbewaffnung als eine Hauptforderung der Revolution aus eigener Kraft zu verwirklichen: Das Bürgertum in der Bürgergarde und im Schützenkorps, Arbeiter und Handwerksgesellen im Arbeiterfreicorps und in der Turnerwehr waren zum gemeinsamen Kampf bereit. Volkskommission und Volksversammlungen – als Regierung und Parlament – ließen in ihrem Zusammenwirken das Modell einer direkten Demokratie entstehen.[106] Nachdem die Volkskommission sich auflöste, wurde am 22. März in einer Volksversammlung ihr Nachfolger unter dem Namen »Volksrat« gewählt. In der Zusammensetzung der 24 Mitglieder zeigte sich eine Verschiebung hin zur demokratischen Linken. Die Proklamation vom 11. April 1848 ging weit über die liberalen Forderungen des Ultimatums vom 9. März hinaus: Das Ziel war nun der auf die Volkssouveränität bauende parlamentarisch-demokratische Staat, der die sozialen Missstände durch die Gesetzgebung zu überwinden trachtet.[107] Nach dem Hanauer Beispiel wurden auch in mehreren anderen Städten, wie Fulda und Marburg, Volksräte gewählt.

Der Volksrat weitete seinen Aktionsradius auch auf die Umgegend aus: Volksversammlungen in den umliegenden Gemeinden hatten das Ziel, politische Aufklärung zu betreiben.[108] Die Märzrevolution führte auch in den hessischen Territorien – wie in vielen anderen Teilen Deutschlands – zu antifeudalen Bauernerhebungen. Neben Angriffen auf Rentei- und Forstbedienstete häuften sich besonders in den Provinzen Fulda und Niederhessen die Ausschreitungen gegen die jüdischen Einwohner. Die bäuerliche Bevölkerung machte sie für »Wucherkredite« im Zusammenhang mit den Missernten von 1846/47 verantwortlich. An das demokratische Bewusstsein der Bevölkerung appellierend, erließ der Hanauer Volksrat Ende März einen Aufruf gegen antijüdische Übergriffe. (Dok. 12)

Mit dem Voranschreiten des revolutionären Prozesses wurde es schwieriger, die Illusion einer Gesamtvertretung der Bevölkerung in Form des Volksrates aufrechtzuerhalten, dies um so mehr, weil neben dieser Art der Volksregierung auch die alte kommunale und staatliche Verwaltung – wenn auch geschwächt – weiterarbeitete. Im Zuge der Vorbereitung der Wahlen zur Nationalversammlung kam es zur Ausbildung von Parteigruppierungen, die eigene Organisationen gründeten. Die Liberalen und die konstitutionellen Monarchisten organisierten sich in Hanau seit dem 7. Mai 1848 im »Politischen Verein«, während der am 8. Juni 1848 gegründete »Demokratische Verein« die Hanauer Republikaner repräsentierte. Zur Gestaltung einer deutschen Republik bekannte sich auch die Hanauer Turnerwehr und ebenso der am 27. April entstandene Arbeiterverein.

[106] Historisches Museum (Hg.), Hanau im Vormärz, S. 38.

[107] StAH, L 1, M 615-K 113; Tapp, Hanau 1848–1849, S. 283f., 300f.

[108] Am 12. April in Langenselbold (HZ Nr. 102, 11. April 1848), am 16. April in Windecken (HZ Nr. 103), am 4. Juni in Bergen (Deutsche Volksstimme (Hanau) Nr. 20, 7.6.1848).

Hanau, Zerstörung des Prügelbocks der Polizeiwache, 18. März 1848

Im Gegensatz zu Kurhessen und zur deutschen Nationalversammlung wurde für Hanau die Hegemonie der Republikaner charakteristisch.

Am Tag der Eröffnung des Vorparlaments am 31. März fuhren an die 300 Hanauer Turner nach Frankfurt, um dort mit Gleichgesinnten für die Republik zu demonstrieren. Bei der Kundgebung kam es zu einem Zusammenstoß mit Gegendemonstranten aus dem in Frankfurt starken konstitutionellen Lager.[109]

Liberal-konstitutionell orientierte Turner standen einer Fraktion republikanisch-demokratisch gesonnener Turner gegenüber, so auch am Deutschen Turnertag vom 2. bis zum 4. April 1848 in Hanau, an dem sich 40 Turngemeinden vertreten ließen und den »Deutschen Turnerbund« gründeten. An einem weiteren Turnertag am 2./3. Juli 1848, ebenfalls in Hanau, spaltete sich hiervon unter der Führung des Hanauer Turnvereins der »Demokratische Turnerbund« ab. Dieser bekannte sich in seinen Statuten explizit zu einem einheitlichen Deutschland als demokratische Republik.[110]

[109] StAH, L 1, Zieglersche Chronik Bd. 2, S. 191; Deutsche Volksstimme (Hanau) Nr. 2, 5.4.1848. Hier ist der Tag irrtümlich als der 30. März angegeben.

[110] Düding, Organisierter Nationalismus, S. 248f.

Straßenprotest

Die Erfüllung der Märzforderungen war der revolutionären Tatkraft der ganzen Hanauer Bevölkerung, insbesondere den Massen von Fabrikarbeitern, Handarbeitern und Handwerksgesellen, zu verdanken. Nach der Siegesfeier und der Auflösung des rund 2000 Mann umfassenden Arbeiterfreikorps sahen sich diese Menschen wieder an den Rand gedrängt. Viele unter ihnen sahen sich mit Erwerbslosigkeit und Hunger konfrontiert.[111]

Einige der spontanen Straßenaktionen in der zweiten Märzhälfte schöpften ihre Dynamik noch aus dem Elan der revolutionären Bewegung. Am 18. März holte eine Menschenmenge den »Wolf«, den verhassten Prügelbock, aus der Polizeiwache und zerstörte ihn. Die »Hanauer Zeitung« schrieb dazu: »Eine heitere, aber ruhige Stimmung herrschte ... ».[112] Eine ähnliche Stimmung verbreitete sich Ende März auf dem Marktplatz bei der Verbrennung einer Puppe, die den König von Preußen darstellte, als symbolische Bestrafung Friedrich Wilhelms IV. für die Toten der Berliner Märzkämpfe.[113] Die Aufläufe zur Hauptwache am Paradeplatz am 20. März mit dem Ziel, die »Lattenkammer«, die zur vorläufigen Aufnahme von Verhafteten diente, zu vernichten oder der Angriff auf das Polizeigebäude am 27. März mit dem Ziel, das Strafregister zu zerstören, waren ähnliche Akte der Abrechnung mit der Vergangenheit. Die letztgenannten Anschläge konnte die Bürgergarde, das einzige relativ intakte und in allen Bevölkerungsschichten einigermaßen akzeptierte Sicherheitsorgan der Stadt, jedoch verhindern.[114] Nicht Herr wurde sie über die täglich stattfindenden »Katzenmusiken«, die mit Drehorgeln, Pfeifen, Trompeten und Schellen in ohrenbetäubenden Lärm vor den Wohnungen missliebiger Personen stattfanden. Mehrere tausend Menschen machten auf diese Weise am 17. März eine »Ehrenrunde« vor den Wohnungen diverser staatlicher Amtsträger und vermögender Bürger.[115] Regierungsdirektor Robert und Gendarmerierittmeister Brandes flüchteten Hals über Kopf aus der Stadt.[116]

Mit der schwindenden Hoffnung auf eine Besserung ihrer sozialen Lage und mit der wachsenden Enttäuschung über den Gang der Revolution wandte sich der Unmut der proletarisierten Bevölkerung zunehmend gegen das wohlhabende Bürgertum.[117] Schon Mitte März begannen Arbeitslose und Arme im Lamboywald, unerlaubt Holz zu schlagen. Das Wohnhaus des protestierenden Försters

[111] 120 Mann der früheren Arbeiterfreikorps wurden in der zweiten Märzhälfte wieder in die Bürgergarde aufgenommen. Vgl.: StAH, C 1, Nr. 93.

[112] HZ Nr. 80, 20.3.1848; StAH, L 1, Zieglersche Chronik Bd. 2, S. 177; Polizeidirektor Specht an das Innenministerium am 19. März 1848, in: HStAM, 16-7308.

[113] Ebd., Polizeidirektor Specht an das Innenministerium v. 29. März 1848.

[114] Tapp, Hanau 1848–1849, S. 285ff.

[115] Heitzenröder, Sozialer Protest, S. 171.

[116] Bernhard Eberhard, Aus meinem Leben, S. 27.

[117] Am 20. April wollten ein Fabrikarbeiter und ein Zimmergeselle, mit Hirschfänger, Dolch- und Strick bewaffnet, den Polizeirat Müller in seiner Wohnung aufknüpfen. Vgl.: Heitzenröder, Sozialer Protest, S. 173; StAH, L 1, Zieglersche Chronik Bd. 2, Fol. 221f.

wurde demoliert.[118] Im April verhöhnten Arbeiter die Mitglieder der vornehmen Bürgergesellschaft »Assemblée« und zwangen den Verein zur Selbstauflösung. (Dok. 18)

Am 11. April wollte eine Abteilung Militär aus dem Zeughaus Gewehre entnehmen. Irrtümlich als Vorbereitung eines militärischen Angriffs auf die Stadt verstanden, führte dies zur Erstürmung des Zeughauses und der Kaserne durch eine große Volksmenge. Oberbürgermeister Rühl gelang es, die Stimmung zu beruhigen. Gleichzeitig ließ er Waffen und Munition aus dem Zeughaus in das Rathaus umlagern.[119]

Organisationsbestrebungen der Gesellen

Die Arbeiter traten nicht nur in spontanen Straßenkundgebungen, sondern auch am streng reglementierten Arbeitsplatz mit ihren Forderungen auf den Plan. Ging es »draußen« um die politisch-gesellschaftliche Einflussnahme, standen in den Werkstätten ihre Arbeitsverhältnisse im Mittelpunkt. Den ersten Versuch wagten am 10. April 1848 die Schneidergesellen mit den klassischen Forderungen der Lohnaufbesserung und der Arbeitszeitverkürzung: auf 13 Stunden im Sommer und auf 12 Stunden im Winter, mit jeweils einer Stunde Pause. Im Bewusstsein der Billigkeit ihrer Wünsche drohten die 55 Unterzeichner des Schreibens für den Fall einer Ablehnung ihren Meistern mit einer »unangenehmen Katastrophe«. (Dok. 16a) Die Schneidermeister verständigten die Polizei; die teilweise in den Ausstand getretenen Gesellen wurden noch am gleichen Tag mit Hilfe der Bürgergarde an die Polizeidirektion geführt, schließlich die »Rädelsführer« und zehn andere Gesellen, »welche sich nicht alsbald wieder fügten«, aus der Stadt ausgewiesen. (Dok. 16b) Die Obrigkeit griff durch, als ob die Ereignisse der zurückliegenden Monate nicht stattgefunden hätten. Die Spannung zwischen Gesellen und Meistern blieb. Mitte Juni veranstalteten die Schneidergesellen Engelhard Weidig eine Katzenmusik. Er war einer der Zunftmeister, die im April die Gesellen angezeigt hatten.[120]

Etwas leichter hatten es die Druckergehilfen, hinter denen, dank unermüdlicher Organisationsarbeit, bald die erste gebietsübergreifende deutsche Gewerkschaft stand: die »Deutsche National-Buchdruckervereinigung«. Auf der vom 11. bis zum 14. Juni 1848 abgehaltenen »National-Buchdruckerversammlung« in Mainz vertrat der Frankfurter Drucker Hermann Wolffhardt die Hanauer Druckergehilfen.[121] Die angenommenen Beschlüsse richteten sich gegen die unbegrenzte Einstellung von Lehrlingen, gegen die zunehmende Mechanisierung

[118] Tapp, Hanau 1848–1849, S. 285.

[119] Ebd., S. 299.

[120] StAH, L 1, Zieglersche Chronik Bd. 2, fol. 274; Tapp, Hanau 1848–1849, S. 313.

[121] Dieter Dowe, Toni Offermann (Hrsg.), Deutsche Handwerker- und Arbeiterkongresse 1848–1852. Protokolle und Materialien, Berlin/Bonn 1983, S. 396; im Weiteren: Dowe, Offermann, Arbeiterkongresse.

Vorsteher-Amt der Handwerker-Schulen in Kurhessen

Lehr- Brief.

Nachdem Johann Friedrich Müller geboren zu Gelnhausen am 24ten April 1832, eingeschrieben als Lehrling am 17ten July 1846 das Spengler Handwerk bei dem mitunterschriebenen Meister Peter Roediger drei ½ Jahre hindurch erlernt, nach dessen Erklärung während dieser Zeit sich treu und redlich aufgeführt, und bei der ordnungsmäßigen Prüfung eine solche Kenntniß des Handwerks erwiesen hat, daß wir seine Geschicklichkeit zu den Arbeiten eines Gesellen verbürgen können; so wird derselbe nunmehr der Lehre entlassen, und ihm gegenwärtiger Lehr-Brief ertheilt, welcher von uns, den Zunftmeistern und dem obrigkeitlichen Deputirten der Spengler Zunft, unterschrieben, auch von kurfürstlichem Ober-Zunft-Amte beglaubigt worden ist.

Geschehen zu Hanau in Kurhessen, am 8ten Januar 1850.

Gebühren.

Als *) Fremder

	Thlr.	Sgr.	Hlr.
a. für			
1) die Zunftmeister, einschl. der Vergütung für die Stube .	"	20	"
2) den obrigkeitlichen Deputirten	"	10	"
3) das Formular (zur Handwerksschul-Kasse) . . .	—	7	6
4) Schreibgebühr	—	2	6
5) die Beglaubigung des Ober-Zunft-Amtes	—	5	—
6) den Zunftdiener	"	5	"
b. zu			
7) der Handwerksschul-Kasse .	1	10	"
8) " Zunft-Kasse	"	20	"
9) " Gesellen-Krankenkasse .	"	10	"

Lehrmeister: P. Rödiger.

Zunftmeister: Conrad Sötzelein

Der obrigkeitliche Deputirte: Vollenberger

Kurfü[rstliches] Ober-Zunft-Amt.

Hanau, Lehrbrief eines Spenglers, 1850

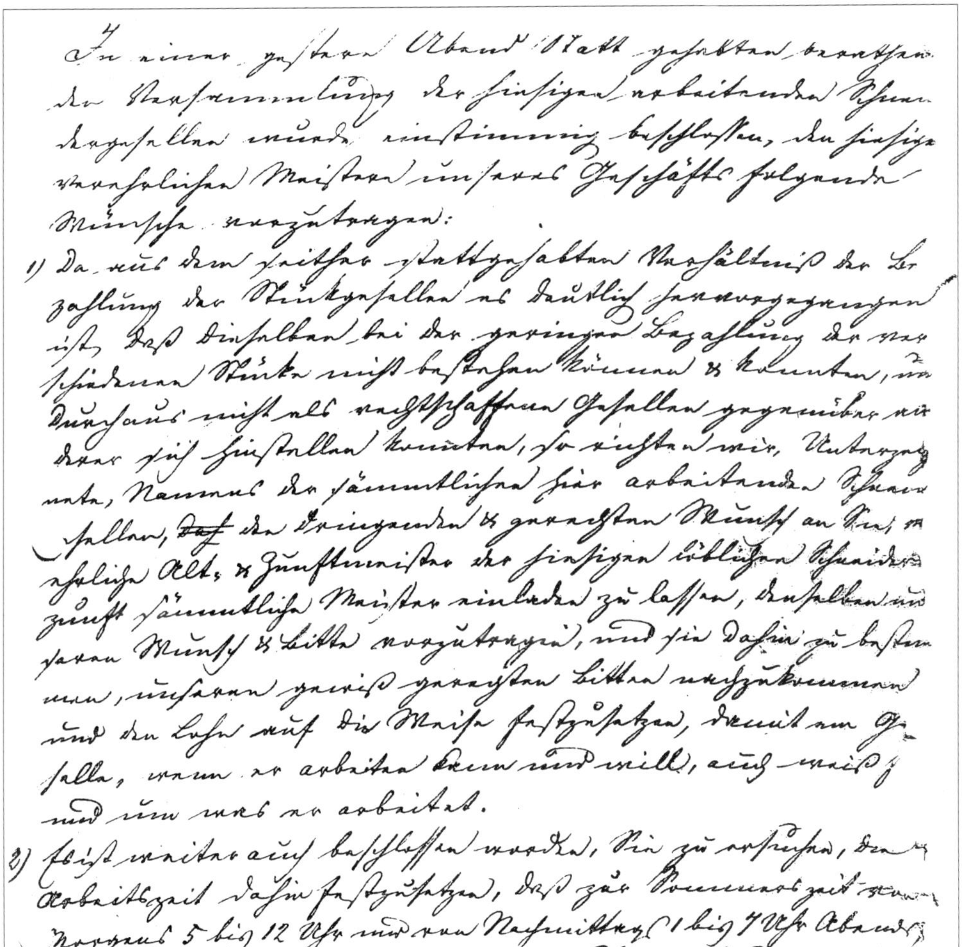
4
In einer gestern Abend statt gehabten, bereits der Versammlung der hiesigen arbeitenden Schneidergesellen wurde einstimmig beschlossen, den hiesigen verehrlichen Meistern unserer Geschäfte folgende Wünsche vorzutragen:

1) Da aus dem seither stattgehabten Verhältniß der Bezahlung der Stückgesellen es deutlich hervorgegangen ist, daß dieselben bei der geringen Bezahlung der verschiedenen Stücke nicht bestehen können & konnten, und durchaus nicht als rechtschaffene Gesellen gegenüber ihrer sich hinstellen konnten, so richten wir, Unterzeichnete, Namens der sämmtlichen hier arbeitenden Schneidergesellen, ~~daß~~ den dringenden & gerechten Wunsch an Verehrliche Alt- & Zunftmeister der hiesigen löblichen Schneiderzunft sämmtliche Meister einladen zu lassen, denselben unseren Wunsch & Bitte vorzutragen, und sie dahin zu bestimmen, unseren gewiß gerechten Bitten nachzukommen und den Lohn auf die Weise festzusetzen, damit ein Geselle, wenn er arbeiten kann und will, auch weiß und um was er arbeitet.

2) Ist weiter auch beschlossen worden, Sie zu ersuchen, die Arbeitszeit dahin festzusetzen, daß zur Sommerzeit von Morgens 5 bis 12 Uhr und von Nachmittags 1 bis 7 Uhr Abends und zur Winterszeit von Morgens 6 bis 12 Uhr und von Nachmittags ~~zeit~~ 1 bis 8 Uhr Abends gearbeitet wird, und zwar auf die Weise, daß die Sommerarbeitszeit beginnen kann, wenn man zu der oben bestimmten Arbeitsanfangsstunde nicht mehr bei Licht zu arbeiten braucht. —

Wir halten uns um so mehr von der bejahenden Zusicherung unserer gewiß nicht unbilligen Forderungen überzeugt, als sonst wir nicht dafür stehen können, wenn irgend eine für die verehrlichen Meister unangenehme Catastrophe herbeigeführt werden würde.

Namens der sämmtlichen hier arbeitenden Schneidergesellen

Hanau, Forderungen der Schneidergesellen an ihre Meister, April 1848 und gegen die Sonntagsarbeit. Hauptresultat war die Ausarbeitung eines Minimaltarifs für ganz Deutschland, in dem die zehnstündige Arbeitszeit – für viele andere Berufe noch ein entfernter Traum – festgesetzt wurde. Die Forderungen sollten nötigenfalls durch Streiks erzwungen werden.[122] Kittsteiner, der Verleger der »Hanauer Zeitung«, nahm sich als Demokraten ernst. Schon am 30. Juli 1848 verkündete die Redaktion für die dort beschäftigten Gehilfen die Abschaffung der Sonntagsarbeit. Die Montagsausgabe der Zeitung wurde eingestellt.[123]

Ein neue, von den »Prinzipalen«, das heißt den Arbeitgebern unabhängige nationale Druckerorganisation, der »Gutenbergbund«, entstand im Dezember 1848 in Berlin. Zum Gründungskongress kam es erst im Herbst 1849, nach der Niederlage der Revolution. Auf diesem Kongress, der vom 30. September bis 2. Oktober in Berlin stattfand, vertrat der Frankfurter Drucker Johann Martin Berg, ehemaliges Mitglied des Bundes der Geächteten, »183 Kollegen der Städte Frankfurt am Main und Hanau, worunter ein Prinzipal, Herr Kittsteiner aus Hanau«.[124] Das Hanauer Kontingent der vertretenen Drucker umfasste um diese Zeit etwa 20 Druckergehilfen, die in drei Druckereien arbeiteten. Ein System von Unterstützungskassen bildete die Grundlage des Gutenbergbundes. Ende Oktober 1849 entstand eine Hanauer Filiale als Zweigverein des Frankfurter Hauptvereins.[125]

Die Zigarrenarbeiter gründeten schon im September 1848 eine eigenständige nationale Gewerkschaft, die »Assoziation der Zigarrenarbeiter Deutschlands«, ebenfalls in Berlin. Die Zigarren- und Tabakfabrikation stand als junger Industriezweig außerhalb des zünftigen Rahmens und wurde von Anfang an nach kapitalistischen Gesichtspunkten betrieben. Die hier beschäftigten Arbeiter entwickelten früh ein starkes Gruppenbewusstsein. Ziel der Organisation war die »Förderung des sittlichen und materiellen Wohls der Zigarrenarbeiter«, was auch durch Hebung des Bildungsniveaus und durch Schaffung von Unterstützungskassen erreicht werden sollte.

Ein Zweigverein der Zigarrenarbeiter-Assoziation entstand in Hanau im Herbst 1848 mit 101 Mitgliedern, eine der zahlenmäßig bedeutendsten Filialen.[126] Die Hanauer Zigarrenarbeiter ließen sich auf dem Zigarrenarbeiterkongress in Leipzig im September 1849 durch Jacob und auf dem Kongress im August 1850 in Hamburg durch Traubert vertreten, der auch für die Filialen in Offenbach, Frankfurt, Biebrich und Neuwied zuständig war.[127]

122 Ebd., S. 422f.

123 HZ Nr. 209, 30.7.1848.

124 Dowe, Offermann, Arbeiterkongresse, S. 442.

125 Gutenberg Nr. 4, 3.11.1849. »Gutenberg« war das Organ der Buchdrucker und Schriftgießer Deutschlands.

126 Nach der Rechnung der Zentral-Verwaltungs-Kasse vom 1. November 1848 bis zum 10. März 1849. Abgedruckt in: Toni Offermann, Materialien zur Geschichte der Assoziation der Zigarrenarbeiter Deutschlands 1848–1851, IWK 1986, S. 89. Mehr als 100 Mitglieder waren nach dieser Aufstellung nur in Osnabrück (104), Mannheim (114), Dresden (135) und Berlin (230). Etwa 100 Mitglieder hatte die Assoziation in Köln.

127 Dowe, Offermann, Arbeiterkongresse, S. 354, 381.

Mehrere der auf den Kongressen beschlossenen Forderungen richteten sich gegen die billige und unqualifizierte Konkurrenz und zielten auf die Abschaffung der Frauenarbeit sowie der Kinder- und Gefangenenarbeit. In der Öffentlichkeit wurde der Wunsch nach der Entlassung der Frauen und Kinder aus den Zigarrenfabriken mit dem Schutz der Moral begründet. Breite Unterstützung fand unter den Hanauer Zigarrenarbeitern der Gedanke der Gründung von Produktionsgenossenschaften in Gestalt der Errichtung »einer allgemeinen Vereins-Zigarren-Fabrik«.[128]

Der Arbeiterverein

In der zweiten Aprilhälfte 1848 entstand in Hanau die erste Arbeiterorganisation, die aus dem Zusammenschluss ihrer Mitglieder einen politischen Anspruch ableitete. Bei den Vorbereitungen spielten Kontakte mit dem seit Ende März bestehenden Mainzer Arbeiterverein und mit dem am 11. April gegründeten Arbeiterverein in Offenbach eine Rolle.[129] Die Initiative ergriff der Mainzer Verein, in dessen Vorstand vier Mitglieder des Bundes der Kommunisten saßen. Sein Aufruf zur Bildung von Arbeitervereinen und zur Vorbereitung eines Arbeiterkongresses, mit dem er sich am 5. April an die deutschen Arbeiter wendete, fiel in den Fabrikstädten der Region auf fruchtbaren Boden. (Dok. 13)

Der Hanauer Arbeiterverein konstituierte sich am 20. April 1848 »nach dem Muster anderer Fabrikstädte« mit einem provisorischen Vorstand, »sowohl behufs der Fortbildung des Arbeiterstandes, als behufs der Wahrung und Vertretung seiner politischen Interessen«. (Dok. 19a) Die Statuten, die in der Gründungsversammlung am Ostersonntag, den 23. April, im Saal der »Deutschen Volkshalle« den etwa 500 Teilnehmern vorgelegt wurden, setzten die gleichen Schwerpunkte. (Dok. 19b,c) Die betonte Ausgrenzung der Arbeitgeber unterschied den Hanauer Arbeiterverein von den Vorgaben der Arbeitervereine in den umliegenden Städten, wie Mainz, Offenbach, Darmstadt, und unterstrich seinen bewusst proletarischen Charakter.[130] Demonstrativ unterstützte der Hanauer Verein in der Versammlung die Zentralisationsbestrebungen des Mainzer Arbeiterbildungsvereins, als »Mittelpunkt sämtlicher Arbeitervereine«. Der Mainzer Aufruf vom 5. April wurde vorgelesen. (Dok. 13) Mit einer eigenen Erklärung schloss sich der Hanauer Arbeiterverein noch am gleichen Tag auch dem Protest des Offenbacher Arbeitervereins vom 8. April an den Fünfzigerausschuss an. (Dok. 15, 19d) Dieses Gremium war vom Vorparlament mit den Wahlvorbereitungen zur Nationalversammlung beauftragt worden. Der vorgeschlagene Wahlmodus schloss die »ortsfremden Personen« und damit das Gros der deutschen Arbeiter vom Wahlrecht aus.

[128] Ebd., S. 383. Vgl. die ausführliche Darstellung über die Bedeutung der Zigarrenarbeiterorganisation in der »Hanauer Zeitung« Nr. 212, 4.9.1850.
[129] Deutsche Volksstimme (Hanau) Nr. 6, 19.4.1848.
[130] Franz, Die hessischen Arbeitervereine, S. 185ff.

Der Hanauer Arbeiterverein betrachtete es als seine Aufgabe, gleich den meisten anderen neu gegründeten Arbeitervereinen, die Handwerksgesellen wie die Fabrikarbeiter, die fremden Lohnabhängigen ebenso wie die einheimischen zu vereinigen. Der provisorische Vorstand setzte sich vorwiegend aus ortsfremden Handwerksgesellen zusammen.[131] Gemeinsames Charakteristikum der Arbeitervereine war es, dass sie die Züge einer politischen Partei, eines Bildungsvereins und eines Gewerkschaftskartells in sich vereinigten. Diese integrale Organisationsform war für die Anfänge der Arbeiterbewegung kennzeichnend.

Der Hanauer Arbeiterverein versuchte, den in der Wahlrechtsfrage eingeschlagenen Weg weiter zu verfolgen. In der am 18. Mai eröffneten Nationalversammlung saß unter den 586 Abgeordneten nicht ein Arbeiter. Nachwahlen wurden angestrebt. Eine nicht überlieferte Eingabe des Vereins an das Paulskirchenparlament vom 25. Mai betraf die Bildung von Arbeiterwahlkomitees.[132] Auf der am 4. Juni 1848 in Offenbach abgehaltenen gemeinsamen Generalversammlung stellten die Arbeitervereine von Frankfurt, Offenbach und Hanau Christian Esselen, den Vorsitzenden des Frankfurter Arbeitervereins, zum Kandidaten der etwa 50 000 »Permissionisten« in den drei Mainstädten für eine Neuwahl auf.[133] Für die Beratung dieser Frage wurde für den 9. Juni im Hanauer Stadttheater mit der Beteiligung aller Gewerbetreibenden, sowohl Arbeitgeber wie Arbeitnehmer, eine Generalversammlung anberaumt.[134] Alle diese Bestrebungen blieben jedoch ergebnislos.

Die Wahlrechtsbeschränkungen bei der Wahl der Nationalversammlung berührten nicht nur die ortsfremden Personen. Im Vergleich zu anderen Bundesstaaten schloss die kurhessische Regelung des Wahlmodus auch einheimische unselbständige Personen (Tagelöhner, Dienstboten, Handwerksgesellen) weitestgehend aus.[135] Immerhin wurde im Wahlbezirk Hanau am 18. April 1848 – im Gegensatz zum übrigen Kurhessen – in der Person des Tabakfabrikanten und Hanauer Oberbürgermeisters August Rühl ein Radikaldemokrat und Republikaner in das Paulskirchenparlament gewählt.

Die Initiative des Mainzer Arbeiterbildungsvereins zum Zusammenschluss der deutschen Arbeitervereine scheiterte. Am 17. Mai 1848 wandte sich der Hanauer Arbeiterverein mit einem ähnlichen Vorhaben an den zu dieser Zeit stärksten Arbeiterverein in Köln. (Dok. 19e) Den Hanauer Vorschlag, den Kölner Verein zum Sprecher der gesamten deutschen Arbeiterschaft zu machen, lehnte dieser jedoch mit dem Argument ab, dass die Arbeitervereinsbewegung noch nicht stark genug sei. (Dok. 19f)

131 Heitzenröder, Sozialer Protest, S. 183.

132 Karl Geisel, Die kurhessischen Petitionen an die Frankfurter Nationalversammlung 1848, in: Zeitschrift des Vereins für hessische Geschichte Bd. 81, 1970, S. 138; im Weiteren: Geisel, Die kurhessischen Petitionen.

133 Allgemeine Arbeiter-Zeitung Nr. 4, 7.6.1848. Die Permissionisten (nach »Permission« = Genehmigung) waren Fremde mit einer befristeten Aufenthaltsgenehmigung.

134 HZ Nr. 160, 9.6.1848.

135 Hellmut Seier (Hrsg.), Akten und Dokumente zur kurhessischen Parlaments- und Verfassungsgeschichte 1848–1866, Marburg 1987, S. XLIV, Anm. 62.; im Weiteren: Seier, Akten und Dokumente 1848–1866.

Ab Ende Mai 1848 kam es zu engeren Kontakten mit dem Frankfurter Arbeiterverein, dessen Präsidenten Christian Esselen und Eduard Pelz am 24. Mai vom dortigen Senat aus der Stadt ausgewiesen worden waren. Besonders Pelz war häufig Gast in Hanauer Versammlungen. Auch die Zeitung des Frankfurter Arbeitervereins, die »Allgemeine Arbeiter-Zeitung«, wurde im Juni in Hanau gedruckt. Die Wahlrechtskundgebung der drei Arbeitervereine am 4. Juni in Offenbach war ein Zeichen einer Neuorientierung.

Vom 14. bis 17. Juni 1848 fand in Frankfurt auf Einladung des Marburger Demokratischen Vereins sowie des Marburger Arbeitervereins ein Demokratenkongress statt. Zu den teilnehmenden 89 Vereinigungen gehörten zahlreiche Turnvereine und 19 Arbeitervereine, vornehmlich aus West- und Südwestdeutschland. Aus Hanau vertraten Heinrich Rauh, Georg Herrmann und Gottfried Theobald den Demokratischen Verein, Johann Benedikt Pelissier, Christian Lautenschläger und August Schärttner die Turner und Gottfried Una sowie Wilhelm Kämmerer den Arbeiterverein. Eduard Pelz fungierte ebenfalls als Abgeordneter des Hanauer Arbeitervereins neben den Arbeitervereinen von Frankfurt, Höchst und Offenbach sowie der Turngemeinde Rödelheim.[136] Als sein nationales Ziel erklärte der Kongress die demokratische Republik. Die organisatorische Bündelung des demokratischen Vereinswesens und das engere Zusammenwirken mit den Arbeitervereinen sollte die republikanische Bewegung insgesamt stärken und dem linken Flügel der Nationalversammlung Rückhalt geben.

Entsprechend den Kongressbeschlüssen bildeten während der ganzen Revolutionszeit der Demokratische Verein, der Turnverein und der Arbeiterverein den aktiven Kern der Hanauer Linken. Arbeiter- und Turnverein waren korporative Mitglieder im Demokratischen Verein; einzelne Mitglieder gehörten oft auch den anderen Vereinen an; enge personelle Verflechtung bestand auch in den Vorständen.[137]

Der Allgemeine Deutsche Arbeiterkongress

Am 15. Juli 1848 trat im Frankfurter Römer ein »Allgemeiner Handwerker- und Gewerbekongress« zusammen. Zu den Beratungen waren außer den Meistern auch Gesellen erschienen. Nachdem ihnen aber die Meister die gleichberechtigte Teilnahme mit Sitz und Stimme verweigert hatten, zogen die Gesellendeputierten aus dem Handwerkerkongress aus und konstituierten sich am 22. Juli 1848 als selbständiger Gesellenkongress. Vom 22. August an nannte sich die Versammlung – erweitert durch zusätzliche Delegierte – »Allgemeiner Deutscher

[136] Gerhard Becker, Das Protokoll des ersten Demokratenkongresses vom Juni 1848, in: Jahrbuch für Geschichte Bd. 8, 1973, S. 269; Tapp, Hanau 1848–1849, S. 322; Una und Kämmerer gehörten demnach dem am 5. Juni gewählten neuen ordentlichen Vorstand des Arbeitervereins an. Vgl. StAH, L 1, Zieglersche Chronik Bd. 2, S. 228.

[137] Tapp, Hanau 1848–1849, S. 325, 364f.

Arbeiterkongress«. Der Unterschied zwischen den Inhalten des Handwerker- und des Arbeiterkongresses war nicht so augenfällig, wie das die äußeren Umstände vermuten lassen. Beide Zusammenkünfte standen unter dem Einfluss des Kasseler Gewerbeschullehrers und kleinbürgerlichen Sozialreformers Karl Georg Winkelblech. Im Mittelpunkt seiner utopistischen Lehre stand eine harmonische Kleinproduzentengesellschaft ohne Klassengegensätze, die durch eine föderalistische Innungsverfassung erreicht werden sollte. Dieses so genannte »Föderal-System« war in vorindustriellen Vereinigungsformen organisiert und durch ein ausgeklügeltes System von Schutzmaßnahmen gegen schädliche Einwirkungen der kapitalistischen Produktionsweise abgeschirmt.

Die Gesellenforderungen betrafen jedoch auch die Verhältnisse am Arbeitsplatz (Minimaltarif bei Akkordarbeit, zehnstündiger Arbeitstag, Reform der Kündigungsvorschriften). Sie wandten sich grundsätzlich gegen das patriarchalische Konzept der Meister.

Von der Nationalversammlung verlangte der Arbeiterkongress die Errichtung einer paritätisch zusammengesetzten »sozialen Kammer« und eine Sozialgesetzgebung, Forderungen, die auf dem Meisterkongress kein Echo gefunden hatten. Ferner beschloss der Kongress der Gesellen-Arbeiter die Organisation eines »Allgemeinen Deutschen Arbeitervereins«, der sich, bei Distanz zu politischen Fragen, ausschließlich auf die sozialen Probleme konzentrieren sollte.[138] Im Sinne des föderalistischen Systems sollten überall Arbeitervereine gebildet werden und miteinander in Verbindung treten. Zu den Bezirkshauptstädten des zu bildenden Vereinsnetzes gehörte auch Frankfurt, das zugleich als Sitz des provisorischen Zentralvorstandes, des »Allgemeinen Deutschen Arbeiter-Zentralkomitees«, vorgesehen war.

Der Frankfurter Arbeiterverein unterstützte den Arbeiterkongress. Die Winkelblechschen Vorstellungen schienen auch im Hanauer Arbeiterverein Raum gewonnen zu haben. In diese Richtung deutet eine am 17. Juli 1848 vorgenommene Satzungsänderung. Als Zweck des Vereins bezeichneten die veränderten Statuten, »die einzelnen Gewerbe und ihre Angehörigen sowie alle diejenigen, welche die Angelegenheiten der Arbeiter zu den ihrigen machen, zu vereinigen und die Ursachen der Übelstände, welche auf den Gewerben und insbesondere auf der Arbeiterklasse lasten, zu besprechen und durch vereinte Kraft deren Abhilfe zu betreiben«.[139]

Im Vorfeld des Frankfurter Handwerkerkongresses versuchten in Hanau sowohl der Arbeiterverein wie auch die Meister, auf die Gesellen Einfluss zu nehmen. Der Arbeiterverein initiierte am 7. und am 8. August Gesellenversammlungen in den Herbergen; die Innungsmeister luden für den 2. September »sämtliche hiesige Meister und Gesellen, wie überhaupt alle Arbeiter« in das Theater ein.[140]

[138] Dowe, Offermann, Arbeiterkongresse, S. 216ff.

[139] Tapp, Hanau 1848–1849, S. 360; Ankündigung der Versammlung »zur Revision der Statuten« in HZ Nr l, 16.7.1848.

[140] HZ Nr. 214, 5.8.1848; HZ Nr. 215, 6.8.1848; StAH, L 1, Zieglersche Chronik Bd. 2, S. 320.

Ob der Hanauer Arbeiterverein selbst Delegierte auf den Frankfurter Arbeiterkongress entsandte, ist nicht bekannt. Mitte August richtete er in diesem Zusammenhang eine Petition an die Nationalversammlung. (Dok. 19g) Forderungen der Demokratisierung der Gesellschaft und der Außenpolitik paarten sich mit Forderungen nach der Errichtung einer Nationalbank oder nach unentgeltlichem Jugendunterricht, die dem Winkelblechschen Entwurf einer Gewerbeordnung entstammten.

Im Laufe des Herbstes 1848 wandelte sich der Hanauer Arbeiterverein, von seinen anfänglichen Prinzipien merklich entfernt, immer mehr in einen »föderalistisch« gesinnten, das heißt mit den Meistern gemeinsam handelnden Arbeiterverein. Mitte November unterschrieben seine Vertreter eine Petition sämtlicher Meister und Gesellen an die Nationalversammlung. Diese Eingabe, die mit 614 Unterschriften bekräftigt wurde, forderte entsprechend dem Beschluss des Frankfurter Arbeiterkongresses die Schaffung eines sozialen Parlaments und die Durchsetzung der vom Handwerkerkongress verabschiedeten Gewerbeordnung.[141] »Einen politischen Zweck hat der Verein nicht und will auch keinen anderen Einfluss auf das Volksleben ausüben, als Hebung der Gewerbe«, betonte das Vorstandsmitglied Wilhelm Koch im November 1848 gegenüber dem Polizeidirektor.[142]

Im Januar 1849 wurde auch in Hanau ein Arbeiterkongress der Föderalisten veranstaltet. (Dok. 22) Die 28 Deputierten der Vereine aus Darmstadt, Frankfurt, Gießen, Hanau, Heidelberg, Mannheim und Offenbach beschlossen die Gründung eines vorläufigen Bezirksverbands Rhein-Main, mit dem Vorort Gießen, der sich als organischer Teil des in Frankfurt gegründeten allgemeinen Föderalisten-Vereins konstituierte. Auf diesem Kongress wurde aber auch Kritik am Föderalisten-Programm laut. Trotzdem verzichteten die Teilnehmer vorläufig auf ein von den Vertretern aus Offenbach, Hanau und Gießen gefordertes Grundsatz-Manifest.

Der Berliner Arbeiterkongress

Kaum war für die Föderalistenbewegung der Grundstein gelegt, waren ihr System und ihr Programm durch die Beschlüsse eines parallel vom 23. August bis zum 2. September 1848 in Berlin tagenden Arbeiterkongresses schon überholt. In Berlin hatten Arbeiter aus ganz Deutschland »zur Besprechung der materiellen Interessen der arbeitenden Klassen« eingeladen. Als Hauptergebnis wurde eine die Arbeiter und Arbeiterinnen aller Berufe und Gewerke umfassen-

[141] Geisel, Kurhessische Petitionen, S. 138; HZ Nr. 319, 7.12.1848; Tapp, Hanau 1848–1849, S. 363f.; Heitzenröder, Sozialer Protest, S. 189f.

[142] HStAM, 24f.-87.

de nationale Organisation gegründet, die »Allgemeine Deutsche Arbeiterverbrüderung«, dessen »Zentralkomitee für die Deutschen Arbeiter« seinen Sitz in Leipzig nahm. Als erste Arbeiterorganisation in Deutschland stand sie auch Arbeiterinnen offen.

Während die Erwartungen des Frankfurter Arbeiterkongresses sich an die Nationalversammlung und an staatliche Sozialreformen richteten, stellte die vom Schriftsetzer Stefan Born geleitete Arbeiterverbrüderung die Selbsthilfe der Arbeiter mittels »Assoziationen« genannter genossenschaftlicher Einrichtungen in den Mittelpunkt. Produktionsgenossenschaften sollten es ermöglichen, in solidarischem Zusammenwirken der Mitglieder die Anpassung des Handwerks an die industrielle Produktion zu vollziehen. Ein System von Unterstützungskassen und Bildungseinrichtungen war für die Erweiterung der Selbsthilfemöglichkeiten vorgesehen. Die Arbeiterverbrüderung beanspruchte eine aktive Rolle auch im Bereich der Arbeitsvermittlung und die Kontrolle über Arbeitsbedingungen und Lohnverhältnisse. Diese Organisation verstand sich im Gegensatz zur Föderalistenbewegung als ausgesprochen politisch und zum tätigen Mitwirken bei der sozialen Ausgestaltung des demokratischen Staates berufen. Eines ihrer Hauptanliegen galt der gleichberechtigten Stellung des Arbeiterstandes in der Gesellschaft, »der Befreiung der Arbeiter aus den Fesseln des Kapitals«.[143]

Trotz der anfangs großflächigen Ausbreitung der Föderalistenbewegung, besonders im süddeutschen Raum, kam es schon Ende Januar 1849 auf dem Heidelberger Arbeiterkongress zu ihrer Verschmelzung mit der Arbeiterverbrüderung. Die Zusammenlegung des Frankfurter und des Leipziger Zentralkomitees wurde beschlossen, und die Zeitschrift der Arbeiterverbrüderung, die von Stefan Born redigierte »Verbrüderung«, zum alleinigen Organ der vereinigten Bewegung bestimmt.[144]

Arbeitslosigkeit

Die 1847 hereinbrechende Wirtschaftskrise dauerte die ganze Revolutionszeit hindurch bis in die 50er Jahre an. In der Hanauer Industrie fanden 1849 im Vergleich zu 1845 etwa 1000 Beschäftigte weniger Arbeit. Die exportorientierte Bijouteriefabrikation, von den Revolutionsereignissen noch zusätzlich belastet, war genötigt, ihre Tätigkeit fast vollständig einzustellen. Die Not des abhängigen oder des überhaupt nicht beschäftigten Teils der Hanauer Bevölkerung bestimmte den Grundton der Revolution. Die letzten Rücklagen wurden aufgebraucht, die letzten Habseligkeiten verpfändet.[145] (Dok. 14d) Schon in der ersten März-

[143] Dowe, Offermann, Arbeiterkongresse, S. XXIIf., 249; Wolfgang Schieder, Die Rolle der deutschen Arbeiter in der Revolution von 1848/49, in: Archiv für Frankfurts Geschichte und Kunst Bd. 54, 1974, S. 51ff.

[144] Dowe, Offermann, Arbeiterkongresse, S. 336f.

[145] Ziegler berichtet Ende April 1848 über die Auflösung vieler bei den Gastwirtschaften verankerter Sparkassen und über die Auszahlung der Einlagen. StAH, L 1, Zieglersche Chronik Bd. 2, S. 220.

hälfte entstand mit städtischen Mitteln für die Armen eine Suppenküche.[146] Der städtische Zuschuss für die Armenpflege, auf jährlich 2000 Gulden angesetzt, musste verdoppelt werden.[147] Anfang April wurden auf städtische Initiative ein Hilfsverein, der vorwiegend aus Fabrikanten bestand, und ein »Arbeits-Anweisungs-Komitee« gebildet. (Dok. 14a,b)

Anfang April liefen, mit staatlicher und städtischer Unterstützung, die Notstandsarbeiten für die Arbeitslosen an. Am Fallbach wurden 165 Arbeiter zum Aushub und zum Brückenbau eingesetzt. Auf der so genannten »Schäferheide« traten Anfang Mai etwa 90 Mann zur Kultivierung an. Ein Monat später war ihre Zahl auf 400 bis 500 angewachsen, größtenteils Goldarbeiter. Deshalb bekam das Gebiet den Namen »Goldacker«. Das gemeinschaftlich eingenommene Mittagessen wurde von der Stadt finanziert.[148]

Berufszugehörigkeit und gemeinsames Arbeitsschicksal festigten den Zusammenhalt der Bijouteriearbeiter auf der Lehrhöfer Heide. Am 4. Mai zogen sie nach der Arbeit mit Hacken, Schippen, teilweise auch mit Gewehren bewaffnet und eine Fahne voran in die Stadt, um sich einem angeblich drohenden Militäreinsatz entgegenzustellen.[149] Im Laufe des Sommers kam es zu Arbeitsniederlegungen. Von der Lehrhöfer Heide zogen die Arbeiter am 21. August wegen einer Lohnkürzung in die Stadt, beehrten den Bijouteriefabrikanten Weishaupt mit einer Katzenmusik und drangen in das Rathaus ein. Die Stadt nahm schließlich die Lohnkürzung zurück.[150]

Eine Anzahl Bijouteriearbeiter fand im Sommer in der neu aufgenommenen Gewehrfabrikation Beschäftigung, die einige Fabrikanten aufgrund von Staatsaufträgen in Gang gebracht hatten. Etwa 200 blieben aber ohne Verdienst. Im Herbst 1848, mit der Beendigung der Erdarbeiten, verschärfte sich die Lage ganz erheblich. (Dok. 14f) Die Stadt klebte Plakate gegen die wachsende Bettelei.[151] Die »brotlosen Arbeiter« wählten branchenübergreifend einen Ausschuss. Er schlug dem Hilfsverein vor, aus dem Kirchenvermögen einen Hilfsfonds zur Unterstützung der Gewehr- und der Zigarrenproduktion aufzubauen. (Dok. 14e) Auch die Gold- und Silberarbeiter bildeten ein Komitee. Dabei arbeiteten sie mit dem Arbeiterverein zusammen, dessen Präsident Gottfried Una auch als Sekretär des Goldarbeiterkomitees fungierte.[152]

Im Laufe der Beratungen entschlossen sich rund 100 meist ledige Goldarbeiter zur Auswanderung nach Nordamerika. Ihre Bittschriften zur Unterstützung des Vorhabens fruchteten schließlich. Die Regierung gewährte mit Zustimmung des Landtags der Stadt ein zinsloses Darlehen. (Dok. 14g) Mitte November konnten 71 Goldarbeitergehilfen den Weg in die Ferne antreten.[153]

[146] StAH, C 1, Nr. 93; Tapp, Hanau 1848–1849, S. 311.
[147] StAH, L 1, M 615-K113, Übersicht über die Finanzverhältnisse der Stadt Hanau 1848.
[148] StAH, L 1, Zieglersche Chronik Bd. 2, S. 199, 237, 267.
[149] Ebd., S. 238.
[150] Heitzenröder, Sozialer Protest, S. 179.
[151] StAH, C 1, Nr. 677.
[152] HZ Nr. 244, 9.9.1848, Nr. 270, 10.10.1848; StAH, C 1, Nr. 677.
[153] StAH, C 1, Nr. 784.

Die Auswanderung in die USA war in Deutschland seit Mitte der 40er Jahre im Ansteigen begriffen. In Hanau etablierte sich im Frühjahr 1849 ein Zweigverein des »Nationalvereins für deutsche Auswanderung«. Ende des Jahres existierte auch ein »Demokratischer Auswanderungsverein«.[154] Nach der Niederlage der Revolution und infolge schlechter Ernten erreichte die Auswanderungswelle in Kurhessen um die Mitte der 50er Jahre ihren Höhepunkt.[155]

Das Vordringen der Reaktion

Mit der Schließung der Nationalwerkstätten und der blutigen Niederschlagung des Arbeiteraufstandes vom 22. Juni 1848 in Paris bewies das französische Bürgertum unmissverständlich, dass die neue Republik ihm und nicht den Proletariern gehörte. Diese Wende der französischen Revolution gab auch in anderen europäischen Staaten der Konterrevolution Auftrieb. Hinzu kam die Unentschlossenheit der Frankfurter Nationalversammlung. Mit der Einsetzung einer provisorischen Zentralgewalt und der Wahl des Habsburger Erzherzogs Johann zum »Reichsverweser« Ende Juli 1848 schränkte das Parlament die eigene Handlungsfähigkeit weiter ein. Erst in diesem Zusammenhang erfolgte am 12. Juli 1848 die Auflösung des verhassten Bundestages von 1815, dessen Rechte und Pflichten jetzt auf den Erzherzog übergingen.

Seine mit Jubel begleitete Reise nach Frankfurt führte den Erzherzog am 12. Juli durch Hanau. Die Gegensätze zwischen konstitutionellen Monarchisten und Republikanern in der Bevölkerung traten bei diesem Anlass offen zutage. Republikanische Demonstranten begehrten gegen die festliche Beflaggung auf, rissen vom Balkon des Rathauses die Fahnen herunter und zogen mit einer schwarzen Fahne, welche den Tod der Republik symbolisieren sollte, dem Reichsverweser entgegen. Ausgerechnet Hauptmann Röttelberg, an der Spitze des Arbeiterfreikorps, jagte schließlich den Zug auseinander.[156]

Zu gewalttätigen Auseinandersetzungen kam es wiederholt am 26. August, als eine Deputation von republikanisch gesinnten Wiener Demokraten auf der Durchreise zur Paulskirche Hanau einen Besuch abstatten wollte. Der bürgerliche »Politische Verein« protestierte beim Volksrat gegen den festlichen Rahmen des Empfangs. Im Gegenzug versuchten die Republikaner, das Ausschmücken und die Beflaggung der Häuser mit Gewalt durchzusetzen. Die gegensätzlichen Standpunkte drohten die Bürgergarde zu spalten.[157]

An eben diesem Tag schloss Preußen in Malmö, mit Rücksicht auf britische und russische Interessen, einen Waffenstillstand mit Dänemark, durch den die

[154] HZ Nr. 2, 2.1.1850; Satzungen vom 19. März 1849 in der Landeskundlichen Abteilung der Hanauer Stadtbibliothek.
[155] Auf dem Höhepunkt 1854 wurden 9130 Auswanderer registriert. Vgl.: Kukowski, Pauperismus, S. 343.
[156] Tapp, Hanau 1848–1849, S. 332f.
[157] Ebd., S. 342ff.

Herzogtümer Schleswig, Holstein und Lauenburg an die dänische Krone fielen. Der Vertrag wurde von der ortsansässigen Bevölkerung und von den vielen Freiwilligen aus anderen deutschen Staaten, die im Dänischen Krieg gekämpft hatten, als Verrat empfunden. Hinzu kam das Befremden darüber, dass die preußische Regierung sich auch die Kompetenzen der vom Parlament eingesetzten Zentralgewalt anmaßte. Eine Woge der Empörung rollte durch die deutschen Länder. Selbst die Nationalversammlung versagte dem Waffenstillstand am 5. September mit einer knappen Mehrheit ihre Zustimmung und weckte dadurch neue Hoffnungen. Die Hanauer Vereine, einschließlich des Politischen Vereins, versicherten dem Parlament ihre Unterstützung. Die Hanauer Turner riefen am 11. September die Parlamentarier zum Festhalten an ihrer ablehnenden Haltung auf.[158]

Bei der Wiederholung der Abstimmung am 16. September bestätigten die Abgeordneten mit 258 zu 237 Stimmen den Vertrag. August Rühl, der Hanauer Abgeordnete, gehörte zur ablehnenden Minderheit. Es wurde offenkundig, dass die Paulskirche nicht nur in der sozialen, sondern auch in der nationalen Frage versagt hatte. Die Frankfurter Demokraten und der Frankfurter Arbeiterverein beschlossen für Sonntag, den 17. September, eine große Volksversammlung als Protestkundgebung auf der Pfingstweide. Einladungen dazu wurden noch in der Nacht auch in Mainz, Offenbach und Hanau verbreitet.

Am 17. September kam die neue Lokalbahn Frankfurt-Hanau – sie war erst am 10. September dem Betrieb übergeben worden – zu revolutionären Ehren. 600 bis 700 Menschen, nach einer anderen Schätzung sogar über 1800, fuhren in 21 Waggons zu der Volksversammlung nach Frankfurt. Der Beschluss der 20 000 auf der Pfingstweide, der die 258 Abgeordneten, die dem Waffenstillstand zugestimmt hatten, zu Volksverrätern erklärte, sollte anderntags durch eine Deputation in der Paulskirche übergeben werden.

Während die meisten Hanauer am Abend aus Frankfurt zurückkehrten, blieben einige, so auch August Schärttner, über Nacht. In Frankfurt hatte sich nach der Versammlung ein Aktionskomitee gebildet, dem auch Vertreter aus Mainz, Hanau, Ginnheim, Bockenheim und Niedereschbach angehörten.[159] Versuche von Deputierten der Volksversammlung, noch am Abend die linken Parlamentsabgeordneten zur Konstituierung eines Gegenparlaments zu bewegen, schlugen fehl. Das Komitee beschloss daraufhin am 18. September, unweit der Paulskirche eine bewaffnete Volksversammlung abzuhalten. Boten wurden ausgeschickt, um den bewaffneten Zuzug zu organisieren.

Doch auch der Frankfurter Senat war nicht untätig. Misstrauisch gegenüber der Bürgerwehr, ließ er am 17. September durch das provisorische Reichskriegsministerium aus Mainz preußische und österreichische Bundestruppen anfordern, die in der Nacht zum 18. September in die Stadt einrückten und am Montag früh zu beiden Seiten der Paulskirche Aufstellung nahmen. Ungeachtet der

158 HZ Nr. 241, 6.9.1848; HZ Nr. 247, 13.9.1848.

159 Tapp, Hanau 1848–1849, S. 343ff. Hier zitiert nach: R. Schwemer, Geschichte der Freien Stadt Frankfurt am Main 1814–1866, Bd. 3/1, Frankfurt 1918, S. 208ff.

Neue Deutsche Zeitung vom 26. August 1849

Danksagung.

Meinen Freunden und Brüdern, den Herren Bäckergesellen zu Frankfurt, sage ich für die reichlichen Unterstützungen, welche sie mir während und nach meiner, in Folge des Septemberaufstandes erlittenen, Untersuchungshaft so bereitwillig zukommen ließen, hiermit öffentlich meinen herzlichsten und wärmsten Dank.

Frankfurt im August 1849.

Wirsch,
Bäckergesell aus Langenselbold bei Hanau.

Militärpräsenz stellte Hanaus Deputierter August Rühl zusammen mit dreißig Mitgliedern der äußersten Linken den dringlichen Antrag auf Auflösung des Parlaments und auf Neuwahlen nach demokratischem Modus. Die Mehrheit des Parlaments lehnte ab.

In Hanau tagte am 18. September schon seit den Morgenstunden eine außerordentliche Volksversammlung im Theater. In Frankfurt versuchte inzwischen eine Menschenmenge, in die Paulskirche einzudringen. Als preußische Soldaten eingriffen und dabei Zivilisten verwundeten, brach der Aufstand aus. Mehr als vierzig Barrikaden wurden innerhalb kürzester Zeit errichtet.

Auch in Hanau stand schon eine bewaffnete Truppe bereit. Schärttner, der mit dem 10-Uhr-Zug aus Frankfurt zurückkam, kannte die dortige Wende der Ereignisse noch nicht und riet zum Abwarten. Der am Nachmittag aus Frankfurt angereiste Germain Metternich rief dann die Hanauer zu den Waffen. Am Rathaus versuchte eine erregte Volksmenge vergeblich, die dort lagernden Sensen herauszuholen; die Glocken der französischen Kirche läuteten, um die Dörfer zu mobilisieren. In dieser Situation verbreitete sich die Nachricht, dass preußische Soldaten an der Mainkur die Schienen aufgerissen und so den Bahnverkehr unterbrochen hätten.

Der Marsch auf Frankfurt kam nicht zustande, da Zweifel am Sinn des Eingreifens in Frankfurt schließlich die Oberhand gewannen. Einrückendes preußisches und hessisches Militär hatte dort eine erdrückende Übermacht geschaffen, der die Aufständischen bald unterlagen.

Teilnehmer an den Kämpfen in Frankfurt waren nach Aussagen der gerichtlichen Untersuchungsakten vor allem außerhalb einer Zunft stehende Handwerker, Tagelöhner und Handwerksgesellen. 33 Aufständische fielen bei den Kämpfen; 132 wurden verwundet. Mehrere Tote, Verwundete und Verhaftete stammten aus Hanau, sie kämpften also in Frankfurt auf eigene Faust mit.[160]

Auf den Barrikaden kämpften und starben, ebenso wie in den Märztagen in Wien und in Berlin, vor allem Arbeiter. Mitstreiter waren auch viele Leute aus dem Kleinbürgermilieu, allesamt Menschen, die den Arbeitervereinen angehörten oder ihnen hätten angehören können. Sie kämpften, obwohl nicht ihre unmittelbaren Lebensbedürfnisse auf der Tagesordnung standen. Es ging nicht um ihren Lohn, um ihre Arbeitszeit, um ihre Schulden. Der bewaffnete Kampf in

[160] Ebd., S. 355; StAH, L 1, Zieglersche Chronik Bd. 2, S. 332.

Frankfurt stellte einen verzweifelten Versuch dar, den Zerfall der revolutionären Hoffnungen zu stoppen und der Entwicklung in letzter Stunde eine demokratisch-republikanische Wende zu geben.[161]

Wie wenig Achtung die alten Feudalmächte dem deutschen Parlament entgegenbrachten, wurde anlässlich der Niederschlagung des Wiener Volksaufstands im Herbst 1848 deutlich. Robert Blum, Abgesandter der Nationalversammlung in Wien, wurde nach der Kapitulation der Aufständischen am 9. November 1848 ungeachtet seiner parlamentarischer Immunität zusammen mit vielen anderen Kämpfern standrechtlich erschossen. Seine Hinrichtung löste deutschlandweit Entrüstung und Trauer aus.

Die Niederwerfung des Wiener Aufstandes bestärkte auch Preußen in seiner konterrevolutionären Offensive. Am 10. November wurde Berlin militärisch besetzt, am 12. November der Belagerungszustand, am 14. November das Kriegsrecht verhängt, am 15. November schließlich die preußische Nationalversammlung aufgelöst. Vor diesem Hintergrund gründeten am 23. November Abgeordnete des linken Flügels der Nationalversammlung in Frankfurt den Zentralmärzverein, auch »Verein der Märzerrungenschaften« genannt. Ihr Ziel war es, mit außerparlamentarischer Unterstützung eine Einheitsfront der demokratischen Kräfte gegen die Reaktion herzustellen. Am 17. Dezember 1848 schlossen sich der Turner-, der Arbeiter- und der Demokratische Verein in einer Versammlung im Theater zum Hanauer Märzverein zusammen, der Anfang Februar 1849 bereits über 1200 Mitglieder verfügte.[162] Der Hanauer Märzverein wurde zum zentralen Ausschuss der Märzvereine für ganz Kurhessen.[163]

Die Reichsverfassungskampagne

Am 27. Dezember 1849 wurden die von der Nationalversammlung beschlossenen »Grundrechte des deutschen Volkes« als Reichsgesetz verkündet. Die Kodifizierung der in der Märzrevolution geforderten Freiheits- und Gleichheitsrechte weckte noch einmal die Hoffnungen auf eine positive revolutionäre Wende. In Hanau wurde aus diesem Anlass am 7. Januar 1849 ein großes Fest gefeiert, an dem alle politischen Vereine und die Bürgerwehr teilnahmen. In dieser Zeit reiften in der Nationalversammlung die von der liberalen Mehrheit unterstützten Überlegungen zur Gestaltung eines deutschen Bundesstaates mit dem preußischen König als Staatsoberhaupt in der Würde eines Erbkaisers. Da die Einbeziehung Österreichs nicht beabsichtigt war, wurden diese Pläne auch als die »kleindeutsche« Lösung bezeichnet. Anfang Januar 1849 schickte der Hanauer Politi-

[161] Esselen und Germain Metternich, die beide steckbrieflich gesucht wurden, flohen nach der Niederlage des Aufstands aus Frankfurt nach Hanau. Mit der Hilfe dortiger Freunde gelang es ihnen, nach Süddeutschland zu entkommen. Vgl. Tapp, Hanau 1848–1849, S. 356f.

[162] HZ Nr. 329, 19.12.1848; StAH, L 1, M 621-K113; nach einer Eintragung Zieglers vom 16. November 1848 hatten damals der Demokratische Verein 1000 und der Turnverein 380 Mitglieder. Vgl. StAH, L 1, Zieglersche Chronik Bd. 2.

[163] Stadtzeit, Die Revolution 1848–1998, S. 123.

sche Verein eine Stellungnahme zugunsten der »kleindeutschen« Konzeption an das Paulskirchenparlament.[164] Im Gegensatz dazu bekräftigten die drei Hanauer demokratischen Vereine in zwei Adressen am 12. Januar und am 24. März 1849 ihre ablehnende Haltung.[165] Am 28. März wurde schließlich der preußische König Friedrich Wilhelm IV. mit 290 Stimmen bei 248 Enthaltungen zum erblichen Kaiser der Deutschen gewählt und die Reichsverfassung amtlich verkündet. Der König von Preußen, der die Konterrevolution in seinem eigenen Land längst schon durchgeführt hatte, lehnte die ihm am 3. April 1849 angetragene Kaiserkrone mit dem »Ludergeruch der Revolution« ebenso ab wie die Anerkennung der Reichsverfassung. Zur Ablehnungsfront gehörten auch die anderen fünf große Monarchien: Österreich, Bayern, Sachsen, Hannover und Württemberg. 28 mittlere und kleine Staaten, unter ihnen das Kurfürstentum Hessen, erkannten Mitte April in einer Kollektivnote die Reichsverfassung an.

Die Reichsverfassung war das einzige reale Produkt der Tätigkeit der Nationalversammlung. Da sie die deutsche Einheit und die bürgerlichen Freiheiten auf der Grundlage eines Bundesstaates konstitutioneller Monarchien festlegte, blieb sie hinter dem radikaldemokratischen Ziel einer einheitlichen Republik weit zurück. Unter den 127 Paragraphen hatten nur sechs einen sozialpolitischen Hintergrund, wie die Abschaffung der Standesvorrechte, die pflichtmäßige und unentgeltliche Schulausbildung, die freie Berufswahl und das Vereins- und Versammlungsrecht. Die Kernaussage im § 164 betraf die Unverletzlichkeit des Eigentums. Die häufigsten Forderungen der kleinen Handwerker, Handwerksgesellen und Arbeiter nach »Schutz der Arbeit«, nach »Ausgleich zwischen Kapital und Arbeit«, nach »Recht auf Arbeit«, nach einem »Sozialparlament« oder nach einem »Arbeitsministerium« blieben unberücksichtigt.[166] Die Bereitschaft, die Reichsverfassung im bewaffneten Kampf durchzusetzen, wurzelte aber gerade in den Volksschichten, deren Forderungen sie ignorierte.

In Hanau einigten sich am 30. April noch einmal alle politischen Vereine auf die Aufstellung eines Freikorps zum Schutze der Reichsverfassung und des Wahlgesetzes. Ihr Aufruf an die Bürger in Stadt und Land forderte gemeinsames Handeln.[167] (Dok. 23a,b,c) Zur Vorbereitung wurde ein Finanz- und Rüstungsausschuss gebildet. Unter anderem beschloss man, dass ein Ausmarsch der Freikorps nur mit Zustimmung aller fünf politischer Vereine möglich sei. Listen zur Einzeichnung wurden ausgelegt. Zur bewaffneten Verteidigung der Verfassung und zur Unterstützung der Aufständischen in der bayerischen Pfalz rief am 5. Mai auch die äußerste Linke der Nationalversammlung (»Klub Donnersberg«) auf.[168] Das kurhessische Staatsministerium wie auch das Reichsministerium in Frankfurt versuchten unterdessen, den Hanauer Vorbereitungen den Stempel der Illegalität aufzudrücken. Am 9. Mai verkündeten der Bevölkerung große

164 HZ Nr. 6, 7.1.1849; Geisel, Kurhessische Petitionen, S. 139.
165 Ebd.
166 Eugen Barthelmess, Sozialpolitisches im Revolutionsjahr, in: Wilhelm Keil (Hrsg.), Deutschland 1848–1948, Stuttgart,1948, S. 115.
167 Der Aufruf führte später zur Einleitung eines Strafverfahrens gegen die Vorstände der unterzeichnenden Vereine wegen Hochverrats.
168 StAH, L 1, Zieglersche Chronik Bd. 2, fol. 442, Beilage.

Hanau, Appell der Hanauer Turner, 1848 (spätere Illustration)

Plakate, dass das Kasseler Innenministerium nicht nur die von den politischen Vereinen geforderte Vereidigung der Militärs auf die Reichsverfassung ablehne, sondern auch die Aufstellung eines Freikorps.[169]

Dessen ungeachtet gingen die Vorbereitungen zur Aufstellung des Freikorps weiter. Die Turner exerzierten täglich mit der Bürgergarde, der Rüstungsausschuss trieb die Waffen- und Munitionsbeschaffung voran. Allerdings ließen sich die Turner wieder aus der Freiwilligenliste streichen. Schärttner wollte der Turnerwehr einen Handlungsspielraum offen halten.[170]

Nach dem Übertritt der badischen Armee zur Revolution und der Flucht des Großherzogs proklamierte die provisorische badische Revolutionsregierung am 16. Juni 1849 die Republik. Nach dem Scheitern der Aufstände in Sachsen und in der preußischen Rheinprovinz konzentrierte sich der Kampf um die Reichsverfassung jetzt auf Baden und die Pfalz. Flüchtende Teilnehmer des niedergeschlagenen Dresdener Aufstands zogen durch Hanau nach Baden. Gesandte der badischen Regierung trafen mit Hilfeersuchen in Hanau ein. Am 1. Juni wurde nach Beratung der Turnerwehr und des Demokratischen Vereins mit dem Wehrausschuss endlich der Beschluss über den Auszug der Turner gefasst. Ein Beschluss sämtlicher politischer Vereine aber lag nicht vor.

169 Karl Geisel, Die Hanauer Turnerwehr. Ihr Einsatz in der badischen Märzrevolution von 1849 und der Turnerprozess, Marburg 1974, S. 13; im Weiteren: Geisel, Turnerwehr.

170 Tapp, Hanau 1848–1849, S. 394; Stadtzeit, Revolution 1848–1898, S. 124.

Am 2. Juni gegen 22 Uhr setzten sich ein großer Teil der Turner, Mitglieder der Bürgergarde, Arbeiter und Handwerker, insgesamt etwa 260 Mann, im Schutze der Dunkelheit Main aufwärts in Marsch.[171] (Dok. 24a) Durch den Anschluss von Langenselbolder, Fuldaer und Heilbronner Turnern, von württembergischen Freischärlern und Hanauer Nachzüglern erhöhte sich die Zahl der Teilnehmer bis zum Abmarsch aus Heidelberg am 19. Juni auf 470.[172] Der Hanauer Zug war am Anfang in drei, später in vier, am Ende des Feldzuges in zwei Kompanien eingeteilt. Der Kommandant der Turnerschar war Major August Schärttner, die eigentliche militärische Führung lag jedoch in den Händen des Polen Wojnicki, der schon im polnischen Aufstand 1830 mitgekämpft hatte.[173]

Am 11. Juni rückte die Hanauer Turnerwehr in Schönau ein, wo sie in das »fliegende Korps« von Oberst Becker eingegliedert wurde. Hier wurden die Hanauer Kompanien zu ihrem Missfallen verschiedenen Truppenteilen zugeteilt. Die 1. Schützenkompanie wurde nach Württemberg zum Schloss Hirschhorn kommandiert. Die 140 Mann verteidigten am 15. Juni das Schloss erfolgreich gegen die zahlenmäßig weit überlegenen Truppen des 3. kurhessischen Infanterieregiments. Vor dem Angriff versuchten sie, unter den Soldaten einen Aufruf zur Unterstützung der Revolution zu verteilen. (Dok. 24b,c)

Am 16. Juni waren die Hanauer Kompanien in Neckargemünd wieder vereinigt. In Heidelberg wurden sie vom Oberbefehlshaber der badischen Revolutionsarmee, General Miroslawski, neu organisiert. Nach anfänglichen Erfolgen gegen die konterrevolutionären preußischen Truppen mussten sie nach der Schlacht von Waghäusel am 21. Juni schließlich den Rückzug antreten. Diese Niederlage demoralisierte besonders die Freiwilligenverbände. Auch aus den Reihen der Hanauer Turnerwehr setzten sich viele Freiwillige ab und kehrten in die Heimat zurück. Die restliche Truppe, 198 Mann, wurde als Teil der Division Oborski zur Verteidigung der Murglinie eingesetzt. Nach der Aufgabe dieser Stellung am 29. Juni trat die Revolutionsarmee und mit ihr die Hanauer Turnerwehr den Rückzug nach Süden an. Am 5. Juli überschritten die Hanauer die Schweizer Grenze, wo sie ihre Waffen abgeben mussten. Mit vielen anderen Flüchtlingen wurden sie im Berner Kornhaus interniert.[174]

Die Kapitulation der Festung Rastatt am 28. Juli 1849 setzte den militärischen Endpunkt der Revolution. Preußische Standgerichte wüteten in Rastatt, Mannheim und Freiburg. Allein 80 000 Badener emigrierten vor der Verfolgung nach Amerika. Den Weg der Emigration wählten auch etliche Hanauer Kämpfer. Einige fanden in London eine neue Bleibe, unter ihnen August Schärttner. Die meisten Teilnehmer der Hanauer Freischar, von den Hanauer Demokraten während der Zeit ihres Schweizer Asyls kräftig unterstützt, traten mit der Zeit die Heim-

171 Tapp, Hanau 1848–1849, S. 398f.; Geisel, Turnerwehr, S. 24ff. Der Politische Verein missbilligte später die Verwendung der Gelder für den Zug der Turner nach Baden, der nach seiner Ansicht nicht dem Schutz der Reichsverfassung, vielmehr einer republikanischen Erhebung diente.

172 Ebd., S. 30ff., 41, 60, 63; Tapp, Hanau 1848–1849, S. 401.

173 Geisel, Turnerwehr, S. 30.

174 Ebd. S. 62ff., 80ff.

reise an. Der Prozess gegen die Hanauer Turner nahm, dank der Tätigkeit der in Kurhessen im Oktober 1848 eingeführten Geschworenengerichte, einen relativ milden Verlauf. Als im September 1856 gegen 203 Beschuldigte die Anklage wegen Hochverrats erhoben wurde, war das Verfahren gegen 130 Beteiligte schon eingestellt. Der Anklagesenat in Fulda wies die Anklage wegen Hochverrats bis auf die gegen 48 Beteiligte ab und übergab das Verfahren an das Hanauer Gericht. Von den 43 Angeklagten erschienen 21, die alle vom Schwurgericht freigesprochen wurden. 22 Angeklagte wurden in Abwesenheit zu Haftstrafen von drei bis acht Jahren verurteilt, unter ihnen erhielt Schärttner die Höchststrafe.[175]

Eine Untersuchung des Sozialprofils der Hanauer Turnerwehr während ihres Einsatzes in der Reichsverfassungskampagne ergab, dass sich fast 70 Prozent der Teilnehmer aus dem Gesellenstand und Handwerkern mittlerer Qualifikation rekrutierte (354 Personen). Die zweitstärkste Gruppe, 18 Prozent, bestand aus minderqualifizierten, lohnabhängigen Arbeitern (92 Personen). Mehr als die Hälfte der Teilnehmer hatten außerdem eine schlechtere berufliche Position als ihre Väter. Sie standen also mitten in dem durch die Krise des Handwerks bewirkten Proletarisierungsprozess. Das Durchschnittsalter der Freiheitskämpfer lag bei 25 Jahren. Über die Hälfte der Streiter für die Reichsverfassung hätte zum Zeitpunkt der Kampagne an den in der Verfassung vorgesehenen Wahlen gar nicht teilnehmen können, denn wahlberechtigt war nur, wer das 25. Lebensjahr erreicht hatte.[176]

Die Reorganisation der Arbeiterbewegung nach dem Ende der Revolution

Die Niederlage der Demokraten in der Reichsverfassungskampagne bedeutete das Ende der Revolution in Deutschland. Dadurch waren die politischen Voraussetzungen für die Etablierung der Konterrevolution und für die systematische Verfolgung der demokratischen Opposition geschaffen. Die Wirksamkeit der Reaktion entfaltete sich jedoch – außer in den Aufstandsgebieten – erst allmählich und in den einzelnen deutschen Staaten mit unterschiedlicher Intensität. Erleichtert wurde die Unterdrückung über die Grenzen der deutschen Länder hinweg durch die Wiederherstellung des Deutschen Bundes 1850. Mit einem symbolträchtigen Beschluss ordnete der Bundestag am 23. August 1851 die Aufhebung der in der Verfassung von 1849 enthaltenen Grundrechte an.[177]

175 Stadtzeit, Revolution 1848–1998, S. 126f.; Geisel, Turnerwehr, S. 91ff.; Tapp, Hanau 1848–1849, S. 410; Günter Hollenberg, 150 Jahre Revolution und Turnerbewegung, Hanau 1848–1998, in: Neues Magazin für Hanauische Geschichte 1999, S. 114f.

176 Harald Rohlinger, Das Sozialprofil der Hanauer Turnerwehr 1849, in: Heinrich Volkmann, Jürgen Bergmann (Hrsg.), Sozialer Protest. Studien zu traditioneller Resistenz und kollektiver Gewalt in Deutschland vom Vormärz bis zur Reichsgründung, Opladen 1984, S. 115ff.; Der Untersuchung liegen die Daten von 511 Teilnehmern zugrunde. Der Namensindex in der Darstellung von K. Geisel gibt die Namen von 539 Teilnehmern an.

177 Frolinde Balser, Sozial-Demokratie 1848/49–1863. Die erste deutsche Arbeiterorganisation »Allgemeine Arbeiterverbrüderung« nach der Revolution, Bd. 2, Stuttgart 1962, S. 595.

Nach der militärischen Niederlage der Revolution wurden Hanau und die ganze Südprovinz von kurhessischen und preußischen Truppen besetzt. Hart lastete die Einquartierungszwang auf der Bevölkerung, wobei die Oberschicht leichter Mittel und Wege fand, sich diesem zu entledigen.[178] Im August 1849 wurde durch Ministerialerlass der in Hanau verbliebene Teil der Turnerwehr aufgelöst; im Oktober gab die 10. Kompanie der Bürgerwehr, das ehemalige Arbeiterfreikorps, seine Auflösung bekannt.[179] In dieser Atmosphäre hörten Ende August auch die während der Revolutionszeit regelmäßig abgehaltenen Volksversammlungen auf.[180]

Nach dem Heidelberger Arbeiterkongress im Januar 1849 gab es im Rhein-Main-Gebiet das ganze Jahr hindurch keine koordinierte Zusammenarbeit der Arbeitervereine mehr. Die Reorganisation der Arbeiterbewegung in dieser Übergangszeit vollzog sich unter der Leitung des Redakteurs der »Neuen Deutschen Zeitung« und Mitglieds des Bundes der Kommunisten Joseph Weydemeyer. Die »Neue Deutsche Zeitung«, seit dem April 1849 in Frankfurt erscheinend, bezeichnete sich ebenso wie die »Neue Rheinische Zeitung« als »Organ der Demokratie« und übernahm nach der Einstellung der »Neuen Rheinischen Zeitung« am 19. Mai 1849 zunehmend deren Rolle. Weydemeyers Bestreben war auf die Belebung und den Ausbau legaler Organisationsformen gerichtet. Durch seine Bemühungen gelang es im ersten Halbjahr 1850, die überregionale Vernetzung der Arbeitervereine zu beleben und einen Bezirk Frankfurt der Arbeiterverbrüderung aufzubauen. Dieser Prozess ging mit der Neugründung von Arbeitervereinen, zum Beispiel in Frankfurt und in Offenbach, einher. 1850 hatte die Arbeiterverbrüderung deutschlandweit etwa 18 000 Mitglieder gegenüber 15 000 im Jahre 1849.[181] Der Hanauer Arbeiterverein beantragte Ende Januar 1850 die Aufnahme in die Arbeiterverbrüderung. (Dok. 25a) Durch die Mitgliedschaft wurde er bereits im Februar auch in das System der Wanderunterstützungskassen integriert.[182] Das Motte des Hanauer Arbeitervereins lautete »Wohlstand, Bildung, Freiheit für alle«.

Die für den 20. Februar 1850 nach Leipzig geladene Generalversammlung der »Arbeiterverbrüderung« gab Anlass zur Veranstaltung eines Bezirkskongresses am 10. Februar in Offenbach mit den Vereinen Frankfurt, Darmstadt, Hanau und Offenbach. (Dok. 25b) Der Bezirkskongress bestimmte Frankfurt zum neuen Bezirksvorort und die »Neue Deutsche Zeitung« zum Bezirksorgan. Zum gemeinsamen Delegierten auf der Leipziger Generalversammlung wurde der Offenbacher Anton Menkel gewählt.[183] (Dok. 25c,d) Die Selbstauflösung der Leipziger

[178] Tapp, Hanau 1848–1849, S. 411; Kurhessische Landtagsverhandlungen, 11. Dezember 1849, S. 1ff.

[179] Tapp, Hanau 1848–1849, S. 410.

[180] StAH, L 1, Zieglersche Chronik, Bd. 2, fol. 492.

[181] Jürgen Kocka, Lohnarbeit und Klassenbildung, Berlin/Bonn 1983, S. 176.

[182] Die Verbrüderung Nr. 13, 12.2.1850, Nr. 29, 20.4.1850. Der Hanauer Verein zahlte 12 kr. Unterstützung an durchreisende Arbeiter.

[183] Menkel war Fabrikarbeiter und Mitglied des Bundes der Kommunisten. Vgl.: Horst Schlechte (Bearb.), Die allgemeine Deutsche Arbeiterverbrüderung 1848–1850. Dokumente des Zentralkomitees für die deutschen Arbeiter in Leipzig, Weimar 1979, S. 433, Anm. 2.

Zentrale der »Arbeiterverbrüderung« im Juni 1850 und die Auflösung des Bezirkskomitees unterbrach die überregionale Vernetzung der Arbeitervereine. Das solidarische System der Wanderunterstützungskassen, mit zentralisiertem Abrechnungsmodus im Bezirksrahmen, konnte nicht länger aufrechterhalten werden. Der Hanauer Arbeiterverein versuchte unter diesen Umständen, für die Wanderunterstützungskasse aus eigenen Kräften einen Fonds zustande zu bringen, wozu auch Verlosungen organisiert wurden, bei denen »von den Mitgliedern gefertigte Arbeiten« die Preise waren.[184] Zu dieser Zeit bezeichnete sich der Hanauer Arbeiterverein als Arbeiterbildungsverein.[185] Ein Bericht des Hanauer Vizebürgermeisters Herold Ende August 1850 betonte ausdrücklich, dass der Arbeiterverein nur Bildung und Aufklärung bezwecke und keine politische Tendenz verfolge. Nach diesem Bericht fand im Vereinslokal »Zur schwedischen Krone« allabendlich Unterricht im Gewerbe, in Realwissenschaft (im Zeichnen, Schreiben, Rechnen, in Sprache, Physik) und im Singen statt.[186] (Dok. 25c) Ein Lesezimmer hatte der Arbeiterverein in seinen jeweiligen Stammlokalen schon immer aufrechterhalten, so 1848/49 in der »Deutschen Volkshalle«, seit Ende November 1849 im »Weidenbusch«.[187] Nach dem Scheitern weiter gesteckter Ziele rückte die Bildungsarbeit ganz von selbst in den Vordergrund. Ihre demonstrative Betonung hatte jedoch auch das taktische Ziel, ein politisches Verbot zu erschweren. Die Hinwendung zu Wissen und Bildung ging mit einem drastischen Mitgliederrückgang einher. Im November 1848 war die Zahl der Arbeitervereinsmitglieder durch die Hanauer Polizeidirektion mit 500 angegeben worden. 1850 war davon noch knapp ein Fünftel übrig.[188]

Kurfürst Friedrich Wilhelm strebte nach der Niederlage der Revolution entschieden nach Wiederherstellung der absolutistischen Macht. Nach Entlassung des vom ehemaligen Hanauer Oberbürgermeister Bernhard Eberhard geleiteten Märzministeriums berief er im Februar 1850 das Sinnbild des vormärzlichen Repressionsregimes, den verhassten Minister Ludwig Hassenpflug, zum leitenden Minister. Der demokratisch dominierte kurhessische Landtag rief zur Steuerverweigerung auf. Selbst Beamtenschaft, Gerichte und Teile des Militärs verweigerten dieser reaktionären Politik die Unterstützung. Am 7. September 1850 wurde der Ausnahmezustand verhängt; Anfang November marschierten mit Unterstützung des wiederbelebten Deutschen Bundes österreichische und bayerische Bundestruppen in Kurhessen ein. In Hanau rückte bayerisches Militär ein. Die »Strafbayern«, etwa 3500 Mann, wurden bei den Bürgern einquartiert. Die Proklamierung des Kriegszustandes beinhaltete den Befehl zur Waffenablieferung, das Verbot von Volksversammlungen und politischer Vereine, die Zensur der Zeitungen und Flugschriften. Für die Durchführung dieser Verordnungen waren weiterhin die kurfürstlichen und städtischen Behörden verantwortlich.[189]

184 HZ Nr. 153, 28.6.1850; Nr. 259, 30.10.1850.
185 Ebd.
186 HStAM, 180 Hanau-897.
187 HZ Nr. 10, 12.1.1849; Nr. 283, 20.11.1849.
188 HStAM, 24f.-87; 82c-496. Siehe: Dok. Nr. 25b.
189 Stadtzeit, Revolution 1848–1898, S. 141ff.

Der Demokratische Verein, der Arbeiterverein und der Turnerverein lösten sich nach dem Einzug der Exekutionstruppen selbst auf. Die Vereine kamen damit dem Ministerialerlass vom 29. November 1851 zuvor, der die Auflösung aller kurhessischen Arbeitervereine, der Arbeiterverbrüderungen, der Zigarrenarbeiterassoziationen und des Gutenbergbundes verordnete.[190]

Der Bund der Kommunisten

Die Mitglieder des Bundes der Kommunisten, die seit dem Beginn der Revolution wieder in Deutschland tätig waren, spielten beim Aufbau der ersten legalen Arbeiterorganisationen und in der demokratisch-republikanischen Bewegung eine wichtige Rolle. Die Hanauer Arbeiter und Demokraten kamen während der Revolutionsereignisse immer wieder mit den »Kommunisten« in direkte und indirekte Berührung. Vieles spricht dafür, dass schon das Flugblatt »An die Proletarier« vom Bundesmitglied Adolph Cluss verfasst wurde. Es tauchte nicht nur das erste Mal in Hanau auf, sondern wurde auch dort gedruckt.[191] (Dok. 9) In den Monaten April bis Juni 1848 war Ernst Dronke aus Fulda im Rhein-Main-Gebiet als Werber des Bundes der Kommunisten tätig, wobei er sich auch in Hanau aufhielt. In einem Brief an Karl Marx vom 5. Mai 1848 empfahl er die Adresse von August Schärttner, um weitere Hanauer Kontakte anzuknüpfen.[192]

Schärttner emigrierte nach der Niederschlagung der Verfassungskampagne nach London, wo er dem Zentralkomitee des Bundes der angehörte. Dort gelang es ihm, eine in »Deutsches Haus« umbenannte Gastwirtschaft zu übernehmen, die als Zufluchtsort und Stützpunkt vieler deutscher Flüchtlinge fungierte. Durch Schärttners Beziehungen floss dem vom Bund der Kommunisten organisierten »sozialdemokratischen Flüchtlingskomitee« in London beträchtliche finanzielle Unterstützung aus Hanau zu.[193] Schärttner, das einzig nachweisliche Mitglied des Bundes aus Hanau, gehörte nicht dem Hanauer Arbeiterverein an, jedoch entsprach seine herausgehobene Rolle in der demokratischen und in der Turnerbewegung der von Marx und Engels angestrebten Taktik. Die Kommunisten sollten weniger die Selbstorganisation der Arbeiter in den Vordergrund stellen, sondern in erster Linie innerhalb der bürgerlichen Demokratie der aktivste Teil sein, um diese über sich selbst hinauszutreiben.[194]

Nach der Niederlage der Revolution vollzog sich der Aufbau der kommunistischen Bundesorganisation 1850 im Rhein-Main-Gebiet unter der Leitung Joseph Weydemeyers in Frankfurt und Karl Schappers in Wiesbaden in unmittel-

[190] HStAM, 82c-496: Meldung des Vizebürgermeisters Herold an die Bezirksdirektion v. 26. November 1850; Auszug aus dem Protokoll des Innenministeriums v. 29. 11. 1851.

[191] Franz, Die hessischen Arbeitervereine, S. 72; Tapp, Hanau 1848–1849, S. 252.

[192] Der Bund der Kommunisten. Dokumente und Materialien, Bd. 1. 1836–1849, Berlin 1970, S. 776f.; Bd. 2, 1849–1851, Berlin 1982, S. 643.

[193] Ebd., S. 240, 643. Allein im Mai 1850 200 Gulden, umgewechselt in Pfund Sterling 13.

[194] Wolfgang Schieder, Die Rolle der deutschen Arbeiter in der Revolution von 1848/49, in: Archiv für Frankfurts Geschichte und Kunst Bd. 54, S. 53.

barer Verknüpfung mit dem Apparat der Arbeiterverbrüderung und ihrer Mitgliedsvereine. Dementsprechend konnte die Bundeszentralbehörde unter den 18 Hauptsitzen des Bundes Frankfurt am Main, Hanau, Mainz und Wiesbaden vermelden. Zusammen mit Rödelheim bildeten die dortigen Gemeinden unter dem Vorsitz Weydemeyers den Bundeskreis Frankfurt. Dieser Kreis gehörte zu den erfolgreichsten des Bundes.[195] In Hanau konnte Weydemeyer 25 Exemplare der ersten beiden Hefte der im März 1850 von Karl Marx herausgebrachten »Neuen Rheinischen Zeitung. Politisch-ökonomische Revue« absetzen, während nach Frankfurt nur zwölf und in andere Orte nur ein bis zwei Exemplare gingen.[196]

Nach der Auflösung der Arbeiterverbrüderung im Juni 1850 lösten sich auch die Konturen einer Hanauer Bundesgemeinde auf. Weydemeyer versuchte den leitenden Bundeskreis Frankfurt in der Illegalität weiter zu führen.[197]

Peter Röser, Kommunist und seit August 1850 stellvertretender Präsident der »Zigarrenarbeiter-Assoziation«, berichtete am 31. März 1851 aus Köln an Ferdinand Lassalle über seine Bemühungen, für die verhafteten Hanauer Zigarrenarbeiter in der Rheinprovinz Unterstützung zu organisieren – eine weit in die Zukunft weisende Kontaktaufnahme. (Dok. 28b)

Organisationsansätze und Arbeitskämpfe in der Reaktionsperiode

Im Zuge des Kriegszustandes und der Bundesexekution wurde in Kurhessen mit Hilfe des auferstandenen Deutschen Bundes eines der rückständigsten Reaktionssysteme im Deutschen Reich etabliert. Anstelle der außer Kraft gesetzten Verfassung von 1831 trat 1852 eine oktroyierte Scheinkonstitution, die wesentliche Teile der Reformgesetzgebung außer Kraft setzte. Ein Landtag aus zwei Kammern wurde eingerichtet, die vor 1848 gültigen Jagdrechtsverhältnisse wieder hergestellt, die Prügelstrafe erneut eingeführt und das Pressewesen den repressiven Bundesgesetzen unterworfen.[198] In Hanau, in der Bastion der Demokratie, wurden unmittelbar nach Einzug der bayerischen Truppen wegen »kommunistischer, sozialistischer und republikanischer Tendenzen« der Bürgerausschuss und das Stadtparlament auf dem Verordnungswege aufgelöst.[199]

Unter dem Druck der Reaktion war die Arbeiterbewegung gezwungen, sich auf die Grundelemente ihrer Existenz, die Unterstützungseinrichtungen, zurückzuziehen. Die großen nationalen Gewerkschaftsorganisationen der Zigarrenarbeiter und der Buchdrucker bestimmten in ihren letzten Kongressen 1850

[195] Franz, Die hessichen Arbeitervereine, S. 233f.; Der Bund der Kommunisten, Bd. 2, S. 198, 567.

[196] Ebd., S. 211, 651, Brief Weydemeyers an Karl Marx aus Frankfurt am 15. Juni 1850.

[197] Ebd., S. 519. Nach dem Verbot der »Neuen Deutschen Zeitung« im Dezember 1850 und nach seiner Ausweisung aus Frankfurt lebte er dort illegal weiter. Er verließ Deutschland erst im Juli 1851.

[198] Seier, Akten und Dokumente 1848–1866, S. 173, 175, 179, 251, 291.

[199] StAH, L 1, Zieglersche Chronik Bd. 3, fol. 19.

die Rückbildung zu örtlichen Unterstützungskassen. Zentral herausgegebene Pressemitteilungen, wie der »Zirkular der Zigarrenarbeiter« oder die »Mitteilungen für Buchdrucker und Schriftgießer«, sicherten bis in die 1850er Jahre hinein die überregionale Verknüpfung.[200] Ganz handfest realisierte sich der überregionale Zusammenhang durch das »Viaticum«, die Wanderunterstützung, die zwangsläufig zur Föderation der einzelnen Kassen führte. Infolge seiner entlastenden Funktion war dem Unterstützungswesen außerdem eine gewisse Duldung seitens des Staates und auch der Unternehmer sicher. Die Mitgliedschaft des Hanauer Zweigvereins des Gutenbergbundes trat am 1. Januar 1850 geschlossen in die vom Frankfurter Hauptverein gegründete Kranken-, (Sterbe-) und Invalidenkasse über. (Dok. 26)

Welche überörtliche mobilisierende Kraft die Unterstützungseinrichtungen einzelner Gewerke auch in der dunkelsten Zeit der Reaktion zu entfalten in der Lage waren, zeigte der Streik der Hutmacher. (Dok. 27a,b) Zentralort der über die Landesgrenzen hinaus verbreiteten Hutmachergesellschaften war Offenbach, wo die für die Ortsvereine gültigen Statuten herausgegeben und der Lohn festgesetzt wurde, unter dem kein Geselle arbeiten durfte. Die Hutmachergesellschaft organisierte die Wanderunterstützung, den Arbeitsnachweis und die Arbeitslosenunterstützung.[201] Die Hutfabrikanten in Offenbach, Frankfurt, Hanau und Homburg vor der Höhe vereinbarten, keinen Hutmacher einzustellen, der selbst gekündigt hatte. Die Hutmachergesellen traten daraufhin in den Streik und setzten die vier Städte »in Verruf«. Sie ermahnten ihre auswärtigen Kollegen, in den vier Orten keine Arbeit anzunehmen. Nach wenigen Tagen gaben die Fabrikanten ihre Vereinbarung auf und bezahlten den etwa 100 streikenden Gesellen ein »Zehrgeld«.[202]

Arbeitsniederlegungen erfolgten unmittelbar nach dem Hutmacherstreik am 22. März in der Hanauer Tabakfabrik von Blachière und am 26. März in der Teppichfabrik Du Fay, Leisler & Co. (Dok. 27a,c,d) Fabrikant Leisler hatte sich um Unterstützung an die bayerische Kommandantschaft gewandt, die bei der Stadtbehörde am 27. März die Ausweisung der 25 auswärtigen Teppichweber durchsetzte. Dem Vollzug dieser Maßnahme konnten letztere nur durch die sofortige Arbeitsaufnahme entgehen.

Ein organisatorischer Zusammenhang der für die Behörden überraschenden Streikserie konnte nicht nachgewiesen werden. Vermutlich war der Streikerfolg der Hutmacher das Signal für die anderen Branchen. Im Gegensatz zur Bezirksdirektion und zum Militär erblickte die Ortspolizei die Ursache der Ausstände in allen drei Fällen im Verhalten der Arbeitgeber. (Dok. 27d)

Die bayerische Besatzungsmacht spielte auch im Fall der Hanauer Zigarrenarbeiter den Scharfmacher. Am 22. März 1851 wurden 20 Teilnehmer einer Kas-

[200] Toni Offermann, Arbeiterbewegung und liberales Bürgertum 1850–1863, Bonn 1979, S. 117f., 127; im Weiteren: Offermann, Arbeiterbewegung 1850–1863.

[201] Elisabeth Todt, Die gewerkschaftliche Betätigung in Deutschland von 1850 bis 1859, Diss. Berlin (Masch. schr.) 1949, S. 128, 135; im Weiteren: Todt, Die gewerkschaftliche Betätigung.

[202] StAH, L 1, Zieglersche Chronik Bd. 2, fol. 695, 708: HZ v. 25. u. 27.3.1851.

senversammlung in ihrem Lokal »Zur weißen Taube« unter einem Großaufgebot von Militär verhaftet. (Dok. 28a) Haussuchungen brachten weder verräterische Korrespondenzen noch Exemplare der schon im August 1850 verbotenen Zigarrenarbeiterzeitung »Concordia« ans Tageslicht. Ein vorgefundenes Siegel mit der Aufschrift »Assoziation der Zigarrenarbeiter in Hanau und Steinheim am Main« bezeugte nur, dass der Kassenverein als Nachfolgeorganisation der nach der Revolution aufgelösten Zigarrenarbeitervereinigung anzusehen war. Trotzdem wurden die 20 verhafteten Zigarrenarbeiter auf Betreiben der bayerischen Kommandantschaft unter Misshandlungen und Beschimpfungen und in Ketten gefesselt, vor das Kasseler Kriegsgericht gebracht, von diesem jedoch alsbald freigesprochen. Am 28. März kehrten sie in einem Triumphzug in die »Weiße Taube« zurück. Ihr Gesuch um Genehmigung der Fortführung ihrer Kranken- und Sterbekasse wurde von der Bezirksdirektion des Verwaltungsbezirkes Hanau allerdings abschlägig beschieden.[203] Der immer noch rege Kontakt unter den Organisationseinheiten der aufgelösten Zigarrenarbeiterassoziation sorgte dafür, dass für die Angehörigen der Verhafteten und für die kranken Mitglieder Sammlungen organisiert wurden.[204] (Dok. 28b)

Im Zuge der Verfolgungsmaßnahmen waren auch die anderen Unterstützungskassen genötigt, für ihre Tätigkeit eine nachträgliche Genehmigung zu beantragen. Von drei anderen Unterstützungskassen der Zigarrenarbeiter wurde nur einer die Genehmigung erteilt, obwohl in einem Fall der Tabakfabrikant Pedro Jung selbst die Aufrechterhaltung des Kassenvereins befürwortete. Versammlungen der Kassenmitglieder durften nur unter polizeilicher Überwachung stattfinden.[205]

Relativ unbehindert entwickelte sich die alte, seit 1830 bestehende Kranken- und Beerdigungskasse der Gold- und Silberarbeiter, die 1850 im Rahmen ihres Vereins auch eine Sparkasse eingerichtet hatte und 1856 die Gründung einer Invalidenkasse ins Auge fasste.[206] Am 9. März 1856 wurde der 25. Jahrestag der Kassengründung in großem Rahmen mit einem Festessen gefeiert, an dem 210 Arbeiter und 60 Prinzipale teilnahmen. Hauptsächlich Gold- und Silberarbeiter bildeten auch die Mitgliedschaft eines Konsumvereins gegen Ende des Jahrzehnts, des »Assoziations-Vereins zur Beschaffung billiger Lebensbedürfnisse«.[207]

[203] Bericht von Martin Arronge im »Circular« Nr. 16, 20.4.1851, in: HStAM, 180 Hanau-6725; Ausführliche Schilderung auch in: Heitzenröder, Sozialer Protest, S. 193ff. Infolge der kurhessischen Verwaltungsreform während der Revolution traten als mittlere Instanzen die Bezirksdirektionen an die Stelle der Provinzregierungen.

[204] Siehe auch den Bericht von Martin Arronge in der vorangehenden Anmerkung.

[205] HStAM, 82c-496; Heitzenröder, Sozialer Protest, S. 194.

[206] HStAM, 82c-496; StAH, L 1, Zieglersche Chronik Bd. 3, fol. 276.

[207] Ebd., fol. 107f., 124.

Die Streikwelle von 1857

Mitte der 50er Jahre setzte ein Jahrzehnt beschleunigter Industrialisierung ein. Diese der Hochindustrialisierung vorausgehende Gründungsphase bildete die Voraussetzung für die Entstehung des Rhein-Main-Gebiets als urbanisierte Industrieregion.[208] Die Hanauer Bijouteriebranche erlebte, dank der überseeischen Kontakte, schon in der ersten Hälfte des Jahrzehnts einen Aufschwung. Wichtige Basisinnovationen zur Rückgewinnung des bei der Produktion entstehenden Abfalls, wie das von Friedrich Rössler in Frankfurt eingeführte Verfahren der Edelmetallschmelze oder die von Wilhelm Heraeus 1851 in Hanau errichtete Platinschmelze, erweiterten die Produktionsmöglichkeiten der Bijouterieindustrie.[209] Um 1857 wurden in Hanau über 600 Arbeiter in der Edelmetallbranche beschäftigt. Die Zeichenakademie verzeichnete um die 300 Schüler. Der Zustrom junger Leute in Berufe der Edelmetallbearbeitung führte dazu, dass in den früher überbesetzten Handwerken der Schuhmacher, der Schneider und in den Bauberufen Arbeitskräftemangel entstand. Viele ausgelernte Handwerker ließen sich andererseits zu Zigarrenarbeitern ausbilden, wo mit vier bis zwölf Gulden Wochenlohn ein gutes Einkommen lockte. Mit fast 1200 Beschäftigten umfasste die Zigarrenfabrikation nach wie vor die zahlenmäßig größte Berufsgruppe, mit einem hohen Anteil auswärtiger Arbeitskräfte.[210] Einschließlich der 240 Beschäftigten in der Wollteppichfabrik von Bernus, Leisler & Co. arbeiteten in der Textilbranche Mitte der 50er Jahre immer noch über 600 Lohnabhängige.[211] Kontinuierliches Wachstum kennzeichnete gegen Ende der 50er Jahre die Metallbranche, in der die Maschinenfabrik J. D. Bracker und eine Reihe von Gießereibetrieben entstanden.[212]

Vor dem Hintergrund der Lebensmittelteuerung, der sichtbar steigenden Unternehmergewinne und der teilweise seit Jahren gleichgebliebenen Löhne breitete sich 1857 in ganz Deutschland eine Streikwelle aus, die mit insgesamt 60 Streiks bedeutender als die Streikaktivitäten der Revolutionsjahre 1848/1849 war.[213]

[208] Gessner, Die Anfänge der Industrialisierung, S. 107, 127, 256.

[209] Ebd., S. 132f., 146.

[210] Carl Arnd, Geschichte der Provinz Hanau und der unteren Maingegend, Hanau 1858, S. 406ff.; im Weiteren: Arnd, Geschichte der Provinz Hanau.; StAH, L 1, Zieglersche Chronik Bd. 3, fol. 353; Nach einer Zusammenstellung vom 18. März 1857 arbeiteten in 14 Hanauer Zigarrenfabriken 1188 Personen, darunter 231 Fremde und 11 Kinder unter 14 Jahren. Vgl.: HStAM, 180 Hanau-6698.

[211] Arnd, Geschichte der Provinz Hanau, S. 404f.

[212] Ebd., S. 408; StAH, L 1, Zieglersche Chronik Bd. 4, fol. 154; 1859 arbeiteten anlässlich der sich anbahnenden Krise in der Metallwerkstatt der Firma Zimmermann 199, bei der Firma Lotz 180 Personen. Vgl. HStAM, 180 Hanau-6686.

[213] Offermann, Arbeiterbewegung 1850–1863, S. 148ff.; Horst Bartel (Hrsg.), Deutsche Geschichte in zwölf Bänden, Bd. 4. Die bürgerliche Umwälzung von 1789 bis 1871, Köln 1984, S. 418; im Weiteren: Bartel, Deutsche Geschichte, Bd. 4.

Hanau, Maschinenfabrik Bracker, um 1860

Der Ausgangspunkt der Streikbewegung war Frankfurt und seine Umgebung. Hasenhaarschneider aus Frankfurt, Offenbach, Bockenheim und Hanau berieten sich Ende März in mehreren Versammlungen und legten am 6. April in ihren Werkstätten mit dem Ziel höherer Löhne die Arbeit nieder. (Dok. 31a) Die Haarschneiderei belieferte die Hutfabrikation mit dem Filz-Rohstoff. Die Haarschneider, gelernte Fachkräfte, arbeiteten in Akkordstücklohn und beschäftigten persönlich angestellte Lehrlinge.[214] Allgemein waren die Arbeitsbedingungen in dieser Branche ungesund. In Hanau war die Hasenhaarschneiderei der Hutfabrik Carl Rößler angegliedert.[215] Der Haarschneiderstreik endete in der dritten Aprilwoche mit einer geringen Lohnerhöhung.[216] (Dok. 31b)

Die Streikwelle sparte auch das Handwerk nicht aus. Ende März kam es bei einigen Hanauer und Kesselstädter Maurermeistern zur Arbeitseinstellung.[217] Am 22. April wurden sechs Schuhmachergesellen, die versucht hatten, ihre Kollegen für Lohnforderungen zu gewinnen, aus der Stadt verwiesen. Um diese Zeit bereiteten auch die Frankfurter Schuhmachergesellen einen Streik vor, der jedoch von der Polizei verhindert wurde.[218] Mit dem Eingreifen der Polizei endete am 15. Mai auch der Streik von drei Wickelmachern und sechs Wickelmacherinnen in der Zigarrenfabrik Vollbracht. (Dok. 31e,f)

214 Offermann, Arbeiterbewegung 1850–1863, S. 150.

215 HStAM, 180 Hanau-6698; Arnd, Geschichte der Provinz Hanau, S. 406.

216 Für das Scheren von 100 Fellen bekamen die Hasenhaarschneider 5 fl. Die geforderte Lohnerhöhung um 1 fl. konnte nicht durchgesetzt werden. Letztlich kam eine Lohnerhöhung um 30 kr. zustande. Vgl.: HStAM, 180 Hanau-6701.

217 HStAM, 180 Hanau-5011.

218 Offermann, Arbeiterbewegung 1850–1863, S. 151.

Nicht um Lohn, sondern um das Lehrlingswesen ging es Anfang Mai den Arbeitern der Hanauer Bijouteriewerkstätten. Die Arbeiter drohten in einem Zirkular mit Arbeitsniederlegung, wenn weiterhin Lehrlinge aus den umliegenden Dörfern bevorzugt eingestellt würden. Die Fabrikanten reagierten entrüstet auf die überraschende Initiative ihrer Arbeiter. (Dok. 31c,d) Die Unternehmer neigten dazu, Lehrlinge aus den umliegenden Orten einzustellen, in der Hoffnung, dass diese nach Beendigung der Lehre auswärts tätig sein würden, während die Einheimischen in der Stadt die Konkurrenz erhöhten.[219]

Nationale Volksbewegung und »Neue Ära«

Der italienische Unabhängigkeitskampf gegen Österreich stellte 1859 erneut die zentrale Frage der nationalen Einheit in den Mittelpunkt des öffentlichen Interesses. Das wirtschaftlich immer mehr erstarkende Bürgertum verlangte außenpolitisch nach sicheren Grenzen. Innenpolitisch forderte es die Aufhebung wirtschaftlicher Hemmnisse sowie angemessene, verfassungsmäßig garantierte politische Rechte. Aber auch das Kleinbürgertum und die wachsende Arbeiterschaft setzten ihre Hoffnungen in einen freiheitlich verfassten Nationalstaat.

Die in Preußen und in mehreren anderen deutschen Staaten einsetzende »Neue Ära« signalisierte, dass auch die herrschenden junkerlich-feudalabsolutistischen Kreise zu einer gewissen Kurskorrektur bereit waren. Sogar im unverändert reaktionären Kurhessen gelang es auf preußischen Druck hin, 1862 die Verfassung von 1831 und das Wahlgesetz von 1849 wieder in Kraft zu setzen. In diesem liberaleren Klima fand das bürgerliche Nationalbewusstsein in Turn-, Schützen- und Gesangvereinen aktiven Ausdruck. Auch die Arbeiterbewegung fand neue Organisationsmöglichkeiten.

Der erste behördlich genehmigte Turnverein nach der Niederlage der Revolution wurde in Hanau am 15. Juni 1860 unter der Leitung des Goldarbeiters Jacob Jodry mit 50 Mitgliedern gegründet.[220] Schon zuvor gründeten 14 Arbeiter in Großauheim einen Turnverein, und im August entstand eine Turnerorganisation in Kesselstadt.[221] Am 9. November, dem Todestag von Robert Blum, gründeten die Zigarrenarbeiter einen Turnverein, und im April 1861 wurde eine Turngesellschaft der Zigarrenarbeiter ins Leben gerufen, die schon nach einer Woche 352 Mitglieder zählte.[222] Anlässlich des mittelrheinischen Turnfestes in Offenbach erschienen im August 1860 an die 700 Turner aus Hanau in Begleitung einer riesigen Menschenmenge. Am 24. Februar wurde in Hanau mit auswärtigen Tur-

[219] StAH, L 1, Zieglersche Chronik Bd. 3, fol. 354f.

[220] Ebd., Bd. 4, fol. 191. Im Januar 1861 vereinigte sich dieser Turnverein mit der wiederbelebten älteren Turngemeinde. Vgl.: H. Heusohn, Aus der Hanauer Turngeschichte, S. 70.

[221] Turnerschaft 1860 e.V. Großauheim am Main. Festschrift zum 100jährigen Jubiläum, Großauheim 1960, S. 59; Festschrift 100 Jahre Turnverein Kesselstadt 1860 e.V., Hanau 1960.

[222] StAH, L 1, Zieglersche Chronik Bd. 4, fol. 211, 230; Stadtzeit, Revolution 1848–1898, S. 261. Als Vereinslokal diente ihnen das Traditionslokal der Zigarrenarbeiter nach der Revolution, die Gaststätte »Zur weißen Taube«.

nern ein Verbrüderungsfest gefeiert, das zugleich der Erinnerung an die Pariser Februarrevolution gewidmet war.[223]

Die Turnvereine erwiesen sich, wie schon vor der Revolution, als Organisationen der Arbeiter und vorläufige Sammelstellen der Demokraten. Selbstbewusst bekannten sie ihre Sympathie für die Ideen der Revolution. Im Oktober entstand aus halb illegalen Treffen der Turner der Maingauer Turnerbund, der in revolutionärer Tradition sowohl den Wehrgedanken als auch die Beschäftigung mit politischen Themen hochhielt. Die im Maingauverband praktizierte Organisationsform der offenen, nicht auf Vereinsdelegationen beschränkten Versammlungen übertrug sich auch auf die Organisationsstruktur der bald einsetzenden regionalen Arbeitervereinsbewegung.[224]

Der Maingauverband der Arbeitervereine

An die Spitze der nationalen Volksbewegung hatte sich der im September 1859 in Frankfurt gegründete »Nationalverein« gesetzt. Er wurde zum Sammelbecken jener Teile des liberalen und demokratischen Bürgertums, welche die Führung im Prozess der nationalen Vereinigung gern in preußischer Hand gesehen hätten. Diese Kräfte versuchten auf die Arbeiterschaft Einfluss zu gewinnen. Einen Ansatzpunkt bot die sich neu formierende und rasch ausbreitende Arbeiterbildungsbewegung. Die Arbeiterbildungsvereine entstanden mit materieller und moralischer Unterstützung des Bürgertums, meist unter der Leitung liberaler oder demokratisch gesinnter Intellektueller.

Das Programm der Arbeiterbildungsvereine war zunächst eine Antwort auf die oft miserablen Schulverhältnisse und den wachsenden Facharbeitermangel. Bildung bedeutete aber auch Anleitung zur wirtschaftlichen Selbsthilfe. Genossenschaftliche Betätigung, Sparen und Kreditwürdigkeit sollte es den Arbeitern ermöglichen, in die bürgerliche Gesellschaft aufzusteigen. An die Stelle der »Emanzipation der Klasse« trat nach dieser Auffassung, die vor allem mit dem Wirken von Hermann Schulze-Delitzsch verbunden ist, die »Emanzipation des Individuums«, die Integration des Arbeiters in die bestehende Gesellschaft.

Ihr politisches Schicksal sollten die Arbeiter nach dieser Auffassung jedoch ihrem Verbündeten, dem Bürgertum und seinen politischen Parteien, anvertrauen. Politische Themen gehörten aus diesem Blickwinkel nicht in die Arbeiterbildungsvereine. Einer politischen Betätigung standen allerdings auch die in den meisten deutschen Staaten noch gültigen reaktionären Vereins- und Versammlungsgesetze entgegen. Im Handwerkermilieu, dem sich auch viele Arbeiter zurechneten, fanden die liberalbürgerlichen Ansichten über die Arbeiterbildung vor dem Hintergrund des wirtschaftlichen Aufschwungs in den 60er Jahren große Resonanz. Auch als Zentren im Prozess der Neuformierung der Arbeiterbewegung nach der Reaktionszeit waren die Bildungsvereine von Bedeutung.

223 StAH, L 1, Zieglersche Chronik Bd. 4, fol. 198, 202, 223.
224 Offermann, Arbeiterbewegung 1850–1863, S. 309ff.

Zu den Vertretern des Bürgertums, die in und um Frankfurt auf die Arbeiterbewegung Einfluss ausübten, gehörte der Liberale Max Wirth, der 1856 mit seinem Bruder Franz die Zeitschrift »Der Arbeitgeber« gegründet hatte und ein eifriger Propagandist freihändlerischer Ideen und der »Arbeiterselbsthilfe« war, sowie der Demokrat Leopold Sonnemann, der Begründer und Herausgeber der »Frankfurter Neuen Zeitung« (später »Frankfurter Zeitung«). Als ihr Gegenspieler trat der Vorsitzende des 1861 gegründeten Frankfurter Arbeiterbildungsvereins, Johann Baptist von Schweitzer, auf. Er war der Spross einer Frankfurter Patrizierfamilie und hatte sich an der nationalen Turn- und Wehrbewegung aktiv beteiligt. In scharfer Gegnerschaft zur Politik des Nationalvereins versuchte Schweitzer, das Ziel der nationalen Einheit nicht allein durch die politische Einflußnahme des Bürgertums, sondern auf revolutionärem Weg mit der Hilfe der Arbeiterschaft zu erreichen. Im Gegensatz zu Max Wirth plädierte er für den Vorrang politischer Bildung und versuchte den Frankfurter Arbeiterbildungsverein auf den Weg einer klassenbewussten und antikapitalistischen Arbeiterpolitik zu führen.[225]

Bei einem Teil der stark proletarisierten Frankfurter Handwerksgesellen fand dieses Bestreben auch fruchtbaren Boden, während die Lohnarbeiterschaft in den Frankfurter Vororten und in den unweit gelegenen Orten, in denen oft eine patriarchalische Struktur den Gegensatz von Arbeitern und Unternehmern verdeckte, eher den bürgerlich-liberalen Ideen der wirtschaftlichen Selbsthilfe anhing.[226]

Im Prozess der Auseinandersetzung mit der bürgerlich-liberalen Einflussnahme entstand eine informelle Organisation der Arbeiter des Maingaus in Form von periodisch tagenden offenen Arbeiterversammlungen, den so genannten »Arbeitertagen«. An der Spitze der Versammlung stand das am Versammlungsort jeweils neu gewählte Zentralkomitee, wobei sowohl die Orts- und Vereinsdelegierten wie auch die sonstigen anwesenden Einzelpersonen zur Abstimmung berechtigt waren. Ab 1862 wurden die Tagungsorte mit Absicht so gewählt, dass am Ort gleichzeitig ein neuer Arbeiterbildungsverein gegründet werden konnte.[227] Wie schon 1850/51 der Bezirk Frankfurt der Arbeiterverbrüderung, scherte sich dieser Maingaubund keineswegs um die bestehenden politischen Grenzen. Im Zeitraum von November 1862 bis Juli 1863 wurden durch die Maingauer Arbeitertage insgesamt neun Arbeiterbildungsvereine gegründet, unter ihnen auch der Hanauer am 2. März.[228] (Dok. 32b) 1862 entwickelte sich der Maingau neben Berlin und Leipzig zu einem der drei Hauptzentren der deutschen Arbeiterbewegung, wobei dem Schwerpunkt im Süden auch Mannheim und Nürnberg zu-

[225] Offermann, Arbeiterbewegung 1850–1863, S. 312.
[226] Ebd., S. 432f.
[227] Ebd., S. 342, 345, 434, 437, 496.
[228] Frankfurter Journal Nr. 200, 21.7.1863; StAH, L 1, Zieglersche Chronik Bd. 5, fol. 48.

zurechnen waren.[229] Allerdings verlor der vom Frankfurter Arbeiterbildungsverein vertretene antibürgerliche Standpunkt nach dem Ausscheiden von Schweitzer im August 1862 auf den Maingauer Arbeitertagen an Einfluss. Die Führung ging vorerst an die liberal-demokratische Gruppe um Leopold Sonnemann und Max Wirth über.[230]

Kaum eine Woche nach der Gründung eines Arbeiterbildungsvereins in Hanau wurde die Stadt im März 1863 zum Schauplatz des bis dahin größten Maingauer Arbeitertages, sowohl was die Zahl der beteiligten Arbeiter als auch was die Vertretung von Vereinen betraf. Allein aus Frankfurt und Bockenheim kamen fast 200 Teilnehmer, 100 aus Offenbach, 60 aus Aschaffenburg und die meisten, an die 500, aus Hanau.[231] Eine Initiative der Coburger und Mannheimer Arbeiterbildungsvereine stellte die Gründung einer föderalistischen Organisation der deutschen Arbeitervereine zur Debatte.

Das Eröffnungsreferat über die »jetzigen Arbeiterverhältnisse« hielt Sonnemann. (Dok. 33a) Seine Kernaussage richtete sich gegen eine gesamtdeutsche Verbindung der Arbeitervereine, da jede zentralisierte Organisation den Keim der Politisierung in sich trüge. Die liberale bürgerliche Ideologie stemmte sich gegen eine eigenständige politische Organisierung der Arbeiter. Sie gestand den Arbeitervereinen nur eine mäßigende soziale, keineswegs aber eine offensive politische Funktion zu. »Nur Bildung macht frei, nicht Organisation«, lautete die Devise. Unter dem Einfluss Sonnemanns lehnte die Maingauversammlung den Mannheimer Organisationsvorschlag ab.[232]

Lassalles »Offenes Antwortschreiben« und die Gründung des Allgemeinen Deutschen Arbeitervereins (ADAV)

Ähnlich wie in Süddeutschland verbreitete sich im Lauf des Jahres 1862 auch in den Berliner und Leipziger Arbeitervereinen der Gedanke, einen zentralen Arbeiterkongress zu veranstalten, bei dem die Delegierten über ihr Geschick selbständig und unabhängig beraten sollten. Das Leipziger »Zentralkomitee zur Berufung eines Allgemeinen Deutschen Arbeiterkongresses« forderte deshalb im Februar 1862 namhafte Nationalökonomen auf, ihre Ansichten über die Arbeiterbewegung und über die Mittel zur Befreiung der Arbeiter darzulegen. Der Advokat und Schriftsteller Ferdinand Lassalle, der schon 1848/49 an der Seite der Demokratie und der Arbeiter Stellung genommen hatte, verfasste ein »Offenes Antwortschreiben«. In der Schrift legte er die Schwäche und die Inkonsequenz der liberalen Fortschrittspartei in ihrem Kampf gegen die preußische Re-

[229] Albrecht Eckhardt, Arbeiterbewegung und Sozialdemokratie im Großherzogtum Hessen 1860–1900, in: Archiv für hessische Geschichte und Altertumskunde NF 34. Bd., 1976, S. 181f.; im Weiteren: Eckhardt, Arbeiterbewegung 1860–1900.

[230] Offermann, Arbeiterbewegung 1850–1863, S. 432.

[231] Frankfurter Journal, Nr. 68, 9.3.1863.

[232] Offermann, Arbeiterbewegung 1850–1863, S. 438ff., 490.

gierung dar und begründete die Notwendigkeit der Schaffung einer selbständigen politischen Arbeiterpartei. Das Hauptmittel für den Sieg der Arbeiter sah er im allgemeinen, gleichen, geheimen und direkten Wahlrecht (in Preußen und in Sachsen herrschte das Dreiklassenwahlrecht), dessen Erringung das wichtigste Ziel der neuen Partei sein sollte. Er wandte sich gegen den liberalen Gedanken der Selbsthilfe, statt dessen verlangte er die Errichtung von Genossenschaften (»Produktivassoziationen«) mit Staatshilfe.

Als die Leipziger Arbeiter Lassalles Antwortschreiben im März 1863 mit überwältigender Mehrheit angenommen hatten, war der erste Schritt zur organisatorischen Trennung der Arbeiterbewegung vom Liberalismus getan. Die Liberalen rüsteten zum Gegenschlag, indem sie in den Arbeiterbildungsvereinen landesweit Abstimmungen gegen das »Offene Antwortschreiben« organisierten. Für die Maingauer Arbeiter hätte nach Sonnemanns Planung der Rödelheimer Arbeitertag am 19. April 1863 die Verurteilung Lassalles aussprechen sollen. Die Frankfurter Vertreter sprachen sich, zusammen mit ihren Mainzer Kollegen, gegen ein solches Vorgehen aus. Sie wollten sich vor einer endgültigen Stellungnahme durch unmittelbare Erfahrung ein eigenes Urteil über das Lassallesche Programm bilden. Folgerichtig wurden nach dem Beschluss des Rödelheimer Arbeitertages beide Kontrahenten, Lassalle und Schulze-Delitzsch, zu einer für den 17. Mai 1863 angesetzten Versammlung nach Frankfurt eingeladen.[233] Schulze sagte ab. Die Erwartungen konzentrierten sich nun auf Lassalle.

Auf Lassalles Auftritt warteten am 17. Mai 1863 im Frankfurter Saalbau 1500 bis 2000 Zuhörer. Außer den Arbeiterbildungsvereinen des Maingaus waren Delegierte von Arbeitervereinen aus Ludwigshafen, Osthofen, Düsseldorf, München, Mannheim, Karlsruhe, Heidelberg und Stuttgart anwesend.[234] Lassalle legte seine Ansichten in einer – trotz gelegentlicher Tumulte – über vier Stunden dauernden Rede dar.[235] (Dok. 34) Die Versammlung wurde schließlich – ohne Abstimmung – unterbrochen und auf den 19. Mai vertagt. Die Versammlung in der Sachsenhäuser »Harmonie«, dem Lokal des Frankfurter Arbeiterbildungsvereins, wurde als offene Arbeiterversammlung konzipiert. Am Ende seiner fortgesetzten Rede stellte Lassalle hier zwei Anträge zur Entscheidung, die sich auf die Erklärung zugunsten des »Offenen Antwortschreibens« und auf eine Delegiertenwahl zur konstituierenden Versammlung der neuen Arbeiterpartei, des Allgemeinen Deutschen Arbeitervereins, bezogen. Die Abstimmung fiel mit 400 gegen eine Stimme für die Vorschläge Lassalles aus. Am 20. Mai votierte auch in Mainz eine Arbeiterversammlung mit 700 bis 800 Teilnehmern für Lassalle.[236]

233 Ebd., S. 460ff., 470f.

234 Beier, Hessische Arbeiterbewegung, S. 122; Eckhardt, Arbeiterbewegung 1860–1890, S. 187f.

235 Lassalles Frankfurter Rede erschien noch im Sommer in Frankfurt unter dem Titel »Arbeiterlesebuch«.

236 Eckhardt, Arbeiterbewegung 1860–1890, S. 188f.

Mit den Erfolgen in Frankfurt und in Mainz fielen die Würfel im Maingau für die Gründung des ADAV. Auf der Gründungsversammlung dieser ersten, vom Bürgertum programmatisch und organisatorisch unabhängigen Arbeiterpartei am 23. Mai 1863 in Leipzig waren elf Städte vertreten. In Hanau wurde am 11. Dezember 1864 im Rahmen eines Arbeitertages die erste »Gemeinde« des ADAV gegründet. Der Vereinspräsident, nach dem Tod Lassalles Bernhard Becker, war anwesend und ernannte den Zigarrenarbeiter Wilhelm Schäfer zum Bevollmächtigten.[237] Die stetigen Behinderungen der kurhessischen Polizei zwangen den Verein jedoch schon im Frühjahr 1866 zur vorläufigen Einstellung seiner Tätigkeit.[238]

Die Gründung des Verbandes Deutscher Arbeitervereine (VDAV) – Der Hanauer Arbeiterbildungsverein

Lassalles Erfolg zwang Leopold Sonnemann zu einer völligen Kehrtwendung in der Organisationsfrage. Als Gegengewicht zum ADAV gedacht, trat auf seine Initiative schon im Juni 1863 ein Vereinstag der liberalen Arbeitervereine in Frankfurt am Main zusammen. Von den einladenden zwölf Arbeiterbildungsvereinen gehörten sechs zum Maingauverband, unter ihnen auch Hanau.[239] 110 Delegierte vertraten 54 Vereine mit etwa 17 000 Mitgliedern aus 48 deutschen Städten. Auf dem Vereinstag wurde ein lockerer Verband von Arbeitervereinen ins Leben gerufen, an dessen Spitze ein zwölfköpfiger »Ständiger Ausschuss« trat. Als organisatorisches Dach über den angeschlossenen Arbeitervereinen wurde der periodisch einzuberufende »Vereinstag« geschaffen. Als theoretische Grundlage der Verbandstätigkeit diente das liberale Sozialprogramm von Hermann Schulze-Delitzsch. Die Beschlüsse des ersten Vereinstages umfassten die Forderung nach Gewerbefreiheit und Freizügigkeit ebenso wie nach der Gründung von Alters- und Invalidenversicherungskassen sowie von Produktionsgenossenschaften aus der gemeinsamen Anstrengung von Unternehmern und Arbeitern. Zudem wurde beschlossen, dass die Führung des Verbandes und der jährliche Kongress sich nicht mit Politik beschäftigen sollten. Nachdem aber die Mehrheit der Delegierten sich dafür ausgesprochen hatte, dass die Vereinsbestrebungen, also die Beschäftigung mit der sozialen »Hebung« der Arbeiter, von der allgemeinen Politik nicht zu trennen sei, blieb es den lokalen Arbeiterorganisationen überlassen, ob und wie weit sie politische Fragen in ihren Wirkungsbereich einbeziehen wollten.[240] Sonnemann selber warnte auf dem Hanauer Arbei-

[237] SD vom 15. Dezember 1864. Die neuen Fakten zur Entstehung der Hanauer ADAV-Gemeinde hat Wolfram Heitzenröder bei seinen Forschungen ans Tageslicht gefördert. Vgl. Wolfram Heitzenröder, Die Arbeiterbewegung in Hanau und Umgebung 1848 bis 1878, Hanau 2002, S. 62ff.; im Weiteren: Heitzenröder, Arbeiterbewegung in Hanau.

[238] Ebd., S. 64.

[239] Eckhardt, Arbeiterbewegung 1860–1890, S. 190; Offermann, Arbeiterbewegung 1850–1863, S. 491, Anm. 229.

[240] Ebd., S. 492, 497, 499; Bartel, Deutsche Geschichte in zwölf Bänden, Bd. 4, S. 447.

tertag im Herbst 1863 die Arbeitervereine, sich zu politischen Agitationsvereinen zu wandeln. Der Abgeordnete der Hanauer Demokraten im kurhessichen Landtag Adam Trabert vertrat demgegenüber den Standpunkt, dass die wirtschaftlichen Fragen von den politischen nicht zu trennen seien. (Dok. 33b,c)

Der Anfang März 1863 aus der Taufe gehobene Hanauer Arbeiterbildungsverein entwickelte sich auf dem vorgezeichneten Weg der Selbstbildung und Selbsthilfe, begleitet von der wohlwollenden Aufmerksamkeit des bürgerlichen Lagers. (Dok. 32a,b,c) Die der Gründung vorangehenden, vom Schulinspektor G. W. Röder geleiteten vorbereitenden Sitzungen bezeugen, dass bei der Entstehung des Vereins die bürgerlichen Demokraten in der Tradition von 1848 Pate gestanden haben.[241] Die Mitgliederzahl, nach der Gründung 200, im November 1863 600, im April 1864 420 Personen, spiegelt die übliche starke Fluktuation wider, jedoch auf einem relativ hohen Niveau.[242] Von 420 Mitgliedern im April 1864 sind die Berufe von 386 bekannt: 152 Metallarbeiter (Gold- und Silberarbeiter, Graveure etc.) machten mehr als ein Drittel der Mitgliedschaft aus; 73 Bauhandwerker (Schreiner, Schlosser, Maurer, Zimmerleute etc.) bildeten die zweitstärkste Gruppe (17,3 Prozent); 54 Fabrikanten und Kaufleute (12,8 Prozent) – die in die Arbeiterbildungsvereine allgemein Aufnahme fanden – standen auf dem dritten Platz. Der Arbeiterbildungsverein umfasste mit den Bijouteriearbeitern an der Spitze vor allem die örtliche Arbeiterelite, bei den Fabrikanten und Kaufleuten womöglich auch eine Anzahl der in dieser Branche zu Kleinunternehmern aufgestiegenen Arbeiter. Die stärker politisierten und schlechter bezahlten Schneider und Schuhmachergesellen, die zusammen mit den Tischlern im Durchschnitt etwa 60 Prozent der ADAV-Mitgliedschaften ausmachten, blieben hier in der Minderzahl.[243] Von den Zigarrenarbeitern, 1864 die zweitstärkste Berufsgruppe in der Hanauer Industrie, fanden nur 37 (8,8 Prozent) den Weg in den Arbeiterbildungsverein.

Dem materiellen Wohl der Vereinsmitglieder dienten die im September 1863 gegründete Sparkasse, die im August 1864 entstandene Krankenkasse und der im September 1864 ins Leben gerufene »Consum-Verein«, der den Bildungsverein nach dessen 1874 erfolgter Auflösung noch einige Jahre überlebte.[244]

Auf den Vereinstagen des Verbandes der Deutschen Arbeitervereine (VDAV) ließ sich der Hanauer Verein nur 1863 in Frankfurt und 1865 in Stuttgart vertre-

[241] StAH, L 1, Zieglersche Chronik Bd. 5, fol. 48. Röder, der im Sommer 1849 im Hanauer Freikorps am badischen Feldzug teilgenommen hatte, wurde im Juni 1865 anlässlich seiner Versetzung nach Fulda unter Mitwirkung des Vereinschors vom ABV feierlich verabschiedet. Vgl.: Ebd., fol. 189.

[242] Ebd., fol. 48.

[243] Karl Birker, Die deutschen Arbeitervereine 1840–1870, Berlin 1973, S. 143; im Weiteren: Birker, Die deutschen Arbeitervereine; Ulrich Engelhardt, Nur vereinigt sind wir stark. Die Anfänge der deutschen Gewerkschaftsbewegung 1862/63 bis 1869/70, Stuttgart 1977, S. 339; im Weiteren: Engelhardt, Nur vereinigt.

[244] Anfänge der Arbeiterbewegung in Hanau, HA v. 18.5.1963; Heitzenröder, Arbeiterbewegung in Hanau, S. 61.

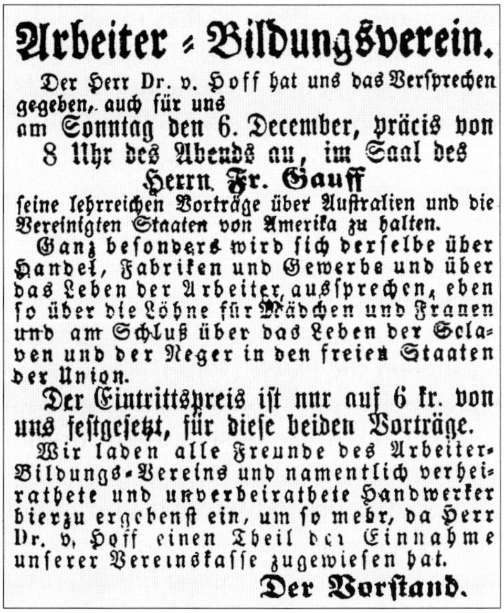

Arbeiter-Bildungsverein.

Der Herr Dr. v. Hoff hat uns das Versprechen gegeben, auch für uns am Sonntag den 6. December, präcis von 8 Uhr des Abends an, im Saal des Herrn Fr. Gauff seine lehrreichen Vorträge über Australien und die Vereinigten Staaten von Amerika zu halten.

Ganz besonders wird sich derselbe über Handel, Fabriken und Gewerbe und über das Leben der Arbeiter aussprechen, eben so über die Löhne für Mädchen und Frauen und am Schluß über das Leben der Sclaven und der Neger in den freien Staaten der Union.

Der Eintrittspreis ist nur auf 6 kr. von uns festgesetzt, für diese beiden Vorträge.

Wir laden alle Freunde des Arbeiter-Bildungs-Vereins und namentlich verheirathete und unverheirathete Handwerker hierzu ergebenst ein, um so mehr, da Herr Dr. v. Hoff einen Theil der Einnahme unserer Vereinskasse zugewiesen hat.

Der Vorstand.

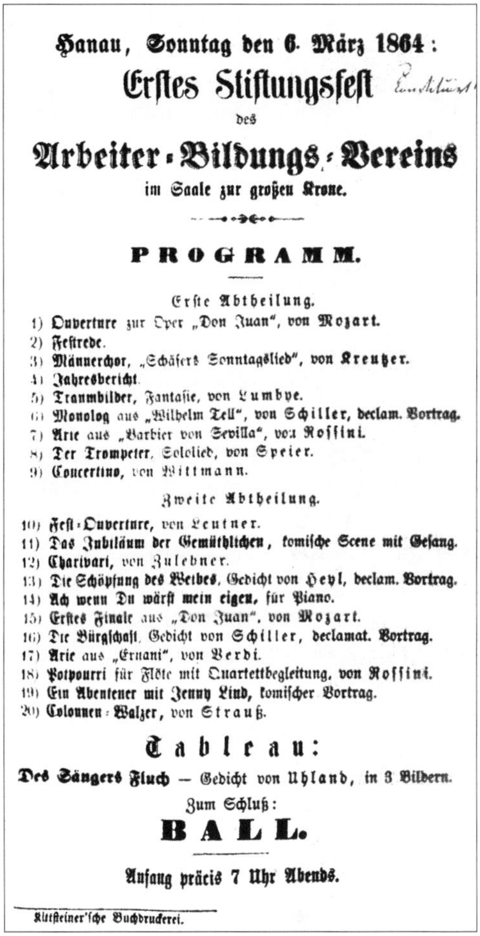

Hanau, Sonntag den 6. März 1864:

Erstes Stiftungsfest

des

Arbeiter-Bildungs-Vereins

im Saale zur großen Krone.

PROGRAMM.

Erste Abtheilung.

1) Ouverture zur Oper „Don Juan", von Mozart.
2) Festrede.
3) Männerchor, „Schäfers Sonntagslied", von Kreutzer.
4) Jahresbericht.
5) Traumbilder, Fantasie, von Lumbye.
6) Monolog aus „Wilhelm Tell", von Schiller, declam. Vortrag.
7) Arie aus „Barbier von Sevilla", von Rossini.
8) Der Trompeter, Sololied, von Speier.
9) Concertino, von Wittmann.

Zweite Abtheilung.

10) Fest-Ouverture, von Leutner.
11) Das Jubiläum der Gemüthlichen, komische Scene mit Gesang.
12) Charivari, von Zulehner.
13) Die Schöpfung des Weibes, Gedicht von Heyl, declam. Vortrag.
14) Ach wenn Du wärst mein eigen, für Piano.
15) Erstes Finale aus „Don Juan", von Mozart.
16) Die Bürgschaft, Gedicht von Schiller, declamat. Vortrag.
17) Arie aus „Ernani", von Verdi.
18) Potpourri für Flöte mit Quartettbegleitung, von Rossini.
19) Ein Abenteuer mit Jenny Lind, komischer Vortrag.
20) Colonnen-Walzer, von Strauß.

Tableau:

Des Sängers Fluch — Gedicht von Uhland, in 3 Bildern.

Zum Schluß:

BALL.

Anfang präcis 7 Uhr Abends.

Kittsteiner'sche Buchdruckerei.

Links: Einladung des Arbeiterbildungsvereins, 1863
Rechts: Programm des Stiftungsfestes, 1864

ten. Sein langjähriger Vorsitzender, der Goldarbeiter Jean König, saß von 1865 bis 1867 im Ständigen Ausschuss des VDAV.[245]

Trotz der bürgerlichen Beeinflussung gingen vom VDAV wichtige Impulse für die Weiterentwicklung der deutschen Arbeiterbewegung aus, sowohl bei der Ausformung eines differenzierten sozialen Programms als auch bei der Ausbildung von regionalen Zusammenschlüssen in der Gestalt von Gauverbänden. Diese Beweglichkeit unterschied den VDAV positiv von den in vielerlei Hinsicht doktrinären Inhalten und dem diktatorisch-zentralistischen Organisationsaufbau des ADAV.

Die nacheinander erfolgte Gründung von ADAV und VDAV bewirkte vorerst eine Spaltung der sich neu formierenden Arbeiterbewegung. Auch der Maingau-Verband der Arbeiterbildungsvereine wurde Ende 1864 im Sinne der Lassallea-

245 Birker, Die deutschen Arbeitervereine, S. 203f.

ner umfunktioniert und damit eines Teils seiner Mitgliedschaft beraubt.[246] Im Frühjahr 1865 gründeten die Arbeiterbildungsvereine von Offenbach, Hanau und einigen kleineren Orten der Umgebung einen neuen »Maingauverband«, der am 11. Juli in Darmstadt einen Verbandstag abhielt, zu dem auch Lassalleaner erschienen. In einem Beschluss sprach sich diese Tagung für die Aufhebung der Spaltung in der Arbeiterbewegung aus.[247]

Die Arbeitskämpfe und die Arbeiterorganisationen

In dem Jahrzehnt zwischen 1860 und 1870 stießen die extensiven Ausbeutungsmethoden an ihre Grenzen. Die schlechten Arbeits- und Lohnbedingungen sowie der 12- bis 14-stündige, nicht selten noch längere Arbeitstag überschritten die physische Belastbarkeit der Arbeiter. Andererseits machten technische Neuerungen in vielen Bereichen die Steigerung der Arbeitsproduktivität und damit die intensivere Ausbeutung möglich.[248]

Die anhaltende Konjunktur der 60er Jahren bewirkte eine rasche Erweiterung des Hanauer Fabrikwesens. Zu den neu eröffneten Betrieben gehörten die Dependance der Frankfurter Nähmaschinenfabrik Wertheim sowie die Maschinenfabrik und Eisengießerei L.A. Pelissier. Im März 1864 waren in der Stadt 24 Dampfmaschinen im Betrieb.[249] Die Zahl der in der Industrie der Stadt Hanau (jeweils ohne Baugewerbe) Beschäftigten war von 1852 bis 1864 von 2550 auf 4962 gestiegen. 1684 Gold- und 74 Silberarbeiter sowie 1746 Zigarrenarbeiter bildeten 1864 die zwei dominierenden Berufsgruppen.[250]

Der erste große Arbeitskampf dieses Jahrzehnts wurde von den Zigarrenarbeitern geführt. (Dok. 35a,b) Am 9. August 1863 beschlossen etwa 800 Zigarrenarbeiter in einer Versammlung, von den Arbeitgebern eine einheitliche Lohnerhöhung sowie die Aufhebung des bisher praktizierten Prämiensystems zu verlangen. Sie wandten sich damit gegen den Leistungs- und Konkurrenzdruck in den Werkstätten. Der Arbeitskampf entfaltete sich trotz Koalitionsverbot und ohne das Vorhandensein einer stützenden Gewerkschaftsorganisation.

Der fast vierwöchige Arbeitskampf der Zigarrenarbeiter brachte auch unter die Gehilfen der anderen Gewerke Bewegung. Schuhmacher- und Bäckergesellen hielten Versammlungen ab. Maurer- und Weißbindergesellen stellten Forderungen. Ende August folgten im Baugewerbe und bei den Schuhmachern sporadische Arbeitsniederlegungen.[251] Anfang September kam es schließlich zum Poli-

[246] Eckhardt, Arbeiterbewegung 1860–1890, S. 190, 195f.; An der Spitze des von den Lassalleanern beherrschten Maingauverbandes stand das »Agitations-Komitee des Maingaus«. Vgl.: Volksfreund für das mittlere Deutschland Nr. 17, 8.2.1865.

[247] Eckhardt, Arbeiterbewegung 1860–1890, S. 196; Beier, Arbeiterbewegung in Hessen, S. 134, 136; Frankfurter Journal Nr. 196, 17.7.1865.

[248] Bartel, Deutsche Geschichte in zwölf Bänden, Bd. 4, S. 404f., 481f.

[249] StAH, L 1, Zieglersche Chronik Bd. 5, fol. 69, 122, 138; HZ Nr. 52, 1.3.1864.

[250] Brandt, Wirtschaft und Wirtschaftspolitik, S. 124ff.

[251] HStAM, 180 Hanau-5011.

Hanau, Zigarrenmacher Jean Baumgärtner, um 1880

zeieinsatz »gegen die Haupträdelsführer der hiesigen Arbeiteraufwiegelung, wonach mehrere derselben verhaftet, andere, darunter zwei auswärtige Schuhmacher- und zwei Weißbindergesellen, aus der Stadt verwiesen wurden«.[252] Am 3. September mussten die Zigarrenmacher ihren Streik erfolglos abbrechen.

1865 weiteten sich die Arbeitseinstellungen zu einer ganz Deutschland erfassenden Streikbewegung aus. Um einem Ausstand zuvorzukommen, bewilligten die Hanauer Tabakfabrikanten freiwillig eine Lohnerhöhung.[253] Zweifellos begünstigte die Existenz der neuen zentralen politischen Arbeitervertretungen ADAV und VDAV die Intensivierung der Arbeitskämpfe, auch wenn die Sicht auf die Arbeitseinstellungen in beiden Organisationen problembeladen war. Das von Lassalle formulierte »eherne Lohngesetz« erklärte den Kampf um Lohnerhöhungen über das Existenzminimum hinaus für letztlich sinnlos. Höhere Löhne zögen eine Vermehrung der Arbeiterschaft und damit eine Verschärfung

[252] StAH, L 1, Zieglersche Chronik Bd. 5, fol. 77.
[253] Ebd., fol. 72.

der Konkurrenz zwischen den Arbeitern nach sich, die wiederum zu Lohnsenkungen führe. Die praktische Arbeit vieler ADAV-Mitglieder blieb von dieser gewerkschaftsfeindlichen Theorie weitgehend unberührt. Auch die ADAV-Theoretiker mussten anerkennen, dass die Streiks zumindest das Bewusstsein der Arbeiter stärkten.[254]

Die Streikbewegung rückte im liberalen VDAV die Frage der Koalitionsfreiheit in den Vordergrund. Leopold Sonnemann sprach sich auf dem Rödelheimer Arbeitertag im Januar 1864 auf der Grundlage der liberalen Auffassung von der Gleichstellung der Wirtschaftssubjekte auf dem Markt für die volle Koalitionsfreiheit aus.[255] Auf dem Hanauer Arbeitertag der Maingauer Arbeiterbildungsvereine im April 1865 wurden Sammlungen für die Tuchmacher von Burg, einer Industriestadt im preußischen Regierungsbezirk Magdeburg eingeleitet, die gegen eine entwürdigende Fabrikordnung in den Streik getreten waren. Der Hanauer Arbeiterbildungsverein beschloss, den Streik der Tuchmacher in Burg mehrere Monate hindurch mit einem Viertel der örtlichen Mitgliedsbeiträge zu unterstützen.[256]

Nationale Gewerkschaftsgründungen

Als Schrittmacher beim Neuaufbau von national organisierten Gewerkschaften bewährten sich wie schon in der Revolutionszeit die Zigarrenarbeiter und die Druckergehilfen. Sie profitierten dabei von ihrem über die Reaktionszeit hinweg geretteten Unterstützungswesen und hielten sich vom bürgerlichen Einfluss weitgehend frei.

Der im Dezember 1865 in Leipzig gegründete »Allgemeine Deutsche Zigarrenarbeiter-Verein« (ADZV) war die erste zentrale gewerkschaftliche Organisation in Deutschland nach der Reaktionsperiode. Die Initiative zur Zentralisation kam im Frühjahr 1865 aus Süddeutschland und insbesondere aus dem Rhein-Main-Gebiet, der erste Schritt sogar aus Hanau.[257] Auf Hanauer Einladung fand am 7. Mai auf der Mainkur ein Treffen der Hanauer, Offenbacher und Frankfurter Zigarrenmacher statt, die einen Antrag auf Zusammenfassung der Unterstützungskassen verabschiedeten. (Dok. 37a,b) Das ursprüngliche Ansinnen der Hanauer, die Schaffung eines Presseorgans zur Erörterung der Lage der Zigarrenarbeiter, wurde von den lassalleanisch gesinnten Frankfurtern verworfen. Sie verwiesen auf den »Social-Demokrat«, das Organ des ADAV. Auf einem am 23. Mai in Frankfurt abgehaltenen Folgetreffen wurde der Maingauer Zentralisationsvor-

[254] Frank Deppe, Georg Fülberth, Jürgen Harrer (Hrsg.), Geschichte der deutschen Gewerkschaftsbewegung, Köln 1984, S. 32f.; im Weiteren: Deppe, Deutsche Gewerkschaftsbewegung.

[255] Erich Eyck, Der Vereinstag deutscher Arbeitervereine 1863–1868. Ein Beitrag zur Entstehung der deutschen Arbeiterbewegung, Berlin 1904, S. 33.

[256] Heitzenröder, Arbeiterbewegung in Hanau, S. 55; FPZ Nr. 223, 1.5.1865 (Abend); HZ Nr. 104, 3.5.1864.

[257] Engelhardt, Nur vereinigt, S. 281f.

schlag als eine im »Sozial-Demokrat« zu veröffentlichende Diskussionsgrundlage angenommen. (Dok. 37c) An der Ausarbeitung waren die Unterstützungskassen in Frankfurt, Hanau, Offenbach, Mainz und Friedrichsdorf beteiligt. (Dok. 37d) Ende August entstand in Vertretung der Zigarrenarbeiter mehrerer sächsischer Städte in Leipzig ein Vorbereitungskomitee.[258] Im Herbst 1865 arbeiteten die drei provisorischen Komitees in Stuttgart, Frankfurt und Leipzig an der Vorbereitung des Gründungskongresses. Die regionalen Komitees machten durch Selbstauflösung den Weg frei für ein koordinierendes Zentralkomitee.[259] Nach einem im »Social-Demokrat« veröffentlichten Rechenschaftsbericht gehörten dem aufgelösten Frankfurter Komitee 14 Orte mit 751 Mitgliedern an. Die meisten Mitglieder, nämlich 165, arbeiteten in Hanau, gefolgt von Karlshafen (113), Frankfurt (100), Lorsch (100) und Kassel (78).[260] Der Gründungskongress des ADZV Ende Dezember 1865 bestimmte neben dem Direktorium einen Ausschuss zur Führung der Geschäfte, dem Matthias Daßbach aus Hanau angehörte.[261] Der ADZV stand unter starkem lassalleanischen Einfluss. Sein Obmann, der Leipziger Friedrich Wilhelm Fritzsche, war zugleich Vizepräsident des ADAV.

Zur Gründung eines Ortsvereins Hanau des ADZV muss es im Mai 1866 gekommen sein.[262] Auf dem Arbeiterkongress des ADAV Ende September 1868 in Hamburg vertrat J.H. Lautenmeier, Vorsitzender des vormaligen Zigarrenarbeiterkomitees in Frankfurt, 600 Hanauer Mitglieder des ADZV.[263]

Der Gründungskongress des »Mittelrheinischen Buchdruckerverbandes«, der ersten regionalen Buchdruckervereinigung seit den Verboten von 1852, fand am 28. Juni 1863 in Frankfurt statt. Unter den 33 Delegierten aus 13 Druckorten befand sich Philipp Weißbrod aus Hanau.[264] Um eine zentrale Lenkung der Lohnkämpfe zu ermöglichen, wurde für die Städte des Verbandsgebiets im Herbst 1863 ein einheitlicher Tarif, der »Mainzer Tarif«, aufgestellt.[265] Am Karfreitag und am Himmelfahrtstag 1864 verweigerten die Druckergehilfen der »Hanauer Zeitung« die Feiertagsarbeit.[266] Ein Buchdruckerverein wurde in Hanau allerdings erst 1865 gegründet. 1866 hatten die Buchdruckervereine von Hanau und Offenbach zusammen 17 Mitglieder.[267]

[258] SD Nr. 140, 10.9.1865.
[259] Engelhardt, Nur vereinigt, S. 282f.
[260] SD Nr. 14, 18.1.1866.
[261] SD Nr. 234, 31.12.1865.
[262] StAH, L 1, Zieglersche Chronik Bd. 6, fol. 84.
[263] SD Nr. 114, 30.9.1868.
[264] Willi Krahl, Der Verband der Deutschen Buchdrucker. 50 Jahre deutsche gewerkschaftliche Arbeit mit einer Vorgeschichte, Bd. 1, Berlin 1916, S. 280; 100 Jahre Bezirk und Ortsverein Hanau 1865–1965, Industriegewerkschaft Druck und Papier, Hanau 1965, S. 15, 19; im Weiteren: 100 Jahre Bezirk und Ortsverein Hanau.
[265] Grünewald, Geschichte des Gaues Frankfurt-Hessen nebst Geschäftsbericht über das Jahr 1930, Frankfurt 1931, S. 20.
[266] StAH, L 1, Zieglersche Chronik Bd. 5, fol. 134.
[267] 100 Jahre Bezirk und Ortsverein Hanau, S. 16.

1868 schloss sich der Mittelrheinische Buchdruckerverband dem 1866 in Leipzig gegründeten zentralen »Deutschen Buchdruckerverband« an. Während die Statuten des »Mittelrheinischen Buchdruckerverbandes« noch den Beitritt von Arbeitgebern (»Prinzipalen«) für wünschenswert erachteten, war der Deutsche Buchdruckerverband ein reiner Arbeiterverband.[268] Er sollte zeitweilig zur größten deutschen Gewerkschaft heranwachsen.

Zu den ersten neu gegründeten Zentralverbänden gehörte der im Oktober 1867 in Leipzig gegründete »Allgemeine Deutsche Schneiderverein«, der bald darauf auch in Hanau eine Lokalorganisation aufbaute.[269]

Der Krieg von 1866

Die wichtigste Resolution des 3. Vereinstages des VDAV 1865 in Stuttgart forderte die Arbeiter dazu auf, mit aller Kraft für die Erringung des demokratischen Wahlrechts einzutreten. Diese Forderung zeigte nicht nur die wechselseitige Annäherung der Arbeiterorganisationen, sondern auch die Politisierung innerhalb des VDAV. Dieser Prozess verstärkte sich zunehmend im Kampf für eine demokratische, föderalistische Lösung der nationalen Frage und im Widerstand gegen das preußische Hegemonialbestreben. Als im Frühjahr 1866 immer offensichtlicher wurde, dass Preußen gegen Österreich einen Krieg vorbereitete, entwickelte sich in Deutschland eine breite demokratische Antikriegsbewegung. Die Träger dieser Volksbewegung waren das besonders in Süddeutschland starke Kleinbürgertum und die politisch organisierte Arbeiterschaft, während der bürgerliche Liberalismus sich der preußischen Vorstellung einer »Revolution von oben« immer mehr anpasste.

Auch große Teile des kurhessischen Bürgertums neigten zum Kompromiss mit dem preußischen Staat unter der Führung Bismarcks, dessen Wirtschaftspolitik sich positiv von der reaktionären Politik der Regierung in Kassel unterschied. Wirtschaftsbeziehungen verstärkten diese Orientierung zu Preußen hin.[270]

Eine Ausnahme bildete Hanau. Die Märkte für die Hanauer Tabakwaren lagen in Bayern und Österreich. Die kleindeutsche, preußische Lösung der nationalen Frage bedrohte diese Verbindungen. Viele Hanauer Fabrikanten, so auch der bedeutendste unter ihnen, der Zigarrenfabrikant Pedro Jung, zählten traditionell zu den großdeutsch und antipreußisch gesinnten Demokraten.[271] Die 1000

[268] Franz Neuland, 100 Jahre Organisation der graphischen Arbeiter in Frankfurt 1866–1966, Frankfurt 1966, S. 51f.

[269] Heitzenröder, Arbeiterbewegung in Hanau, S. 145.

[270] Hans-Werner Hahn, Wirtschaftliche Integration im 19. Jahrhundert. Die hessischen Staaten und der Deutsche Zollverein, Göttingen 1982, S. 304; im Weiteren: Hahn, Wirtschaftliche Integration.

[271] Rudolf Stöckl, Adam Trabert und die demokratisch-republikanischen Bestrebungen in Kurhessen 1848–1868, Phil. Diss. (Masch. Schr.), Marburg 1958, S. 156, Anm. 1; im Weiteren: Stöckl, Adam Trabert.

Teilnehmer, die am 18. April 1866 in einer Hanauer Versammlung den Reden gegen den drohenden Krieg lauschten, verkörperten eine in Hanau traditionelle demokratische Orientierung.[272] Mit dem linksbürgerlichen Journalisten Adam Trabert und dem liberal gesinnten Arbeiter Jean König als Rednern manifestierte sich eine zu Ende gehende Epoche. Sie wollten weder die kurhessische Reaktion noch die preußische Hegemonie, sondern einen demokratisch verfassten, aus freien Wahlen hervorgehenden Staatenverband. In ähnlichem Sinne rief der Arbeitertag des Maingauverbandes am 13. Mai 1866 zur Demokratisierung Deutschlands auf.[273]

Die Volksbewegung war nicht in der Lage den »Deutschen Krieg« zwischen Preußen und Österreich zu verhindern. Differenzen schwächten nicht nur die kleinbürgerlichen Demokraten, sondern auch den Widerstand der gespaltenen Arbeiterbewegung. Während anfangs auch Teile der Lassalleaner gegen die preußische Politik und die von ihr ausgehende Bedrohung protestierten, unterstützten später die Führer des ADAV mehr oder minder offen die preußische Seite.[274]

Preußens Sieg über Österreich und seine süddeutschen Verbündeten bedeutete eine Vorentscheidung zugunsten des preußischen Weges der nationalstaatlichen Einigung. Der überlebte Deutsche Bund wurde aufgelöst und die Vorherrschaft Preußens über die deutschen Gebiete nördlich der Mainlinie in Gestalt des Norddeutschen Bundes institutionell gefestigt. Der Krieg bedeutete auch für das Kurfürstentum Hessen das Ende. Im Juli 1866 von preußischen Truppen besetzt, wurde Kurhessen von Preußen annektiert und mit den umliegenden Territorien Nassau, Hessen-Homburg und Frankfurt in der preußischen Provinz Hessen-Nassau vereinigt. Die kurhessische Provinz Hanau ging 1867 im Regierungsbezirk Kassel auf.

Der Umbau der Verwaltung nach preußischem Muster und die Einführung des preußischen Steuersystems und Militärwesens bestärkten den demokratisch gesinnten Teil der Hanauer Bevölkerung in seiner antipreußischen Haltung, auch wenn die am 1. Mai eingeführte Gewerbefreiheit bisherige Hemmnisse des Wirtschaftslebens beseitigte. Um Adam Trabert, den Mitbegründer der Deutschen Volkspartei, scharten sich bürgerliche Demokraten und Arbeiter bei den Wahlen zum Norddeutschen Reichstag, die das erste Mal in der deutschen Geschichte nach gleichem, geheimem und direktem Stimmrecht durchgeführt wurde. Frauen waren nicht wahlberechtigt. Im »Demokratischen Wahlausschuss«, der im Januar 1867 Trabert als Kandidaten nominierte, waren neben Fabrikanten, Kaufleuten und Handwerkern auch der Vorsitzende des Arbeiterbildungsvereins Jean König vertreten. In der Stadt Hanau überflügelte Trabert bei beiden Wahlen, im Februar und im August, seinen nationalliberalen Gegner.[275]

[272] HZ Nr. 91, 18.4.1866, Nr. 93, 20.4.1866; StAH, L 1, Zieglersche Chronik Bd. 5, fol. 245.
[273] NFZ Nr. 134, 16.5.1866 (1. Blatt).
[274] Eckhardt, Arbeiterbewegung 1860–1890, S. 197.
[275] HZ Nr. 21, 24.1.1867; StAH, L 1, Zieglersche Chronik, Bd. 6, fol. 50, 61f., 155, 169.

Die Pläne der preußischen Regierung im Sommer 1867, die Tabaksteuer auf inländische wie auf ausländische Ware zu erhöhen, trieben Fabrikanten und Arbeiter noch einmal in eine gemeinsame Abwehrfront. Die einen fürchteten um ihre Konkurrenzfähigkeit, die anderen um ihren Arbeitsplatz. Am 28. Juni hielten Zigarrenfabrikanten und Arbeiter, auf Einladung letzterer, eine gemeinsame Versammlung ab.[276] Trabert fertigte, nach Arbeitsstudien in den Werkstätten des Fabrikanten Pedro Jung, eine Eingabe an das Handelsministerium an. Traberts Eingabe wurde in den Tabakfabriken von 1800 Arbeiterinnen und Arbeitern unterschrieben. Die große Zigarrenarbeiterversammlung am 3. Juli, in der dieses Memorandum vorgestellt wurde, war die erste Arbeiterversammlung in Hanau unter Polizeiaufsicht entsprechend der preußischen Gesetzeslage.[277] Trabert verfasste darüber hinaus eine Denkschrift, die die Zigarrenarbeiter als Diskussionsgrundlage für den geplanten Eisenacher Zigarrenarbeiterkongress im Dezember des Jahres annahmen.[278] Die Verhaftung Traberts im Frühjahr 1868 und sein Weggang aus Hanau markierten das Ende der politischen Koalition von Arbeitern und Demokraten.

Die Gründung der Sozialdemokratischen Arbeiterpartei (SDAP)

Bei der politischen und theoretischen Formierung der jungen Arbeiterbewegung spielte das Hauptwerk von Karl Marx, »Das Kapital«, eine wichtige Rolle. Sein erster Band erschien 1867 in Hamburg. Wichtige Impulse vermittelte auch die 1864 in London gegründete »Internationale Arbeiter-Assoziation« (IAA, die »Erste Internationale« genannt). Die Notwendigkeit des selbständigen revolutionären Kampfes gegen das Kapital und die Einheit der politischen und wirtschaftlichen Forderungen waren zentrale Gedanken ihres Programms.

Der Wiesbadener Arbeiterführer Leonhard von Bonhorst war Mitglied der IAA. Unter seiner Führung entstand im Mai 1867 der »Mittelrheinische Arbeiterbund« als ein regionaler Zusammenschluss der Arbeiterbildungsvereine aus Wiesbaden, Mainz, Frankfurt, Offenbach, Hanau, Oppenheim und Biebrich sowie des Turnvereins Limburg im Rahmen des VDAV, gleichsam eine Fortsetzung des alten Maingauverbandes. Bonhorst versuchte in diesem Zusammenschluss, Bildungsarbeit, Arbeitsvermittlung, Sparkassen- und Versicherungstätigkeit sowie Genossenschaftswesen in regionaler Verbindung zu organisieren.[279] Bonhorst trat Ende 1867 zu den Lassalleanern über und spielte als Agitator bei der Festigung der Hanauer ADAV-Gemeinde eine wichtige Rolle.[280]

[276] Ebd., fol. 127; M. Daßbach, J. Lang, G. Moes, E. Diele, K. Hoppe und L.J. Viel waren die Einladenden.

[277] Ebd., fol. 127, 130; Stöckl, Adam Trabert, S. 215.

[278] HZ Nr. 171, 21.7.1867. Diese Versammlung wurde im Lokal des Arbeiterbildungsvereins abgehalten. Vgl.: Zieglersche Chronik Bd. 6, fol. 136.

[279] Eckhardt, Arbeiterbewegung 1860–1890, S. 199f.; Beier, Arbeiterbewegung in Hessen, S. 142.

[280] Heitzenröder, Arbeiterbewegung in Hanau, S. 65.

Vorbereitungen zur Neugründung dieser Gemeinde waren im Herbst 1868 getroffen worden. Johann Baptist von Schweitzer kündigte als Vereinspräsident am 13. November die Übersendung von 100 Statuten und Mitgliedskarten an. Bald darauf erfolgte die Konstituierung.[281] Ende März 1869, anlässlich der Generalversammlung des ADAV in Barmen, war von 95 Mitgliedern die Rede. Im Mai 1869 wurde Matthias Daßbach vom ADAV-Präsidenten zum Bevollmächtigten ernannt.[282] Ähnlich dem Hanauer Arbeiterbildungsverein war auch der lassalleanischen Lokalorganisation ein Konsumverein angeschlossen. Seine Gründung erfolgte schon im Juni 1868 unter dem Namen »Hanauer Arbeiterverein«.[283]

Der VDAV gelangte gegen Ende der 60er Jahre an einen Wendepunkt seiner Entwicklung. August Bebel und Wilhelm Liebknecht waren die treibende Kraft bei seiner Umwandlung in eine selbständige proletarische Organisation. Der 5. Vereinstag des VDAV in Nürnberg im September 1868 erklärte seinen Anschluss an die Bestrebungen der IAA und emanzipierte sich damit endgültig vom liberal-bürgerlichen Einfluss.

Ende der 60er Jahre entstand innerhalb des ADAV eine starke linke Opposition gegen den autoritären Führungsstil Schweitzers und die lassalleanischen Dogmen. Auf Grund ihres Zusammenwirkens mit den Anhängern Bebels und Liebknechts im VDAV kam es im August 1869 in Eisenach zur Gründung der Sozialdemokratischen Arbeiterpartei (SDAP), der ersten nationalen Partei der deutschen Arbeiterklasse mit einem revolutionären Programm. (Dok. 39) Als Ziel wurde die »Errichtung des freien Volksstaats« als demokratische Republik bestimmt, die den politischen Rahmen für die ökonomische Emanzipation der Arbeiterklasse bilden sollte.

Eine Minderheit der VDAV-Mitgliedschaft blieb außerhalb der neuen Arbeiterpartei. Auch der Hanauer Arbeiterbildungsverein hielt sich von der Eisenacher Partei fern.[284] Der Verein verlor in seiner weiteren Entwicklung an politischer Bedeutung und war nur noch im Rahmen der bürgerlichen Volksbildungsbewegung tätig.[285]

Die 46 Hanauer ADAV-Mitglieder wurden auf dem Eisenacher Kongress durch Matthias Daßbach vertreten. Eine Annäherung an die SDAP war jedoch nicht beabsichtigt. Die Hanauer Lassalleaner wandten sich in den folgenden Jahren vielmehr strikt gegen alle Vereinigungsbestrebungen.[286]

281 VS (Ha) Nr. 182, 6.8.1927: Rückblick anlässlich des 60jährigen Gründungsjubiläums; Heitzenröder, Arbeiterbewegung in Hanau, S. 65.

282 Ebd.

283 StAH, L 1, Zieglersche Chronik Bd. 6, fol. 250; HZ Nr. 158, 5.7.1868.

284 DW Nr. 44, 29.9.1869.

285 Seine Auflösung wurde am 12. Mai 1874 beschlossen. Ein im August 1874 gegründeter Arbeiterfortbildungsverein, später mit dem Namen »Wirtschaftliche Union«, löste sich im Frühjahr 1876 auf. Vgl.: StAH, L 1, Zieglersche Chronik Bd. 8, fol. 312, Bd. 9, fol. 101; HZ Nr. 116, 18.5.1876

286 Heitzenröder, Arbeiterbewegung in Hanau, S. 79f.; August Bebel, Aus meinem Leben, Frankfurt am Main, o.J., S. 485ff.

Die Gründung der SDAP und die unmittelbar darauf folgende Selbstauflösung des VDAV markierten den Schritt von der ökonomisch definierten »Klasse an sich« zur politisch handelnden »Klasse für sich«. Die Ablösung von der bürgerlichen Bevormundung bezeichnet zugleich den Abschluss einer Entwicklungsstufe, in der die Organisationsform der Arbeitervereine vorherrschend war. Mit dem Entstehen der großindustriellen Lohnarbeiterschaft in den 70er Jahren verloren auch die Genossenschaftsmodelle an Bedeutung. An ihre Stelle trat die Forderung nach der Vergesellschaftung der Produktionsmittel. 1870 bekannte sich die SDAP zum Beschluss des Brüsseler Kongresses der IAA von 1868 mit seiner Forderung nach der Überführung von Grund und Boden, Bodenschätzen, Gruben, Bergwerken und Verkehrsmitteln in Gemeineigentum.

Unter dem Einfluss der SDAP entstanden die ersten »internationalen Gewerksgenossenschaften« in bewusstem Gegensatz zu den zahlreichen nationalen Gewerkschaftsgründungen dieser Jahre. Die Eisenacher vertraten in der Gewerkschaftsfrage eine klare Position. Die Haltung der lassalleanischen Führung blieb bis zuletzt unklar. Auch die bürgerlichen Liberalen gaben sich noch nicht geschlagen. Die Mitglieder der Fortschrittspartei, Max Hirsch und Franz Duncker, organisierten die nach ihnen benannten »Hirsch-Dunckerschen Gewerkvereine«, die bis 1933 überlebten. Auf dem Eisenacher Kongress stellten gewerkschaftliche Organisationen, Gewerkschaftsversammlungen und Betriebsbelegschaften mehr als ein Drittel der 262 anerkannten Delegierten.[287]

Die »Gründerjahre«

Am Anfang der 70er Jahre des 19. Jahrhunderts war die industrielle Revolution in den deutschen Territorien im wesentlichen abgeschlossen. Deutschland stand an der Wende von einem Agrar- zu einem Industrieland. Die Industrieproduktion hatte sich in ihren Kernbereichen Eisenerzeugung und Kohleförderung zwischen 1855 und 1870 nahezu vervierfacht, die Leistung der wirtschaftlich genutzten Dampfmaschinen war von insgesamt 0,6 Millionen PS 1855 auf 1,8 Millionen PS 1870 gestiegen. Das Handwerk hatte aber noch immer ein bedeutendes Gewicht. Das Fabrikproletariat machte 10 bis 15 Prozent der Bevölkerung aus.[288]

Für eine weitere stürmische Entwicklung setzte die als Ergebnis des Krieges gegen Frankreich geschaffene nationale Einheit den Rahmen. Das 1871 proklamierte »Deutsche Kaiserreich« bedeutete eine autoritäre, gewaltsame und antidemokratische Lösung der nationalen Frage. Im neuen Nationalstaat besetzten weiterhin der Adel und das Militär die wichtigsten Machtpositionen. Der preu-

[287] Engelhardt, Nur vereinigt, Bd. 1, S. 914f.

[288] Horst Bartel u.a. (Hrsg.), Deutsche Geschichte in zwölf Bänden, Bd. 5, Kapitalismus und Übergang zum Monopolkapitalismus, Köln 1988, S. 17f.; im Weiteren: Bartel u.a., Deutsche Geschichte in zwölf Bänden, Bd. 5.

ßische König, zugleich »Deutscher Kaiser«, und der von ihm ernannte Reichskanzler Otto von Bismarck beherrschten die Exekutive, ohne einer wirksamen Kontrolle durch den Reichstag zu unterliegen.[289] Das Parlament des neuen Deutschen Reiches wurde, wie schon der Norddeutsche Bundestag, nach dem allgemeinen, gleichen, direkten und geheimen Stimmrecht gewählt, allerdings nur von männlichen Bürgern über 25 Jahren.

Die Fortsetzung des deutsch-französischen Krieges nach der Niederlage des französischen Kaisertums gegen die neu proklamierte Republik traf auf den Widerstand beider politischen Parteien der deutschen Arbeiterbewegung. Wegen ihres Protestes gegen die geplante Annexion Elsass-Lothringens kamen Ende 1870 mehrere Führer der SDAP, so auch August Bebel und Wilhelm Liebknecht, in Festungshaft. In seiner Reichstagsrede am 25. Mai 1871 bekannte sich August Bebel zur Pariser Kommune als erste proletarische Staatsmacht in der Geschichte. Zu diesem Zeitpunkt war sie bereits mit preußischer Unterstützung von konterrevolutionärem Militär niedergeschlagen.

1869/70 setzte eine neue Phase der Hochkonjunktur ein, die in Deutschland nach der Reichsgründung zwischen 1871 und 1873 in den so genannten »Gründerjahren« zu einer beinahe explosionsartigen Ausdehnung des Produktionsvolumens führte. Stimulierend wirkten hierbei die fünf Milliarden Goldfranken aus den französischen Reparationszahlungen.[290] Mit dem Anschluss an wichtige Eisenbahnverbindungen (1873 Eröffnung der Strecke Hanau-Offenbach-Frankfurt, 1881 Vollendung der Strecke Hanau-Friedberg) wurde in diesen Jahren für das Hanauer Gebiet die Grundlage einer späteren dynamischen Entwicklung geschaffen.[291]

Die umfassende Reform der Gewerbeordnung (GO), noch im Mai 1869 vom Norddeutschen Reichstag eingeleitet, setzte mit Vorschriften zum Arbeitsschutz, dem Verbot der Kinderarbeit und vor allem mit der Aufhebung der reaktionären Koalitionsverbote auch für die Arbeiterschaft positive Signale. Die »Gründerzeit« brachte den Arbeitern jedoch auch Verschlechterungen. Der Mietwucher infolge der Bau- und Bodenspekulation wie auch die Verteuerung der Lebensmittel führten zu einem beträchtlichen Anwachsen der Lebenshaltungskosten. Der in Hanau seit den 50er Jahren herrschende Wohnungsmangel verschärfte sich in den 70er Jahren weiter. Im Winter 1870/71 trat infolge der Kriegsereignisse ein gravierender Kohlemangel auf.[292] »Ein großer Teil der Bevölkerung leidet unter der enormen Höhe der Preise der Lebensmittel, der Wohnungen und sons-

289 Wolf Arno Kropat, Frankfurt zwischen Provinzialismus und Nationalismus. Die Eingliederung der »Freien Stadt« in den preußischen Staat (1866–1871), Frankfurt 1971, S. 219; im Weiteren: Kropat, Frankfurt zwischen Provinzialismus und Nationalismus.

290 Bartel u.a., Deutsche Geschichte in zwölf Bänden, Bd. 5, S. 57.

291 Stadt Hanau, Bericht der Armen-Verwaltung für das Rechnungsjahr 1878/79, S. 3; Bruno Kock, Die wirtschaftliche Entwicklung der Stadt Hanau. Ein Beitrag zur industriellen Standortlehre, Frankfurt, (Diplomarbeit), 1935, S. 82.

292 StAH, L 1, Zieglersche Chronik, Bd. 4, 5, 6 passim, Bd. 7, fol. 303.

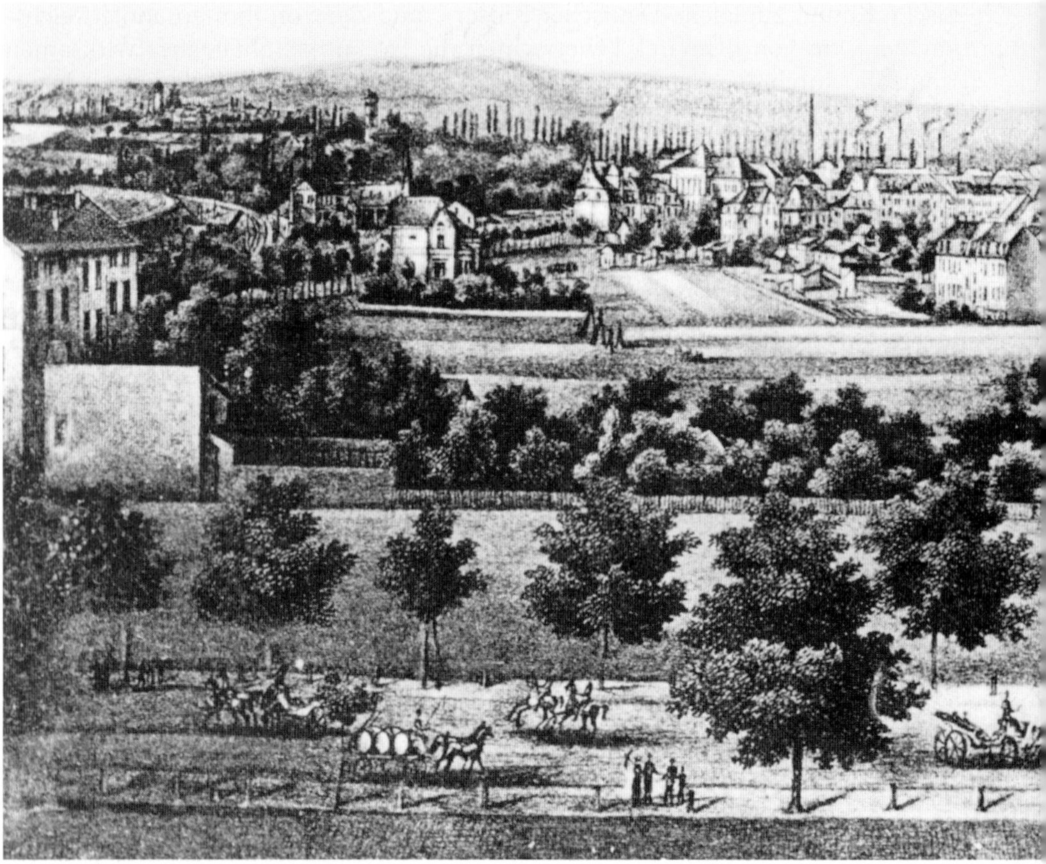

Hanau, Ansicht von Süden, um 1885

tiger notwendigen Lebensbedürfnisse«, meldete der Kasseler Regierungspräsident im September 1872 in seinem Quartalsbericht an den Kaiser.[293]

Für die Gründerjahre war auch der rücksichtslose Verschleiß menschlicher Arbeitskraft charakteristisch. Zu einer durchschnittlichen Arbeitszeit von zwölf Stunden kamen Überstunden, Arbeit an Sonn- und Feiertagen wie auch die Last vermehrter Schichtarbeit.[294] Die pompöse Selbstdarstellung von Teilen des Bürgertums führte den Arbeitern zudem anschaulich vor Augen, dass sie selber am wenigsten an dem von ihnen geschaffenen Reichtum teilhatten.

Vor diesem Hintergrund nahmen die sozialen Kämpfe der Arbeiterbewegung ein bisher unbekanntes Ausmaß an. Nach der Aufhebung der Koalitionsverbote

[293] Thomas Klein (Hrsg.), Die Zeitungsberichte des Regierungspräsidenten in Kassel an Seine Majestät 1867–1918, Bd. 1, 1867–1890, Darmstadt 1993, S. 54; im Weiteren; Klein, Zeitungsberichte 1867–1918.

[294] Lothar Machtan, Streiks im frühen deutschen Kaiserreich, Frankfurt und New York 1983, S. 21.

im Sommer 1869 entwickelte sich reichsweit eine große Streikwelle. Zwischen 1869 und 1873 fanden – unterbrochen allein durch die Kriegsmonate (Juli 1870 bis März 1871) – über 1000 Streikkämpfe mit mehr als 200 000 Beteiligten statt.[295]

In Hanau erstreckten sich die Arbeitseinstellungen sowohl auf Fabriken als auch auf Handwerksbetriebe.[296] Im Februar 1869 streikten die Schreiner, im Juli die Weber der Teppichfabrik Leisler, (Dok. 38a,b) im April 1870 die Schneider, (Dok. 41a,b,c) im Mai die Maurer. (Dok. 42a,b) Im Sommer 1871 waren die Zigarrenarbeiter (Dok. 44-46) und die Goldarbeiter an der Reihe. Im Frühjahr 1872

[295] Lothar Machtan, »Gibt es kein Präservativ, um diese wirtschaftliche Cholera uns vom Halse zu halten?« Unternehmer, bürgerliche Öffentlichkeit und preußische Regierung gegenüber der ersten großen Streikwelle in Deutschland (1869–1874), in: Jahrbuch der Arbeiterbewegung 1981; Heinz Gerhard Haupt u.a. (Hrsg.), Politischer Streik, Frankfurt 1981, S. 56.

[296] Ausführliche Schilderung des Streikgeschehens in: Heitzenröder, Arbeiterbewegung in Hanau, S. 117ff.

legten die Hutmacher der Rößlerschen Fabrik, die Schneider und die Metallarbeiter (Schmiede- und Wagnergesellen) sowie die Bäckergehilfen die Arbeit nieder. Im März 1873 schlossen die Streiks der Schuhmachergesellen und der Holzarbeiter die mehrjährige Bewegung ab. Der Großteil der Arbeitskämpfe wurde von den dem ADAV nahestehenden Gewerkschaftsverbänden unterstützt und organisiert. Eine Ausnahme bildeten die Gold- und Silberarbeiter, die – obwohl in großer Zahl ADAV-Mitglieder – seit dem August 1869 in einem Ortsverein des Hirsch-Dunckerschen Gewerksvereins organisiert waren. (Dok. 40a,b) Eigene Wege gingen auch die Hutmacher, die schweren Angriffen des Kartells der Fabrikanten ausgesetzt waren.[297] Gänzlich unorganisiert und entsprechend zögerlich waren die Bäckergehilfen, die trotz Unterstützung seitens des ADAV im Mai 1873 ihre Streikvorbereitungen abbrachen.[298] Die meisten Streiks zielten auf die Durchsetzung von Lohnerhöhungen und auf die Begrenzung und darüber hinaus auch Verkürzung der Arbeitszeit. Ihre besonders schlechten Arbeitsbedingungen nötigten die Bäckergesellen dazu, neben einer Lohnerhöhung auch Betten statt des provisorischen Nachtlagers in der Werkstatt zu fordern.[299] Die hoch erscheinenden Forderungen zwischen 20 und 30 Prozent Lohnerhöhung waren angesichts einer 28-prozentigen Steigerung der Lebenshaltungskosten allein zwischen 1870 und 1873 durchaus gerechtfertigt.[300]

Die Arbeitskämpfe wurden von den Organisationen geplant, die Forderungen in vorbereitenden Versammlungen formuliert und den Arbeitgebern oft durch gewählte Komitees zugeleitet. Durch rege Öffentlichkeitsarbeit mit Volksversammlungen, Plakaten und Pressemitteilungen versuchte man die Berechtigung der Forderungen darzustellen, Unterstützung zu organisieren und das Zusammengehörigkeitsgefühl der Streikenden zu festigen. Solidarität wurde überregional und branchenübergreifend organisiert. So spendeten die Zigarrenarbeiter im ganzen Reich Geld für ihre Hanauer Kollegen und die Hanauer Goldarbeiter sammelten für die Teppichweber. (Dok. 38a, 46j)

Die Arbeitseinstellungen im Handwerksbereich trafen nicht selten auf ein gewisses Entgegenkommen der Meister. Die Fabrikanten, kapitalkräftig und in Zweckbündnissen zusammengeschlossen, kämpften mit härteren Bandagen. Sie operierten unter Einsatz von Streikbrechern, mit Schwarzen Listen, (Dok. 46d) mit Maßregelungen (Dok. 38b) und versuchten gezielt, die Organisationen ihrer Arbeiter zu zerstören: Leisler in seiner Fabrik durch die Einführung von Reversen, der Hutfabrikant Rößler durch Aussperrung. Im November 1871 gründeten die Metallfabrikanten von Offenbach, Hanau, Mainz und Frankfurt einen Arbeitgeberverband. (Dok. 47) Sie verpflichteten sich, ähnlich den Zigarrenfabrikanten, keinen Arbeiter einzustellen, der nicht einen ordnungsgemäß ausgestellten Entlassungsschein vorweisen konnte.[301]

297 Ebd. S. 152.

298 HStAM, 180 Hanau-5011, Bericht des Hanauer Landrats v. 8. Mai 1873.

299 StAH, L 1, Zieglersche Chronik Bd. 7, fol. 72, Bd. 8, fol. 111.

300 Heitzenröder, Arbeiterbewegung in Hanau, S. 161; Kropat, Frankfurt zwischen Provinzialismus und Nationalismus, S. 141.

301 Heitzenröder, Arbeiterbewegung in Hanau, S. 155.

Zwar waren Arbeitseinstellungen nach Aufhebung des Koalitionsverbots keine ausschließlichen Polizeiangelegenheiten mehr, aber die Polizei stand bei solchen Anlässen treu auf der Seite der Arbeitgeber, sei es durch Überwachung »ortsfremder Personen«, sei es bei deren Ausweisung.

Die Zahl der Streikenden gestaltete sich branchenspezifisch sehr unterschiedlich. 32 Teppichweber streikten bei Leisler und 18 Hutmacher bei Rößler. Im Handwerk war mit 225 Beteiligten der Maurerstreik der umfangreichste.[302] Die Streikdauer reichte von wenigen Stunden bis zu mehreren Wochen, wie im dreiwöchigen Streik der Teppichweber.

Einer der größten und längsten Streiks war der Arbeitskampf der Hanauer und Maingauer Zigarrenarbeiter, der in Hanau vom 3. Juli bis zum 3. Oktober 1871 dauerte und insgesamt 2200 Beteiligte zählte.[303] (Dok. 46a-j) Dieser Streik war als Teil eines reichsweiten, über Organisationsgrenzen hinweg gemeinsamen Vorgehens der Zigarrenarbeiter geplant worden. Zu diesem Konzept gehörte auch eine umfassende Organisation der Streikunterstützung.[304] Zur Festlegung der Modalitäten wurde für Mitte Juni 1871 ein Kongress nach Hanau einberufen, an dem in Vertretung von 60 Orten 34 Delegierte aus ganz Deutschland teilnahmen.[305] (Dok. 45a,b) Neben den Streikvorbereitungen waren die Vereinigung der verschiedenen politischen Richtungen und ein Reichsgesetz über die Normalarbeitszeit in Zigarrenfabriken Punkte der Tagesordnung.

Die ersten Arbeitsniederlegungen erfolgten am 3. Juli. Ein Streikkomitee etablierte sich als Streikbüro in der Gaststätte »Zur schwedischen Krone«. Bis zum 8. Juli, als der Wandsbecker Ernst Bernhard Richter die Streikleitung übernahm, hatten sich von den 2200 Beschäftigten der Hanauer Zigarrenfabrikation 680 dem Streik angeschlossen. (Dok. 46b) Ende der dritten Juliwoche standen zusammen mit den Zigarrenarbeitern in Offenbach, Steinheim und Mühlheim im gesamten Maingau insgesamt 1500 im Arbeitskampf.[306] Am 20. August wurde zur moralischen Stärkung der Streikenden ein großes Waldfest veranstaltet, das trotz strenger polizeilicher Überwachung von tausenden Teilnehmern besucht wurde. Ende August wurde auch die Gründung einer Produktionsgenossenschaft in die Wege geleitet.

Durch ursprünglich nicht geplante Parallelstreiks in Offenbach, Waldheim in Sachsen und Magdeburg (Preußen) wurde die Lage auch in Hanau komplizierter. (Dok. 46j) Der im Aufbau befindliche Fabrikantenbund lehnte jede Verhand-

302 Walter Steglich, Eine Streiktabelle für Deutschland 1864–1880, in: Jahrbuch für Wirtschaftsgeschichte 1960, Bd. 2, S. 235ff.

303 Ausführlich geschildert bei: Heitzenröder, Arbeiterbewegung in Hanau, S. 125ff.

304 Die Hanauer Zigarrenarbeiter gehörten seit Ende 1869 nicht mehr dem von ihnen mitbegründeten Allgemeinen Deutschen Zigarrenarbeiterverein an, sondern einer abgespalteten neuen lassalleanischen Organisation, der Allgemeinen Tabak- und Zigarrenarbeitergewerkschaft. Vgl.: Ebd., S. 125.

305 Außer Hanau (Matthias Daßbach) waren auch Großauheim, Klein-Auheim, Groß-Steinheim und Klein-Steinheim mit eigenen Delegierten vertreten. Vgl.: Ebd., S. 127.

306 Ebd., S. 129.

lung mit dem Streikkomitee und den Arbeiterdeputationen hartnäckig ab. (Dok. 46d,f,g) Die Hanauer Fabrikanten setzten Frauen als Streikbrecher ein und verlagerten Teile der Produktion in das Umland. Trotz der landesweiten Unterstützung waren Hunderte von Zigarrenarbeitern gezwungen, Hanau zu verlassen. Am 3. Oktober musste der Streik schließlich abgebrochen werden.[307] Matthias Daßbach, dem Mitglied des Streikkomitees, drohte vom Arbeitgeber bei der Firma Vollbracht die Entlassung. Kaum in die Fabrik zurückgekehrt, traten seine Kollegen für seine Wiedereinstellung erneut in den Streik.[308]

Die ersten Reichsstagswahlen

Anlässlich der Reichstagswahlen 1871 wurde in Hanau das erste Mal ein Arbeiter als Kandidat von einem »Wahlkomitee der Arbeiter« aufgestellt. (Dok. 43a) Der Kandidat, der Goldarbeiter Jakob Jodry, gehörte dem ADAV an. Dennoch zeigte sein Wahlprogramm eine deutliche Übereinstimmung mit den Forderungen der SDAP des Eisenacher Programms. (Dok. 39) Hinsichtlich der Frauenarbeit trug er der Konkurrenzangst der Hanauer Zigarrenarbeiter Rechnung und forderte deren Abschaffung.[309] Jodry bekam im Wahlkreis Hanau-Gelnhausen-Orb 12,1 Prozent der Stimmen. In Hanau selbst erreichte er den zweiten Platz hinter dem nationalliberalen Kandidaten Weigel und in Großauheim eine überlegene Mehrheit.[310]

Bei der nächsten Reichstagswahlkampagne bezogen die Sozialdemokraten gezielt die Gewerkschaften in die Wahlagitation ein. Im September 1873 mobilisierten sie in einer Versammlung die Holzarbeiter für den ADAV-Kandidaten, im November sicherten sie sich in einer Zusammenkunft der Gold- und Silberarbeiter deren Unterstützung.[311] Scharfe Auseinandersetzungen mit den Nationalliberalen, insbesondere mit ihrem Sprachrohr, der »Hanauer Zeitung«, charakterisierten den Wahlkampf. (Dok. 43c) Am 10. Januar 1874 erhielt der Reichstagskandidat des ADAV Ernst Bernhard Richter in Hanau 1299 Stimmen (44 Prozent) hinter dem nationalliberalen Kandidaten Weigel (1608 Stimmen bzw. 54 Prozent.) In Großauheim gewann der ADAV 265 Stimmen und in Dörnigheim 120 Stimmen. Die für Richter abgegebenen Stimmen wurden in Großauheim vom dortigen Bürgermeister und Wahlvorsteher Heilmann rechtswidrig für ungültig erklärt.[312] Jodry kreidete die Niederlage in einer Wahlanalyse besonders den der nationalliberalen Beeinflussung erlegenen Handwerker-Arbeitern und den proletarischen Elementen im Dienstleistungssektor (Hausknechte, Laufburschen, Kutscher, Ladendiener etc.) an. (Dok. 43c)

307 HZ v. 5.10.1871.
308 StAH, L 1, Zieglersche Chronik Bd. 8, fol. 74. Firma Vollbracht.
309 Heitzenröder, Arbeiterbewegung in Hanau, S. 95.
310 HZ v. 7.3.1871.
311 HStAM, 180 Hanau-4981; HZ v. 20.11.1873.
312 HZ v. 15.1.1874 und v. 22.1.1874.

Metallarbeiter = Versammlung
Sonntag den 16. Januar,
Nachmittags 4 Uhr,
im Gasthaus „zur Karthaune".
Alle Schlosser, Schmiede, Maschinenbauer, Metalldreher, Former, Gürtler, Bronceure, Ciseleure, Kupferschmiede, Spengler u. s w. werden hierzu eingeladen. Vortrag des Herrn **Haustein** aus Offenbach: „Ueber den Nutzen der Gewerkschaften im Allgemeinen".

Hanau, Inserat in der »Hanauer Zeitung«, 1870

Zur Beachtung!

Wir machen unsere Parteigenossen und Parteifreunde hierdurch aufmerksam, daß den ersten Weihnachtsfeiertag ein

Arbeiterfest

in den Sälen der „Reichskrone"

stattfindet und hoffen, daß die Arbeiter nicht versäumen werden, dieses Fest durch einen zahlreichen Besuch zu dem zu machen, was es sein soll, ein fröhliches Zusammensein von Brüdern.

Die Partei selbst wird Alles aufbieten, Jedem der uns diesen Abend beehren wird, nach Kräften zu unterhalten.

Etwaige Ueberschüsse werden dem Preßfonds überwiesen.

Hanau, den 11. December 1875.

Das Comitee.

Inserat in der »Wacht«, 1875

Der ADAV hatte in Hanau im Oktober 1874 245 Mitglieder.[313] Die berufliche Zusammensetzung der Mitglieder ergab folgendes Bild: Gold- und Silberarbeiter (28,6 Prozent), Zigarrenarbeiter (27,8), Fabrikschreiner und Tischler (13,9), Tagelöhner (6,5), Etuisarbeiter (2,4), Schneider (2). Der Rest der Mitglieder verteilte sich auf die verschiedensten Zweige in Handwerk und Dienstleistungsgewerbe.[314] Bemerkenswert ist die große Beteiligung der Arbeiter aus der Edelmetallbranche. Ein Jahrzehnt zuvor hatten sie im »Arbeiterbildungsverein« im Verhältnis zu anderen Berufszweigen noch auf Distanz geachtet und in den 70er Jahren im damals als elitär geltenden »Gewerkverein« verharrt. (Dok. 32c, 40a,b) Im Sog der fortschreitenden Proletarisierung fanden nun auch sie ihren Weg zur Sozialdemokratie.

In der ersten Hälfte der 70er Jahre gelang es dem ADAV auch in den umliegenden Gemeinden, die zunehmend in den Industrialisierungsprozess hineingezogen wurden, lokale »Mitgliedschaften« zu gründen. Das »Einpendeln« in die Hanauer Zigarrenfabriken bildete dazu ebenso die Grundlage wie die Ausbreitung der Zigarrenfabrikation und der begleitenden Holz- und Druckindustrie in das Umland. Auf der Generalversammlung des ADAV in Frankfurt im Mai 1873 ließen sich 90 Mitglieder aus Großauheim, 50 aus Klein-Steinheim, 35 aus Groß-Steinheim, 38 aus Dörnigheim und 20 aus Großkrotzenburg vertreten. Im nächsten Jahr kamen auf der Generalversammlung in Hannover auch Klein-Auheim, Klein-Krotzenburg, Langendiebach, Rückingen und Mittelbuchen hinzu.[315]

Im Februar 1873 zählte das Zentralorgan der Lassalleaner, der »Neue Social-Demokrat«, in Hanau 29 Abonnenten, mehr waren zu dieser Zeit auch in Großstädten, wie Breslau, Düsseldorf, Köln oder Stuttgart, nicht vorhanden. Im November des Jahres bezogen sogar 86 Hanauer die Zeitung, deren Wirkungskreis durch Weitergabe, Auslage in Parteilokalen und Vorlesen am Arbeitsplatz tatsächlich um ein Vielfaches größer war. Im März 1875 wurde zum Einsammeln der Abonnentengelder und zur Werbung neuer Bezieher eine Zeitungskommis-

313 Dieter Dowe (Hrsg.), Protokolle und Materialien des ADAV, inklusive Splittergruppen 1869–1874, Berlin-Bonn 1980, S. 418. Protokoll der Generalversammlung in Frankfurt, 18.–24. Mai 1873; im Weiteren: Dowe, Protokolle ADAV; HStAM, 180 Hanau-4981.

314 Berechnungen nach: Heitzenröder, Arbeiterbewegung in Hanau, S. 74.

315 Dowe, Protokolle ADAV, S. 418, 563.

sion gebildet.[316] Die nicht selten 1000 bis 1500 Besucher der vom ADAV einberufenen Volksversammlungen waren das aufnahmebereite Publikum der sozialdemokratischen Propaganda. Die Wahl des Hanauer Bevollmächtigten Matthias Daßbach in den ADAV-Vorstand 1873 unterstrich die Bedeutung der Hanauer Mitgliedschaft. 1875 wurde Jodry Bevollmächtigter.[317]

Bei allem Argwohn, mit dem die Lassalleaner des ADAV – und insbesondere auch die Hanauer Mitgliedschaft – die Tätigkeit der Bebel-Liebknechtschen SDAP betrachteten, näherten sie sich in Fragen des Internationalismus und des Antimilitarismus doch dem SDAP-Kurs an. Die Resolution einer Volksversammlung am 24. Mai 1873 lautete: »In allen Kulturländern ist die Ausbeutung der Masse des arbeitenden Volkes durch die privilegierten Klassen dieselbe. Daher ist auch der Klassenkampf für Freiheit und Menschenrechte der gleiche. Die Arbeiter Deutschlands reichen in kosmopolitischer Auffassung der Arbeiterfrage ihre Hand den Arbeitern aller Länder und begrüßen vornehmlich als Brüder die Helden der Pariser Commune.«[318] Die ADAV-Gemeinden in Hanau und Großauheim erinnerten regelmäßig und in feierlicher Form an den Aufstand des Volkes von Paris 1871.[319]

Massiven Widerstand setzten die Hanauer Sozialdemokraten der chauvinistischen »Sedansfeier« am 2. September entgegen, mit denen die herrschenden Kreise einen Sieg feierten, der 1870 über 20 000 Soldaten beider Seiten das Leben gekostet hatte.[320] Nachdem sie in einer bürgerlichen Versammlung zur Vorbereitung der Feier am 18. August 1872 deutliche Worte gegen die »Glorifizierung der Blut- und Eisenpolitik« gefunden hatten, beriefen sie für den 22. August eine Volksversammlung in der »Zentralhalle« ein. Über 1000 Teilnehmer verurteilten hier in einer Resolution den Krieg.[321] (Dok. 48a,b) Unter Führung des Zigarrenarbeiters und Gefreiten Wilhelm Schmidt versuchten sozialdemokratische Reservisten und Landwehrleute ein Jahr darauf, die Gründungsversammlung des Hanauer Kriegervereins zu sprengen.[322] Unversöhnlich standen die Hanauer Sozialisten auch in den späteren Jahren der Sedansfeier und den Kriegervereinen gegenüber.

316 Heitzenröder, Arbeiterbewegung in Hanau, S. 105f.

317 Dowe, Protokolle ADAV, S. 415, 534; HStAM, 180 Hanau-4981. Der ADAV hatte einen zentralen Vorstand. An der Spitze der lokalen Mitgliedschaften standen die vom Präsidenten ernannten Bevollmächtigten.

318 NSD vom 6.6.1873. Zitiert nach: Heitzenröder, Arbeiterbewegung in Hanau, S. 71.

319 Ebd., S. 167; StAH, L 1, Zieglersche Chronik Bd. 8, fol. 208, 302.

320 Am 2. September 1870 wurde in der Schlacht bei Sedan die französische Hauptarmee besiegt und Kaiser Napoleon III. gefangengenommen.

321 In Hanau bildete sich aus dem Kreis der liberaldemokratischen Bürger gegen die Etablierung der Sedansfeier ebenfalls eine Opposition. Ihr Appell erschien am 17. August 1872 in der »Hanauer Zeitung«.

322 HStAM, 165-3041/7. fol. 566f.

Die »Gründerkrise«

Die im Mai 1873 einsetzende und mehr als sechs Jahre andauernde Wirtschaftskrise erwies sich als die schwerste Krise seit Beginn der Industrialisierung und traf die Arbeiterklasse in Gestalt von Arbeitslosigkeit, Kurzarbeit und Lohnkürzungen in vorher nicht da gewesener Schärfe. Die Periode der »großen Depression« zog sich nur von schwachen Aufschwungsperioden (1879 bis 1882, 1886 bis 1890) unterbrochen bis in die Mitte der 90er Jahre hin.[323]

Am schlimmsten war die Edelmetallindustrie betroffen. Die arbeitslosen Gold- und Silberarbeiter versuchten, bei der Eisenbahn oder in der 1874 eröffneten staatlichen Pulverfabrik unterzukommen. In nicht wenigen Fällen wurde der Kampf um die Existenz verloren. Zerfall von Familien, Verwahrlosung, Alkoholismus, Obdachlosigkeit und eine steigende Zahl von Selbstmorden waren die Folge.[324] Innerhalb eines Jahrzehnts verdoppelte sich die Zahl der in Hanau unterstützten Armen nahezu (1869: 440 Personen, 1878/79: 852 Personen). Der im Oktober 1878 gegründete »Vaterländische Frauenverein« unterhielt 1879/80 eine Volksküche für die Speisung der Hilfsbedürftigen.[325]

Das Bestreben der herrschenden Klassen, die Krisenlasten auf die Arbeiter abzuwälzen, führte ab 1873 zu einer verschärften Repressionspolitik. Den wachsenden Druck bekamen die Hanauer Sozialdemokraten bald zu spüren. Als im Herbst 1874 Daßbach und Jodry beim Landrat zwei willkürliche Versammlungsauflösungen beklagten, bescheinigte ihnen die Hanauer Staatsanwaltschaft zwar die Berechtigung ihrer Beschwerde, von der königlichen Regierung in Kassel wurde sie trotzdem für gegenstandslos erklärt.[326] In den Landgemeinden versuchten die Ortsbürgermeister den sozialdemokratischen Aktivitäten zahlreiche Hindernisse in den Weg zu legen. Besonders tat sich dabei der Großauheimer Bürgermeister Heilmann hervor. (Dok. 50)

Im Zuge der Verfolgungen wurden am 12. Januar 1875 im Polizeibezirk Frankfurt alle lokale ADAV-Mitgliedschaften, die örtlichen Organisationen der SDAP sowie mehrere Gewerkschaften wegen Verstoßes gegen das Verbindungsverbot für politische Vereine aufgelöst.[327] Der Landrat des Landkreises Hanau Eduard Freiherr von Schrötter, der grundsätzlich gegen die Sozialdemokratie eingestellt war, betrachtete diese Maßnahmen jedoch als nicht gesetzeskonform und nahm von einer Auflösung des ADAV in Hanau und Umgebung mit der Begründung Abstand: »Ursache, die hiesige Mitgliedschaft des ADAV aufzulösen, hat sich eine legale leider nicht geboten.«[328]

323 Deppe, Deutsche Gewerkschaftsbewegung, S. 56f.

324 Nachzulesen in den Quartalsberichten des Hanauer Landrats in den Jahren 1873–1878, HStAM, 165-3041/7-12.

325 Stadt Hanau. Bericht der Armen-Verwaltung für das Rechnungsjahr 1878/79, S. 3; StAH, L 1, Zieglersche Chronik Bd. 10, fol 184.

326 HStAM, 180 Hanau-4981, fol. 340ff.

327 Volker Eichler, Sozialistische Arbeiterbewegung in Frankfurt am Main 1878–1895, Frankfurt 1983, S. 23; im Weiteren: Eichler, Sozialistische Arbeiterbewegung; Beier, Arbeiterbewegung in Hessen, S. 153f.

328 HStAM, 165-3041/9, fol. 101.

Probenummer.

Abonnement:
Erscheint wöchentlich einmal. Zu beziehen durch die Expedition und alle Postanstalten. Durch die Post bezogen oder frei ins Haus, vierteljährlich 1 Mark, bei der Expedition oder deren Depots 80 Pf.

Die Wacht.

Inserate:
Die 4gespaltene Petitzeile oder deren Raum werden mit [illegible] Pf. berechnet und jede Woche von Samstag bis Dienstag Abends angenommen.

Organ des arbeitenden Volkes
für den Wahlkreis Hanau, Bockenheim, Orb und Gelnhausen.
Expedition: Lothringerstr. Nr. 16.

Nr. 1. Hanau, den 12. December. 1875.

An das arbeitende Volk!

Arbeiter, Kleinbürger und Kleinbauern!

Die socialdemokratische Partei Hanau's und der Umgegend hat es unternommen, dem arbeitenden Volke in unserem Wahlkreis ein Blatt zu schaffen, das die Interessen des Arbeiterstandes wahren soll. Die bestehenden Blätter in unserem Wahlkreis sind nicht geeignet, diese Aufgabe zu lösen, eingeengt und eingeschraubt durch die Klasseninteressen der Bourgeoisie und der conservativen Elemente vermögen diese Blätter nur den Standpunkt des Egoismus zu vertreten; das arbeitende Volk geht leer aus, seine Interessen werden entweder gar nicht oder doch nur im ganz beschränktem Maaße behandelt.

Dies darf und soll nicht sein! Unabhängig von der Kapitalmacht, unabhängig von dem conservativen Element, aber auch unabhängig von dem Clerus soll und muß ein Blatt sein, das für das arbeitende Volk eintreten will; deshalb muß ein solches Blatt, wenn es voll und ganz die Interessen des Volkes wahren will, gleichsam aus dem Schooße des Arbeiterstandes herauswachsen. Durch eigene Mittel und durch eigene Kraft soll und muß dies Werk geschaffen werden. Die socialdemokratische Partei, die oftmals geschmäht und verläumdet von den Preßkosacken unserer Zeit, hat mit edlem Opfermuth dafür gesorgt, daß endlich dem Arbeiterstand Hanau's eine Vertretung seiner heiligsten Interessen werde.

An Euch liegt es jetzt, Ihr Arbeitsbrüder, das geschaffene Werk zu erhalten. Aber auch Ihr Kleinbürger, die Ihr immer noch von dem Wahne befangen seid, Eure Interessen seien mit denen der Capitalmacht identisch. Sehet Ihr nicht, wie Einer nach dem Andern abgeschlachtet wird? — Wollet Ihr gar nicht einsehen, daß eine Alliance des arbeitenden Volkes nothwendig ist? Wollet Ihr erst warten, bis Ihr Alle dem Moloch des Capitals zum Opfer gefallen? Und bis Ihr mit euren Kindern in das Proletariat geschleudert seid? — —

Allons donc! Ihr Arbeitsmänner, alle die Ihr niedergedrückt seid durch die Macht des Groß Kapitals, abonnirt auf das Arbeiter-Organ „Die Wacht" Ihr werdet finden, daß Eure Rechte und Interessen besser gewahrt werden, als in unserer heutigen liberalen Presse. Auch Ihr Kleinbauern seid verpflichtet, endlich einmal die Augen zu öffnen, denn Ihr seid bis jetzt immer in Eurem alten Schlendrian geblieben, immer war es das Landvolk das alle Freiheitsbestrebungen durch seine Gleichmuth zu Nichte machte.

Und stolz sprechen es unsere Gegner aus: „Die Bauern bekommt Ihr nicht; die Bauern stehen zu uns. Was heißt dies Anders als man spekulirt auf Eure Unkenntniß! Diese Unkenntniß muß zerstoben werden! — Ihr müßt die politischen und socialen Verhältnisse beurtheilen lernen. Oder ist es vielleicht einerlei ob Ihr rück- oder vorwärts kommt? — Glaubt Ihr, es ginge Euch nicht auch noch an den Kragen? — Oder wollt Ihr vielleicht leugnen, daß der Kleinbauernstand rückwärts schreitet? — Was hält Euch denn noch aufrecht? Nicht's Anderes als daß Eure Kinder dem Kapital in die Arme getrieben werden, durch deren Verdienst Ihr Eure paar Lappen Feld vor dem Geldwucherer schützt; und nicht immer gelingt es, dies zu erreichen, gar oft müßt Ihr eine Hypothek nach der anderen machen und schließlich seid Ihr mit Haut und Haaren dem Wucherer verfallen, der, wenn er die Zeit für gekommen wähnt, unbarmherzig auf seinem Verlangen besteht, und Euer bischen Grund und Boden kommt unter den Hammer. Leset doch nur die amtlichen Berichte in unseren hiesigen Blättern; da werdet Ihr finden, daß gar oft eine ganze Anzahl kleinere Grundstücke meistens zwangsweise verkauft werden. Nun, glaubt Ihr dann vielleicht daß diese kleinen Gründstücke von Großgrundbesitzern abgetreten werden? — Mit Nichten! diese gehören meistens abgeschlachteten Kleinbauern. Deshalb ist es nöthig, daß Ihr anfangt und denkt über Eure Lage nach, dadurch wird es möglich, daß Besserungen eintreten, so lange Ihr aber in Eurer Gleichgültigkeit verharret wird es immer schlimmer mit Euch.

Darum Ihr Kleinbauern abonnirt auf „Die Wacht". Dieses Blatt wird Jedem der es liest Aufklärung geben, hauptsächlich in politischer und wirthschaftlicher Hinsicht. — Aufklärung im Staats- und Gemeindewesen, überall sollt Ihr als selbstbewußte Bürger eingreifen können, wir halten Euch vollkommen für fähig dazu, nur müßt Ihr auch wollen, und nicht erst den Pfaff oder den Bürgermeister, den Schulmeister oder Amtsschreiber fragen. Dann seid versichert, daß Ihr wieder belämmert seid.

Mit Eures Gleichen müßt Ihr Euch verständigen, hat Euer grade Sinn herausgefunden, daß das, was Euch durch dieses Blatt geboten wird, gut ist, so abonnirt. Ihr werdet es uns einstens Dank wissen, dies Organ, das nur für das arbeitende Volk bestimmt ist, geschaffen zu haben.

Darum Ihr Arbeiter von Stadt und Land, unterstützt dieses Unternehmen, denn es ist für Euch geschaffen. In unserem heutigen politischen Staatsleben, wo nicht mehr die Willkühr eines Einzelnen entscheidet, sondern Alles mehr oder weniger von der öffentlichen Meinung abhängt, ist es gar nicht mehr möglich, ohne Vertretung in derselben gehört zu werden. Je zahlreicher das Abonnement desto stärker wird sich die öffentliche Meinung für unsere Anschauungen geltend machen.

Dies ist so begreiflich, daß darüber eigentlich nichts zu sagen wäre, wenn nicht Vorurtheil oftmals eine Hauptrolle spielen würde, wir denken aber, daß wir von Euch alle verstanden wurden und daß ein recht zahlreiches „Abonniren" die Antwort sein wird.

Denn and're Schulen braucht das Leben
Braucht der neue Geist der Zeit,
Soll die Menschheit sich erheben
Aus der alten Dunkelheit.

Diesen Sinnspruch beherzigt Alle die Ihr diesen Aufruf leset, machet daß er zur Wahrheit werde, denn ein Arbeiter-Organ wird für die Arbeiter Hanau's eine Schule sein, die auf der Höhe ihrer Zeit steht; stimmt ein mit uns, die wir den Grundstein dazu gelegt haben. Ein Hoch dem Arbeiter-Organ! Ein Hoch „Der Wacht", dem Wächter der Interessen der Arbeiter.

Die Mitglieder der socialistischen Arbeiterpartei in Hanau.

Hanau, Titelseite der Probenummer der »Wacht«, 12. Dezember 1875

Der Regierungsfeldzug galt ADAV und SDAP in gleicher Weise und beschleunigte die Annäherung der beiden Richtungen der deutschen Arbeiterbewegung. Die Vereinigung der Arbeiterparteien zu einer Sozialistischen Arbeiterpartei Deutschlands (SAPD) wurde im Mai 1875 auf dem gemeinsamen Parteitag in Gotha vollzogen. Das »Gothaer Programm« der neuen Partei spiegelte einen Kompromiss zwischen der lassalleanischen und der marxistischen Auffassung wider und ließ gegenüber den Eisenacher Forderungen manches zu wünschen übrig. Als Delegierter von Hanau, Bockenheim und Dörnigheim nahm Matthias Daßbach auf dem Gothaer Vereinigungsparteitag teil. Am 12. Juni 1875 konstituierte sich, nach Auflösung der ADAV-Mitgliedschaft, mit 109 Mitgliedern der neue Hanauer »Sozialdemokratische Wahlverein« mit dem Vorsitzenden Jakob Jodry. Ende des Monats wurden Matthias Daßbach und Karl Craß zu Bevollmächtigten des Vorstands der SAPD für Hanau ernannt.[329] Am 17. April 1876 erfolgte in festlichem Rahmen die Fahnenweihe. (Dok. 52a,b) Da es in Hanau nur wenige Sympathisanten der vormaligen SDAP gab, war der neue Arbeiterverein im Wesentlichen mit der vorherigen ADAV-Mitgliedschaft identisch.[330] Auch des Todes von Ferdinand Lassalle am 31. August wurde weiterhin gedacht. Diese Gedenkfeier wurde als Gegenveranstaltung zur nationalistischen Sedansfeier am 2. September verstanden.[331] Eine Zuwendung der vereinigten Partei zu den wirtschaftlichen Arbeiterorganisationen signalisierte die breite Petitions- und Protestkampagne, die die Sozialisten im Herbst 1875 gegen die Vorlage eines Hilfskassengesetzes und damit gegen eine Beschränkung der Selbstverwaltung der Arbeiterkassen initiierten. (Dok. 51) Die Besucherzahlen der sozialistischen Versammlungen bewegten sich in der zweiten Hälfte des Jahrzehnts wieder um die Tausend. Zu einer Wahlversammlung mit Wilhelm Liebknecht am 23. Januar 1877 drängten sich an die 1500 Menschen.[332]

Von Dezember 1875 bis Ende 1876 gab die Hanauer Sozialdemokratie für den Reichstagswahlkreis eine eigene Zeitung heraus. »Die Wacht – Organ des arbeitenden Volkes für den Wahlkreis Hanau, Bockenheim, Orb und Gelnhausen« wurde als Agitationsorgan der Partei und als Konkurrenz zur bürgerlichen Presse konzipiert. Mit nur einer Ausgabe wöchentlich, die sonntags erschien, war die Zeitung allerdings nicht in der Lage, die selbstgesteckten Ziele zu erreichen. Vom 1. Januar 1877 an verschmolz die »Wacht« mit dem dreimal wöchentlich erscheinenden Frankfurter »Volksfreund«. Den Vertrieb des Blattes übernahm Matthias Daßbach.[333]

329 HStAM, 180 Hanau-4981; Heitzenröder, Arbeiterbewegung in Hanau, S. 83.

330 Die Bezieher des »Volkstaats«, des Parteiorgans der SDAP, konnten in der ersten Hälfte der 70er Jahre in Hanau an einer Hand abgezählt werden.

331 StAH, L 1, Zieglersche Chronik Bd. 9, Eintragungen am 5. September 1875 und am 10. September 1876.

332 Ebd., fol. 159. Der Schauplatz der Veranstaltung, die »Reichskrone«, musste nach diesem Massenereignis infolge statischer Schäden in den zwei Sälen (Risse an der Decke) vorerst geschlossen werden; HZ Nr. 22, 26.1.1877.

333 Heitzenröder, Arbeiterbewegung in Hanau, S. 106ff.

Dass die Sozialdemokratie in der Hanauer Arbeiterschaft einen beträchtlichen Rückhalt hatte, bewiesen die Reichstagswahlen von 1877. Als Kandidat wurde der Hauptagitator des Wahlkreises, der Lassalleaner Karl Frohme, nominiert. In Hanau gaben 1648 Wähler (48 Prozent) ihre Stimme für Frohme; die Nationalliberalen erreichten nur 29 Prozent der Stimmen (986 Wähler). Am 24. Januar kam es zur Stichwahl. Diesmal bekam Frohme auch die Stimmen der Fortschrittspartei. In Hanau erreichte er mit 2004 Stimmen (57,1 Prozent) die absolute Mehrheit; im gesamten Wahlkreis blieb er jedoch hinter dem Nationalliberalen Weigel zurück.[334] Besonders hoch fiel der sozialdemokratische Gewinn in Großauheim aus, wo die Sozialisten, trotz des diskriminierenden Dreiklassenwahlrechts, seit 1875 auch im Gemeinderat die Mehrheit hatten.[335]

Bei diesen Wahlen rückte die deutsche Sozialdemokratie im Reichstag mit 9,1 Prozent der Stimmen zur viertstärksten Partei auf. Das Erstarken der geeinten Arbeiterbewegung beschleunigte den Kurs der Reichsregierung auf ein Ausnahmegesetz. Die von Großgrundbesitzern und der Schwerindustrie geforderten Schutzzölle ließen eine weitere Teuerungswelle und damit auch verschärfte Lohnkämpfe erwarten.[336] Mit Schrecken sahen die Behörden das Vordringen sozialdemokratischer Ideen in die bäuerliche Bevölkerung. (Dok. 53b,e) An Gründen für ein Ausnahmegesetz gegen die Sozialdemokratie fehlte es also nicht.

Den willkommenen Anlass lieferten zwei Attentate gegen Kaiser Wilhelm I. am 11. Mai und am 2. Juni 1878, die in einer wilden Hetzkampagne den Sozialdemokraten untergeschoben wurden. Nachdem die Gesetzesvorlage des Ausnahmegesetzes am 24. Mai im Reichstag zunächst an der Ablehnung der Nationalliberalen gescheitert war, löste Bismarck nach dem zweiten Attentat das Parlament auf. Er hoffte, bei der Neuwahl durch eine Stärkung rechter Parteien die nötige Mehrheit zu bekommen. Die »Attentatswahlen« führten in dieser Atmosphäre auch in Hanau zu einem erheblichen Rückgang der sozialdemokratischen Stimmen. Frohme erhielt in der Stichwahl 2630 Stimmen weniger als sein nationalliberaler Gegenspieler, in den Arbeitervororten behielt er jedoch die Mehrheit.[337]

Anklagen wegen Majestätsbeleidigung, Versammlungsauflösungen und Haussuchungen begleiteten die Propaganda für das Ausnahmegesetz.[338] Dabei gefielen sich staatliche Einrichtungen in der Rolle des Scharfmachers. Während die Hanauer Unternehmer sich um die politische Gesinnung ihrer Arbeiter nur wenig Gedanken machten, setzte die staatliche Eisenbahnverwaltung mit Wucht auf Säuberungsaktionen gegen »sozialistisch gesinnte« Beschäftigte.

334 Thomas Klein (Hrsg.), Die Hessen als Reichstagswähler 1867–1933, Bd. 1, Marburg 1989, S. 467; im Weiteren: Klein, Hessen als Reichstagswähler, Bd. 1.

335 Ebd., S. 467, 471; Heitzenröder, Arbeiterbewegung in Hanau, S. 170.

336 Deppe, Deutsche Gewerkschaftsbewegung, S. 59.

337 HZ Nr. 188, 14.8.1878.

338 HZ Nr. 163, 16.7.1878; StAH, L 1, Zieglersche Chronik Bd. 10, fol. 114f.

Der Abwehrkampf der jungen Arbeiterbewegung

Das »Gesetz gegen die gemeingefährlichen Bestrebungen der Sozialdemokratie« trat am 21. Oktober 1878 in Kraft. (Dok. 54) Das »Sozialistengesetz« verbot Organisation, Presse und Versammlungstätigkeit der SAPD. Hingegen blieb die Teilnahme an Wahlen und die Arbeit der sozialdemokratischen Fraktion weitgehend legal. Faktisch wurde das Gesetz auch auf die Gewerkschaften ausgedehnt, obwohl diese formal nicht unter die Ausnahmebestimmungen fielen. Als Begründung diente regelmäßig die Unterstellung, sie verfolgten sozialistische Ziele. Als besonderes Repressionsmittel diente die Verhängung des Belagerungszustandes über einzelne Städte und Gebiete, auf dessen Grundlage verdächtige Personen ausgewiesen werden konnten. Ursprünglich war das Sozialistengesetz auf zweieinhalb Jahre befristet, blieb aber – mehrfach verlängert – bis September 1890 gültig.

Die »Wahlvereine« der SAPD, die eigentlichen Parteiorganisationen am Ort, gaben ihre Auflösung noch vor Inkrafttreten des Ausnahmegesetzes bekannt; der Hanauer Wahlverein schon Anfang Oktober 1878.[339] Durch Selbstauflösung kam auch der sozialdemokratische Gesangverein »Männerchor« in Hanau und die Krankenkasse der sozialdemokratischen Arbeiter in Großauheim einem Verbot zuvor. Der größte Teil des Vereinsvermögens wurde unter den Mitgliedern aufgeteilt, um es dem Zugriff der Polizei zu entziehen.[340] In Hanau wurden die Gewerkschaftsorganisationen der Schuhmacher (12 Mitglieder), der Schneider (20 Mitglieder), der Tabakarbeiter (12 Mitglieder), der Tischler (45 Mitglieder) und der Gewerkverein der Gold- und Silberarbeiter verboten.[341] Der Frankfurter »Volksfreund«, der in Hanau zuletzt rund 300 Abonnenten hatte, und das Zentralorgan »Vorwärts« mit 51 Abonnenten mussten ihr Erscheinen einstellen.[342]

Wichtige Bezugspunkte der lokalen Parteiarbeit bildeten in den ersten Jahren des Ausnahmegesetzes Gesangvereine und andere »Gesellige Vereine«. Von Sozialisten dominiert waren in Hanau die Gesangvereine »Einheit« und »Liederlust«, in die frühere Mitglieder des aufgelösten »Männerchors« Aufnahme fanden, bis auch diese Vereine im Juli 1880 und im Mai 1881 aufgeben mussten.[343]

Ein wichtiges Mittel der Agitation waren sozialistische Flugblätter und Schriften. Besonders tüchtige »Kolporteure« waren Matthias Daßbach und seine beiden Söhne Karl und Georg Daßbach. Die Polizei entzog ihnen alsbald das Recht, mit Druckerzeugnissen zu handeln.[344] Als Georg Daßbach im November 1881 bei

339 HZ Nr. 233, 6.10.1878.

340 HStAM, 165-3142/2, fol. 401f; HZ Nr. 248, 24.10.1878.

341 HStAM, 165-6385, fol. 184; 165-3142/1, fol. 49, 56, 91ff., 230; 165-3142/2, fol. 139. Die Mitgliederzahlen beziehen sich auf den Zustand im August 1878.

342 Ebd., 165-6385, fol. 193.

343 Die »Einheit« löste sich selbst auf (HStAM, 165-3142/3, fol. 380), die »Liederlust« wurde verboten (Ebd., 3142/4, fol. 406). Unter den 24 Mitgliedern waren der Diamantenschleifer Karl Steeg, der Goldarbeiter Jakob Liedlich, der Goldschmied Paul Sauer, der Zigarrenmacher Gustav Molitor (Ebd.).

344 HStAM, 165-3142/3, fol. 31f., 64, 99f.

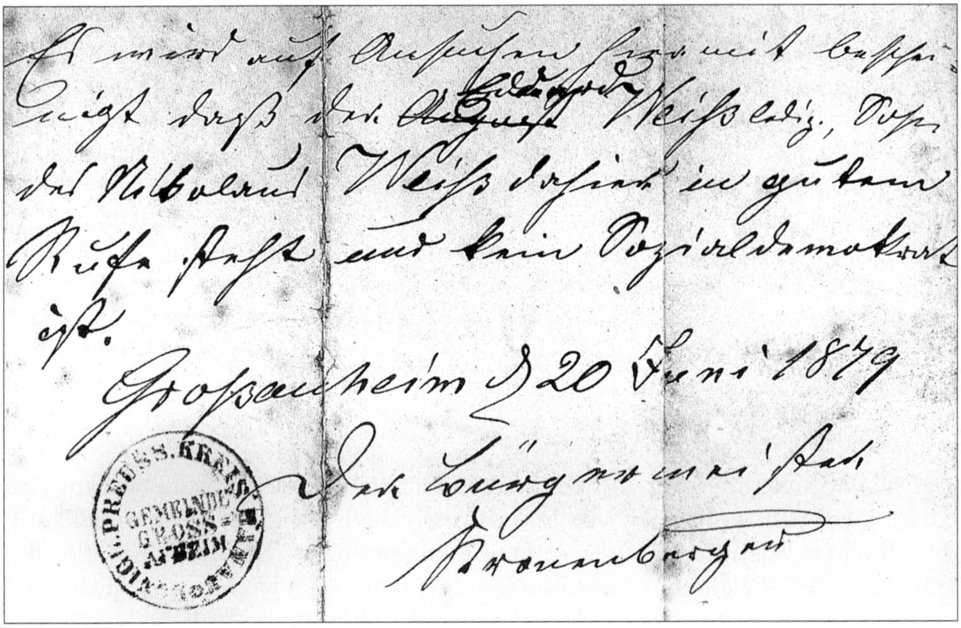

Es wird auf Ansuchen hiermit beschei-
nigt daß der [illegible] ~~August~~ Weiß ledig, Sohn
des Nikolaus Weiß dahier im guten
Rufe steht und kein Sozialdemokrat
ist.
Großauheim d. 20 Juni 1879
Der Bürgermeister
Braunberger

Großauheim, Leumundszeugnis der Gemeinde, 1879

der Verbreitung sozialistischer Flugblätter in Ostheim verhaftet wurde, organisierte der dortige Wirt Schütz seine Befreiung.[345]

Der Koordination der Parteiarbeit dienten geheime Treffen mit auswärtigen Sozialdemokraten, so zum Beispiel eine Zusammenkunft von 40 bis 50 Parteiaktivisten aus Frankfurt, Hanau und Umgebung in einem Enkheimer Lokal Mitte Juli 1879 oder die Besprechung von über 30 Sozialisten aus der Frankfurt-Hanauer Gegend mit dem SAPD-Vorstandsmitglied Wilhelm Hasenclever bei einem Eckenheimer Wirt im März 1881.[346]

Die brutale Unterdrückung, die Verwirrung und die Verzweiflung in der Anfangszeit des Sozialistengesetzes boten einen günstigen Nährboden für die Ausbreitung anarchistischer Tendenzen, die in der deutschen Arbeiterbewegung bis dahin so gut wie unbekannt waren. Ihr führender Vertreter war der nach London emigrierte sozialdemokratische Reichstagsabgeordnete Johann Most mit seiner Zeitung »Freiheit«, die eine Taktik des individuellen Terrors propagierte. Mit der Unterstützung des aus Berlin ausgewiesenen Tapezierers Theodor Eisenhauer entstand im Sommer 1880 um den Schuhmacher Joseph Breuder in Frankfurt und Darmstadt eine kleine Gruppe von verarmten Handwerkern, die ihre Aufgabe in der Verbreitung der »Freiheit« sahen und den Aufbau einer von der Leitung der illegalen SAPD unabhängigen Unterstützungsorganisation für gemaßregelte Genossen anstrebten. Die »Freiheit« kursierte ab 1879 auch unter den

345 Ebd., 165-3142/4, fol. 458ff.
346 HStAM, 165-3142/2, fol. 449f.; 3142/4, fol. 44.

Im Saale zum Nürnbergerhof.
Montag den 17. April, Abends halb 8 Uhr:
Oeffentliche Versammlung
der Cigarren- u. Tabakarbeiter.
Tagesordnung: Welche Stellung nehmen die hiesigen Cigarren- u. Tabakarbeiter dem im Projekt vorliegenden Tabaksmonopol gegenüber ein?
Alle Interessenten sind hierzu freundlichst eingeladen. (1896)

Hanau, Einladung der Zigarrenarbeiter, 1882

Hanauer Sozialisten.[347] Ende August 1880 verbrachte Theodor Eisenhauer, der unter falschem Namen lebte, einige Tage in Hanau, wo er zum Goldarbeiter Paul Sauer Kontakte knüpfte.[348] Im Dezember 1880 zerschlug die Polizei den Anarchistenzirkel. Die Anklage gab 1881 Anlass zum ersten spektakulären Hochverratsprozess vor dem Reichsgericht in Leipzig. Der angeklagte Goldarbeiter Paul Sauer wurde freigesprochen, zwei andere Hanauer Arbeiter, Wolfgang Wunderlich und August Kiefer, im März 1882 ebenfalls wegen Verbreitung der »Freiheit« verhaftet, wurden verurteilt.[349] (Dok. 56b)

Die allmähliche Herausbildung einer festen illegalen Parteiorganisation war erst mit dem wöchentlichen Erscheinen des »Sozialdemokrat«, des neuen Zentralorgans der SAPD, seit September 1879 möglich. Die illegale Verteilung des Blattes aus der Schweiz durch ein ausgeklügeltes Vertriebssystem benötigte an sich schon die Festigung eines lokalen Organisationsnetzes. (Dok. 65) Erst die Parteizeitung vermochte es, mit der Unterstützung von örtlichen Korrespondenten zwischen dem Vorstand, der Reichstagsfraktion und den lokalen Organisationen zu vermitteln.

Hanauer Genossen waren in diesem Netz nicht nur die Empfänger, sondern auch der Ausgangspunkt weiterer Verteilung. Im Dezember 1882 fielen dem Hanauer Postamt aus einer nach München adressierten, unzustellbaren Sendung 195 Exemplare des »Sozialdemokrat« in die Hände.[350] (Dok. 55b)

Der im August 1880 im schweizerischen Wyden abgehaltene Kongress der deutschen Sozialdemokratie gab den Widerstand gegen die »gesetzlich proklamierte Ungesetzlichkeit« des Sozialistengesetzes mit gesetzlichen wie auch mit ungesetzlichen Mitteln frei. Wie geschickt die Hanauer Sozialdemokratie den legalen mit dem illegalen Kampf verknüpfte und wie stark sie in diesem Kampf wurde, zeigten die Reichstagswahlen im Herbst 1881, als der SAPD-Kandidat Karl Frohme in der Stichwahl mit 9948 Stimmen gegen den Nationalliberalen Dietz (7733 Stimmen) das erste Mal den Wahlkreis Hanau-Gelnhausen-Orb für die Sozialdemokratie gewann,[351] obgleich die Kontaktaufnahme zwischen Kandi-

[347] Ebd., 3142/2, fol. 493f., Beschlagnahme von fünf Exemplaren im August beim Schneider Heinrich Heckmann.

[348] Ebd., 3142/3, Bericht des Hanauer Landrats v. 14. September 1880.

[349] Ebd., 3142/4, fol. 80, 241, 268ff.; 3142/5, fol. 120, 126ff., 309, 395. Auf die Auseinandersetzungen mit der Mostschen Richtung spielte auch der Korrespondentenbericht aus dem Rhein- und Maingau vom 18. Juli 1880 im »Sozialdemokrat« an.

[350] HStAM, 165-3142/5, fol. 6, die Ausgabe Nr. 49 vom 1. Dezember.

[351] Der Wahlkreis Offenbach-Dieburg blieb nach dem Sieg des Kandidaten Wilhelm Liebknecht 1877 weiter in sozialdemokratischer Hand. Vgl.: Sd Nr. 45, 3.11.1881.

daten und Wählern weitgehend behindert worden war. (Dok. 57a) Schon im Frühjahr 1881 war der Wahlaufruf Frohmes überall konfisziert worden.[352]

Da die Hanauer Sozialdemokraten Haussuchung gewöhnt und mit den polizeilichen Praktiken hinreichend vertraut waren, konnen sie sie sich die Regeln der Konspiration problemlos aneignen. »In Hanau geht es ganz vortrefflich«, meldete im August 1881 der »Korrespondent vom Main« der Redaktion des »Sozialdemokrat«, »da die Genossen dort eine vorzügliche Organisation haben, in die kein Polizist, und wäre es der geriebenste, seine Nase stecken kann.«[353] Das erfolglose Eingreifen bei einer Versammlung der Hanauer Zigarrenarbeiter gab die Polizei vollends der Lächerlichkeit preis. (Dok. 56c) Die Hanauer Sozialisten konnten in ihrer Zeitung melden: »Wir Hanauer sind am Platze und arbeiten immer ruhig weiter, soweit es die Polizei erlaubt und soweit sie es nicht erlaubt.«[354]

Eine gewisse Erleichterung brachte die Ende 1881 eingeleitete so genannte »milde Praxis« in der Handhabung des Sozialistengesetzes mit sich. Unter der Devise »Zuckerbrot und Peitsche« versuchte jetzt die Reichsregierung, die Arbeiterschaft durch eine staatliche Sozialgesetzgebung für sich zu gewinnen. 1883 wurde die Krankenversicherung, 1884 die Unfallversicherung und schließlich 1889 die Alters- und Invalidenversicherung gesetzlich verankert. Die Grenzen der »milden Praxis« zeigten sich bei der Vorbereitung der Reichstagswahlen im Herbst 1884. Dem sozialdemokratischen Kandidaten Karl Frohme wurde eine mündliche Berichterstattung an seine Wähler verwehrt und sein daraufhin in Druck verbreiteter Rechenschaftsbericht kurzerhand verboten.[355] Dem trotzdem in Tausenden Exemplaren illegal verbreiteten Flugblatt hetzte die Polizei hinterher, musste aber nach einigen Verhaftungen in Hanau eingestehen, dass sie die in Dreiergruppen durchorganisierte Verteilung dort und im Umland nicht in den Griff bekommen konnte.[356] Frohme unterlag in der Stichwahl mit 8245 gegen 9720 Stimmen dem konservativen Kandidaten Hellwig.[357] Der Maingauer Korrespondent bezeichnete im »Sozialdemokrat« die Schutzzollpropaganda der konservativen Großagrarier als die Hauptursache der Niederlage. (Dok. 57b) Reichsweit erfocht die Sozialdemokratie ihr bis dahin bestes Ergebnis. 24 sozialdemokratische Abgeordneten zogen in den Reichstag ein.[358]

Die sozialdemokratische Fraktion des Reichstages entfernte sich zunehmend von der Partei. Die soziale Stellung der Abgeordneten entsprach nicht derjenigen der meisten Parteimitglieder. Illusionäre Vorstellungen von den Möglichkeiten einer »positiven« Mitarbeit im Parlament kamen auf. Im Gegensatz dazu erlebte

352 HStAM, 165-3142/4, fol. 123ff.
353 Sd Nr. 33, 11.8.1881.
354 Ebd., Nr. 44, 25.4.1883.
355 HStAM, 180 Hanau-4981, fol. 411, 461ff; Eiler, Hessen in der industriellen Revolution, S. 363.
356 Eichler, Sozialistische Arbeiterbewegung, S. 114.
357 Ebd., S. 118. Er gehörte jedoch weiter dem Reichstag an, da er gleichzeitig im Wahlkreis Altona kandidiert und dort bereits in der Hauptwahl gesiegt hatte.
358 Sd Nr. 10, 5.3.1885.

die Masse der Parteimitglieder tagtäglich, wie begrenzt die Möglichkeiten des Parlaments waren.[359]

Auch der »Sozialdemokrat« kritisierte solche Anpassungstendenzen. In Anbetracht der Verlockungen des Bismarckschen »Staatssozialismus« bemühte sich das Parteiorgan unter der Leitung von Eduard Bernstein, der von Karl Marx und Friedrich Engels unterstützt wurde, um die Klärung theoretischer Positionen.

Der Konflikt zwischen der rechten Fraktionsmehrheit auf der einen Seite sowie der Fraktionsminderheit, dem »Sozialdemokrat« und der Parteibasis auf der anderen Seite spitzte sich 1884/85 in der Debatte um die Kolonialpolitik des Deutschen Reiches drastisch zu.[360] Die Fraktionsmehrheit erklärte sich im Dezember 1884 »aus Zweckmäßigkeitsgründen« bereit, eine Gesetzesvorlage zu unterstützen, die für private Schifffahrtslinien nach Ostasien, Australien und Afrika staatliche Subventionen vorsah. Die Fraktionsminderheit mit August Bebel an der Spitze und der »Sozialdemokrat« wandten sich aus prinzipiellen Gründen gegen diese »Dampfersubvention« und gegen jedes Zugeständnis in der Kolonialpolitik. Die Protestwelle erfasste auch die Parteimitglieder in den einzelnen Orten. Von Januar 1885 an erschienen ablehnende Stellungnahmen im »Sozialdemokrat«. Mit einem am 20. März 1885 gefassten »Ukas« versuchte nun die rechte Mehrheit, das Zentralorgan unter die Zensur der Reichstagsfraktion zu stellen und durch Unterdrückung jeglicher Stellungnahmen der Mitglieder die Partei zu reglementieren. Zwar stimmte die Fraktion am 23. März schließlich einheitlich gegen die Dampfersubventionsvorlage, aber die Auseinandersetzung ging jetzt nicht mehr nur um ihr Verhalten gegenüber der Kolonialpolitik oder der Parteizeitung, sondern auch um die Rolle des Parlamentarismus, um die grundsätzliche Konzeption der Parteipolitik. Die Frankfurter Parteiorganisation erteilte den opportunistischen Bestrebungen in einem Protestschreiben am 12. April 1885 eine scharfe Absage.[361]

Eine am 23. April 1885 von der sozialdemokratischen Reichstagsfraktion und der Redaktion des »Sozialdemokrat« gemeinsam abgegebene Erklärung, welche in der Partei jedwede Meinungseinschränkung für unzulässig erklärte und das Zentralorgan als Organ der Gesamtpartei bezeichnete, signalisierte schon den Rückzug der Fraktionsmehrheit. In ihrem lokalen Einflussbereich gaben sich jedoch einzelne Abgeordnete aus ihren Reihen noch nicht geschlagen. Karl Frohme, dem rechten Flügel der Reichstagsfraktion zugehörig, begann am 2. Mai 1885 im nationalliberalen »Frankfurter Journal« eine verleumderische Kampa-

359 Eichler, Sozialistische Arbeiterbewegung, S. 95.

360 Horst Karasek, Belagerungszustand! Reformisten und Radikale unter dem Sozialistengesetz 1878–1890, Berlin 1978, S. 108.

361 Horst Bartel u.a. (Bearb.), Der Sozialdemokrat 1879–1890. Ein Beitrag zur Rolle der Zentralorgans im Kampf der revolutionären Arbeiterbewegung gegen das Sozialistengesetz, Berlin 1975, S. 155; im Weiteren: Bartel, Der Sozialdemokrat; Bartel u.a., Deutsche Geschichte in zwölf Bänden, Bd. 5, S. 258, 260; Sd Nr. 17, 23. April 1885. Abgedruckt in: Judit Pákh (Bearb.), Frankfurter Arbeiterbewegung in Dokumenten 1832–1933, Bd. 1, Frankfurt 1994, S. 316ff.

gne gegen die revolutionären Kräfte innerhalb der Frankfurter Parteiorganisation. Im Verlauf der darauffolgenden scharfen Auseinandersetzungen, an denen sich durch öffentliche Stellungnahmen auch Bebel und Liebknecht beteiligten, versuchte Frohme nicht nur die Frankfurter Lokalorganisation der Partei zu spalten, sondern auf einer öffentlichen Versammlung »der wirklichen Genossen« am 2. Juli 1885 in Bockenheim, in Anwesenheit sozialdemokratischer Abgeordneter, offiziell eine kleinbürgerlich-opportunistische Reichstagsfraktion zu konstituieren. Mit der Begründung, dass die Auseinandersetzung nicht nur die Sozialdemokratie, sondern auch die breite Öffentlichkeit interessiere, machte er das Blatt der Fortschrittspartei, Sonnemanns »Frankfurter Zeitung«, zum zentralen Austragungsort der Debatte.[362]

In dieser Phase des Streits schickten die Hanauer Genossen eine entschiedene Stellungnahme zugunsten des Parteiorgans und August Bebels an den »Sozialdemokrat«. Scharf wandten sie sich dagegen, liberale Zeitungen zum Austragungsort parteiinterner Differenzen zu machen: »Wenn auch nicht zu fürchten ist, dass die alte Garde deshalb abfallen könnte, so haben wir doch immer mit dem Gros der Armee zu rechnen, und dieses haben wir nicht so in Zaum und Zügel, als dass die gegnerische Presse unter allen Umständen ohne Einfluss auf dasselbe bleiben müsste«.[363]

Die Gewerkschaftsbewegung unter dem Sozialistengesetz

In lebendiger Wechselwirkung stand die Entwicklung der Hanauer illegalen Parteiorganisation mit dem Erstarken und der wachsenden Kampfbereitschaft der lokalen gewerkschaftlichen Organisationen. Nach dem Kahlschlag des Sozialistengesetzes bildeten die wenigen verbliebenen Kassenvereine eine Zeit lang die einzigen Anlaufstellen. Hierzu gehörten die Kranken- und Beerdigungskasse der Gold- und Silberarbeitergehilfen, die Zentral-Kranken- und Sterbekasse der Tischler und der Kranken-Unterstützungsbundes der Schneider. Auch sie standen unter polizeilicher Beobachtung.[364]

Die 1883 eingeführte gesetzliche Krankenversicherung sah in den Ortskrankenkassen keine Selbstverwaltung der Versicherten vor, was zu einem sprunghaften Anwachsen der von den Arbeitern verwalteten Hilfskassen führte. Im März wurden in Hanau eine Filiale der Zentral-Kranken- und Sterbekasse der Schuhmacher wieder ins Leben gerufen, September 1883 eine Filiale der Allge-

[362] Bartel, Der Sozialdemokrat, S. 157ff., 259; Eichler, Sozialistische Arbeiterbewegung, S. 130.

[363] Sd Nr. 28, 9.7.1885.

[364] HStAM; 165-3142/1. fol. 238ff.; Die ebenfalls noch existierende Zentral-Kranken- und Sterbekasse und die Allgemeine Kranken- und Sterbekasse verliehen ihre Kapitalien an die Hanauer ständische Leihbank. »Die Direktion ist in secreter Weise ersucht worden«, berichtete der Hanauer Landrat, »bei etwaiger größeren Kapitalserhebungen ungesäumte Mitteilung hierher zu machen.« Ebd., 3142/2, fol 364ff.

meinen Kranken- und Sterbekasse der Metallarbeiter und am Ende des Jahres die Zentral-Kranken- und Sterbekasse der deutschen Wagenbauer gegründet.[365] Zusammen mit den noch hinzugekommenen Kassenorganisationen der Tabakarbeiter, der Zimmerer und der Buchbinder waren im März 1885 in Hanau und im Landkreis insgesamt zehn Hilfskassen vorhanden. Die Hanauer Filiale der Zentral-Kranken- und Begräbniskasse für Frauen und Mädchen in Deutschland muss um diese Zeit rund 600 Mitglieder gehabt haben.[366] Dieser 1884 von Gertrud Guillaume Schack in Offenbach gegründete Verein hatte 1886 in 97 Verwaltungsstellen 12 000 Mitglieder. Er wurde vielerorts Ansatzpunkt für weitere Frauenaktivitäten.[367] Ein schnelles Wachstum zeichnete auch die Hilfskasse der Schuhmacher aus, die 1884 60 Mitglieder und 1885 schon die doppelte Anzahl zählte.[368] Mehrere Kassenfilialen bildeten, anstatt einen Kassenarzt zu halten, Anfang 1885 einen Sanitätsverein.[369] Die Sozialdemokraten bemühten sich, Mitglieder aus den Ortskrankenkassen zum Übertritt in die Hilfskassen zu bewegen. Frohme fertigte für die Hilfskassen auch Statuten an.[370] (Dok. 58b)

Ab 1883 entstanden in Hanau die ersten lokalen Gewerkschaften auf beruflicher Grundlage, die so genannten Fachvereine: im Juli 1883 der Fachverein der Schreiner, im September 1883 der Fachverein der Metallarbeiter und im Juli 1884 der Fachverein der Schneider. Laut polizeilichen Beobachtungen waren alle drei stark mit Sozialdemokraten durchsetzt.[371] Die Fachzeitungen spielten in diesem Gefüge als überregionale Kommunikationsmittel und Instrument der Zentralisation eine wichtige Rolle. Der Schreinerfachverein abonnierte die »Neue Tischler-Zeitung«, die Hilfskasse der Schuhmacher elf Exemplare des Organs »Der Schuhmacher«.[372] Die in Nürnberg seit dem 15. September 1883 erscheinende »Deutsche Metallarbeiter-Zeitung« fungierte als gemeinsames Zentralorgan der Metallarbeiterfachvereine und ihrer Hilfskassen und war Wegbereiter der sich in dieser Branche entwickelnden Vereinigungsbestrebungen.

Zur Verbesserung der Schlagkraft trachtete die Fachvereinsbewegung nach überregionaler Zentralisation. Als erste zentralisierte Gewerkschaftsorganisation wurde Ende 1883 auf einem »Kongress der deutschen Tischler und Schreiner« in Mainz der »Zentralverband von Vereinen der Tischler (Schreiner) und artver-

[365] Ebd., 3142/5, fol. 491f.; DMZ Nr. 2, 30.9.1883.

[366] Ebd., 3142/6, fol. 201ff. In Frankfurt gehörten im Mai 1885 517 Frauen zu den Mitgliedern. Vgl.: KlP Nr. 33, 8.5.1885.

[367] Gisela Losseff-Tillmanns (Hrsg.), Frau und Gewerkschaft, Frankfurt am Main, 1982, S. 25; Der Bevollmächtigte der Hanauer Filiale, der Schreiner Jean Weiß, schlug auf der Frankfurter Generalversammlung der Kasse im Mai 1885 vor, Hanau als Ort der nächsten Generalversammlung drei Jahre später zu bestimmen. Mit dem Argument, die Frauen in Hanau wären noch nicht so weit, wurde der Vorschlag jedoch verworfen. Vgl.: HStAM, 165-3142/6, fol. 268.

[368] Ebd., fol. 201.

[369] Ebd., fol. 202.

[370] Ebd., fol. 390; Während in der Krankenversicherung die Arbeitgeber einen erheblichen Anteil der Beiträge mitbezahlten, waren die Hilfskassen auf ihre Mitglieder angewiesen.

[371] HStAM, 165-1239, fol. 284; 165-3142/6, fol. 201ff.

[372] HStAM, 165-1239, fol. 234.

wandter Berufsgenossenschaften Deutschlands« gegründet. In dieser Organisation behielten die einzelnen Fachvereine wegen des Verbindungsverbots des preußischen Vereinsgesetzes ihre organisatorische Selbständigkeit.[373] Im Sommer 1884 entstand in ähnlicher Form der »Zentralverband der Fachvereine der Schneider und verwandter Berufsgenossen Deutschlands«, der 1885 in einen Reiseunterstützungsverband umgewandelt wurde.[374] Anfang 1885 schlossen sich die Hanauer Schneider dem Zentralverband an. (Dok. 59b) Im Gegensatz zu den genannten Verbänden entschied sich Ende 1884 der Geraer Kongress der Metallarbeiter gegen Branchen- und für Metallarbeiterfachverbände und damit für eine gewerkschaftliche Organisation nach Industrieverbänden.[375] Der in Gera gegründeten »Vereinigung der Metallarbeiter Deutschlands« trat der Hanauer Fachverein im Mai 1885 bei.[376] (Dok. 60a-c) Die Hanauer Behörden verfolgten die Taktik, die Tätigkeit der sozialdemokratisch beeinflussten Gewerkschaftsorganisationen mit Versammlungs- und Lokalverboten zum Erliegen zu bringen. (Dok. 59a,b) Die Arbeiter antworteten mit der Verlegung der Zusammenkünfte in Orte jenseits der preußischen Grenze, mit Vorliebe nach Klein-Steinheim. Nicht selten fanden die Treffen unter dem Deckmantel von Festlichkeiten statt.[377]

Auf der Basis seiner Fachvereine und Hilfskassen übertraf die neue Gewerkschaftsbewegung 1885 mit knapp 86 000 Organisierten bereits den Stand unmittelbar vor Erlass des Sozialistengesetzes. 14 Zentralfachverbände waren in kürzester Zeit neu geschaffen worden.[378] Die Politik der »milden Praxis« war damit weitgehend gescheitert. Anzeichen einer verschärften Unterdrückung war das Verbot der »Vereinigung der Metallarbeiter Deutschlands« im August 1885.[379] Zwischen 1886 und 1888 fielen fünfzehn Gewerkschaftsorganisationen der reaktionären Politik des preußischen Innenministers Puttkamer zum Opfer.[380]

Nach der Aufdeckung der illegalen Parteiorganisation in Frankfurt wurde am 18. Dezember 1886 über Frankfurt, den Kreis Höchst, den Stadt- und Landkreis Hanau sowie über den Obertaunus das »Ausnahmegesetz im Ausnahmegesetz«,

[373] Deppe, Deutsche Gewerkschaftsbewegung, S. 64. Auf dem Mainzer Kongress war Jean Weiß der Hanauer Delegierte. Vgl.: HStAM, 165-3142/6, fol 25ff.

[374] Eduard Bernstein, Die Schneiderbewegung in Deutschland, Bd. 1, Berlin 1913, S. 243.

[375] Dieter Fricke, Die deutsche Arbeiterbewegung 1869 bis 1914, Berlin 1976, S. 657; im Weiteren: Fricke, Die deutsche Arbeiterbewegung.

[376] Das Arbeitsnachweisbüro des Metallarbeiterfachvereins war im Gasthaus »Zum Anker« tätig. Vgl.: Der Beobachter Nr. 1, 6.1.1884; DMZ Nr. 14, 20.5.1884.

[377] HStAM, 165-3142/6, fol. 389; 3142/7, fol. 19, 284. In den benachbarten hessischen Orten reagierten die Behörden auf die Aktivitäten der Arbeiter nachsichtiger als in Preußen. Vgl.: Eichler, Sozialistische Arbeiterbewegung, S. 111.

[378] Ulrich Borsdorf (Hrsg.), Geschichte der deutschen Gewerkschaften von den Anfängen bis 1945, Köln 1987, S. 158f.; im Weiteren: Borsdorf, Deutsche Gewerkschaften bis 1945. Deppe, Deutsche Gewerkschaftsbewegung, S. 64.

[379] DMZ Nr. 27, 29.8.1885. Den Nimbus der »Deutschen Metallarbeiter-Zeitung« charakterisiert, dass im Juni 1886 auf der 4. Generalversammlung der Nationalen Krankenkasse der Deutschen Gold- und Silberarbeiter in Hanau ein Antrag zur Übernahme der Zeitung als Vereinsorgan mit der Begründung abgelehnt wurde, dass eine politische Beeinflussung vermieden werden müsse. Vgl.: HStAM; 165-4132/6, fol. 441.

[380] Deppe, Deutsche Gewerkschaftsbewegung, S. 64f.

der so genannte Kleine Belagerungszustand, verhängt. Am 11. Februar traf diese Maßnahme mit Zustimmung der hessischen Regierung auch den Kreis Offenbach. Bis Ende 1887 erhielten in Frankfurt und Umgebung 57 und in Offenbach acht Personen den Ausweisungsbefehl.[381] Der Hanauer Landrat Graf Wilhelm von Bismarck, der Sohn des Reichskanzlers, verzichtete auf Ausweisungen mit der Begründung, sie führten nur zu einer Ausbreitung der Agitation und zur Märtyrerverehrung. Scharf kontrolliert wurde hingegen der Zuzug nach Hanau. (Dok. 61)

Die Ausbreitung der Gewerkschaftsbewegung schritt in der zweiten Hälfte der 80er Jahre unaufhaltsam voran. 1887 gründeten die Bierbrauer, die Gärtner, die Handlungsgehilfen, die Schuhmacher und die Schreiner lokale Vereine oder Zahlstellen ihrer Zentralverbände. 1888 kamen der Fachverein der Weißbinder, 1889 die Filialen der Verbände der Schneider, der Zimmerer, der Glasergesellen, der Tabakarbeiter und der Gold- und Silberarbeiter sowie ein Lokalverein der Hanauer Diamantschleifer hinzu.[382] Im Frühjahr 1890 schlossen die Fachvereine der Spengler und Installateure mit 27 Mitgliedern und der Metallarbeiter mit 95 Mitgliedern die Gründungsserie ab.[383] Im letzten Jahr des Sozialistengesetzes waren in Hanau und Umgebung über ein Dutzend gewerkschaftliche Branchenorganisationen tätig. Nach Einschätzung des Landrats bestand ein Drittel der Fachvereinsmitgliedschaften aus Sozialdemokraten.[384]

Das Ende des Ausnahmegesetzes

Die Reorganisation der Gewerkschaftsbewegung war eng mit einer Zunahme der Arbeitskämpfe verbunden. Vom 1. Januar 1889 bis zum 1. April 1890 fanden reichsweit 1131 Arbeitsniederlegungen mit über 390 000 Beteiligten statt. »Die Arbeitseinstellungen mit Erfolg durchzuführen ist der Hauptzweck der zentralen Organisation«, stellte der Hanauer Landrat im September 1889 mit gutem Gespür fest.[385] Die Streiks erfassten auch in Hanau die meisten Beschäftigungszweige; die Schwerpunkte lagen im Bauhandwerk und in der Lederbranche.[386]

Von Mitte April bis Ende August 1889 trugen die Diamantschleifer den längsten Arbeitskampf aus. (Dok. 62a,b) In dieser in Hanau Mitte der 70er Jahre angesiedelten Industrie waren um 1888 in neun Fabriken 500 hochqualifizierte und relativ gut bezahlte Arbeiter tätig.[387] Bei den Gebrüder Houy, der ältesten Schleiferei, lehnten sich schon Anfang Dezember 1878 39 von 75 Arbeitern gegen eine

381 Eichler, Arbeiterbewegung in Hessen, S. 184f., 188, 191, 202.
382 HStAM, 165-3142/7, fol. 19, 154, 221, 280; HA Nr. 203, 31.8.1889; Nr. 256, 2.11.1889.
383 DMZ Nr. 19, 10.5.1890; Nr. 20, 17.5.1890.
384 HStAM, 165-3142/7, fol. 154ff. Bericht v. 30. August 1888.
385 Fricke, Die deutsche Arbeiterbewegung, S. 663; HStAM, 165-3142/7, fol. 280.
386 HStAM, 180 Hanau-6678, Polizeibericht v. 29. April 1890.
387 Über die Entstehung und Ausbreitung der Diamantenschleifereien in Hanau, in: Bericht der Wetterauischen Gesellschaft für die gesamte Naturkunde 1889, S. 35f.

Hanau, Arbeiter der Pulverfabrik, um 1890

neu eingeführte Fabrikordnung auf. Ihre erfolglose Aktion wurde mit schweren Maßreglungen beantwortet.[388] Im Sommer 1887 rief in der Diamantenschleiferei von Weisborn und Golde erneut eine Fabrikordnung einen Ausstand von 40 Arbeitern hervor.[389] Die Diamantschleifer schlossen sich anlässlich ihres Arbeitskampfes 1889, der unter anderem gegen die Einführung des Akkords gerichtet war, in einer eigenen Gewerkschaftsorganisation, dem »Diamantenschleifer-Verein«, zusammen.[390]

Im September 1889 fanden die ersten Wahlen zum gewerblichen Schiedsgericht statt, in denen auf der Arbeitnehmerseite die Sozialdemokraten die meisten Stimmen auf sich vereinigen konnten.[391]

Die wirtschaftlichen Kämpfe gegen Ende der 80er Jahre zeigten, dass die Politik der Ausnahmegesetzgebung die deutsche Arbeiterbewegung nicht wirksam hatte unterdrücken können. 1888 wurden 111 000 Gewerkschaftsmitglieder gezählt, ein Jahr später waren es 175 000 und 1890 rund 300 000. Im Vergleich zum Stand bei Inkrafttreten des Sozialistengesetzes hatte sich die Zahl der gewerkschaftlich organisierten Arbeiter fast verfünffacht.[392] Die Politik Bismarcks geriet nun auch innerhalb der herrschenden Klassen in die Kritik. Am 25. Januar 1890 fiel die Vorlage zur Verlängerung des Sozialistengesetzes im Reichstag durch. Es

388 HStAM, 180 Hanau-5011. Die frühen Fabrikordnungen der Hanauer Industrie, in den Findbüchern bzw. im Katalog aufgezeichnet, waren leider weder im Stadtarchiv noch in der Landeskundlichen Abteilung der Stadtbibliothek aufzufinden.

389 Klein, Zeitungsberichte 1867–1918, Bd. 1, S. 345.

390 HA Nr. 203, 31.8.1889, Ankündigung der Generalversammlung für den 2. September.

391 HStAM, 165-3142/7, fol. 284.

392 Borsdorf, Deutsche Gewerkschaften bis 1945, S. 142, 161.

lief daher am 30. September automatisch aus. Bei den Reichstagswahlen am 20. Februar stimmten die meisten Wähler – über 1,4 Millionen – für Kandidaten der Sozialdemokratie. Am 20. März 1890 musste Reichskanzler Otto von Bismarck seinen Abschied nehmen.

Gegen Ende des Sozialistengesetzes wurden vielerorts wieder sozialdemokratische Presseorgane gegründet, die bei der Reorganisation der Partei eine wichtige Funktion hatten. Am 25. Dezember 1889 erschien die Probenummer der »Frankfurter Volksstimme«. Das neue Arbeiterblatt wurde vom 2. Januar 1890 an als Tageszeitung herausgegeben und fand noch vor Ablauf des Ausnahmegesetzes auch in den benachbarten Wahlkreisen Verbreitung. Sein erster hauptberuflicher Redakteur, der Jurist Gustav Hoch, war ein überzeugter Marxist.[393] In Hanau kursierte außerdem seit Sommer 1889 die »Hanauer Volkszeitung«, die als Kopfblatt des »Offenbacher Abendblattes« herausgegeben und in Offenbach gedruckt wurde und ebenfalls ein Sprachrohr der Sozialdemokratie war. Vom Mai 1891 an wurde dann für den Wahlkreis Hanau die »Volksstimme« – inzwischen ohne die Einschränkung »Frankfurter« – das maßgebliche sozialdemokratische Organ.[394]

Mit Armenpflege und Fürsorge beschränkte sich die Bismarcksche Sozialgesetzgebung auf die Milderung der Schäden, die durch die ökonomische Ausbeutung der Arbeiter verursacht wurden. Die Sozialdemokratie setzte ihre – 1885 auch in einem Gesetzesentwurf für den Arbeiterschutz zusammengefasst – Forderungen entgegen, welche die Ausbeutung im Produktionsprozess zu begrenzen trachteten. Die Frage der gesetzlichen Arbeitszeitregelung, der Einführung des Normalarbeitstages und wirksamer Arbeitsschutzbestimmungen spielten zu dieser Zeit, über die unmittelbaren Streikforderungen hinausgehend, in den Arbeiterversammlungen eine wichtige Rolle. Die Forderungen des Arbeiterschutzes und der Kampf für den Achtstundentag bildeten das zentrale Anliegen des am 14. Juli 1889 in Erinnerung an die Französische Revolution von 1789 nach Paris einberufenen internationalen Sozialistenkongresses. Vertreter der Arbeiterbewegung aus 22 Nationen gründeten hier die II. Internationale.

Der Kongress rief dazu auf, künftig am 1. Mai für die Ziele des Arbeiterschutzes und insbesondere des Achtstundentages weltweit zu demonstrieren. Die Gestaltung des proletarischen Feiertags sollte jedoch den Bedingungen des jeweiligen Landes entsprechen. (Dok. 63a,b) In Hanau bildete sich daraufhin schon im Sommer 1890 der Verein »Arbeiterschutz«, der für eine Petition an den Reichstag mit der Forderung des achtstündigen Normalarbeitstages Unterschriften sammelte.[395] Eine Explosionskatastrophe, die am 14. November 1889 in der staatlichen Pulverfabrik 17 Arbeiterinnen das Leben kostete, verlieh der Forderung nach verbessertem Arbeitsschutz in Hanau ein besonderes Gewicht.[396]

393 Eichler, Sozialistische Arbeiterbewegung, S. 227.
394 Ebd., S. 226, 269.
395 HStAM, 165-3142/7, fol. 443. Ein Arbeiterschutz-Verein war auch in Langenselbold tätig. Vgl.: VS 119, 24.5.1901 (HHStAW, 407/162-1).
396 Klein, Zeitungsberichte 1867–1918, Bd. 1, S. 426.

1 24. September 1830

Der Sturm auf das Lizentamt und das Mainzollhaus in Hanau

1a Bericht des Rittmeisters Nössel, Kommandant der Gendarmerie, an den Major von Todenwarth, Provinz-Kommandant und interimistischer Kommandeur zu Kassel, über die Ereignisse auf dem Heumarkt und in der Judengasse, 24. September 1830

Hessisches Staatsarchiv Marburg, 6a-2805. Der Bericht ist vom 25. September 1830 datiert.

Gestern Nachmittag bemerkte man dahier unter dem Volke eine ungewöhnliche Bewegung, deren Grund, wie gesagt wurde, in der von Kassel zurück erwartend werdenden Bürger-Deputation und deren Nachrichten liege. Gegen Abend verlautete, die Deputation seie von Kassel zurückgekommen und beim Oberbürgermeister im Neustädter Rathause versammelt.

Es war der Markt[a] und der Neustädtische Markt war von Tausenden vom Volke angefüllt, die alle schrien: »Was haben sie von Kassel mitgebracht, die Deputation?« Nachdem an verschiedenen Orten durch die Deputation das desfalsige Resultat verkündigt worden war, wurde mehrmal: »Es lebe der Kurfürst« gerufen.

Es war 8 ½ Uhr des Abends als der allgemeine Ruf, »Es lebe die Freiheit!«, ertönte und somit setzte sich der größte Teil des Volkes nach dem Heumarkt in Bewegung. Daselbst angelangt, wurde das allda befindliche Lizent- und Warengebäude erbrochen und alle im denselben befindliche Gegenstände auf die Straße geworfen und sogleich angezündet. Das hieraus erwachsene hohe Feuer drohte die nahestehenden Gebäude zu zünden, deshalb das von den Eigentümern beobacht wordne Beschütten ihrer Häuser mit Wasser, vermittelst Eimern und Gießkannen, nicht verhindert wurde.

Nachdem nun das Lizent-Gebäude geleert und alles den Flammen überliefert und von diesen verschlangen war, ertönte abermal der Ruf: »Es lebe die Freiheit! Nach der Judengasse! Nach dem Mainzollamte, nach den Conrad Deines!«[b] Die Judengasse, erstürmt, sollte angezündet werden. Ich war mit der ganzen berittenen Mannschaft der hiesigen Gendarmerie, bestehend aus acht Pferden in der Nähe des Lizent-Hauses auf dem Heumarkte, mehrere vom Volke fassten mein Pferd bei den Zügeln und drohten mir, falls ich mich nicht mit der Gendarmerie ruhig verhalte, ohne Barmherzigkeit niedergemacht werden sollte. Die hiesige Garnison, welche auf Befehl des Kommandanten Herrn General von Dalwigk infolge Alarm auf dem Paradeplatze unter dem Gewehr stand, verhielten nebst des Detaschemangs,[c] bei dem Verbrennen der Lizenthaus-Effekten aufgestellt, sich ruhig. Kaum hörte ich, dass es nach der Judengasse gehen sollte, so entschlüpfte ich mit meinen Gendarmen im möglichst schnellsten Jagen nach dem Parade-Platze, meldete das Vorhaben des Volkes an den Herrn General von Dalwigk und dem Herrn Oberst von Bardeleben, welche sich daselbst befanden, ich aber begab mich mit meiner Mannschaft augenblicklich nach der Judengasse und besetzte dessen Eingang von der Seite des Parade-Platzes her.

Durch Bitten und Drohen gelang es mir, mehrere junge Leute aus dem Volke für mich zu gewinnen, und mit ihnen gelang es mir, den Eingang zur Judengasse zu behaupten; außer einigen zerschlagenen Laden und Fenster ging bei mir weiter nichts vor. Es hatte sich aber von einer andern Seite vom Schloss und dem Finanzkammergebäude her ein Teil der Übelwollenden in die Judengasse gedrängt, denen es gelang, in einem Zeitraum von einer Stunde, in dem Hause der Juden Balling[d], Kornhändler, alles zu zertrümmern und auf die Straße zu werfen.

Das Mainzollhaus vor dem Kanaltor hat gleiches Schicksal wie das des Lizenthauses auf dem Heumarkt gehabt, in dem dasselbe zum Teil demoliert und die Papiere und Möbel vor dem Hause verbrannt worden sind.

Es war zwölf Uhr nachts, als der Herr Major von Starek mit dem Bataillon, der bis dahin das Deinische Haus von ähnlichen Schicksalen bewahrt hatte, in die Judengasse einmarschierte, vor dem Hause des Balling Halt machte und die Zerstörer mit dem Rufe anredete: »Bürger von Hanau, es ist genug, hört auf, geht nach Hause!« Es wurde aber nicht darauf geachtet, sonder unter stetem Geschrei »Es lebe die Freiheit« mit dem Zerstören der Häuser und dem aus den Fenstern Werfen der Sachen, bis nichts mehr zu tun übrig war, fortgefahren und sich dann auf mein und der Bürgerwache Zureden der Gute wie der Böse nach Hause verfügten. Es war ein Uhr nachts, als die völlige Ruhe hergestellt war. Ich patrouillierte hierauf um und in der Stadt, fand hin und wieder noch einige Menschen, die aber auf mein Anreden sich ruhig nach Hause begaben.

Es ist zwölf Uhr Mittags und die Ruhe erhält sich, doch verlautet, dass heute Abend eine Fortsetzung der verflossenen Nacht aufs neue beginnen sollte. Die Bürgergarde wird augenblicklich dahier organisiert. An dem hiesigen Zeughause sind heute Morgen mit lateinischen Buchstaben geschrieben: »Soldaten, wir bleiben auch gut, vergießt nur kein Bürgerblut«, während dem Tumulte ward unaufhörlich gerufen: »Es lebet das Volk, es lebet die Freiheit«; bei der Ruhe ist an keine Besserung zu denken. So viel ich weiß, ist kein Mensch verunglückt.

[a] Textverlust.
[b] Des Getreidewuchers verdächtigter Kornhändler.
[c] Detachements.
[d] Richtig: Jakob Ballin.

1b Bericht des Niederländers van de Sande über die Ereignisse auf dem Heumarkt, 24. September 1830

D.F.G. van de Sande, Die Hanauer Revolution, Hanau 1831, S. 16ff.

Aber plötzlich erschallte der Schrecken verbreitende Ruf: das Lizentamt steht in Flammen! Allgemeines Erstarren durchlief die wackere Mannschaft;[a] Furcht vor den schwer zu berechnenden Folgen, die Vorstellung des Schadens und Verlustes durch die gefährdende Nachbarschaft von Warenlagern und Wohngebäuden befiel alle Umstehenden mit lähmender Gewalt. Endlich marschierte das schwache Brandpiquet erwartungsvoll, der Zollstätte zum späten Entsatz, vom Marktplatze ab. – Aber, welch sonderbares Schauspiel für Jung und Alt, als nun die Eliten dem bedrohten Posten im Geschwindschritt sich näherten! –

Ein Haufe ungezogener Jungen hatten, angeführt von ein paar langen Bengeln, bereits das doppeltverwahrte Tor des Linzentgebäudes aufgesprengt, das freilich einer solchen Gewalt nicht Widerstand leisten konnte. Sie hatten die einzelne Schildwache zur Ruhe ermahnt, die auch nichts gegen den übermächtigen Haufen hätte ausrichten können.

Schon war die heldhaftige Schar schreiender und tobender Lümmel und Bengel in das Innere der Mautveste eingedrungen und durchforschte mit Bedacht und Umsicht ihre geheimsten Winkel, in größter Ordnung und Pünktlichkeit. Schon schickte sie sich an, die Akten und Bücher, alle Papiere und Mobilien des Zollamtes innerhalb der erstürmten Veste zu verbrennen; aber ein Teil der mutvollen Brandwächter durchbrach, noch zeitig genug, den unordentlichen Haufen, zwang sie, mit gehobenen Gewehren und rasselnden Klingen drohend, alles hinauszutragen, und draußen den verhassten Plunder, zur Vertilgung für alle Zeit, dem alles verzehrenden Feuer preis zu geben. Ohne Widerrede wurde dieser Anschlag sogleich ausgeführt.

Bald war die breite Straße, Heumarkt genannt, von den lodernden Flammen des aufflackernden Papiers beleuchtet! Damit war es nicht genug. Nicht bloß alles, was verbrennen konnte; Kisten und Schränke, Tische und Schreibpulte, Stühle und Bänke nicht allein wurden mit den Büchern und Akten verbrannt, selbst den schweren eisernen Ofen schleppte man zur Brandstätte und schlug ihn in Trümmer; alle Fensterscheiben mit den Rahmen, die Türen und Latten, die Repositorien und Bretterverschläge wurden da, wo die Mautbeamten ihre Geschäfte verrichtet, sämtlich zertrümmert und den Flammen draußen überantwortet, so unschuldig sie auch an dem Lizentgreuel waren. Aber wie so oft müssen nicht die Schuldlosen zugleich mit den Schuldigen leiden! So wurde durch die zertrümmernden Äxte und Knüttel ein Fass mit Spezereiwaren getroffen, und einmal beschädigt, mussten die Waren auch ins Feuer wandern. Wäre nicht das allmählich verstärkte Brandpiquet in größerer Anzahl zum Schutz der Warenhallen ins Mittel getreten, wohl eine größere Menge von Kaufmannsgütern hätte beschädigt und verbrannt werden können.

Sobald die Papierflamme sich mächtig und verwüstend erhob, fingen die Turmwächter an Sturm zu läuten; die Trommelschläger schlugen, die Hornbläser bliesen Alarm; bald waren beide Bataillone des zweiten Regiments, die berittene Gendarmerie ebenfalls, völlig gewaffnet, auf dem Sammelplatz. Eine Brandspritze wurde aus Vorsorge zur Stelle gebracht.

Den Lizentamtzertrümmerern muss man zu ihrem Ruhme nachsagen, dass sie ehrenvoll ihre Wut zu zügeln wussten; dass, ungeachtet des wüsten Anscheines, des wilden Tobens, obschon sie mit den schuldbeladenen Papieren und Akten zugleich die unschuldigen Möbel und Türen verbrannten, sie dennoch aller Antastung von Personen und Eigentum sich enthielten. Zwar sprühten nach allen Seiten die flimmernden Funken und brennende Fetzen durchwallten die Luft; aber zum Glück war alles umher windstille, der Himmel schien sich der Flammen und Rauchwolken zu erfreuen und die Wohngebäude schützen zu wollen vor weiter verbreitetem Unglück; die Lizentexekutionstruppen hielten untereinander die beste Manneszucht, obschon die Luft wiedertönte von freudigem Hurrah, bei jeder neuen Tracht zur Vernichtung verurteilter Gegenstände, welche der heiligen Flamme geopfert wurden. Als das Zollwappen über dem Tor gewaltsam herunter gerissen wurde, schneite eine Menge dahinter verborgener Papierstreifen, gleich Rezeptenpapier unter die fröhlichen Lacher, auch diese, vielleicht aus den Fenstern geworfener Kehricht, musste zu den übrigen Papieren in die hochwallende Glut.

Dabei nahmen sich die gleichsam in Schlachtordnung aufmarschierten Kolonnen des zweiten Regiments und die rechts und links aufgestellten berittenen Gendarmen sehr gut aus, welche der Feierlichkeit mit anständiger fester Haltung und mit lächelnd ernsten Gesichtern zusahen, die gleich den Brandwacht-Eliten an den mildwärmenden Flammen Behagen zu finden schienen, und die unberufenen Priester der

Lizentfeierlichkeit durchaus nicht in der Ausübung ihrer Amtsverrichtungen stören wollten.

[a] Gemeint ist das »Brandpiquet«, eine Mitte September organisierte Schutzwache aus wohlhabenden Hanauer Bürgern, der Vorläufer der am 25. September aufgestellten Bürgergarde. Kommandeur beider Bürgerwehren wurde der Hutfabrikant Carl Rößler.

2 November 1830 – Juni 1832

Die Arbeitslosigkeit infolge der Einführung von Zöllen und der Krise des Handwerks

2a Schreiben des Strumpffabrikanten H. Christian Wagner an den Neuhanauer Stadtrat über die Ursachen des Niedergangs dieser Industrie in Hanau und über die daraus resultierende Arbeitslosigkeit, 9. November 1830

Stadtarchiv Hanau, C 1-104.

Ein hochlöblicher Magistrat dieser Stadt legte diesen Morgen einer Anzahl von Kaufleuten und Fabrikanten die Frage vor, dass wenn eine allgemeine Vereinigung der deutschen Staaten für freien Handel in denselben nicht zustande kommen sollte, mit welchem Staate alsdann der Beitritt zu wünschen sei. Ich betrachte diese Frage an mich als Fabrikant und glaube dieselbe als solcher beantworten zu müssen.

Für die hiesigen und in der Umgegend sich befindenden Strumpf- und Strickwarenfabriken kann nur eine Vereinigung mit Preußen von Vorteil sein, denn nach Bayern wurde von jeher von wollenen Strumpf- und Strickwaren sehr wenig versandt, dahingegen nach Preußen ehe die Maut daselbst eingeführt worden, der größte Teil dieser Fabrikate dahin versandt worden ist, welches sich hinlänglich dadurch erwiesen hat, dass von sieben Strickwarenfabriken, welche vor Anlegung der Maut sehr im Flor waren, deren bis zur Vereinigung mit Hessen-Darmstadt viere eingegangen sind, und seit dieser Zeit nochmals zwei, so dass nun nur noch eine besteht.

Durch das Eingehen dieser sechs Fabriken wurde eine bedeutende Anzahl Stricker und Spinnerinnen brotlos, welches hauptsächlich für unsere Stadt drückend wurde, da solche größtenteils aus derselben waren, und solche durch den Verlust ihres Erwerbes derselben zur Last fielen. Diese Fabriken gewährten für hiesige Stadt noch den besonderen Vorteil, dass diese Mädchen vom 10. bis zum 14. Jahre beschäftigten, diese von ihren Eltern zur Schule angehalten wurden, und darin bei dem Erlernen des Strickens 48 kr. bis 1 fl. verdienen konnten, dadurch wurden die Kinder zur Arbeit angehalten, dahingegen jetzt diese Eltern ihre Kinder in diesem Alter zum Holzsammeln im Walde oder zum Betteln anhalten müssen, um sich ihren nötigsten Unterhalt herbei zu schaffen. Die moralische Folge hiervon finden wir in unserem Hanau häufig.

Früher, ehe die Maut im Königreich Preußen eingeführt wurde, hatten die hiesigen und die in der Umgegend befindlichen Strumpfwarenfabriken einen sehr bedeutenden Absatz ihrer Fabrikaten in die Rheingegend, in das Bergische und nach Westfalen. Durch die Einführung der Maut, wodurch der Eingang ihrer Fabrikaten sehr erschwert, ja beinahe unmöglich wurde, haben mehrere Fabrikanten, welche hauptsächlich ihren Absatz dahin hatten, ihr Geschäft einstellen, die übrigen eine bedeutende Anzahl ihrer Arbeiter entlassen müssen, welches nicht allein in der Stadt, sondern in den Ämtern Steinau, Schlüchtern und Schwarzenfels sowie in dem kurfürstlichen Freigericht fühlbar wurde. Nur durch die Vereinigung mit Preußen und Darmstadt erhebt sich die Hoffnung, die Wollenstrumpf- und Strickwarenfabriken wieder in den Flor zu bringen, wie sie vor Anlegung der Mauten waren.

Zu berücksichtigen wäre hauptsächlich, dass es sich nicht um die Existenz einiger paar Fabrikanten handelt, sondern, dass dieselben eine große Anzahl von Arbeitern beschäftigen, dass davon ein großer Teil Leute vom Lande sind, welche von dem Ertrag ihres Feldes sich nicht ernähren können, durch die Fabriken in den Stand gesetzt werden, ihre Familie zu ernähren und ihre Steuern zu bezahlen, und um noch soviel mehr, da 99/100 Teil der erzeugten Fabrikaten in das Ausland gehen, folglich dieselben mit dem aus der Fremde gezogenen Gelde erhalten werden.

Von den tiefen Einsichten eines hochlöblichen Magistrats darf man hoffen, dass diese Gründe billigen Eingang finden werden und bei jeder neuen die Industrie und den Handel des Landes betreffende Konjunktur möglichst berücksichtigt werden.

2b Bittschrift von Wilhelm Gummel und Jakob Ohler an das Ministerium des Inneren um Anweisung von Notstandsarbeiten für die Arbeiter am Rohr[a] in Hanau, 26. Oktober 1831

Hessisches Staatsarchiv Marburg, 82c-51. Vermerk: Von Obergerichtsadvokat Hartz gratis aufgenommen. (Auch in Anbetracht des nahenden Winters.)

Vor sechs Wochen haben wir kurfürstliche Regierung dahier[b] uns hochgefällig neue Arbeiten anweisen zu lassen, da wir nicht wüssten, von was ferner wir uns und unsere Familien erhalten sollten. Kurfürstliche Regierung hat dieses Gesuch an diese höchste Stelle mit Bericht eingesendet, ohne dass bis jetzt höchste Entscheidung uns gnädig erteilt worden wäre.

Wir befinden uns indessen in der schrecklichsten Lage, unsere Kinder wollen essen und wir können ihnen nichts geben und die Stadt hier macht übermächtige Anstrengungen, um der Not zu steuern, welches aber bei der Menge der Armen nicht möglich ist.

Wir bitten deshalb ehrerbietigst höchstgefällig die Dekreten zu beschleunigen und unsere Bitte zu genehmigen, die wir in tiefster Verehrung beharren kurfürstlichen Ministerii untertänigste
die Supplicanten.[c]

[a] Sumpfgebiet südöstlich der Stadt.
[b] Die Regierung Hanau war die oberste Verwaltungsbehörde der Provinz Hanau.
[c] Die Bittsteller.

2c Schreiben der Hanauer Polizeidirektion an die Provinzregierung in Hanau die Notstandsarbeiter und ihre Entlohnung betreffend (Auszug), 29. November 1831

Hessisches Staatsarchiv Marburg, 82c-51; gezeichnet: Bode.

Es ist nicht zu verkennen, dass die Klasse der hiesigen Armen in den zuletzt verflossenen Jahren sehr beträchtlich zugenommen hat. Schon das beiliegende Verzeichnis,[a] aber noch mehr die genaue Bekanntschaft mit den Verhältnissen der hiesigen Einwohner liefern den betrübenden Beweis, dass bürgerliche Gewerbe und erlernte Profession vielen nicht mehr den Unterhalt verschaffen, und dass diese einer Beschäftigung heimgefallen sind, welche nur die drückende Not geboten hat.

Der Proffessionist, der Bürger haben es hier immer als eine Sache der Ehre betrachtet, nicht auf dem Tagelohne zu arbeiten, wozu sich jetzt – die diesjährigen Arbeiten bei dem Schlossbau haben es gezeigt – Bürger und Proffessionisten in Menge drängen.

Bei dem allen aber bleibt es sehr bedenklich, öffentliche Arbeiten und damit eine Versorgungs-Anstalt anzuordnen, wodurch sich, wie es fast schon betrachtet wird, bei diesen an öffentlichen Arbeiten im Tagelohn stehenden Individuen die gefährliche Meinung bildet, dass sie als eine abgesonderte Klasse an den Staat oder die Kommune ihre vollständige Versorgung verlangen könnten. Dies ist der Folgen wegen gefährlich, und das steht meines Erachtens der Bewilligung der nachgesuchten Beschäftigung entgegen, selbst wenn auch die öffentliche Kasse durch solche Arbeiten keinen Schaden leiden sollte.

Aber nötig ist es, diejenigen Personen, welche wegen Mangels an Arbeit sich nicht ernähren können, gegen die Not zu schützen. Dies kann geschehen, wenn eine an sich nützliche Arbeit, seie es auf Kosten des Staates oder der Stadt, angeordnet wird, wobei nicht der gewöhnliche ganze Tagelohn, sondern nur etwa zwei Drittel derselben bezahlt werden. – Diese Einrichtung würde der wahren Not abhelfen und den Vorteil gewähren, dass nach und nach viele von einer Beschäftigung zurückziehen würden, die für sie nicht mehr vorteilhaft ist, wie manche bisher betrachtet haben.

Ich halte es aus diesen Rücksichten für nötig, dass eine öffentliche Arbeit, jedoch nur bei dem gedachten heruntergesetzten Tagelohne möglich, bald angeordnet werde, zu welcher alle keine Beschäftigung habenden hiesigen Einwohner zuzulassen sein dürften, und wodurch jedes billige Verlangen befriedigt sein möchte.

[a] Unter den im Verzeichnis aufgeführten 41 Personen, die bei der Austrocknung eines Sumpfgeländes (am so genannten »Rohr«) beschäftigt waren, befinden sich nur 16 Tagelöhner, die anderen hatten alle erlernte Berufe (Bäcker, Gärtner, Schneider, Weber usw.).

3 **Juni 1832**

Das Volksfest in Wilhelmsbad

3a Bericht der Bundeszentralbehörde an die Generalversammlung über die Vorkommnisse im Zusammenhang mit der Rede des Studenten Karl Heinrich Brüggemann vor der im Park versammelten Volksmenge, 22. Juni 1832

Bundesarchiv Koblenz, BZB, DB 8/3, Bl. 105, 108.

Der außerhalb des Saales versammelten Menge dauerte das Mittagsessen zu lange; sie nannte die darin Speisenden Aristokraten und Justmilianer;[a] verlangte ebenfalls Reden zu hören und begann sehr unruhig zu werden. Der Festpräsident fand sich daher veranlasst, die Tafel frühzeitig für aufgehoben zu erklären und zu bestimmen, dass von nun an die Reden vom Balkon herab gehalten werden sollten. Angeblich um die unzufriedene Menge zu besänftigen, hatte schon vorher der Heidelberger Student Karl Heinrich Brüggemann aus Högsten[b] in Westfalen den Festpräsidenten Förster um die Erlaubnis gebeten, eine Rede aus dem Stehgreif gegen das System der Juste-milieu und für die Notwendigkeit des Adressenwesens[c], als Mittel einer Revolution vorzubeugen, halten zu dürfen; und nach erhaltener Erlaubnis, eine Rede gehalten, welche – wie er selbst sagt – sich von der, von ihm bei dem Hambacher Feste gehaltenen, darin unterschied, dass er unvorbereitet gesprochen und sich, wie ihm dies zu geschehen pflege, von seinen Gemütsaffekten teilweise so habe hinreißen lassen, dass ihm Tränen in die Augen getreten seien.

Der Gedankengang seiner Rede sei, gibt Brüggemann bei seiner Vernehmung vom 21. März 1834 an, etwa folgender gewesen:[d]

Brüggemann erachtete die Beifallsbezeugungen der versammelten Menge für seine Rede nie; auch soll durch dieselbe, wie Student Guitienne angibt, der größte Enthusiasmus erzeugt, und Brüggemann, von einigen Enthusiasten – unpassenderweise – ein zweiter Luther genannt worden sein. Diesen Eindruck scheint dieselbe indessen, nach Maßgabe der Ergebnisse der Untersuchung, nicht gemacht und auch keinerlei bemerkbare, weitere Folgen gehabt zu haben, obgleich Brüggemann, aus Furcht, dass ihm ein Fackelzug gebracht werden möchte, früh am Abend nach Frankfurt zurückkehrte.

[a] Juste-milieu (franz.): Lavierendes Verhalten, Scheu vor entschiedener Stellungnahme. Ursprünglich Bezeichnung für das lavierende Regierungssystem des französischen Bürgerkönigtums.
[b] Höxter.
[c] Eingaben, Beschwerden
[d] Siehe folgendes Dokument.

3b Zusammenfassung von Zeugenaussagen zum Inhalt der Rede des Studenten Karl Heinrich Brüggemann durch die Bundeszentralbehörde, 22. Juni 1832

Bundesarchiv Koblenz, BZB, DB 8/3, Bl. 106ff. Anmerkungen teilweise in der Vorlage.

1. Nicht im Westen droht die Gefahr für Entwicklung konstitutioneller Freiheiten, die drohe von Osten. Es sei der Zar von Russland, welcher uns unsere Freiheit rauben wolle, dagegen müssten wir in Masse aufstehen und kämpfen.
2. Auf ähnliche Weise erwähnte er Österreich und Preußen, unter der Bemerkung, wozu sonst die Truppenmärsche dieser Mächte dienen sollten.
3. Wenn die Regierungen nicht bald gäben, was uns gehöre, so wollten wir zwar zuerst den gesetzlichen Weg wählen, um unsere Freiheit zu erlangen, nicht weil wir müssten, sondern weil wir es so wollten.
4. Jeder Mensch sei zur Freiheit geboren, nicht zu Sklaverei, nicht zum Lasttier, der Geringe, der Niedrige solle auch gute Tage haben und gut leben können; der Taglöhner solle nicht mehr 13 Stunden des Tags arbeiten und sich quälen, sondern nur sechs Stunden. Es sei undenkbar, dass der Himmel dem einem nur die Servitut[a] auferlegt, zu gehorchen, während er dem anderen bei seiner Geburt das Recht verliehen habe, immerdar zu herrschen.
5. Was in Monaten oder einem Jahre von Bürger und Bauern erschwungen werden könne, das verprasse ein üppiger Hof in einem Tage.
6. Ein kleines deutsches Völkchen, dessen Kinder vor etwa 50 Jahren zur Unterdrückung der Freiheit verkauft worden seien, habe später unter dem Drucke eines ausländischen und dann eines inländischen, wollüstigen Fürsten geseufzt, endlich aber sich durch die Revolution die Freiheit mit Kraft erschafft.[b]
7. Auch das nassauische Volk habe ein Recht zu Revolution, weil demselben sein Recht vorenthalten wurde.
8. Gegen Tyrannei der Fürsten und Aristokraten solle sich das Volk erheben und Widerstand leisten.
9. Das englische Volk habe ein gutes Beispiel gegeben. Die englische Aristokratie sei noch eine, welche Geld und großen Grundbesitz habe. Demungeachtet aber habe das Volk gefragt: »Gebt nach, oder an die Laterne mit euch!« Die deutsche Aristokratie dagegen sei Lumpenpack und daher viel leichter durch Einigkeit und Entschiedenheit zu überwinden; Gehe es aber nicht anders, dann an die Laterne mit ihr!
10. Auf die Wohlhabenden und Reichen solle sich das Volk nicht verlassen, diese wollten immer Frieden, und wären nicht für die Volksfreiheit, sie wären die Juste-Milianer; dagegen aber verdiene die edle deutsche Jugend – unter welcher der Redner insbesondere sich selbst sehr unzweideutig heraushob – das Vertrauen.
11. Jeder solle zum Kampfe bereit sein, der Taglöhner solle einiges von seinem Tagelohn zum Ankauf von Waffen verwenden; wenn es kein Gewehr sein könne, so möge er eine Pieke, eine Sense etc. anschaffen.
12. Niemand solle Opfer scheuen, sondern Blut und Leben freudig verspritzen und hergeben; das Christentum und die Reformation hätten anfänglich viele Verfolgungen erdulden müssen, Opfer seien gefallen, jedoch aber beide siegreich hervorgegangen.

13. Der Redner empfahl öfters in seiner Rede »auf gesetzlichem Wege zur Entwicklung vorzuschreiten«, äußerte aber zugleich, dass wenn der gesetzliche Weg nicht mehr ausreiche, alsdann ein entschiedener Widerstand folgen müsse, da, wenn auf der einen Seite das Gesetz nicht respektiert werde, auf der anderen auch keine Verbindlichkeit vorhanden sei, sich demselben zu fügen; und schloss damit, den Kaiser von Österreich und den König von Preußen nach dem Kongress von Laibach[c] »als wortbrüchig, wie immer« hinzustellen.[d]

[a] Knechtschaft, Sklaverei (lat.).
[b] Nach Brüggemanns Angabe bezieht sich diese Äußerung auf Kurhessen und die vorhergehende unter Nr. 5 auf Bayern.
[c] Januar-Mai 1821, Beratung der Mächte der »heiligen Allianz« über die Modalitäten der Unterdrückung der italienischen Reformbewegungen. Zu den Teilnehmern gehörten der österreichische Kaiser und der russische Zar.
[d] Man vergleiche die Protokolle über die Vernehmung des Gendarmerieleutnant Brande, Polizeidirektor Neuhof, Finanzkommerzienrats von Lutzow, Kandidat Förster, Regierungsassessors Rothe, Kreisrat Köster, Obergerichtsrats von Schenk, Staatsanwalts von Schenck in den Akten des Landgerichts Hanau die Untersuchung gegen Studenten Brüggemann betreffend.

3c Schreiben des kurhessischen Innenministeriums an die Provinzregierungen, das Verbot von Volksfesten und Volksversammlungen betreffend, 28. Juni 1832

Hellmut Seier (Hrsg.), Akten und Briefe aus den Anfängen der kurhessischen Verfassungszeit 1830–1837, Marburg 1992, S. 195f. Anmerkungen in der Vorlage.

Da die Erfahrung nicht nur in den benachbarten süddeutschen Staaten, sondern selbst in der Provinz Hanau[a] gelehrt hat, dass so genannte Volksfeste und Volksversammlungen, welche zu dem vorgespiegelten Zwecke, den gemeinsamen deutschen Sinn in allen deutschen Völkerstämmen zu nähren und zu stärken, eingeleitet und veranstaltet werden, die öffentliche Ruhe und Ordnung nicht nur, sondern auch die Bundes- und Landesverfassungen gefährden, indem sie Menschen der verschiedensten unverbürgten oder zweideutigen Gesinnung aus verschiedenen Staaten und große Volksmassen in solcher Weise und in solch unvoraussichtlicher Zahl auf einem Punkte zusammenbringen, dass die gewöhnliche Aufsicht auf Fremde unmöglich wird und die ordentlichen Gewalten, Mittel und Wege zu der nötigen Aufsicht und Verhütung von Unordnung und Verbrechen nicht ausreichen, dass ferner nicht zu verhüten stehet, dass durch Reden, Lieder und Trinksprüche und dergleichen eine Einheit oder Vereinigung Deutschlands und der deutschen Volksstämme angeregt und trügerisch angepriesen wird, welche die Bundesverfassung und die Verfassung aller einzelnen Staaten sowie die Verfassung Kurhessens insonderheit untergraben und umstürzen würde, und solchen verderblichen und hochverräterischen Versuchen und Unternehmungen durch wirksame vorbeugende und hindernde Maßregeln entgegengewirkt werden muss; so haben die Regierungen auf diesen Zweck durch ihre untergeordneten Polizeibehörden mit ernstlichem Fleiße hinzuwirken, insbesondere aber die Polizeidirektoren und Kreisräte unverzüglich aufzufordern, im Sinne des § 1 des Ministerialausschreibens vom 3. Main 1822 gegen die fraglichen so genannten Volksfeste und Volksversammlungen durch angemessene, in den geeigneten Fällen öffentlich bekanntzumachende Verbote und Strafandrohungen zweckdienliche polizeiliche Vorkehrungen zu treffen und die jenen etwa Zuwiderhandelnden oder die Urheber und Teilhaber verbrecherischer Äußerungen und Aufreizungen bei dennoch stattfindenden so genannten Volksfesten und Versammlungen zur gebührenden Strafe zu bringen, namentlich aber auf auswärtige, zu Verfolgung solcher Zwecke ins Land kommende Personen die wachsamste Aufsicht eintreten zu lassen und dieselben, wenn sie zu Betätigung jener Zwecke Schritte tun sollten, dergestalt zu haften zu bringen, dass sie dem gerichtlichen Verfahren nicht entgehen können.[b]

Die Regierungen haben zugleich den ihnen untergebenen Polizeibehörden aufzugeben, über die von ihnen getroffenen Anordnungen etc. baldtunlichst zu berichten und demnächst mit einer Zusammenstellung derselben und einer Äußerung über die etwa weiter nötig oder rätlich erscheinenden Maßregeln anher zu berichten.[c]

[a] Gemeint ist das Volksfest in Wilhelmsbad bei Hanau.
[b] Ähnliche Versammlungsverbote hatten zuvor Baden (5. Juni), Württemberg (12. Juni), Nassau (16. Juni) und Hessen-Darmstadt (23. Juni) erlassen.
[c] Das kurhessische Versammlungsverbot wurde am 7. Juli 1832 publiziert. Die Ende Juni/Anfang Juli getroffenen Bundesbeschlüsse bestätigten und verschärften diese Maßnahme.

4 — 1839

Bericht der Bundeszentralbehörde an den Bundestagsausschuss über die Organisation des Bundes der Geächteten in Dörnigheim

Periodische Übersicht der Bundeszentralbehörde vom 31. Januar 1842 an den nach Artikel 28 der Wiener Schlussakte gewählten Bundestagsausschuss; abgedruckt in: Werner Kowalski (Bearb.), Vom kleinbürgerlichen Demokratismus zum Kommunismus. Bd. 2.: Die Hauptberichte der Bundeszentralbehörde in Frankfurt am Main von 1838 bis 1842 über die deutsche revolutionäre Bewegung, Vaduz 1978, S. 256f.

Zelt[a] in Dörnigheim

Ebenfalls im Jahre 1839 wurde bei Frankfurt aus ein neues Zelt in dem kurfürstlich-hessischen Dorfe Dörnigheim bei Hanau errichtet, indem zuerst der Schreiner Lapp von dort, dann, auf seinen Vorschlag, drei andere Einwohner des Dorfs zu Frankfurt durch Fischer und Engelhardt in den Bund aufgenommen wurden und nun ein Zelt in Dörnigheim konstituierten, welches dann selbständig eine andere Aufnahme bewirkte, allsonntäglich seine Zeltversammlungen hielt und sich mit der Lektüre derjenigen Schriften befasste, welche ihm von den Frankfurtern mitgeteilt wurden.

Der Schreiner Lapp ward dreiviertel Jahre nach seiner Aufnahme in den Bund auch in das Frankfurter Lager[b] aufgenommen und, bei Gelegenheit eines Besuchs von seiten mehrerer Frankfurter zur Dörnigheimer Kirchweihe, mit einem Exemplar der allgemeinen Statuten versehen. Als der Emissär Möller in Frankfurt anwesend war, machte der Bürstenbinder Ludwig mit demselben den Verbindungsmitgliedern in Dörnigheim, namentlich dem Lapp, einen Besuch.

[a] Zelt – unterste Organisationseinheit des Bundes.
[b] Lager – mittlere Organisationseinheit des Bundes.

5 1841 – 1849

Die Kinderarbeit in den Fabriken

5a Bericht der Regierung Hanau an die Provinzialregierung in Fulda über die Arbeits- und Schulverhältnisse der in den Fabriken beschäftigten Kinder, 14. Juni 1841

Hessisches Staatsarchiv Marburg, 82d-63. Der Bericht beantwortet eine vom 14. April 1840 datierte Anfrage der Provinzialregierung in Fulda.

In hiesiger Stadt bestehen über 100 Fabriken verschiedener Art, von denen die bei weitem größere Zahl Gold- und Silberwarenfabriken sind und worunter sich keine einzige (wollen) Tuchfabrik befindet. Fast in sämtlichen Fabriken sind bisher auch schulpflichtige Kinder unter 14 Jahren angenommen worden, und in keiner dauert die Arbeitszeit auch der Kinder unter 11 Stunden täglich, mit einer Erholungs(zwischen)zeit von nicht mehr als ½ Stunde. Für die Pflege der Kinder geschieht nichts besonderes, indes behaupten die Fabrikherren, dass die Kinder nicht mit Arbeit überladen werden, einige leisten ihnen in Krankheitsfällen besondere Unterstützung, und bei einer Revision der Fabriken sind die darin arbeitenden Kinder meist gesund erfunden worden.

Die Zahl dieser schulpflichtigen Kinder belief sich bisher auf etwa 130, von denen etwa 100 die öffentlichen Abendschulen, 16 Privatschulen, 15 bis 16 aber gar keine Schulen besuchten. Die Abendschulen, in welchen die meisten seiner Kinder Unterricht empfingen und für welche die hauptsächlich errichtet waren, konnten, sollte die Arbeitszeit in den Fabriken nicht beschränkt werden, sich nur auf wenige Stunden täglich erstrecken und betrugen diese nicht mehr als 10 bis 12 wöchentlich; doch wurden nur solche Kinder in sie aufgenommen, welche bis zum 10. Jahre die Tagsschulen besucht hatten, und wie sich von selbst versteht, zu der Klasse der Armen gehören. Dass ein solcher Schulunterricht ungenügend sei, ist einleuchtend; dem Mangel abzuhelfen aber ist eine schwierige Aufgabe. Man kann auf den Gedanken kommen, durch Anwendung des Schulzwanges die Eltern zu nötigen, ihre Kinder gleich allen anderen in die Tages- oder ordentlichen Schulen zu schicken. Das hieße aber nichts anderes, als sie aus den Fabriken so gut wie ganz zurückzuziehen und dem ihnen dadurch erwachsenden Verdienste zu entsagen. Dies würde aber die wesentlichste Beeinträchtigung ihrer täglichen Nahrung herbeiführen, denn durchschnittlich verdient ein Kind jährlich 50 fl., und bei zwei und mehr Kindern, die ein Vater oder eine Mutter, die von ihrer Hände Arbeit leben, in den Fabriken arbeiten lässt, macht deren Verdienst den Haupterwerb (oder einen ganz unentbehrlichen Teil) der Familie aus, für den aus der Armenkasse kein Ersatz geleistet werden kann. – Dann aber setzt jener Schulzwang vollständige Schulen, d. h. solche, welche alle schulpflichtige Kinder aufzunehmen vermögen, voraus. Diese waren früher nicht vorhanden; sie einzurichten und mit allem Nötigen auszustatten ist auch bei einer Zahl von 3500, auf die sich die der schulpflichtigen Kinder hier beläuft, keine geringe, nur allmählich zu lösende Aufgabe. Wenn man gleichwohl dem Ziele einer vollständigen Organisation des städtischen Schulwesens nahe ist, und insbesondere die Armenschulen (für Buben und Mädchen) mit einer Schülerzahl von 6 bis 700 vollständig eingerichtet und in erfreulichem Zustande sind; so würde demnach ein Zuwachs von 100 bis 130 Kindern aus den Fabriken und Abendschulen wegen der Locale und Lehrerkräfte augenblicklich in Verlegenheit setzen, wenn man auch die erste Rücksicht (auf den Verdienst) ganz bei Seite setzen wollte.

Über diesen Umständen hat man sich bisher darauf beschränken müssen, das Übel möglichst zu vermindern, und dazu wird eine freiwillige Übereinkunft der meisten und bedeutendsten hiesigen Fabrikbesitzer, nach welcher sie künftig Kinder unter 12 Jahren in ihren Fabriken nicht mehr zulassen wollen, bedeutende Hilfe leisten. Ist bei den Kindern vom Tage der Schulpflichtigkeit an bis zum 12. Jahre auf fleißigen Besuch der ordentlichen Tagesschulen gehalten und ein tüchtiger Grund gelegt worden, so kann darauf dann in den Abendschulen, wenn diese gut eingerichtet und ihnen noch einige Stunden mehr zugewandt werden, wohin wir auch noch zu gelangen hoffen, mit besserem Erfolge fortgebauet werden.

5b Bericht Wilhelm Zieglers in seiner Chronik über den Streik der Zigarrenarbeiter des Fabrikanten Emil Blachière gegen die Beschäftigung von Mädchen in der Fabrik, 19. Februar 1849

Stadtarchiv Hanau, L 1, Wilhelm Ziegler, Hanauer Chronik, Bd. 2., fol. 412.

19. Februar, Montag. Heute Vormittag lehnten sich die Zigarrenarbeiter des Tabakfabrikanten Herrn Emil Blachière gegen denselben auf. Sie verlangten von ihm, dass er die in seiner Fabrik mit Anfertigung von Zigarren beschäftigten Mädchen aus derselben entfernen möchte, indem diese Mädchen unmoralisch verdorben würden. Herr Blachière wies diese Forderung entschieden zurück und erteilte circa 100 Arbeitern die von ihnen geforderten Atteste. Aufreizungen unter ihren Kollegen bei den Tabakfabrikherren Springmühl, Hosse, Kratsch missglückten denselben und so stellten sich diese tags darauf wieder bittend um Arbeit bei Herrn Blachière ein.

6 — 1845 – 1850

Darstellung der Entwicklung der Hanauer Industrie und der Lohn- und Lebensverhältnisse der Hanauer Fabrikarbeiter durch den Statistiker Bruno Hildebrandt

Bruno Hildebrand, Statistische Mitteilungen über die volkswirtschaftlichen Zustände Kurhessens, Berlin 1853, S. 126ff.

Die Kurhessische Industrie hat sich, wenn wir von der Leinenmanufaktur absehen, besonders an vier Punkten konzentriert, in Hanau, in Hersfeld, in Kassel und in Schmalkalden. Hanau ist der industriereichste Ort. Seine altberühmten Bijouteriefabriken, neben welchen es zahlreiche Tabaks-, Seiden- und andere Fabriken besitzt, nehmen bekanntlich die erste Stelle im Zollvereinsgebiete ein. Hersfeld ist der Hauptsitz der hessischen Tuch- und Wollenfabrikation, Schmalkalden der der hessischen Eisenindustrie, und in Kassel haben sich mehrere Industriezweige nebeneinander entwickelt, unter denen sich besonders die Henschel'sche Maschinenfabrik, die chemischen Fabriken und die Handschuhfabriken auszeichnen. So weit uns zuverlässige

Materialien vorliegen, stellen wir hier die Tatsachen zusammen, welche die Lage einzelner Klassen der industriellen Arbeiter charakterisieren.

Hanau verdankt den ersten Aufschwung seiner Industrie teils den merkantilistischen Grundsätzen des 16ten und 17ten Jahrhunderts, teils den Religionsverfolgungen jener Zeit in den spanischen Niederlanden und in Frankreich. Es war bekanntlich damals die Residenzstadt der Grafen von Hanau. Philipp Ludwig II. (geb. 1576) hing der reformierten Religion an, hatte nach Vollendung seiner Studien in Heidelberg mehrere Jahre auf Reisen zugebracht und die größten Handels- und Fabrikstädte Deutschlands, Italiens und der Niederlande kennengelernt und besonders für letzteres Land als Schwiegersohn Wilhelms von Oranien eine besondere Vorliebe gewonnen.

Bald nach seiner Rückkehr in die Heimat und nach seinem Regierungsantritt entstanden Misshelligkeiten in der Stadt Frankfurt zwischen dem Magistrat und den dort eingewanderten Niederländern. Die Beschwerdeschriften der letzteren hatten keinen Erfolg. Da lud sie der Graf nach Hanau zur Niederlassung in seine Residenz ein. Diese folgten dem Rufe und siedelten im Jahre 1597 nach Hanau über. Die Zugeständnisse, welche der junge Fürst ihnen gleich Anfangs machte, beweisen, wie sehr er den Wert der Volksvermehrung und der Industrie schätzte. Er versprach ihnen die Anlage eines Schifffahrts-Kanals vom Main bis in die neue Stadt auf seine eigenen Kosten und die Erbauung eines Krans; er sicherte ihnen eine regelmäßige Schifffahrtsverbindung zwischen Hanau und Frankfurt durch ein Marktschiff und vollständige Gewerbefreiheit zu; er gab ihnen das Versprechen, dass ein besonderes Handelsgericht eingeführt und dafür Sorge getragen werden sollte, alle kaufmännischen Streitigkeiten ohne alle weitläufigen Verhandlungen schnell zu entscheiden. Das einzige, was er dafür von ihnen verlangte, war die Erbauung eines neuen Stadtteils und die Umwandlung und die Erweiterung seiner Residenz zu einer Fabrikstadt. Noch ehe das 16te Jahrhundert abgelaufen war, wurden seine Wünsche teilweise befriedigt, und der Wohlstand fing an, in der neuen Stadt zu blühen, dass im Jahre 1600 bereits 12 Eingewanderte sich mit 1855 Gulden Beiträgen zum neuen Kirchenbaue für ihren Stadtteil unterzeichnen konnten.

Alle Fabrikationszweige, welche gegenwärtig Hanau auszeichnen, lassen sich bis auf jene Zeit zurückführen. Schon 1605 waren über 100 Personen mit der Anfertigung von seidenem Band beschäftigt. Gleichzeitig wurde den Tuchmachern die von ihnen vorgelegte Gewerbeordnung bestätigt. 1610 erhielten die Gold- und Silber-Schmiede eine Gewerbe-Ordnung. In Folge der Aufhebung des Ediktes von Nantes wanderten nun Gold- und Silber-Arbeiter aus Frankreich ein und bewirkten einen neuen Aufschwung und eine Erweiterung der Bijouterie-Fabrikation. Auch der Hanau'sche Tabak war schon im 17. Jahrhundert in Europa berühmt, und es wurden bereits im Jahre 1689 mehrere Tausend Zentner jährlich gesponnen.

Gegenwärtig nimmt die Fabrikation der Gold- und Silber-Arbeiten ohne Zweifel die erste Stelle ein; 1846 gab es dort in diesem Industriezweige 40 Werkstätten, in denen etwa 800 Arbeiter beschäftigt waren, und sechs Etablissements beschäftigten allein jedes über 100 Arbeiter.

Die Lehrzeit eines Goldarbeiters dauert sechs Jahre, vom 14. bis zum 20. Während dieser Zeit bekommt er durchschnittlich 300 Gulden Lohn, der in verschiedener Weise auf den ganzen Zeitraum verteilt wird. Gewöhnlich erhält der Lehrling entweder in den zwei ersten Jahren einen halben Gulden; in den zwei folgenden 1 Gulden, und in den beiden letzten 1½ wöchentlich, oder er empfängt während der ganzen

Lehrzeit wöchentlich 1 fl. Verzichtet der Lehrling auf Lohn, so hat er nur fünf Jahre zu lernen. Der Wochenlohn eines ausgelernten Arbeiters schwankt je nach der Tüchtigkeit zwischen 3½ fl. und 15 fl. und steigt bei einem Werkmeister auf 20 fl. Eine Polirerin erhält in der 1. Hälfte ihrer dreijährigen Lehrzeit 1 fl. in der 2. Hälfte 1½ fl. Später steigt ihr Lohn bis 3 fl. Tagelöhner und Auslaufer empfangen wöchentliche zwischen 2½ bis 3 fl.

Die Arbeitszeit in den Gold-Fabriken dauert im Sommer elf Stunden täglich, von früh 6 bis 12 und nachmittags von 1 bis 6 Uhr. Bei kürzer werdenden Tagen, so lange ohne Licht gearbeitet werden kann, und vom 1. November bis 1. Februar 10 Stunden täglich, nämlich morgens von 8 bis 12, und nachmittags von 1 bis 7. Vor den Leipziger Messen und vor Weihnachten wird die Arbeitszeit in der Regel ausgedehnt, und sämtliche Arbeiter sind oft dann wochenlang bis 12 und 2 Uhr nachts beschäftigt. Diese außerordentlichen Arbeiten werden stundenweise bezahlt, und zwar die Stunde mit 1 bis 2 Kreuzer besser als die regelmäßige Arbeit. Für Feiertage, wo die Arbeit ausfällt, werden dem Arbeiter keine Abzüge gemacht.

Auf einen Arbeiter kommen durchschnittlich zwei Lehrjungen, welche drei Personen zusammen ungefähr für 3000 fl. Gold jährlich verarbeiten. Hiernach würde bei 800 Arbeitern eine Summe Geldes von 2 400 000 Gulden jährlich zur Verarbeitung kommen.

Neben den Gold-Fabriken nehmen gegenwärtig die Zigarren-Fabriken die bedeutendste Stelle ein; es gibt deren 20 in Hanau, mit mehr als 1000 Arbeitern.[a] Der Lohn der Zigarren-Arbeiter wird nach der Quantität der gefertigten Zigarren bezahlt, und zwar 1000 Stück mit 1 fl. 20 bis 1 fl. 30 kr. Von diesem Gelde muss aber der Zigarrenwickler einen Arbeiter bezahlen, der ihm die Einlage der Zigarre macht (Wickelmacher genannt). Diese Wickelmacher sind meist Kinder vom 9. bis zum 14. Jahre und erhalten wöchentlich 1 bis 2 fl. Ein gewöhnlicher Arbeiter verdient wöchentlich nach Abzug dessen, was ihn der Wickelmacher kostet, 4 bis 5 fl., gute Arbeiter 6 bis 7 fl. und einige verdienen sogar über 10 fl. In der größten Zigarren-Fabrik Hanaus waren im Jahre 1847 300 Arbeiter beschäftigt, von denen 20 Zigarrenwickler über 6 fl., drei über 10 fl. verdienten, und einer sogar im Stande war, täglich 2000 Stück Zigarren zu verfertigen und also wöchentlich 16 fl. zu verdienen.

Außerdem erhält wöchentlich jeder Zigarren-Arbeiter 12 Zigaretten im Werte von 12 Kreutzer oder ¼ Pfd. Tabak. Ein Tagelöhner in einer Zigarren-Fabrik bekommt täglich 24 bis 26 Kreutzer. Eine Tagelöhnerin 22 bis 24 Kreutzer, und ein Kind wöchentlich 1 bis 2 Gulden. Die Arbeitsstunden in den Zigarren-Fabriken sind im Sommer: Morgens von 6 bis 12 Uhr, und Mittags 1 bis 8 auch 9 Uhr. Im Winter von 7 bis 12 und 1 bis 8 Uhr.

Bei den Hutmachern ist die Lehrzeit fünf Jahre. Der Lehrling erhält die beiden ersten Jahre wöchentlich 1 fl. bis 1 fl. 30 Kr., im 3. und 4. Jahre 2 fl., im 5. 2 fl. 30 kr. Der ausgelernte Arbeiter verdient 6 bis 15 fl. die Woche.

In den Seidenstrumpfwaren-Fabriken erhalten die Strumpfwirker erster Klasse 8 bis 9 fl. wöchentlich, die Strumpfwirker 2. Klasse 3½ bis 5 fl., und die Seidenwickler 2 bis 2½ fl., Stricker und Näherinnen 1¾ bis 2 fl.

In den Teppichwebereien verdienen die Wollkämmer, Spinner, Weber, Färber etc. 3½ bis 6 fl. die Woche. Die Arbeitszeit ist in allen diesen Fabriken ziemlich gleichmäßig, im Sommer 12 bis 13 Stunden, im Frühjahr und Herbst, solange das Tageslicht die Arbeit gestattet, und in den 3 Wintermonaten 10 Stunden.

Die meisten Fabrik-Arbeiter essen, auch wenn sie verheiratet sind, ihr Mittagbrot außer dem Hause, wofür besondere Speise-Anstalten existieren. Die kleinen Kinder werden dann des Morgens in die Kleinkinder-Bewahranstalten gebracht, wohin sie täglich 1 kr. und ein Stück Brot mitbringen müssen, und dort sind sie den ganzen Tag unter Aufsicht. Mann und Frau bringen die Mittagsstunde im Speisehaus oder, wenn sie ihre kalte Küche des Morgens mitgebracht haben, auf dem Spaziergange zu und holen erst des Abends nach zurückgelegter Tagesarbeit ihre Kinder in ihre Wohnung zurück, so dass nur die Nacht alle Familienmitglieder vereinigt.

Eine gewöhnliche Arbeiter-Wohnung, welche Stube, Kammer und Küche umfasst, kostet 26 bis 36 fl. Mietzins. Die Portion Mittagsessen kostet dem Arbeiter 10 kr. und das Frühstück 4 kr; hiernach betragen die wöchentlichen Ausgaben einer Arbeiterfamilie von 4 Personen:

1)	für Wohnung		30 bis 42 kr.
2)	für Mittagessen der Eltern	2 fl.	20 kr.
3)	für Frühstück		56 kr.
4)	für Abendbrot		56 kr.
5)	für die Kinder		28 kr.
	zusammen	5 fl.	16 kr.

so dass sie bei dem niedrigsten Lohnsatz von 6½ fl. (für Mann und Frau) wöchentlich 1 fl. 14 kr. für Kleidung und die übrigen Lebensbedürfnisse behält.

[a] Im Zeitraum 1845–1847.

7 — 18. Oktober 1846

Aufruf zur Gründung eines Hilfsvereins zur Beschaffung von Kartoffeln und Brennmaterial

Hanauer Zeitung, 19 Oktober 1846. Abgedruckt auch in: Georg Pflüger, Denkschrift an Sie und Sie oder ist's Wohltätigkeitssinn, Mannheim 1847, S. 18f.; mit zwölf Unterschriften.

Bekanntmachung

Der für den nächsten Winter in Aussicht stehende hohe Preis der Brotfrüchte begründet für Jeden die unabweisliche Aufforderung, für tunliche Milderung des zu besorgenden Notstandes das Seinige beizutragen. Nachdem das Beispiel vieler andern Städte bewährt hat, dass diese Zwecke durch Vergesellschaftung mit den mäßigsten Opfern am sichersten erreicht werden, beabsichtigen wir die Gründung einer Gesellschaft zur Erleichterung der Anschaffung der notwendigsten Lebensbedürfnisse für die Dauer des Notstandes. Als Mittel hierzu bezeichnen wir im Allgemeinen die Beschaffung eines unverzinslichen Kapitals durch Subskription, Anschaffung von Kartoffeln und Brennmaterialen in großen Quantitäten und deren Wiederverkauf ohne Nutzen im Kleinen an die Klasse unserer Mitbürger, welche einer solchen Erleichterung bedarf. Die Subskription für das der Gesellschaft anzuvertrauende Kapital wird für den Einzelnen in beliebigen Beträgen zwischen 20 fl. und 600 fl. zu eröffnen, und das so erlangte Kapital im nächsten Frühjahr auf Grund öffentlicher Rechnungs-Ablage zu restituieren sein. Außerdem aber würde die Gesellschaft das

Erbieten ihrer Mitglieder, für Anschaffung, Bewahrung und Verschleiß ihrer Vorräte und für die sonstigen Vereinsarbeiten tätig zu werden, gerne annehmen.

So wenig wir uns die Schwierigkeit der Ausübung unseres Vorhabens verhehlen, so zuversichtlich sprechen wir die Überzeugung aus, dass, wenn unsere Mitbürger das Unternehmen willfährig unterstützen wollen, das wichtige Resultat zu gewinnen ist, die zu erleichternde Klassen der Bewohner Hanaus bei Anschaffung ihres unentbehrlichen Bedarfs vor den unerschwinglich hohen Preisen des kleinen Zwischenhandels zu bewahren. Die Bildung dieses Vereins soll in einer nächsten Mittwoch am 21. Oktober abends 6 Uhr im großen Saale des Neuhanauer Rathauses zu haltenden Versammlung geschehen, und hierbei von den der Gesellschaft Beitretenden über die Art der Ausführung beschlossen werden. Wir fordern daher Jeden, welcher sich verpflichtet und im Stande fühlt, für seine Mitbürger in ernster schwerer Zeit in der angedeuteten Weise mitzuwirken, hiermit auf, sich zur angegebenen Zeit behufs Abgabe seiner Erklärung und Beratung des Gegenstandes einfinden zu wollen (aber nicht unter 20 fl.!).

8 — 16. Dezember 1847

Bericht über die Protestdemonstration beim Begräbnis des deutschkatholischen Hasenhaarschneiders Conrad Braun

G. Pressel, Kurzgefaßte geschichtliche Darstellung der letzten politischen Ereignisse in der Stadt Hanau von ihrem ersten Entstehen bis zur Vollendung des großen Aktes am 12. März 1848, Hanau [1848], S. 6ff.

Nicht so fühlte und dachte unsere hohe Ständekammer. Sie ließ es ruhig geschehen, dass die härtesten Maßregeln gegen die Deutschkatholiken unserer Stadt Hanau in Anwendung gebracht wurden, und übersah in ihrer Kurzsicht die großen und wichtigen Folgen, welche dieselben nach sich ziehen mussten. Sie brachen unversehens über uns herein, und hat je ein Volk Ursache gehabt, in dem Erfolg der Ereignisse die weiseste und gütigste Leitung der göttlichen Vorsehung zu preisen, so war es, in dem vorliegenden Falle, das kurhessische und beziehungs- und vorzugsweise das Bürgertum Hanaus.

Der 16. Dezember des Jahres 1847 wird den Bewohnern dieser Stadt ein ewig denkwürdiger Tag bleiben. Die sterblichen Überreste eines Gliedes der deutschkatholischen Gemeinde sollten an diesem Tage auf dem neuen Friedhofe dem mütterlichen Schoße der Erde übergeben werden. Der hiesige Ortsvorstand, der gleichzeitig auch Vorstand der Begräbnisanstalt der Stadt ist, machte den Gemeindevorstand der Deutschkatholiken darauf aufmerksam, dass er, den strengsten Weisungen zufolge, gehalten sei, den kurfürstlichen Ministerialerlass, das Separatbegräbnis der Dissidenten betreffend, bei der heutigen Beerdigung in Anwendung zu bringen. Vergebens waren die Vorstellungen des Gemeindevorstandes, vergebens diejenigen der Bürger aus anderen Konfessionen. Es lang nicht in der Machtvollkommenheit des Vorstandes der Begräbnisanstalt, den Wünschen zu willfahren. Die Schritte, die er bei der hiesigen betreffenden kompetenten Behörde einzuleiten versprach, und auch wirklich einleitete, führten zu keinem Resultate, und die Einholung der abändernden Verhaltungsbefehle von Kassel war nicht ausführbar.

Die Betrübnis der Hinterbliebenen und des Gemeindevorstandes, welche in der Vertagung des eingeführten Reihenbegräbnisses eine Ehrenverletzung erkannten, grenzte an Verzweiflung, und ihr gerechter Schmerz fand starken und mächtigen Anklang in vielen Herzen. Außerordentlich war die Volksmasse, die den Leichenzug zum Friedhofe begleitete und ihr sympathisierendes Schmerzgefühl auf die unzweideutigste Weise zu erkennen gab. An der Pforte angekommen, war es der aufgestellten Polizeiwache nicht möglich, der Aufgabe zu genügen, nur die eigentlichen Angehörigen des Verstorbenen oder die Leidtragenden einzulassen und die Übrigen abzuweisen, wie es die angeregte Ministerialverordnung hinsichtlich der Deutschkatholiken verlangte. Die Menge ließ sich nicht abhalten und drang mit ein. Statt der durch die Begräbnisanstaltverwaltung bestellten Träger nahmen Freiwillige den Sarg auf und trugen ihn, statt nach dem angewiesenen Grabe, nach den Reihebegräbnissen, wo sie ihn niederließen und in ein bereitgehaltenes vorrätiges Grab versenkten. Weder Seile noch sonstige, zu solchem Akte erforderliche Gerätschaften waren vorhanden; Frauen, die das Grab umstanden, gaben ihre Schürzen und Tücher hin, um sie den Dienst der Seile verrichten zu lassen, und Hände und Füße ersetzten die Grabscheite, um den Sarg mit Erde zu überdecken; ohne dass es die Polizeiwache zu verhindern vermochte. Ein hinzugeeilter oder hinzugerufener Polizeioffiziant versetzte endlich die werktätigen Hände und Füße in Ruhestand und forderte die Menge im Namen des Gesetzes auf, sich zu entfernen. Das würdige Verhalten des anwesenden deutschkatholischen Gemeindevorstandes und seine dringende Bitte an seine Mitbürger, verschaffte endlich den nachdrücklichen Aufforderungen der Polizeibehörde Gehör, bewog die Menge, sich mit ihm zu entfernen, und beugte auf diese Weise Exzessen vor, die zu den beklagenswertesten Folgen hätten führen können. Nach der ruhigen Entfernung des Volkes wurde dann die Leiche auf Geheiß des Polizeibeamten wieder herausgenommen und in das für sie bereitete Grab gebracht.

9 — Januar 1848

Anonymer Brief an die deutschen Proletarier zur Revolution

Stadtarchiv Hanau, L 1, Wilhelm Ziegler, Hanauer Chronik, Bd. 2, Anlage bei Bl. 107. Abgedruckt auch in: Alfred Tapp, Hanau im Vormärz und in der Revolution von 1848-49, Hanau 1976, S. 247ff. Am Morgen des 1. Januar 1848 in den Straßen von Hanau und vor der Kaserne vorgefunden. Es tauchte auch im Februar 1848 mehrmals auf. Als Druckort des Flugblattes wird Hanau vermutet, als Verfasser der Mechaniker Adolf Cluß aus Karlsruhe, Mitglied des Bundes der Kommunisten.

Gruß zum neuen Jahr! An unsere Brüder, die deutschen Proletarier.

Geschrieben in der ersten Stunde des Jahres
Ihr Männer der Arbeit!

Die letzten Glockenschläge des alten Jahres sind verhallt. Es war wieder ein Jahr vergeblicher Hoffnung. – Der Ruf des Wächters trifft unser Ohr:

> »Zwölf Stund' hat ein jeder Tag;
> Mensch, bedenk', dass sterben magst!« ...

Ja, es ist wahr: schnell verfliegt die Zeit; und wir sollen schon sterben, die wir noch nicht gelebt. – Im Jahre 1525, wo das arme Volk der Bauern gegen die Aristokraten auf den Schlössern und in den Städten aufstand, da hat einer der Tyrannen, deren heillose Brut noch jetzt von unsrem Marke lebt, unter vielen anderen Opfern einen jungen Bauer hinrichten lassen. Der hat laut geschrien, dass sich die Steine von Würzburg hätten erbarmen mögen: »Ich soll schon sterben, schon sterben, und hab' mich noch nicht ein einzigmal an Brot satt gegessen!« ... So können auch wir nach 300 Jahren rufen: soll mancher von uns schon sterben, und hat noch nicht gelebt!

Oder ist das ein Leben, was Millionen unsrer Brüder führen? Heißt Kummer, Hunger, Misshandlung, Unterdrückung – Leben? Freilich, freilich. Es heißt auch Leben! »Leben im Jammertal«, wie die Pfaffen uns sagen, auf das ein herrliches ewiges Leben folgen soll. O, hinweg mit dem höhnischen Troste, womit diese Pfaffen uns um den Genuss des Lebens bisher betrogen! Verflucht sei jene christliche Ergebung, mit der wir die lachenden Tyrannen auf uns treten ließen! Vermaledeit der Glaube, der dieses Höllenregiment für ein göttliches erklärt!

Mitternacht ist vorüber: Ein wilder Jubel dringt in unsre Gasse. Das ist der »rohe Pöbel«! bemerkt lauschend der reiche Herr Gesandte hinter den seidenen Vorhängen. Es ist die »Canaille«! lispelt beschämt das Fräulein. Und in dem sanft erleuchteten Gemach, auf den samtnen elastischen Stühlen und Betten wird so still und anständig gefressen, gesoffen und gehurt, dass sich die Canaille draußen billig ein wenig genieren sollte.

Und dieser »rohe Pöbel«? – Das sind unsre Brüder, die im wildem Lärm von einem Jahr der Not und Sklaverei ins andere hineintaumeln wollen; die glauben, es sei besser, wenn sie nur ihre Schande und Knechtschaft auf eine Stunde vergessen. Ja, es sind unsre gedankenlosen Brüder, die nicht bedenken, dass Sittenrohheit und Unbildung der beste Kappzaum ist, an dem uns der lächelnde Diplomat gängelt und leitet. Doch selbst unter den Lärmenden ist mancher Denkende; viele sitzen auch zu Hause im einsamen Stübchen bei der bleichen, kummervollen Frau, und sehen mit beklemmter Brust dem neuen Jahre entgegen.

Was hoffen sie vom neuen Jahre? Die Volksbedrücker in ihrer Verblendung geben uns selbst das nächste Ziel an, nach dem wir arbeiten müssen. Jede freie Regung des Volksgeistes unterdrücken sie mit russischer Barbarei; jede Gesellschaft von freier Haltung jagen sie auseinander; jede Zeitung, die fürs Volk spricht, verbieten sie; den gemäßigsten Menschen weisen sie aus, kerkern sie ein; ein selbständiges Wort betrachten sie als Aufruhr, sie, die Hochverräter an der Verfassung, peinigen die gutmütigsten, verfassungstreuesten Männer als Hochverräter mit allen erdenklichen Qualen – sie brechen ihr eigenes, beschworenes Gesetz und üben Gewalt; sie geben dem Volke statt des Rechtes den Hohn der Willkür; statt Brot – Steine!

Der gesetzliche Kampf ist unmöglich!

Es ist also der heimliche, verdeckte Kampf das letzte Mittel, das uns geblieben ... In diesen heimlichen, verdeckten Kampf werfen wir uns mit aller Macht; seine Einrichtung und Verbreitung ist die Aufgabe dieses Jahres. Das ist nicht eine Verschwörung, wie die polnische, wo etliche Häupter festgenommen und die ganze Vereinigung zersprengt werden könnte. Das ist vielmehr eine Verschwörung des ganzen Volkes, zu der selbst die gemäßigsten Naturen getrieben werden müssen, weil uns allen der Rechtsboden unter den Füßen hinweg genommen ist. Denn heutiges Tages hat nur Recht, wer Gewalt und Besitz hat! Wo daher zwei von uns zusammen sitzen, sie sprechen von Revolution. Wo fünfundzwanzig sich treffen, sie reden über Revolution. Jede Fabrik ist ein Herd der Revolution. Jeder wandernde Proletarier ist ein Emmissär der Revolution. Ja, in die Kasernen ist schon der Geist der Revolution gedrungen; und die Herren werden sich wundern, wenn nicht manches wackere Regiment statt Feuer zu geben, »Gewehr bei Fuß« macht, oder gar noch etwas Besseres. Der Kurfürst von Hessen, so roh und dumm er ist, weiß doch, wenn's heute einen Aufruhr zu dämpfen gäbe, dass er unter seinen Regimenter wählen müsste. Umsonst setzt er seine bravsten und tüchtigsten Offiziere nicht ab; und in einem Jahr soll ihm die Wahl unter seinen Regimentern noch schwerer werden. So muss durchs ganze Volk diese großartige Verständigung verbreitet werden! Die Häupter der Verschwörung sind – die Tyrannen selbst; sie treiben den Gemäßigsten wie den Heißesten dazu; und wollten sie diese Vereinigung zersprengen, so müssten sie wenigsten zwei Drittel des ganzen Volkes in die Gefängnisse stecken: Das hätte doch seine Schwierigkeit!

Überall nun für diesen großen Volksbund zu werben, überall die Notwendigkeit der Revolution zu predigen, auf allen Landstraßen, auf den Eisenbahnen, in den Schenken, in den Kasernen: Das ist die Hauptaufgabe für dieses Jahr, ihr Proletarier, ihr Brüder! Wir sind so viele, wir können es so leicht; wir dürfen nur zusammenhalten. Die Flugschriften sind uns dabei von dem größten Wert; sie werden geschrieben und gedruckt, wohin die Arme der Tyrannen wohl nicht reichen, und dass ihr sie verbreitet, das kann kein Gott und Teufel wehren. Gegen Ende dieses Jahres muss ein Feuer im Volke glühen; und kommt eine schlimme Ernte hinzu, so soll es auflodern, dass es einen lustigen Brand gibt, an dem wir uns wärmen können. – Doch übereilen wir nichts. Wir haben uns so lange wie Hunde treten lassen; wir wollen nun den Tiger machen. Man wird uns noch einige Zeit mit Ruten hauen, das Maul aufreißen, das Fleisch aus den Zähnen zerren, man wird uns auf den Takt unserer Peiniger im Käfig tanzen, an den eisernen Stäben hinaufspringen lassen; und wir werden die Schmach mit funkelndem Auge dulden. Wenn es aber allüberall im Volke glüht und glimmt, wenn der zündende Funke fällt: – dann heraus ihr wilden Schmiedegesellen, ihr rußigen Gießer, ihr bleichen Weber! Dann reckt Brust und Arme, ihr gequälten Fabrikarbeiter! Dann ihr Setzer, gießt die Lettern in Kugeln!

Doch nicht umsonst hat unser neues Jahr eine doppeltgeschlungene, doppelte Acht: 1848! Doppelt schlingt vorher den Bund, doppelt habt Acht! O pocht nur noch ein Jahr, ihr Brüder in der Eisenhütte, und füllt noch mehr die Säcke eurer reichen Treiber! Webt noch ein Jährlein an dem Leichentuche Alt-Deutschlands, ihr armen Weber! Stehlt, treibt alles – nur dass ihr bis dahin nicht verhungert! Flechtet, ihr Seiler, flechtet und drehet! Eure ersten Stricke gelten dem Otterngezücht der Diplomaten, besonders den Schuften am Bundestage. Sie sollen an den Toren der Eschenheimer Gasse aufgehängt werden, ohne dass sich was »wegplaudern« lässt. Für ihre Herren, die etliche und dreißig Landesväter, arbeiten unsre Brüder, die Grobschmiede; die machen solide Arbeit, gleich gut für kurze und lange Hälse.

Das ist doch eine erbarmungslose Sprache, nicht wahr? Aber muss nicht die sanfteste Natur durch fortgesetzte Quälereien zur Wut gereizt werden?

»In Gift und Drachenblut habt ihr die Milch der frommen Denkart uns verwandelt.«

Ihr verfluchten Tyrannen, ihr Henker des Rechts, ihr schonungslosen Volksschinder, ihr Fürsten, Aristokraten, Pfaffen und Geldsäcke! Das Gericht kommt über euch! Die misshandelten Männer des Volkes werden schwere Klage wider euch richten; die halbverhungerten Weber strenge Rechenschaft über ihre niedergeschossenen Brüder verlangen; die eingekerkerten Söhne Deutschlands mit heißen Worten ihr gestohlenes Leben, ihre vernichtete Gesundheit zurückfordern!

So voran nun, du doppeltverschlungenes, doppelachtiges Jahr! Vielleicht zerhaut ein Ereignis in diesem Jahre die Fessel, die uns ins Fleisch schneiden.

»Zwölf Stund' hat ein jede Tag;
Mensch bedenk', dass sterben magst!«
Und wir haben noch gar nicht gelebt! ...

Deutschland, Gedruckt bei Schlagdrauf und Hilfdirselbst. 1848.

10 — März 1848

Das »Hanauer Ultimatum« und die Vorbereitung der Stadtverteidigung

10a Bericht des Regierungsdirektors Robert an das Innenministerium über die Lage in Hanau (Auszug), 1. März 1848

Hessisches Staatsarchiv Marburg, 16-7308.

Betreffend die beunruhigenden Nachrichten, welche am gestrigen Tage über den gefährlichen Zustand der örtlichen Ordnung in Hanau mir zugingen, habe ich mich verpflichtet gehalten, ungesäumt dorthin mich zu begeben und durch eigene Anschauung, durch Beratung mit den betreffenden Behörden und durch Ausnutzung sonstiger zuverlässigen Quellen von den Verhältnissen mir Kenntnis zu beschaffen.

Indem ich voraussetzen darf, dass kurfürstlichem Ministerium des Inneren genaue und vollständige Berichte über die beklagenswerten Ereignisse der letzten Tage vorliegen, kann ich in dieser Hinsicht auf die Äußerung mich beschränken, dass die Vorgänge am gestrigen Abend[a] das Gepräge einer progressiv sich entwickelnden Anarchie an sich tragen. Diesem Zustand aber muss schnell und kräftig ein Ziel gesetzt werden, wenn nicht das Schlimmste eintreten soll.

An keinem anderen Orte im Kurstaate finden sich nämlich Elemente zu revolutionären Unternehmungen in solcher Vollständigkeit, als in Hanau. Es lebt dort eine sehr große Anzahl von Personen, welche nichts besitzen und in Ansuchung ihrer Subsistung[b] nur auf den täglichen Verdienst hingewiesen sind. Ein Teil dieser Handarbeiter ist durch die ungünstigen Handelskonjunkturen der neueren Zeit erwerblos geworden, einem anderen Teile steht ein gleiches Schicksal wahrscheinlich in der Kürze bevor. Dieser letzte Teil ist durch die Machinationen einer noch im Dunkel schleichenden Partei mutlos gemacht und mit bereits brotlos gewordenen Handarbeitern im Übermaß, namentlich mit geistigen Gertränken bewirtet und durch Vorspiegelung eines ihnen bevorstehenden günstigen Loses nach einer Staatsumwälzung, zur nötigen Mitwirkung beziehungsweise Verfolgung solcher verbrecherischen Zwecke geneigt gemacht worden. Den Handarbeitern stehen zur Seite die Mitglieder des aufgehobenen Turnvereines, über dessen Verbrüderung mit anderen Vereinen derart zu politischen Zwecken wohl kein Zweifel besteht, sodann aber eine nicht geringe Anzahl anderer Einwohner, welche der bestehenden Regierungsform nicht zugetan sind.

Als die Nachrichten über die neuesten Ereignisse in Paris einliefen, suchte man für die unsinnige Idee, eine deutsche Republik zu gründen, Boden zu gewinnen und war dafür mit Eifer tätig, bis endlich besonnene Männer durch ihren Einfluss diese Idee vorerst beseitigten und den Bestrebungen die Richtung anwiesen, weitere Garantien für Verwirklichung der Verfassung herbeizuführen, und dieses ist das Feld, worauf dermal die Masse sich bewegt, und zwar in einer unverkennbaren Aufregung, welche leicht einem anderen Ziele sich zuwenden kann. [....][c]

[a] Für die Forderungen einer Volksversammlung an den Kurfürsten (Berufung von reformfreudigen Ministern, Einberufung einer neuer Ständeversammlung, Neuwahlen ohne Beschränkungen, Pressefreiheit, politische Amnestie, Aufhebung der Unterdrückung der Deutschkatholiken) wurden in den Wirtshäusern Unterschriften gesammelt; ein wegen Beleidigung des Landesherrn inhaftierter Schuhmacher wurde in Befürchtung einer gewaltsamen Befreiung durch die Polizei entlassen und auf der Straße mit Jubel begrüßt.

[b] Lebensunterhalt.

[c] Anschließend tritt der Regierungsdirektor für die Gewährung ausreichender Mittel für die Hanauer Behörden zwecks Aufrechterhaltung der Autorität und der Ordnung ein.

10b Bericht der Hanauer Polizeidirektion an das Innenministerium über die Neufassung der Hanauer Forderungen an den Kurfürst und über die Gründung einer Volkskommission, 8. März 1848

Hellmut Seier (Hrsg.), Akten und Dokumente zur kurhessischen Parlaments- und Verfassungsgeschichte 1848-1866, Marburg 1987, S. 5ff.; gezeichnet: Specht. Anmerkungen in der Vorlage.

Seit diesem Morgen befinden wir uns hier wie in einem Lager. Haufen mit Sensen, Spießen, Heugabeln und in sonstiger Weise Bewaffneter ziehen umher. Die sämtliche Bürgergarde steht unter dem Gewehre, und das Militär ist in der Kaserne konsigniert[a]. Um zwei Uhr nachmittags gelangten durch Stafette die allergnädigsten Entschließungen des allerdurchlauchtigsten Landesherren vom 7. des Monats hierher. Alsbald versammelte sich eine große Menschenmenge vor dem Rathause. Der Oberbürgermeister[b] verkündigte die allerhöchsten Entschließungen von dem Balkone des Rathauses. Sie machten nicht den erwarteten Eindruck. Statt Vivatrufen und Ausbrüchen der Dankbarkeit hörte man missbilligendes Geschrei. Der Stadtrat und Ausschuss traten in Folge des alsbald zusammen, um weitere Desiderien zu beraten und zur Beruhigung der Massen am erhabenen Throne des allerdurchlauchtigsten Herrn niederzulegen. Unterdes versammelte sich vor dem Rathause eine ungeheure Masse Bewaffneter, wohl sechs- bis achttausend Mann, unter Führern und mit Fahnen, weiß mit rot und goldener Einfassung, auf denen die Worte »Sieg oder Tod« gestickt sind. Es befinden sich darunter die wohlorganisierten und gut bewaffneten Turner von Offenbach (wohl 4-500 Mann), Friedberg und anderen Orten. Als Führer habe ich bemerkt den ehemaligen Kontrolleur Röttelberg[c], den Pflüger[d] und den ehemaligen Referendar Rauh[e] Von dieser bewaffneten Masse erschienen bei der städtischen Behörde auf dem Rathauses der Pflüger, Fabrikant Rühl[f] und der Prokurator Braubach[g], welche als einziges Mittel zur Beruhigung der Masse vorschlugen, dass aus einer Verschmelzung sämtlicher Klassen der hiesigen Bevölkerung, aus der städtischen Behörde, den bewaffneten Haufen, der Bürgergarde sowie aus dem Militär 24 Männer gewählt würden, die das Vertrauen des Volkes besäßen, um die Mittel zur Aufrechterhaltung der Ruhe und Ordnung zu beraten. Dem hat die städtische Behörde zugestimmt und weiter beschlossen, die anliegende Petition dem allerdurchlauchtigsten Fürsten durch eine Deputation weiter vorzulegen. Soeben ist eine Deputation der Bürgergarde und städtischen Behörde an das Militär abgegangen.

Nach Verlauf von einer halben Stunde: Das Militär hat, wie nicht anders sein konnte, die Einladung zu einer gemeinschaftlichen Beratung usw. abgelehnt, jedoch in einer Weise, dass sich das Volk dadurch nicht verletzt fühlt. Zu den Mitgliedern der Kommission, welche die Maßnahmen zur Aufrechterhaltung der Ruhe und Ordnung beraten sollen, sind die in der Anlage verzeichneten Männer gewählt worden.[h] Die Bürgergarde hat bisher willig und pünktlich meinen Requisitionen entsprochen. Eine Kompanie war indes bei Verkündigung der allerhöchsten Entschließung vom 7. kaum und nur durch die größten Anstrengungen des Bürgergarde-Bataillonskommandeurs Gouze[i] in Ordnung zu erhalten.

Während ich diesen Bericht diktiere, und zwar alsbald in Reinschrift, damit er sofort abgehen kann, hört man in der Stadt Schüsse fallen. Während der größten Aufregung bin ich fortwährend unter dem Volke gewesen, um zur Ruhe und Ordnung zu bewegen, außerdem war ich in den Sitzungen der städtischen Behörde. Was geschehen ist, war nicht zu hindern. Ich danke Gott, dass für heute Blutvergießen noch einmal verhindert worden ist. Wenn die von hier demnächst abgehende Deputation auf die anliegenden Desiderien keine befriedigende allerhöchste Beschlussnahme erhalten [kann], dann ist in hiesiger Stadt alles zu befürchten. Jetzt hoffe ich noch, dass die noch nicht zurückgekehrten, von hier abgesendeten Deputationen nach ihrer Rückkehr das Volk etwas beschwichtigen und zur Ruhe und Überlegung bringen. Ohne Bewilligung unbeschränkter Pressefreiheit und vollständiger Amnestie wegen politischer Vergehen wird es ohne Blutvergießen gleichwohl nicht abgehen.

Es sind entsetzliche Verhältnisse, in denen man lebt; fortwährend wie auf einer Pulvertonne sitzend. Man sprach heute davon, dass das Volk von Losreißung von dem Kurstaate und Einsetzung einer provisorischen Regierung rede. Man freut sich, dass es hierzu nicht gekommen ist.

[a] Zusammengezogen.
[b] Bernhard Eberhard, Mitglied des konstituierenden Landtags 1830/31 und danach fast sämtlicher Landtage bis 1848, ab 1832 Oberbürgermeister von Hanau, ab dem 11. März 1848 Regierungsrat und provisorischer Vorstand des Innenministeriums, Entlassung am 22. Februar 1850.
[c] Carl Röttelberg, ehemaliger Leutnant, Führer des um den 4. März 1848 gegründeten Arbeiterfreikorps, das später in die Bürgergarde eingegliedert wurde.
[d] Johann Georg(e) Pflüger, Kaufmann und Literat, Mitglied des Frankfurter Vorparlaments, Republikaner.
[e] Johannes Heinrich Rauh, Landtagsabgeordneter der Stadt Hanau im Landtag von 1848/49 und für den Landwahlbezirk Hanau 1849/50.
[f] August Rühl, nach abgeschlossenem Jurastudium seit 1843 Tabakwarenfabrikant, Nachfolger Eberhards als Oberbürgermeister, Mitglied des Frankfurter Vorparlaments, kurhessischer Abgeordneter in der Nationalversammlung (Fraktion Deutscher Hof, ab Juli 1848 Donnersberg).
[g] Carl Braubach, Führer des Bürgerschützenfreikorps.
[h] Es handelt sich hierbei um die »Volkskommission«.
[i] August Gouze, Mitglied der Volkskommission.

10c Die Forderungen der Hanauer Volkskommission an den Kurfürsten (»Hanauer Ultimatum«), 9. März 1848

Stadtarchiv Hanau, L 1, M615-K113. Abgedruckt in: Ernst Zimmermann, Hanau Stadt und Land. Kulturgeschichte und Chronik, Hanau 1903, S. 780.

Durch die Proklamation Eurer Königlichen Hoheit vom 7. des Monats sind die Wünsche des Volkes nicht erfüllt und seine Bitten unvollständig gewährt worden. – Das Volk ist misstrauische gegen Euere Königliche Hoheit selbst, und sieht in der unvollständigen Gewährung seiner Bitten eine Unaufrichtigkeit. Das Volk hat in der unvollständigen Gewährung seiner Bitten nichts gesehen, als die dringendste Aufforderung, sich noch enger zusammenzuscharen und eine noch festere Haltung Euerer Königlichen Hoheit gegenüber einzunehmen.

Das Volk, welches wir meinen, ist nicht der vage Begriff mehr von ehedem, nein es sind Alle – Alle! Ja, Königliche Hoheit, Alle! Auch das Militär hat sich für einstimmig erklärt! Das Volk verlangt, was ihm gebührt. Es spricht den Willen aus, dass seine Zukunft besser sein solle als seine Vergangenheit, und dieser Wille ist unwiderstehlich. – Das Volk hat sich eine Kommission erwählt, und diese verlangt nun für es und Namens seiner:

1. Besetzung aller Ministerien, soweit diese nicht neuerdings gesehen ist, mit Männern, welche das Vertrauen des Volkes genießen.
2. Auflösung der wieder einberufenen Ständeversammlung und alsbaldige Berufung neu zu erwählender Stände.
3. Bewilligung vollständiger Pressefreiheit auf Grund der hierzu im § 95 der Verfassungsurkunde gewährten Zuständigkeit.
4. Vollständige Amnestie für alle seit dem Jahre 1830 begangenen politischen Vergehen.
5. Gewährung vollständiger Religions- und Gewissensfreiheit und deren Ausübung.
6. Hinwirkung bei dem deutschen Bund auf Bildung einer deutschen Volkskammer. Zurücknahme alle den Genuss verfassungsmäßiger Rechte, ganz insbesondere das Petitions-, Einigungs- und Versammlungsrecht beschränkenden Beschlüsse.
7. Die bestimmte Zusage, dass die bereits durch die Proklamation vom 7. des Monats zugesicherten und in Beziehung auf die ausgesprochenen Desiderien weiter erforderlichen Gesetzentwürfe der nächsten Ständeversammlung vorgelegt werden.
8. Entschließung Eurer Königlichen Hoheit, binnen drei Tagen von heute an, deren Verstreichen ohne Antwort als Ablehnung angesehen werden soll.

Jetzt ist die Stunde gekommen, wo Sie zu zeigen haben, Königliche Hoheit, wie Sie es mit dem Volke meinen.

Zögern sie nicht einen Augenblick, zu gewähren, vollständig zu gewähren!

Besonnene Männer, Königliche Hoheit, sagen ihnen hier, dass die Aufregung einen furchtbaren Charakter angenommen hat.

Bewaffneter Zuzug aus den Nachbarstädten ist bereits vorhanden, schon wird man mit dem Gedanken einer Lostrennung vertraut, und kennt recht wohl das Gewicht der vollendeten Tatsachen.

Königliche Hoheit! Gewähren Sie! Lenke Gott Ihr Herz.

Die Volkskommission:

Pelissier, Ziegler, Pflüger, Eberhard, Braun, Rauh, Weidmann, Scheer, Heydt jun., Rommel, Braubach, Adv. Nollenberger, Springmühl, Röttelberg, Renaud, Pressel, Dr. Manns, Adv., Chr. Lautenschläger, Schärttner, P. Jung, Graf, W. Wagner, August Gouze, Aug. Rühl.

10d Botschaft der Volkskommission an die nach Kassel entsandte Deputation mit der Ermunterung, an den Forderungen ohne Abstriche festzuhalten, 10. März 1848

Stadtarchiv Hanau, L 1, M616-K113/1202. Unterschrift: Die Volkskommission, 20 Unterschriften.

Halten Sie fest, felsenfest an allen Punkten. Die Organisation des Volkes nimmt mit jeder Minute rascheren Fortgang. Von allen Seiten die bestimmteste Zusage von Hilfe. Mit einer Macht, wie die unsere, organisiert, bei uns und um uns, brauchen wir von unserem guten Rechte auch nicht ein Titelchen uns vorenthalten zu lassen.

10e Aufruf an die Soldaten, sich nicht zur Unterdrückung der Revolution missbrauchen zu lassen, März 1848

Stadtarchiv Hanau, L 1, M616-K 113.

Soldaten!
Freunde, Brüder, wir können es nicht begreifen, wie ihr euch noch gegen die so sehr unterdrückten Bürger rüsten könnt. Sehet ihr selbst denn das Unrecht nicht ein, was denselben geschieht? Fühlt ihr nicht selbst den Druck, welcher uns alle drückt, oder seid ihr gerne die Werkzeuge der schändlichen Tyrannei? Unmöglich können wir das glauben. Nur sehr strenge Zucht kann vermögend sein, euch in den Ketten der Knechtschaft zu halten. Ihr müsset keine Menschen sein, wenn ihr das Unrecht, welches den braven Bürgern Hanaus geschieht, nicht einsehen würdet.

Haben sie euch je beleidigt? Nicht immer mit Achtung behandelt? Nicht immer die besten Gefühle gegen euch gehegt, und jetzt lohnt ihr diese Güte mit Undank? Nein, das werdet ihr nicht, oder glaubt ihr vielleicht, euren Schwur zu brechen, wenn ihr mit den Bürgern einig seid? Nein, gerade das Gegenteil! Habt ihr nicht geschworen, das Vaterland zu beschützen? Ist das Vaterland je mehr gedrückt gewesen als jetzt? Darum auf, helft das Vaterland befreien und stehet Hanaus Bürgern bei! Ihr habt geschworen, gegen die Feinde zu ziehen. Sind wir denn Feinde des Vaterlands? Nein, als Freunde wagen wir es, das Unrecht, welches uns widerfährt, abzuschütteln. Waren nicht eure Arme immer siegreich und hier wollt ihr euere Kräfte dem Wohl des Vaterlandes entziehen? Seid ihr mit uns, so haben wir keine Gegenpartei mehr. Oder wird es euch leicht sein, euere Eltern, Geschwister und Freunde zu töten? – denn derer Hilfe sind wir gewiss. Sie fühlen sich noch mehr gedrückt wie wir, und werden dem Himmel danken, ihr Joch abschütteln zu können. Streitet ihr wirklich gegen sie, so wäret ihr noch mehr wie Unmenschen und ihr werdet doch den Kürzesten ziehen. Daher glauben wir mit Recht, dass ihr euch diesen Schandflecken nicht zu Schuld kommen lasst, welcher euch in den Augen der ganzen Welt nur ewige Verachtung zuziehen kann.

10f Proklamation des Kurfürsten mit der Erfüllung der Hanauer Forderungen,[a] 11. März 1848

Margret Lamboy (Hrsg.), Zwischen Unterdrückung und Widerstand. Der Vormärz in Kurhessen und die Revolution von 1848, Marburg 1994, S. 54.

Von Gottes Gnaden Wir Friedrich Wilhelm II., Kurfürst und souveräner Landgraf von Hessen, Großherzog von Fulda, Fürst zu Hersfeld, Hanau, Fritzlar und Isenburg, Graf zu Katzenelnbogen, Dietz, Ziegenhain, Nidda und Schaumburg etc. etc. sind uns allergnädigst bewogen, zu den durch Unsere Allerhöchste Verkündigung vom 7. des Monats erlassenen Bestimmungen folgende weitere Zusagen zu erteilen:

1. Bei der Besetzung aller Ministerien, soweit diese nicht neuerdings bereits geschehen, werden Wir hierauf Bedacht nehmen, Männer, welche des Vertrauen des Volkes genießen, dazu zu berufen.
2. Über die Bewilligung vollständiger Pressfreiheit haben Wir bereits heute eine Verordnung erlassen.
3. Es wird für alle seit dem Jahre 1830 bis hierhin begangenen politischen Vergehen, insoweit solche nicht durch die Bestimmung im § 126 Abschnitt 4 der Verfassungsurkunde von dem landesherrlichen Begnadigungsrechte ausgenommen sind, vollständige Amnestie bewilligt. Zur Herbeiführung einer gleichen Amnestie auch hinsichtlich der auf den Umsturz der Verfassung etc. gerichteten Unternehmungen soll der vormaligen Ständeversammlung alsbald ein Gesetz vorgelegt werden.
4. Wir gewähren vollständige Religions- und Gewissensfreiheit und deren Ausübung.
5. Alle den Genuss verfassungsmäßiger Rechte, insbesondere des Petitions-, Einigungs- und Versammlungsrechtes beschränkenden Beschlüsse wollen Wir hiermit aufheben.
6. Die durch Unsere Verkündigung vom 7. des Monats zugesicherten und in Beziehung auf die Uns vorgetragenen Desiderien weiter erforderlichen Gesetzentwürfe sollen der dermaligen Ständeversammlung vorgelegt werden.
7. Wir werden dahin wirken, dass bei dem Bundestage Nationalvertretung eingeführt werde.

   Urkundlich Unserer allerhöchsteigenhändigen Unterschrift gegeben zu Kassel am 11. März 1848.

[a] Die kurfürstliche Proklamation erfüllte alle Hanauer Forderungen bis auf die Auflösung der Ständeversammlung.

10g Bericht der Hanauer Polizeidirektion an das Innenministerium über die Freudenfeste anlässlich der Rückkehr der Deputation aus Kassel sowie über den Dankgottesdienst und die Parade der bewaffneten Einheiten auf dem Neustädter Marktplatz, 14. März 1848

Hellmut Seier (Hrsg.), Akten und Dokumente zur kurhessischen Parlaments- und Verfassungsgeschichte 1848-1866, Marburg 1987, S. 8f.; gezeichnet: Specht. Anmerkungen in der Vorlage.

Im Anschluss an meinen ehrerbietigsten Bericht vom 12. des Monats verfehle ich nicht, die hiesigen Ereignisse weiter ehrerbietigst in Nachstehendem einzuberichten.

Am Abende des 12. des Monats war die Stadt allgemein illuminiert. Es herrschte große Freude, doch war auch nicht zu verkennen, dass manche mit diesem Ausgange nicht zufrieden waren. Was diese gewünscht hatten, ob eine abschlägige allerhöchste Resolution, welche vielleicht zum Äußersten, vielleicht zur Proklamierung der Republik geführt hätte, darüber kann ich mit Gewissheit nichts sagen. Die Nacht verstrich unter unaufhörlichem Freudeschießen. Am 13. fand des Morgens um 10½ Uhr auf dem Neustädter Marktplatze ein Dankgottesdienst statt. Die Bürgergarde, die Turner und sonstigen bewaffneten Scharen hatten einen schleunigst improvisierten Altar im Quadrat umstellt, von welchem Pfarrer Calaminus[a] Worte des Friedens verkündigte. Auf dem Marktplatze war eine formidable, sehr gut organisierte und in der verschiedensten Weise als mit Musketen, Büchsen, Doppelflinten, gestreckten Sensen, Morgensternen, Gabeln, Spießen, Äxten, Pistolen fürchterlich bewaffnete Macht von ungefähr 4-5000 Mann zu sehen, welche nach dem Gottesdienste in einer Erstaunen erregenden Ordnung am Rathause vorbei unter der Führung der Bürgergardeoffiziere, des Weinhändlers Schärttner[b], Ökonomen Röttelberg, Prokurator Braubach, welche beritten waren, defilierten. Glücklicherweise hatte die Volkskommission die offerierten Zuzüge von Freischaren aus den Nachbarstaaten zurückgehalten. Von Mainz und der dasigen Umgegend sollen 5000 Mann wohlorganisierter Turner zur Unterstützung angeboten gewesen sein. Ähnliche Angebote sollen aus Nassau, Darmstadt, dem Vogelsberg, Aschaffenburg, Heidelberg, Mannheim, Gießen, Friedberg, ja aus der Schweiz erfolgt sein. Wer die versammelte, bewaffnete Menge sah, wer wusste, auf welche weitere Unterstützung dieselbe rechnen konnte, der konnte die Wichtigkeit des Augenblicks, dass worum es sich handelte, nicht verkennen und muss vom tiefgefühlten Danke gegen Seine Königliche Hoheit darüber erfüllt sein, dass Allerhöchstdieselben den Sturm durch weise allergnädigste Zugeständnisse beschworen. Gott gebe für immer!

Befürchtungen für die Zukunft mag ich keinen Raum geben und hoffe und wünsche, dass weitere Besorgnisse grundlos seien. Wäre dahier die Fahne des Aufruhrs aufgepflanzt worden, wäre dahier der Funken, den Seine Königliche Hoheit allein ersticken konnten und erstickt haben, zur Flamme aufgeschlagen, deren Schein hätte in ganz Deutschland, wenigstens in dem Südwesten desselben, geleuchtet.

Gestern Nachmittag und Abend dauerte das Schießen fort. Die Bewaffneten tanzten im Hauff'schen Wirtshause, und die ganze Nacht hindurch war wenig Ruhe in der Stadt. Die Sensenmänner haben ihre Waffen gestern auf dem Rathause abgeliefert. Von gestern Abend an bis diesen Abend ist der größte Teil des fremden Zuzugs in die Heimat abgereist. Heute hat man weniger Schießen gehört. Einige gesetzliche Ordnung scheint allmählich zurückzukehren. Gott gebe für immer! Die Barrikaden sind beseitigt. Sie waren nicht ohne strategische Umsicht angelegt. Da, wo das Pflaster aufgerissen war, hatte man Eggen, die spitzen Zinken nach oben gekehrt, in den Sand verscharrt.

Ich will hoffen, dass die Abreise[c] des bisherigen Oberbürgermeisters Eberhard und das Wegfallen seines Einflusses keine üblen Folgen hat. Sollte es nicht zweckmäßig sein, auch in den Provinzialhauptstädten die Ortspolizei auf die städtischen Behörden zu übertragen?[d] Die von der Bürgerschaft selbst gewählten städtischen Behörden haben durch ihren Einfluss auf die Bevölkerung eine Gewalt, wie sie einem Staatsdiener in der jetzigen Zeit nicht wohl zugewendet werden kann, obschon das hiesige Polizeipersonal keinen Anfechtungen ausgesetzt war. In der Beziehung ist der hiesigen Bevölkerung und den von auswärts Zugezogenen Anerkennung nicht zu versagen. Eigentumsrechte sind nicht verletzt und die Sicherheit der Person ist nicht gefährdet worden.

Der Gendarm Nolte, welchen ich ausgeschickt hatte, um Nachricht wegen des Zuzugs Fremder einzuziehen, ist verunglückt. Sein Pferd wurde durch Schüsse scheu, tat einen Seitensprung, warf den Reiter ab, und dieser brach [sich] das Genick. Eine Witwe und fünf unmündige Kinder jammern dem in seinem Berufe Gefallenen nach und hoffen in ihrer hilflosen Lage auf die Gnade ihres Allerdurchlauchtigsten Fürsten.

[a] Anton Calaminus, 2. Pfarrer der Marienkirche Hanau.
[b] August Ferdinand Schärttner, Weinhändler, Führer der Hanauer Turnerwehr. Unter seiner Führung nahm das Hanauer Turner- und Arbeiterfreikorps am badischen Aufstand 1849 teil. Emigration über die Schweiz nach London, dort Mitglied der Zentralbehörde des Kommunistenbundes.
[c] Nach Kassel, zur Übernahme des Innenministeriums.
[d] Nicht nur ein Gedanke Spechts, sondern weitverbreitete Märzforderung, verwirklicht durch das Gesetz vom 29. Oktober 1848.

11 — 18. März 1848

Aufruf zur Volksbewaffnung, um die errungenen Rechte zu sichern

Stadtarchiv Hanau, L 1, Wilhelm Ziegler, Hanauer Chronik, Bd. 2, Anlage bei Bl. 176. Verbreitet auch als Mauer-Anschlag.

Über Voksbewaffnung

Man muss von einer Sache Sinn, Geist und Zweck überallhin auffassen, um eine klare Vorstellung zu erhalten, was in Wahrheit ihre ganzen Bezüge zum Leben sind.

Die Volksbewaffnung, zu einem Recht des Volkes erhoben, wird ihm sonach auch Pflicht, die es rasch zu vollziehen hat, falls nicht die übrigen errungenen Rechte leiden sollen. Mit dem Ausspruch der Volksbewaffnung ist die ganze äußere Macht und Gewalt in die Hände des Volkes, als des Marks im Staate, gelegt und somit auch zugleich der Wille und die Tat, sich von dem Grunde dieser Macht aus ungestört zu den neuen Blüten, die bisher alles Geruchs und Geschmackes entbehrten, zu entfalten.

Merkt, liebe Mitbürger, euch haarscharf: wer die Macht, die äußere Gewalt hat, hat Alles, aber es gilt diese Macht weise zu nützen, und nicht, wie bisher geschehen, damit Missbrauch zu treiben. Euer Wille – der Volkswille – ist allmächtig, d.h. der

Gott will, dass die Völker frei werden, damit die einzelnen Menschen, woraus doch wohl ein Volk besteht, sich frei, selbstständig und ihrer hohen Bestimmung gemäß entwickeln.

Gebt ihr die äußere Macht hin, oder zeigt ihr nur, dass ihr keinen wahren Begriff von dieser Macht, und was all daran geknüpft ist, habt, so wird es euch vielleicht schwierig werden, die einzelnen Errungenschaften der jüngsten Zeit für euch als den Anfang eines schöneren Lebens, wo wieder der Mensch zu seinem Recht kommt, gehörig auszubeuten – das Blumenmeer. Vertraut der Einsicht, die da weiß, dass Großes für euch ausgesät ist, dass ihr ja der Hauptsache nichts Geringeres errungen als: Die Freiheit der bisher gekränkten Menschenrechte.

Also kurz ohne viele Worte: seht, folgt und durchschaut die Wichtigkeit der Volksbewaffnung, die in ihrem ganzen vollen Umfange ins Leben, rasch ins Leben treten muss, damit ihr als eine Macht dasteht, die ihr Edelstes, Alles, was ihr heilig ist, zu schützen im Stande ist. Nochmals: Alles andere gibt sich, ist erst die Macht in Eurer Hand, wie von selbst, und diese Macht ist durch den Ausspruch der Volksbewaffnung gesetzlich in Eure Hand gelegt, folglich handelt ihr auch nur gesetzlich, wenn ihr Euch durch die Bewaffnung in den Besitz dieser Macht legt.

Man muss in einer kritischen Zeit nicht viel Worte machen, und immer auf den nächsten Hauptzweck sehen, der sich im Weiteren in tausend andere Zwecke verzweigt. Der nächste Hauptzweck sei also kein anderer als: Volksbewaffnung in der Stadt und auf dem Lande in aller Eile.

12 **30. März 1848**

Aufruf des Volksrats an die Landbevölkerung gegen die antijüdischen Exzesse

Stadtarchiv Hanau, L 1, M615-K113; gezeichnet: im Auftrag des Volksrats Georg Pflüger. Erschienen auch in der »Deutschen Volksstimme« Nr. 2, 5. April 1848; dort gezeichnet: der Volksrat. Auf der als Flugblatt gedruckten Vorlage Vermerk: Preis 3 Kreuzer.

Ermahnende Worte des Volksrats in Hanau an unsre Brüder auf dem platten Lande

Wir grüßen Euch Alle! Aber es bekümmert uns, dass Ihr das Wort Freiheit zu missdeuten scheint: wenigstens sind es an mehren Orten immer Einzelne, welche Euch zu Handlungen hinreißen, die der guten Sache schaden. So sollt Ihr Jagd machen auf unsere jüdischen Brüder, die Euch allerdings hart und arg geschoren haben; aber Ihr sollt Euch nicht rächen, denn die Rache ist gemein, lieblos und dem Begriffe von Freiheit schnurstracks entgegen. – Wir geben, als Eure wärmsten Freunde, Euch einen wahren Begriff von Freiheit, den Ihr alle zu Herzen nehmen wollt.

Freiheit heißt mit anderen Worten: Liebe zur Wahrheit, Liebe zum Recht und Liebe zur Gerechtigkeit! Freiheit will absolut die strengste Gesetzlichkeit; denn um frei zu sein, muss jeder Bürger, jeder Einwohner so handeln, dass er seinen Nebenmenschen weder kränkt noch beschädigt, noch überhaupt stört. So verstehen es alle Volksmänner – und ohne diese Grundlage der Freiheit gibt es keine Freiheit; denn was Du nicht willst, das Dir die Leute tun sollen, das tue Du ihnen auch nicht! Die politische und bürgerliche Freiheit ist darin ganz streng, weil sonst Niemand an

Eurem Glücke bauen kann. – Der freie Bürger ist sich selbst Polizei und Gendarme!!! Wenn Ihr das aber nicht begreift und in Verfolgungen gegen Personen und Eigentum ausartet, so bleibt eben am Ende Nichts übrig, als dass die Kreisbereiter, die Gendarmen- und Polizeiknute Euch wieder über den Hals rücken, die wir alle verabscheuen.

Darum zeigt Euch wacker, brav und ordnungsliebend! – Darum zeigt, dass Ihr der Freiheiten, die wir Alle unter Gottes Beistand errungen haben, dass Ihr dieser Freiheiten würdig seid, dass man von Euch sagen kann: Auch das Volk auf dem Lande versteht unsere gerechte und heilige Sache! Auch das Volk auf dem Lande macht Anspruch auf den Ruhm, welchen wir uns vor ganz Deutschland erworben haben durch unsre entschiedene, kampfgerüstete, aber dennoch ruhige und ordnungsmäßige Haltung. – Ihr dürft also auch ohne uns Nichts tun, keine Handlung begehen, welche zurück auf unser aufopferndes Streben fällt, das dann besudelt wird! Unsere Feinde, die auch die Euren sind, warten auf die Augenblicke Eurer Zügellosigkeit, um uns mit Euren Handlungen zu antworten: Das sei unser Werk! Wollt Ihr das? Wollt Ihr uns in unserer Wirksamkeit aufhalten, die auch Euch beglücken soll?

Nein, das wollt Ihr gewiss nicht! – Also setzen wir das Vertrauen in Euch, dass Ihr unsere Worte ehret. Wir wachen und wirken, dass allen Missständen abgeholfen werde; aber erst muss die ganze Staatseinrichtung neu geschaffen werden – erst müssen wir ein neues Haus mit Hilfe des Volkes und unserer Ständekammer, wenn sie gut ist, aufbauen, ehe wir das alte zusammenreißen. Das leuchtet Euch ein? Dann aber fegen wir den Sauerteig, welcher Euch und uns noch anklebt – und werden dann auch unseren jüdischen Brüdern einen sittlichen Begriff von Handel und Gewerbe beibringen. – Hört Ihr, Freunde?!

Machet darum, wählt vernünftig in die Ständekammer – lasst Euch nicht von jedem Schreier und Schwindler bearbeiten, sondern gehet in dieser wichtigen Frage zu Männern, die alle Personen genau kennen, welche etwa treu sind an Gesinnung, verständig in ihrem Urteile und tatkräftig in ihrem Auftreten; denn Laue, Achselträger und spitzfindige Juristen können wir nicht mehr brauchen!

Nächstens wird der Volksrat im Interesse der Ruhe, Ordnung und überhaupt zur Aufklärung der Bewohner auf dem platten Lande Volksversammlungen an irgend geeigneten Orten der Umgegend in das Leben rufen und die erste Versammlung durch die Hanauer Zeitung und das Wochenblatt bekannt machen.

Gruß und Handschlag allen unseren Brüdern!

13 5. April 1848

Aufruf des Mainzer Arbeiterbildungsvereins an alle Arbeiter Deutschlands zur Gründung von Arbeitervereinen und zur Vorbereitung eines Arbeiterkongresses

Geschichte der deutschen Arbeiterbewegung, Bd. 1, Berlin 1966, S. 509f. Abgedruckt auch in der Deutschen Volksstimme Nr. 9, 30. April 1848.

An alle Arbeiter Deutschlands!

Brüder und Arbeiter!
Wollen wir nicht abermals die Meistbetrogenen sein, nicht ferner auf eine lange Reihe von Jahren hinaus durch eine kleine Zahl ausgebeutet, verachtet und niedergetreten werden, so dürfen wir keinen Augenblick verlieren, keine Minute in Untätigkeit verstreichen lassen.

Vereinzelt, wie bisher, sind wir schwach, obgleich wir Millionen zählen. Vereinigt und organisiert werden wir dagegen eine unwiderstehliche Macht bilden. Drum, Brüder, überall in Städten und Dörfern Arbeitervereine gebildet, in denen unsere Verhältnisse erörtert, Maßregeln zur Abänderung unserer jetzigen Lage vorgeschlagen, Vertreter aus der Arbeiterklasse ins deutsche Parlament namhaft gemacht, erwählt und alle übrigen Schritte getan werden, die zur Wahrung unserer Interessen nötig sind. Sämtliche Arbeitervereine Deutschlands müssen ferner so schnell als möglich miteinander in Verbindung treten und darin bleiben.

Wir schlagen Euch vor, Mainz vorläufig zum Mittelpunkt für sämtliche Arbeitervereine zu wählen und mit dem unterzeichneten Vorstande in Korrespondenz zu treten, damit wir uns über einen gemeinsamen Plan verständigen und sobald als möglich auf einer Zusammenkunft von Abgeordneten aller Vereine den Sitz des Zentralkomitees etc. definitiv bestimmen können. Wir erwarten die Briefe unfrankiert, wie wir unsererseits an die Vereine unfrankiert schreiben werden.

Mainz, am 5. April 1848

Der Bildungsverein für Arbeiter in Mainz
Im Namen des Vorstandes
Der Sprecher Der Schreiber
Wallau Cluß

14 April – Oktober 1848

Die Arbeitslosigkeit und die Bemühungen um Notstandsmaßnahmen

14a Bekanntgabe der Bildung eines Arbeitsanweisungskomitees, 6. April 1848

Stadtarchiv Hanau, L 1, M615-K113.

Zur Einführung einer möglichst geregelten Arbeitsverteilung hat sich, durch den Drang der Umstände veranlasst, aus den Unterzeichneten ein Arbeits-Anweisungskomitee gebildet, welches den obenbezeichneten Zweck in der Weise zu erreichen beabsichtigt, dass Anmeldung solcher Personen, welche Arbeit zu geben im Stande sind, und solcher, welche sich derselben zu unterziehen wünschen, von ihm entgegengenommen und hiernach die geeigneten Zuweisungen gemacht werde.

Die Zweckmäßigkeit einer solchen Einrichtung liegt bei den jetzigen Zeitverhältnissen klar vor, und der bereits eingetretene Notstand erheischt gebieterisch deren Einführung. Wir fordern daher diejenigen unserer Mitbürger, welche Arbeit geben können, auf, sofort die deshalbige Anzeige bei uns zu machen, diejenigen dagegen, welche sich den Arbeiten unterziehen wollen, nächsten Montag und an den folgenden Tagen sich bei uns zu melden.

Unser Arbeitslokal ist im Neustädterrathause, und das Bureau jeden Tag von 11 bis 1 Uhr mittags geöffnet.

Hanau, den 6. April 1848
Das Komitee: E. Deines, jun., E. Graf, J. Gustine, D. Haltenhof, Proc. Osius, H. Ochs, Ed. Rößler, J. Springmühl, E. Walther, Fr. Walther, A. Weishaupt.

14b Aufruf des Hilfsvereins zur Unterstützung arbeitsloser und notleidender Einwohner an die wohlhabenden Bürger zur Beitragsleistung, 6. April 1848

Stadtarchiv Hanau, C 1-677.

Der hier infolge der teilweise eingestellten Arbeiten in den Fabriken eingetretene Notstand erheischt auf das dringendste eine kräftige Abhilfe von Seiten der wohlhabenderen Einwohnerschaft. Es hat sich zu dem Ende aus den 27 Unterzeichneten ein Hilfsverein gebildet, dessen Aufgabe es ist: wöchentliche Beiträge von ihren wohlhabenderen Mitbürgern zu sammeln und solche an hilfsbedürftige Familien, welche andere Unterstützungen aus öffentlichen Fonds entbehren, zu verteilen.

Die Dauer der Beitragspflichtigkeit ist bis Ende Juli dieses Jahres bestimmt. Hilfe ist notwendig! Und es ergehet daher das Ersuchen, uns in unserer Bestrebungen kräftig zu unterstützen.

A. Walther, A. Weishaupt, v. Deines, Walther, Ed. Rößler, Haltenhof, Osius proc., Gustine.

14c Schreiben des von Fabrikanten und Arbeitern gewählten Komitees zur Abhilfe des Notstandes an das Innenministerium um staatliche Hilfe für die durch die Krise bedrohten Bijouteriearbeiter, 13. April 1848

Hessisches Staatsarchiv Marburg, 16-8264.

Der Notstand der hiesigen Bijouteriefabriken hat eine furchtbare Höhe erreicht und bedroht unsere Subsistenz[a] mit gänzlicher Ruine, wenn nicht schleunigst kräftige und nachhaltige Maßregeln dagegen ergriffen werden. Ein von uns gebildetes technisches Komitee hat sich über abhelfende Schritte beraten; wir legen in dem angeschlossenen Protokoll das Resultat dieser Beratung und die darauf gebauten Vorschläge ergebenst vor.

Durchdrungen von der Überzeugung, dass nur der Staat unsre Fabriken aus dieser Krise und vor gänzlichem Verfall zu retten vermöge, sprechen wir die nötige wirksame Unterstützung kurfürstlicher Staatsregierung dringend hiermit an. Das Gouvernement hat die Pflicht, unsren Fabriken und damit dem weithin größten Teile der Bewohner Hanaus unter die Arme zu greifen, und diese Pflicht ist um so gebieterischer, je weniger bisher von Seiten der Regierung zur Hebung und Belebung des materiellen Wohlstandes der Stadt Hanau geschehen ist. Die Hunderttausende, die sonst durch die Fabriken hier in Zirkulation kamen, sind schon seit ein paar Jahren sehr vermindert worden, haben in der gegenwärtigen bedrängten Zeit gänzlich zu fließen aufgehört, und eine Zukunft finster, wie die Nacht, liegt vor uns, wenn sich die Regierung nicht eben so schnell als tatkräftig für uns Mittel schlägt, alle engherzigen Rücksichten beiseite setzend.

Den Beruf der Regierung, in so außerordentlichen Lagen den Fabriken beizuspringen, wird man nicht verkennen können, so wenig als die badische Regierung ihn verkannt hat, die bekanntlich mehreren durch das Habersche Falliment[b] bedrohten Industrieanstalten noch vor kurzem aus Staatsmitteln wirksame Hilfe gewährte, wie dann noch vor wenigen Tagen auch von der preußischen Regierung ähnliche Unterstützungen, namentlich eine solche von 100 000 Thalern der Stadt Köln zuteil geworden ist.

Übrigens wird die Unterstützung vom Staate nicht für die Fabrikanten, sondern für die Fabrikarbeiter angesprochen, obgleich jene schon dadurch, dass sie bei dem jetzigen Notstande und den schlechten Konjunkturen ihre Fabriken nur überhaupt im Betriebe erhalten, sich den größten Verlusten aussetzen.

Es ergehet daher an kurfürstliches Ministerium des Inneren die ebenso ehrerbietige als dringende Bitte: durch alle zu Gebot stehenden Mittel dahin zu wirken, dass den hiesigen Bijouteriearbeitern schleunigst aus Staatsmitteln wirksame Hilfe in der vorgeschlagenen Weise verschafft werde.

Respektvoll beharren wir kurfürstlichem Ministerium ergebenste
Das zur Abhilfe des Notstandes von den Fabrikanten und Arbeitern erwählte Komitee:
Jan Dietzel, Otto Weishaupt, I. A. Stunz, J. Bier, L. Merk, F. Timanus, I. Jockel,
H. C. Hess, Otto Immig

[a] Lebensunterhalt.
[b] Konkurs.

14d Bekanntmachung des Hilfsvereins zur Unterstützung arbeitsloser und notleidender Einwohner über die kostenlose Rückgabe verpfändeten Bettzeugs, 4. Oktober 1848

Stadtarchiv Hanau, L 1, M615-K113/1290.

Ein Bett ist für jeden Menschen das dringendste Bedürfnis, zumal bei dem herannahenden Winter. Der unterzeichnete Verein im Einvernehmen und durch Mitwirkung kurfürstlicher Leihbankdirektion und der tätigen Milde hiesiger Frauen und Jungfrauen, sieht sich in den Stand gesetzt, den hilfsbedürftigen hiesigen Einwohnern, mit Ausnahme jedoch derer, welche mit Bettwerk und Leihzettel Handel treiben, ihre auf dem hiesigen Leihhaus versetzten Betten als: Ober- und Unterbetten, Kissen, Pfühle freizugeben.

Die Inhaber der Handzettel haben daher solche von heute Morgen 8 bis 12 Uhr in dem Saale des Neustädter Rathauses zu alsbaldiger Ausführung dieser Maßregel abzugeben.

14e Antrag der Arbeiterkommission an das Hilfskomitee[af] zur Abhilfe des Notstands auf Errichtung eines Fonds aus einer Anleihe bei der Kirche für Maßnahmen der Beschäftigungsförderung, [Oktober 1848]

Stadtarchiv Hanau, C 1-677.

Die brotlosen Arbeiter unserer Stadt stellen folgenden Antrag:

Die Arbeiterkommission, im Einverständnis mit dem Hilfskomitee, wollen gefälligst in einer Gesamtberatung auf Zusammenstellung eines Fonds hinwirken, der gewiss aus dem Vermögen der Kirchen beschafft werden kann, wenn das verehrte Hilfskomitee sich mit den sämtlichen Konsistorien und der Regierung in Einvernehmen setzen. Wir wissen es wohl, dass die Kirche nach ihren Gesetzen ihr Grundvermögen nicht antasten darf, wenn aber die Not es erfordert, wenn eine große Anzahl von Leuten am Rand des Verderbens steht, so wird die Kirche ihrem frommen Zwecke durch dieses außerordentliche Anlehen unter Garantie der Stadt am besten entsprechen.

Wenn mit diesem Gesamtfond die Waffenfabrik besser organisiert wird, damit man die, welche darin arbeiten können, vollständig beschäftigt, und für die, welche das nicht können, ein Tabak- und Zigarrenfabrik anlegt, wenn auch anfangs der Verdienst gering, ist auf einmal die Not beseitigt.

Wir sind nicht die Leute, welche von Unterstützung leben wollen, wir sind Männer, die arbeiten wollen und können, damit sich auch das Kapital verzinst und vermehrt.

In der sicheren Hoffnung, dass Sie unsere Bitte gewähren, zeichnen hochachtungsvoll im Namen der brotlosen Arbeiter, der von denselben gewählter Ausschuss:
J. Bickhardt, C. Koburger, Th. Lieber, I. Immich.

[a] Siehe Dokument 14c.

14f Schreiben der Notstandsarbeiter aus der Lehrhöfer Heide an das Arbeiter- und Hilfskomitee über ihre trostlose Lage mit der Bitte um weitere Unterstützung, 22. Oktober 1848

Stadtarchiv Hanau, C 1-784; 88 Unterschriften und Vermerk: Obige Namen sind die, die früher auf der Lehrhöfer Heide arbeiteten, aber schon einige Zeit vorher entlassen worden sind.

Auch wir können nicht umhin unsere laute Klage und Bitte an Sie zu erheben, denn auch unsere Geschäfte sind zerrüttet und bieten uns keinen Nahrungszweig. Es ist traurig und verzweifelnd keine Aussicht zu haben, seine Familie ernähren zu können und solche Stütze anzurufen. Aber was sollen wir anfangen, wenn Kinder um Brot schreien, und man kann ihnen keines geben? Fremdes Eigentum angreifen? Nein, das sei ferne von uns. Sogar der ledige Mann ist in diesen traurigen Verhältnissen und weiß nicht mal, womit er seine Kost und Logie bestreiten soll. Der Bäcker borgt nicht mehr, der Hausherr fragt schon nach seiner Miete. Was soll daraus entstehen, Ihr Herrn? – In vergangener Zeit wurde schon alles zugesetzt und kann sich auch damit nicht mehr helfen. Ein jeder ruft um Arbeit und Hilfe, denn auch noch die Jahreszeit ist da, wo man mehr Bedürfnisse hat, als sonst. Von was wollen wir auch Holz und Kartoffeln hernehmen? – Alles dieses sind Fragen, die den Familienvater in Verzweiflung bringen. Bedenken Sie wohl, Ihr brave Männer, die gefahrvolle Zeit. Wir wissen wohl, wie viel Gutes Sie schon gestiftet und danken Ihnen danken [sic!]. Aber verlieren Sie jetzt nur noch nicht den Mut und treten Sie auch noch ferner jedem Ihrer würdigen und bedrängten Mitbürger so kräftig wie möglich zur Seite. Darum auch wir höflichst bitten, uns doch ja mitbedenken zu wollen, wo wir in der größten Hochachtung verharren und verbleiben, als dem hochzuachtenden Arbeiter- und Hilfskomitee ganz ergebene, dankbare Bürger.

14g Protokoll der Verhandlungen des kurhessischen Landtages über die Unterstützung auswanderungswilliger arbeitsloser Goldarbeitergehilfen aus Hanau nach Amerika (Auszug), 28. Oktober 1848

Kurhessische Landtagsverhandlungen, Nr. 115, Oktober 1848, S. 2ff.

Im Auftrage des Budgetausschusses berichtete Herr v. Waitz zur Nr. 1190 über ein Gesuch mehrerer Goldarbeitergehilfen in Hanau um Unterstützung behufs Auswanderung nach Nordamerika wie folgt: Das Komitee dieser Arbeiter stellt vor, dass obwohl die Bijouteriefabrikanten mit großen Opfern versucht hätten, eine Gewehrfabrik in Hanau zu gründen, und obwohl es auch gelungen wäre, einen Teil der durch die Zeitverhältnisse brotlos gewordenen Bijouteriearbeiter zu beschäftigen, es doch nicht möglich gewesen sei, dies in dem Umfange zu tun, dass nicht noch eine bedeutende Zahl derselben brotlos wäre. Man habe es zwar versucht, sie bei Erdarbeiten zu beschäftigen, indessen wären diese zu Ende gegangen und es stände diesen Leuten mit dem Eintritte des Winters eine verzweiflungsvolle Situation bevor. Die Arbeiter hätten keinen Verdienst und es lasse sich auch binnen einer längeren Reihe von Jahren kaum erwarten, dass die Bijouteriefabriken wieder aufleben würden. Bis dahin blieben die Leute aber in einer verzweiflungsvollen Lage. Es hätten sich deshalb 105 größtenteils unverheiratete Bijouteriearbeiter erboten, nach Amerika auszuwandern, wodurch die Stadt Hanau diesen in Verzweiflung befindlichen Teil ihrer Bevölkerung los werde. Die Stadt sei indessen außer Stande, für diese Leute etwas zu tun, indem sie schon ein Anlehen habe machen müssen, um die laufenden Ausgaben zu bestreiten.

Bei dieser Lage wendet sich das Komitee an die Regierung und gleichzeitig auch an die Ständeversammlung und bittet, die Auswanderung dieser Leute durch eine Unterstützung von 5250 Thalern, 50 Thalern für jeden, zu befördern. Der Ausschuss ist im Allgemeinen nicht der Ansicht, dass Auswanderungen durch den Staat zu befördern seien, er glaubt vielmehr, dass das der Sache der Gemeinden und Korporationen, von Gesellschaften, welche zusammentreten, oder auch einzelner Privaten sei. Indessen scheinen im vorliegenden Falle besondere Gründe dafür zu sprechen, von diesem Prinzip abzugehen. Es ist dies die eigentümliche Lage der Hanauer Bijouteriefabrikation. Während auch alle übrigen Gewerbszweige durch die Ungunst der Zeit gelitten haben, so wird das doch voraussichtlich bei den meisten Fabrikationszweigen nicht von langer Dauer sein. Die Wollen- und Baumwollenweberei und ähnliche Fabrikationszweige werden doch wieder in Aufschwung kommen, sobald die Verkehrsverhältnisse nur einigermaßen wieder ins alte Gleis gebracht sein werden. Das wird aber nicht bei der Bijouteriefabrikation der Fall sein. Die letzten Ereignisse haben gerade den Vermögenderen so bedeutende Wunden geschlagen, dass es durchaus nicht zu erwarten steht, es werde in einer kürzeren Reihe von Jahren dieser Fabrikationszweig wieder in Aufnahme kommen. Es würde jedenfalls für den Staat bedenklich sein und auf der andern Seite demselben auch wieder Kosten verursachen, wenn er diese Leute in Hanau lassen wollte. Sie sind in einer höchst bedrängten Lage, die beim Beginn des Winters noch vergrößert wird. Sie werden aber auch ein sehr unruhiges und gefährliches Element sein, dessen Hanau schon genug besitzt. Der Staat wird, wenn man sie in Hanau lässt, bedeutende Kosten für polizeiliche Anstalten aufwenden müssen. Dieser Kostenaufwand kann aber doch nur ein Pallativmittel sein, da während der nächsten Jahre die Leute nicht zu ihrem gewohnten Geschäfte zurückzukehren vermögen. Zu schweren Arbeiten sind die Leute auch nicht brauchbar, da ihre Hände nicht daran gewöhnt sind. Unter diesen Umständen glaubt der Ausschuss es rechtfertigen zu können, der Regierung die Summe von 5250 Thalern zur Disposition zu treffen, dass der Zweck auch wirklich erreicht werde. [...]

Herr von Waitz: Ich darf wohl nur noch anführen, dass die Sache sehr eilig ist, denn die Leute wünschen alsbald auszuwandern und das letzte Schiff geht am 15. November ab. Soll daher der Zweck erreicht werden, so ist Eile notwendig, was mich veranlasst hat, das Gesuch heute vorzubringen. [...]

Herr Ziegler[a]: Der vorliegende Fall ist ein ganz besonderer, es handelt sich um einen Industriezweig, der gegenwärtig ganz darnieder liegt und rücksichtlich dessen nicht zu erwarten ist, dass er in kurzer Zeit sich wieder heben werde, denn es ist zu besorgen, dass die Verhältnisse diese noch auf lange hin verhindern werden. Dieser Zweig der Industrie ist aber einer der vorzüglichsten des Gewerbstandes in Hanau. Ein großer Teil der dortigen Bewohner hat sich dieser Arbeit gewidmet. Die Bijouteriefabrikanten haben alles aufgeboten, um diese Arbeiter zu erhalten. Sie haben zuletzt ihre Kabinette zur Gewehrfabrikation hergegeben und sich diesem Geschäft ohne Vorteil gewidmet; aber mit dem Geschäft der Gewehrfabrikation können nur wenige dieser Arbeiter Erwerb finden. Zweihundert Arbeiter gehen jetzt brotlos herum und die Lage wird um so drückender, je näher der Winter kommt. Die Stadtkasse kann gegenwärtig keine Beihilfe leisten, sie ist durch frühere Verhältnisse in eine sehr üble Lage versetzt worden, indem sie durch Verfügung der Regierung an der Erhebung einer Gemeindeumlage gehindert wurde. Dieselbe hat seit einigen Jahren ihre laufenden Ausgaben durch Kapitalaufnahme decken müssen und noch in jüngster Zeit ein Kapital von 30 000 Thalern aus der Landeskreditkasse aufgenommen. Ich darf sodann wohl noch darauf zurückkommen, dass in der vergangenen Zeit für Hanau gar nichts geschehen, im Gegenteil alles unterblieben ist, was das Aufblühen der Fabriken hätte befördern können. Durch die jetzt vorgeschlagene Unterstützung werden vielleicht der Staatskasse später Ausgaben erspart, die sich höher belaufen werden, als die jetzige Unterstützung. Ich will daher den Herren die Sache dringend als Herz legen. Es ist dies ein außerordentlicher Fall, der nicht sobald wieder kommen wird.

Herr Pfeiffer: In meinem Bezirk finden sich auch sehr viele Leute, welche reisefertig sind, wenn sie auf Staatskosten übersiedelt werden sollen. Wenn man für den einen Teil sorgt, muss man dieses auch für den andern tun. Beide haben gleiche Rechte. So leid es mir tut, ich kann nicht für den Antrag stimmen.

Herr König[b]: Sobald ich das Wort nahm, haben Sie, meine Herren, gewiss erwartet, dass ich zu Gunsten des Hanauer Gesuches reden werde. Sie haben sich nicht geirrt. Aber ebenso wissen Sie auch, dass ich seither, für bloß partikulare Angelegenheiten oder um gewissen Interessenten zu gefallen, das Worten selten oder nie zu nehmen pflegte. Ich bemerke dies im Voraus, damit sie daran festhalten, dass ich auf diesmal nicht aus persönlichen Rücksichten, sondern aus reiner Überzeugung für die Sache selbst sprechen will. – Es ist aber eine traurige Überzeugung, dafür zu reden, dass 105 Männer unterstützt werden möchten, um ihr Vaterland zu verlassen, zu deren Ruf in Goldarbeiten sie in letzter Zeit so wacker beigetragen haben. Indes muss an der augenblicklichen Erhaltung, an dem Fortkommen dieser 105 dem Staate mehr gelegen sein, als an der Rücksicht für jenen Industriezweig, der für die nächste Zukunft gar keine Hoffnung hat. In diesem unglücklichen Umstand der Hoffnungslosigkeit können wir freilich einen Grund mehr finden, das Gesuch zu unterstützen. Wenn man nämlich, wie eben vor mir geschehen, einwendet, dass auch noch andere Auswanderungslustige solche Unterstützung verlangen würden, so erscheint doch die Lage jener Hanauer ganz eigentümlich. Anderer Not im Lande, z. B. in Schmalkalden, ist durch wohlfeiles Holz, durch Bestellung von Gewehren abgeholfen worden; in Rotenburg soll durch eine dahin zu verlegende Behörde oder durch Abtretung von Domanialgrundstücken Hilfe geleistet werde usw. So viel ist aber gewiss, dass keine Not im Lande von Mittel zur Abhilfe, wie von Hoffnungen auf die Zukunft so entfernt ist, als die Not jener Fabrikarbeiter in Hanau. Was soll ich weiter zur Unterstützung ihres Ansuchens vorbringen? Es ist schwer, für eine Sache zu reden, die freilich einen rechtlichen Anspruch nicht für sich hat. Doch erwähne ich noch zweier Umstände. Es ist von 105 Männern die Rede, die nicht arbeitsscheu sind. Im Gegenteil haben sie ihrem Beruf und ihrer Hand ganz fremde Arbeiten übernommen, sie haben zu Spaten und Hacke gegriffen und wüste Plätze urbar gemacht, nur um ihre Existenz zu fristen. Diese Arbeiten sind beendigt und andere Erwerbwege verschließt der herannahende Winter. Es sind 105 Männer, die im Bewusstsein ihrer Kräfte und ihres besten Willens nicht so leicht geneigt sein werden, ohne Unterstützung zu Grunde zu gehen. Was sie aber in einem harten Winter zu ihrer Erhaltung unternehmen dürften, könnte dem Staate schwerere und teuerere Sorgen machen, als die jetzt gebetene Geldsumme. Das ist Eins. Das Andere ist Folgendes: Als im letzten Frühjahre die deutschen Völker sich für ihre altverkümmerten Rechte und Erwartungen erhoben, blieb Hessen nicht zurück. Gestehen wir aber, meine Herren, dass doch die Hanauer vorangingen mit Mut und Entschlossenheit. Sie setzten Alles, auch eben die Geschäfte aufs Spiel, ohne die sie jetzt nicht leben können. Gewiss taten sie das, denn es war nicht viel Voraussicht nötig, man brauchte kein Prophet zu sein, um zu wissen, dass solche Unternehmungen die Bijouteriefabrikation eben nicht in Flor bringen. Wenn man um die Freiheit kämpft, macht man keine goldenen Ketten; unter einer Revolution ist keine Nachfrage nach goldenen Armbändern, emaillierten Broschen und vor allem hören die diplomatischen Dosen auf. – Ja, die Hanauer Fabrikleute setzten Alles aufs Spiel. Das Spiel ward gewonnen; aber während wir, meine Herren, im Namen des Landes noch versammelt sind, jene hohen Gewinnste zu ordnen und festzusetzen, fehlt es jenen 105 am Reisegeld, um mit Verzicht auf die miterkämpften Vorteile ihre Zukunft in einem fremden Weltteile zu gründen. Missverstehen Sie mich ja nicht, meine Herren, als ob ich sagen wollte, man könne jene Leistungen und Taten mit Geld, etwa mit den gebetenen 5000 Thalern bezahlen. Nein! Aber andeuten wollte ich nur, dass Umstände eintreten können, unter denen das Vaterland sich jener Leistungen zu erinnern habe und die Vertreter desselben sich fragen dürften, ob man sich nicht bei dieser Gelegenheit anerkennend erweisen sollte. Dies, meine Herren, lassen Sie uns bedenken und es durch eine würdige Abstimmung entscheiden. Wieviel sich gegen das Gesuch einwenden lässt, wissen wir ja alle. Bringen wir es darum nicht vor. Stimmen wir stillschweigend ab. Es ist ein großes Unglück, aus dem eine große Gefahr kommen kann. Entscheiden wir durch ernste Abstimmung über die Zukunft jener 105 Bittsteller. [...]

Herr Lederer: Es hat sich gezeigt, dass in dieser Beziehung sehr verschiedene Ansichten obwalten, daher eine schleunige Beschlussnahme bedenklich erscheinen muss. Weniger scheint dies aber der Fall zu sein, wenn man in der Weise verfährt, wie Herr Henkel vorgeschlagen hat, und ich will dies hiermit beantragen. Überdies können wir nicht einmal beurteilen, ob die 105 Personen, um welche es sich handelt, gleiche Bedürfnisse und gleiche Ansprüche haben. Dies kann aber der Ortsvorstand von Hanau, dem man den unverzinslichen Vorschuß überweisen würde. Es ist mir ebenwohl bekannt, dass die Stadt Hanau zu Bestreitung ihrer laufenden Ausgaben hat Kapitalien aufnehmen müssen. Es möchte daher auch in dieser Beziehung angemessen sein, der Stadt Hanau zu dem vorliegenden Zweck einen unverzinslichen Vorschuss zu geben.

Es wurde beschossen, die Summe von 5250 Thalern zwar der Regierung zur Disposition zu stellen, aber nur zum Zweck der Bewilligung eines unverzinslichen Darlehns an die Stadt Hanau. [...]

[a] Wilhelm Ziegler, Abgeordneter der Stadt Hanau im Landtag.
[b] Heinrich Joseph König, Abgeordneter der Stadt Hanau im Landtag.

15 8. April 1848

Resolution der Generalversammlung des Offenbacher Arbeitervereins gegen die Beschränkung des Wahlrechts zur Nationalversammlung (Auszug)

Bundesarchiv Koblenz, DB 50, Nr. 25 Adresse 16 (Flugblatt), Abgedruckt in: Manfred Köhler, Die nationale Petitionsbewegung zu Beginn der Revolution 1848 in Hessen, Darmstadt 1985, S. 219ff.

Verwahrung der deutschen Arbeiter an das deutsche Volk!

Der permanente Fünfziger-Ausschuss hat in seiner ersten Sitzung vom Donnerstag, den 6. April, im Kaisersaale des Römers in öffentlicher Verhandlung: – bezüglich der Ausübung des Stimmrechts zur bevorstehenden Parlamentswahl von Seiten derjenigen geborenen Deutschen, welche ihren Wohnsitz und Aufenthalt auswärts, (d.h. nicht gerade in ihrer Heimatgemeinde und Geburtsort, wo sie das Gemeindebürgerrecht besitzen), vorübergehend oder bleibend genommen haben, somit nach bisheriger Übung und den einzelnen Landesgesetzen, an Ausübung ihrer gemeinde- und staatsbürgerlichen Wahlberechtigung verhindert, d.h. von dem aktiven Wahlrecht ausgeschlossen waren, – den engherzigen Beschluß gefaßt:

1. Dass die Entscheidung der Frage, »wo die zur Zeit nicht in ihrer Heimat befindlichen Deutschen wählen sollen« den Regierungen zustehe und
2. der Ausschuss bloß bei entstehenden Schwierigkeiten vermittelnd einzuwirken habe.

Diese Frage berührt aber wesentlich die Interessen von mehr als fünf Millionen Deutschen; sie betrifft nämlich

a) die gesamte Arbeiterklasse, Handwerksburschen, Gesellen, Fabrikarbeiter, Wochen- und Tagelöhner, Dienstboten, Kellner, Gewerbegehilfen, Handlungskommis, Kaufmannsdiener, Buchhalter, Faktore, Schriftsetzer, Geschäftsführer, Werkführer, Buchhaltungskommis und andere Bedienstete der Industrie; die Pharmazeuten und andere technische Gehilfen;

b) das sämtliche unter den Fahnen präsente Bundesstaaten-Kontingent, Militär-Offizianten und die Kadres der stehenden Heere in Deutschland;

c) die Mehrzahl unserer bildenden Künstler, darstellenden und Tonkünstler, fast das ganze kunstbeflissene deutsche Publikum, Architekten, Maler, Bildhauer, Lithographen usw.

d) beinahe die gesamte deutsche Schriftstellerwelt, Publizisten, Journalisten, Privatgelehrte etc;

e) so ziemlich alle dem Schulfach obliegenden Männer, den gesamten Lehrstand, die Pädagogen, Jugendbildner und Erzieher in Instituten, so gut wie die Sprachlehrer, Schwimmlehrer, Turnlehrer usw. bis auf den Tanzmeister herunter; – ohne dass wir von den 80 000 Deutschen in Paris, den 20 000 Deutschen in Straßburg, den 30 000 Mitbürgern, welche in London und den 300 000 Deutschen, die in der Schweiz leben, reden wollen. [...]

Wir protestieren daher hiermit feierlich gegen diesen unnatürlichen und vernunftwidrigen Wahlmodus, wonach überall nur der ortsanwesende Gemeindebürger stimmberechtigt sein soll, als gegen eine schreiende Ungerechtigkeit, und sprechen unsere öffentliche Missbilligung darüber aus, dass weder die im Rat der Fünfhundert anwesenden Volksmänner und Adelsdeputierten noch deren permanenter Ausschuss in Frankfurt ein so wichtiges Moment durch Beschlussnahme befriedigend erledigen konnten.

Wir appellieren dagegen an den gesunden Sinn und gemeinen Menschenverstand, an den richtigen Takt der deutschen Nation, welche eine solche Unbill entschieden mißbilligen und verwerfen wird.

Die deutschen Arbeiter sind keine Kommunisten, sie wollen keinen Krieg gegen die Reichen und das Eigentum; sie verlangen nur Beschäftigung und einen für ihren Unterhalt ausreichenden Lohn für die Mühe und Arbeit; sie verlangen persönliche Freiheit, freie Presse und Gleichheit der Rechte; und darum wünschen sie den Frieden. Um aber Frieden zu erhalten, muss ihnen der Arbeitsverdienst gesichert werden, und zu diesem Behufe verlangen sie eine schleunige Regulierung der deutschen Staatsverhältnisse, und zwar in einen einzigen großen freien Staatskörper mit demokratischen Elementen (Volksherrschaft!). – Denn nur durch baldige Wiederherstellung einer gesetzlichen Ordnung in Deutschland kann der gelähmte Handel, der darniederliegende Verkehr neu aufleben, das entschwundene Vertrauen, der fehlende Kredit zurückkehren, die stockende Fabrikindustrie und gesunkene Manufakten-Produktion wiederhergestellt werden, die mangelnde Arbeit und Dienstnachfrage wiederum beschafft und Beschäftigung gefunden werden, nur so kann die Geldkrise aufhören und die aus Furcht und Angst dem Umlauf entzogenen Barsummen wieder in Zirkulation kommen. Und dies sind Lebenselemente (condition sine qua non) für den Arbeiterstand, dafür muss also gesorgt werden.

Der deutsche Arbeiter will nicht länger als der Pariah (Auswurf) der bürgerlichen Gesellschaft behandelt sein; man schließt ihn von der Volksbewaffnung aus, weil er an seinem Wohnorte nicht Gemeindebürger ist, – er wird sich selbst auf seine Kosten waffnen und auf eigene Rechnung in den Waffen üben. Man verweigert dem Arbeiter, ihm, dem deutschen Mitbürger, als einem Ausländer das Stimmrecht bei der Parlamentswahl, und es wird daher (anderes bleibt ihm nicht übrig) der deutsche Arbeiterstand als Teil des Volkes aus eigener Machtvollkommenheit für sich selbst Deputierte erwählen. Da die Arbeiter die Zuerkennung des ihnen unbestreitbar zustehenden Wahlrechts nicht erst von der Gnade der Fürsten erbetteln, nicht von der Huld der Minister Exzellenzen abwarten wollen, so haben sie sich in jeder Stadt zusammengetan und in Arbeitervereine konstituiert, welche, um ihr Wahlrecht nicht unausgeübt ruhen zu lassen, eigene Deputierte zum konstituierenden Parlament wählen werden, und zwar durch direkte Wahlen in den einzelnen Vereinen, d.h. in jeder Stadt oder Fabrikbezirk, wo sich ein Arbeiter-Verein befindet, auf je zehntausend Arbeiter einen Abgeordneten (nach dem Vorparlaments-Beschluss kommt 1 Deputierter auf 50 000 Seelen, und es wird auf 5 Seelen höchstens 1 Wähler gerechnet werden können); hiernach trifft es auf die Arbeiter in Offenbach, Hanau und Frankfurt zusammen 1 Deputierten. – So wird der deutsche Arbeiterstand seine Vertreter zur konstituierenden Reichs-Versammlung nach Frankfurt entsenden, um so mehr, als bei der Volkszählung 1819 und der Bundes-Matrikel auf den ortsabwesenden Arbeiterstand gar keine Rücksicht genommen ist.

So beschlossen und angenommen in der General-Versammlung des deutschen Arbeiter-Vereins zu Offenbach am Main, den 8. April 1848.

16 April 1848

Der Streikversuch der Schneidergesellen

16a Die Forderungen der Schneidergesellen an die Meister, 10. April 1848

Hessisches Staatsarchiv Marburg, 180 Hanau-6701; anschließend folgen die Unterschriften.

In einer gestern Abend stattgehabten beratenden Versammlung der hiesigen arbeitenden Schneidergesellen wurde einstimmig beschlossen, den hiesigen verehrlichen Meistern unseres Geschäfts folgende Wünsche vorzutragen:

1. Da aus dem seither stattgehabten Verhältnis der Bezahlung der Stückgesellen es deutlich hervorgegangen ist, dass dieselben bei der geringen Bezahlung der verschiedenen Stücke nicht bestehen können und konnten, und durchaus nicht als rechtschaffenen Gesellen gegenüber andrer sich hinstellen konnten, so richten wir, Unterzeichnete, namens der sämtlichen hier arbeitenden Schneidergesellen den dringenden und gerechten Wunsch an Sie, verehrliche Alt- und Zunftmeister der hiesigen löblichen Schneiderzunft, sämtliche Meister einladen zu lassen, denselben unseren Wunsch und Bitte vorzutragen und sie dahin zu bestimmen, unseren gewiss gerechten Bitten nachzukommen und den Lohn auf die Weise festzusetzen, damit ein Geselle, wenn er arbeiten kann und will, auch weiß für und um was er arbeitet.
2. Es ist weiter auch beschlossen worden, Sie zu ersuchen, die Arbeitszeit dahin festzusetzen, dass zur Sommerzeit von morgens 5 bis 12 Uhr und von nachmittags 1 bis 7 Uhr abends, und zur Winterszeit von morgens 6 bis 12 Uhr und von nachmittags 1 bis 6 Uhr abends gearbeitet wird, und zwar auf die Weise, dass die Sommerarbeitszeit beginnen kann, wenn man zu der oben bestimmten Arbeitsanfangsstunde nicht mehr bei Licht zu arbeiten braucht.

Wir halten uns um so mehr von der bejahenden Zusicherung unserer gewiss nicht unbilligen Forderungen überzeugt, als sonst wir nicht dafür stehen können, wenn irgendeine für die verehrlichen Meister unangenehme Katastrophe herbeigeführt werden würde.
Namens der sämtlichen hier arbeitenden Schneidergesellen:
H. Sippel Altgesell, F. Seegebarth, P. Ciser [und weitere, ingesamt 55 Unterschriften].

16b Meldung der Hanauer Polizeidirektion an das Innenministerium über die Ausweisung der Rädelsführer, 11. April 1848

Hessisches Staatsarchiv Marburg, 16-7308.

Gestern, Montag, hat eine Vereinigung der Schneidergesellen stattgefunden, welche eine geringere Arbeitszeit und mehr Lohn verlangten und die Meister für den Weigerungsfall mit Herbeiführung unangenehmer »Katastrophen« bedrohten. Die Schneidermeister lehnten jedoch die an sie gestellten Anforderungen ab, und ich habe die Rädelsführer und diejenigen Gesellen, zehn an der Zahl, welche sich nicht alsbald wieder fügten, zur Stadt hinausgewiesen.

17 **10. April 1848**

Aufruf eines Arbeiters zur Unterstützung des Volksrats gegen die reaktionäre Propaganda der Aristokratie und Teilen des Bürgertums

Stadtarchiv Hanau, L 1, M615-K113. Der Hanauer Polizeipräsident erwähnt den Aufruf in seinem Bericht vom 14. April 1848 (HStAM, 16-7308). Abgedruckt auch in der »Deutschen Volksstimme« Nr. 9, 30. April 1848; dort auf den 10. April datiert.

Mitbrüder!

Wir sind verloren, halten wir nicht fest zusammen. Die Aristokratie mischt sich in unseren Handel; vereint mit den Geldsäcken und Philistern suchen sie uns zu verderben, schon suchen sie uns den Volksrat zu verdächtigen. Sie rufen, er besitzt unser Vertrauen nicht; und warum besitzt er ihr Vertrauen nicht! Warum? Weil er mit dem Volke vereint zu wirken und mit ihm Hand in Hand zu gehen sucht. Ich frage Euch, wer ist das Volk? Wir die Proletarier oder die Geldaristokraten und wie das Zeug all heißt. Nun rufe ich Euch zu: Welches Vertrauen der Volksrat besitzen muss, das unsrige oder jener Schuften, die uns von neuem zu unterdrücken suchen; so viel sage ich Euch, wehe uns, wenn die Aristokratie siegt, dann bleibt uns nichts übrig, als das eigne Schwert uns selbst in die Brust zu bohren. Darum seid wach, lasset unseren Volksrat, welcher Männer besitzt, die des Volkes Not kennen und die für des Volkes Wohlfahrt kämpfen, tatkräftig unterstützen. Droht man uns mit Anarchie, so soll das Schwert in der Faust dem Schlangengezücht zeigen, dass wir Männer sind, unser Recht mit Gut und Blut zu verteidigen, und dass wir keine Lust haben, abermals uns in Schlaf wiegen zu lassen. Wach wollen wir sein, ja wach zum Schrecken jener elenden Wichte. Ja, zu ihrem Schrecken wollen wir ihnen zeigen, dass wir stets auf unserer Hut sind und sein werden.

Ein Arbeiter im Namen vieler Kollegen.
Hanau, im April 1848.

18 **17. – 20. April 1848**

Bericht Wilhelm Zieglers in seiner Chronik über die Selbstauflösung der großbürgerlichen »Deutschen Gesellschaft (Assemblée)« wegen Aufnahmeanträgen von Arbeitern

Stadtarchiv Hanau, L 1, Wilhelm Ziegler, Hanauer Chronik, Bd. 2, Bl. 219-222.

17. April, Montag. Abends 8 Uhr begaben sich 15-40 Männer der untersten Volksklasse angehörig mit einer gewählten und aus folgenden Männern bestehenden Deputation: Keller, Müller, Herrmann, Schlobohm, in das Lokal, der sich »Deutsche Gesellschaft, Assemblée« genannt, Marktplatz Nr. 247, und verlangten aus Häme als Mitglieder in dieselbe aufgenommen zu werden; die Direktion übergab ihnen die Statuten zum Durchlesen und bemerkte, dass über sie ballotiert[a] werden sollte, worauf sie sich entfernten. Die Gesellschaft ist im Jahr 1715 gestiftet und ihr Zweck ist angeneh-

me Unterhaltung. Sie besitzt deshalb Billard und andere Spiele und bezieht alle Zeitblätter den Mitgliedern, welche aus den höchsten Ständen besteht, ist das Lokal von morgens 11 bis 1 Uhr, nachmittags von 4 bis 9 Uhr geöffnet. Um das Absondern der einzelnen Ständen sowie jede geschlossene Gesellschaft zu hintertreiben, wollen die Obigen dieselben Schritten in den andern hier bestehenden Gesellschaften tun.

18. April, Dienstag. Vormittags 11 Uhr versammelten sich die Mitglieder der Deutschen Gesellschaft (Assemblée) und fassten den Beschluss (infolge der gestern Abend sich zur Aufnahme als Mitglieder in dieselbe Angemeldeten) die Gesellschaft aufzulösen, welcher mit Majora [!][b] der Stimmen angenommen wurde. Ferner, dass es den gewesenen Gesellschaftsmitgliedern sowie überhaupt jedem hiesigem Einwohner freigestellt wird, die bis zum Schlusse des ersten Semesters noch zu beziehenden Zeitblätter im Gesellschaftslokale von morgens 9 bis 1 Uhr und von nachmittags 3 bis 6 Uhr zu benutzen. Die Gesellschaft hat sich den 1. Juli 1848 wieder neu konstituiert.[c]

18. April, Dienstag. Abends ¼ 10 Uhr. Soeben schlägt die Bürgergarde Generalmarsch und die Turner werden durch Alarmblasen zusammenberufen. Die ganze Stadt ist in Bewegung. Zahlreiche Patrouillen durchziehen die Straßen. Vor dem Lokale der gestern sich aufgelösten Deutschen Gesellschaft, worin sich heute Abend die Mitglieder derselben noch einmal besprachen, hatten sich viele Neugierige versammelt. Einige der zur Aufnahme angemeldeten Proletarier machten denselben mit brennenden Pfeifen und sehr unanständig in ihrem Betragen einen Besuch; um einen weiteren Zudrang zu vermeiden, hieß Herr Jean Gouze die Menge auseinandergehen. Die ihm zuteil gewordene Verhöhnung veranlasste denselben zum Befehl des Generalmarschschlagens.

19. April, Mittwoch. Abends wurden wieder mehrere Companien Bürgergarde zur Erhaltung der Ruhe requiriert[d], indem diesen Abend Herrn Jean Gouze, Bataillonskommandeur der Bürgergarde, von dem Hauptkrawaller Herrmann, Hutmacher von hier, ein Besuch gemacht worden ist. In Hinsicht seines Benehmens zum Befehlgeben des gestern Abend stattgehabten Generalmarschschlagens musste sich Gouze dem Herrmann Rede stehen.

20. April, Donnerstag. Vormittags haben sich viele Proletarier mit Pfeifen in das dem Publikum geöffnete Lokal der aufgelösten Deutschen Gesellschaft begeben und die Rolle der frühern Mitglieder sehr lächerlich gespielt, indem sie mit dampfenden Pfeifen an den Fenstern lagen.

[a] abgestimmt.
[b] Mehrheit.
[c] Der Satz ist eine später hinzugefügte Anmerkung Zieglers.
[d] angefordert.

19 April – August 1848

Der Hanauer Arbeiterverein

19a Aufruf des provisorischen Vorstandes zur Gründungsversammlung, 20. April 1848

Hanauer Zeitung Nr. 114, 23. April 1848. Veröffentlicht auch in der »Deutschen Volksstimme« Nr. 8, 26. April 1848.

Nachdem sich heute hier, nach dem Muster anderer Fabrikstädte, mehrere Arbeiter aus allen Geschäftszweigen zu einem Arbeitervereine konstituiert haben, sowohl behufs der Fortbildung des Arbeiterstandes als behufs der Wahrung und Vertretung seiner politischen Interessen, so werden alle hier beschäftigten Arbeiter, sowohl die hiesigen als die fremden, d. h. Nicht-Hanauer, freundlichst eingeladen, sich dabei zu beteiligen und zur brüderlichen Vereinigung am nächsten Sonntag, den 23. April, Abend 8 Uhr, im Saale des Gasthofs »Zur deutschen Volkshalle« einzufinden.

19b Statuten, vorgelegt auf der ersten Generalversammlung (Auszug), 23. April 1848

Deutsche Volksstimme Nr. 8, 26. April 1848. Einleitender Redaktionsvermerk: Obigem Aufruf[a] zufolge fand denn am Abend des Osterfestes eine solche Versammlung statt, bei welcher den zahlreich erschienenen Arbeitern (ca. 500) der Entwurf der Statuten vorgelegt wurde, welchem wir, um das Publikum mit dem Endzweck und Nutzen des Vereins bekannt zu machen, hier die drei ersten Paragraphen entheben, als welche von allgemeinem Interesse sind. Sie lauten nämlich wie folgt:

§ 1. Der Zweck des Vereins ist, die möglichste Hebung und Verbesserung des materiellen, geistigen und sittlichen Zustandes der arbeitenden Klassen herbeizuführen, um auf diese Weise demjenigen Stande der menschlichen Gesellschaft, der durch seiner Hände Arbeit, Gewerbe und Kunstfleiß und deren nützliche Produkte alle menschlichen Bedürfnisse des gewöhnlichen und verfeinerten Lebens befriedigt, seine gebührende Stellung und Geltung in der Staatsgesellschaft zu verschaffen. Zu dem Ende wird der Verein sich zur besonderen Aufgabe machen, die politischen Interessen des Arbeiterstandes zu wahren und zu vertreten, überall wo es nötig sein wird, sowie Alles zur politischen und geistigen Ausbildung der Arbeiter beizutragen, was in seinen Kräften steht.
§ 2. Um diesen Zweck zu erreichen, sollen Vorträge und Vorlesungen in allen Zweigen des Wissens gehalten und hauptsächlich auch die Erscheinungen besprochen werden, welche die fortschreitende Entwicklung des Arbeiterstandes dartun. – Besonders soll die Gelegenheit verschafft werden, seine Ideen (Ansichten und Gedanken) gegenseitig auszutauschen, die Berichtigung der Meinungen und Feststellungen allgemeiner Begriffe und Wortbedeutungen unter den Arbeitern zu befördern. Es werden Zeitungen gehalten werden, welche die Interessen des Arbeiterstandes vertreten. Auch wird sich der Verein nützliche Bücher als bleibendes Eigentum nach Maßgabe seiner Mittel anschaffen (namentlich ein gutes Fremdwörterbuch, etwa von Petri, und ein Hand-Konversationslexikon, etwa das Wiegand'sche).

§ 3. Mitglied der Gesellschaft kann jeder Arbeiter werden, welcher das siebzehnte Lebensjahr erreicht hat und in unbescholtenem Rufe steht.

[a] Gemeint ist der Aufruf des provisorischen Vorstandes des Arbeitervereins. Siehe vorangehendes Dokument

19c Bericht der »Deutschen Volksstimme« über die erste Generalversammlung, 23. April 1848

Deutsche Volksstimme Nr. 8, 26. April 1848; Nr. 9, 30. April 1848; Nr. 10, 3. Mai 1848.

Eröffnet wurde die Versammlung mit Absingung des bekannten Volksliedes: »Brüder reicht die Hand zum Bunde etc.«, dessen trefflicher Inhalt in allen Gemütern lebhaften Anklang fand.

Nach einer bündigen und sachgemäßen Anrede des Vorsitzenden (Sprechers) traten mehrere Redner auf, welche mehr oder minder ausführlich Zweck und Aufgabe der Arbeitervereinigungen und die Notwendigkeit, sowohl der geistigen Ausbildung überhaupt als im Besonderen der politischen Bildung des Arbeiterstandes erörterten. Hierbei wurde das schon unterm 5. April des Jahres in alle Gauen Deutschlands und namentlich in die Fabrikbezirke erlassene Umlaufschreiben des Mainzer Arbeiter-Fortbildungsvereins (Zentralkomitees) verlesen, welches folgendermaßen lautet:[a]

Zugleich wurde die Rührigkeit und Regsamkeit des Hanauer Arbeiterstandes freudig begrüßt und anerkannt, vermöge welcher von demselben schon unterm 10. April ein kräftiger Aufruf an seine Kameraden und Mitarbeiter erlassen wurde, welchen wir hier wörtlich mitteilen.[b]

Es ist unleugbar, dass (wie im Verfolg in einer weiteren Rede ausgeführt wurde) der bisherige sklavische Druck und Knechtung sowohl des deutschen Volkes überhaupt als des Arbeiterstandes insbesondere, lediglich dem Mangel an Selbstvertrauen, Tatkraft und Nationalgefühl zuzuschreiben ist; was hauptsächlich davon herrührt, dass dieses Volk und dieser Stand seine eigenen Rechte und seine Ansprüche auf Freiheit nicht kannte und dieser Unbekanntschaft und Rechtsunwissenheit wegen solche auch nicht geltend machen konnte; dass wir uns unserer numerischen Stärke und physischen Kraft ebensowenig bewusst waren, als der einem ganzen Volke, einem gesamten Stande (wenn sie brüderlich vereint sind) innewohnenden moralischen Macht. An diesem mangelnden SelbstBewusstsein und Nationalgefühl einerseits, sowie an dem Mangel von esprit de corps anderseits, ist einmal unsere leidige Zerrissenheit in achtunddreißig Staaten mir ihren Partikularinteressen und unser Pfahlbürgertum, so wie das alles vereinte Zusammenwirken vereitelnde Zunft- und Gildenwesen und der Kastengeist schuldig. Denn wie das Innungswesen unter den verschiedenen Gewerken eine schädliche Absonderung und Spaltung, eine Zersplitterung und gegenseitiges Aufreiben der Kräfte (Neutralisation und Paralysierung), beständige Eifersucht, Neid und Überhebung, Nebenbuhlerei (Rivalität), Hass und Verfolgungssucht, Hader und Zwietracht erzeugte und so das materielle Wohl der Einzelnen zerstörte, ebenso das mittelalterliche Städtewesen und der Kirchturmpatriotismus eine beklagenswerte spießbürgerliche Isolierung (Vereinzelung und Verlassenheit). Außerdem war es die von vornherein verpfuschte Jugenderziehung, der erbärmliche Schulunterricht, der die geistigen Anlagen (Talente), statt sie anzubauen (zu kultivieren) mit pedantischer Schulfuchserei und aufgeblasener Kathederweisheit oder gelehrter Ignoranz geradezu verhunzte, statt entwickelte und näherte; statt die schlummernden Geisteskräfte und Fähigkeiten zu wecken und zur Ausbildung zu bringen, statt das Talent zu ermuntern, wurde es unterjocht, erstickt und erdrückt unter dem Schwunge des pädagogischen Zepters. Der Haselstock war der berühmte Nürnberger Trichter, womit man den Leuten das ABC und ein paar Rechenexempel einbläute, so dass sie kümmerlich lesen, schreiben und rechnen lernten. So erhielten sie keinen Fonds moralischer Kraft oder wissenschaftlicher Ausbildung, keine eigentlich positiven Kenntnisse (Kopf- und Herzensbildung), blutwenig zu Nahrung für Verstand und Gemüt, keine Mitgift für das Leben, als etwa den Religionsunterricht, der in den Händen des verdummten Pietismus oder Ultramontanismus lag. So kamen sie nie zum Bewusstsein ihrer Menschenwürde, nie zu Selbstvertrauen und Selbstgefühl, denn solches Bedarf als Basis eines vorhandenen Vorrats von guten Eigenschaften, nützlichen Kenntnissen und edlen Gefühlen und Herzensregungen (Tugenden); ohne diesen Fonds hat der Mensch keinen innern Wert und ohne solchen kein Selbstgefühl (Bewusstsein des inneren Wertes), ohne dies aber keine moralische Kraft. Auf der anderen Seite herrschte Zwiespalt und Absonderung, Geringschätzung und Überhebung unter dem Arbeiterstande selbst, und die Prinzipale (Fabrikherrn) nährten diese kleinliche Eitelkeit und Eifersucht, diesen Eigendünkel der Werkführer, Kabinettmeister, Buchhalter, Kassierer, Maschinenmeister, Contremaitres, Altgesellen und diesen lächerlichen Rangstreit und Neid der geschickteren Arbeiter, welche sich etwas von ihrer Würde zu vergeben glaubten, wenn sie sich zum gewöhnlichen Handwerksburschen oder gemeinen Handarbeiter herabließen. Die Prinzipalschaften nährten diesen gimpelhaften Bettelstolz, weil sie Vorteil davon zogen und bei engem Zusammenhalten und Verbrüderung der Arbeiter befürchten mußten, ihrer nimmer so leicht Meister zu werden; weil der Einzelne dann nicht mehr allein und verlassen dastünde, sondern Stütze und Hilfe an seinen Genossen und Mitarbeitern fände.

Nebenbei nährten die Zünfte gegenseitig ein törichtes Choquiren, Eifersüchtelei und Anfeindung, die oft in blutige Befehdung ausartete; sie pochten auf ihre kaiserlichen Privilegien und Freiheiten (Einzelrechte auf Kosten der Gesamtheit), auf die ihnen verliehenen Fahnen und Zunftwappen und bürsteten sich mit ihren nebst der altdeutschen Tracht überkommenen bürgerlichen Rechten. So hat z. B. in der Stadt Basel noch heute jede Zunft das Recht, je nach ihrer Meisterzahl 2-3 Mitglieder in den großen Rat (die oberste Staatsbehörde) jährlich zu wählen. Das Recht zur Aufnahme neuer Bürger steht einzig den Zünften zu, welche an die Annahme die Bedingung eines bald größeren, bald kleineren Vermögensbesitzes knüpfen. Dieses Erfordernis ist nun in der Fischer- und Schifferzunft sehr gering gestellt, daher die meisten in Basel eingebürgerten Fremden, namentlich Deutsche, gleichviel wes Standes oder Profession, in diese Zunft eingeschrieben sind. Auf diese Weise sind bisher sowohl die Städteeinrichtungen in früheren Zeiten als die deutsche unselige Zersplitterung in achtunddreißig Herrn Länder mit Spezialgesetzgebungen und Einzelinteressen einerseits einem Aufschwung des Arbeiterstandes im Wege, während andererseits die beengenden Schranken des alten Zunftwesens sowie die Beschränkungen der Handelsfreiheit und die vielfachen (Monopole) Privilegien, auf deren Festhaltung man eifersüchtig hielt, der Hebung der Arbeiterklasse hindernd entgegentrat und einen Arbeiter und ein Gewerbe dem andern entfremdete, wo nicht gar feindselig gegenüberstellte. – Von einer Vereinigung zur Belehrung und zum Ideenaustausch, zur gemeinsamen Verfolgung eines und desselben Zieles mit vereinten Kräften konnte also früherhin in Deutschland unter den Arbeitern ebensowenig die Rede sein, als dies bis zum 6. März 1848 möglich und der Fall war, wo die Demagogenriecherei des Fürsten Metternich und seiner Spießgesellen in der Bundesversammlung alle Handwerksgesellenverbindungen verpönt und verboten, ja sogar das Wandern in die Schweiz bei Strafe untersagt hatte, und jeder, der in der Schweiz in der Fremde war oder auf einer dortigen Universität studiert hatte, bei seiner Heimkunft von den Polizeibehörden zu Hause einem scharfen, peinlichen Verhör und Inquisitionsverfahren unterworfen wurde.

In solcher Richtung sprachen sich die Redner bei der in Hanau stattgehabten Generalversammlung des Arbeitervereins aus, und haben damit so ziemlich auch die Hauptpunkte bezeichnet, auf welche das Augenmerk zu richten ist.

Nur im Wege der freien Vereinigung zur Förderung des materiellen und intellektuellen Wohles der Arbeiterklasse zur physischen und moralischen Hebung dieses Standes kann der Arbeiter vollständig emanzipiert werden, zum Bewusstsein seiner Menschenwürde, seiner persönlichen, natürlichen und politischen Rechte, als Individuum, als Mensch und Bürger, gelangen, und nur wenn er diese Rechte kennt, ist es möglich, dass er in deren Besitz kommt.

In diesem Sinne sprechen wir von der Emanzipation der Arbeiterklasse als der alleinigen oder doch hauptsächlichen Aufgabe der Arbeitervereine. Denn um zu der notwendigen, klaren Erkenntnis seiner Rechte, zum Bewusstsein seiner Menschenwürde zu gelangen, muss der Arbeiterstand alle Mittel anwenden, seine geistigen Kräfte und Fähigkeiten immer mehr auszubilden, sich durch Ansammlung eines Schatzes von nützlichen Kenntnissen zu bereichern, sich geistig zu emanzipieren (frei zu machen), den Schmutz der rohen Unwissenheit abzustreifen, das wüste Leben und Treiben sowie die geistlose Unterhaltung in Winkelkneipen und verrufenen gemeinen Schenken aufzugeben, den verderblichen, eben so entsittlichenden als entkräftenden Branntweingenuss, das garstige Schnapstrinken abzulegen etc. Der freie Arbeiter darf sich nicht als bübischer Gassenjunge, er muss sich als Mann betragen, und um ihn zum freien Manne zu bilden, geistig zu veredeln, dazu ist das beste Mittel in einem freien Arbeiterfortbildungsverein gegeben, der die mangelnde Erziehung zum Staatsbürger nachholt, denn bis jetzt hat der Staat die Leute nur zu gehorsamen »Untertanen« erzogen, daher die Regierungen sie in der Rohheit, Unwissenheit und Dummheit aufwachsen ließen.

Damit sich aber nicht in den Arbeitervereinen fremdartige Elemente eindrängen, welche den Arbeitern die Leitung ihrer Angelegenheiten aus der Hand winden und der Bourgeoisie in die Hände spielen könnten, so ist vornhinweg als Grundsatz auszusprechen, dass der Verein nur Arbeiter im engeren Sinne (»Gewerbegehilfen«), das besitzlose Proletariat, umfasse, dagegen alle Arbeitgeber und Prinzipale (Fabrikanten und Meister) unbedingt ausgeschlossen seien, da von deren Teilnahme nur Reaktionsversuche und das Sähen von Zwietracht zu befürchten steht, alle retrograden Tendenzen und Gelüste aber entschieden zurückgewiesen werden müssen. Wie man in allen Fabrikstädten sieht (in der Assemblée zu Hanau und den Clubs zu Frankfurt oder den Kollegs in Offenbach), so haben – der so häufig kollidierenden Interessen (sich durchkreuzenden und widerstreitenden Vorteile) der Arbeiter und der Fabrikanten gar nicht zu gedenken – die letzteren es auch nicht um den Arbeiterstand verdient, dass er sich um sie bekümmert und ihnen entgegenkommt, die bisher jede Annäherung vermieden, jede Berührung scheuten, als ob solche sie mit der Pest ansteckte.

Übrigens soll das »intelligente Proletariat«, der besitzlose »Kopfarbeiter« wie der »Handarbeiter« aufnahmefähig und um so weniger von der Teilnahme ausgeschlossen sein, als der Verein geistige Mitarbeiter und wissenschaftliche Kräfte nötig bedarf und zur Hebung der Arbeiterklasse solche Mitglieder nicht entbehren kann, die eine höhere (gelehrte) Bildung und Talente besitzen, und durch Mitteilung der ihnen verliehenen Fähigkeiten, der Kenntnisse, womit sie ausgerüstet sind, viel Gutes wirken und Nutzen schaffen können.

Um so ferner alle »schulmeisterliche Pedanterie« aus dem Vereine zu halten, ist es unumgängliche nötig, alle Kathederweisheit der Schulfuchser zu verbannen. Bedarf der Verein des Unterrichts in gewissen Fächern und Zweigen des Wissens, so wird er sich auf seine Kosten Lehrer annehmen, welche für ihre Lektionen nach Stunden bezahlt werden und deren Unterricht jederzeit wieder aufgesagt und gekündigt werden kann. Dagegen sollen weder Pfaffen noch Schulmeister, sei es als »ordentliche«, »außerordentliche« oder »Ehrenmitglieder« an dem Vereine Anteil nehmen, da diese Schwarzkittel sich wie die Blindschleichen gerne überall eindrängen und vermöge der ihnen anerzogenen Herrschsucht die Hegemonie (Oberleitung) überall an sich zu reißen suchen. Man halte sich rein von allen fremden Einwirkungen und Einflüssen (Influenzierung) und bewahre das kräftige Element des Arbeiterstandes, den gesunden Kern des Volkes, unverfälscht von heterogenen und inkongruenten (ungleichartigen, sich nicht mit einander vertragenden) Stoffen. Denn nur wenn alles zusammenpaßt und für einander taugt, kann der Arbeiterverein eine achtunggebietende Körperschaft, eine kompakte (dicht und engverbundene) Masse bilden und fest nach Innen und Außen dastehen, nur dann ist Gemeinschaft (esprit de corps) und ein inniges Zusammenhalten wie Stahl und Eisen, nur dann ein kräftiges Auftreten möglich.

Daher muss natürlich gegen alle Klassifikation, gegen jede Unterscheidung zwischen »ordentlichen« und »außerordentlichen« oder unordentlichen Mitgliedern von vornherein protestiert werden. Da es kein »Fabrikantenverein«, sondern ein »Arbeiterverein« sein soll, so ist auch nur die Aufnahme von Arbeitern, von ordentlichen Arbeitern erforderlich, welche sich ja gerade zu dem Zwecke vereinigen, um sich nicht wie bisher von Außen her, d.h. von Nichtarbeitern (seien es nun Fabrikanten, Beamte oder Pfaffen und andere Schwarzröcke) Gesetze vorschreiben zu lassen.

Die Aufnahme von »Ehrenmitgliedern« ist aus dem gleichen Grunde ganz überflüssig, und zwar namentlich deshalb, weil der Verein keiner hohen Protektion »hochgestellter Personen« bedarf, auch deren Bevormundung und Regierungssucht wohl entbehren kann. Man hüte sich ja vor den Ehrenmitgliedern, sie gleichen dem Igel in der Fabel, welcher von einem Dachs in dessen Höhle gastfreundlich aufgenommen, sich dort so breit und bequem machte, dass der Dachs, nicht mehr Herr im eignen Hause, am Ende dem lästigen Gast die ganze Behausung gutwillig einräumen und sie verlassen musste, um sich nicht alle Minuten in dessen stacheliche Borsten zu stechen.

Hingegen muss dem Vorstand der Arbeitervereine überlassen bleiben, wo er es für zweckmäßig und nützlich erachtet, im Einverständnis mit der Gesellschaft auf vorherigen Vortrag auch Nichtmitglieder zu einer oder mehreren Versammlungen einzuladen. Dies ist im Hanauer Statut, Zusatz zu § 3, bestimmt.

Ebenso ist jedem fremden (zugereisten) Arbeiter während der Dauer seiner Anwesenheit freigestellt, den Verein zu besuchen. Die am Platze wohnhaften Mitglieder (Hiesige) können gleichfalls zweimal in die Versammlung eingeführt werden, was wohl als hinreichend genügen dürfte. Dass all diese Personen dann weder mit Sitz noch Stimme und Wort an der Beratung (Debatte) und Beschlußfassung Anteil nehmen können (was nur Mitgliedern zukommt), versteht sich von selbst. – Außerdem enthält der § 10 des Hanauer Statuts noch die liberale Bestimmung, dass Nichtmitglieder, welche den Verein zu besuchen wünschen, sich zu diesem Behufe bloß bei einem Mitgliede des Vorstandes zu melden brauchen. – Mehr kann man nicht verlangen, wenn man nicht gerade aus dem Vereine einen Taubenschlag machen will, der beständig offen steht zum Ein- und Ausfliegen.

[a] Siehe Dokument Nr. 13.
[b] Siehe Dokument Nr. 17.

19d Resolution der ersten Generalversammlung gegen Beschränkungen des Wahlrechts zur Nationalversammlung und für die Unterstützung der entsprechenden Protestresolution des Offenbacher Arbeitervereins vom 8. April 1848, 23. April 1848

Bundesarchiv Koblenz, DB 50 Nr. 26, Adresse 19; mit folgendem Schlußtext:

Zur Beurkundung mit dem Bemerken, dass die in Umlauf gesetzten weiteren Listen zwar mit vielen Unterschriften bedeckt, aber noch nicht zurück sind, daher in deren Namen die Unterzeichneten inzwischen die Verwahrung abschließen
Der provisorische Vorstand des Arbeiter-Vereins zu Hanau:
R. Storcks, W. Kämmerer, H. Schaarschmidt, J. Rümmelein, A. Breidt, K. Zeil, A. Heine, Aug. Wagner.

Abgedruckt in: Manfred Köhler, Die nationale Petitionsbewegung zu Beginn der Revolution 1848 in Hessen, Darmstadt 1985, S. 222. Erschienen auch in: Deutsche Volksstimme Nr. 11, 7. Mai 1848. Einleitender Redaktionsvermerk: Am 23. April abends wurde in der ersten Generalversammlung des Arbeiter-Vereins von den nicht in Kurhessen einheimischen deutschen Arbeitern, welche durch unser Wahlgesetz vom Stimmrecht ausgeschlossen sind, folgende Verwahrung an den Fünfziger-Ausschuss in Frankfurt erlassen und mit zahlreichen Unterschriften bedeckt.

Nachdem das am 1. April zu Frankfurt am Main zusammengetretene Vorparlament des deutschen Volkes in seinen Verhandlungen die wichtige Frage: – ob denn die nicht an ihrem Heimatort lebenden deutschen Staatsbürger, d. h. in einem auswärtigen (Partikular-) Staat wohnenden Deutschen nicht stimmfähig seien, sondern ihrer Wahlberechtigung verlustig gehen, oder – wo denn eigentlich diese Personen ihr Stimmrecht (aktives Wahlrecht) ausüben dürfen und sollen, – als unentschieden offen gelassen hat, so wurde diese Frage von verschiedenen Seiten an den in Frankfurt zurückgebliebenen Fünfzigerausschuss gebracht und auch den Siebzehnern (Vertrauensmänner der Regierungen) vorgelegt. – Beide Kollegien haben, obschon sie als Organe des deutschen Volkswillen sich gerieren, dennoch zur befriedigenden Lösung dieser Frage »nichts« getan, sondern alles den Regierungen überlassen, welche gleichfalls sich nicht bewogen fanden, so viel deutschen Gemeinsinn an den Tag zu legen, dass sie außer ihren bisherigen Partikularstaatsbürgern auch noch andere Deutsche abstimmen und wählen ließen, welche sich in ihrem Territorium aufhalten.

Die Unterzeichneten sehen sich daher veranlasst im Hinblick auf die Beschlüsse, welche in Frankfurt am 6., 14., und 17. des Monats gefaßt wurden, sich dagegen zu verwahren und der von ihren Kollegen, dem Arbeiterstand in Offenbach, erlassenen Protestation der deutschen Arbeiter an das deutsche Volk vom 8. April[a] anzuschließen und mit ihnen vereint auf 10 000 Arbeiter einen eigenen Abgeordneten ins konstituierende Frankfurter Parlament am 1. Mai 1848 zu entsenden.

So beschlossen und angenommen in der Generalversammlung des deutschen Arbeitervereins zu Hanau, den 23. April 1848.

[a] Siehe Dokument Nr. 15.

19e Schreiben an den Kölner Arbeiterverein mit dem Vorschlag, unter dessen Führung eine Vereinigungsbewegung der deutschen Arbeitervereine in Gang zu setzen, 17. Mai 1848

Zeitung des Arbeitervereins zu Köln Nr. 6, 28. Mai 1848.

Freunde und Brüder!

Wir haben durch die öffentlichen Blätter mit großem Vergnügen Nachricht von Eurer Wirksamkeit erhalten und deshalb unseren Beigeordneten Wagner veranlasst, sich mit Euch in brieflichen Verkehr zu setzen.

Durch dessen heute gemachte Mitteilung ward uns die erfreuliche Gelegenheit, von Eurer ersprießlichen Tätigkeit nähere Kenntnis zu nehmen und namentlich zu ersehen, dass Ihr die praktische Richtung bei der Vereinigung von Arbeitern eingeschlagen und den Weg verfolgt habt, der – worauf es doch zunächst ankommt – eine möglichst große Zahl zum Beitritt veranlassen muss.

Diese Richtung, sowie die Ausdehnung der Stadt Köln, gab Euch die Möglichkeit in imposanterer Haltung gegenüber den Arbeitgebern aufzutreten, als dies uns in den bescheidenen Verhältnissen und dem engeren Kreise einer kleinen Fabrikstadt möglich war. Es ist Euch, Freunde und Brüder, hierdurch, sowie durch die im rheinischen Volkscharakter liegende größere politische Teilnahme und Regsamkeit, die Aufgabe geworden, als Vorkämpfer für die Interessen des so genannten vierten Standes – der bisher so gedrückt – den Andern durch Euer Beispiel voran zu leuchten und für den gesamten Arbeiterstand dasjenige vor zu kehren, was Ihr für zweckmäßig und als allgemeines Bedürfnis erkennt – um so mehr als Euch größere materielle Mittel und intellektuelle Kräfte zu Gebote stehen.

Mitbrüder! Ihr habt durch Eure würdige Haltung in den blutigen Missverständnissen Euch bewährt, als reif für demokratische Einrichtungen, habt Euch wert gezeigt der vollen und ganzen Freiheit. Diese ist aber noch nicht errungen, und die geringen Früchte des Sieges drohen uns durch die Stärke der reaktionären Partei und ein unvolkstümlich zusammengesetztes Parlament um so eher wieder entrissen zu werden, als die Stadt Frankfurt für die Volksmänner und Freiheitshelden im Parlament beinah schon ein zweites Capua geworden ist, worin, wie sich der alte Jahn ausdrückt, man den Liberalismus zu Tode füttern wollte. Darum gilt es, Brüder, einiges Zusammenwirken und Zusammenhalten, vereintes Streben nach dem gemeinsamen Ziele, denn noch ist der Kampf nicht gewonnen und voreiliges Triumphieren nicht am Platze.

Um diese Einheit zu bewirken, werden wir Euch bisweilen von unseren Verhandlungen und Beschlüssen Nachricht geben, und erbitten uns dagegen von Euch ein Gleiches, was vorläufig durch regelmäßige Zusendung von zwei Exemplaren Eurer Arbeiterzeitung geschehen könnte (durch Post oder durch Buchhändlergelegenheit, je nachdem es billiger zu stehen kommt). Seien wir wachsam, hüten wir uns vor Zerwürfnissen und Spaltungen und bleiben wir unverdrossen im Kampfe für die gute

Sache, welche Ihr so glorreich begonnen habt, und unser Wahlspruch sei »Freiheit, Brüderlichkeit, Arbeit und Lohn«.

Schließlich unseren herzlichen Brudergruß und Handschlag.

Hanau, am 17. Mai 1848.
Der Vorstand
(Folgen die Unterschriften)

19f Antwortschreiben des Kölner Arbeitervereins, Ende Mai 1848

Zeitung des Arbeitervereins zu Köln Nr. 6, 28. Mai 1848.

Freunde und Brüder!

Wir haben das Schreiben, womit Ihr unter dem 17. des [Monats] uns beehrt habt, erhalten. Wir danken Euch für dasselbe und die Gesinnung, die Ihr uns bekundet. Wir müssen es aber ablehnen, uns bis heute noch den deutschen Arbeiterverein zu nennen, wie die Adresse Eures Briefes lautet. Erst wenn sich durch alle oder die Mehrzahl der deutschen Lande Arbeitervereine gebildet haben werden, erst dann wollen wir es gern übernehmen, einen Kongreß von Abgeordneten aller derselben zu veranlassen. Ihm wird dann die Konstitution eines deutschen Arbeitervereines zustehen. – Indes beehren wir uns, Euch die gewünschten Nummern unserer Zeitung zu übersenden, bitten Euch um Zusendung Eures Blattes auf buchhändlerischem Wege und wünschen sehnlichst in lebhaftem Verkehr aufrichtiger Brüderlichkeit mit Euch zu verbleiben. Der Sieg der Freiheit, der Brüderlichkeit und der Arbeit kann nicht mehr ferne sein.

Vorsitzender, Sekretäre und Komitee des Arbeitervereins.
(Folgen die Unterschriften).

19g Petition an die Nationalversammlung um Gewährung von Bildung, Wohlstand und Freiheit, 15. August 1848

Bundesarchiv Koblenz, DB 51/268; überreicht durch den Abgeordneten Schloeffel. Abgedruckt in: Wolfram Heitzenröder, Die Arbeiterbewegung in Hanau und Umgebung 1848 bis 1878, Hanau 2002, S. 192f. Vgl. auch: Hanauer Zeitung Nr. 230, 24. August 1848.

Hohe Versammlung!

Ein altes deutsches Sprichwort sagt: »Niemand weiß besser, ob ihn der Schuh drückt als derjenige, welcher ihn trägt«! Auch unsere Leiden und Entbehrungen empfindet Niemand mehr als die Arbeiter selbst, der so genannte vierte Stand, der in dieser Versammlung nicht vertreten ist, obgleich er einen großen Teil der Nation ausmacht. Ein großer Teil unseres Standes ist beständig gezwungen, sein saures Brot außerhalb seiner Heimat im Schweiße seines Angesichts notdürftig zu erringen. Durch dieses harte Los, entsprungen aus einer ungerechten Einteilung der materiellen Güter, ist er auch des Wahlrechts zum Parlament beraubt worden! Wohl einige Millionen unserer Brüder konnten keinen Vertreter in Ihre Mitte senden, trotzdem sie um Ausübung dieses Rechts gebeten haben. Wir sind deshalb um so mehr verpflichtet, ein ernstes Wort an Sie zu richten und um Herstellung unserer entzogenen Menschenrechte zu ersuchen.

Wohl wissen wir, dass uns wenig Hoffnung zur Abhilfe unserer Not bleibt, so lange nicht alle Vorrechte einzelner Stände im lieben Vaterlande zu Grabe getragen sind, so lange es noch Adel und Adels-Privilegien gibt, so lange die Bestrebungen des deutschen Volkes zu Erringung wahrer Freiheit mit eiserner Faust, wie z.B. in Baden, niedergehalten werden. Nichts desto weniger halten wir es für (unsere) Pflicht, Ihnen unsere Not ernst vorzuhalten und als Männer von Ihnen, Volksvertreter, gerechte Abhilfe zu verlangen. Obgleich gerade der Arbeiterstand der wahre Träger und Beförderer eines kräftigen Staatsorganismus ist und stets sein wird, so beraubt ihn doch ein seit langem bestehendes Unrecht der Bedingungen zum wahren Leben: des Wohlstandes, der Bildung und der Freiheit, da er doch schon seit seiner Geburt zu dem Genuss jener Güter als Mensch eben so sehr berechtigt ist wie die bis jetzt »bevorzugten Klassen«. Wir ersuchen deshalb eine hohe Versammlung, uns diese Güter zurückzuerstatten, und zwar:

1. Durch Erteilung unentgeltlichen Jugendunterrichts ohne Unterschiede des Standes der Eltern und nur mit Berücksichtigung der Befähigung der Kinder.
2. Durch die Darreichung der Mittel zum Selbst-Etablissement durch den Staat, sobald wir die nötigen Kenntnisse und Erfahrungen erlangt haben, vermöge einer zu diesem Behufe zu errichtenden Nationalbank, damit wir der so verderblichen »freien Konkurrenz« begegnen können, eine Konkurrenz, welche allein dem Reichen zum Ruin des Mittelstandes sowohl als auch des fleißigen und geschickten Arbeiters zu Gute kommt.
3. Durch Abschaffung aller Standes-Vorrechte und der damit verbundenen Genüsse, Abnahme der Abgaben und Lasten von den Schultern der Arbeiter und des Mittelstandes und Einführung der allein gerechten Besteuerung des Besitzes, des Reichtums und des Überflusses, zu deren Schutz allein wir persönliche und Geldleistungen bisher zu machen hatten, Gewährung unverkürzter Rede, Preß- und Versammlungsfreiheit, Selbstverwaltung der Gemeinden, Selbstwahl aller Beamten, aktives und passives Wahlrecht ohne Zensus und ohne Beschränkung, Verschmelzung des stehenden Heeres mit der Volkswehr wie in der Schweiz und Amerika, Einleitung von Freundschafts- und Handelsbündnissen mit allen freien Völkern.

Die Mittel, dieses Alles ins Leben zu rufen, sind unserm Vaterlande in reichem Maße gegeben, wir schlagen Ihnen nur einige sehr nahe liegende vor. Vor allen Dingen haben Sie die Klöster und deren Güter sowie die hohen Dotationen der Bischöfe und hohen Geistlichen anzuziehen. Mit diesen reichen Fonds kann eine segensreiche National-Erziehung ins Leben gerufen werden; dieser [!] Fonds, welche nur auf eine solche Weise zum wirklichen Nutz und Frommen des Volkes verwendet werden können. Eine Nationalerziehung würde uns so vieler Strafanstalten und Aufsichtsbeamten durch Erziehung kenntnisreicher, moralisch tüchtiger und also dem Staat nützlicher Bürger entheben. – Durch Verminderung der Zivillisten[a] auf etwa $^1/_5$ ihrer jetzigen Höhe, womit unsere Fürsten vollkommen gut, bequem und sehr angenehm leben können, und durch Verkauf der so genannten »fürstlichen Domänen[b]« werden Sie einen beträchtlichen Kapitalstock zur Anlegung einer Nationalbank bekommen, die unsern vierten Stand auf die Stufe der selbständigen Gewerbsleute heben wird.

Nur durch solcher Radikalmittel kann und muss dem ganzen lieben Vaterlande geholfen werden, alle Palliativmittel sind nicht zureichend und helfen nur auf kurze Zeit. Nur durch die gerechte Verteilung aller Nährkräfte des Landes an alle seine Einwohner, und dazu gehören ja auch wir Arbeiter, und durch Entziehung der überflüssig zuströmenden Säfte an einzelne bevorzugte Stände, welche gleich Schmarotzerpflanzen dem gesunden Fruchtstamm seinen eigenen Saft entziehen, kann wieder Wohlstand, Bildung und Freiheit für Alle erblühen.

Wir fordern Sie im Namen der Gerechtigkeit und der Humanität auf, unseren Forderungen baldmöglichst Folge zu geben, und zeichnen mit Achtung und Vertrauen im Namen des Arbeitervereins.

Der Vorstand des Arbeitervereins zu Hanau:
Der Präsident I : Gottfried Una
Der Präsident II : W. Kämmerer
Die Sekretäre: P. Beschor; J.M. Maisch; H. Weinoehl
Der Kassier: F. L. Lieber

[a] Zivilliste wurde die Summe genannt, die der Landesherr zu seinem Unterhalt einschließlich Hofhaltung aus den Staatseinkünften jährlich bezog.
[b] Die Güter des fürstlichen Hauses, deren Ertrag dem Landesherrn zur freien Verfügung stand.

20 — 13. September 1848

Bericht des »Frankfurter Journals« über die Sitzung des allgemeinen deutschen Arbeiterkongresses in Frankfurt die Verhältnisse der Lehrlinge, Gesellen und Meister betreffend (Auszug)

Frankfurter Journal Nr. 252, 16. September 1848, Extra-Beilage. Abgedruckt in: Dieter Dove / Toni Offermann (Hrsg.), Deutsche Handwerker- und Arbeiterkongresse 1848-1852. Protokolle und Materialien, Berlin/Bonn 1983, S. 202.

Man beschloß, dass die allgemeine Schulzeit zum 14. Jahre gehen, für das 15. Lebensjahr eine Handwerksschule eingerichtet, und erst nach Beendigung des 15. Jahres der Lehrling in die Lehre treten solle. Die Dauer der Lehrzeit wurde auf zwei bis drei Jahre festsetzt, die Entlassung aus der Lehre aber von der Anfertigung eines so genannten Gesellenstücks abhängig gemacht. Das von den Meistern vorgeschlagene Arbeitsbuch für die Gesellen wurde verworfen; die Wanderzeit ist gesetzlich vorgeschrieben. Die Kündigungsfrist für Handwerker auf acht Tage und für Fabrikarbeiter auf vier Wochen, und die tägliche Arbeitszeit auf zehn Stunden festgesetzt. Das Verbot gegen das Arbeiten der Handwerksgesellen in den Fabriken wurde nicht angenommen, dagegen eine Reihe von Bestimmungen für die Meisterprüfung getroffen, welche darauf hinzielen, dieselbe möglichst unparteiisch und wenig kostspielig zu machen. Die ganze sowohl theoretische als praktische Prüfung soll nicht über zehn Tage dauern, und die erste auf Grund eines gesetzlich vorgeschriebenen Lehrbuchs vorgenommen werden. Der Prüfungsrat soll von allen volljährigen Innungsmitgliedern erwählt werden und aus zwei Examinatoren und fünf Geschworenen bestehen. Die Zurückgewiesenen sollen erst nach Verlauf eines halben Jahres geprüft werden, aber sogleich an einen anderen Prüfungsrat appellieren können.

21 9. Dezember 1848

Gemeinsames Schreiben des Demokratischen Vereins, des Turnvereins und des Arbeitervereins an den Führer der sozialistisch-demokratischen Minderheit (Bergpartei) in der französischen Nationalversammlung, Alexander Ledru-Rollin

Hanauer Zeitung Nr. 321, 9. Dezember 1848. Abgedruckt in: Alfred Tapp, Hanau im Vormärz und in der Revolution 1848/49, Hanau 1976, S. 374.

Die Demokraten in Hanau an den edlen Bürger Ledru-Rollin, Mann der Freiheit

Die Manen[a] unseres großen Toten, unseres gemordeten Blum, machen es uns zur Pflicht, Ihnen für die auf dem Bankett vom 19. November ausgesprochenen Sympathien brüderlich und warm die Rechte zu drücken. Ja, wir reichen Ihnen die Bruderhand zum Bunde gegen die Reaktion, die, so in Frankfurt wie in Paris sich gegen die erwachte Freiheit verschworen, zum Kampfe gegen jene Hyder[b], welche, gepflegt von den Tyrannen in Petersburg und London, unter der Maske der Gesetzlichkeit uns Willkür und Knechtschaft aufdringt. Nur durch die innige Verbrüderung der französischen und deutschen Nation kann die Demokratie, kann die demokratisch-soziale Republik ihre feste Stätte in Europa aufschlagen.

Demokraten Frankreichs! Verbrüdert Euch zur Hilfe für Italien, zur Stütze für Deutschland. Nicht zusehen darf die französische Nation, wenn die Freiheit in Deutschland, wenn sie in Italien mit Füßen getreten aufs neue in Fesseln geschlagen wird, denn es gilt auch dem edlen Frankreich, dem Vorkämpfer der nach Freiheit ringenden Völker.

Lassen Sie uns das Bündnis der Nationen gegen ihre Unterdrücker schließen! Nur so können wir die Freiheit erringen, erhalten! – Mächtig ist der Bund der Fürsten, mächtiger muss der Bund der Nationen werden! Kein freies Volk darf die Unterdrückung eines Brudervolkes hilflos mit ansehen. – Es ist Verrat an der eigenen Existenz! Die Stützen aller Throne, die stehenden Heere, welche die Völker verarmen und die Länder aussaugen, müssen verschwinden – denn freie Brudervölker bekriegen sich nicht, sie leben in Eintracht und Frieden untereinander – Nur die Dynastien wollen erobern.

Doch zuvor, edles Frankreich, muss Deutschland vereint mit Dir die Barbarei niederkämpfen, und dann diktieren wir die Entwaffnung Europas! Geehrter Bürger, drücken Sie diese unsere Gedanken, Gefühle und Wünsche in unserem Namen der hochherzigen Nation aus, der Sie angehören, mit der Versicherung, dass alle Demokraten Deutschlands von denselben Gesinnungen durchdrungen sind. Es lebe Frankreich, es lebe Deutschland, verbunden durch Freiheit, Gleichheit und Bruderliebe!

Hanau, den 2. Dezember 1848.
Die Vorstände des Demokratischen Vereins, des Turnvereins und des Arbeitervereins

[a] Manes (lat.), die abgeschiedenen Seelen der Verstorbenen im antiken Rom.
[b] Richtig: Hydra, neunköpfiges Ungeheur in der griechischen Mythologie, deren abgeschlagene Köpfe doppelt nachwuchsen.

22 14. Januar 1849

Bericht über die Gründung eines Bezirksverbandes des allgemeinen Föderalisten-Vereins auf dem Bezirkskongress der Arbeitervereine des Rhein-Main-Gebiets in Hanau

Eckhart G. Franz, Die hessischen Arbeitervereine im Rahmen der politischen Arbeiterbewegung der Jahre 1848-1850, Archiv für hessische Geschichte und Altertumskunde, N.F. 33. Bd. Darmstadt 1975, S. 243f.

Verhandlungen des am 14. Januar zu Hanau abgehaltenen Kongresses der Arbeitervereine: Es waren hierbei 288 Deputierte der Arbeitervereine aus Frankfurt, Offenbach, Hanau, Heidelberg, Mannheim, Darmstadt und Gießen versammelt, um die genannten Vereine zu einem vorläufigen Bezirksverband zu konstituieren. Die von den Vereinen von Offenbach, Hanau und Gießen aufgestellte Ansicht, dass man vor Begründung von Bezirksverbänden ein Manifest aufstellen möge, welches die Forderungen ausspreche, welche die arbeitende Klasse von der Gegenwart und Zukunft zu heischen berechtigt sei, fand den Beifall der Versammlung nicht. Man fürchtete durch ein solches Manifest, bei der Mannigfaltigkeit der sozialen Ansichten, eine Störung in den allgemeinen deutschen Arbeiterbund zu bringen, der am 20. September 1848 gestiftet worden ist und bereits eine Art Manifest in einer Denkschrift zur allgemeinen Gewerbeordnung niedergelegt hat. Das Ungenügende jenes Programms wurde indessen allseitig anerkannt, die Revision desselben aber einem späteren allgemeinen Arbeiterkongress vorbehalten. Der neue Bezirksverband konstituierte sich demnach auf Grund der in Frankfurt festgestellten Bestimmungen als ein organischer Teil des in Frankfurt gestifteten allgemeinen Föderalisten-Vereins. Zum Vorort wurde Gießen ernannt, wobei es dem Arbeiterverein der letztgenannten Stadt überlassen wurde, den statutenmäßigen Bezirksvorstand von drei Mitgliedern, welcher im Namen der Vereine direkt mit dem Zentralausschuss in Frankfurt in Geschäftsverkehr zu treten hat, zu ernennen. Zugleich wurde es dem Vorort mit Rücksicht auf den am 28. Januar 1849 in Heidelberg zusammenkommenden Arbeiter-Kongress, allwo ein Bezirksverband für Baden und Rheinbayern gegründet werden wird, als Aufgabe gestellt, demnächst einen neuen Kongress nach Gießen zu berufen und sich zu dem Ende mit den Arbeitervereinen in Kurhessen, Nassau und dem benachbarten Preußen in Verbindung zu setzen.

23 April – Mai 1849

Die Reichsverfassungskampagne

23a Gemeinsame Beschlüsse sämtlicher Hanauer politischer Vereine[a] zur Errichtung eines Freikorps zum Schutz der Reichsverfassung und des Wahlgesetzes[b], 30. April 1849

Stadtarchiv Hanau, L 1, M621-K113; Wilhelm Ziegler, Hanauer Chronik, Bd. 2, Anlage bei Bl. 441; Stadtbibliothek Hanau, Landeskundliche Abteilung.

I. Es wird der anliegende Aufruf veröffentlicht.

II. Es werden zwei Ausschüsse gebildet:
1. Der Rüstungsausschuss, bestehend aus zehn Mitgliedern, zu welchen vorgeschlagen werden: A. Schärttner, Braubach, Rödiger, Lautenschläger, Nollenberger, C. Schlobohm, Inspektor Buß, Röttelberg, Sommerhof, Graveur Koch,
2. Der Finanzausschuss, bestehend aus fünf Mitgliedern, wozu vorgeschlagen werden: A. Pelissier, E. Blachière. C. Toussaint, Fritz Leisler, Heinrich Rühl.

III. Der Rüstungsausschuss bildet das Korps und rüstet es zur Verwendung; zu dem Ende
1. erlässt er an solche waffenkundigen Männer, welche in den Dienst eintreten und Bekleidung und Bewaffnung sich selbst beschaffen wollen und können, eine Aufforderung zur Abgabe ihrer Bereitwilligkeitserklärung im Neustädter Rathaus,
2. nach Ausscheidung ungeeigneter Anmeldungen bestimmt er, sobald die Geldunterzeichnungen mindestens auf 3000 fl. sich belaufen, aus der übrigen Mannschaft die Größe des Korps mit Rücksicht auf die disponiblen Geldmittel, im Verhältnis von 35 fl. auf den Mann,
3. und veranlaßt die Wahl der Offiziere und Führer,
4. nachdem sodann nach den Bestimmungen unter IV. 1. die Erhebung der Geldbeträge beschlossen, und hieraus dem Finanzausschuß mindestens 3000 fl. eingegangen sein werden, macht der Rüstungsausschuss die zur Ausrüstung weiter nötigen Anschaffungen, welche jedoch die Hälfte des unter 2. per Mann vorgesehenen Betrags nicht überschreiten dürfen, unterstützt auch tunlichst Unbemitteltere mit Waffen, und
5. veranlasst zeitweise den Zusammentritt der Mannschaft zu Übungen, jedoch ohne Waffen,
6. der Aufruf des Korps zum Dienst findet jedoch nur dann statt, wenn zuvor jeder der fünf hinzugetretenen Vereine seine Zustimmung hierzu erklärt haben wird, und setzt jedenfalls ein Zusammenwirken mit ähnlichen Korps anderer Städte voraus.
7. Bei dem Ausmarsch wird der Kassenbestand des Finanzausschusses, welcher nach Bestreitung der unter 4. erwähnten Ausgaben geblieben, als Verpflegungsfond dem Rüstungsausschuss überwiesen, und von diesem verwendet.

IV. Der Finanzausschuss
1. erlässt eine Aufforderung zur Unterzeichnung von Geldbeträgen, welche in der in V. vorgesehenen Weise zirkuliert, erhebt aber die gezeichneten Beträge erst dann, nachdem zuvor jeder der fünf hinzugetretenen Vereine nach Lage der

jeweiligen politischen Verhältnisse übereinstimmend erklärt haben werden, dass die Ereignisse des Augenblicks die Mobilmachung des Korps gebieten, und außerdem die Geldunterstützung mindestens 3000 fl. erreichen; die Aufforderung zur Unterzeichnung muss dieses besonders aussprechen.

2. Nach Erhebung der Geldbeträge zahlt der Finanzausschuss dem Rüstungsausschuss die von diesem angesprochen werdenden Beträge bis zu Hälfte des Kassenbestandes zu Bestreitung der Ausrüstungskosten (III.4.) aus und stellt demselben, nachdem der Aufruf des Korps zum wirklichen Dienst nach III. 6. beschlossen worden, auch den übrigen Kassenbestand als Verpflegungsfond zur Disposition.

V. Die Zirkulation der Unterzeichnungslisten wird von 16 Männern besorgt, deren acht vom politischen und acht von den andern Vereinen aus ihrer Mitte bestellt werden.

VI. Es wird alsbald der Nationalversammlung von der ganzen Unternehmung Kenntnis gegeben.

Beschlossen, Hanau am 30 April 1849.

[a] Demokratischer Verein, Arbeiterverein, Märzverein, Politischer Verein, Turnverein.
[b] Am 2. März 1849 beschloss die Nationalversammlung, das allgemeine, gleiche und geheime Wahlrecht in die Verfassung aufzunehmen.

23b Aufruf sämtlicher politischer Vereine Hanaus an die Bürger in Stadt und Land zur Unterstützung bei der Aufstellung eines bewaffneten Korps, 30. April 1849

Stadtarchiv Hanau, L 1, M621-K113; Stadtbibliothek Hanau, Landeskundliche Abteilung; Hanauer Zeitung Nr. 104, 2. Mai 1849.

Mitbürger in Stadt und Land!

Endlich ist das deutsche Verfassungswerk vollendet, die konstituierende Nationalversammlung hat die Reichsverfassung nebst dem Wahlgesetz endgültig beschlossen und verkündet, wie ihr dies einzig und allein zustand. Endlich nach langer Schmach und Erniedrigung glaubte das deutsche Volk seine Einheit und seine Freiheit wieder errungen zu haben, die einzigen Grundlagen seiner Macht, seiner Größe und seiner Wohlfahrt; aber alsbald verbreitete sich die Trauerkunde, von Seiten der Fürsten werde die Verfassung nicht anerkannt. Zwar haben 28 deutsche Regierungen ihre unbedingte Unterwerfung unter die Reichsverfassung erklärt, dem Könige von Württemberg hat der einstimmige und entschiedenen Wille des Württembergischen Volksstammes in diesen Tagen eine gleiche Erklärung abgerungen, aber gerade die mächtigeren Fürsten, die Könige von Bayern, Sachsen und Hannover sprechen es laut aus, dass sie, das Interesse ihrer Familie dem Wohle des Vaterlandes vorziehend, die Verfassung nicht anerkennen, und der König von Preußen, dem das Höchste geboten, zögert in bedenklicher Weise. Deutsche Brüder! so soll sich also das alte Spiel wiederholen, das Wohl des ganzen großen Volkes soll hintangesetzt werden gegen den Privatvorteil einiger weniger Familien. Deutsche Männer! die Reichsverfassung ist rechtsgültig verkündet, sie ist Gesetz, und jeder Einzelne, der seine Sondergelüste dem

Gesamtwillen entgegenzusetzen wagt, vergeht sich gegen das Gesetz, wer dies mit Gewalt versucht, ist Rebell. Zunächst ist es nun an Euch, Ihr Brüder in den deutschen Ländern, deren Fürsten die Erklärung der unbedingten Unterwerfung unter die Reichsverfassung verweigern, durch die kräftige und entschiedene Kundgebung Eures übereinstimmenden Willens ihnen eine solche abzuringen. Die hochherzigen Württemberger, die den Dank des Vaterlandes verdienen, haben Euch ein nachahmungswertes Beispiel gegeben. Sollte aber in rebellischer Weise Gewalt gegen Euch gebraucht werden, dann werdet Ihr zu widerstehen wissen. Dann ist aber auch das ganze deutsche Volk in seinem Rechte, seiner Würde und Hoheit bedroht und verletzt, es kann und wird nicht dulden, dass seine Nationalversammlung, die Trägerin der Souveränität, zu einer Vorschlagskommission herabgewürdigt werde; es kann und wird nicht dulden, dass Brüder deshalb angegriffen werden, weil sie sich dem widersetzen; das gesamte deutsche Volk muss und wird sich wie ein Mann erheben, zu stützen die von ihm selbst erwählte Nationalversammlung, zu schützen seine Reichsverfassung. Hierzu muss es sich aber vorbereiten; es muss gerüstet sein für jeden Fall, denn das alte Sprichwort sagt: »Wenn du den Frieden willst, so rüste dich zum Kriege.« Darum ist es notwendig, dass überall und in allen Gauen des Vaterlandes solche Vorbereitungen getroffen, solche Rüstungen vorgenommen werden. Und wir in Hanau, denen in den Tagen der Gefahr unsere Brüder von Nah und Fern bereitwillig ihre Hilfe zugesagt, wir halten uns zu Gleichem verpflichtet. Darum, Mitbürger in Stadt und Land, lasst uns zum Zwecke der Unterstützung vollständiger Durchführung der Reichsverfassung mit dem Reichswahlgesetze, die Errichtung eines bewaffneten Korps so weit vorbereiten, dass es im Stande sei, im eintretenden Falle, vereint mit den Scharen der übrigen deutschen Gauen augenblicklich für jene Zwecke tätig zu werden. Hierbei müssen alle Parteizwecke in den Hintergrund treten; wir alle scharen uns unter eine Fahne, unsere Reichsverfassung, unsere eine Losung ist, die Freiheit und die Einheit des Vaterlandes. Wirket daher alle mit, die Ihr bereit seid, die Waffen für diese hohen Zwecke zu ergreifen, die Ihr dies große Werk durch Geldbeiträge oder Verabreichung von Waffen zu unterstützen gedenkt. Das Vaterland ruft alle seine Kinder, eilt herbei, das gerettete Vaterland wird Euer schönster Lohn sein!

Hanau, 30. April 1849.
Namens und in Auftrag der sämtlichen politischen Vereine zu Hanau deren Vorstände.
Des Arbeitervereins:
W. Koch, W. Kämmerer, G. Una, J.M. Maisch, J. Füger
Des demokratischen Vereins:
Dietz, Sommerhoff, A.H. Rödiger, E. Huber, L.A. Pelissier, E. Jünger, Wörner, A. Michael
Des Märzvereins:
Röder, Cöster, F. Walter, H. Scharschmidt, L. Seum, E. Herrmann, J. Schenk, E. Toussaint, Braubach, H. Friedge
Des politischen Vereins:
L. Blachière, A. Nollenberger, Ph. Brenner, Kochendörfer, Neumann, Pressel, Meibom, P. Heydt jun., E. Blachiere, Denhard, Bischoffshausen. C. Schulz
Des Turnervereins:
J.F. Engel, A. Maury, Chr. Lautenschläger, F. Kreuter, J.B. Pelissier

23c Mahnung des Arbeiter-, des Demokratischen, des März- und des Turnvereins an diejenigen Personen in der Provinz Hanau, die die Vorbereitung zum Schutz der Verfassung verhindern wollten, 8. Mai 1849

Hanauer Zeitung Nr. 110, 9. Mai 1849.

Mitbürger!

Man vernimmt aus mehreren Ortschaften der Grafschaft Hanau, dass dortige Bürgermeister sich herausnehmen, die von den hiesigen politischen Vereinen und ihren Vorständen ausgehenden Publikationen und Aufforderungen zum Schutz der Freiheit, der Volksrechte und der Reichsverfassung eigenmächtig zu unterdrücken oder mit Jesuiten-Künsten unwirksam zu machen. Bereits liegen darüber Berichte und Namen solcher Reaktionäre vor und eine nähere Prüfung wird den Umfang dieser Umtriebe an den Tag bringen.

Glauben denn diese Heuler und Volksfeinde, dass man in diesem Augenblicke, wo das Wohl und Wehe des Vaterlandes auf dem Spiele steht und wo die renitenten Fürsten ihren letzten, die Volkskräfte ihren ersten Trumpf ausspielen werden, solchem Unfuge ruhig zusehen werde? Es hat wohl Jeder das Recht und die Freiheit, seine eigne Ansicht für sich zu haben; wer sich aber als Widersacher des Volks in den Kampf der Entscheidung tätig einmischt, mag es auf die Gefahr hin wagen, dass er zwischen Hammer und Amboss komme und zermalmt werde!

Hanau, den 8. Mai 1849.
Die Ausschüsse des Arbeiter-, demokratischen, März- und Turner-Vereins.

24 Juni 1849

Der Zug der Hanauer Turnerwehr nach Baden

24a Bericht des Vizebürgermeisters Waltz an den Bezirksdirektor Rothe, 8. Juni 1849

Stadtarchiv Hanau, C 1-91, Bl. 10.

Zur Befolgung des Beschlusses [der Bezirksdirektion] vom 4. des Monats berichte ich gehorsamst. Es ist allerdings richtig, dass am 2. des Monats abends gegen 10 Uhr eine bewaffnete Schar Turner und andere von hier abgezogen sind. Mir war von diesem beabsichtigten Abzug nicht das Mindeste bekannt geworden und nicht zur Zeit der Ausführung erfuhr ich davon. Ein Mittel zur Verhinderung stand mir nicht zu Gebote. Eingezogener Erkundigung nach, soll die Schar aus ca. 120 Turnern und 100 Mann der Arbeiterklasse angehörig, worunter auch namentlich viele fremde Gesellen, bestanden haben.

24b Bericht eines Hanauer Turners aus der Feste Hirschhorn über die Enttarnung eines als Kirschenverkäuferin verkleideten Spions, 12. Juni 1849

Hanauer Zeitung Nr. 144, 19. Juni 1849. Einleitender Vermerk der Redaktion: Wir teilen hier seines lustigen Inhaltes wegen einen Auszug eines Briefes eines Hanauer Turners aus der Feste Hirschhorn mit, welcher wörtlich also lautet:

Noch etwas Interessantes will ich dir mitteilen: Als unsere Schützen Hirschhorn besetzt und wir uns gehörig organisiert hatten, kam nachmittags ein Bauernweib mit einer Wanne voll Kirschen hier an und bat, man möchte sie doch einlassen, vielleicht könne sie von ihren Kirschen welche absetzen. Die Posten ließen sie passieren, sie verkaufte auch im Dorf ziemlich, behielt aber noch eine halbe Wanne voll übrig. Sie bat nun, man möchte sie auch in die Burg einlassen, worin nämlich die stärkste Besatzung ist, um ihren Rest zu verkaufen, etc. etc., sie wurde auch da eingelassen. Dort angekommen, stellte sie sich sehr verwundert über die Kanonen, frage, wie viele Leute denn eigentlich hier wären und dergleichen. Diese Fragen erregten Verdacht, sie wurde sofort festgehalten und ausgezogen, wo es sich herausstellte, dass das Weib ein verkleideter Darmstädter Offizier war, welcher als Spion von dem Obersten Hinkeldey abgeschickt worden war. Das Darmstädter Weib wurde geschlossen nach Karlsruhe abgeführt.

24c Aufruf der Hanauer Besatzung der Burg Hirschhorn an die kurhessischen Soldaten unter den zum Angriff erwarteten Reichstruppen, sich auf die Seite der Revolution zu stellen, 14. Juni 1849

Karl Geisel, Die Hanauer Turnerwehr. Ihr Einsatz in der badischen Mairevolution von 1849 und der Turnerprozeß, Hanau 1974, S. 52f. Das Flugblatt wurde am 13. Juni in Heidelberg gedruckt.

Landsleute! Hessen!

So weit hat es der Völkertyrann in Preußen gebracht, dass wir Brüder eines Stammes, die Söhne eines Landes, ja die Kinder einer Mutter uns als Feinde gegenüberstehen und vielleicht in wenigen Stunden das Blut gegenseitig fließen sehen, welches durch die heiligsten Bande der Natur verbunden ist.

Brüder! Nur teuflische Kreaturen können es sein, die Euch gegen uns führen, denn unsere Sache ist ja die Eure, schlagt Ihr uns, dann habt ihr Euch geschlagen, dann habt Ihr keine Verfassung, kein Recht mehr, sondern habt nur Pflichten in unerträglichem Steuermaße auf Euch, und unsere Dränger haben das Recht, uns wie russische Leibeigene zu knechten. Dann werden sie sich wieder als die Herren der Erde und uns als die Tiere, die nur für sie zum Gebrauche geschaffen sind, betrachten. Der Arbeiter wird im Schweiße seines Angesichts hungernd sehen müssen, wie seine Steuern mit Champagner und Mätressen verschleudert werden, und der Soldat wird wieder in die Zwangsjacke des Gamaschendienstes gedrängt und Schläge wie das Tier erhalten. Darum auf ihr Soldaten, tut den Württembergern, tut's den Badensern gleich, streitet für uns und mit uns, dann streitet Ihr einen göttlichen, einen gerechten Kampf für die Wahrheit. Die Mitwelt, die auf Euch blickt, wird Euch alsdann segnen, und die Nachwelt wird Euer Angedenken ehren. Die Mutter wird mit dem Kinde und Enkel zu Euren Gräbern wandeln und ihnen im Feiertone sagen: Hier liegen die Männer, deren Namen fort und fort im Buche der Geschichte stehen, denn sie befreiten uns vom Joche der Tyrannei, sie wollten nicht länger Sklaven sein, sondern Freie. Werdet Ihr aber das Gegenteil tun, werdet Ihr nicht für uns, sondern für diejenigen streiten, die Eure Väter verkauft, die abermals ihr Wort und ihre Eide den Völkern gebrochen haben, dann wird Euch die Mitwelt verachten und die Nachwelt wird den Ort verfluchen, wo Eure Gebeine ruhn, weil Ihr getan, was nicht recht war, und dieser Fluch wird wie Donner Gottes durch die Jahrhunderte rollen.

Drum noch einmal, Brüder, horcht auf die Stimme der Natur, mordet Euer Blut nicht, denn mit tränenden Augen müßten wir das Nämliche tun, da wir keine Furcht kennen, und davor behüte uns Gott. Will man Euch von Eiden reden, die Ihr geleistet, dann sagt, es gäbe einen höheren Eid, den der Mensch dem König aller Könige schulde und der da heißt: Du sollst kein Bruderblut vergießen!

Brüder! Schlagt ein in die alte Bruderhand, und dieser Händeschlag wird wie Jubelklang durch die Welt schallen, und die Völker werden rufen: Es leben die braven hessischen Soldaten!

Hirschhorn, 14. Juni 1849.
Brudergruß von der Hanauer Turnerwehr

25 Januar – März 1850

Der Hanauer Arbeiterverein im Bezirk Frankfurt am Main der Arbeiterverbrüderung

25a Aufnahmeantrag des Arbeitervereins an das Zentralkomitee der Arbeiterverbrüderung in Leipzig, 26. Januar 1850

Horst Schlechte (Bearb.), Die Allgemeine Deutsche Arbeiterverbrüderung 1848–1850. Dokumente des Zentralkomitees für die deutschen Arbeiter in Leipzig, Weimar 1979, S. 283f.; Anmerkungen teilweise in der Vorlage. Adresse: An den Arbeiter-Verein in Hanau abzugeben im »Weidenbusch«.

Der Arbeiter-Verein in Hanau an den Vorstand des Zentral-Arbeiter-Verein in Leipzig.
»Wohlstand! Bildung! Freiheit für Alle!«

Brüder!

Wir beehren uns, gegenwärtiges Schreiben an Euch zu richten. Vor allem bitten wir uns ein Exemplar der »Verbrüderung« aus, nämlich vom Neujahr an. Wir haben sie bereits bei einer hiesigen Buchhandlung bestellt. Ferner teilen wir Euch mit, dass zur Zeit, als Euer Umlaufschreiben bei uns einging, wir durch einen Kongress[a] den Verein in Gießen zu unserem Bezirksverein bestimmten, wir warteten aber bis jetzt vergebens auf Resultate.

Brüder! Wenn auch unser Verein bis jetzt keiner Verbrüderung angehörte, so wurden doch keine Interessen der Arbeiter versäumt!

Der hiesige Verein gibt seit seinem Entstehn jedem durchreisenden Arbeiter, der sich legitimieren kann, eine Unterstützung von 12 Kreuzer: 3½ Neugroschen, gedachter Verein mußte aber schon mehrmals mit Bedauern erfahren, dass unseren Mitgliedern die Unterstützung von andern Vereinen versagt wurde mit dem Bemerken: »dass der hiesige Arbeiterverein der Verbrüderung nicht angehöre«.

Zu diesem Zwecke ersuchen wir Euch, uns mit den Blättern einige Exemplare Eurer Statuen der Verbrüderung zur Einsicht mitzuschicken.

Wir sehen einer baldigen Willfahrung entgegen und zeichnen mit Achtung
Der Arbeiter-Verein zu Hanau
Der Vorstand
Der Präsident: H. Schaarschmidt
Der Schriftführer: A. A. Herrmann[b]

[a] Gemeint ist der Bezirkskongress vom 14. Januar 1849 in Hanau. Siehe Dokument Nr. 22.
[b] A. A. Herrmann war Schriftsetzer in Hanau. Vermerk von der Hand Schwennigers: »Beantwortet am 5. Februar«.

25b Protokoll des ersten Kongresses der verbrüderten Arbeitervereine des Bezirks Frankfurt am Main in Offenbach, 10. Februar 1850

Hessisches Hauptstaatsarchiv Wiesbaden, 5/268-VII. fol. 129ff.; abgedruckt in: Eckhart G. Franz, Die hessischen Arbeitervereine im Rahmen der politischen Arbeiterbewegung der Jahre 1848-1850, Archiv für hessische Geschichte und Altertumskunde, N.F., 33. Bd., Darmstadt 1975, S. 251f.

Erster Präsident: J. Weydemeyer aus Frankfurt a. M; Zweiter Präsident: Arnold aus Offenbach. Vertreten sind die Vereine von Darmstadt, Frankfurt, Offenbach und Hanau. Mainz ist der Einladung nicht gefolgt; es wird deshalb beschlossen, über den Grund der Nichtbeteiligung den dortigen Verein um Auskunft zu ersuchen.

Es wird die gemeinschaftliche Beschickung des Leipziger Arbeiterkongresses mit der von der Verbrüderung geforderten unbedingten Vollmacht und somit Anschluss an die allgemeine Arbeiterverbrüderung beschlossen: Die Reisekosten für den Deputierten nach Leipzig werden auf fl. 20, die Diäten auf fl. 1,45 kr. festgesetzt, und die letzteren vorläufig auf 14 Tage bewilligt. Der Abgeordnete hat jedoch bis zum Schluss des Kongresses in Leipzig zu bleiben. Die Repartierung der Kosten nach der Kopfzahl wird angenommen und ihre Verteilung nach der ungefähren Mitgliederzahl der Vereine sie folgt bestimmt:

Der Darmstädter Verein	à 70 Mitglieder trägt	fl. 13,00 kr.
Der Frankfurter Verein	à 35 Mitglieder trägt	fl. 6,30 kr.
Der Offenbacher Verein	à 70 Mitglieder trägt	fl. 13,00 kr.
Der Hanauer Verein	à 70 Mitglieder trägt	fl. 13,00 kr.
		fl. 45,30 kr.

Zum Abgeordneten wird mit 6 von 12 Stimmen der Erste Vorsitzende J. Weydemeyer gewählt (die übrigen Stimmen verteilen sich auf den Zweiten Vorsitzenden Arnold 3, Una aus Hanau 2, Koch aus Darmstadt 1); da derselbe die Wahl nicht annehmen zu können erklärt, muss zu einem zweiten Skrutinium geschritten werden. Menkel aus Offenbach geht aus demselben mit 6 Stimmen als Abgeordneter hervor.

Arnold erhielt 4, Una 2 Stimmen. – Es wird hierauf zur Wahl des Bezirksvereins geschritten, und der Frankfurter Verein als derselbe bestimmt und die dort erscheinende »Neue Deutsche Zeitung« als Organ des Bezirks angenommen. Schließlich wird noch bestimmt, dass alle Briefe und Sendungen von den Vereinen an das Bezirkskomitee portofrei, vom Komitee an die Vereine dagegen unfrankiert gemacht werden.

25c Bericht Anton Menkels, Delegierter der Arbeitervereine in Frankfurt am Main, Hanau, Darmstadt und Offenbach, auf der Generalversammlung der Arbeiterverbrüderung in Leipzig, 21. Februar 1850

Die Verbrüderung Nr. 37, 15. Juni 1850; abgedruckt in: Der Bund der Kommunisten, Dokumente und Materialien, Bd. 2. 1849-1851, Berlin 1982, S. 99.

Die Schöpfung, Entwicklung, das teilweise Ende und die Wiederherstellung dieser Vereine lassen sich kurz und in drei Epochen fassen, welche heißen: Revolution, Reaktion und Restauration. Als Kinder der Revolution glaubten viele Arbeiter, ihrer Mutter treu bleiben zu müssen, besonders als das Bewusstsein reger wurde. So sehen wir sie aus dem bewegten Lebensmeere des Jahres 1848 entsteigen, wir sehen sie im Strome der Zeit des Jahres 1849 teilweise mit fortgerissen und sehen die Trümmer sich wieder sammeln. Die Septembergeschichte 1848 in Frankfurt am Main, der Belagerungszustand daselbst machte den Verein unmöglich. Die badische Erhebung wirkte teils zertrümmernd, teils lähmend auf den Hanauer und Offenbacher Verein; der Verein zu Darmstadt hatte mehr Glück und wurde weniger von den Stürmen erschüttert. – Sie können aber die Überzeugung haben, dass die Entwickelung der umgestalteten Vereine eine rasche sein wird, da sie, wenn auch mitunter arm an Zahl, doch reich an Erfahrungen durch die jüngste Zeit geworden sind, und wir also eines praktischen Wirkens gewiss sein können. So zählte der neue Frankfurter Verein nur 40 Mitglieder, hat aber durch die Einrichtung eines Lehrlokals kurz vor meiner Abreise noch einige Hundert herangezogen; wir wollen hoffen, dass sie bald als Glieder der Verbrüderung gezählt werden. – Der Hanauer und Darmstädter Verein haben regelmäßige Unterrichtsstunden in verschiedenen Fächern des Wissens. Der zuletzt wiederhergestellte Offenbacher Verein hatte nur noch eine Errungenschaft im ganzen aus den Trümmern des alten Vereins aufzuweisen, und diese ist der Gesangverein, welcher dank dem Fleiße seines Direktors, Bürger Jäck, und einzelner Mitglieder noch als etwas Ganzes besteht; wie zu erwarten stand, reichten die Sänger sofort ihren alten und neuen Brüdern des jungen Arbeitervereins die Hand und verschmolzen zum Ganzen mit ihnen. Der nächsten Zeit bleibt es vorbehalten, Resultate von der Wirkung des Vereins der Verbrüderung zu übermachen, welche bei dem guten Willen vieler und bei dem Feuereifer Einzelner nur erfreulich sein werden.

25d Protokoll des zweiten Bezirkstags der verbrüderten Arbeitervereine in Frankfurt, 24. März 1850

Hessisches Hauptstaatsarchiv Wiesbaden, 5/268-VII., fol. 129ff.; abgedruckt in: Eckhart G. Franz, Die hessischen Arbeitervereine im Rahmen der politischen Arbeiterbewegung der Jahre 1848-1850, Archiv für hessische Geschichte und Altertumskunde, N.F., 33. Bd., Darmstadt 1975, S. 253f.

Erster Vorsitzender: J. Weydemeyer. Zweiter Vorsitzender: Arnold. Vertreten sind die Vereine von Frankfurt a. M., Darmstadt, Offenbach, Hanau, Höchst, Mainz und Wiesbaden.

Der Vorsitzende, Weydemeyer, macht den Kongress mit dem Resultat der Wahl zum Bezirkskomitee bekannt; dasselbe besteht aus: J. Weydemeyer als Vorsitzenden, Fischer als Kassierer und Schmidt als Schriftführer. Von dem Deputierten des Mainzer Vereins erfolgt die Mitteilung, dass das Einladungsschreiben zu dem ersten Bezirkskongresse gar nicht an den Verein gelangt sei. Die Vertreter der drei nun hinzugetretenen Vereine erklären im Laufe der Verhandlungen ihren Anschluss an die Verbrüderung und den Bezirksverband.

Der von Leipzig zurückgekehrte Deputierte Menkel stattet Bericht über den allgemeinen Arbeiterkongress ab. Da die gedruckten Beschlüsse und revidierten Statuten dem Bezirkskomitee noch nicht zugegangen sind, kann der Kongress nur nach dem mündlichen Referat des Abgeordneten seine vorläufigen Beschlüsse fassen.

Den ersten Gegenstand der Beratung bilden die Wanderschafts-Unterstützungskassen. Die Höhe der Wanderschaftsunterstützungen wird auf 12 kr. festgesetzt. Dieselben werden von dem ganzen Bezirk solidarisch getragen und auf jeder Bezirksversammlung nach der Kopfzahl der Mitglieder ausgeglichen. Die Unterstützungen werden in der Weise erteilt, dass Wiesbaden und Mainz als eine, Höchst, Hanau, Offenbach und Frankfurt als zwei, Darmstadt als eine Station angesehen werden. Ausgezahlt wird die Unterstützung an demjenigen Orte der Station, wo sich der Arbeiter zuerst präsentiert, und die Auszahlung auf der Rückseite seiner Vereinskarte [...] bemerkt und mit der Unterschrift des Kassierers versehen. (Zur Ergänzung dieser Bestimmungen verweist das Bezirkskomitee auf die Bestimmungen in den Statuten der allgemeinen Verbrüderung.) Über die geleisteten Unterstützungen ist monatlich Bericht an das Bezirkskomitee abzustatten. Die diesmalige Angabe der Kopfzahl der Vereinsmitglieder darf selbstredend dabei nicht fehlen, da ohne dieselbe die Repartierung auf die einzelnen Vereine nicht möglich ist. In eine Beratung über zu errichtende Invalidenkassen wird nicht eingetreten.

Es wird beschlossen, die Errichtung von Assoziationen für die Konsumtion möglichst zu befördern, da die Zunftgesetze die Assoziation für die Produktion unmöglich machen. Das Kapital für gemeinschaftliche Beschaffung von Konsumtionsgegenständen soll durch freiwillige Einzahlungen gebildet werden, die – wenn nicht plötzliche Abreise eine sofortige Rückzahlung nötig macht – erst nach 14tägiger Kündigung wieder zurückverlangt werden können.

26 — 15. März 1851

Bericht des Gutenbergbundes, Hauptverein Frankfurt, über den Zustand des Zweigvereins Hanau

Gutenberg Nr. 11, 15. März 1851.

Die neuesten politischen Ereignisse in Kurhessen haben auf den Verein Hanau ihre Einwirkung nicht verfehlt und ist derselbe, der von Anfang an unserer Bewegung ein treuer und tätiger Verbündeter Frankfurts gewesen, jetzt in seinem Arbeiten gänzlich gehemmt. Sämtliche Hanauer Kollegen sind indessen unserer neuen Kranken-, (Sterbe-) und Invalidenkasse beigetreten. Wir haben übrigens das feste Vertrauen, dass in allen Kollegen Hanaus die Prinzipien des Bundes zu warm und kräftig unter der Eisdecke fortleben, um bei dem ersten Sonnenstrahle wieder in gewohnte Blüte hervorzubrechen.

27 — März – April 1851

Die Streiks in den Hanauer Fabriken C. Rößler, Blachière und Du Fay-Leisler & Co. im Frühjahr 1851

27a Polizeibericht über die Streiks in der Hutfabrik C. Rößler und in der Zigarrenfabrik Blachière, 18. – 22. März 1851

Hessisches Staatsarchiv Marburg, 180 Hanau-5011. Der Bericht ist vom 6. April datiert; gezeichnet: Kuntz.

Bezüglich der Vorgänge der rößlerschen Hutarbeiter und der blachièrschen Zigarrenarbeiter stellte man möglich genaue Nachforschungen an, indes konnte nur ermittelt werden, dass auch bei jenen Arbeitern die Fabrikherren die Veranlassung zum Konflikte gegeben hatten, und dass durchaus nichts vorgekommen sei, was auf eine verzweigte Verbindung der Fabrikarbeiter in sämtlichen Fabriken schließen lasse. Namentlich ist ermittelt worden, dass am 22. vorigen Monats in der blachièrschen Tabakfabrik dahier 11 Zigarrenarbeiter entlassen worden sind, weil dieselben einer neuen Anordnung in der Fabrik: die gefertigten Zigarren nach einer gusseisernen Gießform wegzuschneiden, um eine gleichmäßige Größe der Zigarren zu erhalten, sich wegen des ihnen dadurch in der Arbeit erwachsenden Zeitverlustes nicht haben fügen wollen. Es wird indessen dieserhalb vermutet, dass die entlassenen Zigarrenarbeiter, sämtlich von Steinheim, diese Gelegenheit benutzt hätten, um alsbald ihre Entlassung zu erhalten, um in eine zu Steinheim neu etablierte Zigarrenfabrik eintreten zu können.

Am 20. und 21. vorigen Monats die Hutmacher (nicht auch die übrigen Arbeiter) in der Rößlerschen Hutfabrik die Arbeit verlassen haben, weil die Hutfabrikanten dahier und in den Nachbarstädten die Übereinkunft getroffen haben sollen, dass ein Hutmacher, der auf sein Verlangen aus der Arbeit entlassen worden, in einer anderen Hutfabrik keine Arbeit erhalten solle. Hutfabrikant Rößler dahier hat bezüglich seiner Fabrik die Sachlage alsbald geschlichtet, und es sind hierauf seine Hutmacher alsbald in ihre Arbeit zurückgekehrt.

27b Bericht der »Hanauer Zeitung« über die Zusammenkunft der streikenden Frankfurter, Homburger, Offenbacher und Hanauer Hutmachergesellen in Offenbach, 18. – 21. März 1851

Hanauer Zeitung Nr. 72, 23. März 1851.

Vorgestern feierten in dem benachbarten Offenbach ungefähr 100 Hutmachergesellen einen Triumph über die Fabrikanten ihres Gewerbes von vier Städten unserer Gegend, wozu auch Offenbach und Homburg gehören. Die Fabrikanten der vier Städte nämlich hatten sich bei 100 Talern Strafe für die Vereinskasse verpflichtet, keinem Gehilfen, welcher in einer der vier Vereinsstädte gearbeitet und selbst Abschied genommen hatte, Arbeit zu geben. Um dieser Übereinkunft zu begegnen, beschlossen die in diesen Städten beschäftigten Hutmachergesellen, sofort Meldung davon nach allen näheren und von dort alsdann nach entfernteren Städten zu machen und ihren Gewerbsgenossen auszugeben, keine Arbeit in jenen vier Städten anzunehmen. Sie selbst aber kamen in Offenbach zusammen und zechten mehrere Tage lang, bis die Fabrikanten sich dazu verstanden, von den Bestimmungen ihrer Übereinkunft abzustehen und die bis auf 600 fl. angewachsene Zeche den Gesellen zu bezahlen. Man muss den Hutmachergesellen übrigens zur Ehre nachsagen, dass sie sich sowohl in Bezug auf die Streitsache als auch bei ihren Zusammenkünften in Offenbach sehr ernst und gut benommen haben.

27c Bericht des Verwaltungsamtes Hanau an die städtische Polizeiverwaltung über die Streiks und die Stellungnahme des Fabrikanten F. Leisler, 29. März 1851

Hessisches Staatsarchiv Marburg, 180 Hanau-5011; gezeichnet: Rauh.

Von dem Fabrikanten Leisler wird der Hergang der Sache angegeben wie folgt: Nachdem bereits am letzten Sonnabend einige Arbeiter beim Auszahlen des Wochenlohnes Einsprache gegen die gewöhnlichen Abzüge wegen erhaltener Geldvorschüsse getan, waren am Montag die sämtlichen Arbeiter bei ihm, Leisler, erschienen und hatten ihm eine Bittschrift überreicht, worin sie unter Berufung auf im Jahr 1848 angeblich erhaltene Versprechungen, verschiedene Forderungen, namentlich bezüglich der Lehrjungen, mit der Drohung an ihn gestellt, dass sie im Falle einer Nichtgewährung insgesamt die Arbeit sofort verlassen würden. Als er denselben hierauf ihre Forderungen mit dem Bemerken abgeschlagen, dass er sich von seinen Arbeitern über den Fabrikbetrieb nichts vorschreiben lassen könne, hätten nämliche Arbeiter – 50 Weber und die denselben beigegebenen 100 Jungen – die Fabrik verlassen und waren zur Zeit noch nicht zurückgekehrt.

Vorher waren durchaus keine Klagen, weder über zu geringen Arbeitslohn noch über sonst etwas, bei ihm gehört worden, es waren vielmehr die Arbeiter mit ihrem Verdienst bisher sehr zufrieden gewesen, auch hätten dieselben keinen Grund in dieser Hinsicht unzufrieden zu sein, da ihr Verdienst dermalen so gut sei als irgend einer anderen Zeit; der gegebene Grund schiene ein Vorwand und von nur wenigen Arbeitern, namentlich aus hiesiger Stadt, ausgegangen zu sein. Leisler hegt indes die Erwartung, dass die meisten Arbeiter nächsten Montag zur Arbeit zurückkehren werden, indem schon Einzelne zu ihm gekommen wären und erklärt hätten, dass sie gerne wieder arbeiten würden, es aber nicht könnten, weil sie sich gegenseitig verbindlich gewehrt hatten.

Dagegen haben sie die Teppicharbeiter bei der städtischen Polizeiverwaltung hier selbst als ernsteste Veranlassung der Arbeitseinstellung angegeben, dass Leisler eine vor zwei Jahren schon versprochene Lohnerhöhung jetzt gänzlich verweigere und außerdem den Taglohn zu 40 kr. täglich für Einrichtung der Weberstühle, welche jedesmal stattfinden müsse, wenn ein aufgehabter Teppich fertig geworden, und welche stets die Zeit von mehreren Tagen erfordern, versagt habe.

Die fraglichen Arbeiter – Leute aus hiesiger Stadt und den umliegenden Orten sowie auch aus dem Ausland – haben sich übrigens bisher ruhig verhalten und der städtischen Polizeiverwaltung noch keine Veranlassung zum Einschreiten gegeben.

Nimmt man nun auch an, dass die Fabrikherren den Arbeitern einige Veranlassung zur Unzufriedenheit gegeben haben, so ist doch diese Veranlassung in keinem Falle von der Art, dass sie die Einstellung der Arbeit von sämtlichen Arbeitern rechtfertigen könnte, und so muss die Handlungsweise dieser Arbeiter um so mehr auffallen, als kurz vorher noch die Arbeiter in der rößlerschen Hutfabrik und in der blachièrschen Tabakfabrik in ihrer Gesamtheit ähnliche Forderungen durchzusetzen suchten und in der ersteren auch durchgesetzt haben sollen. Es scheint dies auf ein gemeinschaftliches Handeln hinzudeuten und verborgene Hände hier mit im Spiel zu sein.

Ob es tunlich und angemessen erscheinen dürfte zur Ermittelung der Anstifter eine Untersuchung zu veranlassen, muss ich höherem Ermessen anheim geben. Jedenfalls aber halte ich es für rätlich, die fremden Arbeiter zu bedeuten, dass sie, wenn sie nicht binnen kürzester Frist zur Arbeit zurückkehrten, ihre Ausweisung von hier zu gewärtigen hätten.

Von mir mitgeteilten Bericht schließe ich wieder bei.

27d Bericht des Vizebürgermeisters Herold an die Hanauer Bezirksdirektion über den Streik der Teppichweber in der Fabrik Du Fay-Leisler & Co., 26. März – 3. April 1851

Hessisches Staatsarchiv Marburg, 180 Hanau-5011. Der Bericht ist vom 30. April 1851 datiert.

Am verwichenen Montag Mittag hat ein Teil der Arbeiter in der leislerschen Teppichfabrik die Arbeit niedergelegt, weil Leisler auf früher denselben gemachte Geldvorschüsse größere sukzessive Abzüge hat machen wollen, als diese seither stattgefunden hatten. An demselben Tage gingen die Arbeiter, insbesondere die jungen, nicht verheirateten, hie und da ohne Arbeit umher, wie dieses, jedoch zu anderer Zeit, schon mehr geschehen ist. Sie wurden polizeilich überwacht; es fiel nichts Ungesetzliches vor und man lebte der Hoffnung, dass sich der fragliche geringfügige Fabrikkonflikt, von welchem übrigens bis jetzt noch niemand große Notiz genommen hat, alsbald wieder beseitigen werde.

Den folgenden Tag, Dienstag, traf man auf der Straße von den fraglichen Fabrikarbeitern fast keinen mehr und vernahm, dass Schlichtung des Konfliktes nahe sei. Gegen Abend ging das Schreiben der Kommandantschaft der Bundestruppen dahier von demselben Tage – welches als Beilage 1. der obigen Anlage beigegeben ist –

anher ein. Bis dahin hatte man polizeiseitig noch keine Veranlassung gehabt, gegen die Fabrikarbeiter vorzuschreiten, denn es war ihrerseits in der hiesigen Stadt noch nicht das mindeste Ungesetzliche vorgekommen. Es hat nicht ermittelt werden können, ob das gleichzeitige Verlassen der Arbeit in Folge einer vorher gegangenen Verabredung der Arbeiter unter sich und auf wessen Anstiftung erfolgt sei.

Bezüglich des Vorganges in der leislerschen Teppichfabrik hat sich fortwährend ergeben, dass sofort, als Fabrikant Leisler mit Versagung und beziehungsweise Verminderung des bisherigen Arbeitslohnes hervorgetreten sei, sich eine allgemeine Entrüstung der Arbeiter bemächtiget und die Erklärung veranlasst habe, dass man für den (verminderten) Lohn nicht arbeiten könne, dass man dabei zugrunde gehen müsse, und dass dieselben so in Unmute von der Arbeit weggegangen seien. Die Arbeiter (Teppichweber) hätten hierauf sämtlich eine Eingabe an Leisler um Zurücknahme der Lohnverminderung gemacht, dieselbe jedoch ohne Erfolg eingereicht, und so seien dieselben von der Arbeit weggeblieben.

Hiernach stehet wohl außer Zweifel, dass weder auf eine ungesetzliche, verzweigte Verbindung der Arbeiter noch auf eine vorhergegangene Verabredung derselben unter sich zur Arbeitsniederlegung noch auf eine Anstiftung geschlossen werden kann, vielmehr, dass jeder der Fabrikanten, Leisler bei seinen Teppichwebern, Blachière bei seinen Zigarrenarbeitern, Rößler – in Verbindung mit den Hutfabrikanten in den benachbarten Städten – bei seinen Hutmachern, den Fabrikkonflikt hervorgerufen hat. Ohne die oben erwähnten Tatsachen respektive Veranlassungen der genannten Fabrikanten würde jeder der Fabrikarbeiter nach wie vor ruhig an seiner Arbeit verblieben sein. Diese Annahme erhält wohl dadurch Verstärkung, dass die Fabrikarbeiter in allen übrigen hiesigen und auswärtigen Fabriken, in welchen solche Veranlassungen nicht gegeben worden, nach wie vor ruhig an ihrer Arbeit und in ihrem Verdienst verblieben sind.

Die Teppicharbeiter von hier sind, bis auf ungefähr 12 derselben, in die Fabrik an ihre Arbeit zurückgekehrt. Ein Teil derselben, an ihre Arbeit nicht zurückgekehrten, beabsichtiget nach Amerika auszuwandern; mehrere andere dieser will Leisler in die Fabrik nicht wieder zulassen. Die Teppicharbeiter aus den benachbarten Orten aber sind fast sämtlich in die Fabrik wieder eingetreten, und die hier ortsfremden Arbeiter haben auf die verfügte Ausweisung aus hiesiger Stadt ihre Arbeit sofort wieder aufgenommen.

Indem ich dieses kurfürstlicher Bezirksdirektion hierdurch berichte, bemerke ich zugeich, dass sämtliche Fabrikarbeiter dahier seither ein gesetzliches Betragen beobachtet haben.

28 März 1851

Die Verhaftung der Mitglieder der Zigarrenarbeiterunterstützungskasse infolge einer Denunziation

28a Protokoll der Hanauer städtischen Polizei über die Verhaftung durch die Kommandantschaft der in der Stadt stationierten Bundestruppen, 22. März 1851

Hessisches Staatsarchiv Marburg, 180 Hanau-6725. Das Protokoll wurde am 23. März 1851 aufgenommen; gezeichnet: Kuntz.

Gestern Abend hat die Kommandantschaft der Bundestruppen dahier plötzlich in der hiesigen Stadt außerordentliche militärische Maßregeln ergriffen, namentlich die in der Stadt einquartierte Mannschaft durch abgeschickte Unteroffiziere aus den Quartieren und den Wirtshäusern auf dem Alarmplatz zusammenbringen, das Neustädter Rathaus vorn und hinten stark besetzen und die im Gasthaus »Zur weißen Taube« bezüglich ihrer Unterstützungskasse zusammengekommenen Zigarrenarbeiter durch Patrouillen aufheben respektive verhaften, die Literalien derselben in Beschlag nehmen und auf die Hauptwache führen beziehungsweise abliefern lassen. Es sind ungefähr 20 Personen verhaftet und einige Bücher, zur Unterstützungskasse gehörig, in Beschlag genommen worden.

Nachdem dieses geschehen war, wurde der Vizebürgermeister und der Polizeikommissar auf die Hauptwache gerufen. Daselbst wurde von der Kommandantschaft mitgeteilt, dass ein Zigarrenarbeiter Söhnlein, von hier, bei ihr die Anzeige gemacht habe, dass ein demokratischer Verein (aus Zigarrenarbeitern bestehend) in dem Gasthaus »Zur weißen Taube« seine Versammlungen halte und namentlich fortan (gestern Abend) zusammengekommen und tätig sei. Dessen Tendenz sei auf den Umsturz des Bestehenden gerichtet. Diesseits sprach man sich alsbald dafür aus, dass man von einem »Verein« der Zigarrenarbeiter nichts wisse, wohl aber von einer Unterstützungskasse derselben, welche man für einen Verein nicht halten könne. Dieselbe sei daher auch als ein solcher der kurfürstlichen Bezirksdirektion dahier nicht verzeichnet worden.

Nachdem nun die Kommandantschaft noch den Söhnlein bezüglich seiner Denunziation befragt, die Sache näher beurteilt, überhaupt einen strafbaren Verein in der Versammlung der Zigarrenarbeiter nicht gefunden hatte, gab sie die sämtlichen Arrestanten anher ab. Diesseits ersuchte man, da es schon spät war, um Belassung der Arrestanten auf der Hauptwache bis zum heutigen Morgen, wo man sie der Staatsbehörde überliefern wolle. Die Kommandantschaft gab diesem Ansuchen Folge. Soeben nun, morgens 8 Uhr, schickte man die Polizeisergeanten Schmidt und Dietrich an die Hauptwache ab, um die Arrestanten von da abzuführen und in das Zivilarrestlokale zur Aufbewahrung zu überliefern. Der Hauptmann der Wache erklärte den Polizeisergeanten: Er habe zwar gestern Abend gehört, dass der Herr Oberst die Arrestanten an die Polizei abgegeben habe, er, Hauptmann habe jedoch noch keine schriftliche Weisung zur Verabfolgung derselben erhalten, man möge diese Weisung auswirken, was alsbald geschehen könne. Polizeisergeant Schmidt wurde hierzu angewiesen, derselbe erhielt aber eine deshaltige Ausfertigung nicht, vielmehr von der Adjutantur die Bemerkung: der Herr Oberst wolle heute erst die Vorverhandlung durch Herrn Auditeur vornehmen lassen, indem es sein könne, dass doch noch etwas Politisches anklebe. Dem Hauptmann der Wache wurde dieses angezeigt und die Polizeisergeanten wurden zurückgezogen.

Bemerkt wird anher, dass die obige Anzahl hiesiger Zigarrenarbeiter sich zur Beratung ihrer gegenseitigen Unterstützungsangelegenheit in dem Gasthaus »Zur weißen Taube« dahier eingefunden hat, dass dieselben, nach der Aussagen des Wirtes Schell, den Zigarrenarbeiter Jean Söhnlein, von hier, von der Teilnahme wegen schlechten Betragung zurückgewiesen haben, und dass hierauf derselbe sehr erbost, bei der Kommandantschaft mit der obigen Denunziation vorgetreten ist.

Söhnlein ist ein schlechtes Subjekt, mehrmals wegen Diebstahles bestraft, hat Arrests in in- und ausländischen Strafanstalten gesessen – worüber seine Personalakten in der »Gauner-Repositur« der hochmögenden kurfürstlichen Polizeidirektion Nachweis liefern können – und ist dem Trunke ergeben.

28b Schreiben des stellvertretenden Präsidenten der Zigarrenarbeiter-Assoziation, Peter Röser, an Ferdinand Lassalle, seine Sammlungstätigkeit für die Angehörigen der verhafteten Hanauer Zigarrenarbeiter betreffend, 31. März 1851

Der Bund der Kommunisten. Dokumente und Materialen, Bd. 2, 1849-1851, Berlin 1982, S. 400f.

Lieber Lassalle!
Ihre Zuschrift habe ich durch Bürgers erhalten und beeile mich, für Ihre freundliche Einladung zu danken, muss aber mit Bedauern Ihnen schreiben, dass ich keinen Gebrauch davon machen kann. Und zwar aus dem Grunde, weil ich heute noch verreise.

Als stellvertretender Präsident der deutschen Zigarrenarbeiter-Assoziation wurde mir von dem Komitee in Duisburg der Auftrag, im Interesse des Hanauer Vereins, die Vereine in der Rheinprovinz zu besuchen. Der Hanauer Verein wurde in der verflossenen Woche bei einer Versammlung von bayrischen Soldaten umzingelt, 20 Mitglieder arretiert und fünf nach Kassel geführt, um dort vors Kriegsgericht gestellt zu werden.[a] Zugleich wurde das Vermögen des Vereins, 1000 fl., konfisziert. Die Familien der Arretierten und die dortigen Kranken sind nun, wenn ihnen von den übrigen Vereinen keine Unterstützung wird, in schrecklichster Lage. Das ist der Grund, weshalb ich meine Reise nicht eine Stunde aufschieben kann.

Dass ich mich sehr freue, dass die sechs Monate glücklich überstanden sind, brauche ich Ihnen wohl nicht erst zu sagen.[b] Ebenso gerne würde ich, wenn ich nicht, wie oben gesagt, verhindert wäre, eine Flasche mit Ihnen und unseren Freunden auf die »Rot Kommunistische« leeren. Sie lebe!
Köln, 31. März 1851
Herzlichst grüßt P.G. Röser

P.S. Ich wohne jetzt Eigelstein 15.

[a] In kleineren Gruppen wurden alle 20 Inhaftierten nach Kassel transportiert.
[b] Ferdinand Lassalle feierte die Entlassung aus der Haft, die er vom 1. Oktober 1850 bis zum 1. April 1851 wegen Beteiligung an der Steuerverweigerungskampagne im November 1848 in Düsseldorf verbüßen musste.

29 — 24. Juni 1852

Brief von Ferdinand Lassalle an Karl Marx über den Bewusstseinsstand des Proletariats (Auszug)

Quellen zum politischen Denken der Deutschen im 19. und 20. Jahrhundert, Bd. 5., Hans Fenske (Hrsg.), Der Weg zur Reichsgründung 1850–1870, Darmstadt 1977, S. 80.

Von Deutschland ist nichts zu melden. Steigende, immer drückendere Steuern; steigende Gifte und Galle von Seiten der Bourgeoisie und steigende Furcht, sie laut werden zu lassen – voilà tout. Sollte wirklich die Auflösung des Zollvereins eintreten, so wird sich dieser Unmut noch unendlich vermehren. Das Proletariat betreffend, so scheint hier in großen Umkreisen eine Bewegung vorzugehen, welche Hegel eine »Einkehr in sich« nennen würde. Die Arbeiterklasse ist offenbar in hohem Maße und weitem Umfang drauf und dran, die politische Windstille benutzend, sich in ihr Inwendiges einzuleben, sich ihren inneren Begriff zum Bewusstsein zu bringen und sich dadurch zu festigen. Die augenblicklichen politischen Zustände verstimmen und entmutigen sie weit weniger, drücken sie weit weniger als die Bourgeoisie, weil sie ohnehin wissen, dass sie keine Ansprüche auf die allerunmittelbarste Gegenwart machen können und andererseits den Instinkt haben, dass die Verlängerung des Absolutismus dafür ebenso viel eine Abkürzung der direkten Klassenherrschaft der Bourgeoisie in sich einschließt. So benutzen sie diese Zwischenzeit, um sich ihrerseits mit ihrem Klassenbegriff so lebendig als nur möglich zu durchdringen, ihn sich nach allen Seiten möglichst klarzumachen und seine Konsequenzen theoretisch zu entwickeln.

Ich brauche Dir nicht zu sagen, wie erfreulich diese Bewegung ist. Sie wird die Folge haben, dass die nächste Revolution in der Arbeiterklasse ein weit kompakteres und bewussteres Material vorfindet als die zerfahrenen Elemente, mit denen im Jahre 1848 eine Arbeiterpartei improvisiert werden musste. Irre ich mich nicht, so wird gerade während dieser scheinbaren Todesstille die wirkliche deutsche Arbeiterpartei geboren.

30 — 9. März 1856

Bericht Wilhelm Zieglers in seiner Chronik über die Feier der Goldarbeiter anlässlich des 25. Jahrestages der Gründung einer Sterbe- und Krankenkasse

Stadtarchiv Hanau, L 1, Wilhelm Ziegler, Hanauer Chronik, Bd. 3, Bl. 275f.

9. März, Sonntag. Abends feierten die hiesigen Goldarbeiter den 25jährigen Jahrestag ihrer Errichtung einer Sterb- und Krankenkasse im Saale des Gasthauses »Zur deutschen Volkshalle« bei Herrn Friedrich Gauff durch ein gemeinschaftliches Festessen, an welchem 60 Prinzipale und ca. 210 Arbeiter teilnahmen. An vier größeren Tafeln waren ein jeder der Prinzipale mit seinen Arbeitern vereinigt. Das Gedeck kostete (incl. ein Schoppen Wein à 18 kr.) – 1. fl. per Mann. Es wurden Reden gehalten (Weishaupt u. a.), Toasten gebracht, außerdem spielten 20 Mann zur Tafel.

Nach dem Essen regalierten[a] die Herren Prinzipale ihre Arbeiter, teils mit sehr gutem Wein, teils wie z. B. die Herren Schönfeld, Dietelmann und Deibel, Horst und andere mit Champagner, und sagt man von letzterem, dass er so reich geflossen sei, dass man sich darin habe baden können, aber auch collectiert[b] wurde für einen kranken Goldarbeiter, Craß.

Die von ihnen eingeholte polizeiliche Erlaubnis zur Überschreitung der Feierabendstunde, welche ihnen nur bis 1 Uhr gestattet war, wurde ihnen von Polizeidirektor, Herrn Cornelius, auf Aufsuchen einer noch spät von denselben abgeschickten Deputation und auf Bitten des Gastwirts Gauff, um zwei Stunden verlängert. Das Fest ging bei dem überaus herrschenden Frohsinn ohne die geringste Störung vorüber. Den folgenden Tag feierten die Arbeiter größtenteils noch einmal, und wäre am Montag nachmittags bei einer Partie nach Steinheim beinahe der Goldarbeiter Hausmann beim Überfahren über den Main in letzterem ertrunken, indem er auf dem mit 28 Personen besetzten Nachen in den Main fiel, glücklich aber schnell aus dem Wasser gezogen wurde.

Die Goldarbeiter gehen damit um, eine so genannte Invalidenkasse unter sich zu errichten, welche den Zweck hat, durch Arbeit unfähig Gewordene zu unterstützen.

[a] regalieren (fr.), unentgeltlich bewirten.
[b] gesammelt.

31 April – Mai 1857

Die Streikwelle von 1857

31a Bericht des »Arbeitgeber« über die Lohnforderungen der Frankfurter, Bockenheimer, Hanauer und Offenbacher Hasenhaarschneider,[a] 4. April 1857

Der Arbeitgeber Nr. 28, 8. April 1857, S. 219.

Die Haarschneider sämtlicher Fabriken von hier, Bockenheim, Hanau und Offenbach haben sich vereinigt, um auf eine Erhöhung ihres Lohnes hinzuwirken, und sind mit ihren Arbeitgebern deshalb in Unterhandlungen getreten. Die Teuerung der Lebensmittel in den letzten Jahren und die infolge davon gestiegenen Preise auch der anderen Lebensbedürfnisse haben fast bei allen Gewerben eine Erhöhung des Arbeitslohnes hervorgerufen, nur die Haarschneider, die nach dem Stück arbeiten, sind noch zurückgeblieben und beantragen daher eine Erhöhung ihres Lohnes auf 6 fl. für das Hundert Hasenfelle und 2 fl. 30 kr. für Kaninchen. Begründet wird das Gesuch noch außerdem durch den nachteiligen Einfluss, welchen diese Arbeit auf die Gesundheit ausübt und es zur Pflicht macht, für die Zukunft der Familien mehr als bei anderen Geschäften Rücksicht zu nehmen. Da in den Fabriken noch bedeutende Bestellungen zu effektuieren sind, so haben die Arbeiter beschlossen, fest auf ihrer Forderung zu beharren.

[a] Nicht mehr existierender Beruf für die Vorbereitung und Verarbeitung von Hasenhaaren in der Stoffherstellung (Filz) für Hüte.

31b Bericht des »Arbeitgeber« über die Arbeits- und Lohnverhältnisse der Hasenhaarschneider, 22. April 1857

Der Arbeitgeber Nr. 30, 22. April 1857, S. 234. Einleitender Vermerk der Redaktion: Das Verhältnis der Hasenhaarschneider – schreibt man uns – ist folgendes:

Der Haarschneider hält meist einen Lehrling, den er selbst beschäftigen und mit zirka 2 fl. 30 kr. wöchentlich bezahlen muss. In Gemeinschaft mit diesem Lehrling ist er allerdings imstande, 10-12 fl. wöchentlich zu verdienen (die Haarschneider fassen ihre Arbeit auf je 14 Tage, brauchen aber zur Fertigstellung eines Materials, wofür sie 24 fl. erhalten, sehr oft auch 2½ Wochen), er muss aber 2 fl. 30 kr. davon an seinen Lehrling abgeben, so dass ihm also doch nur wöchentlich 7 fl. 30 fr. bis 9 fl. 30 kr. übrig bleiben. Haarschneider, die drei bis vier und noch mehr Lehrlinge haben, können es allerdings auf die von ihnen erwähnte Höhe des Lohnes bringen; allein solche, die keine Lehrlinge halten können, verdienen oft bloß 5 fl. wöchentlich. Zugunsten der letzteren hatte auch hauptsächlich die Arbeitseinstellung stattgefunden. Was den von ihnen erwähnten großen Konsum geistiger Getränke betrifft, so macht die ungesunde Arbeit denselben, wenn nicht zur Notwendigkeit, doch zu einem stark gefühlten Bedürfnis, da beim Schneiden der Felle ein unangenehmer Haarstaub entsteht, der sich auf die Brust legt.

31c Zirkular der Goldarbeiter des Kabinetts Schönfeld an die Kollegen in den anderen Werkstätten für ein gemeinsames Vorgehen gegen die Einstellung von Bauernjungen als Lehrlinge, 1. Mai 1857

Hessisches Staatsarchiv Marburg, 180 Hanau-6698. Dem Zirkulartext schließen sich die Einverständniserklärungen der Arbeiter in 19 Firmen an.

Aufforderung an unsere Freunde und Kollegen!

Schon lange ist es die Ansicht eines jeden rechtschaffenen Goldarbeiters, dass das Lernen der Landjungen in den hiesigen Bijouteriefabriken ein Ruin für die Hanauer Goldarbeiter ist; wir die Arbeiter des Herren Schönfeld sind übereingekommen, dass wir diesem Übel auf eine schnelle Weise ein Ende machen wollen. Wir ersuchen daher alle Arbeiter sich uns anzuschließen, weil in einigen Geschäften das Lernen der Bauern so überhand genommen hat, dass jeder, der auch noch so wenig in die Zukunft sehen kann, wissen wird, dass das auf alles einen bösen Eindruck machen muss.

Besprechen Sie sich miteinander und lassen Sie uns das Resultat wissen, denn jeder rechtliche Goldarbeiter wird einsehen, dass es höchst nötig ist, in dieser Sache etwas zu tun und diesem Übel abzuhelfen.

Folgen die Unterschriften:
Einstimmig angenommen Kabinett Schönfeld.

31d Bericht der Hanauer Polizeidirektion über die Stellungnahme der Bijouteriefabrikanten zum Zirkular der Beschäftigten, 2. Mai 1857

Hessisches Staatsarchiv Marburg, 180 Hanau-6698.

Die anliegende Aufforderung verfasst von den Goldarbeitern Stetter von hier und Euring aus Wiesbaden im Geschäft bei Bijouteriefabrikant Schönfeld ist in Zirkel bei den hiesigen Goldarbeitern gesetzt und in dem Kabinett von Bijouteriefabrikant Hertel eingezogen worden.

Die hiesigen Bijouteriefabrikanten, namentlich Weishaupt, Backes, Steinheuer & Bier, Dietz namens Schönfeld, Collin, Hertel, Horst, Bauscher, Reinemann, Dietelmann, Hubert sprachen sich voller Entrüstung über diese Schrift aus und äußerten sich, unter keiner Bedingung diese zu bewilligen, um so weniger, da gerade jetzt das Geschäft so schwach ging, dass sie sozusagen, ihre bisherigen Arbeiter nur aus Humanitätsrücksichten beibehalten hätten. Weishaupt, Backes und Hubert erklärten, dass diese Aufforderung in ihren Kabinetten noch gar nicht zirkuliert hätte, und dass sie auch auf den Sinn ihrer Arbeiter vertrauend, sich der Bewertung hergeben könnten, dass diese Schrift einen Eingang nicht gefunden haben würde.

31e Protokoll der Hanauer Polizeidirektion über die Arbeitsniederlegung der Wickelmacherinnen und Wickelmacher der Zigarrenfabrik Vollbracht, 15. Mai 1857

Hessisches Staatsarchiv Marburg, 180 Hanau–6698.

Meldet der Polizeisergeant Schenker:
Die nachverzeichneten Wickelmacher: 1. Johannes Lenz aus Großauheim, 2. Joseph Born aus Somborn (unverheiratet), 3. Christian Zahn von hier (unverheiratet), 4. Käthe Haubitz aus Rückingen, 5. Dorothea Herzog aus Langendiebach, 6. Margareth Schuck von hier, 7. Cathr. Gatthof aus Großauheim, 8. Margarethe Niel aus Rückingen, 9. Margarethe Schäfer aus Langendiebach, sind heute morgen zusammen in das Comptoir ihres Fabrikherren, Zigarrenfabrikant Vollbracht dahier, eingerückt und [haben] unter Androhung der Arbeitseinstellung höheren Arbeitslohn verlangt. Bemerkt wird noch, dass dieses mit Brechung des Wochenkontrakts stattgefunden hat.

31f Erklärung des Großauheimer Wickelmachers Joseph Lenz über den Verlauf des Streiks bei der Firma Vollbracht, 16. Mai 1857

Hessisches Staatsarchiv Marburg, 180 Hanau-6698.

Joseph Lenz, 24 Jahr alt, verheiratet, aus Großauheim:
Gestern Vormittag stiegen die mit mir in einem Zimmer arbeitenden, hier verzeichneten acht Wickelmacher zusammen auf, und forderten mich, als ältesten Arbeiter auf, zu unserem Fabrikherrn Vollbracht zu gehen und einen höheren Arbeitslohn – für 100 Wickeln 2 kr. Erhöhung – zu erbitten. Dieselben sagten mir zugleich, wenn Vollbracht auf dieses Begehren nicht eingehen würde, so wollten sie die Arbeit aufgeben. Ich kann nicht angeben, wer diese Ansprache an mich gehalten hat, es hat jeder in diesem Sinne gesprochen. Ich bin dann mit diesen acht Mitarbeitern ins Comptoir gegangen, wurde jedoch vor dessen Eingang von unserem Werkmeister, Reinhardt von hier, angehalten, auf das ungesetzliche Vorhaben aufmerksam gemacht, worauf ich sofort zur Arbeit zurückkehrte, auch überhaupt von diesem in Rede stehenden Plan nunmehr abstehe. Die übrigen hierbei beteiligten Arbeiter sind zwar alle in der Fabrik geblieben, sind auch alle zu den Arbeitsplätzen zurückgekehrt, haben jedoch anfangs nicht, späterhin jedoch wieder alle gearbeitet.

Im Geschäft ist der Freitag und nicht der Samstag der Wochenschlusstag und dieserhalb haben wir den gestrigen Tag zu unserem Beginn gewählt.

Wir bekommen von 100 Wickeln für die feinen 14 kr., für die ordinären 12 kr. Es war uns jedoch zu Ohren gekommen, dass die anderen Fabrikanten wie z. B. Loßberger, Weber, 2 kr. mehr zahlten und hierauf gründet sich der gestrige Vorfall.

Diejenigen Wickelmacher, die, wie erwähnt, nach diesem Vorfall nicht gleich wieder gearbeitet haben, sind: 1. die Margarethe Schäfer aus Langendiebach und 2. die Margarethe Schuck von hier.

32 — 1862 – 1864

Der Hanauer Arbeiterbildungsverein (ABV)

32a Ermahnung in der »Hanauer Zeitung« an die Bürger, die Errichtung eines Arbeiterbildungsvereins in Hanau zu unterstützen, 15. Februar 1862

Hanauer Zeitung Nr. 41, 16. Februar 1862.

Unserer Vaterstadt wird es gewiss zur Ehre gereichen, wenn auch sie hinter dem Vorbilde anderer Städte in der Errichtung eines Arbeiterbildungsvereines nicht mehr länger zurückbliebe. Bei weitem kleinere und unbedeutendere Orte sind uns hierin vorangegangen, obwohl doch bei der Größe unseres Arbeiterstandes für niemand die Notwendigkeit näher liegt als für uns, eine weitere Fortbildung desselben, als ihm die Schule zu geben im Stande ist, anzustreben. Möchten sich deshalb mehrere angesehene Bürger vereinigen, um mit redlichem Eifer diese Angelegenheit in die Hand zu nehmen und sich über Mittel und Wege beraten, wie die hierzu nötigen Geldmittel und Lehrkräfte zu beschaffen wären. Bei der Gesinnungstüchtigkeit unseres Bürgerstandes wird es ihnen an der nötigen Unterstützung nicht fehlen können.

32b Tätigkeitsbericht des Vorstandes des Arbeiterbildungsvereins, 17. November 1863

Hanauer Zeitung Nr. 274, 17. November 1863.

Der Vorstand des Arbeiter-Bildungsvereins dahier fühlt sich gedrungen, nachdem derselbe seine zweite Abrechnung gehalten, die Bewohner hiesiger Stadt mit dem Wesen und Schaffen des Vereins näher bekannt zu machen.

Die Angehörigen des Vereins, welcher am 2. März des Jahres gegründet wurde, werden von einem Vorstande, aus sieben Mitgliedern bestehend, verwaltet, und in Beziehung auf die Bildungszwecke desselben steht ihm ein aus wissenschaftlich und künstlerisch gebildeten Männern zusammengesetzter Ausschuss zur Seite. Die Mitglieder, deren Zahl sich gegenwärtig auf mehr als 600 beläuft, zahlen einen monatlichen Beitrag von 12 Kreuzern.

Nach einem von dem Bildungsausschusse entworfenen Plane wird Unterricht im Lesen, Schreiben, Rechnen, in deutscher Sprache und Geographie, im Zeichnen und Singen erteilt. Außerdem finden allwöchentlich Vorträge statt, die ihren Stoff aus dem Gebiete der deutschen Geschichte, Länder- und Völkerbeschreibung, Welt- und Naturkunde nehmen. Um den weiteren Bildungsbedürfnissen seiner Mitglieder zu entsprechen, hat der Verein den Anfang zur Gründung einer Bibliothek gemacht, die nahe an 100 Bände zählt und worunter als die hervorragendsten Werke: das Evangelium der Natur, die Wunder der Urwelt, Weltgeschichte von Becker, die Gartenlaube etc. bezeichnet werden können. Viele dieser Werke sind gütige Geschenke von Vereinsmitgliedern und Bürgern hiesiger Stadt.

Und wir dürfen sagen, dass der Besuch der Unterrichtsstunden und Vorträge sowohl als auch die Benutzung der Bibliothek, wenn auch vielleicht im Einzelnen noch manches zu wünschen übrig bleibt, doch immerhin gut genannt werden kann. Obschon der Verein seit seiner Gründung große Schwierigkeiten und Hindernisse zu bewältigen, mit manchen Vorurteilen zu kämpfen und große Ausgaben, sowohl zur Anschaffung des nötigen Mobiliars als auch zur Bestreitung der Kosten für die Überlassung der für die Unterrichtsstunden und Vorträge erforderlichen Lokale zu bestreiten hatte, so stellte sich doch bei unserer letzten Abrechnung eine günstige Bilanz heraus wie folgt:

Gesamt-Einnahme vom	
2. Mai bis 1. Oktober	610 fl. 34 kr.
Gesamt-Ausgabe vom	
2. Mai bis 1. Oktober	609 fl. 19 kr.
bleibt barer Kassenbestand	1 fl. 15 kr.

Das vorhandene Inventar hat einen Wert von circa 190 fl.

Außerdem gründete sich im Verein zu Anfang des Septembers eine Sparkasse, worin jeder nach Möglichkeitsverhältnissen Einzahlungen macht, welche verzinslich angelegt, dann alljährlich zurückerstattet werden. Was aber dem Verein noch fehlt, das ist ein eigenes Lokal, worin sowohl die Unterrichtsstunden und die Vorträge gehalten als die geselligen Zusammenkünfte statt finden könnten; denn erst dann, wenn er ein solches gewonnen hat, kann er seinen Zweck, geistige und sittliche Ausbildung, in vollkommener Weise erreichen.

Möchte sich nur der rege Geist, der sich bis jetzt sowohl unter den trefflichen Herrn Lehrern, die sich unserer Sache mit der größten Uneigennützigkeit widmen, als auch unter den Mitgliedern immerfort erhalten und möge sich die Teilnahme unserer Mitbürger dem Vereine immer mehr zuwenden, damit wir unserm schönen und großen Ziele näher kommen.

32c Bericht der »Hanauer Zeitung« über die Tätigkeit des Vereins, 20. April 1864

Hanauer Zeitung Nr. 96, 22. April 1864.

Die Arbeiter-Bildungsvereine haben in ganz Deutschland schon so festen Boden gewonnen, ihre Leistungen zur geistigen Veredelung und dadurch zur materiellen Verbesserung der Lage der Arbeiter haben so vielseitige Anerkennung erlangt, dass es auffallen muss, wie von anderer Seite dieselben noch immer teils mit feindlichen, teils mit ungünstigen Augen betrachtet werden. Besonders werden sie noch fortwährend als eine Pflanzstätte politischer Aufregung und als Veranlassung der Auflehnung der Arbeiter gegen die Arbeitgeber verschrieen. – Beide Beschuldigungen zerfallen aber in sich, sobald man den Vereinen und ihrem Wirken näher tritt. – Wir übergeben deshalb unsere Beobachtungen über den hiesigen Verein der Öffentlichkeit.

Der Verein hält seinen ersten Zweck, die Kenntnisse seiner Mitglieder in jeder Richtung zu bereichern, fortwährend und mit der größten Ausdauer aufrecht und wird darin von vielen unserer Herren Lehrer und Männer der Wissenschaft treulich unterstützt, welche sich dadurch nicht bloß um die Arbeiter selbst, sondern um das ganze Gemeinwesen hohes Verdienst erwerben. Seit seinem nun einjährigen Bestehen wurden 41 Vorlesungen für alle Mitglieder, »über das Weltgebäude«, »Wasser und Luft«, »über einzelne Dichtung«, »die Dichter der Freiheitskriege«, »über deutsche Geschichte«, »Rechtsleben«, »Städtewesen« und »Nationalökonomie« von den besagten Herren gehalten und waren eifrig besucht. Es wurde ferner regelmäßig Unterricht erteilt:

Schönschreiben	in	52 Stunden an durchschnittlich	30 Personen.
Rechnen		25	30
Deutsche Sprache		6	40
Zeichnen		52	50
Geographie		6	25
Singen		52	36

Der Verein beabsichtigt im Laufe des Sommers, so weit dies möglich ist, eine Ausstellung der Schreib- und Rechenhefte seiner Mitglieder zu bewerkstelligen, um auch außerhalb desselben Stehenden Gelegenheit zu geben, sich in dieser Beziehung von seinem Streben und seinen Erfolgen zu überzeugen.

Die Bibliothek des Vereins, welche vielfach benutzt wird, zählt jetzt schon 100 Bände. Der Verein hat unter seinen Mitgliedern eine Sparkasse gegründet, an welche bis jetzt 63 Personen mit einer Sparsumme von 752 fl. beteiligt sind. Neuerdings wurde die Gründung einer allgemeinen Krankenkasse, wie solche in Offenbach bereits besteht, zur Sprache gebracht, aber vorerst nur die Gründung einer solchen Kasse für freiwillig Hinzutretende ins Auge gefasst, und wünschen wir diesem Unternehmen segensreiches Gedeihen.

Bei dem Abschluss der Bücher am 1. April ergab sich ein Kassenvorrat von 150 fl. 28 kr., wovon man vorsorglich 150 fl. in Leihbank-Obligationen angelegt hat. Die wenigen rückständigen Zahlungen waren mehr als doppelt von Rückständen in Einzahlungen gedeckt. Wir möchten hierbei die Mitglieder des Vereins um recht pünktliche Zahlung angehen zur Erleichterung des Kassierers und Buchführers. – Der Verein zählt gegenwärtig 420 Mitglieder, und wird es nicht uninteressant sein, die Zahlen zu kennen, wie die einzelnen Gewerke dabei vertreten sind. Wir teilen solche in verschiedene Gruppen:

Metallarbeiter (Gold- und Silberarbeiter, Graveure etc.) 152; Bauhandwerker (Schreiner, Schlosser, Maurer, Zimmerleute etc.) 73; Zigarrenmacher 37; Fabrikanten, Arbeiter und Kaufleute 54; Bekleidungshandwerker (Schneider, Schuhmacher etc.) 37; Bierbrauer, Bäcker etc. 12; Gerber und Lederarbeiter 15; Weber und Färber 6; Diverse 34. Zusammen 420.

Möge das Streben, sich zu belehren und geistig auszubilden, unsere Arbeiter zu recht zahlreicher Beteiligung und festem Ausharren auf der betretenen Bahn veranlassen; möge gleichzeitig der Geist der Sparsamkeit und des Ordnungssinnes bei ihnen sich mehr und mehr einstellen, und wir werden rascher, als gewöhnlich vorausgesetzt wird, die günstige Veränderung in unserem sozialen Leben wahrnehmen.

33 März – November 1863

Der Maingauverband der Arbeiterbildungsvereine und die Einflussnahme des liberalen Bürgertums auf die Arbeiterbewegung

33a Rede Leopold Sonnemanns, Herausgeber der »Neuen Frankfurter Zeitung«, auf dem Hanauer Arbeitertag über die Ziele der Arbeiterbildungsvereine und über die Notwendigkeit der Zusammenarbeit von Arbeitern und Arbeitgebern (Auszug), 8. März 1863

Wolfram Heitzenröder, Die Arbeiterbewegung in Hanau und Umgebung 1848 bis 1878, Hanau 2002, S. 195ff.; die Rede ist im Bericht des preußischen Polizeispitzels Sigmund Zirndorfer wiedergegeben.

L. Sonnemann: Wenn man so selten wie ich Gelegenheit hat, den Boden einer so gastlichen Stadt wie Hanau zu betreten, so bleibt einem dieser Tag immerhin in Erinnerung. Um so mehr ist dies der Fall, wenn sich an solchen Besuch ein Ereignis von großer Wichtigkeit knüpft. So ist mir denn heute, wie ich von Frankfurt nach Hanau fuhr, so recht lebhaft vor das Gedächtnis getreten, wie ich heute vor 15 Jahren mit einer Turnerschar auch nach Hanau gekommen bin. Es war ein solch milder Märztag wie heut. Welche Erinnerung sich daran knüpft, darüber kann ich schnell hinweggehen. Es brauste damals ein gewaltiger Sturm von Westen her – die französische Februar-Revolution von 1848. [...]

Dieser Stoß überkam auch uns. Wir waren in Deutschland noch nicht vorbereitet, am wenigsten die Arbeiterklasse. Wir hatten bis dahin weder eine freie Presse noch das Versammlungsrecht gekannt. So ging an uns diese Bewegung vorüber, ließ zwar bedeutende Spuren hinter sich, aber keine sichtbaren Erfolge.

Auch wir hatten eine Arbeiterbewegung, auch bei uns gärte es gewaltig; allein die Folge war, dass Leute, welche die Sache nicht verstanden oder zu anderen Zwecken missbrauchten, sich dieser Bewegung bemächtigten und gerade die Arbeiter gegen die besitzenden Stände, die recht einig zusammenhalten sollten, aufzureizen suchten und dadurch die Angst über die Besitzenden brachten, so dass sie gerne mit der Reaktion Hand in Hand gingen. Auch wir hatten damals Kreditvereine, Assoziationen. Auch bei uns sagten sich die Arbeiter: Wir brauchen uns nicht unter Vormundschaft zu stellen, wir können unsere Angelegenheiten verwalten; aber sie verstanden nichts davon; sie konnten recht gut arbeiten, aber einen Verein, der ihnen Kredit verschaffen soll, zu leiten, verstanden sie nicht. Darum gingen alle Einrichtungen zu Grunde, sie verwehten wie Spreu. Zwei Jahre waren kaum über diese Zeit hinweggegangen, so war Deutschland wieder ruhig, aber es war die Ruhe des Kirchhofs. Man überzeugte sich, dass es auf diese Weise nicht gehen könne, dass man darüber langsamer sein müsse, wenn man zum Ziele gelangen wolle. Da war der erste Anfang gerade in der Zeit der Reaktion; als von politischer Aktion nicht die Rede sein konnte, da warfen sich die Männer, welchen das Wohl des Volkes am Herzen lag, auf die Frage der materiellen Interessen. In den Jahren 1850-51 entstanden in verschiedenen Teilen Deutschlands so genannte Vorschussvereine und Kreditvereine. Man sagte sich: Das Wichtigste ist, den Arbeitern Kredit zu verschaffen. Der Besitzende kann sich lange schon Kredit verschaffen, und dennoch kann ein solcher nichts Größeres ausführen ohne Kredit, darum haben sich die besitzenden Klassen Banken eingerichtet, um mit ihrer Hilfe dasjenige, was sie mit eigenem Kapital nicht ausführen, nun auf dem Wege des Kredites sich zu verschaffen und zu erhalten. Der Arbeiter hatte keinen Kredit, wenigstens wurde auf die Arbeitskraft, welche auch ein Kapital ist, bis jetzt noch wenig oder gar nichts geborgt. Was anders ist es also dasjenige, was der Einzelne nicht erreichen kann, durch den Zusammentritt Vieler zu einem Zwecke zu verwirklichen, d.h. wenn sich eine große Anzahl von Arbeitern zusammentut und gegenseitig sich für einander verbürgt, dann können sie auch Kredit bekommen, weil, wenn es auch der Einzelne nicht könnte, doch die Masse dafür haftet. Auf diese Weise entstanden in Delitzsch[a] und auch in Österreich Vereine, um dem Arbeiter Kredit zu verschaffen.

Seitdem hat sich dieses System über ganz Deutschland ausgebreitet und wir haben heute 500 derartige Vereine, die über Millionen gebieten und die täglich soviel Gutes verrichten, wie man es noch gar nicht kannte. Wo solche zahlreiche Vereine sich vereinigen können, da ist wenigstens das Vereinsrecht teilweise wiedergegeben. Das ist nun die Zeit, welche man nutzen muss, damit, wenn wieder andere Tage kommen und die Wogen höher gehen, man darauf vorbereitet ist und man genau weiß, was man will. Mit dem Kredit der Arbeit zu verschaffen, ist es jedoch nicht allein getan. Wenn Jemand eine Faust hat und seinen Kopf zum Denken und Kredit, so ist das ziemlich viel, er kann jedoch nichts damit anfangen, wenn ihm Bildung fehlt. Es gehört nicht bloß dazu, dass man den Betrieb versteht, sondern man muss auch den gehörigen Überblick haben. Dazu war bis jetzt noch wenig Gelegenheit. Durch dieses Verhältnis ist man auf die Idee gekommen, für den Arbeiterstand Bildungsvereine zu errichten. In den Arbeiterbildungsvereinen soll zweierlei erreicht werden:

Erstens soll dem Arbeiter dadurch diejenige Bildung verliehen werden, dass er seine Verhältnisse selbst übersehen und leiten kann, und zweitens soll er zur Selbstregierung im Privat- und öffentlichen Leben heran gebildet werden. Und schließlich soll die Aufgabe der Arbeiter-Vereine sein, einen innigen Zusammengang unter den Arbeitern des ganzen Vaterlandes zu bilden; wenn die Vereine sich von Zeit zu Zeit besuchen, wenn in jedem Zeitschriften gehalten werden, in welchen über die Vorgänge in den verschiedenen Vereinen berichtet wird, so wird jeder mit der Zeit ganz genauen Bescheid lernen, was recht und gut ist und was er unterlassen soll. Überall haben wir daher Arbeitervereine zu gründen, welcher sich ferner Arbeitgeber, Arbeiter und Freund des Arbeiters die Hand reichen sollen.

In einen Arbeiterverein gehören nicht bloß die, welche mit der Hand arbeiten, sondern auch diejenigen, welche mit dem Kopf arbeiten, denn auch sie sind Arbeiter. Ich glaube, dass gerade diejenigen, welche mit dem Kopf arbeiten, zu der jetzigen Bewegung den Anstoß gegeben haben. Dies ist ein Gegenstand, auf welchen ich ganz besonders aufmerksam machen will, weil mir mitgeteilt worden ist, dass in dieser Beziehung noch ein großes Missverständnis obwaltet. An der Hand der Wissenschaft muss der Arbeiter dem Ziele zustreben, das erreicht werden soll. Die Männer der Wissenschaft sind es, welche vor einigen Jahren in volkswirtschaftlichen Kongressen zusammengetreten sind, welche es sich zur Aufgabe gemacht haben, die Hindernisse hinwegzuräumen, welche der hehren Entfaltung der Arbeitskraft bei dem Einzelnen im Wege stehen und auch Neues zu schaffen, wodurch die Lage jedermanns, nicht allein des Arbeiters, sondern jedes Einzelnen verbessert wird. Oder ist es etwa nicht für die Arbeiter gewirkt, wenn für die Herstellung der vollständigen Gewerbefreiheit, für die Freizügigkeit gekämpft wird, damit sich jeder niederlassen kann, wo er will, ohne an hundert Formalitäten und Schwierigkeiten gebunden zu sein. Ist es nicht für den Arbeiterstand gewirkt, wenn man sich für die Hinwegschaffung der indirekten Steuern bemüht, die gerade den Arbeiterstand am meisten belastet, während ihm das Wahlrecht, womit er sich eine politische Stellung erkämpfen soll, entzogen ist? Heißt es nicht für den Arbeiterstand wirken, wenn man die Zollschranken, welche der freien Konkurrenz entgegenstehen, zu beseitigen strebt. Heißt es nicht für den Arbeiterstand gewirkt, wenn man kämpft für die Abschaffung der stehenden Heere, dieser furchtbarsten aller Steuern, die den Arbeiterstand am härtesten drückt. (Stürmischer Beifall).

Das ist es, um nur einiges anzudeuten, in welcher Beziehung die Wissenschaft heute steht zu den Arbeitern. Aber es ist nicht allein die Wissenschaft, sondern auch die Männer der Praxis, die Kaufleute, die Fabrikanten, sie haben ein Recht, mit Euch zu tragen, unter Euch zu treten und mit zu beraten die Interessen der Arbeiter. Auch sie dürfen nicht ausgeschlossen werden. Das sind Dinge, die man dem Arbeiter von jeher vorgeredet hat, es bestehe ein Feindschaft zwischen dem Arbeiter und Arbeitgeber. Wann man Solches beim gehörigen Lichte betrachtet, so zerfließt solche Behauptung in nichts. Es wird immer soviel von [der] guten alten Zeit gesprochen, wo noch keine Maschinen waren, noch keine Eisenbahnen und was mehr; und was man damals so glücklich gewesen und gelebt hatte. Sieht man sich die Dinge etwas genauer an, so sieht man, dass gerade in den Städten, wo Fabriken betrieben werden, wo die Schornsteine rauchen, wo die Verkehrswege hingehen, der Arbeiter sich viel wohler befindet; der Arbeiter ist gegen früher besser gekleidet, hat mehr freie Zeit, seinen Geist zu bilden, um überhaupt eine bessere Stellung einzunehmen. Das ist heute schon der Fall und das lässt sich statistisch nachweisen. Es ist unerlässlich, zwischen Arbeitgeber und Arbeitnehmer muss ein inniges Verhältnis bestehen. Die Arbeitertage bieten Gelegenheit hie zu. Der Arbeiter kann nicht bestehen ohne den

Fabrikanten und der Fabrikant nicht ohne den Arbeiter (Beifall). Je mehr die Industrie emporblüht und durch Maschinenprodukte herstellt, desto billiger werden die Produkte, desto größer wird der Verbrauch, desto mehr wird erzeugt und desto höher steigen die Arbeitslöhne! Dies Ziel zu erreichen ist die größte, wichtigste Aufgabe der Arbeiter-Bildungsvereine. Ich hoffe daher, wenn wieder eine deutsche Bewegung eintritt, sie die Arbeiter gerüstet und auf ihrem Posten finden wird, und dass diese Bewegung zu Heil und Segen des Vaterlandes ausschlagen wird. (Lange anhaltender Beifall). [...]

[a] Geburtsort von Hermann Schulze-Delitzsch, wo er 1850 die erste Kreditgenossenschaft gründete.

33b Bericht der »Hanauer Zeitung« über den Arbeitertag in Hanau, über die Debatte zur Lebensversicherung und über die Auseinandersetzung zwischen Leopold Sonnemann und Adam Trabert betreffend die politische Betätigung der Arbeitervereine, 15. November 1863

Hanauer Zeitung Nr. 275, 18. November 1863. Übernahme eines Berichts der »Frankfurter Postzeitung«.

Hanau, 16. November. Gestern waren unter dem Vorsitze des Herrn Lachmann aus Offenbach die Vereine von Vilbel, Bockenheim, Frankfurt, Offenbach, Rödelheim und hier zu einem Arbeitertag versammelt. Der Saal des Herrn Gauß war kaum hinreichend, die ansehnliche Zuhörerschaft von über 400 Personen zu fassen. Der Direktor der Germania zu Stettin, Herr Amelung, hielt einen Vortrag über Lebensversicherung und befürwortete die Versicherung als die zweckmäßigste und die segenbringendste Art der Sparsamkeit für Arbeiter. Herr Trabert sprach im Allgemeinen über die Aufgabe der Arbeitervereine und glaubte betonen zu müssen, dass die Freiheit des Arbeiterstandes nur mit der politischen Hand in Hand gehen könne. Herr Sonnemann von Frankfurt stellte folgenden Antrag:[a]

Herr Trabert hob hervor, dass die Theorie über die Lebensversicherung hinlänglich klar und festgestellt sei, man habe aber der Theorie noch keine Brücke gebaut, um sie ins Leben einzuführen; vor allen Dingen solle man vom Standpunkt der Praxis aus sich fragen: a) welche Gesellschaft versichert am wohlfeilsten und welche ist die sicherste? Und b) ist es rätlicher, dass sich der Arbeiter vereinsweise versichert oder soll die Versicherung jedem Einzelnen überlassen bleiben? Der Sprecher verlangte, dass eine Kommission zur Berichterstattung über diese Fragen niedergesetzt werde. Herr Sonnemann glaubt, dass diese beiden Fragen zu entscheiden, den einzelnen Vereinen überlassen bleiben müsse, und kommt außerdem auf die Ansicht Traberts zurück, dass die Arbeitervereine sich auch an der Politik beteiligen sollten. Der Sprecher warnt vor einer zwecklosen Zersplitterung der Kräfte und erklärt, dass die Arbeitervereine nicht bestimmt seien, das Gebiet der politischen Agitation zu betreten. Nicht das allgemeine Stimmrecht, die wirtschaftliche Freiheit sei zu erobern. Die politische Agitation werde die Auflösung der Arbeitervereine zur Folge haben und nicht die Vereine als solche, sondern der Arbeiter solle für sich selbst Politik treiben, d. h. die Vereine der Arbeiter müssten in den politischen Parteien überhaupt aufgehen. Die Arbeitervereine sollten sich lediglich an den Wahlspruch halten: durch die wirtschaftliche Freiheit komme man zur politischen etc.! Vor der Abstimmung über die beiden Anträge ersuchte der Präsident die Antragsteller, ihre Anträge in einen einzigen zu verschmelzen, was dadurch gelang, dass die Prüfung der Trabert'schen Fragen den einzelnen Vereinen überlassen bleiben soll. Hieraufolgte die einstimmige Annahme der Anträge. Der Rest der Sitzung wurde mit Erledigung minder wichtiger Verwaltungsfragen ausgefüllt und beschlossen, dass der nächste Arbeitertag im Laufe des Januar 1864 in Vilbel statt finden solle.

[a] Siehe folgendes Dokument.

33c Antrag Leopold Sonnemanns auf dem Hanauer Arbeitertag, betreffend die Wichtigkeit der Lebensversicherung für die Arbeiter, 15. November 1863

Hanauer Zeitung Nr. 275, 18. November 1863.

Der Arbeitertag in Hanau erklärt: die Lebensversicherung ist für den Arbeiterstand von dem größten Interesse und es empfiehlt sich, dass die Arbeitervereine ihren Mitgliedern nicht nur Gelegenheit geben, sich über diesen Gegenstand zu unterrichten, sondern auch ihre Mitglieder zum Abschluss von Versicherungen zu veranlassen und die Vermittlung zwischen den Arbeitern und Lebensversicherungsgesellschaften in die Hand zu nehmen.

34 — 17. Mai 1863

Rede Ferdinand Lassalles vor der Versammlung der Arbeitervereine des Maingaues in Frankfurt[a] (Auszug)

Ernesto Grassi (Hrsg.), Ferdinand Lassalle, Arbeiterlesebuch und andere Studientexte, Reinbek bei Hamburg 1972, S. 57-59, 71, 86-88, 92; die Erstausgabe der Rede, gedruckt in Frankfurt 1863, fand mit dem Titel »Arbeiterlesebuch« Verbreitung.

Meine Herren!

Ihr Komitee hat mich eingeladen, vor Ihnen zu erscheinen und ich habe, wie Sie sehen, dieser Aufforderung entsprochen. Denn ich hoffte, dass man mit dieser Einladung nicht bloß eine leere Formalität erfüllen wolle; ich glaubte, dass man nicht schon im Voraus entschlossen sein werde, gegen mich zu entscheiden, und ich glaubte jedenfalls, dass man nicht soweit gehen würde, diese Entscheidung gegen mich im Voraus zu organisieren! Es tut mir leid, meine Herren, sagen zu müssen, dass diese meine Hoffnung sich nicht erfüllt hat: ich sehe mich in ihr getäuscht.
Ich frage Sie, ist es ehrliches Spiel, wenn man von diesem Saal ausgeschlossen hat die große Masse der Arbeiter und nur Mitgliedern der Arbeiterbildungsvereine Eintritt und das Recht der Abstimmung gegeben? Welches ist denn das Interesse, das sich sowohl für mich als für das Land an den heutigen Tag knüpft? Zu erfahren, wie die große Masse des Arbeiterstandes über diese Fragen denkt. Und siehe da! Diese Masse

ist ausgeschlossen, und eine neue Aristokratie, die man plötzlich im Arbeiterstande zur Geltung bringt, die ausgesuchte Kategorie der Arbeiterbildungsvereine allein ist zugelassen! Sie wissen, Frankfurt hat viele Tausende von Arbeitern; der Arbeiterbildungsverein von Frankfurt hat nur zirka 300 Mitglieder. Dasselbe Zahlenverhältnis findet auch in allen anderen Städten statt. Man hat also bloß einer kleinen Anzahl das Recht gegeben, man hat eine aristokratische ausschließende Bestimmung getroffen! Ferner: es ist doch bekannt, meine Herrn, dass man, nicht überall freilich, nicht in Frankfurt, auch nicht in Mainz, aber in den meisten Orten des Maingaues die Arbeiterbildungsvereine bereits gegen mich hat abstimmen lassen; freilich ohne dass sie meine Broschüre[b] gelesen hatten! Was bedeutet es also, wenn man heute das Recht der Abstimmung auf die beschränkt, die in ihrer großen Majorität bereits votiert haben? Ist das, frage ich nochmals, ehrliches Spiel, oder ist es ein Spiel mit im Voraus gemischten Karten?

Sie sehen, meine Herren, ich wäre sehr berechtigt gewesen, unter diesen Umständen die Diskussion abzulehnen und den Saal zu verlassen; aber ich bin entschlossen, die Schlacht anzunehmen, wo und wie man sie mir bietet! (Bravo!) Meine Herren! Mein Zutrauen zu der Macht der Wahrheit ist so groß, dass es mich nicht wundern würde, und wären Sie hierher gekommen, einstimmig entschlossen, gegen mich zu entscheiden, dass es mich nicht wundern würde, sage ich, wenn Sie ebenso einstimmig für mich votierend den Saal verließen. [...]

Der wichtigste Punkt meines Antwortschreibens, das, aus welchem sich alles Andere mit Notwendigkeit entwickelt, ist das von mir selbst aufgestellte Gesetz über den durchschnittlichen Arbeitslohn. Ich sage hierüber p. 15 sq.: »Das eherne ökonomische Gesetz, welches unter den heutigen Verhältnissen, unter der Herrschaft von Angebot und Nachfrage nach Arbeit den Arbeitslohn bestimmt, ist dieses: dass der durchschnittliche Arbeitslohn immer auf den notwendigen Lebensunterhalt reduziert bleibt, der in einem Volke gewohnheitsmäßig zur Fristung der Existenz und zur Fortpflanzung erforderlich ist.

Dies ist der Punkt, um welchen der wirkliche Taglohn in Pendelschwingungen jeder Zeit herum gravitiert, ohne sich jemals lange weder über denselben erheben noch unter denselben hinunter fallen zu können. Er kann sich nicht dauernd über diesen Durchschnitt erheben; denn sonst entstünde durch eine leichtere, bessere Lage der Arbeiter eine Vermehrung der [Arbeiterehen und der Arbeiterfortpflanzung, eine Vermehrung der] Arbeiterbevölkerung und somit des Angebots von Händen, welche den Arbeitslohn wieder auf und unter seinen früheren Stand herabdrücken würden.

Der Arbeitslohn kann auch nicht dauernd tief unter diesen notwendigen Lebensunterhalt fallen. Denn dann entstünde Auswanderung, Ehelosigkeit, Enthaltung von Kindererzeugung und endlich eine durch Elend erzeugte Verminderung der Arbeiterzahl, welche somit das Angebot von Arbeiterhänden verringert und somit den Arbeitslohn wieder zu seinem früheren höheren Stand zurückbringt. Der wirkliche durchschnittliche Arbeitslohn besteht somit in der Bewegung, beständig um jenen seinen Schwerpunkt, in den er fortdauernd zurücksinken muss, herum zu kreisen, bald etwas über demselben, bald etwas unter ihm zu stehen.« [...]

Was ist nun die Folge jenes Gesetzes, von dem ich Ihnen nachgewiesen habe, dass es einstimmig anerkannt ist von allen Männern der Wissenschaft? Was ist die Folge desselben? frage ich. Sie glauben vielleicht, meine Herren, dass Sie Menschen sind? Ökonomisch gesprochen, und also in der Wirklichkeit, irren Sie sich ganz ungeheuer! Ökonomisch gesprochen sind Sie nichts als eine Ware! Sie werden vermehrt durch höheren Lohn, wie die Strümpfe, wenn sie fehlen; und Sie werden wieder abgeschafft, Ihre Zahl wird durch geringeren Arbeitslohn, – durch das, was der englische Ökonom Malthus die vorbeugenden und zerstörenden Hindernisse nennt, – vermindert wie Ungeziefer, mit welchem die Gesellschaft Krieg führt! [...]

Welch einen Einwurf hat also Herr Schulze-Delitzsch gegen das von mir vorgeschlagene Mittel der Produktiv-Assoziation, die er ja auch zu wollen behauptet, erhoben? Was hat er gegen die Kreditoperation des Staates einzuwenden gehabt?

Er hat gegen mich ins Feld geführt das Prinzip: der Staat dürfe nicht intervenieren in den gesellschaftlichen Verhältnissen. Das ist der einzige nicht auf Missverständnis beruhende Grund, den er gegen mich geltend gemacht hat, und das, ich sage es Ihnen selbst, das ist der prinzipielle Grund, um den es sich bei dieser ganzen Agitation handelt, und für den ich mich zu derselben erhoben habe! Hier, mit dieser Frage, steht und fällt die Schlacht, die ich schlage. Schulze hat gegen mich ins Feld geführt das ganze Vorurteil der heutigen öffentlichen Meinung, der Staat dürfe um keinen Preis und unter keinen Umständen in die Verkehrsverhältnisse intervenieren. Nicht für die Wissenschaft besteht dieses Vorurteil – die ist heutzutage schon lange darüber hinaus, aber für die öffentliche Meinung der Gebildeten ist dies heute noch ein Dogma, ein Glaubenssatz! Was beweist das aber, meine Herren? Alle Wahrheiten von heute, die wir alle einstimmig anerkennen würden, – es hat eine Zeit gegeben, wo man sie für falsch hielt und wo die entgegengesetzten Meinungen das Dogma der gebildeten Welt waren. Alle diese falschen Dogmen sind nur dadurch gestürzt worden, dass sich mutvolle Männer dagegen erhoben, deren Ansichten dann langsam und freilich nach großem Kampfe und Widerstreben um sich griffen. Haben Sie mein Arbeiterprogramm gelesen? Wenn nicht, so möchte ich Sie dazu auffordern. Ich weise darin nach, dass jede Zeit ein herrschendes Prinzip hat, dass das herrschende Prinzip der heutigen Zeit das Kapital ist, und dass zu jeder Zeit die öffentliche Meinung unter der Herrschaft des herrschenden Prinzips, heute also unter der Herrschaft und unter dem Prägestock des Kapitals steht. Die öffentliche Meinung, das öffentliche Vorurteil der von dem Kapital beherrschten Zeit – das ist eben notwendig, gerade dieses: der Staat dürfe sich in keine gesellschaftlichen Fragen einmischen, die freie Konkurrenz allein sei es, die Alles zu entscheiden habe; jeder dürfe nur auf seine isolierten Kräfte als Einzelner angewiesen sein. – Handelte es sich, meine Herren, um die Konkurrenz zwischen Kapitalisten und Kapitalisten, nun so wäre das sehr plausibel; aber handelt es sich um die Konkurrenz zwischen den Mittel- und Kapitallosen mit den Kapitalisten, so ist diese Konkurrenz ein Wettkampf zwischen einem Bewaffneten und einem Unbewaffneten! [...]

Wollen die Besitzenden Ihnen gegenüber von »freier Konkurrenz« sprechen, und dass jeder nur auf seine isolierte Kraft angewiesen sein soll, nun dann müssten sie, damit die Konkurrenz eben frei sei, die Umstände zuvor gleich machen. Dann müssten also entweder die Besitzenden sich zuvor ihres Vermögens entäußern – was unsinnig wäre – und gleichfalls nur mit ihren Muskeln und Nägeln gegen Sie konkurrieren! Dann hätte ich Nichts dagegen! Dann wollten wir sehen, wer es weiter bringt! Diesen unsinnigen Weg werden die Besitzenden natürlich nicht einschlagen. Oder aber, es muss mindestens, damit die Konkurrenz frei sei, Ihnen gleichfalls Kapital geliefert werden, damit Sie mit den Kapitalisten wirklich konkurrieren können – und das ist ja gerade mein Vorschlag, das ist ja gerade das, worauf mein Vorschlag praktisch hinausläuft, dass der Staat durch eine Kreditoperation Ihnen die Kapitalien liefere, damit Sie dann in freie gleiche Konkurrenz mit den Kapitalien treten können.

Diese freie Konkurrenz wollen die Unternehmer aber nicht, sie wollen nur die ungleiche, unfreie Konkurrenz mit Ihnen, die Konkurrenz der Bewaffneten mit den Unbewaffneten, und daher der Lärm, der sich gegen meinen Vorschlag erhoben hat. Diese freie Konkurrenz, wie man sie heute versteht, diese tatsächliche Abhängigkeit, in welche Sie aus der früheren Rechtsabhängigkeit hineingebracht worden sind, die hat Sie in vieler Beziehung noch viel weiter heruntergebracht als die frühere Rechtsabhängigkeit selbst. Die große Industrie und die freie Konkurrenz – für die Welt im Allgemeinen, für uns Besitzende, ist sie ein Quelle von Reichtum und Segen gewesen; aber Ihre Lage hat sie in vieler Beziehung noch schlechter gestellt als früher; sie hat, um bloß auf einen Punkt hinzuweisen, die Arbeiten der Kinder in den großen Fabrikationszweigen eingeführt. Die Arbeit der Kinder in den Fabriken datiert von der Erfindung der Arkwright'schen Baumwollenspinnmaschine am Ende des vorigen Jahrhunderts. Das ist der Segen der Konkurrenz für Sie, dass Ihnen jetzt Ihre eigenen Kinder Konkurrenz machen können im Alter von acht, sieben und sechs Jahren, in welchen sie in die Schule gehören und nicht an den Webstuhl. Während früher der Vater die Kinder ernährte, so stechen jetzt häufiger die Kinder, die natürlich mit geringerem Lohn vorlieb nehmen können, den Vater aus, ein naturwidriges Verhältnis, welches in England bereits die unsittlichsten Folgen nach sich gezogen hat. Und so hat die Konkurrenz Ihnen sogar bereits die Familie vernichtet! [...]

Wenn Ihr, wie das hin und wieder bei Arbeitern vorgekommen ist, in Entrüstung über Eure Lage Maschinen zertrümmertet, Raub, Brand, Zerstörung verübtet – es wäre sicherlich sehr roh, sehr stupide, sehr verbrecherisch und Ihr könnt Euch wohl denken, dass ein Mann wie ich, über solches Gebaren nur das allerschärfste Verdammungsurteil fällen könnte! Aber immerhin würde es doch noch ein natürliches Verbrechen sein! Es gibt Laster, welche in gedrückter Lage der Rohheit nahe liegen; es gibt Exzesse, die, so strafbar sie sind, doch noch natürliche Ausschweifungen der Kraft sind. Aber wenn Ihr gegen mich votiert, gegen die Männer, welche erklären, es müsse Euch geholfen werden, – das wäre ein unnatürliches Verbrechen! Es wäre eine so widernatürliche Schwäche, ein so unwürdiger Mangel an Mannheit, dass ich keinen Ausdruck dafür finde! Indem ich spreche, fällt mir das Wort eines großen deutschen Patrioten auf das Herz, eines Mannes, der, ein Ruhm Frankfurts, in dieser Stadt geboren wurde, in der ich spreche, ein Wort, das dieser verzweifelnd vor Schmerz über die Nation in den dreißiger Jahren ausrief. Ich rede von Ludwig Börne: »Andere Völker«, rief Börne aus, »mögen Sklaven sein, man mag sie an die Kette legen mit Gewalt, darnieder halten können, aber die Deutschen sind Bediente, man braucht sie nicht an die Kette zu legen, man mag sie frei im Hause herumlaufen lassen!« Seit 23 Jahren habe ich dies Wort gelesen, das Börne im größten Ingrimm seines Patriotismus ausrief. Seit 23 Jahren kämpfe ich innerlich gegen dies Wort an, das mir, seitdem ich es gelesen, nicht wieder von der Seele gewichen. Nun wohl, wenn Ihr, wenn die deutschen Arbeiter überhaupt in ihrer großen Majorität gegen sich selbst entscheiden könnten, ja dann gebe ich meinen Widerstand gegen dies Wort Börnes auf und unterschreibe es mit brennender Scham auf der Stirn! (Großer andauernder Beifall aus dem Saal der Logen. Eine Stimme: »Er beleidigt die Nation.« Neuer anhaltender Beifall.) [...]

[a] Im großen Saal des Saalbaues.
[b] »Offenes Antwortschreiben«.

35 August – September 1863

Der Streik der Hanauer Zigarrenarbeiter für den Einheitslohn

35a Aufzeichnung Wilhelm Zieglers über den Streik und dessen Auswirkungen auf andere Gewerbe, 11. – 18. August 1863

Stadtarchiv Hanau, L 1, Wilhelm Ziegler, Hanauer Chronik, Bd. 5, Bl. 71f.; abgedruckt im »Hanauer Anzeiger« vom 4. Mai 1963.

11. August, Dienstag:
Infolge einer am Sonntag, den 9. August 1863, stattgehabten Zigarrenarbeiterversammlung, daran von hier 800 bis 900 beigewohnt haben und in welcher der Beschluss gefasst wurde, bei ihren hiesigen Fabrikherren eine Erhöhung ihres Arbeitslohnes von sieben auf elf Kreuzern pro 100 Stück zu beanspruchen, erschienen heute bei allen hiesigen Zigarrenfabrikanten abgeschickte Deputationen der Zigarrenarbeiter mit diesem Verlangen. Da nun sämtliche Fabrikherren – mit Ausnahme des Justus H. Hamm – in diese Forderungen nicht einwilligten, so haben heute ca. 700 bis 800 Zigarrenarbeiter (auch die so genannten Wickelmacher), und zwar sowohl männliche als auch weibliche, ihre Arbeit eingestellt und ihre Entlassungsscheine gefordert. Letztere wurden denselben (am 12. August) in den Fabriken von Jung (215), Blachière (140), Hengsberger (85), Vollbracht, Roth, Dörr sofort ausgefertigt. Die genannten Firmen schlossen ihre Fabriken. Während die Arbeiter des Fabrikanten Hamm öffentlich ihrem Prinzipal wegen seiner zuvorkommenden Bereitwilligkeit einer schon früher eingetretenen Erhöhung ihres Arbeitslohnes dankten, erfolgte unter dem 14. August der öffentliche Dank.

Am 13. desselben Monats erlässt der Zigarrenarbeiter F. Söhnlein im Auftrage der abreisenden 136 Zigarrenarbeiter ein herzliches Lebewohl an ihre Kollegen. Man hört von Drohungen, welche die Arbeiter, namentlich gegen einzelne Fabrikherren (Hengsberger und Vollbracht) und deren Werkführer, letztere wegen ihrer groben Behandlung, die sie gegen Untergebene hätten sich zuschulden kommen lassen, ausstoßen. – Ebenso sagt man, dass die Zigarrenarbeiter von Arbeitern anderer Geschäfte durch Geldbeiträge unterstützt und zur Ausdauer aufgehetzt würden.

Dienstag, den 18. August:
Bereits sind es heute acht Tage, dass obengenannte Fabrikherren ihre Lokale geschlossen und ca. 700 Arbeiter ohne Beschäftigung sind und kein Teil von beiden Seiten nachgegeben hat. Im Allgemeinen wird die Lohnerhöhungsforderung der Arbeiter gebilligt, nur nicht die Art und Weise, wie dies geschah, namentlich nicht, wie sie diese gegen die Herrn Gebrüder Jung, die sich gegen ihr ganzes Fabrik- und Arbeiterpersonal von jeher und bis heute so human gezeigt, geübt haben. Dieselben beschäftigten über 600 Arbeiter, welche jährlich über 30 Millionen Zigarren fabrizierten. – Gestern wurde der Zigarrenarbeiter Schwab aus Großkrotzenburg, welcher als solcher wieder bei Jung arbeitete, auf seinem Heimweg von anderen Arbeitern geschlagen und misshandelt. –

Es ist erwiesen, dass die feiernden Zigarrenarbeiter von dem Arbeiterverein durch Geldbeträge unterstützt werden. Die Arbeiter sämtlicher hiesiger Hand- und Bauwerker-Zünfte gehen damit um, eine Erhöhung ihres Arbeitslohnes zu beanspruchen, und haben zu diesem Zweck bereits die Schuhmachergesellen am 16. August in Klein-Steinheim eine beratende, sehr zahlreich besuchte Versammlung abgehalten. – Andere »Konvente«, wie man diese Zusammenkünfte jetzt scherzweise nennt, werden jeden Abend in dem Bierwirtschaftslokal »Zur weißen Taube« abgehalten.

35b Bericht der »Hanauer Zeitung« über den Streikverlauf, 7. September 1863

Hanauer Zeitung vom 7. September 1863. Der Bericht ist vom 4. September datiert.

Den Verhandlungen des Fürstentages ist in unserer Stadt kaum so viel Aufmerksamkeit geschenkt worden, als den Verhandlungen der Zigarren-Arbeiter mit den hiesigen Zigarrenfabrikanten, welche am Montag[a] derselben Woche begonnen haben, auf deren Ruhetag die deutschen Fürsten nach Frankfurt geladen waren. Zu gleicher Zeit des genannten Tages erschienen, wie man sagt in Folge einer am Tage vorher stattgehabten Versammlung, Deputationen der Arbeiter bei fast allen Fabrikanten und verlangten kategorisch nicht etwa höheren Lohn, sondern Abschaffung der bis jetzt zweckmäßig erschienenen Einrichtung, dass gute Arbeit besser als schlechte bezahlt und sorgsame, sparsame Verwendung der Tabaksblätter belohnt wird. Um in kurzen Worten die Sache für weitere Kreise deutlich zu machen, dürfte die Bemerkung genügen, dass in der bedeutendsten Fabrik der Arbeiter für das Wickeln von 100 Zigarren, wozu ihm der sogenannte Wickel fertig geliefert wird, 8 kr. und für gute Arbeit eine Belohnung von weiteren 2 bis 5 kr. von Hundert, also im Ganzen für gute Arbeit 10 bis 13 kr. erhält. Die Arbeiter verlangen nun statt 8 kr. 10 kr. und Wegfall der Vergütung. Die Fabrikanten erklärten dagegen, dass sie auf diese Forderung nicht eingehen könnten und die Arbeiter verließen hierauf sofort die Fabriklokale. So dauerte diese Arbeitseinstellung nun beinahe vier Wochen und hat für die Arbeiter der Stadt und Umgegend einen Verlust von ungefähr 20 000 fl. zur Folge. Ob, wie verlautet, aus verschiedenen Orten Deutschlands nicht unbedeutende Geldbeträge zu deren Unterstützung geschickt worden sind, vermögen wir weder zu bestätigen noch zu bestreiten. Dass aber bei hiesigen Einwohnern Unterstützungsbeiträge verlangt und erhoben worden sind und der Vorsteher des hiesigen Arbeitervereins auf der Polizeidirektion dahier angefragt hat, ob eine Kollekte für die verdienstlosen Zigarrenarbeiter gestattet sei, wird von glaubhaften Personen als Tatsache berichtet. Auch sagt man, dass der größte Teil der Arbeiter nur ungern an dieser Arbeitseinstellung teilgenommen habe und gerne wieder arbeiten wolle, aber durch Drohungen einer gewissen Anzahl abgeschreckt werde. Und es findet dies darin seine Bestätigung, dass auf dem Lande wohnende Arbeiter männlichen und weiblichen Geschlechts, welche wieder an ihre Arbeit gegangen waren, nach vollbrachter Arbeit vor den Toren der Stadt durch Haufen städtischer Arbeiter bedroht und misshandelt worden sind. – Ja, irren wir nicht, so ist auch schon bei den Behörden die Anzeige gemacht worden, dass eine Frau, welche in ihrer Wohnung für einen hiesigen Zigarrenfabrikanten arbeitete, durch einen bei ihr eingedrungenen Trupp Zigarrenarbeiter gezwungen worden ist, ihre Arbeit zusammen zu machen und unter Eskorte genannten Trupps dem Fabrikanten zurück zu bringen. Ob [es] unseren Behörden wohl gelingen wird, den Arbeitslustigen Schutz zu gewähren? Für dazu verpflichtet hält sie jeder Einsichtige. Die Sache ist übrigens nicht ohne Nachahmung geblieben: Maurer- und Tünchergesellen verlangen höheren Lohn oder verminderte Arbeitszeit; Schuhmacher- und Bäckergesellen haben auch Meetings gehalten; die sonst so leicht erregbaren Männer der Nadel aber sind noch nicht in Bewegung geraten. Wir leben freilich noch in der Gurkenzeit.

[a] den 10. August 1863.

36 — 15. November 1863

Erörterung in der »Hanauer Zeitung« über die Notwendigkeit der Einrichtung einer zweiten »Kleinkinder-Bewahr-Anstalt«

Hanauer Zeitung Nr. 273, 15. November 1863.

Ein wohlgemeintes Wort an die Bürger Hanaus

Der neulich erlassene Aufruf[a] zur Gründung einer zweiten Kleinkinder-Bewahr-Anstalt vermittelst freiwilliger Beiträge ist ein so zweckmäßiger Antrag, dass ich mich aufgefordert fühle, denselben meinen Mitbürgern dringend an das Herz zu legen.

Die bestehende Kleinkinder-Schule in der Altstadt hat in den 25 Jahren ihres Bestands unendlich viel Gutes gestiftet. Viele Hundert Kinder der Arbeiterbevölkerung sind dadurch in den Altersjahren ihrer ersten Entwicklung vor Unfällen aller Art, vor Verwahrlosung und Verdumpfung bewahrt, geistig geweckt und in ihren ersten Angewöhnungen auf bessere Wege geleitet worden. Ich denke, der Nutzen dieser Anstalt ist zu allgemein bekannt, als dass ich diese Pflege und Sorge für die Kleinen und die Erleichterung der Eltern, welche dadurch, dass sie ihre Kinder unter guter Aufsicht und in zweckmäßiger leiblicher und geistiger Pflege versorgt wissen, ungehindert ihrer Arbeit und dem Erwerb nachgehen können, umständlich hier aufführen müsse. Aber aus vieljähriger Kenntnis der Anstalt, da ich lange die Aufsicht darüber führte, muss ich hier anführen, dass bei dem Bestand nur einer Anstalt der Art der gute Zweck nur zur Hälfte erreicht wird und dass demnach die Gründung einer zweiten Anstalt, welche in der Neustadt ihren Sitz hat, ein dringendes Bedürfnis ist.

Da viele Kinder in der Altersperiode vom 3. bis 6. Lebensjahr aus entfernten Stadtteilen bei Winterszeit, bei Regen, Sturm und Kälte nicht allein in die Pflegeschule gehen, so müssen die Mütter oder sonst jemand sie in den Morgenstunden hinführen und versäumen auf diesem Wege viel Zeit. Da außerdem Mütter und Kinder bei böser Witterung nicht immer mit Kleidung und Schuhwerk für diesen Gang gehörig versehen sind: so ist die nächste Folge dieser Übelstände, dass deshalb viele Kinde zu Hause gehalten und nicht in die Altstädter Anstalt gebracht werden.

Das zeigt sich in den Wintermonaten deutlich im Besuch derselben. Anstatt dass hundert bis hundertzwanzig eingeschriebene Kinder kommen sollten, so erscheinen höchstens fünfzig bis siebzig Kinder und die andern sind zu Hause oder auf der Straße vielen leiblichen und geistigen Gefahren ausgesetzt, und der Zweck der Einrichtung wird nicht für alle in dem Maße erreicht, als das Bedürfnis fordert.

Aber aus dem Bestand nur einer Anstalt, sie mag noch so zweckmäßig in Lokalität und Versorgung angelegt sein, geht auch der Übelstand hervor, dass wenn die gewöhnlichen Kinderkrankheiten auch bei Wenigen ausbrechen, dann das Übel sogleich über die ganze Schar der Kleinen sich verbreitet und die Verwahranstalt zu einer allgemeinen Ansteckung den Anlass gibt, dem man durch eine Trennung der Kinder vielleicht vorbeugen könnte. Es ist daher wünschenswert und würde zugleich eine schöne Erinnerung an die Feier des 30. und 31. Oktober 1863 sein,[b] gleichsam ein lebendiges Denkmal und ein Fruchttragendes, wenn als Nachfeier der denkwürdigen Tage eine zweite Bewahr-Anstalt für kleine Kinder in der Neustadt gegründet würde. Die Unkosten für die Pflege der Kleinen würden dadurch sich vermindern, wenn man dem Beispiel Frankfurts folgen würde, wo die Sachsenhäuser Kleinkinderschule täglich aus der Frankfurter Anstalt ihre gekochte Nahrung erhält und also eine doppelte Küche und Personal dafür erspart würde. Übrigens sind, glaube ich, schon einige Fonds für eine zweite Anstalt hier gesammelt, so dass die gemeinnützige Idee in ihrer Ausführung schon vorbereitet und der zweite Jugendgarten um so leichter zum Segen unserer Stadt angelegt werden könnte. Mitbürger! Es bedarf eines Anlaufs, das ganze gute Werk wird ohne große Opfer zu Stande kommen.

[a] »Gedenket den Armen!« Hanauer Zeitung Nr. 262, 3. November 1863.
[b] Aus Anlass der Feier zum 50-jährigen Jubiläum der Schlacht bei Hanau gegen die napoleonische Armee sollte die Sammlung für die Anstalt eingeleitet werden.

37 — Mai – Juli 1865

Die Neuorganisation der Zigarrenarbeiter

37a Bericht des »Social-Demokrat« über eine Versammlung Frankfurter, Offenbacher und Hanauer Zigarrenarbeiter auf dem Mainkur zur Gründung einer »Allgemeinen Unterstützungskasse der Zigarrenarbeiter Deutschlands«, 7. Mai. 1865

Der Social-Demokrat Nr. 60, 14. Mai 1865. Einleitender Vermerk der Redaktion: (Versammlung der Zigarrenarbeiter) Der Bevollmächtigte des Allgemeinen Deutschen Arbeiter-Vereins zu Frankfurt am Main, Herr F. Ellner, schickt uns zur Veröffentlichung nachstehendes Schriftstück zu, welches ihm seinerseits von den Unterschriebenen zum Zwecke der Zusendung an uns zugestellt worden ist:

Vergangenen Sonntag, den 7. Mai, fand auf der Mainkur bei Frankfurt eine Versammlung der Zigarrenarbeiter von Frankfurt, Offenbach und Hanau auf Einladung letzterer statt, um auf dem Wege der Verständigung eine Verbesserung ihrer Lage herbeizuführen. Die Zigarrenarbeiter von Hanau stellten den Antrag, ein Organ zu schaffen, wodurch man die drückenden Verhältnisse bekannt machen und eine Besserung erzielen könnte. Diesem wurde von den Frankfurter Zigarrenarbeitern widersprochen, indem der kleine Kreis Zigarrenarbeiter nicht Stoff genug biete und die vorhandenen Mittel nicht ausreichen würden. Außerdem bestehe schon längere Zeit ein Organ für sämtliche Arbeiter Deutschlands in dem »Social-Demokrat, Organ des Allgemeinen Deutschen Arbeiter-Vereins«, welcher zu Berlin erscheint. Man solle sich dem Allgemeinen Deutschen Arbeiter-Verein anschließen und den »Social-

Demokrat« als Organ aller Arbeiter, die ehrlich eine Verbesserung wünschten, anerkennen. Gegen Arbeitseinstellungen wurde allgemein gesprochen und mit schlagenden Gründen deren Unzulänglichkeit für eine durchgreifende Hebung der Arbeiterklasse bewiesen. Schließlich stellte Frankfurt für die engere Corporation der Zigarrenarbeiter folgenden Antrag: [...].[a]

Dieser Antrag wurde einstimmig angenommen und dessen Ausführung beschlossen. Am Schlusse der Versammlung wurden mehrere Exemplare des »Offenen Antwortschreibens« an das Leipziger Zentral-Komitée von Ferdinand Lassalle verteilt.

Lang aus Hanau, Dassbach aus Hanau, Appel aus Frankfurt, Ochs aus Frankfurt, Weber aus Offenbach, Telg aus Offenbach.

[a] Siehe folgendes Dokument.

37b Antrag der Frankfurter Zigarrenarbeiter an die Versammlung, 7. Mai 1865

Der Social-Demokrat Nr. 60, 14. Mai 1865.

Die Versammlung wolle beschließen, dass alle Unterstützungskassen der Zigarrenarbeiter zusammengehören unter dem Namen »Allgemeine Unterstützungskasse der Zigarrenarbeiter Deutschlands«.

37c Bericht des »Social-Demokrat« über eine Versammlung Frankfurter, Offenbacher und Hanauer Zigarrenarbeiter in Frankfurt, 23. Mai 1865

Der Social-Demokrat Nr. 66, 31. Mai 1865.

Zu dem Zweck, eine Einigung der Zigarrenarbeiter Deutschlands herbei zu führen, hatten sich die Offenbacher und Hanauer mit ihren Frankfurter Kollegen vereinigt und eine Versammlung anberaumt. In dieser war auch der Zigarrenarbeiter Fritsche aus Leipzig gegenwärtig und von dem gewählten Vorsitzenden dazu aufgefordert, hielt derselbe eine längere Ansprache an seine Kollegen, worin er die Schwierigkeiten nachwies, welche sich den Zigarrenarbeitern entgegen stemmten, wenn sie wie die anderen Arbeiter durch Arbeitseinstellung eine Lohnerhöhung erzwingen wollten. Das Mittel, speziell die Lage ihrer engeren Fachgenossen zu verbessern, müsse erst noch ausgesucht werden. Er selbst erklärte sich von der Hand für unfähig, ein solches Mittel anzugeben, aber eines könne er jetzt schon mit Bestimmtheit versichern, nämlich: Wenn nicht alle Zigarrenarbeiter Deutschlands sich zu einem einzigen Verein aneinander schlössen, könne durchaus nichts erreicht werden und deshalb sage er den Versammelten seinen besten Dank, da sie in einer früheren Versammlung schon die Initiative hierfür ergriffen; nur möchte er anraten, vorläufig keine positiven Vorschläge in Bezug auf die Art und Weise der Vereinigung zu machen; vielmehr solle man im »Social-Demokrat« eine Ansprache an die sämtlichen Kollegen Deutschlands erlassen und sie auffordern, in diesem Blatte ihre Ansichten über die Vereinigung sowohl als auch über die Mittel zur Verbesserung ihrer Lage auszusprechen, und da hoffe er zuversichtlich, dass auch wirklich ausführbare Vorschläge gemacht werden würden. Die nun folgenden Redner sprachen sich alle billigend aus und so ward denn auch beschlossen, in der angegebenen Weise vorzugehen. Die Ausführung der Aufforderung übernahm Fritsche und wird dieselbe hoffentlich noch im Laufe dieser Woche erscheinen.

Bei eingehender Besprechung der besonders ungünstigen Situation der Zigarrenarbeiter-Korporation setzte Fritsche den Anwesenden auseinander, wie man sich durch die besonderen Bestrebungen der einzelnen Gewerbe nicht von der Mitwirkung an der Umgestaltung der allgemeinen sozialen Lage ablenken lassen dürfe. Da nur eine völlige Umgestaltung der gesellschaftlichen Zustände zu Gunsten der Arbeiter im Stande sei, dauernd die Lage der einzelnen Berufsklassen zu verbessern. Der Vorsitzende forderte hierauf die Anwesenden, um ihren Dank für die von Fritsche ihnen zu Teil gewordenen Ratschläge zu beweisen, zum Anschluss an den Allgemeinen Deutschen Arbeiterverein auf: wer dies tun wolle, möge sich von seinem Sitze erheben, worauf ungefähr sechs Mann sitzen blieben (unter diesen einige, die schon Mitglieder des Vereins sind). Die neuen Mitglieder verdienen unsere volle Freundschaft.

37d Zirkular des Frankfurter Komitees der Zigarrenarbeiter an die Zigarrenarbeiter Deutschlands betreffend die Gründung einer zentralen »Allgemeinen Kranken-, Reise- und Sterbekasse«, Juli 1865

Der Social-Demokrat Nr. 106, 2. August 1865.

Fern und nah regt sich der Wunsch unter den Zigarrenarbeitern Deutschlands, ihre Unterstützungskassen zu vereinigen. Zwar besteht diese Vereinigung schon längst und wurde schon seit Jahren durch die größten Hindernisse und Schwierigkeiten auf das mannigfachste erhalten. Keine Genossenschaft kann sich dessen rühmen. Die Herzlichkeit und Brüderlichkeit unter den Zigarrenarbeitern ist ein Zeichen ihrer moralischen Bildung. Der Wunsch zur Zentralisierung der Unterstützungskassen datiert von jener Zeit, wo man Unterstützung als eine politische Bewegung ansah und diese Politik des Arbeiters, als unvereinbar mit den bestehenden Gesetzen, nicht erlaubte. Trotzdem erhielten sich unsere Kassen entgegen der vielen polizeilichen Verbote auf dem jetzigen gesetzlichen Wege. Wenn auch hier die statuarische Form fehlte zu genannter Zentralisation, weiß doch jeder von uns, dass sie in angegebenem schon längst bestand dem Sinne nach. Denn jeder, wenn er sich zu einer Kasse erklärte, wurde in ganz Deutschland als gleicher Bruder betrachtet.

Wie kam es, als die meisten Kassen sich aufgelöst haben, dass doch ohne vorherige Besprechung oder Korrespondenzen (mit einem Wort) die allgemeine Unterstützungskasse der Zigarrenarbeiter Deutschlands sich bis heute erhalten hat?

Dies ist offenbar mehr als Bildung! – Es ist ein Fingerzeig, der uns mahnend unsere Bedeutung vor die Augen hält, um eine Verbesserung vorzunehmen.

Deshalb Brüder! Auf! Aus Nord, Ost, Süd und West, treten wir zusammen und ordnen die Sache zu einem einzigen Ganzen, wir wollen ausgleichen, was ungleich ist. Auf gesetzlichem Wege können und wollen wir unsere Angelegenheiten besprechen und ordnen. Die Zigarrenarbeiter Deutschlands sollen sich im Besitze einer »Allgemeinen Kranken-, Reise- und Sterbekasse« sehen. Sie wollen und sollen ferner besitzen ein Organ zur Belehrung und Besprechung ihrer Lage und Verhältnisse.

Aus diesem Grunde hat sich hier, vereint mit den Unterstützungskassen von Hanau, Offenbach, Mainz und Friedrichsdorf, ein Komitee gebildet, welches sich an Euch alle wendet mit dem Rufe:

Wer ein Herz im Busen trägt, wird nicht zufrieden sein mit dem jetzigen Vereinswesen. Wer ein Herz im Busen trägt, wird nicht, ohne innerlich bewegt zu sein, an die uns drückenden Verhältnisse denken können.

Wer also ein Herz im Busen trägt, wird einer geistigen und materiellen Hebung des Arbeiters nicht nur keine Hindernisse in den Weg setzen, sondern an und zu dem begonnenen Werke sein Möglichstes leisten.

Wir ersuchen im Auftrage aller unserer Mitglieder die geehrten Vorstände von Unterstützungskassen, unverweilt eine Versammlung einzuberufen, ihre Mitglieder von unserem Vorhaben zu unterrichten und uns das Resultat baldigst zu übermitteln. Nach eingegangenen Nachrichten werden wir, um eine Delegiertenversammlung zu bewirken, das Nötigste anordnen. Wir schließen mit den Worten: Heil dem Arbeiterstande, der, durch Einigkeit stark, seinen leidenden Mitbrüdern zu helfen imstande ist.

Mit Brudergruß und Handschlag zeichnet im Namen des Komitees: G. Sal. Frey

38 — Juli – August 1869

Der Streik der Teppichweber der Firma Leisler für eine Lohnerhöhung und die Maßregelung wegen der Mitgliedschaft in der »Allgemeinen Deutschen Manufakturarbeiterschaft«

38a Bericht des Hanauer Landrats an den Regierungspräsidenten in Kassel, 17. Juli 1869

Hessisches Staatsarchiv Marburg, 165-1259, Bl. 3. Abgedruckt in: Klaus Eiler (Hrsg.), Hessen im Zeitalter der industriellen Revolution, Frankfurt am Main 1984, S. 350.

Nachdem der Teppichfabrikant Kommerzienrat Leisler die von den Webern in seiner Teppichfabrik hierselbst beanspruchten Lohnerhöhungen verweigert hat, haben dieselben – 19 an [der] Zahl – nebst den bei deren Webstühlen beschäftigt gewesenen 13 Jungen am jüngstvergangenen Montag[a] die Arbeit eingestellt und sind bis jetzt zu derselben nicht zurückgekehrt, beabsichtigen auch dem Vernehmen nach nicht eher zurückzukehren, bis der genannte Fabrikherr die begehrten Lohnerhöhungen sämtlich bewilligt haben wird. Ein Teil der betreffenden Arbeiter soll bereits anderweitig Beschäftigung gefunden haben; teilweise hoffen die noch Arbeitslosen auf eine Unterstützung aus der Kasse des Allgemeinen Deutschen Arbeitervereins,[b] welchem sie beigetreten sind. So viel ermittelt werden konnte, hat eine Aufreizung zur Arbeitseinstellung unter den Webern oder durch einzelne derselben nicht stattgefunden. Eine gegründete Veranlassung zur erhöhten Lohnforderung resp. zur Arbeitseinstellung liegt nicht vor, weil die Weber so gestellt sind, dass sie als Minimum pro Tag einen Gulden, wenn sie fleißig und geschickt sind, zwei Gulden verdienen. Herr Leisler ist entschlossen, nicht nachzugeben, vielmehr sich dadurch zu helfen, dass er die groben Wollfäden aus Berlin bezieht, im übrigen auswärtige Weber als Tagelöhner engagiert. Die weiblichen kunstfertigen Arbeiterinnen haben sich den Streiks nicht angeschlossen. Es wird überwacht werden, dass sich die arbeitslosen Teppichweber, welche übrigens nur 1/5 in hiesiger Stadt und zu 4/5 in verschiedenen nahegelegenen Landgemeinden wohnen, keinerlei ungesetzlicher Ausschreitungen beigehen lassen.

[a] den 12. Juli 1869.
[b] In Wirklichkeit waren die Weber Mitglieder der »Allgemeinen Deutschen Manufakturarbeiterschaft«, einer dem ADAV nahestehenden Gewerkschaft.

38b Bericht des Hanauer Landrats an die Regierung in Kassel über die Beendigung des Streiks, 5. August 1869

Hessisches Staatsarchiv Marburg, 180 Hanau-5011.

Gehorsamst berichte ich, dass sechs aus der leislerschen Teppichfabrik am 12. vorigen Monats ausgetretenen Weber ihren Bitten entsprechend ohne Lohnerhöhung von dem Kommerzienrat Leisler in seinem Fabrikbetrieb wieder eingestellt sind. Auch die übrigen Ausgetretenen, mit Ausnahme der beiden Rädelsführer,[a] werden nach und nach unter der besonderen Bedingung wieder beschäftigt werden, dass sie sich zum Austritt aus dem Allgemeinen Arbeiterverein verpflichten.

Herr Leisler hat den Streik dadurch überwunden, dass er für seine größeren Aufträge sich längere Fristen von den Bestellern erwirkt und dass [er] die geringeren Arbeiter und Weber anderweit ermittelt hat. Die streikenden Weber sind zu der Überzeugung gekommen, dass Herr Leisler die Arbeitseinstellung besser, als die Weber das vermögen, aushalten könne.

[a] August Menge, Hanauer Bevollmächtigte der Manufakturarbeiterschaft, und Wilhelm Böhm, laut einer Anmerkung zu der Vorlage.

39 — 9. August 1869

Eisenacher Programm der Sozialdemokratischen Arbeiterpartei (SDAP)

Demokratisches Wochenblatt, 14. August 1869; abgedruckt in: Dieter Fricke, Die deutsche Arbeiterbewegung 1869 bis 1914, Leipzig 1969, S. 12f.

I. Die Sozialdemokratische Arbeiterpartei erstrebt die Errichtung des freien Volksstaates.

II. Jedes Mitglied der Sozialdemokratischen Arbeiterpartei verpflichtet sich, mit ganzer Kraft einzutreten für folgende Grundsätze.

1. Die heutigen politischen und sozialen Zustände sind im höchsten Grade ungerecht und daher mit der größten Energie zu bekämpfen.
2. Der Kampf für die Befreiung der arbeitenden Klassen ist nicht ein Kampf für Klassenprivilegien und Vorrechte, sondern für gleiche Rechte und gleiche Pflichten und für die Abschaffung der Klassenherrschaft.
3. Die ökonomische Abhängigkeit des Arbeiters von den Kapitalisten bildet die Grundlage der Knechtschaft in jeder Form, und es erstrebt deshalb die sozialdemokratische Partei unter Abschaffung der jetzigen Produktionsweise (Lohnsystem) durch genossenschaftliche Arbeit den vollen Arbeitsertrag für jeden Arbeiter.

4. Die politische Freiheit ist die unentbehrlichste Vorbedingung zur ökonomischen Befreiung der arbeitenden Klassen. Die soziale Frage ist mithin untrennbar von der politischen, ihre Lösung durch diese bedingt und nur möglich im demokratischen Staat.
5. In Erwägung, dass die politische und ökonomische Befreiung der Arbeiterklasse nur möglich ist, wenn diese gemeinsam und einheitlich den Kampf führt, gibt sich die Sozialdemokratische Arbeiterpartei eine einheitliche Organisation, welche es aber auch jedem Einzelnen ermöglicht, seinen Einfluss für das Wohl der Gesamtheit geltend zu machen.
6. In Erwägung, dass die Befreiung der Arbeit weder eine lokale noch nationale, sondern eine soziale Aufgabe ist, welche alle Länder, in denen es moderne Gesellschaft gibt, umfasst, betrachtet sich die Sozialdemokratische Arbeiterpartei, soweit es die Vereinsgesetze gestatten, als Zweig der Internationalen Arbeiterassoziation, sich deren Bestrebungen anschließend.

III. Als die nächsten Forderungen in der Agitation der Sozialdemokratischen Arbeiterpartei sind geltend zu machen:

1. Erteilung des allgemeinen, gleichen, direkten und geheimen Wahlrechts an alle Männer vom 20. Lebensjahr an zur Wahl für das Parlament, die Landtage der Einzelstaaten, die Provinzial- und Gemeindevertretungen wie alle übrigen Vertretungskörper. Den gewählten Vertretern sind genügende Diäten zu gewähren.
2. Einführung der direkten Gesetzgebung (das heißt Vorschlags- und Verwerfungsrecht) durch das Volk.
3. Aufhebung aller Vorrechte des Standes, des Besitzes, der Geburt und Konfession.
4. Errichtung der Volkswehr anstelle der stehenden Heere.
5. Trennung der Kirche vom Staat und Trennung der Schule von der Kirche.
6. Obligatorischer Unterricht in Volksschulen und unentgeltlicher Unterricht in allen öffentlichen Bildungsanstalten.
7. Unabhängigkeit der Gerichte, Einführung der Geschworenen- und Fachgewerbegerichte, Einführung des öffentlichen und mündlichen Gerichtsverfahrens und unentgeltliche Rechtspflege.
8. Abschaffung aller Press-, Vereins- und Koalitionsgesetze, Einführung des Normalarbeitstages, Einschränkung der Frauen- und Verbot der Kinderarbeit.
9. Abschaffung aller indirekten Steuern und Einführung einer einzigen direkten progressiven Einkommensteuer und Erbschaftssteuer.
10. Staatliche Förderung des Genossenschaftswesens und Staatskredit für freie Produktivgenossenschaften unter demokratischen Garantien.

40 August 1869 – Januar 1870

Der Hirsch-Dunckersche Gewerkverein der Hanauer Gold- und Silberarbeiter

40a Bericht des »Komitees zu Gründung eines Ortsvereins« über eine Versammlung der Hanauer Gold- und Silberarbeiter zur Vorbereitung der Gründung, 14. August 1869

Hanauer Zeitung Nr. 195, 18. August 1869.

Die von dem Pforzheimer Ortsverein der Goldarbeiter angeregte Versammlung in dem Schnabel'schen Felsenkeller dahier fand Samstag, den 14. August, abends 8 Uhr statt. Das Lokal hatte nicht Raum genug, um alle, welche erschienen waren, aufzunehmen. Herr Wittum aus Pforzheim, Vorsitzender des dortigen Ortsvereins der Goldarbeiter, sprach sehr eingehend über den vorliegenden Gegenstand und forderte die Goldarbeiter Hanaus auf, mit der Gründung eines Ortsvereins in hiesiger Stadt rasch zu Werke zu gehen, indem in den bedeutendsten Städten Deutschlands bereits solche Vereine bestünden, und Hanau, das von jeher die hervorragendste Stelle in der Goldwaren-Industrie eingenommen, nicht zurückbleiben könne und dürfe. Die Versammlung, welche mit großer Aufmerksamkeit dem ausgezeichneten Vortrag des Herrn Wittum folgte, erklärte sich, nachdem mehrere Redner dafür gesprochen, mit der Gründung eines solchen Vereins einverstanden und ernannte zu diesem Zwecke ein Komitee, welches die nötigen Vorarbeiten machen soll, um sie in einer demnächst stattfindenden Versammlung zur Prüfung und Genehmigung vorzulegen; die Statuten des Pforzheimer Ortsvereins sollen als Grundlage dienen und den Verhältnissen Hanaus angepasst werden. Die Listen zur Einzeichnung des Beitritts des zu gründenden Ortsvereins werden mit nächstem in den Geschäften zirkulieren.

Wenn auch Herr Wittum durch sein entschiedenes Auftreten eine gewisse Begeisterung für die Sache hervorrief, so ist der Bestand eines solchen Vereins dann erst gesichert, wenn sich alle Kräfte an diesem Unternehmen beteiligen und hauptsächlich der intelligente Teil der Goldarbeiter Hanaus dem Werke seine Unterstützung nicht versagt. Wohl stehen die Goldarbeiter Hanaus in vieler Beziehung besser als in manchen anderen Orten Deutschlands, und ist hauptsächlich die Behandlung von Seiten der Herren Fabrikanten gegenüber dem Arbeiter eine durchwegs anständige zu nennen, worüber der Ortsverein in Pforzheim so sehr zu klagen hatte, so dass er gerade auf dem Felde volle Arbeit fand, dem Arbeiter eine menschenwürdigere Behandlung zu sichern. Wenn also auch kein Grund vorhanden ist, um gerade in dieser Hinsicht zusammen zu wirken, so bleibt doch nicht zu verkennen, dass immerhin die Lage der Goldarbeiter Hanaus durch sonstiges einmütiges Zusammenwirken mit Pforzheim u.s.w., einer Verbesserung fähig ist, und alle, welche sich kräftig genug fühlen, in dieser Angelegenheit zu wirken und zu schaffen, sollten um keinen Preis zurückbleiben. Zwar haben die Goldarbeiter Hanaus schon sehr traurige Erfahrungen gemacht und mancher, der sich früher mit Freuden gemeinsamen Unternehmungen beigegeben, ist jetzt abgestumpft und missmutig und nicht gewillt, seine Kräfte einer ergebnislosen Unternehmung zu opfern, weil das Vertrauen für immer bei ihm geschwunden. Doch dürfen sich am allerwenigsten diejenigen zurückziehen, welche nicht gar so schwarz sehen und noch nicht den Glauben an bessere Zeiten verloren haben. Die Goldarbeiter Hanaus können und dürfen nicht bei der jetzt immer mächtiger werdenden Arbeiterbewegung in Lethargie versinken. Drum nicht verzagt und frisch zur Tat, auf dass durch die einmütige Teilnahme der Goldarbeiter Hanaus dem von Pforzheim begonnenen Werke die Vollendung gegeben wird; nur so kann die Sache heilbringend für die Goldarbeiter Hanaus sowie für die ganz Deutschlands werden.

40b Aufruf des Ortsvereins der Gold- und Silberarbeiter an die Arbeiter Hanaus zur Unterstützung der streikenden Bergleute in Waldenburg, 10. Januar 1870

Hanauer Zeitung Nr. 9, 11. Januar 1870.

Angesichts der traurigen Lage der streikenden Bergleute zu Waldenburg richtet der hiesige Ortsvertreter der Gold- und Silberarbeiter an die Arbeiter Hanaus die dringende Bitte, jenen Männern, welche schon über fünf Wochen mit der größten Aufopferung für eines ihrer heiligsten Rechte einstehen, in pecuniärer Hinsicht ihre Teilnahme beweisen zu wollen.

Zwar sind schon reichliche Gaben von Seiten ihrer Verbandsgenossen hingesendet worden und immer kommen neue Beweise von Opfermut unter den Arbeitern Deutschlands zum Vorschein, aber bei der Größe und der ungeheuren Ausdehnung dieser Arbeitseinstellung sind alle Mittel, welche durch Gewerkvereine aufgebracht werden können, nicht im Stande, auch nur das Notwendigste zu beschaffen.

Wir hoffen also, dass die Arbeiter Hanaus in dieser Hinsicht nicht zurückbleiben, indem es sich hierbei um eines ihrer heiligsten Rechte handelt, denn die Bergleute sind nicht der schuldige Teil bei dieser Gelegenheit, sondern die Herrn Grubenbesitzer provozierten diesen Streik, weil sie die ungerechte Forderung an die Leute stellten, ihr von dem Staate garantiertes Koalitionsrecht aufzugeben und aus den Gewerkvereinen auszuscheiden, und zwar mit der Drohung der sofortigen Entlassung aus der Werksarbeit.

Mögen deshalb die Arbeiter Hanaus ihre Schuldigkeit tun und jenen wackeren Leuten, 7000 an der Zahl, ihre Unterstützung zu Teil werden lassen.

Das Ergebnis wird seinerzeit veröffentlicht.

Hanau, den 10. Januar 1870.
Der Ausschuss
Im Auftrag des Ortsvereins der Gold- und Silber-Arbeiter.
Zur Entgegennahme von Unterstützungsbeiträgen sind gerne bereit:
Herr J. Fechter, Hospitalstraße 14. Herr Hausmann, Vorstadt 27.
Herr L. Greffenbuch, Paradeplatz 12.

41 April 1870

Der Streik der Hanauer Schneidergehilfen für höheren Lohn

41a Einladung der Hanauer Schneidergehilfen und Kleinmeister durch Joseph Schneider[a] aus Frankfurt und Wilhelm Wolf aus Hamburg zu einer Versammlung zur Lohnfrage, vor dem 28. März 1871

Hessisches Staatsarchiv Marburg, 180 Hanau-5011. Gedruckt bei Stritt in Frankfurt.

Zirkular an sämtliche Schneidergehilfen sowie Kleinmeister in Hanau

Da es bei der jetzigen Produktionsweise nicht möglich ist, unter den Lohnverhältnissen, wie sie in Hanau existieren, dem Arbeiter ein menschliches Leben zu gewähren, sondern dem Arbeiter nur so viel von seiner, mit Mühe und Sorgen hervorgebrachten Arbeit abgeben, um nur grade den allernotdürftigsten Lebensunterhalt zu decken, und zwar gerade bei den Schneider[n] Hanaus, haben die Unterzeichneten sich zur Aufgabe gestellt, den Lohn der Schneider etwas heben zu wollen, und zu diesem Zweck dieses Zirkular und Anzeige einer Schneider-Versammlung erlassen.

Folgendes diene beachtet zu werden: Alle Arbeitgeber haben den Arbeitern die Löhne um 30 Prozent zu erhöhen und zwar nicht allein jetzt, sondern auch in der so genannten Kummerzeit, weshalb auch von den Unterzeichneten ein Tarif ausgearbeitet und allen denen, die zur Versammlung kommen, unterbreitet und besprochen wird. Nach Feststellung eines Komitees sowie dieses Tarifs haben sämtliche Schneidermeister ihre Tarife vom Komitee eingehändigt, von den Arbeitgebern sind sofort dieselben mit eigenhändiger Namensunterschrift zu versehen und im Arbeitslokale aufzuhängen.

Die dawiderhandelnden Meister haben nur sich und keinem Anderen die Schuld bei eventueller Niederlegung der Arbeit von Seiten der Gehilfen zuzuschreiben, dasselbe gilt ebenfalls für die Kleinmeister Hanaus, indem dieselben unter die Wucht jenes grausamen Gesetzes der freien Konkurrenz herabgedrückt sind. Unter dieser Konkurrenz ist es nur dem Kapital des liberalen Geldsacks mit Hilfe dieser Gewerbefreiheit möglich, den Kleinbürger direkt zu bekämpfen und in den Hintergrund zu drängen, und zwar durch diese heillose Wirtschaft von Institutionen von Konvektionagen oder Ladenarbeitern, mit welchen es wahrlich nicht für den Kleinbürger möglich ist, Schritt halten zu können.

Darum Kleinmeister und Arbeiter Hanaus: Es gibt keinen anderen Weg zur Besserstellung Eurer Lage als zusammengetreten zu einer festgeschlossenen Masse, und darum eingetreten in den Kampf für Eure heiligen Menschrechte; besucht unsere Versammlung, eine Klärung wird zu Stande kommen. Der Krieg zwischen dem Geldsack und sein[em] Ausbeutungs-System muss geführt werden.

Gedenkt des Wahlspruchs: »Einigkeit macht stark« und ein ernster Kampf ist des Sieges gewiss!

[a] Bevollmächtigter der Frankfurter Mitgliederschaft der »Allgemeinen deutschen Gesellschaft der Schneider, Kürschner und Kappenmacher.«

41b Forderungen des Komitees für Besserstellung der Kleidermacher in Hanau an die Arbeitgeber, 30. März 1870

Hessisches Staatsarchiv Marburg, 180 Hanau-5011.

Zirkular an sämtliche Herrn Schneidermeister und Arbeitgeber in Hanau

Durch Beschluss der Generalversammlung der hiesigen Kleinmeister, Heimarbeiter und Gehilfen am 28. März 1870 sollen die hiesigen Herrn Schneidermeister und Arbeitgeber aufgefordert werden, die von der Generalversammlung angenommenen Punkte mit zu unterzeichenen.

Die Punkte sind:

a) Die hiesigen Schneidermeister und Arbeitgeber haben der jetzigen Produktionsweise wegen ihren sämtlichen Gehilfen die Löhne um 30 Prozent zu erhöhen.

b) Die hiesigen Schneidermeister und Arbeitgeber haben die, durch das von der Generalversammlung gewählte Komitee festgesetzten Löhne nicht bloß jetzt, sondern auch in der so genannten Kummerzeit zu bezahlen.

c) Die hiesigen Schneidermeister und Arbeitgeber haben die vom gewählten Komitee aufgestellten Tarife zu unterschreiben und in ihrer Werkstelle aufzuhängen.

d) Jeder Gehilfe verpflichtet sich dagegen, wenn die Herrn Meister vorerwähnte Punkte nicht genehmigen, sofort die Arbeit niederzulegen und so lange nicht wieder in Angriff zu nehmen, bis sich die Herrn Meister zu irgend einem Resultat erklärt haben.

e) Bei Wochen- und Tagarbeit ist die Arbeitszeit von Morgens 6-12 und von Mittags 1-7 Uhr festzusetzen, so ist auch der Lohn unbedingt bei allen Meistern und Arbeitgebern Samstag Abend auszuzahlen.

f) Jedem Meister wird ein solches Zirkular zugestellt, zu welchem er 24 Stunden Bedenkzeit hat. Es hat es sich daher jeder Meister nur selbst zuzuschreiben, wenn durch Weigerung der Unterschrift eine Niederlegung der Arbeit stattfindet.

Dieses Protokoll, sowie dass Herr Joseph Schneider aus Frankfurt und Herr Wilhelm Wolf aus Hamburg als Leiter der Arbeitseinstellung von der Generalversammlung mit Stimmeneinhelligkeit angenommen worden, ist von 48 anwesenden Gehilfen unterzeichnet.

Das Komitee für Besserstellung der Kleidermacher in Hanau

A. Houmèl	C. Heilmann	H. Heise
Jäger	Körner	G. Spieker

41c Öffentliche Begründung der Schneidermeister für ihre ablehnende Haltung gegenüber den Gehilfenforderungen, 10. April 1870

Hanauer Zeitung Nr. 86, 10. April 1870.

Die unterzeichneten Schneidermeister sehen sich ihren geehrten Kunden gegenüber zu der Erklärung veranlasst, dass sie einer, den veränderten Wertverhältnissen und den Preisen der Lebensbedürfnisse entsprechenden Erhöhung der Arbeitslohnes, nach Maßgabe der Leistungen, durchaus nicht entgegen sind, dass sie jedoch die vom

»Komitee für Besserstellung der Kleidermacher in Hanau« ihnen peremptorisch[a] zugemutete Unterschrift eines Arbeitstarifs und dessen Aufhängung in den Arbeitslokalen, als den Verhältnissen nach völlig ungeeignet, entschieden zurückweisen mussten.

I. Reinhold, I. V. Höfer, C. Dilcher, I. B. Schmidt jun., I. Aug. Pfeiff, G. Wolf, I. P. H. Fleck, Joseph Fest, Fr. Richard, Jacob Fix, I. Lucas, R. Feuerstein.

[a] vernichtend, ruinierend.

42 — Mai 1870

Der Streik der Maurergehilfen für höheren Lohn

42a Forderungen der Maurerversammlung an die Meister, 28. April 1870

Hessisches Staatsarchiv Marburg, 180 Hanau-5011; Vermerk auf der Rückseite: Der hiesigen Polizeiinspektion abzugeben.

Zirkular an sämtliche Herren Maurermeister in Hanau und in Kesselstadt

In heutiger Versammlung der hiesigen Maurergesellen wurde der Beschluss gefasst, dass die Herren Maurermeister die von der Versammlung angenommenen Punkte mit unterzeichnen.
Dieselben sind:

a) Die hiesigen Maurermeister haben die bisherigen Löhne wegen der immer mehr steigenden Produkte und Lebensbedürfnisse um 25 Prozent zu erhöhen.
b) Dieselben haben die festgesetzten Löhne nicht bloß jetzt, sondern für alle Zeiten zu bezahlen und soll es sogar notarisch festgesetzt werden.
c) Der Lohn ist nicht mehr wie bisher alle 14 Tage, sondern alle Samstag Abend auszuzahlen.
d) Diese Zirkulare sind den Herren Meistern vorzulegen, zu welchen sie bis Samstag Abend Bedenkzeit haben, und bei gedachter Zeit ihren Leuten bestimmte Antwort abzugeben haben, die unterschriebenen Zirkulare aber dem bei ihnen befindlichen Komiteemitglied abzugeben.

Diese Punkte, sowie dass Samstag Abend eine Niederlegung der Arbeit stattfindet, wenn die Herren Meister diese billige und gerechte Forderungen nicht genehmigen, wurde von den anwesenden Gehilfen, welche über 100 waren, einstimmig angenommen.

Das Komitee
K. Klee, F. Schmalz, P. Ditzel, W. Künzler, K. Bender.

42b Öffentlicher Protest der streikenden Maurer gegen das Zurückhalten ihres ausstehenden Lohns und gegen willkürliche Kündigungspraktiken, 4. Mai 1870

Hanauer Zeitung Nr. 105, 4. Mai 1870.

Nachdem die hiesigen Maurergesellen am Montag[a] die Arbeit eingestellt haben, verlangen dieselben den noch rückständigen Lohn von vergangener Woche, welcher aber von den Meistern verweigert wird, indem erst künftigen Samstag Lohntag sei. Wir überlassen es der allgemeinen Volksmeinung, was von einem solchen Verhalten der Meister zu halten ist. Es wendeten sich bereits mehrere Gesellen ans Gericht, wo ihnen jedoch auch zugemutet wurde, dass eine 14tägige Kündigung vorangegangen sein müsste. Wir fragen aber nun ebenfalls, warum haben die Herren Meister das Recht, ihre Gesellen jederzeit zu entlassen!

Das Komitee: Peter Ditzel, Konrad Klee, Franz Schmalz, Wilhelm Künzler.

[a] 2. Mai 1870.

43 — 1871 – 1874

Der Allgemeine Deutsche Arbeiterverein (ADAV) und die Reichstagswahlen

43a Aufruf des Wahlkomitees der Arbeiter zur Wahl des Reichstagskandidaten Jakob Jodry für den Wahlkreis Hanau, Gelnhausen und Orb, 8. Februar 1871

Stadtarchiv Hanau, L 1, Wilhelm Ziegler, Hanauer Chronik, Bd. 7, Bl. 312. Beilage.

Wahlaufruf für den Wahlkreis Hanau, Gelnhausen und Orb

Wähler von Stadt und Land!
Die Wahlen für den deutschen Reichstag kommen heran, und jeder Deutsche vom 25. Lebensjahre an hat das Recht und die Pflicht, daran Teil zu nehmen.
Das allgemeine, gleiche und direkte Wahlrecht ist eine Errungenschaft der unermüdlichen Agitation der echten und wahren Demokratie – seien wir dessen eingedenk und wählen wir auf echt demokratische Art und Weise, damit dieses edle Kleinod seine Bewertung finde und nicht dazu beitrage, die Unfreiheit und die Lasten, welche bis zur Stunde noch auf dem Volke ruhen, zu vermehren.

Die Frage tritt also an uns heran: wie sollen wir wählen? Und wen sollen wir wählen? Darauf gibt es nur eine Antwort. Wählet einen Mann aus dem Volke! Einen Mann, der mit Euch denkt und mit Euch fühlt, auf dass Eure Gedanken und Eure Gefühle einen Ausdruck finden – da – wo sie zur Wahrheit und wo sie zum Recht erhoben werden können. Fraget nicht, ist er ein Jurist, ist er ein Kapitalist, oder ist er ein standesherrlicher Herr! Sondern fraget vielmehr, ist er ein Freund des Volkes, ist er ein Freund der Freiheit und des Rechts.

Diese Frage muss sich ein jeder brave und biedere Deutsche stellen. Denn nur zu oft hat das Volk darunter leiden müssen, weil es nicht richtig zu wählen wusste. Darum aufgepasst und prüfet vorsichtig den Charakter des Mannes, dessen Namen Ihr in die Wahlurne werfet, auf dass nicht später das Gegenteil von dem erzielt wird, was Ihr erzielen wolltet.

Hört nicht auf die vielen Schmeichler, welche an Euch heran treten und sprechen Euch von Freiheit und Volkswohl, und wenn es gilt, Freiheit und Volkswohl zu fördern, sie nicht zu Hause sind und diese Güter nur für sich, für ihre Klasse in Anspruch nehmen. Bedenket, dass die parlamentarischen Kämpfe durchweg Interessenkämpfe sind, und dass Kapitalisten, Juristen oder standesherrliche Herren niemals für das wahre Interesse des Volkes einstehen, höchstens nur so weit, als ihre eignen Interessen reichen; weiter geht der Kampf für Freiheit und Volkeswohl nicht, und weil eben erst da, wo die Interessen dieser Leute aufhören, die unseren anfangen, so könnt ihr nicht anders, als Ihr müsst einen Mann aus dem Volke wählen, einen Mann, dessen eigene Interessen mit den Eueren verknüpft sind. Nur so habt Ihr Gewissheit, dass die Interessen des arbeitenden Volkes gewahrt werden, darum wählt einen – Arbeiter – der von seinen Freunden, der von allen, die ihn kennen, als derjenige bezeichnet wird, der Eure Rechte und Eure Freiheit am wackersten verteidigt, und zwar deshalb, weil sein eigenes Recht, seine eigne Freiheit dieselbe ist wie die Eure.

Die demokratische Bevölkerung Hanaus hat in zwei Versammlungen[a] darüber beraten und beschlossen, den Herrn Jacob Jodry in Hanau den Wählern in dem Wahlkreise Hanau, Gelnhausen und Orb als Reichstagskandidaten zu proklamieren und denselben hauptsächlich dem Manne der Arbeit, dem Manne, dessen Lebensstellung mit der seinigen und der unsrigen eng verknüpft ist, zur Wahl zu empfehlen.

Das Wahlkomitee der Arbeiter: J. König, K. Menge, R. Busch, J. Langenheim, G. Größer, Fr. Kiefer, K. Haupt, H. Schaab, M. Dassbach, K. Roth, H. Gropp, R. Lindenfeld, D. Costodis, J. Dien, J. Mißler, B. Junker, J. Baumgard.

[a] Am 30. Januar und am 7. Februar 1871.

43b Programm des Reichstagskandidaten des ADAV, Jakob Jodry, Februar 1871

Stadtarchiv Hanau, L 1, Wilhelm Ziegler, Hanauer Chronik, Bd. 7, Bl. 312. Beilage.

Die Hauptpunkte, für welche sich der Kandidat mit aller Kraft zu wirken verpflichtet hat, sind folgende:

1) Abschaffung der stehenden Heere, weil dieselben nach Außen zu Angriffs- und Eroberungskriegen anspornen, während sie nach Innen einerseits dem Volke ungeheuere Lasten aufbürden, andererseits aber der Reaktion als wirksamste Stütze dient, um alle freiheitlichen Bestrebungen niederzudrücken.
2) Einführung einer unumschränkten Pressfreiheit sowie vollständiges Vereins- und Versammlungsrecht, weil das seitherige System jede freiheitliche Bestrebung erschwerte.
3) Abschaffung aller indirekten Steuern und Einführung einer progressiven Einkommensteuer, da durch die indirekten Steuern das arbeitende Volk am meisten gedrückt wird.

4) Einführung des allgemeinen, gleichen und direkten Wahlrechts mit geheimer Abstimmung und Diätenzahlung und ohne Zensus, da die Masse des Volkes den Staat bildet und erhält, daher jeder nicht nur gleiche Pflichten, sondern auch gleiche Rechte haben soll.
5) Einführung eines allgemeinen freien und unentgeltlichen Volksunterrichts, damit sich der Arme wie der Reiche, je nach seinen Fähigkeiten, gleich gut ausbilden kann.
6) Abschaffung der Sonntagsarbeit sowie Einführung eines Normalarbeitstages und eines Gesetzes zum Schutze der Arbeit.
7) Abschaffung der Frauen- und Kinderarbeit, weil dieselbe demoralisierend auf das Familienleben einwirkt und ebenso dem Arbeiter eine schädliche Konkurrenz macht.
8) Gründung von Produktiv-Assoziationen durch Staatskredite, damit der Arbeiter der heutigen Ausbeutung durch das Kapital entzogen wird.

43c Bericht von Jakob Jodry im »Neuen Social-Demokrat« über die Ursachen der Niederlage des Reichstagskandidaten des ADAV, Ernst Bernhard Richter, 15. Januar 1874

Hanauer Zeitung Nr. 18, 22. Januar 1874; einleitender Vermerk der Redaktion: Die Nr. 8 des »Neuen Social-Demokrat« (Organ des ADAV) enthält folgenden Artikel, welchen wir, ohne jede Erläuterung, hier abdrucken.

Die Schlacht ist geschlagen und ruhen kann wieder der bis zum Äußersten erschöpfte Kämpfer; – das war ein Treiben und Jagen, als gelte es, eine Welt zu erobern, hier mit unseren schwachen Kräften den Kampf nur zu wagen, war schon eine Kühnheit; Richter, unser Kandidat, war nur wenig hier, wenn nicht Meister aus Hannover als unterstützende Kraft uns zur Seite gestanden, wir wären unterlegen, denn die hiesige Bourgeoisie bot alles auf, um zu siegen; alle Mittel waren Recht, man scheute von dieser Seite keine Kosten; die Flugschriften regneten förmlich in unserem Wahlkreis, jede eine neue Verleumdung enthaltend; das Arbeitspersonal der »Hanauer Zeitung« arbeitete alle Tage bis spät in die Nacht; es gab keine Lüge, die nicht gegen unsere Partei geschleudert wurde. Die Spalten der »Hanauer Zeitung« waren jeden Tag gefüllt von den schwärzesten Verleumdungen, Lügen und Verdrehungen aller Art. Der erste Wahlaufruf der National-servilen enthielt einen solchen Wust von Verleumdung, dass dem gemütlichen Spießbürger wohl schauerlich zu Mute ward, und als alles nichts zu helfen schien, als trotzdem unsere Versammlungen zum Erdrücken voll waren und alles mit der größten Begeisterung zu unserer Fahne stand, da musste etwas anderes helfen; – Ihr glaubt es nicht, aber es half; das Handwerk musste herhalten, man stellte unseren Richter wohl als einen raffinierten Kopf hin, aber er sei doch nur ein einfacher Zigarrenmacher, der von den eigentlichen Staatsgeschäften unmöglich etwas verstehen könne, und ob denn Hanau, wo so ein gut gestellter und gebildeter Arbeiterstand vorhanden, von einem Zigarrenmacher vertreten sein wolle? Das griff, das zündete, und die noblen Arbeiter, sie sagten sich – ja, das ist auch wahr, und trugen ganz still, ohne sich umzuschauen, ihren national-servilen Dr. Hermann Weigel zur Wahlurne. An dem Wahllokale ließen sie sich zum Schein einen Stimmzettel von unseren Leuten geben, dieser kam in die linke Westentasche und der Dr. Hermann Weigel in die Wahlurne. Das waren die Noblen.

Es gibt aber noch eine Kategorie Leute hier, die auch für Dr. Hermann Weigel gestimmt haben, es waren die Hausknechte, die Laufburschen, die Kutscher, die Dienstmanns-Compagnie, die Ladendiener, kurzum, die niederen und dienstbeflissenen Elemente Hanaus; auch diese Ärmsten der Armen, sie stimmten für Weigel. O heilige Einfalt! – ist dies möglich? Ja, Ihr werten Parteigenossen, so war es – und so kam es, dass Richter hier in Hanau speziell 309 Stimmen weniger hatte als Dr. Hermann Weigel. Was das Landvolk anbetrifft, so hatten die Bürgermeister ihr Möglichstes getan. Es liegen eine Menge von Wahlbeeinflussungen direkter und indirekter Art vor, aber hauptsächlich schadete man uns damit, dass man die armen Leute einfach nicht in die Wahllisten eintrug; in der nächsten Umgegend beläuft sich diese indirekte Beeinflussung nahe bei tausend Stimmen. Ein Warnungszeichen für das nächste Mal; präge sich Jeder, dem unser Streben ernst ist, dies tief in das Gedächtnis. Doch trotzdem können wir mit dem Resultat zufrieden sein, wenn das Wahlergebnis auch nicht ganz in unserem Sinne ausgefallen ist. Das eigentliche Ergebnis, welches wir zu verzeichnen haben, ist folgendes: Dr. Weigel 8775, Richter 4173, Professor Blaser (Zentrumspartei) 1996.

Das Schwierigste von Allem war, den Wahlkreis, in welchem nicht weniger als 121 Orte sind, zu bereisen; in 40 Orten waren Versammlungen abgehalten. Die besten Orte im ganzen Wahlkreis waren Großauheim mit 265 und Dörnigheim mit 120 Stimmen, ebenso hat Bockenheim mit Umgegend sehr gut gestanden; hierzu haben unsere dortigen Parteigenossen durch ihre rege und tatkräftige Agitation viel beigetragen; man ersieht hieraus, wie notwendig es ist, dass ein Wahlkreis durch Mitgliedschaften erst bearbeitet wird; hätten wir nur ein Dutzend Mitgliedschaften gehabt, der Sieg wäre unser. Doch das soll uns nicht abschrecken, weiter zu kämpfen. Drei Jahre ist eine schöne Zeit, da lässt sich manches machen, und hoffentlich wird es uns gelingen, bis dahin einen Sozial-Demokraten als Vertreter des Wahlkreises Hanau-Gelnhausen-Orb- und Bockenheim in den Reichstag zu schicken. Darum frisch ans Werk. Mit sozial-demokratischem Gruß.

44 Mai 1871

Die Versuche der Zigarrenarbeiter, höhere Löhne durch Verhandlungen zu erreichen

44a Bericht des Hanauer Landrats an die Regierung in Kassel über eine Versammlung der Zigarrenarbeiter, auf der die Lösung der Lohnfrage auf dem Petitionsweg erörtert wurde, 4. Mai 1871

Hessisches Staatsarchiv Marburg, 165-1259, Bl. 23f. Abgedruckt in: Klaus Eiler (Hrsg.), Hessen im Zeitalter der industriellen Revolution, Frankfurt am Main 1984, S. 395f.

In einer gestern Abend abgehaltenen zahlreichen öffentlichen Versammlung haben die hiesigen Zigarren-Fabrikarbeiter das Bedürfnis einer Lohnerhöhung wegen fortwährender Steigerung der Lebensunterhaltsbedürfnisse ausgesprochen und beschlossen, solche zunächst auf dem Petitionsweg bei den Fabrikanten anzustreben und erst dann, wenn dieser Weg nicht zu ihrem Ziel führe, energische Schritte vorzubereiten, worunter eine allgemeine Arbeitseinstellung zu verstehen sein wird. Die Versammlung hat zu dem Zweck ein Komitee gewählt, welches die auf Lohnerhöhung zu richtende Vorstellung an die Fabrikanten entwerfen soll und weiter aus jeder Fabrik einen Arbeiter zur Überreichung der Petition bei den Fabrikanten bestimmt. Eventuelle weitere Schritte sind einer später zu berufenden Versammlung vorbehalten worden.

Dem Vernehmen nach soll die Bewegung unter den hiesigen Zigarrenarbeitern mit einer allgemeinen Agitation unter den Zigarrenarbeitern in sämtlichen größeren Fabrikstädten Deutschlands in Verbindung stehen.

Indem ich dieses vorläufig berichte, bemerke ich gehorsamst, dass ich den Verlauf der Agitation genau überwache und darüber weiter berichten werde. Übrigens sind die Fabrikanten entschlossen, nicht nachzugeben.

44b Erklärung der Zigarrenarbeiterversammlung, die Lohnfrage zunächst den Fabrikanten zu unterbreiten, 3. Mai 1871

Hanauer Zeitung Nr. 107, 6. Mai 1871. Einleitender Vermerk der Redaktion: In einer am 3. Mai zahlreich besuchten Zigarrenarbeiterversammlung wurde einstimmig Folgendes erklärt.

Da die gegenwärtigen Arbeitspreise weder mit den Zeitverhältnissen noch mit den Preisen der notwendigen Lebensbedürfnisse (des Arbeiters) nicht [!] im Entferntesten im Einklang stehen, erklärt die heutige Versammlung:

Um den Beweis zu liefern, dass die Zigarrenarbeiter nicht gewillt sind, einen Bruch zwischen Arbeitern und Arbeitgebern hervorzurufen, stellen sie vorerst die ganze Frage den Herren Fabrikanten einer geneigten Berücksichtigung anheim und sehen mit gespannter Erwartung dem Resultat entgegen, in wie weit die Herren geneigt sind, eine zeitgemäße Lohnverbesserung eintreten zu lassen.

44c Öffentliche Bekanntmachung des Komitees der Zigarrenarbeiter über die Ablehnung von Lohnerhöhungen durch die Fabrikanten, 10. Mai 1871

Hanauer Zeitung Nr. 112, 12. Mai 1871

Im Auftrag der gestern hier abgehaltenen Zigarrenarbeiterversammlung bringen wir hiermit zur allgemeinen öffentlichen Kenntnis, dass das humane Vorgehen der Zigarrenarbeiter betreffs einer zeitgemäßen Lohnerhöhung von Seiten der Arbeitgeber teils mit unbegründeten Einwürfen, teils mit Schroffheit und mit Bemerkungen, unter anderem, dass unser Verlangen Wollust und Übermut, welches von Einzelnen hervorgerufen worden sei, zurückgewiesen wurde. Wir überlassen es dem Urteil der öffentlichen Meinung, in wie weit sie diese Zurückweisung gerecht findet, und bitten, die weiteren Schritte, die wir jetzt nach der Zurückweisung gezwungen sind zu tun, ja nicht falsch aufzufassen, sondern zu prüfen, ob der Ausspruch der Herrn Arbeitgeber, dass unsere zeitgemäße Lohnverbesserungs-Forderung mutwillige Tendenzen in sich trägt, um den Frieden zwischen Arbeitgeber und Arbeiter stören zu wollen, sich begründet. Wir haben keinen Schutz als das unparteiische Urteil der öffentlichen Meinung, diese mag das Richteramt übernehmen, ob unsere Forderungen gerecht sind.

45 17. – 22. Juni 1871

Der allgemeine deutsche Zigarrenarbeiterkongress in Hanau

45a Vorschlag des Komitees der Offenbacher Zigarrenarbeiter, einen Zigarrenarbeiterkongress einzuberufen, um eine deutschlandweite Lohnbewegung zu organisieren, 20. Mai 1871

Der Volksstaat Nr. 41, 20. Mai 1871

Werte Geschäftsgenossen!

Wir rechnen es uns zur Pflicht, in der gegenwärtigen Zeitperiode, in welcher unser Geschäftsgang in ganz Deutschland ein ausgezeichneterer als seit vielen Jahren ist und noch eine lange Zeit so bleiben wird, an Euch einen Aufruf ergehen zu lassen.

Der Arbeitslohn richtet sich bei der heutigen Produktionsweise nach Angebot und Nachfrage von Arbeit. Bei uns ist gegenwärtig starke Nachfrage für Arbeitskraft; unser Lohn ist aber im Verhältnis zum Angebot der Arbeit unbedeutend gestiegen; wir haben nur das Recht, eine übermäßige Zeit zu arbeiten, wodurch etwas mehr verdient wird als gewöhnlich. So lange die Lohnarbeit existiert, wird das eherne Lohngesetz nicht beseitigt werden, das steht felsenfest. Es ist aber notwendig, wenn wir bei der heutigen Produktionsweise eine Lohnerhöhung erhalten können, es so schnell wie möglich zu tun. Durch eine übermäßige Arbeitszeit einen höheren Verdienst zu erlangen, würde ganz widersprechend sein; sie wird uns früher zum Grabe geleiten als gewöhnlich. Schon müssen wir am frühesten von allen Geschäftsbranchen aus dieser Welt scheiden. Es ist durch den Geheimrat Engel statistisch nachgewiesen, dass das durchschnittliche Lebensalter der Zigarren- und Tabaksarbeiter nicht mehr ist als 31 Jahre; wie soll es erst werden, wenn wir eine übermäßige Arbeitszeit haben?

Wenn wir den gegenwärtigen Geschäftsgang im Verhältnis zu unserem Lohn betrachten, so können wir nicht unterlassen, die gesammelten Zigarrenarbeiter Deutschlands aufzufordern, sich zu vereinigen, um in allen Städten und Orten, wo Zigarrenarbeiter existieren, eine Lohnerhöhung zu verlangen. Wir gehen von der Überzeugung aus, dass in der Gesamtheit eher eine Lohnerhöhung zu erzielen ist, als in einzelnen Orten. Wenn wir an einzelnen Orten eine Lohnerhöhung verlangen, so sagen unsere Arbeitgeber: wir können das nicht tun, weil wir dann mit anderen Fabrikanten nicht konkurrieren können. Wenn wir aber in der Gesamtheit diese Verlangen stellen, so muss dieser Grund fallen.

Alle Arbeiter erheben sich und verlangen mehr Lohn, weil sie nicht mehr auskommen können, und wir sollten zurückstehen? Nahrung, Kleidung, Logis und sonstige Bedürfnisse werden teurer und unser Lohn bleibt immer auf demselben Niveau stehen. Die Geschäftsgenossen aller Parteischattierungen, seien es von denjenigen, welche zum Allgemeinen Deutschen Unterstützungs-Verband gehören, seien es von der Allgemeinen Deutschen Zigarrenarbeiter-Gewerkschaft, von den Ortsvereinen oder den Neutralen, welche sich noch keiner Partei angeschlossen haben, ersuchen wir, sich zu vereinigen, so schnell wie möglich eine Versammlung anzuberaumen, unseren Vorschlag auf die Tagesordnung zu stellen, darüber zu beraten und zu beschließen, ob sie mit uns einverstanden sind, sodann das Resultat der Versammlung an die unterzeichnete Adresse einzusenden. Wenn unser Vorschlag von einer größeren Masse unserer Geschäftsgenossen anerkannt wird, so werden wir einen allgemeinen deutschen Zigarrenarbeiterkongress ausschreiben, auf dem unsere gerechte Sache zum Austrag gebracht wird. Der Kongress wird alle Angelegenheiten ordnen. Er wird bestimmen, wie viel Lohnerhöhung wir verlangen, auf welchen Tag wir in Gesamtdeutschland unsere Forderungen stellen; überhaupt alles bestimmen, was zur Durchführung unserer Sache erforderlich ist. Zum Schluss rufen wir Euch zu: einigt Euch, stimmt unserem Vorschlag zu und wir wollen sehen, ob nichts zu machen ist.

Wir senden mehrere Exemplare dieses Ausrufs in die verschiedenen Hauptstädte Deutschlands, dieselben mögen sie in kleinere Städte und Orte senden, weil wir die Adressen nicht alle wissen; auch wird es in verschiedenen Arbeiter-Organen veröffentlicht werden, z.B. im »Volksstaat« und »Botschafter«. Wenn der Kongress zu Stande kommt, so werden wir ihn in den genannten Organen ausschreiben.

Im Namen sämtlicher Zigarrenarbeiter Offenbachs a. M.
Für das Komitee:
A. Heuser, Kl. Biergrund 22, Offenbach.

45b Die Beschlüsse des Kongresses, 20. Juni 1871

Hessisches Staatsarchiv Marburg, 180 Hanau-5011. Wiedergabe im Bericht des überwachenden Polizeikommissars. Der Bericht ist vom 21. Juni 1871 datiert; gezeichnet: Höpfner.

Am gestrigen Dienstag, den 20. d. M. wurde morgens um acht Uhr die Sitzung im Kochschen Lokale fortgesetzt und am Nachmittage wurden folgende Beschlüsse durch die Delegierten des Kongresses gefasst:

1. Spätestens am 3. Juli d. J. wird an alle Zigarrenfabrikanten in denjenigen Städten und Orten, welche durch Delegierte am Kongress vertreten gewesen, die Forderung auf Lohnerhöhung gestellt. Die Bestimmung der Lohnsätze bleibt den Arbeitern in den bezüglichen Orten überlassen, weil solche nach den örtlichen Lebensmittelpreisen neu zu eruieren sind. Wenn bis zum 5. Juli die Fabrikanten die beanspruchte Lohnerhöhung nicht bewilligt haben, dann soll nach und nach in zu bestimmenden Städten die Arbeit durch die Zigarrenarbeiter eingestellt werden. Zuerst soll dann der Streik in Hanau und Umgegend eintreten, weil hier die Arbeiter den verhältnismäßig niedrigsten Lohn erhalten. In den Städten, in welchen Streik eintritt, wird solcher in sämtlichen Fabriken daselbst gemacht. Die streikenden Arbeiter werden während ihrer Arbeitslosigkeit so lange durch die an den übrigen Städten weiter Arbeitenden genügend unterstützt, bis sie ihren Zweck erreicht haben werden. Dann soll der Streik in einer anderen Stadt beginnen, wozu zunächst Berlin zu Aussicht genommen ist. Der Delegierte Richter ist bestimmt, falls Streik zu Hanau eintritt, dahier zurückzukehren und unter den Arbeitern die Agitation zu unterhalten.
2. Werden in verschiedenen Städten Bezirkskassen der Zigarrenarbeiter z. B. in München, Verden etc. gegründet, woraus die streikenden Arbeiter die Unterstützungen beziehen sollen. Mit Organisation dieser Kassen ist der Delegierte Wode aus Verden beauftragt.
3. Soll beim deutschen Reichstag ein Antrag veranlasst werden auf Erlass eines Gesetzes über eine Normalarbeitszeit in den Zigarrenfabriken.

46 Juli – Oktober 1871

Der große Streik der Zigarrenarbeiter und die landesweite Unterstützung

46a Schreiben der Zigarrenarbeiter an die Fabrikanten mit der Bitte um Lohnerhöhung, 3. Juli 1871

Hanauer Zeitung Nr. 158, 7. Juli 1871. Das Datum des Gesuchs teilt der Hanauer Landrat an die Kassler Regierung mit (HStAM, 180 Hanau-5011, Bericht v. 5. Juli 1871).

An die Herren Zigarrenfabrikanten zu Hanau

Im Vertrauen auf die Rücksichten rechnend, wo in Betreff der heutigen Lage des Arbeiters erforderlich erscheint, wendeten wir uns vor einiger Zeit mit dem Gesuch an die geehrten Herren Arbeitgeber, den Arbeitslohn nach den Zeitverhältnissen zu regeln; wir waren damals zuversichtlich von der Hoffnung durchdrungen, die Herren würden eine Besserung eintreten lassen, wir fanden aber leider zu bald, dass wir uns in unserer Hoffnung getäuscht hatten, doch wird und muss jeder dieser Herren zugeben, dass eine Erhöhung der Löhne durch die Steigung der notwendigen Lebensbedürfnisse erforderlich ist. Trotzdem wies man uns kalt mit den Bemerkungen ab, die geschäftlichen Beziehungen ließen einen Aufschlag der Ware nicht zu, und außerdem erscheine das Auftreten der Arbeiter ein durch einzelne hervorgerufenes Projekt zu einer neuen Wühlerei, wie sie ehemals da gewesen sei, welche unter allen Umständen abgewiesen werden müsse. Was den ersten Punkt anbelangt, möchten wir behaupten, dass es nur einer Verständigung der Herren Arbeitgeber bedarf, um eine Verbesserung der Arbeiter ins Leben treten zu lassen, und gerade jetzt würde es um so leichter erscheinen, da von allen Zigarrenarbeitern Deutschlands in Anbetracht der Zeitverhältnisse eine Erhöhung des Lohnes gefordert wird.

Was den Vorwurf, unser Vorgehen sei Wühlerei Einzelner, betrifft, müssen wir dahin beantworten, dass dies eine sehr falsche Auffassung der Verhältnisse und Lage des Arbeiters ist. Sie werden uns erlauben, dies in Kürze zu begründen. Der Arbeiter ehemals und jetzt ist ein anderer geworden, die Bedingungen und Anforderungen des Lebens treten bestimmter an ihn heran, mit diesem aber auch zugleich die Erkenntnis, dass er als Mensch berechtigt ist, die Forderung an die menschliche Gesellschaft zu stellen, dass er ebenbürtig als solcher leben kann.

Geehrte Herren, eingedenk dessen, dass das wahre Wohl des Arbeiters nur davon abhängt, wenn die Interessen des Arbeitgebers und Arbeiters sich gegenseitig schützend die Hand reichen:

Wenden wir uns wiederholt an Sie, die heutigen Zustände zu berücksichtigen, und bitten Sie, da die vereinten Kräfte von Mann und Frau mit diesen Arbeitspreisen nicht mehr ausreichen, selbst der freistehenden Jugend es schwer fällt, damit durchzukommen, die Lohnpreise dahin festzustellen, dass sie jede Sorte mit 30 kr. pro Mille erhöhen.

In Erwartung einer zusagenden Antwort zeichnen mit aller Hochachtung
Die Arbeiter

46b Bekanntmachung des Streikkomitees der Zigarrenarbeiter über den Streikbeginn und die Gründe für den Streik, 7. Juli 1871

Hanauer Zeitung Nr. 158, 7. Juli 1871.

An die gesammelten Arbeiter Hanaus

Die hiesigen Zigarrenarbeiter fühlen sich verpflichtet, durch eine kurze Darlegung der Sachlage den andern Geschäftsbranchen nachzuweisen, dass nicht die Zigarrenarbeiter die Schuld an der fast allgemein in Hanau und den umliegenden Ortschaften eingetretenen Arbeitseinstellung tragen, sondern das rücksichtslose und abstoßende Benehmen der Arbeitgeber. In ihrem Übermut haben dieselben 680 Arbeiter, die mit steter Not kämpfen, auf die Straße gestoßen. Der Bevölkerung Hanaus wird es erinnerlich sein, dass ein Bittgesuch um zeitgemäße Lohnerhöhung von den Arbeitern eingereicht, jedoch nichts achtend zurückgewiesen wurde.

(Dieses Gesuch und die Anmerkung der Abweisung befindet sich in der Beilage Nr. 120[a] der hiesigen Zeitung.) Mir dieser Abweisung konnten sich die Arbeiter bei den heutigen Verhältnissen gewiss nicht zufrieden stellen, sie suchten daher wiederholt das Menschlichkeitsgefühl ihrer Arbeitgeber durch eine zweite Eingabe, wie folgt, zu gewinnen.[b]

Jeder wahrhafte Mensch muss zugestehen, dass unser Vorgehen human, notwendig und gerecht ist. Trotzdem, dass dies die Arbeitgeber zugestehen müssen, stießen sie uns mit der Bemerkung von sich ab: »Wer sich nicht unter die alten Umstände fügen wolle, kann gehen.« Es blieb uns daher nichts anderes übrig, als den Kampf für unsere gerechte Sache aufzunehmen.

Wer von den Arbeitern Hanaus noch näheren Aufschluss wünscht oder aber die streikenden Zigarrenarbeiter in irgend einer Weise zu unterstützen gedenkt, kann sich an das Komitee, das an allen Werktagen von morgens acht bis abends sechs Uhr im oberen Saale der »Schwedischen Krone« zu sprechen ist, wenden.

[a] Richtig Nr. 119. Siehe Dokument 44c.
[b] Siehe vorangehendes Dokument.

46c Aufruf des Streikleiters Ernst Bernhard Richter aus Wandsbeck zur Unterstützung der Streikenden, 13. Juli 1871

Der Volksstaat Nr. 58, 19. Juli 1871.

Der Streik der Zigarrenarbeiter dauert hier hartnäckig fort, trotzdem die Fabrikanten keine Zigarren mehr auf Lager haben und die Geschäftsreisenden sich dahin erklärt haben, dass die Fabrikanten den Lohnzuschlag gewähren könnten, sie würden von der Kundschaft eben so viel mehr erhalten und es würde ein Preisaufschlag bei dem jetzigen günstigen Geschäftsgang bei den Kunden auf gar keine Schwierigkeiten stoßen. Der Fabrikant Grobe erklärte unter anderem, vor Wut schäumend, er wolle lieber sterben (!!Wer hindert ihn daran?), als den Arbeitern eine Verbesserung ihres Lohnes um 8 Silbergroschen 3 Pfennig pro Mille bewilligen. Derselbe Herr Grobe bekleidete einige Tage später ein großes Ehrenamt, er war nämlich Mitglied des Empfangskomitees für die heimkehrenden Krieger.[a] Im festlichen Ornate mit weißer Krawatte marschierte er den heimkehrenden Kriegern voran. Und unter diesen heimkehrenden Kriegern befinden sich Männer, denen er den Bissen trocknes Brot nicht gönnte, es waren Reservisten, die Tags darauf, als sie entlassen waren, zu ihrer Berufstätigkeit zurückkehren wollten, zum Zigarrenmachen. Als sie erfuhren, wie schnöde diese Ehrenmänner mit ihren Kollegen verfahren waren, da erklärten sie, dass auch sie bei diesen Mordspatrioten die Arbeit nicht aufnehmen könnten. Unter den Streikenden befinden sich auch Witwen gefallener Krieger, – was kümmert das alles diese »Patrioten«?

In Großauheim befindet sich bei den Streikenden eine Witwe mit 6 Kindern, mehrere mit 3 und 4 Kindern; eine Frau hat seit 13 Jahren einen kranken Mann, auch sie streikt mit. In Groß-Steinheim war es ein Mädchen, namens Maria Schleif, welche durch ihr ernstes Auftreten das Signal zum allgemeinen Aufbruch gab. – Unterstützt diese Leute reichlich, helft schnell, damit sie nicht untergehen! Es sind ihrer Viele, aber die Leute behelfen sich mit einem Stückchen Schwarzbrot. Schickt Geld ein, damit wir ihnen mindestens das gewähren können.

[a] Aus dem deutsch-französischen Krieg.

46d Rundschreiben der Hanauer Zigarrenfabrikanten mit der Bekanntmachung ihrer Vereinbarung, während des Streiks keine Arbeiter aus anderen Fabriken einzustellen, 24. Juli 1871

Der Volksstaat Nr. 63, 5. August 1871. Einleitender Vermerk der Redaktion: Nachstehendes Exemplar ist von hiesigen Zigarrenfabrikanten in die Welt geschickt worden. Abschließender Vermerk: Vorstehendes Aktenstück zeigt so recht deutlich die Geistesverwandtschaft deutscher Fabrikanten mit ehemaligen Sklavenhaltern des Südens. E. B. Richter.

Unter der Leitung eines sozialistischen Zentralkomitees ist hier und in der Umgegend bereits seit 3 Wochen ein Streik der Zigarrenarbeiter ins Leben getreten, der, ohne Rücksicht auf die lokalen geschäftlichen Verhältnisse und unter Nichtachtung aller industriellen Konsequenzen und volkswirtschaftlichen Erfahrungen (!) zunächst auf Erpressung (!) höherer Löhne abzielt und ein Feld wühlerischer Agitationen und sozialistischer Aufreizung gegen die Arbeitgeber geworden ist. Die beliebten Redewendungen und Schlagwörter der Agitatoren, durch welche die Arbeitgeber als »die Raubritter der Neuzeit« und als die privilegierte Klasse geschildert werden, welche »unter der Macht des Kapitals vom erpressten Schweiß der Arbeiter Paläste baut«, ferner der durch eine disziplinierte Organisation von Seiten des Komitees ausgeübte Zwang und Druck haben selbst die ruhigen und zufriedenen Arbeiter mit ins Schlepptau genommen und alle Mittel trügerischer Vorspiegelungen und falscher Nachrichten über das angebliche Gelingen der durch den Streik geübten Pression werden zur Anwendung gebracht, um die Arbeiter zum Ausharren in ihrem Schaden bringenden Verhalten aufzumuntern und den Streik auch anderwärts zu einer größeren Ausdehnung zu bringen. Es wird daher auch für die auswärtigen Industriellen von Interesse sein, namentlich den zur Aufmunterung der streikenden Arbeiter absichtlich ausgesprengten falschen Gerüchten gegenüber, über den hiesigen Stand dieser Angelegenheit zuverlässige Nachrichten zu erhalten, und teilen wir Ihnen daher mit, dass keiner der hiesigen Fabrikanten den gestellten Anforderungen nachgegeben hat, in der richtigen Erkenntnis, dass unter allen Verhältnissen das Gelingen resp. der Erfolg eines Streikes den Fabrikanten unter die Diktatur eines allen volkswirtschaftlichen Theorien Hohn sprechenden Zentralkomitees bringen würde und dass ferner sämtliche hiesige Fabrikanten sich gegenseitig verpflichtet haben, sowohl während als auch entsprechender Zeit nach dem Streik keinen Arbeiter einer anderen Fabrik aufzunehmen, gleichviel ob derselbe Zigarrenroller, Wickelmacher oder Sortierer ist. – Alle Versuche von Seiten der Arbeiter, durch stellenweises Fortarbeiten zu den alten Lohnsätzen, Eifersucht oder Uneinigkeit unter den Arbeitgebern hervorzurufen, vermochten nicht an den vorerwähnten Grundsätzen und den streng gehaltenen Vereinbarungen der hiesigen Fabrikanten irgend welche Änderungen zu bewirken oder dieselben in der Geduld zu beirren, mit welcher sie einer besseren Erkenntnis der Arbeiter über ihr beide Teile schädigendes Verhalten entgegenharren.

Da es angesichts der in ganz Deutschland ausgebreiteten Organisation der Arbeiter auch für die Arbeitgeber geboten erscheint, unter sich in Beziehung zu treten, so werden wir Mitteilungen Ihrerseits gerne entgegennehmen.

Hanau, den 24. Juli 1871
Deibel & Groß, A. Dörr & Cie, Hamburger & Weinrank, Hartmann & Cie, Hengsberger & Grobe, P.G. Hoße, W. Kehl & Gustine, Gebr. Loßberger, Heinr. Oldenkott & Cie, M. Rothfeldt, J.N. Schmidt, F.L. Vollbracht's Nachfolger.

46e Bericht des Streikleiters Ernst Bernhard Richter über den Maingauer Streik in einer Versammlung in Hannover, 1. August 1871

Hanauer Zeitung Nr. 201, 27. August 1871. Einleitender Vermerk der Redaktion: In der Nr. 22 des »Neuen Sozial-Demokrat« liest man unter der Datierung: Hannover, 13. August, folgenden wunderbar zu lesenden Bericht.

Am 1. d. M, Abends 8½ Uhr, hielten wir im großen Saale der Marieninsel abermals eine Volksversammlung ab, welche von ca. 2000 Mann besucht war und in welcher Herr Richter wieder vom Maingauer Streik berichtete. Der Redner hob u. a. hervor, dass sich die Fabrikanten verbunden hätten, sechs Wochen bei 500 Gulden Strafe und auf Ehrenwort keinem Arbeiter mehr Lohn zu geben, als vorher. Es ständen die Arbeiter aber jetzt mit den Fabrikanten schon sechs Wochen im Kampfe. Frauen, Mädchen und die ländlichen Arbeiter, auf welche sich die Fabrikanten verlassen, hätten Alle die Arbeit eingestellt. Als die Arbeitseinstellung an dem ersten Orte eintrat, sagte der Fabrikant Blachière, in dessen Fabrik auch 95 Personen die Arbeit einstellten, dass er noch andere 95 Arbeiter beschäftige, welche ihm den Schaden wieder ersetzen würden. Sogleich wendete Redner sich dorthin und brachte es dazu, dass auch die zweiten 95 die Arbeit einstellten, und so geschah es an mehreren Orten. Von 1500 Menschen, welche den Streik begannen, hatten nur fünf die Arbeit wieder aufgenommen. Aus Furcht vor den streikenden Frauen und Mädchen legten sie aber dieselbe abermals nieder. Die Schuljungen machten es sich sogar zur Aufgabe, alle mit Kot zu bewerfen, welche aus den Fabriken herauskamen. Die Streikenden würden von den Bürgern kräftig unterstützt, und es gingen einzelne Unterstützungen von diesen im Betrage von 20 Gulden die Woche ein. Als die Monatsmiete fällig war, hätten die Hausbesitzer und alle Bürger sich verpflichtet, den Kampf mit zu führen und mit der Miete zu warten. Redner habe es mit angesehen, wie 15 bis 20 Familien, die Betten und einige wenige Habe auf den Rücken geschnallt, ausgewandert seien, um sich eine andere, vielleicht etwas bessere Heimat zu suchen. Mädchen, welche sich in kurzer Zeit verheiraten wollten, verpflichteten sich, beim Komitee keine Unterstützung zu nehmen, sondern sogar noch von ihrem ersparten Gelde wöchentlich etwas Bestimmtes beizusteuern. Die Zeitungen schreiben, dass die Arbeiter mutlos würden und die Arbeit wieder aufnähmen. Das sei unwahr, sie ständen fest, und erreichten sie ihre Forderung nicht, dann würde eine allgemeine Auswanderung stattfinden. 680 Menschen hätten allein in Hanau die Arbeit eingestellt und die Bürger und Arbeiter anderer Professionen unterstützen sie so, dass noch an 50 Gulden wöchentlich an andere Orte versendet werden könnten, und doch seien gar viele Unterstützungsbedürftige dort. Frauen befänden sich bei den Streikenden, deren Männer im Felde geblieben oder als Krüppel zurückgekehrt seien, denn Alles beteilige sich am Streik. Selbst die unter den heimgekehrten Soldaten befindlichen Zigarrenarbeiter, in welchen die Fabrikanten ihre Rettung gesucht, teilten das Los ihrer Brüder.

46f Bekanntmachung der Zigarrenfabrikanten von den Versuchen der Arbeiter, durch Verhandlungen allgemeine Neueinstellungen zu erreichen, 7. September 1871

Hanauer Zeitung Nr. 210, 7. September 1871.

Es haben neuerdings von Seiten einzelner Zigarrenmacher namens ihrer Kollegen mit der Firma Hengsberger & Grobe Verhandlungen wegen dem Wiederbeginn der Arbeit stattgefunden, bei welchen namentlich die gleichzeitige Entsendung von Deputationen an sämtliche Fabrikanten behufs Wiederaufnahme der Arbeiter in corpore zu Sprache kam. Abgesehen davon, dass durch die Verhältnisse, wie sie sich nunmehr entwickelt haben, Beschränkungen und Modifikationen in der Zigarrenfabrikation hier am Platze bedingt sind, welche auch Beschränkungen in dem Arbeiterpersonal zur Folge haben, hat ferner die Erfahrung gelehrt, dass derartige Deputationen trotz gegenteiliger Versicherung unter den Einflüssen desjenigen Komitees stehen, welches (wie u. a. die Publikationen des Leiters, Herrn Richter, in dem Partei-Organ »Neuer Social-Demokrat« beweisen) im Interesse von Parteizwecken mit der hiesigen Industrie ein frevelhaftes Spiel treibt. Anstatt daher mit derartigen Deputationen zu verhandeln, sehen sich die unterzeichneten Fabrikanten veranlasst, den gestellten Antrag durch öffentliche Bekanntmachung zu beantworten, indem hiermit der in nachstehendem Protokollauszug enthaltene Beschluss des Fabrikantenkollegiums zur Kenntnis der Arbeiter gebracht wird:[a]

[a] Siehe nachfolgendes Dokument.

46g Ablehnende Antwort der Fabrikanten auf die Verhandlungsangebote einzelner Fabrikdeputationen die Neueinstellung der Streikenden betreffend, 6. September 1871

Hanauer Zeitung Nr. 210, 7. September 1871.

In Erwägung, dass ein ähnlicher Antrag bereits vorgelegen hat, welcher von den Arbeitern der Firma F. L. Vollbracht's Nachfolger unter der ausdrücklichen Versicherung gestellt war, dass derselbe lediglich von den Arbeitern ausgehe und mit dem Komitee nichts zu schaffen habe; in Erwägung ferner, dass der entgegenkommendste Bescheid der Fabrikanten, wie er durch den Protokollauszug vom 22. August erteilt worden war, obiger Versicherung zum Trotz, dennoch gerade von Seiten jenes Komitees, mit welchem die Fabrikanten in keinerlei Verhandlungen treten, beantwortet und von der Hand gewiesen worden ist, können die Fabrikanten zur Vermeidung ähnlicher Vorkommnisse sich nicht dazu entschließen, Deputationen zu empfangen, die möglicherweise unter dem Walten jenes Komitees wieder organisiert werden, müssen es vielmehr ihren Arbeitern anheimgestellt sein lassen, sich bei ihren seitherigen Arbeitgebern wieder zu melden, um die Arbeit in derjenigen Anzahl anzutreten, welche dem jetzigen Stand und den Verhältnissen der einzelnen Fabriken entsprechend gesunden wird. Was die Lohnfrage anbelangt, so kann der Wiederantritt der Arbeit nur unter den gleichen Verhältnissen geschehen, wie seither, jedoch werden die Fabrikanten, soweit es die Geschäfts- und Zeitverhältnisse gestatten, auch für die Folge die Löhne nach Möglichkeit aufbessern und erwarten, wie dies auch früher bereits ausgesprochen wurde, dass die Arbeiter in vollem Vertrauen auf dieses Bestreben der Fabrikanten, unter Lossagung von den gehässigen Aufreizungen ihrer seitherigen Führer, zu einem besseren Einvernehmen die Hand bieten und die Arbeit wieder antreten.

Die Fabrikanten haben hierbei die Beschlüsse vom 21. und 31. August zu beobachten, wonach die Arbeiter nur mit der Bedingung aufgenommen werden können, dass während der Dauer des hiesigen Streikes jegliche Kündigungsfrist aufgehoben ist, um eine sofortige Entlassung bewerkstelligen zu können, für den Fall, dass gegenüber den Machinationen jenes Komitees von Seiten des Fabrikantenkollegiums eine allgemeine Schließung der Fabriken beschlossen werden sollte.

Hanau, den 6. September 1871.
Deibel und Groß, A. Dörr & Cie, Hamburger & Weinrank, Hengsberger & Grobe, P. Hosse Witwe, Kehl & Gustine, Gebr. Loßberger, Heinr. Oldenkott & Cie, M. Rothfeldt, J. R. Schmidt, F. L. Vollbracht's Nachfolger.

46h Erwiderung des Streikkomitees auf die Ablehnung der Verhandlungen über die Neueinstellung von Streikenden, 8. September 1871

Hanauer Zeitung Nr. 211, 8. September 1871.

Eine größere Anzahl hiesiger Zigarrenfabrikanten hat unterm gestrigen Tage eine öffentliche Bekanntmachung in Nr. 210 der Hanauer Zeitung erlassen. Trotzdem wir der Bekanntmachung selbst wenig Gewicht beilegen, können wir doch nicht umhin, auf einige wesentliche Punkte derselben näher einzugehen.

Zunächst wird darin von Verhandlungen gesprochen, welche von einigen Arbeitern mit den Firmen Hengsberger & Grobe und F.L. Vollbracht's Nachfolger gepflogen worden seien. Wir konstatieren hierdurch öffentlich, dass in beiden Fällen das Komitee vorher benachrichtigt war und dass von unserer Seite in beiden Fällen den Arbeitern genannter Fabriken kein Hindernis in den Weg gelegt wurde. Wir glaubten damit eine Pflicht zu erfüllen, dass da, wo nach Ansicht der einzelnen Arbeiter eine

Aussicht auf einen ehrenvollen Ausgleich vorhanden war, von unserer Seite keine Schwierigkeiten in den Weg gelegt würden.

Es zeigte sich in beiden Fällen, dass es den betreffenden Herren Fabrikanten ganz angenehm gewesen wäre, wenn die Arbeiter ihrer Fabrik in corpore die Arbeit wieder aufgenommen haben würden; jedoch waren sie durch den bestehenden Fabrikantenbund verhindert, ihren Arbeitern billige Konzessionen zu machen.

Der Fabrikantenbund aber selbst forderte von den Arbeitern, sie möchten die Arbeit erst unter den alten Bedingungen wieder aufnehmen und alsdann sollten, so wie es die Geschäfts- und Zeitverhältnisse gestatteten, Verbesserungen eintreten. Wir meinen, es wäre wohl richtiger gesagt: wie es die Geschäftsverhältnisse gestatten und die Zeitverhältnisse erfordern. Daraufhin möchten wir den Herren Fabrikanten die bescheidene Frage vorlegen: Waren die Geschäftsverhältnisse im Monat Mai etc. etwa ungünstiger als jetzt? Obgleich die Herren Fabrikanten mit dem Preise ihrer Ware neuerdings wieder bedeutend gestiegen sind, werden sie gewiss mit »Nein« antworten müssen. Also wenn die Geschäftsverhältnisse zu damaliger Zeit eben so günstig waren als jetzt, warum schenkten die Herren Zigarrenfabrikanten Hanaus den bescheidenen Bitten ihrer Arbeiter zu jener Zeit kein Gehör – Warum ließen sie nicht eine kleine Verbesserung in den Lohnverhältnissen ihrer Arbeiter eintreten. Etwa weil es die Zeitverhältnisse nicht erforderten? Gewiss aus dem Grunde, weil der Laib Brot nur 19 kr., das Pfund Butter nur 48 kr., das Pfund Fleisch über 20 kr. kostete. Oder sind das nach Ansicht der Herren Fabrikanten alles Dinge, die der Arbeiter nicht braucht? Fast hat es den Anschein, wenn man beispielsweise die Löhne der Taglöhner und Wickelmacher in der Fabrik von Hosse Witwe betrachtet, wovon uns genaue Lohnangabe von 130 Personen vorliegen.

Von 130 Personen verdienen wöchentlich

3	Arbeiter		6 fl.
11	"	zwischen	5 – 6 fl.
13	"		5 fl.
14	"	zwischen	4 – 5 fl.
33	"		4 fl.

Die übrigen 56 Arbeiter verdienen teils zwischen 3 – 4 fl., teils 3 und unter 3 fl. die Woche. Darunter befinden sich Leute, welche 10, 12, 15, ja, selbst 22 Jahre in diesem Geschäfte tätig waren und jetzt plötzlich ohne Kündigung entlassen worden sind.

Dass hier die Zeitverhältnisse längst eine Lohnverbesserung erfordert hätten, ist wohl jedem einleuchtend. Es fragt sich allerdings, ob es die Geschäftsverhältnisse gestatteten, eine große, sehr kostspielige Villa zu bauen, dann hätten sie jedenfalls auch eine Lohnverbesserung hungernder Arbeiter gestattet.

Dass sich die Arbeiter auf unbestimmte Versprechungen nicht einlassen können, werden alle vernünftigen Menschen, also auch die Herren Zigarrenfabrikanten, einsehen müssen. Mögen immerhin die Herren Fabrikanten die Fabriken öffnen, wir, das Komitee, werden unser Bureau nicht eher schließen, bis die billigen Forderungen der Arbeiter gewährt sind.

46i Bericht des Hanauer Landrats an die Regierung in Kassel über die Beendigung des Streiks, 17. Oktober 1871

Hessisches Staatsarchiv Marburg, 180 Hanau-5011.

Nachdem sich am 6. dieses Monats das Streikkomitee der Zigarrenarbeiter hierselbst aufgelöst, also seine Tätigkeit für die Agitation eingestellt hat, haben nunmehr die Zigarrenarbeiter in sämtlichen Zigarrenfabriken zu Hanau die Arbeit wieder angetreten. Nur diejenigen Arbeiter sind von den Fabrikanten zurückgewiesen worden, welche als Komiteemitglieder oder sonst in hervorragender Weise für die Agitation tätig gewesen sind. Gehorsamst ehrerbietig berichte ich solches im Anschluss an meinen Bericht vom 1. dieses Monats und bemerke, dass im Allgemeinen der Streik als für die Arbeiter misslungen zu betrachten ist, da dieselben in den meisten Fabriken die Arbeit bedingungslos wieder aufgenommen haben. Die Verluste in Folge der verderblichen Einstellung der Arbeiter belaufen sich für die 2200 Arbeiter und ihre Familien auf bar p. p. 200 000 Gulden. Brennmaterial, Kartoffeln etc. sind für den Winter nicht angeschafft. Unzweifelhaft wird hierdurch und in Folge der großen Teuerung in viele Familien in Hanau und Großauheim bittere Not einkehren.

46j Bewertung des Streikverlaufs durch das Streikkomitee, Oktober 1871

Stadtbibliothek Hanau, Landeskundliche Abteilung. Abgedruckt in: Klaus Eiler (Hrsg.), Hessen im Zeitalter der industriellen Revolution, Frankfurt am Main 1984, S. 396 ff.

Freunde und Kollegen!

Der Streik des Maingaus ist beendet; ein vierzehnwöchiger gewaltiger und schwerer Kampf konnte erst die Fabrikanten zur Überzeugung bringen, dass die Arbeiter ein Recht haben, auf eine menschliche Stellung Anspruch zu machen. Schwer war der Kampf, was alle unsere Kollegen zugestehen werden, aber angesichts der Aufgabe, welche uns von dem Kongress gestellt wurde, hielten wir uns verpflichtet, bis aufs Äußerste trotz Not und Elend auszuhalten. Allerdings würde der Kampf leichter und schneller geendet haben und von größerem Erfolg begleitet gewesen sein, wenn man den Bestimmungen des Kongresses Rechnung getragen hätte, wenn nicht irrtümlicherweise der Kampf gleichzeitig an anderen dazu bestimmten Orten ausgebrochen wäre. Wir machen hauptsächlich auf Offenbach und Waldheim aufmerksam. Es wurden eigentlich durch das Eintreten Offenbachs in den Streik erst der später so gefährlich werden sollende Fabrikantenbund geschaffen und befestigt. In Offenbach befanden sich Fabrikanten, welche natürlich nur aus Egoismus den Streik zur schnelleren und günstigen Entscheidung gebracht hätten. Dieselben würden bestimmt einen großen Teil der Hanauer Arbeiter aufgenommen haben. Auch herrschte unter den Offenbachern eine solche Gehaltlosigkeit, dass die Mehrzahl schon nach einem Kampf von einigen Wochen sich den Fabrikanten auf Gnade und Ungnade ergab.

Wir haben zur besseren Verständigung zu bemerken, dass das Hanauer Komitee beständig dem Offenbacher Lokalkomitee die geforderte Unterstützung zur Verfügung stellte, also: Offenbach wurde gerade so gut und sogar noch besser unterstützt als Hanau.

Durch Waldheim war durch den zu frühen Ausbruch des Streiks und die darauf folgende Niederlage der Hanauer Streik wiederum geschädigt und der Fabrikantenbund befestigt worden. Doch gehen wir von diesen allgemeinen Betrachtungen auf die Haltung der Streikenden und den Fabrikantenbund über. Statt dass die Niederlage Offenbachs, Waldheims und Magdeburgs entmutigend auf die Arbeiter einwirken sollte, wuchs ihr Mut mit jedem Tag, und die Arbeiter der größten Fabrik, Hosse Witwe, 187 an der Zahl, schlossen sich die neunte Woche, nachdem man dem gegebenen Versprechen, eine zeitgemäße Verbesserung eintreten zu lassen, nicht nachkam, dem allgemeinen Streik an.

Die Haltung sämtlicher Arbeiter war bis auf den letzten Tag vorzüglich, aber am wackersten hielten sich die Arbeiter Großauheims. Betreff des Fabrikantenbundes können wir berichten, dass derselbe den Fabrikanten allgemein verleidet ist. Nach den Aussagen einzelner Fabrikanten haben wir die Überzeugung gewonnen, dass eine ähnliche Verbindung hier niemals unter den Fabrikanten mehr stattfindet.

Geehrte Kollegen! Es war das erste Mal in der deutschen Arbeiterbewegung, dass bei einem vierzehnwöchigen umfassenden großartigen Streik die streikenden Arbeiter sich fast lediglich auf die Hilfe ihrer Fachgenossen stützen konnten. Die Kollegen auswärts leisteten an einzelnen Orten in der Unterstützung Unglaubliches, wie es ja hier in der beigefügten Abrechnung bewiesen ist. Geehrte Kollegen, so befinden wir uns denn in der Lage, unseren Kollegen nach außen mitteilen zu können, dass nach dem jetzt beendeten Streik die Forderungen der Arbeiter allerdings nicht ganz nach Wunsch durchgegangen sind, dass jedoch größere Vorteile für die Arbeiter hervorgerufen wurden und dieser Kampf mehr Nutzen gebracht hat, als würden die Fabrikanten den Forderungen sofort nachgekommen sein. Mit Stolz blicken wir auf die Einmütigkeit unserer deutschen Kollegen, mit Stolz können wir aber auch hinblicken auf die Reihen der Kämpfenden, welche trotz der großen Not und nach vierzehnwöchiger Entbehrung aller Art erst auf den Ruf des Komitees die Arbeit in den dazu bestimmten Fabriken wieder antraten. Wir befinden uns in der ersten, aber nicht letzten Periode der Kämpfe, denn solange es Unterdrücker und Unterdrückte, Ausbeuter und Ausgebeutete gibt, werden die Männer und Frauen des Maingaus ihren übrigen Arbeitsbrüdern mutig zur Seite stehen.

Für das Streikkomitee:
Richter - Wandsbeck, M. Dassbach, N. Lindenfeld, F. Funk - Großauheim

47 15. November 1871

Bericht des »Volksstaat« über die Gründung eines mitteldeutschen Arbeitgeberverbandes in Frankfurt

Der Volksstaat Nr. 95, 25. November 1871.

Die Fabrikanten Deutschlands verschwören sich immer allgemeiner gegen die Arbeiter. Jetzt berichten die Blätter aus Frankfurt. »Am 15. d. M. hielten im Saale des »Hotel Union« Fabrikanten aus Darmstadt, Frankfurt, Mainz, Offenbach, Köln, Worms, Mannheim, Ludwigshafen, Aschaffenburg, Hanau, Würzburg, Kassel, Zell, Nürnberg, Kastel und Wiesbaden eine Zusammenkunft ab, deren Zweck die Gründung eines mitteldeutschen Arbeitgeberverbandes war. Nach eingehenden Verhandlungen wurde der Zweck erreicht und verpflichteten sich die Mitglieder des Verbandes, keinen Arbeiter einzustellen, der nicht aus seiner vorhergehenden Stelle einen »ordnungsmäßigen Entlassungsschein habe«.«

Die Kapitalmacht organisiert sich. Arbeiter, das muss Euch eine Anspornung zu Eurer Organisation sein!

48 August 1872

Die Hanauer Arbeiter und die Erinnerungsfeier an den Sieg über Frankreich am 2. September 1870 bei Sedan (Sedanfeier)

48a Bericht der »Hanauer Zeitung« über eine Volksversammlung mit der Tagesordnung: Die Sedanfeier und der Arbeiterstand (Auszug), 22. August 1872

Hanauer Zeitung Nr. 199, 23. August 1872.

Die gestern Abend in der Zentralhalle stattgefundene Volksversammlung der sozialdemokratischen Partei (Tagesordnung: Die Sedanfeier und der Arbeiterstand) war sehr stark besucht. In dem Lokal mochten etwa tausend Personen gewesen sein, später Kommende konnten gar nicht mehr hinein und standen noch mehrere Hundert vor den geöffneten Türen im Hofe.

Nachdem das Präsidium gewählt war, ergriff Herr Jodry das Wort und versuchte in längerer Rede die Entstehung der Kriege, und dass dieselben nur im Interesse der Dynastien geführt würden, das Volk [es] also nicht nötig habe, dieselben zu glorifizieren, zu beweisen. Nach Beendigung dieser Rede lief folgende Resolution ein:[a]

Die anwesenden Herren Sozialdemokraten erklärten sich einstimmig für diese Resolution. [...]

[a] Siehe nachfolgendes Dokument.

48b Beschluss der Volksversammlung gegen die Unterstützung der Sedanfeier, 22. August 1872

Hanauer Zeitung Nr. 199, 23. August 1872.

In Erwägung, dass alle seither geführten Kriege immer nur im Interesse der Dynastien und der machthabenden Klassen stattfinden, beschließt die heutige Versammlung jeder Kundgebung, die dahin zielt, den Krieg oder Klassenmord durch gewisse Festlichkeiten zu verherrlichen, jedwede Unterstützung zu versagen, überhaupt mit allen gesetzlichen Mitteln dahin zu wirken, dass solche Festlichkeiten, wie die »Sedanfeier«, in Zukunft unmöglich sind.

49 Mai 1873 – Oktober 1878

Die Polizeieinsätze gegen die Pendler in Arbeiterzügen

49a Meldung der »Hanauer Zeitung« über Ruhestörungen der Arbeiter auf der Neckarbahn, 10. Mai 1873

Hanauer Zeitung Nr. 111, 13. Mai 1873; die Meldung ist vom 12. Mai datiert.

Am Samstagabend (10. Mai) Ruhestörungen auf der Neckarbahn. Arbeiter, welche nach Hause fahren wollten, fanden die nötigen Plätze nicht vor. Man ersuchte sie, solange zu warten, bis neue Wagen angeschoben seien, was dieselben jedoch nicht wollten. Sie setzten sich in die Coupes erster und zweiter Klasse und wollten dieselben, trotz der Aufforderung des Bahnpersonals, nicht verlassen, worauf Schutzmannschaft requiriert und nach einigen Verhaftungen die Ordnung hergestellt wurde.

49b Bericht des Hanauer Landrats an die Regierung in Kassel über Polizeikontrollen auf der Bahnstrecke Frankfurt-Gelnhausen, 14. Oktober 1878

Hessisches Staatsarchiv Marburg, 165 – 6835, Bl. 391f.

Bei den Arbeiterzügen, welche in der Richtung von Frankfurt am Main nach Gelnhausen gehen, sind öfter Exzesse vorgekommen, das mitreisende Publikum wurde auf den Bahnhöfen öfter schwer belästigt, die rechtzeitige Abfahrt der Züge durch die sozialdemokratischen Arbeiter teils verhindert. Die Schaffner und Bahnhofsbeamten wurden durch Drohungen direkt in ihrer Pflicht gehindert.

Durch die Verstärkung des Unterbeamtenpersonals war es möglich, durchgreifende Maßregeln zu treffen. Die Bahnhöfe zu Mainkur, Hochstadt, Dörnigheim, Niederrodenbach, Langenselbold wurden bei Ankunft respektive Abgang der Arbeiterzüge durch Gendarmen, die beiden Bahnhöfe zu Hanau durch die Schutzmannschaft und Gendarmen kontrolliert resp. beaufsichtigt. Es sind seit dieser Zeit keinerlei Unordnungen vorgekommen.

50 2. November 1875

Beschwerdebrief des Kriegervereinsvorstandes von Großauheim an den Hanauer Landrat über die Feindseligkeit der dortigen Sozialdemokraten

Hessisches Staatsarchiv Marburg, 180 Hanau-4981, Bl. 289, 308.

Der ganz ergebenst Unterzeichnete erlaubt sich Ew. Hochwohlgeborenen Nachstehendes zu unterbreiten.

Am 23. verflossenen Monats hielt der Sozialdemokratische Verein von hier eine Volksversammlung ab. Tagesordnung wie beiliegendes Programm besagt: Der Mordspatriotismus und seine Folgen. Bei dieser Gelegenheit nahm auch der Präsident von diesem Verein, namens Friedrich Funk, das Wort und erlaubte sich in unverschämter Weise das Fahnenweihfest, welches der hiesige Kriegerverein vor 14 Tagen abhielt, so herabzuwürdigen, dass einige Floßherren, welche per Zufall in diese Wirtschaft kamen, um ein Glas Bier zu trinken, den Tag nachher zu mir kamen und sagten, dass sie es bald nicht mehr mit anhören hätten können, wie dieser Mensch auf den Vorstand des Kriegervereins und hiesigen Bürgermeister bezüglich des Festes losgeschlagen hätte. Namen dieser Herren sind: Herr Villneber aus Kronach, Bayern, Herr Traber aus Rodach bei Kronach, Herr Holzhändler Schmidt und Herr Holzhändler Wagner von Großauheim. Herr Gendarm Bernhard hat ja schon den Floßherrn Traber hierüber gesprochen.

Hiermit war es aber nicht genug. Um 1 Uhr nachts, wie die Versammlung aus war, zogen sie truppweise an meinem Wohnhause vorbei und suchten dadurch ihren Mut noch zu kühlen, dass sie mit mehreren dicken Steinen mein Hoftor verbombardierten, so dass meine Frau, welche noch am Tische saß und nähte, in meine Schlafstube sprang und mich im Schlaf um Hilfe anrief. Währenddem sprangen sie davon. Gestern Abend kam es schon wieder zu einem Konflikt zwischen Leuten von dem Kriegerverein und Sozialdemokraten. Diese unverschämten Menschen suchen gerade mit Gewalt Streitigkeiten zu machen. Wo sich einer unserer Leute nur sehen lässt, suchen sie mit ihm in Streit zu kommen. Gestern Abend zogen sie noch um 12 Uhr auf der Straße umher und sangen Lassalllieder!

Wie seinerzeit ein Gendarm hierher kommandiert war, da war die Ordnung und Ruhe mehr hergestellt wie jetzt. Viele Bürger und Mitglieder von dem Kriegerverein haben schon mehrmals den Wunsch ausgesprochen, wann nur wieder ein Gendarm herkäme, damit die Ordnung aufrechterhalten bliebe. Denn das revolutionäre Treiben nimmt in Auheim immer mehr zu, die Jugend vom 15 Jahre an wird schon dazu herangezogen. Unser Kriegerverein ist in die 80 Mann stark, aber gegen diese Sozialdemokratie immer noch viel zu schwach. Sie lassen unsere Leute nicht gehen, und da verlieren viele den Mut.

Zum größten Bedauern muss ich noch anfügen, dass sich Leute, welche sich zu den angesehensten in Auheim zählen, auch noch an diesen Umtrieben beteiligen, wo man kaum glauben sollte, dass es nur wahr sei, und ist doch so.

Schließlich muss ich noch anfügen, dass man auch in Auheim Nachtwächter hat, welche schon mit dem einen Fuß im Grabe stehen, Leute von 60 bis 70 Jahren und zu gar nichts mehr zurechnungsfähig, welche körperkrank, Gicht etc. an sich haben. Solchem Übelstand ist doch wahrlich leicht abzuhelfen. Anstatt, dass man vier Mann so alte Leute nimmt, so könnte man doch zwei junge Männer nehmen und diese richtig instruieren.

Der Herr Bürgermeister Heilmann hat ungefähr seit drei Jahren, dass dieser Sozialdemokratischer Verein wieder in Aufschwang ist gekommen, sehr viel durchzumachen gehabt. Durch sein entschiedenes Entgegentreten sich sehr viel Feindschaft erworben, denn diese Menschen haben alles auszusetzen gesucht gegen diesen Mann. Alles bieten sie auf, um diesen Mann zu stürzen. Dem Mann geschieht das größte Unrecht, das kann ich mit gutem Gewissen beschwören. Seitdem dieser Sozial-Präsident von dem Eisenbahndienste fortgejagt worden ist, seitdem hat dieser Mensch die revolutionäre Gesinnung in die Einwohner gebracht, und dieselben gegen ihre Vorgesetzten aufzuhetzen gesucht.[a]

An Ew. Hochwohlgeboren erlaube ich im Namen mehrerer Bürger und Einwohner die ganz untertänigste Bitte zu richten, dass, wenn es möglich zu machen ist, doch wieder ein Gendarm hierher kommt.

Mit aller Hochachtung zeichnet ganz untertänigst der Vorstand des Auheimer Kriegervereins Hoch, Jörg.

[a] Gemeint ist der Großauheimer ADAV-Agitator Friedrich Funk, der wegen seines Engagements für die Sozialdemokratie aus dem Eisenbahndienst entlassen worden war.

51 — 15. November 1875

Resolution einer Versammlung der Mitglieder der Arbeiterunterstützungskassen aus Hanau und Umgegend gegen die Vorlage eines Hilfskassengesetzes

Der »Volksstaat« Nr. 137, 26. November 1875; einleitender Vermerk der Redaktion: Eine von über 1200 Arbeitern besuchte Versammlung von Mitgliedern der Krankenunterstützungskassen von Hanau und Umgegend nahm einstimmig folgenden Protest an. Abschließender Vermerk: In einer Konferenz tags zuvor schlossen sich dem Protest auch die Kassenvorstände sämtlicher um Hanau herum liegenden Orte an.

Protest

Die Arbeiter Hanaus, resp. die Mitglieder der verschiedenen Hilfs-, Unterstützungs- und Krankenkassen dahier protestieren mit aller Entschiedenheit gegen das Hilfskassengesetz, welches dem Reichstage zur Beratung vorliegt. Die Arbeiter Hanaus sehen in dieser Gesetzesvorlage einen Eingriff in die Rechte der Staatsbürger. – Vor dem Gesetz ist jeder Preuße gleich! – sagt selbst unsere Verfassung. Hier aber ist mit voller Bestimmtheit bewiesen, dass mit einem großen Teil der deutschen Staatsbürger eine Ausnahme gemacht werden soll, was weder mit unserer modernen Rechtsanschauung noch mit dem tatsächlichen Rechte des einzelnen Staatsbürgers in Einklang zu bringen. Gleiche Rechte und gleiche Pflichten! ist der Grundsatz, nach welchem ein Gesetz zur Annahme im Reichstag gelangen darf, und jeder Versuch, der dahin zielt, eine Verschiebung dieser Rechtsbasis zu bewerkstelligen, ist ein Bruch an dem durch die Verfassung garantierten allgemeinen Staatsbürgerrecht. Leider ist die arbeitende Klasse durch ihre gesellschaftliche Lebensstellung schon in einem gewissen Grade von den besser situierten Gesellschaftsklassen abhängig, wenn aber diesem Verhältnis, das in Wirklichkeit besteht, auch noch durch ein Gesetz Fleisch und Bein gegeben wird, dann degradiert man die Arbeiter zu Heloten, zu modernen Sklaven.

Wir bezahlen Steuern und werden Soldat, kommen sonst allen unseren Pflichten als Staatsbürger nach, lasse man uns auch unsere Rechte, denn ein unveräußerliches Recht ist es, unser Eigentum selbst zu verwalten, ein unveräußerliches Recht ist es ferner, uns zu versichern, wo und wie wir wollen, darum verwerfen wir entschieden jede Maßregel, die dazu angetan ist, uns entweder in die Hände der Behörden oder der Fabrikanten zu überliefern. Selbstverwaltung unseres Eigentums ist unsere Forderung. Wir fordern deshalb alle wahren Volksvertreter in dem Reichstage auf, mit aller Energie diese Gesetzesvorlage zu bekämpfen und die Genehmigung zu versagen.

Die Arbeiter Hanaus betrauen mit diesem Protest den Reichstagsabgeordneten Herrn August Bebel, weil der Abgeordnete für den Wahlkreis Hanau, Dr. Hermann Weigel, bis jetzt in keiner Hinsicht bewiesen hat, dass er die Interessen der Arbeiter zu wahren sucht, im Gegenteil haben die Arbeiter Hanaus gefunden, dass der betreffende Abgeordnete die heutige Klassenherrschaft zu befestigen strebt.

Hanau, den 15. November 1875
(Folgen die Unterschriften sämtlicher Kassenvorstände Hanaus.)

52 — 17. April 1876

Die Fahnenweihe des Hanauer sozialdemokratischen Vereins

52a Bericht des »Volksstaat« über das Arbeiterfest, 17. April 1876

Der Volksstaat Nr. 50, 30. April 1876.

Das von den hiesigen Parteigenossen arrangierte Arbeiterfest (Fahnenweihe) verlief in der schönsten Ordnung und nichts störte die freudige Stimmung, welche von Anfang bis Ende das Fest auszeichnete. Parteigenossen aus der Umgegend waren allseitig erschienen und jeder, der dem Feste beiwohnte, ist gewiss mit froher Hoffnung und Zuversicht für das endliche Gelingen unserer Sache heimgegangen. Überaus erwähnenswert ist die Rede, die von einer der Frauen bei der Übergabe der Fahne an die Parteigenossen gerichtet wurde, und wollen wir auf vielseitiges Verlangen dieselbe wörtlich wiedergeben:[a]

Herr Jodry, der die Fahne entgegennahm, antwortete in entsprechender Weise, dankte für die schöne Gabe und versprach im Namen seiner Gesinnungsgenossen den ausgesprochenen Wünschen in jeder Hinsicht nachzukommen. Der andere Teil des Festes verlief in der schönsten Weise und hielt die Festteilnehmer bis spät in der freudigsten Stimmung beieinander.

Wir empfehlen das bei dieser Gelegenheit gegebene schöne Beispiel den Frauen und Töchtern unserer Parteifreunde in ganz Deutschland zur Nachahmung!

[a] Siehe nachfolgendes Dokument.

52b Rede einer Teilnehmerin im Namen der Frauen, die die Fahne gestiftet haben, 17. April 1876

Der Volksstaat, Nr. 50, 30. April 1876.

Verehrte Freunde!
Um Euch in Eurem Kampfe für Recht und Freiheit zu ermuntern, haben wir Frauen und Jungfrauen dieses Banner anfertigen lassen, es soll unseren Sympathien, die wir schon lange für diese gerechte Sache hegen, Ausdruck geben. Männer der Arbeit! Haltet Euch versichert, schon lange fühlen wir, dass der Kampf, der von Euch geführt wird, ein gerechter ist, denn auch die Frauen leiden unter demselben Drucke wie die Männer; wir haben erkannt, dass heute ein kräftiges Ringen notwendig ist. Wenn wir uns auch nicht in gleicher Weise beteiligen, so soll doch von unserer Seite Alles das getan werden, was Euch erhebt, ermuntert und stärkt in diesem schweren Kampfe. Betrachtet also dieses Banner als ein Zeichen, dass auch wir Frauen erkannt haben, um was es sich handelt, lasst es Euch einen Sporn sein für Euer Streben, das auf Gleichberechtigung aller Menschen gerichtet ist. Gerne würden auch wir an diesem Streben teilnehmen, steht doch das Weib in gar mancher Beziehung in der heutigen Gesellschaft hinten an, und hätten wir somit gewiss ein Interesse daran, gleich wie Ihr, dieses Ziel zu erreichen. Leider aber hat man uns noch nicht mit den nötigen Rechten ausgerüstet; wir können folglich nicht gleich Euch an diesem Streben teilnehmen, um so mehr aber werden wir aufbieten, was in unseren Kräften steht, das schöne Ziel, welches Ihr Euch gesteckt, erreichen zu helfen.

Ich übergebe also dieses Panier im Namen der Frauen und Jungfrauen Hanaus Euren Händen. Haltet es in Ehren, – und betrachtet es als ein Zeichen unserer aufrichtigsten Zuneigung für Eure Sache, die auch die unsere ist, – lasst es ferner als ein Symbol der Einigkeit unter Euch selbst gelten; denn nur in diesem Sinne ist Euch dieses Panier von uns gewidmet, – denn es ist das Banner der Menschenliebe. – Haltet es hoch und hehr! – und seid ihm getreu bis zum Tode! –

53 Juni – September 1878

Die antisozialistische Hetze nach den Attentaten auf Kaiser Wilhelm I.

53a Verhaltensmaßregeln für sozialdemokratische Arbeiter bei Verfolgungsmaßnahmen durch die Unternehmer,[a] 28. Juni 1878

Vorwärts Nr. 75, 28. Juni 1878. Abgedruckt in: Dokumente und Materialien zur Geschichte der deutschen Arbeiterbewegung, Bd. 3, Berlin 1974, S. 111f., Anmerkung in der Vorlage.

An die Arbeiter!

Angesichts der niederen Bedrohungen der Arbeitgeber, angesichts der Maßregeln, welche den Arbeitern ihre Überzeugung rauben sollen, ersuchen wir unsere Gesinnungsgenossen nochmals, alles zu versprechen, ja selbst auf Ehrenwort zu versprechen und zu unterschreiben, was die Machthaber von ihnen fordern. Wie ein durch die Folter erzwungener Eid nichtig war und von jedem ehrenhaften Priester gelöst worden ist, so ist ein durch die Hungerfolter ausgepresstes Ehrenwort gleichfalls null und nichtig – deshalb, Arbeiter, gebt Euer Ehrenwort, gebt Eure Unterschrift ab, um das Ehrenwort zu brechen, um die Unterschrift zu verleugnen. Eure Bedränger wollen keine ehrlichen, offenen Arbeiter haben, heuchelt ihnen deshalb ins Gesicht hinein, und bleibt doch Eurer Klasse, bleibt der sozialdemokratischen Fahne treu. Leistet Eure Unterstützungen heimlich, da Ihr es nicht öffentlich dürft. Eure Verfolger haben Euch in die Acht erklärt, Eure Antwort erteilt am 30. Juli bei den Reichstagswahlen.

[a] In einem Erlass von Mitte Juni 1878 an die Vorstände der Handelskammern hatte der preußische Handelsminister Albert von Maybach von den Unternehmern gefordert, alle sozialdemokratischen Arbeiter zu entlassen.

53b Bericht des Hanauer Landrats an den Regierungspräsidenten in Kassel über die Tätigkeit der sozialdemokratischen Vereine im Stadt- und Landkreis Hanau während der letzten drei Jahre, 9. August 1878

Hessisches Staatsarchiv Marburg, 165–6835, Bl. 174ff.

Ganz gehorsamst überreiche ich in den Anlagen Verzeichnisse der sozialistischen oder kommunistischen, die Staatsordnung untergrabenden Vereine, der Putschisten und der Agitatoren. Außer in dem Verzeichnis enthaltenen Vereinen waren solche in Großauheim, Erbenheim und Dörnigheim noch vorhanden. Dieselben haben sich vor kurzem aufgelöst. Die Reichstagswahlen zeigen jedoch, dass das Zusammengehen der Sozialisten in diesen Gemeinden ganz dasselbe geblieben ist. Es wird beobachtet werden, ob diese Leute nicht Vereine unter anderen Namen mit derselben Tendenz bilden.

Die Druckschriften finden im hiesigen Kreise bei überwiegender Fabrikbevölkerung viel Abnahme. Dieselbe wird hierdurch bis in das jugendliche Alter verführt.

In den letzten drei Jahren fanden im Kreise ca. 219 Versammlungen der Sozialisten statt. Die Versammlungen in der Stadt Hanau waren von 600 bis 1000 Personen, die Versammlungen auf dem Lande von 50 bis 200 Personen besucht. Die Teilnehmer in der Stadt gehörten, mit Ausnahme von wenigen Teilnehmern anderer Parteien, der arbeitenden Klasse an. Auf dem Lande nahmen auch kleine Grundbesitzer teil. Frauen und unerwachsene Personen werden in den Versammlungen nicht geduldet. In der Gemeinde Rüdigheim mit 563 Seelen, gehören die Bauern fast sämtlich, in der Gemeinde Dörnigheim mit 1151 Seelen, in Mehrzahl den Sozialdemokraten an.

Polizeiliche Auflösungen fanden elf statt. Teilweise wurden angezeigte Versammlungen auf dem Lande dadurch unmöglich, dass die Wirte Lokale nicht hergaben.

Auf dem platten Lande hat die Sozialdemokratie in der Bevölkerung des größten Teils der Gemeinden sich verbreitet. Es geschieht dies außer den Flugblättern und Agitatoren durch sozialistische Zeitungen und Zeitschriften; ferner dadurch, dass die in der Nähe von Hanau, Frankfurt am Main, Offenbach, Bockenheim wohnenden, in den Städten beschäftigten Arbeiter in diesen Städten den Volksversammlungen beiwohnen. Weiter durch die an einzelnen Orten errichteten Wahlvereine und Gesangvereine. Endlich durch einzelne Vereinswirtschaften. Werden die Wahlvereine aufgehoben, so werden jedenfalls derartige Gesangvereine und die Vereinswirtschaften sich mehren und werden gesellige Vereine bilden. Es wäre deshalb geboten, dass Gesang- und gesellige Vereine sowie Vereinswirtschaften aufgehoben werden dürfen, sobald die Ortspolizeibehörde konstatiert hat, dass deren Teilnehmer Sozialisten sind.

Gesellenherbergen werden hier zu sozialistischer Agitation nicht benutzt.

In Betreff der Stadt Bockenheim wird königliches Polizeipräsidium zu Frankfurt am Main nach einer hierher ergangenen Mitteilung Bericht erstatten.

53c Beschreibung des Sozialdemokratischen Wahlvereins Hanau in der Anlage des Landratsberichts, 9. August 1878

Hessisches Staatsarchiv Marburg, 165–6835, Bl. 178.

Name und Sitz, Zeit der Gründung: Sozialdemokratischer Wahlverein zu Hanau. Gegründet im Monat Juli 1875.

Statutenmäßiger Zweck: Die Wahl sozialistischer Volksvertreter zu erzielen und hierzu die Verbreitung von Presserzeugnissen und Veranstaltung von Vorträgen in der Vereinsversammlungen zu benutzen.

Zahl der Mitglieder: 200

Name und Wohnort der Vorsteher: Goldarbeiter Wilhelm Weinöl zu Hanau.

Vermögen: Bar unbedeutend. Freie Bibliothek. Die Mitglieder zahlen monatlichen Beitrag 10 Pf. Eine Unterstützungskasse ist mit dem Verein nicht verbunden.

Verbindungen: Dass Verbindungen mit der Internationale bestehen, ist nicht nachgewiesen. Mutmaßlich ist jedoch anzunehmen, dass Verbindungen mit der sozialdemokratischen Partei oder mit anderen Wahlvereinen bestehen, [da] viele ausgedehnte Agitationen[a] zu drucken und Verteilung der Flugblätter viele Ausgaben verursachen.

Wirksamkeit: Abhaltung von Versammlungen. Ausleihen von sozialistischen Schriften, Verbreitung von sozialistischen Presserzeugnissen. Verurteilungen, zu welchen die Vereinstätigkeit innerhalb der letzten drei Jahren Anlass gegeben hat, sind nicht vorgekommen.

Gutachten: Diese Vereine sind der Grund der Sozialdemokratie. Durch die öfteren Versammlungen und die Verbreitung der sozialistischen Schriften wird der Sozialismus immer mehr ausgebreitet und Agitatoren herangebildet. Die größtenteils ungebildete und unerfahrene Arbeiterklasse wird verführt.

Bemerkungen: Statuten sind beigefügt.

[a] Schwer leserliche Stelle, vermutlich »Agitationen«.

53d Rede des Reichskanzlers Fürst Otto von Bismarck im Deutschen Reichstag über die »Gefahr des Sozialismus« (Auszug), 17. September 1878

Geschichte der deutschen Arbeiterbewegung, Bd. 1, Berlin 1966, S. 602f.

Ich komme zu der Frage noch zurück, wann und warum ich meine Bemühungen um soziale Verhältnisse aufgegeben habe und wann überhaupt meine Stellung zu der sozialen Frage eine andere geworden ist – sozialdemokratische mochte sie sich damals nennen. Es stammt dies von dem Augenblick her, wo in versammeltem Reichstag – mein Gedächtnis verlässt mich da wie bei Fritzsche –, ich weiß nicht, war es der Abgeordnete Bebel[a] oder Liebknecht, aber einer von diesen beiden, in pathetischen Appell die französische Kommune als Vorbild politischer Einrichtungen hinstellte und sich selbst offen vor dem Volke zu dem Evangelium dieser Mörder und Mordbrenner bekannte. Von diesem Augenblick an habe ich die Wucht der Überzeugung von der Gefahr, die uns bedroht, empfunden; ich war inzwischen abwesend gewesen durch Krankheit und Krieg, ich habe mich dabei nicht um diese Dinge bekümmert – aber jener Anruf der Kommune war ein Lichtstrahl, der in die Sache fiel, und von diesem Augenblick an habe ich in den sozialdemokratischen Elementen einen Feind erkannt, gegen den der Staat, die Gesellschaft sich im Stande der Notwehr befindet. Die Versuche, die ich dagegen gemacht habe bei den verschiedenen Akten der Gesetzgebung, die wir hatten, sind ja bekannt und in der Erinnerung des Reichstags; Sie wissen ja, ich bin damit nicht durchgekommen, ich habe sogar viel Vorwürfe darüber hören müssen, aber es hat von dem Augenblick an Versuchen, dem Sozialismus entgegenzutreten, nicht gefehlt.

[a] Gemeint ist die Rede August Bebels vor dem Reichstag am 25. Mai 1871.

53e Bericht des Kasseler Regierungspräsidenten an den Kaiser über die Verbreitung der Sozialdemokratie im Regierungsbezirk Kassel, 25. September 1878

Thomas Klein (Hrsg.), Die Zeitungsberichte des Regierungspräsidenten in Kassel an Seine Majestät 1867-1918, I. Teil 1867-1890, Darmstadt und Marburg 1993, S. 168f.

Die Kunde von der Vollziehung des Todesurteils an Hödel[a] ist von der ganzen Bevölkerung, fast mit alleiniger Ausnahme der Sozialdemokraten und der denselben in ihren törichten Auffassungen nahestehenden geringen Anzahl von Personen, mit tiefernster, aber rückhaltloser Befriedigung aufgenommen worden. Die Ansicht, dass liberale schwächliche Humanität in der jetzigen Zeit nichts mehr vermag, sondern strenger sittlicher Ernst überall an deren Stelle treten muss, findet täglich mehr Anhänger.

Im Anschluss an die derhalbige Meldung in dem jüngsten Quartalsbericht wird das Ergebnis der über die Tätigkeit und Verbreitung der Sozialdemokratie im Verwaltungsbezirke angestellten Ermittlungen und das, was notwendig erscheint zur Unterdrückung derselben, im Nachfolgenden vorgetragen.

In denjenigen Kreisen, welche entfernt von größeren Städten liegen und deren Bewohner vorzugsweise Landwirtschaft treiben, haben die verderblichen Lehren und

Tendenzen der Sozialdemokratie noch keinen Boden gewonnen, und sind Versuche, welche einzelne von auswärts eingewanderte Gesellen und Gewerbsgehilfen zur Verbreitung derselben gemacht haben, an dem gesunden Sinn der überwiegend konservativ gesinnten Landbevölkerung gescheitert.

Anders sieht es in den Kreisen aus, in denen Städte liegen, die eine Fabrikbevölkerung in ihren Mauern nähren. Hier sind die verderblichen Lehren und Tendenzen nicht nur unter den Fabrikarbeitern und Handwerksgenossen dieser Städte stark verbreitet, sondern es haben dieselben auch bei Tagelöhnern und kleineren Landwirten der nächstgelegenen Dörfer, in denen ein großer Teil der Fabrikarbeiter Wohnung genommen, Eingang gefunden.

Vorzugsweise sind es die Städte Kassel, Hanau und Bockenheim im hiesigen Bezirk, welche den Herd bilden für die Förderung und Ausbreitung der sozialistischen Tendenzen. In jeder dieser Städte, die eine mehr oder minder große Fabrikbevölkerung besitzt, bestehen sozialdemokratische Vereine – politische und gewerbliche –, wohnen sozialdemokratische Agitatoren, die mit Geschick und unter tunlichster Vermeidung aller Handlungen, welche sie mit den Bestimmungen des Strafgesetzbuches in Konflikt bringen könnten, durch Vorträge in Vereinen und öffentlichen Versammlungen sowie durch Kolportage der sozialdemokratischen Presse das Gift der sozialdemokratischen Lehren nach allen Seiten hin ausbreiten und eifrigst bemüht sind, weitere Anhänger für ihre Lehren zu gewinnen.

Im Kreise Hanau sind bereits ganze Dorfschaften durch die fortgesetzten Agitationen unterwühlt und selbst die Bauern diesen Lehren zugeführt, so dass, wenn nicht Halt geboten wird, bei den nächsten Gemeindewahlen eine größere Anzahl von Sozialdemokraten in die Gemeindebehörden wird gewählt werden.

Den sichersten Maßstab der Verbreitung der Sozialdemokraten hat man an der Zahl der bei den Reichstagswahlen für die sozialdemokratischen Kandidaten abgegebenen Stimmen. Im Jahre 1877 haben im hiesigen Regierungsbezirk von 152 813 Wahlberechtigten 87 162 gewählt, und sind davon 11 288 Stimmen auf die Kandidaten der Sozialdemokraten gefallen. Im Jahre 1878 haben von 158 126 Wahlberechtigten 96 849 gewählt, und sind davon 7922 Stimmen auf die sozialdemokratischen Kandidaten gefallen. Danach haben im Jahre 1877 von der Gesamtzahl der Wahlberechtigten 7,4 Prozent und von den Wählern 13 Prozent, im Jahre 1878 von der Gesamtzahl nur 5 Prozent und von den Wählern 8 Prozent als Sozialdemokraten sich zu erkennen gegeben. Im Speziellen sind die sozialdemokratischen Stimmen im Wahlkreise Kassel-Melsungen von 4.507 auf 2.364 und in dem Wahlkreise Marburg-Frankenberg-Kirchhain von 1.061 auf 156 heruntergegangen. Mit Ausnahme der Stadt Bockenheim und einiger weniger Orte im Kreise Hanau, wo die Anzahl der Stimmen von 5.622 nur auf 5.351 heruntergegangen sind, sich also fast gleich geblieben sind, hat sich hiernach die Zahl der sozialdemokratischen Wähler gegen die im vergangenen Jahr nicht unerheblich gemindert. Während mit der strengsten Handhabung der bestehenden Gesetze gegen die staatsgefährlichen Tendenzen der Sozialdemokratie seitens der Behörden vorgegangen wird, haben leider nur wenige Arbeitgeber im hiesigen Bezirke sich bereit finden lassen, den Behörden durch Entlassung derjenigen Arbeiter, die offenkundig sozialdemokratischen Prinzipien huldigen, Unterstützung angedeihen zu lassen.

Hinsichtlich des Vorgehens der Behörden gegen die Sozialdemokraten erlauben wir uns hier anzuführen, dass abgesehen von der stetigen polizeilichen Überwachung derselben seit dem Hödelschen Attentat bis zum 20. d. M. 22 Majestätsbeleidigungen zur Anzeige und Aburteilung gekommen sind, die zu bei weitem größten Teil auf Rechnung der Sozialdemokratie zu setzen waren. Von der Ratskammer des Kreisgerichts in Hanau ist sodann auch die Beschlagnahme der Druckschrift »Appell an das Gewissen der Reichstagswähler des Kreises Hanau-Gelnhausen-Orb« wegen Beleidigung der Reichsregierung beziehungsweise der Mitglieder des Bundesrates ausgesprochen worden, während ein von dem hiesigen Polizeidirektor gestellter Antrag auf Beschlagnahme der Nummer 56 des Hessischen Volkblattes wegen des damit verbreiteten Wahlaufrufs und auf Verhaftung des verantwortlichen Redakteurs Pfannkuch sowohl vom hiesigen Kreisgericht als auch dem Appellationsgericht abgelehnt worden ist.

Mit Erfolg wird der Sozialdemokratie nur durch das dem Reichstage vorgelegte Gesetz entgegengewirkt werden können. Es müssen nicht nur alle Zeitungen und sonstigen Presserzeugnisse, alle Vereine und Verbindungen, welche sozialdemokratischen, sozialistischen oder kommunistischen, auf Untergrabung der Staats- und Gesellschaftsordnung gerichteten Bestrebungen dienen, unterdrückt, sondern auch die Wirtschaften beseitigt werden, in denen vorzugsweise die Sozialdemokratie großgezogen wird.

[a] Max Hödel, der am 11. Mai 1878 auf den Kaiser ein Attentat verübte, wurde am 16. August 1878 hingerichtet.

54 — 21. Oktober 1878

Gesetz gegen die gemeingefährlichen Bestrebungen der Sozialdemokratie (Auszug)

Reichsgesetzblatt 1878 Nr. 34, S. 351ff.

§ 1 – Vereine, welche durch sozialdemokratische, sozialistische oder kommunistische Bestrebungen den Umsturz der bestehenden Staats- oder Gesellschaftsordnung bezwecken, sind zu verbieten. Dasselbe gilt von Vereinen, in welchen sozialdemokratische, sozialistische oder kommunistische auf den Umsturz der bestehenden Staats- oder Gesellschaftsordnung gerichtete Bestrebungen in einer den öffentlichen Frieden, insbesondere die Eintracht der Bevölkerungsklassen gefährdenden Weise zutage treten.
Den Vereinen stehen gleich Verbindungen jeder Art. [...]

§ 6 – Zuständig für das Verbot und die Anordnung der Kontrolle ist die Landespolizeibehörde. Das Verbot ausländischer Vereine steht dem Reichskanzler zu.
Das Verbot ist in allen Fällen durch den Reichsanzeiger, das von der Landespolizeibehörde erlassene Verbot überdies durch das für amtliche Bekanntmachungen der Behörde bestimmte Blatt des Ortes oder des Bezirkes bekannt zu machen.
Das Verbot ist für das ganze Bundesgebiet wirksam und umfasst alle Verzweigungen des Vereins sowie jeden angeblich neuen Verein, welcher sachlich als der alte sich darstellt.

§ 7 – Auf Grund des Verbots sind die Vereinskasse sowie alle für die Zwecke des Vereins bestimmten Gegenstände durch die Behörde in Beschlag zu nehmen. [...]

§ 9 – Versammlungen, in denen sozialdemokratische, sozialistische oder kommunistische auf den Umsturz der bestehenden Staats- oder Gesellschaftsordnung gerichtete Bestrebungen zutage treten, sind aufzulösen.
Versammlungen, von denen durch Tatsachen die Annahme gerechtfertigt ist, dass sie zur Förderung der im ersten Absatz bezeichneten Bestrebungen bestimmt sind, sind zu verbieten.
Den Versammlungen werden öffentliche Festlichkeiten und Aufzüge gleichgestellt. [...]

§ 11 – Druckschriften, in welchen sozialdemokratische, sozialistische oder kommunistische auf den Umsturz der bestehenden Staats- oder Gesellschaftsordnung gerichtete Bestrebungen in einer den öffentlichen Frieden, insbesondere die Eintracht der Bevölkerungsklassen gefährdenden Weise zutage treten, sind zu verbieten. Bei periodischen Druckschriften kann das Verbot sich auch auf das fernere Erscheinen erstrecken, sobald auf Grund dieses Gesetzes das Verbot einer einzelnen Nummer erfolgt. [...]

§ 14 – Auf Grund des Verbotes sind die von demselben betroffenen Druckschriften da, wo sie sich zum Zwecke der Verbreitung vorfinden, in Beschlag zu nehmen. Die Beschlagnahme kann sich auf die zur Vervielfältigung dienenden Platten und Formen erstrecken; bei Druckschriften im engeren Sinne hat auf Antrag des Beteiligten statt Beschlagnahme des Satzes das Ablegen des letzteren zu geschehen. Die in Beschlag genommenen Druckschriften, Platten und Formen sind, nachdem das Verbot endgültig geworden, unbrauchbar zu machen.
Die Beschwerde findet nur an die Aufsichtsbehörde statt.

§ 15 – Die Polizeibehörde ist befugt, Druckschriften der im § 11 bezeichneten Art sowie die zu ihrer Vervielfältigung dienenden Platten und Formen schon vor Erlass eines Verbotes vorläufig in Beschlag zu nehmen. Die in Beschlag genommene Druckschrift ist innerhalb vierundzwanzig Stunden der Landespolizeibehörde einzureichen. Letztere hat entweder die Wiederaufhebung der Beschlagnahme sofort anzuordnen oder innerhalb einer Woche das Verbot zu erlassen. Erfolgt das Verbot nicht innerhalb dieser Frist, so erlischt die Beschlagnahme und müssen die einzelnen Stücke, Platten und Formen freigegeben werden.

§ 16 – Das Einsammeln von Beiträgen zur Förderung von sozialdemokratischen, sozialistischen oder kommunistischen auf den Umsturz der bestehenden Staats- oder Gesellschaftsordnung gerichteten Bestrebungen sowie die öffentliche Aufforderung zur Leistung solcher Beiträge sind polizeilich zu verbieten. Das Verbot ist öffentlich bekannt zu machen.
Die Beschwerde findet nur an die Aufsichtsbehörde statt.

§ 17 – Wer an einem verbotenen Verein (§ 6) als Mitglied sich beteiligt oder eine Tätigkeit im Interesse eines solchen Vereins ausübt, wird mit Geldstrafe bis zu fünfhundert Mark oder mit Gefängnis bis zu drei Monaten bestraft. Eine gleiche Strafe trifft denjenigen, welcher an einer verbotenen Versammlung (§ 9) sich beteiligt oder

welcher nach polizeilicher Auflösung einer Versammlung (§ 9) sich nicht sofort entfernt.
Gegen diejenigen, welche sich an dem Verein oder an der Versammlung als Vorsteher, Leiter, Ordner, Agenten, Redner oder Kassierer beteiligen, oder welche zu der Versammlung auffordern, ist auf Gefängnis von einem Monat bis zu einem Jahr zu erkennen.

§ 18 – Wer für einen verbotenen Verein oder für eine verbotene Versammlung Räumlichkeiten hergibt, wird mit Gefängnis von einem Monat bis zu einem Jahr bestraft.

§ 19 – Wer eine verbotene Druckschrift (§ 11, 12) oder wer eine von der vorläufigen Beschlagnahme betroffene Druckschrift (§ 15) verbreitet, fortsetzt oder wieder abdruckt, wird mit Geldstrafe bis zu eintausend Mark oder mit Gefängnis bis zu sechs Monaten bestraft. [...]

§ 22 – Gegen Personen, welche sich die Agitation für die im § 1 Absatz 2 bezeichneten Bestrebungen zum Geschäft machen, kann im Falle einer Verurteilung wegen Zuwiderhandlung gegen die §§ 17 bis 20 neben der Freiheitsstrafe auf die Zulässigkeit der Einschränkung ihres Aufenthalts erkannt werden.
Auf Grund dieses Erkenntnisses kann dem Verurteilten der Aufenthalt in bestimmten Bezirken oder Ortschaften durch die Landespolizeibehörde versagt werden, jedoch in seinem Wohnsitz nur dann, wenn er denselben nicht bereits seit sechs Monaten innehat. Ausländer können von der Landespolizeibehörde aus dem Bundesgebiet ausgewiesen werden. Die Beschwerde findet nur an die Aufsichtsbehörde statt.
Zuwiderhandlungen werden mit Gefängnis von einem Monat bis zu einem Jahr bestraft.

§ 23 – Unter den im § 22 Absatz 1 bezeichneten Voraussetzungen kann gegen Gastwirte, Schankwirte, mit Branntwein oder Spiritus Kleinhandel treibende Personen, Buchdrucker, Buchhändler, Leihbibliothekare und Inhaber von Lesekabinetten neben der Freiheitsstrafe auf Untersagung ihres Gewerbebetriebes erkannt werden.

§ 24 – Personen, welche es sich zum Geschäft machen, die im § 1 Absatz 2 bezeichneten Bestrebungen zu fördern oder welche auf Grund einer Bestimmung dieses Gesetzes rechtskräftig zu einer Strafe verurteilt worden sind, kann von der Landespolizeibehörde die Befugnis zur gewerbsmäßigen oder nicht gewerbsmäßigen öffentlichen Verbreitung von Druckschriften, sowie die Befugnis zum Handel mit Druckschriften im Umherziehen entzogen werden.
Die Beschwerde findet nur an die Aufsichtsbehörde statt. [...]

§ 28 – Für Bezirke oder Ortschaften, welche durch die im § 1 Absatz 2 bezeichneten Bestrebungen mit Gefahr für die öffentliche Sicherheit bedroht sind, können von den Zentralbehörden der Bundesstaaten die folgenden Anordnungen, soweit sie nicht bereits landesgesetzlich zulässig sind, mit Genehmigung des Bundesrats für die Dauer von längstens einem Jahr getroffen werden:
1. dass Versammlungen nur mit vorgängiger Genehmigung der Polizeibehörde stattfinden dürfen; auf Versammlungen zum Zweck einer ausgeschriebenen Wahl zum Reichstag oder zur Landesvertretung erstreckt sich diese Beschränkung nicht;

2. dass die Verbreitung von Druckschriften auf öffentlichen Wegen, Straßen, Plätzen oder an anderen öffentlichen Orten nicht stattfinden darf;
3. dass Personen, von denen eine Gefährdung der öffentlichen Sicherheit oder Ordnung zu besorgen ist, der Aufenthalt in den Bezirken oder Ortschaften untersagt werden kann;
4. dass der Besitz, das Tragen, die Einführung und der Verkauf von Waffen verboten, beschränkt oder an bestimmte Voraussetzungen geknüpft wird. Über jede auf Grund der vorstehenden Bestimmungen getroffene Anordnung muss dem Reichstag sofort beziehungsweise bei seinem nächsten Zusammentreffen Rechenschaft gegeben werden. Die getroffenen Anordnungen sind durch den »Reichsanzeiger« und auf die für landespolizeiliche Verfügungen vorgeschriebene Weise bekannt zu machen. Wer diesen Anordnungen oder den auf Grund derselben erlassenen Verfügung mit Kenntnis oder nach erfolgter öffentlicher Bekanntmachung zuwiderhandelt, wird mit Geldstrafe bis zu eintausend Mark oder mit Haft oder mit Gefängnis bis zu sechs Monaten bestraft. [...]

55 April 1880 – April 1882

Der Widerstand gegen das Sozialistengesetz

55a Anonymer Aufruf zur Unterstützung der Sozialdemokratie, 6. April 1880

Hessisches Staatsarchiv Marburg, 165-3142/3, Bl. 262; handschriftlich; am 6. April 1880 in zwei Exemplaren gefunden.

Niemand unter den arbeitenden Klassen hat Grund mit den heutigen Zuständen und der Ausbeutung en gros zufrieden zu sein, es ist sogar jedermanns heiligste Pflicht, mit allen ihm zu Gebote stehenden Mitteln gegen unsere bestehende Gesellschaftsordnung zu kämpfen. Diesen Kampf zu führen, hat sich die Sozialdemokratie zum Ziel gemacht. Proletarier schart euch um die Fahne derselben, um, wenn die Zeit gekommen ist, der Gewalt mit Gewalt ein Ende zu machen!

55b Polizeibericht über die illegale Verbreitung des »Sozialdemokrat«, Zentralorgan der deutschen Sozialdemokratie, 6. April 1882

Hessisches Staatsarchiv Marburg, 165-3142/5, Bl. 153. Gezeichnet: Rolfs, Polizeikommissar.

Nach einer hier eingegangenen vertraulichen Mitteilung, soll die verbotene Druckschrift »Der Sozialdemokrat« in größeren Quantitäten, in Paketen oder Kisten, unter der Adresse Schuhmacher Johannes Lärch, Schützengasse Nr. 21, in hiesiger Stadt eingeführt worden [sein]. Innerhalb der letzten drei Wochen soll bei hiesiger Post ein Paket unter der angegebenen Adresse hier eingegangen sein. Dasselbe hat von dem bestellenden Postbeamten nicht können ausgeliefert werden, weil die Adresse unvollständig angegeben gewesen ist. Über den Absender wird das kaiserliche Postamt hier Auskunft geben können. Der Schuhmacher Lärch existiert in hiesiger Stadt und wohnt wie angegeben. Derselbe ist als sozialistischer Agitator bekannt und steht zu erwarten, dass er die genannte verbotene Druckschrift in hiesiger Stadt verbreitet. Eine Visitation bei demselben ist noch nicht vorgenommen worden, weil solche voraussichtlich erfolglos bleiben würde.

56 September 1880 – August 1882

Die Verfolgung der Arbeiterorganisationen

56a Bericht des Hanauer Landrats an den Regierungspräsidenten in Kassel über eine Hausdurchsuchung bei dem Goldarbeiter Karl Steeg, 9. September 1880

Hessisches Staatsarchiv Marburg, 165-3142/3, Bl. 483f.

Bei dem Goldarbeiter, jetzt Steinschleifer, Karl Steeg hier, welcher in Verdacht steht, sozialistische Druckschriften zu verbreiten, wurde Sonntag Haussuchung vorgenommen. Druckschriften wurden zwar nicht, aber ein Zettel vorgefunden, welcher Namen von hiesigen Fabrikanten und bei diesen beschäftigten sozialistischen Arbeitern enthält. Mutmaßlich sind diese Arbeiter besondere Vertrauensmänner der sozialistischen Partei, von einigen ist es zweifellos, auch wurden früher bei diesen bereits Haussuchungen vorgenommen. Weitere Feststellungen finden in vorsichtiger Weise statt, weil von den Fabrikanten wenig Auskunft zu erlangen und den Werkführern nicht zu trauen ist, ob sie nicht auch Sozialisten sind.

56b Polizeibericht über Hausdurchsuchungen bei den Sozialisten Karl Crass, Philipp Spahn und August Menge sowie über den Einsatz bei einer nächtlichen Flugblattverteilung, 22. März 1881

Hessisches Staatsarchiv Marburg, 165-3142/4, Bl.103f.; gezeichnet: Neumann Polizeikommissar.

Nach Mitteilung königlichen Polizeipräsidiums zu Berlin wurden in Mühlhausen im Elsass Briefe mit der Nr. 10 der in London erscheinenden verbotenen Zeitung »Freiheit«, an die Sozialisten Sauer und Crass hier adressiert, mit Beschlag belegt.

Sauer ist wegen Verdacht des Hochverrats verhaftet. Es wurde deshalb dem Amtsgericht IV hier, auf dessen Requisition[a] die Verhaftung erfolgte, mit dem Anfügen hiervon Nachricht gegeben, dass die Beschlagnahme etwa weiter an Sauer auf der hiesigen Post eingehender Briefe herbeizuführen sein dürfte.

Bei Crass, auch bei Spahn und Menge wurden gestern Nachmittag Haussuchungen, jedoch resultatlos, vorgenommen. Spahn war bei der kürzlichen Zusammenkunft in Eckenheim,[b] Menge voriges Jahr verdächtig, bei der Verbreitung von Druckschriften beteiligt gewesen zu sein. Spahn hat nach der Haussuchung sich geäußert, es könne noch so genau nachgesucht werden, werde die Polizei nichts finden, so unvorsichtig wären sie nicht. Es seien vor einigen Tagen eine größere Anzahl Flugblätter hier angekommen, die würden während des Zapfenstreichs verbreitet werden. Die Äußerung von Spahn wurde kurz vor dem Zapfenstreich vertraulich hierher mitgeteilt. Sämtliche Schutzleute wurden in allen Stadtteilen sofort die Nacht hindurch in Tätigkeit gesetzt. Um halb 10 Uhr wurden die ersten Blätter, acht Stück, in der Heingasse am Sandhofe vorgefunden. Von da ab bis heute Morgen wurden von den Schutzleuten 70 Stück vorgefunden. Die Verbreitung ist nicht wie voriges Jahr in einzelnen Exemplaren, sondern in Päckchen von acht bis zehn Stück erfolgt. In der Heingasse wurden dieselben über die Vorgartengitter in die Vorgärten geworfen. Auf den Straßen wurden Sozialisten fast gar nicht betroffen. Die Ausführung ist jedenfalls von wenigen erfolgt. Mutmaßlich waren diese durch Posten gedeckt, hin und wieder wurde gepfiffen, wodurch das Apportieren stattgefunden haben mag. Die Nacht war trübes Wetter und Regen und Schnee, mit Ausnahme von ca. zwei Stunden hellen Wetter. Die Recherchen nach den Kolporteuren werden fortgesetzt.

[a] Ersuchen, Aufforderung (lat.).
[b] Am 6. März fand in einer Eckenheimer Wirtschaft ein geheimes Treffen von 32 Sozialdemokraten aus Leipzig, Bockenheim, Frankfurt, Eckenheim, Preungesheim und Hanau statt (HStAM, 165-3142/4, Bl. 44).

56c Korrespondentenbericht im »Sozialdemokrat« über die Auflösung einer Tabakarbeiterversammlung und die Beschuldigung nicht anwesender Personen als Teilnehmer, 15. April 1882

Der Sozialdemokrat Nr. 35, 24. August 1882.

In dem ganzen zahllosen Heere der erniedrigten Wesen stehen keine niedriger als Diejenigen, welche in unserer Stadt den »Beruf« haben, als wohlbestallte Polizeibeamte über Gesetz, Ordnung und Moral zu wachen. Das ist eine Tatsache, die als unbestritten bezeichnet werden darf. Längst haben sie, nach guter Anleitung »von Oben« gelernt, den Sozialisten gegenüber jedes Mittel, Hinterlist, Intrigue, Brutalität, Lüge und Meineid in Anwendung zu bringen. Ihr Gebaren ist ein von völliger Hirnlosigkeit zeugendes blindes Wüten, das seinen Höhepunkt erreicht, so oft bei der Hetzjagd gegen die Sozialisten ein Dorn sie in das faule Fleisch gestochen. »Wir wollen diesen Kerlen noch an den Kragen gehen wie der Teufel!« – So sprach im Bewusstsein seines hohen »Berufs« vor einiger Zeit einer unserer Polizeier namens Bürmann.[a] Da der Teufel seine Herrschaft in der Hölle übt, im Reiche der ausgesuchtesten Niedertracht, so ist er allerdings in Preußen auch ganz an seinem Platze. Leider aber besteht in dem höllischen »Rechtsstaate« Preußen das verkehrte Verhältnis, dass die ehrlichen Leute zu Sträflingen gemacht werden, während ihre Peiniger mit dem Stempel der Verworfenheit an der Stirne, sich »Diener der Gerechtigkeit« schimpfen und bei all ihren gegen uns gerichteten Satansfunktionen sich auf »gesetzliche Autorität« berufen.

Über die neuesten dieser Satansfunktionen nun ist Folgendes zu registrieren: Ende April des Jahres meldete der Zigarrenmacher Lamm auf hiesigem Polizeibüro eine öffentliche Versammlung der Tabak- und Zigarrenarbeiter zum Zwecke der Besprechung des Tabakmonopols an.[b] Kommissär Naumann jedoch erklärte dem Anmelder rund heraus, aus der Versammlung könne nichts werden, denn da werde doch jedenfalls auch »der Frohme« kommen, und der dürfe »auf Befehl des Herrn Landrats« nun und nimmermehr hier sprechen. – Herr L. war »frevelhaft« genug, gegen diese »gesetzmäßige« Eselei Rekurs bei der Regierung in Kassel einzulegen, und diese – ein strenges Urteil der öffentlichen Meinung fürchtend, dekretierte, dass der Versammlungsanmeldung stattzugeben sei. So fand denn die Versammlung am 17. April in den Sälen »Zur Reichskrone« statt – und – den »Befehl des Herrn Landrats« verletzend – erschien »der Frohme« und referierte[b]. Ihm zur Seite saßen als »Abgeordnete der Obrigkeit« Polizeikommissär Rolfs und vorerwähnter Schutzmann Bürmann. Der Referent mochte etwa eine halbe Stunde gesprochen haben, er zitierte den bekannten Ausspruch des konservativen Reichstags-Harlekins v. Ludwig, betr. das Vagabundentum, da brach das Verhängnis herein: langsam und unsicher, die Blicke furchtsam auf die Masse gerichtet, erhob sich Monsieur Rolfs und erklärte die Versammlung für geschlossen. Ein Sturm der Entrüstung brauste dem »Helden« entgegen; Frohme wandte sich an ihn und erklärte, er protestiere gegen diesen Akt der Willkür, die Auflösung sei durch nichts gerechtfertigt und werde er dagegen Rekurs ergreifen. Rolfs erwiderte: er folge lediglich seinen »Instruktionen«. Ein Versammlungsbesucher, Genosse Gräbener, wandte sich an den Vorsitzenden mit der Aufforderung, sich diese Auflösung nicht ruhig gefallen zu lassen. Dann ging die Versammlung unter Hochrufen auf die Sozialdemokratie und auf den Referenten sowie unter Pfui- und sonstigen schmeichelhaften Rufen auf die Polizei auseinander.

Held Rolfs und sein Schildknappe Bürmann schwuren den Urhebern dieser öffentlichen Blamage, Frohme und Gräbener, grimmige Rache. Ha, das war so eine günstige Gelegenheit, den Sozialisten Eins am Zeuge zu flicken, – jetzt oder nie galt es, dem Büttelsystem zu einer richterlichen Anerkennung durch Massenverurteilung zu verhelfen! Also, frisch drauf, – gelogen und gefälscht! – »Bürmann, lieber Bürmann« – sagt Rolfs – »jetzt beweisen Sie Ihren Scharfsinn.« Und Bürmann nimmt mit pfiffigem Lächeln ein – Adressbuch zur Hand; – (buchstäblich wahr!) – zwar war es das von Anno 1880, aber das bemerkte der Wackere gar nicht in seiner Aufregung. 65 Mann schreibt er sich da heraus und – die Liste der Angeklagten erster Serie ist fertig. Alsbald wurden denn die beneidenswerten Träger dieser Namen mit der Auflage beglückt, den Bestimmungen des § 15 des preußischen Versammlungsgesetzes entgegen sich nach erfolgter Auflösung der Versammlung nicht sofort entfernt zu haben.

Die am 29. Mai stattgehabte Verhandlung dieser Auflage gestaltete sich für Rolfs und Bürmann zu einer recht hochnotpeinlichen, für die Angeklagten und das Auditorium, ja selbst für die Richter, zu einer außerordentlich belustigenden Prozedur. Zunächst ergab sich, dass von den 65 Angeklagten an die 30 gar nicht in der aufgelösten Versammlung gewesen waren. Sechs weitere Angeklagte befinden sich schon seit Jahren in Amerika. Der Richter schüttelte, während Publikum und Angeklagte in ein schallendes Gelächter ausbrachen, den Kopf und schlug die Hände über dem Kopf zusammen. Der »scharfsinnige« Bürmann aber stand da, in Angstschweiß gebadet, vor Erregung und Verlegenheit hochrot glühend, seine frühere Gauner-Physiognomie in ein Armsünder-Gesicht verwandelt, wie ein begossener Pudel. – »Adressbuch-Olmal« raunt ihm eine Stimme aus den Reihen der Angeklagten zu, und er fährt zusammen, als hätte ihn eine Tarantel gestochen. Ja, ja, das Adressbuch hatte ihm einen bösen Streich gespielt, dem »Zeugen« Bürmann. Und sein Kommissär, der »Zeuge« Rolfs, biss sich vor Erregung die Lippen blutig. Im strammen preußischen Kommis-Schritte hatten beide den Sitzungssaal betreten, Bilder des Jammers wankten sie hinaus, als der Richter verkündete, dass – abgesehen von den gar nicht in der Versammlung Gewesenen, gegen welche die Anklage nicht aufrecht erhalten wurde – sämtliche Angeklagte von Schuld und Kosten freigesprochen seien.[c] Dieselben mögen sich für die gehabte Mühe trösten mit dem Gedanken, dass Hanau nunmehr einen »Adressbuch-Kriminal-Olmal« im Original habe.

»Verzweifeln wir nicht« sagte Bürmann zu Held Rolfs, »noch ist nicht Alles verloren. Wir haben ja Frohme und Gräbener noch!« Dem war nun allerdings so, die »hatten« sie noch! Ersterem hatten sie Majestätsbeleidigung, Schmähung und Verhöhnung von Staatseinrichtungen, Beamtenbeleidigung etc., letzterem eine »Aufforderung zum Ungehorsam gegen Anordnung der Obrigkeit« auf den Hals gelogen. Herr Staatsanwalt Schumann war so gefällig, diese Lügen zu vertreten. Die Verhandlung beider Auflagen fand am 26. Juli vor der Strafkammer des Landgerichts hierselbst statt. Frohme führte seine Verteidigung selbst, Gräbeners Verteidigung führte Herr Justizrat Olfus. Gegen Frohme blieb übrigens nur die Anklage wegen »Beamtenbeleidigung« aufrechterhalten. Begangen sollte dieselbe sein durch die an Rolfs gerichtete Erklärung, dass er zur Auflösung der Versammlung nicht berechtigt sei. Der Angeklagte wies nun zunächst nach, dass Rolfs sich allerdings einer geradezu unerhörten Gesetzesverletzung schuldig gemacht habe. Angeklagter habe lediglich in Wahrung berechtigter Interessen gehandelt, als er gegen die Auflösung Protest erhob und dieselbe einer kurzen aber scharfen Kritik unterzog. Der als Zeuge erschienene Rolfs erklärte, vom Landrat den »Auftrag« erhalten zu haben, die Versammlung aufzulösen, wenn es ihm scheine, dass sozialistische Grundsätze darin erörtert würden.

[a] Bührmann.
[b] Die Versammlung fand im »Nürnbergerhof« statt. (HZ Nr. 89, 16.4.1882)
[c] Der Freispruch erfolgte am 15. Juni 1882. (HZ Nr. 140, 18.6.1882)

57 Juni 1881 – Herbst 1884

Die Hanauer Sozialdemokratie und die Reichstagswahlen unter dem Sozialistengesetz

57a Korrespondentenbericht im »Sozialdemokrat« über die Wahlagitation in Hanau und über die Verhaftung eines Zigarrenarbeiters, 24. Juni 1881

Der Sozialdemokrat Nr. 29, 14. Juni 1881.

Wir befinden uns hier schon mitten in der Wahlagitation. Am 24. Juni wurde unser Wahlkreis mit unserem Flugblatt Nr. 2[a] überschwemmt. Am gleichen Tage noch wurde ein Zigarrenarbeiter[b] abgefasst und unter niederträchtigen Misshandlungen zur Polizeiwache geschleppt. Nachdem man ihn einige Tage später verhört hatte, ließ man ihn wieder frei, denn er hatte nur ein paar Flugblätter gefunden und nachher wieder verloren, worin man beim besten Willen keine Verleitung finden kann. Natürlich wurde das Flugblatt verboten.

Die Verhaftung des Genossen hatte für uns den Vorteil, dass die Zeitungen den nötigen Lärm schlugen, und wer bei der Verteilung vergessen war, beeilte sich jetzt, nachträglich ein Flugblatt zu erhalten. Besonders ereiferte sich die »Hanauer Zeitung« und schlug auf unsren Kandidaten, Genossen Karl Frohme, los. Die Fortschrittsgesellschaft hatte sich schon in der Hoffnung gewiegt, die Stimmen der Sozialisten zu erhalten;[c] daraus wird aber nichts! Darum jetzt der große Ärger.

Mag die Wahl früher oder später angesetzt werden, wir sind gerüstet (Bravo! d. R.) und werden nach wie vor unsere Schuldigkeit tun – trotz aller Polizeischikanen.

Denn die Genossen mögen ja nicht glauben, dass wir hier schlafen; im Gegenteil, wir sind stramm auf dem Posten; schon unserer »guten« Polizei zu liebe.

Mit sozialistischem Gruß!
Knickebein

[a] »An die Reichstagswähler im Kreise Hanau, Gelnhausen, Orb«, gedruckt in der Schweiz (HStAM, 165-3142/4., Bl. 185).
[b] Namens Gustav Albert Molitor (HStAM, 165-3142/4, Bl. 185).
[c] Die Fortschrittspartei rechnete in Ermangelung einer sozialdemokratischen Agitation mit den Arbeiterstimmen.

57b Korrespondentenbericht im »Sozialdemokrat« über die Wahlkampagne im Vorfeld der Reichstagswahlen, Oktober-November 1884

Der Sozialdemokrat Nr. 9, 26. Februar 1885.

Hanau. Es wird für die Parteigenossen von Interesse sein, einen kleinen Bericht über unsere letzte Wahlkampagne zu vernehmen,[a] insbesondere da wir, die bei der vorigen Wahl so glücklich waren, einen Sozialdemokraten nach Berlin senden zu können, diesmal das Dreinsehen hatten.

»Alle anderen Parteien sind gegenüber der Arbeiterklasse eine einzige reaktionäre Masse,« sagte einstens Lassalle. Wenn sich irgendwo dieser Ausspruch bewahrheitet hat, so war es hier der Fall. Alte bürgerliche Demokraten, Fortschrittler, Freisinnige, Nationalliberale, ultramontane Pfaffen und konservative Bauern – sie waren Ein Herz und Eine Seele gegenüber der Arbeiterpartei. Die Gegner kämpften mit allen Mitteln, mit ehrlichen und auch mit unehrlichen. Verleumdung und Verdrehung unserer Prinzipien, schwindelhafte Versprechungen gegenüber den Wählern, verbunden mit einer noch nie dagewesenen Heulmaierei um Gott, König und Vaterland, das waren so die Mittel, deren man sich bediente, um die bösen, vaterlandslosen Sozialdemokraten aus dem Felde zu schlagen. Die heilige Hermandad[b], an der Spitze der Herr Landrat Freiherr von Broich, tat natürlich auch ihr Möglichstes, um der konservativen Partei resp. dem konservativen Bauer Hellwig zum Siege zu verhelfen. Monate vorher schon arbeitete man mit einer wahren Brutalität für den Sieg der Konservativen. Da gab es Haussuchungen nach verbotenen Schriften, Einkerkerung von Parteigenossen, verschiedene Auflagen wegen – nichts, die uns aber alle viel Geld kosteten, Einschüchterung der Wirte seitens der Polizei usw. Dem Fachverein der Schreiner sowie dem der Schneider, ebenso dem der Metallarbeiter wurden durch polizeiliche Beeinflussung die Lokale gekündigt. Ein Wirt, der dem wohlgemeinten Rat des Spitzelchefs Bührmann nicht nachkam, bekam Feierabendstunde um 9 Uhr! Wochenlang musste dieser Wirt abends um 9 Uhr sein Lokal schließen, erst nachdem der Fachverein der Schreiner längs hinausgeworfen, nachdem der Wirt dem Willen des Paschas voll und ganz Rechnung getragen, hob man die Feierabendstunde wieder auf. Der Wirt aber musste versprechen, nie mehr Leute dieser Art in seinem Lokale zu dulden. Der Herr Landrat bildete sich ein, durch solche Maßregeln die sozialistischen Rattennester zerstören zu können, wir müssen ihm aber bemerken, dass er damit einen Hieb in die Luft getan, denn er dürfte doch nachgerade gemerkt haben, dass ganz Hanau nur ein einzig sozialistisches Rattennest ist.

Kommen wir jedoch zur Hauptsache. Unserem Kandidaten Karl Frohme standen gegenüber: der nationalservile Fabrikant Zimmermann, der freisinnige Fabrikant Nickel, der konservative Bürgermeister Hellwig zu Hadamar und der Zentrumsmann Dr. Windthorst, die »Perle von Meppen« (letzterer mehr als Zählkandidat). Bei der Hauptwahl am 28. Oktober erhielten K. Frohme 5503, Hellwig 4357, Nickel 3076, Zimmermann 2352, Dr. Windthorst 240 Stimmen.

Frohme kam also mit dem konservativen Kandidaten in eine engere Wahl, welche schon am 6. November stattfand und folgendes Resultat ergab: Hellwig 9720, Frohme 8245 Stimmen, mithin ein Unterschied von 1475 Stimmen. Als dieses Resultat bekannt wurde, ging es wie ein Schrei der Entrüstung durch die Bevölkerung Hanaus. »Wie ist das möglich?« Ein Mann wie Hellwig, den Niemand kennt, dessen Namen wir zum ersten Mal gehört, ein Mann, der, um mit der »Hanauer Zeitung« zu reden, sich nicht einmal als einfacher Dorfschulze qualifizierte, ein 70jähriger Greis mit verrotteten alten Anschauungen, ein Mann, dem aus Altersschwäche seine frühere demokratische Gesinnung abhanden gekommen war und der jetzt in kindlich-naiver Bewunderung für den Reichskanzler schwelgt, ein solcher Mann als Vertreter für freigesinnte Hanauer! – das ist starker Tabak.

Jawohl, ihr lieben Fortschrittsleute, das ist starker Tabak. Wer aber ist Schuld daran? Niemand anders als Ihr Helden von Fortschritt und Freisinn. Wäre euer Verhalten nicht unter aller Kritik feige gewesen, so wäre kein Hellwig Vertreter von Hanau; aber mit stummer Resignation und angsterfüllten Angesicht bei einem solchen Wahlkampfe die Hände ruhig in die Tasche zu stecken, wie Ihr es getan, hieß für die Reaktionäre arbeiten, da war es kein Wunder, dass bei den gegebenen Umständen Frohme unterliegen musste. Ja, es ist sogar im höchsten Grade anzuerkennen, dass bei diesem ungleichen Kampfe sozialistischerseits eine Stimmenzahl von 8245 erzielt wurde.

Parteigenossen, wir haben unsere Schuldigkeit getan, der Kampf aber war zu ungleich, den Gegnern standen alle Kampfmittel zur Verfügung, uns nichts als unser gutes Recht und die Wahrheit. Diese aber konnten wir nicht verkünden, weil in drakonischer Weise das freie Wort unterdrückt wurde. Zudem hatten die Gegner noch den Vorteil, dass der ganze Staatsapparat für sie in Tätigkeit war: der Herr Landrat Freiherr von Broich, in Verbindung mit 115 wohldressierten Bauern-Bürgermeistern, verrichtete »Wunder« für die gute konservative Sache.

Wir könnten ein ganzes Buch schreiben über das System von Vergewaltigung, Anmaßung, Einschüchterung und Amtsmissbrauch, das in Anwendung gebracht wurde. Auch die Kornzölle der Konservativen, die man dem Bruder Bauer gleich einem warmen Brei um das Maul schmierte, verfehlten ihre Wirkung nicht, und manches Bäuerlein, das der Schuh ein wenig zu hart drückt, hat konservativ gestimmt, weil ihm von erhöhten Getreidezöllen eine Besserung versprochen wurde. Man wäre hier in der Tat versucht auszurufen: »Selig sind die, die da geistig arm sind, denn das Himmelreich ist ihrer.« Leider aber ist die Sache zu ernst, als dass man darüber spaßen könnte. Es ist ein unverantwortliches Verbrechen, dem armen Volke mit Getreidezöllen Hilfe zu versprechen. Erhöhter Getreidezoll heißt erhöhter Hunger und bei Missernten permanente Hungersnot. Jedenfalls muss diese erst kommen, um die arme, versimpelte Masse aufzurütteln. An uns soll es nicht fehlen, resp. an unseren Vertretern, dieses Manöver im Reichstage zu kennzeichnen, wenn die Herren Konservative mit ihrem erhöhten Getreidezoll kommen werden. Den Kleinbauern aber rufen wir zu: Wendet Euch ab von diesen Wölfen im Schafspelze! Diese konservativen Herren waren stets eure Unterdrücker, sie hielten euch früher in direkter Sklaverei, dann in Hörigkeit, und jetzt, da dies unmöglich geworden, umnebeln sie euren Geist durch Pfäfferei und Lüge, um euch heimlich ebenso zu missbrauchen, wie sie es früher offen getan. Werdet Sozialdemokraten, schließt euch der Sache des Volkes an, nur dann wird euch wirklich Rettung werden!

Hiermit schließen wir unseren Bericht, in der Hoffnung, dass der Zersetzungsprozess der alten Parteien uns bald in die Lage setzt, Günstigeres melden zu können.

Gruß an Euch Alle von Nah und Fern.
P. Maingauer.

[a] Die Hauptwahl fand am 28. Oktober 1884, die Stichwahl am 6. November 1884 statt.
[b] Hermandad (span.): Bruderschaft; Spanische Gendarmerie im 16. Jahrhundert; Heilige Hermandad (iron.): die Polizei.

58 1883 – 1889

Die Fachvereine als Zentren des Widerstandes

58a Bericht des Hanauer Landrats an die Regierung in Kassel über Fachvereinsgründungen, die misslungene Generalversammlung der Krankenunterstützungskasse der Schneider und über Kontakte von Fachvereinen zu Frankfurter Sozialdemokraten, 13. September 1883

Hessisches Staatsarchiv Marburg, 165-3142/5, Bl. 491f.

Ende des Monats März c.[a] hat sich hier eine Mitgliedschaft der Zentral-Kranken- und Sterbekasse der Schuhmacher und verwandten Berufsgenossen Deutschlands (eingeschriebene Hilfskasse) zu Hamburg gebildet. Auf eine Anfrage bei der Polizeibehörde in Hamburg teilte dieselbe mit, dass Nachteiliges über diese Kasse seither zwar nichts bekannt geworden ist, dass aber viele Mitglieder derselben Sozialdemokraten sind. Auch bei der hiesigen Mitgliedschaft sind Sozialdemokraten. Zu irgendwelchem Einschreiten haben sie jedoch bis jetzt keine Veranlassung gegeben.

Im Monat Juli c.[a] hat sich hier weiter ein Fachverein der Schreiner gebildet. Dieselben haben jeden Montag Vereinsabend in der Bierbrauerei von Weißmantel hier. Beobachtung derselben findet statt. Der Vorstand und fast alle Mitglieder der Vereins sind Sozialdemokraten. Nach den Statuten soll der Verein den Zweck haben, die geistigen und gewerblichen Interessen, mit Ausschluss aller politischen und religiösen Fragen, zu fördern, ferner sich auf Fachgegenstände, Regelung der Arbeitszeit, die Streitigkeiten zwischen Arbeitgeber und Arbeitnehmer, Lesen von Fachschriften und Unterstützung durchreisender Berufsgenossen erstrecken. Am ersten Vereinsabend wurde die Vorstandswahl vorgenommen und beschlossen, die streikenden Schreiner in Stuttgart durch freiwillige Beiträge zu unterstützen. Die weiteren Abende waren geselliger Natur. Am 3. des Monats zeigte der Verein eine öffentliche Schreinerversammlung an, zu welcher der Schreiner Fleischmann aus Frankfurt als Referent erscheinen sollte. Die Versammlung fand jedoch nicht statt, weil die Wirte ein Lokal nicht freigaben.

An demselben Abend zeigte die Mitgliedschaft des Krankenunterstützungsbundes der Schneider eine Generalversammlung an, hierzu sollte der Schneider Heger aus Frankfurt als Referent erscheinen. Da dieser nicht erschien, war die Versammlung als eine solche nicht anzusehen, sondern als eine gesellige Zusammenkunft, in welcher besprochen wurde, dass die Versammlung den nächsten Montag (den 11. m. c.[b]) stattfinden solle. Dieselbe wurde jedoch weder angezeigt noch hat sie stattgefunden.

Auf Anfrage bei königlichem Polizeipräsidium zu Frankfurt teilte dasselbe mit, dass der Schreiner Fleischmann dort ein eifriger Anhänger der sozialdemokratischen Partei ist und jede Gelegenheit benutzt, um für dieselbe zu agitieren. Der Schneider Heger habe sich bisher zwar weniger bemerkbar gemacht, er gehöre aber, wie sein Auftreten gelegentlich eines kürzlich dort stattgehabten Streiks einer größeren Werkstatt unzweifelhaft bewiesen habe, gleichfalls dieser Partei an und ist Vorsitzender des dortigen Fachvereins der Schneider. Auch der Fachverein der Schreiner in Frankfurt verfolge zweifellos sozialistische Tendenzen.

Da sich in letzterer Zeit an mehreren Orten Fachvereine, insbesondere der Schreiner, gebildet haben, wird möglichst beobachtet werden, ob dieselben der Vorschrift des § 8 des Vereinsgesetzes[c] vom 11. März c.[a] entgegen miteinander in Verbindung treten.

[a] currentis (lat.), des laufenden Monats (März beziehungsweise Juli).
[b] mensis currentis (lat.), laufenden Monats.
[c] Gemeint ist das Verbindungsverbot des preußischen Vereinsgesetzes vom 11. März 1850.

58b Bericht des Hanauer Landrats an die Regierung in Kassel über den Bestand und die Bedeutung der eingeschriebenen Hilfskassen (Auszug), 11. März 1884

Hessisches Staatsarchiv Marburg, 165-3142/6, Bl. 28f.

Ein beabsichtigter Unterstützungsverein der Zigarrenarbeiter wurde durch Verweigerung der nach § 2 des Gesetzes[a] vom 11. März 1850 erforderlichen Bescheinigung nicht zugelassen, weil an dessen Spitze die hervorragendsten Sozialisten zu treten beabsichtigten und ein in dem § 1 des Gesetzes vom 21. Oktober 1878 bezeichneter Verein entstanden sein würde. [....]

Gegen das Arbeiterkrankenversicherungsgesetz agitiert der in Bockenheim wohnende Reichstagsabgeordnete Frohme. Er hat nach Mitteilung königlichen Polizeipräsidiums zu Frankfurt am Main in dort stattgehabten Versammlungen für den Beitritt zu den freien Hilfskassen gesprochen. Für mehrere Kassen im hiesigen Kreise hat er die Statuten verabschiedet.

In der Stadt Hanau waren seit mehreren Jahren Filialen der eingeschriebenen Hilfskasse, Unterstützungsbund der Schneider, Sitz der Kasse in Braunschweig, und der eingeschriebenen Hilfskasse, Zentral- Kranken- und Sterbekasse der Tischler und verwandten Berufsgenossen Deutschlands, Sitz in Hamburg. Beide Filialen hatten stets nur wenige Mitglieder, die Mitgliederzahl hat sich in letzterer Zeit vermehrt. Die eine Filiale hat zur Zeit 23, die andere 25 Mitglieder. Hinzugekommen sind in letzterer Zeit folgende Filialen eingeschriebener Hilfskassen:

1. Zentral- Kranken- und Sterbekasse der Schuhmacher und verwandten Berufsgenossen, Sitz in Hamburg.

2. Allgemeiner Kranken- und Sterbekasse der Metallarbeiter, Sitz in Hamburg.
3. Zentral- Kranken- und Sterbekasse der deutschen Wagenbauer, Sitz in Hamburg.

Von den bezeichneten Kassen sind auch Filialen in Bischofsheim, Hochstadt und Fechenheim von den Schreinern, in Langen, Fechenheim und Preungesheim von den Metallarbeitern und eine weitere Filiale der Zentral- Kranken- und Begräbniskasse der Buchbinder und verwandten Geschäftszweige in Fechenheim, Sitz in Leipzig.

Nach einer Mitteilung des Bevollmächtigten der Schuhmacher sind, sobald die Filiale 100 Mark in der Kasse hat, 75 Mark sofort an die Zentralkasse einzusenden. Derselbe erklärte ferner auf Befragen, dass die gewerblichen Arbeiter in diese Kasse eintreten, weil sie beim Wohnortswechsel Mitglieder derselben Kasse bleiben.

[a] Preußisches Vereinsgesetz.

58c Bericht des Hanauer Landrats an die Regierung in Kassel über den Stand gewerkschaftlicher Organisationen und das Wirken sozialdemokratischer Referenten in den Versammlungen, 14. März 1889

Hessisches Staatsarchiv Marburg, 165-3142/7, Bl. 221f.

Die Fachvereine und die Filialen (Zahlstellen) solcher Vereine, deren Sitz außerhalb ist, sind dauernd überwacht worden. Diese gewerkschaftlichen Organisationen haben, obgleich die Mitgliederzahl der einzelnen Vereine bis jetzt nicht erheblich ist, zugenommen. Neu gebildet haben sich Filialen des deutschen Schneiderverbandes, des Verbandes deutscher Zimmerleute und der Glasergesellen Deutschlands sowie ein Lokalverein der Hanauer Diamantschleifer. Obwohl die Mitgliederversammlungen an den alle acht oder vierzehn Tage stattfindenden so genannten Vereinsabende sehr schwach besucht werden, und sich größtenteils nur auf Einzahlung der Beiträge, Lesen der Verbandsorgane pp. beschränken, so sind doch die Mitglieder dieser Vereine größtenteils Sozialdemokraten, von welchen in dem letzten Halbjahr vier öffentliche Versammlungen angezeigt wurden und in welchen Referenten aus anderen Städten erschienen. Die Vorträge in den Versammlungen ergaben, dass die Referenten gewandte Redner sind und zu dem Zweck erschienen waren, um den gewerkschaftlichen Verbänden Mitglieder zuzuführen.

Nach Benehmen mit den Polizeibehörden ihres Wohnortes wurde festgestellt, dass die Referenten in drei solcher Versammlungen sozialdemokratische Agitatoren sind, der Referent Hantelmann aus Köln der vierten Versammlung (Versammlung der Zimmerleute) wurde als Sozialdemokrat bezeichnet, welcher sich bisher als solcher zwar nicht besonders bemerkbar gemacht habe, jedoch in Köln und vorher in Berlin als ein eifriger Agitator in der Gewerkschaftsbewegung hervorgetreten sei.

Die Referenten traten für zentrale Organisation ein und begründeten dies damit, dass lokale Organisationen in kleineren Städten leicht verfallen können, während die Zentrale durch intelligente Leute zusammengehalten werde. Arbeitseinstellungen könnten mit Erfolg nur bei einer zentralen Organisation durchgeführt werden. Ein Redner sprach sich in der öffentlichen Schreinerversammlung dahin aus, dass die Erreichung kürzerer Arbeitszeit vorteilhafter sei, als günstigere Lohnbedingungen. Wenn letztere auch erreicht würden, so gingen die Löhne bei schlechtem Geschäftsgange wieder herunter.

59 August 1884 – März 1885

Die Praxis, Gastwirte zu nötigen, für Fachvereinsversammlungen keine Räume zu vergeben

59a Schreiben des Gastwirts C. Göbel an den Fachverein der Schneider in Hanau, 1. August 1884

Der Sozialdemokrat Nr. 35, 28. August 1884.

Durch Verfügung des königlichen Landratsamtes vom Heutigen muss ich Ihnen die Mitteilung machen, dass ich von heute ab nicht mehr in der Lage bin, Ihrem Verein resp. den Mitgliedern meine Lokalitäten zur Verfügung zu stellen.

Achtungsvoll
C. Göbel, Gastwirt zum »Goldenen Rad«.

59b Bericht des Hanauer Landrats an den Regierungspräsidenten in Kassel über den Anschluss des Schneiderfachvereins an den Zentralverband der Schneider Deutschlands in Hamburg und die Behinderung seiner Tätigkeit durch Lokalverbote, 31. Januar 1885

Hessisches Staatsarchiv Marburg, 165-1256/1, Bl. 159.

Dem königlichen Regierungspräsidium berichte ich der neben allegierten[a] Verfügung gemäß gehorsamst, dass der hiesige Fachverein der Schneider, welcher sich im Monat Juli pr.[b] hier gebildet hat, den Zutritt zu dem in oben bezeichneten Zentralverbande am 26. dieses Monats angezeigt hat. Zur Zeit der Bildung des hiesigen Lokalvereins hatte derselbe 17 Mitglieder, jetzt hat derselbe 15 Mitglieder, darunter sind drei Mitglieder, welche nahe Verwandte sind. Zehn Mitglieder, welche hier bekannt sind, sind Sozialdemokraten, darunter einzelne sehr eifrige Anhänger dieser Partei. Die übrigen fünf Mitglieder sind von außerhalb zugezogene Schneider. Da die politische Richtung der Mitglieder dieses Vereins den hiesigen Wirten bekannt ist, so hatte der Verein in der Regel kein Vereinslokal. Während der stattgehabten Zusammenkünfte hat der Verein zu etwaigem Einschreiten keinerlei Veranlassung gegeben. Die Zusammenkünfte waren bisher geselliger Natur und Lesen einer Fachzeitung.

Im Monat August pr. sollten hier zwei öffentliche Versammlungen der Schneider mit der Tagesordnung »Berichterstattung über den ersten Kongress der Fachvereine der Schneider Deutschlands, abgehalten zu Gotha vom 20 bis 22. Juli pr.« stattfinden. Die Versammlung wurde jedoch nicht abgehalten, weil die Wirte hierzu Lokale nicht hergaben, sonst weil nach weiterer Anzeige über die genannte Versammlung der Referent plötzlich unwohl geworden war.

[a] angefügt.
[b] [anni] praeteriti (lat.), Juli beziehungsweise August vergangenen [Jahres].

59c Bericht des Hanauer Landrats an den Regierungspräsidenten in Kassel über das Vorgehen gegen Wirte, in deren Lokalen Sozialisten verkehren (Auszug), 9. März 1885

Hessisches Staatsarchiv Marburg, 165-3142/6, Bl. 201ff.

Die hiesigen Fachvereine der Schreiner, auch Mitgliedschaft des Zentralverbandes der Tischler und verwandten Berufsgenossen Deutschlands zu Stuttgart, der Schneider, auch Mitgliedschaft des Zentralverbandes der Schneider Deutschlands in Hamburg sowie der Metallarbeiter, deren Mitglieder, insoweit dieselben nicht als zugereiste Fremde unbekannt sind, der sozialistischen Partei angehören, werden strenge überwacht. Von diesen Vereinen ausgehende öffentliche Versammlungen haben auch seit der letzten Berichterstattung nicht stattgefunden. Auch zu Mitgliederversammlungen geben die hiesigen Wirte ihre Lokale in der Regel nicht her. [...]

Bei den Wirten Meerbott und Stemmler hier, ist so lange die Schließung deren Wirtschaften an früheren Abendstunden angeordnet worden, als die Sozialisten, welche sich dort eingenistet hatten, in demselben verkehrten. Die Wirkung war, dass die Wirte die Sozialisten in ihren Lokalen nicht mehr duldeten und die angeordneten Maßregeln wieder aufgehoben werden konnten und auch die übrigen Wirte bisher in ihren Wirtschaften auf strenge Ordnung gehalten haben. [...]

60 Dezember 1884 – Mai 1885

Die Einigungsbestrebungen der Metallarbeiter

60a Beschluss des Gründungskongresses der Vereinigung der Metallarbeiter Deutschlands in Gera betreffend die gewerkschaftliche Vereinigung der Arbeiter, 26. Dezember 1884

Deutsche Metallarbeiter-Zeitung Nr. 1, 10. Januar 1885.

Der Kongress erklärt, die gewerkschaftliche Vereinigung der Arbeiter allein kann eine durchgreifende Umgestaltung unserer heutigen Produktionsverhältnisse nicht ermöglichen, jedoch ist eine zeitweilige Verbesserung der Lage der Arbeiter zu erzielen, sobald eine Organisation sämtlicher Metallarbeiter ins Leben gerufen wird und zwar in der Weise, dass in allen Orten Deutschlands die Gründung von allgemeinen Metallarbeiterfachvereinen angestrebt und durchgeführt werde; wo jedoch örtliche oder gesetzliche Hindernisse der Gründung von allgemeinen Metallarbeitervereinen entgegenstehen, muss die Gründung von Branchenvereinen (Berufsgenossenschaften) bewerkstelligt werden.

60b Schreiben des Vorsitzenden des Fachvereins der Metallarbeiter, Jean Auffarth, an das Hanauer Landratsamt mit der Bitte um die Genehmigung einer öffentlichen Metallarbeiterversammlung, 10. März 1885

Hessisches Staatsarchiv Marburg, 165-1256/1, Bl. 84. Gezeichnet: Jean Auffarth, Große Dechaneigasse Nr. 22.

Wir bitten Euren Hochwohlgeborenen die Anzeige machen zu dürfen, dass der Fachverein der Metallarbeiter auf Donnerstag, den 19. März, abends 8 Uhr im Saale der Herrn Weissmantel eine öffentliche Metallarbeiterversammlung einberufen zu können, wo Herr Stadtverordneter Referent J. Görki aus Berlin reden wird. Und machen wir die Anzeige, Plakaten drucken und ankleben zu dürfen. Wobei die Tagesordnung: »Die Bedeutung der gewerkschaftlichen Organisationen der Arbeiter und die sozialen Aufgaben derselben«.

60c Bericht des Hanauer Landrats an den Regierungspräsidenten in Kassel über die Tätigkeit des Metallarbeiterfachvereins und über dessen Beitritt zur Vereinigung der Metallarbeiter Deutschlands (Auszug), 28. Mai 1885

Hessisches Staatsarchiv Marburg, 165-1256/1, Bl. 181f.

Dem königlichen Regierungspräsidium berichte ich unter Rückreichung der seitwärts allegierten[a] Verfügung gemäß gehorsamst, dass der hiesige Fachverein der Metallarbeiter, welches als Mitglied der in oben bezeichneten Vereinigung beigetreten ist, sich im Monat Dezember 1883 gebildet hat. Die Mitgliederzahl derselben betrug bisher 15 bis 20. Von diesen waren an den so genannten Vereinsabenden in dem Vereinslokal in der Regel nur drei bis acht Mitglieder, mit Ausnahme an den Vereinsabenden in den letzten Monaten, an welchen die Beteiligung stärker war, anwesend. Es wurden hierbei die Beiträge gezahlt und die Fachzeitung gelesen. Zeitweise fanden kaum Zusammenkünfte statt, weil es dem Verein an einem Lokal fehlte.

Obgleich nach dem Verhalten des Vereins an den Vereinsabenden, welche überwacht wurden, sich derselbe bisher in keiner Weise als ein sozialistischer gekennzeichnet hat, so sind doch die Mitglieder desselben Sozialdemokraten und unter diesen einige sehr eifrige Anhänger dieser Partei. Der frühere Vorsteher des Vereins Karl Bellinger wurde durch Urteil der Strafkammer des königlichen Landgerichts hier vom 12. Januar a.[b] wegen Verbreitung der verbotenen Druckschrift »Der Sozialdemokrat« mit 30 Mark subsidiär[c] sechs Tagen Haft bestraft, auch verkehrten andere jugendliche Mitglieder des Vereins, welche im militärpflichtigen Alter standen, in dessen Behausung und haben dort den »Sozialdemokrat« gelesen. [...]

Ferner sind die Mitglieder dieses Vereins auch größtenteils Mitglieder der Allgemeinen Kranken- und Sterbekasse der Metallarbeiter in Hamburg, unter deren Mitgliedern sich auch viele Sozialdemokraten befinden.

Für den 19. März a.[b] zeigte der Fachverein der Metallarbeiter am 10. März a. eine öffentliche Versammlung an, in welcher der Stadtverordnete J. Görki aus Berlin als Referent erscheinen sollte. Als Tagesordnung war die Bedeutung der gewerkschaftlichen Organisationen der Arbeiter angegeben. Die Versammlung wurde jedoch auf Grund der im vorstehenden Satz 2. erwähnten Tatsachen nach § 9, 2 des Sozialistengesetzes verboten. Nach vertraulicher Mitteilung und den weiteren, von dem großherzoglichen Kreisamt in Offenbach gepflogenen, am 16. des Monats hierher zurückgelangten Verhandlungen, hat diese Versammlung, oder doch wenigstens eine Zusammenkunft der Metallarbeiter, in der Wirtschaft bei Ruthsatz in Klein-Steinheim am 17. März a.[b] stattgefunden. Der Stadtverordnete Görki ist nach Mitteilung des königlichen Polizeipräsidiums zu Berlin ein entschiedener Anhänger und eifriger Agitator der sozialistischen Partei und im Besonderen im Interesse der Gründung von freien Hilfskassen und gewerkschaftlichen Fachvereinen im Interesse der Sozialdemokratie tätig geworden. Die bezüglichen Verhandlungen füge ich gehorsamst zur hochgeneigten Kenntnisnahme [...] bei.

Der erwähnte Karl Bellinger wurde, nach dessen Bestrafung, aus dem Vorstand des Vereins entfernt und ist jetzt auch nicht mehr Mitglied desselben. Dies ist jedoch zweifellos nur deshalb geschehen, um dem Verein den Schein zu geben, als ob Sozialdemokraten in demselben nicht geduldet würden und kann von der Behörde nur als eine Finte betrachtet werden.

An der am letzten Vereinsabende, am 16. des Monats stattgehabten Zusammenkunft waren 18 Mitglieder anwesend, nachdem der Verein seit der beabsichtigten Versammlung am 19. März a. ein Lokal nicht hatte. Die Zusammenkunft, Mitgliederversammlung dauerte ca. halbe Stunde und wurden hierbei die statutenmäßigen Beiträge gezahlt und die Statuten der Vereinigung der Metallarbeiter kurz besprochen und hierbei erwähnt, dass der Zutritt zu der Vereinigung nunmehr definitiv beschlossen sei.

[a] angefügten.
[b] anni (lat.), des Jahres.
[c] ersatzweise.

61 — 6. März 1887

Stellungnahme des Hanauer Landrats gegen die Ausweisung aktiver Sozialdemokraten trotz des auch für Hanau verhängten »kleinen Belagerungszustandes«

Hessisches Staatsarchiv Marburg, 165-3142/6, Bl. 487; im Bericht an den Regierungspräsidenten in Kassel.

Ausweisungen von Sozialdemokraten aus dem hiesigen Bezirke bis jetzt nicht beantragt, weil ich Grund hatte anzunehmen, dass die zunächst Auszuweisenden nach den zum hiesigen Wahlbezirk gehörigen Orten Gelnhausen, Orb etc. verziehen und dort Anhänger ihrer Partei sammeln würden. Es betrifft dies hauptsächlich den Agitator Dassbach mit seinen beiden Söhnen. Sämtliche sind Zigarrenmacher, im Kreise Gelnhausen sind mehrere Zigarrenfabriken beziehungsweise Filialen hiesiger Fabriken. Auch jetzt nach vollzogener Wahl kann ich mir von Ausweisungen kaum einen Erfolg versprechen. Die Sozialdemokratie im hiesigen Bezirke würde dadurch nicht gemindert werden, sondern das Märtyrertum der Ausgewiesenen würde ihnen eher neue Anhänger werben. Dazu kommt, dass die Sozialdemokratie hier äußerlich ruhig und zu Exzessen nicht geneigt ist.

Die beiden Wahltage sind bei lebhafter Beteiligung ohne den geringsten Zwischenfall verlaufen. Mit einigen Ausweisungen würde, wie ich die Sache jetzt beurteile, in Hanau nichts geändert, dagegen anderen Landesteilen, die bisher noch wenig infiziert sind, eine Anzahl erbitterter Agitatoren überwiesen werden. Nichtsdestoweniger behalte ich diese Angelegenheit in steter Erwägung und werde Anträge auf Ausweisungen stellen, sobald die Lage, die mich zu meiner jetzigen Ansicht bringt, sich ändert.

Zur Kontrolle etwa zuziehender Sozialdemokraten werden nach Übereinkommen mit dem Oberbürgermeister hier die Meldezettel der zugezogenen männlichen Personen alle 14 Tage hierher abgegeben und zwecks eventueller weiterer Feststellung geprüft. Die Gendarmen sind angewiesen, sich allmonatlich hinsichtlich solcher Personen mit den Bürgermeistern ihres Bezirkes zu benehmen und eventuell Meldung an mich zu erstatten.

62 — April – August 1889

Der Streik der Hanauer Diamantschleifer

62a Bericht des Regierungspräsidenten in Kassel an den Kaiser, 24. Juni 1889

Thomas Klein (Hrsg.), Die Zeitungsberichte des Regierungspräsidenten in Kassel an Seine Majestät 1867-1918, I. Teil 1867-1890, Darmstadt 1993, S. 405f.

Diamantenschleiferei: Unter den Diamantenschleifern von Hanau ist am 15. April ein Arbeitsausstand verkündet worden, welcher noch fortdauert. Davon ferngehalten haben sich allein die 170 Arbeiter der »Ersten deutschen Diamantenschleiferei der Gebrüder Houy«, während die Zahl der Streikenden ungefähr 180 beträgt. Der Grund des Ausstandes ist in einer Änderung der Arbeitsbedingungen zu suchen, welche unter den Arbeitgebern (ausgenommen Houy) vereinbart war. Während die Houysche Schleiferei, das älteste und angesehenste der Hanauer Etablissements, fortfährt, ihren Arbeitern Akkordlöhne zu zahlen, hatten die später entstandenen Konkurrenzunternehmungen, um die geübten Arbeitskräfte des Houyschen Geschäfts für sich zu gewinnen, zunächst selber hohe Stunden- und Wochenlöhne (letztere bis zum Betrage von 50 Mark) gewährt. Seit einiger Zeit sahen sie sich hierzu jedoch nicht mehr imstande. Solange nämlich das Rohmaterial unmittelbar aus Afrika bezogen wurde, war sein Preis ein derartiger, dass die Schleiferei bedeutenden Gewinn abwarf. Seitdem aber der Preis durch eine englische Aktiengesellschaft, welche den An- und Verkauf roher Diamanten monopolisiert hat, erheblich in die Höhe getrieben worden ist, beschlossen die gedachten Unternehmungen ihrerseits, zum Akkordsystem überzugehen. Die Arbeiter, welche sich bereits vorher zu einem Verbande behufs Wahrung ihrer Interessen zusammengeschlossen hatten, legten darauf die Arbeit nieder, doch gelang es ihnen nicht, auch die Houyschen Arbeiter auf ihre Seite zu bringen. Die Führung in dem Verbande liegt in den Händen von Sozialdemokraten, von den Mitgliedern sind viele politisch farblos. Die Ausständigen verlangen Stunden-

oder Wochenlohn statt Akkordlohn; Fallenlassen der in dem neuen Tarif aufgestellten Bedingung, dass die Arbeiter den so genannten Bord, das zum Schleifen erforderliche Material, welches bisher vom Arbeitgeber gestellt wurde, selbst liefern; Einschränkung in der Ausbildung von Lehrlingen. Eine Einigung zwischen den Parteien herbeizuführen hat bisher trotz der Bemühungen des die Polizeiverwaltung führenden Landrats und des unter dem Vorsitz des Oberbürgermeisters von Hanau von Bürgern gebildeten Schiedsgerichts nicht gelingen wollen. Die Ausständigen werden von holländischen Schleifern, welchen die Hanauer Konkurrenz lästig fällt, durch Geldmittel unterstützt, wogegen den Arbeitgebern, welche in der letzten Zeit schlechte Geschäft gemacht haben, das Stillstehen ihrer Betriebe nicht unerwünscht zu sein scheint. Eine Verständigung ist daher zur Zeit nicht abzusehen. Vorwiegend ist das Verhalten der Ausständigen ruhig, Ausschreitungen sind nicht vorgekommen. Zwei aus Antwerpen nach Hanau gekommene Diamantenschleifer, die sich unter falschen Namen bei sozialdemokratischen Arbeitern verborgen hielten, wurden ausgewiesen. Soweit die Arbeiter dem Akkordlohn widerstreben, erscheinen ihre Forderungen nicht gerechtfertigt, weil diese Art des Lohns die in den Schleifereien üblich ist und auch die Houyschen Arbeiter sich dabei gut stehen, dagegen ist die von den Arbeitgebern verlangte Selbstbeschaffung des Borts nach Ansicht des Fabrikanten Houy mit Härte verbunden. Die Houysche Schleiferei selbst befindet sich in fortdauerndem Gedeihen. Neuerdings hat sie in Steinau bei Schlüchtern eine Filiale gegründet, in welcher nur weibliche Arbeiter beschäftigt werden.

62b Bericht des Regierungspräsidenten in Kassel an den Kaiser über die Beendigung des Streiks, 20. September 1889

Thomas Klein (Hrsg.), Die Zeitungsberichte des Regierungspräsidenten in Kassel an Seine Majestät 1867-1918, I. Teil 1867-1890, Darmstadt 1993, S. 413f.

Der am 15. April d. J. ausgebrochene Ausstand der in den Hanauer Diamantenschleiferein, ausgenommen in der Houyschen, beschäftigten Arbeiter, über welchen ich in dem vorigen Berichte mich eingehend geäußert habe, ist zum Teil erst zu Anfang und völlig erst gegen Ablauf des Monats August zu Ende gegangen. Die Zahl der ausständigen Arbeiter hatte etwa 180, die der nicht ausständigen, in der Houyschen Fabrik beschäftigten Arbeiter etwa 170 betragen. Ursache des Ausstandes war die seitens der Arbeitgeber vorgenommene Verwandlung des bisherigen Zeitlohns in Stücklohn, eine Lohnart, nach welcher die Houyschen Arbeiter zwar schon nach langer Zeit arbeiteten, die aber für die ausständigen Arbeiter insbesondere darum ungünstiger war als für die Houyschen Arbeiter, weil erstere den so genannten Bord, das Schleifmaterial, selbst liefern sollten. Die Forderung der ausständigen Arbeiter ging auf Beibehaltung des Stunden- oder Wochenlohnes, auf Abschaffung der Bedingung der Bordlieferung und auf Einschränkung in der Ausbildung von Lehrlingen.

Die Durchsetzung ihrer Hauptforderung ist den Arbeitern nicht gelungen, sie haben durchweg in den Stücklohn sich fügen müssen. Ein Teil der Arbeitgeber hat denselben aber, ähnlich wie in der Houyschen Fabrik, unter Verzicht auf die Bordlieferung seitens der Arbeiter so eingerichtet, dass deren Zufriedenstellung für längere Zeit erwartet werden kann. Der weniger entgegenkommende Teil der Arbeitgeber hat die Einigung aufgrund eines Stücklohntarifs bewerkstelligt, nach welchem der

Lohn sich nicht wie sonst nach dem bereits geschliffenen Materiale richtet, sondern das Rohgewicht als Wertmesser dient, woneben verabredet ist, dass der Bord in gewissen Grenzen vom Arbeitgeber geliefert, darüber hinaus aber diesem von den Arbeitern selbst zum Selbstkostenpreise abzukaufen ist. Wie sich nach dieser Abrede der Verdienst der Arbeiter stellen wird und ob derselbe sich dauernd aufrechterhalten lässt, kann erst die Zukunft ergeben.

Wenn auch ein größerer Teil der Arbeiter für mehr oder weniger lange Zeit während des Ausstandes anderweit Arbeit gefunden hat, so sind doch die erlittenen Lohnverluste so bedeutend, dass vielfach ein erheblicher Rückgang in dem Wirtschaftsstande der Ausständigen eingetreten ist.

Auch für einige Arbeitgeber ist der Ausstand recht ungünstig ausgefallen, insbesondere für solche, welche sich auch den berechtigten Forderungen der Arbeiter widersetzten. Diese in Hanau erst seit wenigen Jahren ansässigen Arbeitgeber haben ihre Betriebe bedeutend einschränken müssen, nachdem ihre früheren Arbeiter in den anderen Schleifereien Anstellung gefunden und neu herangezogene holländische Arbeiter Hanau wieder verlassen hatten.

Die Haltung der Arbeiter ist während des ganzen Ausstandes eine ruhige und gesetzliche gewesen.

Die Königliche Polizeibehörde und die Stadtbehörde zu Hanau haben sich bei dem Ausstande der Aufgabe der Vermittlung mit Eifer und Besonnenheit unterzogen.

63 **14. – 20. Juli 1889**

Der Internationale Arbeiterkongress in Paris vom 14. bis 20. Juli 1889

63a Beschluss über den Arbeiterschutz, 20. Juli 1889

Protokoll des Internationalen Arbeiterkongresses zu Paris, abgehalten vom 14. bis 20. Juli 1889. Deutsche Übersetzung Nürnberg 1890, S. 121f.

In der Überzeugung, dass die Emanzipation der Arbeit und der Menschheit nur ausgehen kann von dem als Klasse und international organisierten Proletariat, welches sich die politische Macht erringt, um die Expropriation des Kapitalismus und die gesellschaftliche Besitzergreifung der Produktionsmittel ins Werk zu setzen:

In Erwägung, dass die kapitalistische Produktionsweise in ihrer rapiden Entwicklung nach und nach alle Länder mit moderner Kultur umfasst;

dass diese Entwicklung der kapitalistischen Produktionsweise die steigende Ausbeutung der Arbeiter bedeutet; dass die immer intensiver werdende Ausbeutung die politische Unterdrückung, ökonomische Unterjochung und physische wie moralische Degeneration der Arbeiterklasse verursacht; dass es infolgedessen die Pflicht der Arbeiter aller Länder ist, mit allen ihnen zu Gebote stehenden Mitteln eine soziale Organisation zu bekämpfen, welche sie erdrückt und überhaupt jede freie Entwicklung der Menschheit bedroht; dass es sich jedoch vor allen Dingen darum handelt, den zerstörenden Wirkungen der gegenwärtigen ökonomischen Ordnung tätigen Widerstand entgegenzusetzen, beschließt der Kongress:

Eine wirksame Arbeiterschutz-Gesetzgebung ist in allen Ländern, welche von der kapitalistischen Produktionsweise beherrscht werden, absolut notwendig.

Als Grundlage für diese Gesetzgebung fordert der Kongress:

a) Festsetzung eines höchstens 8 Stunden betragenden Arbeitstages für jugendliche Arbeiter;
b) Verbot der Arbeit der Kinder unter 14 Jahren und Herabsetzung des Arbeitstages auf 6 Stunden für beide Geschlechter;
c) Verbot der Nachtarbeit, außer für bestimmte Industriezweige, deren Natur einen ununterbrochenen Betrieb erfordert;
d) Verbot der Frauenarbeit in allen Industriezweigen, deren Betriebsweise besonders schädlich auf den Organismus der Frauen einwirkt;
e) Verbot der Nachtarbeit für Frauen und jugendliche Arbeiter unter 18 Jahren; für ununterbrochene Ruhepause von wenigstens 36 Stunden die Woche für alle Arbeiter;
g) Verbot derjenigen Industriezweige und Betriebsweisen, deren Gesundheitsschädlichkeit für die Arbeiter vorauszusehen ist;
h) Verbot des Trucksystems;[a]
i) Verbot der Lohnzahlung in Lebensmitteln, sowie der Unternehmer-Kramladen (Kantinen usw.);
k) Verbot der Zwischenunternehmer (Schwitzsystem);
l) Verbot der privaten Arbeits-Nachweisebüros;
m) Überwachung aller Werkstätten und industriellen Etablissements mit Einschluss der Hausindustrie durch vom Staat besoldete und mindestens zur Hälfte von den Arbeitern gewählte Fabrikinspektoren.

Der Kongress erklärt, dass alle diese zur Gesundung der sozialen Verhältnisse notwendigen Maßregeln zum Gegenstand internationaler Gesetze und Verträge zu machen sind, und fordert die Proletarien aller Länder auf, in diesem Sinne auf ihre Regierungen einzuwirken. Sind solche Gesetze und Verträge erwirkt, so soll, um sie gründlich durchzuführen, ihre Anwendung und Vollstreckung überwacht werden.

Der Kongress erklärt weiter, dass es die Pflicht der Arbeiter ist, die Arbeiterinnen als gleichberechtigt in ihre Reihen aufzunehmen und fordert prinzipiell: gleiche Löhne für gleiche Arbeit für die Arbeiter beider Geschlechter und ohne Unterschied der Nationalität.

Um die vollständige Emanzipation des Proletariats zu erreichen, hält es der Kongress für durchaus notwendig, dass die Arbeiter überall sich organisieren und fordert infolgedessen das uneingeschränkte, vollkommen freie Vereins- und Koalitionsrecht.

[a] Gänzliche oder teilweise Entlohnung mittels (oft minderwertiger) Ware aus unternehmenseigenen Läden oder Magazinen zu willkürlich vom Unternehmer festgesetzten Preisen.

63b Beschluss über die internationale Kundgebung zum 1. Mai 1890, 20. Juli 1889

Protokoll des Internationalen Arbeiterkongresses zu Paris, abgehalten vom 14. bis 20. Juli 1889. Deutsche Übersetzung Nürnberg 1890, S. 123.

Es ist für einen bestimmten Zeitpunkt eine große internationale Manifestation (Kundgebung) zu organisieren, und zwar dergestalt, dass gleichzeitig in allen Ländern und in allen Städten an einem bestimmten Tage die Arbeiter an die öffentlichen Gewalten (Behörden) die Forderung richten, den Arbeitstag auf acht Stunden festzusetzen und die übrigen Beschlüsse des internationalen Kongresses von Paris zur Ausführung zu bringen.

In Anbetracht der Tatsache, dass eine solche Kundgebung bereits von dem Amerikanischen Arbeiterbund (Federation of Labor) auf seinem im Dezember 1888 zu St. Louis abgehaltenen Kongress für den 1. Mai 1890 beschlossen worden ist, wird dieser Zeitpunkt als Tag der internationalen Kundgebung angenommen.

Die Arbeiter haben die Kundgebung in der Art und Weise, wie sie ihnen durch die Verhältnisse ihres Landes vorgeschrieben wird, ins Werk zu setzen.

64 — 17. September 1890

Bericht der »Deutschen Metallarbeiter-Zeitung« über eine Metallarbeiterversammlung in Hanau und die Rede des Reichstagsabgeordneten Theodor Schwarz (SPD) über die Notwendigkeit einheitlicher zentralisierter Gewerkschaftsorganisationen

Deutsche Metallarbeiter-Zeitung Nr. 40, 4. Oktober 1890.

Am 17. September sprach hier Herr Reichstagsabgeordneter Schwarz aus Lübeck in einer allgemeinen Metallarbeiterversammlung. Noch auf dem Kongress in Weimar,[a] begann der Redner, der vor wenigen Monaten tagte, waren wir der Meinung, dass die bisherige Organisation einzelner Branchen vorläufig noch genüge, wurden aber bald eines Besseren belehrt, als seitens des Unternehmertums die Massenaussperrung der Arbeiter in Hamburg erfolgte.[b] Hierbei stellten sich sofort die Mängel heraus, welche die heutige gewerkschaftliche Organisation als durchaus ungenügend kennzeichnete. Wenn es den Hamburgern Arbeitern nicht gelungen wäre, ein Darlehen von 62 000 Mark zu erhalten, um den ersten Anprall zu widerstehen, so wäre der Coup der Unternehmer gelungen. Der Apparat der Arbeiter konnte nicht sofort funktionieren, weil die einheitliche Organisation fehlte; hier muss der Hebel angesetzt werden und es müssen Organisationen geschaffen werden, die gruppenartig die einzelnen Branchen vereinigen, mit einem Wort, den Kartellen des Unternehmertums müssen die Kartelle der Arbeiter gegenübergestellt werden.

Der Redner streifte alsdann die Entwickelung der modernen Produktion in England und Frankreich; in Deutschland sei dieselbe erst 30 Jahre alt. Erst nach Einführung der Gewerbefreiheit habe sie sich entfalten können. Aktiengesellschaften seien entstanden, Kapitalien hätten sich assoziiert, die Teilung der Arbeit habe sich vollzogen, die Frau und das Kind habe in der Industrie Verwendung gefunden, die Akkordarbeit habe sich entfaltet zum größten Nachteil für die Arbeiter, und so seien wir jetzt in das letzte Stadium eingetreten, in das Stadium der Kartelle, dem die Ablösung durch den Staat folgen müsse. Wenn früher die Forderung der Arbeiter, Reglung der Produktion, erhoben worden sei, habe man von Utopien gesprochen, heute fangen die Kartelle an, auf diesem Gebiet zu arbeiten, um eine Überproduktion womöglich zu verhindern. Die Arbeiter, nach 12-jähriger Ausnahmestellung unter dem Sozialistengesetz geschult, sprechen den Unternehmern das Recht nicht ab, sich zu verbinden, verlangen aber für sich das gleiche Recht. Das Kartell der Eisenindustrie, dass eine Arbeitermasse von ca. 244 000 Mann in sich birgt, habe durch die Einführung von Entlassungsscheinen mit angehängten perforierten Zeugnis die entlassenen Arbeiter, die nirgends mehr Arbeit finden, einfach dem Hungertode preisgegeben, und hier müsse von Rechtswegen der Strafrichter eingreifen. Nach dem 1. Oktober werden die Arbeiter energisch die Forderung stellen: Gleiches Recht für Alle!

Bezüglich der Organisation bemerkt der Redner, man müsse auch die nicht gelernten Arbeiter organisieren, weil durch den Konkurrenzkampf immer mehr gelernte Arbeiter aus ihrem Berufe verdrängt werden. Er schließt seinen Vortrag mit dem Wunsche, dass die im November in Berlin tagende Gewerkschaftskonferenz dazu beitragen werde, die gewerkschaftliche Organisation so zu reorganisieren, dass sie im Stande ist, auch den Unternehmerverbänden erfolgreichen Widerstand zu leisten.

Trotzdem die Versammlung sehr stark besucht war, herrschte ein peinliche Stille, welche wohl nicht der guten Überwachung seitens der Polizei, sondern dem ruhigen sachlichen Referate des Herrn Schwarz zuzuschreiben war. Am Schluss wurde dem Redner lebhafter Beifall zu Teil.

[a] 25./26. Mai 1890.
[b] Als Antwort auf die Arbeitsniederlegung der Hamburger Arbeiter zum 1. Mai 1890.

65 — 27. September 1890

Brief von Friedrich Engels an die Redaktion des »Sozialdemokrat« anlässlich des Erscheinens der letzten Ausgabe (Auszug)

Der Sozialdemokrat Nr. 39, 27. September 1890.

Zweimal in meinem Leben hatte ich die Ehre und die Freude an einem Blatt mitzuarbeiten, wo ich die beiden günstigsten Bedingungen vollauf genoss, unter welcher man überhaupt in der Presse wirken kann: erstens unbedingte Pressefreiheit, und zweitens die Gewissheit, von gerade dem Publikum gehört zu werden, von dem man gehört sein will. Das erstemal 1848-49 bei der »Neuen Rheinischen Zeitung«. Das waren Revolutionszeiten und da ist es ohnehin eine Lust an der Tagespresse zu arbeiten. Man sieht die Wirkung jedes Worts vor Augen, als wären sie Granaten, und wie die Sprengladung platzt. Das zweitemal beim »Sozialdemokrat«. Und das war auch ein Stück Revolutionszeit, seitdem die Partei sich auf dem Wydener Kongress wiederfand und von da an »mit allen Mitteln«, gesetzlich oder nicht, den Kampf wieder aufnahm.[a] Der »Sozialdemokrat« war die Verkörperung dieser Ungesetzlichkeit. Für ihn bestand keine bindende Reichsverfassung, kein Reichsstrafgesetzbuch, kein preußisches Landrecht. Widergesetzlich zum Trotz und Hohn aller Reichs- und Landesgesetzgebung, drang er allwöchentlich über die Grenzen des heiligen deutschen Reichs; Häscher, Spione, Lockspitzel, Zöllner, verdoppelte und verdreifachte Grenzwacht waren ohnmächtig; fast mit der Sicherheit eines Wechsels wurde er am Verfallstag den Abonnenten präsentiert; kein Stephan[b] konnte hindern, dass die deutsche Reichspost ihn versenden und austragen musste. Und das bei über Zehntausend Abonnenten in Deutschland; und während die verbotenen Schriften von vor 1848 von ihren Bourgeoiskäufern nur in den seltensten Fällen bezahlt wurden, zahlten die Arbeiter für ihren »Sozialdemokrat« zwölf Jahre lang mit der größten Regelmäßigkeit. Wie oft hat mir altem Revolutionär das Herz im Leibe gelacht, wenn ich diese so ausgezeichnet eingeölte, geräuschlose Wechselwirkung zwischen Redaktion, Expedition und Abonnenten, diese businesslike, geschäftsmäßig organisierte revolutionäre Arbeit, Woche für Woche, jahraus, jahrein, mit gleicher Sicherheit sich abwickeln sah!

[....]

[a] Illegaler Kongress der SAPD in der Schweiz vom 20. bis zum 23. August 1880, der beschloss, den Kampf mit allen gesetzlichen wie ungesetzlichen Mitteln zu führen.

[b] Stephan, Heinrich von, seit 1880 Staatssekretär des Reichspostamtes.

Hanau, Maidemonstration, 1. Mai 1910

II.

Vom Fall des Sozialistengesetzes bis zum Ende des Ersten Weltkrieges (1890–1918)

Wirtschaftlicher und sozialer Hintergrund

Im letzten Jahrzehnt des 19. Jahrhunderts überschritt Deutschland die Schwelle von einem agrarisch geprägten Staat mit einer starken Industrie zu einem Industriestaat mit einer starken agrarischen Grundlage. Die beschleunigte Entwicklung der Industrie auf der Grundlage zahlreicher technischer und technologischer Innovationen führte Deutschland bis 1913 in die Gruppe der drei größten Industrienationen neben den USA und Großbritannien. Zwischen 1876 und 1902 verdoppelte sich die industrielle Produktion in Deutschland nahezu.

Diese von einem Prozess der Kapitalkonzentration begleitete und durch das System der Schutzzölle begünstigte Entwicklung trug stark monopolistische Züge. Die Kartellierung beschränkte sich nicht auf die Montanindustrie (Kohle-, Eisen- und Stahl), sondern erfasste auch die neuen Industrien der Elektrotechnik und Chemie und stand mit der Konzentration im Bankwesen in enger Verbindung. Die Expansionsbestrebungen des deutschen Kapitals auf dem Weltmarkt stießen dabei schnell auf die Interessen anderer hochindustrialisierter Staaten. Die Welt war bereits in Interessensphären und Kolonien aufgeteilt. Schwere Konflikte bis hin zu einem »Weltkrieg« waren absehbar. So wurde die weitere Entwicklung von einer forcierten Aufrüstung, insbesondere zur See, begleitet. Die Epoche des Imperialismus begann.

Wesentliche Veränderungen vollzogen sich in der deutschen Bevölkerungsstruktur. In den 25 Jahren von 1882 bis 1907 hat sich die Gesamtzahl der in der Industrie Beschäftigten nahezu verdoppelt. Die Frauenbeschäftigung nahm ebenfalls um 100 Prozent zu. Dieser Prozess ging mit der Konzentration der Arbeiter in immer größeren Betrieben einher. Im Kaiserreich bildete sich als neue gesellschaftliche Kraft eine stetig wachsende Angestelltenschicht heraus.

Im Zuge der beschleunigten Urbanisierung vermehrte sich die Zahl der Hanauer Bevölkerung zwischen 1880 und 1914 um 16 400 Personen auf etwa 39 700. 1907 wurde Kesselstadt mit 2802 Einwohnern eingemeindet. Da Hanau am Anfang des Jahrhunderts Garnisonstadt wurde, beinhalten die Bevölkerungszahlen auch die etwa 2500 »Militärpersonen.«[1]

Die Struktur des Hanauer Gewerbes blieb bis zum Ersten Weltkrieg im wesentlichen so erhalten, wie sie sich in der ersten Hälfte des 19. Jahrhunderts herausgebildet hatte. Die meisten Beschäftigten hatte, trotz konjunktureller Einbrüche, die Edelmetall verarbeitende Branche aufzuweisen. Nach einer gewissen Stagnation am Ende des 19. Jahrhunderts (1898: 1694 Beschäftigte) erhöhte sich die Zahl der Gold- und Silberarbeiter bis 1907 auf 1967 und bis 1913 sogar auf 2863. Dabei blieb die kleinbetriebliche Struktur dieses Gewerbes erhalten. 1898 waren 76 Fabrikationsstätten vorhanden; 1913 bestanden 60 Goldwaren- und 20

[1] Bericht über die Verwaltung und den Stand der Gemeindeangelegenheiten der Stadt Hanau für die Rechungsjahre 1911–1919, Hanau 1919, S. 10; im Weiteren: Gemeindeangelegenheiten, 1911–1919; J. Wagner, Die Gerichte, Staats- und Kommunal-Verwaltungs-Behörden in Hanau Stadt und Land und deren Umwandlungen in den Jahren 1801 bis 1911, Hanau 1911, S. 20f.; im Weiteren: Wagner, Gerichte.

Silberwarenfabriken.[2] Noch stärkeren Schwankungen war die andere Hanauer Luxusartikelindustrie, die Diamantenschleiferei, ausgesetzt. Diese Industrie war weitgehend vom ausländischen Diamantenmarkt abhängig, den die Diamantenkartelle in London und Amsterdam monopolistisch beherrschten. Im Spätsommer 1901 kam es im Zeichen einer Krise soweit, dass die meisten Diamantenschleifer in Hanau einen anderen Beruf ergreifen mussten.[3]

Neben der Schmuckwarenherstellung dominierte noch immer die Tabakindustrie, und hierbei insbesondere die Zigarrenfabrikation, das Gewerbeleben Hanaus. Die Zahl der Zigarrenarbeiter nahm allerdings kontinuierlich ab: Gegenüber 1746 Personen im Jahre 1864 arbeiteten 1882 nur 1197 Arbeiter in den Hanauer Tabakfabriken, 1897: 1005, 1907: 652 und 1913: 475. Der Beschäftigtenrückgang resultierte im Wesentlichen aus der fortschreitenden Auslagerung von Teilen der Fabrikation in ländliche Gebiete (Klein-Steinheim, Gelnhausen, Steinau u.a.), in denen die Fabrikanten billigere Arbeitskräfte einstellen konnten.[4] Dieser Prozess war vom Vordringen weiblicher Arbeitskräfte begleitet. Wo die Männer infolge der Lohnniveausenkung den Produktionsprozess verließen, wurden die Arbeitsplätze von Frauen übernommen. Während die Tabakwaren für den Binnenmarkt produziert wurden und so der Absatz von der Kaufkraft der heimischen Bevölkerung abhängig war, waren die Hilfsgewerbe der Zigarrenindustrie, die Zigarrenkisten- und Wickelformenfabrikation sowie das lithographische Gewerbe, auch im Exportgeschäft tätig.[5]

Einen bedeutenden Aufschwung nahm Ende der 80er Jahre das Baugewerbe. 1886 waren 138, 1888 621 und 1889 bereits 820 Personen im diesem Sektor beschäftigt. 1907 waren es 1319 Arbeiter und 187 Selbständige (einschließlich Handwerker), also insgesamt 1506 Personen, die ihren Unterhalt im Baugewerbe verdienten. Der Ausbau der städtischen Kanalisation, der Bau von Kasernen und sonstigen militärischen Anlagen sowie die Aufträge in den stetig wachsenden Arbeitergemeinden bildeten die Grundlage für diese Entwicklung.[6]

Die Hanauer Textilproduktion verlor fast gänzlich an Bedeutung. Der Konkurs der Leislerschen Teppichfabrik 1895 setzte dieser Entwicklung den Endpunkt. Die Rößlersche Hutfabrik hatte bereits 1877 aufgeben müssen.

Die Einführung des Verbrennungsmotors und der Elektrotechnik sowie die Bedürfnisse der Industrie eröffneten auch für die kleineren und mittleren Maschinenbauanstalten neue Möglichkeiten. Die Maschinenfabrik A. Pelissier baute unter anderem Einrichtungen für Papierfabriken, Friktionspressen für die Gold- und Silberwarenindustrie sowie Schleifstühle für Diamantenschleifereien. Bei

2 Brandt, Wirtschaft und Wirtschaftspolitik, S. 124f.; HStAM, 180 Hanau-6678; Süddeutsche Edel- und Unedelmetall Berufsgenossenschaft, Sektion 4, Hessen und Hessen-Nassau, Hanau 1890, S. 6ff.

3 Brandt, Wirtschaft und Wirtschaftspolitik, S. 127; HStAM, 165-706/4, fol. 417, Landratsbericht v. 21.8.1901.

4 Brandt, Wirtschaft und Wirtschaftspolitik, S. 127f.; HStAM, 180 Hanau-6678; Cläre Cramer, Entstehung und Entwicklung des Hanauer Tabakbaus und der Hanauer Tabakindustrie, Frankfurt (Diss., Masch. schr.) 1925, S. 203.

5 Brandt, Wirtschaft und Wirtschaftspolitik, S. 128.

6 Ebd., S. 131, HStAM, 180 Hanau-6678.

der Firma Weinig entstanden Brauereieinrichtungen, bei der Firma Bracker Aufzüge, Pumpen und hydraulische Anlagen. Die Zahl der im Maschinenbau tätigen Arbeiter wuchs von 128 im Jahre 1882 auf 222 im Jahre 1892 und 720 im Jahre 1907.[7] Selbständige Gießereien von Bedeutung waren die Kunstgießerei Zimmermann und die 1902 in Kesselstadt gegründete »Wilhelma«. Im Bereich der mechanischen Edelmetallbearbeitung entstand neben dem Heraeuswerk eine 1881 von Wilhelm Siebert gegründete zweite Platinschmelze, an der seit 1905 die Frankfurter Degussa beteiligt war. Die Firma Heraeus, die 1894 in der heutigen Heraeusstraße neue Fabrikgebäude bezog, beschäftigte 1899 30 Arbeiter und 14 Angestellte, 1910 schon 200 Arbeiter und 100 Angestellte. Die Produktpalette der Platinschmelzen bediente, über die Bedürfnisse der örtlichen Bijouteriegewerbe weit hinaus, auch die Glas-, die Keramik- und die chemische Industrie.[8]

Eine gemeinsame Gründung der Firma W.C. Heraeus und der AEG, Berlin, war die 1906 ins Leben gerufene Quarzlampen-Gesellschaft m.b.H. Die hier hergestellten Quecksilberhochdrucklampen mit starker Ultraviolettstrahlung fanden als »künstliche Höhensonne« auf medizinisch-therapeutischem Gebiet Verwendung.[9]

Einen Grundstein für die chemische Industrie auf Hanauer Boden legte 1893 die Ansiedlung der »Dunlop Pneumatic Tyre C. Limited«, an der der Gründer der Frankfurter Adler Fahrradwerke Heinrich Kleyer beteiligt war. Die Produktion von Fahrradreifen mit einer Belegschaft von knapp 30 Beschäftigten in der Anfangszeit wurde 1902 durch die Herstellung von Autoreifen ergänzt. 1903 bezog die Firma mit über 200 Belegschaftsmitgliedern ein neues Fabrikgebäude. Wegen des ständig wachsenden Kapitalbedarfs wurde das Unternehmen 1907 in eine Aktiengesellschaft umgewandelt und firmierte fortan als »Deutsche Dunlop Gummi-Compagnie AG«.[10]

Von 1895 bis 1907 stieg die Zahl der Hanauer Industriearbeiter (ohne das Baugewerbe) von 5290 auf etwa 7800. Hierzu kamen 1506 Bauhandwerker und Bauarbeiter sowie 1890 Personen, die im Handel beschäftigt waren. Die Gesamtzahl der in Industrie, Handel und Handwerk Hanaus beschäftigten Personen betrug im Jahre 1907 12 410.[11]

Grundlegend veränderte sich in den Jahrzehnten vor dem Ersten Weltkrieg auch die Beschäftigtenstruktur des Landkreises Hanau. Waren 1892 in der im Landkreis ansässigen Industrie lediglich 1828 Arbeiter beschäftigt, so wuchs diese Zahl bis 1907 auf 7426. Hinzu kamen 1907 etwa 3000 Personen, die außer-

7 Maschinenfabrik Anton Pelissier Nachf. Hanau am Main. Die Hundertjährige Geschichte einer Maschinenfabrik 1863–1963, Darmstadt 1963, S. 12f.; Richard Schaffer-Hartmann, Hanauer Industriedenkmäler, Fotografien v. R. Franz und J. Stenger, Hanau 1987, S. 40, 46; im Weiteren: Schaffer-Hartmann, Hanauer Industriedenkmäler; Brand, Wirtschaft und Wirtschaftspolitik, S. 131.

8 Ebd.; Schaffer-Hartmann, Hanauer Industriedenkmäler, S. 58; Hans Reichhardt, Gedenkblätter aus der Geschichte der Platinschmelze Wilhelm Carl Heraeus, Hanau 1926, S. 33.

9 50 Jahre Original Hanau 1906–1956, o.O., 1956.

10 Dunlop GmbH 1893–1993, Hanau 1993.

11 Brandt, Wirtschaft und Wirtschaftspolitik, S. 124.

Hanau, Belegschaft der Maschinenfabrik Weinig, um 1890

Hanau, Maschinenhalle der Papierfabrik C. P. Fues, um 1900

halb des Landkreises in den größeren Städten Frankfurt, Offenbach und Hanau Arbeit fanden. Handel und Industrie übertrafen die Landwirtschaft des Landkreises jetzt weit an Bedeutung. Auch die landwirtschaftliche Nebenerwerbstätigkeit war im Rückgang begriffen.[12]

Besonders tiefgreifend prägte die Umwandlung in eine Industrie- und Arbeitergemeinde das benachbarte Großauheim. Neben älteren Betrieben der Tabak- und der Holzverarbeitung (Zigarrenfabrik Philipps, Rüttgerswerke) boten die 1899 in Betrieb genommene Gießerei, das von Arnimsche Eisenwerk »Marienhütte«, die 1905 errichtete Frankfurter Maschinenfabrik AG (FRAMAG) und die 1906 eröffnete Kunstseidenfabrik neue Arbeitsgelegenheiten. Mehrere Hundert Großauheimer fanden in der staatlichen Pulverfabrik Beschäftigung. Die Bevölkerungszahl hat sich zwischen 1866 und 1911 mehr als verdoppelt (2075 bzw. 6365 Personen).[13]

Der Aufschwung in der zweiten Hälfte der 90er Jahre brachte für große Teile der Arbeiterschaft Einkommensverbesserungen. Der Anteil der in steuerfreien Haushaltungen lebenden Bevölkerung mit weniger als 900 Mark Jahreseinkommen, der so genannten »Armen«, verringerte sich in Hanau von 56 Prozent im Jahr 1893 (14 093 Personen) auf 26 Prozent im Jahr 1909 (9712 Personen). Mit einem durchschnittlichen Jahreseinkommen von 850 Mark gehörten 1895 noch große Teile der Gold- und Silberarbeiter in diese Kategorie.[14]

Ab 1905 wurde die Schutzzollpolitik wirksam und verteuerte die Lebenshaltung. Hohe indirekte Steuern auf Lebensmittel und Bedarfsgüter ließen die Reallöhne von Jahr zu Jahr sinken. Das Jahr 1895 gleich 100 gesetzt, standen die Nominallöhne 1913 auf einem Index von 163, die Reallöhne aber nur auf 125. Der Lebenshaltungskosten-Index hatte den Wert 130 erreicht.[15] Die Zahl der von der städtischen Armenfürsorge betreuten Personen wuchs schneller als die Bevölkerung. 1898 gehörten 4,7 Prozent (1296 Personen) zu diesem Kreis, 1910 7,9 Prozent (2897 Personen). Personen, die kommunale Fürsorge erhielten, durften nicht an den Reichstagswahlen teilnehmen.[16]

Einen näheren Blick auf die Arbeitsbedingungen der Hanauer Arbeiter um die Jahrhundertwende ermöglicht uns eine statistische Erhebung des Gewerkschaftskartells aus dem Jahr 1900.[17]

[12] Ebd., S. 132.

[13] Schaffer-Hartmann, Hanauer Industriedenkmäler, S. 44, 48, 50, 68; Wagner, Gerichte, S. 20. Ein rapideres Wachstum im gleichen Zeitraum hatte im Landkreis nur Fechenheim aufzuweisen.

[14] Ferdinand Halbleib, Die Finanzwirtschaft der Stadt Hanau von 1838–1910, Fulda 1917, S. 120; im Weiteren: Halbleib, Finanzwirtschaft; Gustav Hoch, Beiträge zur Beleuchtung der Zustände in der Edelmetall-Industrie in Hanau, Hanau 1895, S. 5; im Weiteren: Hoch, Beiträge.

[15] Judit Pákh (Bearb.), Frankfurter Arbeiterbewegung in Dokumenten 1832–1933, Bd. 1, Frankfurt 1994, S. 375.

[16] Halbleib, Die Finanzwirtschaft, S. 29.

[17] D. Fuhrmann (Bearb.), Die wirtschaftliche Lage der Arbeiter Hanaus. Im Auftrage der Statistischen Commission des Gewerkschaftskartells Hanau am Main, Hanau 1901; im Weiteren: Fuhrmann, Die wirtschaftliche Lage.

Hanau, Arbeiter der Firma Heraeus, um 1910. Oben: Heizwerk, unten: Werksfeuerwehr

1900 betrug die durchschnittliche Wochenarbeitszeit der 2097 Facharbeiter 59,2 Stunden, der durchschnittliche Wochenlohn 20,25 Mark, auf die Stunde berechnet 34,2 Pfennige (Hilfsarbeiter: 62,1 Stunden, 16,41 Mark).[18] Die Erhebung bestätigte im Allgemeinen den Zusammenhang zwischen der Lohnhöhe und der Länge der Arbeitszeit: bei der längsten Arbeitszeit wurden die niedrigsten Löhne bezahlt. Am besten gestellt waren die Arbeiter im graphischen Gewerbe, die Lithographen und Steindrucker mit einer 54- bis 55-stündigen Wochenarbeitszeit und mit einem durchschnittlichen Wochenlohn von 24 bis 25 Mark. Am längsten – praktisch ohne einen wöchentlichen Ruhetag – mussten die Bäcker arbeiten, nämlich durchschnittlich 89 Stunden pro Woche. Die Arbeitszeit der Friseure lag bei 84 Stunden und die der Schneider bei 70 Stunden pro Woche. Die durchschnittlichen Wochenverdienste zeigten sich entsprechend niedrig mit etwa 18 Mark bei den Bäckern und Schneidern und mit 16 Mark bei den Friseuren. In diesen Berufen kam die Unterbringung in Kost und Logis am häufigsten vor; bei den Bäckergehilfen fast ausschließlich.[19] Arbeiter in Kost und Logis waren vom Zensuswahlrecht (Dreiklassenwahlrecht) ausgeschlossen, sie durften damit an den Kommunalwahlen nicht teilnehmen. Ähnlich schlecht wie die Bäcker (Stundenlohn: 20 Pfennige) wurden nur noch die Tabakarbeiter bezahlt. Sie erhielten durchschnittlich 21 Pfennige pro Stunde.

Die Arbeiterinnen, die den Fragebogen des Gewerkschaftskartells beantworteten, verdienten nur 41,5 Prozent des Durchschnittlohnes eines männlichen Arbeiters.[20] Die Spanne reichte von 17 Mark, dem Wochenverdienst einer Poliseuse, bis 4 Mark, dem Wochenverdienst einer Tabakarbeiterin.

Die Erhebung von 1900 erlaubt einen Blick auf die Verteilung der Zeit- und Akkordarbeit in den einzelnen Berufen. Die Akkordarbeit war demnach nur in sechs Berufen, nämlich bei den Diamantschleifern, Formenschreinern, Formern, Schneidern, Schuhmachern und Tabakarbeitern, vorherrschend. Bei den Gold- und Silberarbeitern, Schreinern und Tapezierern ist überwiegend, in allen anderen Berufen ausschließlich im Zeitlohn gearbeitet worden.

Die Umfrage bietet außerdem eine Übersicht über die Wohnverhältnisse. 71 Prozent der verheirateten Facharbeiter lebten in Zwei-Zimmer-Wohnungen mit teilweise bis zu sieben Kindern, 18 Prozent in Drei-Zimmer-Wohnungen. Von den Familien mit fünf bis sieben Kindern konnten nur etwa 30 Prozent eine Wohnung von mehr als zwei Zimmern in Anspruch nehmen. Von den in Betracht kommenden 897 Arbeitern haben jedoch 120, also 10,2 Prozent, ein oder mehrere Zimmer weiter vermietet, was sehr verständlich ist in Anbetracht der Tatsache, dass sie im Durchschnitt 21,6 Prozent des Einkommens für die Woh-

[18] Die statistische Auswertung erfolgte aufgrund von 2382 ausgefüllten Fragebögen, dem Rückfluss aus 4000 verteilten Formularen. Nur 108 Hilfsarbeiter und 177 Arbeiterinnen reagierten auf die Fragebögen.

[19] Kost und Logis wurden bei der Auswertung mit 10 Mark pro Woche in Anrechnung gebracht.

[20] 14 Frauen arbeiteten in der Buchbinderei, 21 im graphischen Gewerbe, 30 in der Edelmetallbranche, 112 in der Tabakindustrie.

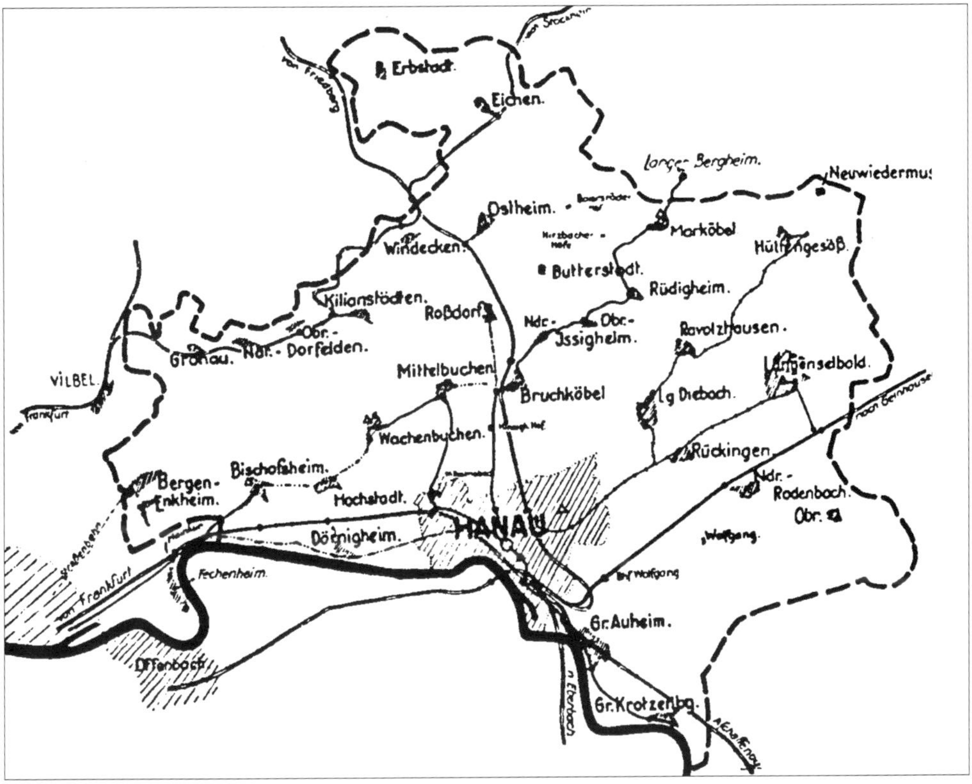

Landkreis Hanau, 1929

Wolfgang, um 1875 errichtete Siedlung der Pulverfabrik, Zustand um 1925

nungsmiete aufwenden mussten. Günstiger gestaltete sich die Lage der Facharbeiter, die auf dem Lande wohnten. Sie gaben nur 13 Prozent ihres Einkommens für die Miete aus, mussten aber lange Wegzeiten in Kauf nehmen. Sehr nachteilig wirkte es sich auf die Situation der ledigen Arbeiterinnen aus, dass sie etwa 16,8 Prozent ihres Einkommens für die Zimmermiete aufzuwenden hatten. Die Arbeiterinnen mussten sich, nach Feststellung der Gewerkschaftsstatistik, »unter den verzweifeltesten Umständen durchs Leben schlagen«.

Fast 23 Prozent der Ehefrauen der 1260 verheirateten Facharbeiter (286 Personen) haben mit Lohnarbeit, teils außer dem Hause, teils in Heimarbeit, zum Familieneinkommen beigetragen. Davon waren vor allem die Frauen der Tabakarbeiter, von denen 75 Prozent zur Aufnahme einer Arbeit genötigt waren, betroffen.

Die Heimarbeit, eine Domäne der Frauen, war in Hanau vor allem in der Tabakfabrikation, in der Edelmetallbearbeitung, in der Etuisherstellung und in der Konfektionsschneiderei sowie in der Schuhherstellung verbreitet. Die Heimarbeit fußte auf den niedrigen Frauenlöhnen, deren oberste Grenze das Existenzminimum bildete. Bei bis zu zwölfstündiger Arbeitszeit haben es die Heimarbeiterinnen selten auf mehr als auf 9 bis 10 Mark Wochenverdienst gebracht.[21]

Infolge ihrer traurigen Wohnverhältnisse in den engen, feuchten und dunklen Quartieren der Alt- und Neustadt betraf die Säuglingssterblichkeit und die Tuberkulose vor allem die Arbeiterbevölkerung.[22] Die Stadt unternahm seit der Jahrhundertwende verstärkte Anstrengungen beim Arbeiterwohnungsbau. Neben dem Wohnungsbau in der Langstraße, Bangertstraße und Lamboystraße wurde der Bau von Volksbädern in die Wege geleitet.[23] Eine Speisehalle für Arbeiter wurde schon Anfang der 90er Jahre von der Stadt eröffnet. Hier konnten die Einpendler vor allem aus Hanauer Zigarrenfabriken ihr mitgebrachtes Essen in der Arbeitspause einnehmen. 1911 wurde auch eine städtische Wanderarbeitsstätte für 50 Insassen in Betrieb genommen.[24] Hier fanden Arbeiter auf der Arbeitssuche gegen einen geringen Geldbetrag Unterkunft. Neben der Stadt war die »Gemeinnützige Baugesellschaft zu Hanau AG« tätig (Fallbachtraße, Bruchköbeler Landtraße). 1897 wurde von katholischer Seite der »St. Joseph Spar- und Bauverein« gegründet.[25] Auf betriebliche Initiative hin entstand 1906/07 im Hasenpfad die Arbeitersiedlung der Firma Heraeus mit zehn von Nutzgärten umgegebenen kleinen Wohnungen. Die erste Arbeitersiedlung entstand schon in den 1870er Jahren außerhalb der Stadt bei der damals in Betrieb genommenen Pulverfabrik.[26]

21 VS Nr. 282, 3.12.1906; Fuhrmann, Die wirtschaftliche Lage, S. 50; Paul Arndt (Hrsg.), Die Heimarbeit im rhein-mainischen Wirtschaftsgebiet, Bd. 2, Jena 1911, S. 227f., 319f.

22 Arbeiter-Sekretariat Hanau am Main, Jahresbericht für das 2. Geschäftsjahr 1905, Hanau 1906, S. 55; im Weiteren: Arbeiter-Sekretariat, Jahresbericht 1905; VS Nr. 89, 14.4.1908.

23 VS Nr. 88, 16.4.1907.

24 Klein, Zeitungsberichte 1867–1918, Bd. 2, S. 508; Gemeindeangelegenheiten 1911–1919, S. 98.

25 Zum 25-jährigen Bestehen der Hanauer gemeinnützigen Baugesellschaft 1890–1915, Hanau 1915, S. 5, 9; Rechenschaftsbericht des St. Joseph Bau-Vereins zu Hanau am Main, Frankfurt 1899.

26 Schaffer-Hartmann, Hanauer Industriedenkmäler, S. 108, 118.

Die Hanauer Sozialdemokratie

Nach dem Fall des Sozialistengesetzes verabschiedete der sozialdemokratische Parteitag im Oktober 1890 in Halle ein neues Organisationsstatut. Die Partei trug von jetzt an den Namen Sozialdemokratische Partei Deutschlands (SPD). Auf dem nächsten Parteitag 1891 in Erfurt gab sich die Partei ein neues, auf die Errichtung einer sozialistischen Gesellschaft zielendes, revolutionäres Programm. Anfang 1891 wurde in Hanau der »Verein für volkstümliche Wahlen für den Reichstagswahlkreis Hanau-Gelnhausen-Orb« gegründet, dem neben Einzelmitgliedern die teilweise noch vor dem Ende der Sozialistenverfolgung entstandenen Arbeiterschutzvereine oder die neu gegründeten örtlichen sozialdemokratischen Wahlvereine angehörten. Anfang 1892 zählte der Kreiswahlverein 869 Mitglieder.[27] Wegen des im preußischen Vereinsgesetz festgeschriebenen »Verbindungsverbots« wurde ein Vertrauensmännersystem eingeführt. Die in öffentlichen Versammlungen gewählten Vertrauensmänner hielten den Kontakt zwischen den Wahlvereinen und der Parteileitung beziehungsweise zwischen den lokalen sozialdemokratischen Vereinen. Wahlkreisvertrauensmann der Hanauer Wahlkreisorganisation war bis 1897 durchgehend Matthias Daßbach. Er war Mitglied der für die Ausarbeitung des Parteistatuts eingesetzten Fünfundzwanziger-Kommission und Delegierter des Wahlkreises auf den Parteitagen in Halle (1890), in Erfurt (1891) und in Berlin (1892).[28]

Die Reorganisation der Partei war in Hanau, wie in Frankfurt und Mainz, von Auseinandersetzungen mit den so genannten »Jungen« geprägt. Das Rhein-Main-Gebiet wurde neben Berlin und Magdeburg einer der Kristallisationspunkte dieser linksradikalen Strömung. Ihre Vertreter, zu denen auch alt bewährte Kämpfer der Sozialdemokratie gehörten, befürchteten nach dem Fall des Sozialistengesetzes eine einseitige parlamentarische Fixierung der Parteiarbeit wie auch eine zu starke Machtkonzentration in den Händen einzelner Parteiführer.[29] Sie strebten nach einer größeren Autonomie der lokalen Parteiorganisationen und fanden dadurch auch bei den so genannten »Lokalisten«, bei den Verfechtern der lokalen Gewerkschaftsorganisationen, Unterstützung.[30] Die »Jungen« gerieten bald unter anarchistischen Einfluss. In der zweiten Hälfte der 90er Jahre war diese Auseinandersetzung weitgehend abgeschlossen. Als der Schriftsteller und Anarchist Gustav Landauer 1897 in einer Hanauer Versammlung auftrat, wurde er von den anwesenden Sozialdemokraten einer harschen Kritik unterzogen.[31] (Dok. 71)

27 Eichler, Sozialistische Arbeiterbewegung, S. 275.

28 Ebd; VS (Hanau) Nr. 182, 6.8.1927; Protokolle der Parteitage in Halle, S. 10; in Erfurt, S. 361; in Berlin, S. 297.

29 VS (Hanau) Nr. 182, 6.8.1927; Eichler, Sozialistische Arbeiterbewegung, S. 313ff.; Hans Manfred Bock, Syndikalismus und Linkskommunismus von 1918–1923, Meisenheim am Glan 1969, S. 5ff.; im Weiteren: Bock, Syndikalismus.

30 HStAM, 165-706/2, fol. 389ff. Landratsbericht v. 14.9.1895 betreffend die Gegensätze zwischen Partei- und Gewerkschaftsvertretern.

31 Bis September 1897 zogen die polizeilich bekannten Anarchisten allesamt aus Hanau weg. HStAM, 165-706/3, fol. 174.

Die Organisierung der Frauen erhielt durch die sozialdemokratische Agitatorin Agnes Wabnitz einen starken Impuls. Auf ihrer Rednertournee im Herbst 1891 und im Frühjahr 1892 in und um Frankfurt rief sie zur Gründung von Frauenvereinen auf. Unter den entstandenen Zusammenschlüssen war der in Hanau ins Leben gerufene »Sozialdemokratische Verein für Frauen und Mädchen« mit 260 Mitgliedern der größte. Der zur selben Zeit in Offenbach gegründete »Allgemeine Frauen- und Mädchenverein« zählte 135, der Frankfurter »Allgemeine Arbeiterinnen-Verein« 119 Mitglieder.[32]

In den 80er Jahren verstärkte sich infolge von Krisen und des tiefgreifenden gesellschaftlichen Strukturwandels der Antisemitismus. Die sozialistische Arbeiterbewegung wandte sich vehement gegen dieses Phänomen, nicht nur wegen der diskriminierenden rassistischen Tendenz, sondern auch wegen der Tendenz der Verschleierung der tatsächlichen gesellschaftlichen Verhältnisse. August Bebel bezeichnete den Antisemitismus als den »Sozialismus der dummen Kerle«. Die antisemitische Agitation instrumentalisierte die Misere der Klein- und Mittelbauern in Ober- und Niederhessen, die sich infolge der Rückständigkeit des genossenschaftlichen Kreditwesens bei jüdischen und christlichen Händlern verschuldet hatten. Der antisemitische Hetzer Otto Böckel wurde zwischen 1886/1887 und 1898 im Wahlkreis Marburg-Frankenberg-Kirchhain viermal hintereinander in den Reichstag gewählt.[33] Als Böckel seine Fühler nach dem Wahlkreis Hanau-Gelnhausen-Orb ausstreckte und am 8. März 1891 in Windecken eine antisemitische Agitationsversammlung abhalten wollte, traten ihm mehrere Hundert Sozialdemokraten aus Windecken, der Hanauer Gegend und aus den benachbarten Wahlkreisen entgegen. (Dok. 66) Konrad Gräbener, der Vorsitzende des Hanauer Kreiswahlvereins, war ebenso darunter wie Leopold Emmel, der Vorsitzende des Kreiswahlvereins in Frankfurt, oder Hans Ulrich, der Reichstagsabgeordnete der SPD in Offenbach. Die südhessischen Sozialdemokraten ließen es sich nicht nehmen, dem »Antisemitenhäuptling« eigenhändig das Handwerk zu legen. Elf Personen, unter ihnen Gräbener und Emmel, wurden unter Anklage gestellt. Ihr Prozess vor dem Hanauer Landgericht endete im Mai 1892 mit Freispruch.[34]

Eine führende Rolle im Hanauer Parteileben erlangte im Laufe der 90er Jahre der Redakteur der »Volksstimme« Gustav Hoch. Von 1895 an lebte er als Buchhändler und freier Schriftsteller in Hanau. Er leitete die Landagitation und gab zwischen 1897 und 1906 das vom Kreiswahlverein finanzierte Blatt »Der Bauernfreund« heraus. Von 1893 an war Hoch ununterbrochen der Kandidat des Wahlkreises für den Reichstag, nach den Wahlen 1898, 1907 und 1912 auch Mitglied

[32] Eichler, Sozialistische Arbeiterbewegung, S. 337ff.; VS Nr. 250, 24.10.1891; Klein, Zeitungsberichte 1867–1918, Bd. 2, S. 509; Kaum ein Jahr später registrierte der Hanauer Landrat vom Hanauer Frauenverein kein Lebenszeichen mehr. Vgl.: HStAM, 165-3142/8. fol. 394.

[33] Thomas Klein, Parteien und Wahlen in der preußischen Provinz Hessen-Nassau, in: Dirk Berg-Schlosser, Thomas Noetzel (Hrsg.), Parteien und Wahlen in Hessen 1946–1984, Marburg 1986, S. 19ff.

[34] HStAM, 180 Hanau-5827, fol. 21ff., 51ff.

Volks-Versammlung

Sonntag, den 24. Mai 1891,

Vormittags 11 Uhr, 66

im Saale der „Brauerei Weismantel".

Tagesordnung:

Die soziale Frage u. die Gesetzgebung.

Referent: Reichstagsabgeordneter Herr Carl Frohme.

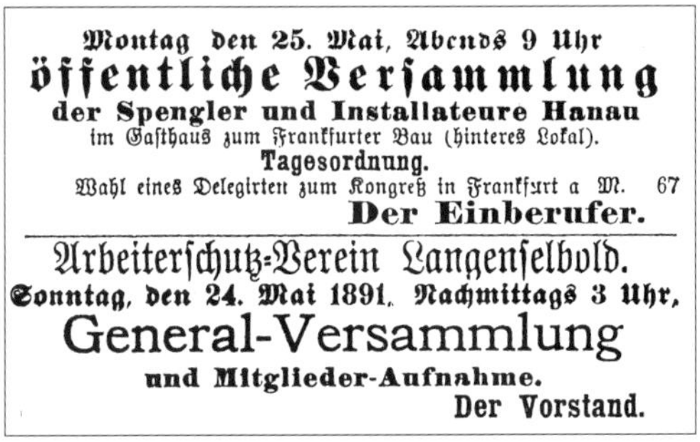

Montag den 25. Mai, Abends 9 Uhr

öffentliche Versammlung

der Spengler und Installateure Hanau

im Gasthaus zum Frankfurter Bau (hinteres Lokal).

Tagesordnung.

Wahl eines Delegirten zum Kongreß in Frankfurt a M. 67

Der Einberufer.

Arbeiterschutz-Verein Langenselbold.

Sonntag, den 24. Mai 1891, Nachmittags 3 Uhr,

General-Versammlung

und Mitglieder-Aufnahme.

Der Vorstand.

Hanau, Inserate in der »Volksstimme«, 1891

des Reichstags. Zwischen 1902 und 1908 sowie 1910 und 1919 saß er als Vertreter der SPD in der Stadtverordnetenversammlung. Als Arbeitersekretär war er von 1903 bis 1919 auch mit der Gewerkschaftsbewegung eng verbunden.

Mit dem Auslaufen des Sozialistengesetzes verschwanden nur die ärgsten Auswüchse der staatlichen Unterdrückung gegen die Arbeiterbewegung. Das Überwachungssystem und die offenen und verdeckten antisozialistischen Maßnahmen und Schikanen blieben jedoch bestehen. Arbeiter, die sich bei Behörden bewarben, wurden politisch »durchleuchtet«, militärpflichtige Mitglieder der SPD registriert, der Wohnungswechsel »zielbewusster« Sozialdemokraten gemeldet. Gastwirtschaften, in denen Sozialdemokraten verkehrten, wurden für Militärangehörige mit Verbot belegt. Auf diese Weise sollten Wirte genötigt werden, den Besuch von Sozialdemokraten für unerwünscht zu erklären. 1898 waren in Hanau aus diesem Grund vierzehn Wirtslokale, ein Barbiergeschäft und eine Buchhandlung für das Militär nicht zugelassen. Im Landkreis betraf diese Maßnahme zehn Lokale.[35] Die 1895 in den Reichstag eingebrachte »Umsturzvorlage« zielte durch die Verschärfung des Strafgesetzbuches, des Militärstrafgesetzbuches und der Pressegesetze gegen konkret nicht benannte »Umsturzbestrebungen« auf die Beschränkung demokratischer Rechte, wie die Meinungs- Presse- und Versammlungsfreiheit. Der Hanauer sozialdemokratische Kreiswahlverein enthüllte in einem Flugblatt die wahre Zielrichtung des geplanten Gesetzes und rief Arbeiter, Handwerker und Bauern zum Widerstand dagegen durch Anschluss an die Sozialdemokratie auf. (Dok. 69) Nachdem im Mai 1895 der Reichstag die Vorlage mit großer Mehrheit verworfen hatte, geisterten noch jahrelang Staatsstreichpläne durch die höchsten Etagen der Macht.

Bürgerlich beeinflusste Vereinsgründungen dienten dazu, einer Bindung der Arbeiter an die Sozialdemokratie vorzubeugen. Der auf Initiative des nationalliberalen Landrats von Oertzen im März 1892 in Hanau gegründete Evangelische Arbeiterverein mit dem Namen »Allgemeiner Christlicher Arbeiterverein« setzte sich zum Ziel, die »Interessen der arbeitenden Bevölkerung auf Grund der

[35] HStAM, 165-706/3, fol. 438.

Hanau, Wahlaufruf der SPD, Januar 1907

christlichen Weltanschauung und vaterländischer Gesinnung« zu pflegen.[36] (Dok.68) Um die Jahrhundertwende existierte in Hanau unter dem Einfluss der Zentrumspartei auch ein Katholischer Arbeiterverein.[37]

Mit der Aufhebung des »Verbindungsparagraphen« des preußischen Vereinsgesetzes im Jahr 1900 wurde auch die Hanauer Parteiorganisation neu geordnet. Die Arbeiterschutzvereine wurden aufgelöst und an ihrer Stelle lokale Wahlvereine mit neuen Statuten gegründet. Das Vertrauensmännersystem wurde nur noch für die Orte, in denen wegen zu geringer Mitgliederzahl keine Wahlvereine existierten, aufrechterhalten. Im Landkreis Hanau waren 1901 in Kesselstadt,

[36] Satzungen des Allgemeinen Christlichen Arbeitervereins zu Hanau, Hanau 1892, S. 3. Die evangelischen Arbeitervereine traten im April 1900 mit ihren 60 000 Mitgliedern geschlossen dem Deutschen Flottenverein bei.

[37] A. Hoffmann, H. Simon (Hrsg.), Wohlfahrtspflege in den Provinzen Rheinland, Westfalen, dem Regierungsbezirk Wiesbaden, den Städten Offenbach und Hanau, Düsseldorf 1902, S. 89.

Großauheim, Dörnigheim, Enkheim, Fechenheim, Bruchköbel, Langendiebach und Rückingen selbständige Vereine vorhanden.[38] Die größte Organisation mit 175 Mitgliedern bestand 1901 in Hanau; mit den Vereins- und Einzelmitgliedern zählte der SPD-Kreisverein 1016 Mitlieder.[39]

Die Neuordnung der Landesorganisation erfolgte 1901 auf dem hessisch-nassauischen Parteitag mit der Aufteilung in die Agitationsbezirke Kassel und Frankfurt. Der Hanauer Wahlkreis, verwaltungsmäßig Teil des preußischen Regierungsbezirks Kassel, gehörte nun dem Parteibezirk Frankfurt der SPD an. Mit 3400 Mitgliedern, laut dem Bericht der Halbjahresversammlung im April 1907, vereinigte der Hanauer Wahlkreis gut ein Drittel der Parteimitgliedschaft im südlichen Agitationsbezirk auf sich.[40]

Eine wesentliche Veränderung bewirkte 1908 das neue Reichsvereinsgesetz, das endlich auch die politische Betätigung der Frauen ermöglichte. Ende Juni 1910 verfügte der Kreiswahlverein über 7502 Mitglieder, darunter 1138 Frauen aus 34 Orten. Der größte Lokalverein des Wahlkreises bildete mit 1155 männlichen und 311 weiblichen Mitgliedern Hanau, gefolgt von Bockenheim (1118 Männer, 108 Frauen).[41]

Die Sozialdemokratie im Hanauer Wahlkreis hatte in der Industriearbeiterschaft eine stabile und wachsende Wählerschaft. In der Stadt Hanau und in Großauheim erreichte die SPD seit 1890 in jeder Reichstagswahl schon im ersten Wahlgang knapp über 50 Prozent der Stimmen, und zwar weitgehend unabhängig von der jeweiligen Mitgliederstärke.

Im Gegensatz zu den Reichstagswahlen waren in Preußen die Kommunalwahlen und die Wahlen zu den Kreistagen und zum Landtag auf die Ausgrenzung des arbeitenden Volkes und auf die Begünstigung der wohlhabenden Klassen angelegt. Die Wähler wurden entsprechend ihrer Steuerleistung in drei Klassen eingeteilt; die Wähler ohne Steuerleistung gehörten zur dritten Klasse. Die Wahlberechtigten hatten demnach kein gleiches Stimmrecht, das Gewicht ihrer Stimme war von der Höhe der von ihnen bezahlten direkten Staatssteuer abhängig. Die Wähler wählten nicht direkt, sondern die so genannten Wahlmänner, die in einem komplizierten Verfahren die Kandidaten der Parteien wählten. Schließlich waren diese Wahlen öffentlich, woraus folgte, dass Wähler in politisch oder wirtschaftlich abhängiger Stellung schwerlich eine Stimme für die SPD riskierten.

1901 schafften die Hanauer Sozialdemokraten das erste Mal den Einzug ins kommunale Parlament, wo sie fortan mit vier, später mit acht Stadtverordneten vertreten waren. 1910 saßen auch im Landkreis in 14 Orten insgesamt 52 sozial-

38 HStAM, 165-706/4, fol. 222f., 418.

39 Ebd.

40 VS Nr. 81, 8.4.1907. Auf die Wahlkreise Frankfurt, Höchst, Wiesbaden und Hanau entfielen rund 9000 Parteimitglieder, während die Partei in den übrigen zehn Wahlkreisen des Frankfurter Agitationsbezirks nur etwa 1000 Mitglieder zählte. Vgl.: VS Nr. 161, 13.7.1906.

41 Sozialdemokratischer Wahlverein für den Wahlkreis Hanau-Bockenheim-Gelnhausen-Orb. Bericht des Vorstandes für das Geschäftsjahr 1909/10, Frankfurt 1910, S. 2f.; im Weiteren: SPD-Kreiswahlverein, Bericht 1909/10.

demokratische Vertreter in den Gemeindeparlamenten.[42] In Klein-Steinheim im Großherzogtum Hessen, in dem ein weniger rigides Wahlrecht praktiziert wurde, stellten 1907 die Sozialdemokraten sieben der neun Gemeinderäte.[43]

Durch die Wahlrechtsbewegung der SPD gegen das reaktionäre Zensuswahlrecht wurde eine Verfassungsfrage zum Massenanliegen. Erstmals seit 1848/49 entfaltete sich in Deutschland ein demokratisches Massenbewusstsein. Im Januar 1908 formierte sich der Protest landesweit in großen Straßendemonstrationen. Am Sonntag, den 12. Januar, »spazierten« nach einer Wahlrechtsversammlung in Hanau 2500 Teilnehmer, darunter um die 300 Frauen, mit Wahlrechtsparolen nach Kesselstadt. Trotz der Zerstreuungsversuche der verblüfften Polizei gelang es dem Demonstrationszug, geschlossen weiterzuziehen.[44] Die Wahlrechtsproteste flammten anlässlich einer nichtssagenden Wahlrechtsvorlage im preußischen Abgeordnetenhaus im Frühjahr 1910 wieder in großem Maßstab auf. Als Reaktion auf einen blutigen Polizeieinsatz eine Woche zuvor traten am Mittwoch, den 23. Februar, 25 000 Arbeiter in Frankfurt am Main in einen Proteststreik. Diesem Beispiel folgend verließen am 7. März auch in Hanau die meisten Arbeiter ihren Arbeitsplatz. Nach drei gleichzeitigen Versammlungen fanden sich rund 5000 Teilnehmer zu einer imposanten Kundgebung zusammen.[45]

Für die Frauen bedeutete die Wahlrechtsfrage den Angelpunkt der staatsbürgerlichen Emanzipation, da ihnen das Wahlrecht überhaupt abgesprochen wurde. Die 2. internationale sozialistische Frauenkonferenz 1910 in Kopenhagen begründete auf Antrag Clara Zetkins den »internationalen Frauentag« als Agitationstag für das Frauenwahlrecht, der in Deutschland das erste Mal im März 1911 begangen wurde. Im März 1914 war die italienische Sozialistin Angelika Balabanoff als Referentin für die Frauenversammlungen im Wahlkreis Frankfurt-Land und in Hanau eingeladen worden. Ihr Thema lautete: »Die Gleichberechtigung der Frau! Wofür kämpfen wir?«[46] Als sie am 9. März in Hanau eintraf, fand sie die sofortige Ausweisungsverfügung des Landrats als »lästige Ausländerin« vor. Anstelle der vereitelten Versammlung gestalteten die Hanauer Arbeiterinnen und Arbeiter den Abschied am Bahnhof zu einer Demonstration der Solidarität mit Angelika Balabanoff. (Dok. 84a,b)

Die sozialdemokratische Parteiführung war nicht in der Lage den Elan, den die Arbeitermassen in der Wahlrechtsbewegung entfalteten, auszuschöpfen. Seit der Jahrhundertwende verstärkte sich in der SPD zunehmend eine reformistische Richtung, die eine schrittweise Eingliederung der Arbeiterklasse durch Reformen anstrebte. Die Hanauer Arbeiterbewegung hielt hingegen am Ziel einer revolutionären Abschaffung des kapitalistischen Systems fest. Der Kreiswahlver-

42 VS 97, 27.4.1910. Die ersten Hanauer Stadtverordneten der SPD waren: die Goldarbeiter August Aukamm und Karl Craß, der Schriftsteller Gustav Hoch und der Mediziner Georg Wagner. Siehe: Stadt Hanau, Bericht über die Verwaltung und den Stand der Gemeindeangelegenheiten für das Rechnungsjahr 1903, Hanau 1904, S. 15.

43 VS Nr. 267, 11.11.1907.

44 VS Nr. 10, 13.1.1908.

45 SPD-Kreiswahlverein, Bericht 1909/10, S. 17ff.

46 HStAM, 180 Hanau-5868, fol. 247.

ein berief zum 1. Oktober 1908 Robert Dißmann, einen Vertreter des linken Flügels im Deutschen Metallarbeiterverband (DMV), zum hauptamtlichen Parteisekretär. Er arbeitete auf diesem Posten bis 1912, als er zum Vorsitzenden des Frankfurter Agitationsbezirks gewählt wurde.

Die Verabschiedung des badischen und bayerischen Landesbudget mit den Stimmen der Sozialdemokraten bedeutete eine deutliche Demonstration des politischen Willens der reformistischen Linie innerhalb der SPD. Mit dieser Entscheidung handelten sie gegen das gültige Parteiprinzip: Diesem System keinen Mann und keinen Groschen! Der SPD-Parteitag in Nürnberg im September 1908 verurteilte daraufhin scharf »jede Politik des Entgegenkommens an die bestehende Staats- und Gesellschaftsordnung«, stellte aber keine Maßnahmen gegen die Budgetbewilliger in Aussicht.[47] Als die badischen Landtagsabgeordneten der SPD im Juli 1910 wieder dem Landesbudget ihre Zustimmung gaben, drängte der Hanauer Kreiswahlverein in einem Antrag an den bevorstehenden Parteitag in Magdeburg auf eine scharfe Verurteilung dieser Provokation und auf disziplinarische Konsequenzen. Wiederum blieb es bei einer bloßen »Missbilligung« ohne Folgen.[48]

Nach streikgestützten Wahlrechtskämpfen der Arbeiterschaft in Belgien und in Italien und als Auswirkung der großen Streikwellen der russischen Revolution von 1905/1906 fand die Frage des politischen Generalstreiks, des »Massenstreiks«, auch in die deutsche Arbeiterbewegung Eingang. Die Überlegungen betrafen den Einsatz dieses Kampfmittels für die Verteidigung und die Erweiterung solcher für die Arbeiterklasse existenziell wichtiger Grundrechte wie das gleiche, geheime, direkte Wahlrecht oder das Koalitionsrecht. 1906 beschloss der Mannheimer Parteitag der SPD, dass die Ausrufung eines Massenstreiks nur im Einvernehmen mit der gewerkschaftlichen Dachorganisation, der Generalkommission der Gewerkschaften, entschieden werden könne. Da die Führer der Gewerkschaften für ihr distanziertes Verhältnis zum politischen Generalstreik bekannt waren, bedeutete dies eine Absage an »Massenstreiks« in Deutschland. In mehreren Hanauer Versammlungen über dieses kontroverse Thema referierte der damalige Geschäftsführer der Verwaltungsstelle Frankfurt des DMV Robert Dißmann. (Dok. 74a,b)

Der Massenstreikgedanke wurde erst in der großen Wahlrechtskampagne der SPD 1910 wieder lebendig. Für Rosa Luxemburg und die Parteilinke war es klar, dass der allgemeine politische Streik nicht auf Knopfdruck ausgelöst werden kann, sondern eine entschlossene Parteitaktik in revolutionärem Geist voraussetzt, nämlich die unablässige Vorbereitung der arbeitenden Massen auf den Kampf. In diesem Sinne sprach sie im April 1910 in Frankfurt und in Hanau über den »Wahlrechtskampf und seine Lehren« und in diesem Sinne verfasste sie Anträge zum politischen Massenstreik an die Parteitage 1910 in Magdeburg

[47] Dokumente und Materialien zur Geschichte der deutschen Arbeiterbewegung, Bd. IV, 1898–1914, Berlin 1967, S. 250; im Weiteren: Dokumente und Materialien.

[48] Ebd., S. 319; VS v. 17.8.1910.

und 1913 in Jena.[49] Der Antrag Luxemburgs wurde in Magdeburg vom Hanauer Delegierten Dißmann (nicht aber von Gustav Hoch) unterstützt. 1913 stimmten in Jena alle Hanauer Delegierten, nämlich Blumöhr, Hoch und Michael Schnabrich, für den Antrag Luxemburg. Die vierte Delegierte der Hanauer SPD war Rosa Luxemburg selbst.[50]

Über den Jenaer Parteitag erstattete Rosa Luxemburg in Hanau in einer Mitgliederversammlung[51] und in einer öffentlichen Volksversammlung Bericht. Darin erörterte sie die Massenstreikfrage und die Steuerfrage im Licht der zunehmenden Kriegsvorbereitung. (Dok 83)

Die SPD führte von Anfang an einen vehementen Kampf gegen die volksfeindliche Steuer- und Zollpolitik des Reiches. (Dok. 69) Unter der Devise, die Reichen sollen ihre Politik selber bezahlen, forderte sie die Einführung direkter Reichssteuern auf die höheren Einkommen und auf Vermögen. Da die Rüstungslast allein aus Zöllen und indirekten Steuern nicht mehr finanzierbar war, schlug die Regierung im Reichstag 1913 zu diesem Zweck tatsächlich die Einführung einer direkten Steuer, die so genannte Besitzsteuer, vor. Die sozialdemokratische Reichstagsfraktion lehnte zwar wie immer die Militärvorlage ab, stimmte aber der neuen Besitzsteuer und dem einmaligen »Wehrbeitrag« zu, die beide der Finanzierung der von ihr zuvor abgelehnten Heeresvorlage dienten.

Zu den Aktionen der Hanauer Arbeiterbewegung gegen indirekte Steuern gehörten die Boykottbewegungen gegen verteuertes Bier im August und September 1906 und gegen die Verteuerung bei Bier und Schnaps im Herbst 1909.[52] (Dok. 76a,b) Aus Partei- und Gewerkschaftsvertretern gebildete Boykottkommissionen organisierten die auch auf den Landkreis ausgeweiteten Kampagnen. Durch den streng durchgehaltenen Boykott gelang es im Herbst 1906 im Bund mit einem Teil der Gastwirte, die Preisaufschläge der Großbrauereien abzuwehren.

Wachstum und Aufschwung des politischen Flügels der sozialdemokratischen Arbeiterbewegung in Hanau gingen Hand in Hand mit der Entwicklung der gewerkschaftlichen Organisationen. Die politischen und die wirtschaftlichen Kämpfe bedingten einander und entfalteten sich gemeinsam.

[49] VS Nr. 89, 18.4.1910 über den Auftritt am 17.4. 1910 in Frankfurt; VS Nr. 90, 19.4.1910 über ihren Auftritt am 18.4.1910 in Hanau; Dokumente und Materialien, Bd. IV: 1898–1914, Berlin 1967, S. 322; Protokoll des Parteitages in Jena, S. 194f.

[50] Der Antrag wurde mit 333 gegen 142 Stimmen abgelehnt und stattdessen der viel unbestimmter gehaltene Antrag des Parteivorstandes angenommen.

[51] VS Nr. 229, 30.9.1913. In der Mitgliederversammlung erlitt Rosa Luxemburg, von der Versammlungsserie in Frankfurt, Hanau und Umgebung überstrapaziert, einen Schwächeanfall.

[52] VS Nr. 207, 6.9.1909.

Gewerkschaften und Arbeitskämpfe

Noch vor dem Auslaufen des Sozialistengesetzes im August 1890 ergriffen einige Vertrauensmänner der Metallarbeitergewerkschaften die Initiative zur Einberufung einer Zusammenkunft sämtlicher Gewerkschaftsvertreter zur Neuorganisation des Verbandswesens.

Nach mehreren vorbereitenden Konferenzen stellte ein allgemeiner Gewerkschaftskongress in Halberstadt im März 1892 die Weichen für die weitere Entwicklung. Der Kongress entschied sich für die berufliche Zentralisation und damit gegen die von den so genannten »Lokalisten« befürworteten lokalen Organisationsmodelle. Als Dachorganisation etablierte sich eine aus den Vertretern der Zentralgewerkschaften zusammengesetzte »Generalkommission«.

Bereits ein Jahr zuvor hatten die Metallarbeiter einen weiteren Schritt auf dem Weg vom Berufsverband zur Industriegewerkschaft vollzogen. Theodor Schwartz, einer der Metallvertrauensmänner, warb im Herbst 1890 auf einer Vortragsreise für die Branchenzentralisation. (Dok. 64) Der in Offenbach tagende Bezirkskongress der Metallarbeiter aller Branchen von Hessen-Nassau und Frankfurt beurteilte die Branchenzentralisation wegen der drohenden Kräftezersplitterung als überholt und stimmte der Einberufung eines Kongresses zur Gründung einer allgemeinen deutschen Metallarbeiter-Union zu. (Dok. 67a) Der Gründungskongress des Deutschen Metallarbeiter-Verbandes (DMV) fand vom 1. bis 6. Juni 1891 in Frankfurt statt. Adam Soeder, der Vorsitzende des Fachvereins, vertrat die Hanauer Metallarbeiter, Joseph Hausmann aus Mainz die Hanauer Spengler.[53] Die hier geschaffene Industrieorganisation vereinigte »alle in der Metallindustrie beschäftigten Arbeiter und Arbeiterinnen«, ungelernte wie qualifizierte ohne Unterschied, und erhob dadurch die gewerkschaftliche Solidarität aller Metallarbeiter zum Prinzip. Der Hanauer Metallarbeiter-Fachverein löste sich am 20. Juli auf. (Dok. 67b) Die neue DMV-Zahlstelle zählte 66 Mitglieder, nach dem Beitritt der 18 Hanauer Spengler am 1. Januar 1892 insgesamt 84 Personen.[54]

Staatlicher Druck und behördliche Schikanen begleiteten die Gewerkschaftsbewegung, ähnlich den politischen Arbeiterorganisationen, auch in den 90er Jahren. Die Anklage des Landrats gegen das Hanauer Gewerkschaftskartell, den Zusammenschluss der in Stadt- und Landkreis heimischen Gewerkschaftsorganisationen, wegen politischer Betätigung endete im April 1896 vor dem Landgericht mit Freispruch. 1897 traf der Landrat mit der Forstbehörde eine Vereinbarung zur Verhinderung der bei den Gewerkschaften beliebten Waldfeste. In jedem Monat wurde nur noch ein Sonntag für diesen Zweck genehmigt. Da die

53 Allgemeiner Deutscher Metallarbeiter-Kongress 1891, Frankfurt am Main, Köln 1991 [Nachdruck], S. 5.

54 DMV Verwaltungsstelle Hanau am Main. Geschäftsbericht für das Jahr 1909, Hanau o.J., S. 62; im Weiteren: DMV Hanau, Geschäftsbericht 1909.

Organisationen sich nicht einigen konnten, kamen in diesem Jahr weder einzelne Feste noch eine gemeinsame Feier zustande.[55]

Zum entscheidenden Schlag gegen die Koalitionsfreiheit holte die Reichsregierung 1899 mit einem Gesetzentwurf aus, der insbesondere für Streikposten schwere Strafen vorsah, die so genannte »Zuchthausvorlage«. Um die Berechtigung einer Verschärfung der Reichsgewerbeordnung zu untermauern, wurde eine Denkschrift verfasst, die die »Ausschreitungen« während der Streiks der letzten Jahre scheinbar minutiös aufführte. In Wirklichkeit war diese Schrift ein Sammelsurium von Diffamierungen und Tatsachenverdrehungen, wie die »Volksstimme« es allein schon in bezug auf Frankfurt und Umgebung feststellen konnte.[56]

Der Hanauer Diamant-Schleifer-Verein wehrte sich in einem Streik, der im Dezember 1896 begann und ein volles Jahr dauerte, vergeblich gegen Lohnkürzungen. (Dok. 70) Die Besitzer von sieben Schleifereien einigten sich auf ein gemeinsames Vorgehen und beriefen sich auf die Krisensituation in der Branche. Sie waren nicht gewillt, in Verhandlungen einzutreten, und versuchten, die Arbeiter und ihre Organisation durch gefälschte Briefe zu schädigen. Das lange Durchhalten der Streikenden war hauptsächlich durch die kontinuierliche Unterstützung ihrer Amsterdamer Kollegen möglich.[57]

Die Denkschrift zur Zuchthausvorlage behauptete, dass während dieses Streiks wiederholt grobe Behinderungen der Arbeitswilligen vorgekommen seien.[58] Der Fachverein der Diamantschleifer legte daraufhin im Oktober 1899 Protest beim Regierungspräsidenten ein. Auch der Hanauer Landrat musste die Unwahrheit der Darstellung bestätigen.[59] Im November 1899 wurde die Zuchthausvorlage auch wegen der massiven Proteste der Gewerkschaften und der Sozialdemokratie im Reichstag abgelehnt. Ihr Scheitern bedeutet eine Wende von der offenen Repression zu differenzierteren Formen der Bekämpfung.

Der holprige Weg zu einem Gewerkschaftshaus

Einen wunden Punkt bildete lange Zeit die »Lokalfrage«. 1891 wurde im Verein »Arbeiterschutz« eine Kommission aus neun Mitgliedern gegründet, die sich mit dieser Frage beschäftigen sollte. Am 19. Oktober 1892 billigte eine Volksversammlung den Vorschlag dieser Kommission, dass die Arbeiter die notwendigen Mittel selbst sammeln sollten, um ein eigenes Versammlungslokal zu erwerben. Von der Arbeiterschutz-Kommission konnte zu diesem Zweck als Grundstock ein Beitrag von 900 Mark aus eigener Sammlung vorgelegt werden. Die Volksversammlung wählte aus 21 Arbeitern eine Baukommission und legte fest,

55 HStAM, 165-706/2, fol. 597f.; 706/3, fol. 72, 172.
56 HHStAW, 425/728, Zeitungsausschnitt: VS Nr. 130, 7. Juni 1899.
57 HA Nr. 285, 5. Dezember 1896; HStAM, 165,-706/3, fol 73f., 171ff.; 6591/1, Streikübersichten.
58 HStAM, 165-6591/1, fol. 162ff.
59 Ebd., fol. 162f., 224ff.

Hanau, Gewerkschaftshaus (im Hintergrund) und Redaktion der »Volksstimme«, um 1910

dass das Lokal nicht nur für politische Versammlungen, sondern ebenso für Fachvereine und kulturelle Zwecke zur Verfügung stehen solle. Die Baukommission wandte sich um Unterstützung an alle Arbeiterorganisationen und erhielt Zuschüsse vom Markenkonsum-Verein (1800 Familien), dem Turnverein, dem Verein Arbeiterschutz und von der Turngesellschaft (zusammen 300 Mitglieder), dem Sanitäts-Verein (3000 Mitglieder), den Fachvereinen der Goldarbeiter, der Schuhmacher, Schneider, Schreiner und Diamantarbeiter, dem Verein der Arbeiterinnen und dem Arbeiter-Gesangverein »Vorwärts«. Auch die nationale Krankenkasse der Gold- und Silberarbeiter (1000 Mitglieder), die allgemeine Krankenkasse (1000 Mitglieder) und die Frauenkrankenkasse (400 Mitglieder) erklärten sich zur Benutzung der Lokalitäten bereit. Ein breitgefächertes Arbeitermilieu äußerte sein Bedürfnis nach einem eigenen Zuhause.

Um die Hanauer Arbeiter zu regelmäßigen Beiträgen zu bewegen, wurde am 20. März 1893 der »Saalbauverein« gegründet. Ein Jahr später konstituierte sich zur Verwaltung des inzwischen zusammengetragenen Saalbauvermögens eine Saalbau-Gesellschaft m.b.H., die die weiteren Schritte mit einer Baufirma in die Wege leitete. Obwohl der städtische Polizeidirektor und Landrat von Oertzen nach Vorlage der Baupläne ausdrücklich erklärte, dass dem Projekt seitens der Behörde nichts im Wege stünde, begann nach dem Erwerb des Grundstücks in der Mühlstraße 2 ein jahrelanger Kampf mit den staatlichen Behörden, die unter dem Vorwand, dass sich das Landkrankenhaus in der Nähe befände, keine öffentliche Wirtschaft im Saalbau dulden wollten. Es mussten neue Baupläne aufgestellt werden, die nur noch den Betrieb einer kleinen Vereinswirtschaft vorsahen. Nachdem 1896 der Saalbau fertiggestellt und die Vereinswirtschaft eröffnet war, untersagte die Polizeidirektion ihren Betrieb. Der Verein legte beim Regierungspräsidenten in Kassel Beschwerde ein, die jedoch zurückgewiesen wurde. Gleichwohl wurde die Wirtschaft bis zur amtlich verfügten Schließung weiter betrieben. In der Folge kam es zu einem komplizierten und langjährigen Rechtsstreit, der bis zur Jahrhundertwende immer wieder von Polizeischikanen begleitet wurde. Das Ziel der Arbeiterschaft, durch eine eigene Lokalität polizeilichen Übergriffen zu entkommen, wurde selbst Gegenstand dieser Übergriffe.

In der 1897 veröffentlichten Schrift »Der Kampf der Polizei gegen den Saalbau in Hanau. Ein Appell an das Rechtsbewusstsein der Einwohnerschaft Hanaus« schilderte Gustav Hoch die unwürdigen Schachzüge der Obrigkeit.[60] Umbau- und Bauerweiterungsmaßnahmen dauerten das ganze erste Jahrzehnt des 20. Jahrhunderts hindurch, bis 1912 das Haus der Arbeiter mit einem etwa 1000 Personen fassenden Saal und dem anschließenden großen Garten ihre endgültige Gestalt annahm. Zuletzt konnte der Polizeidirektor mit Hinweis auf die städtische Wanderarbeitsstätte noch den Anbau einer Herberge für durchreisende Gewerkschaftskollegen verhindern.[61] Keine Polizeimacht konnte jedoch die stützende Funktion schmälern, die der Saalbau in seiner ganzen Entstehungsgeschichte, als Plan, als langjähriges Provisorium und als realisierter Traum, für den organisatorischen Zusammenhalt der Hanauer Arbeiterbewegung hatte.

Gewerkschaftskartell und Arbeitersekretariat

In den letzten Jahren des 19. Jahrhunderts erfolgte eine starke Belebung der gewerkschaftlichen Organisationstätigkeit. Allein im Zeitraum von März bis August 1899 wurden in Hanau etwa 300 öffentliche und sonstige Versammlungen mit Themen zur Organisation, zu Löhnen und zur Arbeitszeit, Streiks sowie Arbeiterschutz registriert.[62] Die Protestbewegung gegen die Zuchthausvorlage trug ebenso zu diesem Aufschwung bei wie die Stärkung der Gewerkschaftskartelle auf dem dritten Gewerkschaftskongress in Frankfurt im Mai 1899 und das Bekenntnis dieses Kongresses zum Tarifvertrag sowie zu paritätischen und kommunalen Arbeitsnachweisen. Das Aufgabenfeld der Generalkommission im Bereich der Sozialpolitik wurde dadurch wesentlich erweitert.

Das Gewerkschaftskartell war ein Spiegelbild des Wachstums der örtlichen Gewerkschaftsbewegung. Seine Basis waren die am Ort vorhandenen Berufsorganisationen, die ihre Delegierten in die Kartell-Delegiertenversammlungen entsandten, die wiederum den Kartellausschuss wählte. 1901 umfasste das Hanauer

[60] Abgedruckt in: Heinrich Fischer, Der Saalbau zu Hanau, Hanau 1966. Eine Zusammenfassung der Saalbaugeschichte findet sich in: FR Nr. 103, 4.5.1983.

[61] VS Nr. 94, 23.4.1913; Die Wanderarbeitsstätten waren mit ihrer »tarifunabhängigen« Arbeitsvermittlungspraxis den Gewerkschaften ein Dorn im Auge. Siehe: Gewerkschafts-Kartell Hanau am Main, Jahresbericht und Kassen-Abrechnung für 1911, Frankfurt, [1912], S. 3; im Weiteren: Gewerkschaftskartell, Jahresbericht 1911.

[62] HStAM, 165-706/3, fol. 677; 706/4, fol. 77, 220f.

Kartell etwa 900 Gewerkschaftsmitglieder, 1912 fast die fünffache Zahl, 4490 Mitglieder in 25 Verbänden.

Die erste wichtige Maßnahme des Hanauer Gewerkschaftskartells nach der Jahrhundertwende war eine statistische Erhebung über die Lage von über 2380 Hanauer Arbeiter und Arbeiterinnen.[63] Angesichts der gestiegenen Arbeitslosigkeit ergriff das Kartell auch die Initiative zur Gründung einer kommunalen Arbeitsvermittlung und einer Auskunftstelle in gewerblichen Angelegenheiten.[64] Das 1901 eingerichtete städtische Arbeitsamt war seitens der SPD und der Gewerkschaften wegen ungenügender Vermittlungsergebnisse erheblicher Kritik ausgesetzt. 1905 beantragten die sozialdemokratischen Stadtverordneten im Stadtparlament vergeblich, dass das Arbeitsamt mit den Arbeitsnachweisen der Gewerkschaften kooperieren solle und dass es die an- und abgemeldeten Stellen in der Hanauer Presse, einschließlich der »Volksstimme«, veröffentliche.[65]

1903 wurde auch in Hanau ein Arbeitersekretariat eingerichtet, dessen Aufgabe es war, bei der Klärung von arbeitsrechtlichen und sozialen Rechtsfragen kostenlos Hilfe zu gewähren. Als Arbeitersekretär wurde Gustav Hoch eingestellt. Als er 1907 nach seinem Wahlsieg in den Reichtag einzog, wurde die Sekretärsarbeit zwischen ihm und dem neuen Hanauer Berichterstatter der »Volksstimme«, Karl Pense, geteilt. Erst in diesem Jahr konnte das Arbeitersekretariat sein Büro im Saalbau beziehen. Die Finanzierung des Sekretariats trugen in der Anfangszeit die Gewerkschaften und die örtliche SPD gemeinsam, allmählich wurde diese Aufgabe von den Gewerkschaften ganz übernommen.[66]

Das Kartell beteiligte sich an den Wahlen für die Gremien der Gewerbegerichte, der Ortskrankenkasse, der Arbeiterversicherung, oft sogar als alleiniger Listenträger der Arbeitnehmer. Es war ein fühlbarer Mangel, dass im Gewerbegericht die Frauen kein Stimmrecht besaßen und im Landkreis kein Gewerbegericht existierte. Von den kartellinternen Kommissionen oblagen der Agitationskommission und der Revisionskommission die organisationsbezogenen Aufgaben, während die Bauarbeiterschutzkommission auf sozialpolitischem Gebiet operierte. Die Errichtung einer Lehrlingsschutzkommission und einer Frauenbeschwerdekommission blieb Zukunftsmusik. 1912 wurde eine Kinderschutzkommission als gemeinsames Betreuungsobjekt mit der SPD ins Leben gerufen.[67]

Zu den bestorganisierten Berufsgruppen im Kartell gehörten die Lithographen und Steindrucker (Anfang 1905: 100 Mitglieder) sowie die Buchdrucker

[63] Siehe oben S. 264ff.

[64] HStAM, 165-706/4, fol. 417.

[65] Arbeitersekretariat, Jahresbericht 1905, S. 39. Seit 1903 wurden die Angelegenheiten der städtischen Arbeitsämter durch Kommissionen geregelt, in denen neben Magistrats- und Stadtverordnetenmitgliedern auch jeweils zwei Arbeitgeber- und Arbeitnehmervertreter des Gewerbegerichts ihren Sitz hatten. Vgl.: HStAM 165, 459/8, fol. 67f.

[66] VS Nr. 174, 29.7.1907; Nr. 213, 12.9.1907. Hoch gab infolge seiner neuen Aufgabe den Berichterstatterposten der »Volksstimme« und den Schriftenvertrieb für die Partei auf. Um den großen Einnahmeausfall, den er dadurch erlitt, auszugleichen, bewilligte der Kreiswahlverein am 28. Juli einen jährlichen außerordentlichen Zuschuss von 800 Mark zu den Kosten des Arbeitersekretariats.

[67] VS Nr. 72, 26.3.1909; Nr. 59, 11.3.1910.

(Ende 1905: 107 Mitglieder), die sich offiziell erst Anfang 1905 dem Kartell anschlossen. Die Lithographen in Hanau, in Groß- und Klein-Steinheim waren die ersten, die im Herbst 1905 den Achtstundentag in einem Tarifvertrag durchsetzten.[68] Innerhalb des Gewerkschaftskartells kam es im Sommer 1906 zur Gründung eines graphischen Kartells, welches die Buchdrucker, die Lithographen und Steindrucker, die Buchbinder und die Etuiarbeiter umfasste. Dieser Zusammenschluss war ein erster Schritt auf dem Weg zu einer Industrieorganisation.[69]

Einen besonders schweren Stand hatte hinsichtlich ihrer Organisation die neue Berufsgruppe der Straßenbahner. 1908 wurde in Hanau auf zwei Linien und 1909 auf einer dritten Strecke nach Steinheim der Straßenbahnbetrieb eröffnet. Wagenführer und Schaffner mussten hier für den niedrigen Lohn von 75 Mark (900 Mark Jahresgehalt) monatlich 305 Dienststunden ableisten, erst jeder zwölfte Tag wurde als freier Tag gewährt. Am 27./28. Juli 1910 kam es in der Belegschaft wegen eines diffamierenden öffentlichen Schreibens der Betriebsleitung zum Streik.[70] Die Direktion lehnte anfänglich jede Verhandlung mit dem Vertreter des Transportarbeiterverbandes, der Gewerkschaftsorganisation der Straßenbahner, ab, musste aber schließlich den Forderungen der Beschäftigten zum Teil nachgeben. (Dok. 81)

Der Druck auf die organisierten Straßenbahner hörte jedoch nicht auf. Direktor Hecker aus Wiesbaden verlangte, dass die Beschäftigten sich in einem neuen Vertrag durch Unterschrift verpflichteten, keiner freien Gewerkschaft anzugehören. Sie wurden mit dieser Forderung ihres Arbeitgebers regelmäßig belästigt, bis sie irgendwann ihren Widerstand aufgaben. Im März 1914 gehörten sie sämtlich dem Verband Deutscher Privateisenbahnbeamten in Berlin an, »der auf königstreuem Boden« stand.[71]

Organisation und Kampf der Bauarbeiter

Bei der Belebung des Gewerkschaftswesens am Ende des 19. Jahrhunderts standen die Bauarbeiter im Mittelpunkt. Es entstanden Zahlstellen der Zentralverbände der Maurer und der Zimmerer im Stadt- und Landkreis Hanau.[72] Im Juni 1898 streikten jeweils um die 90 Maurer und Zimmermänner mit Erfolg um höhere Löhne.[73] Verloren ging hingegen der fast viereinhalb Monate dauernde Arbeitskampf der Hanauer Maurer 1899. Nach dem Streikabbruch am 18. Dezember stellten die Maurermeister keinen der Streikenden wieder ein. Die zwei

68 VS Nr. 272, 20.11.1905.
69 VS Nr. 131, 8.6.1906.
70 Hanauer Straßenbahn AG (Hg.), 75 Jahre Hanauer Straßenbahn AG 1908–1983, Hanau, o.J., S. 30ff.; HA Nr. 169, 22.7.1910; HA Nr. 171, 25.7.1910. Besitzerin der Bahn war die Hanauer Straßenbahn AG, die Betriebsleitung lag bei der Firma Hecker & Co. in Wiesbaden.
71 VS Nr. 96, 25.4.1913; HA v. 3.3.1914.
72 HStAM, 165-706/3, fol. 173, 437, 677.
73 HStAM, 165-692/3, fol. 229; 165-6591/1, fol. 127f.

größten Firmen am Ort beschäftigten nur noch bayerische und italienische Arbeitskräfte. Acht Maurer wurden wegen Streikpostenstehens oder wegen Bedrohung von Arbeitswilligen angeklagt und zu Gefängnisstrafen verurteilt, der Streikführer Jakob Lisch aus Erbstadt zur Höchststrafe von sechs Monaten. Im Januar 1900 schlossen sich die Bauunternehmer des Stadt- und Landkreises in der Hanauer Sektion des »Verbandes baugewerblicher Unternehmer« zusammen. Die Maurerorganisation wurde 1901 aufgelöst.[74]

In Anbetracht der Vielzahl der Tarifvereinbarungen mit unterschiedlichen Geltungsbereichen und mit unterschiedlicher Geltungsdauer richtete sich die Politik der Bauarbeitgeber auf die Durchsetzung zentraler, großflächiger und von Unternehmerseite gestalteter »Mustertarifverträge«. Das Ziel war die Schwächung der gewerkschaftlichen Handlungsfähigkeit sowohl durch die Zementierung der Lohn- und Arbeitsverhältnisse bei langen Laufzeiten als auch durch die Heraufbeschwörung großflächiger Arbeitskämpfe.[75] Als erster Schritt sollte durch die Angriffsaussperrung des Verbandes baugewerblicher Unternehmer in Frankfurt und des Mitteldeutschen Arbeitgeberverbandes für das Baugewerbe im Juli 1904 ein Regionalabkommen für den Maingau geschaffen werden. Insgesamt wurden bis Mitte August allein 2599 Maurer ausgesperrt. Im Tarifvertrag, den die Arbeitnehmerorganisationen schließlich akzeptierten, wurde für Maurer, Zimmerer und die Bauhilfsarbeiter für eine Laufzeit von dreieinhalb Jahren der Zehnstundentag festgeschrieben. Für die Hanauer Bauarbeiter galt eine stufenweise Lohnerhöhung von 40 auf 44 Pfennige pro Stunde. Ausdrücklich verboten wurde die Agitation auf den Baustellen und während der Arbeitszeit, Ausnahmen waren in einem beschränkten Rahmen in der Vesperzeit möglich. Zur Regelung von Meinungsverschiedenheiten sollten paritätisch besetzte Kommissionen in den einzelnen Orten eingerichtet werden. »Ist es doch schon von großer Bedeutung, wenn für ein großes Arbeitsgebiet überhaupt Tarifverträge abgeschlossen werden konnten«, tröstete die »Volksstimme« sich und seine Leser.[76] Das Vorgehen der Arbeitgeber führte allerdings entgegen ihrer Erwartung zur Stärkung der Gewerkschaftsorganisation. Die Mitgliedschaft der Hanauer Zimmerer-Zahlstelle hat sich nach dem Arbeitskampf von 41 auf 97 mehr als verdoppelt.[77]

1910 setzten die Bauarbeitgeber als nächste Stufe die Frage »Reichstarifvertrag« auf die Tagesordnung. Beim Auslaufen der alten Tarifverträge Ende März verkündeten sie ihre neuen Vertragsbedingungen, lehnten den Schlichtungsversuch des Reichsamts des Inneren ab und sperrten zum 15. April 130 000 Arbeiter aus. (Dok. 80a) Später erhöhte sich diese Zahl auf etwa 190 000. Der Verein Deutscher Arbeitgeberverbände stellte sich hinter den Bund der Bauarbeitgeber, sicherte ihm seine finanzielle Unterstützung zu und verpflichtete sich, bei der

[74] HStAM, 165-692/32, fol. 253f; 165-706/4, fol. 221ff., 419.
[75] Michael Schneider, Aussperrung, Frankfurt 1980, S. 71ff.; im Weiteren: Schneider, Aussperrung.
[76] HHStAW, 425/178, Ausschnitt: VS Nr. 189, 13.8.1904.
[77] Arbeitersekretariat Hanau am Main, Jahresbericht für das I. Geschäftsjahr 1904 nebst einem Anhang: Jahresbericht des Gewerkschaftskartells 1904, Hanau 1905, S. 43; im Weiteren: Gewerkschaftskartell, Jahresbericht 1904.

Anstellung von Arbeitern und bei der Erfüllung von Lieferverträgen auf die Erfordernisse der Aussperrung Rücksicht zu nehmen. Auch der Arbeitgeberverband der Hanauer Edelmetallindustrie beeilte sich in einem Rundschreiben, die Verbandsmitglieder darauf zu verpflichten, dass sie während der Aussperrung keine Arbeiter aus dem Baugewerbe einstellten.[78] Die Direktion der Dunlop-Fabrik unterstützte ebenfalls die Bauarbeitgeber. Um so wichtiger wurde für die ausgesperrten Bauarbeiter die Solidarität der organisierten Arbeiterschaft und der sympathisierenden Bevölkerung. (Dok. 80b) Allein bei der Zahlstelle Hanau des DMV kamen bis Ende Juli insgesamt 1585,38 Mark für die Ausgesperrten zusammen.[79] Am 21. April zogen 400 ausgesperrte Arbeiter nach einer Versammlung im Gewerkschaftshaus in einer aufsehenerregenden Straßendemonstration zum Rathaus.[80] Die Aussperrung ging am 16. Juni mit einem Schiedsspruch zu Ende, der eine halbe Stunde Arbeitszeitverkürzung und andere Verbesserungen enthielt. Besonders hart traf die Hanauer Bauarbeiter, dass ihnen in drei Jahren nur 5 Pfennige Stundenlohnerhöhung zugebilligt wurde, während für Frankfurt 8 und für Offenbach 7,5 Pfennige bestimmt worden waren. Der Schiedsspruch ermöglichte allerdings den Abschluss korrigierender Ortsverträge.[81]

Auch im nächsten Jahr ging der Kampf für die Hanauer Bauarbeiter weiter. Im April 1911 legten die Beschäftigten der Baugeschäft Odoriko (Frankfurt) am städtischen Wasserwerk bei Wilhelmsbad wegen Nichtanerkennung der tariflichen Abmachungen die Arbeit nieder. Der Arbeitgeberverband setzte die Streikenden auf die Schwarze Liste. Der Streik griff durch solidarische Aktionen auf andere Baufirmen über. Nach fast neunwöchiger Dauer wurde der Arbeitskampf zugunsten der Arbeiter beigelegt und die Schwarzen Listen zurückgezogen. Die Hanauer Bauarbeiter waren durch ihren hohen Organisationsgrad in der Lage, der Unternehmerwillkür Paroli zu bieten.[82]

Die Metallarbeiter an der Spitze

Zur führenden Organisation des Hanauer Gewerkschaftskartells, zur eigentlichen »Leitgewerkschaft«, entwickelte sich im ersten Jahrzehnt des 20. Jahrhunderts die Verwaltungsstelle des DMV. Bis zur Jahrhundertwende gestaltete sich ihr Aufbau ausgesprochen schleppend. Einige Branchenorganisationen, wie die der Former oder der Edelmetallarbeiter, hielten sich dem DMV fern, andere, wie die Diamantarbeiter, hatten ihre eigenen Lokalorganisationen. Auf dem 1. Verbandstag der Deutschen Gold- und Silberarbeiter in Hanau Ende Juli 1894 erwachte die Bereitschaft, angesichts der Krisenanfälligkeit der Branche den Anschluss an den DMV zu suchen. Der diesbezügliche Antrag der Ortsverwaltungen Stuttgart, Hanau, Pforzheim und Mainz führte zur Wahl einer fünfköpfigen

78 Schneider, Aussperrung, S. 72f.; VS Nr. 91, 20.4.1910.
79 VS Nr. 174, 28.7.1910.
80 VS Nr. 92, 21.4.1910.
81 VS Nr. 138, 16.6.1910.
82 Gewerkschaftskartell, Jahresbericht 1911, S. 5.

Kommission, um mit dem DMV Verhandlungen aufzunehmen.[83] Anstelle eines Anschlusses wurde im Sommer 1896 in Hanau von 50 Edelmetallarbeitern ein Lokalverein gebildet, der mit der Zeit wohl auch die restlichen Mitglieder der Branchenorganisation in sich integrierte.[84]

Die entscheidende Wende erfolgte mit der Eingliederung der Lokalvereine der Gold- und Silberarbeiter im September 1905 und der Diamantschleifer am 1. Januar 1906. Das Jahr 1905 wurde gewissermaßen zum zweiten Gründungsjahr der Metallarbeitergewerkschaft. 775 Mitglieder gewann die Organisation durch den Übertritt; 469 traten neu ein, unter ihnen Arbeiter der Frankfurter Maschinenfabrik, die in diesem Jahr von Frankfurt nach Großauheim übersiedelte. Das Jahr 1905 begann für die DMV-Verwaltungsstelle mit einem Mitgliederbestand von 151 Metallern; am 1. Januar 1906 gehörten ihr bereits 1365 Metallarbeiter an.[85]

Dem Übertritt der Gold- und Silberarbeiter ging im August 1905 in Stuttgart eine vom DMV einberufene Berufskonferenz voraus, zu dem die Frankfurter Bezirksleitung auch den Hanauer Fachverein einlud. Die Hanauer Delegierten bekamen in Stuttgart einen Überblick über die Arbeitsverhältnisse ihres Gewerbes im Allgemeinen und gewannen auf diese Weise einen Maßstab für die besonders drückenden Verhältnisse in ihrer Heimatstadt. Noch während der Stuttgarter Konferenz nahmen sie Beitrittsverhandlungen auf.[86] In einer am 9. September abgehaltenen Versammlung beschlossen die Hanauer Gold- und Silberarbeiter den Übertritt zum DMV. (Dok. 73)

Mit einer starken Organisation im Rücken gingen die Arbeiter der Edelmetallbranche im Herbst 1906 daran, die Verbesserung ihrer Verhältnisse in Angriff zu nehmen. (Dok. 77a-d) Die Vergütung der bis über 400 jährlichen Überstunden in diesem stark saisonbedingten Produktionszweig war ungeregelt. Zuschläge zahlten nur wenige Firmen.[87] Zwischen der »stillen Zeit« im Sommer, in dem oft nur eine halbe Woche gearbeitet wurde, und der »vollen Zeit« vor Weihnachten, in der Tag und Nacht sowie sonntags gearbeitet werden musste, bestanden gravierende Schwankungen. Den Arbeitern wurde, damit sie von ihrem Verdienst überhaupt leben konnten, in der »stillen« Zeit etwas mehr Lohn gezahlt als es der verkürzten Arbeitszeit entsprach. Das vorgeschossene Geld musste in der »guten« Zeit abgearbeitet werden. Durch die Verschuldung an die Firma gebunden, war es für die Arbeiter kaum möglich, in der Zeit der vollen Beschäftigung

83 HStAM, 165-3142/8, fol. 620ff.

84 HStAM, 165-706/2, fol. 599. Der Hanauer Landrat vermutete, dass die Lokalvereinbildung unter dem Einfluss von Max Quarcks Gewerkschaftsthesen zustandegekommen wäre, die um diese Zeit auch in Hanau diskutiert wurden. Quarck, dem Redakteur der »Volksstimme«, schwebte ein Netz von Lokalvereinen vor Augen, das für ein soziales Parlament der Gewerkschaften die Grundlage bilden sollte. Beier, Arbeiterbewegung in Hessen, S. 215ff.

85 Arbeitersekretariat Hanau am Main. Jahresbericht für das II. Geschäftsjahr 1905 nebst einem Anhang: Jahresbericht des Gewerkschaftskartells, Hanau 1906, S. 68f., 71f.; im Weiteren: Gewerkschaftskartell, Jahresbericht 1905.

86 MZ Nr. 42, 21.10.1905; MZ Nr. 2, 13.1.1906.

87 DMV Hanau, Geschäftsbericht 1909, S. 5, 16ff.

den Arbeitsplatz zu wechseln und sich dadurch bessere Arbeitsbedingungen zu verschaffen.[88]

Die Anfang Oktober 1906 zwischen dem DMV und dem Arbeitgeberverband abgeschlossene Vereinbarung schob mit der allgemeinverbindlichen Arbeitszeit- und Überstundenregelung den früheren willkürlichen saisonalen Schwankungen einen Riegel vor. Die Sonntagsarbeit wurde praktisch beseitigt. (Dok. 77d) Mit der Verkürzung der Wochenarbeitszeit um durchschnittlich sechs Stunden und einer durchschnittlichen wöchentlichen Lohnerhöhung von 4,80 Mark erreichten die Hanauer Gold- und Silberarbeiter unter den acht Zentren der Edelmetallindustrie die besten Ergebnisse.[89] Die hier angenommene Vereinbarung hatte im Wesentlichen bis 1909 Gültigkeit.

Die Scharfmacher des Pforzheimer Arbeitgeberverbandes drangen im 1907 neu gegründeten »Zentralverband deutscher Edelmetallindustriellen« auf die Beseitigung des Hanauer Vertrags und auf die einseitige Einführung einer Arbeitsordnung mit deutlichen Verschlechterungen für die Arbeitnehmer. Die Maßstäbe der Profitsicherung in der weitgehend mechanisierten Pforzheimer Schmuckproduktion sollten auch die Rahmenbedingungen in der handwerklich geprägten Hanauer Schmuckherstellung bestimmen. Die Hanauer Arbeitgeber schlossen sich dieser Linie an. Die Hanauer Gold- und Silberarbeiter reagierten auf die Bestrebungen zur Ausschaltung ihrer Organisation mit einer Ende September 1909 beschlossenen Kündigung und nötigten so ihre Arbeitgeber zum Einlenken.[90] Die Verhandlungen wurden jetzt unter Hinzuziehung von Vertretern der Edelmetallindustrie aus Pforzheim, Schwäbisch Gmünd und Oberstein von Zentralverband zu Zentralverband geführt. Die neue Arbeitsordnung wurde Teil der zwischen ihnen abgeschlossenen Vereinbarung, jedoch mit Beibehaltung der bewährten Arbeitszeitregelung. Die Lohnfrage wurde als Gegenstand späterer Verhandlungen ausgeklammert.[91] Die Arbeiterschaft der Hanauer Edelmetallindustrie, inzwischen über 90 Prozent im DMV organisiert, konnte ihren Arbeitskampf erfolgreich führen.

Wie hilfreich die vertragliche Regelung wichtiger Arbeitsbedingungen war, zeigte sich in der Urlaubsfrage. Die Gewährung von bezahltem Urlaub für Angestellte und Arbeiter gewann seit der Jahrhundertwende größere Bedeutung. (Dok. 72) Bei der Firma Heraeus wurden schon 1898 sechs Urlaubstage im Jahr samt Urlaubsgeld in Höhe von 10 Mark für die Betriebsangehörigen bewilligt.[92] Bis zum Ersten Weltkrieg haben viele größere Betriebe, wie die Dunlop AG, die

88 Eine Eingabe der Hanauer Gold- und Silberarbeiter an den Handelsminister im Jahr 1895, mit der Hilfe von Gustav Hoch verfasst, schilderte ausführlich diese Zustände. Veröffentlicht in: Gustav Hoch (Hrsg.), Beiträge zur Beleuchtung der Zustände in der Edelmetall-Industrie in Hanau, Hanau 1895, S. 5f.

89 DMV Hanau, Geschäftsbericht 1909, S. 28f.; MZ Nr. 4, 26.1.1907.

90 MZ Nr. 42, 17.10.1908; DMV Hanau, Geschäftsbericht 1909, S. 32ff.

91 MZ Nr. 239, 13.10.1909.

92 Ralf Schrank, Heraeus – Ein Familienunternehmen schreibt Industriegeschichte. Von der Einhorn Apotheke zum Weltkonzern, München 2001, S. 85; im Weiteren: Schrank, Heraeus.

Gießerei Wilhelma oder die Möbelschreinerei Körner, für ihre Arbeiter Urlaubstage eingeführt. Sechs bis acht arbeitsfreie Tage gab es in der Edelmetallbranche schon vor der Lohnbewegung 1906 in den meisten Betrieben, in der damaligen Vereinbarung wurde diese Frage jedoch nicht berührt.[93] Anfang 1914, wohl unter dem Eindruck der sich ausbreitenden Krise, beschlossen die Edelmetallindustriellen, ohne den DMV zu kontaktieren, für Neuausgelernte und die Neueintretenden keinen Urlaub mehr zu gewähren.[94]

Der Zentralverein der Former vereinigte sich 1901 mit dem DMV. In dieser Branche führten insbesondere die willkürliche Handhabung des Akkordsystems und der Bezahlung des Fehlgusses zu betriebsinternen Differenzen. Nach vorbereitender statistischer Bestandsaufnahme unternahm der DMV im Frühjahr 1906 reichsweit den entscheidenden Schritt zur Verbesserung und Vereinheitlichung der Arbeitsverhältnisse der Former und Gießereiarbeiter. Am 1. April sandte die Leitung des 8. Bezirks (Frankfurt) an 52 Gießereibetriebe Vorschläge zur Durchführung von Veränderungen. Neben der Festsetzung eines Mindestlohns und eines Maximalarbeitstages umfassten die Forderungen das Überstundenwesen sowie die Regelung der Akkorde, der Fehlgussfrage, des Arbeitsschutzes und der sanitären Verhältnisse.[95] Einige Arbeitgeber akzeptierten den DMV-Entwurf sofort, unter ihnen die Kunstgießerei Wilhelma in Kesselstadt. (Dok. 75) Andere Firmen wollten nur mit »ihren eigenen Leuten« verhandeln oder lehnten die Organisation und ihre Forderungen rundweg ab. In Offenbach kam es im Laufe des Aprils in mehreren Betrieben zu Kündigungen und zum Streik. Auch in Dresden, Hannover, Braunschweig und Breslau führten die Auseinandersetzungen zu Arbeitskämpfen. Der Gesamtverband deutscher Metallindustrieller drohte mit der Aussperrung von 300 000 Metallarbeitern. Im Maingau wären davon über 16 000 Metaller betroffen gewesen. Die Aussperrung, die nach wiederholter Verschiebung zuletzt auf den 2. Juni festgesetzt wurde, kam schließlich infolge der Uneinigkeit der Arbeitgeber nicht zustande.[96] In der Marienhütte und bei Pellisier wurde eine Einigung zwischen der Direktion und den Arbeitervertretern aufgrund der »Offenbacher Abmachungen« abgeschlossen, das heißt – im Gegensatz zur Wilhelma – ohne die Regelung der Arbeitszeit.[97] Der Widerstand der Firma Zimmermann gegen die gewerkschaftlichen Vorschläge nötigte die dort beschäftigten 30 Former zur Kündigung, worauf der Besitzer mit der Kündigung der Hilfsarbeiter drohte. Der Streik konnte zwar vermieden werden, die Verhandlungen mit der Firma führten jedoch erst im Januar 1907 zu einem Abschluss, »mit dem sich die Beteiligten zufrieden gaben«.[98]

An der Formerbewegung waren in Hanau insgesamt 284 Former und Gießereiarbeiter beteiligt. Dem DMV gelang es durch diese Kampagne, die Organisati-

93 Im Juni 1906 verpflichtete das Hanauer Gewerbegericht den Silberwarenfabrikanten Hoffmann zur Einführung des versprochenen achttägigen Urlaubs zugunsten seiner streikenden Belegschaft (12 Arbeiter). VS Nr. 136, 14.6.1906.

94 MZ Nr. 30, 25.7.1914.

95 MZ Nr. 23, 9.6.1906.

96 MZ Nr. 51, 22.12.1906.

97 MZ Nr. 23, 9.6.1906.

98 MZ Nr. 1, 5.1.1907.

Großauheim, Arbeiter der Marienhütte, um 1900

onsfeindlichkeit der Metallarbeitgeber aufzubrechen und die Tarifverträge »von Verband zu Verband« auszuhandeln.[99]

Die im Mai 1912 anlässlich des Streiks der Frankfurter Metallarbeiter vom Unternehmerverband verhängte Aussperrung betraf auch zwei Betriebe in Hanau.[100] In den anschließenden Verhandlungen akzeptierte die süddeutsche Gruppe der Metallindustriellen den DMV als Partner. Die Nürnberger Vereinbarung vom 21. Mai 1912 legte für die betreffenden Metallbetriebe als Gestaltungsrahmen die 56-stündige Wochenarbeitszeit fest und bestimmte für ortsübliche vertragliche Regelungen die Rahmenbedingungen. Der DMV konnte vor diesem Hintergrund auch in Hanau Verbesserungen, insbesondere auch in der Urlaubsfrage, durchsetzen und mit mehreren Firmen, wie Dunlop, der Eisengießerei Zimmermann, G.D. Bracker, einen Tarifvertrag abschließen.[101] Vom 1. Januar 1912 an erreichten die Diamantschleifer, inzwischen fast vollzählig im DMV organisiert, als zweite Hanauer Branche die tarifvertragliche Einführung des Achtstundentages.[102]

[99] DMV Hanau, Geschäftsbericht 1909, S. 13f. Zur Aussperrung kam es im Zusammenhang mit der Formerbewegung in der Frankfurter Maschinenfabrik, in der keine Former beschäftigt wurden, und nachdem eine Vereinbarung mit der Marienhütte schon abgeschlossen war. Als Anlaß dienten der Betriebsleitung die »unerfüllbaren und ungerechten Forderungen« der Former.

[100] HStAM, 165-6586/7, fol. 187; VS Nr. 123, 29.5.1912.

[101] VS Nr. 123, 29.5.1912, Nr. 97, 26.4.1913.

[102] Gewerkschaftskartell, Jahresbericht 1911, S. 4; DMV Jahrbuch 1910, S. 122f. Zuerst gelang es den Lithographen, ihre Arbeitgeber tarifvertraglich auf den Achtstundentag zu verpflichten. Vgl.: VS Nr. 272, 20.11.1905.

Zwischen 1909 und 1914 hat sich die Mitgliederzahl der Verwaltungsstelle Hanau des DMV fast verdoppelt. Das vielfältige Unterstützungswesen sorgte für eine relativ geringe Fluktuation. Der hohe Organisationsgrad in den meisten Metallbranchen verlieh dem Hanauer DMV eine nicht zu unterschätzende Schlagkraft, die meist ausreichte, Bewegungen auch ohne Arbeitsniederlegung zum Erfolg zu führen. Zugute kam der Hanauer Metallgewerkschaft, dass die »Leitkämpfe« zumeist in den Frankfurter und in den Offenbacher Betrieben ausgefochten wurden. Eine Ausnahme bildeten lediglich die Kämpfe in der Edelmetallbranche.

Die erfolgreiche Tätigkeit der Hanauer DMV-Verwaltungsstelle fußte auf der Arbeit der Agitationskommissionen und auf dem Vertrauensmännersystem. Die drei Hauptgruppen der Metallarbeiter, nämlich die Gold- und Silberarbeiter, die Diamantschleifer und die übrigen Branchen (Schlosser, Dreher, Former, Spengler), verfügten jeweils über eine eigene Agitationskommission. In jedem Betrieb und in jedem Ort der Umgebung gab es Vertrauensmänner, die auch die Beiträge kassierten. 1909 waren insgesamt 85 Vertrauensmänner tätig. Infolge des großen Mitgliederzuwachses 1905/06 und der Ausweitung des Aufgabenkreises musste im Herbst 1906 neben dem Geschäftsführer Karl Craß ein zweiter hauptamtlicher Geschäftsführer eingestellt werden. Am 25. November wurde Jean Hoffmann auf diesen Posten gewählt.[103]

Andere gewerkschaftliche Arbeiterorganisationen traten kaum in Erscheinung. Die 1899 zur Eindämmung des sozialdemokratischen Einflusses gegründeten christlichen Verbände haben am ehesten in den Vororten mit katholischer Arbeiterschaft, wie Groß-Steinheim und Großauheim, Fuß gefasst. Anlässlich des Arbeitskampfes in der Zigarrenfabrik Kehl & Gustine erklärten sich das christliche Gewerkschaftskartell und der christliche Tabakarbeiterverband aus Groß-Steinheim mit den Forderungen der ausgesperrten Belegschaft solidarisch.[104] Für die wirtschaftsfriedlichen »gelben« Organisationen bot Hanau ebenfalls keinen günstigen Platz. Nur unter den Bäckergesellen betätigte sich ein Verein mit dem bezeichnenden Namen »Frühauf«; dieser war an der misslichen Lage dieser Branche nicht unbeteiligt.[105]

Die Frage der Maifeier wurde nach der Jahrhundertwende immer mehr ein Zankapfel sowohl zwischen der revolutionären und der opportunistischen Richtung der Arbeiterbewegung als auch zwischen dem SPD-Vorstand und der Gewerkschaftsführung. Für die »Zukunftsfragen« der Arbeiterbewegung, verkörpert im optimistischen Gesamtcharakter des Maifeiertages, sahen sich die Gewerkschaftsführer nicht zuständig, für die Lösung der Tagesaufgaben hielten sie die Arbeitsruhe am 1. Mai für kein geeignetes Kampfmittel. Vor allem aber sahen sie die Verbandskassen durch Unterstützungszahlungen an Gemaßregelte gefährdet. Die Abwendung vom Maigedanken vollzog der DMV auf seinem Hamburger Verbandstag im Sommer 1909. (Dok 79a) Im Herbst des selben Jahres verabschiedete der Leipziger Parteitag der SPD eine Maifeier-Vereinbarung

103 DMV Hanau, Geschäftsbericht 1909, S. 77; VS Nr. 277, 27.11.1906.
104 VS Nr. 160, 12.7.1906; VS Nr. 176, 31.7.1906.
105 VS Nr. 258, 3.11.1908; Gewerkschaftskartell, Jahresbericht 1911, S. 8; MZ Nr. 4, 24.1.1914.

mit den Gewerkschaften. Durch die Bildung von Maifeier-Sonderfonds auf lokaler und auf Bezirksebene, die von paritätischen Kommissionen beaufsichtigt wurden, sollten die zentralen Partei- und Gewerkschaftskassen bei Auseinandersetzungen mit den Unternehmern anlässlich des Maifeiertags geschont bleiben.

Es gab, vom Organisationsgrad der Belegschaften wohl beeinflusst, auch Tendenzen der Konfliktbegrenzung. Um 1909 gaben in Hanau drei Metallbetriebe den 1. Mai ihren Arbeitern offiziell frei, in 15 Metallbetrieben hatten die Vertrauensleute die Möglichkeit einer freien Maifeierteilnahme. Der Tarifabschluss in der Hanauer Brauindustrie im Sommer 1910 ermöglichte allen Beschäftigten unter Lohnabzug am 1. Mai das Feiern.[106]

In der Hanauer Sozialdemokratie und im Gewerkschaftskartell herrschte bezüglich der Bedeutung des Maifeiertages weitgehendes Einverständnis. Die DMV-Mitgliedschaft missbilligte nach der Berichterstattung ihres Delegierten Robert Dißmann den Maifeiertagsbeschluss des Hamburger Verbandstages. (Dok. 79b,c) Am 1. Mai 1910, an einem Sonntag, rollte – von der Polizei das erste Mal genehmigt – ein imposanter Festzug der Arbeiter mit 6000 Teilnehmern durch Hanaus Straßen. (Dok. 79d)

Die immer offensichtlicher werdenden Kriegsvorbereitungen erhöhten den Druck auf die Arbeiterbewegung. Die Arbeitgeber gingen mit antisozialistischer Propaganda gegen die Arbeiterorganisationen vor. Schon seit 1904 konnten sie sich dabei auf den »Reichsverband gegen die Sozialdemokratie« stützen, der im Herbst 1906 auch in Hanau einen Zweigverein aufbaute.[107] 1907 wurde aus Spenden »wohlhabender« Hanauer Einwohner und mit Hilfe eines namhaften Betrags des evangelischen Arbeitervereins ein Vereinshaus mit Saal und Gesellschaftsräumen für die christlichen und national gesinnten Arbeiter mit dem Namen »Concordia« fertiggestellt.[108] Vor dem Eröffnungsfest am 31. August bekamen die Hanauer Unternehmer ein Zirkular mit der Aufforderung, Arbeiter ihrer Belegschaft, die sie dafür geeignet hielten, zur Teilnahme an der Feier zu veranlassen.[109] Die Eröffnungsrede hielt der Geschäftsführer der »Volksgesellschaftshaus Concordia GmbH«, der nationalliberale Fabrikant Wilhelm Heraeus, der diese Gelegenheit zu einem Frontalangriff gegen die sozialdemokratische Arbeiterbewegung nutzte. (Dok. 78a) Seine Rede trug alle Merkmale, die die antisozialistische Polemik bis in die Nazi-Diktatur hinein charakterisieren sollte: den Gewerkschaften wurde generell »Terrorismus« unterstellt, sei es bei der Mitgliederwerbung, sei es bei der Durchführung von Streiks. Sie seien »antinational« und »antireligiös«. Antisozialistische und antisemitische Hetze waren untrennbar miteinander verbunden. Sozialistische Arbeiter wurden als willige Objekte jüdischer Einflussnahme diffamiert, Funktionäre jüdischer Herkunft als die eigentlichen Drahtzieher der sozialistischen Bewegung »entlarvt«. Die Antwort

106 DMV Hanau, Geschäftsbericht 1909, S. 84f; VS Nr. 170, 23.7.1910.

107 VS Nr. 270, 17.11.1906.

108 HStAM, 180 Hanau-5392. Der evangelische Arbeiterverein brachte eine vom Kommerzienrat Hosse dem Verein gemachte Schenkung vom 7000 Mark als Gesellschaftseinlage in die »Volksgesellschaftshaus Concordia GmbH« ein. Der Name Concordia (lat.) bedeutet Eintracht, Einigkeit.

109 VS Nr. 202, 30.8.1907.

Hanau, Demonstrationszug auf dem Altstädter Markt, 1. Mai 1910

der Hanauer Arbeiterschaft auf die Heraeus-Rede gab eine von 1200 Personen besuchte Versammlung am 13. September. Die Versammlung wurde zu einer Sympathiekundgebung der Hanauer Arbeiter für Gustav Hoch, ihren jüdischen Mitkämpfer und Führer. (Dok. 78b)

Einen neuerlichen Versuch bürgerlicher Einflussnahme auf die Arbeiterschaft signalisierte 1912 die Gründung eines »Nationalliberalen Arbeitervereins« in Hanau, an dem Wilhelm Heraeus führend beteiligt war. Anfang 1914 gehörten dem Verein in Hanau 504, im Landkreis 2014 Mitglieder an. Der Verein verfügte im Gewerbegericht über einen Arbeitnehmervertreter und bei der AOK über sechs Vertreter.[110]

Krieg und Burgfrieden

Das Attentat auf das österreichische Thronfolgepaar in Sarajevo am 28. Juni 1914 wirkte angesichts der außenpolitischen Spannungen zwischen den europäischen Großmächten wie der Funken auf das Pulverfass. Das Attentat war der Anlass, nach jahrzehntelanger militärischer, diplomatischer und psychologischer Vorbereitung den ersten imperialistischen Krieg um die Neuverteilung der Welt auszulösen. Die »verspäteten«, kolonialarmen Nationen Europas, nämlich Deutsch-

[110] VS Nr. 96, 25.4.1913, Nr. 24, 29.1.1914.

land, die österreichisch-ungarische Doppelmonarchie und die Türkei sowie später Bulgarien – bezeichnet als »Mittelmächte« –, standen in dieser Auseinandersetzung den etablierten Industrienationen, England, Frankreich und ihrem Verbündeten Russland – bezeichnet als »Entente« – gegenüber. Die Nachricht über das provokative österreichisch-ungarische Ultimatum an Serbien am 23. Juli 1914 versetzte Teile des deutschen Bürgertums und der bürgerlichen Presse in einen nationalistischen Taumel. Im Gegensatz dazu sah sich die SPD getreu den Antikriegsmanifestationen der II. Internationale 1907 in Stuttgart, 1910 in Kopenhagen und 1912 in Basel zur Organisierung reichsweiter Protestkundgebungen gegen den drohenden und den Interessen der Arbeiterbewegung höchst abträglichen Krieg veranlasst. Eindrücklich schilderte Gustav Hoch in der überfüllten Protestversammlung der Hanauer Arbeiter am 28. Juli 1914 die von den Herrschenden verschuldete Weltkriegsgefahr als den drohenden Rückfall in die Barbarei. (Dok. 85a,b) Eine Gruppe von bürgerlichen Kriegsbefürwortern versuchte zwei Tage später, die Antikriegsversammlung der Großauheimer Arbeiter zu stören.[111]

Der vielerorts und wiederholt beschworene Internationalismus der Arbeiterbewegung als wesentliches Instrument zur Eindämmung der Kriegsgefahr erwies sich jedoch als unfähig, die Katastrophe aufzuhalten. Die Mitgliedsparteien der II. Internationale in den kriegsführenden Ländern schlossen sich – die Sozialistische Partei Italiens und die russischen Bolschewiki ausgenommen – im entscheidenden Moment der Kriegspolitik der herrschenden Regierungen an. Besonders in Deutschland wurde der Umschwung in der Arbeiterbewegung durch die Kriegsteilnahme des zaristischen Russlands – die blutige Unterdrückung der russischen Revolution von 1905/06 war noch in allgemeiner Erinnerung – wesentlich erleichtert. Den Kapitulationserklärungen der Partei- und Gewerkschaftsführung vor der Politik eines angeblich alle Klassenschranken überwindenden »Burgfriedens« folgte am 4. August 1914 die einstimmige Bewilligung der Kriegskredite im Reichstag durch die Reichstagsfraktion der SPD. (Dok. 86a,b)

In der Stunde der Entscheidung gelang es der reformistischen Richtung in der deutschen Arbeiterbewegung, ihre Linie der Zusammenarbeit mit dem Bürgertum auf allen Ebenen durchzusetzen. In dieser Atmosphäre vermied es selbst die »Volksstimme« Nachrichten zu veröffentlichen, die nicht in das nationalistische Bild passten, so beispielsweise, dass der Kreiswahlverein Hanau-Gelnhausen-Orb am 3. August gegen eine Kriegskreditbewilligung der SPD Stellung genommen hatte.[112]

Der Kriegsbeginn traf die Hanauer Wirtschaft weitgehend unvorbereitet. Viele Betriebe wurden infolge der drastischen Einberufungen regelrecht ausgedünnt, mussten wegen der Stockungen im Geschäftsbetrieb schließen oder arbeiteten, wenn überhaupt, verkürzt. Die Edelmetallindustrie kam augenblicklich zum

[111] HStAM, 180 Hanau-5868.

[112] Über diese Beschlussfassung berichtet 1921 der Journalist Peter Handke in einem Rückblick auf die Vorgeschichte des Hanauer Unterbezirks der KPD (siehe: BAB, SAPMO, Ry-I3/23/17, Bl. 6).

Stillstand, die Arbeitslosigkeit schnellte in die Höhe. Die Zahl der arbeitslosen und zum Kriegsdienst einberufenen DMV-Mitglieder kletterte schon in den ersten drei Tagen nach dem Kriegsausbruch auf etwa 2000. Anfang November waren in Hanau immer noch weit über 1000 Menschen ohne Arbeit.[113] Nur die Gewerkschaften zahlten ihren Mitgliedern eine Arbeitslosenunterstützung.

Durch den Ansturm der Arbeitssuchenden lastete großer Druck auf dem städtischen Arbeitsamt, das seit Ende 1914 durch zwei Angestellte selbständig geführt wurde. Für die Vermittlung der Arbeiterinnen und arbeitssuchenden »Kriegerfrauen«, wie man die Ehefrauen der Einberufenen nannte, wurde ein besonderer Arbeitsnachweis eingerichtet. Die vermehrten Aufgaben leiteten einen Prozess der Zentralisation ein. 1916 schlossen sich dem städtischen Arbeitsnachweis der Landkreis Hanau sowie die Kreise Gelnhausen und Schlüchtern an. Gering beansprucht wurde nur die angeschlossene Lehrstellenvermittlung, da die Jugendlichen während der Krieges die besser bezahlten Stellen als Hilfsarbeiter und Tagelöhner den festen Lehrstellen vorzogen.[114]

Durch die Umstellung der Industrie auf die Kriegsproduktion wurde die Arbeitslosigkeit nach und nach abgebaut. Tausende Arbeiter und Arbeiterinnen stellte die staatliche Pulverfabrik ein, bis sie in den laufend erweiterten Produktionsanlagen schließlich über 5000, das Zehnfache der Friedensstärke, beschäftigte.[115] 300 fanden im 1915 errichteten Pulverpresswerk der Firma Gerngroß & Traxel Arbeit, in der Schießpulver aus der Pulverfabrik für Geschütze aller Kaliber gepresst wurde.[116] Die Firma Amend ging zur Fertigung von Granaten über.[117] In Großauheim wurden die Eisengießerei der Marienhütte teilweise, die Frankfurter Maschinenbau AG – inzwischen mit der Eisenacher Fahrzeugfabrik vereinigt – vollständig auf die Herstellung von Geschützen und Geschossen umgestellt. Hier wurde auch die Flugzeugbauanstalt Brüning GmbH in Betrieb genommen.[118] In einem sensiblen Bereich gelang es der Firma Heraeus, sich als Kriegslieferant zu positionieren. Als der kriegführenden Armee infolge des Ausbleibens der chilenischen Salpeterimporte der Schießpulver auszugehen drohte, sprang die deutsche chemische Industrie mit der Herstellung von Nitrat aus der Luft (Haber-Bosch-Verfahren) in die Bresche. Hierzu brauchte man feinmaschige Netze aus Platin, für die Heraeus das Drahtmaterial lieferte.[119] Langsam besserten sich auch in der Edelmetallbranche die Verhältnisse, obwohl es nicht gelang, Aufträge für die Lieferung von Eisernen Kreuzen nach Hanau zu bekommen. Nur einige Firmen, wie die Silberwarenfabrik Schlingloff, schafften es, kriegs-

113 MZ Nr. 43, 23.10.1915; VS Nr. 298, 22.12.1914.
114 Verwaltung und Stand der Gemeindeangelegenheiten 1911–1919, S. 55f.
115 VS Nr. 179, 4.8.1914; Jens Arndt, Hanau im Ersten Weltkrieg, NMfHG 1999, S. 157f.
116 Ebd., S. 158; Noch im Sommer 1918 suchte dieser Betrieb zur Einstellung ungelernte Arbeiter und Arbeiterinnen. VS Nr. 144, 22.6.1918.
117 Freiheit Nr. 133, 9.8.1919.
118 HStAM, 165-3679, fol. 4ff.
119 Otto Heraeus, Fritz Küch, Heraeus. Der Ursprung der deutschen Platinindustrie und die Entwicklung der Platinschmelze Wilhelm Carl Heraeus GmbH Hanau 1851–1951, Darmstadt 1951, S. 26.

wichtige Aufträge an sich zu ziehen.[120] Die Schmuckproduktion kam wieder in Gang, als die Reichsbank Gold und Silber zur Verfügung stellte. Die Produkte wurden vorwiegend in die neutralen Staaten (Schweiz, Holland, Schweden) exportiert. Die erzielten Devisen mussten der Reichsbank abgeliefert werden.[121] Auch die Hanauer Holzindustrie und die Tabakfabrikation konnten dank Heeresaufträge von der einsetzenden Kriegskonjunktur profitieren.[122]

Die soziale Lage der Arbeiterschaft und ihre Stellung in der Burgfriedenspolitik

Während bei der Kriegsproduktion Unternehmer, staatliche Bürokratie und militärische Führung ihre Interessen mittels der kriegswirtschaftlichen Organisation gemeinsam regelten, wies die Burgfriedenspolitik den Arbeiterorganisationen das Verwalten der Arbeiterinteressen als reine Konsumenteninteressen auf dem Gebiet der Sozialpolitik, der Lebensmittelverteilung und der Fürsorge zu. Die sozialdemokratischen Stadtverordneten arbeiteten in den anlässlich des Krieges eingerichteten Kommissionen, wie Notstandskommission, Preiskontrollkommission und Brotkommission, mit.[123] Die Kassenlage der Gewerkschaften war infolge der anschwellenden Arbeitslosigkeit äußerst angespannt. Allein der DMV in Hanau zahlte nach Kriegsbeginn über 100 000 Mark an seine arbeitslosen Mitgliedern aus.[124] Das mit großen Opfern aufgebaute Gewerkschaftshaus in der Mühlstraße wurde nach Kriegsausbruch in ein Lazarett umgewandelt.[125]

Der Burgfrieden öffnete mit der Einbindung der Gewerkschaften der schrankenlosen Ausbeutung der Arbeitskraft Tür und Tor. Mit einem Notgesetz hob der Reichstag am 4. August 1914 die besonderen Arbeitsschutzgesetze für Frauen und Jugendliche sowie die Krankenversicherungspflicht für Heimarbeiter auf. Nachtarbeit und Sonntagsarbeit waren wieder möglich.[126] Nicht wenige Unternehmer versuchten die vor dem Krieg getroffenen Vereinbarungen aufzuweichen. Besonders schwere Vorwürfe der Hanauer DMV-Mitglieder trafen die Unternehmer der Gold- und Silberwarenindustrie wegen Lohnkürzungen und wegen unterlassener Hilfeleistung bei der Arbeitsbeschaffung. (Dok. 90a) In Verhandlungen mit dem DMV auf Bezirksebene erkannten die Metallindustriellen im April 1915 die 1912 in Nürnberg abgeschlossene Vereinbarung weiterhin als Grundlage der Lohn- und Arbeitsverhältnisse an.[127] Auf dieser Basis gelang es

120 Gemeindeangelegenheiten 1911–19, S. 9; VS Nr. 220, 19.9.1918.
121 Friedrich Schmidt, Die Hanauer Edelmetallindustrie im Weltkrieg unter der Berücksichtigung ihrer Beziehungen zur Reichsbank, Frankfurt 1922, Diss. [Masch. schr.].
122 Gemeindeangelegenheiten 1911–19, S. 9.
123 Verzeichnis der Mitglieder der städtischen Körperschaften zu Hanau, Januar 1916.
124 MZ Nr. 43, 23.10.1915.
125 VS Nr. 186, 12.8.1914. Im Versammlungssaal und in den oberen Sälen wurden etwa 100 Verwundete und Kranke untergebracht.
126 Schon in der ersten Septemberhälfte setzte allerdings das Stellvertretende Generalkommando des 18. Armeekorps, das auch für das Hanauer Gebiet zuständig war, die Vorschriften über die Sonntagsruhe wieder in Kraft. VS Nr. 206, 4.9.1914.
127 MZ Nr. 45, 6.11.1915, Nr. 22, 27.5.1916.

dem DMV, nach und nach in den verschiedenen Bereichen Lohnerhöhungen von fünf Prozent oder Teuerungszulagen von zehn Prozent durchzusetzen. (Dok. 90b) Bis Mai 1916 wurde für insgesamt 1859 Metallbeschäftigte ein wöchentlicher Mehrverdienst von 3 Mark erreicht; darunter für 857 Arbeiterinnen und Arbeiter in den Betrieben Dunlop, Framag, Jankowski, Pelissier, Ohl, Quarzlampenfabrik, Wilhelma und Heraeus, 57 Diamantarbeiter der Firma Giensberg sowie sämtlichen Gold- und Silberarbeiter- und -arbeiterinnen (464 Männern und 181 Frauen, insgesamt 645 Personen).[128] Im Herbst 1917 erhielten 786 Beschäftigte der Edelmetallbranche 40 Prozent Teuerungszulage auf ihren Wochenverdienst nebst einem durchschnittlichen Wochenverdienst von 13 Mark infolge der Erhöhung der Stundenlöhne. Im Sommer 1918 wurden dann in fast allen Gold- und Silberwerkstätten für die Dauer des Krieges ein sechstätig bezahlter Urlaub genehmigt.[129]

Die unaufhaltsam wachsende Ernährungs- und Versorgungsnot, welche den Kriegsalltag an der »Heimatfront« bestimmte, und die mit ihr einhergehende Teuerung entwerteten die schwer verdienten Einkommen. Die Bruttoreallöhne waren bei Kriegsende um etwa ein Viertel niedriger als 1914. Die Vorkriegstendenz des langsam steigenden Realverdienstes kehrte sich im Krieg um; ein Verarmungsprozess der Arbeiterschaft setzte ein.[130]

Infolge des überhöhten Arbeitstempos, des Einsatzes von ungelernten Kräften und der Aufhebung von Arbeitsschutzbestimmungen bestand besonders in der Rüstungsindustrie erhöhte Unfallgefahr. Es war eher ein Wunder, dass in der Pulverfabrik, wo in drei Schichten gearbeitet wurde, bei einer Explosion am 20. September 1915 nur sieben Arbeiterinnen ums Leben kamen.[131] In der Pulverpressfabrik der Firma Gerngroß & Traxel bekamen die Beschäftigten durch den Umgang mit der krebserregenden Pikrinsäure eine gelbe Hautfarbe. Dies brachte ihnen den zynischen Spitznamen »Kanarienvögel« ein.[132]

Die Verschlechterung der Versorgungslage

Teuerung und Spekulation nahmen noch vor Kriegsausbruch am Tag der russischen Mobilmachung, dem 30. Juli 1914, ihren Anfang. Auch die vom Herbst an praktizierte Höchstpreispolitik der Reichsregierung orientierte sich nicht am Bedarf der Verbraucher, sondern an den überzogenen Forderungen der Erzeuger.

Schon ab dem Frühjahr 1915 erfolgte die Rationierung von Brot und Mehl, ab Herbst auch von Kartoffeln. Erschwerend wirkte sich auf die Hanauer Lebensmittelversorgung aus, dass traditionelle Bezugsgebiete, wie Bayern und Hessen,

128 Ebd., MZ Nr. 18, 29.4.1916.
129 MZ Nr. 16, 20.4.1918; VS Nr. 39, 28.9.1918.
130 Jürgen Kocka, Klassengesellschaft im Krieg. Deutsche Sozialgeschichte 1914–1918, Göttingen 1973, S. 17.
131 HA v. 15.9.1984.
132 Arndt, Hanau im Ersten Weltkrieg, S. 158.

nach den schlechten Ernten 1915 und 1916 eine Ausfuhrsperre verhängten. Der Versorgungstiefpunkt wurde im mit einer langen strengen Frostperiode einhergehenden »Steckrübenwinter« um die Jahreswende 1916/17 erreicht. (Dok. 93a,b) Das Brot hätte mit Kartoffel gestreckt werden müssen, aber es waren nicht genügend Kartoffel vorhanden; und am Ende fehlten auch die Steckrüben, die für die Streckung der Kartoffelrationen hätten herhalten sollen.[133] 12 000 Personen in der Stadt hatten im Herbst keinen Kartoffelvorrat anlegen können und waren auf die aktuellen Lieferungen angewiesen.[134] Im März 1917 war die Wochenration für Kartoffeln pro Kopf auf 3 Pfund festgesetzt, dazu kamen 150 Gramm Fleisch und, wenn es vorhanden war, 30 Gramm Fett. Manchmal wurden Brotmarken an Stelle von Kartoffelmarken ausgegeben.[135] Kohleknappheit sorgte dafür, dass sich die Hungernden auch an das Frieren gewöhnen mussten.[136]

Für viele Hanauer war unter diesen Umständen die einzige Überlebenschance die Massenspeisung. Schon seit der Mobilmachung gaben zwei Volksküchen in der Nürnberger und in der Bangertstraße für 10 Pfennig ein Mittagessen mit Brot aus, wobei von Ende 1916 an für das Brot die Abgabe einer Lebensmittelmarke verlangt wurde. Im Januar 1917 wurde statt dieser Ausgabestellen eine Küche mit einer Kapazität von täglich 2000 Portionen eingerichtet. Ab Oktober 1917 bekamen Kinder der Bezirksschulen, der Hilfsschule und des Knaben- und Mädchenhortes morgens eine Suppe.[137] Die wichtigsten Betriebe der Kriegsproduktion (Pulverfabrik, Dunlop, Heraeus, Siebert, Framag, Zimmermann) legten für die Beschäftigten Kantinen an und organisierten selbst deren Belieferung.[138]

Infolge des Rückgangs der Friedensproduktion und des Materialmangels wurden Schuhwerk und Kleidung für die lohnabhängige Bevölkerung bald unbezahlbar. Im Sommer 1918 kaufte die Stadt getragene Männeranzüge von den Bewohnern auf, um sie in die Kriegsindustrie als Arbeitskleidung weitergeben zu können.[139]

Während die Warenwirtschaft andauernd mit Engpässen zu kämpfen hatte, gab es im Schleichhandel für Wucherpreise eine erstaunliche Menge gehorteter Ware, die für die volle Versorgung ausreichte, zu kaufen. Die begüterten Kreise konnten sich dieses Angebot leisten. Ende Oktober 1918 kamen die Verschiebungen ans Tageslicht, die sich etliche Beauftragte des Kreisausschusses in Hanau hatten zuschulde kommen lassen. Der schwer belastete Landrat Laur musste seinen Hut nehmen.[140]

133 Wegen Kartoffelmangel konnten die Bäcker kein Brot backen. VS Nr. 263, 8.11.1916. Landrat Laur klagte im Februar 1917, dass in Kohlrüben kein Ersatz zu leisten sei, weil diese im Landkreis Hanau nicht angebaut werden und die Provinzialkartoffelstelle Zuweisungen ablehne. HStAM, 165–1213/2.

134 VS Nr. 72, 26.3.1917.

135 VS Nr. 46, 23.2.1917; VS Nr. 54, 5.3.1917; VS Nr. 75, 29.3.1917.

136 VS Nr. 278, 27.11.1916; VS Nr. 30, 5.2.1917; VS Nr. 246, 19.10.1917.

137 Gemeindeangelegenheiten 1911–19, S. 121.

138 HStAM, 165-3735, Schreiben des Gewerbeinspektors in Hanau v. 16.1.1917 an das Regierungspräsidium.

139 VS Nr. 128, 4.6.1918.

140 VS Nr. 255, 30.10.1918.

Das Elend des Krieges hinterließ im Gesundheitszustand der Arbeiter und ihrer Familien tiefe Spuren. (Dok. 96) Im August 1917 grassierte eine Ruhrepidemie, im Sommer und Herbst 1918 wütete die spanische Grippe unter den unterernährten und physisch geschwächten Einwohnern. Viele Hanauer, 1,4 Prozent der Bevölkerung, waren mit Tuberkulose infiziert.[141] Der hohe Krankenstand, verbunden mit dem kriegsbedingten Mitgliederrückgang, bedeutete für das Unterstützungswesen eine schwere Belastung. Die 1880 gegründete Krankenzuschusskasse der Gold- und Silberarbeiter schritt unter diesen Umständen im September 1917 zur Selbstauflösung.[142]

Das »Gesetz über den vaterländischen Hilfsdienst«

Gegen Ende des Jahres 1916 konzentrierte die deutsche Militärführung alle Anstrengungen auf einen Ausweg aus der mörderischen Abnutzung des Stellungskrieges. Dazu gehörte auch die restlose Mobilisierung aller noch vorhandenen Reserven für die Steigerung der Kriegsproduktion im Rahmen des »Hindenburg-Programms«. Ergänzt wurden die Maßnahmen durch das »Gesetz über den vaterländischen Hilfsdienst« vom 2. Dezember 1916. Es zielte auf den optimalen Einsatz der zur Verfügung stehenden Arbeitskräfte in Anbetracht des gravierenden Facharbeitermangels und der damit einhergehenden Lohnkonkurrenz und Fluktuation. Das Gesetz sah für alle deutschen Männer zwischen 17 und 60 Jahren den zivilen Arbeitszwang vor.

Zur Durchführung des Gesetzes bedurfte die Militärführung der intensiven Mitwirkung der Gewerkschaften. Als »Kompensation« fanden gemeinsam vertretene Forderungen der drei Gewerkschaftsrichtungen (freie, christliche, liberale Hirsch-Dunkersche) in das Gesetz Eingang. In den für den vaterländischen Hilfsdienst tätigen Betrieben mit über 50 Arbeitern und Angestellten wurde die Errichtung ständiger Arbeiter- und Angesélltenausschüsse durch geheime Wahlen vorgeschrieben. Beschwerden kamen vor die regionalen Schlichtungsausschüsse, in denen unter militärischem Vorsitz die paritätische Vertretung von Unternehmerverbänden und der Gewerkschaften vorgesehen war. (Dok. 95a-c)

Die Zusammenarbeit von Staat und Gewerkschaften bekam durch das Hilfsdienstgesetz, zunächst für die Dauer des Krieges, einen festen, institutionell abgesicherten Rahmen. Die gewerkschaftliche »Mitbestimmung« in kriegswichtigen Produktionsbereichen wurde durch die Aufnahme des Vorsitzenden des DMV Alexander Schlicke in die Zentralbehörde der Kriegsdienstmaßnahmen, das Kriegsamt, unterstrichen. Auch die Gewerkschaften selbst wurden als »kriegswichtig« deklariert und ihr Führungspersonal dadurch vom unmittelbaren Kriegsdienst an der Front ausgenommen.[143]

141 Bis zum 22.8.1917 gab es im Land- und Stadtkreis 140 Ruhrerkrankungen und 12 durch Ruhr verursachte Todesfälle. VS Nr. 1916, 22.8.1917; Bis zum 19.10.1918 hat die Grippe in Hanau 92 Tote gefordert. VS Nr. 250, 24.10.1918; Meldung über Tuberkuloseerkrankungen: VS Nr. 223, 22.9.1917.

142 VS Nr. 207, 4.9.1917.

143 Deppe, Deutsche Gewerkschaftsbewegung, S. 257ff.

Die Anerkennung der Arbeiterorganisationen als Partner in Kriegsdienstangelegenheiten wurde in rechten SPD- und Gewerkschaftskreisen vielfach als Vorwegnahme des Sozialismus, aber mindestens – wie Max Quarck es in der »Volksstimme« ausdrückte – als »Erweiterung der Volksrechte« gefeiert.[144] Die Kriegsgegner bekämpften »das kriegsverlängernde Zwangsarbeitsgesetz«. Die Mitglieder der oppositionellen Sozialdemokratischen Arbeitsgemeinschaft stimmten im Reichstag am 2. Dezember 1916 gegen das Hilfdienstgesetz.

Für die Arbeiter bedeutete das Hilfsdienstgesetz die Aufhebung ihrer Freizügigkeit. Für die Einstellung in einem anderen Betrieb bei nachweisbar günstigeren Lohn- und Arbeitsbedingungen war der »Abkehrschein« des vorherigen Arbeitgebers notwendig. Bei Weigerung des Arbeitgebers, den Arbeiter in solchen Fällen mit einem Abkehrschein ziehen zu lassen, waren die Schlichtungsausschüsse berechtigt, für den Klagenden – und notfalls für die Arbeiter eines ganzen Betriebs – einen Abkehrschein zu erteilen. Die Arbeitgeber versuchten über Absprachen, die Arbeit der Schlichtungsausschüsse zu erschweren. Im Mai 1918 beschlossen die Hanauer Metallindustriellen nach Frankfurter Vorbild für den Schlichtungsausschuss keine schriftlichen Lohnbescheinigungen mehr auszustellen, also praktisch einen Lohnstopp zu erwirken.[145]

Die Wahl der neuen Arbeiterausschüsse ist in den Betrieben des Stadt- und Landkreises Hanau bis Juni 1917 relativ reibungslos vollzogen worden. Ihre Zuständigkeiten gestalteten sich je nach der Einstellung der Direktionen unterschiedlich. Bei der Firma Heraeus fiel dem Arbeiterausschuss die Kontrolle und die Verteilung der betrieblichen Lebensmittelzuwendungen zu, während Direktor Bracker, der Leiter der gleichnamigen Fabrik, ihm die Mitarbeit auf diesem Gebiet untersagte.[146]

Als realen Erfolg konnten die Gewerkschaften im Zusammenhang mit dem Hilfsdienstgesetz verbuchen, dass die Mitgliederzahlen, im Gegensatz zu den großen Einbrüchen in den ersten Kriegsjahren, wieder anstiegen. Welche Illusionen im Umfeld des Hilfsdienstgesetzes ins Kraut schossen, wird aus einem Artikel der »Metallarbeiter-Zeitung« deutlich. Dort hieß es im Dezember 1916: »Der vaterländischen Arbeitspflicht muss die gewerkschaftliche Organisationspflicht gleichgestellt werden.«[147]

Widerstand gegen den Krieg – die Gründung der USPD

Die Schockwirkung, welche die Kriegskreditbewilligung der sozialdemokratischen Reichstagsfraktion am 4. August 1914 ausübte, lähmte in den ersten Kriegsmonaten die Entfaltung einer Protestbewegung. Der Burgfrieden schloss nur die mitwirkenden Teile der Arbeiterbewegung ein, gegen die Opposition erwies er sich als scharfes Repressionsinstrument. Unliebsame Vertreter von Ar-

[144] VS Nr. 283, 2.12.1916.
[145] VS Nr. 24, 29.1.1918.
[146] VS Nr. 24, 29.1.1918.
[147] MZ Nr. 51, 16.12.1916.

beiterinteressen wurden inhaftiert oder zum Heeresdienst einberufen. Rosa Luxemburg, Karl Liebknecht, Clara Zetkin, um nur die bekanntesten linken Vertreter der Sozialdemokratie zu nennen, wurden wegen ihrer gegen den Krieg gerichteten Aktivitäten angeklagt, zu Gefängnis- und Zuchthausstrafen verurteilt oder einfach in »Schutzhaft« genommen. Robert Dißmann, Sekretär des sozialdemokratischen Agitationsbezirks Hessen-Nassau und Kriegsgegner der ersten Stunde, konnte sich seiner Einberufung nur durch die Vortäuschung einer Krankheit entziehen.[148]

Die Führung des SPD-Kreiswahlvereins Hanau-Gelnhausen-Orb stellte sich konsequent gegen den Krieg. Der Ablehnung der sozialdemokratischen Kriegsbewilligung am 3. August 1914 folgte die konspirative Fortsetzung der Beziehungen, die dieser Wahlkreis schon vor dem Krieg zu den Vertretern des linken Parteiflügel, darunter Rosa Luxemburg, Paul Levi, Clara Zetkin und Karl Liebknecht, gehabt hatte. Schon in einer Besprechung Ende August 1914 in Frankfurt wurden die Grundlagen der Opposition gegen Krieg und Burgfrieden geschaffen. (Dok. 87a)

Das mutige Signal zur breiteren Organisation der Antikriegsbewegung gab Karl Liebknecht, als er am 2. Dezember 1914 im Reichstag als einziger Abgeordneter gegen die zweite Kriegskreditvorlage stimmte. In seiner später als Flugblatt verbreiteten Begründung entlarvte er die »Vaterlandsverteidigung« als volksfeindlichen, imperialistischen Eroberungskampf im Interesse der herrschenden Klasse.

Die Hanauer Genossen, vertreten durch den Sekretär des Kreiswahlvereins Friedrich Schnellbacher und das Vorstandsmitglied Georg Wagner, beteiligten sich an der Arbeit der 1915 entstandenen »Gruppe Internationale«, der linksradikalen Richtung innerhalb der SPD. In einer zentralen Konferenz dieses Oppositionskreises, der sich seit Anfang 1916 »Spartakus-Gruppe« nannte, berichtete im März in Berlin auch ein Vertreter der Wahlkreise Frankfurt und Hanau über die dortigen Aktivitäten. Die Spartakus-Gruppe machte sich die von Rosa Luxemburg ausgearbeiteten Leitsätze über die Aufgaben der internationalen Sozialdemokratie zu eigen, gemäß denen auf dem Weg zu einer sozialistischen Gesellschaft der internationale Kampf der Arbeiterschaft gegen den gemeinsamen Feind, den Imperialismus, ausschlaggebend sei. Die Vertreter von Spartakus sahen die Aufgabe einer Arbeiterpartei im Geiste der Antikriegsresolution des Stuttgarter Sozialistenkongresses von 1907 darin, den wachsenden Widerstand der Massen gegen den Krieg in eine revolutionäre Umwälzung gegen die kriegstreibende kapitalistische Gesellschaft überzuleiten.

Der Vorstand der SPD versuchte die Parteiblätter als gefügige Sprachrohre der Burgfriedensideologie umzugestalten. Bei der Frankfurter »Volksstimme« war insbesondere der Redakteur Max Quarck für seine Durchhaltepropaganda bekannt. In vielen Wahlkreisen des Frankfurter Agitationsbezirks regte sich heftige Kritik. Auf Initiative des Sekretärs Robert Dißmann rief die Bezirksleitung zum Boykott der Zeitung auf. Die Vertrauensmännerkonferenz des Wahlkreises

[148] Tony Sender, Autobiographie einer deutschen Rebellin, Frankfurt 1981, S. 81f.

Hanau-Gelnhausen-Orb bezichtigte im Sommer 1915 die politische Redaktion der »Volksstimme« wegen ihrer opportunistisch-nationalistischen Haltung des Verrats an sozialistischen Grundsätzen.[149] Früh meldete sich der Geist des Widerstandes auch unter den Hanauer Gewerkschaftern. Scharfe Kritik übte schon im Februar 1915 die Verwaltungsstelle Hanau des DMV an dem nationalistisch gefärbten Ton der »Metallarbeiter Zeitung«. (Dok. 87b,c)

Das erste Manifest der sozialdemokratischen Opposition auf Reichsebene erfolgte durch das Protestschreiben an den Parteivorstand und an die Reichstagsfraktion der SPD vom 9. Juni 1915. Dieser von Karl Liebknecht entworfene und als Flugblatt verbreitete »Offene Brief« wandte sich scharf gegen die fortwährende Burgfriedenspolitik des Vorstandes und der Gewerkschaftsführung, obwohl der Eroberungscharakter des Krieges immer offener zu Tage trat. Er verlangte die Rückkehr zum Klassenkampf und rief zum sozialistischen Kampf für den Frieden auf. (Dok. 87d) Neben ganzen Ortsverbänden, Vorständen und Wahlvereinen unterzeichneten 706 Personen das Protestschreiben, darunter etwa 220 Personen aus dem gewerkschaftlichen Bereich.[150] Aus der Stadt Hanau fanden sich 21, aus dem Landkreis Hanau 13 Unterzeichner, darunter fünf Personen mit Gewerkschaftsfunktionen. Ein Unterzeichner stammte aus Klein-Steinheim.[151]

Im Zuge dieser Auseinandersetzungen kam es zu einer wachsenden Entfremdung zwischen Gustav Hoch als Mitglied der Reichstagsfraktion und der Mehrheit der organisierten Arbeiter seines Wahlkreises. Überredungsversuche fruchteten ebenso wenig, wie eine als Mahnung gedachte Abstimmungsniederlage anlässlich des Auftritts Otto Rühles als Redner bei einer Wahlkreiskonferenz.[152] Hoch gehörte während des ganzen Krieges zum Kreis der Kriegskreditbewilliger in der SPD-Reichstagsfraktion, obwohl er den Krieg keineswegs befürwortete.

Mit jeder Abstimmung über die Billigung neuer Kriegskredite nahm die Zahl derjenigen Abgeordneten der SPD zu, die unter Missachtung der Franktionsdisziplin der Kriegsverlängerung nicht mehr zustimmten. Durch die Bildung einer selbständigen Fraktion unter dem Namen »Sozialdemokratische Arbeitsgemeinschaft« entstand am 30. März 1916 aus der sozialdemokratischen Fraktionsminderheit neben der Spartakusgruppe das erste organisatorisch abgegrenzte oppositionelle Zentrum.

Die in Hanau besonders schlechte Versorgungslage traf die große Mehrheit der Bevölkerung mit voller Wucht. Die frustrierten Arbeiterfrauen fanden in dem Bedürfnis, ihrer Empörung und ihrem Protest vor offiziellen Stellen Aus-

[149] HA Nr. 156, 7.7.1915.

[150] Günter Högl, Gewerkschaften und USPD von 1916–1922. Ein Beitrag zur Geschichte der deutschen Arbeiterbewegung unter besonderer Berücksichtigung des deutschen Metallarbeiter-, Textilarbeiter- und Schuhmacherverbandes, München 1982, S. 2f., 6ff.; im Weiteren: Högl, Gewerkschaften und USPD. Mehrere tausend Abzüge des Textes wurden an Partei- und Gewerkschaftsfunktionäre versandt und die eingehenden Unterschriften nach und nach dem Parteivorstand zugestellt. Siehe: Dokumente und Materialien, Reihe II., Bd. 1, Berlin 1958, S. 169ff.

[151] Zum Vergleich: Aus Frankfurt und aus dem 1928 eingemeindeten Fechenheim und Höchst waren 14 Unterzeichner in der Liste vertreten.

[152] Rühle stimmte im Reichstag im März 1915 zusammen mit Liebknecht gegen die Kriegskreditvorlage.

druck zu verleihen, in den sozialdemokratischen Stadtverordneten und Spartakus-Helfern Schnellbacher und Wagner Verbündete. (Dok. 91a,b) Die Spartakus-Gruppe, die auf die Entwicklung von Massenaktionen großen Wert legte, versuchte regelmäßig auch mit Flugblättern, die unzufriedenen Massen über die jeweilige wirtschaftliche und politische Lage aufzuklären und sie zu Gegenaktionen zu aktivieren.[153] (Dok. 92)

Als Reaktion auf die Reichskonferenz der Opposition am 7. Januar 1917 in Berlin beschloss der Parteiausschuss der SPD am 18. Januar die organisatorische Trennung von der Sozialdemokratischen Arbeitsgemeinschaft. Dieser Schritt löste eine Welle von Abspaltungen in den Orts- und Kreisvereinen aus, in dem sich Mitglieder, die mit der Politik des SPD-Vorstandes nicht einverstanden waren, offen zu der nunmehr selbständigen Opposition bekannten. Im Wahlkreisverein Hanau-Gelnhausen-Orb erfolgte die Spaltung auf der Delegiertenkonferenz am 11. März 1917 in Anwesenheit des Bezirkssekretärs Dißmann und des Reichstagsabgeordneten Hoch. Die große Mehrheit der Delegierten bekannte sich zur Opposition und missbilligte schärfstens die Haltung von Hoch. (Dok. 94)

Die Konferenz der Opposition Anfang April 1917 in Gotha wurde die Geburtsstunde der Unabhängigen Sozialistischen Arbeiterpartei Deutschlands (USPD). Der Hanauer Delegierte Friedrich Schnellbacher wurde als Vertreter der Spartakus-Richtung in den Beirat gewählt. Eine von ihm eingebrachte Sympathieresolution mit Rosa Luxemburg und Karl Liebknecht, die sich beide in Haft befanden, wurde vom Parteitag angenommen. Die radikalen Ziele des Spartakus-Bundes, wie die Gruppe sich inzwischen nannte, stießen in der USPD jedoch keineswegs auf einhellige Zustimmung.[154]

Dem Hilfsdienstgesetz kam bei der Verbreiterung der gewerkschaftlichen Opposition eine Schlüsselrolle zu. Gerade auf seinem Hauptwirkungsfeld, in der Metallindustrie, verübelte eine vormals gut organisierte und kampferprobte Facharbeiterschaft die Preisgabe der konsequenten Vertretung gewerkschaftlicher Interessen. Für dieses Protestpotential bot die USPD, von Anfang an Gegner des Zwangsarbeitsgesetzes, einen politischen Kristallisationspunkt. Auf dem 13. Verbandstag des DMV in Köln im Juni 1917 trat die Opposition erstmals geschlossen gegen die Gewerkschaftsführung auf. Ihr Wortführer, der Parteisekretär der USPD in Frankfurt Robert Dißmann, wurde mit 58 zu 55 Stimmen als Korreferent zum Bericht des Vorstandes zugelassen. Die Vorstandspolitik bekam mit 63 gegen 53 Stimmen nur eine knappe Bestätigung.[155]

Die Massenstreikwelle in den Rüstungsbetrieben im April 1917 wurde zwar direkt durch die Reichsverordnung über die weitere Absenkung der Brot- und Mehlrationen ausgelöst, ihre Dynamik gewann die Streikbewegung jedoch durch die Unterstützung seitens der USPD. Wichtige politische Forderungen der

153 In den folgenden Kriegsjahren wurden die Hanauer Hausfrauen infolge der katastrophalen Versorgungssituation noch öfters im Rathaus vorstellig.

154 Hartfried Krause, Revolution und Konterrevolution 1918/19 am Beispiel Hanau, Kronberg/Taunus, 1977, S. 223ff.; im Weiteren: Krause, Revolution und Konterrevolution.

155 Deppe, Deutsche Gewerkschaftsbewegung, S. 170f., Högl, Gewerkschaften und USPD, S. 68ff.

etwa 300 000 Streikenden betrafen den Abschluss eines Friedens ohne Annexionen, die Aufhebung des Arbeitszwangsgesetzes und ein demokratisches Wahlrecht. Im Sommer 1917 kam es infolge der unzureichenden Versorgung der Kantinen in mehreren Rüstungsbetrieben in Hanau und im Landkreis zu Arbeitsniederlegungen.[156]

Nachdem sich der Großteil der Mitglieder der USPD angeschlossen hatte, erfolgte im Sommer im Wahlkreis Hanau die Reorganisation der alten SPD. Auf Mehrheiten konnte sie sich nur noch in Bockenheim, Bischofsheim und Langendiebach stützen. Neuer Kreisvorsitzender wurde am 17. Juni Jean Lißmann; neuer Parteisekretär Jean Rasch. Beide stammten aus Langendiebach. Im Ortsverein Hanau war einige Tage davor Gustav Hoch zum Vorsitzender bestimmt worden.[157] Er hob auf der Kreisgeneralversammlung in der Friedensfrage und bei der Lösung lokaler sozialpolitischer und wirtschaftlicher Aufgaben Gemeinsamkeiten mit der USPD hervor.[158] Illusionslos stellte er in einer Anfang August vom Hanauer sozialdemokratischen Verein einberufenen Volksversammlung fest: »Der Krieg hat eine weitere Verschärfung der Klassengegensätze mit sich gebracht. Der Mittelstand ist ins Proletariat geschleudert worden, das Kapital vereinigt sich in einigen wenigen Händen. Das Großkapital hat es verstanden, sich in die Kriegswirtschaft hineinzufinden und wird nach dem Kriege mächtiger dastehen denn je.«[159]

Ende 1917 schwankte die Stimmung der leidgeprüften Bevölkerung zwischen Bedrückung und Erregung. Der Nachricht von der russischen Oktoberrevolution kam vor diesem Hintergrund Signalwirkung zu. Die russische Regierungsnote an die Völker mit der Forderung nach sofortigem Frieden ohne Annexionen bedeutete für viele Menschen ein starkes Hoffnungszeichen. Die Mittelmächte setzten jedoch lieber auf einen räuberischen Beutefeldzug gegen Russland und auf einen erpresserischen Frieden. Die enttäuschte Friedenssehnsucht wurde das entscheidende Motiv der mächtigen Streikwelle, die sich über Österreich-Ungarn bis ins Deutsche Reich ausbreitete. Ende Januar 1918 standen in Deutschland über eine Million Arbeiter und Arbeiterinnen in einem bis dahin beispiellosen Massenstreik, davon etwa 400 000 in Berlin. Ihre ganz überwiegend politischen Forderungen bezogen sich neben besserer und gerechterer Nahrungsmittelversorgung auf die schleunige Beendigung des Krieges, auf das Ende des Belagerungszustandes und auf eine durchgreifende Demokratisierung. In den Berliner Betrieben wurden zum ersten Mal in Deutschland nach russischem Vorbild Arbeiterräte gewählt. Die Streikenden lehnten jede Kontaktaufnahme mit der Generalkommission der Gewerkschaften ab. Neben USPD-Führern gelangten allerdings auch auf die Zähmung der Bewegung drängende Vertreter der SPD in die Streikleitung. Zur inneren Desorientierung der Streikenden gesellte sich die konzentrierte Wucht der militärischen Repression. Über Berlin wurde der verschärfte Belagerungszustand verhängt, sieben große Rüstungsbetriebe

156 HStAM, 165–1213/3, fol. 73f.

157 VS Nr. 138, 15.6.1917; VS Nr. 140, 18.6.1917.

158 Ebd.

159 VS Nr. 179, 2.8.1917.

unter militärische Leitung gestellt. Am 4. Februar wurde die Arbeit wieder aufgenommen.

Die militärische Aufsicht über die Tätigkeit der Arbeiterorganisationen verschärfte sich im letzten Kriegsjahr. Öffentliche Versammlungen der USPD wurden nicht genehmigt, solche der SPD nur unter strengen Auflagen. Unter diesen Umständen versuchten die Vertreter der USPD, sich in den Versammlungen der SPD Gehör zu verschaffen. Anfang Februar gelang es etwa 70 USPD-Teilnehmern, eine sozialdemokratische Versammlung in Langenselbold in ihrem Sinne umzufunktionieren. Eine von Schnellbacher eingebrachte Resolution, welche die Berliner Streikforderungen unterstützte und den Anschluss der Teilnehmer an die USPD forderte, wurde einstimmig angenommen.[160]

Der Aufruf des DMV-Vorstandes vom 9. März 1918 in der »Metallarbeiter Zeitung« gegen Streiks und gegen Antikriegsaktionen gab der Gewerkschaftsopposition weiteren Auftrieb. Die Teilnehmer der Jahresversammlung der Hanauer Verwaltungsstelle des DMV erklärten, dass der Aufruf »ihren Absichten nicht entsprochen habe und besser nicht erschienen wäre«.[161]

Auf der Jahreskonferenz der USPD für den Bezirk Südwestdeutschland am 7. Juli 1918 in Frankfurt vertraten 64 Abgeordnete etwa 270 Orte in 33 Wahlkreisen. Im Hanauer Wahlkreis waren zu dieser Zeit 1200 Mitglieder in 43 Ortsvereinen organisiert. Zusammen mit Frankfurt und Höchst (756 und 773 Mitglieder) präsentierte sich das Untermaingebiet eindeutig als ein Zentrum der linken Sozialdemokratie. Über ein Drittel der Hanauer USPD-Mitglieder waren Frauen. In den Bezirksvorstand der USPD wurde als Hanauer Vertreter Lang gewählt.[162]

Die Hanauer USPD vertraute in den kommenden politischen Auseinandersetzungen auf die eigenen Kräfte, da sie die Mehrheit der arbeitenden Bevölkerung hinter sich wußte. Die Annäherung der SPD mit dem Ziel, für die nächste Stadtverordnetenwahl eine gemeinsame Liste aufzustellen, blieb seitens der Linkssozialisten unbeantwortet. Sie wünschten eine klare Schlachtordnung.[163] Am 29. Oktober 1918, nach der ersten genehmigten öffentlichen USPD-Versammlung in Hanau, marschierten Tausende durch die Straßen der Stadt und brachten Hochrufe auf Karl Liebknecht, auf Rosa Luxemburg und die sozialistische Republik aus. (Dok. 99)

160 VS Nr. 30, 5.2.1918.

161 MZ Nr. 10, 9.3.1918; MZ Nr. 16, 20.4.1918.

162 HHStAW, 425/364. Geheimer Bericht des Frankfurter Polizeipräsidenten vom 11. Juli 1918 mit tabellarischer Auflistung der Mitgliedschaft. Eine ähnliche Konzentration der USPD-Mitglieder wie um Frankfurt zeigte sich im Bezirk Südwestdeutschland nur noch in der Doppelstadt Mannheim-Ludwigshafen (1200 bzw. 582 Mitglieder).

163 VS Nr. 232, 3.10.1918.

66 8. März 1891

Bericht der »Frankfurter Volksstimme« über die Verhinderung einer antisemitischen Versammlung mit dem Reichstagsabgeordneten Otto Böckel in Windecken durch Sozialdemokraten

Hessisches Staatsarchiv Marburg, 180 Hanau-5827, Bl. 1; Zeitungsausschnitt, handschriftlich mit »Frankfurter Volkszeitung Nr. 58, 10. März 1891« betitelt. Sehr wahrscheinlich handelt es sich um die »Frankfurter Volksstimme«. Um diese Zeit gab es allerdings auch die »Hanauer Volkszeitung« als Kopfblatt des »Offenbacher Abendblattes«. Alle drei Zeitungen wurden in der Offenbacher Druckerei des Reichstagsabgeordneten Carl Ulrich (SPD) hergestellt.

Die Böckelschlacht in Windecken

Windecken, einen von drei Seiten mit Bergen umschlossenen stillen Ort, zwei Stunden von Hanau entfernt, erkor sich der Antisemiten-Häuptling Böckel, um seine bekannten Hetzreden gegen die Juden und Sozialdemokraten loszulassen.

Die Versammlung war um halb 4 Uhr angesagt, und der Wirt hatte die strengste Weisung, den Saal vorher nicht zu öffnen. Eine ungeheure Menschenmasse umlagerte zwei Stunden lang den nicht allzu geräumigen Saal, bis ihn endlich um halb 4 Uhr Böckel öffnen ließ. Drei Gendarmen und zwei Ortsdiener waren an der nur zur Hälfte geöffneten Tür postiert und es begann ein Drücken und Stoßen, das wenige bis dahin erlebt hatten. Die Gendarmen ließen die Leute nur einzeln und langsam hinein, während Böckel drinnen im Saal die Parole ausgab: die Kaichener und Erbstetter sollen zu dem Fenster hineinsteigen.

Als die Masse dieses merkte, besetzte sie sämtliche Fenster, und da dieselben ziemlich hoch waren, stand einer auf dem anderen, um so in den Saal zu gelangen. In Folge dessen fanden bald mehr zum Fenster als zur Türe ihren Einlass. Die Gendarmen, welche an der Tür die Menge zurückhielten, richteten ihre Aufmerksamkeit nun den Fenstern zu. Diese Gelegenheit wurde benutzt. Die Masse nahm einen gewaltigen Anlauf, die Tür krachte und öffnete sich und alles strömte in den Saal. Voll Freude über diesen gelungenen Streich erscholl manch stürmisches Bravo. Einer der Anwesenden ließ die Sozialdemokratie hoch leben, und die dichtgedrängte Menge fiel stürmisch ein. Jetzt erst zeigte es sich, dass neun Zehntel mindestens Sozialdemokraten waren und dem Böckel ein glänzendes Fiasko drohte.

Bis dahin ging alles ziemlich glatt von statten, da ertönten von Orchester herab, wo sich Böckel mit seinem Generalstab geflüchtet hatte, die Worte »rohe Bande«. Ein Sturm der Entrüstung bemächtigte sich der Versammlung, und es war einen Augenblick zu befürchten, dass die Menge sich dies nicht gefallen lassen und dem Rufer (den Menschen konnten wir nicht feststellen) handgreiflich Anstand lehren würde. Diese Gefahr erkennend, erstieg Genosse Emmel[a] den einzigen Tisch und gebot Ruhe. Die Versammlung möge doch ruhig sein und die Redefreiheit nicht beeinträchtigen. Wenn Böckel sich Gemeinheiten leisten sollte, werde ihm schon heimgeleuchtet werden.

Böckel: Ich frage an, ob die Versammlung mich sprechen lassen will, wenn nicht, so wird auch sie (die Versammlung) die Schuld und Verantwortung übernehmen müssen. Gräbner-Hanau[b] schlägt vor, ein Bureau zu wählen, da, wenn Böckel Referent und Vorsitzender zugleich ist, eine unparteiische Geschäftsführung nicht zu erwarten sei. (Stürmischer Beifall.) Böckel widerspricht, behält aber dabei seinen Hut auf dem Kopf, was die Versammlung mit einem stürmischen »Hut ab« tadelte. Emmel schlägt Gräbner als Vorsitzenden vor, dies wird angenommen.

Inzwischen hatte Böckel die Überzeugung gewonnen, dass heute die Trauben sehr hoch hingen, und ein Lächeln der Befriedigung ging über sein Gesicht, als der Gendarm die Versammlung wegen der Unruhe auflöste. Die Masse wollte nicht weichen, da sie befürchtete, wenn sie draußen wären, würde Böckel wieder sprechen, und verlangte, dass auch Böckel heraus müsse. Vor den Saal postierte sich die Masse und als endlich Böckel mit zwei Gendarmen erschien, ertönte ein tausendstimmiges »Pfui« und »Alimenten Mensch« usw. durch die Menge. Langsam und aschfahl im Gesicht bewegte sich Böckel nach dem Wirtschaftslokal. Unter der Tür blieb er noch stehen, blickte äußerst frech in die Menge und schämte sich nicht, nachdem er so abgeführt wurde, sich den Blicken der Menge auszusetzen.

Die Genossen, die aus der der ganzen Umgebung Hanau, Heldenbergen, ja sogar aus Hochstadt usw. herbeigekommen waren, begaben sich nun in den »Löwen« und vergnügten sich noch einige Stunden durch Gesang. Wir sahen darunter alte ergraute Genossen, aber auch die »Jungen« waren erschienen, um den Böckel für immer das Hierherkommen zu verleiden. Inzwischen waren noch verschiedene Genossen, darunter auch Ulrich Offenbach, angekommen. Ein stürmisches »Hoch auf die Sozialdemokratie« wurde ausgebracht und die Menge machte Anstalt unter dem Gesang der Arbeitermarseillaise das Städtchen zu durchziehen. Doch die Gendarmen, die sehr anständig waren, verhinderten es. Inzwischen war es Zeit zum Abmarsch geworden und die Genossen trennten sich, voll Freude darüber, dem Antisemiten-Häuptling seine Hetzereien verdorben zu haben. Wir bemerkten, dass Böckel ein äußerst unverfrorener und provokatorischer Patron ist, der es bei jeder Gelegenheit darauf absieht, die Leute zu Ausschreitungen hinzureißen. Unsere Genossen haben sich dies zu merken. Hoffentlich wird Böckel den Mut verloren haben, bald wieder in unsere Gegend zu kommen. Nachdem sich die Leute friedlich verlaufen hatten, soll, wie uns gemeldet wird, Militär von Hanau nach Windecken gekommen sein und die Ortschaft besetzt haben.[c] Die erstaunten Bewohner des Ortes fragen sich, weshalb und wozu die bewaffnete Macht aufgeboten sei? Einige Personen sollen verhaftet sein.[d]

[a] Leopold Emmel war der erste Vorsitzende des Sozialdemokratischen Wahlvereins in Frankfurt.

[b] Richtig: Konrad Gräbener, damals Vorsitzender des sozialdemokratischen Kreiswahlvereins Hanau-Gelnhausen-Orb.

[c] Auf die telefonische Nachricht eines Gendarmen aus Windecken hin ließ der Landrat am Abend des 8. März mit dem Zug Militär heranfahren.

[d] 11 Personen unter den Protestierenden wurden verhaftet, der Prozess gegen sie endete am 14. Mai 1892 mit einem Freispruch (HStAM, 180 Hanau-5827, Bl. 51ff.).

67 Dezember 1890 – Juni 1891

Die Gründung des Deutschen Metallarbeiter-Verbandes (DMV)

67a Resolution der Bezirkskonferenz der Metallarbeiter aller Branchen von Hessen, Hessen-Nassau und Frankfurt in Offenbach, 27./28. Dezember 1890

Deutsche Metallarbeiter-Zeitung Nr. 3, 17. Januar 1891.

In Anbetracht der sowohl durch die Konzentration als auch durch die Koalition des Kapitals sich immer erbitterter und heftiger gestaltenden Klassenkämpfe, hält der am 27. und 28. Dezember tagende Bezirkskongress der Metallarbeiter aller Branchen von Hessen, Hessen-Nassau und Frankfurt am Main nebst Umgebung

1. die auf dem zu Pfingsten dieses Jahres zu Weimar tagenden allgemeinen Metallarbeiter-Kongress beschlossene Form der lokalen Organisation für nicht mehr zweckentsprechend,
2. die Bestrebungen auf Gründung weiterer Branchenzentralisationen wegen der hierdurch herbeigeführten Kräftezersplitterung der Gesamtbewegung nachteilig,
3. die Gründung einer alle Branchen umfassenden, sich über ganz Deutschland erstreckenden »allgemeinen deutschen Metallarbeiter-Union« als die den heutigen Verhältnissen entsprechende Organisationsform für unbedingt notwendig, und beschließt mit aller Energie für möglichst schnelle Verwirklichung einzutreten durch:
    1. Aufforderung der Vertrauensmänner der verschiedenen Branchen Deutschlands, in nächster Zeit einen allgemeinen Kongress der Metallarbeiter aller Branchen mit der Tagesordnung: »Gründung einer allgemeinen deutschen Metallarbeiter-Union« einzuberufen;
    2. Beauftragung des Bezirksvertrauensmannes der Metallarbeiter aller Branchen von Hessen, Hessen-Nassau, Frankfurt am Main nebst Umgebung, selbst einen solchen Kongress mit obiger Tagesordnung im Monat April einzuberufen, wenn die Vertrauensmänner Deutschlands ein Vorgehen hierin ablehnen oder unterlassen sollten;
    3. durch entschiedenes Entgegentreten der, eine weiter Zersplitterung der Metallarbeiter herbeiführenden, auf Gründung von neuen Branchenzentralisationen gerichteten Sonderbestrebungen Einzelner.

Der Kongress erwartet von den Metallarbeitern Deutschlands Stellungnahme zu der obigen Resolution.

67b Bericht der »Deutschen Metallarbeiter-Zeitung« über eine außerordentliche Generalversammlung des Fachvereins der Metallarbeiter in Hanau, die Auflösung des Fachvereins und den Anschluss an den DMV, 20. Juli 1891

Deutsche Metallarbeiter-Zeitung Nr. 31, 1. August 1891.

Der Fachverein der Metallarbeiter in Hanau hielt am 20. Juli eine außerordentliche Generalversammlung in der Brauerei Weismantel ab mit der Tagesordnung: 1) Übertritt in den Metallarbeiterverband. 2) Verschiedenes.
Zu Punkt 1 wurden folgende Anträge einstimmig angenommen: 1) Den Fachverein heute aufzulösen und das Vereinsvermögen dem Metallarbeiter-Verband zu überweisen. 2) Bis zum 1. August sich dem Verband anzuschließen. Es wurde ferner eine Liquidationskommission gewählt, welche die restierenden Beiträge in Empfang nimmt und bucht, sowie die Arbeiten zum Übertritt in den Verband regelt. Auch wurde ein provisorischer Vorstand von 3 Mann gewählt, welcher am 1. August in Wirksamkeit tritt.
Kollege Vorast legte noch zum Schluss allen Anwesenden warm ans Herz, mit vollem Eifer und recht zahlreich in den Verband einzutreten, denn es sei nur durch ein festes Zusammenhalten möglich, dem Unternehmertum entgegenzutreten. Zum Punkt Verschiedenes wurde noch Einiges geregelt und dann die Versammlung geschlossen.

68 — 14. September 1892

Bericht des Hanauer Landrats an den Regierungspräsidenten in Kassel über den christlichen Arbeiterverein in Hanau und den Bezirkshandwerkerverein als Organisationen zur Eindämmung der Sozialdemokratie

Hessisches Staatsarchiv Marburg, 165-3142/8, Bl. 467ff.

Wenn in der Stadt Hanau die Sozialdemokratie relativ keine Fortschritte gemacht hat, so darf dies dem regeren Vorgehen der Ordnungsparteien zugeschrieben werden. Insbesondere hat sich hierin für die Fabrikbevölkerung der christliche Arbeiterverein, für den kleinen Mittelstand der Bezirkhandwerkerverein als gutes Kampfmittel gegen die Umstürzler erwiesen.

Die Gründung des Arbeitervereins stieß auf erhebliche Schwierigkeiten. Seitens der sozialistisch geschulten Arbeiterschaft wurde den Bestrebungen offene Feindschaft, seitens der hiesigen liberalen Bourgeoisie in unglaublicher Kurzsichtigkeit unfreundliche Neutralität (das sei »Muckerei« und so weiter) entgegengebracht. Der hiesige Bürger und Fabrikantenstand unterscheidet sich von dem vieler anderer, namentlich rheinischer Gegenden unvorteilhaft dadurch, dass er – religiös und politisch fortschrittlichen Anschauungen huldigend – sein Verhältnis zu dem Arbeiterstande, welcher naturgemäß inzwischen die politisch-religiösen Ansichten seiner Prinzipale ins soziale Gebiet übertragen hat, lediglich geschäftsmäßig auffasst und ein wärmeres persönliches Interesse für die wirtschaftlich Abhängigen fast immer vermissen lässt. Ferner es ist vielleicht ganz zweckdienlich, wenn die Anregung zur Gründung des christlichen Arbeitervereins nicht aus den Kreisen der Arbeitgeber, sondern mehr aus denen der Beamten hervorging. Es gelang dem gehorsamst Unterzeichneten, insbesondere einige Lehrer – an der Spitze der Gymnasialdirektor selbst – für die Sache zu interessieren, und seit Frühjahr 1892 ist nunmehr der Verein in langsamen aber stetigen Fortschreiten begriffen.[a] Er zählt zur Zeit etwa 270 Mitglieder und hat im vorigen Monat mit Gründung einer Sterbekasse viel Anklang gefunden. Es wird Sorge dafür getragen, dass bei Wahrung des christlichen Charakters das religiöse Element sich nicht zu überwiegend geltend macht, sondern dass dem Bedürfnis der geselligen Unterhaltung und Belehrung – letzteres namentlich durch periodische Vorträge, ersteres durch Darbietung musikalischer Genüsse – ausreichend Rechnung getragen werde. Trotzdem wäre die Beteiligung wenigstens eines[b] Geistlichen schon für Ansprachen bei Richtungshaften und so weiter von hohem Werte. Soviel bekannt, gilt solche auch bei allen anderen derartigen Vereinen im Deutschland als selbstverständlich. Hier war es nicht möglich, eine solche Beteiligung zu erzielen.

Hanau wird bekanntlich seitens der kirchlichen Behörde als Versorgungsanstalt für altgewordene oder kinderreiche Geistliche betrachtet, welchen nach langjährigem Aufenthalt im Vogelsberg oder auf der Rhön jedes Verständnis für die sozialpolitischen Anforderungen der Gegenwart abgeht. Es ließe sich viel über die schreienden kirchlichen Missstände hier sagen, so lange aber beim königlichen Konsistorium noch nicht die Ansicht durchgedrungen ist, dass Hanau in religiöser Beziehung ein schwierigerer und gewissermaßen anspruchsvollerer Ort ist als selbst Kassel, werden Vorstellungen in dieser Beziehung wohl ohne Erfolg bleiben. Die von dem gehorsamst Unterzeichneten bereits in Anregung gebrachte Gründung eines evangelischen Arbeitervereins in dem fabrikreichen Fechenheim ist bis dahin unterblieben, weil der in einem Dorf doch hierbei unentbehrliche Geistliche gänzlich einfluss- und verständnislos ist. Die katholische Vereinstätigkeit auf der einen, die sozialistische Agitation auf der anderen Seite nutzen diese Situation tunlichst aus.

Der Bezirkshandwerkerverein – ebenfalls im vorigen Jahr gegründet – huldigt den bekannten Prinzipien der Handwerkerpartei, bildet aber dabei einen Stütz- und Sammelpunkt für die besser gesinnten Elemente des gewerbetreibenden Mittelstandes, welche sich zwar von dem früher hier vielfach tonangebenden Freisinn abgewandt hatten, aber in Gefahr standen, unter dem Einflusse pessimistischer Anverwandlungen, der Sozialdemokratie zu verfallen. Die relativ große Stimmenzahl, welche der deutsch-konservative Kandidat Stroh schon im ersten Wahlgange in der Stadt Hanau erzielte, ist wesentlich hierauf zurückzuführen – allerdings nachdem der Genannte den Handwerkern öffentlich die von ihnen erforderte Erklärung abgegeben hatte, für ihre Interessen parlamentarisch wirken zu wollen.

[a] Gründungstag war der 29. März 1892.
[b] Das Wort ist in der Vorlage besonders hervorgehoben.

69 **Februar 1895**

Aufruf an das werktätige Volk im Wahlkreis Hanau-Gelnhausen-Orb zum Anschluss an die Sozialdemokratie in Anbetracht der aus der Umsturzvorlage[a] ausgehenden Gefahren

Hessisches Staatsarchiv Marburg, 165-709/1, Bl. 135r; Das Flugblatt, von Gustav Hoch verlegt und in der Druckerei der »Volksstimme« in Frankfurt hergestellt, wurde in Hanau am 12. Februar 1895 verteilt.

Bauern, Handwerker, Arbeiter!

Seit einer Reihe von Jahren schon zeigt sich auf allen Gebieten des Gewerbslebens ein Notstand, der im wachsenden Maße alle diejenigen bedroht, die ausschließlich von ihrer Hände Arbeit leben. Der Mittelstand: die Handwerker und Kleinbauern, werden immer mehr zu Grunde gerichtet und unter den Lohnarbeitern greift der unzureichende Verdienst und die Arbeitslosigkeit gewaltiger und verheerender um sich. Die Kapitalisten in Stadt und Land dagegen: die Fabrikherren, die Großgrundbesitzer, die Börsenfürsten, beziehungsweise die Geldleute aller Art vermehren unaufhörlich ihren Reichtum auf Kosten und vom Schweiße des arbeitenden Volkes. Was das Volk durch seine Arbeit erzeugt, dient nicht ihm zur Nahrung, nein, es wird ihm durch die niederträchtigen Kniffe von den Kapitalisten entrissen, die es verprassen, ihre Paläste damit anfüllen oder es in ihren Speichern zu Grunde gehen lassen. Trotz dieser ungerechten Zustände sollen dem armen, ausgebeuteten Volke immer mehr Lasten auferlegt werden. Obgleich die Konservativen bei der letzten Reichstagswahl ausdrücklich versprachen, dass der Mittel- und Arbeiterstand nicht durch neue indirekte Steuern belastet werden sollen, hat die Regierung doch vorgeschlagen, dass der schon jetzt so hoch besteuerte Tabak mit einer neuen, noch schwereren Steuer belegt werden soll. Dadurch würde uns der Genuss jeder Pfeife Tabak und jeder Zigarre verteuert, und wenigstens 50 000 Arbeiter und mit ihnen eine große Zahl Kleinhändler würden aus ihrem Berufe verdrängt oder doch in ihrem Verdienste erheblich geschädigt werden. Und dies alles nur zu dem Zweck, um die reichen Leute mit Steuern zu verschonen, ja ihnen durch Geschenke aller Art, durch Schnaps- und Zucker [prämien] durch unnötig hohe Verzinsung der Staatsschuld usw. die Taschen zu füllen, und zugleich den Militarismus und die Sucht nach recht viel neuen Kriegsschiffen über alle Maßen treiben zu können. Im vorigen Jahr bereits wurde die neue Tabaksteuer, weil gar zu schädlich für das Volk, vom Reichstag mit großer Stimmenmehrzahl verworfen. Aber die Regierung will trotzdem mit allen Mitteln uns die furchtbare Belastung aufnötigen. Sie hat zum zweiten Male einen derartigen Antrag eingebracht, und schon heißt es, der Reichstag werde aufgelöst werden, wenn er auch jetzt sich weigert, diese neue, die Not des Mittel- und Arbeiterstandes noch aufs Äußerste vergrößernde Steuer uns aufzuhalsen.

Weil es aber klar ist, dass die Wähler nicht mehr so töricht sind, solche Abgeordnete zu wählen, welche für noch mehr indirekte Steuern eintreten, so ist bereits für einen Vorwand Sorge getragen, um bei einer kommenden Neuwahl Furcht und Verwirrung in die Massen zu bringen, damit diese die so genannten »Stützen der Ordnung« in den Reichstag schicken. Diese »Stützen der Ordnung« sind aber jene Leute, die das arbeitende Volk aufs Gewissenloseste betrügen und es auf das Rücksichtsloseste bedrücken, um den eigenen Vorteil zu fördern. Wie sie es 1878 gemacht haben, als sie durch den Umsturzrummel wegen der Attentate des Christlich-Sozialen Hödel und des Nationalliberalen Nobiling im Reichstage die Mehrheit erlangten, so möchten sie es jetzt wieder treiben. Wie durch das schändliche Sozialistengesetz die sozialdemokratische, wie jede Bewegung, die es ernst mit der Besserung der jetzigen, unerträglichen Missstände meinte, geknebelt wurde, so ist jetzt die Umsturz-Vorlage vor allem gegen die Sozialdemokratie gerichtet, weil diese allein eine scharfe, aber gerechte Kritik an allen Schäden der Gesellschaft sowie gegen jede schamlose Ausbeutung zu üben wagt. Mit schweren Strafen, mit Gefängnis, Zuchthaus und Polizeiaufsicht soll es dem arbeitenden Volke unmöglich gemacht werden, seine Beschwerden in Klagen gegen die jetzt überall herrschende Bedrückung und gegen schlechte Staatseinrichtungen in Versammlungen oder in den Zeitungen auszusprechen. Und wie unter dem Sozialistengesetz die vielen Hundert Millionen Mark neue Steuern dem Volke auferlegt wurden, so möchte man uns auch jetzt, sobald wir durch das Umsturzgesetz geknebelt sind, den letzten Pfennig herauspressen.

Mitbürger! Bauern, Handwerker, Arbeiter! Sollen wir so unsere Rechte mit Füßen treten, den Lohn für unsere Arbeit uns so entreißen lassen? Lange genug haben wir darauf gewartet, dass die »Herren«, die jetzt alle Macht und allen Reichtum in Händen haben, unsere guten Rechte und unser durch ehrliche Arbeit verdientes Eigentum schützen. Aber statt dessen ist es immer schlechter geworden. Nur an den eigenen Vorteil, nur an die noch weitere Bedrückung und Ausbeutung des Volkes denkt die herrschende Klasse.

Deshalb müssen wir endlich selbst für uns sorgen. Wir alle, die wir von der Geldmacht zu Boden gedrückt werden, wir alle: Bauern, Handwerker und Arbeiter müssen uns einigen, um allen Ausbeutern und Bedrückern das Handwerk zu legen und der ehrlichen Arbeit freie Bahn zu schaffen.

Deshalb kann es für uns keinen Zweifel und kein Zagen mehr geben, bis auf den letzten Mann müssen wir uns der Partei des gesamten wirklich arbeitenden Volkes, der Sozialdemokratie, anschließen, der einzigen Partei, welche treu und furchtlos jedes Unrecht, jede Ausbeutung und jede Bedrückung bekämpft.

Deshalb auf, leset sozialdemokratische Schriften, besucht sozialdemokratische Versammlungen, tretet dem sozialdemokratischen Wahlverein bei.

Dies ist der einzige Weg, der sicher zu Eurem Rechte führt.

[a] Gesetzesentwurf mit dem Ziel, die bestehenden Strafgesetze zum Schutz der staatlichen Ordnung zu verschärfen (Beschränkung der Meinungs-, Presse- und Versammlungsfreiheit). Infolge einer massenhaften, auch bürgerliche Kreise umfassenden Protestbewegung wurde die Vorlage im Mai 1895 im Reichstag verworfen.

70 Dezember 1896

Aufruf der organisierten Diamantenarbeiter Hanaus an die Arbeiter und Parteigenossen zur Unterstützung ihres Streiks

Stadtbibliothek Hanau, Landeskundliche Abteilung. Der Aufruf erfolgte zwischen dem 17. und dem 24. Dezember 1896.

Arbeiter! Parteigenossen!
Der von den Fabrikanten uns aufgezwungene Streik währt nun schon mehrere Wochen. Es ist jedem denkenden Menschen klar, dass bei einem Durchschnittslohn von 20 Mark eine Reduzierung von 35-40 Prozent für uns unannehmbar ist. Wir können also nicht nachgeben. Die Fabrikanten aber haben das von uns als Einigungsamt angerufene Gewerbegericht schroff zurückgewiesen[a] und dadurch bezeugt, dass sie nicht nachgeben wollen. Es ist daher anzunehmen, dass der Streik noch mehrere Wochen dauert.

Die Fabrikanten rechneten mit Rücksicht auf die bevorstehenden Weihnachtsfeiertage und die fortwährenden Zwistigkeiten, die sie unter die Arbeiter zu bringen suchten, auf eine gewisse Anzahl Streikbrecher. Sie glaubten, dass die Arbeiter in höchstens 3-4 Wochen ausgehungert wären. Jedoch durch die Sympathie und Unterstützung, die den Streikenden von den Hanauer Arbeitern und selbst von außerhalb entgegengebracht wurde, wird den Herren klar geworden sein, dass sie sich gewaltig verrechnet haben. Mit dem famosen Bericht an die Handelskammer[b] und sonstigen Zeitungsnotizen suchten die Fabrikanten die Öffentlichkeit zu täuschen. Die Arbeiter beantworteten dieses Machwerk in klarer und der Wahrheit entsprechender Weise.[c] Was war der Erfolg? Tiefes Schweigen seitens dieser Herren. Ebenso wagten sie es nicht, das Vorgehen vor dem Gewerbegericht zu rechtfertigen.

Arbeiter, Parteigenossen! Bei 109 verheirateten und 67 ledigen, streikenden Arbeitern ist trotz der niedrigen Unterstützung (6-8 Mark) jede Woche ein hoher Betrag erforderlich. Durch den Hamburger Hafenarbeiterstreik,[d] der im Vordergrund steht, sind wir nur auf den Kreis Hanau und unsere auswärtigen Fachgenossen angewiesen. Letztere stehen ebenfalls teilweise im Streik. Wir wenden uns deshalb nochmals an Euch und bitten Euch, unermüdlich für unsere gerechte Sache einzutreten und uns in materieller Beziehung tatkräftig zur Seite zu stehen.

Der Herzenswunsch unserer Fabrikanten ist einzig und allein, unsere Organisation zu sprengen, was ihnen niemals gelingen soll. Darum müssen wir siegen, denn mit unserem Streik sind die Gesamtinteressen aller Arbeiter verknüpft. Die Haltung der Streikenden ist eine musterhafte. Wir wissen wohl, dass Ihr nicht willens seid, uns der Willkür der Fabrikanten preis zu geben. Darum tue Jeder, was in seinen Kräften steht, dann wird und muss der Sieg unser sein.

Vorwärts durch Einigkeit zum Sieg!
Die organisierten Diamantenarbeiter Hanaus.
Gaben nimmt gern entgegen: Otto Reinhardt, Erbsengasse 2, Hanau a. M.

[a] Am 17. Dezember 1896.
[b] Veröffentlicht im »Hanauer Anzeiger« am 5. Dezember 1896.
[c] Die Redaktion des »Hanauer Anzeiger« veröffentlichte den am 12. Dezember 1896 überreichten Bericht der Diamantenarbeiterkommission nicht.
[d] 11. November 1896 bis 6. Februar 1897.

71 26. Februar 1897

Bericht des Hanauer Landrats an den Regierungspräsidenten in Kassel über eine von Anarchisten einberufene Versammlung mit dem Schriftsteller Gustav Landauer

Hessisches Staatsarchiv Marburg, 165-706/3, Bl. 73; der Bericht ist vom 14. März 1897 datiert.

Am Freitag, den 26. Februar dieses Jahres abends, war von dem dahier wohnhaften und als Anarchist bekannten Silberarbeiter Imhoff und Goldarbeiter Frank eine öffentliche Volksversammlung einberufen worden, in welcher der Schriftsteller und Anarchist Landauer aus Berlin einen Vortrag hielt über »Konsum- und Produktionsgenossenschaften sowie deren zukünftige Bedeutung für die Arbeiter«. Die Versammlung war von etwa 80 Sozialdemokraten besucht. Die Ausführungen des Anarchisten Landauer wurden seitens der Sozialdemokraten einer derart harten und missfälligen Kritik unterzogen, dass Landauer sich genötigt sah, zu schweigen. Da auch die Versammlung im Allgemeinen einen sehr tumultarischen Charakter annahm, hielt es der Vorsitzende für angebracht, dieselbe schleunigst zu schließen, um der Gefahr zu entgehen, dass die Versammlung aufgelöst würde, was andernfalls zweifelsohne geschehen wäre.
Der Anarchist Landauer wird mit getrübten Hoffnungen Hanau verlassen haben. Sonst ist von einer anarchistischen Bewegung in dem letzten halben Jahre in dem Stadt- und Landbezirk Hanau nichts bemerkt worden. Die einzelnen, dahier bekannten Anarchisten werden fortgesetzt scharf im Auge behalten.

72 Juli 1901

Schreiben des Kreisvereins Hanau des Verbandes deutscher Handlungsgehilfen an die Prinzipale zur Einführung eines Sommerurlaubs

Stadtbibliothek Hanau, Landeskundliche Abteilung.

Schon seit etlichen Wochen hat der Sommer seinen Einzug gehalten, die Schul- und Staatsferien beginnen und die Beamten suchen so schnell als möglich aus dem Bereich ihrer Tätigkeit herauszukommen, um sich in der Sommerfrische die wohlverdiente Erholung zu gönnen und für neue bevorstehende Arbeit frische Kräfte zu sammeln.

Leider ist es heute immer noch der Handlungsgehilfe allein, der diese Erholung fast allenthalben entbehren muss, obwohl seine Tätigkeit die angestrengteste aller Berufszweige ist. Jahr ein Jahr aus sitzt er von morgens bis abends spät in nervenverzehrender Arbeit an seinem Pult oder steht hinter dem Ladentisch, setzt all seine Kräfte ein, die Interessen seines Prinzipals zu fördern, ja, er stellt in vielen Fällen dessen Interesse über die eigenen. Kein Sonn- und kein Feiertag steht den allermeisten Angestellten voll und ganz zu ihrer Erholung zu, und ist es ein Akt menschlicher Gerechtigkeit, auch den Handlungsgehilfen einen Sommerurlaub zuzugestehen – ihnen Ruhe und Erholung zu gönnen. Während jedem Handwerksmann die Sonntagsruhe zu gute kommt und er außerdem die Wohltat einer verkürzten Arbeitszeit an jedem Samstag genießt, ist der Handlungsgehilfe allein genötigt, das ganze Jahr hindurch täglich 10 Stunden und noch länger zu arbeiten.

Nimmt man die Statistik der Krankenkassen verschiedener Berufszweige zur Hand, so muss man sich leider überzeugen, dass ein ganz bedeutender Prozentsatz der Erkrankten auf die Handlungsgehilfen fällt. Wie ist dies denn auch aus den besagten Gründen anders möglich, um so mehr, als doch viele in nicht besonders gesunden Arbeitsräumen ihre Tätigkeit ausüben müssen.

Es muss in dem eigensten Interesse eines jeden Prinzipals liegen, sich eine gesunde, geistesfrische Kraft zu erhalten, und wird es die Arbeitsfreudigkeit jedes einzelnen Angestellten nur fördern, wenn er in einem 14tägigen Urlaub die angegriffenen, überreizten Nerven auffrischen und zur bevorstehenden Herbst- und Wintersaison, in der die höchsten Anforderungen an ihn gestellt werden, neue Arbeitslust und Kraft sammeln kann. Wenn dieses der Wunsch des Prinzipals ist, so muss es sich in jedem Geschäft, jeder Branche möglich machen lassen, dem Gehilfen jährlich einen Urlaub zu gewähren. Den Beweis hierfür bringt uns England, woselbst ein Erholungsurlaub von mindestens 14 Tagen ganz allgemein eingeführt ist, und in Ungarn beschäftigt man sich sogar damit, diesen gesetzlich festzulegen.

Um es jedem, selbst dem unbemittelteren Gehilfen möglich zu machen, in gesunder Gebirgsgegend durch Luftveränderung und Ruhe neue Kräfte zu sammeln, hat der Verband deutscher Handlungsgehilfen ein Genesungsheim für Kaufleute in Niederschlema im Erzgebirge gegründet, und wird in aller Kürze für die Erbauung eines weiteren im Taunus Sorge tragen.

Wir richten die höfliche Bitte an Sie, auch in Ihrem Geschäft den alljährlichen Urlaub einzuführen und begrüßen Sie

Hochachtungsvoll
Verband deutscher Handlungsgehilfen Leipzig, Kreisverein Hanau

73 — 8. September 1905

Bericht der »Metallarbeiter-Zeitung« über ein Referat, das der Leiter des 8. Bezirks des DMV,[a] Fritz Ehrler, auf einer Versammlung des Fachvereins der Gold- und Silberarbeiter gehalten hat und über den Beschluss, geschlossen in den DMV überzutreten

Metallarbeiter-Zeitung Nr. 38, 23. September 1905.

Wohl selten waren die Gold- und Silberarbeiter Hanaus in so großer Zahl versammelt, als am Freitag, den 8. September, im Saalbau, wo Kollege Ehrler in einer Versammlung des Fachvereins der Gold- und Silberarbeiter über die Notwendigkeit des Anschlusses an den Deutschen Metallarbeiter-Verband referierte. Anknüpfend an die in Stuttgart stattgefundene Konferenz der Gold- und Silberarbeiter legte der Redner dar, wie notwendig gerade in diesem Beruf ein einiges und geschlossenes Handeln der Kollegen sei. Überall gehe es vorwärts, an allen Orten und in allen Berufen rühren sich die Metallarbeiter und arbeiten an der Verbesserung ihrer Lohn- und

Arbeitsverhältnisse. Nur die Gold- und Silberarbeiter stehen in ihrer Masse abseits und kümmern sich, abgesehen von einigen kleinen bedeutungslosen Versuchen, um die erbärmlichen Verhältnisse in ihrem Beruf fast gar nicht. Viele von ihnen glauben in ihrem Stolze auf ihren »Künstlerberuf« dies auch gar nicht nötig zu haben. Und doch ist dieser Glaube an den Künstlerberuf nichts anderes als ein Köhlerglaube, denn in gar nichts sind die Lohn- und Arbeitsverhältnisse in der Gold- und Silberbranche etwa besser als bei den übrigen Metallarbeitern. Genau wie der Schlosser, der Dreher, der schwarze, rußige Former ist heutzutage auch der Goldarbeiter nichts anderes als ein billiges Ausbeutungsobjekt für den Unternehmer – um so billiger, je schlechter er organisiert ist. Was ist aller Stolz auf einen Beruf wert, wenn dieser Beruf nicht soviel einbringt, um die Lebensbedürfnisse der darin Beschäftigten und ihrer Familien anständig befriedigen zu können?

Sehr interessant ist in dieser Beziehung eine Statistik über die Lohn- und Arbeitsverhältnisse der Gold- und Silberarbeiter, an der sich auch der Fachverein der Hanauer Kollegen beteiligt hat. Von den rund 2000 Berufskollegen, die in Hanau beschäftigt sind, haben nur 493 den Fragebogen ausgefüllt, davon nur 204 Mitglieder des Fachvereins. Es ist sehr bedauerlich, dass nicht mehr Kollegen es sich zur Pflicht gemacht haben, diese Bogen auszufüllen. Nichtsdestoweniger lässt sich aus dem Ergebnis dieser Statistik ein Schluss auf die Gesamtlage ziehen, ja, man kann ruhig annehmen, dass die Gesamtlage noch schlechter ist als die Statistik ergibt, weil wohl in der Hauptsache nur die aufgeklärteren und besseren Arbeiter sich an ihr beteiligt haben. Und das Ergebnis der Statistik ist keineswegs derart, dass die Hanauer Kollegen Ursache hätten, stolz auf ihre Verhältnisse zu sein. Alle die Missstände, die in der Metallindustrie zu verzeichnen sind, finden sich auch in der Gold- und Silberwarenindustrie Hanaus, und noch etliche mehr! Schlechte Löhne, Akkordarbeit mit den üblichen Abzügen, lange Arbeitszeit, ein ausgeprägtes Überstundenwesen, unzureichende Arbeitsräume, schlechte Zustände in gesundheitlicher Beziehung, schlechte Behandlung und unsichere Arbeit! Außerdem aber noch die so sehr schädigende Heimarbeit und nolens volens in vielen Werkstätten eine geradezu ruinöse Lehrlingszüchterei!

Der Redner geht die einzelnen Punkte durch und beweist unter Zustimmung der Versammlung an der Hand der Ergebnisse der Statistik das Vorhandensein der genannten Missstände. Es ist wirklich Zeit, dass die Hanauer Kollegen sich mit diesen Missständen befassen und ernstlich an deren Beseitigung denken. Das ist aber nur mit Hilfe einer guten und leistungsfähigen Organisation und bei entsprechender Opferwilligkeit und Schulung der Kollegen in der Organisation möglich. Die Organisationsform ist dabei aber durchaus keine Nebensache; eine kleine lokale Organisation wird heutzutage nie imstande sein, größere Erfolge zu erzielen und Verbesserungen dauernd festzuhalten. Das ist nur möglich dann, wenn die Kollegen eines Ortes den nötigen Rückhalt finden in einem großen, starken Verband, dem auch die Berufskollegen aller anderen Orte angehören. Das müssen auch die Hanauer Kollegen einsehen und darum schon im ureigensten Interesse ihre Sonderorganisation aufgeben. Auch die Metallarbeiter waren vor Gründung des Deutschen Metallarbeiter-Verbandes in lokalen Vereinen organisiert. Das war aber in jener Zeit, wo jedes Inverbindungtreten den Staatsanwalt mobil machte, in der Zeit des Ausnahmegesetzes, wo jede freie Regung der Arbeiter gewaltsam unterdrückt wurde. Damals war die Schaffung und die Existenz eines alle Metallarbeiter Deutschlands umfassenden Verbandes unmöglich und die lokale Form der Organisation die einzig mögliche. Sofort nach

Fall des Ausnahmegesetzes aber schlossen sich die Lokalvereine zusammen und gründeten den Deutschen Metallarbeiter-Verband. Wie sehr die Metallarbeiter daran recht getan haben, das beweist das Wachstum des Verbandes, der in der kurzen Zeit seines Bestehens von 18 000 auf nicht weniger als 230 000 Mitglieder gestiegen ist, das beweisen ferner die zahlreichen und oft riesigen Kämpfe, die der Verband um die Verbesserung der Lohn- und Arbeitsverhältnisse der Metallarbeiter mit dem Unternehmertum auszufechten hatte, das beweisen nicht zuletzt aber auch die Klagen und die Sehnsucht der Unternehmer nach einem neuen Ausnahmegesetz, um die Einheit und die in dieser liegende Macht der Verbände zertrümmern zu können. Die moderne Form der Organisation, und die auf Grund reichlich gemachter Erfahrungen einzig richtige, ist die Zentralisation und zwar die Zentralisation in Industrieverbänden. Nur diese sind in der Lage, alle die Einrichtungen zu schaffen, ohne welche die Erfüllung der Aufgaben einer Arbeiterorganisation heute unmöglich sein würde.

Der Redner geht im Einzelnen auf diese Aufgaben ein. Aber mit einem Wochenbeitrag von 10 Pf. und abgesondert von den eigenen Berufskollegen werden die Gold- und Silberarbeiter in Hanau nie darauf Anspruch machen können, als Organisation ernst genommen werden zu können. Die Leistungsfähigkeit einer Organisation hängt ab von ihren Einrichtungen, der Zahl ihrer Mitglieder, dem Prozentsatz der organisierten Berufsangehörigen und nicht zum wenigsten von der Opferwilligkeit ihrer Mitglieder. Der Arbeiter, der für seine Organisation nicht mehr wie 10 Pf. die Woche übrig hat, kann von ihr doch keine ernstliche Verbesserung seiner Lage erwarten. Noch viel weniger, dass seine Organisation in allen Fällen hinter ihm stehen kann. Hierauf geht Referent auf die Einrichtungen des Deutschen Metallarbeiter-Verbandes ein und führt unter Beifall der Versammlung aus, dass angesichts solcher Leistungen einer Organisation der Beitrag von 30 Pf. für dieselbe nicht zu hoch ist. Auch der Hanauer Gold- und Silberarbeiter ist in der Lage, diesen Beitrag zu bezahlen, genau so wie seine Kollegen im übrigen Deutschland.

Mit einem warmen Appell, zum Deutschen Metallarbeiter-Verband überzutreten, schließt Redner seine Ausführungen. Nachdem noch Kollege Craß vom Fachverein den Übertritt empfahl, wurde die Abstimmung vorgenommen. Diese ergab die einstimmige Annahme des Antrags, zum Deutschen Metallarbeiter-Verband überzutreten. Dieses erfreuliche Ergebnis wurde mit langandauerndem Beifall entgegengenommen. Nach Erledigung von einigen inneren Angelegenheiten wurde die von weit über 600, fast 700 Mitgliedern des Fachvereins besuchte Versammlung geschlossen.

[a] Bezirk Frankfurt.

74 1906–1913

Die Frage des Massenstreiks und das Verhältnis zwischen Sozialdemokratischer Partei und Gewerkschaften

74a Bericht der »Volksstimme« über eine Versammlung der Gold- und Silberarbeiter und das Referat des Geschäftsführers der Verwaltungsstelle Frankfurt des DMV, Robert Dißmann, über die Kampfformen der Arbeiterbewegung, 16. Februar 1906

Volksstimme (Frankfurt) Nr. 45, 22. Februar 1906.

Am Freitag, den 16. des Monats, fand zum erstem Mal seit dem Anschluss an den Deutschen Metallarbeiterverband eine Branchenversammlung der Gold- und Silberarbeiter statt, die sehr gut besucht war. Das Referat hatte Kollege Dißmann übernommen. Welche Waffen haben die Arbeiter im Kampfe gegen die herrschenden Klassen? lautete sein Thema. Die Waffen seien, so führte er aus, in erster Linie die gewerkschaftliche und die politische Organisation. Die politische Organisation sei gerade in letzter Zeit von den Arbeitern vernachlässigt worden. Während man für die Gewerkschaft heute schon größere Beiträge zahle, wollten viele gewerkschaftlich organisierte Arbeiter noch nicht einmal 10 Pfg. für die Partei opfern. Redner wies darauf hin, wie durch die Gesetzgebung, mittels Zollgesetze usw., die Arbeiter schwer belastet werden, wodurch die Vorteile, die sie sich durch schwere Kämpfe errungen hätten, infolge Verteuerung der Lebensmittel wieder illusorisch gemacht würden. Deshalb sei es notwendig, dass sich die Arbeiter auch politisch organisieren. Als weitere Waffen seien die Konsumvereine und Konsumgenossenschaften zu bezeichnen, womit sich die Arbeiter auch gar manchen Vorteil erringen könnten, und der politische Massenstreik. Freilich dürfe man nicht glauben, den Massenstreik bei jeder Gelegenheit anwenden zu können, aber wenn es einmal gelte, das Koalitionsrecht und die Freiheit des Volkes zu verteidigen, dann werde man zu dieser Waffe greifen und sie auch in der richtigen Weise zu führen wissen. Eine der wichtigsten Waffen für die Arbeiter sei noch die Arbeiterpresse. Leider gebe es auch heute noch viele Arbeiter, die immer noch jene Blätter lesen, die bei jeder Gelegenheit den Arbeitern, statt ihre Interessen zu vertreten, Ohrfeigen verabfolgen.

Die Rede wurde mit großem Beifall aufgenommen. In der Diskussion erklärte Kollege Lauterbach sein Einverständnis mit den Ausführungen Dißmanns; nur befürchte er, dass der politische Massenstreik, wenn er heute angewendet würde, das Volk viel Blut und Tränen kosten würde. In 20-30 Jahren sei man vielleicht so weit, um einen solchen Schritt riskieren zu können, heute eher bestehe die Gefahr, durch ein solches Vorgehen wieder alles Errungene zu verlieren. Zum Schluss forderten Craß und Dißmann nochmals zu intensiver Arbeit nach jeder Richtung auf.

74b Bericht der »Volkstimme« über den Vortrag des Geschäftsführers der Verwaltungsstelle des DMV Frankfurt, Robert Dißmann, über das Verhältnis zwischen der Sozialdemokratischen Partei und den Gewerkschaften in einer Mitgliederversammlung des sozialdemokratischen Wahlvereins Hanau, 1. Dezember 1906

Volksstimme (Frankfurt) Nr. 285, 6. Dezember 1906.

In einer gut besuchten Mitgliederversammlung am Samstag Abend hielt Genosse R. Dißmann – Frankfurt – einen vortrefflichen Vortrag über Partei und Gewerkschaften. Redner legte eingangs das Verhältnis zwischen Partei und den Gewerkschaften seit ihrer Gründung dar. Aus der Entwicklung von Partei und Gewerkschaften konnte es jeder begreiflich finden, dass Reibungen entstanden. Nun habe man sich auf dem Mannheimer Parteitag einigermaßen geeinigt. Dies sei mit Freude zu begrüßen. Früher habe man aus Wort und Schrift einiger Parteigenossen einen Gegensatz der Gewerkschaften zur Partei zu konstruieren versucht. Auch habe man der Parteipresse den Vorwurf gemacht, sie unterstütze nicht genügend die Gewerkschaften in ihrem Kampfe gegen das Unternehmertum. Doch wie sieht es mit diesem Vorwurf aus? Nimmt man die Parteipresse zur Hand, so werde man finden, dass die Forderungen der Gewerkschaften in hervorragender Weise in derselben vertreten sind. Anders mitunter die Gewerkschaftspresse. Da findet man einzelne Zeitungen, welche Artikeln Aufnahme gewähren, in welchen geradezu die Partei verhöhnt wird. Auch wurde von hervorragenden Gewerkschaftsführern der Ausspruch getan, man solle eine reine Gewerkschaftstheorie aufstellen. Es müsse zugegeben werden, dass die nächstliegenden Aufgaben der Gewerkschaften darin bestehen, bessere Arbeits- und Lohnbedingungen zu erringen. Wolle man aber den Arbeiter über die wahren Grundursachen der Forderungen aufklären, so komme man ohne weiteres auf das politische Gebiet. Auch sind viele allgemeine Forderungen der Gewerkschaften auf dem politischen Gebiet zu erkämpfen. Betrachte man aber alle Parteien, so wird man sofort herausfinden, dass die sozialdemokratische Partei einzig und allein die Forderungen der Gewerkschaften wirkungsvoll zu vertreten weiß. Darum sei der Ausspruch Bömelburgs, »die Partei und Gewerkschaften sind eins«, berechtigt.[a]

Nachdem Redner noch verschiedene treffende Ausführungen betreffs der Maifeier und Massenstreik gemacht hatte, schloss derselbe mit einem warmen Appell an die Genossen, unermüdlich zu agieren und zu organisieren und zwar für Partei und Gewerkschaften. Der reiche Beifall bewies, dass Redner aus dem Herzen der Parteigenossen gesprochen hatte. In der Diskussion wies Genosse Hoch darauf hin, dass jeder Parteigenosse die Lehren dieses Vortrags ins seiner Gewerkschaft betätigen soll. Auch hierin sei schon viel gefehlt worden. Pflicht eines jeden Gewerkschaftlers, der auf dem sozialistischen Standpunkt stehe, sei es, sich dem sozialdemokratischen Verein anzuschließen und die Parteipresse zu abonnieren. Eine weitere Diskussion wurde nicht beliebt, so folgte Schluss der Versammlung.

[a] In seiner Schlussrede als Präsident des Stuttgarter Gewerkschaftskongresses im Juni 1902.

75 Ende April 1906

Tarifvertrag der Kunstgießerei Wilhelma in Kesselstadt, abgeschlossen zwischen dem Inhaber Konrad und dem Bezirksleiter des DMV, Fritz Ehrler, in Vertretung der Arbeiter

Metallarbeiter-Zeitung Nr. 23, 9. Juni 1906.

Zwischen der Firma Kunstgießerei Wilhelma in Kesselstadt bei Hanau, vertreten durch den Inhaber Herrn Konrad, und ihren Arbeitern, vertreten durch den Bezirksvorsitzenden des Deutschen Metallarbeiter-Verbandes, Herrn Fritz Ehrler aus Frankfurt am Main, wurde unter heutigem folgende Vereinbarung getroffen:

1. Die tägliche Arbeitszeit wird ab 1. Mai cr. auf 9 ½ Stunden und ab 1. Mai 1907 auf 9 Stunden verkürzt.
2. Überzeitarbeit soll möglichst vermieden werden. In unvermeidlichen Fällen wird für Überstunden (bis 9 Uhr abends) ein Zuschlag von 25 Prozent, für Nachtarbeit (nach 9 Uhr abends) sowie für Sonntagsarbeit ein solcher von 50 Prozent zum vereinbarten Stundenlohn für Lohn- und Akkordarbeiter bezahlt. Wird ausnahmsweise in einem dringenden Falle nach Feierabend gegossen, so tritt obiger Zuschlag nur dann in Kraft, wenn das Gießen länger als eine halbe Stunde dauert.
3. Der Mindestlohn beträgt pro Tag für gelernte Former in den ersten zwei Jahren nach beendeter Lehrzeit 4 Mk., von da ab 5 Mk. Für Maschinenformer und Kernmacher gilt, soweit sie gelernte Former sind, der Mindestlohnsatz für Former; soweit sie angelernt werden, wird ein Mindestlohn von nicht unter 4 Mk., nach zweijähriger Tätigkeit nicht unter 5 Mk. bezahlt. Für Schmelzer, Gussspitzer und sonstige Gießereihilfsarbeiter unterliegt die Festlegung des Lohnes der freien Vereinbarung; derselbe soll jedoch bei entsprechender Leistung möglichst nicht unter 3 Mk., nach einjähriger Tätigkeit im Betrieb nicht unter 3,50 Mk. betragen.
4. Das Akkordsystem wird in der Weise geregelt, dass:
   a) der Akkordpreis dem Arbeiter vor Übernahme jeder Arbeit schriftlich mitgeteilt wird;
   b) der einmal festgesetzte Akkordpreis nur dann einer Revision unterzogen werden darf, wenn Veränderungen in der Arbeitsmethode oder der Arbeit selbst das bedingen;
   c) der vereinbarte Taglohn in den Fällen bezahlt wird, wo der Arbeiter in Akkord ohne sein Verschulden diesen nicht zu erreichen vermag;
   d) sämtliche Akkordpreise in ein den Arbeitern zur Einsicht zugängliches Verzeichnis mit Tinte eingetragen werden;
   e) die in Ziffer 5 vorgesehene Kommission bei Differenzfällen über die Akkordpreise zugezogen wird.
5. Soweit dem Former keine grobe Vernachlässigung nachgewiesen werden kann, wird entstehender Fehlguss bezahlt. Die Firma behält sich jedoch das Recht vor, bei nachweislich groben Verschulden der Kernmacher an entstehendem Fehlguss, diese für den Betrag des an dem Former für das betreffende Fehlgussstück bezahlten Lohnes haftbar zu machen. Formern wie Kernmachern muss die Möglichkeit gewährt werden, sich an dem in Frage kommenden Stück durch Augenschein von ihrem Verschulden überzeugen zu können. Ist zwischen Meister und Arbeiter über die Frage eines etwaigen Verschuldens am Fehlguss eine Einigung nicht zu

erzielen, so wird die Entscheidung darüber einer paritätischen Kommission aus Vertretern der Betriebsleitung und der Arbeiter überlassen.

6. Die Betriebsleitung erklärt sich bereit, berechtigten Anforderungen der Arbeiter in Bezug auf genügende Betriebssicherheit und die Erhaltung der Gesundheit der Arbeiter durch entsprechende hygienische Einrichtungen nach bester Möglichkeit Rechnung zu tragen.
7. Die Regelung etwaiger Streitigkeiten über die Auslegung einzelner Vertragsbestimmungen oder sonstiger Differenzen geschieht durch eine von den Arbeitern zu wählende Kommission mit der Betriebsleitung. Falls diese eine Einigung nicht erzielen können, werden die Vertreter des Deutschen Metallarbeiter-Verbandes zugezogen.
8. Vorstehender Vertrag gilt auf die Dauer von zwei Jahren und tritt mit der Unterzeichnung in Kraft. Wird vier Wochen vor Ablauf des Vertrags dieser von keiner Seite gekündigt, so gilt derselbe stillschweigend auf je ein weiteres Jahr abgeschlossen. Die Parteien verpflichten sich, vor dem Kündigungstermin über etwa für notwendig gehaltene Änderungen einzelner Vertragsbestimmungen in gegenseitige Verhandlungen einzutreten.

76 — August 1906

Der Kampf gegen die Bierpreiserhöhung (Bierboykott) und gegen indirekte Steuerbelastung

76a Bericht der »Volksstimme« über eine Volksversammlung gegen die geplante Bierpreiserhöhung und die Rede des Reichstagsabgeordneten Gustav Hoch (SPD) über die volksfeindliche Steuerpolitik (Auszug), 6. August 1906

Volksstimme (Frankfurt) Nr. 182, 7. August 1906.

Wohl noch nie hat in Hanau eine imposantere Volksversammlung stattgefunden, als die am gestrigen Abend. Bereits um 8 Uhr war im Saale kein Platz mehr zu finden. Hunderte mussten sich an den Eingängen und im Garten postieren. Annähernd 1000 Personen mögen es gewesen sein, die dem Rufe, einen Protest gegen die geplante Bierpreiserhöhung auszusprechen, Folge geleistet hatten. Genosse Hoch verstand es in einer vorzüglichen Weise, den Anwesenden das gemeingefährliche Treiben und die Schädigungen der indirekten Steuerpolitik Deutschlands vorzuführen. Redner wies nach, dass gerade die Wohlhabenden, die Reichen, die Millionen aufstapeln, die die Arbeiter ihnen schaffen, am allerehesten in der Lage seien, die Kosten der verkehrten deutschen Reichs- und Zollpolitik zu tragen. Die wenigen Zölle, die von den Besitzenden getragen werden, als Erbschafts-, Tantieme-, und Automobilsteuer, bringen dem Staate aber nur weniges ein, sind nur Sand in die Augen, während aus der Zigaretten-, Fahrkarten-, und Biersteuer Millionen herausgepresst werden sollen, die zum allergrößten Teil von der ärmeren Bevölkerung zu tragen sind. Bezeichnenderweise ist es gerade das Zentrum gewesen, welches erklärte, durch die neugeschaffene Brausteuer werde der Arbeiter und der Mittelstand nicht getroffen. Aber der Zweck unseres heutigen Beisammenseins dürfte einen jeden eines Besseren belehren. Bei der

Zustimmung zu dieser Steuer hat das Zentrum sich nur einen Deckmantel umhängen wollen. Denn die Zentrumsmänner sind doch nicht so einfältig, um nicht zu wissen, dass die Großkapitalisten, in diesem Falle die Brauereibesitzer, jede Belastung ihres Betriebes oder Einschränkung ihres Profits von sich auf die Schulter der Konsumenten abzuwälzen versuchen. Unter lebhaften Zurufen und stürmischen Pfuirufen geißelte Redner diese scheinbare Wohltätigkeit der bürgerlichen Mehrheitsparteien und insbesondere unseres Reichstagsabgeordneten Dr. Lucas[a], welcher zwar erklärte, dass er nur schweren Herzens (?) für diese neuen Steuern gestimmt hätte, aber doch nicht soviel Rückgrat besaß, gegen diese ungerechte Mehrbelastung des Volkes zu stimmen. Wie unter den heutigen Verhältnissen die Großkapitalisten selbst die allerbescheidensten und selbstverständlichen Forderungen der Arbeiter brüsk ablehnen, aus Angst, ihr Profit könnte um wenige Mark geschmälert, erleben wir ja gerade jetzt bei der Zigarrenfabrik von Kehl & Gustine, die ihre Arbeiter und Arbeiterinnen um einiger Pfennige willen einfach aufs Straßenpflaster warf, der Not und dem Elend preisgab[b]. Die Bierpreiserhöhung ist auch eine solche Erscheinung der kapitalistischen Entwicklung. Die Großen und Mächtigen versuchen den kleinen Mann zu erdrücken. Aber die ganze Bevölkerung Hanaus wendet sich einmütig gegen dieses Ansinnen des Hanauer Brauerringes. Nur der Hanauer Zeitung blieb es vorbehalten, kurz vor der Versammlung der Einwohnerschaft zu empfehlen, die Preiserhöhung ruhig auf sich zu nehmen. Geradezu beschämend sei das Verhalten dieser Zeitung. Die Arbeiterschaft sei verpflichtet, diesem Blatte die richtige Antwort zu erteilen. Hinaus mit solchen Blättern, die nur im Interesse des Großkapitals arbeiten, anstatt für die Interessen des größten Teiles der Einwohnerschaft einzutreten. (Lebhafte Zustimmung.) Redner empfahl sodann am Schlusse seines Referates als geeignetes Mittel, dieser Mehrbelastung des Volkes wirksam entgegenzutreten, den gänzlichen Boykott jeglichen Bieres und schloss unter brausendem Beifall mit der Aufforderung, mannhaft in diesem Kampfe zusammenzustehen, dann wird es uns auch gelingen, den Kampf siegreich zu Ende zu führen.

Folgende Resolution wurde sodann einstimmig angenommen:[c]

Eine Kommission von neun Personen wurde beauftragt, alle weiteren Maßnahmen für diesen Kampf zu treffen. Vor allem richten wir an die gesamte Bevölkerung der Umgebung und speziell Frankfurts die Aufforderung, diesen Kampf mit allen ihnen zu Gebote stehenden Mitteln zu unterstützen. Überall, wo Hanauer Bier verzapft wird, muss es Ehrensache nicht nur der Arbeiter sein, keinen Tropfen dieses Bieres zu sich zu nehmen. In den nächsten Tagen wird ein Flugblatt zu Verbreitung gelangen.

Am heutigen Abend findet eine öffentliche Kartellversammlung statt, die ebenfalls Stellung zu dem beschlossenen Boykott nimmt. Kein Vorstand, kein Delegierter, kein Arbeiter darf in dieser Versammlung fehlen!

[a] 1903 gewann in der Stichwahl der nationalliberale Georg Lucas vor Gustav Hoch das Reichstagsmandat.

[b] Nachdem am 4. Juli die 47 Wickelmacherinnen gekündigt hatten, sperrte die Firma 15 Zigarrenarbeiter aus. Die Aussperrung endete erst am 13. August.

[c] Siehe folgendes Dokument.

76b Resolution der Protestversammlung gegen die Bierpreiserhöhung, 6. August 1906

Volksstimme (Frankfurt) Nr. 182, 7. August 1906.

Die heutige Versammlung protestiert gegen den Versuch der Ringbrauereien und eines Teiles der Gastwirte, nicht nur die neue Biersteuer auf die Konsumenten abzuwälzen, sondern zugleich den Bierpreis soweit zu erhöhen, dass sowohl für die Brauereinen als auch für die Wirte ein Extraprofit abfällt. Die Versammlung verpflichtet sich, gegen diese ganz und gar ungerechtfertigte Schröpfung der großen Masse der Bevölkerung den Kampf mit allen gesetzlichen Mitteln aufzunehmen. Als das wirksamste Mittel in diesem Kampfe betrachtet es die Versammlung, dass die hiesige Bevölkerung und die der Umgegend jeglichen Bierkonsum vorläufig einstellt. Auf diese Weise muss den Brauereibesitzern gezeigt werden, dass sie den Preis für das Bier nicht beliebig erhöhen können, sondern auf die Verhältnisse der Konsumenten Rücksicht nehmen müssen.

Da wir nicht den Bierwuchern in die Hände arbeiten wollen, so gilt für uns die Parole:

Wir trinken kein Bier, zu welchem Preise es uns auch immer angeboten wird, so lange, bis die Brauereibesitzer von der geplanten Erhöhung des Bierpreises Abstand genommen haben.

77 September – Oktober 1906

Die Lohnbewegung der Gold- und Silberarbeiter

77a Bericht der »Metallarbeiter-Zeitung« über die Forderungen, die die Gold- und Silberarbeiter in einer Versammlung im Saalbau an die Unternehmer gestellt haben, 13. September 1906

Metallarbeiter-Zeitung Nr. 39, 29. September 1906.

Am 13. September fand hier im Saalbau eine von über 1200 Personen besuchte Versammlung der in der Gold- und Silberindustrie beschäftigten Personen statt. Die Tagesordnung lautete: »Welche Forderungen haben die Hanauer Gold- und Silberarbeiter an ihre Unternehmer zu stellen?« Kollege Ehrler aus Frankfurt wies in einer anderthalbstündigen Rede an Hand der letzten statistischen Aufnahme nach, dass der Wunsch einer großen Zahl von Kollegen, unbedingt eine Lohnaufbesserung zu fordern, vollauf berechtigt sei. Sei doch der Durchschnittsverdienst der Bijoutiers, Kettenmacher und Silberarbeiter noch nicht einmal 24 Mk. Wohl seien einzelne da, die 60, 70 und 75 Pf. die Stunde hätten, dass seien aber keine Arbeiter mehr, sondern Künstler. Für Künstler sei dieses aber noch lange keine richtige Bezahlung. Aber der größere Teil würde mit 35 bis 40 Pf. abgespeist. Die Anfangslöhne seien zu niedrig. Denn wenn jemand vier bis fünf Jahre gelernt und nebenbei noch die Königliche Zeichenakademie besucht habe, seien 23 bis 28 Pf. zu wenig. Ja, mit 20 Pfennig werden Arbeiter eingestellt. Dass mit diesem Lohn ein junger Mann nicht auf eigenen Füßen stehen könne, sondern sich noch von seinen Eltern durchschleppen lassen müsse, sei klar. Die voriges Jahr mit so viel Aufhebens in die Welt posaunte Zulage komme lediglich auf das Konto dieser jungen Leute, denn mit der Zulage hätten diese jetzt gerade so viel, als ihnen von Rechtswegen gleich nach der Lehre gehört hätte. Redner ging dann des näheren auf die von den Vertrauensleuten der Gold- und Silberarbeiter aufgestellten Forderungen ein, begründete sie in eingehender Weise und wies an Hand von Beispielen deren Berechtigung nach. Namentlich was den Minimallohn anbelange, so sei dies eine Forderung, die mit Rücksicht auf die Lehrzeit dieses Berufs gewiss bescheiden genannt werden dürfe, und zumal auch nachweisbar in anderen Berufen die Hilfsarbeiter 21 bis 24 Mk. Mindestlohn hätten. Die fünfzehnprozentige Lohnforderung sei wohl das mindeste, was in Anbetracht der Steigerung der Lebensmittel, Miete, Steuern usw. gefordert werden könnte. Die neunstündige Arbeitszeit sei in vielen anderen Berufen eingeführt, die auf dem Weltmarkt mehr auszustehen hätten, als diese Industrie. Die Bezahlung der Überstunden sowie die Regelung des Lehrlingswesens, ferner Abschaffung der Akkord- und Heimarbeit waren schon einmal früher vom Fachverein mit den Unternehmern in befriedigender Weise geregelt gewesen, durch die Lauheit einiger Kollegen ist das Erreichte von verschiedenen Unternehmern durchbrochen worden. Akkordarbeit komme nur vereinzelt vor, so dass dieser Punkt leicht seine Erledigung finden dürfte. Die Schäden der Heimarbeit seien jedem bekannt, und es bedürfe deshalb diese Frage unbedingt einer Regelung. Bezahlung der Feiertage sowie Einführung der achttägigen Ferien sei eine Forderung, die diese Industrie leicht vertragen könne, zumal letzterer Punkt schon von verschiedenen Geschäften eingeführt sei. Die Bezahlung der unverschuldeten Versäumnisse sei schon im § 616 des Bürgerlichen Gesetzbuches ausdrücklich bestimmt, aber es komme doch hie und da zu Meinungsverschiedenheiten, und deshalb sei eine tarifliche Festlegung unbedingt notwendig. Mit der festen Überzeugung, dass diese Forderungen den Beifall aller Versammelten finden werde, schloss Redner seine trefflichen Ausführungen. Die Forderungen selbst lauteten folgendermaßen:[a]

Nach der Abstimmung konstatierte Kollege Crass die einstimmige Annahme. Im Schlusswort gab Kollege Ehrler noch die nötigen Verhaltungsmaßregeln, dass sich keiner provozieren lassen solle. Weiter gab er seiner festen Überzeugung Ausdruck, dass diese gewiss bescheiden zu nennenden Forderungen bei den Unternehmern auf keinen Widerstand stoßen werden, zumal die heutige Versammlung ja klar und unzweideutig beweise, dass es den Kollegen mit ihren Wünschen ernst sei. Dies zeige der außergewöhnliche Versammlungsbesuch, wie er jedenfalls noch nicht da gewesen sein dürfte. Mit einem brausenden Hoch auf den Deutschen Metallarbeiter-Verband wurde die Versammlung geschlossen. 400 Neuaufnahmen wurden dabei gemacht und damit dürfte hier so ziemlich der letzte Kollege unserer Branche geholt sein.

[a] Siehe folgendes Dokument.

77b Die in der Versammlung angenommenen Forderungen, 13. September 1906

Metallarbeiter Zeitung Nr. 39, 29. September 1906.

Entwurf der Grundsätze zur Reglung der Lohn und Arbeitsverhältnisse für die Gold- und Silberarbeiter Hanaus mit Umgebung. 1. Festlegung eines Mindestlohnes von 21 Mk. pro Woche für ausgelernte Arbeiter. Ein Jahr nach beendeter Lehrzeit darf kein gelernter Arbeiter der Gold- und Silberbrache weniger als 24 Mk. pro Woche erhalten. 2. Einführung der neunstündigen Arbeitszeit inklusive der bisher üblichen Frühstücks- und Vesperpausen. Diese Verkürzung der Arbeitszeit darf keine Kürzung des bisherigen Wochenverdienstes zur Folge haben. – Die Mittagspause ist strengstens einzuhalten, so dass nicht einzelne oder mehrere Arbeiter während derselben weiter arbeiten. 3. Eine allgemeine Lohnerhöhung auf die bisherigen Wochenverdienste um 15 Prozent; insoweit durch diese für einzelne Arbeiter der Mindestlohn nicht erreicht wird, muss letzterer bezahlt werden. 4. Eine Besserbezahlung der Überstunden, und zwar wie folgt: Für die ersten zwei Stunden nach der üblichen Arbeitszeit 25 Prozent, für jede darüber hinausgehende Stunde und für Sonntagsarbeit 50 Prozent. Alle außer die reguläre Arbeitszeit fallende Tätigkeit, auch die Einholung etwaiger Versäumnisse, wird als Überzeitarbeit gerechnet. 5. Abschaffung der Akkordarbeit. 6. Abschaffung der Heimarbeit. 7. Bezahlung aller unverschuldeten Versäumnisse, wie: Stellung zur Kontrollversammlung, Ausführung von Ehrenämtern für Staat und Gemeinde, kurze militärische Dienstleistungen oder sonstige durch den Arbeiter unverschuldete Unterbrechungen der Arbeit. 9. Allgemeine Einführung einer achttägigen Ferienzeit im Jahre unter Fortbezahlung des Wochenlohnes. 10. Regelung des Lehrlingswesens in der Weise, dass auf je vier Arbeiter nicht mehr wie ein Lehrling beschäftigt werden darf.

77c Vertrag zwischen den Arbeitgebern der Edelmetallindustrie von Hanau und Umgegend und den in dieser Industrie beschäftigten Arbeitern, vertreten durch den DMV, 3. Oktober 1906

Volksstimme (Frankfurt) Nr. 236, 9. Oktober 1906; Metallarbeiter-Zeitung Nr. 4, 26. Januar 1907. Die Textgestaltung folgt der Metallarbeiter-Zeitung. Anmerkung teilweise in der Vorlage.

Vertrag[a]

Zwischen den Arbeitgebern der Edelmetallindustrie von Hanau und Umgegend, vertreten durch den Vorsitzenden und den Geschäftsführer des Arbeitgeber-Verbandes der Hanauer Edelmetallindustrie, Herrn Karl Glaser und Herrn Dr. phil. Grambow, und den in dieser Industrie beschäftigen Arbeitern, vertreten durch den Bezirksleiter des Deutschen Metallarbeiter-Verbandes, Herrn Fritz Ehrler zu Frankfurt (Main), wird unter Heutigem die nachfolgende, das Arbeitsverhältnis der in der Edelmetallindustrie von Hanau und Umgegend beschäftigten Arbeiter betreffende Vereinbarung getroffen:

§ 1. Es soll die Beseitigung der zum Teil vorhandenen unverhältnismäßig niedrigen Löhne für ausgelernte Gehilfen angestrebt werden.

§ 2. Die Arbeitszeit beträgt pro Tag 9 Stunden. Die Verkürzung der Arbeitszeit von 10 auf 9 Stunden pro Tag darf keine Kürzung der bisherigen Wochenverdienste zur Folge haben. Die regelmäßige Mittagspause ist nach Möglichkeit streng innezuhalten, und ein Zurückbehalten einzelner Arbeiter soll tunlichst vermieden, in jedem Fall aber rechtzeitig angesagt werden. Die neunstündige Arbeitszeit ist als effektive zu betrachten und ihre Durchführung soll in der Weise geschehen, dass ein möglichst pünktliches Anfangen der Arbeit morgens und mittags seitens aller Arbeiter stattfindet.
§ 3. Mit Beginn der auf den Vertragschluss folgenden Lohnwoche tritt eine allgemeine Lohnerhöhung um 10 Prozent auf die am 1. Juli 1906 bezahlten Wochenverdienste in Kraft. Diese Erhöhung erstreckt sich auf alle Lohnarten (Akkord- und Heimarbeit).
§ 4. Überstunden werden mit folgenden Zuschlägen bezahlt: Für die ersten zwei die übliche Arbeitszeit übersteigenden Stunden 20 Prozent, für jede weitere Stunde 50 Prozent und für Sonntagsarbeit 100 Prozent des vereinbarten Stundenlohnsatzes. Die gemäß § 105b der Gewerbeordnung am Sonntag zulässigen, im Interesse der Aufrechterhaltung des Betriebs liegenden Reparatur- und Instandhaltungsarbeiten werden mit 50 Prozent Zuschlag entlohnt. Als Überstunden werden diejenigen Arbeitsstunden täglich gerechnet, welche über die neunstündige Arbeitszeit hinausgehen. Die Überstunden werden auch dann höher bezahlt, wenn während der normalen Arbeitszeit eine unfreiwillige Versäumnis vorgelegen hat, zum Beispiel durch persönliche Erkrankung des Arbeiters, Krankheitsfall in seiner Familie, Wohnungswechsel oder dergleichen. In Abzug gebracht werden bei Feststellung der Überstunden für den betreffenden Tag dagegen Versäumnisse, welche freiwillig oder ohne zwingenden Grund herbeigeführt sind, zum Beispiel durch Zuspätkommen, durch Ausflüge, durch Unterbrechen oder Versäumen der Arbeitszeit ohne rechtzeitige Mitteilung.
§ 5. Die Abschaffung der Akkordarbeit soll nach Möglichkeit angestrebt werden, ist zurzeit aber nicht in allen Betrieben durchführbar. Die Akkordpreise werden dem Arbeiter vor Übernahme der Arbeit schriftlich mitgeteilt. Bei Akkorden, welche zum erstenmal vereinbart werden und soweit ein etwaiger Minderverdienst nicht auf ein Verschulden des Arbeiters selbst zurückzuführen ist, wird der Stundenlohn garantiert, der mit jedem Akkordarbeiter zu vereinbaren ist.
§ 6. Für die regelmäßig in dem Betrieb beschäftigten Arbeiter soll die Heimarbeit tunlichst beschränkt werden. Soweit sie beibehalten wird, ist vorausgesetzt, dass sie nur freiwillig übernommen werden soll, keinerlei Zwang hierzu ausgeübt werden darf und die Ablehnung ihrer Übernahme für den betreffenden Arbeiter nachteilige Folgen in keiner Weise haben soll.
§ 7. Bei unverschuldeten Versäumnissen wird (gemäß § 616 des Bürgerlichen Gesetzbuches) für die Kontrollversammlungen, kurze militärische Übungen und für die Ausübung von Ämtern, deren Übernahme staatsbürgerliche Pflicht ist, der Lohn weiterbezahlt. Die Bezahlung von Versäumnissen infolge Ausübung anderer staatlicher und kommunaler Ehrenämter wird in das Ermessen jedes einzelnen Arbeitgebers gestellt. Sonstige kurze Unterbrechungen (bei Inventuraufnahme, Reparaturen in den Betriebsräumen und dergleichen) sollen ohne Aufschub nachgearbeitet werden und vergütet werden.
§ 8. Die Regelung des Lehrlingswesens bleibt späterer Vereinbarung vorbehalten.
§ 9. Zur Schlichtung von Streitfällen wird ein Schiedsgericht eingesetzt, das je zur Hälfte aus Arbeitgebern und Arbeitnehmern besteht.

§ 10. Die Vorstände beider eingangs genannten Organisationen verpflichten sich, für die Durchführung und strenge Innehaltung der vorstehenden Vereinbarungen seitens ihrer Mitglieder Sorge zu tragen.
Dieser Vertrag wird mit Dauer bis zum 1. Juli 1908 geschlossen, unter Festsetzung einer dreimonatigen Kündigungsfrist.

[a] »Anerkannt von 71 Firmen mit 1808 Arbeitern«. Der Vertrag wurde in einer Versammlung der Gold- und Silberarbeiter am 6. Oktober 1906 angenommen.

78 September 1907

Die Polemik des Fabrikanten Wilhelm Heraeus gegen die Sozialdemokratie

78a Festrede des Fabrikanten Wilhelm Heraeus anlässlich der Einweihungsfeier des Volksgesellschaftshauses »Concordia« als Vereinshaus für die christlichen und national gesinnten Arbeiter (Auszug), 7. September 1907

Hanauer Anzeiger Nr. 210, 9. September 1907.

Meine Herren! Es waren im Juni drei Jahre, dass sich ein Ausschuss[a] in unserer Stadt gebildet hatte, der es sich zur Aufgabe stellte, einen Saalbau zu errichten, um einerseits dem Evangelischen Arbeiterverein eine Unterkunft zu gewähren, andererseits für alle nationalgesinnten Arbeiter Hanaus einen Mittelpunkt zu schaffen. Der Aufruf, mit welchem sich dieser Ausschuss an die wohlhabenden Einwohner der Stadt um finanzielle Unterstützung wandte, hatte den Erfolg, dass sofort 21 500 Mark gezeichnet wurden und da sich auch der Evangelische Arbeiterverein mit einem ihm zur Verfügung stehenden Kapital von 7000 Mark zu beteiligen beschloss, so schien damit der finanzielle Teil der Angelegenheit in zufriedenstellender Weise gelöst. Es kam zur Bildung der Gesellschaft mit beschränkter Haftung Volksgesellschaftshaus Concordia und zum Ankauf des Anwesens auf dem wir uns hier befinden, des Hauses, in dem einst die Brüder Grimm das Licht der Welt erblickt hatten.

Herr Architekt Deines wurde dazu ausersehen, ein Projekt für die notwendigen Umbauten und Neubauten zu entwerfen, und er hat diese vielleicht nicht ganz leichte Aufgabe nach unserer Überzeugung in außerordentlich glücklicher Weise gelöst. [...]

Soviel nur über die Vergangenheit dieses Unternehmens und nun will ich mich dem wichtigeren Teil seiner Zukunft resp. seiner Bestimmung zuwenden, wobei ich glaube, etwas ausführlicher meine Ansicht über die Arbeiterbewegung darlegen zu sollen, da diese ja mit der Bestimmung dieses Hauses eng verknüpft ist. Schon zu Anfang meiner Ausführungen habe ich bemerkt, dass sein Zweck derjenige sein solle, allen denjenigen Arbeitern, welche nicht gewillt seien, sich der Sozialdemokratie anzuschließen, ein Heim, einen Mittelpunkt zu schaffen, damit sie sich fester aneinanderschließen und allmählich dahin kommen könnten, dass sie nicht mehr wie seither so vollständig dem Terrorismus der Sozialdemokratie ausgesetzt wären. Wenn so dieser Bau in der ausdrücklichen Absicht errichtet worden ist, der Sozialdemokratie entgegenzutreten, sie zu bekämpfen, so möchte ich aber gleich doch das betonen, dass nach meinem Wunsch dieser Kampf nicht in gehässiger Weise geführt werden soll, dass die Concordia nicht dazu dienen soll, um die Zwietracht unter unserer Bevölkerung, den Hass zwischen den einzelnen Volksklassen und zwischen den sozialdemokratischen und nichtsozialdemokratischen Arbeitern zu erweitern und zu verschärfen.

Nicht im Bekämpfen des Gegners wollen wir unserer Hauptaufgabe erblicken, sondern darin, dass wir die Klassengegensätze zu mindern bestrebt sind, dass wir das Verständnis für die sozialen Forderungen der Zeit zu vertiefen suchen, kurz, dass wir Positives in der Arbeiterfürsorge leisten. Vielleicht wird es dann der Concordia beschieden sein, allmählich eine Versöhnung zwischen den jetzt feindlichen Parteien anzubahnen.

Meine Herren! Es ist schon oft darauf hingewiesen worden, ich möchte das aber heute auch an dieser Stelle einmal hervorheben, dass für spätere Generationen, denen unser Zeitalter – entrückt dem Kampf und der Leidenschaft des Tages – lediglich als ein Abschnitt der vieltausendjährigen Geschichte des Menschengeschlechts erscheint, dass für diese die letzten Jahrzehnte und wohl auch noch die vor uns liegenden die Zeit eines gewaltigen Aufwärtsstrebens der breiten Massen des Volkes bedeutet – und zwar trifft dieses für Deutschland und mehr oder weniger auch für die sonstigen Kulturstaaten zu.

In der Hauptsache haben wir diese Erscheinung der mächtigen Entwicklung der Industrie in den meisten Kulturstaaten zu danken. Ich bin aber vorurteilslos genug, um meinerseits anzuerkennen, dass die Sozialdemokratie ebenfalls zu diesen Errungenschaften beigetragen hat und ich bin auch vorurteilslos genug, um offen anzuerkennen, dass dieses nur möglich war, weil auch viele gesunde Kräfte in der Sozialdemokratie tätig sind. Aber umso mehr muss man es bedauern, dass die Sozialdemokratie neben dem Guten, was sie bisher geschaffen hat, meiner festen Überzeugung nach schon unendlichen Schaden unserer deutschen Nation zugefügt hat, und umso weniger darf man die Augen davor verschließen, dass die größten Gefahren unserem Vaterland drohen, wenn es nicht gelingt, dieser sozialdemokratischen Bewegung Herr zu werden oder sie in andere Bahnen zu lenken. Wenn wir die Arbeiterbewegung im Ganzen betrachten, so müssen wir zwei Strömungen streng auseinanderhalten. Das eine ist die gewerkschaftliche Bewegung – die lediglich die materielle Lage des Arbeiterstandes zu bessern, ihm bessere Löhne zu erobern berufen ist, mit Politik aber nicht zu tun hat, wenigstens zu tun haben sollte. Das andere ist die sozialdemokratische Bewegung, die lediglich politische Zwecke verfolgt, die nicht nur die Monarchie abzuschaffen und ein demokratisches Regiment einzuführen bestrebt ist, sondern einen Zukunftsstaat einführen zu wollen behauptet, der angeblich die Welt in ein Paradies verwandeln würde, in Wirklichkeit aber so unsinnig ist, dass kein verständiger Mensch und danach auch kein verständiger Sozialdemokrat an seine Existenzfähigkeit glaubt.

Sprechen wir zunächst von der gewerkschaftlichen Bewegung, so kann es meines Erachtens auch nicht dem geringsten Zweifel unterliegen, dass dieselbe ihre vollste Berechtigung hat und ihr diese Berechtigung heutzutage auch vom Staat, soweit sie sich in gesetzmäßiger Form abspielt, nicht aberkannt wird. Der Kampf der Gewerkschaften mit dem Unternehmertum ist, wenn man die Sache ganz objektiv betrachtet, Privatsache der von dem Kampf betroffenen Kreise, das große Publikum hat durchaus keinen Grund nach der einen oder anderen Seite Partei zu ergreifen, geschweige denn den Arbeitern einen größeren Anteil an dem Gewinn, der in den betreffenden

Unternehmungen erzielt wird, zu missgönnen. Wenn die Erwerbsverhältnisse der in einer beliebigen Branche beschäftigten Personen schlechter sind, als in anderen ähnlichen Branchen, während die Unternehmer ansehnliche Gewinne einstecken, so wird das große Publikum sich unter Umständen mit seiner Sympathie in diesem Kampf auf die Seite der Arbeiter stellen, wie wir das schon des Öfteren erlebt haben. Ganz abgesehen davon, dass die Besserstellung von 1000 Menschen in weit höherem Maß wieder den Wohlstand weiter Kreise beeinflussen wird, als wenn einigen wenigen Personen der höhere Gewinn zufließt.

Da andererseits die Arbeiter häufig nicht beurteilen können, ob ein Unternehmer, oder wie es heutzutage viel häufiger vorkommt, eine größere Anzahl von gleichen und ähnlichen Unternehmungen in der Lage sind, die von den Arbeitern geforderten Löhne zu zahlen, so kann es den Unternehmern ganz gewiss nicht verwehrt werden, sich ebenfalls zusammenzuschließen, um sich ihrerseits gemeinsam gegen unberechtigte Forderungen zu wehren. Ein Sieg der Arbeiter, welcher dahin führen würde, dass die Geschäfte, in denen sie beschäftigt sind, nicht mehr existenzfähig sind oder zum mindesten nicht mehr leistungsfähig genug sind, um den harten Kampf, der im wirtschaftlichen Leben fast keiner Branche erspart ist, auf die Dauer zu bestehen, würde für die Arbeiter die gleichen schlimmen wirtschaftlichen Folgen haben, wie für die Unternehmer.

Der Kampf zwischen Arbeitgebern und Arbeitnehmern wird nie aus der Welt geschafft werden können, je mehr in einem Lande die Industrie sich ausbreitet und zur Blüte gelangt – je mehr die Zahl der Arbeitskräfte wächst, die in der Industrie Beschäftigung finden, um so mehr wird der Boden für künftige Streiks geebnet, denn sobald ein gewisser, wenn auch nur partieller Mangel an geeigneten Arbeitskräften eintritt, hat die Ware Arbeitskraft das Bestreben, teurer zu werden, wie jede andere Ware auch, und der Weg, den höheren Preis durchzusetzen, wird häufig in Organisation und eventuell in Streiks gegeben sein. [...]

Meine Herren! Man mag hierüber denken wie man will, jedenfalls lässt sich an diesen wirtschaftlichen Verhältnissen, an dieser Entwicklung nichts ändern, wir müssen lediglich darauf ausgehen, die Nachteile, die Schäden, welche sie gebracht hat, nach Möglichkeit zu mildern. Vor allem müssen die Arbeitgeber sich davor hüten, die Anschauungen, die für die früheren Verhältnisse gepasst haben, für die heutigen aber nicht mehr passen, als die alleinig richtigen anzusehen, sie müssen lernen, die Erfordernisse der Zeit zu verstehen. Und dazu gehört eben auch die Notwendigkeit der Organisation für Arbeitgeber sowohl wie Arbeitnehmer.

Ich sehe davon ab, auf das außerordentlich diffizile Thema hier einzugehen, wie weit die Machtsphäre der beiderseitigen Organisationen vom moralischen wie vom rechtlichen und wirtschaftlichen Standpunkt reichen darf, ich will hier auch nicht näher darauf eingehen, dass vorläufig in dieser Beziehung auf beiden Seiten häufig Fehler gemacht werden, die in der Übergangszeit begreiflich sind, glaube aber das erwähnen zu sollen, dass der Terrorismus, wie ihn die freien Gewerkschaften unter ihren Berufsgenossen ausüben, sicherlich in keiner Weise gebilligt werden kann.

Wir wissen, dass es sehr häufig nicht in das Belieben eines Arbeiters gestellt ist, ob er sich einer Organisation und eventuell welcher anschließen will, sondern dass der, welcher sich nicht geneigt zeigt, der freien Gewerkschaft beizutreten, in solcher Weise drangsaliert wird, indem es ihm häufig sogar unmöglich gemacht wird, seinen Beruf auszuüben, dass er in den meisten Fällen, um sich und die Seinen nicht ins größte Elend zu bringen, auch gegen seine Überzeugung sich der Gewerkschaft anschließt. Es ist diese eine so offenkundige Tatsache, dass es, obgleich von der Sozialdemokratie nur zu gerne jeglicher Terrorismus abgeleugnet wird, unnötig ist, auch nur ein Wort darüber zu verlieren. Tatsächlich haben die freien sozialdemokratischen Gewerkschaften einen Staat im Staat geschaffen, der sich von der schlimmsten Tyrannei durch nichts unterscheidet. Ist die gewerkschaftliche Idee eine gesunde, dann muss sie auch ohne solchen Zwang, der sich fortgesetzt in den unwürdigsten Formen geltend macht, auskommen.

Ich glaube annehmen zu sollen, dass diese Kampfesart der freien Gewerkschaften darauf zurückzuführen ist, dass dieselbe vollkommen von sozialdemokratischem Geist durchtränkt ist und damit komme ich von der gewerkschaftlichen auf die andere, die politische Strömung in der Arbeiterbewegung, die Sozialdemokratie.

An sich ist eine politische Betätigung der Arbeiterschaft selbstverständlich ebenfalls durchaus berechtigt und wünschenswert, nur meine ich nicht so, wie sie sich bei uns in der Sozialdemokratie verkörpert. Wenn es mir auch an sich fern liegt, diesen Ort und diese Stunde dazu benutzen zu wollen, um mich in Angriffen über die Sozialdemokratie zu ergehen, da sie eine Erwiderung nicht finden könnten, so halte ich es doch für selbstverständlich, dass man bei der Eröffnung dieses Saales, der gebaut worden ist, um gerade den nicht sozialdemokratischen Arbeitern eine Heimstätte zu gründen, die Sozialdemokratie nicht mit Stillschweigen übergehen kann. Ich persönlich sehe auch keinen Grund ein, mit meiner Ansicht über die Sozialdemokratie zurückzuhalten, da ich jedem das Recht einräume, eine entgegengesetzte Meinung zu haben und zu äußern und meine politische Anschauung zu kritisieren. Ich verhehle auch nicht, dass es Arbeiter genug gibt, die sich zur Sozialdemokratie bekennen, gegen die ich im übrigen als Menschen nicht das Geringste einzuwenden habe. Ich bin aber von jeher der Ansicht gewesen und bin dieser Ansicht auch heute, dass die Ziele, welche die Sozialdemokratie verfolgt, zum großen Teil unsinnig sind, dass die Mittel, die sie zur Erreichung dieser Ziele anwendet, zum größten Teil verwerflich sind, dass der Einfluss, den die Sozialdemokratie auf den Volkscharakter ausübt, verderblich ist.

Aus allen diesen Gründen bin ich der Ansicht, dass die sozialdemokratische Bewegung von jedem, der es mit unserem Vaterlande gut meint, bekämpft werden muss. Ich meine, wenn man sich diese Bewegung recht vorurteilslos betrachtet, so muss es einem auffallen, wie es kommt, dass diese Partei, die ausschließlich oder in erster Linie die Interessen der Arbeiter vertreten soll, wie sie einst von den Juden Marx und Lasalle begründet worden ist, so auch in ganz hervorragendem Maß von Juden geleitet wird, obgleich es doch nur ganz verschwindend wenige jüdische Arbeiter gibt. Ich weiß mich vollkommen frei von antisemitischen Anschauungen, aber deshalb kann ich doch die Frage aufwerfen, warum müssen es denn ausgesprochene Juden oder doch Leute jüdischer Abkunft sein aus allen möglichen Berufsklassen, nur nicht aus dem Arbeiterstande, welche im Reichstag ebenso wie in den Lokalorganisationen die Bewegung leiten. Ich meine schon diese eine Betrachtung müsste die Arbeiter doch stutzig machen und zur Frage drängen, ist es denn wirklich ein so ausgesprochenes Interesse an dem Arbeiter, mit dem sie an sich weder religiöse noch berufliche, weder ideelle noch materielle Berührungspunkte haben, oder sind es bei dem größten Teil dieser Herren nicht ganz andere Gründe, die sie dazu veranlassen, sich als Arbeitervertreter aufzuspielen.

Ich meine gerade durch diese Verquickung mit Elementen, die an sich gar nicht hineingehören, ist diese Arbeiterbewegung immer mehr in Bahnen gelenkt worden, die gerade für den national empfindenden Deutschen am unverständlichsten und bedauerlichsten erscheinen – das ist die Abkehr vom nationalen und die Abkehr vom religiösen Empfinden.

Ich bezweifle nicht im Geringsten, dass in einem großen Teil der sozialdemokratischen Arbeiter das nationale Empfinden heute noch nicht erstickt ist, dass das »Deutschland, Deutschland über alles« auch in ihren Herzen noch eine Widerhall findet, aber kann es denn auch nur dem geringsten Zweifel unterliegen, dass diese vaterländische Gesinnung von Jahr zu Jahr mehr aus der Volksseele verschwinden muss, wenn schon die Kinder im Elternhaus nichts wie Hohn und Spott über ihr Vaterland hören.

Mögen die Herren Führer der Sozialdemokratie, welche jetzt auf dem internationalen Kongress in Stuttgart[b] waren, auch gegen den Franzosen Hervé, der den Begriff Vaterland rundweg als Unsinn bezeichnet, Front gemacht haben, in Wirklichkeit befolgen auch sie kein anderes Prinzip – als dieses, unser deutsches Vaterland Tag für Tag mit Schmutz zu bewerfen. In jeder Nummer der sozialdemokratischen Zeitungen finden sich dafür Dutzende von Belegen. Oder hat schon jemand davon gehört, dass auf einem sozialdemokratischen Fest ein vaterländisches Lied gesungen wurde? Ich glaube es kaum.

Darum sage ich, wenn es heute noch viele Tausende von Sozialdemokraten gibt, die sich aus ihrer Jugend die Liebe zum Vaterland erhalten haben – in der jungen, in der kommenden Generation werden solche Gefühle so gut wie ausgestorben sein.

Und wie mit der Vaterlandsliebe ist es mit der Religion. Ich bin weit davon entfernt zu glauben, dass das stets der bravste Mann sei, der jeden Sonntag in die Kirche geht, und ich bin auch der Ansicht, dass manches in unseren kirchlichen Einrichtungen geändert werden könnte, dass unter allen Umständen gerade in religiösen Fragen die weitgehendste Duldsamkeit nach beiden Seiten hin geübt werden sollte, aber wenn die Sozialdemokratie mit allen ihr zur Verfügung stehenden Mitteln darauf ausgeht, das religiöse Gefühl und die christliche Religion unter ihren Anhängern zu ersticken, so versündigt sie sich auch auf diesem Gebiete in der gewissenlosesten Weise an unserem Volke und schlägt unserem Volkscharakter Wunden, die vielleicht nie wieder ganz vernarben werden.

Ich will hier nicht weiter darauf eingehen, die Art und Weise, wie die Sozialdemokratie den Kampf gegen anders Denkende, den Kampf gegen alle staatlichen Einrichtungen führt, zu schildern; wenn auf dem internationalen Kongress in Stuttgart[b] vor 14 Tagen ein Engländer aus dem Land ausgewiesen wurde, weil er den Friedenskongress in Haag einen Kongress von Dieben und Mördern genannt hatte, und wenn von Herrn Singer lauten Protest gegen die Ausweisung erhoben wurde, da dieser Ausdruck nur eine landläufige Redewendung sei, so besagt dieses eine Beispiel alles.

Ich will dazu übergehen zu fragen, welches denn das eigentliche Ziel der Sozialdemokratie ist, ob denn wirklich Aussicht vorhanden ist, dass sie die Menschheit in ein gelobtes Land führt, wo nur eitel Glück und Freude herrscht, ob denn nur die geringste Aussicht vorhanden ist, dass sie Deutschland, wenn die alten Staatsformen zertrümmert sind, zu dem Staat machen wird, der eine weit höhere Kulturstufe einnimmt, in dem es keine Herren und Knechte mehr gibt, wo jeder dem anderen gleich ist, jeder sich frei entfalten kann und was der gleichen Redensarten mehr sind.

Meine Herren! Seitdem Bebel sich einmal recht blamiert hat, als er es unternahm, ein Bild von dem gelobten Land, dem sozialdemokratischen Zukunftsstaat zu entwerfen, da jeder vernünftige Mensch in ihm eine verblüffende Ähnlichkeit mit dem Leben, wie es heute in den Zuchthäusern herrscht, erblickte, hüllt sich die Sozialdemokratie über diesen Zukunftsstaat im Allgemeinen in Schweigen, vorläufig weiß sie nur, dass sie das Bestehende zerstören will, aber ob sie auch nur den 100sten Teil von dem einlösen kann, was bewusst oder unbewusst den 400 000 Anhängern der Partei als Wechsel auf das Glück der Zukunft ausgestellt wird, das kümmert die Herren sehr wenig. Ich meine, kein vernünftiger Mensch kann auch nur im Geringsten im Zweifel sein, dass der Weg, den die Sozialdemokratie geht, zum gänzlichen Staatsbankerott führen muss. Wenn es je dazu kommen sollte, dass die Sozialdemokratie das Zepter in die Hand bekäme und dann gezwungen wäre, die großen Phrasen, die sie jahrzehntelang im Munde geführt, in die Tat umzusetzen, dann würden die deutschen Arbeiter erkennen, dass alles eitel Dunst und Rauch war, dann wird man von Glück sagen können, wenn nicht Verhältnisse eintreten, die Millionen von Arbeitern in das größte Elend, statt in das erhoffte Paradies versetzen.

Der deutsche Arbeiter wird in allen wichtigen Fragen Tag für Tag, von morgens bis abends von der Sozialdemokratie hinters Licht geführt; darüber kann meines Erachtens nicht der geringste Zweifel bestehen. Man frage doch nur einen von denen, die da tagtäglich gegen den Kapitalismus zu Felde ziehen, wie er sich denn später das wirtschaftliche Leben denkt. Ohne Kapitalismus ist heutzutage eine Industrie undenkbar, und was Deutschland heutzutage ohne Industrie wäre, das kann sich jeder klar machen, der da weiß, dass vielleicht der dritte Teil der Bevölkerung von der Industrie lebt, dass Deutschland ohne Industrie zwanzig Millionen Menschen absolut nicht ernähren könnte, dass dieselbe schleunigst in einem anderen, nicht sozialdemokratischen Land respektive Erdteil Unterkunft suchen müsste: Das ist ein sehr einfaches Rechenexempel.

Wir sehen auch hier, dass die Sozialdemokratie die gewiss großen Schwächen, die dem Kapitalismus anhaften, benutzt, um den Anschein zu erwecken, als ob mit der Vernichtung dieses verhassten Kapitalismus alles Böse aus der Welt verschwunden sein würde; wie sie sich aber einen Industriestaat ohne Kapitalismus denkt, darüber bleiben die klugen Herren die Antwort geflissentlich schuldig. Merkwürdig ist es auch, was ich nur nebenher bemerken will, dass alle die reichen Herren in der Sozialdemokratie, Bebel, Singer, Dr. Arons usw. noch nie einmal an sich selbst den Versuch gemacht haben, sich von ihren Hunderttausenden respektive Millionen, die sie besitzen, zu trennen, und nichts läge doch näher, als dass sie zunächst einmal selbst sich mit dem begnügten, was ein Arbeiter im Durchschnitte an Einkommen besitzt, das andere aber den Armen spendeten.

Meine Herren, ich will mich aber kurz fassen, das, was ich über den Kapitalismus gesagt habe, trifft in demselben Maße in den zwei anderen wichtigen Fragen zu, die in der sozialdemokratischen Bewegung die Hauptrolle spielen – der Kolonialfrage und dem Militarismus. Ich will auf die bezüglichen Verhandlungen in Stuttgart[c], die den Spott der ganzen Welt hervorgerufen haben, nicht eingehen, ich will nur betonen, dass auch in diesen Fragen das Vorgehen der Sozialdemokratie den Interessen der deutschen Arbeiterschaft schnurstracks zuwider läuft. Meine Herren! Ich meine, alle diese Widersinnigkeiten und Widersprüche in dem Programm der Sozialdemokratie sind so offenkundig, dass man nur erstaunt sein muss, dass sich trotzdem fast eine halbe Millionen deutscher Arbeiter zu dieser Partei bekennen. Gewiss ist ein sehr großer Prozentsatz darunter, der sich um das eigentliche Programm noch nie das geringste Kopfzerbrechen gemacht hat, dem es vollkommen genügt, wenn an den gegenwärtigen Zuständen auch nicht ein gutes Haar gelassen wird, aber es sind doch auch eine große Anzahl Leute dabei, von denen man erwarten würde, dass sie sich über alle diese Fragen Rechenschaft geben müssten. Von jeher ist freilich die Unsitte in unserem Deutschen Volke verbreitet gewesen, das eigne Land nach Möglichkeit schlecht zu machen und das Ausland zu preisen. Ich bin gewiss nicht der Meinung, dass bei uns alles am besten sei und dass wir nicht noch in manchem vom Ausland lernen können – aber das Beste, was wir von diesem lernen können, ist jedenfalls so stolz auf unser deutsches Vaterland zu sein, wie es andere Nationen auf das ihre sind, und dazu sind wir durchaus berechtigt!

In Frankreich hat man im Jahre 1870 die Monarchie abgeschafft und die Republik eingeführt – wir wissen, dass dort die Sozialdemokratie bereits einen weitgehenden Einfluss auf die Regierung ausübt, wie in keinem anderen größeren Staat. Dabei sehen wir, dass Deutschland in den letzten Jahrzehnten einen ganz außerordentlichen wirtschaftlichen Aufschwung genommen hat – der nicht zum wenigsten den Millionen von Arbeitern zu gut gekommen ist, während Frankreich immer weiter ins Hintertreffen gelangt ist.

Wir sehen, dass in Deutschland Kaiser Wilhelm I. und sein großer Kanzler Bismarck mit der Unfall-Versicherung, der Alters- und Invaliden-Versicherung eine sozialpolitische Gesetzgebung geschaffen haben, die vorbildlich für die ganze Welt geworden ist, die bis jetzt von keinem andern Staat der Welt auch nur annähernd erreicht ist und wir sehen, dass in dem demokratisch regierten Frankreich bis heute noch im Staat und in den Gemeinden die Einnahmen in der Hauptsache auf indirekten Steuern basieren. Es ist eben etwas anderes, in Volksversammlungen alles herunterreißen, was an Staatseinrichtungen besteht und etwas anderes, ein Land von 60 Millionen Einwohnern so zu regieren, dass es im Wettkampf mit den anderen Völkern seinen Platz behaupten und vorwärts kommen kann.

Auch ich trete jederzeit für eine freiheitliche Entwicklung ein, aber ich verhehle mir nicht, dass man, so lange die Sozialdemokratie mit ihren Umsturz-Bestrebungen so kühn ihr Haupt erhebt – viel weniger schnell in dieser Beziehung vorgehen kann, als wenn die Gefahren, welche unserem Staatsleben durch die Sozialdemokratie drohen, nicht vorhanden wären.

Meine Herren! Wir weihen heute diesen Saal ein, der ein schützendes Dach für diejenigen Arbeiter sein soll, die sich der Sozialdemokratie nicht angeschlossen haben und nicht anschließen wollen. Ich weiß, es ist bis jetzt ihrer nur ein kleines Häuflein, die den Mut gehabt haben, ihre abweichende Ansicht offen zu bekennen, da der Druck, welcher von den Herren im Saalbau[d] ausgeübt wird, zu groß ist. Ich vertraue aber, dass darin jetzt ein Wandel eintritt und dass die Zahl der Arbeiter, die, wenn sie noch so energisch für ihre gemeinsamen wirtschaftlichen Interessen eintreten, sich deshalb den utopistischen politischen Bestrebungen der Sozialdemokratie fernhalten, immer größer wird. Mögen sie sich dem Evangelischen Arbeiterverein anschließen, dem ich am heutigen Tage eine ganz besonders kraftvolle Entwicklung wünschen möchte, mögen es katholische Arbeitervereine, mögen es Gewerkschaften sein, die nicht unter dem Joch der Sozialdemokratie stehen, mögen es neue Formen sein, in denen sich die nationalgesinnten Arbeiter zusammenfinden, sie sollen alle hier ein Heim und einen Mittelpunkt haben, sie sollen ihre Sonderinteressen in vollkommener Unabhängigkeit hier vertreten und wahren können, aber sie sollen nicht, wie die Sozialdemokratie dieses verlangt, in dem Unternehmertum ihre Todfeinde, ihre Ausbeuter erblicken, sondern sich dessen bewusst sein, dass Arbeitgeber und Arbeitnehmer das Haupt und die Glieder ein und desselben Organismus sind, eins auf das andere zu seinem Gedeihen angewiesen.

Dass diese Einsicht wieder Gemeingut unseres ganzen Volkes und speziell unserer hiesigen Bevölkerung werde, das soll der Wunsch sein, mit dem ich meine Ausführungen schließe, mit denen ich die Einweihung dieses Saales vollziehe.

[a] Vorsitzender des Ausschusses wurde Wilhelm Heraeus.
[b] Hinweis auf den Internationalen Sozialistenkongress in Stuttgart vom 18. bis 24. August 1907.
[c] Hinweis auf die Entschließungen des Stuttgarter Sozialistenkongresses zur Kolonialpolitik und über »Militarismus und internationale Konflikte«.
[d] Gemeint ist das Haus der Hanauer freien Gewerkschaften in der Mühlstraße.

78b Bericht der »Volksstimme« über eine Volksversammlung mit dem Reichstagsabgeordneten Gustav Hoch (SPD), 13. September 1907

Volksstimme (Frankfurt) Nr. 217, 17. September 1907.

Die Volksversammlung, welche, wie schon kurz berichtet wurde, am Freitag[a] Abend zu den Entstellungen und Verdrehungen des Herrn Dr. Heraeus Stellung nahm, gestaltete sich zu einer großartigen Protestkundgebung. Bekanntlich hatte Dr. Heraeus als Wortführer der Nationalliberalen anlässlich der Einweihung des christlichen Vereinshauses »Concordia« eine Attacke gegen die Sozialdemokratie und die freien Gewerkschaften geritten, die die hiesige Arbeiterschaft nicht stillschweigend hinnehmen konnte. Diese Kundgebung gegen den nationalmiserablen Helden wäre der Arbeiterschaft erspart geblieben, wenn der Herr Doktor seine eigenen Worte wahr gemacht hätte und bestrebt wäre, den Kampf wider Sozialdemokratie und Gewerkschaften rein fachlich und nicht gehässig und persönlich zu führen. Aber eine fachliche Bekämpfung der Sozialdemokratie und ihrer Führer muss ja zu ihrer Anerkennung führen, weil deren Programm ein Naturgesetz in sich birgt, welches jeden Menschen mit einigermaßen gesundem Deutungsvermögen zur Anerkennung ihrer Forderungen zwingt. Dr. Heraeus fiel in denselben Fehler, wie die Agenten des Reichslügenverbandes zur Bekämpfung der Sozialdemokratie.[b]

Genosse Hoch als Referent des Abends erwähnte denn auch einleitend, dass er jeder gegnerischen Partei das Recht einräume, die Sozialdemokratie zu bekämpfen; jedoch setze man voraus, dass dies in Grenzen geschehe, die den Anstand nicht verletzen. Diesen Grundsatz scheine aber Dr. Heraeus nicht zu befolgen. Denn erstens habe dieser Herr die unglaublichsten Dinge seinen Hörern zum Vortrag gebracht, und zweitens habe er dem Gegner keine Gelegenheit zur Verteidigung gegeben. Hinter verschlossenen Türen und nur in einem bestimmten eingeladenen Personenkreise Verdrehungen und maßlose Angriffe gegen den Gegner zu schleudern, sei eine Handlungsweise derjenigen Leute, die offen Anlass hätten, die Öffentlichkeit zu scheuen. Dem Herren sei ja nun Gelegenheit gegeben, seine Angriffe gegen die Arbeiter zu wiederholen und vor aller Öffentlichkeit zu beweisen, dass er selbst überzeugt sei von seinen Argumenten wider die Sozialdemokratie, Gewerkschaften und derer jüdischen Führer.

Um allen Eventualitäten aus dem Weg zu gehen, verlas Genosse Hoch denjenigen Teil der Heraeusschen Festrede, welcher sich speziell gegen die Juden richtet. Er knüpfte daran die Bemerkung, dass Herr Dr. Heraeus entweder vom Sozialismus keinen blassen Schimmer habe, oder ein Mensch sei, dem es nur darauf ankomme, durch seine Brandreden propagandistisch zu wirken. Offenbar soll diese Rede eine Einleitung zur kommenden Stadtverordnetenwahl im November sein. Wenn Dr. Heraeus behaupte, dass die sozialdemokratische Partei durch die Juden Marx und Lassalle in der Studierstube erstanden sei, so habe er damit eine absichtliche Täuschung seiner Zuhörer versucht; denn ein Mann, der im öffentlichen Leben steht und seine Gesinnungsgenossen belehren will, muss doch wissen, dass die Sozialdemokratie ein Produkt der herrschenden, ausbeutenden Gesellschaft ist und nicht das einzelner Personen. Das Elend der Massen, die Entrechtung des Volkes, die Bevorzugung weniger besitzender Staatsbürger, wie die Ausbeutung des gesamten Volkes durch den Staate und die privilegierte Gesellschaft haben die Sozialdemokratie geboren, sie groß, stark und mächtig gemacht. Schon bevor Marx und Lassalle die sozialistischen Lehren verkündeten und propagierten, hat Weitling, ein schlichter, einfacher Arbeiter, das Evangelium des Sozialismus gepredigt. Dieser schlichte Mann der Werkstatt war es, der die schwer bedrückte Lage seiner Klassengenossen erkannte und ihn zum Apostel der Sozialdemokratie werden ließ. Gerade so verhielt es sich mit Marx und Lassalle; auch sie hat nur das Erkennen der elenden Verhältnisse ihrer Mitmenschen zur Sozialdemokratie und zum Sozialismus geführt. Ist es doch geschichtlich festgestellt, dass die Zeit der Marx- und Lassalleschen Tätigkeit die Geschichte des wissenschaftlichen Sozialismus signiert. Was der eine in der Studienstube wissenschaftlich einwandfrei, den realen Verhältnissen entsprungen, seinen Mitmenschen überlieferte, übertrug der andere in zündenden Reden der unterdrückten Arbeiterklasse. Die Namen dieser Verkünder der wahren Menschlichkeitsideale und der Vernunft werden unauslöschlich sein. Ihre Tätigkeit hat und wird immerfort befruchtend und anregend wirken. Aus ihrem Wissen schöpft die jetzige Generation und alle späteren gleich einem nie versiegenden Borne. Wenn Herr Dr. Heraeus aus dieser Geschichtsentwicklung noch nichts gelernt hat, so sei es allerdings besser für ihn, er lasse von der Bekämpfung der Sozialdemokratie die Finger, oder er hole sich irgend einen Arbeiter, der von morgens früh bis abends spät dem Kapitalismus Frondienste leistet, der also wenig Zeit hat, sein Wissen durch belehrende Schriften zu erweitern. Dieser wird ihm jederzeit sagen können, warum die Sozialdemokratie erstanden, was die Arbeiterschaft zur Sozialdemokratie führt und warum sie mit Liebe und Anerkennung an ihren Führern, selbst wenn es Juden sind, hängt. Herr Dr. Heraeus sei doch nicht so dumm, dass er noch nicht wahrgenommen hätte, dass selbst der Staat ein Stück Sozialismus verkörpere. Warum hat denn die Regierung alle größeren gewinnbringenden Unternehmungen, wie Eisenbahnen, Bergwerke, Post, Lotterien usw., in eigene Regie übernommen? Weil sie sehr bald die Lehren der Juden Marx und Lassalle als richtig erkannte, dass in der Vergesellschaftlichung der Produktionsmittel für sie ein großer Vorteil liegt. Ebenso machen es die Kapitalisten; auch sie zentralisieren ihre Kapitalien, schließen sich zu Ringen und großen Trusts zusammen, um die Produktionsmittel in möglichst wenig Hände zu lassen.

Genosse Hoch führte weiter aus, dass es ja wohl unnötig sei, all die Programmpunkte der Sozialdemokratie einer eingehenden Erläuterung zu unterziehen. Unsere Stellung zur Kolonialpolitik, die ebenfalls dem Herrn Dr. Heraeus unverständlich und bekämpfenswert erscheint, ist der Arbeiterschaft hinreichend bekannt und wird von ihr gebilligt; ebenfalls die Haltung zu der Invaliden- und Unfallversicherungsgesetzgebung. Ist es doch ein beliebtes Mätzchen unserer Gegner, die sozialdemokratischen Führer hinzustellen, als ob sie direkte Gegner der sozialen Gesetzgebung seien. Dass dieses eine bewusste Unwahrheit ist, ist nicht nur von freisinnigen Führern anerkannt worden, sondern selbst auch Bismarck hat zugegeben, dass wenn keine Sozialdemokratie vorhanden wäre, auch keine Sozialpolitik getrieben würde. Dieses verschweigt Dr. Heraeus seinen evangelischen Busenfreunden natürlich geflissentlich. Wenn Herr Dr. Heraeus bedauert, dass so viele Frauen und Mädchen von ihrem 14. Jahre an dem Kapitalismus Frondienste leisten müssten und hierdurch das idyllische Familienleben zerrissen wird, so hat er wiederum zugegeben, dass manches faul in Deutschland-Preußen ist. Warum fängt er denn nicht erst einmal an, in seinem eigenen Fabrikunternehmen, welches doch jährlich Millionen von Mark abwirft, diese bedauerlichen Zustände zu beseitigen? Er mag bei seinen eigenen Arbeitern einmal Umfrage halten, wie viele ihrer Frauen ebenfalls gezwungen sind, einige Mark mit zu verdienen, damit die Familie existenzfähig ist. Hier könnte Dr. Heraeus einmal sein menschenfreundliches Herz und seine angeblichen liberalen Anschauungen beweisen: er dürfte der Anerkennung seiner Arbeiter sicher sein. Es sei ein unbilliges Verlangen von Heraeus, meinte Genosse Hoch weiter, zu fordern, dass Bebel, Singer und Dr. Arons ihren Privatbesitz der Allgemeinheit zugänglich machen sollten. Auf den Privatbesitz komme es ja in erster Linie auch gar nicht an; vor allen Dingen wolle die Sozialdemokratie die Produktion vergesellschaften zum Wohle der gesamten Bevölkerung. Wie sehr sich hiergegen die Herren des Großkapitals sträuben, auch Herr Dr. Heraeus, mag ihnen das einzig dastehende Vorgehen seines Freundes und Parteifreundes, des Zigarrenfabrikanten Kehl in Hanau, als Beweis dienen. Als die armen Zigarrenarbeiter und -arbeiterinnen eine ganz minimale Lohnaufbesserung forderten, die kaum ¾ Pfennig pro Stunde ausmachte, ließ es dieser Herr zu einem langen Kampfe kommen; ja er schreckte selbst davor nicht zurück, seine Arbeiter und Arbeiterinnen, die ihm jahrelang einen großen Verdienst schaffen halfen, wochenlang auszusperren[c]. Und dies wegen einer sehr bescheidenen Forderung, die der Herr hätte anstandslos bewilligen können, ohne dass er sich hätte irgendwelche Entbehrungen auferlegen müssen.

Auch die weiteren Behauptungen des Dr. Heraeus, die Sozialdemokraten wollten den Mittelstand ruinieren, seien unwahr. Gerade bei Beratung der Gewerbesteuer im Stadtparlament habe sich erwiesen, dass die sozialdemokratischen Stadtverordneten für eine Erleichterung der Steuer für den Mittelstand, also für die kleinen Handwerker und Geschäftsleute, eintraten, während Herr Dr. Heraeus und seine nationalliberalen Parteifreunde diese Anträge bekämpften und zu Fall brachten. Wenn die Herren ihren eigenen Geldbeutel in Gefahr sehen, dann kommt es ihnen selbst nicht auf einen Verrat ihrer liberalen Parteiprinzipien an. In der Wahlbewegung sprechen die Herren natürlich ganz anders. Die Arbeiterschaft hat aber längst deren Treiben durchschaut. Kein vernünftig denkender Arbeiter wird für die Zukunft ihren Verheißungen Folge leisten. Wie das Beispiel von Kehl lehrt, so hat die Arbeiterschaft im Laufe der Jahre gelernt, dass die Kapitalprotzen jede Verbesserung der Lebenslage der Arbeiter bekämpfen. Deshalb ist es auch ein Unsinn von Heraeus auf der einen Seite die Berechtigung der Gewerkschaften anzuerkennen und nur ihren Terrorismus zu bekämpfen. Wenn man zum Vergleiche den Terrorismus der bürgerlichen Parteien heranzieht, so hat uns ja die Maßreglung des Postsekretärs Wagner in Hanau den Terrorismus der bürgerlichen Herren in krassester Weise gezeigt. Man braucht aber gar nicht so weit zurückzugreifen. Die letzte Reichstagswahl hat die schlimmsten Auswüchse von bürgerlichem und staatlichem Terrorismus gezeitigt. Nicht allein, dass man das ganze Beamtenheer mobilisierte und zur Wahlurne trieb, man hat auch noch einen großen Teil Wähler durch Zirkulare benachrichtigt, dass wenn sie nicht wählen gingen, sie in den Verdacht kämen, Sozialdemokraten zu sein. Hierüber schwieg sich Herr Dr. Heraeus in seiner Festrede selbstredend aus, weil es seine eigene Partei war, die einen derartigen Terrorismus verübte.

Genosse Hoch wandte sich dann gegen die Heraeussche Behauptung, dass die sozialdemokratischen Reichtagsabgeordneten fast alle aus Kreisen hervorgegangen seien, die mit der Arbeiterschaft sonst nichts gemein hätten. Vor allen Dingen sei eine ganze Reihe Arbeiterführer und Abgeordneter Juden, die doch ihrer ganzen Herkunft und Tradition nach nicht zur Arbeiterklasse gehörten. Auch die Führer der Hanauer Arbeiterbewegung seien Juden und aus anderen Gesellschaftsschichten hervorgegangen, nur nicht aus der Arbeiterklasse. Genosse Hoch meinte, der Sozialdemokratie und der gesamten Arbeiterbewegung sei es ganz gleich, welcher Religion ihre Anhänger und Führer angehörten. Die Religion sei bei uns vollständig Nebensache, jeder könne nach seiner Façon selig werden. Die Hauptsache liege eben darin, dass unsere Anhänger und Führer die Interessen der Arbeiterklasse vertreten. Wenn Dr. Heraeus auch besonders betonte, dass er vollständig frei von antisemitischen Gelüsten fühle, so sei nicht wegzuleugnen, dass der Herr seine Ausfälle gegen die jüdischen Arbeiterführer, wie gegen die Juden überhaupt, [in] derart unanständiger Weise zum Ausdruck gebracht habe, die den allerschärfsten Protest der Arbeiterschaft herausfordere. Merkwürdig sei es übrigens, dass Dr. Heraeus kein Wort gegen die jüdischen Agitatoren gesagt habe, als bei der letzten Reichstagswahl Herr Dr. Heilbrunn aus Frankfurt, welcher doch auch Jude ist, für die Wahl seine engsten Parteifreundes Dr. Lucas[d] eine ganz intensive Agitation entfaltete. Ferner müsse auffallen, dass, als die jüdische Kultusgemeinde in Hanau ihre Glaubensgenossen in einem Zirkular aufforderte, für Herrn Lucas zu stimmen, Herr Heraeus ebenfalls kein Wort der Verurteilung fand. Hier hat er die Propaganda jüdischer Agitatoren recht gerne angenommen.

Wenn ein Führer der Freisinnigen in Hanau, J. Sch., jedenfalls Herr Stadtverordneter Julius Schwabe, sich in der Hanauer Zeitung gegen die Ausfälle des Herrn Dr. Heraeus gegen die Juden verwahren musste[e], so haben dieselben nunmehr die Quittung in der Gestalt einer schallenden Ohrfeige für ihre Wahlhilfe herhalten. Hoffentlich werde dieselbe bei den kommunalen Stadtverordnetenwahlen ihre brennende Wirkung noch nicht verloren haben. Dr. Heraeus soll ferner behauptet haben, die meisten sozialdemokratischen Reichstagsabgeordneten seien bürgerlicher Herkunft. Auch dieses ist eine Unwahrheit. Dem vorigen Reichstag gehörten 79 Sozialdemokraten an; von diesen waren 47 aus dem Arbeiterstande hervorgegangen. Dem jetzigen Reichstag gehören 48 Sozialdemokraten an; hiervon sind 31 dem Arbeiterstande angehörend. Als Genosse Hoch schilderte, was ihn als Juden bewogen habe, sich der Sozialdemokratie anzuschließen, und dass er nur wünschen möchte, viele seiner Glaubensgenossen täten ein gleiches, durchbrauste ein nicht enden wollender Beifall den dichtgefüllten Saal. Genosse Hoch führte unter fortgesetztem Beifall weiter aus, dass es doch wohl anerkennenswerter sei, wenn ein Jude sich an die Spitze der Arbeiterschaft stelle, für sie seine ganze Kraft entfalte und seine Freiheit stündlich aufs Spiel setze, als wenn ein Fabrikpascha, wie Heraeus einer sei, an der Spitze eines millionenbringenden Unternehmens stände und seine Arbeiterschaft ausbeute. Wenn Dr. Heraeus außerdem meinte, aus dem evangelischen Vereinshause sei ein Bollwerk gegen die Sozialdemokratie zu schaffen, so könne erwidert werden, dass ihm diese christliche Gesellschaft, die im neuen Heim den Nationalliberalen Vorspanndienste leisten soll, von Herzen zu gönnen sei; sie seien sich einander wert.

Die Arbeiterschaft Hanaus aber muss aus dieser Bekämpfung der Gewerkschaften und der Sozialdemokratie die richtige Lehre ziehen. Gewaltige Fortschritte hat die

ganze Arbeiterbewegung in den letzten Jahren aufzuweisen. Die Sozialdemokratie hat durch ihre stete praktische Arbeit und ihre Erfolge den Beweis ihrer Berechtigung voll erbracht. Dr. Heraeus hat die Arbeiterschaft Hanaus und ihre Führer in der gemeinsten Weise bekämpft; hier gilt es nunmehr, dem Herren die Antwort nicht schuldig zu bleiben. Massenhaft müssen sich die Arbeiter ihrer politischen und gewerkschaftlichen Organisation anschließen; die Volksstimme darf für die Folge in keiner Arbeiterfamilie mehr fehlen. In wenigen Wochen haben wir Stadtverordnetenwahlen; vier unserer bewährten Vertreter scheiden aus. Wenn auch Heraeus sein halbes Vermögen opfern will, um die Wiederwahl der sozialdemokratischen Vertreter zu hintertreiben, so ist dieser Wahlkampf gerade durch die maßlose Herausforderung des Herrn Dr. Heraeus ein Ehrenkampf für die gesamte hiesige Arbeiterschaft geworden. Hier gilt es, dem Herrn die gebührende Antwort auf seine frivolen Angriffe gegen die Partei und ihre Führer zu erteilen. Darum fordere er alle Anwesenden auf, ihre ganze Kraft in den nächsten Wochen einzusetzen, damit die Wünsche dieses Herrn zuschanden werden.
Stürmischer Beifall folgte diesen vortrefflichen Ausführungen. Genosse Craß forderte eventuelle Gegner auf, von der garantierten vollständigen Redefreiheit ausgiebigen Gebrauch zu machen. Es meldete sich jedoch niemand. So fand denn die imposant verlaufende Versammlung, ausklingend in einem Hoch auf die Sozialdemokratie, einen schönen Abschluss.

[a] 13. September 1907.
[b] Hinweis auf den »Reichsverband zur Bekämpfung der Sozialdemokratie«.
[c] Die Aussperrung bei der Firma Kehl & Gustine dauerte vom 4.7. bis zum 13.8.1906.
[d] Georg Lucas, 1903 Kandidat der Nationalliberalen.
[e] »Hanuer Zeitung« vom 12. September 1907.

79 **1909/1910**

Die Maifeier

79a Beschluss[a] der 9. ordentlichen Generalversammlung des DMV in Hamburg über die Maifeier, 5. Juni 1909

Protokoll der 9. ordentlichen Generalversammlung des DMV, abgehalten in Hamburg vom 31. Mai bis 5. Juni 1909, S. 216f.

Nach den Beschlüssen der internationalen Arbeiterkongresse soll die allgemeine Arbeitsruhe am 1. Mai – die als die würdigste Form der Maifeier gilt – nur dann von den Arbeitern begangen werden, wenn dies ohne Schädigung der wirtschaftlichen Interessen der Arbeiterklasse geschehen kann. Hierzu erklärt die Generalversammlung, dass das Ziel einer allgemeinen und wirksamen Arbeitsruhe am 1. Mai in der Eisen-, Stahl-, und Metallindustrie auf Grund gemachter Erfahrungen ohne schwere wirtschaftliche Kämpfe und dadurch bedingten Schädigungen der wirtschaftlichen Interessen der Arbeiterschaft sowie auch mangels völliger Übereinstimmung innerhalb der Arbeiterschaft über die Zweckmäßigkeit der Arbeitsruhe am 1. Mai überhaupt nicht zu erreichen ist.

Ferner hat sich ergeben, dass die Arbeitsruhe am 1. Mai als gewerkschaftliches Kampfmittel zur Erreichung günstiger Lohn- und Arbeitsbedingungen sowie zur

Befestigung bereits errungener Positionen nicht betrachtet werden kann, indem sie ihrem inneren Wesen nach eine genügende Berücksichtigung taktischer Maßnahmen nicht ermöglicht.

Die Generalversammlung kann deshalb den Mitgliedern des Verbandes die Beteiligung an der Arbeitsruhe am 1. Mai nicht zur Pflicht machen, überlässt es vielmehr jedem einzelnen Mitglied, sich an ihr unter Beachtung der internationalen Kongressbeschlüsse und Übernahme aller sich aus der Arbeitsruhe am 1. Mai ergebenden Folgen zu beteiligen.

Die neunte ordentliche Generalversammlung erklärt die Resolution des Verbandstages in Leipzig zur Maifeier durch die Annahme dieser Resolution für aufgehoben.

[a] Der Beschluss wurde mit 129 gegen 57 Stimmen angenommen. Robert Dißmann, Delegierter der Verwaltungsstelle Hanau des DMV, stimmte dagegen.

79b Bericht der »Volksstimme« über die Mitgliederversammlung der Verwaltungsstelle Hanau des DMV, in der der Delegierte der Verwaltungsstelle, Robert Dißmann, über die Verhandlungen der 9. Generalversammlung des DMV, insbesondere den Beschluss über die Maifeier, referiert (Auszug), 17. Juni 1909

Volksstimme (Frankfurt) Nr. 140, 19. Juni 1909.

Als Delegierter der Hanauer Zahlstelle gab Donnerstag Abend[a] im Gewerkschaftshause Kollege Dißmann den Bericht über die neunte Generalversammlung des Deutschen Metallarbeiterverbandes in Hamburg. Er führte etwa aus: Es galt, zwei wichtige Fragen zur Entscheidung zu bringen. Zunächst waren es die Finanzen, die einer weiteren Stärkung bedurften, um jederzeit dem Unternehmertum schlagfertig gegenüberzustehen, zweitens die Statutenänderungen. Dißmann schilderte eingehend die wichtigsten Beschlüsse, die notwendig waren zum inneren Ausbau des Finanzwesens und die zu einer Revidierung des Statuts führten. Abgelehnt wurden die Anträge, welche eine Verschlechterung der Unterstützungseinrichtungen bezweckten. Annahme fand ein Antrag, die Karenzzeit für die Wiederbezugsberechtigung von 52 auf 72 Wochen zu erhöhen; auch die einjährige Aufrückungsperiode in eine höhere Unterstützungsklasse wurde in eine zweijährige umgewandelt. Das war notwendig, um den jetzigen Verhältnissen Rechnung zu tragen und für die Zukunft vorzubauen. Über den Unterstützungseinrichtungen muss der Kampf um bessere Lohn- und Arbeitsbedingungen stehen. (Sehr richtig.) Als einen gesunden Fortschritt bezeichnet Redner die Annahme des Antrages, welcher verlangt, dass alle zwei Jahre Bezirkskonferenzen stattfinden müssen, in denen über den Stand der Bewegung in den einzelnen Bezirken berichtet wird. An den Bericht des Vorstandes schloss sich eine lebhafte Debatte an, in der sich die Vorgänge in Mannheim und Stettin[b] lebhaft widerspiegelten. Leider war die Berichterstattung eine so mangelhafte, dass aus den Parteizeitungen nicht zu ersehen war, welche Stellung die einzelnen Redner zu diesen Fragen einnahmen. [...]

Das traurigste Ergebnis, das der neunte Verbandstag zeitigte, ist der bedauerliche Beschluss über die Maifeier. Ohne Debatte wurde zur Abstimmung geschritten, nachdem ein Schlussantrag eines Schweinfurter Delegierten angenommen war, und mit 129 gegen 51 Stimmen fand die Resolution Reichelt Annahme, wodurch der Maifeier im Metallarbeiterverband das Rückgrat gebrochen ist. Für uns gelten, erklärt Dißmann, die Beschlüsse der internationalen Kongresse und die der deutschen Parteitage in der Maifeierfrage nach wie vor. Es sei Pflicht eines jeden organisierten Arbeiters, den Maifeiergedanken zu fördern, trotz der Hamburger Beschlüsse. Zum Schluss betonte Redner noch, dass die organisierten Kollegen alle Kräfte im Interesse der Organisation entfalten mögen, als gute Demokraten füge man sich den Beschlüssen, späteren Generalversammlungen bleibe es vorbehalten, das zu ändern, was im Interesse des Verbandes notwendig sei, nur so sei es möglich, eine Arbeiterorganisation zu schaffen. (Lebhafter Beifall.)

In der Debatte wendete sich auch Hau gegen die schlechte Berichterstattung und den Maifeierbeschluss. Redner wunderte sich, wie sozialdemokratische Landtagsabgeordnete (Reichel) und Reichstagsabgeordnete (Severing) der Maifeier die Existenzberechtigung absprechen konnten. Kollege Stückel schließt sich dem an. Hoffmann schildert die Unterstützungseinrichtungen in dem neuen Statut; der Maifeierbeschluss wäre besser unterblieben. Im Allgemeinen ist Redner mit Hamburg zufrieden. Nachdem Dißmann noch einige Fragen durch längere Ausführungen geklärt hat, wird folgende Resolution einstimmig angenommen:[c]

Diese Resolution ist dem Hauptvorstand mitzuteilen, von letzterem wird erwartet, dass er in Zukunft von einer Berichterstattung Abstand nimmt. Mit einem kräftigen Appell, an dem Ausbau der Organisation weiter zu arbeiten, schloss der Vorsitzende Crass die interessante und gut besuchte Versammlung. (Wir bemerken dazu, dass der Schlusssatz der Resolution nicht genügt. Der Hauptvorstand muss auch verpflichtet werden, entsandten Berichterstattern günstige Plätze anzuweisen und das erforderliche Informationsmaterial auszuhändigen. Das hat er niemals abgelehnt. Selbstverständlich ist die Presse dagegen nicht waffenlos, sie braucht nur eine Organisation, die die Bedürfnisse der Presse derartig missachtet, eine zeitlang links liegen zu lassen, dann wird die Organisationsleitung rasch inne werden, wie sehr sie auf die Presse angewiesen ist. Red.)

[a] 17. Juni 1909.
[b] In beiden Städten sind Metallarbeiterstreiks auf Geheiß des Vorstandes des DMV abgebrochen worden.
[c] Siehe folgendes Dokument.

79c Resolution der Mitgliederversammlung der Verwaltungsstelle Hanau des DMV gegen den Maifeier-Beschluss des DMV-Verbandstages und gegen die zensierte Berichterstattung des Verbandsvorstandes, 17. Juni 1909

Volksstimme (Frankfurt) Nr. 140, 19. Juni 1909.

Die heutige Mitgliederversammlung des Deutschen Metallarbeiterverbandes, Zahlstelle Hanau, drückt gegenüber dem Beschluss der Hamburger Generalversammlung zur Maifeier ihre schärfste Missbilligung aus. Die daselbst angenommene Resolution nimmt der Metallarbeiterschaft jede Möglichkeit, in Zukunft die Arbeitsruhe am 1. Mai durchzuführen und steht in keinem Einklang mit den Beschlüssen der internationalen Arbeiterkongresse und der deutschen sozialdemokratischen Partei, noch mit den Anschauungen weiter Kreise der Mitgliedschaft selbst. Die Versammelten geloben, nach wie vor, innerhalb der Organisation die Arbeitsruhe am 1. Mai als solidarische Kundgebung des internationalen Proletariats zu propagieren und nach besten Kräften durchzuführen. Ferner protestiert die Versammlung gegen die mangelhafte Berichterstattung in der Parteipresse über den Verbandstag, hervorgerufen durch die offizielle Art der Berichterstattung durch den Verbandsvorstand respektive die von ihm bestellten Berichterstatter. Die Versammlung stellt an die Redaktion der Frankfurter »Volksstimme« den Antrag, dass selbige bei zukünftigen Generalversammlungen des Deutschen Metallarbeiterverbandes für einen eigenen Berichterstatter Sorge trägt, damit eine freie Berichterstattung erfolgt, wie dieses überall in der modernen Arbeiterbewegung der Fall und würdig ist.

79d Bericht der »Volkstimme« über die Feierlichkeiten im Wahlkreis Hanau-Bockenheim-Gelnhausen-Orb und in Hanau am 1. Mai 1910[a]

Volksstimme (Frankfurt) Nr. 101, 2. Mai 1910.

Der Maigedanke marschiert, davon legte der gestrige Tag beredtes Zeugnis ab. An allen Orten, wo Lokale zur Abhaltung von Versammlungen zur Verfügung standen, demonstrierte die Arbeiterschaft – Männer und Frauen – in zumeist überfüllten Versammlungen für die Forderungen des Tages. Insgesamt fanden 22 Versammlungen statt. Allerorts wurde eine Resolution einstimmig angenommen, welche die Maiforderungen kurz präzisiert, den Wahlrechtskampf gelobt fortzuführen, den ausgesperrten Bauarbeitern volle Solidarität und Unterstützung zusichert und die Arbeiterklasse auffordert, in ihren Organisationen den Kampf gegen die Klassenherrschaft und Ausbeutung mit allem Nachdruck zu führen. Zum ersten Male fanden an verschiedenen Orten des Wahlkreises Maifestumzüge statt.[b] Dieselben gestalteten sich zu imposanten Kundgebungen unter einer so gewaltigen Beteiligung der Arbeiterschaft, wie sie vorher nicht erwartet werden konnte. Lassen wir einen Bericht der einzelnen Orte folgen:

In Hanau nahm die Maifeier einen grandiosen Verlauf. Der Maifeiergedanke ist der Hanauer Arbeiterschaft in Fleisch und Blut übergegangen.

Die Vormittags-Versammlung im Gewerkschaftshause war überfüllt. Männer und Frauen der werktätigen Bevölkerung nahmen mit Begeisterung das zündende Referat des Genossen Dr. Wagner, der an Stelle des verhinderten Genossen Hoch sprach, auf und stimmten einmütig der vorgeschlagenen Resolution zu. Von der Galerie herab grüßte die Teilnehmer unsere herrliche Parteifahne in dem glühenden Rot, dem doch keine andere Farbe gleicht, das nur den goldenen Sonnenstrahlen weicht. Unter diesem Banner gelobten gestern wieder etwa 1500 zielbewusste Kämpfer, auszuharren, allen Junkern und Pfaffen zum Trotz, und die Mai- und Wahlrechtsforderungen des kulturtragenden Proletariats durchzusetzen.

An dem Freizuge, der sich nachmittags 3 Uhr vom Gewerkschaftshaus in Bewegung setzte, beteiligten sich wohl 6000 Personen. Der Zug machte einen imposanten Eindruck in seiner ganzen Gestaltung. An seiner Spitze prangten mit ihren geschmückten Rädern die Arbeiterradfahrer, dann folgte ein Musik- und Trommlerkorps, danach das Baugewerbe, die Holzarbeiter mit ihrer Fahne, die Arbeiterjugend, das graphische Gewerbe und die Freie Turnerschaft mir ihrem Banner. Dann kam wieder ein Musikkorps, weiter die große Zahl der Metallarbeiter, eine prächtige

Fahne mitführend, die Maschinisten und Heizer und der Arbeitergesangverein »Vorwärts«, ebenfalls mit schöner Fahne. Die dritte Gruppe eröffnete aufs Neue ein Musikkorps, dann folgten die Fabrikarbeiter, die Gemeindearbeiter, der Arbeitergesangverein »Humor«-Kesselstadt mit seiner Fahne, die Brauer und Küfer und die Tabakarbeiter. Die Fahne dieser Gewerkschaft stammt aus dem Jahre 1847 und wurde 1863 zum letzten Mal öffentlich entfaltet; sie trägt die Inschrift: »Eintracht ist die Mutter des Wohlstandes und der Größe.« Alsdann kamen die Transportarbeiter, die Kupferschmiede, als Handwerksabzeichen einen kupfernen Kessel mit sich führend, und dann die übrigen Gewerbe. Unter den Klängen unserer alten Kampfeslieder, gespielt von den Musikkorps und jubelnd mitgesungen, bewegte sich der gewaltige Menschenstrom durch die Straßen der Stadt, welche die »Volksstimme« bereits am Samstag benannte. Tausende und Abertausende von Neugierigen bildeten zum Festzuge Spalier. Der prächtige Aufmarsch der Hanauer Arbeiterbataillone, ihre musterhafte Haltung im Festzuge, wie der ganze Verlauf des Zuges, welcher in keiner Weise gestört wurde, noch Störungen des Verkehrs usw. hervorgerufen hat, er wird seinen Eindruck selbst bei Gegnern nicht verfehlt haben. Die Ordner des Festzuges hatten leichte Arbeit. Zurück ging es zum Saalbau.

Leider konnten die sämtlichen Räume nebst Garten usw. des Gewerkschaftshauses nicht alle Demonstranten fassen, so dass bedauerlicherweise viele umkehren mussten. Für den eingezäunten großen Platz vor dem Saal hatte die Polizei die Genehmigung zum Wirtschaftsbetriebe für diesen Nachmittag mit der Begründung versagt, dass kein Bedürfnis vorliege. Das Volksfest verlief ebenfalls in schönster Weise. Die Musikchöre, unsere Arbeitersänger, die freien Turner usw. sorgten für angenehme Unterhaltung und trugen so ihr redlich Teil zum Gelingen bei. Ebenso sei rühmlich der Mitwirkung von Mitgliedern der Sozialen Bühne gedacht, die in lobenswerter Weise zur Verschönerung des Festes beitrugen.

[a] Der 1. Mai fiel in diesem Jahr auf einen Sonntag.
[b] Auch in Hanau wurde zum ersten Mal ein Festzug durch die Straßen der Stadt genehmigt.

80 — April – Juni 1910

Die reichsweite Aussperrung der Bauarbeiter, um die Annahme eines von den Unternehmern diktierten Tarifvertrages zu erzwingen

80a Bekanntmachung des Mitteldeutschen Arbeitgeberverbandes für das Baugewerbe über den Beschluss des Deutschen Arbeitgeberbundes für das Baugewerbe zur Aussperrung (Auszug), 12. April 1910

Hessisches Hauptstaatsarchiv Wiesbaden, 407/44-III., Bl. 182.

Die Generalversammlung des Deutschen Arbeitgeberbundes für das Baugewerbe zu Dresden beschloss, dass die Ende März d. J. ablaufenden Tarifverträge mit den Arbeiterorganisationen unter Zugrundelegung eines Tarifvertragsmusters erneuert werden sollen, welches folgende Bestimmungen zu enthalten hat:

1. Um Ruhe und Frieden im Baugewerbe eintreten zu lassen, sollen die Tarifverträge durch die Zentralvorstände der beiderseitigen Organisationen abgeschlossen werden.

2. Die Möglichkeit, die für die einzelnen Verbände geeignetsten Lohnmethoden zu vereinbaren, soll durch das Vertragsmuster gesichert werden.
3. Die Akkordarbeit soll nicht nur als zulässig erklärt, sondern ihre Durchführung auch im Vertrag gesichert werden, da seitens der Arbeiterorganisationen während der Dauer der jetzigen Tarifverträge Maßnahmen getroffen wurden, welche die Akkordarbeit illusorisch machten.
4. Eine Verkürzung der Arbeitszeit darf nicht eintreten, weil das Baugewerbe als Saisongewerbe eine Herabsetzung nicht vertragen kann.
5. Eine geringere als dreijährige Vertragsdauer soll ausgeschlossen sein.
6. Durch eine besondere Erklärung außerhalb des Vertrages soll festgelegt werden, dass die Arbeitgeber-Arbeitsnachweise von den Arbeiterorganisationen in keiner Weise gestört werden dürfen, wie solches in dem letzten Jahre vorgekommen ist.

Zu diesem Beschlusse haben die Arbeiterorganisationen in ihren Generalversammlungen Stellung genommen und beschlossen, sämtliche Anträge der Arbeitgeber abzulehnen und nicht in Verhandlungen über ein Vertragsmuster zu treten, bis der deutsche Arbeitgeberbund für das Baugewerbe seine Anträge zurückgezogen hat.

Diese schroffe Ablehnung der Anträge der Arbeitgeber durch die Arbeitnehmerorganisationen war auch der Grund, weshalb die vom Reichsamt des Innern angestellten Einigungsverhandlungen resultatlos verliefen.

Da nun der deutsche Arbeitgeberbund zur Sicherung eines gedeihlichen Verhältnisses zwischen Arbeitgeber und Arbeitnehmer und zur Aufrechterhaltung der Ruhe und Ordnung im Baugewerbe Tarifverträge für unbedingt notwendig erachtet, so sieht er sich außer Stande, ohne Tarifvertrag weiter arbeiten zu können, und daher genötigt, seinen Mitgliedern die Schließung der Geschäfte am 15. April cr. aufzugeben. [...]

80b Aufruf des Frankfurter und des Hanauer Gewerkschaftskartells zur Unterstützung der von ihnen eingeleiteten Sammlungen zugunsten der ausgesperrten Bauarbeiter, 3. Mai 1910

Volksstimme (Frankfurt) Nr. 102, 3. Mai 1910.

Die Aussperrung der Bauarbeiter geht bereits in die dritte Woche. Den von verschiedenen Seiten angebahnten Friedensverhandlungen wurde von den Vertretern der Arbeitergruppen ohne weiteres zugestimmt. Die Vertreter der Arbeitgeber lehnten Verhandlungen schroff ab. Zwar gärt es im Unternehmerlager. Aber die große Masse der Unternehmer lässt sich von gewissenlosen Scharfmachern, den Agenten des Großkapitals, in unbegreiflicher Blindheit ins Schlepptau nehmen, in vielen Fällen zum eigenen schweren Schaden.

Das Frankfurter Gewerkschaftskartell hat in seiner Sitzung am 21. April bereits seinen Willen ausgesprochen, den Bauarbeitern in dem ihnen aufgedrungenen Kampfe moralische und finanzielle Hilfe zu bringen. Der außerordentliche Gewerkschaftskongress beschloss am 25. April ebenfalls tatkräftige Unterstützung.

Auf Grund dieser Tatsachen werden von den unterzeichneten Stellen unverzüglich Sammlungen eingeleitet. Wir erwarten, dass die Arbeiterschaft die Bauarbeiter und ihre Familien nach besten Kräften unterstützt.

Aber auch der übrigen Bevölkerung, soweit sie den gewerkschaftlichen Organisationen objektiv gegenübersteht, ist die Gelegenheit geboten, durch finanzielle Unterstützung den ausgesperrten Bauarbeitern ihre Sympathie zu bekunden und gleichzeitig gegen das Vergewaltigungssystem der Scharfmacher im Baugewerbe zu protestieren. Alle freiwilligen Zuwendungen erbitten wir an die Unterzeichneten. Sammellisten kommen im Laufe dieser Woche in die Hände der Vorstände.

Für das Frankfurter Kartell: L. Dorschu, Allerheiligenstraße 51, Frankfurt a. M.
Für das Hanauer Kartell: H. Salomon, Brückenstraße 4, Hanau

81 — 28. Juli 1910

Bericht der »Volksstimme« über den erfolgreichen Streik der Hanauer Straßenbahner

Volksstimme (Frankfurt) Nr. 175, 29. Juli 1910, 1. B.

Die seit längerer Zeit schwebende Lohnbewegung Hanauer Straßenbahner wurde gestern nach zweitägigem Streik erfolgreich beendet. Die erzielten Erfolge sind:

Herabsetzung der Arbeitszeit von 305 auf 280 Stunden pro Monat. 2 Prozent Tantiemen von den Einnahmen (pro Mann 7-11 Mark im Monat). Anstatt des 12. freien Tages wird künftig jeder 6. Tag freigegeben. Muss einen dienstfreien Tag Dienst getan werden, so ist dafür eine Sondervergütung von 3 Mark zu bezahlen. Nach einjähriger Dienstzeit hat jeder Angestellte drei Tage Urlaub zu fordern unter Fortzahlung des Lohns. Vom 1. April nächsten Jahres ab werden die Gehälter erhöht um mindestens 5 Mark pro Mann. Sämtliche Kündigungen werden von der Direktion zurückgenommen, kein Mann darf wegen seiner Beteiligung am Streik gemaßregelt werden. Die infolge der Betriebseinschränkung ab 1. Oktober außer Dienst kommenden 4 Mann werden in städtischen Dienst übernommen.

Der Ausgang dieses Kampfes ist ein sehr erfreulicher. Die Direktion hat gesehen, dass die Sympathie der Bevölkerung auf der Seite der Streikenden war und die Angestellten können die Überzeugung haben, dass sie die gesamte Arbeiterschaft hinter sich haben, wenn sie der Organisation treu bleiben. Vielleicht wäre noch mehr zu erzielen gewesen, wenn die Straßenbahner länger der Organisation angehört hätten, sie können aber mit dem Erreichten vorläufig zufrieden sein; haben sie auch nicht alle Forderungen durchgesetzt, so bedeutet der Ausgang des Kampfes doch einen Schritt nach vorwärts. Die Hauptsache allerdings bleibt die, dass die Straßenbahner den Wert der Organisation, des festen innigen Zusammenschlusses zur Erreichung gemeinsamer Ziele, erkannt haben. Die Haltung der Streikenden während des ganzen Kampfes war eine musterhafte, sie verfehlte ihren Eindruck auf die maßgebenden Faktoren ebenso wenig, wie die Sympathie der gesamten Hanauer Bevölkerung, insbesondere der Arbeiterschaft, der die Streikleitung auf diesem Wege den besten Dank ausspricht für ihre tatkräftige Unterstützung.[a]

[a] Am 27. Juli kündigte die Betriebsleitung sämtlichen 26 Ausständigen zum 24. August.

82 7. Mai 1913

Die Ungerechtigkeit des Dreiklassenwahlrechts am Beispiel der Verteilung der Wähler auf die einzelnen Klassen in den Hanauer Wahlbezirken bei der Landtagswahl in einer Darstellung der »Volksstimme«

Volksstimme (Frankfurt) Nr. 105, 7. Mai 1913.

Die Ungerechtigkeit des Dreiklassenwahlrechts und die schönen Blüten, die es zeitigt, kann man ersehen, wenn man die Landtagswählerliste von Hanau-Stadt studiert. In dem 18. Wahlbezirk[a] wählt z. B. ein Wähler in der ersten Klasse allein, das ist Kommerzienrat Heinrich Brüning, im 20. Bezirk wählt ebenfalls in der ersten Klasse Dr. Wilhelm Heraeus allein in der Klasse der Bevorzugten. Diese reichen Leute beherrschen die ganze Klasse auf Grund ihres Geldsacks und des schändlichen Wahlrechts. Am 16. Mai wählt (soll heißen bestimmt) jeder von ihnen zwei Wahlmänner, genau so viel wie die Hunderte von Wählern in der dritten Klasse dieser Wahlbezirke. In den meisten Bezirken wählen in der ersten Klasse nur einige Bevorzugte. Man vergleiche folgende Zusammenstellung der einzelnen Wahlbezirke und die Zahl der Wähler in den einzelnen Klassen:

Wahlbezirk	1. Klasse	2. Klasse	3. Klasse	Zusammen
1.	5	42	232	79
2.	8	41	278	322
3.	7	25	246	278
4.	14	50	237	301
5.	4	36	265	305
6.	18	60	233	311
7.	4	32	282	318
8.	3	21	256	280
9.	3	26	287	296
10.	10	42	237	289
11.	5	37	251	293
12.	2	25	261	288
13.	21	75	244	340
14.	4	23	315	342
15.	3	30	125	158
16.	11	18	36	65
17.	1	7	248	256
18.	6	18	266	29
19.	5	18	282	805
20.	1	49	284	334
21.	9	38	161	208
22.	5	21	276	302
Summe	149	784	5277	6160[b]

Da behauptet wohl keiner, dass dies ein gerechtes Wahlverfahren ist, wo 149 Erstklassige genau so viel Recht haben, wie die 5277 der dritten Klasse; das trifft auch für die zweite Klasse zu. Deshalb ist es am 16. Mai zu zeigen, dass dies Wahlrecht keine Existenzberechtigung mehr hat. Selbst die Spitzen der Bürgerschaft, die doch sonst die Erstklassigen darstellen, wie unser Oberbürgermeister Dr. Gebeschus, der königliche Landrat und auch der seitherige nationalliberale Vertreter des Kreises, Baurat Wohlfahrt, wählen in der zweiten Klasse, gehören also bei dem guten Wahlrecht nicht zu den Wählern der ersten Klasse. Parteigenossen Wähler! Sorgt am 16. Mai[c] dafür, dass der letzte Arbeiter zur Wahl geht und gegen dieses Geldsackswahlrecht protestiert!

[a] Richtig: im 17. Wahlbezirk.
[b] Richtig: 6460.
[c] Wahlgang der Wahlen zum preußischen Landtag.

83 — 25. September 1913

Bericht der »Volkstimme« über eine Volksversammlung, in der Rosa Luxemburg über die politische Situation und die Aufgaben der Arbeiterklasse in Anbetracht von Militarismus, Imperialismus und wachsender Kriegsgefahr sprach

Volksstimme (Frankfurt) Nr. 226, 26. September 1913.

Die politische Situation und die Aufgaben der Arbeiterklasse

Über dieses Thema sprach am Donnerstag[a] Abend in einer öffentlichen Volksversammlung Genossin Dr. Rosa Luxemburg. Der geräumige Saal war stark besetzt. Genossin Luxemburg führte etwa Folgendes aus. In diesem Jahre der Jahrhundertfeiern zeigt sich das Deutsche Reich in bengalischem Lichte der zivilisierten Welt als das Land der Zufriedenen und Glücklichen unter der Sonne. Wie unter der Zeit Wilhelms II. in Deutschland der Reichtum gewachsen ist, zeigt eine Statistik. Darnach vermehrte sich der Reichtum des deutschen Volkes im Jahre 1895 um 22-25 Millionen Mark im Jahre. Im Rummel der Jahrhundertfeiern preist die deutsche Bourgeoisie diesen Reichtum; aber der sozialdemokratische Parteitag in Jena musste sich mit einer tiefernsten Frage eingehend beschäftigen, nämlich der Arbeitslosenfürsorge. Wir gehen einer allgemeinen Krise entgegen, wie wir sie noch nicht mitgemacht haben und die alle früheren in den Schatten stellt. Was eine Krise für das arbeitende Volk zu bedeuten hat, dass wissen nur die arbeitenden Massen. Bereits in der Blüte der kapitalistischen Prosperität haben wir ja den Hungerschrei vernommen. 1911 hatten wir ja die Hungerrevolten in Belgien, Frankreich und Österreich, wo es zu lebhaften Zusammenstößen zwischen der Polizei und dem hungernden Proletariat kam. In Deutschland hatten wir zwar keine Hungerrevolten. Dass es bei uns nicht soweit kam, verdanken wir nur der Sozialdemokratie, die durch ihre Aufklärungsarbeit dem Volke zeigt, dass durch Revolten dem Hunger nicht zu steuern ist. Das ist die Kehrseite der Medaille. In Deutschland ist die Not allgemeine Regel geworden. Nicht anders steht es ja in anderen Staaten. Die Lebenshaltung der arbeitenden Klasse wird immer mehr herabgedrückt. Die Löhne sind nicht so gestiegen, dass sie zu den anschwellenden Ausgaben im Verhältnis standen. Trotz dieser großen Not im arbeitenden Volke beobachten wir die wahnsinnigste Entfaltung des Imperialismus. Der deutsche Reichstag nahm eine beispiellose Militärvorlage an, die in keinem andern Staate eine

Ähnlichkeit finden lässt. Wenn die herrschenden Klassen damit prahlen, dass sie auf dem Altar des Militarismus einen Wehrbeitrag von einer Milliarde leisten, so ist das lächerlich. Wir wissen, was aus den Ärmsten der Armen für den Militarismus herausgeschunden wird. Wenn die Junker und Junkergenossen und andere reiche Leute diesen Wehrbeitrag leisten, so haben sie das Geld nicht durch ihren Schweiß erworben, sondern die Arbeiter mussten es erst verdienen. (Sehr richtig!) Die eine Tatsache steht fest, dass die deutsche Militärvorlage und ihre Deckung ein weiterer Grund zum gewaltigen Wettrüsten bei anderen Staaten ist. Die viel zu geduldigen Arbeitermassen müssen die Kosten dieser Vermehrung der indirekten Steuern und erhöhten Zölle bezahlen. Es ist eine infame Lüge, wenn die Agenten des Militarismus uns erzählen wollen, die reichen Leute trügen die Kosten. Die Rednerin schildert dann die Wirkungen des Militarismus im Wirtschaftsleben, kommt dann auf die Scheußlichkeiten der Balkankriege zu sprechen und hebt hervor, wie dem Wüten des Militarismus gegenüber die Sozialdemokratie die Abrüstung und den Völkerfrieden predigt. Freilich erst wenn die Arbeiterklasse in allen Ländern das Heft in den Händen hält, werden diese Ideale verwirklicht werden können. Die herrschenden Klassen wollen freilich nichts davon wissen, dass das werktätige Volk über Krieg und Frieden entscheidet. Der heutige Militarismus hat ganz andere Aufgaben, als das Vaterland zu schützen. Ich erinnere nur an die Hunnenexpedition nach China im Jahre 1900[b] und die Niedermachung wehrloser Frauen und Greise in Südafrika.[c] Nicht der Militarismus hat der deutschen Industrie neue Absatzgebiete geschaffen, sondern die Energie und die Intelligenz der deutschen Arbeiter. Aber wir sind uns darüber klar, dass, solange der Kapitalismus besteht, wir den Krieg nicht abschaffen können. Aber wir werden den Kapitalismus besiegen, wenn wir mit aller Macht den Kampf gegen den Krieg führen. Und da gilt es, die letzte Kraft aufzubieten, dass auch der Letzte seine verdammte Pflicht und Schuldigkeit erfüllt, indem er mit der Waffe der gekreuzten Arme sein Veto gegen das Verbrechen des Krieges einlegt. »Alle Räder stehen still, wenn dein starker Arm es will.« (Bravo!) Wir haben den Massenstreik in Jena in eingehender Weise erörtert. Das Proletariat wird sich seiner im gegebenen Momente zu bedienen wissen. In der Not der Stunde kommt das Proletariat zur entschlossener Tat. Wir rufen der herrschenden Klasse zu: »Nehmt euch in acht! Wir sind nicht waffen- und wehrlos und greifen zum Massenstreik, mag kommen, was da kommen will.« Sei von uns ein jeder ein ganzer Mensch, ein ganzer Kämpfer, um der Sozialdemokratie trotz alledem und alledem den Sieg zu erringen. (Stürmischer anhaltender Beifall.)

In der Debatte besprachen die Genossen Schnabrich, Schnellbacher und Hoch unter lebhaften Beifall die Tagesfragen. – Die Fortsetzung der Diskussion über den Parteitagsbericht findet am kommenden Montag statt.[d] Genossin Dr. Luxemburg wird dabei über Massenstreik und Steuerfrage sprechen.

[a] 25. September 1913.
[b] Gemeint ist die Entsendung eines deutschen Expeditionskorps zur Niederwerfung des so genannten Boxeraufstandes in China.
[c] Hinweis auf die grausame Unterdrückung des Herero-Aufstandes in Südwestafrika durch deutsches Militär in den Jahren 1904 – 1907.
[d] 29. September 1913.

84 März 1914

Ausweisung der zum Internationalen Frauentag eingeladenen Rednerin Angelika Balabanoff aus Hanau

84a Ausweisungsverfügung des Hanauer Landrats, 9. März 1914

Volksstimme (Frankfurt) Nr. 58, 10. März 1914.

An Frau Dr. Angelika Balabanoff, zurzeit in Hanau
Sie werden hiermit als lästige Ausländerin aus dem preußischen Staatsgebiet ausgewiesen und aufgefordert, dasselbe unverzüglich nach Erhalt dieser Verfügung zu verlassen.
Freiherr von Laur

84b Bericht der »Volksstimme« über die feierliche Verabschiedung von Angelika Balabanoff durch die Hanauer Arbeiterschaft, 9. März 1914

Volksstimme (Frankfurt) Nr. 58, 10. März 1914.

Es lebe der Feind, unser Freund!

Unsere Gegner haben auf der ganzen Linie gegen unserer friedliche Aufklärungsarbeit mobil gemacht. Die schlotternde Angst vor der Sozialdemokratie treibt sie von einem Salto mortale zum anderen. Regierung, Polizei und Gendarm wurden scharf gemacht gegen die Rote Woche und den Frauentag. Die alten brutalen Machtmittel des Polizeistaates müssen wiederum herhalten, um die Siegeslaufbahn des Sozialismus zu versperren. Am Samstag[a] verbot die Hanauer Polizei das Ankleben der Plakate, in denen die Bevölkerung zum Massenbesuch des Frauentages im Gewerkschaftshause aufgefordert wurde. Die Worte »Frauen heraus!« genügten allein schon, diesen famosen Streich zu rechtfertigen. Aber die Hanauer Polizeipraxis hielt den größten Trumpf noch in der Hand. Als nämlich unsere Genossin Balabanoff aus Mailand gestern Abend in der Hanauer Volksversammlung reden sollte, erhielt sie einige Stunden vorher eine Verfügung unseres Landrats, die wir an anderer Stelle abdrucken.[b] Genossin Balabanoff, die vorgestern und gestern noch ungeschoren im Landkreise Hanau, auch schon in Stuttgart und im vorigen Jahre unbehelligt in Frankfurt gesprochen hat, war nicht wenig überrascht von der Liebenswürdigkeit und der Schneidigkeit unserer Polizei. Nach ihrer Meinung besteht kein Unterschied zwischen den Umgangsformen der russischen und der Hanauer Polizei. Es wurde ihr sogar unter Androhung sofortiger Verhaftung untersagt, die Wohnung des Genossen Schnabrich bis kurz vor Abgang des Zuges nach Mailand zu verlassen. Aber gerade dieses Windmühlengefecht der preußischen Staatsretter agitierte für uns und verhalf der Genossin Balabanoff zu stürmischen Ovationen. Dicht gedrängt standen Hunderte in der Mühlstraße und harrten auf unsere Genossin Balabanoff. Begeisterte, weithin schallende Hochrufe empfingen sie und zahlreiche Genossen und Genossinnen grüßten noch unterwegs den Wagen, der sie zum Bahnhof brachte. Dort hatten sich schon vorher Hunderte aufgestellt, und der im nächtlichen Dunkel liegende Bahnhof

Hanau-Ost wurde umbraust von den Hochrufen auf die »lästige Ausländerin«, die sie begeistert mit Hochrufen auf den internationalen Sozialismus und speziell auf die »Rote Woche« beantwortete. Sie winkte mit einer breiten roten Schärpe aus dem Coupéfenster, solange sie sichtbar war. Um zu verhüten, dass die Menge auf den Bahnsteig kommt, hatte der die polizeiliche Aktion leitende Beamte bei seinem Eintreffen sofort mit dem Bahnhofsvorsteher die Schließung des Bahnsteigkartenautomaten veranlasst. Aber viele Genossen und Genossinnen waren schlauer. Ein Billet zu 5 Pfg nach Hanau-West verschaffte ihnen den ungehinderten Zutritt zum Bahnsteig. Die Roten sind halt nicht unterzukriegen. Der Heimweg zum Gewerkschaftshause durch die nächtlichen Straßen war ein Demonstrationszug. Die Wahlrechtsstrophe der Marseillaise erscholl aus allen Kehlen.

[a] 7. März 1914.
[b] Siehe vorangehendes Dokument.

85 — Juli 1914

Der Widerstand gegen den unmittelbar drohenden Weltkrieg

85a Bericht der »Volksstimme« über die Friedenskundgebung der Hanauer Arbeiterschaft, 28. Juli 1914

Volksstimme (Frankfurt) Nr. 174, 29. Juli 1914

Gegen die Menschenschlächterei

Zu einer wuchtigen Massendemonstration gegen den Weltkrieg gestaltete sich gestern die Kundgebung der Hanauer klassenbewussten Arbeiterschaft. Schon lange vor Beginn der Versammlung war der große Saal, Galerie und Bühne des Gewerkschaftshauses dicht besetzt. Hunderte von Arbeitern, Arbeiterinnen, Angestellte und Kleinbürgern, konnten keinen Einlass mehr bekommen, sie harrten im Hofe des Gewerkschaftshauses treu bis zum Schluss der Versammlung aus. Diese gewaltige, machtvolle Kundgebung der Hanauer Bevölkerung zeichnete sich in allen Teilen geradezu musterhaft aus, spontan waren die Beifallskundgebungen, die dem Redner des Tages, Genossen Hoch gelten, sonst musterhafte Ruhe und Ordnung, nur der überwachende Polizeikommissar Behrendt, der die Genehmigung zum Anschlagen der Plakate mit der Aufschrift »Weltkrieg und Proletariat« nicht erteilte, sondern auf die Rückkehr des Landrates wartete, sodass gestern Morgen gegen 10 Uhr erst das Ankleben der Versammlungsaufforderungen erfolgen konnte, begleitete mit höhnischem Lächeln und Kopfschütteln die wirkungsvollen Ausführungen des Genossen Hoch. In musterhafter Ordnung verließen nach Schluss der Versammlung die Massen das Gewerkschaftshaus. Deutlich haben sie den Herrschenden und den Kriegshetzern gezeigt, dass der entfachte Kriegstaumel nicht die Meinung des deutschen Volkes ist. Nieder mit dem Krieg! Hoch der Frieden! Die Hanauer werktätige Bevölkerung ist bereit, wenn die Sozialdemokratie ruft!

Reichstagsabgeordneter Genosse Hoch führte etwa aus: In einer sehr ernsten Stunde und schweren Herzens treten wir heute hier zusammen. Die Gefahr eines Weltkrieges droht uns zurzeit. Das schreckliche Verbrechen, das sich in Bosnien abgespielt hat, hat den Konflikt zwischen Österreich und Serbien hervorgerufen. Das Blutvergießen hat bereits begonnen. Hinter Serbien steht Russland. Die große Gefahr ist nun, dass sich Russland einmischt zugunsten Serbiens und eine Kriegserklärung an Österreich erlassen wird. Die Folge wird sein, dass Deutschland zu Österreich auf Grund des Bündnisvertrages steht, Frankreich, England und Italien nicht zurück stehen werden. Die übrigen Balkanstaaten werden folgen, der Weltkrieg ist entfacht und das gegenseitige Abschlachten wird dann beginnen. Das wäre ein ungeheures Unglück, wie es in der Weltgeschichte noch nicht da gewesen ist. Unter großen Opfern hat man die Rüstungen von Jahr zu Jahr gesteigert, um angeblich den Frieden zu erhalten, jetzt sehen wir, wie der Friede erhalten wird.

Nicht Hunderttausende, sondern Millionen und Abermillionen von Menschen stehen sich gegenüber, ausgerüstet mit den furchtbarsten und raffiniertesten Mordwaffen, um sich gegenseitig zu zerfleischen und hinzumorden. Wir setzen alles daran, um aus unseren Kindern gesittete und ordentliche Menschen zu machen, dann bricht der Krieg aus, reißt uns unsere Kinder hinweg, schickt sie auf die Schlachtfelder, wo sie entweder ihren Tod finden, oder als unglückliche Krüppel zurückkehren. Unzählige Arbeiterfamilien, deren Existenz auf den täglichen Broterwerb aufgebaut ist, werden ihres Ernährers beraubt, die Angehörigen bleiben in Not und Elend zurück. Die Betriebe werden geschlossen, Handel und Gewerbe werden mit einem Schlage unmöglich gemacht. Jede Aus- und Einfuhr von Waren ist unmöglich gemacht, wenn man weiter bedenkt, dass unser ganzes Erwerbsleben auf den Kredit aufgebaut ist. Der Weltkrieg sprengt alle diese Verpflichtungen. Jede Zahlung, jeder Verkehr hört auf. Die Vorgänge an den Börsen in den letzten Tagen haben das bereits gezeigt. Genosse Hoch schilderte kurz die Schrecken des Krieges von 1870/71. Er rückt unter starkem Beifall den patriotischen Kampf der jungen Kaufleute und Studenten in das rechte Licht, die unter den Augen der Polizei Umzüge veranstalten durften. Es wurden von hohen Herren Reden zum Fenster hinaus gehalten und tüchtig Hurra! geschrieen. Kein vernünftig denkender Mensch nimmt natürlich diese Kundgebungen für die Volksabschlachtung ernst. (Lebhafter Beifall.). Der Weltkrieg bedeutet einen Rückfall in die Barbarei. Ja noch viel Schlimmeres steht uns bevor. Dass es so kommen musste, daran tragen die Herrschenden selbst die Schuld. Österreich lag lange genug auf der Lauer, um mit Russland anzubinden. Jetzt scheint ihm der günstige Augenblick gekommen. Was geht das aber Deutschland an? Ist das Vaterland wirklich in Gefahr, dann sind die Arbeiter die ersten auf dem Posten, um das Vaterland zu verteidigen. (Lebhafter Beifall.) Der Polizeikommissar Behrendt schüttelt mit dem Kopfe und lacht. (Wir wollen uns über das Betragen dieses Beamten nicht weiter aufhalten. Es genügt, das festgestellt zu haben.)

Stürmische Heiterkeit erregt es, als Genosse Hoch die Notiz des »Hanauer Anzeigers« niedriger hängt, wonach das russische kämpfende Proletariat sich dem Zarismus zur Verfügung gestellt habe. Nach eingehender Schilderung der schweren wirtschaftlichen Folgen, die der Weltkrieg mit sich bringt, schließt Genosse Hoch mit der Mahnung, dass die Arbeiterschaft in dieser ernsten Situation auf dem Posten sein muss. Arbeiter, Bürger! Wenn die Stunde ruft, müssen wir auf dem Platz sein gegen den Krieg und für den Frieden. (Brausender, nicht endenwollender Beifall.)

Mit einem stürmisch aufgenommenen Hoch auf den Völkerfrieden, gegen den Weltkrieg und für den internationalen Sozialismus wurde die denkwürdige Demonstrationsversammlung geschlossen, nachdem folgende Resolution[a] einstimmig angenommen war.

[a] Siehe folgendes Dokument.

85b Resolution der Friedenskundgebung, 28. Juli 1914

Volksstimme (Frankfurt) Nr. 174, 29. Juli 1914.

Die am 28. Juli im Hanauer Gewerkschaftshause zahlreich versammelten Männer und Frauen erblicken in dem gegenwärtigen Konflikt zwischen Serbien und Österreich die Gefahr eines europäischen Krieges, dessen Folgen ein greuelvolles Morden unter den Völkern und die Verwüstung der durch harte Arbeit errungenen Kultur sein wird.

Die Versammelten erkennen in der gegenwärtigen Kriegsgefahr die Folgen der kulturwidrigen Rüstungspolitik der kapitalistischen Staaten, die zur Förderung der imperialistischen Völker gegeneinander und als letzten Ausfluss zum Weltkrieg führen muss.

Aus dieser Erkenntnis spricht die Versammlung die Überzeugung aus, dass nur die Demokratisierung der Staaten und die mit dieser Tatsache verbundene Verbrüderung aller Völker eine dauernde Gewähr für den Weltfrieden verbürgen. Diese Frage zu lösen, kann nur die Aufgabe des internationalen Proletariats sein. Die Versammelten versprechen deshalb, in diesem Sinne alle Kräfte gegen einen drohenden Weltkrieg einzusetzen, der ein Verbrechen an der gesamten Menschheit sein würde. Von der deutschen Regierung erwarten die Versammelten, dass sie alles aufbietet, um zu verhindern, dass auch nur ein Tropfen Blut deutscher Soldaten wegen des gegenwärtigen Konflikts zwischen Serbien und Österreich fließt. Die Versammelten fordern ferner die sofortige Einberufung des Reichstages und versprechen, die sozialdemokratische Partei als Hüterin des Friedens zu stärken und zu fördern.

86 — August 1914

Die Arbeiterorganisationen und der Beginn des Ersten Weltkrieges

86a Erklärung der sozialdemokratischen Reichstagsfraktion, 4. August 1914

Metallarbeiter-Zeitung Nr. 33, 15. August 1914. Stenographisches Protokoll der Verhandlungen des Reichstages, Band 306, Berlin 1916, S. 8f. Die Textgestaltung folgt der Metallarbeiter-Zeitung.

Wir stehen vor einer Schicksalsstunde. Die Folgen der imperialistischen Politik, durch die eine Ära des Wettrüstens herbeigeführt wurde und durch die sich der Gegensatz zwischen den Völkern verschärft hat, sind wie eine Sturmflut über Europa hereingebrochen. Die Verantwortung hierfür fällt den Trägern dieser Politik zu, die wir ablehnen.

Die Sozialdemokraten haben diese verhängnisvolle Entwicklung mit allen Kräften bekämpft und noch bis in die letzten Stunden hinein durch machtvolle Kundgebungen in allen Ländern, namentlich in innigem Einklang mit den französischen Brüdern, für die Aufrechterhaltung des Friedens gewirkt. Unsere Anstrengungen sind vergeblich gewesen. Nun stehen wir vor der Tatsache des Krieges und es drohen die Schrecken einer feindlichen Invasion.

Nicht für oder gegen den Krieg haben wir heute zu entscheiden, sondern über die Frage, wie für die Verteidigung des Landes die Mittel aufzubringen sind.[a] Nun haben wir zu denken an die Millionen von Volksgenossen, die ohne ihr Verschulden in diese Verhältnisse hineingerissen worden sind. Unsere heißesten Wünsche begleiten unsere zu den Fahnen gerufenen Volksgenossen ohne Unterschied der Partei. (Lebhafter Beifall.)[b]

Wir denken auch an die Mütter, die ihre Söhne hergeben müssen, an die Frauen und Kinder, die ihren Ernährer verlieren, denen zu der Angst um ihr Leben die Schrecken des Hungers drohen. Ihnen werden sich bald Zehntausende verwundeter und verstümmelter Kämpfer zugesellen, ihnen allen ist beizustehen, ihr Schicksal zu erleichtern und die erwachsene Not zu lindern ist unser aller dringende Pflicht. (Lebhafter Beifall.)

Für unser Volk und seine freiheitliche Zukunft steht bei einem Kriege mit dem russischen Despotismus, der sich mit dem Blute des eigenen Volkes befleckt hat, viel, wenn nicht alles auf dem Spiele. Es gilt diese Gefahr abzuwehren, die Kultur und die Unabhängigkeit unseres eigenen Landes sicherzustellen. (Lebhafter Beifall.)

Da machen wir wahr, was wir immer betont haben. Wir lassen in der Stunde der Gefahr das Vaterland nicht im Stiche. (Lebhafter, sich wiederholender Beifall.) Wir fühlen uns dabei im Einklang mit der Internationale, die das Recht jedes Volkes auf nationale Selbstständigkeit und nationale Selbstverteidigung jederzeit anerkannt hat.

Die wir in Übereinstimmung mit ihr jeden Eroberungskrieg verurteilen, hoffen wir, dass die grausame Schule der Kriegsleiden in neuen Millionen den Abscheu vor dem Kriege wecken und sie für den Sozialismus und Völkerfrieden gewinnen wird.

Wir fordern, dass dem Kriege, sobald das Ziel der Sicherung erreicht ist und die Gegner zum Frieden geneigt sind, ein Ende gemacht werde durch einen Frieden, der das freundnachbarliche Verhältnis der Völker zueinander ermöglicht, nicht nur im Interesse der von uns stets verfochtenen internationalen Solidarität, sondern im Interesse des deutschen Volkes.[c] Von diesen Grundsätzen geleitet, bewilligen wird die Kredite. (Vielfaches Bravo!)

[a] Abweichend von der Vorlage im Protokoll: »(Lebhafte Zustimmung bei den bürgerlichen Parteien.)«.
[b] Im Protokoll: »(Lebhaftes allseitiges »Bravo!« und Händeklatschen.)«.
[c] Im Protokoll: »(Lebhaftes allseitiges »Bravo!« und Händeklatschen.)«.

86b Aufruf des DMV-Vorstandes an seine Mitglieder (Auszug), 8. August 1914

Metallarbeiter-Zeitung Nr. 33, 15. August 1914.

Wie ein Blitz aus heiterem Himmel ist nun doch der unselige Krieg, dessen Vermeidung sich die Besten unseres Volkes stets angelegen sein ließen, über uns hereingebrochen. Tausende und aber Tausende unserer Arbeitsbrüder im besten, leistungsfähigen Lebensalter traten unter die Waffen. Im ernsten Bewusstsein und der festen Überzeugung, ihr Leben einsetzen zu müssen in erster Linie zur Verteidigung der Kultur gegen die Unkultur der Barbarei, verließen sie Weib und Kind, Vater und Mutter und alles, was ihnen lieb und teuer ist. Tausende dieser Braven standen Glied an Glied in unseren Reihen, beteiligen sich rege an unserer gewerkschaftlichen Aufklärungs- und Erziehungsarbeit und kämpften täglich den harten, schweren Kampf gegen eigene Vorurteile, gegen den Unverstand anderer zugunsten einer Hebung des Arbeiterstandes in geistiger, moralischer und materieller Beziehung. Indem sie jetzt hinausziehen in das Feld eines massenmörderischen Krieges, stellen sie ihren Abscheu gegen diesen selbst keineswegs zurück, sondern verteidigen mit dem Vaterland gleichzeitig die bisher auch durch die Arbeiterschaft errungenen Positionen der Kultur und einer höheren Lebensauffassung. Unsere heißesten Wünsche begleiten sie hinaus in das gefahrvolle Feld der Schlacht. Möge es gelingen, diesen Krieg mit geringen Opfern an Blut und Glut in kürzester Zeit zum Besten der Kultur zu beenden, und mögen die zahlreichen Kämpfer unserer Bestrebungen und die zahlreichen Mitglieder unseres Verbandes unversehrt in Bälde zurückkehren zu den Ihren, zu erfolgreicher Friedensarbeit und in die Reihen ihrer zurückbleibenden Arbeiterbrüder, mit denen sie bisher zur Erreichung einer besseren Zukunft in Reih und Glied nicht ohne Erfolg gewirkt haben. Dies unser sehnlichster, aufrichtigster Wunsch, den wir unseren geschiedenen Kollegen ins Schlachtfeld nachsenden und den noch Scheidenden mitgegeben. Wünsche, und sind sie noch so aufrichtig gemeint, allein genügen nicht, wollen wir unseren geschiedenen und scheidenden Arbeitsbrüdern einige Gewähr für die Zukunft geben, so ist es unserer, der Zurückbleibenden, Pflicht, das, was wir mit ihnen in friedlicher Arbeit aufgebaut haben, unsern Verband, auch weiterhin zu erhalten und zu fördern. Aufrechterhaltung und Förderung des Verbandes bedeutet Aufrechterhaltung der Mitgliedschaft jedes Einzelnen, der nicht zum Militärdienst eingezogen ist. Aufrechterhaltung der Mitgliedschaft hat zur Voraussetzung regelmäßige und pünktliche Entrichtung der Beiträge. Kein Mitglied entziehe sich gerade im jetzigen Augenblick dieser Verpflichtung, keiner denke, dass Kriegszeiten die Gewerkschaften überflüssig machen oder gar ihr Bestehen in Frage stellen. Letzteres kann nur eintreten, wenn die Mitglieder die Flinte ins Korn werfen, dem Verband den Rücken kehren und ihre Beitragszahlungen vernachlässigen. Gerade in dieser ernsten und schicksalsschweren Stunde fällt den Gewerkschaften eine sehr wichtige Rolle zu. Gerade jetzt sind sie nötiger denn je. [...]

87 **August 1914 – 1918**

Der Widerstand gegen den Krieg

87a Rückblickende Schilderung Friedrich Schnellbachers über die Entwicklung der Opposition in Hanau, August 1914 – 1918

Friedrich Schnellbacher, Hanau in der Revolution vom 7. November 1918 bis 7. November 1919, Hanau 1920, S. 11f.

Die Hanauer Arbeiterschaft verkörpert seit Jahrzehnten eine Kerntruppe des vorwärtsstürmenden klassenbewussten Proletariats. Dies ist Tradition. Bei Beginn des Krieges setzte sofort in Hanau die Opposition ein, gegen die Kriegspolitik der Partei und gegen die Sumpftaktik des »radikalen« Abgeordneten Hoch. Ich gedenke dabei der denkwürdigen Besprechung Ende August 1914 mit Rosa Luxemburg und Karl Liebknecht in Frankfurt am Main, an der mein Kampfgenosse Dr. Wagner und andere auch teilnahmen. Dort wurde der Grundstein der beginnenden Oppositionsarbeit gegen Krieg und Parteipolitik gelegt. Hanau bildete während des Krieges im Bezirk den Vorort der Opposition. Ich erinnere mich weiter einer denkwürdigen Besprechung im Jahre 1915 im Wartesaal des Ostbahnhofes in Hanau, wo unsere kranke Genossin Klare Zetkin und wir Hoch und seinen Freund Simon[a] aus Nürnberg bearbeiteten, um sie zu überzeugen, dass ihre Politik falsch sei. Die weite Reise unserer »Klara« war vergeblich, sahen wir doch klar, dass Hopfen und Malz bei Hoch verloren war. Die Durchhaltepolitik des Herrn Hoch hatte keinen Boden. Trotz Verbot von öffentlichen Versammlungen fanden sich die Genossen in Mitgliederversammlungen zusammen. Unseren Genossinnen gebührt ohne weiteres ein Teil der Verdienste um die Revolutionierung der Frauen. An der Spitze war stets Genossin Gimbel zu finden, die unermüdlich mit den leitenden Genossen für die Aufrüttelung der Frauen sorgte. In verschiedenen Parteikonferenzen, in der Hoch und Rühle sprachen, wurde Hochs Politik verurteilt und das Bekenntnis zur Liebknechtgruppe (Spartakusgruppe) abgelegt. März 1917 schieden wir geschlossen aus der Partei aus und schlossen uns als »schützendes Dach« der im April 1917 in Gotha gegründeten USP[D] an, in der wir als Spartakusgruppe unsere Ziele propagierten, bis die Verhältnisse die Arbeiter auf dem Lande reifen ließen und sie zur KPD im April 1919 geschlossen übertreten konnten.

[a] Josef Simon (SPD), Vorsitzender des Zentralverbandes der Schuhmacher, Mitglied des Reichstags und des Bayerischen Landtags. Im Oktober 1917 Übertritt zur USPD.

87b Resolution der Mitgliederversammlung der Verwaltungsstelle Hanau des DMV gegen die Haltung der »Metallarbeiter-Zeitung« und für die Beendigung des imperialistischen Krieges, 14. Februar 1915

Metallarbeiter-Zeitung Nr. 9, 27. Februar 1915. Einleitender Vermerk des Hanauer Korrespondenten: In der am 14. Februar abgehaltenen Versammlung unserer Verwaltungsstelle wurden folgende Resolutionen[a] angenommen.

Die Mitgliederversammlung der Verwaltungsstelle Hanau am Main bedauert außerordentlich, dass die Haltung der Metallarbeiter-Zeitung während des Krieges zu Klagen Anlass gibt. Besonders ist die Artikelserie des Kollegen Fritz Kummer über: ‚Der Krieg, die Internationale und wir', in keiner Weise geeignet, Aufklärung über die Ursachen des Krieges zu schaffen. Wenn Fritz Kummer schreibt, dass man in früheren Jahren zu viel unsere ätzende Kritik an den Zuständen in Deutschland angelegt hätte und dadurch im Ausland eine falsche Meinung über unsere Verhältnisse aufkommen ließ und dass unsere Kritik zu viel auf Verneinung gestimmt gewesen sei, so erklären die Versammelten, dass unsere Arbeit und Kritik seitens der gesamten Arbeiterbewegung in früheren Jahren vollauf berechtigt gewesen ist und bedauern, dass eine so wichtige Frage so oberflächlich und einseitig in unserem Fachblatt behandelt wurde, die eine Beschimpfung unserer Arbeitsbrüder in den kriegführenden Ländern darstellt. Die Arbeiter aller Länder wissen, dass dieser Krieg von den Imperialisten aller Länder durch ihre verkehrte Wirtschafts- und Auslandspolitik hervorgerufen ist und die Arbeiter keines Landes denselben gewollt haben. Deshalb ist es bedauerlich, dass man die Schuld nur allein den anderen Völkern zuschiebt und die Politik unserer Imperialisten und Kapitalisten zu beschönigen sucht. Die Versammelten weisen dies ganz entschieden zurück. Die Aufgabe aller Volksschichten muss es jetzt sein, dem schrecklichen Krieg ein Ende zu machen und einen von jedem ersehnten Frieden herbeiführen zu helfen.

[a] Zur ersten Resolution siehe Dokument Nr. 90a.

87c Kommentar der »Metallarbeiter-Zeitung« zur Resolution[a] der Mitgliederversammlung der Verwaltungsstelle Hanau des DMV vom 14. Februar 1915, 27. Februar 1915

Metallarbeiter-Zeitung Nr. 9, 27. Februar 1915; einleitender Vermerk der Redaktion: Anmerkung der Schriftleitung.

Also die »Haltung der Metallarbeiter-Zeitung während des Krieges« gefällt den Hanauer Kollegen, die der Resolution Nr. 2 zustimmten, nicht. Leider lassen sie uns im Unklaren darüber, was denn eigentlich an dieser »Haltung« ihr Missfallen erregt. Wir können nach dem Wortlaut der Resolution doch nicht annehmen, dass es nur die Aufnahme der Arbeit des Kollegen Kummer ist, die sie ihren Beschluss fassen ließ. Was Kummers Ausführungen selbst betrifft, so lag für uns gar kein Grund vor, ihre Aufnahme abzulehnen, denn sie enthalten nicht das, was der Verfasser der Hanauer Resolution behauptet. Um hier nur eines hervorzuheben: Wo ist darin die Beschimpfung unserer Arbeitsbrüder in den kriegführenden Ländern? (Zu welchen Ländern, nebenbei gesagt, auch Deutschland gehört!) Kummer sagt eben, was er im Ausland erlebt und beobachtet hat. Wenn die Hanauer Versammlung nun schon glaubt, in Entrüstung machen zu müssen, so hätte sie dafür bei einigem guten Willen geeignetere Gegenstände in den Auslassungen ausländischer Arbeiterführer und Arbeiterzeitungen finden können, durch die die deutsche Arbeiterbewegung tatsächlich beschimpft und verdächtigt worden ist. Wer oberflächlich und einseitig urteilte, ist danach leicht zu erkennen. Kurz: die Hanauer Kollegen, die der Resolution zustimmten, meinten es gewiss gut, aber sie waren übel beraten.

[a] Siehe vorangehendes Dokument.

87d Erklärung oppositioneller Sozialdemokraten und Gewerkschafter an den Vorstand und die Reichstagsfraktion der SPD gegen die Fortsetzung der Burgfriedenspolitik, 9. Juni 1915

Institut für Marxismus-Leninismus beim ZK der SED (Hg.), Dokumente und Materialien zur Geschichte der deutschen Arbeiterbewegung, Reihe II, Bd. 1., Berlin 1958, S. 169ff.; von den Unterschriften sind nur die aus dem sozialdemokratischen Agitationsbezirk Frankfurt am Main stammenden wiedergegeben.

Werte Genossen!

Die Ereignisse der letzten Wochen zwingen uns zu diesem Schreiben. Mit dem 4. August 1914 hat die parlamentarische und außerparlamentarische Leitung der deutschen Sozialdemokratie eine Politik begonnen, die nicht nur das Versagen der Partei in einem unvergleichlichen geschichtlichen Augenblick, sondern eine immer schroffere Abkehr von ihren bisherigen Grundsätzen bedeutet.

Die verhängnisvollen Wirkungen dieser Abkehr ergriffen unerbittlich von der äußeren Politik aus die gesamte innere Politik der Partei, die damit auf beiden Gebieten aufhörte, als selbstständiger Faktor zu existieren. Die Anerkennung des Burgfriedens war das Kreuz auf dem Grabe des Klassenkampfes, der nicht in behördlichen und parlamentarischen Geheimkonventikeln noch durch eine Hintertreppenpolitik nach dem Muster kapitalistischer Klüngel geführt werden kann.

Die Mehrheit der Reichstagsfraktion wich jedem ernsthaften Kampf aus, selbst dem für die Koalitionsfreiheit, für die Wahlreform. Sie lehnte es ab, auch nur die Aufhebung des Belagerungszustandes zu beantragen, und verwandelte damit die aufgezwungene Rechtlosigkeit in eine freiwillig übernommene, um dann durch ihren Redner der untertänigen Hoffnung Ausdruck zu geben, eine Milderung der Zensur lasse sich vielleicht von einer Fürsprache beim Kaiser erreichen.

Von Session zu Session wurden die Hoffnungen auf eine Änderung der Fraktionspolitik vertröstet und verschoben. Und immer von neuem enttäuscht. Der Mai brachte die Vollendung des Zusammenbruchs.

Immer klarer war zutage getreten, dass der Krieg nicht der Verteidigung der nationalen Unversehrtheit dient. Immer deutlicher hatte sich sein imperialistischer Eroberungscharakter offenbart. Immer ungeniertere Bekenntnisse zur Annexionspolitik wurden abgelegt. Zu den Äußerungen einflussreicher Drahtzieher des Kapitalismus traten Kundgebungen mächtiger kapitalistischer Wirtschaftsverbände, Beschlüsse der herrschenden bürgerlichen Parteien und im Februar die vom Herrenhaus mit einhelliger Zustimmung angenommene Rede des Herrenhauspräsidenten, die die Möglichkeit eines sofortigen Friedens unter Aufrechterhaltung des bisherigen deutschen Besitzstandes feststellte, aber die Fortsetzung des Krieges zu Eroberungszwecken für geboten erklärte, eine Rede, durch die sich die Mehrheit der sozialdemokratischen Fraktion dennoch nicht an der Bewilligung neuer zehn Milliarden Kriegskredite und des Budgets hatte hindern lassen.

Die übergroße Masse der Parteigenossen daheim wie im Felde erwartete, dass die Reichstagsfraktion wenigstens jetzt endlich, im Mai, nach langen zehn Monaten eines furchtbaren, in Dauer und Ausgang unübersehbaren Krieges, in einer nachdrücklichen, unzweideutigen Kundgebung die schleunige Beendigung des Kriegs fordern und dem entschlossenen Friedenswillen der Sozialdemokratie Ausdruck verleihen würde – entsprechend dem vom deutschen Parteitag noch ausdrücklich gebilligten Beschluss des Stuttgarter Kongresses, der die Partei verpflichtet, den Krieg zur Aufrüttelung der Massen im Klassenkampf auszunutzen und so für seine rasche Beendigung zu wirken.

Die Erwartung der Massen ist wieder unerfüllt geblieben. Wie die Fraktionsmehrheit kein Wort des Protestes gegen den Bruch der belgischen Neutralität gefunden hatte, wie sie ablehnte, ihre Stimme zu erheben gegen die Torpedierung der »Lusitania«, gegen das Vergeltungsprinzip, das zu einem Wettlauf der Grausamkeit führt und die Zivilbevölkerung immer tiefer in die Schrecknisse des Krieges reißt, wie sie es unterließ, nach dem Beispiel unserer serbischen, russischen, englischen und italienischen Genossen, die Schuldigen am Weltkrieg im eigenen Land zu bekämpfen, und wie sie half, dem imperialistischen Unternehmen den Deckmantel des Patriotismus umzuhängen, so hat sie auch hier völlig versagt. Wenn der sozialdemokratische Redner am 29. Mai in einigen Wendungen von Friedenssehnsucht sprach und für einen Frieden ohne Annexion eintrat, so nahmen doch Form und Begleitumstände von vornherein dieser Rede den Charakter einer ernsten Friedenskundgebung. Und was sich nach ihr abspielte, stempelte die ganze »Aktion« für In- und Ausland zum Gegenteil einer Friedenskundgebung.

Die volle Bedeutung dieser Haltung der Fraktionsmehrheit ergibt sich aus der Tatsache, dass ihr das Kriegsziel der Regierung ganz autoritativ bekannt war. Unverblümt hatte der Reichskanzler in der Reichstagssitzung vom 28. Mai den Eroberungskrieg proklamiert, zu dessen Programm, wie die Fraktion wusste, die offene Annexion russischer und französischer Gebietsteile und unter dem Etikett der zwangsweisen wirtschaftlichen Angliederung die versteckte Annexion Belgiens gehört. Auf diese Proklamation galt es, die sozialdemokratische Antwort zu erteilen. Die sozialdemokratische Fraktionsmehrheit jedoch fand darauf, von jenen unerheblichen Redewendungen abgesehen, nur ein erneutes Bekenntnis zur Politik des 4. August, das heißt zur Willfährigkeit gegenüber der Regierung und den herrschenden Klassen; und das, obwohl Graf Westarp sie unter Beihilfe der bürgerlichen Parteien durch den – freilich von Mitgliedern der sozialdemokratischen Fraktion unterstützten! – Handstreich seines Vertagungsantrages gerade eben die Junkerpeitsche hatte fühlen lassen. Und auf die alarmierende Eroberungsfanfaren des konservativen und nationalliberalen Redners fand sie nur eben eine nochmalige Unterstreichung dieses Bekenntnisses und die Berufung auf denselben Reichskanzler, dessen Annexionsziele vor den Augen aller Welt enthüllt waren.

Der dringendste Anlass war gegeben, sich endlich von der Regierungs-Kriegspolitik loszusagen und ihr den schärfsten Kampf zu erklären. Die endliche rücksichtslose Hervorkehrung der sozialistischen Interessen und der proletarisch-internationalen Friedensziele war geboten; aber eine erneute Verpflichtung zur Politik des Durchhaltens, eine wiederholte Solidaritätserklärung gegenüber den herrschenden Klassen und der Regierungs-Kriegspolitik erfolgte.

Auch im Jahre 1870 waren die sozialdemokratischen Abgeordneten durch scharfe Gegensätze getrennt; aber geschlossen standen sie gegen die Regierung, sobald sich die Annexionspläne offen herauswagten. Heute liegt das offizielle Annexionsprogramm der Regierung und aller bürgerlichen Parteien vor. Dennoch begnügt sich die Fraktionsmehrheit mit einigen nichtigen Wendungen über Friedenswünsche und Annexionspolitik, um sich desto nachdrücklicher auf das Durchhalten einzuschwören.

Damit ist der Schlusspunkt unter die unheilvolle Entwicklung gesetzt, die am 4. August begann. Die Reichstagsfraktion, in der auch die meisten Mitglieder des Parteivorstandes sitzen, hat den Widerstand gegen die imperialistische Eroberungspolitik aufgegeben. Und nicht aus bloßer Schwäche und Burgfriedensfreudigkeit, sondern weil ein erheblicher Teil der Reichstagsfraktion – ebenso wie der preußischen Landtagsfraktion und wie andere einflussreiche Genossen – in konsequenter Fortbildung der Politik des Durchhaltens, das heißt der hemmungslosen Völkerzerfleischung, auch dieser Eroberungspolitik mit vollem Bewusstsein anhängt.

Besonders dreist hat vor wenigen Tagen die Baumeistersche »Internationale Korrespondenz« (IK), die vom Einfluss der auch in der Reichstagsfraktion überaus mächtigen Generalkommission getragen wird, dieser Parteiströmung Ausdruck verliehen. Sie stimmt der Schifferschen Beurteilung von Eberts Rede zu: die Betonung des Durchhaltens sei ihr wesentlicher Sinn, die Fraktion werde sich von dieser Losung auch durch die Meinungsverschiedenheiten über das Kriegsziel nicht abbringen lassen – eine Beurteilung, der in der Reichstagssitzung vom 29. Mai die Fraktionsmehrheit begeistert Beifall rief! Und sie versichert, gegen die Methode der zwangsweisen

»wirtschaftlichen Angliederung«, d.h. der verkappten Annexion Belgiens sei nichts einzuwenden!

Noch einmal stehen die leitenden Parteiinstanzen am Scheidewege. Wollen sie, was an ihnen liegt, die Partei jener immer deutlicher hervortretenden Strömung noch länger überantworten oder nicht.

In der Hand der deutschen Sozialdemokratie ruht noch immer die Macht zu einer welthistorischen Entscheidung. Die Unabhängige Arbeiterpartei Englands, die ihre bedeutendes Gewicht in die Waagschale des Friedens wirft, hat gerade jetzt mit verschärften Nachdruck die sofortige Bekanntgabe der englischen Friedensbedingungen gefordert und den Kampf gegen die Annexionspolitik des Drei- oder Vierverbandes aufgenommen. Hervé und seine Gesinnungsgenossen sehen sich einer immer stärkeren Bewegung unter den französischen Sozialisten gegenüber, einer Bewegung für einen baldigen Frieden ohne Annexion und »Angliederung«, einer Bewegung, deren Drängen sie vergeblich zu beschwichtigen suchen. Das Beispiel der italienischen Bruderpartei lässt unsere Herzen schlagen. Aus England, aus Frankreich, aus Italien schallen sozialistische Friedensstimmen immer eindringlicher zu uns. Von der Haltung der deutschen Sozialdemokratie hängt die Weiterentwicklung des sozialistischen Kampfes gegen den Krieg in jenen Ländern ab. Treibt die Leitung der deutschen Sozialdemokratie jetzt weiter im Kielwasser der Eroberungspolitik, rettet sie sich nicht jetzt endlich auf den Boden des internationalen proletarischen Kampfes gegen den Krieg und die imperialistischen Raubgelüste zurück, so versäumt sie die letzte Gelegenheit, sich von der vollen Mitschuld daran zu entlasten, dass dieser Krieg als erbarmungsloser Vernichtungskrieg bis zum Weißbluten der Völker fortgesetzt und der auf ihn folgende Friede nur die Vorbereitung eines neuen Weltkrieges sein wird.

Der Augenblick heischt gebieterisch sofortiges Handeln. In den letzten Stunden sind der König und der Kronprinz von Bayern öffentlich als Befürworter der Eroberungspolitik hervorgetreten.

Keinem, der noch länger zögert, kann fürderhin Gutgläubigkeit und Unkenntnis zugebilligt werden. Der Tatbestand liegt unzweideutig; die Situation ist vom letzten Nebel geklärt. Die Alternative lautet schlechthin: Parteirettung oder Parteizerstörung.

Wir warnen vor der Fortsetzung der Politik des 4. August und des 29. Mai. Wir wissen, dass wir die Auffassung eines großen Teils der Parteigenossen und breiter Bevölkerungsschichten ausdrücken, wenn wir fordern, dass Fraktion und Parteivorstand endlich ohne Zaudern dem Parteiverderben Einhalt tun, den Burgfrieden aufsagen und auf der ganzen Linie den Klassenkampf nach den Grundsätzen des Programms und der Parteibeschlüsse, den sozialistischen Kampf für den Frieden eröffnen. Die Verantwortung für alles, was sonst kommt, fällt denen zu, die die Partei auf die abschüssige Bahn getrieben haben und ferner darauf herhalten wollen.

Mit Parteigruß

[Es folgen die Unterzeichner aus dem sozialdemokratischen Agitationsbezirk Frankfurt am Main.]

Dißmann (Frankfurt am Main), Parteisekretär;
Hammer (Frankfurt am Main), Redaktion der »Volksstimme«;
Heinrich Rehbein (Hanau), 1. Vorsitzender des Wahlvereins;

Friedrich Schnellbacher (Hanau), Parteisekretär;
Wagner (Hanau), Vorstand des Wahlvereins;
Specht (Höchst am Main), Kreiswahlausschussmitglied, Gewerkschaftssekretär;
Wenzel (Höchst am Main), Kreisvorstandsmitglied, Gewerkschaftssekretär;
Bernard (Frankfurt-Bockenheim), Vorstandsmitglied im Ortsverein, Beamter im Metallarbeiterverband;
Fauth (Wetzlar), Kreisvorsitzender;
Greis (Wiesbaden), Kreisvorsitzender;
Herbel (Wetzlar), Kreisvorstandsmitglied;
Ochs (Löhnberg), Kreisvorstandsmitglied für Diez-Limburg-Weilburg;
Rösler (Marburg), Kreisvorsitzender;
Katharina Adam (Hanau), Wahlkreisvorstand;
Emil Berndorf (Langenselbold-Hanau), Ortsvereinsvorsitzender, Zentrallagerhalter;
Karl Beyer (Hanau), Stadtverordneter und Wahlkreisvorstand;
H. Daßbach (Hanau);
Peter Diebel (Hanau), Ortsvereinsvorstand;
Fr. Ewald (Fechenheim, Kr. Hanau), Ortsvereinsvorstand;
Karl Faber (Praunheim-Frankfurt am Main), 1. Vorsitzender des Ortsvereins;
Konrad Gassert (Hanau), 1. Vorsitzender des Ortsvereins;
Wilhelm Göb (Enkheim, Kr. Hanau), Ortsvereinsvorstand;
Ottmar Heidolph (Hanau);
Ludwig Hering (Fechenheim, Kr. Hanau), Ortsvereinsvorstand;
Willy Hoffmann (Hanau), Ortsvereinsvorstand;
Karl Horsen (Hanau), Stadtverordneter;
Paul Kilsgen (Hanau), Ortsvereinsvorstand;
Heinrich Kraft (Fechenheim, Kr. Hanau), 1. Vorsitzender des Ortsvereins und Lagerhalter;
Jakob Lamm (Hanau), Wahlkreisvorstand;
Friedrich Lapp (Dörnigheim, Kr. Hanau), Gemeindevertreter und 1. Vorsitzender des Ortsvereins;
Ernst Mans (Dörnigheim, Kr. Hanau), Gemeindevertreter und Ortsvereinsvorstand;
Karl Nikolaus (Hanau), 1. Vorsitzender des Zweigvereins des Handlungsgehilfen-Verbandes und Lagerhalter;
Karl Pense (Hanau), 1. Vorsitzender des Gewerkschaftskartells;
Wilhelm Pleß (Fechenheim, Kr. Hanau) Ortsvereinsvorstand;
Karl Reifschneider (Hanau), Wahlkreisvorstand;
Arno Richter (Fechenheim, Kr. Hanau), Ortsvereinsvorsitzender;
Johann Rink (Langenselbold, Kr. Hanau), 2. Geschäftsführer des Konsumvereins;
Wilhelm Schießer (Langenselbold, Kr. Hanau), 1. Geschäftsführer des Konsumvereins;
Karl Völp (Enkheim, Kr. Hanau), Ortsvereinsvorsitzender, Jugendleiter;
M. G. Vogel (Fechenheim, Kr. Hanau), Ortsvereinsvorstand;
Wilhelm Weber (Enkheim, Kr. Hanau), 1. Vorsitzender des Ortsvereins;
Johann Weil (Bergen, Kr. Hanau), 1. Vorsitzender des Ortsvereins;
Rösler (Marburg), Vorsitzender des Wahlkreisvereins;
Mehrer (Frankfurt am Main), Gewerkschaftsbeamter;
Pense (Hanau), Mitglied des Gewerkschaftskartells für Hanau am Main u. Umgebung;
Marie Pense (Hanau);
Else Pense (Hanau);

H. Weber (Klein-Steinheim), Vorstand des Lithographenverbandes Hanau;
K. Behrens (Hanau), Vorstand des Lithographenverbandes;
Zielowski (Frankfurt am Main), Vorsitzender der Stadtverordnetenfraktion, Redakteur der »Volksstimme«;
Rösler (Wirges), Vorsitzender des Wahlkreises Montabaur-St. Goarshausen.

88 — 2. November 1914

Resolution einer von dem Sozialdemokratischen Wahlverein und dem Gewerkschaftskartell einberufenen Protestversammlung gegen den Kartoffelwucher und für die Einführung einheitlicher Höchstpreise

Volksstimme (Wiesbaden) Nr. 257, 3. November 1914.

Die heute in der Zentralhalle in Hanau tagende öffentliche Volksversammlung für Männer und Frauen erklärt, dass die Kartoffelpreise in Hanau eine Höhe erreicht haben, die eine Gefahr für die Ernährung des Volkes darstellt.

Diese Gefahr wird noch erhöht dadurch, dass die Brotpreise schon jetzt maßlos hoch sind und infolge der von der Regierung festgesetzten viel zu hohen Höchstpreise für Brotgetreide durch den Bundesrat keine Neigung zeigen, herunter zu gehen, ja noch mehr steigen werden.

Verursacht sind die hohen Kartoffelpreise nicht etwa durch eine Missernte, sondern durch die frivolen Spekulationen der Händler und die eigennützige Zurückhaltung der Vorräte seitens eines großen Teils der Landwirte.

Deswegen fordert die Versammlung die Festsetzung von Höchstpreisen für Kartoffeln und zwar, niedrige, der jetzigen Zeit entsprechende und dem Ernährungsbedürfnis des Volkes angemessene Preise, für das ganze Reich auf Grund des Gesetzes vom 4. August 1914.

Solange das nicht geschieht, fordert die Versammlung den Magistrat der Stadt Hanau auf, wieder Höchstpreise für die Stadt Hanau einzuführen und mit dem Herrn Regierungspräsidenten zu Kassel, dem Magistrat der Stadt Frankfurt, dem Landratsamt für den Landkreis Hanau und den benachbarten hessischen Kreisen und Städten in Verbindung zu treten, um für das ganze Groß-Frankfurter Wirtschaftsgebiet einheitliche Höchstpreise festzusetzen.

89 — 16. Dezember 1914

Bericht der »Volksstimme« über die ungleiche Verteilung der Einquartierungslasten in Hanau

Volksstimme (Wiesbaden) Nr. 295, 16. Dezember 1914; einleitender Vermerk der Redaktion: Man schreibt uns.

Die Hanauer Bevölkerung trifft die Kriegszeit außerordentlich hart. Ganze Industrien wurden lahmgelegt. Die Folge war Arbeitslosigkeit, Elend und Sorge in den Arbeiterfamilien. Neben diesen traurigen Begleiterscheinungen des entsetzlichen Krieges lastet die ständige Einquartierung schwer auf den Schultern der minderbemittelten Einwohnerschaft. Hanau kommt tatsächlich aus der Einquartierung nicht mehr heraus. Der Landkreis wurde von der Einquartierung relativ fast gar nicht betroffen. Zum Danke dafür versucht ein Teil der Landwirte noch, Hanau auszuhungern durch Zurückhaltung der Kartoffeln und enorme Preissteigerung der anderen Produkte. An diesem Zustand ändert auch die Festsetzung der viel zu hohen Höchstpreise und die Beschlagnahme von Kartoffeln wenig. Ganz auffälligerweise hat der Magistrat ebenfalls noch mal, wie bereits am Montag in der »Volksstimme« mitgeteilt wurde, den Höchstpreis für Kartoffeln in die Höhe geschraubt. Durch all diese unliebsamen Dinge bekommt mancher Steuerzahler bald einen Ekel vor dem Zickzackkurs unserer wohlweisen Magistratsväter.

Genau so steht es mit der Einquartierung. Nach den eigenen Angaben des Herrn Oberbürgermeisters hatten wir während der Mobilmachung rund 20 000 Soldaten in Bürgerquartieren. Durch die Drückebergerei vieler reicher Leute war es speziell die ärmere Bevölkerung, die diese Einquartierungslast trug. Allgemeine Zustimmung fand in der Stadtverordnetensitzung vom 19. November die Erklärung des Oberbürgermeisters, dass bei zukünftigen Einquartierungen nur Wohnungen im Mietwert von 500 bis 1000 Mark berücksichtigt werden sollten. Anders die Einquartierungskommission. Seit Wochen lässt sie die Wohnungen im Mietwert von 240 Mark an feststellen. Alles erhält Einquartierung, gleichviel, ob es Notstandarbeiter oder Arbeitslose sind, ob die Leute eine starke Familie haben oder nicht. Man fragt nicht nach den engen, ungesunden Wohnverhältnissen der Hanauer Arbeiterfamilien, es heißt, ihr bekommt einfach Einquartierung und damit basta! So kommt es, dass sich Familien von 12 Köpfen in zwei Zimmer teilen müssen. Also hier müsste schon aus rein sittlichen Gründen von der Einquartierung abgesehen werden. Aber darnach fragt unsere Einquartierungskommission nicht. Die Folgen dieser unsozialen Maßnahmen sind, dass Tausende das Einquartierungsbüro stürmen und reklamieren. Die ärmeren Leute erklären: »Ja, wir würden ja gerne die Last auch noch tragen, aber gebt uns nur Kartoffeln, damit wir die Soldaten ernähren können!« Sie würden ja auch noch gern ein Bett in der Küche aufschlagen, wenn sie eins hätten. An Opferwilligkeit fehlt es also in der minderbemittelten Hanauer Bevölkerung nicht. Was ihr fehlt, ist ausreichende Nahrung und bessere Wohnungsverhältnisse.

Man halte die Drückebergerei der reichen Leute dagegen. Ihnen fehlt es an nichts, und doch suchen sie die Einquartierung auf die ärmere Bevölkerung ab[zu]schieben. Wenn es an und für sich schon unvernünftig ist, nach dem Mietwert die Einquartierung zu verteilen, so war es wirklich nicht notwendig, unter 500 Mark Wohnungsmiete herunterzugehen. Allein ein Gang durch das Hanauer Westend, die Frankfurter Landstraße, genügt, um festzustellen, dass hier Tausende von Soldaten Unterschlupf in den leeren Zimmern der großen Villen finden könnten. Dasselbe trifft auf die anderen vornehmen Viertel zu, wo unsere tonangebende Bevölkerung residiert. Uns sind eine große Anzahl Fälle bekannt, wo Beamte mit guten Einkommensverhältnissen bis heute noch nicht mit Einquartierungen belästigt wurden. Das sind doch Missstände, die zur schärfsten Kritik herausfordern. Auch der »Burgfrieden« hindert uns nicht, zu sagen, dass in Hanau seit der Mobilmachung schon soviel an Schelmenstreichen zum Schaden der minderbemittelten Bevölkerung geleistet worden ist, dass sie nicht auf eine Kuhhaut gehen. Wären einige Arbeiter im Magistrat, dann lägen die Dinge ganz gewiss anders.

90 **1914 – 1915**

Das Verhalten der Unternehmer zu Beginn des Krieges

90a Resolution der Mitgliederversammlung der Verwaltungsstelle Hanau des DMV gegen das Versagen der Unternehmer der Gold- und Silberindustrie gegenüber den Beschäftigten, 14. Februar 1915

Metallarbeiter-Zeitung Nr. 9, 27. Februar 1915. Einleitender Vermerk des Hanauer Korrespondenten: In der am 14. Februar abgehaltenen Versammlung unserer Verwaltungsstelle wurden folgende Resolutionen[a] einstimmig angenommen:

Die heutige Versammlung der Metallarbeiter Hanaus gibt mit Bedauern ihre Entrüstung darüber kund, dass die hiesigen Unternehmer der Gold- und Silberindustrie mit ganz einzelnen Ausnahmen sich während der schweren Kriegszeit nicht um das Wohl der Arbeiter gekümmert haben. Die Unternehmer haben jede Gelegenheit versäumt, ihren Arbeitern Beschäftigung zu verschaffen und zuletzt das Anbieten des Metallarbeiterverbandes, gemeinsam mit ihm für die Arbeiter Arbeitsgelegenheit zu verschaffen zu suchen, strikt abgelehnt. Durch das nun seit Kriegsausbruch fast vollständige Stillliegen der Gold- und Silbergeschäfte in Hanau hat die Arbeiterschaft aufs schwerste zu leiden. Ebenso wird durch das vollständige Versagen dieser Unternehmer der Hanauer Gold- und Silberindustrie schwerer Schaden zugefügt. Die Schuld für die traurigen Zustände tragen nur die Unternehmer, die in größter Kurzsichtigkeit nur an ihren Profit und ihre Geldinteressen denken.

[a] Zur zweiten Resolution siehe Dokument Nr. 87b.

90b Korrespondentenbericht in der »Metallarbeiter-Zeitung« anlässlich der vierteljährlichen Generalversammlung der Verwaltungsstelle Hanau des DMV (Auszug), 18. Juli 1915

Metallarbeiter-Zeitung Nr. 32, 7. August 1915.

Lohnaufbesserungen während des Krieges wurden, soweit bis jetzt bekannt ist, von neun Firmen vorgenommen, und zwar bei der Firma Bracker 2 Pf. die Stunde, Dunlop 2 bis 4 Pf., Frankfurter Maschinenfabrik in Großauheim den Hilfsarbeitern 5 Pf., Jankowski 3 Pf., Lucht 2 bis 5 Pf., Pellisier 2 bis 3 Pf., Quarzlampenfabrik 5 bis 10 Pf., Maschinenfabrik Wilhelm 2 bis 4 Pf., Marienhütte in Großauheim 10 Prozent. Teuerungszulagen wurden gewährt: Bei Bracker 10 Prozent, Dunlop 5 Prozent, Heraeus: Ledige 1 Mk., Verheiratete 2 Mk., für jedes Kind 30 Pf., Quarzlampenfabrik: den Akkordarbeitern 2 bis 3 Mk. An die Frauen der Kriegsteilnehmer zahlen folgende Firmen Unterstützungen: Bracker 15 Mk., für jedes Kind 5 Mk. monatlich, Heraeus bis zwei Drittel des Lohnes, Marienhütte 6 Mk. für jedes Kind, 1 Mk. wöchentlich, Quarzlampenfabrik 30 bis 45 Mk. monatlich. Fünf Firmen zahlen auch die Krankenkassenbeiträge weiter. Die Firma Bracker hat sämtliche Kriegsteilnehmer ihres Betriebes in der Volksfürsorge versichert. Was hier einzelne Unternehmer getan haben, könnte eine ganze Reihe anderer auch tun. Aber leider gibt es noch eine große Zahl, die in dieser Beziehung für ihre Arbeiter gar nichts übrig haben, trotzdem diese ihnen in jahrzehntelanger Arbeit geholfen haben, Reichtümer zu erwerben und zu vermehren. Dies gilt ganz besonderes für die Herren in der Edelmetallindustrie. Hier wurde bisher während des Krieges, von ganz geringen Ausnahmen abgesehen, nichts für die Arbeiter und deren Angehörige getan. Wohl aber gingen einige dieser Herren dazu über, ohne Rücksicht auf die Lebensmöglichkeiten in dieser schweren Zeit Lohnkürzungen vorzunehmen. Dies sollten sich alle Kollegen merken und sich im Deutschen Metallarbeiter-Verband zusammenscharen, um alle Verschlechterungen mit Erfolg zurückweisen zu können. Die Kollegen draußen im Felde wollen, wenn sie wieder zurückkehren, eine geschlossene und kräftige Organisation vorfinden. Deshalb, Kollegen, die ihr noch daheim seid, seid auf dem Posten, wenn euch eure Verbandsleitung ruft!

91 Mai 1916

Die Demonstrationen der Arbeiterfrauen gegen den Hunger

91a Aufzeichnung von Bürgermeister Hild über die Demonstration Hanauer Arbeiterfrauen am Rathaus und den Empfang der von den SPD-Stadtverordneten Friedrich Schnellbacher und Georg Wagner begleiteten Frauendeputation, 3. Mai 1916

Hessisches Staatsarchiv Marburg, 165-1213/1, Bl. 61f.

Etwas nach 11 Uhr heute Vormittag erschienen unter Anführung von den Herrn Stadtverordneten Dr. Wagner und Schnellbacher ca. 100 Frauen auf dem Rathaus. Das Gerücht, dass die Frauen um 11 Uhr auf das Rathaus kommen wollten, hatte sich schon im Laufe des Vormittags verbreitet. Die Herrn Dr. Wagner und Schnellbacher kamen in mein Zimmer mit der Angabe, dass sie uns eine Deputation von Frauen zuführen wollten, die uns ihre Beschwerden über die Unzulänglichkeit der Nahrungsmittelversorgung in Hanau vortragen sollten. In meinem Zimmer waren noch anwesend die Herren Stadtbaurat Ehrich und Stadtrat Lossow. Es erschienen dann, von den Herren Dr. Wagner und Schnellbacher hereingerufen, drei Frauen mit einem Kind. Eine von diesen Frauen erklärte nun kurz, dass sie mit der ausgegebenen Fettmenge nicht auskommen könnten, und dass es auch zu teuer wäre. Sie könnten nicht mehr bestehen, da auch die übrigen Lebensmittel nur ungenügend vorhanden wären. Fleisch bekämen sie überhaupt nicht mehr. Wenn sie in die Läden kämen, wäre nichts mehr da. Herr Dr. Wagner und ebenso Herr Schnellbacher stellte ebenfalls die Nahrungsmittelversorgung als ganz unzulänglich hin, wobei Herr Dr. Wagner noch benachbarte Städte in Bayern und Hessen (beispielsweise Aschaffenburg und Friedberg) als weit besser in Fleisch versorgt hinstellte. Der Stadtverwaltung selbst werde kein Vorwurf gemacht. Herr Schnellbacher äußerte sich dahin, dass der Zustand auf keinen Fall so weiter fortgehen könne, sonst müssten die Leute verhungern. Er wies noch darauf hin, dass beim Verkauf verschiedener Lebensmittel, z.B. Fleisch, die bessere Kundschaft bevorzugt würde, ebenso in Öl. Hier habe ein Geschäft angegeben: es sei kein Öl vorhanden. Stadtverordneter Craß sei dann aber in das Geschäft gegangen – Müller, Rönerstraße – und habe nach anfänglicher Verneinung des Öles doch Öl erhalten, nachdem er sich als Stadtverordneter vorgestellt habe.

Weiter führte Herr Schnellbacher aus, dass die Frauen der Arbeiterbevölkerung infolge der hohen Preise des Fettes ihre Marken nicht ausnutzen könnten, und dass diese nicht ausgenützten Fettmarken dann in die Hände der Reichen durch die Dienstmädchen und auf andere Wege gelangten, die dann auch für diese Marken sich noch Fett kauften.

Eine andere Frau erklärte, dass sie mit dem 600 Gramm Fett – für vier Personen – nicht auskommen könne. Das Fett sei jetzt alle und sie müsse ihrem Manne schon jetzt trockenes Brot und Kartoffeln mit zur Pulverfabrik geben.

Weiterhin stellte dann die Frau, die zuerst gesprochen hatte, die Forderung: entweder mehr Lebensmittel herbeizuschaffen, oder die Regierung zum Friedensschluss zu veranlassen. Ich erklärte hierauf zunächst, dass ich unter keinen Umständen auf eine Erörterung der letzten Frage eingehen könne. Auf meinen Vorhalt: ob sie den lieber wollten, dass der Feind zu uns ins Land käme, wobei es uns dann noch viel schlechter gehen würde, rief sie: »Uns kann es gleich sein, ob wir französisch oder russisch sind,« worauf der Herr Stadtbaurat erklärte: »Nette Gesellschaft«. Hierauf wurde die Frau noch hitziger und eine weitere Verhandlung war nicht mehr möglich, weshalb die beiden Herren mit den Frauen auch das Zimmer verließen. Es war den Frauen vorher mitgeteilt, dass die Notstandskommission bereits vorgeschlagen hatte, alles Fleisch nur gegen Marken verkaufen zu lassen, worauf allerdings entgegnet wurde, dass ihnen die Marken nichts nützten, wenn sie kein Fleisch bekämen. Weiter wurde erklärt, dass die Fleischversorgung in der nächsten Zeit voraussichtlich besser werden würde, da der Landkreis jetzt nur noch für sich selbst und die Stadt Hanau zu sorgen habe.

Beim Eintritt des Herrn Dr. Wagner und nach seinem Vorbringen, dass er uns die Frauen zuführen wolle, habe ich – dem Sinne nach – Herrn Dr. Wagner gesagt, dass ich ein derartiges Vorgehen von ihm nicht erwartet hätte. Es hätte doch genügt, wenn er mit einigen Frauen gekommen wäre, anstatt einen solchen Aufzug zu veranstalten. Das hieße ja den Feinden geradezu in die Hände arbeiten. (Hierbei, sowie später, habe ich auch zum Ausdruck gebracht, dass sie – die Herren – doch eher zur Beruhigung reden müssten, als die Frauen in ihrer Unzufriedenheit zu bestärken.)

Im übrigen ist den Frauen dann noch gesagt, dass ihre Wünsche vorgetragen würden. Die Frauen entfernten sich schließlich unter Führung der beiden Herren aus dem Rathaus nach dem Markt.

91b Bericht des Hanauer Oberbürgermeisters Eugen Gebeschus an den Regierungspräsidenten in Kassel über die katastrophale Lebensmittelversorgung, die Schwierigkeit, die hungernde Arbeiterschaft zu beruhigen und über die von den SPD-Stadtverordneten Friedrich Schnellbacher und Georg Wagner angeführte Frauendemonstration am 4. Mai in der Stadtverordnetenversammlung, 10. Mai 1916

Hessisches Staatsarchiv Marburg, 165-1213/1., Bl. 65ff.; Handschriftlicher Vermerk von Gebeschus: Dem Herrn Regierungspräsidenten sofort auf Rücksprache vorzulegen.

Dass eine Beruhigung der Bevölkerung inzwischen eingetreten sei, können wir nicht behaupten. Wir halten das auch deswegen schon für unmöglich, wie die Gründe für die Beunruhigung nach wie vor fortbestehen. Ebenso wissen wir nicht, welche Schritte wir zur Beseitigung der Beunruhigung unternehmen sollen. Eine aufklärende Veröffentlichung halten wir für zwecklos, da die Veröffentlichungen bezüglich der wirtschaftlichen Gesetze in so großer Anzahl neuerdings erschienen sind, dass selbst in den gebildeten Kreisen derartige Veröffentlichungen nicht mehr gelesen werden, wie uns wiederholt von verschiedenen Seiten mitgeteilt worden ist. Zudem handelt es sich hier um Leute, die diejenigen Blätter, die wir zur Veröffentlichung benutzen, nicht lesen. Auch eine aufklärende Veröffentlichung, etwa in der Frankfurter sozialdemokratischen »Volksstimme« erscheint um deswillen ebenfalls zwecklos, weil bei der allgemeinen Teuerung sehr viele Leute die Zeitungsabonnements abbestellt haben. Es ist hier angeregt worden, Versammlungen abzuhalten und durch mündliche Belehrung zu wirken. Wir unsererseits müssen darauf verzichten. Zwei von den Schmähbriefen, die dem unterzeichneten Oberbürgermeister[a] zugegangen sind, haben wir bereits mitgeteilt. Ein dritter, der heute morgen dem Oberbürgermeister zugegangen ist, schließt mit der freundlichen Bemerkung: »Wenn es nach mir ginge, dann wären Sie und der Laur[b] schon längst gehängt«. Dass derartige Elemente auch in die Versammlungen Eintritt haben und ihre Bemerkungen den betreffenden Rednern durch Zwischenrufe zu Gehör bringen würden, muss angenommen werden und [es] weiß jeder, der schon einmal den zweifelhaften Vorzug genossen hat, in Wahlversammlungen zu sprechen. Also auch in die Volksversammlung herabzusteigen, fühlen wir keinen Beruf.

Am 4. des Monats nachmittags fand eine Stadtverordneten-Versammlung statt, über die Euer Hochgeboren jedenfalls durch die Lektüre der »Volksstimme« und des »Hanauer Anzeigers« unterrichtet sein werden. Der 1. Gegenstand der Tagesordnung, der sehr ausgiebig behandelt wurde, betraf die Anfrage an den Magistrat: »Was gedenkt der Magistrat angesichts der Knappheit von Fleisch und Fett zu tun«. Bezüglich des Fettes hat der unterzeichnete Oberbürgermeister die Antwort gegeben: »Dass wir alles Fett aufkaufen, was überhaupt noch zu haben ist, dass wir das Fett bereits zu einer Zeit, wo der Durchschnittspreis 4,85 Mark pro Pfund war, für 3 Mark pro Pfund weiter verkauften, und dass gegenwärtig bis zu 6,25 Mark für das Pfund Schweineschmalz gefordert wird, sodass die Zubuße, die wir bei einem Durchschnittspreis von 4,85 Mark auf monatlich etwa 40 000 Mark berechneten, jetzt noch bedeutend sich erhöhen würde«; sie beträgt 50 000 Mark monatlich. Es wurde weiter darauf hingewiesen, dass mehr Fett, wie gegenwärtig, zu geben (150 Gramm für 14 Tage und den Kopf der Bevölkerung) nicht angängig sei, weil die vorhandenen Fettbestände möglichst eingeteilt werden müssen, um zu verhüten, dass wir demnächst vollständig ohne Fett sind. Wenn dem Verlangen der Antragsteller, das waren die Vertreter der Arbeiterpartei, entsprochen werden würde, wären unsere Fettbestände in 14 Tagen aufgebraucht, und das müsste entschieden verhütet werden, da heute noch gar nicht abzusehen, ob überhaupt noch Fett erhältlich sei. Der Antrag der linken Seite: mehr Fett auszugeben, wurde dann gegen die Stimmen der Arbeiterpartei abgelehnt.

Um einen Ersatz für Fett zu geben, wird Speck ausgegeben – auch unter dem Selbstkostenpreis –, bei diesem legen wir monatlich 8000 Mark zu.

Was den Fleischmangel belangt, so konnten wir nur darauf hinweisen, dass wir beständig die Zuweisung von mehr Schlachtvieh erbeten haben. Wenn dies nicht geschehen sei, so sei das erklärlich, da bei der gegenwärtig vorzüglichen Weide für Rindvieh und Schafe es nicht zu verantworten wäre, das Vieh, das infolge des Futtermangels noch mager sei, zu schlachten, bevor es sich an dem jetzt einsetzenden Futterüberfluss fett gefressen habe. Es wurde weiter darauf hingewiesen, dass seit Wochen ziemlich erhebliche Mengen von Büchsenfleisch und Dauerware zum Verkauf gestellt seien, dass aber das Fleisch nicht gekauft werde. Von Seiten der Arbeitervertreter wurde erwidert: das Büchsenfleisch sei gut, aber viel zu teuer. Vom Magistratstisch wurde geantwortet, dass wir das Büchsenfleisch verkauften zu unseren Selbstkosten, und dass wir nicht einmal die Miete der städtischen Läden und die Löhne und Gehälter der zum Verkauf angenommenen Personen berechneten. Im übrigen wurde der Beschlussfassung der Stadtverordneten anheimgestellt, billigere Preise zu bestimmen. Ein derartiger Beschluss wurde dann auch gefasst. Allerdings haben sich hinterher Zweifel ergeben, wie das bei derartigen aus dem Ärmel geschüttelten Anträgen immer der Fall ist, welche Ware unter den Beschluss fallen soll, da nur von Rindfleisch in Büchsen die Rede gewesen ist. Wenn wir alle Konserven billiger hergeben, müssen wir weiter 26 000 Mark zulegen.

Der Magistrat hat sich in seiner gestrigen Sitzung entschlossen dagegen ausgesprochen, dass wir unaufhörlich auf alle Lebensmittel Geld legen. In anderen Städten erfolge der Verkauf von Lebensmitteln grundsätzlich zum Selbstkostenpreis, während wir hier beständig zu Zubußen gedrängt würden. Eine Behebung des Fleischmangels kann übrigens auch durch Bereitstellung von Fleischkonserven nicht erfolgen, wenn, wie wir berichtet haben, in der Zeit vom 17. April bis 30. April, also in 14 Tagen nur 2 Stück Großvieh und 8 Schweine für eine Bevölkerung von 35 000 Seelen durch den Viehhandelsverband zur Verfügung gestellt bekommen. Bei einer so geringen Zuweisung von Vieh kann man nicht mehr recht von Viehknappheit sprechen. Wir haben wiederholt schon darauf hingewiesen, dass man unsere Lage berücksichtigen müsste. Unsere Arbeiterbevölkerung beträgt 65 bis 70 Prozent der Gesamtbevölkerung. Dass diese unruhig wird, wenn die Brotration, die Kartoffelration herabgesetzt, die Butterration nur zwei Fünftel (50 Gramm) dessen bisher erreicht hat, was als Höchstkopfmenge – 125 Gramm – seitens der Zentralinstanz festgesetzt ist, dass diese Menge auch noch herabgesetzt werden muss, weil auch das Militär an der geringen Buttermenge, die uns angewiesen wird, teilnehmen soll, ist wohl erklärlich selbst dann, wenn die sozialdemokratischen Führer zur Ruhe ermahnen. Ob sie das tun oder nicht ihrerseits die Unzufriedenheit vermehren, lassen wir dahingestellt. Soviel wir unterrichtet sind, gehört die hiesige sozialdemokratische Wählergemeinschaft zu der Gruppe Haase-Liebknecht, die seinerzeit einen auswärtigen Redner kommen ließ, um dem sozialdemokratischen Reichstagsabgeordneten Hoch ein Misstrauensvotum der Wählerschaft zu Gehör zu bringen.

Am Donnerstag, den 4., war offenbar seitens der sozialdemokratischen Arbeitervertreter den Frauen, die tags zuvor demonstriert hatten, mitgeteilt worden, dass wegen des Fleisch- und Fettmangels eine Interpellation im Stadtverordneten-Kollegium eingebracht werden würde, denn im Laufe des Nachmittags fragte eine Frau in der Botenmeisterei an, wo die »Versammlung« stattfinde. Bei Eröffnung der Sitzung strömten mehr als 100 Frauen in das Rathaus, während eine große Zahl vor dem Rathaus noch stand und dann etwa 60 bis 80 Frauen in einer drangvoll fürchterlichen Enge den Zuhörerraum des Stadtverordnetensaales füllten, während der Rest, der auf dem Flur und auf der Treppe stand, von der Polizei, die ohne unser Zutun erschienen war, zum Hause hinauskomplimentiert wurde, da sie jeglichen Verkehr von und nach den Geschäftsräumen hemmten. Eine kleine Volksversammlung hat also schon stattgefunden und die beruhigenden Erklärungen vom Magistratstisch haben die Leute auch schon vernommen. Einen Vorgeschmack, wie solche Versammlungen sich wohl abspielen würden, haben wir allerdings auch bekommen, wenngleich der erste Versuch, Lärm zu machen, von dem Stadtverordneten-Vorsteher energisch mit dem Bemerken unterdrückt wurde, dass jeder, der die Verhandlung störe oder Zeichen des Beifalls oder Missfallens geben würde, unweigerlich hinausgewiesen werden würde: eine freundliche Ermahnung, die noch zweimal wiederholt werden musste, um zu wirken.

Die beiden Stadtverordneten, die sich zu Führern der hereinströmenden Frauen gemacht haben, sind sofort von Herrn Bürgermeister Hild darauf hingewiesen, dass es ihre Pflicht gewesen wäre, die Frauen zu beruhigen. Wir sind zwar der Ansicht, dass die Frauen sich eines Hausfriedensbruches nicht schuldig gemacht haben, indem sie der Meinung sein konnten, dass ein Demonstrationszug auf das Rathaus zu den erlaubten Vergnügungen gehört, dass aber die Stadtverordneten Wagner und Schnellbacher sich bewusst sein mussten, dass sie als Wortführer der Frauen unberechtigt in das Rathaus hineingegangen sind und dort verweilten, und dass für diese beiden Herrn das Reat[c] des Hausfriedensbruchs vorliegt. Wir haben aber kein Interesse, diese beiden Herren zu Märtyrern zu stempeln und sie bei der Staatsanwaltschaft anzuzeigen, umso weniger als möglicherweise ein Freispruch erfolgen würde. Herr Bürgermeister Hild hatte, als er den Dr. Wagner darauf hinwies, dass es Sache der Stadtverordneten gewesen sei, die Frauen zur Ruhe anzuhalten, statt sie noch aufzureizen, den Eindruck, dass auch dem Dr. Wagner das Rechtswidrige seines Verhaltens in dem Augenblick gekommen sei.

Nochmals schriftlich die Stadtverordneten, die die Frauendeputation begleiteten oder führten, darauf hinzuweisen, dass es ihre Pflicht gewesen wäre, die Frauen zu beruhigen, müssen wir uns versagen. Wir werden nur darauf die Antwort erhalten: »Was wir zu tun haben, wissen wir selber und bedürfen keiner Belehrung durch den Magistrat.« Weil wir diese Antwort voraussehen, wollen wir auch nicht der dortigen Erwägung anheimstellen, ob uns der Herr Regierungspräsident nicht den Auftrag geben will, in seinem Auftrag den beiden Stadtverordneten zu eröffnen, dass es ihre Pflicht gewesen sei, beruhigend auf die Frauen einzuwirken, denn so wenig wir die oben erwähnte Antwort uns zuziehen möchten, wünschen wir, dass eine derartige Antwort dem Herrn Regierungspräsidenten zu teil wird, und das um so weniger, als ihm die Möglichkeit fehlt, die betreffenden Stadtverordneten durch Entfernung aus ihrem Amte zu maßregeln, ganz zu schweigen von der Frage, ob bei der derzeitigen Politik des Burgfriedens und des Anfassens mit Glacéhandschuhen eine solche Maßregelung ungeteilten Beifall finden würde.

Unsere Preisprüfungsstelle steht nach unserer Ansicht völlig auf der Höhe ihrer Aufgabe. Sie arbeitet unablässig mit der Königlichen Polizei Hand in Hand, was ja schon dadurch gegeben ist, dass der Königliche Polizeidirektor Mitglied der Preisprüfungsstelle ist. Leute, die die Preise treiben, gibt es selbstverständlich und die Anzeigen gegen sie erfolgen auch schonungslos, und nicht verschweigen wollen wir, dass die früher von uns beklagte Milde der Gerichte in neuerer Zeit nicht mehr zu beklagen ist und dass durchaus angemessene Strafen erfolgen.

Was das Zurückhalten der Waren anlangt, so bitten wir doch nicht zu glauben, dass ein derartiges Zurückhalten hier in Hanau in nennenswertem Maße möglich sei. Einmal haben wir mit ganz verschwindenden Ausnahmen keine Großhändler, andererseits ist die Stadt so klein, dass fast jeder weiß, was der andere treibt. Man soll die großen Lager in Hamburg, Düsseldorf, Mannheim und wie die Orte heißen mögen, räumen, man soll vernünftige – aber »vernünftige« in der Friedensbedeutung des Wortes – Höchstpreise festsetzen und rücksichtslos alle Lebensmittel ohne Ausnahme, am besten auch alle Waren des täglichen Gebrauchs, zu diesem Höchstpreis enteignen, aber nicht auf dem umständlichen Wege, wie es heute geschehen muss, wodurch den intelligenten Geschäftstreibenden die Hinterziehung nach der Beschlagnahme noch möglich ist, und man soll dem Inhaber der Ware das Recht geben, die Differenz zwischen seinem Selbstkostenpreis und dem Höchstpreis von seinem Verkäufer und diesem wieder rückwärts bis zum Erzeuger oder Großhändler die jeweiligen Differenzen einzuklagen. Dann werden wir dem Wucher steuern, der sowohl in der Preistreiberei wie in der Zurückhaltung der Waren liegt.

In der Sitzung der Stadtverordneten wurde übrigens auch energisch verlangt, dass man die Regierung zu Schritten veranlassen möge, welche von den Bundesstaaten Hessen und Bayern die Öffnung der Grenzen herbeizuführen geeignet seien. Wir glauben, dass auch hier sehr viel übertrieben wird, etwa gerade so, wie beim »Einhamstern«. Die fraglichen Bundesstaaten, vor allen Dingen Bayern, müssen wohl, was Fleisch anlangt, auch nicht zuviel haben, da Bayern für die 5 Fleischtage der Woche 800 Gramm Fleisch ausgibt, also täglich 160 Gramm, was unter Berücksichtigung der Knochenzugaben, gerade kein Übermaß an Fleisch darstellt. Allerdings glänzend gegenüber unseren Verhältnissen, die wir für die 14 Tage vom 8. bis 21. Mai 500 Gramm, also für die 10 Fleischtage 50 Gramm frisches und Salzfleisch täglich ausgeben können; von ersterem geht noch die Knochenbeilage ab. Bedenklich ist die Sache noch insofern, als wir diese Fleischmenge von 500 Gramm für zwei Wochen nur bis zum 21. Mai garantieren können. Ob wir nach diesem Tage diese Menge beibehalten können, hängt davon ab, ob wir auf größere Zufuhr von Fleisch als bisher zu rechnen haben werden.

[a] Dr. Gebeschus
[b] Landrat Freiherr Laur von Münchhofen. Im Oktober 1918 wegen Lebensmittelschiebungen versetzt und angeklagt.
[c] Schuld, Straftat (lat.).

92 Juni 1916

Aufruf der Spartakusgruppe an das Proletariat zur Abschüttelung der Lethargie und zum Kampf gegen den Krieg

Hans Fenske (Hrsg.), Quellen zum politischen Denken der Deutschen im 19. und 20. Jahrhundert, Bd. VII. Unter Wilhelm II. 1890 – 1918, Darmstadt 1982, S. 439ff.

Hunger!

Was kommen musste, ist eingetreten: Der Hunger!

In Leipzig, in Berlin, in Charlottenburg, in Braunschweig, in Magdeburg, in Koblenz und Osnabrück, an vielen anderen Orten gibt es Krawalle der hungernden Menge vor den Läden mit Lebensmitteln. Und die Regierung des Belagerungszustandes hat auf den Hungerschrei der Massen nur die Antwort: Verschärften Belagerungszustand, Polizeisäbel und Militärpatrouillen.

Herr von Bethmann Hollweg klagt England des Verbrechens an, den Hunger in Deutschland verschuldet zu haben, und die Kriegsdurchhalter und Regierungszuhälter schwätzen es nach. Indessen die deutsche Regierung hätte es wissen müssen, dass es so kommen musste: Der Krieg gegen Russland, Frankreich und England musste zur Absperrung Deutschlands führen. Es war auch stets Brauch unter den edlen Brüdern im Kriege, einander wirtschaftlichen Schaden zuzufügen, die Zufuhr von Lebensmitteln abzusperren. Der Krieg, der Völkermord ist das Verbrechen, der Aushungerungsplan nur eine Folge dieses Verbrechens.

Die bösen Feinde haben uns »eingekreist«, plärren die Kriegsmacher. Warum habt ihr eine Politik gemacht, die zur Einkreisung führte? ist die einfachste Gegenfrage. Jede imperialistische Raubpolitik ist ein Verbrechen, und eine solche Politik treiben alle Staaten. Die deutsche Regierung aber betrieb eine imperialistische Politik, bei der sie alle Staaten anrempelte, mit allen in Konflikt kam und schließlich, nur noch mit dem österreichischen Staatskadaver und der rettungslos bankrotten Türkei verbündet, gewaltsam den Weltkrieg anzettelte.

Auf das Verbrechen der Anzettelung des Weltkrieges wurde ein weiteres gehäuft: die Regierung tat nichts, um dieser Hungersnot zu begegnen. Warum geschah nichts? Weil den Regierungssippen, den Kapitalisten, Junkern, Lebensmittelwucherern der Hunger der Massen nicht wehe tut, sondern zur Bereicherung dient. Weil, wenn man von Anfang an den Kampf gegen Hunger und Not durch ernsthafte Maßnahmen aufgenommen hätte, den verblendeten Massen der furchtbare Ernst der Lage klar geworden wäre. Dann wäre aber die Kriegsbegeisterung alsbald verraucht.

Deshalb hat man die Volksmassen mit Siegestriumphgeheul betäubt und sie gleichzeitig den agrarischen und kapitalistischen Lebensmittelwucherern ausgeliefert.

Mit dem Geschrei vom »Durchhalten«, bei denen die Scheidemänner und Konsorten der Regierung ihre Dienste leisteten, hat man versucht, die Massen um jede Besinnung zu bringen. Die herrschenden Klassen wollten ihre wahnsinnigen Annektionsgelüste nicht preisgeben, und man belog das Volk, indem man ihm vorredete: wenn wir durchhalten, wird Deutschland den Frieden diktieren und die ganze Welt beherrschen.

Man hat uns vorgelogen: die deutschen U-Boote werden Englands Zufuhr abschneiden, England werde um Frieden winseln, und damit werde der Krieg beendet. – Märchen für Kinder sind das. Der U-Bootkrieg hetzt Deutschland neue Feinde auf den Hals; aber an eine Abschneidung der Zufuhren Englands ist nie und nimmer zu denken, auch wenn Deutschland zehnmal mehr U-Boote hätte.

Dann hat man uns vorgemacht: der Vorstoß nach dem Balkan werde Deutschland Luft schaffen, Lebensmittel in Hülle und Fülle werde man aus der Türkei erhalten. – Man log bewusst, denn alle Einsichtigen wissen, dass die Türkei nichts liefern kann, dass in Konstantinopel und den Küstenstädten Kleinasiens Mangel herrscht, dass die türkische Regierung ihre Armee nicht mehr ernähren kann.

Jetzt vertröstet man uns auf die kommende Ernte: alle Not werde ein Ende haben, wenn die neue Frucht da ist. – Auch das ist bewusster Schwindel. Die einfache Rechnung sagt: in zweiundzwanzig Kriegsmonaten wurden zwei Ernten verzehrt, außerdem große Vorräte an Viehfutter, Zucker und anderen Produkte, die zu Kriegsbeginn im Lande lagerten; ferner alles, was in den besetzten Gebieten, in Belgien, in Nordfrankreich, Polen, Litauen, Kurland, Serbien an Lebensmitteln »requiriert« wurde; schließlich noch das, was aus Holland und den skandinavischen Ländern eingeführt werden konnte. Jetzt gibt es nichts mehr. Die besetzten Gebiete sind kahl gefressen, die Menschen sterben bereits Hungers in Polen und Serbien. Die neutralen Staaten sperren die Ausfuhr hermetisch ab, weil sie selbst Mangel leiden. Die einheimischen Ernte kann nicht viel liefern, denn die Felder wurden aus Mangel an Arbeitskräften, an Dünger und Saatgut schlecht bestellt. Die Viehstände sind zu gering.

Ein »Lebensmitteldiktator« soll für gute Verteilung sorgen: Zu spät! die Lebensmittelwucherer haben ihr Werk vollbracht. Packt man sie jetzt an der Gurgel, so hilft's nichts. Es gibt nicht mehr so viel zu »verteilen«, dass man das Volk satt machen kann.

Das ist die nackte Wahrheit.

Man hat das Volk in den Krieg gehetzt, bei dem die Zufuhr abgeschnitten wurde, kapitalistische Verbrecher haben unter Duldung der Regierung das übrige getan.

Was soll werden?

Man kann noch ein halbes Jahr, vielleicht noch ein ganzes Jahr Krieg führen, indem man die Menschen langsam verhungern lässt. Dann wird aber die künftige Generation geopfert. Zu den furchtbaren Opfern an Toten und Krüppeln der Schlachtfelder kommen weitere Opfer an Kindern und Frauen, die infolge des Mangels dem Siechtum verfallen.

Und auch dann gibt es noch kein Ende, denn dieser Krieg kann nicht mehr mit Waffengewalt entschieden werden, wenn er auch noch ein Jahr oder zwei dauert. Der deutsche Militarismus steckt nach allen seinen »Siegen« in der Sackgasse. Wenn jetzt der Krieg fortdauert, so ist es einzig und allein, weil die Volksmassen sich die Infamie geduldig gefallen lassen.

Männer und Frauen des arbeitenden Volkes, wir alle tragen die Verantwortung.

Entweder verharren die arbeitenden Massen in stumpfsinnigem Gleichmut – dann ist die Folge langes Siechtum und elendes Verderben; oder das Proletariat rafft sich auf, verweigert der Regierung und diesen herrschenden Klassen die Dienste und erzwingt den Frieden.

Es gibt keine Wahl. Es gilt die Tat. Rafft euch auf, ihr Männer und Frauen!
Nieder mit dem Kriege!
Hoch die internationale Solidarität des Proletariats!

93 1916/1917

Der »Steckrübenwinter«

93a Bekanntgabe der »Volksstimme« über die Mitteilung des Magistrats der Stadt Hanau, die Kartoffelrationen mit Kohlrüben zu strecken, 11. Dezember 1916

Volksstimme (Frankfurt) Nr. 290, 11. Dezember 1916.

Der Magistrat bittet uns bekannt zu geben, dass er mit Rücksicht auf die außerordentlich geringen Kartoffelzufuhren in den letzten Wochen von heute Montag an bis auf weiteres in den städtischen Verkaufsstellen Kartoffeln nur noch gemeinsam mit Kohlrüben abgeben kann. Es werden für die Person pro Woche 3 ½ Pfund Kartoffeln und 7 Pfund Kohlrüben verteilt. Diese Maßnahme ist nötig geworden, weil die von der Stadt eingelagerten Kartoffelbestände, aus denen der Tagesbedarf der noch nicht versorgten Bevölkerung zur Zeit gedeckt würde, verhältnismäßig geringfügig seien, und die Ausfuhr von Kartoffeln aus dem Landkreise augenblicklich ganz ins Stocken geraten wäre. Der Magistrat hofft jedoch, dass diese Maßnahme nur vorübergehender Natur sein wird, er wird dauernd bemüht sein, wenigstens den laufenden Bedarf der Bevölkerung zu decken, und rechnet bei diesen Bemühungen natürlich mit Bestimmtheit auf die Unterstützung der Lieferungsverbände und der Zentralstellen. Der Preis für 3 ½ Pfund Kartoffeln beträgt 19 Pfennig, der Preis für 7 Pfund Kohlrüben 27 Pfennig.

93b Bericht der »Volksstimme« über die Aussperrung mehrerer Hundert verzweifelter Frauen aus der Markthalle wegen Kartoffelmangels, 20. Februar 1917

Volksstimme (Frankfurt) Nr. 44, 21. Februar 1917. Betitelung: Unliebsame Vorgänge in der Markthalle.

Zu recht bedauerlichen Auftritten kam es gestern in der Markthalle. Hunderte von Frauen waren herbeigeeilt, um für ihre gültigen Kartoffelmarken Kartoffeln einzukaufen. Bei der gegenwärtigen Kartoffelknappheit bleibt der Massenandrang bei der städtischen Ausgabestelle naturgemäß nicht aus. Zur Zeit sind für Hanau nur in der Markthalle Kartoffeln erhältlich. So standen auch gestern die Frauen stundenlang in Ruhe vor den Hallen. Gegen 5 Uhr abends wurden etwa noch 200 Frauen in den Vorraum der Markthalle hereingelassen und die vorderen Türen geschlossen. Alle hofften nun noch an die Reihe zu kommen. Aber weit gefehlt. Gegen ¾ 6 Uhr wurde die Halle geschlossen und die noch anwesenden Frauen hinausspediert. Alles Bitten und Flehen, wenn keine Kartoffeln mehr vorhanden, doch Kohlrabi, Kraut oder anderes Gemüse zu geben, damit sie für ihre Kinder etwas kochen könnten, ja alles Weinen blieb erfolglos, sie mussten hinaus. Wir halten dieses Verfahren nicht für richtig. Wenn man bedenkt, dass Frauen bereits am Vormittag vergeblich gewartet hatten und nachmittags nochmals stundenlang stehen mussten und zum Schluss erhalten sie doch nichts, so etwas muss verbitternd und aufreizend wirken. Beim Hereinlassen in den Vorraum kam eine Anzahl Frauen zum Fall, sie wurden getreten und erheblich verletzt. Auch das sind unangenehme Begleiterscheinungen, die der dringenden Abhilfe bedürfen. Hier ist es Pflicht der Stadt, sofort einzugreifen und für Abhilfe zu sorgen. Sind keine Kartoffeln mehr da, gut, dann muss Ersatz geschaffen werden, damit der Bevölkerung das Allernotwendigste zur Verfügung steht. Auch das Bedienungspersonal in der Markthalle, so schwer auch sein Dienst ist, soll nicht vergessen, unter welch schwierigen Verhältnissen die Bevölkerung bei der gegenwärtigen Lebensmittelknappheit zu leiden hat, und die Erregung der Frauen begreiflich finden.

94 — 11. März 1917

Bericht der »Volksstimme« über den Sieg der Opposition in der Generalversammlung des Sozialdemokratischen Kreiswahlvereins Hanau-Gelnhausen-Orb, 11. März 1917

Volksstimme (Frankfurt) Nr. 60, 12. März 1917.

Eine aus 20 Orten mit 69 Delegierten beschickte Konferenz des Hanauer Wahlkreises beschäftigte sich am Sonntag mit den Parteiwirren. An das Referat des Sekretärs Schnellbacher schloss sich eine längere Ansprache, in der außer einer Reihe von Delegierten auch Bezirkssekretär Dißmann und der Abgeordnete des Kreises, Genosse Hoch, zum Wort kamen. Hoch und auch die Vertreter von Bockenheim und Langendiebach warnten eindringlich vor der geplanten Beschickung der Oppositionskonferenz[a] und erklärten, dass sie diese Lostrennung des Kreises von der Gesamtpartei nicht mitmachen könnten. Mit 54 gegen 15 Stimmen gelangte eine Entschließung zur Annahme, in der erklärt wird, dass der Wahlkreis in entschiedenster Opposition gegenüber der Politik der Mehrheit der Fraktion, des Parteivorstandes und des Parteiausschusses steht und sie für unvereinbar mit den Grundsätzen und dem Geiste des Sozialismus und der Demokratie hält. Den Parteiinstanzen wird ferner der Vorwurf gemacht, dass sie mit ihren Beschlüssen gegen die Opposition die Bestimmungen des Organisationsstatuts brechen und die Parteispaltung herbeiführen. Mit der Haltung des Abgeordneten Hoch im Reichstage sind die Delegierten nicht einverstanden, sie sprechen ihre schärfste Missbilligung aus. Beschlossen wurde mit dem gleichen Stimmenverhältnis, die Konferenz der Opposition zu beschicken und die Delegationskosten durch private Sammlung aufzubringen. Gewählt wurden je ein Delegierter der Arbeitsgemeinschaft und der Spartakusgruppe. Neun Delegierte von Bockenheim, drei von Langendiebach und je einer von Hüttengesäß, Ravolzhausen und Ginnheim gaben darauf die Erklärung ab, dass es für sie unmöglich sei, an den weiteren Verhandlungen teilzunehmen und verließen den Saal. Entsprechend einem Antrag, bei der Vorstandswahl nur Genossen zu wählen, die auf dem Boden der Opposition stehen, wurde Genosse Karl Crass, der jahrzehntelang Vorsitzender der Kreisorganisation war, nicht wiedergewählt; er bekam zwei Stimmen. Auch Genosse Löffert, ebenfalls ein langjähriges Mitglied der Kreisleitung, wurde nicht wiedergewählt.

[a] Vom 6. bis 8. April 1917 fand der Gründungsparteitag der USPD in Gotha statt.

95 1916 – 1918

Die Tätigkeit der Schlichtungsausschüsse auf der Grundlage des Gesetzes über den vaterländischen Hilfsdienst

95a Bericht der »Volksstimme« über die Verhandlung der Klage der Arbeiter der »Marienhütte« in Großauheim gegen ihren Arbeitgeber vor dem Hanauer Schlichtungsausschuss, 4. Mai 1917

Volksstimme (Frankfurt) Nr. 104, 4. Mai 1917.

In einer längeren Sitzung beschäftigte sich der Schlichtungsausschuss mit einer Klage der Arbeiter der »Marienhütte« in Großauheim um Innehaltung einer Vereinbarung vom 1. September 1911. Als Vertreter der Arbeiter war Bezirksleiter Fritz Ehrler (Frankfurt) und als Vertreter der »Marienhütte« der Betriebsleiter Wolf und Beschke erschienen. Strittig war die Frage wegen Zahlung von Überstunden, Zahlung des vereinbarten Stücklohnes bei unverschuldetem Fehlguss und Vergütung der Arbeiterausschusssitzungen. Betriebsleiter Wolf erklärte zunächst, dass die Vereinbarung von 1911 nicht rechtsverbindlich für seine Firma sei. Sie sei wohl mit dem damaligen Betriebsleiter Petin und der Arbeiterschaft der »Marienhütte« zustande gekommen, aber vom Inhaber, Herrn von Arnim, nicht unterzeichnet worden. Im Allgemeinen halte er die getroffenen Bestimmungen ein, er habe aber nichts dagegen, wenn zum Beispiel Arbeiter auf eigenen Wunsch, um mehr zu verdienen, Überstunden machen wollen. Für diese freiwilligen Überstunden zahle die Firma keinen prozentualen Zuschlag. Eine besondere Bezahlung der Überstunden für Akkordarbeiter (Former) lehne seine Firma ab. Die Frage des Fehlgusses wolle er im Sinne der Vereinbarung bejahen, ebenso sei er für eine Vergütung der Ausschusssitzungen. In eingehender Weise geht Bezirksleiter Ehrler auf die einzelnen Fragen ein und ersucht um strikte Innehaltung der getroffenen Vereinbarungen auch von den jetzigen Betriebsleitern. Es wurde ein Vergleich geschlossen, nach dem Überstunden möglichst zu vermeiden sind. Sind solche im Interesse des Betriebs notwendig, dann werden 25 Prozent Zuschlag und bei Nacht- und Sonntagsarbeit 50 Prozent gewährt. Unverschuldeter Fehlguss wird mit dem vereinbarten Stücklohn bezahlt. Das Warten beim Abgießen wird nach 2 Stunden wöchentlich mit dem obigen prozentualen Zuschlag vergütet. Die Ausschusssitzungen werden, wenn sie während der Arbeitszeit stattfinden, mit dem Verdienstausfall nach Feierabend mit 50 Pfennig pro Stunde vergütet.

95b Bericht der »Metallarbeiter-Zeitung« über die Verhandlungen vor dem Hanauer Schlichtungsausschuss (Auszug), 14. Juni 1917

Metallarbeiter-Zeitung Nr. 28, 14. Juni 1917.

Der Dreher Sch. verdient bei der Firma Br.[a] die Stunde 55 Pf. und erhält außerdem eine Teuerungszulage von 30 v. H., also 71 Pf. Er kann bei der Firma H. in Frankfurt 1 Mark die Stunde verdienen, und außerdem noch Fahrgeldersparnis erzielen, da dieser Arbeitsplatz leichter zu erreichen ist. Die Vertreter der Arbeiter stellen sich ohne weiteres auf den Standpunkt, dass hier ein wichtiger Grund vorliegt, und dem konnten sich auch die Vertreter der Unternehmer nicht verschließen. Da aber die Firma Br. an erster Stelle der Kriegswichtigkeit steht, die Firma H. aber erst an dritter oder vierter Stelle, und da ferner Dreher so außerordentlich schwer zu erhalten sind, so kam ein Vergleich zustande, dass die Firma Br. den Lohn aufbessern soll, vorerst um 5 Pf. die Stunde, womit sich der Kläger zufrieden gibt und seine Klage auf Herausgabe des Abkehrscheines zurückzieht. – Nach einigen Wochen kam derselbe Kläger wieder wegen Herausgabe des Abkehrscheins; er konnte diesmal bei einer andern Firma in Frankfurt anfangen, und zwar um einen Stundenlohn von 90 Pf. Mittlerweile war aber mit Hilfe der Organisation bei der Firma Br. eine Lohnerhöhung durchgeführt, so dass der Lohn des Sch. mit der Teuerungszulage 86 Pf. betrug. Es war also nur noch eine Spanne von 4 Pf. vorhanden. Obgleich auch in diesem Falle die Arbeitervertreter der Meinung waren, dass ein wichtiger Grund vorläge, auch schon deshalb, weil die Arbeitsstelle in Frankfurt seinem Wohnort näher liegt, wurde ihm der Abkehrschein nicht erteilt, weil 4 Pf. keinen wichtigen Grund abgäben und weil seine abermalige Lohnerhöhung nicht gewährt werden könne, nachdem die allgemeine Lohnbewegung erst beendet wäre. Ferner sei die Firma Br. als besonders kriegswichtig anzusehen und Sch. werde hier nötiger gebraucht als in Frankfurt.

[a] Es handelt sich wohl um die Maschinenfabrik und Eisengießerei von G.D. Bracker Söhne.

95c Bericht der »Volksstimme« über den Kampf der Arbeiter der Pulverfabrik für die Anerkennung des vom Hanauer Schlichtungsausschuss gefällten Schiedsspruchs bezüglich der Nachzahlung ihres rückständigen Lohnes durch das Kriegsamt, 29. Juli 1918

Volksstimme (Frankfurt) Nr. 75, 29. Juli 1918.

In zwei Verhandlungen des Hanauer Schlichtungsausschusses klagte bekanntlich ein großer Teil der Pulverarbeiter auf Nachzahlung rückständigen Lohnes. Einmütig hat der Schlichtungsausschuss auf dem Wege des Schiedsspruches den beteiligten Arbeitern die eingeklagten Summen zugesprochen. Dieser Schiedsspruch wurde von dem Kriegsamt Berlin (Waffen- und Munitions-Beschaffungsamt), dem die sämtlichen königlichen Betriebe im Reich unterstehen, nicht anerkannt. Wir sind nun der Auffassung, wenn es auf der einen Seite die Pflicht des Kriegsamtes ist, auf die privaten Arbeitgeber einzuwirken, die Schiedssprüche der Schlichtungsausschüsse zu beachten, so darf doch wohl sicher erwartet werden, dass das Kriegsamt bei seinen eigenen Betrieben diese Selbstverständlichkeit erfüllt.

Die Bezahlung und die Verdienste der gelernten und angelernten Arbeiter und Arbeiterinnen in der Hanauer Pulverfabrik stehen gegenüber der Hanauer Privatindustrie erheblich zurück. Deshalb hat auch die Nichtanerkennung des Schiedsspruches zu einer starken Beunruhigung der Arbeiterschaft in der königlichen Pulverfabrik geführt. Die Angelegenheit wurde nun dem Genossen Hoch unterbreitet, der sich in Berlin der Sache der Pulverarbeiter sofort angenommen hat. Ihm wird nun vom Kriegsamt in Berlin geschrieben; »dass auf das Schreiben vom 16.7.18 und die Vorlage des Artikels 'Die Lohnpolitik des Waffen- und Munitions-Beschaffungsamtes' in der 'Volksstimme' vom 5.7.18 eine Nachprüfung der zurzeit für Hanau festgesetzten Löhne eingeleitet ist. Von dem Ergebnis der vorzunehmenden Lohnermittlungen muss es abhängig gemacht werden, ob und in welchem Umfange Erhöhungen der Löhne eintreten können.« –

Dazu einige Bemerkungen: Grundsätzlich sind die Pulverarbeiter der Auffassung, dass die zwei Schiedssprüche anerkannt werden müssen. Es handelt sich um die Auszahlung von rückständigen Löhnen, die bereits einige Jahre zurückliegen. Die Leute sind finanziell und wirtschaftlich am Rande. Sehr sind sie dann damit einverstanden, dass eine Lohnregulierung und Erhöhung, nicht Abzüge, nach oben stattfindet.[a] Diesen berechtigten Forderungen können wir nur zustimmen, sollen doch nicht in letzter Linie die Staatsbetriebe Musterbetriebe sein.

[a] Die Anerkennung des Schiedsspruches erfolgte im September 1918 mit der Maßgabe der Auszahlung des rückständigen Lohnes vom 8. Januar 1918 an. (VS Nr. 213, 11. September 1918)

96 — 1917

Darstellung der Ursachen des hohen Krankenstandes im Geschäftsbericht der Allgemeinen Ortskrankenkasse (AOK) des Stadtkreises Hanau

AOK Hanau Stadtkreis. Geschäftsbericht für 1917; Gezeichnet: der Vorstand.

Nachdem wir zum 4. Male einen Rechnungsabschluss zur Kenntnisnahme bringen, der unter dem Einfluss des Weltkrieges entstanden ist, wollen wir uns nunmehr der Hoffnung hingeben, dass bei Erscheinen des nächsten Berichts das große Menschenmorden, das alle Kultur fast zu zerstören droht und noch unsägliches Leid in viele Tausende von Familien trägt, nun doch zu Ende gegangen sein wird.

Wie bei vielen anderen Kassen, die im Berichtsjahr nicht nur eine verminderte Rücklage, sondern sogar Einbußen von Vermögen zu verzeichnen hatten, ist es auch unserer Kasse ergangen, indem wir statt einen Vermögenszuwachs zu machen, von einer Abnahme der vorhandenen Reserven um Mk. 37 535.- berichten müssen. Es zeigt sich, dass sich die unheilvollen Wirkungen des Krieges infolge der andauernden schlechten Ernährungsweise jetzt auch für diejenigen Klassen bemerkbar machen, welche bisher noch mit materiellem Erfolg arbeiten konnten. Trotz dieser finanziellen Nachteile steht der Vorstand im Gegensatz zu manch anderen, zum Teil größeren Kassen, auch heute noch auf dem Standpunkt, dass es seine Aufgabe ist und bleiben muss, die mehr oder weniger in gesundheitlicher Beziehung betroffenen Kassenmitglieder auch fernerhin nach besten Kräften zu unterstützen und alle die Krankheiten und Schwächezustände, die sich immer mehr zeigen, nach Möglichkeit zu lindern, um die Erwerbsfähigkeit zu festigen oder wieder herzustellen.

Wie schon im vorjährigen Bericht erwähnt, sind die Kassenleistungen schon seit 1. August 1916 wieder auf den Stand der vor Kriegsbeginn bestehenden Mehrleistungen erhöht worden und erhalten diejenigen Kranken, die der Kasse ein halbes Jahr als Mitglied angehörten, außer ärztlicher Behandlung und Heilmittel noch heute 52 Wochen Krankengeld abzüglich nur eines Karenztages, und zwar

die ersten 26 Wochen = 60 Prozent
die weiteren 26 Wochen = 40 Prozent des Grundlohnes.

Schon jetzt sind wir in die Lage versetzt worden, unsere Rücklagen in Anspruch zu nehmen, worauf wir im Vorjahre hingewiesen haben, doch halten wir es für besser, trotzdem noch unsere alten Unterstützungen zu geben, als unsere Krankengelder zu kürzen und die Mitglieder zu schädigen, zumal der Wert des Geldes bekanntlich außerordentlich gesunken ist.

Nicht nur die schon erwähnte ungenügende Ernährungsweise, sondern noch ganz besondere Umstände haben uns im Vorjahre einen Krankenbestand gebracht, der uns nötigte, unsere Reserven bereits anzugreifen, anstatt solche angemessen zu erhöhen; es sind dies die abnorm hohen Krankheitsziffern, welche uns durch die Rüstungsbetriebe hiesiger Stadt erwachsen sind, welche zeitweise fast so viel Kranke ergaben, als überhaupt Personen von diesen Betrieben zur Kasse gemeldet waren.

Es kann nicht unsere Aufgabe sein, diese Missverhältnisse hier näher zu erläutern und zu beleuchten, vielmehr hat der Vorstand bereits Stellung insofern zu dieser Angelegenheit genommen, als er die Verhandlungen dazu einleitete, dass die Arbeitgeberbeiträge dieser Betriebe gemäß § 384 R.V.O. entsprechend erhöht werden sollen, und zwar insoweit, dass die Einnahmen an Beträgen die sich ergebenden Ausgaben möglichst zu decken vermögen. Zur Zeit stehen wir in Verhandlungen mit der Firma Gerngroß & Traxel und ist aller Wahrscheinlichkeit nach die Möglichkeit vorhanden, dass ein beiderseitig befriedigendes Übereinkommen erzielt wird.

Die Ursachen des hohen Krankenstandes und der damit zusammenhängenden Verminderung des Reservefonds war wiederholt Gegenstand der Beratungen in den Sitzungen des Vorstandes. Die Kommission für Ärzte-Angelegenheiten befasste sich speziell mit dieser Frage, ließ Erhebungen veranstalten, Statistiken anfertigen und suchte alle möglichen Gründe zu erforschen. Das Ergebnis fasste dieselbe in einem Berichte an den Vorstand dahingehend zusammen: Warum gerade wir in Hanau so außerordentliche hohe Krankenziffern aufzuweisen haben, kann nicht allein in den Ernährungsschwierigkeiten liegen; denn dieselben treffen für alle Kassen zu. Die ausschlaggebende Industrie ist die Gold- und Silberwarenfabrikation und die eng damit verbundenen Diamantschleifereien. Diese Arbeiterkategorie ist in einigen 100 kleineren und mittleren Betrieben verteilt, nur wenige größere Betriebe mit über 50 Arbeitern und Arbeiterinnen sind vorhanden. Beim Kriegsausbruch wurden diese Betriebe geschlossen und die Arbeiter fanden in der Königlichen Pulverfabrik Beschäftigung. Der größere Teil war die erste Zeit arbeitslos und nur nach und nach fanden dieselben als Notstandsarbeiter ebenfalls eine Beschäftigung. Aus altgewohnten Verhältnissen in geheizten Werkstätten wurden die Leute herausgerissen und waren als Notstandsarbeiter den Unbilden der Witterung ausgesetzt. Ähnlich erging es den Arbeitern, die in der Königlichen Pulverfabrik Beschäftigung gefunden hatten. Nicht bloß der weite Weg von und zur Arbeitsstelle, wo auch sie den Unbilden der Witterung schon Jahre lang ausgesetzt sind, ebenso die veränderte Produktionsweise hat eine gewaltige Umwälzung in der ganzen Lebensweise hervorgerufen und dadurch wesentlich die Erkrankung gefördert. Ist es da Wunder zu nehmen, wenn gerade Hanau und Pforzheim als ausgesprochene Goldschmiedestädte in der bekannten Ortskrankenkassenstatistik in bezug auf die Zahl der Erkrankungen an erster Stelle stehen? – Erst nach und nach sind ein Teil dieser Arbeiter ihrem eigentlichen Berufe wieder zugeführt worden, aber bis heute ist noch nicht einmal der sechste Teil der vor dem Kriege Beschäftigten wieder in dieser Industrie tätig.

Als weitere Ursache dürfte das Hilfsdienstgesetz mit dazu beigetragen haben, die Kassen im Allgemeinen zu belasten. Nach unseren Erfahrungen haben uns die militärischen Betriebe, denen vornehmlich Hilfsdienstpflichtige überwiesen wurden, wesentlich belastet. Ist es ja doch auch leicht begreiflich, wenn Leute im Alter von 50 bis 60 Jahren, die zum großen Teil schon pensioniert waren, auf einmal eine solche schwere Arbeit verrichten sollten. Kaum waren dieselben in Arbeit, so wurden sie viele Wochen, zum Teil Monate lang krank und belasteten die Kassen ganz außerordentlich. Ähnliche Erfahrungen wurden gemacht mit den vom Einberufungsausschuss den militärischen Betrieben überwiesenen Geschäftsleuten, Beamten usw. Wie weit noch andere Ursachen vorhanden sind, die gerade in Hanau mehr als wie anderswo dazu beigetragen haben, die außerordentliche Belastung zu bewirken, konnte leider noch nicht statistisch so erfasst werden, wie es der Vorstand gewünscht hat, und zwar aus Mangel an Beamten. Jedenfalls ist auch die gegen den Wunsch des Vorstandes eingeführte bedingte freie Ärztewahl nicht ohne Einfluss auf die Kassenverhältnisse geblieben. Verschiedene Beobachtungen nach dieser Richtung haben das voll und ganz bestätigt, und recht wesentlich haben uns die freiwilligen Mitglieder, welche Heeresdienste ausüben, belastet, sowie die bereits Entlassenen, Reklamierten, Kranken und Kriegsbeschädigten. Diese hier kurz angeführten Fälle dürften wohl mit als die Hauptursache gelten und mit dazu beigetragen haben, dass das Krankengeld im abgelaufenen Jahre die Höhe von 335 000 Mark erreicht hat, gegen 234 000 Mark im Vorjahr, also ein Mehr von 101 000 Mark.

97 **13. Februar 1918**

Bericht der »Volksstimme« über die Lage der Hanauer Straßenbahnerinnen und über ihre Versammlung

Volksstimme (Frankfurt) Nr. 38, 14. Februar 1918.

Bei Ausbruch des Krieges waren in Hanau rund 30 Straßenbahner beschäftigt. Der größte Teil davon blieb der gewerkschaftlichen Organisation fern und fand sich mit einem der Betriebsleitung genehmen Klub ab. Die Verhältnisse waren unerträglich. Gegenseitige Anschwärzerei war gang und gäbe, mit Argusaugen kontrollierte man die Angestellten, damit sie sich unter keinen Umständen dem Deutschen Transportarbeiterverband anschlössen. Als die Angestellten durch die lange Kriegsdauer nach und nach eingezogen wurden, mussten Kriegerfrauen eingestellt werden, die nur zu bald ihre Klassenlage erkannten. Sie organisierten sich vollständig im Deutschen Transportarbeiterverband, Zahlstelle Hanau. Die Bezahlung war trotz des strengen, verantwortungsvollen Dienstes kärglich zu nennen. Die Führerinnen erhielten 3.50 Mark pro Tag, die Schaffnerinnen 2.50 Mark. Vor Jahresfrist reichten sie ihre Forderungen ein. Unter Hinzuziehung des Kartellvorsitzenden wurde ein Stundenlohn von 50 Pfennig für die Führerinnen und 40 Pfennig für die Schaffnerinnen vereinbart. Außerdem erhielten sie ein Kleidergeld von 5 Mark pro Monat. Durch die unerträgliche Steigerung aller Lebens- und Bedarfsartikel wurde im vorigen Herbst der Stundenlohn für die Führerinnen auf 60 und für die Schaffnerinnen auf 50 Pfennig erhöht, außerdem das Kleidergeld auf 10 Mark. Weil das Einkommen der Straßenbahnerinnen in keinem Verhältnis zu den jetzigen Lebensmittelpreisen steht, wurde jetzt eine Erhöhung der Stundenlöhne um je 10 Pfennig gefordert. Das Einkommen der Kriegerfrauen wurde noch geschmälert durch Abzüge an der Kriegsunterstützung. Die

Direktion hat zunächst ablehnend geantwortet. Und mit welchen Gründen argumentierte sie? Die Kriegerfrauen sollten nicht so viel krank werden, dann hätten sie auch immer ihren vollen Monatslohn. Außerdem besuchten die Straßenbahnschaffnerinnen auch die Konditoreien; einige Kriegerfrauen bezögen städtische Kriegsunterstützung. Die organisierten Straßenbahnerinnen nahmen gestern Abend in einer gut besuchten Versammlung Stellung zu dieser Behandlung seitens der Direktion. Sie protestierten mit aller Entschiedenheit gegen solches Verfahren. Als es galt, die Kriegsanleihe zu zeichnen, hat man den Frauen keine Ruhe gelassen, bis sie ihr Scherflein dazu beitrugen, und jetzt lehnt man eine Lohnerhöhung von 10 Pfennig ab, obwohl der Fahrtarif eine erhebliche Erhöhung erfahren hat. Der Organisationsvertreter wurde beauftragt, mit Direktor Becker weiter zu verhandeln. Sollte keine Einigung erzielt werden, dann wird wohl in der Stadtverordnetenversammlung noch ein Wort über die Sache geredet werden müssen.

98 — 20. August 1918

Meldung des Kreisausschusses des Landkreises Hanau an den Regierungspräsidenten in Kassel über die unzulängliche Lebensmittelversorgung der Industriebevölkerung und der Rüstungsbetriebe sowie über die Gefahr von Unruhen

Hessisches Staatsarchiv Marburg, 165-1213/4, Bl. 359.

Die Versorgung der Gemeinden mit vorwiegend Industriebevölkerung sowie die der Rüstungsbetriebe gibt, weil vollständig unzulänglich, zu ernsten Besorgnissen Anlass. Namentlich muss die äußerst mangelhafte Fettzuweisung Anlass zu Arbeitsniederlegungen und Unruhen geben.

Dem Kommunalverband standen für den Monat Juli Zentner 211,57 Speisefett zu. Geliefert sind von der Bezirksfettstelle in Kassel jedoch nur Zentner 74,00 Speisefett. Die Milch- und Fettproduktion im Kreise nimmt durch Futtermangel und durch Abschlachtung von Milchkühen beständig ab. Eine größere Fettzustellung an die Rüstungsbetriebe und die Gemeinden mit vorwiegend Industriebevölkerung ist unbedingt geboten, damit Unruhen vermieden bleiben.

99 29. Oktober 1918

Bericht des »Mitteilung-Blattes« der Unabhängigen Sozialdemokratischen Partei (USPD) Berlin über die erste öffentliche Versammlung der Partei in Hanau

Mitteilungs-Blatt des Verbandes der sozialdemokratischen Wahlvereine Berlins und Umgegend, USPD, Nr. 32, 10. November 1918; abgedruckt in: Institut für Marxismus-Leninismus beim ZK der SED (Hg.), Dokumente und Materialen zur Geschichte der deutschen Arbeiterbewegung, Reihe II, Bd. 2, 1917 – 1918, Berlin 1957, S. 272.

Am 29. Oktober sprach Genosse Vogtherr in einer öffentlichen Versammlung in Hanau, der ersten, die wir während des Krieges abhalten konnten. Eine Stunde vor Beginn der Versammlung war das Lokal überfüllt. Immer noch strömten die Massen heran. Tausende konnten keinen Einlass bekommen und standen dicht gedrängt in den Straßen, bis die Versammlung zu Ende war. Genosse Vogtherr schilderte in seinem ausgezeichneten Vortrage die jetzige politische Situation unter brausendem Beifall. An Genossen Liebknecht wurde ein Begrüßungstelegramm gesandt. Genosse Schnellbacher als Leiter der Versammlung begründete eine Resolution, in der die sozialistische Republik und die Abdankung der Hohenzollern sowie unsere Hauptforderungen verlangt wurden. Dieselbe fand einstimmige Annahme. Liebknecht wurde als der zukünftige Präsident der sozialistischen Republik gefeiert. Nach der Versammlung fanden Umzüge durch die Straßen statt. Die Massen brachten Hochrufe auf Liebknecht, Rosa Luxemburg und die sozialistische Republik aus. Ebenso ertönten Rufe: Nieder mit der Scheidemann-Regierung! Nieder mit den Hohenzollern! Hoch der Völkerfrieden! Die Polizei mit umgeschnallten Revolver war in starkem Aufgebot angetreten, verhielt sich aber ruhig. Die Hanauer Arbeiterschaft hat diesmal wiederum bewiesen, dass sie mit dem Regierungssozialismus nichts zu tun hat. Eine Woche vorher hatten die Regierungssozialisten eine öffentliche Versammlung[a], die sehr schlecht besucht war, weil wir fernblieben. Die Hanauer Arbeiterklasse steht auf dem Boden des schärfsten Klassenkampfes.

[a] Am 21. Oktober mit Georg Kaul, dem Redakteur des »Offenbacher Abendblattes«, als Referent. (VS Nr. 248, 22.10.1918)

Hanau, Kundgebung auf dem Marktplatz, 10. November 1918

III.

Von der Novemberrevolution bis zur Errichtung der faschistischen Diktatur (1918–1933)

Die Revolution von 1918/19

Ende Oktober 1918 plante die Admiralität, die deutsche Kriegsflotte aus Wilhelmshaven in eine letzte Schlacht gegen England ausfahren zu lassen. Ihr voraussehbarer Untergang sollte die Opferbereitschaft der Bevölkerung für den Krieg noch einmal aufflammen lassen. Die Matrosen und Heizer, überwiegend hochqualifizierte Metallfacharbeiter, meuterten gegen diesen sinnlosen Opfergang. Viele der Aufständischen wurden im Kieler Militärgefängnis inhaftiert. Die Kieler Matrosen solidarisierten sich mit ihren inhaftierten Kameraden, sie bewaffneten sich und verbanden sich mit den Kieler Arbeitern. Die am 3. November 1918 beginnende Revolution erfasste, von Generalstreiks begleitet, in wenigen Tagen das ganze Land. Überall entstanden nach Kieler Muster Soldaten- und Arbeiterräte als revolutionäre Machtorgane. In viele Orte trugen die revolutionären Matrosen und Soldaten selbst die Botschaft der Revolution. Die Umwälzung führte am 9. November in Berlin zum Sturz der Hohenzollern-Monarchie und zur Ausrufung der freien deutschen Republik durch Philipp Scheidemann (SPD) und der sozialistischen Republik durch Karl Liebknecht (USPD). Am 10. November bestätigte das provisorische Revolutionsparlament, der »Vollzugsrat der Großberliner Arbeiter- und Soldatenräte«, die neue Regierung. Sie wurde aus drei Mitgliedern der SPD und drei Mitgliedern der USPD gebildet. Der Name des »Rates der Volksbeauftragten« sollte an die »Volkskommissare« in Sowjetrussland erinnern.

Der lang ersehnte Frieden und die Möglichkeit zur Umwälzung der als unerträglich empfundenen Verhältnisse waren in greifbarer Nähe. Opportunistische Kräfte in SPD und Gewerkschaften bekannten sich zwar formell zur »Befreiung des Proletariats« gemäß dem Erfurter Programm von 1891, aber im Grunde genommen fürchteten sie eine proletarische Revolution. Auf sie gestützt, gelang es Militär und Kapital schon früh, der revolutionären Entwicklung Fesseln anzulegen. Die »Revolutionsregierung« verpflichtete sich, den Forderungen der Obersten Heeresleitung nachzukommen (Ebert-Groener-Pakt). Im Stinnes-Legien-Abkommen legte sich die Gewerkschaftsführung auf die Arbeitsgemeinschaftspolitik mit den Unternehmern fest. Die Zentralarbeitsgemeinschaft (ZAG) vom 15. November 1918 bestätigte die schon 1916 ausgesprochene Anerkennung der Gewerkschaften als berufene Vertreter der Arbeitnehmer. (Dok. 105) In ihrem Kern bedeutete sie lediglich eine Fortsetzung der im Krieg begonnenen Kooperation zwischen Gewerkschaftsführung und Arbeitgeberverbänden. Während die große Mehrheit der Bevölkerung nun das Ende des alten Regimes gekommen glaubte, boten diese beiden Vereinbarungen die Gewähr dafür, dass die Hauptschuldigen für vier Jahre Krieg ihre Machtposition behaupten konnten.

In Hanau hatte die USPD für den Nachmittag des 7. November eine Volksversammlung auf dem Marktplatz einberufen. Im Rathaus tagte zur gleichen Zeit die Stadtverordnetenversammlung. Beim Tagesordnungspunkt über die Festsetzung von drei Wahltagen für die turnusmäßigen Stadtverordnetenwahlen gemäß dem Dreiklassenwahlrecht wies Friedrich Schnellbacher (USPD) darauf hin, dass die Zeit für diesen Wahlmodus abgelaufen und die Wahl künftig an einem Tag durchzuführen sei. Nach dem Schlusswort »Nieder mit dem Krieg!

Nieder mit der Ausbeutung!« bemächtigte sich die zahlreiche Zuhörerschaft des Verhandlungssaales; einige Teilnehmer der Sitzung vereinigten sich unter roten Fahnen mit den Demonstranten vor dem Rathaus. Der vor wenigen Tagen kommissarisch eingesetzte neue Landrat Carl Christian Schmid ließ Polizei aufmarschieren, um den Platz von der Menschenmenge »für den Verkehr zu säubern«. Bei der Räumung wurden 25 Personen verwundet, darunter auch einige Soldaten, die sich der Polizei entgegenstellten. Eine Gruppe der aufgebrachten Menge plünderte indes das Feinkostgeschäft des Stadtverordneten Lossow, in dem auch in der größten Kriegsnot ein zahlungskräftiges Publikum bedient worden war.[1] (Dok. 100a) Am nächsten Tag konstituierte sich der Hanauer Arbeiterrat (AR) aus 20 Mitgliedern des schon bestehenden Arbeiterrats der USPD; fünf Vertreter der Mehrheitssozialdemokraten (MSPD) wurden hinzugewählt. Am 9. November kam der Soldatenrat (SR) hinzu, den eine Massenversammlung bestätigt hatte. Die Soldaten waren in ihrer Mehrheit relativ unpolitisch. Sie wollten so schnell wie möglich zu ihren Familien. Der vom SR angestoßene Demokratisierungsprozess in der Armee mit Lockerung der außerdienstlichen hierarchischen Vorschriften – Ablegen der Rangabzeichen, Weglassen des militärischen Grußes – traf auf freudige Zustimmung.[2]

Die ersten Bekanntmachungen des Arbeiter- und Soldatenrats (ASR) an die Bevölkerung im Stadt- und Landkreis Hanau warben für Unterstützung bei der Lösung der unmittelbar drängenden Aufgaben der Sicherheit und der Lebensmittelversorgung. (Dok. 100b,c) Die revolutionäre Vertretung der Arbeiterschaft gab dabei offen zur Kenntnis, dass ihr politisches Ziel auf den Umbau der Gesellschaft, auf die Verwirklichung der sozialistischen Republik gerichtet sei. (Dok. 101) Diese Überzeugung gewann während des Krieges in der gesamten Hanauer sozialistischen Bewegung Raum und wurde in der Revolution von einer kräftigen linken Strömung vertreten. Die lebenswichtigen Aufgaben der Versorgung und Demobilisierung dienten den opportunistischen Kräften als Vorwand für die Konservierung der alten Strukturen. Die revolutionären Kräfte sahen in der politischen und wirtschaftlichen Umwälzung die zwingende Voraussetzung für die Bewältigung des furchtbaren Erbes, das der Krieg hinterlassen hatte.

Durch die Beschlagnahmung von gehorteten Lebensmitteln und durch die Übernahme des Bekleidungsamtes des 21. Armeekommandos gelang es dem ASR, die schlimmsten Engpässe zu überwinden und die Not zu mildern. Die Ordnung wurde durch Patrouillen aus Mitgliedern des Arbeiterrats und Soldaten der Garnison gesichert. Entsprechend der Anordnung der Reichsregierung vom 18. November gründete der ASR eine Arbeiterschutzwehr. Die Arbeiterwehr setzte sich aus Mitgliedern beider sozialdemokratischen Parteien, die über

[1] Friedrich Schnellbacher, Hanau in der Revolution vom 7. November 1918 bis 7. November 1919, Hanau [1920], S. 13; im Weiteren: Schnellbacher, Hanau in der Revolution.

[2] Ebd., S. 14ff.

eine militärische Ausbildung verfügten, zusammen. Sie nahmen am 6. Dezember ihren Dienst auf. Zeitweise zählte sie gegen tausend Mann.[3]

Die Novemberrevolution brach zwar die Macht der Fürsten, ließ jedoch die alte Verwaltung weitgehend unverändert. Die neu gebildeten »Revolutionsregierungen« der Einzelstaaten besetzten nur die Spitzen der Verwaltung mit ihren Vertretern. Der Großteil der Fachbeamtenschaft, deren Wissen man benötigte, und auch zahlreiche politische Beamte blieben auf ihrem Posten. Von der Entschlossenheit der lokalen Räte hing es ab, wie weit sie sich durch Zugriff und Kontrolle auf den mittleren und unteren Verwaltungsebenen unmittelbaren Einfluss sicherten. Eine Verfügung des Berliner Vollzugsrats der Arbeiter- und Soldatenräte vom 16. November 1918 ermächtigte in diesem Sinne den ASR zur schärfsten Kontrolle, bis hin zur Amtsenthebung von Beamten. Der Hanauer ASR bestellte dementsprechend schon in den ersten Tagen Georg Wagner zum provisorischen Polizeidirektor und Landrat, um dadurch seinen Einfluss auch im Landkreis zu sichern. (Dok. 103) Er beließ freilich auch den kommissarischen Landrat Schmid als »Gehilfen« mit der Ermächtigung zur Gegenzeichnung der Schriftstücke im Amt. Vom 16. November an sicherte sich der ASR als Publikationsorgan den politischen Teil des »Hanauer Anzeigers«, der bis zur Revolution als Sprachrohr des nationalliberalen und konservativen Publikums gedient hatte. (Dok. 103) Am gleichen Tag verpflichteten sich Magistrat und Stadtverwaltung wie auch die Bürgermeister der Landgemeinden auf den ASR und auf die Reichsregierung.

Die Proklamierung des Achtstundentages im Aufruf der Volksbeauftragten vom 12. November 1918 erfüllte eine alte Kernforderung der Arbeiterbewegung. Noch vor dem Erlass der Ausführungsverordnung am 23. November verkündete der ASR die Einführung des Achtstundentages zum 15. November. Arbeiter und Angestellte sollten vollen Lohnausgleich und Teuerungszulagen erhalten. (Dok. 104) Offiziell galt der Achtstundentag für Angestellte erst ab März 1919. Am 14. November erließ der ASR Richtlinien für die wirtschaftliche Demobilisierung, noch bevor der Demobilmachungsausschuss für den Stadt- und Landkreis Hanau tätig wurde. (Dok. 104) Neben der Verpflichtung, zurückkehrende Kriegsteilnehmer auf ihrem alten Arbeitsplatz wieder einzustellen, wurde ein dreimonatiger Entlassungsstopp angeordnet. Am 17. Dezember folgte eine etwas veränderte Regelung.[4] Die Wiedereinstellungspflicht früherer Arbeitnehmer konnte demnach aufgehoben werden, wenn der Betrieb dem Demobilmachungsausschuss durch Geschäftsbelege beweisen konnte, dass die Befolgung der Vorschriften die Existenz des Betriebes gefährde. In solchen Fällen sollten auch Entlassungen möglich sein. Feiertage, die auf einen Wochentag fielen, sollten als Arbeitstage bezahlt werden: »Wird an solchen Tagen, soweit das gesetzlich zulässig ist, gearbeitet, so muss der Zuschlag für Sonntagsarbeit gezahlt werden.« Speziell berührte diese Regelung den Buß- und Bettag, der vom ASR als

3 HA Nr. 275m, 23.11.1918; HA Nr. 287, 7.12.1918. Kommandant der Arbeiterwehr wurde Neuber, sein Stellvertreter Rehbein.

4 HA Nr. 295, 17.12.1918.

Feiertag deklariert wurde.[5] Die beiden Verordnungen zur Sicherung der Arbeitsplätze bedeuteten einen Eingriff in die Verfügungsgewalt der Unternehmer. Ende Dezember verließ der Reichstagsabgeordnete der MSPD Gustav Hoch, zweiter Vorsitzender und ständiger Vertreter des ASR, den Ausschuss, weil er die Beweisführung über ihre Leistungsfähigkeit, die von den Unternehmern gefordert wurde, für verfehlt hielt.[6] Anfang Januar 1919 bestätigte der Ausschuss jedoch den Arbeitgebern die Einhaltung der vom ASR erlassenen Verordnung.[7]

Zentrale Aufgabe der wirtschaftlichen Demobilmachung war die Umstellung der Kriegswirtschaft und die Arbeitsplatzbeschaffung für die drei Millionen Rüstungsarbeiter. Der ASR nahm den größten Hanauer Rüstungsbetrieb, die Pulverfabrik, gleich nach Ausbruch der Revolution in eigene Regie. Die Herstellung von Kriegsmaterial wurde eingestellt. Zur Mitarbeit an den anstehenden Aufgaben wurden vom ASR zwei Vertreter, Karl Crass (MSPD) und Jean März (USPD), delegiert.[8] Die Belegschaft der Pulverfabrik bestand zu dieser Zeit aus circa 3000 Personen, sollte aber nach Vorgabe des Kriegsministeriums auf 800 bis 1000 Beschäftigte reduziert werden. Dieses Kontingent war für die aus der Front zurückkehrenden Arbeiter vorgesehen. Der Entlassung mehrerer Tausend Pulverarbeiter wurde nach einem Übereinkommen vom Anfang Dezember zwischen Vertretern der Fabrik, dem AR sowie dem Waffen- und Munitionsbeschaffungsamt (»Wumba«) eine 24-tägige Beurlaubung unter Bezahlung von 70 Prozent des Lohnes vorgeschaltet. Auf Wunsch des AR wurde die Beurlaubung bis Mitte März 1919 verlängert, um Beschäftigungsmöglichkeiten in der Landwirtschaft abzuwarten.[9]

Die Revolution gab der USPD in Hanau weitere Rückenstärkung. Allein in den Wochen zwischen dem 15. und dem 28. November sind 1100 neue Mitglieder gewonnen worden. Nach einer von der USPD einberufenen Volksversammlung in Großauheim gab es Anfang Dezember an einem einzigen Tag 63 Neueintritte. Auf der Mitgliederversammlung der Hanauer USPD am 6. Dezember wurde die Mitgliederzahl mit 3000 angegeben.[10] Der Mitgliederbestand der »alten« Partei war nach einer Schätzung Ende Dezember 1918 ungefähr auf die Hälfte – auf 2500 Personen – geschrumpft.[11] Für das Verhältnis der beiden politischen Lager war in Hanau zu dieser Zeit weniger das Trennende als das Verbindende bestimmend. In der Arbeiterschaft verstärkte sich ganz allgemein das Verlangen nach Vereinigung. Gustav Hoch referierte am 24. November in einer Volksversammlung der Mehrheitssozialdemokraten über die Notwendigkeit der Sozialisierung durch Enteignung des Großgrundbesitzes und der großen Unternehmen. Michael Schnabrich, der Vorsitzende des SPD-Ortsvereins Hanau, ver-

5 HA Nr. 277, 26.11.18.

6 HA Nr. 299, 21.12.1918; VS Nr. 302, 27.12.1918.

7 HStAM, 165-2796/1.

8 Schnellbacher, Hanau in der Revolution, S. 19f.

9 HStAM, 165-2796/1.

10 HA Nr. 279, 28.11.1918; HA Nr. 283, 3.12.1918; HA Nr. 287, 7.12.1918.

11 In 40 Orten des Wahlkreises, ohne die Orte, die nach Frankfurt übergetreten sind. Vgl.: VS Nr. 302, 27.12.1918

teidigte gegen Einwände bürgerlicher Teilnehmer für die Zeit des Übergangs die Notwendigkeit einer »Diktatur des Proletariats«.[12] In der Volksversammlung der USPD am 27. November kam es auch in der Frage einer Nationalversammlung zur Annäherung. Referent Hammer von der USPD wie auch Schnabrich wandten sich gegen eine überstürzte Einberufung, damit für die Aufklärung der Soldaten und der Kriegsgefangenen genügend Zeit bleibe. Schnabrich erwog sogar die Möglichkeit einer baldigen Einigung selbst unter dem Banner der Unabhängigen, um der vereinten Reaktion gemeinsam entgegenzutreten. Seinen Standpunkt verteidigte er gegen die Kritik der »Hanauer Zeitung« in einer Erklärung am 30. November im »Hanauer Anzeiger«.[13] In Anwesenheit der Vertreter der zwei sozialistischen Parteien, Hoch und Hammer, stimmte die Vollsitzung des Soldatenrates im Verhältnis 37:21 dafür, dass die Wahl der Nationalversammlung im Interesse der breiten politischen Voraufklärung erst zu einem späteren Termin vorgenommen werden solle.[14]

Ernüchterung brachte der hoffnungsvoll erwartete Reichskongress der Arbeiter- und Soldatenräte Mitte Dezember in Berlin, der mit großer Mehrheit für die Einberufung der Nationalversammlung zu dem von der Zentralregierung vorgeschlagenen Termin am 19. Januar 1919 votierte. Hier fiel die Entscheidung gegen eine deutsche Räterepublik und für den bürgerlich-demokratischen Parlamentarismus. Die größte Enttäuschung bewirkte bei dem Hanauer Delegierten des ASR Ohnsmann die Wankelmütigkeit der USPD-Führung. Die Distanz der Hanauer Arbeiterführer zur Regierung der Volksbeauftragten wuchs. Bindungen an die Spartakusgruppe innerhalb der USPD traten in den Vordergrund. Auch bei der Hanauer MSPD verhärteten sich die Fronten. Die Kreiskonferenz der Mehrheitspartei betonte Ende November die Notwendigkeit der Einigung mit den Unabhängigen, lehnte jedoch eine Einigung mit der Spartakusgruppe ab.[15]

Der Hanauer ASR traf in der Person des kommissarischen Landrats Carl Christian Schmid auf einen hartnäckigen Gegner. Bis November 1918 Regierungsrat im preußischen Innenministerium, bot Schmid in Lackstiefeln mit Gamaschen, Spazierstock und Zigarre – wie eine Zeitung ihn beschrieb – schon äußerlich die Karikatur der Reaktion. Politisch war er bis ins Mark konservativ und antisozialistisch.[16] Er war keine Minute lang mit seiner untergeordneten Rolle neben dem Landrat des AR Georg Wagner einverstanden. Durch äußerliche Anpassung und Intrige legte er es darauf an, die von ihm als illegal angesehenen Revolutionsorgane hinters Licht zu führen. Diese Auseinandersetzung war symptomatisch für die Schwäche der deutschen Revolution: Revolutionäre Räte und alte Machtstrukturen bestanden nebeneinander. Die Reaktion konnte jederzeit auf das Entgegenkommen der sozialdemokratischen Zentralinstanzen rechnen. Den revolutionären Kräften, zu denen auch der Hanauer ASR gehörte, drohte die Isolierung und – in deren Konsequenz – die Entmachtung.

12 VS Nr. 276, 25.11.1918; HA Nr. 276, 25.11.1918.
13 HA Nr. 279, 28.11.1918; HA Nr. 281, 30.11.1918.
14 HA Nr. 285, 5.12.1918.
15 VS Nr. 302, 27.12.1918; Bericht der Hanauer Delegierten über den Reichsrätekongress, HA Nr. 301, 24.12.1918.
16 Schnellbacher, Hanau in der Revolution, S. 38.

Hinter Schmid standen das städtische Bürgertum und im Landkreis die bürgerlich-bäuerlichen Elemente. Unterstützung fand er auch im Kreisausschuss, einem noch nach dem Dreiklassenwahlrecht gewählten Gremium. Während er sich um Sitz und Stimme im ASR bemühte, versuchte er im Landkreis, die Anordnungen von Landrat Wagner über Kartoffellieferungen nach Hanau zu hintertreiben, indem er die Erzeuger zum passiven Widerstand anstiftete und hinter Wagners Rücken die Reichskartoffelstelle einschaltete.[17] Durch Vermittlung des Frankfurter Arbeiterrats erwirkte Schmid in der zweiten Novemberhälfte bei der Zentralregierung eine Überprüfung der Tätigkeit des Hanauer ASR an Ort und Stelle. Zu seinem Pech unterstützte die nach Hanau entsandte Kommission voll und ganz die vom Hanauer ASR verfolgte Linie.[18] Kurz zuvor, am 17. November, hatte sich auch die Konferenz der Arbeiter-, Bauern- und Soldatenräte der Kreise Hanau und Gelnhausen für den Verbleib von Georg Wagner als Landrat ausgesprochen.[19] In dieser Situation bemühte sich Schmid äußerlich um einen friedlichen Ausgleich mit dem ASR auf der Grundlage einer von ihm vorgeschlagenen Arbeitsteilung, die im Wesentlichen akzeptiert wurde: Die Aufgaben der Polizeidirektion und die staatlichen Verwaltungsgeschäfte des Landratsamtes sollten bei Wagner bleiben, während Schmid sich auf die kommunalwirtschaftlichen Angelegenheiten (Kreisausschussverwaltung und Kreissparkasse) beschränken wollte.[20]

In Wirklichkeit betrieb Schmid von diesem Zeitpunkt an die Absetzung von Landrat Wagner. Seine Stellung wurde dadurch gestärkt, dass er vom neuen sozialdemokratischen Regierungspräsidenten in Kassel am 21. November zum Vorsitzenden des Demobilmachungsausschusses für den Stadt- und Landkreis Hanau ernannt wurde.[21] In einem ausführlichen Bericht an das preußische Innenministerium schilderte Schmid Anfang Dezember die seiner Ansicht nach unerträgliche Lage in der Stadt und im Landkreis. Die Rettung läge allein in seiner Wiedereinsetzung als alleiniger Landrat. Die Arbeiterschaft stünde in wachsender Distanz zum spartakistisch beeinflussten ASR. Seinem Bericht half er mit einem Besuch in Berlin nach. Nach eigenen Bekundungen hatte er, wohl noch aus der Zeit seiner Regierungstätigkeit im Ministerium während der Krieges, einen guten Draht zu führenden Sozialdemokraten des rechten Spektrums, wie dem preußischen Ministerpräsidenten Hirsch oder dem Reichstagsabgeordneten David. Als Ergebnis dieser Unternehmung wurde der ASR vom Innenministerium am 9. Dezember zur Einsetzung Schmids in die Landratsgeschäfte in vollem Umfang aufgefordert. Das ministeriale Schreiben folgte Schmids Argumentati-

17 HA v. 18.11.1918; Krause, Revolution und Konterrevolution, S. 58ff. Konkret ging es um Zwangslieferungen aus den Saatkartoffelvorräten.

18 HStAM, 165-6788, Bl. 10ff.; Mitglieder der Kommission waren der Frankfurter USPD-Stadtverordnete Heinrich Hüttmann und Hauptmann Müller, Mitglied des Generalkommandos.

19 HA v. 18.11.1918.

20 Schmids Schreiben in dieser Angelegenheit ist abgedruckt in: Schnellbacher, Hanau in der Revolution, S. 40.

21 VS Nr. 273, 21.11.1918; HA Nr. 276, 25.11.1918.

onslinie in seinem Bericht vom 1. Dezember.[22] Eine vorhergehende Erkundigung über die Meinung des ASR erfolgte ebenso wenig wie eine Benachrichtigung von Georg Wagner.

Der Hanauer ASR dachte nicht daran, dem Verlangen des Innenministeriums nachzukommen, umso weniger, als der Berliner Vollzugsrat die zentrale Stelle für die Arbeiter- und Soldatenräte darstellte. In einem Telegramm an den Kongress der Arbeiter- und Soldatenräte vom 19. Dezember bat der Hanauer ASR vielmehr um Unterstützung für seinen Protest gegen die vom Preußischen Innenministerium praktizierte Vorgehensweise.[23] Schnellbacher protestierte in einem Schreiben vom 21. Dezember an den preußischen Innenminister Rudolf Breitscheid (USPD) im Namen des Hanauer ASR gegen das Verfahren. (Dok. 108) Der Bruch mit Schmid, dem »Mittelpunkt der Konterrevolution« im Stadt- und Landkreis, wurde unvermeidlich. Der ASR kündigte Schmid am 18. Dezember die Zusammenarbeit auf.[24]

Nach Beratungen mit dem Kreisausschuss landete Schmid einen unerwarteten Coup: Er verließ sein Büro im Hanauer Kreishaus und zog, nicht ohne die Kreiskasse mitzunehmen, nach Frankfurt, wo er unter neuer Adresse seine landrätliche Tätigkeit aufnahm. Mit dieser Wendung setzte er den ASR, wie er sich später rühmte, »aufs Trockene«.[25]

Zum 31. Dezember vormittags rief der ASR die Hanauer Arbeiter und Angestellten zu einer allgemeiner Arbeitsniederlegung und Demonstration auf. Die Kundgebung sollte dem ASR Rückenwind geben und gleichzeitig die Forderungen der Arbeiterschaft unterstreichen. Besonders die Bezahlung der Feiertage stieß bei den Arbeitgebern auf Widerstände. Der ASR baute auf die Teilnahme der Arbeitslosen und forderte die Einführung von städtischen Notstandsarbeiten.[26] Die Teilnahme von mehreren Tausend an der Demonstration konnte jedoch nicht darüber hinwegtäuschen, dass die Belegschaften wichtiger Betriebe, wie Schwahn oder Heraeus, weiter arbeiteten und von den Demonstranten förmlich zur Arbeitsniederlegung gedrängt werden mussten. (Dok. 110a-c)

Von der Jahreswende an handelte der ASR in Hanau aus der Defensive. Die Behörden erkannten Schmids Frankfurter Büro als offizielle Landratsadresse an. In einem Flugblatt wandte Schmid sich persönlich an die Bevölkerung. Die Genehmigung eines Kredits für den ASR wurde vom Regierungspräsidenten am 2. Januar 1919 verweigert, die gleiche Summe für Schmid, auf Empfehlung des Kreisausschusses hin, am 12. Januar gebilligt.[27] Ein eigens dazu eingestellter Journalist fabrizierte für die Frankfurter Zeitungen Schmids »Hanauer Mitteilungen«. Die Reaktion befand sich reichsweit auf dem Vormarsch. In Berlin wü-

[22] HStAM, 165-6788, fol. 16.
[23] Krause, Revolution und Konterrevolution, S. 18.
[24] Schnellbacher, Hanau in der Revolution, S. 41.
[25] Krause, Revolution und Konterrevolution, S. 41ff.
[26] Mitte Dezember wurden in Hanau 501 Erwerbslose gemeldet, von denen nur 68 vermittelt werden konnten. Vgl. VS Nr. 296, 18.12.1918.
[27] Krause, Revolution und Konterrevolution, S. 86f.

tete nach der Niederschlagung des Arbeiteraufstandes die vom sozialdemokratischen »Volksbeauftragten« Noske befehligte Soldateska. Schmids Bestreben richtete sich nicht mehr nur auf die Absetzung des ASR. Hartnäckig bemühte er sich in ständigem Kontakt mit dem Regierungspräsidenten, mit dem preußischen Innenministerium und mit dem Generalkommando des 18. Armeekorps in Bad Nauheim um die Vorbereitung eines militärischen Einmarsches: Die revolutionäre Arbeiterbewegung sollte ihrer Führung beraubt und zerschlagen werden. Der noch aus der Monarchie herüber gerettete Kreistag des Landkreises Hanau bekräftigte am 13. Januar in einer ebenfalls in Frankfurt abgehaltenen Sitzung noch einmal Schmids Linie. Am nächsten Tag lieferte Schmid in einem entstellenden Bericht an militärische und Verwaltungsinstanzen die Begründung für ein militärisches Eingreifen gegen die »spartakistische Gewaltherrschaft« in Hanau. Am 16. Januar, als er bereits die Ermächtigung des preußischen Innenministeriums in der Tasche hatte, wandte er sich dann in einem Telegramm mit der Bitte um ein militärisches Eingreifen unmittelbar nach den Wahlen zur Nationalversammlung an das Generalkommando und den Soldatenrat des 18. Armeekommandos. (Dok. 111a,b)

Schmids Handschrift trug auch der in letzter Minute aufgedeckte Putschversuch, mit dem der ASR und die Arbeiterschutzwehr in der Nacht vom 15. auf den 16. Januar 1919 ausgeschaltet werden sollten. Nach Aussage des verhafteten Mitverschwörers Julius Hoffmann waren in die Vorbereitungen Teile der Schutzwehr und der in Hanau kasernierten Ulanen eingeweiht. Für die Durchführung war Militär vom Armeekommando des 18. Armeekorps erwartet worden.[28] Der Putsch hätte die von Schmid immer wieder beschworenen »Unruhen« auslösen sollen, die man für die Rechtfertigung der Militäraktion brauchte. Da der Schutzwehr auch Mitglieder der SPD angehörten, erachtete der SPD-Kreisvorstand es für notwendig, sich noch am gleichen Tag von dem Putschversuch zu distanzieren.[29] Noch am 16. Januar kam aus Berlin die Nachricht, dass die Zentralregierung die Hanauer Schutzwehr nicht als »Volkswehr« anerkenne und auch nicht weiter finanziere, womit auch sie »auf dem Trockenen« saß.[30]

Am Vormittag des 16. Januar schritten die Ulanen zur Absetzung des Soldatenrates. Die Nachricht über diese Absicht wie auch die Trauerkunde über die Ermordung von Rosa Luxemburg und Karl Liebknecht am Vortage verbreitete sich rasch in der Stadt. Die Arbeiter verließen die Fabriken und strömten zum Schutz der Revolution ins Stadtzentrum. Dort brachen sie das Zeughaus auf und bewaffneten sich. Die alarmierten Führer des Arbeiterrats Schnellbacher und Wagner kamen ebenfalls zum Schauplatz und versuchten mühsam die Menge zur Rückgabe der Waffen zu bewegen. Nach allmählicher Beruhigung fand die Neuwahl des Soldatenrates statt, weitgehend in der alten, revolutionstreuen Zusammensetzung.[31] (Dok. 112a)

28 HZ v. 16.1.1919.
29 Vgl.: VS Nr. 14, 17.1.1919.
30 Krause, Revolution und Konterrevolution, S. 99; VS Nr. 14, 17.1.1919. Hinter dieser Entscheidung standen ebenfalls Vorarbeiten Schmids anlässlich seiner Besuche in Berlin.
31 HA Nr. 15, 18.1.1919.

Obwohl die Ereignisse des 16. Januar eindeutig bewiesen, dass der ASR nur noch bedingt handlungsfähig war, versuchten seine Gegner, ihm die Organisisation von bewaffnetem Widerstand gegen die Staatsgewalt in die Schuhe zu schieben.[32] Am 23. Januar 1919 erstattete Schmid an die Staatsanwaltschaft zu Hanau gegen Schnellbacher, Wagner, Hammer und Schwind Strafanzeige, was später zu ihrer Verhaftung und im Herbst 1919 zum Prozess in Marburg führte.[33] (Dok. 112b, 122)

Aus den Ereignissen zog Georg Wagner noch am 16. Januar in Einvernehmen mit dem ASR die Konsequenz und trat von seinem Amt als Landrat und Polizeidirektor zurück.[34] Er sah sich nicht mehr in der Lage, die öffentliche Ruhe und Sicherheit aufrechtzuerhalten und erachtete das sozialistische Projekt unter den gegebenen Umständen für gescheitert. Damit hatte die Reaktion in Hanau auch formal gesiegt. Eine mächtige Trauerkundgebung im Gewerkschaftshaus zu Ehren der ermordeten Arbeiterführer Rosa Luxemburg und Karl Liebknecht am 17. Januar votierte zwar einstimmig für das weitere Amtieren des AR, jedoch geriet die Hanauer Arbeiterbewegung mehr denn je in die Defensive. (Dok. 113)

Die Wahlen zur verfassungsgebenden Nationalversammlung am 19. Januar 1919 brachten im Stadt- und Landkreis Hanau starke sozialistische Mehrheiten. Die prozentualen Ergebnisse der USPD ergaben das Drei- bis Vierfache des Reichsdurchschnitts. Die Mehrheitssozialdemokratie blieb jedoch die stärkste Partei, wenn auch in der Stadt Hanau mit einem Vorsprung mit weniger als 30 Stimmen. An diesen Wahlen nahm das erste Mal in Deutschland auch die weibliche Bevölkerung über 20 Jahre teil.

Der Soldatenrat (SR) ist in der Revolutionszeit wenig in Erscheinung getreten, wenngleich er stets als loyale Stütze des Arbeiterrats galt. Der am Anfang der Revolution mit Elan angestoßene Demokratisierungsprozess der militärischen Strukturen blieb nach kurzer Zeit stecken. Gerade in der Frage der Kommandogewalt nahm der Reichsrätekongress mit der Billigung der »Sieben Hamburger Punkte« einen von der Zentralregierung abweichenden radikalen Standpunkt ein. (Dok. 107a) Diese Forderungen stießen auf den erbitterten Widerstand der militärischen Führung. Der Hanauer SR forderte in einem Telegramm an die Reichsregierung den Erlass von Durchführungsrichtlinien. (Dok. 107b) Die Zentralregierung erließ in Übereinstimmung mit der Obersten Heeresleitung am 19. Januar Ausführungsbestimmungen, die einer faktischen Entmachtung der Soldatenräte gleichkamen. Der Protest des Hanauer SR blieb ohne Wirkung. (Dok. 107c)

Schmid stand jetzt ohne Rivalen auf dem Landratsposten und trieb den Plan zur Absetzung der ASR noch entschiedener voran. Um seine »revolutionäre Gesinnung« unter Beweis zu stellen, installierte er im Landkreis einen eigenen

[32] Auch die »Volkstimme« stellte in ihrem Bericht über die Ereignisse Wagner bei seinem Auftritt auf dem Paradeplatz als einen Anstifter zur Bewaffnung dar. Vgl.: VS Nr. 14, 17.1.1919.

[33] Krause, Revolution und Konterrevolution, S. 100.

[34] Wagners Rücktrittserklärung ist abgedruckt in: Schnellbacher, Hanau in der Revolution, S. 21f.; Krause, Revolution und Konterrevolution, S. 98f.

Hanau, Karikatur in der »Freiheit« auf die Freikorps, Mai 1919

»Arbeiter- und Soldatenrat«.[35] Am 22. Januar trat das Generalkommando des 18. Armeekorps mit einem Ultimatum an den Hanauer ASR heran. (Dok. 115a) Um der Stadt eine militärische Besatzung zu ersparen, akzeptierte der AR die Bedingungen und erklärte am 25. Januar seinen Rücktritt. (Dok. 115b) Als politischer Arbeiterrat der USPD beabsichtigte der zurückgetretene AR auch weiterhin, die Interessen der Arbeiterschaft zu vertreten. Redakteur Hammer trat von seinem Posten beim »Hanauer Anzeiger« zurück und die Zeitung hörte auf, Publikationsorgan des ASR zu sein. Die Arbeiterschutzwehr wurde aufgelöst. Ein gleichzeitig vom Armeekommando zur Überprüfung der Lage nach Hanau gesandter Offiziersanwärter stellte fest, dass kein Grund zum militärischen Eingreifen bestünde. Er empfahl, das Ultimatum zurückzuziehen, da die zugrunde gelegten Berichte nicht der tatsächlichen Lage entsprächen.[36]

Die Mehrheitssozialdemokratie ergriff nun die Initiative zur Neuwahl des Hanauer Arbeiterrates. Die USPD und die Bewegung der Erwerbslosen boykottierten die am 12. Februar durchgeführte Wahl.[37] Der politische Arbeiterrat der USPD trat erstmals mit der Organisierung einer Erwerbslosendemonstration am 30. Januar in Erscheinung. (Dok. 116) Unmittelbaren Anlass gaben die am 23. Januar von der Reichsregierung beschlossenen Verschlechterungen der erst im Dezember 1918 eingeführten Erwerbslosenfürsorge. Die Dauer der Unterstützung wurde auf ein halbes Jahr begrenzt und eine Karenzzeit eingeführt.[38] Die aufgebrachten Teilnehmer, unter ihnen auch Mitglieder der aufgelösten Schutzwehr, drangen ins Landratsamt ein, entwaffneten die dort befindliche Wachmannschaft und hissten auf dem Gebäude erneut die rote Fahne.[39] Mitte Februar wählten die Erwerbslosen mit Unterstützung der USPD einen zehnköpfigen Ausschuss, um den Widerstand effektiver zu organisieren.[40]

Am 4. Februar kam es beim Reservebekleidungsamt und bei der Kleiderausgabe der Infanteriekaserne am Paradeplatz zu Zusammenstößen mit dem Militär, weil viele entlassene Soldaten die versprochene Kleidung nicht bekommen hatten. Als Reaktion auf dieser Ereignisse vereinbarte der Garnisonskommandeur mit Schnellbacher und dem »Roten Soldatenbund«, bei der Aufrechterhaltung der Ordnung zusammenzuarbeiten.[41] In einem Telegramm an das Innenministerium vom 14. Februar nannte der Korpssoldatenrat in Bad Nauheim den Hauptunruhestifter beim Namen: »Zur Vermeidung weiterer Ausschreitungen

[35] Ebd., S. 120, 127.
[36] Ebd., S. 119f.
[37] Ebd., S. 134; HA Nr. 58, 10.3.1919.
[38] HA Nr. 21, 25.1.1919.
[39] HZ v. 31.1.1919.
[40] HStAM, 180Ha-7568.
[41] Der Rote Soldatenbund entstand Ende November 1918 als linke sozialistische Organisation der Soldatenbewegung und stand dem Spartakusbund nahe. Vgl.: Geschichte der Deutschen Arbeiterbewegung, Bd. 3. 1917–1923, Berlin 1955, S. 144.

wäre Versetzung von Regierungsrat Schmid empfehlenswert, weil in Hanau außerordentlich unbeliebt.«[42]

Die Welle der Unruhen, die Hanau am 18. und 19. Februar 1919 erlebte, hatte unterschiedliche Ursachen. Eine größere Menschenmenge befreite am 18. Februar im Gerichtsgefängnis und im Polizeigefängnis Gefangene, drang ins Gerichtsgebäude ein und setzte Akten in Brand, darunter alle Schriftstücke, welche die Schiebereien des ehemaligen Landrats Laur und Konsorten betrafen. Im Rathaus wurden die Lebensmittelkarten vernichtet, im städtischen Lebensmittellager Vorräte geplündert und zerstört. Am nächsten Tag weiteten sich die Plünderungen auf Schloss Philippsruhe aus. Dort suchte die Menschenmenge nach dem Lebensmittellager des Reservelazaretts. Am Nachmittag des 19. Februar kam es auf dem Paradeplatz zu blutigen Zusammenstößen mit der Garnison, die mehrere Tote forderten. Vertrauensleute der USPD und der Rote Soldatenbund patrouillierten nach Abflauen der Unruhen in den Straßen und sorgten im Einvernehmen mit der örtlichen Militärverwaltung für die Aufrechterhaltung der Ordnung.

Die Arbeiterparteien distanzierten sich von den Ausschreitungen. Eine aktive Teilnahme politischer Gruppen konnte im Laufe der polizeilichen Ermittlungen nicht festgestellt werden. Die Staatsanwaltschaft versuchte, die Urheberschaft an den Unruhen der USPD und ganz allgemein »Spartakisten« in die Schuhe zu schieben. Bei einem durchschnittlichen Bestrafungsmaß der Angeklagten von 21 Monaten Gefängnis fiel auf die als »politisch aktiv« beurteilten Personen (USPD, Schutzwehr, Roter Soldatenbund) eine deutlich höhere Strafe, die durchschnittlich fast 28 Monate betrug.[43]

Dass reaktionäre Kreise versuchten, im Trüben zu fischen, deutet die Zeugenaussage des Matrosen Curt Schmidt im Marburger Prozess Ende August 1919 an. Curt Schmidt, vormals Leibwächter von Schnellbacher und Wagner, schilderte dort den Versuch von Landrat Schmid, ihn zu der Aussage anzustiften, er hätte im Auftrag Schnellbachers das »Gesindel« mit Geld zum Plündern aufgereizt.[44]

Ob nun mit oder ohne Provokateure: Mit Hinweis auf die Ausschreitungen konnte die grundsätzlich schon am 12. Februar vom preußischen Kriegsministerium dem Landrat zugesagte militärische Besetzung stattfinden.[45] Sprungbereit warteten die vom Generalkommando zur Besetzung der Stadt vorgesehenen Militärformationen. Am 20. Februar zwang die Arbeiterschaft von Großauheim die vormittags dort einmarschierten zwei Pionierkompanien am Nachmittag wieder

42 Krause, Revolution und Konterrevolution, S. 142. Schmid wurde im Oktober 1919 nach Berlin versetzt und machte als Vertreter der Deutschen Volkspartei (DVP) im preußischen Landtag und im Reichstag Karriere. Nach 1933 arbeitete er im Preußischen Ministerium des Innern als Kommissar für Sonderaufträge, später wechselte er in die Privatwirtschaft. In diesem Bereich war er auch nach 1945 bis zu seinem Tod 1955 tätig. Vgl.: Krause, Revolution und Konterrevolution, S. 216ff.

43 Ebd., S. 151ff.

44 Ebd., S. 158f.

45 Ebd.

Unabhängige Sozialdemokratische Partei Hanau a. M.

Wer dafür ist, daß die Interessen der werktätigen Bevölkerung, sowie die Interessen aller Berufsstände wirksam vertreten werden, der wähle die Liste

Dr. Georg Wagner.

1. Dr. Georg Wagner, Arzt, Gartenstr. 6.
2. Friedrich Schnellbacher, Parteisekr., Mühlstr. 2a
3. Karl Honzen, Zeichner, Bulaustraße 3
4. Heinr. Rehbein, Goldarb., Bruchköbelerlandstr. 30
5. Georg Haudke, Kaufmann, Schloßstraße 14
6. Gustav Ohnsmann, Kernmacher, Philippsruher Allee 42
7. Frau Christine Heid, Ostbahnhofstraße 4
8. Otto Neuber, Goldarbeiter, Scharnhorststraße 12
9. Philipp Stephan, Juwelier, Feldstraße 15
10. Johannes Merz, Reisender, Waldstraße 16
11. Karl Nicolaus, Lagerhalter, Schützenstraße 19
12. Ernst Spinger, Schuhmachermeister, Rosenstr. 3
13. Jakob Lamm, Zigarrenarbeiter, Nordstraße 31
14. Karl Rehbein, Goldarbeiter, Rhönstraße 16
15. Robert Stähle, Kupferschmied, Grüner Weg 21
16. Frau Elise Wörner Witwe, Sternstraße 31
17. Wilhelm Maisch, Diamantschleifer, Gustav Adolfstraße 22
18. Friedrich Wahn, Goldarbeiter, Große Dechaneistraße 37
19. Bernhard Horn, Metzgermeister, Schirnstraße 3
20. Andreas Meier, Brauer, Salisweg 72
21. Konrad Gassert, Goldarbeiter, Nordstraße 35
22. Jean Kreß, Zimmermann, Hainstraße 37
23. Albert Malles, Schneider, Gneisenaustraße 10
24. Ferdinand Becker, Kaufmann, Altstraße 21
25. Frl. Marie Horn, Schneiderin, Schirnstraße 3
26. Wilhelm Bergmann, Etuisarbeiter, Mühlstr. 2c
27. Karl Rimbach, Gaswerksarbeiter, Herrnstraße 19
28. Friedrich Stickel, Schlosser, Mühlstraße 2b
29. Friedrich Schwieder, Rangierer, Ostbahnhof 9
30. Elisabeth Morlok, Ehefrau, Gneisenaustraße 11
31. Wilhelm Adam, Diamantschleifer, Mühlstr. 2a
32. Karl Krahn, Schlosser, Leipzigerstraße 9
33. Peter Diebel, Spengler, Mühlstraße 2c
34. Jean Bittenbränn, Lagerhalter, Mühlstraße 2c
35. Eduard Specht, Packer, Gürtnerstraße 57
36. Karl Ackermann, Kupferschmied, Grüner Weg 19
37. Burkhard Müller, Schreiner, Mühlstraße 2a
38. Georg Ziegler, Friseur, Mühlstraße 2b
39. Anna Sperzel, Ehefrau, Lothringerstraße 1
40. Fritz Niedenthal, Goldarbeiter, Bruchköbelerlandstraße 30
41. Heinrich Noll, Zigarrenmacher, Langstraße 6
42. Karl Riedel, Arbeiter, Nordstraße 18.

Der Vorstand der U. S. Partei.

Hanau, Aufruf der USPD zur Wahl der Stadtverordneten, 2. März 1919

zum Verlassen der Ortschaft.[46] Hanau wurde am Morgen des 22. Februar 1919 von den Regierungstruppen kampflos besetzt. Der befehlende General Rumschöttel verhängte den Belagerungszustand über die Stadt. Wagner, Hammer, Schwind und andere USPD Vertreter wie Katharina Gimbel wurden verhaftet, ebenso Schnellbacher, der sich in Dörnigheim aufhielt. Die Hanauer Arbeiterführer wurden direkt in ein Marburger Gefängnis abtransportiert. Die roten Fahnen wurden vom Landratsamt und vom Rathaus entfernt, das Gewerkschaftshaus durchsucht.[47] (Dok. 117a) Der Rote Soldatenbund wurde entwaffnet, der noch bestehende Soldatenrat in einen Garnisonssoldatenrat umgewandelt, dessen Wirken auf rein militärische Angelegenheiten beschränkt war.[48] Die Zeit der Revolution war auch in Hanau zu Ende.

Noch während des Belagerungszustandes fanden am 2. März die Hanauer Stadtverordnetenwahlen nach den neuen demokratischen Wahlregeln statt. Die USPD, deren Listenführer Schnellbacher, Wagner und Schwind im Gefängnis saßen, bekam vor der DDP und der MSPD die meisten Stimmen und zwölf Mandate in der Stadtverordnetenversammlung.[49] Nach den Lehren der letzten Wo-

[46] VS Nr. 44, 21.2.1919.
[47] HA Nr. 45, 22.2.1919; Krause, Revolution und Konterrevolution, S. 175.
[48] Ebd. 165ff.
[49] VS Nr. 52, 3.3.1919. Auf die MSPD entfielen 11 Mandate.

chen sahen auch viele bisherige Wähler der MSPD die Linie der revolutionären Arbeiterführer bestätigt und setzten ihr Vertrauen in die USPD. Die zwei Parteien zusammen bildeten in der Stadtverordnetenversammlung eine sozialistische Mehrheit.

In einem Protestschreiben an die Reichsregierung vom 10. März verlangte die Hanauer USPD und ihre Stadtverordnetenfraktion die Freilassung ihrer gefangengenommenen Führer, unter ihnen die drei neu gewählten Stadtverordneten. Sie erklärten, die Arbeit im Stadtparlament erst nach Freilassung ihrer Mandatsträger aufnehmen zu wollen. (Dok. 117c) Die Hanauer Arbeiterschaft drohte in einer mächtigen Protestversammlung mit dem Generalstreik für den Fall, dass ihre Führer nicht bald zurückkehrten.[50] Mitte März beziehungsweise Anfang April kehrten Wagner und Schnellbacher nach Hanau zurück und wurden von den Arbeitern begeistert empfangen.[51]

Am 25. April 1919 beschloss die Mitgliederversammlung der Hanauer USPD gegen vier Stimmen den Übertritt zur Kommunistischen Partei Deutschlands (KPD). Bald darauf erfolgte der Übertritt der USPD des Landkreises, der mit 62 zu fünf Stimmen beschlossen wurde. Die Stadtverordnetenfraktion gab diesen Schritt Anfang Mai bekannt.[52] Schon auf dem Gründungsparteitag der KPD in Berlin nahmen zwei Delegierte aus Hanau, Georg Handke und Ernst Spinger, teil; beide arbeiteten aber auch in der USPD weiter.[53] Die Hanauer KP-Organisation gab vom 1. März an eine Tageszeitung unter dem Namen die »Freiheit« heraus, »Organ des revolutionären, internationalen Proletariats«. Da die Hanauer »Unabhängigen« schon während des Krieges zu den Vertretern des Spartakusbundes Rosa Luxemburg, Clara Zetkin und Paul Levi die engsten Verbindungen unterhielten, war es ein logischer Schritt, dass sie dieser Gruppierung auch in die neu gegründete KPD folgten. Bei der Formulierung des Programms der neuen Partei hatte Rosa Luxemburg Pate gestanden. (Dok. 109) Die Hanauer USPD Mitglieder nahmen mit ihrem Schritt die Vereinigung des Großteils der USPD mit der KPD Ende 1920 vorweg.

Nachdem die Hanauer Arbeiterschaft mit ihren revolutionären Führern nach deren Freilassung wieder vereinigt war, wurde als ein symbolischer Akt die Neuwahl des Arbeiterrates auf die Tagesordnung gesetzt. Eine Versammlung der Betriebsdelegierten sprach mit überwältigender Mehrheit (290 zu 7 Stimmen) dem Mitte Februar gewählten mehrheitssozialistischen Arbeiterrat das Misstrauen aus und wählte aus der eigenen Mitte eine Kommission zur Vorbereitung der Neuwahl.[54] Die Wahl fand am 2. Mai in 27 Wahlbezirken nach den Vorschlägen

50 Frh Nr. 9, 11.3.1919. Ähnlich nahm auch die Versammlung der Staats- und Gemeindearbeiter Stellung. Ebd.

51 Krause, Revolution und Konterrevolution, S. 175f.

52 Frh Nr. 47, 27.4.1919; Frh Nr. 49, 29.4.1919; StAH, Protokoll der Stadtverordnetenversammlung, 2. Mai 1919.

53 Krause, Revolution und Konterrevolution, S. 355, Anm. 726; Hermann Weber, Die Wandlung des deutschen Kommunismus. Die Stalinisierung der KPD in der Weimarer Republik, Bd. 2, Frankfurt am Main 1969, S. 153.

54 Frh Nr. 21, 25.3.1919; Frh Nr. 26, 31.3.1919.

Hanau, Maidemonstration vor dem Gewerkschaftshaus, 1919

der Berufsgruppen statt. Am 28. Juni konstituierte sich der neugewählte Arbeiterrat. Die MSPD rief daraufhin ihrerseits zum Wahlboykott auf; die 3500 abgegebenen Stimmen zeugten jedoch von einer die Anhängerschaft beider Parteien umfassenden großen Beteiligung.[55]

Die Tätigkeit des neuen »revolutionären« Arbeiterrats lässt sich nicht über den Sommer 1919 hinaus verfolgen. Die aktuellen Kämpfe der Arbeiterbewegung verlagerten sich nach dem Ende der unmittelbaren Revolutionsperiode auf die parteipolitische und auf die gewerkschaftliche Ebene beziehungsweise auf die Ebene der Betriebsräte.

[55] Frh. Nr. 47, 26.4.1919; Frh Nr. 54, 6.5.1919; Frh Nr. 96, 28.6.1919. 1. Vorsitzender wurde Friedrich Schnellbacher, 2. Vorsitzender Gustav Ohnsmann, Schriftführer Karl Rehbein.

Juristisch gesehen fand die Hanauer Revolutionsphase mit dem Marburger Prozess im August 1919 gegen die vier angeklagten Arbeiterführer Gustav Hammer, Friedrich Schnellbacher, Wilhelm Schwind und Georg Wagner ihren Abschluss. Schnellbacher und Wagner wurden freigesprochen, Schwind und Hammer wegen der Vorfälle im Schmuckwarenbetrieb Schwahn anlässlich der Demonstration vom 31. Dezember 1918 zu Geldstrafen verurteilt. Das Gericht bestätigte durch das Urteil die Auffassung der Angeklagten, dass die Revolution aus ihrer Eigengesetzlichkeit heraus und nicht nach dem Maßstab der vorrevolutionären Verhältnisse beurteilt werden müsse. (Dok. 122b,c) Landrat Schmid, der im Zeugenstand ein erbärmliches Bild bot, erlitt eine vollständige Niederlage.[56] Die mehrheitssozialdemokratische »Volksstimme« gab zu Prozessbeginn noch einmal eine Sammlung ihrer Verdächtigungen gegen die Angeklagten zum Besten und musste sich von der Justiz eines Besseren belehren lassen. (Dok. 122a) Nach Clara Zetkins Urteil glich das revolutionäre Hanau einer Insel im Ozean: »Es war ein vorgeschobener Vorposten der proletarischen Revolution, der zurückgezogen werden musste, weil die breiten, starken Heersäulen nicht folgten.«[57]

Inflationskonjunktur und soziale Lage

Der Weltkrieg hinterließ in Deutschland Millionen Tote und Invaliden, eine deformierte Wirtschaft und Schulden in astronomischer Höhe. Finanziert wurde der millionenfache Mord und das Massensterben mit Rücksicht auf den »Burgfrieden« nicht aus Steuern, wie bei den Mächten der Entente, sondern durch die Ausgabe von fünfprozentigen Kriegsanleihen und Schatzanweisungen an die Bevölkerung, in der Hoffnung, dass die Rückzahlung durch den besiegten Feind erfolge. Begleitet wurden die ausgegebenen Anleihen durch zusätzlich in Umlauf gebrachtes Geld, wodurch sich der Geldumlauf während des Krieges verzehnfachte. Die Inflation war ein bewusst gesteuerter Prozess. Die Mark war bei Kriegsbeginn zu 54,3 Prozent durch Gold gedeckt, Ende 1918 noch zu 10,2 Prozent, Ende Mai 1921 nur noch zu 1,4 Prozent.[58] Ihr sinkender Wert erhöhte die Exportchancen der deutschen Industrie. Hinzu kam das niedrige deutsche Lohnniveau. 1919 erreichte es nur 85 Prozent der Vorkriegshöhe. Bis 1923 sank es auf 62 Prozent.[59] Nach der ersten großen Welle der Arbeitslosigkeit im Winter 1918/19 hielt die Inflationskonjunktur die Arbeitslosenzahlen bis zum Herbst 1922 relativ niedrig. Die Hyperinflation seit Ende 1922 zerstörte diesen Mechanismus, die Arbeitslosigkeit schnellte in die Höhe, die Preise erreichten astronomische Dimensionen und die Mark stürzte ins Bodenlose. (Dok. 142d)

[56] Frh Nr. 132, 8.8.1919.

[57] Vorwort zur Schrift von Friedrich Schnellbacher, Hanau in der Revolution, S. 9.

[58] Deutscher Metallarbeiter-Verband (Hg.), Jahr- und Handbuch 1920, Stuttgart 1921, S. 1f., Ebd. 1921, Stuttgart 1922, S. 9.

[59] Heinrich August Winkler, Von der Revolution zur Stabilisierung. Arbeiter und Arbeiterbewegung in der Weimarer Republik 1918 bis 1924, Berlin 1985, S. 375ff.; im Weiteren: Winkler Arbeiterbewegung 1918–1924.

Der Nachfolger des durch Schwarzmarktspekulationen reich gewordenen »Kriegsgewinnlers« wurde der »Inflationsgewinnler.« Als Prototyp dieser Sorte von Kapitalisten galt der Ruhrindustrielle Hugo Stinnes, der mit hohen Entschädigungssummen, die er für seine Verluste in Elsass-Lothringen erhalten hatte, und Bankkrediten ein riesiges Imperium aus Fabriken, Banken, Hotels, Zeitungen, insgesamt fast 5000 Betrieben, zusammengekauft hatte. Seine Schulden erledigten sich infolge der Inflation wie von selbst.[60] Als Wortführer des rechten Flügels der DVP hatte Stinnes gleichzeitig weitreichende politische Konzepte parat.

Hanau lag nach Kriegsende in der entmilitarisierten Zone. Nach Anordnung der Siegermächte mussten die militärischen Einrichtungen geräumt, die Produktionsanlagen und Materialien vernichtet werden. In Hanau hatten neben den Industriebetrieben gleich fünf Heeresbetriebe im Dienst der Kriegswirtschaft gestanden, der größte von ihnen, die Pulverfabrik, war gleichzeitig der größte Betrieb in der Region und verfügte über 5000 Beschäftigte.[61] Der Abbruch der Kriegsproduktion ließ im Winter 1918/19 die Arbeitslosenzahlen steil ansteigen. Mitte Februar 1919 erreichte die Arbeitslosigkeit mit über 1600 Personen ihren Höhepunkt. Arbeitslosigkeit kennzeichnete auch den Landkreis, da viele seiner Bewohner während des Krieges in der Rüstungsindustrie gearbeitet hatten. Der Höhepunkt mit 1385 Arbeitslosen lag auch hier im Februar.[62] (Dok. 125b) Großauheim war besonders stark von der Arbeitslosigkeit betroffen.[63] Ein Großteil der entlassenen Rüstungsarbeiter bestand aus ungelernten Kräften. Auch als Folge des Kohlenmangels kam es zu Fabrikstilllegungen und Entlassungen.

Die Produktionsanlagen der Pulverfabrik wurden unter der Aufsicht einer Entente-Kommission gesprengt, das Gelände mit den übriggebliebenen Anlagen übernahm der reichseigene Konzern »Deutsche Werke AG«. Hier stellten in den nächsten Jahren knapp 400 Beschäftigte chemische Stoffe her. 1931 als Deutsche Kunstlederwerke Wolfgang neu gegründet, ging dieser Werkkomplex 1933 in den Besitz der Degussa über.[64]

Während des Krieges wanderten viele Gold- und Silberarbeiter in die Kriegsindustrie ab. Im Vergleich zu 1913 (2863 Arbeiter) produzierte die Edelmetallindustrie nach Kriegsende mit einer deutlich verringerten Beschäftigtenzahl (Oktober 1920: 1933 Arbeiter).[65] Betriebsstilllegungen und Entlassungen waren an der Tagesordnung. Erst der Sturz des Außenwertes der Mark führte zu einer kurzlebigen Konjunktur. Die Zahl der Beschäftigten nahm bis Oktober 1922 auf 2077 zu.[66]

60 Hagen Schulze, Weimar. Deutschland 1917–1933, Berlin 1982, S. 37.

61 Zu den Heeresbetrieben zählten außerdem das Bekleidungsamt, das Proviantamt, der Eisenbahn-Nebenersatzpark, der Feldgeräte-Ersatzpark Nr. 2 und 3.

62 VS Nr. 162, 14.7.1920.

63 HStAM, 165-459/5, fol. 281ff.

64 Rolf Hohmann, Von der Nitrowelle zum Labor, Mitteilungsblatt Main-Kinzig Kreis 1986; Ders., Wolfgang – Geschichte einer Industriegemeinde. Eine Dokumentation der Degussa AG Zweigniederlassung und des »Hanauer Anzeigers«, Hanau 1987.

65 Fritz Klaus, Der Arbeitsmarkt in der Hanauer Bijouterieindustrie in der Nachkriegszeit, Diss. Frankfurt, Okt. 1924 [Masch. schr.] S. 22f., 98, 114; im Weiteren: Klaus, Der Arbeitsmarkt.

66 Ebd.

Hanau, Betriebsgelände der Dunlop, 1924

Hanau, Gießerei Wilhelma, 1924

Großauheim, Marienhütte, 1924

Ausgeglichener als in der Edelmetallbranche gestalteten sich die Verhältnisse in der Diamantschleiferei, in der im Auftrag von Händlern aus Amsterdam und Antwerpen überwiegend Lohnarbeit verrichtet wurde. Ein krisenhafter Einbruch erfolgte im 2. Quartal 1921, als von 445 Diamantschleifern in der Stadt 300 ohne Beschäftigung blieben.[67] In größerem Maßstab als vor dem Krieg fasste die Diamantbearbeitung im Landkreis und sogar in der Nachbarschaft des Landkreises Fuß, während in der Stadt die Zahl der Diamantarbeiter von 630 (1913) auf 326 (Oktober 1920) und 484 (Oktober 1922) zurückging. Insgesamt wurden Anfang der 20er Jahre in Hanau und Umland rund 700 Schleifer beschäftigt.[68]

Die Stadt unterstützte unter Oberbürgermeister Kurt Blaum, der Oktober 1920 gewählt wurde und der bürgerlich liberalen DDP angehörte, offensiv die Ansiedlung neuer Gewerbe- und Industrieanlagen durch die Gewährung von Steuervorteilen und anderen Vergünstigungen. Verschiedene neue Betriebe ließen sich im Nordosten der Stadt auf dem Gebiet der ehemaligen Eisenbahn-Regimenter nieder, etwa die Eisengießerei Slotosch, die Naxos-Union Schmirgelwerke, eine Maschinenfabrik sowie eine Eisenbahnoberbau-Werkstätte. Im Juli 1923 wurden gleich zwei für die weitere Entwicklung der Hanauer Industrie wichtige Fabriken ihrer Zweckbestimmung übergeben. In der Heraeus Vacuumschmelze, einer Tochtergesellschaft von W.C. Heraeus, wurden in hohem Vakuum geschmolzene, gasfreie Unedelmetalle und Legierungen als Platinersatz für die Industrie hergestellt. In der Filiale der Mannheimer Firma Brown, Boveri & Co. in Großauheim wurden Transformatoren und Schaltanlasser gebaut.[69]

Ein großer Schritt für die Niederlassung neuer Unternehmen bedeutete die Errichtung des Industrie- und Handelshafens am Main. Der Eisenbahnknotenpunkt Hanau wurde dadurch zusätzlich zu einem wichtigen Umschlagplatz der Schifffrachten vom Netz der süddeutschen und südwestdeutschen Wasserstraßen auf die Bahn. Der Hafen, ein Hoffnungsträger für die Sicherung von Vollbeschäftigung, war gewissermaßen selbst ein Kind der Hanauer Arbeitslosigkeit. Die Erdbauarbeiten wurden vom Januar 1921 an größtenteils aus Mitteln der so genannten »produktiven Erwerbslosenfürsorge« des Reiches finanziert und von Notstandsarbeitern ausgeführt. Um möglichst viele Erwerbslose beschäftigen zu können, wurde anfänglich der Einsatz von Maschinen wie Bagger und Lokomotiven vermieden.[70] Allerdings gingen die Notstandsarbeiten am Hafen nur langsam voran, weil die Reichszuschüsse nur unregelmäßig flossen. 85 Notstandsarbeiter und 35 Straßenbahner mussten im Herbst 1922 infolge fehlender Finanzmittel entlassen werden. Die Stadt sah sich im September 1922 nicht einmal in der Lage, ihren Angestellten und Arbeitern Gehalt und Lohn termingerecht auszuzahlen. Um überhaupt 100 Notstandsarbeiter beim Hafenbau weiter beschäftigen zu können, nahm sie im Dezember 1922 ein Darlehen auf.[71]

67 DMV-Jahrbuch 1921, S. 124.
68 Klaus, Der Arbeitsmarkt, S. 25, 96, 114.
69 Festschrift zur Eröffnung des Mainhafens der Stadt Hanau, Hrsg. vom Magistrat durch den OB Dr. Blaum, Hanau, 25. Oktober 1924, S. 88f.; im Weiteren: Festschrift Mainhafen.
70 Wilhelm Keller, Hanau, ein wirtschafts- und siedlungsgeographischer Versuch, Diplomarbeit Frankfurt am Main 1928, S. 52.
71 HA Nr 216, 14.9.1922; HStAM, 165-2902, Bl. 62.

Hanau, Arbeiter der Bijouteriefabrik Wilhelm Schwahn, um 1925

Großauheim, Montagehalle der BBC für Hochspannungsschalter, 1924

Die Arbeitslosigkeit lag wie ein grauer Schleier über der Stadt. Die Zahl der Unterstützungsberechtigten, der so genannten »Vollarbeitslosen«, sank in den Sommermonaten 1920 und 1921 kaum unter 500. Tatsächlich war die Zahl der Arbeitslosen weit höher. Zu ihnen gehörten unter anderem die Personen, die über die Unterstützungsdauer von 26 Wochen erwerbslos waren, und Jugendliche, die im elterlichen Haushalt lebten. Der Unterstützung ging eine Bedürftigkeitsprüfung voraus. Für Familienangehörige wurde ein Zuschlag gewährt. Sie hießen nach dieser Leistung »Zuschlagsempfänger«.

Nach der Revolution erhielt das Hanauer städtische Arbeitsamt das Monopol auf die Arbeitsvermittlung. (Dok. 125a) Das Unwesen der von den Arbeitgebern selbst betriebenen Nachweise, die nicht selten dazu dienten, missliebige Arbeiter zu diskriminieren, fand ein Ende. Arbeitsvermittlung und Erwerbslosenfürsorge wurden in einer Verwaltungsinstanz zusammengefasst.[72] Arbeitgeber mussten die frei werdenden Stellen beim Arbeitsamt melden. Die Arbeitssuchenden waren bei Strafe verpflichtet, sich dort zu melden. Neben den schon bestehenden Abteilungen für gelernte und ungelernte Arbeiter und Arbeiterinnen entstanden Abteilungen für kaufmännische und technische Büroangestellten sowie für Musiker. Die Fachabteilung für die Edelmetallarbeiter wurde infolge mangelnden Interesses 1921 wieder geschlossen. Die Lehrstellenvermittlung wurde mit einem Berufsamt verbunden, um den Erfordernissen der Berufsberatung zu genügen. Dem Berufsamt wurde ein Beirat angegliedert, der paritätisch aus Arbeitgebern und Arbeitnehmern zusammengesetzt war. Eine Beratungsstelle für Hausfrauen, die Hausangestellte suchten, sowie für die Hausangestellten selbst kam hinzu. Für arbeitslose Mädchen wurde noch im Januar 1919 eine Pflichtfortbildungsschule als Hausangestellte eröffnet. Mit dem Arbeitsamt war auch eine unentgeltliche Rechtsauskunfts- und Beratungsstelle verbunden. Für den Landkreis wurde ein Kreisarbeitsamt eingerichtet, das ebenfalls mit einem Berufsamt verbunden war und Nebenstellen in Großauheim und in Langenselbold hatte. (Dok. 125b) 1923 wurde der Stadt Hanau die Errichtung eines gemeinsamen Arbeitsamtes für das Stadtgebiet und für die preußischen Landkreise Hanau Land, Gelnhausen und Schlüchtern übertragen. Damit bestand die Möglichkeit, der Hanauer Industrie im Bedarfsfall überschüssige Arbeitskräfte aus den Landgemeinden zu vermitteln.[73] Grundsätzlich vermittelte das Arbeitsamt nur zu den Bedingungen der geltenden Tarifverträge. Aus diesem Grund mussten die jeweils neuesten Vereinbarungen beim Arbeitsamt hinterlegt werden.[74] Das Arbeitsamt hatte auch die Aufgabe, über die Einhaltung der Tarifverträge zu wachen. In Streitfällen war das Arbeitsamt Schlichtungsinstanz.[75] Im April 1920

72 HA Nr. 284, 30.11.1918.

73 Klaus, Der Arbeitsmarkt, S. 42ff.; HStAM, 2796/1; Arbeitsmarkt Anzeiger Nr. 1, 5.1.1920; Ebd. Nr. 44, 2.11.1920; HA Nr. 145, 25.6.1919; HZ Nr. 80, 23.3.1920; Festschrift Mainhafen, S. 38; VS (Hanau) Nr. 55, 5.3.1920.

74 VS (Hanau) Nr. 55, 5.3.1920.

75 Im Juni 1923 empörte sich die Hanauer »Volksstimme« darüber, dass bei der in jener Zeit rasant wachsenden Arbeitslosigkeit und Kurzarbeit gerade ein Angestellter des Arbeitsamtes für die Schweinezählung abkommandiert wurde. VS (Hanau) Nr. 81, 24.3.1920.

hörte die übergeordnete Instanz des Hanauer Arbeitsamtes, der »Mitteldeutsche Arbeitsnachweisverband« in Frankfurt, auf zu bestehen. An seine Stelle trat das »Landesamt für Arbeitsnachweis für Hessen, Hessen-Nassau und Waldeck«.[76]

Im Sommer 1920 warf ein Streik der Angestellten und der sich mit ihnen solidarisierenden Arbeiter in der Quarzlampenfabrik die prinzipielle Frage nach der Haltung der Arbeitsämter bei Arbeitskämpfen auf. (Dok. 130a,b) Nach vergeblichem Warten auf die Auszahlung des durch Schiedsspruch festgesetzten Gehaltstarifs waren die Angestellten und mit ihnen auch die Arbeiter in die passive Resistenz getreten. Das Gewerkschaftskartell verhängte eine Sperre über den Betrieb. Gewerkschaftlich organisierten Arbeitnehmern war es verboten, dort Arbeit anzunehmen. Auf Antrag des Gewerkschaftskartells lehnte das städtische Arbeitsamt es ab, die Arbeitsvermittlung für den gesperrten Betrieb zu übernehmen. Den gleichen Standpunkt nahm das Kreisarbeitsamt ein. Diese Instanzen vertraten die Ansicht, dass die Neutralitätspflicht des Arbeitsamtes es verbiete, bei verhängter Sperre oder bei Streik durch Arbeitsvermittlung einseitig für die Arbeitgeber Stellung zu nehmen. Der Reichsarbeitsminister Heinrich Brauns (Zentrum), der in der Angelegenheit vom Landrat um Bescheid gebeten wurde, vertrat hingegen den Standpunkt, dass der öffentliche Arbeitsnachweis zu den Kämpfen der Parteien sich jeder Stellungnahme zu enthalten habe. Die Entscheidung darüber, ob ein Arbeitssuchender in einer bestreikten Firma die Arbeit annimmt, bleibe seine Sache, wie es auch beim Arbeitgeber liege, ob er streikende oder ausgesperrte Arbeiter einstelle.[77]

Ein nicht geringer Teil der arbeitsmarktpolitischen Maßnahmen ging zu Lasten der Frauen. Der so genannte »Kampf gegen das Doppelverdienertum« ignorierte, dass die Arbeit der Frauen vielen Familien überhaupt erst die Existenz sicherte. Vor allem die Frauen sollten entlassen werden, in deren Familie der Ehemann nach dem Krieg wieder in Arbeit getreten war. In der Stadt Hanau konnten bis Mitte September 1919 auf diese Weise 149 Stellen mit Erwerbslosen besetzt werden, im Landkreis etwa 240 bis 250 Stellen, »trotz des Widerstands der Arbeiterausschüsse«, wie der Landrat vermerkte.[78] Die Politisierung der Frauen, die während des Krieges und in der Revolutionszeit große Fortschritte gemacht hatte, erlitt durch diese auch von der rechten Sozialdemokratie getragene Politik einen schweren Rückschlag.

Die Erwerbslosen in Hanau und in den Industrieorten des Landkreises (Großauheim, Fechenheim, Bergen-Enkheim) bekamen die höchsten Unterstützungssätze (Klasse »A«). Angesichts der massiven Teuerung drohte ihnen und ihren Familien das Absinken unter das Existenzminimum. Nach den amtlichen Teuerungsraten betrug die Preissteigerung zwischen Februar und Juni 1920 43 Prozent. Die Krise erfasste seit dem Frühjahr 1920 fast alle Industriezweige. Während des Sommers wuchs die Zahl der Arbeitslosen auf weit über 500. Die Zahl

[76] HZ Nr. 81, 24.3.1920.
[77] HStAM, 165-459/6, Bl. 278ff.
[78] HStAM, 165-459/2, Bl. 20f.; Ebd., 459/3, Bl. 22f.

der Notstandsarbeiter, normalerweise zwischen 300 und 400 gelegen, musste auf 550 bis 600 erhöht werden.[79]

Am 12. August 1920, am Tage der Stadtverordnetenversammlung, demonstrierten die Arbeitslosen vor dem Rathaus. Eine größere Abordnung drang unter der Leitung des Gewerkschaftssekretärs Schwind in den Sitzungssaal und verlangte die Annahme eines Antrags, den die Erwerbslosen und Notstandsarbeiter tags zuvor eingereicht hatten. Sie forderten die Erhöhung der Zahl der Notstandsarbeiter und Zuschüsse zur bereits bestehenden Unterstützung.[80]

Unter dem Eindruck dieser Ereignisse ließ der Magistrat die Lebenshaltungskosten in Hanau untersuchen. Die Prüfung ergab, dass in Hanau auch die Höchstsätze der Erwerbslosenunterstützung in einem auffälligen Missverhältnis zu den Kosten der Lebenshaltung standen. Infolge des monatelangen Stillstands der Industrie erhöhte sich der Anteil der Langzeitarbeitslosen. Am 1. September 1920 waren 190 von 500 Unterstützungsberechtigten länger als acht Wochen ohne Arbeit.[81] Etwa 120 Arbeitslose, die länger als 26 Wochen »Stütze« bezogen hatten, drohten ab August aus dem Bezug herauszufallen. Auf Gesuch des Magistrats wurde ihnen vom Regierungspräsidenten die einstweilige Weiterführung der Fürsorge gewährt.[82] Beim Entzug der zur Hälfte vom Reich und zu einem Drittel von den Ländern gewährten Unterstützung hätten diese Arbeitslosen mit den niedrigeren Sätzen der städtischen Wohlfahrtsfürsorge vorlieb nehmen müssen.

Eine besondere Kategorie der »produktiven Arbeitslosenfürsorge« bildeten die Kurzarbeiter. Eine Unterstützung stand ihnen zu, wenn 60 Prozent des verbleibenden Wochenverdienstes den Betrag der vollen Erwerbslosenunterstützung nicht erreichte. Das Gewerkschaftskartell schlug vor, den für die Berechnung des Unterstützungssatzes maßgebenden Prozentsatz auf 40 Prozent herunterzusetzen und die Differenz zwischen der gesetzlichen und der vorgeschlagenen Fürsorge je zur Hälfte auf die Gemeinde und die Arbeitgeber abzuwälzen. Der Magistrat lehnte diese Lösung als nicht gesetzeskonform ab und versuchte, beim Regierungspräsidenten, der ebenfalls der zuständige Demobilmachungskommissar war, die Herabsetzung des Prozentsatzes für die Stadt Hanau auf 50 Prozent zu erreichen.[83]

Arbeitslosigkeit und Kurzarbeit erreichten im Herbst 1923 und in den Monaten der Hyperinflation ihren Höhepunkt. Im November 1923 erreichte allein die Zahl der »Vollerwerbslosen« 2400, mehr als ein Fünftel der 11 000 Hanauer Erwerbstätigen. Dazu kamen etwa 8000 Kurzarbeiter.

Die Ärmsten der Armen unter den Inflationsopfern waren die Proletarierkinder. Den Schulkindern mit bedrohlichen Anzeichen der Unterernährung kam von Mitte Juni 1920 an die amerikanische Quäkerspeisung zugute. (Dok. 127a,b)

[79] HStAM, 165-459/5, Bl. 537ff.; 165.459/6, Bl. 5.
[80] HStAM, 165-459/5, Bl. 200ff.; HA Nr. 189, 13.8.1920.
[81] HStAM, 165-459/5, Bl. 537ff.
[82] HStAM, 165-459/5, Bl. 36ff.
[83] HStAM, 165-459/6, Bl. 5f.

Hanau, Quäkerspeisung, 1921

Für Hanau wurde ein Kontingent von 1000 unterernährten Kindern zwischen sechs und 14 Jahren festgesetzt, für Großauheim von 250 Kindern.[84] Im Gegensatz zu Frankfurt, wo die kommunale Schulkinderspeisung einen breiten Raum einnahm, stand in Hanau eine einzige Einrichtung für diese Aufgabe zur Verfügung.

Gewerkschaften und Arbeitskämpfe nach der Novemberrevolution

In den ersten Revolutionsmonaten traten die Gewerkschaften kaum hervor, ihre Tätigkeit stand im Zeichen der Zentralarbeitsgemeinschaft (ZAG) zwischen Unternehmerverbänden und Gewerkschaftsvorständen, die nicht unwesentlich dazu beitrug, die Revolution ins Leere laufen zu lassen. In einer Kartellsitzung am 21. November 1918 wurden 22 Delegierte der Hanauer Gewerkschaften in den Demobilmachungsausschuss gewählt.[85] Gewerkschafter und Unternehmer gehörten auch der Waffenstillstandskommission an. Schon im Sommer 1919 gingen die Arbeitgeber dazu über, Zugeständnisse wie Lohnerhöhungen, Abschaffung des Leistungslohns sowie den Achtstundentag zurückzunehmen. Die Gewerkschaften konnten diesen Angriffen zunächst aus einer Position der Stärke begegnen. Vor allem in den Monaten der Revolution (4. Quartal 1918 und 1. Quartal 1919) hatte sich die Zahl ihrer Mitglieder, insbesondere auch durch den Beitritt von Frauen, in nie da gewesenem Ausmaß vermehrt. So wuchs die Mitglied-

[84] HA Nr. 139, 16.6.1920.
[85] VS Nr. 274, 22.11.1918.

schaft der freien Gewerkschaften von knapp einer Million auf dem Tiefpunkt 1916 bis 1919 um das 5,7-fache. Der DMV wuchs im gleichen Zeitraum um das 6,5-fache. In Hanau organisierte der DMV 1919 4355 Metaller. Bis zum dramatischen Einbruch der Mitgliederzahlen im 4. Quartal 1923 hielten die Mitglieder trotz vieler Enttäuschungen im Wesentlichen treu zu ihren Verbänden. Das Hanauer Gewerkschaftskartell verzeichnete 1922 weit über 10 000 Mitglieder, allein der Fabrikarbeiterverband organisierte 1923 auf dem Höhepunkt 2086 Werktätige.[86]

Schon im Frühjahr rüstete sich die Opposition in einzelnen Verbänden zum Angriff gegen die alten Gewerkschaftsvorstände. Die Mitgliederversammlung der Ortsgruppe Hanau des Transportarbeiterverbandes nahm Ende März den opportunistischen Kurs des Verbandsorgans »Kurier« aufs Korn und forderte die Führung zum konsequenten Kampf für den Sozialismus auf.[87] Besonders stark war die Opposition im DMV. Eine Versammlung der Verwaltungsstelle Hanau rückte das Thema der Neuwahl des Ortsvorstandes am 3. März, noch inmitten des Belagerungszustandes, in den Mittelpunkt.[88] Die Neuwahl auf der Generalversammlung am 13. April erbrachte »mit großer Mehrheit« eine Ortsverwaltung aus USPD-Mitgliedern und enthob die zwei langjährigen hauptamtlichen Angestellten Craß und Hofmann ihrer Funktion. Die Versammlung übte radikale Kritik nicht nur an der Kriegspolitik des Vorstandes, sondern auch auch an seiner Stellung zur Revolution. (Dok. 119a,b) Zwei Ende März und Anfang April abgeschlossene Tarifverträge für die Hanauer Former und Gießereiarbeiter sowie die Dreher und Schlosser lieferten für die Kritik an der alten Ortsverwaltung aktuelles Material.[89] Das Wahlergebnis vom 13. April wurde wegen eines Formfehlers nicht anerkannt. Ein neuer Wahltermin wurde auf den 1. Oktober festgesetzt, entgegen den Gepflogenheiten auf einen Werktag um 16 Uhr, was die Teilnahme auswärtiger Kollegen erschwerte.[90] Die Wahl sollte in getrennten Versammlungen der Edelmetall- und der Unedelmetallbranche stattfinden. Die offenkundige Manipulation scheiterte jedoch. (Dok. 124) Die Wahl fand schließlich nach dem Urwahlverfahren am 23. November, einem Sonntag, statt und führte mit 933 gegen 702 Stimmen zum Sieg der kommunistischen Liste. Ausschlaggebend für den Sieg der Kommunisten war die überragende Mehrheit für die KP-Liste in Großauheim (298:39), während in Hanau den 331 Stimmen für den Kommunisten Heinrich Rehbein 308 Stimmen für den SPD-Kandidaten Roß gegenüberstanden.[91] Die Hanauer Verwaltungsstelle des DMV blieb bis 1928 der gewerkschaftliche Stützpunkt der Parteiarbeit der KPD in Hanau. Sie war im

86 Jahresbericht des Arbeitersekretariat und Ortsausschuss des ADGB für das Jahr 1926, Frankfurt am Main 1927, S. 6, 12; im Weiteren: Ortsausschuss, Jahresbericht 1926. Für 1922 sind in dem Kartellbericht 16 000 Mitglieder angegeben, unter denen aber zu jenem Zeitpunkt auch noch die Angestellten des ZdA sowie Arbeiter der Kohlenzeche Gustav in Dettingen registriert waren.

87 Frh Nr. 25, 29.3.1919.

88 Frh Nr. 4, 5.3.1919.

89 Die Verträge wurden schon in früheren Metaller-Versammlungen wegen der Lohnstaffelung und der Lohnhöhe stark kritisiert. Vgl.: Frh Nr. 4, 5.3.1919; Frh Nr. 28, 2.4.1919.

90 Frh Nr. 177, 30.9.1919.

91 Frh Nr. 227, 29.11.1919.

ganzen Bezirk Hessen-Frankfurt die einzige DMV-Verwaltungsstelle unter kommunistischer Dominanz. Als größte Gewerkschaft am Ort entsandte der DMV 20 Delegierte in den Ortsausschuss, die eine eigene Fraktion bildeten.[92] Im Oktober 1919 erfolgte auf der 14. Generalversammlung in Stuttgart auch auf höchster Ebene die Abrechnung mit der Burgfriedenspolitik und dem Verrat an der Revolution. Der Führer der Opposition, Robert Dißmann, wurde zu einem von drei Vorsitzenden gewählt. Die beiden Hanauer Delegierten, Gustav Ohnsmann und Heinrich Rehbein (beide KPD), waren mit hohen Ergebnissen in Urwahlen bestimmt worden.[93] Der DMV verließ noch 1919 die ZAG.

Anlässlich der Vorstandswahlen Ende Juli 1919 setzten sich die Kommunisten auch im Hanauer Ortsausschuss durch, wie das frühere Gewerkschaftskartell nach der Gründung der neuen gewerkschaftlichen Dachorganisation, des Allgemeinen Deutschen Gewerkschaftsbundes (ADGB), hieß. Ihr Organ, die »Freiheit«, wurde Publikationsorgan des Ortsausschusses.[94] Die Kartellversammlung kündigte dem langjährigen Arbeitersekretär Gustav Hoch. Ende Oktober wurde das frühere Arbeiterratsmitglied Wilhelm Schwind auf diesen Posten gewählt.[95] Durch die Entsendung von Ortsausschussdelegierten dominierten die Kommunisten auch in den Selbstverwaltungsorganen der Arbeiterschaft, im Konsumverein, in der Ortskrankenkasse sowie in der Arbeitnehmergruppe des Gewerbegerichts. Im Sommer 1921 trat bei den AOK-Wahlen eine vom christlichen Gewerkschaftskartell unterstützte, »Soziale Arbeitsgemeinschaft« genannte Liste gegen den »unheilvollen Einfluss und Terror« des freien Gewerkschaftskartells an und gewann einige Sitze.[96]

Die Novemberrevolution brachte auch in die Angestelltenschaft Bewegung. Während sie im Hilfsdienstgesetz von 1916 im Gegensatz zur Arbeiterschaft nicht einbezogen worden war, bekamen ihre Organisationen in der Zentralarbeitsgemeinschaft ein Vertretungsrecht. Unter den Angestellten wurde das Bewusstsein, selbst Arbeitnehmer zu sein, stärker. Organisationsbestrebungen und Arbeitskämpfe für die Durchsetzung von Tarifen kennzeichneten diesen Aufbruch. Seit dem Ende des 19. Jahrhunderts existierten schon diverse Angestelltenverbände, etliche schlossen jedoch längere Zeit in paritätischer Besetzung auch Selbständige und Arbeitgeber mit ein. Eine konsequente Interessenvertretung praktizierte der Deutschnationale Handlungsgehilfenverband (DnHV), der ansonsten antisemitisches und nationalkonservatives Gedankengut pflegte und Frauen und Juden die Aufnahme verweigerte. Der freigewerkschaftlich orientierte Zentralverband der Handlungsgehilfen (ZdH), 1882 gegründet, wandte sich von Kriegsbeginn an gegen die Burgfriedenspolitik und fühlte sich politisch von der USPD vertreten. Im Laufe des Jahres 1919 entstanden auch bei den An-

92 Die Ortsverwaltung bestand aus bis zu acht Personen, unter denen vor 1923 allerdings zeitweise auch Parteigänger der SPD mitarbeiteten.

93 100 Stimmen für Ohnsmann, 94 für Rehbein. Auf der SPD-Liste entfielen für Blumöhr 36, für Jean Hoffmann 34 Stimmen. Vgl.: Frh Nr. 119, 24.7.1919.

94 Frh Nr. 127, 2.8.1919.

95 Der Gegenkandidat von Schwind (KPD) war ein Vertreter der in Hanau nur noch in geringer Zahl vertretenen USPD namens Lindemann. Vgl.: Frh Nr. 202, 29.10.1919.

96 HA Nr. 149, 29.6.1921; HA Nr. 152, 2.7.1921; HA Nr. 172, 26.7.1921.

gestellten größere Organisationseinheiten verschiedener Richtungen. Aus dem Zusammenschluss des ZdH und dem Verband der Büroangestellten entstand Anfang Oktober 1919 der freigewerkschaftliche Zentralverband der Angestellten (ZdA), der am 20. Oktober in Hanau schon 1000 Mitglieder zählte.[97] Ende des Jahres ergriff der ZdA die Initiative, mit dem liberal eingestellten Gewerkschaftsbund der Angestellten (GDA) und mit den Organisationen der technischen Angestellten eine Tarifgemeinschaft zu bilden.[98] Es blieb schließlich bei der Tarifgemeinschaft des ZdA mit dem Deutschen Werkmeister-Verband und mit dem Bund der technischen Angestellten und Beamten (Butab).[99] Diese Organisationen bildeten zu Beginn der 20er Jahre den Allgemeinen freien Angestelltenbund (AfA-Bund) als gleichberechtigten Dachverband neben dem ADGB. In den ersten Jahren der Weimarer Republik wuchs der AfA-Bund mit 690 000 Mitgliedern zur größten Angestelltenorganisation an, die fast die Hälfte der organisierten Angestellten umfasste.[100] Die Angestelltenorganisationen, die auf dem so genannten »christlich-nationalen« Boden standen, vereinigten sich um den DnHV im Gesamtverband deutscher Angestelltengewerkschaften (Gedag).

Zahlreiche Angestelltenstreiks im ganzen Land signalisierten mit Nachdruck die einsetzende Bewusstseinsänderung, darunter sogar gemeinsame Streiks von Arbeitern und Angestellten. Zu einem solchen Streik kam es im Frühjahr 1919 in der Fabrik der Hanauer Quarzlampen-Gesellschaft, in der zur Unterstützung der Angestelltenforderungen am 10. April die gesamte Arbeiterschaft mit in den Ausstand trat. Dass es den Angestellten hier, wie anderswo, nicht nur um eine Gehaltserhöhung ging, sondern auch um würdige Arbeitsbedingungen, zeigten ihre Forderungen nach Einführung einer gesetzlichen Kündigungsfrist oder nach Änderung der Geschäftsordnung. (Dok. 118) Im Juli 1920 wurde die Solidarität zwischen Angestellten und Arbeitern erneut auf die Probe gestellt und musste einer mehrwöchigen Aussperrung standhalten.[101] (Dok. 130a,b)

Die nach der Revolution allgemein gewordene tarifliche Regelung der Arbeitsbedingungen stieß zu dieser Zeit in neue Bereiche vor. Die im Transportarbeiterverband organisierten Straßenbahner erreichten im Laufe des März 1919 einen Tarifvertrag, in dem statt des bisherigen Stundenlohns eine monatliche Lohnzahlung und eine nach Dienstzeit gestaffelte Urlaubsregelung sowie die Sicherung des achten Tages als arbeitsfrei vereinbart wurde. Erstmals konnte auch die Lohnfortzahlung im Krankheitsfall durchgesetzt werden.[102]

97 Frh Nr. 202, 29.10.1919. Bei der Vereinigung hatte der ZdH 10 Mitglieder, der Büroangestelltenverband 250 Mitglieder.

98 Frh Nr. 249, 27.12.1919. Die Hanauer Filiale des GDA wurde Mitte September 1919 gegründet. Vgl.: HA Nr. 212, 10.9.1921.

99 Im Februar 1920 überschritt die Mitgliederzahl des Bezirksvereins Hanau im Deutschen Werkmeister-Verband 200. Vgl.: VS (Hanau), Nr. 54, 4.3.1920.

100 Winkler, Arbeiterbewegung, S. 274.

101 Frh Nr. 117, 28.7.1920.

102 HA Nr. 45, 18.3.1919. Im Sommer des Jahres sicherten sich im Ruhrgebiet die Beschäftigten der Gas-, Elektrizitäts- und Wasserwerke die gleiche Errungenschaft. Vgl.: DMV-Jahrbuch 1919, S. 246.

Die umfassende Streikbewegung der Hanauer Metallarbeiter im Spätsommer 1919 hatte ihre Ursachen in zwei noch im Frühjahr von der alten Ortsverwaltung abgeschlossenen Tarifverträgen für die Gießereien und die übrige Unedelmetallindustrie. Der Gießereivertrag lief am 15. Juli, der Vertrag für die Metallindustrie am 2. August ab. Der DMV kündigte im Laufe des Sommers die Verträge, die schon zum Zeitpunkt ihres Zustandekommens keinen Ausgleich zwischen Lohn und Teuerung gewährleistet hatten. Entsprechend den im Juni in Frankfurt vorgenommenen Lohnverbesserungen wurden in den Verhandlungen über einen neuen Gießereitarif Lohnerhöhungen gefordert. Insbesondere sollten die Gießereischichtarbeiter bessergestellt werden. Die wichtigste Forderung betraf die Abschaffung der Akkordarbeit. Die Unternehmer beharrten darauf, fünf Pfennig je Stunde weniger als in Frankfurt zu geben. Der von den Arbeitern aufgerufene Schlichtungsausschuss entschied sich gegen die Unternehmer, es kam zum Streik und zur Aussperrung.[103] (Dok. 121a-c) Der einen Monat dauernde Ausstand, in den in Hanau und Großauheim insgesamt 2500 Streikende einbezogen waren, konnte nur mit Unterstützung der übrigen Metallarbeiter durchgehalten werden.[104] Das bescheidene Ergebnis brachte Lohnerhöhungen von fünf bis zehn Pfennig.[105]

Der Streik hatte bei »Heraeus« ein Nachspiel. Eine Betriebsversammlung verlangte die Versetzung einiger Meister aus den Werkstätten, die Streikbrecherarbeit geleistet hatten. Eine Versammlung der Angestellten am 2. September verwarf jedoch einstimmig den Kompromiss, der in den Verhandlungen zwischen Arbeiter- und Angestelltenausschuss zustande gekommen war. In einem Schreiben an den Arbeiterausschuss wurde mitgeteilt, dass der Arbeiterschaft und dem Arbeiterausschuss eine Beurteilung über das, was die Angestellten im Dienst der Firma zu tun für richtig halten, in keiner Weise zustände. Eine Einmischung der Arbeiter in ihre Angelegenheiten wurde zurückgewiesen.[106]

In der Hanauer Silberwarenindustrie verfestigte sich die Praxis, Arbeitskräfte nur nach Rückfrage beim letzten Arbeitgeber aufzunehmen und dadurch den Arbeitern die Möglichkeit zu nehmen, durch Stellungswechsel ihre Arbeitsbedingungen zu verbessern. Die Arbeiterschaft vermutete eine geheime Absprache hinter dieser Praxis, wogegen Ende Oktober energisch Protest erhoben wurde. Gleichzeitig unterbreiteten die Arbeitervertreter die Forderung nach Lohnerhöhungen wegen der unerhörten Teuerung.[107] Die Arbeitgeber bestritten, dass sich ihr Verhalten nach einem geheimen Abkommen richte, sie würden mit ihren Nachfragen über einen neuen Beschäftigten vielmehr dem »selbstverständlichen Anstand« unter Arbeitgebern Rechnung tragen.[108] Die geforderten Lohnerhöhungen lehnten sie ab. Es kam zu einem über sechswöchigen Streik, in dessen Verlauf der Ortsausschuss Anfang November auch einen Generalstreik zur Unter-

[103] Frh Nr. 123, 29.7.1919; ausführliche Beschreibung der Ereignisse auch in: HA Nr. 195, 22.8.1919.
[104] Frh Nr. 129, 5.8.1919; HA Nr. 187, 13.8.1919.
[105] Frh Nr. 1 53, 2.9.1919.
[106] Frh Nr. 163, 3.9.1919.
[107] Frh Nr. 202, 29.19.1919.
[108] HZ Nr. 301, 30.10.1919.

stützung erwog.[109] Anfang Dezember nahmen die Silberarbeiter schließlich eine Einkommensregelung auf der Grundlage in Pforzheim geltender Vereinbarungen an.[110]

Lohnforderungen standen auch im Mittelpunkt der folgenden Streiks in der Edelmetallindustrie. Die Arbeitskämpfe nahmen im Herbst 1921 und im Frühjahr 1922 jeweils in Perioden einer günstigen Konjunktur Gestalt an. Die Streikwoche vom 3. bis zum 9. September 1921 brachte die Annahme einer 25-prozentigen Lohnerhöhung, wobei die ursprüngliche Forderung auf 50 Prozent lautete.[111] 1922 dauerte der Streik in der Edelmetallindustrie von Mitte Februar bis Ende März über vier Wochen. Nach der Ablehnung zweier Schlichtungsergebnisse und der Vermittlung des Oberbürgermeisters Blaum wurde am 20. März die Lohnregelung durch ein Schiedsgericht von den Streikenden angenommen.[112] In diesem Arbeitskampf bekamen die betroffenen Arbeiter Anfang März sogar von der Stadtverordnetenversammlung Unterstützung, indem ihnen das Gas- und Wassergeld gestundet wurde. Ihre zu Ostern aus der Schule entlassenen Kinder wurden bei der Schulentlassungsbeihilfe besonders berücksichtigt.[113] Die Gold- und Silberarbeiter kritisierten die Zurückhaltung ihrer Arbeitgeber gegenüber den Lohnforderungen mit Hinweis darauf, dass bei der Preisbildung in ihrer Branche der Arbeitslohn so gut wie keine Rolle spielte.[114]

Am 4. Februar 1920 trat nach harten Auseinandersetzungen das Betriebsrätegesetz in Kraft. Von dem ursprünglichen Entwurf einer betriebsinternen gleichberechtigten Mitbestimmung mit Kontrollrechten über die Betriebsleitung und Einspruchmöglichkeit bei Einstellungen und Entlassungen war auf Druck der Unternehmerschaft wenig übriggeblieben. Die im April und Mai das erste Mal gewählten Arbeiter- und Angestelltenräte sahen sich dem im Grunde unlösbaren Widerspruch zwischen Vertretung der Arbeiterinteressen und der verlangten »vertrauensvollen Zusammenarbeit« mit dem Arbeitgeber gegenübergestellt. Die am 13. Januar 1920 während der zweiten und dritten Lesung des Gesetzes vor dem Reichstag versammelten Demonstranten wurden von der Sicherheitswehr blutig auseinandergetrieben. 42 Menschen wurden getötet, 105 verletzt. Am gleichen Tag noch verhängte der sozialdemokratische Reichspräsident Friedrich Ebert nach Artikel 48 der neuen Verfassung den Ausnahmezustand über große Teile der Reiches, so auch über Preußen. Repressionsmaßnahmen gegen die linken Arbeiterparteien USPD und KPD folgten. Das Organ der Hanauer KPD, die »Freiheit«, wurde Ende Januar für 14 Tage, Mitte Februar erneut für vier Wochen verboten. Am 25. Februar wurde der verantwortliche Redakteur

[109] Frh Nr. 209, 6.11.1919.
[110] HZ Nr. 338, 6.12.1919; Frh Nr. 251, 30.12.1919.
[111] HA Nr. 180, 4.8.1921; HA Nr, 206, 3.9.1921; HA Nr. 207, 5.9.1921; HA Nr. 211, 9.9.1921.
[112] HA Nr. 40, 16.2.1922; HA Nr. 41, 17.2.1922; HA Nr. 52, 2.3.1922; HA Nr. 68, 21.3.1922.
[113] HA Nr. 53, 3.3.1922; HA Nr. 52, 2.3.1922.
[114] HA Nr. 41, 17.2.1922.

Georg Handke in Schutzhaft genommen.[115] Die Repression machte auch vor den Gewerkschaften nicht halt. Eine für den 26. Februar einberufene Mitgliederversammlung des Hanauer DMV mit der Tagesordnung »Das Betriebsrätegesetz und die Beitragserhöhung« wurde verboten.[116] Die sozialdemokratische »Volksstimme«, die seit Anfang des Jahres eine besondere Hanauer Ausgabe für die Kreise Hanau, Gelnhausen, Schlüchtern und Fulda herstellte, konnte ungestört erscheinen.

Blieben die Wirkungsmöglichkeiten der Betriebsräte hinter den Erwartungen der Arbeiter weit zurück, war für die Arbeitgeber schon die bloße Existenz einer betrieblichen Arbeitervertretung unerträglich. Der Streik der Dunlop-Arbeiter aus Anlass der Entlassung eines Betriebsobmanns, der vom 11. Februar bis zum 28. März 1920 dauerte, zeigte nachdrücklich, welche Bedeutung die Arbeiter der betrieblichen Interessenvertretung beimaßen. (Dok. 126a-d) Zur Unterstützung der Streikenden führte der Ortsausschussbereich Sammlungen durch.[117] Die Direktion der Dunlop-Werke versuchte im Laufe der Verhandlungen, die im Betrieb vertretenen Gewerkschaften gegeneinander und gegen die Belegschaft auszuspielen. Die Forderungen der Arbeiter enthüllten, dass im Betrieb nicht nur der Achtstundentag regelmäßig übertreten wurde und eine repressive Arbeitsordnung mit der Praxis der fristlosen Kündigung in Geltung war, sondern auch Arbeitsschutz und Hygiene vernachlässigt wurden. Das Unternehmen hat offensichtlich auch den für die chemische Industrie im Herbst 1919 abgeschlossenen Bezirkstarifvertrag verletzt.[118]

Ein verbreitetes Muster der Unternehmeroffensive bildete die Nichteinhaltung oder die verzögerte Auszahlung von tariflich festgesetzten Lohn- und Gehaltsätzen. In der Metallfabrik Wilhelm brach im Mai 1920 der Streik aus, weil der Fabrikant mit Entlassung und Kurzarbeit drohte, falls die Arbeiter nach dem im April abgeschlossenen neuen Tarif bezahlt werden wollten. Mehrere Vertrauensleute wurden auf die Straße gesetzt.[119] In der Fabrik der Quarzlampen-Gesellschaft verzögerte die Direktion die Auszahlung der durch Schiedssprüche bekräftigten Angestelltengehälter. Die Belegschaft, Angestellte wie Arbeiter, traten daraufhin am 21. Juni 1920 in die passive Resistenz, das heißt, sie erschienen zwar auf ihren Arbeitsplätzen, arbeiteten aber nicht. Ihre Aussperrung, die bis

[115] Frh Nr. 17, 29.1.1920; Bekanntmachung des ersten Verbots. Frh Nr. 23, 17.2.1920; Bekanntmachung des zweiten Verbots. Die Zeitung konnte im Februar 1920 nur zwischen dem 11. und dem 17. d. M. erscheinen, im März nur ab dem 15. Protest der »Volkstimme« (Hanau) gegen Handkes Verhaftung: VS (Hanau) Nr. 47, 25.2.1920. Georg Handke war von 1923 bis 1929 Chefredakteur der »Arbeiter-Zeitung«. 1930 wurde er Mitarbeiter des ZK der KPD in Berlin. Wegen seiner Tätigkeit im Widerstand verbüßte er von1936 bis 1945 eine Zuchthausstrafe, davon über sieben Jahre in Einzelhaft. Nach dem Zweiten Weltkrieg lebte er in der DDR. 1958 wurde er ins ZK der SED gewählt.

[116] MZ Nr. 11, 13.3.1920.

[117] Frh Nr. 31, 23.3.1920.

[118] VS (Hanau) Nr. 37, 13.2.1920; Geschichte der Farbwerke Höchst und der chemischen Industrie in Deutschland. Ein Lesebuch aus der Arbeiterbildung, Offenbach 1984, S. 58; im Weiteren: Höchst Lesebuch.

[119] Frh Nr. 65, 7.5.1920; MZ Nr. 25, 19.6.1920; VS (Hanau) Nr. 111, 14.5.1920.

zum 28. Juli dauerte, ging mit dem Versuch des Arbeitgebers einher, den gesetzmäßig gewählten Betriebsrat auszuschalten.[120] (Dok. 130a,b)

Im September 1920 provozierte die Direktion der Gießerei der »Marienhütte« ihre Belegschaft mit der Einführung von Akkordstundenbücher und Akkordverschlechterungen, die vom Heidelberger Manteltarifvertrag abwichen. Als die Belegschaft dagegen aufbegehrte, folgten Aussperrung und Stilllegung des Betriebes. Bei der Arbeitsaufnahme verhinderte die Direktion die Einstellung derjenigen Arbeiter, die der KPD angehörten. (133a-c)

Der Generalstreik gegen den Kapp-Lüttwitz-Putsch

Das Bündnis der rechten Sozialdemokratie mit dem reaktionären Militär nach Ausbruch der Revolution, begründet im Ebert-Groener-Pakt, funktionierte zuverlässig. Alle Versuche der Arbeiterschaft, die Revolution voranzubringen, von Bremen bis München und von Stettin bis zum Ruhrrevier, wurden im Winter und Frühjahr 1919 unter dem Oberbefehl des sozialdemokratischen Reichswehrministers Gustav Noske mit dem Einsatz von Reichswehr und mit den ihr angegliederten Freiwilligenverbänden (Freikorps) unterdrückt und blutig niedergeschlagen. Die militärische Besetzung Hanaus sowie die Verhängung des Belagerungszustands Ende Februar 1919 gehörten zu dieser konterrevolutionären Offensive. Als die Entente, entsprechend den Vorgaben des Versailler Friedens, im Frühjahr 1920 die Reduzierung der Reichswehr von 250 000 auf 100 000 verlangte, musste die Reichsregierung als ersten Schritt die Auflösung einiger Freikorps verkünden. Für die Betroffenen schlug nun die Stunde des Angriffs auf die verhasste Republik. Am frühen Morgen des 13. März 1920 besetzten zwei hakenkreuzgeschmückte Freikorps das Berliner Regierungsviertel. Als Kopf der neu einzusetzenden Reichsregierung war der ostpreußische Generallandschaftsdirektor Wolfgang Kapp vorgesehen, einer der Mitbegründer der 1917 gegründeten ultrareaktionären »Vaterlandspartei«. Den Posten des Reichswehrministers sollte der General Walther von Lüttwitz übernehmen, der Kommandeur der Berliner Truppen und Organisator des Putsches. Auf eine Unterstützung durch die Reichswehr konnte die Reichsregierung nicht zählen. Die Berliner Sicherheitswehr, die Anfang Februar vor dem Reichstag ein Blutbad angerichtet hatte, ging noch am 13. März zu den Putschisten über. Der Chef des Truppenamtes General von Seeckt weigerte sich, Truppen gegen die Rebellen einzusetzen und begründete dies mit der der Devise »Reichswehr schießt nicht auf Reichswehr.« Beide Vorgehensweisen erfüllten den Tatbestand des Hochverrats. Die Regierung setzte sich nach Dresden, später nach Stuttgart ab. Die Gewerkschaftsführung blieb in Berlin und ADGB sowie AfA-Bund riefen zum Generalstreik auf. Die KPD schloss sich erst am am 14. März dem Aufruf an. Kommunistische

[120] Die Arbeitsaufnahme am 28. Juli wurde mit einer schwachen Mehrheit gebilligt. Vgl.: Frh Nr. 117, 28.7.1920.

Arbeiter unterstützten den Generalstreik jedoch vielerorts schon vom ersten Tag an.[121]

Am Generalstreik beteiligten sich rund 12 Millionen Beschäftigte, Arbeiter und Angestellte, unabhängig von ihrer politischen Überzeugung. In Hanau ging der Streikaufruf noch am 13. März vom Aktionsausschuss der SPD aus und wurde am Tag darauf von den Kommunisten übernommen.[122] Das Zusammengehen in gemeinsamer Abwehr des Putsches ließ am 14. März in einer großen Arbeiterversammlung im Gewerkschaftshaus den Wunsch nach Vereinigung der Arbeiterparteien lebendig werden. Auf einstimmigen Beschluss der Versammlung wurde eine paritätisch zusammengesetzte Kommission gewählt, die die Einigungsverhandlungen einleiten sollte. (Dok. 128a) Besondere Forderungen der Hanauer Kommunisten richteten sich auf volle Versammlungs- und Pressefreiheit sowie die Entlassung des Redakteurs und Stadtverordneten Georg Handke aus der Schutzhaft. (Dok. 128c)

Am Abend des 14. März wurde für Hanau Stadt und Land der verschärfte Belagerungszustand bekannt gegeben. Die vollziehende Gewalt wurde durch den Militärbefehlshaber der Reichswehrbrigade 11 auf den Kommandeur der Sicherheitspolizei Nassau, Thümmel, übertragen. Versammlungen unter freiem Himmel wurden verboten, Versammlungen in geschlossenen Räumen waren nur mit Genehmigung des Schutzpolizei-Kommandeurs durchführbar. Von 22 Uhr an wurde eine Ausgangssperre verhängt. Zwar bekannte sich Thümmel offiziell zur Regierung Ebert-Bauer, die Patrouillen seiner »grünen« Truppen auf Hanaus Straßen weckten aber nicht zu Unrecht das Misstrauen der Arbeiter.[123] In Frankfurt gerieten bewaffnete Arbeiter schon am ersten Tag des Putsches an mehreren Stellen der Stadt mit der »Sipo« in blutige Auseinandersetzungen.[124] Beinahe zur Eskalation führten in Hanau am 15. März die Absperrung der Mühlstraße durch einen Drahtverhau und die Behinderung der Streikenden, die zu einer Gewerkschaftsversammlung ins Gewerkschaftshaus strebten, durch schwer bewaffnete Sicherheitspolizisten. Als Antwort auf diese Provokation unterbrachen nun die Arbeiter in den städtischen Betrieben die bis dahin aufrechterhaltene Gas-, Wasser- und Elektrizitätsversorgung. Durch Vermittlung des SPD-Aktionsausschusses gelang es, die Polizei zur Aufhebung der Absperrung und den Gemeinde- und Staatsarbeiterverband zur Fortsetzung der Grundversorgung in den städtischen Betrieben zu bewegen.[125]

121 Die sozialdemokratischen Minister der Regierung gaben noch vor ihrer Flucht auch die Generalstreikparole aus, wiederriefen sie jedoch bald darauf. Vgl.: Winkler, Arbeiterbewegung 1918–1924, S. 302ff.

122 HA Nr. 63, 15.3.1920. Am 13. März Nachmittag gaben die örtliche SPD, DDP und die Zentrumspartei ein gemeinsames Flugblatt heraus, in dem sie die Bevölkerung zur Ruhe und zur Unterstützung der verfassungsmäßigen Regierung aufforderten.

123 Die reguläre Polizei hatte blaue Uniformen. Über den Charakter der »grünen Polizei« vgl.: VS (Hanau) Nr. 150, 30.6.1920.

124 Judit Pákh (Bearb.), Frankfurter Arbeiterbewegung in Dokumenten 1832–1933, Bd. 2, Frankfurt 1997, S. 818f., 965f.; im Weiteren: Pákh, Frankfurter Arbeiterbewegung.

125 VS (Hanau) Nr. 64, 16.3.1920.

Am 17. März gaben die Putschisten auf. Die Anführer flohen ins Ausland. Am frühen Nachmittag erklärte in Hanau eine Versammlung des SPD-Aktionsausschusses und sozialdemokratischer Arbeiter die Aufhebung des Generalstreiks vom nächsten Tag an. (Dok. 128b) Diesem Beschluss schloss sich am Abend, nachdem Handke aus der Schutzhaft entlassen worden war, auch die Mitgliederversammlung der KPD an. (Dok. 128c,d) Die Kommunisten waren jedoch darüber verärgert, dass die SPD die Aufhebung des Generalstreiks im Alleingang proklamiert hatte. Die Vereinigungsverhandlungen wurden abgebrochen.[126] Einen harschen Protest meldeten auch die Gewerkschaften der Eisenbahnarbeiter und -beamten gegen die vorzeitige Aufhebung des Generalstreiks durch die SPD an. Sie hielten sich, entsprechend den Anweisungen ihrer Streikzentrale in Erfurt, an die Fortführung des Ausstandes, wodurch viele Arbeiter aus der Umgebung von Hanau am 18. März gar nicht zur Arbeit erscheinen konnten.[127]

Am 18. März sprachen sich auch die Zentralleitungen des ADGB, des AfA-Bundes und des Deutschen Beamtenbundes (DBB) gegen eine Beendigung des Generalstreiks aus, so lange ihre Forderungen, die sie in einem Neun-Punkte-Programm niedergelegt hatten, nicht erfüllt waren. Die Gewerkschaften verlangten unter anderem die sofortige Entwaffnung und Bestrafung aller am Putsch beteiligten Truppen, Einfluss der Gewerkschaften auf die Regierungsbildung im Reich und in den Ländern, Einfluss auf die Wirtschaft- und Sozialgesetzgebung, gründliche Säuberung der öffentlichen Verwaltung und der Betriebe von reaktionären Persönlichkeiten, Demokratisierung der Verwaltungen unter Hinzuziehung der Gewerkschaften, sofortige Sozialisierung des Bergbaus und der Energiewirtschaft sowie Enteignung des Großgrundbesitzes und Rücktritt des Reichswehrministers Noske. Die Gewerkschaftsleitungen gaben mit diesen Forderungen den Erwartungen ihrer Mitgliedschaft Ausdruck, dass auf die Niederwerfung des reaktionären Putsches eine tiefgreifende Umgestaltung der politischen und wirtschaftlichen Verhältnisse folgen müsse, die ähnlichen Angriffen künftig einen Riegel vorschiebe.

Der ADGB-Vorsitzende Carl Legien schlug vor, anstelle der bisherigen Koalitionsregierung aus SPD, Zentrum und DDP eine Arbeiterregierung zu bilden, die von der SPD, der USPD, den Freien und den Christlichen Gewerkschaften getragen sein sollte. Die KPD sicherte einer solchen Regierung die Unterstützung in »loyaler Opposition« zu. Für kurze Zeit rückte die Möglichkeit in greifbare Nähe, unter einer Arbeiterregierung mit Legien an der Spitze eine gesellschaftliche Neuordnung einzuleiten. Diese Chance wurde jedoch vertan: Die SPD-Führung gab zu dieser Lösung nur zögerliche Stellungnahmen ab, die USPD-Führung versagte sich einer Koalition mit den »Arbeiterverrätern« von der Mehrheitssozialdemokratie und die christlichen Gewerkschaften verweigerten sich auf Druck des katholischen Klerus. Das Neun-Punkte-Programm wurde im Laufe der Verhandlungen mit Vertretern der preußischen Regierung und den

126 Frh Nr. 28, 19.3.1920.
127 Frh Nr. 28, 19.3.1920; HZ Nr. 77, 20.3.1920; VS (Hanau) Nr. 68, 20.3.1920; HZ Nr. 80, 23.3.1920.

Koalitionsparteien in Preußen und im Reich deutlich abgeschwächt. Als einziges Ergebnis blieb der Rücktritt von Gustav Noske.[128] Kein einziger Teilnehmer des Kapp-Putsches wurde jemals bestraft.[129] Am 20. März erklärten die freien Gewerkschaften den Generalstreik für beendet.

Die Hanauer Unternehmer weigerten sich, ihren Arbeitern und Angestellten für die Tage, an denen wegen des Generalstreiks nicht gearbeitet wurde, Lohn und Gehalt zu bezahlen, womit sie deutlich zum Ausdruck brachten, was ihnen die Rettung der Republik wert war. (Dok. 128e,f)

Im Ruhrgebiet organisierte die Arbeiterschaft während des Generalstreiks eine eigene Streitmacht, die bis zu 50 000 Kämpfer umfassende »Rote Ruhrarmee«. Sie sollte die Arbeiterviertel vor den Übergriffen der Putschisten und der reaktionären »Einwohnerwehren« schützen und stand unter dem Kommando des Zentralrates der örtlichen Vollzugsräte, die sich spontan gebildet hatten. Für die Ende März eingesetzte neue Reichsregierung, bestehend aus Vertretern der SPD, der DDP und dem Zentrum, war die Entwaffnung der Ruhrarmee von höchster Priorität. Durch Vermittlung des Reichskommissars Carl Severing (SPD) wurden am 24. März im »Bielefelder Abkommen« Waffenabgabe und Auflösung der Ruhrarmee innerhalb kürzester Frist vereinbart. Den Arbeitern wurden Garantien zugesichert. Verzögerungen bei der Entwaffnung wurden zum Anlass genommen, das Abkommen zu brechen. Unter Verletzung des Versailler Vertrages rückte Reichswehr ins Ruhrgebiet ein, mit ihr die Brigade Loewenfeld, die kurz zuvor noch in Berlin geputscht hatte. Die blutige Rache der reaktionären Soldateska forderte über 1000 Tote.

Als Antwort auf den Vertragsbruch durch die Reichsregierung erfolgte am 6. April die französische Besetzung von Frankfurt, Hanau, Darmstadt und Dieburg, die bis zum 17. Mai dauerte.

Die Reichstagswahlen vom Juni 1920

Am 6. Juni 1920 bekam die SPD von den Wählern die Quittung für die bisherige Politik der Parteiführung. In der Reichstagswahl verlor sie fast die Hälfte der 11,5 Millionen Stimmen, die sie im Januar 1919 bei den Wahlen zur Nationalversammlung erhalten hatte. Davon gingen 3,3 Millionen an die USPD, die auf rund 5 Millionen Stimmen kam, 442 000 an die erstmals zur Wahl angetretene KPD. Der Rest ging durch Wahlenthaltung verloren oder fiel – vor allem in ländlichen Gegenden – an die DNVP. Insgesamt waren dem proletarischen Lager im Reich weit über zwei Millionen Stimmen verlorengegangen. Die Republik war zwar gegen die Putschisten verteidigt, die Arbeiterbewegung insgesamt jedoch geschwächt worden. Die neue Regierung bestand nur noch aus bürgerlichen Ministern.

[128] Karl-Dietrich Erdmann (Hrsg.), Akten der Reichskanzlei. Weimarer Republik. Das Kabinett Bauer: 21. Juni 1919 bis 27. März 1920, Boppard/Rhein 1980, S. 722f., Anm. 22; Winkler, Arbeiterbewegung 1918–1924, S. 309ff.

[129] Josef Streit, Vierzig Jahre politischer Mord, Berlin 1960, S. 48f.

In der Stadt Hanau bekamen die Arbeiterparteien im Vergleich zu den Wahlen zur Nationalversammlung 2500 Stimmen weniger, wovon 2000 als Verlust der SPD zählten. 5185 Einwohner wählten kommunistisch (25,5 Prozent), 5005 Einwohner stimmten für die SPD (24,6 Prozent). Insgesamt votierte etwas mehr als die Hälfte der Wähler (52,6 Prozent) für die Arbeitervertreter. (Tab. 5)

Im Landkreis fehlten den Arbeiterparteien im Vergleich zu 1919 3800 Stimmen, die sämtlich auf das Konto der SPD gingen. Die SPD verlor 44 Prozent ihrer Wähler: 18 Prozent (2700 Stimmen) an die KPD und USPD, 25 Prozent (3800 Stimmen) an Nichtwähler und an bürgerliche Parteien, vor allem an die DNVP. Mit 24,5 Prozent (7318 Wähler) erreichte hier die KPD ihr bestes Ergebnis im gesamten Deutschen Reich, auch wenn sie hinter dem Anteil der SPD (28,2 Prozent) zurückblieb. Eindeutige Dominanz zeigte die KPD gegenüber der SPD in den Industriegemeinden Langenselbold, Großauheim und Großkrotzenburg. (Tab. 7)

Die Gewerkschaftsarbeit

Die freien Gewerkschaften verfolgten das Ziel, die Arbeit der Betriebsräte in ihre Organisationen zu integrieren. Die meisten Betriebsratsmitglieder waren ohnehin organisiert. ADGB und AfA-Bund riefen Ende Mai zur Einrichtung einer freigewerkschaftlichen Betriebsrätezentrale auf, die sich auf Ortsausschussebene in örtliche Zentralen aufgliederte. Für Oktober 1920 wurde der erste Reichskongress der freigewerkschaftlich organisierten Betriebsräte Deutschlands nach Berlin einberufen, der mit großer Mehrheit die Einheit der Betriebsräte- und der Gewerkschaftsbewegung proklamierte und jeder Zentralisation der Betriebsräte außerhalb der Gewerkschaften eine Absage erteilte.[130] Die Kommunisten, die teilweise dem Plan einer Zusammenfassung der Betriebsräte in einer selbstständigen Betriebsrätezentrale anhingen, passten sich im Wesentlichen der Linie des ADGB an. Im Laufe des Sommers wählten auch die Betriebsräte des Hanauer Ortsauschussbereichs eine Zentralleitung, wobei sich die an der SPD orientierten Betriebsräte der Stimme enthielten. Mitte August 1920 konstituierte sich die Zentralleitung und im September schickte sie sich an, nach den Richtlinien des ADGB und der AfA die Betriebsräte in fünf Industriegruppen (Holz, Lebens- und Genussmittel, Metall, graphisches Gewerbe und Verkehr) zusammenzuschließen, um gemeinsame Richtlinien für die Tarifpolitik zu entwickeln.[131] Vertreter der Gewerkschaftsopposition sahen in den Betriebsräten die zukünftigen Organe der Sozialisierung.[132] (Dok. 132)

130 Lore Heer-Kleinert, Die Gewerkschaftspolitik der KPD in der Weimarer Republik, Frankfurt-New York 1983, S. 109, 121; im Weiteren: Heer-Kleinert, Gewerkschaftspolitik.

131 Frh Nr. 109, 30.6.1920; Frh Nr. 115, 21.7.1920; Frh Nr. 117, 28.7.1920; Frh Nr. 122, 14.8.1920; Frh Nr. 132, 18.9.1920.

132 Vgl. auch das Referat des Bezirksleiters Georg Bernard (USPD) auf der Konferenz der Betriebsräte des 8. Bezirks (Frankfurt) des DMV in Gießen am 15.8.1920. MZ Nr. 37/38, 18.9.1920.

Nach der Einschätzung der KPD deuteten im Sommer 1920 alle Indizien auf einen baldigen Zusammenbruch des kapitalistischen Systems, den voranzutreiben die aktuelle Aufgabe sei. Bestätigt fühlten sich die Kommunisten durch eine Welle der Solidarität mit Sowjetrussland in seinem Kampf gegen die polnischen Interventionstruppen. Viele Arbeiter beteiligten sich an dem Versuch, den alliierten Nachschub nach Polen über deutsches Gebiet zu unterbinden. Die Eisenbahner und Transportarbeiter verweigerten reichsweit die Beförderung von Entente-Truppen und Kriegsmaterial. ADGB, SPD, USPD und KPD riefen Anfang August gemeinsam zur Verhinderung der Transporte auf und bekräftigten damit die von der Reichsregierung am 20. Juli erklärte Neutralität Deutschlands. In diesem Sinne äußerte sich auch ein Aufruf des Hanauer Ortsausschusses an die Eisenbahner und Transportarbeiter seines Gebiets.[133] Diese Vorgänge deutete die KPD als Vorzeichen einer heranreifenden proletarischen Revolution. Träger der Revolution sollten so genannte »politische Arbeiterräte« sein.[134] (Dok. 131b) Da die Entstehung einer revolutionären Situation jedoch ausblieb, beendete die KPD Ende Oktober ihre Orientierung auf die Eroberung der politischen Macht mit Hilfe der »politischen Räte«.[135] Ungeachtet solcher Kurskorrekturen hielt die KPD in den Arbeiterräten vieler Betriebe in Hanau und Umgebung eine starke Stellung, während die Angestelltenräte überwiegend von Vertretern des DnHV dominiert wurden.[136]

Große Bedeutung maß die Hanauer KPD schon seit den Revolutionstagen den Belangen der Arbeitslosen zu. Kommunisten arbeiteten in der im August 1919 gegründeten Organisation der Erwerbslosen und Notstandsarbeiter mit. In der Stadtverordnetenversammlung versuchten sie oftmals gemeinsam mit den sozialdemokratischen Stadtverordneten, Anträge auf Unterstützung oder die Erweiterung von Notstandsarbeiten durchzusetzen. Sie ermunterten die Erwerbslosen auch zu einem offensiven Auftreten, wie in der Stadtverordnetenversammlung am 13. August 1920, als Teilnehmer einer Erwerbslosendemonstration in den Saal strömten.[137] Ausgerechnet unter den Erwerbslosen und Notstandsarbeitern bekamen die Kommunisten Konkurrenz von der syndikalistisch gefärbten »Allgemeinen Arbeiter-Union«, welche die Organisierung von Beschäftigten und Arbeitslosen unter einem Dach zum Ziel hatte. Frankfurter Vertreter dieser Organisation wurden im Herbst 1919 mit Vorträgen in Hanau aktiv und warben mit Erfolg Mitglieder. Der Journalist Gustav Hammer, der in der Revolution den »Hanauer Anzeiger« für den Arbeiter- und Soldatenrat redigiert hatte, arbeitete ebenfalls im Rahmen der Union. Eine Zeit lang existierten die Erwerbslosenorganisationen[138] der KPD und der Arbeiter-Union nebeneinander. Im November 1920 referierte Otto Rühle auf Einladung der Ortsgruppe Hanau über das Thema

[133] Frh Nr. 135, 29.9.1920.
[134] Mitteilungen in diversen Nummern der »Freiheit«.
[135] Heer-Kleinert, Gewerkschaftspolitik, S. 120, 123.
[136] Bericht des Gewerbeaufsichtsamtes vom 27.5.1922. Vgl.: HStAM, 165-2799, Bl. 120.
[137] Frh Nr. 36, 11.4.1919; Frh Nr. 220, 21.11.1919; Frh Nr. 122, 14.8.1920; Frh Nr. 123, 18.8.1920.
[138] Frh Nr. 160, 10.9.1919; Frh. Nr. 179, 2.10.1919; Frh Nr. 196, 22.10.1919; Frh. Nr. 215, 14.11.1919; Frh Nr.219, 20.11.1919; Frh Nr. 220, 21.11.1919.

»Das Rätesystem und die Betriebsorganisation als Grundlage des proletarischen Klassenkampfes«.[139] Rühle gehörte während des Krieges der Spartakusgruppe an und war Mitbegründer der Kommunistischen Arbeiterpartei Deutschlands (KAPD), einer Linksabspaltung der KPD. Sie war der politische Arm der Allgemeinen Arbeiter-Union, die 1920 vorübergehend in Hanau Fuß fasste.[140]

Für die Hanauer Kommunisten, die in größerer Zahl schon in der Vorkriegszeit in den Organisationen der sozialistischen Arbeiterbewegung mitgekämpft hatten, bedeutete die Gewerkschaftsarbeit eine Selbstverständlichkeit. Die kommunistischen Gewerkschafter verteidigten die überlieferten Organisationsformen der Einheitsgewerkschaft und die gewerkschaftliche Kleinarbeit gegenüber Angriffen aus den eigenen Reihen. Besonders der Journalist Handke forderte des öfteren von den Gewerkschaften eine »Revolutionierung der Massen« statt des Aushandelns kleiner sozialer Verbesserungen. Karl Rehbein, Sekretär der Hanauer KPD und Geschäftsführer der Ortsverwaltung des DMV, hielt dagegen, dass die Kleinarbeit erst den Grundstock für zukünftige Massenaktionen legen müsse.[141] Als Spinger, Teilnehmer des Gründungskongresses der KPD, Ende 1919 auf der Vollversammlung des Ortsausschusses die Auflösung der »verrotteten« Organisationsformen und die Ausarbeitung einer neuen Form verlangte, antwortete ihm der Gewerkschaftssekretär Schwind: »Die Frage der Revolution sei keineswegs eine Frage der Organisationsform, sondern eine Frage der tatsächlichen Reife und Erkenntnis der deutschen Arbeiterschaft.«[142]

Der Generalstreik gegen den Lohnsteuerabzug

Strategie und Taktik der Kommunisten speisten sich in den ersten Nachkriegsjahren aus der Vorstellung, das Wirtschafts- und Gesellschaftssystem des Kapitalismus sei dem Zusammenbruch nahe und die Vollendung der Revolution bald möglich. Der Zusammenbruch des zaristischen Regimes in Russland und die Machtübernahme der Bolschewiki standen als Beispiel vor Augen. Diese Vorstellung lag auch dem Entschluss der Hanauer Kommunisten zugrunde, die ihnen nach der Kommunalwahl im März 1919 zustehenden Sitze im Magistrat nicht zu besetzen. Angesichts der bevorstehenden Umwälzungen sollten sie sich nicht in der kommunalpolitischen Kleinarbeit verausgaben. Das Stimmenverhältnis änderte sich dadurch von 5:5 auf 7:3 zugunsten der bürgerlichen Parteien. Es folgte, was vorauszusehen war: Die meisten Beschlüsse der Stadtverordnetenversammlung, in der die Linksparteien in der Mehrheit waren, scheiterten im Magistrat.[143]

139 VS (Hanau) Nr. 261, 6.11.1920.
140 VS (Hanau) Nr. 149, 29.6.1920. Bericht über eine Versammlung mit den Hamburger Nationalbolschewisten Lauffenberg und Wolfheim.
141 Frh Nr. 63, 10.5.1919; Frh Nr. 37, 30.3.1920.
142 Frh Nr. 251, 30.12.1919.
143 HA Nr. 228, 28.9.1920.

Beständig arbeitete die KPD daran – wie es auch das Beispiel der politischen Arbeiterräte zeigte –, im gewerkschaftlichen Umfeld die Politisierung zu verstärken und Massenaktionen auch bei geringen Erfolgsaussichten voranzutreiben. Einen Anlass dazu bot das neu verabschiedete Gesetz über die Einkommenssteuer. Erstmalig sollte vom 25. Juni 1920 an auch auf das Einkommen aus abhängiger Beschäftigung eine zehnprozentige Steuer gelegt werden. Die Entrüstung der Arbeiterschaft schlug hohe Wellen angesichts der niedrigen Löhne und der Möglichkeiten der Besitzenden, sich der rechtzeitigen Steuerzahlung oder der Besteuerung überhaupt zu entziehen. Eine Versammlung des Hanauer Ortsausschusses forderte Ende Juni die vertretenen Gewerkschaften auf, als Ausgleich für alle Arbeiterkategorien eine Lohnerhöhung von 10 Prozent zu beantragen für die Lohnsteuer oder – wie sich das aus kommunistischer Sicht darstellte – für den Versuch der Bourgeoisie, »ihre Todesstunde hinauszuschieben, indem sie das Proletariat mit Skorpionen züchtigt«.[144] Verhandlungen im Laufe der nächsten Wochen führten nur teilweise zur Bewilligung von Lohnzulagen. Die Lohnverbesserungen für die städtischen Arbeiter vom 19. Juli blieben unter dem Niveau der entsprechenden Frankfurter Vergütungen, die man sich als Ziel gesetzt hatte. Am Morgen des 28. August, einem Samstag, unterbreiteten die städtischen Arbeiter die alternative Forderung an den Magistrat, dass die Stadt den zehnprozentigen Steuerabzug übernehmen und eine Zulage wegen Mehrbelastung infolge der mehrwöchigen französischen Besetzung Hanaus zwischen dem 6. April und dem 17. Mai auszahlen solle. Nachdem der Magistrat, gegen die Stimmen der SPD-Vertreter, ablehnend reagiert hatte, wurde die Arbeit in den städtischen Betrieben, auch in den Gas- und Elektrizitätswerken, niedergelegt. Die Maßnahme des Magistrats, die lebenswichtigen Betriebe im Laufe des Nachmittags durch Sicherheitspolizei besetzen und durch die Technische Nothilfe (»Teno«) in Gang bringen zu lassen, ließ den Streik eskalieren. Die Gewerkschaftsvorstände erklärten am Abend für den Wirtschaftsbezirk Hanau den Generalstreik von Montag an und beauftragten den Ortsausschuss mit der Streikleitung. (Dok. 131a)

Am Montag, den 30. August, übernahm eine Arbeiterversammlung aller Branchen die Forderung nach einer zehnprozentigen Lohnerhöhung, die Vollversammlung der Betriebsräte billigte mit der Zustimmung der mehrheitssozialdemokratischen Vertreter den proklamierten Generalstreik »in verschärfter Form«. Die zweite Forderung neben der Lohnfrage betraf den Abzug der »Teno« und der Sicherheitspolizei. Die Technische Nothilfe wurde in der Arbeiterschaft seit ihrer Gründung im September 1919 als Streikbrecherorganisation betrachtet.[145]

Die SPD stand dieser Bewegung zunächst reserviert gegenüber. Dem Aufruf zum Generalstreik wurde nur unvollständig Folge geleistet. Bahn und Post ar-

[144] Frh Nr. 110, 3.7.1920. Der Text der Entschließung übernahm die Formulierung aus einer Resolution der KPD-Protestversammlung am 29. Juni gegen den Lohnsteuerabzug. Vgl.: Frh Nr. 109, 30.6.1920.

[145] VS (Hanau) Nr. 202, 30.8.1920. Das Hanauer Gewerkschaftskartell stellte Anfang Dezember 1919 die Unvereinbarkeit der Zugehörigkeit zur Technischen Nothilfe mit der Mitgliedschaft im Kartell fest. Vgl.: Frh Nr. 238, 12.12.1919.

beiteten weiter, ebenso die meisten Edelmetallwerkstätten und die Fabrik W.C. Heraeus, wo nur 70 Beschäftigte für den Streik, 235 dagegen stimmten. In Großauheim wurde der Streik von der Belegschaft der Marienhütte mitgetragen. Mit den Stimmen der Fraktionen der KPD und der SPD beschloss die Stadtverordnetenversammlung am 1. September die Unterstützung der Gehaltsforderungen der städtischen Arbeiter, was der Magistrat mit den bürgerlichen Stimmen gegen die SPD-Vertreter zurückwies. Auf Antrag der Kommunisten sprach die Stadtverordnetenversammlung mit Unterstützung der Arbeiterparteien am 2. September dem Magistrat das Misstrauen aus und forderte seinen Rücktritt einschließlich der drei besoldeten Magistratsmitglieder, unter ihnen Oberbürgermeister Hild. Die Kommunisten erklärten sich bereit, in einen neugewählten Magistrat einzutreten, und eine Mitgliederversammlung der SPD gab am 2. September der Fraktion grünes Licht, die Arbeit im zukünftigen Magistrat auch allein mit den Kommunisten aufzunehmen.[146]

Die Machtprobe zwischen dem bürgerlichen Teil des Magistrats und der linken Mehrheit der Stadtverordnetenversammlung veranlasste die Sozialdemokratie dazu, die Unterstützung des Generalstreiks zu verstärken. Schon auf der Betriebsräte- und Vertrauensmännersitzung der SPD am letzten Augusttag hatte der sozialdemokratische Reichstagsabgeordnete Gustav Hoch den Teilnehmern eingeschärft: »Als Sozialisten müssen wir rücksichtslos die Interessen der Arbeiterschaft vertreten, ohne Rücksicht darauf, welche gewerkschaftlichen Fehler die kommunistischen Führer machen. Der gemeinsame Feind ist das Unternehmertum, und alle Zersplitterung der Arbeiterkräfte ist von Schaden.«[147]

Die Streikfront verbreiterte sich unterdessen, da sich auch die Gold- und Silberarbeiter trotz Krise und Kurzarbeit dem Streik anschlossen.[148] Bei Heraeus stimmten die Arbeiter, nunmehr ohne die Teilnahme der Angestellten an der Abstimmung, mit einem Ergebnis 112:80 für den Streik.[149] Auf der anderen Seite kündigten die Arbeitgeber ganze Belegschaften. Durch Vermittlung des Oberpräsidenten kam es zwischen den Vertretern der städtischen Arbeiter und dem Magistrat schließlich zu einer Einigung. Die Löhne wurden erhöht, die Hälfte der Streiktage bezahlt.[150] Schwieriger gestalteten sich die Verhandlungen mit den anderen Arbeitgebern. Sie weigerten sich, das Gewerkschaftskartell anzuerkennen, und versuchten, die Wiedereinstellung zur Aussonderung der politisch missliebigen Elemente zu benutzen. Die Vollversammlung der Betriebsräte drohte am 4. September daraufhin mit einer verschärften Fortführung des Streiks.[151] Der Streik führte zu keinem Erfolg: Das Endergebnis des Aufwandes, der mit dem Streik einherging, reichte am Ende nur zur Begrenzung des Schadens aus, den der Ausstand selbst unmittelbar ausgelöst hatte. Die Wiedereinstellung aller entlassenen Arbeiter wurde zugesagt und Maßregelungen ausgeschlossen. Die

146 HA Nr 202, 2.9.1920; VS (Hanau) Nr. 206, 3.9.1920.
147 VS (Hanau) Nr. 204, 1.9.1920.
148 Von 800 Anwesenden in ihrer Versammlung stimmten nur vier gegen den Streik. Vgl.: HA Nr. 208, 4.9.1920.
149 VS (Hanau) Nr. 204, 1.9.1920.
150 HA Nr. 2, 4.1.1921.
151 Frh Nr. 129, 5.9.1920.

Streiktage wurden nicht bezahlt. Von Lohnverbesserungen war keine Rede.[152] Die meisten Angestellten hatten sich dem Streik ferngehalten. Nur die Angestellten der Kreisverwaltung und des Landratsamts beschlossen am 4. September die Solidarisierung, worauf ihnen der Landrat mit Entlassung drohte.[153] Eine späte Rache war die Aussperrung und Entlassung aller kommunistischen Arbeiter in der Marienhütte. (Dok. 133a-c)

Die KPD hatte die Streikaktion gewissermaßen als Experiment begriffen und war mit dem Ergebnis nicht unzufrieden. Der Generalstreik habe bewiesen, dass das »Proletariat in Hanau gerüstet ist für die großen revolutionären Kämpfe, die jeden Augenblick beginnen können.«[154] Das Bemerkenswerte an diesem Arbeitskampf war tatsächlich, dass Kommunisten und Sozialdemokraten angesichts der wirtschaftlichen Notlage der Arbeiterschaft zusammenfanden.[155] Am Sonntag, den 5. September, feierten die beiden Arbeiterparteien das Ende des Streiks mit einem gemeinsamen Demonstrationszug und einer Abschlusskundgebung auf dem Marktplatz.[156]

Die Hanauer Gewerkschafter standen mit dem Generalstreik gegen den Lohnsteuerabzug nicht allein. Einen weiteren Schauplatz des Abwehrkampfes bildete Württemberg, wo ein Aktionsausschuss der Stuttgarter Betriebsräte ebenfalls Ende August den Generalstreik proklamierte.

Eine folgensschwere Nachwirkung des Generalstreiks spielte sich auf kommunaler Ebene ab. Infolge des Misstrauensvotums fand eine geregelte Zusammenarbeit zwischen Hanauer Magistrat und Stadtverordnetenversammlung praktisch nicht mehr statt. Die bürgerlichen Stadträte und Stadtverordneten verlangten eine Neuwahl. Die sozialdemokratischen und kommunistischen Stadtverordneten forderten, dass vor Neuwahlen noch die alte Stadtverordnetenversammlung den Magistrat neu wähle. Am 12. November 1920 wurde die Stadtverordnetenversammlung aufgelöst und zur Vorbereitung der Wahlen ein staatlich bestellter Vertreter des Oberbürgermeisters eingesetzt.[157] Die Stadtverordnetenwahlen am 9. Januar 1921 gewannen mit 648 Stimmen Vorsprung die bürgerlichen Parteien, die sich zu einer Gemeinschaftsliste zusammengeschlossen hatten. (Dok. 134) 22 Vertretern des Bürgertums standen im Stadtparlament fortan 20 Vertreter der Arbeiterparteien gegenüber. Das bisherige Kräfteverhältnis verkehrte sich. Mit 5888 gegen 4229 Stimmen schnitten die Kommunisten deutlich besser ab als die Sozialdemokraten, welche auch im Vergleich zur Reichstagswahl weitere Stimmen verloren.[158]

152 VS (Hanau) Nr. 208, 6.9.1920.
153 Frh Nr. 136, 2.10.1920.
154 Frh Nr. 128, 4.9.1920.
155 Der allgemeinen Preissteigerung wurde zusätzlich noch dadurch Vorschub geleistet, dass die Regierung die im Krieg eingeführte Zwangsbewirtschaftung von Fleisch und Kartoffeln aufhob. Vgl.: VS (Hanau) Nr. 207, 4.9.1920.
156 VS (Hanau) Nr. 208, 6.9.1920.
157 Zu dieser Aufgabe wurde der Regierungsrat Coßmann ernannt. Vgl.: VS (Hanau) Nr. 278, 26.11.1920; HA Nr. 2, 4.1.1921.
158 HA Nr. 7, 10.1.1921.

Organisation und Stellung der Hanauer KPD

Auf dem Parteitag im September 1920 in Halle stimmte die linke Mehrheit der USPD für die Annahme der 21 Bedingungen, die das Exekutivkomitee der Kommunistischen Internationale (EKKI) als Prüfstein für den Anschluss neuer Parteien ausgearbeitet hatte. Im Dezember des selben Jahres erfolgte die Vereinigung der KPD mit der linken Mehrheit der USPD. Die KPD wurde durch den Anschluss der etwa 370 000 neuen Mitglieder zu einer Massenpartei. Der größte Teil der restlichen USPD-Mitglieder kehrte im September 1922 zur SPD zurück; die Partei exisitierte als Überbleibsel jedoch bis zum Ende der zwanziger Jahre weiter. Die Zahl der USPD-Wähler schmolz in der Stadt Hanau von 400 im Sommer 1920 auf 56 Ende 1924 zusammen. Im Landkreis blieben von über 2000 USPD-Wählern bei der Reichstagswahl 1920 bis zur Dezemberwahl 1924 gerade 160 übrig. Im Oktober 1921 zählte die Hanauer KPD-Mitgliedschaft etwa 1500 Personen, ein Viertel der Zahl ihrer Wähler. Zur gleichen Zeit verfügte die KPD in Großauheim mit 250 Mitgliedern über die mitgliederstärkste Ortsgruppe. In mehreren kommunalen Vertretungen im Landkreis stellten die Kommunisten absolute Mehrheiten. Im ganzen Unterbezirk Hanau-Gelnhausen-Orb wurde die Zahl der Kommunisten im März 1922 mit 4000 angegeben.[159] Dieser Unterbezirk, der finanziell völlig auf eigenen Füßen stand, bildete das Kraftzentrum des KPD-Bezirks Hessen-Frankfurt.

Die Ereignisse im Frühjahr 1921 zeigten, dass in der Hanauer Organisation auch gedankliche Eigenständigkeit zu Hause war. Die Führungsrolle in der Kommunistischen Internationale (KI) fiel den sowjetrussischen Kommunisten, der Partei der Bolschewiki, zu, die an der Spitze einer siegreichen proletarischen Revolution stand. Die Sowjetmacht, die sich nach den Interventionskriegen langsam stabilisierte, war an einer starken internationalen antikapitalistischen Bewegung interessiert und besonders an einer siegreichen Revolution in Deutschland, mindestens jedoch an einer sowjetfreundlichen deutschen Außenpolitik. Die rein bürgerliche Regierung Fehrenbach aber, die nach der Reichstagswahl im Juni 1920 das Ruder übernommen hatte, war dafür kein geeigneter Ansprechpartner. In der größer gewordenen deutschen kommunistischen Partei wiederum verdichtete sich die Erwartung auf einen dynamischen, aktivistischen Kurs. Führende Kräfte in der Parteileitung suchten die Gelegenheit, sich vor der Internationale durch erfolgreiche Kämpfe beweisen zu können. Sie brachen mit der vorsichtigen Politik unter dem Vorsitz von Paul Levi. Die oberflächliche und fehlerhafte Analyse der deutschen Wirklichkeit fand in einer so genannte »Offensivtheorie« ihren Niederschlag. Sie ging davon aus, dass die Verhältnisse für eine Offensive der Arbeiterklasse gegen die deutsche Bourgeoisie reif wären.

Den Anlass zur Auslösung eines Arbeiteraufstandes fand die Parteileitung im Einmarsch von Polizeikräften nach Mitteldeutschland am 19. März 1921, der auf Anordnung des Oberpräsidenten der preußischen Provinz Sachsen, Otto Hörsing (SPD), stattfand. Das mitteldeutsche Industriegebiet mit den Leuna-Werken

[159] BAB, SAPMO-Ry-I 3/23/24, Bl. 3; Ebd. Ry-I 3/23/9, Bl. 14.

und dem Mansfelder Revier war eine Bastion der KPD und schon während des Kapp-Lüttwitz-Putsches ein Zentrum bewaffneter Aktionen. Auf die Polizeibesetzung reagierten die Bergarbeiter und die Leuna-Arbeiter mit Streik. Am 23. März 1921 rief die Bezirksleitung Halle-Merseburg der KPD zum Generalstreik für Mitteldeutschland auf, den die Parteizentrale am nächsten Tag gleich auf ganz Deutschland ausweitete. Max Hölz, Mitglied der ultralinken KAPD, bewaffnete im Mansfeldischen die Arbeiter. Die folgenden Kämpfe forderten 150 Tote und viele Verwundete. Rund 6000 Arbeiter wurden verhaftet, etwa 4000 zu Gefängnis- und Zuchthausstrafen verurteilt.[160]

In einer Anfang April 1921 erschienenen Broschüre übte Paul Levi öffentlich scharfe Kritik am unverantwortlichen »Putschismus« seiner Partei. Am 15. April führte sein Vorgehen zum Parteiausschluss. Der 3. Kongress der KI verurteilte zwar die fehlerhafte Führung des Aufstandes, bewertete die Aktion aber insgesamt als einen großen Schritt vorwärts. Der Jenaer Parteitag der KPD Ende August 1921 stellte sich nicht entschieden genug gegen die putschistische Taktik. Anhänger von Paul Levi gründeten am 25. September die Kommunistische Arbeitsgemeinschaft (KAG), die zeitweilig auch im Reichstag eine selbständige Fraktion bildete.

Der Generalstreikaufruf der KPD-Zentrale vom 24. März 1921 wurde auch im Unterbezirk Hanau der Partei verbreitet und löste heftige Abwehr seitens der lokalen SPD aus. (Dok. 135a) In der Auseinandersetzung um die putschistische Taktik traten der Parteibezirk Frankfurt, und innerhalb dessen mit besonderem Nachdruck die Kommunisten im Unterbezirk Hanau, an die Seite Paul Levis, der zusammen mit Rosa Luxemburg und der Spartakusgruppe von Anfang an starken Einfluss auf die Hanauer Kommunisten ausgeübt hatte. Im Juli forderte die Hanauer Ortsgruppe mit großer Mehrheit die Wiederaufnahme Levis in die Partei.[161] Auf dem Bezirksparteitag am 17./18. September 1921 in Jena verurteilten die Delegierten des Hanauer Unterbezirks ebenfalls mit großer Mehrheit sowohl den Kurs der Kommunistischen III. Internationale als auch den der deutschen Partei.[162] (Dok. 135c) Trotz der Ausschlussdrohung der Parteizentrale verweigerten sie die Annahme einer von der Zentrale vorgelegten Resolution, die der Kritik an der Märzaktion ein Ende setzen wollte.[163] (Dok. 135d) Eine Resolution der Vertrauensleute der Ortsgruppe Anfang Dezember verschärfte noch den Tonfall und verlangte sogar den Rücktritt der Zentrale. (Dok. 135e) Die Parteimitglieder aus Hanau und Umgebung beklagten die Diskreditierung der kommunistischen Idee und den Vertrauensverlust bei den Massen infolge der putschistischen Politik. Ihre besondere Sorge galt der »Wiedergewinnung des organisatorischen und politischen Einflusses in den Gewerkschaften und Betrieben«.[164]

Die Gegensätze zwischen den Vertretern der Offensivtheorie und der Putschismuskritiker verschärften sich im Laufe des Winters 1921/1922. Im Januar 1922

[160] Winkler, Arbeiterbewegung 1918–1924, S. 517; Werner T. Angress, Die Kampfzeit der KPD 1921–1923, Düsseldorf 1973, S. 204.

[161] Weber, Wandlung, Bd. 2, S. 42, Anm. 73.

[162] Die Resolution den Jenaer Parteitag betreffend siehe: BAB, SAPMO, Ry-I 3/23/17 Bl. 8.

[163] Ebd., Bl. 4f., 12.

[164] Ebd., Bl. 8.

forderten 28 prominente Parteimitglieder in einem Aufruf die Abkehr von der März-Linie und »wirkliche« Diskussionsfreiheit. Georg Wagner und der Bezirkssekretär Friedrich Schnellbacher, die auch zu den Unterzeichnern gehörten, wurden daraufhin aus der Partei ausgeschlossen. Die Unterbezirkskonferenz erklärte sich mit den beiden solidarisch und brach mit der Bezirksleitung jede Verbindung ab. Allerdings betrachtete sich der Hanauer Unterbezirk weiterhin als Mitglied der KPD und nannte sich »Kommunistische Partei Hanau« ohne die Zusatzbezeichnung »Sektion der III. Internationale«. Von Februar bis September 1921 diente als Publikationsorgan des Unterbezirks weiterhin die »Freiheit«.[165]

Als die KAG um Levi sich im Februar 1922 anschickte, eine Vereinigung mit der Rest-USPD einzugehen, distanzierten sich die Hanauer Kommunisten von Levi. Zur USPD wollten sie in keinem Fall zurück. Seit dem Herbst 1921 schon versuchte die Frankfurter Bezirksleitung, den Unterbezirk Hanau neu zu organisieren. Bis zum März 1922 konnte sie jedoch nur 100 von ehemals 1000 Hanauer Parteimitgliedern zur Partei der III. Internationale zurückführen. Im Landkreis standen vorläufig nur etwa ein knappes Drittel der 34 Ortsgruppen zur Politik der Parteizentrale. Vor allem die gewerkschaftlich tätigen Funktionäre setzten sich für die Wiederherstellung der Parteieinheit als Basis einer einheitlichen Interessenvertretung ein. Die Mehrheit der Betriebsratsvorsitzenden und Gewerkschaftsfunktionäre auf lokaler und regionaler Ebene, unter ihnen auch Karl Rehbein, unterstützten Anfang Januar 1922 eine Resolution, welche die Irrtümer der Märzaktion für überwunden erklärte und zur erneuten Unterstützung der Parteileitung aufforderte.[166]

Die Gruppe um Georg Wagner und den Bezirkssekretär Wilhelm Rodominski verweigerte sich weiterhin derartigen Einheitsbestrebungen. Sie behielt den Namen »Kommunistische Partei Hanau« beziehungsweise »KP Spartakusbund«. Volkstümlich nannte man sie die »Wagner Kommunisten«. Bis September 1922 verfügten sie in der »Freiheit« noch über ein eigenes Presseorgan. Im Landkreis Hanau gehörten ihnen mindestens zwölf Ortsgruppen an. Nach ihren organisatorischen Schwerpunkten wurden die beiden kommunistischen Parteien in der Hanauer Presse der Deutlichkeit halber »Fraktion Ortskrankenkasse« (Wagner-Opposition) und »Fraktion Konsumverein« (KPD-Zentrale) genannt.[167]

Die »Wagner Kommunisten« blieben eine kommunalpolitische Kraft und waren im Stadtparlament bis 1933 vertreten. Ihre Wählerschaft fand sich sowohl in den kommunistischen Stimmbezirken der Stadt als auch in Vierteln mit bürgerlichen Mehrheiten. Bei den Kommunalwahlen 1924 wurden sie halb so stark wie die Kommunisten. Ihr Ergebnis lag nur um 2,9 Prozent hinter dem der Sozialdemokraten. In sieben von 20 Stimmbezirken waren sie stärker als die SPD, in zweien sogar stärker als die KPD der III. Internationale.[168] (Tab. 5, 6)

[165] Ebd., Ry-I 3/23/9, Bl. 13f.; Krause, Revolution und Konterrevolution, 247ff.

[166] Ebd., Ry-I 3/23/9, Bl.7ff., 13; Siegfried Weichlein, Sozialmilieu und politische Kultur in Weimar, Freiburg 1992, S. 295f.; im Weiteren: Weichlein, Sozialmilieu. Jahre später beschrieb Karl Rehbein seine damalige Position, als ob er zu keinem Zeitpunkt von der offiziellen Parteilinie abgewichen wäre. (Dok. Nr. 159c)

[167] Weichlein, Sozialmilieu, S. 295.

[168] Ebd.; HA 105, 5.5.1924.

Bis Ende 1923 war der Wagnersche »Spartakusbund« im Gewerkschaftskartell mit 34 Delegierten relativ stark vertreten, bis Mitte 1924 sank die Vertretung auf 15 Delegierte. Heinrich Fischer, der Vorsitzende des Fabrikarbeiterverbandes, bekleidete den Posten des 1. Vorsitzenden dieser Hanauer Arbeiterpartei.[169] Bei den Reichstagswahlen gaben die Wagner-Kommunisten der KPD der III. Internationale die Stimme.

Nach Überwindung der Krise konsolidierte sich die Hanauer KPD. Es gelang ihr, die starke Stellung in den Betriebsräten weiter zu festigen. (Dok. 138) Die Mitgliederzahlen im Parteibezirk Frankfurt zeigten allerdings in den Jahren 1920 bis 1922 eine sinkende Tendenz. Anfang Juli 1920 wurden rund 11 000 Mitglieder gezählt, Anfang Oktober 9557, im Mai 1922 6000. In Hanau wurde die Mitgliederzahl für Oktober 1921 mit 1500 angegeben, Anfang 1922 mit 1100.[170] Die KPD gewann jetzt vor allem jüngere Mitglieder und ab 1923 wechselten zunehmend auch SPD-Mitglieder und Funktionäre im Bereich des Unterbezirks Hanau zur KPD über.[171] Die Öffnung der KPD für die Möglichkeiten einer proletarischen Aktionseinheit führte 1922 und 1923 zu gemeinsamen Maikundgebungen aller Arbeiterparteien.[172] (Dok. 141)

Der Kampf um die Erhaltung des Achtstundentages

Die Herren der deutschen Industrie betrachteten den Achtstundentag, eine der wichtigsten Errungenschaften der Revolution, als ein lästiges Zugeständnis, zu dem sie sich nur bereit gefunden hatten, um die Dynamik der Novemberrevolution zu bremsen. Nicht von ungefähr forderten die Arbeiter der chemischen Werke des Frankfurter Wirtschaftsbezirks, zu dem auch die Hanauer Chemie-Betriebe gehörten, im Sommer 1920 aus Anlass einer Demonstration in Frankfurt zur Abwehr des Lohnsteuerabzuges nachdrücklich auch die Einhaltung der 48-stündigen Arbeitswoche.[173] Eine furchtbare Explosion im Oppauer Ammoniakwerk der Badischen Anilin- und Sodafabrik (BASF) am 21. September 1921 mit 565 Toten und über 2000 Verletzten steigerte die Erbitterung der Chemiearbeiter aufs äußerste. Die Forderungen nach einer Wirtschaftshilfe und nach einer Unterstützung für die Kartoffel- und Kohlenbeschaffung vor Einbruch des Winters wurden in Höchst und in Griesheim mit der Aussperrung beantwortet. Ähnlich erging es auch den Dunlop-Arbeitern, die anlässlich einer Lohnerhöhung die Verbesserung ihrer Akkorde forderten. (Dok. 136) Der Arbeitskampf endete zwar mit einer Niederlage der Streikenden, jedoch konnten Arbeitszeitverlängerun-

[169] BAB, SAPMO, Ry-I 3/23/9 Bl. 7; HStAM; 165-5176, Bl 145. Fischer kehrte später zur KPD der III. Internationale zurück.

[170] Die Gesamtzahl der Ortsgruppen im Bezirk ging von 240 am Anfang 1920 auf 178 im Mai 1922 zurück. Der UB Hanau verfügte Anfang 1922 über 34 Ortsgruppen. BAB, SAPMO, Ry-I 3/23/24 Bl. 1, 3, 5, 7; Ebd. I 3/23/9 Bl. 13f.

[171] Weichlein, Sozialmilieu, S. 296; BAB, SAPMO, Ry-I 3/23/9 Bl. 31.

[172] HStAM, 165-2796/2.

[173] Pákh, Frankfurter Arbeiterbewegung, Bd. 2, S. 1025.

gen noch abgewehrt werden.[174] Im Leuna-Werk bei Merseburg, einem Zentrum der fehlgeschlagenen Märzaktion, wurde hingegen am 8. Oktober 1921 die 56-Stundenwoche per Dekret wieder eingeführt.[175] Der Arbeitgeberverband der Chemie-Industriellen ließ auch im Frankfurter Bezirk nicht locker. Im Januar 1922 wurde vom Fabrikarbeiter-Verband im Auftrag der Chemie-Arbeitgeber eine Urabstimmung über die Einführung einer 56-Stundenschicht durchgeführt, die eine entschiedene Ablehnung ergab.[176]

Übertretungen der achtstündigen Tagesarbeitszeit mit Verlängerungen auf 10, 12 und 15 Stunden waren auch bei der Reichsbahn an der Tagesordnung.[177] Mit Arbeitszeitverlängerungen, Entlassungen und Lohndruck, also mit »Sparen« auf dem Rücken der dort beschäftigten Arbeiter und Beamten, versuchte der Staat die Rentabilität zu erhöhen. Die Beschäftigten der Reichsbahn verteilten sich auf viele Gewerkschaften. Der freigewerkschaftliche Deutsche Eisenbahner-Verband (DEV) organisierte vorwiegend Arbeiter. Unter den Beamtenverbänden war die Reichsgewerkschaft Deutscher Eisenbahnbeamter und -anwärter die mitgliederstärkste. Sie war dem Deutschen Beamtenbund angeschlossen. Der Vorstand der Reichsgewerkschaft beschloss ohne Urabstimmung, seine Mitglieder am 1. Februar 1922 zum Streik aufzurufen. Insbesondere die Lokomotivführer folgten dem Streikaufruf; der Verkehr ruhte weitgehend. In Hanau mussten Dunlop und die Papierfabrik Fues infolge ausgefallener Kohle- und Materiallieferungen schließen.[178] Hauptforderungen waren die gesetzliche Sicherung des Achtstundentages sowie Einkommensverbesserungen. Gestützt auf den Notverordnungsartikel der Weimarer Verfassung erließ Reichspräsident Ebert noch am Tag des Streikausbruchs ein Streikverbot für Reichsbahnbeamte und verschärfte dadurch die Auseinandersetzung. Die Spitzen des freigewerkschaftlichen DEV und des ADGB lehnten den Streik ab. Dennoch kam es vielerorts zu Solidaritätskundgebungen, so am 6. Februar auf der Hanauer Betriebsräte-Vollversammlung.[179] Am 4. Februar 1922 gingen Streikende am Ostbahnhof gegen Mitglieder der Technischen Nothilfe vor, die Streikbrecherarbeit leisteten.[180] Konsequenter noch als die USPD unterstützte die KPD den Arbeitskampf der Eisenbahner.[181] Am 7. Februar brach die Reichsgewerkschaft den Streik ab, nachdem die Reichsregierung die Nichtanwendung von Massendisziplinarverfahren und von Massenentlassungen versprochen hatte. Ein offener Wortbruch folgte: Etwa 30 000

[174] Ebd., S. 1043ff., 1048.
[175] Heer-Kleinert, Gewerkschaftspolitik, S. 143.
[176] Höchst-Lesebuch, S. 62.
[177] Pákh, Frankfurter Arbeiterbewegung, Bd. 2, S. 1070.
[178] HA Nr, 29, 3.2.1922; HA Nr. 30, 4.2.1922.
[179] HA Nr. 32, 7.2.1922.
[180] HA Nr. 32, 6.2.1922; HA Nr. 218, 15.9.1922.
[181] Dokumente und Materialien, Bd. VII/2, S. 35. Rundschreiben der Zentrale der KPD vom 11.2.1922 zum Abbruch des Eisenbahnerstreiks. Karl Trageser, Betriebsrat bei der Hanauer Eisenbahn und Kommunist, war einer der führenden Aktivisten bei den Auseinandersetzungen am Ostbahnhof am 4. Februar.

Eisenbahner wurden entlassen.[182] Materiell blieb der Streik ohne jedes Ergebnis. Eine gesetzliche Festschreibung des Achtstundentages über die Demobilisationsverordnungen hinaus wurde nicht erreicht. Ein schwerer Rückschritt war das seither geltende Streikverbot für Beamte, durch das die Koalitionsfreiheit für eine bedeutende Gruppe der abhängig Beschäftigten aufgehoben wurde.

Für die Metallindustrie in Württemberg, Baden sowie dem Rhein-Main-Gebiet wurde im April 1919 im Heidelberger Abkommen die 46-Stunden-Woche vereinbart. Mehrarbeit bis zu 48 Stunden war möglich, jedoch an die Zustimmung des Betriebsrates gebunden. In den vier bayerischen Großstädten München, Nürnberg, Fürth und Augsburg galt in der Metallindustrie seit April 1919 die 44-Stunden-Woche. Ab Februar 1920 wurde auch hier die Arbeitszeit auf 46 Stunden verlängert. Der freie Samstagnachmittag blieb davon unberührt. Die Süddeutsche Gruppe des Gesamtverbandes Deutscher Metallindustrieller drängte im September 1921 auf die Einführung der 48-Stunden-Woche. In der Hanauer Edelmetallindustrie war die 48-Stunden-Woche schon länger Wirklichkeit.[183]

Seit Mitte des Jahres 1921 beschleunigte sich die Inflation. Die Löhne mussten in immer kürzeren Intervallen neu ausgehandelt werden. Die Unternehmer nutzten die Gunst der Stunde und machten den Inflationsausgleich von einer Verlängerung der Arbeitszeit abhängig. Die Schiedssprüche empfahlen ausnahmslos die Annahme der 48-Stunden-Woche. Sie wurden in den Urabstimmungen überall mit überwältigender Mehrheit zurückgewiesen. Im April 1922 standen in Bayern, Württemberg und Baden rund 150 000 Metallarbeiter im Streik. Auch zehntausende Nichtorganisierte traf die Aussperrung. Im Rhein-Main-Gebiet bemühte sich der Reichsarbeitsminister Brauns (Zentrum) um eine freie Vereinbarung zwischen den Tarifparteien ohne die Verlängerung der Arbeitszeit auf 48 Wochenstunden. Die Unternehmer erklärten statt dessen für den Bezirk Frankfurt und für Mittelbaden die Aussperrung und setzten sie auf den 22. Mai fest. (Dok. 137a) Inzwischen stellte sich der Gesamtverband Deutscher Metallindustrieller demonstrativ hinter seinen süddeutschen Regionalverband und sagte Hilfe bis hin zur vollständigen Aussperrung in der gesamten deutschen Metallindustrie zu. Die Bezwingung der größten deutschen Gewerkschaft in dieser wichtigen Frage hatte für die Arbeitgeber strategische Bedeutung. In Frankfurt wurde am 22. Mai erneut verhandelt. Die Unternehmer verlangten ultimativ, innerhalb weniger Stunden ihre Vorschläge anzunehmen. (Dok. 137b) Dies lehnte der DMV ab, so dass ab dem 23. Mai ausgesperrt wurde. Im Rhein-Main-Gebiet erstreckte sich die Aussperrung auf 30 000 Beschäftigte, in Hanau betraf sie etwa 600 Arbeiter.[184] (Dok. 137c) Die bayerischen Verhandlungen führten schließlich zu einer Regelung, die auch die anderen Tarifgebiete übernahmen. (Dok. 137d)

Die Verlängerung der Arbeitszeit konnte nicht abgewehrt werden. Ab 1. Juni 1922 bestand die Möglichkeit, die Arbeitszeit auf 48 Stunden zu verlängern. Eine

[182] Allgemeiner freier Angestelltenbund (Hg.), Angestelltenbewegung 1921–1925, Berlin 1925, S. 401.

[183] DMV-Jahrbuch 1921, S. 259f; HStAM, 165-2796/2.

[184] HA Nr. 121, 24.5.1922; Vr Nr. 119, 23.5.1922.

verschlechterte Pausenregelung verlängerte die wöchentliche Arbeitszeit um dreieinhalb Stunden. Die Kompensation für die Arbeitszeitverlängerung in Form von Lohnerhöhungen, die inflationsbedingt meist auf eine Verdoppelung der geltenden Stundensätze hinausliefen, wurde von der rasch weiterschreitenden Inflation schon nach wenigen Wochen entwertet.[185]

»Der Feind steht rechts«

Die Forderungen der Arbeiterorganisationen nach Säuberung der Verwaltung, der Justiz und des Militär von reaktionären Elementen anlässlich der Kapp-Putsches verhallten ohne Gehör, unabhängig davon, ob sozialdemokratische Minister in der Regierung vertreten waren. In Bayern wurde noch in den Putschtagen unter Gustav von Kahr eine rechtsgerichtete Regierung installiert. Die »Ordnungszelle« Bayern wurde zum Zentrum der rechtsradikalen Umtriebe in Deutschland, wo auch die 1919 gegründete »Deutsche Arbeiterpartei«, bald zur »Nationalsozialistischen Arbeiterpartei Deutschlands« (NSDAP) umbenannt, ihre ersten Gehversuche machte. Einwohnerwehren, paramilitärische Formationen, wie die nach dem Forstrat Georg Escherich benannte »Orgesch« (Organisation Escherich), und rechtsradikale Geheimbünde organisierten reichsweit nationalistische, antirepublikanische, antisozialistische und antisemitische Kräfte, denen ein monarchisches, autoritäres Deutschland als Gegenmodell zum Weimarer »System« vor Augen schwebte und die auf der politischen Ebene zumeist mit der »Deutschnationalen Volkspartei« (DNVP) Kontakte hielten. Ihre Feindschaft richtete sich nicht nur gegen Vertreter der Arbeiterbewegung, sondern auch gegen bürgerliche Politiker, die sich um die Erfüllung der vom Versailler Vertrag auferlegten Reparationsverpflichtungen kümmerten. Als »Erfüllungspolitiker« rechnete sie letztere zu ihren Feinden. Wie schon die konterrevolutionären Freikorps, so schreckten auch diese Kreise nicht vor dem politischen Mord zurück.

Eines der ersten Opfer dieser Gewaltbereitschaft wurde der Vorsitzende der USPD-Fraktion im Bayerischen Landtag Karl Gareis. Auf seine Ermordung am 6. Juni 1921 antworteten die Gewerkschaften und die Arbeiterparteien mit einem dreitägigen Generalstreik in München. Der Reichsfinanzminister Matthias Erzberger (Zentrum) starb am 26. August 1921 unter den Kugeln zweier Mörder, die der »Organisation Consul«, einem rechtsradikalen Geheimbund, angehörten. Erzberger war wegen seiner Steuer- und Finanzreform in einflussreichen Wirtschaftskreisen verhasst und galt den Rechten als Mitunterzeichner des Waffenstillstandsabkommens von Compiègne als »Verräter«. Prominentestes Opfer wurde Reichsaußenminister Walther Rathenau, Präsident der AEG und im Weltkrieg Organisator der Kriegswirtschaft. Am 24. Juni 1922 wurde er mitten in Berlin in seinem Dienstwagen erschossen. Rathenau hatte durch den Abschluss des

[185] In Frankfurt betrug der Stundenlohn des Facharbeiters im Januar 1922 12,80 Mark, nach dem neuen Abkommen bis Ende Mai 1922 22 Mark. Ab dem 1. Juni wurden neue Löhne festgesetzt. Vgl.: MZ Nr. 22, 3.6.1922.

Rapallo-Vertrags mit Sowjetrussland im Mai 1922 den Hass der Rechtsradikalen auf sich gezogen. Der Vertrag verschaffte Deutschland Handlungsfreiheit durch gegenseitigen Verzicht auf Reparationen. Hetzparolen wie »Knallt ab den Walther Rathenau, die gottverdammte Judensau!« hatten das Verbrechen vorbereitet.

Der Mordanschlag, der in der Bevölkerung mit richtigem Gespür als ein Anschlag auf die Republik verstanden wurde, rief Heerscharen von Arbeitern und Angestellten auf den Plan. Millionen folgten dem Aufruf der Gewerkschaften und der drei Arbeiterparteien am 27. Juni und wieder am 4. Juli im ganzen Reich zu Protestkundgebungen gegen die Reaktion. Die Arbeiter in Hanau zogen an beiden Tagen betriebsweise zur Kundgebung. Etwa 5000 Teilnehmer gestalteten jeweils den nachfolgenden Demonstrationszug mit Transparenten und roten Fahnen.[186] (Dok. 139b) In Hanau hielt am 6. Juli auch die republikanische Jugend eine Versammlung ab. Ein Ereignis am Rande wirft ein grelles Schlaglicht auf die republikfeindliche Gesinnung der Beamtenschaft vier Jahre nach der Revolution: Am Rathaus konnte zunächst keine Fahne in den Farben Schwarz-Rot-Gold gehisst werden, ebenso wenig auf den Schulen und sonstigen städtischen Gebäuden, weil die Stadtverwaltung über keine Fahnen mit den Farben der Republik verfügte. Erst am 29. Juni wurde auf Antrag der SPD-Fraktion im Stadtparlament der Beschluss gefasst, solche Fahnen anzuschaffen.[187]

Die freien Gewerkschaften und die Arbeiterparteien betonten in den so genannten »Berliner Forderungen« am 27. Juni mit Nachdruck die Notwendigkeit eines wirksamen staatlichen Vorgehens gegen die Reaktion. (Dok. 139a) Das von ihnen verlangte »Republikschutzgesetz« wurde im Reichstag am 18. Juli 1922 verabschiedet. Mit der Losung »Die Republik ist in Gefahr! Der Feind steht rechts!« wies Reichskanzler Wirth (Zentrum) bei der Trauerfeier für Rathenau im Reichstag am 25. Juni auf die Ursache der Ereignisse hin. Das Republikschutzgesetz wurde von der konservativ eingestellten Justiz vor allem gegen die Linke missbraucht, während rechte Täter in Beachtung ihrer »lauteren nationalen Gesinnung« kaum belangt wurden. Die bayerische Regierung lehnte das Gesetz mit Berufung auf die »Eigenstaatlichkeit« Bayerns gänzlich ab.

Die Hyperinflation

Gegen Ende 1922 schwächte sich die seit Mitte 1921 auf Hochtouren laufende Inflationskonjunktur allmählich ab. Im Laufe des Jahres 1923 verlor die Mark rasant an Wert: Bis April 1923 stand der Dollarkurs bei 20 000 Mark, im Juli betrug ihr Gegenwert zum Dollar eine Milliarde und bei Beendigung der Inflation im November bei 4,2 Billionen. Die Preise stiegen ins Unermessliche. Viele Waren verschwanden vom Markt. Die Kartoffelversorgung für den Winter stieß auf größte Schwierigkeiten. (Dok. 142d) Immer häufiger fehlten die Mittel zur Auszahlung der Löhne. Mitte August 1923 war die Stadt Hanau nicht in der Lage,

[186] HStAM, 165-2796/2. Polizeibericht v. 15.7.1922.
[187] HA Nr. 159, 10.7.1922; HA Nr. 151, 30.6.1922; HA Nr. 163, 14.7.1922.

die Löhne der städtischen Arbeiter auszuzahlen.[188] Im Herbst, als die Reichsdruckerei mit dem Drucken von Papiergeld nicht mehr nachkam, musste die Ausgabe von Notgeld zugelassen werden. Neben der Stadt Hanau und dem Landkreis gaben auch mehrere Privatfirmen, wie Heraeus, BBC und die Marienhütte, Notgeld heraus.[189]

Die Löhne, die immer häufiger ausgehandelt werden mussten, blieben weit hinter den Preissteigerungen zurück. Bis Dezember 1922 betrug die Laufzeit der Lohntarife noch einen Monat, verkürzte sich dann ab Dezember auf zwei Wochen und im Juni 1923 auf eine Woche. (Dok. 142a) Schließlich mussten die Löhne alle drei Tage festgesetzt und sofort ausgezahlt werden.[190]

Um der Senkung der Reallöhne einigermaßen Einhalt zu gebieten, wurden gegen Ende des Sommers infolge des zwischen den Gewerkschaften und der Regierung ausgehandelten Wertbeständigkeitsabkommens die Tariflöhne an den Index der Lebenshaltungskosten angepasst. Da die Löhne dem Index ständig hinterherliefen, brachte auch dieses Verfahren keine Stabilisierung. Eine besondere Regelung galt schon vom Herbst 1922 an für die Diamantarbeiter. Ihr Akkordsatz wurde durch den jeweiligen holländischen Guldenstand berechnet.[191]

Teuerungszulagen und Zuschüsse waren nur kurzfristig wirkende Nothilfen. Als die Metallarbeitgeber Lohnforderungen ablehnten, zog am 31. Mai die ganze Hanauer Arbeiterschaft, Arbeitende wie Arbeitslose, zu einer mächtigen Protestkundgebung auf den Marktplatz.[192] Besonders hart war die Not der Kurzarbeiter und der Erwerbslosen. Die »Ausgesteuerten« mussten mit einem wöchentlichen Handgeld und einer kärglichen Lebensmittelzuwendung vom Wohlfahrtsamt zurechtkommen. (Dok. 142c) Das Wohlfahrtsamt betrieb seit Sommer 1921 eine Volksküche.[193]

Der »Ruhrkampf« versetzte der deutschen Währung den letzten Stoß. Unter dem Vorwand rückständiger Reparationsleistungen hatten am 11. Januar 1923 französische und belgische Truppen das Ruhrgebiet besetzt. Die Reichsregierung unter Reichkanzler Wilhelm Cuno, zuvor Generaldirektor der Hamburg-Amerika Paketfahrt AG (Hapag), rief daraufhin den »passiven Widerstand« aus und ordnete die Einstellung der Kohlelieferungen an Frankreich und Belgien an. Bergarbeiter sollten keine Kohle mehr fördern, Eisenbahner keine Züge abfertigen, Beamte keine Anweisungen der Besatzungsmächte ausführen. Die Unterstützungen der Reichsregierung an die von den Besatzungsbehörden entlassenen Arbeiter und Angestellten und an 150 000 Ausgewiesene wurden aus der Notenpresse bezahlt. Im Juli 1923 waren 44 Billionen Mark im Umlauf gegenüber 2 Billionen im Januar.

188 StAH, B2, Magistratssitzungsprotokolle 1923, Nr. 406.

189 Eckehard Gottwald, Hanauer Notgeld, Hanau 2001, S. 16, 71, 74, 253, 353ff.

190 VS (Hanau) Nr. 128, 5.6.1923. Ende Juli streikte die Belegschaft der Firma Grün & Bilfinger, um die wöchentlich zweimalige Lohnauszahlung zu erreichen. StAH, B2, Magistratssitzungsprotokolle 1923, Nr. 386.

191 Winkler, Arbeiterbewegung 1918–1924, S. 387, 608; DMV Jahrbuch 1922, S. 76.

192 HStAM, 165-2796/2.

193 HA Nr. 217, 16.9.1921.

Hinter dem Ruhrkampf standen Machtinteressen des französischen und des deutschen Montankapitals. Die Kreise um Stinnes erwarteten von dieser »Katastrophenpolitik« eine Distanzierung Englands von seinen Alliierten und insgesamt eine Schwächung der französischen Position. Die Kredite des Reiches an das Montankapital wurden für lukrative Devisenspekulationen eingesetzt. Die nationale Aufwallung, die die Ruhrbesetzung auslöste, begünstigte die Aktivitäten nationalistischer Geheimformationen auf dem linksrheinischen Gebiet. Die Sabotagekommandos, die dort mit Sprengstoffanschlägen von sich reden machten, standen nicht nur mit leitenden Angestellten der Firma Krupp, sondern auch mit Dienststellen des Reiches, wie der Reichswehr oder dem Verkehrsministerium, in Verbindung.[194] Zudem löste die Ruhrbesetzung bei den Gewerkschaftsspitzen den Burgfriedensreflex aus. Der ADGB schloss mit den Unternehmerverbänden eine Vereinbarung über die »Ruhrhilfe« ab, die die paritätische Verwaltung von Spenden zugunsten der Ruhrbevölkerung vorsah. Der DMV lehnte diese Vorgehensweise ab und sammelte für einen eigenen Fonds.

Die Fraktionen der SPD und der KPD in der Hanauer Stadtverordnetenversammlung nahmen zur Ruhrbesetzung getrennt Stellung. (Dok. 140a,b) Sie verurteilten diesen imperialistischen Gewaltakt und distanzierten sich von der damit einhergehenden nationalistischen Hetzwelle. Sie lenkten den Blick auf den Gegensatz zwischen Nutznießern und Verlierern dieser Situation. »Schlagt Cuno und Poincaré an der Ruhr und an der Spree!« lautete in der Folgezeit die Parole für den Kampf gegen die Politik der deutschen wie auch der französischen Regierung.

Der passive Widerstand beschleunigte die Inflation und vertiefte die Wirtschaftskrise Deutschlands. Seine Folgen lasteten hauptsächlich auf den Schultern der lohnabhängigen Massen. Ende September 1923 wurde der passive Widerstand schließlich abgebrochen. Am 13. August nahm ein Koalitionskabinett mit der Beteiligung von drei SPD-Ministern unter Gustav Stresemann (DVP) als Reichskanzler und Außenminister die Regierungsgeschäfte auf. In Bayern wurde der Ausnahmezustand proklamiert und mit dem zum Generalkommissar ernannten Gustav von Kahr an der Spitze eine Diktatur der bayerischen Gegenrevolution errichtet. Die Reichsregierung befürchtete einen Putsch und Präsident Ebert verhängte am 26. September den Ausnahmezustand über das gesamte Reichsgebiet. Versammlungen im Freien und in geschlossenen Räumen wurden verboten.

In der politischen und wirtschaftlichen Krisensituation wuchs die Anziehungskraft der KPD. Auch in den Gewerkschaften verstärkte sich seit 1922 der kommunistische Einfluss, am meisten bei den Metallarbeitern, den Bergarbeitern und bei den Bauarbeitern. Seit dem Herbst 1922 setzte die Partei erneut stärker auf die Kampfkraft der Betriebsräte und auf deren Eigenständigkeit im Verhältnis zu den Gewerkschaften. Diesem Ziel diente die Bildung eines Reichsaus-

[194] Winkler, Arbeiterbewegung 1918–1924, S. 554, 560f., 567f.

schusses der Betriebsräte, der mit der Ausrufung des Generalstreiks in Berlin im August 1923 zum Rücktritt der Regierung Cuno beitrug. Im Mai 1923 wurde die Umstellung der Partei auf Betriebszellen beschlossen.[195] Für die Zusammenarbeit mit den Gewerkschaften und anderen örtlichen Arbeiterorganisationen und damit zur Verwirklichung der Einheitsfront wurden im Laufe des Herbstes 1923 überall in den Betrieben Aktionsausschüsse gebildet. (Dok. 143)

Mit der Zuspitzung der Inflation, dem Anwachsen der Arbeitslosigkeit und der gesteigerten Tätigkeit militaristisch-konterrevolutionärer Organisationen glaubte die KPD den Zusammenbruch des kapitalistischen Systems wieder ganz nahe und orientierte sich erneut auf den politischen, in letzter Konsequenz sogar bewaffneten Kampf. Kaum ein Jahr nach dem Sieg der Mussolini-Faschisten in Italien bestand im Herbst 1923 auch in Deutschland die reale Gefahr eines faschistischen Umsturzes. Die Bildung von Arbeiterregierungen, unterstützt von den Betriebsräten und von bewaffneten Formationen der Arbeiterschaft, sollte dieser Gefahr einen Riegel vorschieben. (Dok. 143) Arbeiterregierungen, gebildet aus Linkssozialdemokraten und Kommunisten, kamen am 10. Oktober in Sachsen und am 16. Oktober in Thüringen tatsächlich zustande. Sie wurden von den bewaffneten »Proletarischen Hundertschaften«, unterstützt. Dieselbe Reichsregierung, die sich geweigert hatte, gegen die konterrevolutionären Kräfte in Bayern aktiv zu werden, beschloss die Reichsexekutive gegen Sachsen und Thüringen. Die KPD rechnete mit einem Massenprotest der Arbeiterschaft gegen dieses Vorgehen und rief zur Unterstützung der Arbeiterregierung in Sachsen für den 26. Oktober zum Generalstreik auf. Der Aufruf zum Generalstreik, der das Signal eines allgemeinen Aufstands hätte werden sollen, fand kaum Widerhall. Auch in Hanau arbeiteten die meisten Betriebe, so dass die Betriebsrätevollversammlung am 27. Oktober den Abbruch des Generalstreiks beschließen musste. Die Wagner-Gruppe und die SPD unterstützten den Generalstreik von vornherein nicht.[196] Der im Verbund mit dem Generalstreik geplante kommunistische Aufstand in Hamburg vom 23. bis 26. Oktober endete ebenfalls mit einer Niederlage. Am 1. November marschierte die Reichswehr in Sachsen und kurz danach am 5. November in Thüringen ein. Die Arbeiterregierungen wurden zum Rücktritt gezwungen. Am 2. November traten die SPD-Mitglieder unter Protest aus der Reichsregierung aus. Nach dem Scheitern des Hitler-Putsches in München am 9. November 1923 übernahm der Chef der Heeresleitung Hans von Seeckt die vollziehende Gewalt im Reich. Am 23. November folgte das Verbot der KPD und der NSDAP. Die Einführung der Rentenmark am 15. November 1923 bendete die Inflation. Der Wert einer Rentenmark wurde auf eine Billion Papiermark festgelegt, das Verhältnis zum Dollar auf 4,20 RM festgesetzt.

[195] Heer-Kleinert, Gewerkschaftspolitik, S. 193, 237.
[196] HStAM; 165-2796/2; BAB, SAPMO, Ry-I 3/23/9, Bl 60.

Die Jahre der »Stabilisierung« (1923–1929)

Das Ende der Inflation war nicht bedingt durch das tiefgreifende Elend der lohn- und gehaltsabhängigen Massen, sondern durch die Tatsache, dass sich die Nutznießer, der Staat, das Großkapital, Großagrarier, Haus-, Grund- und sonstige Sachwertebesitzer vom weiteren Einsatz dieses finanzpolitischen Instruments keinen weiteren Vorteil mehr versprachen. Die Arbeiterschaft war von der Not niedergedrückt und demoralisiert, die Gewerkschaften, deren Kassenbestände sich durch die Inflation in Nichts aufgelöst hatten, entschieden geschwächt. Von den Auswirkungen der Inflation gründlich vorbereitet, konnte die Offensive gegen die verbliebenen Errungenschaften der Novemberrevolution auf voller Breite beginnen. Mehrarbeit durch Arbeitszeitverlängerung und Senkung der Arbeitskosten durch Arbeitsintensivierung und Rationalisierung lauteten die Wegweiser.

Die Mehrheit der SPD-Reichstagsfraktion stimmte am 5. Dezember 1923 dem zweiten Ermächtigungsgesetz zu, welches der Regierung die Vollmacht für Maßnahmen zur Steuerung der wirtschaftlichen Krise gab. Dieses Gesetz bot die Grundlage für die Verordnung der Reichsregierung vom 21. Dezember 1923 über die faktische Aufhebung des Achtstundentags, da mit dem Auslaufen der Demobilmachungsverordnung über die Arbeitszeit seit dem 17. November in dieser Frage eine gesetzlich Regelung fehlte. Die Arbeitszeitverordnung vom 21. Dezember 1923 erkannte zwar den Achtstundentag formal als Regelarbeitszeit an. Mehrarbeit konnte aber an 30 Tagen nach bloßer »Anhörung« des Betriebsrates, durch Genehmigung der Gewerbeaufsicht oder des Arbeitsministeriums durchgeführt werden. Eine behördliche Genehmigung trat damit an die Stelle eines Schiedsspruches oder eines Schiedsverfahrens. Außerdem gab die Verordnung dem Arbeitgeber das Recht, Tarifverträge mit einer kürzeren als der höchst zulässigen Arbeitszeit mit einer Frist von 30 Tagen zu kündigen. Als flankierende Maßnahme zur Einschränkung der Tarifautonomie diente die Einführung der staatlichen Zwangsschlichtung am 30. Oktober 1923, welche die zwangsweise Verbindlichkeitserklärung möglich machte. Der neutrale Vorsitzende des Schlichtungsausschusses oder der Arbeitsminister konnte nun Schiedssprüche auch gegen das Votum beider Parteien verbindlich erklären. An die Stelle der Tarifautonomie trat auf diese Weise in vielen Fällen eine zwangsweise staatliche Festsetzung der Arbeits- und Lebensbedingungen der abhängig Beschäftigten. Eine Reihe deflationspolitischer Maßnahmen zur Entlastung des Staatshaushaltes (Entlassungen im öffentlichen Dienst, Erhöhung der Massensteuern usw.) rundeten das Bild der »Konsolidierung« ab, in dessen Rahmen die Schwerindustrie eine dubiose Finanzspritze – von mehr als 900 Millionen RM – als »Ruhrentschädigung« erhielt.[197]

Hatten im Zeichen der Inflationskonjunktur auch weniger produktive Betriebe noch ihr Überleben sichern können, so wurde jetzt die Modernisierung des veralteten und durch den Krieg stark abgenutzten Produktionsapparates über-

[197] Deppe, Deutsche Gewerkschaftsbewegung, S. 231, 235f., 266.

fällig. Infolge Kapitalmangels mussten in der ersten Anpassungszeit bis zum Herbst 1924 in Hanau zahlreiche Produktionsstätten stillgelegt werden.[198] Nachdem die Regelung der deutschen Reparationszahlungen im April 1924 im Dawes-Plan im internationalen Einvernehmen festgelegt worden war, setzte der Zustrom von ausländischem, vorwiegend US-amerikanischem Kapital in Form von Anleihen nach Deutschland ein. Auch die Methoden der Rationalisierung folgten dem US-amerikanischen Vorbild. Eine gewisse »Amerikanisierung« wurde im Laufe der 20er Jahre für die deutsche Wirtschaft charakteristisch. Gleichzeitig wuchs die Abhängigkeit vom internationalen Kapitalverkehr. Der gesamte Prozess war starken Konjunkturschwankungen unterworfen. Kaum war die »Anpassungskrise« im Sommer 1924 überwunden, setzte im Herbst 1925 die »Rationalisierungskrise« ein. Auf das »Normaljahr« 1927 folgten 1928 neue Turbulenzen. Den Produktionsstand der Vorkriegszeit erreichte die deutsche Industrie insgesamt erst 1927. Einzelne Industriezweige, wie die Gas- und Elektrizitätswirtschaft, die Chemie-, Elektro- und Metallindustrie, welche die Hauptträger des Strukturwandels waren, übertrafen 1929 das Vorkriegsniveau um 70 Prozent. Der Anteil an der Weltindustrieproduktion von 1913 konnte jedoch während der gesamten Zwischenkriegszeit nicht mehr erreicht werden. Auch die Auslastung der Anlagen blieb, mit 81,4 Prozent zwischen 1925 und 1929, ungenügend.[199]

Im Zuge der Rationalisierungsbewegung entwickelte sich ein scharfer Konzentrations- und Zentralisationsprozess des Kapitals. 1925 besaßen 0,4 Prozent aller Industriebetriebe 30 Prozent des Industrievermögens. Im September 1925 vollzog sich nach einem über 20 Jahre dauernden Vorbereitungsprozess die Fusion der sechs führenden deutschen Chemieunternehmen zur »IG Farbenindustrie AG«. Auf diese Weise entstand nicht nur der größte deutsche Konzern, sondern auch das zweitgrößte Chemieunternehmen der Welt. Zugleich wurde sie über Kapitalbeteiligung an Rheinstahl Miteigentümer der im Frühjahr 1926 gegründeten »Vereinigten Stahlwerke AG«, des größten Montankonzerns in Europa.[200]

Im Vergleich zur Betriebszählung 1907 wuchs die Zahl der Beschäftigten in der Hanauer gewerblichen Wirtschaft von 12 410 auf 19 819 im Jahr 1925, darunter etwa 5700 Frauen.[201] Am Hanauer Mainhafen, der am 24. Oktober 1924 offiziell eröffnet wurde, siedelten 1926 24 überwiegend neu gegründete Firmen, Speditions- und Handelsunternehmen, aber auch Industriebetriebe oder ihre Ableger, wie die Baufirma Wayß & Freitag, die Chemiefabrik Gaquoin & Reuter, die Holzwerkstätte H. C. Deines oder das Zweigwerk der Marienhütte.[202]

198 HStAM, 165-2796/2.

199 Wolfram Fischer, Entwicklungstendenzen der Wirtschaft. In: Ploetz, Weimarer Republik, Freiburg-Würzburg 1987, S. 44ff.; Deppe, Deutsche Gewerkschaftsbewegung, S. 237ff.; Peter Lewek, Arbeitslosigkeit und Arbeitslosenversicherung in der Weimarer Republik 1918–1927, Stuttgart 1992, S. 203; im Weiteren: Lewek, Arbeitslosigkeit.

200 Deppe, Deutsche Gewerkschaftsbewegung, S. 239.

201 Brandt, Wirtschaftspolitik S. 124f., 162f.; HA 236, 8.10.1930.

202 Hanna Escher, Führer durch Hanau mit Stadtplan, Hanau 1926.

Hanau, Beschäftigte der Dunlop in der Mittagspause, um 1925

Im Bereich der Industrie und des Handwerks arbeiteten 14 634 Personen (1907: 9306), im Handel und Verkehr betrug ihre Zahl 4745 (1913: 1890). Die führenden Industriezweige der Stadt stellten nunmehr die Gummiindustrie (Dunlop, Gummischuhfabrik Westheimer) mit 2500 und die technische Edelmetallindustrie (Heraeus, Siebert, Vacuumschmelze) mit 1300 Beschäftigten dar. Der Reifenhersteller Dunlop entwickelte sich bis Ende der 20er Jahre mit insgesamt 2000 Beschäftigten zum größten Hanauer Betrieb. In der Schmuckwarenherstellung arbeiteten Mitte der 20er Jahre rund 1300 Personen, weniger als die Hälfte der Beschäftigtenzahl vor dem Krieg (1913: 2863). In der Anpassungskrise des Jahres 1924 zählte man, wie in der Krise 1926, nur noch um die 800 Gold- und Silberarbeiter. Nach einem vorübergehenden Aufschwung auf 1100 im Jahr 1927 trat infolge der grundlegenden strukturellen Fehlentwicklung in dieser Branche ein kontinuierlicher Rückgang ein, bis am Ende der Weltwirtschaftskrise diese traditionsreiche Industrie nur noch 350 Personen beschäftigte. Noch größer war der Schrumpfungsprozess in der Zigarrenfabrikation infolge veränderter Rauchgewohnheiten, vor allem des Siegeszugs der Zigarette: 1925 arbeiteten 330, 1927 500, 1933 nur noch 100 Personen auf diesem Gebiet. Lediglich die Diamantschleifer konnten mit 434 Beschäftigten den Vorkriegsstand halten. Die auch strukturell bedingte Krise dieser Branche ließ bis 1933 nur noch 250 Schleifer übrig. Die Beschäftigtenzahl im Maschinen- und Fahrzeugbau sank 1925 gegenüber 1907 von 921 auf 495 Personen. Dafür bot nun die elektrotechnische Industrie (Quarzlampen GmbH mit 280 Beschäftigten) 650 Personen Arbeit.

Einen breiteren Raum als früher nahmen mit 500 Beschäftigten die Eisengießerei, ebenfalls mit mehreren Betrieben (Fues, Ravensberger), und mit 900 Beschäftigten die Papierindustrie ein. Von der Dynamik der Hanauer Wirtschaft zeugte auch der Bausektor, der die hohen Beschäftigtenzahlen der Vorkriegszeit (1907: 1506) sogar noch ausbauen konnte (1925: 1554).[203]

Die Rationalisierungskrise traf vor allem den Metallsektor hart. Im Präzisionsmaschinenbau ging die Beschäftigtenzahl 1926 im Vergleich zum Vorjahr auf 60 Prozent zurück, in der Eisengießerei sogar auf 50 Prozent. Bei der Fabrikation elektrischer Apparate und Maschinen trat ein erheblicher Rückgang erst in der zweiten Jahreshälfte ein. Die Möbelindustrie musste das ganze Jahr hindurch mit eingeschränkter Belegschaft arbeiten. Nur geringfügig beeinträchtigte die Krise die Gummiindustrie.[204]

Die soziale Lage der Arbeiter und Angestellten

Die Arbeitszeitverordnung vom 21. Dezember 1923 hatte eine drastische Arbeitszeitverlängerung zur Folge. (146a-c) Ab dem 11. Februar 1924 konnten in den Bereichen der Verwaltungsstellen Frankfurt, Darmstadt, Hanau, Höchst und Offenbach des DMV die Arbeiter gezwungen werden, bis zu 54 Stunden zu arbeiten. Die Unternehmer hatten eine Verlängerung der Wochenarbeitszeit auf 57 Stunden verlangt.[205] Ähnlich erging es den Chemiearbeitern nach dem Reichsrahmentarifvertrag, allerdings mit dem Unterschied, dass ihnen die letzte Stunde mit 25 Prozent Überstundenzuschlag vergütet wurde.[206] In der betrieblichen Praxis hielten sich die Arbeitgeber auch an diese verschlechterten Regelungen nur bedingt.[207]

Im Mai 1924 befragte der ADGB seine Ortsausschüsse über die wirklich geleistete Arbeitszeit. Im Durchschnitt arbeiteten 54,7 Prozent der Personen über 48 Stunden, davon 13 Prozent über 54 Stunden. In der Metallindustrie dauerte für 63,5 Prozent der Arbeiter die Arbeitswoche länger als 48 Stunden, für 21,1 Prozent länger als 54 Stunden. Im Baugewerbe, der Holzindustrie und in der Schuhindustrie konnte der Achtstundentag hingegen weitgehend gehalten werden.[208]

[203] Die Zahlen beziehen sich auf Hanau Stadt und beruhen teilweise auf der Volks-, Berufs- und Betriebszählung vom 16. Juni 1925, Statistik des Deutschen Reichs, Bd. 417, Berlin 1929, Heft 10a, b. Vgl.: Brandt, Wirtschaftspolitik, 161ff.; Keller, Hanau, ein Versuch, S. 17; Karl Georg Schmidt, Der Hanauer Mainhafen und seine Stellung im Rhein-Mainischen Wirtschaftsgebiet, Diplomarbeit, Frankfurt 1925 [Masch. schr.], S. 32ff.; DMV Hanau, Geschäftsbericht 1927, S. 10; Ortsausschuss ADGB, Jahresbericht 1926, S. 15.

[204] Mitteilung über den Geschäftsbericht der Handelskammer Frankfurt-Hanau in: VS (Hanau) Nr. 2, 4. 1. 1927.

[205] Bericht der Verwaltungsstelle Frankfurt des DMV 1922–1924, Frankfurt 1925, S. 29.

[206] Proletarier v. 12.10.1929.

[207] AZ Nr. 39, 25.6.1924.

[208] Allgemeiner Deutscher Gewerkschaftsbund (Hg.), Jahrbuch 1924, Berlin 1925, S. 116ff. An der Erhebung beteiligten sich 533 Ortsausschüsse, von denen 46 122 Betriebe mit 2 453 523 Beschäftigten befragt wurden.

48 Stunden in der Woche arbeiteten die Hanauer Lithographen und Steindrucker, die Gold- und Silberarbeiter, 46 Stunden die Diamantarbeiter, 45 Stunden die Spengler und Installateure. Zu regelmäßigen Überschreitungen der zulässigen Arbeitszeit, bis zu 65 oder 70 Wochenstunden, kam es im Gaststättengewerbe, in Metzgereien sowie Bäckereien und Konditoreien.[209] Die weitere Erleichterung der Mehrarbeit bezweckte das im Reichstag im April 1927 gegen die Stimmen der SPD und der KPD angenommene Arbeitszeitnotgesetz, das nun auch die Überschreitung der Höchstarbeitszeit von 10 Stunden zuließ. Es sah bei Überschreitung der tarifvertraglich vereinbarten Normalarbeitszeit einen Zuschlag von 25 Prozent des Lohnes vor. Die Festsetzung der Zuschläge erfolgte regelmäßig durch Schlichtungsbehörden bis hinauf zum Reichsarbeitsministerium. Der Leiter des Bezirks Frankfurt des DMV, Georg Bernhard, fasste seine Erfahrungen im Jahr 1927 zusammen: »Durch freie Vereinbarung war es unmöglich auch nur die bescheidenste Arbeitszeitverkürzung und Zuschläge zu erhalten.«[210] In der Metallindustrie des Frankfurter Wirtschaftsgebiets (Frankfurt, Offenbach, Hanau, Höchst und Darmstadt) wurde ab dem 1. Mai 1927 die Arbeitswoche von 48 auf 52 Stunden verlängert; im Fall eines »wirtschaftlichen Bedürfnisses« waren 54 Stunden möglich. Die festgesetzten Zuschläge bewirkten freilich, dass etwa drei Viertel der in Betracht kommenden Metallarbeiter 1927 nur 48 Stunden arbeiten mussten.[211] 1928 kam es in und um Frankfurt zu einer »rechtsverbindlichen« Arbeitszeitverkürzung von 52 auf 51 Stunden. In Anbetracht der Zuschläge und neuerlicher Krisenzeichen wurde die 48 Stunden-Grenze auch in diesem Fall kaum überschritten.[212] Anders war die Lage in der Edelmetallindustrie. Im Sommer dauerte die Arbeitswoche oft nur 24 Stunden. Vor Weihnachten waren Arbeitstage von 14 Stunden keine Seltenheit.[213]

160 Diamantarbeiter konnten 1926 nur durch einen vierteljährlichen Streik die Beseitigung ihres Urlaubsanspruchs abwehren. Die holzverarbeitende Firma Brüning & Sohn in Langendiebach wollte den Urlaubsanspruch der nach einem Streik wiedereingestellten Arbeiter nicht anerkennen, die Silberwarenfabrik Schlingloff musste 1927 mehrmals durch das Arbeitsgericht dazu angehalten werden, entlassenen Belegschaftsmitgliedern die Urlaubstage auszubezahlen, desgleichen der Metallbetrieb Amend.[214]

209 ADGB Ortsausschuss Hanau und Arbeitersekretariat, Jahresbericht 1927, Frankfurt am Main 1928, S. 4, 21f.; im Weiteren: Ortsausschuss Jahresbericht 1927. DMV Verwaltungsstelle Hanau am Main, Geschäftsbericht über das Jahr 1927, Stuttgart 1928, S. 13; im Weiteren: DMV Hanau, Geschäftsbericht 1927.

210 DMV-Jahrbuch, Geschäftsberichte der Bezirke 1927, S. 2.

211 Ebd., S. 6. Die Zuschläge betrugen für die 49. bis 50. Stunde 15 Prozent, für die 51. bis 52. Stunde 20 Prozent, für die 53. bis 54. Stunde 25 Prozent, für die 55. bis 56. Stunde 30 Prozent. Für die Mehrarbeit über 56 Stunden hinaus sowie für die Nacht- und Sonntagsarbeit waren 50 Prozent Zuschlag zu zahlen. Vgl.: DMV Hanau, Geschäftsbericht 1927, S. 7.

212 DMV-Jahrbuch 1927, S. 232; DMV-Jahrbuch, Geschäftsberichte der Bezirke 1928, S. 3.

213 DMV Hanau, Geschäftsbericht 1927, S. 19.

214 Ortsausschuss des ADGB Hanau am Main und Umgegend, Jahresbericht des Arbeitersekretariat und Ortsausschuss des ADGB für das Jahr 1926, Frankfurt am Main 1927, S. 9, 14f.; im Weiteren: Ortsausschuss Jahresbericht 1926. DMV Hanau, Geschäftsbericht 1927, S. 7, 18.

Die Verlängerung der Arbeitszeit war für die Arbeitgeber ein beliebtes Mittel, um angesichts der veränderten Kräfteverhältnisse den Herrn-im-Hause-Standpunkt in Erinnerung zu bringen. Nach dem Beginn der Rationalisierungskrise war allerdings die schon allgemein durchgesetzte 54-Stunden-Woche plötzlich wie vergessen. In viele Produktionsbereiche hielt Kurzarbeit Einzug.

Die Lohnentwicklung in der Stabilisierungsperiode war ebenso wie die Produktion von erheblichen Schwankungen gekennzeichnet. Nach der Einführung der Rentenmark auf einem sehr niedrigen Niveau beginnend, zeigten die Tariflöhne erst 1925 einen kräftigen Anstieg, stagnierten durchweg in der Krisenperiode 1926, erhöhten sich dann im raschem Tempo 1927, 1928 und bis hinein in das Jahr 1929, und zwar durchschnittlich um über 14 Prozent pro Jahr. Der tarifliche Stundenlohn für Fabrikfacharbeiter der Metallindustrie im Frankfurter Wirtschaftsgebiet des DMV stieg in dieser Zeitspanne etappenweise von 48 Pfennig Anfang 1924 auf 89 Pfennig 1929.[215] Die Tariflöhne der Hanauer Metallarbeiter bewegten sich in den 20er Jahren im unteren Drittel der örtlichen Lohnskala. Nach einer Aufstellung des ADGB-Ortsausschusses Hanau von 1928 waren die Bauhandwerker, Holzarbeiter, Bäcker, Fleischer, Buchdrucker, auch die Dachdecker, Zimmerer, Gemeindearbeiter teilweise weit besser bezahlt. Vergleichsweise niedrig waren ebenfalls die Löhne in der Edelmetallindustrie; und dies auch für Facharbeiter, deren Ausbildung eine Lehrzeit von viereinhalb Jahren und den Besuch der Zeichenakademie umfasste. Wesentlich besser gestellt als die Fabrikfacharbeiter waren die Heizungsmonteure, Spengler und Installateure.[216] (Tab. 30) Obwohl die Löhne in der Chemiebranche ebenfalls eher niedrig angesetzt waren, erhielten auch hier die gelernten Kräfte im Frankfurter Wirtschaftsraum mehr als in der Metallindustrie.

Durch die Rationalisierung konnten in vielen Arbeitsvorgängen ungelernte Kräfte eingesetzt werden, wo vorher gelernte Arbeiter beschäftigt worden waren. Die Beschäftigung von Frauen wurde ausgeweitet. Ihre Löhne blieben wesentlich, meistens um ein Drittel, niedriger als die der ungelernten männlichen Kollegen.[217] (Dok. 153)

Tariflöhne waren Mindestlöhne, denen sich die tatsächlich ausbezahlten Beträge in Krisenzeiten annäherten oder, wie in der Weltwirtschaftskrise, unterschritten. Die Effektivlöhne überschritten im Laufe der 20er Jahre die Tarifsätze in unterschiedlichem Maße. In der Wachstumsbranche Chemie lagen die Effektivverdienste teilweise um mehr als 20 Prozent über den Tariflöhnen, bei den dort beschäftigten Frauen und Hilfsarbeitern um 15 Prozent. Anfang 1927 beklagte sich der DMV, dass in der Kettenbranche der Hanauer Edelmetallindustrie nur der reine Tariflohn zur Auszahlung gekommen ist.[218]

215 Fuldat, Arbeitsverhältnisse, S. 69; DMV Jahrbuch 1929, S. 191.

216 ADGB Ortsausschuss Hanau und Arbeiter-Sekretariat Jahresbericht 1928, Frankfurt am Main 1929, S. 9; im Weiteren: Ortsausschuss Jahresbericht 1928.

217 Ebd.

218 Hermann Weber u.a., 1890–1990. Hundert Jahre Industriegewerkschaft Chemie-Papier-Keramik, Köln 1990, S. 210; MZ Nr. 5, 29.1.1927.

Die meisten gewerblichen Arbeitnehmer in der Weimarer Republik arbeiteten im Leistungslohn. Die Tarifverträge enthielten zwar die Richtsätze für Akkorde, der individuelle Lohn wurde jedoch weiterhin betrieblich gestaltet. Nachdem der »Reichsausschuss für Arbeitszeitermittlung« (REFA) im September 1924 vom Gesamtverband Deutscher Metallindustrieller gegründet worden war, lösten nach und nach die gemäß seinen Richtlinien ausgearbeiteten Zeitakkorde die früheren Schätzakkorde mit Stückvorgaben ab. Neben dem Akkord war im Bereich der Chemie und in der technischen Edelmetallindustrie (Heraeus) für die Bewältigung gewisser Arbeitsvorgänge auch das Prämiensystem verbreitet.

Die Arbeitgeber nutzten jede Gelegenheit, um die Löhne zu drücken. (Dok. 146b; 151b; 156) Besonders harsch ging die größte Hanauer Diamantschleiferei, die Firma Ginsberg, vor, die im Mai 1926 ihre Belegschaft mit dem Ziel eines zwanzigprozentigen Lohnabbaus kündigte.[219] Meist wurden solche Versuche im Stillen durch innerbetrieblichen Druck oder durch die Nichtbeachtung der Tarifvereinbarungen in die Wege geleitet: Der Metallbetrieb Bauer in Klein-Auheim, obwohl Mitglied im Arbeitgeberverband, ignorierte 1927 den Schiedsspruch über die Erhöhung der Akkordlöhne. Bei der Quarzlampen GmbH wurden Akkordverschlechterungen mit Drohung von Entlassungen und der Stilllegung der Betriebs durchgedrückt.[220] Als bevorzugte Methode zur Akkordverschlechterung diente die Aufhebung der Einheitlichkeit der Akkordbasen und die Einführung verschiedener Akkordpreise für die einzelnen Altersklassen. In der Gießerei Slotosch nannte man dieses Verfahren »Sozialakkord« mit fünf bis sechs verschiedenen Akkordpreisen für dasselbe Stück, je nach Alter des Arbeiters.[221] 1928 gelang es der Gewerkschaft, die einheitlichen Akkordbasen zu sichern: für gelernte Arbeiter 80, für Ungelernte 72, für Arbeiterinnen 48 Pfennige. Diese Vereinbarung wurde 1929 erneuert.[222]

Arbeitstempo und Arbeitsbelastung wuchsen im Zeichen einer allgemeinen Begeisterung für die Rationalisierung beträchtlich. Viele Betriebe setzten weniger auf technische Innovationen, sondern gaben allein schon die Steigerung der Arbeitshetze als »Rationalisierung« aus. (Dok. 149; 151a; 156) Dieses Vorgehen war in vielen Betrieben der Hanauer Schmuckwarenherstellung verbreitet, in der die Unternehmer unter dem Schlagwort der »Qualitätshandarbeit« auf jede maschinelle Ausstattung verzichteten. Das hinderte sie nicht, mit so genannten »Qualitätszulagen« ein Antreibersystem zu etablieren, welches die Arbeiter trotz eines einheitlich abgeschlossenen Tarifvertrages in drei Gruppen spaltete und das Betriebsklima vergiftete.[223] Arbeitsintensivierung und Rationalisierung führ-

[219] AZ Nr. 123, 31.5.1926. Damit sollte gleich die zehnprozentige Lohnerhöhung zurückgenommen werden, die die Diamantschleifer im März 1925, in der Zeit der Konjunktur, mit einem Streik errungen hatten. Vgl.: Ortsausschuss Jahresbericht 1926, S. 15; DMV Jahrbuch 1925, S. 103.

[220] DMV Hanau, Geschäftsbericht 1927, S. 8; AZ Nr. 268, 14.11.1928.

[221] AZ Nr. 4, 1. 4. 1924.

[222] DMV Jahrbuch, Geschäftsberichte der Bezirke 1928, S. 7; DMV Jahrbuch 1928, S. 221f.; DMV Jahrbuch 1929, S. 191.

[223] MZ Nr. 23, 6.6.1925; MZ Nr. 5, 29.1.1927; AZ Nr. 269, 17.11.1927.

ten in vielen Industriezweigen zu beträchtlicher Produktivitätssteigerung. Nach Schätzungen stieg die Leistung pro Arbeiter und Stunde zwischen 1924 und 1929 um rund 40 Prozent. In der chemischen Industrie lag der Produktivitätszuwachs 1929 um 40 Prozent über dem Vorkriegsniveau. Im Maschinenbau trat zwischen 1925 und 1929 eine fünfundzwanzigprozentige, in der Autoindustrie eine hundertprozentige Produktivitätssteigerung ein.[224] In diesem Lichte gesehen relativierte sich auch das Ausmaß der Nominallohnsteigerung, über die die Unternehmer des öfteren Krokodilstränen vergossen. Gegen tarifliche Akkordpreiserhöhungen hatten sie das Argument der hohen Akkordverdienste parat, wie bei der Lohnrunde 1927 im Frankfurter Bezirk des DMV. »Das ist der deutsche Unternehmergeist in Reinkultur. Für die Schufterei werden die Arbeiter noch bestraft«, kommentierte der Bezirksleiter Georg Bernard dieses Vorgehen.[225]

Eine angemessene Beurteilung der Lohnentwicklung ist nur bei Berücksichtigung der Kaufkraft möglich. Bis zum Einsetzen der Konjunktur 1927 blieb das Lohniveau im Wesentlichen unterhalb der Kosten für die Lebenshaltung. Die Nettowochenlöhne, die Lebensgrundlage des Arbeiterhaushaltes, erreichten im Deutschen Reich nur im Jahr 1928 den Vorkriegsstand. Dabei bleibt der Lohnausfall durch die im Vergleich mit der Vorkriegszeit weit höhere Arbeitslosigkeit außer Betracht. »Hier liegt die Mindereinnahme der deutschen Arbeiter, auch dann, wenn die Erwerbslosenunterstützung zum Verdienst eingerechnet würde«, stellte der Geschäftsbericht des Bezirks Frankfurt des DMV für das Jahr 1928 fest.[226] Zwischen 1927 und 1929 gestaltete sich die Lebenshaltung der Arbeiterschaft insgesamt wohl günstiger als vor dem Ersten Weltkrieg, soweit der Haushaltsvorstand nicht arbeitslos war oder in seiner Familie arbeitslose Mitglieder mit erhalten musste.[227]

Die Arbeitslosigkeit blieb während der ganzen 20er Jahre auf einer vor dem Krieg unbekannten Höhe. Wenn Rationalisierung für die Arbeiter vor allem zunehmende Fremdbestimmung und wachsende Kontrolle ihres Arbeitsablaufs bedeutete – durch den Takt des Fließbandes, durch den Vorarbeiter – war doch ihr strengster Aufseher der gar nicht mehr anwesende, weil auf das Pflaster geworfene ehemalige Arbeitskollege. Dem ersten großen Anstieg der Arbeitslosenzahlen nach Kriegsende folgte nach der Endphase der Hyperinflation an der Jahreswende 1923/24 mit fast zwei Millionen Entlassenen die zweite große Welle. Nach einem Tiefpunkt von 646 000 Arbeitslosen im Jahr 1925 stieg die Zahl in der Rationalisierungskrise 1925/26 wiederum auf über zwei Millionen an und sank dann trotz der einsetzenden Konjunktur im Laufe der Jahre 1927/28 nicht mehr unter 1,3 Millionen ab. Im Winter 1928/29, an der Schwelle der neuen Krise, waren bereits drei Millionen Menschen arbeitslos. Die Arbeitslosigkeit be-

[224] Jürgen Kuczynski, Die Geschichte der Lage der Arbeiter unter dem Kapitalismus, Bd. 5. Darstellung der Lage der Arbeiter in Deutschland von 1927/28 bis 1932/33, Berlin 1966, S. 207; Weber, Hundert Jahre, S. 210; Deppe, Deutsche Gewerkschaftsbewegung, S. 243.

[225] DMV Jahrbuch, Geschäftberichte der Bezirke 1927, S. 1.

[226] DMV Jahrbuch, Geschäftsberichte der Bezirke 1928, S. 3.

[227] Preller, Sozialpolitik in der Weimarer Republik, Düsseldorf 1978 (Nachdruck von 1949), S. 158f; im Weiteren: Preller, Sozialpolitik.

traf in den Jahren der relativen Stabilisierung fünf bis zehn Prozent der Lohnabhängigen und 8,4 bis 18 Prozent der Gewerkschaftsmitglieder. Im Vergleich dazu waren von 1907 bis 1913 im Durchschnitt 2,4 Prozent der Gewerkschafter arbeitslos.[228]

Die Entwicklung der Erwerbslosigkeit in Hanau ist nur annähernd fassbar. Zusammenhängende Zahlenreihen existieren nur für die staatlich unterstützten Erwerbslosen, die so genannte »Hauptunterstützungsempfänger«. Sie bildeten aber nur einen Teil der Arbeitslosen, deren Umfang auch von den gerade gültigen Unterstützungskriterien abhing. Die Erwerbslosen, die über die geltende Unterstützungsdauer hinaus ohne Beschäftigung blieben, die »Ausgesteuerten«, fielen der kommunalen Wohlfahrtsfürsorge anheim und verschwanden aus der Statistik der Arbeitsämter. Vom November 1926 an erhielten Langzeitarbeitslose Leistungen der überwiegend staatlichen »Krisenfürsorge«. Die Familienangehörigen der Arbeitslosen bekamen ebenfalls eine ergänzende Unterstützung, deshalb wurden sie als Zuschlagsempfänger bezeichnet. Die Zahl der unterstützten Personen ging also weit über den Kreis der unmittelbar betroffenen Arbeitslosen hinaus.

Die Zahl der Hauptunterstützungsempfänger erreichte in Hanau Stadt zum Ende der Hyperinflation ihren vorläufigen Höhepunkt mit 2400 Personen.[229] Auf den niedrigsten Stand fiel sie mit 200 bis 300 Personen in den Sommermonaten des Jahres 1925.[230] Während der Rationalisierungskrise stieg ihre Zahl im Februar 1926 wieder auf über 2200 und blieb auch im Herbst, zusammen mit den Empfängern der Krisenfürsorge, in dieser Größenordnung.[231] Im Sommer 1927 bekamen nach langer Zeit wieder weniger als 1000 Arbeitslose reguläre Unterstützung; zusammen mit den Krisenunterstützten zählten sie aber noch immer über 1500, über vier Prozent der Hanauer Bevölkerung.[232] Dieser Prozentsatz entsprach etwa der Höhe der Arbeitslosigkeit im Reichsdurchschnitt. Ende Juni 1927 betrug die Zahl aller verfügbaren Arbeitssuchenden einschließlich der Ausgesteuerten 1900, Ende Oktober 1500. Anfang 1929 wuchs die Zahl der unterstützten Erwerbslosen auf 1647.[233] Während der Inflation und Krisen 1924 und 1926 ging die Zahl der Kurzarbeiter ebenfalls in die Tausende.

Im Frühjahr 1924 und zeitweise auch 1926 wurde die Kurzarbeiterunterstützung ausgesetzt, obwohl viele Kurzarbeiter, besonders in den schlecht bezahlten Industrien, bei einer wöchentlichen Arbeitszeit von 24 Stunden nicht besser gestellt waren als die Vollerwerbslosen mit Zusatzunterstützung. Hinzu kam, dass die Arbeitnehmer, obwohl sie sich seit 1923 zwei bis drei Prozent ihres Loh-

[228] Deppe, Deutsche Gewerkschaftsbewegung, S. 243f.; DMV Jahrbuch, Geschäftsberichte der Bezirke 1928, S. 3.
[229] HA Nr. 69, 21.3.1924.
[230] HStAM, 165-2796/2.
[231] HA Nr. 66, 19.3.1926; VS (Hanau), Nr. 298, 22.12.1926.
[232] VS (Hanau) Nr. 201, 29.8.1927.
[233] HA Nr. 278, 26.11.1927; Thomas Klein (Hrsg.), Der Regierungsbezirk Kassel 1933–1936. Die Berichte des Regierungspräsidenten und der Landräte, Bd. 1. Darmstadt/Marburg 1985, S. XCVIII; im Weiteren: Klein, Regierungsbezirk 1933–1936.

nes als Beitrag für die Erwerbslosenfürsorge abziehen lassen mussten, im Falle der Erwerbslosigkeit einer »Bedürftigkeitsprüfung« unterziehen mussten.[234] In Hanau war der Beitrag mit drei Prozent höher als in Frankfurt. Die Hanauer Erwerbslosen mussten gleichzeitig durch unbezahlte Pflichtarbeit für die Stadt ihre Unterstützung »verdienen«, obwohl sie nicht aus städtischen Mitteln, sondern aus den Beiträgen der Arbeitgeber und Arbeitnehmer bezahlt wurde.[235]

Die negativen Erfahrungen der Rationalisierungskrise beschleunigten die Verabschiedung des Gesetzes für Arbeitsvermittlung und Arbeitslosenversicherung, das am 1. Oktober 1927 in Kraft trat. Die auf Versicherungsbasis gestellte Arbeitslosenunterstützung wurde zu gleichen Teilen aus Arbeitgeber- und Arbeitnehmerbeiträgen finanziert und notfalls durch Reichsdarlehen abgesichert. Unterstützungsberechtigt war jeder arbeitsfähige, arbeitswillige, aber unfreiwillig Arbeitslose, der in den letzten 12 Monaten während 26 Wochen eine versicherungspflichtige Beschäftigung ausgeübt und seinen Anspruch auf Unterstützung noch nicht erschöpft hatte. Die Unterstützungssätze wurden nach einem zehnteiligen Lohnklassensystem differenziert. Die Bedürftigkeitsprüfung fiel weg. Die Unterstützung wurde vom achten Tage der Arbeitslosigkeit für die Dauer von 26 Wochen gezahlt. Für die anschließende Krisenunterstützung wurde weiterhin eine Bedürftigkeitsprüfung durchgeführt.

Die Konstruktion der neu eingeführten Arbeitslosenversicherung war auf eine optimistisch beurteilte Wirtschaft- und Beschäftigungslage zugeschnitten, wie diese sich im Jahr 1927 entwickelte. Jede Verschlechterung bedeutete somit eine Zerreißprobe. Schon am 12. Oktober 1929 wurden wesentliche Bestimmungen zuungunsten der Arbeitslosen geändert.

Die Institutionalisierung der Arbeitslosenversicherung 1927 schuf die Versicherung als öffentlich rechtliche Körperschaft. Sie wurde damit zu einer staatlichen Institution mit streng hierarchischem Aufbau unter der Kontrolle der Reichsregierung. Die neu geschaffene Reichsanstalt wurde Träger nicht nur der Arbeitslosenversicherung, sondern auch Träger der öffentlichen Arbeitsvermittlung. Ihre Organe waren 13 Landesarbeitsämter und 361 Arbeitsämter. Die Zuständigkeit der Gemeinden für die Erwerbslosenfürsorge und die Arbeit der kommunalen Arbeitsnachweise ging auf die Arbeitsämter über. Das ausschließliche Recht auf die gewerblich betriebene Arbeitsvermittlung besaßen die Arbeitsämter allerdings erst ab dem 15. März 1931.[236]

Die gesteigerte Intensität der Arbeit und die Einführung neuer Produktionsverfahren ließen zwischen 1924 und 1928/29 die Berufskrankheiten und Betriebsunfälle um bis zu 50 Prozent ansteigen. Zu besonders zahlreichen Unfällen kam es in der chemischen Industrie.[237] Zu den schlimmsten gehörten in Hanau die Explosion eines Destillationsapparates Ende August 1924 bei der Firma Heraeus

[234] Preller, Sozialpolitik, S. 363, 366f.
[235] HA Nr. 140, 17. 6. 1924.
[236] Lewek, Arbeitslosigkeit, S. 389f.
[237] Deppe, Deutsche Gewerkschaftsbewegung, S. 243; Weber, Hundert Jahre, S. 211.

und eine Dampfkesselexplosion bei Dunlop Ende November 1927.[238] Der steile Anstieg der Unfälle im Baugewerbe führte 1927 zum Wiederaufleben der vor dem Krieg in vielen Gewerkschaftskartellen tätigen Bauarbeiterschutzkommissionen.[239] Die Gesundheit der arbeitenden Bevölkerung hatte unter den Entbehrungen des Krieges und der Nachkriegsjahre stark gelitten. Bei der AOK Hanau war noch 1924 ein dauerhaft hoher Krankenstand zu verzeichnen. Besonders die Kinder litten unter der Not.[240] Die große Kälte am Anfang des Jahres 1929 führte zu einer weiteren Erkrankungswelle. In Hanau waren Mitte Februar 1929, ohne die Krankenhauspatienten, 1680 AOK-Mitglieder krank gemeldet, bei der AOK Hanau-Land befanden sich von 12 500 Mitgliedern 1000 im Krankenstand.[241]

Die Hanauer Wohnsituation verschlechterte sich nach Kriegsende. Demobilisierung, die hohe Zahl von Eheschließungen und Geburten sowie die Aufnahme von Flüchtlingen aus Elsass-Lothringen führten dazu, dass zwischen dem 1. Juni 1919 und dem 1. Juli 1922 insgesamt 3146 wohnungssuchende Haushaltungen registriert waren, von denen bis zum Ende des Jahres, trotz der Zwangsbewirtschaftung, 1390 Fälle nicht erledigt werden konnten.[242] Während der Inflationszeit wurden unter städtischer Regie 164 Wohnungen errichtet, die durchweg über zwei und drei Zimmer verfügten.[243] Die Wohnsituation in Hanau blieb gespannt. Noch 1925 waren 1300 Dringlichkeitsfälle registriert.[244]

Die im Februar 1924 eingeführte Hauszinssteuer, die durch steuerliche Belastung des Altbaubesitzes die Mittel für Neubauten aufbringen sollte, sowie die Lockerung des Kreditwesens nach den Finanzregelungen des Dawes-Planes ermöglichten es den Kommunen, der Wohnungsnot zu begegnen. Allerdings sorgte die bürgerliche Mehrheit der Stadtverordnentenversammlung dafür, dass der Hanauer Wohnungsbau in städtischer Regie eingeschränkt wurde. Gegen eine langfristige Kostenübernahme von 50 Prozent der Baukosten durch die Stadt erstellten zwischen 1925 und 1927 Hanauer Bauunternehmen auf dem neuen städtischen Hafengebiet 99 schlüsselfertige Wohnungen, deren Ausstattung auf die gehobenen Ansprüche der im Hafen beschäftigten Beamten, Angestellten und Facharbeiter abzielte. 63 Wohnungen wurden 1927/28 ebenfalls für eher gehobenen Bedarf um den Beethovenplatz gebaut. Diese Politik traf auf die scharfe Kritik der Arbeiterparteien, dies um so mehr, als der dringend notwendige, aber weniger gewinnträchtige Kleinwohnungsbau dadurch in den Hintergrund gedrängt wurde und zahlreiche Familien weiterhin in den überfüllten Elendsquartieren hausen mussten.[245]

238 HA v. 5.9.1924; AZ Nr. 281, 1.12.1927.
239 Ortsausschuss Jahresbericht 1927, S. 4.
240 Bericht der AOK-Hanau, HA Nr. 140, 17.6.1924.
241 VS (Hanau) v. 16.2.1929.
242 HA Nr. 284, 4.12.1922; HA Nr. 285, 5.12.1922; HA Nr. 286, 6.12.1922.
243 Hanau. Der Main- und Kinziggau, Berlin 1929, S. 121f.
244 AZ Nr. 256, 31.10.1925.
245 Hanau. Der Main- und Kinziggau, S. 123ff.; Hanau. Baudenkmäler, S. 110, 114; VS (Hanau) Nr. 270, 18.11.1927; AZ Nr. 274, 23.11.1927.

Gewerkschaften und Parteien

Die Niederlage der deutschen Arbeiter am Ende der Inflationszeit spiegelt sich im dramatischen Mitgliederverlust der Gewerkschaften wider. Bis zum Jahresende 1924 hatten die freien Gewerkschaften fast die Hälfte ihrer 1920 noch acht Millionen Mitglieder verloren. Nach einer leichten Erholung 1925 drückte die Rationalisierungskrise die Mitgliederzahl auf 3 900 000. Auch die christlichen Gewerkschaften verloren in vergleichbarem Umfang. Die gravierenden Mitgliederverluste bei gleichzeitigem Anstieg der Zahl der Lohnabhängigen führten zu einem drastischen Absinken des gewerkschaftlichen Organisationsgrades von 55 Prozent im Jahr 1920 auf 28 Prozent im Jahr 1926.[246]

1922 waren in Hanau die meisten Beschäftigten, weit über 10 000, gewerkschaftlich organisiert.[247] Der größten Hanauer Einzelgewerkschaft, dem DMV, gehörten 1922 die meisten, nämlich 6024, Mitglieder an. Das bedeutete einen Organisationsgrad von über 90 Prozent. Der Fabrikarbeiterverband erreichte mit 2086 Mitgliedern 1923 den Höchststand.[248] Der größte Teil der Austritte erfolgte Ende 1923 und Anfang 1924. Ein großer Teil der Mitgliedschaft lastete die Entwicklung unmittelbar der sozialdemokratisch dominierten Führung der Gewerkschaften an. Nur mühsam konnte die Auflösung des Hanauer Gewerkschaftskartells verhindert werden. Man beschloss, für die Vorstände keine Beiträge mehr abzuführen und die Gelder zur Finanzierung eines Betriebsrätekongresses zu verwenden.[249] Der Vertrauensverlust war nicht zuletzt auch durch die Tatsache bedingt, dass die Gewerkschaften infolge der Hyperinflation zahlungsunfähig waren. Erst im Laufe des Jahres 1924 konnten wieder die satzungsgemäßen Leistungen ausgezahlt werden.

Die Leitung des ADGB sah sich auch in ihren Hoffungen auf Mitbestimmung enttäuscht. Da »weite Kreise der Unternehmer wirtschaftlich und sozial eine Haltung einnehmen, die unvereinbar mit dem Geist und den Vereinbarungen der Arbeitsgemeinschaft ist«, wurde am 16. Januar 1924 der Austritt aus der Zentralarbeitsgemeinschaft (ZAG) vollzogen.[250] Nachdem sich auch die Hirsch-Dunckerschen Gewerkvereine verabschiedet hatten, blieben schließlich nur noch die christlichen Verbände angeschlossen. Die Reichsarbeitsgemeinschaft Chemie blieb bis 1933 bestehen.

246 Tenfelde, Deutsche Gewerkschaften bis 1945, S. 324, 371; Deppe, Deutsche Gewerkschaftsbewegung, S. 248.

247 Im Jahresbericht des Ortsausschusses 1926 wurden für 1922 16 000 Gewerkschaftsmitglieder angegeben, diese Zahl schließt aber auch die Beschäftigten der Zeche Gustav in Dettingen und die Mitglieder der freigewerkschaftlichen Angestelltenorganisation ZdA mit ein. Die Zeche Gustav lieferte die Kohle für das Hanauer städtische Elektrizitätswerk. Ortsausschuss Jahresbericht 1926, S. 6.

248 Ebd., S. 12, 15.

249 BAB, SAPMO, Ry-I 3/23/9, Bl. 60. Bericht des UB Hanau der KPD an die Bezirksleitung in Frankfurt.

250 Dokumente und Materialien, Bd. 8, Berlin 1975, S. 25.

Obwohl der ADGB-Kongress in Leipzig 1922 die Schaffung von Industriegewerkschaften beschlossen hatte, behielten die Berufsverbände eine große Bedeutung. In den chemischen Betrieben zum Beispiel war für die Betriebsarbeiter sowie für die un- und angelernten Arbeitskräfte der Fabrikarbeiterverband (FAV) zuständig, während die Handwerker im DMV organisiert waren. Einige Verbände mit verwandtem Berufsprofil vollzogen ähnlich dem 1923 gegründeten Baugewerksbund den Zusammenschluss. Bei der Vereinigung des freigewerkschaftlich orientierten Deutschen Eisenbahnerverbandes (DEV) mit der Reichsgewerkschaft Deutscher Eisenbahnbeamter zum »Einheitsverband der Eisenbahner Deutschlands« (EdED) im Juni 1925 ging es noch um die Konzentration der zersplitterten Kräfte in einem einzigen Berufsverband. Berufsübergreifend gestaltete sich die Verschmelzung von sechs früheren Einzelverbänden, unter ihnen die Verbände der Brauer, Bäcker, Fleischer und Böttcher, zum »Nahrungsmittel- und Getränkearbeiterverband« mit 150 000 Mitgliedern. Den größten Zusammenschluss brachte die Vereinigung des »Deutschen Verkehrsbundes«, des »Verbandes der Gemeinde- und Staatsarbeiter« und des »Verbandes der Gärtner- und Gärtnereiarbeiter« im Oktober 1929 mit 700 000 Mitgliedern zum »Gesamtverband der Arbeitnehmer der öffentlichen Betriebe und des Personen- und Warenverkehrs«.[251]

Mit dem Ziel einer effektiveren Organisationsarbeit wurde die Bezirksebene des ADGB mit reichsweit 13 Bezirken ausgebaut. Der Sekretär des 4. Bezirks für Hessen, Hessen-Nassau und Waldeck, Wilhelm Leuschner, nahm seine Tätigkeit am 1. April 1926 im Frankfurter Gewerkschaftshaus, damals noch in der Allerheiligenstraße, auf.[252] Der Frankfurter ADGB-Bezirksausschuss beschloss die Zusammenfassung der »Zwergkartelle« zu Kreiskartellen. Das Gewerkschaftskartell Gelnhausen wurde 1927 dem Kreiskartell Hanau angegliedert. Das Hanauer Arbeitersekretariat richtete daraufhin in Gelnhausen eine Sprechstunde ein.[253]

Der Einfluss der Kommunisten im Hanauer Gewerkschaftskartell (Ortsausschuss) blieb vor allem durch die kommunistische Dominanz in der DMV-Geschäftsstelle auch in den Jahren 1924 bis 1928 erhalten. (Dok. 150) Nach 1923 bestand die Leitung nur noch aus Kommunisten.[254] Der örtliche Parteisekretär Karl Rehbein wurde bei den Wahlen zur Ortsverwaltung regelmäßig als Geschäftsführer der DMV-Verwaltungsstelle bestätigt. Die 20 Kartelldelegierten des DMV und der Kartellvorstand gehörten ebenfalls der KPD an. Die extreme Linkswendung der Partei im Frühjahr 1924 unter der Parole »Heraus aus den Gewerkschaften« fand ohne die Hanauer Kommunisten statt. Von Frankfurt aus betriebene Versuche, in Hanau kommunistische Gewerkschaften zu gründen, wurden insbesondere von den KPD-Mitgliedern im DMV erfolgreich abgewehrt.[255]

[251] MZ v. 11.7.1925; VS (Frankfurt) Nr. 56, 6.5.1928; VS (Frankfurt) Nr. 236, 9.10.1929. Vgl. auch: Walter Nachtmann, 100 Jahre ÖTV. Die Geschichte einer Gewerkschaft und ihrer Vorläuferorganisationen, Frankfurt 1996, S. 194ff.

[252] Beier, Arbeiterbewegung in Hessen, S. 484.

[253] Ortsausschuss Jahresbericht 1927, S. 4f.

[254] AZ Nr. 34, 3.3.1924.

[255] BAB, SAPMO, Ry-I 3/23/9, Bl. 101f.

Während der Zeit des Parteiverbots, das erst Anfang März 1924 aufgehoben wurde, saßen mehrere kommunistische Funktionäre, die am 6. Januar im Gewerkschaftshaus an einer geheimen Sitzung teilgenommen hatten, in Haft. Zu ihnen gehörte auch der DMV-Geschäftsführer Karl Rehbein.[256] Einer der Texte, der auf der illegalen Sitzung als Diskussionsgrundlage gedient hatte, enthielt die Richtlinien zur gewerkschaftlichen Fraktionsbildung auf örtlicher Ebene und zu den damit verknüpften Schritten zur »Eroberung der Gewerkschaften«. Die kommunistischen Gewerkschaftsfraktionen, die sich aus allen Kommunisten der betreffenden Gewerkschaft zusammensetzten, wurden auf bezirklicher und zentraler Ebene zusammengefasst. Sie waren als wichtiges Instrument der innergewerkschaftlichen Meinungsbildung vorgesehen und sollten auch die Erwerbslosenarbeit koordinieren. Die Parole »Eroberung der Gewerkschaften« wurde als Alternative zur fragwürdigen Gründung selbständiger kommunistischer Gewerkschaften verstanden. Die Fraktionsbildung erstreckte sich auch auf die betrieblichen Arbeitervertretungen wie Vertrauensmänner und Betriebsräte. Die sozialdemokratischen Vertrauensleute und Betriebsratsmitglieder waren ebenfalls in Fraktionen zusammengefasst.

Die im Frühjahr 1925 eingeleitete Kursänderung der KPD in Richtung auf die Einheitsfront mit der Sozialdemokratie und der Mitarbeit in den Gewerkschaften stärkte die Position der Hanauer Genossen. Außerhalb des DMV gelang es kommunistischen Vertretern, auch in den Ortsverwaltungen des Verkehrsbundes, der Lithographen und Steindrucker, des Fabrikarbeiterverbandes, des Holzarbeiterverbandes und des Eisenbahnerverbandes Fuß zu fassen.[257]

Die Betriebe, in denen die Kommunisten eine starke Stellung hatten, waren gleichzeitig die gewerkschaftlich bestorganisierten: Heraeus, die Gießereien Wilhelma und Slotosch sowie die Quarzlampen-Gesellschaft. (Dok. 150) Hochgradig organisiert waren im DMV die Diamantschleifer und – unter den handwerksmäßigen Betrieben – die Spengler und Installateure.[258] Gut die Hälfte bis zwei Drittel der Schmuckwarenarbeiter gehörte Mitte der 20er Jahre dem DMV an. In ihrem Kreis besaß die KPD weniger Einfluss, da die die Schmuckarbeiter größtenteils die SPD unterstützten. (Dok. 149) Ende 1928 waren von den 4800 Metallarbeitern, die in der gesamten Metall-, Edelmetall- und Diamantindustrie Hanaus Arbeit fanden, 3900 im DMV organisiert, also immer noch 80 Prozent

[256] HStAM, 165–1211/3, Bl. 106f; HA Nr. 7, 9.1.1924.

[257] BAB, SAPMO, Ry-I 3/23/48, Bl. 28; Ebd., I 3/23/9, Bl. 117, 131f.; AZ Nr. 39, 16.2.1926; AZ NR 48, 26.2.1926; AZ v. 27.2.1927.

[258] Im gesamtdeutschen Maßstab waren 1925 von 1350 Schleifern 1070, also 79 Prozent, organisiert. Vgl.: MZ Nr. 34, 22.8.1925. In Hanau waren 1928 von 675 Diamantarbeitern und Lehrlingen 625, also 93 Prozent, DMV-Mitglieder. Vgl.: Ortsauschuss Jahresbericht 1928, S. 26.

der Beschäftigten.[259] Einen hohen Organisationsgrad zeigten außerhalb des Metallbereichs die Buchdrucker, die Gemeinde- und Staatsarbeiter, die Straßen- und Kleinbahner des Verkehrsbundes und beim Verband der Nahrungsmittel- und Getränkearbeiter die Sektionen der Brauer, Böttcher und Bäcker.[260]

Der Organisationsgrad der einzelnen Branchen korrelierte nicht zwangsläufig mit dem politischen Einfluss der Arbeiterparteien, wirkte sich aber in den Betrieben ganz entscheidend auf die gewerkschaftliche Handlungsfähigkeit aus. »In den schlecht organisierten Betrieben sind die Lohn- und Arbeitsbedingungen ebenfalls schlecht«, stellte der Geschäftsbericht der DMV-Verwaltungsstelle 1928 fest, da dort die Verträge ungeniert missachtet und die Belegschaften mit mehr Erfolg eingeschüchtert werden können.[261]

In vielen Betrieben, so auch in den meisten Betrieben der Edelmetallindustrie, versäumten die Belegschaften die Wahl von Betriebsvertretungen und verwirkten dadurch ihr Klagerecht vor den Arbeitsgerichten. Gegen Entlassung konnte zum Beispiel nur geklagt werden, wenn der Betriebsrat vorher gegen die Entlassung gestimmt hatte. 1922/23 erfasste die Hanauer Betriebsrätezentrale noch 121 Betriebe, 1926 war ihre Zahl auf 83 gesunken.[262] Maßregelungen trafen kommunistische Betriebsratskandidaten überdurchschnittlich häufig. In der Gießerei Slotosch wurde von der Belegschaft 1926 ein KP-Mitglied als Betriebsratsvorsitzender vorgeschlagen. Die Direktion reagierte mit der sofortigen Kündigung.[263]

Auseinandersetzungen zwischen den sozialistischen Fraktionen waren an der Tagesordnung. Ein von SPD-Mitgliedern oft geäußerter Vorwurf war, dass die KPD die Gewerkschaft in den Dienst ihrer Parteiarbeit stelle. Unter anderem wurde ein vom Ortsausschuss anlässlich der Reichspräsidentenwahl im Frühjahr 1925 für den KPD-Kandidaten Ernst Thälmann herausgegebenes Flugblatt oder die Unterstützung einer Delegation nach Sowjetrussland kritisiert.[264] Zu einem größeren Konflikt kam es 1925 bei den Ortskrankenkassenwahlen. Der Ortsausschuss stellte beschlussgemäß eine Liste auf, in der die einzelnen Gewerkschaften mit den von ihnen vorgeschlagenen Kandidaten nach Proporz vertreten waren. Die SPD-Fraktion des Ortskartells stellte jedoch eine eigene Liste auf. Begleitet wurde dieses Vorgehen von einem Rundschreiben der sozialdemokratischen Fraktionsleitung im DMV, das persönliche Angriffe gegen die Ortsverwaltung enthielt. Dieser Rundbrief führte nach heftigen Debatten in einer Mitgliederversammlung am 18. Oktober 1925 zum Ausschlussantrag gegen 30 DMV-Mitglieder, die an der Kampagne teilgenommen hatten.[265] Der DMV-Vor-

[259] DMV Jahrbuch 1926, Berichte der Bezirke, S. 10; Ortsausschuss Jahresbericht 1928, S. 26; DMV Hanau, Geschäftbericht 1927, S. 13; Ebd. 1928, S. 14.

[260] Ortsausschuss Jahresbericht 1926, S. 16; Ebd. 1927, S. 24; Ebd. 1928, S. 23, 28.

[261] DMV Hanau, Geschäftsbericht 1928, S. 7.

[262] Ebd.

[263] BAB, SAPMO, Ry-I 3/23/43 Bl. 27f.

[264] Ortsausschuss Jahresbericht 1926, S. 7; AZ Nr. 244, 17.10.1925.

[265] AZ Nr. 246, 20.10.1925. Der Referent der DMV-Bezirksleitung in der Versammlung, Franz Metz, versuchte, die hochsteigenden Emotionen zu glätten. Unmissverständlich bekräftigte er aber dabei, dass die Verwaltungsarbeit im Hanauer DMV tadellos funktioniere. Vgl. auch: AZ Nr. 259, 4.11.1925.

stand begnügte sich – abweichend von seiner sonstigen Praxis – mit einer Rüge an die Adresse der SPD-Fraktion. Die Aufstellung der SPD-Liste führte schließlich dazu, dass ein Arbeitgeber zum Vorsitzenden der AOK gewählt wurde.[266]

Provokativ stellte die SPD-Fraktion des Ortsausschusses Hanau in einem Aufruf zur Reichstagswahl im Mai 1928 die Frage: Was haben die KPD-Führer in Hanau getan, um es besser zu machen als die »Reformisten«. (Dok. 158a,b) Tatsächlich waren ihre Erfolge nicht größer als anderswo. Kämpfe um Lohn und Arbeitszeit waren in Hanau gleichen und mitunter auch schlechteren Bedingungen unterworfen. Die »großen Worte«, welche die Sozialdemokraten den Kommunisten vorwarfen, machten jedoch den Unterschied aus: In ihnen kam der Wille zum Ausdruck, die gesellschaftlichen Zustände auf Grund der marxistischen Theorie analytisch zu begreifen und darzustellen, die Verhältnisse und die Erfordernisse des Handelns beim Namen zu nennen und den unüberbrückbaren Gegensatz zwischen Arbeitsgemeinschaft und Klassenkampf, zwischen Kapital und Arbeit, klar herauszustellen. Der Ortsausschussbericht des Jahres 1927 benannte illusionslos die Ursachen der gewerkschaftlichen Misserfolge im Fehlen einer klassenmäßigen Orientierung der gewerkschaftlichen Politik, im Fehlen einer richtungsweisenden Abgrenzung von den »Interessen der Wirtschaft« und endlich in der Verkennung der Rolle des Staates bei den Kämpfen um höhere Löhne und kürzere Arbeitszeit.[267] Die Kommunisten unterlagen selbst gravierenden Fehleinschätzungen, jedoch behielten sie in ihrer nüchternen Einschätzung der Rationalisierungsfolgen und der von den Gewerkschaftsvorständen propagierten »Wirtschaftsdemokratie« recht.

Ein charakteristischer Zug der kommunistischen Gewerkschaftsarbeit war die Einbeziehung der Arbeitslosen. Die Betriebsstilllegungen in der Zeit der Hyperinflation wurden von den Unternehmern zu breit angelegten politischen Säuberungen genutzt, so dass Anfang 1924 etwa 80 Prozent der KPD-Mitglieder im Bezirk Hessen-Frankfurt arbeitslos waren. Dieser Anteil ging im Konjunkturjahr 1927 auf etwa 30 Prozent zurück, die Entlassungsgefahr blieb aber für Kommunisten weiterhin überdurchschnittlich hoch.[268] Im Herbst 1924 unterstanden dem Landeserwerbslosenausschuss in Frankfurt am Main 50 Ortsausschüsse im ganzen Bezirk, die unter mehr oder weniger starkem kommunistischen Einfluss standen. Gewerkschaftskartelle, die von Kommunisten dominiert wurden, arbeiteten eng mit den Erwerbslosenausschüssen zusammen. Sie spielten im Frühjahr 1926 auch bei der Mobilisierung für die entschädigungslose Enteignung der Fürsten eine wichtige Rolle. Die Verwaltungsstelle Hanau des DMV plädierte in einem Antrag an den Verbandstag in Bremen für die Aufnahme von Erwerbslosen und für ihre Beteiligung an Versammlungen und Wahlen.[269]

Dem von der Zentrale der KPD seit 1925 forcierten Aufbau so genannter »Betriebszellen« nach sowjetischem Vorbild als Grundeinheit der Partei konnten die

[266] Ortsausschuss Jahresbericht 1926, S. 7.
[267] Ebd. 1927, S. 2.
[268] BAB, SAPMO, Ry-I 3/23/24, Bl. 15, 109.
[269] Ebd., Bl. 37, 107; Ebd., I 3/23/2, Bl. 65; Ebd., I 3/23/42, Bl. 4ff.; AZ Nr. 101, 3.5.1926.

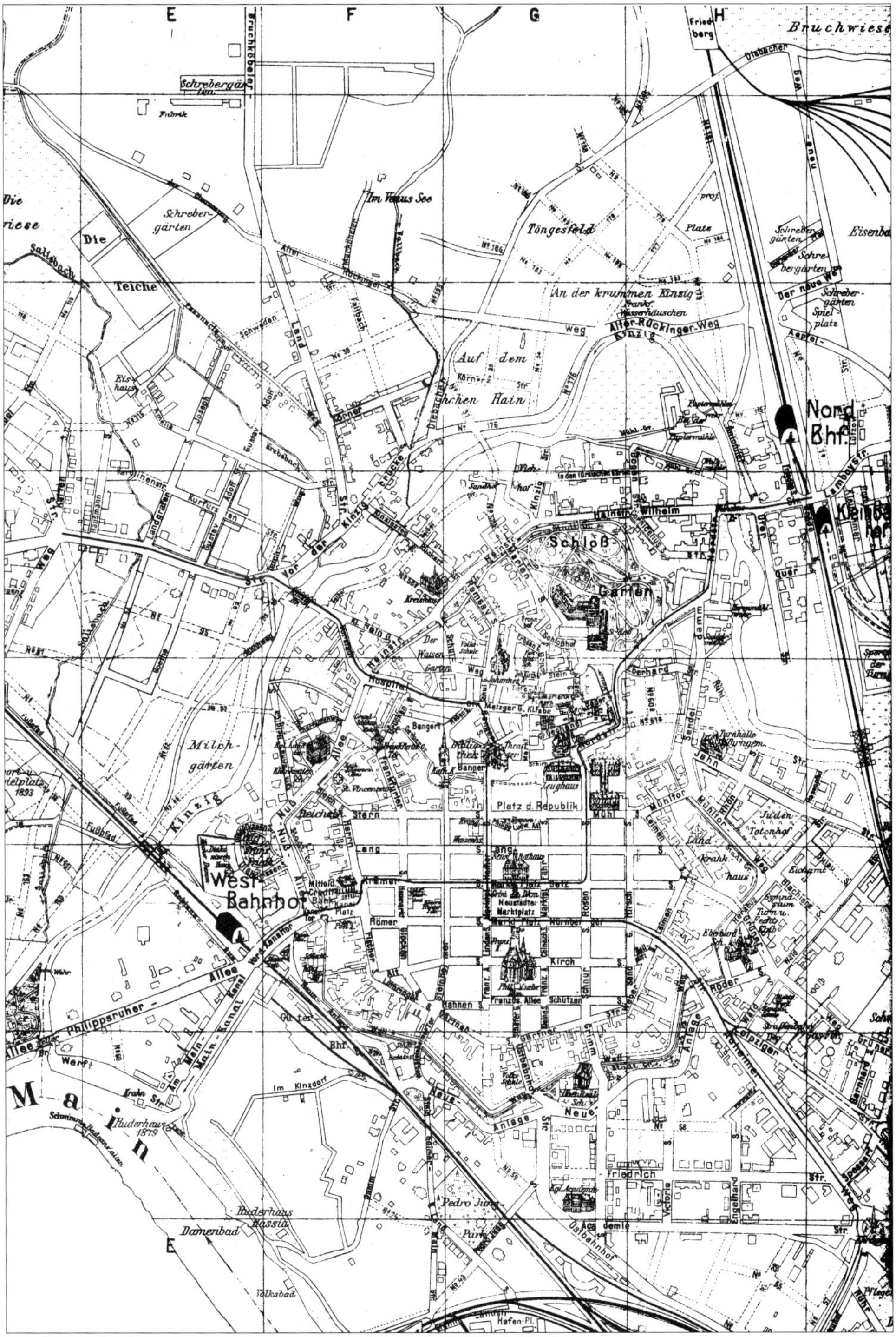

Hanau, Stadtplan von 1926

Hanau, Anzeige in der »Volksstimme«, 6. August 1927

Hanauer Genossen nicht viel abgewinnen. Auch die Herausgabe eigener Betriebszeitungen sahen sie skeptisch. Der Bezirk berichtete 1927 nach Berlin: »Die Genossen (in Hanau und Offenbach) stehen auf dem Standpunkt, dass die Herausgabe von Betriebszeitungen die Stellung der Parteigenossen im Betrieb erschwere, und dass wir auf rein gewerkschaftlicher Grundlage und mit dem Vertrieb der übrigen Literatur unsere Position im Betrieb viel besser ausbauen können, als durch Betriebszeitungen.«[270] Für eine lebendige Berichterstattung aus den Betrieben sorgte außerdem die seit März 1924 erscheinende »Arbeiter-Zeitung«, das Organ des KPD-Bezirks Frankfurt-Hessen durch seine Arbeiterkorrespondenten. Ihre Beiträge fanden oft auch als Flugblätter in und vor den Betrieben Verbreitung.

Die mühevolle Arbeit der Hanauer freien Gewerkschaften ließ in der zweiten Hälfte der 20er Jahre die Mitgliederzahl erneut anwachsen. Nach der mit Erfolg durchgestandenen Aussperrung in der Tabakindustrie Ende 1927 verdreifachte sich die Zahl der organisierten Tabakarbeiterinnen von 42 auf 128.[271] Auf ihrem Werbetag, jeweils im Juli des Jahres, stellten sich die Verbände auch im festlichen Rahmen der Öffentlichkeit vor. 1928 endete ihr großer Umzug durch die Stadt mit Propagandawagen der einzelnen Organisationen und des Konsumvereins in ausgedehnten Festlichkeiten im Lamboywald, an denen 4000 Menschen teilnahmen.[272]

Einen eher bescheidenen Platz nahmen in der gewerkschaftlichen Berichterstattung die Frauen ein. Arbeiterinnen lieferten vor allem die »erschreckenden« Beispiele für geringen Organisationsgrad und mangelnde Organisationsbereitschaft trotz niedrigen Lohns und entwürdigender Arbeitsbedingungen, wie beispielsweise in der Kartonnagefabrik von Deines oder in der Gummischuhfabrik Westheimer.[273] Fast mit Erstaunen wurde registriert, wenn die Arbeiterinnen reges Interesse zeigten, wie in Betriebsversammlungen vor den Betriebsratswahlen

270 Ebd., Bl. 80.
271 Ortsausschuss Jahresbericht 1927, S. 24.
272 Ebd. 1926, S. 8; 1927, S. 5; 1928, S. 6.
273 Ebd. 1927, S. 15f.

1926 bei Dunlop oder im Arbeitskampf, so bei der großen Aussperrung in der Tabakbranche 1927, als »trotz Überwiegens der Arbeiterinnen« ein »großartiger Kampfgeist« geherrscht hatte.[274] Gut organisiert waren die Buchbinderinnen.[275] In ihrem Verband (Deutscher Buchbinderverband), wie auch im Tabakarbeiterverband und im Textilarbeiterverband, waren die Mitgliedsbeiträge nach Einkommenshöhe gestaffelt, die Frauen konnten trotz ihrer niedrigen Löhne mit vollen Unterstützungssätzen rechnen. In den meisten Verbänden orientierte sich der Mitgliedsbeitrag an den Stundenlöhnen der männlichen Facharbeiter. Im DMV bekamen zum Beispiel nur die Mitglieder in den beiden höchsten Beitragsklassen die volle Unterstützung ausbezahlt. Frauen, die in diesen Beitragsklassen gar nicht vorkamen, konnten im Ernstfall nur mit einem Bruchteil rechnen.

Die relativ schwache Stellung der Frauen in den Gewerkschaften und in den Organisationen der Arbeiterbewegung überhaupt war zweifellos auch eine Folge des Krieges und des Scheiterns der Revolution. Der Krieg hatte 1914 die aufstrebende politische Bewegung der Frauen unterbrochen. Die Verdrängung aus den Betrieben im Rahmen der Demobilisierung nach 1918 traf die Frauen gerade in dem Augenblick, als sie begonnen hatten, sich im Widerstand gegen den Krieg zu politisieren. Die psychologischen Auswirkungen des Krieges und die Not der Nachkriegsjahre taten ein übriges, die Frauen in alten familiären Bindungen festzuhalten. Diese Faktoren wirkten noch jahrzehntelang fort.

Im Vorfeld des Bremer Verbandstages 1926 trat der Hanauer DMV mit einem detaillierten Antrag über die Ausgestaltung der Jugendarbeit hervor. Die Jugendabteilung in den Ortsverwaltungen sollte von gewählten Jugendkommissionen geleitet werden, der Leiter dieser Kommission sollte in der Ortsverwaltung Sitz und Stimme haben. Auch in den Fortbildungsschulen und -betrieben war die Wahl von jugendlichen Vertrauensleuten vorgesehen.[276] Die Verwaltungsstelle sah es als ihre Aufgabe an, den proletarischen Eltern bei der Berufswahl ihrer Kinder mit Rat und Tat beizustehen.[277] (Dok. 157) Die beginnende Krise führte 1928/29 zum Rückgang sowohl der Zahl der organisierten Jugendlichen als auch der Zahl der Lehrlinge in der Metall- und Edelmetallindustrie. Den Eltern fehlte der finanzielle Rückhalt zum Durchhalten der Lehrjahre. Die Jugendlichen wurden statt dessen als Hilfsarbeiter in die Fabrik geschickt. Andererseits blühte im Handwerk die Lehrlingszüchterei. Viele der Kleinbetriebe beschäftigten fast keine Gesellen mehr, sondern erhielten den Betrieb nur noch mit Lehrlingen aufrecht.[278]

[274] Ebd. S. 3; BAB, SAPMO, Ry-I 3/23/43, Bl. 27f.
[275] Ortsausschuss Jahresbericht 1926, S. 12.
[276] AZ Nr. 101, 3.5.1926; MZ Nr. 22, 29.5.1926.
[277] Vgl. auch: AZ Nr. 21, 26.1.1925.
[278] DMV Hanau, Geschäftsbericht 1928/29, S. 3, 31.

Arbeitskämpfe in der Stabilisierungsperiode

Zwischen Anpassungskrise und Stabilisierung der Wirtschaft wies besonders das Jahr 1924 zahlreiche Arbeitskämpfe auf. Vergeblich versuchten die Arbeiter der Papierfabrik Fues & Co. Ende April, den Angriff auf den Achtstundentag abzuwehren. (Dok. 146a) Mit Hilfe von zahlreichen Streikbrechern, die auf mit Planen bedeckten Lastwagen in die Fabrik gefahren wurden, gelang es der Direktion, eine Verlängerung des Arbeitstages bis zu zwölf Stunden durchzudrücken.[279] Abgewehrt werden konnte hingegen die Arbeitszeitverlängerung bei den Bauarbeitern. Trotz Aussperrung und Einsatz von Streikbrechern gelang es auch, eine Erhöhung der Löhne durchzusetzen.[280] Einer der ersten Betriebe, der in Hanau die 54-Stunden-Woche einführte, war die Eisengießerei Slotosch. Im März 1924 streikten dort 46 Former über drei Wochen lang gegen ungerechtfertigte Akkordabzüge und gegen die Einführung eines nach dem Alter der Arbeiter gestaffelten »Sozialakkords«.[281] Die meisten Arbeitsniederlegungen richteten sich gegen den Lohnabbau, so der Lohnkampf der Maler und Weißbinder im Sommer des Jahres, oder sie bezweckten eine Lohnerhöhung, wie der Dachdeckerstreik im Mai und der Streik der Etuisarbeiter im November.[282] Bei den Böttchern der Firma Kalkhof führte erst ihre vier Monate andauernde Arbeitsniederlegung zur einer Lohnerhöhung.[283]

Das Jahr 1925 wurde vom Arbeitskampf in der chemischen Industrie des Sektionsbezirks VII, zu dem auch das Rhein-Main-Gebiet zählte, geprägt. Die Tarifkommission des Fabrikarbeiterverbandes lehnte den Schiedsspruch des Reichsarbeitsministers, der auf eine Lohnerhöhung von elf Prozent lautete, wegen zu langer Laufzeit ab. Der Vertrag hätte bis zum 30. Mai 1925 gelten sollen. In Frankfurt und Höchst traten die Chemiearbeiter am 26. Januar in den Streik. Rund 1000 Beschäftigten von Dunlop in Hanau schlossen sich am 2. Februar an. (Dok. 147a-c) Insgesamt traten 7000 Arbeiter in den Streik. Als die Arbeitgeber mit Aussperrung drohten, beschloss die Tarifkommission den Streik abzubrechen und den Schiedsspruch anzunehmen. Am 9. Februar wurde die Arbeit wieder aufgenommen. Die »Arbeiter-Zeitung« äußerte scharfe Kritik an dieser Vorgehensweise, rief jedoch die enttäuschten Streikteilnehmer zum Ausharren in ihrer Gewerkschaft auf. (Dok. 147d)

Unter einem wesentlich ungünstigeren Stern stand die Lohnbewegung im Herbst desselben Jahres. Nach dem Auslaufen des Lohnabkommens Mitte Oktober 1925 verlangte der Fabrikarbeiterverband eine zwanzigprozentige Lohner-

[279] Ortsausschuss Jahresbericht 1926, S. 12.

[280] Ebd., S. 11; AZ Nr. 62, 18.8.1924; AZ Nr. 67, 29.8.1924. Die Scharfmacher kamen hier aus dem hessischen Arbeitgeberverband für das Baugewerbe, während sich die Firmen, die dem Mitteldeutschen Arbeitgeberverband angehörten, relativ rasch mit ihren Beschäftigten einigten.

[281] Ortsausschuss Jahresbericht 1926, S. 15; AZ Nr. 4, 1.4.1924.

[282] AZ Nr. 56, 4.8.1924; AZ Nr. 25, 21.5.1924; AZ Nr. 131, 13.11.1924; Ortsausschuss Jahresbericht 1926, S. 12.

[283] Ebd., S. 11.

höhung. Der Arbeitgeberverband der VII. Sektion (als stellvertretende Vorsitzender fungierte der Generaldirektor der Firma Dunlop) lehnte eine Erhöhung rundweg ab.[284] Der Ausstand in einigen Chemiebetrieben wurde mit der Aussperrung von 27 000 Chemiearbeitern im gesamten Frankfurter Chemiebezirk (Hessen, Hessen-Nassau) beantwortet. Insgesamt standen etwa 30 000 Arbeiter im Kampf. Am 31. Oktober wurden die 300 Beschäftigten der Gummifabrik Peter in Klein-Auheim gekündigt; am 7. November traf es die Belegschaft von Dunlop, wo 1500 Arbeiter auf die Straße gesetzt wurden.[285] Beide Betriebe gehörten nicht dem IG-Farben-Konzern an. Erst ein vom Reichsarbeitsminister am 24. November verbindlich erklärter Schiedsspruch setzte dem Arbeitskampf ein Ende. Er sah nur eine minimale Lohnerhöhung von 66 auf 68 Pfennig für die Betriebsarbeiter über 21 Jahr vor.[286] Vom 27. November an öffneten die Chemiebetriebe ihre Tore. Vier Wochen lang hatten Zehntausende Arbeiter und ihre Familien an der Schwelle des Winters auf ihren Lohn verzichten müssen. Der Metallindustriellenverband wachte darüber, dass die Ausgesperrten keine Arbeit in Metallbetrieben aufnahmen.[287] Bei Dunlop wurden nicht alle Arbeiter wieder eingestellt, obwohl der Schiedsspruch ausdrücklich keine Maßregelungen zuließ. Die Stadtverordnetenversammlung sagte diesen Arbeitern auf einen Dringlichkeitsantrag der KPD-Fraktion hin Unterstützung bis zur Auszahlung ihrer Erwerbslosenunterstützung zu.[288]

Der Kampf der Diamantschleifer und Edelmetallarbeiter

An den Kämpfen in der chemischen Industrie war ein hoher Anteil von ungelernten Arbeitern beteiligt. Im Gegensatz dazu kämpften in den Hanauer Krisenindustrien, in der Diamantenschleiferei und in der Schmuckwarenherstellung, hochspezialisierte Kräfte. Die Diamantarbeiter, die vor dem Krieg zu den bestbezahlten Fachkräften gezählt hatten, bekamen in der 20er Jahren kaum 75 Prozent des Friedenslohnes. Die Schleifereien verfertigten so genannte Kommissionsware: Die Händler in Holland und Belgien gaben die Rohdiamanten zum Schleifen an die deutschen Werkstätten. Die Werkstattbesitzer, die meistens nur drei bis vier Schleifer beschäftigten, fungierten als Zwischenmeister. Eine Ausnahme bildete in Hanau nur die Firma Ginsberg mit 130 Beschäftigten, die Rohstoff auch selber kaufte und die geschliffene Ware an Juweliere absetzte.[289] Der Tarif der Diamantschleifer war an den in Holland und später, als Antwerpen zum Zentrum der Diamantindustrie aufstieg, an den in Belgien gebunden. Die Fabrikanten versuchten nun, die Akkordpreise ihrer Beschäftigten zu drücken. Im März

[284] Rheinische Volkszeitung Nr. 249, 26.10.1925.
[285] AZ Nr. 256, 31.10.1925; AZ Nr. 262, 7. 1.11.1925; AZ Nr. 263, 9.11.1925.
[286] HA Nr. 268, 14.11.1925; HA Nr. 273, 21.11.1925; HA Nr. 276, 25.11.1925.
[287] Institut für Stadtgeschichte Frankfurt, IHK/908.
[288] AZ Nr. 279, 28.11.1925; AZ Nr. 8, 11.1.1926.
[289] AZ Nr. 144, 29.11.1924; MZ Nr. 34, 22.8.1925; VS (Hanau) Nr. 27.5.1928; DMV Hanau, Geschäftsbericht 1927, S. 6.

1925 traten 540 Diamantarbeiter für ihre Forderung nach einer Erhöhung der Akkordpreise um 20 Prozent in den Streik. Mit Verweis auf den Antwerpener Tarif wurden zehn Prozent zugestanden.[290] Die Lage verschlechterte sich mit der fortschreitenden Inflation in Belgien. Hinzu kam, dass die Hanauer Werkstätten einen weniger feinen Schliff, den so genannten »Marktschliff« lieferten; und sogar diesen konnten die belgischen Händler jetzt in und um Antwerpen billiger produzieren lassen als in Deutschland. Der Hanauer Verband der Schleifereibesitzer erblickte in der Streichung des Urlaubs der Beschäftigten die Rettung und kündigte in den angeschlossenen Unternehmen das entsprechende Abkommen. In 53 Betrieben traten Mitte April 1926 die Diamantschleifer in den Streik. Die Firma Ginsberg versuchte, durch die Kündigung der Belegschaft einen zwanzigprozentigen Lohnabbau durchzusetzen. Der Angriff auf den Urlaub konnte um den Preis eines 13-wöchigen Streiks gestoppt werden. Der im August 1926 neu abgeschlossene Kollektivvertrag behielt die Urlaubsregelung bei und nahm auch eine Vereinbarung über das Lehrlingswesen auf, in der ein Lehrling auf fünf Schleifer festgeschrieben wurde. Teil der Vereinbarung wurde auch ein Übereinkommen über die Bekämpfung der Heimarbeit, die sich in den letzten Jahren auch in Hanau und in deren Umgebung ausgebreitet hatte.[291] Ein anderer Übelstand war die zunehmende Zersplitterung der Diamantindustrie in viele Kleinbetriebe. Die Zahl der Schleifereien verdoppelte sich von 1920 bis 1925 von 32 auf 65. Im Jahr 1927 arbeiteten 70 Betriebe, der größte mit 48 Beschäftigten.[292]

Während des Streiks wurde mit finanzieller Unterstützung des Weltbundes der Diamantschleifer in Hanau eine Schleifereigenossenschaft gegründet. Sie nahm ihre Arbeit mit 31 Beschäftigten auf. Genosse werden konnte nur, wer im DMV organisiert war. Die Genossenschaft machte die Fertigung eines sauberen Schliffs zum Grundsatz ihrer Arbeit. Die Gründung sollte den Beweis dafür erbringen, dass die abgeschlossenen Tarife tragbar waren.[293] Bei der Eröffnung am 19. April 1926 hielt selbst Oberbürgermeiser Blaum in seiner Rede einen Hinweis auf die Mitverantwortung der Arbeitgeber an der Verschlechterung der Hanauer Schliffqualität für angebracht.[294]

[290] AZ Nr. 64, 17.3.1925; DMV Jahrbuch 1925, S. 103; Ortsausschuss Jahresbericht 1926, S. 15. Für Hanau und Erbach bestand ein Tarif, der, noch während der Inflationszeit eingerichtet, den holländischen Gulden als Berechnungsfaktor hatte. Vgl.: VS (Hanau) Nr. 91, 20.4.1926.

[291] AZ Nr. 35, 11.2.1926; AZ Nr. 86, 14.4.1926; AZ Nr. 123, 31.5.1926; Ortsausschuss Jahresbericht 1926, S. 9, 15; DMV Hanau, Geschäftsbericht 1927, S. 5f.; DMV Jahrbuch 1926, S. 178; VS (Hanau) v. 21.7.1926; HA v. 1.5.1926.

[292] Ortsausschuss Jahresbericht 1926, S. 6; HA v. 4.5.1926; VS (Hanau) Nr. 10, 1927; Ortsausschuss Jahresbericht 1928, S. 28.

[293] DMV Hanau, Geschäftsbericht 1926, S. 6; VS (Hanau) Nr. 91, 20.4.1926. Die Werkstätte der Genossenschaft wurden in den Räumen der ehemaligen Eisenbahnkaserne III untergebracht.

[294] HA Nr. 98, 28.4.1926; Antwort von OB Blaum an die zurückweisende Reaktion des Verbandes der Schleifereibesitzer: HA v. 1.5.1926.

1927 verschärfte sich die chronisch gewordene Krise. Die Zahl der Produzenten in Belgien vermehrte sich im Verhältnis zur Vorkriegszeit auf das Vierfache, allein in und um Antwerpen waren 21 000 Diamantarbeiter tätig. Die deutschen Schleifereibesitzer unterboten einander bei den Händlern, insbesondere bei den Teilnehmern des »wilden« Handels außerhalb der Börse. In Hanau verlangten sie nicht nur die Anpassung des Tarifs an die niedrigeren belgischen Löhne, sondern auch die Bezahlung einer so genannten »Stuhlmiete«. Der Arbeiter sollte pro Woche für die Benutzung des Schleifstuhls Miete bezahlen und als selbständiger Schleifer auch für die sozialen Beiträge aufkommen. Die Einrichtung solcher »Ich-AGs« hätte nicht nur die Verschlechterung der Lohnverhältnisse um 25 bis 35 Prozent bedeutet, sondern auch der Heimarbeit Tür und Tor geöffnet. Die Unternehmer sperrten zwischen Juni und November 1927 etwa 400 der 600 Diamantarbeiter aus, um ihre Forderungen durchzusetzen und die Gewerkschaftsorganisation zu schwächen. Die Firma Ginsberg legte den Betrieb still. Bei den Verhandlungen mit dem DMV zogen die Arbeitgeber schließlich die Forderung nach einer Stuhlmiete zurück, eine Lohnsenkung um sechs Prozent konnte jedoch nicht verhindert werden.[295] Die Branchenleitung für die Diamantindustrie in der Ortsverwaltung des DMV rief gleichzeitig dazu auf, den »Weltbund« zu stärken, um zu verhindern, dass die Arbeiter in den verschiedenen Ländern gegeneinander ausgespielt werden.[296] 1928 ermöglichte es die gute Konjunktur, die Tarife durchschnittlich um 15 Prozent zu erhöhen und sogar einen einheitlichen Tarif für die deutschen Diamantschleifer zu erreichen.[297]

Die »goldenen« Zwanziger Jahre lasteten schwer auf der veralteten Hanauer Gold- und Silberindustrie. Neben hoher Arbeitslosigkeit wurde die Kurzarbeit zur Regel. (Dok. 149) Ein großer Teil der Gold- und Silberarbeiter arbeitete durchschnittlich nur 30 Stunden in der Woche. Schon 1926 halbierte ein Schiedsspruch den Urlaubsanspruch. Den Arbeitgebern stand der Sinn jedoch nach der generellen Streichung des Urlaubs. Ihre zynische Begründung lautete, »dass bei der sowieso schon eingeschränkten Arbeitszeit den Arbeitern genug Gelegenheit gegeben sei sich zu erholen, ohne dafür auch noch eine besondere Bezahlung zu verlangen«. 1928/29 gelang es dem DMV, dem größten Teil der Beschäftigten wieder den vollen Urlaub zu sichern.[298]

Ein Schiedsspruch im Frühjahr 1927 bestimmte für alle Beschäftigten der Edelmetallbranche eine Lohnzulage von sieben Pfennigen pro Stunde auf alle Löhne. Der Schiedsspruch wurde von den Arbeitgebern grundsätzlich anerkannt, die Leitungen der Silberwarenfabriken, welche dem Arbeitgeberverband ange-

[295] Jahresbericht 1927, S. 22. DMV Hanau, Geschäftsbericht 1927, S. 20f. DMV Jahrbuch, Geschäftsbericht der Bezirke 1927, S. 4f., 20f.; AZ Nr. 228, 29.9.1927; AZ Nr. 245, 20.10.1927; VS (Hanau) Nr. 249, 24.10.1927; HA Nr. 260, 5.11.1927.

[296] DMV Hanau, Geschäftsbericht 1927, S. 21.

[297] Ortsausschuss Jahresbericht 1928, S. 26; DMV Jahrbuch 1928, S. 222f.; DMV Geschäftsberichte der Bezirke 1928, S. 9.

[298] DMV Hanau, Geschäftsbericht 1928/29, S. 1, 5f., 10.

hörten, beabsichtigten jedoch, die bisher bezahlten Leistungszulagen auf die gegenwärtige Lohnerhöhung in Anrechnung zu bringen. Die Betriebe, die nicht dem Arbeitgeberverband angehörten, sowie die Betriebe der Juwelen- und Kettenindustrie verpflichteten sich auf die volle Auszahlung. Am 21. April traten 293 Arbeiter der Silberfabrikation in den Streik. (Dok. 154a,b) Die Vollversammlung des Ortsausschusses erklärte sich am 10. Mai solidarisch, nachdem der Arbeitgeberverband am 5. Mai die Kündigung der Goldarbeiter in den Juwelen- und Kettenbetrieben zum 19. Mai ausgesprochen hatte. Der Streik wurde nach dreieinhalb Wochen mit der Durchsetzung der unverkürzten Zulage erfolgreich beendet. Sogar diejenigen Arbeiter, die bis dahin gar keine Leistungszulage erhielten, bekamen jetzt fünf Pfennig mehr. In der Juwelenbranche konnte der DMV 200 und in der Silberbranche 70 Mitglieder neu aufnehmen. Obwohl zahlreiche Silberarbeiter arbeitslos waren, wurde keiner von ihnen zum Streikbrecher.[299]

Der Kampf der Tabakarbeiterinnen

1927 wurden 85 000 Zigarrenarbeiterinnen und Zigarrenarbeiter reichsweit ausgesperrt. Die letzte reichsweite Aussperrung, die der Bauarbeiter von 1910, lag siebzehn Jahre zurück. Ausgerechnet 1927, im Jahr einer relativ stabilen Konjunktur, verbanden sich die Arbeitgeber zum Großangriff auf eine Berufsgruppe, die zu den am schlechtesten bezahlten gehörte. Die Arbeitgeber des »Reichsverbandes deutscher Zigarrenhersteller« nahmen spontane Streiks in Leipzig und in Breslau zum Anlass, am 29. Oktober mit 14-tägiger Frist auszusperren. Es handelte sich um offenen Tarifbruch, da nach dem Reichstarif Streiks und Aussperrungen so lange zu unterbleiben hatten, bis der Instanzenweg des Schiedsgerichtsverfahrens nicht ausgeschöpft war. Der Reichsverband erstrebte, wie es in einem seiner Rundschreiben hieß, »eine grundsätzliche Entscheidung, die auf Jahre hinaus wirken wird«. 50 000 der Ausgesperrten waren im »Deutschen Tabakarbeiterverband« organisiert.[300] Die Arbeiterinnen und Arbeiter der Hanauer Firmen Oldenkott und Hirsch legten von sich aus schon am 29. Oktober die Arbeit nieder und ließen so vorsorglich die Weihnachtsaufträge liegen. Die übrigen Zigarrenfabriken wurden am 12. November stillgelegt.[301] Vom ADGB bekamen die ausgesperrten Tabakarbeiter Unterstützung in Form eines Solidaritäts-

[299] DMV Jahrbuch 1927, S. 231; DMV Jahrbuch, Geschäftsberichte der Bezirke 1927, S. 4; Ortsauschuss Jahresbericht 1927, S. 22; VS (Hanau) Nr. 92, 21.4.1927; VS (Hanau) Nr. 95, 25.4.1927; VS (Hanau) Nr. 104, 5.5.1927; VS (Hanau) Nr. 105, 6.5.1927; VS (Hanau) Nr. 108, 10.5.1927; MZ Nr. 21, 21.5.1927; MZ Nr. 23, 4.6.1927; HStAM, 165-2796/3.

[300] Winkler, Arbeiterbewegung 1924–1930, S. 478ff.

[301] Ortsausschuss Jahresbericht 1927, S. 3, 24. Es handelte sich bei Oldenkott und bei Hirsch um 195 Arbeiterinnen und Arbeiter. Insgesamt waren im Herbst 1927 in Hanau und Großauheim in sieben Zigarrenfabriken 514 Arbeiterinnen und Arbeiter beschäftigt. Vgl.: HStAM, 165-3846/1. Ebd., 165-3846/2, Bl. 16.

beitrags der einzelnen Verbände. Auf Antrag des Tabakarbeiterverbandes gab der Ortsausschuss Hanau Sammellisten heraus. Der Arbeitskampf ging mit einem Erfolg für die Tabakarbeiterinnen und -arbeiter am 12. Dezember 1927 zu Ende: Eine zwölfprozentige Lohnerhöhung vom 1. März 1928 an und die Vermehrung der Urlaubstage von vier auf sechs waren das Ergebnis. Dieser Erfolg, der durch die Solidarität der anderen freien Gewerkschaften ermöglicht wurde, führte zu zahlreichen Neuaufnahmen. Er war um so bedeutsamer, als die meisten Teilnehmer der Bewegung Frauen waren.[302]

Das Schlichtungswesen und die Nordwestaussperrung

Mit dem Abflauen der Konjunktur formierte sich die Front der Arbeitgeber, die Metallindustriellen an der Spitze, zu einem massierten Schlag. In Zusammenhang mit einem Arbeitskampf in der mitteldeutschen Metallindustrie wurde im Februar 1928 vom Gesamtverband Deutscher Metallindustrieller eine reichsweite Aussperrung der rund 800 000 Metallarbeiter angedroht. Diese Drohung hing wie ein Damoklesschwert auch über den Belegschaften der Hanauer Metallbetriebe. Der Konflikt wurde durch einen vom Reichsarbeitsminister verbindlich erklärten Schiedsspruch beendet, der mit einer Erhöhung des Spitzenlohns von fünf Pfennigen weit hinter den gewerkschaftlichen Erwartungen zurückblieb. Die Generalversammlung der Verwaltungsstelle Hanau des DMV geißelte daraufhin in einer scharfen Stellungnahme die Schlichtungsordnung als »ein reaktionäres Machtinstrument des Unternehmertums«.[303]

Die freien Gewerkschaften hatten zur Schlichtung ein zwiespältiges Verhältnis. Der Bezirksleiter des DMV in Frankfurt fasste in seinem Bericht über das Jahr 1928 die gewerkschaftliche Position zusammen: »Wir erachten es als eine Errungenschaft, Lohn- und sonstige Tarifabschlüsse in freier Vereinbarung abzuschließen, möchten aber trotzdem nicht das staatliche Schlichtungswesen missen, weil schon sein Bestehen auf die Unternehmer einwirkt, den Streitfall nicht immer auf die Spitze zu treiben. Hinzu kommt, dass noch eine Reihe Lohngebiete schwach organisiert sind und deshalb als schwächerer Teil die Schlichtungsinstanzen brauchen. Je besser unser Organisationsverhältnis allgemein wird, desto mehr wird es zu freien Vereinbarungen kommen oder die Unternehmer dazu gezwungen werden.«[304]

Die größte Aussperrung des Jahrzehnts war der im Herbst 1928 vom Zaun gebrochene »Ruhreisenstreit«. Die Arbeitgeber der Gruppe Nordwest der Eisen- und Stahlindustrie beantworteten einen am 31. Oktober 1928 vom Reichsarbeitsministerium für verbindlich erklärten Schiedsspruch, der Lohnerhöhungen er-

302 Ortsausschuss Jahresbericht 1927, S. 24.

303 Preller, Sozialpolitik, S. 400; Winkler, Arbeiterbewegung 1924–1930, S. 486f.; AZ Nr. 50, 28.2.1928.

304 DMV Jahrbuch, Geschäftsberichte der Bezirke 1928, S. 5.

möglichte, am 1. November mit der Aussperrung von rund 230 000 Arbeitern. Der Frontalangriff traf diesmal die staatliche Schlichtung und den ihr von den Arbeitgebern angekreideten »politischen Lohn«. Allerdings ging es den Unternehmern nicht um den frei ausgehandelten, verbindlichen Kollektivvertrag als Alternative zum staatlich verordneten Zwangstarif, sondern auf lange Sicht um die Aufweichung des Tarifwesens und um die Einführung von Betriebs- und Einzelvereinbarungen.[305] Dabei spielte eine Rolle, dass seit Mai 1928 eine Reichsregierung unter sozialdemokratischer Führung im Amt war und an der Spitze des Reichsarbeitsministeriums mit Rudolf Wissell ein Sozialdemokrat stand.

Das kaltblütige Vorgehen der Ruhrindustriellen, das Arbeiter und den ortseingesessenen Mittelstand, rund eine halbe Million Menschen, einer existentiellen Katastrophe aussetzte, stieß bis in die bürgerlichen Parteien hinein auf Kritik. Der Reichstag bewilligte Mitte November mit großer Mehrheit den Gemeinden Geldmittel zur Unterstützung der Ausgesperrten. Das Gefühl der Bedrohung, die der Machtmissbrauch des Kapitals auslöste, spricht auch aus dem Solidaritätsaufruf des Hanauer Ortsausschusses an die Arbeiterschaft. (Dok. 160) Die Aussperrung ging mit einem Schiedsspruch des Reichsinnenministers Severing (SPD) zu Ende; die in ihm festgelegten Lohnverhöhungen blieben hinter dem ursprünglichen Schiedsspruch von Oktober zurück. Die wöchentliche Arbeitszeit wurde von 60 auf 57 Stunden verkürzt. Nur mit Mühe konnte die Reichsregierung den Schein eines rechtmäßigen Verfahrens aufrecht erhalten. Das Montankapital hatte jedem sichtbar demonstriert, wie wenig Respekt es den Instanzen der Republik zollte.[306]

Die Volksbewegung für die entschädigungslose Enteignung der Fürsten

Die gesellschaftliche Basis der beiden Arbeiterparteien wies hinsichtlich ihrer Mitglieder und Wähler charakteristische Unterschiede auf. Unter den Lohnabhängigen, die die KPD repräsentierte, waren die Arbeiter, gelernte wie ungelernte, die weitaus dominierende Gruppe, während in der SPD Angestellte und Kleingewerbetreibende einen größeren Raum einnahmen. Nach einer Statistik im Bereich des KPD-Unterbezirks-Ost von 1929, die ohne Hanau und Großauheim 13 Ortsgruppen mit 320 Mitgliedern umfasst, waren 90 Prozent der Mitglieder Arbeiter.[307] Mitglieder der KPD waren vom Verlust des Arbeitsplatzes in weit größerem Maße betroffen als Mitglieder der SPD. Trotz aller Unterschiede fanden die beiden Arbeiterparteien in der großen Aktion für die entschädigungslose Enteignung der Fürsten zusammen.

305 Winkler, Arbeiterbewegung 1924–1930, S. 559ff.
306 Ebd., S. 569.
307 BAB, SAPMO, Ry-I 3/23/2, Bl. 141.

Nach der Novemberrevolution wurden zwar Besitz und Vermögen der abgedankten Fürstenhäuser beschlagnahmt, zu einer reichsweiten Regelung der Enteignung und Verwendungsmodalitäten kam es jedoch nicht. Die Wahl des ostelbischen Großgrundbesitzers und Kriegsgenerals Paul von Hindenburg zum Reichspräsidenten im April 1925 ermutigte Bestrebungen, die großzügige staatliche Entschädigungen zum Ziel hatten. Der Empörung darüber trug ein Gesetzentwurf der KPD Rechnung, der Ende November 1925 im Reichstag eingebracht wurde und die entschädigungslose Enteignung der früheren Fürsten, die Aufteilung ihres Grundbesitzes an kleine Bauern und Pächter, die Verwendung ihrer Schlösser zu sozialen Zwecken sowie die Zuweisung ihrer Barvermögen für die Belange der Kriegsbeschädigten und Kriegshinterbliebenen vorsah. Als sich die SPD und die Führung der freien Gewerkschaften im Januar 1926 zu einem gemeinsamen Vorgehen mit der KPD entschlossen und die beiden Parteien gemeinsam einen Gesetzentwurf zur Zulassung eine Volksbegehrens, der Vorstufe des Volksentscheids, einreichten, war bereits eine reichsweite Volksbewegung zugange, in deren Rahmen vielerorts Kommunisten und Sozialdemokraten in gemeinsamen Initiativen das Enteignungsvorhaben unterstützten. (Dok. 152a-d)

Die SPD-Führung sah diese Einheitsfrontaktivitäten von unten nicht gerne. Der Hanauer Ortsverein der SPD entzog sich einer von der KPD und vom Gewerkschaftskartell für das Volksbegehren am 27. Januar 1926 angesetzten Kundgebung mit der Begründung, dass republikanische Organisationen bürgerlicher Parteien (DDP, Zentrum) nicht zu den Aufrufern gehörten. Der Verlauf der mächtigen Kundgebung bezeugte, dass die Einheitsfront – wie so oft in Hanau – auf der gewerkschaftlichen Ebene funktionierte.[308] Nachdem die SPD und der Reichsbanner Schwarz-Rot-Gold sich der Mitwirkung versagt hatten, nahmen das Gewerkschaftskartell und die Arbeitersportvereine Mitte Februar die Bildung eines Einheitskomitees in Angriff.[309] In letzter Minute sagte die SPD auch die seit Mitte April geplante gemeinsame Maikundgebung der Hanauer Arbeiterparteien mit dem Gewerkschaftskartell ab, da sie das Auftreten des Roten Frontkämpferbundes als geschlossene, uniformierte Einheit im Zug nicht akzeptieren wollte.[310] Nachdem die KPD den Uniformzwang aufgehoben hatte, rückten die sozialdemokratischen Arbeiter betriebsweise mit ihren kommunistischen Kollegen zur Maidemonstration an.[311] Der Versuch der KPD, zwischen den Arbeiterparteien auf Bezirksebene ein Einheitskomitee zu bilden, schlug jedoch fehl. Die »Arbeiter-Zeitung« vermutete, die SPD-Führung wolle ihre Hoffnun-

[308] AZ Nr. 20, 25.1.1926. Veranstalter der Kundgebung waren die KPD Hanau, das Gewerkschaftskartell, die Betriebsrätezentrale des Wirtschaftsgebiets Hanau, die Hanauer Erwerbslosenkommission sowie der Internationale Bund der Opfer des Krieges und der Arbeit.

[309] Ortsausschuss 1926, S. 7; AZ Nr. 40, 17.2.1926. Im Gegensatz dazu existierten in Frankfurt und Umgebung auf Orts- oder Bezirksebene im Rahmen der Kampagne zahlreiche Einheitskomitees. Vgl.: Pákh, Frankfurter Arbeiterbewegung , Bd. II, S. 1149ff.

[310] AZ Nr. 86, 14.4.1926; AZ Nr. 99, 29.4.1926.

[311] BAB, SAPMO, Ry-I 3/23/24, Bl. 48f.

gen auf Koalitionen mit bürgerlichen Parteien nicht einer engen Zusammenarbeit mit der KPD opfern. Bürgerliche Kreise befürchteten zudem, dass die Dynamik des gemeinsamen Einsatzes gegen die Fürstenabfindung auch auf das Gebiet der wirtschaftlichen Kämpfe gegen die Krisenlasten übergreifen könnte. Wohl auch deshalb lehnten die Unternehmer die entschädigungslose Fürstenenteignung entschieden ab.[312]

Die Unterstützung für den Gesetzesvorschlag reichte weit über die Anhängerschaft der Arbeiterparteien hinaus. Entgegen der fürstenfreundlichen Intentionen der katholischen Kirche und dem offiziellen Parteikurs engagierten sich Teile des liberal gefärbten Frankfurter Zentrums und ihres Frankfurter Organs, der »Rhein-Mainischen Volkszeitung«, offen für die entschädigungslose Enteignung. Vor allem fiel die Parole »Volksrecht geht vor Fürstenrecht« bei den katholischen Arbeitern auf fruchtbaren Boden. Der katholische Arbeiterverein Hanau hatte seine Mitglieder zur Einzeichnung in das Volksbegehren aufgefordert.[313] Unterstützung fand die Initiative der Arbeiterparteien auch im linksliberalen Bürgertum.

Infolge des starken Einflusses der Kirchen und der massiven Propaganda der Grundbesitzer besonders in den östlichen Reichsgebieten wurde das Ziel verfehlt. Statt der notwendigen 20 Millionen wurden am 20. Juni reichsweit nur 14,5 Millionen Stimmen abgegeben. Auch in der Stadt Hanau blieb die Zustimmung knapp unter 50 Prozent (49,7 Prozent). Allerdings überstieg die Zahl der »Ja« Stimmen (13 282) die Stimmen für die Arbeiterparteien bei der letzten Reichstagswahl im Dezember 1924 (9894) um mehr als ein Drittel (4172). Dies deutete darauf hin, dass in der Stadt auch der größte Teil der Zentrumswähler wie auch die Anhängerschaft der DDP den Volksentscheid unterstützt hatten.[314] Im Landkreis konnten die Initiatoren einen vollen Erfolg verbuchen. Hier unterstützten den Volksentscheid 62 Prozent der Wahlberechtigten, knapp ein Drittel mehr (6436 Stimmen) als die Zahl der Wähler, die bei der Reichstagswahl im Dezember 1924 für die Arbeiterparteien gestimmt hatten (18 771 Stimmen). In Dörnigheim erreichte die Anzahl der »Ja« Stimmen 84,2 Prozent und auch in den katholisch dominierten Arbeitergemeinden Großkrotzenburg und Oberrodenbach stieg sie auf 70,7 und 78,3 Prozent.[315] (Tab. 8, 9, 10b)

Die Volksbewegung für die Fürstenenteignung trug insgesamt zur Stärkung der Linkskräfte bei. Auch der Einfluss der KPD war wieder im Wachsen begriffen. Seit Februar 1926 arbeitete der aus Wurzen stammende Kupferschmied Albert Kuntz als Organisationsleiter im 23. Bezirk, zu dem auch hanau gehörte. Auf dem Bezirksparteitag in Hanau im Mai 1926 berichtete er über 20 neue Ortsgruppen und 500 neue Mitglieder seit Anfang des Jahres. Der Bericht zum Be-

312 AZ Nr. 139, 18.6.1926.

313 Weichlein, Sozialmilieu, S. 290; AZ Nr. 122, 29.5.1926.

314 Thomas Klein, Die Hessen als Reichtagswähler 1867–1933, Marburg 1989, Bd. II, S. 379ff., 382f; im Weiteren: Klein, Die Hessen als Reichstagswähler.

315 Ebd. 403ff., 409f.

zirksparteitag im Februar 1927 in Offenbach sprach über einen weiteren Anstieg der Mitgliederzahl um 60 Prozent. Die Zahl der Ortsgruppen wuchs von 141 auf 152.[316] Auch die SPD-Mitgliedschaft wuchs im Stadt- und Landkreis Hanau von 1561 im Dezember 1924 auf 2253 im Dezember 1927.[317]

»Für die Kinderspeisung – gegen Panzerkreuzer« – Oder ?

Am deutlichsten zeigten den Vormarsch der Linken die im Mai 1928 abgehaltenen Reichstagswahlen. (Dok. 158a,b) Die Arbeiterparteien gewannen eine drei Viertel Millionen Wähler hinzu und erreichten erstmals seit 1920 einen Anteil von mehr als 40 Prozent der abgegebenen Stimmen.[318] Auch in Hanau und Umkreis vergrößerte sich der Stimmenanteil der Arbeiterparteien. Im Stadtkreis blieb der Anteil der SPD mit 15,2 Prozent deutlich unter dem Reichsdurchschnitt vom 29,8 Prozent. Hoch über dem Reichsdurchschnitt von 10,6 Prozent lag sowohl im Stadt- wie auch im Landkreis der Anteil der kommunistischen Stimmen (27,4 und 27,3 Prozent).[319] Als kommunistische Hochburgen auf dem Land zeigten sich wieder Großauheim (1175 Stimmen) und Langenselbold (1498 Stimmen), während die SPD mit 636 Stimmen in Langendiebach über die meisten Anhänger verfügte.[320] 1928 kandidierte Gustav Hoch, der seit 1919 ununterbrochen den Wahlkreis in der Nationalversammlung und im Reichstag vertrat, nicht mehr. Das Mandat gewann Franz Metz, Vorstandsmitglied des DMV. Der SPD des Stadtkreises Hanauer gelang es nicht, die Kandidatur ihres Favoriten, des Landrats Eugen Kaiser, durchzusetzen.[321]

Der allgemeine Linksruck wurde auch dadurch unterstrichen, dass die SPD ihren Reichstagswahlkampf mit der zentralen Losung »Kinderspeisung statt Panzerkreuzer« führte und damit den Interessengegensatz zwischen Sozialpolitik und Militarismus in den Mittelpunkt der Auseinandersetzung stellte. Ein Viertel der Schulkinder galt zu dieser Zeit im Deutschen Reich als unterernährt.

Nach dem Wahlsieg bildete die SPD mit vier bürgerlichen Parteien unter der Führung des SPD-Vorsitzenden Hermann Müller eine Koalitionsregierung. Auf der Arbeit der Regierung lastete von Anfang an der Druck bürgerlicher Forderungen. Im Mittelpunkt stand die Frage des Panzerkreuzerbaus. Am 10. August

[316] Wolfgang Keißling, Stark und voller Hoffnung. Leben und Kampf von Albert Kuntz, Berlin 1964, S. 65f.; Die Volksentscheidskampagne brachte allgemein Bewegung in die Organisation. »Es muss betont werden, das die Bezirksleitungen noch nie soviel Initiative von den einzelnen Unterbezirken und Arbeitsgebieten bei der Durchführung der Landpropaganda gesehen haben, als wie beim Volksentscheid«, bemerkte der Organisationsbericht vom Juni 1926. BAB, SAPMO, Ry-I 3/23/24, Bl. 53.

[317] Bezirk Hessen-Nassau. Bericht des Bezirksvorstandes über die Geschäftsjahre 1926 und 1927 nebst Protokoll des Bezirksparteitages am 17. und 18. März 1928 in Wetzlar a. L., Frankfurt am Main [1928], S. 17.

[318] Winkler, Arbeiterbewegung 1924–1930, S. 521f.

[319] Ebd.

[320] Klein, Die Hessen als Reichstagswähler, Bd. II, S. 412.

[321] AZ Nr. 52, 1.3.1928.

beugten sich die vier sozialdemokratischen Minister dem bürgerlichen Druck und stimmten dem Baubeginn des Panzerschiffes »A« zu. Die Kapitulation der sozialdemokratischen Regierungsvertreter, der keine Fühlungsnahme mit dem Parteivorstand oder der Reichstagsfraktion vorausgegangen war, stieß auf heftige Kritik. Für die insgesamt vier Panzerkreuzer waren neun Millionen Mark vorgesehen. Ein Antrag der SPD, fünf Millionen Mark für die Kinderspeisung zu bewilligen, scheiterte im Reichstag.

Ein Versuch der KPD, den Bau der Panzerkreuzer durch ein Volksbegehren zu stoppen, scheiterte. Die Zahl der Eintragungen erreichte reichsweit nur etwa ein Drittel der erforderlichen Menge und auch in Hanau blieb sie mit 1487 Einzeichnungen weit hinter den bei der Reichstagswahl im Mai abgegebenen 5330 kommunistischen Stimmen zurück.[322]

Der Ausschluss der rechten »Abweichler« aus der KPD

Der IV. Kongress der Revolutionären Gewerkschaftsinternationale (RGI) im Frühjahr 1928 und der VI. Kongress der Komintern im Spätsommer des Jahres führten zur entscheidenden Modifizierung der Zusammenarbeit der KPdSU mit den europäischen kommunistischen Parteien. Die forcierte Industrialisierung verursachte in der sowjetischen Partei Spannungen. Die außenpolitische Isolation der Sowjetunion verstärkte das Gefühl der Bedrohung durch einen imperialistischen Krieg. In dieser Situation lautete die Parole für die kommunistischen Parteien nicht länger Einheitsfront, sondern schärfste Abgrenzung gegenüber nichtkommunistischen Arbeiterorganisationen. Josef Stalin, der Generalsekretär des ZK der KPdSU, beabsichtigte dabei nicht nur den gemäßigten Flügel in der eigenen Partei zurückzudrängen, sondern auch die »rechten Abweichler« in den kommunistischen Parteien des Auslandes und insbesondere in den Reihen der deutschen KP auszuschalten.

Von besonderer Bedeutung war in diesem Zusammenhang die von August Thalheimer und Heinrich Brandler geführte Gruppierung innerhalb der KPD. Karl Rehbein aus Hanau und Heinrich Galm aus Offenbach waren ihre bekanntesten Vertreter im Rhein-Main-Gebiet. Beide waren schon vor dem Ersten Weltkrieg Mitglieder der freien Gewerkschaften und der SPD und gehörten zu den entschiedenen Kriegsgegnern im linken Spektrum der USPD, Rehbein sogar zu dem in Hanau besonders starken Spartakus-Flügel. Seit 1919 beziehungsweise 1920 KPD-Mitglieder, übernahmen beide in ihrer Partei politische Funktionen und gleichzeitig führende gewerkschaftliche Positionen: Rehbein im Hanauer DMV, Galm im Sattler-, Tapezierer- und Portefeuillerverband. Als Vertreter der KPD in der jeweiligen Stadtverordnetenversammlung und im preußischen beziehungsweise hessischen Landtag wirkten sie auch in der Kommunal- und in der Landespolitik mit. Galm wurde 1927 als Kandidat ins ZK der KPD gewählt.

[322] HA Nr. 93, 22. 4. 1931.

Beide traten entschieden für die Einheitsfront der beiden Arbeiterparteien und der Gewerkschaften ein.[323]

Die so genannte »Wittorf-Affäre« führte zu einem heftigen Konflikt zwischen den verschiedenen politischen Richtungen innerhalb der KPD. John Wittorf, Leiter des KPD-Bezirks Wasserkante, geriet unter Verdacht, Gelder unterschlagen zu haben. Ernst Thälmann als Parteivorsitzender versuchte, Wittorfs Verfehlungen zu decken. Als seine Absicht ans Tageslicht kam, hagelte es harte Kritik, besonders aus dem Kreis der »Rechten«, die im Kampf gegen die Korruption auch eine Möglichkeit erblickten, ihre Position in der Partei zu stärken. Nach einem Beschluss des ZK vom 24. September 1928 musste Thälmann seine Funktionen bis zur weiteren Klärung ruhen lassen. Josef Stalin setzte jedoch auf die Person Thälmanns als Parteivorsitzenden und veranlasste Anfang Oktober durch ein Machtwort die Führung der KPD zu einer Kehrtwende. Am 23. Oktober wurde Thälmann durch das ZK erneut in seine Funktionen eingesetzt.

Die Auseinandersetzungen um die politische Tagesarbeit schlugen in Hanau schon Monate vor der Wittorf-Thälmann-Affäre Wellen. Die Differenzen berührten die Personalpolitik bei der AOK, die Durchführung des gewerkschaftlichen Werbetages im Sommer 1928, die Taktik im DMV und im Gewerkschaftskartell und die Politik der kommunistischen Stadtverordnetenfraktion. Die Kritik der Parteilinken traf vor allem gemeinsame Abstimmungen im Stadtparlament mit den Sozialdemokraten, wie die Zustimmung zum Neubau der Zeichenakademie oder Abstimmungen mit den Bürgerlichen, wie die Zusicherung steuerlicher Vorteile für die Firma Henkel im Falle ihrer geplanten Ansiedlung am Hanauer Hafen.[325]

Karl Rehbein konnte sich bei seiner Kritik an der Kommunistischen Internationale auf 40 bis 50 Prozent der Mitglieder in Hanau stützen. Die Mitgliederversammlung der Hanauer KPD am 22. Oktober 1928, in der Karl Rehbein über die innerparteiliche Lage referierte, unterstützte mit 66 gegen 50 Stimmen bei 12 Enthaltungen eine Erklärung, mit der Heinrich Galm zuvor im ZK gegen die Rehabilitierung Ernst Thälmanns protestiert hatte.[326] Gegen die »Rechtsabweichler« rechtfertigte am 7. November 1928, dem 10. Jahrestag der Oktoberrevolution, der Reichstagsabgeordnete der KPD Willi Münzenberg vor den Hanauer Parteimitgliedern den Kurs Stalins. Ein von der Bezirksleitung vorgelegter Beschluss mit dem Bekenntnis zum politischen Kurs der Komintern und der Verurteilung der Brandler-Thalheimer-Galm Gruppe wurde hier mit 118 gegen 73 Stimmen angenommen. (Dok. 159a,b)

[323] K.H. Tjaden, Struktur und Funktion der »KPD-Opposition« (KPO). Eine organisationssoziologische Untersuchung zur »Rechts«-Opposition im deutschen Kommunismus zur Zeit der Weimarer Republik, Bd. I-II., Meisenheim am Glan 1964, Bd. 1, S. 110; Bd. 2, S. 6; im Weiteren: Tjaden, KPD-Opposition.

[324] BAB, SAPMO, Ry-I 3/23/19, Bl. 87f. Rundbrief der Bezirksleitung und der Unterbezirksleitung an die Mitglieder v. 26. 11. 1928. - Die Stadtverordnetenfraktion der KPD gab seit Oktober 1927 eine monatliche kommunalpolitische Druckschrift mit dem Titel »Tribüne« als Organ der KPD-Gemeindefraktionen für die Stadt- und Landkreise Hanau, Gelnhausen und Schlüchtern heraus. HStAM, 165-3846/2, Bl. 15ff. Dort auch Nr. 1 der Zeitschrift.

[325] AZ Nr. 271, 19.11. 1929.

[326] BAB, SAPMO, Ry-I 3/23/17, Bl. 60f. An der Versammlung war auch Galm anwesend.

Symptomatisch für den Hanauer Unterbezirk der KPD war die Stimmung in der Versammlung der Ortsgruppe Großauheim am 24. November. An der Spitze dieser Parteigliederung stand der 2. Gewerkschaftssekretär des DMV Hugo Conrad, ein unmittelbarer Gewerkschaftskollege von Karl Rehbein. Die Ortsgruppe distanzierte sich eindeutig von der Brandler-Thalheimer-Gruppe, reagierte jedoch sehr negativ auf gewisse undemokratische Praktiken von Seiten Münzenbergs und der Bezirksleitung gegen die Anhänger der Brandler-Thalheimer-Linie und auch auf die Art und Weise, wie der Korruptionsfall Wittorf gelöst wurde. Die Großauheimer Parteiversammlung verlangte einstimmig, dass das ZK mit Rehbein noch einmal eine Aussprache führen solle.[327]

Mitte Dezember wies Karl Rehbein die Aufforderung des ZK, zu seiner Rechtfertigung persönlich zu erscheinen, zurück und verweigerte die Zustimmung zu den vom ZK gestellten Bedingungen, deren wichtigste die Anerkennung sämtlicher Beschlüsse des Komintern-Kongresses gefordert hatte. (Dok. 159c) In seinem Brief an die Bezirksleitung hatte er am 20. November vor der Gründung kommunistischer Gewerkschaften gewarnt: »Das mache ich nicht mehr mit. Ich glaube nicht mehr daran, dass diese Partei, die keine Kritik in ihren eigenen Reihen zulässt, imstande wäre, das große Werk Lenins weiterzuführen. Mein Standpunkt ist der, dass der Abgrund zwischen Arbeitern [schon jetzt] tief genug ist. Euere Gewerkschaftsgarden müssen logischerweise zur weiteren Zersplitterung der deutschen Arbeiterbewegung führen, von der letzten Endes nur das Kapital den Vorteil hat.«[328]

Am 21. Dezember 1928 schloss das ZK der KPD Rehbein zusammen mit anderen Kritikern der neuen Parteilinie aus. Galm wurde, da Kandidat des ZK, am 19. Dezember durch das Exekutivkomitee der Kommunistischen Internationale ausgeschlossen.[329] Mit Rehbein verließen der örtliche Sekretär des Fabrikarbeiterverbandes und Unterbezirkssekretär Heinrich Fischer und der Sekretär des Gewerkschaftskartells Karl Leisner die Partei. Insgesamt traten 40 Mitglieder aus der Partei aus.[330]

Ende Dezember gründeten die aus der KPD gedrängten Genossen in Berlin eine neue Partei, die »Kommunistische Partei (Opposition)« (KPO). Zu den Hauptzentren ihrer Tätigkeit gehörte auch der KPD-Bezirk Hessen-Frankfurt. Der frühere Politleiter des Bezirks, Alwin Heucke, bekleidete den Posten des KPO-Bezirkssekretärs. Zu den örtlichen Hochburgen der KPO zählte Offenbach, wo die alte Parteiführung mit Galm an der Spitze ihre Mitgliedschaft zu großen Teilen mit in die Parteiopposition nahm.[331] Auch Karl Rehbein fand in der KPO

327 BAB, SAPMO, Ry-I 3/23/12, Bl. 37f.

328 BAB, SAPMO, Ry-I 3/23/19, Bl. 118.

329 Winkler, Arbeiterbewegung 1924-1930, S. 669. Die einzige Gegenstimme kam von Clara Zetkin.

330 BAB, SAPMO, Ry-I 3/23/2, Bl. 142. Im Unterbezirk Hanau der KPD bekannten sich die Ortsgruppen Langenselbold und Wachenbuchen zu Rehbeins Linie. Die Beschlussvorlage der Hanauer Mitgliederversammlung von 7. November (Dok. 159b) wurde in der Langenselbolder Mitgliederversammlung mit 15 gegen 12 Stimmen bei 9 Enthaltungen abgelehnt. Vgl.: AZ Nr. 278, 27. 11. 1928.

331 Alwin Heucke gehörte 1918 zu der Führung der Kieler revolutionären Matrosen. Seit dem Herbst 1925 arbeitete er als Politleiter im KPD-Bezirk Hessen-Frankfurt.

Hanau, Demonstrationszug des Roten Frontkämpferbundes, um 1928

seine politische Heimat, bis er im April 1929 in die SPD eintrat.[332] Auf dem Höhepunkt ihrer kurzen Entwicklung zählte die KPO 5100 Mitglieder.

Der neue Kurs entfernte die KPD weiter von dem Anfang der 20er Jahre angestrebten Ideal einer revolutionären Massenpartei. Ende 1929 zählte der Parteibezirk Hessen-Frankfurt 5618 Mitglieder. Im Vergleich dazu verfügte die SPD zu jener Zeit auf dem entsprechenden Gebiet in Hessen und der Provinz Hessen-Nassau über achtmal mehr Mitglieder, nämlich 46 271. Im Unterbezirk Ost hatte die KPD gegen Ende 1929 1000 Mitglieder, der SPD gehörten auf dem gleichen Gebiet (die Kreise Hanau Stadt- und Land, Gelnhausen, Schlüchtern) Ende Dezember 1929 3219 Mitglieder an.[333] Außerhalb der Stadt Hanau hatte die KPD im Herbst 1930 im Landkreis in zwölf von 32 Gemeinden selbständige Ortsgruppen. Diese Gemeinden waren mit wenigen Ausnahmen Arbeiterwohngemeinden mit kleinstädtischem Charakter, zumeist Ausgangsorte der Pendlerscharen nach Hanau, Offenbach und Frankfurt.[334]

332 AZ Nr. 86, 13.4.1929.

333 BAB, SAPMO, Ry-I 3/23/24, Bl. 154f.; VS (Frankfurt) Nr. 303, 30.12.1929; SPD Bezirk Hessen-Nassau. Bericht des Bezirksvorstandes über die Geschäftsjahre 1928 und 1929. Protokoll der Bezirksparteitages am 12. und 13. April 1930 in Hanau am Main, Frankfurt am Main [1930], S. 9; im Weiteren: SPD Bezirksparteitag Hanau 1930.

334 HStAM, 165-3886/1, Bl. 5. Unter diesen Gemeinden überschritt nur in Oberdorfelden, Marköbel und Rossdorf der landwirtschaftliche Bevölkerungsanteil ein Drittel, in den anderen, Bergen-Enkheim, Bischofsheim, Dörnigheim, Großauheim, Großkrotzenburg, Kilianstädten, Langenselbold und Wachenbuchen, erreichte er höchstens knapp ein Viertel. Vgl.: Statistisches Reichsamt (Hg.), Statistik der Deutschen Reichs, Bd. 456, Volks-, Berufs- und Betriebszählung v. 16.6.1933, Berlin 1936, Heft 25, S. 48.

So verhängnisvoll sich der neue Kurs der Komintern auf das Verhältnis zur SPD auswirkte, so einleuchtend erschien er vielen KPD-Mitgliedern. Ein Schlüsselerlebnis war der Polizeieinsatz gegen die kommunistische Demonstration am 1. Mai 1929 in Berlin unter dem Oberbefehl des sozialdemokratischen Polizeipräsidenten Karl Zörgiebel. 31 Todesopfer und zahlreiche Verletzte waren zu beklagen. Weit über tausend Demonstranten wurden verhaftet. Auf den »Blutmai«, der bittere Erinnerungen an den Mai 1919 wachrief, folgte das mehrwöchige Verbot der »Roten Fahne«, des kommunistischen Zentralorgans, sowie das Verbot der kommunistischen Schutzformation, des »Roten Frontkämpferbundes«. In Hanau organisierte die KPD am 7. Mai eine Protestkundgebung mit Demonstrationszug.[335]

Nach Rehbeins Parteiausschluss spaltete sich die achtköpfige Kommunalfraktion der KPD in Hanau. Karl und Heinrich Rehbein, Georg Winkler, Heinrich Fischer und Honzen bildeten Mitte Februar 1929 bis zu ihrem Anschluss an die SPD eine eigenständige Fraktion. Mit Karl Rehbein verlor die KPD auch ihre Vertretung im Magistrat.[336] Die folgenreichste Auswirkung bedeutete für die KPD der Verlust ihrer dominierenden Position im DMV und dadurch auch im Ortsausschuss. Bei der Ortsvorstandswahl des DMV am 10. März 1929 entfielen auf die gemeinsame Liste der »Abweichler« und der SPD 1007 Stimmen, auf die jetzt oppositionelle kommunistische Liste 890.[337] Die Maifeier zeigte allerdings, dass die aktive Anhängerschaft der SPD kaum über die Beschäftigten der Edelmetallindustrie hinausging. Auf der Veranstaltung der SPD und des Gewerkschaftskartells lauschten etwa 250 Teilnehmer den Worten des als Festredner geladenen Heinrich Galm, während die Arbeiter der Großbetriebe die Veranstaltung der KPD wie eh und je zu einer Großkundgebung machten.[338] Auch bei den Betriebsratswahlen blieben die größeren Betriebe in der Hand der KPD.[339] Die Kommunisten behaupteten sich weiterhin auch in den Hanauer Verteilungsstellen des Konsumvereins. Der Bezirkskonsumverein Hanau-Langenselbold gehörte zu den oppositionellen Vereinen innerhalb des Zentralverbandes Deutscher Konsumvereine. Dafür übernahmen in der AOK des Stadtkreises die SPD- und die Arbeitgebervertreter die Führung.[340]

Die Stadtverordnetenwahl im November 1929 führte zur Verstärkung der SPD-Fraktion von fünf auf acht Sitze. Die KPD erlitt Verluste und blieb statt acht mit sechs Stadtverordneten vertreten, die Wagner-Gruppe stellte statt vier nur noch drei Vertreter. Den Bürgerlichen gelang es, ihren Vorsprung gegenüber den

[335] AZ Nr. 106, 8.5.1928.

[336] HA Nr. 39, 15.2.1929.

[337] AZ Nr. 59, 11.3.1929. In den vorhergehenden Jahren erhielten die Kommunisten bei wesentlich niedrigerer Wahlbeteiligung bequeme Mehrheiten.

[338] AZ Nr. 101, 2.5.1929. Der Kartellvorstand und der DMV-Ortsvorstand warnten zuvor in Flugblättern vor dem Besuch der kommunistischen »Sonderveranstaltung«, ebenso wie die Redaktion der »Hanauer Volksstimme«.

[339] BAB, SAPMO, Ry-I 3/23/2, Bl. 97.

[340] Allein bei der Konsumverein-Filiale in Kesselstadt dominierte die SPD. AZ Nr. 297, 19.12.1928; AZ Nr. 252, 28.10.1930. Zu den AOK-Wahlen: AZ Nr. 197, 25.8.1930; AZ Nr. 198, 26.8.1930.

Arbeiterparteien aufrechtzuerhalten. Die SPD verlor, gemessen an der Reichstagswahl 1928, mehr als ein Drittel ihrer Stimmen. Auch die Kommunisten blieben hinter ihrem Reichstagswahlergebnis zurück. Die »Arbeiter-Zeitung« führte die Tatsache, dass die KPD von den SPD-Verlusten nicht profitieren konnte, wie auch die eigenen Verluste auf den »Verrat« der Rehbein-Gruppe zurück.[341] Während im Hanauer Stadtparlament die Arbeiterparteien seit 1921 die Opposition bildeten, konnten sie 1929, wie schon 1925, im Kreistag des Landkreises die Mehrheit behaupten. (Tab. 6)

Arbeiterkultur

Für das Verständnis der hochentwickelten Arbeiterkultur in den 20er Jahren ist es notwendig, kurz auf ihre Vorgeschichte im Kaiserreich einzugehen. Die Neuorganisation der Arbeiterbewegung nach 1890, dem Ende der Geltungszeit des Sozialistengesetzes, erstreckte sich auch auf die Bereiche der Arbeiterkultur und des Arbeitersports. Als nationale Dachorganisationen bildeten sich der »Deutsche Arbeiter-Turnerbund« und der 1908 gegründete »Deutsche Arbeiter-Sängerbund« heraus. Neben der Freien Turnerschaft entstanden entsprechend der Verbreitung neuer Sportarten auch in Hanau neue Sportvereine: 1891 der Erste Hanauer Fußballclub, 1901 der Erste Athleten-Verein, um 1906 in Hanau, in Kesselstadt und in einigen Landorten Ortsvereine des Arbeiterradfahrerbundes »Solidarität«. Besonderes Misstrauen hegte die Obrigkeit gerade ihrer revolutionärer Tradition wegen gegen die Arbeiterturner. Entsprechend sorgenvoll wurde das Hissen einer roten Fahne bei der Gründung des Ravolzhausener Arbeiterturnvereins 1894 registriert.[342] Im Sommer 1907 ließ die Polizei nicht zu, dass am 3. Kreisturnfest des Arbeiterturnerbundes die rund 50 Vereine auf Hanaus Straßen einen Festzug bildeten.[343] 1913 wurden die Arbeiterturnvereine reichsweit als politische Vereine deklariert, um dadurch Jugendlichen unter 18 Jahren die Mitgliedschaft verbieten zu können. Weithin beherrschte die nationalistisch-militaristisch ausgerichtete »Deutsche Turnerschaft« das Feld. Es zeugt von der Integrationskraft der Arbeiterbewegung, dass der Turnverein Großauheim 1907 mit 200 Mitgliedern aus dieser Dachorganisation austrat.[344]

Im ersten Jahrzehnt des 20. Jahrhunderts wetteiferten in Hanau gleich mehrere Arbeitersängervereine: der Verein »Union«, der Verein »Fröhlichkeit«, der Verein »Humor« in Kesselstadt sowie der älteste unter ihnen, der 1894 gegründete Verein »Vorwärts«. Der Literarische Verein »Prometheus« gestaltete seit 1887 Theaterabende in Hanau und in den umliegenden Orten. Arbeitersänger und Arbeiterturner waren in die Gestaltung proletarischer Feierlichkeiten einbezogen; Maifestumzüge, Sommer- und Winterfeste der Gewerkschaften waren ohne sie nicht denkbar. (Dok. 79d) Ebenso selbstverständlich beteiligten sich die

[341] AZ Nr. 271, 19.11.1929.
[342] HStAM, 165-692/28, Bl. 346.
[343] VS Nr. 119, 25.5.1907; VS Nr. 129, 16.6.1907.
[344] VS Nr. 210, 9.9.1907.

Verbände an den Kulturveranstaltungen. Auf dem Arbeiter-Sänger-Bundesfest am 23. Juni 1906 in Hanau schlossen sie sich mit dem Transparent »Vereinigte Gewerkschaften Hanau« dem Festzug der Sänger an.[345] Überhaupt waren die Gewerkschaften oder das Gewerkschaftskartell die Hauptträger der kulturellen Aktivitäten in der Arbeiterschaft. Die »Zentralarbeiterbibliothek« mit 500 Bänden, die am 1. Mai 1909 feierlich eröffnet wurde, ging aus der Bibliothek des DMV hervor. Daneben hatte auch der Druckerverband eine eigene Bibliothek.[346] 1906 war eine Feier zu Ehren Heinrich Heines in das Sommerfest der Gewerkschaften integriert. Regelmäßig organisierte das Kartell zusammen mit dem Ausschuss für Volksvorlesungen im Stadttheater Vorstellungen für Gewerkschaftsmitglieder zu ermäßigten Preisen, so im Oktober 1909 Schillers »Kabale und Liebe«.[347] Öfters boten Gewerkschaftsversammlungen den Rahmen für Vorträge über Geschichte oder zur kritischen Auseinandersetzung mit der bürgerlichen Geschichtsschreibung. Der Ausflug zur Frankfurter Heimarbeiterausstellung rückte wiederum ein aktuelles Problem der Arbeitsorganisation und der Arbeiterorganisationen in den Mittelpunkt.[348] Ab 1912 gehörten auch die »Naturfreunde« zu den kulturellen Organisationen der Arbeiterbewegung in Hanau.

Das Gewerkschaftskartell beteiligte sich zusammen mit der SPD an der Organisation der politischen Bildung. Im Frühjahr 1907 veranstalteten Kartell und Partei gemeinsam einen zehnteiligen Lehrkursus mit Vorträgen über die Grundzüge der Volkswirtschaft, die auf der Theorie von Karl Marx basierte. Da die Polizei mit fadenscheiniger Begründung schon den ersten Vortrag zu verhindern suchte, wurde als Ausweg ein selbständiger Arbeiterbildungsverein mit Sitz in Klein-Steinheim gegründet. Die Kursustage wurden jeweils auf Sonntage festgesetzt. Vom fünften Vortrag an gelang es, die Veranstaltungen in Hanau durchzuführen. Die Zahl der Besucher auch aus dem Landkreis überstieg die Erwartungen.[349] An einem Lehrgang mit acht Vorträgen über »Die Entwicklungsstufen des Wirtschaftslebens«, den im Winter 1908/09 Otto Rühle und Hermann Duncker durchführten, nahmen aus Hanau und dem Landkreis 209 Personen teil, unter ihnen neun Frauen. Fast ein Drittel der Teilnehmer stellten die Metallarbeiter.[350] Ein weiterer Kurs mit Otto Rühle galt 1912 der Geschichte der deutschen Sozialdemokratie.[351]

Der imperialistische Krieg wirkte sich auch auf das Kulturleben der Hanauer Arbeiter katastrophal aus. So verlor der Verein »Prometheus« alle seine aktiven Mitglieder und musste sich, um überhaupt spielen zu können, im Sommer 1919

345 VS Nr. 144, 23.6.1906.

346 VS Nr. 100, 1.5.1909.

347 VS Nr. 241, 15.10.1909.

348 An diesem Ausflug mit der Bahn nahmen Anfang Mai 1908 350 Arbeiter teil. Vgl.: VS Nr. 104, 5.5.1908.

349 Bei der ersten Unterrichtseinheit waren 184 Teilnehmer anwesend, bei der Schlussveranstaltung 78. Vgl.: VS Nr. 105, 7.5.1907.

350 VS Nr. 112, 17.5.1910; SPD-Kreiswahlverein, Bericht 1909/10, S. 22f.

351 Protokoll über die Verhandlungen des Parteitages der SPD, abgehalten in Jena vom 14. bis 20. September 1913, Berlin 1913, S. 40.

Hanau, Radsportler im Demonstrationszug, 1. Mai 1910

mit der 1908 gegründeten »Freien Volksbühne« vereinigen.[352] 1919 entstand ein zweiter Athleten-Verein, die »Arbeiter-Athleten«, dessen Mitglieder überwiegend dem Umkreis der KPD angehörten.[353] Eine neue Sängervereinigung, der »Männerchor«, stand der SPD nahe. Auch die SPD hatte jetzt einen eigenen »Literarisch-Dramatischen Verein«.[354] Sehr beliebt war bei SPD-Veranstaltungen in der zweiten Hälfte der 20er Jahre der Sprechchor der Sozialistischen Arbeiterjugend (SAJ). Die Sprechchöre als neue Kunstform waren ein Kind des expressionistischen Theaters und konnten als Agitationsmittel im kleineren Rahmen in Versammlungen, auf Straßen und Plätzen wirkungsvoll eingesetzt werden.[355]

Im April 1919 vereinigten sich der Arbeitergesangverein »Fröhlichkeit«, der Arbeiter-Turnverein, die beiden Athleten-Vereine und der Arbeiterradfahrerverein unter dem Namen »Arbeiter-Sportverein«. Auch Arbeiter-Sport- und Sängervereine aus Großauheim schlossen sich 1919 unter der Bezeichnung »Vereinigte Arbeitersportvereine« zusammen.[356] Anfang 1920 traten mehrere Turnvereine im

[352] Frh. Nr. 158, 8.9.1919.
[353] AZ Nr. 22, 27.1.1927.
[354] VS (Hanau), Nr. 54, 4.3.1920; VS (Hanau) Nr. 59, 10.3.1920; VS (Hanau) Nr. 167, 20.7.1920.
[355] VS (Hanau) Nr. 183, 8.8.1927; VS (Hanau) Nr. 102, 2.5.1928.
[356] Frh Nr. 35, 10.4.1919; Frh Nr. 120, 25.7.1919.

Landkreis, so in Windecken und Roßdorf, der Arbeiter-Turn- und Sportbewegung (ATUS) bei.[357]

Ein neues Element des kulturellen Lebens waren die vom Ortsausschuss der Gewerkschaften und vom DMV veranstalteten Konzerte. Professionelle Musiker und Sänger trugen vorwiegend klassische Stücke vor, teilweise unter Mitwirkung des Sängerchors »Vorwärts«.[358] Im März 1924 wurden im Gewerkschaftshaus Beethovens Musik zu »Egmont« und die »Coriolan«-Overtüre gespielt, im Mai 1926 ein Richard-Wagner-Abend geboten.[359] Eine besondere Veranstaltung war im August 1920 das vom Verband der Gärtner und Gartenarbeiter im Gewerkschaftshaus gestaltete Blumenfest. Im August 1924 fand nach dem Krieg das erste Mal das traditionelle Sommerfest der Gewerkschaften wieder statt, an dem sämtliche Arbeitersportvereine mitwirkten.[360]

Zu Spannungen führten die Vorbereitungen zur ersten internationalen Arbeiterolympiade, die im Juli 1925 in Frankfurt stattfand. Die Hanauer »Naturfreunde«, die »Freie Turnerschaft« und die »Vereinigten Arbeitersportvereine« aus Großauheim forderten vergeblich von der Sozialistischen Arbeitersportinternationale (SASI) in Luzern die Einladung der Mannschaft der Sowjetunion und der Roten Sportinternationale (RSI).[361]

Im Juli 1926 unterschrieben sieben Kulturvereine, »Die Freie Turnerschaft«, der Literarische Verein »Prometheus«, der Arbeiter-Gesangverein »Vorwärts«, der Arbeiter-Musikverein (gegr. 1925), der Arbeiter-Athleten-Verein, der Arbeiter-Schützen-Verein und der Arbeiter-Schachclub, in Hanau zusammen mit dem Gewerkschaftskartell, dem DMV, der Ortsgruppe der KPD und anderen Organisationen einen Protestbrief an die amerikanische Regierung mit der Forderung nach Freilassung der zum Tode verurteilten Gewerkschaftsführer Sacco und Vanzetti.[362] Diese sieben Kulturvereine bildeten das Rückgrat des nach langwierigen Verhandlungen im August 1926 gegründeten »Arbeiter-, Sport- und Kulturkartells«, das insgesamt zehn Vereine umfasste und anlässlich der Gewerkschaftswerbewoche das erste Mal öffentlich auftrat. Das Kulturkartell schrieb die Förderung des Klassenkampfgedankens als oberstes Gebot seines Wirkens fest.[363] Eine strengere Beobachtung der inhaltlichen Arbeit der Vereine machte sich bemerkbar. Besonders den Verein »Prometheus« traf harte Kritik wegen Vermittlung »bürgerlichen Kitsches« und der Vernachlässigung der proletarischen Erziehungsarbeit. Im Februar 1926 wurden in den Vereinsvorstand »nur solche Genossen gewählt, die für die proletarische Kulturarbeit einstehen.« In den Vereinsstatuten wurde jetzt anstelle der Formulierung, »der Verein ist politisch neutral«, der Satz aufgenommen: »Der Verein steht auf dem Boden der modernen marxistischen Arbeiterbewegung.« Nach einstimmigem Beschluss der General-

357 VS (Hanau) Nr. 47, 25.2.1920; VS (Hanau) Nr. 71, 24.3.1920.
358 Frh. Nr. 94, 26.6.1919; VS (Hanau) Nr. 157, 8.7.1920.
359 HA Nr. 58, 8.3.1924; AZ Nr. 115, 20.5.1926.
360 Frh Nr. 124, 21.8.1920; AZ Nr. 61, 15.8.1924.
361 AZ Nr. 20, 24.1.1925; AZ Nr. 24, 29.1.1925; AZ Nr. 42, 19.2.1925.
362 AZ Nr. 166, 20.7.1926.
363 Ortsausschuss Jahresbericht 1926, S. 7f.; AZ Nr. 22, 27.1.1927.

Vortragsfolge
zu dem am Sonntag, 8. August 1920 im Saale des Gewerkschaftshauses stattfindenden

Konzert mit darauffolgendem Tanz

Mitwirkende Solisten: Fräulein Maria Olszewska I. Altistin vom Hamburger Stadttheater
Herr Kapellmeister Adolf Fest vom Crefelder Stadttheater (Klavier)
Herr Musikdirektor Willy Post vom Gebrüder Post-Konservatorium Frankfurt a. M. (Violine)
mit gütiger Mitwirkung des Arbeitergesangverein „Vorwärts", unter persönlicher Leitung seines bewährten Dirigenten Herrn Seip
Der Konzertflügel ist aus der Kommanditgesellschaft E. Schaf, Hanau, Römerstr. 3, entnommen

1. Chorgesang am Strom . . . G. Ad. Uthmann
2. a) Prélude . . . S. Sachmaninoff
b) Tarantella . . . F. Chopin
Herr Kapellmeister Adolf Fest
3. Brautlieder a) Ein Myrtenreis
b) Der Liebe Lohn
c) Vorabend
d) Erwachen
e) Aus dem hohen Lied . . . P. Kornelus
Frl. Maria Olszewska
4. Konzert de Moll a) Romanze Andante non troppo
b) Allegro con fuoco, Allegro moderato (à la Zingara) . . . Wieniawsky
Herr Musikdirektor Willy Post
5. Chorgesang a) Fahr wohl, du schöner Maientraum . . . Heinrich Pfeil
b) In die Ferne . . . J. Heim

PAUSE

6. Ungarische Rhapsodie Nr. 4 . . . F. Liszt
Herr Kapellmeister Adolf Fest
7. a) Morgenlied
b) Es glänzt so schön die sinkende Sonne
c) Ueber deine Augenlieder
d) Nun die Schatten dunkeln
e) Liebesode . . . A. Fest
Frl. Maria Olszewska
8. a) Romanze . . . Wilhelmy
b) Ziegeunerweisen . . . Sarasate
Herr Musikdirektor Willy Post
9. Chorgesang a) Glocken der Heimat . . . Hermann Wesseler
b) Heimatrosen . . . A. Opladen

Die Saaltüren bleiben während der Vorträge geschlossen / Wir bitten das Rauchen während der Vorträge einzustellen / Saalöffnung 5, Anfang 6 Uhr / Kinder unter 14 Jahren haben keinen Zutritt

An die
Einwohnerschaft Hanaus!

Gezwungen durch die durch nichts zu rechtfertigende Haltung der Hanauer Kinobesitzer, insbesondere des Herrn Schlüter, sehen wir uns genötigt, zur Selbsthilfe zu greifen. Da man die auf Freitag angesetzte Verhandlung vor dem Schlichtungsausschuß absichtlich sabotierte, da die Herren Kinobesitzer sich mit dem Plane tragen, die Kinos einige Wochen geschlossen zu halten, um die Angestellten zu zwingen, zu den unter dem Existenzminimum bleibenden Bedingungen in die Betriebe zurückzukehren, mußten wir zu der allein übrig bleibenden Waffe greifen.

Die **Eröffnung eines genossenschaftlich betriebenen Kinos** in die Wege zu leiten, um das Notwendigste zum Leben zu haben. Es ist uns gelungen, den **großen Saal der Zentralhalle** zu einem, allen Anforderungen genügenden Theater zu gewinnen und umzuwandeln. Neben einem nie bisher gebotenen Filmrepertoir, in dem neben Drama auch das Lustspiel zur Geltung kommt, steht uns ein 16 Personen umfassendes Orchester zur Verfügung, das unter fachkundiger Leitung alles bisher im Kino Gesehene in den Schatten stellt. **Eröffnungsvorstellung zu gewöhnlichen Kinopreisen, heute nachmittag 4 Uhr.** Da nur eine beschränkte Anzahl Plätze zur Verfügung steht, beginnt der Vorverkauf **heute nachmittag 2 Uhr an der Kasse der Zentralhalle.** Wir bitten die Einwohnerschaft Hanaus um tatkräftige Unterstützung.

Deutscher Transportarbeiter-Verband
Sektion Kinoangestellte
Gewerkschaftskartell Hanau a. M.

Hanau, Einladungen des DMV und des Transportarbeiterverbandes, 1920

versammlung trat »Prometheus« der »Roten Hilfe« als korporatives Mitglied bei. Scharfe Rügen der »Arbeiter-Zeitung« handelten sich »Prometheus« und der Gesangverein »Vorwärts« anlässlich der Vorweihnachtsfeier im Dezember 1928 ein, in der die Zeitung eine unangebrachte Förderung religiöser Gefühle erblickte.[364]

Das Bezirksarbeiter-Sängerfest vom 8. bis 10. Juli 1928 scheint die letzte große Veranstaltung gewesen zu sein, auf der die Vereine ungeachtet der politischen Meinungsverschiedenheit mit gemeinsamen Darbietungen vor die Öffentlichkeit traten. (Dok. 155) Der Sprecher vom Chor des »Vorwärts« beschwor hier noch einmal die Überwindung des »Bruderzwistes«. Bald darauf führte die politische Spaltung zur Auflösung des Arbeiter-Musikvereins; im Herbst 1929 spaltete sich auch die »Spiel- und Sportvereinigung 04«, in der damals die meisten Hanauer Arbeitervereine vertreten waren.[365] 1928 schloss die Dachorganisation ATUS die führenden kommunistischen Sportfunktionäre aus. Sie sammelten sich in der »Kampfgemeinschaft für Rote Sporteinheit«.[366] Anfang der 30er Jahre beherbergte das Hanauer Gewerkschaftshaus nur noch die Vereine, die der SPD nahestanden, so den Volkschor »Union«, die »Sport- und Spielvereinigung 04« und die »Naturfreunde«.[367]

Auch die damals neuen Medien, Rundfunk, Film und die Fotografie, fanden ihren Weg in die Arbeiterbewegung. Im April 1924 nahm »Radio Frankfurt« seine Sendungen auf. Die »Arbeiter-Zeitung« veröffentlichte ab Oktober das Programm, jedoch unter Auslassung der »vaterländischen« oder antibolschewistischen Programmteile. Die Zeitung forderte ihre Leser zu kritischen Stellungna-

364 AZ Nr. 46, 24.2.1926; AZ Nr. 303, 28.12.1928: »Ist das noch proletarische Kultur?«
365 HStAM, 165-3846/2, Bl. 209; AZ Nr. 241, 15.10.1929.
366 Winkler, Arbeiterbewegung 1924–1930, S. 123.
367 VS (Hanau) Nr. 207, 5.9.1931.

Hanau, Spielmannszug des Rotfrontkämpferbundes, um 1928

hmen zu den Sendungen auf.[368] Die Leitung des Bezirks Hessen-Nassau der SPD baute 1929 eine Filmabteilung mit fünf Vorführapparaten auf. Die Filmveranstaltungen in den Unterbezirken sollten für die SPD und ihre Presse werben.[369]

Die kommerzialisierte Massenunterhaltung, sei es im Sport (Fußball), sei es durch Kino und Radio, öffneten der bürgerlichen Beeinflussung Tür und Tor und gefährdeten die Geschlossenheit des proletarischen Milieus. Sozialkritische Filme, wie 1926 Eisensteins »Panzerkreuzer Potemkin« oder 1932 Brechts »Kuhle Wampe«, wurden durch zeitweilige Verbote behindert oder durch Zensurmaßnahmen beschnitten. Den Antikriegsfilm »Im Westen nichts Neues« nach dem Roman von Erich Maria Remarque begleiteten bei den Vorstellungen Nazi-Krawalle. Im Juli 1931 versuchte die SA in Frankfurt, die Vorführung mit Handgranaten zu verhindern; in Hanau verteilten SA-Männer Flugblätter gegen den Film.[370]

Nach der Weimarer Verfassung wurde die überkonfessionelle Simultanschule, die in Hanau schon seit 1875 die Schullandschaft dominierte, zur Regelschule. Zwar schwebte Vertretern der Arbeiterparteien eigentlich die bekenntnisfreie und weltliche Volksschule als Ziel vor Augen, sie waren jedoch bereit, sich in die linksbürgerliche Front einzureihen, als Zentrum und DNVP im Herbst 1927 in einem schließlich gescheiterten Reichsschulgesetzentwurf der Konfessionsschule zur Dominanz verhelfen wollten.[371] Seit 1920 eröffnete die Wahl von Elternbeiräten eine gewisse schulinterne Mitsprache. Vor den ersten Elternbeiratswahlen im Februar 1920 warb Johanna Kirchner in der Hanauer »Volksstimme« für rege

[368] AZ Nr. 106, 15.10.1924.
[369] SPD Bezirksparteitag Hanau 1930, S. 19f.
[370] Gerhard Flämig, Hanau im Dritten Reich. Bd. 1: (1930–1934) Wie es dazu kam – Die Machtergreifung, Hanau 1988, S. 119; im Weiteren: Flämig, Hanau im Dritten Reich, Bd. 1.
[371] AZ Nr. 209, 7.9.1927; VS (Hanau) Nr. 196, 23.8.1927; VS (Hanau) Nr. 209, 7.9.1927.

Teilnahme.[372] 1932 war die KPD am stärksten in den Elternbeiräten der Hanauer Mittel- und Volksschulen vertreten.[373] (Dok. 166c)

Die erste rein weltliche Schule in Hessen-Nassau wurde nach längerem Tauziehen und nach mehreren Schulstreiks mit Unterstützung der Arbeiterschaft, SPD wie KPD, im Juni 1923 in Großauheim errichtet. Der Unterricht der 145 Kinder in drei Klassen lag in den Händen dreier in der »Arbeitsgemeinschaft sozialdemokratischer Lehrer« (ASL) organisierter Lehrkräfte, die sich zum Ziel gesetzt hatten, die Erziehung nach den Bedürfnissen der Kinder auszurichten. Es sollten nicht willfährige Untertanen, sondern Persönlichkeiten für den sozialistischen Staat herangezogen werden.[374]

Die Weltwirtschaftskrise 1929–1933

Der beispiellose Kurssturz am 25. Oktober 1929 an der New Yorker Börse signalisierte den Ausbruch der größten und tiefsten Überproduktionskrise in der Geschichte der kapitalistischen Wirtschaftsordnung. (Dok. 161) Die Verluste an Spekulationskapital wurden vom Rückgang der Industrieproduktion, insbesondere im Bereich der Investitionsgüterindustrie, noch übertroffen. Innerhalb von drei Jahren wurde die Weltindustrieproduktion ihrem Umfang nach fast halbiert, innerhalb von vier Jahren wurde ein Viertel des gesamten Reichtums der Erde vernichtet.

Die Überproduktion zog schließlich den weltweiten Preisverfall nach sich. Nur die großen Konzerne waren aufgrund ihrer Monopolstellung in der Lage, die Preise stabil zu halten. Dadurch wurde der Konzentrationsprozess weiter beschleunigt. Besonders charakteristisch war für diese Krise die Stilllegung von Maschinen und Anlagen, die Einschränkung der Produktion, die Vernichtung von Vorräten und Waren. Es kam zu Entlassungen, Kurzarbeit und Arbeitslosigkeit in einem bis dahin unbekannten Ausmaß. 1932, auf dem Höhepunkt der Krise, war mindestens jeder fünfte Industriearbeiter auf der Welt ohne Arbeit. Von 100 Industriearbeitern waren zu dieser Zeit voll beschäftigt: 80 in England, 60 in Belgien, 47 in den USA, 39 in Frankreich und 33 in Deutschland.[375]

Nach einem gewaltigen Konzentrations- und Rationalisierungsschub im Laufe der 20er Jahre erreichte die deutsche Industrieproduktion 1927 das Vorkriegsniveau von 1913. Anzeichen einer Stagnation zeigten sich bereits 1928. Ohne die bis zum Sommer 1929 anhaltende Weltkonjunktur wäre Deutschland schon wesentlich früher von seiner eigenen Wirtschaftskrise erfasst worden. Seit Jahren bedrückte die deutsche Landwirtschaft eine schleichende, durch den Preisdruck der amerikanischen Produkte verschärfte Rezession.[376]

372 VS (Hanau) Nr. 32, 7.2.1920.
373 HA Nr. 204, 31.8.1932.
374 VS (Hanau) Nr. 133, 11.6.1923.
375 Wilhelm M. Breuer, Deutschland in der Weltwirtschaftskrise 1929–1932, Köln 1974, S. 12; im Weiteren: Breuer, Weltwirtschaftskrise.
376 Ebd., S. 11, 18.

1928 waren in Deutschland 1,3 Millionen, 1929 1,9 Millionen Menschen ohne Arbeit. Auf dem Höhepunkt der Arbeitslosigkeit im Februar 1933 waren 6,1 Millionen Menschen auf die Straße gesetzt worden, wobei in dieser Zahl die zwei Millionen nicht mehr gemeldeten, »unsichtbaren« Arbeitslosen und die vier Millionen Kurzarbeiter nicht mit eingerechnet sind. 1932 war nur noch ein Drittel der etwa 20 Millionen Erwerbspersonen in Deutschland voll beschäftigt, mehr als 44 Prozent waren arbeitslos, knapp 23 Prozent standen in Kurzarbeit. Die deutsche Industrieproduktion sank zwischen 1929 und 1932 um über 40 Prozent. Als die Weltwirtschaftskrise 1932 ihren Tiefpunkt erreichte, lag die Pro-Kopf-Produktion im Deutschen Reich real um 14 Prozent unter dem Vorkriegsstand von 1913, auf dem Gebiet des heutigen Bundeslandes Hessen sogar um 33 Prozent.[377]

Der rabiate Zugriff der Weltwirtschaftskrise auf Deutschland wurde durch die Kriegsfolgelasten begünstigt. Die im Dawes-Plan 1924 von den Siegermächten vorgenommene Regelung der Reparationszahlungen ließ Auslandskredite, vor allem aus den USA, nach Deutschland strömen. Diese meist kurzfristigen Kredite wurden wegen des kriegs- und inflationsbedingten Kapitalmangels oft langfristig angelegt und trugen zu einer künstlichen Erweiterung der Kapital- und Kreditgrundlage bei. Selbst die im Rahmen der Reparationen fälligen Devisenzahlungen wurden mit Hilfe der ausländischen Kredite getätigt. Nach dem Ausbruch der Krise in den USA wurden diese Gelder teilweisabgezogen: so nach den herbstlichen Kurseinbrüchen 1929, nach den Reichstagswahlen im September 1930 und nach der deutsch-österreichischen Finanzkrise im Sommer 1931.[378]

Die stark konjunkturempfindliche, teilweise exportorientierte Hanauer Industrie traf die anbrechende Krise mit voller Wucht. Neben dem Bausektor und der Holzindustrie hatte besonders die Metallbranche, Edelmetall- wie Unedelmetallsparte, unter dem Auftragsrückgang zu leiden. Arbeitszeitverkürzung, Entlassungen, Betriebsstilllegungen waren an der Tagesordnung. Im zweiten Quartal 1930 kam es bei Heraeus (83 Arbeiter), Dunlop (51 Arbeiter), bei der Platinschmelze Siebert (25 Arbeiter) und in der Edelmetallfabrik Schwahn (19 Arbeiter) zu Entlassungen. Die Maschinenfabrik Bracker meldete im Sommer 1930 Insolvenz an, ebenso die Papierfabrik Fues. Die Heraeus Vacuumschmelze stand im August kurz vor der Stilllegung.[379] In der Reifenherstellung bei Dunlop verschärfte sich besonders in der 2. Hälfte des Jahres 1931 infolge der Krise der Automobilindustrie die Situation. Relativ ungestört blieb die Produktion in der Gummischuhfabrik Westheimer, die sich am Ende der 20er Jahre von einem Mittelbetrieb (310 Beschäftigte im Oktober 1927) zu einem Großbetrieb mit 1000 Belegschaftsmitgliedern entwickelte.[380] Im Hanauer Hafen verringerte sich schon

377 Ebd., S. 39. Jutta von Freyberg, Georg Fülberth u.a., Geschichte der deutschen Sozialdemokratie von 1863 bis zur Gegenwart, Köln 1989, S. 159f; im Weiteren: Freyberg, Fülberth, Deutsche Sozialdemokratie; Gerd Hardach, Wirtschaftspolitik und wirtschaftliche Entwicklung in Hessen 1866 bis 1945, in: Hessisches Jahrbuch für Landesgeschichte Bd. 43, 1993, S. 230; im Weiteren: Hardach, Wirtschaftspolitik.

378 Breuer, Weltwirtschaftskrise, S. 24f., 27.

379 HStAM, 165-3846/3, Bl. 52; AZ Nr. 183, 8.8.1930; AZ Nr. 189, 15.8.1930.

380 HStAM, 165-3846/2, Bl. 16; 165-3826, Bl. 159.

1930 das Umschlagsvolumen, was auch im Verkehrsgewerbe Entlassungen bewirkte.[381] Am eindrücklichsten zeigten sich die Krisenfolgen im Rückgang der Beschäftigtenzahlen. Die Zahl der gewerblichen Arbeitnehmer in Hanau verringerte sich von 12 963 im Jahr 1927 auf 8732 im Jahr 1932.[382] Am Ende der Krise arbeiteten in Hanau nach der Betriebszählung vom Juni 1933 in der technischen Edelmetallindustrie (Heraeus, Siebert) noch 1000 Menschen, in den Eisengießereien 274, im Maschinenbau 142, in der Elektroindustrie 315, in der Papierindustrie 127. Die Bauindustrie stagnierte bei 646 Beschäftigten. Den ehemals dominierenden Industriezweigen kam nur noch geringe Bedeutung zu. In der Gold- und Silberwarenindustrie fanden nur noch 350 Personen Betätigung, in der Diamantveredelung 250, in der Tabakindustrie sogar nur 100.[383] Auch die Wirtschaft des Landkreises Hanau war von Schrumpfung gekennzeichnet. Hier wurden im Gegensatz zu den 15 190 Beschäftigten nach der Betriebszählung von 1925 1933 nur noch 7984 Beschäftigte registriert.[384]

Die Entlassungen bedeuteten jedoch auch in der Krise nicht unbedingt Produktionsabfall und Niedergang. Sie bildeten in vielen Fällen, hauptsächlich bei kapitalkräftigen Betrieben, die Folge von Rationalisierungsmaßnahmen. Der Rationalisierungsdruck wurde um so stärker, je mehr sich das Verhältnis von Kapitaleinsatz und Kapitalgewinn über die Krisenjahre verschlechterte: tatsächlich sank es von 14,1 Prozent 1921 auf 1,5 Prozent 1932.[385]

Die politischen Krisenfolgen

Insbesondere in Kreisen der Schwerindustrie reiften mit dem Fortschreiten der Krise Überlegungen, wie die Lasten auf die Arbeitnehmer abgewälzt werden könnten. Schon die Aussperrung von 230 000 Stahlarbeitern im Herbst 1928 war als Angriff gegen das staatliche Schlichtungswesen und als Machtdemonstration zur Einschüchterung der Gewerkschaften gedacht. Programmatisch umrissen wurden die Ansichten des Unternehmerlagers in einer Denkschrift des Reichsverbandes der Deutschen Industrie (RDI), des Dachverbandes der Arbeitgeberverbände, mit dem Titel »Aufstieg oder Niedergang« vom Dezember 1929. Die kapitalistische Überproduktionskrise wurde hier ausschließlich als Ergebnis der staatlichen Wirtschafts- und Sozialpolitik beschrieben. Die Industriellen forderten umfangreiche Steuersenkungen und den Abbau von Sozialleistungen.[386]

381 Ulrich Ränsch, Die Wirtschafts- und Finanzkrise des Deutschen Reiches 1929–1932 unter besonderer Berücksichtigung der wirtschaftlichen Auswirkungen im Raum Hanau, Diplomarbeit [Masch. schr.], Hanau 1971, S. 34; im Weiteren: Ränsch, Wirtschaftskrise Hanau.

382 Klein, Regierungsbezirk 1933–1936, Bd. 2, S. 865.

383 Brandt, Wirtschaft und Wirtschaftspolitik, S. 169.

384 Statistik des Deutschen Reiches, Bd. 417, Heft 10a, Berlin 1929; Ebd., Bd. 465, Heft 10, Berlin 1935, S. 28.

385 Breuer, Weltwirtschaftskrise, S. 35.

386 Deppe, Deutsche Gewerkschaftsbewegung, S. 287ff.

Eine Öffnung zur Rechten hin signalisierten Ende 1928 die Führungswechsel bei der DVP und beim Zentrum, den beiden wichtigsten Parteien der bürgerlichen Mitte. Trotz ihrer Zustimmung zum Panzerkreuzerbau waren die sozialdemokratischen Minister des Kabinetts Hermann Müller den rechtsstehenden Wirtschafts- und Militärkreisen ein Dorn im Auge. Als Vorwand zum Sturz der Regierung diente der Streit um eine Beitragserhöhung in der Arbeitslosenversicherung, deren Finanzierung wegen des explosionsartigen Anstiegs der Arbeitslosigkeit den ursprünglich vorgesehenen Rahmen sprengte. Am 27. März brach die Koalition durch den Rücktritt der bürgerlichen Minister auseinander. Am 30. März 1930 folgte die von langer Hand vorbereitete reaktionäre Koalition unter der Leitung des Zentrumspolitikers Heinrich Brüning. Von jetzt an bis zum bitteren Ende regierten Präsidialkabinette ohne parlamentarische Mehrheit, die sich auf die verfassungswidrige Anwendung des Notverordnungsartikels 48 der Weimarer Reichsverfassung stützten.[387]

Mit Hilfe von Notverordnungen des Reichspräsidenten Hindenburg wurde den Unternehmerforderungen Rechnung getragen: Senkung der Löhne und Gehälter, Erhöhung der Massensteuern, Kürzung der Sozialleistungen, Verminderung der Gewinn- und Besitzsteuern, Subventionen für die Privatwirtschaft, Einschränkung des Streikrechts, Beschneidung der Tarifautonomie, Aushöhlung des Tariflohnsystems. Die vom Reichskanzler Brüning eingeleitete deflationäre Wirtschaftspolitik, die Verminderung des Geldumlaufs durch staatliche Ausgabensenkung bei gleichzeitiger Steuererhöhung, wirkte durch die Schwächung der Massenkaufkraft außerordentlich krisenverschärfend. Die Folgen wurden bewusst in Kauf genommen, um durch den Nachweis der Zahlungsunfähigkeit von den Reparationsverpflichtungen freizukommen.[388] Als die Lausanner Konferenz im Sommer 1932 das Deutschen Reich von weiteren Reparationszahlungen entband und ihm Ende 1932 die »Rüstungsfreiheit« zugestanden wurde, waren wichtige Schritte zur Revision der Versailler Vertrags und hin zu einer neuen außenpolitischen Großmachtstellung getan. Es blieb das Ziel der führenden Kräfte von Großkapital und Großgrundbesitz, die Krise auch im Innern zu einer generellen Neuordnung der gesellschaftlichen Verteilungs- und Machtverhältnisse zwischen Kapital und Arbeit zu nutzen.[389] Der Rechtsruck bei den Septemberwahlen 1930 bot für diese Bestrebungen einen günstigen Hintergrund. »Die 107 Nazimandate haben die Position des Unternehmertums unstreitig gestärkt«, bemerkte der Leiter des 8. Bezirks (Frankfurt am Main) des DMV, Georg Bernard, in seinem Jahresbericht.[390]

387 Deppe, Deutsche Gewerkschaftsbewegung, S. 293f.; 1930 fanden noch 94 Reichstagssitzungen statt, 1931 nur noch 41, 1932 ganze 13.

388 Preller, Sozialpolitik, S. 396; Heinrich A. Winkler, Der Weg in die Katastrophe. Arbeiter und Arbeiterbewegung in der Weimarer Republik 1930 bis 1933, Berlin/Bonn 1987, S. 377; im Weiteren: Winkler, Arbeiterbewegung 1930–1933.

389 Deppe, Deutsche Gewerkschaftsbewegung, S. 295. Freyberg, Fülberth, Deutsche Sozialdemokratie, S. 161ff.

390 DMV Jahrbuch 1930, S. 3f.

Arbeiter und Angestellte in der Krise

Die Unternehmer nutzten die Gunst der Stunde, um durch Reduzierung des Lohnkostenanteils die Krisenlasten auf die Lohnempfänger abzuwälzen, die seit der Novemberrevolution erkämpften sozialpolitischen Errungenschaften zu beseitigen und die Entscheidungsgewalt in den Unternehmen von jeder Einschränkung zu befreien. Das durch Betriebsstilllegungen und Produktionseinschränkungen anschwellende Heer der Arbeitslosen lieferte den geeigneten Hintergrund für diese Bestrebungen. Lohnreduzierung und Personalabbau gingen meist Hand in Hand. Monopolisierte Betriebe waren außerdem in der Lage, sich durch Lohndruck bei unverändert hoch gehaltenen Preisen zusätzliche Gewinne zu sichern. Die Kurzarbeit nahm gewaltige Ausmaße an. In der Metallindustrie des Hanauer Arbeitsmarktbezirks wurde Mitte April 1930 schon fast ausnahmslos verkürzt gearbeitet.[391]

Den tariflichen Verschlechterungen gingen die »kalten« betrieblichen Kürzungen voraus, das heißt der Abbau der Überverdienste aufgrund der außertariflichen Leistungszulagen und der Akkordzuschläge. Die übertariflichen Zahlungen hatten für die Arbeitnehmer ein besonderes Gewicht, weil die Tariflöhne als Mindestlöhne galten. Dieser Vorgang vollzog sich völlig außerhalb der Schlichtung und auch unbemerkt von der Öffentlichkeit.[392] Im Frankfurter Bezirk ergab sich nach einer Umfrage des DMV eine durchschnittliche Stundenverdienstschmälerung von 8,7 Pfennig infolge des »kalten Abbaus«.[393]

Für die außertariflichen und die »offiziellen« Tariflohnreduzierungen gab der im Juni 1930 vom Reichsarbeitsminister im Kabinett Brüning, Adam Stegerwald (Zentrum), für die Eisen- und Stahlindustrie Nordwest in Bad Oeyenhausen verbindlich erklärte Schiedsspruch das Signal. Dieser beseitigte die so genannte »Severing-Klausel«, den vom damaligen Reichsinnenminister Karl Severing gefällten Schiedsspruch vom 21. Dezember 1928, der unter dem Druck der Nordwestaussperrung zustande gekommen war. Damit war der Reduzierung der Akkordlöhne aus rein wirtschaftlichen Gründen Tür und Tor geöffnet. So sollte der Weg für eine Senkung der Löhne und Gehälter um 7,5 Prozent freigemacht werden. Stegerwald hielt von vornherein eine Reduktion des deutschen Lebenshaltungsniveaus um 10 bis 15 Prozent für erforderlich. Den Leitfaden für die Lohnsenkungen in der Privatwirtschaft bot der in mehreren Notverordnungen vorgegebene Abbau der Beamtengehälter. Innerhalb eines knappen Jahres wurden 80 Prozent der Löhne gekürzt. Das Institut für Konjunkturforschung konnte im Juni 1931 feststellen, dass das Arbeitseinkommen aller Arbeiter, Angestellten und Beamten binnen Jahresfrist um 15 Prozent gefallen war.[394]

391 VS (Hanau) Nr. 102, 3.5.1930.
392 Preller, Sozialpolitik, S. 410.
393 DMV-Jahrbuch 1930, S. 4.
394 Preller, Sozialpolitik, S. 405, 409f.; VS (Frankfurt) Nr. 63, 16.3.1931; VS (Frankfurt) Nr. 137, 16.6.1931.

Im Wirtschaftsgebiet Rhein-Main kündigten die Metallindustriellen bis Ende 1930 sämtliche kündbaren Lohn- und Manteltarife. Sie verlangten einen Abbau der Löhne und die Verlängerung der Arbeitszeit von 51 auf 53 Stunden. Nach dem Schiedsspruch für die Hanauer Metallindustrie Mitte Januar 1931 wurde der Tarif mit Wirkung vom 26. Januar bis 31. Oktober 1931 von 87 auf 82 Pfennig in der Spitze herabgesetzt, die Akkordlöhne im Verhältnis von 87 auf 81 Pfennig, also um 7 Prozent verringert.[395] Schon im November folgte der nächste Lohnabbau mit einer Senkung um 5 Pfennig auf 77 Pfennig pro Stunde. Die Akkordbasis wurde mit 20 Prozent (vorher 25 Prozent) festgesetzt.[396] Ganz entschieden wandte sich der christliche Metallarbeiterverband gegen die neue Lohnregelung. Die Ende November von ihm nach Hanau einberufene Vertrauensleutekonferenz verlangte in einer Resolution vom Reichsarbeitsminister Stegerwald die Abkehr von einer Lohnpolitik, die die Existenz der Arbeiterschaft auf das Schwerste gefährde.[397]

Der Lohnabbau wurde unabhängig von der tatsächlichen wirtschaftlichen Situation zur Leitlinie der Arbeitgeberpolitik. In der Gummischuhfabrik Westheimer sollte der Lohnabbau im Sommer 1930 trotz eines größeren Auftrags »aus Gründen der Konkurrenzfähigkeit« durchgeführt werden.[398] Der Dunlop-Belegschaft wurden im Herbst 1931 bei drohender Stilllegung und dreitägiger Wochenarbeitszeit nicht nur Lohn- und Akkordsenkungen zugemutet, sondern auch eine generelle Absenkung des Tarifs, um den Abstand zu den Frankfurter Tarifen zu vergrößern.[399] Auf die betrieblichen Vereinbarungen sattelte im Dezember 1931 eine Notverordnung auf, die den Abbau der Löhne und Gehälter mit dem Zwangseingriff in die laufenden Tarifverträge verband. Ab Januar 1932 sollten in allen laufenden Tarifverträgen die Löhne und Gehälter der Tarifverträge vom Januar 1927 als vereinbart gelten, also aus der Zeit vor der 1927 erfolgten Lohnerhöhungswelle.[400] Offen gegen das Tarifvertragswesen richtete sich eine Notverordnung der Papen-Regierung vom September 1932, die den Betrieben im Falle vermehrter Einstellungen sowie »gefährdeten Betrieben« neben Steuervergünstigungen eine bis zu zwanzigprozentige Unterschreitung der im gültigen Tarifvertrag festgesetzten Lohnhöhe ermöglichte. Dunlop gehörte zu den ersten Hanauer Unternehmen, das sich den Status eines »gefährdeten Betriebes« sichern wollte, obwohl schon im Laufe des Jahres die Verdienste seiner Arbeiter bis zu 45 Prozent reduziert worden waren. (Dok. 172b) Bei der fortgesetzten Kurzarbeit war es keine Seltenheit, dass Familienväter trotz Akkordarbeit mit zehn bis zwölf Mark Wochenlohn nach Hause kamen, kaum mehr als der Unterstützungssatz für Wohlfahrtserwerbslose.

[395] HA Nr. 12, 15.1.1931.
[396] HA Nr. 277, 26.11.1931; DMV-Jahrbuch 1931, S. 178ff.
[397] HA Nr. 281, 1.12.1931.
[398] AZ Nr. 170, 24.7.1930.
[399] HStAM, 165-3826, Bl. 540ff. Protokoll einer Besprechung am 20. November 1931 zwischen Unternehmensführung und Gewerkschaftsvertretern bei Anwesenheit von Regierungspräsident Friedensburg und des Hanauer Oberbürgermeisters Blaum.
[400] Preller, Sozialpolitik, S. 412.

Die allgemein nur zögernd vorgenommene Preisreduzierung, die die Einkommensminderung flankieren sollte, stand in keinem Verhältnis zu den Lohnsenkungen. Die Reallöhne der deutschen Arbeiter sanken in den Jahren der Krise um mehr als ein Drittel. Der Lebensstandard sank weit unter das Niveau, das er am Vorabend des Ersten Weltkrieges gehabt hatte.[401]

Die Arbeitslosigkeit

Gab schon die Situation der Voll- und Kurzarbeitenden oft zu Verzweiflung Anlass, so gestaltete sich das Leben der Arbeitslosen und ihrer Angehörigen noch bedrückender. Die Wirtschaftskrise mit der explosionsartig steigenden Arbeitslosigkeit setzte die im Oktober 1927 gesetzlich eingeführte Regelung der Arbeitslosenversicherung einer Belastungsprobe aus, der sie nicht standhalten konnte. Die Finanzierung der je zur Hälfte von Arbeitnehmerbeiträgen und zur Hälte von Unternehmerbeiträgen sowie von eventuellen Reichsdarlehen gestützten Arbeitslosenversicherung bildete einen zentralen Angriffspunkt der Arbeitgeberoffensive. Die ursprünglich für 26 Wochen vorgesehene Arbeitslosenunterstützung wurde von Notverordnung zu Notverordnung in ihrer Dauer und in ihrem Umfang gekürzt, bis im Juni 1932 nach einer entsprechenden Notverordnung der Papen-Regierung ein Rechtsanspruch auf Unterstützung nur noch für die Dauer von sechs Wochen bestand, danach trat die Prüfung der »Hilfsbedürftigkeit« ein. Die Höhe der Arbeitslosenunterstützung lag zu dieser Zeit ungefähr bei 50 Prozent des ursprünglich vorgesehenen Betrages. Auch die Sätze der Kurzarbeiterunterstützung waren ständiger Reduzierung unterworfen, wurden jedoch ohne Bedürftigkeitsprüfung gezahlt. Die Höchstdauer von Arbeitslosen- und Krisenunterstützung betrug im Sommer 1932 zusammen 58 Wochen. Anschließend empfingen die »ausgesteuerten« Langzeitarbeitslosen die allein von den Gemeinden getragene Wohlfahrtsunterstützung.[402] Dieser durch die Krise unkontrollierbar wachsende Ausgabenposten der kommunalen Fürsorge stellte die städtischen Verwaltungen vor schier unlösbare Aufgaben. Zudem schwächten zahlreiche staatliche Eingriffe die kommunale Selbstverwaltung.[403]

Bereits im Februar 1929 schnellten die Arbeitslosenzahlen in Hanau in die Höhe, da die ungewöhnlich große Kälte des Winters bei der Firma Dunlop zu technischen Schwierigkeiten führte, die eine mehrwöchige Stilllegung des Betriebes notwendig machten.[404] Den weiteren Anstieg der Arbeitslosigkeit besorgte dann die krisenhafte wirtschaftliche Entwicklung: Am Ende des Jahres waren in Hanau fast doppelt so viele Personen ohne Arbeitsplatz (1.1.1930: 3132 Personen) als am Anfang (1.1.1929: 1647 Personen), im Landkreis hat sich ihre Zahl

[401] Jürgen Kuczynski, Geschichte der Lage der Arbeiter unter dem Kapitalismus, Bd. 15, Berlin 1963, S. 116; Hardach, Wirtschaftspolitik, S. 231.

[402] Preller, Sozialpolitik, S. 374, 448; Deppe, Deutsche Gewerkschaftsbewegung, S. 292.

[403] Preller, Sozialpolitik, S. 449.

[404] AZ Nr. 42, 19.2.1929.

mehr als verdoppelt (1.1.1929: 1492 Personen, 1.1. 1930: 3079 Personen).[405] Die anschwellende Arbeitslosigkeit in Hanau lag hoch über dem Reichsdurchschnitt. Am 30. September 1930 entfielen auf 1000 Einwohner im Reich 103 Arbeitslose mit Angehörigen, in Hanau 212. Die Stadt behielt hinsichtlich der Anzahl der Wohlfahrtserwerbslosen in all den Krisenjahren eine Spitzenposition unter den preußischen Städten. Je länger die Krise andauerte, umso mehr verbreiterte sich nämlich der Kreis der »ausgesteuerten« Langzeitarbeitslosen.[406] Am 30. September 1930 wurden von insgesamt 3042 Erwerbslosen 1250 aus städtischen Mitteln unterstützt, am 31. März 1931 von 3703 Erwerbslosen 1802, am 30. April 1932 von 4733 Erwerbslosen 3053. Im Juni 1932 erhöhte sich ihre Zahl auf 3600. Um diese Zeit entfielen in Hanau rein statistisch 83 Wohlfahrtserwerblose auf 1000 Einwohner. Noch Ende Februar 1933 waren von insgesamt 3935 Erwerbslosen über 2700 Personen – die Angehörigen nicht mitgerechnet – auf die Wohlfahrtsunterstützung angewiesen.[407] 1932 wurden für diesen Zweck etwa 42 Prozent der Gesamtnettoeinnahmen in der Stadt verbraucht, die Ausgaben für die städtische Arbeitslosenunterstützung überstieg sogar das gesamte Nettoaufkommen an Steuern.[408] Infolge dieser Belastung wies der städtische Etat seit 1929 hohe Defizite auf, bis Ende 1932 überschritt der Fehlbetrag die Drei-Millionen-Grenze. Im Laufe des Jahres 1932 war die Stadt nicht mehr in der Lage, ihre Zins- und Tilgungsbeträge aus aufgenommenen langfristigen Schulden voll zu bezahlen.[409] Die Stadtverordneten weigerten sich 1931 wie 1932, den städtischen Etat mit den unpopulären Deckungsvorschlägen des Magistrats anzunehmen. Von der Aufsichtsbehörde wurde daraufhin – damals eine weit verbreitete Maßnahme – beide Mal ein Zwangsetat festgesetzt, der umfangreiche Ausgabenkürzungen und Steuererhöhungen vorschrieb. Die kommunale Selbstverwaltung hörte praktisch auf. Am 10. September 1932 nahm die Stadtverordnetenversammlung gegen die bürgerlichen Stimmen eine Protestresolution der Arbeiterparteien gegen die Wirtschaftspolitik der Papen-Regierung an. Ende September richtete das Stadtparlament eine dringende Bitte an die preußische Regierung um eine Nothilfe, »da die Verelendung weiter Bevölkerungsschichten einen Grad erreicht, der nicht mehr erträglich ist«.[410] (Dok. 173) Auch der Bezirksverband des Landkreises Hanau hatte im Sommer 1932 und bis in den Winter 1932/33 hinein zumeist über 3000 ausgesteuerte Erwerbslose zu versorgen. Von den 32 Gemeinden des Landkreises waren Ende 1932 20 auf Reichsbeihilfen angewiesen.[411] Die höchsten Arbeitslosenzahlen hatten hier die Gemeinden Großauheim und Lan-

405 Klein, Regierungsbezirk Bd. 1, S. XCVIII.

406 In Offenbach war der prozentuale Anteil der Arbeitslosen wesentlich höher als in Hanau, die Stadt gehörte aber dem Volksstaat Hessen an. HA v. 13.11.1930. Die dort angegebenen Verhältniszahlen sind irrtümlich dem 1. September 1930 zugeordnet, geben aber tatsächlich die Verhältnisse am 30. September 1930 wieder. Siehe Anmerkung zur Tab. Nr. 27; HA Nr. 307, 31.12.1932.

407 Städte und Statistik. »Der Städtetag« Nr. 9, 1932, Beilage S. 97.

408 HA v. 8.7.1932.

409 HA Nr. 307, 31.12.1932.

410 Flämig, Hanau im Dritten Reich, Bd. 1, S. 116f; Ha Nr. 230, 30.9.1932.

411 HA Nr. 307, 31.12.1932.

genselbold zu verzeichnen. Noch im Juni 1933 waren in Großauheim von 7518 Einwohnern 1022 ohne Arbeit (13,6 Prozent), in Langenselbold 896 von 6147 Einwohnern (14,6 Prozent).[412] Das ganze Ausmaß der verheerenden Krisenfolgen für die lohn- und gehaltsabhängige Bevölkerung zeigte sich darin, dass Ende April 1932, auf dem Tiefpunkt der Krise, 40 Prozent der Hanauer Bevölkerung aus öffentlicher Unterstützung von Reich und Gemeinde und von der privaten Fürsorge sowie nachbarlicher Unterstützung lebten.[413] Von Juli 1930 bis August 1932 wurde der monatliche Unterstützungssatz für ein Ehepaar in Hanau von 60 RM auf 44,20 RM abgesenkt.[414] Für die Vermittlung der Wohlfahrtserwerbslosen waren sowohl das städtische Fürsorgeamt, beziehungsweise die diesem angeschlossene Arbeitsfürsorgestelle in der Schirnstraße als auch das staatliche Arbeitsamt am Sandeldamm zuständig. Die arbeitslosen Fürsorgeempfänger waren nach Verfügung des Magistrats eine zeitlang verpflichtet, nicht nur täglich zum Fürsorgeamt stempeln zu gehen, sondern sich auch zweimal in der Woche beim Arbeitsamt zu melden.[415]

Die Armut der Arbeitslosen und ihrer Angehörigen bedeutete in letzter Konsequenz, nicht genug zum Essen zu haben. Der Verband der Hanauer Wohlfahrtseinrichtungen hielt mit der unentgeltlichen Hilfe arbeitsloser Frauen und Männer 1931 zwei, Ende 1932 drei und Anfang 1933 vier Erwerbslosenküchen in Betrieb. (Dok. 166a) Die Essensportion kostete anfänglich 20, dann nur noch 12 Pfennige. Öffentliche Speisungen fanden auch beim Vaterländischen Frauenverein, in den Warenhäuser Tietz und Wronker, in Krankenhäusern und städtischen Heimen statt.[416]

Die Armut der Arbeitslosen bedeutete auch, Heizmaterial, Strom und Gas nicht bezahlen zu können. Die Ausgabestellen der Erwerbslosenküchen waren zugleich Wärmestuben. Die Gummischuhfabrik und die Firma Deines stellten Holzabfälle zur Verfügung, die Kohlenhändler boten Preisnachlässe an. Die Versorgung der Unterstützungsempfänger war in den Stadtverordnetenversammlungen ein ständiges Thema. Ende September 1932 wurden mehrere Anträge der Arbeiterparteien und des Zentrums zur Brandbeihilfe, zur Gas- und Stromversorgung, zur Lebensmittel- und Kleiderbelieferung und zur kostenlosen Schuhreparatur für Erwerbslose angenommen.[417]

Schließlich bedeutete die Armut der Arbeitslosen, die Miete nicht bezahlen zu können und samt Familie auf die Straße gesetzt zu werden. Besonders im Frühsommer 1932, nachdem der Magistrat das System der Mietgutscheine auf-

412 Statistik der Deutschen Reiches, Bd. 456, Heft 25, S. 42f.

413 HA Nr. 128, 3.6.1932.

414 Der Arbeitslose Nr. 34, 3. Ausgabe im August 1932; Städte und Statistik, »Der Städtetag« Nr. 8, Beilage, S. 78. Zu den regelmäßigen Beihilfen zählte auch die Ausgabe von Brennmaterialien.

415 AZ Nr. 108, 10.5.1930; HA Nr. 102, 2.5.1931.

416 Die Ausgabestellen der Erwerbslosenküchen befanden sich in der Waldstraße, im alten Schloss, in der Lamboystraße und in der Steinheimer Straße. HA Nr. 224, 24.9.1931; HA Nr. 238, 10.10.1931; HA Nr. 297, 19.12.1931; HA Nr. 296, 17.12.1932; HA Nr. 15, 18.1.1933.

417 HA Nr. 297, 19.12.1931; HA Nr. 230, 30.9.1932; HA Nr. 296, 17.12.1932.

gehoben hatte, kam es in Hanau massenhaft zu Räumungsklagen der Hausbesitzer gegen mittellose Mieter.[418] (Dok. 166b)

Zu den Hauptopfern der großen Krise gehörten auch in Hanau die Kinder der Arbeitslosen. Viele Kinder kamen hungrig oder, mangels Schuhwerk oder Kleidung, gar nicht in die Schule.[419] (Dok. 166c) In Hanau fand eine Schulkinderspeisung wegen Geldmangels nur in beschränktem Umfang während der Wintermonate statt. Die AOK des Stadtkreises organisierte eine Schulspeisung für 240 Kinder mit Frühstück und Mittagessen aus der Erwerbslosenküche. Eine weitere Kinderspeisung wurde von der Schutzpolizei unterstützt. Die Schulen riefen besser gestellte Familien zur Bereitstellung von Freitischen für notleidende Schulkinder auf.[420] Geradezu als Verhöhnung der notleidenden Familien wirkte unter diesen Umständen die Erhöhung des Schulgeldes für die Mittelschule im städtischen Zwangsetat, also für eine Schule, die auch Arbeiterkinder sowie Kinder aus dem Kreis der unteren Beamten- und Angestelltenschicht besuchten.[421]

Der Verband der Hanauer Wohlfahrtsorganisationen musste sich bei seinen Weihnachtsfeiern 1931 und 1932 in der Stadthalle wegen der großen Anzahl der hilfsbedürftigen Kinder auf die Einladung der schulpflichtigen Kinder der Wohlfahrtsunterstützungsempfänger beschränken. Etwa 1800 Schüler und Schülerinnen nahmen in Begleitung ihrer Eltern an jeweils zwei Feiern mit Musik, Puppenspiel und Märchenfilmvorführung teil. Zu einer individuellen Bescherung reichten die Mittel 1932 nicht aus.[422]

Für Arbeitsbeschaffung im Rahmen von öffentlichen Notstandsarbeiten hätte es in Hanau viele Möglichkeiten gegeben, es fehlte dazu aber das Geld. Das Reich sah im Rahmen der vorgegebenen Deflationspolitik für zentrale, großzügige Maßnahmen keine Veranlassung. Der im Januar 1933 zögerlich eingeleitete so genannte »Gereke-Plan« sah für Hanau ein Reichsdarlehen in einer Größenordnung vor, mit dem gerade 60 Arbeitslose ein halbes Jahr lang hätten beschäftigt werden können.[423]

Besonders schwer wog inmitten der allgemeinen Arbeitslosigkeit das Los der arbeitslosen Jugendlichen, die, sofern sie noch bei ihren Eltern wohnten, keine Unterstützung bekamen. Für sie war ein freiwilliger Arbeitsdienst eingerichtet worden, in dem sie zumeist Erdarbeiten, die jedoch weit unter Tarif bezahlt wurden, ausführen konnten. Im Frühjahr 1932 betreute die Technische Nothilfe 26 junge Arbeiter aus Hanau und aus Großauheim bei Arbeiten am Mainufer. Der Ortsausschuss für Jugendpflege richtete für 14 Jungarbeiter im Jugendheim bei Rückersbach ein freiwilliges Arbeitslager ein. Fast alle junge Teilnehmer verfüg-

418 HA v. 28.5.1932; HA Nr. 128, 3.6.1932; HA Nr. 140, 17.6.1932.
419 AH HA Nr. 230, 30.9.1932; HA Nr. 243, 15.10.1932; HA v. 20.12.1932.
420 AZ Nr. 122, 27.5.1930; HA Nr. 297, 19.12.1931; HA Nr. 230, 30.9.1932; HA Nr. 258, 2.11.1932; HA Nr. 296, 17.12.1932.
421 VS (Hanau) v. 4.9.1931.
422 HA Nr. 297, 19.12.1931; HA Nr. 296, 17.12.1932.
423 HA v. 3.6.1932; HA Nr. 21, 25.1.1933.

ten über einen erlernten Beruf.[424] Bei den Organisationsversuchen eines freiwilligen Arbeitsdienstes auf Reichsebene spielten rechte Verbände, zu denen inzwischen auch die NSDAP gehörte, eine wachsende Rolle. Sie suchten die Jugend auf diesem Weg unter ihren militaristischen und nationalistischen Einfluss zu bringen.

Für die Arbeiterinnen war die Arbeitslosigkeit noch weitaus stärker mit Nachteilen verbunden als für ihre männlichen Kollegen. Der Unterstützungssatz war für Frauen niedriger bemessen als für Männer; Mädchen unter 18 Jahre bekamen keine Unterstützung. Durch die Notverordnungen wurde Frauen, besonders wenn sie verheiratet waren, der Unterstützungsanspruch trotz Beitragszahlung vielfach ganz verweigert. Ebenso den geringfügig Beschäftigten, überwiegend Frauen, deren Kreis durch die Bestimmungen in diesen Jahren stark erweitert wurde. Viele Frauen meldeten sich unter diesen Umständen, wenn sie ihre Arbeit verloren hatten, nicht mehr arbeitslos. Infolge dieser »stillen Reserve« fielen die Arbeitslosenzahlen für Frauen wesentlich niedriger aus als bei den Männern. In der Weltwirtschaftskrise erwachte die gehässige Propaganda gegen das so genannte »Doppelverdienertum« zu neuem Leben. Erwerbstätige verheiratete Frauen sollten ihre Arbeitsplätze für männliche Arbeitslose freimachen, ohne Rücksicht darauf, dass ihr Verdienst für den Erhalt der Familie unentbehrlich war. Weder ADGB noch DMV traten diesem Schlagwort mit einer klaren Argumentation entgegen.

Mitte 1932 überschritt die Krise ihren Tiefpunkt, in der zweiten Jahreshälfte gab es sogar in Hanau erste Hoffnungszeichen für einen Aufschwung. Im Hanauer Hafen stiegen die Umschlagsmengen, die Zahl der Konkurse wurde rückläufig, im Herbst erfolgten bei der Reichsbahn und sogar im Edel- und Unedelmetallgewerbe erste Neueinstellungen. Für die Masse der Arbeitslosen änderte das aber nichts an ihrer aussichtslosen Lage.[425]

Gewerkschaftliche Gegenwehr

Die Führungsgremien der freien Gewerkschaftsbewegung haben den Charakter der Krise als Weltwirtschaftskrise, und somit als Ausdruck von weltweiten strukturellen Veränderungen und eines gewaltsamen Anpassungsprozesses, lange Zeit nicht erkannt oder nicht wahr haben wollen. Im Deutschen Metallarbeiter-Verband, der 1929 mit annähernd einer Million Mitgliedern größten Einzelgewerkschaft, herrschte 1929 und Anfang 1930 die Auffassung, dass die Krise in Deutschland ein Produkt der »Schwarzmalerei« der Unternehmer sei, dass sie von ihnen zugunsten eines »Kriegsplans der Kapitalistenklasse gegen die Sozialversicherung« herbeigeredet würde, sogar, dass die Arbeitslosigkeit nicht Aus-

[424] HA Nr. 83, 9.4.1932; HA Nr. 101, 30.4.1932.
[425] Ränsch, Wirtschaftskrise Hanau, S. 56ff.; HA Nr. 272, 19.11.1932.

druck, sondern Ursache der Krise sei.[426] Die Lösung der Probleme suchte der DMV in einer weiteren Stärkung des Monopolkapitals mit staatlicher Hilfe. Das DMV-Jahrbuch 1929 setzte auf die Hoffnung: »In freier organischer, durch behördliche Einwirkung geförderter Zusammenfassung können ... die bedrängten Industrien wieder den Weg ins Freie finden ...«[427]

Zentrale Forderung des ADGB wurde seit dem Herbst 1930 die Einführung der 40-Stunden-Woche, allerdings ohne Lohnausgleich. Diese Forderung stand im Mittelpunkt des letzten regulären Kongresses des ADGB vom 31. August bis 4. September 1931 im Frankfurter Palmengarten, auf dem 300 Delegierte 4,7 Millionen Mitglieder vertraten.[428]

Der Zusammenbruch der Darmstädter- und Nationalbank (DANAT-Bank), der Bankenkrach Mitte Juli 1931 und die darauffolgenden staatlichen Maßnahmen signalisierten eine neue Etappe der Krise und förderten neue »alte« Einsichten in die grundsätzliche Fehlentwicklung des kapitalistischen Wirtschaftsystems. Der Weg der sozialistischen Planwirtschaft tauchte in den Überlegungen als Ausweg auf. (Dok. 165a-c) Auch in Stellungnahmen aus den christlichen Gewerkschaften und aus den christlichen Arbeiterorganisationen vermehrten sich die kritischen Stimmen gegen die Notverordnungspolitik, gegen die Negierung der elementaren Grundsätze der sozialen Gerechtigkeit und gegen die Offensive der Unternehmer zur Beseitigung der Grundrechte der Arbeiterschaft.[429] (Dok. 172c) Der Kreistag des Kreises Main-Neckar des Deutschnationalen Handlungsgehilfenverbands (DnHV) am 18. Oktober 1931 in Hanau sprach sich entschieden für die Erhaltung des Tarifvertrags und für die Beibehaltung des Schlichtungswesens aus. Die Referenten der Tagung warnten vor der Bestrebung bestimmter Wirtschaftkreise, unter nationalem Deckmantel den sozialen Gedanken zu Fall zu bringen.[430] Im Dezember 1931 wurde in Hanau eine Ortsgruppe der christlichen Dachorganisation »Deutscher Gewerkschaftsbund« (DGB) gegründet.[431] (Dok. 168)

In den freien Gewerkschaften verdichteten sich die Überlegungen zu einer alternativen Wirtschaftspolitik, die auf dem Berliner Krisenkongress des ADGB im April 1932 zur Annahme eines Arbeitsbeschaffungsprogramms auf der Grundlage antizyklischer Konjunkturförderung führte. Der Plan sah die zusätzliche Beschäftigung für eine Million Arbeitskräfte für die Dauer eines Jahres vor. Das Programm sollte durch staatliche Geld- und Kreditschöpfung finanziert werden. Als Ergänzung der systemstabilisierenden Arbeitsbeschaffungsmaßnahmen dienten die vom ADGB und vom AfA-Bund im Juni 1932 veröffentlichten Richt-

426 Peter Scherer, Der Ausbruch der Weltwirtschaftskrise 1929/32 und der Deutsche Metallarbeiter-Verband. In: Recht, Justiz, Kritik. Festschrift für Richard Schmid, Baden-Baden 1985, S. 49, 51ff.

427 Ebd., S. 54; DMV-Jahrbuch 1929, S. 113.

428 Winkler, Arbeiterbewegung 1930–1933, S. 412f.

429 Bezirkstagung des Christlichen Metallarbeiterverbandes für das Maingebiet in Hanau am 13.12.1931. HA Nr. 294, 16.12.1931. Bezirkstagung der GDA in Großauheim am 19.6.1932, HA Nr. 144, 22.6.1932.

430 HA Nr. 245, 19.10.1931.

431 HA Nr. 305, 31.12.1931.

linien für den Umbau der Wirtschaft in eine planvolle Gemeinwirtschaft mit systemüberwindender Programmatik: Vergesellschaftung der Schlüsselindustrien, Überführung des Großgrundbesitzes in Gemeinbesitz, Verstaatlichung der Banken, volkswirtschaftliche Planung und Mitbestimmung. Die Abkehr von der passiven Haltung gegenüber der Krise blieb jedoch theoretisch. Weder das Arbeitsbeschaffungs- noch das Umbauprogramm begleitete eine irgendwie geartete Mobilisierung, nicht einmal eine Versammlungs- oder Flugblattkampagne. Die politische Realisierung der Programme wurde an die SPD-Reichstagsfraktion delegiert, deren entsprechende Gesetzentwürfe vom August 1932 im Reichstag von vornherein zum Scheitern verurteilt waren.[432]

Die Verschlechterung der gewerkschaftlichen Handlungsbedingungen durch die Arbeitslosigkeit, von der die gewerkschaftlich organisierten Arbeiter überdurchschnittlich betroffen waren, beeinflusste die Entwicklung der Organisationen nachhaltig. Nach einem allmählichen Mitgliederzuwachs in den Jahren der Stabilisierung erreichte die Mitgliederzahl des ADGB 1929 knapp fünf Millionen. Die Spitzenwerte der Jahre nach der Revolution waren reichsweit wie auch in Hanau nur noch Erinnerung. Nach Ausbruch der Krise verloren die Verbände bis 1932 mehr als ein Viertel ihrer Mitglieder, insgesamt über 1,3 Million Personen. Die christlichen und die Hirsch-Dunkerschen Gewerkschaften sowie der AfA-Bund der freigewerkschaftlich organisierten Angestellten hatten ebenfalls Verluste zu verbuchen. Allein der nationalistisch und antisemitisch orientierte Deutschnationale Handlungsgehilfenverband (DnHV) konnte entsprechend der rechten Tendenzen unter den Angestellten wachsende Mitgliederzahlen erreichen.[433]

Nach Abschluss der Rationalisierungskrise erfuhren die Hanauer freien Gewerkschaften mit einer jährlichen Zunahme von 900 Mitgliedern eine kräftige Aufwärtsentwicklung. Über ihre Gesamtentwicklung während der Krise sind wir in Ermangelung von Zahlenmaterial leider nicht unterrichtet. Eine durchgehende Zahlenreihe ist nur über die Mitglieder der Verwaltungsstelle des DMV erhalten geblieben. Dort trat die Wende zum Schlechteren – dem Trend auf der Reichsebene vorauseilend – mit dem Verlust von 350 Mitgliedern schon 1929 ein. 1930 gingen noch einmal 108, 1931 ganze 781 und 1932 wieder 474 Mitglieder verloren. Der Mitgliederbestand Ende 1932 fiel damit auf das vorrevolutionäre Niveau von 1918. (Tab. Nr. 17,18)

Ein besonders klägliches Bild bot die ehemals starke Branchenorganisation der Diamantarbeiter im DMV, wo seit 1929 ein tarifloser Zustand herrschte. Unter dem Druck der Zwischenmeister, die sich der Beitragszahlung zur Sozialversicherung für ihre Arbeiter entledigen wollten, und um der Gefahr der Arbeitslosigkeit zu entgehen, richteten sich die Diamantschleifer auf eine Heimarbeiterexistenz ein. Sie arbeiteten für jeden ihnen angebotenen Lohn eine überlange, nicht mehr regulierte Arbeitszeit hindurch. Gemeinsamer Widerstand dieser

[432] Deppe, Deutsche Gewerkschaften, S. 311f.; Tenfelde, Deutsche Gewerkschaften bis 1945, S. 403.

[433] Ebd., S. 394ff.; Deppe, Deutsche Gewerkschaften, S. 247f.

»Selbständigen« gegen die Zumutungen der Arbeitgeber kam nicht mehr zustande, auch die vom Weltbund der Diamantschleifer verhängte »fünfzigprozentige Arbeitspause« (14 Tage Arbeit, 14 Tage Sperre) wurde nicht eingehalten. Erst nachdem sich 1932 in der Branche ein Aufschwung abzeichnete, kam es Anfang Oktober zu einem Tarifabschluss, in dem allerdings auch die Stuhlmiete festgeschrieben wurde.[434]

Die Revolutionäre Gewerkschaftsopposition (RGO)

Die Gründung der Revolutionären Gewerkschaftsopposition im Herbst 1929 zielte auf die organisatorische Zusammenfassung sowohl der Opposition in den Verbänden des ADGB als auch der zahlreichen ausgeschlossenen Mitglieder. Ein Auszug aus den Gewerkschaften und der Aufbau konkurrierender Gewerkschaften war zunächst nicht beabsichtigt. DMV-Funktionär und KPD-Mitglied Hugo Conrad erklärte in einer Metallarbeiterversammlung im Mai 1930 in Großauheim in Anwesenheit des DMV-Bezirksleiters Bernard ausdrücklich: »Wir stehen nicht in Opposition gegen die Gewerkschaften an sich, weil wir viel zu genau wissen, dass dieselben, geführt von einer klassenbewussten Leitung, ein wichtiger Machtfaktor im Befreiungskampf der Arbeiter sind, sondern gegen die vollständig falsche Taktik derselben«.[435]

Im Hanauer DMV war die Atmosphäre nach Rehbeins Eintritt in die SPD vergiftet. Hohe Wellen schlug die Kündigung des Kommunisten und DMV-Angestellten Mittelstädt aus einem zehnjährigen Arbeitsverhältnis, die den über 50-Jährigen geradewegs in die Arbeitslosigkeit entließ. Anfang Dezember 1929, in der die Auseinandersetzungen zum Eklat geführt hatten, beantragte Rehbein beim Vorstand den Ausschluss mehrerer Kommunisten, die nach dem Schluss einer Mitgliederversammlung mit zurückgebliebenen Teilnehmern noch einen Bericht vom Reichskongress der RGO anhören wollten. (Dok. 162a,b) Zu den acht Ausgeschlossenen gehörte auch Simon Magold, der Betriebsratsvorsitzende der Wilhelma und Unterbezirksleiter der KPD, dem nach 25 Jahren DMV-Mitgliedschaft gerade die Jubilarehrung bevorstand.[436] In einem Aufwasch kündigte die Saalbaugesellschaft der KPD und der Redaktion der »Arbeiter-Zeitung« ihr Büro im Gewerkschaftshaus. Die Wagner-Kommunisten durften bleiben.[437]

Ein Beschluss des DMV-Verbandstages 1928 in Karlsruhe sah vor, dass die Generalversammlungen der Verwaltungsstellen zukünftig zu Vertreterversammlungen umgestaltet werden sollten. Das bedeutete die Wahl der Ortsvorstände durch Delegierte und nicht länger unmittelbar durch die Mitglieder. Das Verfahren, das sich schon ursprünglich gegen die KPD-Vertretung in der Organisation gerichtet hatte, wurde das erste Mal 1930 angewandt. Bei der Wahl der Delegier-

[434] MZ Nr. 49, 7.12.1929; VS (Hanau) Nr. 61, 13.3.1930; VS (Hanau) Nr. 217, 17.9.1931; HA Nr. 218, 16.9.1932; HA Nr. 237, 8.10.1932.
[435] AZ Nr. 111, 14.5.1930.
[436] Ebd.
[437] AZ Nr. 292, 14.12.1929.

Hanau, Kundgebung der KPD auf dem Altstädter Markt, 1929

ten am 18. Mai 1930 entfielen im Wahlbezirk Hanau-Stadt auf die reformistische Liste 519, auf die Liste der Opposition 269 Stimmen.[438] Da Wählerlisten fehlten und DMV-Mitgliedern bei der Auszählung der Aufenthalt im Wahlraum untersagt wurde, reagierten die Kommunisten mit Wahlanfechtung. Der DMV-Vorstand verteidigte den Wahlausgang: »Nur in Hanau konnte eine solche öffentliche Stimmauszählung im Interesse unserer Organisation nicht durchgeführt werden, da diejenigen Leute, welche man als Führer und Ratgeber der kommunistisch gesinnten Mitglieder des DMV bezeichnen kann, angekündigt hatten, dass wenn die so genannte Oppositionsliste bei der Vertreterwahl nicht die Mehrheit erreicht, dann Gewalttätigkeiten ausgeübt würden«.[439] Für den Verbandstag wurden von der neuen Vertreterversammlung das erste Mal seit der Revolution »reformistische« Kandidaten aufgestellt und am 29. Juni durch Urwahl bestätigt.[440]

Die KPD verfügte Mitte 1930 in Hanau im DMV, im Baugewerksbund und im Gesamtverband über eigene Fraktionen. In Langenselbold war im Herbst 1931 die Zahlstellenleitung im Baugewerksbund, im DMV und im Verband der Maler und Weißbinder in oppositioneller Hand, ebenso die Leitung der DMV-Zahlstelle in Dörnigheim.[441] Der RGO gelang es inbesondere in der Chemieproduktion,

[438] AZ Nr. 115, 19.5.1930.
[439] AZ Nr. 150, 1.7.1930.
[440] AZ Nr. 139, 18.6.1930; AZ Nr. 150, 1.7.1930.
[441] BAB, SAPMO, Ry-I 3/23/24, Bl. 137; Ebd., Ry-I 3/23/2, Bl. 204.

geringqualifizierte oder nicht organisierte Arbeiter zu erreichen: Bei Dunlop, wo schon eine kommunistische Betriebszelle existierte, zog die RGO bei den Betriebsratswahlen 1930 und 1931, unterstützt vor allem von den Arbeiterinnen, mit der Gewerkschaftsliste gleich.[442] Gleichzeitig mit der Gründung eines »Roten-Metallarbeiter-Verbandes« Anfang November 1930 in Berlin startete die KPD auch in den wichtigen Hanauer Metallbetrieben (Heraeus, Quarzlampen-Gesellschaft, Vacuumschmelze, Naxos-Union, Wilhelma) eine Werbekampagne.[443] Im Dezember 1930 wurde eine Metallarbeiter-Delegierten-Konferenz der RGO für den Tarifbereich Hanau einberufen. Sie rief die Metallarbeiter von Frankfurt, Offenbach und Darmstadt zum gemeinsamen Kampf gegen den Lohnraub auf.[444] (Dok. 164a,b) Landrat Kaiser schätzte im November 1930 die Zahl der RGO-Mitglieder im Landkreis Hanau auf 110 bis 120.[445] Höher lag sie vermutlich in der Stadt, in der allein bei Heraeus 73 Arbeiter der RGO beigetreten waren. In den Heraeus Betriebsrat wurden im Frühjahr 1931 neben zwölf freigewerkschaftlichen Vertretern, einem christlichen Gewerkschafter und einem Nazi auch drei RGO-Vertreter gewählt.[446] Im Bezirk Frankfurt-Hessen gehörten Ende 1930 der RGO 4000 Mitglieder an, von denen ein großer Teil parteilos war.[447] Reichsweit erreichte die RGO bis zum Frühjahr 1932 nur eine Mitgliederzahl zwischen 260 000 und 310 000. Die meisten Mitglieder waren arbeitslos.[448] Die RGO wurde auf diese Weise zum Träger der von der KPD organisierten Arbeitslosenbewegung.

Streiks der RGO in Hanau

Trotz ungünstigen Ausgangslage versuchte die RGO, den Beweis zu liefern, dass Streiks auch in der Krise zum Erfolg führen können. Im Herbst 1931, als die Hanauer Metallindustriellen nach Auslaufen des Tarifvertrages am 31. Oktober das zweite Mal im Jahr einen fünfzehnprozentigen Lohnabbau gefordert hatten, wartete der DMV zunächst einmal das Ergebnis der Schlichtungsverhandlungen ab.[449] Die RGO hingegen berief für den 16. November eine Versammlung ein, auf der die etwa 500 Teilnehmer, unter ihnen viele Nichtmetallarbeiter und Arbeitslose, auf die Initiative einiger Betriebsratsvorsitzenden hin einen Streikbeschluss fassten. (Dok. 167e) Den Betriebsratsvorsitzenden der größeren Hanauer Metall-

442 Ebd., Bl. 204; AZ Nr. 109, 12.5.1930. Die Betriebsratswahlen 1932 wurden per Notverordnung ausgesetzt.
443 BAB, SAPMO, Ry-I 3/23/43, Bl. 52; AZ Nr. 270, 18.11.1930. In der Gießerei Wilhelma gab schon bei den Betriebsratswahlen eine große Mehrheit der Belegschaft, nämlich 99 Personen, der RGO-Liste ihre Stimme, auf die freigewerkschaftliche Liste entfielen 51 Stimmen.
444 AZ Nr. 297, 20.12.1930.
445 HStAM, 165-3846/3, Bl. 320.
446 BAB, SAPMO, Ry-I 3/23/12, Bl. 65.
447 Ebd., Bl. 49.
448 Deppe, Deutsche Gewerkschaftsbewegung, S. 309.
449 DMV-Jahrbuch 1931, S. 178f.

Extra-Ausgabe. 18

Hanauer Metallarbeiter!

Die Belegschaft der Firma Quarzlampe ist in den Streik getreten. Sie haben den Kampf aufgenommen gegen die weitere Verschlechterung der Lebenslage der Arbeiterschaft durch das Unternehmertum. Solidarität ist jetzt das Gebot der Stunde! Noch habt Ihr Euch nicht dazu entschliessen können, mit in den Kampf einzugreifen. Wiederum hat es die Gewerkschaftsbürokratie und ihre Lakeien im Betrieb verstanden, einen Keil in die geschlossenen Kampfesreihen der Hanauer Metallarbeiterschaft hineinzutreiben. Obwohl Ihr sehr genau wisst, dass die von der Gewerkschaftsbürokratie (gepriesene) Stillhaltepolitik, in einer Zeit, wo das Unternehmertum den Angriff mit aller Raffinesse vorbereitet und durchführt, stets der Arbeiterschaft zum Verhängnis wurde, Ihre Schlagkraft gelähmt und jeder Lohnabbau letzten Endes stillschweigend hingenommen wurde, weil die Arbeiterschaft vor fertigen Tatsachen stand. So versucht auch in der jetzigen Situation die Gewerkschaftsbürokratie die Arbeiterschaft vom Kampf abzuhalten, indem sie nach allerlei verlogenen Begründungen sucht. Bald sind es die Erwerbslosen, bald die unorganisierten Kollegen, welche daran Schuld sein sollen, dass die Gewerkschaften den Kampf nicht wagen können. Dass dies alles Lug und Trug ist zeigt sich bei Euren Kollegen der Quarzlampe. Hier ist der grösste Teil der Belegschaft (80 % in

(gepriesene)

Hanau, Mitteilungsblatt der Revolutionären Gewerkschaftsopposition (RGO), November 1931

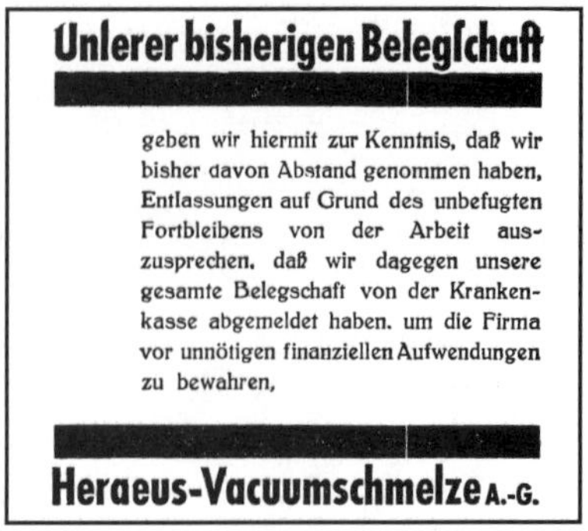

Hanau, Bekanntmachung der Vacuumschmelze, November 1931

betriebe wurde aufgetragen, am nächsten Tag bei ihren Betriebsleitungen vorstellig zu werden und die schriftliche Zusage zu verlangen, dass in Zukunft keinerlei Lohnabzüge mehr vorgenommen werden sollten, auch dann nicht, wenn ein Schiedsspruch dies vorsah. Dieses Ansinnen wurde am 17. November von den Betriebsleitungen durchweg zurückgewiesen und der Streik hätte nun überall eingeleitet werden müssen. Die Abstimmung in der Betriebsversammlung bei Heraeus ergab 97 Stimmen für und 86 Stimmen gegen den Streik bei 20 Enthaltungen. 40 freigewerkschaftlich und 26 christlich organisierte Arbeiter waren der Versammlung ferngeblieben. Daraufhin entschied sich der kommunistische Betriebsratsvorsitzende Pfeifer gegen den Streik.[450] Nur die Belegschaft der Quarzlampen-Gesellschaft trat am 17. November in den Streik. (Dok. 167a,b) Bei der Vacuumschmelze setzte der Streik erst zehn Tage später ein, als es sich herausstellte, dass der Schiedsspruch einen Lohnabbau vorsah. Selbst jetzt blieben die 300 Streikenden in der Minderheit.[451] 4000 Metaller erschienen weiterhin zur Arbeit. Die Streikunterstützung wurde in Geld und in Naturalien von der Internationalen Arbeiterhilfe (IAH) organisiert, die im ganzen Rhein-Main-Gebiet Sammlungen durchführte. (Dok. 167c) Die Direktion der Vacuumschmelze meldete die Belegschaft kurzerhand von der Krankenkasse ab.[452] Auf Ersuchen der Streikleitung übernahm der DMV die weiteren Verhandlungen mit der Geschäftsleitung. Der Streik wurde ergebnislos beendet. In der Quarzlampen-Gesellschaft kehrten 60 der 140 Streikenden ohne Vorverständigung in den Betrieb zurück. In beiden Betrieben galt nunmehr der für die Hanauer Metallindustrie durchgedrückte Lohnabbau. 45 Arbeiter wurden gemaßregelt, unter ihnen die Betriebsratsmitglieder der Vacuumschmelze. (Dok. 167e,f) Bei der Quarzlampen-Gesellschaft wurden alle übertariflichen Leistungen und Vergünstigungen gestrichen.[453] (Dok. 167d)

[450] VS (Hanau) Nr. 270, 19.11.1931; AZ Nr. 23, 28.1.1932.
[451] AZ Nr. 228, 25.11.1931.
[452] HA Nr. 280, 30.11.1931. Anzeige.
[453] VS (Hanau) Nr. 295, 18.12.1931.

Der Aufstieg der Hitler-Faschisten zur Massenbewegung

In Deutschland entwickelte sich die faschistische Bewegung, deren Höhepunkt im November 1923 der Hitler-Putsch gewesen war, in den Jahren der Stabilisierung zu einer Randerscheinung. Der »Völkisch-soziale Block«, das neue Sammelbecken der Faschisten, entfaltete im Frühjahr 1924 eine rege Reichstagswahlkampagne, in deren Verlauf es zu Auseinandersetzungen mit Sozialdemokraten und Kommunisten kam. (Dok. 145) Am 12. April fochten etwa 200 Anhänger der KPD und der SPD in Wachenbuchen mit Teilnehmern einer völkisch-sozialen Wahlversammlung eine Schlägerei aus.[454] In Hanau brachte es der Block in den Maiwahlen immerhin auf 8,8 Prozent (1942 Stimmen), im Landkreis musste er sich mit 3,1 Prozent (1052 Stimmen) begnügen. Die Völkisch-Sozialen gingen nach Hitlers Haftentlassung in der neu gegründete Nationalsozialistischen Arbeiterpartei (NSDAP) auf. In den Dezemberwahlen 1924 erreichte die NSDAP in Hanau nur noch knapp zwei Prozent der Stimmen (440 Stimmen) und im Landkreis kaum mehr als ein Prozent (400 Stimmen), bei den Reichstagswahlen im Mai 1928 sanken diese Werte um die Hälfte. Die wenigen Hitler-Anhänger, die es damals in Hanau gab, gehörten der NSDAP-Ortsgruppe Aschaffenburg an. Zur Gründung einer Hanauer Ortsgruppe kam es erst Anfang August 1928.[455] Die 357 Stimmen, die bei den Stadtverordnetenwahlen im November 1929 für die NSDAP abgegeben wurden, reichten für einen Sitz im Stadtparlament nicht aus. Für den Kreistag hatte die Nazipartei nicht kandidiert.

Die Empfänglichkeit der deutschen Gesellschaft für die demagogischen Parolen der Faschisten verstärkte sich wesentlich unter den Verhältnissen der Krise. Die Adjektive »sozialistisch« und »Arbeiter« im Namen der Nazipartei deuteten schon die missbräuchliche Anknüpfung an sozialistische Zukunftsvorstellungen an, ebenso wie die Spekulation auf antikapitalistische Stimmungen in breiten Volksschichten. Etliche Opfer der Rationalisierungskrise suchten in der Nazibewegung Halt, viele Arbeitslose, vorwiegend aus ländlichen Gebieten, schlossen sich der paramilitärischen Sturmabteilung (SA) der NSDAP an. Wer als Arbeitsloser der SA beitrat, bekam verbilligt eine braune Uniform, Stiefel und als Verköstigung im Krisenwinter 1931/32 auch ein Eintopfgericht. Vor diesem Hintergrund machte in Hanau bald die Bezeichnung »Bohnesupp-Nazis« die Runde.[456]

Das wahre Ausmaß der faschistischen Bedrohung brachten die Reichstagswahlen am 14. September 1930 ans Tageslicht: Der Stimmenanteil der NSDAP schnellte vom 2,6 Prozent 1928 auf 18,3 Prozent in die Höhe. Mit 117 Abgeordneten (1928: 12 Abgeordnete) stellten die Nazis nach der SPD jetzt die zweitstärkste Fraktion im Reichstag. Im Landkreis Hanau kamen sie auf 10 Prozent, in der Stadt sogar auf mehr als 14 Prozent. Ihrer Hetze gegen das »Weimarer System« tat das keinen Abbruch. Vorsichtig agierten die Nazi-Redner vor Hanauer Publikum in Bezug auf die Arbeiterfrage: Die schamlosesten Lügen über die zukünftige Rolle von Betriebsräten, Gewerkschaften und Streiks wurden ausgestreut.

454 HA Nr. 90, 15.4.1924.
455 Flämig, Hanau im Dritten Reich, Bd.1, S. 57.
456 Ebd., S. 68.

(Dok. 169) 1931 entstanden bei Heraeus und bei Dunlop die ersten Zellen der Nationalsozialistischen Betriebsorganisation (NSBO) und auch in den Betriebsrat beider Firmen gelangte jeweils ein Nazi-Vertreter.[457] Die Ortsgruppe Hanau der NSDAP unterhielt zeitweise unter dem Namen »Hanauer Wacht« ein wöchentlich erscheinendes Presseorgan, das in Wachenbuchen hergestellt wurde.[458]

Die Arbeiterparteien und die faschistische Gefahr

Die Anbiederung an den »deutschen Arbeiter« konnte nicht verdecken, dass der Hauptstoß der Faschisten gegen die Arbeiterbewegung gerichtet war. Unter der Parole »Der Sowjetstern geht unter!« begann im Rhein-Main-Gebiet Anfang 1930 eine Versammlungskampagne der Nazis, in der den Sozialdemokraten und den Kommunisten gleichermaßen der Kampf angesagt wurde.[459] Der Bezirksparteitag der SPD für Hessen-Nassau in Hanau beschloss im April 1930 die Einleitung einer wirksamen Gegenpropaganda sowohl durch den Besuch von Naziversammlungen als auch durch eigene Veranstaltungen. (Dok 163a) Auch die KPD lud Nazianhänger zu den eigenen Versammlungen ein und sicherte ihnen Redezeit zu.[460] Die »Metallarbeiter Zeitung« hob mit Nachdruck die Verantwortung der organisierten Metallarbeiter im antifaschistischen Kampf hervor. Der faschistische Angriff verlange eine leidenschaftliche, offensiv geführte Gegenwehr: »Ruhe ist die erste Bürgerpflicht! Was hat dieses unselige Wort uns schon geschadet! Für uns Gewerkschafter ist es ein Hohn, für den revolutionären Arbeiter eine Beleidigung.«[461]

Die Brutalität der Nazi-Schläger nahm in den Jahren der Krise bedrohliche Ausmaße an. 1930 wurden reichsweit 77 Arbeiter ermordet, 1931 waren es bereits 114, 1932 sogar 219.[462] Anfang Februar 1932 wurden die häufigen Nazi-Überfälle auf Straßenpassanten, insbesondere vor dem »Braunen Haus«, dem Sitz der NSDAP-Kreisverwaltung in der Steinheimer Straße, auch in der Hanauer Stadtverordnetenversammlung Gegenstand der Verhandlungen.[463] Kommunistische Arbeiter wehrten sich zunehmend gegen den Nazi-Terror. Am 3. Februar 1932 trieben mehrere Hundert KPD-Anhänger einen Zug Nazis, die zu einer Versammlung unterwegs waren, bei Rückingen auseinander. (Dok. 163c) Auch in Niederrodenbach stießen anlässlich einer Versammlung Nazis und Kommunisten zusammen. Landrat Kaiser (SPD) verbot daraufhin den Zuzug von Ortsfremden zu politischen Veranstaltungen, um die Gewalttätigkeiten nicht weiter

457 BAB, SAPMO, Ry-I 3/23/12, Bl. 65; HA v. 9.12.1933.
458 HStAM, 165-3826, Bl. 160.
459 Eberhart Schön, Die Entstehung des Nationalsozialismus in Hessen, Meisenheim am Glan 1972, S.165f.; im Weiteren: Eberhart, Nationalsozialismus.
460 AZ Nr. 181, 6.8.1930.
461 MZ Nr. 19, 10.5.1930.
462 Barbara Mausbach-Bromberger, Arbeiterwiderstand in Frankfurt am Main gegen den Faschismus 1933–1945, Frankfurt am Main 1976, S. 13; im Weiteren: Mausbach-Bromberger, Arbeiterwiderstand.
463 Flämig, Hanau im Dritten Reich, Bd. 1, S. 85.

ausufern zu lassen.[464] Mitte Juli 1932 entwickelte sich am Wohlfahrtsamt zwischen arbeitlosen Nazis und Kommunisten eine Schlägerei.[465]

Das wahre Gesicht der drohenden faschistischen Diktatur enthüllten die Pläne der hessischen Gauleitung der NSDAP für die Zeit unmittelbar nach einem erfolgreichen Staatsstreich. Die beabsichtigten Maßnahmen wurden in einer Besprechung hessischer Nazigrößen auf dem Gut »Boxheimer Hof« bei Lampertheim Mitte September 1931 aufgezeichnet und gelangten durch Indiskretion im November 1931 an die Öffentlichkeit. Die SPD verbreitete den Text als Flugblatt unter der Überschrift: »So beginnt das Dritte Reich.«[466] Die Entdeckung der hochverräterischen Boxheimer Schriftstücke hatte für die NSDAP keine nachteiligen Folgen. Der zuständige Oberreichsanwalt bagatellisierte den Vorgang. Reichswehrminister Groener – 1918 Eberts Partner – war weiterhin überzeugt, dass Hitler seine Ziele nur mit legalen Mitteln verfolge.[467]

Ganz schutzlos standen die Arbeiterparteien gegen die braune Gefahr nicht da. Nach dem Verbot des Roten Frontkämpfer-Bundes (RFB) baute die KPD nach den Septemberwahlen 1930 den »Kampfbund gegen den Faschismus« als Abwehrorganisation auf. Reichsleiter wurde Oskar Müller, das für die Gewerkschaftsarbeit verantwortliche Mitglied der Bezirksleitung Frankfurt-Hessen der KPD.[468] Als Antwort auf die »Harzburger Front« der Rechten und auf die Boxheimer Putschpläne gründeten SPD und die freien Gewerkschaften im Dezember 1931 die »Eiserne Front«, in der auch die sozialdemokratischen Arbeitersportorganisationen und das Reichsbanner Schwarz-Rot-Gold mit seinen Schutzformationen (»Schufo«) integriert waren. (Dok. 163b) Als betriebliche Organisationseinheiten der Eisernen Front wurden die »Hammerschaften« gebildet. Für Partei, Gewerkschaft und Reichsbanner standen drei Pfeile in ihrem Wahrzeichen. Die Eiserne Front war eine Massenorganisation, die in zahlreichen Großkundgebungen den Eindruck begeisterter Kampfbereitschaft erweckte. In Hanau erklärte der Abgeordnete des preußischen Landtages Ernest Hamburger (SPD) im April 1932 auf einer Kundgebung der Eisernen Front: »Das Dritte Reich komme niemals, weil es die deutsche Arbeiterschaft nicht dulde.«[469]

Die Hinwendung der KPD zu der von der Komintern seit 1928 verkündeten »Sozialfaschismusthese« wirkte sich nachteilig auf den Abwehrkampf der Arbeiterbewegung gegen die Nazis aus. Die Parteiführung war der Ansicht, dass die internationale Arbeiterbewegung in eine »Periode des revolutionären Aufschwungs« eingetreten sei. In dieser Lage hätten sich alle »nichtrevolutionären Kräfte« zu einer einheitlichen reaktionären Front zusammengeschlossen. Auch die Sozialdemokratie sei Teil dieser Front. Man verstieg sich zu der Einschätzung, die Poli-

[464] HA Nr. 31, 6.2.1932. In Großauheim wurde die überhaupt erste Naziversammlung am 8.8.1931 abgehalten. Störversuche einer größeren Menschenmenge mussten von der Polizei abgewehrt werden. HA Nr. 186, 11.8.1931.

[465] HA Nr. 163, 14.7.1932.

[466] Institut für Stadtgeschichte Frankfurt am Main, S 3/Q 2974.

[467] Schön, Nationalsozialismus, S. 169.

[468] Mausbach-Bromberger, Arbeiterwiderstand, S. 20f.

[469] Kundgebung der Eisernen Front im Hanauer Gewerkschaftshaus am 16.4.1932. HA Nr. 90, 18.4.1932.

tik des SPD-Vorstandes sei »Sozialismus in Worten, Faschismus in der Tat«. Wegen ihres großen Einflusses auf die Arbeiterklasse sei die SPD »Hauptstütze« der bürgerlichen Herrschaft.[470] Im Mai 1932 rief die KPD zur »Antifaschistischen Aktion« auf. Das Ziel war eine Einheitsfront von unten, in die Sozialdemokraten und Sympathisanten der SPD mit einbezogen sein sollten.[471] Vor allem in den Arbeitersiedlungen, in denen die Erwerbslosenarbeit der KPD stattfand, entstanden Einheitsausschüsse und Selbstschutzformationen.

Das erste Einheitskomitee wurde am 27. Mai 1932 im Frankfurter Stadtteil Westhausen gegründet, wo erfolgreiche Einheitsaktionen gegen Wohnungsräumungen und Pfändungen schon Schule gemacht hatten. Das Westhausener Komitee, dem außer Parteilosen auch kommunistische und sozialdemokratische Arbeiter angehörten, erließ am 1. Juni einen Aufruf zur Einberufung des ersten Bezirkskongresses der Antifaschistischen Aktion für das Rhein-Mainische Industriegebiet. (Dok. 170a) An diesem Kongress, der am 12. Juni in Darmstadt stattfand, nahmen 750 Delegierte und 800 Gäste teil, die zur Hälfte parteilos waren.[472] In Hanau war die Erwerbslosenbewegung Trägerin der Aktion, in deren Rahmen am 9. und am 12. Juli Straßenumzüge und Massenversammlungen stattfanden.[473] (Dok. 170b,c)

Die Politik der Sozialdemokratie

Unter dem Druck der bürgerlichen Koalitionspartner, vor allem der Vertreter der DVP, sahen sich die SPD-Minister im Kabinett Hermann Müller gezwungen, auch nach der Bewilligung des Panzerkreuzerbaus auf wirtschafts- und sozialpolitischem Gebiet immer mehr Terrain aufzugeben. Die Auseinandersetzung um die Vorzüge oder Nachteile einer staatsgebundenen SPD-Politik, das heißt um die »Koalitionsfrage«, ging innerhalb der Partei auch dann noch weiter, als die Regierung am 27. März 1930 an der Frage der Arbeitslosenversicherung auseinanderbrach. Der Konflikt im Wahlbezirk Hessen-Nassau entzündete sich diesmal an der politischen Linie der »Volksstimme«, die in den 20er Jahren zu den wenigen linken Zeitungsorganen der SPD zählte. Der Stein kam auf dem vom 12. bis 13. April in Hanau abgehaltenen Bezirksparteitag des SPD-Bezirks Hessen-Nassau ins Rollen, bei dem ein Antrag des Unterbezirks Wetzlar-Marburg von der politischen Redaktion der »Volksstimme« eine deutliche Kursänderung weg von der parteikritischen Linie zur die Verteidigung der Politik der Par-

470 Siegfried Bahne, Die KPD und das Ende von Weimar. Das Scheitern einer Politik 1932–1935, Frankfurt am Main 1976, S. 12; im Weiteren: Bahne, KPD.

471 Karl Heinz u. Erika Kücklich (Hrsg.), Die Antifaschistische Aktion. Dokumente und Chronik. Mai 1932 bis Januar 1933, Berlin 1965, S. 364; im Weiteren: Kücklich, Antifaschistische Aktion.

472 Ebd., S. 20, 57f., 388; Mausbach-Bromberger, Arbeiterwiderstand, S. 23, 27; AZ Nr. 124, 2.6.1932.

473 Der Arbeitslose Nr. 28, 2. Ausgabe im Juli 1932.

tei verlangte. Nach heftigen Auseinandersetzungen folgte der Parteitag dieser restriktiven Linie und forderte von der politischen Redaktion, »dass in Zukunft deutlich die Erfolge unserer Partei in den Parlamenten zum Ausdruck kommen«. Mit 58 gegen 24 Stimmen wurde – vor allem gegen den Widerstand des Unterbezirks Frankfurt – eine entsprechende Resolution angenommen, mit deren Durchsetzung die Presskommission beauftragt wurde.[474]

Als die von langer Hand vorbereitete, nach rechts erweiterte Regierung Brüning am 30. März 1930 ihre Geschäfte aufnahm, eröffneten sich der SPD in der Opposition neue Möglichkeiten. Die erste Rate für den Panzerkreuzer »B« wurde im Reichstag am 23. Mai aufgrund des sozialdemokratischen Widerstands abgelehnt. Am 16. Juli wies eine Reichstagmehrheit das Wirtschafts- und Sparprogramm der Regierung zurück. Als Reaktion auf den ungebührlichen Widerstand zeigten die Träger der bürgerlichen Macht die Zähne: Reichspräsident Hindenburg setzte das abgelehnte Regierungsprogramm – unter Missbrauch des Artikels 48 der Verfassung – durch Notverordnungen in Kraft. Der Reichstag reagierte verfassungsgemäß, als er den Antrag der SPD auf Außerkraftsetzung der Notverordnung annahm. Nun ließ die Regierung Brüning den Reichstag durch ein Dekret des Reichspräsidenten auflösen.[475]

Die für den 14. September 1930 ausgeschriebenen Reichstagswahlen mit der lawinenartig angewachsenen Unterstützung für die NSDAP bewirkten eine katastrophale Veränderung der politischen Lage. Hinter der antiparlamentarischen Notverordnungs-Diktatur der neugebildeten Regierung Brüning zeichnete sich fortan die Gefahr einer faschistischen Diktatur ab. Am 3. Oktober 1930 beschloss die SPD-Reichstagsfraktion die Tolerierung der Brüning-Regierung, die im Gegensatz zu einer Regierung mit NSDAP-Beteiligung als »das kleinere Übel« angesehen wurde.

Auch in der Wirtschaftspolitik erblickte die SPD ihre Rolle unter den Bedingungen der Krise in einer »aktiven Tolerierung«. Auf dem Parteitag der SPD in Leipzig im Sommer 1931 entwickelte der Vorsitzende des Holzarbeiterverbandes Fritz Tarnow den Gedankengang über die ambivalente Rolle der Sozialdemokratie als Erbe und gleichzeitig als Arzt am Krankenbett des Kapitalismus. Die Krankheitszeichen der Wirtschaft müssten geheilt, der normale Gang der kapitalistischen Wirtschaft müsse gesichert werden, damit die für den Sozialismus wichtigen Elemente erhalten und in diese neue Gesellschaft hinübergerettet werden könnten.[476]

Mit dem Anwachsen der Not wuchs auch innerhalb der SPD die Kritik am »Tolerierungskurs«. Neun Mitglieder der SPD-Reichstagsfraktion stimmten am 20. März 1931, trotz Fraktionsbeschluss zur Stimmenthaltung, gegen die Finanzierung des Panzerkreuzers »B« und am 25. März ebenfalls getrennt von der

474 Pákh, Frankfurter Arbeiterbewegung, Bd. 1, S. 1341f.

475 Hanno Drechsler, Die Sozialistische Arbeiterpartei Deutschlands (SAPD). Ein Beitrag zur Geschichte der deutschen Arbeiterbewegung am Ende der Weimarer Republik, Meisenheim am Glan 1965, S. 56; im Weiteren: Drechsler, SAPD.

476 Parteitag der SPD in Leipzig 31. Mai bis 5. Juni 1931, Protokoll, S. 45.

Fraktion gegen den Wehretat. Nach einer Serie von Parteiausschlüssen konstituierte sich Anfang Oktober 1931 in Berlin aus ehemaligen oppositionellen SPD-Mitgliedern eine neue linkssozialistische Partei, die Sozialistische Arbeiterpartei Deutschlands (SAPD). Im Verhältnis zu ihrer Mitgliederzahl, welche die Marke von 25 000 zu keinem Zeitpunkt überschritt, besaß die SAPD unter allen Parteien der Arbeiterbewegung die stärkste Jugendorganisation. Der Sozialistische Jugendverband (SJ) wurde das Sammelbecken von ausgestoßenen oder enttäuschten oppositionellen Mitgliedern der sozialdemokratischen Jugendbewegung.[477] Gruppen der SAP entstanden auch in Hanau und Umgebung.[478] Die meisten Stimmen bekam die SAP bei den Wahlen zum preußischen Landtag im April 1932 in Windecken (169 Stimmen) und in Hüttengesäß (113 Stimmen) sowie in den beiden Reichstagswahlen des Jahres 1932 in Hüttengesäß (86 bzw. 90 Stimmen).[479] Im ganzen Bezirk Hessen-Nassau waren es bis zum Ende 1931 400 SPD-Mitglieder, die sich zum Übertritt entschlossen. Eine gewisse Verstärkung bekam die SAP, als im März 1932 etwa 1000 Mitglieder der KPO übertraten. Allein 300 unter ihnen kamen aus Offenbach, einer Hochburg der KPO, an ihrer Spitze der Ortsvorsitzende, der hessische Landtagsabgeordnete Heinrich Galm, sowie zehn Stadtverordnete.[480] Nach dem Leipziger Parteitag mehrten sich auch die Übertritte von Sozialdemokraten zur KPD.[481]

Als Teil ihrer Tolerierungspolitik stellte die SPD bei den Reichspräsidentenwahlen im März/April 1932 keinen eigenen Kandidaten auf. Sie unterstützte in beiden Wahlgängen den bisherigen Reichspräsidenten Hindenburg, um einen Wahlsieg des NSDAP-Kandidaten Hitler zu vereiteln. »Schlagt Hitler, wählt Hindenburg!« lautete ihre Parole. Kaum war jedoch Hindenburg, der Vertrauensmann der ostelbischen Junker, am 10. April 1932 mit 19,4 Millionen Stimmen wiedergewählt (Hitler bekam 13,4 Millionen), ließ er Brüning am 30. Mai zugunsten einer schroffen Rechtswendung fallen. Das am 1. Juni 1932 ohne parlamentarische Mehrheit gebildete »Kabinett der Barone« unter dem rechten Zentrumsmann Franz von Papen stützte sich auf die Duldung der NSDAP. Auf Hitlers Forderung erfolgte die Auflösung des Reichstages am 4. Juli sowie die Aufhebung des noch von Brüning im April verhängten Verbots von SA und SS. Eine noch nicht da gewesene Terrorwelle gegen die Arbeiterbewegung ging durch das Land. Die heute prophetisch anmutende Parole der KPD im Reichspräsidentenwahlkampf begann sich zu bewahrheiten: »Wer Hindenburg wählt, wählt Hitler; wer Hitler wählt, wählt den Krieg.«

477 Drechsler, SAPD, S. 160, 164f.
478 VS (Hanau) Nr. 46, 24.2.1932.
479 HA Nr. 96, 25.4.1932; Klein, Die Hessen als Reichstagswähler, Bd. 2, S. 425, 429.
480 Drechsler, SAPD, S. 162; Winkler, Arbeiterbewegung 1930–1933, S. 407.
481 Hermann Weber, Die Generallinie – Rundschreiben des Zentralkomitees der KPD an die Bezirke 1929–1933, Düsseldorf 1981, S. 387, Anm. 3; im Weiteren: Weber, Generallinie.

Der »Preußenschlag« und die Reichstagswahlen des Jahres 1932

Die Tolerierungspolitik zahlte sich für die SPD nicht aus. Bei den preußischen Landtagswahlen im April 1932 erlitt die Partei empfindliche Verluste. Die NSDAP verdoppelte ihre Stimmenzahl im Vergleich zur Reichsstagswahl im September 1930 und sie bildete im Landtag die stärkste Fraktion. Unter der Papen-Regierung sah die Reaktion die Zeit gekommen, die erschütterte Bastion der Sozialdemokratie zu schleifen. Staatsstreichartig erfolgte am 20. Juli die Entmachtung der preußischen Regierung, die unter dem sozialdemokratischen Ministerpräsidenten Braun nur noch geschäftsführend amtierte. Die vom sozialdemokratischen Innenminister Severing befehligte preußische Polizei wurde der Reichsregierung unterstellt, in Berlin und in der Provinz Brandenburg der militärische Ausnahmezustand verhängt. In dieser Situation gab die KPD ihre bisherige Zurückhaltung auf und veröffentlichte in der »Roten Fahne« ein Generalstreikangebot an die SPD und die freien Gewerkschaften. Die Führer dieser Organisationen zogen es vor, die Ergebnisse der Reichstagswahl am 31. Juli 1932 und die Entscheidung des angerufenen Staatsgerichtshofes abzuwarten. (Dok. 171a-e)

Der Wahlausgang war für die SPD katastrophal. Der NSDAP gelang es, ihre Mandate von 107 auf 230 mehr als zu verdoppeln und die SPD als nur noch zweitstärkste Fraktion weit hinter sich zu lassen. Gegen den Verlust von 600 000 sozialdemokratischen Wählern standen 800 000 neue Stimmen für die KPD, von jetzt an die drittstärkste Kraft. Im Stadt- und Landkreis Hanau konnten die Arbeiterparteien im Juli 1932 ihre Stärke von den Reichstagswahlen 1930 knapp behaupten. Gut ein Drittel der Wähler stimmte für die NSDAP, weniger immerhin als der Reichsdurchschnitt (37,4 Prozent).

Bei den Novemberwahlen 1932, den letzten Reichstagswahlen vor der Machtübergabe an die Faschisten, setzte sich bei den Arbeiterparteien die Kräfteverschiebung zugunsten der Kommunisten fort: die SPD verlor 700 000, die KPD gewann 600 000 Stimmen. Mehr Aufsehen erregte jedoch, dass die Wahlen am 6. November 1932 den Wachstumstrend der Nazipartei beendeten. Sie verlor zwei Millionen Stimmen. Die Nazis büßten in Hanau Stadt und Land über vier beziehungsweise drei Prozentpunkte ein. Die SPD fiel auf den dritten Platz zurück, während die KPD als stärkste Partei mit 32 Prozent ihr bestes Ergebnis während der Weimarer Republik erreichte. 18 600 kommunistischen Stimmen im Stadt- und Landkreis standen 11 400 sozialdemokratische gegenüber. Die Nazipartei bekam 18 200 Stimmen.

Die offensive Grundhaltung der KPD gegen die Abwälzung der Krisenlasten auf die Arbeiterschaft wirkte angesichts der faschistischen Gefahr auf eine wachsende Zahl von Arbeitern und Arbeitslosen anziehender als die zurückweichende, abwartende Taktik der SPD. Zwischen Mai 1928 und November 1932 verloren die Sozialdemokraten 1,7 Millionen Stimmen, während die Kommunisten 2,7 Millionen Wähler hinzugewannen. Auch die Mitgliedschaft der KPD wuchs, im Bezirk Hessen-Frankfurt verdreifachte sie sich allein 1932 und erreichte im

Herbst die Zahl von 16 000. Von 1929 bis 1932 wuchs der Mitgliederbestand im Unterbezirk Hanau von 1000 auf 2848.[482]

Die KPD und die Erwerbslosenbewegung

Schon während der Jahre der Konsolidierung der Weimarer Republik war für die KPD ein relativ hoher Anteil der Arbeitslosen in der Mitgliedschaft und in der Wählerschaft charakteristisch. Standen 1929 noch 51,6 Prozent ihrer Mitgliedschaft in Beschäftigung, sank diese Zahl 1930 auf 32,2 Prozent und auf 11 Prozent gegen Ende 1932. Im Bezirk Hessen-Nassau war schon 1928 fast die Hälfte der Mitglieder (47,2 Prozent) ohne Beschäftigung, im Herbst 1930 nahezu drei Viertel (73,5 Prozent).[483]

In der KPD herrschte die Ansicht, dass ihre Mitgliedschaft und Anhängerschaft zwar den klassenbewussten, revolutionären Teil der Arbeiterklasse bilde, auf längere Sicht jedoch eine Einheitsfront mit den von SPD und NSDAP irregeführten sowie den unorganisierten und arbeitslosen Klassengenossen herzustellen sei. Völlig anders war die Sicht der SPD. Der Sekretär des SPD-Bezirks Hessen-Nassau, Paul Röhle, erklärte vor dem Hanauer Bezirksparteitag im April 1930: »Die KPD ist in Zersetzung begriffen. Dem Löwengeschrei der ,Arbeiter-Zeitung' steht eine schwindsüchtige Abonnentenzahl gegenüber ... Letzteres wundert ja eigentlich nicht, denn die Mehrzahl dieser Anhänger hat keine politische Bildung. Ist es doch eine unleugbare Tatsache, dass die meisten Nachläufer der Nationalsozialisten aus der Reihen der Kommunisten hervorgegangen sind. Kommunisten und Nationalsozialisten wechseln nur gelegentlich ihre Mitgliedsbücher, im übrigen bleiben sie sich gleich.«[484]

Träger der Erwerbslosenbewegung waren, wie schon während der Rationalisierungskrise, die örtlichen Erwerbslosenausschüsse, die in Erwerbslosenversammlungen gewählt wurden. Ihre Arbeit wurde von den Bezirkserwerbslosenausschüssen koordiniert. Die Erwerbslosenausschüsse waren keineswegs reine Anhängsel der KPD-Organisation, auch wenn die kommunistischen Fraktionen ihre Arbeit maßgeblich bestimmten. Es war das Ziel, die Erwerbslosenausschüsse durch Einbeziehung »guter, kampfgewillter SPD-, Nazi- und Zentrumsarbeiter« zu Einheitsfrontorganisationen zu entwickeln.[485] Seit 1930 existierte im Bezirk Hessen-Frankfurt eine eigenständige Zeitung der Erwerbslosenbewegung, »Der Arbeitslose« mit dem Untertitel »Kampforgan der Erwerbslosen, Notstands- und Fürsorgearbeiter«, die wöchentlich erschien. Unter dem Titel »Der Stempler« gab ab 1930 auch die Hanauer Ortsgruppe der RGO zweiwöchentlich für die Arbeitslosen eine Zeitung heraus. Auch die »Arbeiter-Zeitung« veröffent-

[482] BAB, SAPMO, Ry-I 3/23/2, Bl. 196; Ebd., Ry-I 3/23/24, Bl. 138; Ebd., Ry-I 3/23/43, Bl. 52.

[483] BAB, SAPMO, Ry-I3/23/2, Bl. 85. Bericht über den Bezirksparteitag 1928; Ebd., Ry-I 3/23/24, Bl. 154.

[484] SPD Bezirksparteitag Hanau 1930, S. 37f.

[485] BAB, SAPMO, Ry-I 3/23/2, Bl. 219. Bericht der Bezirkserwerbslosenfraktion, Ende 1932; Im Bezirk Hessen-Nassau existierten im Januar 1933 über 200 Erwerbslosenausschüsse. Institut für Stadtgeschichte Frankfurt am Main, S 3/29480.

lichte schon seit Februar 1929 Informationsbeilagen für Erwerbslose.[486] Indem die KPD für die Arbeitslosen in ihrer trostlosen Lage eintrat und sie über die die gesellschaftlichen Ursachen des Arbeitsplatzverlustes aufklärte, wirkte sie der sich verbreitenden Resignation unter den Arbeitslosen entgegen. Das Aufrechterhalten des Zugehörigkeitsbewusstseins zur Arbeiterklasse verhinderte vielfach Streikbrecherarbeit und gleichermaßen das Abdriften in den Einflussbereich der Nazibewegung.[487]

Mit regelmäßigen Demonstrationen vor dem Rathaus und mit lautstarken Kundgebungen auf der Zuhörertribüne unterstützten die Erwerbslosen die gemeinsam vorbereiteten Anträge der kommunistischen Vertreter in der Stadtverordnetenversammlung, denen sich des öfteren auch die Sozialdemokraten anschlossen. Gezielt trugen Erwerbslosendelegationen die Anliegen ihrer Schicksalsgenossen vor. So gelang es 1929 und 1930, vor Weihnachten im Stadtparlament Winterbeihilfen für die »Ausgesteuerten« durchzusetzen.[488]

Wohngebiets- und Einwohnerversammlungen, Delegiertenkonferenzen und Hungerkongresse dienten dem Erfahrungsaustausch und der Vorbreitung gemeinsamer Aktionen, Reichserwerbslosentage und Hungermärsche der Manifestation von Forderungen und Protesten. Im Oktober 1932 öffnete das Hanauer Gewerkschaftshaus wieder seine Pforten für die Zusammenkünfte der Erwerbslosen.[489] Noch am 25. Januar 1933 organisierten die Kommunisten einen Hungermarsch nach Darmstadt, an dem trotz Kälte und Grippe-Epidemie etwa 6000 Betroffene teilnahmen.[490] Besonderes Augenmerk richtete die KPD auf die Förderung der Solidarität zwischen Arbeitslosen und Arbeitenden. Diesem Ziel trug der gemeinsame Auftritt von Erwerbslosenausschuss und RGO, die am 6. März 1930 in der Hanauer Sporthalle eine Versammlung sowohl für Arbeitslose wie auch für Betriebsarbeiter veranstalteten, Rechnung. Mehrere tausend Erwerbslose und Betriebsarbeiter demonstrierten auch am 10. September, am Reichserwerbslosentag, gemeinsam am Altstädter Markt.[491] Der für den 23. Oktober 1932 vom Bezirkserwerbslosenausschuss einberufene Hungerkongress hatte sich zum Ziel gesetzt, Delegierte der Betriebe und der Erwerbslosen zu einem gemeinsamen Vorgehen gegen den Lohn- und Unterstützungsabbau der Papenschen Notverordnungen zu vereinigen. (Dok. 166d) Im Rahmen der Antifaschistischen Aktion wurden die Erwerbslosen auch in die Aktionen gegen die Nazibewegung einbezogen.

Die Erwerbslosenbewegung entwickelte auch offene Formen des Widerstandes gegen die Staatsgewalt, wie die Verhinderung von Zwangsräumungen oder den so genannten »Pflichtarbeiterstreik«, der im Sommer 1932 die meisten Orte des Hanauer Landkreises umfasste. Am 1. April 1932 verordnete der Kreisausschuss für die Wohlfahrtserwerbslosen des Landkreises die Verrichtung ge-

486 AZ Nr. 23, 8.2.1929; HStAM, 165-3826, Bl. 160; Ebd. 3874, Bl. 68.
487 Deppe, Deutsche Gewerkschaftsbewegung, S. 320.
488 AZ Nr. 298, 21.12.1929; AZ Nr. 298, 22.12.1930.
489 Der Arbeitslose Nr. 42, Oktober 1932, 3. Woche.
490 Armin und Renate Schmid, Frankfurt in stürmischer Zeit 1930–1933, Stuttgart 1987, S. 122.
491 AZ Nr. 56, 7.3.1930; AZ Nr. 212, 11.9.1930.

meinnütziger Pflichtarbeit, sozusagen als Gegenleistung für die immer mehr schrumpfende kommunale Wohlfahrtsunterstützung. Die Erwerbslosen, die sich gegen diese Zumutung in Kampfausschüssen organisiert hatten, verweigerten diese Arbeitsleistung und protestierten gegen die Bestrafung ihres Widerstandes. Wegen des Streiks war ihnen nur 80 Prozent des mageren Unterstützungssatzes ausbezahlt worden. Auf Anordnung des Landrats wurde daraufhin »Der Arbeitslose« vom 1. Juni im ganzen Landkreis beschlagnahmt, davon allein 400 Exemplare in Großauheim. Den Stein des Anstoßes bildete ein ausführlicher Bericht über den Streik unter dem Titel »Die Kampffront im Landkreis steht!«[492]

Immer wieder entlud sich die aufgestaute Wut der Arbeitslosen in heftigen, oftmals blutigen Zusammenstößen mit der Staatsgewalt. Der »Internationale Kampftag der Erwerbslosen« endete am 15. Dezember 1931 in Langenselbold wie in Hanau nach Polizeieinsatz mit Verhaftungen.[493] Am 3. Januar 1932 stürmte in Hanau eine wütende Menge das Wohlfahrtsamt, nachdem von den Erwerbslosenausschüssen vergeblich die Auszahlung von Vorschüssen gefordert worden war. Die Unruhen dauerten den ganzen Tag an. Altstädter Markt, Platz der Republik, Marktplatz und die angrenzenden Straßen mussten wiederholt geräumt werden. Die aufgebrachten Erwerbslosen bombardierten die Polizei mit Blumentöpfen, Plastersteinen und Dachziegeln.[494] Mitte August 1932 rebellierten die auf Auszahlung wartenden Frauen am Wohlfahrtsamt wegen einer neuerlichen Kürzung und wurden von der Polizei auseinandergetrieben.[495]

Mitte Juli 1932 erreigneten sich auch in Langenselbold Zusammenstöße. Diese Gemeinde mit über 6100 Einwohnern bildete seit der Revolution das kommunistische Zentrum des Landkreises. In der Gemeindeversammlung verfügte die KPD über die absolute Mehrheit, die Selbstverwaltung war allerdings durch die Einsetzung eines kommissarischen Bürgermeisters außer Kraft gesetzt. Im Sommer 1932 lebten in Langenselbold nahezu 700 Wohlfahrtsarbeitslose (Fürsorgeempfänger). Da anlässlich des Pflichtarbeiterstreiks auch hier nur 80 Prozent des Unterstützungssatzes ausgezahlt wurde, stürmte am 21. Mai eine aufgebrachte Menge das Rathaus. Am 15. Juli kam es am Ende einer Erwerbslosenversammlung zu Unruhen. Polizeibeamte schossen in die Menge und töteten zwei Frauen. Ein durch Bauchschuss schwer verletzter Arbeiter starb kurz danach. Die KPD versuchte daraufhin, im Landkreis einen Generalstreik auszulösen, womit sie jedoch scheiterte: Es kam nur in sieben Betrieben der Umgebung zu kürzeren Proteststreiks. (Dok. 171e) An der Beerdigung der zwei Frauen am 18. Juli nahmen etwa 4000 Personen teil. Nach der Trauerfeier kam es wieder zu Unruhen vor der Wohnung des Polizisten, der beschuldigt wurde, die tödlichen Schüsse abgegeben zu haben. Eine Schutzpolizei-Staffel, die ihm zu Hilfe kam, schoss in die Menge. Ein Arbeiter wurde getötet, zwei weitere erlitten schwere Verletzungen.[496]

[492] HStAM, 165-3874, Bl. 314ff.

[493] HA Nr. 294, 16.12.1931.

[494] HA Nr. 3, 5.1.1932; HA Nr. 30, 6.4.1932.

[495] Der Arbeitslose Nr. 34, 3. August-Ausgabe 1932.

[496] Georg Fülberth, Die Beziehungen zwischen SPD und KPD in der Kommunalpolitik der Weimarer Periode 1918/19 bis 1933, Köln 1985, S. 360ff.

Das Ende der Republik

Die Stimmverluste der Nazis in den Novemberwahlen lösten im sozialdemokratischen Lager neben berechtigter Erleichterung eine teilweise bis zur Euphorie gesteigerte Selbstüberschätzung aus. »Dem Nationalsozialismus ist das Rückgrat gebrochen«, stellte der Kommentar der »Volksstimme« zur Jahreswende 1932 auf 1933 fest und fuhr weiter fort: »Das historische Verdienst der deutschen Sozialdemokratie ist die Organisation des Widerstandes gegen den deutschen Faschismus.« Die Anpassungspolitik der Parteiführung schien ihre Bestätigung gefunden zu haben: »Die Tolerierung Brünings und die Wahl Hindenburgs tragen ihre Früchte.«[497]

Die KPD empfand eine tiefe Genugtuung über ihre neuerlichen Stimmgewinne, die sie als Ergebnis der »Einheitsfront-Aktion der Massen unter revolutionärer Führung« ansah. Gleichzeitig sorgte sie sich um die Schwächen hinter der Fassade, als deren Ursache opportunistische und reformistische Abweichungen, besonders im Unterbezirk Hanau, wahrgenommen wurden. (Dok. 174) »Der Rückgang der SPD schwächt keineswegs ihre Rolle als soziale Hauptstütze der Bourgeoisie ab«, lautete weiterhin das Verdikt des Zentralkomitees.[498]

In realistischer Einschätzung der kommenden Gefahren bereitete sich die KPD gegen Jahresende auf die Illegalität vor. Die Perspektive der illegalen Arbeit gehörte in all den Jahren der Weimarer Republik zu den Elementen kommunistischen Bewusstseins. Auch der im Mai 1929 verbotene Rote Frontkämpferbund (RFB) agierte illegal weiter, ebenso wie der im März 1931 gegründete geheime Parteiselbstschutz. Nach Kenntnis der Polizei kursierten bereits im Frühjahr 1930 in den Ortsgruppen des Bezirks Hessen-Frankfurt Richtlinien mit Vorbereitungsregeln auf ein Parteiverbot.[499] Spätestens seit dem Preußenputsch fand eine geheime Bewaffnung auch innerhalb des Reichsbanners und der Eisernen Front statt.[500] Ende Januar 1933, als nach dem Rücktritt des Kabinetts Schleicher in Berlin unmittelbare Vorbereitungen zur Bildung einer Rechtsregierung mit NSDAP-Beteiligung erfolgten, verbreiteten KPD und RGO in der »Roten Fahne« ein Einheitsfrontangebot an die unteren SPD- und ADGB-Organisationen zur Einleitung gemeinsamer Kampfaktionen und eines Massenstreiks gegen die drohende Hitler-Papen Reaktion.[501] Nicht wenige »Aktive« der Arbeiterorganisationen warteten auch in Hanau auf ein Signal, als am Nachmittag des 30. Januar 1933 die Nachricht von der Ernennung Adolf Hitlers zum Reichskanzler die Runde machte.[502]

497 VS (Frankfurt) Nr. 307, 31.12.1932; Ebd., Nr. 296, 17.12.1932.
498 Bahne, KPD, S. 77, 79.
499 HStAM, 165-3981/6, Bl. 32.
500 Axel Ulrich, Freiheit. Der Reichsbanner Schwarz-Rot-Gold und der Kampf von Sozialdemokraten in Hessen gegen den Nationalsozialismus 1924–1938, Frankfurt am Main 1988, S. 22f., 40f.; im Weiteren: Ulrich, Freiheit.
501 Die KPD-Bezirksleitung Frankfurt-Hessen verbreitete den Text auch im Flugblattform. Vgl. Pákh, Frankfurter Arbeiterbewegung, Bd. 2, S. 1418ff.
502 Flämig, Hanau im Dritten Reich, Bd. 1, S. 140f.

100 November 1918

Der Beginn der Novemberrevolution

100a Erinnerung Friedrich Schnellbachers an die Ereignisse in der Stadtverordnetenversammlung und am Marktplatz am 7. November 1918

Friedrich Schnellbacher, Hanau in der Revolution vom 7. November 1918 bis 7. November 1919, Hanau 1920, S. 13.

Kampftag

Donnerstag, 7. November, nachmittags 5 Uhr war Stadtverordnetensitzung. Der Zuhörerraum überfüllt. Es war ein »großer Tag«. Die Stadtväter sollten über die Festsetzung des Tages zur Stadtverordnetenwahl bestimmen. Die Herren wollten wieder 3 Tage lang wählen lassen. Unsere Fraktion hatte einen Tag und zwar Sonntag vorgeschlagen. Als Redner der Fraktion hielt ich scharfe Abrechnung mit den bürgerlichen Herren und bekam Ordnungsrufe. Das Wort wurde mir entzogen, als ich sagte: »Sie mögen beschließen wie Sie wollen, die Zeit der Abrechnung ist nahe. Unter dem Dreiklassenwahlrecht wählen wir nicht mehr. Nieder mit dem Krieg, nieder mit den Ausbeutern.« Der Zuhörerraum ergriff sofort Partei für uns. Unter diesem Druck wurde unser Antrag angenommen. Die Stimmung wurde trotzdem immer gespannter, da die »Herren« von oben herab die Arbeiter abkanzelten. Die Massen überstiegen die Barriere und drangen in den Sitzungssaal ein. Ein Verhandeln war unmöglich. Die »tapferen« Herren rannten dem Ausgang zu, voran Oberbürgermeister Hild, neben ihm der Regierungssozialist Craß. Vom Marktplatz aus ertönte aus Arbeiterkehlen: »Auf Sozialisten, schließt die Reihen.« Als wir aus dem Rathause traten, wurden wir von einer tausendköpfigen Menge jubelnd begrüßt. Mit roten Fahnen formierte sich ein gewaltiger Demonstrationszug durch die Stadt. Alles war auf den Beinen; der Marktplatz war Sammelpunkt. Die Polizei wollte den Platz säubern, er gehöre dem Verkehr. Soldaten erklärten: »Wir bleiben hier. Schämt Euch.«

Inzwischen setzte der kommissarische Landrat, Regierungsrat Schmid, alles in Bewegung, um mit Waffengewalt den Platz zu säubern. Als dies bekannt wurde, wuchs die Erregung grenzenlos. Die Menge drang in den Delikatess-Laden des Stadtrates Lossow ein, der für viel Geld alle Waren hatte, die sich die reichen Leute leisten konnten. Nun trafen die bewaffneten Polizeiautomobile ein; die Polizisten schossen und schlugen mit Gummischläuchen blindlings auf die Demonstranten ein. Es entstand ein regelrechter Kampf. Die Soldaten weigerten sich gegen die Demonstranten vorzugehen, sie machten gemeinsame Sache mit ihnen. Bei diesen Kämpfen war Genossin Gimbel stets an meiner Seite. Hier sah ich, dass sie auch in der Gefahr furchtlos war. Die Arbeiter blieben Sieger, die Polizei flüchtete. Auf unserer Seite gab es 25 Verwundete, darunter mehrere Soldaten. Mit diesem Tage war die Macht der Behörde in Hanau gebrochen. Die Hanauer Reaktion war besiegt.

100b Aufruf des Arbeiter- und Soldatenrates an die Bevölkerung Hanaus, 8. November 1918.

Volksstimme (Frankfurt) Nr. 264, 9. November 1918.

Die fürchterlichen Ereignisse, die durch die Schuld der Herrschenden über das deutsche Volk hereingebrochen sind, haben in dieser Nacht zur Bildung eines Arbeiter- und Soldatenrates geführt. Eine neue Zeit bricht an. Die Ideale, für die die besten Männer und Frauen des Proletariats litten und starben, sollen ihrer Verwirklichung entgegengeführt werden. Um dieses Ziel zu erreichen, verlangen wir Vertrauen von der gesamten Bevölkerung. Große Aufgaben liegen vor uns! Sie können nur gelöst werden, wenn wir von allen unterstützt werden, die den von uns aufgestellten Forderungen zustimmen. Wir werden uns bemühen, strengste Ordnung zu sichern. Ausschreitungen und Plünderungen der Läden, öffentliche[r] und private[r] Gebäude werden wir entschieden entgegentreten. Dies liegt jetzt im Interesse des Arbeiter- und Soldatenrates. Das allein kann das schwierige Werk der Lebensmittelbeschaffung ermöglichen.

Kinder sind von der Straße fernzuhalten. Nur Männer und Frauen können das Werk der Zukunft errichten. Folgt daher allen Anweisungen und Beschlüssen des Arbeiter- und Soldatenrates. Denkt daran, dass alles, was wir tun, für das Volk und durch die frei gewählten Vertreter des Volkes getan wird.

Wir rechnen auf die schaffende Mithilfe aller unserer Gesinnungsgenossen. Jeder, der uns hilft, das neue Werk der Freiheit, die Entwicklung zum sozialistischen Bruderbund zu fördern, ist uns willkommen. Alle Beamte und Offiziere, die unseren Anweisungen Folge zu leisten gewillt sind, bleiben in ihren Stellungen. Sie unterstehen der Aufsicht des Arbeiter- und Soldatenrates. Es lebe der Frieden, es lebe die Freiheit, es lebe die sozialistische Republik!

100c Aufruf des Arbeiter- und Soldatenrates an die Bevölkerung des Landkreises Hanau, 8. November 1918

Volksstimme (Frankfurt) Nr. 264, 9. November 1918.

Auch für Euch ist eine neue Zeit angebrochen. Der alte Gegensatz zwischen Stadt und Land muss verschwinden. Die Versorgung der städtischen Bevölkerung mit Lebensmittel muss ebenfalls sicher gestellt werden, wie die des Landes mit den Produkten des städtischen Gewerbefleißes. Wir fordern Euch auf, freiwillig alle überschüssigen Lebensmittel in die Stadt zu bringen und sichern Euch zu, was in unseren Kräften steht, für die Versorgung des Landes mit Industrieprodukten einzutreten.

Die Ablieferung und Bezahlung der in die Stadt gebrachten ländlichen Erzeugnisse geschieht wie seither. Wir bitten Euch nochmals, unterstützt uns in der Herstellung der neuen Ordnung der Dinge. Schlagt ein in die Bruderhand, die wir Euch reichen. Helft uns die schwere Übergangszeit zu überwinden, dann wird auch Euch neues Glück aus dem Zusammenbruch des alten Zustandes erblühen. Es lebe die Solidarität von Stadt und Land!

101 10. November 1918

Bericht der »Hanauer Zeitung« über eine von der USPD einberufene Massenversammlung auf dem Marktplatz mit einer Rede Georg Wagners über die Notwendigkeit der sozialistischen Republik

Hanauer Zeitung vom 11. November 1918. Abgedruckt in: Friedrich Schnellbacher, Hanau in der Revolution vom 7. November 1918 bis 7. November 1919, Hanau 1920, S. 16ff.; dort ergänzt durch den letzten Absatz des hier veröffentlichten Textes.

Zu einer mächtigen Kundgebung kam es am gestrigen Sonntag Nachmittag auf dem hiesigen Marktplatz. Die Unabhängige Sozialdemokratische Partei hatte zu einer Massenversammlung eingeladen. Es sollte über das Thema »Weltfrieden und Arbeiterklasse« gesprochen werden. Eingeleitet wurde die Versammlung mit dem Königsberger Freiheitsmarsch, gespielt von der hiesigen Ersatz-Garnisonkapelle. Alsdann betrat der Vorsitzende des hiesigen Arbeiterrates, Herr Friedrich Schnellbacher, die Rednertribüne, begrüßte die Erschienenen und erteilte dem Referenten des Tages, Herrn Dr. Wagner, hier, das Wort zu seinem Referat über das erwähnte Thema. Der Redner kam sofort auf die gegenwärtige Lage zu sprechen. Die Zeiten, die wir augenblicklich durchleben, seien die geschichtlich bedeutungsvollsten, die das deutsche Volk jemals durchlebt habe. Mitten aus dem Untergang des herrschenden Befehles, mitten aus dem Untergang des deutschen Militarismus und Imperialismus, solle eine neue Zeit erstehen, solle ein neues Gemeinleben geboren werden. Am gestrigen Tage sei der Führer Liebknecht in Berlin in das königliche Schloss, von einer großen Schar Soldaten und Arbeiter begleitet, eingezogen und habe von demselben Balkon, von dem aus am 1. August 1914 Wilhelm II. den Krieg erklärt habe, die freie sozialistische Republik erklärt. So wie es geschehe, habe es kommen müssen. Es habe nicht anders geschehen können. Das System, das in jahrelangen Kämpfen bekämpft worden sei, für das das Volk gelitten, für das unsere besten Männer und Frauen in den Tod, in die Gefängnisse, in das Zuchthaus haben wandern müssen, sei zusammengebrochen. Diese Herren hätten die menschliche Natur nicht zu verstehen gewusst. Der Bogen sei zu stark gespannt gewesen und er sei jetzt in ihrer Hand zerbrochen.

Der Redner rief den Anwesenden alles das ins Gedächtnis zurück, was das Volk in den letzten Jahren habe durchmachen müssen. Er wies darauf hin, dass die Taten der herrschenden Klassen, der regierenden Parteien, es gewesen seien, die das deutsche Volk in das Unglück, bis an den Rand des Abgrundes gebracht hätten. Millionen unserer Besten würden jetzt bei Friedensschluss nicht mehr zurückkehren. Das sei das größte Verbrechen, das jemals in der Weltgeschichte begangen worden sei. Mehr als zwei Millionen Brüder, Männer in der Blüte der Jahre, seien draußen auf den Schlachtfeldern verblutet, auf den Schlachtfeldern im Westen, Osten, Süden Europas, in Asien, Afrika, wohl selbst in den Gestaden des Stillen Ozeans. Wenn man daran denke, so blute einem das Herz. Welch ein Meer von Blut sei geflossen, welch ungeheurer Jammer, welch ungeheures Elend sei über uns gebracht worden. Man dürfe aber nicht nur an die Brüder, die heute unter dem grünen Rasen liegen, denken, sondern auch an die zahlreichen Krüppel, die aus dem Krieg, krank an Körper und bisweilen krank an der Seele, zurückgekehrt seien, das alles sei uns auferlegt worden durch die Militärdiktatur. Aber aus den Ruinen, die aus der herrschenden Klasse gemacht worden seien, solle neues Leben ersprießen. Unsere Brüder im Soldatenrock seien es gewesen, die uns die Freiheit gebracht hätten und dem deutschen Volke weiter bringen würden. Ihnen gebühre in erster Linie der Dank des Volkes. Ferner müsse der überaus rührigen Arbeiterschaft, auch der in Hanau, gedacht werden. Die Brüder im Waffenrock seien nicht mehr das Kanonenfutter, sie seien nicht mehr die willenlosen Sklaven ihrer Vorgesetzten, sie erinnerten sich dessen, was sie, bevor sie in den Waffenrock gesteckt worden seien, gewesen sind. Die Dinge liegen heute so, dass, wenn das Deutsche Reich, das deutsche Volk erhalten bleiben solle, nur fortgeschritten werden müsse zu dem einzigen Ziel, zu der sozialistischen Republik. Dieses Ziel müsse erreicht werden bei einer Strafe des Untergangs des ganzen Volkes. Und weil unser Volk eine gewaltige Lebenskraft besitze, deshalb lebe in ihm der Glaube und die Gewissheit, dass die sozialistische Republik im Laufe einer verhältnismäßig kurzen Entwicklung auch erreicht werden würde. Überall im Deutschen Reiche, auch in Hanau, wehe zu Anfang des Winters Frühlingsluft durch das Land, in den Herzen der Massen. Man sehe, dass in Berlin die ganze Garnison zum Volke übergegangen sei. Das deutsche Volk brauche keinen Kaiser, es brauche aber nicht nur keinen Kaiser, sondern es brauche auch keine Könige, Fürsten und Herzöge, sondern man müsse sagen: »Wenn der Mantel fällt, da folgt der Herzog leicht.« Das deutsche Volk wolle frei sein, leben wie Gleiche unter Gleichen. Und deshalb seien die Soldaten aufgehoben worden. Außerhalb des Dienstes gibt es keine Vorgesetzten mehr, außerhalb des Dienstes seien die Soldaten freie Männer. Das sei unsere Pflicht und Schuldigkeit, denn auf den Geist der Demokratie, der Freiheit, solle sich das neue Volksheer, das ganze neue Volk aufbauen, und dann würde die Freiheit, die das Volk wünsche, erreicht werden. Das gesteckte Ziel werde erreicht und das Wort, das der große Dichter des Proletariats und der Revolution 1848 gesprochen habe:[a] »Wir sind das Volk, wir hämmern neu das letzte morsche Ding, den Staat, die wir voll Gottes Zorn sind, das Proletariat!« wahr werden. Die Anführungen des Redners wurden mit Beifallsstürmen quittiert.

Der Vorsitzende, Herr Friedrich Schnellbacher, forderte anschließend an die Rede die Anwesenden auf, mitzuarbeiten an der Durchführung der sozialistischen Republik. Er forderte weiter auf, allen Anordnungen des Arbeiter- und Soldatenrates unbedingt Folge zu leisten, demokratische Disziplin sei notwendig, um das durchzuführen, was im Interesse der Arbeiterklasse und der gesamten Bevölkerung liege. Jede Ausschreitung und Plünderung müsste verhindert werden. Er schloss mit den Worten: Tretet ein in den Kampf bis zum endgültigen Sieg, damit wir dann gemeinsam rufen können: »Es lebe die sozialistische Republik!«

Damit war die Volksversammlung beendet. Die Teilnehmer, mehrere Tausende, formierten sich an einem Zug, der sich unter den Klängen von Freiheitsmärschen, gespielt von der Militär-Ersatzkapelle, und unter Vorantragen der Freiheitsfahne von 1848, durch mehrere Straßen der Stadt bewegte und schließlich am Gewerkschaftshaus endete. Es war ein recht farbiges Bild, Soldaten, Zivilisten, Männer und Frauen – ein Bild, das man nie vergessen wird.

[a] Ferdinand Freiligrath.

102 13. Dezember 1918

Bericht des »Hanauer Anzeigers« über die Verteilung und Verarbeitung der vom Arbeiter- und Soldatenrat beim Bekleidungsamt des 21. Armeekommandos beschlagnahmten Textilien

Hanauer Anzeiger Nr. 292, 13. Dezember 1918. Betitelt: Aus dem Bekleidungsamt Hanau. Einleitender Vermerk der Redaktion: Es wird uns geschrieben.

Der Arbeiter- und Soldatenrat hat durch seine verfügte Beschlagnahme der Bekleidungsstücke beim Bekleidungsamt des 21. Armeekommandos und durch die Verausgabung und Sicherstellung der Zivilbevölkerung einen großen Dienst erwiesen. Die Beschlagnahme war nicht nur eine kühne, sondern auch eine gerechte und vernünftige Maßnahme. Nach Abzug der für die heimkehrenden Fronttruppen notwendigen Bekleidungsstücke blieb noch eine große Menge für die Bevölkerung übrig. Die Organisation der Verteilung war keine leichte Arbeit und die Zufriedenstellung aller in Betracht kommenden Geschäftsleute und Verbraucher keine einfache Sache. Musste doch eine weitherzige Berücksichtigung der ärmeren Bevölkerung in Betracht gezogen und die während des Krieges geschaffenen Gesetze und Vorschriften mussten zum Teil berücksichtigt werden. Die Entnahmen aus dem Bekleidungsamt mussten sich aber auch in Grenzen halten, damit nicht der Vorwurf leichtfertiger Verschleuderung von Nationaleigentum gemacht werden konnte. Wenn die Wünsche und Bedürfnisse einiger nicht befriedet werden konnten, so ist das darauf zurückzuführen, dass in erste Linie nur die allergrößte Not der ärmeren Bevölkerung der Stadt Hanau und des Landkreises berücksichtigt werden musste. Neben der Abgabe von fertigen Bekleidungsstücken wie wollene Westen, Damenhemden, Unterhosen usw. konnten den Geschäftsleuten auch Wäsche-, Kleider-, Flanelle- und Biberstoffe usw. zum Verkauf übergeben werden.

Um auch Arbeitsgelegenheit zu schaffen, wurden dem Verband der Heimatarbeiterinnen Stoffe zur Verfügung gestellt, um Kinderhemden, Kinderhosen usw. anzufertigen. Weiter werden Kinderkleider und Knabenanzüge angefertigt. Die hiesige Schneidervereinigung und das Bekleidungsamt haben eine größere Anzahl Herrenanzüge in Arbeit. Die Schuhmacher im Stadt- und Landkreis wurden reichlich mit Leder versehen, um der größten Not in Schuhwaren abzuhelfen. Dann sind bis zu 2000 Paar Kinderstiefel in Arbeit gegeben, die in nächster Zeit zum Verkaufe kommen werden. Eine größere Anzahl getragener Militärschuhe und Bekleidungsstücke sind beim Bekleidungsamt gesammelt und werden, sobald die Einkleidung der Truppen beendigt ist, sortiert und instand gesetzt. So wurden auch eine große Anzahl von Arbeiter und Arbeiterinnen, Handwerker und Lagerarbeiter untergebracht, denen bei achtstündiger Arbeitszeit ein guter Verdienst geboten ist.

Alle diese Arbeiten konnten aber erst nach Überwindung alter und neuer militärbürokratischer Verfügungen und Vorschriften getroffen werden. Es muss auch hier festgestellt werden, dass die heutige Regierung immer noch durch Anordnungen kurzsichtiger Art und Weise die Versorgung der Bevölkerung mit den notwendigsten Sachen zu hintertreiben sucht. Das ist umso mehr zu bedauern, als tatsächlich von vielen Städten der nächsten und weiteren Entfernung Berichte kommen, die erkennen lassen, dass das Vorgehen des Hanauer Arbeiter- und Soldatenrates als vorbildlich anerkannt wird. In vielen Städten wurde leider zu spät das hiesige Verfahren nachgeahmt, meistens erst dann, als durch die Bevölkerung, die sich das Notwendigste holte, Plünderungen veranstaltet worden waren, durch welche dem Staat große Werte verloren gingen.

Wir sind überzeugt, dass die Bevölkerung unseres Kreises und der Stadt die vom Arbeiter- und Soldatenrat getroffenen Maßnahmen vollständig billigt. Wir können auch versichern, dass der Arbeiter- und Soldatenrat weiter so arbeiten wird, damit der Not der Bevölkerung in Bezug auf Bekleidung wenigstens einigermaßen gesteuert wird.

103 — 14. November 1918

Mitteilung des Arbeiter- und Soldatenrates, in der die Einsetzung Georg Wagners als Landrat und Polizeidirektor und die Übernahme des »Hanauer Anzeigers« als offizielles Organ bekanntgegeben und zur Wachsamkeit gegen die Angriffe der Reaktion ermahnt wird

Hanauer Anzeiger Nr. 268, 14. November 1918.

An die Bevölkerung!

Nachdem die militärische und politische Gewalt in Hanau und Umgebung in die Hände des Arbeiter- und Soldatenrats übergegangen ist, kehrt allmählich Ruhe und Ordnung zurück. Der Arbeiter- und Soldatenrat hat mit der Führung der Geschäfte des Landrats und Polizeidirektors Herrn Dr. Wagner bestellt; der vorhergehende Landrat ist bekanntlich wegen Lebensmittelschiebung usw. schon von der vorigen Regierung in den Anklagezustand versetzt worden. Sämtliche Beamten des Landkreisamtes und der Polizeidirektion sind auf die neue Regierung verpflichtet und haben sich bereit erklärt, den Anordnungen des provisorischen Landrats Dr. Wagner unbedingt Folge zu leisten. Der »Hanauer Anzeiger« ist vom Arbeiter- und Soldatenrat von heute an als offizielles Organ übernommen worden.

Gewaltige Arbeit ist zu leisten. Ruhe und Ordnung ist notwendig, um die außerordentlich wichtige Ernährungsversorgung für die Bevölkerung mit allen Mitteln aufrecht zu erhalten. Jeder einzelne Volksgenosse hat an dieser Aufgabe mitzuwirken. Das Eigentumsrecht von Bürger und Bauer ist gesichert, hingegen werden alle Bestände an Lebensmitteln, die auf Schleichwegen erworben sind, ohne weiteres beschlagnahmt. Weiteren Schleichgeschäften wird strengste Bestrafung angedroht. Da in letzter Zeit beobachtet wurde, dass Bauern und Händler des Nachts Kartoffeln, Mehl usw. ausführten, hat der Arbeiter- und Soldatenrat beschlossen, durch militärische Posten sämtliche Fuhrwerke, die Lebensmittel befördern, anzuhalten, die auf der Landstraße passieren. Wenn kein unterstempelter Ausweis vorgezeigt werden kann, woher und wohin die Waren gelangen, erfolgt Beschlagnahme. Es heißt zugreifen, wenn die Ernährung der Bevölkerung nicht gefährdet werden soll.

Arbeiter, Bürger! Die alten Gewalten sind gestürzt, die Sozialisierung der Gesellschaft eingeleitet. Jetzt gilt es vor allem, die revolutionäre Bewegung in die Kreise der ländlichen Bevölkerung zu tragen und weiter durchzuführen, um ihre Erfolge zu sichern. Die übernommene Gewalt halten wir jetzt fest und lassen nicht locker. Die Arbeiterschaft darf sich keinen Augenblick im Zweifel sein, dass die reaktionären

Gewalten zum Gegenschlag ausholen werden, wenn sie ihre Zeit für gekommen erachten. Die größte Wachsamkeit ist am Platze! Das Ziel der Bewegung ist die sozialistische Republik!

104 14. November 1918

Bekanntmachung des Arbeiter- und Soldatenrates über Richtlinien zur Durchführung der Demobilisation in den Betrieben, Werkstätten und Büros sowie über die Einführung des Achtstundentages

Hanauer Anzeiger Nr. 268, 14. November 1918.

Zur ungestörten Durchführung der Demobilisation ist es unbedingt erforderlich, dass sämtliche Kräfte, die sich bisher mit der Demobilisation beschäftigt haben, zusammengefasst werden.
Es wird Folgendes angeordnet:

In allen Betrieben, Werkstätten und Büros sind höchstens 8 Stunden täglich zu arbeiten, gegen Weiterzahlung des seitherigen Lohnes, einschließlich der Versorgungszulagen.

Entlassungen von Arbeitskräften aller Art ist verboten. Ausgenommen diejenigen, die freiwillig ihre bisherige Arbeitsstelle aus besonderen Gründen aufgeben wollen. Die in den letzten Tagen Entlassenen sind wieder einzustellen, wenn es von den Entlassenen verlangt wird.

Weiter sind sämtliche Arbeitgeber verpflichtet, alle Arbeitskräfte, die zurzeit dem Arbeiter- und Soldatenrat zur Verfügung stehen, den entgangenen Arbeitsverdienst vom 8. November bis einschließlich den 16. November weiter zu zahlen. Die betreffenden Arbeitskräfte erhalten als Ausweis eine Bescheinigung des Arbeiterrates. Sämtliche Fabriken und Betriebe haben die zurückkehrenden, bei ihnen beschäftigt gewesenen Kriegsteilnehmer wieder einzustellen. Für Arbeitslose hat die Erwerbslosen-Fürsorge einzutreten, die noch besonders geschaffen wird.

Mit dem Verbot der Entlassung wird bezweckt, dass nicht ein Überangebot von Arbeitskräften entsteht, dem durch Fehlen von Arbeitsstellen nicht Rechnung getragen werden kann.

Eine Entlassung darf nicht eher vorgenommen werden, bis mindestens 3 Monate nach Beginn des Waffenstillstandes. Ausgenommen hiervon sind:

a) Kriegsgefangene,
b) ausländische Arbeiter,
c) Frauen, deren Männer zurückkehren und von denen eine Beschäftigung nachgewiesen werden kann,
d) Ledige, die im Haushalt notwendig sind und deren Entlassung keine Erwerbslosenfürsorge bedingt,
e) Jugendliche, die einer geordneten Lehre zugeführt werden können.

Die Lohnbedingungen bleiben dieselben wie bisher. Ist ein Kleinbetrieb nicht in der Lage, die bisherigen Lohnbedingungen einzuhalten, kann die Erwerbslosenfürsorge eintreten. Es ist aber glaubhaft nachzuweisen, dass durch die Auszahlungen der bisherigen Löhne die Aufrechterhaltung des Betriebes gefährdet ist. Ist die bisherige Arbeit nicht möglich, so ist andere Arbeit zu beschaffen. Diese andere Arbeit kann in Aufräumungsarbeiten, Übergangsarbeiten zur Friedenswirtschaft usw. bestehen. Eventuell sind Halbtagsschichten einzurichten. Der Lohn bleibt derselbe wie früher beziehungsweise kann die Erwerbslosenfürsorge die Differenz übernehmen. Überall ist der Achtstundentag einzuführen.

Die Fabrikbetriebe haben die zurückkehrenden, bei ihnen beschäftigt gewesenen Arbeitskräfte wieder einzustellen, unter den gleichen Lohnbedingungen, wie sie den zurzeit beschäftigten Arbeitern gewährt werden. Die Verordnung tritt mit dem heutigen Tag in Kraft.

105 15. November 1918

Das Zentralarbeitsgemeinschaftsabkommen zwischen den Unternehmerverbänden und den Gewerkschaften

Korrespondenzblatt Nr. 23, 23. November 1918.

Die großen Arbeitgeberverbände vereinbaren mit den Gewerkschaften der Arbeitnehmer das Folgende:

1. Die Gewerkschaften werden als berufene Vertretungen der Arbeiterschaft anerkannt.
2. Eine Beschränkung des Koalitionsfreiheit der Arbeiter und Arbeiterinnen ist unzulässig.
3. Die Arbeitgeber und Arbeitgeberverbände werden die Werkvereine (die so genannten wirtschaftsfriedlichen Vereine) fortab vollkommen sich selbst überlassen und sie weder mittelbar noch unmittelbar unterstützen.
4. Sämtliche aus dem Heeresdienst zurückkehrenden Arbeitnehmer haben Anspruch darauf, in die Arbeitsstelle sofort nach Meldung wieder einzutreten, die sie vor dem Krieg innehatten. Die beteiligten Arbeitgeber- und Arbeitnehmerverbände werden dahin wirken, dass durch Beschaffung von Rohstoffen und Arbeitsaufträgen diese Verpflichtung in vollem Umfange durchgeführt werden kann.
5. Gemeinsame Regeln und paritätische Verwaltung des Arbeitsnachweises.
6. Die Arbeitsbedingungen für alle Arbeiter und Arbeiterinnen sind entsprechend den Verhältnissen des betreffenden Gewerbes durch Kollektivvereinbarungen mit den Berufsvereinigungen der Arbeitnehmer festzusetzen. Die Verhandlungen hierfür sind ohne Verzug aufzunehmen und schleunigst zum Abschluss zu bringen.
7. Für jeden Betrieb mit einer Arbeiterschaft von mindestens 50 Beschäftigten ist ein Arbeiterausschuss einzusetzen, der diese zu vertreten und in Gemeinschaft mit dem Betriebsunternehmer darüber zu wachen hat, dass die Verhältnisse des Betriebes nach Maßgabe der Kollektivvereinbarung geregelt werden.
8. In den Kollektivvereinbarungen sind Schlichtungsausschüsse respektive Einigungsämter vorzusehen, bestehend aus der gleichen Anzahl von Arbeitnehmer- und Arbeitgebervertretern.
9. Das Höchstmaß der täglich regelmäßigen Arbeitszeit wird für alle Betriebe auf 8 Stunden festgesetzt. Verdienstschmälerungen aus Anlass dieser Verkürzung der Arbeitszeit dürfen nicht stattfinden.
10. Zur Durchführung dieser Vereinbarungen sowie zur Regelung der zur Demobilisierung, zur Aufrechterhaltung des Wirtschaftslebens und zur Sicherung der Exis-

tenzmöglichkeit der Arbeitnehmerschaft, insbesondere der Schwerkriegsbeschädigten, zu treffenden weiteren Maßnahmen wird von den beteiligten Arbeitgeber- und Arbeitnehmerorganisationen ein Zentralausschuss auf paritätischer Grundlage mit beruflich gegliedertem Unterbau errichtet.

11. Dem Zentralausschuss obliegt ferner die Entscheidung grundsätzlicher Fragen, soweit sich solche namentlich bei der kollektiven Regelung der Lohn- und Arbeitsverhältnisse ergeben, sowie die Schlichtung von Streitigkeiten, die mehrere Berufsgruppen zugleich betreffen. Seine Entscheidungen haben für Arbeitgeber und Arbeitnehmer verbindliche Geltung, wenn sie nicht innerhalb einer Woche von einem der in Frage kommenden beiderseitigen Berufsverbände angefochten werden.
12. Diese Vereinbarungen treten am Tage der Unterzeichnung in Kraft und gelten vorbehaltlich anderweitiger gesetzlicher Regelung bis auf weiteres mit einer gegenseitigen dreimonatigen Kündigung.

Diese Vereinbarung soll sinngemäß auch für das Verhältnis zwischen den Arbeitgeberverbänden und den Angestelltenverbänden gelten.[a]

[a] Es folgen die Unterschriften der Arbeitgeberverbände und der Gewerkschaften.

106 — 29. November 1918

Anordnung des Magistrats über die Durchführung der Erwerbslosenfürsorge der Stadt Hanau

Hanauer Anzeiger Nr. 281, 30. November 1918.

Für den Gemeindebezirk der Stadt Hanau wird auf Grund der Verordnung des Reichsamtes für wirtschaftliche Demobilmachung vom 13. November 1918 (R.-G.-Bl. § 1305) mit Zustimmung des Arbeiter- und Soldatenrats und der Stadtverordnetenversammlung bestimmt:

§ 1.
Personen über 14 Jahre, die sich infolge des Krieges durch Erwerbslosigkeit in bedürftiger Lage befinden, haben Anspruch auf die Erwerbslosenfürsorge. Sie gilt nicht als Leistung der Armenpflege.

§ 2.
Die Fürsorge wird gewährt, wenn der Erwerbslose in der Stadt Hanau seinen Wohnsitz hat. Ist der Erwerbslose bis vor dem Beginn der Erwerbslosigkeit Kriegsteilnehmer gewesen, so erhält er Unterstützung, wenn er vor seiner Einberufung zum Heere in der Stadt Hanau gewohnt hat. Ein Kriegsteilnehmer, für den das letzte nicht zutrifft, kann nur einen Vorschuss erhalten.
Erwerbslose, die während des Krieges zur Arbeit nach Hanau gezogen sind, sollen möglichst nach ihrem früheren Wohnort zurückkehren und sind nach ihrer Rückkehr

in dem früheren Wohnort zu unterstützen; sie erhalten freie Fahrt nach dem früheren Wohnort.

§ 3.
Die Bedürftigkeit ist anzuerkennen, wenn die Einnahmen des Erwerbslosen einschließlich der Einnahmen der zu seinem Haushalte gehörenden Familienangehörigen infolge gänzlicher oder teilweiser Erwerbslosigkeit derart zurückgegangen sind, dass er nicht mehr imstande ist, damit den notwendigen Lebensunterhalt für sich und seine Familie zu bestreiten.
Kleinerer Besitz (Spargroschen, Wohnungseinrichtung) darf für die Beurteilung der Bedürftigkeit nicht in Betracht gezogen werden.

§ 4.
Weibliche Personen sind nur zu unterstützen, wenn sie auf Erwerbstätigkeit angewiesen sind.
Personen, deren frühere Ernährer arbeitsunfähig zurückkehren, erhalten keine Erwerbslosenfürsorge.

§ 5.
Erwerbslose sind verpflichtet, jede nachgewiesene geeignete Arbeit, auch außerhalb des Berufs und Wohnortes, namentlich in dem früheren Beschäftigungsort und dem vor dem Kriege bewohnten Ort, sowie zu gekürzter Arbeitszeit anzunehmen, sofern für die nachgewiesene Arbeit angemessener ortsüblicher Lohn geboten wird, die nachgewiesene Arbeit die Gesundheit nicht schädigt, die Unterbringung sittlich bedenkenfrei ist und bei Verheirateten die Versorgung der Familie nicht unmöglich wird. Sie erhalten freie Fahrt in den Beschäftigungsort.
§ 6.
Die Unterstützung beträgt für jeden Tag der Erwerbslosigkeit mit Ausschluss des Sonntags für alleinstehende Erwerbslose über 21 Jahre:

männliche	4,80	Mark
weibliche	3,00	Mark
von 16 – 21 Jahren		
männliche	4,20	Mark
weibliche	2,70	Mark
von 14 – 15 Jahren		
männliche	2,70	Mark
weibliche	2,10	Mark

Erwerbslose, die von ihrem Verdienst Angehörige zu unterstützen haben, erhalten in allen Fällen den ortsüblichen Tageslohn männlicher Arbeiter über 21 Jahre und für jeden dieser Angehörigen einen Zuschlag von 1,50 Mark bis zum doppelten Betrag des ortsüblichen Tagelohnes, d. s. 2 x 4,80 Mark = 9,60 Mark.
In besonderen Fällen, insbesondere dann, wenn der Erwerbslose für eine große Familie zu sorgen hat, wird ein weiterer Zuschuss bis zum vollen Betrage der Wohnungsmiete gewährt.
Die Erwerbslosenfürsorge zahlt die Krankenkassenbeiträge des Erwerbslosen weiter.
Im Falle einer Erkrankung des Erwerbslosen wird die Unterstützung soweit gekürzt, dass sie, zusammen mit dem Krankengeld, nicht den letzten Arbeitslohn des Erwerbslosen übersteigt, höchstens aber 10 Mark täglich beträgt.

§ 7.
Erreichen Arbeitnehmer infolge vorrübergehender Einstellung oder Beschränkung der Arbeit in einer Kalenderwoche die in ihrer Arbeitsstätte ohne Überarbeit übliche Zahl von Arbeitsstunden nicht, so erhalten sie für die ausgefallenen Arbeitsstunden Erwerbslosenfürsorge, sofern Siebzig von Hundert ihres regelmäßigen Arbeitsverdienstes den doppelten Fürsorgebeitrag im Falle gänzlicher Erwerbslosigkeit nicht erreichen. Der fehlende Betrag ist als Unterstützungsbeitrag zu zahlen.

§ 8.
Die Arbeitslosenfürsorge wird nicht gewährt, wenn
1. der Erwerbslose eine Rente für völlige Arbeitsunfähigkeit im Sinne der Reichsversicherungsordnung § 1255 bezieht oder sonst nachgewiesen wird, dass er in demselben Umfange arbeitsunfähig ist,
2. er die ihm nach § 5 nachgewiesene Arbeit nicht annimmt,
3. den vom Fürsorgeausschuss erlassenen Vorschriften gröblich zuwiderhandelt.

§ 9.
Unterstützungen, die der Erwerbslose auf Grund eigener oder fremder Vorsorge bezieht, sowie Rentenbezüge dürfen auf die Erwerbslosenfürsorge nur angerechnet werden, soweit Erwerbslosenfürsorge und sonstige Unterstützungen und Rentenbezüge zusammen den vierfachen Ortslohn übersteigen. Anzurechnen sind auch Zinsen von Spargroschen u. dergl.

§ 10.
Die Erwerbslosenfürsorge durchzuführen, ist Aufgabe des Fürsorgeausschusses. Er besteht aus dem Oberbürgermeister oder seinem Vertreter als Vorsitzendem, einem Vertreter der Stadtverordnetenversammlung, dem Vertreter des Arbeiter- und Soldatenrates sowie aus je zwei Vertretern der Arbeitgeber und Arbeitnehmer. Die Vertreter der Arbeitgeber und ihre Stellvertreter werden von den Arbeitgeberverbänden und die der Arbeitnehmer und ihre Stellvertreter von den Arbeitnehmerverbänden bestimmt.
Der Fürsorgeausschuss entscheidet insbesondere über Streitigkeiten in Angelegenheiten der Erwerbslosenfürsorge.
Über Beschwerden entscheidet die Kommunalaufsichtsbehörde endgültig.

§ 11.
Auf Antrag einer Arbeitnehmerorganisation ist ihr die Auszahlung der Erwerbslosenfürsorge und die Kontrolle der Erwerbslosen zu übertragen, falls sie
1. ihren Mitgliedern satzungsgemäß eine Erwerbslosen-(Arbeitslosen-) Fürsorge gewährt.
2. ausreichende Gewähr dafür bietet, dass die Auszahlung der Fürsorge und die Kontrolle des Arbeitslosen ordnungsgemäß erfolgt.
§ 12.
Dieses Ortsstatut gilt für die Zeit vom 13. November 1918 ab.

107 Dezember 1918 – Januar 1919

Der Kampf des Hanauer Soldatenrates für die Verwirklichung der revolutionären Soldatenforderungen

107a Beschluss des Berliner Rätekongresses zur Kommandogewalt (Sieben Hamburger Punkte[a]), 18. Dezember 1918.

Gerhard A. Ritter, Susanne Miller (Hg.), Die deutsche Revolution 1918-1919. Hamburg 1975, S. 155f. Anmerkungen in der Vorlage.

1. Die Kommandogewalt über Heer und Marine und Schutztruppen üben die Volksbeauftragten unter Kontrolle des Vollzugsrats aus.
2. Als Symbol der Zertrümmerung des Militarismus und der Abschaffung des Kadavergehorsams wird die Entfernung aller Rangabzeichen und des außerdienstlichen Waffentragens angeordnet.
3. Für die Zuverlässigkeit der Truppenteile und für die Aufrechterhaltung der Disziplin sind die Soldatenräte verantwortlich. Der Kongress der Arbeiter- und Soldatenräte ist der Überzeugung, dass die unterstellten Truppen den selbstgewählten Soldatenräten und Vorgesetzen im Dienste den zur Durchführung der Ziele der sozialistischen Revolution unbedingt erforderlichen Gehorsam erweisen. Vorgesetzte außer Dienst gibt es nicht mehr.
4. Entfernung der bisherigen Achselstücke, Unteroffizierstressen usw., Kokarden, Achselklappen und Seitengewehre ist ausschließlich Angelegenheit der Soldatenräte und nicht einzelner Personen. Ausschreitungen schädigen das Ansehen der Revolution und sind zur Zeit der Heimkehr unserer Truppen unangebracht.
5. Die Soldaten wählen ihre Führer selbst. Frühere Offiziere, die das Vertrauen der Mehrheit ihres Truppenteils genießen, dürfen wiedergewählt werden.
6. Offiziere der militärischen Verwaltungsbehörden und Beamte im Offiziersrange sind im Interesse der Demobilisation in ihren Stellungen zu belassen, wenn sie erklären, nichts gegen die Revolution zu unternehmen.
7. Die Abschaffung des stehenden Heeres und die Errichtung der Volkswehr sind zu beschleunigen.

[a] Der Antrag war ursprünglich auf Grund eines Beschlusses des Hamburger Arbeiter- und Soldatenrates vorgetragen worden.

107b Telegramm des Hanauer Soldatenrates an die Zentralregierung mit der Forderung nach Verwirklichung der Sieben Hamburger Punkte, 14. Januar 1919.

Institut für Marxismus-Leninismus beim ZK der SED, Berlin (Hg.), Dokumente und Materialien zur Geschichte der deutschen Arbeiterbewegung, Reihe II, Bd. 3, Berlin 1958, S. 68.

Der Soldatenrat Hanau verlangt die sofortige Durchführung der auf dem Rätekongress schon vor vier Wochen angenommenen sieben Hamburger Punkte, andernfalls der Soldatenrat Hanau die Regierung nicht unterstützen kann, weil er in der Nichtdurchführung dieses Beschlusses eine Nichtanerkennung der Soldatenräte erblickt;

sollten bis Freitag, 17. Januar früh, die Beschlüsse nicht durchgeführt sein, führt er sie selbst durch. Der Soldatenrat Hanau verbürgt sich für Aufrechterhaltung der Ordnung und ist gegen jedes Blutvergießen, muss aber andererseits von der Reichsregierung die vollste Anerkennung und Unterstützung verlangen.

Gleiches Telegramm ging an die Reichsregierung.

107c Protestresolution der Vollversammlung des Hanauer Soldatenrates an den Zentralrat der Arbeiter- und Soldatenräte gegen die am 19. Januar 1919 angeordneten Maßnahmen zur »Vorläufigen Regelung der Kommandogewalt und Stellung der Soldatenräte im Friedensheere«, 28. Januar 1919

Hanauer Anzeiger Nr. 24, 29. Januar 1919. Einleitender Vermerk der Redaktion: An den Zentralrat der Arbeiter- und Soldatenräte der deutschen sozialistischen Republik in Berlin ist (siehe gestrige Erklärung) von Hanau aus folgender Protest abgegangen.

Die heute tagende Vollversammlung des Soldatenrates Hanau am Main protestiert auf das Energischste gegen die im Amtlichen Verordnungsblatt Nr. 8 vom 19.1.1919, Seite 52-57, angeordneten Maßnahmen betreffend »Vorläufige Regelung der Kommandogewalt und Stellung der Soldatenräte im Friedensheere«.

1. Die Vollversammlung bedauert, dass eine sozialistische Regierung und ein sozialistischer Zentralrat sich dazu hergeben konnten, derartige Bestimmungen, die im direkten Gegensatz zum Erfurter Programm[a] stehen, herauszugeben.
2. Alle seitherigen Rechte der Soldatenräte sind in Fortfall gekommen, die übriggebliebenen Rechte stehen in keinem Verhältnis zu dem Verantwortungsgefühl, was den Soldatenrat bei seinem seitherigen Arbeiten beseelte.
3. Wählbar und wahlberechtigt müssen alle Heeresangehörige sein, die sich zur Zeit noch im Dienst befinden.
4. Die mobilen Formationen müssen genau denselben Verordnungen unterworfen sein, wie die immobilen. Unteroffiziere und Mannschaften müssen entsprechend ihren Fähigkeiten zu den höchsten Militärstellen gelangen können.
5. In genauer Anlehnung an das Erfurter Programm[a] wäre es das einzig Richtige gewesen, sämtliche Vorgesetzten und Mannschaften auf gleiche Basis zu stellen und hieraus Führer selbst wählen zu lassen.
6. Die Aufwandsentschädigungen usw. müssten wie seither auch an die Ob- und Vertrauensleute der kleineren Formationen gezahlt werden, da gerade von diesen tüchtige Arbeit geleistet wird und diese in den einzelnen Formationen für Disziplin gesorgt haben und nur sorgen können.
7. Da ein Neuaufbau des Heeres von Grund auf erforderlich ist, so ist die Mithilfe jedes einzelnen jetzigen Soldatenratsmitgliedes dringend notwendig, und kann ein Interesse dieser Leute nicht mehr vorliegen, wenn ihnen ihr Recht genommen wird. Schon im Interesse der Sicherheit des gesamten Volkes, ist die Mithilfe dieser vom Volksheer gewählten Soldatenräte unbedingt erforderlich.
8. Die beabsichtigten Maßnahmen bedeuten eine wesentliche Einschränkung der seitherigen anerkannt guten Tätigkeit und eine völlige Entrechtung der bisher bestehenden Rechte des Soldatenrates. Wir dringen daher auf Aufrechterhaltung der bisher bestehenden Rechte des Soldatenrates, da wir anderenfalls jedwede Verantwortung entschieden ablehnen müssen.

9. Der Vollzugsausschuss des Soldatenrates Hanau erwartet vom Zentralrat der Arbeiter- und Soldatenräte der deutschen sozialistischen Republik allerschnellste Beantwortung seines Protestes.

[a] Das 1891 angenommene Erfurter Programm der SPD forderte eine Volkswehr an Stelle der stehenden Heere.

108

Schreiben des Vorsitzenden des Arbeiter- und Soldatenrates Friedrich Schnellbacher an den preußischen Innenminister Rudolf Breitscheid (SPD) über die Machenschaften des Regierungsrates Schmid und die Einseitigkeit der behördlichen Meinungsbildung ohne Anhörung des Hanauer Arbeiter- und Soldatenrates, 21. Dezember 1918

Friedrich Schnellbacher, Hanau in der Revolution vom 7. November 1918 bis 7. November 1919, Hanau 1920, S. 42f.

Werter Genosse!
Dem Ersuchen des Ministeriums des Innern, den ehemaligen kommissarischen Landrat Schmid in seine früheren Ämter wieder einzusetzen,[a] bedauern wir nicht nachkommen zu können, und zwar aus folgenden Gründen:

Schmid trat ca. 5 Tage vor Ausbruch der Revolution als Nachfolger des wegen verschiedener Vergehen in Anklagezustand versetzten Landrats Freiherr Laur hier ein. Eine seiner Amtshandlungen bestand darin, dass er am Donnerstag den 7. November der Polizei den Auftrag gab, auf die Massen einzuhauen und zu schießen, was 26 Verletzungen zur Folge hatte. Als dann infolgedessen am Tag darauf ganz Hanau in hellem Aufruhr stand, flehte er uns in seiner Ohnmacht an, die Ruhe wieder herzustellen und erklärte sich bereit, sich allen unseren Anforderungen zu fügen. Da sich auf eine andere Weise eine Wiederherstellung geordneter Verhältnisse als unmöglich erwies, war eine unsere ersten Anordnungen, Herrn Schmid seines Amtes zu entsetzen und Genosse Dr. Wagner als provisorischen Landrat einzusetzen. Hiermit erklärte sich Herr Schmid auch einverstanden, bat jedoch inständig, ihm seine Bezüge zu belassen und unter dem Genossen Dr. Wagner im Landratsamt weiterarbeiten zu dürfen. Diese Bitte wurde ihm gewährt, nachdem er uns bestimmt versprochen hatte, dass er seine Amtsgeschäfte nunmehr loyal ausführen würde. Sein Versprechen hielt er nicht. Hinter unserem Rücken hielt er Besprechungen mit den Landbürgermeistern ab, die zur Folge hatten, dass die Kartoffelzufuhren, die durch unsere Bemühungen ausgezeichnet in Fluss geraten waren, wieder stockten. Während alle Arbeiten zur Aufrechterhaltung der Lebensmittelzufuhren, der Kohlenversorgung etc. von uns geleistet werden mussten, bestand seine ganze Tätigkeit zunächst darin, gegen den Arbeiter- und Soldatenrat zu intrigieren. Landbürgermeister, die von unseren Genossen wegen Verfehlungen entlassen und durch Aufrichtigere und Gewissenhaftere ersetzt worden waren, in Schutz zu nehmen, oder hinter unserem Rücken Schöffen mit der Wahrnehmung der Bürgermeistergeschäfte zu beauftragen, die den Gemeinden ebenfalls unerwünscht waren. Wie weit bei allen diesen Dingen Unkenntnis der Personen und Verhältnisse in Stadt- und Landkreis Hanau mitspielten, lassen wir dahingestellt. Sicher ist nur, dass sein Verhalten gerade in den wichtigsten Industriegemeinden Unwillen erzeugte. Dabei rühmte er sich, dass er ein Clubfreund der Herren Hirsch und Dr. David sei und daher in Berlin Gehör finden werde.

Vor einigen Tagen kamen nun, augenscheinlich infolge von Berichten des Herrn Schmid, zwei Vertreter der Berliner Zentralregierung, die Herren Hauptmann Müller und Hüttmann aus Frankfurt, zu einer Besprechung hierher. Beide erklärten übereinstimmend, dass der Arbeiter- und Soldatenrat völlig korrekt gehandelt habe und dass eine Wiedereinstellung des Herrn Schmid nicht in Frage kommen könne und dass insbesondere seine Gegenzeichnungen im Amtsblatt, die wir ihm auf seine Bitte noch belassen hatten, nunmehr aufhören müssen.

Auf Grund dieser Besprechung fand nun eine nochmalige Aussprache mit Herrn Schmid statt, deren Ergebnis aus beiliegenden Abschriften zweier Schriftstücke, die er an uns richtete, hervorgehen. Um so erstaunter waren wir über den Inhalt des Schriftstückes, das wir aus dem Ministerium des Innern erhielten. Da Herr Schmid kurz vorher nach Berlin gefahren war, liegt es nahe, anzunehmen, dass er durch unwahre Vorstellung der Sachlage die Regierung getäuscht und Sie so zu Ihrer Stellungnahme veranlasst hat.

Auf alle Fälle hätten wir erwartet, dass von einer sozialistischen Regierung vor ihrer Stellungnahme auch wir gehört worden wären und nicht ohne den Arbeiter- und Soldatenrat zu fragen, Maßnahmen veranlasst worden seien, die in einer so exponierten Gegend, wie die hiesige, reaktionäre Putsche verursachen können, Putsche, über die die hiesige Arbeiterschaft zwar sicher Herr werden würde, die aber leicht zu Blutvergießen führen könnten, was doch vermieden werden sollte.

Das Ministerium des Innern wird nun wohl verstehen, dass wir unter diesen Umständen einem Ersuchen nicht Folge leisten können, dass wir nunmehr jede Beziehung zu Herrn Schmid abgebrochen haben und ihn ersuchen, die Konsequenzen seines Tuns zu ziehen.

Sie, werter Genosse, bitten wir aber, sich daran zu erinnern, dass Sie als Sozialist doch wirklich keine Veranlassung haben, diesen Herrn in Schutz zu nehmen, der doch nur die Interessen der Reaktion gegen den Sozialismus vertritt.
gez. Fr. Schnellbacher
Arbeiterrat Hanau

[a] Schreiben an den Arbeiter- und Soldatenrat in Hanau vom 9. Dezember 1918.

109 **30. Dezember 1918 / 1. Januar 1919**

Das Programm der Kommunistischen Partei Deutschlands (KPD) (Auszug)

Protokoll des Gründungsparteitages der KPD, Berlin 1972, S. 314ff.

Am 9. November haben Arbeiter und Soldaten das alte Regime in Deutschland zertrümmert. Auf den Schlachtfeldern Frankreichs war der blutige Wahn von der Weltherrschaft des preußischen Säbels zerronnen. Die Verbrecherbande, die den Weltbrand entzündet und Deutschland in das Blutmeer hineingetrieben hat, war am Ende ihres Lateins angelangt. Das vier Jahre lang betrogene Volk, das im Dienste des Molochs Kulturpflicht, Ehrgefühl und Menschlichkeit vergessen hatte, das sich zu jeder Schandtat missbrauchen ließ, erwachte aus seiner vierjährigen Erstarrung vor dem Abgrund. Am 9. November erhob sich das deutsche Proletariat, um das schmachvolle Joch abzuwerfen. Die Hohenzollern wurden verjagt, Arbeiter- und Soldatenräte gewählt.

Aber die Hohenzollern waren nie mehr als Geschäftsträger der imperialistischen Bourgeoisie und des Junkertums. Die bürgerliche Klassenherrschaft, das ist der wahre Schuldige des Weltkrieges in Deutschland wie in Frankreich, in Russland wie in England, in Europa wie in Amerika. Die Kapitalisten aller Länder, das sind die wahren Anstifter zum Völkermord. Das internationale Kapital, das ist der unersättliche Baal, dem Millionen auf Millionen dampfender Menschenopfer in den blutigen Rachen geworfen werden.

Der Weltkrieg hat die Gesellschaft vor die Alternative gestellt: entweder Fortdauer des Kapitalismus, neue Kriege und baldigster Untergang im Chaos und in der Anarchie oder Abschaffung der kapitalistischen Ausbeutung. Mit dem Ausgang des Weltkrieges hat die bürgerliche Klassenherrschaft ihr Daseinsrecht verwirkt. Sie ist nicht mehr imstande, die Gesellschaft aus dem furchtbaren wirtschaftlichen Zusammenbruch herauszuführen, den die imperialistische Orgie hinterlassen hat.

Produktionsmittel sind in ungeheurem Maßstab vernichtet. Millionen Arbeitskräfte, der beste und tüchtigste Stamm der Arbeiterklasse, hingeschlachtet. Der am Leben Gebliebenen harrt bei der Heimkehr das grinsende Elend der Arbeitslosigkeit. Hungersnot und Krankheiten drohen die Volkskraft an der Wurzel zu vernichten. Der finanzielle Staatsbankrott infolge der ungeheuren Last der Kriegsschulden ist unabwendbar.

Aus all diesem blutigen Wirrsal und diesem gähnenden Abgrund gibt es keine Hilfe, keine Rettung als im Sozialismus. Nur die Weltrevolution des Proletariats kann in dieses Chaos Ordnung bringen, kann allen Arbeit und Brot verschaffen, kann der gegenseitigen Zerfleischung der Völker ein Ende machen, kann der geschundenen Menschheit Frieden, Freiheit, wahre Kultur bringen. Nieder mit dem Lohnsystem! Das ist die Losung der Stunde. Anstelle der Lohnarbeit und der Klassenherrschaft soll die genossenschaftliche Arbeit treten. Die Arbeitsmittel müssen aufhören, das Monopol einer Klasse zu sein, sie müssen Gemeingut aller werden. Keine Ausbeutung und Ausgebeutete mehr! Regelung der Produktion und Verteilung der Produkte im Interesse der Allgemeinheit. Abschaffung wie der heutigen Produktionsweise, die Ausbeutung und Raub, so des heutigen Handels, der nur Betrug ist. Anstelle der Arbeitgeber und ihrer Lohnsklaven: freie Arbeitsgenossen! Die Arbeit niemandes Qual, weil jedermanns Pflicht! Ein menschenwürdiges Dasein jedem, der seine Pflicht gegen die Gesellschaft erfüllt. Der Hunger hinfür nicht mehr der Arbeit Fluch, sondern des Müßiggängers Strafe!

Erst in einer solchen Gesellschaft sind Völkerhass, Knechtschaft entwurzelt. Erst wenn eine solche Gesellschaft verwirklicht ist, wird die Erde nicht mehr durch Menschenmord geschändet. Erst dann wird es heißen: Dieser Krieg ist der letzte gewesen! Sozialismus ist in dieser Stunde der einzige Rettungsanker der Menschheit. Über den zusammensinkenden Mauern der kapitalistischen Gesellschaft lodern wie ein feuriges Menetekel die Worte des »Kommunistischen Manifests«: Sozialismus oder Untergang in der Barbarei!

Die Verwirklichung der sozialistischen Gesellschaftsordnung ist die gewaltigste Aufgabe, die je einer Klasse und einer Revolution der Weltgeschichte zugefallen ist.

Diese Aufgabe erfordert einen vollständigen Umbau des Staates und eine vollständige Umwälzung in den wirtschaftlichen und sozialen Grundlagen der Gesellschaft. Dieser Umbau und diese Umwälzung können nicht durch irgendeine Behörde, Kommission oder ein Parlament dekretiert, sie können nur von der Volksmasse selbst in Angriff genommen und durchgeführt werden.

In allen bisherigen Revolutionen war es eine kleine Minderheit des Volkes, die den revolutionären Kampf leitete, die ihm Ziel und Richtung gab und die Masse nur als Werkzeug benutzte, um ihre eigenen Interessen, die Interessen der Minderheit, zum Siege zu führen. Die sozialistische Revolution ist die erste, die im Interesse der großen Mehrheit und durch die große Mehrheit der Arbeitenden allein zum Siege gelangen kann. Die Masse des Proletariats ist berufen, nicht bloß der Revolution in klarer Erkenntnis Ziele und Richtung zu stecken. Sie muss auch selbst, durch eigene Aktivität, Schritt um Schritt den Sozialismus ins Leben einführen. Das Wesen der sozialistischen Gesellschaft besteht darin, dass die große arbeitende Masse aufhört, eine regierte Masse zu sein, vielmehr das ganze politische und wirtschaftliche Leben selbst lebt und in bewusster freier Selbstbestimmung lenkt.

Von der obersten Spitze des Staates bis zur kleinsten Gemeinde muss deshalb die proletarische Masse die überkommenen Organe der bürgerlichen Klassenherrschaft, die Bundesräte, Parlamente, Gemeinderäte durch eigene Klassenorgane, die Arbeiter- und Soldatenräte, ersetzen, alle Posten besetzen, alle Funktionen überwachen, alle staatlichen Bedürfnisse an dem eigenen Klasseninteresse und den sozialistischen Aufgaben messen. Und nur in ständiger, lebendiger Wechselwirkung zwischen den Volksmassen und ihren Organen, den Arbeiter- und Soldatenräten, kann ihre Tätigkeit den Staat mit sozialistischem Geiste erfüllen.

Auch die wirtschaftliche Umwälzung kann sich nur als ein von der proletarischen Massenaktion getragener Prozess vollziehen. Die nackten Dekrete oberster Revolutionsbehörden über die Sozialisierung sind allein ein leeres Wort. Nur die Arbeiterschaft kann das Wort durch eigene Tat zum Fleische machen. In zähem Ringen mit dem Kapital, Brust an Brust in jedem Betriebe, durch unmittelbaren Druck der Massen, durch Streiks, durch Schaffung ihrer ständigen Vertretungsorgane können die Arbeiter die Kontrolle über die Produktion und schließlich die tatsächliche Leitung an sich bringen.

Die Proletariermassen müssen lernen, aus toten Maschinen, die der Kapitalist an den Produktionsprozess stellt, zu denkenden, freien, selbsttätigen Lenkern dieses Prozesses zu werden. Sie müssen das Verantwortlichkeitsgefühl wirkender Glieder der Allgemeinheit erwerben, die Alleinbesitzerin alles gesellschaftlichen Reichtums ist. Sie müssen Fleiß ohne Unternehmerpeitsche, höchste Leistung ohne kapitalistische Antreiber, Disziplin ohne Joch und Ordnung ohne Herrschaft entfalten. Höchster Idealismus im Interesse der Allgemeinheit, straffste Selbstdisziplin, wahrer Bürgersinn der Massen sind für die sozialistische Gesellschaft die moralische Grundlage, wie Stumpfsinn, Egoismus, Korruption die moralische Grundlage der kapitalistischen Gesellschaft sind.

Alle diese sozialistischen Bürgertugenden, zusammen mit Kenntnissen und Befähigungen zur Leitung der sozialistischen Betriebe, kann die Arbeitermassen nur durch eigene Betätigung, eigene Erfahrung erwerben. Sozialisierung der Gesellschaft kann nur durch zähen, unermüdlichen Kampf der Arbeitermassen in ihrer ganzen Breite verwirklicht werden, auf allen Punkten, wo Arbeit mit Kapital, wo Volk mit bürgerlicher Klassenherrschaft einander ins Weiße des Auges blicken. Die Befreiung der Arbeiterklasse muss das Werk der Arbeiterklasse selbst sein.

In den bürgerlichen Revolutionen waren Blutvergießen, Terror, politischer Mord die unentbehrliche Waffe in der Hand der aufsteigenden Klassen. Die proletarische Revolution bedarf für ihre Ziele keines Terrors, sie hasst und verabscheut den Meuchelmord. Sie bedarf dieser Kampfmittel nicht, weil sie nicht Individuen, sondern Institutionen bekämpft, weil sie nicht mit naiven Illusionen in die Arena tritt, deren Enttäuschung sie blutig zu rächen hätte. Sie ist kein verzweifelter Versuch einer Minderheit, die Welt mit Gewalt nach ihrem Ideal zu modeln, sondern die Aktion der großen Millionenmasse des Volkes, die berufen ist, die geschichtliche Mission zu erfüllen und die geschichtliche Notwendigkeit in Wirklichkeit umzusetzen.

Aber die proletarische Revolution ist zugleich die Sterbeglocke für jede Knechtschaft und Unterdrückung. Darum erheben sich gegen die proletarische Revolution alle Kapitalisten, Junker, Kleinbürger, Offiziere, alle Nutznießer und Parasiten der Ausbeutung und der Klassenherrschaft wie ein Mann zum Kampf auf Leben und Tod. Es ist ein toller Wahnsinn zu glauben, die Kapitalisten würden sich gutwillig dem sozialistischen Verdikt eines Parlaments, einer Nationalversammlung fügen, sie würden ruhig auf den Besitz, den Profit, das Vorrecht der Ausbeutung verzichten. Alle herrschenden Klassen haben um ihre Vorrechte bis zuletzt mit zähester Energie gerungen. Die römischen Patrizier wie die mittelalterlichen Feudalbarone, die englischen Kavaliere wie die amerikanischen Sklavenhändler, die walachischen Bojaren wie die Lyoner Seidenfabrikanten – sie haben alle Ströme von Blut vergossen, sie sind über Leichen, Mord und Brand geschritten, sie haben Bürgerkrieg und Landesverrat angestiftet, um ihre Vorrechte und ihre Macht zu verteidigen.

Die imperialistische Kapitalistenklasse überbietet als letzter Spross der Ausbeuterklasse die Brutalität, den unverhüllten Zynismus, die Niedertracht aller ihrer Vorgänger. Sie wird ihr Allerheiligstes, ihren Profit und ihr Vorrecht der Ausbeutung, mit Zähnen und mit Nägeln, mit jenen Methoden der kalten Bosheit verteidigen, die sie in der ganzen Geschichte der Kolonialpolitik und in dem letzten Weltkrieg an den Tag gelegt hat. Sie wird Himmel und Hölle gegen das Proletariat in Bewegung setzen. Sie wird das Bauerntum gegen die Städte mobil machen, sie wird rückständige Arbeiterschichten gegen die sozialistische Avantgarde aufhetzen, sie wird mit Offizieren Metzeleien anstiften, sie wird jede sozialistische Maßnahme durch tausend Mittel der passiven Resistenz lahm zu legen suchen, sie wird der Revolution zwanzig Vendéen[a] auf den Hals hetzen, sie wird den äußeren Feind, das Mordeisen der Clemenceau, Lloyd George und Wilson, als Retter ins Land rufen – sie wird lieber das Land in einen rauchenden Trümmerhaufen verwandeln als freiwillig die Lohnsklaverei preisgeben.

All dieser Widerstand muss Schritt um Schritt mit eiserner Faust und rücksichtloser Energie gebrochen werden. Der Gewalt der bürgerlichen Gegenrevolution muss die revolutionäre Gewalt des Proletariats entgegengestellt werden, den Anschlägen, Ränken, Zettelungen der Bourgeoisie die unbeugsame Zielklarheit, Wachsamkeit und stets bereite Aktivität der proletarischen Masse, den drohenden Gefahren der Gegenrevolution die Bewaffnung des Volkes und die Entwaffnung der herrschenden Klassen, den parlamentarischen Obstruktionsmanövern der Bourgeoisie die tatenreiche Organisation der Arbeiter- und Soldatengesellschaft – die konzentrierte, zusammengeballte, aufs höchste gesteigerte Macht der Arbeiterklasse. Die geschlossene Front des gesamten deutschen Proletariats, des süddeutschen mit dem norddeutschen, des städtischen mit dem ländlichen, der Arbeiter mit den Soldaten, die lebendige geistige Fühlung der deutschen Revolution mit der Internationale, die Erweiterung der deutschen Revolution zur Weltrevolution des Proletariats vermag allein die granitne Basis zu schaffen, auf der das Gebäude der Zukunft errichtet werden kann.

Der Kampf um den Sozialismus ist der gewaltigste Bürgerkrieg, den die Weltgeschichte gesehen, und die proletarische Revolution muss sich für diesen Bürgerkrieg das nötige Rüstzeug bereiten, sie muss lernen, es zu gebrauchen – zu Kämpfen und Siegen. Eine solche Ausrüstung der kompakten arbeitenden Volksmassen mit der ganzen politischen Macht für die Aufgaben der Revolution, das ist die Diktatur des Proletariats und deshalb die wahre Demokratie. Nicht wo der Lohnsklave neben dem Kapitalisten, der Landproletarier neben dem Junker in verlogener Gleichheit sitzt, um über ihre Lebensfragen parlamentarisch zu debattieren: dort, wo die millionenköpfige Proletariermasse die ganze Staatsgewalt mit ihrer schwieligen Faust ergreift, um sie, wie der Gott Thor[b] seinen Hammer, den herrschenden Klassen aufs Haupt zu schmettern: dort allein ist die Demokratie, die kein Volksbetrug ist.[c] [...]

[a] Region im Nordwesten Frankreichs, 1793 Schauplatz eines konterrevolutionären Aufstandes.
[b] Gott des Donners in der nordischen Mythologie. Sein Hammer verfehlte nie sein Ziel.
[c] Folgen die Forderungen zur Sicherung der Revolution, sowie Forderungen im politischen, sozialen, wirtschaftlichen und internationalen Bereich.

110 — 31. Dezember 1918

Die Streikdemonstration der Hanauer Arbeiterschaft für die Bezahlung der gesetzlichen Feiertage, für Notstandsarbeiten und für die Rätemacht

110a Bericht des »Hanauer Anzeigers« über die Kundgebung, 31. Dezember 1918

Hanauer Anzeiger Nr. 305, 31. Dezember 1918.

Das Recht auf die Straße verkündete heute morgen eine machtvolle Kundgebung der Arbeitslosen, Kriegskrüppel, Soldaten und Arbeiter und Arbeiterinnen aus den Betrieben. Viele, viele Tausende waren es, die auf dem Markt sich versammelten, um wuchtigen und lauten Protest zu erheben gegen die neue Willkür des Unternehmertums in Hanau und Umgebung, das zum Teil sich weigert, den Anordnungen des Arbeiter- und Soldatenrates Folge zu leisten und die gesetzlichen Feiertage nicht zahlen wollen. Von zwei Tribünen sprachen zunächst die Genossen Hammer und Schwind zu den Massen und geißelten den Diebstahl des Regierungsrat Schmid an der Kreiskommunalkasse und seine feige Flucht nach Frankfurt am Main. Weiter forderten sie, dass die Stadtverwaltung und das Kreisamt Notstandsarbeiten ausführen lassen, um die große Zahl Arbeitsloser zu beschäftigen. Und weiter kennzeichneten sie die Haltung der Regierungssozialdemokraten, die noch nicht den Willen des arbeitenden Proletariats begriffen haben und sich schützend vor den Geldschrank der Kapitalisten stellen, ja am Sonntag in Berlin Arm in Arm mit den Demonstranten auf den Straßen Berlins unter Absingung des Liedes: »Deutschland, Deutschland über alles« gegen das klassenbewusste revolutionäre Proletariat demonstrierten. Die unten anhängende Resolution[a] fand einstimmige Annahme. Unter tosendem Beifall der Versammelten schlossen die beiden Redner, denen oft stürmisch zugejubelt wurde, ihre Ausführungen.

Hierauf setzte sich der endlose Zug unter Vorantragung roter Fahnen und Plakate, die die Inschrift trugen: »Die ganze politische Macht den Arbeiter- und Soldatenräten!«, »Das Gebot der Stunde fordert die Bezahlung der gesetzlichen Feiertage!«, »Steht geschlossen hinter den Arbeiter- und Soldatenräten!« in Bewegung.

Unter Hochrufen auf die Internationale, die sozialistische Republik, auf die Unabhängige Partei, Liebknecht und Rosa Luxemburg gelangte endlich der Zug am Gebäude des Landratsamts an. Genosse Friedrich Schnellbacher sprach hier zu den Massen, der in zündenden Worten auf die Gefahren, die der Revolution aus der Haltung der Mehrheitssozialdemokraten erwachsen, hinwies und aufforderte, den Wahltag zum Zahltag zu gestalten und der Unabhängigen Sozialdemokratischen Partei neue Kämpfer zuzuführen. Auch den feigen Treubruch des Regierungsrates Schmid kennzeichnete er und betonte unter brausender Zustimmung, dass der Herr nur die Geschäfte des Bürgertums, das die Revolution untergraben wolle, betreibt. In das Hoch auf die internationale, völkerbefreiende Weltrevolution wurde zündend eingestimmt.

Hierauf wurde der provisorische Landrat Dr. Wagner aufgefordert, als Kandidat der Unabhängigen Sozialdemokratischen Partei das Wort zu ergreifen. Sein Erscheinen am Fenster wurde mit stürmischen Ovationen begrüßt und seine kernige Rede oft zustimmend unterbrochen und am Schlusse brausender Beifall gezollt.

Nachdem noch eine Vertreterin der proletarischen Frauen, die Genossin Gimbel, gesprochen und auf die internationale sozialistische Frauenbewegung ein dreifaches Hoch ausgebracht hatte, setzte sich wiederum der Zug in Bewegung, um dem Soldatenrat am Sandeldamm gleichfalls zu zeigen, dass die Massen des Proletariats hinter ihm stehen und gleichfalls ihm für seine rastlose Tätigkeit für die Arbeiterklasse und Soldaten während der Revolution zu danken. Unterwegs wurden von der Spitze des Demonstrantenzug zwei Betriebe stillgelegt, deren Arbeiter dem Rufe auf die Straße nicht gefolgt waren. Die Kriegsindustriefabrik Schwahn und Schnapsfabrik Hirschmann, beides Heereslieferanten und Kriegsgewinnler, kehren nach wie vor den Herrenstandpunkt heraus. Bedauerlicherweise hatten viele Arbeiter keine Kenntnis von der geplanten Demonstration, weil die Ausschussmitglieder die Laufzettel, die heute morgen verteilt wurden, unterschlugen und den Arbeitern keine Kenntnis gaben. Herr Schwahn erklärte sogar kraft seiner aus dem Schweiße der Arbeitsleute verdienten Millionen, die Arbeiter hätten ihn zu bitten, und das sei unterlassen worden. Und bedauerlicherweise stimmten einige Arbeiter, die scheinbar Obleute waren, zu, dass nichts zu fordern wäre, also die Arbeiter weiter Knechte des Kapitals sein sollen. Sehr bald werden die Leutchen anders sprechen, wenn ihnen wieder die Knute des Herrn Schwahn auf dem Rücken tanzt. Wenn der Mohr seine Schuldigkeit getan, die Revolution verraten ist, kann er gehen. Durch den Druck von außen wurde jedoch Herr Schwahn gezwungen, den Betrieb unverzüglich zu schließen. Die Arbeiter und Arbeiterinnen von Hirschmann hatten schon vorher den Betrieb verlassen.

Am Offizierskasino staute sich dann erneut der Zug der Demonstranten, wo der Vorstand des Soldatenrates ein dreifaches Hoch ausbrachte, was den Vorsitzenden veranlasste, einige Dankesworte an die Massen zu richten, dabei hervorhebend, wie mustergültig, ohne Polizeimittelhilfe, der Umzug und die Kundgebung verlaufen sei. Er forderte auf, alle Kraft einzusetzen, dass die Macht der Arbeiter- und Soldatenräte gefestigt bleibt, selbst dann, wenn die Nationalversammlung zusammengetreten ist. (Brausender Beifall.)

Mit einem dreifachen Hoch auf die Unabhängige Sozialdemokratischen Partei löste sich am Gewerkschaftshause der Zug auf. Die Kundgebung hat ohne Zweifel bewiesen, dass die Revolution nicht tot ist, sondern marschiert. Die einstimmig angenommene Resolution lautet:[a]

[a] Siehe folgendes Dokument.

110b Resolution der Kundgebung, 31. Dezember 1918

Hanauer Anzeiger Nr. 305, 31. Dezember 1918.

Die heute am 31. Dezember 1918, vormittags 10 Uhr, zu vielen Tausenden versammelten Arbeitslosen, Kriegskrüppel und noch in den kapitalistischen Betrieben beschäftigten Arbeiter und Arbeiterinnen stehen fest auf dem Boden der Revolution und erkennen nur den Arbeiter- und Soldatenrat als die einzige höchste politische Gewalt im Stadt- und Landkreis Hanau an, dessen Anordnungen restlos Folge geleistet werden muss.

Dem bestehenden Arbeiter- und Soldatenrat wird von den Versammelten unbedingtes Vertrauen ausgesprochen und durch dieses Vertrauensvotum erneut bestätigt und fernerhin mit der Wahrung der Interessen der Lohnarbeiterschaft und der Soldaten beauftragt.

Die Versammelten fordern mit Geschlossenheit, dass der Arbeiter- und Soldatenrat alle Machtmittel in Anwendung bringt, dass der Lohnarbeiterschaft die gesetzlichen Feiertage bezahlt werden, sowie bei etwaigen Entlassungen oder Stilllegung des Betriebs die vom Arbeiterrat beschlossenen Sätze gewährleistet werden.

Das Heer der Arbeitslosen muss eingedämmt werden. In weitgehendem Maße müssen daher von der Stadtverwaltung und dem Kreisamt Notstandsarbeiten unverzüglich in Angriff genommen werden.

Weiterhin verurteilen die Versammelten die arbeiterfeindliche Politik der Regierungssozialisten, die auch heute noch nicht den Mut haben, gegen die militärischen Machthaber im Armee-Oberkommando Front zu machen, die ihre alte Macht dazu nutzen, um der Gegenrevolution des Bürgertums den Weg zu ebnen, das Proletariat um die Früchte der Revolution zu bringen.

Die Versammelten geloben, treu und opferbereit für den Sozialismus zu kämpfen und etwaigen neuen Unterdrückungs- und Knebelungsversuchen sich mit ihrer ganzen Person entgegenzustemmen.

110c Aussage des Fabrikanten Konrad Schwahn bei seiner kriminalpolizeilichen Vernehmung über die Ereignisse in seiner Fabrik (Auszug), 7. März 1919

Hessisches Staatsarchiv Marburg, 180 Hanau-7568.

Am 31. Dezember 1918 gegen Mittag kamen der Redakteur Hammer, Schwind, Karl Schnellbacher und eine Menschenmenge in mein Büro gewaltsam eingestürmt. Die drei Genannten schrien mich, ohne dass sie sagten, was sie wollten, an und sagten zu mir, das ist einer von den Unterdrückern. Als ich nun Hammer, der das Hauptwort führte, fragte, was er eigentlich wollte, hier sei ich doch Herr im Hause, antwortete dieser: »Ich will eine Rede an die Arbeiter halten, Sie haben hier überhaupt nichts zu sagen, wir haben die Gewalt.« Ich wollte nun nur den Hammer in den Betrieb zu den Leuten lassen, doch drängte die ganze Menge, etwa 40-50 Mann, gewaltsam in den Fabrikraum ein. Schwind und Schnellbacher riefen meinen Arbeitern zu: »Schämt Ihr Euch nicht, dass Ihr hier sitzt, wo Eure Genossen am Paradeplatz sind, die Vertrauensleute haben wohl die Zettel unterschlagen, Ihr sitzt hier und helft den Kapitalisten, die Geldsäcke füllen.«

Obwohl ja die Versammlung bereits beendet war, forderten Hammer, Schwind und Schnellbacher die Arbeiter meines Betriebes auf, sofort die Arbeit niederzulegen. Der Arbeiter Schlegel rief denselben zu: »Was wollt Ihr denn, lasst uns in Ruh' und ruhig weiterarbeiten.« Hammer sprach sofort die Verhaftung des Schlegel aus, weil er, wie erwähnt, entgegnet hatte. Da ich mich weigerte, den Betrieb zu schließen, und auch sagte, ich verbitte mir alle Vorwürfe, denn ich hätte meine Leute nicht zurückgehalten, die Leute arbeiteten ja freiwillig, wurde auch ich von Hammer als verhaftet erklärt. Er sagte noch: »Lassen Sie ihren Mantel holen, Sie kommen mit!« Die Menge schrie, jetzt wird alles kaputt gemacht.

Da ich mich mit der Forderung [von] Hammer, Schwind und Schnellbacher, sofort den Betrieb zu schließen, einverstanden erklärte, wurde von meiner Festnahme Abstand genommen.

Als von Dr. Wagner veröffentlicht worden war, dass der Buß- und Bettag kein Feiertag sei und dass Sonn- und Feiertage, an denen nicht gearbeitet wird, vom Arbeitgeber auch zu bezahlen seien, sprach ich mit meinen Leuten. Diese waren damit einverstanden, dass die Tage, an denen nicht gearbeitet würde, auch nicht bezahlt zu werden brauchten. Am Buß- und Bettag arbeiteten meine Leute nicht, und zahlte ich ihnen verabredungsgemäß auch keinen Lohn für diesen Tag. [...]

Durch die aufwühlerischen Reden des Hammer, Schwind und Schnellbacher wurde die demonstrierende Menge immer erregter, drohte, wie erwähnt, alles kaputt zu schlagen. Der Arbeiter Dörr, der bei der Menge war, bedrohte auch noch meine Familie und sagte: »Ihr kommt auch noch dran, jetzt geht's an Euch!« Dörr wollte mir die Fahne auf den Kopf schlagen. Über Dörr habe ich mich ganz besonders gewundert, denn solange er bei mir in Arbeit war, war er ein ordentlicher Mensch, der wohl nur durch die aufwühlerischen Reden sich dazu hinreißen ließ.

111 Januar 1919

Die Bemühungen des kommissarischen Landrats Schmid um einen konterrevolutionären Militäreinsatz in Hanau

111a Bericht Schmids an den Oberpräsidenten, an den Regierungspräsidenten, an das preußische Ministerium des Inneren und an das Generalkommando des 18. Armeekorps über die Spartakistenherrschaft im Stadt- und Landkreis Hanau (Auszug), 14. Januar 1919

Hessisches Staatsarchiv Marburg, 165-6788.

Frankfurt a. M., den 14. Januar 1919.
Hotel Baseler Hof, Wiesenhüttenplatz 29.

Die revolutionäre Umwälzung im Stadt- und Landkreis Hanau ist im Lauf der Entwicklung in immer radikalere, rein spartakistische Bahnen geraten. In den letzten Wochen haben sich die Verhältnisse derart zugespitzt, dass sofortige Abhilfe dringend geboten ist. Ich möchte mich auf eine knappe Darstellung der augenblicklichen Lage beschränken.

Die Lage im Stadtkreis

Die Stadt Hanau wird völlig beherrscht von einer kleinen Schar ausgesprochener Fanatiker. In der Hauptsache sind es drei Männer, die das Heft in der Hand haben: der prakt. Arzt Dr. Wagner, der Parteisekretär der unabhängig-sozialistischen Partei Schnellbacher und der Redakteur Hammer, früher Frankfurt a. M., jetzt Hanau. Der oberste Führer und bei weitem gefährlichste unter den dreien ist Dr. Wagner, ein äußerst leidenschaftlicher, verbissener und in allen Schlichen erfahrener Mensch. Wagner versteht es mit großen Geschick, sich nach außen möglichst harmlos zu geben und je nach Bedarf den Mantel der unabhängig-sozialistischen Partei, für die er auch zur Nationalversammlung kandidiert, anzulegen oder das wahre Gesicht des Spartakisten zu zeigen. In der Unordnung der ersten Revolutionstage haben sich Wagner und Schnellbacher als Vertreter der unabhängig-sozialistischen Partei an die Spitze der Bewegung gesetzt. Die damalige Abwesenheit des mehrheitssozialistischen Reichstagsabgeordneten von Hanau, Hoch, hat sie darin wesentlich begünstigt. Unter der Führung von Dr. Wagner und Schnellbacher ist für die Stadt Hanau ein Arbeiterrat von 25 Mitgliedern gebildet worden, der sich aus 20 Unabhängigen und 5 Mehrheitssozialisten zusammensetzt. Ordnungsmäßige Wahlen zum Arbeiterrat, wie. z. B. in Berlin und Frankfurt a. M. haben nicht stattgefunden. Das Verlangen namentlich von mehrheitssozialistischer Seite, dass allgemeine Wahlen erfolgten, wurde mit der Behauptung abgetan, es sei vor der Revolution gewählt worden. Hiervon ist aber den Mehrheitssozialisten nichts bekannt. Tatsächlich ist der Arbeiterrat nichts anderes als ein Dekorationsstück der drei Gewalthaber, in deren Hand es sich völlig befindet. Die übrigen Mitglieder spielen keinerlei Rolle, die 5 Mehrheitssozialisten sind inzwischen teils ausgeschieden teils nur als Mithörer im Arbeiterrat verblieben. Ein von der städtischen Arbeiterschaft ordnungsgemäß gewählter Arbeiterrat würde natürlich ganz anders aussehen, insbesondere eine Mehrheit oder zum mindesten starke Minderheit der Mehrheitssozialisten aufweisen. Gerade deswegen werden auch Wahlen von den Gewalthabern entschieden abgelehnt. Der spartakistische Charakter der Führer und damit des Arbeiterrats geht aus den zahlreichen Kundgebungen und vor allem aus den terroristischen Handlungen klar hervor. Aus einer amtlichen Mitteilung des Polizeipräsidenten in Berlin weiß ich, dass Schnellbacher vor der Revolution ständig mit der Rosta[a] in Berlin verkehrt und von dort auch eine Handdruckpresse sowie eine Schreibmaschine bezogen hat. Das Presseorgan des Arbeiterrats schreibt ganz im Sinne der »Roten Fahne« in Berlin. Liebknecht und Rosa Luxemburg werden in Ansprachen gefeiert, die Regierung wird täglich in wüster Weise heruntergerissen.

In einer Versammlung im Landkreise hat Schnellbacher sich, in die Enge getrieben, als Anhänger Liebknechts bekennen müssen. Im Übrigen ist mir auch von Herrn Hoch und den Gewerkschaftsführern schon in der ersten Revolutionszeit gesagt worden, dass ich es mit Spartakisten zu tun habe. Der Arbeiterrat steht demgemäss auch grundsätzlich auf dem Standpunkt einer Rätediktatur, er bezeichnet sich als den Träger der »gesetzgebenden« und »gesamten öffentlichen Gewalt«. Die Stadtverwaltung in Hanau hat er zunächst nicht an sich gezogen, weil er offenbar davon ausgeht, dass er in der Stadt genügend Anhang besitze, um jederzeit, wenn es ihm richtig erscheine, die leitenden Beamten bei Seite zu schieben. An den Magistratssitzungen nehmen Dr. Wagner und Schnellbacher regelmäßig teil. Sie beanspruchen für den Arbeiterrat das Recht zur Genehmigung der Beschlüsse und nötigenfalls zu Anordnungen in städtischen Angelegenheiten. Oberbürgermeister, Magistrat und Stadtverordnetenversammlung versuchen mit möglichster Nachgiebigkeit durchzulavieren. Die staatliche Polizeidirektion hat der Arbeiterrat durch Einsetzung des Dr. Wagner zum provisorischen Polizeidirektor ganz in Besitz genommen. Sie ist inzwischen in eine Polizeiabteilung des Arbeiterrats umgewandelt. Die Beamten werden nur in geringem Umfange zum Dienst herangezogen. Die kriminalpolizeilichen Geschäfte, d.h. namentliche die Verfolgung der Gegner des Regiments Wagner – Schnellbacher – Hammer, Verhaftungen, Durchsuchungen, Beschlagnahmungen werden von der »Kriminalabteilung der Schutzwehr« ohne Beteiligung der Beamten ausgeführt. Ich suche natürlich, soweit angängig, die wichtigeren Polizeigeschäfte hier zu erledigen. [...]

Eingriffe in das Wirtschaftsleben

Die schwersten Gefahren für die Zukunft des Kreises und seiner Umgebung werden durch das unvernünftige und rücksichtslose Vorgehen der augenblicklichen Machthaber auf wirtschaftlichen Gebiet und in den Fragen der Volksernährung hervorgerufen. In dem Bewusstsein, dass die Stützen ihre Gewaltherrschaft nur solange halten, als es ihnen gelingt, die Arbeiter durch augenblickliche Vorteile gleich welcher Art nachzuziehen, haben die verantwortlichen Männer des Arbeiterrats eine Reihe von Anordnungen getroffen, die für die Gesamtheit von unheilvoller Nachwirkung sein müssen, wobei immer wieder das Bestreben hervortritt, alle Vermögenswerte sofort und ohne Rücksicht auf die von der Zentralregierung getroffenen allgemeinen Anordnungen ihrer Anhängerschaft zuzuführen. Dass die Kriegsgewinne damit binnen kurzer Zeit dem Zugriff des Reiches ganz entzogen und in willkürlicher Weise neu verteilt werden und dass die gesamte hoch entwickelte Industrie Hanaus zum dauernden Schaden aller Beteiligten, besonders auch der Arbeiter selbst, der Vernichtung zugeführt wird, bleibt völlig unbeachtet.

Durch Verordnungen vom 16. November und 17. Dezember 1918 hat der Arbeiterrat die Unternehmer verpflichtet, alle bei Beginn des Waffenstillstandes in ihren Betrieben beschäftigten Angestellten und Arbeiter ohne Rücksicht auf Kohlen- und Rohstoffversorgung mindestens drei Monate lang zu behalten und ferner alle aus dem Felde heimkehrenden Angestellten und Arbeiter, die vor Ausbruch des Krieges zuletzt bei ihnen beschäftigt waren, wieder einzustellen. Eine allgemeine Ausnahme ist nur für den Fall vorgesehen, dass der Betriebsunternehmer durch seine Bücher und Belege glaubhaft nachweist, dass die Durchführung der genannten Vorschrift die Aufrechterhaltung des Betriebes gefährden würde, und dass der Vorstand des Demobilmachungsausschusses auf Grund einer Prüfung diese Gefährdung anerkennt.

Die Durchführung derartiger Nachprüfungen ist für den Demobilmachungsausschuss praktisch unmöglich und musste deshalb abgelehnt werden. Der Arbeiterrat beharrt gleichwohl auf seinen Anordnungen und veranlasste dadurch u.a. den Austritt des mehrheitssozialistischen Abgeordneten Hoch, der sich in dankenswerter Weise bereit gefunden hatte, dem Demobilmachungsausschuss als beratendes Mitglied zur Seite zu stehen.

Die Unternehmer sehen sich nicht mehr in der Lage, unter gleichgültig wie hohen Verlusten an Betriebs- und privaten Kapital ihre Angestellten und Arbeiter zu den sehr erhöhten Teuerungszulagen weiter zu bezahlen, und werden mit Notwendigkeit dazu gedrängt, ihre Betriebe entweder sofort oder jedenfalls dann stillzulegen, wenn die Aussicht auf eine Abänderung dieser unhaltbaren Zustände völlig zu schwinden beginnt.

Hinzu kommt, dass in § 6 der Verordnung die Verpflichtung aufgestellt wird, Feiertage, die auf einen Wochentag fallen, wie Arbeitstage zu bezahlen. Diese Verfügung widerspricht den Gesetzen und der Verkehrsüblichkeit. Sie ist auch sachlich durchaus unzweckmäßig. Sie verteuert einseitig die gewerbliche Arbeit in Hanau und gefährdet dadurch die Konkurrenzfähigkeit der Stadt gegenüber anderen Plätzen. Die notwendige Folge, dass Hanau Aufträge entgehen und dass sich die Arbeits- und Verdienstmöglichkeiten für Arbeitgeber und -nehmer verringern, liegt zu Tage. Gleichwohl versucht der Arbeiterrat, die Durchführung gerade dieser Bestimmung mit schärfstem Nachdruck zu erzwingen. Nachdem sich bereits die meisten Firmen im Interesse des gewerblichen Friedens mit der Bestimmung abgefunden hatten, veranstaltete er am 31.12.1918 zur Terrorisierung der übrigen Firmen unter Proklamierung des Generalstreiks einen großangelegten Demonstrationszug durch die Stadt. Besonders auf dem Marktplatz und vor dem Landratsamt wurden von Dr. Wagner, Schnellbacher, Redakteur Hammer u.a. längere Ansprachen gehalten, in denen unter Verherrlichung von Liebknecht und Rosa Luxemburg in schärfster Tonart gegen die Regierung Ebert-Scheidemann, die Mehrheitssozialisten, besonders den Reichstagsabgeordneten Hoch, gegen die Beamten – die man mit dem Besen auskehren werde – und die Unternehmer vorgegangen wurde. Außerdem drangen große Teile des Zuges bei mehreren Firmen, in denen auf Wunsch des Arbeiterausschusses weitergearbeitet wurde, unter Vorantritt Bewaffneter ein und erzwangen die Arbeitseinstellung. Den Unternehmern wurde dabei in einer Weise, die kaum wiederzugeben ist, bedeutet, dass sie in ihren Betrieben nicht mehr zu bestimmen, sondern nur den Weisungen des Arbeiterrates zu folgen hätten. Einzelnen von ihnen wurde mit sofortiger Verhaftung gedroht und klargemacht, dass für ihre persönliche Sicherheit keine Gewähr geleistet werden könne. Teilnehmer des Zuges gingen selbst durch die Arbeitsräume, um sich persönlich von der Stilllegung der Betriebe zu überzeugen, riefen die Arbeiterschaft zusammen und hielten hetzerische Ansprachen, in denen sie dazu aufforderten, sofort in Streik zu treten.

Wenn die Gefahr derartiger gewaltsamer Eingriffe nicht alsbald beseitigt wird, sind zumindest die Unternehmer der Edelmetall- und Diamantenbranche zu dauernder Einstellung ihrer Betriebe gezwungen, da sie bei dem sehr hohen Wert des in kleinen Teilen herumliegenden Materials das Risiko zufälliger oder absichtlich herbeigeführter Verluste nicht übernehmen können.

Die Tätigkeit des Demobilmachungsausschusses Hanau Stadt und Land ist durch den Arbeiterrat völlig lahmgelegt worden. Beschlagnahmen des Ausschusses wurden aufgehoben und auf den verschiedensten Gebieten in willkürlicher Weise durch solche des Arbeiterrates ersetzt. Bemühungen des Ausschusses, in wichtigen Fragen, wie denen der Beschäftigung von Arbeitern und der Feiertagsbezahlung, eine gütliche Einigung zwischen Arbeitgebern und -nehmern herbeizuführen, wurden schroff abgelehnt. Überhaupt wurde immer wieder der Versuch gemacht, den Ausschuss zu einem gefügigen Werkzeug des Arbeiterrats zu machen, um dessen Anordnungen nach außen hin größeren Nachdruck zu geben.

Ich habe bereits vor einiger Zeit die Einsetzung eines gesonderten Demobilmachungsausschusses Hanau-Land und dessen vorläufige Verlegung nach Frankfurt beantragt. Die Stadt Hanau beabsichtigt ihren Ausschuss wegen seiner erzwungenen Unwirksamkeit aufzulösen. [...]

[a] Rossijskoje Telegrafnoje Agentswo = Nachrichtenagentur der Sowjetregierung. Die Berliner Geschäftsstelle, von der hier die Rede ist, wurde am 5.11.1918 mit der Ausweisung der Botschaftsangehörigen geschlossen.

111b Telegramm Schmids an das Generalkommando und den Soldatenrat des 18. Armeekorps mit der Bitte, im Sinne der ihm vom preußischen Ministerium des Innern zugesicherten Vollmacht nach dem Tag der Wahl für die Nationalversammlung in Hanau militärisch einzuschreiten (Auszug), 16. Januar 1919

Hessisches Staatsarchiv Marburg, 180 Hanau-7568.

Die Zustände im Stadt- und Landkreis Hanau erfordern ein sofortiges nachdrückliches Eingreifen. Ich habe daher am 12. des Monats auf telegrafischem Wege das Ministerium des Innern gebeten, mich als den Polizeidirektor des Stadtkreises und den Landrat des Landkreises Hanau zu ermächtigen, dass ich im Zusammenwirken mit dem Generalkommando und dem Soldatenrat des 18. Armeekorps unverzüglich die öffentliche Ordnung und Sicherheit, insbesondere die Freiheit der Presse, die Freiheit der Person und des privaten Eigentums wiederherstelle, die Entwaffnung der Zivilbevölkerung durchführe, den Eingriffen in die geordnete behördliche Tätigkeit entgegentrete und die zwangsweise besetzten öffentlichen Gebäude räumen lasse, die Wahlen zur Nationalversammlung sowie auch ordnungsmäßige Wahlen zu den Arbeiter- und Bauernräten schütze und die Führer der Spartakusbewegung in Hanau für ihre Schandtaten zur Verantwortung ziehe.

[...]

Im Namen der preußischen Regierung richte ich nunmehr als deren Bevollmächtigter[a] das Ersuchen an das Generalkommando und den Soldatenrat des 18. Armeekorps, im Stadt- und Landkreis Hanau mit militärischen Machtmitteln einzuschreiten und zwar zunächst im Stadtkreis Hanau. Die mir zur Verfügung stehenden Polizeiorgane reichen für die notwendigen Maßnahmen nicht aus. Ich bitte, die militärische Aktion, falls nicht neue Ereignisse eine Beschleunigung erfordern sollten, unmittelbar nach dem Wahltage für die deutsche Nationalversammlung durchzuführen, am Wahltage aber Truppen in Bereitschaft zu halten, um Störungen der Wahlhandlung alsbald begegnen zu können.

[a] Schmid bezieht sich auf das Antworttelegramm des Innenministeriums auf seine beiden telegrafischen Ersuche vom 11. [nicht vom 12.!] Januar 1919, das seinen Absichten – auch im Einvernehmen mit dem Kriegsministerium – zustimmte.

112 — 15./16. Januar 1919

Der Putschversuch zur Beseitigung der Schutzwehr und des Arbeiter- und Soldatenrates sowie die Bewaffnungsaktion der Arbeiterschaft

112a Erinnerung Friedrich Schnellbachers an den 16. Januar 1919

Friedrich Schnellbacher, Hanau in der Revolution vom 7. November 1918 bis 7. November 1919, Hanau 1920, S. 34f.

Nachdem die Regierung Ebert-Scheidemann die Arbeiterräte immer mehr ihrer Rechte beraubt hatte, machte auch Regierungsrat Schmid mit allen Mitteln gegen den Arbeiterrat mobil. Militär sollte Hanau besetzen und »Ordnung« schaffen. Als am 15. Januar der geplante Putsch misslang, sollte der Soldatenrat am 16. Januar abdanken. Die »königstreuen« Ulanen verlangten unter Assistenz eines gewissen »Ehrlich«, Soldatenrat beim Generalkommando 18./Bad Nauheim, der Vorsitzende des Soldatenrates, Genosse Haßler, soll sich in einer Versammlung in der Ulanenkaserne rechtfertigen. Er folgte der Aufforderung, wurde aber derart bedroht, dass Rufe laut wurden: »der kommt nicht lebend heraus«. Genosse Schwind, der zu Hilfe eilte, wurde rausgeschmissen, da er »kein Ulan« mehr sei. Diese Vorgänge wurden in der Arbeiterschaft schnell bekannt. Das Eintreffen der Trauerkunde von der Ermordung unserer Besten, Karl Liebknecht und Rosa Luxemburg, steigerte die Erregung der Massen. Die Arbeiter verließen die Fabriken, stürmten das Zeughaus und bewaffneten sich. Hanau war in ein großes Heerlager verwandelt. Man war bereit, den Arbeiter- und Soldatenrat mit allen Mitteln zu verteidigen. Glücklicherweise rückten keine Truppen in Hanau ein. Es wäre ein Kampf auf Leben und Tod des Arbeiter- und Soldatenrats entstanden. Die bewaffneten Arbeiter brachten zu Tausenden dem Arbeiter- und Soldatenrat Ovationen dar. Dieser Vorgang bildete die Hauptanklage gegen die »Rädelsführer« Dr. Wagner, Schnellbacher und Schwind in dem Hanauer Kommunistenprozess, der elend zusammenbrach.

Der Soldatenrat wurde neu gewählt. Der Erfolg war glänzend. Die »Spartakisten« beherrschten vollkommen den Soldatenrat. Die »Alten« wurden wiedergewählt und »Neue« kamen hinzu. Trotzdem zeigte der 16. Januar, dass die wirkliche Macht der Räte zu Ende ging. Die Regierung Ebert-Scheidemann-Noske ging mit den brutalsten Mitteln gegen die Revolution vor. Ein Gefühl der Unsicherheit beschlich die Arbeiter, da Rosa Luxemburg und Karl Liebknecht ihnen als Führer fehlten.

112b Darstellung der Ereignisse am 16. Januar 1919 in der Urteilsbegründung des Prozesses gegen Georg Wagner, Friedrich Schnellbacher, Wilhelm Schwind und Gustav Hammer vor dem Landgericht in Marburg (Auszug), 8. August 1919

Friedrich Schnellbacher, Hanau in der Revolution vom 7. November 1918 bis 7. November 1919, Hanau 1920, S. 70f.

Inzwischen war die Nachricht von der Bewaffnung der Volksmenge zum Arbeiter- und Soldatenrat gelangt, worauf die Angeklagten Wagner und Schnellbacher zum Paradeplatz eilten. Wagner soll sich an der Waffenausgabe ebenfalls beteiligt haben, das hat aber keiner der Zeugen bestätigt, vielmehr bekunden mehrere Zeugen übereinstimmend und durchaus glaubhaft, dass er sich in heftiger und sehr unwilliger Weise über die Bewaffnung ausgelassen habe. Wagner und Schnellbacher wollten alsbald den Entschluss gefasst haben, die möglichst vollständige Wiederablieferung der Waffen ins Werk zu setzen; dies habe freilich, um Ausschreitungen zu verhüten, sehr vorsichtig geschehen müssen.

Der Zeuge Bretthauer bekundet zwar, dass er gesehen habe, wie Schnellbacher einem anderen Mann ein Gewehr gegeben habe, und dass er gezeigt habe, wie das Gewehr geöffnet, geladen und gesichert würde, allein dieser Zeuge ist wenig glaubhaft, da er selbst sich äußerte, weil er bestraft worden sei, wolle er nun die anderen auch hereinlegen. Der Zeuge Klingenberger, auf den Bretthauer sich beruft, bezeugt demgegenüber, dass Schnellbacher einem gewissen Siel ein Gewehr abgenommen habe, es ihm dann aber, als Siel die Frage, ob er Mitglied der behördlicherseits bewaffneten Schutzwehr sei, bejaht habe, widergegeben habe. Nachdem er jedoch gleich darauf gehört habe, dass Siels Angabe unrichtig sei, habe Schnellbacher ihm das Gewehr wieder abgenommen. Besonders der Zeuge August Becker bekundet, dass Wagner und Schnellbacher sich unwillig über die Bewaffnung der Menge ausgesprochen hätten und dass Wagner veranlasst habe, dass die Bewaffneten nach dem Kasernenhof geführt würden, um ihnen dort die Waffen wieder abzunehmen. Die Bewaffneten wurden dann nach Möglichkeit in zwei Glieder geordnet und darauf nach dem Kasernenhof geführt, wo sie die Gewehre zusammensetzten. Die letzteren wurden später auf Wagners Anordnung eingesammelt und noch am selben Abend ins Zeughaus zurückgebracht, immerhin blieb eine nicht unbeträchtliche Anzahl Gewehre im Besitz der Menge, die erst – zum größten Teil – an den folgenden Tagen zurückgeliefert wurden. Auf dem Kasernenhofe ist, auf wessen Anordnung steht nicht fest – jedenfalls ist ein Beweis, dass einer der Angeklagten in irgend einer Weise daran beteiligt gewesen sei, nicht erbracht – scharfe Munition für die Gewehre erteilt worden. Dass Schnellbacher eine Ansprache auf dem Kasernenplatze gehalten habe, ist nicht erwiesen, er selbst bestreitet es, kein Zeuge hat es sicher bekunden können, keiner hat den Inhalt einigermaßen sicher angeben können.

Unter den geschilderten Umständen ist ein klares, zweifelsfreies Bild von der Teilnahme der drei Angeklagten an der Bewaffnung und der angeblichen Aufforderung zum Widerstand gegen die bewaffnete Macht nicht zu gewinnen. Ob überhaupt eine Aufforderung, den anmarschierenden Regierungstruppen Widerstand zu leisten, von irgend einer Seite ergangen ist, ob sie von Schwind ergangen ist, ist nicht zu beweisen; die Unschuld Wagners und Schnellbachers an einer solchen Aufforderung sowie an der Bewaffnung muss als erwiesen gelten, auch die Teilnahme Schwinds an der

Bewaffnung der Menge ist ebenso wenig erwiesen, wie dass er überhaupt zur Bewaffnung aufgefordert habe. Unter solchen Umständen kann unerörtert bleiben, ob es überhaupt zur Bildung eines bewaffneten Haufens im Sinne des Gesetzes gekommen ist. Dazu würde ein gewisser Zusammenschluss der bewaffneten Menge erforderlich sein, der aber erst auf Veranlassung Wagners und Schnellbachers geschah, in der erwiesenen Absicht, die Waffen wieder abzunehmen, also gerade um den Zusammenschluss der bewaffeten Menge zu vereiteln. Hiernach muss auch zu diesem Punkte der Anklage Freisprechung der drei Angeklagten Wagner, Schnellbacher und Schwind erfolgen.

113 — 17. Januar 1919

Bericht des »Hanauer Anzeigers« über die Versammlung anlässlich der Ermordung von Rosa Luxemburg und Karl Liebknecht

Hanauer Anzeiger Nr. 15, 18. Januar 1919.

Eine mächtige Kundgebung gegen die blutbefleckte Regierung Ebert-Scheidemann war die gestern Abend im Gewerkschaftssaal. Es war die größte Versammlung, die wir jemals in Hanau gesehen hatten. Und allgemein herrschte tiefe Trauer, getragen von glühender innerer Empörung über die Verbrechen, die in Berlin an den besten und edelsten Menschen verübt wurden. Nur mühsam konnten die beiden Redner Dr. Wagner und Schnellbacher vor innerer Aufregung die großen und edlen Verdienste unserer Gefallenen schildern, gleichzeitig wuchtige Anklagen der schändlichen Regierung Ebert-Scheidemann ins Gesicht schleudernd. Große Empörung herrschte unter den Anwesenden und der Selbstdisziplin der Hanauer Arbeiterschaft ist es wohl nur zu danken, dass es zu keinerlei Ausschreitungen auf der Straße kam.

Genosse Lamm stellte aus der Mitte der Versammlung die Vertrauensfrage, ob der Arbeiterrat künftig weiter amtieren soll. Einstimmig und unter starkem Beifall wurde von der tausendköpfigen Menge kundgegeben, dass der Arbeiterrat weiter wirken soll.

Als Kampffonds wurden 334 Mark von den Anwesenden gesammelt. Mut Genossen! Wir marschieren, trotz alledem und alledem!

114 — 18. Januar 1919

Konterrevolutionärer Aufruf gegen den Hanauer Arbeiter- und Soldatenrat

Hessisches Staatsarchiv Marburg, 180 Hanau-7568; das dortige Exemplar stellt sich als ein beim Generalkommando des 18. Armeekorps verfasster Entwurf dar. Publiziert auch im Hanauer Anzeiger Nr. 21, 25. Januar 1919. Der Text wurde als Plakat vor den Wahlen zur Nationalversammlung in Bad Orb und Umgebung geklebt. Als Verfasser und Urheber wird vom »Hanauer Anzeiger« der Regierungsrat Schmid verdächtigt.

Gegen den Terrorismus der Spartakusleute in Hanau

In Hanau herrscht zur Zeit der Spartakusterror, wie man ihn sich radikaler nicht denken kann. Eine kleine Schar ausgebrochener Fanatiker beherrscht die Stadt und bedroht unsere neue Regierung auf das Schärfste. Schwere Eingriffe in die persönliche Freiheit, die Freiheit der Presse, die Rechtspflege, das Postgeheimnis und das Wirtschaftsleben sind an der Tagesordnung.

Wer nicht denkt und handelt wie es die wenigen Unabhängigen verlangen, wird seines Amtes enthoben, festgesetzt und geknechtet. Eine rote Garde von einigen Hundert Mann, die sich zum Teil aus schwer vorbestraften und vielen willenlosen Menschen zusammensetzt, bildet die Macht, auf die sich die wenigen Gewaltherrscher stützen. Schon greift der Terror jener gewissenlosen Hetzer auf das Land über. Unsere Freiheit, unsere Ernährung, unsere von uns allen anerkannte Regierung sind auf das Schärfste gefährdet. Daher hat die Regierung Ebert-Scheidemann den Befehl erteilt, die Spartakusbewegung niederzuwerfen, wie sie es in diesen Tagen in Berlin zur Ausführung gebracht hat.

Nochmals lassen wir die dringende Mahnung an die Führer jener Bewegung ergehen, ihr unheilvolles Walten einzustellen. Bleibt sie fruchtlos, dann lasst uns mit allen Mitteln unseren bedrängten Hanauer Mitbürgern zu Hilfe kommen unter der Parole: »Für die Regierung Ebert-Scheidemann und für unser deutsches Vaterland. Eile ist geboten.«

115 — Januar 1919

Der Rücktritt des Hanauer Arbeiterrates

115a Ultimatum des Generalkommandos des 18. Armeekorps an den Arbeiter- und Soldatenrat, 22. Januar 1919

Hessisches Staatsarchiv Marburg, 180 Hanau-7568; gezeichnet vom kommandierenden General und vom Vertreter des Soldatenrates des Generalkommandos.

Folgende Punkte werden im Einvernehmen mit der Reichs- und preußischen Regierung gefordert:

1. Sofortige Entwaffnung und Auflösung der Schutzwehr.
2. Anerkennung des von der Regierung eingesetzten Landrats und Polizeidirektors Schmid. Gegen seine Rückkehr nach Hanau darf nichts unternommen, in Ausübung seiner dienstlichen Funktionen darf er nicht gestört werden.

3. Alle Zivilisten haben die Waffen, die sie im Besitz haben, abzugeben.
4. Die Besetzung öffentlicher Gebäude darf nur auf Anordnung der hierfür zuständigen Behörden erfolgen.
5. Wiederherstellung der Pressefreiheit.
6. Der gemäß Ziffer 1 der Garnisondienstvorschrift vom Generalkommando des 18. Armeekorps als Garnisonältester eingesetzte Oberst Freiherr von Schäffer ist als solcher anzuerkennen.

115b Rücktrittserklärung des Arbeiterrates der USPD, 25. Januar 1919

Hanauer Anzeiger Nr. 21, 25. Januar 1919.

Nachdem die Regierung Ebert-Scheidemann sich mit dem Blut der Berliner revolutionären Arbeiterschaft befleckt hat, nachdem eine reaktionäre Verordnung die andere ablöst (u.a. Herabsetzung der Erwerbslosenunterstützung in Verbindung mit Arbeitszwang, völlige Ausschaltung der durch die Revolution errungenen Rechte der vollziehenden Gewalt durch den Arbeiter- und Soldatenrat, Wiedereinsetzung der Offiziere in die alten Vorrechte und Neubelebung des Kasernengeistes, verbunden mit Grußzwang der Unteroffiziere und Mannschaften) sehen wir uns schon aus Reinlichkeitsgründen gezwungen, einen dicken Trennungsstrich zwischen uns und der Regierung zu ziehen.

Wir lehnen aus diesen und anderen Gründen jede weitere Verantwortung zwecks Sicherung der Ruhe und Ordnung ab. Die uns treue Arbeiterschaft wird diesen Schritt begreiflich finden; die Anhänger der Scheidemanngruppe mögen nunmehr für alle weiteren Verschlechterungen und die Vergewaltigung der Revolution sich bei ihren Vertrauensleuten und bei der Regierung bedanken.

Wir danken der Arbeiterschaft von Hanau und Umgebung für das uns entgegengebrachte Vertrauen, das die Arbeiterklasse den Vertretern der USP[D] im Arbeiterrat entgegenbrachte, und hoffen, dass in Zukunft dem politischen Arbeiterrat – als solcher bleibt dieser bestehen – der mit altem Eifer die Interessen des arbeitenden Volkes mit Einsetzung unserer ganzen Kraft weiter vertreten wird, fernerhin Vertrauen entgegengebracht wird.

Offiziell hat der engere Vorstand, genannt Exekutive, seine Tätigkeit schon am Freitag, den 18. Januar, eingestellt, weil ein weiteres Arbeiten mit seinem Gewissen und seiner politischen Ehre nicht zu vereinbaren war.[a]

Die Revolution ist nicht tot, sie marschiert! Die wirtschaftlichen Verhältnisse werden die Arbeiterschaft zwingen, den Kampf erneut aufzunehmen. Wir werden uns jederzeit zur Verfügung stellen, die Revolution vorwärts zu treiben und den Siegeszug vollenden helfen. Der Tag der Abrechnung wird kommen, trotz alledem. Seien wir gerüstet!

Der Arbeiterrat der USP
i. A.: Friedrich Schnellbacher

[a] Georg Wagner trat bereits am 16. Januar 1919 als Polizeidirektor und provisorischer Landrat zurück.

116 — 30. Januar 1919

Entschließung einer Versammlung der Hanauer Arbeitslosen gegen die Maßnahmen der Reichsregierung und für die Sozialisierung der Produktionsmittel

Hanauer Anzeiger Nr. 26, 31. Januar 1919. Einleitender Vermerk der Redaktion: In der gestern Abend abgehaltenen Versammlung der Arbeitslosen ist folgende Entschließung gefasst worden:

Die heutige Massenversammlung der Arbeitslosen Hanaus verurteilt entschieden die Maßnahmen der Reichsregierung, die ihre Tätigkeit darin erblickt, den Geldschrank der Kapitalisten zu schützen, die hungernden Arbeitslosen aber noch mehr dem Elend preiszugeben. Die Verpflichtung des Erwerbslosen, eine Arbeit anzunehmen, die ihm nach seinen Körperkräften zugemutet werden kann, die Unterbindung der Freizügigkeit der Erwerbslosen, die Herabsetzung der Unterstützungssätze und die Trennung des erwerbslosen Familienvaters von seiner Familie, sind Bestimmungen, die die reaktionäre Politik der Reichsregierung aufs äußerste kennzeichnen. Die Reichsregierung hat alles unterlassen, was von einer revolutionären Regierung hätte erwartet werden können, um der Not und dem Elend der Arbeitslosen entgegenzuwirken. Vor der Verstaatlichung des Bergbaus, Entziehung der Familien-Fideikommisse und der Krongüter, Enteignung der Großgrundbesitze und die Sozialisierung der Produktionsweise schreckt die Regierung zurück, weil nach wie vor Junker und Industrieritter die Stützen des Staates bilden sollen. Ein zielsicherer Eingriff in die Grundrechte des Großgrundbesitzers und die Sozialisierung der Produktionsweise würde ohne Zweifel sehr bald dem Massenelend ein Ende machen. Statt dessen wird das hungernde Volk als Stimmvieh benutzt und unter allerlei Versprechungen, die niemals gehalten werden, an die Wahlurne geschleppt. Nachdem der Mohr seine Schuldigkeit getan hat, bekommt er Prügel.

Die heutige Arbeitslosenversammlung verurteilt ferner die schmutzige Kampfesweise der »Volksstimme« gegenüber den Arbeitslosen und weiter die so genannte Vertretung der Partei und Gewerkschaftsbürokratie in Fragen der Erwerbslosenunterstützung, die wie ein Hohn aufgefasst und als Milderungsgrund nur das eine in Betracht kommt, dass für die Herren Partei- und Gewerkschaftsbeamten die soziale Frage gelöst ist. Die Versammelten geloben deshalb, in ihren Gewerkschaften dahin zu wirken, dass deren Führertum ein Ende gemacht wird und weiter bei jeder Gelegenheit der Austritt aus der alten Sozialdemokratischen Partei propagiert wird. Der mit dem Blute der Berliner hungernden Arbeiterschaft befleckten Regierung Ebert-Scheidemann wird größte Verachtung entgegengebracht und die Versammelten fordern gleich der revolutionären Arbeiterschaft in Leipzig, Hamburg, Bremen, Braunschweig usw. den sofortigen Rücktritt dieser fluchbeladenen Regierung, da sie das Vertrauen jeglichen anständigen Arbeiters verwirkt haben. Die Versammlung fordert die sofortige Beseitigung des in Hanau anwesenden Regierungsrats Schmid, zu dem die Arbeiterschaft keinerlei Vertrauen hat. Eine revolutionäre Zeitung muss unverzüglich geschaffen werden. Der politische Arbeiterrat der USP wird als die alleinige Vertretung der Arbeiter in politischen und wirtschaftlichen Fragen anerkannt und [sie] lehnen es ab, sich an den von den Regierungssozialisten angesetzten Wahlen zu einem Arbeiterrat zu beteiligen.

117 Februar – März 1919

Die militärische Besetzung und der Belagerungszustand über den Ortsbereich Hanau

117a Bericht der »Hanauer Zeitung« über eine Besprechung zwischen dem Kommandanten der Besatzung, Generalmajor Rumschöttel, den Vertretern der Parteien und des Magistrats (Auszug), 24. Februar 1919

Hanauer Zeitung v. 26. Februar 1919.

Wie wir nachträglich erfahren, hat am Montag[a] Mittag 12 Uhr in der Aula des Lyzeums eine Besprechung zwischen dem Kommandanten der Besatzung, Generalmajor Rumschöttel, und den Vertretern aller Parteien und des Magistrats stattgefunden. Es wäre am Platze gewesen, wenn auch die Presse zu dieser Besprechung hinzugezogen worden wäre, zumal hier Dinge zur Sprache gekommen sind, die die gesamte Bevölkerung interessieren und angehen.

Über die Verhandlungen erfahren wir Folgendes: Einleitend berichtete der Generalmajor, dass die blutigen Vorgänge und die Lebensmittelplünderungen[b] in Hanau die Ursache gewesen seien, dass seine Division nach Hanau befohlen wurde, um Ruhe und Ordnung wieder herzustellen. Als Militär habe er seine Pflicht zu tun ohne Rücksicht auf die Person. Bis wann das Militär wieder abziehe, könne er nicht sagen, das hänge ganz von den Umständen ab. Die Haussuchung nach Waffen habe große Erfolge gehabt, ebenso die Suche nach geplünderten Lebensmitteln und Bekleidungsgegenständen.

Herr Oberbürgermeister Hild dankte für die Ausführungen namens der Erschienenen, besonders aber für die dem Wohle der Stadt gewidmeten Worte. Herr Jean Hofmann (Mehrheitssozialdemokrat) betonte, dass das Herunterholen der roten Fahne allgemeine Empörung in der Bürgerschaft ausgelöst habe. Die Versammlungsfreiheit müsse gewährt und die Verhafteten, Dr. Wagner, Schnellbacher usw., möglichst schnell wieder auf freien Fuß gesetzt werden. Herr Crass erklärte, dass die Schießerei auf fliehende Personen, wie sie am Nürnberger Tor stattgefunden habe, unter allen Umständen unterbleiben müsse, es solle nicht noch größeres Unglück geschehen. Der Generalmajor stimmte in diesem Falle Crass zu. Das Herunterholen der roten Fahne habe er auch nicht angeordnet, er habe veranlasst, dass auf dem Landratsamt die neue Reichfahne gehisst wurde. Herr Ohnsmann von der USP behauptete, das die Truppen nur deshalb nach Hanau gekommen seien, um der USP den Stadtverordnetenwahlkampf unmöglich zu machen und ihre Führer, Dr. Wagner und Schnellbacher, zu verhaften. Hierzu bemerkte der Generalmajor, dass das nicht richtig sei, sondern die Truppen seien nur herbeigeholt worden, um den Unruhen, dem Blutvergießen und den Lebensmittelplünderungen ein Ende zu machen. Die Verhaftung Dr. Wagners und Schnellbachers habe er nicht veranlasst, sondern sie sei auf Beschluss des Oberlandesgerichtes in Kassel erfolgt. Diese richterlichen Haftbefehle seien schon vor seinem Eintreffen in Hanau beschlossene Sache gewesen. Er habe da auch nichts hineinzureden, sondern das sei Sache des Richters. Herr Nikolaus von der USP brachte noch das Aufbrechen der Schränke und Kasten im Gewerkschaftshause durch Soldaten zur Sprache, das nicht nötig gewesen wäre.

Nachdem noch eine Anzahl Redner über die Situation gesprochen, wurde die Sitzung mit dem Wunsche geschlossen, dass recht bald wieder Einigkeit in die Hanauer Bevölkerung einkehren möge.

[a] 24. Februar 1919.
[b] 18./19. Februar 1919.

117b Resolution[a] der Vollversammlung des Frankfurter Arbeiterrates gegen die Besetzung, 25. F ebruar 1919

Hanauer Zeitung v. 26. Februar 1919.

Der Frankfurter Arbeiterrat protestiert gegen das Vorgehen der Regierungstruppen in Hanau, und wenn dieses im Auftrag der Regierung erfolgte, richtet sich der Protest auch gegen die Regierung. Die Versuche gewisser Kreise, die zu bedauernden Plünderungen und Ausschreitungen in Hanau den linkssozialistischen Parteien anzuhängen, sind als vollständig unbewiesen zurückzuweisen. Die Freilassung der zu Unrecht verhafteten Parteigenossinnen und Genossen hat ungesäumt zu erfolgen.

[a] Die Resolution wurde einstimmig angenommen.

117c Protestschreiben der USPD Hanau und der Fraktion der USPD in der Stadtverordnetenversammlung an die Reichsregierung gegen die rechtswidrige Verhaftung der Hanauer USPD-Führung, 8. März 1919

Freiheit (Hanau) Nr. 8, 10. März 1919.

An die Deutsche Reichsregierung in Weimar
Die Unabhängige Sozialdemokratische Partei und die neugewählte Fraktion der Unabhängigen Sozialdemokratischen Partei in der Stadtversammlung erheben Protest gegen die Gefangennahme der Führer der Unabhängigen Sozialdemokratischen Partei in Hanau a. M. durch General Rumschöttel, der im Auftrage der Reichsregierung zu handeln angab. Die Verhaftungen können nach der Lage der Sache mit nichts begründet werden, da sämtliche Verhafteten, soweit sie eine führende Stelle in der Unabhängigen Sozialdemokratischen Partei einnahmen, in Wort, Schrift und bei jeder Gelegenheit gegen Putsch und Putschversuche aufgetreten sind und stets ihre warnende Stimme erhoben gegen jegliches Einschreiten mit Waffengewalt. Die revolutionäre Arbeiterschaft Hanaus sieht in diesen Verhaftungen einen Eingriff in die Rechte eines freien Staatsbürgers und ist allgemein der Ansicht, dass diese Verhaftungen erfolgen, um eine Niederlage der Unabhängigen Sozialdemokratischen Partei bei den Stadtverordnetenwahlen am 2. März herbeizuführen, um so mehr, als die Mehrzahl der Verhafteten Kandidaten der USP waren und an erster Stelle des Wahlvorschlages standen. Die Wahlen am 2. März haben der Unabhängigen Sozialdemokratischen Partei einen starken Stimmenzuwachs gebracht und die USP bildet mit den Mehrheitssozialisten die Mehrheit in der kommenden Stadtverordnetenversammlung. Trotz Belagerungszustande, trotz Verhaftungen, trotz Haussuchungen und Plünderungen durch die Soldaten des Generalmajors Rumschöttel marschiert die

revolutionäre Arbeiterschaft an der Spitze der sämtlichen Parteien. Damit ist der Einwand widerlegt, den der im Auftrage der Reichsregierung zu handelnde Generalmajor angab, dass in Hanau eine Minderheit die Mehrheit »terrorisiert« habe.

Aus diesen Erwägungen heraus ersucht die Unabhängige Sozialdemokratische Partei und die Fraktion des Stadtverordnetenparlaments die Reichsregierung um sofortige Freilassung der zu Unrecht Verhafteten und um die Aufhebung der sonst noch ergangenen Haftbefehle. Die Fraktion der Unabhängigen Sozialdemokratischen Partei, die mit 12 Vertretern als stärkste in das kommende Stadtparlament einzieht, wird ihre Tätigkeit in der Kommune so lange nicht aufnehmen, bis die Verhaftungen rückgängig gemacht und die gewählten Vertreter an der Kommunalverwaltung teilnehmen können. Es geschieht dies aus den Erwägungen heraus, dass die Hanauer Arbeiterschaft sich bei den Wahlen am 2. März für eine sozialistische Mehrheit für das Stadtparlament entschieden hat, jedoch durch die Verhaftung von drei gewählten Kandidaten der Unabhängigen Sozialdemokratischen diese, durch den Volkswillen bestimmte Mehrheit in eine Minderheit verwandelt wird. Da die Reichsregierung in der Nationalversammlung doch stets den Standpunkt vertritt, dass der Volkswille die höchste Gewalt im Reiche sein soll, so ist es unbedingt notwendig, dass auch hier der Volkswille respektiert wird, und auch den drei wegen politischer Vergehen Verhafteten die Möglichkeit gegeben wird, an der Neugestaltung der Kommunalverwaltung teilnehmen zu können.

Ein Fluchtverdacht sowie eine Verdunkelungsgefahr kommen bei sämtlichen Verhafteten zweifellos nicht in Frage, wie auch durch diesen Protest und Antrag keinerlei Eingriffe in das eventuelle schwebende Verfahren gemacht werden soll. Im Gegenteil hat die revolutionäre Arbeiterschaft ein Interesse daran, dass restlose Klarstellung dieser Angelegenheiten, wenn auch durch bürgerliche Strafrichter, erfolgt.

Sollte dieser Protest bei der Reichsregierung keinen Erfolge haben, so wäre die revolutionäre Arbeiterschaft in Hanau genötigt, ihrerseits Maßnahmen zu ergreifen, wodurch die Freilassung der zu Unrecht Verhafteten und die Aufhebung sämtlicher noch ergangenen Haftbefehle erzwungen werden würde. Die Arbeiterschaft in Hanau schreckt vor nichts zurück, um ihre Führer aus den Gefängnissen herauszubekommen.

118 — 10. April 1919

Bericht der »Freiheit« über den Ausbruch eines gemeinsamen Streiks der Arbeiter und Angestellten in der Fabrik der Quarzlampen-Gesellschaft

Freiheit (Hanau) Nr. 36, 11. April 1919.

Gestern Vormittag sind alle Arbeiter und Angestellten dieses Betriebes in den Streik getreten. Zum ersten Male haben sich die Kopf- und Handarbeiter solidarisch erklärt, um in geschlossener Phalanx den Kampf gegen das ausbeutende Unternehmertum aufzunehmen. Zum ersten Male ist die Fraktion durchbrochen, die dem Stehkragenproletariat verboten hat, um des guten Einvernehmens mit den »Herren Chefs« willen, von ihrem Koalitionsrecht Gebrauch zu machen, um ihren berechtigten Forderungen den nötigen Nachdruck zu verleihen. Hätte der so genannte Mittelstand, der doch in Wirklichkeit nur ein Stand ohne Mittel ist, diese zwingende Notwendigkeit schon früher und allgemeiner erkannt, seine soziale Lage wäre heute nicht um so vieles schlechter als die des einfachen Arbeiters.

Der Streik selbst dreht sich eigentlich nur um eine Gehaltsregulierung der kaufmännischen und technischen Angestellten, die gesamte Arbeiterschaft hat sich aber geschlossen hinter die Büroarbeiter gestellt und ist mit in den Ausstand getreten.

Bereits Ende Februar wurde von Seiten der kaufmännischen und technischen Angestellten in eine Gehaltsbewegung eingetreten. Die von der Firma bezahlten Gehälter spotten einfach jeder Beschreibung. Während der Direktor Meles außer Tantiemen noch ein Jahresgehalt von 50 000 Mark (Fünfzigtausend Mark) bezieht, wurden an Angestellte noch monatliche Gehälter von 40 und 50 Mark gezahlt, eine Teuerungszulage von 25 Prozent kam hinzu. Weiterhin enthält der Tarifvertrag Bestimmungen über Einführung der gesetzlichen Kündigungsfrist (bei der Firma galt bisher die vierteljährliche), ferner Abschaffung der bestehenden Geschäftsordnung, die die rückständigsten Klauseln enthält und dem heutigen Zeitgeiste überhaupt nicht mehr entsprechen.

Die Firma zeigte sich nach wochenlangen Schreibereien bereit, die Teuerungszulage von 25 auf 50 Prozent zu erhöhen, womit aber keineswegs gedient war.

Die Angestellten riefen daraufhin den Schlichtungsausschuss an, der aber über die Materie gar nicht verhandelte, sondern nach zweistündiger Debatte über den von dem Industrieverband und den Angestelltenverbänden einmal abzuschließenden Tarifvertrag wurde die Verhandlung 14 Tage ausgesetzt. Von den anwesenden Arbeitgebern konnte man diesen Beschluss verstehen, aber dass sich auch die Gewerkschaftsbeamten Crass und Hofmann zu dieser Verschleppungstaktik verstanden, wird in den Kreisen der Angestellten nicht begriffen. (Wir wundern uns gar nicht. Die Redaktion.)

Es blieb also nichts anderes übrig, als auf die eigene Kraft gestützt die Forderungen durchzudrücken, denn hier liegen die Verhältnisse so, dass die Firma 44 Prozent Dividende bezahlt und keineswegs einen Nachteil hätte bei Bewilligung der berechtigten Forderungen.

Es wäre höchste Zeit, dass auch die anderen kaufmännischen und technischen Arbeiter endlich sich bewusst würden, welchen Machtfaktor sie im Produktionsprozess darstellen, wenn sie einig sind. Dass sie erkennen würden, dass nicht in kriechender Unterwürfigkeit, in speichelleckiger Umschmeichelung ihrer »dienstlichen Vorgesetzten«, im guten Einvernehmen mit den Unternehmern ihre soziale Lage verbessert werden kann, sondern durch den Sturz des Kapitalismus und Neuaufbau im kommunistischen Sinne.

Dazu gehören freie und selbstbewusste Proletarier und keine Sklaven der herrschenden Klasse!

119 April 1919

Die Kritik an der Burgfriedenspolitik der Gewerkschaftsführung im Krieg sowie an ihrer gegenwärtigen Arbeitsgemeinschaftspolitik und die Abwahl[a] der bisherigen Leitung der Verwaltungsstelle Hanau des DMV

119a Bericht der »Freiheit« über die Generalversammlung der Verwaltungsstelle Hanau des DMV, 13. April 1919

Freiheit (Hanau) Nr. 39, 15. April 1919.

Am Sonntag Nachmittag fand im großen Saale des Gewerkschaftshauses die Generalversammlung des Metallarbeiterverbandes statt, die überaus stark besucht war. Die Beamten Craß und Hofmann erstatteten den Geschäfts- und den Kassenbericht. Schon während dieser Berichterstattung war eine starke Gegenströmung gegen das Verhalten der Beamten zu bemerken, die sich des öfteren in Zwischenrufen und stürmischen Unterbrechungen äußerte.

In der sich anschließenden Diskussion wurde von Kollege Heinrich Rehbein eine Resolution eingebracht (sie wurde gestern im Wortlaut veröffentlicht[b]) in der der Leitung der Gewerkschaften das stärkste Misstrauen ausgesprochen wurde. Auch die beiden Beamten der Ortsgruppe Hanau, Craß und Hofmann, besitzen das Vertrauen der Mehrheit der Mitglieder nicht mehr und sollen deshalb ihres Amtes enthoben werden. In der Begründung führte er aus:

Die Gewerkschaften wurden gegründet, um dem ausbeutenden Kapitalismus eine geschlossene Front des Proletariats entgegenzusetzen und den schärfsten Klassenkampf aufzunehmen bis zur Durchführung des Sozialismus. Aber schon während des Krieges wurde von den Führern der Gewerkschaften dieses Prinzip vollständig verraten, indem der wirtschaftliche Burgfrieden proklamiert und dadurch das Proletariat zum Frondienst verurteilt, widerstandslos verurteilt wurde. Das Hilfdienstgesetz wurde von Legien ausgearbeitet, das gemeinste Schandgesetz, das je der Arbeiterschaft beschert wurde. Bei Ausbruch der Rebellion sind es dieselben Gewerkschaftsführer gewesen, die gemeinsam mit ihren Gesinnungsgenossen Ebert-Scheidemann den revolutionären Geist des Proletariats abzuwürgen versuchten und dem Kapitalismus Henkersdienste leisteten an den eigenen Klassengenossen. Auch die Beamten in Hanau laufen noch diesen Renegaten nach, die sich sozialistische Minister nennen. Und ihre Taten entsprechen dem auch voll und ganz. Auch der abgeschlossene Tarifvertrag der Metallarbeiter ist ein Hohn auf den Geist der heutigen Zeit. Aus allen diesen Gründen ist es nicht mehr möglich, diese Beamten im Amt zu lassen, und bittet alle Mitglieder deshalb um Annahme der Resolution

Kollege Ohnsmann protestiert zunächst gegen die Einberufung der Jahresversammlung. Die Beamten haben während des Krieges und noch mehr während der Revolutionsmonate vollständig versagt. Als kraft der Revolution sich hier der Arbeiterrat bildete, da waren es gerade die Gewerkschaftsbeamten gewesen, die ihn in der gemeinsten Weise bekämpft und sabotiert haben. Wenn Craß anführte, er habe sein Amt auf der Pulverfabrik niederlegen müssen, so hätte dies seine guten Gründe gehabt. War es nicht mehr als Verrat an der Revolution zu verlangen, ein Vertreter der revolutionären Arbeiterschaft solle vor Abhaltung einer Betriebsversammlung den Text seiner Rede Herrn Craß erst zur Zensur vorlegen. Weiter wurde in Hitzenhain eine Verwaltungsstelle gegründet, in die ein Gesinnungsgenosse, Herr Schiefer, als Beamter hingesetzt wurde, ohne dass auch nur den Mitgliedern ein Ton davon gesagt wurde. Wenn die Herren Craß und Hofmann die Spaltung des Proletariats so sehr bedauern, so muss gefragt werden, wer trägt denn die Schuld daran? Diese alten Sünder, die jetzt die Einigungstrompete in allen Tonarten blasen, lassen auf der anderen Seite Tausende von Proletariern hinmorden und hinschlachten, weil sie von ihrem Koalitionsrecht Gebrauch machen und den wirtschaftlichen Kampf aufnehmen gegen den Kapitalismus. Anstatt des versprochenen Brotes und besserer sozialer Verhältnisse gibt man ihnen blaue Bohnen. Maschinengewehre, Kanonen und Standrecht sind die Antwort auf den Schrei des Proletariats nach sozialer Gleichberechtigung.

Als der Arbeiterrat in Hanau im Anfang der Revolution die Verfügung erlassen hat, dass alle Kriegsteilnehmer wieder einzustellen und die gesetzlichen Feiertage zu bezahlen seien, da protestierte Herr Hoch auf das Schärfste dagegen mit der Begründung, man dürfe den Kapitalisten das nicht zumuten. Als er mit seiner Meinung nicht durchdrang, legte er sein Amt nieder. Wir führen keinen persönlichen Kampf, aber die Personen verkörpern das System, auch wollen wir nicht die Gewerkschaften sprengen, sondern wir wollen diejenigen entfernen, die sich der Revolution und dem Befreiungskampf der Arbeiterschaft hindernd in den Weg stellen. Anstatt die Beamten als Führer die Massen treiben, müssen sie stets mit Gewalt vorwärts getrieben werden. Die Gewerkschaftsbonzen tragen die Verantwortung für das Scheitern des Rätegedankens, in aller erster Linie ist es Scheidemann und Legien gewesen, die sich in der verleumderischsten Weise gegen den Rätegedanken ausgesprochen haben. Auf dem ersten Rätekongress waren es die Gewerkschaftsbeamten gewesen, die der Revolution den Todesstoß versetzen wollten, dieselben Beamten, die heute auf dem 2. Kongress das Rätesystem in der Verfassung verankern wollen. Der Not gehorchend, nicht dem eigenen Triebe! Die Arbeiterschaft wird sich trotzdem den Sieg erkämpfen, mögen diese Bonzen noch so oft dem revolutionären Proletariat Knüppel zwischen die Beine werfen. Aber wir dürfen nicht dulden, dass die Verräter noch weiterhin als Führer in der Arbeiterbewegung bleiben, sondern wir müssen sie beseitigen, mag kommen, was auch kommen mag! (Stürmischer Beifall.)

Kollege Blumöhr bedauert, dass die Debatte so ins Politische getragen worden sei, er sei der Ansicht, dass doch die Rechenschaftsberichte zur Debatte ständen. Er versuchte, den Kommunismus wissenschaftlich zu erörtern und kam zu dem Resultat, hier seien kommunistische Radaubrüder anwesend. (Stürmische Unterbrechung, Zuruf: Eiertänzer!) Er gibt zu, dass ein großer Teil der politischen und gewerkschaftlichen Führer nicht das treiben, was im Sinne der proletarischen Masse liegt, in dieser Beziehung decke sich seine Auffassung vollkommen mit der des Vorredners. Aber eine sofortige Beseitigung des Kapitalismus sei unmöglich, man könne ihn nicht abschaffen von heute auf morgen. Er bittet schließlich die Versammlung den Beamten ein Misstrauensvotum auszusprechen, aber von einer Entlassung abzusehen. Er plädiert schließlich für Einigung, da auch auf der radikalen Grundlage nichts zu erreichen sei.

Es beteiligten sich noch eine ganze Anzahl Kollegen an der Diskussion, die im Großen und Ganzen alle von demselben Gedanken getragen sind, Beseitigung der Verräter an der revolutionären Arbeiterschaft.

Vor der Abstimmung über die Resolution gibt es nochmals eine stürmische Geschäftsordnungsdebatte. Blumöhr erklärt, die Versammlung sei nicht zuständig, über diese Resolution abzustimmen, da dieser Punkt nicht auf der Tagesordnung gestanden hätte. Es müsse eine neue Versammlung einberufen werden, die dann darüber zu entscheiden hätte. Er stellt deshalb folgenden Antrag:

Über die Resolution Rehbein abzustimmen erklärt sich die Generalversammlung nicht zuständig. Es soll darüber Urabstimmung erfolgen. (Stürmischer Widerspruch bei der Mehrheit.)

Ohnsmann widerspricht dem und hebt hervor, dass niemand während der Debatte die Zuständigkeit angezweifelt habe, jetzt vor der Abstimmung kommen man plötzlich mit Bedenken. Die Generalversammlung ist ordnungsgemäß einberufen und infolgedessen befugt, diesen Beschluss zu fassen. Der Antrag sei nur ein Produkt der Angst und darauf angelegt, die berühmte Verschleppungstaktik der Gewerkschaftsbeamten auch hier anzuwenden.

Die Abstimmung ergibt die Ablehnung des Antrages Blumöhrs mit großer Mehrheit. Es folgt dann die Abstimmung über die Resolution Rehbein, die mit großer Mehrheit angenommen wird. (Stürmischer Beifall.)

Die Neuwahl der Ortsverwaltung ergibt ebenfalls einen vollständigen Sieg der revolutionären Arbeiterschaft. Folgende Liste wurde gegen wenige Stimmen gewählt: Ohnsmann, Neuber, Rehbein, Muttach, Conrad, Bamberger, Lambrecht.

[a] Am Sonntag, den 13. April 1919.
[b] Siehe folgendes Dokument.

119b Resolution der Generalversammlung der Verwaltungsstelle, 13. April 1919

Freiheit (Hanau) Nr. 38, 14. April 1919. Einleitender Vermerk der Redaktion: Gestern fand im großen Saale des Gewerkschaftshauses die Generalversammlung des Metallarbeiterverbandes statt. Folgende Resolution wurde mit großer Mehrheit angenommen:

Die heutige Generalversammlung der Hanauer Metallarbeiter protestiert gegen die während des Krieges getriebene Kriegspolitik der Gewerkschaftsführer, insbesondere der Generalkommission der Gewerkschaften Deutschlands auf das Entschiedenste.

Trotzdem diese Kriegspolitik, zusammen mit dem Militarismus, elend zusammengebrochen ist, setzt man diese arbeiterfeindliche Politik weiter fort. Sie haben die größte Schuld, dass die Revolution für die Arbeiter verloren ist, indem man alles getan hat, um den Militarismus wieder neu erstehen zu lassen. Weiter haben sich die Gewerkschaftsführer mit dem Unternehmertum Deutschlands, bei Ausbruch der Revolution, zusammengefunden und haben eine »Arbeitsgemeinschaft« gegründet. Das heißt, dass der Burgfriede der Kriegszeit auch in der Revolution erhalten bleibt. Dies alles tat man, ohne die Mitglieder der Gewerkschaften zu fragen. Nicht die Aussöhnung mit den Kapitalisten ist für die Arbeiterklasse notwendig, sondern schärfster Klassenkampf unter rücksichtsloser Vertretung der Forderungen der Arbeiter führt die Arbeiterklasse zum Siege über den Kapitalismus.

Die Rechte der Arbeiter im Produktionsprozess zu erkämpfen, muss die Hauptaufgabe der Gewerkschaften sein. Ausbau des Rätesystems und Beseitigung des Unternehmerprofits ist Pflicht der Gewerkschaften.

Die Sozialisierung der Großbetriebe verweigert man den Arbeitern, trotz stürmischem Verlangen. Dafür gibt man den Arbeitern blaue Bohnen zu kosten und tausende Gewerkschaftsgenossen sind von den Regierungstruppen ermordet worden, weil sie für die Befreiung der Arbeiter aus dem wirtschaftlichen Joche der Arbeiter [sic!] eintraten und von dem gesetzlich garantierten Streikrecht Gebrauch machten.

Die Lohnforderungen werden von den Beamten nicht mit der nötigen Energie vertreten. Dies gilt auch für die beiden hiesigen Beamten. Alle Gewerkschaftsführer, die bewusst oder unbewusst ein Hindernis der berechtigten Forderungen der Arbeiter sind, müssen abtreten und können das Vertrauen der Arbeiter nicht mehr haben.

Statt selbst die Folgerungen daraus zu ziehen, kleben sie an ihrem Posten. Da auch unsere Gewerkschaftsbeamten Craß und Hofmann hinter der Gewerkschaftspolitik der jetzigen Regierung stehen, die die Mehrheit der Mitglieder auf das Schärfste verurteilt, so spricht die Generalversammlung das schärfste Misstrauen gegen sie aus und hält sie nicht mehr für geeignet, die Interessen der Kollegen so zu vertreten, wie es die Mehrheit der Mitglieder wünscht.

Aus diesen Gründen ist eine ersprießliche Zusammenarbeit nicht mehr möglich, und die Generalversammlung erklärt, dass die beiden Beamten ihres Amtes zu entheben sind.

120 — 25. Juli 1919

Aufruf der Ortsgruppe Hanau der Freien Sozialistischen Jugend an die ältere Generation, ihre Rolle im proletarischen Befreiungskampf zu respektieren

Freiheit (Hanau) Nr. 120, 25. Juli 1919. Einleitender Vermerk der Redaktion: Die Ortsgruppe Hanau der »Freien Sozialistischen Jugend« bittet uns um Veröffentlichung des Folgenden:

An die Alten

Jugend! Welches Feuer, welche Frische, welcher revolutionäre Geist liegt in diesem Worte. Ist doch die Jugend immer die Avantgarde und der Stoßtrupp des kämpfenden Proletariats gewesen. Seitdem das Kapital sich auf die Jugendlichen warf, kämpfen sie gegen ihre Unterdrückung, Ausbeutung und Entrechtung. Sei es in Lohnkämpfen, sei es in bewegten Zeiten der Revolution, die Jugend wusste stets die Waffen zu gebrauchen. Ob sie die Waffe des Streiks oder in der Revolution auch das Schwert in der Hand hatte, sie kämpfte Schulter an Schulter mit Euch Alten und stand und fiel mit Euch. Schon in der Kommune kämpften Jugendliche, in den russischen Revolutionen füllten sie als politische Verbrecher die Kerker, auf den Barrikaden von Berlin standen sie 1848 im ersten Treffen, und die Toten, die man vor den König brachte, und vor denen er auf das grollende »Hut ab!« des Volkes entblößen musste, bestanden zum größten Teile aus jugendlichen Arbeitern und Gesellen. Auch die Novemberrevolution sah sie wieder als Sturmbock voraneilen und jugendliches Blut war es, das zuerst für die Revolution geflossen. Die Jugend-Internationale hat nicht am Anfang des Krieges Schiffbruch erlitten; sie hat den Krieg überstanden. Auch während des Krieges hat der größte Teil der Jugend in allen Ländern die revolutionäre Idee des Klassenkampfes hochgehalten. Sie hielt die internationale rote Fahne in den Händen und vertauschte sie nicht, wie der größte Teil der Alten, mit der nationalen. Wo sich auch immer eine oppositionelle Arbeiterbewegung bildete, war es ein Teil der Jugendlichen, der sich ihr zur Seite stellte. Zum großen Teil entfaltete die Jugend während des Krieges die ganze revolutionäre Propaganda. Die Jugend ist die Revolution, da sie das Neue in sich trägt. Gerade dadurch kommt sie zu oft mit Euch Alten, die Ihr Euren alten, reaktionären Standpunkt bezüglich der Jungen nicht aufgeben wollt, in Widerspruch. »Du musst erst weiße Haare besitzen. Du musst erst die nötige Erfahrung sammeln.« So und ähnlich schallt es dem Jugendlichen, der sich mit regem Anteil an der Sache des Proletariats beteiligen will, immer wieder entgegen.

Genossen! Mit diesen Zurechtweisungen, die vollständig unzutreffend sind, stoßt Ihr die Jugend von Euch ab. Der jugendliche Genosse, der unter Euch weilt, fühlt sich nicht unter seines Gleichen. Er sieht die Kluft, die zwischen Euch und ihm liegt und die nur Ihr verschuldet habt. Im Interesse der Bewegung liegt es, der Jugend mehr Interesse, mehr Beachtung entgegen zu bringen, und wenn Ihr Euch noch so dagegen stemmen würdet: Der Jugend gehört die Zukunft.

Mit revolutionärem Gruß!
Ortsgruppe Hanau der Freien Sozialistischen Jugend

121 — 4. August – 4. September 1919

Der Streik der Hanauer Metallarbeiter gegen die Akkordarbeit und für die Besserstellung der Hilfsarbeiter

121a Bericht der »Metallarbeiter-Zeitung« über die aufgestellten Forderungen, den Streikbeginn und die darauf folgende Aussperrung, Juli – August 1919

Metallarbeiter-Zeitung Nr. 35, 30. August 1919.

Am 28. März 1919 wurde zwischen dem Industrieverband Hanau und dem Deutschen Metallarbeiterverband ein Tarifvertrag abgeschlossen, in dem für Gießereiarbeiter folgende garantierte Stundenlöhne (Einstelllöhne) vereinbart wurden: Former 1,80 bis 2,20 Mark, Kernmacher 1,65 bis 1,85 Mark, Maschinenformer 1,60 bis 1,80 Mark, ledige Gießereihilfsarbeiter 1,20 bis 1,30 Mark. Diese Lohnsätze galten für alle Arbeiter über 25 Jahre. Für verheiratete Hilfsarbeiter wurde ein Stundenlohn von 1,30 bis 1,40 Mark gewährt. Die eigentlichen von den Gießereiarbeitern geforderten Lohnsätze waren der ungeheuer verteuerten Lebenshaltung und den vorhergehenden schweren Kriegsjahren entsprechend bedeutend höhere. Um des lieben Friedens willen nahmen die Gießereiarbeiter die angeführten Lohnsätze an. Einen Ausgleich zwischen Lohn und Teuerung stellten diese keineswegs dar. Nebenbei enthielt der Tarif noch manche für den Arbeiter sehr schädliche Abmachung. Um aber den Lebensverhältnissen mehr Rechnung tragen zu können, wurde baldigst mit der Ausarbeitung eines neuen Lohntarifes begonnen und dieser am 3. Juli zugleich mit der Kündigung des alten den Industriellen unterbreitet. In diesem neuen Tarif waren folgende Stundenlöhne aufgestellt: Für Former, Kernmacher und Maschinenformer über 21 Jahre 2,80 Mark, unter 21 Jahren 2,60 Mark, für Hilfsarbeiter aller Art über 21 Jahre 2,50 Mark, unter 21 Jahren 2,40 Mark. Auch für Frauen und Lehrlinge war eine Lohnregulierung vorgesehen. Weiter waren folgende Forderungen enthalten: Abschaffung der Akkordarbeit, Gewährung von Ferien, Reglung der Überzeitarbeit usw. Die Abschaffung der Akkordarbeit wurde verlangt, weil Akkordarbeit gerade für die Gießerei die scheußlichste Arbeitsmethode ist, aus der für die Gießereiarbeiter so viel Unheil und Elend entsprungen ist, dass ihre Abschaffung gesetzlich angeordnet werden müsste. Durch Festsetzung von Einheitslöhnen für eine Altersklasse sollten die Unternehmen verhindert werden, Arbeiter nach Willkür mit dem niedrigsten Einstelllohn einzustellen. Bei der Annahme des alten Tarifs wurde von den Arbeitern darauf gehofft, dass die Unternehmer den Tarif betreffs Lohnsätze loyal durchführen würden. Weit gefehlt. Nicht nur, dass die Unternehmer ihrem alten Stamm von Arbeitern die Höchstsätze größtenteils versagten, [es] wurden sogar Versuche gemacht, Neueinstellungen unter dem niedrigsten Satz vorzunehmen. Die Arbeiter wissen ein Lied davon zu singen. Am 5. Juli fanden endlich nach langem Harren die ersten Verhandlungen zwischen Unternehmern und einer Kommission der Arbeiter statt. Eine Einigung kam dabei nicht zustande. Als Höchstlohn sollten die Unternehmer den Arbeitern noch 5 Pfennig weniger zugestehen, als die niedrigsten Sätze des Frankfurter Abkommens für die Gießereiarbeiter betrugen. Beibehaltung der Akkordarbeit, Reglung aller übrigen Forderungen durch das Heidelberger Kollektivabkommen,[a] Annahme aller Verschlechterungen des Frankfurter Tarifs verlangten die Unternehmer. Ihre gerechten Forderungen sollten die Arbeiter aufgeben. Kurz, es wurde den Gießereiarbeitern eine Geduldsprobe auferlegt, wie sie nur Arbeitern zugemutet werden kann, die entschlossen sind, in Ruhe und Frieden zum Ziele zu gelangen. Es wäre wohl auch schließlich zu einer friedlichen Einigung gekommen, wenn die Unternehmer dem Wunsche der Arbeiter Rechnung getragen und den Gießereihilfsarbeitern einen Stundenlohn von 2 Mark zugebilligt hätten. Anstatt Entgegenkommen fanden die Arbeiter Abweisung ihrer Wünsche. Es wurde jedem einsichtigen Arbeiter klar, dass diese Abweisung eine Machtprobe von Seiten der Unternehmer werden sollte. Statt aber jetzt von der Waffe des Streiks Gebrauch zu machen, bewiesen die Arbeiter wiederum ihre Friedensliebe und verlangten, dass die Lohnsätze des Frankfurter Tarifs möglichst für die Hanauer Gießereiarbeiter gezahlt werden sollten. Der Frankfurter Tarif sieht folgende Lohnsätze vor: Gelernte Former und Kernmacher über 25 Jahre Mindestlohn 2,25 Mark, Spitzenlohn 2,35, angelernte Kernmacher und Maschinenformer 2,10 und 2,30 Mark, Gussputzer, Ofenarbeiter usw. 2 und 2,20 Mark, Gießereihilfsarbeiter 1,85 und 2,05 Mark, alles für Arbeiter über 25 Jahre. Dazu für Metallarbeiter einen Zuschlag von 25 bis 30 von Hundert. Gelernte und angelernte Arbeiter, die dauernd in Lohn beschäftigt sind, einen Lohnzuschlag von 10 von Hundert. Die Unternehmer legten dem Schlichtungsausschuss einen Lohntarif vor, der den Hilfsarbeitern eine Lohnerhöhung von 15 Pfennig, den Formern aber einen Abzug von 15 Pfennig nach dem alten Tarif gewährte. Hier zeigt sich klar und deutlich, dass die Unternehmer mit aller Gewalt einen Lohnabbau vorzunehmen beabsichtigten. Zugleich wurde dem Schlichtungsausschuss von den Unternehmern die Frage vorgelegt, ob es in Anbetracht der schon erheblich verbilligten Lebenshaltung angebracht wäre, eine Lohnerhöhung durchzuführen, da dadurch doch den Regierungsmaßnahmen entgegengewirkt würde. Von den Arbeitern wurde darauf hingewiesen, dass der abgelaufene alte Tarif den damaligen Verhältnissen keineswegs Rechnung getragen hätte und dass der neue nur einen Ausgleich zwischen den zu niedrigen Löhnen der noch ebenso teuren Lebenshaltung herbeiführen sollte. Sind doch die Preise noch um das Acht- bis Zehnfache teurer als in Friedenszeiten, während die Löhne höchstens um das Dreifache gestiegen sind. Von einer Verbilligung spürten die Arbeiter nichts, im Gegenteil wären manche Artikel noch verteuert worden. Der Spruch des Schlichtungsausschusses wurde zum Nachteil der Arbeiter gefällt und wurde deswegen auch von den Hanauer Gießereiarbeitern abgelehnt. Mittlerweile war nun auch die Kündigungszeit des für die Schlosser, Dreher usw. gültigen Tarifs abgelaufen. Da nun diese Kollegen überzeugt waren, dass auch in ihrer Sache nicht an einen gerechten unparteiischen Schiedsspruch des Hanauer Schlichtungsausschusses unter dem Vorsitz des Herrn Bohne zu denken war, anderseits sie auch durch eine Verhandlung mit den Unternehmern dieselbe Erfahrung gemacht hatten wie die Gießereiarbeiter, erklärten sich diese Kollegen mit den Gießereiarbeitern solidarisch. Eine am Mittwoch, den 30. Juli, im Saalbau abgehaltene Versammlung der Hanauer Metallarbeiter der Unedelmetallbrache fasste den einstimmigen Entschluss, den Unternehmern ein Ultimatum dahingehend zu stellen, dass, wenn es Samstag, den 2. August, vormittags 9 Uhr keine Einigung auf der Grundlage der Frankfurter Tarife erzielt sei, die Arbeit am Montag früh[b] nicht mehr aufgenommen werden sollte. Die Unternehmer erklärten darauf, dass sie bereit wären, am Montag, den 4. August, zu verhandeln. Deswegen sollten die Arbeiter mit der Arbeitsniederlegung warten. Gewitzigt durch das Verhalten der Unternehmer war aber die Verhandlungskommission der Meinung, dass der Versammlungsbeschluss vom 30. Juli unbedingt hochgehalten werden musste. Wäre wirkliche Friedensliebe bei den Unternehmern vorhanden, so könnte der Streik Montag erledigt sein. Dass diese Friedensliebe nicht vorhanden war, zeigte sich recht krass bei den Verhandlungen am Montag, den 4. August. Die Arbeiter hatten einmütig wie noch nie die Arbeit niedergelegt. Statt dieser Tatsache Rechnung zu tragen, hielten die Unternehmer hartnäckig an dem Schiedsspruch fest. Nur boten sie der Verhandlungskommission an, eine beiderseitige Kommission nach Kassel zu senden, um einen Schiedsspruch des Demobilmachungskommissars herbeizuführen. Dieses geschah und der Demobilmachungskommissar gab den Arbeitern recht. Anstatt dass nun, wie es doch wohl in Anbetracht der Sachlage richtig gewesen wäre, von den Unternehmern Verhandlungen eingeleitet worden wären, erhielten die Mehrzahl der Streikenden die Entlassung zugeschickt. Nur die Mitteilung ging der Streikleitung zu, dass nicht eher von den Unternehmern an Verhandlungen gedacht werden könnte, bevor nicht die Arbeit wieder aufgenommen, die Arbeiter also bedingungslos zu Kreuze gekrochen wären. In der am Freitag, den 8. August, abgehaltenen überfüllten Versammlung wurde einstimmig der Beschluss gefasst, dass nicht eher die Arbeit aufgenommen werden sollte, bis die Entlassung zurückgenommen und die Verhandlungen ein befriedigendes Ergebnis gezeitigt hätten.

[a] Am 29./30. April 1919 für die Metallindustrie in Baden, Hessen, Hessen-Nassau, der Rheinpfalz und Württemberg mit dem DMV in Heidelberg vereinbartes Kollektivabkommen, mit Festlegung der 46-Stunden-Woche.

[b] 4. August 1919.

121b Bericht der »Metallarbeiter-Zeitung« über das Streikergebnis, die einheitliche Kampffront und die Unterstützung der Hanauer und der auswärtigen Kollegen (Auszug), August – September 1919

Metallarbeiter-Zeitung Nr. 39, 27. September 1919.

Der Streik der Metallarbeiter ist nach einmonatiger Dauer durch Vereinbarung beigelegt worden. Er begann am 4. August und am 4. September wurde die Arbeit wieder aufgenommen. Der Erfolg ist, dass die bisher so schlecht bezahlten Hilfsarbeiter von 1,30 bis 1,45 Mark die Stunde auf 1,80 bis 1,90 Mark gekommen sind. Die gelernten Arbeiter, die bisher schon 2,20 bis 2,30 Mark hatten, haben ja schon vor dem Kampfe bei den Verhandlungen erklärt, dass es ihnen in erster Linie um die Besserstellung der Hilfsarbeiter zu tun ist. Leider ist dies nicht ganz gelungen, denn verlangt war für die Stunde 2 Mark. Ob das erreicht worden wäre, wenn der Kampf noch einige Wochen länger gedauert hätte, das war die Frage, die eingehend geprüft werden musste. Die getroffenen Vereinbarungen sind folgende:[a]

[...] Aller Wahrscheinlichkeit nach wäre auch ohne Kampf nicht mehr erreicht worden, denn die Verhältnisse lagen ganz eigenartig und infolgedessen glaubten die Unternehmer zwei Fliegen mit einer Klappe schlagen zu können. Aber wie es gewöhnlich bei derartigen Anlässen geschieht: Alle Meinungsverschiedenheiten waren verschwunden und man kannte nur noch den einen Feind, den Kapitalismus. So war es auch hier. Noch niemals ist ein Kampf unter schwierigeren Verhältnissen ausgefochten worden. Aber eine Einigkeit hat sich gezeigt, die den Hanauer Kollegen alle Ehre macht. In den 4½ Wochen ist nicht einer zum Streikbrecher geworden, obwohl die Kollegen in den ersten zwei Wochen nur die reine statutarische Unterstützung bekommen haben. Das wird die Unternehmer wohl auch zum Denken angeregt haben. Wenn auch finanziell die Erfolge im Allgemeinen nicht besonders groß sind, auch schon deshalb nicht sein konnten, weil wir unsern Nachbarstädten in keiner Weise zurückstanden, so liegt aber auch nicht der geringst Anlass vor, den Erfolg zu verkleinern. Der Kampf hat einen großen moralischen Erfolg gehabt. Und das danken wir außer dem treuen Aushalten der Streikenden auch der tatkräftigen Unterstützung der auswärtigen Kollegen und den noch in Arbeit gewesenen Gold- und Silberarbeitern und den Diamantschleifern. Wir sagen allen Gebern unsern besten Dank! Unsere Gold- und Silberarbeiter und unsere Diamantschleifer hatten sich verpflichtet, wöchentlich 5 Mark zu bezahlen, die weiblichen und jugendlichen Mitglieder 2 Mark, solange der Streik dauerte, welcher Beschluss auch freudig ausgeführt wurde. Von auswärtigen Verwaltungsstellen erhielten wir: Von Zwickau 500 Mark, Stettin 500 Mark, Eisenach 1000 Mark, Chemnitz 1000 Mark, Elbing 500 Mark, Gera 100 Mark, Jena 100 Mark, Essen 1000 Mark, Gelsenkirchen 500 Mark, Frankfurt am Main, 1. Rate 1820,50 Mark, Pforzheim 5000 Mark, Barth a. D. 68 Mark, Stendal 3312,80 Mark, Solingen 1000 Mark, Bochum 500 Mark, Frankfurt am Main, 2. Rate 88,50 Mark, Konstanz 100 Mark, Wetzlar 1751,05 Mark. Also bis zur Abfassung dieses Berichts zusammen 18 840,85 Mark. Unsere in Arbeit stehenden Mitglieder leisteten 16 924 Mark, von anderen Gewerkschaften am Orte durch das Gewerkschaftskartell 3359,18 Mark, Zuschuss von der Hauptkasse 30 000 Mark, Darlehen von der Hauptkasse 40 000 Mark. Darlehen von der Verwaltungsstelle Frankfurt am Main 5000 Mark. Zur Führung des Kampfes zusammen vereinnahmt 114 324,03 Mark. Am Kampfe beteiligt waren 1050 Kollegen, 700 gehörten unserm Verbande an, 350 anderen Verbänden.

Im Kampfe stehen noch wegen »Arbeitsmangel« 40 Gemaßregelte von der Fahrzeugfabrik Eisenach (Filiale Großauheim), die von vornherein der große Rufer im Streite war. Fest und sicher sind unsere Kollegen in den Kampf gezogen und ungebeugten Mutes haben sie den Kampf beendet.

[a] Siehe folgendes Dokument.

121c Vereinbarung zwischen dem Verband der Metallindustriellen für Hessen-Nassau, Hessen und angrenzende Gebiete e.V., Ortsgruppe Hanau, sowie den dem Industrieverband Hanau angeschlossenen Gießereien einerseits und der Verwaltungsstelle Hanau des DMV andererseits über die Löhne der Gießereiarbeiter, Anfang September 1919

Metallarbeiter-Zeitung Nr. 39, 27. September 1919.

Zwischen den dem Verband der Metallindustriellen für Hessen-Nassau, Hessen und angrenzende Gebiete e.V., Ortsgruppe Hanau, und den dem Industrieverband Hanau angeschlossenen Gießereien einerseits und dem Deutschen Metallarbeiter-Verband, Ortsgruppe Hanau, anderseits sind folgende Vereinbarungen bezüglich der Gießereiarbeiter in Hanau getroffen worden. Dieselben sind für obige Verbände bis auf weiteres bindend und können erst nach einer vorherigen Kündigung von 4 Wochen, frühestens auf den 31.10.1919, von einer der vertragschließenden Parteien außer Kraft gesetzt werden. In diesen Löhnen beziehungsweise Verdiensten sind sämtliche Kriegs-, Teuerungs- und sonstige Zulagen enthalten. Soweit bereits höhere Sätze erreicht werden, bleiben dieselben bestehen. Wird in Akkord gearbeitet, sind die Bestimmungen des Kollektivabkommens (siehe unter Akkordarbeit) maßgebend. Durch die nachstehenden Lohnsätze wird gleichzeitig der Lohnausgleich für die Herabsetzung der Arbeitszeit auf 46 Stunden wöchentlich abgegolten, sodass nochmalige Ansprüche nicht gestellt werden dürfen. Diese Vereinbarung tritt in Kraft mit Beginn der auf den 15. Juli folgenden Lohnwoche. 1. Gelernte Arbeiter (Former und Kernmacher): über 25 Jahre 2,10 bis 2,30 Mark, 20 bis 25 Jahre 1,80 bis 2 Mark, 18 bis 20 Jahre 1,40 bis 1,70 Mark, von vollendeter Lehrzeit bis 18 Jahre 1,10 bis 1,40 Mark. 2. Ungelernte Arbeiter (Maschinenformer und Kernmacher): über 25 Jahre 1,85 bis 2,05 Mark, 20 bis 25 Jahre 1,55 bis 1,75 Mark, 18 bis 20 Jahre 1,25 bis 1,55 Mark, von vollendeter Lehrzeit bis 18 Jahre 0,95 bis 1,25 Mark. 3. Hilfsarbeiter (Gussputzer, Sandmüller, Schmelzer, Ofenarbeiter, Kranführer im Korb: Verheiratete ohne Unterschied des Lebensalters 1,80 bis 1,95 Mark, Unverheiratete über 25 Jahre 1,60 bis 1,70 Mark, 20 bis 25 Jahre 1,50 bis 1,60 Mark, 18 bis 20 Jahre 1,30 bis 1,40 Mark, 16 bis 18 Jahre 1 bis 1,20 Mark. Allgemeine Hilfsarbeiter in der Gießerei: Verheiratete ohne Unterschied des Lebensalters 1,70 bis 1,80 Mark, Unverheiratete über 25 Jahre 1,50 bis 1,60 Mark, 20 bis 25 Jahre 1,30 bis 1,50 Mark, 18 bis 20 Jahre 1,10 bis 1,30 Mark, 16 bis 18 Jahre 0,90 bis 1,10 Mark.

122 August 1919

Der Prozess gegen die Führer der revolutionären Arbeiterschaft vor dem Marburger Landgericht

122a Kommentar der »Volksstimme« zum Beginn der Schwurgerichtsverhandlungen, 5. August 1919

Volksstimme (Frankfurt), 5. August 1919. Abgedruckt in: »Freiheit« Nr. 132, 8. August 1919.

Die Hanauer Putsche vor dem Marburger Schwurgericht

Heute beginnen in Marburg die Schwurgerichtsverhandlungen gegen die Hauptbeschuldigen in den Hanauer Tumultvorgängen, die bekanntlich zur Besetzung der Stadt mit Regierungstruppen geführt hatten. Schon kurz nach der Revolution setzte in Hanau das Regiment Wagner-Hammer-Schnellbacher-Gimbel ein, die, ohne sich irgendwie an den nach der Revolution in Kraft getretenen Vorschriften zu stören, gewaltsam alle Regierungs- und Verwaltungsgewalt an sich rissen. Das ging so weit, dass das gesamte Landratsamt mit dem von der Regierung bestätigten Landrat an der Spitze aus Hanau gewissermaßen flüchten und seine Tätigkeit von Frankfurt ausüben musste, während Dr. Wagner die Amtsbefugnisse des Landrats, des Polizeipräsidenten u.a.m. »übernahm«. Dadurch kam es zu den verworrensten Zuständen, die eine geordnete Verwaltung in der Stadt und im Landkreis Hanau unmöglich machten.

Noch unaufgeklärt ist ein Vorfall, der sich dann in der Kaserne abspielte, und als ein großangelegter Putsch gegen die Gewalthaber von Hanau, die u.a. auch eine dortige Zeitung glattweg für ihre Zwecke beschlagnahmt hatten, hingestellt wurde. Die Mitteilung über diesen Putsch hatte erregte Menschenansammlungen zur Folge. Die Wache auf dem Paradeplatz wurde gestürmt und die Waffen an die Menge verteilt. Man sah auch Lastautomobile, vollgeproft mit Bewohnern aus der Umgegend, anfahren, die sich ebenfalls Waffen holten, also von dieser Waffenverteilung schon vorher unterrichtet waren oder schleunigst unterrichtet sein mussten. Als Schnellbacher dann in einem Automobil auf dem Paradeplatz angefahren kam und der Menge zurief, Hanau sei von Regierungstruppen umstellt, leerten sich blitzschnell die Straßen.

Jedoch schon wenige Tage später kam es aus anfänglich geringfügigen Unruhen zu wüsten Plünderungen, die auch vor dem Lazarett in Philippsruhe nicht Halt machten, sondern in gemeinster Weise das Eigentum der Insassen in Mitleidenschaft zogen; sogar den Schwerverletzten ist, wie man unzweifelhaft festgestellt hat, die Bettwäsche unter dem Rücken weggerissen worden.

Da die Zustände in Hanau immer unsicherer wurden, sah sich die Regierung veranlasst, Regierungstruppen nach Hanau zu schicken, die frühmorgens einrückten und nicht nur keinen Widerstand, sondern bei der Bevölkerung die denkbar beste Aufnahme fanden. Noch am selben Tage erfolgten an die 70 Verhaftungen von Plünderern und derjenigen Persönlichkeiten, denen man infolge ihres Verhaltens die Schuld an den Unruhen zuschrieb, darunter Dr. Wagner, der sich wegen Amtsanmaßung, unberechtigten Erlass von Gesetzesvorschriften usw. zu verantworten haben wird, ferner Schnellbacher, Hammer, der die annektierte Zeitung leitete, sowie Frau Gimbel, die als Rädelsführerin bei den Plünderungen in den Anklagezustand versetzt worden ist und von den obengenannten allein noch bis heute in Haft gehalten wurde. Über die Marburger Verhandlungen werden wir eingehend berichten.

122b Erklärung von Friedrich Schnellbacher, Wilhelm Schwind und Georg Wagner vor der Urteilsverkündung, 8. August 1919

Freiheit (Hanau) Nr. 135, 12. August 1919.

Wir hatten geglaubt, in den uns zustehenden Schlussworten in längeren Ausführungen die Zustände schildern zu müssen, die zu der Revolution in Hanau und zu ihrem Verlauf geführt haben. Nur aus der besonderen Eigenart der Hanauer wirtschaftlichen Verhältnisse ist es zu verstehen, dass die Revolution in Hanau mehr als eine Soldatenrevolte gewesen ist. Die Hanauer Revolution hat alle Zeichen einer sozialen und zwar proletarischen Revolution an sich getragen. Nur aus diesen Verhältnissen heraus lassen sie sich demnach beurteilen. Aber nach den Aufklärungen, die die Zeugenvernehmung, besonders die des Landrats Schmid, geschaffen hat und nach den Plädoyers der Herrn Verteidiger, ist das nicht mehr nötig. Und so stehen wir heute vor ihren »Richterstühlen« als »Angeklagte«, die abgeurteilt werden sollen durch die Paragraphen des bürgerlichen Gesetzbuches, wie sehr wir auch der Überzeugung sind, dass Vorgänge der Revolution nicht in den Rahmen des bürgerlichen Gesetzbuches gespannt werden können. Gemäß unserer bei Anfang der Verhandlung abgegebenen Erklärung sagen wir nochmals, dass wir nichts fürchten und als politische Führer für alle Handlungen, die wir glauben im Interesse der Allgemeinheit tun zu müssen, mit unserer ganzen Persönlichkeit einstehen. Nur die Art der Verhaftung, die Erhebung der Anklage, konnte den Glauben hervorrufen, wir seien der Straftaten schuldig, deren man uns angeklagt hat. Wir erklären, dass in Hanau, wo die Straftaten begangen sein sollen, die übergroße Mehrzahl der Bevölkerung uns nicht für schuldig hält. Nun haben Sie gemäß den Bestimmungen des Gesetzes über uns zu befinden. Mögen Sie entscheiden, wie Sie wollen, wir werden nach unserer politischen Überzeugung auch fernerhin als aufrechte Männer jedes Opfer zu tragen wissen und sind der Überzeugung, dass damit die proletarische Revolution vorwärts getragen wird.

122c Das Urteil der 2. Ferienkammer des Marburger Landgerichts, 8. August 1919

Freiheit (Hanau) Nr. 209, 6. November 1919.

Urteil

In der Strafsache gegen

1. den praktizierenden Arzt Dr. Georg Wagner in Hanau, geboren zu Militsch am 22. Januar 1867, mosaischer Religion,
2. den Buchhändler und Parteisekretär Friedrich Schnellbacher in Hanau, geboren am 20. März 1884 in Hanau, freireligiös,
3. den Koch Wilhelm Schwind in Hanau, geboren daselbst am 12. Februar 1895, evangelisch,

4. den Redakteur Gustav Hermann Hammer zu Frankfurt am Main, geboren zu Merseburg am 21. April 1881, konfessionslos,

wegen Nötigung usw.,

hat die II. Ferienkammer des Landgerichts in Marburg in der Sitzung vom 8. August 1919, an welcher teilgenommen haben:

Landgerichtsrat Geheimer Justizrat Tilemann als Vorsitzender
Landgerichtsrat Geheimer Justizrat Heer,
Amtsgerichtsrat Wagner,
Amtsgerichtsrat Knauff als beisitzender Richter,
Staatsanwaltschaftsrat Spatz als Beamter der Staatsanwaltschaft,
Referendar von Lorck als Gerichtsschreiber, für Recht erkannt:

Die Angeklagten Wagner und Schnellbacher werden freigesprochen. Der Angeklagte Hammer wird unter Freisprechung im Übrigen wegen Nötigung in einem Falle zu einer Geldstrafe von einhundertfünfzig Mark hilfsweise zu 15 Tagen Gefängnis verurteilt. Der Angeklagte Schwind wird unter Freisprechung im Übrigen wegen gemeinsamen Hausfriedensbruchs und wegen Nötigung in je einem Falle zu einer Geldstrafe von dreihundert Mark verurteilt, die durch die Untersuchungshaft als verbüßt gelten.

Die Kosten des Verfahrens tragen die Angeklagten Hammer und Schwind. Soweit jedoch durch das Verfahren gegen die Angeklagten Wagner und Schnellbacher und durch das Verfahren gegen Hammer und Schwind wegen derjenigen Handlungen, wegen denen Freisprechung erfolgt ist, besondere Kosten entstanden sind, fallen diese der Staatskasse zur Last.

123 — 11. August 1919

Richtlinien für Frauenarbeit, aufgestellt in einer Versammlung der Erwerbslosen und Notstandsarbeiter

Freiheit (Hanau) Nr. 135, 12. August 1919.

Für Frauenarbeit wurden folgende Richtlinien aufgestellt:

1. Die Entlohnung für Frauenarbeit muss derjenigen des Mannes gleichgestellt sein.
2. Frauen, welche zur Hauswirtschaft überwiesen werden, müssen einen Lohn erhalten, wie er in Gemeinschaft mit den örtlichen Arbeitslosenkommissionen festgesetzt wird. Die Arbeitszeit auch für Hausangestellte darf die allgemein geltende Arbeitszeit von 8 Stunden nicht überschreiten. Die bestehenden Tarife sind dementsprechend zu revidieren.
3. Die Lohntarife für gewerbliche Arbeiterinnen müssen ebenfalls unter Zuziehung der örtlichen Arbeitslosenkommissionen neu festgestellt werden.
4. Ehrenamtliche und nicht erwerbsbedürftige Personen scheiden sofort aus dem Arbeits- und Dienstverhältnis aus und sind durch Personen der Arbeiterklasse zu ersetzen.
5. Die Arbeitslosenunterstützung darf nur dann gesperrt werden, wenn bei der zu besetzenden Arbeitsstelle alle in Punkt 1 und 2 aufgestellten Forderungen erfüllt werden und die Arbeit trotzdem nicht angenommen wird.

124 1. Oktober 1919

Bericht der »Freiheit« über den misslungenen Versuch der leitenden DMV-Instanzen, durch zwei gleichzeitig abgehaltene Metallarbeiterversammlungen die Neuwahl eines ihnen genehmen Hanauer Ortsvorstandes herbeizuführen

Freiheit (Hanau) Nr. 179, 2. Oktober 1919.

Die gestern stattgefundenen beiden Versammlungen im Deutschen Haus und im Saalbau nahmen einen äußerst stürmischen Verlauf und wurden schließlich geschlossen, ohne dass die Wahlen für die Ortsverwaltung vorgenommen werden konnten. Nach den Ereignissen der letzten Tage war es fast vorauszusehen, dass es so kommen musste, denn die Arbeiterschaft lässt sich nicht mehr von ein paar Bonzen leithammeln und sich deren Willen aufzwingen. Weil bei der im April erfolgten Wahl der Ortsverwaltung die kommunistische Liste mit gewaltiger Mehrheit gewählt wurde, ließen die Bonzen alle Minen gemeinster Intrigen springen, um diese Wahl ungültig zu erklären. Es gelang ihnen schließlich auch mit Hilfe des Bezirks- und Hauptvorstandes aufgrund der ultrareaktionären Statuten, die von einer gewaltigen Mehrheit der Mitglieder gewählte Ortsverwaltung als nicht zu recht bestehend abzulehnen. Das »demokratische Prinzip«, das sie sonst stets im Munde führen, wird also da mit Füßen getreten, wo es gegen diese Herrn Demokraten mit sozialistischem Aushängeschild entscheidet.

Trotz des Drängens der Kollegen wurde dann die Neuwahl sechs Monate hinausgeschoben, weil diesen Bonzen trotz ihres anscheinend eingerosteten Gehirns nicht entging, dass eine jede neue Wahl dasselbe Ergebnis zeitigen würde, wie die erste im April dieses Jahres. Schließlich glaubten sie nun aber eine Lösung dieser Frage gefunden zu haben, indem sie die Wahl in zwei getrennten Versammlungen stattfinden lassen wollten. In der einen Versammlungen sollten die Kollegen der Edelmetallindustrie 4 Kandidaten, in der anderen die der Unedelbranchen ebenfalls 4 Kandidaten wählen. Auf diese Weise glaubten sie in der Versammlung im »Deutschen Haus« 4 Mitglieder durchzubringen, die mit den Beamten zusammen dann die Ortsverwaltung beherrscht hätten. Die kleine Minderheit der Goldschmiede sollte also die gewaltige Mehrheit der Kollegen der Unedelmetallbranchen majorisieren. Diese Schiebung wurde aber sofort erkannt, weil sie so plump und einfältig gemacht war, wie sie eben nur solche Geisteshelden vom Schlage eines Hofmann und Craß einfädeln konnten. Der revolutionäre Teil der Kollegenschaft ließ sich eine solche unerhörte Wahlmache natürlich nicht gefallen. Sie erklärten sich zwar damit einverstanden, dass in zwei Versammlungen gewählt werden solle, dass aber in jeder Versammlung 8 Kandidaten zu wählen und die Ergebnisse der beiden Versammlungen dann zusammenzuzählen seien. Trotz wiederholter energischer Proteste der Kollegen erlaubten sich diese Bonzen doch in selbstherrlicher Weise über die Köpfe der Mitglieder hinweg die Wahl in ihrem Sinne vornehmen zu lassen. Dass sich die Kollegen diesen unverschämten Maßnahmen der Bonzen natürlich nicht fügen würden, war selbstverständlich. Sie gaben deshalb die Parole aus, die Kollegen der Unedelmetallbranche sollten nicht alle in die Versammlung in den »Saalbau«, sondern auch ein Teil ins »Deutsche Haus« gehen. Dort sollte ihnen zunächst der Einlass verweigert werden. Diese Frechheit übersteigt alles bisher Dagewesene. Glauben diese armseligen Kreaturen denn eigentlich, dass die Mitglieder für sie da seien? Glauben sie, dass sie ihren Beitrag von 1 Mark wöchentlich bezahlen, um sich dann den Einlass in eine Mitgliederversammlung verwehren zu lassen? Die Stimmung, die durch das ganze Gebaren der Bonzen ohnedies schon eine gereizte war, wurde durch diesen gewaltigen Eingriff zur Siedehitze gesteigert.

Die Eröffnung der Versammlungen nahmen dann zwei Oberbonzen aus Frankfurt vor, was dem Fass den Boden ausschlug. Eine solche Bevormundung der Zahlstelle Hanau durch Frankfurter Bonzen verbaten sich die Kollegen ganz energisch, worauf es dann zu Tumulten kam, in deren Verlauf Craß durch einen Steinwurf leicht verletzt wurde. Wer geworfen hat, war nicht festzustellen. Schuld daran waren aber diejenigen, die durch solche gemeine Intrigen diese gereizte Stimmung erzeugt haben. Die Versammlung im »Saalbau« war nicht so stürmisch wie die im »Deutschen Haus«, hier gebärdeten sich nur die Kollegen der Firma Bracker wie die Wilden. Zur Wahl kam es aber hier auch nicht.

Jedenfalls haben die Arbeiter gestern erneut bewiesen, dass sie sich eine Diktatur der Bonzen nicht mehr gefallen lassen, sondern dass sie ihren Willen durchzusetzen verstehen, trotz aller niederträchtigen Machinationen, die schon längst zum Himmel stinken. Wenn sie nur noch einen Funken Ehrgefühl im Leibe hätten, dann wäre es ihre Pflicht gewesen angesichts der großen Zahl von Misstrauensvoten, sich in die dunkelste Ecke zu verkriechen. Aber sie hängen mit allen Fasern an ihrem Ämtchen und lassen sich leider mit moralischen Ohrfeigen traktieren.

125 — 1920

Die Tätigkeit des Arbeitsamtes im Stadtkreis und im Landkreis Hanau

125a Bericht der »Volksstimme« über das Referat des Leiters des Hanauer Arbeitsamtes in einer sozialdemokratischen Parteiversammlung, vor dem 19. Januar 1920

Volksstimme (Hanau) Nr. 15, 19. Januar 1920.

Hierauf ergriff der Referent des Abends, Herr Kleinhans, das Wort zu dem Thema: »Die Bedeutung des Arbeitsamtes«. Mit großem Interesse nahmen die Genossen den Vortrag entgegen und es war demnach auch die anschließende Debatte eine sehr anregende. Wie Herr Kleinhans mitteilte, ist es ihm gelungen, ein neues Fabrikunternehmen hierher zu ziehen, wodurch 200 Personen Erwerb finden werden. Hätte man sich früher in den maßgebenden Stellen nicht so mit Händen und Füßen gegen den Aufbau einer der ganzen Lage Hanaus und der Befähigung seiner Einwohner entsprechenden Industrie gewehrt, so würden wir jedenfalls heute anders dastehen. Ein sprechendes Beispiel ist Pforzheim, welches bekanntlich mehr Goldarbeiter hat als unsere Vaterstadt Einwohner. Unsere Stadtregierung war nur immer darauf bedacht, Kasernen zu bauen, um recht viel Militär nach hier zu bekommen. Dagegen verhielt man sich z. B. äußerst ablehnend zu der Umwandlung der Zeichenakademie in eine Kunstgewerbeschule, für welches Projekt sich nur die Vertreter der Arbeiterschaft einsetzten, ohne jedoch mit ihrer Meinung durchzudringen. So ist es gekommen, dass wir heute vor Probleme gestellt sind, die durch die neue Lage eine außerordentlich dringende Lösung verlangen, die natürlich aber durch genannten Umstand äußerst erschwert ist, ja teilweise unmöglich erscheint. Es ist eine feststehende Tatsache, dass ein Arbeiter, der mit Lust und Liebe einem Berufe nachgeht, ganz andere Leistungen vollbringen wird, als derjenige, der nur arbeitet, um leben zu können. Leider hat man bisher dieser Binsenwahrheit allzu wenig Beachtung geschenkt: das Ergebnis ist dementsprechend, indem die Erwerbslosen sich zu 80 Prozent aus ungelernten Arbeitern rekrutieren. Heute, wo Deutschland auf gute, ja beste Arbeit des Einzelnen angewiesen ist – das ist sein einziger Reichtum noch –, ertönt deshalb der Ruf nach dem Berufsberatungsamt. In welcher Weise man die individuelle Befähigung des Berufs- und Erwerbssuchenden ergründet, gehört nicht hierher. Es ist wohl schon manchem selbst in der ganzen bitteren Schwere zur Erkenntnis gekommen, was ein verfehlter Beruf für eine Bürde im Lebenskampfe ist. Nunmehr ist auch in unserer Stadt ein Berufsamt geschaffen wurden. Damit ist die Grundlage einer Einrichtung gegeben, die sicher eine segensreiche Wirkung selbst schon in ihren Anfangsstadien zeitigen wird.

Weiterhin verbreitete sich der Referent in kurzen Worten über die sonstige Tätigkeit des Arbeitsamts. Eine Hauptaufgabe erblicke er in der Schlichtung von Zwistigkeiten zwischen Arbeitnehmern und Arbeitgebern. In diesem Sinne war das Amt in anerkennenswerter Weise tätig. Interessant ist die Feststellung, dass nach objektiver Prüfung der Umstände im Durchschnitt in 90 von 100 Streitfällen der Schiedsspruch zugunsten der Arbeitnehmer fiel. Ein besonderes Augenmerk richtete das Amt auf die genaue Einhaltung der abgeschlossenen Tarifverträge und schreckte auch hier nicht vor den schärfsten Mitteln zurück, um ihre Einhaltung zu gewährleisten. Damit sowohl als auch durch sonstige Maßnahmen ist der Öffentlichkeit schon viel Unangenehmes erspart wurden, was allerdings in den einzelnen Fällen gar nicht bekannt und gewürdigt wurde. Eine Aufgabe, die der augenblicklichen Lösung entgegengeht, ist z.B. die Regelung der Entlohnung der Modistinnen, die zurzeit als erbärmlich zu bezeichnen ist.

Die Hauptarbeit des Arbeitsamtes besteht jedoch bekanntlich in der Vermittlung und Freimachung von Arbeitsstellen. Und hier ist die Hauptbedingung wieder, dass der Arbeitssuchende auch wirklich arbeiten will. Mit diesem »Wollen« sah es in der Zeit der Demobilmachung oft sehr schlimm aus. Dagegen ist die Arbeitsfreudigkeit heute im Allgemeinen eine vorzügliche, so dass das Amt auf diesem Gebiete nicht mehr mit Schwierigkeiten zu kämpfen hat. Bei der Freimachung der Plätze wurde, wenn es die Verhältnisse nur irgend zuließen, darauf gesehen, dass die Frau wieder ihrem Haushalte zurückgegeben wurde.

Auch ist man darauf bedacht, die Freizügigkeit des Arbeitnehmers in vollem Maße zu sichern und sucht auf dieser Grundlage den Aufstieg der besonders befähigten Arbeiter zu fördern.

Zum Schlusse seines Vortrages teilte Herr Kleinhans mit, dass er am 1. April dieses Jahres als Leiter des Amtes zurücktreten werde. Während er die Wirtschaftslage unseres Vaterlandes noch im vorigen Jahre als sehr schwarz angesehen habe, so bewege ihn heute frohe Zuversicht für die Zukunft.

125b Bericht des Kreisausschusses über die Tätigkeit des Arbeits- und Berufsamtes für den Landkreis Hanau, 14. Juli 1920

Volksstimme (Hanau) Nr. 162, 14. Juli 1920.

Das Arbeits- und Berufsamt, eine besondere Geschäftsstelle im Rahmen des Kreiswohlfahrtsamtes, ist eine organische Fortbildung des im Dezember 1918 gegründeten Arbeitsnachweises für den Landkreis Hanau. Das Arbeitsamt sah sich unmittelbar nach seiner Gründung vor die Aufgabe gestellt, die Beschaffung von Arbeitsgelegenheit für die zur Entlassung kommenden Heeresangehörigen durchzuführen, eine Aufgabe, die umso schwieriger war, als infolge der überstürzten Demobilisierung die große Masse der Heerespflichtigen auf einmal entlassen wurde und den Arbeitsmarkt überschwemmte. Infolgedessen stieg die Zahl der Erwerbslosen, die im November 1918 nur 392 betrug, bis zum Februar 1919 auf 1385 Personen. Handel und Industrie waren in dieser Zeit wegen der herrschenden Kohlen- und Transportnot und insbesondere wegen der noch völlig ungeklärten wirtschaftlichen Lage wenig aufnahmefähig. Der Abbau der Erwerbslosigkeit konnte deshalb für die erste Zeit nur durch die Inangriffnahme von Notstandsarbeiten herbeigeführt werden, mit denen in den meisten Landgemeinden unter Zuhilfenahme der staatlichen Überteuerungszuschüsse alsbald begonnen wurde. Die Zahl der Erwerbslosen sank hierdurch bis zum April 1919 auf 860 Personen.

Als neue Schwierigkeit stellte sich nunmehr die Häufung der Militärbetriebe in der Stadt Hanau heraus. Der größte Teil der Arbeiterschaft dieser Betriebe hatte sich aus den Bewohnern des Landkreises rekrutiert. Durch den vom Ministerium angeordneten plötzlichen und vollständigen Abbau sämtlicher hiesigen Militärbetriebe (mit Ausnahme der Pulverfabrik) wurde deshalb der Landkreis Hanau am meisten betroffen. Die Zahl der Erwerbslosen stieg infolgedessen im Mai 1919 noch einmal auf 1085 Personen.

Der Versuch, größere Transporte von Erwerbslosen dem Berg- und Bahnbau, bei dem Arbeitermangel vorlag, zuzuführen, scheiterte daran, dass die niedrigen Löhne beim Bahnbau den Arbeitern nicht zusagten, und dass im Berg- und Bahnbau Unterkunft und Verpflegung zu wünschen übrig ließen. Nur in einzelnen Fällen kam eine Vermittlung zustande. Die Bemühungen des Arbeitsnachweises, Metallarbeiter im Kreise Hanau unterzubringen, scheiterten hauptsächlich am Kohlen- und Rohmaterialmangel, sie auswärts unterzubringen, war so gut wie unmöglich, da auch in anderen Industriegebieten der gleiche und teilweise noch schlimmere Zustand großer Arbeitslosigkeit bestand und die zuständigen Demobilmachungsausschüsse die Einstellung auswärtiger Arbeiter nicht genehmigten.

Allmählich trat eine Besserung des Arbeitsmarktes ein, die während des ganzen Sommers und Herbstes bis zum November 1919 anhielt. In der wieder erstarkten Industrie war die Nachfrage insbesondere nach gelernten Arbeitskräften recht rege. Die Zahl der Erwerbslosen sank ständig und zwar bis zum Oktober 1919 auf 639 Personen. Hierbei ist auch noch zu berücksichtigen, dass der Abbau fast sämtlicher Notstandsarbeiten durchgeführt und die hierbei benötigten Arbeitskräfte größtenteils ihrem früheren Beruf wieder zugeführt werden konnten. Seit November 1919 stieg, wie überall, infolge der Kohlennot die Zahl der Erwerbslosen wieder beträchtlich, doch konnte ein großer Teil der Arbeitslosen durch den vermehrten Holzeinschlag der Gemeinden Beschäftigung finden. Ende März waren im Landkreis Hanau 434

Erwerbslose vorhanden. Leider beginnt diese Zahl wieder zu steigen, da bei der gegenwärtigen Wirtschaftskrise zahlreiche Industrien zu Arbeitsbeschränkungen gezwungen sind.

Auf dem weiblichen Arbeitsmarkt bestand die besondere Aufgabe des Kreisarbeitsamtes darin, die während des Krieges in den Fabriken überzahlreich beschäftigt gewesenen Arbeitskräfte wieder der hauswirtschaftlichen Tätigkeit zuzuführen, was jedoch in zahlreichen Fällen nicht gelang.

In Verbindung mit dem Arbeitsamt steht das Berufsamt. Nachdem bereits im Winter 1918/19 mit der Vermittelung von Lehrlingsstellen in kleinerem Umfange begonnen war, wurde als selbständige Abteilung des Kreisarbeitsamtes ein »Berufsamt und Lehrstellennachweis für den Landkreis Hanau« gebildet. Der Gang der Berufsberatung vollzieht sich dergestalt, dass unter Mitwirkung der Innungen und Arbeitgeberverbände die offenen Lehrstellen sämtlich erfasst und in einer Kartothek des Berufsamtes gesammelt werden. Eine Verbesserung der Lehrbedingungen und die Bekämpfung vorhandener Missstände ist damit verbunden.

126 Februar – März 1920

Der Solidaritätsstreik der Arbeiter der Deutschen Dunlop Gummi-Compagnie AG gegen die Entlassung des Betriebsobmanns Messer wegen angeblicher Beleidigung des Direktors Bräuning

126a Schreiben der Verwaltungsstelle Hanau des DMV, 12. Februar 1920

Volksstimme (Hanau) Nr. 36, 12. Februar 1920.

Die gesamte Arbeiterschaft der hiesigen Gummifabrik Dunlop & Co. steht seit gestern im Abwehrstreik gegen den Herrn-im-Hause-Standpunkt des Herrn Direktor Bräuning. Die Gründe des Streiks sind kurz folgende: Der Herr Direktor Bräuning weigert sich, den von der Arbeiterschaft gewählten Obmann weiter zu beschäftigen, da derselbe weiter nichts getan hat, als die Interessen der Arbeiter rücksichtslos gegenüber dem Unternehmertum zu vertreten. Dies hat dem Herrn Direktor, der noch in der vorrevolutionären Zeit lebt, nicht gepasst. Die Arbeiter haben sich deshalb an ihre Organisationen gewandt und versuchten nun mit dem Herrn Direktor Bräuning Verhandlungen anzubahnen, selbstverständlich unter Hinzuziehung der Organisationsleitung. Das lehnte der Herr brüsk ab: er wollte sich in dieser Hinsicht auf nichts einlassen. Das zeigt das viel gelobte Interesse der Herrn Unternehmer zur Hebung des deutschen Wirtschaftslebens so recht deutlich. Um nichtiger Gründe willen werden einfach ein paar hundert Arbeiter auf das Pflaster geworfen. So wird mit den Betriebsobleuten verfahren, die mit Fug und Recht nur die Interessen der Arbeiter vertreten haben; wer will denn noch Betriebsobmann unter solchen Umständen werden? Selbstverständlich kann es für die gesamte organisierte Arbeiterschaft nur [um] eines gehen, dem immer frecher auftretenden Unternehmertum den geschlossenen Willen der gesamten Arbeiterschaft entgegenzustellen; denn was heute mit dem einen geschieht, kann morgen dem anderen passieren.

Arbeiter, beweist durch eure Solidarität, dass ihr nicht länger gewillt seid, eure Rechte durch solches Gebaren, wie es dieser krasse Fall zeigt, beschneiden zu lassen.

Wir appellieren hiermit an das Solidaritätsgefühl der gesamten Arbeiterschaft und bitten, auf den Sammellisten, die wir in Umlauf setzen, dieses zum Ausdruck zu bringen.

126b Bekanntmachung der Fabrikdirektion über die Hintergründe des Streiks, 19. Februar 1920

Hanauer Anzeiger Nr. 42, 19. Februar 1920.

Zur Aufklärung

Unsere Arbeiter traten am 10. Februar geschlossen in den Streik.

Vor Eintritt in den Streik stellte am 9. des Monats der Arbeiterausschuss folgende zwei Forderungen:

1. Wiedereinstellung des am 12. Januar des Jahres entlassenen Obmanns Messer (die Klage desselben auf Wiedereinstellung und Entschädigung wurde am 5. Februar des Jahres vom hiesigen Gewerbegericht kostenpflichtig abgewiesen).
2. Aufhebung der fristlosen Kündigungsmöglichkeit der bestehenden Dienstverträge.

Die Forderungen zu 1. wurde abgelehnt unter Berufung auf das ergangene Gerichtsurteil, die Forderung zu 2. wurde ohne jede Einschränkung angenommen und durch Verfügung der Direktion vom 9. Februar des Jahres alle bestehenden Dienstverträge als mit einer beiderseitigen 14tägigen Kündigungsfrist versehen betrachtet. Dies wurde noch am Vormittag des gleichen Tages durch Aushang zur Kenntnis der Arbeiterschaft gebracht.

Trotzdem trat die Arbeiterschaft am nächsten Tag in Streik. Es wird ausdrücklich betont, dass andere Forderungen nicht gestellt worden waren.

Es ist unrichtig, dass Arbeiterverbände vor Ausbruch des Streiks an Unterhandlungen teilgenommen hatten. Nach Mitteilung des ehemaligen Arbeiterausschusses hatten die Organisationen zwar den Arbeitern eine Unterhandlung mit der Direktion zur Verhütung des Streiks versprochen und die Direktion hatte sich damals ausdrücklich bereit erklärt, mit den Organisationsvertretern zu unterhandeln. Diese sind jedoch einfach nicht erschienen.

Es wird noch darauf hingewiesen, dass für die Dunlop Co. der Fabrikarbeiterverband, Gau Frankfurt, die einzig maßgebende Organisation ist, zumal die Firma 82 Prozent Gummiarbeiter und nur 18 Prozent Metallarbeiter beschäftigt. Die Gauleitung Frankfurt des Fabrikarbeiterverbandes erklärte auf Befragen, dass sie sich mit dem Streik nicht befassen werde, da sie vor Ausbruch desselben von den Arbeitnehmern überhaupt nicht befragt oder zu Rate gezogen wurde.

Die Dunlop Co. ist nach wie vor bereit, mit ihren Arbeitern zu verhandeln.

126c Gemeinsame Erklärung der Verwaltungsstellen Hanau des Deutschen Fabrikarbeiterverbandes, des DMV und des Gewerkschaftskartells mit einer Berichtigung der von der Direktion gegebenen Darstellung der Vorgänge, 20. Februar 1920

Hanauer Anzeiger Nr. 43, 20. Februar 1920.

Berichtigung

In einer Erklärung des Deutschen Dunlop Gummi AG, die in den hiesigen Zeitungen erschien, versuchte die Direktion den am 10. Februar ausgebrochenen Streik auf das Konto der Arbeiterschaft zu schieben. Dieses Argument ist nicht neu, spielt es doch immer auf Seiten der Unternehmer in wirtschaftlichen Kämpfen eine Rolle. Darum seien hier nur einige, nicht den Tatsachen entsprechende Behauptungen richtig gestellt. Wenn in der Erklärung gesagt wird, es sei von den Organisationsvertretern nicht einmal der Versuch zum Unterhandeln gemacht worden, so ist dies eine grobe Irreführung. Im Gegenteil wurde von den Vertretern der beteiligten Verbände vor Ausbruch des Streikes persönlich und telephonisch versucht, mit der Direktion in Verhandlungen einzutreten, jedoch war dies aus dem Grunde nicht möglich, weil Direktor Bräuning jegliche Verhandlungen rundweg ablehnte. Selbst am ersten Tage des Streiks erklärte Direktor Bräuning, eine Verhandlung käme für ihn nicht in Frage. Wenn ferner behauptet wird, der Fabrikarbeiterverband stände nicht hinter den Streikenden, ja missbillige sogar den Streik, so wollen wir nur auf die Tatsache hinweisen, dass bei Ausbruch des Streiks sofort von der Verbandsleitung Schritte unternommen wurden, um die Bewegung finanziell durchzuführen. Außerdem ist es unrichtig, dass das hiesige Gewerbegericht sich auf den Standpunkt der Direktion gestellt habe. Im Gegenteil wurde bei der ersten Verhandlung die Firma verurteilt, den entlassenen Obmann wieder einzustellen, da die angebliche Beleidigung gegenüber der Direktion kein Grund zur Entlassung sei. Daraufhin zog die Firma den ersten Grund, der zur Entlassung geführt, zurück und begründete die Entlassung mit der im Betrieb geltenden eintägigen Kündigungsfrist. Dass dieser Willkürakt für die gesamte Arbeiterschaft in Zukunft von weittragender Bedeutung ist, erkannten alle Kolleginnen und Kollegen. Daher die einmütige Haltung zu Beginn und während des Streikes.

Nichtsdestoweniger ist die Arbeiterschaft jederzeit bereit, unter Hinzuziehen der gesetzlichen Arbeitnehmervertretungen in Verhandlungen einzutreten, und liegt es lediglich bei der Firma, Zeit und Ort hierzu anzugeben.

Deutscher Fabrikarbeiterverband
Zahlstelle Hanau
Das Gewerkschaftskartell

Deutscher Metallarbeiterverband
Verwaltungsstelle Hanau

126d Bericht der »Volksstimme« über den Stand des Streiks und seine Bedeutung bei der Durchsetzung demokratischer Prinzipien im Arbeitsprozess, 10. März 1920

Volksstimme (Hanau) Nr. 59, 10. März 1920.

Am Mittwoch voriger Woche[a] fanden Verhandlungen zwischen den Parteien statt. Auf der einen Seite Herr Direktor Bräuning mit einem Stabe mehr oder minder unverantwortlicher Ratgeber, seitens der Arbeitnehmer die Verhandlungskommission mit den Vertretern des Metall- und Fabrikarbeiterverbandes. Das Ergebnis der Verhandlungen ist folgendes: Über alle bisher strittigen Punkte ist bis auf einen eine absolute Einigung erzielt.[b] Bei dem für die Arbeiter wichtigsten Punkte aber, der Wiedereinstellung des Obmannes Messer, scheint vorläufig keine Aussicht auf Verständigung vorhanden zu sein. Herr Bräuning scheint keine Ahnung davon zu haben, dass diese Fragen eine Existenzfrage für die Arbeiterschaft ist. Glaubt dieser Herr wirklich, dass heute, nach dem gewaltigen Befreiungskampf der Arbeiterschaft, sich diese es sich ohne weiteres bieten lässt, ihre Vertrauensleute ganz willkürlich aufs Pflaster werfen zu lassen, wie in der Zeit Wilhelms des Letzten? Was nützt den Arbeitern ein Betriebsrätegesetz, wenn die Gefahr besteht, dass ihre Erwählten, genau wie früher, vogelfrei im Kampf ums täglich Brot sind! Hier, Herr Bräuning, gibt es für uns kein Zurück: diese Frage muss durchgekämpft werden bis zur restlosen Erfüllung. Dieser Standpunkt wurde auch mit aller Entschiedenheit von der Versammlung der Streikenden eingenommen, die am Donnerstag[c] den Bericht über die Verhandlungen entgegennahm.

Einige Momentbilder aus der Verhandlung selbst möchten wir noch hinzufügen. Herr Fuchs, der Syndikus der Metallindustriellen, konnte sich gar nicht genug tun, darauf hinzuweisen, dass doch gerade wir diejenigen seien, die absolut keine Rücksicht auf Existenzen nähmen, wenn es gelte, durch Terror uns missliebige Personen zu entfernen. Der Herr befindet sich in einem großen Irrtum. Selten wohl sind in letzter Zeit wirtschaftliche Kämpfe der Arbeiterschaft so ohne Rücksicht auf die politische Konstellation der Beteiligten geführt worden, wie in diesem Falle. Das beweist aufs klarste, wie in allen Besprechungen der Streikenden von den Angehörigen der verschiedenen politischen Parteien einmütig immer betont wurde: Ins politische Fahrwasser lassen wir unsere Bewegung nicht schleppen. Herrn Ziegler (?) dagegen blieb es vorbehalten, die Rechtsprechung durch das Gewerbegericht abfällig zu kritisieren. Er bedauerte, dass Herr Assessor Engel den Wert des Streikobjekts nur auf 100 Mark festgesetzt habe, da es im anderen Falle doch möglich gewesen sei, Berufung einzulegen, um dann doch ein ganz anderes Urteil zu erreichen. Auch für Herrn Ziegler gibt es keine Möglichkeit, Messer wieder einzustellen: wo solle sonst die Autorität des Herrn Direktors Bräuning bleiben! Herrn Ziegler sei bemerkt, dass es doch gerade die absolute Autokratie dieses Herrn ist, gegen die die Arbeiterschaft aufs schärfste Front macht. Zum wirtschaftlichen Aufbau Deutschlands brauchen wir die Demokratie im Arbeitsprozess; ohne diese dürfte es wohl unmöglich sein, zu einer Gesundung zu kommen.

[a] 3. März 1920.
[b] Die Forderungen für die Wiederaufnahme der Arbeit waren: Wiedereinführung des Achtstundentages, Instandsetzung der gesundheitstechnischen Anlagen, Bereitstellung einer Bade- und Reinigungsangelegenheit, Aufstellung einer neuen Arbeitsordnung unter Mitwirkung des Arbeiterausschusses, Einführung der 14-tägigen Kündigungsfrist und Wiedereinstellung des Obmannes bei Zahlung des durch die Entlassung entgangenen Lohnes.
[c] 4. März 1920.

127 März – Juni 1920

Die Not der Arbeiterjugend

127a Betrachtung in der »Hanauer Zeitung« über die Versorgung der schulentlassenen Jugend mit Kleidung und Schuhwerk, 11. März 1920

Hanauer Zeitung Nr. 74, 14. März 1920. Der Artikel ist vom 11. März datiert.

Kleidernot und Schulentlassung

Die Frage der Kleider- und Anzugsbeschaffung für die demnächst aus der Schule Entlassenen macht den Eltern nicht geringe Sorge. Die Neuanschaffung von Kleidungsstücken ist schwierig und teuer, dass die Eltern nicht ein und aus wissen, wie sie ihre Sprösslinge bekleiden sollen. Ganz abgesehen von Konfirmations- und Entlassungsanzügen ist es auch die Frage der Beschaffung von Arbeitskleidern, die viel Kopfzerbrechen macht. Man denke an die viele Kleidung, die ein junger Mann braucht, der in die Lehre kommt. Arbeitsblusen, Schürzen usw. haben Preise erreicht, für die man früher den besten Anzug kaufen konnte. Und was für die Jungen gilt, gilt noch mehr fast für die Mädchen, deren Kleidung im Allgemeinen reichlicher zu sein pflegt.

Ältere Sachen umzuarbeiten, ist auch in den meisten Fällen nicht möglich, und zwar aus dem Grunde, weil nichts mehr zu verarbeiten vorhanden [ist]. Schränke und Truhen sind schon längst geleert und was irgendwie brauchbar ist, hat bereits seine Auferstehung gefeiert. Auch Militärsachen, mit denen sich eine zeitlang geholfen wurde, sind kaum noch zum Umarbeiten vorhanden. Und die Bekleidungsnot wird sich ohne Zweifel noch verstärken, wenn die alten Militärsachen, die Tausende für Sonntag und an die Arbeit tragen, abgenützt und unbrauchbar geworden sind.

Neben der Kleiderfrage ist die Schuhfrage fast ebenso brenzlich. Bisher wurden namentlich an den Wochentagen von der Arbeiterschaft noch die alten Kommissstiefel und Schnürschuhe getragen. Aber auch diese halten nicht ewig und dann müssen neue angeschafft werden. Was das bei den heutigen Schuhpreisen bedeutet, kann jedermann selbst ermessen. Dauern diese Zustände noch lange, so wird bald alles in Lumpen laufen, denn die Preise für Bekleidungsgegenstände sind einfach unerschwinglich und für das Budget manches Haushalts geradezu ruinös.

Aber für die schulentlassene Jugend muss gesorgt werden. Hier sollten Staat und Kommune eingreifen. So gut wie Milliarden für Lebensmittel bereitgestellt werden, müsste es auch möglich sein, einen Weg zu finden, der zu einer Senkung der Kleider- und Schuhpreise führt.

127b Bekanntmachung der Grundsätze, nach denen in Hanau die Auswahl der unterernährten Kinder für die Quäkerspeisung stattfindet, 30. Juni 1920

Volksstimme (Hanau) Nr. 150, 30. Juni 1920.

Da noch immer in der Bevölkerung irrige Ansichten über die Auswahl der Kinder für die Quäkerspeisung vorhanden sind, so teilen wir auf Ersuchen des Ausschusses für Kinderhilfe die von den Quäkern vorgeschriebenen Grundsätze für die Auswahl der Kinder mit. Ausgesucht werden können nur:

1. ausgesprochen unterernährte Kinder, insbesondere solche, die in der körperlichen Entwicklung (Gewicht beziehungsweise Länge) zurückgeblieben sind;
2. solche schwer unterernährte Kinder, die sich in einem bedenklichen Zustand befinden, der durch eine längere Periode der Unterernährung hervorgerufen ist.

Der Schularzt sucht die in Betracht kommenden Kinder nach Anhörung der Klassenlehrer aus; dieselben werden gewogen und gemessen. Erst dann wird festgestellt, ob beide Zahlen dem Alter entsprechen. Nur diejenigen, welche unter dem Durchschnitt sind, können an der Speisung teilnehmen. Hieraus geht hervor, dass also nur die durch das Wiegen und Messen gefundenen Zahlen entscheiden. Da sich nach erfolgter Feststellung ergab, dass die Zahl der ausgewählten Kinder die für Hanau vorgesehene Zahl der zu speisenden Kinder (1000) überschreitet, so konnten zunächst nur die der Speisung bedürftigen Kinder ausgewählt werden. Nach vier Wochen findet eine neue Wägung statt, desgleichen nach acht Wochen. Alsdann wird entschieden, ob das Kind noch bedürftig ist; wenn nicht, muss es aus der Speiseliste gestrichen werden, damit ein anderes unterernährtes Kind an seine Stelle treten kann. Bei der Auswahl ist nicht zu berücksichtigen, in welcher Vermögenslage sich die Eltern befinden, sondern maßgebend ist nur allein die Feststellung der Unterernährung. Dies kann eben einwandfrei nur durch Wiegen und Messen des Kindes geschehen.

Natürlich ist es im Interesse der Kinder, dass die Eltern dafür sorgen, dass die Kinder auch täglich zur Speiung gehen, besonders in den Ferien. Sobald das Kind länger erkrankt ist oder auf Urlaub geht, muss das Kind ausscheiden, damit die betreffende Portion einem anderen unterernährten Kind zuteil wird.

128 März 1920

Der Generalstreik gegen den Kapp-Lüttwitz-Putsch

128a Bericht der »Volksstimme« über die Einigungsbestrebungen der Hanauer Arbeiterparteien unter dem Eindruck der Berliner Ereignisse und Auseinandersetzung um den Umfang des Streiks, 14. März 1920

Volksstimme (Hanau) Nr. 63, 15. März 1920.

Zum Schutz der Republik
Einigung der Hanauer Arbeiterschaft

Überall haben die maßgebenden Körperschaften der SPD in sämtlichen in Frage kommenden Bezirken und Ortschaften Deutschlands die nötigen Maßregeln zur Bekämpfung der Reaktion ergriffen. Auch in Hanau ist man sofort zur Tat geschritten. Gleich nach Eintreffen der Berliner Nachrichten trat der Aktionsausschuss des Arbeiterrates zusammen, auf dessen Initiative hin alle erforderlichen Sicherungen getroffen wurden. Wir können natürlich die Art der Maßregeln hier aus bestimmten Gründen nicht erläutern und rufen nur etwaigen putschlüsternen Reaktionären zu, dass die in der SPD organisierte Hanauer Arbeiterschaft mit allen Machtmittel dafür sorgen wird, dass die Berliner Vorgänge hier keine Fortsetzung finden. Wir haben vier Jahre lang für einen Wilhelm von Hohenzollern draußen gelegen und dem Tode getrotzt, wir sind bereit, heute für unsere Überzeugung unser Leben einzusetzen. Und nicht nur in den Reihen unserer Partei, nein auch die kommunistischen Arbeiter haben klar erkannt, dass auch sie in den reaktionären Strudel gerissen werden müssen, wenn sie nicht rechtzeitig Einhalt gebieten. Gewiss, uns trennen in der Einschlagung der Wege zur Verwirklichung des Sozialismus große Gegensätze. Damit ist aber nicht gesagt, dass die Stunde der Gefahr ein gemeinsames Handeln ausschließt. Wir gestehen es offen, es war gestern ein erhebender Moment in der Versammlung im Gewerkschaftshause, dieser spontane Ruf der 800 bis 1000 Menschen nach Einigkeit. Wir hoffen nur, dass die kommunistischen Arbeiter nicht durch den Schrei nach der Rätediktatur usw. unter Ablehnung aller in unserem Parteiprogramm aufgestellten Grundsätze wieder grollend beiseite stehen. Leider sind diese Befürchtungen sehr begründet. Denn sofort nach dem Zusammentritt des Aktionsausschusses wurde die Aufnahme von Einigungsverhandlungen seitens des Vorstandes der SPD beschlossen. Leider lehnte der Führer der Kommunistischen Partei, Dr. Wagner, ein Zusammengehen ab, es sei denn, dass wir die kommunistischen Leitsätze als allein maßgebend anerkennen. Erfreulicherweise stand er gestern mit dieser Ansicht ziemlich allein. Auf einstimmigen Beschluss der Versammlung wurde eine paritätisch zusammengesetzte Kommission gewählt, die die Einigungsverhandlungen sofort aufnahm. Möge ihre Arbeit von vollem Erfolge begleitet sein! Das ist der brennende Wunsch eines jeden Parteigenossen an unserem Orte.

Was den Standpunkt der hiesigen Behörden anbelangt, so stehen diese nach den abgegebenen Erklärungen auf dem Boden der Verfassung und der alten Regierung. Soweit es sich als notwendig erwies, wurden Amtsstellen Genossen zur Unterstützung beigegeben. Ein gewisser Gegensatz bestand gestern in der Generalstreiksfrage wegen Schließung der lebenswichtigen Betriebe. Während die Kommunisten auch

Gas und Wasser abstellen und die Lebensmittelausgabe an die Bevölkerung einstellen wollen, verlangen wir hier die Aufrechterhaltung dieser Betriebe unter den größtmöglichen Beschränkungen. Es ist anzunehmen, dass in diesem Punkte eine Verständigung erzielt werden wird. Ferner ist noch hervorzuheben, dass die beiden Koalitionsparteien am Orte sich ebenfalls hinter die Regierung stellen, was sie in einem Flugblatt,[a] was auch die Unterstützung der SPD trug, zum Ausdruck brachten.

Alles in allem ist die Lage auch am hiesigen Orte vorläufig gesichert. Wohl haben wir genug reaktionäre Elemente, die gerne die Kappsche Straße fahren möchten. Sie wissen aber ganz genau, dass ein solches Beginnen ihnen eventuell Hals und Kragen kosten kann und halten sich daher vorsorglich im Hintergrunde. Diese Tatsache sollen die Hanauer Arbeiter sich genau vor Augen halten. Überall und immer die Augen auf! Sorgt sofort für Benachrichtigung des Aktionsausschusses, sobald ihr die geringsten Anzeichen einer Bewegung bemerkt. Kleinigkeiten sind hier oft wichtig. Darum tue jeder seine Pflicht, dann wird unser Volk auch diese trüben Stunden glücklich überstehen!

[a] Gemeinsamer Aufruf der Hanauer Ortsgruppen der SPD, des Zentrums und der DDP.

128b Aufruf des Aktionsausschusses der SPD an die Bevölkerung im Stadt- und Landkreis Hanau, den Generalstreik zu beenden und die Arbeit am 18. März 1920 wieder aufzunehmen, 17. März 1920

Hanauer Anzeiger Nr. 65, 17. März 1920. Einleitender Vermerk der Redaktion: Eine heute Nachmittag im »Deutschen Haus« stattgefundene Versammlung der Sozialdemokratischen Partei nahm zu der Frage der Aufhebung des Generalstreiks auch in Hanau Stellung. Nach kurzer Aussprache gelangte man zu der Überzeugung, dass die Voraussetzungen zur Fortführung des Generalstreiks nicht mehr gegeben sind. Der Aktionsausschuss der Sozialdemokratischen Partei erließ darauf folgenden Aufruf an die Gesamtbevölkerung Hanau Stadt und Land.

Der Generalstreik ist beendigt! Am Donnerstag, 18. März, wird die Arbeit in allen Betrieben wieder aufgenommen. Der Generalstreik, die furchtbare wirtschaftliche Waffe des Proletariats, hat ihre Aufgabe erfüllt. Es liegt im Interesse der arbeitenden Bevölkerung, den Generalstreik keine Stunde länger fortzusetzen.

In Frankfurt haben die sozialistischen Parteien, die Streikleitung des Gewerkschaftskartells und die AfA den Generalstreik beendigt. In Kassel ist der Streik ebenfalls zum Abschluss gebracht. In ganz Hessen-Nassau haben wir erreicht, dass sich alle Behörden rückhaltlos auf den Boden der recht- und verfassungsmäßigen Regierung geschlagen haben.

Klassenbewusste Arbeiterschaft! Ihr habt die Reaktion von rechts zu Boden geschlagen dank Eurer Klassensolidarität. Die Rettung der deutschen Volksrepublik ist Euer Werk. In der Stunde höchster Gefahr habt ihr Euern Mann gestellt. Unser nächstes gemeinschaftliches Ziel ist nun der Wiederaufbau und die Durchführung des Sozialismus. Das wird erreicht werden, wenn ihr einig seid. Mit allem Nachdruck und proletarischer Deutlichkeit fordern wir aber von der Regierung:

Wiederherstellung aller politischen verfassungsmäßigen Freiheiten. Keine Verhandlungen mit den verbrecherischen Offizierputschisten, rücksichtslose Bestrafung dieser wortbrüchigen Volks- und Landesverräter. Sofortige Ausmerzung aller nicht auf dem Boden der Republik stehenden Offiziere und Beamten aus allen öffentlichen Ämtern.

Mit allem Nachdruck erklären wir: Werden diese Forderungen nicht durchgeführt, so werden wir sie mit allen zu Gebote stehenden Mitteln erzwingen. An die Arbeit! Hoch die Deutsche Volksrepublik! Vorwärts nun zum Sozialismus.

128c Bericht der »Freiheit« über die Mitgliederversammlung der KPD, 17. März 1920

Freiheit (Hanau) Nr. 28, 19. März 1920.

Am Mittwoch[a] Abend 7 Uhr fand im Gewerkschaftshaus eine überfüllte Versammlung statt, die sich über den Stand des Streiks beschäftigte. Die Hanauer Arbeiterschaft forderte bei Ausbruch des Generalstreiks: Niederwerfung der Monarchisten, volle Versammlungs- und Pressefreiheit, Entlassung des Genossen Handke aus der Schutzhaft, und erklärte, den Streik nicht eher abzubrechen, bis diese Forderungen erfüllt seien. In mehreren Verhandlungen mit dem Landrat Dr. Voigt und General Stolzmann sind diese Forderungen durch den Druck der Streikenden erreicht worden. Nachdem nun die Forderungen erfüllt sind und der monarchistische Putsch in Berlin niedergeschlagen ist, hat die Arbeiterschaft den Generalstreik vorläufig für beendet erklärt, unter dem Vorbehalte, sobald irgend eine der gestellten Forderungen wieder rückgängig gemacht werde, den Generalstreik sofort und mit verschärften Mitteln wieder aufzunehmen. Die Referenten schilderten die Situation in eingehender Weise unter wiederholt stürmischen Beifall. Nachstehende Resolution wurde einstimmig angenommen:[b]

Die Versammlung verurteilt das Verhalten der Mehrheitssozialdemokraten, die den Streik für beendet erklärt haben, ohne vorher die Hanauer Arbeiterschaft gefragt zu haben, und stellt neuerlich den Verrat an der Hanauer Arbeiterschaft fest, indem sie als Streikbrecher aus dem Generalstreik hervorgingen. Es liegt nun an der Hanauer Arbeiterschaft zu zeigen, dass sie von solchen Verrätern abrücken und sich restlos der Kommunistischen Partei anschließen.

[a] 17. März 1920.
[b] Siehe folgendes Dokument.

128d Resolution der Mitgliederversammlung der KPD, 17. März 1920

Freiheit (Hanau) Nr. 28, 19. März 1920.

Die heutige überfüllte Versammlung der organisierten Hanauer Arbeiterschaft nimmt Kenntnis von der Erklärung des Landrats und des General Stolzmann, dass Genosse Handke aus der Schutzhaft entlassen, die Versammlungs- und Pressefreiheit hergestellt [ist]. Da dieses unsere Forderungen waren, erklärten sich die Versammelten damit einverstanden, dass der Generalstreik vorläufig abgebrochen wird. Die Hanauer Arbeiterschaft gelobt, erneut und verschärft in den Generalstreik einzutreten, sobald eine dieser Forderungen rückgängig gemacht wird. Sie verurteilt ganz entschieden das vorzeitige Abbrechen des Streiks durch die Führer der Mehrheitspartei, die damit einen erneuten Verrat an der Arbeiterschaft begonnen hat.

128e Schreiben des Gesamtverbandes der Hanauer Arbeitgeber an die angeschlossenen Arbeitgeber über die Nichtbezahlung der Streiktage, 18. März 1920

Volksstimme (Hanau) Nr. 69, 22. März 1920. Einleitender Vermerk der Redaktion: Wie nahe die Gesinnung der Hanauer Arbeitgeber mit der der Hochverräter Kapp, Lüttwitz und Komplizen verwandt ist, zeigt uns folgendes »streng vertrauliche« Schreiben, das ein günstiger Wind auf unseren Redaktionstisch wehte:

Streng vertraulich!

Auf Beschluss unseres geschäftsführenden Ausschusses bitten wir Sie, bei der Auszahlung der Löhne und Gehälter folgende Richtlinien genau zu beachten:
Die Streiktage werden nicht bezahlt. Etwa geleistete Arbeitszeit ist stundenweise zu bezahlen, auch wo Wochenlohn besteht. Vom Arbeitgeber beurlaubte Angestellte sind zu entlohnen; dagegen werden die Streiktage solchen Angestellten nicht bezahlt, welche sich mit den streikenden Arbeitern solidarisch erklärt haben. Für kaufmännische und gewerbliche Lehrlinge gilt das gleiche.
Berechnungsmodus für Gehaltsabzüge pro Tag ist Monatsgehalt durch 26.

Hochachtungsvoll
Gesamtverband der Hanauer Arbeitgeber
gez. Otto Bracker

128f Mahnung des Aktionsausschusses der drei Koalitionsparteien (SPD, Zentrum, DDP) an die Arbeitgeber, den Arbeitern und Angestellten die Streiktage restlos zu bezahlen, 23. März 1920

Volksstimme (Hanau) Nr. 71, 24. März 1920; Hanauer Anzeiger Nr. 70, 23. März 1920.

Eine Kundgebung

Der Aktionsausschuss, bestehend aus Vertretern der drei Koalitionsparteien, wendet sich mit der folgenden Kundgebung an die Arbeitgeber:
Wir erwarten von der Gesamtheit der Arbeitgeber soviel politische und soziale Einsicht, dass alle Arbeitgeber sich zu dem Entschluss durchringen, die Streiktage des politischen Generalstreiks ihren Arbeitern und Angestellten restlos zu bezahlen.

Wir erinnern die Arbeitgeber daran, dass der verflossene Generalstreik auch in ihrem Interesse gelegen hat, um Schlimmeres zu verhüten. Wir erinnern ferner daran, in welcher Ordnung und mustergültigen Art der Streik gerade in Hanau durchgeführt wurde, ohne Krawalle, ohne Sabotage, ohne die geringste Schädigung in den Betrieben. Unsere Arbeiterschaft darf nicht schlechter gestellt werden als Festbesoldete, soweit sie auch am Streik beteiligt waren.

Deswegen erwartet der Aktionsausschuss bestimmt die restlose Bezahlung der Streiktage für alle Arbeiter und Angestellten.

Der Aktionsausschuss bleibt vorläufig weiter in Tätigkeit, bis die Sicherung unserer Volksrepublik einwandfrei garantiert ist.

129 — 25. April 1920

Bericht des »Hanauer Anzeigers« über die Halbjahresversammlung des Konsumvereins für Langenselbold-Hanau und Umgegend

Hanauer Anzeiger Nr. 100, 29. April 1920.

Der Konsumverein für Langenselbold und Umgegend hielt am Sonntag, den 25. des Monats, seine Halbjahresversammlung ab. In dem Berichte, welcher vom Geschäftsführer Schießer erstattet wurde, hob derselbe hervor, dass eine Besserung der Ernährungsverhältnisse noch nicht eingetreten sei, im Gegenteil, dass sich die Verhältnisse noch verschlechtert haben. Die Preissteigerung für alle Lebensmittel und Bedarfsartikel seien aufs Unerschwinglichste gestiegen. Die Knappheit an Lebensmitteln habe den Schleichhandel und das Schiebertum zur höchsten Blüte gesteigert. Der Genossenschaftsgedanke hat sich in unserem Wirtschaftsbezirk sehr verbreitet und von allen Orten kommen Anträge auf Eröffnung von Verteilungsstellen. In vier Orten (Kahl am Main, Roßdorf, Ostheim und Rüdigheim) wurden neue Verteilungsstellen eröffnet. In Gelnhausen wird in nächster Zeit die fünfte neue Verteilungsstelle eröffnet werden. Die Zahl der Verteilungsstellen ist somit auf 20 gestiegen. Der Warenumsatz im ersten Halbjahr betrug 1 665 411,36 Mark gegen 531 656,87 Mark in der gleichen Zeit des Vorjahres; er hat sich also um 1 133 754,49 Mark erhöht. Die Warenbestände betrugen am 30. Juni 1919: 277 576,49 Mark, am 31. Dezember 1919: 823 010,51 Mark. Die Spareinlagen haben sich um 53 145,12 Mark vermehrt und betrugen am 31. Dezember 1919: 294 786,60 Mark.

In der Bäckerei wurden 30 916 Brote und 28 340 Stück Kleingebäck hergestellt. Die Mitgliederzahl hat sich um 448 vermehrt. Der Mitgliederbestand betrug 4625. Durch die hohen Warenbestände und die fortdauernden Preissteigerungen mussten immer größere Beträge festgelegt werden. Es ist daher erforderlich, dass das Betriebskapital der Genossenschaft, die Geschäftsanteile, voll eingezahlt werden. Die Geschäftsanteile der Genossenschaft betrugen am 31. Dezember 1919: 97 335,40 Mark oder pro Mitglied 21,04 Mark. Der Warenbestand pro Mitglied dagegen 258,73 Mark. In welchem Maße die hohen Warenbestände auf das Betriebskapital des Vereins einwirken, mag an nachstehender Aufstellung, in welcher nur einzelne rationierte und im freien Verkehr zu erstehende Artikel, welche eine fünfköpfige Familie unbedingt jede Woche verbrauchen müsste, zu ersehen sein.

Bedarf einer fünfköpfigen Familie

		Friedenspreis	jetziger Preis
Rationierte Waren:			
50 g Margarine	= ½ Pfd.	0,40 Mark	8,62 Mark
20 g Butter	= 100 g	0,24 Mark	3,30 Mark
½ Pfd. Bohnen	= 2½ Pfd.	0,50 Mark	11,25 Mark
½ Pfd. Marmelade	= 2½ Pfd.	0,60 Mark	15,75 Mark
325 g Zucker	= 3½ Pfd.	0,78 Mark	4,88 Mark
½ Pfd. Haferflocken	= 2½ Pfd.	0,60 Mark	4,70 Mark

Im freien Verkehr zu kaufende Waren:

½ Pfd. Kaffee	0,60 Mark	18,00 Mark
½ Pfd. Seife	0,14 Mark	9,00 Mark
4 Stück Heringe	0,28 Mark	7,20 Mark
1 Pfd. Schmalz	0,80 Mark	25,00 Mark
½ Liter Öl	0,60 Mark	20,00 Mark
	5,54 Mark	127,70 Mark

Während eine Familie für obengenannte Artikel vor dem Kriege 5,54 Mark ausgeben musste, so müssen gegenwärtig hierfür 127,70 Mark aufgewendet werden. Wenn man das Betriebskapital des Konsumvereins hierbei in Betracht zieht, so folgert sich daraus, dass man vor dem Kriege mit dem Geschäftsanteil von 20 Mark den Monatsbedarf für eine Familie einkaufen konnte, während gegenwärtig hierzu 510,80 Mark erforderlich wären. Welche ungeheure Summen der Konsumverein heute an Betriebskapital festlegen muss, mögen nachstehende Zahlen beweisen, welche ungefähr den wöchentlichen Bedarf für 20 Verkaufsstellen darstellen:

Es kosten	vor dem Kriege		jetzt	
20 Ztr. Kaffee	2000	Mark	60 000	Mark
20 Ztr. Seife	520	Mark	36 000	Mark
20 Ztr. Margarine	1300	Mark	30 000	Mark
20 Ztr. Bohnen	400	Mark	9 200	Mark
20 Ztr. Schmalz	1360	Mark	50 000	Mark
	5580	Mark	185 200	Mark

Um diese Einkäufe tätigen zu können, müssen Mittel vorhanden sein. Will der Konsumverein vorteilhaft im Interesse seiner Mitglieder arbeiten, so müssen eigene Betriebsmittel geschaffen werden. Der Konsumverein darf nicht abhängig sein vom Privatkapital durch Inanspruchnahme fremder Gelder. Es ist deshalb notwendig, dass die Geschäftsanteile voll eingezahlt werden und die Erhöhung des Geschäftsanteils beschlossen wird. Die Einzahlung der Geschäftsanteile ist die beste Kapitalanlage, da dieselben nach Volleinzahlung mit 4 Prozent verzinst werden und den Konsumverein frei machen von der Inanspruchnahme fremder Gelder.

130 — 21. Juni – 26. Juli 1920

Die Aussperrung der Angestellten und der sich mit ihnen solidarisierenden Arbeiter der Fabrik Quarzlampen-Gesellschaft

130a Bericht der »Freiheit« über den Verlauf der Aussperrung, 17. Juli 1920

Freiheit (Hanau) Nr. 114, 17. Juli 1920.

Der Kampf, den Arbeiter und Angestellte der Quarzlampen-Gesellschaft zur Zeit gegen die Firma führen, ist entstanden, als die Angestellten von der Firma die Zahlung ihres ihnen durch den Schlichtungsausschuss in Hanau und den Demobilmachungskommissar in Kassel zugesprochenen Gehaltstarifes verlangten, den bekanntlich der »Gesamtverband der Arbeitgeber von Hanau und Umgebung« wegen formaler Fehler abgelehnt hatte. In Wirklichkeit wurden diese »formalen Fehler« – ob solche bestehen oder nicht, soll hier unerörtert bleiben – nur vorgeschoben, um die brüske Ablehnung der sonst von den Unternehmern angepriesenen Schiedsverfahren zu maskieren. Sie weigerten sich einfach die Gehälter, die den Angestellten zugesprochen worden sind durch zwei Schlichtungsinstanzen, zu zahlen. Diese nackte Tatsache führte, wie schon gesagt, zum Konflikt auf der Quarzlampen-Gesellschaft. Die Angestellten traten nach sechsmonatigem langmütigem Warten in passive Resistenz, durch die Solidarität der Arbeiter unterstützt.[a] Während dieser Tage fanden wiederholt Einigungsverhandlungen statt, die sich aber an der Störrigkeit der Direktion zerschlugen. Nun übernahm der Gesamtverband der Arbeitgeber die Vertretung der Firma in dieser Angelegenheit und stellte als erstes den Antrag bei dem Schlichtungsausschuss, den Betriebsrat wegen »gröblicher Verletzung seiner Pflichten« abzusetzen. Der Schlichtungsausschuss lehnte dies durch Schiedsspruch ab, weil der Betriebsrat seine Pflichten nicht gröblich verletzt habe. Nun glaubten die Herren Unternehmer die Arbeiter und Angestellten willfähriger machen zu können, wenn sie diese auf die Straße werfen. Alle Arbeiter und Angestellte wurden unter Heranziehung der Gewerbeordnung und des Handelsgesetzbuches fristlos gekündigt, weil sie sich angeblich »beharrlich geweigert« hätten, ihre Pflicht zu tun.[b] Das traf nun keineswegs zu, denn die Firma hat nicht ein einziges Mal aufgefordert, die Arbeit wieder aufzunehmen, sondern sich im Gegenteil auf Verhandlungen eingelassen. Sie hat also die passive Resistenz still geduldet.

Inzwischen sind bereits drei Wochen verstrichen, ohne dass der Kampfesmut der Gemaßregelten auch nur im Entferntesten gebrochen wäre. Verschiedene Schlichtungsversuche, die inzwischen stattfanden, scheiterten immer wieder an der Haltung der Direktion. Jetzt wurden vom Demobilmachungskommissar »von Amtswegen« Einigungsverhandlungen angesetzt, die am Samstag und Dienstag dieser Woche stattfanden. Nach langen, zum Teil sehr stürmischen Auseinandersetzungen fällte der Schlichtungsausschuss folgendes Urteil:[c]

Die fristlose Entlassung der Arbeiter und Angestellten ist zu Unrecht erfolgt. Aus der Begründung geht hervor, dass die Firma sich auf die von ihr angezogenen Paragraphen der Gewerbeordnung und des Handelsgesetzbuches nicht beziehen kann, weil eine beharrliche Verweigerung der Arbeit eine beharrliche Aufforderung der Direktion, die Arbeit wieder aufzunehmen, voraussetzt. Das sei aber nicht erfolgt.

Somit ist die Direktion zum soundsovieltenmale von verschiedenen Schlichtungsinstanzen ins Unrecht gesetzt worden. Nach dieser letzten Entscheidung des Schlichtungsausschusses ist die Firma verpflichtet, die drei Wochen Lohn und Gehalt – vom Tage der Entlassung bis heute – nachzuzahlen.

Unter welchen Bedingungen die Arbeit wieder aufgenommen wird, bleibt abzuwarten: das eine steht jedoch fest, dass Arbeiter und Angestellte von ihren ursprünglichen Forderungen nichts nachlassen dürfen und wohl auch nicht werden. Die Kraftprobe, die hier zwischen Kapital und Arbeit ausgetragen wird, geht in ihren Wirkungen weit über die Grenzen ihres eigenen Herdes hinaus. Von Sieg oder Niederlage der Arbeiter und Angestellten der Quarzlampen-Gesellschaft hängt in den kommenden wirtschaftlichen Kämpfen für die Gesamtarbeiterschaft sehr viel ab. Deshalb gilt es, Solidarität bis zum letzten Augenblick zu üben, damit der Sieg der Arbeiterschaft gehört.

[a] Am 21. Juni 1920.
[b] Am 28. Juni 1920.
[c] Am 13. Juli 1920.

130b Aufruf des Gewerkschaftskartells zur Solidarität mit den Ausgesperrten, 21. Juli 1920

Freiheit (Hanau) Nr. 115, 21. Juli 1920. Einleitender Vermerk der Redaktion: Das Gewerkschaftskartell Hanaus schreibt uns.

Zur Stellungnahme der Quarzlampen-Gesellschaft!

Durch Presse und öffentliche Anschläge versucht die Direktion der Quarzlampen-Gesellschaft die Bewegung der Arbeiter und Angestellten zu diskreditieren. Noch mehr, man versucht in letzter Zeit sogar auf dem Lande Streikbrecher zu finden. In öffentlichen Anschlägen wurde behauptet, durch Urteilsspruch des Schlichtungsausschusses wären die Arbeiter und Angestellten ins Unrecht versetzt worden, demgegenüber sei noch einmal kurz Folgendes festgestellt. Seit Monaten mühen sich die Angestellten Hanaus um den Abschluss ihres Tarifvertrages. Trotzdem der Schiedsspruch durch den Demobilmachungskommissar für verbindlich erklärt wurde und gegen diese Verbindlichkeitserklärung gesetzlich kein Einspruchsrecht bestanden hat, gelang es dem Unternehmertum Hanaus, die Vollstreckbarkeit des Schiedsspruches zu hintertreiben.

Der Demobilmachungskommissar hatte, nachdem wir den Schlichtungsausschuss zur Beilegung der Streitsache angerufen, angeordnet, dass umgehend durch Schiedsspruch die Bewegung beigelegt werden sollte. Am 13.7 wurde ein Schiedsspruch dahingehend gefällt, in dem klar und präzis ausgedrückt wurde, dass die Entlassungen zu Unrecht erfolgt seien und die Kündigungen nicht zu Recht beständen. Auf Grund dieses Rechtzustandes versuchten nun die Arbeiter und Angestellten bei der Firma über die Wiederaufnahme der Arbeit zu verhandeln. In mündlichen und schriftlichen Erklärungen fordert nun die Firma zur bedingungslosen Wiederaufnahme der Arbeit auf.[a] Dies bedeutet aber, dass trotzdem ein bürgerliches Gericht die Quarzlampen-Gesellschaft als die moralische Urheberin des Kampfes bezeichnete, die Arbeiterschaft sich bedingungslos unter die Knute des Unternehmertums ducken soll. Klar ging aus allen Verhandlungen hervor, dass als der eigentliche Spiritus rector der Gesamtarbeitgeberverband anzusprechen ist, dem es darauf ankommt, eine Machtprobe zu veranstalten. Wir haben immer den Willen gezeigt, zu einer Einigung zu kommen. Man zwingt uns zum Kampfe bis zum Letzten. Darum Klassengenossen in Werkstatt und Büros: Richtet Euer Augenmerk auf die kämpfenden Kollegen! Werde keiner missmutig bei den zu bringenden Opfern. Bedenkt, dass das Los des kämpfenden Kollegen morgen das Eurige werden kann. Zeichne jeder, soweit es seine Kräfte gestatten, auf die vom Gewerkschaftskartell herausgegebenen Sammellisten. Liefert die Gelder umgehend auf dem Arbeitersekretariat ab. Gelingt es uns, finanziell die Kollegen nur noch kurze Zeit durchzubringen, dann ist der Sieg unser. Hoch die Solidarität!

[a] Am 22. Juli 1920.

131 — 28. August – 6. September 1920

Der Generalstreik der Hanauer Arbeiterschaft gegen den zehnprozentigen Lohnsteuerabzug

131a Bericht der »Volksstimme« über den Streikbeginn der städtischen Arbeiter, 28./29. August 1920

Volksstimme (Hanau) Nr. 202, 30. August 1920.

Die städtischen Arbeiter in Hanau sind am Samstag[a] Vormittag um 10 Uhr in den Streik getreten. Sie hatten nach Versammlungsbeschluss gefordert,[b] dass die Stadt den zehnprozentigen Steuerabzug nebst Besatzungszulage[c] übernimmt und sofort zur Auszahlung bringt. Die Arbeiterschaft verlangte, dass der Magistrat bis zum 28. August, vormittags 12 Uhr, einer im Gewerkschaftshaus tagenden Versammlung Bescheid zukommen lässt, andernfalls der Magistrat die Verantwortung selbst zu tragen habe. Der Magistrat lehnte die Übernahme des zehnprozentigen Steuerabzugs auf die Stadtkasse aus grundsätzlichen Erwägungen ab und forderte die Arbeiter auf, bezüglich der Besoldungszulage und Lohnforderungen die Regelung durch die verständigen Verbände vornehmen zu lassen. Schließlich erklärte der Magistrat, dass Versammlungen während der Arbeitszeit ohne Genehmigung des Betriebsleiters unstatthaft seien. Er erwarte eine Verlegung der Versammlung auf die Zeit nach Arbeitsschluss.

Die ablehnende Antwort des Magistrats beantworteten die städtischen Arbeiter mit sofortiger Arbeitsniederlegung in allen städtischen Betrieben. Gas, Wasser und Elektrizität wurden abgestellt. Abends gegen 7 Uhr wurden die städtischen Betriebe durch die Sicherheitswehr und technische Nothilfe besetzt und wieder in Tätigkeit gebracht. In einer öffentlichen Erklärung an die Hanauer Einwohnerschaft weist der Magistrat auf die letzten Lohnerhöhungen vom 19. Juli des Jahres hin, und dass trotz dieser Regelung sofort mit neuen Anträgen betreffend Übernahme des zehnprozentigen Steuerabzugs usw. an die Stadt herangetreten worden sei.

In einer Bekanntmachung des Gewerkschaftskartells wurde am Sonntag[d] Vormittag zum Generalstreik aufgefordert und zur Solidarität der gesamten Arbeiterschaft mit den städtischen Arbeitern aufgerufen. In den Verhandlungen zwischen Vertretern der Arbeiterschaft und des Magistrats und der Stadtverordnetenversammlung am Samstag Mittag kam es zu scharfen Auseinandersetzungen, die dann auch nach Lage der Sache resultatlos verlaufen mussten.

[a] 28. August 1920.
[b] Am 26. August 1920.
[c] Vom Reich beziehungsweise von den Ländern für die Beamten und Angestellten in den besetzten Gebieten bezahlte Unterstützung zum Ausgleich der dort erheblichen Teuerung. In Hanau bildete die französische Besatzung vom 7. April bis zum 17. Mai 1920 die Grundlage.
[d] 29. August 1920.

131b Resolution einer öffentlichen Eisenbahnerversammlung, in der Solidarität mit dem Streik der Hanauer Arbeiterschaft bekundet und die Verhinderung von Munitionstransporten gegen Russland und die Wahl politischer Arbeiterräte gefordert wird, 2. September 1920

Volksstimme (Hanau) Nr. 206, 3. September 1920.

Die heutige Eisenbahnerversammlung von Hanau am Main erklärt, dass sie den Kampf der Hanauer Arbeiterschaft als berechtigt ansieht und ihr ihre volle Solidarität bekundet.

Die Eisenbahner verlangen von dem Magistrat und den Unternehmern, dass sie sämtliche Forderungen bewilligen für sämtliche Streikenden in dem Bewusstsein, dass die Lohnkämpfe der Eisenbahner stets die Sympathie sämtlicher Industriearbeiter fanden. Sollten die Forderungen der Arbeiter nicht bewilligt werden, so erklären die Eisenbahner einmütig, dass sie bereit sind, auf den Ruf der Verbandsleitung in Hanau ebenfalls zur Unterstützung der Streikenden aktiv in den Kampf einzutreten.

Weiter erklärt die Versammlung, auf Seiten der kämpfenden Proletarier aller Länder zu stehen, besonders auf Seiten der heldenmütigen russischen Kollegen, und werden wir alles tun, um jeden Transport von Munition usw. gegen Russland zu verhindern.

Um auch eine politische Vertretung der Eisenbahner durchzuführen, erklären die Eisenbahner, in der heutigen überfüllten Versammlung sofort in die Wahl politischer Arbeiterräte einzutreten, um Seite an Seite mit dem Weltproletariat gegen die Weltreaktion zu kämpfen. Hoch die Solidarität der revolutionären Eisenbahner.

132 19. Oktober 1920

Aufruf der Zentralleitung der Betriebsräte des Hanauer Kartellbereichs an die Angestellten-Betriebsräte zum Kampf gegen die durch Werkschließungen praktizierte Wirtschaftssabotage der Unternehmer, 19. Oktober 1920

Volksstimme (Hanau) Nr. 245, 19. Oktober 1920. Einleitender Vermerk der Redaktion: Die Zentralleitung der Betriebsräte des Hanauer Kartellbereichs erlässt folgenden Aufruf:

Kolleginnen und Kollegen!

Die seit Jahr und Tag anhaltende Krise, in der sich die kapitalistische Wirtschaft befindet, beginnt katastrophale Formen anzunehmen. Nach den statistischen Angaben des Reichsarbeitsministeriums ist die Zahl der von Erwerbslosenunterstützung lebenden Deutschen annähernd auf eine Millionen gestiegen. Um ein dreifaches höher ist die Zahl der Kurzarbeiter und auf Kosten der produktiven Erwerbslosenfürsorge lebenden, auf Erwerb angewiesenen Arbeitnehmer. Mit der gewaltsamen Schließung der Betriebe, mit der willkürlichen Streckung der Arbeitszeit werden täglich Tausende und Abertausende Angestellte aufs Pflaster geworfen. Das Unternehmertum, dem die Willfährigkeit und Harmonieduselei weiter Angestelltenschichten in Zeiten unbegrenzter Profitmöglichkeit erst die Bahn zur höchsten und gesteigerten Ausbeutung der Hand- und Kopfarbeiter bot, fragt nicht nach dem Schicksal seiner Wirtschaftssklaven und überliefert sie gewissenlos dem grauen Elend. Tausende eurer Berufskollegen und Kolleginnen sind in diesen Tagen die Augen geöffnet, sie sind für alle Zeiten geheilt worden von dem Glauben einer ewigen friedlichen Arbeitsgemeinschaft zwischen Kapital und Arbeit. Fabriken werden geschlossen, Massenentlassungen werden vorgenommen, Millionen zu halber Arbeitszeit verurteilt, die gleichbedeutend ist mit der Unmöglichkeit, sich und ihre Familien zu ernähren, und dies in einer Zeit, in der die Arbeitslöhne in Deutschland 7- bis 9fach niedriger stehen als im Auslande, in der der Warenbedarf jeglicher Art katastrophale Folgen zeitigt, in der auf industriellem Gebiete durch fünfjährige Zerstörung und Vernichtung ungeheure Aufbauarbeit geleistet werden müsste.

Diese an Wahnsinn grenzenden Sabotageakte des Kapitals, die aus der Ungewissheit der politischen Entwicklung einmal, dann aber besonders aus der Sucht, die bisher so mühelos ergatterten Schätze in Sicherheit zu bringen, [resultieren,] können nur durch rasches zielklares Eingreifen der Hand- und Kopfarbeiterschaft unmöglich gemacht werden. Der alleinige Ausweg aus der kapitalistischen Anarchie führt über die Kontrolle der Produktion. Die moderne Arbeitsteilung des Kapitalismus macht es jedoch der Handarbeiterschaft, insbesondere dessen Betriebsräten, unmöglich, den Einblick in die Produktion zu gewinnen, der zu einer wirksamen Kontrolle, die auf verschiedenstem Gebiete ausgeübt werden muss, notwendig wäre. Darum ist es heute heilige Aufgabe aller Betriebsräte der Kopfarbeiter durch solidarisches, durch die Bande der Klassengemeinschaft gerechtfertigtes Zusammenarbeiten mit den Betriebsräten diesem kapitalistischen Chaos, dem täglich Tausende Familien auf Arbeit Angewiesener zum Opfer fallen, ein Ende zu bereiten. Wir rufen darum alle Angestellten-Betriebsräte, gleich welcher Partei und Organisation, zum gemeinsamen Kampf gegen die planmäßige, das Wirtschaftsleben dem Ruin zutreibende kapitalistische

Sabotage auf. Sammelt als Angestellten-Betriebsräte alle die Produktion betreffenden Vorgänge. Insbesondere stellt zusammen statistisches Material über Quantität und Wert von Rohstoffen, Zahl und Umfang von Aufträgen, Gesamtberechnungen der Produktionsunkosten, Erledigung von Warenaufträgen usw. Schreckt hierbei weder zurück vor dem Widerstand und dem Terror des Unternehmertums, noch kaufschulartigen Bestimmungen des Betriebsrätegesetzes. Bedenkt, Kollegen, dass es um die Existenz von Millionen eurer Klassengenossen geht. Dass deren Schicksal heute, morgen das eurige sein kann und sein muss. Drum rasch zugefasst, ehe das Werk des Wahnsinns vollendet.

Für die Donnerstag, 21. Oktober, nachmittags 4½ Uhr, im Gewerkschaftshaus stattfindende Vollversammlung der Betriebsräte erwarten wir, dass alle Betriebsräte ohne Rücksicht auf Organisationszugehörigkeit anwesend sind.

133 September – Oktober 1920

Die Säuberungsaussperrung in dem von Arnimschen Eisenwerk »Marienhütte« in Großauheim

133a Die Bedingungen der Betriebsleitung für die Wiedereröffnung[a] des Betriebs am 20. September 1920, 20. September 1920

Hanauer Anzeiger Nr. 222, 21. September 1920. Auszug aus einer ganzseitigen Anzeige der Firma mit der Überschrift: »Zur Aufklärung«.

Die Arbeit kann zu den beiliegenden Bedingungen jederzeit aufgenommen werden.
Die Bedingungen der Betriebsleitung für die Wiedereröffnung des Betriebes sind folgende:
Geänderte Ausgabe vom 20. September.

1. Der Betrieb wird eröffnet nach Maßgabe der vorliegenden und eingehenden Aufträge.
2. Die Arbeiter gelten als neu eingestellt. Die erworbenen Urlaubsansprüche bleiben jedoch bestehen, auch für die Leute, die am 3. September wegen Arbeitsmangel entlassen werden mussten, soweit sich die Arbeiter bis 30. September des Jahres zur Arbeit melden.
3. Die Gesetze und Verordnungen über das Arbeitsverhältnis, sowie die bestehenden Tarife und Vereinbarungen werden von beiden Teilen anerkannt.
4. Die von der Werksleitung gewünschten Zeitangaben für Akkordarbeit werden nach Angabe des Arbeiters täglich vom Meister notiert. Durch diese Einführung soll keine Verschlechterung weder im Einkommen noch in den Arbeitsbedingungen eintreten.
5. Für den zugefügten Schaden ist dem Werk Entschädigung zu zahlen (Überstunden für Beamte, Rückzahlung der zuviel bezahlten Stunden am 17. September nachmittags).[b]
6. Erhöhung der Akkordlöhne in der Gussformerei durch Einrechung der Hilfsarbeiterlöhne in die Akkordpreise.
7. Die Betriebsleitung erwartet, dass der anständig denkende Teil der Belegschaft pöbelhafte und gemeine Artikel in der Presse verhindert und erwartet Vorschläge, wie dies geschehen kann.

8. Als Entschädigung für die Werkzeuge gelten die von Verband zu Verband jetzt vereinbarten Sätze.

Ferner bemerken wir noch, dass wir schon seit langer Zeit, wie dies auch dem Betriebsrat bekannt ist, für einzelne Gruppen der Former keine Arbeit mehr haben. Um diese nicht erwerbslos werden zu lassen, gab ihnen der Besitzer Gelegenheit, Notstandsarbeiten in größerem Umfange zu verrichten, für die schon ganz bedeutende Summen ausgegeben worden sind. Durch das unverantwortliche Verhalten einiger Leute und die gehässigen Artikel in der »Freiheit« Nr. 131 vom 15.9. kann es dem Besitzer unmöglich zugemutet werden, noch weiter Notstandsarbeiten ausführen zu lassen. Wenn durch solches Verhalten sich die Erwerbslosigkeit weiter ausdehnt, tragen lediglich die Schürer und Hetzer und die ins kommunistische Lager geratenen Gewerkschaften die Schuld. Aber auch das willenlose Verhalten der vernünftig denkenden Arbeiter, die leider nie den Mut haben, ihre eigene Meinung zu vertreten, tragen einen großen Teil der Verantwortung für den jetzt eingetretenen Zustand.

[a] Die Kündigung der Belegschaft erfolgte vom 12. September an.
[b] Für den 17. September nachmittags 10 Uhr wurde für Former, die die Arbeit unter den neuen Bedingungen (Gussaufnahmezettel, Akkordstundenbücher) aufzunehmen bereit waren, ein Meldetermin anberaumt.

133b Aufruf der Zentralleitung der Betriebsräte und des Gewerkschaftskartells zur Unterstützung der gemaßregelten Arbeiter, 13. Oktober 1920

Freiheit (Hanau) Nr. 139, 13. Oktober 1920.

Arbeiter! Klassengenossen!

Unternehmerwillkür setzte sich über gesetzliche Bestimmungen, behördliche Anordnungen hinweg. Aus unseren Mitteilungen ist zu ersehen, in wie infamer Weise die Vorposten des Hanauer Scharfmachertums, Peschke und Wolf des Eisenwerkes der Marienhütte, Großauheim, einhundertfünfzig unserer Klassengenossen auf die Straße setzten. Hunderte Frauen und Kinder sind dem Elend, dem Hunger preisgegeben. Es gilt heute mehr denn je, proletarische Solidarität zu üben. Das Unternehmertum muss erkennen, dass an dem Opferwillen, der Kampfeszuversicht der Arbeiterklasse jeder reaktionäre Sturm brechen muss. Darum sammelt in den Betrieben für die gemaßregelten Kollegen. Gebe jeder nach seinen Kräften. Auch wenige Groschen stärken unsere Kampfeskraft, sichern auch mit euren Sieg. Bedenkt, dass das Schicksal dieser gemaßregelten Kollegen morgen das Eurige sein kann. Wir stehen im Stadium des akuten Endkampfes. Die Arbeiterklasse muss, will sie nicht untergehen, kämpfen und siegen. Darum übt Solidarität, die Vorbedingung eines siegreichen Kampfes. Es geht mit um eure Existenz. Die Betriebsräte und Obleute fordern wir auf, Sammellisten sofort auf dem Arbeitersekretariat abzuholen. Über die eingegangenen Gelder wird in der Zeitung quittiert.

133c Mitteilung der Direktion und der Belegschaft über die Hintergründe der Maßregelungen (Auszug), 20. Oktober 1920

Hanauer Anzeiger Nr. 247, 20. Oktober 1920.

Zur Aufklärung

[...] Die Ursachen der bei der »Marienhütte« ausgebrochenen Differenzen dürften bekannt sein; sie sind durch die Aufklärungsschrift des Werks im »Großauheimer Anzeiger« vom 21. September geschildert.[a] Es sei nur nochmals kurz erwähnt, dass die Einführung der in Rede stehenden Akkordstundenbücher vom Schlichtungsausschuss Hanau in seinem Schiedsspruch vom 5. Juli 1920 als in Ordnung anerkannt wurde, mit dem Zusatz, dass die Arbeitnehmer verpflichtet sind, diese Einführung zu dulden und danach zu handeln; dass weiter auch bei einer Schlichtungsausschussverhandlung am 17. September 1920 der von dem früheren Betriebsrat zu seiner Unterstützung herbeigeholte Arbeitersekretär aus Frankfurt am Main hat erklären müssen: Die Arbeiterschaft der »Marienhütte« befindet sich moralisch im Unrecht. [...]

In welcher brutaler Weise die frühere Belegschaft bei all diesem von einer Minderheit, den Stützen der kommunistischen Partei in Großauheim, terrorisiert worden ist, wird schon dadurch bewiesen, dass durch den früheren Betriebsratsvorsitzenden am 4. September mit Arbeitsbeginn ohne Wissen der Werksleitung und ohne Veranlassung der Belegschaft eine Betriebsversammlung zwecks Wahl politischer Arbeiterräte angesetzt wurde, von der aus die Arbeiterschaft dann ohne Abstimmung unter der Drohung: jeder, der nicht mitginge, würde notiert, zu einer Demonstration nach Hanau gepresst worden ist. Am gleichen Abend verboten zwei Mitglieder des Betriebsrates für den nächsten Morgen das Anheizen der Maschinen, sodass die zur Arbeit erscheinende Belegschaft nicht arbeiten konnte; dieser wurde dann gesagt: der Streik ginge weiter.

Die Mehrzahl der früheren Belegschaft der »Marienhütte« hat dieses Treiben verurteilt, was schon daraus hervorgeht, dass der überwiegende Teil dieser alten Belegschaft jetzt wieder schon seit mehreren Wochen in Ruhe und Frieden und zu vollkommener, allseitiger Zufriedenheit mit der Werksleitung weiterarbeitet. Es ist unwahr, dass Arbeiter aus anderen Gegenden herbeigeschafft worden sind, die ihren hiesigen kämpfenden Klassengenossen in den Rücken gefallen seien. Richtig ist, dass im ganzen Betrieb der »Marienhütte« heute kein einziger Arbeiter vorhanden ist, der nicht schon vor Ausbruch der Differenzen im Betriebe gearbeitet hat, und dass diese jetzt im Betriebe arbeitenden einschließlich der vorläufig noch nicht wieder eingestellten arbeitswilligen Leute insgesamt 70 von Hundert der alten Belegschaft ergeben. Die Differenzen zwischen Betriebsleitung und dem früheren Betriebsrat, die das Verhältnis auf der »Marienhütte« mit der Zeit immer unerträglicher gestalteten, nicht nur für die Werksleitung, sondern auch für die Mehrzahl der Arbeiter, sind zumeist zu politischen Zwecken auf Veranlassung der kommunistischen Drahtzieher in Hanau künstlich herbeigeführt worden durch die unverantwortliche Haltung der tonangebenden Minderheit der Arbeiterschaft, ohne dass die Verhältnisse im Betriebe derartige weitgreifende Zwistigkeiten begründeten. Auch der Widerstand gegen die Einführung der Akkordstundenbücher, die übrigens in einzelnen Betriebsteilen schon seit Jahren bestehen, war großen Teilen der Belegschaft stets unverständlich. Eine verordnungsgemäße geheime Abstimmung in der Betriebsversammlung hat darüber nie stattgefunden trotz entsprechender Anträge.

Wenn jetzt in Flugblättern und der »Freiheit« geklagt wird[b] darüber, dass infolge der vorübergehenden Schließung und der Einschränkung des Werks eine große Anzahl Familien erwerbslos geworden und in Not gekommen sind, so ist dies in erster Linie ein Erfolg derjenigen Elemente, die mit aller Gewalt eine Kraftprobe zwischen Arbeitnehmer und Arbeitgeber herbeiführen wollten, weil ihnen dieser Klassenkampf für ihre Parteizwecke notwendig erschien. Dass es diesen Wortführern der Arbeiterschaft gar nicht darauf ankam, wirklich ein Einvernehmen mit der Betriebsleitung herzustellen, beweist der Ausspruch des Gewerkschaftsbeamten Hugo Conrad, der in einer Verhandlung erklärt hat, Schlichtungsausschuss und Demobilmachungskommissar könnten sich auf den Kopf stellen, die Arbeiter würden doch nicht die Akkordstundenbücher ausfüllen. Dass hierbei nicht alles nach Wunsch gegangen ist und die Mehrzahl der Arbeiterschaft der »Marienhütte« sich von diesen »Führern« abgewandt hat, ist der letzte Grund der wütenden Angriffe gegen Betriebsleitung und jetzige Belegschaft. Bedauerlich ist nur, dass vorläufig nicht alle Arbeiter, die nicht mit diesen radikalen Elementen sympathisieren, wieder eingestellt werden konnten, weil der gegenwärtige Stand des Unternehmens es nicht zulässt, nicht zum Letzten infolge der Haltung der früheren Machthaber unter der Arbeiterschaft, die durch ihre fortwährende Störung des geordneten Produktionsganges für die »Marienhütte« die allgemeine Krise in verhängnisvoller Weise verschärft und dadurch die Einschränkung auf den augenblicklichen Stand erzwungen haben.

Die Mitglieder aber des Gewerkschaftskartells und der Zentralleitung der Betriebsräte werden gut tun, darauf zu achten, dass nicht ihre Organe und Gelder auf Grund falscher einseitiger Berichte zu demagogischen Zwecken missbraucht werden.

Die Direktion Die Arbeiterschaft
des von Arnimschen Eisenwerk »Marienhütte«, Großauheim.

[a] Siehe auch Dokument 133a.
[b] Siehe vorangehendes Dokument.

134 — 8. Januar 1921

Aufruf an die Arbeiter, die bürgerliche Gemeinschaftsliste zur Stadtverordnetenversammlung zu wählen

Hanauer Anzeiger Nr. 6, 8. Januar 1921.

Arbeiter! Ein Tag folgenschwerer Entscheidung steht vor Euch.

Morgen, am 9. Januar, sollt Ihr darüber abstimmen, ob Ihr die Politik, welche die kommunistisch-sozialistische Mehrheit der Hanauer Stadtverordneten in den letzten zwei Jahren befolgt hat, billigt oder missbilligt.

Morgen soll Euer Stimmzettel sagen, ob Eure bisherigen Führer Euer Vertrauen verdienen, oder missbrauchen.

Arbeiter! Sie haben Euer Vertrauen schmählich missbraucht.

Statt zu arbeiten, haben sie zum Fenster hinausgeredet, haben sich gegenseitig den Rang abgelaufen, haben geglaubt, buhlen zu müssen um Eure Gunst, die Ihr nichts begehrtet, als dass sie ernste Arbeit verrichten sollten zur wirtschaftlichen und sozialen Gesundung der Stadt.

Nicht an Euch haben sie ernstlich gedacht, nicht, wie sie die riesig steigenden Kosten Eures Haushalts durch praktische Kommunalpolitik mildern könnten, sondern nur an sich dachten diese kommunistischen und sozialistischen »Volksmänner«, an die Ämtchen, die sie sichern, an die Pöstchen, die sie neu ergattern wollten.

Schwer versündigt an Euch haben sich vor allem Eure kommunistischen Führer. Gern reden sie Euch als den Ärmsten der Armen, doch wie mancher von ihnen mästet sich mit den Groschen, die Ihr blindgläubig opfert, um Euer Dasein zu verbessern.

Arbeiter! Lasst Euch kein Blendwerk vormachen. Wer von Euch kann ernstlich glauben, dass, wenn die Reste unserer geordneten Wirtschaft zertrümmert werden, wie die kommunistischen Führer es täglich empfehlen, wer von Euch kann glauben, dass dann noch ein lebenswertes Leben möglich ist.

Arbeiter! Bleibet auf dem festgefügten Boden der Wirklichkeit. Reicht Eure Hand den übrigen Volksgenossen. Die meisten von ihnen leiden schwer wie Ihr und viele schwerer, doch Trugbildern folgen sie nicht. Reicht ihnen die Hand. Erbauet mit ihnen ein neues Haus.

Wendet Euch ab von den falschen Propheten, den Hetzern, die Unfrieden unter Euch säen, weil sie von Unfrieden leben.

Wendet Euch auch ab von dem falschen Klüngel der augenblicklichen sozialistischen Wortführer. Auch sie haben Euch missbraucht!

Nicht mehr der Arbeiter führt bei Ihnen das Wort. Er ist an die Wand gedrückt. Der fremde Federführer gibt den Ausschlag, der Streber, den es gelüstet nach städtischem Amt.

Deshalb, Arbeiter, hattet Ihr keinen Führer, als kommunistische Hetze den Streik der städtischen Arbeiter ins Leben rief. Nicht was Euch frommte war damals die Sorge dieser so genannten »Arbeitervertreter«, sondern wie sie persönlich am besten abschneiden könnten. Sie »missbilligten« den Generalstreik, aber sie fanden nicht den Mut, Euch zur Hilfe zu kommen, als man Euch gegen Euren Willen, gegen Eure Überzeugung durch Terror von der Stätte der Arbeit hinweg auf die Strasse trieb. Schamlos ließen sie Euch im Stich, die falschen Führer.

Arbeiter! Ungewöhnliche Zustände und Geschehnisse erheischen ungewöhnliche Maßregeln.

Mit Euch litt, mit Euch empörte sich jeder, der in unserer Stadt ehrlich fühlte und dachte. So geht es nicht weiter! Das war der Gedanke, der alle Kreise Eurer Mitbürger belebte, der alle Parteien durchdrang und die Gemeinschaftsliste der Parteien schuf.

Pflicht eines jeden männlich empfindenden, jedes gesittet denkenden Arbeiters ist es, sich zu dieser Liste zu bekennen, der Liste, die nur das Eine erstrebt, die Gesundung der öffentlichen Moral. Nur diese Liste kann diesmal Eure Liste sein! Arbeiter, lasst Eure Erinnerung, Eure klare Erkenntnis nicht trüben durch den Lärm der Wahlmache und den Versammlungen in die man Euch hineinzerrt. Arbeiter! Gedenket des Generalstreiks! Haltet Gericht am 9. Januar! Haltet Gericht über die Hetzer! Haltet Gericht über die falschen Führer! Arbeiter! Erwachet! und wählt die Gemeinschaftsliste beginnend mit dem Namen Georg Deines.

135 März – Dezember 1921

Der gescheiterte Generalstreikversuch der Vereinigten Kommunistischen Partei (VKPD) zur Unterstützung des mitteldeutschen Arbeiteraufstands und das Verhältnis der Hanauer Kommunisten zu der so genannten »Märzaktion«

135a Aufruf der SPD Hanau gegen die Befolgung des von der KPD propagierten Generalstreiks, 28. März 1921

Stadtbibliothek Hanau, Landeskundliche Abteilung.

Arbeiter! Angestellte! Beamte!

Verantwortungslose Personen versuchen auch hier wie in anderen Teilen Deutschlands mit Eurer Existenz zu spielen. Man will Euch in einen neuen verbrecherischen Generalstreik hetzen!

Zu ungünstigster Zeit, mit den verwerflichsten Mitteln! Wahret Vernunft! Behaltet kaltes Blut!

Heute fragt man Euch nicht; wenn Ihr aber die unschuldigen Opfer des Streiks geworden seid, dann seid Ihr und Eure Familien es, die alles tragen müssen! Lasst Euch nicht täuschen! Dieser unsinnige Generalstreik ist bereits in den meisten Orten gescheitert! Nicht nur die SPD und die USPD, sondern auch die Gewerkschaften haben einmütig die Beteiligung an diesem sinnlosen Streik abgelehnt. Nur die Reaktion heult vor Vergnügen über jede gewalttätige Unüberlegtheit, die jetzt begangen wird. Klassengenossen! Lasst Euch nicht belügen, verhetzen, aufputschen! Wir wollen keinen neuen Blutsumpf! Wir wollen einem lichtscheuen Spitzel- und Verbrechertum, wie es sich bereits im Mansfelder Bezirk gezeigt hat, nicht Gelegenheit zu seinem dunklen Treiben geben, das nachher der gesamten Arbeiterschaft an die Rockschöße gehängt wird. Wir wollen nicht weiter ins Elend hinein! Wir wollen aber den Sozialismus verwirklichen! Dazu sind Gewalt, Terror, Attentat, Bürgerkrieg die allerungeeignetsten Mittel. Dazu ist vielmehr ein wohlüberlegtes, einheitliches Handeln nötig!

Nieder mit dem Bruderkrieg! Nieder mit jeder Verhetzung! Nieder mit der Reaktion und ihren Werkzeugen!

Wir appellieren an Eure Vernunft, an Euren gesunden Menschenverstand! Die müssen Euch sagen, dass Ihr unter den jetzigen Verhältnissen einer wahnsinnigen Generalstreikparole, einem Aufrufe zur Gewaltanwendung keine Folge leisten dürft! Bleibt bei der Arbeit, in den Betrieben! Stellt Euren Mann gegen jeden Terror! Lasst Euch nicht provozieren! Nur Ruhe und kaltes Blut können die Arbeiterschaft aus dieser ernsten Situation herausbringen. Es lebe der Sozialismus!

135b Aufruf des Gewerkschaftskartells Hanau und der Zentralleitung der Hanauer Betriebsräte an die organisierten Arbeiter und Angestellten des Hanauer Kartellbereichs wider den Aufruf[a] der SPD, 29. März 1921

Stadtbibliothek Hanau, Landeskundliche Abteilung.

Klassengenossen! Ereignisse, deren geschichtliche Zusammenhänge am Ausgangspunkte des heutigen im Zusammenbruch befindlichen kapitalistischen Systems liegen, spielen sich zur Zeit an verschiedenen Stellen Deutschlands ab. Mit Trauer und Empörung steht das deutsche Proletariat in dieser Stunde an der Bahre Hunderter und Aberhunderter von Arbeitsbrüdern, die als erste Opfer der systematischen Wiederaufrichtung reaktionärer Herrlichkeit ihr Herzblut auf dem Altar proletarischer Befreiungskämpfe ließen.

Klassengenossen! Ist es notwendig, Beweise für das bewusste provozierende Vorgehen der Gegenrevolution zu führen? Kann ein Zweifel darüber bestehen, dass die Lage des mitteldeutschen wie des gesamten Proletariats mit eherner Notwendigkeit den Kampf gegen das bankrotte heutige System erheischt? Spricht die Millionenzahl der Erwerbslosen, also der zum Hungertode verurteilten, in einer Epoche nie da gewesenen Warenbedarfs keine allzu verständliche Sprache? Und habt ihr nicht aus anderen Kämpfen jüngster Vergangenheit, gerade aus dem letzten Vorgehen gegen Metallarbeiter- und Holzarbeitergruppen gelernt? Weil Kapitalisteninteresse es erforderte, werden Hunderte Holzarbeiter gewaltsam ihrer Arbeitsstätte ferngehalten, Hunderte Frauen und Kinder der letzten Verelendung preisgegeben. Wie hier, so in Wetzlar, Mitteldeutschland und anderwärts. Gewaltsame Sabotage der Produktion durch das Kapital, dessen heute noch ungeheuren Profite durch die Forderungen der Entente-Kapitalisten bedroht sind, rücksichts- und verständnisloses Vorgehen gegen das, durch diese Terror- und Wahnsinnsakte zur Verzweiflung getriebene Proletariat, das und nur das alleine ist die Ursache der Kämpfe unserer Brüder im übrigen Reiche, würde früher oder später auch die hiesige Arbeiterschaft zum offenen Kampfe, [der] der jetzigen Epoche fortgesetzter Katastrophen und Demütigungen ein Ende bereitet, zwingen.

Diese Dinge, erfasst und erkannt von jedem, dessen letztes Fünkchen proletarischen Ehrgefühls nicht vermodert, erzählen euch nicht nur die Kommunisten, nein täglich lest ihr in den Spalten der mehrheitssozialistischen »Volksstimme« und anderer Blätter dieser Partei von ihnen, seht ihr zu welcher Farce man den demokratisch-bürgerlichen Staat degradiert, werdet ihr gewahr, in welcher holden Dreieinigkeit Unternehmertum, Polizei und Justiz gegen die deutsche arbeitende Klasse wütet. Noch lebte in uns ein kleines Fünkchen Hoffnung, dass durch die nackte Brutalität der Reaktion auch die Führer der MSP[D] zur Einsicht gekommen, ihren Platz in der Stunde des Kampfes neben dem gesamten revolutionären Proletariat fänden. Und was erleben wir? Klein Blatt der Bourgeoisie wagte es bis zu dieser Stunde, hier in Hanau diese erbärmliche Hetze zu entfachen, wie es die Parteileitung der Mehrheitssozialdemokraten unter der Deckung und dem Schutze der Sipo tat.

Arbeiter, Angestellte, Kollegen der städtischen Betriebe! In diesem das Andenken unserer gefallenen Klassengenossen besudelnden, ekelerregenden Flugblatt und Plakat spricht man von einem »neuen verbrecherischen Generalstreik«. Das sind dieselben Leute, die während des einzigen, mit Ausnahme des anlässlich des Kapp-Putsches geführten Generalstreiks, diesen Generalstreik in Presse, Reden und Flugblättern als unausweichliche Notwendigkeit für die Arbeiterschaft, als provoziert durch den damaligen Magistrat bezeichneten.[b]

Von den Arbeitern, die dieser Partei noch angehören, erwarten wir: Rechenschaft über das Doppelspiel der Führer dieser Partei, die heute, nach 6 Monaten, euren damaligen Kampf beschmutzend »verbrecherisch« nennen! Rechenschaft für das der Gegenrevolution abgenommene Handwerk systematischen Verleumdens, Provozierens und Vorbereitens der Pogromstimmung gegen die Teile des Proletariats, die bis zu dieser Stunde nicht mit dem Brandmal Kains behaftet, nein, immer ehrlich und offen für die Interessen des gesamten Proletariats als Klassenkämpfer eintraten.

Wir rufen die Arbeiter und Angestellten als Zeugen dafür auf, dass unsere Haltung jetzt und immer diktiert war lediglich vom Gesichtspunkte proletarischer Interessen. Und weil wir dessen bewusst sind, sind wir überzeugt, dass die gesamte hiesige Arbeiterschaft in der Stunde, in der wir sie rufen, zur Stelle sein wird und verächtlich über jene schreitet, die bezahlt oder unbezahlt das Handwerk blutigen Mordens – nein, auch noch das Odium eines Judas Ischariot, eines Marodeurs am Proletariat auf sich geladen.

Wir sind uns bewusst, dass gerade die revolutionäre Tradition, der nie versagende Solidaritäts- und Kampfgeist der hiesigen Arbeiterschaft doppelt und dreifach Ruhe, Vernunft und zielbewusstes Handeln erfordert, sind uns bewusst der großen Verantwortung, die wir den tausenden Proletarierfamilien gegenüber schuldig sind. Aber mit Ekel und Abscheu müssen wir uns wenden von denen, die in der Stunde größter geschichtlicher Auseinandersetzung als offene Saboteure der proletarischen Sache überliefen ins Lager der Gegenrevolution, der Horden, die mit Wollust die lange ersehnte Gelegenheit wahrnehmend, dort wo möglich im Blute des Proletariats waten. Judas Ischariot war der Name desjenigen, der den verriet, den zu verteidigen er gelobt vorgegeben. Und Judas Ischariot müssen Kinder und Enkelkinder flüstern, wenn dereinst Chronik und Geschichte ihr vernichtendes Urteil über die Männer an der Spitze der Mehrheitsozialdemokratischen Partei gesprochen hat. Vom 4. August 1914 zu den Januar- und Märztagen 1919, zum 13. März 1920 und zu den Märztagen 1921 – eine einzige große Flut rot-schlammig dampfend, Blut und Verrat, Mord und Betrug. Das ist die Sozialdemokratische Partei Deutschlands, das sind die Männer von Noske, Scheidemann zu den Hochs und deren kleine Trabanten: Judas Ischariote! Die Geschichte wird reden – so die Massen des deutschen Proletariats schweigen!

Heute, Dienstag, den 29. März, abends 8 Uhr fordern wir die gesamte Arbeiterschaft auf zur großen öffentlichen Volksversammlung im Gewerkschaftshaus, in der die allgemeine Lage besprochen wird.

Mittwoch, den 30. März, vormittags 10 Uhr Vollversammlung der Betriebsräte. Betriebe, die nicht vertreten sind, haben Verlust ihrer Zugehörigkeit zur Betriebsräteorganisation zu befürchten.

Mittwoch, den 30. März, abends 8 Uhr Vollversammlung des Gewerkschaftskartells. Alle Delegierten müssen zur Stelle sein.

Das Gewerkschaftskartell Hanau Zentralleitung der Betriebsräte

[a] Siehe vorangehendes Dokument.
[b] Anspielung auf den Hanauer Generalstreik vom 28. August bis zum 6. September 1920. Siehe Dokumentenserie Nr. 131.

135c Resolution[a] des Bezirksparteitages des Unterbezirks Hanau-Gelnhausen-Orb-Unterfranken zum Bericht vom 3. Kongress der Kommunistischen Internationale (Auszug), 17./18. September 1921

Bundesarchiv Berlin, SAPMO, Ry-I3/23/17, Bl.8.

Der III. Kongress der Kommunistischen Internationale[b] war in Wirklichkeit das Eingeständnis einer ganzen Reihe schwerster Fehler seitens der Vereinigten Kommunistischen Partei Deutschlands (VKPD) und des Exekutivkomitees seit dem II. Kongress.[c]

In der Frage der deutschen Märzaktion hat der Kongress in der Sache die Stellung der Kritiker an der Märzaktion und sachlich auch die Stellung von Paul Levi sich zu eigen gemacht; es ist deutlich gemacht worden, dass der Gedanke der Offensive um jeden Preis, ohne Rücksicht auf die politische Situation und ohne Rücksicht auf die Psychologie der Massen – der der Märzaktion wie den von der Zentrale und dem Zentralausschuss der deutschen Partei am 7.4.21 angenommenen Leitsätzen zugrunde lag – als unmarxistisch zurückzuweisen sei.

Die Auswirkung der Annahme dieser Grundsätze verhinderte der Kongress der III. Internationale dadurch, dass er im Interesse des Prestiges derjenigen, die diese Fehler begangen hatten, nicht nur nicht die Konsequenzen zieht, sondern im Gegenteil äußerlich den Kampf im Sinne jener Fehler weiterführt. [...]

Statt aus dem im März in Deutschland gemachten Fehler die Konsequenzen zu ziehen, führt äußerlich das Exekutivkomitee den Kampf gegen die Kritiker der Märzaktion weiter.

Solche Prestigepolitik ist mit den Grundsätzen des Aufbaues einer revolutionären Massenpartei unverträglich, deren Lebensprinzip ist klarste Kritik, klarste Ziehung der Konsequenzen der Kritik; denn nur so können die Massen aus den begangenen Fehlern lernen und Kommunisten werden.

Wir können also in den Beschlüssen des III. Kongresses der Kommunistischen Internationale keine Klärung der Streitfragen der Internationale und auch keine deutliche Zielsetzung für die Politik der Internationale erblicken.

[a] Die Resolution wurde trotz der massiven Drohung der Parteizentrale mit Ausschluss des ganzen Unterbezirks mit 32 gegen 4 Stimmen angenommen.
[b] Abgehalten in Moskau vom 22. Juni bis zum 12. Juli 1921.
[c] Abgehalten in Petrograd und in Moskau vom 19. Juli bis zum 7. August 1920.

135d Charakterisierung des Unterbezirks Hanau der KPD im Bericht des Referenten Georg Handke über den Unterbezirksparteitag am 17./18. September 1921 in Hinblick auf den drohenden Parteiausschluss, September 1921

Bundesarchiv Berlin, SAPMO, Ry-I3/23/17-Bl.6.

Der Unterbezirk Hanau ist zahlenmäßig und organisatorisch nicht nur der stärkste des Bezirks Frankfurt, sondern er bildet überhaupt die Grundlage für die gesamte Arbeit innerhalb des Bezirkes. Die Gewerkschaften sind mit Ausnahme des Holzarbeiterverbandes restlos in den Händen der Kommunisten, desgleichen die Genossenschaften. In Hanau-Stadt bildet die kommunistische Fraktion die stärkste der Stadtverordnetenversammlung. In einer Reihe von Landorten verfügen wir über absolute kommunistische Mehrheiten.

Hanau (Unterbezirk) trat bereits im August 1914 in Opposition zu dem Hauptvorstand der alten Sozialdemokratischen Partei und beschloss am 3. August 1914, die Kriegskredite unter allen Umständen abzulehnen. Die führenden Genossen waren mit die ersten, die in Frankfurt am Main zusammen mit Karl Liebknecht, Rosa Luxemburg, Paul Levi u.a. die Opposition organisierten. Im Laufe des Krieges war der Unterbezirk Hanau das organisatorische Fundament der Spartakus-Gruppe. Er trat bei Gründung der USPD in Gotha mit gewaltiger Mehrheit dieser bei und gehörte zur Spartakus-Gruppe. Bei Gründung der KPD (Spartakus-Bund) im Dezember 1918 trat er wiederum fast geschlossen in die neugegründete Kommunistische Partei über. Trotz langer Illegalität, trotz der Besetzung durch die weißen Garden im Frühjahr 1919, wuchs er immer mehr zahlenmäßig an und erwarb sich das Vertrauen der nicht-kommunistischen proletarischen Massen. Durch seine klare Stellung in der Gewerkschaftsfrage ist es ihm gelungen, heute sämtliche Gewerkschaften fest in der Hand zu halten. An allen Kämpfen (mit Ausnahme der Märzaktion) war der Unterbezirk hervorragend beteiligt. Sein Ausschluss aus der KPD würde diese nicht nur um einen finanziell völlig auf eigenen Füßen stehenden Bezirk bringen, sondern würde auch dem Bezirk Frankfurt die Grundlage entziehen, auf der dieser aufgebaut ist.

Vom Referenten sowohl als auch von allen Diskussionsrednern wurde schärfstens hervorgehoben, dass, wenn die Zentrale wirklich den Ausschluss vollziehen würde, der Unterbezirk unter allen Umständen bleiben würde, was er war und ist: eine Hochburg des Kommunismus.

135e Resolution[a] der Vertrauensleute der Ortsgruppe Hanau der KPD, in der der Rücktritt der Parteizentrale und die Einberufung eines außerordentlichen Parteitages zur Bereinigung der im Zusammenhang mit der Märzaktion begangenen Fehler gefordert wird, 6. Dezember 1921

Bundesarchiv Berlin, SAPMO, Ry-I3/23/17, Bl. 40.

Die Veröffentlichung einiger Dokumente aus der Märzaktion[b] ist für die KPD die zweite Gelegenheit, vor dem gesamten Proletariat zu erklären, dass sie jene putschistischen Pläne und Handlungen weit von sich weist, die in der Märzaktion innerhalb der Partei von verantwortlichen oder unverantwortlichen Genossen angeregt beziehungsweise entworfen wurden.

Die diesbezüglichen Erklärungen, die die Zentrale oder einzelne Genossen in den letzten Tagen abgaben, wirken vertuschend und verhindern abermals die im Interesse der revolutionären Bewegung liegende Klärung: darüber hinaus täuschen sie über vorliegende Tatsachen hinweg. Das Parteiprogramm sowie das Manifest vom Gründungsparteitag (Dezember 1920)[c] bedingen nicht nur rein platonische Erklärungen, die praktisch zu nichts verpflichten, sondern ein klares und volles Eingeständnis der gemachten schweren Fehler und in der Konsequenz dessen auch organisatorische Maßnahmen gegen jene Parteimitglieder, die durch ihr unkommunistisches Handeln die Partei auf das Schwerste gefährdet haben und jederzeit imstande sind, solches im

Namen der Partei zu wiederholen, weil sie noch restlos exponierte Parteifunktionen ausüben. Nur eine gründliche Säuberung vermag dem Proletariat zu zeigen, dass die KPD ihrem Programm Treue bewahrt.

Es ist selbstverständlich, dass die Veröffentlichung der in Frage kommenden Dokumente durch die sozialdemokratische Presse für die Arbeiter eine Ablenkung von dem verräterischen Treiben der SPD-Führer sein soll. Aber die Dokumente konnten von der SPD nur in ihrem Sinne ausgenutzt werden, weil der III. Kongress der Kommunistischen Internationale[d] und auch der Jenaer Parteitag[e] weder die Personen, die durch ihre Tätigkeit für die Fehler der Märzaktion voll verantwortlich zu machen sind, aus der Partei entfernt hat, noch in den gefassten Beschlüssen die Märzaktion als ein vollständiges Abweichen von der kommunistischen Taktik kennzeichnete.

Weil durch diese Fehler nicht nur die KPD, sondern auch der kommunistische Gedanke ernstlich kompromittiert ist, ist es das Gebot der Stunde, alles zu tun, dass die Partei gereinigt wird und sich das Vertrauen der Massen zurückerobert, um kraftvoll dem Untergang der deutschen proletarischen Revolution in Anarchie oder Reformismus entgegenwirken zu können.

Als erste Maßnahme zur Wiedergesundung der Partei erblicken die Vertrauensleute der Ortsgruppe Hanau den sofortigen Ausschluss von Hugo Eberlein[f] und aller derjenigen Personen, die erwiesenermaßen gegen unser Programm gehandelt haben.

Dieser Ausschluss wird hierdurch beantragt.

Weiter fordern die Vertrauensleute den Rücktritt der Zentrale und die beschleunigte Einberufung eines außerordentlichen Parteitages, der das nachzuholen hat, was in Jena versäumt wurde.

Die Vertrauensmännersitzung des Unterbezirks Hanau-Gelnhausen-Orb-Unterfranken vom 11. Dezember 1921 bestätigt von neuem die Beschlüsse, die der Unterbezirk über die Märzaktion, den Moskauer Kongress und den Jenaer Parteitag gefasst hat.

Die Motive, aus denen die Enthüllungen des »Vorwärts« erfolgt sind, sind die denkbar niedrigsten und moralisch verwerflichsten. Sie sind erfolgt zum Zwecke der unsaubersten Wahlmache und um die im Entstehen begriffene Einheitsfront des Proletariats zu sprengen. Diese Motive des »Vorwärts« entheben aber die KPD nicht von der Verpflichtung, den Inhalt der Enthüllungen sachlich zu prüfen und somit den sozialdemokratischen Kritikern des Kommunismus jede sachliche Berechtigung ihrer Kritik zu nehmen. Die Vertrauensmännersitzung betont, dass die Enthüllungen niemals Erfolg hätten haben können, wenn von Anfang an die Kritik der Partei nicht unterdrückt und nicht die Kritiker, sondern die Schuldigen aus der Partei entfernt worden wären. Verhängnisvoll wäre es für die Partei, wenn sie aus irgendwelchen Rücksichten auf innerhalb oder außerhalb der deutschen Sektion der Kommunistischen Internationale stehende Persönlichkeiten sich dieser Verpflichtung zur Selbstkritik entziehen würde.

Deshalb fordert die Vertrauensmännersitzung des Unterbezirks die Absetzung der gegenwärtigen Zentrale, die Entfernung aller Schuldigen an der Märzaktion aus der Partei, sowie den Rücktritt aller derjenigen von ihren Vertrauensämtern, die in verantwortlicher Stelle die Märzaktion durch Duldung gefördert oder theoretisch verteidigt haben.

Die Vertrauensmännersitzung fordert ferner die sofortige Anbahnung von Verhandlungen mit dem Ziele des Wiedereintritts der wegen ihrer Kritik an der Märzaktion ausgeschlossenen beziehungsweise zum Austritt gezwungenen Genossen. Zu diesem Zweck fordern die Vertrauensleute die schleunigste Einberufung eines außerordentlichen Parteitages, der gleichzeitig eine vollständige politische und organisatorische Neueinstellung der Partei auf der Grundlage des Spartakusprogramms vollzieht.

[a] Die Resolution wurde mit 47 Stimmen bei einer Stimmenthaltung angenommen.
[b] Ende 1921 in mehreren Nummern des Zentralorgans der SPD »Vorwärts« veröffentlicht.
[c] Richtig: Dezember 1919.
[d] Moskau, 22. Juni bis 12. Juli 1921.
[e] 22. bis 26. August 1921.
[f] Hugo Eberlein, Mitglied der Parteizentrale, war einer der Hauptorganisatoren der Märzaktion.

136 — 7. Oktober 1921

Erklärung der Direktion der Deutschen Dunlop Gummi-Compagnie AG, dass das Werk wegen der Einstellung der Akkordarbeit durch die Belegschaft am 27. September geschlossen wurde

Hanauer Anzeiger Nr. 235, 7. Oktober 1921.

Zur Aufklärung an die Arbeiter und Arbeiterinnen sowie die übrige Bürgerschaft
Die Direktion der deutschen Dunlop-Gummi-Compagnie AG hat sich am Dienstag, den 27. September 1921, veranlasst gesehen, den gesamten technischen Betrieb still zu legen. Über die Gründe, die zu dieser einschneidenden Maßnahme führten, sind in den Kreisen der eigenen und auch der übrigen Arbeiterschaft Hanaus sowie in weiten Schichten der Bevölkerung Gerüchte im Umlauf, die der Wahrheit nicht entsprechen. Damit diese Gerüchte, die von gewisser Seite für ihre eigenen Zwecke ausgenützt werden, kein falsches Urteil über unseren Entschluss veranlassen, geben wir nachstehend eine eingehende Darstellung der tatsächlichen Vorgänge.
I. Die Löhne und Arbeitsbedingungen unserer Belegschaft sind geregelt durch den rechtsverbindlich erklärten Reichstarif für die chemische Industrie und durch das jeweils als Ergänzung hierzu abgeschlossene Bezirkslohnabkommen für die Gummiindustrie der Provinz Hessen-Nassau und den Freistaat Hessen.
Nachdem durch Schiedsspruch des zuständigen Schlichtungsausschusses vom 7. September die Lohnsätze gefunden waren, wurde am 15. September von den zuständigen Organisation ein neues Bezirkslohnabkommen vereinbart, das die Lohnsätze mit rückwirkender Kraft ab 1. September vorsah.
II. In den bezirklichen Lohnabkommen für die Gummiindustrie heißt es: »dass die Akkordsätze so eingestellt sind, dass bei normaler Leistung ein Mehrverdienst von mindestens 10 Prozent über den Stundenlohn erreicht werden kann.«
Zur Erfüllung dieser tariflichen Bestimmung wollte die Direktion, wie dies bei früheren Lohnerhöhungen auch geschehen war, eine Neuregelung der Akkordsätze vornehmen.
III. Die Firma hat am 16. März 1921 mit dem Arbeiterrat, der durch die Herren Peter, Elsesser und Prompe vertreten war, eine Vereinbarung dahin getroffen, dass der Akkordsatz in keiner Weise abhängig sei von dem jeweilig geltenden Stundenlohn. Die Akkordsätze seien so einzustellen, dass bei entsprechenden tariflichen Bestimmungen bei normaler Leistung ein Mehrverdienst von mindesten 10 Prozent über

den Stundenlohn erreicht würde. Es sei darauf hingewiesen, dass diese Vereinbarung sowohl von der Direktion als auch von dem Arbeiterrat unterzeichnet ist.
IV. Während noch die Werksleitung mit der Neuerrechnung der Akkordsätze auf Grund der neuen Zuschläge zu den Löhnen beschäftigt war, trat am 18. September der Arbeiterrat an die Werksleitung heran mit der Forderung, die neue Lohnerhöhung den alten Akkordsätzen zuzuschlagen. Unter Bezugnahme auf die oben erwähnte Vereinbarung lehnte die Direktion den Antrag des Arbeiterrates ab. Am nächsten Tage wiederholte der Arbeiterrat den Antrag und drohte gleichzeitig bei Nichterfüllung der Forderungen in Ultimatumsform mit Einstellung der Akkordarbeit. Die Direktion wies die Belegschaft durch einen Aushang auf die Sachlage hin und erklärte, die neu zu vereinbarenden Akkordsätze mit rückwirkender Kraft ab 1. September zu zahlen. Im Übrigen sollte die Angelegenheit, da eine Einigung zwischen der Direktion und dem Arbeiterrat aussichtslos erschien, gemäß den tariflichen Bestimmungen durch die tariflichen Schlichtungsinstanzen entschieden werden. Als erste Instanz kam die Heranziehung der beiderseitigen Organisationsvertreter in Betracht, die alsbald sich auf einen Verhandlungstermin im Werke einigten.
V. Die Belegschaft der Dunlopwerke wartete, wozu sie aufgrund der tariflichen Bestimmungen verpflichtet gewesen wäre, nicht den Gang des eingeleiteten Einigungsverfahrens ab, sondern wollte durch eigenmächtiges Vorgehen unter Hinwegsetzung über dieses Verfahren eine vollendete Tatsache schaffen.
VI. Als am 22. September sich in den Farbwerken Höchst die bekannten Vorgänge abgespielt hatten,[a] erschien am Tage darauf der Arbeiterrat und ein Gewerkschaftssekretär bei dem Vertreter der Direktion und verlangte sofortiges Eingehen auf die gestellten Forderungen. Sie scheuten sich dabei nicht, auf die von der Direktion der Farbwerke Höchst erpressten Zugeständnisse hinzuweisen und mit gleichen Gewaltmaßnahmen zu drohen. Mitten in der Arbeitszeit, ohne die auf Grund des Betriebsrätegesetzes notwendige Zustimmung der Direktion, berief der Arbeiterrat am 24. September vormittags 11 Uhr eine Betriebsversammlung der Akkordarbeiter und Akkordarbeiterinnen. In dieser Versammlung ließ der Arbeiterrat einen Beschluss fassen, dass die Akkordarbeit von Arbeitern und Arbeiterinnen eingestellt würde, falls nicht binnen 24 Stunden die Direktion die von dem Arbeiterrat verlange Regelung vornähme. Zu diesem Beschluss kam die Belegschaftsversammlung unter der Führung des Arbeiterrats, obgleich dieser vorher von der Direktion ausdrücklich auf die gegebene Sachlage hingewiesen worden war. Die Firma hatte den Arbeiterrat nicht im Unklaren darüber gelassen, dass jede Störung oder Unterbrechung der Akkordarbeit einen Vertragsbruch bedeutet und als solcher behandelt werden muss.
VII. Als nun Vertretern der Direktion der Beschluss der Belegschaftsversammlung mitgeteilt wurde, nahmen diese sofort Gelegenheit nochmals ausdrücklich den Arbeiterrat auf das tarifwidrige Verhalten aufmerksam zu machen. Trotz dieser Warnungen und dieser Hinweise ließ sich der Arbeiterrat von seinem tarifwidrigen Vorgehen nicht abbringen.
VIII. Am Montag, den 26. September, verweigerten die bisherigen Akkordarbeiter und -arbeiterinnen tatsächlich jegliche Akkordarbeit. Nachdem die Betriebsleitung dies festgestellt hatte, wurde eine erneute Verhandlung mit dem Arbeiterrat gepflogen, um ihn in letzter Stunde zu veranlassen, den bereits eingetreten Tarifbruch zu beseitigen. Alle Bemühungen in dieser Hinsicht blieben jedoch erfolglos. Der Arbeiterrat beharrte wiederum auf dem Beschluss der Belegschaftsversammlung, nicht mehr im Akkord zu arbeiten.

XI. Da dies terroristische Vorgehen der Belegschaft durchaus tarifwidrig und demgemäss ungesetzlich war, sah sich die Direktion gezwungen zur Herbeiführung gesetzes- und ordnungsmäßiger Verhältnisse in ihrem Werk, den Betrieb am Dienstag, den 27. September, zu schließen.
X. Die Direktion kann nicht unterlassen darauf hinzuweisen, dass sie in ihren Entschließungen nicht nur bei diesem Einzelfalle, sondern schon des öfteren unter dem terroristischen Vorgehen des Arbeiterrats und der Belegschaft gestanden hat. So hatte zuletzt am 29. August des Jahres die gesamte Arbeiterschaft, trotzdem die Entlohnung tariflich festgelegt war und neue Lohnverhandlungen bereits zwischen den Organisationen vorbereitet waren, plötzlich die Arbeit niedergelegt und der Firma die tarifwidrige Forderung auf eine Wirtschaftsbeihilfe gestellt. Auch bei anderen Gelegenheiten wurde die freie Entschließung der Direktion durch »Ultimatums« dauernd zu beeinflussen versucht.
XI. Die Öffentlichkeit wird die Frage aufwerfen, ob die Belegschaft der Dunlop irgendwelche Veranlassung hatte, in der geschilderten Weise vorzugehen. Die Direktion glaubt diese Frage nicht besser beantworten zu können, als durch die Mitteilung der von den Akkordarbeitern und Arbeiterinnen in der letzten Zeit erzielten Verdienste:

Gegenüber dem neuen Stundenlohn von Mark 7.- für Arbeiter über 21 Jahre verdienten die Akkordarbeiter nach dem alten Akkordsatz:

Aufleger	Mark	7,27	Vulkanisierer	Mark	9,05
Wickler	Mark	7,50	Gummischneider	Mark	9,38
Deckenmacher	Mark	8,35	Plattenzieher1	Mark	9,57
Abzwicker	Mark	8,97	Transporteure	Mark	9,76

Das sind die bisherigen Durchschnittsstundenverdienste der Akkordarbeiter unserer Belegschaft, d.h., dass sich das Gesamtjahreseinkommen unserer Arbeiter bei 2400 Arbeitsstunden im Jahre zwischen zirka Mark 18 000.- und Mark 24 000.- bewegt.
XII. Am 30. September hat der zuständige bezirkliche Schlichtungsausschuss der chemischen Industrie zu Frankfurt am Main in einem Schiedsspruch den Tarifbruch ausdrücklich festgestellt.
XIII. Zusammenfassend sei also festgestellt, dass es ein großer Tarifbruch der Belegschaft war, der die Direktion notgedrungen zu ihrem Vorgehen unter Berücksichtigung aller vorangegangenen Fälle zur Schließung des Betriebes veranlassen musste.

Die Verantwortung für die Schließung des Betriebes fällt daher einzig und allein der Arbeiterschaft und insbesondere deren Führer zur Last. Alle entgegengesetzten Behauptungen entsprechen nicht den Tatsachen.

[a] Nach der Explosionskatastrophe im Oppauer Ammoniakwerk der Badischen Anilin- und Sodafabrik (BASF) am 21. September 1921 kam es in den Farbwerken Höchst zum Aufruhr und zur Forderung der Entlassung eines leitenden Angestellten, der die Oppauer Opfer (565 Tote, über 2000 Verletzte) verhöhnt hatte. Die gleichzeitig erhobene Forderung nach Lohnerhöhung und nach Gewährung einer Wirtschaftsbeihilfe veranlasste die Direktion am 25. September zur Schließung des Werks und zur Aussperrung der Belegschaft.

137 Mai 1922

Der Kampf der süddeutschen Metallarbeiter für die Verteidigung der 46-Stunden-Woche und die Aussperrung in Hanau

137a Ultimatum des Verbands der Metallindustriellen für Hessen-Nassau, Hessen und angrenzende Gebiete an die Leitung des 8. Bezirks des DMV, 13. Mai 1922

Hanauer Anzeiger Nr. 113, 15. Mai 1922.

Zur Aufklärung

In der Maschinen- und Metallindustrie Süddeutschlands nimmt schon seit Wochen, in einigen Bezirken seit Monaten, ein Streik etwa 140 000 Arbeitern die Möglichkeit zu Arbeit und Verdienst. Die Ursache dieses Streiks liegt in der Weigerung der Arbeiterschaft, die nach dem Gesetz mögliche und durch die Entscheidung der Schlichtungsausschüsse München, Stuttgart, Karlsruhe und Konstanz festgesetzte 48stündige Arbeitswoche anzunehmen.

Der Verband der Metallindustriellen verlangt die 48 Stundenwoche deshalb, weil die wirtschaftliche Notlage unseres Volkes dieses gesetzliche zulässige Maß der Arbeitsleistung dringend erheischt. Von den deutschen Metallarbeitern arbeitet schon jetzt der größte Teil bereits 48 Stunden. Der verbleibende kleinere Teil bringt die davon betroffenen Bezirke in schweren Konkurrenzkampf mit der großen Masse der übrigen deutschen Industrie. Die Nichtausnutzung der höchstzulässigen Arbeitsleistung bildet ein ernstes Hindernis für die Erfüllung der überwiegend auf der Industrie lastenden Reparationsleistungen, die im jetzigen Zeitpunkt Voraussetzung für ruhigen Fortgang der Arbeit und somit im gleichen Ausmaße für Arbeitgeber wie Arbeitsnehmer von höchster Bedeutung ist.

Mit der Einführung der 48 Stundenwoche würde auch für den Arbeiter eine Erhöhung des tatsächlichen Wochenverdienstes erreicht werden, da die von den Schlichtungsausschüssen festgesetzten und von Arbeiterseite anerkannten Lohnsätze für volle 48 Stunden bezahlt würden.

Bei dieser Sachlage waren wir bis jetzt der Meinung, dass die Arbeiterschaft einsehen werde, dass die Fortsetzung des Kampfes unberechtigt und für Arbeitnehmer und Arbeitgeber und nicht zuletzt für die deutsche Wirtschaft verderblich sei.

Es wird aber von einigen Führern der Arbeiterschaft behauptet, die Einführung der 48-Stundenwoche bedeute die Vorstufe zu einer weiteren Erhöhung der Arbeitszeit, obgleich das Gesetz diese Grenze genau festgelegt hat und obgleich die Arbeitgeber nicht im Entferntesten daran denken, über das Gesetz hinauszugehen.

Es wird weiter behauptet, durch die Einführung der 48stündigen Arbeitswoche würde der freie Samstag Nachmittag in Wegfall kommen, obgleich sich die 48-Stunden-Woche nach dem Gesetz auch so regeln lässt, dass der freie Samstag Nachmittag nach wie vor bestehen bleibt.

Bei diesen Gegensätzen beider Parteien war eine Einigung bisher nicht zu erzielen, sodass der Kampf weiterläuft. Wir haben deshalb für den Frankfurter Bezirk noch einen letzten Versuch gemacht, ein Weiterumsichgreifen des Kampfes zu vermeiden.

In einem Schreiben an die Leitung und die Ortsverwaltung des hiesigen 8. Bezirks des Deutschen Metallarbeiterverbandes haben wir gefordert, dass die Arbeiterschaft sich bis Dienstag, den 16. Mai 1922, mittags 12 Uhr, bereit erklärt, vom 1. Juni 1922 ab die 48 Stundenwoche anzunehmen, und mitgeteilt, dass für den Fall der Ablehnung unserer Forderungen wir uns in Wahrung unserer Verbandsinteressen genötigt sehen, den sich weigernden Belegschaften am Mittwoch, den 17. Mai 1922, die Kündigung zuzustellen.

137b Bedingungen des Verbandes der Metallindustriellen für Hessen-Nassau, Hessen und angrenzende Gebiete für die Rücknahme der Kündigung, 22. Mai 1922

Hanauer Anzeiger Nr. 120, 23. Mai 1922. Einleitender Vermerk der Redaktion: In der gestrigen Verhandlung zwischen den Gewerkschaften und dem Verband der Metallindustriellen für Hessen-Nassau, Hessen und angrenzender Gebiete in Frankfurt am Main wurde seitens der Arbeitgeber folgender Vorschlag unterbreitet.

Wir sind bereit in sämtlichen Betrieben die Kündigung sofort zurück zu nehmen, falls bis heute Mittag 1 Uhr seitens der Gewerkschaften

1. Eine Anerkennung der Ergebnisse der Münchner Verhandlungen für den bayerischen Verband erfolgt und zwar in der folgenden Form: »Sämtliche von der Aussperrung erfassten Betriebe bleiben geöffnet und zwar vorläufig mit der bisherigen Arbeitszeit. Wenn die Betriebsleitung [es] für gegeben erachtet, ist nach vorheriger Mitteilung an den Arbeiterrat die Wochenarbeitszeit bis auf 48 Stunden zu verlängern, wobei für die 48. Stunde ein Zuschlag in der Höhe zu zahlen ist, wie für tarifmäßige Überstunden. Die dadurch sich ergebende Gesamtarbeitszeit ist auf Verlangen der Betriebsleitung in der Arbeitsordnung als die reine wöchentliche Arbeitszeit (ohne Einrechnung der Pausen) aufzunehmen.«
2. Höhere Löhne, wie die in den Schiedssprüchen der Schlichtungsausschüsse festgelegten Sätze, dürfen vor Ablauf der darin bestimmten Kündigungsfrist nicht gefordert werden.
3. Das Kollektivabkommen in der in Heidelberg festgestellten neuen Fassung angenommen wird mit Ausnahme der Arbeitszeit, die unter Punkt 1 dieser Erklärung besonders geregelt ist.
   Im Falle der Einigung auf dieser Grundlage werden die in den Schiedssprüchen festgesetzten Lohnsätze von den in den Schiedssprüchen festgesetzten Terminen ab, sobald wie dies technisch möglich ist, zur Auszahlung gebracht.

137c Bericht des »Hanauer Anzeigers« über die Aussperrung und die Bekanntmachung des DMV, 24. Mai 1922

Hanauer Anzeiger Nr. 121, 24. Mai 1922.

In der Metallindustrie sind gestern im Bezirk Frankfurt die Arbeitnehmer ausgesperrt worden. In Hanau sind davon bis jetzt etwa 600 Arbeiter betroffen worden. Die Arbeiterorganisation hat eine Bekanntmachung erlassen, die die Begründung ihrer Maßnahmen enthält. Es heißt darin: Die Arbeitgeber haben sich bereit erklärt, die

Kündigungen, die für den letzten Montag[a] ausgesprochen worden waren, zurückzuziehen, wenn die Arbeiter die Vorschläge des bayerischen Sozialministeriums annehmen würden. Sämtliche von der Aussperrung erfassten Betriebe bleiben geöffnet und zwar vorläufig mit der bisherigen Arbeitszeit. Wenn die Betriebsleitung die Notwendigkeit für gegeben erachtet, ist nach vorheriger Mitteilung an den Arbeiterrat die wöchentliche Arbeitszeit bis auf 48 Stunden zu verlängern. Die 48. Stunde soll nach Art der Überstunden bezahlt werden. Die Arbeitnehmer konnten sich nicht zur Annahme dieser Sätze entschließen, da sie nicht über das Protokoll zu den Münchner Verhandlungen unterrichtet waren. Die Arbeitgeber haben sich zum Dienstag bereit erklärt, mit den Arbeitern weiter zu verhandeln. Gestern hielten die Arbeiter Verhandlungen[b] ab, in denen es zum Teil sehr stürmisch zuging. Man forderte in einigen Versammlungen sogar den Generalstreik.

Wie wir kurz vor Redaktionsschluss erfahren, besteht die Möglichkeit einer recht baldigen Aussetzung der Aussperrung. Die Verhandlungen bezüglich der Reglung der Arbeitszeit sollen bereits zu einer Einigung geführt haben und auch in der Lohnregelungsfrage hofft man baldigste Herbeiführung einer Verständigung.

[a] 22. Mai 1922.
[b] Richtig: Versammlungen.

137d Bericht des »Volksrechts« über das zwischen dem Verband der Metallindustriellen für Hessen-Nassau und dem DMV am 24. Mai 1922 abgeschlossene Frankfurter Abkommen und die Ergebnisse der Urabstimmung (Auszug), 26. Mai 1922

Volksrecht Nr. 121, 26. Mai 1923.

Die wichtigsten Bestimmungen der Frankfurter Vereinbarungen sind folgende: Die reine Arbeitszeit beträgt in der Woche 46 Stunden. Die Verteilung dieser Arbeitszeit auf die einzelnen Werktage erfolgt unter Einhaltung der gesetzlichen Bestimmungen im Einvernehmen mit der Betriebsvertretung. Wenn die Betriebsleitung die Notwendigkeit für gegeben erachtet, ist nach vorheriger Verständigung des Arbeiterrats die Arbeitszeit soweit zu verlängern, dass auch die 48. Wochenstunde gearbeitet wird, wobei für letztere ein Zuschlag für eine Stunde in der Höhe zu bezahlen ist, wie er für Überstunden tariflich vereinbart ist. Die dadurch sich ergebende Gesamtarbeitszeit ist auf Verlangen der Betriebsleitung in die Arbeitsordnung für die reine wöchentliche Arbeitszeit ohne Einrechnung der Pausen aufzunehmen, alsdann ist der Zuschlag für die 48. Stunde auf die Stundenlöhne umzulegen.

Für jeden Urlaubstag wird ein Sechstel des hiernach sich ergebenden Wochenverdienstes bezahlt, wobei die Woche zu der Stundenzahl umgerechnet wird, die nach Ziffer 1 in dem fraglichen Betrieb eingeführt ist.

Überzeitarbeit ist nach Möglichkeit zu vermeiden. Unter Überzeitarbeit wird alle die Arbeit verstanden, die über die regelmäßige tägliche Arbeitszeit hinausgeht. Für diese in dringenden Fällen geleistete Überarbeitzeit, sowie für Nacht- und Sonntagsarbeit, werden Zuschläge bezahlt. Für die ersten beiden täglichen Überzeitstunden vor Beginn oder nach Schluss der Arbeitszeit werden 25 Prozent, für jede weitere Stunde sowie Nacht- und Sonntagsarbeit 50 Prozent Zuschlag zum Gesamttariflohn (ohne soziale Zulage) bezahlt. In Betrieben, in denen in Wechselschicht gearbeitet wird, ist von 8 Uhr abends bis 6 Uhr morgens ein Zuschlag von 10 Prozent vom Gesamttariflohn (ohne soziale Zulage) zu bezahlen.

Die Festsetzung der Akkordpreise muss nach der Leistung eines Arbeiters von durchschnittlicher Leistungsfähigkeit unter normalen Arbeitsbedingungen erfolgen, und zwar in der Weise, dass bei durchschnittlicher Arbeitsleistung mindestens 25 bis 30 Prozent über dem Grundlohn entsprechend der seither bestehenden örtlichen Regelung verdient wird.

Die Parteien sind sich darüber einig, dass ohne Pausen nicht gefrühstückt werden darf. Daher ist in allen Betrieben, in denen in Zukunft ohne Pause gefrühstückt wird, in der Arbeitsordnung eine viertelstündige Frühstückspause aufzunehmen. Das gleiche gilt für etwa notwendig werdende Vesperpausen. Der Einwand der Verschlechterung seitheriger besserer Arbeitsbedingungen kann der Einführung der Pausen in die Arbeitsordnung nicht entgegengesetzt werden.

Mit Wirkung vom 1. Juni werden im ganzen Bezirk neue Lohnvereinbarungen getroffen. Die Verhandlungen werden in der Woche vom 29. Mai ab beginnen.

Vom Deutschen Metallarbeiter-Verband wird uns in später Abendstunde noch Folgendes über die Abstimmung mitgeteilt: In der Stadt Frankfurt stimmte für die Vereinbarung eine große Majorität, in Hanau etwa 80 Prozent, in Darmstadt 36 Prozent, in Höchst 83 Prozent, in Offenbach 91 Prozent. Somit ergibt sich eine große Mehrheit für Annahme.

138 — 27. Mai 1922

Bericht des preußischen Gewerbeaufsichtsamtes zu Hanau an den Regierungspräsidenten in Kassel über die Erfolge der KPD bei den Betriebsratswahlen in Hanau

Hessisches Staatsarchiv Marburg, 165-2799, Bl. 120.

Im hiesigen Bezirke, besonders den Kreisen Hanau Stadt und Land, weniger im Kreise Gelnhausen, während die Kreise Marburg und Kirchhain nicht in Betracht kommen, ist die Kommunistische Partei von nicht zu unterschätzender Bedeutung. Das hiesige Gewerkschaftskartell unter Führung des Metallarbeiter-Verbandes steht unter rein kommunistischer Leitung.

In den Betriebsräten gehörten die Arbeitermitglieder schon bisher zum großen Teile der Kommunistischen Partei an. Aber das Bestreben der Partei, ihr noch vorenthaltene Plätze in den Betriebsräten mit ihren Mitgliedern zu besetzen, war nicht zu verkennen. So sind bei der kürzlich erfolgten Neuwahl des Betriebsrates der Deutschen Dunlop Co. AG in Hanau mit einer Belegschaft von rund 700 Arbeitern mit einer Ausnahme nur Arbeiter, die der Kommunistischen Partei angehören, gewählt worden, während die Vertreter der Angestellten Mitglieder des Deutschnationalen Handlungsgehilfen-Verbandes sind. Auch die Neuwahl bei der Firma W. C. Heraeus GmbH, Vakuumschmelze in Hanau, hatte ein ähnliches Ergebnis. Zur Erreichung des Ziels wird, zwar nicht offensichtlich, aber in geheimen und nicht fassbar in dieser Richtung auf die Arbeiter ein Druck ausgeübt, wie mir erst kürzlich von der Arbeitgeberseite berichtet wurde. Über weitere, mir neu bekannt werdende Fälle wird jeweils berichtet.

139 Juni 1922

Der Generalstreik zur Verteidigung der Republik anlässlich der Ermordung des Reichsaußenministers Walther Rathenau[a]

139a Gemeinsamer Aufruf des ADGB, des AfA-Bundes, der SPD, der USPD und der KPD an die Reichsregierung und den Reichstag als Grundlage für ein Gesetz zum Schutz der Republik (Berliner Abkommen), 27. Juni 1922

Institut für Marxismus-Leninismus beim ZK der SED (Hg.), Dokumente und Materialien zur Geschichte der deutschen Arbeiterbewegung, Reihe II, Bd. VII/2, Berlin 1966, S. 103 ff.

Der Vorstand des Allgemeinen Deutschen Gewerkschaftsbundes hat in Ausführung des Beschlusses des Leipziger Gewerkschaftskongresses[b] sich mit dem Vorstand des AfA-Bundes und den drei politischen Arbeiterparteien in Verbindung gesetzt. In gemeinschaftlicher Beratung sind von den Unterzeichneten folgende Forderungen beschlossen worden:

An die Reichsregierung und den Reichstag!
Das Gesetz zum Schutz der Republik muss enthalten:
Sofortiges Verbot und strenge Bestrafung jeder monarchistischen oder antirepublikanischen Agitation in Wort, Bild oder Schrift. Bestrafung auch derjenigen, die solche Agitation oder Angriffe auf die Republik und ihre Organe irgendwie verherrlichen, belohnen oder begünstigen.
Verbot und sofortige Auflösung aller monarchistischen oder antirepublikanischen Verbindungen.
Verbot der monarchistischen Fahnen und Farben. Sofortige Beseitigung aller monarchistischen Embleme in den öffentlichen Gebäuden und Anstalten.
Bestrafung jedes Angriffs in Tat, Wort oder Schrift auf die republikanischen Farben und Fahnen.
Strenge Vorschriften zur Säuberung der Regierungsstellen und Behörden, einschließlich der Gerichte und der Reichswehr, von allen monarchistischen oder antirepublikanischen Elementen. Aufhebung derjenigen Rechte, die dieser Säuberung entgegenstehen.
Verbot des Waffentragens außerhalb des Dienstes.
Verbot des Uniformtragens für ehemalige Offiziere.
Untersagung weiterer Ernennung von Reserveoffizieren.
Einsetzung eines außerordentlichen Gerichtshofes in Berlin, dessen Kammern aus je einem Richter und sechs Laienbeisitzern bestehen werden, die vom Reichspräsidenten zu ernennen sind.
Übertragung der Anklageerhebung an einen vom Reichsjustizminister zu ernennenden republikanischen Reichskommissar.
Schaffung einer Reichsexekutive, insbesondere einer Reichskriminalpolizei.
Vorschriften zur Erleichterung der Verhaftung und Anordnung sofortiger Verhaftung solcher Personen, die gegen Gesetze zum Schutze der Republik verstoßen.
Bestimmungen über Beschlagnahme und Einziehung des Vermögens der Verurteilten sowie über Entziehung von Pensionen und Bezügen.

Die Geltungsdauer des Gesetzes ist zunächst auf zwei Jahre festzusetzen. Vom Reichstage erwarten wir, dass er dieses Gesetz in kürzester Frist verabschiedet und nicht früher auseinandergeht, bis es in Kraft getreten ist.
Unabhängig hiervon fordern wir sofortige Amnestie im Reiche und in den Ländern für alle wegen politischer Vergehen Verurteilten, mit Ausnahme derjenigen, die im Sinne dieses Gesetzes strafbare Handlungen begangen haben.
Amnestie auch für die aus Anlass des Eisenbahnerstreiks zur Verantwortung Gezogenen, Einstellung aller aus demselben Anlass eingeleiteten Disziplinarverfahren.

Die politischen Arbeiterparteien haben sich verpflichtet, diese Forderungen gemeinsam durchzusetzen und alle Maßnahmen der Regierung zur Erreichung dieses Zieles zu unterstützen.
Von den Gewerkschaftsmitgliedern und den gesamten Arbeitnehmern Deutschlands verlangen wir jetzt absolute Einigkeit, geschlossene Disziplin, festen Willen und Bereitschaft zur Unterstützung unseres Vorgehens, sobald wir sie dazu aufrufen.
Von den Gewerkschaften und Arbeiterparteien des Auslandes, die uns wiederholt ihre Unterstützung zur Erhaltung der deutschen Republik zugesichert haben, fordern wir jetzt eine starke Einwirkung auf ihre Regierungen in der Richtung, dass die Entente von ihrer Gewaltpolitik gegen das deutsche Volk, die den Nationalisten und Monarchisten in Deutschland immer neuen Agitationsstoff geliefert hat, endlich ablässt.
An alle republikanisch gesinnten Organisationen richten wir die Aufforderung, sich unseren Forderungen anzuschließen und auch ihre Kräfte für deren Durchführung einzusetzen.
Zur Beschlussfassung über die weiteren Maßnahmen und die Mitwirkung der gesamten Arbeitnehmerschaft sind die beiden Bundesausschüsse des ADGB und des AfA-Bundes noch für diese Woche zu einer außergewöhnlichen Sitzung einberufen.

[a] Der Mordanschlag erfolgte am 24. Juni 1922.
[b] 18.-24. Juni 1922.

139b Bericht des »Hanauer Anzeigers« über die gemeinsame Versammlung und Demonstration der drei Hanauer sozialistischen Parteien, des Gewerkschaftskartells und des AfA-Bundes, 27. Juni 1922

Hanauer Anzeiger Nr. 149, 28. Juni 1922.

Zu einer Massendemonstration gegen den an dem Minister Dr. Rathenau begangenen Meuchelmord hatten für gestern Nachmittag ½3 Uhr die drei hiesigen sozialistischen Parteien, das Gewerkschaftskartell sowie der AfA-Bund aufgerufen, die auf dem Marktplatz stattfand. Als erster Redner sprach der kommunistische Parteisekretär Rodominski, der u.a. ausführte, dass die Demonstration weniger Rathenau betreffe, sondern sich vielmehr gegen die Reaktion richte. Rathenau selbst sei ein Feind der Arbeiterklasse gewesen, wenn er auch danach gestrebt habe, diese mehr loyal als brutal auszubeuten. Redner forderte dann Auflösung der Reichswehr und der Schupo. Ersatz beider durch freigewerkschaftlich organisierte Arbeiter, Abwälzung der Steuern auf die Besitzenden. Reinigung der Offizierskorps, Verhaftung von Hindenburg, Ludendorff usw., Absetzung Gesslers und Gröners, Sicherstellung der nötigen Getreidemenge, Maßregeln gegen den Wucher und die Wohnungsnot. Die Endforderung aber sei die Beseitigung der bürgerlichen Gesellschaft und deren Ersetzung durch Herrschaft der Räte.

Sodann sprach Stadtverordneter Karl Rehbein, der ebenfalls für die Forderungen des Vorredners eintrat. Als dritter Redner trat Herr Habich (Frankfurt) von der Sozialdemokratischen Partei auf, der u.a. die Amnestie für die aus politischen Gründen Inhaftierten forderte.

Hierauf bildete sich ein Demonstrationszug, der sich durch verschiedene Straßen der Stadt bewegt. Die Demonstration, an der auch viele auswärtige Arbeiter teilnahmen, verlief ohne Zwischenfall. Während des Nachmittags hatten auch die Läden meistenteils geschlossen. Von den Reichs-, Staats- und städtischen Gebäuden wehten auf Halbmast gehisste Flaggen.

140 Januar 1923

Die Besetzung des Ruhrgebietes und die Haltung der Arbeiterparteien in der Hanauer Stadtverordnetenversammlung

140a Erklärung der sozialdemokratischen Stadtverordnetenfraktion, 18. Januar 1923

Stadtarchiv Hanau, B 2, Protokoll- und Beschlussbücher der Stadtverordnetenversammlung.

Getreu unserer Kampfstellung gegen jede Gewalt erheben wir den schärfsten Protest gegen den vertragswidrigen, militaristisch-kapitalistischen Gewaltakt der herrschenden französischen Klasse, der lebenswichtige Teile der deutschen Republik mit dem Ruin bedroht und jede Reparation unmöglich zu machen geeignet ist.

In dieser ernsten Lage fordern wir die arbeitende Bevölkerung eindringlich auf, Ruhe und Besonnenheit zu wahren und sich durch keine chauvinistische oder faschistische Hetze zu unüberlegten Handlungen hinreißen zu lassen, welche nur den gegnerischen Machthabern nützen und unsere Situation nur verschlimmern können. Wir legen Verwahrung dagegen ein, dass verantwortungslose Kreise diese Gelegenheit zur Entfesselung chauvinistischer Leidenschaften ausnützen, die eine neue Kriegsstimmung erzeugen sollen. Kriegshetze ist kein geeignetes Mittel zur Lösung dieser schweren Krise, arbeitet vielmehr den ausländischen Gegnern lediglich in die Hand.

Zugleich mit unserem schärfsten Protest gegen ausländische Unterdrückung müssen wir energisch protestieren gegen die inländische Ausbeutung durch Preistreiberei und Wucher, gegen die Vorenthaltung der zur nackten Existenz nötigen Vergütung für die Arbeitskraft, gegen das brutale Steuerunrecht gegenüber der arbeitenden Klasse ohne gleichwertige Heranziehung der Besitzenden, gegen die ohne Einhalt fortschreitende Verelendung stets weiterer Massen.

Wider alle jetzt sich auswirkenden Folgen von Krieg, Militarismus und kapitalistischer Wirtschaftsordnung können nach innen und außen nur die Mittel des internationalen Sozialismus dauernd wirken.

140b Erklärung der kommunistischen Stadtverordnetenfraktion (III. Internationale), 18. Januar 1923

Stadtarchiv Hanau, B 2, Protokoll- und Beschlussbücher der Stadtverordnetenversammlung. Die Erklärung wurde von Karl Rehbein vorgetragen.

Im Auftrage meiner Fraktion habe ich zu erklären, dass auch wir den Einmarsch der Franzosen in das Ruhrgebiet auf das Schärfste verurteilen und gegen ihn, als einen Gewaltakt schlimmster Art, protestieren. Wir sind der Meinung, dass die Vorgänge im Ruhrrevier hervorgerufen sind durch den französischen Imperialismus, der zwar nicht der stärkste, aber zur Zeit der gefährlichste Imperialismus in Europa ist. Wir weisen es aber weit von uns, uns jeglicher, wie auch immer gearteten bürgerlichen Protestkundgebung anzuschließen, denn der französische Imperialismus ist ja nur ein Teil des gesamten Imperialismus, der in seiner geistigen Einstellung, wie in seinem wirtschaftlichen Unterbau, hervorgegangen ist aus der kapitalistischen Wirtschaftsweise. Wir sind fest überzeugt, dass der deutsche Imperialismus in der gleichen Lage ebenso handeln würde wie der französische und heute nur zu schwach ist, um seine gleiche geistige Einstellung in die Tat umzusetzen. Wir wissen, dass der Imperialismus der gefährlichste Feind der Arbeiterklasse ist und dass die Bourgeoisie der ganzen Welt, möge sie sich heute noch so sehr in Feindschaft zerfleischen, sich einig ist in ihrem Hass gegen das Proletariat. Deswegen reichen wir über die Grenzen hinweg die Hände unseren französischen und belgischen Arbeitsbrüdern und erklären uns einverstanden mit dem, was die mutige, französische kommunistische Jugend in den Maueranschlägen, die sie im Ruhrrevier angeklebt hatte, den französischen Soldaten zugerufen hat: »Die Kapitalisten aller Länder sind Eure Feinde, die Arbeiter aller Länder nur Eure Brüder.«

141 Ende April 1923

Aufruf des Gewerkschaftskartells, des AfA-Bundes, des freigewerkschaftlichen Jugendkartells und der Arbeiterparteien zur Arbeitsruhe und zur gemeinsamen Kundgebung am 1. Mai in Hanau

Bundesarchiv Berlin, SAPMO, Ry-I3/23/8, Bl.1.

Gewerkschaftskartell, AfA-Bund, Betriebsräte, das freigewerkschaftliche Jugendkartell und alle politischen Arbeiterparteien fordern hiermit die gesamte Arbeiter-, Angestellten- und Beamtenschaft am 1. Mai zur Arbeitsruhe auf.

Am Montag, den 1. Mai, vormittags 10 Uhr finden in sämtlichen Räumen des Gewerkschaftshauses Mühlstraße große öffentliche Versammlungen statt.

Tagesordnung: Der 1. Mai und das Proletariat. Referenten, Redner aller politischen Arbeiterparteien. Anschließend hierauf Demonstrationszug durch die Stadt und Kundgebung auf dem Marktplatz.

Aller wirtschaftlichen Not zum Trotz müssen am 1. Mai sämtliche Räder stehen, alle Hand- und Kopfarbeiter in einiger geschlossener Front stehen und den unerschütterlichen Kampfeswillen zum Ausdruck bringen für die Forderungen des gesamten Proletariats: Erhaltung des Achtstundentages. Einheitsfront des internationalen Pro-

letariats. Befreiung der proletarischen politischen Gefangenen. Für die sozialistische Wirtschaft – Für die kommunistische Gesellschaft.
Kommunistische Partei
Sektion der III. Internationale
Sozialdemokratische Partei
Kommunistische Partei Hanau
Gewerkschaftskartell
AfA-Ortskartell

142 **Juni – Oktober 1923**

Die Hyperinflation

142a Bericht der »Volksstimme« über die Schwierigkeiten der Lohnanpassung in der Zeit der Hyperinflation und eine Ermahnung an den DMV in Hanau, auf diesem Gebiet nicht nach parteipolitischen Gesichtspunkten zu handeln, 5. Juni 1923

Volksstimme (Hanau) Nr. 128, 5. Juni 1923.

In der abgelaufenen Woche ist der Dollar von 52 000 auf 80 000 oder um beinahe 55 Prozent gestiegen. Die Preise für Lebensmittel und Haushaltsgegenstände sind zwar dieser Steigerung noch nicht ganz gefolgt, doch beträgt diese nach dem Kleinhandelsindex der »Frankfurter Zeitung« immerhin annähernd 40 Prozent. Zweifellos werden sich aber auch die Kleinverkaufspreise schon in den allernächsten Tagen der Geldentwertung völlig angepasst haben, d.h. wenn nicht mittlerweile der Dollar abermals seine gefürchteten Sprünge macht.

In dieser Lage der allgemeinen Unsicherheit gewinnt die Frage, wie können die Löhne dieser fürchterlichen Geldentwertung am besten angepasst werden, wieder die allergrößte Bedeutung. Es liegt uns fern, heute etwa theoretische Erörterungen über Goldlöhne, gleitende Lohnskala usw. anzustellen. Nur auf die Tatsache möchten wir hinweisen, dass die Gewerkschaften von jetzt ab wieder gezwungen sind, allwöchentlich aufs neue in Lohnverhandlungen zu treten, welcher Umstand es natürlich mit sich bringt, dass die Nervosität und allgemeine Unruhe im wirtschaftlichen Leben aufs höchste gesteigert wird. Jede Woche Versammlungen über neue Lohnforderungen, Verhandlungen, eventuell Schiedsspruch und abermals Versammlung zur Berichterstattung über das erzielte Resultat. Dazwischen in den Betrieben die endlosen Debatten über Lebensmittelpreise und Löhne, Wucher und Wucherbekämpfung usw. Dass diese Debatten oft recht erregte Formen annehmen, wer wollte das dem Arbeiter verübeln, der ja durch die Geldentwertung jeden Tag erneut vor die Existenzfrage gestellt wird.

Wie notwendig aber die möglichst kurzfristige Anpassung der Löhne an die Teuerungsverhältnisse ist, das beweisen die Verhältnisse, die sich zurzeit in der Hanauer Metallindustrie herausgebildet haben. Wir berichteten vorige Woche von einem in freier Vereinbarung getroffenen Lohnabschluß für die hiesige Edelmetallindustrie, der vom 26. Mai bis 15. Juni Gültigkeit hat und einen Spitzenlohn von 2700 Mark vorsieht. Einsichtige Warner sind damals schon dafür eingetreten, dass diese Lohnfestsetzung nur für die rückliegende Zeit der beiden letzten Maiwochen anerkannt wird, und haben verlangt, auf dem Verhandlungswege für Juni zu höheren Lohnsätzen zu gelangen. Doch diese Anregungen wurden in recht unschöner und parteipolitisch beeinflusster Weise abgefertigt, lediglich aus dem Grunde, weil die betreffenden Metallarbeiterkollegen Mitglieder unserer Partei sind. Heute aber schon stellt sich heraus, dass ihre Anregungen nur zu berechtigt waren. Durch die geradezu rapide Geldentwertung der letzten Woche ist der Spitzenlohn von 2700 Mark, der schon beim Abschluss des Abkommens viel zu niedrig war, völlig überholt. Wie sich die Verhältnisse aber erst bis zum 15. Juni, dem Endtermin des Abschlusses, gestalten werden, das ist noch völlig unübersichtlich.

Vergleicht man dagegen den letzten Abschluss in der Frankfurter Metallindustrie, der nur für die jetzt laufende Woche getätigt wurde und einen Spitzenlohn von 3800 Mark oder 1100 Mark pro Stunde mehr als in Hanau vorsieht, so kann man daraus erst ermessen, wie falsch die Hanauer Metallarbeiter beraten waren, als sie die Anregungen unserer Genossen in der betreffenden Versammlung in den Wind schlugen. Es ist nur zu wünschen, dass möglichst sofort Nachtragsforderungen geltend gemacht werden, um wenigstens die größten Ungerechtigkeiten auszugleichen. Ob jetzt nachträglich das Versäumnis wieder gut gemacht werden kann, ist eine andere Frage. Diese Dinge sollten aber eine Mahnung sein, in Zukunft wirtschaftliche Fragen auch nur nach wirtschaftlichen Gesichtspunkten zu behandeln und politische Konkurrenzrücksichten aus dem Spiel zu lassen. Niemand wünscht sehnlicher als wir, dass endlich eine Basis geschaffen wird, die ein gedeihliches Zusammenarbeiten ermöglicht.

142b Meldung des Fabrikanten Wilhelm Schwahn an die Hanauer Gewerbeinspektion über Entlassungen infolge des stockenden Geschäftsganges und über seine Absicht, einen Teil seiner Werkstätten stillzulegen, 20. August 1923

Hessisches Staatsarchiv Marburg, 165-2798/5.

Ich muss Ihnen leider mitteilen, dass ich infolge der Verhältnisse einen großen Teil meiner Arbeiterschaft entlassen muss. 9 Mann habe ich heute entlassen, und weitere 15 Mann sollen, sobald ich die Genehmigung von Kassel habe, entlassen werden.
Das Trauringgeschäft ist fast vollständig lahm gelegt. Ein Paar Trauringe in mittlerem Feingehalt kostet heute Mark 25 000 000, sodass nur wenige Leute in der Lage sind, sich Trauringe zu leisten. Was meine andere Artikel anbetrifft, so wird der größte Teil auf Vorrat angefertigt und den Reisenden mitgegeben, und wenn, wie es gegenwärtig ist, fast nichts verkauft wird, so ist es nicht möglich, weiter zu fabrizieren. Auf der einen Seite gehen die Gelder nicht ein, und dann hat es ja auch keinen Zweck, Ware anzufertigen, wenn dieselben nicht verkauft werden. Weitblickend habe ich schon lange diese Befürchtungen gehabt und habe mich mit einem Teil meiner Leute, also vor allen Dingen die sonst die Einrichtung der Goldwarenfabrikation anfertigen und instand halten, auf andere Artikel geworfen. Diese Artikel der Maschinenbranche werden auch weniger den Zeitverhältnissen unterworfen sein, doch ist dieser Teil meiner Fabrikation noch im Werden begriffen. Anträge sind auch darin fast keine zur Zeit vorhanden, doch entlasse ich dieser Abteilung vorläufig niemand, sondern habe die Arbeitszeit von 48 auf 40 Stunden heruntergesetzt.

Ich habe bis heute immer noch voll arbeiten lassen, obgleich ich es vom kaufmännischen Standpunkte nicht hätte tun sollen. Aber in Anbetracht der Teuerung wollte ich die Arbeiter so viel wie möglich beschäftigen und hoffte immer noch auf einen besseren Geschäftsgang. Leider ist das Gegenteil eingetreten. Ich bin bereit den Beweis zu erbringen, dass es mir mit dem besten Willen nicht möglich ist, die Leute zu beschäftigen, und zeichne

Hochachtungsvoll, Wilhelm Schwahn

142c Bericht der »Volksstimme« über die Not der Erwerbslosen, 7. September 1923

Volksstimme (Hanau) Nr. 209, 7. September 1923.

Die Zahl der Erwerbslosen und damit der Umfang der großen Not steigt von Tag zu Tag. Auf dem hiesigen Arbeitsamt sind zurzeit 1000 unterstützungsberechtigte und 600 nichtunterstützungsberechtigte männliche und 490 weibliche Erwerbslose gemeldet. Die Zahl der Kurzarbeitunterstützungsempfänger ist ungefähr ebenso groß wie die Zahl der völlig Erwerbslosen. Noch viel größer dürfte allerdings die Zahl derjenigen Kurzarbeiter sein, die kein Anrecht auf Unterstützung haben.

Über die Lage dieser Opfer kapitalistischer Wirtschaftsanarchie herrscht aber auch heute noch, trotzdem diese Frage andauernd die Öffentlichkeit beschäftigt, größte Unwissenheit. Besonders in bürgerlichen Kreisen begegnet man noch immer der Ansicht, als ob sich die Arbeiter nur so dazu drängten, arbeitslos zu werden, um dadurch in den Genuss der »hohen« Erwerbslosenunterstützung zu kommen. Wie ist es damit aber heute bestellt? In dieser Woche kommen für Hanau folgende Unterstützungssätze in Betracht: für Erwerbslose über 21 Jahre mit selbständigem Haushalt pro Tag 1 570 000 Mark, ohne selbständigen Haushalt 1 300 000 Mark, unter 21 Jahren 940 000 Mark, Frauenzulage 550 000 Mark, Kinderzulage 455 000 Mark. Für eine fünfköpfige Familie, Mann, Frau und drei Kinder, ergeben diese Sätze einen wöchentlichen Betrag von 20 910 000 Mark. Was kann man damit aber heute kaufen bei Preisen, deren Zahlen ins Phantastische gehen. Ein Pfund Schmalz kostet jetzt noch zur Stunde, da diese Zeilen geschrieben werden, 5 600 000 Mark, ein Pfund Kartoffeln 50 000 bis 70 000 Mark, ein Pfund gewöhnliche Gemüsenudeln 1 800 000 Mark, Markenbrot 430 000 Mark, Milch 600 000 Mark, Zucker über 900 000 Mark, ein Zentner Braunkohlenbriketts 8 000 000 Mark, ein Zentner Holz 4 500 000 Mark. Was werden diese Dinge heute Nachmittag, morgen Früh, morgen Mittag kosten? Welches Quantum kann sich davon ein Erwerbsloser für 20 Millionen Mark kaufen? Oder wie viel entfällt davon auf die einzelne Person pro Woche, pro Tag, und wie ist es möglich, damit auch nur den allergrößten Hunger zu stillen? In früheren Jahren hat man auf Jahrmärkten so genannte Hungerkünstler hinter Glaskästen zur Schau gestellt und dafür dem Publikum noch Geld abgenommen. Heute laufen in den Städten die Hungerkünstler zu Tausenden auf der Straße herum und jedermann kann sie umsonst betrachten und bestaunen. Das sind die herrlichen Zeiten, denen man uns entgegengeführt hat.

Und doch, so unzulänglich die Unterstützungssätze auch sind, die einem unterstützungsberechtigten Erwerbslosen zustehen, sie ermöglichen vielen doch noch, sich wenigstens über Wasser zu halten und das völlige Versinken ins Elend zu verhindern. Ganz anders aber und geradezu hoffnungslos wird der Fall, wenn ein Erwerbsloser aus irgendwelcher Ursache nicht zum Bezug der Unterstützung berechtigt oder gar ausgesteuert ist. Dann ist die Not riesengroß und ein solcher Erwerbsloser, zumal wenn er Familie hat, weiß dann nicht mehr aus und ein. Da muss es dann schon so kommen wie in jenem Fall, den Genosse Hildwein am vergangenen Dienstag in der Stadtverordnetenversammlung vortrug, wo ein Kind in einem Laden für 10 000 Mark Fett kaufen wollte, und als es von dem Ladeninhaber nichts bekam, zu weinen anfing. Auf Befragen stellte sich dann heraus, dass die Mutter Kartoffelschalen geschenkt bekommen habe, die sie gekocht, und, um sie genießbar zu machen, mit etwas Fett versehen wollte. Dieser Fall von Elend ist heute aber nicht ein Einzelfall, sondern Hunderte von Familien befinden sich heute in ähnlicher Lage. Und wie soll das erst im Winter werden? Keine Kartoffeln, kein Stückchen Holz im Keller, in den Eingeweiden der Hunger in seiner schlimmsten Form – wäre es da nicht geradezu ein Wunder, wenn es nicht zu Verzweiflungsausbrüchen käme?

Gedenken wir dann noch derjenigen, deren Kraft nicht mehr ausreicht, ihr Elend so laut hinauszuschreien, dass auch die Satten von diesem Schreien in ihrem Wohlbehagen gestört werden. Die große Zahl der Sozialrentner aller Art wartet gleichfalls auf Hilfe. Das Reich hat zwar ihre Bezüge jetzt aufgebessert und für die Kartoffel- und Brennstoffversorgung sollen Mittel bereitgestellt werden, aber die meisten von ihnen gehen in Lumpen gehüllt einher und der Winter wird für sie eine schreckliche Zeit werden.

Mögen die Besitzenden gewarnt sein in letzter Stunde. Wenn diese pauperisierten Massen erst in Bewegung kommen, dann wird ihr Massentritt die Grundfesten der bürgerlichen Gesellschaft schwerer erschüttern, als das letzte Erdbeben die Grundfesten Japans. Es ist kurz vor Zwölf!

142d Bericht des Hanauer Landrats an den Regierungspräsidenten in Kassel über die katastrophale Lage der Lebensmittelversorgung der Industriebevölkerung und die horrenden Lebensmittelpreise, 27. Oktober 1923

Staatsarchiv Marburg, 165-1213/6, Bl. 227.

Die Lebensmittelversorgung ist in den Industrieorten und der Stadt Hanau infolge der fortschreitenden Geldentwertung und der großen Arbeitslosigkeit katastrophal. Der Bevölkerung fehlen die allernotwendigsten Lebensmittel, Brot und Kartoffeln. Letztere werden auch unter dem Druck der Geldentwertung von den Landwirten zurückgehalten. Um der Bevölkerung diese geradezu unentbehrlichen Nahrungsmittel zuzuführen, habe ich unter Mitwirkung des Kreisbauernvereines zwei Kommissionen gebildet, von denen die eine unter meiner Leitung, die andere unter Beteiligung von staatlichen Beamten die Orte des Landkreises bereisen, um Kartoffeln verfügbar zu machen. Nach dem Ergebnis dieser Bemühungen sind etwa 2500-3000 Zentner Kartoffeln für die Stadt Hanau und die größeren Industrieorte des Kreises verfügbar gemacht worden. Außerdem wurde auf die Versorgung der Industriearbeiter in den kleinen Orten hingewirkt.

Der Erzeugerpreis für Kartoffeln beträgt einschließlich Anfuhrkosten 26-28 Milliarden Mark pro Zentner. Für ein Pfund Rindfleisch werden 8-9 Milliarden Mark, für ein Pfund Schweinefleisch 10-11 Milliarden Mark, für ein Pfund Butter 20-21 Milliarden Mark und für ein Ei eine Milliarde Mark gezahlt.

143 — 24. Oktober 1923

Die Forderungen der Hanauer Betriebsräteversammlung, Aktionsausschüsse zur Mobilisierung der Arbeiterklasse gegen die Unternehmerwillkür und die Konterrevolution zu bilden

Hessisches Staatsarchiv Marburg, 165-1211/3, Bl. 417. Abschrift aus der »Südwestdeutschen Arbeiter-Zeitung« vom 24. Oktober 1923.

Die Hanauer Betriebsräte nahmen zur Lage Stellung und beschlossen Folgendes:

Die im Gewerkschaftshaus versammelten Betriebsräte Hanaus richten hiermit an alle Betriebe die Aufforderung, sofort gemeinsame Aktionsausschüsse zu bilden, die die Durchführung der notwendigen Maßnahmen übernehmen und die Arbeiterklasse zum Kampf gegen die Willkür der Unternehmer und gegen die Konterrevolution zu mobilisieren.

Die wichtigste Aufgabe der Aktionsausschüsse muss die Vorbereitung des letzten Kampfes gegen den Faschismus und gegen die Diktatur der weißen Generäle sein.

Zur Sicherung des Lebens des werktätigen Volkes muss eine Regierung der Werktätigen gegründet werden, die sich stützt auf die Betriebsräte und die bewaffneten proletarischen Hundertschaften.

In allen Betrieben muss sofort der Kampf gegen den Abbau des Achtstundentages, gegen die willkürlichen Betriebsstilllegungen und Entlassungen vorbereitet werden.

Der ADGB und die Spitzenorganisationen werden hiermit aufgefordert, alle Arbeitsgemeinschaften mit dem Unternehmertum zu lösen und, mehr als dies bisher der Fall war, seine Pflicht im Interesse der arbeitenden Massen zu erfüllen und die Arbeiterschaft zum Kampf gegen die drohende Verelendung aufzurufen.

Die anwesenden Betriebsräte geloben alles daranzusetzen und alle Kraft zusammen zu fassen:

Für die Erhaltung des Achtstundentages, für gemeinsame proletarische Notwehr, für die Bildung einer Arbeiterregierung, für die sofortige Einberufung eines Reichsbetriebsrätekongresses.

144 8. Januar 1924

Bericht des Magistrats über die Besetzung des Rathauses durch streikende Erwerbslose

Hanauer Anzeiger Nr. 7, 9. Januar 1924. Einleitender Vermerk der Redaktion: Über die Erwerbslosendemonstration erhalten wir folgende Mitteilung.

Seit Anfang Dezember werden entsprechend der Verordnung der Reichsregierung über die Erwerbslosenfürsorge vom 15. Oktober 1923 die Hanauer Erwerbslosen zu gemeinnützigen Arbeitsleistungen als Gegenleistung für die gewährte Erwerbslosenunterstützung herangezogen. Die Arbeitsleistung besteht in einer achtstündigen Arbeit pro Woche am Hafenbau, dem Friedhof, dem Müllabfuhrplatz, den städtischen Wohnungsbauten usw. Diejenigen Erwerbslosen, die ohne triftigen Grund zur Arbeitsleistung nicht erscheinen, die Arbeit verweigern oder die vorgeschriebene Arbeitsmenge nicht leisten (50 Prozent der normalen Arbeitsleistung) erhalten in der betreffenden Woche keine Erwerbslosenunterstützung. Die Arbeitsaufnahme ist nach eingehenden Beratungen unter Zuziehung der Erwerbslosenkommission, als Vertretung der Erwerbslosen, erfolgt. Die Gewährung der notwendigen Kleidung und des Schuhwerks im einzelnen Falle nach individueller Prüfung des Bedürfnisses geschieht durch das Wohlfahrtsamt; bei Frostwetter oder anderen Hinderungsgründen ruht nach Anordnung der jeweils zuständigen Bauleitung oder Arbeitsaufsicht die betreffende Arbeit.

Nachdem entgegen diesen Anordnungen am Montag[a] und am Dienstag[b] beim Hafenbau – an den anderen Stellen wurde die Arbeit von den Erwerbslosen ausgeführt – die Erwerbslosen zur Arbeit fast sämtlich nicht erschienen sind, wurde durch Anschlag am Arbeitsamt den Erwerbslosen am Dienstag Vormittag eröffnet, dass den nicht zur Arbeitsaufnahme Erschienenen die Erwerbslosenunterstützung nicht ausgezahlt werden könne. Die Erwerbslosen, die an beiden Tagen Versammlungen abhielten, erschienen hierauf in Zahl von etwa 600 im Rathaus und besetzten dessen Gänge und Vorplätze sowie Treppenhäuser derart, dass jeglicher Verkehr, auch zwischen den einzelnen Geschäftsräumen völlig unmöglich gemacht war. Oberbürgermeister Dr. Blaum ersuchte daher vor Verhandlungen die Schutzpolizei, die betreffenden Räume des Rathauses von den Demonstranten zu räumen. Er forderte sofort die bei ihm erschienene Erwerbslosenkommission auf, von sich aus die Räumung des Rathauses von Demonstranten zu veranlassen, nachdem er bereits im Oktober und November vorigen Jahres wegen der damals eingetretenen dauernden Umlagerung und Besetzung des Rathauses durch Demonstranten wiederholt darauf hingewiesen hatte, dass er hierzu zwecks Aufrechterhaltung der Ruhe und Ordnung in den Gebäuden gezwungen sein werde. Die Räumung des Rathauses erfolgte alsdann durch ein Kommando der Schutzpolizei, das auch den Eingang des Rathauses einige Zeit absperren musste.

In der Verhandlung mit der Erwerbslosenkommission wurde von dieser die Forderung gestellt, dass die Arbeit am Hafen tariflich bezahlt werde, die Kürzung der Erwerbslosenunterstützung auf 90 Prozent, die der Verwaltungsausschuss des Arbeitsamtes beschlossen hatte, und die Beseitigung der Kurzarbeiterunterstützungen für alle 24 Stunden und mehr Arbeitenden aufgehoben werde, die Ausgesteuerten aus Mitteln der Stadt weiter Erwerbslosenunterstützung erhalten sollten und Unterstützungen an alle Erwerbslosen zusätzlich auf städtische Kosten in Form von Naturalien und Gebührenfreiheit für Gas pp. gegeben werden müssten. Der Erwerbslosenkommission wurde von dem Oberbürgermeister nach Klarlegung der Rechtslage mitgeteilt, dass er zur Bewilligung der Forderungen weder gesetzlich befugt, noch nach den finanziellen Verhältnissen der Stadt in der Lage sei. Bei den großen Aufwendungen, die die Stadt für die Beschäftigung der Erwerbslosen als Gegenleistung gegen die Gewährung der Erwerbslosenunterstützung mache, müsse daran festgehalten werden, dass die zur Arbeitsleistung bestimmten Erwerbslosen zur Aufnahme der Arbeit erscheinen und nur die Bauleitung über die Art der wegen Frostes etwa unterbleibenden Arbeitsleistung zu entscheiden habe. Die Demonstration fand gegen 1 Uhr ohne weitere Zwischenfälle ihr Ende. – Der Magistrat ist in seiner gestrigen Abendsitzung dem Standpunkt des Oberbürgermeisters beigetreten.

[a] 7. Januar 1924.
[b] 8. Januar 1924.

145 — 23. März 1924

Bericht des »Hanauer Anzeigers« über eine durch den Völkisch-sozialen Block einberufene Wahlversammlung anlässlich der bevorstehenden Reichstagswahl

Hanauer Anzeiger Nr. 72, 25. März 1924.

Der Völkisch-soziale Block eröffnete am Sonntag Abend mit einer öffentlichen Versammlung in der Turnhalle des Turn- und Fechtklubs den Wahlkampf. Die Versammlung hatte einen Massenbesuch aufzuweisen. Schon lange vor Beginn war der Saal übervoll. Nicht nur Anhänger des Völkisch-sozialen Blocks waren erschienen, sondern auch zahlreiche Gegner aus allen Parteilagern. In den Gängen, auf den Emporen standen die Zuhörer Kopf an Kopf. Zu Beginn gab es eine Enttäuschung. Der Bergarbeiterführer Dolle war nicht erschienen. Für ihn sprach Herr Weyl aus Frankfurt. Redner lehnte alle Parteien ab, von den Deutschnationalen bis zu den Kommunisten. Da regnete es natürlich Zwischenrufe. Noch schlimmer wurde es in der Diskussion. Tumult- und Lärmszenen, wie man sie lange nicht gehört hat. Wüstes Schreien. Die Glocke des Vorsitzenden blieb dauernd in Bewegung und das Schlusswort des Referenten ging unter im Lärm und Tosen. Die Linksparteien zogen ab mit dem Gesang der Internationale, während die Zurückgebliebenen das Deutschlandlied sangen.

Der Redner sprach über das Thema »Was sind die Ziele des völkisch-sozialen Blocks?« Der völkisch-soziale Block will die soziale Frage lösen. Die soziale Frage besteht darin, dass wir erstens gar kein Volk mehr sind, und zweitens, dass wir keinen sozialen Körper mehr bilden. Nur ein Teil des deutschen Volkes ist innerhalb der deutschen Grenzen, der äußere Feind steht im Land und er ist der maßgebende Teil. Aber selbst das, was noch im unbesetzten Gebiet liegt, können wir kein Volk mehr nennen, wir sind zerrissen und zerspaltet in jeder Beziehung. Wir haben die religiöse Spaltung. Auf der einen Seite der protestantische Norden, auf der anderen der katholische Süden. Weiter haben wir die soziale Spaltung, die Spaltung von Stadt und Land, in reich und arm, die Spaltung zwischen dem verhältnismäßig kleinen Volksteil, dem es gut geht, und der Masse, die darbt. Wir haben die Spaltung der Berufsstände, Bauer, Arbeiter, Unternehmer, Beamten. Überall Gegensätze. Nach unserer Auffassung ist der Zustand aufs tiefste zu beklagen, nach unserer Auffassung dürfte es nur zwei Klassen geben: die Klasse der Schaffenden und die Klasse der Raffenden.

Wir brauchen alle möglichen Bedarfsgegenstände, alle diese Güter müssen bei uns erzeugt werden. Wenn also jemand bei uns nicht arbeitet und dennoch alles zur Verfügung hat, dann ist das nur auf die Weise möglich, dass er andere in seinen Dienst spannt. Das Rätsel des Sozialismus ist, dass wir auf der einen Seite eine ganz kleine Überschicht haben, die nicht arbeitet, und auf der anderen Seite den großen Teil des Volkes, der schafft. Die völkische Bewegung will einmal die Herstellung einer neuen Volkseinheit und der Kampf der Klasse der Arbeitenden gegen den raffenden Volksteil. Nur auf dieser Basis wird die neue Einigung des Volkes durchgeführt werden können.

Ist nun eine der bisherigen Parteien in der Lage, diese Aufgabe zu erfüllen? Redner beantwortete diese Frage mit einem kategorischen Nein. Jeder Abgeordnete vertrete die Interessen von Sondergruppen und das Volk könne dabei zu Grunde gehen. Jede Partei, die die soziale Frage nicht zu lösen vermöge, müsse deshalb abtreten.

Redner besprach dann die einzelnen Parteien und ging ohne Ausnahme scharf gegen dieselben vor. Er führte dann weiter aus: Wir müssen vorgehen gegen alles undeutsche und alles, was uns knechtet, gegen alle Blutsauger. Was muss geschehen, wenn wir heute eine neue deutsche Volkswirtschaft aufbauen wollen? Eigentlich muss man an allen Ecken anfangen. Wir brauchen eine neue deutsche Wirtschaft, ein neues Recht, eine neue Presse, eine neue innere und äußere Politik. Die Deutschnationalen sagen, wir kommen nicht hoch, ehe nicht der Versailler Vertrag vernichtet ist. Es ist dies ein geradezu verbrecherisches Beginnen. Wir sind heute nicht in der Lage, mit Aussicht auf Erfolg einen Kampf nach außen zu führen, es ist ein Hineinhetzen in einen aussichtslosen Kampf. Heute können wir noch keinen Krieg führen. Aber wir wissen auch, dass, wenn wir den Franzosen aus dem Land haben wollen, wir ihn hinauswerfen müssen. Wir haben nur die Wahl, ob wir ihn im Land behalten wollen oder ihn mit Gewalt hinauswerfen. Es bleibt nur der Weg der Gewalt. Die Sozialisten und Kommunisten reden gar zu gern von Pazifismus im Inneren und Kampf nach außen, wenn es Not tut. Die Sozialisten der bisherigen Färbung haben den Kampf gegen das Unternehmertum geführt. Nach unserer Auffassung ist der Unternehmer notwendig wie der Arbeiter. Wir werden den Kampf führen gegen den Überkapitalismus, wie er sich verkörpert im Wesen der Aktiengesellschaften, Syndikate und Truste, Banken und Börsen, die lediglich der eigenen Rentabilität, aber nicht den Volksbedürfnissen dienen. Wenn wir uns die Entwicklung des Unternehmertums betrachten, dann können wir feststellen, dass wir ein selbstständiges Unternehmertum nicht mehr haben. Fast alle Unternehmungen sind Aktiengesellschaften. Wir wollen eine durchgreifende Bodenreform. Ändern müssen wir aber auch das deutsche Recht, die deutsche Bildung und die Sittlichkeit, die heute so tief darniederliegt. Wir brauchen auch innenpolitisch einen neuen Aufbau. Als wir 1918 die Monarchie gehen sahen, kam die Revolution. Das was wir Revolution nennen, war lediglich der Zusammenbruch des alten Systems, aber an seine Stelle ist nichts besseres gekommen. Wenn wir im Innern die Volksgemeinschaft haben, dann können wir auch das außenpolitische Programm durchführen, dann wird das deutsche Volk zur inneren Freiheit auch die äußere erhalten.

In der Debatte sprachen drei Kommunisten und ein Deutschnationaler, die das Programm des Redners kritisieren wollten, was bei der Kürze der Redezeit nicht möglich war. Es gab, wie schon eingangs des Berichts gesagt, heftige Beifalls- und Missfallenskundgebungen, die sich teilweise bis zum Tumult steigerten.

146 Mai – August 1924

Die Offensive der Unternehmer gegen tarifliche Regelungen und für die Verlängerung der Arbeitszeit

146a Erklärung der Direktion der Carl P. Fues Papierfabrik AG in Hanau zum Streik ihrer Belegschaft für den Achtstundentag, 2. Mai 1924

Hanauer Anzeiger Nr. 103, 2. Mai 1924.

Wir haben den begründeten Eindruck, dass unsere Arbeiterschaft über die Veranlassung, die zum Streik geführt hat, nicht oder doch nicht genügend unterrichtet ist. Deshalb und im Hinblick auf die Veröffentlichung der Streikleitung in Nr. 101 der »Volksstimme« vom 1. Mai sehen wir uns veranlasst, folgende Feststellung zu machen:
In Anerkennung der schwierigen Betriebslage hat die Arbeiterschaft am Montag, den 14. April, eingewilligt, zunächst auf 14 Tage für den zur Bedienung der Maschinen erforderlichen kleinen Teil der Belegschaft den 10-Stunden-Tag, der durch den fortlaufenden Tag- und Nachtbetrieb bei uns ein 12stündiges Verbleiben an den Maschinen inklusive Pausen nötig macht, einzuführen. Für die über 8 Stunden hinausgehende Arbeitszeit wurde entsprechend mehr Bezahlung zugestanden. Sollte nach Ablauf dieser 14 Tage der Schiedsspruch des am 4. April angerufenen Tarifamtes, der in allernächster Zeit in Aussicht stand, noch nicht erfolgt sein, so sollten weitere Besprechungen stattfinden. (Die Betriebsleitung hatte zuerst beantragt, von vornherein diese Maßnahme für die Zeit bis zum Spruch des Tarifamts zu verschieben. Dies war aber als zu unbestimmt abgelehnt worden.)

Schon hierbei sind der Arbeiterschaft vom Arbeiterrat, zum wenigsten von einem Teil desselben, falsche Angaben gemacht worden; es wurde ihr nämlich in Aussicht gestellt, dass nach Ablauf der 14 Tage von selbst wieder der 8-Stunden-Tag eingeführt werden solle; davon ist nie die Rede gewesen.

Infolge mehrfacher Verschiebung des Termins für die Tarifsamtssitzung vergingen die 14 Tage, ohne dass ein Spruch erfolgt wäre. Dieser stand nun aber innerhalb weniger Tage bestimmt in Aussicht. (Die betreffende Sitzung findet morgen, Samstag, den 9. Mai, statt.) Die Betriebsleitung beantrage daher, es für diese wenigen Tage bei den bestehenden Verhältnissen zu belassen. Der Arbeiterrat glaubte, das ablehnen zu müssen, und verlangte eine Betriebsversammlung für Samstag, den 26. April, nachmittags 1 Uhr, also mitten in der Arbeitszeit. Die Genehmigung für dieses durch nichts begründete Verlangen wurde versagt unter Hinweis darauf, dass am nächsten Tag eine Versammlung ohne Stilllegung des Betriebs durchaus möglich sei; gegebenenfalls wollte man aber über eine Versammlung um 7 Uhr abends mit sich reden lassen. Der Arbeiterrat bestand auf seinem Verlangen und versuchte, gegen den Willen der Direktion den Betrieb still zu legen. Dies gelang nicht. Darauf wurde eine Betriebsversammlung für Sonntag[a] Vormittag einberufen.

Am Sonntag, um 11 Uhr vormittags, kam der Arbeiterrat nochmals, um zu erklären, die Arbeiterschaft bestünde auf voller Wiedereinführung des 8-Stunden-Tages.

Die Betriebsleitung erwiderte, dass damit eine für sie geeignete Lösung nicht herbeigeführt werde, da die Direktion hierdurch gezwungen würde, entweder trotz eiligster Aufträge wieder die Hälfte des Betriebs still zu legen oder wenige Tage vor dem Schiedsspruch des Tarifamts neue Leute einzustellen, die bei für die Firma günstigem Ausfall desselben sofort wieder entlassen werden müssten. Der Arbeiterrat wollte jedoch auf nichts anderes eingehen, da er es als für die Arbeiterschaft ungünstig betrachtete, wenn bei der Tarifverhandlung gesagt werden müsse, dass für einen Teil der Belegschaft der Zehnstundentag schon eingeführt sei.

Nach beinahe 1½ stündiger Verhandlung wurde von der Direktion folgender Vorschlag gemacht:

Die Arbeitszeit beträgt im allgemeinen 8 Stunden. Die zur Aufrechterhaltung des Vollbetriebs unbedingt notwendigen Überstunden werden geleistet.

Der Arbeiterrat gab auf wiederholtes Befragen selbst zu, dass damit seinen hauptsächlichen Bedenken Rechnung betragen sei. Der Obmann bat, ihm diesen Vorschlag schriftlich mitzugeben (was auch geschah), um ihn dadurch der Versammlung besser klar machen zu können.

Hierauf ging man wieder auseinander. Ohne dass man es für nötig gehalten hätte, der Direktion mitzuteilen, dass auch dieser Vorschlag unannehmbar sei – ohne die Direktion zu verständigen, dass demnach, wenn nicht anderes vorgeschlagen würde, die Arbeiterschaft in den Streik getreten wäre – ohne überhaupt die geringste Mitteilung an die Betriebsleitung, die der festen Überzeugung war, dass alles nun in bester Ordnung wäre, blieb die Belegschaft am Montag[b] Morgen kurzerhand der Arbeit fern. Die Betriebsleitung wäre von diesem gänzlich unerwarteten Verhalten vollkommen überrascht worden, wenn sie nicht am Sonntag Abend durch einen Zufall von dem am Nachmittag gefassten Streikbeschluss Kenntnis bekommen hätte. Ein Teil der Arbeiterschaft hat allerdings unter größten Schwierigkeiten von Seiten der Streikenden die Arbeitsstelle erreichen können, sodass der halbe Betrieb aufrecht erhalten werden kann.

Wir stellen fest:

1. Wir sind überzeugt, dass die Arbeiterschaft gar nicht weiß, dass die Direktion den oben erwähnten Vorschlag gemacht hat, beziehungsweise dass letztere darauf ganz ohne Antwort gelassen wurde. Für diese Überzeugung haben wir die besten Belege.
2. Der Arbeiterrat hat auch von den vorhergegangenen Verhandlungen allem Anschein nach die Belegschaft ungenügend oder falsch unterrichtet.
3. Während der größte Teil der Arbeiter, die von der Zehnstundeneinteilung betroffen sind, zur Arbeit erschienen ist, gehören fast alle Streikenden zu dem Teil der Arbeiterschaft, der sowieso nur 8 Stunden zu arbeiten hat.
4. Die in dem erwähnten Artikel der Volksstimme aufgeführten Personen sind keine Arbeiter, sondern Angestellte der Firma.

[a] 28. April 1924.
[b] 29. April 1924.

146b Bericht der »Arbeiter-Zeitung« über die erpresserische Vorgehensweise der Direktion des Reichswerks Wolfgang, sich durch Stilllegungsdrohungen und Reverse der tariflichen und gesetzlichen Regelungen zu entziehen, August 1924

Arbeiter-Zeitung (Frankfurt) Nr. 67, 29. August 1924.

Schwindler- und Erpressertaktik auf dem Reichswerk Wolfgang bei Hanau
Wie überall in ganz Deutschland, bereiten auch die Hanauer Scharfmacher die Versklavung der Arbeiter zur Durchführung des Sachverständigengutachtens vor. Wir haben erst in unserer vorigen Nummer die Brutalität eines Bracker gekennzeichnet, heute wird uns über folgenden Fall berichtet:

Vor einigen Tagen trat die Direktion des Reichswerks Wolfgang, Abteilung Celufieber, an den Betriebsrat der Abteilung heran und erklärte demselben, dass der Betrieb nicht mehr rentabel sei und deshalb die Stilllegung beantragt wäre. Es fand dann auch im Beisein eines Vertreters des Gewerberats die übliche Verhandlungskomödie statt, deren Ergebnis wie immer sein wird, dass der Betrieb, der bis jetzt noch voll beschäftigt war, tatsächlich geschlossen wird und über hundert Arbeiter mit ihren Familien brotlos werden.

Trotzdem die Stilllegungsverhandlungen erst stattgefunden und die Genehmigung noch nicht erteilt war, hat Herr Direktor Hoos zirka 80 Arbeiter entlassen. Nun kommt aber das schönste, da entdeckt man auf einmal, dass doch noch Arbeit vorhanden ist, die natürlich, wie immer, auf dem schnellsten Wege fertiggestellt werden muss. Zu diesem Zweck holte man dann auch wieder einen Teil der Arbeiter heran und legte ihnen einen Revers zum Unterschreiben vor, aus dem klar und deutlich zu erkennen ist, warum man eigentlich die Stilllegung beantragt hat. Der Revers lautet:

Tariflohn wird nicht mehr gezahlt. Lohn wird in »freier« Vereinbarung nach Leistung festgesetzt. Die Arbeitszeit beträgt zehn Stunden, wenn erforderlich, muss länger gearbeitet werden. Kündigungsrecht besteht nicht mehr. Sämtliche Lohn und Arbeitsbedingungen werden nur noch zwischen Arbeitern und Betriebsleitung geregelt usw.

Leider haben sich auch ein paar Elemente gefunden, die unterschrieben haben. Als der Betriebsrat gegen diese Schamlosigkeit protestierte, erklärte der Ingenieur Ullmann, dass es für ihn keinen Betriebsrat und keine gesetzlichen Bestimmungen mehr gäbe.

Herr Direktor Hoos stellte sich mit der Stoppuhr zu den Arbeitern und kontrollierte die Intensität der Arbeit. Trotzdem die Arbeiter sich angesichts des Sklavenhalters auf das Äußerste anstrengen, anstatt ihm die richtige Antwort zu geben, erklärte dieser Oberfaulenzer, die Leistungen seien nicht genügend. Es wäre an der Zeit, dass die Regierung sich etwas mehr um die Tätigkeit ihrer Direktoren kümmert, nicht wahr, Herr Direktor, Sie verstehen uns doch, von wegen der Beschaffung billiger Möbel und dergleichen?

Dass Herr Direktor Hoos so mit den Arbeitern umspringen kann, daran ist schuld ein Teil der Arbeiter selbst. Denn wie man's 'treibt, so geht's, und wenn man sich selbst zum Sklaven herabwürdigt, kann man vom Sklavenhalter nichts anderes verlangen. 1918 hätte sich H[oos] und seine Spießgesellen diese Frechheiten gegen die Arbeiterschaft nicht erlaubt, da haben ganz andere wie er mit schlotternden Knien vor den Arbeitern gelegen und um ihr bisschen Leben gebettelt. Vieles hat die Arbeiterschaft auf dem Reichswerk vergessen, Hunderte von den alten Kollegen, die jahrzehntelang in dieser Gifthöhle ihre Knochen zur Markt getragen, liegen hungernd und darbend auf der Straße. Es ist die höchste Zeit, dass sich die Arbeiterschaft wieder auf sich selbst besinnt und mit allen Mitteln sich gegen die Willkürherrschaft der Bracker, Hoos, Peschke und all der anderen Scharfmacher auflehnt. Die erste Voraussetzung hierzu ist, dass sich die Arbeiterschaft wieder restlos organisiert und mit Hilfe ihrer Gewerkschaften den Kampf mit allen Mitteln gegen diese Missstände aufnimmt.

Was sagt aber das Gewerbeaufsichtsamt zu diesen offensichtlichen Schwindeleien der Unternehmer?

146c Bericht der »Arbeiter-Zeitung« über Unternehmerwillkür in der Maschinenfabrik Bracker & Söhne AG, August 1924

Arbeiter-Zeitung (Frankfurt) Nr. 67, 29. August 1924.

Unternehmerbrutalität

Fast kein Tag vergeht, wo uns nicht über die zunehmende Brutalität und Willkürherrschaft des Unternehmertums berichtet wird. Nicht allein, dass die Arbeiter für Hungerlöhne ausgebeutet werden, bei jeder sich bietenden Gelegenheit sind sie auch noch dem manchmal durch nichts zu überbietenden Sadismus des Unternehmertums ausgeliefert.

Auch Herr O. Bracker, Mitinhaber der Maschinenfabrik Bracker & Söhne AG Hanau, ist einer von denjenigen Unternehmern, die an Brutalität und Rücksichtslosigkeit nichts zu wünschen übrig lassen. Bracker war auch einer von denjenigen Unternehmern, die sich 1918 aus lauter Feigheit auf den Boden der »gegebenen Tatsachen« stellte, heute, nachdem die kapitalistische Republik dem Unternehmertum wieder den Rücken gestärkt hat, kehrt er bei jeder Gelegenheit seinen Herrenstandpunkt heraus.

Die Firma arbeitet zur Zeit 54 Stunden. Trotzdem noch Arbeit vorhanden ist, hat Bracker, angeblich weil er vom Schweiße der Arbeiter 60 000 Mark draufgelegt hat (So sieht er gerade aus! Der Berichterstatter), sechs jungen Leuten gekündigt. Der Betriebsrat wurde darauf bei der Firma vorstellig und ersuchte Herrn Bracker, doch lieber 48 Stunden arbeiten zu lassen, anstatt die jungen Leute auf die Straße zu setzen. Bracker ließ sich in seinem Machtdünkel auf nichts ein, sondern versuchte mit der bekannten Erpresserpolitik, den Betriebsrat von seinem Einspruch dadurch abzuhalten, indem er erklärte: Wenn ihr mir Schwierigkeiten macht, dann lasse ich einfach 30 Stunden arbeiten und schmeiße gleich noch die Hälfte hinaus.

Aber nicht genug damit, versucht auch noch die Firma, einen Teil der Arbeiterschaft um ihren berechtigten Urlaubsanspruch zu betrügen. So sieht der Dank des Herrn Bracker an seine Arbeiter aus. Hoffentlich gehen jetzt bald auch denjenigen die Augen auf, die immer noch an das »gute Herz« des Unternehmers glauben. Nichts kann die Arbeiterschaft besser belehren, als das Vorgehen der Reitzel, Siebert, Bracker, und wie die Scharfmacher sonst noch heißen. Doch Herrn O. Bracker sei gesagt, dass auch für ihn die Bäume nicht in den Himmel wachsen. Bracker hat die Arbeiter schon oft seine Macht fühlen lassen, wir erinnern nur an die Betriebsschließung im vorigen Jahre, wo ein Teil der Belegschaft auf der Strecke blieb, ferner an den Anschlag zum 1. Mai des Jahres usw. Das Maß ist voll! Jetzt hat die Arbeiterschaft der Firma Bracker das Wort!

Was sagt Herr Oberlandesgerichtsrat Grau aber zu dem Vorgehen der Firma Bracker, der doch unseres Wissens praktischer Berater der AG ist?

147 Januar – Februar 1925

Der Streik der Dunlop-Arbeiter für höhere Löhne

147a Schiedsspruch der Schlichterkammer des Reichsarbeitsministeriums, 31. Januar 1925

Hanauer Anzeiger Nr. 28, 3. Februar 1925.

1. Der Lohn des Betriebsarbeiters über 21 Jahre, Wirtschaftsgebiet A Frankfurt, Ortsklasse 1, Gruppe 2, beträgt vom 25. Januar bis 31. Januar 60 Pfennig, ab 1. Februar 62 Pfennig. Die soziale Zulage bleibt wie bisher bestehen.
2. Die Löhne aller übrigen Arbeiter des Wirtschaftsgebietes A und der anderen Wirtschaftsgebiete errechnen sich nach dem Verhältnis, das bis zum 31. Dezember 1924 bestanden hat.
3. Diese Lohnregelung ist mit 14tägiger Frist, erstmalig zum 30. Mai 1925 kündbar.
4. Die Kampfmaßnahmen werden eingestellt, und Maßregelungen finden nicht statt.
5. Wegen der gewisse Änderung des Verhältnisses der Wirtschaftsgebiete zueinander bezweckenden Sonderwünsche bleibt den Parteien Vereinbarung vorbehalten.
6. Erklärungsfrist bis Dienstag den 3. Februar 1925, mittags 12 Uhr, beim Reichsarbeitsminister

147b Erklärung der Direktion der Deutschen Dunlop Gummi-Compagnie AG zum Ausbruch des Streiks, 2. Februar 1925

Hanauer Anzeiger Nr. 28, 3. Februar 1925; gezeichnet: Bräuning.

Die erste Schicht und die Normalschicht unserer Belegschaft hat heute Mittag in wilder Versammlung auf Grund einer offenen Abstimmung beschlossen, in den Sympathiestreik zu treten, worauf sich die Firma veranlasst gesehen hat, durch Aushang Folgendes bekannt zu geben:[a]

Die Vorgeschichte des Streikbeschlusses ist die folgende: Der Verband der Fabrikarbeiter Deutschlands Gau XIII, Frankfurt am Main, hatte an den Arbeitgeberverband der Chemischen Industrie Sektion VII, Frankfurt am Main, in dem unsere Firma organisiert ist, Lohnforderungen gestellt. Die Verhandlungen blieben ergebnislos. Auch vor dem Bezirkstarifamt und dem Haupttarifamt in Berlin kam ein Spruch nicht zustande. Der Arbeitgeberverband wandte sich daraufhin auf Grund der Schlichtungsordnung zwecks Tarifhilfe an das Reichsarbeitsministerium. Am Samstag, den 31. vorigen Monats, in später Abendstunde, fällte eine unter dem Vorsitz des Herrn Oberregierungsrat Kuttig vom Reichsarbeitsministerium gebildete Schlichterkammer folgenden Spruch:[b]

Der Tariflohn unseres Betriebsarbeiters über 21 Jahre I. Gruppe würde demnach 61 Pfennig, der des Handwerkers, d.h. des gelernten Mannes, 67 Pfennig betragen, wozu außer einer Kopfzulage von 2 Pfennig pro Stunde für die Frau und jedes Kind 80 Prozent der Betriebsarbeiter noch die erheblichen Akkordverdienste und bei den Handwerkern noch besondere Zuschläge treten.

Die Arbeitgeberschaft hat zu diesem Spruch in einer Mitgliederversammlung am 1. des Monats Stellung genommen und trotz der schwersten Bedenken, die gegen denselben erhoben wurden, beschlossen, sich auf den Boden des Schiedsspruches zu stellen, ihn somit anzunehmen und bei dem Herrn Reichsarbeitsminister die Verbindlichkeitserklärung zu beantragen.

Wie der Arbeiterrat unserer Firma heute mitteilte, hat der Fabrikarbeiterverband die Annahme des Spruches abgelehnt und offensichtlich die Fortsetzung der Kampfmaßnahmen gegen die Mitgliedsfirmen der Sektion VII beschlossen.

Es ist zu bemerken, dass sofort nach dem Nichtzustandekommen eines Spruches vor dem Haupttarifamt der Fabrikarbeiterverband im Gegensatz zu früher dazu überging, eine Lohnregelung von Organisation zu Organisation nicht mehr zu erstreben, sondern einzelnen Firmen Lohnforderungen vorzulegen und einzelne Firmen sogar zu bestreiken, ohne die Entscheidung der letzten und höchsten Instanz abzuwarten, und dies sogar, trotzdem bei den Verhandlungen im Haupttarifamt von Arbeitgeberseite keine vollständige Ablehnung der Forderungen des Fabrikarbeiterverbandes erfolgt ist, sondern im Gegenteil ein ziffermäßig sehr beträchtliches Angebot gemacht worden war. Es wurden bereits in der vergangenen Woche u.a. die Grube Messel bei Darmstadt, die Gummifabrik Fulda, die Gold- und Silberscheideanstalt in Frankfurt am Main und andere bestreikt, um Sonderabkommen damit zu erzwingen.

Das Verhalten des Fabrikarbeiterverbandes wird am klarsten durch folgenden Vorgang beleuchtet: Am Freitag, den 30. des Monats, hatte der Leiter der Zahlstelle Offenbach des Fabrikarbeiterverbandes mit der Gummifabrik Peter in Klein-Auheim, die als einzige Mitgliedsfirma leider ihren Verbandsverpflichtungen nicht nachgekommen ist, ein Sonderabkommen abgeschlossen, das auf eine Lohnerhöhung von 6 Pfennig lautete. Der vorerwähnte Schiedsspruch brachte allgemein eine Lohnerhöhung von 6 Pfennig; es ist also absolut unerfindlich, in welcher Richtung auch nur der Schein einer Berechtigung für das tiefbedauerliche Vorgehen des Fabrikarbeiterverbandes gesucht werden könnte.

[a] Siehe folgendes Dokument.
[b] Siehe vorangehendes Dokument.

147c Ankündigung der Direktion der Deutschen Dunlop Gummi-Compagnie AG über die Stilllegung des Betriebes und die bevorstehende fristlose Entlassung der Streikenden zum 4. Februar 1925 bei Ablehnung der Arbeitsaufnahme, 2. Februar 1925

Hanauer Anzeiger Nr. 28, 3. Februar 1925. Betitelt: Anschlag auf dem schwarzen Brett.

Nachdem die 1. Schicht und die Normalschicht unserer Belegschaft heute Mittag in wilder Versammlung auf Grund einer offenen Abstimmung beschlossen hat, in den Sympathiestreik zu treten, ist es der Firma unmöglich, die 2. und 3. Schicht weiter zu beschäftigen, beziehungsweise den Betrieb weiter aufrecht zu erhalten. Es besteht daher auch für diese Schichten bis auf weiteres keine Möglichkeit zur Wiederaufnahme der Arbeit.

Wir nehmen gleichzeitig Veranlassung, die in den Streik getretene Belegschaft zum letzten Mal aufzufordern, die Arbeit bis spätestens Mittwoch, den 4. des Monats, d.h. zu den betreffenden Schichten restlos wieder aufzunehmen, anderenfalls die Firma sich gezwungen sieht, von dem ihr auf Grund des § 123 Ziffer 3 der Gewerbeordnung zustehenden Recht der fristlosen Entlassung Gebrauch zu machen.

147d Kritik der »Arbeiter-Zeitung« am Abbruch des Streiks, 11. Februar 1925

Arbeiter-Zeitung (Frankfurt) Nr. 35, 11. Februar 1925. Einleitender Vermerk der Redaktion: Ein streikender Dunlop-Arbeiter schreibt uns.

Ein offensichtlicher Verrat an der Arbeiterschaft ist von der Gewerkschaftsbürokratie wohl schon lange nicht mehr verübt worden, als bei dem Streik der Dunlop-Arbeiter in Hanau am Main. Es ist nötig, dass wir die Leser erst über die Ursachen und den Verlauf des Streikes unterrichten.

Vor Monaten wurden schon von den Gewerkschaften an das Chemiekapital Lohnforderungen eingereicht, die aber immer abgewiesen wurden. Hierauf gab der Fabrikarbeiterverband die Parole heraus, betriebsweise vorzugehen und Lohnforderungen zu stellen.

Die Belegschaft der Firma Dunlop stellte ebenfalls eine 20prozentige Lohnforderung, die Verhandlungen verliefen ergebnislos, weshalb der Zentralschlichtungsausschuss in Berlin angerufen wurde, der einen Schiedsspruch, 4 Pfennig Lohnerhöhung in der Spitze, aussprach. Dieser Schiedsspruch wurde abgelehnt und der Reichsarbeitsminister zur Entscheidung angerufen.

Der Reichsarbeitsminister fällte einen Schiedsspruch von 4 und 2 Pfennig Erhöhung. Dieser Spruch sollte aber Gültigkeit haben bis zum 30. Mai 1925, also bis zu einer Zeit, wo die Konjunktur in der Gummiindustrie abgelaufen ist.

Am Montag, den 2. Februar, wurde die Tarifkommission des Fabrikarbeiterverbandes nach Frankfurt am Main eingeladen. Sie fasste den Beschluss, da man sich bei den heutigen unsicheren Verhältnissen bis zum 30. Mai nicht binden könne – den Schiedsspruch abzulehnen. Die Mitglieder der Tarifkommission wurde nach Hause geschickt, um ihre Kollegen über die Ablehnung des Schiedsspruches zu unterrichten. Dies geschah auch bei der Firma Dunlop, worauf am Montag Mittag um 2 Uhr von der fast 1000 Mann starken Belegschaft einstimmig der Streik gegen 6 Stimmen beschlossen wurde. Die Stimmung der Belegschaft während der Streiktage war gut. Am Freitag, den 6. Februar, wurde wiederum die Tarifkommission des Fabrikarbeiterverbandes nach Frankfurt geladen. In dieser Sitzung wurde der Streik abgewürgt, obwohl Leute in dieser Kommission saßen, die mit dem Streik gar nichts zu tun hatten. Trotzdem haben sie mit darüber abgestimmt. Dieselben Kollegen, die vor drei Tagen den Schiedsspruch ablehnten, erklärten sich heute für die Annahme des Schiedsspruches.

Wir stellen fest, dass, nachdem die Verbandsleitung das Los der Arbeiterschaft in die Hände der Belegschaft gelegt hatte, eine Tarifkommission über die Aufhebung oder Weiterführung des Streikes nicht mehr zu entscheiden berechtigt war, sondern allein die Streikleitung und die Belegschaft selbst. Aber die Tarifkommission hat den Streik abgebrochen, ohne die Belegschaft zu hören und den Abbruch des Streikes der Betriebsleitung der Dunlop mitgeteilt. Die Arbeiter brauchen ja das nicht zu wissen. Auf diese Weise wurde der Streik in einer ganz gemeinen Weise abgewürgt, ohne dass man die Arbeiterschaft darüber gefragt hätte.

Am Freitag Mittag gegen 12 Uhr teilte die Verbandsleitung der Dunlop mit, dass der Schiedsspruch angenommen sei. Die Firma machte sofort einen Aushang – da um 2 Uhr die Belegschaft ihren rückständigen Lohn abholte, dass der Schiedsspruch angenommen sei und die Arbeit am Montag wieder aufgenommen wird. Die Belegschaft hielt das natürlich für einen Bluff, ging sofort in das Gewerkschaftshaus und wollte von der Streikleitung Aufklärung haben. Aber weder die Streikleitung, noch die Ortsleitung des Fabrikarbeiterverbandes konnte darüber Aufschluss geben, die Firma war jedoch benachrichtigt.

Der Vertreter der Tarifkommission, der allein über die Angelegenheit informiert war, zog es vor, das im stillen Kämmerlein für sich zu behalten, anstatt der Belegschaft und der Streikleitung zu sagen, wie die Sache steht. Endlich gegen 4 Uhr kam das Mitglied der Tarifkommission an und nun wurde »beraten«. Denn die Tarifkommission hatte inzwischen festgestellt, dass doch ein »Erfolg« zu verzeichnen sei. In dem Schiedsspruch stand natürlich schwarz auf weiß, dass »Maßregelungen nicht stattfinden« dürfen. Um das nun den Arbeitern schmackhaft zu machen und sie richtig einseifen zu können, war der Gauleiter Bruns – der dazu geeignete Mann – persönlich erschienen.

Bruns versuchte am Samstag Morgen in der Versammlung noch zu retten, was nicht mehr zu retten war, denn die Arbeiter hatten diesen Verrat längst erkannt. Man konnte die Wut und Entrüstung der Arbeiter im Saale an den Zurufen, die gemacht wurden, erkennen.

Bruns erzählte, dass durch den Streik die Arbeiterschaft doch einen großen Erfolg zu verzeichnen habe. Erstens hätte sie den Arbeitgebern gezeigt, dass, wenn es gilt, die Arbeiterschaft auf dem Posten ist. Ob sie bei der nächsten Gelegenheit einen solchen Schwindel wieder mitmachen, ist eine andere Frage. Zweitens sei doch in dem Schiedsspruch enthalten, dass Maßregelungen nicht stattfinden dürfen. Das wäre zweifellos ein großer Erfolg, denn niemand wisse, wenn der Streik weitergehe, wie viel auf der Strecke bleiben. Außerdem glaube er den Streikbruch damit begründen zu können, dass in Worms und in Darmstadt die Arbeiterschaft nicht mehr fest stehe. In Worms und in Darmstadt wurde wahrscheinlich dasselbe von Hanau gesagt! Aber das schlimmste sei, dass die Arbeitgeber mit Aussperrung drohen, wenn der Streik nicht beigelegt wird, wodurch etwa 30 000 Chemiearbeiter auf die Straße gesetzt würden. Das könne natürlich die Verbandsleitung unter keinen Umständen verantworten, deshalb sei auch die Tarifkommission zu dem Entschluss gekommen, die Kampfmaßnahmen sofort aufzuheben und sich bedingungslos dem Chemiekapital zu unterwerfen.

Der Kampf der Chemiearbeiter war weiter nichts als ein Bluff und eine Täuschung. Hier ist erneut der Beweis erbracht, dass diese Reformisten jedem ehrlichen Kampf aus dem Wege gehen, oder, sobald sie merken, dass ein Kampf ernste Formen annimmt, denselben sofort abwürgen. Trotzdem diese Leute Tag zu Tag mehr einsehen müssen, dass sie nur solange geduldet werden, als der Kapitalismus sie nötig hat, versuchen sie trotzdem immer wieder die Arbeitsgemeinschaft mit dem Kapital herzustellen. Man sah sich in erster Linie veranlasst, der bestreikten Firma mitzuteilen, dass der Schiedsspruch angenommen ist und die Kampfmaßnahmen eingestellt werden, die Arbeiterschaft hat man ja darüber nicht zu fragen, das geht sie ja gar nichts an, sie haben zu tanzen, wie die Herren pfeifen!

Wir aber sagen den Arbeitern, wie lange wollt ihr noch zusehen und euch am Gängelband von diesen Leuten herumführen lassen, zeigt ihnen, dass ihr nicht gewillt seid, euch länger verraten und verkaufen zu lassen.

Aber der Belegschaft der Firma Dunlop möchten wir sagen, bringt euren Unwillen nicht dadurch zum Ausdruck, dass ihr der Gewerkschaft den Rücken kehrt, sondern sorgt dafür, dass ihr Einzelne, die heute der Organisation noch fern stehen, derselben zuführt, um gemeinsam und geschlossen den Kampf erneut gegen das Chemiekapital aufzunehmen. Diese Reformisten aber, die euch bei jeder Gelegenheit in den Rücken fallen, müsst ihr beseitigen, dann wird der Kampf auch zu einem siegreichen Ende für die Chemiearbeiter führen, denn vereinzelt sind wir nichts, vereinigt riesenstark.

148 — 20. Februar 1925

Betrachtung über das Bewusstsein der arbeitenden Frauen in der »Arbeiter-Zeitung« anlässlich der Frauenkonferenz des Unterbezirks Hanau der KPD am 15. Februar 1925

Arbeiter-Zeitung (Frankfurt) Nr. 43, 20. Februar 1925. Als Verfasserin des Artikels zeichnet: L. Hö.

Die Genossinnen aus dem Unterbezirk Hanau hatten sich am Sonntag, den 15. Februar, zu einer Konferenz zusammengefunden. Die Wichtigkeit, die Notwendigkeit der Frauenbewegung innerhalb der Partei wird noch von vielen Genossen nicht voll gewürdigt. Die Frauen sind ein wichtiger Faktor innerhalb der Arbeiterbewegung und können, wenn sie politisch geschult und aufgeklärt sind, der Partei starken Rückhalt geben, im umgekehrten Falle aber, wenn sie indifferent sind oder eine bürgerliche Einstellung haben, sind sie eine ungeheure Gefahr für uns. Die Frauen sind im kapitalistischen Staate stets abhängig und unterdrückt, doppelt unterdrückt, wenn es Arbeiterfrauen sind.

Und trotzdem die Proletarierinnen am meisten unter den heutigen Verhältnissen zu leiden haben, stehen noch so viele indifferent abseits. Sie haben noch nicht erkannt, dass es sich um ihre Befreiung und um ihr Recht handelt, sie sind sich nicht ihrer Lage bewusst und auch nicht ihrer Macht, die sie, vereint mit ihren Klassengenossen, besitzen könnten. Die Frauen stehen noch stärker unter dem Banne des bürgerlichen Einflusses als die Männer. Besonders die Kirche stellt sich ganz auf das Gefühlsmäßige der Frauen ein und auch die bürgerliche Presse und Literatur versucht auf ganz unterhaltsame Weise, ihren Einfluss auszuüben. Unsere Aufgabe ist es nun, die Frauen zum Bewusstsein ihrer Lage, ihres Elendes, und ihrer Not zu bringen, sie zu klassenbewussten Mitkämpferinnen zu machen. Überall, wo wir mit Frauen zusammenkommen, in Geschäften, auf dem Markt, auf den Treppenfluren, überall müssen wir agitieren, müssen wir aufklärend wirken. Wichtiger noch als die Arbeit unter den Hausfrauen ist die Propaganda in den Betrieben. Die Arbeiterinnen, die die Ausbeutung am meisten spüren, werden für unsere Ideen noch empfänglicher sein, auch ist ihre Gewinnung für uns noch von größerer Bedeutung, weil die Arbeiterinnen oft gegen ihre Kollegen im Betrieb als Streikbrecher und Lohndrücker ausgespielt werden. Deshalb müssen wir intensive Propaganda in den Betrieben und Gewerkschaften entfalten, wir müssen die Frauen organisatorisch erfassen, um sie politisch schulen zu können, wir müssen sie zu bewussten Kämpferinnen machen, erst dann werden wir unser gemeinsames Ziel erreichen.

Viele Frauen schrecken vor dem Worte »Bürgerkrieg« zurück. Fordert die ungeheure Säuglingssterblichkeit, die Verelendung und Verseuchung der Kinder im heutigen Staat nicht viel größere Opfer? Ist es nicht ungeheuerlich, wie die junge Generation vor unseren Augen buchstäblich zugrunde geht? Ein Staat, der für Schupo und Militär, für Pferderennen ungeheure Summen ausgibt, aber kein Geld für hungernde Kinder, für Obdach- und Arbeitslose hat, ist er nicht wert, gestürzt zu werden?

Wir werden alles daransetzen, die Frauen zu gewinnen und zu aktivieren, wir wollen nicht hinter unseren russischen Genossinnen zurückstehen, die ihre ganze Kraft in den Dienst der Sache gestellt haben und die sich ihre Freiheit, ihr Recht erkämpft haben.

Und so schloss die Konferenz mit dem Willen der Genossinnen, intensiv zu arbeiten, um auch in Deutschland unser Ziel, die Diktatur des Proletariats, zu erreichen.

149 — 13. Juni 1925

Bericht der »Metallarbeiter-Zeitung« über die Krise der Hanauer Edelmetallindustrie und ein Aufruf an die Gold- und Silberarbeiter, sich im DMV zu organisieren

Metallarbeiter-Zeitung Nr. 24, 13. Juni 1925

Während die Unternehmer der Edelmetallindustrie ihre Badereisen vorbereiten, werfen sie einen Teil der von ihnen bis aufs Mark Ausgebeuteten aufs Pflaster oder verkürzen die Arbeitszeit auf 24 Stunden und noch weniger die Wochen, so dass die Arbeiter den Hungerriemen noch enger schnallen müssen. Das ist der Dank dafür, dass die Gold- und Silberarbeiter in Zeiten der »Konjunktur« 12 und 14 Stunden gearbeitet haben in dem falschen Glauben, dass sie sich durch Überstundenarbeit retten könnten. Dass dabei das Gegenteil erreicht wird, glauben die Meisten nicht eher, als bis sie mit zerrütteten Nerven entlassen wurden. Die Krise der Hanauer Edelmetallindustrie ist furchtbar; sie ist schleichend, nervenzerfressend. Heute fliegt der, morgen jener aufs Pflaster, unbekümmert, ob er 30, 40 oder gar 50 Jahre im Betrieb ist.

Klingt es nicht wie Hohn, wenn, wie uns berichtet wird, kürzlich ein Unternehmer, der nach außen hin mit seinem sozialen Herzen prangt, zu 30 und 40 Jahre im Betrieb beschäftigten Arbeitern sagte, sie müssten sich um andere Arbeit umsehen. Weiß der Unternehmer nicht, dass Entlassung für einen alten Goldarbeiter namenloses Leid und Elend nicht nur für ihn selbst, sondern auch für dessen Familie bedeutet? Hat das so genannte Franzosenjoch umsonst seinen Namen »Goldschmiedsruh«? Ihr Lebtag haben diese alten Goldschmiede um Hungerlöhne geschafft, damit sich die Herrschaften Villen bauen konnten, nicht nur in Hanau, auch am Tegernsee, wo sie, ungesehen von denen, die sich im Schweiße ihres Angesichts plagen, ihre Tage verleben, ohne sich um ihre Betriebe zu kümmern. Das haben sie ja auch nicht nötig, solange sie ihre Antreiber haben und sich die Arbeiter gegenseitig herunterschruppen. Macht einer einen Gegenstand in 20 Stunden, trachtet der andere, ihn in 15 Stunden zu machen. So haben sich bei den Gold- und Silberarbeitern zuchthausähnliche Zustände herausgebildet.

Viele alte Kollegen hört man sagen, lieber tot als noch einmal in diese nervenzermürbenden Betriebe hinein. Die Neurasthenie wütet unter den Gold- und Silberarbeitern. Die davon Betroffenen zittern an Armen und Beinen. Die Krankheit greift in das Familienleben über. Keine frohe Stunde ist mehr im Haushalt. Wir richten die Frage an die Gold- und Silberarbeiter: Soll das so weitergehen? Wollt ihr euch nicht lieber aufraffen und mit Hilfe eurer Organisation wieder menschenwürdige Zustände schaffen? Ihr könnt eure Drangsal beseitigen, indem ihr euch zusammenschließt im Deutschen Metallarbeiter-Verband!

150 — 24. Oktober 1925

Bericht des Mitglieds der kommunistischen Betriebszelle der Fabrik Wilhelma, Simon Mayer, über den freigewerkschaftlichen Organisationsgrad in der Hanauer und Großauheimer Metallindustrie, den kommunistischen Einfluss in der Verwaltungsstelle Hanau des DMV und die Rolle des Hanauer DMV im Organisationsgefüge des Unterbezirks Hanau der KPD

Bundesarchiv Berlin, SAPMO RY-I3/23/42, Bl. 23ff.; gezeichnet Simon Mayer, Zelle Wilhelma.

Die Gesamtzahl der Mitglieder des DMV beträgt über 3000 Mitglieder. Die Ortsverwaltung besteht aus 8 Mitgliedern (KPD). Angestellte sind 2 und 1 Hilfskraft vorhanden (KPD).

Die Ortsverwaltung wurde erobert 1919. Die SPD-Angestellten wurden nach und nach beseitigt. Seitdem dauernd in unserer Hand.

Die Bestrebungen innerhalb unserer Partei »Heraus aus den Gewerkschaften« wurden von der Ortsgruppe Hanau und dem gesamten Unterbezirk abgelehnt und scharf bekämpft. Der Kongress der Gewerkschaftsopposition wurde beschickt von Delegierten (Erfurt). Nach dem Oktober 1923 bis nach dem Verbot der Partei blieb der DMV die einzige Stütze der Partei im Unterbezirk, die Parteigenossen aus Frankfurt u.a., die versuchten, eigene Gewerkschaften aufzuziehen, wurden hinausgeworfen. Das erzeugte eine Hetze innerhalb der Partei gegen die Hanauer Organisation als die »Rechten«, führte zu Kämpfen, die den Bezirk erneut auseinander rissen. Erst nach und nach konnte diese Zerrissenheit beseitigt werden.

Die Ohnmächtigkeit der Partei im Bezirksvorort Frankfurt, besonders die Abneigung der Genossen gegen jegliche gewerkschaftliche Arbeit hemmten den Einfluss der Partei auf die Arbeitermassen auch hier im Unterbezirk und in Hanau. In letzter Zeit sind unter dem Eindruck des EKKI-Briefes[a] und der darauffolgenden Diskussion Ansätze zur Arbeit in Frankfurt vorhanden, die Arbeit der Bezirksleitung 23 stößt auf Sabotage der Mitglieder, von 200 statistisch in der Kartothek erfassten Parteimitgliedern waren nur 15 in der Mitgliederversammlung des DMV. Es bedarf der zähen Arbeit der Parteigenossen, hier den Einfluss zu erhalten und dann im Angriff von Frankfurt und den anderen Orten des Bezirks aus gegen die Bürokratie vorzugehen.

Die Fraktionsleitung besteht aus 3 Genossen. Sitzungen der Fraktion finden regelmäßig statt vor jeder Mitgliederversammlung des DMV, vor Lohnbewegungen, Wahlen zu Ortsverwaltungen, Kartell, Kongressen und Verbandstagen. Die Mitglieder des DMV sind sesshaft, außer in Hanau noch in etwa 20 Orten des Unterbezirks.

Als stärkste gewerkschaftliche Organisation beherrscht der DMV in Hanau das Gewerkschaftskartell, 20 Delegierte KPD.

Politische Aktionen werden vom Gewerkschaftskartell aus eingeleitet und geführt. Bei der vergangenen Thälmann-Wahl wurden Flugblätter vom Kartell herausgegeben.

Lohnbewegungen werden wohl selbstständig geführt, sind aber immer abhängig von der Bewegung im Gesamtbezirk (Frankfurt, Offenbach SPD).

Die einzelnen Branchen:

1. Diamantschleifereien: Kleinbetriebe etwa 50, beschäftigt sind etwa 500 Arbeiter, restlos organisiert im DMV. Zellen bestehen nicht, die Parteigenossen werden erfasst durch die Fraktion. In diesem Jahre wurde eine wirtschaftliche Angriffsbewegung geführt, 10 Tage Streik, Ausgang war positiv. Eine Abwehrbewegung machte sich ebenfalls notwendig durch den Versuch eines zehnprozentigen Lohnabzugs, die ebenfalls positiv ausging. Der Angriff wurde abgewiesen.
2. Edelmetall: Gold- und Silberindustrie ebenfalls Kleinbetriebe, andauernde Krise in dieser Branche, nur etwa 55 Prozent der beschäftigten Arbeiter sind organisiert, hier sind die wenigsten unserer Parteigenossen beschäftigt. Die ganze Art dieses Berufs schafft Spießbürger, SPD und Indifferente. Der größte Betrieb mit 90 Arbeitern wurde geschlossen. Alle anderen Betriebe kommen über 10 bis 15 Beschäftigte nicht hinaus.
3. Unedelmetall: 4 größere Betriebe.

   1. Hereäus, Platinschmiede, Goldfarben usw., beschäftigt etwa 400. Einer der bestorganisierten Betriebe. Betriebsrat: 4 KPD, 3 Parteilose, 1 SPD. Betriebszelle 22 Genossen. Kassiert im Betrieb wird Partei und Gewerkschaft.

   2. Wilhelma: Eisen- und Metallgießerei, 365 Arbeiter, organisiert etwa 200 im DMV. Betriebsrat: 5 KPD, 1 SPD, 1 Parteiloser. Betriebsstelle kassiert im Betrieb 15 Genossen. Gewerkschaft wird auch im Betrieb von unseren Genossen kassiert.

   3. Quarzlampen-Gesellschaft: 100 Arbeiter organisiert fast restlos im DMV. Betriebszelle als Unterzelle der Hereäuszelle angeschlossen.

   4. Dunlop (Gummireifen) 1000 Arbeiter, etwa 200 organisiert im DMV? im Fabrikarbeiterverband? ist nicht festzustellen. Betriebszelle besteht nicht. 35 Genossen sind erfasst, wohnen aber meistens außerhalb. Dreischichtenarbeit. Unsere besten Genossen sind auf der Straße. SPD-Spitzelsystem. Streik im Frühjahr, der aber durch die reformistische Bürokratie abgewürgt wurde. Schwerer Schaden für den

Fabrikarbeiterverband, da die Mehrzahl der Arbeiter austrat. Die Unterbezirksleitung hat versucht, von außen an die Arbeiter heranzukommen. Der Betriebsratsvorsitzende ist SPD, einige Betriebsratsmitglieder sind Mitglieder der KPD. Bei der Wahl der Ausschussvertreter zu der Ortskrankenkasse Hanau erhielt in diesem Betrieb die als kommunistisch von der SPD denunzierte Liste des Gewerkschaftskartells 533 Stimmen, die Gegenliste der SPD erhielt trotz gemeiner persönlicher Angriffe auf unsere führenden Genossen nur 211 Stimmen. Der Vorsitzende sabotierte jede Versammlung vor der Wahl, unsere Genossen bekamen die Aufforderung von der Unterbezirksleitung, die Belegschaft umzustimmen. Der Vorsitzende des Betriebsrats musste noch einen Tag vor der Wahl eine Versammlung einberufen. Ein großer Teil der Arbeiter ist indifferent und stammt aus den Spessartdörfern.
5. Marienhütte – Großauheim: etwa 200-250 Arbeiter. Mehrzahl organisiert im DMV, ein Teil Christen und Indifferente. Früher Hochburg der KPD. Durch verlorene Kämpfe alle Genossen gemaßregelt, langsamer Aufbau. Zelle besteht nicht, beschäftigt sind 10 Genossen.
6. Braun und Boweri – Großauheim: 500 Arbeiter, ein ganz geringer Prozentsatz organisiert, einige Genossen sind im Betrieb. Schweres Arbeiten durch raffiniertes Spitzelsystem.
7. Slotosch-Hanau: 100 Arbeiter, fast restlos organisiert im DMV. Zelle besteht noch nicht. 20 Parteigenossen beschäftigt, im Aufbau begriffen.
Wilhelma, Dunlop, Marienhütte und Slotosch Massenentlassungen angedroht. Zum Teil schon durchgeführt. Quarzlampe arbeitet längere Zeit verkürzt, ebenso Wilhelma.

Die Wahlen zum Gewerkschaftskongress wurden mit der Bezirksleitung 23 im Bezirk des DMV, der in verschiedene Bezirke der Partei hineinragt, durchgeführt. Eine Abschrift der im Bezirk für die SPD und der Oppositionskandidaten abgegebenen Stimmen haben wir bereits in doppelter Ausführung der Bezirksleitung 23 zugesandt. Das Ergebnis ist dort angeführt für den ganzen Bezirk Kassel, Frankfurt des DMV. Hanau: SPD 189, Opposition 497 Stimmen. 20 Prozent Wahlbeteiligung.

Anträge für die internationale Gewerkschaftseinheit und Amnestie wurden in verschiedenen Mitgliederversammlungen angenommen, Berichte sind immer in der »Arbeiter-Zeitung« veröffentlich worden.

In Fragen der Russlanddelegation wird ein gesonderter Bericht des Gewerkschaftskartells nach Beendigung der Versammlungskampagne eingehen.

Die Verbindung in den Betrieben mit den Genossen wird aufrechterhalten durch die Betriebszellen, und wo keine sind, durch die Betriebsräte und Gewerkschaftsfunktionäre, Kassierer, die in der Mehrzahl Mitglieder und tätige Funktionäre unserer Partei sind. Die tätigsten Funktionäre aus den Betrieben sind Betriebsräte, Mitglieder der Ortsverwaltung des DMV, Kartelldelegierte und Gewerkschaftskassierer. Einige Genossen aus den Betriebszellen sind Mitglied der Unterbezirksleitung der Partei. Auf der anderen Seite ist der Vorstand des Gewerkschaftskartells ebenfalls aus solchen Genossen zusammengesetzt. Der Kartellvorstand besteht nur aus Mitgliedern der KPD.

Die Jugendbewegung im Metallarbeiterverband stand früher auf der Höhe. Nach dem Verbot der Partei vollständig eingestellt, infolge Mangel an Funktionären und Überlastung durch Wahlen und anderes. Die jetzige Fraktion sind 20 Genossen, Mitglieder der Kommunisitschen Jugend, die den Aufbau mit der Ortsverwaltung vornehmen sollen.

Die Verwaltung Hanau ist die einzige im ganzen Bezirk, die sich in den Händen von Parteigenossen befindet. Sie wäre längst der SPD ausgeliefert, wenn gearbeitet worden wäre von unseren Genossen wie im übrigen Teil des Bezirks. Auch jetzt versucht die SPD in verstärktem Maße die Verwaltung zu beseitigen, da politische und sachliche Argumente für ihren Kampf fehlen, wird der Kampf persönlich geführt. Bis jetzt ohne jeden Erfolg für die SPD. Es wird notwendig sein, dass unsere Genossen im Gesamtbezirk und darüber hinaus im ganzen Reich ihre Arbeit in den Gewerkschaften aufnehmen, um so durch die Arbeit in den Gewerkschaften und die politische Kampagne mit der Umorganisierung und den Aufbau der Betriebszellen den Einfluss der SPD zurückzudrängen. Auch hier in Hanau fehlt noch sehr viel von dem, was eigentlich sein soll, nur die Arbeit aller Parteigenossen im Sinne der Aufgaben, wie sie der Ekkibrief stellt, kann dauernde Erfolge sichern.

gez. Simon Mayer, Zelle Wilhelma

[a] Der an die Delegierten des X. Parteitages der KPD gerichtete Brief (12./13. Juli 1925) orientierte die Partei zur Durchführung der Einheitsfront und zur Verstärkung der Gewerkschaftsarbeit.

151 Oktober 1925 – Februar 1926

Die Baufirma Wayß & Freitag in der Rationalisierungskrise

151a Bericht eines Arbeiterkorrespondenten in der »Arbeiter-Zeitung«, 27. Oktober 1925

Arbeiter-Zeitung (Frankfurt) Nr. 282, 27. Oktober 1925. Betitelt: Aus den modernen Zuchthäusern der Hanauer Bauindustrie.

Die Firma Wayß & Freitag, Hanau, bekannt als Ausbeuter- und Antreiberfirma größten Stils im nationalen und internationalen Maßstabe, leistet sich Großes im Ausbeuten, Antreiben und Bekämpfen der Arbeiterschaft. Schon der äußere Anblick des Hanauer Betriebes mit seinen grauen Mauern, erhöhten Beobachtungsständen und dergleichen mehr, geben den Beweis dafür, dass hinter den düsteren grauen Mauern keine frohe Stunde für die dort beschäftigten Arbeiter schlägt, zumal dort das Akkordsystem in fast allen Fächern in hoher Blüte steht, das den Arbeitern gewaltsam durch den von Willkür strotzenden und nach schwäbischem Muster arbeitenden Bauführer Breisendanz aufgezwungen wird. Stundenlang beobachtet dieser Antreiber von seinem Beobachtungsstand, dem Wasserturm und seinem Büro aus die müden und ausgemergelten Lohnsklaven, damit sie sich ja nicht hochstellen und nach Luft schnappen. Rücksicht kennt dieser vermutlich auch stiller Aktionär der Firma nicht, denn die Dividenden oder der eventuelle Antreiberlohn müssen so hoch als möglich geschraubt werden. Der Wahlspruch des Burschen lautet: Ich zahle hohe Löhne und dafür will ich die ganze Kraft des Arbeiters, er muss sein Letztes hergeben, sonst kann ich ihn nicht brauchen. Nach der Familie des Arbeiters fragt dieser Bursche nicht, für ihn ist sie Nebensache.

In die gleiche Gruppe der Antreiber gehört der Platzpolier Marx. Ein wohlbeleibter früherer Frankfurter Zementarbeiter, der als Arbeiter auch keiner von den fleißigsten war. Nachdem der Prolet morgens nach Ertönen des Ausbeutungssignals den

Betrieb betritt, erfolgt schon das Kommando: Auf, auf, drangehalten, dass was fertig wird, und so geht es von Tag zu Tag. Auch das schöne Wort Faulenzer, Drückeberger ertönt öfters unter Tag. Ihm ebenbürtig ist der Polier Arnold, dem man die Hinterhältigkeit auf den ersten Blick schon ansieht, dazu ein Musterknabe im Antreiben und Überstundenmachen, damit die erhöhten Ausgaben der Woche infolge des doppelten Haushaltes gedeckt werden. Außerdem ist er ein starker Verfechter der Sparmaßnahmen der Firma an Arbeitskräften. Was in früheren Zeiten 2 Kollegen arbeiteten, das muss jetzt einer leisten. Mit zu den schlimmsten Feinden der Arbeitskollegen im Betrieb gehören noch die der Hanauer Arbeiterschaft weithin bekannten dunklen Elemente, der Betriebsobmann Breitenstein, Friedrich, und Pfannmüller, August (Betriebsratsmitglied), die als Verräter, Schmarotzer und Zuträger oder Akkordwühler indirekt dem Bauführer Breisendanz treue Schergendienste leisten, nur um lieb Kind zu sein und lange Arbeit zu behalten. Dazu sind diese beiden »Arbeitervertreter« noch nicht einmal gewerkschaftlich organisiert. Auch die hygienischen Einrichtungen spotten jeder Beschreibung. Das ganze Jahr hindurch herrscht Mangel an Verbandsstoffen. Die Unfallverhütungsvorschriften werden nicht beachtet.

Mit diesen unglaublichen Zuständen noch nicht genug. Am 15. Juli 1925 leistete sich die altbekannte Firma einen Akt reinster Kapitalisten- und Ausbeuterwillkür, genau nach den schon genug bekannten Geheimbefehlen der reaktionären Arbeitgeberverbänden. Sie warf von 120 Belegschaftsmitgliedern 38 auf das Straßenpflaster ohne Beachtung des Betriebsrätegesetzes, auch 2 Betriebsratsmitglieder, und ohne vorherige Verhandlung mit dem gesamten Betriebsrat. Sie schützte vor, wie immer, Arbeitsmangel und Stilllegung von Bauten. Diese Maßnahmen sollten dazu dienen, die bösen Kommunisten und andere unliebsame Kollegen los zu werden. Am 13.7. stellten sie den Bau ein, um ihn am 26.7 wieder zu eröffnen. Dabei tat sich wieder der altbekannte Schwabe (Bauführer Breisendanz) hervor. Seine grenzenlose Wut gegen die bösen Kommunisten kannte auch hier keine Grenzen. Hier prägte er das Wort: »Hinaus mit ihnen und wenn sie auch Betriebsräte sind, die Direktion hat's befohlen!« Diesen Hinauswurf und Maßregelung ließen sich die 2 Kollegen des Betriebsrates und noch 4 andere schon längere Jahre im Betrieb tätige Kollegen nicht gefallen. Sie verklagten die bei den Arbeitsgerichten wohlbekannte Ausbeuterfirma am Arbeitsgericht Hanau durch das Gewerkschaftskartell. Am 24. August wurde dann das endgültige Urteil gefällt zugunsten der Kläger auf Wiedereinstellung und Zahlung des ausgefallenen Lohns. Bei Wiedereinstellung Zahlung einer angemessenen Entschädigung für alle 6 Kläger. Das Gewerkschaftskartell fragte sofort am Tage nach dem Urteil an, ob die Firma bereit wäre, die Kollegen wieder einzustellen. Zynisch erklärte der Büroschreiber, das Kartell solle sich an die Direktion in Frankfurt werden. Diese telefonische Anfrage wurde mehrmals wiederholt, immer dieselbe Antwort. Nun war das Kartell gezwungen, das Urteil für rechtskräftig erklären zu lassen und übergab dann einem Gerichtsvollziehungsbeamten die Sache. All diese Maßnahmen ließen diese Spezialausbeuterfirma kalt, obwohl ihr moralisches und geschäftliches Ansehen dadurch leiden musste. Außer sich vor Wut und Machtgelüste strengte dann die Firma eine Berufung beim Landgericht an, wozu sie 2 Rechtsanwälte benötigte. Aber leider war ihr Generalansturm vergebens. Diese Weltfirma ließ sich sogar soweit herunter, dass sie sich pfänden ließ. Am 30. September war der Termin angesetzt und am 3. Oktober wurde endlich den Kollegen ihre auf Grund des Urteils zustehenden Beträge ausgezahlt. Diese Klage kostete diese Ausbeuterfirma 3-4000 Mark, welche jetzt wieder aus den Knochen der noch im Betrieb tätigen Kollegen in aller Kürze herausgepresst werden. Dabei wird sich wieder, wie schon bekannt ist, der schwäbische Bauführer und Generalantreiber Breisendanz die Lorbeeren seiner Herrn und Gebieter holen.

So sehen sie aus, die Helden der vaterländischen Wiedergeburt, des Wiederaufbaues. Nur Arbeit, verlängerte Arbeitszeit und niedriger Lohn kann uns retten, schreien sie aus vollem Halse. Nicht genug der außerbetrieblichen Ausbeutung, nein, den Betrieb machen sie dem Prolet, dem Träger der ganzen Wirtschaft, noch zur Hölle und Qual. Erneut rufen wir euch Klassengenossen bei dieser internationalen Ausbeuterfirma zu: Es wird überall Brot gebacken, seid nicht feige, kuscht nicht vor eueren Ausbeutern und ihren Antreibern. Heraus aus euer Lethargie, kämpft mit den hinausgeworfenen Kollegen für eine bessere Zukunft bis zum vollständigen Sieg der Arbeiterklasse!

Kämpft für die Gewerkschaftseinheit!

151b Bericht der »Arbeiter-Zeitung« über den Lohnabbau durch einen vorgeblichen Branchenwechsel, 6. – 8. Februar 1926

Arbeiter-Zeitung (Frankfurt) Nr. 35, 11. Februar 1926.

Wir brachten in Nr. 32 vom 8. Februar eine kleine Notiz »Aussperrung in Hanau«, die sich mit genannter Firma befasst. Am Samstag[a] kündigte sie die gesamte Belegschaft 2 Stunden vor Arbeitsschluss ohne sich um die Stilllegungsverordnung und um die tariflichen Vereinbarungen zu kümmern, und um 12 Uhr wurde der Betrieb geschlossen. Dieser Betrieb ist in den Kreisen der Arbeiterschaft als eine wahre Knochenmühle bekannt. Vor nicht allzu langer Zeit wurde er von den Kommunisten gesäubert, die aufrechtesten und besten Genossen wurden rücksichtslos aufs Straßenpflaster geworfen. Die damals vor dem Arbeitsgericht anhängig gemachte Klage kostet die Firma einige Tausend Mark. Die nachher in der schlimmsten Form einsetzende Ausbeutung hat hoffentlich den Kollegen, die damals nicht genügend Solidaritätsgefühl aufgebracht haben, jetzt gezeigt, dass der Kapitalismus keine andere Methode kennt, als rücksichtslose Profitmacherei.

Jetzt sollen die Akkordlöhne um 100 Prozent, Vorarbeiterlöhne um 40 Prozent und Bauhilfsarbeiterlöhne um 25 Prozent herabgesetzt werden.

Die Begründung der Firma lautet dahingehend, dass sie sich schon mit der Gauleitung Frankfurt des Fabrikarbeiterverbandes verständigt hätte, den Betrieb in eine Kunststeinfabrik umzustellen, und dass sie schon im Besitz eines Reichstarifvertrages genannten Verbandes wären. Die unsauberen Argumente und Machenschaften dieser internationalen Ausbeuterfirma hatten aber den Zweck, die Belegschaft mürbe und gefügig zu machen für die neuen Arbeitsbedingungen, welche in dem schon wieder am Montag, den 8. Februar, neueröffneten Betrieb grundlegend sein sollten. Die Belegschaftsmitglieder sollten bei Wiedereinstellung einen Revers unterschreiben, der die Wiederaufnahme der Arbeit zu Fabrikarbeiterlöhnen vorsieht. Hauptmacher und Inspirator in dieser Angelegenheit ist der der Hanauer Arbeiterschaft weithin bekannte Oberantreiber und stille Aktionär Breisendanz, der den Betriebsratsvorsitzenden wie ein Kind behandelt, ihm das Büro verbot und erklärte, für diesen Betrieb käme er nicht mehr in Frage, der Betrieb sei geschlossen! Trotz allen wütenden Gesten und

Gebärden des sauberen Patrons Breisendanz erhob der Betriebsrat Einspruch gegen seine sowie der gesamten Belegschaft Entlassung. Der Baugewerksbund natürlich, der sofort Stellung nahm zu dieser unerhörten Unternehmeroffensive, lehnte die Herausforderung scharf ab und wird dieser noblen, weithin bekannten Ausbeuterfirma noch einen gehörigen Denkzettel durch das Arbeitsgericht hinterlassen, desgleichen auch der Metallarbeiterverband. Leider haben sich auch wieder traurige Elemente gefunden, die am Montag zu den neuen Bedingungen (Fabrikarbeiterlohn) die Arbeit aufgenommen haben, dazu noch solche, die am Samstag noch für Bauarbeiterlohn gearbeitet haben, die aber auch schon, wie wir hörten, am Montag in diesem Zuchthausbetrieb in gehörigen Streit gerieten, wahrscheinlich auf Grund der riesenhaften Antreibung und Ausbeutung.

Es wird Aufgabe der gesamten Belegschaft, aller Bauarbeiter und des Baugewerkbundes sein, diesen schmutzigen Ausbeutern, aber auch den Schmarotzern und charakterlosen Schädlingen in der Arbeiterbewegung kräftig in ihr schmutziges Handwerk hineinzufahren. Ihr Ruf muss sein, hinein in die Gewerkschaften, her mit der nationalen wie internationalen Einheitsfront der Gewerkschaften! Dann werden solche niederträchtigen Hungeroffensiven bei obengenannter Firma nicht mehr möglich sein. Dann wird das geeinte Proletariat seinen Peinigern den Todesstoß versetzen.

[a] 6. Februar 1926.

152 — Januar – Juni 1926

Das Volksbegehren und der Volksentscheid für die entschädigungslose Enteignung der Fürsten

152a Resolution einer Gold- und Silberarbeiterversammlung gegen die geplante Abfindung der Fürsten und für die Durchführung eines Volksentscheids für ihre entschädigungslose Enteignung, 20. Januar 1926

Arbeiter-Zeitung (Frankfurt) Nr. 17, 21. Januar 1926.

Die heute im Gewerkschaftshaus versammelten Gold- und Silberarbeiter Hanaus erheben gegen die geplante Abfindung der Fürsten schärfsten Protest. In Anbetracht der ungeheuren Not, die auf dem größten Teil unseres Volkes lastet, sind die maßlosen Forderungen der Fürsten eine Herausforderung des Volkes. Millionen Existenzen von Arbeitern, Angestellten, Kleingewerbetreibenden usw. sind durch die Krise der deutschen Wirtschaft mit der Vernichtung bedroht. Angesichts dieser Sachlage erwarten die Versammelten, dass den Hohenzollern und übrigen deutschen Fürsten kein Pfennig mehr an deutschen Eigentum ausgeliefert wird.

Von den Arbeiterparteien und dem ADGB erwarten die Versammelten, dass der Volksentscheid für die entschädigungslose Enteignung baldigst durchgeführt wird.

152b Gemeinsamer Gesetzentwurf der SPD, der KPD und des Ausschusses zur Durchführung des Volksentscheids für die entschädigungslose Enteignung der Fürstenvermögen, 25. Januar 1926

Deutscher Reichsanzeiger und Preußischer Staatsanzeiger Nr. 39, 16. Februar 1926.

Der Reichstag hat auf Volksbegehren das folgende Gesetz beschlossen, das mit Zustimmung des Reichsrats hiermit verkündet wird:
Aufgrund des Artikels 153 der Reichsverfassung wird bestimmt:

Artikel I
Das gesamte Vermögen der Fürsten, die bis zur Staatsumwälzung im Jahre 1918 in einem der deutschen Länder regiert haben, sowie das gesamte Vermögen der Fürstenhäuser, ihrer Familien und Familienangehörigen werden zum Wohle der Allgemeinheit ohne Entschädigung enteignet. Das enteignete Vermögen wird Eigentum des Landes, in dem das betreffende Fürstenhaus bis zu seiner Absetzung oder Abdankung regiert hat.

Artikel II
Das enteignete Vermögen wird verwendet zugunsten
a) der Erwerbslosen;
b) der Kriegsbeschädigten und Kriegshinterbliebenen;
c) der Sozial- und Kleinrentner;
d) der bedürftigen Opfer der Inflation;
e) der Landarbeiter, Kleinpächter und Kleinbauern durch Schaffung von Siedlungsland auf dem enteigneten Landbesitz.
Die Schlösser, Wohnhäuser und sonstigen Gebäude werden für allgemeine Wohlfahrts-, Kultur- und Erziehungszwecke, insbesondere zur Errichtung von Genesungs- und Versorgungsheimen für Kriegsbeschädigte, Kriegshinterbliebene, Sozial- und Kleinrentner sowie von Kinderheimen und Erziehungsanstalten verwendet.

Artikel III
Alle Verfügungen – einschließlich der hypothekarischen Belastungen und Eintragungen –, die mit Bezug auf die nach diesem Gesetz enteigneten Vermögen oder ihre Bestandteile nach dem 1. November 1918 durch Urteil, Vergleich, Vertrag oder auf sonstige Weise getroffen wurden, sind nichtig.

Artikel IV
Die Ausführungsbestimmungen zu diesem Gesetz werden durch ein Reichsgesetz festgelegt, dass innerhalb dreier Monate nach amtlicher Feststellung des Abstimmungsergebnisses zu erlassen ist. Dieses Reichsgesetz hat insbesondere die näheren Bestimmungen zur Ausführung des Artikel II dieses Gesetzes über die Verwendung der enteigneten Fürstenvermögen durch die Länder zu treffen.

152c Vereinbarung der KPD und der SPD über die Vorbereitung des Volksbegehrens zur entschädigungslosen Enteignung der Fürsten, 26. Januar 1926

Institut für Marxismus-Leninismus beim ZK der SED (Hrsg.), Dokumente und Materialien zur Geschichte der deutschen Arbeiterbewegung, Reihe II, Bd. VIII, Berlin 1975, S. 307.

Entsprechend dem gemeinsam eingereichten Gesetzentwurf zur Fürstenenteignung traten am Dienstagnachmittag die Vertreter der Sozialdemokratischen und [der] Kommunistischen Partei in Berlin zusammen und einigten sich auf folgende Punkte:
1. Herstellung und Finanzierung der Einzeichnungslisten sowie der erforderlichen Plakate mit dem Gesetzentwurf und der Aufforderung zur Einzeichnung erfolgt je zur Hälfte durch die Sozialdemokratische und [die] Kommunistische Partei.
2. Die Einzeichnungslisten werden zentral hergestellt und an eine für jeden Bezirk vereinbarte Adresse geschickt. Der Versand an sämtliche Gemeinden hat von dort aus mittels Einschreibebrief oder gegen Rückquittung an alle Städte und Gemeinden zu erfolgen.
3. Die Plakatherstellung und die Verteilung erfolgt nach demselben Schlüssel durch beide Parteien. In den Bezirken erfolgt zwischen den beiden Parteien eine Verständigung über die zu bearbeitenden Gemeinden, damit doppelte Arbeit vermieden wird.

Alle organisatorischen Vorbereitungen sind mit der größten Gewissenhaftigkeit zu treffen, um eine Riesenzahl von Wählern zur Einzeichnung für das Volksbegehren zu veranlassen. Die sonstige Propaganda, Versammlungen, Demonstrationen und andere Veranstaltungen, die zu diesem Zwecke vorgenommen werden, sind von den einzelnen Korporationen entsprechend den gefassten Beschlüssen der Verhandlungskommission selbständig zu führen.

152d Bericht der »Arbeiter-Zeitung« über die Demonstration der Hanauer Arbeiterschaft für den Volksentscheid, 27. Januar 1926

Arbeiter-Zeitung (Frankfurt) Nr. 25, 30. Januar 1926.

Ein Markstein in der Geschichte der Hanauer Arbeiterbewegung

Noch nie, selbst in den Tagen der Revolution und des Rathenaumordes, hat Hanau eine solche Demonstration gesehen, wie die am Mittwoch vom Gewerkschaftskartell, der Betriebsrätezentrale, dem Internationalen Bund[a] und unserer Partei einberufene Protestdemonstration gegen die Fürstenabfindung. Die SPD war ebenfalls aufgefordert worden, mit ihren Organisationen teilzunehmen, um eine einheitliche Aktion zustande zu bringen, sie hatte, wie wir bereits berichtet haben, schriftlich eine Beteiligung abgelehnt. Wir enthalten uns weiterer kritischer Äußerungen und stellten fest, dass die gesamte Hanauer Arbeiterschaft geschlossen demonstriert hat, trotz der Verdächtigungen der »Volksstimme«, dass alles »kommunistische Mache« sei, was das Kartell unternimmt. Der Einheitswillen zum Kampfe gegen die räuberischen Fürsten hat sich in den Massen Bahn gebrochen und keinerlei Sabotage, von wem sie auch kommen mag, kann die Bewegung aufhalten. Hier muss Farbe bekannt werden. Hier gibt es kein Zurück mehr für Parteisuppenköche, die Masse wird Rechenschaft fordern, richten und urteilen.

Bereits um 3 Uhr nachmittags füllten sich die Räume und der Garten des Gewerkschaftshauses. Immer neue Massen strömten herbei. Auf Straßen und Plätzen standen die Demonstranten zu Tausenden. Im überfüllten großen Saale des Gewerkschaftshauses sprach um 4 Uhr der Genosse Karl Rehbein, im Garten die Genossen Fischer und Konrad. Aus den Betrieben kamen die Arbeiter und Arbeiterinnen zum Teil geschlossen anmarschiert. Unter Vorantritt des Trommler- und Pfeifferkorps des Roten Frontkämpferbundes formierte sich ein Demonstrationszug, an dem Tausende von Arbeitern teilnahmen. Wuchtig und geschlossen marschierten die Massen durch die Straßen der Stadt, unheilverkündend für die Bourgeoisie, siegverheißend für die Proletarier, wenn sie weiter so geschlossen und gemeinsam kämpfen. Rote Fahnen und Transparente wurden im Zug mitgeführt. Auf dem Marktplatz stauten sich die Massen, nach Ansprachen der Genossen Rehbein und Fischer wurde die Demonstration aufgelöst.

Dieser Tag muss als ein Markstein in der Geschichte der Hanauer Arbeiterschaft bezeichnet werden. Erneut hat es sich gezeigt, dass die Arbeiterklasse, wenn sie einig und geschlossen kämpft, den ganzen Plunder der bürgerlichen kapitalistischen Gesellschaft beseitigen kann. Dabei wird sie auch von der grünen Polizei nicht aufgehalten werden können, die wieder in sehr großer Anzahl von auswärts herangeholt worden war. Natürlich musste sie »unverrichteter Sache« wieder abziehen. Severings und Noskes Erlasse brauchten von ihr nicht befolgt zu werden. Die Hanauer Arbeiterschaft ist viel zu diszipliniert, manche Leute werden das noch zu spüren bekommen. Alles in Allem: Ein gewaltiges, einmütiges Bekenntnis zum Volksentscheid für restlose Enteignung der Fürsten, unsere Kräfte müssen verdoppelt werden, um ein für alle mal, nicht nur den Fürsten, sondern der gesamten herrschenden Klasse den Kampf anzusagen. Der Anfang ist da, an der Hanauer Arbeiterschaft liegt es nun, am Werke der Befreiung bis zum Sieg mitzuarbeiten und es zur Vollendung zu bringen.

[a] Internationaler Bund der Kriegsopfer.

153 — 24. Februar 1927

Arbeiterkorrespondentenbericht in der »Arbeiter-Zeitung« über die Lage der Arbeiterinnen in der Schuhfabrik Walter in Großauheim

Arbeiter-Zeitung (Frankfurt) Nr. 46, 24. Februar 1927.

Die Jungarbeiterinnenquetsche Walter in Großauheim
Ich wende mich an die »Arbeiter-Zeitung«, weil in dieser Fabrik eine Ausbeutung herrscht, die ihresgleichen sucht, und weil die Verhältnisse an die Öffentlichkeit kommen müssen, damit endlich einmal die Arbeiterorganisationen, die Gewerkschaften noch mehr als bisher einschreiten. Der Betriebsrat scheint auch von seinen Pflichten sehr »überzeugt« zu sein, allerdings scheinen diese Pflichten mehr im Interesse der Herrschaften Walter zu liegen als im Interesse der Arbeiterinnen, die in dieser Bude selbst über das Maß, das man in der Arbeiterinnenausbeutung sonst gewohnt ist, ausgebeutet werden.

Die Firma Walter, Großauheim, Krotzenburger Straße, die die Arbeiten für die Firma Westheimer & Co. in Hanau in Auftrag haben, hat auch nach dem bekannten

Muster eine viel größere Knechtschaft eingeführt, als das in Friedenszeiten der Fall war. Alle Beschwerden werden gewöhnlich mit einer Handbewegung abgetan, geändert wird aber nichts. Die Firma arbeitet z.B. schon längere Zeit ohne jede Genehmigung in zwei Schichten. Es arbeiten dort lauter Mädchen von 15 – 16 Jahren, also alles Arbeiterinnen, die in der niedrigsten Lohnklasse täglich 10 und mehr Stunden schuften müssen. Der Verdienst ist trotzdem kaum 10-12 Mark in der Woche, und man kann sich denken, dass der Profit, den der Herr Unternehmer an jedem Mädchen hat, oft bis in die Hunderte von Prozenten geht. Dass Herr Walter seht gut verdient hat an seinen Arbeiterinnen, das zeigen nicht nur seine vielen Maschinen, die er sich aus den Profiten anschaffte, sondern auch sein Motorrad, mit dem er spazieren fährt, um sein Wohlleben zu zeigen. Wenn aber keine Arbeit da ist, so können aber auch einmal die Mädchen stundenlang dasitzen, ohne dass allerdings Herr Walter daran denkt, ihnen diesen Lohnausfall zu vergüten. Auch Überstunden werden täglich gemacht, aber auch dafür bekommen die Mädchen keinerlei Entschädigung außer ihrem üblichen Stundenlohn.

Herr Walter aber hat auch eine gute Lebensgefährtin, die das Ausbeuten so gut versteht wie ihr Herr Gemahl. Wehe, wenn einmal ein Mädchen nicht tanzt, wie sie pfeift. Das fliegt sofort aus dem Betrieb. Und da heute natürlich aus Angst vor der Not und Arbeitslosigkeit kein Mädchen auf die Straße fliegen will, und die Mädchen ja auch weder politisch, noch ja gewerkschaftlich aufgeklärt sind, um sich zu wehren und ihre Interessen zu vertreten, so hält jedes ihren Mund und kuscht.

So kann, weil eben die Mädchen noch nicht organisiert sind, sie Herr und Frau Walter ungehindert ausbeuten, ja sogar am Sonntag geht die Schufterei ihren Lauf, man lässt die Mädchen dann hinter verschlossenen Türen arbeiten. Das alte kirchliche Wort, das die beiden bei ihrer Einstellung doch aus haben sollten, nämlich: Du sollst den Feiertag heiligen! schaltet bei dieser Profitwirtschaft aus, da werden einfach die Türen und Fenster und das Tor geschlossen, und niemand wagte es, an diese Festung heranzugehen.

Wo bleibt hier die Polizei? Wo bleiben aber besonders die Arbeiter, die doch selbst das größte Interesse daran haben sollten, die Mädchen soweit zu bringen, dass sie in ihren Verband eintreten, der dann schon mit allen Mitteln der Firma Walter das Handwerk etwas beschneiden wird. Das, was hier ist, ist eben überall festzustellen, die Mädchen lassen sich aus lauter Angst ausbeuten, sie finden immer noch nicht den Weg zu ihren organisierten Klassengenossen. Erst wenn sie ihn gefunden haben, erst wenn es die männlichen Arbeitskollegen verstanden haben, auch die Arbeiterin zu organisieren, werden die Unternehmermanieren, junge Mädchen zu Lohndrückern zu gebrauchen, aufhören.

154 20. April – 16. Mai 1927

Der Streik in der Hanauer Silberwarenindustrie gegen den Abzug der Leistungszulagen

154a Bekanntmachung des Gewerkschaftskartells über den bisherigen Verlauf des Streiks und die Absicht des Unternehmerverbandes, die Silberarbeiter durch die Aussperrung der Goldarbeiter gefügig zu machen, 12. Mai 1927

Volksstimme (Hanau) Nr. 110, 12. Mai 1927.

Seit dem 21. April dieses Jahres stehen die Arbeiter der Hanauer Silberindustrie im Streik um die ihnen im Schiedsspruch des Schlichtungsausschusses zugestandenen Lohnausbesserungen. Der Schiedsspruch, der die Lohn- und Arbeitszeitverhältnisse in der gesamten Hanauer Edelmetallindustrie regelt, führte nach nochmaliger Verhandlung zwischen dem Deutschen Metallarbeiterverband und den Arbeitgebern in der Juwelen- und Kettenindustrie zu einer Einigung, während die Arbeitergeber in der Silberindustrie es ablehnten, die Zulagen von 6 Pfennig laut Schiedsspruch auf die derzeitigen Löhne ihrer Arbeiter zu zahlen.

Die Arbeitgeber in der Silberindustrie wollten darüber hinaus in einer Zeit, wo alle Berufsgruppen auf Grund der verteuerten Lebenshaltung und der erhöhten Mieten, Lohnerhöhungen von 6, 7 und mehr erhielten, die Leistungszulagen, die schon seit langer Zeit in der Silberindustrie gezahlt wurden, abbauen, um sich hierdurch für die im Schiedsspruch vorgesehene Erhöhung schadlos zu halten! Das hätte bedeutet, dass, während alle anderen Arbeiterkategorien Lohnaufbesserungen erhalten haben, die Silberarbeiter, die eine qualifizierte Berufsgruppe sind, eine Zulage von höchstens 1 bis 2 Pfennig erhalten hätten, trotzdem ihnen der Schiedsspruch eine solche von 6 Pfennigen zuerkennt.

Dass es sich lediglich um einen brutalen und rücksichtslosen Machtstandpunkt seitens der Arbeitgeber handelt, geht daraus hervor, dass mehrere Geschäfte die Zulagen in voller Höhe bereits gewährt haben.

Nicht genug damit! Die Herren Dr. Heilmann & Co. vom Vorstand des Gesamtverbandes der Arbeitgeber versuchen durch eine bewusste Irreführung der Öffentlichkeit die Verantwortung für die Fortdauer des Streiks der Verwaltung des Deutschen Metallarbeiterverbandes zuzuschieben, trotzdem gerade im Vorstand des Gesamtverbandes der Arbeitgeber diejenigen sitzen, die nicht nur weitere Verhandlungen hintertreiben, sondern soweit gehen, dass sie die Arbeiterschaft der Goldindustrie aussperren[a], um lediglich ihren Machtanspruch durchzusetzen.

Die Verwaltung des Metallarbeiterverbandes hat wiederholt versucht, Verhandlungen zustande zu bringen; ihr wurde hiernach vom Arbeitgeberverband unter dem 4. Mai mitgeteilt, dass man sich von etwaigen Verhandlungen keinen Erfolg verspreche!

Da jedoch nun die Scharfmacher im Vorstand des Arbeitgeberverbandes, ihnen voran Herr Dr. Heilmann, andere Berufsgruppen wegen der Differenzen in der Silberindustrie – die sie selbst verschuldet haben – maßregeln, indem sie den Goldarbeitern das Arbeitsverhältnis gekündigt haben, kann die übrige Arbeiterschaft diesen Dingen nicht mehr gleichgültig zusehen; die am 10. Mai, abends 8 Uhr, im Gewerkschaftshaus tagende erweiterte Vollversammlung des Ortsausschusses Hanau des Allgemeinen Deutschen Gewerkschaftsbundes schreibt dem Vorstand des Gesamtverbandes der Arbeitgeber die volle Verantwortung für alle aus der Aussperrung in der Edelmetallindustrie entstehenden Konsequenzen zu.

Der Ortsausschuss kann nicht dulden, dass eine Arbeitergruppe, nur weil es einigen Herrn vom Vorstand des Arbeitgeberverbandes gefällt, vergewaltigt und somit weitere Not und größeres Elend verursacht wird.

Wir rufen daher die gesamte Arbeiterschaft von Hanau und Umgebung auf, den kämpfenden Silberarbeitern ihre volle Sympathie zu bekunden, da eine Niederlage der Silberarbeiter nicht ohne Rückwirkung auf die Lohnverhältnisse der übrigen Arbeiterschaft bleiben kann.

Die erweiterte Vollversammlung beauftragt den Vorstand des Ortsausschusses, alle ihm geeignet erscheinenden Schritte zu unternehmen, die den Silberarbeitern zum Siege verhelfen können.

[a] Die Unternehmer hatten die Aussperrung in der gesamten Edelmetallindustrie für den 19. Mai angeordnet.

154b Mitteilung der Verwaltungsstelle Hanau des DMV über die Beendigung des Streiks, 16. Mai 1927

Volksstimme (Hanau) Nr. 113, 16. Mai 1927; einleitender Vermerk der Redaktion: Vom Metallarbeiter-Verband wird uns mitgeteilt.

Durch den Spruch einer Schlichterkammer ist der Streik der Silberarbeiter nach circa 3½wöchiger Dauer beendet worden. Der Tarifspitzenlohn wird mit Wirkung ab 3. April um 7 Pfennig pro Stunde erhöht. Die gelernten Silberarbeiter über 25 Jahre erhalten auf die Effektivlöhne eine Erhöhung von mindestens 6 Pfennig pro Stunde, die Nachzahlung erfolgt ab 4. April. Die Urlaubsregelung bleibt, wie im Schiedsspruch vorgesehen, bestehen.[a] Der Hauptstreitpunkt für den Ausbruch des Kampfes war, dass die Arbeitgeber der Silberindustrie ihren Arbeitern die seitherigen Leistungszulagen um 6 Pfennig die Stunde abzogen, während die Arbeitgeber der Ketten- und Juwelengruppe die Löhne ihrer Arbeiter entsprechend dem Schiedsspruch erhöhten. Der Erfolg des 3½wöchigen Kampfes besteht darin, dass der Abzug der Leistungszulagen rückgängig gemacht und die Arbeitgeber der Silberindustrie auf die Effektivlöhne der über 25 Jahre alten gelernten Arbeiter eine Mindestzulage von 5 Pfennig pro Stunde ab 4. April gewähren müssen. Die jüngeren Altersgruppen von 19 bis 21 Jahre erhalten durch die Neuregelung der seitherigen Lohnstaffel Zulagen bis zu 16 Pfennig die Stunde. Sicher hätte der Erfolg noch wesentlich besser sein können, wenn die Gold- und Silberarbeiter endlich einmal einsehen würden, dass nur durch die Organisation eine Verbesserung der Lohn- und Arbeitsbedingungen möglich ist. Hoffentlich ziehen die Goldarbeiter aus der angedrohten Aussperrung die Lehre und schließen sich alle der Organisation an.

[a] Den vollen Urlaub erhält, wer mindestens 2000 Stunden im Jahr beschäftigt gewesen ist, alle Arbeiter über 25 Jahre erhalten jedoch 6 Tage Winterurlaub (Metallarbeiter-Zeitung Nr. 21, 2. Mai 1927).

155 8. – 10. Juli 1927

Bericht der »Volksstimme« über das 2. Bezirks-Arbeiter-Sängerfest in Hanau

Volksstimme (Hanau) Nr. 155, 11. Juli 1927.

Der Wettergott war den Arbeitersängern hold, wenn er euch verschiedentlich ein recht verdrießliches Gesicht gemacht und mit Regengüssen und derlei Unfug drohte. Der gestrige Sonntag, der Haupttag des Bezirkssängerfestes des Arbeitersängerbundes Rhein-Maingau, 1. Bezirk, nahm einen vom schönsten Wetter begünstigten Verlauf.

Wie wir schon mitgeteilt haben, wurde das Fest am Freitag[a] eingeleitet durch einen Fackelzug, der sich vom Gewerkschaftshause aus nach dem Festplatz bewegte, und durch das Lampionschwimmen des freien Wassersportvereins Hanau: Die Darbietungen der Wassersportler waren für Hanau ein Ereignis, das hier zum ersten Male vorgeführt wurde und das auch allgemein als eine vorzügliche Leistung anerkannt wird. Die Schwimmer mit ihren bunten Lampions boten den zahlreichen Zuschauern ein farbenprächtiges Bild und der Schein der Lichter vermischte sich mit den lodernden Flammen des am Ufer aufgestellten Fackelzuges zu einer Farbensymphonie von seltener Wirkung.

Am Samstag[b] wies der Festplatz wieder einen zahlreichen Besuch auf. Der Abend galt in erste Linie dem Arbeitergesangverein »Humor« (Kesselstadt), der an diesem Tage das Fest seiner 25jährigen Fahnenweihe begehen konnte. Eine ganze Reihe Gratulanten hatte sich aus diesem Anlass eingefunden, die ihre Glückwünsche darbrachten, Fahnennägel stifteten; der Radfahrverein »Adler« (Kesselstadt), die Freiwillige Feuerwehr, die Arbeitergesangvereine »Männerchor« (Hanau) und »Konkordia« (Langendiebach) sowie der Anglerverein »Petzi Heil« (Kesselstadt). Fahnenbänder hatten gestiftet der Arbeitergesangsverein »Vorwärts«, der »Verein für Rasenspiele« (Kesselstadt) und der Geflügelzüchterverein Kesselstadt. Besonders das Fahnenband des letzteren Vereins, gemalt von Frau Schneider, erweckte wegen seiner künstlerischen Ausführung lebhaftes Interesse.

Umrahmt wurde der Abend durch Gesänge der drei Hanauer Arbeitergesangvereine unter der Leitung des Dirigenten Herrn Heinz Ruth sowie durch Darbietung der freien Turner, des freien Kraftsportvereins und des Arbeiterradfahrervereins »Solidarität«. Den musikalischen Teil des Abends hatte die Feuerwehrkapelle übernommen.

Der gestrige Sonntag brachte zunächst in den Morgenstunden ein großes Wecken durch zwei Musikkapellen und am Mittag den Festzug. Von den einzelnen Gruppen sind als besonders gelungen zu bezeichnen die der Arbeitergesangvereine »Vorwärts« und »Humor« (Kesselstadt), während die »Freien Wassersportler« wieder durch ihr schmuckes und diszipliniertes Auftreten auffielen. Der »Vorwärts« hatte eine schön und geschmackvoll arrangierte Kindergruppe, während der »Humor« ein schön geschmücktes Auto im Zuge mitführte. Beide Vereine, »Vorwärts« und »Humor«, ehrten auch ihre Jubilare in besonderer Weise. Der Konsumverein beschloss den Festzug durch einen besonderen Propagandawagen.

Die Straßen, durch die sich der Zug bewegte, waren reichlich geschmückt und auch in den anderen Straßen sah man viel Girlanden und Fahnenschmuck. Unangenehm fiel besonders den auswärtigen Festteilnehmern auf, dass die Stadt nicht einmal am Rathause geflaggt hatte. Da ist das ganze Jahr so viel von der Hebung des Fremdenverkehrs und von der Heranziehung größerer Tagungen die Rede, und wenn dann wirklich einmal von auswärts Gäste in großer Anzahl erscheinen, dann gibt die Stadtverwaltung nicht einmal durch Beflaggung der Amtsgebäude ihr Willkommen zum Ausdruck. Oder hat man die Beflaggung nur unterlassen, weil es sich um Arbeitergesangsvereine handelt?

Der Festplatz selbst war gestern Nachmittag und Abend von Tausenden von Besuchern überfüllt. Besonderen Eindruck machten die Männer-Massenchöre unter der Leitung von Herrn Seip (Hanau), an denen circa 1500 Sänger beteiligt waren. Wuchtig wurde das alte Kampflied »Sturm« von Lassen zum Vortrag gebracht und es hinterließ bei den Zuhörern eine nachhaltige Wirkung. Von besonderem Reiz war der Gemischte Chor »Empor zum Licht« von Uthmann, vorgetragen von 500 Sängern und Sängerinnen. Obwohl die Einstudierung dieser Chöre – getrennt in den verschiedenen Vereinen – große Schwierigkeiten machte, gelang das Wagnis doch wider Erwarten. Der reichlich gespendete Beifall war denn auch verdient. Auch gestern wieder stellten sich die verschiedenen Arbeitersportvereine in den Dienst der Arbeitersänger, wie denn umgekehrt auch diese allzeit bereit sind, ihre Lieder in den Dienst der übrigen Arbeiterbewegung zu stellen.

Das brachte insbesondere auch der Sangesgenosse Eyring vom »Vorwärts« in seiner Begrüßungsansprache zum Ausdruck, die im übrigen die Bedeutung der Arbeitersängerbewegung würdigte. Beipflichten muss man auch seiner Mahnung, die Arbeitersänger mögen ihrerseits alles dazu beitragen, um den Bruderzwist innerhalb der Arbeiterbewegung zu überwinden zu helfen. Dass das diesjährige Bezirkssängerfest trotz einiger unliebsamer Vorkommnisse dazu beigetragen möge, das ist auch unser Wunsch.

Heute Nachmittag findet auf dem Festplatz noch ein großes Volksfest statt. Den Abschluss bilden dann ein Brillantfeuerwerk, ausgeführt von der Firma Fr. Menger (Hanau).

[a] 8. Juli 1927.
[b] 9. Juli 1927.

156 — Dezember 1927

Der Protest der Eisenbahner gegen die Lohnpolitik der Reichsbahnverwaltung, gegen den Personalabbau und den Raubbau am Personal

156a Bericht der »Arbeiter-Zeitung« über eine öffentliche Eisenbahnerversammlung, 28. Dezember 1927

Arbeiter-Zeitung (Frankfurt) Nr. 306, 31. Dezember 1927.

Die Weigerung der Reichseisenbahnverwaltung, eine allgemeine Aufbesserung der Arbeiterlöhne vorzunehmen oder doch zum »Fest der Liebe« eine allgemeine Beihilfe auszuschütten, hatte unter den Belegschaften der Hanauer Eisenbahnbetriebe starke Erregung verursacht. Dem ungestümen Verlangen nach einer Versammlung musste die Ortsverwaltung des Einheitsverbandes[a] am Mittwoch Rechnung tragen, und sie hatte aufgerufen zu einer öffentlichen Eisenbahnerversammlung im Gewerkschaftshaus. Fast alle dienstfreien Eisenbahner waren dem Rufe gefolgt, das Lokal war bald überfüllt. Bezirkssekretär Rüdiger - Frankfurt schilderte in einem 1½stündigen Referat die Verhandlungen zwischen den Gewerkschaften und Bahnverwaltung über die Forderungen nach Lohnaufbesserung, Beihilfen beziehungsweise Ortszulagen, mit dem bekannten Endresultat. Rüdiger erwähnte die gleichartigen Vorgänge in der Eisenindustrie und zog daraus die richtige Schlussfolgerung der Zusammenfassung aller Arbeiter zur gemeinsamen Abwehr.

Es wurde u.a. angeführt, dass die Reichsbahnverwaltung für andere Zwecke erhebliche Mittel zur Verfügung stellt, nur für Aufbesserung der miserablen Löhne ist keine Geld übrig. Bei den unteren Schichten werde immer das Schreckmittel der Reparationszahlungen und der Sparsamkeit angewandt, bei den oberen Beamten spare man sich diese Manöver. Die Verhältnisse in den Betrieben seinen so ausgeartet, dass sich das jetzige unerhörte System der Ausbeutung nicht mehr lange halten könne und, wenn nicht bald Änderungen eintreten, der Zusammenbruch kommen müsse. Der Herr Generaldirektor Dornmüller habe in seinem Vortrag in Berlin kürzlich die Zahlen des Personalabbaus genannt, aber die Zahlen der Unfälle, Erkrankungen und Störungen nicht erwähnt, die seit dem durchgeführten Abbau eingetreten sind.

Es muss Aufgabe der Gewerkschaften und der Personalvertretungen sein, die Öffentlichkeit auf die Gefahren falscher Abbaumaßnahmen hinzuweisen und rechtzeitig für Abhilfe zu sorgen. Das Publikum hat ein Recht darauf, die Gefahren kennen zu lernen, die sich durch den getriebenen Raubbau am Personal entwickeln. Nachstehende Entschließung wurde einstimmig angenommen:[b]

[a] Deutscher Eisenbahner-Verband.
[b] Siehe folgendes Dokument.

156b Entschließung der Eisenbahnerversammlung, 28. Dezember 1927

Arbeiter-Zeitung (Frankfurt), Nr. 306, 31. Dezember 1927.

Die Hanauer Eisenbahner nahmen am 28. Dezember Stellung zu den erledigten Lohnverhandlungen.

Sie alle empfinden die getroffene Regelung in Bezug auf die Ortslohnzulagen als völlig unzureichend, um etwa auch nur die eingetretene Erhöhung der Mieten, Gebrauchsgegenstände und Kassenbeiträge abzugelten. Die Ablehnung einer Lohnaufbesserung oder Weihnachtsbeihilfe seitens der Reichsbahnverwaltung zeigt, über welches Maß von »Menschlichkeitsgefühl« die Vertreter der Deutschen Reichsbahn verfügen.

Alle anwesenden Eisenbahner sind bereit, bei künftigen Lohnforderungen die Vertreter der Gewerkschaft mit ihrer ganzen Kraft zu unterstützen, um die bestehende Ungerechtigkeit zu beseitigen.

Sie sind ferner bereit, den Kampf, wenn er notwendig werden sollte, gemeinsam mit dem Verbandsvorstand um die Verbesserung ihrer Lebensbedingungen bis zur äußersten Konsequenz zu führen.

157 **10. Januar 1928**

Mahnung der Verwaltungsstelle Hanau des DMV an die Eltern der schulentlassenen Kinder, bei der Lehrstellensuche auf die Qualität der Ausbildung zu achten und im Zweifelsfall Rat bei den Gewerkschaftsorganisationen einzuholen

Arbeiter-Zeitung (Frankfurt) Nr. 8, 10. Januar 1928.

Was soll der Junge werden!

Eine schwere Aufgabe tritt jetzt an die Eltern oder deren Stellvertreter heran: Was sollen die Kinder lernen, die sie unter großen Opfern und Entbehrungen erzogen haben? Mit dem Austritt aus der Schule steht den jungen Menschen ein neuer Lebensabschnitt bevor. Dem Proletarierkind ist meistens schon von früher Jugend an die harte Notwendigkeit für den Kampf ums Dasein eingeprägt worden. Vieles musste es durch die Arbeitslosigkeit des Vaters entbehren, oft hat es die elterliche Liebe vermisst, da der Vater und Mutter im Kampfe ums tägliche Brot wenig Zeit hatten, sich über das Notwendigste hinaus um ihre Lieblinge zu kümmern. Nun stehen die Eltern vor einer schweren Entscheidung. Es ist ihr sehnlicher Wunsch, ihren Kindern ein besseres Dasein zu schaffen, als es ihnen selber vergönnt war.

In marktschreierischer Reklame werden Lehrstellen angepriesen und die Entscheidung ist nicht leicht. Viele Berufe liegen durch die Auswirkung der kapitalistischen Misswirtschaft brach, sind durch die Rationalisierung aus dem Produktionsprozess ausgeschieden. Durch die immer weiter fortschreitende Technik und die Verdrängung der menschlichen Arbeitskraft wird die Aussicht für die Existenz der Arbeiter immer schwerer. Solange die Produktionsmittel Privateigentum sind, wird sich an diesem Zustand wenig ändern, geändert können diese Verhältnisse nur werden durch den Sozialismus. In der kapitalistischen Wirtschaft ist die arbeitsparende Maschine keine Erleichterung für den Menschen, da die Kapitalisten nicht gewillt sind, mit der Entwicklung der Technik die Arbeitszeit herabzusetzen. Im Gegenteil, die Unternehmer fordern überall Verlängerung der Arbeitszeit, ungeachtet des ungeheuren Heeres der Arbeitslosen. Die Auswahl eines Berufes ist daher doppelt schwer. Die Gold- und Silberindustrie beschäftigte vor dem Kriege über 2000 Menschen, heute ist es kaum noch die Hälfte. Die Aussichten für die Zukunft der jungen Menschen, die diesen Beruf erlernen wollen, sind schlecht. Dazu kommt, dass in einzelnen Betrieben eine geradezu verwerfliche Lehrlingszüchterei getrieben wird. Die Folgen sind, dass man die jungen Menschen, wenn sie viereinhalb Jahre gelernt haben und die Zeichenakademie besucht haben, rücksichtslos und unbekümmert um ihr späteres Schicksal auf die Straße wirft. Die tariflichen Löhne in diesem Beruf gehören mit zu den schlechtesten aller gelernten Berufe. Am schlimmsten sind die Kettenmacher daran, ihre Löhne sind niedriger als die der ungelernten Arbeiter. Viele Goldarbeiter sind infolge dieser Verhältnisse nach Amerika ausgewandert.

Noch schlechter sind die Verhältnisse in der Diamantenindustrie. Die Diamantenindustrie befindet sich seit Jahren in dauerndem Krisenzustand. Schuld daran ist die Überproduktion an geschliffenen Brillanten. Es sind mehr Arbeitskräfte vorhanden als in der Vorkriegszeit, obwohl der Absatz für Brillianten geringer geworden ist.

Auch die handwerksmäßigen Berufe (Schlosser, Schmiede, Elektromonteure) sind mit Lehrkräften überfüllt. Die Zeit, wo das Handwerk noch seinen »goldenen Boden« hatte, ist längst vorüber.

Das alles zwingt die Eltern darauf zu achten, dass ihre Kinder nicht in Hände kommen, wo eine ordnungsgemäße Ausbildung nicht gewährleistet ist. Ganz besonders sind solche Betriebe als Lehrwerkstätten zu vermeiden, in denen mehr Lehrlinge als Gesellen vorhanden sind, weil in diesen Lehrlingszuchtwerkstätten die Lehrlinge nichts lernen, sondern nur ausgebeutet werden. Solange die Lehrlinge noch in die Lehre gehen, rührt sich der Meister nicht. Wenn aber die Lehre beendet ist und der junge Geselle Anspruch auf einen menschenwürdigen Lohn erhebt, da fällt es dem Meister auf einmal ein, dass der Lehrling »nichts gelernt« hat.

Schließt keine Lehrverträge ab, bevor ihr euch nicht bei der zuständigen Organisation erkundigt habt!

In der Metallindustrie trifft für viele Betriebe dasselbe zu, auch hier werden die Lehrlinge nur als Ausbeutungsobjekte betrachtet. Der Former- und Gießereiarbeiterberuf ist schwer. Die Bezahlung steht in keinem Verhältnis zur Leistung. Darum ist auch hier Vorsicht geboten.

Schickt eure Kinder nur in solche Betriebe zur Lehre, die eine gute Ausbildung gewährleisten!

Lasst euch nicht durch marktschreierische Lehrstellengesuche beirren!

Bevor ihr eure Kinder in die Lehre gebt, erkundigt euch erst beim Verband, der zu jeder Auskunft gerne bereit ist!

158 — Mai 1928

Die Reichstagswahlen 1928

158a Wahlaufruf des Kreiskartells Hanau des Allgemeinen Deutschen Gewerkschaftsbundes (ADGB) an die Mitglieder der freien Gewerkschaften von Hessen, Hessen-Nassau und Waldeck, 16. Mai 1928

Arbeiter-Zeitung (Frankfurt) Nr. 114, 16. Mai 1928.

Kolleginnen und Kollegen!
In unermüdlicher aufopfernder Arbeit haben die klassenbewussten Arbeiter die freien Gewerkschaften geschaffen als Organ des Klassenkampfes gegen Unternehmerwillkür und kapitalistische Profitwirtschaft. In schweren Kämpfen mit der Bourgeoisie und dem kapitalistischen Staatsapparat gelang es, die werktätigen Massen zu sammeln für die großen Ziele des Sozialismus. Die Beendigung des Krieges, der Sturz der Monarchie, der Achtstundentag, die Erhöhung der Löhne, – waren 1918 nicht das Ergebnis der Arbeitsgemeinschaft und der Koalition mit der Bourgeoisie, sondern solche des Kampfes der Arbeiter gegen die Beherrscher des kapitalistischen Staatsapparates.

Die Koalitionspolitik der Sozialdemokratischen Partei Deutschlands führte im Verlauf der Revolution zum Raub des Achtstundentages, zur Herabsetzung der Löhne, ermöglichte die kapitalistische Rationalisierung und den Hinauswurf hunderttausender Arbeiter, Angestellten und Beamten aus dem Produktionsprozess. Der

Bürgerblock war die natürliche Folge der Politik und Taktik des Reformismus. Heute herrscht und regiert in der Republik das Trust-, Agrar- und Finanzkapital, die Schlichtungsmaschine diktiert Hungerlöhne und überlange Arbeitszeit, das Streik- und Koalitionsrecht der Arbeiter ist in der Praxis beseitigt.

Heute fordern die sozialdemokratischen Führer der Gewerkschaften die Arbeiter auf, bei den Wahlen am 20. Mai ihre Stimme der SPD zu geben. Tatsächlich sind es gerade die sozialdemokratischen Spitzen der freien Gewerkschaften, die sich mit allen möglichen und unmöglichen Mitteln als Schrittmacher für die große Koalition betätigen.

Die Mitglieder der freien Gewerkschaften lehnen jedoch in ihrer großen Mehrheit die Koalitionspolitik ab, da die Kosten dieser Politik lediglich von den breiten Massen der Arbeiter, Angestellten und Beamten getragen werden!

Was sagen die Gewerkschaftskollegen über die Koalitionspolitik der sozialdemokratischen Führer? Nun, der Arbeiter, der die Folgen der Rationalisierung am eigenen Leib zu spüren bekommt, der unter der Peitsche einer unerhörten Akkordarbeit fronen muss, der aufs Pflaster fliegt, wenn er um Lohnverbesserung kämpft, – er spuckt auf die Koalitionspolitik, auf die Arbeitsgemeinschaft. Für ihn kann es keine Gemeinschaft geben mit den Unternehmern, sondern nur unversöhnlichen Kampf bis zum endlichen Sieg!

Groß geworden ist die deutsche Arbeiterbewegung nicht durch die Koalitionspolitik, sondern allein durch den Klassenkampf. Solange die besitzende Klasse noch die herrschende Klasse ist, solange bleibt die Arbeiterschaft in Kampfstellung. Die Konsequenz dieser Kampfstellung ist aber die Ablehnung der Koalitionspolitik und damit die Ablehnung der sozialdemokratischen Koalitionspolitiker bei der Wahl am 20. Mai!

Die Rücksicht auf die Koalitionspolitik hat die SPD die ganzen Jahre hindurch gezwungen, wichtigste sozial- und kulturpolitische Forderungen der Arbeiterklasse preiszugeben!

Denkt an den Verlust des Achtstundentages! Denkt an die faktische Rechtlosigkeit der Betriebsräte! Denkt an die Abfindung der Hohenzollern in Preußen trotz Volksentscheid! (Ein Opfer auf dem Altar der Koalition.)

Der einzige Gewinner bei der Politik der Koalition ist (wie Bebel das einmal richtig vorausgesagt hat) – das Bürgertum.

Der Freigewerkschaftler, der den Tag ersehnt, wo die Arbeiterklasse wirklich einmal von ihrer gewaltigen Macht Gebrauch macht, kann sich am 20. Mai nicht anders entscheiden als für die rote Klassenfront!

Er gibt am 20. Mai seine Stimme ab für die Liste 5 der Kommunistischen Partei, gegen die schwarzweiß-rotgoldene Ausbeuterfront des Kapitals!

Er wählt die KPD und entscheidet sich damit für den Klassenkampf, gegen die Koalitionspolitik!

Er stimmt für die Kommunisten und votiert damit gegen die Schlichtungspolitik der Klassenstaates.

Klassengenossen! Freie Gewerkschaftler! Kolleginnen und Kollegen!

Wählt am 20. Mai kommunistisch und ihr stärkt damit die Einheitsfront der Arbeiterklasse gegen die Bourgeoisie, gegen das Kapital!

158b Wahlaufruf der sozialdemokratischen Mitglieder im Kreiskartell Hanau des Allgemeinen Deutschen Gewerkschaftsbundes (ADGB), 18. Mai 1928

Volksstimme (Hanau) Nr. 115, 18. Mai 1928.

An alle Arbeiter!
An alle Mitglieder der freien Gewerkschaften von Hanau und Umgebung
Kolleginnen und Kollegen!

In unermüdlicher, aufopfernder Arbeit haben die klassenbewussten Arbeiter die freien Gewerkschaften geschaffen als Organe des Klassenkampfes gegen Unternehmerwillkür und kapitalistische Profitwirtschaft. In schweren Kämpfen mit der Bourgeoisie und dem kapitalistischen Staatsapparat gelang es, die werktätigen Massen zu sammeln für die großen Ziele des Sozialismus. Die Beendigung des Krieges, der Sturz der Monarchie, der Achtstundentag, die Erhöhung der Löhne, – sind nicht zuletzt der Einigkeit und Geschlossenheit der gewerkschaftlichen Organisation zu danken.

Der maßlose Kampf der Kommunisten gegen die freien Gewerkschaften, ihre Zersplitterungspolitik, die Gründung eigener, von der kommunistischen Parteizentrale geleiteter Verbände, ihre unsinnige Generalstreiks- und Putschtaktik haben aber im Verlauf der Revolution diese einstigen schlagkräftigen Organisationen der Arbeiterschaft so geschwächt, dass die Reaktion bald leichtes Spiel hatte. Die kommunistische Spaltungspolitik hat es zuwege gebracht, dass die Gewerkschaften mehr als die Hälfte ihrer Mitglieder verloren haben. Da hatten es die Unternehmer leicht, den Achtstundentag zu beseitigen, die Löhne zu drücken und die Rationalisierung auf Kosten der Arbeiter durchzuführen. Der Bürgerblock war die notwendige Folge dieser arbeiterschädigenden Spaltungspolitik. Erst nach und nach gelang es, die Gewerkschaften wieder zu stärken und das Verlorene zum Teil zurückzuerobern.

Die Arbeiter sind die ungeheure Mehrheit des deutschen Volkes. Die kommunistische Spaltungsarbeit hat es fertig gebracht, dass diese Mehrheit nicht zur Geltung kommen konnte. Hohe Zölle und Steuern, teure Lebensmittel, ungenügende Unterstützung der Erwerbslosen, Sozial- und Kleinrentner, Kriegsinvaliden usw. sind die Folgen dieser selbstmörderischen und damit klassenverräterischen Wahnsinnspolitik.

Heute fordern die kommunistischen Führer die gewerkschaftlich organisierten Arbeiter auf, bei den Wahlen am Sonntag ihre Stimme der KPD zu geben, obwohl sie tagtäglich in den Versammlungen und in ihrer Presse die Gewerkschaften maßlos beschimpfen, ihre Erfolge verkleinern und so das immer noch große Heer der Unorganisierten darin bestärken, sich ihrer Verpflichtung zum Beitritt in die Gewerkschaften zu entziehen.

Die Mitglieder der freien Gewerkschaften lehnen es aber ab, solchen Leuten ihre Stimme zu geben, die das ganze Jahr ihre Organisation mit Dreck bewerfen und so dem Unternehmertum Vorschub leisten.

Lange genug haben die Gewerkschaften diesem Treiben geduldig zugesehen. Nun aber Schluss damit! Nur die von den Kommunisten geförderte Zersplitterung ermöglicht es heute noch der Reaktion, über die Arbeiter zu triumphieren. Das wird in dem Augenblick anders, in dem die Proleten den gewissenlosen Spaltern die Türe öffnen. Wir gewerkschaftlich organisierten Arbeiter tragen unsere Meinungsverschiedenheiten unter uns aus. Wir verbitten uns die Einmischung der kommunistischen

Parteisekretäre, die wiederum nur auf Anweisung unverantwortlicher Personen handeln, über deren Anonymität leider meist zu spät der Schleier gelüftet wird und die sich schon in zahlreichen Fällen als Spitzel entpuppt haben. Ein von der KPD kürzlich herausgegebenes Jahrbuch weist die Namen von über 700 ehemaligen kommunistischen Parteifunktionären auf, die im Laufe der Zeit als Spitzel entlarvet wurden. Bis in die Reihen der Parteizentrale, der Reichs- und Landtagsfraktion hinein haben diese Spitzel nach den eigenen Angaben der Kommunistischen Partei ihr Unwesen getrieben. Und von diesen käuflichen Subjekten sollen wir gewerkschaftlich organisierten Arbeiter uns dauernd zersplittern und gegenseitig verhetzen lassen? Und diesen Leuten sollen wir am 20. Mai unsere Stimme geben?
Nein und nochmals Nein!
Ablehnung aller kommunistischen Katastrophenpolitiker!
Jede Stimme der Sozialdemokratie!
Das ist die Parole am 20. Mai.
Ganz besonders ihr Hanauer Gewerkschaftler! Denkt daran, was die kommunistischen Führer in Hanau geleistet haben, obwohl sie seit 1918 die Gewerkschaftsbewegung hier beherrschen!
Sind in Hanau die Löhne höher als anderwärts?
Ist die Arbeitszeit kürzer?
Ist die Ausbeutung weniger groß?
Haben die kommunistischen Führer verstanden, wenigstens in Hanau die Folgen der Rationalisierung von euch abzuwenden?
Ist die Arbeitslosigkeit weniger groß?
Was haben die KPD-Führer in Hanau getan, um es besser zu machen als die »Reformisten«?
Nichts haben sie getan! Nur durch große Worte, denen aber keine Taten folgten, haben sie ihre Unfähigkeit zu verdecken versucht. Und die Arbeiter sind auf den Hund gekommen.
Deshalb gilt am 20. Mai mehr denn je die Parole: Proletarier aller Länder, vereinigt euch!
Ihr habt die Macht in Händen, wenn ihr nur einig seid,
Fort mit der Zersplitterung!
Nieder mit den Zersplitterern!
Es lebe die Sozialdemokratie!
Jede Stimme der Liste 1![a]
Nur eine große Sozialdemokratische Partei kann den Sieg des Proletariats herbeiführen. Auf zum Kampf für Einheitsfront aller Arbeitenden gegen Bourgeoisie, gegen das Kapital und deren Helfershelfer, die kommunistischen Arbeiterzersplitterer!

Die sozialdemokratischen Mitglieder des
Allgemeinen Deutschen Gewerkschaftsbundes
Kreiskartell Hanau

[a] Liste der SPD.

159 November – Dezember 1928

Der Ausschluss der »Rechten« aus der KPD

159a Bericht der »Arbeiter-Zeitung« über eine Mitgliederversammlung der Ortsgruppe Hanau der KPD, 7. November 1928

Arbeiter-Zeitung (Frankfurt) Nr. 263, 8. November 1928.

Hanau für die Beschlüsse des EKKI
Eine eklatante Niederlage der rechten Fraktionsmacher – Enttäuschte Hoffnungen der Galm und Heucke
Die Partei über alles!

Gestern fand im großen Saale des Gewerkschaftshauses eine überaus stark besuchte Mitgliederversammlung der Ortsgruppe Hanau statt, die sich eingehend mit der innerparteilichen Lage beschäftigte. Bekanntlich hatte eine vor 14 Tagen stattgefundene Mitgliederversammlung, in der allerdings eine Diskussion über die innerparteilichen Fragen vom Zaume gebrochen war, nach einer Rede des Genossen Karl Rehbein, dem der »zufällig« anwesende Genosse Galm entsprechend sekundierte, mit knapper Mehrheit eine Resolution angenommen, in der sich die Hanauer Parteiorganisation mit der Erklärung von Galm-Hausen im Zentralkomitee vollinhaltlich solidarisierte.[a] Diese Überrumpelung war nur deshalb möglich, weil in dieser Versammlung kein Vertreter der Parteimehrheit gesprochen hat und die Genossen Galm und Rehbein eine wüste Hetze gegen das Zentralkomitee entfalteten. In der Nummer 2 des Fraktionsorgans der Rechten, des »Volksrecht«[b], wurde der »Sieg« in Hanau groß gefeiert und festgestellt, dass auch Hanau hinter Galm stände. Die Freude der rechten Fraktionsmacher im Bezirk über den »Sieg« in Hanau war allerdings recht kurz und jeder, der die Verhältnisse in Hanau einigermaßen kannte, wusste im Voraus, dass die mit knapper Mehrheit erfolgte Solidaritätserklärung mit Galm ein Pyrrhussieg war.

Zu der gestrigen Mitgliederversammlung war als Vertreter des Zentralkomitees der Genosse Münzenberg erschienen. Die Unterbezirksleitung versuchte zu Beginn der Versammlung, die den primitivsten Organisationsgrundsätzen hohnsprechenden Geschäftsordnungsmethoden, wie sie tags zuvor in Offenbach angewandt worden waren, auch in Hanau durchzusetzen und dem Zentralkomiteevertreter das Schlusswort zu verweigern. Dieser Beschluss der Unterbezirksleitung löste sofort den stürmischen Protest der Parteigenossen aus, so dass die Unterbezirksleitung schließlich nicht umhin konnte, ihren Vorschlag bezüglich der Verweigerung des Schlusswortes stillschweigend in die Versenkung verschwinden zu lassen. Schließlich wurde beschlossen, dem Genossen Münzenberg eine einstündige Redezeit und dem Genossen Heucke als Korreferent eine Redezeit von einer halben Stunde zu gewähren.

In seinem Referat behandelte Genosse Münzenberg eingangs den Fall Wittorf[c] in Hamburg und wies eingehend nach, dass die rechten Gruppierungen in der Partei diesen Korruptionsfall auszunutzen versuchten zu einem Angriff auf die politische Linie der Komintern und der Deutschen Partei. Unter dem Vorwande des Kampfes gegen Korruptionserscheinungen, die in jeder Partei vorkommen und auch in Zukunft nicht vermieden werden können, wollte die Gruppe Thalheimer-Brandler-

Galm die Partei auf den Weg des Opportunismus treiben, was in der Praxis die Liquidierung der revolutionären Partei des Proletariats und der Komintern bedeuten würde. Genosse Münzenberg besprach dann eingehend die Methoden dieses Fraktionskampfes der Rechten und zeigte an Hand konkreten Beweismaterials, dass diese Liquidatoren sowohl im Reichsmaßstab als auch im Bezirk Hessen-Frankfurt unter Führung von Galm und Heucke[d] den offen Kampf gegen die Partei aufgenommen haben. Die Hanauer Organisation müsse sich entscheiden für die Partei oder für die Liquidatoren, für die Komintern und die Sowjetunion, oder für die Unterstützung der Feinde der revolutionären Partei und der Komintern.

Der Genosse Heucke wagte in seinem Referat nicht, vor der Hanauer Parteimitgliederschaft so zu sprechen, wie er es an anderen Stellen wiederholt getan hat. Er versuchte den Genossen klarzumachen, dass er keine politischen Differenzen mit der Partei habe und dass sein Kampf nur gelte der Verhinderung eines innerparteilichen Kurses, der nach seiner Meinung ein Rückfall in die Ruth-Fischer-Methoden bedeute. Genosse Heucke bemühte sich, den Hanauer Arbeitern klarzumachen, dass Brandler ein gut disziplinierter Revolutionär sei, der seine Fehler längst eingesehen habe und deshalb zu Parteiarbeit wieder herangezogen werden müsse. Dass er mit dieser Rede Eindruck auf die Hanauer Arbeiterschaft gemacht haben könnte, hat er wohl selbst nicht geglaubt.

Bei Beginn der Diskussion wurden zwei Entschließungen vorgelegt, die eine vom Genossen Handke, die sich die Vertreter der Bezirksleitung zu eigen machten, und eine von der Unterbezirksleitung. Die Entschließung der Unterbezirksleitung, mit der wir uns politisch noch auseinandersetzen werden, war bereits ein glatter Rückzug gegenüber der vor 14 Tagen mit knapper Mehrheit angenommenen Resolution, denn sie solidarisierte sich nicht mehr mit der Erklärung Galm-Hausen, sondern sprach am Schlusse sogar vom Kampf gegen diejenigen, die den politischen Kurs der Partei ändern wollten.

In der Diskussion sprachen die Genossen Schnellbacher, Handke, Liebl, die Genossin Gimbel, Kuntz und die Jugendgenossen Frischkorn und Henning im Sinne der Entschließung der Bezirksleitung, während die Genossen Wöll und Fischer die Entschließung der Unterbezirksleitung verteidigten. Im Schlusswort stellte der Genosse Münzenberg noch einige Unwahrheiten in der Rede von Heucke richtig und unterstrich noch einmal mit Nachdruck, dass es sich um eine politische Entscheidung von weittragender Bedeutung handle.

In der darauffolgenden Abstimmung wurde die Entschließung der Bezirksleitung mit 118 gegen 73 Stimmen angenommen. Die Resolution lautet:[e]

[a] In der am 22. Oktober 1928 stattgefundenen Versammlung wurde die Resolution Rehbein mit 66 gegen 50 Stimmen, bei 12 Stimmenthaltungen angenommen (BA Berlin, SAPMO, Ry-I3/23/17, Bl. 60f.).

[b] »Das Volksrecht«. Mitteilungsblatt für Partei, Gewerkschaft und Kommunal-Politik. Herausgegeben von der kommunistischen Stadtverordnetenfraktion Offenbach am Main, 1925 – 1928.

[c] John Friedrich Wittorf, Bezirksleiter der KPD in Hamburg, wurde Unterschlagung von Geldern nachgewiesen. Ernst Thälmann versuchte, die Angelegenheit zu vertuschen, worauf das Zentralkomitee der KPD Ende September ihn dazu verurteilte, seine Funktionen ruhen vorerst zu lassen. Auf Einspruch Stalins wurde Anfang Oktober dieser Beschluss aufgehoben.

[d] Alvin Heucke gehörte 1918 zur Führung der Kieler revolutionären Matrosen. Seit 1925 war er politischer Leiter des KPD-Bezirks Hessen-Frankfurt. Er wurde Mitbegründer der KPO und blieb auch nach deren Spaltung in dieser Organisation.

[e] Siehe folgendes Dokument.

159b Resolution der Mitgliederversammlung, 7. November 1928

Arbeiter-Zeitung Nr. 263, 8. November 1928.

Die Mitgliederversammlung der Ortsgruppe Hanau billigt vollinhaltlich die Beschlüsse des EKKI zu den Hamburger Vorgängen. Sie stellt fest, dass die rechten Gruppierungen in der Partei den Korruptionsfall Wittorf zum Vorwand benutzen wollten, um mit Hilfe eines parteischädigenden und disziplinwidrigen Fraktionskampfes einen konzentrischen Angriff gegen den politischen Kurs der Komintern und der deutschen Partei zu beginnen. Das Ziel der Gruppe Brandler-Thalheimer-Galm ist die Liquidierung des durch die Beschlüsse der vierten Roten Gewerksschaftsinternationale und des sechsten Weltkongresses beschlossenen revolutionären Kurses und seine Ersetzung durch eine opportunistische Politik, die in ihrer Konsequenz zur Liquidierung der Kommunistischen Partei und der Komintern führen muss. Die Mitgliederversammlung schließt sich der schärfsten Verurteilung dieses verbrecherischen Treibens durch das Ekki vollinhaltlich an und wird den Kampf gegen das rechte Liquidatorentum mit allen ihr zu Gebote stehenden Mitteln führen.

Die fraktionellen Vorstöße der rechten Liquidatoren im Bezirk Hessen-Frankfurt haben bereits zu einem offenen Kampf der Fraktionsmacher gegen die Partei geführt. Die Herausgabe eines eigenen Fraktionsorgans, die Verschickung fraktioneller Rundschreiben an die Ortsgruppen des Bezirks und der fortgesetzte Bruch der Parteidisziplin durch Galm und Heucke beweisen mit aller Deutlichkeit, dass die rechten Liquidatoren nicht nur ideologisch, sondern auch organisatorisch mit der Partei gebrochen haben. Die Mitgliederversammlung fordert deshalb von der Bezirksleitung und von dem Zentralkomitee die schärfsten organisatorischen Maßnahmen gegen das parteizerstörende Treiben der rechten Fraktionsmacher, weil diese neben einem zielklaren, scharfen, ideologischen Kampf gegen das Liquidatorentum zur Sicherung des politischen Kurses der Partei unerlässlich sind.

159c Schreiben des Sekretärs der Verwaltungsstelle Hanau des DMV und Abgeordneten im preußischen Landtag, Karl Rehbein (KPD), an das Zentralkomitee der KPD, 18. Dezember 1928

Bundesarchiv Berlin, SAPMO, Ry-I3/23/19, Bl. 179f.

Werte Genossen!

Euer Schreiben sowie die Bedingungen, die in den Beschlüssen des Zentralkomitees niedergelegt sind, habe ich erhalten. Ich bedauere, den Bedingungen[a] nicht zustimmen zu können, da ich darin eine Knebelung der Meinungsfreiheit erblicke, die mit der Disziplin einer proletarischen Partei nichts zu tun hat. Wenn ich die Bedingungen zum IV. RGI-Kongress[b] anerkennen würde, die meiner inneren Überzeugung widersprechen, so wäre das von mir ehrlos gehandelt, und darum sage ich ganz offen, dass ich diese Bedingungen und die von der Gewerkschaftsabteilung hierzu herausgegebenen Richtlinien niemals anerkennen werde, da ich darin eine, nach meiner Auffassung, weitere Zersplitterung der deutschen Arbeiterbewegung erblicke (siehe Hamburg und Ruhrkampf).

Die Beschlüsse des IV. RGI-Kongresses und die Auslegung der Gewerkschaftsabteilung des Deutschen Zentralkomitees sind unvereinbar mit der Tätigkeit, die ich seither ausgeübt habe, das, was ihr von mir verlangt, wäre die berühmte doppelte Buchführung, die ihr bei anderen selbst verurteilt habt. Wie kann man Beschlüsse einer Bezirksleitung durchführen, zu der man weder persönliches noch politisches Vertrauen besitzt. Mit diesen Methoden erzieht man politische Eunuchen, aber keine aufrichtigen Kämpfer. Ihr redet von parteischädigender Tätigkeit, es wäre tausendmal besser um die Partei gestellt, wenn diejenigen, die so reden, ihre parteischädigenden Handlungen einstellen würden, oder glaubt man mit organisatorischen Maßnahmen, Hinauswerfen und anderen Maßregelungen unliebsamer Kritiker, tiefgehende politische Probleme zu lösen?

Ihr schimpft über die Gewerkschaftsbürokratie, weil sie die nach ihrer Meinung schädigenden Elemente ausschließt; und ihr selbst duldet noch nicht einmal Kritik in den eigenen Reihen. Wären die Gewerkschaften so rücksichtslos verfahren, wie ihr dies tut, dann gehörte kein einziger mehr von uns noch einer Gewerkschaft an. Ich bin seit 1905 gewerkschaftlich und politisch organisiert, seit Gründung der Partei gehöre ich derselben an, ich habe zur Partei gestanden, als eure jetzigen Freunde im Bezirk, die meinen Ausschluss betrieben haben, der Redakteur Handke und der Leiter des internationalen Bundes der Kriegsopfer, Schnellbacher, 1921 die Partei zertrümmerten; Handke ging zu Levi, Schnellbacher lieferte das Büro der Gruppe Wagner aus[c]. Ich habe immer zur Partei gestanden, ich kann aber nicht etwas anerkennen, von dem ich überzeugt bin, dass die Arbeiter dadurch einander nicht näher gebracht werden, sondern die Kluft immer tiefer wird; mit dieser Politik des nur Hasses in den eigenen Reihen kann man keine Welt erobern.

Was hat denn Thalheimer und Brandler verbrochen, wenn ihr die Beiden verurteilt, müsst ihr auch Fritz Heckert verurteilen, der hat es aber besser verstanden, sich mit jeder Zentrale zu halten. Ich habe der Bezirksleitung Hessen-Frankfurt schriftlich erklärt, dass ich die Beschlüsse des IV. RGI-Kongresses sowie die Beschlüsse des VI. Weltkongresses[d] für ein Verhängnis für die deutsche Arbeiterbewegung halte und dieselben nicht anerkennen würde, von dieser meiner Erklärung habe ich nichts zurückzunehmen.

Mit kommunistischem Gruß
Karl Rehbein

[a] Bis zum 20. Dezember 1928 mussten die »Rechten« u.a. öffentlich erklären, dass sie vorbehaltlos die Parteidisziplin wahren, sämtliche Beschlüsse der kommunistischen Weltkongresse billigen und jegliche Propaganda gegen die Beschlüsse der Partei unterlassen würden.

[b] Der IV. Kongress der Roten Gewerkschaftsinternationale vom 17. März bis 3. April 1928 beschloss die Einheitsfront von unten mit Aktionen gegen die Beschlüsse der Gewerkschaftsführungen.

[c] Rehbein spricht hier die Vorgänge von 1921/22 an, als sich die Mehrheit der Hanauer Kommunisten gegen die Kommunistische Internationale und gegen die Parteizentrale stellte. Siehe Dok. 135c,d,e.

[d] Der VI. Weltkongress des Komintern in Moskau vom 17. Juli bis. 1. September 1928 verallgemeinerte den »Linksruck« zur politischen Richtlinie mit Frontstellung gegen die von Stalin angeprangerten »faschistischen Tendenzen« in der Sozialdemokratie.

160 16. November 1928

Aufruf des Ortsausschusses Hanau des ADGB zur Solidarität mit den ausgesperrten Metall- und Hüttenarbeitern der rheinisch-westfälischen Eisenindustrie (»Nordwestaussperrung«)

Arbeiter-Zeitung (Frankfurt) Nr. 270, 16. November 1928.

Übt Solidarität!

Arbeiter, Arbeiterinnen, Werktätige!

Seit 14 Tagen liegen durch grenzenlose Unternehmerbrutalität eine Viertelmillionen Klassengenossen auf dem Pflaster!

Die Schlotbarone in Nordwest wollen die Metall- und Hüttenarbeiter zu den alten, unerträglichen Arbeit- und Lohnbedingungen zur Arbeit zwingen und bedienen sich zur Erreichung dieses Zieles aller zu Gebote stehenden Mittel.

Die Arbeitslosenunterstützung ist gesperrt: der Einzelhandel angewiesen, keine Waren auf Kredit abzugeben; die »Wohlfahrtsunterstützung« beträgt für die Familien nur Pfennige!

Angesichts dieser Notlage der 213 000 kämpfenden Metallarbeiter darf die deutsche Arbeiterschaft nicht tatenlos beiseitestehen. So wie man die 213 000 auf die Knie zwingen will, so wird man es morgen in anderen Wirtschaftsgebieten versuchen. Der Kampf der Metall- und Hüttenarbeiter in Nordwest geht um Sein oder Nichtsein des gesamten deutschen Proletariats.

Helft daher noch bestem Können! Morgen könnt Ihr auf dieselbe Unterstützung angewiesen sein! Die Stärke der unterdrückten, ausgebeuteten und geknechteten Arbeiterklasse liegt nur in ihrer Solidarität!

An dem unerschütterlichen Willen zur Solidarität und der solidarischen Abwehr der Kapitaloffensive durch die gesamte deutsche Arbeiterklasse werden die Absichten der Schlotbarone und des gesamten Unternehmertums zerschellen!

Deshalb ist die Parole eines jeden Gewerkschafters, jedes Arbeiters und jeder Arbeiterin: Einen Stundenlohn für die Ausgesperrten! Zeichnet Euch ein auf die in den Betrieben zirkulierenden Listen!

161 25. – 30. Oktober 1929

Kommentar der »Arbeiter-Zeitung« zum New Yorker Börsenkrach

Arbeiter-Zeitung (Frankfurt) Nr. 255, 31. Oktober 1929.

Sturmzeichen in New York – Milliardenverluste an der New Yorker Börse – Hunderttausende kleiner Existenzen vernichtet – Vorboten der Wirtschaftskrise in USA – Kursstürze auch an der Berliner Börse

Die New Yorker Börse, die bereits am Donnerstag[a] voriger Woche einen so genannten schwarzen Tag erlebte, hatte vorgestern wiederum einen Tag beispielloser Kursstürze zu verzeichnen. Die Verluste betragen bisher etwa 50 Milliarden, da durch panikartige Massenverkäufe von Aktion und durch die Weigerung der Banken, zur Intervention zwecks Stabilisierung der Kurse zu schreiben, der Wert der Papiere rapide sank. Offensichtlich ist der erste Stützungsversuch durch Bankkonsortien nach dem schwarzen Donnerstag der vorigen Woche ungenügend gewesen. Der Börsenkrach, der Hunderttausende kleinbürgerlicher Existenzen und die kleinen Spekulanten des Mittelstandes ruiniert hat, ist zweifellos von den Großbanken vorausgesehen und ihrerseits zu einer großzügigen Spekulation ausgenützt worden.

In Verfolg dieser Vorgänge an der New Yorker Börse ist auch die Berliner Börse am gestrigen Tage stark in Mitleidenschaft gezogen worden. Es traten Kursverluste bis zu 10 Prozent ein, und die Kurse deutscher Werte sanken unter die Kurse in Amerika.

Wenn nicht alle Anzeichen trügen, geht die jahrelange, seit dem Krieg bestehende, kaum jemals ernstlich unterbrochene Hochkonjunktur der amerikanischen Wirtschaft ihrem Ende entgegen. Der Umfang des Börsenkrachs zeigt die ernste Veränderung der wirtschaftlichen Lage in den Vereinigten Staaten blitzlichtartig auf. Stockungen, wie sie sich auf dem Baumarkt und beim Absatz der Eisenindustrie in der letzten Zeit bemerkbar gemacht hatten, scheinen das Ende dieser Hochkonjunktur anzukündigen. Auch der gewaltig entwickelte amerikanische Kapitalismus stößt auf die Absatzschranken auf dem Weltmarkt und zwingt die Bourgeoisie der USA zu verschärftem Angriff auf die Lebenshaltung der Arbeiterklasse. Der Prozess der sprunghaften Ausdehnung der amerikanischen Produktion, der riesigen Neugründungen in den wichtigsten Industrien wurde durch den Überschuss auf dem amerikanischen Welt- und Kapitalmarkt immer mehr beschleunigt. Die steigenden Kurse der amerikanischen Papiere lockte das Spekulationskapital der ganzen Welt an die New Yorker Börse. Jetzt auf einmal setzt unter dem Druck der veränderten wirtschaftlichen Lage eine schroffe Ernüchterung ein.

Es ist klar, dass sich diese Vorgänge auch für die europäischen kapitalistischen Länder auswirken werden, insbesondere für Deutschland, wo die Überfremdung wichtiger Industrien mit amerikanischem Kapital gerade in der letzten Zeit stark zugenommen hat. Die beginnenden Absatzschwierigkeiten für das amerikanische Kapital zwingen die Bourgeoisie der USA, die neue Kapitalausfuhr schärfer als bisher zur Niederringung der außeramerikanischen Konkurrenz zu verwenden.

Der Young-Plan[b], die politische Plattform für die amerikanische ökonomische Offensive in Europa, wurde vom deutschen Finanzkapital in der Hoffnung begrüßt, man könne dadurch, dass man sich der amerikanischen Kontrolle unterstellt und gemeinsam die Ausbeutung des deutschen Proletariats vornimmt, der Segnungen der amerikanischen Kapitaleinfuhr nach Deutschland teilhaftig werden. Die neu auftretenden ernsten wirtschaftlichen Schwierigkeiten für das amerikanische Kapital werden so der Anlass zu einer verschärften Durchführung der im Youngplan niedergelegten Kapitaloffensive gegen das deutsche Proletariat im Verfolg der Durchführung des Youngplanes werden.

[a] Richtig: Freitag, den 25.10.1929 (»Schwarzer Freitag«).
[b] Das neue Reparationsabkommen trat im Januar 1930 in Kraft.

162 Dezember 1929

Die Spaltung des DMV in Hanau

162a Bericht der »Arbeiter-Zeitung« über eine Mitgliederversammlung des DMV und deren Umfunktionierung zu einer Versammlung der revolutionären Gewerkschaftsopposition (RGO), 3. Dezember 1929

Arbeiter-Zeitung (Frankfurt), 5. Dezember 1929.

Am Dienstag fand im Hanauer DMV endlich eine Mitgliederversammlung statt, die längst fällig war. Diesmal bildete die Tagesordnung:

1. Wahl von 2 Delegierten zur Bezirkskonferenz (Kassel)
2. Einführung eines obligatorischen Extra-Beitrags von 5 Pfennig für die Umbauarbeiten am Saalbau

keinen Aufschub, und Karl Rehbein sah sich einer großen Zahl von Mitgliedern gegenüber, als er die Versammlung eröffnete.

Sofort zu Beginn beantrage Genosse Magold, als ersten Punkt der Tagesordnung die Frage der Entlassung des in der Ortsverwaltung angestellten Genossen Mittelstädt zu behandeln. Karl Rehbein wurde nervös und versuchte vergeblich, mit den von der Generalversammlung her sattsam bekannten Methoden die zahlreich anwesenden oppositionellen Kollegen zu provozieren. Er schimpfte auf die Kommunistische Partei, wie nur ein Renegat schimpfen kann. Die Arbeiter blieben ihm die sofortige Antwort freilich nicht schuldig.

Als über den Antrag Magold angestimmt wurde, erhielt die Opposition die Mehrheit. Das brachte Rehbein ganz aus Rand und Band, und nach einem kurzen Geplänkel mit einem oppositionellen Kollegen erklärte er kurzerhand die Versammlung sei »geschlossen«. Eine neue Illustration zu dem Begriff »Sozialfaschismus«, mit dem wir diese Methode kennzeichnen, gegen dessen Berechtigung sich die Sozialdemokraten aber bekanntlich verzweifelt wehren. Ohne Frage öffnet die Anwendung dieser Methoden manchem Hanauer Betriebsarbeiter die Augen, der bisher noch Illusionen hatte über den politischen Charakter des ehemaligen Kommunisten Rehbein.

Selbstredend ging die Versammlung nun nicht etwa auseinander, sondern wurde unter oppositioneller Leitung weitergeführt und ein Delegierter gab einen Bericht vom Reichskongress der revolutionären Gewerkschaftsopposition. Begeistert schilderte er seine Eindrücke von dem Kongress und bei der Kennzeichnung der Rolle der Sozialfaschisten brauchte er nur auf das eben zur Schau gewordene Auftreten Karl Rehbeins hinzuweisen, um die Schändlichkeit dieser Rolle hundertprozentig zu beweisen.

Leider konnte die Versammlung nicht zu Ende geführt werden, da der Wirt Heppel auf Grund einer angeblichen Anweisung der Saalbau-Gesellschaft die Räumung des Saales verlangte. Also von denselben Arbeitern, denen gegenüber man das so genannte Hausrecht geltend macht, wenn sie es ablehnen, nach sozialfaschistischer Pfeife zu tanzen, wagt man, 5 Pfennig Extra-Beitrag zur Erhaltung beziehungsweise zum Umbau des Hauses zu fordern! Höher geht die Frechheit nimmer! Darüber wird noch verschiedentlich zu reden sein.

Die versammelten Metallarbeiter verließen darauf das Lokal unter dem Gesang der »Internationale«. Manche von ihnen zeigten Neigung, das Verbandsbuch in die

Ecke zu werfen. Selbstverständlich wäre das ein Bärendienst, den sie nur sich selbst und der Opposition leisten würden. Im Gegenteil gilt es, durch zähes Arbeiten unter der Kollegenschaft den Sozialfaschisten das Handwerk zu legen bis zur einstiger Generalabrechnung.

162b Ausschlussantrag des Sekretärs der Verwaltungsstelle Hanau des DMV, Karl Rehbein, an die Bezirksleitung gegen mehrere Mitglieder nach den Erfahrungen der Mitgliederversammlung am 3. Dezember 1929, 9. Dezember 1929

Arbeiter-Zeitung (Frankfurt) Nr. 292, 14. Dezember 1929.

Im Auftrage der Ortsverwaltung stelle ich hiermit den Antrag auf Ausschluss der in der Anlage aufgeführten Verbandsmitglieder wegen fortgesetzter Schädigung der Verbandsinteressen. Die Genannten haben in fortgesetzter Weise die Interesses des Verbandes auf das Schwerste geschädigt, indem sie in allen Betriebsversammlungen, Mitgliederversammlungen usw. unwahre erlogene Behauptungen gegen die Verbandsleitung verbreiteten.

Magold, Löwig, Kohl, Hagemann kommen als Veranstalter einer Oppositionsversammlung in Frage, in der die Wahl eines Delegierten zum kommunistischen Gewerkschaftskongress vorgenommen worden ist. In dieser Versammlung wurden, wie uns mitgeteilt, die Einrichtungen des Verbandes heruntergerissen, man verstieg sich sogar soweit, dass man sagte, man könne die Kollegen der Verwaltung nicht mehr als Kollegen anreden, sondern man muss sie als Verbrecher, Lumpen und Schufte bezeichnen. Der Delegierte, der gewählt wurde, ein gewisser Weber aus Offenbach, die nähere Adresse konnten wir nicht feststellen, hat an dem Oppositionskongress teilgenommen. Die Ortsverwaltung hatte für Dienstag, den 3. Dezember 1929, eine Mitgliederversammlung einberufen mit der Tagesordnung:

1. Wahl der Delegierten für die Bezirkskonferenz in Kassel.
2. Enthebung eines obligatorischen Extrabeitrages von 5 Pfennig für das Gewerkschaftshaus.

Zu dieser Versammlung hatten die Kommunisten besondere Aufforderungen, von denen ich eine beifüge, herausgegeben, die nicht namentlich unterzeichnet waren. Die Versammlung war außerordentlich stark besucht. Zu Beginn der Versammlung meldete sich Magold zur Geschäftsordnung und verlangte, dass auf die Tagesordnung gesetzt wurde;

Stellungnahme zur Kündigung des bei uns im Büro beschäftigten Hilfsarbeiters Mittelstädt.

Ich habe auf das Statut aufmerksam gemacht, dass Tagesordnungspunkte, die nicht frühzeitig der Verwaltung mitgeteilt sind, nicht auf die Tagesordnung gesetzt werden können.

Um jedoch eine Störung der Versammlung zu vermeiden, habe ich einem Kollegen dafür und dagegen das Wort erteilt. Ich habe dann die Abstimmung zu dem Antrag vorgenommen. Darauf setzte ein mächtiger Radau seitens der Kommunisten ein. Worte wie Schuft, Lump und Verbrecher fielen. Ich habe den Michael Rost, den ich gerade feststellen konnte, dass er diese Beschimpfung aussprach, aus der Versammlung verwiesen. Rost ist dieser meiner Aufforderung nicht gefolgt. Die übrigen

Kommunisten ermutigten ihn, dass er dableiben sollte. Die Versammlung artete darauf in einen derartigen Tumult aus, dass ich gezwungen war, dieselbe zu schließen.

Als ich die Versammlung geschlossen hatte, haben Jordan, Löwig, Magold, Rost und die übrigen Kommunisten aufgefordert, da zu bleiben und den Bericht von Weber, den man in den Saal eingeschmuggelt hatte, von dem oppositionellen Gewerkschaftskongress entgegen zu nehmen. Ein großer Teil der Kollegen hatte jedoch auf meine Aufforderung hin die Versammlung verlassen. Weber erging sich dann in den üblichen Beschimpfungen gegen die Gewerkschaften und kündigte an, dass demnächst eine weitere Versammlung stattfinde, wo zu den Beschlüssen des oppositionellen Gewerkschaftskongresses Stellung genommen würde.

Die Ortsverwaltung steht auf dem Standpunkt, dass nach dem Ausgang dieser Versammlung es nur eines geben kann, die dauernden Unruhestifter aus dem Verband auszuschließen. Nur dann wird es möglich sein, in Hanau wieder geordnete Verhältnisse im Deutschen Metallarbeiterverband zu schaffen.

Durch das Treiben der Jordan, Magold, Klein usw. in Betriebs- und Belegschaftsversammlungen wird das Ansehen des Verbandes auf das Schwerste geschädigt. Die Arbeiter in den Betrieben fühlen sich angeekelt von dieser fortgesetzten Hetze gegen die Gewerkschaften und verlangen von uns kategorisch, dass damit Schluss gemacht wird (!!).

Ich bitte die Bezirksleitung um Stellungnahme zu der Angelegenheit und dieselbe umgehend unter Befürwortung der Ausschlüsse an den Hauptvorstand weiterzugeben.
gez. Karl Rehbein

163 **1930 – 1932**

Der Aufstieg der NSDAP und die Abwehrmaßnahmen der Arbeiterorganisationen

163a Resolution des Bezirksparteitages der SPD für Hessen-Nassau in Hanau zur Bekämpfung der nationalsozialistischen Propaganda, 13. April 1930

SPD-Bezirk Hessen Nassau. Protokoll des Bezirksparteitages am 12. und 13. April 1930 in Hanau/Main, Frankfurt (1930), S. 54. Der Antrag der Ortsgruppe Groß-Frankfurt der SPD wurde einstimmig angenommen.

In der Erwägung, dass die Nationalsozialisten ihre republikfeindliche Politik in immer weitere Kreise tragen, sich neuerdings auch mit besonderer Intensität an die Arbeiterschaft und an sozialistisch eingestellte Kreise heranzumachen versuchen, nicht nur die Stadt, sondern auch das Land mit Versammlungen überschwemmen, in denen hauptsächlich die SPD und ihre außenpolitische Haltung und die Führer der Partei in der zügellosesten Weise bekämpft und beschimpft werden, erachtet es der Bezirksparteitag als eine dringende Pflicht, dem Auftreten der Nationalsozialisten eine erhöhte Aufmerksamkeit zu schenken, insofern, als entweder durch geeignete Diskussionsredner den Anwürfen der Nationalsozialisten gegen die Partei und ihre Führer entgegengetreten wird, oder durch selbstständige Versammlungen der SPD die verderbliche Politik der Nationalsozialisten auf ihren wahren Wert zurückgeführt wird.

163b Bericht des »Hanauer Anzeigers« über eine antifaschistische Demonstration des Reichsbanners und seiner Schutzformation (Schufo) sowie über die anschließende Kundgebung, 22. Februar 1931

Hanauer Anzeiger 43, 23. Februar 1931

Wie überall im Reich so veranstaltete gestern auch das »Reichsbanner« in Hanau aus Anlass des 7. Gründungstages[a] der Organisation eine Kundgebung, an der sich auch die Sozialdemokratische Partei beteiligte. Bei dem Aufmarsch durch die Straßen in Hanau marschierte zum ersten Mal die neugebildete Schutzformation (Schufo), die nach den letzten Wahlen als Gegengewicht gegen die nationalsozialistischen Sturmabteilungen gebildet worden ist, auf. Im Gewerkschaftshaus schloss sich an die Demonstration eine Kundgebung gegen die Nationalsozialisten an. Als erster Redner sprach Herr Redakteur Klein, Frankfurt. Er ging auf die Schlagworte der Nationalsozialisten ein und versuchte die Ursachen des Erfolges dieser Partei zu erklären. Die starke Propaganda der Nationalsozialisten sei möglich gewesen durch die Zuwendungen des Großkapitals an die Nationalsozialisten. Diese Gelder zahlen die Kapitalisten nicht, um das auch von der Wirtschaft als unsinnig abgelehnte F[..].-Programm[b] zu unterstützen, sondern das Großkapital benutze die Nationalsozialisten, um die Gewerkschaften zu zerschlagen. Man wolle den Arbeiter wieder dahin bringen, dass er auf alle seine erkämpften Rechte verzichte. Eine weitere Schuld an der Zunahme der Rechtsradikalen sei die eigene Schläfrigkeit gewesen, deshalb sei der 22. Februar ein bedeutungsvoller Tag, weil er die Antwort gebe auf das Geschrei von »Deutschland erwache!« Das freiheitliche Deutschland sei erwacht. Die Hauptschuld aber an dem Ausgang der letzten Wahlen habe der deutsche Spießer. Die Lösung müsse sein: Geistig den Spießer umbringen. Zuerst gelte es, den Spießer in sich selbst zu bekämpfen. Das Reichsbanner müsse wieder ein Ziel haben. Der 14. September habe ihm dieses Ziel gegeben, das Ziel sei die Ausrottung des Nationalsozialismus. Mit dem Betonen des Kampfwillens schloss der Redner seine mit großem Beifall aufgenommenen Ausführungen. – Als zweiter Redner sprach Herr Berthold, Schlüchtern. Er wies darauf hin, wie die allgemeine Notlage ein günstiger Boden für die Entwicklung der Radikalen sei und gab dann eine Schilderung von Italien, dem »Paradies« der Nationalsozialisten. In Italien sei alle Freiheit vernichtet und selbst nach einem Sturz von Mussolini würde es ein Jahrzehnt dauern, um alles wieder aufzubauen, was die Diktatur den Arbeitern genommen habe. Redner gab alsdann Bilder von einigen nationalsozialistischen Führern, in denen er alle scharf kritisierte. Zum Schluss seiner Ausführungen ging er noch auf den Auszug der Nationalsozialisten aus dem Reichstag ein. Heute schreien die Hitlerleute nach Schutz der Demokratie, aber die Nationalsozialisten hätten keinen Anspruch auf Schutz der Demokratie, die sie zerstören wollen. Auch die Ausführungen dieses Redners fanden viel Beifall. – Die Kundgebung nahm einen ruhigen Verlauf.

[a] Richtig: Gründungsjahr; das Reichsbanner Schwarz-Rot-Gold wurde am 22. Februar 1924 gegründet.

[b] Im Druckbild unleserlich.

163c Bericht des »Hanauer Anzeigers« über einen Überfall von Kommunisten auf eine Nazi-Gruppe bei Rückingen, 3. Februar 1932

Hanauer Anzeiger Nr. 29, 4. Februar 1932.

Zu einer förmlichen Schlacht zwischen Kommunisten und Nationalsozialisten kam es gestern Abend kurz vor 8 Uhr unweit des Ortseinganges von Rückingen. Die Nationalsozialisten, die sich auf dem Marsche zu einer in Rückingen geplanten Versammlung befanden, wurden nächst der Rückinger Kleinbahnweiche von Kommunisten überfallen, mit einem Steinhagel überschüttet und von allen Seiten her tätlich angegriffen. Es entspann sich ein wildes Handgemenge, bei dem es zahlreiche Verletzte, darunter auch einige Schwerverletzte, gab. Die Verletzungen rührten in der Hauptsache von Schlägen mit harten Gegenständen her. Auch das Messer soll eine Rolle gespielt haben, wie auch Schüsse von Seiten der Angreifer gefallen sein sollen. Die Landjägereibeamten, die sofort eingriffen, wurden gleichfalls mit Steinen beworfen und mussten schließlich von ihrer Waffe Gebrauch machen. Beim Eintreffen des Überfallkommandos der Hanauer Schutzpolizei war der Tatort bereits geräumt, so dass sich die Polizeibeamten auf die Räumung des Ortes und die Durchsuchung der Gegend beschränken konnten.

Nach einer Mitteilung der nationalsozialistischen Kreisleitung wurden ca. 20 Nationalsozialisten mehr oder weniger schwer verletzt. Die Verletzten wurden mittels zweier Sanitätsautos nach dem Hanauer Krankenhaus verbracht, nachdem ihnen im Versammlungslokal die erste ärztliche Hilfe zuteil geworden war. Von der gleichen Seite erfahren wir, dass ein Verletzter zwei Steckschüsse und ein zweiter Parteiangehöriger zwei tiefe Stiche in den Oberschenkel davon getragen hat. Die Zahl der Angreifer wird mit 4-500 angegeben. Ob die Angreifer gleichfalls Verletzte in ihren Reihen hatten, konnte bisher noch nicht festgestellt werden. Ein amtlicher Bericht über den allem Anschein nach von langer Hand vorbereiteten Überfall war bis zur Stunde noch nicht zu erhalten.

164 21. Dezember 1930

Die von der Revolutionären Gewerkschaftsopposition (RGO) organisierte Metalldelegierten-Konferenz der Hanauer Metallbetriebe

164a Aufruf an die Metallarbeiter von Frankfurt, Offenbach und Darmstadt zum gemeinsamen Kampf gegen den Lohnraub, 21. Dezember 1930

Arbeiter-Zeitung (Frankfurt) Nr. 300, 24. Dezember 1930.

Kollegen und Kolleginnen!

Das Hungergespenst, das durch das deutsche arbeitende Volk geht, will seine Klauen noch tiefer in unser Fleisch schlagen. Wir, die wir nicht genug haben, um uns und unsere Familien ernähren zu können, wir sollen noch mehr hungern.

Das profitgierige Unternehmertum verlangt 15 Prozent Lohnabbau! Diese Leute, die doch nur auf unsere Kosten leben, die mit den aus uns herausgeschundenen Profiten prassen und schlemmen können, die Milliarden ins Ausland verschoben haben, sie wollen erneut Millionen und Abermillionen verdienen, indem sie uns von den jämmerlichen Lohnpfennigen noch 15 Prozent abziehen wollen. Dieses Parasitentum will die Hungerpeitsche über uns schwingen, obwohl unsere Löhne in ihrer Kaufkraft bereits weit über 20 Prozent gesenkt sind! Mieterhöhung. Erhöhung der Preise, Erhöhung der Steuern, Erhöhung der Zölle, Erhöhung der Versicherungsbeiträge, Einführung dieser verfluchten Negersteuer[a], der Ledigensteuer, Erhöhung der kommunalen Abgaben, all das hat einen erheblichen Teil unserer Lohntüte bereits verzehrt! Unsere Frauen müssen weniger kaufen, unsere Kinder darben. Und dieses ganze Raubprogramm ist das Produkt der Diktatur-Regierung Brüning, die ihre Existenz mit Hilfe der SPD-Führer fristet!

Kollegen und Kolleginnen! Trotz dieses bereits so schamlos durchgeführten Lohnraubes sollen unsere Löhne noch mehr verschlechtert werden. Es soll nur noch so viel übrig bleiben, dass es gerade noch reicht, um einen Sarg für uns zu kaufen!

Hunderttausenden von Metallarbeitern wurde bereits der Lohn geraubt! In Nordwest, in Mansfeld, in Mainz-Wiesbaden, in Berlin hat die Front der Unternehmer und des Unternehmerstaates bereits sein erstes Ziel erreicht. Aber Unternehmer und Kapitalistenstaat hätten es nicht erreicht, wenn sie nicht eine Hilfe gehabt hätten, die Gewerkschaftsbürokratie!

In Angst und Sorge um die Erhaltung ihrer staatlichen und kommunalen Futterkrippen, verbunden durch tausend Fäden mit diesem kapitalistischen System, materiell und ideologisch korrumpiert durch dieses verfluchte Ausbeutersystem, haben sie nur einen Gedanken: dieses System und seine Beherrscher vor den Angriffen der Arbeiterschaft zu schützen. Mit der Lüge, dass die Wirtschaft saniert werden müsse (15 Milliarden haben sie bereits verschoben!), versuchen die ADGB-Führer den Arbeitern den Lohnabbau schmackhaft zu machen.

In Nordwest würgten sie den Kampf ab. In Mansfeld das gleiche. Und die 130 000 Berliner Metallarbeiter jagten sie wieder in die Betriebe, nachdem die Bürokratie vorher sich den Unternehmern und der Diktaturregierung bedingungslos unterworfen hatte. Mit Hilfe des Sozialdemokraten Sinzheimer wurde der schamlose 8prozentige

Lohnraub durchgeführt. Die Gewerkschaftsbürokratie ist zum Streikbruchapparat geworden!

Nur ihr hat es das Unternehmertum zu verdanken, dass es seine Ziele erreicht, dass die Arbeiterschaft von Niederlage zu Niederlage schreitet. Diese Tatsachen zwingen die Arbeiterschaft, im Interesse ihres Kampfes, zur Schaffung einer einheitlichen und geschlossenen Kampfesfront die reformistischen Verräter aus ihren Reihen abzuschütteln und ihre eigene geschlossene Kampfesfront in der Revolutionären Gewerkschaftsopposition (RGO) zu schaffen. Jeder Kampf, den die Gewerkschaftsbürokratie in den Händen hat, ist verloren. Wir müssen uns daher unsere eigene Kampfesführung schaffen! Die Verbandsbürokratie wird in Geheimverhandlungen den Lohnraub sanktionieren. Wir müssen daher sofort den Streik gegen jeden Pfennig Lohnabbau organisieren. Die Parasiten wollen neben dem Lohnabbau ungeheure Verschlechterungen im Manteltarif durchsetzen.

Wir setzen ihnen unser eigenes Kampfprogramm entgegen. Die furchtbaren Lehren und Schläge, die unsere Kollegen in den anderen Gebieten bereits erhalten haben, veranlassten uns, die nachstehenden Beschlüsse zu fassen. Wir fordern Euch, ihr Kollegen und Kolleginnen in Frankfurt, Offenbach, Darmstadt auf, zu diesen Beschlüssen Stellung zu nehmen:

1. Sofort werden in allen Betrieben Betriebsversammlungen einberufen. In diesen Versammlungen wird zum Vorstoß der Unternehmer Stellung genommen und alle Vorbereitungen zum Kampf getroffen.
2. In den Betriebsversammlungen werden vorbereitende Kampfleitungen gewählt! Aufgabe dieser Kampfleitungen, in die die kühnsten und entschlossensten Vertreter der Belegschaft, die keine Anhänger der reformistischen Politik sind, in die Vertreter der Arbeiterinnen und der Jungarbeiterschaft gewählt werden müssen, ist es, sofort alle Vorbereitungen zu treffen, um bei dem geringsten Versuch des Unternehmers, den Lohn abzubauen, sofort den Kampf auszulösen.
3. In allen Betrieben ist sofort ein entschlossener, fest auf dem Boden des rücksichtslosen Kampfes stehender Vertrauensmännerkörper zu wählen, der die straffe Verbindung zwischen Belegschaft und Kampfleitung herstellt.
4. Stellt in den Betriebsversammlungen ein Kampfprogramm auf!

Es gilt, jeden Pfennig Lohnabbau, jede Verschlechterung der Arbeitsbedingungen zu verhindern. Fordert, wie wir es in unserem Kampfprogramm getan haben, die Festsetzung der jetzt tatsächlich gezahlten Löhne als Tariflöhne, verhindert den geplanten ungeheuren Raubzug an den Metallarbeitern durch die Festsetzung von Garantielöhnen! Beseitigt die Kluft in den Tarifstaffeln, sie schaden nur den gelernten und erwachsenen Kollegen! Macht Euch den Inhalt unseres Kampfprogramms zu eigen, baut es entsprechend Euren örtlichen Verhältnissen aus. Tretet ein für die Kolleginnen, damit nicht durch deren schlechtere Bezahlung wir überflüssig werden! Tretet ein für die Lehrlinge, damit sie nicht zu Streikbrechern werden! Ergänzt das allgemeine Kampfprogramm durch Eure betrieblichen Forderungen.

Schafft betriebliche Kampfprogramme! Unser Kampf ist ohne unsere arbeitslosen Kollegen erfolglos. Sie stehen Seite an Seite mit uns. Her mit dem Kampfbündnis mit den Erwerbslosen! Wählt in die Kampfausschüsse Vertreter der Erwerbslosen hinein! Stellt in allen Orten eine geschlossene Angriffsfront der Metallarbeiter her. Wählt in allen Betriebsversammlungen Delegierte zur Delegiertenkonferenz. Bereitet die Metall-Delegiertenkonferenz für das ganze Frankfurter Wirtschaftsgebiet vor!

Und dann beginnt sofort, in allen Betrieben die Kampfkaders zu formieren, die Einheitsfront aller hungernden Metallarbeiter herzustellen. Organisiert in allen Betrieben die Betriebsgruppen der RGO! Hinein, ihr organisierten und unorganisierten Kollegen und Kolleginnen, ihr Jungarbeiter und Lehrlinge! Setzt dem Unternehmertum und der Gewerkschaftsbürokratie die geschlossene Front der Hungernden entgegen! Das wird Garantie und Grundlage für einen erfolgreichen Kampf sein. Und nun: Mobilisiert! Organisiert den Angriff! Gegen die Hungerpläne der Unternehmer gibt es nur eins: Streik! Kampf unter der von Euch selbst gewählten Führung, unter der RGO. Mobilisiert die Belegschaften! Stärkt den Angriffsgeist! Wir haben nichts zu verlieren, aber alles zu gewinnen!

Es lebe der mächtige und geschlossene Kampf der Metallarbeiter!

[a] Anspielung auf die so genannte Bürgersteuer, eine Kopfsteuer, die durch die Notverordnung vom 26.7.1930 eingeführt wurde.

164b Kampfprogramm, beschlossen auf der Metalldelegierten-Konferenz (Auszug), 21. Dezember 1930

Arbeiter-Zeitung (Frankfurt) Nr. 300, 24. Dezember 1930. Von der Redaktion dem Text vorangestellte Losungen: Nehmt dazu in allen Betrieben Stellung – Solidarisiert Euch mit diesen Forderungen! – Stellt das Kampfbündnis auf breitester Grundlage her – Schart Euch um die RGO!

a. Arbeitszeit

1. Die wöchentliche Arbeitszeit, einschließlich der Pausen, beträgt 40 Stunden, (täglich 7 Stunden). An Samstagen und an den Tagen vor Feiertagen 5 Stunden.
2. Für den Verdienstausfall durch die Kürzung der Wochenarbeitszeit von 48 auf 40 Stunden wird voller Lohnausgleich gewährt.
3. Überstunden über die täglich siebenstündige oder wöchentlich 40stündige Arbeitszeit hinaus sind unzulässig. Nur in denjenigen Fällen, wo Leben und Gesundheit der Arbeiter gefährdet oder eine schwere Schädigung der Belegschaftsmitglieder erwachsen würde, sind Überstunden mit Genehmigung der Betriebsvertretung zulässig. Das gleiche trifft zu für Überstunden, die für solche Reparaturen von Maschinen notwendig sind, von denen die Weiterführung des Betriebes abhängt. Im übrigen dürfen Belegschaftsangehörige auch nicht in Ausnahmefällen zur Leistung von Überstunden gezwungen oder angehalten werden. Alle geleisteten Überstunden sind abzufeiern, und zwar in derselben, spätestens in der folgenden Woche. Für die von der Betriebsvertretung für notwendig gehaltenen Überstunden ist ein Aufschlag zu zahlen, und zwar für die erste ein solcher von 25 Prozent, darüber hinaus von 50 Prozent.
4. Für Arbeiter und Arbeiterinnen unter 18 Jahren beträgt die tägliche Arbeitszeit 6 Stunden. Für Samstage und Tage vor Feiertagen gelten die Bestimmungen zu 1.

b. Lohnbestimmungen

1. Es wird ein Tarifecklohn für alle in der Metallindustrie beschäftigten Arbeitnehmer festgelegt. Dieser Ecklohn ist gleich dem Durchschnittsverdienst aller tatsächlich gezahlten Löhne.

2. Der Ecklohn beträgt 1,05 Mark.
3. Angelernte Arbeitnehmer erhalten, sofern nicht Ziffer 5 etwas anderes bestimmt, als Mindestlohn: Ecklohn abzüglich 5 Prozent.
4. Hilfsarbeiter erhalten, sofern nicht Ziffer 5 etwas anderes bestimmt, als Mindestlohn: Ecklohn abzüglich 10 Prozent.
5. Alle Arbeitnehmer erhalten, ohne Unterschied ob gelernt, angelernt, ungelernt, Hilfsarbeiter oder Arbeiterin, für gleiche Arbeit gleichen Lohn.
6. Wird einem Arbeitnehmer aus betrieblichen Gründen eine andere Arbeit zugewiesen, so darf eine Lohnkürzung nicht eintreten.
7. Für lebensgefährliche oder gesundheitsschädliche Arbeiten wird ein Zuschlag von 25 Prozent gewährt.

c. Akkordarbeit

1. Das Akkordsystem ist abzubauen. Bis zur vollständigen Beseitigung des Akkordsystems wird allen in Akkord arbeitenden Arbeitnehmern ein Akkordmindestverdienst garantiert. Dieser Akkordgarantielohn beträgt Ecklohn plus 15 Prozent.
2. Jeder in Akkord beschäftigte Arbeitnehmer erhält vor Beginn der Arbeit einen Akkordzettel, auf dem die Art der Arbeit und der Preis verzeichnet sein muss. Bei Zeichnungsarbeiten muss auch die Zeichnung vorher ausgehändigt werden. Der Preis darf nur in Geld (also nicht in Zeit) angegeben werden.
3. Bei Akkordarbeit ist die Wartezeit nach dem Ecklohn zu bezahlen.
4. Für Gruppen- und Kolonnenakkorde gelten dieselben Bestimmungen wir zu Ziffer Nr. 1.
5. Für jugendliche Arbeitnehmer (unter 18 Jahren) ist jegliche Akkordarbeit verboten.

d. Urlaub

1. Der Urlaub beträgt:
   a) für alle Arbeitnehmer über 18 Jahren 12 Arbeitstage;
   b) für alle Arbeitnehmer unter 18 Jahre (also einschließlich Lehrlinge) 24 Arbeitstage.
   Der Urlaub wird bezahlt. Das Urlaubsgeld wird vor Antritt des Urlaubes ausbezahlt. Die Höhe des Urlaubsgeldes richtet sich nach dem Durchschnittsverdienst der letzten 4 Wochen vor Antritt des Urlaubes unter Zugrundelegung der Bestimmungen nach a) 1 und 2.
2. Der Urlaub kann nicht durch Bezahlung abgegolten werden.
3. Schwerkriegs- und Unfallbeschädigte erhalten zu diesen Urlaub einen weiteren Urlaub, dessen Höhe mit der Betriebsvertretung zu vereinbaren ist. Dieser zusätzliche Urlaub muss jedoch mindestens 6 Arbeitstage betragen.
4. Die allgemeine Reglung der Urlaubsverteilung unterliegt der Vereinbarung mit der Betriebsvertretung. Die Wünsche des einzelnen Arbeiters sind zu berücksichtigen. Krankheit darf auf den Urlaub nicht angerechnet werden, ebenso nicht Arbeiterfeiertage. [...]

165 1930 – 1931

Die Kapitalismuskritik im DMV unter dem Eindruck der Auswirkungen der Wirtschaftskrise

165a Urteil des Leiters des 8. Bezirks (Frankfurt am Main) des DMV, Georg Bernhard, über das Krisenjahr 1930, über die Ziele der Nazi-Bewegung und die Rolle der Gewerkschaften, Anfang 1931

DMV Jahrbuch, Geschäftsberichte der Bezirke 1930, Geschäftsbericht des Bezirks Frankfurt am Main des DMV über das Jahr 1930, S. 17f.

Es ist verständlich, dass die lange Arbeitslosigkeit und Kurzarbeit, verbunden mit Tarifverschlechterungen, Verärgerung und Missmut unter der Arbeiterschaft erzeugt. »Wie lange wird das noch dauern, das ist ja unerträglich?!« und ähnlich lauten die wiederholten Fragen, die an uns gerichtet werden. Nicht mit Unrecht werden diese Fragen gestellt, denn was wird dann, wenn die Arbeiter ausgesteuert, die Gemeinden und Städte die Wohlfahrtstütze einschränken oder sogar einstellen müssen? Der hungrige Magen lässt sich nicht Vernunft predigen. Wenn bis jetzt die Arbeiterschaft ruhig war, dann hat es die herrschende und besitzende Gesellschaft nur den Gewerkschaften zu verdanken, die die Arbeiterschaft vor Verzweiflungsaktionen warnten. Wenn aber der Kapitalismus keinen anderen Ausweg aus seiner Sackgasse weiß, als Lohn- und Sozialabbau, mit denen man keine Wirtschaft ankurbeln kann, dann ist nichts anderes als ein Verzweiflungskampf der Arbeiter zu erwarten. Die Nazis wollen mit Errichtung des Dritten Reiches alles »beheben«, indem sie gegen den Marxismus kämpfen. In Wirklichkeit hat sich aber die Marxsche Lehre noch nie besser bewahrheitet als durch das jetzige kapitalistische Chaos. Wenn auch das Dritte Reich nicht kommen wird, so stützen sie die besitzende Klasse durch ihre Bekämpfung der Gewerkschaften und der Partei. Auch diese Stütze wird den Kapitalismus nicht halten. Er hat seinen Höhepunkt erreicht und ist unfähig, sein System aufrechtzuerhalten. Es liegt an der Einigkeit der besitzlosen Klasse, ihn abzulösen durch eine sozialistische Planwirtschaft.

Wir haben noch eine Riesenaufklärungsarbeit zu leisten, und solange nicht die Arbeiterklasse in ihrer Mehrheit die klare Erkenntnis der wirtschaftlichen und politischen Zusammenhänge der kapitalistischen Gesellschaftsordnung gewinnt und daraus ihre logischen Schlussfolgerungen zieht, wird uns die bürgerliche Gesellschaft beherrschen.

Als Gewerkschaft haben wir im Laufe des Jahres das getan, was an praktischer Arbeit im Interesse der Arbeiter in solchen Zeitläuften möglich war. Das erkennt erfreulicherweise auch die Mitgliedschaft an. Den Kritikern und besonders denen, die außerhalb des Verbandes stehen und neue Organisationen aufziehen, weil wir nicht radikal genug sind, können wir nur zurufen: ihr helft nicht aufbauen, sondern zerschlagen. Es ist leichter als Außenstehender zu kritisieren, als als Verantwortlicher besser machen. In einer Zeit großer Arbeitslosigkeit ist es schwer, alle Verschlechterungen abzuwehren, jedoch können wir berechtigt sagen: Wehe euch Metallarbeiter, wenn nicht der Verband diese Machtposition hätte. Darum unverzagt weiter gearbeitet. Je früher die Arbeiterklasse als geschlossene Macht gewerkschaftlich und politisch die Mehrheit bekommt, umso schneller wird die privatkapitalistische Gesellschaftsordnung abgelöst.

»Der große Herr mit hartem Lächeln spricht:
Der bloße Hass der Massen schreckt mich nicht.
Wie sie da toben, toben sie sich aus.
Mein guter Fels hält solche Brandung aus.
Die Kraft des Hirns zum bauenden Gestalten
Steht turmhoch über brüllenden Gewalten.
Solange dies die Massen nicht begreifen,
Wird mir noch manche Ernte reifen.«

165b Bericht der »Volksstimme« über eine Mitgliederversammlung der Verwaltungsstelle Hanau des DMV mit dem Thema »Kapitalistische Wirtschaftsanarchie«, 2. September 1931

Volksstimme (Hanau) Nr. 207, 5. September 1931

In der im Gewerkschaftshaus am 2. September stattgefundenen gut besuchten Versammlung des Metallarbeiter-Verbandes, Ortsgruppe Hanau, sprach Kollege Schliestedt über das Thema: »Kapitalistische Wirtschaftsanarchie«. In kurzen Sätzen wies der Referent auf die wirtschaftlichen Nöte und Kämpfe jedes einzelnen Arbeiters hin. Es sei eine Täuschung, dass die Wirtschaftskrise vorübergehe. Die Zahl der Erwerbslosen würde im kommenden Winter, nach der jetzigen Beurteilung der Lage, fünf Millionen weit übersteigen. Das Arbeitslosenheer werde niemals mehr verschwinden, wenn nicht eine grundlegende Änderung innerhalb der Wirtschaft vollzogen würde. Die zunehmende Erwerbslosigkeit bestehe in Deutschland nunmehr seit 7 Jahren und in England seit 10 Jahren. Dieser Druck des Elends, in der die arbeitende Klasse leben müsste, laste schwer auf die Mitglieder des Frankfurter Gewerkschaftskongresses[a].

Man erkenne die gefährliche Situation, in der Deutschland und die Arbeiterschaft sich befänden. Die Geschehnisse vor Wochen erinnerten an die Jahre 1923/1924, wo es auch galt, die Ruhe zu wahren und keinen Augenblick das Denken zu verlieren, um das Chaos zu verhüten. Genau so war es vor Wochen, man musste Handeln, so dass Reichskanzler Brüning nach England fahren musste. Es war sonst kein Geld vorhanden und wir standen vor der Katastrophe. Wenn man glaubte, der Vorschlag Hoovers sei eine Gefälligkeit gewesen, der irre sich, es sei deshalb geschehen, weil es das Schicksal der Welt bedeutete[b]. Die Zahl der Erwerbslosen der Welt beziffere sich auf ungefähr 25 Millionen Menschen.

Durch die Reise des Reichskanzlers nach England war im Volke eine Beruhigung eingetreten. Warum war kein Geld vorhanden? Geld ist da und ist billig in der Schweiz. Deutschland aber muss 8 Prozent Zinsen zahlen. Solange politische Unruhen, wie Stahlhelmtage, Hakenkreuzler und ähnliche, stattfinden, haben wir kein Vertrauen bei anderen Ländern, und diese werden uns daher kein Geld borgen. In diesem Treiben liegen die Ursachen. Solange wir Geld vom Ausland durch hohe Zinsen benötigen, wird die Herstellung der Waren verteuert, und wir hätten dadurch keinen Export. Niemand aber weiß den Ausweg aus der Krise. Wir wohl, aber nicht unsere Gegner. Wir haben 1. eine Industrialisierung der ganzen Welt, 2. eine ungeheure Technik und geniale Arbeitsweise, 3. eine Ausdehnung der Landwirtschaft in der ganzen Welt. Diese drei Dinge haben die Krise verursacht. Die Produktion der Welt sei seit dem Kriege bei Kautschuk um 100 Prozent, Erdöl 400 Prozent, Aluminium 400 Prozent, Kupfer 100 Prozent usw. gestiegen. Dagegen nur eine Volkszunahme um etwa 10 Prozent. Deshalb sinkende Preise. Deshalb werden die Betriebe stillgelegt. Die Ursache dieser Folgerungen ist der Krieg, weil sie dadurch entwickelt wurde. Die Eisen- und Stahlproduktion ist seit dieser Zeit um 47 Prozent gestiegen. Der Weltweizenpreis liege um 30 Prozent unter dem Vorkriegspreis. Es kommen nicht mehr die Gestehungskosten heraus. Die Angebote dieser Produkte sind sehr stark, und hier verhungern Tausende von Menschen. In weiteren klaren und sachlichen Ausführungen streifte der Redner die wirtschaftliche Entwicklung in der ganzen Welt. Besonders hob er die Entwicklung in China, Indien und Japan hervor. Zu den deutschen Verhältnissen zurückkommend, wandte er sich besonders gegen die Zölle. Der deutsche Kaufmann muss z.B. den Zucker vom Ausland um 300 Prozent teurer kaufen, wie andere Staaten. Im Zusammenhang hiermit wandte er sich gegen die Kurzsichtigkeit der deutschen Landwirtschaft. Sie solle sich in ihrer Betriebsführung umstellen. Ist sie verschuldet, kommt das Reich und zahlt die Schulden. Wer aber bezahlt die Schulden des Arbeiters?

Weiter wies Genosse Schliestedt auf die Preisentwicklung der Produkte hin und wies nach, dass die Löhne und Gehälter in den Gestehungskosten ganz gering seien. Anderes liege es bei den Verwaltungskosten, die den Preis der Produkte erhöhen. Zum anderen eine Übersetzung der Geschäfts- und Gewerbetreibenden, die die Preise gleichfalls steigerten. Ferner wandte der Redner sich ganz entschieden gegen die hohen Gehälter der obersten Angestellten in der Privatindustrie, währenddessen man Lohnabbau bei den Arbeitern und Angestellten auf der ganzen Linie betreibe. Das Verhalten der Regierung in diesen Fragen sei durchaus abwegig und man könne durch einen derartigen Lohnabbau die Wirtschaft nicht heben. Auch sei es an der Zeit gewesen, dass die Regierung bei dem Zusammenbruch deutscher Banken die Aufsicht übernommen hätte. Es ginge nicht an, dass die Bankleute, die gleichzeitig in der Privatindustrie führende Stellungen einnehmen und so die Wirtschaftsführung inne hätten, durch Volksvermögen von Seiten der Regierung ohne Beaufsichtigung des Staates unterstützt würden. Ein Kapitel gegen Preisermäßigung sei noch die Vielstaaterei.

Die Regierung, die wir haben, wäre nicht da, wenn das deutsche Volk bei der Wahl am 14. September 1930 klarer gedacht und den Weg erkannt hätte, um eine Änderung der Dinge zu geben. Der Kampf richte sich gegen die Gewerkschaften, gegen die Sozialdemokratische Partei, aber nicht gegen das Kapital, das ist eben das Furchtbare. Wir haben dem Volk bei der Wahl gesagt, wählt uns und nicht Kozi oder Nazi, und nachher, wo man es nicht getan hat, kommt man zu uns und wir sollen helfen. Es gilt im Augenblick das Schlimmste, die Erwerbslosigkeit, abzuwehren; es gilt im Augenblick die Arbeiter aufzuklären. Der Wille jedes einzelnen bedeutet Macht, aber trägt auch Verantwortung, die darf man nicht nur den Führern überlassen. Millionen Arbeiter stehen noch zu den bürgerlichen Parteien. Nur einen Weg sollte die gesamte Arbeiterschaft gehen. Den Weg des Sozialismus.

Was zu tun ist, wissen wir, gebt uns die Macht. Solange es die Arbeiterschaft nicht tut, geht es nicht. Die politische Revolution im Jahre 1918 war schnell vorbei, weil jeder Staatsbürger glaubte, dass sie für immer erledigt sei. Das deutsche Volk war sich darin einig, dass es mit den alten Zuständen vorbei war. Würde heute unter der schaffenden Klasse die Einigkeit da sein, dann würde auch die Wirtschaft auf die gekennzeichneten Wege gebracht. Der Zweifel der heutigen Wirtschaftsführer zur Eignung weiterer Wirtschaftsführung liege der bürgerlichen Klasse in den Gliedern. Doch mehrere Millionen Arbeiter leisteten diesen Herrschaften Hilfeleistung. Der Feind steht innerhalb und außerhalb unserer Reihen. Der zweite Feind ist der Unverstand. Der dritte Feind, der Kampf in den eigenen Reihen, der ungeheure Kräfte absolviere. Der Kampf kann nur geführt werden durch Geschlossenheit und Einigkeit.

Lebhafter Beifall dankte dem Redner. Angenommen wurde gegen eine Stimme folgende vom Kollegen Rehbein verlesene Entschließung.[c]

In der Diskussion sprachen dann noch die Kollegen Biel, Alt, Graß, Röthel und Winkler. Anschließend wurden noch örtliche Verbandsangelegenheiten besprochen.

[a] Der 14. Kongress der Gewerkschaften Deutschlands tagte vom 31. August bis zum 4. September 1931 in Frankfurt am Main.
[b] Anspielung auf das Hoover-Moratorium vom 20. Juni 1931.
[c] Siehe folgendes Dokument.

165c Forderung der Mitgliederversammlung des DMV Hanau, eine einheitliche Kampffront der Arbeiter gegen die kapitalistische Wirtschaftsanarchie zu bilden, und die Verurteilung der antigewerkschaftlichen Kampfesweise der »Arbeiter-Zeitung« und der KPD, 2. September 1931

Volksstimme (Hanau) Nr. 207, 5. September 1931.

Die heute im Gewerkschaftshaus tagende Mitgliederversammlung des Deutschen Metallarbeiterverbandes Hanau erblickt in der Anarchie der kapitalistischen Wirtschaft die Ursachen der gewaltigen Krise, unter der Millionen arbeitender Menschen leiden. Diese Krise kann nur beseitigt werden durch die einheitliche Kampffront der Arbeiter.

Die versammelten Mitglieder warnen die Kolleginnen und Kollegen, die Leistungen durch eine weitere Schwächung der gewerkschaftlichen Organisation der Metallarbeiter zu gefährden. Die Versammelten verurteilen auf das Entschiedenste die Quertreibereien gewerkschaftsfeindlicher Elemente, die durch unverantwortliche Parolen die Macht der Arbeiter immer mehr schwächen und dadurch die Unternehmer in ihrem Vorgehen gegen die Arbeiter stärken. Die weitere Entwicklung erfordert eine einige geschlossene Gewerkschaftsbewegung, die allein in der Lage sein wird, dem übermütigen Unternehmertum erfolgreich entgegentreten zu können.

Die Versammlung verurteilt entschieden die Schreibweise der Frankfurter »Arbeiter-Zeitung«, die durch ihren verlogenen Kampf gegen die Gewerkschaften, der jede Sachlichkeit vermissen lässt, nur die Geschäfte der Unternehmer besorgt. Wer in der jetzigen Zeit, in der das Großkapital und der Faschismus alles daransetzen, die Gewerkschaften zu zerschlagen, zur »Beitragssperre« und zum »Massenaustritt« aus den Gewerkschaften auffordert, besorgt damit die Geschäfte des Unternehmertums. Die Versammlung erblickt in diesem Vorgehen der KPD ein Verbrechen an der gesamten Arbeiterklasse, sie gelobt dem Verband unverbrüchliche Treue, nicht weitere Schwächung, sondern Ausbau und Stärkung der gewerkschaftlichen Organisation kann die Arbeiterschaft vor weiteren Rückschlägen bewahren.

166 1931 – 1933

Die Not der Erwerbslosen, ihre Selbsthilfe- und Widerstandsaktionen

166a Bericht des »Hanauer Anzeigers« über die Entstehung und die Tätigkeit der vom Verband der Hanauer Wohlfahrtsorganisationen eingerichteten Erwerbslosenküche, 24. September 1931

Hanauer Anzeiger Nr. 224, 24. September 1931.

Ein Notwinter, wie ihn die jetzige Generation noch nicht erlebt hat, steht uns bevor. Frau Sorge klopft jetzt schon an vielen Türen und die Not ist noch ständig im Zunehmen. Eine der Hauptaufgaben derer, die noch in Arbeit stehen, wird es darum sein müssen, diejenigen, die schuldlos aus dem Arbeitsprozess gedrängt worden sind, wenigstens vor dem Hunger zu schützen. Der Verband der Hanauer Wohlfahrtsorganisationen hat deshalb schon vor einiger Zeit in der ehemaligen Schule in der Waldstraße 6 eine Erwerbslosenküche eingerichtet. In drei großen Kesseln – die aber jederzeit vermehrt werden können – wird zurzeit täglich für 100 Personen gekocht. Die Küche ist sehr geräumig und mit allem Notwendigen eingerichtet. Sauberkeit ist überall festzustellen. Sehr viele Portionen werden abgeholt, aber auch in einem Speiseraum können Ledige ihr Essen an Tischen einnehmen. Der Verband hatte gestern Morgen die Behörden, die Vorsitzenden der einzelnen Wohlfahrtsorganisationen und die Presse zur Besichtigung der Erwerbslosenküche eingeladen.

Herr Magistratsrat Dr. Rehm, der Geschäftsführer des Verbandes der Hanauer Wohlfahrtsorganisationen, gab einen Überblick über die Entwicklung der Erwerbslosenküche. Der Verband habe neben der Brockensammlung, dem Weihnachtsliebeswerk und der Kleidersammlung schon immer für das Speisungswerk gearbeitet und die Pflege- und Krankenhäuser haben den Verband auch so unterstützt, dass an verschiedenen Stellen etwa 80 Portionen ausgegeben werden konnten. Hinzu kommen auch die Speisungen durch den Vaterländischen Frauenverein u.a.

Aber all das reichte noch nicht aus. Der Verband hat deshalb sich entschlossen, dem Beispiel vieler anderer deutscher Städte zu folgen und eine Erwerbslosenküche eingerichtet. Dem Verband der Hanauer Wohlfahrtsorganisationen war diese Einrichtung möglich, da sich eine Reihe erwerbsloser Frauen und Männer unentgeltlich zur Mitarbeit zur Verfügung gestellt haben. Dadurch wurden die Unkosten so herabgedrückt, dass eine Portion etwa 25 Pfennig kostet. Ausgegeben wird das Essen aber für 20 Pfennig.

Die Küche ist so eingerichtet, dass täglich 1500 Portionen abgegeben werden können, ja wenn noch einige Kessel aufgestellt werden, sogar 2000 Portionen. Es fragt sich, ob man auch an anderen Stellen der Stadt Küchen einrichten soll. Zersplitterung soll vermieden werden, es wird deshalb das fertige Essen in Behältern, in denen es warm bleibt (Thermophonen), an verschiedene Stellen der Stadt transportiert werden und dort in der Nähe der Wohnstätten der Erwerbslosen zur Austeilung kommen. Dr. Rehm schloss seine Ausführungen mit der Bitte, das Werk zu unterstützen durch Geld oder Naturalien, wie es zum Teil schon von den umliegenden Höfen und einigen Großfirmen geschehen sei. Spenden werden angenommen auf das Sparkassenkonto 29 061 und auf das Giro-Konto bei der Sparkasse 2371. Die Zahl der angegebenen Portionen ist von anfangs 35 auf 100 gestiegen.

Herr Oberbürgermeister Dr. Blaum dankte dem Verband für die Einrichtung dieses Liebeswerkes. Die Stadt Hanau habe davon abgesehen, eine städtische Küche einzurichten, da mit solchen Küchen anderwärts keine guten Erfahrungen gemacht worden seien. Er dankte in erster Linie Herrn Dr. Rehm und den Kräften, die sich ehrenamtlich in den Dienst der Sache gestellt hätten. Er gab der Hoffung Ausdruck, dass die Kreise, denen vor dem Kriege eine ehrenamtliche Tätigkeit eine Selbstverständlichkeit war, wieder mehr für die freiwillige Liebestätigkeit tun. Die Erwerbslosenküche, so führte der Redner aus, wird zu einer Einrichtung werden, die nicht nur für diesen Winter gilt, sondern ich rechne damit, dass wir sie in Hanau noch Jahre, wenn nicht Jahrzehnte, brauchen. Zuschüsse durch freiwillige Arbeit oder Spenden werden nötig sein, um das Werk zu schaffen. Die Küche ist besonders zu begrüßen, weil sie Personen, die in Not geraten sind, sich aber scheuen, die öffentliche Hand in Anspruch zu nehmen, Gelegenheit gibt, ihren Hunger zu stillen. Der Begriff, dass die Öffentlichkeit für uns zu sorgen hat, wenn wir in Not geraten, ist leider weit verbreitet, er hat besonders großen Schaden angerichtet.

Am Schluss der Führung teilte Herr Dr. Rehm noch mit, dass die Rechnungsführung der Erwerbslosenküche von den städtischen Revisionsstellen geleistet wird. Von Zeit zu Zeit solle auch in der Öffentlichkeit Abrechnung erfolgen.

166b Bericht der Zeitung »Der Arbeitslose« über eine vom Erwerbslosenausschuss einberufene öffentliche Mieterversammlung, Anfang Juni 1932

Der Arbeitslose (Frankfurt) Nr. 24, 2. Juni-Ausgabe 1932.

Zehn Hanauer Mieterdelegierte

Nachdem die letzte Woche durch die Solidarität der Erwerbslosen eine Exmittierung verhindert und zurzeit am Amtsgericht über 100 Räumungsklagen zur Verhandlung stehen, hatte der Erwerbslosenausschuss zu einer öffentlichen Mieterversammlung aufgerufen. Wie brennend gerade diese Frage ist und wie stark das Vertrauen in die Führung der außerparlamentarischen Aktionen durch den Erwerbslosenausschuss besteht, bewies der trotz nur eintägiger Vorbereitung überfüllte große Saal der Zentralhalle. Der Referent, der speziell die Notlage der werktätigen Mieter aufgrund der Notverordnungspolitik schilderte, fand für seine aufklärenden, kampfesanfeuernden Worte stürmische Zustimmung. Ein anderer Genosse sprach über den Stand der Hanauer Räumungsklagen und Exmittierungen. Sämtliche Erwerbslosen werden den öffentlichen Gerichtsverhandlungen beiwohnen. Durch Massenunterschriftensammlungen den Behörden gegenüber wurde der lose Mieterzweckverband gegründet. Begeisterte Kampfstimmung für außerparlamentarische Aktionen zur Durchsetzung ihrer berechtigten Forderungen beseelte die Versammlung. Lebhaft begrüßt wurde der Antifaschistenkongress am 12. Juni in Darmstadt und hierzu einstimmig eine Delegation gewählt.

Mit der ebenfalls einstimmig angenommenen Resolution an den Rechtsausschuss des Preußischen Landtages für Freilassung und Niederschlagung aller Verfahren gegen proletarisch-politische Gefangenen fand diese mächtige Kampfversammlung ihren Abschluss.

166c Bericht der Zeitung »Der Arbeitslose« über die Ergebnisse der von den proletarischen Elternbeiräten eingeleiteten Befragungen über die Lage der Kinder, September 1932

Der Arbeitslose (Frankfurt), September 1932, 3. Woche. Einleitender Vermerk der Redaktion: Aus Hanau wird berichtet.

Die Liste des proletarischen Schulaufbaus hat sich in Hanau dieses Jahr erstmalig an den Elternbeiratswahlen beteiligt und sehr gute Erfolge erzielt; sie ist nämlich gleich zur stärksten Fraktion geworden. Die Tätigkeit der proletarischen Elternbeiräte ist in der kurzen Zeit ihrer Beginnperiode schon eine ganz andere wie in den früheren Jahren. Die Schulreaktion setzt in verschärftem Maße ein. Für die Abhaltung einer Vollversammlung aller Elternbeiräte aller Schulen wurde ein geeigneter Schulraum nicht zur Verfügung gestellt. Dem schriftlichen Ersuchen, die Schulleiter anzuweisen, sofort in allen Klassen statistische Feststellungen zu machen, welche Kinder ohne Frühstück in die Schule kommen, wie viele Kinder ohne Schuhe und ohne genügende Kleidung in die Schule kommen oder aus diesen Gründen die Schule nicht besuchen können, wurde nicht entsprochen, sondern lediglich mitgeteilt, dass innerhalb 14 Tagen eine statistische Feststellung, wer ohne Frühstück in die Schule kommt, erfolge und das Resultat dann mitgeteilt werde.

Die Elternbeiräte haben daher sofort von sich aus die notwendigen Maßnahmen ergriffen und teils durch persönliche Feststellungen in den einzelnen Klassen und in einer Schule (die anderen folgen noch) durch Befragung der Eltern in einer stark besuchten Elternversammlung. Die in breiter Form gemachten Feststellungen waren erschütternd. Es stellte sich heraus, dass die amtlichen Statistiken völlig wertlos sind, denn viele Kinder schämen sich, es zu sagen, dass sie nichts zu essen haben, und viele Kinder wissen es gar nicht, dass sie das letzte Stückchen Brot mitbekommen haben, weil die Eltern zu Hause lieber hungern, um ihren Kindern das letzte Stück Brot mit in die Schule zu geben. Die Methoden der Befragung der Eltern war sehr aufschlussreich und richtig, weil hier das ganze Kinderelend zu Tage gefördert wurde. In ungeheurer Zahl von Fällen, insbesondere in den Familien mit vielen Kindern, wurde von den Eltern geschildert, dass ihre Unterstützung samstags oder sonntags schon aufgebraucht ist und die Kinder, weil kein Geld und kein Brot mehr im Hause ist, von Montag bis Freitag nicht nur kein Frühstück mit zur Schule erhalten können, sondern die ganzen Tage hindurch fast nichts zu essen bekommen. Eine ganze Anzahl von Kindern kann aus Mangel an Nahrung die Schule nicht mehr besuchen. Andere Kinder sind wiederholt, in einer Familie mit 7 Kindern unter 14 Jahren, allein viermal aus Hunger ohnmächtig geworden und mussten nach Hause geschafft werden. Andere Kinder müssen nun schon wochenlang trotz aller Anträge und Bemühungen zu ihrem Hunger in Eisenbahnwagen auf der blanken Erde schlafen. Genauso katastrophal ist die Bekleidungsfrage, und die Folgen sind für den kommenden Herbst und Winter in ihren Auswirkungen gar nicht zu übersehen. All das festgestellte und geschilderte Elend ist in seiner Erschütterung gar nicht in Worten auszudrücken.

Die Eltern in ihrer Gesamtheit waren und sind sich darüber einig, dass der Kampf an der Schulfront mit aller Konsequenz und mit aller Schärfe geführt werden muss, sie wissen aber auch, dass ihr Kampf nur ein Frontabschnitt im Kampf der gesamten Arbeiterklasse ist und sie gerade in der Bekämpfung des Kinderelends die Einheitsfront in der Antifaschistischen Aktion mit den Betrieben und Stempelstellen herstellen müssen gegen jeden Lohn- und Unterstützungsabbau, für Arbeit und Brot, für ausreichende Unterstützungen, für eine wirkliche Winterhilfe. Rüstet im Kampfe zur Kinderwoche vom 2. bis 9. Oktober 1932.

167 November – Dezember 1931

Die Streiks der Revolutionären Gewerkschaftsopposition (RGO) in der Quarzlampen-Gesellschaft und bei der Heraeus-Vacuumschmelze gegen den Lohnabbau

167a Aufruf im »Roten Metallarbeiter« an die Hanauer Metallarbeiter, die Streikenden in der Quarzlampen-Gesellschaft durch Erweiterung der Streikfront zu unterstützen, nach dem 17. November 1931

Stadtbibliothek Hanau, Landeskundliche Abteilung, Mappe: Streik in der Hanauer Quarzlampen-Gesellschaft 1931, Bl. 18f.: Der Rote Metallarbeiter, Kampf-Organ der Hanauer Betriebe Heraeus-Siebert-Vacuum-Quarzlampen-Wilhelma-Naxos-Union. Extra Ausgabe.

Die Belegschaft der Firma Quarzlampe ist in den Streik getreten. Sie haben den Kampf aufgenommen gegen die weitere Verschlechterung der Lebenslage der Arbeiterschaft durch das Unternehmertum. Solidarität ist jetzt das Gebot der Stunde! Noch habt Ihr Euch nicht dazu entschließen können, mit in den Kampf einzugreifen. Wiederum haben es die Gewerkschaftsbürokratie und ihre Lakaien im Betrieb verstanden, einen Keil in die geschlossenen Kampfesreihen der Hanauer Metallarbeiterschaft hineinzutreiben. Obwohl Ihr sehr genau wisst, dass die von der Gewerkschaftsbürokratie (Stillhaltepolitik) in einer Zeit, wo das Unternehmertum den Angriff mit aller Raffinesse vorbereitet und durchführt, stets der Arbeiterschaft zum Verhängnis wurde, ihre Schlagkraft gelähmt und jeder Lohnabbau letzten Endes stillschweigend hingenommen wurde, weil die Arbeiterschaft vor fertigen Tatsachen stand. So versucht auch in der jetzigen Situation die Gewerkschaftsbürokratie, die Arbeiterschaft vom Kampf abzuhalten, indem sie nach allerlei verlogenen Begründungen sucht. Bald sind es die Erwerbslosen, bald die unorganisierten Kollegen, welche daran Schuld sein sollen, dass die Gewerkschaften den Kampf nicht wagen können. Dass dies alles Lug und Trug ist, zeigt sich bei Euren Kollegen der Quarzlampe. Hier ist der größte Teil der Belegschaft (80 Prozent in der RGO organisiert) nach Meinung von Rehbein unorganisiert vom reformistischen Einfluss befreit. Hier können keine Rehbeins und Röthels ihr Unwesen treiben. Und was zeigt sich? Dass die angeblich Unorganisierten den Kampf aufgenommen und die Betriebe unter Rehbeins Einfluss zu Verrätern an ihren Klassengenossen werden sollen.

Nehmt erneut Stellung zum Lohnabbau! Kollegen! Wir wissen, dass Ihr dies nicht wollt! Deshalb müsst Ihr erneut Stellung nehmen zum Lohnabbau, der kommen wird, ob früher oder später. Noch nie war die Situation so günstig wie im Augenblick. Durchkreuzt das Manöver der Gewerkschaftsbürokratie und des Unternehmertums.

Beschließt sofort den Streik! Kollegen! Erkennt die Gefahr, die droht! Am Freitag soll Schiedsspruch gefällt werden. Am Montag will die Gewerkschaftsbürokratie ihre Mitgliedschaft zusammenrufen, um zum Kampf Stellung zu nehmen. Zwischen Freitag und Montag liegen 3 Tage, während dieser Zeit der Schiedsspruch für verbindlich erklärt werden kann. Alsdann werden sie sagen, dass der Kampf gegen einen verbindlich erklärten Schiedsspruch nicht aufgenommen werden kann. So suchen diese Leute nach einer Ausrede, um dem Kampf aus dem Weg zu gehen und Euch den Lohnabbau aufzuzwingen. Hier zeigt sich der ganze Verrat!

Erweitert die Kampffront! Kollegen! Jetzt werdet Ihr begreifen, weshalb die RGO zur sofortigen Kampfaufnahme aufgefordert hat. Jetzt werdet Ihr begreifen, dass sofort die Einheitsfront hergestellt werden muss, ehe es zu spät ist. Nur in geschlossener Kampfesfront können die Maßnahmen des Unternehmertums durchkreuzt werden. Macht Schluss mit Eurer Gleichgültigkeit. Ihr habt nichts mehr zu verlieren, aber viel zu gewinnen, wenn Ihr einig seid. Gebt den Verrätern die richtige Antwort. Zeigt ihnen, dass Ihr deren durchsichtiges Manöver durchschaut.

Kampf mit der RGO. Kollegen! Ihr steht in diesem Kampf nicht allein. Die gesamte Hanauer Arbeiterschaft wird Euch unterstützen. Nehmt Euch ein Beispiel an unseren Kollegen im Duisburger Hafen, die unter Führung der RGO den Kampf aufgenommen haben. Auch dort hat sich bereits ein großer Teil der übrigen Betriebe dem Kampf angeschlossen.
Unterstützt Eure Kollegen der Firma Quarzlampe!
Verlasst sofort die Betriebe.

167b Vorschlag der Ortsgruppe Hanau des Verbandes der Metallindustriellen für Hessen-Nassau, Hessen und angrenzende Gebiete e.V. an den Direktor der Quarzlampen-Gesellschaft, wie bei einer fristlosen Entlassung der Streikenden vorzugehen ist, 19. November 1931

Stadtbibliothek Hanau, Landeskundliche Abteilung, Mappe: Streik in der Hanauer Quarzlampen-Gesellschaft 1931, Bl. 4f.; gezeichnet: Geschäftsführer.

Wie soeben fernmündlich besprochen, schlagen wir Ihnen bezüglich der gegenüber Ihren vertragsbrüchigen Arbeitnehmern zu treffenden Maßnahmen folgenden Weg vor:

Es erfolgt eine generelle fristlose Entlassung sämtlicher Streikenden. Die Entlassung erfolgt schriftlich per Einschreibebrief. Der Weg über die Lohntüten ist problematisch, da die Möglichkeit besteht, dass der eine oder andere seine Lohntüte nicht abholt. Zudem liegt die Befürchtung nahe, dass, wenn die Lohntüten von Verschiedenen gemeinsam abgeholt werden, diese sich gegenseitig nach Öffnen der Tüten und Kenntnisnahme der fristlosen Entlassung zu unverantwortlichen Handlungen hinreißen lassen.

Diejenigen, die als Drahtzieher zu bezeichnen sind, werden ohne jeden Zusatz fristlos entlassen. Ihr Kündigungsschreiben müsste etwa folgenden Wortlaut haben: »Sie werden hiermit gemäß §123 Ziff. 3 der Reichsgewerbeordnung fristlos entlassen. Ihre Papiere folgen anbei.« Diejenigen Arbeitnehmer, deren Wiedereinstellung in Frage kommt, erhalten hierzu noch eine Mitteilung, aus welcher hervor geht, dass ihre Wiedereinstellung möglich ist, wenn sie bis zu einem zu benennenden Termin zur Arbeit erscheinen.

Diese »bevorzugte« Behandlung der Drahtzieher halten wir aus taktischen und auch aus psychologischen Gründen für besonders zweckmäßig. Wir bitten sie ergebenst davon Kenntnis nehmen zu wollen, dass wir die gemäß § 83 des Gesetzes über Arbeitsvermittlung und Arbeitslosenversicherung vorgeschriebene Streikanzeige an das Arbeitsamt für Ihren Betrieb erstattet haben, so dass eine Anzeige durch Sie nicht mehr erforderlich ist.

167c Aufruf des Landesausschusses Hessen-Frankurt der Internationalen Arbeiterhilfe (IAH) zur Unterstützung der Streikenden, 26. November 1931

Arbeiter-Zeitung (Frankfurt) Nr. 229, 26. November 1931.

Solidarität mit den Hanauer Metallarbeitern! Unterstützt die Hilfsaktion der IAH!

Die Belegschaft der Firma Quarzlampen AG in Hanau steht seit voriger Woche im Streik. Die Arbeiter kämpfen gegen den geplanten Lohnabbau, der in der gesamten Metallindustrie durchgeführt werden soll. Trotz Unternehmerterror und gemeinster Hetze der Gewerkschaftsbürokratie steht die Kampffront geschlossen.

Die IAH hat am Samstag schon die erste Lebensmittel-Verteilung für die Streikenden durchgeführt. In dieser Woche haben wir den Küchenbetrieb eröffnet. Am Sonnabend wird die zweite Lebensmittel-Verteilung an die Gesamtbelegschaft erfolgen. Um die Streikenden im vollsten Maße weiter unterstützen zu können, brauchen wir die nötige Munition. Es gilt daher für die Gesamtarbeiterschaft von Hessen-Frankfurt den Kampf der Hanauer Metallarbeiter zu unterstützen.

Was muss sofort getan werden und wie können wir am schnellsten helfen?

Bildet sofort in allen Orten Solidaritätsausschüsse unter der Leitung der IAH!

Organisiert sofort in allen Orten Sammlungen für die Streikenden!

Keine Veranstaltung oder Versammlung ohne Tellersammlung und Sympathie-Erklärung für die Streikenden!

Kein Betrieb ohne Sammellisten der IAH!

Jeder Betriebsarbeiter gibt einen Stundenlohn für die Streikenden!

Organisiert sofort die Verbindung zwischen Stadt und Land. Die Küche braucht Kartoffeln und Gemüse!

Meldet sofort, wo Kartoffeln und Gemüse zur Verfügung gestellt werden!

Genossen helft und unterstützt den Kampf der Hanauer Metallarbeiter!

Die Sammellisten sofort abrechnen!

Es lebe die proletarische Solidarität!

Es lebe der Kampf der Hanauer Metallarbeiter!

167d Schreiben der Quarzlampen-Gesellschaft an die Belegschaftsmitglieder mit den Bedingungen ihrer Wiedereinstellung nach dem Streik, 11. Dezember 1931

Volksstimme (Hanau) Nr. 292, 15. Dezember 1931.

Ihre Einstellung – Wiedereinstellung – erfolgt zu folgenden Bedingungen:
Löhne: Wie bisher, gekürzt nur um den tariflichen Abzug von 5 Pfennig in der Spitze. Akkordmessziffer 20 Prozent.[a]
Kündigungsfrist: Wie in allen übrigen Betrieben der Metallindustrie, eine Woche von Sonnabend zu Sonnabend.[b]
Sonstige Arbeitsbedingungen: für alle sonstigen Arbeitsbedingungen ist der Tarif maßgebend.
Mit dem Antritt zur Arbeit bestätigen Sie Ihr Einverständnis zu diesen Bedingungen.
Quarzlampen-Gesellschaft mit beschränkter Haftung.
Hanau, den 11. Dezember 1931.

Zur Beachtung!
Alle bei uns bisher üblichen Sondervorteile sind aufgehoben, weil die Überbezahlung, die wir durch bisherige Sondervorteile bis jetzt geleistet hatten (und deren Höhe sich jeder für sich und die Gesamtbelegschaft ausrechnen soll), leider nicht anerkannt worden ist. Es war für uns eine recht grobe und üble Enttäuschung, dass trotz dieser Sonderzahlungen gerade unsere Belegschaft gerade nur uns als einzigem Unternehmen in der ganzen Frankfurter Gegend einen so großen geschäftlichen Schaden durch ihre Arbeitsniederlegung in dieser ohnehin so schweren Zeit zugefügt hat. Wir sind jetzt gründlich kuriert.
Aufgehoben sind:
1. der Einheitsurlaub,[c]
2. die Urlaubsbeihilfen, Kartoffel- und Winterhilfen,[d]
3. die Bezahlung von Feiertagen, soweit sie über den Tarif hinausgeht,
4. die bisherige Bezahlung der ¼stündigen Frühstückspause,
5. Arbeitszeit endigt mit Ablauf der vollen Arbeitsstunde,
6. die Karenzzeit von 7 Minuten bei Arbeitsbeginn, nur die tatsächlich pünktlich begonnene Arbeitszeit wird bezahlt,
7. die sonst nirgends üblichen Beihilfen für Arbeitskleidung an die Metallschleifer.

[a] Das Ergebnis des Lohnabbaus als Resultat der zwischen dem Hanauer Unternehmerverband und dem DMV Ende November 1931 geführten Verhandlungen.
[b] Bisher 14-tätige Kündigung (MZ Nr. 1, 2. Januar 1932).
[c] 14 Tage (MZ Nr. 1, 2. Januar 1932).
[d] 15 M, beziehungsweise jeweils 20 M (MZ Nr. 1, 2. Januar 1932).

167e Bericht der »Volksstimme« über die Beendigung der Streiks, 15. Dezember 1931

Volksstimme (Hanau) Nr. 292, 15. Dezember 1931.

Das Ende eines RGO-Streiks

Damit kein Missverständnis entsteht! Am 17. November trat die Belegschaft der Quarzlampe in Stärke von 140 Mann in den Streik. Unter der allgemeinen Führung der RGO, wie im Frankfurter Kommunistenblatt marktschreierisch verkündet wurde! Der Streik war als eine ausgesprochene Kampfhandlung gegen den Metallarbeiter-Verband gedacht. In einer RGO-Versammlung in der Zentralhalle[a], zu der jedermann Zutritt hatte, ob er Metallarbeiter war oder nicht, machten sich die kommunistischen Betriebsratvorsitzenden einiger Metallgroßbetriebe anheischig, die ganze Hanauer Metallindustrie, mindestens aber die acht größten Betriebe, vollständig stillzulegen. Ein entsprechender Beschluss wurde von den zumeist aus Erwerbslosen und Nichtmetallarbeitern bestehenden Versammlungsbesuchern gefasst.[b] Ausgeführt wurde aber dieser Beschluss nur von der Belegschaft der Quarzlampe. Zehn Tage später folgte auch die Vacuumschmelze. Im ganzen waren der kommunistischen Streikparolen rund 300 Mann gefolgt, während im Hanauer Wirtschaftsgebiet immer noch rund 4000 Arbeiter beschäftigt sind. In den Großbetrieben schlugen alle Versuche, die Belegschaft zum Anschluss an den wilden Streik zu bewegen, fehl. Obwohl man fast jeden Tag in der KPD-Zeitung lesen konnte, dass die Hanauer Metallarbeiter von ihrer Organisation, dem Metallarbeiter-Verband, nichts wissen wollen und »zum allergrößten Teil der RGO angehören.« Die Streikbeschlüsse in der Zentralhalle sowie nachher bei der Quarzlampe und der Vacuumschmelze wurden ohne jede Mitwirkung des Metallarbeiter-Verbandes gefasst. Ein erheblicher Teil der Arbeiterschaft dieser Betriebe gehört zwar dem Metallarbeiter-Verband an, aber dieser hörte nicht auf die Warnungen der Organisation und folgte den Parolen der KPD. Heute bereuen sie ihr Verhalten bitter. Der Streik stand aber tatsächlich unter der alleinigen »Leitung« der RGO.

Vierzehn Tage später rief man den Vertreter des Metallarbeiter-Verbandes, den Genossen Karl Rehbein, um Hilfe an. Er sollte mit einer Kommission streikender Arbeiter zur Direktion der Vacuumschmelze gehen, um den Streik in diesem Betriebe abzubremsen und um Wiedereinstellung der Arbeiter zu verhandeln. Der kommunistische Betriebsratsvorsitzende selbst, der vorher nicht heftig genug über den Verband und die »Bonzen« schmähen konnte, war dazu berufen, mit Genosse Rehbein diese Verhandlungen zu führen. Von den RGO-Führern war weit und breit nichts zu sehen. Erst als die Streikenden über die Wiederaufnahme der Arbeit abstimmen sollten, waren sie wieder da und ließen ihre Tiraden vom Stapel. Jedoch, diesmal erfolglos. Mit allen gegen nur 12 Stimmen wurde in öffentlicher Abstimmung die Wiederaufnahme der Arbeit beschlossen, obwohl die Firma die Wiedereinstellung von 25 Arbeitern verweigerte.

War der Streik in der Vacuumschmelze auch verloren, so konnte er doch ordnungsgemäß nach vorausgegangenen Verhandlungen abgebrochen und die Arbeit geschlossen wieder aufgenommen werden. Dass dies möglich war, ist nur dem in letzter Minute erfolgten Eingreifen des Metallarbeiter-Verbandes zu danken, dem es auch gelang, wesentlich bessere Bedingungen zu erreichen, als dies in der Quarzlampe der Fall war, wo man unter geradezu demütigenden Bedingungen die Arbeit wieder aufnahm. Statt nun den Streik bei der Quarzlampe abzubrechen und wegen Wiederaufnahme der Arbeit in Verhandlungen zu treten, ließ man die Dinge zum sicheren Zusammenbruch treiben. Man sprach zwar von »Kampf bis zum Weißbluten«, aber noch hatte der Hahn nicht zweimal gekräht, als von den 140 RGO-Streikenden etwa 60 Mann in den Betrieb liefen, ohne sich vorher mit den übrigen Streikenden zu verständigen und ohne über eine geschlossene Arbeitsaufnahme verhandelt zu haben. Das war am letzten Freitag.[c] Gestern ging nun der Rest der Streikenden wieder in den Betrieb. Die RGO-Führer waren wieder nicht zu hören und zu sehen auf weiter Flur. Der Metallarbeiter-Verband wurde hier nicht rechtzeitig verständigt, und so ist es kein Wunder, dass die Direktion der Quarzlampe folgende Bedingungen diktieren konnte (Wir lassen dieses Dokument kommunistischer Schande hier im Wortlaut folgen):[d]

Das also ist der ganze »Erfolg« der kommunistischen Streikmache bei der Quarzlampe. Wozu noch die Maßregelung von 16 Arbeitern, darunter 5 Betriebsratsmitgliedern kommt.

Insgesamt hat der RGO-Streik, an dem 300 Mann beteiligt waren, 45 Mann Opfer gefordert.

45 Arbeiter, meist Familienväter, wurden kurz vor Weihnachten auf das Pflaster geworfen. Sie können sich dafür bei den famosen RGO-Führern bedanken. Bei ihnen können sich auch die übrigen Arbeiter bedanken, die noch von Glück sagen können, dass sie zu verschlechterten Arbeitsbedingungen wieder an ihre früheren Arbeitsstellen gehen konnten.

So dilettantisch, so gewissenlos und so unfähig ist noch kein Streik in Hanau geführt worden, wie dieser RGO-Streik in den zwei Metallbetrieben. Und auch so kläglich ist noch kein Lohnkampf zusammengebrochen, wie dieser wilde kommunistische Streik. Mit 99prozentiger Sicherheit stand von vornherein dieser Ausgang fest. Und doch trieben die kleineren RGO-Bönzchen aus der Lindenstraße ihr gewissenloses Spiel mit den ihnen kritiklos folgenden Arbeitern. Einziges Kampfziel dieses Streiks war der Hanauer Arbeiterschaft vorzudemonstrieren, dass die Gewerkschaften überflüssig sind und nur die RGO noch imstande ist, »Siege« zu erringen. Aber schon in der zweiten Streikwoche war man nicht mehr imstande, an alle Beteiligten die an sich recht kärgliche Barunterstützung auszubezahlen. Obwohl man in ganz Hessen-Nassau den Klingelbeutel schwang und sich nicht einmal entblödete, selbst bei deutschnationalen und Nazibauern um Kartoffel, Gemüse und andere Naturalien fechten zu gehen. Angeblich hat die RGO in ganz Deutschland weit über 500 000 Mitglieder. Trotzdem war man nicht in der Lage, auch nur wenige Hunderte von Streikenden zu unterstützen, obwohl sonst nirgends in Deutschland zu gleicher Zeit ein anderer größerer Kampf zu finanzieren war. Wo bleiben da wohl die Beiträge der Mitglieder? Gehen diese restlos drauf, um einen großen Bonzenapparat unterhalten zu können? Was wäre da wohl geworden, wenn sämtliche 4000 Hanauer Metallarbeiter den Phrasen RGO-Meiers und seiner Trabanten gefolgt wären? Was die Organisation, der Metallarbeiter-Verband, in jahrelanger Arbeit für die Hanauer Metallproleten geschaffen hat, das hätten diese gewissenlosen Leute vernichtet. Es ist nicht das Verdienst der Meier, Magold & Compagnie, dass dies nicht gelungen ist. Wäre es nach ihren Wünschen gegangen und wären größere Arbeitermassen ihren Lockrufen gefolgt, dann lägen heute nicht 50, sondern vielleicht 500 Gemaßregelte auf der Straße. Ist doch das Ziel der KPD nicht, die Lage der Arbeiter zu bessern, beziehungsweise ihre

Notlage in der jetzigen Zeit der Krise wenigstens erträglich zu gestalten, sondern ihr Streben geht dahin, Not und Elend zu vermehren, weil man glaubt, mit ausgehungerten und wurzellosen Existenzen leichteres Spiel zu haben. Äußerte sich doch kürzlich die kommunistische Stadtverordnete Frau Gimbel dahin, die Winterhilfe und die Speisung der Erwerbslosen dürfe nicht gefördert werden, weil dadurch nur die bolschewistische Revolution hinausgeschoben würde. Aus demselben Grunde haben auch die Kommunisten in allen Orten des Landkreises Hanau, in denen sie einen starken Einfluss haben, die Durchführung des Winterhilfswerkes hintertrieben.

Mit dem jetzt so kläglich zusammengebrochenen Streik in der Quarzlampe hat der neugebackene RGO-«Bonze« Albert Meier sein Gesellenstück gemacht. Ob seine Meister in Frankfurt an diesem Stück Arbeit Freude haben werden? Die 45 gemaßregelten Arbeiter hat er auf dem Gewissen.

[a] Am 16. November 1931.
[b] Nach dem Beschluss sollten die Betriebsratsvorsitzenden am 17. November von den Betriebsleitungen die schriftliche Zusage verlangen, dass in der Zukunft keinerlei Lohnabzüge vorgenommen werden, auch dann nicht, wenn dies durch einen Schiedsspruch demnächst vorgesehen werden soll. (VS (Ha) Nr. 270, 19. November 1931.)
[c] 11. Dezember 1931.
[d] Siehe vorangegangenes Dokument.

167f Analyse des Streikablaufs in einem Bericht des Bezirks Frankfurt-Hessen der KPD, Herbst 1932

Bundesarchiv Berlin, SAPMO-RY-I3/23/2, Bl. 207.

Der Hanauer Metallarbeiterstreik im November 1931 war die erste Streikaktion im Bezirk Hessen-Frankfurt gegen das Notverordnungsprogramm des Finanzkapitals. Die DMV-Bürokratie, die erst im Februar desselben Jahres einen vierprozentigen Tarif-Lohnraub mit den Unternehmern vereinbart hatte, forderte auch jetzt von den Hanauer Metallarbeitern die widerstandslose Hinnahme eines Lohnabzuges von 10-15 Prozent. Unter der Führung der RGO, die in den Hanauer Metallbetrieben organisatorisch stark verankert war, nahmen die Arbeiter der Quarzlampe und der Vacuumschmelze den Kampf auf.

Wochenlang wurden die Betriebe streikreif gemacht, wogegen die DMV-Bürokratie aufs heftigste hetzte. Es wurden Kampfausschüsse gewählt, die die Belegschaften in den Kampf führten.

Die erste Schwäche der Kampfvorbereitung war aber schon die Tatsache, dass es dem größten Betrieb Heraeus, in welchem der DMV noch einen größeren Einfluss hatte, nicht gelang, mit in den Streik zu ziehen.

Auch in der Vacuumschmelze gelang es nicht, die zirka 25 Mann starke SPD-Gruppe vom Einfluss ihrer Führer zu lösen und aktiv in die kämpfende Einheitsfront einzubeziehen. Die unter dem Streik wachsende Kampfstimmung in den anderen Metallbetrieben wurde nicht mutig genug ausgenutzt. Als in einer Belegschaftsversammlung von Heraeus, mit 21 gegen 78 Stimmen in der Urabstimmung der Streik beschlossen wurde, stand die Streikleitung vor der Entscheidung: entweder gelingt es, den Streik auf diesen Betrieb auszudehnen, oder der Streik muss überhaupt abgebrochen werden. Die Streikleitung tat keines von beiden, ließ den Kampf weitergehen und so brach erst die Vacuumschmelze zusammen und später auch die Quarzlampe.

Die Niederlage war für die beteiligten Arbeiter außerordentlich empfindlich, aber doch zog die Arbeiterschaft große Lehren aus diesem Kampf, und er trug mit dazu bei, die künftigen Streiks besser vorzubereiten und zu führen. Die Hauptmängel des Kampfes waren: 1. Unterschätzung des Einflusses der Gewerkschaften in den Betrieben. 2. Fehlende Oppositionsarbeit im DMV. 3. Wenig Erfahrung in der revolutionären Streikstrategie und Taktik. 4. Ungenügende Entschlusskraft bei der Verbreitung des Streiks und auch beim Abbruch. 5. Ungenügende Einheitsfronttaktik in der Streikführung und Beschränkung der Selbständigkeit der Streikleitungen. 6. Mangelhafte Massenstreikposten-Organisierung und ungenügende Verwendung der Streikenden bei der Streikarbeit.

Sehr gut war die Solidaritätsaktion für die Streikenden und auch für die Gemaßregelten. Die Gewerkschaftsbürokratie benutzte aber diese Streikniederlage, um eine wüste Hetze gegen die RGO bis über die Grenzen Deutschlands hinaus zu entfalten.

168 — Januar 1932

Bericht des »Hanauer Anzeigers« über eine Nazi-Versammlung und über die Ausführungen des Reichstagsabgeordneten Triebel (NSDAP) die Arbeiterverhältnisse im zukünftigen deutschen Sozialismus betreffend

Hanauer Anzeiger Nr. 25, 30. Januar 1932.

Im Saal der Turnhalle, Jahnstraße, sprach gestern Abend im Rahmen einer öffentlichen Versammlung der nationalsozialistische Reichstagsabgeordnete Triebel, Gotha, über das Thema: »Das deutsche Arbeitertum«. Ausgehend von dem Wandel, der im Denken und Fühlen des deutschen Arbeiters im letzten Jahr eingetreten sei, betonte Redner eingangs seiner Ausführungen, dass die NSDAP nicht den deutschen Arbeiter verraten, sondern ihm den deutschen Sozialismus bringen wolle. Redner gab dann einen kurzen Rückblick über die Geschichte des deutschen Arbeitertums bis auf den heutigen Tag, um dann in großen Zügen das nationalsozialistische Arbeiterprogramm zu entwickeln.

Im Vordergrund des Programms stehe das Betriebsrätegesetz. Dem Betriebsrat im nationalsozialistischen Staate käme vor allem die große Aufgabe zu, die Interessen der deutschen Wirtschaft in gemeinsamer Arbeit zu fördern und alle diesbezüglichen Maßnahmen in einer gemeinsamen Front der Arbeitgeber und Arbeitnehmer zu treffen. Der Achtstundentag und die Durchführung der Sozialversicherung seien auch im kommenden Reich unantastbar, denn die NSDAP sei alles andere als sozialreaktionär eingestellt. Harzburg sei nur eine taktische und politische Maßnahme gewesen, die man richtig verstehen müsse. Den Gewerkschaften käme als ständischen Einrichtungen und Staatsorganen allergrößte Bedeutung zu. Auch die Tarifverträge würden bestehen bleiben und als Norm zu gelten haben. Diese Verträge sollten eine Art Existenzminimum, keineswegs aber die Maximalgrenzen darstellen, mit welcher Tatsache sich das Unternehmertum wohl oder übel abfinden müsste. Auch den Streik bejahten die Nationalsozialisten, solange es noch derart ungeheuerliche Gehälter in der Industrie, im Staat und den Gemeinden gäbe, an deren Abbau sofort herangegangen und eine Höchstgrenze von 1000 Mark monatlich festgesetzt werden sollte.

Eine wichtige Aufgabe sei fernerhin die Eingliederung sämtlicher Arbeitslosen in den Produktionsprozess. Neben der Arbeit in den Betrieben mache die Arbeitsdienstpflicht und das Siedlungswesen einen Hauptbestandteil des wichtigen Arbeitsbeschaffungsproblems aus, durch das allein eine weitgehende wirtschaftliche Unabhängigkeit vom Ausland erreicht werden könne. Die seitherige Arbeitslosenversicherung falle dann völlig fort und mit drakonischen Maßnahmen wirtschaftlicher Art würden die Straßen bald freigemacht sein. Die Goldwährung werde aufhören zu existieren. Auslandsschulden und politische Schulden würden nicht mehr anerkannt, private Schulden lediglich durch ein Moratorium mit geringer Zinszahlung. Die neue Binnenwährung werde auf dem Volksvermögen und auf der deutschen Arbeitskraft als Wertmesser basieren, wie Devisen in Zukunft nur noch durch eine amtliche Devisenstelle bezogen werden könnten. Die neue Verfassung sei einzig und allein auf dem Lebensrecht aller Stände und Berufsschichten aufgebaut und der Begriff Freiheit werde an Stelle des unsinnigen Begriffs Gleichheit treten. So sehe der deutsche Sozialismus im kommenden Reich aus, der allein Freiheit und Brot für alle deutschen Volksgenossen bringen könne. Die Ausführungen des Redners, die von musikalischen Darbietungen der SA-Kapelle umrahmt waren, fanden lebhaften Beifall.

169 **26. Februar 1932**

Bericht des »Hanauer Anzeigers« über die Mitgliederversammlung des Ortsausschusses Hanau des Deutschen Gewerkschaftsbundes (DGB) betreffend die Aufgaben der christlich-nationalen Gewerkschaften

Hanauer Anzeiger Nr. 49, 27. Februar 1932.

Im Rahmen einer vom Deutschen Gewerkschaftsbund, Ortsausschuss Hanau, veranstalteten Mitgliederversammlung sprach gestern Abend im »Hotel Riesen« Herr Landesverbandsvorsitzender Auerbach, Frankfurt, über »die Aufgaben der christlich-nationalen Gewerkschaften«.

Redner schickte seinen zweistündigen, mit starkem Beifall aufgenommenen Ausführungen erläuternd voraus, dass diese Aufgaben im Gesamtrahmen der Stellung des deutschen Volkes gesehen werden müssten. Anschließend beschäftigte er sich mit der ungeheuerlichen wirtschaftlichen, politischen und geistigen Krise unserer Tage, von der Deutschland am allerschlimmsten betroffen werde. Der furchtbaren Krise, die er in ihren Ausmaßen höchst anschaulich schilderte, sei nur durch eine baldige Wiederherstellung des Vertrauens auf dem Weltwirtschaftsmarkt erfolgreich zu begegnen. Die endgültige Regelung der Tribut- und Abrüstungsfrage sei einzig und allein dazu angetan, wieder einigermaßen gesunde und normale Verhältnisse auf diesem Gebiete zu schaffen. Beide Fragen seien unlösbar miteinander verknüpft. Wenn die Abrüstungskonferenz zu keinem positiven Ergebnis führe, dann sei zu befürchten, dass der Weltkapitalismus auch in Zukunft keine Lust verspüren werde, seine Kapitalien auf längere Frist zu investieren. Es käme für ihn dann höchstens eine Anlage in der Rüstungsindustrie in Frage, die zwangsläufig über kurz oder lang zu einem neuen Weltkrieg führen müsse. Nur die Wiederherstellung des internationalen Vertrauens der Völker zueinander könne diese Gefahren bannen, mit der auch gleichzeitig eine Gefahr der Abkapselung der einzelnen Völker verknüpft sei. Der Weg zur Autarkie aber müsse notgedrungen ein weiteres großes Sterben in der Industrie und damit erhöhte Arbeitslosigkeit zur Folge haben. Das deutsche Volk befinde sich heute gleichsam in einer belagerten Festung. Von Osten her drohe der Bolschewismus, der die Wirtschaft zur Religion gemacht habe, und von Westen her das unversöhnliche Frankreich. Einiger als je müsste das deutsche Volk in dieser verzweifelten Situation dastehen, anstatt sich im Kampfe der politischen Meinungen bis aufs Messer zu zerfleischen. Die Reichspräsidentenwahl sei ein trauriges Bild für die Zerrissenheit des deutschen Volkes. Der Deutsche Gewerkschaftsbund jedenfalls habe sich wieder für Hindenburg als Kandidaten ausgesprochen, in dem er nach wie vor den getreuen Ekkehard unseres Volkes sehe. Auf wirtschaftlichem Gebiete habe gleichfalls der Kampf der beiden Extreme Kapitalismus und Marxismus immer unerquicklichere Formen angenommen. Dabei dürfe keineswegs verkannt werden, dass die individualistische Wirtschaftsordnung dank ihrer unheilvollen Entwicklung in vielen Punkten stark versagt habe und die Wirtschaft vielfach nur ein Gewinnstreben um jeden Preis auf Kosten der Arbeitnehmer kenne. Die immer bestehenden Gegensätze zwischen Arbeitgeber und Arbeitnehmer müssten heute mehr denn je zum Wohl des gesamten deutschen Volkes ausgeglichen werden. Aber nicht auf dem Weg des Klassenkampfes, sondern auf dem Weg einer gemeinsamen Überbrückungsarbeit wolle der Deutsche Gewerkschaftsbund diese verhängnisvollen Gegensätze aus der Welt schaffen helfen. Alle Anzeichen deuten darauf hin, dass sich Deutschland auf dem Weg zu einem mehr berufsständisch gegliederten Staatswesen befinde, wenn dieser Weg vorerst scheinbar auch noch über einen verstärkten Staatskapitalismus führe. Redner kam dann auf das System der Notverordnungen zu sprechen, das trotz aller berechtigter Kritik in vielen Punkten eine zwangsläufige Notmaßnahme war, um die Wirtschaft vor dem völligen Ruin zu bewahren. Durch die letzte Notverordnung in Sonderheit sollte außenpolitisch eine Plattform für Basel geschaffen und innenpolitisch die Sicherung der Währung erreicht werden. Die Eingriffe in das Gehalts- und Lohnwesen seien sicherlich in weitesten Kreisen als außerordentlich schmerzhaft empfunden worden, darüber hinaus seien sie aber zu ertragen, wenn damit die Sicherheit für die Stabilität der Währung gegeben ist. Redner kam dann auf die Frage der Preissenkungsaktion zu sprechen, die zwar mit allem Nachdruck betrieben worden, aber doch einmal ein Ende erreichen müsse, da die Deflationswirtschaft in ihrem innersten Wesen kaum weniger Gefahrenquellen in sich berge als die Inflationswirtschaft. Die Stellung des Deutschen Gewerkschaftsbundes zu dieser Frage führte Redner auf den einzelnen Gebieten anschließend klar vor Augen, um weitergehend unbedingten Schutz der Tarifverträge und des staatlichen Schlichtungswesens zu verlangen.

Nachdem er noch kurz die Frage der Sozialversicherung gestreift hatte, beschäftigte sich Herr Auerbach zum Schluss seiner Ausführungen noch mit der geistigen Krise und ihrer Behebung und fand endlich warme Worte für die Belange der deutschen Jugend, deren Verantwortungsbewusstsein mehr als bisher gestärkt und gefördert werden müsse. Die christlich-nationalen Gewerkschaften aber müssten nach wie vor im heutigen Parteikampf als bindende Kräfte dastehen. Das sei ihre höchste und vornehmste Aufgabe am deutschen Volk. Reicher Beifall lohnte die Ausführungen Redners.

170 Juni – Juli 1932

Die Antifaschistische Aktion der KPD

170a Aufruf des Einheitskomitees in Frankfurt am Main-Westhausen zur Antifaschistischen Aktion sowie zu einem Einheitskongress der Arbeiterschaft für das Rhein-Main-Industriegebiet, 1. Juni 1932

Arbeiter-Zeitung (Frankfurt) Nr. 124, 2. Juni 1932.

Die Arbeiterschaft von Westhausen hat sich über alle Parteischranken hinweg zum gemeinsamen Kampf gegen den Faschismus und gegen die gesamte Reaktion zusammengeschlossen. Sie ist sich klar, dass nach dem Sturz Brünings und der Berufung der neuen Diktaturregierung von Papen die Angriffe der kapitalistischen Ausbeuter und Faschisten weiter verstärkt werden sollen. Wenn die Arbeiterschaft sich nicht zum gemeinsamen revolutionären Kampf zusammenschließt und in Aktion tritt, werden unsere Feinde eine Diktatur von Blut und Terror aufrichten. Der Hitlerfaschismus will aus Deutschland im Interesse der Großausbeuter einen Zuchthausstaat machen.

Wir haben in Westhausen die Erfahrung gemacht, dass der Zusammenschluss der Arbeiter der verschiedensten Parteien zum revolutionären Kampf zu großen Erfolgen führt. Unsere erfolgreichen Aktionen gegen Exmittierungen und Pfändungen haben zu unserem festen Zusammenschluss geführt. Das jetzt gebildete Einheitskomitee aus neuen klassenbewussten Arbeitern, von denen einer der SPD, einer dem Reichsbanner, zwei der KPD, einer dem Kommunistischen Jugendverband, zwei der SAP und zwei Parteilose angehören, ist der Ausdruck eines Einheitswillens der Westhausener Arbeiter.

Wir glauben, dass das Westhausener Beispiel von allen Arbeitern Frankfurts und des Bezirks und ganz Deutschland übernommen werden muss. Wir rufen deshalb allen Arbeitern zu: Vereinigt euch zum gemeinsamen Kampf gegen das kapitalistische System und gegen den Mordfaschismus! Folgt dem Ruf zur Antifaschistischen Aktion! Bildet den antifaschistischen Massenselbstschutz!

Darüber hinaus schlagen wir allen revolutionären Arbeitern vor, zur stärksten Bekräftigung des einheitlichen Kampfwillens in kürzester Frist für das rhein-mainische Industriegebiet einen antifaschistischen und antikapitalistischen Einheitskongress einzuberufen[a], zu dem die klassenbewussten Arbeiter der Betriebe, Stempelstellen und Parteien ihre Vertreter entsenden sollen. Wir wissen, dass die Einheit der Arbeiterklasse für ein freies, sozialistisches Deutschland den Faschismus ein für allemal niederringt. Deshalb heißt unsere Losung: Arbeiter, vereinigt euch zur Antifaschistischen Aktion, zur sturmbereiten roten Offensive! Wenn wir angreifen, werden wir siegen!

[a] Der vom Einheitskomitee Westhausen und von der Bezirksleitung der KPD Hessen-Frankfurt einberufene Kongress fand am 12. Juni 1931 in Darmstadt statt.

170b Beschluss des Kampfausschusses der streikenden Pflichtarbeiter des Land- und Stadtkreises Hanau, Anfang Juni 1932

Der Arbeitslose. Kampforgan der Erwerbslosen, Notstands- und Fürsorgearbeiter des Bezirks Hessen-Frankfurt. Nr. 24, 2. Juni Ausgabe 1932. Erschienen auch in der »Arbeiter-Zeitung« (Frankfurt) Nr. 125, 3. Juni 1932.

Der Kampfausschuss der streikenden Pflichtarbeiter des Landkreises Hanau nahm in seiner letzten Sitzung Stellung zu dem Aufruf des Westhausener Einheitskomitees. Der Kampfausschuss begrüßte den Schritt des Einheitskomitees Westhausen zur Einleitung einer einheitlichen, antifaschistischen Aktion gegen den Faschismus. Der Kampfausschuss, der sich zusammensetzt aus SPD-, KPD- und parteilosen Arbeitern, gelobt, seine ganze Kraft einzusetzen zur Schaffung der roten Einheitsfront gegen den Faschismus.

170c Kommentar der Zeitung »Der Arbeitslose« zum Beschluss[a] des Kampfausschusses der streikenden Pflichtarbeiter, Anfang Juni 1932

Der Arbeitslose Nr. 24, 2. Juni Ausgabe 1932.

Der Beschluss des Kreiskampfausschusses Hanau zum Aufruf des Westhausener Einheitskomitees ist ein Zeichen, dass der Bezirkskongress der antifaschistischen Aktion am 12. Juni in Darmstadt den Forderungen der breitesten Teile der Arbeiterschaft entspricht. Durch die heute vorliegende endgültige Zusammensetzung der von Papen-Regierung werden die klassenbewussten Arbeiter und Werktätigen von Hessen und Hessen-Nassau in ihrem Willen bestärkt, nunmehr alle proletarischen Kräfte zum Einsatz zu bringen. Der schamlose Aufruf des Parteivorstandes der SPD muss jeden Kommunisten und revolutionären Arbeiter veranlassen, noch energischer und leidenschaftlicher, aber auch mit noch größerer Geduld und Beharrlichkeit die sozialdemokratischen Klassengenossen davon zu überzeugen, dass sich die Arbeiter, gleichgültig wo organisiert, zur gemeinsamen Abwehr und zum gemeinsamen Angriff zusammenschließen müssen. Deshalb muss jetzt in den letzten Tagen ein Trommelfeuer von Beschlüssen für den antifaschistischen Kampfkongress einsetzen. Betriebe und Stempelstellen, Ortsvereine der SPD und Zahlstellen der Gewerkschaften, alles für den antifaschistischen Kampfkongress. Gleichzeitig betreibt die Vorbereitung zum Massenaufmarsch in Darmstadt. Organisiert Marschkolonnen über ganz Hessen! Organisiert Radfahrerkolonnen! Der antifaschistische Kampfkongress muss gleichzeitig zum wuchtigsten Bekenntnis für ein rotes Hessen im freien sozialistischen Deutschland und für die Wahl von Kommunisten werden!

[a] Siehe vorangehendes Dokument.

171 Juli 1932

Der Staatsstreich in Preußen (»Preußenschlag«) und die Haltung der Arbeiterorganisationen

171a Aufruf des ZK der KPD an die SPD, an den ADGB, an den AfA-Bund und an alle deutschen Arbeiter zum Generalstreik, 20. Juli 1932

Heinz Karl und Erika Kücklich (Hrsg.), Die Antifaschistische Aktion. Dokumentation und Chronik, Mai 1932 bis Januar 1933, Berlin 1965, S. 193f.

Die Kommunistische Partei Deutschlands richtet angesichts der Aufrichtung der Militärdiktatur durch die Regierung Papen-Schleicher den Appell an die deutsche Arbeiterschaft, den Generalstreik für folgende Forderungen durchzuführen:

1. Fort mit der faschistischen Militärdiktatur und dem Ausnahmezustand!
2. Fort mit der faschistischen Papen-Regierung!
3. Her mit der uneingeschränkten Versammlungs-, Demonstrations-, Presse- und Organisationsfreiheit für die Arbeiterklasse!
4. Fort mit den faschistischen Notverordnungen gegen Kriegskrüppel, Erwerbslose, Rentner, Arbeiter, Angestellte und Beamte und gegen die Freiheit der Arbeiterbewegung!
5. Für die Entwaffnung der Konterrevolution!
6. Für das Verbot der SA und SS und die Schließung der SA-Kasernen!

Die Kommunistische Partei richtet vor der proletarischen Öffentlichkeit die Frage an die Sozialdemokratische Partei Deutschlands, an den ADGB und den AfA-Bund, ob sie bereit sind, gemeinsam mit der Kommunistischen Partei den Generalstreik für diese Forderungen durchzuführen, wie es dem Willen der Millionenmassen, auch der sozialdemokratischen und freigewerkschaftlichen Arbeiter entspricht.

Die Kommunistische Partei wendet sich an die Arbeiter, Arbeiterinnen und Jungarbeiter in ganz Deutschland mit dem Appell, von unten her, durch die breiteste Entfaltung der Initiative der Massen in den Betrieben und Kontoren, auf den Stempelstellen und auf dem flachen Lande, den Massenkampf gegen die Aufrichtung der faschistischen Diktatur und gegen den Mordterror des Hitlerfaschismus im Zeichen der Antifaschistischen Aktion zu entfalten und unverzüglich den Streik zu organisieren.

Die Kommunistische Partei appelliert an alle Gewerkschaftskartelle, sofort den Streik zu beschließen, an alle Betriebszellen, die Streikorganisierung in den Betrieben einzuleiten, an die Erwerbslosen auf den Stempelstellen, sich nicht zu Streikbrecherarbeit gebrauchen zu lassen, sondern aktive Solidarität mit den Streikenden zu organisieren.

Vorwärts im Zeichen der Antifaschistischen Aktion!

171b Aufruf des Parteivorstandes der SPD, den Kampf um die Wiederherstellung geordneter Rechtszustände als Wahlkampf zu führen, 20. Juli 1932

Vorwärts, 21. Juli 1932 (M).

An die Partei! Sozialdemokratie im Kampf um Freiheit!

Der Kampf um die Wiederherstellung geordneter Rechtszustände in der deutschen Republik ist zunächst mit aller Kraft als Wahlkampf zu führen. Es liegt beim deutschen Volk, durch seinen Machtspruch am 31. Juli dem gegenwärtigen Zustand ein Ende zu bereiten, der durch das Zusammenwirken der Reichsregierung mit der Nationalsozialistischen Partei entstanden ist. Die Organisationen sind in höchste Kampfbereitschaft zu bringen. Strengste Disziplin ist mehr denn je geboten. Wilden Parolen von unbefugter Seite ist Widerstand zu leisten! Jetzt vor allem mit konzentrierter Kraft für den Sieg der Sozialdemokratie am 31. Juli!

171c Aufruf der gewerkschaftlichen Dachorganisationen zur Disziplin und zur Beschränkung auf den Wahlkampf zu den bevorstehenden Reichstagswahlen, 20. Juli 1932

Vorwärts, 21. Juli 1932 (M).

An die deutsche Arbeitnehmerschaft!

Die neuesten politischen Vorgänge haben die deutschen Arbeiter, Angestellten und Beamten in große Erregung versetzt. Sie müssen trotzdem ihre Besonnenheit bewahren. Noch ist die Lage in Preußen nicht endgültig entschieden. Der Staatsgerichtshof ist angerufen. Die entscheidende Antwort wird das deutsche Volk, insbesondere die deutsche Arbeitnehmerschaft, am 31. Juli geben.

Es ist die Pflicht aller gewerkschaftlichen Organisationen und aller Volksschichten, die auf dem Boden der Verfassung und des Rechts stehen, mit allen zur Verfügung stehenden Mitteln dafür zu sorgen, dass diese Reichstagswahl stattfindet.

Weder der Terror der Straße noch irgendeine verfassungswidrige Diktatur darf verhindern, dass am 31. Juli das Volk von seinem höchsten Recht Gebrauch macht.

Die vorbildliche Disziplin der deutschen Arbeiter, Angestellten und Beamten ist auch in diesen schweren Tagen unter allen Umständen aufrechtzuerhalten. Wir lassen uns die Stunde des Handelns von Gegnern der Gewerkschaften nicht vorschreiben.

Berlin, den 20. Juli 1932
Allgemeiner Deutscher Gewerkschaftsbund
Allgemeiner freier Angestelltenbund
Gesamtverband der christlichen Gewerkschaften Deutschlands
Gesamtverband deutscher Verkehrs- und Staatsbediensteter
Gewerkschaftsring deutscher Arbeiter-, Angestellten- und Beamtenverbände
Allgemeiner Deutscher Beamtenbund
Deutscher Beamtenbund

171d Bericht des »Hanauer Anzeigers« über eine Wahlkundgebung der Eisernen Front und über die Ausführungen des früheren Polizeipräsidenten von Berlin, Albert Grzesinski (SPD), 29. Juli 1932

Hanauer Anzeiger Nr. 177, 30. Juli 1932.

Im Rahmen einer Wahlkundgebung der Eisernen Front sprach gestern Abend im überfüllten Saal des Gewerkschaftshauses der frühere Polizeipräsident von Berlin, Grzesinski, dem von der Menge ein begeisterter Empfang bereitet wurde.

Redner kam im Verlauf seiner Ausführungen zunächst auf die Hintergründe zu sprechen, die der unfreiwilligen Demission der preußischen Minister zu Grunde lagen. Er wisse, dass es den Nationalsozialisten und Kreisen um Papen sehr unangenehm war, dass die Arbeiterschaft auf das verfassungswidrige Eingreifen der Papen-Regierung hin nicht auf die Straße gegangen sei und dadurch die ganze Reichstagswahl am 31. Juli illusorisch gemacht habe. Die verantwortlichen Volksführer hätten am 20. Juli aber nicht zum Kampfe geblasen, da ihnen der Vorgang nicht wertvoll genug erschien und der Kampf nicht um Personen, sondern nur um die gerechte Sache des Volkes ginge. Das Kabinett Braun-Severing sei ja bereits bei der Preußenwahl zurückgetreten, und um ein paar geschäftsführende Minister und Beamte, die verfassungswidrig ihrer Ämter enthoben worden seien, verlohne sich wahrlich kein Bürger- und Bruderkrieg. Die Wut der Nationalsozialisten über die besonnene und verantwortungsbewusste Haltung der Volksführer gehe täglich aus ihrer Presse und ihren Reden hervor. Im gleichen Maße beginne aber die Arbeiterschaft das Verhalten ihrer Führer allmählich für richtig zu befinden. Es gelte jetzt, den Schicksalswahlkampf des deutschen Volkes im Vollbewusstsein ungebrochener Kraft zu führen, und man könne sich des Eindruckes nicht verwehren, dass der Nationalsozialismus seinen Kulminationspunkt überschritten habe und allmählich in die Defensive gedrängt worden sei. Eine Einheitsfront mit oder gar unter Führung der KPD käme nicht in Frage, die wahre Einheitsfront sei vielmehr die Eiserne Front, die alle Schichten und Lager umfasse und mit sozialistischen Waffen auf demokratischer Basis kämpfen wolle. Um die Entscheidung der kommunistischen Anhänger brauche man im Ernstfalle nicht besorgt zu sein, sie würden sich schon über ihre Führerclique zu setzen wissen und den gemeinsamen Kampf gegen schwärzeste Reaktion aufnehmen, wenn es das Gebot der Stunde fordere. Eiserner Wille und höchste Disziplin sei auch weiterhin im Kampfe um die höchsten Güter des Volkes geboten. Entschlossenes und rücksichtsloses Vorgehen aber müssen dann Platz greifen, wenn Terror und Gewalt sich auf der Gegenseite mehr und mehr breit machten. Am 31. Juli müsse der Beweis geliefert werden, dass im heutigen Deutschland nicht mehr gegen das Volk regiert werden kann, dass das Volk die Güter der Demokratie zu wahren versteht und keine neue Kluft zwischen den einzelnen Bevölkerungsschichten wie dereinst in Vorkriegszeiten gerissen werden darf. Redner übte dann scharfe Kritik an den bisherigen Maßnahmen der Papen-Regierung, die sämtliche destruktiver Art gewesen seien, und forderte zum Zusammenschluss aller verantwortungsbewussten Republikaner in der Eisernen Front auf, die sich den Aufbau Deutschlands im demokratischen Sinne und demokratischen Geiste als höchstes Ziel gesetzt habe. In letzter Stunde aber warne er die Gegner davor, an der Verfassung zu tasten und Gewalt und Terror Platz greifen zu lassen. Sollte dies dennoch der Fall sein, dann würden Mittel und Wege schnell gefunden sein, um die zum Lebensempfinden gewordene Demokratie zu schützen und vor Gewaltstreichen zu bewahren.

Mit einem warmen Aufruf zum Einsatz des letzten Mannes am 31. Juli schloss Redner unter stürmischem Beifall seine Ausführungen. Als zweiter Redner setzte sich der Metallarbeiterführer Franz Metz mit dem Nationalsozialismus auseinander. Die Veranstaltung war von Vorträgen der Reichsbannerkapelle umrahmt.

171e Bericht des Bezirks Frankfurt-Hessen der KPD über die Schwierigkeit der Organisierung von politischen Streiks und das Versagen der Parteitaktik am 20. Juli 1932, Juli 1932

Bundesarchiv Berlin, SAPMO, RY I-3/23/2, Bl. 210.

Mit der Erschießung von zwei Arbeitern in einer Erwerbslosenversammlung in Langenselbold[a], die gegen den Unterstützungsraub Stellung nahm, wuchs die Empörung der Arbeiter dermaßen gegen das faschistische System, dass in vier Betrieben (Westheimer, Reichling & Eberhardt und zwei Diamantschleifereien) politische Streiks anlässlich der Beisetzung der Opfer ausgelöst werden konnten. Die Versuche, politische Proteststreiks auszulösen, waren noch außerordentlich schwach. Vielfach bemühten sich unsere Betriebsräte um Beerdigungsurlaub, Einheitsfrontorgane und Kampfausschüsse wurden nicht gewählt.

Die Schwäche unserer Arbeit kam am stärksten zum Ausdruck im Versagen des 20. Juli. Obwohl die Parole: »Massenstreik gegen die Errichtung der faschistischen Papendiktatur« herausgegeben wurde, die roten Betriebsräte von ihren Aufgaben verständigt wurden, gelang es an keinem Punkt, einen Streik auszulösen. In vielen Betrieben waren unsere Genossen aufs Schärfste zum Kampf entschlossen, warteten aber mit ihrer Kampfentschlossenheit auf den Aufruf des ADGB zum Generalstreik. Es fehlte die Klarheit, dass die Entscheidung von den Betrieben ausgehen müsse und dass die Auslösung von Streiks der erste Schritt gegen die Errichtung der faschistischen Diktatur ist.

Die Notwendigkeit der Organisierung und Vorbereitung der wirtschaftlichen Kämpfe als Voraussetzung für die Auslösung politischer Streiks und Aktionen muss noch stärker unter unseren Mitgliedern propagiert werden.

[a] Am 15. Juli 1932 kamen am Ende einer Erwerbslosenversammlung zwei Frauen durch Schüsse der Polizei ums Leben. Ein durch einen Bauchschuss schwer verletzter Arbeiter starb danach.

172 September 1932

Die Lohnabbaupolitik der Regierung Papen

172a Kommentar der »Volksstimme« zur Auswirkung der Notverordnung »zur Belebung der Wirtschaft« vom 5. September 1932, 21. September 1932

Hessisches Staatsarchiv Marburg, 165-3886/1, Bl. 348, Zeitungsausschnitt: Volksstimme (Hanau) Nr. 227, 21. September 1932. Einleitender Vermerk der Redaktion: Aus Gewerkschaftskreisen wird uns geschrieben.

Schrankenlose Ausbeutung. Milliardengeschenke an Großagrarier und Schlotbarone

Man muss es der Regierung der Junker und Schlotbarone lassen: sie zeigen mit voller Offenheit ihr Gesicht. Während der weitaus größte Teil des Volkes hungert und darbt, schickt sich die Regierung Papen an, den Junkern und der Schwerindustrie ungeheuere Milliardengeschenke aus öffentlichen Mitteln zu machen, die von den Ärmsten der Armen mit aufgebracht werden müssen.

Die Notverordnung zur angeblichen Belebung der Wirtschaft wird und muss das Gegenteil von dem bewirken, was die Schöpfer davon erhoffen. Millionen von Hungrigen wird genommen, um es einzelnen Satten zu geben. Ist es nicht ungeheuerlich, wenn angesichts der grenzenlosen Not öffentliche Steuergelder dazu verwandt werden, um Großagrarier und Schwerindustrie zu subventionieren?

Zur »Erhaltung der angeblich gefährdeten Betriebe« werden neben dem 400-Mark-Geschenk an die Unternehmer die Löhne in solchen Betrieben, die ihre Arbeitnehmerzahl um mehr als ein Viertel gegenüber dem Stand vom 15. August 1932 vermehren, bis zu 50 Prozent gesenkt werden.

Bei steigendem Profit gekürzter Lohn. Das ist die einfache Formel des »Wiederaufbauprogramms« der Regierung von Papen. Während man den Arbeitern zumutet, für Hungerlöhne zu arbeiten, werden die Gewinne und Einkommen der Herren Direktoren sich ganz wesentlich vermehren.

Warum und weshalb sind eigentlich die Betriebe gefährdet? Der Lohnanteil der Arbeiter- und Angestelltenschaft trägt sicherlich keine Schuld daran. Ungeheure Mittel sind festgelegt in den aufgeblähten Betriebsanlagen, die für die drei- und mehrfache Produktionsleistung ausreichen würden. Die Verwaltungsausgaben für Direktorengehälter usw. sind trotz verminderter Arbeiternehmerzahl bedeutend gestiegen. In einzelnen Betrieben ist die Zahl der produktivschaffenden Kräfte um 50 Prozent gesunken, während bei dem oberen Verwaltungsapparat noch nicht ein einziger Abbau erfolgt ist. Bei verschiedenen Werken steht es doch fest, dass die Gehälter von ein paar Direktoren und höheren Aufsichtsbeamten das Einkommen von Hunderten von Arbeitern und Angestellten bei weitem übersteigt.

Gerade hier sollte der Schlichter, ehe er zu den rigorosen Maßnahmen der Durchführung der Notverordnung schreitet, eingehend prüfen, ob diesen Unternehmungen nicht erst ein Abbau der hohen Gehälter zugemutet werden kann, ehe man zu einer weiteren Kürzung der Elendseinkommen der Arbeiter und Angestellten schreitet.

Auch in Hanau gibt es Betriebe, die dauernd die Arbeitszeit ihrer Arbeiter und Angestellten einschränken und damit das Einkommen ihrer Belegschaft um [...][a] Prozent gekürzt haben, während die Einkommen der Direktoren und leitenden Beamten eine entsprechenden Kürzung noch nicht erfahren haben. In fast allen größeren Betrieben ist die Zahl der Arbeiter und Angestellten bedeutend eingeschränkt bei gleichbleibender Zahl des oberen Verwaltungsapparats. Wenn die Herrschaften etwa auch von den Steuergeschenken und dem Lohnraub der Junkerregierung Gebrauch machen, dann muss die Arbeiterschaft die Antwort erteilen, weil eine weitere Senkung der gegenwärtigen Hungerlöhne einfach nicht mehr tragbar ist.

Heute wollen wir von Einzelheiten über die bis zur Zeit in den Hanauer Betrieben gezahlten Löhne absehen. Sollte jedoch unsere Mahnung »Hungerlöhne« von den Herrschaften wiederum beanstandet werden, dann werden wir der Hanauer Öffentlichkeit einmal eine Aufstellung von Löhnen aus den verschiedenen Hanauer Betrieben übergeben. Wir sind überzeugt, dass keiner der betreffenden Herrschaften mit solchen Löhnen auszukommen vermag, die sie schon monatelang ihren Arbeitern zumuten.

[a] Textverlust.

172b Bericht der »Volksstimme« über den Antrag der Deutschen Dunlop Gummifabrik, als gefährdeter Betrieb anerkannt zu werden, und über die Reaktion der Betriebsvertrauensleute, 21. September 1932.

Hessisches Staatsarchiv Marburg, 165-3886/1, Bl. 348, Zeitungsausschnitt: Volksstimme (Hanau) Nr. 227, 21. September 1932. Die Rechtsanwälte der Dunlop-Werke erhoben gegen den »Hetzartikel« am 5. Oktober 1932 bei dem Regierungspräsidenten Beschwerde.

Was dem Schreiber der vorausgegangenen Zeilen[a] noch als Möglichkeit vorgeschwebt hat, ist Tatsache geworden. In Hanau ist – wie wir jetzt erfahren haben – ein Betrieb zu verzeichnen, der auf die Steuergeschenke Anspruch erheben und von der Lohnkürzung Gebrauch machen will – der Dunlop-Betrieb. Kaum war die Druckerschwärze der Papen-Notverordnung vom 5. September trocken, da war auch schon die Nachricht der Gauleitung des Verbandes der Fabrikarbeiter aus Frankfurt am Main eingetroffen, dass seitens der Deutschen Dunlop Gummifabrik beim Arbeitgeberverband der chemischen Industrie, SektionVII in Frankfurt am Main, ein Antrag eingelaufen sei, wonach die Direktion dieses Betriebes Anspruch auf den § 7 dieser Notverordnung erhebt und bereits einen derartigen Antrag beim Schlichter eingereicht hat. Wie diese Überraschung auf die Belegschaft wirkte, ist menschlich leicht verständlich, da es schon heute infolge der Kurzarbeit keine Seltenheit ist, dass Familienväter mit einer Lohntüte heimkehrten, worin trotz Akkordarbeit sich nur der Inhalt von 10-12 Mark vorfinden ließ. Die Empörung dieser Belegschaft konnte man am besten wahrnehmen in der gestrigen Sitzung der Vertrauensleute dieses Betriebes, die im Gewerkschaftshaus zu diesem Antrag der Firma Stellung genommen haben.

Einmütig war diese Körperschaft der Ansicht, dass eine weitere Lohnsenkung nicht in Frage kommen kann, da jetzt schon die Grenzen des Existenzminimums unterschritten sei, und ein Weiterarbeiten völlig zwecklos erscheint, da trotz Arbeit der Hunger nicht mehr gestillt werden kann. Durch den 15prozentigen Lohnabzug ab 1. Januar des Jahres und durch die wiederholten Akkordsenkungen im Laufe des letzten Jahres seien die Verdienste der Arbeiter bis zu 45 Prozent reduziert worden. Auf der anderen Seite sei aber die doppelte Anzahl von Direktoren, Betriebsleitern und anderen Antreibern zu verzeichnen, die gewiss eine größere Lohnsumme für sich in Anspruch nehmen, als die gesamte Belegschaft, und dass bei diesen Herrn eine größere Geldsumme eingespart werden könnte, wenn derselbe prozentuale Abzug ihres Gehalts vorgenommen worden wäre.

Durch das Hetztempo, wodurch Unfälle herbeigeführt werden, seien heute Leistungen erzielt worden, die man sich noch vor einem Jahr nicht träumen ließ. Trotz alledem will die Firma dem Schlichter vortragen, dass sie notleidend nach § 7 der Notverordnung, dass sie ein »gefährdeter Betrieb« sei und daher Anspruch auf das Recht einer weiteren Lohnsenkung mache. Die Vertrauensmännerversammlung beschloss einstimmig, dass, falls der Schlichter die Firma ermächtigen sollte, eine weitere Lohnreduzierung vornehmen zu dürfen, diese Entscheidung des Schlichters mit der Niederlegung der Arbeit beantwortet werden müsse.

Denn wenn die Regierung die Unabdingbarkeit des tariflich vereinbarten Lohnes aufhebt, dann kann auch die Arbeiterschaft zu dem Mittel greifen, das sie für notwendig hält, um sich eine einigermaßen erträglich Existenz zu sichern. Gespannt sind wir auf die Schritte, die der Schlichter nun unternimmt. Bei Anträgen von Unternehmerseite arbeiten bekanntlich die Schlichter sehr schnell, während sie sich zur Erledigung von Anfragen der Arbeitnehmerseite reichlich Zeit lassen. Die Arbeiterschaft aber sei eindringlich ermahnt, in den bevorstehenden Kämpfen einig wie ein Mann zusammenzustehen.

[a] Siehe vorangehendes Dokument.

172c Protestresolution des Herbst-Delegiertentages der katholischen Arbeiter- und Männervereine des Main-Kinzig-Gaues in Somborn gegen die Notverordnung »zur Belebung der Wirtschaft« (Auszug), 9. Oktober 1932

Hanauer Anzeiger v. 17. Oktober 1932; Abgedruckt in: Gerhard Flämig, Hanau im Dritten Reich, Bd. 1: (1930-1934), Wie es dazu kam - Die Machtergreifung, Hanau 1988, S. 118f.

Der am 9. Oktober 1932 in Somborn tagende Herbst-Delegiertentag der katholischen Arbeiter- und Männervereine des Main-Kinzig-Gaues protestiert auf das Schärfste gegen die von der Reichsregierung erlassene Verordnung zur angeblichen Belebung der Wirtschaft. Die katholische Arbeiterschaft ist jederzeit bereit, Opfer zu bringen und hat bereits große Opfer für Volk und Vaterland gebracht. Sie ist jederzeit bereit, an dem Aufbau der Wirtschaft mitzuarbeiten, um so die arbeitslosen Kollegen wieder in den Produktionsprozess einzureihen. Die von der Reichsregierung erlassene Verordnung verlangt aber nur einseitig Opfer von der Arbeiterschaft und subventioniert von diesen Opfern jene Stände, die es bisher verstanden haben, kein Opfer für Volk und Vaterland zu bringen. Die katholische Arbeiterschaft ist der Ansicht, dass durch diese Notverordnung die Wirtschaft nicht belebt wird, weil sie die Kaufkraft der breiten Volksmassen völlig lahm legt. Eine dadurch eintretende Verelendung Tausender von Arbeitern und damit ein sittlicher Zerfall der Arbeiterfamilien sind so große Wertzerstörungen, dass wir aus diesem Grunde die Notverordnung mit Entschiedenheit ablehnen. Wir leiden nicht an einer Produktions-, sondern an einer Absatz- und Verteilungskrise. Wenn die Wirtschaftslage gebessert werden soll, so kann das einzig und allein geschehen durch Stärkung der Kaufkraft eines Volkes. Erst dann, wenn das Volk in der Lage ist, die vorhandenen Güter zu kaufen und zu verwerten, wird die Gesamtlage der Wirtschaft gehoben werden. Ebenso lehnen wir die Blankovollmacht, durch welche sich die Reichsregierung das Recht gibt, Sozialversicherung und Arbeitsrecht nach Gutdünken abzuändern, mit Entschiedenheit ab. Es besteht der begründete Verdacht, dass man derartige Blankovollmachten dazu benutzt, Sozialversicherungen und Arbeitsrecht zu zerschlagen. Jeder Missbrauch der Reichsverfassung und ihres Artikels 48 wird bei der katholischen Arbeiterschaft stärksten Widerstand finden. [...]

173 — 29. September 1932

Bitte der Stadtverordnetenversammlung an die preußische Staatsregierung, in Anbetracht der besonderen Hanauer Notlage eine außerordentlichen Finanzhilfe aus den staatlichen Notfonds zu gewähren

Hanauer Anzeiger Nr. 230, 30. September 1932.

Die Stadtverordnetenversammlung lenkt die Aufmerksamkeit der Staatsregierung erneut auf die unhaltbaren Zustände, die sich für die Stadt Hanau aus der unzureichenden Berücksichtigung der besonderen Notlage der Stadt ergeben. Trotzdem Hanau mit seiner Erwerbslosenziffer an der Spitze der preußischen Städte steht, sind seit Monaten aus den für die von der Erwerbslosigkeit besonders schwer getroffenen Gemeinden zur Verfügung stehenden Notfonds des Staates Mittel nicht mehr nach Hanau geflossen. In Anbetracht des bevorstehenden Winters und unter Berücksichtigung der jahrelang in diesem starken Ausmaß bestehenden Erwerbslosigkeit hat die Verelendung weiter Bevölkerungsschichten einen Grad erreicht, der nicht mehr erträglich ist. Diesen außergewöhnlichen Umständen muss die Staatsregierung Rechnung tragen, da unter derartigen örtlichen Verhältnissen das starre Festhalten an einer schematischen Deckung des A-Bedarfs zu Katastrophen führen muss. In ernster Sorge um das Schicksal der Stadt richtet deshalb die Stadtverordnetenversammlung erneut die dringende Bitte an die Staatsregierung, die aus der besonderen örtlichen Notlage heraus unvermeidlich nötige finanzielle Hilfe schnell und wirksam zu gewähren.

174 November 1932

Resolution der Bezirkstagung der KPD über die Ergebnisse der Reichstagswahl am 6. November im Bezirk Hessen-Frankfurt (Auszug)

Bundesarchiv Berlin, SAPMO, Ry-I3/23/2, Bl. 248.

Im allgemeinen stürmischen Vormarsch unserer Partei wurde auch in unserem Bezirk die Reichstagswahl mit einem großen Erfolg am 6. November beendet. Die Richtigkeit der Generallinie unserer Partei bestätigt sich auch in unserem Bezirk. Die stärksten Erfolge haben wir dort, wo es der Partei und der mit ihr sympathisierenden revolutionären Massenorganisationen, insbesondere der RGO und des KJVD, gelang, Streiks und Massenaktionen, insbesondere an der Betriebsfront, zu organisieren und erfolgreich durchzuführen. In der Organisierung von Widerstandsaktionen, unter Anwendung der revolutionären Einheitsfrontaktion von unten im Kampf gegen Lohn- und Unterstützungsraub, gegen Steuer- und Zinswucher, gegen Massenverelendung und faschistischen Terror hatten wir besonders große Erfolge in Frankfurt am Main, im Wiesbadener Regierungsbezirk, in Hessen und an einzelnen Orten besonders wie Heusenstamm, Neu-Isenburg, Bingen, Kostheim, Büdingen u.a. Der Wahlerfolg ist auch in unserem Bezirk der Ausdruck gesteigerter revolutionärer Massenarbeit der Partei und der revolutionären Massenorganisationen und des gesteigerten Kampfwillens der werktätigen Massen, in der gegenwärtigen Periode des Heranreifens der Voraussetzungen zur revolutionäre Krise.

Es gelang auch in unserem Bezirk erstmalig einen tiefen Einbruch in die Reihen der sozialdemokratischen und nationalsozialistischen Wählermassen zu vollziehen. In Frankfurt am Main sowie im Regierungsbezirk Wiesbaden, ebenso wie in dem Industrieorten Groß-Höchst, Kelsterbach, Griesheim am Main, Fechenheim und Rüsselsheim gewannen wir sämtliche Stimmen, die die SPD und Nazis zusammen verloren haben. In Rüsselsheim (Opel) und Fechenheim (IG-Cassella), Griesheim (Elektron) wurden wir die stärkste Partei. In unserem nördlichsten Industriegebiet, im Wetzlar-Dillkreis, konnte die Partei ihren Einfluss um mehrere hundert Prozent steigern.

Mit einem Stimmengewinn in Frankfurt am Main um 38 Prozent, in Hessen mit 30,3 Prozent, in Hessen-Nassau mit 20 Prozent marschiert unser Bezirk an der Spitze des Reiches. Während die SPD in Hessen bei der Reichstagswahl im Juli noch viel Stimmen gewann, verlor sie in diesem Kampf erstmalig 14,6 Prozent ihrer Stimmen und in Hessen-Nassau verliert sie 11,8 Prozent. Diese Niederlage der SPD widerlegt die teilweise bei unseren Genossen in starken hessischen Arbeiterorten vorhandene falsche Einschätzung der SPD und die Argumente, als sei von der SPD nichts mehr zu gewinnen. Die Erfolge unserer Organisation im Kampf gegen die SPD verpflichtet zur noch stärkeren Bekämpfung der Politik der SPD als Regierungspartei in Hessen.

Trotz guten Vormarsches unserer Partei im Bezirk, zeigen sich große Schwächen der politischen Entwicklung unserer Organisation im Unterbezirk Hanau, Kreuznach und Fulda. Die Hauptursachen des Stimmenrückgangs in Kreuznach liegt in der opportunistischen Gewerkschaftspolitik der dortigen führenden Genossen und ungenügenden revolutionären Massenarbeit, unter Ausnutzung der von uns eroberten Gewerkschaftspositionen und in den Betrieben. In Fulda ist die Hauptursache des Rückganges die grobe Vernachlässigung der Antizentrumsarbeit und die Tatsache, dass die früheren Wahlerfolge nur mit einer allgemeinen Demonstrationspolitik erzielt wurden, während die Betriebs- und Gewerkschaftsarbeit stark vernachlässigt und eingeleitete Massenaktionen nicht zu Ende geführt wurden. Im Unterbezirk Hanau wirkt sich der Opportunismus in der Praxis besonders in der Gewerkschafts-, Genossenschafts-, und Kommunalpolitik außerordentlich stark aus. Diese Schwächen zeigten sich bereits bei den Aktionen im Zusammenhang mit der Niederschießung von Arbeitern in Langenselbold, in der Betriebsarbeit, insbesondere im Betrieb Heraeus, wo unsere Genossen durch reformistische Sozialpolitik praktisch betriebliche Kampfaktionen verhinderten. Die kommunistische Genossenschaftsfraktion im Unterbezirk Hanau muss ihre reformistischen Abweichungen ebenso ändern, wie viele kommunistische Gemeindeparlamentsfraktionen im Bezirk, insbesondere im Unterbezirk Hanau. Diese Erscheinungen sind eine ernste Mahnung für alle Genossen im Bezirk, insbesondere für alle Parteileitungen, unsere revolutionäre Massenpolitik auf der Generallinie unserer Parteibeschlüsse und der Beschlüsse des 12. EKKI-Plenums[a] zu verbessern, bolschewistische Selbstkritik zu üben und in revolutionäre Kollektivarbeit der Leitungen, die Parteibeschlüsse bis in die untersten Einheiten durchzusetzen. [...]

[a] Abgehalten vom 27. August bis zum 15. September 1932 in Moskau.

Hanau, Brände nach dem Angriff der britischen Luftwaffe, 19. März 1945

IV.

Von der Errichtung der faschistischen Diktatur bis zur Befreiung (1933–1945)

Das Auftreten des Faschismus in Europa war das Ergebnis tiefer Verwerfungen im Gesellschaftsgefüge der kapitalistischen Welt, die durch den Ersten Weltkriege hervorgerufen wurden. Seine Hauptstoßrichtung traf die organisierte Arbeiterbewegung, die Trägerin der durch den Krieg ausgelösten revolutionären Bewegungen. Im Zentrum seiner antisozialistischen Politik stand die wütende Feindschaft gegen Sowjetrussland, den ersten Staat, der das Privateigentum und damit die kapitalistischen Verwertungsmechanismen über Bord geworfen hatte und sich dem Aufbau einer sozialistischen Gesellschaft zuwandte. Der Faschismus ist die konterrevolutionäre Ausprägung des kapitalistischen Systems, dessen Führungsschichten sich bedroht fühlen. Ein typisches Merkmal des Faschismus ist eine in wechselnder Zusammensetzung nationalistisch, militaristisch, klerikal und rassistisch begründete Demagogie, mit deren Hilfe seine Wortführer ihre Anhänger überwiegend in mittel- und kleinbürgerlichen Schichten gewinnen. Als Herrschaftsform etablierte sich der Faschismus 1919 zuerst in Ungarn, dann 1922 in Italien.

Die extremste Erscheinungsform des Faschismus, von ihren Ideologen »Nationalsozialismus« genannt, wurde aber in Deutschland errichtet. Hinter der Machtübertragung an Adolf Hitler, die durch den von Sozialdemokraten mitgewählten Reichspräsidenten Hindenburg am 30. Januar 1933 vollzogen wurde, standen Vertreter des Militärs, des Großgrundbesitzes, der Banken und des rheinisch-westfälischen Großkapitals. Mit der Hilfe der Nazi-Bewegung sollten noch vor dem sich bereits abzeichnenden Ende der Weltwirtschaftskrise die sozialpolitischen Errungenschaften der Novemberrevolution 1918/19 rückgängig gemacht und die Voraussetzungen für einen Revanchekrieg geschaffen werden. Die »Weltanschauung« der Nazis sah in der Novemberrevolution die Hauptursache der deutschen Niederlage und des sich daraus ergebenden Niedergangs. »Novemberverbrecher« nannten die Nazis die Vertreter der sozialistischen Arbeiterbewegung, die 1918 für die Arbeiterrechte gekämpft hatten.

Schon anlässlich seiner ersten Besprechung mit den Befehlshabern der Reichswehr am 3. Februar 1933 legte Hitler das Etappenziel der Bewegung mit brutaler Offenheit klar: »Ausrottung des Marxismus mit Stumpf und Stiel.« »Novemberverbrecher« waren auch die Juden, die schon nach kaiserzeitlicher Auffassung als Drahtzieher hinter der sozialistischen Arbeiterbewegung standen. (Dok. 78a) Antisozialismus und Antisemitismus hatten im Nazi-Weltbild die gleichen konterrevolutionären Wurzeln. Dem »fremdbestimmten« Sozialismus musste in dieser Perspektive ein »nationaler« Sozialismus entgegengesetzt werden, in dem kein Klassenkampf die »Volksgemeinschaft« zersetzt und kein Zustrom rassisch minderwertigen Blutes den gesunden »Volkskörper« schwächt.

Auch der militante Nationalismus in der deutschen Gesellschaft, den die Nazis in rassistischer Überhöhung bis zum Exzess trieben, war ein Erbe der schon in den ersten Tagen der Novemberrevolution 1918 einsetzenden Konterrevolution. Nachdem die rechte Sozialdemokratie ihr Bündnis mit dem Militär geschlossen hatte, kam es kaum noch zu einer Auseinandersetzung über den Charakter des Weltkrieges als eines imperialistischen Angriffs- und Eroberungskrieges, über die deutschen Kriegsverbrechen und die Verwüstung ganzer Landstriche in Frankreich und Belgien sowie das deutsche Militärregime in Osteuropa. Gepflegt wurde das Bild eines unverdienten »Elends«, verursacht durch den »Dolchstoß« in den Rücken des kämpfenden Heeres und den Versailler Friedensvertrag. Hinter dem »Dolchstoß« aber standen wiederum die »Novemberverbrecher«, die streikenden Munitionsarbeiter und ihre jüdischen »Anführer«. Virulent blieben in der deutschen Gesellschaft auch Rituale des Militarismus von den Kriegervereinen des Kaiserreichs bis in die Arbeiterbewegung hinein. Der fast einhellig gepflegte Mythos des selbstlosen »Frontkämpfers« erleichterte es den Faschisten, das »Fronterlebnis« zum Keim ihrer pseudosozialistischen Ideologie zu machen und mit dieser wiederum tief in das Bewusstsein der deutschen Gesellschaft einzudringen.

Die ersten Unterdrückungsmaßnahmen

In der Schicksalsstunde der Arbeiterbewegung wandte sich die KPD am 30. Januar 1933, wie schon nach dem »Preußenschlag« ein halbes Jahr zuvor, mit der Aufforderung an die SPD, an die freien und an die christlichen Gewerkschaften, gemeinsam den Generalstreik durchzuführen. Die führenden Gremien dieser Organisationen sahen den Zeitpunkt des Entscheidungskampfes auch diesmal noch nicht für gekommen und wollten zuerst alle verfassungsmäßigen Mittel ausschöpfen. Sie misstrauten den Kommunisten und befürchteten, dass die Dynamik der Ereignisse bei einem Generalstreik die Führungsrolle in die Hände der KPD spielen könnte. (Dok. 175a-c)

Mit rasanter Geschwindigkeit bemächtigten sich die Nazis des Staatsapparates und zogen damit den Legalitätsgläubigen den Boden unter den Füßen weg. Dieser Prozess ging Hand in Hand mit der Unterdrückung der Arbeiterbewegung, aber auch bürgerlicher Demokraten und Repräsentanten der Republik. Offener Rechtsbruch wurde dabei mit verfassungsgemäßen Elementen kombiniert. Bereits in der Nacht vom 30. auf den 31. Januar 1933 wurde das Zentralorgan der KPD »Die Rote Fahne« wegen des Aufrufs zum Generalstreik beschlagnahmt. Auf Anordnung des Nazi-Innenministers im Reich, Wilhelm Frick, fanden in den ersten Februartagen auch im Stadt- und Landkreis Hanau Haussuchungen bei Kommunisten statt. Es wurden inbesondere Schreibmaschinen und Vervielfältigungsapparate beschlagnahmt. Beim Arbeiterschützenverein Großauheim wurden Sportgewehre konfisziert.[1] Allein in Hanau wurden in diesen Tagen 45 Wahlkandidaten der KPD ins Polizeigefängnis eingeliefert.[2] Der KPD-Stadtverordnete Heinrich Eckhardt konnte sich nur durch rechtzeitiges Untertauchen einem Mordanschlag der Nazis entziehen, bis er sich Mitte März mit Rücksicht auf seine überwachte und vielfältig schikanierte Familie schließlich doch der Polizei stellte. (Dok. 176) Am 4. Februar wurde eine Notverordnung »zum Schutze des deutschen Volkes« erlassen, mit deren Hilfe oppositionelle

1 HStAM, 165-3886/2, fol. 153ff.

2 VVN-Bund der Antifaschisten, Kreisvereinigung Main-Kinzig (Hg.), Hanauer Hefte 2, So begann es 1933. Naziterror und erster Widerstand in Hanau Stadt und Land, o.O. [1982], S. 8; im Weiteren: Hanauer Hefte 2.

Zeitungen verboten und Kundgebungen untersagt werden konnten. Bis zum Tag seiner Amtsenthebung am 1. März befleißigte sich der sozialdemokratische Landrat Eugen Kaiser, dem Geist dieser Verordnung zu entsprechen. Am 20. Februar schlug er dem Oberpräsidenten in Kassel das Verbot der Wochenzeitung der KPD-Ortsgruppe Großauheim »Der Rote Beobachter« für zwei Wochen vor.[3] Allgemein hagelte es gegen die Erzeugnisse der Arbeiterpresse Verbote. Die letzte Nummer der »Arbeiter-Zeitung«, vom 22. Februar bis zum 21. März 1933 verboten, gelangte am 21. Februar zu ihren Lesern. Die »Volksstimme«, vom 2. bis zum 15. März verboten, erschien am 1. März zum letzten Mal.[4] Eine vom SPD-Bezirksverband Hessen-Nassau Ende März geplante Nachfolgezeitung kam nie zustande. (Dok. 179)

Reichstagsbrand und unkontrollierter Terror

Am 27. Februar 1933 brannte der Reichstag. Das Feuer im Parlament wurde von den Nationalsozialisten als von den Kommunisten geplante Brandstiftung dargestellt, die das Signal zum Bürgerkrieg hätte geben sollen. Einen Tag nach dem Brand erließ Reichspräsident Hindenburg die Notverordnung »zum Schutz von Volk und Staat«, mit der grundlegende Rechte der Weimarer Verfassung außer Kraft gesetzt wurden, so die persönliche Freiheit, die Pressefreiheit, die Versammlungs- und Meinungsfreiheit, das Brief-, Post-, Telegrafen- und Fernsprechgeheimnis. Bereits zehn Tage vor dem Reichstagsbrand ermunterte der Dienstherr der preußischen Polizei, Hermann Göring, die Polizei durch den so genannten »Schießerlass« zum großzügigen Gebrauch der Schusswaffe gegen »staatsfeindliche Elemente«. Gleichzeitig wurden durch Säuberungen zwei Drittel der polizeilichen Stammkräfte durch SA- und SS-Leute ersetzt. Am 22. Februar wurden dann SA und SS als Hilfspolizei in den Stand von Staatsorganen gesetzt.[5] Der Boden für die Zerschlagung der Arbeiterbewegung war vorbereitet.

Schon in der Nacht vom 27. auf den 28. Februar kam eine mehr oder minder spontane Welle des offenen Terrors mit Verhaftungen, Misshandlungen, Mordanschlägen in Bewegung. Die Verhaftungswelle richtete sich hauptsächlich gegen die KPD. In Hanau waren das Polizeigefängnis im Fronhof und das Amtsgerichtsgefängnis am Fischerhüttenweg bald überfüllt. Das Behördenhaus (ehemalige Infanteriekaserne am Paradeplatz), ab Anfang Mai auch Quartier der Hanauer Außenstelle der Geheimen Staatspolizei (Gestapo), war eine der Stätten der Verhöre und Misshandlungen der Verhafteten. Eine Folterhölle von SA und SS entstand im Keller eines Hauses in der Brüder-Grimm-Straße, das dem SS-

3 HStAM, 165-3874, Bl. 364.

4 Ebd., Bl. 367; HA Nr. 53, 3.3.1933.

5 In Hanau war die Hilfspolizei schon am 2. März einsatzbereit. Die »Männer im Alter von 21 bis 45 Jahren, die nationalen Verbänden angehören, hinter der Regierung stehen und einen einwandfreien Lebenswandel haben« – wie die »Hanauer Zeitung« berichtete – waren zum großen Teil Erwerbslose, die für den täglichen Dienst 1,20 RM Verpflegungsgeld bekamen. Vgl.: HA Nr. 53, 3.3.1933; HA Nr. 100, 29.4.1933.

Sturmbannführer Eckardt gehörte. Solche Verliese, auch »wilde Konzentrationslager« genannt, wurden in jenen Tagen reichsweit an entlegenen Orten eingerichtet. Viele der Opfer verließen die Stätten ihrer Misshandlung nur noch tot oder als Krüppel. Ende Mai 1933 bekam der Zugriff von SA und SS auf die politischen Gefangenen ein Mäntelchen der Legalität. Göring ordnete die Vernehmung von Personen in polizeilichem Gewahrsam durch Angehörige der SA und SS an. Der Rachefeldzug der Nazi-Parteibasis gegen politische Gegner »ohne Verbote und Befehle« dauerte bis in die Sommermonate an.

Besonders schweren Misshandlungen im Eckardtschen Keller waren im Juli 1933 die Kommunisten Otto Lohfink, Philipp Euler, Jakob Rösser und Fritz Steinbach ausgesetzt. (Dok. 185b) Der Einsatz von Folter zur Erzwingung von Geständnissen begleitete die Nazi-Justiz während ihrer ganzen Geschichte. Die von der Gestapo angewandten barbarischen Verhörmethoden gegen etwa 30 Hanauer Kommunisten im Dezember 1933 fanden auch im Ausland Widerhall. Bei den Misshandlungen legte der NSDAP-Kreisleiter Fritz Löser auch persönlich Hand an. Das ganze Ausmaß der Grausamkeiten brachten Nachkriegsprozesse vor der Hanauer Großen Strafkammer ans Licht.[6] (Dok. 190a,b)

Zur Unterbringung der zahlreichen Opfer der Nazi-Unterdrückungsmaschinerie wurden 1933 die ersten Konzentrationslager eingerichtet: KL im Abkürzungsgebrauch der Nazi-Bürokraten, KZ als Kürzel, das bald überall für Einschüchterung und Grauen stand. Die Verhafteten wurden in diese Lager zur »Schutzhaft« eingewiesen, deren Dauer von den willkürlichen Entscheidungen der Gestapo abhing, also keiner richterlichen Kontrolle unterlag. Auch richterlich verurteilte Personen wurden oft unmittelbar nach der Abbüßung ihrer Strafe bei der Haftentlassung von der Gestapo in ein KZ verschleppt. Politische Gegner wurden auf diese Weise aus dem öffentlichen Leben ausgeschaltet.

Die meisten politischen Gefangenen aus dem Stadt- und Landkreis Hanau kamen 1933 aus dem Polizeigewahrsam ins KZ Breitenau (Landkreis Melsungen, Gemeinde Guxhagen). Von den 478 Häftlingen des Lagers während der Zeit seines Bestehens zwischen Mitte Juni 1933 und Mitte März 1934 stammten 66 aus der Stadt Hanau und 44 aus dem Landkreis Hanau. Die Inhaftierten waren durchweg Kommunisten.[7] Die Zahl der Kommunisten, die im März 1933 in »Schutzhaft« genommen und in ein KZ eingewiesen wurden, erreichte allein in Preußen 20 000, wobei die Insassen der »wilden« Lager in dieser Zahl nicht miteingerechnet sind.[8]

Besonders berüchtigt war unter den Konzentrationslagern, mit denen Hanauer politische Gefangene um diese Zeit Bekanntschaft schließen mussten, das Lager Sonnenburg, in dem der junge Langenselbolder Kommunist Hellmut Röder mehrere Monate verbrachte. In der Anfangszeit des Dritten Reiches gab es in

6 VVN-Bund der Antifaschisten, Kreisvereinigung Main-Kinzig (Hg.), Hanauer Hefte 1, Verfolgung und Widerstand 1933–1945. Quellensammlung, Frankfurt 1979, S. 12f.; im Weiteren: Hanauer Hefte 1.

7 Dietfried Krause-Vilmar, Das Konzentrationslager Breitenau. Ein staatliches Schutzhaftlager 1933/34, Marburg 1998, S. 63.

8 Winkler, Arbeiterbewegung 1930–1933, S. 889.

den Zeitungen gelegentlich noch beschönigende Berichte über einzelne Lager sowie über die »idyllischen« Umstände der Häftlingsumerziehung. Dementsprechend berichtete auch die »Kasseler Post« im Juni 1933 über das Lager Breitenau. (Dok. 188)

An politischen Wendepunkten, wenn die Nazi-Führung die Sicherheitslage als besonders prekär betrachtete, kam es auch später zur massenhaften Einweisung von politisch verdächtigen Personen in die Konzentrationslager. Von dieser Maßnahme wurden überwiegend ehemalige Vertreter der Arbeiterbewegung getroffen, so bei Beginn des Zweiten Weltkrieges und im Rahmen der »Aktion Gitter« nach dem misslungenen Hitler-Attentat vom 20. Juli 1944.

Die Märzwahlen

Nachdem Reichspräsident Hindenburg auf Hitlers Wunsch den Reichstag aufgelöst hatte, wurden die Wahlen zum neuen Reichstag auf den 5. März 1933 ausgeschrieben. Unter dem Nazi-Terror war es für die KPD praktisch unmöglich, einen legalen Wahlkampf zu führen. Die Sozialdemokraten konnten im Februar noch Wahlversammlungen abhalten, durch die Verbote der Parteipresse war aber auch ihre Wirkungsmöglichkeit sehr eingeschränkt. Die Nazis machen keinen Hehl daraus, dass die bevorstehenden Wahlen in ihren Augen die letzten demokratischen Wahlen darstellten. Sie bekamen großen Zulauf aus dem Reservoir der bürgerlichen Parteien infolge der hohen Wahlbeteiligung (88,5 Prozent gegenüber von 80,6 Prozent bei der Reichstagswahl vom 6. November 1932). Die ersehnte absolute Mehrheit mit 52 Prozent konnten sie jedoch nur zusammen mit den Deutschnationalen erreichen. Von den bürgerlichen Parteien behauptete sich allein das katholische Zentrum. Die SPD verlor insgesamt nur 70 000 Stimmen (ein Mandat). Ihre Verluste an die NSDAP wurden größtenteils durch die Zuwanderung ehemaliger KPD-Wähler ausgeglichen.[9] Die KPD verlor unter dem Druck des Terrors mehr als 1,1 Millionen Stimmen. Von 100 Reichstagsmandaten blieben ihr nur noch 81 Mandate. Von 39 Millionen Wählern stimmten knapp 19 Millionen nicht für die NSDAP und Deutschnationalen, 12 Millionen, über 30 Prozent, nämlich die Wähler der Arbeiterparteien, stimmten gegen Hitler. Im Stadt- und Landkreis Hanau standen 28 500 Wählern der Arbeiterparteien (KPD: 16 880, SPD: 11 648) nur 24 600 Wähler der NSDAP gegenüber.

Die Gemeindevertreterwahlen am 12. März 1933 präsentierten bei einer zehn Prozent niedrigeren Wahlbeteiligung als 1929 sozusagen den harten Kern der jeweiligen Wählerschaft. Von einem Wahlkampf konnte keine Rede mehr sein. Der SPD-Stadtverordnete Hans Kargl stellte im Namen eines »Ausschusses zur Wahrung unterdrückter Volksrechte in Hanau« auf einer Abziehmaschine in seiner Wohnung hektographierte Flugblätter für die Werbung der sozialdemokratischen Liste her. (Dok. 177b) Im Hanauer Stadtparlament kamen die Nazis aus dem Stand auf 17 Sitze. Die Sozialdemokraten verloren drei von acht Sitzen. Die

[9] Ebd., S. 885.

Kommunisten konnten ihre neun Sitze halten, ebenso das Zentrum seine drei Stadtverordneten. Bei der Kreistagswahl am gleichen Tag blieb die SPD in Langendiebach und in Kilianstädten die stärkste Kraft, in Großauheim, Langenselbold, Ravolzhausen, Rückingen und Rüdigheim behielt die KPD ihre führende Position, in Großkrotzenburg behauptete sie hinter dem Zentrum den zweiten Platz.[10]

Eine über den Tag hinausreichende Bedeutung hatten diese halbdemokratischen Wahlübungen nicht mehr. Hitler brauchte den Reichstag nur noch dazu, der Reichsregierung durch ein Ermächtigungsgesetz pauschal das Recht übertragen zu lassen, für die Dauer von vier Jahren Gesetze zu beschließen, die von der Reichsverfassung abwichen. Am 23. März 1933 stimmte der neu gewählte Reichstag dem Ermächtigungsgesetz zu. Allein die Sozialdemokraten fanden den Mut, diese Zumutung abzulehnen. Die Kommunisten waren nicht in der Lage dagegen zu stimmen, da ihre 81 gewählten Abgeordneten entweder in Haft oder auf der Flucht waren. Ihre Mandate wurden von den Nazis als nicht existent betrachtet. Auch in der Rede, mit der der Vorstandsvorsitzende der SPD, Otto Wels, die Ablehnung des Ermächtigungsgesetzes begründete, wurde dieser flagrante Rechtsbruch mit Schweigen übergangen. Letztlich versuchten führende Kräfte der SPD bis zum 22. Juni 1933, dem endgültigen Verbot der Partei, den Weg der Anpassung an eine weiter nicht mehr bestehende Legalität zu gehen. Ende März trat die Partei sogar aus der Sozialistischen Internationale aus. Am 17. Mai unterstützte die Reichstagsfraktion Hitlers »Friedensresolution« und half damit, die außenpolitische Stellung des Regimes aufzuwerten. Am 19. Juni wurde, im Gegensatz zum Exilparteivorstand in Prag, ein neuer innerdeutscher Parteivorstand ohne jüdische Mitglieder gewählt.

Die neu gewählte Hanauer Stadtverordnetenversammlung kam am 28. März 1933 das erste Mal ohne die kommunistischen Vertreter zusammen. Sie waren inzwischen allesamt in Schutzhaft, allein Katharina Gimbel blieb wegen ihrer schweren Zuckerkrankheit verschont.[11] Im Landkreis wurden die kommunistischen Bürgermeister teilweise schon Anfang März ihres Amtes enthoben; Ende März erging die Verfügung, sämtliche noch nicht verhafteten KPD-Mandatsträger und Wahlkandidaten in den Gemeinden und Kreistagen in Schutzhaft zu nehmen.[12] Bald wurden auch die sozialdemokratischen Stadtverordneten aus dem Stadtparlament gedrängt. Die der SPD angehörenden Bürgermeister verloren größtenteils im Laufe des März 1933 ihre Ämter. Spätestens mit dem »Gesetz zur Wiederherstellung des Berufsbeamtentums« vom 7. April 1933 war eine Handhabe geschaffen, um potentielle Gegner, seien es Sozialisten oder Juden, in der öffentlichen Verwaltung auszuschalten.[13] Am 25. März musste auch Oberbürgermeister Blaum seinen Sessel räumen. Landrat Kaiser von der SPD wurde schon am 1. März 1933 abgelöst. Im April 1935 wurde die Stadtverordnetenver-

10 HA Nr. 61, 13.3.1933.

11 HStAM, 165-3886/1, Bl. 488f.

12 HStAM, 165-3886/2, Bl. 41; Flämig, Hanau im Dritten Reich, Bd. 1, S. 190.

13 Ebd; Gerhard Flämig, Hanau im Dritten Reich. Bd. 2: (1933–1945) Verfolgung und Widerstand, Hanau 1987, S. 60; im Weiteren: Flämig, Hanau im Dritten Reich, Bd. 2.

sammlung endgültig aufgelöst. Seit Einführung der »Deutschen Reichsgemeindeordnung« tagten von der Partei ernannte »Beigeordnete« und »Gemeinderäte«.

Der 1901 in Großauheim geborene Fritz Löser wurde in seiner Funktion als Landrat des Stadt- und Landkreises, als Polizeidirektor und bis zum Juli auch als kommissarischer Leiter der Stadtangelegenheiten zum allmächtigen Vorgesetzten in Hanau und Umgebung. Als Leiter der Anfang Mai 1933 eingerichteten Gestapo-Außenstelle Hanau oblag ihm die Beobachtung der Volksstimmung und die Überwachung und Aufdeckung jedweder oppositioneller Regungen, über die er regelmäßig Bericht zu erstatten hatte.[14]

Der »Tag der nationalen Arbeit« und die Gleichschaltung der Gewerkschaften

Die Terrorwelle, die nach dem Reichstagsbrand das ganze Reich überflutete, machte auch vor den Gewerkschaften nicht halt. Der Hauptschlag galt den Organisationen der freien Gewerkschaften. Sie sollten entgegen eigener Vorstellungen bei der Neugestaltung der sozialen Ordnung keine Rolle mehr spielen. Die Besetzung und Verwüstung von Gewerkschaftshäusern sowie gewalttätige Angriffe auf Gewerkschafter und Betriebsräte häuften sich. Bis zum 25. März 1933 waren in 45 Städten Verwaltungsgebäude und Büros der Gewerkschaften von Aktionen der SA, der SS und der Polizei betroffen.[15] Wiederholte Proteste des ADGB an den Reichspräsidenten und an die als zuständig erachteten Staatsbehörden blieben unbeantwortet. Unter dem Eindruck des Nazi-Terrors erschien dem ADGB-Vorstand ein offener Konfrontationskurs bereits im März aussichtslos. Um die Organisation wenigstens als »neutralen« wirtschaftsfriedlichen Ordnungsfaktor zu retten, wurde die Anpassung an die Nazis bis zur Selbstaufgabe getrieben. Am 21. März schrieb der ADGB-Vorsitzende Theodor Leipart an Hitler, dass die sozialen Aufgaben der Gewerkschaften in jedem Fall erfüllt werden müssten, »gleichviel welcherart das Staatsregime ist«. Man war auch bereit, sich von der »marxistischen« SPD zu distanzieren. Am 29. März 1933 folgte ein zweiter Brief Leiparts an Hitler, in dem die restlose Lösung des ADGB von der SPD mitgeteilt wurde. Am 15. April 1933 begrüßte der ADGB die Entscheidung der Nazi-Regierung vom 10. April, den 1. Mai als gesetzlichen »Feiertag der nationalen Arbeit« einzuführen. (Dok. 182a) Die selbstzerstörerischen Anpassungsversuche erreichten den Gipfel schließlich im Aufruf des ADGB-Bundesausschusses zum 1. Mai 1933, in dem die Gewerkschaftsmitglieder zur Teilnahme an den faschistischen Maifeiern aufgefordert wurden. Auf diesen Schritt reagierte die Amsterdamer Gewerkschaftsinternationale mit dem Abbruch der Beziehungen zum ADGB. Auch einigen führenden Mitgliedern der freien Gewerkschaften ging diese Politik zu weit. Der Vorsitzende der AfA-Bundes, Siegfried Aufhäu-

[14] Gerhard Flämig, Hanau im Dritten Reich. Bd. 3: (1933–1945) Der Alltag, Hanau 1991, S. 141f.; im Weiteren: Flämig, Hanau im Dritten Reich, Bd. 3.

[15] Winkler, Arbeiterbewegung 1930–1933, S. 141f.; Dirk Erb (Hrsg.), Gleichgeschaltet. Der Nazi-Terror gegen Gewerkschaften und Berufsverbände 1930 bis 1933. Eine Dokumentation, Göttingen, 2001, S. 118f.

ser, trat unter Protest von seinem Amt zurück. Dieser Schritt passte allerdings zu dem aktuellen Bestreben der ADGB-Führung, jüdische Gewerkschafter, die die Beziehung zum neuen Staat nur belasten würden, loszuwerden.

Auch auf örtlicher Ebene kam es zu Beschwichtigungsversuchen von Gewerkschaftsleitungen. Am 20. April 1933 rief die »Ortsgruppenverwaltung« Hanau des Gesamtverbandes der Arbeitnehmer der öffentlichen Betriebe und des Personen- und Warenverkehrs die Mitgliedschaft zu Beitragstreue und zur Mitarbeit »an dem neuen Eingliederungs- und Aufbauwerk der deutschen Arbeiterschaft« auf. Ausgerechnet der NSDAP-Staatskommissar wurde als Garant der Beibehaltung der Gewerkschaften vorgeführt, »da die Gewerkschaften nicht als marxistische Organisationen zu betrachten seien«. (Dok. 180b)

Wie weit die Gewerkschaftsmitglieder ihren Verbänden auch unter dem Terror die Treue gehalten haben, zeigten die im März eingeleiteten Betriebsratswahlen. Nach den ersten Teilergebnissen bekamen die freien Gewerkschaften etwa 75 Prozent der Stimmen. Bei Heraeus in Hanau und in den städtischen Betrieben erhielt sogar die schon längst in die Illegalität gedrängte RGO die meisten Stimmen.[16] Erschrocken setzte die Hitlerregierung am 4. April die Fortsetzung der Betriebsratswahlen formal bis zum 30. September 1933, praktisch aber auf Dauer, aus. In vielen Fällen wurden unbequeme Betriebsratsmitglieder entlassen.

Seit Mitte April war die Zerschlagung der freien Gewerkschaften am 2. Mai 1933, unmittelbar nach den Feierlichkeiten am 1. Mai, beschlossene Sache. (Dok. 180a) Ein »Aktionskomitee zum Schutze der deutschen Arbeit« wurde mit den geheimen Vorbereitungen beauftragt; als Trägerin der Aktion wurde die Nationalsozialistische Betriebsorganisation (NSBO) bestimmt. (Dok. 180c) Eine alles überflutende öffentliche Propaganda begleitete die Vorbereitungen des neuen »nationalen« Feiertages. In der letzten Aprilwoche wurden unentwegt die Fahnen der neu gegründeten NSBO-Zellen geweiht, so bei der Quarzlampen-Gesellschaft, der Platinschmelze Siebert, der Silberwarenfabrik Schwahn, dem Warenhaus Wronker und dem städtischen Gas- und Elektrizitätswerk. Bei Heraeus bekam die dort schon länger existierende NSBO-Zelle eine neue Fahne. Direktor Wilhelm Heinrich Heraeus bekannte sich bei diesem Anlass öffentlich als glühender Hitler-Anhänger. (Dok. 180d,e) Unentbehrlicher Bestandteil dieser Pflichtveranstaltungen für die ganze Belegschaft war nicht nur die Anwesenheit und Ansprache des NSDAP-Kreisleiters Löser, sondern es gehörten auch die evangelischen und katholischen Geistlichen, die die Fahnen segneten und in ihren Weihesprüchen die Nazi-Ideologie religiös untermauerten, dazu. Die Einspannung der Kirchen und der Missbrauch religiöser Gefühle war für die ersten Monate der Nazi-Herrschaft charakteristisch und zeugte von einer bei aller Entschlossenheit doch vorhandenen Unsicherheit, die das Regime bis zu seinem Ende nicht verlassen sollte. Die Nazis brauchten zur Festigung ihrer Machtposition die Unterstützung der Kirchen, und die Kirchen verweigerten ihre Dienste nicht, war doch das Zurückdrängen der sozialistischen Arbeiterbewegung auch ihr Anliegen.

[16] BAB, SAPMO, Ry I-3/23/47, Bl. 4.

Hanau, Zellengang im Polizeigefängnis Fronhof, Zustand 1946

Da der 1. Mai in diesem Jahr auf einen Montag fiel, war es möglich, schon den Sonntag ganz in den Dienst der Nazi-Planungen zu stellen. Am Sonntagvormittag wurde auf dem Paradeplatz ein evangelischer Festgottesdienst zelebriert. Am Vorabend des 1. Mai wurde ein großer Fackelzug mit anschließender Kundgebung und Ansprachen organisiert. (Dok. 182b,c) Der 1. Mai selbst artete in einen sorgfältig inszenierten Propaganda-Marathon aus: Um 7 Uhr Morgenfeier in den Betrieben. Anschließend Abmarsch zur Festkundgebung am Paradeplatz, auf dem Ansprachen und die Übertragung der Rede des Reichspropagandaministers Josef Goebbels von der Berliner Lustgarten-Kundgebung stattfanden.[17] Am Abend wieder Marsch zum Paradeplatz, Ansprachen und Radioübertragung der Rede des Reichskanzlers Adolf Hitler auf der Kundgebung auf dem Tempelhofer Feld in Berlin. Anschließend großes Brillantfeuerwerk, in dessen Mitte sich in magischer Beleuchtung ein Hakenkreuz drehte. (Dok. 182d) Der nationale 1. Mai musste vor aller Welt und hauptsächlich vor der deutschen Arbeiterschaft zur Schau stellen, dass der Marxismus besiegt sei, der Klassenkampf beendet und der deutsche Arbeiter das erste Mal den ihm gebührenden Ehrenplatz eingenommen habe. Arbeitgeber, Geschäftsleitungen und leitende Angestellte waren verpflichtet, an den Feierlichkeiten teilzunehmen. Die Nazis zeigten Sinn fürs Detail: Das Tragen von Zylindern war nicht zulässig.[18] Nach dem »Hanauer Anzeiger« waren am Vormittag über 14 000 und am Abend über 20 000 Menschen in die Feierlichkeiten einbezogen.[19]

17 HA Nr. 101, 2.5.1933.
18 HA Nr. 96, 25.4.1933.
19 HA Nr. 101, 2.5.1933.

Welche widerstreitende Gefühle sich der Teilnehmer bemächtigten – vom Empfinden der Peinlichkeit bis zu freudiger Zustimmung, von skeptischem Abwarten bis zu tiefer Niedergeschlagenheit – können wir nur vermuten. Mancher Arbeitslose am Straßenrand beneidete die Marschierer wohl einfach. Sie standen schließlich in Arbeit.

Nicht nur der Paradeplatz war am 1. Mai überfüllt, auch der Fronhof und das Polizeigefängnis quollen über von Häftlingen aus Hanau und Umgebung, die zum »Schutze« der kommenden Ereignisse vorsorglich eingeliefert worden waren. Allein in Großauheim wurden am Vorabend des 1. Mai 40 Frauen und Männer in Schutzhaft genommen.[20] Immerhin gelang es den Kommunisten, bei der Abendkundgebung in Windeseile Flugblätter gegen das Spektakel unter die Leute zu bringen.[21] (Dok. 185a)

Als »Vertreter« der Arbeitnehmer kamen bei der Abendkundgebung der NSBO-Kreisleiter Greb und der Geschäftsführer im Deutschnationalen Handlungsgehilfenverband Schmidt zu Wort. Dieser nationalistisch und antisemitisch eingefärbte Angestelltenverband hatte seine Gleichschaltung schon im April vollzogen. Auch der Geschäftsführer des Gewerkschaftsbundes der Angestellten (GDA) Hörner durfte vor das Mikrophon treten. Er kam als einziger auf die Gewerkschaftsbewegung zu sprechen und bezog sich dabei auf den letzten gemeinsamen Rettungsversuch der drei maßgebenden Organisationsrichtungen. Zwei Tage zuvor, am 28. April 1933, hatten sich nämlich in Berlin die Leitungen des ADGB, des Gesamtverbandes der christlichen Gewerkschaften Deutschlands und des Verbandes der Deutschen Gewerkvereine (Hirsch-Duncker) zu einem »Führerkreis der vereinigten Gewerkschaften« zusammengeschlossen. Mit diesem Schritt hofften sie, ihre Organisationen als »Einheitsgewerkschaft« in das Nazi-Machtgefüge hinüberretten zu können und, wie es Hörner ausdrückte, »die tragenden Gedanken Selbstverwaltung und Mitbestimmung als Grundlage des Neuen zu erhalten«. (Dok. 182d,e)

Die Nazis akzeptierten aber nur die bedingungslose Anpassung. Am 2. Mai 1933 besetzten SA und SS die Gewerkschaftsbüros der freien Verbände. (Dok. 184a) Die Gewerkschaftsführer in Berlin, mit Leipart an der Spitze, wurden in Schutzhaft genommen. Das gesamte gewerkschaftliche Vermögen wurde beschlagnahmt, die Konten gesperrt. Unter dem Eindruck der Ereignisse unterstellten sich die übrigen Gewerkschaften in den folgenden Tagen bedingungslos. Am 29. Juni folgte die Übernahme der christlichen Gewerkschaftshäuser durch die NSBO.[22] Die Gründung der »Deutschen Arbeitsfront« (DAF) am 10. Mai 1933 als Zwangsorganisation besiegelte abschließend den Gleichschaltungsvorgang.

Die Versuche der kommissarisch eingesetzten Gewerkschaftskontrolleure, Korruption und Unterschlagungen nachzuweisen, schlugen in Hanau fehl. Auf

[20] VVN-Bund der Antifaschisten, Kreisvereinigung Main-Kinzig (Hg.), Lebensbild des antifaschistischen Widerstandskämpfers Karl Hohmann, Beilage zu Heft 2 der Hanauer Hefte, o.O., 1980, S. 11; im Weiteren: Lebensbild Karl Hohmann; BAB, SAPMO, Ry-I-3/23/47, Bl. 10f.

[21] Ebd.

[22] Axel Ulrich, Verfolgung und Widerstand christlicher Gewerkschafter im Rhein-Main-Gebiet während des NS-Diktatur. In: Nassauische Annalen, Bd. 101 (1990), S. 189.

die Frage »Was geschieht mit den Gewerkschaften?«, die das Thema einer zum 9. Mai ins Gewerkschaftshaus einberufenen, überfüllten Versammlung abgegeben hatte, konnten und wollten die Einberufer von der NSBO keine klare Antwort geben. Zur Beschwichtigung der Versammelten durfte sogar der populäre Gewerkschafter und Geschäftsführer des DMV in Hanau, Karl Rehbein, die Versammlung eröffnen und eine harmlose Ansprache halten. (Dok. 184b) Noch in einer »DMV«-Versammlung am 22. Juni im Gewerkschaftshaus, als der Verband unter gleichem Namen in der DAF schon gleichgeschaltet war, verstieg sich der NSBO-Kreisleiter Greb zu der Behauptung, »die NSBO bejahe die Gewerkschaftsfrage und stehe auf dem Boden der Tarifverträge«. (Dok. 187) Das Gesetz über die staatliche Lenkung der Lohnregelung durch die »Treuhänder der Arbeit« war schon über einen Monat alt. Hinter den widersprüchlichen Äußerungen zur »Gewerkschaftsfrage« standen massive parteiinterne Auseinandersetzungen. Die NSDAP wollte der NSBO nur die Aufgabe der »Umerziehung« der Arbeiterschaft zubilligen, während vielen NSBO-Aktivisten noch eine – wenn auch fragmentarische – Vertretung wirtschaftlicher Arbeiterinteressen vorschwebte.

Am 16. August 1933 wurde das Gewerkschaftshaus nach dem Nazi-Gauleiter und Statthalter in »Jakob Sprenger Haus« umbenannt; damit schlossen die Faschisten die »Gleichschaltung« der Gewerkschaften in Hanau ab. Ein Grußtelegramm an den Namensgeber »aus dem ehemals roten Hanau« krönte das Zerstörungswerk.[23]

Das Jubiläum des Katholischen Arbeitervereins in Großauheim

Mit der Auflösung der christlichen Gewerkschaften Anfang Mai 1933 waren keineswegs alle katholisch beeinflussten Arbeitervertretungen ausgeschaltet. Die katholischen Arbeitervereine, die während des ersten Jahrzehnts des 20. Jahrhunderts auch in Hanau und Umgebung gegründet worden waren, stellten keine wirtschaftliche oder soziale Arbeitervertretung dar. Sie zielten, über Geistliche als Vorsitzende, die so genannten Präsides, fest an die kirchlichen Weisungen gebunden, auf die kulturelle Integration ihrer Mitglieder ins katholische Milieu. Der Anpassungsdruck belastete sie weniger als die christlichen Gewerkschaften. So entstand ein Raum für Kritik an den Auswüchsen des kapitalistischen Wirtschaftslebens, die nicht tarifpolitisch, sondern vom Standpunkt des »christlichen Sittengesetzes« argumentierte, und die sich auf den Scheinradikalismus der päpstlichen Enzykliken berufen konnte.[24] Diese sittlichen Grundsätze, gepaart mit Erfahrungen des Arbeiterlebens, bewirkten eine gewisse Zurückhaltung gegenüber der Nazi-Ideologie. Diese Zurückhaltung kennzeichnete jedenfalls die erstaunlichen Festlichkeiten, in deren Rahmen am 18. Juni 1933 das 25-jährige Jubiläum des Katholischen Arbeitervereins in Großauheim begangen wurde. Gleichzeitig fand dort der Bezirksdelegiertentag des Bezirks Main-Kin-

[23] HA Nr. 191, 17.8.1933.
[24] Weichlein, Sozialmilieu, S. 126ff.

Großauheim, Demonstration des Katholischen Arbeitervereins, 18. Juni 1933

zig des »Westdeutschen Arbeiter-Verbandes« statt. (Dok. 186) 60 Arbeitervereine nahmen am Festzug teil und führten kirchliche Fahnen wie auch Vereinsfahnen mit. Nach dem Zeugnis der Fotografien war nirgends, weder im Zug noch im Straßenschmuck, ein einziges Hakenkreuz zu sehen. Sicherlich war den Teilnehmern der erpresserische Druck gegenwärtig, mit dem die Nazis in jenen Tagen die Selbstauflösung des Zentrums erzwingen wollten.[25] Vor allem aber präsentierte sich hier eine Arbeitergemeinde, in der am 12. März bei der Gemeindevertreterwahl 1436 Stimmen auf die KPD, 1207 Stimmen auf das Zentrum abgegeben wurden und die NSDAP mit 1060 Stimmen nur den dritten Platz eingenommen hatte.[26]

Auch wenn wir der Behauptung des verärgerten Nazi-Landrats Löser kein Glauben schenken, dass »75 Prozent dieser Zentrumsleute Kommunisten und Sozialdemokraten sind«, so ist es doch sicher, dass der Gürtel von Arbeitergemeinden mit einer teils kommunistisch-sozialdemokratischen, teils katholischen Arbeiterschaft, wie Großauheim, Klein-Auheim und Steinheim, für die Nazis ein misstrauisch beobachtetes Widerstandspotential darstellte.[27] Die Antwort der Nazis erfolgte am 1. Juli mit der Zerschlagung der katholischen Verbände und mit der Eingliederung der kirchlichen Arbeitervereine in die DAF. Am 5. Juli löste sich das Zentrum auf. Das am 20. Juli 1933 unterzeichnete Konkordat zwischen Deutschland und dem Vatikan wertete das Regime nicht nur international auf, sondern lähmte auch den aufkeimenden Widerstand unter den deutschen Katholiken.

[25] Flämig, Hanau im Dritten Reich, Bd. 1, S. 247ff.
[26] 100 Jahre SPD 1889–1989. SPD Ortsverein Großauheim/Wolfgang, S. 32.
[27] Löser in einer Rede in Wilhelmsbad, vgl.: HA v. 3.7.1933.

Die »Deutsche Arbeitsfront« (DAF) und ihre Nebenorganisationen

Um die »heimatlos« gewordenen Mitglieder der aufgelösten Interessenvertretungen der Arbeiter und der Angestellten zu sammeln und dadurch der potentiellen Gefährdung der politischen Stabilität vorzubeugen, wurde am 10. Mai 1933 die »Deutsche Arbeitsfront« (DAF) als Massenorganisation gegründet. Die DAF war weder ihrer Aufgabe noch ihrer Organisationsform nach eine Gewerkschaft. Ihre Gründung richtete sich auch gegen die in der NSBO gehegten Vorstellungen von einer »Einheitsgewerkschaft«. Die NSBO wirkte nun als Teil der DAF und verlor dabei rasch ihre anfängliche Bedeutung.

Die Mitgliedschaft der DAF umfasste auch die Arbeitgeber, die Ende 1933 selbst zur Auflösung ihrer sozialpolitischen Verbände schritten, nachdem diese in der neuen Konstellation als Instrumente der Klassenauseinandersetzungen überflüssig geworden waren. Die DAF wurde nach dem Industrieprinzip umstrukturiert, aus den eingegliederten Verbänden der verschiedenen Branchen wurden Reichsbetriebsgemeinschaften, die später Fachämter genannt wurden. Damit wurden die letzten Spuren einer gewerkschaftsähnlichen und verbandsmäßigen Gliederung beseitigt. Die Mitglieder konnten nur noch die direkte Einzelmitgliedschaft in einer nun einheitlichen Massenorganisation erwerben. Die Leiter der DAF-Gliederungen wurden nicht durch Wahlen bestimmt, sondern von der Nazi-Führung eingesetzt. Die Mitgliedsbeiträge für die Zwangsorganisation wurden in den Betrieben zusammen mit den Steuern vom Lohn abgezogen. Personell und institutionell mit der NSDAP von Anfang an eng verzahnt, wurde die DAF im März 1935 durch Verordnung zu einem angeschlossenen Verband der Partei erklärt.

Als einziger sozialpolitischer Massenorganisation des NS-Staates fiel der DAF die Aufgabe zu, die des Koalitions- und Streikrechts beraubte Arbeiterschaft durch ideologische Schulung, ein gewisses Maß an »Betreuung« und durch Bespitzelung zu kontrollieren. Das Antreiben zu höherer Arbeitsleistung war ebenso ihre Aufgabe wie die Sicherung des betrieblichen »Arbeitfriedens«. Die DAF organisierte für Arbeitnehmer wie Arbeitgeber Vorträge. Dem gleichen Ziel dienten auch die DAF-Rechtsberatungsstellen, die den Arbeitsgerichten vorgeschaltet waren. Innerhalb der Betriebe blieb die DAF allerdings ohne juristisch verankerte Funktionen. Die Tätigkeit ihrer Obleute gegenüber den Betriebsleitungen wurde auf Beratung beschränkt. Um vor der Arbeiterschaft nicht ganz das Gesicht zu verlieren, spielte sich die DAF gelegentlich als Wahrer von Arbeiterinteressen auf oder startete Verbalattacken gegen die Uneinsichtigkeit einzelner Unternehmer. (Dok. 193)

Die soziale Betätigung der DAF galt vorrangig Sozialleistungen, die tariflich nicht abgesichert waren. Das DAF-Amt »Schönheit der Arbeit« konzentrierte seine Bemühungen auf den Arbeitsschutz, die Betriebshygiene, die Arbeitsplatzgestaltung und die Pflege von betrieblichen Sport- und Freizeiteinrichtungen. Die von der DAF organisierten Reichsberufwettkämpfe in den Betrieben und Berufsschulen eröffneten manchen Teilnehmern Möglichkeiten des individuellen Vorankommens. 1937 nahmen im Stadt- und Landkreis Hanau 1400 »Jungarbeiter und Jungarbeiterinnen« an diesem Wettbewerb teil. Der Leiter der DAF, Robert Ley, besuchte in Begleitung einer italienischen Delegation am 16. Februar 1937 die Teilnehmer in der staatlichen Goldschmiedeschule.[28]

Die außerbetriebliche Politik der DAF nahm die Freizeit der Arbeiter und Angestellten in Beschlag. »Kraft durch Freude« (KdF) hieß die Freizeitorganisation, die den Einfluss der Nazi-Ideologie auf die Arbeiterschaft außerhalb der Werktore sichern sollte. Es wurden Theateraufführungen, Konzerte und Vorträge sowie »Gemeinschaftsabende« organisiert. Einer gewissen Beliebtheit erfreuten sich die von der KdF organisierten Reisen und Ferienaufenthalte, Vorboten des Massentourismus der Nachkriegszeit. In diesem Zusammenhang wurde der bezahlte Mindesturlaub von drei auf sechs Tage verlängert. In Hanau nahmen zwischen dem 1. November 1935 und dem 1. November 1936 25 000 Personen an KdF-Veranstaltungen teil. Etwa 6400 von ihnen waren Reiseteilnehmer, 302 von ihnen hatten Plätze auf Hochseeschiffen, 16 nahmen an einer Reise nach Madeira teil.[29] Obwohl solche Plätze vorzugsweise Nazi-Funktionären zugeschoben wurden, darf die psychologische Wirkung der Tatsache, dass nun Arbeiter an touristischen Zielen auftauchten, die vorher ihren Chefs vorbehalten waren, nicht unterschätzt werden.

Die Ordnung der nationalen Arbeit

Nach der Zerschlagung der politischen und wirtschaftlichen Arbeiterorganisationen, Jugendverbände, Sport- und Kulturvereine, den Stützpunkten des »proletarischen Milieus«, sah die NS-Führung die Zeit gekommen, die Arbeitsverhältnisse in faschistischem Sinne neu zu definieren, den Platz der Arbeiter im Produktionsprozess – ungeachtet aller propagandistischen Heroisierung seiner Rolle in der Volksgemeinschaft – entsprechend den neuen politischen Verhältnissen festzulegen.

Zeitgleich mit der Zerschlagung der Gewerkschaften wurde noch im Mai 1933 die Tarifautonomie beseitigt. »Treuhändern der Arbeit«, die von der Reichsregierung in den Landesarbeitsamtsbezirken eingesetzt wurden, fiel die Aufgabe zu, die Bedingungen für den Abschluss von Arbeitsverträgen in Tarifordnungen festzulegen. Den Unternehmern ließen diese Tarifordnungen einen breiten Spielraum. Sie nahmen die neue Regelung zustimmend auf, obwohl der staatliche Eingriff in die Tarifpolitik vormals als eine der Hauptsünden der Weimarer Republik angeprangert worden war.

Die »Betriebsverfassung« der Nazis bekam im Januar 1934 im »Gesetz zur Ordnung der nationalen Arbeit« Gestalt. (Dok. 192a) Der Unternehmer, der »Führer des Betriebs«, wurde uneingeschränkter »Herr im Haus«, der mit der rechtlosen Belegschaft, zur »Gefolgschaft« degradiert, die »Betriebsgemeinschaft« bildete. Statt präzisen juristischen Bestimmungen beschrieben nebelhafte Gefühlsbegriffe wie »Treue« und »Ehre« innerhalb der Betriebsgemeinschaft die

[28] HA v. 17.2.1937.
[29] HA v. 26.11.1936.

Verhältnisse. In Betrieben mit mehr als 20 Beschäftigten wurde ein so genannter »Vertrauensrat« mit ausschließlich beratender Funktion zugelassen. Einberufer und Vorsitzender dieses Gremiums war der Unternehmer. Die Kandidatenliste für den Vertrauensrat wurde vom Betriebsführer »im Einvernehmen mit dem Obmann der Nationalsozialistischen Betriebszellen-Organisation« (NSBO) aufgestellt. Die Arbeiter und Angestellten konnten lediglich in einer geheimen Abstimmung zu den vom »Betriebsführer« benannten Kandidaten Stellung nehmen. Selbst diese Regelung war nicht von langer Dauer. Ab 1935 wurden die Mitglieder vom Betriebsführer, vom Obmann und vom Treuhänder der Arbeit bestellt.[30] Das Gesetz über die Ordnung der nationalen Arbeit bestätigte und präzisierte die Position der Treuhänder der Arbeit. Die Betriebsordnung, die der Betriebsführer für die Belegschaft zu erstellen hatte, bedurfte ihrer Zustimmung. Im Grunde bestimmte also der Unternehmer den Inhalt der Arbeitsordnung allein. (Dok. 192b) Die Staffelung der Löhne über die festgelegten Mindestsätze hinaus gehörte mit zu deren Inhalt.[31]

Die nationalsozialistische Wirtschaftspolitik 1933–1936

Die nationalsozialistische Wirtschaftspolitik diente von Anfang an der Kriegsvorbereitung. Schon die ersten Darlegungen Reichskanzlers Hitler vor Militärführern Anfang Februar 1933 nannten die »Eroberung neuen Lebensraums im Osten« als außenpolitisches Ziel.[32] Die Möglichkeiten des konjunkturellen Aufschwungs wurden nur insofern genutzt, wie sie in den Dienst einer beschleunigten Aufrüstung gestellt werden konnten. Staatliche Eingriffe im Außenhandel sollten sicherstellen, dass Kapital, Devisen und Rohstoffe in erster Linie der Schwerindustrie zur Verfügung standen. Die dadurch gehemmte Entwicklung der Konsumgüterindustrien verhinderte in diesem Bereich (Textilindustrie, Lebensmittelindustrie) die rasche Aufnahme einer größeren Anzahl Arbeitskräfte. Ihrer Parole, den Arbeitslosen schnellstens »Arbeit und Brot« zu geben, kamen die Nazis keineswegs mit dem notwendigen Einsatz nach. Die ersten Maßnahmen zur Verringerung der Arbeitslosigkeit fußten noch auf den Arbeitsbeschaffungsmaßnahmen der letzten Weimarer Regierungen sowie von Reichsbahn und Reichspost. Eigene Maßnahmen der Nazi-Regierung wurden erst im Sommer 1933 verabschiedet.[33] Die mit großem propagandistischen Getöse kolportierte Senkung der Arbeitslosigkeit von Anfang bis Ende 1933 von etwa sechs

[30] Deppe, Deutsche Gewerkschaftsgeschichte, S. 355ff.; Timothy W. Mason, Sozialpolitik im Dritten Reich. Arbeiterklasse und Volksgemeinschaft, Opladen 1977, S. 117, 206, 255; im Weiteren: Mason, Sozialpolitik.

[31] Ebd., 117f.

[32] Wolfgang Ruge, Wolfgang Schumann (Hrsg.), Dokumente zur deutschen Geschichte, Bd. 9. 1933–1935, Berlin 1977, S. 23f.; im Weiteren: Dokumente zur deutschen Geschichte, Bd. 9.

[33] Christoph Buchheim, Der Keim des Zusammenbruchs. Die wirtschaftliche Erholung in den dreißiger Jahren war kein Verdienst des NS-Regimes. FAZ Nr. 33, 8.2.2003.

auf vier Millionen fand nur in der Statistik statt: Notstandsarbeiter (als solche zählten auch die Arbeiter am Autobahnbau), Landhelfer und Arbeitsdienstleistende wurden trotz ihrer nur vorübergehenden Unterbringung und geringen Unterstützung nicht länger zu den Arbeitslosen gerechnet.[34]

In der Stadt Hanau sollen im November 1933 etwa 1400 Arbeitslose weniger vorhanden gewesen sein als am Anfang des Jahres. Unter ihnen waren jedoch 600 als Notstandsarbeiter und Arbeitsdienstleistende oder als Landhelfer registriert und 70 Arbeitslose als »Zigeuner, Ostjuden und Arbeitsunwillige« vollständig aus der öffentlichen Fürsorge gestrichen worden.[35] Die Hauptrolle im Kampf gegen die Arbeitslosigkeit fiel der Propaganda zu. Tiefbau und Meliorationsarbeiten sollten nur in Handarbeit ausgeführt werden; die Neuaufstellung von Maschinen in der Zigarrenindustrie wurde untersagt.[36] Auch in der Hanauer Schmuckindustrie kündigte Landrat Löser die Entfernung von Maschinen an, zumindest solcher zu Lehrzwecken in der Zeichenakademie, »denn in Hanau werde die Goldschmiedekunst mit der Hand und mit dem Kopfe ausgeübt«. (Dok. 185d)

Wie immer in Krisensituationen wurde das »Doppelverdienertum«, die Arbeit der verheirateten Frau, auch jetzt zur Zielscheibe heftiger Angriffe. Die Herausdrängung der Frau aus dem Arbeitsprozess und ihre Zurückführung zu Heim und Herd war ein konstitutives Element der Nazi-Ideologie. Die Frau sollte auf ihre biologische Funktion als Gebärende und Versorgerin der Kinder, also auf ein Dasein als Hausfrau, reduziert werden. Stolz verkündete der Fraktionsvorsitzende der NSDAP in seiner Rede zur Konstituierung der neu gewählten Hanauer Stadtverordnetenversammlung am 28. März 1933, dass im Stadtparlament zum ersten Male seit 1918 keine Frau einen Platz bekommen habe.[37] Ein zinsloses Darlehen, das so genannte »Ehestandsdarlehen« für junge Ehepaare, sollte den Arbeiterinnen die Entscheidung erleichtern, ihren Arbeitsplatz nach der Heirat aufzugeben. Die Höhe des zurückzuzahlenden Betrages wurde nach jedem Kind um ein Drittel herabgesetzt, nach dem Geburt von drei Kindern war das Darlehen abgegolten.

In den ersten drei Jahren stieg die Zahl der Eheschließungen tatsächlich steil an, aber bereits von 1935 an zeigte sich wieder eine sinkende Tendenz. Festzuhalten bleibt, dass die absolute Zahl der weiblichen Beschäftigten nach 1933 trotz den frauenfeindlichen Intentionen keineswegs zurückging, sondern zunahm. Die Zahl der beschäftigten Industriearbeiterinnen stieg sogar um mehr als ein Viertel. Relativ jedoch sank ihre Zahl, weil die Zahl der neu eingestellten Männer nach dem Ende der Wirtschaftskrise überproportional hoch war.[38] Als

34 Rüdiger Hachtmann, Industriearbeit im »Dritten Reich«, Göttingen 1989, S. 37; im Weiteren: Hachtmann, Industriearbeit.

35 StAH, B2 Protokoll der Stadtverordnetenversammlung, 10.11.1933.

36 Mason, Sozialpolitik, S. 138; HA v. 22.7.1933.

37 HA v. 29.3.1933.

38 Hachtmann, Industriearbeit, S. 39; Ulrich Herbert, Arbeiterschaft im »Dritten Reich«. Zwischenbilanz und offene Fragen, in: Geschichte und Gesellschaft Bd. 15 (1989), S. 329; im Weiteren: Herbert, Arbeiterschaft.

tatsächliche Folge der frauenfeindlichen Kampagne muss die Abschiebung vieler Frauen in schlechter bezahlte Stellen angesehen werden. In diese Richtung wies die Kampagne zur Überführung weiblicher Arbeitskräfte in die Hauswirtschaft. Öffentliche Aufrufe sollten die Hausfrauen zur Einstellung von Hausgehilfinnen bewegen.[39]

Mit Nachdruck wurde von der NSDAP die »Sonderaktion« zur Arbeitsbeschaffung für die eigenen Anhänger, die so genannten »Altkämpfer«, betrieben. Arbeitslose Mitglieder von SA, SS und Stahlhelm, die vor 1933 in die Partei eingetreten waren, hatten Vorrang vor allen anderen Arbeitsuchenden. Landrat Löser forderte im Juli 1933 die Hanauer Unternehmer offen und mit kaum verdeckten Drohungen dazu auf, bei der Kommunistenjagd in ihren Betrieben mit ihm zusammenzuarbeiten und anstelle der Staatsfeinde erwerbslose Nazis einzustellen. (Dok. 185d)

Ein substanzieller Abbau der Arbeitslosigkeit setzte erst Mitte 1934 ein. Im Januar 1935 waren noch knapp drei Millionen, im Dezember desselben Jahres 2,5 Millionen Erwerbslose amtlich registriert.[40] In Hanau gestaltete sich die Arbeitsvermittlung besonders schleppend. Ende Juli 1934 waren im Landkreis noch rund 2500 Arbeitssuchende, in der Stadt sogar 2900 Arbeitssuchende registriert. Die Lage verschlechterte sich im August mit der Zahlungseinstellung des jüdischen Bankhauses Stern, wodurch über 350 Beschäftigte des ohnehin mit Schwierigkeiten kämpfenden Edelmetall- und Diamantverarbeitungsgewerbes arbeitslos wurden. In diesen Augustwochen wurden auch noch 207, vorwiegend weibliche, Arbeitskräfte der Gummischuhfabrik Westheimer & Co. infolge Rohstoffmangel entlassen.[41] Im Landkreis gelang es erst Ende Juni 1935, die Zahl der Arbeitssuchenden unter 2000 zu senken. In der Stadt wurde dieser Wert erst Ende September des Jahres unterschritten.[42] Einstellungen erfolgten im Frühjahr 1935 besonders im Baugewerbe. Auch in der Diamantenbranche stellte sich durch die Ansiedlung von zwei Edelsteinsägereien und einer Diamantreiberei unerwarteter Aufschwung ein. Letztere, die Werkstatt mit 47 Arbeitsplätzen von Jakob Lach, bildete auch neue Fachkräfte aus. Auch die Umschulung von arbeitslosen Gold- und Silberarbeitern zu Diamantschleifern wurde eingeleitet. An der Abhängigkeit vom Antwerpener Diamantmarkt änderte sich allerdings nichts.[43]

Dass die Schwierigkeiten auf dem Hanauer Arbeitsmarkt struktureller Natur waren, zeigte der Anstieg der Arbeitslosenzahl in der Stadt Ende November

39 HA v. 15.6.1933.

40 Mason, Sozialpolitik, S. 139. Die Zahl der Notstandsarbeiter betrug im Dezember 1934: 270 000, im Dezember 1935: 120 000.

41 Klein, Regierungsbezirk 1933–1936, Bd. 1, S. 99. Bericht des Polizeidirektors Löser v. 30.8.1934.

42 Ebd., Bd. 2, S. 476. Landratsbericht vom Löser v. 26.8.1935; S. 550, Landratsbericht v. 25.10.1935.

43 Ebd., Bd. 1, S. 378, Lösers Bericht v. 26.4.1935; Thomas Klein (Hrsg.), Die Lageberichte der Geheimen Staatspolizei über die Provinz Hessen-Nassau 1933–1936, Teilband 1, Köln-Wien 1986, S. 227, Bericht der Stapo Kassel für Januar 1935; im Weiteren: Klein, Geheime Staatspolizei, Teilband 1; HA v. 7.6.1935; FZ Nr. 433, 25.8.1935. Sonderbeilage zur Frankfurter Ausstellung »Die Rhein-Mainische Wirtschaft«, S. 7.

1935 auf 2158 und sogar auf 2300 Ende Januar 1936. Neben den saisonbedingten Entlassungen in der Edelmetallindustrie nach dem Weihnachtsgeschäft spielte hier auch die schwere Vermittelbarkeit ungelernter Arbeiter, besonders in den älteren Jahrgängen, eine Rolle, da die anspringende Rüstungskonjunktur vor allem an technisch vorgebildeten Arbeitskräften Bedarf hatte.[44] Mitte 1938, als die Arbeitslosigkeit bei gelernten und angelernten Metallarbeitern oder bei den qualifizierten Chemiearbeitern reichsweit praktisch auf Null schrumpfte, waren in Hanau immer noch 858 unterstützte Erwerbslose vorhanden. Von diesen wurden 472 vom städtischen Wohlfahrtsamt unterstützt. 30 Prozent der Steuereinnahmen mussten noch für Wohlfahrtslasten ausgegeben werden, eine Ausnahmesituation gegenüber anderen vergleichbaren Städten.[45]

Weit über die Weltwirtschaftskrise hinaus blieb auch die Kurzarbeit verbreitet. Die Hauptursache ist in der Einschränkung des Rohstoffimports infolge der von den Nazis eingeführten Devisenbewirtschaftung zu sehen. An erster Stelle betrafen diese Einschränkungen die Textilindustrie, aber auch die Kautschukverarbeitung hatte darunter zu leiden. Die Beschäftigten der Dunlop AG und der Gummischuhfabrik Westheimer & Co. arbeiteten in der zweiten Jahreshälfte 1934 nur noch 36 Stunden in der Woche.[46]

Seit Februar 1935 betrieb der NS-Staat die Einführung des »Arbeitsbuches«, eine Maßnahme, die während der Vorbereitung des Krieges und im Krieg die umfassende Steuerung des Arbeitsmarktes ermöglichen sollte. Die Initiative zur Einführung des »Arbeitsbuches« ging bezeichnenderweise vom Reichskriegsministerium aus. Ohne Arbeitsbuch, in das berufliche Ausbildung, Beschäftigungen sowie Familienstand eingetragen wurden, sollte in Zukunft kein Arbeiter mehr eingestellt werden. Die Arbeitsämter besaßen Kopien dieser Eintragungen und bekamen dadurch allmählich einen zuverlässigen Überblick über die arbeitende Bevölkerung. Erst im Frühjahr 1939 war die Ausgabe der etwa 22 Millionen Arbeitsbücher vollständig abgeschlossen. Noch Ende 1935 wurde außerdem das Monopol der Reichsanstalt für Arbeitsvermittlung und Arbeitslosenversicherung auf dem Gebiet der Arbeitsvermittlung gesetzlich festgeschrieben.[47]

Im Dritten Reich mutierten die Arbeitsämter zum Handlanger des Systems sowohl bei der politischen Diskriminierung in der Arbeitsvermittlung als auch bei kriegsvorbereitenden Dienstverpflichtungen. Das Hanauer Arbeitsamt, dessen Personal von republikanisch gesinnten Fachkräften gesäubert worden war, führte 1933 auf Grund von Namensverzeichnissen, die ihm vom Landrat und Gestapochef Löser zugeleitet worden waren, »Schwarze Listen« über politisch unzuverlässige Arbeitslose.[48]

44 Klein, Geheime Staatspolizei 1933–1936, Teilband 1, S. 312; Klein, Regierungsbezirk 1933–1936, Bd. 2, S. 550. Lösers Bericht v. 25.10.1935; Ebd. S. 630, Lösers Bericht v. 19.12.1935; Ebd., S. 717, Lösers Bericht v. 25.2.1936.

45 Hachtmann, Industriearbeit, S. 38; StAH, B2, Beigeordnetenbesprechung v. 4.7.1938; HA v. 14.7.1938.

46 Mason, Sozialpolitik, S. 166; Klein, Regierungsbezirk 1933–1936, Bd. 1, S. 99. Lösers Bericht v. 30.8.1934.

47 Mason, Sozialpolitik, S. 162; Hachtmann, Industriearbeit, S. 43.

48 Hanauer Hefte 2, S. 55.

Das niedrige Lohnniveau, gepaart mit der Massenarbeitslosigkeit am Ende der Weltwirtschaftskrise, versprach den Unternehmern einen günstigen Start in die Zeit des Aufschwungs. Die Beibehaltung und mögliche Senkung dieses Lohnniveaus bildeten in der Wirtschaftspolitik der Nazis oberste Priorität. Die Legalisierung untertariflicher Entlohnung, der die Notverordnung der Regierung Papen im September 1932 das erste Mal Tür und Tor geöffnet hatte, gehörte zu den wesentlichen Aufgaben der Treuhänder der Arbeit. Der forcierte Lohnabbau trat verstärkt in den Konsumgüterindustrien zu Tage, während in rüstungswichtigen Produktionsgüterindustrien, wie der metallverarbeitenden Industrie, übertarifliche Löhne dominierten. Die Lohnpolitik nach 1933 trug zur Konservierung der wirtschaftlichen Not für große Teile der Arbeiterschaft bei. In den meisten Gewerbezweigen reichten die Lohnsätze nur bei einer vollen Arbeitswoche von 45 Arbeitsstunden zu einer halbwegs erträglichen Lebenshaltung aus.[49] Kurzarbeiter, Notstandsarbeiter (ihre Arbeitszeit wurde bis Herbst 1934 auf 40 Stunden in der Woche beschränkt) und die Masse der Arbeitslosen waren jahrelang noch mit krasser Armut konfrontiert. In Hanau blieben die Volksküchen mit verbilligter Essensausgabe weiterhin in Betrieb, im Einzelhandel breitete sich im Laufe 1934 das »Borgwesen« aus.[50]

Die steigenden Lebenshaltungskosten forcierten den Unmut der Arbeiterschaft über die niedrigen Löhne. Im Dienste der ungestörten Aufrüstung verfolgte das Regime das Ziel, die Versorgung der Bevölkerung sowie der nicht kriegswichtigen Produktionsbereiche weitgehend aus heimischen Ressourcen zu sichern. Die Rohstoff- und Lebensmitteleinfuhren wurden stark gedrosselt, um den Devisenvorrat für die Importbedürfnisse der Rüstungswirtschaft aufzusparen. Die heimische Landwirtschaft war aber nicht in der Lage, den Zielen der Nazi-Wirtschaftspolitik zu genügen. Angesichts der Warenverknappung gelang es der Regierung nicht, den verordneten Preisstopp aufrechtzuerhalten. Die dramatische Verteuerung der Lebensmittel beherrschte 1935 die Stimmungsberichte der damit betrauten staatlichen Instanzen. (Dok. 194d) Besonders der Mangel an Fleisch, Fett, Butter und Eiern steigerte die Unzufriedenheit, die sich zunehmend auch öffentlich manifestierte. Wo kein Fett zu kaufen war, halfen auch die für die minderbemittelte Bevölkerung ausgegebenen Bezugsscheine für verbilligte Speisefette nicht.[51] Tumultartige Szenen ereigneten sich angesichts der Butterknappheit im Oktober 1935 auf dem Kasseler Wochenmarkt, und nach dem Bericht des Hanauer Polizeidirektors Löser vom Dezember 1935 hatten sich in den einschlä-

[49] Hachtmann, Industriearbeit, S. 92f.; Mason, Sozialpolitik, S. 131, 166f.

[50] Gerhard Flämig, Hanau 1932–1939. Von der zu Ende gehenden Weimarer Republik über die Machtübernahme durch die Nationalsozialisten bis zum Ausbruch des Zweiten Weltkriegs. Eine Dokumentation des »Hanauer Anzeigers« aus der Artikelserie »Hanauer Tagesgespräch vor 50 Jahren«, Hanau 1992, S. 79, 82; im Weiteren: Flämig, Hanauer Tagesgespräch 1932–1939. Die Volksküche in der Bangertstraße bestand noch im Herbst 1938. Vgl.: StAH, B2, Beigeordnetengespräche v. 11.10.1938.

[51] Solche Maßnahmen existierten schon seit Sommer 1933. Vgl.: HA Nr. 149, 29.6.1933; HA Nr. 171, 25.7.1933; HA Nr. 262, 8.11.1934.

gigen Geschäften und auf dem Wochenmarkt auch in Hanau »bereits Ereignisse abgespielt, die an die Zeiten des Krieges erinnerten«.[52] Die behördliche Festsetzung des Preises für Fleischwaren im Oktober 1935 auf den Stand vom Ende März führte wiederum zum erheblichen Qualitätsverlust der so verbilligten Wurstwaren.[53] Mit den noch nicht verblassten Hungererfahrungen aus Kriegs- und Krisenjahren im Gedächnis, blieb der arbeitenden Bevölkerung letztlich nichts anderes übrig, als sich der Parole des Reichsluftfahrtministers Hermann Göring zu fügen, die er in einer Rede im März 1935 mit entwaffnender Offenheit ausgegeben hatte: »Kanonen statt Butter!« Noch 1938 lag der Fleischverbrauch in Deutschland unter dem Niveau von 1929, während sich der Absatz von Marmelade verdreifachte.[54]

Die Spannungen innerhalb der Arbeiterschaft wegen der Versorgungsschwierigkeiten beschäftigten die höchsten Reichsinstanzen. Trotz der darin liegenden gesellschaftspolitischen Gefahren wurde an dem lohnpolitischen Grundprinzip des Regimes festgehalten: »Den Erfordernissen der Preisgestaltung, der Aufrüstung und des Exports müsse alles andere untergeordnet werden.« In einer Chefbesprechung über die Lohnpolitik am 2. Mai 1935 wurde unter den teilnehmenden Reichsministern eine grundsätzliche Übereinstimmung »dahin erzielt, dass der bisherige Lohnstand mit der größtmöglichen Starrheit aufrechterhalten werden müsse«. (Dok. 194b) Auch die DAF, die sich gegenüber der Arbeiterschaft mit lohnpolitischen Versprechungen vorgewagt hatte, musste sich dieser von Hitler gebilligten Entscheidung vorerst unterwerfen. (Dok. 194c)

Unter den Beschwerden in der Arbeiterschaft wollte der Vorwurf über die unverändert hohen Gehälter der Wirtschaftsführer und höherer Beamten nicht verstummen. (Dok. 194a) Besonders einfache Parteimitglieder, die den Propagandaphrasen verschiedener Parteiredner vor 1933 Glauben schenkten, pochten auf die Erfüllung der landauf landab kolportierten Versprechung, unter einer Nazi-Regierung diese Gehälter auf den Betrag von 1000 RM monatlich stutzen zu wollen.[55] Klagen wurden auch über die hohen Lohnabzüge laut, besonders über jenen außergesetzlichen Teil, der erst unter der Nazi-Herrschaft hinzugekommen war. Die monatlichen Beträge für die DAF und die Spenden an das »Winterhilfswerk« (WHW) hatten steuerähnlichen Charakter und wurden in den meisten Betrieben von den Lohnbüros gleich einbehalten.[56] Beklagt wurden

[52] Klein, Geheime Staatspolizei 1933–1936, Teilband 2, S. 840; Klein, Regierungsbezirk 1933–1936, Bd. 2, S. 628f.

[53] Klein, Geheime Staatspolizei 1933–1936, Teilband 1, S. 339. Lagebericht der Stapostelle Kassel im Oktober 1935.

[54] Hans-Ulrich Thamer, Verführung und Gewalt. Deutschland 1933–1945, Berlin 1986, S. 489; im Weiteren: Thamer, Deutschland 1933–1945. Der »Hanauer Anzeiger« war voll mit propagandistischen Ermutigungen, wie »Marmelade statt Butter« oder »Weniger Fett essen – dafür mehr Zucker aus der heimischen Produktion«. Vgl.: Flämig, Hanauer Tagesgespräch 1932–1939, S. 137, 152.

[55] Klein, Geheime Staatspolizei 1933–1936, Teilband 1, S. 162. Übersicht der Stapo Kassel im September 1934 über die politische Lage.

[56] Hachtmann, Industriearbeit, S. 154f. Seit Ende 1936 war das WHW staatlichen Behörden gleichgestellt.

auch die ausufernden Sammlungen, die größtenteils von der Winterhilfe organisiert waren. Die Teilnahme an solchen Sammlungen und die Spendenhöhe wurden penibel registriert und gegebenenfalls als Indiz für die Beurteilung der politischen Einstellung benutzt. Besonders die Haussammlungen von Lebensmitteln waren für die politische Kontrolle im privaten Bereich geeignet. Polizeidirektor und Landrat Löser fasste die Meinung unter den Arbeitern in Hanau und Umgebung im Dezember 1935 folgendermaßen zusammen: »Wenn man auf der einen Seite von dem Arbeiter verlange, dass er sich an allen Aufmärschen, Veranstaltungen der DAF, Sammlungen usw. beteiligen soll, dann müsse man ihm ein auskömmliches Einkommen zuteil werden lassen.«[57] In großen Teilen der Arbeiterschaft festigte sich in Anbetracht der Missachtung ihrer Lebensumstände der Eindruck, »dass sich der Aufbau vorwiegend auf den Schultern der ärmeren Bevölkerung vollzieht«.[58]

Der kommunistische Widerstand

Der Hauptangriff der Nazis zielte auf die organisierte Arbeiterbewegung und mit besonderer Schärfe auf die Kommunisten. Die KPD hatte in den Jahren der Weimarer Republik mit der Notwendigkeit der Illegalität gerechnet und fertigte schon in den Jahren der Präsidialdiktatur Pläne für die Arbeit im Untergrund an, wie die Bildung von Fünfergruppen oder die Sicherung von Verstecken für Vervielfältigungstechnik, Propagandamaterial und Waffen. Angesichts der Brutalität und Wucht, mit der die neuen Machthaber gegen ihre Gegner vorgingen, erwiesen sich diese Vorbereitungen jedoch als weitgehend ungenügend. (Dok. 185a) Den Ausbau der illegalen Arbeit erschwerte auch die Taktik der Nazis in den ersten Wochen nach der Machtergreifung. Einerseits verhängten sie über die KPD kein Verbot und ermöglichten formal einen legalen Wahlkampf, andererseits überzogen sie kommunistische Veranstaltungen und Kommunisten als öffentliche Personen und Amtsträger mit Terror. Erst nach dem Reichstagsbrand wurde es eindeutig, dass die Faschisten die vollständige Vernichtung der kommunistischen Organisationen anstrebten. Die Reichstagswahlergebnisse am Ende der Weimarer Republik bescheinigten der KPD einen beispiellosen Aufschwung und auch die mit Terror begleiteten Märzwahlen 1933 gaben die Bestätigung, dass die Partei eine starke Wählerschaft hinter sich hatte. Der Auftrag der Partei blieb scheinbar eindeutig: auf breiter Front weiter für den Sturz der kapitalistischen Gesellschaftsordnung zu kämpfen, die nun in ihrer faschistischen Variante zwangsläufig zur Verschärfung der schon in der Weltwirtschaftskrise entstandenen »vorrevolutionären Situation« führen musste. Das System würde

[57] Klein, Regierungsbezirk 1933–1936, Bd. 2, S. 628f.; Klein, Geheime Staatspolizei 1933–1936, Teilband 2, S. 380. Lagebericht der Stapo für den Regierungsbezirk Kassel für Februar 1936.

[58] Klein, Regierungsbezirk 1933–1936, Bd. 2, S. 762ff. Bericht des Regierungspräsidenten in Kassel vom 4.3.1936.

dem revolutionären Ansturm nicht lange standhalten, ihn zu organisieren sahen die Kommunisten als ihre Aufgabe an. Die hinhaltende Taktik der Gewerkschaften und der SPD bei gleichzeitiger Anpassung an faschistische Positionen verstärkte die kommunistische Auffassung, dass nur ihre Partei in der Lage sei, den Widerstandskampf der deutschen Arbeiterklasse zu führen. Die Parteiorganisation sollte dementsprechend weitgehend aufrechterhalten und Propagandamaterial weiterhin massenweise verbreitet werden.

Nur aus dieser Überzeugung ist die Loyalität, Initiativkraft und Opferbereitschaft zu erklären, mit der zerstörte Organisationsleitungen und -netze immer wieder aufgebaut wurden, mit der an die Stelle der Verhafteten, Ermordeten, in die Emigration Getriebenen immer neue Kämpfer traten, Männer wie Frauen. Nach Schätzungen beteiligte sich in den Jahren der faschistischen Diktatur die Hälfte der 300 000 KPD-Mitglieder, die es zum Zeitpunkt der Machtübertragung an Hitler gab, an irgendeiner Form von illegaler politischer Arbeit.[59] Drei Viertel aller vor dem Volksgerichtshof verhandelten Fälle von politischem Widerstand entfielen auf Mitglieder der KPD und ihrer Nebenorganisationen.[60] Allein aus den KPD-Bezirken Hessen-Frankfurt und Hessen-Waldeck wurden zwischen 1933 und 1945 etwa 2800 Mitglieder der KPD und ihrer Nebenorganisationen durch den Volkgerichtshof sowie die hessischen Oberlandesgerichte abgeurteilt; mindestens 17 Prozent der Ende 1932 dort organisierten Kommunisten wurden strafrechtlich verfolgt.[61]

Einen ernsthaften Verlust bedeutete gleich am 3. März 1933 die Verhaftung des KPD-Vorsitzenden Ernst Thälmann, der nie wieder freikam und im August 1944 im KZ Buchenwald ermordet wurde. Albert Kunz, der Bezirksleiter von Hessen-Frankfurt, fiel den Nazis am 17. März 1933 in die Hände. Nach fortwährender Einkerkerung, Misshandlungen und KZ-Haft wurde er im Januar 1945 im berüchtigten KZ Buchenwald-Dora ermordet. Von den 17 000 Mitgliedern des Bezirks verließen angesichts der Schreckensherrschaft der Nazis sicherlich nicht wenige die Partei. Die Aktivitäten der Kommunisten hörten jedoch keineswegs auf. Schon im Februar 1933 lagen in einer von den Nazis entdeckten Geheimdruckerei im Landkreis Hanau mehrere Tausend Flugblätter zur Verteilung bereit, und die Mai-Nummer der »Arbeiter-Zeitung« wurde in 1000 Exemplaren abgezogen.[62] Der Gedanke eines bewaffneten Widerstandes war im Kreis des seit 1929 schon illegal tätigen Roten Frontkämpfer-Bundes (RFB) am stärksten. Etwa 35 Mitglieder der Hanauer RFB-Gruppe übten sich heimlich in Waffen-

59 Allan Merson, Kommunistischer Widerstand in Nazideutschland, Bonn 1999, S. 101; im Weiteren: Merson, Widerstand.

60 Wolfgang Form, Rolf Engelke, »Hochverrat« – »Heimtücke« – »Wehrkraftzersetzung«. Zur politischen Strafjustiz in Hessen, in: Renate Knigge-Tesche, Axel Ulrich (Hrsg.), Verfolgung und Widerstand in Hessen 1933–1945, Frankfurt am Main 1996, S. 31f.; im Weiteren: Form, Engelke, »Hochverrat«.

61 Rolf Engelke, Wolfgang Form, Kommunistischer Widerstand und NS-Verfolgungspraxis in Hessen, in: Renate Knigge-Tesche, Axel Ulrich (Hrsg.), Verfolgung und Widerstand 1933–1945, Frankfurt am Main, 1996, S. 230; im Weiteren: Engelke, Form, Kommunistischer Widerstand.

62 BAB, SAPMO, Ry I-3/23/47, Bl.6; HA v. 11.2.1933.

technik unter der Anleitung des Ortsgruppenleiters Wilhelm Schad, bis er Anfang März in Schutzhaft genommen wurde. Nach seiner Entlassung emigrierte er ins Saargebiet. Nächtliche militärische Übungen im Dörnigheimer und Niederrodenbacher Wald und am Sportplatz Annastraße komplettierten die Ausbildung, an der der antifaschistische Kampfbund und die RGO ebenfalls mitwirkten. »Roter Massenselbstschutz« nannte sich der illegale Zusammenschluss dieser Organisationen. Die Verbreitung des »Sturm«, des Organs der RGO, Gau Hessen-Frankfurt, und anderer Flugblätter brachte die Polizei Mitte Juni 1933 auf die Spur der Verschwörung. Einige der Verhafteten, wie Otto Lohfink und Philipp Euler, erlitten im Eckardtschen Folterkeller schwere Misshandlungen, bevor ihnen Ende August der Prozess gemacht wurde.[63] (Dok. 185b,e)

In Großauheim vergrub der 50-jährige Former Peter Hahn gut eingefettete Militärwaffen, um sie für den Fall der Fälle in Bereitschaft zu halten. Er wurde dafür Anfang Juli 1933 für ein Jahr und acht Monate Zuchthaus verurteilt.[64] Im Stadt- und Landkreis mussten die Waffen aus Zivilbesitz nach der Aufforderung vom 2. Juni bis zum 15. Juni abgegeben werden.[65] Im Juli suchten über 600 Polizisten, SA- und SS-Leute in Hanau und Umgebung nach Waffen, jedoch war ihnen dabei wenig Erfolg beschieden: Sie entdeckten lediglich ein russisches Militärgewehr, zwei Trommelrevolver und 40 Schuss Pistolenmunition.[66]

Große Aufmerksamkeit widmete Polizeidirektor Löser in jenen Wochen Motor- und Fahrrädern im Besitz von Kommunisten, die bei illegaler nachrichtendienstlicher Tätigkeit eingesetzt werden konnten. Eine Razzia im »Kommunistennest«, in den Wohnkasernen in der Lamboystraße, diente gleichzeitig der Beschlagnahme von Fahrrädern.[67] Zufrieden stellte Löser, nun auch Landrat, am 4. Juli fest, dass in seinem Tätigkeitsbereich die KPD und ihre Nebenorganisationen nicht mehr existierten. Von den Kommunisten ginge keine besondere Gefahr mehr aus, »da es ihnen schon seit einigen Jahren an führenden Köpfen fehlt«.[68] Übersehen hatte er dabei die illegalen Aktivitäten der Hanauer RGO, deren Mitglieder die Verteilung des RGO Organs »Der Rote Gewerkschaftler« in die Wege leiteten. Der Polizei gelang es allerdings auch hier, das Verteilernetz aufzudecken. Elf Personen wurde Ende September 1933 der Prozess gemacht.[69]

Die Kommunisten in Hanau bemühten sich inzwischen darum, ihre zerrüttete Parteistruktur im Untergrund zu stabilisieren und die Mitgliedschaft durch Fortführung der regelmäßigen Beitragskassierung zu festigen. Die Beiträge waren für den Unterhalt der wenigen hauptamtlichen Funktionäre in den Bezirken unerlässlich. Beiträge, die für die Parteiliteratur eingesammelt wurden, setzte man für die Deckung von Druckkosten ein. Bis Juni 1933 sammelte Jean Maurer,

[63] Klein, Regierungsbezirk 1933–1936, Bd. 2, S. 788.
[64] HA v. 7.7.1933.
[65] HA v. 3.6.1933.
[66] Flämig, Hanau im Dritten Reich, Bd. 2, S. 42.
[67] Klein, Regierungsbezirk 1933–1936, Bd. 2, S. 788; Flämig, Hanauer Tagesgespräch 1932–1939, S. 82.
[68] Klein, Regierungsbezirk 1933–1936, Bd. 2, S. 779f.
[69] HA Nr. 227, 28.9.1933.

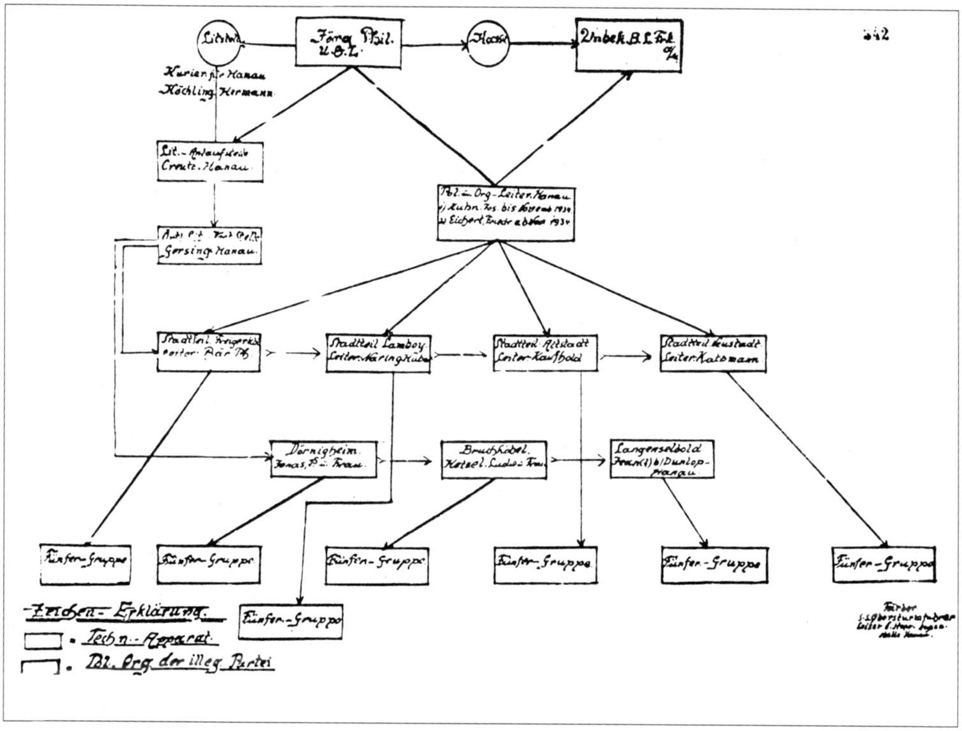

Hanau, Organisationsschema des illegalen Unterbezirks der KPD, von der Gestapo angefertigt, Februar 1935

der seit November 1932 Kasseninstrukteur für die Ortsgruppe Hanau war, die Beiträge von den Stadtteilkassieren ein und übergab das Geld einem Frankfurter Kurier, von dem er auch die Beitragsmarken zur weiteren Verteilung übernahm. Von Juni 1933 an führte der frühere Hanauer Stadtverordnete und Unterbezirkskassierer, der Schuhmacher Wilhelm Hens, die Geschäfte weiter. In dieser Phase der Illegalität rechnete die KPD-Ortsgruppe in Hanau unter Umgehung der beschädigten Unterbezirksleitung unmittelbar mit der Bezirksleitung in Frankfurt ab.[70] Nach einem Bezirksbericht vom Ende des Jahres 1933 befanden sich um diese Zeit in Hanau etwa 80 Parteimitglieder (in Frankfurt 500, in Höchst 180, in Offenbach 120).[71] In der neu entstandenen Ortsgruppenorganisation wurde auch Literatur in Umlauf gebracht, etwa das Buch »Deutschland, Deutschland über alles« von Kurt Tucholsky sowie eine Mappe mit Zeitungsausschnitten, welche die Diskrepanz zwischen dem Programm der NSDAP und den Handlungen der Regierung illustrierten.

Neben der Literatur, die der Information der eigenen Mitgliedschaft diente, wurden Texte mit aufklärendem oder enthüllendem Inhalt auf verschlungenen Wegen in der Öffentlichkeit verteilt. Eine Broschüre mit dem Titel »Was will die

70 Archiv Rudolf Schneider, Anklageschrift gegen Jean Maurer und Genossen v. 29.3.1934.
71 BAB, SAPMO, Ry-I 3/23/47 Bl. 53.

NSBO?«, vom ZK der KPD herausgegeben, wurde im Juli im Personenzug zwischen den Stationen Wilhelmsbad und Hanau-West verteilt, die Zeitung »Der Rote Gewerkschaftler: Organ der RGO« (Nr. 3, Juli 1933) wurde per Postsendungen an geeignete Adressen befördert. Auch in Hanau wurde Informationsmaterial mit einfachen Mitteln hergestellt, wie die Flugblätter »Der böhmische Hitler« und »Drücker in Not«, die leider ihren Verteilern zum Verhängnis wurden.[72]

Nach außen trat die neue illegale Hanauer Ortsgruppe im September und Oktober 1933 kaum in Erscheinung. Anlässlich der bevorstehenden Reichstagswahl war an einigen Wänden die Parole »Wählt Thälmann!« zu lesen.[73] Eine mit der Reichstagswahl gekoppelte Volksabstimmung sollte den am 20. Oktober 1933 erfolgten Austritt Deutschlands aus dem Völkerbund nachträglich sanktionieren und dadurch den Weg zur ungehemmten Aufrüstung öffnen. 4,3 Prozent der Hanauer Wähler, 1257 Menschen, wandten sich gegen die Aufrüstung, 1,6 Prozent (469 Wähler) stimmten ungültig. Im Landkreis stimmten 1474 Wähler (1049 negativ, 425 ungültig), also insgesamt 3,8 Prozent, dagegen. Damit ist ungefähr die Größenordnung umrissen, in deren Rahmen der aktive politische Widerstand sich entwickeln konnte.[74]

Nach dem Bericht einer Beteiligten, der Kommunistin Emma Schmidt, gelang es der Polizei gegen Jahresende, mit einem Trick in die illegale kommunistische Organisation in Hanau einzubrechen: Polizeibeamte in Arbeiterkleidung horchten das Arbeiterlokal »Vohwinkel« auf dem Paradeplatz aus. Mitte Dezember 1933 wurden an einem Abend sämtliche Gäste überfallartig verhaftet und etwa 30 Menschen in Begleitung der SS zur Polizeidirektion gebracht.[75] Durch Folter versuchten die Gestapo-Schergen, unter ihnen der Hanauer Gestapochef Färber und der Kasseler Kriminalkommissar Hirschmann, aus den Verhafteten Geständnisse herauszupressen. Neben dem besonders grausam misshandelten Karl Hörle gehörte auch der aus seiner Werkstatt verschleppte Schuhmacher Willi Hens zu den Opfern. (Dok. 190a,b) Nach zwei Tagen wurden die Häftlinge nach Kassel überstellt, wo die Torturen nicht aufhörten. Mehrere der Misshandelten trugen bleibende gesundheitliche Schäden davon.[76] Im Frühjahr 1934 folgten weitere Verhaftungen. Auch Jean Maurer, Anfang März 1934 verhaftet, wurde im Kasseler Polizeipräsidium gefoltert. 14 Angeklagte, unter ihnen zwei Frauen, Emma Schmidt und Ernestine Zell, sowie der Tapezierer Hans Eyring, Leiter des verbotenen Arbeitergesangvereins »Vorwärts«, wurden Ende Mai 1934 schließlich zu Gefängnis- oder Zuchthausstrafen verurteilt für ihren Versuch, »die KPD neu ins Leben zu rufen«.[77] Zahlreiche Mitglieder des Gesangvereins waren im Untergrund tätig, unter ihnen nicht wenige der im »Dreizehnerquartett« vereinten besten Sänger.[78]

72 Klein, Regierungsbezirk 1933–1936, Bd. 2, S. 788f.
73 Ebd., S. 811.
74 HA Nr. 266, 13.11.1933.
75 Hanauer Hefte 2, S. 29.
76 Hanauer Hefte 1, S. 12f. Nach dem Krieg verklagte Hörle seine Peiniger vor Gericht.
77 HA v. 27.5.1934.
78 Hanauer Hefte 2, S. 28.

Der Aufbau des »kassentechnischen Apparats« der Partei in Hanau im Sommer und Herbst 1933 lag hauptsächlich in den Händen der älteren Parteimitglieder. Aber auch der Kommunistische Jugendverband (KJVD) blieb nicht untätig. Schon im Februar 1933 unternahm der Verbandsinstrukteur des Bezirks Frankfurt, der gelernte Buchdrucker Willi Holl, Fahrradfahrten im Landkreis Hanau, um bei der Bildung der illegalen Fünfergruppen und bei der Herstellung von örtlichem Propagandamaterial behilflich zu sein.[79] Eine sehr aktive Ortsgruppe des Jugendverbandes agierte in Langenselbold. Ein Genosse aus ihrer Mitte, der Angestellte Wilhelm Gasche, wurde zum »Weltjugendkongress gegen Imperialismus und Faschismus« delegiert, der vom 22. bis 24. September 1933 in Paris stattfand. Ein Bericht über diesen Kongress in der illegalen Zeitung des KJVD bildete einen der Anklagepunkte gegen 18 Jungkommunistinnen und Jungkommunisten, über die im März 1934 vor dem Kasseler Oberlandesgericht das Urteil gesprochen wurde.[80]

Die meisten Prozesse gegen Oppositionelle wurden in den ersten Jahren des Nazi-Regimes wegen »Vorbereitung zum Hochverrat« in die Wege geleitet. Das Strafmaß der in diesen Prozessen verurteilten Hanauer Kommunisten bewegte sich in den meisten Fällen zwischen ein bis zweiundeinhalb Jahren Gefängnis. Im April 1934 wurden die Hochverratsgesetze verschärft. Die fahrlässige Beihilfe zu »hochverräterischem« Handeln wurde strafbar. Damit existierte eine Art Generalklausel für die Kriminalisierung jedweder politischer Tätigkeit.[81] Eine KPD-Mitgliedschaft oder Betätigung für die Partei in irgendeiner Form konnte nunmehr, da diese Tatbestände unter den Sammelbegriff »Vorbereitung zum Hochverrat« fielen, Strafen bis zur Todesstrafe oder zu lebenslangem Zuchthaus bedeuten.

Im Laufe des Sommers und Herbstes 1934 gelang es in der Illegalität das erste Mal, den Unterbezirk Hanau organisatorisch wieder auf die Beine zu stellen und zwischen illegaler Bezirksleitung und Unterbezirksleitung ein halbwegs funktionierendes Zusammenwirken zu erreichen. Die Initiatoren kamen aus dem Landkreis Offenbach. Karl Röll aus Hainstadt und, nach seiner Flucht im November 1934, Philipp Jörg aus Kleinauheim steuerten als Unterbezirksleiter den Reorganisationsprozess. Stadtorganisationsleiter in Hanau war bis November der Dunloparbeiter Josef Kuhn, nachfolgend Friedrich Eichert. Sie koordinierten die Arbeit der Stadtteilleiter in den vier Stadtteilen Freigericht, Altstadt, Neustadt und Lamboy. Die Werbung von Mitgliedern erfolgte über Vertrauensleute, die Mitglieder schlossen sich in den Stadtteilen in Fünfergruppen zusammen. Auf dieser Grundlage wurden die Beiträge kassiert, die Spenden gesammelt und das Schriftmaterial verteilt. Ein Literaturobmann kümmerte sich im Unterbezirk um Empfang und Verteilung des Agitationsmaterials, der »technische Produktionsleiter« um seine Herstellung. Die Verbindungen der Unterbezirksleitung reichten über den Landkreis Hanau hinaus bis in den Landkreis Offenbach und bis Alzenau in Bayern hinein. Etwa 120 Mitglieder bildeten schließ-

[79] Hanauer Hefte 2, S. 27f.
[80] Ebd., S. 49.
[81] Form, Engelke, »Hochverrat«, S. 29.

lich im Unterbezirk die Basis der illegalen Parteiarbeit, und zwar mit einer gewissen Schwerpunktverschiebung in die ländlichen Orte. Von den Nebenorganisationen zeigten die Rote Hilfe und die RGO wieder Präsenz.[82]

Die Reorganisationsarbeit steckte noch in den Anfängen, als Ende Juni 1934 der Röhm-Putsch die inneren Spannungen in der Nazi-Bewegung offensichtlich machte. Mit der gewaltsamen Eliminierung der Vertreter von sozialrevolutionären Vorstellungen in der SA gab Hitler eindeutig dem Großkapital und dem Militär in seinen Plänen den Vorrang. Die KPD reagierte mit Zeitungs- und Flugblattverteilung, die auch in Eisenbahnabteilen ausgelegt oder aus fahrenden Pkws geworfen wurden. Sie wandten sich an die krisengeschüttelte SA und forderten die SA-Männer auf, der KPD beizutreten.[83] Auch vor der Volksabstimmung am 19. August 1934, welche nach dem Tod Hindenburgs die Vereinigung der Ämter des Reichspräsidenten und des Reichskanzlers in Hitlers Person bestätigen sollte, rief die KPD in Hanau und Umgebung auf Handzetteln und hektographierten Flugblättern dazu auf, mit Nein zu stimmen.[84] Dass die Kommunisten in der Arbeiterschaft auf Zustimmung rechnen konnten, zeigte in Hanau-Stadt die unter den gegebenen Umständen hohe Zahl von 11,5 Prozent Nein-Stimmen. Den Großteil der dahinter stehenden 3347 Wähler bildeten die Arbeiter in den Stimmbezirken der Altstadt. Im Landkreis wurde die katholische Opposition deutlich. Die Mehrheit der 2886 Nein-Stimmen (7,4 Prozent) wurde in den überwiegend katholischen Orten abgegeben.[85]

Um die Jahreswende 1934/1935 wurde die Versorgung mit Druckmaterial verbessert. Zur Verteilung kamen neben der »Roten Fahne«, dem Zentralorgan der illegalen KPD, die »Arbeiter-Zeitung«, das heimlich hergestellte Bezirksorgan, sowie das »Proletarische Volksgericht«, die Zeitung der Roten Hilfe. Der Werbung für die Partei dienten Broschüren, die unter Tarnnamen wie »Rezepte mit Mondamin Backpulver« oder »Deutschland braucht Luftschutz« antifaschistische Texte enthielten. Das Material, das meistens aus Frankfurt kam, vermittelte als Verbindungsmann der Schlosser Matthias Wagner, der in seiner Gartenhütte in Offenbach ebenfalls eine Druckerei betrieb.[86] In der Druckerei, die Philipp Jörg bei sich eingerichtet hatte, wurde jetzt mit Schreibmaschine und Vervielfältigungsapparat auch an Ort und Stelle Agitationsmaterial hergestellt.[87] Vervielfältigt wurde etwa der von der Gestapo als straferschwerend beurteilte »Brandbrief«, auch als »Kruse-Brief« bezeichnet, in dem ein in die Schweiz emigrierter SA-Mann die Hintergründe des Reichstagsbrandes und die Mittäterschaft der

82 Klein, Geheime Staatspolizei 1933–1936, S. 220, 322f.; Nach dem Stapobericht über Januar 1935 betreute die Ortsgruppe Hanau mehrere Ortsgruppen in der Umgebung.

83 Klein, Regierungsbezirk 1933–1936, Bd. 1, S. 21f., 156f.; Klein, Geheime Staatspolizei, S. 163. Nach dem Bericht vom September 1934 stimmte die Hanauer Gruppe der ausgesäuberten SA-Mitglieder kräftig in den allgemeinen Unmut ein.

84 Ebd., S. 150f., Bericht vom August 1934.

85 HA Nr. 193, 20.8.1934; Klein, Regierungsbezirk, Bd. 1, S. 97.

86 Hanauer Hefte 2, S. 36.

87 Die Schreibmaschine war bereits zuvor in einem Garten vergraben worden und konnte so vor dem Zugriff der Nazis gerettet werden. (Dok. 196b)

Nazis enthüllte.[88] Die gewagteste Unternehmung war jedoch die Herstellung einer eigenen Zeitung des Unterbezirks mit dem Titel »Freiheit«. (Dok. 196b) Die erste Nummer wurde Anfang Januar 1935 in etwa 450 Exemplaren bei Jörg abgezogen, der außer dem Textteil, der aus Frankfurt zur Verfügung gestellt wurde, auch eigene Beiträge schrieb. Die zweite und letzte Nummer entstand in der Wohnung einer Arbeiterfamilie in Klein-Krotzenburg, auf einem Vervielfältigungsapparat, der nach dem Gebrauch im Schlafzimmerschrank versteckt wurde. Die rege illegale Tätigkeit blieb der Polizei nicht verborgen und konnte in dieser fast als unbekümmert zu nennenden Form auch nicht verborgen bleiben. Durch Zufälle begünstigt, gelang es der Gestapo, das illegale Verteilernetz nach und nach aufzudecken und bis Mitte Februar insgesamt etwa 100 verdächtige Personen festzusetzen. Der illegale kommunistische Unterbezirk Hanau wurde erneut zerschlagen.

Ende Mai 1935 begann der Schauprozess gegen 88 Angeklagte, vier Frauen und 84 Männer, wegen Vorbereitung eines hochverräterischen Unternehmens. (Dok. 196a,b) Zwölf Personen, gegen die keine Anklage erhoben wurde, kamen bis auf weiteres als Schutzhäftlinge ins KZ Lichtenburg.[89]

Die Angeklagten im Prozess waren 21 bis 64 Jahre alt. 54 von ihnen gehörten vor 1933 der KPD, vier der SPD, 30 keiner Partei an. Unter den Kommunisten waren zwölf Gemeindevertreter, ein Stadtverordneter (Heinrich Eckhardt) und ein Kreistagsabgeordneter (Philipp Jörg); 48 Angeklagte waren Facharbeiter, 28 angelernte Arbeiter, drei kaufmännische Angestellte, zwei selbständig, drei Rentner und vier Hausfrauen.[90] Kurierdienste besorgten Personen, die ihrer Aufgabe möglichst unauffällig nachgehen konnten, sei es als Hausierer, Milchhändler oder Bäckerjungen. 72 der 88 Angeklagte wurden in dem Prozess, der bis zum 7. Juni 1935 dauerte, zu insgesamt 160 Jahren und neun Monaten Zuchthaus- oder Gefängnisstrafe verurteilt. Die Höchststrafen von acht Jahren Zuchthaus wurden Philipp Jörg und dem Verbindungsmann der Bezirksleitung, Matthias Wagner aus Offenbach, auferlegt. Sechs Jahre Zuchthausstrafe bekamen die Stadtteilleiter, der ehemalige Dunlop-Arbeiter Josef Kuhn und der Hausierer Friedrich Eichert. Viele der hier Verurteilten hatten Folter, Schutzhaft und KZ schon kennen gelernt. Sie waren trotz des ihnen bei der Entlassung auferlegten Verbots jeder politischen Tätigkeit erneut illegal tätig geworden. Zu ihnen gehörten Heinrich Eckhardt aus Hanau, Karl Reidel, Helmut Rödel und Karl Hohmann aus Langenselbold. Alle wurden nach verbüßter Zuchthausstrafe direkt oder auf Umwegen in das KZ Buchenwald verschleppt. Philipp Jörg kam nach acht Jahren Zuchthaus ins KZ Dachau und wurde dort im August 1944 ermordet. Moritz Viel aus Rückingen wurde nach vier Jahren im Zuchthaus ins KZ Sachsenhausen eingeliefert und dort umgebracht.

88 Lebensbild Karl Hohmann, S. 122.

89 HA Nr. 122, 27. 5. 1935; BAB, R58/2037, Bl. 565.

90 FR v. 23.5.1985. Die Zusammenstellung stammt von Klaus Poweleit. Die Anklageschrift befindet sich im BAB, SAPMO, NJ 8212. Ein Exemplar befindet sich im Archiv Rudolf Schneider.

Unter den vier Frauen erhielt Käthe Jonas aus Dörnigheim mit drei Jahren Zuchthaus die höchste Strafe. Sie war als KPD-Kandidatin für den Kreistag schon vor den Wahlen im März 1933 wochenlang in Haft gewesen. In Dörnigheim wurde ihr Haus dennoch im Herbst 1934 zum Mittelpunkt der Materialverteilung. Sie betrieb eine Hühnerfarm und konnte so relativ unauffällig Kontakte pflegen. Ihr Vater Karl Seng und ihre Brüder Adam Seng und Karl Seng sowie ihr Ehemann Peter Jonas beteiligten sich ebenfalls aktiv und bekamen im 88er-Prozess Haftstrafen. Den zwölfjährigen Sohn, der allein zurückblieb, nahmen Verwandte in ihre Obhut. Käthe Jonas wurde 1944 im Rahmen der Aktion »Gitter« ins Frauen KZ Ravensbrück verschleppt, wo sie die Befreiung erlebte.[91] Mit zweieinhalb Jahren Zuchthausstrafe wurde der Hausfrau Ella Schäfer (geb. Schlingloff) aus Langendiebach eine harte Strafe auferlegt. Sie war im SPD-Milieu zu Hause und verteilte das kommunistische Druckmaterial sowohl an vormalige Kommunisten als auch an Sozialdemokraten. Ella Schäfers Ehemann, der Maurer Hermann Schäfer, bekam im Prozess eine Gefängnisstrafe.[92] Ella Schäfer gehörte auch der Gruppe Langendiebacher Sozialdemokraten an, die im Oktober 1937 wegen illegaler marxistischer Betätigung vor Gericht gestellt wurden. Zu anderthalb Jahre Gefängnis wurde im 88er-Prozess auch das ehemalige Mitglied der Sozialistischen Arbeiterjugend (SAJ), der Hanauer Albert Niclas, verurteilt – für den Kauf vom je einem Exemplar der »Roten Fahne« und der »Freiheit«.

Die Verhaftungswelle infolge illegaler kommunistischer Aktivitäten war nicht auf den Bezirk Frankfurt beschränkt. Etwa 14 000 Kommunisten fielen ihr 1935 reichsweit zum Opfer.[93] Der hohe Blutzoll, den die Partei in ihrer Fixierung auf Massenbewegung und in Erwartung einer revolutionären Situation zu zahlen hatte, löste allmählich einen Prozess des Umdenkens aus. Die Überlegungen gingen von der betrieblichen Wirklichkeit aus, in der die Kommunisten den Schwerpunkt der illegalen Arbeit erblickten und in der die Zusammenarbeit mit den sozialdemokratischen Kollegen sich förmlich aufdrängte.

Eine starke Position bewahrten die Kommunisten in Hanau im Betrieb W. C. Heraeus und in der Gummifabrik Dunlop AG, obwohl kommunistische Betriebsräte in den ersten Monaten der Naziherrschaft auf die Straße gesetzt worden waren. Bei den letzten, abgebrochenen Betriebsratswahlen Anfang April 1933 bekam bei Heraeus der kommunistische Kandidat mit 90 die meisten Stimmen.[94] Bei der Vertrauensratswahl bei Heraeus am 12. April 1935 stimmten 82 Belegschaftsmitglieder, fast 17 Prozent der 492 Wahlbeteiligten, gegen die von der

91 Hanauer Hefte 2, S. 33f.

92 Gerhard Flämig stellt die Tätigkeit der Langendiebacher Angeklagten unabhängig von den Vorgängen, die zum 88er-Prozess geführt haben, dar und datiert ihre Verhaftung irrtümlich auf das Jahr 1934. Vgl.: Flämig, Hanau im Dritten Reich, Bd. 2, S. 76.

93 Merson, Widerstand, S. 185.

94 BAB, SAPMO, Ry I-3/23/47, Bl. 4. Ähnlich gut schnitten sie in den städtischen Betrieben ab mit 50 Stimmen gegen die 40 Stimmen für die Reformisten. Dort gab es auch keine Nazi-Liste.

Betriebsleitung vorgelegte Einheitsliste.[95] Ohne den Einfluss der Kommunisten wäre auch bei Dunlop nicht eine Atmosphäre möglich gewesen, in der sogar der NSBO-Obmann im Sommer 1934 der Direktion die gesammelte Empörung der Belegschaft mit folgenden Worten entgegenschleuderte: »Die Arbeiter werden auf der Dunlop schlimmer gestriezt wie im Zuchthaus.« Daraufhin wurde er sofort entlassen, doch wohl auf Druck der NSDAP wieder eingestellt. (Dok. 194a) Bald darauf gelangte, in der Betriebszeitung versteckt, ein kommunistisches Flugblatt mit dem Aufschrift »Nieder mit dem Volksverderber Hitler!« unter die Werksangehörigen.[96]

Vertreter des kommunistischen und des sozialdemokratischen Widerstandes im Bezirk Frankfurt einigten sich im Sommer 1934 in geheimen Gesprächen auf eine gemeinsame Vorgehensweise der zwei Arbeiterparteien gegen den Faschismus. Die erstrebte Aktionseinheit beinhaltete den Wiederaufbau illegaler freier Gewerkschaften in den Betrieben, den gemeinsamen Aufbau eines illegalen antifaschistischen Massenselbstschutzes im Wohnumfeld und die Bildung von Einheitskomitees zur Durchsetzung wesentlicher politischer und wirtschaftlicher Forderungen. Bei Paul Apel, dem Leiter des SPD-Widerstandes im Rhein-Main-Gebiet, lag die Entscheidung über die Zustimmung zum Abkommen in ihrer von kommunistischer Seite konzipierten Endform. Er lehnte die Zusammenarbeit mit der KPD strikt ab und teilte damit die Meinung der meisten führenden Parteirepräsentanten.[97] Ob auf der mittleren Organisationsebene, auf der die Verhandlungen geführt wurden, das Abkommen dennoch von sozialdemokratischer Seite unterschrieben worden ist, ist nicht bekannt. Verhaftete Sozialdemokraten stritten vor der Gestapo mit gutem Grund jede Zusammenarbeit mit den Kommunisten ab. In der illegalen kommunistischen »Arbeiter-Zeitung« wurde das Abkommen als *gemeinsame* Stellungnahme der KPD-Bezirksleitung Hessen-Frankfurt und der SPD-Bezirksleitung Hessen-Nassau veröffentlicht und als bedeutsame Annäherung der beiden Arbeiterparteien gewertet. (Dok. 195a) Die illegale Gewerkschaftszeitung der KPD für Süd-West-Deutschland, »Der Gewerkschaftler«, berichtete in seiner Dezembernummer 1934 im Gegensatz dazu über eine weitgehend skeptische Beurteilung durch Funktionäre und Mitglieder der Partei. Die Existenz einer sozialdemokratischen Unterschrift unter dem Dokument wurde in ihrem Kreis in Kenntnis der sozialdemokratischen Praxis in Zweifel gezogen. (Dok. 195b)

Der Versuch eines Einheitsabkommens zwischen KPD und SPD in Frankfurt hatte jedoch Vorbildsfunktion. In der Folgezeit kamen in mehreren Städten Westdeutschlands Einheitsfrontabkommen zustande, so in Hannover, Essen, Dortmund, Weißenfels, Münster, Düsseldorf, Wuppertal, Mannheim und Mönchen-

[95] Flämig, Hanau im Dritten Reich, Bd. 3, S. 317. 519 Personen waren wahlberechtigt, über 20 fehlten jedoch wegen Krankheit, wegen einer Reise oder hatten Urlaub.

[96] Klein, Regierungsbezirk 1933–1936, Bd. 1, S. 156f. Bericht des Polizeidirektors Löser vom 28.9.1934.

[97] Ulrich, Freiheit, S.116f.; Barbara Bromberger, Nieder mit Hitler! Frankfurter Arbeiterbewegung im Widerstand gegen den Faschismus 1933–1945, Frankfurt am Main 2004, S. 67ff.; im Weiteren: Bromberger, Nieder mit Hitler!

Hanau, Illegales Treffen von Sozialdemokraten als Wandergruppe getarnt, 1933/34

gladbach.[98] Auf ihrer Basis festigte sich, unabhängig von höheren Instanzen, die Zusammenarbeit.

Diese Entwicklung einer neuen Widerstandsstrategie wurde auch durch den Positionswechsel der Kommunistischen Internationale (KI) gefördert. Der VII. Weltkongress der KI im Sommer 1935 in Moskau verließ die seit 1928 geltende Linie. In Anbetracht der wachsenden faschistischen Gefahr wurde jetzt die Zusammenfassung aller antifaschistischen Kräfte, die Bildung einer »Volksfront«, in den Mittelpunkt der Überlegungen gerückt. Der Parteitag der KPD in Moskau, der sich dem KI-Kongress anschloss (»Brüsseler Konferenz«), verabschiedete sich von der Vorstellung einer kurzfristigen proletarischen Revolution. Die Sozialdemokratie wurde nicht länger als die soziale Hauptstütze bürgerlicher Herrschaft in Deutschland angesehen. Der erstrebte Sturz der Naziregimes sollte den Weg nicht zu einem Sowjetdeutschland, sondern zu einer »Volksdemokratie« ebnen.[99]

98 Ulrich, Freiheit, S. 118; Bromberger, Nieder mit Hitler!, S. 67ff.

99 Merson, Widerstand, S. 167ff. Der Parteitag ging aus konspirativ-taktischen Gründen unter dem Namen »Brüsseler Konferenz« in die Geschichte ein. Von den 38 stimmberechtigten Delegierten kamen 22 direkt aus dem Untergrund in Deutschland, 16 aus der Emigration.

Der sozialdemokratische Widerstand

Mitte Mai 1933, lange noch vor dem offiziellen Verbot am 22. Juni, löste sich der Hanauer Ortsverein der SPD auf. Die Gewerkschaften waren zu diesem Zeitpunkt bereits zerschlagen. Mit der Amtsenthebung der gewählten sozialdemokratischen Vertreter der Kommunalparlamente am 27. Juni fand auch die »konstruktive Opposition« innerhalb der von Nazis beherrschten Gremien, die Karl Rehbein und andere Sozialdemokraten angeboten hatten, ein abruptes Ende.[100] In mehreren Fällen wartete auf die entlassenen Mandatsträger die Haft, wie das für Käthe Bergstäde und Wilhelm Römer, beide Gemeindevertreter in Langendiebach, der Fall war. Verhaftet wurde dort gleichzeitig Jean Ruth, der damalige Unterbezirksvorsitzende der Jungsozialisten.[101]

Gegen die lähmende Resignation, die große Teile der ehemaligen sozialdemokratischen Mitgliedschaft erfasste, entwickelten sich in der Sozialistischen Arbeiterjugendbewegung (SAJ) erste Formen illegaler Betätigung. Auf Wanderungen und bei informellen geselligen Treffen wurden Kontakte gepflegt. (Dok. 191) Vor allem Sozialdemokraten, aber auch Kommunisten, suchten in den ersten Jahren der Nazidiktatur bei der Freireligiösen Gemeinde, die sich nun »Deutschgläubige Gemeinde« nannte, organisatorischen Unterschlupf, was zur schärferen Überwachung und Reglementierung dieser gerade noch geduldeten Gemeinschaft führte.[102]

Ein sozialdemokratisches Netz konnte über die Verbreitung unverdächtiger Zeitschriften geknüpft werden, wie es August Schanz schon im Sommer 1933 initiierte. August Schanz, ehemaliger SAJ-Funktionär und Schriftführer der Hanauer SPD, hatte mit Karl Rehbein und Eduard Schreiber auch dem Vorstand des Hanauer DMV angehört. In Hanau gab es keinen autonomen gewerkschaftlichen Widerstand. Ehemalige Gewerkschaftsfunktionäre handelten als Teil der illegalen Arbeit der jeweiligen Partei. Vom Frühjahr 1934 an wurde das Hanauer Verteilernetz von »neutralen« Zeitschriften, wie »Blick in die Zeit«, »Kurze Pause«, »Entzauberter Kapitalismus«, weiterhin von August Schanz betreut und an eine weiträumigere Struktur im Rhein-Main-Gebiet angegliedert. Im Mittelpunkt der Verteilung stand jetzt die Zeitschrift »Sozialistische Aktion«, die der Exilvorstand der SPD in Prag herausgab. Die vom Exilvorstand geführte Partei wurde in Abgrenzung von der diskreditierten SPD des Sommers 1933 SoPaDe genannt. Einer der übergeordneten Verbindungsleute war Paul Apel in Frankfurt am Main, ehemals Leiter des Reichsbanners Gau Hessen-Nassau. Bevorzugte Treffpunkte waren neben Hanauer Wohnungen bestimmte Frankfurter Cafés, vor allem das Café Metz, das der ehemalige SPD-Reichstagsabgeordnete und Vorstandsmitglied des DMV, Franz Metz, betrieb. Neben August Schanz und seinem Bruder Karl Schanz standen der Schriftsetzer Friedrich Schien, der Mechaniker Erwin Rieger und der Redakteur der verbotenen »Volksstimme« Hans

100 Flämig, Hanau im Dritten Reich, Bd. 2, S. 63.
101 Ebd., S. 76.
102 Klein, Regierungsbezirk 1933–1936, Bd. 1, S. 323; Klein, Geheime Staatspolizei 1933–1936, S. 93, 277.

Kargl in vorderster Reihe. Die meisten Verbindungen entstanden dank der gemeinsamen Zugehörigkeit zum verbotenen Reichsbanner, zur Eisernen Front, zu früheren sozialdemokratischen Nebenorganisationen wie der SAJ und durch gemeinsame Gewerkschaftsarbeit. Da die »Sozialistische Aktion« als Dünndruck geliefert wurde, gab es zur unauffälligen Weitergabe gute Möglichkeiten. Heinrich Emmerich, Zigarrenhändler in Kesselstadt, versteckte etliche Exemplare in Zigarettenschachteln. Neben der »Sozialistischen Aktion« kamen auch Flugblätter in Umlauf sowie getarnte politische Schriften. So wurde das »Prager Manifest« des Exilvorstandes vom Januar 1934 mit vorübergehend als passend erachteten revolutionären Positionen der Partei unter dem Titel »Die Kunst des Selbstrasierens. Neue Wege männlicher Kosmetik« verbreitet. Nach einem Gestapobericht vom November 1935 konnten durch die Verteilerarbeit im Rhein-Main-Gebiet die einzelnen Bezirke der SPD regelrecht neu organisiert werden. Frankfurt, Offenbach und Hanau waren jeweils ein Bezirk; zum Bezirk Wiesbaden gehörte der Main-Taunus-Kreis.[103] Die illegale Arbeit der SPD war durchweg auf die eigenen Kader ausgerichtet, eine Außenwirkung des Widerstandes wurde nicht angestrebt. Der Kern der Parteimitgliedschaft sollte gestärkt und für den Fall der Fälle bereitgehalten werden. Rückschläge durch Unachtsamkeit, Spitzel oder Denunziation ließen sich trotzdem nicht vermeiden. Im April 1936 wurden die Mitglieder der Gruppe um August Schanz verhaftet. Der Sekretär der Eisenbahnergewerkschaft Oskar Jetschmann nahm sich nach den erlittenen Misshandlungen im Laufe des Ermittlungsverfahrens am 1. Mai 1936 im Hanauer Untersuchungsgefängnis das Leben. Am 17. Juli 1936 begann in Kassel der Prozess gegen 17 Hanauer Sozialdemokraten. Angeklagt waren der Schlosser August Schanz (33), die Hausfrau Elise Schanz (31), der Goldarbeiter Georg Schanz (60), der Mechaniker Erwin Rieger (41), der Former Gustav Löffert (26), der Zigarrenhändler Heinrich Emmerich (26), der Hilfsarbeiter Otto Eckhardt (52), der Lehrer August Seibel (51), der Schuhleistenmacher Wilhelm Henne (36), der Goldarbeiter Eduard Schreiber (60), der Redakteur Hans Kargl (52), der Arbeiter Georg Möller (61), der Schlosser Heinrich Pfarr (31), der Buchhalter Max Dietrich (37), der Kaufmann Moritz Hermann (49), der Schriftsetzer Friedrich Schien und die Hausfrau Lina Beilstein (39).[104]

Den Kern der Anklage »wegen Vorbereitung eines hochverrätereichen Unternehmens« bildete – wie schon bei dem 88er-Prozess 1935 – das Bestreben, »einen organisatorischen Zusammenhalt herzustellen«. Die Ermittlungsbehörde scherte sich nicht um die sozialdemokratischen Abgrenzungsbestrebungen gegenüber der KPD. Sie erblickte das Endziel der illegalen Aktivitäten im gewaltsamen Sturz der NS-Regierung und in der Errichtung eines »marxistischen Reiches« in Einheitsfront mit der KPD. (Dok. 197) Der Hauptangeklagte August Schanz wurde zu drei Jahren Zuchthaus verurteilt, Georg Schanz und Wilhelm Henne zu drei Jahren Gefängnis und Hans Kargl zu einem Jahr Gefängnis. Auch die

103 Klein, Geheime Staatspolizei, 1933–1936, S. 509.

104 Flämig, Hanau im Dritten Reich, Bd. 2, S. 77. In den Klammern ist das Alter der Angeklagten angegeben.

übrigen Angeklagten erhielten Gefängnisstrafen.[105] Der Lehrer August Seibel erhängte sich während der Haft in Hannover. Gustav Löffert, der Former aus der Gießerei Wilhelma, wurde während des Zweiten Weltkrieges ins Strafbataillon 999 versetzt und dort im Einsatz getötet.[106] In abgetrennten Verfahren, aber in der gleichen Sache, wurden schon im Mai 1936 der Kraftfahrer Georg Grein, der Schreiner Hermann Leipold und der parteilose Zementarbeiter Ludwig Schäfer abgeurteilt. Grein war von Mai 1930 bis Mai 1933 Leiter der Hanauer Verwaltungsstelle des freigewerkschaftlichen Verkehrsbundes. Leipold war bis zur Gleichschaltung Kassierer in der Ortsverwaltung des Deutschen Holzarbeiter-Verbandes und ebenfalls Kassierer in der Hanauer Ortsgruppe der »Kinderfreunde«.[107] Da Paul Apel schon im Juni 1935 verhaftet worden war und in diesem Zusammenhang die illegalen SPD-Bezirke Frankfurt und Main-Taunus aufgerollt wurden, arbeitete der Vertreterkreis in Hanau längere Zeit noch selbständig weiter. Apel musste acht Jahre im Zuchthaus verbringen und blieb bis zum Ende des Kriegs im KZ.[108] Jean Mahr, Sekretär in der Langenselbolder Zahlstelle des Baugewerksbundes, arbeitete illegal mit Frankfurter Sozialdemokraten zusammen und wurde deswegen zu 15 Monaten Gefängnis verurteilt.[109] Der Kaufmann Heinrich Ditter, 1926 in Langendiebach Begründer des Reichsbanners Schwarz-Rot-Gold, arbeitete in Offenbach in der Illegalität. Er wurde mit 30 weiteren Angeklagten, von denen mehrere in der Firma Naphtol-Chemie eine Widerstandsgruppe gebildet hatten, in Darmstadt zu 18 Monaten Gefängnis verurteilt. Ditter erhielt nach seiner Freilassung zudem die Auflage, Hanau, Langendiebach und Offenbach nie mehr zu betreten.[110]

Wirtschaftliche Entwicklung und soziale Lage der Arbeiterschaft in der Phase der Hochrüstung 1936–1939

Die Rüstungsausgaben stiegen von 1935 bis 1939 um das Fünffache auf 30 Milliarden Reichsmark. Deutschland holte innerhalb von sechs Jahren die anderen Großmächte sowohl bei der Heeresrüstung als auch bei der Luftwaffe ein. Auf die Lebensbedürfnisse der Bevölkerung wurde dabei keine Rücksicht genommen. Der Anteil des Konsums am Bruttosozialprodukt sank von 72 Prozent (1935) auf 54 Prozent (1939). Die Sozialausgaben wurden von 1932 bis 1937 um 75 Prozent gesenkt.[111]

105 Ebd., S. 80.
106 Hanauer Hefte 2, S. 56.
107 Dokumentationsarchiv des Deutschen Widerstandes Frankfurt am Main, AN 916, Anklageschrift.
108 Bromberger, Nieder mit Hitler!, S. 81.
109 Hanauer Hefte 2, S. 46.
110 Flämig, Hanau im Dritten Reich, Bd. 2, S. 76. Nach seiner Entlassung wurde Ditter wieder illegal tätig und wiederholt abgeurteilt. Im Krieg zog er sich im Strafbataillon 999 eine schwere Verwundung zu.
111 Mason, Sozialpolitik, S. 210, 232; Deppe, Deutsche Gewerkschaftsbewegung, S. 361.

An der Schwelle der Hochrüstung stand der im September 1936 verkündete Vierjahresplan. Das Planziel war die schwerpunktmäßige Mobilisierung aller Ressourcen und Produktionskräfte, vor allem die Förderung und Verarbeitung heimischer Rohstoffe und der Ausbau der chemischen Industrie zur Herstellung synthetischer Werkstoffe (Kautschuk, Benzin). Der Vierjahresplan war keine Planwirtschaft im eigentlichen Sinn des Wortes, da die kapitalistische Wirtschaftsstruktur nicht angetastet wurde. Die staatlichen Eingriffe führten vielmehr zu einer bis dahin nicht gekannten Verschmelzung von staatlichen und wirtschaftlichen Führungsinstanzen und zu einem wachsenden Einfluss einzelner Großunternehmen, wie der IG Farben, auf die staatliche Wirtschaftspolitik.[112]

Die Gewinne der Großunternehmen und Konzerne stiegen sprunghaft an. Die großen Aktiengesellschaften konnten ihren Reingewinn schon von 1933 bis 1936 mehr als vervierfachen. Der Anteil der Gewinne am Volkseinkommen nahm vom 1,8 Prozent 1928 auf 4,9 Prozent im Jahr 1938 zu.[113] Durchschnittlich um 5,1 Prozent reduziert wurde hingegen zwischen 1928 und 1938 das Bruttojahreseinkommen der Arbeiterschaft, obwohl die Zahl der Lohnabhängigen in diesem Zeitraum sich um 25,6 Prozent erhöhte und die industrielle Produktion sogar um 41,1 Prozent stieg. Entsprechend sank die Lohnquote, der Anteil der Bruttoeinkommen aus unselbständiger Arbeit am Volkseinkommen, von 60,3 Prozent im Jahr 1928 auf 54,9 Prozent 1938.[114]

Im Sommer 1936 bot die Hanauer Wirtschaft das Bild einer langsamen Aufwärtsentwicklung aus dem Tal der Weltwirtschaftskrise. Arbeiteten in der Eisen- und Metallindustrie Mitte 1933 1420 Menschen, waren es jetzt 2170,. In der elektrotechnischen Industrie wuchs die Zahl der Beschäftigten von 315 (1933) auf 434 (1936), in der Kautschukindustrie von 2900 auf 3640. Erstaunlich erfolgreich war die Edelmetallindustrie, in der gegenüber 350 Gold- und Silberarbeiter im Jahr 1933 jetzt 1500 Menschen Beschäftigung fanden. Zu einer unverhofften Blüte kam auch die Diamantverarbeitung. Gegenüber 250 Schleifern Mitte 1933 waren in dieser Branche Mitte 1936 in der Stadt in 25 Betrieben 598 Diamantarbeiter beschäftigt, im Landkreis in 56 Werkstätten 723. Nach dem beispiellosen Zusammenbruch des Bauwesens in der Wirtschaftskrise, als in der Holzverarbeitung 1933 nur noch 100 Menschen Arbeit fanden, stieg die Zahl der in dieser Branche Beschäftigten bis 1936 auf 790.[115]

Auch die Zahl der Pendler nach Hanau wuchs. 1931 wurde sie auf 4000 geschätzt. 1936 kamen 5173 Menschen, nahezu ein Drittel der 15 540 Beschäftigten, von auswärts zur Arbeit, die allermeisten aus dem Landkreis Hanau, vor allem

112 Thamer, Deutschland 1933–1945, S. 486ff.

113 Deppe, Deutsche Gewerkschaftsbewegung, S. 363.

114 Hachtmann, Industriearbeit, S. 135.

115 Klemt, Hermann, Die Stadt Hanau und ihr Umland in ihren wechselseitigen Beziehungen. Eine geographische Untersuchung, Frankfurt am Main 1940, S. 16f.; im Weiteren: Klemt, Hanau und Umland. Die Zahlen in der Darstellung basieren auf dem Material des Bezirksarbeitsamtes Hanau vom 31. Juli 1936; Die Zahlen für 1933 stammen aus der Volks-, Berufs- und Betriebszählung vom 16. Juni 1933. Statistik der Deutschen Reiches, Bd. 465, Heft 10, Berlin 1935, S. 28ff.

aus Großauheim, Langenselbold und Langendiebach. Im Landkreis Offenbach waren Steinheim und Klein-Auheim beschäftigungsmäßig besonders stark an Hanau angebunden.[116]

Die vielseitige Industrie Hanaus wurde schrittweise in die Rüstungsproduktion einbezogen. Den Platinschmelzen Heraeus und Siebert fiel in der Ersatzstoffherstellung und Materialveredelung eine wichtige Rolle zu. Von 1936 an wurden in beiden Firmen bauliche Erweiterungen durchgeführt. 1937 eröffnete Heraeus ein neues Quarzglaswerk, im Frühjahr 1939 wurde ein neues Forschungslaboratorium eingeweiht. 1939 fanden in den beiden Fabriken fast 2000 Beschäftigte eine Anstellung (1200 bei Heraeus, 770 bei Siebert). 1936 waren es noch 1065 gewesen. Auch die Vacuumschmelze, die für die elektrotechnische und die chemische Industrie Speziallegierungen herstellte, expandierte und beschäftigte bei Kriegsbeginn 640 Menschen. 1928 waren es 130. Die Dunlop-Reifenfabrik stellte von 1929 bis 1939 über 2000 neue Beschäftigte ein und war an der Schwelle des Krieges mit 4000 Belegschaftsmitgliedern das größte Hanauer Unternehmen. Die Gummischuhfabrik, die nach der »Arisierung« im April 1938 in eine Aktiengesellschaft umgewandelt worden war, expandierte weiter. 1939 zählte sie 1200 Beschäftigte und nahm im Export eine wichtige Rolle ein.[117] Zu den Großbetrieben gehörte auch die Großauheimer elektrotechnische Fabrik Brown Boveri & Co. mit (1938) 1600 Beschäftigten. (Dok. 199) Auch traditionsreiche kleinere Maschinenfabriken, wie etwa Bracker, Pelissier oder die Gießerei Wilhelma, erweiterten ihre Produktion. Der Spanplattenhersteller Traxel spezialisierte sich auf die Verarbeitung heimischer Hölzer und brachte es 1939 auf 330 Beschäftigte (1928 etwa 100).[118] Der Aufstieg der Kunstlederwerke in Wolfgang erfolgte im Zuge der Eingliederung in den Degussa-Konzern im Herbst 1933. Der krisengeschüttelte Betrieb mit 40 bis 50 Beschäftigten erweiterte bis 1936 seine Belegschaft auf 226 und bis 1938 sogar auf 550. In den 30er Jahren lief hier die Zulieferung für die Reichsbahn und für die Automobilherstellung auf Hochtouren.[119] Vom Oktober 1936 bis September 1938 wurde in Wolfgang vorübergehend auch eine Fabrikationsstätte der Firma Dynamit AG (Troisdorf) in Betrieb genommen Die Umstellung auf die Kriegproduktion und die Anpassung an die

[116] HA Nr. 102, 2.5.1931; Klemt, Hanau und Umland, S. 38ff. Die Auswertung des Autors erfolgte aufgrund der Mitgliedskartei der DAF-Kreiswaltungen in Hanau und Offenbach.

[117] Zu den Beschäftigtenzahlen vor Kriegausbruch: E. Bernhardt, Industriestandort Hanau. Bedeutung und Grundlagen. Ein Kurzbericht, Hanau o.J.; zu den Beschäftigtenzahlen 1928: Wilhelm Keller, Hanau. Ein wirtschafts- und siedlungsgeographischer Versuch, Frankfurt am Main, 1928 [Diss. masch. schr.]; zu den Beschäftigtenzahlen 1936: Klemt, Hanau und Umland, S. 16f.; zur Erweiterung von Siebert: HA Nr. 298, 21.12.1936; zur Erweiterung von Heraeus: HA v. 1.3.1937; HA Nr. 60, 11.3.1939; zur Erweiterung bei der Vacuumschmelze: HA v. 12.12.1938; zur Arisierung der Gummischuhfabrik Westheimer: StAH, B2, Beigeordnetengespräche 25.4.1938; Magistrat der Stadt Hanau (Hg.), Dokumente des Lebenswillens einer Stadt, Hanau 1951.

[118] Frankfurter Volksblatt v. 6.1.1938.

[119] Rolf Hohmann, Wolfgang. Geschichte einer Industriegemeinde. Eine Dokumentation der Degussa AG Zweigniederlassung Wolfgang, Hanau 1987.

Bedürfnisse der Aufrüstung erwies sich als ein glänzendes Geschäft. Allein der Gewinn der W.C. Heraeus GmbH stieg von 1933 bis 1938 um 460 Prozent, von 275 000 auf 1,5 Millionen Reichsmark.[120]

Für den Aufschwung auf dem Hanauer Bausektor sorgte in der 2. Hälfte der 30er Jahre der Bau von Kasernen und militärischen Anlagen. Nach den Jahren der Entmilitarisierung in der Weimarer Republik wurde Hanau als Garnisonsstadt in ein regelrechtes Militärlager verwandelt. Die Kehrseite der Medaille bildete der drückende Wohnungsmangel. Allein in der Stadt Hanau fehlten bei Kriegsbeginn etwa 700 preiswerte Wohnungen; sechs- bis siebenköpfige Familien hausten oft in ein oder zwei, höchstens in drei Zimmern. Im Schatten der wirtschaftlichen Kriegsvorbereitungen war die Wohnungsmisere reichsweit charakteristisch. Anfang 1938 existierten knapp eineinhalb Millionen Haushaltungen ohne selbständige Wohnung, das Wohnungsdefizit hat sich gegenüber 1929 fast verdreifacht.[121] Die 1938 erfolgte Gründung einer gemeinnützigen Wohnbaugesellschaft in Hanau änderte daran nichts. Die Unternehmer versprachen ihre Unterstützung, da die hohe Zahl der Pendler auch dem Wohnungsmangel am Ort geschuldet war.[122] Die »Lösung der Wohnungsfrage« wurde auf die Zeit nach einem siegreichen Krieg vertagt.

Die Rüstungskonjunktur und die im März 1935 wieder eingeführte allgemeine Wehrpflicht führten zu einer Verknappung der Arbeitskräfte. Der Mangel, der 1934 zuerst in der Metallindustrie auftrat und vorwiegend den Bedarf an Facharbeitern betraf, weitete sich bis 1939 auch auf Produktionsbereiche außerhalb der Rüstung aus und umfasste vor Kriegsausbruch sogar an- und ungelernte Kräfte. Die Ideologen der Nazis fanden jetzt sogar an der industriellen Frauenarbeit wieder Geschmack, was sich auch in der Lockerung der Voraussetzungen des Ehestandsdarlehens zeigte. Seit 1937 bekamen diese Vergünstigung junge Ehepaare auch dann, wenn die Frau ihren Arbeitsplatz weiterhin beibehielt. Die veränderte Situation eröffnete nach den Jahren der Ohnmacht Spielräume zur Durchsetzung partieller Verbesserungen. Tarifunterschreitungen ließen die Treuhänder der Arbeit in Anbetracht der Verteuerung von lebenswichtigen Konsumgütern seit 1936 nur noch in Ausnahmefällen zu. Nicht selten offerierten konkurrierende Unternehmen, vor allem im Rüstungsbereich, »Locklöhne«, und es kam sogar zu »echten« Lohnerhöhungen.[123]

Der Staat versuchte der Steigerung der Effektivlöhne, vor allem im Baugewerbe und im Metallsektor, mit Einschränkungen der freien Arbeitsplatzwahl entgegenzuwirken. Im Bereich der Metallwirtschaft wurde am 1. Februar 1937 der Arbeitsstellenwechsel aller Metallarbeiter, auch innerhalb eines Bezirks, von der Zustimmung des zuständigen Arbeitsamtes abhängig gemacht. Der staatli-

120 Ebd.; Ralf Schrank, Heraeus – Ein Familienunternehmen schreibt Industriegeschichte. Von der Einhorn-Apotheke zum Weltkonzern, München / Zürich 2001, S. 125; im Weiteren: Schrank, Heraeus.

121 Hachtmann, Industriearbeit, S. 283.

122 HA v. 14.7.1938; HA v. 21.7.1938.

123 Hachtmann, Industriearbeit, S. 113ff.

che Zugriff machte auch vor der innerbetrieblichen Entscheidungsgewalt der Unternehmer nicht halt. Mit der Lohngestaltungsverordnung vom 25. Juni 1938 wurde das Prinzip der einzelbetrieblichen Lohnfestsetzung, einer der Grundpfeiler des »Arbeitsordnungsgesetzes«, für die »Zeiten des Vierjahresplanes und der Wehrhaftmachung« außer Kraft gesetzt. Neuerlassene Betriebsordnungen mussten den Treuhändern zur Genehmigung vorgelegt werden. Nahezu alle Aspekte des Arbeitsverhältnisses wurden unter die Aufsicht der Reichstreuhänder der Arbeit gestellt und damit aus dem arbeitsrechtlichen in den strafrechtlichen Raum gehoben.[124] In vielen Fällen konnten sich die Treuhänder gegen die »Betriebsführer« nicht durchsetzen. Besonders während des Krieges wurden ihre lohnpolitischen Anordnungen oft ignoriert.[125] Im Durchschnitt stieg der Stundenlohn in der Industrie zwischen Juni 1938 und Juni 1939 um fünf Prozent, der Wochenlohn durch Zulagen um fast neun Prozent.[126]

Eine bedeutende Rolle für das Ansteigen der tatsächlichen Verdienste spielten die Arbeitszeitverlängerung und die übertariflichen Leistungen, welche die Betriebe im Kampf um Arbeitskräfte ihren »Gefolgschaftsmitgliedern« gewährten. Die Arbeitszeitordnung vom 26. Juli 1934 erlaubte den Treuhändern der Arbeit, die Arbeitszeit weit über acht Stunden pro Tag hinaus zu verlängern. Die Arbeitszeitordnung vom 30. April 1938 erweiterte die bereits bestehenden Ausnahmeregelungen noch erheblich, obwohl der Achtstundentag weiterhin als die rechtliche Grundlage galt. Das Einkommen aus Überstunden, Sonn-, Feiertags- und Nachtarbeit erlangte wachsende Bedeutung, obgleich in weiten Teilen der Industrie die Bedingungen für die Bezahlung der Mehrarbeit verschlechtert worden waren. Einen gewissen Ausgleich brachte die Bezahlung der gesetzlichen Feiertage seit Ende 1937. In der Metallverarbeitung hatte sich die Zahl der Überstunden 1938 gegenüber Ende 1928 zum Teil mehr als verdoppelt.[127] Waren insbesondere im Dienstleistungs- und Baugewerbe tariflich festgelegte wöchentliche Arbeitszeiten von 58 bis 60 Stunden schon vor 1938 keine Seltenheit, fand die 60-Stunden-Woche, etwa im Flugzeugbau, ab 1938 auch in die Metallindustrie Eingang.[128] Die physische und psychische Leistungsfähigkeit der Arbeiterschaft stieß in manchen Bereichen schon vor Kriegsausbruch an ihre Grenzen. Bei Kriegsbeginn lagen die wöchentlichen Nettorealeinkommen dennoch unter dem Niveau des Jahres 1929 ohne Berücksichtigung der längeren Arbeitszeiten und des höheren Arbeitstempos. Nur die Bruttoverdienste qualifizierter Metallarbeiter erreichten infolge drastisch ausgeweiteter Arbeitszeiten Mitte 1938 wieder das Niveau vom Oktober 1928.[129] Im Maschinen- und Apparatebau lag das monatliche Arbeitnehmereinkommen 1938 im Durchschnitt zwischen 190 und 200 RM.[130] Bei der Firma Brown, Boveri & Co. arbeiteten im gleichen Jahr Hilfsarbeiter für einen Netto-Monatslohn von 80 bis 120 RM. Das wöchentliche Existenzminium lag für

124 Ebd., S. 114ff., 118.
125 Mason, Sozialpolitik, S. 293, 320.
126 Mason, Sozialpolitik, S. 294f.
127 Hachtmann, Industriearbeit, S. 52, 124.
128 Ebd., S. 325; Mason, Sozialpolitik, S. 280.
129 Hachtmann, Industriearbeit, S. 125, 158.

eine erwachsene Person nach Berechnungen der DAF bei 45,45 RM. Mit Recht fragte der DAF-Obmann des Betriebs, wie die Familie eines Hilfsarbeiters bei dieser Entlohnung überleben solle.[131] (Dok. 199)

Durch den Arbeitskräftemangel erhielt die betriebliche Sozialpolitik besondere Bedeutung. Die Leistungen konnten allgemeiner Art sein, wie eine neue Betriebsküche, Wasch- und Garderobenraum, Lehrlingswerkstatt, Sportplatz und »Kameradschaftshaus«, oder monetäre Formen annehmen, wie bezahlter Sonderurlaub, Beihilfe, Weihnachtsgratifikation, Altersvorsorge. Allgemein galt für die finanziellen Zuwendungen der Unternehmer, dass sie Geschenkcharakter hatten, also rechtlich nicht einklagbar waren, und dennoch der Lohnsteuerpflicht unterlagen. Die großen Hanauer Firmen wie Dunlop oder Heraeus verfügten schon während der Weimarer Republik über vielfältige soziale Einrichtungen: Sportmannschaften, Werkkapellen, Werkbüchereien, Tanzgruppen, Chöre. Seltenheitswert unter den betrieblichen Wohltaten hatte die Gewinnbeteiligung für die Belegschaft im Heraeus-Werk. Solche Zuwendungen der Unternehmer waren unter den Nazi-Ideologen umstritten, da der Stand der Unternehmer und der Arbeiterstand sauber auseinander gehalten werden sollte.[132] Es war in Unternehmerkreisen beliebt, die Großtaten der betrieblichen Sozialpolitik am 1. Mai festlich zu präsentieren. Am Feiertag der »deutschen Arbeit« 1938 bekam ein Viertel der Gefolgschaftsmitglieder von Heraeus als Belohnung eine »Sonderzulage«, wie am 3. Dezember der »Hanauer Anzeiger« berichtete. Arbeitern mit einer 25-jährigen Tätigkeit im Unternehmen wurde ein dreiwöchiger Urlaub gewährt, nach zwanzig Jahren im Betrieb wurde ihr Urlaub um drei Tage verlängert.

Der sozialpolitischen Propaganda setzte 1938/39 die »Volkswagen-Kampagne« der KdF die Krone auf. 1938 errichtete das Deutsche Reich aus geraubtem Gewerkschaftsvermögen und DAF-Beiträgen das »Volkswagenwerk« in Wolfsburg. Volkswagen-Kolonnen zogen im Herbst des Jahres durchs Land und propagierten die »Sparaktion« zum Erwerb der 990 RM teuren Autos, die am 20. November 1938, wenige Tage nach dem Juden-Pogrom, auch in Hanau zu bestaunen waren.[133] In den Zeitungen erschienen Anleitungen zum Sparen. Manche Unternehmer, wie der Direktor des »Musterbetriebs« Hofbrauhaus, kreditierten ihrer Gefolgschaften einen »Betriebswagen«.[134] Hunderttausende fielen diesem Schwindel zum Opfer. Mit dem Kriegsausbruch wurde die Auslieferung der Wagen auf die Zeit nach dem Krieg verschoben, mit den Spargeldern produzierte das Volkswagenwerk etwa den berühmten »Kübelwagen« für die Wehrmacht.

Mit dem Funktionsverlust der Vertrauensräte gewann der DAF-Betriebsobmann als Beauftragter der NSDAP im Betrieb an Einfluss. (Dok. 199) Von ihm erwartete die Partei, dass er bei gleichzeitiger Gesinnungskontrolle wenigstens den Anschein einer Vertretung von Arbeitnehmerinteressen erwecke. In der Praxis bedeutete das, eine Art Mischwesen aus Spitzel und Vertrauensmann zu sein. Im

[130] Ebd., S. 151.
[131] Ebd., S. 278.
[132] Hachtmann, Industriearbeit, S. 271f. Der Grüne Weg, April 1943.
[133] HA Nr. 272, 21.11.1938.
[134] HA Nr. 10, 12.1.1939; HA Nr. 67, 20.3.1939.

Hier werden die ersten Volksgasmasken in Hanau verpaßt Aufn. Heim

Hanau, Ausgabe von Gasmasken, Oktober 1938

Mai 1938 wurde, nach entsprechender Empfehlung der Gestapo, der Betriebsobmann von Dunlop von seinem Posten abgesetzt, weil die Arbeiter in ihm gegenüber der Direktion nicht mehr die nötige Stütze erblickten.[135] Zur Unterstützung des Betriebsobmanns wurden von der DAF aus Parteimitgliedern der jeweiligen Betriebe die »Werkscharen« gebildet.[136]

Zu keinem Zeitpunkt verlor das Regime sein Misstrauen gegen die Bevölkerung und insbesondere die Arbeiterschaft. Auf allen Ebenen wucherte das Berichtswesen über die »Stimmung« im Lande. Wie der Betriebsobmann seinen DAF-Oberen über das Betriebsleben berichten musste, so informierte die NS-Kreisleitung regelmäßig die Gauleitung über die Stimmungslage in der Bevölkerung. Der Stimmungsbericht über den Stadt- und Landkreis Hanau für Juni und Juli 1939, in dem sich kritische Töne mit der Feststellung unerfreulicher Tatsachen mischen, präsentiert das Bild einer schlecht gelaunten, mit seinen betrieblichen und außerbetrieblichen Lebensumständen unzufriedenen Einwohnerschaft, und das wenige Monate vor dem geplanten Krieg. (Dok. 201)

Die Arbeiterschaft zwischen Resignation und Widerstand 1936–1939

Im Laufe der Jahre führte der tagtägliche Terror, der mit der Vernichtung der Arbeiterorganisationen erst angefangen hatte, zu einer tiefgreifenden Schwächung der Solidarität. Die lohnordnenden Maßnahmen in Gestalt der betrieblichen und regionalen Lohndifferenzierung oder des Leistungslohns und des damit zusammenhängenden Prämiensystems taten ein Übriges. Die Vereinzelung der Arbeiter wurde von der Entpolitisierung begleitet, vom Rückzug ins Private.

135 HHStAW, 483/46656, Bl. 25ff.
136 Ebd., 483/1327.

Der Erfahrungsaustausch untereinander und die Analyse der Erfahrungen im gesellschaftlichen Zusammenhang, wozu die Organisationen der Arbeiterbewegung früher einen Rahmen geboten hatten, waren nicht mehr möglich. Der Arbeiter war dem Wohlwollen der Arbeitgeber ausgeliefert; sein Weltbild wurde von der Nazipropaganda geliefert. Ende der 30er Jahre rückte eine Generation junger Arbeiter in die Betriebe ein, die ihre politische Sozialisation bereits vorwiegend im Dritten Reich erfahren hatte. Nicht selten verschwiegen die Eltern gegenüber den Kindern ihre politischen Erfahrungen aus der Zeit vor 1933.

Das allmähliche Verschwinden der Arbeitslosigkeit förderte die Anpassung an das Regime. Viele Beschäftigte fanden zum ersten Mal in ihrem Leben einen festen Arbeitsplatz. Eine Art Zusammengehörigkeitsgefühl erzeugten auch die außenpolitischen Erfolge der Regimes, die Rückkehr des Saarlandes, die Rheinlandbesetzung, der Anschluss Österreichs und die Besetzung des Sudetenlandes, zumal diese Schritte von der ausdrücklichen oder doch stillschweigenden Billigung der Großmächte und nicht endenden Friedenstiraden Hitlers begleitet wurden. Die Ergebnisse der so genannten Reichstagswahl am 29. März 1936 spiegeln diesen Prozess: Bei 67 801 Ja-Stimmen im Stadt- und Landkreis Hanau für die alleinig kandidierende NSDAP wurden 426 Stimmzettel als Verneinng oder ungültig gewertet. Im August 1934, anlässlich der Volksabstimmung über die Vereinigung der Ämter des Reichspräsidenten und des Reichskanzlers in der Person Hitlers, stimmten noch 6233 dagegen.[137]

In der Zeit der Vollbeschäftigung und des Arbeitkräftemangels eröffneten sich für die Arbeiterschaft gewisse Möglichkeiten, ihre Interessen entweder durch individuellen Arbeitsplatzwechsel oder durch gemeinschaftliche innerbetriebliche Aktionen, wie die »Akkordbremsen«, durchzusetzen. Es kam sogar zu kurzen, einige Stunden andauernden Arbeitsniederlegungen, so zum Beispiel Mitte Dezember 1936 in der Ziegelei Schütz in Ostheim.[138] Die Terrororgane der Nazis witterten hinter solchen Vorgängen, die sie als Leistungszurückhaltung oder »Bumelantentum« bezeichneten, gerne marxistische Umtriebe, umso mehr, als die KPD seit 1936/37 und die SPD seit Anfang 1939 die Losung »Wie der Lohn – so die Leistung« ausgegeben hatten.[139] Nicht selten stand hinter solchen Aktionen jedoch nichts anderes als physische Erschöpfung durch ständige Überarbeitung.

Trotz der schweren Verluste in den ersten Jahren hielt der politische Widerstand der Arbeiterparteien weiter an. Die Zahl der Verhafteten, die 1936 mit 15 000 Verhaftungen den höchsten Stand erreicht hatte, sank aber allmählich.[140] Im August 1935 wurden in Kassel erneut drei Hanauer Kommunisten zu Zuchthaus- und Gefängnisstrafen verurteilt, die Flugblätter verteilt oder an auffälligen

137 HA Nr. 193, 20.8.1934; HA Nr. 76, 30.3.1936; HA Nr. 77, 31.3.1936.
138 HHStAW, 483/773.
139 Zitiert nach: Hachtmann, Industriearbeit, S. 376, Anm. 194.
140 Merson, Widerstand, S. 189.

Stellen Aufschriften mit dem Text »KPD lebt!« angebracht hatten.[141] Beunruhigender für die Nazis waren die Nachrichten über neue kommunistische Zellen in kriegswichtigen Großbetrieben, über die der Regierungspräsident in Kassel im Januar 1936 berichtete.[142] Neuen Auftrieb gab der Arbeiteropposition der Sieg der Volksfront in den Wahlen Anfang 1936 in Spanien und in Frankreich. Polizeidirektor und Landrat Löser berichtete im Februar 1936 von Gesprächen über Einheitsbestrebungen zwischen Kommunisten und Sozialdemokraten sowie von regem Verlangen nach neuen Informationen an den Zeitungskiosken und in den Buchhandlungen.[143]

5000 deutsche Emigranten, vorwiegend Kommunisten, eilten zusammen mit den Kämpfern anderer Nationen nach dem Putsch von General Franco im Sommer 1936 zur Verteidigung der spanischen Republik. Sie kämpften dort gleichzeitig gegen den deutschen Faschismus, der der rechten Soldateska mit dem Einsatz der »Legion Condor« und massiven Materiallieferungen tatkräftige Waffenhilfe angedeihen ließ. Etwa 3000 deutsche Antifaschisten ließen im spanischen Bürgerkrieg ihr Leben.[144] Auch Hanauer Antifaschisten fehlten nicht bei den Fronteinsätzen der Internationalen Brigaden. Johann Heilmann und Wilhelm Schad, Leiter der Hanauer RFB kämpften mit. Richard Seibel, Former in der Marienhütte in Großauheim und Leiter des illegalen RFB Westdeutschlands, fiel bei einem Einsatz des »Thälmann-Bataillons« am 19. Dezember 1936.[145] Dank der Unterstützung der spanischen Republikaner konnte Anfang 1937 der antifaschistische »Freiheitssender« am Rande Madrids seine Sendungen auf Kurzwelle 29,8 aufnehmen und so neben BBC London und Radio Moskau vom Naziapparat unterdrückte Informationen an die deutsche Opposition leiten.[146]

1937 kam die Gestapo in mehreren Orten um Hanau der politischen Untergrundarbeit auf die Spur. In Langenselbold wurden im Juli mehrere Kommunisten verhaftet und Ende September vor Gericht gestellt.[147] In Bruchköbel wurde Mitte September eine kommunistische Widerstandsgruppe aufgedeckt und den Beteiligten Ende November in Kassel der Prozess gemacht. Mehrere von ihnen waren schon im 88er-Prozess verurteilt worden.[148] Die größte Verhaftungswelle folgte im Oktober 1937 in Langendiebach. Unter den 17 Sozialdemokraten, die wegen illegaler Arbeit für die verbotene SPD verhaftet und zu Gefängnisstrafen verurteilt wurden, befanden sich der Milchhändler Jean Friedrich Lißmann, der seinerzeit der erste SPD-Abgeordnete im Hanauer Kreistag gewesen war, Wil-

141 Es handelte sich um Eduard Burghard und die zwei Jungkommunisten Adam und Otto Heiliger. Vgl.: Klein, Regierungsbezirk 1933–1936, Bd. 2, S. 426.

142 Ebd., S. 688.

143 Ebd., S. 716.

144 Merson, Widerstand, S. 195.

145 VVN-Bund der Antifaschisten, Kreisvereinigung Main-Kinzig (Hg.), Gedenkbuch. Vom Naziterror verfolgte Kinder, Frauen und Männer im Main-Kinzig-Kreis 1933–1945, Hanauer Hefte 3, o.O., 1990; im Weiteren: Gedenkbuch.

146 Bromberger, Nieder mit Hitler!, S. 97f.

147 Peter Häfner, Friedrich Schultheis, Ernst Springer; vgl.: Gedenkbuch.

148 Karl Ruth und der Kupferschmied Philipp Baumann waren früher bei Heraeus beschäftigt, Heinrich Stroh, Kurt Haas, Philipp Wörner waren Diamantschleifer, Erna Haas Hausfrau. Vgl.: Hanauer Hefte 2, S. 30; Gedenkbuch.

helm Voller, nach dem Krieg von 1945 bis 1966 Landrat des Landkreises Hanau, der SPD-Ortsvereinsvorsitzende Georg Ebert sowie Karl Mattes, nach dem Krieg hauptamtlicher Stadtrat in Hanau.[149] Ella Schäfer war 1935 schon im 88er-Prozess verurteilt worden.

Zwischen 1936 und 1939 wurden reichsweit 26 931 Kommunisten und 3326 Sozialdemokraten verhaftet.[150] Viele Tausende von ihnen kamen nach der Verbüßung ihrer Strafe oder ohne jegliches Gerichtsurteil in die Konzentrationslager. Nach einem Gestapobericht vom 10. April 1939 wurden 162 734 Männer und Frauen aus politischen Gründen in Konzentrationslagern festgehalten und weitere 139 801 befanden sich in Gefängnissen oder Zuchthäusern, in denen sie auf ihre Prozesse warteten oder Strafen wegen politischer Vergehen verbüßten.[151] Allein von den 1937 verurteilten 17 Langendiebacher Sozialdemokraten wurden vier, Heinrich Ruth jun., Karl Clement, Georg Ebert und Wilhelm Viel, über ihre Verurteilung hinaus bis April 1939 im KZ Buchenwald festgehalten. Wilhelm Mai und Karl Mattes wurden in das KZ Sachsenhausen eingeliefert.[152] Von den Angeklagten des 88er-Prozesses kamen nach ihrer Strafverbüßung elf nach Buchenwald, zwei nach Dachau, zwölf verbrachten ohne Gerichtsurteil teilweise mehrere Jahre im KZ.

Das System der Lager diente bis zum Kriegsbeginn vorrangig zur Eindämmung des illegalen Kampfes, zur Brechung der widerständigen Charaktere. Mit Erstaunen mussten die Machthaber wahrnehmen, dass die Lager dabei selbst Zentren des Widerstandes und Ausgangspunkte weiterer illegaler Aktivitäten wurden, wobei die Gefangenen alle Möglichkeiten ausnutzten, um vorhandene Beziehungen auszubauen oder neue anzuknüpfen. Nicht selten nötigten gerade die mörderischen Existenzbedingungen der Lager die verschiedenen politischen Richtungen der Arbeiterbewegung zum solidarischen Handeln, zu einer praktischen Einheitsfront. Zur Verhinderung solcher Zustände hatte der Regierungspräsident des Bezirks Kassel im März 1936 schon einen Vorschlag parat: »Es müssten somit zwei Arten von Lagern eingerichtet werden, eine für Besserungsfähige, eine andere für Unverbesserliche, damit die Unverbesserlichen nicht die Verbesserlichen völlig verderben.« In die besonderen Lager »gehörten sämtliche füh gehalten werden müssten.[153]

Die Angehörigen von Verhafteten und Verurteilten bekamen kaum Unterstützung, sie waren auf die solidarische Hilfe von Bekannten, der Nachbarschaft oder ihrer Klassengenossen angewiesen. Die Familie des Zimmermanns Karl Ditter aus Langendiebach, Ehefrau und fünf Kinder, bekam sieben RM Unterstützung pro Woche, nachdem der Vater im Februar 1935 verhaftet und im 88er-Prozess zu drei Jahren und drei Monaten Zuchthaus verurteilt worden war. Fett-

149 Flämig, Hanau im Dritten Reich, Bd. 2, S. 76f. und Anm. 34.

150 Klaus Mammach, Die KPD und die antifaschistische Widerstandsbewegung 1933–1939, Berlin 1974, S. 180.

151 Merson, Widerstand, S. 73.

152 Flämig, Hanau im Dritten Reich, Bd. 2, S. 77, Anm. 34; laut »Gedenkbuch« kam Karl Mattes nicht nach Sachsenhausen, sondern nach Dachau.

153 Klein, Regierungsbezirk 1933–1936, Bd. 2, S. 765.

verbilligungsscheine und Kinderbeihilfen wurden ihnen verweigert.[154] Die Familie des Gerüstbauers Karl Hilber aus Gronau, im 88er-Prozess zu einem Jahr und drei Monaten Gefängnis verurteilt, musste mit 1,80 RM Unterstützung pro Woche auskommen.[155]

Für die Entlassung von KZ-Häftlingen aus dem Kreis der Arbeiterbewegung war die politische Beurteilung der Gestapostellen entscheidend. Als Grundlage dienten die regelmäßigen Meldungen der Lagerbehörden. Das bedeutete, dass die politischen Häftlinge auch in diesem Bereich ständiger Bespitzelung ausgesetzt waren. Menschen, die sich nach verbüßter Strafe und Schutzhaft erneut dem Widerstand anschlossen, konnten kaum noch mit einer Entlassung rechnen. So blieb der KPD-Stadtverordnete Heinrich Eckhardt nach der Verbüßung seiner im 88er-Prozess auferlegten Strafe am 25. Mai 1938 bis zum Kriegsende im KZ Buchenwald inhaftiert.[156]

Entlassung, selbst wenn sie schließlich erfolgte, war zunächst vorläufig (»probeweise«) und mit der Auflage regelmäßiger Meldung bei der Polizei verbunden. Polizeiinformanten und Arbeitgeber waren angehalten, geheime Beobachtungen anzustellen. Vor der Gewährung einer Unterstützung oder der Aufnahme einer Arbeit standen schwer zu überwindende Hürden. Bei der Arbeitsvermittlung musste zum Beispiel der Nachweis der Mitgliedschaft in der DAF vorgelegt werden, die meisten verurteilten Teilnehmer des Widerstandes wurden jedoch aus der DAF ausgeschlossen. Auch durften über den Aufenthalt in einem KZ weder mündliche noch schriftliche Angaben gemacht werden. Für das Arbeitsamt war das aber der Anlass, die Arbeitslosenunterstützung wegen »falscher Angaben« abzulehnen.[157] Vor diesem Hintergrund sollte sich der Schlosser Karl Hohmann, der im 88er-Prozess zur Zuchthausstrafe verurteilt und anschließend im KZ Buchenwald festgehalten worden war, glücklich schätzen, dass er nach seiner Entlassung im Mai 1940 in Langenselbold in den Ochsi-Werken unterkam, wo Frau und Tochter arbeiteten.[158]

Der kirchliche Widerstand vor dem Krieg

Nach der Hochstimmung in den ersten Monaten des Machtantritts der Nazis verschlechterte sich das Klima zwischen dem NS-Staat und den Kirchen schon im Laufe des Jahres 1933 in dem Maße, wie das Regime seinen weltanschaulichen Totalitätsanspruch auch in kirchlichen Belangen durchzusetzen trachtete. Die Empörung über die Ausschaltung des politischen Katholizismus und das Verbot der Zentrumspartei Anfang Juli 1933 konnte die Nazi-Führung durch den Abschluss des Reichskonkordats Ende Juli politisch neutralisieren. Durch die

[154] Hanauer Hefte 2, S. 35.
[155] Ebd.
[156] Dokumentationsarchiv des Deutschen Widerstandes, Frankfurt am Main, AN 896. Schreiben der Gestapo Kassel an die NSDAP-Kreisleitung Hanau v. 10.8.1942.
[157] Bromberger, Nieder mit Hitler!, S. 93.
[158] Lebensbild Karl Hohmann, S. 18.

formale Garantie der freien Religionsausübung, den Schutz der katholischen Körperschaften, das Recht zur Verbreitung der Hirtenbriefe und die Erhaltung der Bekenntnisschule sollten die Katholiken über die tatsächlichen Ziele des Regimes getäuscht werden. Der NS-Staat reagierte jedoch auf die Wahrung kirchlicher Rechtsansprüche allergisch und brandmarkte sie als »konkordatswidriges« Verhalten. Deutliche Irritationen löste in katholischen wie in protestantischen Kreisen das »Gesetz zur Verhütung erbkranken Nachwuchses« vom 14. Juli 1933 aus, das in bestimmten Krankheitsfällen die Zwangssterilisierung der betroffenen Personen vorsah. Die dreitägige Gestapohaft des Sturmscharführers der katholischen Jugend, Waldemar Schilling, markierte auch in Hanau das Vorfeld späterer Auseinandersetzungen. Schilling wurde nach seiner Freilassung unter Polizeiaufsicht gestellt.[159]

Ende November 1933 gelang es den Nazis, die katholische Bevölkerung eines ganzen Dorfes im Landkreis Hanau gegen sich aufzubringen, als Pfarrkurat Josef Fröhlich, in der Katholischen Arbeiterbewegung (KAB) und in der katholischen Jugend tätig, aus Oberrodenbach und aus dem Landkreis Hanau ausgewiesen wurde. (Dok. 189) Landrat Löser bescheinigte ihm nazifeindliches Verhalten und ungünstige Beeinflussung der Jugend. Von einem Lehrer angezeigt, verbrachte Fröhlich schon im Juli einige Tage in Gestapohaft.[160] Oberrodenbach gehörte mit 620 Einwohnern zu den Arbeiterwohngemeinden des Kreises.[161] Von den 400 Wahlberechtigten hatten bei den Reichstagswahlen am 5. März 1933 204 dem Zentrum, 111 der SPD und 50 der KPD ihre Stimme gegeben. Die NSDAP fand hier nur 14 Wähler, das schlechteste Ergebnis im ganzen Landkreis.[162]

Die Nazis beschränkten die Aktivitäten der KAB auf das seelsorgerische Gebiet und unterwarfen die Vereine den verschiedensten Schikanen: Die Rechtsauskunft der Arbeitersekretariate wurde unterbunden, das Verbandsorgan »Ketteler Wacht« verboten, ganze Diözesanverbände aufgelöst. Einige der führenden Verbandsvertreter wurden nach dem misslungenen Attentat auf Adolf Hitler am 20. Juli 1944 wegen ihrer Verbindungen zum Kreis der Verschwörer vom Volksgerichtshof zum Tode verurteilt. Zu ihnen gehörte der Verbandssekretär der KAB, Bernhard Letterhaus, der am 18. Juni 1933 bei der Jubiläumsfeier des katholischen Arbeitervereins in Großauheim die Festansprache gehalten hatte.[163] (Dok. 186)

[159] Gedenkbuch.

[160] Bernhard Opfermann, Das Bistum Fulda im Dritten Reich (Ostteil und Westteil). Priester, Ordensleute und Laien, die für Christus Zeugnis ablegten, Fulda 1987, S. 47; im Weiteren: Opfermann, Das Bistum Fulda; HStAM, 165-3943.

[161] Statistik des Deutschen Reiches, Bd. 456, Heft 25, Berlin 1936, S. 48.

[162] HA Nr. 55, 6.3.1933; Gleichviele Wähler stimmten nur noch in Butterstadt für die NSDAP, allerdings hatte Butterstadt nur 81 Einwohner.

[163] Festschrift KAB Grossauheim 1908–1988, Hanau 1988; Opfermann, Das Bistum Fulda, S. 190.

Besonders gespannt wurde das Verhältnis zur katholischen Kirche und insbesondere zur katholischen Bevölkerung durch Versuche der Nazis, auf die katholische Jugend direkten Einfluss zu nehmen. Die katholischen Jugendverbände wurden genötigt, den öffentlichen Bereich ihrer Arbeit aufzugeben. Die Behandlung politischer Themen wurde verboten. Überfälle der Hitlerjugend auf Zusammenkünfte katholischer Jugendlicher waren keine Seltenheit. Die Hanauer St.-Georgs-Pfadfinder wurden bei einer Versammlung zum Ablegen ihrer Uniformhemden gezwungen. In Großauheim nötigte eine HJ-Gruppe die Versammelten zum Hitlergruß.[164]

Mit scharfer Ablehnung begegnete die katholische Kirche den Schriften des Nazi-Ideologen Alfred Rosenberg, der die Unvereinbarkeit von christlicher Tradition und Nationalsozialismus predigte. Der Hirtenbrief der Fuldaer Bischofskonferenz vom August 1935 diente der Ermutigung des Kirchenvolkes trotz des wachsenden Drucks. Die Ansprache verurteilte die Nazi-Übergriffe, wandte sich gegen den Ideenkreis des Rassismus, sie betonte die Höherrangigkeit der göttlichen Autorität gegenüber menschlichem Machtstreben. Die Verbreitung des Hirtenbriefes war staatlicherseits streng verboten. Kopien des Textes, mit Schreibmaschine abgeschrieben, wurden unter der Hand heimlich verbreitet. Anfang 1937 trat sogar die römische Kirchenleitung mit vorsichtiger Kritik am Naziregime hervor. Die päpstliche Enzyklika »Mit brennender Sorge« wurde im Mai von den Kanzeln aller katholischen Kirchen verlesen. Ihre Verbreitung versuchte die Gestapo mit allen Mitteln zu verhindern. Das Regime reagierte mit Hetzkampagnen in der Presse, mit der Verhaftung zahlreicher Geistlicher. Am 1. April 1939 wurde in Großauheim die katholische Mädchenschule, zuletzt von 129 Schülerinnen besucht, geschlossen. Die Festlegungen des Konkordats in Bezug auf die Bekenntnisschule wurden somit missachtet.[165]

Die Nazis versuchten, die Protestanten in der Form einer Reichskirche unter ihre Fittiche zu nehmen. Ihre zahlreiche Anhängerschaft schloss sich in der Glaubensbewegung »Deutsche Christen« zusammen, deren Kern die Kirchenorganisation der NSDAP, die »SA Jesu Christi« gebildet hatte. Sie strebten eine völkisch-nationalsozialistische Reform der christlichen Lehre an, mit Abschaffung des Alten Testaments und mit Jesus als arischer Heldengestalt.

Die Gegenbewegung formierte sich auf Initiative des Pfarrers Martin Niemöller im Herbst 1933 in einem Pfarrernotbund, der für ein freies evangelisches Bekenntnis eintrat und aus dem sich in der folgenden Zeit die »Bekennende Kirche« entwickelte. Der Notbund nahm offen gegen die Arierparagraphen im neuen Kirchengesetz Stellung und positionierte sich dadurch auch politisch gegen das Regime.[166] Auch in Hanau und im Landkreis entstand ein Riss unter den Geistlichen und im evangelischen Kirchenvolk. Am 9. April 1934 wagten es die evan-

164 Flämig, Hanau im Dritten Reich, Bd. 2, S. 217f., 221.

165 StAH, B 2, Beigeordnetengespräche v. 16. 8. 1939.

166 Die am 11. Juli 1933 in der preußischen Generalsynode angenommene neue Kirchenverfassung schloss Personen mit nicht arischer Abstammung oder Personen, die mit einer Person nicht arischer Abstammung verheiratet waren, aus der Ausübung des Pfarrerberufs oder aus der Arbeit in der kirchlichen Verwaltung als Beamte aus.

gelischen Pfarrer Scheig, Uloth und Boos, die Sonntagsgottesdienste in Bittgottesdienste umzufunktionieren und die Gläubigen aufzufordern, für 418 evangelische Geistliche zu beten, die wegen ihrer Gegnerschaft zu den Deutschen Christen verhaftet worden seien.[167] Der Pfarrer der Kesselstädter Friedenskirchen-Gemeinde Boos argumentierte schriftlich im Schaukasten der Gemeindeverwaltung gegen die kirchenfeindlichen Ansichten des Naziministers Rosenberg und anderer Nazi-Ideologen. Die Faschisten bedachten ihn mit Drohbriefen.[168]

Nach der Einschätzung des geheimen Lageberichts der Gestapo vom 5. Oktober 1935 neigte die Mehrheit der evangelischen Geistlichen in und um Hanau zur Bekenntnisfront.[169] Im Mai 1936 prangerte eine Denkschrift der Vorläufigen Kirchenleitung der Bekennenden Kirche die Rassenpolitik des Regimes und die Entrechtung durch Schutzhaft und Gestapowillkür an. Die weitaus meisten Bekenntnispfarrer hatten in Preußen den Mut, diese grundsätzliche Kritik an dem System von der Kanzel aus zu verlesen.[170] Die Repression richtete sich zunehmend gegen die leitenden Mitglieder der Bekennenden. Martin Niemöller wurde im März 1938 vor Gericht gestellt, über Dietrich Bonhoeffer Rede- und Schreibverbot verhängt. Der Kreisbericht der NSDAP Hanau für Juni/Juli 1939 musste bestätigen, dass die Bekenntniskirche auf dem Kreisgebiet nach wie vor sehr aktiv sei. Der »berüchtigte Bekenntnispfarrer Wibbeling aus Langendiebach« engagierte sich in der »Evangelischen Frauenhilfe«; sein Kollege Lutze in Mittelbuchen, bei dem auch eine Haussuchung durchgeführt wurde, vertrieb die von der Gestapo verbotenen »Gelben Wochensprüche«. 240 Haushaltungen von 320 abonnierten das Heftchen. (Dok. 201)

Es waren wohl die evangelischen Frauen von der Bekennenden Kirche, die nach der Erinnerung des Sohnes von Karl Ditter in der Haftzeit des Vaters der mittellosen sechsköpfigen Familie in Langendiebach mit Lebensmitteln, Bekleidung und mit Geld regelmäßig ausgeholfen haben.[171]

Rassismus und Judenverfolgung

Der Rassismus, oder weiter gefasst, die Biologisierung der gesellschaftlichen Vorgänge, bildete den Kern der Naziideologie. Die Kategorie des »Volkes«, auf der dieses Denken beruhte, stellte eine biologisch bestimmte Einheit dar. Die Gesundheit des »Volkskörpers« oder »Volksganzen« wurde durch das harmonische, konfliktfreie Zusammenwirken der Mitglieder der »Volksgemeinschaft« garantiert. Die biologisch höherwertige germanische Rassensubstanz des deutschen Volkes konnte nur ohne fremde Beimischung und durch gesunde Volksangehörige aufrechterhalten werden. Für ihr hinlängliches Gedeihen beanspruchte

[167] Flämig, Hanauer Tagesgespräch 1932–1939, S. 62.
[168] Flämig, Hanau im Dritten Reich, Bd. 2., S. 162f.
[169] Ebd., S. 181.
[170] Thamer, Deutschland 1933–1945, S. 443.
[171] Hanauer Hefte 2, S. 35.

die Volksgemeinschaft außerdem einen erweiterten Lebensraum. Hinter den nebelhaften, heroisierenden und irrational anmutenden Bildern eines germanischen Mythos waren jedoch sehr rationale Absichten und Bestrebungen lokalisierbar. Die faschistische Rassenideologie untermauerte das Bestreben des deutschen Imperialismus, nach der Niederlage im Ersten Weltkrieg wieder auf Eroberungen und auf Weltgeltung zu setzen. Die »Volksgemeinschaft« als umfassendes System des Zwangs und der Korrumpierung sollte der aggressiven Außenpolitik den notwendigen innenpolitischen Rückhalt geben.

Die »Rassenhygiene«, die Pflege der Reinhaltung der biologischen Substanz des deutschen Volkes, rechtfertigte im Nazisystem Vorgänge, bei welchen Mitglieder des eigenen Volkes skrupellos entrechtet wurden. Das »Gesetz zur Verhütung erbkranken Nachwuchses« vom Juli 1933, das bei gewissen Krankheitsbildern die Zwangssterilisierung der Betroffenen vorschrieb, bildete den Ausgangspunkt für weitere, gegen das »lebensunwerte Leben« gerichtete Verfahren. Die willkürlichen Diagnosen der Amtsärzte, aber auch der niedergelassenen praktizierenden Ärzte reichten für eine Anzeige der »Auffälligkeit« aus, auf deren Grundlage die Amtsärzte den Antrag auf Sterilisierung stellen konnten. Die befürwortenden Entscheidungen betrafen hauptsächlich Menschen aus der Unterschicht in unqualifizierten Berufen, junge Arbeiter und Arbeiterinnen, Hausangestellte, Dienstmädchen, Knechte und Mägde in der Landwirtschaft. Allein das Gesundheitsamt Hanau war zwischen 1934 und 1945 mit insgesamt 1663 Untersuchungsfällen befasst. Über die Einsprüche der Betroffenen gegen das angeordnete Sterilisierungsverfahren entschieden speziell zu diesem Zweck aufgestellte so genannte »Erbgesundheitsgerichte«.[172] Für das Regime war es billiger, im Falle von Kriminalität, Trunksucht und »Arbeitsscheu« kurzen Prozess zu machen, als die Sozialpolitik auf kostenträchtige Integrationsmaßnahmen auszurichten. Gestapo und Vierjahresbehörde starteten 1937/38 gegen »Arbeitsscheue« eine Kampagne, worunter vor allem »Landstreicher, Bettler und Zigeuner« verstanden wurden. Angesichts der angespannten Arbeitsmarktlage könne es nicht hingenommen werden, dass »asoziale Menschen sich der Arbeit entziehen«, hieß es in der Begründung für die Einweisung dieser »Gemeinschaftsuntätigen« in das KZ Buchenwald im Herbst 1938.[173] Noch weniger zumutbar war es nach den Maßstäben wirtschaftlicher Effektivität im Zeichen der Kriegsvorbereitung und Kriegsführung, den Unterhalt für Geisteskranke aufzubringen. So wurde nach Kriegsbeginn im Herbst 1939 das Euthanasie-Programm, die Vernichtung von »lebensunwertem Leben«, in die Wege geleitet. Die biologische Selektion als gesellschaftliches Grundmuster nahm schon lange vor der Rampe in Auschwitz ihren Anfang.

[172] Klaus Wiesenberg, Die Rechtsprechung der Erbgesundheitsgerichte Hanau und Gießen zu dem »Gesetz zur Verhütung erbkranken Nachwuchses« vom 14. Juli 1933, ergänzt durch eine Darstellung der heutigen Rechtslage zur Unfruchtbarmachung, Frankfurt am Main 1986, S. 72f., 82f.

[173] Herbert, Arbeiterschaft, S. 335.

Hanau, Auslage eines Friseurladens mit Verbotsschild für Juden, um 1937

Im Dritten Reich wurden alle die Feindbilder, welche der machthungrigen Führungselite bei ihrem Aufbruch zur Weltmacht gefährlich werden konnten, im Begriff der »jüdischen Rasse« zusammengefasst. Als »artfremder« Bevölkerungsteil standen die Juden innenpolitisch schon seit dem Kaiserreich für die Verführung der Arbeiterschaft zu sozialistischen Ideen, zum Klassenkampf und zur Revolution (Dok. 78a). In der außenpolitischen Perspektive erweiterte sich diese Rolle zum Bild des »jüdischen Bolschewismus«, der angeblich jüdisch beherrschten Gesellschaft der Sowjetunion. Die Juden standen als Drahtzieher auch hinter den Hauptkonkurrenten des deutschen Kapitals, hinter Großbritannien und den USA. Die Vermischung der verschiedenen, teilweise diametral entgegengesetzten Denkmuster wurde in den Deutungsrahmen einer jüdischen Weltverschwörung eingebettet, deren Hauptopfer Deutschland war. So konnte an einem NSBO-Schulungsabend über den »Marxismus unter der Leitung der jüdischen Großfinanz« gesprochen werden oder im Fall der für die Nazis auch in Hanau schiefgelaufenen Betriebsratswahlen im Frühjahr 1933 darüber, »dass der Jude sogar den Betriebsrat kaufe!«.[174]

Die Diffamierung des jüdischen Bevölkerungsteils hatte nicht nur die Einschüchterung von Juden zum Ziel, sondern in einem viel weiter gefassten Kreis auch die Verunglimpfung und Ausgrenzung der »Judenknechte«, also all derer, die sich mit den rassisch oder politisch Verfolgten solidarisch zeigten oder illegal

[174] HA v. 1.9.1933; HA v. 22.6.1933.

für deren Rechte kämpften. Die Gestapo Frankfurt versäumte es im November 1935 nicht, den jüdischen Ullstein-Verlag zu verdächtigen, die illegale Verteilung der »Sozialistischen Aktion« durch Sozialdemokraten zentral geleitet zu haben. Das Verdachtsmoment ergab sich aus der Tatsache, dass die Verteiler ihre Aktionen mit dem legalen Vertrieb einer populären Zeitschrift, »Die grüne Post«, verknüpften, welche bei Ullstein erschien.[175]

1933 hatte die jüdische Gemeinde in Hanau etwa 630 Mitglieder. Zum Rabbinat Hanau zählten auch die Juden der Gemeinden Kesselstadt, Bischofsheim, Hochstadt und Dörnigheim. In Langenselbold, ebenfalls ein Mittelpunkt jüdischen Lebens im Landkreis Hanau, gehörten 1933 263 Mitglieder zur jüdischen Gemeinde. Eine Anzahl jüdischer Einwohner lebte zerstreut in den Ortschaften, auch in den heute in Hanau eingemeindeten Orten Steinheim und Klein-Auheim im ehemaligen Landkreis Offenbach.[176]

Die unaufhörliche antisemitische Propaganda wurde je nach Bedarf von gesetzlichen Maßnahmen und von staatlich organisierten oder gestützten Pogromen begleitet. Den ersten Schritt auf dem Weg zur Herausdrängung der Juden aus der deutschen Rechtsordnung bedeutete im April 1933 das »Gesetz zur Wiederherstellung des Berufsbeamtentums«, welches die Entlassung nicht arischer Beamten aus der staatlichen Verwaltung vorsah. Das erste staatlich organisierte reichsweite Pogrom erfolgte am 1. April 1933. Die Bevölkerung wurde aufgerufen, keine Einkäufe in jüdischen Geschäften zu tätigen. Der Boykott wurde offiziell als »Abwehrmaßnahme« wegen angeblicher Boykottaufrufe gegen deutsche Waren im Ausland begründet. Vor den Geschäften, vor jüdischen Arzt- und Anwaltspraxen wurden SA- und SS-Posten in Uniform aufgestellt, um die Bedeutung der Boykotts zu unterstreichen und gegebenenfalls Spitzeldienste zu leisten. Obwohl parteiintern bei der Aktion Zurückhaltung propagiert wurde, kam es vereinzelt zu Übergriffen. Die Mutter des Hanauer Sozialdemokraten Wilhelm Henne wurde, da sie trotz Ermahnung in einem jüdischen Geschäft eingekauft hatte, mit einem Schild durch die Straßen geführt.[177] Zur Hauptzielgruppe des Boykotts gehörten die jüdischen Warenhäuser Tietz und Wronker, deren Billigpreise Vertretern des örtlichen Kleinhandels ein Dorn im Auge waren. Die vielen notleidenden Hanauer konnten es sich wiederum gar nicht leisten, nicht in den Warenhäusern einzukaufen. In der Vorweihnachtszeit 1934 waren die Häuser so überfüllt, dass sie zeitweise geschlossen werden mussten.[178]

Der hauptsächliche Erfolg des Boykotts war die eingetretene Verunsicherung. Die Aktion löste eine große Kündigungswelle jüdischer Arbeitnehmer im Bereich des Handels aus und leitete die Zeit der so genannten »Arisierung« ein. Immer mehr Juden entschlossen sich, ihr Geschäft oder ihren Betrieb an »Arier«

[175] Klein, Geheime Staatspolizei 1933–1936, S. 509.

[176] Heimatgeschichtlicher Wegweiser zu Stätten des Widerstandes und der Verfolgung 1933–1945, Bd. 1, Hessen, Köln 1984, S. 211, 215; im Weiteren: Wegweiser, Hessen; Monika Ilona Pfeifer, Monica Kingreen, Hanauer Juden 1933–1945. Entrechtung, Verfolgung, Deportation, Hanau 1998, S. 57; im Weiteren: Pfeifer, Kingreen, Hanauer Juden

[177] Hanauer Hefte 2, S. 68.

[178] HA v. 19.11.1934; Klein, Regierungbezirk 1933–1936, Bd. 1, S. 260.

zu verkaufen, meistens für Preise, die weit unter denen des freien Marktes lagen. Das Schild »Deutsches Geschäft« an den Ladentüren bezeugte anschließend die erfolgte Übernahme.[179] Die anti-jüdische Hetze und die diskriminierenden Maßnahmen veranlassten viele jüdische Bürger Hanaus zur Auswanderung. Vom Februar bis September 1933 verließen etwa 130 jüdische Einwohner die Stadt.[180]

Bei der prekären Umstellung der Industrie und des Außenhandels auf die Erfordernisse der Hochrüstung fielen die Kenntnisse und Auslandskontakte von jüdischen Fachkräften ins Gewicht. Die Wirtschaftsführung verordnete der Partei in der Judenfrage Zurückhaltung, was Spannungen erzeugte. »Die ganze Judenfrage krankt an dem Widerspruch zwischen der Judenpolitik der Wirtschaftsministerien und der Bewegung«, klagte der Lagebericht der Gestapo Kassel im Mai 1934.[181]

Die Kluft zwischen den »Sachzwängen« und der Ideologie wurde im September 1935 mit den »Nürnberger Gesetzen« geschlossen, die den Ausschluss der Juden vom gesellschaftlichen Leben rechtlich sanktionierten. Durch das »Reichsbürgergesetz« wurden die Juden zu Staatsbürgern zweiter Klasse degradiert, aktives und passives Wahlrecht wurde ihnen aberkannt. Alle noch verbliebenen jüdischen Beamten, Angestellten und Arbeiter wurden zum 31. Dezember 1935 aus den öffentlichen Verwaltungen entlassen. Das »Gesetz zum Schutze deutschen Blutes und der deutschen Ehre« verbot Eheschließung wie außereheliche Beziehungen zwischen Juden und Personen deutscher Staatsangehörigkeit. Deutsche Frauen unter 45 Jahren durften nicht weiter in jüdischen Haushalten beschäftigt werden.[182] Anklagen und andere Formen der Diffamierung wegen »Rassenschande« waren nun an der Tagesordnung und leiteten oft Arisierungsverfahren von Unternehmen ein. Noch im Juni 1935 wurde der jüdische Leiter des größten Modegeschäfts »Hirschsprung«, Fritz Ochs, wegen angeblicher »Rassenschändung« an einem Lehrmädchen zu zwei Jahren Gefängnis verurteilt. Nach seiner Verhaftung am 19. Juni 1935 besudelte eine johlende Meute die Schaufenster des Geschäfts mit Hasstiraden. Nach diesem Spießrutenlauf verkaufte die Firmengründerin, Frau Ochs, Geschäft und Wohnhaus. Der vereinbarte Kaufpreis von 8000 RM wurde auf 5000 RM reduziert, nachdem Landrat Löser Frau Ochs durch einen Rechtsanwalt mit Konzentrationslager gedroht hatte.[183]

In der folgenden Zeit gestalteten sich die Lebensumstände der jüdischen Einwohner immer unerträglicher. Jüdische Kinder durften vom Schuljahr 1936 an nur noch jüdische Volksschulen besuchen. In Hanau wurde in einer Volksschule eine Klasse für sie unter dem Namen »Jüdische Bezirksschule« eingerichtet. Jüdische Ärzte sollten keine »arischen« Patienten mehr behandeln. Schon im

179 Ernst Noam, Wolf Arno Kropat, Juden vor Gericht 1933–1945. Dokumente aus hessischen Justizakten, Wiesbaden 1975, S. 81; im Weiteren: Noam, Kropat, Juden vor Gericht; Flämig, Hanauer Tagesgespräch 1932–1939, S. 53.

180 Klein, Regierungsbezirk 1933–1936, Bd. 1, S. 159.

181 Klein, Geheime Staatspolizei 1933–1936, S. 111.

182 Pfeifer, Kingreen, Hanauer Juden, S. 48.

183 Ebd., S. 52f.

Sommer 1935 schloss das Hanauer Gustav-Adolf-Krankenhaus mit jüdischen Ärzten keine Verträge mehr ab.[184] Der Kaufmannsgehilfe Adam Josef Roth, seit März 1933 NSBO-Mitglied, wurde im April 1937 wegen politischer Unzuverlässigkeit aus der DAF ausgeschlossen. Begründet wurde dies damit, dass seine Ehefrau einen jüdischen Arzt aufgesucht habe.[185] 1938 wurde der allgemein respektierte jüdische Arzt, Dr. Otto Schwabe, in eine Falle gelockt. Schwabe wurde denunziert, zur Gestapo vorgeladen und fand während des Verhörs im Behördenhaus den Tod.

Da die Kundschaft sich in den jüdischen Geschäften nicht in dem Maße verringerte, wie das die Nazis erhofften, wurden im Mai 1938 vielerorts erneut Boykottaktionen organisiert. Personen, die trotz Warnungen der SA-Posten die Geschäfte betraten, wurden fotografiert. Einige Leute mussten in Begleitung der HJ Schilder mit den Aufschriften »Wer beim Juden kauft, ist ein Volksverräter« oder »Ich bin ein Judenknecht« durch die Straßen tragen. Die Terrormaßnahmen blieben nicht ohne Auswirkung. Bei der Boykottaktion am 21. Mai wagten sich kaum noch Käufer in die diskriminierten Geschäfte. Zu den Ausnahmen gehörte die Frau eines alten KPD-Mannes, der längere Zeit im KZ war. Sie beabsichtigte, nicht klein beizugeben und beharrte darauf, auch künftig, wie bis dahin, in das Bekleidungsgeschäft Sponsel einkaufen zu gehen. Sie musste »unter Schutz mehrerer Zivilisten« in ihre Wohnung gebracht werden und wurde unterwegs von empörten Passanten »spontan« mit faulen Eiern beworfen. Der Boykott-Terror beschleunigte erneut die Geschäftsaufgaben und »Arisierungsvorgänge«. Das Konfektionsgeschäft Sponsel übernahm im Oktober 1938 der Sohn des NSDAP-Ortsgruppenführers Hanau-Altstadt, Heinz Bender.[186]

In jenen Tagen kam es auch zu einer groben Provokation der Hanauer jüdischen Gemeinde. In der Nacht vom 13. auf den 14. Mai 1938 wurden die Eingänge der Synagoge in der Nordstraße von Unbekannten zugemauert, auf der Außenwand prangte die Schmiererei »verkäuflich«. Nach langwierigem Verfahren wurde die Öffnung der Tür genehmigt und durchgeführt. Der Gemeindeälteste Josef Strauß, der das Genehmigungsverfahren beantragte, wurde jedoch festgenommen und vor Gericht gestellt. Obwohl die Gerichtsverhandlung mit Freispruch endete, wurde Josef Strauß von der Gestapo in Schutzhaft genommen und ins KZ Buchenwald eingewiesen. 1939 gelang es Strauß, mit seiner Familie nach Montevideo auszuwandern, nachdem die in ihrem Besitz befindliche Möbelhandlung ebenfalls in arische Hände übergegangen war.[187]

Nach Auswanderung und Wegzug vieler jüdischer Einwohner lebten im November 1938 in Hanau noch 60 jüdische Familien.[188]

184 StAH, Entschließungen der Gemeinderäte v. 13.8.1935.
185 HA v. 18.4.1937; HHStW, 483/7172.
186 Pfeifer, Kingreen, Hanauer Juden, S. 54f.
187 Ebd., S. 53f.; StAH, K 12, Sammlung Gerhard Flämig, Judenschicksale: Josef Strauß.
188 Pfeifer, Kingreen, Hanauer Juden, S. 65.

Hanau, Brand der Synagoge, 10. November 1938

Das Reichspogrom im November 1938 (»Reichskristallnacht«)

Die abenteuerliche Rüstungspolitik des »Dritten Reiches« geriet zum Jahreswechsel 1937/1938 in eine Krise: Die Staatskassen waren leer, die Auslandskonten überzogen, die Devisenreserven verbraucht. Für die nur auf dem Weltmarkt erhältlichen strategischen Rohstoffe war aber die Beschaffung von Gold unerlässlich. Der Überfall auf Österreich im März 1938 – auch als »Anschluss« bezeichnet – brachte zuerst Entspannung. Mit Hilfe der Gold- und Devisenreserven der Österreichischen Nationalbank gelang es, die deutsche Devisenbilanz kurzfristig zu stabilisieren. Nachdem diese Finanzmittel aufgebraucht waren, galt es, auf dem Weg vom Raub und Plünderung weiterzuschreiten. Die jüdische Bevölkerung geriet als interne Devisenquelle in den Blickfang, obschon ihre großbürgerliche Schicht Deutschland schon verlassen hatte, nachdem ihr Vermögen großzügig »abgeschröpft« worden war.[189]

[189] Peter M. Kaiser, Monopolprofit und Massenmord im Faschismus. Zur ökonomischen Funktion der Konzentrations- und Vernichtungslager im faschistischen Deutschland, Blätter für deutsche und internationale Politik, 20. Jg., 1975, S. 555; Karl Heinz Roth, Ein Spezialunternehmen für Verbrennungskreisläufe. »Judengold«, Zyklon B, Atomprogramme seit 1939 – Ein Porträt der Degussa AG, Blätter für deutsche und internationale Geschichte, Heft 4/1988, S. 424f.

Unter diesen Umständen kam das Attentat des siebzehnjährigen deutsch-polnischen Juden Herszel Grynspan am 7. November 1938 auf den deutschen Legationssekretär Ernst Eduard vom Rath in der Pariser Botschaft wie gerufen. Grynszpan wollte mit dem Attentat das Ausland auf das grausame Schicksal der 15 000 Juden, darunter auch seine Eltern, aufmerksam machen, die von den deutschen Behörden als polnische Staatsbürger nach Polen abgeschoben, von den Polen aber nicht aufgenommen worden waren. Diese verzweifelten Menschen irrten tagelang im verschneiten Niemandsland hin und her. Als am 9. November die Nachricht von dem Attentat eintraf, setzte die oberste Naziführung unter Goebbels Leitung ein schon lange geplantes reichsweites Pogrom gegen die jüdische Bevölkerung in Gang. In der Nacht vom 9. auf den 10. November wurden in ganz Deutschland Synagogen in Brand gesteckt oder verwüstet, Geschäfte und Wohnungen von Juden zerstört und geplündert, jüdische Friedhöfe geschändet. 91 jüdische Bürger fanden durch Erschießung und Misshandlung den Tod, viele Tausende wurden verhaftet und in Konzentrationslager verschleppt. Allein in die Konzentrationslager Buchenwald, Dachau und Sachsenhausen wurden in jenen Tagen etwa 10 000 Juden eingeliefert.[190] Die Straßen waren überall mit Scherben der zerstörten Schaufenster der jüdischen Geschäfte übersät, das Pogrom wurde deswegen bald mit dem zynischen Namen »Reichskristallnacht« belegt.

Die geistigen Anführer des Zerstörungswerks legten Wert darauf, die Ereignisse als einen Ausdruck der spontanen Empörung der Bevölkerung über das Pariser Attentat erscheinen zu lassen. Es gab deswegen auch keine schriftlichen Anweisungen. Die Naziformationen sollten im »Räuberzivil« zu den Schauplätzen kommen und NS-Funktionsträger nicht direkt in Erscheinung treten. Plünderung sowie das Fotografieren der Vorgänge war verboten. Die Zeitungsmeldungen über die Ausschreitungen fielen dementsprechend dürftig aus. (Dok. 200b) Diese Anweisungen wurden nur unvollkommen befolgt. Oft sind maßgebende NS- oder SA-Funktionäre an der Spitze der Randalierer beobachtet worden. Auch in der Hanauer Synagoge legten bei der Entfachung der Feuer der NSDAP-Gruppenleiter Bender und der Leiter des SD Kern selbst Hand an. (Dok. 200a) In Klein-Auheim war bei der Verwüstung jüdischer Wohnungen die HJ beteiligt. In Wachenbuchen wiederum weigerte sich ein Teil der SA mitzumachen, weil es keine schriftlichen Befehle gab. Es hinderte den Rest nicht daran, die dortige jüdische Schule zu zerstören und den Lehrer zu misshandeln.[191] In Hanau verwüsteten die Nazis am 10. November zwischen Synagogenbrand und Geschäftsplünderungen auch die jüdische Schule. (Dok. 200a) Der Lehrer Sulzbacher starb infolge einer bei diesem Anschlag erlittenen Verletzung. Sein 16-jähriger Sohn, der die jüdische Realschule in Frankfurt besuchte, wagte es nicht, am 10. Novem-

[190] Thamer, Deutschland 1933–1945, S. 397; Flämig, Hanau im Dritten Reich, Bd. 2, S. 319.

[191] Ernst Noam, Klaus Moritz, NS-Verbrechen vor Gericht. Dokumente aus hessischen Justizakten, Wiesbaden 1978, S. 142; Wolf Arno Kropat, Kristallnacht in Hessen. Der Judenpogrom vom November 1938, Wiesbaden 1988, S. 71, 108f.; im Weiteren: Kropat, Kristallnacht.

ber nach Hause zu gehen, sondern versteckte sich in Zügen und fuhr mit seiner Monatskarte hungernd und frierend mehrere Tage zwischen Frankfurt und Hanau hin und her.[192] In Hanau blieben kaum ein jüdisches Geschäft oder eine Wohnung unversehrt. Auch die Leichenhalle auf dem jüdischen Friedhof wurde angezündet; Grabsteine wurden umgeworfen.[193] An einigen Orten, wie Langenselbold oder Steinheim, wurden die Synagogen aus feuerpolizeilichen Rücksichten – die umliegenden Gebäude sollten nicht gefährdet werden – nicht angezündet. »Nur« das rausgeworfene Mobiliar, die rituellen Gegenstände und die Thorarollen wurden Beute der Flammen.[194] Die Zerstörungen gingen öfter als ursprünglich erwünscht mit ausgiebigen Plünderungen einher, wie bei der Verwüstung der jüdischen Schule und der darin befindlichen Lehrerwohnung in Großkrotzenburg.[195]

Die meisten erwachsenen männlichen Mitglieder der jüdischen Gemeinden wurden am 10. November verhaftet und auf Lastwagen in das Hanauer Polizeigefängnis gebracht. Von dort wurden sie in die Konzentrationslager transportiert, in denen weitere Misshandlungen folgten. Der Hanauer Jude Julius Katzenstein starb im KZ Sachsenhausen an den Folgen der unmenschlichen Behandlung. Allein 40 Juden aus Hanau kamen in das KZ Buchenwald. Jakob Oppenheim aus Großauheim wurde ebenfalls nach Buchenwald verschleppt und fand dort den Tod.[196]

Zeitgenossen erinnern sich, dass der Großteil der Bevölkerung die Ereignisse schockiert und verstört beobachtete. (Dok. 200c) So weit wollten auch viele »traditionelle« Antisemiten nicht gehen. Es gab auch Anteilnahme und versteckte Hilfeleistungen. Offene Solidarität bezeugte allein die illegale KPD. Das Zentralorgan »Die Rote Fahne« verbreitete eine Sonderausgabe gegen die Pogrome mit einer Stellungnahme des Zentralkomitees. Flugblätter und eine Erklärung des »Freiheitssenders 29,8« aus Spanien riefen zur Hilfe für die jüdische Bevölkerung und zu verstärktem antifaschistischen Kampf auf. (Dok. 200d) Selbst in den Konzentrationslagern gab es noch Beispiele der Solidarität. Langenselbolder Kommunisten, die als Häftlinge im Krankenrevier des KZ Buchenwald arbeiteten, beschützten nach dem Pogrom verschleppte jüdische Bürger aus ihrer Gemeinde, indem sie diese Personen als Kranke bei sich aufnahmen.[197]

Eines der Ziele des Novemberpogroms war es, mit dem terroristischen Druck die jüdische Auswanderung aus dem Reichsgebiet zu beschleunigen. Das grundlegende Bestreben aber galt der Ausplünderung der jüdischen Bevölkerung und seiner endgültigen Ausschaltung aus dem deutschen Wirtschaftsleben. Den deutschen Juden – damals gerade noch 250 000 Einwohner – wurde als »Sühne-

192 Pfeifer, Kingreen, Hanauer Juden, S. 69.
193 Flämig, Hanau im Dritten Reich, Bd. 2, S. 319.
194 Christine Wittrock, Das Unrecht geht einher mit sicherem Schritt. Notizen über den Nationalsozialismus in Langenselbold und Schlüchtern, Hanau 1999, S. 69f.; im Weiteren: Wittrock, Das Unrecht; Kropat, Kristallnacht, S. 126.
195 Ebd., S. 96.
196 Wegweiser, Hessen, S. 212.
197 Hanauer Hefte 2, S. 48.

leistung« eine Kontribution von einer Milliarde Reichsmark auferlegt, eine Summe, welche die laufenden Reichseinnahmen mit einem Schlag um gut sechs Prozent erhöhte. Die Geschädigten mussten außerdem die Schäden auf eigene Kosten beseitigen. Ihre Versicherungsansprüche wurden zugunsten des Reichs beschlagnahmt. Die »Verordnung zur Ausschaltung der Juden aus dem deutschen Wirtschaftsleben« brachte weitere Berufsbeschränkungen. Jüdischen Zahn- und Tierärzten wurde die Berufserlaubnis entzogen. Juden wurde die Zulassung zu gesetzlichen Prüfungen bei den Handwerkskammern und bei den Industrie- und Handelskammern verweigert. In der »Verordnung über den Einsatz jüdischen Vermögens« wurde die »Arisierung« aller bis zum 1. Januar 1939 nicht erfassten Unternehmen angeordnet. Vom Staat bestellte Treuhänder verkauften alle durch staatliche Anordnung geschlossenen Geschäfte und Unternehmen jüdischer Bürger an »Arier«. Die Verkaufserlöse flossen einem »Treuhandfond« zu und dienten später der Kriegsfinanzierung. Neben dem faschistischen Staat gehörten die deutsche Hochfinanz, wie Dresdner Bank und Deutsche Bank, zu den größten materiellen Nutznießern des Novemberpogroms. Zahlreiche bedeutende jüdische Geldinstitute gingen in ihren Besitz über. Auch die Großkonzerne Siemens, AEG, Mannesmann konnten ihre Kapitalbasis und ihren Produktionsradius durch die Einverleibung jüdischer Firmen erweitern. W. C. Heraeus und Degussa übernahmen im Zuge dieses Ausplünderungsprozesses für einen Spottpreis die Firma Kulzer & Co. in Frankfurt. Heraeus konnte die gewinnträchtige Produktion des Prothesenmaterials »Paladon« an sich ziehen.[198]

Nach dem Reichspogrom erging die Anordnung, alle in jüdischer Hand befindlichen Juwelen und Edelmetalle an die staatlichen Pfandleihanstalten abzuliefern. Bei der Abgabe wurde nur der offizielle Preis für den Edelmetallfeingehalt, nicht aber der oftmals wesentlich höhere Fassonwert der Gegenstände erstattet. Für die Verarbeitung dieses »Judengoldes« waren die Platinschmelze W. C. Heraeus und Degussa vorgesehen.[199]

Die wirtschaftliche Ausplünderung wurde von einer Vielzahl diskriminierender Maßnahmen begleitet. Juden wurde der Besuch von kulturellen Veranstaltungen verboten. Die Führerscheine wurden ihnen entzogen. Im Februar 1939 wurde der jüdische Friedhof in Hanau geschlossen; verstorbene Juden mussten in Großkrotzenburg beerdigt werden. Vom Mai an wurde dann der Judenfriedhof in Langenselbold für alle jüdischen Verstorbenen aus dem Stadt- und Landkreis Hanau als Begräbnisstätte bestimmt. Die frei werdenden Grundstücke rissen die Gemeinden an sich.[200]

Nach der Entlassung aus den Konzentrationslagern im Januar 1939 betrieben viele jüdische Bürger unverzüglich die Auswanderung. Im Sommer 1939 lebten noch 82 jüdische Menschen in Hanau, von denen angeblich um die 70 auszu-

198 Daniela Gniss, Heraeus – ein Familienunternehmen seit 1851. Die Entwicklung des Unternehmens im Wirtschaftsraum Hanau, Hanau 2001, S. 159ff.; im Weiteren: Gniss, Heraeus; Schrank, Heraeus, S. 127f.

199 Ebd., S. 180f.

200 StAH, B 2, Beigeordnetenbesprechungen v. 13.2.1939 und v. 26.5.1939.

wandern beabsichtigten.[201] Allerdings scheiterte diese Absicht, abgesehen von den Aufnahmebeschränkungen des Auslandes, oft an den finanziellen Auflagen, mit denen das Regime den Antragsstellern noch die letzten Devisen und Vermögensreste abzupressen versuchte. Als erste Voraussetzung einer Auswanderung musste 25 Prozent des Vermögens als »Reichsfluchtsteuer« abgegeben werden. Die wirtschaftliche Ausplünderung und Isolierung führten zu wachsender Armut und Arbeitslosigkeit unter der jüdischen Bevölkerung. Um zu verhindern, dass öffentliche Gelder zur Unterstützung arbeitsloser Juden verwendet werden mussten, wurde ihre Beschäftigung in öffentlichen und privaten Betrieben angeordnet.[202] In Hanau war schon im November 1937 die Heranziehung der neun jüdischen Wohlfahrtsunterstützungsempfänger als Pflichtarbeiter bei den Dammbauarbeiten vorgesehen.[203]

Hanau in der Kriegswirtschaft

Mit dem Überfall auf Polen am 1. September 1939 eröffnete das faschistische Deutschland die Serie von Eroberungskriegen, mit denen der deutsche Imperialismus die Ausführung seiner Expansionspläne in die Wege leitete. Da die deutschen Ressourcen an Menschen und Material für eine längere Kriegsdauer auf breiter Front unzureichend waren, sollte die Niederwerfung fremder Länder durch »Blitzkriege«, durch den Einsatz der militärischen Überlegenheit in konzentrierten Schlägen, erreicht werden. Die eroberten Länder erweiterten jeweils die wehrwirtschaftliche Basis, auf der die nächsten Angriffe vorbereitet werden konnten. Auf diese Weise gerieten bis Frühjahr 1941 West- und Nordeuropa, Jugoslawien und Griechenland unter deutsche Besatzung. Die Blitzkriegstrategie scheiterte im Winter 1941 vor den Toren von Moskau. Der Krieg gegen die Sowjetunion, das eigentliche Eroberungsziel der faschistischen Kriegsplanung, führte nach der verlorenen Schlacht um Stalingrad im Frühjahr 1943 schließlich 1945 in die unvermeidliche und totale Niederlage.

Im Zuge der Zentralisation der Kriegswirtschaft verstärkte sich die Verflechtung der privatkapitalistischen und der staatlichen Lenkungsapparate. Die unmittelbare Einflussnahme der großen Rüstungskonzerne, der Großbanken und des deutschen Monopolkapitals auf die Leitung der Kriegswirtschaft wuchs, während der Einfluss selbst der Wehrmacht weitgehend zurückgedrängt wurde. Eine Behörde wie das »Reichsamt für Wirtschaftsaufbau« agierte unter der Leitung des IG-Farben Repräsentanten Karl Krauch als eine Art informelles Chemieministerium. Besonders beschleunigte sich dieser Prozess nach der Ernennung von Albert Speer zum Rüstungsminister im Februar 1942. Unter der Parole »Selbstverwaltung der Industrie« erfolgte eine stärkere Einbindung der Industrievertreter in die Kriegswirtschaft. Zur Lenkung der Produktion in der Endfer-

201 Ebd. v. 26.6.1939.
202 Pfeifer, Kingreen, Hanauer Juden, S. 86.
203 StAH, B 2, Entschließungen der Gemeinderäte v. 4.11.1937.

Hanau, Verladen von Schals für die Ostfront während der Winterkrise, 1941/42

tigung wurde ein System von Ausschüssen eingerichtet, jeweils unter der Leitung eines führenden Industriellen. Ein System von Ringen, das sich ganz ähnlich zusammensetzte, diente zur Lenkung der Produktion im Zuliefererbereich. Speers Organisationsmaßnahmen begünstigten eine intensivere Rationalisierung und Konzentration der Kriegswirtschaft, die den Höhepunkt ihres Rüstungsausstoßes im Sommer 1944 erreichte. Als Opfer dieses Prozesses wurden Mittelstandsfirmen und Kleingewerbe massenweise zur Aufgabe ihrer Existenz gezwungen.

Die Hanauer Industrie, die schon im Aufrüstungsprozess in der zweiten Hälfte der 30er Jahren einen kräftigen Entwicklungsschub bekam, behauptete ihre Stellung auch in der Kriegsproduktion. Zu den führenden Unternehmen der Hanauer Wehrwirtschaft gehörte, wie schon im Ersten Weltkrieg, die Firma W. C. Heraeus, die kriegswichtige Technologieverfahren etwa zur Quarzglasproduktion entwickelte. Der Mitinhaber der Firma, Reinhard Heraeus, wechselte im Herbst 1943 von der Leitung der Bezirksstelle Hanau der Gauwirtschaftskammer zum Wehrwirtschaftsstab des Oberkommandos der Wehrmacht (OKW). Anfang 1944 wurde er von Minister Speer in das Reichsministerium für Rüstung und Kriegsproduktion berufen. Als Funktionsträger im Sonderring Edelmetalle war Reinhard Heraeus außerdem in der Lage, die Interessen des Werkes gegenüber konkurrierenden Unternehmen durchzusetzen.[204] W. C. Heraus war eine von sechs Scheideanstalten, die die gesamte Edelmetallversorgung Deutschlands während des Krieges sicherstellten. In der Platinmetallerzeugung behauptete die Firma sogar noch vor der Platinschmelze Degussa-Siebert eine Ausnahmestellung. Große Mengen der in Polen und in der Sowjetunion geraubten Edelmetalle

[204] Der Grüne Weg, Werkszeitschrift der Betriebsgemeinschaft W. C. Heraeus GmbH, April 1944; Gniss, Heraeus, S. 176f.

kamen bei Heraeus zur Weiterverarbeitung. Das Werk avancierte durch die Quarzglasherstellung zum wichtigen Zulieferer der optischen Industrie. In diesem Bereich kam es 1942 zu einer baulichen Erweiterung. Im gleichen Jahr begann auch die Produktion von Treibstofftanks und Druckbehältern für die als Vergeltungswaffe konzipierte Rakete (V 2), deren Einsatz in London große Schäden verursachte.[205] Die Anzahl der Beschäftigten erhöhte sich trotz Einberufungen zur Wehrmacht der wehrwirtschaftlichen Bedeutung entsprechend von 1290 im Jahr 1939 auf 1950 im Jahr 1944. Die Umsätze stiegen im gleichen Zeitraum von 18,8 Millionen auf rund 22,9 Millionen RM um nahezu 20 Prozent.[206]

Eine herausgehobene Stellung bekleidete auch die Heraeus Vacuumschmelze, in der die Entwicklung von MG-Läufen vorangetrieben wurde. Im Sommer 1943 wurde ein Teil der Fabrikation als vorbeugende Maßnahme gegen die Gefahr von Luftangriffen nach Sterbfritz ausgelagert und bald darauf stand eine weitere Verlagerung nach Sachsen bevor.[207]

Die Platinschmelze Siebert mit über 500 Beschäftigten und einem nahezu identischen Programm wie W. C. Heraeus gehörte, wie schon die Deutsche Kunstlederwerke in Wolfgang, zum Degussa-Konzern. Degussa verdiente nicht nur an der Verarbeitung des geraubten »Judengoldes«, sondern lieferte auch das ursprünglich zur Desinfektion entwickelte Gas Zyklon-B, das in den Vernichtungslagern des Ostens zum Massenmord an den deportierten Juden verwendet wurde. Die Hanauer »Töchter« galten als wichtige Zuliefererbetriebe. Direktor Adam Siebert wurde 1942, ähnlich wie Reinhard Heraeus ein Jahr davor, zum Wehrwirtschaftsführer ernannt.[208]

Im Sommer 1941 gründeten die »Vereinigte Deutsche Metallgesellschaft Luftfahrtwerke (VDM)« in den beschlagnahmten Werkhallen der Josef Bautz Landmaschinenfabrik in Großauheim eine Betriebsstätte, in der anfangs 200 Beschäftigte arbeiteten.[209] In der Marienhütte wurde Munition hergestellt; BBC lieferte Kühlschränke für die Wehrmacht; Dunlop in Hanau Bereifungen für Flugzeuge, Autos und Fahrräder; die Gummischuhfabrik Schlauchboote für die Marine. Die traditionsreichen kleineren Maschinenfabriken wie Bracker und Pelissier lieferten Spezialmaschinen für die Rüstung; die Fahrrad- und Metallwerke L. Bauer & Co. in Klein-Auheim produzierte Nebelhandgranaten. Mehrere Bijouterie- und Edelmetallfabriken verdienten ebenfalls an der Kriegsproduktion, unter ihnen Ochs & Bonn, Wilhelm Schwahn sowie Winkler. Produktionsstätten in der Holzbranche, unter ihnen auch ehemalige Zigarrenwickelhersteller, produzierten jetzt für den Krieg, so Deines, Traxel, Eberhard & Röchling sowie Nahle in Steinheim.[210] Im Januar 1944 gründete das Rüstungskommando in Frankfurt speziell in Hanau eine Außenstelle zur Betreuung der dort und in der Umgebung ansässigen zahlreichen Rüstungsbetriebe.[211]

205 Ebd., S. 183ff. 195, 201.
206 Ebd., S. 178, 196.
207 BAMAF, RW 21/19–15, Bl. 14; 21/19-20, Bl. 12f.
208 Ebd., RW 21/19–10, Bl. 15.
209 Ebd., RW 21/19-8, Bl. 27; 19-9, Bl. 22.
210 Ebd., RW 21–19/2, Bl. 89f., 93f., 06f.; 19–19, Bl. 22.
211 Ebd., RW 21/19–18, Bl. 13.

Die Entwicklung der Kriegsproduktion war allerdings alles andere als gradlinig. Im Herbst 1939 mussten mehrere kriegswichtige Betriebe wegen Rohstoffmangel Kurzarbeit einführen oder sogar schließen. Im Winter 1939/40 und besonders im Winter 1941/42 waren Kurzarbeit und Betriebsstilllegungen in erster Linie durch den katastrophalen Kohlenmangel bedingt. Als im Sommer 1942 die Materialversorgung klappte und auch genügend ausländische Zwangsarbeiter zur Ausführung der Aufträge vorhanden waren, scheiterte die volle Kapazitätsauslastung an der ungenügenden Energieversorgung durch das Hanauer Gaswerk.[212] 1944 schließlich arbeitete die Rüstungsindustrie auf Hochtouren. Für den Abtransport der Waffen aber mussten Ende des Sommers infolge fehlender Transportkapazitäten Ochsen- und Pferdegespanne eingesetzt werden.[213]

Mit dem Geschäft am Tod ließ sich kräftig verdienen. Zwischen 1939 und 1942 erfolgte bei der Dunlop AG eine Kapitalerhöhung von 6 Millionen auf 15 Millionen RM, bei der Heraeus Vacuumschmelze AG von 600 000 auf 3 Millionen RM. Bei der Hessischen Gummiwarenfabrik Fritz Peter AG in Klein-Auheim vergrößerte sich das Aktienkapital von 400 000 RM im Jahr 1940 auf 600 000 im Jahr 1942. Sogar für Betriebe außerhalb der Rüstung fiel noch etwas ab. Die Nazi-Musterbetrieb Hofbrauhaus Hanau AG verfügte 1939 über ein Aktienkapital in der Höhe von 500 000 RM, 1942 schon über eineinhalb Millionen RM. Auch bei der Hanauer Straßenbahn AG kam es zwischen 1939 und 1942 zu einer Kapitalerhöhung von 69 000 auf 150 000 RM.[214]

Arbeits- und Lebensbedingungen der Arbeiterschaft in den Kriegsjahren

Der Terror des Regimes verschärfte sich mit Kriegsbeginn. Gleich in den ersten Kriegstagen wurden zahlreiche politisch Verdächtige, vor allem ehemalige Kommunisten und Sozialdemokraten, erneut verhaftet und in die Lager verschleppt. In Hanau Stadt standen 18 Männer und Frauen auf der Verhaftungsliste. Unter ihnen waren Wilhelm Hofacker und Heinrich Karl Kauck von der KPD, der Gewerkschafter Karl Rehbein sowie Hans Kargl und Peter Röthel von der SPD.[215] Hans Kargl fertigte über seine Erlebnisse im KZ Sachsenhausen ausführliche Aufzeichnungen an. (Dok. 202) Er hatte das seltene Glück, schon im Dezember 1939 wieder freigelassen zu werden. Der Goldarbeiter Heinrich Kauck, vor 1933 Organisator der Hanauer Roten Hilfe, wurde im November 1940 aus dem KZ Sachsenhausen entlassen. Seine Familienangehörigen attackierten die Behörden und die Partei mit Eingaben. Auch sein Arbeitgeber setzte sich für die Entlassung ein, da er den tüchtigen Facharbeiter nicht vermissen wollte.[216]

Um die Maschinerie der Unterdrückung effektiver zu gestalten, wurden die Sicherheitsabteilungen von Staat und Partei (Gestapo und SD) Ende September

212 Ebd., RW 21/19–1, Bl. 6; 19-2, Bl. 25ff; 19–12, Bl. 18.
213 Ebd., RW 21/19-20, Bl. 18.
214 HHStAW, 483/168.
215 Flämig, Hanau im Dritten Reich, Bd. 2, S. 88f.
216 Ebd., S. 56ff.; HHStAW, 483/4693a.

im neuen Reichssicherheitshauptamt (RSHA) vereinigt. Die Zahl der Verhaftungen stieg in den Kriegsjahren. Immer häufiger wurde die Todesstrafe ausgesprochen. Als neue Straftatbestände wurden die »Wehrkraftzersetzung« und das »Abhören von Feindsendern« eingeführt.

Um Engpässe wie im Ersten Weltkrieg zu vermeiden, wurde die Volksversorgung von den Nazibehörden langfristig vorbereitet. Vom ersten Tag des Krieges gegen Polen an erstreckte sich die Rationierung auf Fleisch, Fette, Zucker, Marmeladen, Textilien, Schuhe und Lederwaren sowie Kohle. Ende September wurde sie auf Brot und Eier ausgedehnt. Für den Einkauf von Lebensmitteln und Kleidung wurden Karten ausgegeben, die Rationierung aller anderen Erzeugnisse wurden durch »Bezugsscheine« vorgenommen, die nur auf Antrag erworben werden konnten. Die ausgegebenen Mengen erreichten etwa 57 bis 70 Prozent des Friedensstandes. Infolge der Einberufungen zum Militär und eines zunehmenden Mangels an Düngemitteln war die deutsche Landwirtschaft jedoch nicht in der Lage, die Produktion auf dem angestrebten Niveau zu halten. Im Frühjahr 1942 wurde die Versorgungslage kritisch, im April erfolgte die erste spürbare Kürzung der Rationen seit Kriegsbeginn. Die Wochenration pro Kopf wurde bei Brot von 2250 auf 2000 Gramm, bei Fleisch von 400 auf 300 Gramm, bei Fett von 270 auf 206 Gramm reduziert. Im Juni 1942 wurden auch die Kartoffeln rationiert. Katastrophale Ausmaße erreichte in den strengen Wintern von 1939/40 und 1941/42 der Kohlenmangel, da viele Bergleute eingezogen waren. Auch die Transportkapazitäten beanspruchte in erster Linie das Militär. Auf den zugefrorenen Flüssen kam die als Ersatz für den Bahnverkehr vorgesehene Binnenschifffahrt zum Erliegen. Viele Haushalte im Rhein-Main-Gebiet blieben längere Zeit ganz ohne Heiz- und Brennmaterial. Sparappelle für Strom und Gas gaben die Begleitmusik.[217]

Vom Herbst 1942 an wurde es möglich – »Dank der von unseren Soldaten erkämpften deutschen Nahrungsfreiheit« –, die Rationen für Fleisch und Brot schrittweise wieder zu erhöhen. Die rücksichtslose Ausbeutung der besetzten Gebiete, zu denen inzwischen auch große Teile Russlands und der Ukraine zählten, erlaubte eine bessere Versorgung der deutschen Bevölkerung. Von staatlichen Aufkaufmaßnahmen gestützt, wurden so genannte »Weihnachtsaktionen« eingeleitet, in deren Rahmen 1942 und 1943 die Verbraucher auf Zusatzmarken Sonderzuweisungen bekamen. Lang-, Nacht-, Schwer- und Schwerstarbeiter wurden dabei entsprechend berücksichtigt.[218] Mit dem Rückzug der Wehrmacht an allen Fronten versiegte diese Nahrungsquelle allmählich. Zunehmende Bedeutung bekam so gegen Kriegsende die Ausgabe von Zusatzkarten an Lang- und Schwerstarbeiter in den Betrieben. Wer nur »Normalkarten« erhielt, musste mit weniger als 2000 Kalorien auskommen.

Mit dem Kriegsausbruch versuchte die Regierung, die Arbeitsbedingungen an die Kriegsverhältnisse und den Arbeitskräftemangel anzupassen. Die »Kriegs-

217 BAMAF, RW 21–19/2, Anlage Nr. 15 v. 19.1.1940; Ebd., RW 21/19–10, Eintrag v. 21.2.1942.

218 KW Nr. 216, 15.9.1942; KW v. 12.11.1942.

wirtschaftordnung« vom 4. September 1939 verkündete Lohnabbau, Arbeitszeitverlängerung bis zu zwölf Stunden am Tag, Dienstverpflichtungen, Aufhebung der Schutzbestimmungen für Frauen und Jugendliche, Streichung der Überstunden-, Nachtarbeits- und Sonntagsarbeitzuschläge sowie des Urlaubsanspruchs. Es wurde eine generelle Urlaubssperre verhängt. Die Wirkung auf die Arbeitsmoral war so verheerend, dass spätestens bis zum Sommer 1940 alle Beschränkungen zurückgenommen wurden.[219] Auf die Arbeiterschaft konnten sich die Machthaber auch im Krieg nicht blindlings verlassen, sondern mussten sie bei Laune halten oder durch punktuellen Terror abschrecken. Bei Kriegsbeginn erklärte sich die Gestapo grundsätzlich für alle Fälle der Arbeitsverweigerung zuständig.[220] Später wurden »zur Aufnahme von Arbeitsverweigerern und arbeitsunlustigen Elementen«, so genannte »Bumelanten«, eigene »Arbeitserziehungslager« eingerichtet.[221] Daneben drohte weiterhin die Verschleppung in das KZ.

Wenn auch die Rückführung der Löhne auf den nackten Tarif, wie es bei Kriegsausbruch geplant war, nicht gelang, so blieb doch der Lohnstopp grundsätzlich in Kraft. Auf einer Arbeitstagung mit Betriebsführern und DAF-Amtsträgern im März 1941 schob die DAF den Betriebsführern die Aufgabe zu, die Lohnstoppanordnung vor ihren Gefolgschaften überzeugend zu vertreten.[222] Bei einzelnen Gruppen der Lohnabhängigen, wie bei den Hausgehilfinnen, wurden – »um ihren unverschämten Lohnforderungen entgegenzutreten« – durch die Reichstreuhänder Höchstlöhne festgesetzt.[223] Insgesamt ist für die Arbeiterschaft eine leichte Nominallohnsteigerung während des Krieges festzustellen, was größtenteils auf die verlängerten Arbeitszeiten zurückzuführen ist. Am stärksten stiegen die Bruttostundenverdienste bei den Facharbeitern im Metallbereich, wesentlich langsamer die der angelernten Spezialarbeiter. Nur durch verstärkte Lohndifferenzierung, mit Zugeständnissen an kleine Arbeitergruppen, ließen sich die Lohnkosten auf niedrigem Niveau halten. Nach 1942 stagnierten allerdings die Stundenverdienste aller Arbeitergruppen. Das Gewicht gesetzlicher wie außergesetzlicher (WHW, DAF) Lohnabzüge erhöhte sich in den Kriegsjahren. Im Ganzen gesehen erreichten die Stundenverdienste der gelernten und angelernten Arbeiter lediglich in den Zweigen der metallverarbeitenden Industrie 1944 vorübergehend das Niveau von 1928.[224]

219 Sven Beckert, Bis zu diesem Punkt und nicht weiter. Arbeitsalltag während des Zweiten Weltkrieges in einer Industrieregion, Frankfurt am Main 1990, S. 36; im Weiteren: Beckert, Arbeitsalltag.

220 Mason, Sozialpolitik, S. 321.

221 Vgl.: Petra Meyer, Das Arbeitserziehungslager Heddernheim unter Berücksichtigung anderer Arbeitslager, ausgehend von den archivalischen Unterlagen und Berichten von Zeitzeugen, Frankfurt am Main, Juni 1986 [Masch. schr.].

222 Gerhard Flämig, Hanau im Zweiten Weltkrieg 1939–1945. Vom Einmarsch in Polen bis zur bedingungslosen Kapitulation. Eine Dokumentation des »Hanauer Anzeigers« aus der Artikelserie »Hanauer Tagesgespräch vor 50 Jahren«, Hanau 1995, S. 63; im Weiteren: Flämig, Hanauer Tagesgespräch 1939–1945.

223 KW Nr. 223, 23.9.1941.

224 Hachtmann, Industriearbeit, S. 132ff., 156. Im Mai 1942 wurde die Lohnauszahlung allgemein von einem wöchentlichen Rhythmus auf einen monatlichen umgestellt. Auf diese Weise sollten Arbeitskräfte eingespart werden. Vgl.: Flämig, Hanauer Tagesgespräch 1939–1945, S. 99.

In der Rüstungsindustrie war im Frankfurter Wehrwirtschaftsbezirk schon ab Kriegsbeginn der Zehn-Stunden-Tag allgemein üblich, viele Beschäftigte arbeiteten sogar, wenn genügend Arbeitskräfte vorhanden waren, in Zehn-Stunden-Doppelschichten. Bei Degussa-Siebert war diese Lösung im Herbst 1939 noch nicht möglich. Im Laufe des Krieges verlängerte sich die Arbeitzeit weiter. 1943 galt in den Deutschen Kunstlederwerken Wolfgang eine durchgehende Arbeitszeit von zwölf Stunden in zwei Schichten. In der Filiale der Heraeus Vacuumschmelze in Sterbfritz wurde 1943 in zwei Elf-Stunden-Schichten gearbeitet.[225] Ende August 1944 wurde für männliche deutsche Arbeitskräfte die 60-Stunden-Woche als Mindestarbeitszeit offiziell eingeführt. Die tatsächliche produktive Arbeitszeit sank jedoch in dieser Zeit, meistens infolge Energie- und Rohstoffverknappungen, Zulieferungsschwierigkeiten und Bombenalarmen. Ein immer größerer Teil der Arbeitszeit musste für unproduktive Tätigkeiten wie Luftschutzübungen, Flakhelfereinsatz und Aufräumarbeiten nach Bombenangriffen aufgewendet werden. Die Belegschaft von VDM in Großauheim musste nach Feierabend Laufgräben ausheben.[226] An der Arbeitskraft zehrten auch lange Wegezeiten und das Schlangestehen bei Einkäufen.

Einzelne Betriebsführer meldeten schon im Laufe des Jahres 1940 dem Rüstungskommando Frankfurt Ermüdungserscheinungen ihrer Belegschaften infolge langer Arbeitszeiten und fettarmer Ernährung.[227] 1941/42 stieg der Krankenstand im Vergleich zur Vorkriegszeit beträchtlich. 1942 war er 25 Prozentpunkte höher als 1939.[228] (Dok. 204c) Die Nazis sahen in einem großen Teil der Krankmeldungen bloße Arbeitsverweigerung und Drückebergerei. Tatsächlich versuchten nicht wenige Arbeiter, sich durch unentschuldigtes Fernbleiben, durch Verspätungen oder Krankmeldung der Arbeitshetze zu entziehen. Diese Form der Verweigerung war weit verbreitet. DAF und Rüstungskommando starteten im Frühjahr 1941 eine Kampagne, die das Bewusstsein der Beschäftigten dadurch stärken sollte, dass sie die »Soldaten der Heimatfront« seien. (Dok. 204a)

Hartes Durchgreifen gegen so genanntes »Bumelantentum« wurde angekündigt. (Dok. 204b) Verstöße gegen die Arbeitsdisziplin zogen massenhaft Gerichtsverfahren nach sich. Einige drakonische Strafen dienten der Abschreckung. So die Hinrichtung eines 18-jährigen Hanauer Jugendlichen im Juni 1940, der sechs Tage unentschuldigt der Arbeit ferngeblieben war. Eine vorbestrafte Hilfsarbeiterin hatte im Mai 1943 größeres Glück. Sie kam für unentschuldigte Abwesenheit am Arbeitsplatz mit einem Jahr Gefängnis davon. Frauen und Jugendliche waren bei den Bestrafungen wegen Bummelei weit überrepräsentiert.[229]

225 BAMAF, RW 21/19–1, Eintrag v. 3.11.1939; Hohmann, Wolfgang (HA v. 6.4.1985); Aart Pontier, Karel Braet, Lager Kinzig. Zwei Jahre Zwangsarbeit in Nazi-Deutschland 1943–1945. Herausgegeben von Amicale »Lager Kinzig«, Winterswijk (Selbstverlag) 1991, S. 41; im Weiteren: Pontier, Braet, Lager Kinzig.

226 Hachtmann, Industriearbeit, S. 53; BAMAF, RW 21/19-12, Bl. 24.

227 BAMAF, RW 21/19-5, Eintrag v. 8.12.1940.

228 Hachtmann, Industriearbeit, S. 244f.

229 Flämig, Hanauer Tagesgespräch 1939–1945, S. 37, 135.

Hanau, Frauen im Postdienst, 1941

Der gemeldete Krankenstand entsprach immer weniger der tatsächlichen Lage. Eine der Ursachen war die immer restriktivere Krankschreibungspraxis der Vertrauensärzte. Im Herbst 1944 wurde die Kontrolle durch Einführung einer »Fehlzeitkarte« weiter verschärft.[230]

Durch den Arbeitskräftemangel kollidierte die Nazidoktrin über die Rolle der Frau mit den Erfordernissen der Kriegswirtschaft. Weitläufig angelegte Kampagnen versuchten die Frauen zum »Ehrendienst« in den Betrieben zu ermuntern, in deren Rahmen frauenspezifische Entlastungen und Betreuung in Aussicht gestellt wurden. Bei Kriegsbeginn schieden vorerst über 400 000 berufstätige Frauen aus dem Arbeitsprozess aus. Infolge der großzügigen Familienunterstützung für »Kriegerfrauen«, die bis zu 85 Prozent des bisherigen Familieneinkommens erreichen konnte, lohnte sich für viele Frauen die eigene Erwerbstätigkeit nicht länger, umso weniger, weil der eigene Verdienst auf die Unterstützung angerechnet wurde. Die Zahl der erwerbstätigen Frauen sank von Mai 1940 bis Mai 1941 um weitere 300 000. Als der Appell an die Frauen zum »Ehrendienst« in der Fabrik kaum Wirkung zeigte, verpflichteten die Nazis im Juni 1941 alle

[230] Hachtmann, Industriearbeit, S. 246; NSHZ Nr. 264, 9.11.1944.

unterhaltsberechtigten Frauen, die nach Kriegsbeginn ihre Arbeit aufgegeben hatten, zum Arbeitseinsatz. Der Erlass bezog sich vorwiegend auf Arbeiterfrauen und klammerte soziale Schichten, die traditionell nicht erwerbstätig waren, aus dem Arbeitszwang aus. Mehr als 34 000 Frauen ließen sich aber auch jetzt nicht zur Arbeit nötigen.

Anfang 1943 fehlten in Deutschland trotz der massenhaften Heranziehung ausländischer Zwangsarbeiter etwa drei Millionen Arbeitskräfte. Durch die Meldepflicht der nicht in Beschäftigung stehenden Männer zwischen dem 16. und 65. Lebensjahr und der Frauen zwischen dem 17. und dem 45. Lebensjahr suchte man das Defizit zu verkleinern. Die Verordnung vom 27. Januar 1943 erbrachte im Bezirk des Landesarbeitsamtes Hessen etwa den Einsatz von 56 000 Frauen, von denen jedoch 65 Prozent nur zu Halbtagsarbeit herangezogen werden konnten.[231] Weitgehend fruchtlos verhallte vermutlich auch der Aufruf von Gauleiter Sprenger an führende Behörden- und Parteivertreter im Juni 1943, in dem er ihre Ehefrauen zur Arbeit in der Kriegswirtschaft aufforderte. (Dok. 209)

Überwiegend »Halbtagsfrauen« arbeiteten auch bei W. C. Heraeus, wo der Frauenanteil in der Belegschaft, der früher unter einem Viertel lag, 1940 auf 30 Prozent (432 Frauen) und 1941 sogar auf über 35 Prozent anstieg.[232]

Am Einsatz deutscher Frauen wurde während des ganzen Krieges ohne Konsequenz herumlaboriert. Hitler und die führenden Nazis fürchteten bei der weiblichen Bevölkerung jede Stimmungsverschlechterung und nicht weniger den Widerwillen der Frontsoldaten, falls die Regierung die Frauenfrage gegen ihre Vorstellungen behandelte.

Seit dem 1. September 1939 wurden die vom Regime zuvor aufwendig inszenierten Massenspektakel eingeschränkt. Das einzige Spektakel war von jetzt an der Krieg. Reichsparteitage der NSDAP fanden nicht mehr statt. Der Gemeinschaftsempfang von Rundfunkübertragungen wurde untersagt. Selbst die Führerreden wurden nicht mehr in den Werkhallen angehört, sondern privat zu Hause.[233] Am 1. Mai wurde auf die Ausschmückung der Straßen und auf Festlichkeiten verzichtet. Auch in den Betrieben sollten alle »größeren und zeitraubenden Feiern« wegfallen, der 1. Mai sollte ein »Feiertag der Erholung« sein.[234]

Die KdF-Vergnügungen wurden ebenfalls auf ein bescheidenes Maß zurückgestutzt. Die Parole lautete »Erst siegen, dann reisen!«. Die KdF-Schiffe wurden nur noch als Truppentransporter und Lazarettschiffe verwendet, die KdF-Erholungsheime als Lazarette eingerichtet. Die KdF stand im Krieg zu 80 Prozent im Dienste der Truppenbetreuung; die Zwangsbeiträge der DAF, mit denen die KdF subventioniert wurde, flossen so auch unmittelbar in die Kriegsfinanzierung.[235]

231 BAMAF, RW 21/19–14, Bl. 16.
232 Gniss, Heraeus, S. 196.
233 HHStAW, 483/7164. Rundschreiben der DAF v. 1.4.1942. Die Redeübertragungen wurden auf den Tag verteilt wiederholt.
234 Ebd., DAF-Rundschreiben v. 24.3.1942.
235 Deppe, Deutsche Gewerkschaftsbewegung, S. 352.

Die Ausbeutung durch Zwangsarbeit

Die Eroberung fremder Länder gab dem Regime nicht nur materielle Ressourcen zur Fortführung des Krieges in die Hand. Die unterjochten Völker mussten auch Arbeitskräfte für die faschistische Kriegswirtschaft stellen. Über 10 Millionen ausländische Arbeiter wurden im Laufe des Krieges nach Deutschland verschleppt, neben den Kriegsgefangenen knapp sieben Millionen Zivilarbeiter, Männer wie Frauen. Rund vier Millionen kamen aus der Sowjetunion, über eine Million aus Polen, die anderen aus Frankreich, Belgien, den Niederlanden und Italien. 1944 stammte gut ein Fünftel aller in der deutschen Wirtschaft beschäftigten Arbeitskräfte aus dem Reservoir der Fremdarbeiter und Kriegsgefangenen.[236]

Die ausländischen Arbeiter wurden unter ein Sonderrecht gestellt, das die einzelnen Volksgruppen nach »Rasse« und »Volkstumszugehörigkeit« in ein streng hierarchisches System einordnete und ihre Lebensbedingungen auf verschiedenen Stufen der Diskriminierung regelte. Zum oberen Teil der Hierarchie gehörten Angehörige der »germanischen« Völker, wie Flamen, Holländer, Dänen und Norweger sowie Franzosen. Als »rassisch minderwertig« wurden die Arbeitskräfte aus Polen und der Sowjetunion behandelt, die auf ihren Kleidern die besonderen Kennzeichen »P« oder »Ost« tragen mussten. Diese »Ostarbeiter« wurden in geschlossenen Lagern untergebracht und in bewachten Kolonnen zur Arbeit geführt. Die Benutzung öffentlicher Verkehrsmittel war den Ostarbeitern verboten, den Polen nur mit besonderer polizeilicher Genehmigung erlaubt. Die Merkblätter, die unter der deutschen Bevölkerung als Anleitung für den Umgang mit Zwangsarbeitern und mit Kriegsgefangenen verteilt wurden, mahnten zu mitleidloser, strenger Abgrenzung. Kontakte wurden mit Gefängnisstrafen geahndet. Auf Geschlechtsverkehr mit Deutschen stand für männliche Ostarbeiter die Todesstrafe, für weibliche die Einweisung in ein KZ. Am untersten Ende der Hierarchie standen die russischen Kriegsgefangenen, die jüdischen Lohnarbeiter und die Arbeitssklaven der Konzentrationslager, unter denen wiederum die Juden den letzten Platz einnahmen.

Die Hierarchisierung diente dem Ziel, jede Solidarisierung unter den Fremd- und Zwangsarbeitern zu unterbinden. Diese Rechnung ging oft nicht auf. Im so genannten »Lager Kinzig« der Heraeus Vacuumschmelze in Sterbfritz gelang es den belgischen und holländischen Zivilarbeitern, trotz Drohungen und Strafen mit den dorthin verschleppten ukrainischen Frauen freundschaftliche Kontakte zu knüpfen. Sie hörten ergriffen ihre ukrainischen Volkslieder an und feierten das Neujahr 1944 zusammen. Einer der Holländer notierte: »Dies sind also keine Menschen, sondern Tiere, wie jedenfalls von den Nazis gesagt wird. Wir sehen es anders. Einer von uns schrieb nach Hause: Wenn diese Mädchen und Frauen hoffentlich einmal in ihre Heimat zurückkehren, werden sie von der ‚deutschen Kultur' erzählen können.«[237]

[236] Thamer, Deutschland 1933–1945, S. 713.
[237] Pontier, Braet, Lager Kinzig, S. 46, 73f.

Hanau, polnische Kriegsgefangene bei der Rückkehr von der Arbeit, Mai 1943

Die Verteilung der ausländischen Arbeitskräfte, Kriegsgefangenen wie Zivilarbeiter, wurde von den Landesarbeitsämtern durchgeführt. 1944 arbeitete schon über die Hälfte von ihnen in der Industrie, 28 Prozent im Maschinenbau, 26 Prozent in der chemischen Industrie, nur noch 44 Prozent in der Landwirtschaft. Statistisch wurde 1944 jeder vierte Panzer, Lastwagen und Granatwerfer von einem ausländischen Zwangsarbeiter angefertigt.[238]

Im Laufe des Zweiten Weltkrieges arbeiteten und lebten über 6300 Fremde, Kriegsgefangene wie Zivilpersonen, als »Fremdarbeiter« in der Stadt Hanau.[239] Die größten Gruppen bildeten verschleppte Zivilisten aus dem besetzten Gebiet der Sowjetunion, Polen und Franzosen. Sie arbeiteten nicht nur in den großen

[238] Thamer, Deutschland 1933–1945, S. 713f.

[239] Ergebnis der Untersuchung von Edgar Thielemann auf Grund der »Namenslisten aller Militär- und Zivilpersonen der Vereinten Nationen, die während des Krieges in der Stadt Hanau gelebt haben« im Stadtarchiv Hanau, D 6, G 27-31. Die Listen wurden nach dem Krieg auf Wunsch der US-Militärregierung zusammengestellt. Vgl.: Edgar Thielemann, Industrie, Gewerbe, Handwerk und bürgerliche Haushalte – viele nutzten die Arbeitskraft der Fremdarbeiter in Hanau. Zwischenbericht des Forschungsprojekts am 30. September 2002, S. 8. An dieser Stelle danke ich dem Vorsitzenden des Hanauer Geschichtsvereins, Herrn Martin Hoppe, der mir den Zwischenbericht freundlicherweise zur Verfügung stellte. Nach der Volks- und Berufszählung vom 17.5.1939 hatte die Stadt 42 191 Einwohner. Statistik der Deutschen Reiches, Bd. 552/1, Berlin 1943, S. 78.

Fabriken, sondern auch bei Hunderten von kleinen Arbeitgebern. Fast jedes Geschäft und Handelshaus hatte eine ausländische Hilfskraft; sie wurden auch in Krankenhäusern, bei der Straßenbahn und bei der Reichsbahn beschäftigt.

Zwei Verzeichnisse der Hauptstelle Arbeitseinsatz der Gauwaltung Hessen-Nassau der DAF bieten Momentaufnahmen der Zwangsarbeitsbeschäftigung im Stadt- und Landkreis Hanau. Im September 1942, nach der ersten großen Welle der Ostarbeitertransporte im Frühjahr und Sommer, waren 437 französische und russische Kriegsgefangene und 1628 »Zivilarbeiter« im Einsatz, die in 34 Lagern untergebracht wurden.[240] Am 1. April 1943 wurden 482 Kriegsgefangene und 2695 zivile ausländische Zwangsarbeiter verzeichnet. Die Zahl der Lager erhöhte sich auf 38, die Zahl der Arbeitgeber von 34 auf 40, wobei beide Listen als unvollständig angesehen werden müssen.[241] 24 Lager befanden sich auf dem damaligen Hanauer Stadtgebiet. Etwas mehr als die Hälfte der Zwangsarbeiter waren im Landkreis beschäftigt: im September 1943 908 Personen, im April 1943 1408 Personen, der überwiegende Teil von ihnen am Industriestandort Großauheim (September 1942: 751, April 1943: 1218). Dort wurden sie in vier und später in fünf Lagern untergebracht. In Großauheim befand sich auch der größte Arbeitgeber von Zwangsarbeitern, nämlich die Vereinigte Deutsche Metallwerke (VDM) mit 617 (1942) beziehungsweise 672 (1943) Ausländern. Als nächstgrößter Nutznießer der Zwangsarbeit folgte die Firma Dunlop, im September 1942 noch mit 282, im April 1943 schon mit 507 ausländischen Arbeitern. W. C. Heraeus erhöhte in einem halben Jahr die Zahl der Zwangsbeschäftigten von 113 auf 191, die Hanauer Gummischuhfabrik von 136 auf 154, Brown Boveri & Cie. in Großauheim von 102 auf 162, die Deutsche Kunstlederwerke in Wolfgang von 37 auf 64. Bei W. C. Heraeus erreichte die Zahl der Zwangsarbeiter ihren Höchststand im November 1944. Zu diesem Zeitpunkt wurden 105 zivile Arbeitskräfte sowie 163 russische Kriegsgefangene beschäftigt, die zusammen rund 14 Prozent der Gesamtbelegschaft ausmachten.[242] Zu den Firmen, welche den Kreis der Zwangsarbeiter zwischen September 1942 und April 1943 in überdurchschnittlichem Maß erweiterten, gehörte die Heraeus Vacuumschmelze AG, in der im Herbst 1942 91 Ausländer, im April 1943 bereits 264 Ausländer arbeiteten. Im Sommer und Herbst 1943 kamen auf der neu errichteten Außenstelle der Firma in Sterbfritz, im Lager Kinzig, noch etwa 150 holländische, belgische, ukrainische und italienische Arbeiter hinzu. (Dok. 206c) Die größte Steigerung wies die kleine Metallwarenfabrik Ochs & Bonn in Hanau auf. Hier arbeiteten im September 1942 erst 30 russische Frauen, im April 1943 aber schon 167 Männer und Frauen aus fünf verschiedenen Nationen.

Die Gießerei Wilhelma brachte 20 Russen in der Turnhalle in Kesselstadt unter. 1942 quartierten Ochs & Bonn ihre ersten Russinnen in der ehemaligen Gastwirtschaft »Löwengärtchen« ein. Die meisten Zivilarbeiter und -arbeiterinnen kamen in firmeneigenen Barackenlagern oder in den Baracken der Interessengemein-

[240] HHStAW, 483/10643 Liste vom 21.9.1942, am 26.10.1942 ergänzt und berichtigt.

[241] Ebd., 483/7327-7328. Liste vom 1.4.1943. Die zu dieser Liste beigefügte Tabelle kommt bei der Zusammenzählung der Zwangsarbeitskräfte abweichend auf 2667.

[242] Gniss, Heraeus, S. 199.

schaftslager unter, die von mehreren Firmen aufrechterhalten und benutzt wurden. Das größte Gemeinschaftslager lag neben der Brauerei Kaiser (später Dörr) in Kesselstadt am Salisweg, nach einer ehemaligen Gaststätte auch »Schöne Aussicht« genannt. Im Juli 1943 wohnten hier unter schlimmen hygienischen Verhältnissen etwa 400 Personen aus mehreren Nationen, darunter auch ganze Familien mit unterernährten Kindern.[243] Für Firmen in Großauheim existierte ein Gemeinschaftslager an der Bruchwiese, das im April 1943 mit 210 russischen Frauen, 97 russischen Männern, 22 Polen und 18 Polinnen belegt war. An der Philippsruher Allee in Hanau unterhielt die IHK Hanau ein Gemeinschaftslager. 1942 wurden von hier durch die IHK 130 französische Kriegsgefangene auf Handwerksbetriebe und kleinere Firmen verteilt. 1943 kamen 248 Zivilarbeiter, darunter Franzosen, Polen, Litauer, russische und ukrainische Frauen und Männer, an ihre Stelle.

Die Kriegsgefangenenlager waren streng nach Nationalitäten getrennt und meistens in der Nähe des Arbeitseinsatzortes eingerichtet. Die Bewachung der Kriegsgefangenen lag im Verantwortungsbereich des OKW und für den Bereich Hanau bei dem zuständigen Kriegsgefangenenstammlager IX (Stalag), Bad Orb (Wegscheide). 230 französische Kriegsgefangene, die in Großauheim bei VDM arbeiteten, lebten in einem Lager in der Steinheimer Straße. Im Mai 1943 waren 46 französische Kriegsgefangene in einem Lager im städtischen Fuhrpark, das schon seit 1940 existierte, untergebracht. Sie waren zur Arbeit im Handwerk, bei Degussa-Siebert und in den Stadtwerken abgestellt. W. C. Heraeus unterhielt in Werksnähe sowohl ein französisches wie auch ein russisches Kriegsgefangenenlager (Lager »Spessart« in der Waldstraße). Die Lager für die russischen Kriegsgefangenen waren mit hohem Stacheldrahtzaun umgeben, die Barackenfenster meistens dicht vergittert. Generell waren für die Verpflegung von Kriegsgefangenen wie von Zivilarbeitern die Unternehmen zuständig, die sie beschäftigten. Allerdings mussten sie sich dabei an den vom Regime festgesetzten Verpflegungssätzen orientieren. Zwischen der Verpflegung der französischen und der russischen Kriegsgefangenen gab es dementsprechend krasse Unterschiede. Die Franzosen bekamen dazu noch aus der Heimat Lebensmittelsendungen. Die von der Stadt besorgte Verpflegung der 30 russischen Kriegsgefangenen, die im August 1942 in einem Lockschuppen untergebracht wurden und für die Reichsbahn Schwerstarbeit leisteten, bestand hauptsächlich aus minderwertigem Brot und dünnen Suppen. Die Russen bekamen nur ein tägliches Lagergeld von 20 Pfennig in Form von Gutschein, mit denen sie im Lager Wasser oder Bier kaufen konnten. Das Lagergeld der Franzosen betrug hingegen 70 Pfennige täglich. Sie bekamen außerdem eine monatliche Leistungszulage von 20 RM und sogar 15 Pfennig Zuschlag für die Überstundenarbeit.[244] (Dok. 206b)

Die russischen Kriegsgefangenen, die in Deutschland zur Arbeit eingesetzt wurden, waren die Überlebenden einer barbarischen, allen Regeln des Völker-

[243] Wegweiser, Hessen, S. 213f.

[244] Stadtbibliothek Hanau, Landeskundl che Abteilung, Margarethe Siebert, Chronik [Masch. schr.], S. 9; im Weiteren: Siebert, Chronik.

Hanau, Aufnahmen aus Lagern für sowjetische Kriegsgefangene und Zwangsarbeiterinnen, die zu Propagandazwecken inszeniert wurden, 1943

rechts spottenden Behandlung unmittelbar nach ihrer Gefangennahme. Obwohl die Militärs für den Russlandfeldzug mit mindestens zwei bis drei Millionen Gefangenen rechneten, wurden weder Unterbringungsmöglichkeiten noch Verpflegung vorbereitet. Schon wenige Wochen nach Beginn des Krieges gegen die Sowjetunion fing in den Sammellagern das Massensterben an. 60 Prozent der 3 350 000 bis Ende 1941 in deutsche Gefangenschaft geratenen sowjetischen Soldaten kamen um. Von den insgesamt 5,7 Millionen sowjetischen Kriegsgefangenen, die während des gesamten Krieges in deutsche Hand gerieten, kamen 3,3 Millionen ums Leben.

Das Arbeitseinsatzverzeichnis der DAF vom 1. April 1943 dokumentiert auch den Einsatz von 269 überwiegend männlichen Deutschen, von denen 234 bei VDM in Großauheim beschäftigt waren. Hier handelte es sich um Gefangene aus Strafanstalten, die auch bei der Stadtverwaltung Verwendung fanden.[245] Bei der Firma Dunlop richtete die Gestapo 1944 ein »Polizeihilfsgefängnis« ein, in das ausschließlich ausländische Zwangsarbeiter wegen Widerstandshandlungen wie »Arbeitsverweigerung« oder »Sabotage« eingewiesen wurden. Nach einem Bombenangriff, bei dem sieben Gefangene getötet wurden, wurde dieses »Polizeihilfsgefängnis« in die Bangertstraße verlegt. Hier starben bei einem Bombenangriff 44 Ausländer.[246]

Über den Einsatz von KZ-Häftlingen in der Hanauer Industrie fehlen die Angaben. Im Herbst 1944 gab es Pläne, bei Dunlop ein Außenkommando des KZ Natzweiler-Struthof einzurichten. Ein Außenkommando des SS-Sonderlagers Hinzert bestand seit 1942 auf dem Gelände des Luftwaffenfliegerhorstes Langendiebach. Hier arbeiteten etwa 800 polnische Häftlinge für die Wehrmacht.[247]

Die Arbeitszeit der Zwangsarbeiter passte sich im Allgemeinen den Bedingungen am Einsatzort an. Den »Westländern« stand auf dem Papier sogar Urlaub zu. Es war ihnen jedoch zunehmend verwehrt, diesen in Anspruch zu nehmen, nachdem viele Urlauber nicht zurückkehrten, sondern in der Heimat untertauchten.[248] Die Zwangsarbeiter konnten zu allen möglichen Aufgaben auch an Sonntagen herangezogen werden. In Hanau hat man im Herbst 1943 jeweils ein Viertel der Lagerinsassen an Sonntagen für acht Stunden zum Ausheben von Luftschutzdeckungsgräben getrieben.[249]

Die zivilen Zwangsarbeiter aus Ost- und Westeuropa wurden überwiegend nach Tarifen der Billiglohngruppen der Ungelernten entlohnt, obwohl sie in vielen Fällen, wie bei W. C. Heraeus, nach erfolgter Einarbeitung mit qualifizierten Arbeiten betraut waren.[250] Außer den Steuern und Sozialversicherungsbeiträgen wurde ihnen generell 1,50 RM pro Tag für Unterkunft und Verpflegung abgezogen. Die »Westler« hatten auch den DAF-Pflichtbeitrag zu bezahlen. Ein holländischer Arbeiter im Lager Kinzig in Sterbfritz bekam im Juli 1943 für eine Woche

245 Ebd., S. 38.
246 Wegweiser, Hessen, S. 214.
247 Catalogue of Camps and Prisons, S. 166.
248 Pontier, Braet, Lager Kinzig, S. 53.
249 Siebert, Chronik, S. 172.
250 Gniss, Heraeus, S. 200f.

Hanau, Juden bei Zwangsarbeit auf dem Altstädter Markt, Februar 1942

Arbeit im Dienste der Heraeus Vacuumschmelze brutto 29 RM bezahlt, nach den Abzügen, die ganze 48 Prozent ausmachten, blieben ihn davon jedoch nur netto 13,99 RM.[251] Polen und Ostarbeiter hatten als Zuschlag zur Einkommensteuer noch eine »Sozialausgleichabgabe« zu entrichten. Die Sozialausgleichabgabe betrug 15 Prozent des Bruttolohns und wurde damit begründet, dass diese Arbeiter weder Arbeits- noch Wehrdienst leisteten, noch zu Beiträgen an die DAF oder zu Zwangsspenden an das Winterhilfswerk (WHW) herangezogen würden. Insgesamt bezahlten die osteuropäischen Zwangsarbeiter mehr als das Dreifache an Steuern und Sozialabgaben als ihre deutschen Arbeitskollegen. Dabei bauten sie mit ihren Sozialversicherungsbeiträgen faktisch keine Ansprüche auf. Die gleichen Abgabensätze galten übrigens auch für Juden und »Zigeuner«, insofern sie in Lohnarbeit standen. Die Verdienste der Zwangsarbeiterinnen, die überwiegend aus Osteuropa stammten, nahmen sich entsprechend den niedrigeren Frauenlohntarifen noch schmaler aus. Wir können annehmen, dass nicht nur die Ukrainerinnen bei VDM Heddernheim im Sommer 1942 auf die ihnen das erste Mal ausbezahlten Pfennigbeträge mit Empörung reagierten.[252]

Die Arbeitsbedingungen sowie die Behandlung der Zwangsarbeiter differierten von Betrieb zu Betrieb. Im kalten Winter 1943/44 litten besonders die Hollän-

[251] Pontier, Braet, Lager Kinzig, S. 65.

[252] Götz Aly, Hitlers Volksstaat. Raub, Rassenkrieg und nationaler Sozialismus, Frankfurt am Main 2005, S. 181ff; Bericht über den Lohnempfang der ukrainischen Arbeiterinnen bei VDM Heddernheim: BAMAF, RW 21/19, Bl. 13. Meldung von Juni 1942.

der und Belgier sowie auch die Ukrainerinnen im Lager Kinzig unter den Erdarbeiten im Freien. Als relativ günstig galten die Verhältnisse in der Quarzlampenfabrik in Hanau. Umso schikanöser war der Umgang mit den Fremdarbeitern in der Marienhütte. Schwere Klagen wurden 1946 deswegen im Entnazifizierungsverfahren gegen den dortigen kaufmännischen Direktor Emil Peschke erhoben.[253]

Von den 10 Millionen Zwangsarbeitern, die innerhalb des nationalsozialistischen Machtbereich verschleppt wurden, erlebten das Kriegsende und die Befreiung nur 7,5 bis 7,9 Millionen. Viele sind an den Entbehrungen, an Entkräftung und an Krankheiten infolge der hygienischen Verhältnisse gestorben. Auch die 292 ausländischen Zivilarbeiter und Kriegsgefangene, die meisten Sowjetbürger und Polen, die auf dem Hanauer Friedhof ihre letzte Ruhe gefunden haben, wurden die Opfer solcher menschenverachtender Zustände in den Betrieben.[254] Nicht wenige Zwangsarbeiter aus dem Osten – zumal wenn sie erkrankt und hilfsbedürftig waren – fielen der Euthanasie zum Opfer. Auch Hanauer Firmen schickten regelmäßig tuberkulöse Ostarbeiter, die sie nicht länger ausbeuten konnten, zur Tötung in die Landes-Heil- und Pflegeanstalt Hadamar.[255] Während der alliierten Bombardierungen kamen viele Zwangsarbeiter um, da die Luftschutzbunker den Deutschen vorbehalten waren. Bei den beiden letzten Luftangriffen auf Hanau am 6. Januar 1945 und am 19. März 1945 kamen 140 ausländische Arbeiter ums Leben, unter ihnen 111 Staatsbürger der Sowjetunion.[256]

Die Judendeportationen

Für ein System, das wie der deutsche Faschismus auf Raub und Vernichtung baute, bedeutete der Krieg die funktionale Vollendung. Die in den vorangegangenen Jahren ideologisch vorbereiteten Projekte der »Rassenhygiene« und des Antisemitismus konnten jetzt, bis in ihre letzte barbarische Konsequenz hinein, in die Tat umgesetzt werden. Bereits im Herbst 1939 lief das »Euthanasie« Programm an, das in Ansätzen schon im »Gesetz zur Verhütung erbkranken Nachwuchses« vom Juli 1933 angelegt war. Der Sterilisation von Geisteskranken und Schwachsinnigen oder Personen, die als schwachsinnig angesehen wurden, folgte jetzt die Tötung. Eine unmittelbare Auswirkung dieser Maßnahmen war die Räumung der Anstalten und die Möglichkeit, sie als Lazarette für die Kriegsverletzten zu nutzen. Schätzungsweise 80 000 Kinder und Erwachsene wurden in sechs darauf spezialisierten Heil- und Pflegeanstalten erschossen, vergast oder mit Injektionen umgebracht. Im August 1941 wurde die Aktion nach außen hin vorerst abgebrochen, als sich in kirchlichen Kreisen ein offener Protest regte, am schärfsten in einer Predigt des Bischofs Graf von Galen am 3. August 1941 in

[253] Pontier, Braet, Lager Kinzig, S. 73; Zeugenaussage zum Verhalten Peschkes gegenüber russischen Fremdarbeitern im DGB-Archiv Hanau.

[254] Wegweiser, Hessen, S. 214.

[255] Dokumentationsarchiv des deutschen Widerstandes, Frankfurt am Main, AN 4778, 4779.

[256] Siegfried Schönborn, Kriegsgefangene und Fremdarbeiter in unserer Heimat 1939–1945, Freigericht 1990, S. 172.

Hanau, Juden mit schwerem Gepäck für die »Umsiedlung nach Osten«, 30. Mai 1942

Münster.[257] Tatsächlich ging die Ermordung Kranker in den »Kinderfachabteilungen« der Anstalten und in den Konzentrationslagern weiter. Regelmäßig wurden auch kranke Ostarbeiter zur Tötung eingeliefert.

Mit dem Krieg gegen die Sowjetunion nahm die »Endlösung der Judenfrage«, mit der gleichzeitig das Ziel der Vernichtung des »jüdischen Bolschewismus« verfolgt wurde, in der Ermordung von sechs Millionen jüdischer Menschen grausame Gestalt an. In die Organisation des industriellen Massenmordes in den Vernichtungslagern des Ostens, unter denen Auschwitz über die größte Tötungskapazität verfügte, fanden auch die fachlichen Erfahrungen aus den Euthanasie-Morden Eingang.

Der Kriegsbeginn am 1. September 1939 brachte für die jüdischen Einwohner in Deutschland eine weitere Serie von demütigenden Verboten und Einschränkungen: das Ausgehverbot nach 20 Uhr, die Verbote, Zeitungen zu abonnieren, in »arischen« Geschäften einzukaufen oder Taxis zu benutzen. Juden wurden verpflichtet, zum Nutzen der Reichskasse ihre Edelstahlgeräte abzuliefern. Im Laufe des Krieges wurde der Kreis der erlaubten Existenzweisen immer enger. Juden durften kein öffentliches Verkehrsmittel mehr benutzen, keinen Friseur aufsuchen, keine Zeitung, später auch keine Bücher kaufen, keine Haustiere halten. Eine neue Stufe erreichte die öffentliche Diskriminierung mit der Anweisung, nach der vom 1. September 1941 an Juden vom sechsten Lebensjahr an

[257] Thamer, Deutschland 1933–1945, S. 698ff.

ihrer Straßenkleidung einen weithin sichtbaren gelben »Judenstern« zu tragen hatten. Im Oktober 1941 wurde der Auswanderung ein Riegel vorgeschoben. Damit gab es für die verbliebenen Juden kein Entrinnen mehr.

Der Krieg senkte die Hemmschwelle für antisemitische Übergriffe nicht nur in den eroberten Gebieten, sondern auch im Reich. Als am Abend des 5. September 1939 deutsche Umsiedler per Bahn in Hanau eintrafen, schickte der NSDAP-Kreisleiter Max Else eine Schlägertruppe, die unter anderem aus Ortsgruppenleiter Konrad Bender, Kreispropagandaleiter Friedrich Mankel und Kreisgeschäftsführer Adolf Wingenfeld bestand, mit dem Auftrag in jüdische Wohnungen, sie für die Umsiedler zu räumen. Misshandlungen und Vertreibung der jüdischen Bewohner folgten, ohne dass in die verlassenen Wohnungen ein einziger Umsiedler einquartiert wurde. Else war für die Umsiedler nicht zuständig, und ansonsten standen genügend andere Unterbringungsmöglichkeiten zu Verfügung. Es ging allein um Schikane. Wiederholte Übergriffe auf jüdische Wohnungen am 10./11. Oktober 1939, teilweise durch die gleichen Nazis, folgten.[258] Die Aktionen hatten ein ungewöhnliches Nachspiel. Dem mutigen Hanauer Staatsanwalt Franz Cordier gelang es in Zusammenarbeit mit einigen Kasseler Gestapo-Beamten, gegen Else wegen der Gewaltakte gegen die jüdischen Einwohner und wegen anderer Delikte, wie die Veruntreuung von Spendengeldern, einen Prozess anzustrengen. Cordier ließ die misshandelten Juden, die zuvor nicht gewagt hatten, Strafanzeige bei der Polizei zu erstatten, Strafantrag wegen Hausfriedensbruchs, Körperverletzung und Beleidigung stellen. Schließlich blieb Gauleiter Sprenger nichts anderes übrig, als den Kreisleiter fallen zu lassen.[259] Anfang Juli wurde Max Else vor einem Kasseler Sondergericht zu acht Jahren Zuchthaus und zehn Jahren Ehrverlust verurteilt. Ortsgruppenleiter Bender, der die antijüdische Schlägertruppe in Hanau im September wie auch im Oktober 1939 angeführt hatte, wurden Straftaten, die er anlässlich des Pogroms im November 1938 begangen hatte, darunter schwerer Raub, strafverschärfend angerechnet. Er wurde zu sieben Jahren Zuchthaus verurteilt.[260] 1940 wurden die Hanauer Juden gezwungen, aus ihren Wohnungen in zwei so genannte »Judenhäuser« zu ziehen, um besser kontrolliert werden zu können. Sie wohnten von jetzt an im jüdischen Gemeindezentrum in der Nürnberger Straße 3 und in einem Haus in der Langstraße 53.[261]

Am längsten blieben jüdische Arbeitskräfte in der gewerblichen Wirtschaft verschont. Bis zum Herbst 1941 verfügten sie im Wesentlichen über die gleichen formellen Rechte wie die übrigen Arbeitnehmer. Ihre Entrechtung im Arbeitsleben besiegelte die »Verordnung über das Beschäftigungsverhältnis besonderer Art für Juden in Deutschland« vom 3. Oktober 1941. Juden wurden jetzt vermehrt zu Zwangsarbeiten eingesetzt. In Hanau wurden sie im Herbst 1941 zu Erdarbeiten am städtischen Bauhof abkommandiert, im Winter zu Schneeräumarbeiten.[262]

258 Pfeifer, Kingreen, Hanauer Juden, S. 80f; Noam, Kropat, Juden vor Gericht, S. 259ff.
259 Ebd., S. 267ff.
260 Ebd., S. 259.
261 Pfeifer, Kingreen, Hanauer Juden, S. 78.
262 Ebd., S. 86ff.

Zahlreiche jüdische Arbeitskräfte waren weiterhin auch in der Industrie beschäftigt, in der Rüstungsindustrie galten sie angesichts des Arbeitskräftemangel geradezu als unentbehrlich (so genannte »Rüstungsjuden«). Da die tariflichen Bestimmungen für sie nicht länger galten, wurde für das Wirtschaftsgebiet Hessen vom Reichstreuhänder der Arbeit mit Geltung vom 1. Dezember 1941 eine neue Entlohnungsordnung erlassen. (Dok. 205a,b) Die Entlohnung erfolgte demnach unabhängig von der Qualifikation und der Art der durchgeführten Tätigkeit als Einheitslohn, allein nach Lebensalter gestaffelt, auf dem niedrigsten Hilfsarbeiterlohnniveau. Neben dem »Regellohn« figurierte noch ein »Minderleistungslohn« für den Fall, dass die zu erwartende »Durchschnittsleistung« nicht erreicht wurde. Für Missbrauch und Schikane der Vorgesetzten waren Tür und Tor geöffnet. Diese Lohnordnung wurde im Reichsgesetzblatt nicht veröffentlicht, sie hatte sozusagen halblegalen Charakter. Sie wurde nur den Betrieben zur Kenntnis gegeben, die jüdischen Arbeiter beschäftigten. Eine nicht zu überbietende Schamlosigkeit sprach aus den Richtlinien des NS-Amtes für Volksgesundheit für die betriebsärztliche Betreuung der jüdischen Beschäftigten. Sie habe sich auf das Notwendigste zu beschränken, da sie »sich ja ohnehin nur auf die Sorge des Schutzes der nichtjüdischen Gefolgschaftsmitglieder erstreckt«. Die Gesundheit der jüdischen Arbeitnehmer selbst war somit kein Gegenstand der ärztlichen Sorge. (Dok. 205c)

Seit dem Herbst 1941 waren die Judendeportationen Richtung »Osten« auch aus Frankfurt und den hessischen Gebieten im Gange. Nach einem Befehl des Luftfahrtministers Göring im März 1942 wurden die »Rüstungsjuden« vorerst von den Transporten zurückgestellt. In einigen Betrieben blieben jüdische Arbeitnehmer bis Kriegsende beschäftigt, so in der teilweise von Heraeus übernommenen »arisierten« Firma Kulzer & Co. in Frankfurt oder vom Herbst 1943 an in Friedrichsdorf.[263] Im Mai 1942 kollidierte das wirtschaftliche Interesse, die jüdischen Arbeiter weiterhin in den Rüstungsbetrieben auszubeuten, mit dem Bestreben des Gauleiters, alle Juden schnellstens in die Vernichtung zu schicken. (Dok. 205d)

Die Deportation der Juden aus dem Stadt- und Landkreis Hanau erfolgte in zwei Transporten, am 30. Mai 1942 und am 5. September 1942. Da im Landkreis im November 1938 noch fast die Hälfte der jüdischen Bewohner in ihren Heimatdörfern lebte, war die Zahl der Deportierten aus den Landorten relativ hoch: 53 Personen im Mai und 57 Personen im September 1942.[264] In der Stadt Hanau war im Mai 1939 nur noch knapp ein Drittel der ursprünglich dort lebenden jüdischen Bevölkerung vorhanden. Im Mai wurden 29 und im September weitere 21 jüdische Menschen aus Hanau verschleppt.[265]

[263] Gniss, Heraeus, S. 188ff.

[264] Pfeifer, Kingreen, Hanauer Juden, S. 120, 129. Die Zahlen verteilen sich nach den einzelnen Ortschaften folgendermaßen (in Klammer jeweils die Zahl der Deportierten im September): Langenselbold 15, (23); Großauheim 1; Niederrodenbach 5, (4); Bischofsheim 5, (1); Hochstadt 2, (2); Rückingen 8, (5); Ostheim 4; Langendiebach 6, (5); Bergen 11, (17).

[265] Ebd., S. 99.

Beide Transporte wurden in Kassel vor der weiteren Fahrt mit anderen Transporten gekoppelt. Während dieses Zwischenaufenthaltes wurden die Deportierten im Sammellager in der Turnhalle der Bürgerschule untergebracht. Von den damit befassten Ämtern, nämlich dem Einwohnermeldeamt, dem Wohnungsamt, dem Ernährungsamt und dem Grundbuchamt, wurden dort Sonderdienststellen eingerichtet, die den Betroffenen noch den letzten Rest ihrer Habe abnahmen.[266] Der Transport im Mai landete im Vernichtungslager Sobibor, wobei die arbeitsfähigen Männer zwischen 15 bis 55 Jahren in Majdanek den Zug verlassen mussten. Sie wurden dort als Arbeitssklaven aufgenommen. Spätestens am 4. Juni waren die die übrigen Deportierten aus dem Kasseler Transport in den Gaskammern von Sobibor ermordet. Für den Transport im September, in dem alte und kranke Menschen die Mehrzahl bildeten, war das »Vorzeigelager« Theresienstadt vorläufiges Ziel. Nach zwei Wochen im dortigen Ghetto wurden am 29. September 1942 26 Personen aus den Kreisen Hanau, Gelnhausen und Schlüchtern in das Vernichtungslager Treblinka verschleppt und dort unmittelbar nach Ankunft durch Gas ermordet. In Theresienstadt erlebten von den verschleppten Menschen aus dem Stadt- und Landkreis Hanau nur zwei ältere Frauen die Befreiung durch die Rote Armee.[267] 19 jüdische Einwohner aus Steinheim und sieben aus Klein-Auheim gingen mit Transporten aus Offenbach in den Tod.[268]

In Theresienstadt verstarb am 2. Oktober 1942 auch der langjährige Reichstagsabgeordnete der Hanauer SPD, der 80-jährige Gustav Hoch, der aus einem jüdischen Altersheim in Berlin dorthin deportiert wurde. Der Hanauer Arzt Georg Wagner, Arbeiterratsmitglied sowie kommissarischer Landrat während der Revolutionszeit 1918/19 und kommunistischer Stadtverordneter, zog Ende der 30er Jahre aus Hanau zu seinem Sohn nach Frankfurt. Im Angesicht der bevorstehenden Deportation beendeten die beiden durch Selbstmord ihr Leben. Mehr als 700 Frankfurter Juden entzogen sich auf diese Weise der Verschleppung.[269] Über 720 jüdische Menschen aus den Kreisen Hanau, Gelnhausen und Schlüchtern, die vor der zunehmenden Repression nach Frankfurt umgezogen waren, wurden mit Transporten aus ihrem neuen Wohnort in die Todeslager geschickt.[270]

Erhaltene Dokumente über die Vorbereitung und Organisation des Septembertransports der jüdischen Einwohner aus Stadt- und Landkreis Hanau erlauben die Konfrontation mit dem Geist, der den Betrieb der Mordmaschinerie ermöglichte. (Dok. 207a-c) Für die Deportation war die Gestapo Kassel verantwortlich, die schon am 25. August 1942 die Landräte über das Verfahren in Kenntnis setzte.[271] Auf dieser Grundlage instruierten am 27. August die Landräte

[266] Ursula Krause-Schmitt, Das NS-Lagersystem in Hessen, in: Renate Knigge-Tesche, Axel Ulrich (Hrsg.), Verfolgung und Widerstand in Hessen 1933–1945, Frankfurt am Main 1996, S. 47.

[267] Ebd., S. 98ff., 126ff.

[268] Wegweiser, Hessen, S. 212.

[269] StAH, Sammlung Oskar Schenk, »Wie wir Juden halfen...«, Erinnerungen eines namentlich nicht genannten Zeitzeugen; Frankfurter Historische Kommission (Hg.), Die Geschichte der Stadt in neun Beiträgen, Sigmaringen 1991, S. 511.

[270] Pfeifer, Kingreen, Hanauer Juden, S. 99.

[271] Ebd., S. 127.

Hanau, Versteigerung von jüdischem Eigentum, 1942

die Bürgermeister in einem streng vertraulichen Erlass über ihre Aufgaben. Eine zweite vertrauliche Anweisung des Landrats an die Bürgermeister vom 1. September bekräftigte sie noch einmal. Jede Eventualität wurde bedacht, jeder Handgriff der Ausführung beschrieben. Ein wesentliches Ziel des Verfahrens war es, alle bewegliche Habe bis auf den letzten Pfennig und bis zum letzten Einmachglas für den faschistischen Staat zu verwerten. Vermögen und Einrichtung der Verschleppten, die mittels vorher zugeschickter Formulare genau aufzulisten waren, wurden von den Finanzämtern beschlagnahmt. Ihre gepackten Koffer und vorausgeschickten Sachen, wie Matratze oder Werkzeug, haben sie nie mehr wiedergesehen. Bargeld und Schmuck, zu deren Mitnahme man ausdrücklich aufforderte, wurden spätestens bei der Leibesvisitation im KZ abgenommen. Für die entstehenden Frachtkosten ihrer zu enteignenden Habe mussten die Deportierten selbst aufkommen. Äußerste Menschenverachtung spricht aus folgender Anweisung: »Zur Heranführung insbesondere der älteren und kranken Personen darf kein Tropfen Benzin verbraucht werden.« Die detaillierten Vorschriften, deren Erfüllung den jüdischen Personen vor dem Transport auferlegt wurde, dienten auch der Täuschung. Festes Schuhwerk, das man einzupacken hatte, oder Hausrat, den man als Fracht aufgeben konnte, nährten die Vorstellung eines wie immer gearteten Weiterlebens »im Osten«. Die Kennzeichnungspflicht der zurückgelassenen Einrichtung und die Abgabe des Hausschlüssel mit Namensschild veranlassten manchen, sich der Illusion hinzugeben, irgendwann werde eine Rückkehr möglich sein. Nach der Verschleppung versiegelte die Gestapo die Wohnungen mit der zurückgelassenen Habe. Im Auftrag des Finanzamtes wurde im so genannten »Freihandverkauf« das bewegliche Vermögen, vor allem der Hausrat, in den Wohnungen versteigert. Solche Versteigerungen fanden im Herbst 1942 auch in Hanau statt.

Theresienstadt, Gefangene, die aus dem Konzentrationslager befreit wurden, begrüßen die Rote Armee, Mai 1945

Juden, die in »Mischehen« lebten, also mit einem christlichen Partner verheiratet waren, oder aus Mischehen abstammten, waren bei diesen Transporten noch ausgespart. Seit dem März 1943 wurden sie in Hanau zur Zwangsarbeit herangezogen. Ohne Bezahlung und Verpflegung mussten die Männer Erdarbeiten verrichten, die Frauen im eiskalten städtischen Kohlkeller Gemüse sortieren. Am 14. Februar 1945 wurden 19 Juden aus dem Stadt- und Landkreis Hanau, die in Mischehen lebten, mit einem Transport aus Frankfurt nach Theresienstadt verfrachtet. Sie hatten ungewöhnliches Glück. Alle kehrten nach der Befreiung von Theresienstadt am 5. Mai 1945 nach Hause zurück.[272]

Mit voller Wucht traf die Verfolgung der Nazis auch die Minderheit der Sinti und Roma. Nach einer Verhaftungsaktion der Gestapo am 15. Oktober 1937 wurden die Hanauer Sintifamilien nach Frankfurt in das Konzentrationslager für »Zigeuner« an der Dieselstraße gebracht. Auf Grund des so genannten »Auschwitzerlasses« von Himmler vom 16. Dezember 1942 kamen die Lagerbewohner im März 1943 in das »Zigeunerlager« in Auschwitz-Birkenau. In der Nacht vom 2. auf den 3. August 1944 trieb die SS die Häftlinge des »Zigeunerlagers«, hauptsächlich Kranke, Alte und Kinder, in die Gaskammer. 26 Sinti aus Hanau, unter ihnen 19 Kinder unter 14 Jahren, wurden in Auschwitz ermordet.[273]

[272] Pfeifer, Kingreen, Hanauer Juden, S. 137.
[273] Wegweiser, Hessen, S. 212f.; Udo Engbring-Romang, Hanau. Auschwitz. Zur Verfolgung der Sinti in Hanau und Umgebung, Frankfurt am Main 2002.

Der Widerstand im Krieg

Infolge der Besetzung der Nachbarländer Deutschlands durch die Wehrmacht musste das Netz der Auslandsverbindungen der SPD und der KPD sowie des gewerkschaftlichen Widerstandes weitgehend neu organisiert werden. Die Pariser Zentralen wurden aufgelöst, die Auslandsleitung der SPD wurde in London etabliert, die Führungskader der KPD wurden in Moskau konzentriert. Auch im neutralen Schweden und in Übersee entstanden durch die Zusammenarbeit von Emigranten neue Organisationsschwerpunkte. In Deutschland selbst bildeten unter den Bedingungen des verschärften Terrors kleinere Gruppen oder Einzelpersonen Stützpunkte des Widerstandes. Trotz wiederholter Rückschläge hörten die Versuche der KPD nicht auf, in Berlin eine operative Führungsgruppe zu schaffen. Im Sommer 1942 bestanden von dort aus in das Rheinland, das Ruhrgebiet, nach Baden und Hanau feste Beziehungen.[274] In zahlreichen Großbetrieben der Rüstungsindustrie schlossen sich Regimegegner, Kommunisten, Sozialdemokraten und auch parteilose Arbeiter zu geheimen autonomen Betriebszellen zusammen, in denen sie Informationen der »Feindsender« in Moskau und London austauschen und ihre politische Meinung frei äußern konnten. Günstige Voraussetzungen boten Betriebsabteilungen, in denen die Stammbelegschaft trotz Einberufungen noch relativ geschlossen geblieben war, wie in der Abteilung Werkzeugbau der Frankfurter Fabrik elektrotechnischer Apparate Voigt & Häffner. Antifaschisten aus Frankfurt (etwa Karl Schmidt, SPD), aus Hanau (Heinrich Fischer, SPD, Heinrich Müller, KPD) und aus anderen Orten der Umgegend (Peter Roth aus Lämmerspiel, Zentrum) hielten hier seit 1940 in regimekritischer Haltung zusammen, bis im Herbst und Winter 1942 die Gruppe enttarnt und ihre Mitglieder 1943 vor dem Oberlandesgericht Kassel in getrennten Prozessen wegen Vorbereitung zum Hochverrat verurteilt wurden.[275] (Dok. 203a) Heinrich Fischer, der Weggefährte von Karl Rehbein und nach dem Krieg hessischer Arbeitsminister, verbüßte seine Strafe im berüchtigten Zuchthaus Brandenburg-Görden. Seiner Ehefrau Lina Fischer, die über den Aufenthaltsort ihres Mannes von den Behörden im Unklaren gelassen wurde, gelang es, auf seine Spur zu kommen und ein kurzes Wiedersehen zu organisieren. (Dok. 203b)

Im März 1943 verhaftete die Gestapo an die 40 Arbeiter der Frankfurter Fabrik Appartebau-Gesellschaft Messer & Co. wegen regimefeindlicher Aktivitäten. Acht Angeklagten, unter ihnen der ehemalige Frankfurter Reichstagsabgeordnete der SPD, später der SAP, Andreas Portune, sowie der Mechaniker Wilhelm Schilling und der Hilfsschlosser Wilhelm Eichhorn, beide aus Hanau, wurden im Dezember 1944 vom Volksgerichtshof wegen Wehrkraftzersetzung zu mehrjährigen Zuchthausstrafen verurteilt; die zwei Hanauer für die Dauer von

274 Walter Bartel, Karl Drechsler u. a. (Hrsg.), Deutschland im Zweiten Weltkrieg, Bd. 2. Vom Überfall auf die Sowjetunion bis zur sowjetischen Gegenoffensive bei Stalingrad (Juni 1941 bis November 1942), Köln 1975, S. 543. Bericht der Berliner KPD-Leitung an die Parteiführung in Moskau vom Juli 1942.

275 HHSTAW, 461/8937, 8398, 8943, 8994.

je fünf Jahren, Portune zu drei Jahren.[276] Der Kreis der Antifaschisten umfasste auch bei Messer Anhänger der Arbeiterparteien, des Zentrums und Mitglieder der ehemaligen Gewerkschaften.

Der Hunger nach zuverlässigen Informationen über den Kriegsverlauf bestimmte nicht nur in vielen illegalen Betriebsgruppen das Handeln, auch zahlreiche Einzelpersonen in den verschiedensten Gesellschaftsschichten versuchten, sich durch das Abhören von »Feindsendern« über die Geschehnisse ein zutreffendes Bild zu machen. Die Zahl der Prozesse wegen »Schwarzhörens«, »Wehrkraftzersetzung« und »Feindbegünstigung« stieg steil an. Auch die Urteile wurden seit Mitte 1942 schärfer. Von 143 Angeklagten aus dem Gebiet des heutigen Bundeslandes Hessen wurden zwischen dem 6. Juni 1942 und dem 8. Mai 1945 von den Richtern des Volksgerichtshofes 64 zum Tode verurteilt.[277] Zu ihnen gehörte der Langenselbolder Zimmerpolier Valentin Schmidt, der im Fuldaer Betrieb »Mehler AG« der Baufirma Kaus tätig war. Schmidt wurde infolge seiner kritischen Äußerungen gegen diverse Nazigrößen im November 1943 verhaftet, im März 1944 vom Volksgerichtshof wegen »Wehrkraftzersetzung« zum Tode verurteilt und im Mai 1944 hingerichtet. Zur Last gelegt wurde ihm insbesondere, dass er durch seine »hetzerischen Äußerungen« »einen kommunistischen Umsturzversuch« vorbereitet habe.[278] Das Todesurteil des Volksgerichtshofes traf auch den Angestellten der Hanauer Stadtverwaltung, Otto Lochmann, der im November 1944 hingerichtet wurde. (Dok. 211a,b) Er und seine Frau, die zu fünf Jahre Zuchthaus verurteilt wurde, versuchten im Frühjahr 1944 ihren als Soldat in Dänemark stationierten Sohn in Briefen dadurch aufzumuntern, dass sie ihm auf Grund von Nachrichten des feindlichen Soldatensenders »Calais« Hoffnung auf ein baldiges Kriegsende machten. Die Urteilsbegründung hob hervor, dass das Ehepaar hierdurch »zu einem Dolchstoß in den Rücken der Front« ausgeholt hätte. Auch die Anklageschrift gegen die Arbeiter der Firma Messer in Frankfurt vom Mai 1944 betonte, dass die Angeklagten »die innere Front in Deutschland« geschwächt hätten. »Zugleich haben sie dadurch die auf die gewaltsame Beseitigung der nationalsozialistischen Regierung gerichteten Bestrebungen der illegalen KPD gefördert und den Feind begünstigt.«[279] Aus diesen und vielen anderen Prozessunterlagen in der zweiten Kriegshälfte sprach angesichts der Niederlagen gegen die Rote Armee die Furcht vor einem »Dolchstoß«, vor der Wiederholung der Ereignisse von 1918. Das Gespenst der Novemberrevolution verfolgte die Nazis bis zu ihrem Untergang.[280]

[276] Beier, Arbeiterbewegung in Hessen, S. 523; Dokumentationsarchiv des Deutschen Widerstandes, AN 3112: Anklage v. 8.5.1944; AN 970: Urteil v. 9.12.1944. Portune starb kurz nach der Befreiung an den Folgen der Haft.

[277] Wolfgang Form, »Deutschland - ein großes Gefängnis«. Politische Strafjustiz in Hessen - ein dunkles Kapitel deutscher Geschichte. Vortrag am 11. Juli 2005 im Historischen Museum der Stadt Frankfurt am Main, S. 14; im Weiteren: Form, Deutschland. Der Vortrag erschien geringfügig gekürzt im »Mitteilungsblatt des Vereins für Frankfurter Arbeitergeschichte«, Nr. 32, April 2006.

[278] Wittrock, Das Unrecht, S. 29ff.

[279] Dokumentationsarchiv des Deutschen Widerstandes, Frankfurt am Main, AN 970.

[280] Form, Deutschland, S. 19f.

Eingesperrte Antifaschisten hielten den Widerstand in den Gefängnissen, Zuchthäusern und Konzentrationslagern auch in den Kriegsjahren lebendig. Partei- und Fraktionsschranken spielten immer weniger eine Rolle. Da auch aus den besetzten Ländern zahlreiche Antifaschisten in die Konzentrationslager transportiert wurden, verband sich der Gedanke der Einheitsfront mit dem Gedanken des Internationalismus. Illegale internationale Lagerkomitees existierten etwa in Dachau, in Neuengamme, in Sachsenhausen und im Frauen-Konzentrationslager Ravensbrück. Dem internationalen Lagerkomitee im KZ Buchenwald gelang es, am 11. April 1945 die Selbstbefreiung des Lagers zu organisieren. Mehrere Kommunisten aus Hanau und Umgegend, wie Heinrich Eckhardt aus Hanau, Hermann Obenauer aus Klein-Krotzenburg und Karl Reidel aus Langenselbold, waren an der Selbstbefreiung beteiligt. Das als »Schwur von Buchenwald« bekannt gewordene Manifest der in Buchenwald inhaftierten Sozialisten aus Deutschland vom 13. April 1945 rief zur Ausrottung von Faschismus und Militarismus, zum Aufbau einer deutschen Volksrepublik, zur Sozialisierung der Wirtschaft und zur Einheit der sozialistischen Bewegung auf.

Viele Widerstandskämpfer, die durch Urteil der Nazigerichte der bürgerlichen Ehrenrechte beraubt waren, wurden von 1942 an in das für »Wehrunwürdige« gebildete Strafbataillon 999 gepresst und mussten bei aussichtslosen Fronteinsätzen ihr Leben lassen, so der Bruchköbeler Kommunist Heinrich Stroh und der Hanauer Sozialdemokrat Gustav Löffert. Nicht wenige unter ihnen liefen zu den Partisanen über. Der Langenselbolder Kommunist Hellmuth Röder knüpfte zu den griechischen Partisanen Kontakt.[281]

Das im Sommer 1943 in der Sowjetunion gegründete Nationalkomitee »Freies Deutschland« trieb unter den deutschen Kriegsgefangenen antifaschistische Agitation. Der Langenselbolder Lehrer Wilhelm Adam, Adjutant von Feldmarschall Paulus in Stalingrad, wurde Mitglied im Komitee. Einzelne Fälle widerständigen Verhaltens kamen selbst in der kämpfenden Truppe vor. Der gerade 20-jährige Friederich Hans Eschmann aus Bischofsheim wurde wegen Befehlsverweigerung und unerlaubten Entfernens von der Truppe von einem Kriegsgericht zu eineinhalb Jahren Haft verurteilt. Nach einem halben Jahr kam er zur Bewährung an die Front, wo er im Februar 1945 fiel. Der Langenselbolder Heinrich Kuprian desertierte 1943 aus der Wehrmacht und wurde in seiner Heimatstadt bei der Verhaftung erschossen.[282]

Neben gelegentlichen Hilfeleistungen einzelner Personen für Zwangsarbeiter und Kriegsgefangene, die für die Helfenden auch in der harmlosesten Form schon ein persönliches Risiko darstellten, gab es vor allem unter Kommunisten das Bestreben, die Kriegsgefangenen und zivilen Zwangsarbeiter auch politisch zu betreuen und mit Informationen zu versorgen. Jakob Hens aus Niederrodenbach, vor 1933 Betriebsrat bei der Dunlop AG, kam 1944 wegen dieser Tätigkeit nach Buchenwald. Fritz Martin, ehemaliger Betriebsrat bei Heraeus, fiel die Betreuung der russischen Kriegsgefangenen im Lager der Hanauer Stadtverwaltung zu. Auf abenteuerlichen Wegen gelang es ihm, zusammen mit Adam Gerfelder

[281] Hanauer Hefte 2, S. 50.
[282] Gedenkbuch.

bei Kriegsende die Flucht zweier georgischer Kriegsgefangener zu organisieren.[283] Widerstand regte sich vor allem im Millionenheer der Zwangsarbeiter und gewann besonders nach dem Sieg der Sowjetarmee in Stalingrad an Dynamik. (Dok. 208a,b) Die Mehrzahl der nach 1942 Verhafteten und zu Zuchthausstrafen Verurteilten kam aus dem Kreis der ausländischen Arbeitskräfte. Die Anzahl der von Deutschen begangenen politischen Straftaten nahm dagegen ab.[284] Der Widerstand der Zwangsarbeiter hatte viele Formen. Dazu konnte der Protest gegen die miserable Entlohnung ebenso wie organisierte Sabotage gehören. Trotz der hohen Strafen versuchten viele ausländische Arbeitskräfte, sich der Zwangsarbeit durch Flucht zu entziehen. Andere leisteten Fluchthilfe, wie zwei französische Rangierarbeiter am Hanauer Bahnhof, die im November 1942 vier flüchtige französische Kriegsgefangene in einem für Frankreich bestimmten Güterwaggon versteckten.[285]

Der Widerstand der katholischen Kirche gegen das NS-Regime erreichte während des Krieges im Protest gegen die Euthanasie einen Höhepunkt. Die Predigten des Münsteraner Bischofs Graf von Galen, in denen er die Tötungspraxis von Kranken öffentlich angeklagt hatte, kursierten geheim innerhalb und außerhalb der Kirche. Der Hanauer Kaplan Josef Albinger, der den Text einer Predigt an einen Gymnasiasten ausgeliehen hatte, wurde am 8. November 1941 nach einer Hausdurchsuchung aus dem Beichtstuhl heraus verhaftet. Er weigerte sich standhaft während seines Verhörs in Frankfurt, die Namen derer zu nennen, die in Hanau Predigttexte des Bischofs von Münster besaßen. Er kam als »Schutzhäftling« in das KZ Dachau, in dem eine ganze Baracke für verhaftete katholische Geistliche eingerichtet war. Karl Rehbein, der nach dem missglückten Hitler-Attentat am 20. Juli 1944 ebenfalls nach Dachau verschleppt wurde, bezeichnete Kaplan Albinger nach der Befreiung als seinen Lebensretter.[286] Der Pfarrer der evangelischen Johannesgemeinde Karl Scheig saß infolge seiner kritischen Haltung zum Euthansieprogramm, der Judenverfolgung und der Kriegspolitik zur Jahreswende 1939/40 mehrere Wochen im Polizeigefängnis Fronhof in Haft. Nach seiner Freilassung wurde er bis zum Sommer 1940 mit Redeverbot belegt und musste die Redaktion des Kirchenblattes »Evangelisches Hanau« aufgeben.

In tiefer katholischer Religiösität wurzelte auch der Widerstand des Generalmajors der Wehrmacht Theodor Groppe, der im Oktober 1936 als Landwehrgeneral nach Hanau versetzt worden war. Im Herbst 1939 zum Kommandeur der 214. Infanteriedivision am Westwall ernannt, wandte er sich gegen die Weisung des Reichsinnenministeriums, in seinem Divisionsbereich Bordelle einzurichten. Am 12. Dezember 1939 verbot er mit einem Divisionsbefehl den Soldaten seiner Einheiten, an einer vom örtlichen NSDAP-Kreisleiter organisierten »spontanen Volkskundgebung« gegen ortsansässige Juden teilzunehmen und befahl, Aus-

[283] Ebd.; Erlebnisbericht von Adam Gerfelder im Dokumentationsarchiv des deutschen Widerstandes, AN 928; abgedruckt: Axel Ulrich (Bearb.), Hessische Gewerkschafter im Widerstand 1933-1945, Gießen 1983, S. 297ff.

[284] Merson, Widerstand, S. 250.

[285] Form, Deutschland, S. 20.

[286] Flämig, Hanau im Dritten Reich, Bd. 2, S. 232f.

schreitungen dieser Art notfalls mit der Waffe zu verhindern.[287] Groppe widersetzte sich Himmlers Befehl über die »Aktion Lebensborn«, die »unsere Frauen und Töchter zum Freiwild für die SS und Polizei stempelt«. Himmlers Anordnung sah vor, dass ins Feld ziehende SS-Soldaten und Polizisten die Möglichkeit erhalten sollten, mit Hilfe ausgesuchter, »rassisch wertvoller« deutscher Frauen und Mädchen auch außerhalb einer Ehe ein Kind zu zeugen. Groppe wurde im Mai 1942 aus der Wehrmacht ausgestoßen, nachdem er als Zeuge in einem Prozess gegen einen Regimegegner die Anklage als unwahr enthüllt hatte. Anfang August 1944 wurde Groppe wegen Wehrkraftzersetzung vor das oberste Gericht der Wehrmacht, das Reichsgericht in Torgau, zitiert. Am 10. August verhaftete ihn die Hanauer Gestapo auf den persönlichen Befehl Himmlers. Nach mehreren Monaten im Darmstädter Gefängnis kam er Januar 1945 in Festungshaft nach Küstrin. Einem drohenden Mordanschlag des SS konnte er sich kurz vor Kriegsende durch Flucht entziehen.[288]

Ein besonderes Beispiel menschlicher Integrität, solidarischen Verhaltens und beharrlicher Widerständigkeit bot während der ganzen Nazizeit der Hanauer Arzt Bernhard Pfältzer.[289] Schon in jungen Jahren fühlte er sich zur Sozialdemokratie hingezogen und gehörte von Anfang an zu den Kriegsgegnern. In den 20er Jahren wurde er, der stets auch das soziale Umfeld seiner Patienten im Auge behielt, zum kommissarischen Arzt des städtischen Wohlfahrtsamts berufen. Nach der Machtübergabe an die Nazis machte er von seiner prinzipiellen Gegnerschaft zum System keinen Hehl. Konsequent verweigerte er den Hitler-Gruß. Er knüpfte Verbindungen zum kommunistischen wie auch zum sozialdemokratischen Widerstand. Von den illegal arbeitenden Hitlergegnern wurde Pfältzer als »Vertrauensmann« angesehen, der mit Hilfe eines »toten Briefkastens« in einer Nachbargemeinde Informationen und Materialien, wie den »Kruse-Brief«, verbreiten half. Er unterstützte Widerstandskämpfer auf der Flucht und entlassene KZ-Häftlinge auf der Suche nach Arbeit. Pfältzer lehnte in seiner Kesselstädter Praxis jede rassische Diskriminierung ab. Weil er »der Jüdin Nina Meyer zusätzlich Lebensmittel verschrieben« habe, verurteilte ihn 1942 ein ärztliches Disziplinargericht zu 1000 RM Strafe wegen »fahrlässige Attestausstellung für eine Jüdin«. Mit Sorgfalt wandte sich Pfältzer auch der Behandlung der Zwangsarbeiter zu, in dringenden Fällen besuchte er die Zwangsarbeiter- und Kriegsgefangenenlager. Bespitzelung, Diffamierung, Drohungen der Nazi-Instanzen, die über sein Verhalten regelmäßig Berichte anfertigten, waren ihm vom Anfang an sicher. Pfältzer wurde gezwungen, die Stellvertretung des Stadtarztes, die er zehn Jahre ausgeübt hatte, wegen »antideutscher« Äußerungen aufzugeben. Sogar seine ehrenamtliche Funktion als Leiter eines Ausbildungskurses für Krankenpflegerinnen beim Vaterländischen Frauenverein des Roten Kreuzes musste er abgeben, da er es ablehnte, sich unterschriftlich zu verpflichten, Kritik

[287] Theodor Groppe, Ein Kampf um Recht und Sitte. Erlebnisse um Wehrmacht, Partei, Gestapo, Trier 1959, S 13ff; Flämig, Hanau im Dritten Reich, Bd. 2, S. 234ff.

[288] Ebd.

[289] Rudolf Schneider, Ein Arzt, der seinem Gewissen folgte. Aus dem Leben des Dr. med. Bernhard Pfältzer. MS im Stadtarchiv Hanau, Sammlung Flämig.

an der Hitlerbewegung künftig zu unterlassen. Nach den Angriffen der Nazis auf die Wohnungen Hanauer Juden im September und November 1939 nahm Pfältzer mehrere Opfer der Misshandlungen in seine Obhut und erstattete über die Vorgänge bei der Staatsanwaltschaft Anzeige. Er lieferte damit einen wichtigen Beitrag zu der Anklageerhebung gegen den Hanauer Kreisleiter Else und seine Kumpanen, die der mutige Staatsanwalt Cordier in die Wege leitete und die schließlich in eine erhebliche Bestrafung mündete.

Durch Adam von Trott zu Solz, mit dem er seit dessen Referendarzeit am Hanauer Gericht in freundschaftlicher Verbindung stand, nahm Bernhard Pfältzer auch mit dem »Kreisauer Kreis« Verbindung auf, dem neben christlich-humanistisch eingestellten bürgerlichen Nazigegnern auch namhafte Sozialdemokraten wie Wilhelm Leuschner, Julius Leber und Adolf Reichwein angehörten. Pfältzer kam 1947 bei einem Verkehrsunfall ums Leben.

Nach dem missglückten Attentat auf Adolf Hitler am 20. Juli 1944 wurden nicht nur die militärischen Köpfe der Verschwörung hingerichtet. Die Rache des Regimes traf das weit verzweigte Netz der zahlreichen Unterstützer der Umsturzpläne. Widerstandszentren in der Wehrmacht, im Staatsapparat, in den Kirchen und in der illegalen Arbeiterbewegung wurden aufgerollt, rund 7000 Menschen verhaftet und viele hingerichtet. Bei der »Aktion Gitter«, die als eine Vergeltungsaktion konzipiert war, wurden zahlreiche Vertreter der ehemaligen Arbeiterbewegung erneut verhaftet und in Konzentrationslager verschleppt. Die meisten von ihnen kamen nach Dachau, so die Sozialdemokraten Hans Kargl, Karl Rehbein, Adolf Müller aus Hanau, Jean Rasch aus Langendiebach und die Kommunisten Hugo Conrad aus Großauheim oder Friedrich Wörner aus Langenselbold. Der ebenfalls verschleppte ehemaliger SPD-Landrat Eugen Kaiser fand in Dachau den Tod. Die Kommunistin Käthe Jonas aus Dörnigheim war nach dem 20. Juli 1944 bis zur Befreiung im KZ Ravensbrück.

Bombenterror und Befreiung

Vereinzelte Bombenangriffe der Alliierten mit vergleichsweise geringen Schäden trafen Hanau schon seit dem Sommer 1940, im April 1942 wurde dabei erstmals ein Einwohner getötet. Der erste größere Tagesangriff der Amerikaner, bei dem auch Industrieanlagen beschädigt wurden, erfolgte am 25. September 1944 und forderte 88 Opfer. Mehrere Bombenangriffe in der Adventszeit brachten 190 Menschen den Tod und verletzten zahlreiche schwer. Amerikanische und britische Einsätze am 5. und am 6. Januar 1945 verursachten in verschiedenen Stadtteilen schwere Zerstörungen und hinterließen 73 Tote. Das Stadtbild war aber im Wesentlichen noch erhalten, und die Hanauer hofften im Angesicht der nahenden Front, doch halbwegs heil davonzukommen.[290] Der nächtliche Angriff der Royal Air Force (RAF) am 19. März 1945 bereitete solchen Illusionen ein Ende. In den 19 Minuten zwischen 4.25 und 4.44 Uhr legten britische Flugzeuge vom Typ Lancaster und Mosquito durch den Abwurf von 3000 Sprengbomben und 150 000

[290] Flämig, Hanauer Tagesgespräch 1939–1945, S. 39-45.

Hanau, Straßensperrung in der Altstadt, 1945

Brand- und Phosphorbomben die Kernstadt und die angrenzenden Bahn- und Industrieanlagen in Schutt und Asche. Weil die Briten die deutsche Luftabwehr durch eine vorgetäuschte Angriffsabsicht auf Kassel irreführen konnten, ging dem Angriff kein Luftalarm voraus. Mehr als 2500 Einwohner, überwiegend Alte, Frauen und Kinder, wurden von Trümmern erschlagen, erstickten in den Kellern, verbrannten im Feuersturm. (Dok. 212) Hanau wurde zu 70 Prozent zerstört, die Innenstadt sogar zu mehr als 90 Prozent; sie war damit die meistzerstörte Stadt Hessens. Verschont blieb Kesselstadt, wo die Mehrheit der 20 000 Obdachlosen erste Hilfe suchte. Ohne Schaden blieben auch die großen Kasernenanlagen.[291]

Die Ruinen der Stadt brannten und qualmten noch, als der Wehrmachtsbefehlshaber West Hanau zur Festung erklärte, die bis zum letzten Blutstropfen zu verteidigen sei.[292] Die Auheimer Eisenbahnbrücke und das Mittelstück der Steinheimer Straßenbrücke wurden gesprengt. Schier endlose Elendszüge verängstigter Menschen quälten sich mit ihrer geretteten Habe auf den Landstraßen aus der Stadt, dazwischen Zwangsarbeiter und Kolonnen von immer noch bewachten Kriegsgefangenen.[293]

Nach tagelangem Kampf um die Mainbrücke bei Großauheim und nach Straßenkämpfen am Rande der zerstörten Stadt zogen die amerikanischen Truppen am 28. März, am Gründonnerstag, in Hanau ein, wo zu jener Zeit von den ehemals 42 000 Einwohnern noch etwa 6000 ausharrten.

[291] Eugen Lux, Hanau unter einer Feuerglocke, Offenbacher Post 13./14. März 1985; Flämig, Hanau im Dritten Reich, Bd. 3, S. 418f.

[292] Alois Stadtmüller, Maingebiet und Spessart im Zweiten Weltkrieg – Überblick – Luftkrieg – Eroberung, Aschaffenburg 1983, S. 318.

[293] Flämig, Hanau im Dritten Reich, Bd. 3, S. 419; Flämig, Hanauer Tagesgespräch 1939–1945, S. 194.

175 — 30. Januar 1933

Die Reaktion der Arbeiterorganisationen auf die Ernennung Adolf Hitlers zum Reichskanzler

175a Aufruf des Vorstandes und der Reichstagsfraktion der SPD, 30. Januar 1933

Volksstimme (Hanau) Nr. 26, 31. Januar 1933.

Arbeiter, Republikaner!

Im Kabinett Hitler-Papen-Hugenberg ist die Harzburger Front wieder auferstanden. Die Feinde der Arbeiterklasse, die einander bis vor wenigen Tagen auf das heftigste befehdeten, haben sich zusammengeschlossen zum gemeinsamen Kampf gegen die Arbeiterklasse zu einer reaktionären, großkapitalistischen und großagrarischen Konzentration. Die Stunde fordert die Einigkeit des ganzen arbeitenden Volkes zum Kampf gegen die vereinigten Gegner. Sie fordert Bereitschaft zum Einsatz der letzten und äußersten Kräfte.

Wir führen unseren Kampf auf dem Boden der Verfassung. Die politischen und sozialen Rechte des Volkes, die in Verfassung und Gesetz verankert sind, werden wir gegen jeden Angriff mit allen Mitteln verteidigen. Jeder Versuch der Regierung, ihre Macht gegen die Verfassung anzuwenden oder zu behaupten, wird auf den äußersten Widerstand der Arbeiterklasse und aller freiheitlich gesinnten Volkskreise stoßen: zu diesem entscheidenden Kampf sind alle Kräfte bereitzuhalten!

Undiszipliniertes Vorgehen einzelner Organisationen oder Gruppen auf eigene Faust würde der gesamten Arbeiterklasse zum schwersten Schaden gereichen. Darum her zur Eisernen Front!

Nur ihrer Parole ist Folge zu leisten! Kaltblütigkeit, Entschlossenheit, Disziplin, Einigkeit und nochmals Einigkeit ist das Gebot der Stunde!

175b Gemeinsamer Aufruf von ADGB, AfA-Bund, Gesamtverband der Christlichen Gewerkschaften, Gewerkschaftsring deutscher Arbeiter-, Angestellten- und Beamtenverbände an die Mitglieder der Gewerkschaften, 30. Januar 1933

Volksstimme (Hanau) Nr. 26, 31. Januar 1933.

An die Mitglieder der Gewerkschaften!

Die politische Lage hat sich in entscheidender Weise geändert. Das Schwergewicht der neuen Reichsregierung liegt bei Parteien und Gruppen, die bisher offen für die soziale Entrechtung der Arbeiter und Angestellten, für die Zerschlagung der Demokratie und für die Ausschaltung des Parlaments eingetreten sind. Die Gefahr liegt nahe, dass sie jetzt ihre Pläne zu verwirklichen trachten.

Gewerkschaftsmitglieder! Die Lebensinteressen der gesamten Arbeitnehmerschaft stehen auf dem Spiel. Um Angriffe gegen Verfassung und Volksrechte im Ernstfalle wirksam abzuwehren, ist kühles Blut und Besonnenheit erstes Gebot. Lasst euch nicht zu voreiligen und darum schädlichen Einzelaktionen verleiten.

Allgemeiner Deutscher Gewerkschaftsbund – Allgemeiner Freier Angestelltenbund – Gesamtverband der Christlichen Gewerkschaften – Gewerkschaftsring Deutscher Arbeiter-, Angestellten- und Beamtenverbände

175c Aufruf der KPD zum Generalstreik, 30. Januar 1933

Zur Geschichte der Kommunistischen Partei Deutschlands. Eine Auswahl von Materialien und Dokumenten aus den Jahren 1914-1946. Berlin 1954, S. 353ff.

Generalstreik gegen die faschistische Terrorherrschaft!

Hitler Reichskanzler, Papen Vizekanzler, Hugenberg Wirtschaftsdiktator, die Frick und Goebbels an der Spitze der Polizei, Stahlhelmmann Seldte Arbeitsminister.

Dies neue Kabinett der offenen faschistischen Diktatur ist die brutalste und unverhüllte Kriegserklärung an die deutsche Arbeiterklasse, an das werktätige Volk. Die Betrugsmanöver des »sozialen Generals« sind zu Ende.[a] Die Zuspitzung der Krise, der machtvolle revolutionäre Aufschwung der Massen zwingt die Bourgeoisie das nackte Gesicht ihrer Diktatur in äußerster Brutalität zu enthüllen. An die Stelle der »sozialen« Phrasen treten die Bajonette der Reichswehr und die Revolver der mordenden SA- und SS-Kolonnen. Schamloser Lohnraub und schrankenloser Terror der braunen Mordpest zertrümmern die letzten kärglichen Rechte der Arbeiterklasse. Hemmungsloser Kurs auf den imperialistischen Krieg. Das alles steht unmittelbar bevor. Die Partei der deutschen Arbeiterklasse, die Partei der Streiks gegen Lohnraub, der Verteidigung der Interessen aller Werktätigen, des Kampfes für die Freiheit der Arbeiterklasse und für den Sozialismus,

Die KPD will man verbieten!

Die Kampforganisation der proletarischen Jugend, der KJVD, die Massenorganisation, die den Kampf gegen Lohnraub und Unternehmerwillkür führt, die RGO, soll verboten werden. Diese faschistischen Anschläge sollen den Kurs auf die volle Zerschlagung aller Arbeiterorganisationen einleiten.

Das blutige, barbarische Terror-Regime des Faschismus wird in Deutschland aufgerichtet. Massen lasst nicht zu, dass die Todfeinde des deutschen Volkes, die Todfeinde der Arbeiter und armen Bauern, der Werktätigen in Stadt und Land ihre Verbrechen durchführen. Setzt euch zur Wehr gegen die Anschläge und den Terror der faschistischen Konterrevolution, verteidigt euch gegen die soziale Reaktion der faschistischen Diktatur.

Heraus auf die Straße!

Legt die Betriebe still!

Antwortet sofort auf den Anschlag der faschistischen Bluthunde mit dem Streik, mit dem Massenstreik, mit dem Generalstreik.

Arbeiter- und Arbeiterinnen, Jungarbeiter, nehmt in allen Betrieben, in allen Gewerkschaften, in allen Arbeiterorganisationen, auf allen Stempelstellen sofort Stellung: Für den Generalstreik – gegen die faschistische Diktatur!

Beschließt die Arbeitsniederlegung! Beschließt die Massendemonstration! Wählt Einheitskomitees und Streikleitungen! Organisiert den Kampf!

Die Kommunistische Partei Deutschlands wendet sich vor der gesamten proletarischen Öffentlichkeit mit dem Aufruf zugleich an den ADGB, an den AfA-Bund, an die SPD und die christlichen Gewerkschaften mit der Aufforderung, gemeinsam mit den Kommunisten den Generalstreik gegen die faschistische Diktatur der Hitler-Hugenberg-Papen, gegen die Zerschlagung der Arbeiterorganisation, für die Freiheit der Arbeiterklasse durchzuführen.

Die KPD appelliert an die Millionen der sozialdemokratischen, freigewerkschaftlichen, christlichen und Reichsbanner-Arbeiter in Stadt und Land wie an die unorganisierten Arbeitermassen: Führt gemeinsam mit euren kommunistischen Genossen in allen Betrieben und Arbeiterwohnvierteln Massendemonstrationen, den Streik, den Massenstreik, den Generalstreik durch!

Helft den Kommunisten die übrigen Werktätigen, armen Bauern auf dem Lande, den Mittelstand, die Intellektuellen in den Städten zur Unterstützung des Kampfes für die Arbeiterklasse zu mobilisieren.

Schart euch um die bedrohte Kommunistische Partei, um den KJVD und den RGO! Erkennt, dass der Schlag gegen das revolutionäre Proletariat ein Schlag gegen die ganze deutsche Arbeiterklasse ist.

Es lebe die proletarische Einheitsfront gegen die faschistische Hitler-Diktatur! Fort mit Hitler, Papen, Hugenberg! Es lebe der Generalstreik! Es lebe der Kampf für die Freiheit der Arbeiterklasse! Es lebe der Kampf für eine Arbeiter- und Bauernrepublik!

[a] Gemeint ist General Kurt von Schleicher, der letzte Reichskanzler (Dezember 1933 bis Januar 1933) vor Adolf Hitler.

176 — 31. Januar – März 1933

Erlebnisbericht von Käthe Klösters über die Situation ihrer Familie nach dem Untertauchen ihres Vaters, des KPD-Stadtverordneten Heinrich Eckhardt

VVN-Bund der Antifaschisten, Kreisvereinigung Main-Kinzig (Hg.), Hanauer Hefte 2, So begann es 1933. Naziterror und erster Widerstand in Hanau Stadt und Land, o. O., o. J., S. 8f.

Der Zeitpunkt der Machtübernahme an Hitler ist mir in schlimmer Erinnerung geblieben. Am 31. Januar 1933 ist mein Vater wie gewöhnlich morgens schon sehr früh auf Arbeitssuche gegangen. Es war ja die Zeit der großen Arbeitslosigkeit, und unser Vater hatte häufig Gelegenheitsarbeiten, unter anderem auch im Hanauer Hafen. Ich glaube, auch an diesem Morgen ist er mit einem Trupp zum Hafen gegangen. Um 6 Uhr morgens, wir lagen alle noch im Bett, klingelte es an der Wohnungstür. Als meine Mutter aufmachte, standen ein Polizist mit gezogenem Revolver und ein SA-Mann in brauner Uniform vor der Tür. Der SA-Mann wohnte bei uns in der Nähe, an den Namen kann ich mich nicht mehr erinnern.

Die beiden kamen also zu uns in die Wohnung und sagten, dass sie unseren Vater suchten. Als meine Mutter ihnen erklärte, er sei schon zur Arbeit gegangen, durchsuchten sie die ganze Wohnung. Auf die Frage, was dies denn zu bedeuten habe, sagten sie, es habe in der Nacht einen Umschwung gegeben. Adolf Hitler sei an die Macht gekommen, die Organisationen der Arbeiterbewegung seien verboten und die Funktionäre würden in Haft genommen. Sie sind sehr frech und selbstherrlich aufgetreten. Als sie meinen Vater nicht finden konnten, sind sie wieder gegangen. Unseren Vater haben wir an diesem und den folgenden Tagen zunächst nicht wiedergesehen. Später erfuhren wir dann, dass man ihn auf dem Weg zur Arbeit von der bevorstehenden Verhaftung hat warnen können, und er die Gelegenheit benutzt hat, unterzutauchen.

Mein Vater war ein sehr angesehener Mann. Er war in der Gewerkschaftsbewegung tätig und war Stadtverordneter der KPD. Er war auch Elternvertreter an der Bezirksschule III. Wir Kinder, wir waren vier Geschwister, wussten zunächst gar nichts von ihm. Wir hatten Angst um ihn, denn obwohl wir noch Kinder waren, hatten wir aus den Gesprächen unserer Eltern und Großeltern vieles über den Faschismus gehört. Und selbst erlebt haben wir die vielen Schlägereien, viele Gewalttätigkeiten, die von den Nazis heraufbeschworen wurden.

Erst nach etwa zwei bis drei Wochen merkten wir so langsam, dass unser Vater wohl in der Nähe sein musste. Unsere Mutter verließ häufig nachts das Haus, um ihm Essen zu bringen. Mein Vater hat in der Zeit bis zu seiner Verhaftung im März 1933 bei verschiedenen Familien in Hanau, bei Genossen, die nicht so gefährdet waren, gelebt.

Ende März hat sich mein Vater dann gestellt. Er tat dies wohl aus Rücksicht gegenüber seiner Familie, die immer größerem Druck ausgesetzt war. Mein Vater kam zunächst in das Konzentrationslager Breitenau bei Kassel. Weihnachten 1933 wurde er dann entlassen. Im Februar 1935 wurde er erneut verhaftet und im 88er-Prozess zu 3½ Jahren Zuchthaus verurteilt. Als er die Zuchthausstrafe abgesessen hatte, wurde er direkt in das berüchtigte Konzentrationslager Buchenwald eingeliefert. Dort blieb er bis zur Befreiung im April 1945.

In der Zeit, in der mein Vater untergetaucht war, hat es bei uns sehr häufig Haussuchungen, meistens mitten in der Nacht, gegeben. Unsere Nachbarn – wir wohnten damals in der Gärtnerstraße – waren wohl zum großen Teil fanatische Nazis, die ständig unsere Wohnung beobachteten. Meine Mutter war gezwungen, für den Lebensunterhalt der Familie zu sorgen. Sie nähte oft für andere Leute bis spät in die Nacht und hat wohl dadurch Verdacht bei den Nachbarn erregt. Diese Haussuchungen waren jedes Mal eine große Aktion, da mein Vater ja einer der bekanntesten KPD-Funktionäre in Hanau war. Die Gestapo wusste, wenn sie ihn hat, hat sie den Kopf. Uns wurde ganz offen gesagt, wenn man ihm am Morgen des 31. Januar erwischt hätte, dann hätte man ihn auf der Stelle erschossen.

177 Februar – März 1933

Die Märzwahlen

177a Rundschreiben des Propagandaleiters des Gaues Hessen-Nassau-Süd der NSDAP, Müller-Scheld, die Richtlinien für den Reichstagswahlkampf betreffend (Auszug), 10. Februar 1933

Hessisches Hauptstaatsarchiv Wiesbaden, 483/1633. Gezeichnet: Sprenger, Gauleiter. Für die Richtigkeit: Müller-Scheld, Gau-Propagandaleiter. Adressaten des Rundschreibens waren die Kreis-, Kreispropaganda-, Kreisschulungsleiter, Ortsgruppen- und Stützpunktleiter sowie die Abteilungsleiter des Gaues.

Die Lage!
Die Machtübernahme Hitlers bedeutet bereits die Geschichtswende. Mit diesem Tage beginnt der Aufbau des nationalsozialistischen Staates. Die Stimmung im Volke ist außerordentlich gut. Dadurch ist die beste Grundlage für die Wahl gegeben. In den marxistischen Reihen herrscht starke Niedergeschlagenheit.

Das Zentrum verhält sich ziemlich ruhig; es will den Wahlkampf in erster Linie gegen den Marxismus führen. Dadurch ist eine große antimarxistische Front gegeben. Es besteht die Möglichkeit, der KPD und SPD eine vernichtende Niederlage beizubringen.

Unsere Propaganda wird Dank der gegebenen Verhältnisse durch die propagandistischen Machtmittel der Staatsregierung unterstützt (Rundfunk, Beeinflussung der bürgerlichen Presse, Film usw.).

Siegen können wir aber nur, wenn unsere Organisation auch den letzten Mann in die Wahlschlacht schickt!

Dieser Wahlkampf wird und muss der letzte sein! Ziel für das Reich: endlich 51 Prozent. Ziel für den Gau: an erste Stelle rücken.

Die Zeit für Propaganda ist nur kurz. Daher muss sofort begonnen werden. Es ist mit revolutionärer Wucht zum Angriff vorzugehen. Ab Erhalt dieses Befehls muss alles dem Gegner auf den Fersen bleiben und ihn überall stellen. Kommt er nicht in unsere Versammlungen, dann suchen wir ihn in seinen Versammlungen auf. Jedenfalls wird unter allen Umstände angegriffen!

Überall Abrechnung verlangen für die letzten 14 Jahre!

Der Marxismus ist durch die Übernahme des Kabinetts durch Hitler stark erschüttert. Es muss jetzt rücksichtslos nachgestoßen werden. KPD und SPD versuchen durch ihre verjudete Presse uns im Volke in schlechten Ruf zu bringen. Schon heute versuchen sie, Hitler für alle Not verantwortlich zu machen. SPD besitzt die Frechheit, der Regierung bereits folgende Fragen zu stellen: »Wann, Herr Hitler, werden die Löhne der Arbeiter erhöht?!« »Wann, Herr Hitler, kommt die Auflösung sämtlicher Notverordnungen?!« »Wann, Herr Hitler, werden die Gehälter der Beamten aufgebessert?!« usw.

Diese Forderungen müssen aufs Schärfste erwidert werden; etwa so: Den Unfug, den Eure Führer angerichtet haben, kann auch die überragendste Persönlichkeit nicht über Nacht abändern: Der SPD ist vorzuwerfen: 1. Uferlose Misswirtschaft, 2. Wirtschaft in 14 Jahren unterhöhlt, 3. Mittelstand vernichtet, 4. Bauer enteignet, 5. Mühsam erworbener Besitz in 14 Jahren vernichtet.

Jetzt ist schon bereits den roten Herrschaften die Macht entrissen. Jetzt muss zum vernichtenden Schlag ausgeholt werden. Folgende Schlagzeilen sind überall zu verwenden:

Abrechnung mit dem Marxismus und seinen Helfershelfern.

Rechnet ab mit 14 Jahren Volksverrat! Wählt Hitler! Rechnet ab mit der KPD, der russischen Fremdenlegion auf deutschem Boden! Schluss damit! Wählt nationalsozialistisch! Parole Hitler! Baut die Machtposition des Nationalsozialismus! Wählt nationalsozialistisch! Schluss mit der parlamentarischen Misswirtschaft! Schluss mit dem Parteienunfug! Wählt nationalsozialistisch! Parole Adolf Hitler! Zerschlagt die Parlamentsparteien! Gebt Adolf Hitler die Möglichkeit, sein Werk zu vollenden! Rechnet ab mit den Saboteuren am deutschen Aufbau! Für die deutsche Nation, gegen den internationalen Volksverrat! Parole Hitler!

Das Sündenregister der SPD! Landesverrat. Novemberverbrechen. Inflation. Korruption. Kulturbolschewismus. Unterdrückung der nationalsozialistischen Bewegung (mit Hilfe des Verbrecherfonds).

Diese Punkte müssen eingehämmert werden!

Alle entsprechenden Artikel unserer Presse sind auszuschneiden, in den Parteilokalen und auch sonst bei jeder Gelegenheit vorzulesen.

Alle Schlagkraft auf SPD und KPD richten! Erster großer Einbruch in die marxistische Front muss gelingen. Dies muss der letzte Wahlkampf sein.

Unsere Stellung den übrigen Parteien gegenüber:

KPD.

Die starke Niedergeschlagenheit unter den kommunistischen Wählern muss ausgenutzt werden. Die ideologischen Grundfesten des Marxismus sind erschüttert. Wir müssen den Marxismus jetzt mit brutaler Schlagkraft niederringen.

Alle größeren Versammlungen der SPD und KPD sind nach Möglichkeit mit guten Diskussionsrednern zu besuchen, denen natürlich entsprechender Schutz mitzugeben ist. Sämtliche Gauredner, die den Marxismus beherrschen, sollen in gegnerischen Versammlungen mit Diskussionsfreiheit eingesetzt werden (Russlandfahrer). Außerdem sind alle fähigen Parteigenossen in diesem Kampfe einzusetzen; vor allen Dingen, wenn sie in örtliche Streitfragen eingreifen können.

Die Weltanschauung des Nationalsozialismus muss in diesem Wahlkampf Allgemeingut des Volkes werden!

DNVP und Stahlhelm.

Hier ist wohlwollende Neutralität zu wahren. Unter keinen Umständen dürfen Nationalsozialisten dort als Diskussionsredner auftreten.

Zentrum.

Nicht beachten, so lange es nicht angreift. Wenn Angriff, kurz aber kräftig gegenschlagen. Durch schlagkräftige Handzettel, die auf Vervielfältigungsapparaten herzustellen sind, antworten.

Bürgerliche und revolutionäre Splittergruppen (schwarze Front, Strasser-Gruppe, Jungdo usw.).

Vorläufig nicht beachten. Bei Angriff vernichtend zuschlagen.

Juden.
Die Judenpresse versucht, die Autorität Hitlers zu untergraben. Einhämmern: Nur die Juden sind an allem Unglück und Zwietracht des deutschen Volkes schuld. Juden sind schuld! Immer wiederholen! Die Judenfrage ist aufs Schärfste herauszustellen (Ihre Macht im Handel, Getreidehandel ist vollkommen in ihrer Hand. Ihre Macht in Banken, Börsen, in der Zeitung, im Kino und Theater. Juden sind die geistigen Vorbereiter des Bolschewismus).

Reichspräsident von Hindenburg.
Alle Angriffe auf ihn sind scharf zurückzuweisen. Die SPD ist anzuklagen, das Vertrauen Hindenburgs 8 Jahre lang missbraucht zu haben. Der Generalfeldmarschall des Weltkrieges hat sich entschlossen, nach 14jähriger Misswirtschaft des Parlamentarismus Hand in Hand mit Hitler den Kampf um Freiheit und Brot aufzunehmen. So vereinigt sich altes und junges Deutschland. Parole: Hindenburg und Hitler! Oder: Hindenburg und Hitler bereiten dem Bolschewismus ein Tannenberg! Oder: Vorübergehend verstanden wir Hindenburg nicht mehr. Jetzt ist er wieder unser Hindenburg. [...]

Schlussfolgerung.
Da dies die letzte Wahl, sind keine Kosten zu scheuen, das gesteckte Ziel zu erreichen. Alle Ortsgruppen- und Stützpunkleiter rufen sofort ihre Mitglieder zusammen, verlesen diese Anordnung und weisen jedem seine Aufgaben zu.

Wenn alle Parteigenossen und alle Mitglieder unserer Nebenorganisationen die Größe der Stunde erfassen, sich ganz in den Dienst Adolf Hitlers stellen, alle Vergnügungsveranstaltungen meiden und vor allen Dingen in den letzten 14 Tagen ihre ganze Kraft und ihre freie Zeit in den Dienst der Bewegung stellen, wird der 5. März 1933 der Beginn des heißerstrebten Dritten Reiches werden.
Heil Hitler!

177b Aufruf des »Ausschusses zur Wahrung unterdrückter Volksrechte in Hanau« zur Unterstützung der SPD bei der Stadtverordnetenwahl, Anfang März 1933

Stadtarchiv Hanau, Sammlung Gerhard Flämig. Das Flugblatt wurde vom SPD-Stadtverordneten Hans Kargl verfasst und vervielfältigt. Auszugsweise auch abgedruckt: Gerhard Flämig, Hanau im Dritten Reich. Bd. 3: (1933–1945) Der Alltag, Hanau 1991, S. 430f.

Sie wollen pflanzen für die Ewigkeit und säen Tod!
Ein so erzwungenes Werk wird seines Schöpfers Geist nicht überdauern.
Geben Sie Gedankenfreiheit!

Marquis Posa in »Don Carlos«, Friedrich von Schiller

Bürger von Hanau!

Sind wir Prediger in der Wüste? Oder darf man hoffen, dass selbst in diesen Tagen, wo ein mit fremdländischen Symbolen geschmückter Irrwahn sich in deutschen Landen breit macht und die Gehirne umnebelt, noch Raum vorhanden ist für ruhiges

Überlegen und sachliches Handeln? Für Recht und Gerechtigkeit? Für Freiheit und Gleichheit aller Staatsbürger?

Ja wir hoffen es! Wir sind sogar überzeugt davon, dass es auch in Hanau noch aufrechte Bürger und Bürgerinnen gibt, die den Sinn für politischen Anstand und Moral noch nicht verloren haben. Weil dem so ist, deshalb fühlt sich der unterzeichnete Ausschuss vor seinem Gewissen verpflichtet, für diejenigen seine Stimme zu erheben, denen von den gegenwärtigen Machthabern das freie Wort und die Wirkungsmöglichkeit genommen ist, sich gegen Lüge und Verleumdung zu wehren. Wir legen ein Wort ein für diejenigen, die durch ihre ganze bisherige Tätigkeit bewiesen haben, dass es ihnen ernst ist mit ihrer Verantwortung für Volk und Vaterland.

Bürger und Bürgerinnen! Am Sonntag, den 12. März, soll das kommunale Parlament von Hanau neu gewählt werden. Diktaturanhänger von links und rechts haben ein Jahrzehnt lang den Parlamentarismus vor den Augen des Volkes mit den verwerflichsten Mitteln in Misskredit gebracht und durch gemeinsames Zusammenwirken auch schließlich erreicht, dass die Parlamente zur Arbeitsunfähigkeit verdammt wurden. Nicht der Parlamentarismus ist an den heutigen Zuständen schuld, sondern diejenigen, die durch ihr Verhalten das Parlament arbeitsunfähig gemacht haben.

Bürger und Bürgerinnen! Denken Sie an die schicksalsschweren Tage des Jahres 1918 zurück, wer war es, der sich damals der brutalen Gewalt entgegensetzte? und die Arbeiterschaft zur Ruhe und Besonnenheit ermahnte? Einzig und allein die deutsche Sozialdemokratie, sie, die heute gehetzt wird, war es, die Deutschland vor dem Chaos bewahrte.

Wehe dem Volke, wenn es die Kontrolle des Parlaments über die Regierenden aus der Hand gibt, dann ist der Willkür Tür und Tor geöffnet.

Sinnlose Kritik zu üben ist leichter als jahrelange verantwortungsvolle Arbeit für Volk und Vaterland zu leisten. Denken Sie einmal darüber nach, wer jahrelang in steter sachlicher Arbeit die Interessen der Hanauer Bevölkerung gegen Bürokratie und Willkür verteidigte? Nur die Sozialdemokratie und ihre Presse hat stets gegen die Auswüchse und Eigenmächtigkeiten der Verwaltung Stellung genommen. Wo waren die Vertreter der Rechten, haben sie jemals eine ernsthafte Kritik an der Leitung der städtischen Geschäfte geübt? Heute glaubt man, alle Fehler und Mängel der Sozialdemokratie in die Schuhe schieben zu können.

Auf bürgerlicher Seite kämpfen nicht weniger als neun Interessengruppen um Mandate. Dieselben Gruppen, die im Jahre 1929 von Korruption und anderen Dingen redeten, haben 4 Jahre lang geschwiegen. Aus dem Kampf gegen die Korruption ist inzwischen eine dauerhafte Zechbrüderschaft geworden. Es ist uns mit diesem Schreiben nicht möglich auf alle derartigen Fälle einzugehen. Es gilt am kommenden Sonntag nicht nur dem Recht zum Siege zu verhelfen, sondern dafür zu sorgen, dass eine starke Gruppe wahrhaft sozialistischer Vertreter in das Stadtparlament gewählt wird, weil nur dadurch eine Gewähr für Aufbau und Ordnung gegeben ist.

Wollen Sie verantworten, dass am Sonntag die Geschicke der Stadt Hanau ebenfalls in die Hände von Leuten gegeben werden, die gestern noch hinter dem Sowjetstern und heute hinter dem Hakenkreuz einherlaufen?

Wir nehmen dies nicht an und empfehlen Ihnen daher am Sonntag zur Stadtverordneten- und Kommunallandtagswahl die Liste 2 der sozialdemokratischen Partei zu wählen!

Der Ausschuss zur Wahrung unterdrückter Volksrechte in Hanau

178 22. Februar 1933

Bericht des »Hanauer Anzeigers« über zwei Kundgebungen der Eisernen Front mit dem ehemaligen preußischen Innenminister Carl Severing (SPD)

Hanauer Anzeiger Nr. 46, 23. Februar 1933.

In zwei stark besuchten öffentlichen Kundgebungen der Eisernen Front sprach gestern Abend in der Stadthalle und im Gewerkschaftshaus der preußische Innenminister Carl Severing über »Der Kampf um die Freiheit und Recht«.

Nach einem kurzen einleitenden Überblick über die beiden vorhergegangenen Kabinette von Papen und Schleicher nahm Redner, dem ein begeisterter Empfang bereitet wurde, Stellung zu dem jetzigen Kabinett Adolf Hitler und der Politik dieses Kabinetts. Wer seiner Sache sicher sei, könne sich ein Schimpfen und Beschimpfen sparen. Das Recht auf Kritik aber lasse man sich deswegen nicht nehmen. Andere Regierungen seien bei ihrem Antritt vor die berufenen Volksvertretungen getreten und hätten ihre Programme und Richtlinien dort entwickelt. Aber bereits von Papen habe lediglich zu einem Aufruf gegriffen, wie auch Kanzler Adolf Hitler zu einer Kundgebung Zuflucht genommen habe, ohne darin eigentliche Programmziele zu entwickeln. Eins aber hätten beide Aufrufe gemein gehabt, nämlich von den vorhergegangenen Regierungen in wenig schmeichelhafter Weise zu sprechen und ihre Unfähigkeit zu betonen. In dem neuen Aufruf seien lediglich die Ausdrücke noch massiver und die Beschuldigungen noch rücksichtsloser ausgefallen.

Redner beschäftige sich dann eingehend mit dem angekündigten scharfen Kampf gegen den Marxismus, der einen Hauptinhalt der Regierungserklärung ausmache. Über diesen Kampfe dürfe man aber nicht vergessen, dass über allem die Frage stehe: »wie wird sich die deutsche Wirtschaft in der Zukunft gestalten?« Die »Ankurbelung« der Wirtschaft und das Arbeitsbeschaffungsprojekt müssten nach wie vor im Mittelpunkt aller Regierungsmaßnahmen stehen. In dieser Hinsicht hätten die Nationalsozialisten sofortige Besserung bei ihrem Regierungsantritt versprochen, statt dessen sei jetzt dem deutschen Volk ein Vierjahresplan vorgesetzt worden, von dem bisher auch noch nicht das kleinste Zipfelchen gelüftet wurde. Man könne deshalb sehr wohl die unangenehme Frage des württembergischen Ministerpräsidenten Dr. Bolz verstehen, ob dieser Plan denn überhaupt schon fertig sei. Weiterhin sei auch noch sehr zu bezweifeln, ob Hitler und Hugenberg sich bei Aufstellung des Planes so recht einig würden. Auf alle Fälle würden auch die Sozialdemokratie, das Reichsbanner, die Eiserne Front und andere republikanische Organisationen jedes Rezept, von welcher Seite es auch komme, unterstützen, das einer Behebung der Arbeitslosigkeit und der Beschaffung von Arbeit diene. Für wirklich blutvolle Pläne wäre man stets zu haben. Allerdings warte man bisher noch vergebens auf solche Pläne, trage vielmehr große Sorgen, dass durch gewisse Maßnahmen in der Politik diese beiden Zentralprobleme des deutschen Volkes nicht gefördert, sondern im Gegenteil behindert würden. Mit der Errichtung von Zollschranken und der beliebten Kontingentierungspolitik sei dem deutschen Bauernstand nicht geholfen, der lediglich durch die Hebung der Kaufkraft der breiten Masse wieder hochkommen könne. Nicht zu unterschätzen seien auch die drohenden Zollverwicklungen mit den Nachbarländern, die ein weiteres Steigen der Arbeitslosigkeit und ein weiteres Sinken der Kaufkraft im Gefolge hätten.

Redner trat dann zum Schlusse seiner beifällig aufgenommenen Ausführungen für eine echte Volksgemeinschaft im Rahmen eines freien deutschen Volksstaates ein. Eine solche Entwicklung lasse sich trotz aller falscher Propheten nicht aufhalten und führe einzig und allein zum Wiederaufbau und zur Gesundung des deutschen Vaterlandes, in dem Preußen wieder zu einem Hort der Freiheit und des sozialen Volksstaates werden müsse.

In einer Schlussansprache wandte sich Frau Alma Röhle in äußerst temperamentvoller Weise noch gegen das angebliche 14jährige Schuldkonto der Sozialdemokratie. Die Versammlung selbst verlief ohne jegliche Störung.

179 Ende März 1933

Rundschreiben des Bezirksverbandes der SPD für Hessen-Nassau und der SPD Groß-Frankfurt über die Einstellung des Erscheinens der »Volksstimme« mit ihren Kopfblättern infolge der repressiven behördlichen Maßnahmen

Franz Neuland, Dieter Schneider, Zwischen Römer und Revolution. Hundert Jahre Sozialdemokraten in Frankfurt am Main, Frankfurt 1969, S. 118.

Werte Genossen!

Das Resultat der Reichtagswahl vom 5. März hat der Nationalsozialistischen Partei und der Kampffront Schwarzweißrot eine absolute Mehrheit im Reichstag gebracht; eine damit vom Volk legalisierte Revolution hat gesiegt und befestigt ihre Macht. Die bisherige Demokratie hat aufgehört. Das vom Reichstag angenommene Ermächtigungsgesetz hat alle politische Macht in die Hände der neuen Reichsregierung gelegt und insbesondere Reichskanzler Hitler das Recht eingeräumt, alle Gesetze auf dem Verordnungswege selbstständig zu erlassen. Unter diesen Umstände gibt es für uns keine Pressefreiheit mehr. Schon vordem war unser Parteiorgan, die »Volksstimme«, mehrere Male und längere Zeit verboten. Inzwischen sind Notverordnungen erlassen. Nach gegenwärtiger Rechtslage können Zeitungen ohne Angabe von Gründen verboten werden, und wenn sie politisch linksstehenden Organisationen gehören, besteht außerdem die Gefahr, dass ihre Gebäude, Druckereien und Vermögen beschlagnahmt werden. Ihren Redakteuren drohen außerdem hohe Strafen, die neuerdings sogar bis zu zwei Jahren Zuchthaus gehen für den Fall, dass unwahre Nachrichten über die Regierung und die hinter dieser stehenden Parteien und Verbände veröffentlicht werden.

Unter diesen Umständen wird es einer sozialdemokratischen Zeitung fast unmöglich gemacht, weiter zu erscheinen. Nach 42jährigem mutigen Ringen für die Rechte und Interessen der deutschen Arbeiter ist damit eure »Volksstimme« mit ihren Kopfblättern, der »Hanauer Volksstimme«, der »Freien Presse« und der »Volksstimme für das Lahn-, Dill- und Westerwaldgebiet«, ein Opfer dieser neuen Tatsachen geworden. Sie kann nicht mehr erscheinen. Neue Wege müssen eingeschlagen werden, und wir hoffen, dass unsere Genossen für dieselbe Verständnis haben. Wir empfehlen dringend, sich nicht durch die Werbungen bürgerlicher Zeitungen verlocken zu lassen, sondern ein Abonnement auf eine neue Zeitung einzugehen, die den veränderten Verhältnissen Rechnung tragen wird.

In dieser Stunde ist Klugheit und enger Zusammenhalt Pflicht. Es lebe die Disziplin der Arbeiterschaft! Hoch die Solidarität!
Mit Parteigruß!

180 April 1933

Die Vorbereitungen zur Zerschlagung der freien Gewerkschaften

180a Tagebucheintrag von Joseph Goebbels über die Besprechung zwischen ihm und Adolf Hitler, 17. April 1933

Elke Fröhlich (Hrsg.), Die Tagebücher von Joseph Goebbels, München 1982, S. 408f.

Hier oben habe ich mit dem Führer die schwebenden Fragen eingehend durchgesprochen. Den 1. Mai werden wir zu einer grandiosen Demonstration des deutschen Volkswillens gestalten. Am 2. Mai werden dann die Gewerkschaftshäuser besetzt. Gleichschaltung auch auf diesem Gebiet. Es wird vielleicht ein paar Tage Krach geben, aber dann gehören sie uns. Man darf hier keine Rücksicht mehr kennen. Wir tun dem Arbeiter nur einen Dienst, wenn wir ihn von der parasitären Führung befreien, die ihm bisher nur das Leben sauer gemacht hat. Sind die Gewerkschaften in unserer Hand, dann werden sich auch die anderen Parteien und Organisationen nicht mehr lange halten können. Jedenfalls ist der Entschluss gestern auf dem Obersalzberg gefasst worden. Ein Zurück gibt es nicht mehr. Man muss den Dingen nur ihren Lauf lassen. In einem Jahr wird ganz Deutschland in unserer Hand sein.

180b Aufruf der Ortsgruppenverwaltung Hanau am Main des Gesamtverbandes der Arbeitnehmer, 20. April 1933

Stadtarchiv Hanau, Sammlung Gerhard Flämig.

An unsere Mitglieder!

Werte Kollegen! In letzter Zeit mehren sich die Fälle, dass durch unverantwortliche Gerüchtemacher versucht wird, die Mitglieder der freien Gewerkschaften zur Beitragseinstellung zu bewegen, da doch alles »keinen Zweck mehr habe«. Wir verweisen auf die Verbandszeitungen, insbesondere die heutige Ausgabe,[a] aus denen ganz klar hervorgeht, dass die Gewerkschaften erhalten bleiben, unbeschadet der kommenden Umgestaltung.

Der Erlass des Herrn Staatskommissar für Hanau, Stadt und Land, über Zugehörigkeit zu Parteien (SPD und KPD und deren Nebenorganisationen und Verbänden), findet auf die Gewerkschaften keinerlei Anwendung.[b] Der Unterzeichnete hat sich sofort nach Bekanntwerden des Erlasses mit dem Herrn Kommissar fernmündlich in Verbindung gesetzt und vom Herrn Kommissar Löser die Bestätigung erhalten, dass die Gewerkschaften nicht unter diesen Erlass fallen. Es steht ja auch bereits fest, und ist von Regierungsseite wiederholt bestätigt worden, dass die Gewerkschaften nicht als marxistische Organisationen zu betrachten seien.

Aus all dem, was bis jetzt auch von Regierungsseite gesagt und geschrieben wurde, kann auch der größte Pessimist nicht ein Auflösen der Gewerkschaften herauslesen. Wenn es trotzdem Kollegen gibt, die erst einmal abwarten wollen, was wird, uns bis dahin ihre Beiträge sperren, dann schaden sie nicht nur der Organisation, sondern in erster Linie sich selbst. Aus der heutigen »Gewerkschaft« ist klar zu ersehen, nach welcher Richtung sich die Entwicklung neigt und es wäre unverantwortlich, jetzt die Flinte ins Korn zu werden, alle Rechte preiszugeben, und nach ein paar Wochen, vielleicht auch Tagen, wieder von vorne anzufangen.

Deshalb Kollegen, Treue um Treue, auch in schwerer Zeit ziemt es dem Gewerkschaftler nicht, die Nerven zu verlieren.

Die Organisation steht und erfüllt alle ihre Verpflichtungen, tut Ihr das Gleiche, so wird auch diese kurze Zeit der Unklarheit überwunden werden. Wir wollen und können uns nicht abseits stellen, jeder an seinem Platz muss unbeschadet seiner bisherigen Grundeinstellung nach besten Kräften mitarbeiten an dem neuen Eingliederungs- und Aufbauwerk der deutschen Arbeiterschaft.

Die Parole: Nun erst recht Gesamtverband!
Die Ortsgruppenverwaltung

Grein

[a] Verweis auf die »Gewerkschafts-Zeitung« Nr. 16, 22. April 1933 (Dokument 182a). Das angegebene Datum des Schriftstücks, der 20. April, ist eine Vordatierung, vermutlich im Sinne einer Anbiederung anlässlich des zum ersten Mal reichsweit gefeierten Hitler-Geburtstags.
[b] Siehe Dok. 181.

180c Rundschreiben des Stabsleiters der NSDAP, Robert Ley, betreffend die »Gleichschaltungsaktion« gegen die freien Gewerkschaften, 21. April 1933

Werner Jochmann, Hans Adolf Jacobsen (Hrsg.), Ausgewählte Dokumente zum Nationalsozialismus, Bd. 2, Bielefeld 1961, S. 1f. Auslassungszeichen in der Vorlage.

Dienstag, den 2. Mai, vormittags 10 Uhr, beginnt die Gleichschaltungsaktion gegen die Freien Gewerkschaften.

Die Leitung der gesamten Aktion liegt in den Händen des Aktionskomitees. Das Aktionskomitee setzt sich folgendermaßen zusammen: Dr. Robert Ley, Vorsitzender, Rudolf Schmeer, Stellvertreter, Schuhmann, Kommissar für den ADGB, Peppler, Kommissar für den Afa-Bund, Muchow, Organisation, Bankdirektor Müller, Komm. Leiter der Bank der Arbeiter, Angestellten und Beamten, Brinkmann, Komm. Hauptkassierer, Biallas, Propaganda und Presse.

Zum erweiterten Aktionskomitee gehören sämtliche kommissarische Leiter der Verbände.

Im Wesentlichen richtet sich die Aktion gegen den Allgemeinen Deutschen Gewerkschaftsbund (ADGB) und den Allgemeinen Freien Angestelltenbund (Afa-Bund). Was darüber hinaus von den Freien Gewerkschaften abhängig ist, ist dem Ermessen der Gauleiter anheimgestellt. Verantwortlich für die Durchführung der Gleichschaltungsaktion in den einzelnen Gebieten sind die Gauleiter. Träger der Aktion soll die NSBO sein. SA beziehungsweise SS ist zur Besetzung der Gewerkschaftshäuser und der Inschutznahme der in Frage kommenden Persönlichkeiten einzusetzen. Der Gauleiter trifft seine Maßnahmen im engsten Einvernehmen mit dem zuständigen Gaubetriebszellenleiter.

Die Aktion in Berlin wird durch den Aktionsausschuss selbst geleitet. Im Reich werden besetzt: Die Leitung der Verbände; die Gewerkschaftshäuser und Büros der Freien Gewerkschaften, die Parteihäuser der SPD, soweit Gewerkschaften dort untergebracht sind; die Filialen und Zahlungsstellen der Bank der Arbeiter, Angestellten und Beamten AG; die Bezirksausschüsse des ADGB und des Afa-Bundes; die Ortsausschüsse des ADGB und des Afa-Bundes.

In Schutzhaft werden genommen: alle Verbandesvorsitzenden; die Bezirkssekretäre und die Filialleiter der »Bank der Arbeiter, Angestellten und Beamten AG«. Die Ortsausschussvorsitzenden sowie die Angestellten der Verbände sind nicht in Schutzhaft zu nehmen, sondern zur Weiterarbeit zu veranlassen. Ausnahmen sind nur mit Genehmigung des Gauleiters zulässig.

Die Übernahme der Freien Gewerkschaften muss in der Form vor sich gehen, dass dem Arbeiter und Angestellten das Gefühl gegeben wird, dass diese Aktion sich nicht gegen ihn, sondern gegen ein überaltertes und mit den Interessen der deutschen Nation nicht übereinstimmendes System richtet. Die vorläufige örtliche Leitung des ADGB und des Afa-Bundes übernimmt ein Kommissar der NSBO. Der Verkehr mit den Behörden und anderen Organisationen geht mit sofortiger Wirkung auf die eingesetzten Kommissare über.

Alle Kassen und Konten der Freien Gewerkschaften werden mit sofortiger Wirkung gesperrt bis Donnerstag nachmittags 18 Uhr. Soweit die bisherigen Kassierer im Amt gelassen werden, wird ihnen ein Kommissar beigegeben beziehungsweise übergeordnet. Alle Zahlungsanweisungen müssen von dem Kommissar gegengezeichnet sein. Nach Aufhebung der Sperre müssen die gewohnten Auszahlungen an Unterstützungen usw. unbedingt sichergestellt sein, um bei den Mitgliedern keine Beunruhigung aufkommen zu lassen.

In allen Städten sind möglichst bald Massenversammlungen für die Gewerkschaftsmitglieder bei freiem Eintritt zu veranstalten, in denen über den Sinn der Aktion gesprochen und dargetan wird, dass die Rechte der Arbeiter und Angestellten unbedingt gewahrt werden.

Zum ADGB gehören folgende Verbände: [...]. Zum Afa-Bund gehören: [...]. Als Kommissare sind bis jetzt vorgesehen: [...]. Die übrigen einzusetzenden Kommissare werden vom Gauleiter im Einvernehmen mit dem Gaubetriebszellenleiter ernannt.

Es ist selbstverständlich, dass die Aktion in größter Disziplin vor sich zu gehen hat. Die Gauleiter sind dafür verantwortlich, dass sie die Leitung der Aktion fest in der Hand behalten.

Heil Hitler!

180d Bericht des »Hanauer Anzeigers« über eine von der NSBO einberufene Versammlung mit dem Thema »Freie Gewerkschaften oder NSBO« sowie über die Weihe von NSBO-Fahnen (Auszug), 25. April 1933

Hanauer Anzeiger Nr. 97, 26. April 1933.

Die Kreishauptabteilung VI der NSDAP hatte für gestern Abend nach der Turnhalle der Turngemeinde eine NSBO-Versammlung mit dem Thema: »Freie Gewerkschaften oder NSBO« einberufen, für die ein so starker Andrang war, dass in letzter Minute noch ein weiterer Saal, der des Turn- und Fechtklubs zu einer Parallelveranstaltung gewonnen werden musste. Ein Beweis dafür, dass auch die nationalsozialistische Betriebszellen-Organisation in Hanau gewaltige Fortschritte gemacht hat und auf dem besten Wege ist, ähnlich den Erfolgen der nationalsozialistischen Bewegung im Allgemeinen, alle Arbeiter der Faust und der Stirn zu erobern.

Die Veranstaltung wurde eingeleitet mit einigen von den Mitgliedern der NSBO, des Stadttheaterorchesters unter Leitung von Herrn Kapellmeister Neef gespielten Musikstücken, worauf Kreisleiter Wilhelm Greb der Versammlung einen Willkommensgruß entbot und die Mitteilung machte, dass zunächst die Weihe der Ortsgruppenfahne Neustadt und von vier Fahnen mit Zahnrad und Hammer (Betriebszellen-Organisation) erfolge. Herr Pfarrer Knell nahm dann das Wort zu seiner Weihrede, der er das Bibelwort: »Wir aber sind nicht von denen, die da weichen und verdammt werden, sondern von denen, die da glauben und die Seele erretten« zugrunde legte. [...]

Die Fahnen wurden enthüllt und unvergesslich wird der Augenblick für alle Teilnehmer bleiben, als der Geistliche, seine Hände segnend über die Fahnen haltend, folgende Weihworte sprach:

Wir erbitten den Segen Gottes für diese Fahnen und für Euch, die Ihr sie tragt.

Wir erbitten den Segen Gottes für diese Fahnen und für Euch, die Ihr ihnen nachfolgt.

Wir erbitten den Segen Gottes für diese Fahnen und für uns, die wir singen: Es schau'n aufs Hakenkreuz schon Millionen, der Tag für Freiheit und Brot bricht an.

Gott sei mit uns!

Die Anwesenden hatten den Segen stehend angehört und als dieser beendet war, ertönte machtvoll das Horst-Wessel-Lied durch den Saal.

Dann nahm Herr Staatskommissar und Landrat Löser das Wort: Der Traum eines unserer tapfersten Vorkämpfer, unseres unvergesslichen Horst Wessel, ist in Erfüllung gegangen. Er sang in seinem Lied: Bald wehen ... und heute sagen wir: Es wehen Hitler-Fahnen über allen Straßen, denn das Straßenbild zeigt heute nur noch die Hakenkreuzfahne, geziert von der Fahne des Deutschen Reiches, schwarz-weiß-rot. Die Nationalsozialistische Bewegung hat die Ehre für die Fahne schwarz-weiß-rot wieder hergestellt. Redner übergab dann die geweihte Fahne der Neustädter Ortsgruppe dem Ortsgruppenleiter Kuntze. Die Ortsgruppe Neustadt sei bisher an der Spitze der hiesigen Bewegung marschiert und es sei deshalb doppelt erfreulich, dass sie sich jetzt um das eigene Banner scharen könne. Er hoffe und wünsche, dass der Ortsgruppenleiter auch weiterhin wie bisher mitarbeiten werde an der Festigung des Dritten Reiches unter dem Volkskanzler Adolf Hitler. Weiter gab Redner seiner Freude Ausdruck über die Weihe von vier Fahnen mit dem Zahnrad und Hammer. Als man vor 2½ Jahren mit der Errichtung von Betriebszellen begonnen habe, sei der Kampf so schwer gewesen, dass diejenigen, die sich in die roten Betriebe Hanaus getraut hätten, um dort den Grund für die nationalsozialistischen Betriebszellen zu legen, auf die Straße geflogen seien. Einer der ersten, der dieses Schicksal erlitten habe, sei der jetzige Kreisleiter Wilhelm Greb gewesen. Ihm habe man die ersten Erfolge der Zellenbewegung in Hanau zu verdanken und unter seiner Führung sei diese Bewegung jetzt soweit gefördert worden, dass heute bis auf wenige Ausnahmen in sämtlichen Betrieben die nationalsozialistischen Betriebszellen vertreten seien. Redner übergab Kreisleiter Greb die der NSBO von der Kreisleitung gestiftete Fahne, der sie mit Dank entgegennahm und erklärte, weiter nichts als seine Plicht getan zu haben und weiter nichts als der einfache Soldat Adolf Hitlers gewesen zu sein. Eine weitere NSBO-Fahne überreichte Redner dem Führer der Ortsgruppe Süd-Ost, Eisenträger, würdigte dessen große Verdienste um die NSBO-Bewegung und forderte ihn auf, getreu den Prinzipien des Nationalsozialismus auch weiterhin den Kampf zu führen gegen den Marxismus, der in diesen und jenen Betrieben noch sein Unwesen treibe.

Die dritte geweihte Fahne mit Zahnrad und Hammer war die der Quarzlampen-Gesellschaft, die Redner dem Parteigenossen Ballin überreichte, wobei er seiner Freude darüber Ausdruck verlieh, dass dieser Betrieb endlich erwacht und eingesehen habe, dass ohne Hakenkreuz, ohne Nationalsozialismus, ohne den wahren deutschen Sozialismus und ohne Adolf Hitler alles unmöglich sei. Herr Ballin gelobte seinen Kollegen, auch weiterhin stets tapferer Kämpfer zu sein. Die vierte Fahne mit Zahnrad und Hammer war die des städtischen Gas- und Elektrizitätswerkes. Staatskommissar Löser überreichte diese mit dem Appell, treu zum Staat zu stehen entsprechend dem Grundsatz: Jeder Beamte ist der erste Diener des Staates. Redner schloss mit einem begeistert aufgenommenen Sieg-Heil auf unser geliebtes Vaterland, den Reichspräsidenten und den Volkskanzler Adolf Hitler. Anschließend wurde der erste Vers des Deutschlandliedes gesungen.

Als erster Redner über das Thema »Freie Gewerkschaften oder NSBO« sprach Staatskommissar und Landrat Löser. Bis vor kurzem sei es Aufgabe der Betriebszellenorganisation gewesen, den Marxismus in den Betrieben zu bekämpfen. Inzwischen sei dieser Organisation eine weitere Aufgabe gestellt worden, auch die letzten noch verführten Arbeiter und Angestellten, die da glaubten, dass die Hakenkreuzsache nur vorrübergehend sei, zu gewinnen und den Marxismus gänzlich zu schlagen. Die Gewerkschaften hätten gepredigt, die Nationalsozialisten seien gewerkschaftsfeindlich. Das Gegenteil ist der Fall, sie bekämpften sie nur, weil die Gewerkschaften zur Brutstätte und Unterkunft der Bonzen geworden seien. Redner belegte dies an Hand verschiedener Beispiele und schloss mit einem Appell an die Betriebszellenleute. An ihnen liege es, das Dritte Reich so zu gestalten, dessen Fundament so zu festigen, dass es in Deutschland in kurzer Zeit nur noch eine einzige Partei gibt, die Partei der Nationalsozialisten. Der nächste Redner, Kreisleiter Wilhelm Greb, gab zunächst folgendes Telegramm der Arbeiter und Angestellten der Quarzlampen-Gesellschaft an den Volkskanzler Adolf Hitler bekannt, das mit großen Beifall aufgenommen wurde: »Anlässlich der Fahnenweihe der Quarzlampenbetriebszelle Hanau senden wir unserem Führer als Kämpfer für die nationalsozialistischen Ziele die besten Grüße und Treuegelöbnis. Sieg-Heil!«

Alsdann verbreitete sich Redner ausführlich über die Entstehung der Gewerkschaften, den Kampf der nationalsozialistischen Betriebszellenorganisation, die Entwicklung dieser Organisation und deren Ziele. Wir Nationalsozialisten haben, so betonte Redner, jederzeit bewiesen, dass wir nicht gegen die Interessen der Arbeiter der Faust und Stirn sind, sondern für dieselben, denn wir wollen nicht den Klassenkampf und Herrschaft einer einzelnen Klasse, sondern wir wollen die Volksgemeinschaft, den Sozialismus aufbauen, in dem sich jeder einzelne Volksgenosse gleich welchen Standes glücklich fühlen solle. Die Gewerkschaften, erfüllt vom Internationalismus, hätten für die Arbeiter so gut wie nichts getan. Der Nationalsozialismus wolle die Lebensrechte aller Arbeiter erkämpfen und verteidigen. Zu diesem Zweck sei die NSBO aufgezogen worden, deren Aufgabe es sei, dafür zu sorgen, dass in den Betrieben organisch die national und nationalsozialistisch denkenden Arbeiter und Angestellten einander näher gebracht werden. Wir wollen nicht den Arbeiter bekämpfen, der im marxistischen Lager gestanden hat, wir sind jederzeit bereit, allen die Bruderhand zu reichen, wenn sie ehrlich bereit sind, am Wiederaufbau des deutschen Vaterlandes mitzuarbeiten. Wir erkennen auch das Betriebsrätegesetz grundsätzlich an, werden aber mehr erreichen als die alten Gewerkschaften, denn wir verlangen von dem Unternehmertum, dass es sozial denkt und handelt, dass es zum Bahnbrecher des deutschen Sozialismus wird und erkennt, dass der Arbeiter neben dem Bauernstand der Träger des deutschen Volkes ist. In diesem Sinne appellierte Redner auch an die Arbeitgeber, den deutschen Sozialismus auszubauen und den Belangen der Arbeiter und Angestellten in weitgehendstem Maße Rechnung zu tragen. [...]

180e Bericht des »Hanauer Anzeigers« über die Fahnenweihe der NS-Betriebszelle der Firma W. C. Heraeus (Auszug), 28. April 1933

Hanauer Anzeiger Nr. 100, 29. April 1933.

Der Tag der nationalen Arbeit steht vor der Tür. Unter den Zeichen und im Geist des großen Führers Adolf Hitler wird er zum Feiertag des ganzen deutschen Volkes werden, zum Künder der großen deutschen Volksgemeinschaft und zur Fanfare zielbewusster Aufbauarbeit an Volk und Vaterland. Dem großen Freudentag gingen gestern nicht weniger als vier Fahnenweihen nationalsozialistischer Betriebszellen voraus. Es waren die Belegschaften und Betriebsangehörige der Firmen W. C. Heraeus, Siebert, Schwahn und Wronker, die ihre Sturmfahnen weihen durften. Dazu gesellte sich noch eine fünfte Weihe, die der Fahne der Nationalsozialistischen Kriegsopfer-Versorgung. Erhebende Feierstunden aber durchlebten alle die vielen NSBO-Mitglieder, die sich hinter ihre neuen Fahnen scharten und freudigen Herzens gelobten, mitzuarbeiten an dem Wiederaufstieg ihres geliebten Vaterlandes und Volkes.

Der Weiheakt bei der Firma W.C. Heraeus ging um 5 Uhr nachmittags vor dem Betriebsgebäude mit der geschmückten Ehrentafel der gefallenen Werkangehörigen vor sich. Der Orchesterverein des Werkes unter Leitung von Herrn Richard Rosen leitete mit einem Choral die ernste und doch so freudige Feierstunde ein. Dann ergriff Herr Pfarrer Kurz das Wort zur Weihrede, um zunächst der im Weltkrieg gefallenen Brüder und ihres fast in Vergessenheit geratenen heiligen Erbes zu gedenken. Wieder habe sich, so fuhr der Geistliche in seiner Ansprache fort, in dieser ernsten Feierstunde das Wort der heiligen Schrift bewahrheitet: »Die Liebe ist stärker als der Tod«. So sei auch diese Stunde der Liebe geweiht, der Liebe zum deutschen Volk und Vaterland. Als die Ostersonne aufging, war endlich der Hass geschlagen und die Liebe siegreich aufgegangen über die deutschen Lande. Gott habe Bahn geschaffen, der Stunde der Liebe, und Heil allen denen widerfahren lassen, die die Größe dieser Stunde begriffen und sich mit heiligem Ernst hinter die Fahne des neuen Deutschland scharten, die voranwehen solle für das höchste Ideal, für die Nächstenliebe und die deutsche Volksgemeinschaft. Als Losungswort aber sei ihr mit auf den Weg gegeben »Die Liebe siegt«.

Nach einem weiteren Choral der Werkkapelle ergriff Herr Kaplan Falkenhahn zur Weihe das Wort. Mitten hinein in die freudenreiche, hoffnungsvolle Osterzeit falle der Tag der Bannerweihe und zu einer wundervollen Harmonie klänge das Auferstehen der Natur, unseres Heilands Jesus Christus und des deutschen Volkes zusammen. Vorbei seien die schweren Zeiten, die dieser Auferstehung vorangingen, vorbei die schwere, opferreiche und nachtdunkle Sklavenzeit des deutschen Volkes nach dem Weltkrieg mit einem unheilvollen Ausgang. Vorbei auch endgültig die Zeiten, in denen eine Talmikultur aus dem Osten sich einnisten wollte im deutschen Volk und tiefe Wundspuren hinterließ am schwergeprüften Volkskörper. Mit Herzen voller Hoffnung auf die deutsche Zukunft stehen wir heute wieder da, auf dass unter diesem Banner die alten deutschen Ideale wieder wach werden und unser Volk einer besseren Zukunft entgegengehen möchte. Mit den Worten »Für Volk und Vaterland durch Nacht zum Licht« erteilten die beiden Geistlichen hierauf der enthüllten Fahne ihren Segen.

Nach dem Chor »Hör uns« des Werksängerchors unter Leitung von Herrn Fritz Bergmann, gedachte Herr Dr. W. H. Heraeus der tiefen Bedeutung der Stunde. Ausgehend von dem großen Aufbruch der deutschen Nation unter Führung Adolf Hitlers, warf Redner einen Rückblick auf die schweren Tage, die das deutsche Volk in 14 langen Jahren dem Untergang und der Verzweiflung nahebrachten. Heißer Dank gebühre dem großen Führer, der den Kampf gegen jene Volksverbrecher aufgenommen habe, die eine tiefe Kluft hineingetragen in das deutsche Volk. Dank aber gebühre auch den tapferen Kämpfern für das Lebenswerk Adolf Hitlers, zu dem er selbst sich freudig bekenne. Männer wie die Parteigenossen Löser und Greb dürften in dieser Stunde nicht vergessen werden. Mit einem dreifachen »Sieg Heil« auf Deutschland schloss Redner seine von Herzen kommende Ansprache. Nach dem gemeinsamen Gesang des Deutschlandliedes ergriff Herr Staatskommissar und Landrat Löser das Wort, um zunächst den gefallenen Helden des Weltkrieges und der vielen Nationalsozialisten zu gedenken, die ihr Herzblut für die Freiheit des deutschen Volkes dahingaben. Unter den Klängen des Liedes »Ich hatt' einen Kameraden« wurde ihnen ein stilles Gedenken geweiht. In seinen weiteren Ausführungen betonte Redner, dass gerade die Firma W. C. Heraeus es stets gewesen sei, die den wahren Sozialismus gepflogen habe. Deshalb gereiche es ihm zur ganz besonderen Freude, an dieser Stelle eine Fahne zu übergeben, zumal auch Leute hier ständen, die noch vor kurzem dem Marxismus bis auf die Knochen verfallen gewesen. Nach einer letzten Kampfansage an den Marxismus als Säer des Klassenhasses gedachte Redner der unter schwierigsten Verhältnissen von so tapferen Vorkämpfern wie Greb und Möller durchgeführten ersten Betriebszellengründung Hanaus bei der Firma W. C. Heraeus, deren Früchte sich jetzt so richtig zeigten. Die einzige Losung für heute und immerdar aber müsse lauten: »Tritt gefasst und mitmarschiert mit der nationalen Regierung für ein geeintes Deutschland unter den Fahnen Adolf Hitlers«. Anschließend überreichte Redner dem alten Kämpfer Führes die Fahne, die dieser mit dem Gelöbnis unverbrüchlicher Treue übernahm. Mit einem Hoch auf Deutschland und Reichskanzler

Adolf Hitler schloss unter den machtvollen Klängen des Horst-Wessel-Liedes der feierliche Weiheakt. […]

Von der Betriebszelle der Heraeus-Werke wurde aus Anlass der Fahnenweihe an den Reichskanzler Adolf Hitler folgendes Telegramm abgeschickt: »Unserem geliebten Führer geloben wir am Tage der Weihe unserer Betriebszellen-Fahne unentwegte Treue.«

181 — 19. April 1933

Verfügung des politischen Kommissars für den Stadt- und Landkreis Hanau, Fritz Löser, an die Stadt- und Kreisverwaltung und angeschlossene Betriebe über das Verbot der Mitgliedschaft in marxistischen Parteien und in den ihnen angeschlossenen Verbänden für die dort beschäftigten Beamten, Angestellten und Arbeiter

Hanauer Anzeiger, 19. April 1933.

Für die große und schwierige Aufgabe des Wiederaufbaus auf nationaler Grundlage bedarf es der vollen Hingabe jedes einzelnen Beamten, Angestellten und Arbeiters. Diese notwendige Mitarbeit wird erschwert beziehungsweise muss zu dauernden Gewissenskonflikten führen, wenn Beamte, Angestellte und Arbeiter einer politischen Partei beziehungsweise Organisation angehören, die zum großen nationalen und sozialen Ziel des Wiederaufbaues im Sinne der nationalen Regierung im Widerspruch steht. Eine freudige Mitarbeit und völlige Hingabe an den Dienst ist aber mit einer weiteren Mitgliedschaft zu den Parteien und Organisationen der SPD und KPD unvereinbar.

Ich verbiete daher sämtlichen Beamten, Angestellten und Arbeitern der Verwaltung und angeschlossener Betriebe die Mitgliedschaft bei marxistischen Parteien und den ihnen angeschlossenen Verbänden sowie die Förderung ihrer Bestrebungen.

182 — April – Mai 1933

Der 1. Mai als faschistischer »Tag der nationalen Arbeit«

182a Aufruf des ADGB-Bundesvorstandes an die Mitglieder der freien Gewerkschaften zur Teilnahme an den Feierlichkeiten zum »Tag der deutschen Arbeit« am 1. Mai, 15. April 1933

Gewerkschafts-Zeitung Nr. 16, 22. April 1933.

An die Mitglieder der Gewerkschaften!
Kollegen und Kolleginnen!

Im Zeichen des 1. Mai habt ihr alljährlich euch zu der großen Aufgabe bekannt, in der deutschen Arbeiterschaft den hohen Gedanken der gegenseitigen Hilfe durch Erziehung zu Standesbewusstsein, Gemeinschaftswillen und Kameradschaftsgeist unermüdlich zu wecken, zu pflegen und zu fördern, wie er in unseren Gewerkschaften seinen organisatorischen Ausdruck gefunden hat.

Am Tage des 1. Mai erglühte stets erneut das Bekenntnis der von leidenschaftlichem Kulturwillen beseelten deutschen Arbeiter, den werktätigen Menschen einem dumpfen Arbeitsdasein zu entreißen und ihn als freie, selbstbewusste Persönlichkeit in die Gemeinschaft des Volkes einzuordnen. So habt ihr im Zeichen des 1. Mai euch den gesetzlichen Achtstundentag, das Recht auf menschenwürdige Existenz erobert.

Wir begrüßen es, dass die Reichsregierung diesen unseren Tag zum gesetzlichen Feiertag der nationalen Arbeit, zum deutschen Volksfeiertag erklärt hat.

An diesem Tag soll nach der amtlichen Ankündigung der deutsche Arbeiter im Mittelpunkt der Feier stehen.

Der deutsche Arbeiter soll am 1. Mai standesbewusst demonstrieren, soll ein vollberechtigtes Mitglied der deutschen Volksgemeinschaft werden. Das deutsche Volk soll an diesem Tage seine unbedingte Solidarität mit der Arbeiterschaft bekunden.

Kollegen und Kolleginnen in Stadt und Land! Ihr seid die Pioniere des Maigedankens. Denkt immer daran und seid stolz darauf.

In herzlicher Kameradschaft mit euch allen unerschütterlich verbunden, senden wir euch zu diesem Tage unseren gewerkschaftlichen Gruß.

182b Rede des Fraktionsvorsitzenden der NS-Stadtverordnetenfraktion, Wilhelm Caspary, auf der Abschlusskundgebung des Fackelzuges am Vorabend des 1. Mai, 30. April 1933

Hanauer Anzeiger Nr. 101, 2. Mai 1933.

Deutsche Volksgenossen! Brüder, Schwestern eines Blutes und eines deutschen Herzens! Morgen feiern wir den Tag der nationalen Arbeit, und dieser Tag wird, das kann man wohl angesichts dieser gewaltigen Teilnehmerzahl sagen, ein Siegestag der deutschen Revolution werden. Das ganze Volk soll es sein, alle – ob reich oder arm, Arbeitgeber, Arbeitnehmer, Bauern, Angestellte, Beamte, alle, alle – werden diesen Tag zu einem wahren Volksfeiertag gestalten. Eine frohe, freie Stimmung hat uns alle befallen, ein neues Hoffen, ein fester Glaube an ein neues Auferstehen unsres dahingesunkenen Volkes und Vaterlandes.

Die Idee und die Weltanschauung unseres großen Führers Adolf Hitler, die Volksgemeinschaft aller Stände, hat sich endgültig durchgesetzt, wir alle sind wieder Deutsche, nichts als Deutsche geworden, und unser aller Denken und Tun gilt nur Deutschland. Der Hass der handarbeitenden Massen gegen das so genannte Bürgertum ist ebenfalls dahin. Wir kennen keine Bourgeoisie, auch keine Proletarier. Wir sehen in unserem Bruder nicht mehr den Arbeiter oder den Arbeitgeber, sondern nur noch den deutschen Volksgenossen, dem es eine Ehre sein wird, nicht nur für sein Heimatland zu arbeiten, sondern der auch wieder bereit ist, es im Notfalle zu verteidigen. Das Große, das Revolutionäre dieses morgigen Tages ist, dass der deutsche Arbeiter, nachdem ihm jahrelang von dem Marxismus ein Minderwertigkeitsgefühl eingeimpft wurde, nun die Gleichberechtigung und den Wert seinen Tuns, seines Schaffens am Aufbau des Staates erkennt. Das ist das Große dieses Tages, dass auch der deutsche Arbeiter sich wieder frei und stolz als Deutscher bekennt. Nicht international, sondern national und sozial ist und bleibt unsere Forderung.

Nicht Knechte wollen wir sein, sondern freie Deutsche in einem Reiche der sozialen Gerechtigkeit, in dem wieder jeder Arbeiter seines Lohnes wert ist. Der Gott, der Eisen wachsen ließ, der wollte keine Knechte!

182c Rede des NSBO-Kreisbetriebszellenleiters Willi Greb auf der Abschlusskundgebung des Fackelzuges, 30. April 1933

Hanauer Anzeiger Nr. 101, 2. Mai 1933.

Früher war der 1. Mai der Kampftag einer Klasse, früher erklangen Hassgesänge, am morgigen 1. Mai soll das deutsche Volk einmütig ein Bekenntnis für die Arbeit ablegen, damit dem Arbeiter bewusst wird, dass er ein gleichberechtigtes Mitglied der Volksgemeinschaft geworden ist, dass alle Stände auf Gedeih und Verderben aufeinander angewiesen sind. Früher ist mit dem Arbeiter durch die Bonzen und Bönzchen der Sozialdemokraten und Kommunisten Schindluder getrieben worden, der Ausländer hat darüber entschieden, was in Deutschland gemacht wurde. Heute ist damit Schluss ein für allemal. Das soll sich jeder merken. In Deutschland haben jetzt nur noch Deutsche was zu sagen.

Wenn heute von verschiedenen verhetzten Volksgenossen Flugblätter verteilt worden sind mit dem Inhalt, dass Reichsminister Dr. Frick gegen den 1. Mai sei, so sage ich den Kommunisten, seien sie vernünftig, sonst passiert ihnen etwas, dass ihnen Hören und Sehen vergeht. Wir Nationalsozialisten denken nicht daran, die jetzt errungene Macht irgendwie noch einmal preiszugeben. Wir wollen einen Sozialismus aufrichten, denn wir wissen, dass Nationalismus allein ein Volk nicht glücklich macht. Wir sind stolz darauf, dass wir einen Führer haben, der von der Pike auf als Arbeiter gewirkt, das bittere Los als Arbeiter kennen gelernt hat, und wir glauben an ihn, haben das Vertrauen zu ihm, dass er allen Volksgenossen Gerechtigkeit zuteil werden lassen und die Belange der Arbeiter vertreten wird. Du Arbeiter der Stirn und der Faust sollst nicht gezwungen in deinen Betrieb gehen, sondern freudigen Herzens mit dem Gedanken, dass Arbeiter der Stirn und der Faust zusammengehören.

Vom Unternehmer aber fordern wir, dass er den deutschen Arbeiter als gleichberechtigtes Mitglied in der Volksgemeinschaft anerkennt. Unser Führer, Adolf Hitler, ist der Garant dafür, dass diese Anerkennung und Überführung des Arbeiters als gleichberechtigter Volksgenosse in die große Gemeinschaft erfolgt.

182d Bericht des »Hanauer Anzeigers« über die Abendkundgebung am 1. Mai 1933 (Auszug), 2. Mai 1933

Hanauer Anzeiger Nr. 101, 2. Mai 1933.

Am Abend fanden wiederum gewaltige Aufmärsche zu der großen Kundgebung auf dem Tempelhofer Felde statt, in der der Führer des neuen Reiches, der Volkskanzler Adolf Hitler, sein Programm 50 Millionen Deutschen verkündete. Der Aufzug verlief wiederum so glänzend wie am Vormittag. Mit Musik und Fahnen kamen sie angezogen, die Tausende. In allen Augen leuchtete die Erwartung. Bald war das riesige Rechteck des Paradeplatzes mit Menschenmassen gefüllt, die auf rund 25-30 000 geschätzt wurde[n]. Ein echter deutscher milder Frühlingsabend brach an. Ehe die Berliner Feier übertragen wurde, sprachen Hanauer Führer in kurzen Worten zu den Massen. Gegen 8 Uhr war endlich der große Augenblick gekommen, da die Feier in Berlin mit der Botschaft begann.

Nach kurzen Märschen erlebte man die begeisterte Begrüßung des Führers. Als er das Wort an sein Volk richtete, erstrahlten am nächtlichen Himmel die ersten Sterne. Lautlose Stille ruhte über der Menge, die gespannt dem Programm lauschte, das durch Großlautsprecher übertragen wurde. Die Begeisterung, die bei einzelnen Stellen der Rede durchbrach, teilte sich auch den Massen in Hanau mit. Man spürte, wie stark die Worte des Kanzlers die Masse bewegte, die begeistert in das Deutschlandlied einstimmte, das den Schluss der Rede Adolf Hitlers bildete. Die Rundfunkübertragung, die durch die Firma Klaff ausgeführt wurde, war was die Reden am Mikrofon und die Übertragung der Konzerte am Vor- und Nachmittag anbelangte, als gut zu bezeichnen. Dagegen hatte bedauerlicherweise die Fernübertragung mit der Rede des Herrn Reichskanzlers unter atmosphärischen Störungen und Überlagerungen zu leiden.

Mit dem Badenweiler-Marsch, dem Lieblingsmarsch des großen Führers Adolf Hitler, leitete die SA-Standartenkapelle 98 die imposante Kundgebung ein. Unübersehbare Menschenmauern umlagerten den Paradeplatz, als der hiesige Fraktionsvorsitzende, Herr Dr. Caspary, den Kundgebungsteilnehmern wie folgt den ersten Willkommensgruß entbot: [...]

Als zweiter Redner sprach Herr Bracker für die Gruppe der Arbeitgeber wie folgt zu den Massen:[a] Mit einem dreifachen »Sieg Heil« auf die deutsche Arbeit und ihren großen Führer Volkskanzler Adolf Hitler schloss Redner seine Ausführungen, die gleich den Worten des Vorredners lebhaften Widerhall fanden.

Es folgte der Geschäftsführer des Deutschnationalen Handlungsgehilfenverbandes, Herr Schmidt, der die unverrückbare Treue und freudige Mitarbeit der deutschnationalen Handlungsgehilfenschaft am Wiederaufbauwerk der deutschen Volksgemeinschaft bekundete und seiner ganz besonderen Freude über den ersten Kampftag der nationalen Arbeit Ausdruck verlieh. Nach einem kurzen Eingehen auf das Wesen und die Ziele des DHV als völkischer Gesinnungsgemeinschaft im beruflichen Lager, setzte sich Redner für einen Ausgleich der Interessengegensätze im Geiste volksbrüderlicher und volksverbundener Gleichheit ein. Redner ließ seine Ansprache in einem dreifachen Heil auf die einige deutsche Volksfront und ihren großen Führer Adolf Hitler ausklingen.

Als Sprecher der Arbeiterschaft bestieg anschließend der NSBO-Kreisleiter, Herr Greb, das Rednerpodium, um der zweijährigen bahnbrechenden Pionierarbeit der

NSBO für die Schaffung einer wahren deutschen Volksgemeinschaft am Feiertag der nationalen Arbeit zu gedenken. Innerhalb dieser zwei Jahre sei es klar geworden, dass jetzt endlich auch bessere Zeiten für die deutsche Arbeiterschaft bevorstünden, der man eine nationale und soziale Befreiung bringen wolle. An allen Arbeitern der Faust und der Stirn, an der Arbeitgeberschaft und dem ganzen deutschen Volke läge es jetzt, dafür zu sorgen, dass ein wahrhaft sozialer deutscher Geist seinen Einzug halte, der zur allgemeinen freudigen Mitarbeit auf dem Boden der Gleichberechtigung aller Berufsstände führe. Der Führer Adolf Hitler habe dem deutschen Volk und der deutschen Arbeiterschaft nach 15-jährigem schweren Ringen wieder den Weg zur Freiheit gewiesen, auf dem man unbeirrt fortschreiten und jedem Deutschen, der zur Mitarbeit bereit sei, die Bruderhand reichen wolle. Kurz ging dann Redner noch auf die große Bedeutung der NSBO als berufene Trägerin der Arbeiter- und Angestelltenbelange im Dritten Reich ein, um mit den Worten zu schließen:

Wir sind das Heer des Hakenkreuzes.
Hebt hoch die roten Fahnen.
Der deutschen Arbeit wollen wir
Den Weg zur Freiheit bahnen!

Als letzter Redner betonte Herr Geschäftsführer Hörner für den Gewerkschaftsbund der Angestellten die freudige Bereitwilligkeit seiner Berufsorganisation zur Mitarbeit am Gelingen des großen deutschen Aufbauwerkes, hinter dessen berufene Führer sich der GdA stets mit ganzer Kraft stellen werde. Keine Klassen- und Parteiunterschiede dürfe es in Zukunft mehr geben, in selbstloser Liebe müssten die Millionen deutscher Männer und Frauen zueinander stehen im engsten, heiligsten Gefühl der Zusammengehörigkeit in der einzigen großen deutschen Volksgemeinschaft. Die Umwälzung der ganzen Lage erfordere aber auch gebieterisch einen organisatorischen Neuaufbau des deutschen Gewerkschaftswesens. Für drei nach Weltanschauungen geschiedene Gewerkschaftsrichtungen bestehe im neuen Staat kein Bedürfnis mehr. Die Umgestaltung müsse die stärkste Zusammenfassung der bisherigen Gewerkschaftsrichtungen und Verbände zum Ziel haben und zu einer ideellen Ausrichtung auf den neuen Staat führen. Gleichzeitig gelte es, die tragenden Gedanken: Selbstverwaltung und Mitbestimmung als Grundlage des Neuen zu erhalten.

Inzwischen war die Stunde herangenaht, in der vom Tempelhofer Feld in Berlin die Worte des großen Führers und Volkskanzlers Adolf Hitler herüberklangen, denen die Menge in Ehrfurcht und Begeisterung lauschte. [...]

Ein großes Brillantfeuerwerk, ausgeführt von der hiesigen Kunstfeuerwerkerei Menger, das der freudig erregten und restlos begeisterten Menge immer wieder akute Rufe des Staunens und Entzückens abnötigte, bildete den Ausklang des ersten Feiertages der nationalen Arbeit. [...]

[a] Siehe folgendes Dokument.

182e Rede Direktors Bracker als Vertreter der Arbeitgeber auf der Abendkundgebung, 1. Mai 1933

Hanauer Anzeiger Nr. 101, 2. Mai 1933.

Deutsche Mitkämpfer der Arbeit! Der 1. Mai war in früheren Jahren der Tag, dessen Veranstaltungen das Unternehmertum bewusst entgegengearbeitet hat. Wir stellten uns nicht gegen unsere Arbeiter, sondern gegen die mit der Maifeier verbundene Idee. Bewusst haben wir dem Klassenkampf, der marxistischen Zersetzungsarbeit, dem Internationalismus entgegengearbeitet, jenen Irrlehren, die volksfremde Verführer deutschen Arbeitern einhämmerten zum Verderb des Arbeiters und des Unternehmers. Ein neuer Geist hat das deutsche Volk erfasst. Endlich hat es wieder erkannt, dass nur aus gemeinsamer Arbeit der Faust und des Geistes Ersprießliches für das Wohl der gesamten Nation erwachsen kann. So sehen wir heute bei dieser gewaltigen Kundgebung voller Freude und mit großer Befriedigung, dass der Geist der inneren Verbundenheit in die deutsche Wirtschaft eingezogen ist. Wem danken wir es, dass dieser Geist der volksverbindenden Gemeinschaft bei allen Volksgenossen wachgerufen ist? Wem danken wir die Verwirklichung der großen Idee des gegenseitigen Füreinanderstehens, der vollkommenen Verbundenheit? Unserem hochverehrten Reichskanzler und Führer Adolf Hitler!

Mit diesem Dank des Hanauer Unternehmertums, als dessen Vertreter zu Ihnen zu sprechen ich die Ehre habe, möchte ich gleichzeitig das Gelöbnis verbinden, dass wir mit freudiger Bereitschaft gemeinsam mit unseren Arbeitern und Angestellten all unser Können und Wollen einsetzen werden für den Wiederaufbau unseres geliebten deutschen Vaterlandes! Lasst uns in Zukunft an demselben Strang ziehen, das Gute ist des Schlechten Feind. Nur dann kann alles wohl gelingen, wenn uns alle gleicher Tatendrang vereint.

183 — 1. Mai 1933

Die faschistische Maifeier in den Heraeus-Werken

183a Bericht des »Hanauer Anzeigers«, 1. Mai 1933

Hanauer Anzeiger Nr. 102, 3. Mai 1933.

Die von der Regierung am Nationalen Arbeiterfeiertage angeordnete Morgenfeier verlief bei den Heraeus-Werken sehr festlich. In geordnetem Zug marschierte die gesamte Belegschaft der Platinschmelze W. C. Heraeus, der Heraeus Vacuum-Schmelze und der Heraeus Quarzglas-Gesellschaft kurz vor 7 Uhr zu dem festlich geschmückten Platz vor der Ehrentafel für die im Weltkrieg gefallenen Werksangehörigen. Besonders hervorgehoben sei, dass die Belegschaft des Griesheimer Werkes der Heraeus Quarzglas-Gesellschaft nach Hanau gekommen war, um an der Feier ihrer Stammfirma teilzunehmen.

Zunächst spielte die Werkskapelle den Choral »Nun danket alle Gott«. Dann sprach im Auftrage der Geschäftsleitung Herr Dr. Reinhard Heraeus:[a] […]

Im Anschluss daran begrüßte der Arbeiter Jean Führes, der Obmann der NSBO der Heraeus-Werke, die versammelte Belegschaft. Deutschland sei erwacht. Alle Gegensätze müssten verschwinden, denn wir brauchen ein geeintes deutsches Vaterland. Er richte an alle, die noch beiseite ständen, ob rechts order links, die Bitte, der nationalen Bewegung sich anzuschließen, da allein der Sozialismus unseres Führers Adolf Hitler uns zum Siege führen könne. In das von ihm ausgebrachte dreifache Heil Hitler! stimmte die Belegschaft begeistert ein und sang darauf das Horst-Wessel-Lied, während die Hakenkreuzfahne langsam am Mast hochstieg. Nach Beendigung der Morgenfeier ließ die Geschäftsleitung allen Festteilnehmern in der Kantine ein warmes Frühstück verabfolgen, eine Maßnahme, die im Hinblick auf die zu erwartenden Anstrengungen des Festtages von allen Seiten dankbar begrüßt wurde. Nach dieser leiblichen Stärkung zog dann die Belegschaft, geführt von der Geschäftsleitung und der Sturmfahne der Nationalsozialistischen Betriebszelle, zur Kundgebung auf den Paradeplatz. Ebenso nahmen die Heraeus-Werke auch an der Abendveranstaltung auf dem Paradeplatz teil. An der Spitze des Zuges marschierte unter Leitung von Richard Rosen die Werkskapelle, die mit besonderem Stolz auf ihre Leistung zurückblicken kann, da sie erst vor kurzem ihr Bläserchor gebildet hat und am 1. Mai zum ersten Male sich vor der Öffentlichkeit hören ließ.

[a] Siehe folgendes Dokument.

183b Die Ansprache des Direktors Reinhard Heraeus, 1. Mai 1933

Hanauer Anzeiger Nr. 102, 3. Mai 1933.

Deutsche Männer und deutsche Frauen, Jahre hindurch haben wir es erleben müssen, dass der 1. Mai von einer Parteigruppe missbraucht wurde, um deren Sonderinteressen zu dienen. Interessen, die darauf hinaus gingen, Deutschland ohnmächtig zu machen und der verwerflichen Idee des Klassenhasses zum Siege zu verhelfen. Jede Gruppe, die sich mit ihrem Appell, den 1. Mai festlich zu begehen, an die Arbeiterschaft, und nur an die bei ihr organisierte Arbeiterschaft gewandt hatte, war verblendet genug zu glauben, dass die Schlagworte »Internationalismus« und »Marxismus« genügen würden, um ihren Machtgelüsten zum Siege zu verhelfen, war vermessen genug, sich an solchem Feiertage nur an eine Gruppe von Arbeitenden zu wenden, ohne zu bedenken, dass nur das Volk in seiner Einheit, nur der rücksichtslose Zusammenschluss aller Arbeitenden der deutschen Wirtschaft und damit dem deutschen Vaterland dienen kann.

Unser Führer Adolf Hitler hat deshalb an den Anfang der Durchführung seines gewaltigen Aufbauplanes den 1. Mai zum nationalen Feiertag der Arbeit erklärt, aus dem Wunsche heraus, dass an diesem Tage alle deutschen Volksgenossen zusammen kommen sollen, um sich als schaffendes Glied zu dem Wiederaufbau unseres Vaterlandes zu bekennen. Alle, die wir hier sind, folgten freudig seinem Rufe, und es ist mir eine besondere Freude, Ihnen dies im Namen der Direktion aussprechen zu können, die mit Ihnen von dem Wunsche erfüllt ist, dass das große Werk des Wiederaufbaues unserer Wirtschaft glücklich vollendet werde, und die dankbar ist, dass es ihr vergönnt ist, hieran mitarbeiten zu dürfen. Denn Millionen unserer Volksgenossen, die keinen Arbeitsplatz haben, ist dies nicht vergönnt. Millionen Arbeitslose müssen vorerst noch beiseite stehen. Dieser arbeitslosen deutschen Männer und Frauen zu gedenken, soll am heutigen Festtage der Arbeit unsere vornehmste Pflicht sein. Jeder einzelne von uns soll geloben, dass er nach besten Kräften helfen will, ihr Los zu erleichtern, denn jeder einzelne von uns muss imstande sein, um der Idee willen ein Stück seiner persönlichen Freiheit zu Gunsten der Gemeinschaft zu opfern. Deutsche Männer und deutsche Frauen, möge unserem Vaterlande eine Zukunft beschieden sein, die es allen Deutschen ermöglicht, sich wieder in den Produktionsprozess der Wirtschaft einzuschalten! Möge jeder einzelne von uns sich bewusst sein, dass es gilt, eine große Aufgabe zu erfüllen, deren Hauptziel es ist, die Arbeitslosigkeit zu beseitigen! Möge es darüber hinaus den Führern unseres Vaterlandes vergönnt sein, das begonnene Werk zu vollenden. Wir aber, die wir mitarbeiten wollen an diesem Wiederaufbau Deutschlands, wir geloben unserem Führer treue Gefolgschaft. Zum Ausdruck dieses Willens und zum Gelöbnis unseres Versprechens fordere ich Sie auf, mit mir einzustimmen in den Ruf:

Die Führer unseres Vaterlandes, unser Reichpräsident von Hindenburg und unser Volkskanzler Adolf Hitler: Sieg Heil, Sieg Heil, Sieg Heil!

184 Mai 1933

Die Zerschlagung der freien Gewerkschaften

184a Mitteilung der NSBO-Kreisleitung über die gegen die Hanauer Gewerkschaften durchgeführte Aktion, 2. Mai 1933

Hanauer Anzeiger Nr. 105, 6. Mai 1933. Einleitender Vermerk der Redaktion: Von der Kreisleitung der NSBO wird uns geschrieben.

Die auf Veranlassung der Reichsregierung vorgenommene allgemeine Aktion gegen die Gewerkschaften wurde, wie bereits veröffentlicht, auch hier in Hanau durchgeführt. Die mit der Prüfung Beauftragten sind zur Zeit noch mit der eingehenden Nachprüfung der einzelnen Verbände beschäftigt und es dürften noch Tage vergehen, bis die Arbeiten zum Abschluss kommen. Es lässt sich jedoch schon jetzt sagen, dass die angetroffenen Zustände das gleiche Bild ergaben, wie im ganzen Reich. So waren die Bücher zum Teil monatelang nicht oder nur unvollständig beigetragen.

Eine jeder kaufmännischen Gepflogenheit widersprechende Organisation erschwerte allein die Aufnahme und buchmäßige Berechnung der Kassenbestände derart, dass für die Durchführung dieser Arbeit mehr als ein Tag aufgewendet werden musste. Die Überprüfung der Einnahmen und Ausgaben zeigte, dass mit den von den Arbeitern aufgebrachten Groschen in ganz unverantwortlicher Weise gewirtschaftet wurde, und lässt es sich schon jetzt sagen, dass der größte Teil der eingegangenen Beiträge für Gehälter, sogar die gesamten Sozialbeiträge usw. der Angestellten wurden von den Verbänden getragen, Verwaltungskosten, Sitzungs- und Inkassogelder – kein Kollege verrichtete auch nur die geringste Arbeit, ohne sich dafür bezahlen zu lassen – ausgegeben wurde und nur ein kleiner Prozentsatz für Unterstützungen erwerbloser und kranker Arbeiter Verwendung fand.

Direkte Unregelmäßigkeiten in größerem Ausmaße wurden bis jetzt nicht festgestellt. Die zu beanstandende Höhe der einzelnen Ausgaben ist auf die Anweisungen und Richtlinien des Hauptvorstandes in Berlin zurückzuführen. Es sei noch darauf hingewiesen, dass der Geschäftsverkehr mit den einzelnen Verbänden keinerlei Unterbrechung erleidet und reibungslos vor sich geht.

184b Bericht des »Hanauer Anzeigers« über eine von der NSBO einberufene öffentliche Versammlung der gewerkschaftlich organisierten Arbeiter und Angestellten betreffend die Ergebnisse der Buchprüfung des Gewerkschaftskartells und der einzelnen Verbände sowie die Zukunft der Gewerkschaften, 9. Mai 1933

Hanauer Anzeiger Nr. 108, 10. Mai 1933.

Im überfüllten Saale des Gewerkschaftshauses fand gestern Abend eine öffentliche Versammlung der gewerkschaftlich organisierten Arbeiter- und Angestelltenschaft statt, mit deren Leitung der Kreisleiter der NSBO, Herr W. Greb, beauftragt war. Zum Thema des Abends war die dringliche Frage erhoben worden: »Was geschieht mit den Gewerkschaften?« Das überaus starke Interesse, das man im gesamten Arbeiter- und Angestelltenlager dieser akuten Frage entgegenbringt, wurde am besten aus dem ungemein starken Besuch der Versammlung ersichtlich, deren Referate wegen Überfüllung des Saales durch Lautsprecher in weitere Räumlichkeiten des Gewerkschaftshauses übertragen werden mussten.

Nach erfolgter Eröffnung der Versammlung durch Herrn Karl Rehbein vom Deutschen Metallarbeiterverband ergriff zunächst der Kreisleiter der NSBO, Herr W. Greb, das Wort, um sich in längeren Ausführungen mit der Aktion gegen die Geschäftsführung der Freien Gewerkschaften zu befassen und deren Zweck der Versammlung anschaulich vor Augen zu führen. Vorweg betonte Redner, dass sich die Maßnahmen der NSDAP vom 2. Mai nicht gegen die Gewerkschaften als solche richteten, sondern einzig und allein gegen ihre Führung. Die Gewerkschaften sollten auf diesem Wege ihrem ursprünglichen Zweck als wahre Kampforganisation der Arbeiterschaft wieder zugeführt werden. Die Aktion selbst aber sollte nur einer Sicherstellung der seit Jahr und Tag eingezahlten Arbeitergelder dienen, da bei dem ständigen Mitgliederschwund ein Zusammenbruch der Gewerkschaften und damit ein Verlust dieser Gelder über kurz oder lang hätte kommen müssen.

In diesem Augenblick sei die Frage in den Vordergrund gerückt: »Was geschieht mit den Gewerkschaften?« In seinen weiteren Ausführungen legte der Referent einen umfassenden Bericht über den Verlauf der stattgefundenen Revisionen in der Gewerkschaftsführung der einzelnen Hanauer Gewerkschaftsverbände ab, bei welcher Gelegenheit er auch die soeben erfolgte fristlose Entlassung des Leiters der Zahnklinik der Ortskrankenkasse erwähnte, wegen ungesetzmäßiger Verbuchungen in Höhe von 25 000 Reichsmark. Weiterhin streifte er kurz die neuerliche Verhaftung des Direktors der Ortskrankenkasse, Mann, mit dessen Persönlichkeit er sich eingehend beschäftigte. Aus diesem Grunde sei auch heute noch nicht zu sagen, wie es eigentlich um die Saalbaugesellschaft AG stehe, deren Geschäftsführer bekanntlich jener Herr Mann sei. Zu Ehren der ehrenamtlichen tätigen Hanauer Geschäftsführer müsse gesagt werden, dass in ihren Kassen und Büchern alles auf Heller und Pfennig gestimmt habe und sogar ein guter Kassenbestand vorhanden sei. Anders lägen die Dinge bei den beruflichen Verbandsangestellten, die fast ausnahmslos kaum eine

Arbeit ohne Sonderbezahlung und keinen Gang umsonst gemacht hätten. Unregelmäßigkeiten selbst lägen aber auch in diesem Falle nicht vor. Schlimme Erfahrung habe man hingegen mit dem Einnahmebuch der Hauptkasse machen müssen, das nur bis zum 31. März 1932 beigetragen gewesen sei. Auch die Führung des Einnahmebuches der Lokalkasse sei von 1931 ab mehr als unvollständig gewesen. Die Prüfung der einzelnen Belege habe eine ungeheuere Zeit in Anspruch genommen, bei welcher Gelegenheit es sich ergeben habe, dass von einer pflichtmäßig durchgeführten Kassenrevision niemals die Rede sein konnte.

Redner wandte sich sodann gegen die großen Gehälter und Sonderzuwendungen, die er auch rein zahlenmäßig belegte. Die Defizite bei den Jubilarfeiern, der Verlust von Beitragsmarken durch Unterkassierer und anderes mehr seien weitere höchst üble Kapitel, für die aber der Einzelne nicht verantwortlich gemacht werden könnte, da er nur nach den Richtlinien der Gewerkschaftsführung gehandelt habe. So sei auf vielen Gebieten in geradezu unverantwortlicher Weise, wenn auch stets im Rahmen der vom Verband aufgestellten Richtlinien, mit den Geldern der Mitglieder umgesprungen worden.

Dagegen sei das Gewerkschaftskartell in mustergültiger Weise geführt worden. Nach dem jetzigen Stand der Untersuchung könne man jedenfalls sagen, dass direkte Unregelmäßigkeiten bei den einzelnen Gewerkschaftsverbänden nicht vorlägen, dass aber von fast allen Beteiligten nach Zulässigkeit jede Möglichkeit ausgenutzt wurde, um sich eine über die Grundbezüge hinausgehende Bezahlung zu sichern. Anschließend erörterte Redner kurz die Stellung der NSDAP zu den Gewerkschaften. Die Nationalsozialisten hätten schon immer betont, dass sie die Gewerkschaften brauchen und unbedingt bejahen. Darüber hinaus stehe die NSDAP sogar auf dem Standpunkt, dass eine restlose Organisierung der Arbeiter- und Angestelltenschaft unbedingt erfolgen müsse, zu welchem Zwecke noch ein Gesetz erlassen werde. Kein bereits organisierter Arbeiter oder Angestellter solle daher die ungeheuerliche Dummheit begehen, in diesem Augenblick aus seinem Verband auszutreten oder mit seinen Beitragszahlungen in Verzug zu geraten. Im neuen Deutschland brauche man die Gewerkschaftsbewegung mehr denn je, darum habe man auch den 1. Mai zum Nationalfeiertag erklärt und sei zur Schaffung einer großen, kompakten Front gegen das reaktionäre Unternehmertum geschritten.

Redner gab dann eine amtliche Bekanntmachung des Leiters des Aktionskomitees zu Schutz der deutschen Arbeit, Dr. Ley, bekannt, die u.a. eine generelle Regelung der Löhne für den einzelnen Wirtschaftsbezirk von Berlin aus vorsieht, um sich zum Schlusse seiner Ausführungen noch einmal scharf gegen das reaktionäre Unternehmertum und seine Führung zu wenden, das dem deutschen Sozialismus vielfach auch heute noch fremd gegenüberstehe und feindlich gesonnen sei. Keinen deutschen Staat ohne deutschen Arbeiter werde in Zukunft die Parole lauten, die sich die Herren Unternehmer und die ihnen verwandten Kreise stets vor Augen führen sollten. Mit einem warmen Appell an die organisierte Arbeiter- und Angestelltenschaft, die in Zukunft in einem großen Einheitsverband geeint werden sollte, schloss Redner seine mit stürmischen Beifall aufgenommenen Ausführungen.

Anschließend sprach Herr Rehbein zu der Versammlung, der sich zunächst für seine Person gegen jegliche Vorwürfe der Verluderung von Arbeitergeldern unter Zustimmung des Vorredners verwahrte. In seinen weiteren Ausführungen bezeichnete Redner diese Stunde als Schicksalsstunde der deutschen Arbeiterschaft und des deutschen Volkes. Mit allen Kräften wolle man jetzt mithelfen, den Sozialismus zu verwirklichen und sich keineswegs gegen den neuen Staat stemmen, wie man demgegenüber aber auch keine Anlass habe, sich der Vergangenheit zu schämen. Redner erinnerte dann in diesem Zusammenhang an die zurückliegenden schweren Kämpfe um die Tarifschaffung gegen ein reaktionäres Unternehmertum, das mit allen Machtmitteln eine Verbesserung der Lebensbedingungen der deutschen Arbeiter- und Angestelltenschaft zu verhindern suchte und sich dabei auch der Hilfe des demokratischen Staates bedienen konnte. Völlig einig gehe er mit dem Vorredner darin, dass ohne Befreiung der deutschen Arbeiterschaft niemals eine äußere Befreiung Deutschlands möglich sei. Freudig sei man daher auch in seinem Lager zur Mitarbeit bereit, nachdem Kanzler Adolf Hitler und seine Bewegung sich für die Gleichberechtigung der Arbeiter eingesetzt habe und endlich die Arbeit als Träger des deutschen Volkstums geadelt werden sollte. Nicht mehr wolle man sich in Zukunft die Schädel einschlagen, sondern in einer gemeinsamen Front der Arbeiter der Stirn und Faust zusammenstehen gegen jene Kräfte, die ihre nationalen Interessen nur im Geldhandel erblickten. Nur so könne und werde der Tag kommen, an dem man freudigen Herzens »Heil Deutschland« rufen könne.

Nachdem noch ein Versammlungsteilnehmer kurz zu Wort gekommen war, fasste Kreisleiter Greb in einer kurzen Schlussansprache noch einmal kurz die Eindrücke der Massenversammlung zusammen, um zur Wahrung echter Solidarität, zur Bildung einer großen schaffenden Front im Rahmen der deutschen Volksgemeinschaft und zur Mithilfe am Aufbau des deutschen Sozialismus aufzufordern.

185 — Mai – August 1933

Die Verfolgung der illegalen KPD

185a Bericht der Unterbezirksleitung Hanau der KPD an die Bezirksleitung in Frankfurt über die Schwierigkeiten der illegalen Arbeit, 2. Mai 1933

Bundesarchiv Berlin, SAPMO, Ry-I 3/23/47, Bl. 10f. Am Berichtsende angemerkt: »Geschrieben am 2. Mai«.

Obschon jahrelang auf die Einstellung zur illegalen Arbeit hingewiesen wurde, hat man hier keinerlei oder nur sehr wenig Notiz davon genommen. Ersatzleitungen wurden überhaupt nicht bestimmt, sodass ein Leerlauf eintreten musste, der jetzt sogar das Schaffen von neuen Zeitungen sehr erschwert. Bin zwar mit den neuen Stadtteilleitungen einigermaßen zufrieden, aber das Heranholen der Mitglieder zur praktischen Arbeit ist sehr schwer, was hauptsächlich in der Ursache zu suchen ist, dass man die Periode des Naziregiments für eine sehr lange hält. Nichts wird unversucht gelassen, die Genossen erst einmal von dieser irrtümlichen Lehre zu befreien. Dreimal ist an alle Mitglieder des Unterbezirks Informationsmaterial gegangen. Ebenfalls sind zwei Betriebsflugblätter an die Betriebe geschafft worden, und ist hier nur zu bedauern, dass beim Zweiten die Genossin von [der] Schuhfabrik Westheimer durch einen Arbeiter hereingelegt wurde und in Kassel für das Hereinbringen der Blätter 10 Monate Gefängnis erhalten hat. In fast alle Betriebe ist das Material gekommen.

Langenselbold, was man eigentlich nicht erwartet hätte, zeigt ein sehr trübes Bild. Vier Sitzungen haben wir schon mit ihnen gemacht, aber bis heute haben es dort die Genossen bei den Versprechungen gelassen. (Man möchte glauben, dass sie hierin schon von Hitler gelernt hätten). Wir werden jetzt selbst die Genossen aufsuchen, um einige arbeitsfreudige zu finden. Dörnigheim war zu den drei durchgeführten Instrukteursitzungen erst einmal erschienen. Sonst sind alle Orte des Unterbezirks außer Nieder- und Oberissigheim, Wachenbuchen und Oberdorfelden in drei Besprechungen erfasst und wird die Arbeit wieder aufgenommen.

In dem Instrukteurgebiet Hainstadt ist die organisatorische Basis durch den nationalen Rummel nur sehr wenig geschwächt worden und hat die Kassierung auch nicht einen Tag ausgesetzt. Zum 1. Mai wurden geeignete Betriebsflugblätter und Handzettel verteilt. Dies 3. Betriebsflugblatt wurde diesmal von außen in die Betriebe geschafft. In Großauheim ist man ihm schnell auf die Spur gekommen und hat noch Sonntag Nacht 36 Genossen, darunter wieder F. und K., die erst einen Tag heraus waren, verhaftet.

Ein Handzettel wurde in Hanau während des Fackelzuges verteilt. Habe einen Teil unter die Leute gebracht, indem ich sie während des Zuges als Päckchen mit 15-20 Stück auf die Fensterbänke der hell beleuchteten Schaufenster gelegt habe.

Die Betriebsarbeit ist überhaupt ganz abgerissen. Wiederholt habe ich sowie M. Genossen an dem Betrieb abgefangen und versucht, einige zu einer Besprechung zusammenzubringen. Aber alles ist bis jetzt an der Furcht vor Hinauswurf gescheitert.

Das Heranziehen der Genossen zu einer Demonstration ist zur Zeit in Hanau unmöglich. Der Mai-Rummel war an der Zahl gemessen zwar gewaltig, aber die Stimmung keinesfalls die eines befreiten Volkes. In den Landgemeinden kamen sie zum Teil Trauerzügen gleich.

Im Unterbezirk Gelnhausen liegt noch alles am Boden. Dort habe ich den Genossen X. aufgesucht, der jetzt schon zweimal die Genossen eingeladen hat, aber immer der einzige war, der erschien. Habe ihm jetzt Informationsmaterial mitgegeben.

Mit Unterbezirk-Fulda bin ich inzwischen zweimal zusammengekommen. Ich erhielt die Mitteilung, dass die Mitglieder der Unterbezirksleitung in der Zeit der Verhaftung des Polleiters[a] keine Arbeit geleistet haben. In 14 Tagen erhalten wir Bericht über die einzelnen Ortsgruppen.

[a] Politischer Leiter.

185b Erinnerungsbericht von Otto Lohfink über seine Verhaftung und die erlittenen Misshandlungen während des Verhörs durch Gestapo und SA, Juni 1933

VVN-Bund der Antifaschisten, Kreisvereinigung Main-Kinzig (Hg.), Hanauer Hefte 2, So begann es 1933. Naziterror und erster Widerstand in Hanau Stadt und Land, o. O., o. J., S. 7.

Am 22. Juni 1933 wurde ich frühmorgens um 5 Uhr 40 in meiner Wohnung in Hanau, in der Kleinestraße 4, verhaftet und zum Revier der Kriminalpolizei am damaligen Paradeplatz (heute: Freiheitsplatz) gebracht. Am Tage zuvor hatte ich mich an der Verteilung eines illegalen Flugblattes mit der Überschrift »Hitler als Brandstifter« beteiligt. Auf dem Revier befanden sich weitere verhaftete Kameraden. Nach einer ersten Vernehmung kamen wir in den Fronhof in der Marienstraße. Nachts, gegen ein Uhr, wurde ich geweckt und zusammen mit anderen Verhafteten zur Gestapo gebracht. Sie behandelten uns brutal. Wir sollten zum Sprechen gezwungen werden. Noch schlimmer kam es, als ich am letzten Vernehmungstag in den Eckardt'schen Keller geschleppt wurde. Dort fesselten mich SA-Leute an die Wand. Sie gingen vor mir auf und ab, luden ihre Pistolen durch, spuckten mir ins Gesicht und schlugen wie wild auf mich ein. Meinem Kameraden Willi Paul quetschten sie die Hoden. Er starb später an den Folgen seiner Misshandlungen.

185c Bericht des staatlichen Polizeidirektors in Hanau, Fritz Löser, über die Maßnahmen zur Aufdeckung der illegalen Tätigkeit der KPD, 29. Juni 1933

Hessisches Staatsarchiv Marburg, 165-3886/2, Bl. 188ff. Abgedruckt: Thomas Klein (Hrsg.), Der Regierungsbezirk Kassel 1933-1936. Die Berichte des Regierungspräsidenten und der Landräte, 2. Teil, Darmstadt-Marburg 1985, S. 779f.

Zwecks Eindämmung der kommunistischen Wühlarbeit habe ich gemäß vorstehender Verfügung Verbindung mit der NSBO sowie den nationalen Wehrverbänden aufgenommen. Die NSBO ist bereits dabei, die einzelnen Betriebe von kommunistischen Wühlern zu räumen. Sie unterhält in jedem Betrieb Vertrauensleute, die dem Kreisleiter sofort von jedem Auftauchen illegaler Flugblätter und illegaler Arbeit der KPD Mitteilung machen. Der Kreisleiter wird mich in jedem Falle sofort in Kenntnis setzen, sofern sich polizeiliches Einschreiten notwendig macht.

Mit den Leitern der nationalen Wehrverbände habe ich vereinbart, mir die Listen ihrer Zugänge seit 30.1.1933 zugänglich zu machen, um auch hier zu gewährleisten, dass nicht Elemente in die Formationen kommen lediglich zu dem Zwecke, Wühlarbeit zu leisten. Im übrigen habe ich durch besondere Vertrauensleute Maßnahmen getroffen, etwaiger illegaler Arbeit der Kommunisten auf die Spur zu kommen. Eine besondere Gefahr ist hier aber von den hiesigen Kommunisten nicht zu erwarten, da es ihnen schon seit einigen Jahren an führenden Köpfen fehlt.

Der Verbreitung illegaler kommunistischer Druckschriften ist hier bereits besondere Aufmerksamkeit gewidmet worden. Es ist inzwischen gelungen, mehrere Personen wegen Verbreitung des Organs des Roten Frontkämpferbundes »Sturm« festzunehmen. Hierüber folgt besonderer Bericht.

Die Herstellung der illegalen Druckschriften erfolgt nach meiner Feststellung nicht in meinem Dienstbezirk. Ich vermute, dass dieses in Frankfurt am Main geschieht, und hoffe, auch hier noch Klarheit zu schaffen.

Um den Nachrichtendienst der Kommunisten zu unterbinden, habe ich einer ganzen Reihe von Kommunisten Motor- und Fahrräder enteignet. Auch hierüber erfolgt besonderer Bericht mit Vorlage der Enteigungsbeschlüsse.

Die deutschen Emigranten und die im Inlande lebenden Ausländer habe ich listenmäßig erfasst und durch Bericht vom 3.6.1933 »I« bereits der Staatspolizeistelle Kassel mitgeteilt.

Was den Stand der kommunistischen Bewegung hier anbetrifft, so haben die in den letzten Tagen getroffenen Feststellungen und Festnahmen einer Reihe jüngerer Kommunisten ergeben, dass in der Hauptsache von der jüngeren Generation versucht wird, die Bewegung weiterzutragen, während von den älteren Genossen eine besondere Tätigkeit nicht beobachtet werden konnte. Es mag dies, wie vorerwähnt, daran liegen, dass ihnen maßgebende Führer fehlen.

Ich habe sämtlichen Polizeibeamten zur besonderen Pflicht gemacht, die kommunistische Bewegung scharf zu überwachen.

Das nur geringe Vermögen der KPD habe ich bereits früher erfasst und beschlagnahmt.

185d Bericht des »Hanauer Anzeigers« über die Rede des Hanauer Landrats Fritz Löser in einer Unternehmerversammlung betreffend die Zusammenarbeit bei der politischen Säubeung der Belegschaften und die bevorzugte Einstellung arbeitsloser Mitglieder der NS-Wehrverbände, 24. Juli 1933

Hanauer Anzeiger Nr. 171, 25. Juli 1933.

Die Versammlung wurde eröffnet durch Herrn Landrat Löser, der zunächst seiner Freude über den starken Besuch Ausdruck gab und dann über den Zweck der Zusammenkunft sprach. Er habe festgestellt, dass noch viele Arbeitgeber keine Ahnung hätten von dem, was heute in der Welt vorgehe. Dieser und jener nehme noch an, dass die Nationalsozialisten irgendwelche Vorspanndienste leisteten. Nationalsozialisten wollten weiter nichts, als dem Volke Arbeit und Brot verschaffen. Und dass sie dabei auf dem besten Wege wären, dafür sprächen die glänzenden Erfolge, die man schon erzielt habe. Auch in Hanau seien diese Erfolge zu verzeichnen, in einigen größeren Betrieben sei die Unterbringung von Arbeitslosen rüstig vorwärts geschritten, und das müsse auch in anderen Betrieben möglich sein. Dafür zu sorgen sei Pflicht der Arbeitgeber oder Leiter der Betriebe, und da, wo man diese Pflicht noch nicht erkannt habe, werde er dafür sorgen, dass man sich ihrer bewusst werde, wobei er eventuell auch vor Gewaltmaßnahmen nicht zurückschrecken werde, denn er lebe und arbeite nur für das Volk, dem wieder Arbeit und Brot zu verschaffen sei. Für uns, fuhr der Redner fort, gibt es keine Klassen- und Standesunterschiede, wir sind alle eins: Deutsche, nur Deutsche und sonst nichts. Deshalb auch der Kampf, den wir gegen die Juden führen, nur deshalb, weil sie keine Deutschen sind. Wenn Sie fragen, wie steht es mit den Banken und Börsen, so antworte ich, dass auch da ein Gesetz kommen wird, das Vorkommnisse der letzten Zeit ein für allemal unmöglich macht. Unsere und Ihre Aufgabe ist es, dafür zu sorgen, dass unser Volk wieder leben kann: ist das erreicht, dann leben wir automatisch mit. Unverständlich ist mir deshalb, dass es Menschen gibt, die immer wieder rückfällig werden und gegen das Volk gehen. Redner erwähnte dabei die Zeichenakademie, wo von außen versucht würde, seine Anordnungen zu durchkreuzen. Das werde aber nicht gelingen, er habe diese Anstalt von den Missständen gesäubert und er werde auch dafür sorgen, dass diese Säuberung aufrechterhalten bleibt. Er habe veranlasst, dass der berühmte Goldschmied Letré nach Hanau kommt, und dieser werde kommen. Die Maschinen hätten aus der Anstalt zu verschwinden, denn in Hanau werde die Goldschmiedkunst mit der Hand und mit dem Kopfe ausgeübt.

Auf die Einstellung von Arbeitskräften zurückkommend führte Redner nach einem nochmaligen dringenden Appell, Arbeitsplätze so viel als nur irgend möglich frei zu machen, fort: Natürlich werden wir Sie davor schützen, wenn Arbeiter irgendwie ausfällig werden. Sie werden bei uns eine Unterstützung finden, die sie im früheren System nicht hatten. Wer nicht arbeitet, bekommt keine Unterstützung, und wir werden dafür sorgen, dass er ins Arbeitshaus kommt. Anderseits muss aber auch das Verhältnis zum Arbeiter ein anderes werden. Die wahre Volksgemeinschaft zeigt sich in den Betrieben wie die Unternehmer und Leiter mit ihren Arbeitern verkehren. Ein einziges gutes Wort, eine lobende Anerkennung usw. können Wunder wirken – natürlich kann im gegebenen Moment auch der Tadel nicht unausgesprochen bleiben.

Redner behandelte dann den Fall Jakob Ullmann, Drahtwerk und Sprungfedernfabrik, dessen Inhaber ins Ausland geflüchtet sei und von dort aus versuche, über die hiesige Fabrik Geschäfte zu machen, nachdem er sich am deutschen Volke in ganz schändlicher Weise vergangen habe. Die Fabrik werde nicht geschlossen, sondern es sei ein Treuhänder eingesetzt, der den Betrieb weiter führen und dafür sorgen werde, dass wieder geordnete Verhältnisse eintreten.

Redner richtet dann die Bitte an die Anwesenden, ihm die Listen aller in den Betrieben beschäftigten Arbeiter und Arbeiterinnen zukommen zu lassen und mitzuhelfen, dass all diejenigen, die sich an der nationalsozialistischen Bewegung und damit auch an den Unternehmern vergangen hätten, vor allem die Kommunisten aus den Betrieben entfernt werden. Was wäre denn mit Ihnen geschehen, so fuhr Redner fort, wenn die Kommunisten ans Ruder gekommen wären? Wo wären Sie heute, wenn wir nicht dagewesen wären, wenn SA und SS ihre Köpfe nicht hingehalten hätten? Wir haben für Sie gekämpft und nun ist es Ihre Pflicht, mit uns zusammen für die erwerbslosen SA- und SS-Leute zu kämpfen. Es muss sich jeder zur Ehre anrechnen, wenn er einen solchen Kämpfer oder einen national denkenden Menschen einstellen kann. Noch arbeitet der Kommunismus versteckt weiter, und es liegen Anzeichen vor, dass er auch in die Betriebe wieder einzudringen versucht – aber wir werden dafür sorgen, dass ihm das nicht gelingt, und Sie müssen dabei mithelfen, indem Sie unsere Kämpfer unterbringen. Redner erwähnte dabei die am Samstag[a] beschlossenen Gesetzesmaßnahmen, die das Vorgehen gegen alle Staatsfeinde enthalten, und betonte, dass er für gründliche Durchführung dieser Maßnahmen Sorge tragen werde.

Schließlich brandmarkte Redner noch das Gebaren verschiedener Geschäftsleute, die nach der Schließung der Lebensmittelabteilung von Tietz[b] plötzlich Preiserhöhungen vorgenommen hätten. Mittlerweile sei auch hier Abhilfe geschaffen worden – man habe einen Preisüberwachungskommissar eingesetzt, und wer sich diesem nicht füge, wandert unverzüglich in den Fronhof.[c] Die Ausführungen des Redners, die den eisernen Willen, Arbeit und Brot zu schaffen, erkennen ließen, wurden mit starkem Beifall aufgenommen.

[a] 22. Juli 1933.
[a] Das Warenhaus Tietz in Hanau.
[c] Das Hanauer Polizeigefängnis.

185e Bericht des »Hanauer Anzeigers« über die Verurteilung von zwölf Hanauer Kommunisten vor dem Kasseler Oberlandesgericht wegen illegaler Betätigung, 26. August 1933

Hanauer Anzeiger Nr. 200, 28. August 1933.

Der Strafsenat des Oberlandesgerichts in Kassel verhandelte am Samstag[a] in einer achtstündigen Sitzung gegen zwölf in Untersuchungshaft befindliche Angeklagte aus Hanau, die sich wegen Vorbereitung zum Hochverrat zu verantworten haben. In erster Linie wurde den Angeklagten zur Last gelegt, dass von ihnen auch nach dem Verbot der Kommunistischen Partei versucht wurde, die Organisation wieder aufzubauen. Von den Angeklagten wurde in der Verhandlung zugegeben, dass das von den geflüchteten Führern Wilhelm Schadt und Christian Born verfolgte Ziel darin bestand, die früheren Mitglieder der KPD wieder zu sammeln und in Gruppenabenden zu schulen. Auch nach dem 30. Januar 1933 wurde die Betätigung in dem bereits vorher verbotenen Roten Frontkämpferbund fortgesetzt. Auch die Antifa spielte eine Rolle und ebenso der Rote Gewerkschaftsbund. Die einzelnen Organisationen waren getarnt unter der Bezeichnung »Roter Massenselbstschutz«. Zu der Ausbildung der illegalen Organisation gehörten auch Aufmärsche und Übungen, die teils auf dem Sportplatz Annastraße, teils im Dörnigheimer und im Niederrodenbacher Wald abgehalten wurden. Auch Instruktionsstunden wurden abgehalten, in denen der Gebrauch des Gewehres Modell 98 gelehrt wurde. Nach der Bestätigung eines Angeklagten hatte der flüchtige Schadt gedroht: »Wer etwas verrate, werde durch die Feme mit dem Tode bestraft.« Auch die Verbreitung von Druckschriften, namentlich des »Sturm« spielte eine Rolle.

Der Strafsenat des Oberlandesgerichts kam nach längerer Beratung zu folgendem Urteil:

Der Kraftfahrer Otto Lohfink, 28 Jahre, und der Sattler Franz Emmert, 35 Jahre, erhalten je 2 Jahre Zuchthaus, der Drahtzieher Jakob Schickling, 23 Jahre, 1 Jahr Zuchthaus, der Schreiner Philipp Euler, 24 Jahre, 2 Jahre Gefängnis, der Schneider Konrad Lotz, 30 Jahre, der Ziseleur Theodor Ziegler, 21 Jahre, und der Kupferschmied Johannes Born, 59 Jahre, der Vater des flüchtigen Christian Born, erhalten je 1 Jahr Gefängnis. Die Haftbefehle bleiben bestehen. Fünf weitere Angeklagte wurden mangels Beweisen freigesprochen und die gegen sie erlassenen Haftbefehle wurden aufgehoben. Bei ihnen wird zunächst von den zuständigen Polizeibehörden geprüft werden, ob es erforderlich ist, sie in Schutzhaft zu nehmen.

[a] 26. August 1933.

186 18. Juni 1933

Bericht des »Hanauer Anzeigers« über die Feierlichkeiten anlässlich des 25-jährigen Jubiläums des Bestehens des Katholischen Arbeitervereins in Großauheim und über den damit einhergehenden Bezirksdelegiertentag des Bezirks Main-Kinzig im Westdeutschen Arbeiter-Verband, 18. Juni 1933

Hanauer Anzeiger Nr. 144, 23. Juni 1933.

Am Sonntag feierte der hiesige katholische Arbeiterverein sein 25jähriges Bestehen, das verbunden war mit der Bezirksdelegiertentagung des Bezirks Main-Kinzig im Westdeutschen Arbeiter-Verband. Den Auftakt des Jubiläums bildete eine akademische Feier am Vorabend, die unter starker Beteiligung der Großauheimer Vereine in der Turnhalle vonstatten ging.

Hochwürden Herr Domkapitular Wohlgemuth als Vertreter des Hochwürden Herrn Bischofs von Fulda hielt am Sonntag früh den Festgottesdienst. In seiner Eigenschaft als Bezirkspräses und Ortspräses des Jubilarvereins hielt sodann Hochwürden Herr Pfarrer Dunkel (Großauheim) eine tiefgründige und ergreifende Festpredigt, in welcher er einen kurzen Rückblick über die Entstehung und Entwicklung des Verbandes machte und die Ziele und den Zweck der katholischen Arbeitervereine in religiöser Hinsicht klar herausstellte.

Der Großauheimer Cäcilienchor unter Leitung des Herrn Lehrer Dechert verschönerte den Festgottesdienst durch Kirchengesänge. Sodann stellte man sich an der Kirche auf und in geschlossenem Zuge ging es ohne Musik schweigend nach dem Friedhof. Dort hielt Hochwürden Herr Pfarrer Dunkel eine Ansprache über »Was sagen uns die Toten?« Im Anschluss an die Totenehrung fand dann in der Turnhalle der Bezirksdelegiertentag des Bezirks Main-Kinzig statt. Zunächst begrüßte Hochwürden Herr Pfarrer Dunkel in herzlicher Weise die Erschienen, vornehmlich die Herrn Domkapitular Wohlgemuth, Diözesanpräses Pfarrer Ruez, Reichstagsabgeordneten Letterhaus vom katholischen Westdeutschen Arbeiter-Verband, die Sekretäre Hack, Gellings und Grammig, den Vertreter der Kranken-Zuschusskasse Düsseldorf u.a.m. Hochwürden Herr Domkapitular Wohlgemuth (Fulda) hielt hierauf eine geistvolle Ansprache und übermittelte den bischöflichen Segen. Es wurde ein Ergebenheitstelegramm an den Hochwürden Herr Bischof von Fulda abgesandt.

Hochwürden Herr Diözesanpräses Pfarrer Ruez bat in seiner markanten Ansprache um weiteres treues Zusammenhalten. Es wurde dann in die Tagesordnung eingetreten. Aus den sämtlichen Berichten der Delegierten ging ein allgemeines Aufwärtsstreben hervor. Besonders ist dies von Bad Orb zu sagen. Umfangreich war die Arbeit, die man aus den Tätigkeitsberichten der Herrn Sekretäre Hack und Gellings vernehmen konnte. Reichtagsabgeordneter Letterhaus befasste sich in seiner kernigen Rede mit der Aufwärtsbewegung im Verband.

Sodann wurde zur Neu- und Ergänzungswahl des Bezirksvorstandes geschritten. Der seitherige Bezirksvorsitzende Thomas Mohr (Großauheim) trat wegen Überlastung von seinem Posten zurück. Er wurde einstimmig zum Ehrenvorsitzenden ernannt. An seine Stelle wurde Aloys Streh-Sömbarn gewählt. Hochwürden Herr Pfarrer Linz (Bad Orb) wurde stellvertretender Bezirkspräses. Neu wurde in den

Bezirksvorstand berufen Herr Barnickel (Hanau). Als Ort für die Herbst-Delegiertentagung wurde Salmünster festgelegt. Hochwürden Herr Pfarrer Dunkel erfreute mit einer begeisterten Schlussansprache.

Nach der Pause wurde um 2 Uhr musterhaft und reibungslos in der Hanauer Straße der Festzug aufgestellt. Man zählte in diesem 50 Arbeitervereinsfahnen und ca. 60 teilnehmende Arbeitervereine. Im Festwagen wurde die Arbeit in den verschiedenen Berufsgruppen und Ständen aufs beste verkörpert. Die Sturmscharen der katholischen Jungmänner-Vereine aus dem Bezirk Main-Kinzig waren fast vollständig mit Bannern und Wimpeln vertreten. Die Großauheimer Jungfrauen mit einheitlicher blauer Kleidung fielen aufs angenehmste auf. Die Straßen waren überreich geflaggt und geschmückt. Es war nicht nur ein imposanter Festzug, sondern ein ausgesprochenes Treuebekenntnis des katholischen Werkvolkes. Auf dem Festplatz hielt Herr Reichstagsabgeordneter Letterhaus eine mit starkem Beifall aufgenommene Festrede über die Sendung des katholischen Arbeiters im neuen Staat. Die Frauen der katholischen Mitglieder des hiesigen Jubilarvereins überreichten eine Plakette und einen Silberkranz. Sodann wurden 12 Jubilare (Mitglieder des Vereins) entsprechend geehrt. Volksbelustigung und Tanz bildeten den Abschluss der eindruckvoll und harmonisch verlaufenen Gesamtveranstaltung.

187 — 22. Juni 1933

Bericht des »Hanauer Anzeigers« über eine von der DAF unter dem Namen »Ortsverwaltung Hanau des DMV« veranstaltete Versammlung und über das Referat des Kreisbezirkszellenleiters Willi Greb mit dem Thema: »NSBO-Gewerkschaften sowie ihre Stellung und Bedeutung im kommenden Ständestaat«.

Hanauer Anzeiger Nr. 144, 23. Juni 1933.

Der Deutsche Metallarbeiterverband, Ortsverwaltung Hanau, veranstaltete gestern Abend im großen Saale des Gewerkschaftshauses eine öffentliche Versammlung. Nach einer kurzen Begrüßungsansprache des Ortsbeauftragten der NSBO beim DMV, des Pg. von der Osten, ergriff als Hauptreferent des Abends Kreisbetriebszellenleiter Pg. Willi Greb das Wort über das Thema: »NSBO-Gewerkschaften sowie ihre Stellung und Bedeutung im kommenden Ständestaat«. Redner wies darauf hin, dass die NSBO nicht daran denke, die Gewerkschaften als solche zu bekämpfen. Man habe nur der Führung den Kampf angesagt. Wie recht diese Einstellung gewesen sei, hätten die inzwischen abgeschlossenen Revisionen klar und deutlich erwiesen. Die von der NSBO seither gegen die Gewerkschaften gerichteten Vorwürfe seien in jeder Hinsicht gerechtfertigt gewesen. Es sei heute die wichtigste Aufgabe, den Metallarbeiterverband wieder neu aufzubauen.

Wie die Ereignisse gezeigt hätten, habe auch der Allgemeine Deutsche Gewerkschaftsbund völlig versagt. Der Grund hierfür habe darin gelegen, dass in dessen Verwaltung zu hohe Gehälter bezahlt worden wären, für welche die NSDAP ein Verständnis nicht habe aufbringen können.

Übergehend auf die Hanauer Verhältnisse bemerkte Redner, dass wohl im Allgemeinen schwere Verfehlungen sich nicht ergeben hätten. Er hob jedoch hervor, dass man in letzter Zeit das Bankkonto eines Verwaltungsbeamten (Conrad) habe sperren müssen, da jener Herr über den Nachweis der verhältnismäßig hohen Beträge, die überdies auf den Decknamen des DMV angelegt worden seien, keine befriedigenden Erklärungen habe geben können. Redner verbreitete sich dann über die Bildung der Gewerkschaften und hob deren Versagen hervor. Die Schuld hieran wurde auf die Fehler der Führer zurückgeführt, welche nicht für, sondern gegen die Arbeiterschaft gearbeitet hätten. Die Rücksichtslosigkeit, mit welcher dabei vorgegangen wurde, unterstrich der Redner ganz besonders. Die NSBO bejahe die Gewerkschaftsfrage und stehe auf dem Boden der Tarifverträge.

In diesem Zusammenhang verwies Pg. Greb auf eine soeben stattgefundene Sitzung mit dem Unternehmertum und hob hervor, welche Schwierigkeiten besonders die Lösung der Urlaubsfrage nach sich ziehe. Was den Neubau der Gewerkschaften betreffe, seien die Gehälter der Verwaltungsangestellten sehr beschnitten worden. Dieselben würden heute nicht mehr verdienen, als ein gutbezahlter Arbeiter. Mit einem Rückblick auf die früheren Verhältnisse verband der Redner eine nähere Betrachtung des Frankfurter Gewerkschaftshauses, welches hinsichtlich seines Komforts geschildert wurde. Hitlers Meisterwerk – der 1. Mai – sei durch einen Federstrich geschaffen worden und die gleiche Möglichkeit hätte die SPD im Jahr 1918 ebenfalls gehabt, wenn sie es mit der Arbeiterschaft ehrlich gemeint hätte. Redner betonte, dass die NSBO die Aufgabe habe, die deutschen Arbeiter wieder zusammenzubringen. Es sei das Verdienst Adolf Hitlers, dass die Vielheit der Verbände endlich verschwunden sei. Er ließ allerdings keinen Zweifel darüber, dass mit gewissen Kreisen des Unternehmertums noch ein schwerer Kampf auszufechten sei. Pg. Greb bezeichnete es als einen ganz gewaltigen Fortschritt, dass heute endlich die Deutsche Arbeitsfront erreicht sei, deren zwei Hauptsäulen sämtliche Arbeiter der Faust und der Stirne zusammenfassen. Die NSBO, so wurde weiter erklärt, habe mit den Gewerkschaften nichts zu tun. Während die Gewerkschaften wirtschaftliche Aufgaben zu erfüllen hätten, würde der NSBO die politische Schulung der Arbeiterschaft zufallen. Dies sei von größter Wichtigkeit, da die NSBO die späteren Führer der Gewerkschaften zu stellen habe. Schon aus diesem Grunde könne eine Auflösung der NSBO überhaupt nicht in Frage kommen.

Redner setzte sich daraufhin mit den noch vorhandenen Zweiflern auseinander und betonte, dass in Zukunft die Hauptarbeit innerhalb der Gewerkschaften ehrenamtlich zu verrichten sei. Es gereichte Pg. Greb zu besonderer Freude darauf hinzuweisen, dass der DMV die Krise gut überstanden habe; er sei der einzige Verband, der seinen alten Namen behalten habe. Redner appellierte an die Arbeiterschaft, falls solche aus der Gewerkschaft ausgetreten sei, sich wieder neu anzumelden – noch sei es Zeit! – Er kündigte bei dieser Gelegenheit an, dass aller Voraussicht nach Gesetzesmaßnahmen ergriffen würden, welche allen Arbeitern zur Pflicht mache, sich in der einen oder anderen Gewerkschaft zu organisieren. Die Ausführungen des Pg. Greb fanden lebhafte Zustimmung.

Als zweiter Redner sprach der Beauftragte der NSBO beim DMV der Bezirksleitung Frankfurt am Main, Pg. Hoost. Er gab zunächst einen Rückblick hinsichtlich der Tätigkeit der Gewerkschaften vor 1914. Die Gewerkschaften haben, nach Ansicht des Referenten, schon immer alte Kämpfer in ihren Reihen gehabt, doch hätten sich dieselben zu sehr an die SPD angelehnt. Die Aufgabe der Gewerkschaften ließe sich in der Vertretung wirtschaftlicher Belange zusammenfassen, genau wie früher die freien Gewerkschaften. Die SPD, die 1918 fest im Sattel gesessen habe, hätte bewiesen, dass sie nicht reiten könne. Die von ihr immer verkündete Parole: »Proletarier aller Länder vereinigt euch!« betrachtete Redner als Unfug, denn die SPD hätte es nicht einmal verstanden, die Proletarier innerhalb Deutschlands zu vereinigen. Das Fehlschlagen dieses Zieles begründete Pg. Hoost damit, dass die SPD in ein Abhängigkeitsverhältnis mit dem Judentum geraten sei. Es sei wohl ein großer Führerstab vorhanden gewesen, doch hätte dieser nur für sich gesorgt. Die üble Rolle des Judentums wurde näher beleuchtet und dem Dr. h.c. Severing ein besonderes Augenmerk zugewendet. Die unter Führung des Judentums stehenden Gewerkschaften hätten ihre Aufgabe nur darin erblickt, eine künstliche Unzufriedenheit zu schaffen. Es sei heute kein Geheimnis mehr, dass der Jude sogar den Betriebsrat »kaufe«. Nach Ansicht des Redners habe auch die Internationale restlos versagt.

Um der Verschwendung der Gewerkschaftskassen Einhalt zu gebieten, sei die Schaffung einer Einheitsgewerkschaft unerlässlich, denn die früheren Maßnahmen der einzelnen Verbände seien heute untragbar. Es wurde angekündigt, dass in Zukunft alle Ortsverwaltungen ausgeschaltet werden würden. Es wurde besonders darauf hingewiesen, dass alle früheren Gewerkschaftsmitglieder, soweit sie ihren Gewerkschaftsbeitrag bis Dezember 1932 bezahlt hätten, in ihre alten Rechte wieder eingesetzt würden. Das Führerprinzip ist durchaus keine Diktatur, sondern bestehe darin, dass auch der Kleinste volle Verantwortung zu tragen hätte. Die Arbeit müsse wieder ihren Ehrentitel erhalten. Sauberkeit auf der einen und Gerechtigkeit auf der anderen Seite bilden die Grundlage für ordnungsgemäßes Funktionieren der Gewerkschaften. Mit einem Appell an die Arbeiterschaft, sich wieder zu ihrer neuen Gewerkschaft zurückzufinden, beschloss Redner seine beifällig aufgenommenen Ausführungen. Anschließend wurde eine größere Zahl von Anfragen aus dem Hörerkreise beantwortet.

In einem kurzen Schlusswort behandelte Kreisbetriebszellenleiter Pg. Greb nochmals die Frage der Tarifverträge und schälte die neugebildeten Arbeitsfronten heraus.

188 — 22. Juni 1933

Bericht der »Kasseler Post« über einen Besuch im Konzentrationslager Breitenau

Kasseler Post Nr. 171, 23. Juni 1933; gezeichnet: Mtzt.

Hinter dem deutschen Volke liegt eine Zeit, die angefüllt ist mit Not und Entbehrungen jeglicher Art und, was noch viel schlimmer ist, eine Zeit, derer man nicht gedenken kann, ohne dass einem die Schamröte ins Gesicht steigt, eine Zeit, in der sich die Teile des Volkes, die deutsch dachten, verhöhnen und verspotten lassen mussten, von Menschen, denen deutsches Denken fremd geworden war, die befangen waren in dem Irrwahn der Internationale. Zwei Anschauungen standen sich gegenüber: der Marxismus und der Nationalsozialismus, die beide von deutschen Menschen getragen wurden. Dazu kam die radikalste Form des Marxismus, der Kommunismus, der den deutschen Sozialisten von ausländischen Drahtziehern eingeimpft wurde und der zu einer Verhetzung führte, wie sie ein Volk bisher wohl niemals erlebte.

Diese Zeit liegt so kurz hinter uns, dass es sich erübrigt, an Einzelheiten zu erinnern. Aber eins dürfen wir nicht vergessen: den Kampf, der von dem Marxismus geführt wurde, den roten Terror und die vielen Kämpfer, die für Deutschlands Freiheit ihr Leben ließen.

Der Staat, der eigentlich berufen war, mit allen ihm zur Verfügung stehenden Mitteln gegen die Volksverderber vorzugehen, versagte vollkommen, musste versagen, weil seine Vertreter sich in denselben Gedankengängen bewegten wie die verhetzten Teile des Volkes. So erlebten wir 14 Jahre deutscher Geschichte, die für jeden, der etwas Gefühl für Sauberkeit besitzt, eine Schmach bedeuten, bis endlich der Geist der noch deutsch Denkenden den Sieg davontrug und der Nationalsozialismus die Macht ergriff und hart zufasste bei denen, denen Deutschland nichts, die Internationale aber alles war.

Warum Konzentrationslager?

Die nationalsozialistische Revolution wird den Sieg davontragen. An dieser Tatsache kann niemand zweifeln. Die deutsche Nation lebt wieder. Das deutsche Volk hat sich fast ausnahmslos zur nationalen Idee bekannt. Aber noch leben unter uns die Funktionäre der SPD und der KPD, die noch nicht erkennen wollen, dass in Deutschland der echte deutsche Geist wieder erwacht ist, der nichts wissen will von Internationaler Verbrüderung. Noch gibt es genug Drahtzieher, die glauben, ihre Wühlarbeit fortsetzen zu können zum Schaden unseres Vaterlandes. Sie unschädlich zu machen beziehungsweise ihnen die Möglichkeit zu nehmen, ihre Idee, oder besser gesagt, ihre Lehren zu verbreiten, ist mit eine Hauptaufgabe des neuen Staates, wenn er der Gefahr einer neuen Verhetzung seiner Bürger entgehen will.

Zugleich mit der Machtergreifung versicherte man sich der Funktionäre der SPD und der KPD, die versuchten, das, was sie seither unter dem Schutz des Staates getan hatten, jetzt heimlich fortführen zu können. Diese Leute in Gefängnisse zu setzen, wäre sicherlich nicht der richtige Weg gewesen, um sie mit dem Wesen des neuen Deutschland bekannt zu machen. Man richtete deshalb Konzentrationslager ein, in denen die Häftlinge sich frei bewegen können und in denen sie, die durch langjährige Erwerbslosigkeit zu politischen Agitatoren geworden waren, irgend einer Beschäftigung nachgehen und sich durch das Zusammenleben mit den SA-Leuten und durch Vorträge und Diskussionen in die Idee des Nationalsozialismus einleben können.

Ein Teil der Häftlinge musste in den Lagern untergebracht werden, um sie vor ihren eigenen Genossen zu schützen, die den Verrat und den Betrug, die an ihnen verübt wurden, erkannt hatten.

Selbstverständlich sollen die Konzentrationslager keine Dauereinrichtungen sein. Sie haben lediglich den Zweck, die unsauberen Elemente unschädlich zu machen und sie gegebenenfalls, das muss angestrebt werden, zu Staatsbürgern zu machen, die sich in die neue Form der Volksgemeinschaft willig einreihen.

Ein Rundgang durch das Lager

Das Polizeigefängnis in Kassel war für die 10 Häftlinge, die für unseren Bezirk in Frage kamen, zu klein geworden, sodass man daran denken musste, ein Konzentrationslager einzurichten, um die Häftlinge aus den engen Zellen heraus zu holen und sie wieder in ein geregeltes Arbeitsverhältnis zu bringen. Die Wahl fiel auf Breitenau, einem kleinen Dörfchen an der Main-Weser-Bahn bei Griste/Guxhagen, in dem sich seit vielen Jahren eine Korrektionsanstalt befindet. Ein Teil der Gebäude dieser Anstalt wurde für die Zwecke des Lagers hergerichtet und zwar nahm man den Teil, der die schönsten und lustigsten Räume aufweist. Etwa 40 Funktionäre der SPD und KPD (30 aus Kassel und 10 aus den Landgemeinden) wurden hier untergebracht.

Als Wache wurde ihnen ein Polizei-Oberwachtmeister und 15 Hilfspolizisten aus der SA zugewiesen.

Auf Einladung des Polizeipräsidenten zu Kassel besichtigten gestern Vertreter der Kasseler Presse das Konzentrationslager. Um es gleich zu sagen, die Häftlinge haben es gut und haben, abgesehen von einigen belanglosen Beschwerden, die aber in einer solchen Gemeinschaft immer vorkommen, über nichts zu klagen. Für die Wachmannschaft wurden besonders zuverlässige und für diesen Dienst besonders befähigte SA-Leute ausgesucht, die sich sehr gut mit den Häftlingen verstehen. Grundsatz in der Behandlung der Häftlinge ist nicht der Drill, sondern gegenseitiges Verstehen.

Die Autorität muss selbstverständlich gewahrt werden, aber nicht dadurch, dass man zu Machtmitteln greift, sondern dass man durch eine verständnisvolle Behandlung zeigt, dass die Häftlinge auch Volksgenossen sind, wenn sie sich auch in staatsfeindlichem Sinne betätigt haben. Den Inhaftierten stehen große luftige Räume zur Verfügung, in denen sie gemeinsam mit der Wachmannschaft ihr Essen einnehmen.

In den Schlafsälen herrscht peinliche Ordnung und Sauberkeit. Die Trennung in zwei Gruppen wurde vorgenommen, um die Radikalen von denen zu trennen, die sich Mühe geben, die Idee, die zu dem Umschwung in unserem Vaterland geführt hat, zu verstehen. Jede Beschwerde wird genau geprüft und, wenn sie berechtigt ist, wird auch sofort Abhilfe geschaffen.

Eine Entlassung kann selbstverständlich nur dann in Frage kommen, wenn die zuständige Behörde die Gewissheit hat, dass sich der Betreffende nicht mehr staatsfeindlich betätigt.

Am Tage helfen die Häftlinge bei den landwirtschaftlichen Arbeiten der Anstalt. Außerdem roden sie Ödland oder helfen am Wegebau. Alle Arbeiten, die von ihnen ausgeführt werden, sind zusätzlich, so dass niemand dadurch geschädigt wird.

Zum Teil werden durch sie Arbeiten fertiggestellt, die im Freiwilligen Arbeitsdienst begonnen wurden, die aber nach der Auflösung der offenen Lager des Freiwilligen Arbeitsdienstes nicht beendigt werden konnten.

Selbstverständlich wird keinem der Häftlinge eine Arbeit zugemutet, die er aus gesundheitlichen Gründen nicht erfüllen kann. Vor der Einlieferung in das Lager, die nur durch das Polizeipräsidium zu Kassel erfolgen kann, wird jeder genau von dem Polizeiarzt untersucht.

Die Verpflegung ist reichlich und gut.

Das geht schon daraus hervor, dass die Wachmannschaft dasselbe Essen bekommt wie die Häftlinge.

Für Unterhaltung in der arbeitsfreien Zeit ist hinreichend gesorgt worden. Den Häftlingen stehen eine große Anzahl Zeitungen zur Verfügung. Besondere Veranstaltungen im Rundfunk werden durch Lautsprecher im Aufenthaltsraum übertragen. Es ist geplant, durch Vorträge mit anschließender Diskussion die Inhaftierten mit dem Wesen des Nationalsozialismus genau bekanntzumachen.

Bei dem Rundgang sah man unter den Häftlingen mach bekanntes Gesicht von Leuten, die früher einmal im Kasseler Stadtparlament eine bedeutende Rolle spielten und deren Namen mit dem folgeschweren Wirken des Marxismus in Kassel unlösbar verbunden sind. Aber es wird ihnen nichts nachgetragen, auch sie werden gut behandelt, was von ihnen auch anerkannt wird.

Ob es uns wohl auch so gut ergangen wäre, wenn nicht der Nationalsozialismus, sondern der Marxismus den endgültigen Sieg davongetragen hätte?

189 — 30. November 1933

Bericht des Oberlandjägers Meier im Landjägerposten Niederrodenbach an den Hanauer Landrat über die Protestkundgebung Oberrodenbacher Einwohner gegen die Ausweisung des Pfarrkuraten Joseph Fröhlich

Hessisches Staatsarchiv Marburg, 165-3943. Der Bericht ist vom 1. Dezember 1933 datiert.

Am 30. November 1933 fand in Oberrodenbach in der Kirche eine so genannte Schlussrosenkranzandacht statt, die gegen 20 Uhr beendet war. Nach Schluss dieser Andacht sammelten sich die Kirchenbesucher, die aus mindestens der Hälfte der Einwohnerschaft bestand, vor der Kirche und dem Pfarrhaus an, um in demonstrierender Kundgebung, die den kommunistischen der Vorjahre gleichkam, und von deren Methoden nicht abwich, um dem Kuratur Fröhlich das letzte Geleit zu seiner Abreise zu geben.

Nachdem ich die Ansammlung verbot, zogen diese vor das Pfarrhaus und stimmten dort ein wahres Geheule an, worauf ich die Aufforderung ergehen ließ, die Straße zu räumen und nach Hause zu gehen. In diesem Augenblick setzten die Pfuirufe aus allen Ecken ein, die zum Teil im Sprechchor ausklangen. Es folgten dann durcheinander die gemeinsten Schimpf- und andere Worte, die aber leider nicht verstanden werden konnten, sodass ich mich gezwungen sah, einen Schreckschuss in die Luft anzugeben, um mich überhaupt durchsetzen zu können. Hierauf verteilten sich die Teilnehmer in die vier anliegenden Straßen und Gassen und machten aber dennoch keinerlei Miene meiner ergangenen Aufforderung Folge zu leisten und die Straßen zu räumen, sodass ich mich mit dem Stützpunktleiter und zwei SA-Männern, die jetzt hinzukamen, veranlasst sah, die einzelnen Straßen zu räumen. Die Pfuirufe und Schimpfworte dauerten jedoch an, sodass ich noch zirka eine halbe Stunde brauchte, um die Straßen zu säubern.

Unter den Teilnehmern haben sich besonders die Mitglieder der Deutschen-Jugend-Kraft (DJK) sowie die Jungfrauen und der katholische Arbeiterverein mit ihren Frauen besonders gezeigt, die nicht gewillt sind, die Anordnungen der nationalsozialistischen Regierung zu befolgen, sondern hier ihre wahre Maske der marxistisch-kommunistischen Gesinnung gezeigt haben und dies mit dem Mantel der Kirche zu umhängen versuchen. Es ist deshalb zu erwägen, ob nicht die Auflösung des katholischen Arbeitervereins zu erfolgen hätte, zumal dieser Verein erst nach Abschluss des Konkordats[a] ins Leben gerufen ist und vor dem nur formhalber auf dem Papier gestanden haben soll. Desgleichen dürfte mit der DJK und dem Jungfrauenverein verfahren werden, die noch, wie jetzt festgestellt ist, kurz vor Errichtung des Stützpunktes[b] durch die Straßen gezogen sind und haben die Internationale gesungen und gepfiffen. Besonders hervorgetan haben sich durch ihr Benehmen: 1. Der Maurer Ludwig Rosenberger, Beigeordneter der Gemeinde, 2. Der Maurer Peter Herold und der Landwirt Karl Peter. Bei den Beschimpfungen und Pfuirufen sind besonders erkannt: Die Ehefrauen Maria Hein (Witwe), Helene Peter (Witwe), Anna Röll und Fräulein Maria Schaak. Es dürfte daher zu prüfen sein, ob nicht einige von diesen oder gar alle in Schutzhaft genommen werden könnten, da sonst die Ruhe und Ordnung und vor allem die nationale Aufbauarbeit in Oberrodenbach gefährdet erscheint. Was den Mauer Ludwig Rosenberger anbetrifft, so hat dieser vor längerer Zeit geäußert: »Warte nur, wenn wir dran kommen, dann wird's anders, vielleicht schon in 14 Tagen.« Gemeint hat er vermutlich, dass er der Bürgermeister würde, wo er schon lang drauf spitzt. Auffallend war, dass sich bei der Säuberungsaktion außer dem Stützpunktleiter und der SA-Männern Rosenberger und Wilhelm Adam keine von der SAR[c] und andern sehen ließen, obwohl die SAR aus diesem Grunde nicht zum Scharabend in Niederrodenbach erschienen sein sollen.

Es dürfte ferner noch zu erwähnen sein, dass am 29. November abends vier Männer, deren Namen noch ermittelt werden, mit Listen von Haus zu Haus gegangen sind und haben aufgefordert und zum Teil die Leute zwingen wollen, ihre Unterschrift zu geben, um klar zu tun, dass der Kuratus Fröhlich schon immer Nationalsozialist gewesen wäre und sie ihn als Pfarrer behalten wollten. Hieraus geht deutlich hervor, dass diese in dem alten Fahrwasser weiter fahren wollen und noch nicht gewillt sind, sich hinter die jetzige Regierung zu stellen, sondern alles mit dem Mantel der Liebe durch die Kirche verdecken wollen.

[a] Das Reichskonkordat zwischen der deutschen Regierung und dem Vatikan wurde am 20. Juli 1933 abgeschlossen.
[b] Gemeint ist der Stützpunkt der SA.
[c] SA Rodenbach.

190 Dezember 1933

Der SS-Überfall auf das Arbeiterlokal »Vohwinkel« und die Verhaftung und Misshandlung von Mitgliedern der illegalen KPD

190a Erinnerungsbericht von Karl Hörle, Mitte Dezember 1933

VVN-Bund der Antifaschisten, Kreisvereinigung Main-Kinzig (Hg.), Hanauer Hefte 2, So begann es 1933. Naziterror und erster Widerstand in Hanau Stadt und Land, o. O, o. J., S. 10. Auslassungszeichen in der Vorlage.

Am 15. oder 16. Dezember 1933, gegen 22 Uhr, befand ich mich zufällig in der Gastwirtschaft »Vohwinkel« am Paradeplatz. Plötzlich wurde die Tür des Lokals aufgerissen und es drangen eine Anzahl uniformierte SS-Leute unter dem Ruf »Hände hoch« in dasselbe ein. Die Führung hatte von Hirschfeld, ein Beamter der Geheimen Staatspolizei Kassel. Er war in SS-Führer-Uniform. Die SS-Leute waren alle mit Pistolen versehen, die sie gegen die Gäste des Lokals in Anschlag brachten. Sämtliche Gäste wurden für festgenommen erklärt und durch die SS zur Polizeidirektion Hanau gebracht. […]

Die Verhöre begannen unter der Leitung von Kreisleiter Löser, der zugleich Landrat und Polizeidirektor in Hanau war. Die über 20 Gefangenen wurden geschlagen, bis sie bewusstlos zusammenbrachen, ihre Körper mit nassen Tüchern bedeckt und ausgepeitscht. Den Kameraden Pohlmann und Schultheiß platzte das Ohr unter den

Peitschenhieben und Pohlmann erlitt eine Rückgratverletzung, die zur Verkrümmung führte. Mir selbst wurde so lange in die Herzgegend geschlagen, bis das Blut aus dem Munde lief, die Fußsolen gepeitscht und abgebrannt und die Nieren losgeschlagen. Dann ging der Transport nach Kassel, wo die Gefangenen noch tagelangen Misshandlungen ausgesetzt waren. [...]

Die Misshandlungen, die im Juni 1933 im Keller des Standartenführers Eckhardt durchgeführt wurden, sollten nach dessen Aussage ein Vorstadium zum Polizeigefängnis darstellen. In diesem Keller wurden Kameraden schon im Juni 1933 viehisch misshandelt und aufgehängt, um sie zu Geständnissen zu pressen. Der Kamerad Willi Paul ist an den Folgen dieser Misshandlungen gestorben, da man ihn an den Hoden aufgehängt hatte. Auch der Kamerad Schneider ist an den Misshandlungen gestorben. [...]

Im KZ Breitenau hat Kommandant Wiesner mich mit folgenden Worten empfangen: »Nun, da kommt ja unser Freund Hörle. Dich werden wir kirre machen im Bunker bei Wasser und Brot, bis Du verfaulst.« Mein Zustand war derart, dass täglich mit meinem Tod gerechnet werden musste.

190b Erinnerungsbericht des KPD-Stadtverordneten Wilhelm Henß, Mitte Dezember 1933

VVN-Bund der Antifaschisten, Kreisvereinigung Main-Kinzig (Hg.), Hanauer Hefte 2, So begann es 1933. Naziterror und erster Widerstand in Hanau Stadt und Land, o. O., o. J., S. 9f. Auslassungszeichen in der Vorlage.

Es war kurz vor Weihnachten 1933. Meine Frau beschäftigte sich gerade mit dem Weihnachtsputz und ich arbeitete in meiner Schusterwerkstatt. Sie nahmen mich gleich mit. Ich habe mir nur die Hände noch ein bisschen waschen dürfen. Dann ging es in die Hanauer Infanteriekaserne, wo die Gestapo saß. In der Infanteriekaserne wurde ich in einen Raum geführt, in dem sich schätzungsweise 50 Personen befanden. In einer Ecke lag stöhnend mein Genosse Karl Hörle. Man durfte sich jedoch nicht lange umdrehen. Ich erfuhr dann später, dass sie ihm die Füße wund geschlagen und in die Wunden Salz gestreut hatten. Er konnte zu diesem Zeitpunkt schon nicht mehr laufen.

Ein Nazikerl befragte mich dann: »Weswegen bist du da?« Meine Antwort: »Das weiß ich nicht«, beantwortete er mit Ohrfeigen. Dann sagte er: »In fünf Minuten komme ich wieder, dann weißt du, warum du hier bist.« Laufend gingen SS-Leute ein und aus. Offenbar war zu dieser Verhaftungsaktion die SS aus der ganzen Umgebung zusammengezogen worden.

Ich wurde dann ins Vernehmungszimmer geholt. Ich erinnere mich noch, dass dort eine Schüssel mit Wasser stand und daneben ein blutiges Handtuch lag. Dann wurde ich von den anwesenden SS-Leuten von einer Wand zur anderen geboxt. Namen wollten sie wissen. Ich fühlte mich nicht mehr als Mensch. Wären die Fenster nicht vergittert gewesen. [...] Mit welchen Instrumenten ich am ganzen Körper geschlagen worden bin, konnte ich nicht mehr registrieren. Ich habe keinerlei Namen genannt. Ich weiß nur noch, dass ich ohnmächtig wurde und zusammenbrach. Richtig zu mir gekommen bin ich erst wieder am anderen Tag in einer Art Krankenzimmer. Auf der Toilette blickte ich in den Spiegel. Ich habe mich selbst nicht erkannt.

Ein oder zwei Tage später ging es dann vom Hanauer Hauptbahnhof aus nach Kassel. Das Ziel unseres Transportes war das in der Nähe von Kassel gelegene Konzentrationslager Breitenau. Ich bin buchstäblich auf den Knien nach Breitenau gerutscht, so zerschlagen war ich am ganzen Körper. In Breitenau traf ich viele bekannte Genossen, unter anderem einige aus Langenselbold. In Breitenau erfuhren wir von anderen Mitgefangenen aus Kassel von den schweren Folterungen, die SS-Leute im Wassersporthaus an der Fulda verübten. Ich hatte mehr Glück als unser Hanauer Genosse Hörle.

191 **1933 – 1936**

Erinnerung von Gertrud Steinhauser, der Tochter des SPD-Stadtverordneten Hans Kargl, an die illegalen Aktivitäten der Sozialistischen Arbeiterjugend (SAJ)

Stadtarchiv Hanau, Sammlung Gerhard Flämig. Der Text folgt dem Abdruck in: Gerhard Flämig, Hanau im Dritten Reich, Bd. 2: (1933-1945) Verfolgung und Widerstand, Hanau 1987, S. 70f. Auslassungszeichen in der Vorlage.

Da mit der SPD auch die SAJ sowie die Arbeiterwohlfahrt verboten worden waren und die Nazis unseren letzten SAJ-Unterbezirksvorsitzenden Jean Ruth verhaftet und im Fronhof eingesperrt hatten, gab es für uns keine Möglichkeit der offenen politischen Arbeit mehr. Leider liefen damals auch ehemalige Genossen von uns zur Hitlerjugend über, andere zogen sich resignierend zurück. Die wirklich überzeugten Sozialisten aber blieben miteinander in Kontakt.

Angeleitet von dem ehemaligen SAJ-Vorsitzenden August Schanz, der für uns junge Leute so etwas wie ein Vorbild war, fanden wir uns trotz Verbot zu regelmäßigen Treffs, zunächst unter dem Deckmantel religiöser Unterweisung, in der »Freireligiösen Gemeinde Hanau« zusammen. Bei einem Steinmetz in der Nähe des Hauptfriedhofes konnten wir uns unauffällig treffen. Vor dem offiziellen Verbot der Naturfreunde trafen wir uns außerdem unter dem Vorwand, Wanderungen in die schöne Natur zu unternehmen.

Im Naturfreundehaus Günthersmühle bei Wirtheim versammelten sich an den Wochenenden immer wieder SAJ-ler, unter ihnen die Hanauer Sophie Gradenwitz, Robert und Willi Eisenstädt, wir Kargl-Kinder und andere. Bisweilen waren wir so viele, dass die Feldbetten nicht ausreichten und einige Naturfreunde im Stroh schlafen mussten. Geprägt von den sozialdemokratisch gesinnten Hanauer Lehrern Hiltwein, Schäffer und Jupp Sütter und geführt vom stellvertretenden SAJ-Vorsitzenden Gustav Löffert, diskutierten wir bis in die Nächte hinein und schmiedeten Pläne, wie wir das nazistische Verbot am besten umgehen und für unsere Ideen weiterkämpfen könnten.

Das ging so einigermaßen gut, bis in den Jahren 1935/36 eine neue Verfolgungswelle einsetzte. Die Verhaftung meines Vater Hans Kargl und anderer Hanauer Sozialdemokraten wegen »Vorbereitung zum Hochverrat«, das Verbot der Naturfreunde und aller traditionell zur Sozialdemokratie neigender Sport- und Kulturvereine machten es immer schwieriger, untereinander Kontakt zu halten.

Blieb noch die Freireligiöse Gemeinde. Doch deren damaliger Pfarrer Kaiser versuchte immer mehr, uns in Richtung auf eine »deutschgläubige« Gemeinde einzustimmen. Als Kaiser sich auch noch um den Eintritt in die SS bemühte, war das für uns das Signal, dort schnellstens auszusteigen.

Die schweren Opfer, die die Arbeiterbewegung in jenen Jahren auch in Hanau bringen musste, sollen nicht vergessen werden. Immer wieder traf man damals Gesinnungsfreunde, die einem zuflüsterten, der oder jener frühere Genosse sei verhaftet und in ein KZ eingewiesen worden. Ich denke zum Beispiel an den Sekretär der Gewerkschaft der Eisenbahner, Oskar Jetschmann, von dem man sich erzählte, er habe sich nach Misshandlungen selbst umgebracht. [...]

192 — 20. Januar 1934

Das Gesetz zur Ordnung der nationalen Arbeit und die Neufassung der Betriebsordnungen

192a Gesetz zur Ordnung der nationalen Arbeit (Auszug), 20. Januar 1934

Reichsgesetzblatt 1934, Teil I., S. 45ff.

Erster Abschnitt
Führer des Betriebes und Vertrauensrat

§ 1 Im Betriebe arbeiten der Unternehmer als Führer des Betriebes, die Angestellten und Arbeiter als Gefolgschaft gemeinsam zur Förderung der Arbeitszwecke und zum gemeinen Nutzen von Volk und Staat.

§ 2 (1) Der Führer des Betriebes entscheidet der Gefolgschaft gegenüber in allen betrieblichen Angelegenheiten, soweit sie durch dieses Gesetz geregelt werden.

(2) Er hat für das Wohl der Gefolgschaft zu sorgen. Diese hat ihm die in der Betriebsgemeinschaft begründete Treue zu halten. [...]

§ 5 (1) Dem Führer des Betriebes mit in der Regel mindestens 20 Beschäftigten treten aus der Gefolgschaft Vertrauensmänner beratend zur Seite. Sie bilden mit ihm und unter seiner Leitung den Vertrauensrat des Betriebes.

(2) Zur Gefolgschaft im Sinne der Bestimmungen über den Vertrauensrat gehören auch die Hausgewerbetreibenden, die in der Hauptsache für den gleichen Betrieb allein oder mit ihren Familienangehörigen arbeiten.

§ 6 (1) Der Vertrauensrat hat die Pflicht, das gegenseitige Vertrauen innerhalb der Betriebsgemeinschaft zu vertiefen.

(2) Der Vertrauensrat hat die Aufgabe, alle Maßnahmen zu beraten, die der Verbesserung der Arbeitsleistung, der Gestaltung und Durchführung der allgemeinen Arbeitsbedingungen, insbesondere der Betriebsordnung, der Durchführung und Verbesserung des Betriebsschutzes, der Stärkung der Verbundenheit aller Betriebsangehörigen untereinander und mit dem Betriebe und dem Wohle aller Glieder der Gemeinschaft dienen. Er hat ferner auf eine Beilegung aller Streitigkeiten innerhalb der Betriebsgemeinschaft hinzuwirken. Er ist vor der Festsetzung von Bußen auf Grund der Betriebsordnung zu hören. [...]

§ 7 (1) Die Zahl der Vertrauensmänner beträgt
in Betrieben mit 20 bis 49 Beschäftigten zwei,
in Betrieben mit 50 bis 99 Beschäftigten drei,
in Betrieben mit 100 bis 199 Beschäftigten vier,
in Betrieben mit 200 bis 399 Beschäftigten fünf.

(2) Ihre Zahl erhöht sich für je dreihundert weitere Beschäftigte um einen Vertrauensmann und beträgt höchstens zehn.

(3) In gleicher Weise sind Stellvertreter vorzusehen.

(4) Bei der Auswahl der Vertrauensmänner sind Angestellte, Arbeiter und Hausgewerbetreibende angemessen zu berücksichtigen. [...]

§ 12 Der Vertrauensrat ist nach Bedarf von dem Führer des Betriebes einzuberufen. Die Einberufung muss erfolgen, wenn die Hälfte der Vertrauensmänner es beantragt. [...]

§ 16 Gegen Entscheidungen das Führers des Betriebes über die Gestaltung der allgemeinen Arbeitsbedingungen, insbesondere der Betriebsordnung (§ 6, Abs. 2), kann die Mehrzahl des Vertrauensrates des Betriebes den Treuhänder der Arbeit unverzüglich schriftlich anrufen, wenn die Entscheidungen mit den wirtschaftlichen oder sozialen Verhältnissen des Betriebes nicht vereinbar erscheinen. Die Wirksamkeit der von dem Führer des Betriebes getroffenen Entscheidung wird durch die Anrufung nicht gehemmt. [...]

Zweiter Abschnitt
Treuhänder der Arbeit

§ 18 (1) Für größere Wirtschaftsgebiete, deren Abgrenzung der Reichsarbeitsminister im Einvernehmen mit dem Reichswirtschaftsminister und dem Reichsminister des Inneren bestimmt, werden Treuhänder der Arbeit ernannt. Sie sind Reichsbeamte und unterstehen der Dienstaufsicht des Reichsarbeitsministers. Ihren Sitz bestimmt der Reichsarbeitsminister im Einvernehmen mit dem Reichswirtschaftsminister

(2) Die Treuhänder der Arbeit sind an Richtlinien und Weisungen der Reichsregierung gebunden.

§ 19 (1) Die Treuhänder der Arbeit haben für die Erhaltung des Arbeitsfriedens zu sorgen. [...]

Dritter Abschnitt
Betriebsordnung und Tarifordnung

§ 26 In jedem Betriebe, in dem in der Regel mindestens zwanzig Angestellte und Arbeiter beschäftigt sind, ist vom Führer des Betriebes eine Betriebsordnung für die Gefolgschaft des Betriebes (§ 1) schriftlich zu erlassen. [...]

§ 36 (1) Gröbliche Verletzungen der durch die Betriebsgemeinschaft begründeten sozialen Pflichten werden als Verstöße gegen die soziale Ehre von den Ehrengerichten gesühnt. Derartige Verstöße liegen vor, wenn

1. Unternehmer, Führer des Betriebes oder sonstige Aufsichtspersonen unter Missbrauch ihrer Machtstellung im Betriebe böswillig die Arbeitskraft der Angehörigen der Gefolgschaft ausnutzen oder ihre Ehre kränken;
2. Angehörige der Gefolgschaft den Arbeitsfrieden im Betriebe durch böswillige Verletzung der Gefolgschaft gefährden, sich insbesondere als Vertrauensmänner bewusst unzulässige Eingriffe in die Betriebsführung anmaßen oder den Gemeinschaftsgeist innerhalb der Betriebsgemeinschaft fortgesetzt böswillig stören;
3. Angehörige der Betriebsgemeinschaft wiederholt leichtfertig unbegründete Beschwerden oder Anträge an den Treuhänder der Arbeit richten oder seinen schriftlichen Anordnungen hartnäckig zuwiderhandeln; [...]

192b Betriebsordnung für das von Arnimsche Eisenwerk »Marienhütte« in Großauheim (Auszug), 24. September 1934

Stadtbibliothek Hanau, Landeskundliche Abteilung.

Von dem unterzeichneten Führer des Betriebes wird nach Beratung im Vertrauensrat gemäß § 26 des Gesetzes zur Ordnung der nationalen Arbeit die nachstehende Betriebsordnung erlassen:

I. Arbeitsverhältnis.
§ 1 Im Betrieb arbeiten Führer und Gefolgschaft gemeinsam zusammen zur Förderung der Betriebszwecke und zum gemeinsamen Nutzen von Volk und Staat. Oberster Grundsatz ist, den Betrieb leistungsfähig zu erhalten und alle Betriebsangelegenheiten zunächst innerhalb des Betriebes selbst zu regeln. Bei entstehenden Meinungsverschiedenheiten ist dem Führer oder dessen Beauftragten Mitteilung zu machen und notfalls sind diese Meinungsverschiedenheiten im Vertrauensrat zu erledigen. Insbesondere soll die Anrufung des Treuhänders der Arbeit erst dann erfolgen, wenn die angestrebte Beilegung von Meinungsverschiedenheiten im Vertrauensrat nicht erreicht wurde.

Da hiernach die Betriebsgemeinschaft auf gegenseitigem Vertrauen zwischen Führer und Gefolgschaft und auf der Achtung jeder pflichtmäßigen Arbeit sowie der Ehre eines jeden Betriebsangehörigen beruht, ist für Betriebsmitglieder kein Raum zur Verhetzung, Quertreiberei, Missgunst und Neid, Nörgelei und Streitsucht, sowie zum Denunzieren und Querulieren.

II. Beginn des Arbeitsverhältnisses
§ 2 Die Einstellung und Entlassung erfolgt durch die Werksleitung oder den damit beauftragten Angestellten. Notwendige Arbeitskräfte werden grundsätzlich durch Vermittlung des Arbeitsamtes beschafft. Für die Einstellung entscheidend ist Arbeitseignung und staatsbejahende Gesinnung mit lauterem Charakter.
§ 3 Bei Einstellung hat sich jeder auf Veranlassung der Werksleitung einer ärztlichen Untersuchung zu unterziehen, die Kosten trägt die Firma. Bei Einstellung hat jeder Beschäftigte den Entlassungsschein seiner letzten Arbeitsstelle, sein Zeugnis und die vorgeschriebenen Ausweispapiere wie Steuerkarte, Angestellten- oder Invalidenversicherungskarte vorzulegen, Minderjährige außerdem ihr Arbeitsbuch und die Genehmigung des gesetzlichen Vertreters.
§ 4 Jeder Beschäftigte erhält bei seinem Eintritt einen Abdruck der im Betrieb ausgehängten Betriebsordnung. Er hat durch seine Unterschrift zu bescheinigen, dass er die Betriebsordnung in allen Teilen anerkennt.
§ 5 Erfolgt die Einstellung nur zur vorübergehenden Arbeit, d.h. zur Aushilfe oder zur Probe, so muss dies ausdrücklich schriftlich vereinbart werden. Nach Ablauf der Aushilfezeit ist das Arbeitsverhältnis erledigt; vor Ablauf der Probezeit ist möglichst eine weitere Vereinbarung zu treffen, ob die Einstellung weiterhin bestehen bleibt.

III. Kündigungsfrist
§ 6 Es liegt mir sehr daran, dass jeder Mitarbeiter zufrieden seine Arbeitsstelle aufsucht und wieder verlässt. Es soll deshalb mein größtes Bestreben sein, jedem Mitarbeiter seinen Arbeitsplatz auch zu erhalten unter der Voraussetzung, dass entsprechende Arbeit da ist und dass er sich nichts zuschulden kommen lässt.

§ 7 Die Kündigungsfrist beträgt bis zu einer ununterbrochenen Beschäftigungsdauer

von	5	Jahren	6	Tage
von	10	Jahren	10	Tage
über	10	Jahre	14	Tage

§ 8 Die Kündigungsfrist bei den Angestellten richtet sich nach den gesetzlichen Bestimmungen beziehungsweise dem Anstellungsvertrag.

IV. Fristlose Kündigung

§ 9 Die fristlose Kündigung tritt ein, wenn sich ein Mitarbeiter gegen die § 123 und 124 G.O. und 70, 71 und 72 H.G.B. vergeht. Weiterhin kann eine fristlose Kündigung ausgesprochen werden:

a) Wenn ein Mitarbeiter sich Tätlichkeiten und grobe Beleidigungen gegen Betriebsführer, Vorgesetzte oder Mitarbeiter erlaubt.
b) Bei Trunkenheit während der Arbeitszeit.
c) Bei wiederholter Nichtbeachtung der Unfall- und Feuerverhütungsvorschriften.
d) Wenn der Beschäftigte bezahlte Arbeitszeit oder betriebszugehöriges Arbeitsmaterial im eigenen wirtschaftlichen Interesse oder zum wirtschaftlichen Vorteil Dritter benutzt.
e) Bei Nichtbefolgung von Anordnungen von Vorgesetzten.
f) Bei Veruntreuung gegen das Werk oder gegen Vorgesetzte und Mitarbeiter.
g) Wenn der Beschäftigte in betrügerischer Weise unvollständige oder unrichtige Angaben über geleistete Arbeiten macht, um dadurch einen gar nicht verdienten Lohn zu erzielen.
h) Wenn bei gemeinsamer Gefahr auf dem Werke keine Hilfe geleistet wird.

§ 10 Bei seinem Austritt erhält der Beschäftigte die bei seinem Eintritt abgegebenen Papiere zurück. Auf Verlangen ist dem Arbeiter ein Arbeitszeugnis auszustellen, das auf Wunsch auf die Führung und auf die Leistungen auszudehnen ist.

§ 11 Vor seinem Austritt hat das Gefolgschaftsmitglied die ihm anvertrauten Werkzeuge und sonstigen Gegenstände in ordnungsgemäßen Zustande an die hierfür bezeichnete Stelle zurückzugeben.

§ 12 Im Falle rechtswidriger Auflösung des Arbeitsverhältnisses durch den Beschäftigten verwirkt dieser seinen rückständigen Lohn bis zum Betrage des durchschnittlichen Wochenverdienstes. (§ 134 G.O.)

V. Arbeitszeit und Urlaub

§ 13 Die regelmäßige wöchentliche Arbeitszeit beträgt 48 Stunden.

§ 14 Die regelmäßige tägliche Arbeitszeit und die Arbeitspausen sowie die Schichtarbeit der einzelnen Schichten und die Schichtpausen richten sich nach der in der Anlage beigefügten Zeittabelle. Vorrübergehende Verschiebungen der Arbeitszeiten werden rechtzeitig durch Anschlag bekanntgegeben.

§ 15 Wird aus betrieblichen oder sonstigen Gründen diese Stundenzahl nicht erreicht, dann können Ausfallstunden nachgeholt werden. Es besteht dann aber kein Anspruch auf Vergütung des Überstundenzuschlages.

§ 16 Die Arbeitszeit für die Angestellten richtet sich nach der in der Anlage beigefügten Zeittabelle.

§ 17 Die Arbeitszeit für die jugendlichen Arbeiter sowie die ihnen zustehenden Pausen werden nach den gesetzlichen Bestimmungen (§ 136 G.O.) geregelt und bekanntgegeben.

§ 18 Die Beschäftigten sind verpflichtet, die für die ungestörte Aufrechterhaltung des Betriebes notwendigen und im Rahmen der gesetzlichen Vorschriften und der Bestimmungen der Tarifordnung zulässigen Überstunden zu verrichten.
§ 19 Kurzarbeit mit entsprechender Bezahlung kann nach Beratung im Vertrauensrat nach einer Ankündigungsfrist von 3 Tagen eingeführt werden.
§ 20 Beginn und Ende der Arbeitszeit sowie der Pausen wird durch die Fabriksirene bekanntgegeben; maßgebend für die Zeit ist die Werksuhr.
§ 21 Arbeiter, die vor Schluss der Arbeitszeit aus dringenden Gründen die Fabrik verlassen wollen, erhalten von dem zuständigen Vorgesetzten einen Ausweis. Ohne diesen Ausweis, welcher der vorhandenen Kontrollstelle abzugeben ist, darf niemand die Fabrik verlassen.
§ 22 Lehrlinge, die zum Besuch der Fortbildungsschule verpflichtet sind, haben sich vor dem jedesmaligen Schulbesuch unter Angabe des Grundes ihres Wegganges bei ihren Vorgesetzten zu melden und nach Schluss des Unterrichts, sofern die Arbeitszeit noch nicht zu Ende ist, auf dem nächsten Wege zur Arbeitsstelle zurückzubegeben.
§ 23 Sorgfältige Erledigung der Arbeit bedingt pünktliches Anfangen. Jeder hat so rechtzeitig im Betrieb zu erscheinen, dass er bei Bekanntgabe des Arbeitsanfanges sofort mit der Arbeit beginnen kann.
§ 24 Eine regelmäßige jährliche Erholung dient zur Erhaltung der Arbeitskräfte eines jeden Mitarbeiters. Aus diesem Grunde sollte der Urlaub auch wirklich genommen werden.
§ 25 Hierbei mache ich es zur besonderen Pflicht, dass alle Mitarbeiter ihren Urlaub durch Aufteilung der Arbeitsgebiete so regeln, dass der Beurlaubte auch wirklich von jeder Verantwortung frei ist und dass die laufenden Arbeiten in kameradschaftlicher Weise so erledigt werden, dass das Geschäft keinen Nachteil hat und der Beurlaubte nach seiner Rückkehr keine übermäßigen Rückstände vorfindet.
§ 26 Urlaub wird nach dem bisherigen Kollektivabkommen beziehungsweise Angestelltentarif oder nach jeweiliger Regelung gewährt. Eine Übertragung des Urlaubes auf das nächste Jahr ist ausgeschlossen. Es kann bei Lehrlingen je nach Führung und Leistung der Urlaub ausgedeht werden

im	1.	Lehrjahr	bis auf	12	Tage
im	2.	Lehrjahr	bis auf	9	Tage
im	3. u. 4.	Lehrjahr	bis auf	6	Tage

Der erste Urlaub für die Lehrlinge wird nach einer Beschäftigungsdauer von 6 Monaten gewährt.
§ 27 Für die Urlaubsvergütung wird bei Akkordarbeit der durchschnittliche Arbeitsverdienst der letzten 6 Wochen gewährt, bezogen auf 48 Stunden; Zeitlohnarbeiter erhalten ihren Stundenlohn. Fernerhin ist maßgebend für die Urlaubsvergütung die Stundenzahl, die zur Zeit des Urlaubsantrittes in der betreffenden Betriebsabteilung gearbeitet wird.
§ 28 Im Falle einer fristlosen Entlassung auf Grund des HGB der Gewerbe- oder Betriebsordnung entfällt jeder Anspruch auf Urlaub.

VI. Arbeits-Entgelt
§ 29 Die Entlohnung erfolgt im Zeit-, Akkord- oder Wochenlohn oder Monatsgehalt. Sie richtet sich nach der Einzelvereinbarung bzw. nach den Tarifordnungen.
§ 30 Grundsätzlich erhält jeder Beschäftigte seine Entlohnung gemäß der vollbrachten Leistung.

§ 31 Die über die Mindestsätze hinausgehende Vergütung ist unter Einhaltung einer 14-tägigen Frist kündbar, ohne dass das Arbeitsverhältnis selbst gelöst werden muss.
§ 32 Für die Entlohnung werden folgende Gruppen gebildet:
a) Lehrlinge,
b) Ungelernte,
c) Angelernte,
d) Gelernte.
§ 33 Die in der 2. oder 3. Schicht arbeitenden Leute sind wie die Tagesschicht zu entlohnen.
§ 34 Die Akkordsätze werden so angesetzt, dass ein Arbeiter durchschnittlicher Leistungsfähigkeit unter normalen Arbeitsbedingungen 20 Prozent über den Stundenlohn seiner Berufsgruppe und Altersklasse verdienen kann.
§ 35 Die Akkorde selbst sind notfalls durch eine Akkordkommission festzusetzen, wenn mit dem betreffenden Akkordarbeiter keine Einigung erzielt werden kann. Eine Änderung der bestehenden Akkordsätze kann erfolgen, wenn die technischen Voraussetzungen für die Anfertigung geändert worden sind, bei Bestellung einer größeren Stückzahl oder bei offenbar falscher Festsetzung des Akkordes.
§ 36 Der einzelne Akkordarbeiter kann je nach seinen Leistungen einen höheren oder niedrigeren Verdienst erzielen. Die tariflichen Stundenlöhne werden nicht gewährleistet, wenn den Arbeiter an seinem Minderverdienst ein Verschulden trifft. Die Feststellung der Schuldfrage erfolgt durch die Betriebsleitung eventuell auch unter Hinzuziehung des Vertrauensrates.
§ 37 Für Akkorde, die bis zum Schlusse der Lohnwoche nicht fertiggestellt sind, wird ein Lohnabschlag im Verhältnis zu den geleisteten Arbeitsstunden gewährt.
§ 38 Bei notwendigen Betriebseinschränkungen oder Störungen können die Beschäftigten vorrübergehend mit anderen Arbeiten, als für die sie eingestellt worden sind, beschäftigt werden. In diesem Falle besteht ein Anspruch nur auf den in dieser Gruppe festgesetzten Lohn.

VII. Lohnberechnung und Lohnzahlung
§ 39 Die Lohnperiode dauert 7 Tage; sie beginnt Montag früh 6 Uhr und endigt Montag früh 6 Uhr.
§ 40 Die Auszahlung des Arbeitslohnes erfolgt in Lohntüten nach der ersten Woche am darauffolgenden Freitag. Die Abrechnung des Lohnes befindet sich in der Lohntüte.
§ 41 Einspruch gegen die Berechung des Gehaltes beziehungsweise des Lohnes muss spätestens am 1. auf die Gehalts- beziehungsweise Lohnzahlung folgenden Arbeitstag erhoben werden. Anstände wegen Nichtübereinstimmung des ausgezahlten Geldbetrages mit der Endsumme der Abrechnung sind sofort, jedenfalls vor Verlassen des Zahlungsraumes geltend zu machen.
§ 42 Die Auszahlung hat einzeln und abgeschlossen zu erfolgen, beginnend etwa 10 Minuten vor Feierabend.
§ 43 Die Auszahlung der Monatsgehälter erfolgt am letzten eines jeden Monats.
§ 44 Fällt der Zahltag auf einen Feiertag, so wird am vorhergehenden Werktag ausgezahlt.
§ 45 Bei der Gehalts- beziehungsweise Lohnzahlung werden in Abzug gebracht:
a) Die auf den Arbeiter entfallenden gesetzlichen Beiträge zur Invaliden-, Kranken- und Arbeitslosenversicherung.

b) Die nach den gesetzlichen Bestimmungen festgesetzten Steuerbeträge und Arbeitslosenhilfe.
c) Die auf den Lohn geleisteten Vorschüsse und Beihilfen.
d) Gestundete oder behördlich beschlagnahmte Beihilfen.
e) Die auf Grund der Betriebsordnung verhängten Bußen.
f) Die aus dem Betrieb im Barverkauf entnommenen Waren.
g) Beträge, die der Firma zur Begleichung einer Schadenersatzforderung aus unerlaubter Handlung zustehen.

VIII. Buße
§ 46 Wer gegen Sicherheit, Ordnung und Sauberkeit verstößt, hat keine Kameradschaft für seine Mitarbeiter.
§ 47 Nach zweimaliger Verwarnung solcher Verstöße durch die Betriebsleitung wird dann nach vorheriger Besprechung mit dem Vertrauensrat eine Bestrafung festgesetzt.
§ 48 Die Geldbußen werden im Allgemeinen bis zur halben Höhe des durchschnittlichen Tagesverdienstes verhängt. Für erhebliche Verstöße kann die Buße bis zur vollen Höhe des Tagesverdienstes erhöht werden.
§ 49 Bußgelder werden bei der nächstfälligen Lohnzahlung in Abzug gebracht und sind zum Besten der Betriebskrankenkasse zu verwenden. [...]

IX. Allgemeines [...]
§ 63 Sollte in einer gewissen Zeit eine Änderung der Betriebsordnung nötig sein, so wird dieselbe nach vorheriger Beratung im Vertrauensrat sofort vorgenommen und durch einen 14tägigen Anschlag bekanntgegeben. Eine der vornehmsten Aufgaben des Vertrauensrates soll es sein, Sorge zu tragen und zu wachen, dass das Leben und die Arbeit in unserem Betrieb sich nach dieser Betriebsordnung abspielt.
§ 64 Bewusst sind nur die wichtigsten Bestimmungen für eine gute Zusammenarbeit im Betrieb in dieser Betriebsordnung niedergelegt worden. Kameradschaft, Ehre und Gerechtigkeit sollten für jeden Mitarbeiter oberstes Prinzip sein in unserer Betriebsgemeinschaft. Außerdem muss jeder Betriebsangehörige des Werkes soviel Vertrauen und Mut haben, Beschwerden wie auch Verbesserungen an Betriebseinrichtungen der Betriebsführung sofort vorzubringen.

Großauheim, den 24. September 1934
Der Betriebsführer
des von Arnim'schen Eisenwerkes »Marienhütte«
Höfer

193 **16. Juli 1934**

Gemeinsamer Aufruf der Hitlerjugend und der DAF in Hessen und Hessen-Nassau an die Arbeitgeber, Lehrlingen großzügig Urlaub zu gewähren

Hanauer Anzeiger Nr. 163, 16. Juli 1934.

Die Jugend ist die Zukunft eines Volkes. Darum hat jedes Volk die Pflicht, alles zu tun, damit seine Jugend körperlich und geistig gesund erhalten wird. Bleibt diese Pflicht unerfüllt, dann muss das in seiner Jugend weiterlebende Volk, Naturgesetzen zufolge, im Kampf um das Dasein erliegen und zugrunde gehen.

Der Nationalsozialismus hat diese Tatsache klar erkannt und sieht es darum als seine wichtigste Aufgabe an, die Jugend zum Fundament des nationalsozialistischen Staates zu machen. Gelingt dies, dann wird der Bestand des Staates auf weite Sicht gewährleistet sein. Denn wer die Jugend hat, der hat die Zukunft.

Leider ist diese Erkenntnis noch nicht Allgemeingut des deutschen Volkes geworden. Immer noch versündigen sich einzelne Volksteile an der Zukunft unseres Volkes, indem sie der Jugend nicht den ihr gebührenden Platz einräumen und in verbrecherischer Weise deren körperliche und geistige Ausbildung hemmen. Dies trifft ganz besonders auf die Urlaubs- und Freizeitgewährung für unsere werktätige Jugend zu. Auf diesem Gebiet herrschen vielfach noch Zustände, die an die schlimmsten Erscheinungen der Zeiten liberalistischer-kapitalistischer Ausbeutung erinnern. Die werktätigen Jugendlichen haben täglich ungefähr 9 Stunden körperliche Arbeit zu verrichten. In vielen Fällen jedoch ist die Arbeitszeit der Jugendlichen noch größer. Die Freizeit und Ferienzeit ist so knapp bemessen, dass vielen Jungarbeitern und Jungarbeiterinnen gar keine Erholungsmöglichkeit geboten ist. Häufig erhält der Jungarbeiter kaum 6 Tage Urlaub im Jahr, während einem Schüler 70 Ferientage zugebilligt werden. Ja, es gibt ganze Berufsgruppen, deren jugendliche Angehörige im Jahr nur 1 oder 2 Tage, manchmal sogar überhaupt keine Ferien haben. Hier wird Raubbau an unserer Jugend, an bester Volkskraft getrieben. Das muss anders werden.

Deutscher Betriebsführer, deutscher Meister! Wir appellieren an euer Verantwortungsgefühl gegenüber Volk und Staat. Gebt euren Lehrlingen, die ja mitten in ihrer Wachstumsperiode stehen, so viel Frei- und Ferienzeit, als sie zur Förderung ihrer körperlichen und geistigen Ausbildung benötigen. Gebt ihnen mehr Urlaub! So wie die deutsche Jugend im Reichsberufswettkampf durch die Tat eine überwältigendes Bekenntnis zum Arbeitsdeutschland Adolf Hitlers abgelegt hat, so beweist nun auch ihr, dass ihr Nationalsozialisten der Tat seid!

Heil Hitler!
Führer des Gebiets 13 der Hitlerjugend
M.d.R.
gez. Kramer
Bezirksleiter der Deutschen Arbeitsfront
Bezirk Hessen-Nassau
M.d.R.
gez. Becker

194 August 1934 – September 1935

Der Lohnstopp

194a Bericht der Staatspolizeistelle Kassel über die Stimmung in der Arbeiterschaft (Auszug), August 1934

Thomas Klein (Hrsg.), Die Lageberichte der Geheimen Staatspolizei über die Provinz Hessen-Nassau 1933 – 1936, Teilband I, Köln / Wien 1986, S. 149.

In Kreisen der Arbeiterschaft herrscht mancherorts auch Missstimmung, weil sie trotz schwerer Arbeit und verhältnismäßig geringen Löhnen noch allerlei Unfreundlichkeiten der Arbeitgeber ausgesetzt sind, die die Arbeitsfreudigkeit hemmen. Die Arbeiter stehen auf dem Standpunkt, dass der Führer den besten Willen habe, der Arbeiterschaft zu helfen, dass dies aber sehr schwer sei, weil die Arbeitgeber sich nicht von den Vertretern der Arbeiterschaft in den Betrieb hineinreden lassen (Was aber nur bedingt richtig ist). Als Beispiel wird die Entlassung des Betriebszellenobmanns der Gummifabrik Dunlop AG, Friedrich Zahn, in Hanau, angeführt, der wegen einer der Direktion gegenüber getanen Äußerung: »Die Arbeiter werden auf der Dunlop schlimmer gestrietzt wie im Zuchthaus«, sofort von der Werksleitung entlassen wurde, obwohl er recht hatte. Erst nach langwierigen Verhandlungen ist er wieder eingestellt worden.

Missstimmung herrscht in der Arbeiterschaft, weil in der Frage des Doppelverdienertums und des Abbaus der hohen Gehälter noch nichts geschehen ist. Aus Hanau wird gemeldet, dass bei den Firmen Dunlop und Heraeus (Quarzlampen) noch Gehälter an Angestellte und Direktoren gezahlt werden, die die Summe von 1000.- RM weit übersteigen. Die Belegschaften dieser Betriebe sind darüber sehr erregt, da der Führer gesagt habe, dass im Dritten Reich Gehälter über 1000.- RM nicht mehr gezahlt würden, wenn gleichzeitig dieselbe Firma die Löhne herabsetzt und Entlassung vornimmt. Ob der Führer dies tatsächlich gesagt hat, ist mir nicht bekannt, fest steht aber, dass dieser Grundsatz jahrelang von den Rednern der NSDAP propagiert wurde. Man steht in Arbeiterkreisen auf dem Standpunkt, dass für diese Mehrzahlungen arbeitslose Volksgenossen eingestellt werden könnten.

194b Protokoll einer Chefbesprechung der mit der Lohnpolitik befassten Reichsministerien, des Reichskommissars für Preisüberwachung und des Stellvertreters des Führers, 2. Mai 1935

Hessisches Hauptstaatsarchiv Wiesbaden, 483/773.

Der Reichsarbeitsminister erläuterte die Notwendigkeit einer Aussprache über die künftig zu verfolgende Lohnpolitik. Er habe die Lohnpolitik bisher nach dem Grundsatz geführt, den Lohnstand des Jahres 1933 zu halten. Die Aufrechterhaltung dieses von der Reichsregierung gebilligten Grundsatzes begegne aber steigenden Schwierigkeiten, zumal nun auch von der Leitung der Deutschen Arbeitsfront die Lohnfrage aufgerollt und eine Verbesserung der Arbeitsbedingungen in Aussicht gestellt sei. Seit 1933 habe sich die wirtschaftliche Lage mancher Industriezweige günstiger gestaltet. Die Erwartung der Arbeiterschaft auf Besserung der Arbeitsbedingungen sei daher begreiflich. Er selbst müsse als Sozialminister darauf bedacht sein, die Lebensmöglichkeiten des deutschen Arbeiters der wirtschaftlichen Lage tunlichst anzupassen. Dem habe er bisher durch eine elastische Handhabung der Lohnpolitik Rechnung getragen. Gewisse Verbesserungen der Arbeitsbedingungen habe er vorgenommen, soweit sie den allgemeinen Lohnstand nicht erschütterten. Zu Beginn eines neuen Arbeitsjahres frage er nun, ob die Lohnpolitik in irgendeiner Art gelockert werden könne und je nach der wirtschaftlichen Lage einzelner Wirtschaftszweige auf Verbesserungen der Arbeitsbedingungen, z.B. hinsichtlich den Nebenleistungen (z.B. Urlaub und Kündigungsbestimmungen), tragbar seien.

Der Reichskommissar für Preisüberwachung antwortete mit einem Hinweis auf die Tatsache, dass noch über 2 Millionen Volksgenossen arbeitslos seien, und den Umstand, dass die Preise durchweg erheblich über denen des Auslandsmarktes liegen und den Export erschweren. Steigen die Löhne (einschl. aller Arbeitsbedingungen) so lassen sich nach seiner Überzeugung die Preise nicht mehr halten. Vor jeder Änderung der Arbeitsbedingungen sei daher dringend zu warnen. Lohnerhöhungen, selbst wenn sie auf wirtschaftlich günstig liegende Gewerbezweige beschränkt bleiben, seien stets Erschütterungsmomente. Sie wirkten weit über den einzelnen Gewerbezweig hinaus und erweckten Hoffnungen in anderen Zweigen, die nicht erfüllt werden könnten, zumal eine Unterrichtung der Arbeiterschaft über die derzeitigen wirtschaftlichen Notwendigkeiten und Zusammenhänge noch völlig fehle. Gehe es einigen Industrien wirtschaftlich besonders gut, so müsse dies der Allgemeinheit durch Senkung der Preise zugute kommen. Solange größere Teile der Arbeiterschaft überhaupt ohne Arbeit seien, sei es jedenfalls nicht angängig, gewissen Gruppen der in Arbeit Stehenden Sondervorteile zu verschaffen.

Der Reichswirtschaftsminister hält den Zeitpunkt für eine Aufrollung der Lohnfrage für denkbar ungeeignet. Jede Lohnerhöhung sei untragbar, da sie eine Verteuerung der Produktion bewirken müsse. Die Sicherheit der Nation erfordere die alsbaldige Vollendung der Aufrüstung, die ohne ausländische Rohstoffe nicht durchgeführt werden könne. Auf die deshalb entscheidende Devisenfrage müsse auch die Lohnpolitik eingestellt sein. Lohnerhöhungen machten alle Anstrengungen zur Hebung des Exports vergeblich und gefährdeten die Finanzierung der Aufrüstung und der Arbeitsbeschaffung. Selbst eine elastische Lohnpolitik, d.h. ein Ausgleich unter Aufrechterhaltung des allgemeinen Lohnstandes, sei bedenklich, da sie zu schwer absehbaren Rückwirkungen für das Rüstungsprogramm führe und stets die Richtung der Löhne nach oben stärke.

Auch der Reichswehrminister erhebt starke Bedenken gegen jede Veränderung der geltenden Löhne. Die Aufrüstung werde sonst ernstlich gefährdet.

Der Reichsverkehrsminister warnt dringend vor der Propagierung von Lohnerhöhungen, wie sie leider im »Angriff« vom 27. April 1935 unter Hinweis auf den Maiaufruf von Dr. Ley vorgenommen sei. Der Lohnstand in Deutschland liege über dem der anderen Länder. Jede Lohnerhöhung würde die Reichsbahn und die Reichspost sofort zu Tariferhöhungen zwingen und damit wiederum Aufbauprogramm und Aufrüstung gefährden.

Der Reichsminister des Innern und der Reichsfinanzminister befürchten gleichfalls bei einer Lohnsteigerung eine im gegenwärtigen Zeitpunkt unmögliche Erschütterung des Preisstandes.

Auch der Stellvertreter des Führers wünscht, dass an dem Grundsatz, den Lohnstand weder nach oben noch nach unten zu ändern, streng festgehalten werde.

Der Reichsminister für Ernährung und Landwirtschaft schließt sich der grundsätzlichen Auffassung des Reichswirtschaftsministers und des Reichskommissars für Preisüberwachung an.

Der Reichsarbeitsminister hält, nachdem sich alle Ressortchefs gegen jede Änderung des Lohnstandes (einschl. der sonstigen Arbeitsbedingungen) ausgesprochen haben, zum mindesten eine gewisse Elastizität bei der amtlichen Lohnregelung für geboten. Er müsse die Möglichkeit haben, im Rahmen des allgemeinen Lohnniveaus auszugleichen, offensichtlich zurückgebliebene Löhne auf einen angemessenen Stand zu bringen und auch im Interesse der weiteren Arbeitsbeschaffung überspitzte Löhne vorsichtig abzubauen, unter der Vorraussetzung, dass stets den Erfordernissen der Aufrüstung und des Exportes Genüge getan würde.

In der Aussprache darüber, in der sich der Stellvertreter des Führers und der Reichskommissar für Preisüberwachung für ein ganz starres Festhalten an den z. Zt. geltenden Lohnsätzen einsetzten, wurde übereinstimmend dahin erzielt, dass der bisherige Lohnstand mit der größtmöglichen Starrheit aufrecht erhalten werden müsse. Den Erfordernissen der Preisgestaltung, der Aufrüstung und des Exports müsse alles andere untergeordnet werden. Die nur an zentraler Stelle zu treffende Entscheidung solle jeweils im Benehmen mit den wirtschaftlichen Ressorts und dem Reichskommissar für Preisüberwachung gefällt werden.

194c Vertrauliches Sonderrundschreiben des Amtes für Arbeitspolitik in der DAF an die Reichsbetriebsgemeinschaftsleiter und Gauwalter, in dem die offizielle Lohnpolitik und die Handhabung lohnpolitischer Änderungsanträge dargestellt wird, 9. Juli 1935

Hessisches Hauptstaatsarchiv Wiesbaden, 483/773. Anweisung für die postalische Versendung: Einschreiben! Persönlich!

Anliegend übersende ich Ihnen Abdruck einer auszugsweisen Niederschrift über eine Besprechung, die zwischen allen mit der Lohnpolitik befassten Reichsministerien stattgefunden hat. Aus ihr sind die zurzeit für die Gestaltung der Löhne maßgebenden Gesichtspunke ersichtlich. Ich fasse den Inhalt der Besprechung und den vom Führer und Reichskanzler gebilligten Standpunkt der Reichsregierung wie folgt zusammen:

»Der derzeitige Lohnstand ist allgemein bis auf weiteres unverändert zu lassen. Dies gilt insbesondere für die amtliche Lohnregelung durch Tarifordnung.«

Von dieser vom Führer gebilligten Entscheidung haben alle Dienststellen der Deutschen Arbeitsfront im Augenblicke auszugehen und nach ihr für die nächste Zeit zu handeln. Die Leiter der Reichsbetriebsgemeinschaften und die Gauwalter haben dafür Sorge zu tragen, dass nach diesen Richtlinien unbedingt bis auf weiteres verfahren wird. Um die Arbeit nicht zu erschweren, müssen auch Äußerungen und Versprechungen unterlassen werden, die in der nächsten Zeit eine Verbesserung der Arbeitsbedingungen in Aussicht stellen könnten.

Für die Arbeit der Dienststellen ergibt sich im Einzelnen Folgendes:

Die obengenannten Grundsätze gelten vor allem für den Erlass von Tarifordnungen. Es muss im Augenblick verhindert werden, mit Forderungen zu kommen, die eine Verbesserung des Lohnstandes herbeiführen wollen. Alle Anträge auf Erlass neuer Tarifordnungen, auf Abänderung bestehender Tarifordnungen oder als Tarifordnungen weitergeltender Tarifverträge sind daher nach den obengenannten Richtlinien zu überprüfen, bevor sie an den örtlichen Treuhänder der Arbeit eingereicht werden. Als Verbesserung ist jede, auch unwesentliche, sich in Erhöhung der Lohnaufwendungen auswirkende Veränderung der Arbeitsbedingungen anzusehen. Darunter fällt auch eine Verbesserung der Nebenleistungen, wie Erhöhung von Deputaten, Mehrgewährung von Urlaub, Verbesserung der Kündigungsbestimmungen usw.

Die Gauwalter haben dafür Sorge zu tragen, dass jede Eingabe der ihnen unterstellten Dienststellen, die an den örtlichen Treuhänder gerichtet ist, ihnen vorher zur Genehmigung vorgelegt wird. Die Weitergabe an den Treuhänder darf nur erfolgen, wenn der Antrag nicht den in diesem Rundschreiben zum Ausdruck gebrachten Gesichtspunkten widerspricht.

Bei Eingaben, die tarifrechtliche über den Bezirk des örtlichen Treuhänders der Arbeit hinausreichende Anträge enthalten, insbesondere also Reichstarife betreffen, gilt Folgendes: Die Eingaben sind nach wie vor auf Grund der bisherigen Anordnungen stets über das Zentralbüro (Amt für Arbeitspolitik) zu leiten. Der Leiter der Reichsbetriebsgemeinschaft oder der Gauwalter hat dafür Sorge zu tragen, dass der Antrag eine genaue Sachdarstellung und eine ausführliche Begründung, insbesondere über die zwingende Notwendigkeit der beabsichtigten Änderung, enthält. In dem Begleitschreiben ist ferner ausdrücklich zu vermerken, dass der Antrag vom Reichsbetriebsgemeinschaftsleiter oder Gauwalter nach den Gesichtspunkten dieses Rundschreibens geprüft ist, und dass die Notwendigkeit und Dringlichkeit der beabsichtigten Maßnahme auch vom örtlichen Treuhänder der Arbeit oder von dem zuständigen Sondertreuhänder der Arbeit anerkannt wird. Nur wenn die genannten Voraussetzungen zutreffen und genügend belegt sind, besteht die Möglichkeit, dass ich den Antrag mit Aussicht auf Erfolg dem Sondertreuhänder oder dem Reichsarbeitsministerium weiterreiche.

In gleicher Weise haben die Leiter der Reichsbetriebsgemeinschaften bei Einreichung etwaiger Anträge auf Bestellung von Sondertreuhändern an mich zu verfahren.

Nach Vorstehendem wird eine Änderung des Lohnstandes auf dem Wege der Tarifordnungen im Allgemeinen einstweilen nicht möglich sein. Das besagt aber nicht, dass auf dem Gebiete der Lohnpolitik ein völliger Stillstand eingetreten ist. Die Dienststellen der Deutschen Arbeitsfront werden sich bei der durch die Devisen- und Rohstoffbeschaffung bedingten Wirtschaftslage darauf beschränken müssen, in geeigneten Fällen auf eine innerbetriebliche Regelung hinzuwirken, um einzelne Härten zu beseitigen oder Ausgleichungen vorzunehmen. Solche Verbesserungen im Einzelfall haben mit einer allgemeinen Änderung des Lohnstandes nichts zu tun, sind also zulässig. Auch bei diesen innerbetrieblichen Regelungen sind nicht allein die Verhältnisse des Einzelbetriebes maßgebend, sondern stets ist auch die Auswirkung der Einzelmaßnahme auf die Allgemeinheit zu berücksichtigen. Selbstverständlich wird sich die Tätigkeit der Dienststellen hierbei hauptsächlich auf Empfehlungen und Anregungen erstrecken. Jeglicher irgendwie gearteter Zwang dagegen ist unbedingt zu vermeiden. Vielfach wird es ausreichen, dafür Sorge zu tragen, dass die bestehenden Tarifordnungen eingehalten werden und dass auf diese Weise dem einzelnen Gefolgschaftsmitglied das gegeben wird, was ihm nach der Tarifordnung zusteht. Sollten sich hierbei Schwierigkeiten ergeben oder Streitigkeiten entstehen, dann ist alsbald eine Entscheidung des örtlichen Treuhänders der Arbeit herbeizuführen.

Auch bei Presseveröffentlichungen ist den dargelegten Grundsätzen besondere Beachtung zu schenken. Die Gestaltung der Arbeitsbedingungen kann im Einzelnen verschieden sein. Die Lebensverhältnisse im Ostpreußen liegen anders als die in Berlin oder im Rheinland oder in Bayern. Die unterschiedliche Behandlung einzelner Fragen, z. B. des Urlaubs oder des Lohnes ist oftmals geboten, um die Lebensbedingungen auf einen annähernd gleichen Nenner zu bringen. Es ist also verfehlt, unter Berufung auf die Sonderregelung eines Treuhänders der Arbeit z. B. für Urlaub nunmehr die gleiche Regelung auch in einem anderen Wirtschaftsgebiete unter oft gänzlich anderen Verhältnissen zu verlangen. Ein solches Verlangen ist zumeist geeignet, Unruhe in die Wirtschaft zu bringen oder Unzufriedenheit bei den Gefolgschaften zu schaffen, wenn die Wünsche nicht erfüllt werden können. Ein solches unerfreuliches und bedenkliches Ergebnis wird leider bisweilen gefördert durch zwar gut gemeinte, aber unzweckmäßige Veröffentlichungen in der Presse. Bei der augenblicklichen Zwangslage können Veröffentlichungen über einen im Rahmen des Ganzen belanglosen Einzelfall lediglich Unzufriedenheit stiften. Ich verweise bei dieser Gelegenheit nochmals auf das vertrauliche Sonderrundschreiben Nr. 6 vom 23. Februar 1935. Die Anordnung ist in einzelnen Fällen nicht befolgt worden.

Bei der heutigen wirtschaftliche Lage muss vielmehr das Verständnis dafür geweckt werden, dass im Augenblick eine gewisse Zurückhaltung in den Fragen der Lohnpolitik unerlässlich ist, und dass die Weiterentwicklung der Lohngestaltung den leitenden Dienststellen überlassen werden muss. Ich weise daraufhin, dass trotz der Unzulänglichkeit der Lebensbedingungen auf verschiedenen Teilgebieten im Augenblick wichtige Lebensfragen der Allgemeinheit und des deutschen Volkes der Lohnpolitik vorangehen müssen. Aufgabe der leitenden Stellen und ihrer Mitarbeiter ist es jetzt, Unterlagen zu sammeln, um später systematisch und folgerichtig die Probleme der Lohnpolitik unter dem Gesichtspunkt der Lebensnotwendigkeiten anpacken zu können.

Ich mache zum Schluss auf die Vertraulichkeit dieses Rundschreibens aufmerksam. Die Anlage (Mitteilung des Reichsarbeitsministeriums) darf weder vervielfältigt noch untergeordneten Dienststellen überlassen werden. Die Gauwalter und Reichsbetriebsgemeinschaftsleiter bitte ich ihre Mitarbeiter (Sozialwalter, Fachgruppenwalter usw.) mündlich zu unterrichten und auf strengste Einhaltung der Anordnung hinzuwirken.

Heil Hitler! (Unterschrift)

194d Bericht der Staatspolizeistelle Kassel über die Preisgestaltung und die Lohnfrage, September 1935

Thomas Klein (Hrsg.), Die Lageberichte der Geheimen Staatspolizei über die Provinz Hessen-Nassau 1933 – 1936, Teilband I, Köln / Wien 1986, S. 322. Gezeichnet: v. Pfeffer.

Die wichtigste wirtschaftliche und sozialpolitische Frage ist die Preisgestaltung und die Lohnfrage. Die Lebensmittelknappheit, insbesondere von Fleisch und Butter, ruft starke Beunruhigung unter der Bevölkerung hervor. Trotz aller gesetzlicher Maßnahmen und Höchstpreise ist die Tendenz des Steigens der Lebensmittelpreise überall deutlich feststellbar. Die Haushaltungskosten steigen von Monat zu Monat, zumal auch zahlreiche andere Haushaltungsgegenstände, wenn auch kaum merklich, eine Verteuerung erfahren. Die Löhne müssen und sind nach wie vor stabil geblieben; die Kosten für den Lebensunterhalt haben in diesem Jahr jedoch nach vorsichtiger Schätzung eine Steigerung von 20 bis 25 Prozent zu verzeichnen. Hier liegt die größte Gefahr für den Staat, insbesondere, wo der Winter vor der Türe steht und mit der Entlassung zahlreicher Saisonarbeiter in Bälde zu rechnen ist. Es muss eine weitere Verbilligung erzwungen, zu mindestens aber ein weiteres Steigen jeglicher Preise verhindert werden. Von dieser Frage allein ist die Stimmung in der Bevölkerung abhängig, auf sie bauen die Staatsfeinde, in erster Linie die Juden und Kommunisten. Diese einfache Tatsache haben zahlreiche Berufsvertreter, ja sogar Beamten und führende Pg. noch nicht begriffen. Auch die Liebe zur Partei und zum Staate geht bei der breiten Masse durch den Magen!

195 September – Dezember 1934

Das Ringen um die antifaschistische Aktionseinheit

195a Gemeinsamer Aufruf der KPD-Bezirksleitung Hessen-Frankfurt und der SPD-Bezirksleitung Hessen-Nassau zur antifaschistischen Aktionseinheit (Auszug), 5. September 1934

Bundesarchiv Berlin, SAPMO, Ry-I 3/23/48, Bl. 36f. Ergänzt nach der Vorlage in der Geschichte der deutschen Arbeiterbewegung, Bd. 5, Berlin 1966, S. 465ff. Auslassung in der Vorlage.

Werktätige in Stadt und Land! Sozialdemokratische und kommunistische Arbeiter!
Gewerkschaftler!

Terror und Hunger wüten über Hitlerdeutschland. Anderthalb Jahre faschistischer Diktatur brachten unerhörten Lohnraub, Raub der Erwerbslosenunterstützung, Versklavung der werktätigen Jugend durch Arbeitsdienst und Landhilfe, Preissteigerung und beginnende Inflation! Anderthalb Jahre Hitlerregierung brachten den Ruin der werktätigen Bauern durch Ablieferungszwang ihrer Produkte und die Enterbung der Bauernsöhne durch das Erbhofgesetz. Die Not der kleinen Gewerbetreibenden ist trotz aller Versprechungen der Nazis noch größer geworden. ...

Hitler führt Deutschland in die Katastrophe, wenn nicht die geeinte Arbeiterklasse im Bündnis mit allen Werktätigen seinem verbrecherischen Treiben ein Ende bereitet.

Einheitliche antifaschistische Aktion ist deshalb das Gebot der Stunde!

Schon stehen überall sozialdemokratische und kommunistische Arbeiter Schulter an Schulter im Kampf. Schon bilden sich überall, besonders in den Betrieben, antifaschistische Einheitsorgane zur Führung des Kampfes. Die sich immer stärker herausbildende und immer mutiger und siegesbewusster auftretende Einheitsfront der Arbeiterklasse beginnt bereits auf die bisher irregeleiteten Werktätigen aller Bevölkerungsschichten tiefen Eindruck auszuüben.

Im dem ehrlichen Bestreben, diesen Willen der Massen zur kämpfenden Einheitsfront über alles bisher uns trennende hinweg zur unüberwindlichen Front des antifaschistischen Kampfes bis zum Sturz des Faschismus zu steigern, haben die illegalen Bezirksleitungen der Sozialdemokratischen und Kommunistischen Partei in gemeinsamer Beratung beschlossen, sich zu einer Aktionseinheit zusammenzuschließen mit dem Ziel, den tagtäglichen Kampf aller Ausgebeuteten um Lohn und Brot zu breiten Massenkämpfen gegen den Faschismus und die hinter ihm stehende profitgierige Ausbeuterklasse bis zu ihrer Vernichtung durch die proletarische Revolution zu steigern, um dann durch die Diktatur der Arbeiterklasse im Bündnis mit allen Werktätigen den wirklichen Sozialismus aufzubauen.

Wir rufen daher alle Arbeiter und alle Werktätigen auf zur größten Steigerung unseres gemeinsamen Kampfes um die Verteidigung unserer Lebenslage, zur Steigerung des einheitlichen Massenwiderstandes gegen den faschistischen Terror und zur Vervielfältigung des Kampfes um die Befreiung aller in den Zuchthäusern und Konzentrationslagern schmachtenden Antifaschisten, insbesondere Thälmanns, Klüß', Torglers, Mierendorffs, Ossietzkys usw.

In der Erkenntnis, dass zur Führung dieses Kampfes breite Einheitsorganisationen erforderlich sind, erblicken wir Bezirksleitungen der Kommunistischen und Sozialdemokratischen Partei die erste und wichtigste Aufgabe unserer Aktionseinheit in dem Wiederaufbau der freien Gewerkschaften auf der Grundlage des proletarischen Klassenkampfes.

Wir fordern euch Sozialdemokraten und Kommunisten auf, unverzüglich in allen Betrieben gemeinsam illegale Gewerkschaftskomitees aus den erfahrensten und zuverlässigsten Kollegen und Kolleginnen zu bilden, welche durch illegale Vertrauensleuten mit den einzelnen Abteilungen des Betriebes in Verbindung treten und Abteilungsgruppen der Gewerkschaft aufbauen. Diese Abteilungsgruppen machen es sich zur Aufgabe, die Mobilisierung aller Belegschaftsmitglieder zur Steigerung des Massenwiderstandes für betriebliche Forderungen und zu Massenkämpfen und Streiks vorzunehmen.

Um dem faschistischen Terror Einhalt zu bieten und auch die Wehrhaftigkeit unserer Klasse zu steigern, rufen wir euch ferner auf, in allen Orten und Wohnblocks den gemeinsamen Aufbau eines illegalen antifaschistischen Massenselbstschutzes vorzunehmen, welcher sich u.a. auch zur Aufgabe stellt, in faschistischen Organisationen, wie SA, SS, HJ usw., die unzufriedenen Elemente zu erfassen und für unseren antifaschistischen Kampf zu gewinnen.

Darüber hinaus schließt euch überall zu Einheitskomitees zur Befreiung aller eingekerkerten Antifaschisten zusammen. Schafft in den Landgebieten einheitliche Bauernkomitees zur Verteidigung der Lebenslage der Landbevölkerung. Schafft an allen Stempelstellen Erwerbslosenkomitees! Schafft einheitliche Jugend- und Frauenkomitees zum Kampf gegen Arbeitsdienst, Landhilfe und Militarisierung beziehungsweise gegen den Hinauswurf der Frauen aus dem Produktionsprozess und für Gleichstellung der Frauenlöhne mit denen der Männer.

Die Bezirksleitungen der Kommunistischen und Sozialdemokratischen Partei erklären, dass sie jeden Saboteur dieser Einheitsaktion als Feind der Arbeiterklasse betrachten und dass sie über diese Aktionseinheit hinaus eine restlose Klärung aller Meinungsverschiedenheiten und die Schaffung der einen revolutionären Partei der Arbeiterklasse anstreben.

Antifaschisten in Stadt und Land! Sozialdemokraten und Kommunisten!

Je schneller wir diese unsere Aktionseinheit in allen Betrieben, Stempelstellen und Orten zur höchsten Entfaltung bringen, je schneller wir uns im gemeinsamen Kampfe zusammenfinden, desto schneller werden wir Hitler und die kapitalistische Ausbeuterklasse zum Teufel jagen.

Es lebe die kämpfende Einheitsfront aller Werktätigen! Es lebe der Sozialismus!

195b Bericht im illegal vertriebenen »Gewerkschaftler«, in dem die Gemeinsamkeit des Aufrufs der Arbeiterparteien im KPD-Bezirk Hessen-Frankfurt bezweifelt wird, Mitte Dezember 1934

Bundesarchiv, Zwischenarchiv Dahlwitz-Hoppegarten, SAPMO, ZC-10621, Der Gewerkschaftler. Zentrales Organ für die Gewerkschaften im Bezirk Süd-West-Deutschland, Mitte Dezember 1934, Bl. 101f.

Wie ist der Stand der Aktionseinheit im Bezirk Hessen-Frankfurt?
Auch in unserem Bezirk mit seinen Riesenbetrieben wie Opel, IG-Großbetrieben, der Industrie des Verkehrs, Banken und Warenhäusern mit Tausenden und Abertausenden Beschäftigten, mit seinem früheren starken sozialdemokratischen und freigewerkschaftlichen Einfluss zeigten und zeigen sich gute Ansätze zur weiteren Herstellung und Festigung der Aktionseinheit. Bereits vor Monaten wurde ein gemeinsames Abkommen zur Schaffung der Aktionseinheit zwischen der BL der KPD und der Leitung der SPD im Bezirk getroffen und durch einen gemeinsamen Aufruf die bestehenden sozialdemokratischen Gruppen und unsere Bezirksparteiorganisation zum gemeinsamen Kampf gegen den Faschismus aufgerufen. Im Vordergrund zwecks Schaffung der Aktionseinheit stand der gemeinsame Aufbau der Gewerkschaftsgruppen in den Betrieben.

Welche Auswirkungen zeitigte der gemeinsame Aufruf? Festgestellt muss werden, dass die Bezirksparteiorganisation auf diesen »Schritt« nur schwach eingestellt war. Ja, auf Grund der nicht genügend vorausgegangenen Information gab es einen nicht kleinen Teil der Funktionäre und Mitglieder, die diesen gemeinsamen Aufruf nicht akzeptierten. Besonders aber deshalb nicht akzeptierten, weil berechtigte Zweifel wegen der Unterschrift Sozialdemokratische Partei Deutschlands, Bezirksleitung Hessen-Frankfurt, auftauchten. Eine Anzahl unserer Freunde vertrat sogar den Standpunkt, dass durch diese Erklärung und Unterschrift die SPD-Arbeiter überhaupt erst erfahren hätten, dass noch eine SP[a] in Deutschland und im Bezirk bestände und nun Gelegenheit bekämen, Anschluss an die SP zu suchen.

Erst nach gründlicher Diskussion wurden diese Auffassungen beseitigt. Der im Aufruf stark hervortretende politische Fehler von der »gemeinsamen Schaffung einer revolutionären Partei« wurde von der Parteiorganisation zurückgewiesen.

Wie nahmen die sozialdemokratischen Arbeiter und hier und dort bestehende Gruppen den Aufruf zum gemeinsamen Kampf auf? Mit wenigen Ausnahmen begrüßten sie diesen Schritt und warteten, dass unsere Freunde an sie herantreten würden, um konkrete Kampfvorschläge bezugnehmend auf den jeweiligen Betrieb und Ort vorzuschlagen. Und da unsere Leitungen und Einheiten nur zögernd dem Aufrufe folgten, kam es bis jetzt nur in vereinzelten Fällen zur Verbreiterung der Kampffront, zum Aufbau der Gewerkschaftsgruppen in den Betrieben, als die wichtigste Förderung zwecks Schaffung der Aktionseinheit!

[a] Gemeint ist die SPD.

196 Oktober 1934 – Mai 1935

Die Zerschlagung der illegalen Organisation der KPD und der Prozess gegen 88 Antifaschisten

196a Erinnerungsbericht des Gruppenleiters der illegalen KPD in Steinheim, Franz Katzmann,[a] über die Zusammenarbeit mit dem Unterbezirksleiter Philipp Jörg, seine Verhaftung und Vernehmung sowie den Abtransport aus Hanau (Auszug), 1934 – Februar 1935

Archiv Rudolf Schneider.

1934 war die KPD zwar verboten, bestand aber illegal weiter. Nachdem die meisten schon vorher verhaftet und wieder freigelassen worden waren, hatte ich die Leitung der Steinheimer Gruppe. Ich hatte die Leitung bis zu meiner Heirat inne,[b] gab sie dann ab und wurde nach meinem Umzug der Hanauer Gruppe zugeteilt.

In der Zeit, in der ich Leiter in Steinheim war, gab es dort einen Geschäftsmann, der Scheiben für die Diamantschleifer drehte. Unter seinen Kunden war auch Philipp Jörg, der Hauptangeklagte im sogenannten »88er-Prozess«. Jörg hatte die Leitung des Unterbezirks der illegalen KPD mit Sitz in Klein-Auheim. Immer wenn er illegale Zeitschriften oder Flugblätter für mich hatte, ließ er mir über diesen Geschäftsmann ausrichten, dass ich zu ihm kommen sollte. Diese Zeitschriften waren unter anderem kleine getarnte Broschüren, so z. B. das Heft »Gänsezucht«, in dem auf der ersten Seite über Gänsezucht berichtet wurde und aber dann die folgenden Seiten Berichte über die illegale Arbeit der KPD lieferten. So z. B., wenn man vor der Gestapo flüchten musste, wie man am besten ins Saarland und von da weiter in die Sowjetunion kam. Als ich dieses Heft einmal bekam, war diese Seite aber schon herausgerissen. Philipp Jörg sagte mir dazu: »Ich habe diese Seite herausgerissen. Es soll keiner ausrücken, die sollen hier ihren Kampf führen.«

Zu Philipp Jörg kam ich, indem ich die Scheiben für die Diamantschleifer zu ihm nach Klein-Auheim brachte. Dort bekam ich dann auch das Material von ihm. Das letzte Mal waren es etwa 10–11 Zeitungen. Ich wurde am 7. Februar 1935 verhaftet. [...]

Ich wurde in Hanau in den Fronhof gebracht und zu den Vernehmungen in die damalige Infanteriekaserne am Freiheitsplatz (heute ist dort das Finanzamt) gebracht. Die Vernehmung wurde von Kriminalbeamten durchgeführt und dauerte stundenlang. Ich tat so, als ob ich von nichts wüsste, und bekam von ihnen die Sache mit den illegalen Druckschriften vorgehalten. Später holte einer der Beamten Fritz Gersin. Gersin war Funktionär und Mitglied der illegalen KPD, er war als Kurier für Klein-Auheim eingesetzt. Auch er war verhaftet worden. Er sagte aus, dass er mir sieben Flugblätter gebracht habe. Ich fragte ihn, ob das ein Päckchen gewesen sei, er bejahte dies und ich antwortete:

»Das Päckchen, das habe ich verbrannt. Ich weiß ja gar nicht, was da drin war. Ich hab's gleich ins Feuer gesteckt und überhaupt nicht nachgeguckt.«

Meine Frau und mein Schwager waren dabei, als Gersin mir das Päckchen brachte. Da ich nicht wusste, was sie ausgesagt hatten, musste ich den Erhalt des Päckchens zugeben. Gersin übergab mir das Päckchen im Schlafzimmer. Bis ich dort Licht gemacht hatte, war er schon längst wieder verschwunden. Außerdem hatte er die Losung nicht dabei. Ich hatte ein Zigarettenbild von Adolf Hitler in der Mitte geteilt und die eine Hälfte Friedrich Eichert, dem damaligen Stadtleiter der KPD in Hanau, gegeben. Ich sagte ihm, er solle demjenigen, der zu mir käme, die Bildhälfte mitgeben, damit er sie mir vorlegen könne. Und gerade das konnte Gersin nicht. Zwar sagte er mir, dass er die Hälfte bekommen habe, sie jetzt aber nicht mehr hätte. Ich war darüber ziemlich erregt, weil er sich nicht an den abgemachten Weg gehalten hatte. Denn es war damals ja schon ziemlich gefährlich. Das alles aber sagte ich der Polizei nicht, sondern blieb bei meiner Behauptung, dass ich das Päckchen ohne es zu lesen gleich verbrannt hätte.

Am dritten Tag platzte mir dann bei den andauernden Vernehmungen der Kragen. Während eines Kreuzverhörs schrie ich die Kriminalbeamten dann an: »Jetzt hören Sie doch endlich auf und drehen Sie mir nicht dauernd die Worte im Mund herum!«

Daraufhin wurden die Vernehmungen abgebrochen, ich wurde zurück in den Fronhof gebracht und kam nicht mehr in die Kaserne. Wahrscheinlich haben sie bemerkt, dass ich bei dem von mir Gesagten bleibe, und nicht umfallen würde.

Vom Fronhof aus kam ich dann in den Fischerhüttenweg, dort war das Gefängnis. Hier war ich in einer mit zwei Personen belegten Einmannzelle untergebracht und musste auf dem Fußboden schlafen. Auch die Verpflegung war sehr schlecht. Nur abends brachte der Wärter mir etwas Suppe und ein bisschen Brot. Im Gefängnis musste ich wieder zur Vernehmung. Ich bekam die von mir ausgesagten Protokolle vorgelesen, wurde gefragt, ob sie stimmten, bejahte dies und musste sie dann unterschreiben. Ich wurde gefragt, ob ich Nationalsozialist sei? »Ja, selbstverständlich, das sind wir heute alle!« »Sind Sie in der Partei ?« »Nein!« »SA ?« »Nein!« »SS ?« »Nein!« »Arbeitsfront ?« »Nein!« »Dann sind Sie auch kein Nationalsozialist.« Na, dann war ich halt keiner und es wurde im Protokoll vermerkt. Ich dachte bei mir, wenn das allein dasteht, bricht es Dir das Genick. Ich bestand daher darauf, dass sie noch vermerkten, dass ich in meinem Verein, dem Odenwaldklub »Edelweiß« beim Aufbau mitgeholfen habe.

Von Hanau aus wurden wir dann mit der Eisenbahn nach Kassel gebracht. Hier sollte der Prozess[c] stattfinden. Wir wurden in Wagen, ähnlich Viehwagen, gesteckt. Es waren aber Abteile drin, wie in einem Personenwagen. In jedem waren einige Leute, ein paar von ihnen kannte ich.

In Hanau standen auf dem Transport vom Fronhof zum Bahnhof überall viele Menschen auf den Straßen herum. Die Straße war von Polizei abgesperrt, die den tobenden Frauen mit Gummiknüppeln drohte. Plötzlich rief einer der Polizisten: »Hört auf, oder ich sperr euch auch dazu!« Eine Frau schrie zurück: »Nehmt uns doch mit, dann sind wir wenigstens bei unseren Männern.« Da war mir klar, dass es Frauen von den Männern aus dem Transport waren. [...]

[a] Von Beruf Schreiner.
[b] Am 19. März 1934.
[c] Im Prozess vor dem Kassler Oberlandesgericht im Mai–Juni 1935 wurden Philipp Jörg zu acht Jahre Zuchthaus, Franz Katzmann zu zwei Jahren Zuchthaus und der Bauhilfsarbeiter Friedrich Gersin zu vier Jahren Zuchthaus verurteilt.

196b Ermittlungsergebnisse über die Herstellung und den Vertrieb der illegalen KPD-Zeitung »Freiheit« vom Dezember 1934 bis Januar 1935 aus der Anklageschrift, 16. März 1935

VVN-Bund der Antifaschisten, Kreisvereinigung Main-Kinzig (Hg.), Hanauer Hefte 1, Verfolgung und Widerstand 1933-1945. Quellensammlung. Frankfurt 1979, S. 26f. Die dort abgedruckte Vorlage wurde anhand des Originals der Anklageschrift teilweise von der Bearbeiterin ergänzt. Fundort der Anklageschrift: Archiv Rudolf Schneider.

Die KPD hat auch nach dem Verbote der Partei und der Zerschlagung ihrer Organisationen durch den nationalsozialistischen Staat ihre hochverräterischen Bestrebungen nicht aufgegeben. Nach wie vor ist ihr Ziel die gewaltsame Beseitigung der Verfassung des Reichs.

Ein wichtiges Mittel zur Erreichung dieses Zieles erblickt sie in dem Wiederaufbau der kommunistischen Organisationen, den sie insgeheim mit unablässigem Eifer betreibt. Dabei spielt die Verbreitung von Hetzschriften, die Kassierung von Mitgliedsbeiträgen und die Veranstaltung von geheimen Sammlungen eine überragende Rolle. [...] Bei Einleitung des vorliegenden Verfahrens waren, soweit festgestellt werden konnte, außer Hanau noch Dörnigheim, Rückingen, Langenselbold, Langendiebach, Rüdigheim, Klein-Krotzenburg, Hainstadt, Klein-Auheim, Mainflingen, Klein-Steinheim, Alzenau, Kahl, Aschaffenburg, Bruchköbel und Gronau von der Unterbezirksleitung erfasst und in den Rahmen der Gesamtorganisation eingegliedert. [...] Im Einzelnen ergaben die Ermittlungen über die Organisation des Unterbezirks Hanau, die Arbeitsweise und die hochverräterische Tätigkeit der Angeschuldigten folgendes Bild.

Die politische Leitung des Unterbezirks Hanau lag bis zum November 1934 in der Hand des seit dieser Zeit flüchtigen Karl Röll in Hainstadt. Ihm stand u.a. der angeschuldigte Jörg, dem die Kassengeschäfte oblagen, zur Seite. Nach der Flucht des Röll ging die gesamte Leitung des Unterbezirks auf Jörg über. [...]

Ende 1934 – nach der Flucht des Röll – wurde Jörg von dem angeblichen Alex angehalten, mit Rücksicht auf die Gefährlichkeit des Druckschriftentransports selbst Flugschriften und Zeitungen im Unterbezirk anzufertigen. Er handelte auftragsgemäß. Ein Abziehapparat war bereits vorhanden; eine Schreibmaschine stellte der Angeschuldigte Hartlaub, ebenfalls Mitglied der KPD und zwar seit 1930, der noch aus der legalen Zeit eine der Ortsgruppe Groß-Ostheim der KPD gehörige »Orga-Privat« Schreibmaschine verwahrte und auf einem Acker vergraben hielt, zur Verfügung. Die Maschine wurde Ende Dezember 1934 von dem Angeschuldigten Richard Kempf und anderen bei ihm mittels eines Kraftwagens abgeholt und von dem Angeschuldigten Obenauer bei Jörg abgeliefert.

Im Januar des Jahres wurden alsdann in der Wohnung des Jörg von ihm und Obenauer die ersten 400 bis 450 Exemplare der »Freiheit« hergestellt. Die 2. Januarausgabe der »Freiheit« wurde Ende des Monats in der Wohnung des Angeschuldigten Pietz – in die der Angeschuldigte Obenauer den Abziehapparat gebracht hatte – gedruckt. Der Text stammte aus Frankfurt und wurde von Obenauer mit der Maschine auf die Matrize geschrieben. Zwei der veröffentlichten Artikel hatte Jörg selbst verfasst.

Die Tatsache, dass ein Abziehapparat bereits längere Zeit vorhanden war und dass auch Jörg schon im Herbst 1934 von der Firma Schreiber & Hübner in Hanau größere Mengen Papier bezogen hatte, lassen es als erwiesen erscheinen, dass entgegen der Einlassung des Angeschuldigten Jörg nicht erst im Januar des Jahres, sondern schon erheblich früher mit der selbstständigen Herstellung von Druckschriften im Unterbezirke begonnen wurde. Die bei Jörg vorgenommene Durchsuchung förderte noch vier Pakete Saugpapier zu Tage, die für die Anfertigung von weiteren Flugblättern und Zeitungen bestimmt waren.

Nach der Flucht des Röll will Obenauer erst anfangs Januar 1935 mit Jörg in Verbindung getreten sein. Mit ihm fertigte er um diese Zeit, wie sich auch aus der Einlassung Jörgs ergibt, die erste Ausgabe der »Freiheit« an. Davon brachte er wiederum den Angeschuldigten Kempf und Viel je 100 Stück, ließ sie sich von ihnen sofort bezahlen und führte den Erlös an Jörg ab.

Die 2. Januarausgabe der »Freiheit« stellte er in einer Auflage von wiederum ungefähr 500 Stück zusammen mit seiner Frau, der Angeschuldigten Margarete Obenauer, in der Wohnung des Angeschuldigten Pietz in Klein-Krotzenburg her. Auch diesmals belieferte er die Angeschuldigten Kempf und Viel mit je 100 Stück, während der Angeschuldigte Jörg die restlichen 300 unterbrachte. [...]

Der Angeschuldigte Wernig, der früher ebenfalls der KPD angehörte und die Stelle eines Literaturobmannes bekleidete, war ebenfalls seit November 1934 illegal tätig. Er arbeitete bei der Herstellung der 2. Januarausgabe der »Freiheit« mit, in dem er den Kopf »Freiheit« auf die Matrize zeichnete. In der Hauptsache trat er aber als Kurier in Erscheinung und belieferte den angeschuldigten Kempf in Alzenau im Auftrage des Obenauer wiederholt mit Propagandamaterial. [...]

Die Angeschuldigten Pietz und Margarete Obenauer waren an der Herstellung der 2. Januarausgabe der »Freiheit« beteiligt. Die Anfertigung dieser Druckschrift erfolgte in der Wohnung des Pietz, bei dem bereits Anfang des Jahres der Abziehapparat untergestellt war. Obenauer hatte ihn dorthin gebracht und Pietz angewiesen, jede Frage nach dem Apparat dahin zu beantworten, dass er schon zwei Jahre bei ihm stände. Er wurde im Kleiderschrank mit Segeltuch zugedeckt verwahrt. Pietz war darüber unterrichtet, dass der Apparat zu illegalen Zwecken verwandt wurde.

Der beabsichtigte Druck der »Freiheit« in seiner Wohnung war ihm ebenfalls von Obenauer vor dem Beginn der Drucklegung mitgeteilt worden, so dass ihm bekannt war, was Obenauer tat, als er mit seiner Frau zusammen etwa zwei Stunden lang mit dem Abziehapparat in der Wohnung des Pietz arbeitete. Die Angeschuldigte Obenauer unterstützte ihren Mann bei der Herstellung der 2. Januarausgabe der »Freiheit«. Nach Abschluss der Arbeit packte sie die fertigen Exemplare in eine Lederhandtasche und verließ gemeinsam mit ihrem Manne das Haus des Pietz. Der Abziehapparat wurde nach dem Gebrauch wieder in dem fraglichen Kleiderschranke, in dem er bereits vorher stand, verstaut. [...]

Der Angeschuldigte Karl Bauer wohnte mit Jörg zusammen in einem Hause in Klein-Auheim. Im Januar des Jahres erhielt er von Jörg eine Paket mit 27 »Arbeiterzeitungen« angeblich zur Aufbewahrung, die er auch entgegennahm und in der Schublade eines Kleiderschrankes versteckte. Außerdem versuchte er am Tage der Festnahme des Jörg, die von diesem für die illegale Arbeit benutzte Schreibmaschine in Sicherheit zu bringen und sie dem polizeilichen Zugriffe zu entziehen. Er stellte sie bei seinen Eltern unter. Dort vergrub sie der Angeschuldigte Jakob Bauer, der von seinem Sohne Karl über den Grund der Sicherstellung unterrichtet war, unter den im Keller eingelegten Kartoffeln. [...]

In Langenselbold trat besonders der Angeschuldigte Reidel im Rahmen der illegalen KPD in Erscheinung. Er gehörte seit 1927/28 der Kommunistischen Partei an, war kommunistischer Gemeindevertreter, Betriebsratmitglied und Kandidat auf der Landtagsliste. Von März 1933 an befand er sich vier Monate im Konzentrationslager in Sonnenburg. Mit Moritz Viel in Rückingen stand er in freundschaftlichem Verkehr. [...]

Anfang Januar 1935 übermittelte ihm Viel 40 Exemplare der »Freiheit«, die er an die Angeschuldigten Hohmann und Röder weiterverteilte. Von Röder, der 20 Stück bekommen hatte, wurde der dafür festgesetzte Preis bezahlt, während das Geld von Hohmann noch aussteht. [...]

In Dörnigheim bildeten die Angeschuldigten Eheleute Peter Jonas die Anlaufstelle für das für diesen Ort bestimmte Druckschriftenmaterial. Die Ehefrau Jonas will nur Anfang des Jahres von einem ihr unbekannten Manne ein Päckchen mit 20 bis 25 Exemplaren der »Freiheit« und etwa 14 Tage später noch 10 Stück des »Volksgerichtes« mit der Aufforderung zur Weitergabe erhalten und diese auch zum Teil weiterverbreitet haben. Über eine umfangreichere Betätigung gibt aber ihr Mann Peter Jonas Aufschluss. Nach seiner Einlassung diente Frau Jonas seit Oktober 1934 als Anlaufstelle. Von diesem Zeitpunkte an erschienen regelmäßig alle 14 Tage Kuriere aus Hanau, die Druckschriften in die Wohnung brachten oder in der Hühnerfarm ablieferten. [...]

Der Angeschuldigte Richard Kempf war für den Aufbau der KPD in Alzenau verantwortlich. [...] Im Oktober 1934 wies ihm Röll erstmals kommunistisches Propagandamaterial in kleinerem Maße zu, das er aus eigener Tasche bezahlte. Später belieferte ihn Obenauer regelmäßig mit illegalen Druckschriften. [...] Die Schriften verteilte Kempf an Leute, die er für interessiert hielt, oder legte sie auf der Straße oder in Hofreiten nieder. [...] Im Januar dieses Jahres übermittelte ihm Obenauer zweimal je 80 bis 100 Stück der »Freiheit«, für die er insgesamt 13 RM an ihn zahlte und die er in der gleichen Weise wie die früheren Lieferungen unterbrachte. [...]

197 — 22. Juni 1936

Anklageschrift gegen August Schanz und Genossen wegen Verbreitung der von der Exil-SPD herausgegebenen Zeitschrift »Sozialistische Aktion« (Auszug)

Archiv Rudolf Schneider.

Bereits im Jahre 1933, insbesondere im Laufe des Jahre 1934, setzten Versuche ein, in Frankfurt/M. und Umgebung bis Wiesbaden, Mainz und Hanau die ehemalige SPD wieder erstehen zu lassen. Die Verbindung zwischen den meisten z. T. führenden früheren Parteimitgliedern wurde zunächst durch Vertrieb und Erwerb damals zugelassener Zeitschriften (»Blick in die Zeit«, »Kurze Pause«, »Entzauberter Kapitalismus«, »Grüne Post«) aufrechterhalten. Die eigentliche zielbewusste illegale Betätigung begann damit, dass in Frankfurt/M. eine Reihe ehemaliger mehr oder weniger hervorragender Funktionäre der Partei regelmäßig vor allem in den Kaffees Metz – dessen Inhaber vor der nationalen Erhebung sozialdemokratischer Reichstagsabgeordneter war – und Rothschild zusammenkamen und dort politische und wirtschaftliche Unterhaltungen führten, in denen die nationalsozialistische Regierung und ihre Maßnahmen staatsfeindlicher Kritik unterzogen wurden. In diesem Kreise tauchte eines Tages die illegale Zeitschrift »Sozialistische Aktion« auf. Sie ging zunächst von Hand zu Hand und wurde dann in dem genannten Bezirk regelmäßig verteilt. Leitender Funktionär war der Vertreter Paul Apel aus Frankfurt/M., der in anderer Sache von dem Reichsanwalt bei dem Volksgerichtshof verfolgt wird. Er spannte allmählich mit Hilfe früherer z. T. führender Parteiangehöriger ein vollständiges Netz illegaler Arbeit über den genannten Bezirk, hielt insbesondere mit den Unterfunktionären Besprechungen ab, in denen die gemeinsame Arbeit genau festgelegt wurde, verteilte unter sie die zahlreich eingehenden, im Ausland herausgegebenen Hetzschriften »Sozialistische Aktion«, die weiterverteilt werden mussten, und nahm die eingehenden Gelder entgegen. Die Zeitschriften insbesondere waren als einigendes Band unter den Genossen gedacht.

An diesem Wiederaufbau der SPD beteiligten sich die Angeschuldigten in mehr oder weniger großem Umfange und setzten sich durch Teilnahme an Zusammenkünften und Abnehmen und Verteilen der verbotenen Hetzschriften für die Verwirklichung ihrer illegalen Bestrebungen ein, die im Endziel mit denen der KPD übereinstimmen und in gemeinsamer Einheitsfront mit der KPD auf den gewaltsamen Sturz der nationalsozialistischen Regierung und die Errichtung eines marxistischen Reiches hinauslaufen. Diese Absicht lässt gerade die zur Verteilung gebrachte »Sozialistische Aktion« erkennen, in der die Massen – namentlich die Arbeiterschaft – in verlogenster Weise gegen die Regierung aufgehetzt werden und unverkennbar auf die Ersetzung der jetzigen Staatsform durch die Herrschaft des Proletariats hingearbeitet wird.

1. Der Angeschuldigte August Schanz war bereits – wie er sagt – seit seiner Schulentlassung politisch tätig. Zunächst trat er in die SAJ ein und verblieb dort an leitender Stelle bis etwa zu dem Jahre 1930. Daneben gehörte er seit seinem 20. Lebensjahre der SPD an, wo seine Mitgliedschaft erst im Jahre 1933 (Auflösung) endete. Als Schriftführer gehörte er dem Vorstand der SPD in Hanau an und bekleidete außerdem den Posten eines Unterkassierers. Von der Gründung bis zur Auflösung war er fernerhin Mitglied der Eisernen Front und wurde im Jahre 1929 als Stadtverordneter und noch am 12. März in den Kommunallandtag gewählt. Gewerkschaftlich war er bei dem »Deutschen Metallarbeiter-Verband« organisiert.

Im Sommer 1933 übernahm der Angeschuldigte von der in Frankfurt/M. wohnhaften Lotte-Luise Lemke die Werbung für die Zeitschriften »Blick in die Zeit«, »Kurze Pause« und »Entzauberter Kapitalismus«. Die L.-L. Lemke, die zu legaler Zeit in der SPD rege tätig war, wurde von einem gewissen Daßbach – einem früheren SPD-Mitglied – auf den Angeschuldigten aufmerksam gemacht. Der Angeschuldigte wandte sich bei der nachfolgenden Werbetätigkeit im Wesentlichen an frühere Parteizugehörige und behielt auf diese Weise stete Verbindung mit ihnen.

Im Winter 1933/34 wurde der Angeschuldigte zum ersten Male mit der »Sozialistischen Aktion« bekannt. Er nahm von seinem Bruder Karl Schanz (siehe nächsten Absatz) mehrere der damals bereits im Umlauf befindlichen Schriften entgegen.

Im Frühjahr 1934 setzte eine systematische illegale Bearbeitung des Hanauer Bezirks durch Apel ein. Er nahm über den Mitangeschuldigten Friedrich Schien die Verbindung mit den weiterhin hier angeschuldigten Familienangehörigen Schanz, dem in den Akten O.Ja.166/35 verfolgten Karl Schanz und dem Angeschuldigten Erwin Rieger auf und erreichte auf diese Weise, dass in Hanau von den früheren SPD-Mitgliedern besonders eifrig illegal weitergearbeitet wurde.

Der Angeschuldigte August Schanz nahm zu der angegebenen Zeit zunächst an zwei illegalen Zusammenkünften teil. Die erste fand in der Wohnung des Karl Schanz statt und wurde außer von dem Angeschuldigten – von Apel, Friedrich Schien, Hans

Kargl und Karl Schanz – besucht. Es wurde hierbei nur über die zukünftige illegale SPD-Arbeit gesprochen. Einige Zeit danach fand auf Veranlassung des Karl Schanz in der Wohnung des Angeschuldigten eine weitere Zusammenkunft statt. An ihr nahmen außer den Angeschuldigten wiederum Apel, Karl Schanz und diesmal auch der Mitangeschuldigte Georg Schanz teil. Sie wurde einberufen, um über die Werbung der früheren SPD-Funktionäre und alten Parteiangehörigen für die illegale Arbeit zu beraten.

Der Angeschuldigte August Schanz erklärte sich im Verlauf des Gesprächs bereit, mit den in Frage kommenden Personen in Verbindung zu treten. Er erklärte sich fernerhin bereit, seine Werbetätigkeit durch Verteilung von Flugschriften zu unterstützen und auf diese Weise eine besonders geeignete und dauernde Verbindung zu den einzelnen Beteiligten herzustellen und aufrechtzuerhalten. Hierzu war er besonders in der Lage, als er bereits durch den Vertrieb der oben genannten erlaubten Schriften in Verbindung mit vielen früheren Parteizugehörigen stand. In diesem Zusammenhang wurde auch über die Tarnung der illegalen Arbeit z.B. durch Verkauf von Bleistiften gesprochen. Im ganzen gesehen sollte der Angeschuldigte August Schanz, wie er ausführte, »als der Kopf der zukünftigen Bewegung fungieren«, während sein Bruder Karl Schanz die Verteilung der Flugschriften in Hanau leiten sollte.

In der Folgezeit empfing der Angeschuldigte August Schanz von Karl Schanz laufend je vier Stück der »Sozialistischen Aktion« und brachte sie zur Verteilung. Wie er angibt, trat er mit Hans Kargl und dem Former Gustav Löffert aus Hanau in Verbindung und händigte jedem etwa 4 Stück der empfangenen Schriften aus. Das eingegangene Geld führte er an seinen Bruder Karl Schanz ab, der ausführte, er habe für jedes gelieferte Stück 10 Pfennig erhalten. [...]

198 — 12. Juli 1938

Vertrauliche Mitteilung des Geschäftsführers der DAF an die Gauobleute über eine Besprechung zwischen seinem Beauftragten und einem Vertreter des Oberkommandos der Wehrmacht betreffend die Produktionssteigerung und Arbeitszeitverlängerung in Rüstungsbetrieben

Hessisches Hauptstaatsarchiv Wiesbaden, 483/773.

Das Oberkommando der Wehrmacht hat durch die drei Wehrmachtsteile in verschiedenen R-Betrieben[a] die Erhöhung der Produktion auf jenen Stand verlangt, der für ganz besondere Fälle (Mob)[b] vorgesehen ist. Demzufolge mussten mit sofortiger Wirkung Arbeitszeitsverlängerungen und Frauennachtarbeit usw. eingeführt werden. Da durch diese Maßnahmen gewisse Beunruhigungen in die Betriebe getragen wurden, hat eine Besprechung zwischen dem Beauftragten des Geschäftsführers, Parteigenosse General Moser, und dem Oberkommando der Wehrmacht stattgefunden. Als Ergebnis dieser Besprechung, die am 8. und 11. des Monats stattgefunden hat, wurde Folgendes festgelegt:

1. Das Oberkommando der Wehrmacht begrüßt es, dass die Deutsche Arbeitsfront sich für die Maßnahmen des Oberkommandos der Wehrmacht einsetzt und für die Sicherung des sozialen Friedens in den Betrieben sorgen will.

2. Vom Wehrwirtschaftsstab ergeht an die drei Wehrmachtsteile (Heer, Marine, Luftwaffe) eine Verfügung, dass von jeder beabsichtigten Arbeitszeitverlängerung in den R-Betrieben dem Geschäftsführer der Deutschen Arbeitsfront vorher Mitteilung zu machen ist.
3. Wenn es sich um kleinere Betriebe (örtliche Maßnahmen) handelt, in denen Arbeitszeitverlängerung eintreten muss, wird künftig die zuständige Wehrwirtschaftsinspektion dem betreffenden Gauobmann der Deutschen Arbeitsfront von den beabsichtigten Maßnahmen Mitteilung machen.
4. Die Gauobmänner setzen sich aus diesem Grunde unverzüglich mit den Wehrwirtschaftsinspektionen in Verbindung, um laufend über die geplanten Maßnahmen unterrichtet zu sein.
5. Über größere Arbeitszeitverlängerungen ist der Präsident der Reichsanstalt für Arbeitsvermittlung und Arbeitslosenversicherung, Präsident Syrup, unterrichtet, mit dem zur Zeit Verhandlungen über den Arbeitseinsatz geführt werden.
6. In Kürze werden – besonders im Rheinland und der Pfalz – große Arbeitslager errichtet werden müssen. Die zuständigen Gauobmänner werden gebeten, sich ganz besonders um die Betreuung der in diesen Lagern untergebrachten Arbeiter zu kümmern.

Bei den Besprechungen, die in der letzten Woche mit dem Führer und dem Stellvertreter des Führers stattgefunden haben, ist von Seiten des Wehrwirtschaftsstabes die Bitte vorgetragen worden, dass in der Zeit vom 14.8 bis 17.10.1938 nach Möglichkeit keinerlei Schulungskurse und Schulungswochen stattfinden. Vom Stellvertreter des Führers ist dies zugesagt worden. Durch die großen Übungen, die in dieser Zeit stattfinden, werden die Arbeitskräfte außerordentlich knapp werden.

In nächster Zeit werden wegen der Durchführung der Schulungskurse usw. noch nähere Anweisungen ergehen.

Die Gauobmänner werden gebeten

1. den Empfang dieses Schreibens zu bestätigen,
2. sich unverzüglich mit der zuständigen Wehrwirtschaftsinspektion in Verbindung zu setzen,
3. dieses Schreiben streng geheim zu halten und gesondert aufzubewahren.

[a] Rüstungsbetriebe.
[b] Mobilisierung.

199 18. Oktober 1938

Bericht des Betriebsobmanns Welm der Brown, Boveri & Co. AG, Werk Großauheim, an die Ortsverwaltung der DAF für den Monat Oktober 1938 (Auszug)

Hessisches Hauptstaatsarchiv Wiesbaden, 483/4679a. An Pg. Emil Geissler adressiert. Handschriftlicher Vermerk auf der Vorlage: Abschrift an den Ortsgruppenleiter der NSDAP.

I. Tätigkeitsbericht:
Der Monat Oktober war ein besonders arbeitsreicher, aber auch erfolgreicher Monat. Die langwierigen und schwierigen Verhandlungen über die Einführung der neuen Tarifordnung konnten endlich zu einem zufriedenstellenden Abschluss gebracht werden. Ein jahrelanger Kampf gegen die ungerechte Akkordberechnung wurde damit beendet und ein neues Verrechnungssystem eingeführt, welches nun als gerecht angesehen werden kann. [...]

Die Bauarbeiten sind im Gange. Zurzeit ersteht die neue Küche und das Kameradschaftshaus sowie der neue Wasch- und Garderoberaum. Die neue Lehrlingswerkstatt wird in den nächsten Wochen in Angriff genommen. Unsere vorläufig eingerichtete Lehrlingsschule arbeitet mit einem bereits fühlbaren guten Erfolg.

Die Gefolgschaft beträgt knapp 1600 Gefolgschaftsmitglieder, die sämtlich der DAF angehören. Eine neue Betriebsordnung wurde geschaffen, welche am 1. November in Kraft treten wird. Dieselbe ersetzt die Betriebsordnung vom 1.10.1934 und stellt eine anerkennenswerte Verbesserung dar. Schon dem Wortlaut ist sie der Zeit entsprechend anders gehalten. An Verbesserungen sind erwähnenswert:

Erweiterter bezahlter Sonderurlaub bei familiären Angelegenheiten wie Todesfällen von Ehegatten, Kindern, Eltern und Geschwistern ohne Ausnahme 1-3 Tage, bei eigener Hochzeit 3 Tage, bei Hochzeit eigener Kinder 1 Tag, bei Wohnungswechsel 1 Tag. Bei Hochzeit wird eine Beihilfe von RM 50,- gewährt, bei Geburt eines Kindes RM 25,-. Außerdem wurde eine Bestimmung aufgenommen, dass alljährlich vor Weihnachten an die Gefolgschaftsangehörigen ein Betrag, dessen Höhe sich nach dem Ergebnis des Geschäftjahres richtet und im Vertrauensrat festgelegt wird, zur Auszahlung kommt. Ferner wird dem Betriebsobmann ein größerer Betrag für K.d.F-Urlaubsfahrten, die dieser an bedürftige Gefolgschaftsmitglieder verteilt, zur Verfügung gestellt.

Schließlich wurde die Beschäftigung in der Betriebsgemeinschaft durch eine klare Bestimmung von der Mitgliedschaft zur DAF abhängig gemacht. Weiterhin wurde die Bezahlung bei Wehrmachtsübungen für Verheiratete und ledige Gefolgschaftsmitglieder festgelegt. Frontkämpfer erhalten ihre Kriegsdienstzeit ohne Rücksicht auf ihren Eintritt in die Betriebsgemeinschaft auf ihre Beschäftigungszeit zur Berechnung ihres Urlaubs angerechnet. Ferner wurde nunmehr auch die Altersversorgung für Arbeiter, nachdem eine solche für Angestellte bereits besteht, aufgenommen, die beide in den kommenden Jahren weiter ausgebaut werden sollen.

Für die Angestellten konnte eine Verbesserung des Urlaubs in den ersten Stufen erreicht werden. Bei dieser Gelegenheit muss darauf hingewiesen werden, dass die bestehenden Tarife für Angestellte längst erneuerungsbedürftig sind, da diese noch aus 1930/31 stammen und für unsere Arbeit ein großes Hemmnis bedeuten. Es ist dringend zu empfehlen, auf den Herrn Reichstreuhänder der Arbeit einzuwirken, dass die im Entstehen begriffene Tarifordnung für kaufmännische und technische Angestellte baldigst in Kraft gesetzt wird.

Eine Sportplatzanlage, aller Voraussicht nach, wird in Zusammenarbeit mit der Betriebsgemeinschaft »Marienhütte« in den nächsten Wochen entstehen, sodass auch auf dem Gebiete des Betriebssportes eine bessere Arbeit möglich gemacht wird. Die täglichen sportlichen Übungen für Jugendliche sollen dann eingeführt werden. [...]

Sobald die neue Betriebsordnung im Druck vorliegt, wird sie den Dienststellen zugestellt. Zur Zeit liegt sie beim Herrn Reichstreuhänder der Arbeit für das Wirtschaftsgebiet Hessen zur Genehmigung vor.

Der Vertrauensrat wurde durch das Anwachsen der Gefolgschaft um 1 Mitglied erweitert (§ 7 AOG). Von den Ersatzmitgliedern rückt der Kamerad Karl Kneller auf, sodass die Zahl der Vertrauensmänner sich auf 9 erhöht hat.

II. Stimmungsbericht:
Die Stimmung war sehr unerfreulich bis die Tage der außenpolitischen Spannung einen Umschwung brachten. Die eigenen Angelegenheiten traten in den Hintergrund und nur einige wenige konnten es sich nicht verkneifen, durch abfällige Äußerungen unangenehm aufzufallen. Da wurde – wie durch Zwischenmeldung bekannt – sofort zugegriffen, und es trat dann Ruhe ein. Die Lösung der außenpolitischen Spannung durch den Führer hat, wie wohl nicht besonders betont zu werden braucht, auch in unserer Betriebsgemeinschaft eitel Freude ausgelöst.[a] Es kam erneut zum Ausdruck, dass des Volkes ärmster Sohn auch sein treuester ist. Die im Tätigkeitsbericht niedergeschriebenen Fälle, die Woche des Berufes und der Leistungskampf der Betriebe und nicht zuletzt das Hilfswerk für unsere sudetendeutschen Brüder waren die Veranlassung zu einem Betriebsappell, der mit Genehmigung des Kreisobmannes in dieser Form am 7.10.38 zur Durchführung kam. In diesem Appell wurde in eindringlicher Weise vom Betriebsführer und Betriebsobmann auf all die erwähnten Aufgaben hingewiesen. Einen besonderen Appell richtete der Betriebsobmann an die hochbezahlten Abteilungsleiter, dass sie sich nicht von schlecht bezahlten Hilfsarbeitern mit RM 20-25,- Einkommen beschämen lassen sollten. Das Ergebnis des Betriebsappelles war erfreulich. Die Stimmung hob sich und kaum je zuvor wurden die Lieder der Nation in unserem Betriebe mit einer solchen Begeisterung gesungen. Die Sammlung für die Sudetendeutschen brachte ein Ergebnis von RM 1036,30,- und die erste WHW-Betriebssammlung einen Betrag von rund RM 350,-, sodass unter Berücksichtigung der noch verkauften Arbeitsbeschaffungslose innerhalb von 2 Wochen von der Gefolgschaft rund RM 2000,- aufgebracht wurden. Die Enttäuschung, die uns einzelne Abteilungsleiter – trotz der an sie ergangenen öffentlichen Aufforderung – bereiteten (sie wurden allerdings anschließend vom Betriebsführer und Betriebsobmann entsprechend vorgenommen), wurde in überaus erfreulicher Weise durch Opfer der kleinen und kleinsten Verdiener aufgewogen. Wenn Hilfsarbeiter mit einer Familie mit 2, 3 sogar 4 Kindern bei einem Einkommen von netto RM 24–25,- pro Woche 50 Pfennig, ja RM 1,- opferten, so muss wirklich gesagt werden, das sind die treuesten Söhne, und wir wollen stolz sein, dass wir solche haben und für sie arbeiten dürfen. Die Ergebnisse der Verhandlungen sowie die neue Betriebsordnung sind noch nicht bekannt. Es ist zu erwarten, dass mit Bekanntwerden auch eine bedeutend bessere Stimmung einkehren wird.

Nach Fertigstellung des Kameradschaftshauses werden einige Kameradschaftsabende zur Einweihung veranstaltet, die von der Werkschar und der Mädelgruppe ausgestaltet werden sollen.

Entsprechend unseres Dienstplanes fanden im Oktober am ersten Mittwoch der Dienst der uniformierten Werkschar und am zweiten Mittwoch die Amtswalterbesprechung statt, an welche sich eine ersprießliche Ansprache anschloss. Der nächste und übernächste Mittwoch ist für die Arbeit des Stoßtrupps, »Kraft durch Freude«, Berufserziehung und »Volksgesundheit« vorgesehen.

Der im November bevorstehende Feiertag »Buß- und Bettag« wirft seine schlechten Schatten voraus, da er den Arbeitern nicht bezahlt wird. Ich möchte deshalb die Frage aufwerfen und bitte um deren Beantwortung: »Kann an diesem Feiertag gearbeitet werden oder welche Möglichkeit besteht, den Lohnausfall abzuwenden?«

Ein Lohnausfall ist untragbar. Es ist nicht unbekannt, dass die Lebenshaltungskosten erheblich gestiegen sind. Wir dürfen nicht vergessen, dass es für uns alle ein Rätsel ist, wie eine Familie mit vier und mehr Köpfen bei einem monatlichen Verdienst von RM 80-120,- durchkommen kann. Als Beispiel für die untragbare Preiserhöhung will ich nur einen blauen Arbeitsanzug erwähnen. Dieser kostete vor 2 Jahren noch RM 4,50 bis RM 6,- und heute werden 8-12,- RM bezahlt und zwar für die gleiche Größe und Qualität. So könnten noch mehrere Beispiele angeführt werden. Es ist einfach untragbar, wenn auf der einen Seite die Löhne und Gehälter auf ihrem Stand gehalten werden, um keine Preiserhöhung herbeizuführen, auf der anderen Seite treten aber trotz Preisstopverordnungen Preiserhöhungen ein, die den Lebensstandard des kleinsten Arbeiters unter die Grenze des Möglichen drücken. Dass sich diese Missstimmungen auch im Betriebe bemerkbar machen, ist ohne weiteres verständlich.

In Zusammenfassung darf trotzdem die allgemeine Stimmung im Betriebe als zufriedenstellend bezeichnet werden, sie wird in den nächsten Tagen mit Bekanntwerden der im Bericht erwähnten Verbesserungen eine günstige Beeinflussung erfahren.

[a] Anspielung auf das Münchner Abkommen vom 29. September 1938, in dem Großbritannien und Frankreich der Angliederung von Teilen der Tschechoslowakei (Sudentenland) an Deutschland zugestimmt haben.

200 November 1938

Das Judenpogrom (»Reichskristallnacht«)

200a Anklageschrift im Landfriedensbruchprozess vor dem Hanauer Landgericht im November 1948 gegen den ehemaligen Kreisleiter der NSDAP, Max Else, und 13 Mitangeklagte (Auszug), 9. – 11. November 1938

Wolf-Arno Kropat, Kristallnacht in Hessen. Der Judenpogrom vom November 1938, Wiesbaden 1988, S. 97ff. Auslassung in der Vorlage.

Nachdem der damalige Kreisleiter von Hanau, der Angeklagte Max Else, am Abend des 9. November 1938 ein Geheimschreiben des Gauleiters Sprenger aus Frankfurt/M. erhalten hatte, welches alle Aktionen gegen das Judentum untersagte, erreichte ihn in den ersten Morgenstunden des 10. November 1938 ein fernmündlicher Anruf der Gaupropagandaleitung in Frankfurt a. M., der die kurz zuvor erteilte Weisung widerrief und die rücksichtslose Zerstörung des jüdischen Besitzes anordnete. Die in Ausführung dieses Befehles zu ergreifenden Maßnahmen wurden in sein Ermessen gestellt und er selbst lediglich angewiesen, dafür Sorge zu tragen, dass die Partei nicht als Urheberin der Aktion in Erscheinung treten, sondern hierbei der Eindruck erweckt werden solle, als wenn es sich um eine spontane Erhebung des Volkes gegen das Judentum handele.

Der Angeklagte Else berief daraufhin für den Morgen des 10. November 1938 eine Sitzung in das Haus der Kreisleitung ein, an der der seinerzeitige Kreispropagandaleiter, der Angeklagte Mankel, der Adjutant Elses, Wingenfeld, der inzwischen verstorbene Ortsgruppenleiter Bender, der höchste örtliche SS-Führer, der Angeklagte Gräbe, der Leiter des SD, Kern, die Kriminalbeamten Hesse und Dahmer von der Staatspolizeiaußenstelle Hanau sowie weitere heute nicht mehr feststellbare Personen teilnahmen. Der Zweck dieser Zusammenkunft war die Bekanntgabe der Else zugegangenen Anordnung, die Erteilung entsprechender Aufträge und die Festlegung der Durchführung der Aktion im Einzelnen.

Als erstes Vorhaben war in den Vormittagsstunden die Inbrandsetzung der in der Nordstraße gelegenen Synagoge in Aussicht genommen. Im Laufe des Nachmittags und des Abends sollten dann die in der Innenstadt befindlichen jüdischen Geschäftshäuser sowie die Privatwohnungen jüdischer Familien zerstört werden. Zum Leiter der gesamten Aktion im Stadtgebiet Hanau bestimmte der Angeklagte Else den in der ganzen Stadt wegen seiner Brutalität gefürchteten Ortsgruppenleiter von Hanau-Altstadt, Bender. Ihm und dem ebenfalls verstorbenen SD-Führer Kern sollte auch die Leitung der Vernichtung des jüdischen Gotteshauses obliegen. ... Else verständigte ferner den damaligen Bürgermeister Junker von dem bevorstehenden Vernichtungswerk und ersuchte ihn, dafür zu sorgen, dass am Abend ein Kommando städtischer Arbeiter die zerstörten Läden mit Brettern vernageln würde, um weitere Plünderungen zu vermeiden.

Über den Verlauf der Aktion, die sich auf nahezu sämtliche in Hanau vorhandenen jüdischen Grundstücke erstreckte, hat die Beweisaufnahme Folgendes ergeben:

1. Bender, Kern und deren Helfer, die soweit nicht festgestellt werden konnten, sorgten zunächst dafür, dass sich eine nach Hunderten zählende Volksmenge am späteren Vormittag des 10. November 1938 auf der Straße ansammelte und johlend zuerst gegen die Synagoge vorging. Einige aus der Menge, unter ihnen Bender und Kern, drangen in die Synagoge ein und begannen dort, die Einrichtung derselben zu zerstören. Nun legten Bender und Kern Feuer in die Synagoge. Die alarmierte Feuerwehr beschränkte sich auf den Schutz der Nachbarhäuser, und die Synagoge brannte bis auf die Umfassungsmauern nieder.
Kurze Zeit nach dem Bekanntwerden des Brandes erschien der Angeklagte Else am Tatort und hielt sich etwa ¼ Stunde inmitten der vielköpfigen Menge auf. Ob er hierbei irgendwelche Besprechungen geführt, Anordnungen erteilt oder sich lediglich von der Ausführung der Tat überzeugt hat, konnte nicht mehr festgestellt werden. Ihm selbst will vor allem der Schutz der anliegenden Grundstücke am Herzen gelegen haben.

2. Etwa gegen 14 Uhr drang eine Anzahl Männer in das Gebäude der jüdischen Schule in der Nürnbergerstraße ein. Ein Teil von ihnen begab sich in die im Erdgeschoss gelegene Wohnung des Lehrers Sulzbacher und zertrümmerte dort die Einrichtung. Während die Ehefrau Sulzbacher mit ihren beiden Kindern laut schreiend auf die Straße eilte, erhielt deren schwer magenkranker Ehemann von einem nicht mehr feststellbaren Täter eine heftigen Tritt in die Magengegend. Sein am darauffolgenden Tag eingetretener Tod soll die Folge dieser Misshandlung gewesen sein, was sich aber

jetzt nicht mehr feststellen ließ. Die übrigen Beteiligten stürmten in den I. Stock, rissen dort Kisten und Schränke auf und warfen alle Gegenstände, deren sie habhaft werden konnten, unter anderem gottesdienstlichen Zwecken dienende Zylinderhüte, Gebetsrollen, Akten und Bücher, in die auf der Straße versammelte Menge.
3. Kurze Zeit später betraten etwa sechs bis acht Mann das Schuhhaus Speyer in der Krämerstraße, forderten die anwesenden Angestellten zum Verlassen des Geschäfts auf, zerstörten anschließend das Schaufenster, die Regale, den Ladentisch und andere Einrichtungsgegenstände, warfen die Schuhe durch die zertrümmerten Scheiben auf die Straße und machten die Registrierkasse unbrauchbar. Der inzwischen erschienene christliche Geschäftsführer Becker wurde von dem nicht mehr auffindbaren Gemüsehändler K. derart getreten, dass er durch die Ladentüre auf den Bürgersteig flog und dabei einen Vorderzahn verlor.
4. In dem Konfektionshaus Berger & Schmelzer in der Nürnbergerstraße, in dem Wäschegeschäft Mainzer-Bruchfeld-Cahn und bei Sponsel in der Hammerstraße, in dem Schuhgeschäft Ochs am Marktplatz und dem Modesalon Hirschsprung am Paradeplatz wurde in der gleichen Weise gewütet. Bei Berger & Schmelzer hatte man es vor allem auf die Geschäftsbücher abgesehen, um aus ihnen die Namen derjenigen Einwohner feststellen zu können, die in einem jüdischen Geschäft ihre Einkäufe tätigten. Bei Ochs und Hirschsprung erschienen nach beendigter Zerstörung die Ladenkassen als die begehrenswertesten Objekte, die es »sicherzustellen« galt.
5. Die Abendstunden des 10. November 1938 dienten der Heimsuchung der jüdischen Privatwohnungen. Aus den Räumen des Juweliers Max Schwab in der Französischen Allee und des Lederhändlers Heilbrunn in der Lindenstraße wurden auf Anweisung von Bender vollgepackte Koffer in die Geschäftsstelle der Ortsgruppe Altstadt verbracht. Gegen 18 Uhr demolierte eine Gruppe von etwa zehn Mann die Wohnung des jüdischen Möbelhändlers Strauss in der Marktstraße. Von den hiervon herrührenden Schlägen erzitterte, wie die Zeuginnen Katharina und Käthe Leiniger bekundet haben, das ganze Haus.

Ein anderes Kommando in Stärke von fünf bis sechs Mann drang nach Einbruch der Dunkelheit in die aus sechs Zimmern bestehende Wohnung des jüdischen Rabbiners Dr. Gradewitz in der Wilhelmstraße ein. Nach einem Aufenthalt von etwa 15 Minuten war mit Ausnahme der Schlafzimmermöbel kaum ein Einrichtungsgegenstand noch verwendungsfähig. In der Wohnung hat es, wie die Eheleute Schulte anschaulich geschildert haben, ausgesehen, als ob »eine Luftmine niedergegangen« sei. Von den Trümmern, die den beiden Zeugen von Dr. Gradewitz zur Verfügung gestellt worden sind, haben diese ein Jahr lang ihren Waschkessel heizen können.

Etwa um die gleiche Zeit vernichtete ein weiterer Trupp unter der Anführung von Bender die Inneneinrichtung der Villa des Kaufmannes Hirsch am Sandeldamm. Nach der Aussage des Zeugen Karl Schäfer soll Bender dort mit einem schweren Bohnerbesen ein Stück nach dem anderen zerschlagen haben. Ein in der Wohnung befindlicher Radioapparat wurde dem Eigentümer entwendet und zur Geschäftsstelle der Ortsgruppe Hanau-Altstadt gebracht. [...]

200b Meldung des »Hanauer Anzeigers« über die Ereignisse, 10. November 1938

Hanauer Anzeiger Nr. 25, 11. November 1938.

Im Laufe des gestrigen Tages schaffte sich auch in Hanau die ungeheure Empörung über den von feiger Judenhand verübten ruchlosen Mord an dem deutschen Gesandtschaftsrat in Paris, Ernst von Rath, gewaltsam Luft. Um die Mittagszeit stand die Synagoge in der Nordstraße in Flammen, die bis auf die Grundmauern ausbrannte. Am Spätnachmittag richtete sich dann die nur allzu begreifliche Wut der aufs tiefste erregten Volksmenge auch gegen die erfreulicherweise nur noch in ganz geringer Zahl vorhandenen jüdischen Geschäfte, die einen Sturm der empörten Massen über sich ergehen lassen mussten. Dabei wurden allenthalben die großen Schaufensterscheiben eingeschlagen und auch Einrichtungsgegenstände zerstört, ohne dass es aber auch nur in einem einzigen Falle zu irgendwelcher Plünderung gekommen wäre. Bei den judenfeindlichen Kundgebungen handelte es sich ersichtlich um eine spontane Kundgebung der Bevölkerung gegen das von dem jüdischen Mordbuben Grünspan verübte ungeheuerliche Verbrechen. Im Stadt- und Landkreis Hanau wurden im Laufe des Tages eine größere Anzahl Juden in Schutzhaft genommen.

200c Erlebnisbericht von Elfriede K. über den Brand der Hanauer Synagoge, 10. November 1938

Gerhard Flämig, Hanau im Dritten Reich. Bd. 2: (1933-1945) Verfolgung und Widerstand, Hanau 1987, S. 316f.

Wir waren als Kinder von Großauheim herübergekommen, um uns auf dem Messeplatz zu amüsieren. In der Nürnbergerstraße, am Neustädter Markt und in der Hammerstraße fielen uns die vielen zertrümmerten Schaufensterscheiben auf. Wir sahen Geschäftsleute mit Besen und Schaufel Glasscherben aufkehren und hörten von Passanten, »empörte Volksgenossen« hätten den Juden aus Ärger über den Mord an einem deutschen Diplomaten die Schaufenster eingeworfen. Von einer angeblichen Volkswut hatten wir bis dahin nichts mitbekommen. Antisemitische Protestaktionen, Schmierereien an Häuserwänden und Schaufenstern jüdischer Geschäfte waren allerdings in jenen Zeiten nichts Besonderes. Zerstörungen hatten wir bis dahin jedoch noch nicht erlebt.

Kaum auf dem »Parad« angekommen, hörten wir die Leute rufen: »In der Juddegass brennt die Synagoge!« Neugierig liefen wir hinüber. Dicker, schwarzer Qualm kam aus dem Gotteshaus, dessen Fenster und Türen eingeschlagen waren. Funken sprühten.

Feuerwehrleute spritzten die Nachbarhäuser nass, um ein Übergreifen des Feuers zu verhindern. Offensichtlich aber unternahmen sie nichts, um die Synagoge zu löschen.

Viele Hanauer sahen diesem makabren Schauspiel schweigend zu. Ein älterer Mann stand neben uns. Ich hörte ihn sagen: »Ist das nicht eine Schande? Jetzt brennen sie jüdische Gotteshäuser nieder, später kommen auch unsre dran!«

200d Aufruf der illegalen KPD im »Deutschen Freiheitssender 29,8«, November 1938

VVN-Bund der Antifaschisten, Kreisvereinigung Main-Kinzig (Hg.), Hanauer Hefte 1, Verfolgung und Widerstand 1933-1945. Quellensammlung. Frankfurt 1979, S. 35.

An alle Deutschen! Solidarität mit den Verfolgten! Achtung!

Die Kommunistische Partei spricht zu euch, sie wendet sich an jeden anständigen Deutschen. Nieder mit den abscheulichen Judenpogromen, die Deutschland entehren. Nieder mit den abscheulichen Judenpogromen, mit denen die nationalsozialistische Diktatur versucht, ihre eigenen Verbrechen gegen das deutsche Volk vergessen zu machen. Zehntausende aufrechte Deutsche hat das nationalsozialistische Regime getötet, Hunderttausende werden in den Konzentrationslagern gequält.

Viele deutsche Katholiken und deutsche Protestanten werden von den Nationalsozialisten deshalb auf das Schändlichste verfolgt, weil sie ihrem Gottesglauben treu bleiben. Viele Millionen Gegner des Regimes werden im »Dritten Reich« unerbittlich verfolgt, weil sie sich nicht das Recht nehmen lassen, eine eigene Überzeugung zu haben. Tausende junge Deutsche mussten zwangs-freiwillig auf dem Felde der Unehre in Spanien fallen. Kein gerecht denkender Deutscher kann diese nationalsozialistischen Untaten billigen. Kein gerecht denkender Deutscher kann unsere jüdischen Mitbürger dafür verantwortlich machen, dass ein unüberlegtes sinnloses Verbrechen geschah, das nur dem Faschismus dient. Die Juden sind Menschen wie wir.

So wie die übergroße Mehrheit der Deutschen anständige Menschen sind, so ist die übergroße Mehrheit unserer jüdischen Mitbürger anständige Menschen. Sie wollen nichts anderes als wir, friedlich und ehrlich das Leben zu fristen. Es ist die Praxis der nationalsozialistischen Diktatur, immer dann gegen jemanden zu hetzen, wenn sie das Volk von den inneren Schwierigkeiten ihres Regimes ablenken wollen. Bald sind es die Katholiken, bald die Marxisten, bald die Anhänger der Bekenntniskirche, bald die Österreicher, bald die Tschechen, bald Roosevelt oder die englischen Arbeiterführer oder Churchill und jetzt die Juden.

Arbeiter! Aufrechte Deutsche! Wendet euch gegen diese schändlichen Pogrome! Helft den verfolgten und gequälten Juden, erinnert euch daran, dass der große deutsche Arbeiterführer Bebel den Antisemitismus als den Sozialismus der dummen Kerle bezeichnet hat. Erinnert euch, dass Karl Marx, einer der größten Deutschen, der der Arbeiterklasse der ganzen Welt den Weg zur Befreiung gezeigt hat, jüdischer Abstammung war. Denkt immer daran, dass alle großen Deutschen im Antisemitismus den Rückschritt, die Barbarei erblickten. Der Antisemitismus ist die Waffe, der sich die Nationalsozialisten gegen die Interessen aller anständigen Deutschen bedienen. Duldet nicht, dass der deutsche Name in den Schmutz gezogen wird.

Solidarität mit den Juden!

Sind die Juden in Deutschland unterjocht, so kann auch das gesamte deutsche Volk nicht frei sein: Mit der Stunde der Befreiung der Juden vom nationalsozialistischen Joch wird auch die Stunde der Befreiung des deutschen Volkes von diesem unwürdigen Regime schlagen.

Kommunisten, Sozialisten, Katholiken, Protestanten, Juden und alle, die Gegner des Regimes sind, haltet zusammen! Leistet dem nationalsozialistischen Regime gemeinsamen Widerstand, fallt den Kriegstreibern in den Arm, die das Schwanken ihrer Herrschaft deutlich spüren, zeigt euch den Aufgaben gewachsen, die der Freiheitskampf des eigenen Volkes an euch stellt!

Wir rufen es in alle Welt! Das deutsche Volk ist nicht für die Orgie der Bestialität gegen die Juden verantwortlich. Das Volk war nicht daran beteiligt, es beklagt mit allen Völkern diese neue Kulturschande, die der Nationalsozialismus über Deutschland gebracht hat. Die Täter waren Kommandierte, Missbrauchte, Gesindel. Der Verantwortliche ist der Mann, der von sich selbst erklärte: »Es geschieht nichts in Deutschland ohne meinen Willen ...«, Hitler.

201 **25. Juli 1939**

Stimmungsbericht der Kreisleitung der NSDAP Hanau an die Gauleitung Hessen-Nassau, Stabsamt Politische Abteilung, für die Monate Juni/Juli 1939 (Auszug)

Hessisches Hauptstaatsarchiv Wiesbaden, 483/11219.

Punkt 1. Stimmungmäßiger Überblick über die gesamtpolitische Lage
[...] Aus der Bevölkerung kommen immer wieder Anfragen, warum ausländische Sender Nachrichten über innerdeutsche Angelegenheiten meistens schon nach kurzer Zeit bringen, während unsere Sender und Zeitungen solche erst nach 1 oder 2 Tagen zur Kenntnis geben. So. z.B. das Gelnhäuser Flugzeugunglück.

Über die an manchen Stellen des Reiches unregelmäßig verteilten Lebensmittel, wie Butter, Fleisch, Kaffee usw., tritt eine gewisse Missstimmung zutage. Des weiteren werden die hohen Preise für Obst und Gemüse sehr bemängelt.

Die schaffende Bevölkerung klagt nach wie vor über schlechte Bezahlung in der Großindustrie. Die Arbeitsleistung ist groß. Der Arbeiter ist auch gerne bereit, zu arbeiten, erwartet jedoch eine bessere Entlohnung. Es wird immer wieder auf die großen Verdienste der Direktoren und höheren Angestellten verwiesen. Besonderer Kritik erfreuen sich die Arbeitseinsatzgesetze der Regierung. Die Lohnstoppverordnungen werden keinesfalls von der Bevölkerung verstanden. Es müssten Mittel und Wege gefunden werden, um die staatlichen Notwendigkeiten der Bevölkerung schmackhafter beizubringen. [...]

Punkt 4a. Deutsche Arbeitsfront
Das Verhältnis zwischen dem Betriebsführer und der Gefolgschaft ist schlecht. Die Herren Betriebsführer verschanzen sich in jeder Beziehung hinter die [!] vom Reichstreuhänder gegebenen Richtlinien und versuchen, die Verantwortung auf diesen zu verlagern. Es ist meines Erachtens durchaus möglich, in besonders krassen Fällen der Not, den Gefolgschaftsmitgliedern, die heute im Durchschnitt gesehen, 50 v. H. mehr leisten müssen wie im Vorjahre, ohne weiteres gewisse soziale Vergünstigungen zu gewähren. Eine Mehrleistung an Arbeit und Energieverbrauch ist unstreitig vorhanden. In jedem Betrieb bestehen Möglichkeiten, wenn man die Löhne nicht erhöhen darf, den Arbeitern in irgend einer Form wirtschaftlich zu helfen.

Es ist innerhalb der Betriebe, bei denen eine Kündigungssperre besteht, ein derartiges Gleichgültigkeitsgefühl, ein verantwortungsloses Arbeiten festzustellen, dass sich dies für die Zukunft katastrophal auswirken wird. Besonders krass wirken sich diese Zustände in den Firmen Deutsche Dunlop Gummi Compagnie AG und W. C. Traxel in Hanau aus. Ausschreitungen der Gefolgschaft, die sich gegen die Betriebsführung richten und sogar zu Tätlichkeiten führten, sind an der Tagesordnung.

Durch die ungesunde Lohnpolitik der vergangenen Jahre sowie den großen Mangel an Arbeitskräften insbesondere an Facharbeitern machen sich allenthalben Abwanderungsbestrebungen bemerkbar. Eine gesunde Lohn- und Gehaltsregelung ist dringendst erforderlich. Die Unzufriedenheit und der Wunsch nach einem besseren Lohn ist mehr denn je zu vernehmen. Die Industrie verdient genügend und insbesondere die Gehälter der führenden Angestellten und Direktoren nehmen Formen an, die ins Unermessliche gehen. Es ist unbedingt erforderlich, dass man den Betriebsführern klarmacht, sich mehr denn je um das Schicksal ihrer Gefolgschaft nicht nur am Arbeitsplatz, sondern auch zu Hause zu bekümmern.

Die Wohnungsfrage ist zur Zeit für das Kreisgebiet die vordringlichste. Familien mit 6 und 7 Köpfen in 1 und 2-Zimmerwohnungen sind hier keine Seltenheit. Es ist weiterhin festzustellen, dass nicht nur die Krankenkassen, sondern auch die sozialen Einrichtungen der Deutschen Arbeitsfront, insbesondere die Auszahlungen von Unterstützungen, in größerem Maße in Anspruch genommen werden.

Man kann immer wieder die Wahrnehmung machen, dass der Arbeiter sich genau ausrechnet, dass wenn er ein paar Mark Wochenlohn mehr verdient, er wesentlich höhere soziale Abgaben zu leisten hat. Aus diesem Grunde rechnet er sich die Differenz aus und verzichtet lieber auf die an sich zu leistende Mehrarbeit und versucht, die auf diese Art und Weise verlorenen Gelder aus seiner Krankenkasse sowie der DAF herauszuholen. Man kann das Gefühl nicht loswerden, dass die Ausnutzung dieser Sozialinstitute von gewissen Kreisen absichtlich erfolgt.

Die Ausführungsbestimmungen über die Handwerkerversicherungen treffen allenthalben auf große Schwierigkeiten. Der Handwerker müsste in irgendeiner Form für sein Alter gesichert sein. Die Versicherungen, wie Südversa usw., genügen nicht, um den Lebensabend des Handwerkers zu garantieren.

Punkt 4b. Hauptamt für Volkswohlfahrt
Die in dem Monat Juni durchgeführte Mitgliederwerbung hat über 1100 neue Mitglieder gebracht. Es gehen aus den Betrieben immer noch Neuanmeldungen ein, sodass immer noch mit einer größeren Zahl gerechnet werden kann. Die Werbung in den Betrieben hat allerdings nicht den gewünschten Erfolg gebracht, obwohl sich der Kreisleiter hierfür restlos einsetzte.

Bei der Prüfung über den Grund wurde festgestellt, dass viele Betriebsangehörige über ihren Verdienst klagen und aus diesem Grunde die Mitgliedschaft zur Nationalsozialistischen Volkswohlfahrt (NSV) nicht erwerben können. Es muss aber auch festgestellt werden, dass, wie bereits berichtet, in einem der größten Betriebe (W. C. Heraeus) noch eine Menge Angestellter vorhanden ist, die, obwohl sie ein gutes Einkommen haben, es ablehnen, Mitglied der NSV zu werden. Ähnlich liegt auch der Fall in der Firma Deutsche Dunlop Gummi Compagnie AG, Hanau. Die Tatsache, dass diese gut bezahlten Angestellten nicht Mitglieder der NSV werden, wird auch bei den übrigen Gefolgschaftsmitgliedern bekannt, und lehnen diese es selbstverständlich auch ab, Mitglieder der NSV zu werden. [...]

49 Anträge für Mutter und Kind wurden gestellt, die von den Ortsgruppen und der Kreisamtsleitung bearbeitet wurden. Außerdem wurden im Hilfswerk Mutter und Kind 387 Personen betreut. [...]

Der Verkauf von Volksgasmasken ruht zur Zeit vollkommen. Es ist unbegreiflich, wie wenig Interesse die Bevölkerung trotz eifrigster Werbung dem Erwerb der Volksgasmaske entgegenbringt. Verkauft und abgesetzt wurden bis jetzt 4000 Gasmasken, darunter jedoch nur 200 für Kinder. [...]

Punkt 4e. Hauptamt für Beamte
Die Haltung der Beamten der Regierung gegenüber ist unmittelbar nach der Machtübernahme wesentlich anders geworden. Die früher übliche Kritik an allen Maßnahmen ist heute mehr oder weniger verschwunden. Man lässt sich von dem Gedenken leiten, dass all die getroffenen Maßnahmen bisher restlos zu Erfolgen der nationalsozialistischen Regierung geführt haben. Nach wie vor besteht Klage über die Kürzungen, die durch die Brüningsche Notverordnung veranlasst wurden[a]. Insbesondere aus den Reihen der kleinen Beamten und Pensionäre will der Ruf nach der Aufhebung der Kürzungen nicht verstummen. [...]

Punkt 13. Gesetze, Verordnungen, Erlasse und ihre Auswirkungen, Erfahrungen und Anregungen
In letzter Zeit treten die Bezirksfürsorgeverbände in erhöhtem Maße an die Volksgenossen heran, die in den Notjahren erhaltenen Fürsorgeaufwendungen zurückzuerstatten. Naturgemäß herrscht hierüber Missstimmung und Unzufriedenheit. Man hört allgemein die Auffassung, es sei nicht mehr als recht und billig, diese Kosten niederzuschlagen. Die Zahlungspflichtigen haben sämtliche eine lange Erwerbslosigkeit hinter sich. Sie konnten in dieser Zeit keine Anschaffungen machen. Ihre Bestände sind abgerissen und verbraucht. Sie müssen nunmehr nach und nach ersetzt und vervollständigt werden. Jetzt, nachdem diese Volksgenossen die drückendsten Schulden los sind und nunmehr endlich daran denken können, Anschaffungen zu machen, kommt das Wohlfahrtsamt mit Forderungen an sie heran und bringt erneut Sorgen. Es ist auch zu bedenken, dass die Beträge, die für Rückzahlungen aufgewandt werden, bestimmt bei anderen Zuwenden, wie dem Winterhilfswerk usw., wieder eingespart werden. Aus diesen Gründen erscheint die Niederschlagung sämtlicher Fürsorgeaufwendungen durch gesetzliche Bestimmungen dringendst erforderlich.

Punkt 14. Vorgänge und Fragen, die Dienststellen des Reiches und Körperschaften des öffentlichen Rechtes betreffen.
Das Verhältnis zu den Behörden ist abgesehen zum hiesigen Arbeitsamt recht gut. Die Stadtortsgruppen beklagen sich andauernd über die Behandlung seitens der hiesigen Arbeitsamtsangestellten. Entsprechende Rücksprachen mit dem Behördenleiter konnten bis jetzt noch nicht zu einem tragbaren Ergebnis führen.

Bei den Eltern von Pflichtjahrkindern herrscht über die schlechte Auskunftserteilung (Berufsberatungsstelle des Arbeitsamtes) große Unzufriedenheit. So wurden u.a. Mädel in das Pflichtjahr vermittelt, obwohl sie einen Beruf ergreifen wollten (Kinderpflegerinnen), für den sie statt des Pflichtjahres, ordnungsgemäß eine Kinderpflegeschule besuchen hätten müssen. Da durch die bereits im April beginnende Schule diesen Kindern ein volles Jahr in ihrer Berufsausbildung verlorengegangen ist, da sie durch das Arbeitsamt zu spät unterrichtet wurden, sind naturgemäß die hiervon betroffenen Eltern sehr verärgert. [...]

Punkt 21. Industrie
Die Industrie ist nach wie vor voll beschäftigt. Der Mangel an Arbeitskräften hält an. Lediglich schlecht ist die Lage in der Diamantschleiferindustrie. Die Lehrlinge werden nur noch notdürftig gehalten. Wie schon erwähnt, herrscht durch die Lohn- und Gehaltsstoppverordnung in den Großbetrieben große Missstimmung. Den Arbeitnehmern ist es trotz größter Anstrengungen nicht möglich, sich wirtschaftlich zu verbessern.

Durch die verstärkten Nachfragen werden die Lagerbestände immer größer und die Lieferfristen für viele Artikel immer länger. Es herrscht nach wie vor Knappheit in Werk- und Rohstoffen, insbesondere an Walz- und Stabeisen. In der Industrie werden trotz Sicherstellung der Kontingentzuteilungen immer wieder Bezugsscheine für Material verlangt. Eine verstärkte Kontrolle wäre durchaus angebracht. [...]

Punkt 24e. Soziale Fragen (Wohnungsfragen)
Die Wohnungsnot in Hanau und im Kreisgebiet ist sehr bedenklich. Der Fehlbetrag an Wohnungen allein im Stadtkreis beläuft sich schon auf 700. Wie bereits in einem der letzten Monatsberichte angegeben, soll diesem Wohnungsmangel durch eine inzwischen gegründete Baugenossenschaft Einhalt geboten werden. Die Stadt baut neuerdings im Hafengelände Kleinwohnungen, die aber bei weitem nicht ausreichen, um die bestehenden Bedürfnisse zu stillen.

[a] Insbesondere durch die Notverordnungen vom 1. Dezember 1930, 5. Juni und 8. Dezember 1931.

202 September – Dezember 1939

Aufzeichnungen des ehemaligen Redakteurs der »Hanauer Volksstimme« und SPD-Stadtverordneten Hans Kargl über die Ankunft der bei Kriegsausbruch verhafteten politisch verdächtigen Personen aus Hanau und Umgebung im KZ Sachsenhausen und über das Lagerleben (Auszug), September – Dezember 1939

Gerhard Flämig, Hanau im Dritten Reich, Bd. 2: (1933-1945) Verfolgung und Widerstand, Hanau 1987, S. 97ff., 115ff. Auslassungszeichen auch in der Vorlage.

16. Die Einlieferung
Gegen 11 Uhr übergaben uns die Polizeibeamten vom »Alex«[a] der SS-Wache am äußeren Tor des KZ-Lagers. Das Anbrüllen und Hin- und Herstoßen beginnt. Ein dicker fetter Watz, er spricht bayerischen Dialekt, tut sich durch Rohheit besonders hervor. Mit Vorliebe stößt er uns mit dem Gewehrkolben an die Brust oder ins Gesicht. Wir werden in die »Politische Abteilung« geführt. Das ist eine Baracke außerhalb des eigentlichen Lagers, in der sich einige Verwaltungsabteilungen befinden.

In Reih und Glied, zwei Mann hintereinander, stehen wir »stillgestanden, Augen gerade aus!« Aus dem Fenster der Baracke verhöhnen uns nacheinander verschiedene SS-Männer, alles sehr junge Leute. Den dicken Wachmann feuern sie ständig zu Grobheiten und Handgreiflichkeiten an. Der macht wieder von seinem Gewehrkolben Gebrauch, besonders wenn einer nicht gerade genug »geradeaus« blickt.

Nach längerem Warten bequemen sich die Herrschaften endlich, unsere Personalien aufzunehmen. Zu zweit werden wir immer aufgerufen. Obwohl es nur wenige Schritte von unserem Standplatz bis zur Barackentür sind, werden wir doch im Laufschritt gehetzt, immer einer von den Wachleuten hinterher mit Rufen wie: Was, du Hund, du willst nicht laufen? Oder: Dich will ich laufen lehren, du Drecksau! Auch mir fuchtelt der Dicke mit dem Gewehrkolben vor dem Gesicht herum, weil ich wegen meiner Beinverletzung nicht stramm genug stehen kann.

Eine der Fragen, die bei der Personalaufnahme zu beantworten sind, lautet: Und wohin soll Nachricht gegeben werden, wenn dir etwas passieren sollte? Sehr vielverheißend, diese Frage, aber nicht unbegründet, wie wir bald erfahren sollen. ...

Nach Erledigung dieser ersten Formalitäten, die etwa zwei Stunden in Anspruch nehmen, heißt es »Marsch!« und es geht jetzt durch das zweite Tor. Es ist ein großes, massives, oben mit einem Maschinengewehr bestücktes Torgebäude. Vom Standplatz des MG-Schützen aus könnten der gesamte Appellplatz und die Lagergassen beschossen werden.

Jetzt sind wir im eigentlichen Lagergelände. Wieder werden wir in breiter Front aufgestellt, das Gesicht gegen die Wand des Torgebäudes, im Rücken den großen Appellplatz und die Barackenstadt. Wieder öffnen sich Fenster, wieder werden wir ausgefragt, verhöhnt und beschimpft. Dieses »harmlose« Vergnügen geht aber bald in recht handgreifliche Tätigkeiten über. Nacheinander kommen einzelne SS-Männer, fragen uns immer wieder nach Name und Wohnort und teilen Ohrfeigen aus.

Unsere 32 Mann werden hier in drei Gruppen eingeteilt. Wir 18 Hanauer von der Septemberaktion bilden die eine Gruppe, dann kommen 12 Mann, die nach Verbüßung irgend einer Freiheitsstrafe ins Lager eingeliefert werden. Die dritte Gruppe bilden zwei Juden. Diesen beiden armen Kerlen haben wir dreißig anderen es zu danken, dass wir trotz aller Unbill an diesem Tage noch einigermaßen glimpflich davonkommen. Vor allem einer der beiden Juden, den man wegen »Rassenschande« eingeliefert hat, wird arg mitgenommen.

Vor dem Torgebäude macht sich besonders einer von der SS einen Jux daraus, ihn zu misshandeln. Die rechte Hand in die Uniform gesteckt, so schreitet er längere Zeit unsere Front ab. Jedes Mal, wenn er an dem einen Juden vorbeikommt, schlägt er ihm blitzschnell mit dem rechten Handballen in großer Wucht gegen die Schläfe, so dass der Mann bald bewusstlos vornüber aufs Gesicht fällt. Zwei Mann müssen ihn wieder aufstellen, und er kommt bald wieder zu Bewusstsein. Aber kaum hat er das Gleichgewicht erlangt, da liegt er schon erneut auf dem Boden. Fünfmal wiederholt sich dieser Vorfall. Dann wird es dem Kerl, der jedes Mal seine Hiebe mit höhnischem Lachen begleitet, zu langweilig. Einige SS-Leute an den Fenstern des Torgebäudes stimmen in dieses Hohngelächter mit ein.

Schließlich kommt der Lagerführer – die Hierarchie lautet: Lagerkommandant, stellvertretender Lagerkommandant, Lagerführer – und befragt jeden einzelnen von uns über Beruf, politische Vergangenheit und Ursache der Einlieferung ins Lager. Im Gegensatz zu seinen Untergebenen spricht er uns mit »Sie« an und wird auch selbst nicht handgreiflich. Dass er aber von den Misshandlungen und Grausamkeiten Kenntnis hat und dass sie von ihm gebilligt werden, das können wir immer wieder feststellen. Nachdem er uns examiniert hat, hält er eine kurze Ansprache, in der er uns auseinandersetzt, dass das Konzentrationslager kein Gefängnis und kein Zuchthaus sei, dass hier militärische Strenge herrsche und dass jeder Widerstand sofort und ohne Warnung mit der Waffe in der Hand gebrochen werde. Die Kugeln meiner Jungs sitzen verdammt locker, sagt er wörtlich zum Abschluss.

Nachdem auch diese Prozedur vorbei ist, werden wir dem Scharführer von der »Kammer« übergeben. Der jagt uns sofort im Laufschritt-marsch-marsch über den Appellplatz mit Kommandos wie »Hinlegen!« und »Aufstehen« und anderem Unfug. Auch hierbei müssen die beiden Juden und von diesen wiederum der eine mit der »Rassenschande« besonders daran glauben. Großen Spaß macht es dem SS-Mann, mit seinen schweren Kommisstiefeln den beiden, wenn sie nach dem Kommando auf dem Bauch liegen, von rückwärts auf die Ferse zu springen oder ihnen ein Bein zu stellen, dass sie hinfallen.

Nachdem er uns eine Weile hin- und hergejagt hat, geht es in die Bekleidungskammer, wo wir unsere »Brocken« in Empfang nehmen. Die Kleidungsstücke, die wir hier empfangen, Uniformen zu nennen, wäre sündiger Hochmut. Fast durchweg sind es alte Lumpen, die zur Zeit des ersten Weltkrieges einmal als Militäruniformen gedient haben, jetzt aber kaum mehr ihren ursprünglichen Zweck erkennen lassen. Und doch sind diese Stücke immer noch die begehrtesten. Es gibt auch Kleidungsstücke aus Zellwolle, die wenn sie nur einmal gewaschen sind, als Schutz vor Kälte im Winter nicht den geringsten Dienst mehr leisten. [...]

21. Ständige Schikanen und Hunger

[...] Im Sommer dauert die Arbeitszeit von 6.30 Uhr bis 12 Uhr und von 13.30 bis 17.30. In den Wintermonaten, da die Arbeitszeit wegen der Lichtverhältnisse erst um 8 Uhr beginnt und um 15 Uhr endet, ist die Mittagspause auf eine halbe Stunde beschränkt. In dieser halben Stunde wird zunächst Appell gehalten. Dann können die Gefangenen, im Freien stehend, ihr Brot oder ihre Mittagssuppe essen, und das bei jeder Witterung!

Zählappell ist um 6 Uhr morgens, mittags um 12 Uhr und abends um 18 Uhr. Morgen- und Abendappell dauern normal eine gute halbe Stunde, der Mittagsappell etwas weniger. Teilappell ist jeweils vor Abmarsch von den diversen Arbeitsstätten.

Aber von nahezu 14 000 Lagerinsassen sind 3 000 ohne Beschäftigung. Zum Teil handelt es sich um alte oder gebrechliche Leute, zum Teil aber auch um solche, für die einfach keine Beschäftigung da ist. In der Regel sind die nicht zur Arbeit Fähigen in den so genannten »Hungerblocks« untergebracht. Sie erhalten also täglich 300 Gramm Brot, 60 Gramm Wurst dürftigster Qualität und ein Liter dünner Suppe. Kein Wunder, dass sie wegsterben wie die Fliegen. ...

Ende November hat die größte Kälte eingesetzt. Sie hält den ganzen Dezember über ständig mit 16 bis 22 Grad unter Null an. Seit Neujahr gibt es sogar Kälteperioden mit Frost bis 35 Grad. Während dieser ganzen Zeit sind die zu verarbeitenden Feldfrüchte steinhart gefroren, da das Lager keinerlei Vorräte hat und diese Sachen ständig neu angefahren werden müssen.

Unter meiner Baracke befindet sich ein Keller, in den die Steckrüben abgeladen werden. Wenn diese auch nur 48 Stunden dort liegen und in der Kellerwärme auftauen, dann stinkt die ganze Umgebung, und aus den Kellerfenstern steigt ein ekelerregender Brodem hoch.

Manchmal liegen die vor unserer Baracke abgeladenen Steckrüben, die bei der Anfahrt schon hart gefroren sind, bei dieser strengen Kälte über Nacht im Freien, bevor sie anderentags in den Keller geworfen werden. Über diesen hartgefrorenen Segen der Mutter Erde stürzen sich abends in der Dunkelheit zahlreiche Gefangene her und essen das Zeug in diesem Zustande roh, obwohl das natürlich streng verboten ist und im Entdeckungsfalle die bekannten strengen Lagerstrafen verhängt werden. So groß ist der Hunger! Die Folge davon ist, dass eine Art Durchfallkrankheit im

Lager grassiert und die Leute zu vielen Dutzenden in die neu eingerichteten Blocks für die Körperschwachen eingeliefert beziehungsweise als Leichen wieder herausgebracht werden.

Die Zustände in diesen Blocks der Körperschwachen müssen nach den Schilderungen derjenigen, die das Glück haben, lebend wieder herauszukommen, geradezu grauenhaft sein. Diese Leute, zu schwach sich auf den Beinen zu halten, lassen den Kot von sich gehen. Betten und Leibwäsche sind verschmutzt und die wenigen »Sanitäter« sind nicht imstande und wohl auch nicht willens, die notwendigen Reinigungsarbeiten immer von Neuem zu wiederholen. Die Einlieferung in die Blocks der Körperschwachen bedeutet in den allermeisten Fällen nur eine letzte Zwischenstation vor der Leichenkammer. Die Kranken sind also in diesen Blocks buchstäblich sich selbst überlassen. Die ärztliche Versorgung besteht lediglich in der Verabreichung einiger Tabletten und in den in Abständen sich wiederholenden Erkundigungen des Arztes, wie viele Tote es seit seinem letzten Besuch gegeben habe. 10 bis 12 Tote pro Tag müssen die Leichenträger normalerweise wegschleppen. ... Helfen könnte hier ja nur eine bessere Kost, und die gibt es eben nicht. Seit Einsetzen der großen Kälte und der bis zum Viehfutter verschlechterten Kost ist der tägliche Abgang auf ein Vielfaches dieser Zahl angewachsen.

Seit meiner Entlassung aus dem Revier muss ich alle paar Tage zur ambulanten Behandlung vor dem Revier antreten. Da der Andrang auch hier sehr groß ist, muss man immer lange, bis zu drei Stunden, im Freien anstehen, ehe man an die Reihe kommt. Bei dieser Gelegenheit kann ich wiederholt beobachten, dass die Leichenträger stundenlang mit dem Abschleppen der Toten beschäftigt sind. ...

Diejenigen Gefangenen, die zwar arbeitsfähig sind, für die aber keine Arbeit da ist, leben zusammen mit den arbeitenden Gefangenen in den »Vollkostblocks«. Ihnen reicht man pro Tag 340 Gramm Brot, dreimal pro Woche einen halben Löffel Marmelade und einmal in der Woche 35 Gramm Margarine statt der täglichen 60 Gramm Wurst. Dazu bekommen sie einundeinviertel Liter Suppe, eine dünne Magermilchbrühe, in der, je nachdem was es gibt, ein paar Brocken Kartoffeln, Erbsen, Bohnen, Weißkraut, in letzter Zeit fast nur noch Mohr- oder Steckrüben, schwimmen.

Der ständige Hunger ist so groß, dass Brot und Wurst, die morgens mit dem Malzkaffee ausgegeben werden, aber als Abendessen gelten, von den meisten sofort aufgegessen werden. Diese Gefangenen haben dann den ganzen Tag keinen Bissen zu essen, bis sie abends, nach dem Einrücken von der Arbeit, ihre Mittagssuppe bekommen. Tausende müssen bei dieser mageren Kost schwer arbeiten. Dreimal in der Woche gibt es angeblich Fleisch. Oft kommt es aber vor, dass man an den so genannten Fleischtagen nicht eine Spur Fleisch in der Suppe findet. Häufig zeigt lediglich der widerliche Geruch von Walfleisch an, dass »Fleischtag« ist, der Wal ist nämlich das Tier, das zumeist sein Fleisch für die Gefangenen abgibt. ...

Einmal, zu meiner Zeit[b], sind zwei Gefangene dabei erwischt worden, wie sie bei Aufräumungs- und Reinigungsarbeiten im Speisesaal der SS-Kantine sich einige Brocken liegengebliebenen Brotes aneigneten, statt sie in die dafür bestimmten Eimer zu werfen. Zunächst wurden sie von dem SS-Mann, der sie dabei erwischt hatte, kräftig geohrfeigt und dann Meldung erstattet. Mit »25 über den Bock« büßten sie das »Verbrechen«, ihren Hunger mit Abfällen vom Tisch ihrer Peiniger stillen zu wollen.

[a] Das Polizeipräsidium am Berliner Alexanderplatz.
[b] Hans Kargl war vom 23. September bis zum 21. Dezember 1939 im KZ Sachsenhausen.

203 1940 – 1943

Die Tätigkeit der illegalen Betriebszelle in der Frankfurter Fabrik elektrotechnischer Apparate Voigt & Häffner AG

203a Anklageschrift gegen den ehemaligen Hanauer Stadtverordneten Heinrich Fischer (SPD) , den ehemaligen Gelnhausener Stadtverordneten Christian Weitzel (SPD) sowie die Frankfurter Richard Frenzel und Johann Reinhardt wegen Vorbereitung zum Hochverrat (Auszug), 1. Februar 1943

Hessisches Hauptstaatsarchiv Wiesbaden, 461/8994.

1. Fischer, Heinrich Johann, Schnitt- und Werkzeugmacher, aus Hanau/M., Herrnstr. Nr. 29, verh., gottgläubig, geb. am 8. Juli 1895 in Hanau, Reichsdeutscher, Vorstrafen sind nicht mehr vermerkt, festgenommen am 20. Oktober 1942, 12,30 Uhr,
2. Frenzel, Richard Friedrich, Werkzeugmacher aus Frankfurt/M., Ostbahnhofstr. Nr. 11, verheiratet, ev., geb. am 2. März 1886 in Zschopau (Sachsen), Reichsdeutscher, nicht vorbestraft, festgenommen am 20. Oktober 1942, 6,30 Uhr,
3. Reinhardt, Johann Baptist, Werkzeugmacher aus Frankfurt/M., Elbestr. 53, geschieden, gottgläubig, geb. am 4. Mai 1893 in Bamberg, Reichsdeutscher, nicht vorbestraft, festgenommen am 20. Oktober 1942, 6,30 Uhr, – zu 1. bis 3. seit dem 7. November 1942 in Untersuchungshaft in der Untersuchungshaftanstalt in Frankfurt/M. aufgrund des Haftbefehls des Amtsgerichts Frankfurt/M. vom 7. November 1942 – 76 Gs. 1332/42-
4. Weitzel, Christian, Werkzeugmacher aus Gelnhausen, Burgstrasse Nr. 6, verheiratet, ev., geb. am 14. Mai 1895 in Gelnhausen, Reichdeutscher, nicht vorbestraft, festgenommen am 19. Dezember 1942, 13 Uhr, seit dem 23. Dezember 1942 in Untersuchungshaft in Frankfurt/M aufgrund des Haftbefehls des Amtsgerichts Frankfurt/M. am 23. Dezember 1942 – 76 Gs. 1540/42

werden angeklagt, in Frankfurt/M. in den letzten Jahren, insbesondere in den Jahren 1940 bis 1942, fortgesetzt und gemeinschaftlich das hochverräterische Unternehmen, mit Gewalt oder durch Drohung mit Gewalt die Verfassung des Reichs zu ändern, durch Förderung der illegalen kommunistisch-marxistischen Bestrebungen, insbesondere durch fortgesetzte umstürzlerische Hetzpropaganda untereinander und gegenüber Arbeitskameraden, vorbereitet zu haben, wobei die Tat darauf gerichtet war, zur Vorbereitung des Hochverrats einen organisatorischen Zusammenhalt herzustellen oder aufrechtzuerhalten. [...]

In Frankfurt/M. wurde seit längerer Zeit, insbesondere seit Beginn des jetzigen Krieges, beobachtet, dass marxistisch eingestellte Kreise wieder in verstärktem Maße bestrebt waren, eine illegale Tätigkeit aufzunehmen und neue Anhänger zu werben. Als besonderes Betätigungsfeld wählten sie einige kriegswichtige Betriebe. So ergaben staatspolizeiliche Beobachtungen, dass zumindest seit Beginn des Jahre 1940 auch in dem Rüstungsbetriebe der Fa. Voigt & Haeffner in Frankfurt/M., bei der mehrere tausend Arbeiter beschäftigt sind, eine illegale Betriebszelle bestehen müsse, die innerhalb des Betriebes umstürzlerische Mundpropaganda betrieb. In dem Verdacht der Beteiligung stand eine größere Anzahl von Betriebsangehörigen, die größtenteils früher der KPD oder der SPD angehört oder mindestens mit diesen Parteien sympathisiert hatten. Die eingehenden Ermittlungen ergaben im Wesentlichen die Richtigkeit des Verdachtes und führten zu der Feststellung, dass auch die hier angeschuldigten Personen in diesem Rahmen illegal tätig gewesen sind.

Diese Angeschuldigten haben nämlich ihre frühere kommunistisch-marxistische Einstellung auch nach der Machtübernahme beibehalten, nahmen deshalb gegenüber dem nationalsozialistischen Staate eine ablehnende Haltung ein und hetzten meistens in versteckter oder ironischer Form sowohl untereinander als auch gegenüber anderen Arbeitskameraden bei allen ihnen geeignet erscheinenden Gelegenheiten gegen Maßnahmen der Regierung und der Partei. Wegen seiner politischen Vorbildung und seiner geistigen Veranlagung hatte insbesondere Fischer auf seine Arbeitskameraden einen starken Einfluss. Da Fischer und Weitzel über ihre frühere politische Betätigung Bescheid wussten, schlossen sie sich allmählich im Betriebe enger aneinander an. Im Laufe der Zeit gelang es ihnen, auch Reinhardt – der im übrigen ein großer Bewunderer der amerikanischen Verhältnisse war und diese auch stets als Vorbild hinstellte – sowie Frenzel in ihren Kreis hineinzuziehen. Da die Angeschuldigten in ihrer Abteilung auf einem verhältnismäßig engen Raum zusammenarbeiteten, ergab sich die Möglichkeit, dass sie des öfteren in politische Gespräche kamen und dabei sich gegenseitig in ihrer staatsfeindlichen Haltung bestärkten. Nach Beginn des jetzigen Krieges zogen sie immer wieder die Berichterstattung der deutschen Presse und des Rundfunks sowie die Richtigkeit der deutschen Wehrmachtsberichte in Zweifel. Auch vertraten sie wiederholt den Standpunkt, dass Deutschland den Krieg nicht gewinnen könne, und hoben hierbei für die Feinde günstig erscheinende Punkte mit Nachdruck hervor. Im Betriebe waren sie allgemein als Meckerer und Miesmacher und fanatische Marxisten bekannt: ihre Gruppe wurde als »Generalstab« bezeichnet. Mit einer Reihe von Arbeitskameraden, so z.B. den Zeugen Breitenbach, Kraus (beide Parteigenossen und SA-Männer), Puth (Zellenwart der DAF) und Meyer hatten sie wegen ihrer staatsgegnerischen Ansichten wiederholt Auseinandersetzungen. Im Jahre 1937 musste Weitzel auf Grund einer Anzeige des Zeugen Breitenbach von dem Betriebszellenobmann Muss verwarnt werden, da er sich in zwei Fällen in abfälliger Weise über die Hitlerjugend geäußert hatte. Wegen dieser Auseinandersetzungen wurden die Angeschuldigten insbesondere gegenüber den genannten Zeugen mit ihren Bemerkungen vorsichtiger. Auch brachen sie häufig ihre Gespräche ab und trennten sich oder begannen ein anderes harmloseres Thema, sobald zu ihren politischen Diskussionen ein Arbeitskamerad hinzukam, dessen Mithörerschaft ihnen nicht erwünscht schien. [...]

203b Erinnerung von Lina Fischer an das Wiedersehen mit ihrem Mann als Häftling im Zuchthaus Brandenburg-Görden, 1943

Gerhard Flämig, Hanau im Dritten Reich. Bd. 2: (1933-1945) Verfolgung und Widerstand, Hanau 1987, S. 127ff.; Auslassungszeichen in der Vorlage.

Die schwerste Zeit meines Lebens, das waren die Jahre, während denen mein Heiner im Dritten Reich verhaftet und wegen Vorbereitung zum Hochverrat ins Zuchthaus Brandenburg gesteckt worden war. Da saß ich nun mit meinen Kindern, praktisch ohne Einkommen und in völliger Ungewissheit über das Schicksal meines Mannes. Wenn nicht frühere Freunde und ehemalige Genossen uns mit kleinen Gaben geholfen hätten, so wären wir glatt verhungert.

Mein Mann war eines Morgens von der Gestapo abgeholt worden. Ich hatte keine Ahnung, wohin man ihn gebracht hatte. Wiederholt ging ich zur Polizei, um mich zu erkundigen. Aber ich erhielt nur die Auskunft, Heiner sei wegen Vorbereitung zu Hochverrat verurteilt worden und verbüße eine längere Zuchthausstrafe.

Die Ungewissheit, ob er überhaupt noch am Leben war, quälte mich und meine Familie. Es gab keinerlei Briefkontakt.

Eines Tage traf ich einen Bekannten, der in der Weimarer Republik mit Heiner zusammengearbeitet hatte. Er war wohl kurz zuvor aus dem Zuchthaus entlassen worden, ich weiß es nicht genau, denn er sprach nicht darüber, er sagte nur, ich solle ihn nicht danach fragen, er habe gelobt zu schweigen. Aber er deutete mir an, er habe gehört, Heiner Fischer, der aktive Gewerkschafter im Merseburg früherer Jahre, ehemaliger Kommunist und späterer Sozialdemokrat, befinde sich im Zuchthaus Brandenburg.

Das ließ mir keine Ruhe. Ich legte heimlich Mark auf Mark, ich musste sie mir und meinen Kindern buchstäblich vom Munde absparen, bis ich das Fahrgeld nach Brandenburg zusammen hatte. Mit klopfendem Herzen bestieg ich den Zug. In Brandenburg erkundigte ich mich auf der Straße, wo wohl das Zuchthaus sei. Passanten rieten mir ab, dorthin zu gehen, es sei nämlich verboten, sich in der Nähe des Zuchthauses aufzuhalten, man könne da Schwierigkeiten bekommen.

Da ich kein Geld für ein Hotel hatte und sommerliches Wetter herrschte, setzte ich mich auf Parkbänke. In Gesprächen mit Banknachbarn brachte ich immer wieder so unauffällig wie möglich das Thema Zuchthaus auf. Eine Frau erzählte mir arglos, man könne die Züge der Gefangenen frühmorgens und spätnachmittags bisweilen beobachten, wenn die Häftlinge zu Außenarbeiten geführt würden. Das war für mich das Stichwort.

Frierend und hungrig verbrachte ich die Nacht im Bahnhofswartesaal. Beim Morgengrauen begab ich mich durch die menschenleeren Straßen bis an jene Allee, wo man angeblich die Gefangenen vorbeiziehen sehen konnte. Tatsächlich – es war noch ziemlich zeitig am Tag, da sah ich einen langen Zug graublau gekleideter Häftlinge in Dreierreihen herankommen. Vornweg, nebenher und am Schluss gingen Uniformierte mit schussbereiten Gewehren. Einige hatten Schäferhunde dabei. Ich fühlte bis in die Ohren, wie mein Herz schlug, als die Gefangenen nur wenige Meter entfernt von der Bank, auf der ich saß, vorbeimarschierten. Und tatsächlich – in der letzten Reihe, die Häftlinge waren der Größe nach aufgestellt worden, bei den Kleinsten, da sah ich blass und ganz schmal geworden, meinen Heiner. Ich hätte vor Freude schreien mögen. Aber die Mahnung zur Vorsicht im Gedächtnis, winkte ich meinem Mann nur stumm zu.

Heiner muss das bemerkt haben, denn ich sah ganz deutlich, wie er mir mit der rechten Hand versteckt ein Zeichen gab, ich solle weggehen.

Der Posten, der am Schluss ging, muss mein Winken beobachtet haben. Er verließ den Zug des Elends, kam auf mich zu und herrschte mich an, ich solle unverzüglich verschwinden, sonst werde er mich festnehmen. Ob ich den nicht wisse, dass es streng verboten sei, mit Häftlingen in Kontakt zu treten? Voller Angst versagte mir die Stimme. Als der Posten mich anschnauzte, ich solle verschwinden und mich nie wieder hier blicken lassen, erhob ich mich und ging rasch weg hin zum Bahnhof.

Dort musste ich weinen, ich weiß heute noch nicht, ob es die überstandene Angst oder ob es die Freude darüber war, endlich Gewissheit zu haben, dass mein Mann lebte ...

204 1941 – 1942

Die Arbeitshetze in den Rüstungsbetrieben

204a Schreiben der Gauwaltung Hessen-Nassau der DAF an die Betriebsführer, 12. März 1941

Bundesarchiv-Militärarchiv Freiburg, RW21/19-6, Bl. 38f.

Im Einvernehmen mit dem Oberkommando der Wehrmacht findet eine Propagandaaktion der Deutschen Arbeitsfront zur Herausstellung der soldatischen Haltung des deutschen Arbeiters statt. Ich bitte in verstärktem Maße, besonders in den wehrwirtschaftlichen Betrieben, um Ansetzung von Betriebsappellen und Anforderung von geeigneten Rednern der Partei.

Zweck und Aufgabe dieser Aktion ist, den soldatischen Geist bei den Soldaten im blauen Kleid der Arbeit zu wecken. Wir sind als Volk angetreten, um die Ehre des Blutes, die Ehre der Nation und die Freiheit des deutschen Volkes zu erkämpfen. Dies bedeutet, dass der deutsche Arbeiter, die deutsche Frau und das deutsche Mädchen, die in der wehrwirtschaftlichen Fertigung im Betrieb stehen, genau dieselbe Haltung und Pflichtauffassung an den Tag legen, wie der Soldat unter Waffen.

Die Deutsche Arbeitsfront des Gaues Hessen-Nassau tritt bei dieser Propagandaaktion gemeinsam mit dem Rüstungskommando des Heeres in Erscheinung.

Ich bitte alle Betriebsführer, dieser Aktion vollstes Verständnis entgegenzubringen und die Notwendigkeit zu erkennen, dass der Soldat der Arbeit heute in engster Tuchfühlung mit dem Soldaten in Waffen steht. Mit dieser Aktion soll erreicht werden, dass Pünktlichkeit im Dienst eine Selbstverständlichkeit wird. Unnötige Krankmeldungen, die heute in allen Betrieben zu verzeichnen sind, müssen restlos verschwinden. Die Ehre und Pflichtauffassung, Kameradschaft und Verbundenheit der deutschen Gefolgschaftsmitglieder auch in den Augen der fremdländischen Arbeitskräfte und vor allen Dingen der Gefangenen, müssen Ausdruck der Entschlossenheit und des Siegeswillens der Nation werden.

Vorbilder einer solchen Pflichtauffassung bitte ich den Kreisobmännern zur Meldung zu bringen, damit die Betreffenden unter voller Namensnennung auch herausgestellt werden können. Die Ehrgleichheit der Arbeit mit dem Waffendienst der Nation soll damit lebendig zum Ausdruck kommen.

Die Kreisobmänner sind meinerseits angewiesen, allen Wünschen der Betriebsführer zwecks Abhaltung von Appellen, Ausrichtung des Zellen- und Blockwalterapparates und der Vertrauensmänner weitgehendst entgegenzukommen.

Ich habe die Bitte, dass alle Betriebsführer der wehrwirtschaftlichen Betriebe ihre Wünsche und Bitten zur Erreichung einer straffen soldatischen Haltung der Gefolgschaftsmitglieder den Kreisobmännern zur Meldung bringen.

Die besten Redner und Propagandisten der Bewegung werden für diese Aufgabe seitens der Partei zur Verfügung stehen.

204b Anordnung des Reichsmarschalls Hermann Göring betreffend Strafmaßnahmen, 22. August 1941

Hessisches Hauptstaatsarchiv Wiesbaden, 483/10033-10036.

Der Arbeiter in der deutschen Rüstungsindustrie hat die ihm gestellten Aufgaben im Betrieb mit dem gleichen Pflichtbewusstsein zu erfüllen, wie der Soldat an der Front. Es kann deshalb nicht verantwortet werden, dass die Rüstungsproduktion durch Nachlässigkeit in der Arbeit oder grundloses Fernbleiben von Gefolgschaftsmitgliedern von der Arbeitsstätte Ausfälle erleidet. Die Betriebsführer und die Obleute der DAF sind verpflichtet, jeder Bummelei an der Arbeitsstelle mit aller Energie entgegenzutreten.

Im besonderen wird angeordnet: Bei erstmaligem grundlosen Fernbleiben von der Arbeit erhält das Gefolgschaftsmitglied durch den Betriebsführer in Anwesenheit des Betriebsobmannes der DAF einen Verweis. Im Wiederholungsfalle erfolgt ein entsprechender Vermerk in das Arbeitsbuch.

Bei erfolgloser Verwarnung können nach groben Pflichtversäumnissen die Schuldigen in Arbeits-Sonderkommandos zusammengefasst werden. Ob entschuldbare Arbeitsversäumnis vorliegt, entscheidet der Betriebsführer nach Anhören des Betriebsobmannes

204c Rundschreiben der Gauwaltung Hessen-Nassau der DAF betreffend den Krankenstand in den Betrieben, 30. April 1942

Hessisches Hauptstaatsarchiv Wiesbaden, 483/7164.

Im Zusammenhang mit der zurzeit durchgeführten Leistungssteigerungsaktion wird immer wieder festgestellt, dass in einzelnen Betrieben ein zu hoher Krankenstand zu verzeichnen ist. Durch den außerordentlich strengen Winter sind die Krankenziffern zum Teil derart in die Höhe geschnellt, dass entsprechende Maßnahmen unbedingt ergriffen werden müssen.

Abgesehen von den im Winter üblichen Erkältungskrankheiten ist die Erhöhung des Krankenstandes zunächst die Folge nachstehender Umstände:

1. Einbeziehung alter und anbrüchiger Menschen in den Arbeitsprozess.
2. Stärkere Heranziehung von Frauen, unter anderem auch zu schweren Arbeiten, die bisher von Männern ausgeführt wurden.
3. Durch den Einsatz ausländischer Arbeiter, die teils anbrüchig, teils wenig arbeitswillig sind.
4. Die langen Anmarschwege, erschwert durch die eingeschränkten Verkehrsverbindungen, die Überarbeitung, die schlechte Ernährungslage, die Einkaufsschwierigkeiten, die Sorge der Frauen um schlecht versorgte Kinder, das schlechtere Schuhwerk, usw. spielen eine maßgebliche Rolle.
5. Schlechter Zustand der Arbeitsräume, Zugluft, mangelhafte Beheizung, kalter Fußboden, usw.
6. Die mangelhafte Arbeitsmoral, die des öfteren vorliegt, ist in vielen Fällen sehr ausschlaggebend (der so genannte Fehlstand macht vielerorts das Mehrfache des Krankenstandes aus).

7. Die Bremse durch den Fortfall des Krankengeldes in den Karenztagen ist in vielen Betrieben durch freiwillige Bezahlung durch den Betriebsführer weggefallen.
8. Die Überlastung der Ärzte, insbesondere auch durch Nachtbesuche, bedingt durch die Notwendigkeit einer rascheren Erledigung in der Sprechstunde, erschwert die Möglichkeit einer sorgsamen Untersuchung.
9. Vermehrt wird die Arbeitslast der Ärzte leider auch durch die Hochflut von Attesten, die von Dienststellen der verschiedensten Art angefordert werden.

Tatsächlich muss festgestellt werden, dass die Zahl der Fehlmeldungen (ohne Krankmeldung) ganz erheblich angeschwollen ist. Diesem Absinken der Arbeitslust und der Arbeitsmoral ist von Seiten der Kreisobmänner schärfstens entgegenzutreten. Das ist eine Erziehungsaufgabe von weittragender politischer Bedeutung, die nur der DAF übertragen werden kann. Die Gefolgschaften derartiger Betriebe müssen in Zukunft der besonderen Betreuung durch den Kreisobmann unterstellt werden, damit durch Überzeugung und ständigen Hinweis auf die Verpflichtung gegenüber der Front die Arbeitsunlust überwunden wird.

In den Kreisen der Betriebsführer aber ist durch den hohen Krankenstand das Bestreben wachgerufen worden, für ihren Betrieb den so genannten »revierärztlichen« Dienst einrichten zu lassen. Diese Wünsche werden vielfach noch untermauert durch die Begründung, dass durch das Aufsuchen des Arztes und das lange Warten im Sprechzimmer zuviel Arbeitszeit verloren geht. Es werden immer mehr Stimmen laut, die die kassenärztliche Behandlung im Betrieb fordern. Der Einsatz eines Revierarztes stellt in gewissem Sinne für die Gefolgschaftsmitglieder des betreffenden Betriebes eine Strafmaßnahme dar, da die freie Arztwahl in einem bestimmten Umfang beschränkt wird. Diese Maßnahme kann also nur für wichtige Rüstungsbetriebe in Frage kommen, deren pünktlicher Produktionsablauf für die Kriegsführung von besonderer Bedeutung ist. Ich wende mich aber gegen die Absicht, die freie Arztwahl völlig aufzuheben, die Angehörigen von Rüstungsbetrieben zu zwingen, nur die kassenärztliche Behandlung im Betrieb in Anspruch zu nehmen oder gar bei bettlägeriger Erkrankung sich in einer betrieblichen »Revierkrankenstube« behandeln zu lassen. Ein solches Verfahren ist eines deutschen Arbeiters unwürdig, denn der überwiegend größte Teil unserer schaffenden Volksgenossen ist sich seiner Verpflichtung seinem Betrieb und seinem Volk gegenüber bewusst. Soweit es sich aber um verantwortungslose Drückeberger handelt, soll schärfstens durchgegriffen werden, ohne dass die ganze Gefolgschaft darunter leidet.

Der Einsatz von Betriebsärzten und Revierärzten kann, in Anbetracht des sehr starken Ärztemangels, in Zukunft nur in wichtigen Rüstungsbetrieben erfolgen, und auch nur dort, wo die ärztliche Versorgung der Zivilbevölkerung durch eine derartigen Einsatz nicht gefährdet wird. In besonderen dringenden Fällen kann die revierärztliche Tätigkeit auch dem Betriebsarzt übertragen werden. Auf alle Fälle müssen die Kreisobmänner in dieser Frage mit der größten Vorsicht vorgehen und nicht nur nach den Angaben der Betriebsführer urteilen, sondern die tatsächlichen Ursachen der Krank- und Fehlmeldungen zu ergründen versuchen. Die Meldungen über ganz besonders hohen Krankheitsstand sind in Zukunft auf dem beifolgenden Formblatt entsprechend den in den vorgenannten Rundschreiben gegebenen Anweisungen an mich einzureichen. Sie müssen so ausführlich gehalten sein, dass ich sofort ein genaues Bild über alle Betriebsverhältnisse habe. Ich werde dann von hier aus die erforderlichen Maßnahmen ergreifen, um den zahlreichen Krank- und Fehlmeldungen entgegenzutreten.

Ich habe mit dem Leiter der KVD, Landesstelle Hessen-Nassau, Pg. Dr. Zöckler, vereinbart, dass von ihm Ärzte die Anweisung erhalten, bei Krankmeldungen den schärfsten Maßstab anzulegen.

205 1941 – 1942

Die Arbeitsbedingungen jüdischer Beschäftigten in gewerblichen Betrieben

205a Schreiben des Reichstreuhänders der Arbeit an die Leiter der Arbeitsämter als seine Beauftragten für das Wirtschaftsgebiet Hessen über die Entlohnung, 2. Hälfte November 1941

Hessisches Hauptstaatsarchiv Wiesbaden, 483/3239b; gezeichnet: Dr. Schmelter. Mitgeteilt im Rundschreiben Nr. 2/41 vom 25. November 1941 des Leiters des Hauptarbeitsgebietes II der Gauwaltung Hessen-Nassau der DAF.

Anliegend übersende ich eine von mir erlassene Anordnung über die Entlohnung der in der gewerblichen Wirtschaft und in der privaten Forstwirtschaft beschäftigten Juden. Die Anordnung tritt mit dem 1. Dezember 1941 in Kraft. Eine Veröffentlichung der Anordnung ist nicht beabsichtigt. Ich bitte deshalb, die Anordnung beschleunigt den Betrieben, die Juden beschäftigen, zuzustellen.

Durch die Anordnung werden einheitliche Judenlöhne festgesetzt. Es wird also bei Juden künftig kein Unterschied mehr gemacht, ob sie Hilfsarbeiter, angelernte Arbeiter oder Facharbeiter sind. In den Geltungsbereich der Anordnung sind auch die Juden einbezogen, die in privilegierter Mischehe leben. Ich ermächtige Sie, in begründeten Fällen diese Juden von der Anordnung auszunehmen.

Sofern grundsätzliche Zweifelsfragen bei der Durchführung der Anordnung auftreten, ist mir zu berichten.

205b Anordnung des Reichstreuhänders der Arbeit über die Entlohnung, 1. Dezember 1941

Hessisches Hauptstaatsarchiv Wiesbaden, 483/3239b; gezeichnet: Dr. Schmelter. Mitgeteilt im Rundschreiben Nr. 2/41 vom 25. November 1941 des Leiters des Hauptarbeitsgebietes II der Gauwaltung Hessen-Nassau der DAF.

Auf Grund des § 1 der Verordnung über die Lohngestaltung vom 25. Juni 1938 (RGBl. I, S. 691) erlasse ich folgende Anordnung über die Entlohnung der in der gewerblichen Wirtschaft und in der privaten Forstwirtschaft beschäftigten Juden.

§1 – Geltungsbereich

Die Anordnung gilt für Juden im Sinne des § 5 der Ersten Verordnung zum Reichsbürgergesetz vom 14. November 1935 (RGBl. I, S. 1333), die in Betrieben der gewerblichen Wirtschaft und der privaten Forstwirtschaft im Wirtschaftsgebiet Hessen beschäftigt sind.

§ 2 – Entlohnung

1. Für die im Zeitlohn beschäftigten Juden gelten folgende Löhne:

		Regellohn		Minderleistungslohn	
Männliche Juden	über 23 Jahre	RM	-,60	RM	-,50
	über 20 Jahre	RM	-,54	RM	-,45
	über 18 Jahre	RM	-,45	RM	-,38
	über 16 Jahre	RM	-,36	RM	-,30
	unter 16 Jahre	RM	-,27	RM	-,23
Weibliche Juden	über 21 Jahre	RM	-,45	RM	-,38
	über 19 Jahre	RM	-,38	RM	-,32
	über 18 Jahre	RM	-,34	RM	-,29
	über 16 Jahre	RM	-,27	RM	-,23
	unter 16 Jahre	RM	-,20	RM	-,17

Diese Löhne gelten für Frankfurt a. M. und Offenbach a. M. In den Stadtkreisen Kassel, Mainz, Wiesbaden, Darmstadt, Hanau und Worms ermäßigen sie sich um 5 v.H., in den übrigen Orten des Wirtschaftsgebietes um 15 v. H.

Grundsätzlich erhalten Juden den Regellohn. Ist der tarifliche Stundenlohn für den Hilfsarbeiter in dem Gewerbezweig, in dem der Jude beschäftigt ist, niedriger, so erhält der Jude den Tariflohn.

Bleibt die Leistung eines Juden hinter der von ihm billigerweise zu erwartenden Durchschnittsleistung zurück, so ist der Regellohn je nach dem Grad der Minderleistung bis auf den Minderleistungslohn zu ermäßigen.

2. – Beim Vorliegen besonderer persönlicher Leistungen können auf den Regellohn jederzeit widerrufliche Leistungszulagen bis zu 10 v. H. gewährt werden. Der Gesamtstundenverdienst darf jedoch den im Betrieb an ein deutsches Gefolgschaftsmitglied gleichen Alters und gleichen Geschlechts gezahlten niedrigsten Stundenlohn nicht übersteigen. Sind die Voraussetzungen für die Gewährung einer Leistungszulage nicht oder nicht mehr in vollem Umfange gegeben, so ist diese unverzüglich ohne Einhaltung einer Kündigungsfrist zu streichen oder zu ermäßigen.

Werden Juden im Akkord beschäftigt, so ist der Akkordsatz (Stückpreis usw.) so festzulegen, dass seine Höhe im gleichen Verhältnis zu dem den deutschen Gefolgschaftsmitgliedern gewährten Akkordsatz steht wie der Regellohn dieser Anordnung zu dem Zeitlohn der mit der gleichen Akkordarbeit beschäftigten deutschen Gefolgschaftsmitglieder.

3. Erschwerniszulagen irgendwelcher Art dürfen an Juden nicht gewährt werden.

§ 3 – Strafbestimmungen

Wer höhere als in dieser Anordnung festgesetzte Löhne zahlt, verspricht, fordert oder sich gewähren lässt, kann auf meinen Antrag gemäß § 2 der Lohngestaltungsverordnung vom 25. Juni 1938 mit Gefängnis und Geldstrafe oder mit einer dieser Strafen oder gemäß § 1 der Dritten Durchführungsbestimmung zum Abschnitt III der Kriegswirtschaftsverordnung vom 2. Dezember 1939 (RGBl. I, S. 2370) mit einer Ordnungsstrafe in unbegrenzter Höhe bestraft werden.

§ 4 – Diese Anordnung tritt mit dem 1. Dezember 1941 in Kraft.

205c Richtlinien des Amtes für Volksgesundheit der NSDAP betreffend die Begrenzung der betriebsärztlichen Betreuung, 13. März 1942

Hessisches Hauptstaatsarchiv Wiesbaden, 483/7164. Mitgeteilt im Rundschreiben Nr. 67/42 vom 18. März 1942 des Geschäftsführers der Gauwaltung Hessen-Nassau der DAF.

Nach § 1 der Verordnung über die Beschäftigung von Juden vom 31.10.1941 (RGBl. I, Seite 675/681) kann der Jude als Artfremder nicht Mitglied einer deutschen Betriebsgemeinschaft sein, die sich auf dem Grundsatz der gegenseitigen Treuepflicht aller im Betrieb Schaffenden aufbaut. Hieraus ergibt sich, dass eine betriebsärztliche Betreuung der Juden auch nicht in Frage kommen kann. Wohl wird in manchen Fällen ein Einschreiten erforderlich werden. Um nun die Art der ärztlichen Betreuung genauestens zu begrenzen, unterbreite ich Ihnen nachstehend einige Vorschläge, nach denen sich der Betriebsführer und der Betriebsarzt richten können:

1. Bei der Einstellungsuntersuchung wird es genügen, wenn der Betriebsarzt grobhin die körperliche Eignung für den beabsichtigten Arbeitsplatz feststellt und dabei alles beachtet was zum Schutz der deutschen Gefolgschaftsmitglieder (also Infektionskrankheiten, Ungeziefer, ekelerregende Ausschläge u.a.) notwendig ist.
2. Arbeitsplatzwechsel aus grundsätzlichen Gründen wird bei Juden nur ganz selten in Frage kommen. Der Hauptgrund wird auch hier wieder der Schutz der deutschen Gefolgschaftsmitglieder sein.
3. Die erste Hilfeleistung durch den Betriebsarzt kommt nur bei schweren Unglücksfällen in Frage, bei denen Lebensgefahr besteht (Blutstillung). Während bei leichten Unfällen, Verletzungen und Krankheiten die Juden sich gegenseitig selbst zu versorgen haben.
4. Bei allen Fällen, bei denen ein jüdischer Behandler zugezogen werden kann, wird von den jüdischen Arbeitern verlangt werden müssen, dass sie für dessen Erscheinen Sorge tragen. Der Betriebsarzt wird dann durch diesen jüdischen Behandler die Untersuchung und Hilfe vornehmen lassen und das Ergebnis in dem ihm richtig dünkenden Sinne verwerten.
5. Für diese notwendige Form der Überwachung jüdischer Arbeiter im Betrieb, die sich ja ohnehin nur auf die Sorge des Schutzes der nichtjüdischen Gefolgschaftsmitglieder erstreckt, soll der Betriebsarzt keine besondere Vergütung erhalten. Die Bezahlung des jüdischen Behandlers ist Sache der Juden.

Ich habe außerdem in meiner Eigenschaft als Leiter des Amtes für Volksgesundheit der NSDAP den Krankenhausverbänden im Gau Hessen-Nassau gemäß beifolgender Durchschrift empfohlen, die Juden aus den Krankenhäusern auszuschließen, da diese Einrichtung nur für die schaffenden Deutschen errichtet ist, in der Juden ebenfalls nichts zu suchen haben. Gleichzeitig werde ich als der Gauärzteführer über die Reichärztekammer die Ärzteschaft unterrichten, nach welchen Gesichtspunkten in Zukunft eine Behandlung von Juden in geeigneter Form durchgeführt werden kann.

205d Eintragung im Kriegstagebuch des Rüstungskommandos für den Wehrbereich Frankfurt am Main betreffend die Deportation von jüdischen Beschäftigten aus kriegswichtigen Betrieben, 5. Mai 1942

Bundesarchiv-Militärarchiv Freiburg, RW 21/19-11, Bl. 21f.

Der Leiter der Stapo, Oberregierungsrat Poche, rief den Kommandeur an und gab bekannt, dass auf Anordnung des Gauleiters Sprenger zahlreiche Juden in zwei Partien im Laufe des Mai nach dem Osten abtransportiert werden sollen, auch Juden aus der kriegswichtigen Industrie. Der Rüstungskommandeur teilte Poche mit, dass laut Verfügung OKW Wi Rü Amt/Rü IV (c) Nr. 1274/42 g vom 26.3.42 Juden in der kriegswichtigen Industrie zu verbleiben haben. Eine andere Stellungnahme könne infolgedessen für das Rüstungskommando nicht in Frage kommen. Die Verfügung, die der Stapo noch nicht bekannt, wurde mit einem Zusatz vom Kommando dorthin geschickt. Stapo überreichte nunmehr eine Aufstellung von ca. 700 Juden und 700 Jüdinnen nach Firmen geordnet. Die kriegswichtigen Firmen sind vom Rüstungskommando in Zusammenarbeit mit Industrie- und Handelskammer und Handwerkskammer bezeichnet worden. Der Gauleiter beabsichtigt, schnellstens die Juden in den kriegswichtigen Firmen durch Deutsche oder Ausländer ersetzen zu lassen; dann werden die Juden in nicht kriegswichtige Firmen umgesetzt, damit sie bei dem nächsten Abschub erfasst werden können.

206 Februar 1942 – März 1945

Die Ausbeutung der Kriegsgefangenen und Zwangsarbeiter

206a Bericht der »Frankfurter Allgemeinen Zeitung« über die Erlebnisse des ehemaligen litauischen Zwangsarbeiters Josef Tunk bei der Firma W. C. Heraeus in Hanau, Februar 1942 – März 1945

Frankfurter Allgemeine Zeitung Nr. 97, 26. April 2001, S. 69. Das Gespräch führte Harald Hofmann.

Die Zugfahrt in das ferne Frankfurt dauerte zwei Tage. Josef Tunk wusste im Februar 1942 nicht, in welche Stadt die Reise geht. In seiner Heimatstadt Wilna – längst von der Wehrmacht besetzt – hatte ihm das Arbeitsamt mitgeteilt, er müsse in Deutschland arbeiten und solle sich am Bahnhof melden. Ausnahmen gab es keine: Obwohl seine Ehefrau ein Kind erwartete, musste der litauische Wanderarbeiter die Fahrt antreten. Endgültiges Ziel der Reise durch Europa war das Heraeus-Werk in Hanau. Bis Kriegsende musste Tunk dort Zwangsarbeit leisten.

Mit fünf weiteren früheren Zwangsarbeitern besucht der mittlerweile Achtzigjährige in dieser Woche auf Einladung der Heraeus-Holding GmbH die Stadt Hanau und wird auch an einer Führung durch das heutige Heraeus-Werk teilnehmen.

Gestern wurden Pranas Aleksiunas, Waslentyna Jena, Vera Ladtschenko, Pawal Maminski, Kateryna Pepa und Josef Tunk von der Stadt empfangen. Sie leben heute in der Ukraine, Polen, Litauen und Weißrußland. Alle wurden sie im Jahr 1942 aus ihrer Heimat nach Hanau verschleppt und erst drei Jahre später von Einheiten der amerikanischen Armee befreit.

Tunk musste nach eigenen Worten als Hilfskraft bei Heraeus unter anderem im Walzwerk arbeiten. Er wurde zunächst in einem Haus in Werksnähe untergebracht. Dort lebte er unter »sehr einfachen« Umständen mit elf weiteren Arbeitern in einem Zimmer.

Geschlafen wurde in Etagenbetten, wie der Älteste der Gruppe gestern dieser Zeitung nach dem Empfang im Schloss erzählte. Er hatte noch Glück im Unglück: Frau und Tochter durften 1943 zu ihm kommen, danach erhielt die Familie ein eigenes kleines Zimmer.

Heute lebt Josef Tunk in Chorzow in der Nähe von Kattowitz, in seine Heimatstadt Wilna konnte er in den Wirren der Nachkriegszeit nicht mehr zurückkehren, denn Litauen war schon dem russischen Territorium zugeschlagen worden. Auf seine Behandlung als Zwangsarbeiter in Hanau angesprochen, zeigt sich der Pole zurückhaltend: Es habe auch »gute Leute« gegeben, die den Zwangsarbeitern geholfen hätten. Deutlicher wird Tunk, wenn das Gespräch auf die Verpflegung kommt. Die kargen Mahlzeiten hat er nicht vergessen: Er habe Suppe, Kartoffeln und »selten« ein Stück Fleisch erhalten. Selbst nach dem Essen »war ich immer hungrig«.

Kein Wort berichtet der Gast von Gewalt gegen Zwangsarbeiter, seine Erlebnisse schildert der alte Mann in einem sachlichen Ton, in keinem Moment zeigt er sich verbittert über die verlorenen Jahre. Er erinnert sich aber sehr gut an die vielen »monotonen« Tage und an die verheerenden Bombenangriffe der Alliierten auf die Stadt Hanau und das Werksgelände. Immerhin durfte er bei Alarm mit den deutschen Arbeitern gemeinsam in den Schutzräumen der Fabrik Zuflucht suchen.

Verärgert wirkt Tunk dagegen, wenn er über die Stiftung »Erinnerung, Verantwortung und Zukunft« der deutschen Wirtschaft redet, deren Zahlungen noch immer ausstehen. Viele der Zwangsarbeiter seien bereits gestorben, die Entschädigung für den Verlust der Freiheit hätte viel früher gezahlt werden müssen, urteilt der betagte Gast: »Das Geld freut uns jetzt nicht mehr.«

206b Schilderung der Zustände im Kriegsgefangenenlager der Hanauer Stadtverwaltung in der Chronik der DRK-Feldführerin Margarethe Siebert (Auszug), August 1942 – Juli 1943

Stadtbibliothek Hanau, Landeskundliche Abteilung. Tagebuch über die Ereignisse in Hanau während der Kriegsjahre 1943/1944. Maschinenschriftlich.

Das Russenlager der Stadt Hanau. (Kriegsgefangene)
Seit August 1942 wurde das von der Stadtverwaltung vorgerichtete Russenlager im Lokomotivschuppen an der Wienerspitze durch die »Stalag«-Stammlager, Bad Orb, mit dem Arbeitskommando Nr. 764 mit 30 Russen belegt. Es handelt sich hier um ein Be- und Entladekommando für Waggons. Jeder Waggon muss innerhalb 6 Stunden entweder be- oder entladen sein.

Stadtbauingenieur Klingler, der die Betreuung dieses Lagers vorzunehmen hat, gab hierüber interessante Aufschlüsse: Ursprünglich war das Lager, das streng militärisch bewacht wird und das mit Stacheldraht und Eisengittern an den Fenstern versehen ist, mit 40 Russen belegt. Zunächst ergingen durch die Wirtschaftskammer Hessen in Frankfurt genaue Anweisungen für die Beschäftigung von sowjetrussischen Kriegsgefangenen in gewerblichen Betrieben. Unterkunft, Sicherung der Unterkunft, Bewachung und Arbeitseinsatz der Gefangenen, Arbeitsdauer, Ruhezeit, Nacht- und Sonntagsarbeit, Entlohnung, Ernährung und Bekleidung wurde durch ein Merkblatt festgelegt. Zu gleicher Zeit wurden Verhaltungsmaßregeln der Gefolgschaft gegenüber Kriegsgefangenen herausgegeben.

Am 13. August 1942 trafen die ersten 23 Russen ein. [...]

Wie aus den Geburtsdaten zu ersehen ist, war der älteste Kriegsgefangene 47 Jahre und der jüngste 23 Jahre alt. Später kamen noch 13 weitere russische Kriegsgefangene hinzu, die ihrer Nationalität nach Türken waren. Sie stammten aus dem Kaukasus. Ihre Namen klingen schon orientalisch. [...]

Von diesen Türken war der älteste 48 Jahre und der jüngste 30 Jahre.

Zwischen den Russen und den Türken bestanden im Anfang Streitigkeiten. Die Russen unterdrückten die Türken wo sie nur konnten. Die Lagerwache hat oft mit umgekehrten Seitengewehr Hiebe ausgeteilt. Stadtbauinspektor Klingler, der zur Betreuung des Lagers (Schlichtung von Streitigkeiten, usw.) allwöchentlich das Lager aufsucht, wird von den Kriegsgefangenen »Chef Kommissar« genannt. Sie haben sämtliche einen heillosen Respekt und stehen stramm, sobald der sich nur blicken lässt. Irgendwelche Post erhalten die Russen nicht. Keiner weiß, wo seine Angehörigen sind. Sie haben keinerlei Verbindung mit ihrem zu Hause. Einer ist 5000 km hinter Moskau daheim. Die meisten sind Analphabeten. Einige dagegen schreiben gut. Heute hat das Russenlager noch 30 Mann. 10 Mann sind von der Wehrmacht für militärische Zwecke eingezogen worden. Die Verständigung erfolgt immer aufgrund eines deutsch-russischen Wörterbuches, im großen und ganzen aber durch Gebärden. Die Russen verstehen an und für sich ganz gut deutsch.

Bei der Einteilung in die Be- oder Entladetrupps sind im Anfang Soldaten mit Bewaffnung mitgegangen. Durch die starken Anforderungen der Wehrmacht an unsere Soldaten müssen jetzt die Firmen Hilfswachmannschaften aus ihrem Betrieb stellen, also Zivilpersonen mit Schusswaffe.

Die Russen sowie die Türken erhalten an Lebensmitteln für eine Markenperiode pro Mann:

7800 gr. Mehl und Brot zusammen,

1000 gr. Fleisch.

Das Fleisch wird ausgegeben in 1/3 in Wurst, die zweimal abends in der Woche verteilt wird, und zu 2/3 in Freibankfleisch oder Pferdefleisch.

520 gr. Margarine,

600 gr. Nährmittel (Buchweizengrütze),

440 gr. Zucker,

28 kg Kartoffeln (also 1 kg pro Tag).

Da die Arbeit der Kriegsgefangenen unter Schwerarbeit fällt, erhalten sie ½ Portion der Schwerarbeiterzulage und zwar:

1200 gr. Mehl,

300 gr. Fleisch,

140 gr. Margarine.

Das Fleisch wird samstags geliefert. Als Getränk erhalten sie deutschen Tee.

Der Speisezettel, der von der Betreuungsstelle im Rathaus aufgestellt wird, kann nicht viel Abwechslung bieten und besteht demzufolge nur aus Suppe, wie aus nachstehendem Küchenzettel für das Arbeitskommando Nr. 764 vom 5.12.42 zu ersehen ist.

Küchenzettel:

6.12.42.	Morgens:	Tee mit Brot und Margarine.
	Mittags:	Gemüsesuppe mit Fleischeinlage.
	Abends:	Gemüsesuppe.
7.12.42.	Morgens:	Tee mit Brot und Margarine.
	Mittags:	Graupensuppe mit Gemüseeinlage.
	Abends:	Gemüsesuppe.
8.12.42.	Morgens:	Tee mit Brot und Margarine.
	Mittags:	Kartoffelsuppe mit Gemüseeinlage.
	Abends:	Pellkartoffeln mit 65 gr. Wurst.
9.12.42.	Morgens:	Tee mit Brot und Margarine.
	Mittags:	Graupensuppe mit Gemüseeinlage.
	Abends:	Gemüsesuppe.
10.12.42.	Morgens:	Tee mit Brot und Margarine.
	Mittags:	Gemüseeintopf.
	Abends:	Pellkartoffeln mit 65 gr. Wurst.
11.12.42.	Morgens:	Tee mit Brot und Margarine.
	Mittags:	Graupensuppe mit Gemüseeinlage.
	Abends:	Gemüsesuppe.
12.12.42	Morgens:	Tee mit Brot und Margarine.
	Mittags:	Graupensuppe mit Gemüseeinlage.
	Abends:	Pellkartoffeln mit 65 gr. Wurst.

Dieser Küchenzettel wiederholt sich für jede Woche. Das Essen wird in dem Kriegsgefangenenlager der Franzosen im Fuhrpark mitgekocht, allerdings wird es getrennt von den Mahlzeiten der Franzosen gehalten.

Die ärztliche Betreuung dieses Lagers geschieht in ambulanten Fällen durch den Truppenarzt der Wachkommandos. Bei ernsteren Fällen werden die Gefangenen unter Bewachung mit der Bahn in das Gefangenenlagerlazarett nach Kleinzimmern bei Dieburg verbracht.

Die Anforderung der Lebensmittel, die Abrechnung der Entlohnung wird im Rathaus, Abg. T/Tiefbau durch Stadtbauinspektor Klingler und der Angestellten Frau Traut erledigt.

Die Kriegsgefangenen erhalten ein tägliches Lagergeld von 20 Pf., das in besonderen Scheinen verausgabt wird. Hierfür können sie sich Bier, Wasser und dergleiche Sachen im Lager kaufen oder sich vom Lagerwachhabenden besorgen lassen. Das übrige Geld wird mit dem Staat verrechnet.

206c Erlebnisbericht des ehemaligen holländischen Zwangsarbeiters Aart Pontier über seinen Aufenthalt im »Lager Kinzig« und über die Arbeit in der Außenstelle der Heraeus Vacuumschmelze AG in Sterbfritz, Juni 1943 – März 1945

Frank Eisermann (Bearb.), Dokumentation zum Schicksal der Zwangsarbeiter und Kriegsgefangenen, der Flüchtlinge und Vertriebenen im Main-Kinzig-Kreis. Berichte, Dokumente, Interviews, Hanau 1993, S. 21, 24.

Am 18. Juni 1943, etwa 20.00 Uhr, kam in Frankfurt am Main ein Zug mit Hunderten von Holländern im Alter von 18 bis 19 Jahren an. Der Jahrgang 1924 war verpflichtet worden, Zwangsarbeit im Nazi-Reich zu verrichten. Am Bahnhof in Frankfurt am Main war ein »Sklavenmarkt«. Es wurde gebrüllt und geschimpft. Viele Vertreter der Fabriken und Arbeitsämter suchten sich Arbeiter aus. Das kann man nie vergessen.

20 Holländer wurden von einem Vertreter der Heraeus Vacuumschmelze AG aus Hanau ausgesucht und machten abends spät noch eine Zugfahrt nach Hanau. Vom Hauptbahnhof ging es zu Fuß weiter zu dem Russenlager »Schöne Aussicht« am Salisweg. Es erschien uns wie ein Saustall und das Essen war sehr schlecht. Unsere erste Aufgabe war es, viele Schränke von Wanzen zu säubern. In den nächsten Tagen wurden 8 Holländer von unserer Gruppe zu Bauern geschickt. Zwölf Holländer wurden am 23. Juni mit einem Lastwagen nach Sterbfritz abtransportiert, einem Dorf mit etwa 1.200 Einwohnern, 40 Kilometer südlich von Fulda. Schon seit einigen Wochen waren hier 15 Belgier und Franzosen aus Hanau beschäftigt. Die Seifenfabrik Rohm & Werner wurde geräumt und eine Zweigstelle für die Heraeus Vacuumschmelze aufgebaut.

Im steinernen Gebäude an der Weinstraße wurde geschlafen und gegessen. Das Essen wurde von der Wirtschaft »Zum goldenen Stern« geholt. Das Grundstück Weinstraße/Bahnhofstraße musste mit Pickeln egalisiert und die Erde mit Schubkarren abtransportiert werden. Eine ungewöhnliche Aufgabe für Büroangestellte, Kehrer und Gärtner. Vom Wachmann Heil wurde man stets bedroht und angeschrien: »Auf, los, auf los, ihr werdet eingesperrt!«

Wir bauten eine hölzerne Baracke mit sechs Zimmern. Am 15. Juli konnte man einziehen. Es kam ein Lagerführer, Ernst Kluge, mit Frau und Tochter. In der Weinstraße wurden Büro, Küche und Essraum eingerichtet.

Ich wurde als Gehilfe im Lagerbüro angestellt. Frauen aus dem Dorf arbeiteten in der Küche – unter Leitung von Frau Kluge. Das Essen war nicht schlecht, aber zu wenig für die jungen Leute mit schwerer Arbeit. Brot mit Beilage konnte man im Dorf kaufen. Im Laufe der Zeit waren die Bauarbeiten fertig sowie auch verschiedene Abteilungen in der Fabrik, z.B. Schmelzöfen- Walz und Rohrabteilung. Für die meisten von uns war die Arbeit sehr schwierig. Auch musste auswärts mit Pickeln ein Wasserbassin gegraben werden – bei 18 Grad Kälte.

Im früheren Haus des BDM im Dorf waren auch französische Kriegsgefangene untergebracht. Sie arbeiteten im Steinbruch, außerhalb des Dorfes, später auch in der Fabrik. Obwohl man in der direkten Umgebung spazieren gehen konnte, war man doch ein Gefangener. Hass gegen die Nazis und das Heimweh äußerten sich in Zimmerkämpfen mit Kopfkissen, Wasser und Waschpulver. Man durfte nicht zu laut sein, denn der Lagerführer durfte das nicht hören. Einmal stand er plötzlich im Zimmer. Er war sehr böse. Wir mussten daraufhin zwei Tage Kohlsuppe wie die Russen essen. Und als der Lagerführer merkte, dass einige von uns mit russischen Mädchen tanzten, wurde das Silvesterfest im Speiseraum eingestellt. Wir schrieben viele Briefe und Karten nach Hause, an Freunde und Freundinnen. Nach Oktober 1943 waren nur noch zwei Briefe im Monat erlaubt. Ab September 1944 kamen kaum noch Briefe durch. Wir dachten, der Lagerführer sei ein richtiger Nazi. Nur Gehorsam an den Führer und seinen festgesetzten Regeln. Er trank gerne Schnaps. So war es abends öfter bei uns ruhig. Es muss aber auch gesagt werde, dass er sich viel Mühe gab, das Lager in Ordnung zu halten und Essen zu beschaffen.

Wenn es keine Arbeit gab, gingen die katholischen Lagerbewohner in Weiperz oder Sannerz zur Kirche. Die evangelischen Lagerbewohner gingen öfter ins Dorf. Einige Holländer besuchten in Ramholz die Kirche. Sie hatten dort gute Unterhaltung mit Pfarrer Kirchner.

Dorfbewohner kamen öfter ins Lagerbüro und fragten nach Ausländerhilfe für die Ernte, zum Holzhacken usw. Man bekam also zusätzlich Brot und Wurst; manchmal gab es auch nichts. Es sind einige Freundschaften daraus entstanden. Einige Belgier hatten z.B. gute Bekanntschaft mit dem Zahnarzt Reinhard, dessen Einstellung sehr hitlerfeindlich war. Zwischen dem Barackengelände und der Fabrik stand das Haus der Familie Mack. Mit dieser Familie waren einige Holländer befreundet. Es gäbe mehrere Namen zu nennen.

Wenn man am Feierabend im Café Simon in Glas Bier trank, gab es des öfteren Streit mit der Dorfjugend, bis der Bürgermeister eingriff. Es kamen auch Wachmänner. Diese waren meistens Bauern und wurden verpflichtet, abwechselnd abends und nachts um die Baracke und das Grundstück zu gehen. Sie waren mit einem schweren Stock bewaffnet, die altmodischen Gewehre blieben in der Regel im Wachlokal.

Die Wäsche wurde freiwillig von Frauen aus dem Dorf in Ordnung gebracht, später auch von Russinnen. Die Kleidung musste geflickt werden, das lernte man im Laufe der Zeit. Später gab es kaum noch etwas zu flicken. Es mangelte an Material und Kleidung. Von der Fabrik bekam man eine Art Holzschuhe.

207 **August – September 1942**

Die Deportation der im der Stadt- und Landkreis Hanau zurückgebliebenen jüdischen Einwohner

207a Schreiben des Hanauer Landrats an die Bürgermeister mit Anweisung zur Vorbereitung der Deportation, 27. August 1942

Stadtarchiv Hanau, Sammlung Gerhard Flämig. Anmerkung: Streng vertraulich! Nur für den Dienstgebrauch! Adressat der Vorlage ist der Bürgermeister von Bischofsheim.

Vertraulich gebe ich Ihnen davon Kenntnis, dass am 7.9.1942 die restlichen Juden aus dem Regierungsbezirk Kassel abgeschoben werden. Nach der mir übersandten Liste der Staatspolizeistelle Kassel kommen folgende Personen in Ihrer Gemeinde in Frage: (s. anliegendes Verzeichnis)

Da jetzt die letzte Möglichkeit gegeben ist, sämtliche Juden (außer Mischehen) loszuwerden, ersuche ich, genau nachzuprüfen, ob mit den in der Anlage genannten Personen sämtliche Juden erfasst sind. Sollte dies nicht der Fall sein, ersuche ich, mir die Fehlenden sofort telefonisch unter genauer Angabe der Personalien zu melden, damit ich bei der Staatspolizeistelle Kassel veranlassen kann, dass diese in den Transport noch mit einbegriffen werden. Weiterhin ersuche ich, die genannten Juden in der Zwischenzeit unauffällig zu beobachten, ob sie nicht durch Reisen nach auswärts, zu Verwandten pp. versuchen, sich dem Abtransport zu entziehen. Diese Reisen müssen verhindert werden. Sollte trotzdem ohne Ihr Wissen eine Person den Wohnsitz verlegen, muss mir dies ebenfalls sofort telefonisch mitgeteilt werden, damit von der Staatspolizeistelle Kassel der Abtransport von dem neuen Wohnort aus veranlasst wird.

Vor dem Abtransport sind die Kennkarten sämtlicher zur Evakuierung kommender Juden auf Richtigkeit – insbesondere die Personalien – zu kontrollieren. Einer Erlaubnisbescheinigung zum Verlassen des Wohnortes für den Transport nach Kassel bedarf es nicht, da der Transport von Polizeibeamten begleitet wird.

Bei Abmeldung der Juden ist in den Meldeämtern der Vermerk »unbekannt verzogen« beziehungsweise »ausgewandert« anzubringen.

An Gepäck dürfen die Juden mitnehmen:

Einen Koffer oder Rucksack mit Ausrüstungsstücken, und zwar:

a) Vollständige Bekleidung (ordentliches Schuhwerk)

b) Bettzeug mit Decke

c) Essgeschirr (Teller oder Topf) mit Löffel

d) Mundvorrat für drei Tage.

Es bestehen keine Bedenken, wenn die Juden den Mundvorrat in einer Hand- oder Aktentasche oder in einem Netz bei sich tragen. Außer diesem einen Gepäckstück dürfen sie zusätzlich brauchbare Ausrüstungsgegenstände (Werkzeug, Matratzen, Eimer, Töpfe, Reinigungsgegenstände usw.) mitführen.

Das Handgepäck (Koffer und Rucksack) haben die Juden mit in die Züge zu nehmen, während die zusätzlichen Ausrüstungsgegenstände im Güterverkehr der Reichsbahn nach Kassel befördert werden. Die Art der Verfrachtung (Frachtgut oder in geschlossenen Güterwagen) sowie die Abfahrtszeiten der Güterzüge von den Abgangsbahnhöfen nach Kassel werden noch mitgeteilt. Die Frachtkosten hat jeder Jude selbst zu tragen. Die Aufgabe der Ausrüstungsgegenstände erfolgt an die Anschrift: Geheime Staatspolizei, Staatspolizeistelle Kassel, Zielbahnhof Kassel-Hauptbahnhof (Zollschuppen).

Sämtliches Gepäck haben die Juden mit einem hieran zu befestigenden Namensschild (Name und Anschrift des Eigentümers) zu kennzeichnen. Mit einem Namensschild sind ferner auch die Kofferschlüssel zu versehen und mit Draht oder Bindfaden am Koffer zu befestigen. Das Gepäck darf mit Farbe nicht verschmiert werden.

Sämtliches Bargeld haben die Juden auf dem Transport mitzunehmen. Etwa mitgeführte Wertsachen wie Geld, Silber, Platin usw. sind ihnen zu belassen, da im Auffanglager Kassel ohnehin die körperliche sowie die Gepäckdurchsuchung vorgesehen ist. Auch die Lebensmittelkarten werden den Juden erst im Auffanglager abgenommen.

Das in den Wohnungen zurückbleibende Vermögen wird nach dem Abtransport der Juden beschlagnahmt. Um darüber eine Übersicht zu gewinnen, werden den Juden von der Staatspolizeistelle Kassel aus Vermögenserklärungen zur Ausfüllung ausgehändigt, die sie über ihren jüdischen Obmann bei der Stapo Kassel abzugeben haben.

Das zurückbleibende Inventar haben die Juden mit einem Namensschild so zu kennzeichnen, dass der bisherige Eigentümer danach sofort festgestellt werden kann. Die Schlüssel zu den verlassenen Wohnungen, den Räumen und Behältnissen haben die Juden ebenfalls – mit einem Namensschild versehen – Ihnen abzuliefern. Diese sind von Ihnen in Briefhüllen mit der entsprechenden Aufschrift des bisherigen Eigentümers hier auf Zimmer 21 zwecks Weiterleitung an das Finanzamt abzugeben. Die in Betracht kommenden Räume sind nach Abzug der Juden – zumindest stichprobenweise – von Ihnen in Gegenwart eines Zeugen (Gendarm oder sonstiger Polizeibeamte) zu überprüfen und danach zu versiegeln.

Das lebende Inventar unterliegt ebenfalls der Beschlagnahme und ist von den Juden bei dem zuständigen Ortsbauernführer abzuliefern, der es dann listenmäßig erfasst und für seine Betreuung Sorge trägt. Die Juden haben hierüber im Auffanglager in Kassel Meldung zu erstatten. Ich ersuche daher, sofort mit Ihrem Ortsbauernführer – soweit erforderlich – in Verbindung zu treten.

Leicht verderbliche Sachen werden unentgeltlich gegen Quittung der zuständigen NSV-Dienststelle zur Verfügung gestellt. Die Abgabe dieser Sachen ersuche ich in eigener Zuständigkeit im Benehmen mit der NSV-Dienststelle zu regeln. Der Begriff »leicht verderblich« ist nicht zu weit zu fassen, da sich beispielweise Kartoffeln und Eingemachtes bis zur Übernahme durch das Finanzamt zweifellos halten werden.

Jede Vermögensverschleppung beziehungsweise Abgabe oder Verkauf von Sachen an deutschblütige Volksgenossen ist nachdrücklich zu unterbinden. Derartige Gegenstände sind sicherzustellen.

Die nötigen Vorbereitungen sind umgehend zu treffen, damit die Juden jederzeit abtransportiert werden können. Den genauen Zeitpunkt werde ich rechtzeitig vorher mitteilen.

207b Schreiben des Hanauer Landrats an die Bürgermeister über die genauen Umstände des am 5. September 1942 zu vollziehenden Abtransports, 1. September 1942

Stadtarchiv Hanau, Sammlung Gerhard Flämig. Adressat der Vorlage ist der Bürgermeister von Bischofsheim.

Die Güterabfertigung Ihres Bahnhofes hat – wie inzwischen bekannt geworden ist – von ihrer zuständigen Reichsbahndirektion für die Verfrachtung der zusätzlichen Ausrüstungsgegenstände der Juden nach Kassel besondere Anweisung erhalten.

Die Frachtstückgutsendungen müssen also rechtzeitig aufgegeben werden, dass sie spätestens am 3.9.1942 in Kassel-Hauptbahnhof (Zollschuppen) eingegangen sind.

Der Abtransport der für die Evakuierung bestimmten Juden nach Kassel erfolgt am 5.9.1942 mit dem fahrplanmäßigen Personenzug, der um 7.10 die dortige Station verlässt. Sie sind mir persönlich dafür verantwortlich, dass sämtliche in Ihrer Gemeinde noch befindlichen Juden (außer Mischehen) zum Abtransport kommen. Zur Heranführung insbesondere der älteren und kranken Personen darf kein Tropfen Benzin verbraucht werden.

Von einer Konzentrierung der Juden in Hanau habe ich diesmal mit Rücksicht auf die zahlreichen kranken und älteren Personen Abstand genommen.

Die Bürgermeister in Bergen-Enkheim und Langendiebach haben je einen Polizeibeamten als Begleiter für die Fahrt nach Kassel zu stellen. Die Polizeibeamten sind mir dafür verantwortlich, dass sämtliche Juden in Kassel richtig abgeliefert werden.

Am Freitag, den 4. September 1942, sind mir die auf Richtigkeit der Personalien kontrollierten Kennkarten durch einen Boten zu überbringen, der sie nach Versehen mit dem Stempelaufdruck »Überprüft« sofort wieder mitnehmen kann. Das Verschließen der Wohnungen, Behältnisse usw. hat vor dem Abtransport, wie bereits in meiner Verfügung vom 27.8.1942 angegeben, unter Zeugen zu erfolgen.

Eine Liste der zur Evakuierung kommenden Juden mit genauer Angabe der Personalien, Wohnung pp. ist in zweifacher Ausfertigung aufzustellen. Eine Ausfertigung ist dem begleitenden Polizeibeamten von Bergen-Enkheim beziehungsweise Langendiebach auszuhändigen, die zweite Ausfertigung ist mir mit einem eingehenden Bericht über die Evakuierung hierfür vorzulegen.

Zusatz für die Gemeinden Bergen-Enkheim, Bischofsheim und Hochstadt:

Der Zug nach Kassel geht in Hanau 9 Uhr 11 (Hanau-Hauptbahnhof).

207c Bericht einer Deportierten über die Ankunft der Transporte in Kassel und über die von Gestapo und SS organisierte Weiterfahrt, 5.-7. September 1942

Monika Ilona Pfeifer, Monica Kingreen, Hanauer Juden 1933-1945. Verfolgung, Deportation, Hanau 1998, S. 128f. Auslassungszeichen in der Vorlage.

Schon am Sonnabendnachmittag rollten von der Provinz die Züge ein ... ein trauriger Anblick! Hier ein Kranker auf der Bahre mit dem kleinen Rucksack oder Köfferchen, das letzte Hab und Gut, was ihm geblieben, Alte und Schwache. »Schnell, schnell in den Möbelwagen« ertönt der Ruf der Gestapo. Alle anderen müssen laufen. Hier fällt ein Mann in Ohnmacht, dort stolpert eine Frau über ihr Gepäck: Bluterguss am Knie, muss auch fortgetragen werden. ... Die Leute werden ausgeladen, kommen in die Turnhalle (der Bürgerschule in der Schillerstraße in Kassel). ... Die Lage ist gedrückt, man sieht viele Tränen, im Allgemeinen haben sich alle in ihr trauriges Los geschickt. ... Nun wird alles Gepäck von der Gestapo untersucht, was den Herren gefällt, wird herausgeworfen, sämtliche Leute werden Leibes visitiert. Geld, Uhren, Schmuck usw. müssen abgeliefert werden, und jeder bekommt mit einem Bindfaden eine Nummer angehängt. ... Montag früh ist schon alles aufgeregt auf den Beinen. Lastautos fahren in den Schulhof hinein. Nachdem man noch »jüdische Gestalten« fotografiert hat, lädt man die nicht Gehfähigen in die Lastwagen auf und bringt sie zur Bahn. Die anderen folgen zu Fuß. Ein langer Zug bewegt sich durch die Straßen. ... »Dieses grauenvolle Elend wird sich einmal rächen!« rufen verschiedene Leute aus Fenstern und Türen, »Nein, nein, das kann man nicht mit ansehen!« Der Zug mit ca. 50 Wagen steht am Bahnsteig bereit, es sind Personenwagen. ... Das Verladen geht ziemlich schnell, die Ordner arbeiten fabelhaft, jede bekommt das bisschen übriggebliebene Gepäck – meistens nur einen Rucksack in den Wagen. Gestapo und SS schreiten dauernd die Front ab und sehen nach, ob alle verladen sind. Dann werden die Türen geschlossen, und wir stehen noch stundenlang auf dem Bahnsteig. Endlich gegen fünf Uhr nachmittags setzt sich der Transportzug in Bewegung. Trotz aller Qualen, die wir hinter uns haben, hat jeder ein schweres Herz und mit Wehmut denken wir, »Was wird die Zukunft bringen?« Der Zug fährt über Bebra-Weimar-Erfurt-Chemnitz. Hier hält er eine Stunde in der Nacht.

208 Januar 1943 – Juli 1944

Die Wende des Krieges nach der Schlacht von Stalingrad

208a Erinnerung einer Hanauer Sozialdemokratin, 30. Januar 1943

Gerhard Flämig, Hanau im Dritten Reich. Bd. 2: (1933-1945) Verfolgung und Widerstand, Hanau 1987, S. 138f.

Es war ein Samstag. Im Central-Theater lief ein lustiger Musikfilm. Das Kino war bis auf den letzten Platz besetzt, denn ansonsten gab es keinerlei Vergnügungen in der Stadt. Tanzen war ja wegen der ernsten Lage an den Fronten verboten. Mitten im Film wurde es hell im Theater. Vor der Leinwand erschien ein älterer Schutzmann mit seinem Tschako auf dem Kopf. Er sagte, soeben sei die Nachricht durchgekommen, dass der heldenhafte Kampf in Stalingrad zu Ende gegangen und Generalfeldmarschall Paulus an der Spitze seiner Truppen gefallen sei. Die Vorstellung werde deshalb abgebrochen. Wir sollten nun ruhig nach Hause gehen.

Der Paradeplatz war stockfinster. Es lag kein Schnee. Auch in den Straßen brannten wegen der angeordneten Verdunkelung keine Laternen. An unseren Wintermänteln hatten wir selbstleuchtenden phosphoreszierende Plaketten, damit wir nicht mit andern Fußgängern in der schwarzen Nacht zusammenstießen. Wir wohnten in Kesselstadt.

Als wir vorsichtigen Schrittes die Philippsruher Allee entlanggingen, wollten wir unseren Ohren nicht trauen. Irgendwo in der Ferne ertönten fröhliche Lieder in einer fremden Sprache. Fremdarbeiter zogen durch die nachtdunkeln Straßen und sangen in siegesgewissem Patriotismus. Keine Polizei, keine Wehrmacht hinderte sie daran. Wir waren erschüttert. Und ich begriff in dieser Stunde: der Krieg ist für uns verloren!

208b Bericht des SD-Abschnitts Frankfurt am Main über das veränderte Verhalten der Kriegsgefangenen (Auszug), 3. Juli 1944

Hessisches Hauptstaatsarchiv Wiesbaden, 483/6921.

Die Bevölkerung vertritt die Auffassung, es sei einfach unglaublich, in welch humanitärer Weise die deutsche Wehrmacht die Kriegsgefangenen heute behandeln würde. Man brauche sich nicht darüber zu wundern, wenn dauernd Aufsässigkeiten und Fluchtversuche bei den Kriegsgefangenen an der Tagesordnung wären. Während die Bevölkerung großes Leid ertragen müsste, behandele man die Kriegsgefangenen in zuvorkommender Weise, insbesondere die Italiener, die ausschließlich an der derzeitigen militärischen Entwicklung die Schuld tragen würden.

Vorliegende Meldungen zufolge sei gerade in der letzten Zeit ein renitentes und aufsässiges Verhalten bei den russischen Kriegsgefangenen festzustellen, was nicht zuletzt auf die ungenügende, wenn nicht schon lässige Beaufsichtigung zurückzuführen wäre. Im gleichen Zusammenhang wird berichtet, dass wiederholt die Kriegsgefangenen, trotz einwandfrei festgestellten Vergehen, von dem Stalag noch in Schutz genommen werden und es nicht selten sei, dass deutsche Volksgenossen und Betriebsführer, wenn einmal ein Kriegsgefangener auf Grund seines Verhaltens geschlagen würde, noch zur Verantwortung gezogen werden sollen.

Aus dem Bereich der Außenstelle Hanau wird gemeldet, dass die dort eingesetzten sowjetrussischen Kriegsgefangenen immer mehr eine aggressive Haltung einnehmen würden. So sei z. B. bei der Firma W. C. Heraeus GmbH, Platinschmelze, Hanau, festgestellt worden, dass die russischen Kriegsgefangenen über die politische Lage genauestens orientiert und dass teilweise auch deutsche Zeitungen ins Lager gekommen seien. Die Herkunft der Zeitungen könne nicht festgestellt werden. Durch einen russischen Verbindungsmann wurde mitgeteilt, dass die russischen Kriegsgefangenen im Lager in kleinen Gruppen unter Führung von meistens Offizieren stehen würden und von diesen politisch geschult werden. Die Sowjetrussen würden eine große Aktivität entfalten und sei der vor kurzem stattgefundene Vortrag eines russischen Offiziers, der in der deutschen Armee kämpft, ohne Eindruck geblieben. Niemand unter den russischen Kriegsgefangenen wage es noch, den aktiven Bolschewisten entgegenzutreten.

Die Staatspolizeistelle Frankfurt/Main sowie die Gauleitung Frankfurt/Main wurden von der Angelegenheit unterrichtet.

Die Aufsässigkeit der sowjetrussischen Kriegsgefangenen wird in diesem Falle ausschließlich auf die ungenügende und nachlässige Behandlung durch das zuständige Stalag zurückgeführt, zumal bei der gleichen Firma fünf weibliche Gefolgschaftsmitglieder festgestellt werden konnten, die verbotenen Umgang mit russischen Kriegsgefangenen unterhielten. So wurde die 17jährige Lieselotte Strasser durch die Staatspolizei in Haft genommen, während die übrigen vier weiblichen Gefolgschaftsmitglieder zur Zeit sich noch auf freiem Fuß befinden. Drei Kriegsgefangene wurden inzwischen von dem Stalag aus dem Lager entfernt und ein entsprechendes Verfahren eingeleitet.

Es häufen sich in letzter Zeit immer mehr die Meldungen, wonach die Kriegsgefangenen von dem zuständigen Stalag gegenüber den Maßnahmen der Betriebsführer wesentlich in Schutz genommen werden, und sei nicht zuletzt die derzeitige aufsässige Haltung der Russen, die sehr schnell die ihnen seitens der Stalag gegebene Unterstützung erkannt hätten, darauf zurückzuführen. Von den Betriebsführern wird darauf hingewiesen, dass es dadurch sehr erschwert sei, sich gegen die Eigenmächtigkeit der Sowjetrussen zu schützen. [...]

Von den Hanauer Betriebsführern wird darauf hingewiesen, dass Oberst Pfeiffer[a] unbegreiflicherweise auf Beschwerden russischer Kriegsgefangenen, und seien sie noch so kleinlich, sofort reagiert und Nachuntersuchungen bei den betroffenen Firmen durchführen ließe. Der zuständige Kreisleiter der NSDAP, der über die ganzen Vorfälle unterrichtet ist, hat bereits wiederholt gegen die Einstellung des Oberst Pfeiffer Stellung genommen und entsprechend an die Gauleitung Frankfurt/Main berichtet.

Wie nachstehend angeführte Beispiele zeigen, dehnt sich die unberechtigte Inschutznahme von Kriegsgefangenen der Stalag auch auf die französischen Kriegsgefangenen aus, und wird hierdurch in jedem Falle die Arbeitsleistung geschmälert, was den Betrieben immer wieder erneut Ungelegenheiten bereitet. Der deutsche Arbeiter stellt sich angesichts dieser ihm unverständlichen Haltung der Stalag auf den Standpunkt, dass der Kriegsgefangene heute bald mehr und besseren Schutz genieße, wie er selbst. So wird von Hanau berichtet, dass ein in der orthopädischen Werkstätte Ludwig Reiterhahn beschäftigter französischer Kriegsgefangener in der letzten Zeit mehrfach die Arbeit verweigert habe und auch notwendige Überstunden einfach nicht ausführt. Hinzu kommt noch, dass der Gefangene wiederholt seine

Werkstattkarte mit dem Namen des Werkstattleiters unterzeichnet hatte. Auf das Einschreiten des Betriebsführers, der ihm das freiwillig zusätzlich gewährte Mittagessen sperren ließ und entsprechenden Vermerk auf der Arbeitskarte, wurde der Gefangene aufsässig, beschwerte sich auf dem Büro, indem er zweimal mit der Faust auf den Tisch schlug und auf Französisch über die Betriebsleitung schimpfte. Daraufhin verständigte der Betriebsführer das zuständige Stalag, woraufhin ein Oberschütze erschien, der in äußerst robustem Ton um Herausgabe der Karte ersuchte und erklärte, der Betriebsführer sollte dem Franzosen das Essen weiter geben, oder ihm so viel Zeit, die er benötigt, um im Lager sein Essen einzunehmen. [...]

Inwieweit das Verhalten der deutschen Wachmannschaft schon bereits in der Öffentlichkeit Anstoß erregt, zeigen nachstehend angeführte Vorgänge.

Am 1. Mai des Jahres wurde von vielen Volksgenossen beobachtet, dass ein Trupp von ca. 40 französischen Kriegsgefangenen in Marschkolonne in Hanau Jahnstr.-Waldstraße unter Wehrmachtsbewachung marschierte und dass neben dem Zuge zwei Zivilisten gingen, die sich in lebhafter Unterhaltung mit den französischen Kriegsgefangenen befanden. Der Wachmann ging hinter der Kolonne her und war von ihm eine Beanstandung nicht festzustellen. Es konnte festgestellt werden, dass es sich bei den Zivilisten um zwei russische Zivilarbeiter handelte und wurde erst auf das Eingreifen eines sich auf der Straße befindlichen politischen Leiters die Unterhaltung zwischen den französischen Kriegsgefangenen und russischen Zivilarbeitern abgestellt.

Acht Tage vor diesem Vorfall wurden vier kriegsgefangene Russen, die einen vierrädrigen Handwagen zogen, beobachtet. Plötzlich sei der begleitende Wachmann auf den Handwagen gesprungen, während die kriegsgefangenen Russen ihrerseits sich ein Gaudium daraus machten, in vollem Tempo loszulegen und der betreffende Wachmann unter den unmöglichsten Verrenkungen versuchte, seinen Platz auf dem Wagen zu behaupten.

Die Bevölkerung stellt sich angesichts solcher Vorgänge die Frage, inwieweit die Autorität der Wachmannschaften überhaupt noch auf die Kriegsgefangenen wirke. Es sei unverständlich, dass seitens der zuständigen Militärbehörden kein härteres Strafmaß für derartige Vergehen ergriffen werde. Die angeführten Beispiele, die in ihrer Struktur nicht allein stehen, beweisen, inwieweit die Bewachung von Kriegsgefangenen durch die deutsche Wehrmacht, Lagerführer und Betriebsführer unzureichend ist. Nicht zuletzt ist die ungenügende Bewachung von Kriegsgefangenen durch die Wehrmacht auf menschliches Versagen und ungenügende charakterliche Haltung der Wachmannschaften selbst zurückzuführen. Es wurde wiederholt schon von der Bevölkerung die Forderung aufgestellt, dass Kriegsverletzte und im Kampf bewährte Soldaten mit der Betreuung und Überwachung der Kriegsgefangenen beauftragt werden. Außerdem sei die Auswechslung der Wachmannschaften innerhalb eines Jahres eine notwendige Folgerung der derzeitigen Situation. Der Einsatz der Kriegsgefangenen unter einer derart lässigen und ungenügenden Bewachung bilde besonders auf dem Lande eine große Gefahr, insbesondere in biologischer Hinsicht.

[a] Oberst und Kommandant des Kriegsgefangenen-Stammlagers in Bad Orb.

209 **2. Juni 1943**

Aufruf des Gauleiters Sprenger des Gaues Hessen-Nassau der NSDAP an die Behördenleiter und führenden Persönlichkeiten des Gaues mit der Bitte, für die freiwillige Mitarbeit ihrer Ehefrauen in der Kriegswirtschaft Sorge zu tragen

Hessisches Hauptstaatsarchiv Wiesbaden, 483/10643.

Die Mobilisierung der deutschen Heimat in den entscheidenden Monaten dieses Krieges bringt für viele Volksgenossen ein Höchstmaß von Opfer und Arbeitsleistung mit sich. Die Arbeitszeit in den Betrieben der Rüstungswirtschaft ist auf 63 Stunden wöchentlich festgesetzt worden, das sind fünfmal 11 und einmal 8 Arbeitsstunden täglich. Untersuchungen unter den Belegschaften verschiedener Werke des Gaues, deren Arbeiter naturgemäß nicht alle an ihrem Beschäftigungsort wohnen, haben ergeben, dass viele dieser Volksgenossen täglich gerade noch knapp 8 Stunden in ihrer Wohnung verbringen. Das mag als Beispiel für die Beanspruchung weiter Kreise dienen.

Angesichts einer solchen Sachlage ist das persönliche Vorbild der führenden Volksgenossen in ihrer Lebensführung entscheidend. Private Vergnügen, Bequemlichkeiten und Sonderrechte, die nicht der Erfüllung höherer Pflichten dienen, haben für niemand mehr Berechtigung. Darüber hinaus muss jedoch auch von den Angehörigen aller führenden Parteigenossen und Behördenvertreter verlangt werden, dass sie der Rüstung ihre Arbeitskräfte zusenden, die bisher hierfür nicht nutzbar gemacht worden sind.

Ich richte daher die Bitte an Sie, für ihren persönlichen Bereich der nationalsozialistischen Forderung absolut gleicher Lastenverteilung des totalen Krieges auf alle Schultern des Volkes Rechnung zu tragen und insbesondere in Ihrem Familienkreis ein beispielgebendes Vorbild zu schaffen. Ich erwarte daher von den Angehörigen, insbesondere von den Ehefrauen der in führenden Stellen der Partei oder des Staates tätigen Volksgenossen, soweit sich keine pflegebedürftigen Kinder im Haushalt befinden oder Krankheit die Verwendungsfähigkeit ausschließt, eine freiwillige Mitarbeit möglichst in den Betrieben der Kriegswirtschaft, zumindest aber Einsatz an kriegswichtiger Stelle.

In Frankfurt am Main stehen drei kriegswichtige Rüstungsbetriebe mit entsprechender Frauenarbeit zur Aufnahme bereit, in der eine Vermittlung jederzeit möglich ist. Alle diejenigen Frauen und Mädchen, die nach den vorstehenden Ausführungen in Frage kommen, wollen sich daher an die Gauleitung der NSDAP wenden, damit Ihnen von hier aus die entsprechende Arbeitsstätte vermittelt werden kann.

Ich bitte Sie, im gleichen Sinne auch auf alle Ihre Beamten einzuwirken, damit auch diese den übrigen Volksgenossen mit gutem Beispiel vorangehen. Sollte irgendein Umstand vorliegen, der Ihre Angehörigen an der Arbeitsaufnahme verhindert, so bitte ich unter Angabe des Grundes um entsprechenden Bescheid.

Ich erwarte von Ihnen, dass bei Ihren Angehörigen im gleichen Sinne verfahren wird. Es ist mir unter Angabe des Grundes zu melden, bei wem eine Arbeitsaufnahme nicht möglich ist.

210 März 1944

Arbeits- und Lagebericht der Kreiswaltung Hanau der DAF an die Gaupropagandaabteilung (Auszug)

Hessisches Hauptstaatsarchiv Wiesbaden, 483/10887.

Die Presse ist den Vormonaten gegenüber unverändert. Der politische Teil der Presse ist nicht zu beanstanden, während der lokale Teil unserer Auffassung nach zu verbessern wäre. In allen Zeitungen, an allen Fenster und Plakatsäulen mahnt der schwarze Mann, nicht so offenherzig und vertrauensselig zu sein. Schweigen ist die Parole! In der »Hanauer Zeitung« war aber während dieser Aktion ein Bericht, dass die Deutsche Dunlop für Verdienste in der Kriegswichtigkeit anerkannt wurde und eine Belobigung erhielt. Das ließ auch die Hanauer Quarzlampen-Gesellschaft nicht ruhen, ihrerseits einen Artikel in die Zeitung zu bringen, dass die 150. Großbestrahlungsanlage errichtet wurde, um die Arbeitskraft der Schaffenden zu heben. In der Öffentlichkeit macht man sich über solche Veröffentlichungen Gedanken, sie werden durchaus nicht für harmlos gehalten. Der aufmerksame Agent eines Feindstaates liest wesentlich mehr daraus.

In dem Artikel der Quarzlampen-Gesellschaft waren sogar Arbeitsstunden erwähnt, die durch die Güte der Höhensonne gewonnen werden. Die Güte der Höhensonne ist bekannt genug, deshalb werden solche Veröffentlichungen als für viel zu offenherzig gehalten. Der Presse steht doch für die lokale Berichterstattung genügend Stoff zur Verfügung. [...]

Die Stimmung unter den schaffenden Menschen ist nicht gut. Sie leidet stark unter den Belastungen des Krieges. Mit sehr großer Sorge werden die Vorgänge im Osten verfolgt. Es machen sich, wenn man in die Volksstimmung hineinhört, doch schon eine ganze Reihe von Äußerungen bemerkbar, die an der militärischen Kraft zweifeln. Dazu wird auch noch in wenig vertrauenserweckender Weise von unseren Abwehrmaßnahmen im Luftkrieg gesprochen. Die Agitation des Gegner, die durch die neuesten Flugblätter erheblich verstärkt worden ist, macht sich dazu noch in einer unliebsamen Art und Weise bemerkbar. Man braucht zwar darin noch keine Gefahr zu sehen, es ist aber unbedingt notwendig, diesen Beobachtungen eine größere Aufmerksamkeit als seither zuzuwenden.

Die Nervosität der Bevölkerung ist durch Nichteintreten der angekündigten Vergeltungsmaßnahmen erheblich gestiegen und die Meldung, dass wir den Krieg verlieren könnten, hat doch schon Nährboden im Volk gefunden. Die Flugblätter des Gegners erscheinen jetzt gefährlicher als bisher.

Es werden die Ansichten vertreten, dass es besser wäre, den Inhalt einzelner Flugblätter öffentlich zu kritisieren und als Lügen aufzudecken, anstatt stillschweigend die Blätter einzuziehen und zu vernichten. Wohl der größte Teil der Finder liest die Flugblätter, die in ihrem Inhalt auf die bestehenden Zweifel, die der Leser hat, eingehen und gerade damit ihr Ziel erreichen. Es muss stark darauf hingewiesen werden, dass diese Flugblätter in riesigen Mengen mitgeführt werden und dass sie dem Feind als Waffe mindestens so viel wert sind als die Bomben, die sie dafür zu Hause lassen müssen.

Ob in der Presse auf die Feindflugblätter eingegangen werden kann, vermögen wir nicht zu beurteilen. Reichsminister Dr. Goebbels hat ja bereits zu dieser Frage in einem seiner Aufsätze Stellung genommen. Aber unsere Redner sollten auch in den Versammlungen solche Flugblätter herausgreifen, um sie als das zu entlarven, was sie in Wirklichkeit sind: Mittel jüdischer Zersetzung und schärfste Waffe des Gegners, mit der er uns schon einmal eine Niederlage bereitete. Unsere Redner reden leider oft von Problemen, die zwar nicht unbedeutend sind, aber sie gehen nicht genug auf die im Augenblick aktuellen Fragen ein, und das lässt die Vermutung aufkommen, dass der Hörer bei einigem Nachdenken auf den Gedanken kommen könnte, wir wollten um diese herumreden.

211 Mai – November 1944

Der Prozess vor dem Volksgerichtshof gegen den Angestellten Otto Lochmann und Ehefrau Emma Lochmann wegen Wehrkraftzersetzung

211a Urteil, 10. November 1944

Bundesarchiv Berlin, SAPMO, NJ 5036, Bd. 1.

In der Strafsache gegen
1. den Angestellten Otto Konrad Lochmann aus Hanau, dort am 31. Dezember 1895 geboren,
2. die Ehefrau Emma Wilhelmine Lochmann, geborene Lossberger, aus Hanau, dort am 11. Juni 1904 geboren, beide zur Zeit in dieser Sache in gerichtlicher Untersuchungshaft wegen Wehrkraftzersetzung, hat der Volksgerichtshof, 3. Senat, auf Grund der Hauptverhandlung vom 10. November 1944, an welcher teilgenommen haben als Richter: Volksgerichtsrat Duve, Vorsitzer, Kammergerichtsrat Köhler, Ortsgruppenleiter Vahlberg, Kreisamtsleiter Bach, Gauhauptamtsleiter Hartung, als Vertreter des Oberreichsanwalts: Landgerichtsrat von Zeschau, für Recht erkannt:

Die Angeklagten Eheleute Lochmann haben im fünften Kriegsjahr Feindsender gehört und an ihren Sohn, der als Soldat in Dänemark stand, wochenlang Briefe schwer defätistischen Inhalts geschrieben.

Sie werden deshalb wegen Wehrkraftzersetzung verurteilt, und zwar Otto Lochmann zum Tode und dauerndem Ehrenrechtsverlust, Emma Lochmann zu einer Zuchthausstrafe von fünf Jahren und zum Ehrenrechtsverlust auf die Dauer von fünf Jahren. Die Untersuchungshaft wird hierauf angerechnet.

211b Urteilsbegründung (Auszug), 10. November 1944

Bundesarchiv Berlin, SAPMO-NJ 5036, Bd. 1; gezeichnet: Duve, Köhler.

[...] III. Der vorstehende Sachverhalt beruht auf dem Inhalt der Briefe, als deren Verfasser sich die Angeklagten bekannt haben, der Einlassung der Angeklagten und dem Zeugnis des Führers der Einheit 09665 E vom 3. Juni 1944 über Gottfried Lochmann, das in der Hauptverhandlung verlesen worden ist.

Die Angeklagten haben, wenn auch nur zögernd, eingeräumt, dass sie den »Soldatensender Calais« wiederholt abgehört hätten, wollen aber mehr zufällig auf die

Welle dieses Senders gestoßen sein und nicht erkannt haben, dass es sich dabei um einen feindlichen Hetzsender handelte. Diese Schutzbehauptungen werden indessen durch den Inhalt der Briefe widerlegt. Aus den Briefen, insbesondere den Schreiben vom 18., 30. März und 3. Mai geht einmal hervor, dass die Angeklagten den »Soldatensender Calais« nicht nur von ungefähr, sondern planmäßig abhörten, um ihren Sohn über dessen Nachrichten ständig auf dem Laufenden zu halten. [...]

Vor allem aber fällt den Angeklagten das Verbrechen der Wehrkraftzersetzung zur Last (§ 5 Abs. 1 Ziff. 1 und Ziff. 2 der Kriegssonderstrafrechtsverordnung). Sie lassen sich zwar dahin ein, dass sie nur beabsichtigt hätten, ihrem Sohn, der sehr traurige Briefe geschrieben und sich über die Behandlung in seiner militärischen Einheit beklagt habe, über die für ihn schwere Zeit hinwegzuhelfen und ihn mit der Aussicht auf ein baldiges Kriegsende zu trösten. Es habe ihnen ferngelegen, ihn in der Erfüllung seiner soldatischen Pflichten und seiner inneren Haltung gegenüber dem Kriegsgeschehen wankend zu machen, sie seien vielmehr umgekehrt der Überzeugung gewesen, dass sie ihn, der sich besonders vor einem Einsatz gegen die Sowjets gefürchtet habe, gerade durch den wiederholten Hinweis auf die bevorstehende Beendigung des Krieges im Osten stärken und dienstfreudig machen würden. Aber diese Behauptungen lassen sich wiederum mit den Briefen nicht vereinbaren. Sprache und Inhalt der Briefe sind absolut eindeutig: neben der nicht abreißenden Mitteilung von Feindnachrichten enthalten sie die immer wiederholte Prophezeiung des militärischen und wirtschaftlichen Zusammenbruchs des Reichs, der von den verschiedensten Blickpunkten aus vorausgesagt wird, ferner die unverhohlene Hoffnung der Eltern selbst, dass dieser Zusammenbruch nicht mehr lange auf sich warten lassen werde, den Hinweis, dass es den Deutschen selbst bei einem Sieg der Sowjets nicht schlechter ergehen könne als gegenwärtig, und nicht zuletzt die unverblümte Aufforderung an den Sohn, seine Leiden immer wieder zu betonen und auf diese oder andere Weise einen Einsatz zu verhindern. [...]

Auf der äußeren und inneren Tatseite ist somit der Tatbestand der Wehrkraftzersetzung erfüllt, wobei im Rahmen des § 5 Abs. 1 Ziff. 1 Kriegssonderstrafrechtsverordnung kein Zweifel daran bestehen kann, dass die Angeklagten eine Weiterverbreitung ihrer Nachrichten unter den Kameraden Gottfried Lochmanns in Kauf genommen haben. In dem Verbrechen der Wehrkraftzersetzung geht das Verbrechen gegen die Rundfunkverordnung auf.

Was die Strafzumessung anbelangt, so mag der Beweggrund für das Verhalten der Angeklagten in ihrer Liebe zu ihrem einzigen Sohn zu finden sein. Sie mögen danach getrachtet haben, sein Leben zu erhalten und ihn nicht hergeben zu müssen. Damit haben sie es aber unternommen, sein Einzelschicksal aus dem Gesamtschicksal herauszulösen, und die Forderung bedingungsloser Hingabe in unseren Kampf um Sein oder Nichtsein, also eine unabdingbare Vorraussetzung zur Erringung unseres Endsieges, missachtet.

Die Schuld fällt in ihrer vollen Schwere und Tragweite vornehmlich auf den Angeklagten Otto Lochmann. Anstatt dem Sohne als Vater ein Vorbild an Pflichterfüllung und Selbstlosigkeit zu geben, hat er sich im fünften Kriegsjahr würdelos an der Wehrertüchtigung eines jungen Soldaten versündigt, also zu einem Dolchstoß in den Rücken der Front ausgeholt. Da sich die Briefe, an deren Abfassung er führend beteiligt ist, auf einen langen Zeitraum erstrecken, handelt es sich nicht um eine unüberlegte Entgleisung, sondern um planmäßige Zersetzung der Wehrkraft gegenüber einem Soldaten. Der Umstand, dass er dienstlich gut beurteilt wird und auch sonst nicht nachteilig beleumundet ist, ändert nichts an der Verwerflichkeit und Ehrlosigkeit seiner Tat. Er hat sich durch sein Verhalten selbst außerhalb der Volksgemeinschaft gestellt und die Todesstrafe als diejenige Strafe verwirkt [sic!], die das Gesetz für das Verbrechen der Wehrkraftzersetzung grundsätzlich vorsieht. Demgemäss ist erkannt worden.

Die Tat der Angeklagten Emma Lochmann wiegt demgegenüber minder schwer. Sie ist als Frau Gefühlen der Schwäche und Mutlosigkeit leichter zugängig gewesen und hat offensichtlich in Abhängigkeit von ihrem Ehemann gehandelt, der ihr nach der schmerzlich empfundenen Einberufung des Sohnes nicht den erforderlichen Halt zu geben vermochte. Unter diesen Umständen wird ihr gegenüber der Strafzweck durch eine Freiheitsstrafe erreicht. Um dem allgemeinen Schutzgedanken Geltung zu verschaffen und dem Bedürfnis nach gerechter Sühne zu genügen, hat der Senat diese Strafe auf 5 Jahre Zuchthaus bemessen. Die Untersuchungshaft kommt hierauf aus Billigkeitsgründen zur Anrechnung (§ 60 StGB).

Otto Lochmann ist für immer, Emma Lochmann für 5 Jahre ehrlos (§ 32 StGB).

Das zur Abhörung des Feindsenders benutzte Rundfunkempfangsgerät des Angeklagten ist einzuziehen (§ 1 der Rundfunkverordnung).

Die Kosten des Verfahrens tragen nach § 465 StPO die Angeklagten.

212 — März – Mai 1945

Erinnerungen von Käthe Klösters an den britischen Luftangriff auf Hanau am 19. März 1945 und an die Heimkehr ihres Vaters Heinrich Eckhardt (KPD) aus Buchenwald

Stadtarchiv Hanau, Sammlung Gerhard Flämig. Veröffentlicht in der Sonderbeilage des »Hanauer Anzeigers« zum 40. Jahrestag der Zerstörung Hanaus, 19. März 1985, S. 5.

Im Schlafzimmer unserer Wohnung, Gärtnerstraße 81, Hinterhaus, zog ich am 18. März 1945, nachdem ich das Licht gelöscht hatte, das Verdunklungsrollo hoch. Am Frühlingshimmel glänzten Sterne. Zum ersten Male seit vielen Wochen beschlossen wir, auszuziehen. Bis dahin waren wir zumeist mit vollen Kleidern zu Bett gegangen und fast Nacht für Nacht in den nahegelegenen Luftschutzbunker der ehemaligen Brauerei an der »Wiener Spitz« (heute Haus der Bäckergenossenschaft) gerannt. Wir, das waren unsere Mutter Paula Eckhardt, damals alleinstehend, nachdem 1938 unser Vater Heinrich Eckhardt nach der Zuchthausstrafe in Butzbach als Gegner des Naziregimes von der Gestapo im KZ Buchenwald eingekerkert worden war, und drei ihrer vier Kinder. Unser Bruder Hans-Willi war mit 17 Jahren eingezogen worden und seit Januar 1945 an der Ostfront vermisst.

Den ganzen Tag über war das Wummern des Artilleriefeuers aus dem Raume Darmstadt zu hören gewesen. Die amerikanischen Bomberpulks waren hoch über unseren Köpfen, unbehelligt vom Flakfeuer oder deutschen Jägern, ins Innere des Reichsgebiets weitergeflogen: »Wenigstens ist der Krieg bald vorbei, denn in wenigen Tagen ist der Ami bestimmt in Hanau«, hatte unsere Mutter vor dem Schlafengehen gesagt.

Ich wurde aufgeweckt von einem lauten Knall. Durch das offene Fenster drang heller Feuerschein. Zugleich hörten wir das entsetzliche Pfeifen und Bersten der Fliegerbomben, rafften unsere Luftschutztaschen und stürzten, noch im Laufen die Mäntel über die Nachthemden ziehend, in den Keller unseres Hauses.

Was sich dann ereignete, war mit Worten kaum zu beschreiben. Es war einfach die Hölle. Noch heute habe ich das Schreien der mit Phosphor übergossenen oder eingeklemmten Menschen, besonders der Kinder, in den Ohren. Ich hörte das Krachen der zusammenbrechenden Mauern und entsinne mich des Schrecks, als wir, nachdem das Donnern der Bombeneinschläge vorüber war, durch den Dreck und Mörtelstaub die Kellertreppe hochkrochen und feststellen mussten, dass unser Haus über unseren Köpfen weggebombt war.

Taghell vom Feuerschein war die Nacht. Beißender Qualm überall. Jemand rief: »Alles zur Badeanstalt!« Die hatte dort gestanden, wo heute das Hochhaus der Baugesellschaft ist und war nur noch ein Trümmerhaufen. Wir stolperten über Steinbrocken und Leichen. Es war schrecklich.

Am frühen Morgen zog ein langer Zug verrußter, teils notdürftig bekleideter Menschen hinunter nach Kesselstadt, wo die Ausgebombten registriert und verpflegt wurden. Dort hing noch die Hakenkreuzfahne am Schlosseingang. An den Mauern der völlig unversehrten Häuser konnte man lesen: »Sieg oder Sibirien« und »Führer befiehl – wir folgen!« Die Nazis hatten sogar das Inferno organisiert. Geschäftig eilten Amtswalter in braunen Uniformen zwischen den verzweifelten, apathischen Hanauern hin und her, versuchten Namenslisten zusammenzustellen und Evakuierungsorte zuzuteilen. Da wir Verwandte in Langendiebach hatten, kamen wir für mehrere Wochen dort unter.

Zum ersten Male bot sich dort Gelegenheit, die paar Habseligkeiten zu sichten, die wir gerettet hatten: Es waren unsere Tragtaschen mit dem, was man damals Luftschutzgepäck nannte, vor allem persönliche Papiere. Unsere Mutter zog Vaters letzten Brief, gestempelt im Januar 1945 im KZ Buchenwald, aus der Tasche. Darin stand zwischen den Zeilen die Hoffnung ausgedrückt, dass nun endlich und alsbald das Schreckliche vorbei sein möge und er uns nach so langen Jahren alle wiedersehen könne. Jede politische Bemerkung war in diesen dürftigen Briefen, die er – einmal pro Vierteljahr – abschicken durfte, streng verboten. Doch wir wussten, dass er fest mit der baldigen Vernichtung des Faschismus rechnete, so wie er es bereits 1933 vorausgesagt hatte.

Vater war bereits in den ersten Tages des Dritten Reiches als ein führender Kommunist und Hanauer Stadtverordneter verfolgt, verhaftet und geschlagen worden. Weihnachten 1933 aus dem KZ Breitenau entlassen, hatte man ihn Anfang 1935 erneut verhaftet und als illegalen Organisator des Widerstandes und Flugzettelverteiler wegen »Vorbereitung zum Hochverrat« zu dreieinhalb Jahren Zuchthaus und fünf Jahren Ehrverlust verurteilt. Nach Verbüßung dieser Strafe hatte ihn die Gestapo am Tag seiner Entlassung festgenommen und in das KZ Buchenwald bei Weimar verschleppt. Was er dort erleben und erleiden musste, konnten wir damals nur ahnen.

Nach dieser schrecklichen Bombennacht galt die erste Sorge unserer Mutter dem Schicksal unseres Vaters und des vermissten Bruders: »Was werden die Nazis mit den KZ-Häftlingen machen, wenn die Alliierten näher rücken?« Wir mussten mit dem Schlimmsten rechnen und hatten, deshalb, neben dem Ausgebombtsein, noch eine besondere Sorge.

Zwölf Jahre hatten wir Demütigungen, Hunger und Not ertragen. Unsere Mutter, die keine Unterstützung erhielt, hatte sich und ihre Kinder mit Putzen und kleinen Dienstleistungen tapfer durchgeschlagen. Dank ihres besorgten und aufopferungswilligen Überlebenskampfes, verbunden mit der stillen und tatkräftigen Solidarität unserer Genossen, die ab und zu ein Lebensmittelpaket heimlich an die Wohnungstür legten, hatten wir überlebt. Ein ganzes Jahr lang hatte Mutter krank im Bette gelegen, nachdem sie von Verhör zu Verhör geschleppt und ihres Mannes beraubt worden war. Nun, am Ende des Zweiten Weltkrieges, ging es unserer Familie wie Millionen anderen auch: Wir wollten endlich den langersehnten Frieden.

Am 11. April, drei Wochen nach der Hanauer Bombennacht, wurde von den Häftlingen selbst das KZ Buchenwald befreit. Doch unser Vater kam erst Ende Mai 1945 in unsere Hanauer Trümmerwohnung. Als Lagersanitäter hatte er nach der Befreiung seine schwerkranken Kameraden weiter betreut, bis auch der letzte in ein ordentliches Lazarett gebracht worden war. In der bewegten Stunde, als er uns in die Arme schloss, waren seine Worte: »Lasst uns nun dafür kämpfen, dass der Frieden erhalten bleibt, nie wieder Faschismus, nie wieder Krieg!«

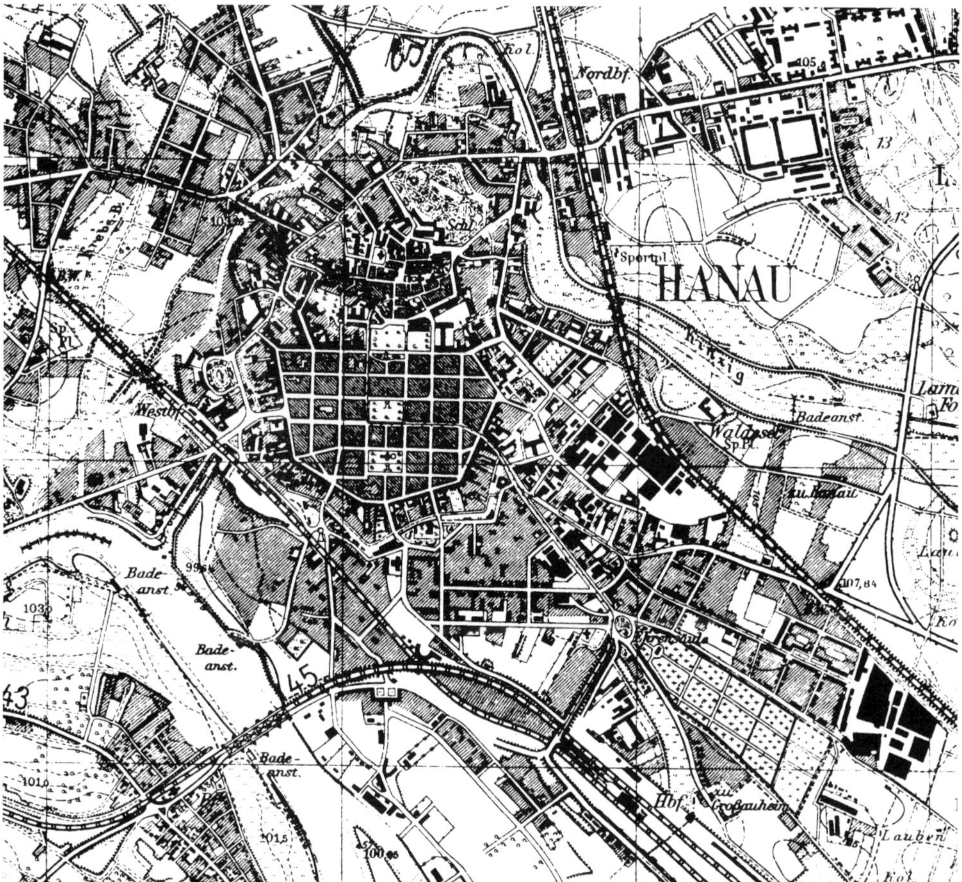

Ausschnitt aus Blatt 5819 Hanau der Topographischen Karte 1:25 000 der Preußischen Landesaufnahme 1906, Ausgabe 1943

Hanau, Maifeier vor dem Schloss Philippsruhe, 1946

V.

Von der Befreiung vom Faschismus bis zur Gründung des Deutschen Gewerkschaftsbundes (1945–1949)

Nach dem Ende der faschistischen Diktatur übernahmen die vier Besatzungsmächte, die USA, die UdSSR, Großbritannien und Frankreich, die oberste Regierungsgewalt in Deutschland. Als gemeinsames Handlungsorgan der Alliierten wurde der Kontrollrat etabliert. Ihre Übereinstimmung in den grundsätzlichen Zielen Entmilitarisierung, Entnazifizierung, Entflechtung der deutschen Großindustrie, Demokratisierung und Wiedergutmachung bekräftigte die Antihitlerkoalition noch einmal auf der Potsdamer Konferenz. Das Potsdamer Abkommen schuf für ganz Deutschland die völkerrechtliche Grundlage zur restlosen Beseitigung des Faschismus.

Der Ausbau der Militärverwaltung ging in den von den US-amerikanischen Streitkräften besetzten Gebieten etappenweise in den Fußstapfen der vorrückenden Armee vor sich. Die örtlich abgestellten Vertreter der Militärregierung versuchten beim Aufbau einer neuen Verwaltung auf Antifaschisten oder doch weniger kompromittierte Personen zurückzugreifen. Zum ersten kommissarischen Oberbürgermeister in Hanau wurde von den Militärs der 1933 von den Nazis abgesetzte Oberbürgermeister Kurt Blaum ernannt. Polizeidirektor wurde auf Blaums Empfehlung der ehemalige sozialdemokratische Landtagsabgeordnete und Gewerkschafter Karl Rehbein. Der antifaschistische Arzt Dr. Bernhard Pfältzer wurde von der US-Armee zur Sicherung der ärztlichen Versorgung eingesetzt.[1] Im Laufe des Mai nahm auch ein aus Vertretern des Bürgertums und der Intelligenz rekrutierter »Antifaschistischer Bürgerausschuss« Gestalt an, in dem Bernhard Pfältzer ebenfalls mitarbeitete.[2]

Die Tätigkeit der Betriebsausschüsse

Hauptträger des in Hanau während der Nazi-Diktatur nie erloschenen Widerstandes war die in die Illegalität gezwungene Arbeiterbewegung. Ihre Vertreter, ob Kommunisten oder Sozialdemokraten, ob im Betrieb, am Wohnort oder gerade aus dem Konzentrationslager zurückgekehrt, erlebten den Zusammenbruch des Naziregimes als Befreiung und standen zur aktiven Mitgestaltung eines demokratischen Neuanfangs bereit. Sie agierten in einer Stadt, die zu den am stärksten zerstörten Orten in ganz Deutschland gehörte und deren Industrie zur Hälfte vernichtet und in den übrigen Teilen stark beschädigt worden war. Als Keim neuer demokratischer Betriebsvertretungen entstanden ab April 1945 in Hanauer und Großauheimer Betrieben auf Initiative ehemaliger Betriebsräte und Gewerkschafter antifaschistische Betriebsausschüsse. Sie standen bei den Instandsetzungsarbeiten, bei der Ankurbelung der Friedensproduktion, sei es bei W. C. Heraeus, bei der Heraeus-Vacuumschmelze oder der Dunlop, in vorderster Reihe. Gleichzeitig nahmen sie weitgehende Mitbestimmungsrechte der Belegschaft in allen Geschäftsvorgängen wahr und trugen für die Entnazifizierung ihrer Betriebe die Verantwortung. Über die gleichen Kompetenzen wie bei der

[1] Ulrich Schneider (Hrsg.), Als der Krieg zu Ende war. Hessen 1945. Berichte, Bilder von dem Neubeginn, Frankfurt am Main 1980, S. 46; im Weiteren: Ulrich, Hessen 1945.

[2] Mbl. Nr. 9, 9.6.1945.

Hanau, Abschluss der Trümmerräumung bei der Quarzlampen-Gesellschaft, um 1947

Dunlop verfügten die Betriebsvertretungen etwa bei der Firma Degussa-Siebert und der Brauerei Nicolay AG.[3] Die Hanauer Betriebsausschüsse standen miteinander im Kontakt. In einem gemeinsamen Aufruf »An alle Antinazisten der Hanauer und Großauheimer Betriebe« erhoben sie angesichts der katastrophalen Lebensumstände ihre Forderungen nach einer Verbesserung der Arbeitsbedingungen, der Versorgung, der Wohnungssituation und des Gesundheitswesens. (Dok. 213c) Sie verlangten die Kontrolle der staatlichen Verwaltung durch die Arbeiter sowie die Zulassung von Gewerkschaften. Die wichtigste Voraussetzung zur Durchführung der geforderten Maßnahmen erblickten die Betriebsvertreter in einer konsequenten Entnazifizierung in allen gesellschaftlichen Bereichen, in der Entfernung derer, die an Krieg und Not Schuld waren, aus verantwortlichen Posten. An dieser Aufgabe arbeiteten sie kräftig mit. Der »Mitarbeiterstab«, wie der Betriebsausschuss bei der Vacuumschmelze bezeichnet wurde, einigte sich im Laufe des Sommers 1945 mit der Geschäftsleitung auf die Entlassung von sieben aktiven Nazis. Der Betriebsausschuss der Degussa-Tochter Deutsche Kunstlederwerke wusste für August 1945 von der Entlassung von drei

[3] Ursula Krause-Schmidt, Werner Dreibus, Vom aufrechten Gang, von Widerständen und Stolpersteinen. Beiträge zur Gewerkschaftsgeschichte im Main-Kinzig-Kreis, Hanau 1993, S. 35; im Weiteren: Vom aufrechten Gang. Diese Arbeit diente in vieler Hinsicht als Primärquelle, da sie zahlreiche Schriftstücke benutzt und publiziert, die im DGB-Archiv Hanau nicht mehr auffindbar waren.

Arbeitern sowie einem Meister zu berichten.[4] Das Programm der Betriebsausschüsse zum gewerkschaftlichen Neuaufbau konnte allerdings nicht in größerer Anzahl verbreitet werden. Der Druck des Textes scheiterte am Einspruch der US-Militärregierung.[5]

Die Gründung des Allgemeinen Gewerkschaftsbundes (AGB) in Hanau

Obwohl im befreiten Aachener Gebiet schon im Herbst 1944 eine Gewerkschaft gegründet worden war und General Eisenhower in seiner Botschaft an das deutsche Volk am 6. August 1945, dem Tag des Atombombenabwurfs auf Hiroshima, die Bildung örtlicher Gewerkschaften in Aussicht stellte, verlief der Gewerkschaftsaufbau in der amerikanischen Besatzungszone insgesamt zögerlich. In der Militäradministration herrschten unterschiedliche Meinungen darüber, ob der Schwerpunkt auf betrieblichen Initiativen ruhen sollte oder ob die überbetrieblichen Komitees bewährter Gewerkschafter aus der Zeit der Weimarer Republik vorrangige Unterstützung verdienten. Auch über die Unterstützung der zur Debatte stehenden gewerkschaftlichen Organisationsformen teilten sich die Meinungen. Erst im Laufe des Herbstes 1945 kam es zur Genehmigung erster Gewerkschaftsgründungen auf lokaler und auf Kreisebene.

In der deutschen Arbeiterbewegung herrschte nach Kriegsende Einmütigkeit darüber, dass die Spaltung der Gewerkschaftsbewegung in parteipolitisch abhängige, konkurrierende Richtungsgewerkschaften überwunden werden sollte. Umstritten war die Frage, ob eine zentrale Einheitsgewerkschaft oder ein föderativer Dachverband selbständiger Industriegewerkschaften die Organisationsform bilden sollte.

Im Sommer übernahm der Gewerkschafter und ehemalige sozialdemokratische Stadtverordnete Heinrich Fischer die Koordination der betrieblichen Bestrebungen für eine neue Gewerkschaftsgründung. Heinrich Fischer kehrte Ende April nach seiner Befreiung aus dem Zuchthaus Brandenburg-Görden nach Hanau zurück. Er wurde mit dem Aufbau einer neuen Arbeitsverwaltung beauftragt und im Herbst zum Leiter des Hanauer Arbeitsamtes ernannt.[6] Zu einem ungewöhnlich frühen Zeitpunkt, Anfang Juli, erfolgte die vorläufige Gründung des »Allgemeinen Gewerkschaftsbundes Hanau« unter der Leitung von Heinrich Fischer und der kommissarisch eingesetzten Geschäftsführer, des Kommunisten und Buchenwald-Häftlings Heinrich Eckhardt und des Gewerkschafters und Widerstandskämpfers August Schanz, der nach der Befreiung der KPD beigetreten war.[7] In einem Bericht über die Gewerkschaftsarbeit in Hanau hob Schanz selbst die gute Zusammenarbeit mit der Militärregierung hervor, die bald zur endgültigen Genehmigung der Gewerkschaftsarbeit führte. Am 22. August 1945

4 Ebd. S. 74, 76f.

5 Anne Weiß-Hartmann, Der Freie Gewerkschaftsbund Hessen 1945–1949, Marburg 1977, S. 69f.; im Weiteren: Der Freie Gewerkschaftsbund.

6 Vom aufrechten Gang, S. 40.

7 Ebd., S. 41.

beantragte das »vorläufige Komitee« der Gewerkschaftsgründer offiziell bei der Militärregierung die Zulassung des »Allgemeinen Gewerkschaftsbundes, Einheitsorganisation Hanau«. Dem Antrag lagen die Statuten, ein Organisationsschema und zahlreiche in den Betrieben gesammelte »Willenserklärungen« bei, mit denen die Unterzeichner »die Bildung einer freien, demokratischen Gewerkschaft auf antinazistischer Grundlage, unter Hinzuziehung aller Lohn- und Gehaltsempfänger ohne Unterschied von Rasse und Religion« forderten. (Dok. 214a) Im Begleitschreiben wurde ausdrücklich betont, dass bei der Unterschriftensammlung frühere Mitglieder der Nazipartei ausgeschlossen worden waren.[8] Das Statut wie die »Willenserklärungen« der Belegschaften folgten den Vorschriften, die in zwei Anordnungen der US-Militärregierung vom 10. und vom 17. August 1945 als Vorbedingung zur Wahl von Betriebsvertretungen und zur Gründung von Gewerkschaften formuliert worden waren.[9] (Dok. 204b) Die gravierendste Einschränkung lag in der Bestimmung, die die Festsetzung der Löhne und der Arbeitszeit außerhalb des Tätigkeitsbereichs der Gewerkschaften stellte. Die amerikanische Besatzungsmacht hielt – auch von der Direktive des Alliierten Kontrollrats vom 14. Oktober 1945 gestützt – den seit 1933 geltenden Lohnstopp aufrecht. Lohn- und Preiskontrolle sollten einer Inflation vorbeugen. Die vorgeschriebene Arbeitszeit lag bei 48 Stunden in der Woche. Eine potentielle Aushöhlung der Einheitsgewerkschaftsbestrebungen deutete folgender Passus in den Richtlinien der Militärregierung an: »Das Bestehen einer Gewerkschaft, die Arbeiter einer bestimmten Fabrik, eines Industrieunternehmens oder einer Handwerkerschaft vertritt, wird in keiner Weise die Neugründung einer gleichgerichteten Gewerkschaft verhindern.«

Am 1. September 1945 erteilte Major Thomas Turner die Genehmigung zur Bildung des Allgemeinen Gewerkschaftsbundes in der Stadt und in dem Landkreis Hanau, und am 3. September 1945 erhielt August Schanz die Lizenz.[10] Mitte September gehörten dem vorläufigen Gewerkschaftsvorstand neben den beiden Betriebsarbeitern und Kommunisten Heinrich Eckhardt und August Schanz der Sozialdemokrat Heinrich Hahn als Vertreter der Angestellten und für die christlichen Arbeitnehmer der ehemalige christliche Gewerkschafter Franz Kallnik (CDU) an. Nach dem Wechsel von August Schanz zur Jahreswende 1945/46 in das Ministerium für Arbeit und Wohlfahrt trat der ehemalige Dunlop-Betriebsrat und Kommunist Josef Breidenbach auf seinen Posten.[11]

Der Allgemeine Gewerkschaftsbund (AGB) Hanau wurde als zentrale Einheitsorganisation aufgebaut, bestehend aus 13 Fachgruppen, die durch Wahl ihre Vertreter in einen Beirat entsandten. In den einzelnen Orten sollten sich zur Belebung der geistigen und kulturellen Bedürfnisse und zur Erziehung der Jugend Ortsgruppen bilden. Diese Organisationsform wurde im ersten programmatischen Aufruf des Hanauer Gewerkschaftsbundes vom 15. September mit den Erfahrungen der faschistischen Diktatur begründet, mit der Notwendigkeit einer starken Kampforganisation bei der endgültigen Niederringung des Fa-

8 Ebd., S. 44.
9 Mbl. Nr. 19, 18. 8. 1945.
10 Vom aufrechten Gang, S. 45.
11 Ebd., S. 57f.

schismus und der Schaffung eines demokratischen Deutschland. (Dok. 214c) Eine besondere Verantwortung erblickten die Hanauer Gewerkschafter in ihrer Arbeit für die vollständige Säuberung der Wirtschaft und der Verwaltung von allen nazistischen und militaristischen Elementen und in der Sicherung einer wirksamen Mitbestimmung auf dem Gebiet der Produktion, »mit dem Ziel einer wirtschaftlichen Neugestaltung im sozialistisch-gemeinwirtschaftlichen Sinne«.

Parallel mit der Hanauer Gewerkschaftsgründung wurden in der amerikanischen Besatzungszone die ersten freien und geheimen Betriebsrätewahlen abgehalten, entsprechend der damals von den Amerikanern favorisierten Politik des Gewerkschaftsaufbaus von der Betriebsebene her. In mehreren Hanauer Betrieben, wie bei der Dunlop, in der Vacuumschmelze oder bei den Deutschen Kunstlederwerken in Wolfgang (Degussa), wurden die Kollegen in den Betriebsrat gewählt, die schon in den Betriebsausschüssen aktiv mitgearbeitet hatten.[12]

Schon am 11. Oktober 1945 startete der AGB Hanau eine Umfrage unter den neu gewählten Betriebsräten über die Arbeits- und Lebensbedingungen. Erhoben wurden Informationen über die Einrichtung von Werksküchen, die Arbeitszeit, die Erreichbarkeit der Arbeitsstätte und die Anstrengungen der Betriebe bei der Wohnraumbeschaffung. Andere Fragen betrafen die Lehrlingsausbildung, die Umschulung auf einen Bauberuf, die Stimmung der Belegschaft und ihre Meinung zur Gewerkschaftsfrage. Gefragt wurde auch danach, ob im Betrieb eine Kinderspeisung durchführbar wäre. Die Elementarversorgung stand in Anbetracht der enormen Wohnraumzerstörung in Hanau absolut im Vordergrund. Das Zubereiten warmer Mahlzeiten im privaten Umfeld war mangels Kochstellen und Brennstoff nur sehr beschränkt möglich. Die städtische Großküche, die im November 1945 in den Wirtschaftsräumen von Schloss Philippsruhe eröffnet worden war, gab noch 1947 täglich 700 Stammessen, monatlich 100 000 Schulspeisungen und warmes Essen in großer Zahl für die Flüchtlingstransporte aus.[13]

Aus den Antworten von 15 Betrieben auf die vom AGB gestellten Fragen wird ersichtlich, dass die Arbeitszeit bei mehreren Arbeitsstellen auf 40 Wochenstunden beschränkt werden musste, vor allem wegen der schlechten Verkehrsbedingungen, aber auch infolge schwerster Arbeit, wie dem Schleppen zentnerschwerer Eisenbahnschwellen in den Rüttgerswerken.[14]

Zur Lösung der gravierenden politischen und wirtschaftlichen Fragen, wie der Entnazifizierung, der Entlassung von Antifaschisten aus der Kriegsgefangenschaft oder der Wohnraumbeschaffung, nahm der vorläufige Hanauer Gewerkschaftsvorstand schon im Laufe des Novembers und Dezembers 1945 in Denkschriften an die Militärregierung Stellung. (Dok. 217c, 220) Allerdings trugen diese Bemühungen keine Früchte. Auch eine Eingabe vom Ende November 1945 bezüglich der Freigabe des 1933 von der Deutschen Arbeitsfront (DAF) beschlagnahmten Gewerkschaftsvermögens für den neuen Gewerkschaftsbund wurde abschlägig beschieden.[15]

12 Ebd., S. 48, 76.
13 Ebd., S. 50.
14 Ebd., S. 55.
15 Ebd., 56f.

Die erste Delegiertenversammlung der Hanauer zentralen Einheitsgewerkschaft am 13. Januar 1946 wählte einen elfköpfigen Vorstand und 14 Fachgruppenbeiräte. Erster Vorsitzender wurde Heinrich Fischer, inzwischen Direktor des Hanauer Arbeitsamtes, zweiter Vorsitzender der Werkzeugmacher und Betriebsrat bei W. C. Heraeus, Fritz Martin (KPD), erster Schriftführer der Behördenangestellte im Landratsamt, Franz Kallnik (CDU). Zum Vorstand gehörten die drei hauptamtlichen Geschäftsführer Heinrich Eckhardt (KPD), Josef Breidenbach (KPD) und Karl Mattes (SPD). Unter den Geschäftsführern wurde für den Aufbau der Fachgruppen klare Kompetenzen festgelegt, um so der besseren Möglichkeiten zur Arbeitsteilung in den Industriegewerkschaften Rechnung zu tragen. Heinrich Eckhardt war für die Fachgruppen Metall, Holzgewerbe, Handel, Verkehr und öffentliche Betriebe zuständig; Karl Mattes für Chemie, Druck und Papier, Bekleidung, Textil und Leder, Nahrung- und Genussmittel, Banken und Versicherung; Josef Breidenbach sollte sich um Bau- und Steingewerbe, Freie Berufe, Landwirtschaft und öffentliche Verwaltung kümmern.[16]

Wie schon den Vertretern der Betriebsausschüsse schwebte auch dem Hanauer Gewerkschaftsvorstand die Herausgabe einer eigenen Zeitung vor. Heinrich Fischer bemühte sich im Frühjahr 1946 bei der Militärregierung jedoch vergeblich für die Lizenzierung eines Hanauer Gewerkschaftsorgans.[17]

Der spätere DGB-Vorsitzende in Hanau Sepp Sigulla, der sein Arbeitsleben nach dem Krieg als Lehrling in der Vacuumschmelze begonnen hatte, schilderte in einem späteren Bericht die hoffnungsfrohe, rege Gewerkschaftsarbeit jener Gründungsjahre. Nicht nur lag der Schwerpunkt der gewerkschaftlichen Aktivitäten in den Betrieben, auch die Einflussmöglichkeit auf die betrieblichen Belange überstieg die spätere Praxis um ein Vielfaches. (Dok. 215)

Eindrucksvoll präsentierte der Hanauer Gewerkschaftsbund seine Schlagkraft und sein antifaschistisches, auf die Einheit der Arbeiterklasse und auf die demokratische Erneuerung der Gesellschaft gerichtetes Selbstverständnis anlässlich des neu erstandenen internationalen Kampftages der Arbeiter am 1. Mai 1946. Über 10 000 Teilnehmer aus Stadt und Landkreis folgten dem Aufruf zur Kundgebung vor Schloss Philippsruhe. Das Vorstandsmitglied Fritz Martin beschwor den Sozialismus als die neue Gesellschaftsordnung ohne Ausbeutung. (Dok. 221a,b) Die gleiche Forderung erhob wenig später der Vorstandsvorsitzende Heinrich Fischer in seiner Rede auf der Delegiertenkonferenz des Gewerkschaftsbundes am 10./11. August 1946.[18]

Von der zentralen Einheitsgewerkschaft zu den Industriegewerkschaften

In den meisten Orten Hessens entstanden Ende 1945 und Anfang 1946 ähnlich wie in Hanau zentrale Einheitsgewerkschaften. Ihre Vertreter bekräftigten auf einer landesweiten Konferenz am 3. Februar 1946 die Vorteile des gewerkschaft-

16 Ebd., 58f.
17 Der Freie Gewerkschaftsbund, S. 74f., S. 348, Anm. 250, S. 349, Anm. 255.
18 Vom aufrechten Gang, S. 60.

lichen Neuaufbaus in der zentralen Einheitsorganisation. Frankfurter Gewerkschaftern, mit Willi Richter an der Spitze, schwebte nach dem Krieg im Gegensatz zu einem Neuaufbau ein Wiederaufbau der Gewerkschaften nach dem schon in der Weimarer Republik verfolgten Industriegewerkschaftsprinzip vor. Auch die US-amerikanische Militärregierung unterstützte zunehmend diese Organisationsform aus der Befürchtung heraus, dass die zentrale Einheitsgewerkschaft für kommunistische Beeinflussung ein günstiges Terrain bieten könnte. Der Weltgewerkschaftsbund forderte ebenfalls als Voraussetzung für die Eingliederung der deutschen Gewerkschaften die Organisation in Industrieverbänden.[19] Auf der Konferenz aller Gewerkschaftsvertreter am 24. März 1946 in Frankfurt ging es um den Gewerkschaftsaufbau auf Landesebene. Die Vertreter der gegenüberstehenden Richtungen einigten sich darauf, dass der Aufbau aus dem Zusammenschluss sowohl der lokalen als auch der Industriegewerkschaften entstehen solle. Mit diesem Kompromiss war zugleich den Vorstellungen der Militärregierung Genüge getan, die noch vor der Konstituierung eines Landesgewerkschaftsbundes den Zusammenschluss in Industriegewerkschaften auf Landesebene gefordert hatte. Beschlossen wurde als eine Etappe auf diesem Weg, dass die lokalen Gewerkschaften sich für das Gebiet ihres Arbeitsamtes als Bezirksverwaltung des »Freien Deutschen Gewerkschaftsbundes Hessen« zusammenschließen sollten. Der Name wurde im August auf dem Gründungskongress der hessischen Landesorganisation in »Freier Gewerkschaftsbund Hessen« geändert. In der Folgezeit entstand so der Gewerkschaftsbezirk Hanau im Bereich des Arbeitsamtsbezirkes Hanau mit den Nebenstellen Gelnhausen und Schlüchtern. Eine Delegiertenkonferenz in Schlüchtern wählte am 16. Juli 1946 einen neunköpfigen Vorstand der Nebenstelle mit dem Sozialdemokraten Georg Rihm als ersten Vorsitzenden.[20]

Im Laufe des Sommers verschob sich das Kräfteverhältnis weiter zugunsten der Organisationsform in Industriegewerkschaften. Als die 3. Delegiertenkonferenz des Hanauer Gewerkschaftsbundes am 10. August 1946 in Schlüchtern zusammentraf, waren in Hessen schon mindestens zehn Industriegewerkschaften auf Landesebene gegründet worden. An sechs Gründungskonferenzen nahmen Vertreter des Gewerkschaftsbezirks Hanau teil. Die Hanauer Delegierten sahen sich nun gezwungen, ihre Organisation der neuen Entwicklung anzupassen. Das Meinungsbild fasste Karl Mattes folgendermaßen zusammen: »Wir halten die Einheitsgewerkschaft auch heute noch für das Zwecksmäßigte, aber wir können uns einer allgemeinen Entwicklung nun einmal nicht entgegenstellen. Nachdem die Alliierten nur Industriegewerkschaften zugelassen haben, wird es keinen Erfolg haben, wenn wir mit unserem Einheitsgedanken kommen«.[21]

Einstimmig gaben die Delegierten ihr Einverständnis, dass der Bezirk Hanau sich an den kommenden Tagungen beteiligen solle, und sie ermächtigten den Bezirksvorstand, »in Anbetracht der Kürze der Zeit ... die Delegierten auszu-

19 Ebd., S. 81ff., 87ff., 93.

20 Ebd., S. 59f.; Der Freie Gewerkschaftsbund, S. 89f.

21 Ebd., S. 61; Angelika Jacobi-Bettien, Metallgewerkschaft Hessen 1945 bis 1948. Zur Herausbildung des Prinzips autonomer Industriegewerkschaften, Marburg 1982, S. 145; im Weiteren: Metallgewerkschaft.

wählen und zu entsenden«. So wurde auch im Hinblick auf den ersten Bundestag des Freien Gewerkschaftsbundes Hessen verfahren, der am 24./25. August im Volkshaus in Frankfurt-Enkheim stattfand.[22] Nach diesem Muster handelten die Vorstände der zentralen Einheitsgewerkschaften in den meisten Orten, was bedeutete, dass ein großer Teil der Delegierten für die folgenden Landesgewerkschaftsversammlungen nicht gewählt, sondern von den zentralen Vorständen ernannt wurde. Der überregionale Zusammenschluss der Gewerkschaften vollzog sich unter maßgeblicher Einflussnahme der amerikanischen Militärregierung nicht als Zusammenfassung der örtlichen, meist zentralen Einheitsgewerkschaften, sondern der davon unabhängig gebildeten Industriegewerkschaften. Diese Gründungen fassten folgerichtig weder die bisherige Arbeit zusammen, noch war die Mitgliedschaft an ihnen wesentlich beteiligt.[23]

Im Herbst 1946 erfolgte die Aufgliederung der 12 533 Mitglieder, die die Einheitsorganisation des Hanauer Bezirks im Juli 1946 zählte, in Industriegewerkschaften. Die größte Organisation, die Gewerkschaft Metall, umfasste unter dem Vorsitz von Fritz Martin im September 1946 4833 Arbeitnehmer. Die Gewerkschaft Chemie, Glas und Keramik hatte im Oktober 1946 2779 Mitglieder. Erster Vorsitzender war vermutlich Jakob Köhler. Die Gründungsversammlung der Gewerkschaft Druck und Papier in Hanau wählte im März 1947 den Sozialdemokraten und Widerstandskämpfer Friedrich Schien zum Vorsitzenden. Ende 1947 zählte diese Organisation in Hanau 178 Mitglieder. Über 1394 Mitglieder verfügte im Dezember 1947 die Baugewerkschaft, die auch in Langenselbold eine Zahlstelle errichtete. Im März 1947 hatten im Bezirk Hanau sieben Industriegewerkschaften eigene Geschäftsstellen und Sekretäre: Chemie, Metall, Öffentliche Verwaltungen und Betriebe, Druck und Papier, Land- und Forstwirtschaft, Bau sowie die Gewerkschaft Freie Berufe. Negativ berührte die neue Organisationsform einer föderalen Einheitsgewerkschaft – also die Existenz autonomer Industriegewerkschaften mit einer Dachorganisation – besonders die kleinen Gewerkschaften. Sie baten darum, dass die Dachorganisation, in diesem Fall der Freie Gewerkschaftsbund des Bezirks Hanau, das Einkassieren der Beiträge sowie die Mitgliedsbetreuung übernehmen solle. Die Aufgliederung in Industriegewerkschaften bewirkte gerade im ländlichen Raum eine Zersplitterung, die die Organisationstätigkeit hemmte.[24]

Die Entnazifizierung

Die antifaschistischen Betriebsausschüsse und die kommissarisch eingesetzte Kommunalverwaltung waren von der Militärregierung von Anfang an ermächtigt, bei der Entfernung von Nazis aus ihren Posten verantwortlich mitzuwirken. Im Bereich der Stadtverwaltung waren bis Ende Mai 1945 bereits 26 Beamte und

22 Vom aufrechten Gang, S. 60f.
23 Der Freie Gewerkschaftsbund, S. 91ff., 95ff.
24 Vom aufrechten Gang, S. 61f.

Hanau, Spruchkammersitzung in Schloss Philippsruhe, 1946

7 Angestellte entlassen worden.[25] Auch in den Betrieben fanden unmittelbar nach dem Einmarsch der US-Streitkräfte die ersten Entlassungen schwer belasteter Mitglieder von Firmenleitungen statt, so auch in dem von Arnimschen Eisenwerk Marienhütte.[26]

Am 7. Juli 1945 erschienen die ersten Richtlinien der Besatzungsmacht zur »Entfernung von Nazis und Militaristen aus verantwortlichen Stellen« entsprechend den im Potsdamer Abkommen niedergelegten Bestimmungen. Am 1. August folgte eine Anordnung, die ehemalige Mitglieder der NSDAP wöchentlich zu 12 Stunden bezahlter Aufräum- und Säuberungsarbeiten verpflichtete.[27] Bei der Durchführung dieser Maßnahme wirkte auch die politische Abteilung der Hanauer Polizeidirektion mit, die bis Ende Oktober rund 1000 Nazi-Aktivisten aus dem Stadt- und Landkreis für den Arbeitseinsatz registrierte. Der tatsächliche Arbeitseinsatz war jedoch mit erheblichen Hindernissen verbunden, wie aus einem Bericht des Arbeitsamtes hervorgeht. (Dok. 216)

Parallel zum Aufbau der Landesverwaltungen und zur Formierung der politischen Parteien gestand die amerikanische Militärregierung mit dem »Gesetz Nr. 8 über das Verbot der Beschäftigung von Mitgliedern der NSDAP in ge-

25 Mbl. Nr. 8, 2.6.1945, Bekanntmachung des Oberbürgermeisters Kurt Blaum.
26 Vom aufrechten Gang, S. 64, 71.
27 Karlheinz Müller, Preußischer Adler, hessischer Löwe, Wiesbaden 1966, S. 352; Das Mitteilungsblatt der Stadtverwaltung Hanau veröffentlichte schon am 28. Juli die Verordnung über den allgemeinen Arbeitseinsatz, mit der Sonderregelung, dass Personen, die mehr als nominell Mitglieder der NSDAP waren, zu anstrengenden oder zu unerwünschten Arbeiten heranzuziehen sind. Mbl. Nr. 16, 28.7.1945

schäftlichen Unternehmen und für andere Zwecke, mit Ausnahme der Beschäftigung als gewöhnliche Arbeiter« vom 26. September 1945 den Deutschen bei der Entnazifizierung mehr Verantwortung zu. (Dok. 217a) Gleichzeitig wurde die Entnazifizierung auf die gesamte Wirtschaft ausgedehnt. Das neue Gesetz stellte jeden Deutschen unter Strafe, der Mitglieder der NSDAP in exponierter Stellung beließ.[28] In den Ausführungsbestimmungen wurde festgelegt, dass spätestens bis zum 30. Oktober 1945 alle Betriebe beim Arbeitsamt Listen einzureichen hatten, in denen alle früheren Mitglieder der NSDAP und der ihr angeschlossenen Organisationen mit der Angabe aufzuführen, ob die Betreffenden bereits entlassen oder noch im Betrieb beschäftigt waren. Diese Listen sollen »durch öffentlich anerkannte Arbeitnehmerorganisationen« überprüft und ergänzt werden. Für Personen, die glaubten zu Unrecht entlassen worden zu sein, gab es ein so genanntes »Vorstellungsverfahren« bei einem vom Oberbürgermeister oder dem Landrat eingesetzten und unter Aufsicht der Militärregierung stehenden Prüfungsausschuss.[29]

Der Vertreter der Militärregierung in Hanau Major Thomas Turner gab in einer Ausführungsbestimmung seiner Dienststelle dem Gesetz Nr. 8 in einigen Punkten eine eigene Auslegung. (Dok. 217b) Demnach brauchte der Einzelbesitzer eines Betriebes als Nazi seine Stellung nicht aufzugeben, musste aber über seine als Nazi-Aktivisten geltenden Angestellten Rechenschaft ablegen. Eine andere besondere Auslegung beinhaltete die Vorschrift, dass Personen, die nach dem 30. April 1937 Mitglieder der NSDAP geworden waren, wegen dieser Mitgliedschaft nicht als aktive Nazis angesehen werden sollten. Diese Einschränkung wurde aus der Anweisung des amerikanischen Hauptquartiers vom Juli 1945 übernommen, die hauptsächlich für den öffentlichen Sektor gegolten hatte, im August 1945 aber auch auf Privatunternehmen ausgeweitet wurde. Der Stichtag des 1. Mai 1937 wurde dort gewählt, da von diesem Termin an öffentliche Angestellte und Beamte aufgefordert worden waren, in die Partei einzutreten, da sie andernfalls Gefahr liefen, ihren Posten zu verlieren.[30] Diese Bestimmung der Militärregierung wurde von Unternehmern oder leitenden Angestellten nicht selten als Schlupfloch gebraucht; in einigen Fällen, wie im Falle der beiden Betriebsführer der Firma G. J. Bracker, Otto und Heinrich Bracker, wurden in diesem Sinne abgegebene falsche Angaben in den Listen an das Arbeitsamt von den Betriebsräten korrigiert.[31]

In Hanau, wo mit Heinrich Fischer einer der Gewerkschaftsgründer Direktor des Arbeitsamts wurde, war der Einfluss des AGB und der Betriebsräte bei der praktischen Durchführung des Gesetzes Nr. 8 groß. Am 17. Oktober 1945 forderte das Vorstandsmitglied August Schanz die Arbeitnehmervertretungen auf, bis zum 24. Oktober 1945 »alle noch im Betrieb befindlichen Nazis listenmäßig in

[28] Walter Mühlhausen, Hessen 1945–1950. Zur politischen Geschichte eines Landes in der Besatzungszeit, Frankfurt am Main 1985, S. 311; im Weiteren: Mühlhausen, Hessen 1945–1950.

[29] Mbl. Nr. 28, 20.10.1945.

[30] Mühlhausen, Hessen 1945–1950, S. 308.

[31] Vom aufrechten Gang, S. 69.

einer dreifachen Ausfertigung zuzusenden. Die Liste muss enthalten: Vor- und Zuname, Wohnort und Straße, Art der Beschäftigung, Zugehörigkeit zur NSDAP und deren Untergliederungen, und bei jedem Namen eine kurze, aber sachliche Begutachtung«.[32]

Die eingegangenen Entnazifizierungslisten aus 27 Betrieben zeigten große Unterschiede, je nachdem, ob es sich um Betriebe ohne Betriebsrat und gewerkschaftliche Vertrauensleute handelte oder um Betriebe, in denen Gewerkschafter die Entnazifizierung in die Hand nahmen. Bei der ersten Gruppe wurden die Bestimmungen nachlässig gehandhabt; Arbeitgeber und Arbeitnehmer stellten einander gegenseitig »Persilscheine« aus.

Für die zweite Gruppe der Betriebe war das Bemühen der Betriebsräte um eine differenzierte Beurteilung der Betroffenen charakteristisch. Zwei Kriterien bestimmten die vielen individuellen Beurteilungen: Wer Menschenrechte und Menschenwürde durch Spitzeldienste, Denunziationen oder Schinderei bei der Arbeit verletzt und wer ausländische Zwangsarbeiterinnen oder Zwangsarbeiter schlecht behandelt hatte, sollte auf jeden Fall entlassen werden. Das zweite Kriterium war die berufliche Qualifikation der Belasteten, die Frage, ob man sie im Betrieb brauchte: Bemerkungen wie »kann noch nicht ersetzt werden« standen für das Dilemma, auf Fachleute nicht verzichten zu können, wenn die Produktion wieder in Gang kommen sollte. Doch selbst jene, die nicht ersetzt werden konnten, wie die Fachleute bei W. C. Heraeus, sollten auf keinen Fall mehr Leitungsfunktionen übernehmen oder Prokura haben.[33]

Auffallend ist bei den Beurteilungen der Betriebsräte die Betonung inhaltlicher Gesichtspunkte und das häufige Abweichen von dem Schema der im Gesetz vorgebrachten formellen Kriterien. Der Betriebsrat der Marienhütte plädierte zum Beispiel für die Entlassung des Betriebsleiters und Oberingenieurs Richard Brüne wegen seines inhumanen Verhaltens gegenüber Zwangsarbeitern und Kriegsgefangenen, obwohl dieser nicht Mitglied der NSDAP gewesen war. Der Betriebsrat der Gummischuhfabrik attestierte mehreren Belasteten trotz ihrer Nazi-Mitgliedschaft »einwandfreies Benehmen«. Bei der Quarzlampen-Gesellschaft wurde über den stellvertretenden Betriebsleiter, der 1942 in die NSDAP eingetreten war, bemerkt: »allgemein beliebt und guter Charakter«. Ausführlich begründete der Betriebsrat der Degussa Kunstlederwerke seine Stellungnahme für den technischen Direktor Dr. Karl Werner, der seit 1942 NSDAP-Mitglied war. Seine Hilfe für Antifaschisten im Betrieb, sein menschlicher Umgang mit den ausländischen Arbeitern und sein Einsatz für die Erhaltung der Produktionsanlagen am Kriegsende wurden besonders hervorgehoben.[34]

Im Dezember 1945 legte der Betriebsrat der Marienhütte einen mit Dokumenten untermauerten Einspruch an den Regierungspräsidenten gegen den Widerspruch des kaufmännischen Direktors Emil Peschke gegen seine Entlassung durch die Besatzungsmacht Ende März 1945 vor. (Dok. 217d) Im Januar 1946 folgte ergänzend eine ausführliche Darstellung der brutalen Handlungsweise

[32] Ebd., S. 65ff.
[33] Ebd., S. 66.
[34] Ebd., S. 68f., 72, 77.

des Prokuristen gegen russische Zwangsarbeiter im Werk an den Vorstellungsausschuss. Die Betriebsräte ermittelten auch gegen den Inhaber der Marienhütte Franz Wagenführ von Arnim, der im Juli 1945 plötzlich in Großauheim aufgetaucht war, und fragten in der Tangerhütte bei Stendal, einem weiteren von Arnimschen Unternehmen, nach. Die Antwortschreiben des Freien Deutschen Gewerkschaftsbundes in Stendal wie des Bürgermeisters von Tangerhütte berichteten von der Flucht des Betriebsinhabers aus seinem Besitz, über die treuhänderische Verwaltung seiner Tangerhütter Fabrik und die Aufteilung seines Land- und Forstbesitzes im Zuge der Bodenreform. Franz Wagenführ von Arnim kehrte schließlich in seinen Betrieb in Großauheim zurück und festigte dort mit der Hilfe mehrerer entlastender Bescheinigungen und des inzwischen neu gewählten Betriebsrates seine Stellung als Betriebsleiter.[35]

Im Laufe des Novembers 1945 hielt der AGB hauptsächlich in Großbetrieben in Hanau und in Großauheim Versammlungen zur Entnazifizierung nach dem Gesetz Nr. 8 ab. Die Kritik der Belegschaften traf die Arbeit im Vorstellungsausschuss unter dem Vorsitz des Präsidenten der Industrie- und Handelskammer Werner Canthal. Beurteilungen der Betriebsräte, die insbesondere Unternehmer und leitende Angestellte betrafen, wurden oft revidiert und dadurch wurde diesen die Rückkehr in den Betrieb ermöglicht.[36] Die Industrie- und Handelskammer, die ihre Arbeit mit Zustimmung der Militärregierung bald nach Kriegsende wieder aufnehmen konnte, bildete auf Anweisung der Amerikaner oft zusammen mit den Gewerkschaften die Prüfungsausschüsse, hatte aber an einer wirksamen Entnazifizierung wenig Interesse und versuchte sie zu blockieren. Auch der größte Teil der von der Militärregierung eingesetzten Treuhänder wurde auf ihren Vorschlag hin berufen.[37]

Aufgrund der Einwände in den Betriebsversammlungen wandte sich der AGB Hanau am 22. November 1945 mit einer Denkschrift an die Militärregierung. (Dok. 217c) Die gewerkschaftliche Kritik richtete sich vor allem gegen den Formalismus der Beurteilungskriterien, die Unternehmer und leitende Angestellte entlasteten. Die Auffassung der Belegschaft in den Rüttgerswerken in Großauheim über die Entnazifizierung fand in einem Schreiben des Betriebsrats an den AGB Hanau vom 10. Oktober 1945 Niederschlag und entsprach der Meinung vieler Gewerkschafter: »Es wird allgemein der Standpunkt vertreten, dass das Übel bei der Wurzel angepackt werden müsste, nicht bei dem Gipfel. Das heißt, den Baum auf den Kopf gestellt und oben die Wurzel abgeschlagen, dann werden die Ästchen von selber dürr. Also weg mit den Trusts, den Konzernen und Aktiengesellschaften. Weg mit diesen Herren, ob Pg. oder nicht, die Nazigesetze waren ihnen allen ein liebsames Werkzeug, um die arbeitende Kuh auszumelken.«[38]

Der Arbeitsamtsdirektor Heinrich Fischer berichtete am 6. Dezember 1945 der Militärregierung über den Stand der Entnazifizierung. Danach waren bis zu

35 Ebd., S. 72f.
36 Ebd., S. 79.
37 Der Freie Gewerkschaftsbund, S. 22; Mühlhausen, Hessen 1945–1950, S. 212.
38 Vom aufrechten Gang, S. 55.

diesem Zeitpunkt 1122 Firmen und Betriebe im Bereich des Arbeitsamtes Hanau erfasst, 930 jedoch lediglich durch die Meldung der Betriebsinhaber. In 192 Betrieben wurde die Entnazifizierung gemäß den Ausführungsbestimmungen der Gesetzes Nr. 8 durchgeführt. Das Ergebnis: 105 Angestellte wurden entlassen, 144 zurückversetzt, die weitaus meisten, nämlich 552 Belastete, blieben in Stellung. Auch über die lasche Arbeit des Prüfungsausschusses liegen Zahlen vor: 181 Angestellte hatten gegen ihre Entlassung Einspruch erhoben; bis Ende Dezember 1945 waren lediglich 44 Einsprüche abgewiesen; 50 Klagen waren noch anhängig. Bei 87 Angestellten hatte der Prüfungsausschuss gegen das Votum der Belegschaften und Betriebsräte entschieden.[39]

Parallel zum Gesetz Nr. 8 begann in der US-Zone auf Grund der Direktive vom 7. Juli 1945 eine gigantische Fragebogenaktion, deren 132 Rubriken von jedem Deutschen auszufüllen waren. Durch Vergleich mit der erbeuteten NSDAP-Zentralkartei wollte die US-Behörde jede Person nach fünf Einstufungskategorien beurteilen und entsprechend abgestuft mit Sühnemaßnahmen belegen. Das Scheitern dieser Massendurchleuchtung wurde offenkundig, nachdem von den bis Weihnachten 1945 eingezogenen rund 13 Millionen Fragebögen bis März 1946 erst 1,6 Millionen bearbeitet worden waren.[40]

Im März 1946 übertrug die US-amerikanische Besatzungsmacht das Entnazifizierungsverfahren weitgehend in deutsche Verantwortung. Die rechtliche Grundlage, das »Gesetz zur Befreiung vom Nationalsozialismus und Militarismus«, wurde am 5. März 1946 von den Ministerpräsidenten der Länder der US-Zone – Hessen, Bayern sowie der Freien Hansestadt Bremen – unterzeichnet. Künftig urteilten in öffentlichen Spruchkammerverfahren Deutsche über Deutsche, allerdings unter der Kontrolle der US-Militärregierung. Grundlage des mit dem »Befreiungsgesetz« geschaffenen Spruchkammerverfahrens bildete die Registrierung der gesamten Bevölkerung über 18 Jahre. Jeder war verpflichtet, den jetzt als Meldebogen bezeichneten Fragebogen auszufüllen. Vom Meldebogen war nicht nur das Wahlrecht abhängig: er war auch unerlässlich für das Arbeitsverhältnis und für die lebensnotwendigen Lebensmittelkarten.

Nach der Ausschaltung des vom Gesetz nicht betroffenen Personenkreises nahmen die öffentlichen Kläger eine vorläufige Einstufung der Betroffenen in fünf Gruppen vor: Hauptschuldige, Belastete, Minderbelastete, Mitläufer und Entlastete. Die endgültige Einstufung erfolgte als Ergebnis der Spruchkammerverhandlungen, in denen der Angeklagte seine Unschuld selbst beweisen musste. Die von der Spruchkammer festgelegten Strafen reichten von Zwangsarbeit über Vermögenseinziehungen und Beschäftigungsverbote bis zur Aberkennung des passiven und aktiven Wahlrechts und zum Verbot, Mitglied in einer Gewerkschaft zu werden.

In Hessen war man bestrebt, die Masse der kleinen Parteigenossen schnell durch das Verfahren zu bringen, damit diese nicht durch zu langes Warten frustriert wurden und gegenüber dem neuen Staat Ressentiments aufbauten. Die Verfahren gegen die Hauptbelasteten, bei denen die notwendigen Nachfor-

[39] Ebd., S. 80.
[40] Ebd., S. 80f.

schungen sowieso längere Zeit beanspruchten, wurden aufgeschoben. Der verbreitete Spruch »Die Kleinen werden gehängt, die Großen lässt man laufen« bezog sich auf diese Verfahrensweise.[41]

Infolge des »Befreiungsgesetzes« wurden auch die von den Amerikanern nach dem Gesetz Nr. 8 behandelten Fälle wieder überprüft und vielfach mildere Urteile verhängt oder Rehabilitierung ausgesprochen. Beispielsweise verfügte die Militärregierung am 6. Mai 1946 nach der Entscheidung im Vorstellungsverfahren die Entlassung von vier leitenden Angestellten, zwei Werkmeistern und einem Arbeiter des Degussa-Werkes Platinschmelze (Firma Siebert); sechs Monate später waren alle wieder »auf Bewährung« eingestellt.[42] Der Direktor dieses Werkes, Hans Siebert, seit 1932 Mitglied der NSDAP und im Krieg »Wehrwirtschaftführer«, wurde im Juli 1947 von der Hanauer Spruchkammer als »minderbelastet« qualifiziert.[43] Im deutschen Verfahren wurde auch die Mitwirkungsmöglichkeit der Betriebsvertretungen beschränkt. Im Juli 1946 schlug die Spruchkammer Hanau, deren Vorsitzender bis zu seiner Wahl zum Oberbürgermeister am 18. Juli 1946 Karl Rehbein war, ausgerechnet den vom Betriebsrat abgelehnten Oberingenieur Richard Brüne zum Treuhänder der Marienhütte vor. Rehbein berief sich dabei auf neueste Bestimmungen des Ministers für Wiederaufbau und politische Befreiung vom 29. Juni 1946, aufgrund derer »nur noch die zuständige Berufsvertretung (Industrie- und Handelskammer, Handwerkskammer, Landwirtschaftskammer) sowie das Amt für Vermögenskontrolle, nicht aber die Betriebsvertretung gehört werden darf«.[44] Der Betriebsrat der Marienhütte las Rehbeins zurückhaltende Stellungnahme bestimmt nicht weniger verwundert, als wir es heute tun.

Zwei großen Amnestien der US-Militärregierung, im Sommer 1946 die Amnestie für alle unter Dreißigjährigen und die Weihnachtsamnestie des gleichen Jahres für sozial Schwache und Kriegsversehrte, bewirkten in Hessen, dass immerhin 720 000 Personen nicht mehr vor die Spruchkammer treten mussten. Im September 1947 waren trotzdem noch über 230 000 Fälle anhängig, und es waren erst in 83 000 Fällen die Einstufungen vorgenommen worden.[45]

Mit zunehmender Dauer der Entnazifizierungsprozedur machte sich in der Bevölkerung Missstimmung breit. Das lange Warten und das bis zur Entscheidung geltende Berufsverbot für die Betroffenen schürte Unzufriedenheit. Bombenattentate auf Spruchkammern wie in Nürnberg und am 16. März 1947 in Schlüchtern zeigten, dass reaktionäre Kreise das verbreitete Unbehagen für ihre Ziele auszunutzen wussten.[46]

41 Mühlhausen, Hessen 1945–1950, S. 313ff.; Clemens Vollnhals, Entnazifizierung. Politische Säuberung und Rehabilitierung in den vier Besatzungszonen 1945–1949, München 1991, S. 17ff.; im Weiteren: Vollnhals, Entnazifizierung.

42 Vom aufrechten Gang, S. 78.

43 FVP v. 14.7.1947, S. 3.

44 Vom aufrechten Gang, S. 72f. Im Originaltext das Wort »nicht« von Rehbein unterstrichen.

45 Mühlhausen, Hessen 1945–1950, S. 320, 335.

46 Ebd., S. 323; Der Freie Gewerkschaftsbund, S. 141; Vom aufrechten Gang, S. 119.

Mit Beginn der Konfrontationspolitik gegen die Sowjetunion und mit dem gleichzeitigen Wandel der US-amerikanischen Deutschlandpolitik verlor die Entnazifizierung an Bedeutung. Ab Januar 1948 drängte die Militärregierung auf Anweisung Washingtons auf einen raschen Abschluss. In den ersten Monaten dieses Jahres wurden 75 Prozent aller Entnazifizierungsverhandlungen im beschleunigten Verfahren durchgeführt, so dass nach Angaben der hessischen Regierung Mitte 1948 nur noch 7500 Verfahren offen waren. Dabei wurden die meisten Belasteten zu Mitläufern erklärt, wodurch das Befreiungsgesetz wie eine Amnestie für Schwerbelastete wirkte, während die Militärregierung die Überwachung der Spruchkammerbescheide schon gänzlich eingestellt hatte. Nach einer Übersicht der hessischen Militäradministration wurden bis Dezember 1948 von den durch die öffentlichen Kläger als Hauptschuldige angeklagten 4828 Personen nur 396, von den als Belastete angeklagten 73 235 Personen nur 5093 verurteilt. Damit wurde nur ein Zehntel der als Hauptschuldige und Schuldige Angeklagten im Entnazifizierungsverfahren tatsächlich verurteilt.[47] Treffend sprach man von einer »Mitläuferfabrik«.

Das Ergebnis der deutschen Entnazifizierung in der amerikanischen Besatzungszone war eine großzügige Rehabilitierung. In der Wirtschaft dauerte der Austausch der Eliten nur kurz. Gemäß einer Erhebung der Militärregierung waren im Jahre 1947 nur 4,5 Prozent der Beschäftigten aufgrund der Entnazifizierung nicht mehr tätig. Wilhelm Heraeus, vom antifaschistischen Betriebsausschuss am 29. Oktober 1945 als »überflüssig« beurteilt, kehrte ebenso wie sein Bruder Reinhard Heraeus, der im Spruchkammerverfahren als »minderbelastet« eingestuft worden war, 1948 in die Geschäftsleitung zurück. In der öffentlichen Verwaltung waren im April 1948 85 Prozent der einst infolge des Gesetzes Nr. 8 entlassenen Personen wieder eingestellt. Die Entnazifizierung, 1951 in der Bundesrepublik endgültig abgeschlossen, führte in den Westzonen nicht zu der im Potsdamer Abkommen beabsichtigten tiefgreifenden Veränderung. Ihr Scheitern bildete eine Voraussetzung für die nun einsetzende Politik der Wiederaufrüstung und damit der Einbeziehung der neugegründeten Bundesrepublik in die Front des Kalten Krieges.

Die Rückkehr und die Betreuung der Verfolgten

In den ersten Monaten nach Kriegsende kehrten nach und nach die überlebenden Verfolgten der faschistischen Diktatur aus den Konzentrationslagern, Zuchthäusern und Gefängnissen oder aus der Emigration in ihre Heimatorte zurück. In Hanau entstand schon Anfang Mai 1945 eine an das Fürsorgeamt angegliederte Betreuungsstelle, die politisch, rassisch oder religiös Verfolgte mit Geld oder Sachleistungen unterstützte. Die Stelle wurde in der Person von Hubert Naring von einem ehemaligen Widerstandskämpfer geleitet, der 1935 im »88er-Prozess« verurteilt worden war.

[47] Der Freie Gewerkschaftsbund, S. 139ff.; Vollnhals, Entnazifizierung, S. 23; Mühlhausen, Hessen 1945–1950, S. 327f.

Die meisten Betroffenen waren Totalausgebombte ohne jede Habe, deren Familien zumeist über ganz Deutschland verstreut waren. Schon Anfang Juni wurden zu ihren Gunsten für das »Rückwanderer-Hilfswerk« Sammlungen gestartet, unterstützt nicht nur vom »Antifaschistischen Bürgerausschuss« und von den Vertretern der Betriebsausschüsse wie Rudolf Zinkhan (Dunlop), Fritz Martin (W. C. Heraeus), Karl Rimbach (Stadtwerke), sondern auch von Betriebsdirektoren wie Bräuning (Dunlop), Wilhelm Heinrich und Reinhard Heraeus.[48]

Bis Ende Oktober 1945 wurden 220 ortsansässige und rund 200 durchziehende Personen mit Barbeträgen, Lebensmitteln, Brennmaterial, Möbeln und der Vermittlung von Wohnraum unterstützt.[49] Anfang November 1946 gab die Betreuungsstelle in Hanau die Gesamtzahl aller Unterstützten für die Stadt mit 259 an (187 Männer, 72 Frauen), unter ihnen 191 Personen (160 Männer, 31 Frauen), die während der NS-Zeit aus politischen Gründen Repressalien ausgesetzt gewesen waren. In der Rubrik »Parteizugehörigkeit vor 1933« des Fragebogens wurde bei 32 Personen die Mitgliedschaft in der SPD, bei 95 Personen Mitgliedschaft in der KPD angegeben.[50] Bei den Wohlfahrtsämtern unterstützten gewählte Ausschüsse die Arbeit der Betreuungsstellen; auch in Hanau existierte ein entsprechender »KZ-Ausschuss«.[51] Die ehemals Verfolgten bekamen besonders gekennzeichnete Ausweise. Sie sollten etwa höhere Lebensmittelrationen erhalten und bevorzugt behandelt werden.[52]

Teile der Öffentlichkeit betrachteten nicht nur die Entnazifizierungsmaßnahmen mit Misstrauen, sondern begegneten auch der Arbeit der Verfolgtenbetreuung mit offener Feindseligkeit. Mehrmals musste sich die Betreuungsstelle in Hanau gegen Verleumdungen öffentlich zur Wehr setzen, wobei wiederholt klargestellt wurde, dass unter den Betreuten keine kriminellen Elemente zu finden seien.[53] (Dok. 218) Die Propaganda der Nazis, die die politisch oder rassisch verfolgten Menschen als Feinde der »Volksgemeinschaft« mit Kriminellen auf eine Stufe gestellt hatte, wirkte in Teilen der Bevölkerung nach. An diesen Aspekt der Entnazifizierung erinnerte Oberbürgermeister Karl Rehbein in seiner Ansprache anlässlich der Weihnachtsfeier der Betreuungsstelle 1946: »Doch mit der Entfernung der Nazis aus den Ämtern darf es nicht sein Bewenden haben. Die Mentalität des deutschen Volkes muss von Grund auf geändert und der Militarismus mit Stumpf und Stiel ausgerottet werden.«[54]

Die Betreuungsstellen der Verfolgten und die Verfolgtenausschüsse kamen als Interessenvertretungen der Opfer des Faschismus zustande. Die verfolgten Nazigegner strebten aber nicht nur eine materielle Wiedergutmachung an. Sie wollten ihre antifaschistischen Ideale ins Zentrum des Demokratisierungspro-

[48] Mbl. Nr. 9, 9.6.1945.
[49] Mbl. Nr. 32, 17.11.1945.
[50] Archiv des Studienkreises Deutscher Widerstand 1933–1945, Frankfurt am Main, AN 921.
[51] Ebd; Mbl. Nr. 40, 12.1.1946. Verordnung des Regierungspräsidenten von Wiesbaden vom 12.9.1945.
[52] Mbl. Nr. 60, 1.6.1946.
[53] Ebd. Nr. 48, 9.3.1946; Nr. 70, 18.8.1946.
[54] Ebd. Nr. 91, 11.1.1947.

zesses stellen und sich selber aktiv mit ihren Erfahrungen an der gesellschaftlichen Erneuerung beteiligen. Zu diesem Zweck wurde seit Anfang 1946 eine zonenübergreifende Organisation ausgebaut, die den Namen »Vereinigung der Verfolgten des Naziregimes« (VVN) trug. Der Arbeitsausschuss der Verfolgten für Groß-Hessen übernahm die Aufgabe, ein Programm und einen Satzungsvorschlag zu entwickeln. Die Ziele der Vereinigung wurden am 10. August 1946 nach Verständigung mit Vertretern der übrigen Länder und Zonen auf einer Tagung in Hanau beschlossen. Die politischen Ziele umfassten die Aufklärung der Naziverbrechen und die Darstellung des Widerstandes ebenso wie den Kampf »gegen alle ideologischen Reste des Nazismus, des Militarismus und der Rassenlehre« und die Stärkung der Zusammenarbeit aller antifaschistischen, demokratischen Kräfte. Sie kulminierten in der Forderung, »den Neuaufbau des demokratischen Deutschlands durch die Heranziehung der Kämpfer gegen den Nazismus und durch die Ausschaltung der aktiven nazistischen Elemente aus allen Zweigen des öffentlichen Lebens zu sichern«.[55] Auf der Tagung des Arbeitsausschusses der Betreuungsstellen Groß-Hessens in Wiesbaden am 11. Januar 1947 wurden in das vorbereitende Komitee für die VVN Oskar Lötzerich und Pupowski in Vertretung der Stadt Hanau und Julius Lilienfeld aus Rückingen in Vertretung des Landkreises Hanau gewählt.[56] Die Gründungskonferenz der VVN Hessen fand am 24. Februar 1947 in Gießen statt. Mit der Interzonalen Konferenz vom 15. bis 17. März 1947 in Frankfurt war auch der überregionale Aufbau vollendet. Auf seiner ersten Sitzung im Mai 1947 in München fasste der Rat, das höchste Gremium der VVN, den Beschluss, jährlich am zweiten Sonntag im September in ganz Deutschland einheitlich einen Gedenktag für die Opfer des faschistischen Terrors abzuhalten.[57] Bei der Hanauer Feier, die am 14. September 1947 im überfüllten Kurhaussaal im Wilhelmsbad stattfand, verkündete Oberbürgermeister Rehbein die Absicht der Stadt, für die 75 Opfer des Faschismus aus dem Stadt- und Landkreis ein Mahnmal zu errichten.[58] Eindringlich wies der kommunistische Landtagsabgeordnete Leo Bauer auf die veränderten Verhältnisse hin, unter denen die Erfüllung des Vermächtnisses, welches die Opfer des Faschismus hinterlassen hatten, auf immer größere Schwierigkeiten stoße (Dok. 226). Tags davor führten auch die Hanauer Justizbehörden eine Feier zum Gedenken an die Opfer des Faschismus durch. Der Redner, Landgerichtspräsident Lesser, betonte, dass Deutschland nur als demokratisches Gemeinwesen eine Gegenwart und eine Zukunft haben könne.[59]

55 Ulrich Schneider, Zukunftsentwurf Antifaschismus. 50 Jahre Wirken der VVN für »eine neue Welt des Friedens und der Freiheit«, Bonn 1997, S. 12f., 18; im Weiteren: Schneider, Zukunftsentwurf Antifaschismus.

56 Gerhard Beier, SPD Hessen. Chronik 1945 bis 1988, Bonn 1989, S. 67; im Weiteren: Beier, SPD Hessen.

57 Schneider, Zukunftsentwurf Antifaschismus, S. 21.

58 Mbl. Nr. 127, 20.9.1947.

59 Ebd.

Wiedergründung und Zusammenarbeit der Arbeiterparteien

In der amerikanischen Besatzungszone erfolgte die Zulassung der politischen Parteien nach der Potsdamer Konferenz Ende August 1945 auf Kreisebene und erst am 21. November im Landesmaßstab. Vorausgegangen war die Gründung der Länder Bayern, (Groß)Hessen und Bremen sowie des Länderrates mit Vertretern der neuen politischen Territorien. Der ersten, von der Militärregierung eingesetzten hessischen Regierung gehörten neben parteilosen Fachleuten Vertreter der inzwischen gegründeten Parteien SPD, KPD, Christlich Demokratische Union (CDU) und Liberaldemokratische Partei (LDP, die sich später Freie Demokratische Partei nannte) an. An der Spitze des Ministeriums für Arbeit und Wohlfahrt stand der am Kriegsende aus dem KZ Dachau befreite Kommunist und ehemalige Gewerkschafter Oskar Müller.

Die Mitglieder der 1933 verbotenen Arbeiterparteien, die nach der Befreiung größtenteils auch im Prozess der Gewerkschaftsgründung mitgewirkt hatten, wurden noch vor der offiziellen Lizenzerteilung Anfang September 1945 aktiv. (Dok. 219a) In der SPD waren es zum Beispiel Heinrich Fischer, Hans Kargl, Hans Mattes und Peter Röthel; in der KPD Heinrich Eckhardt, Bernhard Nagel, August Schanz und Karl Rimbach. Gemeinsam war ihnen die Überzeugung, dass die Lehre aus der historischen Niederlage gegenüber dem Faschismus nur die politische Einheit sein konnte. Das gemeinsame Ziel »einer sozialistisch-demokratischen Staats- und Gesellschaftsordnung im Auge«, bildeten SPD und KPD für den Stadt- und Landkreis Hanau einen Aktionsausschuss. Der gemeinsame Aufruf der SPD und der KPD im Stadt- und Landkreis Hanau formulierte die Schaffung einer einheitlichen Arbeiterpartei als einen konkreten weiteren Schritt. (Dok. 219b)

Mit allen Mitteln arbeiteten antikommunistische Kräfte auf dem rechten Flügel der Sozialdemokratie gegen diese Bewegung. Sie sammelten sich im Kreis um den ehemaligen Reichstagsabgeordneten Kurt Schuhmacher. Auch der Vorsitzende des provisorischen Landesvorstandes der hessischen SPD Willy Knothe gehörte diesem Kreis an. In einem Einladungsschreiben zur Vorstandssitzung Ende Oktober erklärte er, dass keine Abkommen zwischen der SPD und der KPD geschlossen werden könnten, ehe der Landesparteivorstand dazu nicht Stellung genommen habe.[60] Knothe war maßgeblich an der Ausrichtung der Landesdelegiertenkonferenz der Arbeiterwohlfahrt (AWO) am 11. Februar 1946 in Frankfurt beteiligt, die in einem Beschluss die Dominanz der SPD in dieser Organisation festlegte. Landesvorstand und Geschäftsleitung sollten zukünftig zu zwei Drittel mit Sozialdemokraten und nur zu einem Drittel mit Kommunisten besetzt werden. Die gleichen Verhältniszahlen sollten auch bei den neuen Ortsvereinsgründungen der AWO gelten.[61] Als Beispiel wurden sogar die Hanauer Verhältnisse herangezogen, wo sich die AWO Anfang November 1945 als

60 Beier, SPD Hessen, S. 33f.

61 Dieter und Hanna Eckhardt, Selbsthilfe aus Ruinen. Die Arbeiterwohlfahrt Frankfurt am Main in den drei wilden Jahren 1945–1948, Bad Vilbel 2005, S. 52; Beier, SPD Hessen, S. 45.

gemeinsame Gründung des Allgemeinen Gewerkschaftsbundes und der zwei Arbeiterparteien konstituiert hatte.[62]

Diese Politik erschwerte auch die gewerkschaftliche Interessenvertretung. So hatte die »Frankfurter Rundschau« in einem Bericht über die zweite Delegiertenkonferenz des AGB Hanau in Langendiebach am 24. Februar 1946 gemeldet, dass 75 Prozent der Teilnehmer in einem Brief an die groß-hessische Arbeiterschaft die Vereinigung von SPD und KPD verlangt hätten.[63] Irritiert korrigierte der Hanauer AGB-Vorstand am 14. März in einem Leserbrief diese Darstellung mit dem Hinweis, dass an der Versammlung außer den Delegierten auch zahlreiche Gäste und Arbeiter teilgenommen hätten, die nur aus Interesse am Referat des kommunistischen Arbeitsministers gekommen seien.[64]

Das Verhältnis zwischen SPD und KPD in den Westzonen verschlechterte sich infolge der Vereinigung der beiden Parteien Ende April 1946 in der sowjetischen Besatzungszone zur Sozialistischen Einheitspartei Deutschlands (SED) nachhaltig. Die West-SPD bezeichnete den Vorgang als »Zwangsvereinigung«. Die West-KPD verstand sich noch bis 1948 als Bestandteil der neuen einheitlichen Arbeiterpartei und hoffte auch im Westen auf die Vereinigung. Die Hoffnung auf eine Einheitspartei war schon in der Wahlbroschüre der Hanauer KPD zur Kreistags- und Kommunalwahl Ende April 1946 zum Ausdruck gekommen.[65]

Besonders irritiert vom Gedanke der Arbeitereinheit zeigte sich die Hanauer Gliederung der neu gegründeten CDU, die über ihre bürgerlich geprägte Mitgliedschaft hinaus auch christlich gesinnte oder früher in den christlichen Gewerkschaften organisierte Arbeiter ansprach. Einige Tage nach der ersten freien Maifeier 1946 startete die Kreisgruppe der CDU Hanau einen Angriff auf die dort gegründete Einheitsgewerkschaft. In einer Stellungnahme, die an die CDU-Landesgruppe und an die Hauptgeschäftsführung des Freien Deutschen Gewerkschaftsbundes in Frankfurt adressiert wurde, folgerte sie aus den Maireden der Hanauer Gewerkschafter, »dass die Parteien die Gewerkschaft mit in ihr Betätigungsfeld ziehen«. Insbesondere bemängelte die Hanauer CDU in diesem Schreiben, dass während der Maifeier »die Vereinigung von KPD und SPD« zur besseren Durchsetzung von Arbeiterinteressen gefordert worden sei. Das Papier der Hanauer CDU forderte sowohl in der Betriebsrätearbeit wie auch in der Gewerkschaft das Unterbleiben jeder parteipolitischer Betätigung und die »Überwachung der unpolitischen Gewerkschaftsarbeit durch sämtliche Parteien«.[66]

Gemeinde- und Kreistagswahlen

Unmittelbar nachdem die politischen Parteien im Laufe des Herbstes 1945 in der amerikanischen Besatzungszone gegründet worden waren, drängte die Militäradministration auf die Durchführung von politischen Wahlen. Ohne weitere Vor-

62 Ebd; Mbl. Nr. 31, 10.11.1945. Mitglieder- und Spendenwerbung.
63 FR v. 5.3.1946.
64 Vom aufrechten Gang, S. 98.
65 Stadtbibliothek Hanau, Landeskundliche Abteilung, Wahlprogramm der KPD (VII A 17).
66 Vom aufrechten Gang, S. 115, 118.

bereitung und politische Aufklärung versprach die schnelle Etablierung einer repräsentativen parlamentarischen Demokratie – wie schon 1918/19 – eine rasche, grundsätzliche Sicherung der bürgerlich-kapitalistischen Gesellschaftsordnung. Die ersten Wahlen, die auf die kommunale Ebene beschränkt waren, mussten in drei Etappen durchgeführt werden. Am 20. und 27. Januar 1946 fanden die Wahlen zu den Gemeinderäten in den Dorfgemeinden und Städten bis zu 20 000 Einwohnern statt, am 28. April die Wahlen zu den Kreistagen und am 26. Mai die Gemeindewahlen in den Städten mit über 20 000 Einwohnern. Die 15-Prozent-Sperrklausel, die in diesen Wahlgängen galt, richtete sich vor allem gegen die Kommunisten, über deren Wahlaussichten bei den Amerikanern Unklarheit herrschte.

Mit über 40 Prozent der Stimmen errang die SPD, die eine gemeinsame Liste mit der KPD von vornherein abgelehnt hatte, in allen Wahlgängen die Führung vor der CDU. Die KPD, deren Organisation in den ländlichen Gebieten wenig entwickelt war, erreichte in den Januarwahlen kaum sechs Prozent der Stimmen, im April in den Kreistagswahlen acht Prozent, in den Wahlen zu den Parlamenten der kreisfreien Städte über elf Prozent.[67] Die 15-Prozent-Hürde konnte die KPD mit 15,7 Prozent der Stimmen nur in Darmstadt und – ihren besten Ergebnissen in ganz Hessen – mit 24,2 Prozent im Landkreis Hanau und mit 26,1 Prozent in Hanau Stadt überwinden.[68] Verglichen mit ihrer starken Position vor Errichtung der Diktatur, als sie in den Novemberwahlen 1932 in Hanau mit 32 Prozent der Wählerstimmen zur stärksten Partei avancierte, hatten die Kommunisten freilich eine empfindliche Schwächung hinnehmen müssen.

In der am 24. Juni 1946 zu ihrer ersten Sitzung zusammengetretenen Hanauer Stadtverordnetenversammlung verkörperten die zwei Arbeiterparteien zusammen die absolute Mehrheit. Die SPD besaß, gleich der CDU, neun Mandate, die KPD stellte sechs Stadtverordnete.[69] Am 18. Juli 1946 wurde der sozialdemokratische Polizeidirektor Karl Rehbein einstimmig zum Oberbürgermeister gewählt. Hermann Krause von der CDU, bis dahin kommissarischer Bürgermeister, blieb in gewähltem Status auf diesem Posten. Der Kommunist Bernhard Nagel wurde mit den Stimmen der KPD und der SPD besoldetes Magistratsmitglied.[70]

Die hessische Verfassung

Parallel mit den Wahlen auf der Kommunalebene drängte die US-Besatzungsmacht zu weiteren Schritten bei der Ausweitung des Demokratisierungsprozesses auf Länderebene. Die Ausarbeitung einer Verfassung gehörte ebenso dazu wie deren Bestätigung durch eine Volksbefragung und die Bildung einer gewählten Landesregierung. Neben der im Herbst 1945 kommissarisch eingesetzten Landesregierung von Hessen wurde als vorparlamentarisches Gremium ein Beratender Landesausschuss tätig, der sich aus je zwölf Vertretern der vier gera-

[67] Mühlhausen, Hessen 1945–1950, S. 146, 154f.
[68] Ebd., S. 156, 181, Anm. 332.
[69] Mbl. Nr. 64, 29.6.1946.
[70] Ebd., Nr. 67, 20.7.1946.

de gegründeten politischen Parteien zusammensetzte. Zu den Vertretern der SPD gehörte der Hanauer Polizeidirektor Karl Rehbein, zu den Vertretern der KPD der Lebensmittelhändler und ehemalige Konsumvereinsangestellte Karl Dietz aus Wachenbuchen. Zu den Vorarbeiten an der neuen hessischen Verfassung wurden ebenfalls Vertreter der politischen Parteien berufen und ein Vorbereitender Verfassungsausschuss eingesetzt.[71]

Die Wahlen zur Verfassungsberatenden Landesversammlung am 30. Juni 1946 bestätigten die Gewichtung der Parteien: 44,3 Prozent der gültigen Stimmen entfielen auf die SPD, 37,3 Prozent auf die CDU, 9,7 Prozent auf die KPD und 8,1 Prozent auf die Liberal-demokratische Partei (LDP).[72] In der Stadt Hanau votierten etwa je ein Drittel der Wähler für die SPD und für die CDU, über ein Viertel für die KPD. Die LDP mit eindeutig kapitalfreundlicher Programmatik, die in den Kommunalwahlen in Hanau noch nicht angetreten war, erreichte 5,7 Prozent. Das Gesamtergebnis der Landgemeinden platzierte die SPD mit über 40 Prozent an erster Stelle. CDU und KPD erreichten im Vergleich zur Stadt Hanau etwas niedrigere Ergebnisse.[73] Da bei dieser Wahl die Sperrklausel auf fünf Prozent gesenkt worden war, bekamen in der Verfassungsberatenden Landesversammlung alle vier Parteien Mandate: die SPD 42, die CDU 35, die KPD 7 und die LDP 6.[74]

SPD wie KPD verbanden in ihrer Programmatik die Demokratisierung der politischen Verhältnisse mit einer ökonomischen Neuordnung auf der Grundlage des gleichberechtigten Mitspracherechts der Arbeitnehmer und mit einer Produktionsplanung nach gesellschaftlichen Bedürfnissen, also auf der Grundlage einer »Wirtschaftsdemokratie«, wie sie bereits am Ende der Weimarer Republik von der SPD und den freien Gewerkschaften vertreten worden war. Die Akzente wurden dabei allerdings verschieden gesetzt. Die SPD sah nach dem Zusammenbruch des deutschen Faschismus den Aufbau des Sozialismus als »Tagesaufgabe« an und verlangte dessen Kodifizierung in der neuen Verfassung. Nach der Auffassung der KPD waren die Verhältnisse für eine sozialistische Gesellschaft in Deutschland noch nicht reif. Der Schaffung einer sozialistischen Verfassung sollten nach ihrer Meinung tiefgreifende Veränderungen in der gesellschaftlichen Wirklichkeit vorausgehen.[75] Beide Arbeiterparteien verlangten innerhalb der Verfassung ein Kapitel zur Wirtschafts- und Sozialordnung. Als zentrale Bestimmungen waren vorgesehen: die sinnvolle Lenkung der Wirtschaft, das Mitbestimmungsrecht der Betriebsvertretungen in sozialen, personellen und wirtschaftlichen Fragen, das Verbot des Missbrauches wirtschaftlicher Freiheit und die Überführung von missbräuchlich eingesetztem Vermögen in Gemeineigentum, die sofortige Überführung der Produktionsanlagen im Bergbau, der Eisen- und Stahlerzeugung, der Energiewirtschaft, der chemischen Großindustrie und

71 Mühlhausen, Hessen 1945–1950, S. 147f.
72 Ebd., S. 248.
73 Mbl. Nr. 65, 6.7.1946.
74 Mühlhausen, Hessen 1945–1950, S. 248. Die eigentlichen Verfassungsberatungen fanden im 29köpfigen Verfassungsausschuss statt, dem 13 Parlamentarier aus der SPD, zehn aus der CDU, drei aus der KPD und drei aus der LDP angehörten. Ebd., S. 251.
75 Ebd., S. 238, 243; Der Freie Gewerkschaftsbund, S. 120ff.

im Verkehrswesen in Gemeineigentum sowie die staatliche Beaufsichtigung der Großbanken und Versicherungen.[76]

Die Desillusionierung über die kapitalistische Wirtschaftsordnung erfasste nach dem Zusammenbruch des Faschismus auch Teile der CDU-Wählerschaft. Der linke Flügel der Partei forderte einen Sozialismus aus christlicher Verantwortung. In der CDU-Fraktion in der Verfassungsberatenden Landesversammlung fanden diese Ideen keine Mehrheit. Die CDU sprach sich gegen eine Änderung der Eigentumsverhältnisse aus. Statt Sozialisierung war lediglich eine Beschränkung der Monopole unter staatlicher Aufsicht vorgesehen. Der Gegensatz vom Kapital und Arbeit sollte durch eine »Sozialpartnerschaft« überwunden werden.[77]

Die Arbeiterparteien bekamen in der Verfassungsfrage Rückendeckung durch die Gewerkschaften. Auf Gewerkschaftskonferenzen in den einzelnen Orten und in den Betrieben wurde seit Juni 1946 verstärkt über die Verfassungsentwürfe diskutiert. Besonderes Augenmerk wurde auf die Frage der Mitbestimmung gerichtet, da das Kontrollratsgesetz Nr. 22 vom April 1946 auf diesem Gebiet nur als Rahmen aufgefasst werden konnte, der die genaue Festschreibung von Aufgaben und Rechten der Betriebsvertretungen verlangte.[78] In gleichlautenden Resolutionen forderten die Delegierten und die Betriebsräte der FGB-Nebenstelle Schlüchtern und des FGB-Bezirkes Hanau am 16. und am 18. Juli 1946 von der Verfassungsberatenden Landesversammlung die gesetzliche Verankerung des Mitbestimmungsrechtes der Betriebsräte im Interesse einer »lebendigen Wirtschaftsdemokratie«.[79] Mit einer Resolution wandten sich die Gewerkschaftsdelegierten des Hanauer FGB-Bezirks am 20. Juli 1946 auch an das Arbeitsministerium, in der sie die Notwendigkeit einer gesetzlichen Festschreibung des Mitbestimmungsrechts mit der noch zu bewältigenden Aufgaben der Entnazifizierung und der Entmilitarisierung der Industrie begründeten.[80] (Dok. 222) Der Tenor dieses Schriftstücks stimmte mit der Aussage eines Plakats überein, den der FGB-Hanau unter dem Titel »Auszug aus dem von den Gewerkschaften ausgearbeiteten neuen Betriebsrätegesetz« zu den Betriebsratswahlen im Sommer 1946 drucken ließ. Die Überschrift täuschte: Im Sommer 1945 lag in Hessen noch kein Entwurf zu einem Betriebsrätegesetz vor. Die Gewerkschafter in Hanau griffen auf einen vom Freien Deutschen Gewerkschaftsbund (FDGB) Thüringen, also in der sowjetischen Besatzungszone, erarbeiteten Entwurf zurück, der ihren Vorstellungen von wirtschaftlicher Mitbestimmung entsprach. Zu den ersten Aufgaben des Betriebsrates gehörte nach diesem Entwurf die »Säuberung der Betriebsleitung von Nazis und Ausrottung des nazistischen und imperialistischen Gedankengutes in den Reihen der Betriebsangehörigen. Mitarbeit bei der Umstellung des Betriebes auf die Friedensproduktion und Verhinderung jedes getarnten oder versteckten Versuchs faschistischer reaktionärer Arbeitgeber, den Betrieb zu gegebener Zeit wieder auf Kriegsproduktion umzustel-

[76] Ebd., S. 122.
[77] Ebd., S. 122ff.; Mühlhausen, Hessen 1945–1950, S. 240f., 244, 252.
[78] Metallgewerkschaft, S. 326f.
[79] Vom aufrechten Gang, S. 100.
[80] Ebd., S. 101.

len«.[81] Verfassung und Mitbestimmung beschäftigten auch die Delegiertenkonferenz des Hanauer Gewerkschaftsbezirks am 11./12. August 1946, auf der der Ministerialrat des Justizministeriums Adolf Arndt das Hauptreferat zu diesem Thema hielt.[82] Der erste hessische Gewerkschaftskongress am 24./25. August 1946 in Frankfurt-Enkheim fasste die verfassungsrechtlichen Forderungen in einer gesonderten, von Justizminister Georg Zinn (SPD) formulierten Entschließung zusammen. Mitbestimmung, Sozialisierung und Planwirtschaft erschienen hier als Voraussetzungen für eine grundlegende Neuordnung von Wirtschaft und Gesellschaft. Die Entschließung gipfelte in der Aussage: »Eine Demokratie ohne Sozialismus ist in Deutschland nicht möglich.«[83]

Tatsächlich wurde bei den Verfassungsberatungen die Forderung nach einer sozialistischen Neuordnung dem Antikommunismus geopfert. Die sozialdemokratische Fraktion schloss bereits Anfang Oktober 1946 unter dem Druck der Parteiführung und der amerikanischen Militäradministration mit der CDU einen »Verfassungskompromiss«.[84] Es wurde auf die Bestimmung zur Förderung der gemeinwirtschaftlichen Gestaltung der Wirtschaft und auf die Schaffung einer einheitlichen Sozialversicherung verzichtet. Die wichtigste Streichung im Verfassungsentwurf betraf jedoch die von den Gewerkschaften verlangte sofortige Überführung der chemischen Großbetriebe in Gemeineigentum.[85] Die Kommunisten in der Verfassungsberatenden Landesversammlung brachten daraufhin einen Antrag ein, die Staatsregierung zu ersuchen, die chemische Fabrik Merck in Darmstadt in Gemeineigentum zu übernehmen. Auch viele Sozialdemokraten unterstützten dieses Vorgehen. Der Antrag wurde in ihrer Fraktion jedoch abgelehnt.[86] Der »Verfassungskompromiss« der SPD mit der CDU weckte in vielen Betriebsbelegschaften und gerade in den Chemiefabriken Empörung. Die Betriebsräte der Dunlop AG wie auch der Deutschen Kunstlederwerke (Degussa) in Wolfgang übermittelten Mitte Oktober an den hessischen Verfassungsausschuss beziehungsweise an die Verfassungsgebende Landesversammlung vehemente Proteste.[87] (Dok. 223)

Ende Oktober 1946 wurde der Verfassungsentwurf mit den Stimmen der SPD, der CDU und auch der KPD angenommen. Nur die LDP stimmte dagegen. Die zukünftige Verfassung des Landes Hessen ging trotz seines Kompromisscharakters in ihren Grundsätzen – insbesondere im sozial- und wirtschaftspolitischen Teil – weit über die bisherige Verfassungstradition hinaus. Sie verankerte etwa das Recht auf Arbeit (Artikel 28), das Mitbestimmungsrecht des Betriebsrates in allen sozialen, personellen und wirtschaftlichen Fragen des Betriebes (Artikel 37); sie erkannte das gewerkschaftliche Streikrecht bei gleichzeitigem Aus-

81 Ebd., S. 102f.
82 Ebd., S. 101f.; Der Freie Gewerkschaftsbund, S. 127, 363, Anm. 456.
83 Ebd., S. 105, 128.
84 Mühlhausen, Hessen 1945–1950, S. 259ff.; FAZ Nr. 129, 6.6.1988, Erinnerung an Samuel L. Wahrhaftig, ehemaliges Mitglied der US-Militärregierung.
85 Der Freie Gewerkschaftsbund, S. 125, 128; Mühlhausen, Hessen 1945–1950, S. 257ff. Die IG-Farben, das größte Unternehmen der Chemiebranche, war allerdings von der Militärregierung beschlagnahmt. Ebd. S. 293, Anm. 71.
86 Ebd., S. 262.
87 Vom aufrechten Gang, S. 105.

sperrungsverbot (Artikel 29) an und ermöglichte die Sozialisierung bestimmter hessischer Industrien (Artikel 41).[88] Ihre Verwirklichung blieb Ausführungsgesetzen überlassen. Die amerikanische Militäradministration betrachtete den Verfassungsentwurf mit gemischten Gefühlen, sah aber angesichts des realen Kräfteverhältnisses keinen Anlass zum Eingreifen. Der Sozialisierungsartikel (Artikel 41) sollte freilich im Rahmen der Volksabstimmung über die Verfassung Gegenstand einer gesonderten Abstimmung werden, in der Hoffnung, dadurch seine Annahme verhindern zu können. Am 1. Dezember 1946 stimmten – bei einer Wahlbeteiligung von 73 Prozent – 76,8 Prozent der hessischen Wähler für die Verfassung und 72,0 Prozent für Artikel 41. Die große Mehrheit der Bevölkerung in Hessen trat somit eindeutig für die Enteignung der Monopole und für die Schaffung der notwendigen neuen ökonomischen Grundlagen einer Demokratie in Deutschland ein. Die höchsten Stimmergebnisse für die Verfassung gab es in den Wahlkreisen, in denen die Arbeiterparteien SPD und KPD besonders stark waren, so in den Landkreisen Hanau (88,7 Prozent), Bergstraße (88 Prozent) und Erbach (88,3 Prozent). Die Stimmen für den Artikel 41 betrugen in diesen Kreisen ebenfalls 85 Prozent.[89] Etwas niedriger fielen die Ergebnisse in der Stadt Hanau mit 83,7 Prozent für die Verfassung und mit 78,4 Prozent für den Sozialisierungsartikel aus.[90] Bei den gleichzeitig abgehaltenen Landtagswahlen entfielen auf die SPD 42,7 Prozent, auf die CDU 30,9 Prozent, auf die KPD 10,7 Prozent und auf die LDP 15,7 Prozent. Die Arbeiterparteien behaupteten somit ihren Vorsprung vom Juni. Der Verlust von 1,6 Prozent bei den Sozialdemokraten kam hauptsächlich der KPD zugute. Die Stimmen kamen von sozialdemokratischen Wählern, die den Ausgleich mit der CDU abgelehnt hatten. Große Verluste, über 6 Prozentpunkte, erlitt die CDU. Viele Wähler aus dem Bürgertum stimmten in den Landtagswahlen für die LDP.[91]

Obwohl die Arbeiterparteien SPD und KPD als Ergebnis der Landtagswahlen zusammen mit 53,4 Prozent über die absolute Mehrheit der Stimmen verfügten, bildete die SPD, der im Herbst 1946 eingeschlagenen Kompromisslinie folgend, eine Koalitionsregierung mit der CDU. Ministerpräsident wurde der Sozialdemokrat Christian Stock. Die Diskussion um die Regierungsbildung erfasste auch die Gewerkschaften. Die Landesgewerkschaft Bergbau sowie die FGB-Bezirke Wiesbaden und Hanau hatten Anfang 1947 die Einbeziehung der Kommunisten in die Regierung gefordert, wofür sie vom Beirat des FGB Hessen mit einer Rüge bedacht wurden.[92]

88 Metallgewerkschaft, S. 30.
89 Der Freie Gewerkschaftsbund, S. 129, 364, Anm. 465; Mbl. Nr. 87, 7.12.1946.
90 Ebd.
91 Mühlhausen, Hessen 1945–1950, S. 275ff.
92 Metallgewerkschaft, S. 149.

Die Lebensumstände der arbeitenden Bevölkerung

Infolge der Kriegszerstörungen, der Produktionsausfälle und der Lieferschwierigkeiten über die neu entstandenen Zonengrenzen hinweg entwickelte sich die Versorgungssituation der deutschen Bevölkerung katastrophal. Die US-Militärregierung setzte entsprechend der Direktive ihres Generalstabs vom 26. April 1945 für die Normalverbraucher 1150 Kalorien täglich fest, kaum mehr als die Hälfte des minimalen täglichen Kalorienverbrauchs für einen nicht arbeitenden Menschen. Im Sommer 1945 standen für die Ernährung der Hanauer Bevölkerung, damals etwa 12 800 Menschen, davon 4000 Kinder und Jugendliche unter 18 Jahren, nur die Restbestände des ehemaligen Heeresverpflegungsamtes zur Verfügung.[93] In der Stadt, in der im Krieg mehr als 60 Prozent des Wohnungsbestandes vernichtet worden waren, herrschten im Herbst 1946 verheerende Zustände.[94] Im harten Winter 1946/47 setzte den Menschen besonders der Brennstoffmangel zu. Das städtische Gaswerk war zerstört. Nicht selten verunglückten junge Menschen bei waghalsigen Manövern, wenn sie als »Kohlespringer« von den fahrenden Zügen Kohle auf den Bahndamm schleuderten. (Dok. 224b) Wer immer konnte, sammelte im Wald Holz. Die offiziell ausgewiesenen Lebensmittelzuteilungen schwankten in der amerikanischen Besatzungszone 1945/46 zwischen 1100 und 1500 Kalorien für Normalverbraucher. Infolge der Missernte sanken sie im Juni 1947 auf den Tiefpunkt von 900 Kalorien. Dabei unterschritten die tatsächlich zur Verteilung gelangten Lebensmittelmengen die offiziellen Richtmengen oft erheblich.[95]

Die Direktive Nr. 14 des Alliierten Kontrollrats vom 12. Oktober 1945 erklärte in den Besatzungszonen die bestehenden Lohnsätze zu Stopplöhnen, das heißt die Tarifordnungen der Nazi-Diktatur galten unverändert fort. Diese Verordnung, die einer inflationären Entwicklung entgegenwirken sollte, zementierte die in der faschistischen Kriegswirtschaft zwischen Rüstungsindustrie und Konsumgüterindustrien bestehenden Lohnverzerrungen. Ein ebenfalls vom Kontrollrat verfügter allgemeiner Preisstopp blieb hingegen wirkungslos. Das Lohnniveau wurde auch dadurch gedrückt, dass in den meisten Industriezweigen entgegen der festgelegten Normalarbeitszeit von 48 Wochenstunden nicht länger als 40 Stunden gearbeitet werden konnte. Niedriges Lohnniveau und ständig steigende Lebenshaltungskosten bewirkten, dass die Arbeiterschaft Mitte 1947 um mindestens 29 Prozent unter das Lebensniveau der Vorkriegszeit herabgedrückt wurde.[96] Im September 1947 betrug der durchschnittliche Nettowochenverdienst in Hessen 33,46 RM und lag damit unter dem zur Sicherung des Existenzminimums notwendigen Betrag von 45 RM pro Woche.[97]

[93] Vom aufrechten Gang, S. 86.

[94] Mbl. Nr. 27, 13.10.1945, Anordnungen des Landratsamtes; Ebd. Nr. 97, 22.2.1947. Bericht des Magistratsmitglieds Bernhard Nagel am 14.2.1947 in der Stadtverordnetenversammlung.

[95] Metallgewerkschaft, S. 18; Mühlhausen, Hessen 1945–1950, S. 203.

[96] Statistisches Landesamt Hessen (Hg.), Zwei Jahre Land Hessen. Zum zweiten Jahrestag am 16.10.1947. Ein statistischer Bericht, Wiesbaden 1947.

[97] Der Freie Gewerkschaftsbund, S. 154, 371, Anm. 82; SdA v. 15.9.1947.

Hanau, Altenspeisung der Arbeiterwohlfahrt, Oktober 1946

Warenknappheit und Teuerung eröffneten für Schieber und Spekulanten ein breites Betätigungsfeld. Die Kriegsfinanzierung und die Zerstörungen führten zu einer ungeheueren Aufblähung des Geldvolumens. Das Geld war praktisch wertlos und verlor seine Funktion als Träger des Tauschprozesses weitgehend. Es entwickelte sich ein System unmittelbaren Produktaustausches. Alle diejenigen, die genügend Sachwerte und Geld besaßen, um sich auf dem Schwarzen Markt zu versorgen, lebten wesentlich besser als die lohnabhängig Beschäftigten. Unter diesen Umständen investierten die Unternehmer in den ersten Nachkriegsjahren ihre finanziellen Reserven aus den Kriegsgewinnen nicht in die Produktion. Der Verkauf von Waren hätte ihnen nur wertloses Geld eingebracht. Sie setzten ihr Kapital für den Wiederaufbau ihrer Betriebe oder für die Schaffung neuer Kapazitäten ein, wofür eine große Zahl Arbeitskräfte eingestellt wurde. Etwa von 1947 an erhöhte sich die Produktion. Die hergestellten Produkte wurden jedoch nicht verkauft, sondern in immer größerem Umfang gehortet und so dem Bedarf der lohnabhängigen Bevölkerung entzogen. Da der Lohn seine primäre Bedeutung für die Existenzsicherung verlor, wurden solche Arbeitsplätze bevorzugt, die sich durch Sachwertbezahlung oder materielle Sondervergünstigungen auszeichneten. Die je nach Betrieb wechselnde Interessenlage der Arbeitnehmer behinderte die Entwicklung eines solidarischen Bewusstseins.

Von großer Wichtigkeit waren in den Betrieben die so genannten »Kompensationsgeschäfte«. Produkte wurden in Naturalien bezahlt; ein Teil des Lohnes bestand aus Lebensmitteln und anderen Naturalien. (Dok. 224c) Im Mai 1947 verordnete das hessische Wirtschaftsministerium eine Genehmigungspflicht für

Kompensationsgeschäfte. Der Betriebsrat der Vacuumschmelze stellte daraufhin einen Antrag auf Zulassung von Kompensationsgeschäften, um die Grundverpflegung in der Werksküche zu verbessern. Ein weiterer Antrag bezog sich auf die Genehmigung der Sachwertprämien für Mehrleistung. Die beiden Anträge des Betriebsrates wurden abgelehnt. Das hessische Wirtschaftsministerium genehmigte lediglich fünf Prozent der Produktion als Kompensation zur Beschaffung von Rohstoffen, Hilfsstoffen und Betriebsmitteln auf Widerruf. Kompensationsgeschäfte zur Beschaffung zusätzlicher Lebensmittel für die Küchenverpflegung wurden verboten.[98]

Der Vorsitzende des Hanauer FGB und Arbeitsamtsdirektor Heinrich Fischer forderte Anfang August 1946 in einer Untersuchung über die Auswirkungen des Schwarzmarktes auf die Lage der Arbeiterschaft entscheidende Maßnahmen und eine Neuordnung der Lebensmittelverteilung. (Dok. 224a) Auch die dritte Delegiertenkonferenz des Gewerkschaftsbezirks Hanau des FGB befasste sich am 10./11. August 1946 ausführlich mit der schlechten Versorgungssituation. Gefordert wurden ein Preisstopp für Lebensmittel, verstärkte Kontrolle und stärkere Staffelung der Rationen zugunsten der arbeitenden Bevölkerung wie auch die Säuberung des Handels und der Verteilerstellen von ehemaligen Nazis.[99]

Die Einsicht wuchs, dass eine grundlegende Verbesserung der Ernährungslage nur über die Verwirklichung weit reichender gesellschaftspolitischer Forderungen realisierbar war. Die 2. Landesdelegiertenkonferenz der Gewerkschaft Metall in Hessen im September 1947 forderte von der Landesregierung neben einer Verkürzung der Wochenarbeitszeit auf 40 Stunden die Aufhebung des Lohnstopps, die Zerschlagung des Schwarzmarkthandels und die Verwirklichung der Mitbestimmungs- und Sozialisierungsartikel der hessischen Verfassung, da die »Mitbestimmung, die Planung der Wirtschaft und die Überführung der Schlüsselindustrien in Gemeineigentum« die einzige Möglichkeit darstellten, um »die deutschen Verhältnisse wieder auf eine gesunde Grundlage zu stellen«.[100]

Die Zeit der Restauration

Am 1. Januar 1947 erfolgte der wirtschaftliche Zusammenschluss der amerikanischen und der britischen Besatzungszonen zur »Bizone«. Dieser erste Schritt hin zur Errichtung eines westdeutschen Separatstaates kam vor dem Hintergrund wesentlicher Veränderungen in der Bündnispolitik der Alliierten zustande, ausgelöst durch einen Perspektivenwechsel in der US-amerikanischen Außenpolitik. Mit der Niederringung Deutschlands hatte die seit 1941 bestehende Antihitlerkoalition ihr Ziel erreicht. Schon der Abwurf der Atombomben auf japanische Städte im August 1945 war Teil einer neuen Politik der »Eindämmung« des im Laufe des Krieges gewachsenen Einflusses der UdSSR und sollte sie insbesondere daran hindern, der militärischen Besetzung großer Teile Ost- und Mitteleuro-

98 Vom aufrechten Gang, S. 88.
99 Ebd., S. 92f.; Der Freie Gewerkschaftsbund, S. 223, 388.
100 Metallgewerkschaft, S. 246f.

pas eine gesellschaftliche Umwälzung im sozialistischen Sinn folgen zu lassen. Die Sowjetunion zeigte sich davon jedoch wenig beeindruckt. Angesichts des Ausbaus eines sozialistischen Staatensystems unter der Führung der Sowjetunion in Osteuropa und des weltweiten Aufschwungs antikolonialer Befreiungsbewegungen entschlossen sich die USA zu einer systematischen und weltweiten Offensive. Im so eröffneten »Kalten Krieg« kam den westlichen Besatzungszonen mit ihrem Wirtschaftspotential und ihrer geographischen Lage die Rolle eines Bollwerks zu. Absolute Priorität vor Entnazifizierung und Demokratisierung wurde in der Besatzungspolitik nun der Restauration der privatkapitalistischen Wirtschafts- und Gesellschaftsverhältnisse eingeräumt. Zur wirtschaftlichen Absicherung dieser kapitalfreundlichen Politik diente der so genannte »Marshall-Plan«, benannt nach dem US-amerikanischen Außenminister. Die Durchsetzung sozialistischer Neuordnungsvorstellungen, die nach dem Krieg von breiten Kreisen der arbeitenden deutschen Bevölkerung getragen wurden, gestaltete sich unter diesen Umständen schwierig. Zusätzlich wurde sie durch die massive antikommunistische Propaganda erschwert, welche die US-amerikanische Besatzungsmacht entfachte. Dabei wurden antikommunistische Vorurteile geschickt in die Strategie einbezogen. Nicht wenige Sozialdemokraten und Gewerkschafter erkannten erst spät, dass die Politik der Militärregierung sich nicht nur gegen die Kommunisten richtete, sondern auch sozialdemokratische und gewerkschaftliche Ansätze einer gesellschaftlichen Neuordnung zerstörte.

Das Scheitern der Sozialisierung

Die hessische Regierungskoalition aus SPD und CDU hatte in ihrer Regierungserklärung die Verwirklichung der Verfassung zur zentralen Aufgabe gemacht. Die Arbeit kam jedoch kaum voran. Nach einem Jahr war erst ein Artikel, Nr. 34, das Urlaubsgesetz, verwirklicht worden. Die Sozialisierung wurde zwar von der Landesregierung mit Inkrafttreten der Verfassung als »vollzogene Tatsache« betrachtet, es fehlten aber die Ausführungsgesetze zur Rechts- und Verwaltungsreform der sozialisierten Betriebe. Die SPD verstand unter Gemeineigentum nicht in erster Linie Staatseigentum. In ihrer Mitte wurde im Sommer 1947 eine völlig neue Form der Vergesellschaftung entdeckt: die Bildung von so genannten »Sozialgemeinschaften« als Rechtsträger des Gemeineigentums.[101] Der Gesetzentwurf des Wirtschaftsministers Koch (SPD) zur Errichtung von Sozialgemeinschaften war im Juni 1948 vom Kabinett an einen von der SPD und der CDU paritätisch besetzten Ausschuss zur Beratung überwiesen worden.[102] Inzwischen startete die amerikanische Besatzungsmacht einen Generalangriff gegen die Sozialisierung. Das britisch-amerikanische Gesetz Nr. 75 vom 10. November 1948, das unter dem Postulat der »Entflechtung« proklamiert worden war, veranlasste die Beschlagnahmung sämtlicher Unternehmen des Kohlebergbaus und

[101] Der Freie Gewerkschaftsbund, S. 171f.
[102] Metallgewerkschaft, S. 264.

der Eisen- und Stahlindustrie und stellte sie unter die Aufsicht alliierter Kohle- und Stahlgruppen. Auch die kleinen und mittleren Bergbaubetriebe waren einbezogen, was deutlich zeigte, dass es hier nicht um Entflechtung, sondern um »Entsozialisierung« ging. Die Militärregierung bestimmte darüber hinaus, das betreffende Eigentum dem Eigentümer, Verwalter oder gesetzlichen Vertreter zurückzugeben. Formal wurden die Betriebe Treuhändern der Militärregierung unterstellt. Auch die Sozialisierung gemeinnütziger Betriebe wurde verweigert. Nach Durchführung von Gesetz Nr. 75 verblieben im hessischen Katalog der Sozialisierung lediglich elf Werke der Energiewirtschaft und neun Verkehrsbetriebe. Die Nachhutgefechte im hessischen Landtag um die Sozialgemeinschaften dauerten bis in die 50er Jahre.[103] Wie nach 1918 so verlief auch jetzt die groß angekündigte Sozialisierung im Sand.

Der Kampf um die Mitbestimmung, das hessische Betriebsrätegesetz

Während die Gewerkschaften den hessischen Verfassungsauftrag zur Sozialisierung weitgehend den Parteien im Landtag und der Regierung überließen, stand die Frage der Mitbestimmung nach Art. Nr. 37 und die Verabschiedung eines Betriebsrätegesetzes im Mittelpunkt des gewerkschaftlichen Interesses. Im Frühjahr 1947 erarbeitete eine Kommission des FGB-Vorstandes unter Federführung von Willi Richter den Entwurf eines Betriebsrätegesetzes als Grundlage für alle weiteren gewerkschaftlichen Initiativen. Dieser Text wurde von der SPD-Landtagsfraktion als Gesetzesinitiative in die Verhandlungen eingebracht. Der Entwurf ging in der Kernfrage der Mitbestimmung von einem sozialpartnerschaftlich bestimmten Ansatz aus, nämlich der »gleichberechtigten Mitbestimmung des Betriebsrates in wirtschaftlichen Fragen gemeinsam mit dem Unternehmer« (§ 30). Darauf aufbauend wurden weit reichende soziale und personelle Mitbestimmungsrechte formuliert.[104]

In einigen Hanauer Betrieben, so bei Degussa-Siebert und der Dunlop, wurden die Betriebsratsrechte in Betriebsvereinbarungen festgehalten. Bei der Dunlop wurde 1947 ein »Werksausschuss« gebildet, in dem die Arbeitnehmerseite mit zwölf vom Betriebsrat und den Vertrauensmännern gewählten Mitgliedern vertreten war. Die Arbeitgeberseite stellte zehn von der Geschäftsführung ernannte Mitglieder. Acht Unterausschüsse beschäftigten sich mit Wohlfahrt, Verbesserungsvorschlägen, Unfallverhütung, Kantine, Baudarlehen, Erholungsheim, Jugend und Werkszeitung. Beschlüsse konnten nur gefasst werden, wenn auch die Mehrheit der Arbeitgeberseite dafür gestimmt hatte.[105]

Das hessische Betriebsrätegesetz wurde schließlich Ende Mai 1948 mit den Stimmen der SPD, CDU und der KPD verabschiedet. Da die SPD ein gemeinsames Vorgehen mit der KPD generell vermied, diente dem Gesetz ein von der

[103] Ebd., S. 264; Mühlhausen, Hessen 1945–1950, S. 431ff.
[104] Der Freie Gewerkschaftsbund, S. 181f.
[105] Vom aufrechten Gang, S. 107ff.

CDU eingebrachter Entwurf als Grundlage. Das Gesetz wurde mit weit reichenden Abstrichen an den von den Gewerkschaften und der SPD geforderten wirtschaftlichen Mitbestimmungsrechten und mit der Einschränkung der personellen Mitbestimmung für den öffentlichen Dienst auf ein Anhörungsrecht verabschiedet. Der Militärregierung ging aber diese Regelung zu weit. Sie versuchte, die hessische Regierung zur Rücknahme des Gesetzes oder zumindest wesentlicher Teile zu bewegen. Die Regierung drohte angesichts des großen Erwartungsdrucks mit Rücktritt, falls die Militärregierung das Gesetz ablehnte.[106] Die Militäradministration schob daraufhin eine Stellungnahme zum Betriebsrätegesetz auf. Da sich inzwischen die wirtschaftliche Lage der Arbeiterschaft infolge der Währungsreform vom 20. Juni 1948 zunächst weiter verschlechtert hatte, beschloss der FGB für den 12. August landesweite Protestkundgebungen gegen Preiswucher, Lohndruck und für das Mitbestimmungsrecht. Die zentral verfasste Entschließung, über die in den Kundgebungen abgestimmt wurde, stellte eine enge Verbindung zwischen der Befriedigung der unmittelbaren Lebensinteressen und dem Kampf gegen die steigenden Preise und der Neuordnung der Wirtschaft durch das Mitbestimmungsrecht der Betriebsräte her. Der 12. August 1948 gestaltete sich zur bis dahin größten Massenaktion der hessischen Arbeiterbewegung nach dem Krieg. Im ganzen Land beteiligten sich an die 400 000 Menschen an den Kundgebungen. Auch in Hanau waren Tausende dem Gewerkschaftsaufruf gefolgt.[107] Ende August wurde vom obersten Militärbefehlshaber der Besatzungszone General Clay die Entscheidung getroffen: Ungeachtet der gewerkschaftlichen Proteste verfügte er die Suspendierung aller wirtschaftlichen Mitbestimmungsrechte im hessischen Betriebsrätegesetz.

Die Währungsreform

Im Frühjahr 1948, als offensichtlich war, dass eine Währungsreform bald durchgeführt werden muss, wuchsen die Hortungen in allen Wirtschaftsbereichen noch einmal an und führten praktisch zum Stillstand jeglicher Geschäfts- und Handelsverbindungen. Die Unternehmer versuchten mit dieser Praxis möglichst viele Sachwerte in die Zeit nach der Geldentwertung hinüber zu retten und sich auf diese Weise gegenüber den Konkurrenten eine günstige Ausgangsposition zu verschaffen. Die staatlichen Stellen waren nicht in der Lage, eine planmäßige Erfassung und Verteilung der Güter vorzunehmen. Die Wirtschaftspolitik der Regierungskoalition aus SPD und CDU reagierte stets nur punktuell.[108] In der dritten Januarwoche 1948 brachte das Wirtschaftsministerium Richtlinien zur Auflösung überhöhter Bestände und Hortungen heraus. Die Regierung verordnete die Bildung so genannter »Hortungsausschüsse« unter Beteiligung der Gewerkschaften.[109] Die Bildung der Ausschüsse lag in der Verantwortlichkeit der

[106] Der Freie Gewerkschaftsbund, S. 200.
[107] Ebd., S. 203, 304f.; Vom aufrechten Gang, S. 110.
[108] Der Freie Gewerkschaftsbund, S. 146f., 156.
[109] Ebd., S. 243f., 246.

Bürgermeister und Landräte, die ihre Einsetzung zum Teil offen sabotierten. So konnte der Kontrollausschuss beim Wirtschaftsamt Schlüchtern nur gegen den Widerstand des Landrats errichtet werden.[110] In Hanau wurden schon Anfang Februar zwei Ausschüsse gebildet: der Ausschuss zur Überwachung der Industrie, des Groß- und Einzelhandels und des Handwerks, in dem der FGB mit zwei Vertretern – Otto Rieß und Reinhold Kresse – vertreten war, und der Verbraucherausschuss beim Wirtschaftsamt, in den Johanna Krück entsandt wurde. Die Ausschüsse hatten jedoch über die Ermittlung hinaus keine weiterreichenden Vollmachten. Das Ergebnis ihrer Tätigkeit erschöpfte sich in der Verzögerung effektiver Maßnahmen, bis die bevorstehende Währungsreform durchgeführt war.[111]

Die gewerkschaftlichen Vorstellungen über eine fällige Währungsreform nach dem Krieg zielten darauf ab, die unumgänglichen Lasten des verlorenen Kriegs durch Staffelung der Abwertungssätze nach der Höhe der Vermögen und durch starke Belastung der Sachwerte vor allem auf die Besitzer großer Vermögen und Kriegsgewinne zu legen. An die Durchführung der Währungsreform wurden große Hoffnungen hinsichtlich einer Besserung der Lebenshaltung der Arbeiterschaft geknüpft.[112]

Die am 20. Juni 1948 durchgeführte Währungsreform, die sich nur auf die Westzonen erstreckte und maßgeblich zur Abspaltung eines westdeutschen Separatstaates beitrug, wurde im Wesentlichen von der US-amerikanischen Administration vorbereitet. Ihr Vollzug war die Voraussetzung zur Einbeziehung der drei Westzonen in den Marshall-Plan. Alle Bewohner der westlichen Zonen bekamen einen Betrag von 40 Deutsche Mark (DM) und zwei Monate später weitere 20 DM ausgezahlt. Barvermögen und Bankguthaben wurden im Verhältnis 100 : 6,5 ohne Staffelung des Abwertungssatzes nach der Höhe der Vermögen abgewertet. Die Währungsreform beschränkte sich auf eine Geldreform. Der Wert der Produktionsanlagen und Warenlager wurde nicht berücksichtigt. Dadurch wurde die vorherige Unternehmenspolitik der Produktionszurückhaltung und der Hortung nachdrücklich bestätigt. Über Nacht zu Millionären wurden durch die Währungsreform diejenigen, die in den Monaten zuvor die benötigten Waren gehortet hatten und nun zum Verkauf anbieten konnten. Die Kriegskosten wurden einseitig auf den Rücken der arbeitenden Bevölkerung abgewälzt. Der Preisstopp wurde für die meisten, nun reichlich angebotenen Waren aufgehoben; ebenso fielen die Bewirtschaftungsmaßnahmen auf Bizonenebene und die planwirtschaftlichen Anordnungen der Länder. Die Gesetze der Marktwirtschaft traten in Kraft. Ihr später hoch gepriesener »sozialer« Charakter ließ noch lange auf sich warten.

Ein durchschnittlich verdienender Arbeiter konnte vor der Währungsreform mit seinem Lohn nur 41 Prozent der Lebenshaltungskosten seiner Familie decken. Die Währungsreform löste einen Konsumstoß gehorteter Waren aus, der die

[110] DGB-Archiv Hanau, Tätigkeitsbericht der Nebenstelle Schlüchtern des FGB Hanau für den Monat Januar 1948.

[111] Der Freie Gewerkschaftsbund, S. 246f.; Vom aufrechten Gang, S. 93f.

[112] Der Freie Gewerkschaftsbund, S. 303.

Hanau, Schlangestehen für das neue Geld vor der Bretterbude der Hanauer Kreisverwaltung nach der Währungsreform, Juni 1948

Lebenshaltungskosten in kurzer Zeit um mehr als 14 Prozent in die Höhe trieb. Gleichzeitig aber wurde der Lohnstopp bis zum Oktober 1948 aufrechterhalten. Der Lohn, der nach der Währungsreform wieder zur zentralen Richtgröße geworden war, reichte in vielen Fällen nicht einmal zur Deckung des lebensnotwendigen Bedarfs.[113] In der Vorstandssitzung des FGB-Bezirks Hanau am 29. Juni 1948 wurde nicht nur erbitterte Kritik an der gesellschaftlichen Ausrichtung der Reform laut; auch absehbare Folgen wie Arbeitslosigkeit und Lohnabbau wurden thematisiert. (Dok. 227a) Tatsächlich machte der hessische Metallarbeitgeberverband schon am 8. Juli 1948 mit einem Rundschreiben die Mitgliedsfirmen auf die Möglichkeit von Lohnsenkungen durch die Rückführung übertariflicher Löhne aufmerksam.[114] Im FGB-Bezirk Hanau wurde ein Aktionsausschuss gebildet, der in einem seltsam hilflos klingenden Flugblatt ebenfalls die Gefahr der Arbeitslosigkeit in den Mittelpunkt seiner Überlegungen stellte. (Dok. 227b) Der Aktionsausschuss organisierte in den folgenden Wochen Betriebsversammlungen und Betriebsräteschulungen und bereitete den landesweiten Protesttag am 12. August 1948 vor, an dem sich auf dem Hanauer Marktplatz Tausende Kolleginnen und Kollegen zu einer Kundgebung gegen Preiswucher, für die Aufhebung des Lohnstopps und für die Mitbestimmung versammelten.[115] Die

[113] Metallgewerkschaft, S. 220f.
[114] Ebd., S. 291
[115] Vom aufrechten Gang, S. 96f., 110.

gewerkschaftliche Mobilisierung gab auch der Hoffnung Ausdruck, dass die Weichenstellung, welche die Währungsreform für die weitere Entwicklung vorgezeichnet hatte, auf der Grundlage des hessischen Betriebsrätegesetzes doch noch korrigierbar sei. Die Währungsreform bedeutete durch die Entwertung der finanziellen Rücklagen allerdings auch für die Gewerkschaften einen schweren Rückschlag. Vielfach stellte sich in der Folgezeit zusätzlich ein Mitgliederschwund ein, da vielen Familien bei dem niedrigen Lohnniveau das Geld zur Entrichtung der monatlichen Gewerkschaftsbeiträge fehlte.[116]

Schließlich rief der Gewerkschaftsrat der Bizone, das oberste gewerkschaftliche Gremium, für den 12. November 1948 einen allgemeinen Demonstrationsstreik gegen den wirtschaftlichen Notstand aus. Die aus diesem Anlass zusammengefassten gewerkschaftlichen Forderungen zielten auf Preissenkung und Preiskontrolle, umfassten aber auch Schritte zur wirtschaftlichen und gesellschaftlichen Neuordnung. Man verzichtete auf Lohnforderungen, da gerade die Politik des Lohnverzichts als Legitimation der politischen Forderungen dienen sollte. Die Massenaktion, an der über neun Millionen Beschäftigte teilnahmen, bekam auch dadurch einen passiv-defensiven Charakter, dass die Gewerkschaftsführung unter dem Druck der Militärregierung auf Demonstrationszüge und Kundgebungen verzichtete. Sogar die Gewerkschaftshäuser blieben geschlossen. Den Lohnausfall hatten die Streikenden zu tragen.[117]

Die Auswirkungen des Antikommunismus

Im März 1948 löste sich der Alliierte Kontrollrat auf. Der nun mit voller Wucht einsetzende »Kalte Krieg« zwischen den USA und der UdSSR wirkte tief in das junge deutsche Parteiengefüge, in die Gewerkschaften und in die Betriebe hinein. Die von der US-Militäradministration schon im Frühjahr 1947 gestartete antikommunistische Kampagne veränderte das politische Klima grundlegend. Im August 1947 wurde Emil Carlebach (KPD), der Lizenzträger der »Frankfurter Rundschau«, aus der Redaktion entlassen. Neben Kommunisten wurden auch Sozialdemokraten ins Visier genommen. Der Journalist Hans Kargl, von den Nazis mehrfach im Konzentrationslager gefangen gehalten, wurde im März 1947 von der US-Militärregierung vom Vorsitz der Hanauer Spruchkammer entbunden, weil er angeblich Hintergrundinformationen über einen US-Bürger gesammelt hatte. Kargl war als ehrenamtlicher Stadtrat für das Hanauer Wohnungswesen verantwortlich. Zudem wirkte er auch in der Pressekommission der hessischen SPD mit.[118] In einem Dossier vom 23. Juli 1948, angelegt von der Sonderkommission zur Bekämpfung des Kommunismus durch die Militärregierung, wurde Kargl als Sozialdemokrat charakterisiert, der »noch an den alten Grundsät-

[116] Metallgewerkschaft, S. 214, 220.
[117] Der Freie Gewerkschaftsbund, S. 315; Gerhard Beier, Der Demonstrations- und Generalstreik vom 12. November 1948. Im Zusammenhang mit der parlamentarischen Entwicklung Westdeutschlands, Frankfurt am Main/Köln 1975, S. 41f.
[118] Vom aufrechten Gang, S. 81f.; Beier, SPD Hessen, S. 35.

zen der Partei aus der Zeit vor 1933 festhielt«. Zwischen Kargl und dem Oberbürgermeister Rehbein war es vermutlich zu Auseinandersetzungen um die Parteilinie gekommen, in deren Folge Rehbein einem Berufsverbot der Militärregierung gegen Kargl zustimmte.[119]

Hans Kargl war zudem Mitglied im Vorstand der Vereinigung der Verfolgten des Naziregimes (VVN). Da die VVN angesichts der drohenden Gefahr einer Aufspaltung Deutschlands den Zusammenschluss aller antifaschistischen Kräfte gefordert hatte, wurde sie zur kommunistischen Tarnorganisation erklärt. Auch der Parteivorstand der SPD beteiligte sich an dieser Politik. Nach der Bildung einer Zentralstelle für politisch verfolgte Sozialdemokraten wurde im Mai die Unvereinbarkeit der Mitgliedschaft in der VVN mit der Mitgliedschaft in der SPD beschlossen und diese Linie, trotz entgegengesetzt lautender Anträge aus Wiesbaden und Frankfurt, im September auf dem SPD-Parteitag in Düsseldorf abgesegnet.[120]

Einen wesentlichen Schritt beim Versuch, den Einfluss der Kommunisten einzuschränken, bedeutete im April 1948 die Errichtung einer Sonderkommission bei der amerikanischen Militärregierung. Die Kommission erhielt den Auftrag, die Kommunisten in der US-Zone zu beobachten und regelmäßig über diese zu berichten sowie Maßnahmen zur Bekämpfung des kommunistischen Einflusses zu entwickeln. Eine Abteilung, die »Manpower Division«, wurde in diesem Rahmen speziell auf die Gewerkschaften angesetzt. Dabei war eine enge Zusammenarbeit mit deutschen Gewerkschaftsführern vorgesehen. Ihre Hauptanstrengungen konzentrierte die Manpower Division in Hessen auf die Städte Hanau, Offenbach und Kassel, in denen ein überdurchschnittlicher Einfluss der Kommunisten in einzelnen Industriebranchen und Betrieben vermutet wurde.[121]

Die gesellschaftliche Atmosphäre des Kalten Krieges fand auch in den Ergebnissen der von den Amerikanern angeordneten Kommunalwahl am 25. April 1948 ihren Ausdruck. Im Vergleich zur Landtagswahl Anfang Dezember 1946 erlitten alle Parteien Verluste, die damals die hessische Verfassung befürwortet hatten.[122] In Hanau allerdings konnten die Arbeiterparteien die absolute Zahl ihrer Wähler gegenüber der Landtagswahl vom Dezember 1946 sogar noch steigern. Während SPD und CDU in der Stadt Hanau mit fünf beziehungsweise vier Prozentpunkten unter dem Landesdurchschnitt blieben, verteidigte die KPD in der Stadt wie im Landkreis ihre Spitzenposition. Die Kommunisten gewannen in der Hanauer Stadtverordnetenversammlung drei Mandate hinzu, die Sozialdemokraten zwei Mandate. Somit bildeten die Arbeiterparteien nach wie vor die absolute Mehrheit. Eine gemeinsame Politik ihrer Vertreter wurde aber auch im Hanauer Stadtparlament immer schwieriger. Schon am 17. September 1947 schlug in der Stadtverordnetenversammlung die schwelende Entfremdung zwischen den Fraktionen der SPD und der KPD in offene Feindseligkeit um, als sie

[119] BAB, OMGUS, 7/431/48. Eine Kopie des Berichts befindet sich im DGB-Archiv Hanau (unsigniert).
[120] Schneider, Zukunftsentwurf Antifaschismus, S. 21, 26; Beier, SPD Hessen, S. 98.
[121] Metallgewerkschaft, S. 116ff. Vgl.: Anm. 119.
[122] Der Freie Gewerkschaftsbund, S. 138.

sich gegenseitig die Missstände in der »Ostzone« beziehungsweise in der Bizone vorwarfen.[123]

Die parteipolitischen Konflikte drückten auch der Gewerkschaftsarbeit ihren Stempel auf. Der Parteivorstand der SPD verkündete schon 1946 als sein vorrangiges Ziel, die politische Führung in den Betriebsbelegschaften zu gewinnen. Dementsprechend wurde die sozialdemokratische Betriebsgruppenarbeit im Winter 1946/47 aktiviert.[124] Die Konferenz der SPD-Betriebsfunktionäre in Hessen Mitte August 1947 zählte zwischen 800 und 900 Teilnehmer. Dem hier gebildeten Ausschuss für monatliche Beratungen gehörte mit Hans Mattes auch ein Hanauer Vertreter an. Er war neben Rudolf Zinkhan, Gustav Stübig (beide aus Kesselstadt) und mit Wilhelm Lenz (Langendiebach) einer der Vertrauensmänner der sozialdemokratischen Betriebsarbeit im Kreis Hanau.[125]

Die Betriebsratswahlen vom August 1946 brachten fast überall, besonders in den Großbetrieben, eine Bestätigung der Kollegen, die im Mai 1945 die ersten antifaschistischen Betriebsausschüsse gebildet hatten.[126] Die Betriebsratswahlen ein Jahr später wurden schon weitgehend von parteipolitischen Spannungen geprägt, die besonders in einer massiven antikommunistischen Kampagne der SPD ihren Ausdruck fanden. Im Südhessen gehörten im Durchschnitt 73 Prozent der Betriebsräte der SPD an, 11 Prozent waren Kommunisten und 14 Prozent Christdemokraten oder Parteilose.[127] Im Arbeitsamtsbezirk Hanau bewahrten die Betriebsräte aus der KPD mit einem Anteil von 20 Prozent eine stärkere Stellung, während 65 Prozent der SPD und 15 Prozent der CDU angehörten.[128] Die KPD verfügte in zahlreichen Großbetrieben über eine starke Position, musste aber spätestens bei den Betriebsratswahlen 1948 erhebliche Einbußen hinnehmen. Bei Heraeus ging auch der Betriebsratsvorsitz verloren.[129] Andererseits unterstützten 1948 infolge der zugespitzten Versorgungssituation auch viele parteilose Betriebsräte die von den kommunistischen Gewerkschaftern propagierte offensive und aktionsorientierte Betriebspolitik. In einer Reihe von Betrieben wurden mit Unterstützung von parteilosen Betriebsräten Kommunisten zu Betriebsratsvorsitzenden gewählt, so beispielsweise bei der Dunlop, wo der Betriebsrat aus sieben Kommunisten, sechs Sozialdemokraten und drei Parteilosen gebildet wurde. Einen Zugewinn von drei Mandaten konnten die Kommunisten 1948 im Vergleich zu den Betriebsratswahlen 1947 auch bei Brown-Boveri in Großauheim verzeichnen.[130] Die Aktivitäten zur Zurückdrängung des kommunistischen Einflusses führten in Hanau erst Anfang der 50er Jahre zu der gewünschten »Berei-

123 StAH, B 2, Protokolle der Stadtverordnetenversammlung v. 22.9.1947.
124 Metallgewerkschaft, S. 373.
125 Beier, SPD Hessen, S. 78, 86.
126 Vom aufrechten Gang, S. 48, 104.
127 Beier, SPD Hessen, S. 481. Die dort veröffentlichte Tabelle enthält Angaben der Betriebsratswahlen vom August-September 1947 und nicht vom Februar 1948.
128 Ebd.; Siehe auch: SdA Nr. 5, 15.3.1948, S. 54. Der Arbeitsamtsbezirk Hanau umfasste außer den Stadt- und Landkreisen Hanau die Kreise Gelnhausen und Schlüchtern.
129 Metallgewerkschaft, S. 377.
130 Ebd., S. 377, 379.

nigung«. Zwar wurde der organisatorische Rahmen der Einheitsgewerkschaft nicht gesprengt, jedoch agierten die höheren gewerkschaftlichen Instanzen zunehmend im Sinne einer sozialdemokratischen Richtungsgewerkschaft.[131]

Gewerkschaften und Betriebsräte

Zwischen dem Juli 1946 und dem Ende des Jahres 1949 erhöhte sich die Mitgliederzahl im FGB-Bezirk Hanau von über 12 500 auf über 21 300. 74 Prozent davon (Juli 1946: 9301 Beschäftigte, Ende 1949: 15 758 Beschäftigte) waren in dem am stärksten industrialisierten Unterbezirk Hanau organisiert. Die größte Industriegewerkschaft war seit ihrer Neugründung im Juni 1946 die Metallgewerkschaft, gefolgt von der Gewerkschaft Chemie, Glas und Keramik, von der Bauorganisation, von der Organisation der Öffentlichen Verwaltung und Betriebe und an vierter Stelle von der Gewerkschaft der Eisenbahner. Die Auswirkungen der Währungsreform, die sich vielerorts in der Verringerung der Mitgliedschaft manifestierten, waren im Hanauer Bezirk vor allem in einer Stagnation der Metallorganisation greifbar. Zwischen dem 1. April 1948 und dem Ende des Jahres waren nur 25 Beschäftigte aufgenommen worden. Im Laufe des Jahres 1949 nahm die Zahl der organisierten Metallkollegen weiter ab, so dass Ende Dezember die kontinuierlich wachsende Chemieorganisation die Metallgewerkschaft überflügelte. Nach einem dynamischen Zuwachs in den vorangegangenen Jahren verzeichnete 1949 auch die Baugewerkschaft erstmals einen stärkeren Rückgang. Der durchschnittliche Organisationsgrad im FGB Hessen lag in den ersten Nachkriegsjahren bei 36 Prozent. Im Gebiet des Hanauer FGB-Bezirks können etwas über 33 Prozent veranschlagt werden.[132] Der Organisationsgrad in der hessischen Metallindustrie war mit knapp 45 Prozent 1946/47 wesentlich höher. In einzelnen Großbetrieben gelang es der Metallgewerkschaft am Ende der 40er Jahre, den überwiegenden Teil der Belegschaften zu organisieren. Bei Degussa-Siebert in Hanau waren im November 1949 70 Prozent der insgesamt 2732 Beschäftigten Mitglieder in der IG Metall, bei Heraeus von 850 Beschäftigten 65 Prozent.[133] Den höchsten Organisationsgrad in der amerikanischen Besatzungszone konnten mit 90 Prozent die Eisenbahner aufweisen.[134]

Der Ausbau der Gewerkschaftsorganisation nach dem Krieg war mit den Aktivitäten der Betriebsräte eng verflochten. Die Betriebsräte waren nach gewerkschaftlichem Selbstverständnis gewerkschaftliche Organe; die Mitgliedschaft in einer Gewerkschaft war die Voraussetzung für die Wählbarkeit zum Betriebsrat. (Dok. 225) Im Bereich der Hanauer Metallindustrie waren die 1947 gewählten Betriebsräte vollzählig in der Metallgewerkschaft organisiert, aber

[131] Ebd., S. 156.
[132] Ebd., S. 215; Ende 1949 waren von 63 891 Beschäftigten im Bezirk 21 324 gewerkschaftlich organisiert. Zahlen im DGB-Archiv, Hanau.
[133] Metallgewerkschaft, S. 215, 219.
[134] Ebd., S. 133.

auch allgemein lag der Organisationsgrad der Betriebsräte im FGB-Bezirk Hanau sehr hoch, nach den Betriebsratswahlen 1948 bei 89 Prozent und 1949 bei 87 Prozent.[135] Mit der Zunahme parteipolitischer Spannungen wurde die enge Verbindung von gewerkschaftlicher und betrieblicher Interessenvertretung nach 1947 zunehmend gestört.

Im Hanauer Gewerkschaftsbezirk blieb noch aus der Zeit der zentralen Einheitsgewerkschaft die besondere Regelung erhalten, wöchentlich einmal, nämlich am Mittwochnachmittag, während der Arbeitszeit, eine Betriebsrätevollversammlung aller Gewerkschaften abzuhalten. Im Herbst 1948 kippten die großen Gewerkschaften, mit der Metallorganisation an der Spitze, diesen Brauch durch den Anspruch, ihre Betriebsräte selber betreuen und schulen zu wollen.[136]

Vom alten Hanauer Gewerkschaftshaus, dem Saalbau in der Mühlstraße 2, standen am Kriegsende nur noch die Grundmauern. Die ersten Pläne Hanauer Gewerkschafter für einen Aufbau durch freiwillige Arbeit waren nicht realisierbar, weil das Grundstück zum beschlagnahmten DAF-Vermögen gehörte und von der Militärregierung ebenso wie das Konto der DAF mit 38 055 RM im April 1945 nicht freigegeben wurde. Die neu gegründeten Gewerkschaften waren im Stadtgebiet zerstreut in provisorischen Büros untergebracht: Metall, Chemie und Öffentlicher Verkehr im Zollamt, das FGB-Büro im Schloss Philippsruhe. Zumeist mussten geeignete Versammlungsräume gesucht und gemietet werden. Papiermangel, Mangel an Schreibmaschinen, fehlende Telefonverbindungen und Verkehrsmittel erschwerten die Arbeit. Schließlich wurde die renovierungsbedürftige Villa der ehemaligen Fabrikantenfamilie Weinig in der Nordstraße 88 als mögliches Gewerkschaftshaus in Betracht gezogen. Der Besitzer des Hauses Willy Kaus kam während des Krieges als Wehrwirtschaftsführer der Gummiindustrie zu kurzfristigen Ehren und nach Kriegsende in ein Internierungslager. Sein Vermögen war von der Militärregierung gesperrt. Nach deren Einwilligung konnte der FGB 1947 mit dem Treuhänder des Kausschen Vermögens einen Vertrag aushandeln. 1948 begannen die direkten Verhandlungen mit dem Eigentümer, der inzwischen wieder auf freiem Fuß war. Willy Kaus, der auch die Bauleitung übernommen hatte, sah sich nach der Währungsreform nicht mehr an den davor geschlossenen Vertrag gebunden und forderte anstatt 550 DM monatlich 950 DM Hausmiete. Mit der Währungsreform schrumpfte allerdings auch das angesparte Geld auf dem Konto »Gewerkschaftshaus« von 99 426 RM auf 5965 DM. Nach Überwindung zahlreicher Schwierigkeiten zogen am 15. Oktober 1949 der DGB Hanau und die Einzelgewerkschaften Metall, Chemie, Öffentlicher Verkehr, Handel, Banken, Versicherungen (HBV), Nahrung, Gaststätten und Genuss (NGG), IG Druck und Papier sowie die Gewerkschaft der Eisenbahner in das neue »Haus der Gewerkschaften«. Auch die Arbeiterwohlfahrt und die Gewerkschaftsjugend erhielten hier eigene Räume.[137]

135 DGB-Archiv, Hanau. 1948 waren von 708 gewählten Betriebsräten 632 organisiert, 1949 von 801 Betriebsräten 700.

136 DGB-Archiv, Hanau, Protokoll über die Vorstandssitzung der Bezirks-Kartells Hanau v. 22. 10. 1948; Vom aufrechten Gang, S. 160ff.

137 Vom aufrechten Gang, S. 127ff.

Das von der DAF geraubte Gewerkschaftsvermögen kehrte übrigens nie zu den Hanauer Gewerkschaften zurück. Das von der Militärregierung gesperrte Konto der DAF, das am 15. Juli 1947 RM 46 457 aufwies, wurde im Juni 1949 von der Kreissparkasse Hanau auf Anfrage der FGB als verfallen deklariert. Die örtlichen Gewerkschaften wurden auf diese Weise zweifach enteignet: 1933 war ihr Besitz von der DAF enteignet worden, nach 1945 erfolgte die »Wiedergutmachung« lediglich auf höchster Ebene. Zahlungen aus dem von Treuhändern verwalteten Vermögen, ob in Geld- oder in Sachwerten, wurden ausschließlich an die Landesgewerkschaften beziehungsweise an den DGB geleistet.[138]

Im Oktober 1949 wurde als gewerkschaftliche Dachorganisation von 16 Fachgewerkschaften des neuen westdeutschen Staates der Deutsche Gewerkschaftsbund (DGB) gegründet. Der Hanauer Gewerkschaftsbezirk war von nun an mit seinen drei Kreisausschüssen Hanau, Gelnhausen und Schlüchtern Teil des DGB-Landesbezirks Hessen.

Frauenperspektiven

Deutschland war nach dem Krieg ein Frauenland. 1945 betrug der Anteil der Frauen an der Wohnbevölkerung 65 Prozent. Auf 100 Männer kamen 170 Frauen, in Hessen 1946 auf 100 Männer immer noch 121 Frauen. Ungefähr 3,8 Millionen deutsche Männer waren gefallen. Rund zwölf Millionen Männer waren 1945 in Kriegsgefangenschaft. 1946 waren es noch immer zwei Millionen. Die Frauen trugen die Hauptlast bei der Sicherung des Überlebens. Sie bewährten sich nicht nur bei der Trümmerbeseitigung, sondern drangen in viele Arbeitsbereiche ein, die vormals als Männerdomäne galten. Auch wenn für zahlreiche Frauen der Emanzipationsprozess mit der Rückkehr der Männer aus der Kriegsgefangenschaft vorerst zu Ende war, bildete sich unter den arbeitenden Frauen das erste Mal in großem Maßstab das Bewusstsein, dass das Erwerbsleben für sie keine nur vorübergehende Lebensphase sei. Viele Frauen standen noch unter dem Einfluss der faschistischen Frauenideologie. Ihr zurückhaltendes Organisationsverhalten änderte sich nur langsam. Der Frauenanteil bei den Gewerkschaftsmitgliedern betrug in den ersten Nachkriegsjahren in Hessen nicht mehr als elf Prozent.[139] Im Gebiet des Stadt- und Landkreises Hanau lag der Frauenanteil 1948 bei zehn Prozent, 1949 bei elf Prozent.[140] Unter 310 Betriebsräten wurden im Hanauer FGB-Bezirk 1946 32 Frauen gewählt, 1948 waren von 708 Betriebsräten 67, 1949 von 801 Betriebsräten 70 Frauen.[141] Mit der Etablierung von Bezirksfrauenausschüssen seit 1947 bekam die gewerkschaftliche Frauenarbeit einen institutionellen Rahmen. Der FGB-Bezirk Hanau organisierte 1948 fünf Frauenbetriebsversammlungen. Die Versammlung am 17. Juni 1948 bei der Dunlop hatte die

138 Ebd., S. 130.
139 Der Freie Gewerkschaftsbund, S. 110.
140 DGB-Archiv, Hanau.
141 Ebd.; Vom aufrechten Gang, S. 103.

Hanau, Frauen beim Räumen von Trümmern, 1945

ewig aktuelle Forderung »Gleicher Lohn für gleiche Arbeit« zum Thema.[142] Das erste Lohn- und Gehaltsabkommen der Metallindustrie für Hessen nach dem Krieg, abgeschlossen am 1. Oktober 1948, enthielt eine Reihe diskriminierender Bestandteile, so die Festlegung spezifischer Frauenlöhne. Dies war ein Verstoß gegen die Grundprinzipien der Hessischen Verfassung, die im Artikel 33 den Gleichheitsgrundsatz in der Entlohnung verankert hatte.[143]

Der Gründungskongress des DGB im Herbst 1949 legte in den »Richtlinien für die Frauenarbeit« die gewerkschaftlichen Forderungen zu diesem Thema fest, wie das Recht auf Arbeit, Förderung der Berufsausbildung, Arbeitsschutz, gleicher Lohn bei gleichwertiger Arbeit. Bei der Beschreibung der Aufgaben der organisierten Frauen wurde es jedoch offensichtlich, dass Frauen in der Gewerkschaft schwerpunktmäßig eine »geschlechtsspezifische«, unterstützende, aushelfende Rolle zugewiesen wurde. Der eingeschränkten Anerkennung des Stellenwerts der gewerkschaftlichen Frauenarbeit entsprach, dass der DGB-Gründungskongress den Frauenausschüssen, der DGB-Bundesfrauenkonferenz sowie dem Bundesfrauenausschuss kein Antragsrecht für den DGB-Bundeskongress einräumte, es allein bei der beratenden Funktion dieser Gremien beließ. Frauenprobleme wurden von den Gewerkschaftskollegen als eine vorübergehende Angele-

[142] Archiv Frauenleben im Main-Kinzig-Kreis (Hg.), Frauen in den Gewerkschaften 1945–1997 in Hessen und im Main-Kinzig-Kreis, Hanau 1998, S. 34; im Weiteren: Frauen in den Gewerkschaften.

[143] Metallgewerkschaft, S. 294f.

genheit betrachtet, die mit der schließlichen Verwirklichung der wirtschafts- und sozialpolitischen Grundsätzen des DGB-Grundsatzprogramms in einer fernen Zukunft von selbst erledigt werden würden.

Am 1. September 1948 machte sich in Bonn ein so genannter »Parlamentarischer Rat« mit bürgerlicher Mehrheit an die Ausarbeitung einer Verfassung, die mit ihrer Verabschiedung am 8. Mai 1949 zum »Grundgesetz« des neu gegründeten Separatstaates, der Bundesrepublik Deutschland, wurde. Die Bezeichnung »Verfassung« wurde mit Rücksicht auf eine spätere Verfassung für ganz Deutschland vermieden. Zwar legte sich das Grundgesetz auf keine bestimmte Eigentumsordnung fest, jedoch fehlte in ihm die Fixierung sozialer und wirtschaftlicher Rechte, wie sie beispielsweise die Hessische Verfassung enthielt. Die verfassungsmäßige Fixierung wichtiger gewerkschaftlicher Forderungen, wie das Recht auf Arbeit, das Streikrecht, der Acht-Stunden-Tag und die Mitbestimmung, waren im Grundgesetz nicht zu finden.

Nur in einem geradezu beschämenden Prozess gelang es, die Gleichberechtigung der Frau als Grundrecht in der neuen Verfassung zu verankern. Der Textvorschlag der Sozialdemokratin Elisabeth Selbert »Männer und Frauen sind gleichberechtigt« scheiterte als SPD-Antrag in zwei Lesungen. Nicht einmal ihre drei Kolleginnen im Parlamentarischen Rat unterstützten uneingeschränkt die Forderung. Eine beispiellose »außerparlamentarische« Unterstützungskampagne von Frauen im ganzen Land verhalf der Forderung schließlich zum Erfolg. Allein 40 000 gewerkschaftlich organisierte Metallarbeiterinnen schickten Briefe an die Ratsmitglieder nach Bonn und verlangten, die vorgeschlagene Formulierung zu akzeptieren. Unterstützung kam aus den Dunlop-Reifenwerken, vom Heraeus-Betriebsrat und von der Stadtverwaltung in Dörnigheim.[144] Die weiblichen Beschäftigten der Hanauer Stadtverwaltung sandten mit Unterstützung des Betriebsrats im Januar 1949 eine gemeinsame Resolution nach Bonn.

Das am 23. Mai 1949 veröffentlichte Grundgesetz der BRD legte im Artikel 3 »Gleichheit vor dem Gesetz« sowohl die Gleichberechtigung von Männern und Frauen als auch ein Diskriminierungsverbot aufgrund des Geschlechts vor. Die Änderung der entgegenstehenden gesetzlichen Bestimmungen und damit die Aufhebung der rechtlichen Vormachtstellung des Mannes in Ehe und in Familie, benötigte noch Jahrzehnte.

[144] Frauen in den Gewerkschaften, S. 15, 22f.

213 April/Juli 1945

Die antifaschistischen Betriebsausschüsse

213a Vollmacht des kommissarischen Polizeidirektors Karl Rehbein für die Betriebsvertretung der Dunlop AG, 23. Mai 1945

DGB-Archiv Hanau. Abgedruckt in: Ursula Krause-Schmitt, Werner Dreibus, Vom aufrechten Gang, von Widerständen und Stolpersteinen. Beiträge zur Gewerkschaftsgeschichte im Main-Kinzig-Kreis, Hanau 1993, S. 35.

Ausweis
Im Einvernehmen mit der Alliierten Militärregierung sind die Arbeiter Jakob Köhler, Wilhelm Keim, Rudolf Zinkhan, Otto Norin, Friedrich Fleckenstein sowie die Angestellten Gottfried Mittermeier, Wilhelm Horst, Heinrich Seim, Emil Beck als Vertreter der Belegschaft der Firma Deutsche Dunlop AG zur Mitarbeit bei dem Wiederaufbau heranzuziehen.

Den Genannten ist in allen Fragen, die den Wiederaufbau betreffen, Auskunft zu erteilen und Einblick in alle Geschäftsvorgänge zu gewähren; insbesondere haben dieselben die Interessen der Belegschaft wahrzunehmen. Sie haben Einspruchsrecht in allen Geschäftsvorgängen. Ferner haben sie dafür zu sorgen, dass eine Bereinigung des Personals von nationalsozialistischen Parteimitgliedern erfolgt.

213b Erinnerung des Betriebsausschussmitgliedes bei Heraeus, Wilhelm Habermann (KPD), Mai 1945

Archiv Rudolf Schneider. Abgedruckt in: Ursula Krause-Schmitt, Werner Dreibus, Vom aufrechten Gang, von Widerständen und Stolpersteinen. Beiträge zur Gewerkschaftsgeschichte im Main-Kinzig-Kreis, Hanau 1993, S. 41.

Am 12. Dezember 1944 ist der Betrieb nahezu völlig durch einen Luftangriff zerstört worden. Es lief praktisch keine Produktion mehr. Wie suchten nach Werkzeugen in den Trümmern und waren natürlich heilfroh, mit dem Leben davongekommen zu sein. Erst nach der Befreiung begannen Aufräumungsarbeiten. Zugänge wurden freigemacht, Steine aufgesetzt und saubergemacht. Die ersten gewerkschaftlichen Lebensäußerungen bestanden in der Gründung von Betriebsausschüssen. Da kamen die Kolleginnen und Kollegen zum Beispiel nach der Mittagspause zusammen und besprachen die wichtigsten Dinge. Wir haben langsam die Produktion beim Aluminiumgeschirr angekurbelt und Elektrokocher produziert. Der einstige Konzernchef hatte in dieser ersten Phase praktisch gar nichts zu sagen. Ihm wurde sogar der Zutritt verwehrt. Es herrschte damals eine Stimmung unter den Kolleginnen und Kollegen, dass nun manche Forderung durchgesetzt werden konnte, dass es mit Hilfe der sich entwickelnden Einheitsgewerkschaft auch möglich wurde, die soziale Absicherung der Beschäftigten voranzutreiben und damit Lehren aus der Weimarer Republik zu ziehen. Am 1. Mai 1946 demonstrierten wir von den Betrieben aus sternförmig zum Westbahnhof und von dort aus zur ersten Maikundgebung nach der Befreiung für einen grundlegenden Wandel in der Gesellschaft zugunsten der arbeitenden Menschen und für eine friedliche Entwicklung. Ich erinnere mich noch, dass einer der Mai-Redner vor dem Schloss Philippsruhe den Gedanken der Einheit der Schaffenden aufgriff und sinnbildlich sagte: »Nicht Wechselstrom, sondern Gleichstrom ist das Gebot der Stunde!«

213c Die zwölf Mindestforderungen im Aufruf der Betriebsausschüsse, Mai 1945

Anne Weiß-Hartmann, Der freie Gewerkschaftsbund Hessen 1945-1949, Marburg 1977, S. 69f, 347f. Der Aufruf richtete sich »An alle Antinazisten der Hanauer und Großauheimer Betriebe«, als Aufrufer zeichneten sich »Die Vertreter der Betriebsausschüsse«. Das Dokument befand sich nach Weiß-Hartmanns Angabe damals im DGB-Archiv Hanau.

1. Die 40-Stundenwoche darf nicht überschritten werden, bei Sicherung des Existenzminimums.
2. Einstellung von antinazistischen Arbeitern und Angestellten.
3. Sicherung der Ernährung der Antinazisten.
4. Restlose Ausschaltung der Nazis aus der Nahrungs- und Bekleidungsindustrie und -verteilung. Übernahme dieser Betriebe durch die Arbeiterkonsumgenossenschaften.
5. Scharfe Kontrolle der Wohnungsverhältnisse. Bevorzugte Bereitstellung von Wohnungen für Nazigegner.
6. Sofortige Instandsetzung von Wohnungen und Bereitstellung von Mitteln durch die Betriebe und Kommunen.
7. Ärztliche Kontrolle des Gesundheitszustandes der Betriebsangehörigen.
8. Verbesserung des Urlaubs- und Erholungswesen.
9. Abschaffung des Vertrauensarztes bei den Ortskrankenkassen.
10. Die Betriebsausschüsse bilden Kontrollorgane für alle Verwaltungsämter [...] (Arbeitsamt, Wohnungsamt, Ernährungsamt).
11. Die Betriebsausschüsse haben das Recht, Besprechungen abzuhalten und ein Mitteilungsblatt für die Betriebe herauszugeben.
12. Bildung von Gewerkschaften zur Sicherung der Arbeiterrechte.

214 Juni 1945 – Januar 1946

Die Gründung des Allgemeinen Gewerkschaftsbundes Hanau

214a Statut, August 1945

DGB Archiv Hanau. Maschinenschriftlicher Entwurf mit handschriftlichen Änderungen. Abgebildet in: Ursula Krause-Schmitt, Werner Dreibus, Vom aufrechten Gang, von Widerständen und Stolpersteinen. Beiträge zur Gewerkschaftsgeschichte im Main-Kinzig-Kreis, Hanau 1993, S. 46f.; gez. der geschäftsführende Vorstand.

Statut
§ 1 Der Gewerkschaftsbund führt den Namen: »Allgemeiner Gewerkschaftsbund Hanau-Main« im Arbeitsamtsbezirk Hanau, mit seinem Sitz in Hanau.
§ 2 Der Gewerkschaftsbund erstrebt:
I. Die vollständige Bereinigung der Wirtschaft vom nationalsozialistischen und militaristischen Einfluss.
II. Die Wahrung der wirtschaftlichen, tariflichen, arbeitsrechtlichen, sozialen und geistigen Interessen aller seiner Mitglieder, unter Ausschluss aller parteipolitischen, rassigen und religiösen Fragen.
Seine Aufgaben sind:
I. Die Schaffung beziehungsweise Neuordnung der Lohn- und Tarifverträge. (Arbeitszeitgesetz, Arbeitseinsatz usw.)
II. Die Betreuung der Arbeitnehmer-Vertreter, ihre Schulung in allen Betriebs- und wirtschaftlichen Fragen.
III. Die Vertretung in allen Arbeitsrechtsfragen. Mitwirkung und Vertretung in den Ausschüssen, Schlichtungs- und Wirtschaftskammern.
IV. Die Vertretung in allen Arbeitnehmerschutzfragen. Mitwirkung und Vertretung in den Ausschüssen der sozialen Versicherung und bei den Krankenkassen.
V. Die Vertretung in allen Arbeiterkulturfragen. Mitwirkung bei der Planung und Sicherung der Volksernährung, planvolle Mitarbeit bei der Wohnungsbeschaffung und dem Wiederaufbau bei allen sozialen und kulturellen Fragen der Arbeitnehmerschaft.
VI. Der Wiederaufbau des früheren Unterstützungswesens und Wiedereinreihung der Mitglieder in ihre früheren Rechte.
VII. Erziehung der Arbeitnehmerschaft im anti-nazistischem und anti-militaristischem Sinne. Für Völkerverständigung und Weltfrieden.
§ 3 Der Gewerkschaftsbund ist die Zusammenfassung aller Arbeiter, Angestellten und Beamten in ihren Fachgruppen unter Wahrung ihrer fachlichen, sozialen und geistigen Interessen. Der Gewerkschaftsbund gliedert sich in 13 Fachgruppen. Jede Fachgruppe entsendet ihre Vertreter in den beratenden und bestimmenden Beirat. Der Geschäftsführende Vorstand besteht aus 4 Mitgliedern, die durch Wahl von der Mitgliedschaft bestimmt werden.
§ 4 Der Beitritt zum Gewerkschaftsbund ist freiwillig, das Eintrittsgeld beträgt 1. RM. Ehemalige Mitglieder der NSDAP und Beamte der DAF und aktivistische Nazianhänger können im Gewerkschaftsbund keine Funktionen übernehmen.
§ 5 Der Beitrag zum Gewerkschaftsbund beträgt 2 Prozent des Einkommens und wird nach Vereinbarung vom Unternehmer bei der Entlohnung in Abzug gebracht und an den Gewerkschaftsbund überwiesen. Erwerbslose und Lehrlinge zahlen einen Mindestbeitrag.

§ 6 Allen Mitgliedern wird zur Wahrung ihrer Rechte Rechtschutz in Form von Auskunft und Vertretung gewährt.
§ 7[a] In jedem Orte, wo Gewerkschaftsmitglieder wohnhaft sind, bilden sich Ortsgruppen, in denen der Vorstand durch Wahl bestimmt wird. Die Aufgaben der Ortsgruppen sind, die geistigen und kulturellen Bedürfnisse der Gewerkschaftler zu beleben, die gewerkschaftliche Jugend im Sinne der Völkerverständigung und in ihren künftigen Aufgaben als Gewerkschaftler zu erziehen.
§ 8 Durch Herausgabe einer Gewerkschaftszeitung, die der Aufklärung, Bildung und Erziehung der Mitglieder dienen soll, wird eine stärkere Verbundenheit mit den Aufgaben des Gewerkschaftsbundes angestrebt.
§ 9 Der Austritt aus dem Gewerkschaftsbund ist der Geschäftsstelle in Hanau schriftlich zu erklären. Mitgliedskarte und Mitgliedsausweis sind zurück zu geben.

[a] Der Text von § 7 in der Vorlage gestrichen.

214b Anordnung des Vertreters der US-Militärregierung in Hanau, Thomas Turner, betreffend die Gründung von Gewerkschaften, 17. August 1945

Mitteilungsblatt der Stadtverwaltung Hanau Nr. 19, 18. August 1945.

Gründung von Gewerkschaften

Die folgenden Regeln sind für die Gründung von Gewerkschaften innerhalb der amerikanischen Besatzungszone in Deutschland festgelegt worden:
1. Richtlinien für die Gründung von Gewerkschaften in der amerikanisch-besetzten Zone Deutschlands sind vom Hauptquartier USFET aufgestellt worden. Auf Grund dieser Richtlinien sind alle Anträge zur Gründung einer Gewerkschaft auf besonders dafür zur Verfügung gestellten Formularen bei der Militärregierung einzureichen. Bei diesen Gründern darf es sich nicht um Personen handeln, die zu irgend einer Zeit Mitglieder der NSDAP oder irgend einer anderen Organisation waren oder eine Tätigkeit ausübten, die die Bekleidung eines öffentlichen Amtes für sie unmöglich macht.
2. Gegenwärtig beschränkt sich der Wirkungsbereich einer Gewerkschaft auf den betreffenden Kreis, bis zu der Zeit, da es klar ersichtlich ist, dass die Gewerkschaft sich aus einer starken, zuverlässigen und freiwilligen Mitgliedschaft zusammensetzt. Die Bildung eines gemeinsamen Komitees oder eines Gewerkschaftsrates innerhalb eines Kreises ist statthaft.
3. Irgendeine Bevorzugung innerhalb der Gruppen, die eine Gewerkschaft bilden wollen, soll nicht stattfinden. Das Bestehen einer Gewerkschaft, die Arbeiter einer bestimmten Fabrik, eines Industrieunternehmens oder einer Handwerkerschaft vertritt, wird in keiner Weise die Neugründung einer gleichgerichteten Gewerkschaft verhindern. Demokratische Grundsätze freier Verbände werden hierbei grundlegend sein.
4. Handwerkliche und industrielle Vereinigungen erfahren die gleiche Behandlung.
5. Für die Bildung und das Wirken einer Gewerkschaft werden u.a. folgende Bedingungen aufgestellt:
a) Ehemalige Beamte der DAF, frühere Mitglieder der NSDAP oder Militaristen dürfen keinerlei Amt oder Vertrauensstelle in der Gewerkschaft innehaben.

b) Die Gewerkschaft muss in ihren Statuten eine demokratische Wahl für ihre Funktionäre in regelmäßigen Zeitabständen vorsehen und muss jederzeit nach anerkannten demokratischen Grundsätzen handeln.
c) Aufzeichnungen über Mitgliedslisten, Sitzungs-, Versammlungs- und sonstige Verfahrensprotokolle und über die Buchführung müssen der Einsicht durch die Militärregierung zugänglich sein.
d) Zwangsweise Mitgliedschaft ist verboten.
e) Die Gewerkschaft darf keine verbotene politische Tätigkeit entfalten.
f) Löhne und die Anzahl der Überstunden können gegenwärtig nicht Gegenstand von Kollektivverhandlungen zwischen Gewerkschaft und Unternehmer sein.
g) Die Gewerkschaft darf keine Tätigkeit entfalten, die im Widerspruch zu den Zielen der Militärregierung steht.

214c Aufruf des vorläufigen Vorstandes, 15. September 1946

DGB-Archiv Hanau. Abgedruckt in: Ursula Krause-Schmitt, Werner Dreibus, Vom aufrechten Gang, von Widerständen und Stolpersteinen. Beiträge zur Gewerkschaftsgeschichte im Main-Kinzig-Kreis, Hanau 1993, S. 39.

Aufruf des Allgemeinen Gewerkschaftsbundes Hanau-Main

Die Gewaltherrschaft des Nazismus ist beendet. Nicht durch den Freiheitswillen des deutschen Volkes, sondern durch die militärische Kraft der Vereinigten Nationen wurde die Tyrannei beseitigt. Zerstörte Städte, zerstörte Wirtschaft, Millionen Toter, Krüppel, Witwen und Waisen sind die Ankläger gegen eine Politik, von der ihr Führer bei der Machtergreifung erklärte: »Gebt mir zehn Jahre Zeit und ihr werdet Deutschland nicht wieder erkennen!«

Nachdem durch die Militärregierung Hanau für den Stadt- und Landkreis der »Allgemeine Gewerkschaftsbund« genehmigt wurde, ist der von allen Arbeitnehmern langersehnte Zeitpunkt gekommen, sich wieder gewerkschaftlich zu organisieren. Der »Allgemeine Gewerkschaftsbund« ist die Zusammenfassung aller früheren gewerkschaftlichen Richtungen und Fachverbände, unter Aufrechterhaltung ihres fachlichen und berufsständigen Eigenlebens zu einer Kampfeinheit: zur völligen Vernichtung des Faschismus und Schaffung eines neuen Sozialrechts der Arbeitnehmer.

Aufgabe ist: Mitzuhelfen bei der geistigen und materiellen Neugeburt Deutschlands. Heilung der Wunden, die der Hitlerkrieg dem Volk in wirtschaftlicher, politischer und kultureller Beziehung geschlagen hat. Seine Arbeit soll Gewähr sein, die Wiedererweckung des Vertrauens zu den anderen Völkern zu fördern. Seinen alten Überlieferungen getreu tritt er ein für Völkerfreiheit und Völkerfrieden und Anschluss an die Gewerkschaftsbewegung der ganzen Welt. Die nächsten Aufgaben sind: Die vollständige Bereinigung der Wirtschaft und Verwaltung von allen nazistischen und militaristischen Elementen und Einflüssen; die Schaffung und Neuordnung der Lohn- und Tarifverträge im Rahmen der Anordnungen der Militärregierung; Mitberatung und Mitbestimmung in allen Arbeitsrechts-, Arbeitsschutz-, und Arbeitskulturfragen; weitgehende Einflussnahme auf die Produktionsgestaltung mit dem Ziel einer wirtschaftlichen Neugestaltung im sozialistisch-gemeinwirtschaftlichen Sinne.

Arbeitnehmer in Stadt und Land! Nun liegt es an uns am Wiederaufbau Deutschlands mit ganzer Kraft mitzuwirken. Wieder wie 1918 liegt das Schicksal in unserer

Hand. Wir dürfen nicht versagen. Kein Bruderkampf! Kein Parteien-, Religions- und Rassenhass!

Alle, die aus den 12 Jahren Hitlerfaschismus gelernt haben, müssen ein antifaschistisches Bollwerk aufrichten, das in seiner Einheit und Geschlossenheit den Willen zur Schaffung eines demokratischen Deutschlands bekundet, den Willen zur Gesundung der deutschen Wirtschafts- und Lebensgemeinschaft, in der der schaffende Mensch einen gerechten Anteil seiner Leistung erhält und so auch zu einem gesunden Zusammenleben mit den anderen Völkern wiederfindet.
Der vorläufige Vorstand des Allgemeinen Gewerkschaftsbundes Hanau-M.
August Schanz Franz Kallnik Heinrich Hahn Heinrich Eckhardt

215 **1945/1946**

Erinnerung von Sepp Sigulla an die Gewerkschaftsarbeit in den ersten Nachkriegsjahren

Ursula Krause-Schmitt, Werner Dreibus, Vom aufrechten Gang, von Widerständen und Stolpersteinen. Beiträge zur Gewerkschaftsgeschichte im Main-Kinzig-Kreis, Hanau 1993, S. 114.

Ich bin im Oktober 1945 nach Hanau gekommen und habe als Auszubildender, damals noch Lehrling, bei der Vacuumschmelze begonnen. Das war unmittelbar nach dem Kriegsende, nach dem Zusammenbruch, und da galt es zunächst, die Arbeitsstätten wiederaufzubauen, und wir mussten auch eine demokratische Gewerkschaftsorganisation aufbauen. Ich bin dann am 1. April 1946 in die IG Metall eingetreten. Zu dieser Zeit hatten die Gewerkschaften natürlich eine starke Stellung, auch in den Betrieben, und es war damals so, was ich heute stark vermisse, dass die Basisarbeit bei den Gewerkschaften in den Betrieben gelaufen ist.

In dieser Phase des Wiederaufbaus hatten die Gewerkschaften natürlich alle Rechte, die sie nur wünschten, und es war ganz selbstverständlich, dass alle Versammlungen, alle Sitzungen im Betrieb stattgefunden haben, und wir haben uns dabei über alle gewerkschaftspolitischen und politischen Themen unterhalten. Es war ganz natürlich, dass wir alle Gewerkschaftsmaterialen im Betrieb verteilt und, soweit es um die Gewerkschaftszeitung »Stimme der Arbeit« ging, auch verkauft haben, dass der Beitrag im Betrieb kassiert wurde und dass eigentlich in den Betrieben nichts ohne die Gewerkschaften gelaufen ist. Aber das war natürlich auch klar: Die damaligen Direktoren, insbesondere auch der Vacuumschmelze, waren durch die Nazizeit belastet, sie waren »Betriebsführer«, wie sie sich damals nannten, und haben natürlich großen Wert darauf gelegt, dass sie sich nun auf die demokratische Seite schlagen, und sie haben deshalb auch die Gewerkschaften toleriert und alles hingenommen. Ich kann mich erinnern, dass am 1. Mai 1946, dem ersten 1. Mai nach der faschistischen Diktatur, dass wir uns da zuerst im Betrieb gesammelt haben und vom Betrieb aus in einem großen Zug zur Maikundgebung gegangen sind, und an der Spitze waren nicht nur die Betriebsräte und Gewerkschaftler, sondern auch der Direktor der Vacuumschmelze, Dr. Deisinger, ist damals noch mitgelaufen. Damals haben zehntausend Kolleginnen und Kollegen an der Maikundgebung vor Schloss Philippsruhe teilgenommen. Das war ein Zeichen dafür, dass die Arbeitnehmer nach dieser

Diktatur und nach dem Krieg sich in ihrer großen Mehrheit zu den Gewerkschaften bekannt haben und sich in der Not, die bestand, hinter die Forderungen der Gewerkschaften gestellt hatten. Den Gewerkschaften ging es in erster Linie um eine Demokratisierung des Staates und der Gesellschaft, es ging sehr stark um Mitbestimmung, es ging darum, gegen den Kapitalismus anzutreten, und vor allem standen wir damals geschlossen hinter der Parole »Nie wieder Faschismus, nie wieder Krieg!« Es war eine Hauptaufgabe, gegen die Faschisten, die diesen Krieg und dieses Elend über uns gebracht hatten, anzugehen, dass wir die ausschalten und dass wir sichern, dass sich Ähnliches nicht wiederholen kann.

216 — 1. Dezember 1945

Stellungnahme des Arbeitsamtes Hanau zum Arbeitseinsatz ehemaliger Mitglieder der NSDAP

Mitteilungsblatt der Stadtverwaltung Hanau Nr. 34, 1. Dezember 1945. Einleitender Vermerk der Redaktion: Das Arbeitsamt Hanau teilt mit.

Bei den Anforderungen der letzten Zeit, bei denen es sich vorwiegend um körperlich schwere Arbeit (Hebung der Eisenbahnbrücke Hanau-Steinheim, Instandsetzung der Eisenbahnbrücke von Hanau-Nord über die Kinzig, Imprägnierung von Schwellen und Telefonmasten, Instandsetzung der Bahnanlagen, Bauarbeiten usw.) handelte, war die Arbeitsvermittlung nicht in der Lage, die angeforderten Kräfte zu vermitteln. Zu diesen Anforderungen sollen in erster Linie ehemalige Pgs. herangezogen werden. Von der Einsatzstelle wurden alle Schritte unternommen, um Kräfte freizubekommen. Jeder einzelnen Baustelle wurde oft die doppelte Zahl der geforderten Kräfte zugewiesen, trotzdem konnten nur 30-50 Prozent gestellt werden, denn die Pgs. sind meist laut amtsärztlicher Untersuchung für diese Arbeiten nicht tauglich oder aber sie haben dringende Arbeiten für die Militärregierung auszuführen. Es ist merkwürdig, dass es so wenig Pgs. gibt, hat man dann welche gefunden, sind sie entweder krank oder haben sonst eine Ausrede.

Da die Reichsbahn Ende September 100 Pgs. für den Streckenbau forderte, trat das Arbeitsamt mit Zustimmung der Militärregierung an die Betriebe heran, aktive Anhänger der Nazibewegung freizustellen. Nach Überwindung aller Schwierigkeiten, wobei 150 Pgs. durchgeschleußt wurden, haben bis jetzt 73 Mann die Arbeit aufgenommen. Jetzt kommen öfters Beschwerden der Reichsbahn, dass diese Leute einige Tage arbeiten und sich dann krank melden. Die Betriebe ihrerseits sind zum Teil nicht mehr in der Lage oder nicht mehr gewillt, noch mehr Nazianhänger freizustellen. Leider muss auch betont werden, dass einzelne besser gestellte Pgs. durch besondere Fürsprache in andere Stellen hereingeholt wurden. Dies ist ein Zustand, der unbedingt abgestellt werden muss. Solange es nicht möglich ist, dass generell sämtliche Nazis zuerst zu körperlich schweren und unbequemen Arbeiten herangezogen werden, kann der Unwille unter der Bevölkerung und allen ehrlich denkenden Arbeitern nicht beseitigt werden. Es ist dem Leiter des Arbeitseinsatzes klar, dass die eben erwähnten Arbeiten im Interesse der Allgemeinheit und zur Ankurbelung der deutschen Wirtschaft unbedingt ausgeführt werden müssen. Es gibt deshalb nur einen Ausweg: Die Krankmeldungen der Pgs. müssen aufhören! Weiterhin sind geeignete Kräfte aus den Betrieben, die nicht mit vordringlichen Arbeiten beschäftigt sind, für besonders dringende Arbeiten freizustellen. Der jetzige Zustand, wo jeder glaubt, dass seine auszuführende Arbeit am vordringlichsten sei, muss abgestellt werden. Der Arbeitsvermittlung ist die Vollmacht erteilt worden, genau zu prüfen, wo Arbeitskräfte zu diesen Arbeiten verpflichtet werden können. Das wird in Zukunft strikt durchgeführt werden.

Es ist wohl nicht erwünscht und mit den demokratischen Grundsätzen nicht vereinbar, den Arbeiter zu einer Arbeit zu zwingen, aber jedem Nazianhänger muss es zur Pflicht gemacht werden, erst durch solche körperlich schwere und unbequeme Arbeit einen Teil seiner Schuld abzutragen. Von dieser Bereitwilligkeit und seinem Fleiß wird es abhängen, inwieweit er wieder als würdiges Mitglied der deutschen Volksgemeinschaft angesprochen werden kann. Ist die Einsatzabteilung in der Lage, auf diese Art die angeforderten Arbeitskräfte zuzuweisen, dann werden auch alle Personen, die keine Schuld an dieser sinnlosen Zerstörung haben, sich bereitwilliger für alle Arbeiten zur Verfügung stellen. Deshalb der Grundsatz: In erster Linie Arbeitspflicht für alle Nazis bei den vordringlichen Projekten.

217 September – Dezember 1945

Die Entnazifizierung

217a Veröffentlichung des Gesetzes Nr. 8 der US-Militärregierung betreffend die Entnazifizierung der Industrie vom 26. September 1945 durch die Stadtverwaltung Hanau, 17. Oktober 1945

Mitteilungsblatt der Stadtverwaltung Hanau Nr. 28, 20. Oktober 1945.

Militärregierung Deutschland – Amerikanische Zone
Gesetz Nr. 8
Verbot der Beschäftigung von Mitgliedern der NSDAP in geschäftlichen Unternehmen und für andere Zwecke, mit Ausnahme der Beschäftigung als gewöhnliche Arbeiter

Zwecks verstärkter Ausschaltung des Einflusses der nationalsozialistischen Weltanschauung in Deutschland wird hiermit Folgendes angeordnet:

1. Die Beschäftigung eines Mitgliedes der NSDAP oder einer der ihr angeschlossenen Organisationen in geschäftlichen Unternehmungen aller Art in einer beaufsichtigenden oder leitenden Stellung oder in irgendeiner anderen Stellung als der eines gewöhnlichen Arbeiters ist gesetzwidrig; ausgenommen hiervon sind Beschäftigungen auf Grund von Sondergenehmigungen der Militärregierung gemäß den Bestimmungen des Paragraphen 5 dieses Gesetzes.
2. Falls ein jetzt noch nicht in Betrieb genommenes geschäftliches Unternehmen eine Tätigkeit aufzunehmen beabsichtigt, hat seine Leitung als Voraussetzung für die Erstellung der Genehmigung zur Eröffnung oder zum Betrieb zu bescheinigen, dass niemand im Widerspruch mit den Bestimmungen des Paragraphen 1 dieses Gesetzes beschäftigt ist.
3. Jedes geschäftliche Unternehmen, das jetzt geöffnet oder in Betrieb ist, hat jede Person, die entgegen Paragraph 1 dieses Gesetzes beschäftigt ist, sofort zu entlassen, widrigenfalls das Unternehmen sofort von der Militärregierung geschlossen wird.

4. Jeder Verstoß gegen die Bestimmungen dieses Gesetzes wird nach Schuldigsprechung des Täters durch ein Gericht der Militärregierung nach dessen Ermessen mit jeder gesetzlich zulässigen Strafe bestraft.
5. Personen, die auf Grund dieses Gesetzes entlassen werden oder denen die Anstellung verweigert wird und die behaupten, sich nicht für irgendeine Tätigkeit der NSDAP oder einer der ihr angeschlossenen Organisationen aktiv eingesetzt zu haben, können bei der örtlichen Militärregierung Vorstellung erheben.
6. Dieses Gesetz tritt am 26. September 1945 in Kraft.

217b Rundschreiben des Vertreters der US-Militärregierung in Hanau, Major Thomas Turner, an den Oberbürgermeister, den Landrat, das Arbeitsamt sowie die Industrie- und Handelskammer betreffend die Entnazifizierung der Industrie, 17. Oktober 1945

DGB-Archiv Hanau.

1. Am 26. September 1945 wurde vom Oberkommandierenden der USA-Streitkräfte in Europa das Gesetz No. 8 erlassen, das sich mit der Entnazifizierung der Industrie befasst.
2. Im Zusammenhang mit diesem Gesetz ist die beigefügte Anordnung No. 1 veröffentlicht worden.[a] Diese Verordnung sieht eine Regelung vor, derzufolge die Entnazifizierung der Industrie unter Aufsicht der zivilen Verwaltungsbehörden und unter Einbeziehung des Einspruchrechtes erfolgt. Plakate mit dem englischen und deutschen Text des Gesetzes No. 8 und der Verordnung No. 1 zu Gesetz No. 8 sind im gesamten Stadt- und Landkreis Hanau zu veröffentlichen.
3. Gemäß dieser Verordnung ist bis zum 30. Oktober 1945 von jedem industriellen Unternehmen im Stadt- und Landkreis Hanau dem Arbeitsamt eine Liste aller Angestellten einzureichen, die wegen ihrer Zugehörigkeit zur NSDAP oder einer der ihr angeschlossenen Organisationen entlassen wurden, sowie derjenigen, die in ihrer Stellung verblieben sind. Ferner ist am 10. eines jeden Monats eine zusätzliche Liste der neu hinzukommenden Angestellten einzureichen.
4. Die Verordnung sieht ein Einspruchsverfahren vor einem zivilen Prüfungsausschuss vor. In allen Fällen, in denen ein Angestellter behauptet, dass er zu Unrecht entlassen oder ihm eine Einstellung gemäß Gesetz No. 8 verweigert worden ist, sind Berufungen aus dem Stadtkreis beim Oberbürgermeister und aus dem Landkreis beim Landrat einzureichen. Diese beiden Dienststellen werden einen Prüfungsausschuss bilden, dem diese Einsprüche vorgelegt werden. Es ist eine weitere Einspruchsmöglichkeit bei der Militärregierung gegeben für den Fall, dass die Prüfungsausschuss feststellt, dass der Einsprucherhebende nicht nur ein nominelles Mitglied der NSDAP war.
5. Im Interesse der Weiterführung der Industrieunternehmen ist von unserer Dienststelle folgendes Verfahren vorgesehen:
   a. Zuerst hat der Betriebsführer jedes Unternehmens seinen Fragebogen beim Arbeitsamt einzureichen. Wenn das Arbeitsamt feststellt, dass der Betreffende nur ein nominelles Mitglied der NSDAP war und er nach Gesetz No. 8 nicht zu entlassen ist, wird ihm die Verantwortung für die Entnazifizierung seines Betriebes gemäß den Bestimmungen des Gesetzes No. 8 übertragen.

b. Die erste Phase der Entnazifizierung muss bis zum 30. Oktober 1945 beendet sein. Bis zu diesem Zeitpunkt muss eine Liste mit den Namen der Entlassenen und den in ihren Stellungen zurückbehaltenen Personen beim Arbeitsamt vorliegen.
c. Falls der Betriebsführer eines Unternehmens selber unter die Kategorie der nach dem Gesetz zu Entlassenen fällt, ist die Leitung des Unternehmens vorrübergehend von der ihm nächst unterstellten Persönlichkeit zu übernehmen, vorausgesetzt, dass in diesem Falle eine Entlassung nach Gesetz No. 8 nicht vorzunehmen ist.
d. Von unserer Dienststelle wird das Gesetz dahingehend ausgelegt, dass Unternehmer, die Einzelbesitzer eines Betriebes sind (nicht AGs, GmbHs etc.), ihre Stellung nach Gesetz No. 8 nicht aufzugeben brauchen. Doch müssen sich alle Einzelbesitzer von Unternehmen hinsichtlich ihrer Angestellten nach den Bestimmungen des Gesetzes No. 8 richten.
e. Bei Aktiengesellschaften, GmbHs etc. bezieht sich dieses Gesetz auf alle Aufsichtsrats- und Vorstandsmitglieder, Geschäftsführer, Prokuristen sowie Handlungsbevollmächtigte, und ferner alle Personen, die andere als untergeordnete Arbeiten ausführen.
f. Ferner legt unsere Dienststelle das Gesetz dahingehend aus, dass Personen, die nach dem 30. April 1937 Mitglieder der NSDAP geworden sind, wegen dieser Mitgliedschaft nicht als aktive Nazis angesehen werden brauchen, es sei denn, dass aufgrund von Ermittlungen festgestellt wird, dass sie sich in militaristischem oder nationalsozialistischem Sinne betätigt haben.

6. Der Ausdruck »einfache Arbeit«, wie er im Gesetz No. 8 gebraucht wird (»ordinary labor«), bezieht sich auf Arbeitsleistungen von gelernten oder ungelernten Arbeitern sowie auf Büroarbeiten in einer untergeordneten Position, d.h. keine Arbeiten irgendwelcher beaufsichtigenden, leitenden oder organisatorischen Art, oder Arbeiten, die mit der Einstellung oder Entlassung von Angestellten oder der Aufstellung irgendwelcher Richtlinien zu tun haben.
7. Der Oberbürgermeister und der Landrat haben sofort einen gerechten und unparteiischen Prüfungsausschuss einzusetzen, der sich mit allen Berufungsanträgen der unter diesem Gesetz entlassenen Personen zu befassen hat. Dieser Prüfungsausschuss soll einen Vorsitzenden habe, der als unparteiisch angesehen werden kann; er soll sich ferner aus Mitgliedern zusammensetzen, die geachtet sind und als gerecht gelten. Nach Möglichkeit sollen verschiedene politische Parteien in diesem Ausschuss vertreten sein. Der Antragsteller hat das Recht, persönlich von dem Prüfungsausschuss angehört zu werden, durch einen Rechtsanwalt vertreten zu sein und jegliche Beweise zu erbringen, die er für erforderlich hält und die die Angelegenheit betreffen. Der Prüfungsausschuss hat das Recht, alles von ihm für die Klärung des Falles notwendig erachtete Beweismaterial beizubringen.
8. Um einen Abbruch wichtiger industrieller Wiederaufbau- und Produktionsarbeiten zu verhindern, ist es dringend erforderlich, dass dieses Programm, welches von äußerster Bedeutung für den demokratischen Wiederaufbau Deutschlands ist, ohne Verzug und in Zusammenarbeit aller beteiligten Stellen durchgeführt wird.

[a] Publiziert im »Mitteilungsblatt der Stadtverwaltung Hanau« Nr. 28, 20. Oktober 1945.

217c Eingabe des Allgemeinen Gewerkschaftsbundes Hanau an die Militärregierung in Wiesbaden zur Durchführung des Gesetzes Nr. 8, 22. November 1945

DGB-Archiv Hanau.

Denkschrift

Eine Reihe immer wieder von unseren Mitgliedern eingegangener Klagen veranlassen uns, Ihnen in Übereinstimmung mit den Arbeitnehmervertretungen hiermit einige ernste Bedenken gegen die augenblickliche Handhabung des Gesetzes zu unterbreiten. Die Gewerkschaften und die gewählten Arbeitnehmerverbände begrüßen das von der Militärregierung erlassene Gesetz No. 8, da endlich die Möglichkeit gegeben ist, den Einfluss nazistischer Elemente aus der Führung von Industrie und Handel zu entfernen. Bei der bisher durchgeführten Entnazifizierung stellten sich aber eine Reihe von Mängeln heraus, die zu ernsten Bedenken Anlass geben. Die Frage aber, wer war aktiv und wer war nur nominelles Mitglied, ist schwer zu entscheiden. Auf jeden Fall gehen die Auffassung weit auseinander. Nach Ansicht der Gewerkschaft und der Arbeitnehmervertreter stellte eine freiwillige Mitgliedschaft zur NSDAP oder einer ihrer Gliederungen schon eine aktive Betätigung dar. Wer auch immer freiwillig in die Partei eintrat, war nicht nur mit deren Maßnahmen einverstanden, sondern wollte sie auch fördern: und alle diejenigen, die am 1. Mai 1933 zu den Nazis gingen, taten es unbedingt freiwillig, da ja zu dieser Zeit die Macht der Nazis noch nicht derart war, dass man von einem Zwang sprechen konnte. Unternehmer und leitende Angestellte könnten überhaupt nicht von einem Zwang reden. Im Allgemeinen wird jetzt dahingehend entschieden, dass auch solche Personen als nominelle Mitglieder zu betrachten sind, die zwar keine Funktion ausübten und kein Amt ausfüllten, aber doch bereits 1933 oder noch früher der NSDAP beitraten. Das Ergebnis dieser Entscheidung ist, dass ein sehr großer Teil der Unternehmer und leitenden Angestellten ihre führende Funktion in Industrie und Handel behalten, obgleich sie zu den ältesten Mitgliedern der Partei, also zu den alten Kämpfern zählten. Den Unternehmern und leitenden Angestellten war es während des Krieges ein Leichtes, sich vom Militärdienst freizuhalten, indem sie einfach auf ihre Unentbehrlichkeit hinwiesen. Sie waren immer in der Lage, die von der Wehrmacht angeforderten Männer unter den Arbeitern und kleineren Angestellten auszusuchen. Ebenso leicht fanden sie stets einen Vorwand, wenn ihnen von der Partei ein Amt angeboten wurde, denn auch in diesen Fällen schlugen sie Arbeiter oder kleinere Angestellte vor, die dann unter dem doppelten Druck ihrer Vorgesetzten und der Partei nachgeben mussten. Hier liegt der Grund dafür, dass die Unternehmer und leitenden Angestellten es gar nicht notwendig hatten, irgendeine Parteifunktion zu übernehmen, aber dessen ungeachtet den parteiamtlichen Anordnungen innerhalb ihres Unternehmens stets den erforderlichen Nachdruck verschafften, um die einwandfreie politische Haltung ihrer Belegschaft nachzuweisen, ohne selbst unmittelbar belastet zu sein.

Die zuvor gegebenen Erklärungen zeigen deutlich, dass die Unterscheidung zwischen aktiven und nominellen Mitglieder nicht davon abhängig sein sollte, ob ein Amt in der Partei bekleidet wurde oder nicht. Dies würde nämlich dazu führen, dass man nahezu alle Unternehmer und leitenden Angestellten als nominelle Mitglieder betrachten und auf ihren führenden Posten mit gewiss größerem Einfluss auf das Wirtschaftsleben belassen müsste, als die Arbeiter und Angestellten in untergeordneten Stellen haben, die zu entlassen wären, weil sie das umstrittene Amt in der Partei hatten. Wir möchten annehmen, dass alle Männer mit demokratischen Grundsätzen sich unserem Standpunkt anschließen werden, welches öffentliche Amt sie auch heute begleiten mögen. In manchen Fällen ist sogar entschieden worden, dass auch solche Personen als nominelle Mitglieder zu betrachten sind, die zu gleicher Zeit der Partei und einer ihrer Gliederungen angehörten, also der SA usw., aber keine Funktion darin hatten.

Die Arbeiter und Angestellten einer ganzen Reihe von Firmen finden sich in dem vom Prüfungsausschuss angewandten Verfahren sehr enttäuscht und befürchten, dass sich das Gesetz No. 8 illusorisch erweisen wird. Wir bitten daher die Militärregierung, den Begriff der Aktivität im Sinne des Gesetzes genau zu bestimmen und dem Prüfungsausschuss klare Richtlinien für seine Entscheidungen zu geben, damit die Beseitigung des schändlichen Einflusses der nazistischen Elemente auch wirklich gewährleistet ist.

217d Einspruch des Arbeiterrates der Marienhütte in Großauheim an den Regierungspräsidenten in Wiesbaden gegen das Vorstellungsverfahren des Prokuristen der Firma, Emil Peschke (Auszug), 15. Dezember 1945.

DGB-Archiv Hanau. Gezeichnet: Blum, Schweitzer, Möser, Kronenberger.

Betr. Vorstellungsverfahren des Peschke, Emil, Großauheim, Taunusstraße 65.

Gegen das Vorstellungsverfahren des Genannten erheben wir hiermit Einspruch mit folgender Begründung:

Peschke, geb. 2. Oktober 1887, war bis zum 26. März 1945 als Prokurist bei der Fa. Marienhütte, Großauheim tätig. Er ist nach seinen eigenen Angaben seit 1. April 1933 Mitglied der NSDAP und Träger der SA-Uniform.

Peschke war jedoch bereits schon vor dieser Zeit nicht nur ein verbissener Gegner sozialistisch beziehungsweise demokratisch eingestellter Arbeiter, sondern besonders nach der Machtübernahme ein sich in den Vordergrund drängender Nationalsozialist, der bei jeder Gelegenheit die Nazipropaganda nicht nur förderte, sondern auch in brutalster Weise durchführte. Die Polizeibehörde in Großauheim hat ihn im Intersse einer ruhigen Abwicklung der Gemeindeobliegenheiten seiner Funktion als kaufmännischer Leiter der Marienhütte enthoben. Maßgebend für diese Enthebung war oben angeführte Tätigkeit als Nationalsozialist und die Tatsache, dass er in der Nacht vom 25. zum 26. März 1945, d.h. in der Nacht der Besetzung durch amerikanische Truppen, den Betrag von 12 000.- RM Lohngelder, die im Kassenschrank der Marienhütte aufbewahrt wurden, entnahm, die ihm nach seiner Aussage von amerikanischen Soldaten abgenommen worden seien, für die er jedoch keine Quittung vorzeigen kann. Peschke wurde daraufhin von den Besatzungstruppen verhaftet und später mit der Auflage, sich täglich morgens und abends bei der Polizei zu melden, wieder entlassen. Peschke wird jetzt mit Arbeiten, die im Interesse der Bevölkerung notwendig sind, beschäftigt.

Dass Peschke tatsächlich ein aggressives Mitglied der NSDAP war und sich voll und ganz für diese einsetzte, beiweisen folgende Schreiben:[a] [...]

Der vorstehende Sachverhalt beleuchtet klar und eindeutig die innere Einstellung des Peschke, dem von ihm gestellten Vorstellungsverfahren dürfte somit nicht stattgegeben werden.

[a] Es folgen die Abschriften folgender von Peschke unterschriebener Schriftstücke:
1.) Einstellung des verdienten Altnazi und Arbeitslosen Rudolf Müller, 1. September 1933;
2.) Entlassungsschreiben von Willi Röll, Hanau, infolge nicht bewiesener früherer SA-Zugehörigkeit vom 18. April 1936;
3.) Meldung an die Gestapo Darmstadt betreffend die Übernahme der Befugnisse des Abwehrbeauftragten des Betriebes vom 15. März 1945.
4.) Schreiben an die Gauwirtschaftskammer Rhein-Main, Kammerbezirk Hanau, betreffend die Freigabe von 20 Pistolen an den Werkschutz vom 15. März 1945.

218 — 18. August 1946

Stellungnahme des Oberbürgermeisters und der Betreuungsstelle für ehemalige politische Häftlinge zu Angriffen auf die Tätigkeit der Betreuungsstelle

Mitteilungsblatt für den Stadt- und Landkreis Hanau Nr. 70, 18. August 1946.

An die Bevölkerung Hanaus!

Es gehen unserer Stelle fortgesetzt Klagen zu, wonach unsere Betreuten von der Bevölkerung Hanaus missbilligend behandelt werden, obwohl die politisch, rassisch und religiös Verfolgten diejenigen waren, die während der Nazizeit ständig gelitten haben und benachteiligt wurden. Wenn nun heute unsere Betreuten von der Bevölkerung eine kleine Wiedergutmachung in Gestalt einer bevorzugten Behandlung beim Einkauf verlangen, da sie in den meisten Fällen durch die Lager- und Gefängniszeit sich Krankheiten zugezogen haben, die durch die heutige Ernährungsweise nicht behoben werden können, dann sollte die Bevölkerung doch so viel Menschengefühl und demokratischen Geist aufbringen und denjenigen, die den Pass der Betreuungsstelle vorzeigen, auch wirklich ihre demokratische Gesinnung zeigen. Im übrigen sei die Hanauer Bevölkerung davon unterrichtet, dass unter denjenigen, die den roten, grünen oder blauen Pass besitzen, der mit den verschiedenen Behördenstempeln versehen ist, nur politisch, rassisch und religiös Verfolgte zu erblicken sind, da an alle anderen, die wegen sonstiger Strafdelikte im KZ-Lager oder Gefängnis waren, von unserer Stelle kein Pass ausgestellt wird. Außerdem steht es jedem in Hanau frei, sich bei der KZ-Betreuungsstelle Auskunft geben zu lassen oder auch Mitteilung zu machen gegen einen KZler, bei dem angenommen wird, dass seine Sache zu Unrecht bestünde. Anonyme Briefe allerdings werden von unserer Betreuungsstelle nicht bearbeitet.
Der Oberbürgermeister
Betreuungsstelle für ehemalige politische Häftlinge

219 Herbst 1945

Das Ringen um die politische Einheit der Arbeiterbewegung

219a Aufruf der Kommunistischen Partei Hanau Stadt und Land, September 1945

Archiv Rudolf Schneider.

Ein fürchterliches Erbe von Elend und Zerstörung hat das zusammengebrochene Regime Hitlers hinterlassen. Unsere Städte liegen in Trümmer[n]. Das Volksgut ist vergeudet. Die Wirtschaft desorganisiert. Die Not des Hungers und der Entbehrung, der Obdachlosigkeit und der Arbeitslosigkeit droht Millionen von Menschen. Die Schuld Hitlers und seiner Kumpanen steht vor der Geschichte fest. Ehe unser Volk die grauenhaften Folgen seines skrupellosen Raubkrieges zu spüren bekam, wurden die Völker Europas mit Tod und Ausplünderung heimgesucht. Die Bestialität der Naziführung hat uns den Hass der ganzen Welt zugezogen. Unser Volk hat zu seinem Unglück Hitler Folge geleistet, solange er siegte und uns Wohlsein auf Kosten der anderen Völker versprach. Wir haben darum heute kein Recht zu klagen. Wir müssen Hand anlegen zum Bau eines neuen Deutschlands, denn der Sieg der Vereinten Nationen muss frei sein von den letzten Resten nazistischen Ungeistes und militaristischer Tradition. Die wirtschaftlichen und politischen Hintermänner des modernen Raubrittertums müssen von jeder Machtposition ausgeschaltet werden.

Frieden, Freiheit und sozialistischer Fortschritt müssen zur Grundlage unserer nationalen Existenz werden.

Ein neues Deutschland muss andererseits eine Wiederholung der Fehler und Schwächen der Weimarer Republik vermeiden. Nachsicht mit den Feinden des Friedens und des Fortschritts würde erneut der Reaktion den Weg ebnen. Heute gilt es alle guten Kräfte einzusetzen für ein Staatswesen, das die demokratischen Rechte und Freiheiten des Volkes sichert und den Weg zum sozialistischen Fortschritt öffnet. Die Kommunistische Partei tritt heute nach 12 Jahren grausamster Verfolgung wieder öffentlich vor das Volk. Sie war vor 1933 die eindringlichste Warnerin vor der drohenden tödlichen Gefahr. Ihre Stimme wurde damals von der Mehrzahl unseres Volkes überhört. Die Kommunisten haben in den dunklen Jahren des Terrors die schwersten Opfer gebracht. Sie haben sich nicht gebeugt, sie sind mutig in den KZ-Lagern, in den Zuchthäusern in den Tod gegangen, weil sie keinen Augenblick an dem Sieg der Gerechtigkeit, für den sie kämpften, zweifelten.

Wir Kommunisten rufen in dieser historischen Stunde auf zur Einheit der Arbeiterschaft! Nie mehr Wiederholung der unseligen Kraftlosigkeit, die aus der Spaltung erwuchs und die zum Siege Hitlers beitrug. Wir Kommunisten rufen darüber hinaus zur Einheit des gesamten schaffenden Volkes.

Nur durch eine gemeinsame Aktion aller antifaschistischen Kräfte werden wir die schweren Probleme des wirtschaftlichen und politischen Aufbaus, die Probleme der Arbeit, der Nahrung, der Wohnung und der Gesundheit bewältigen können. Wir Kommunisten aus Stadt und Land Hanau wollen ein gesundes, arbeitendes, demokratisches Hanauer Land.

Wir Kommunisten treten ein:

1. Für gründliche Säuberung der städtischen und staatlichen Ämter sowie der privaten Unternehmungen von nationalsozialistischen und militaristischen Elementen.
2. Für die schleunige Ingangsetzung der Produktion unter breiter Anwendung privater Initiative, auf der Grundlage der dringlichsten Bedürfnisse unserer städtischen und der ländlichen Bevölkerung.
3. Für die Schaffung einer starken demokratischen Selbstverwaltung der Stadt und des Landkreises. Für die Überwindung bürokratischer Überheblichkeit, Desorganisation und diktatorischen Maßnahmen.
4. Für die energische Sicherung der Ernährung der Bevölkerung. Für die gerechte Verteilung der Lebensmittel. Für die Ausmerzung von Spekulation und Schwarzhandel, bei gleichzeitiger Sorge um die Belieferung der Landbevölkerung mit den Bedarfsartikeln der städtischer Produktion.
5. Für die Freiheit von Wort und Schrift. Für die Freiheit der Bildung demokratischer Organisationen im wirtschaftlichen und kulturellen Leben in Stadt und Land Hanau.
6. Für die Errichtung eines fortschrittlichen, von starkem demokratischem Geist getragenen Schul- und Erziehungswesens. Für eine lebendige Aktivität auf allen Gebieten geistigen und künstlerischen Schaffens.
7. Für die beschleunigte Säuberung unserer Dörfer und der Stadt von den Trümmern des verbrecherischen Krieges.
8. Für die Enteignung des Vermögens der Nazigrößen und Kriegsverbrecher und dessen Übergabe an die städtische und provinziale Verwaltung zur Finanzierung des Aufbauprogramms.
9. Für den Schutz der Werktätigen vor Unternehmerwillkür und sozialer Ungerechtigkeit.
10. Anerkennung zur Pflicht der Wiedergutmachung.
11. Friedliches und gutnachbarliches Zusammenleben mit den anderen Völkern.
12. Die Schaffung einer festen Einheit aller antifaschistischen Kräfte! Nie wieder die Spaltung der Arbeiterklasse in Stadt und Land Hanau! Beide Arbeiterparteien müssen bestrebt sein, die Einheit der Arbeiterklassen und nicht zuletzt die Einheit des gesamten Deutschen Volkes zu fördern, nur durch die Einheit werden wir in der Lage sein, ein freies und demokratisches Deutschland wieder erstehen zu lassen. Schaffendes Volk, Männer und Frauen, Jungens und Mädels fasst Vertrauen und Mut, auf Trümmern und Ruinen entfaltet das Banner des Aufstiegs und der Erneuerung.

Schließt die Einheit der aufbauwilligen Tat!
Vorwärts für ein neues Leben in Friede, Freiheit und Arbeit!
Kommunistische Partei Deutschlands
Hanau Stadt und Land

219b Gemeinsamer Aufruf der KPD und der SPD des Stadt- und Landkreises Hanau zur Aktionseinheit, Herbst 1945

VVN-Bund der Antifaschisten, Kreisvereinigung Main-Kinzig (Hg.), Hanauer Hefte 1, Verfolgung und Widerstand 1933-1945. Quellensammlung, Frankfurt 1979, S. 51f.

An das arbeitende Volk in Stadt und Land!
Männer und Frauen! Deutsche Jugend!
Schaffendes Volk in Stadt und Land!

Die Hitlertyrannei ist zerschlagen. Nicht durch das Deutsche Volk selbst, sondern durch die Siegermächte. Eine Katastrophe unvorstellbaren Ausmaßes ist über Deutschland hereingebrochen. Aus den Ruinen grinst das Gespenst des Hungers, der Arbeitslosigkeit, der Seuchen und der Wohnungsnot. Die Verantwortung dafür tragen in erster Linie die Hitler und Konsorten mit ihrem ganzen militaristischen und großkapitalistischen Anhang. Es sind die Hitler und Göring, Himmler und Goebbels, die aktiven Anhänger und Helfer der Nazipartei. Es sind die Träger des reaktionären Militarismus, die Keitel, Jodl und Konsorten. Es sind die imperialistischen Auftraggeber der Nazipartei, die Herrn der Großbanken und Konzerne, die Krupp und Röchling, Poensgen und Siemens.

Dass Hitler überhaupt zur Macht kam, daran trägt zum erheblichen Teil auch die Spaltung der Arbeiterschaft schuld. Heute, da nun von den alliierten Militärregierungen die Neugründung von demokratischen Parteien wieder zugelassen wurde, wollen wir diese Tatsache nicht aus dem Auge lassen, damit in Zukunft nicht mehr die gleichen Fehler gemacht werden. Noch ist der Zeitpunkt zur Schaffung einer einheitlichen Arbeiterpartei nicht gekommen. Aber vorbereiten wollen wir diese Einigung, die kommen muss und kommen wird. Zusammenarbeiten wollen wir uns, nie wieder wollen wir uns gegenseitig bekämpfen. Darum Schluss mit der Spaltung der deutschen Arbeiterklasse!

Um die Zusammenarbeit zu fördern, haben die Sozialdemokratische und Kommunistische Partei für Stadt- und Landkreis Hanau einen Aktionsausschuss gebildet. Ausgehend von dem Bekenntnis beider Parteien zu den Grundsätzen der Demokratie wird der Aktionsausschuss in seinem Tätigkeitsbereich alles tun, um den Feinden eines neuen demokratischen Deutschland die gemeinsame Front aller schaffenden Männer entgegenzusetzen.

Die Bereinigung aller Behörden, Ämter und der Wirtschaft von aktiven Nazis und die Besetzung der leitenden Stellen mit einwandfreien demokratischen Kräften ist eine der wichtigsten Aufgaben der Gegenwart. Alle Naziverbrecher müssen der gerechten Strafe zugeführt, begangenes Unrecht muss wieder gut gemacht werden. Der Aktionsausschuss wird es als eine seiner wichtigsten Aufgaben ansehen, die Behörden und Verwaltungen überall zu unterstützen, um die Ernährung sicherzustellen, das Wohnungselend zu lindern und alles zu tun, um die Wirtschaft wieder in Gang zu bringen. Dem Aufbau der Gewerkschaften, der Sportorganisationen und der Kulturbewegung wird er seine größte Aufmerksamkeit im Sinne gemeinsamer Zusammenarbeit widmen. Zur Zusammenarbeit mit allen bürgerlich-demokratischen Kreisen erklärt er sich bereit. Auf dem Boden der gemeinsamen Arbeit für die Aufgaben der Gegenwart mit dem großen Ziel einer sozialistisch-demokratischen Staats- und Gesellschaftsordnung im Auge, wollen die arbeitenden Menschen auch in Hanau Stadt und Land zusammenstehen.

Schweres steht uns noch bevor, aber wir sind voll Zuversicht! Darum Tritt gefasst! Vorwärts! Dem gesteckten Ziel entgegen!

Für die Sozialdemokratische Partei	Für die Kommunistische Partei
Rehbein	Keim
Kargl	Eckhardt
Röthel	Conrad

220 17. Dezember 1945

Eingabe des Allgemeinen Gewerkschaftsbundes Hanau an die Militärregierung in Wiesbaden mit der Bitte um die Entlassung von Antifaschisten aus der Kriegsgefangenschaft

DGB-Archiv Hanau.

Die Gewerkschaften und Arbeitnehmervertreter vermissen in ihren Reihen noch immer viele ihrer Kameraden, die schon vor 1933 und später, als die Nazis an der Macht waren, gemeinschaftlich mit ihnen gegen den Nazismus gekämpft und gewirkt haben. Gerade diese antinazistischen Männer, junge und alte, wurden in erster Linie von den Funktionären der Partei an die Front geschickt. Viele von ihnen befinden sich noch in Kriegsgefangenschaft und müssen vielleicht zum Teil schon in anderen Ländern wiedergutmachen, was die Naziverbrecher dort verschuldet haben. Die ehemaligen Mitglieder der NSDAP aber, die sich immer leicht der Kriegsdienstpflicht entziehen konnten, sitzen nach wie vor unbehelligt zu Hause oder werden, wenn es schlimm für sie kommt, in industriellen oder überhaupt wirtschaftlichen Unternehmen für gewöhnliche Arbeiten beschäftigt. Die Gewerkschaften und Arbeitnehmervertretungen sind der Ansicht, dass es trotz aller Schwierigkeiten möglich sein sollte, diese Anhänger der Nazi-Partei gegen alle Kriegsgefangenen auszutauschen, die keine Nazis waren oder gar gegen die Parteiherrschaft gekämpft haben. Unter den antinazistischen Kriegsgefangenen befinden sich viele brauchbare Kräfte für den Aufbau eines neuen demokratischen Staates. Wir wären der Militärregierung daher dankbar, wenn sie auch hier einen Weg fände, das Bestreben der Gewerkschaften und Arbeitnehmervertretungen, ihren Kameraden so rasch wie möglich wieder die Freiheit zu geben, weitgehend zu fördern.

Wir haben schon in verschiedenen Denkschriften zum Ausdruck gebracht, wie sehr wir um die Beseitigung des nazistischen Einflusses auf allen Gebieten bemüht sind. Da wir die Militärregierung gerade in dieser Beziehung mit allen Kräften unterstützen, hoffen wir zuversichtlich, dass die Militärregierung ihrerseits auch unsere Anregungen einer wohlwollenden Prüfung unterziehen wollte.

221 1. Mai 1946

Die Maifeier

221a Aufruf des Freien Gewerkschaftsbundes Hessen, Bezirk Hanau, 27. April 1946

DGB-Archiv Hanau; Mitteilungsblatt der für den Stadt- und Landkreis Hanau Nr. 55, 27. April 1946.

Werktätige in Stadt und Land!

Die mehr als 12-jährige Gewaltherrschaft der nationalsozialistischen Abenteurer ist zusammengebrochen. Der angeblich tausendjährige Spuk ist zu Ende. Mehr als 33 Millionen Tote hat dieser Wahnsinn gefordert, zertrümmerte Wohn- und Arbeitsstätten, Hunger, Armut und Obdachlosigkeit sind uns übrig geblieben. Das deutsche Volk steht vor der schwersten Aufgabe, die je einem Volke in der Geschichte gestellt wurde. Die Werktätigen aber stehen vor ihrer größten Entscheidung, denn sie sind es, die den ökonomischen Wiederaufbau in der Hauptsache tragen und vollziehen müssen. Der 1. Mai, der Weltfeiertag der sozialistischen Internationale, muss und soll auch für die Schaffenden in Deutschland ein Tag der Sammlung werden. Es gilt, die Fronten zu ordnen, alle Kräfte für den Wiederaufbau, aber auch für den politischen Umbau der Deutschen Nation zu mobilisieren. Deshalb rufen wir Euch auf zur Großkundgebung am Weltfeiertag der Arbeiter:

Heraus zur Großkundgebung am 1. Mai 1946 vormittags 10 Uhr, im Schloss Philippsruhe!

Es werden sprechen: Kollege Kallnik, Gewerkschaftsvorstand, CDU, Kollege Martin, Gewerkschaftsvorstand, KPD, Kollege Fischer, Gewerkschaftsvorstand, KPD. Es wirken mit: Orchesterverein Hanau und Volkssängerbund Hanau. Stellplätze: Stellplatz 1: Friedrichstraße, Stellplatz 2: Marienstraße, Stellplatz 3: Hafen, Stellplatz 4: Schloss Philippsruhe.

Auf Sozialisten schließt die Reihen.
Die Trommel ruft, die Banner weh'n!
Freier Gewerkschaftsbund Hessen,
Bezirk Hanau

Nähere Weisungen ergehen durch die Betriebsräte beziehungsweise Ortsgruppenvorsitzenden. Für die Ortsgruppen verkehren Autobusse wie folgt: Marköbel 2 Wagen, Abfahrt 7.30 Uhr; Hüttengesäß 2 Wagen, Abfahrt 7.30; Ravolzhausen 2 Wagen, Abfahrt 7.30 Uhr; Eichen 1 Wagen, Abfahrt 7.15 Uhr; Langendiebach 1 Wagen, Abfahrt 8 Uhr; Wachenbuchen 1 Wagen, Abfahrt 7.30 Uhr; Mittelbuchen 1 Wagen, Abfahrt 7.30 Uhr. Rückfahrt nach Schluss der Kundgebung.

221b Rekonstruktion der Rede des Mitgliedes des Betriebsrates bei Heraeus, Fritz Martin (KPD), 1. Mai 1946

Archiv Rudolf Schneider. Die Rekonstruktion erfolgte anhand von Zeitungsberichten, von Erinnerungen von Teilnehmern, von den Aufzeichnungen Fritz Martins und von Gesprächen, die der Journalist Rudolf Schneider mit Fritz Martin geführt hat. Abgedruckt in: Ursula Krause-Schmitt, Werner Dreibus, Vom aufrechten Gang, von Widerständen und Stolpersteinen. Beiträge zur Gewerkschaftsgeschichte im Main-Kinzig-Kreis, Hanau 1993, S. 116f.

Werktätige! Männer, Frauen und Jugendliche von Hanau und Umgebung!

Der 1. Mai 1946 ist der Tag der Wiedergeburt der deutschen Arbeiterbewegung. Heute marschieren die werktätigen Massen nicht nur in Deutschland, sondern in fast allen Ländern – frei vom Druck des Hakenkreuzes, des Faschismus und des Krieges. Schon über ein halbes Jahrhundert ist verflossen, seitdem die Sozialistische Internationale in Paris beschlossen hatte, alljährlich zum 1. Mai die Arbeit ruhen zu lassen. Aber es sollte nicht nur ein Ruhetag werden, sondern ein Tag des Kampfes für den Achtstundentag und für soziale Gerechtigkeit. Darüber hinaus, diese große Heerschau des internationalen Proletariats war und ist angetreten für die Beseitigung der Ausbeutung des Menschen durch den Menschen, für eine bessere Gesellschaftsordnung, für den Sozialismus.

Die Geschichte der Arbeiterbewegung ist eng verbunden mit der praktischen Durchführung des 1. Mai, der Arbeitsruhe, den Kundgebungen, den Demonstrationen. Groß ist die Zahl der Opfer, die durch Maßregelungen Arbeit und Brot verloren, in die Gefängnisse und Zuchthäuser wanderten. Die herrschende Klasse hat mit Polizeieinsatz laufend versucht, die Maidemonstrationen zu verbieten. Die Arbeiter haben die Straßen gebaut, sie haben die Häuser gebaut, sie haben das Recht, auf diesen ihren Straßen für ihre Forderungen zu demonstrieren. Trotz Verbots reaktionärer Polizeipräsidenten! Die Mutlosen und Verzagten wurden von den fortschrittlichen Kräften immer wieder aufgerüttelt mit dem Lied der Internationale: »Wacht auf, Verdammte dieser Erde!« (Beifall)

Am 1. Mai 1916, als die Materialschlacht des Ersten Weltkriegs tobte, als an den Fronten die Arbeiter und Bauern Deutschlands, Frankreichs und Russlands verbluteten, sprach Karl Liebknecht auf dem Potsdamer Platz zu Berlin auf einer Kundgebung. Liebknecht rief den Massen zu: »Dieser Krieg ist kein Verteidigungskrieg, dieser Krieg ist ein imperialistischer Krieg. Nieder mit den Waffen, nieder mit der Regierung! Der Feind steht nicht jenseits unserer Grenzen, der Feind steht im eigenen Land! Diesem System keinen Mann und keinen Groschen«! Als die Herren des Militärtribunals den Reichstagsabgeordneten Liebknecht ins Zuchthaus steckten, sagte er: »Kein General trug jemals seine Uniform mit so viel Stolz, wie ich diesen Zuchthauskittel tragen werde!«

Wären die deutschen Arbeiter im November 1918 Karl Liebknecht und seiner Idee gefolgt, hätte dieser Zweite Weltkrieg nie stattgefunden. Ein Meer von Blut und Tränen wäre dem deutschen Volk und der Menschheit erspart geblieben. Es hätte keinen Adolf Hitler gegeben, keine Konzentrationslager, keine Judenvernichtung. Europa wäre nicht zum Trümmerfeld geworden. Ich entsinne mich, dass im Jahre 1920 die Arbeiterchöre die Friedenshymne sangen:

»Ruhe sei der Welt beschieden,
Rosten soll des Krieges Erz,
Denn die Völker wollen Frieden,
Frieden jedes Menschen Herz,
Letzter Sieg, den wir erflehen!«

Frieden kann man nicht erflehen. Die Erhaltung und Festigung des Friedens muss erkämpft werden. Wenn man dem Volk den Frieden erhalten will, dann muss man die Kriegstreiber entmachten. Nur der Kaiser war gegangen, die Generäle, die Krautjunker und die Schlotbarone waren an der Macht geblieben. Es dauerte nicht lange, und es wurden wieder Panzerkreuzer gebaut. Die Arbeiterklasse muss aus diesen Fehlern lernen. Niemals wieder darf es geschehen, dass diese Betriebe, die Ihr jetzt wieder aufbaut, Waffen herstellen. Mit trockenem Brot, mit knurrendem Magen beseitigt Ihr jetzt die Trümmer. Das, was Ihr aufbaut, darf niemals durch einen Krieg vernichtet werden. Es ist deshalb die erste Voraussetzung, dass die Arbeiter in den Betrieben das Sagen haben, dass die wirklich Schuldigen entmachtet und bestraft werden. Wir stehen vor einer Aufgabe, die so gewaltig ist. Nicht nur die einzelnen Wohnungen, Betriebe, Schulen, Krankenhäuser usw., sondern das ganze Staatswesen muss erneuert werden. Wir brauchen eine Demokratisierung der Wirtschaft, eine Verwaltungsreform, eine Justizreform, Boden- und Schulreform. Dies ist ein gigantischer Berg von Aufgaben, die gegenwärtig vom deutschen Volk bewältigt werden müssen. Wir haben deshalb die Zersplitterung der Gewerkschaft überwunden und die Einheitsgewerkschaft geschaffen. Um die Kraft der Arbeiterklasse aber voll zur Entfaltung zu bringen, wäre es notwendig, dass neben der Einheit der Gewerkschaft in schneller Folge entstehen möge die politische Einheit der Arbeiterklasse. (Beifall)

Wir haben zwei Arbeiterparteien, die ich vergleiche mit zwei kleinen Motoren, von denen der eine auf Gleichstrom, der andere auf Wechselstrom läuft. Wir brauchen einen starken Dynamo, nicht nur für den Aufbau, sondern eine Kraft, die jederzeit unsere demokratischen Rechte behaupten kann. Nur die Einheit der Arbeiterklasse ist in der Lage zu verhindern, dass die Schuldigen an diesem Völkermord wieder Oberwasser bekommen. Das neue Deutschland muss ein Land des Friedens werden. Niemals wieder darf von deutschem Boden aus ein Krieg ausgehen. Frieden, Freundschaft und Solidarität mit allen Völkern muss in Zukunft der Leitgedanke des deutschen Volkes werden, insbesondere mit den Völkern der Sowjetunion. Die russischen Arbeiter und Bauern haben mit ihrem Blut einen neuen Staat geschaffen und diesen ihren Staat auch mit ihrem Blut verteidigt. Wir alle haben aus den Fehlern der Weimarer Republik und aus der Verfolgung durch den Nationalsozialismus gelernt. Wir haben die Einheitsgewerkschaft als Garant für eine reale demokratische Entwicklung geschaffen, für einen antifaschistischen, demokratischen Staat. Für einen solchen Staat sind wir bereit zu arbeiten mit aller unserer Kraft.

Ich schließe meine Ausführungen mit den Worten: Herbei aus Stadt und Land, nehmet den Hammer in Eure Hand, schmiedet und schmiedet, die Kette springt, das neue Jahrhundert Ihr Euch erringt. Erwache, Volk, erwache!

222 — 20. Juli 1946

Entschließung der Delegierten des FGB Hessen, Bezirk Hanau, und der Arbeitnehmervertreter des Wirtschaftsgebietes Hanau betreffend die gesetzliche Verankerung des Mitbestimmungsrechtes

DGB-Archiv Hanau; gezeichnet: Eckhardt. Abgedruckt in: Ursula Krause-Schmitt, Werner Dreibus, Vom aufrechten Gang, von Widerständen und Stolpersteinen. Beiträge zur Gewerkschaftsgeschichte im Main-Kinzig-Kreis, Hanau 1993, S. 101.

Die Delegierten des Freien Gewerkschaftsbundes Hessen, Bezirk Hanau, und die Arbeitnehmervertreter des Wirtschaftsgebietes Hanau halten es für ihre Pflicht, verantwortlich dafür Sorge zu tragen, dass neue faschistische Umtriebe innerhalb der deutschen Wirtschaft keinen Boden mehr finden und die Wirtschaft von den letzten Resten des nazistischen Einflusses befreit wird. Sie halten es darüber hinaus für ihre Pflicht, dafür zu sorgen, dass die deutsche Produktion niemals mehr imperialistischen Zwecken dienen darf, sondern dass sie ausschließlich dem Bedarf der Bevölkerung zu dienen hat. Aus diesen Gründen ist es unerlässlich, dass die Betriebsräte das Mitbestimmungsrecht bei Einstellungen, Entlassungen und personellen Verschiebungen innerhalb der Betriebe, bei Planung, Lenkung und Führung des Betriebes haben. Um alle diese Aufgaben durchführen zu können, muss der Betriebsrat die notwendige Freizeit zur Verfügung haben. Dieses Mitbestimmungsrecht muss im Gesetz klar und eindeutig festgelegt und eine entsprechende Freistellung der Betriebsräte gesichert sein.

223 — 15. Oktober 1946

Protestschreiben des Betriebsrates bei Dunlop an den Hessischen Verfassungsausschuss gegen die Streichung des Paragraphen über die Sozialisierung der chemischen Großindustrie

DGB-Archiv Hanau; gezeichnet: Keim. Abgedruckt in: Ursula Krause-Schmitt, Werner Dreibus, Vom aufrechten Gang, von Widerständen und Stolpersteinen. Beiträge zur Gewerkschaftsgeschichte im Main-Kinzig-Kreis, Hanau 1993, S. 106.

Resolution

Der Betriebsrat der Firma Deutsche Dunlop Gummi-Komp. AG Hanau a. M. mit einer Belegschaftsstärke von über 1600 Arbeitern und Angestellten protestiert in deren Namen auf das Schärfste gegen die Streichung des Artikels in der zukünftigen hessischen Verfassung, nach dem die Verstaatlichung der Chemischen Industrie vorgenommen werden soll. Der Betriebsrat ist einmütig der Auffassung, dass gerade die Chemische Industrie eine der Hauptbrutstätten der Kriegstreiber zu allen Zeiten gewesen ist und fordert daher deren sofortige Verstaatlichung. Zu diesem Zwecke ist die Wiederinkraftsetzung des gestrichenen Artikel unbedingt vorzunehmen. Ebenso missbilligt der Betriebsrat den Beschluss des hessischen Verfassungsausschusses im Falle Merk-Darmstadt und fordert die sofortige Verstaatlichung der chemischen Merk-Werke in Darmstadt.

224 1946/1947

Die Verschlechterung der Versorgungslage

224a Bericht des Arbeitsamtsdirektors Heinrich Fischer über die Auswirkungen des Schwarzmarktes auf die Lage der Arbeiterschaft, 3. August 1946

Mitteilungsblatt für den Stadt- und Landkreis Hanau, Nr. 69, 3. August 1946.

So kann es nicht weitergehen!

Nur eines hat uns die Naziherrschaft im Überfluss zurückgelassen – Geld! Man sagt, dieses Geld ist nichts wert; dennoch steht hinter diesem Geld eine grauenvolle Realität. Es wirkt wie alles, was von der nationalsozialistischen Methodik gezeugt und geschaffen wurde, in furchtbarer Weise gegen die sozialen Grundlagen der Gesellschaft. Ebenso unheilvoll wie ein reißendes, alles zerstörendes Hochwasser ist auch die Auswirkung dieser Geldflut. Sie, eben diese Geldflut, ist in hohem Maße die Ursache der Arbeitsunlust, zumindest hemmt sie die Erreichung der notwendigen Arbeitsintensität. Die Geldflut ist aber auch ein Grundelement für den schwarzen Markt. Sie wirkt doppelt schlecht in Zeiten der Not, wo die Lebensmittel und Bedarfsartikel äußert knapp sind.

So wie bisher kann es nicht weitergehen! Die gewerkschaftlich organisierte Arbeiterschaft, ganz gleich ob am Schraubstock, hinter dem Pflug oder hinter dem Schreibtisch, ist nicht bereit, einen Weg zu gehen und mit anzusehen, wie durch einige passionierte Nichtstuer, Schieber und Wucherer unsere Wirtschaft zu Grunde gerichtet wird und die ehrliche Arbeit jeden Sinn verliert. Ein Arbeiter, der heute ein Durchschnittseinkommen von 28.- bis 30.- RM netto wöchentlich hat, was soll der anfangen? Er muss mit diesem Geld den Unterhalt für die Familie bestreiten, die Lebensmittel kaufen, die Wohnung bezahlen, die Kleider und Schuhe anschaffen und viele, viele Gebrauchsgegenstände, die verloren gingen, wieder ersetzen. Wie ist das möglich, wenn ein Bündel Karotten z.B. 40 Rpf. und mehr kostest, 1 Kohlrabi 20 – 30 Rpf., 1 Pfund Salat 60 Rpf., oder wenn man schon für das Pfund Heidelbeeren 8 – 12 Mark fordert, so dass schon für ein einfaches Mittagessen einige Mark ausgegeben werden müssen. Wie kann er zurechtkommen, wenn er für ein Paar Arbeitsschuhe, die früher 7 – 8 RM kosteten, 28 – 35 RM zahlen muss, wenn ihm für eine Arbeitshose oder einen Arbeitsanzug, den er sich irgendwie beschaffen muss, phantastische Preise abgefordert werden, wenn er für den Zentner Brennholz 3.75 RM hinlegen muss oder wenn er für die einfachsten Hausgeräte und Porzellansachen märchenhafte Preise zahlen soll. Wir fragen, wie kann er da zurechtkommen? Und wenn er dann noch auf den Genuss des Tabakrauchens und auf andere Dinge verzichten muss, weil es die nicht gibt und weil diese so sündhaft teuer sind, wenn er überdies noch zusehen muss, wie gewisse Geschäftsleute oder Faulenzer, Schieber und Wucherer alle die Dinge, die für ihn unerreichbar sind, sich gegenseitig zuschieben, wie kann er da noch Lust an der Arbeit haben?

Die gewerkschaftlich organisierten Arbeiter haben bisher Disziplin gehalten. Sie haben trotz der maßlosen Teuerung den Lohnstopp geachtet und müssen nun zusehen, wie sich ihr Lohn heute schon in einem unmöglichen Wettlauf mit den Preisen befindet. Sie müssen hungern, während andere immer mehr als satt werden. Sie müssen in elenden Quartieren hausen, das Herdfeuer teilen oder lange mühevolle Anmarschwege zur Arbeit gehen, während andere gemächlich sich in Sachwerte flüchten, ihre Häuser, Geschäfte und Wohnungen aufbauen und einrichten. Muss man sich da wundern, wenn die Arbeiter nicht mehr mittun wollen, wenn die Arbeitszeiten und die Arbeitsleistungen immer mehr absinken?

Nein, so kann es nicht weitergehen! Vielen Menschen in Deutschland geht es heute so, wie in dem Märchen »Hans im Glück«. Für einen augenblicklichen Vorteil geben sie ihren »Goldklumpen« her, um schließlich nur noch einen zerbrochenen Wetzstein zu haben, den sie für einen Schluck Wasser eintauschen. Hoffentlich haben Sieger und Besiegte aus der Vergangenheit gleichermaßen gelernt und wiederholen nicht die Fehler von 1918. Die Arbeiterschaft erwartet von den Männern, die heute an verantwortlicher Stelle den neuen Staat führen, endlich durchgreifende Maßnahmen. Es wäre an der Zeit, dass alle Geldnoten eingezogen, blockiert, für ungültig erklärt werden und neues Geld ausgegeben würde, in dem Maße, wie es sich der Einzelne durch eine wertschaffende Arbeit verdient hat. Es ist höchste Zeit, dass eine Neuordnung der Nahrungs- und Genussmittelverteilung erfolgt, in dem Maße, dass der Arbeiter in erster Linie mit seiner Familie auch satt werden kann. Es kann nicht schwer sein, zwischen Arbeitenden und Nichtarbeitenden einen Unterschied zu machen. Höchste Zeit ist es auch, dass den Preistreibern, Schiebern und Wucherern das Handwerk gelegt wird. Diese Parasiten kann man nicht verbieten, auch nicht bestrafen, sie muss man vernichten. Mit 1000 RM Geldstrafe und 4 Wochen Gefängnis mit Straferlass ist das allerdings nicht möglich. Auf wohllebende Schmarotzer kann unser Land verzichten, aber nicht auf die wertschaffende Arbeitskraft.

224b Erinnerungsbericht von Otto Botzum über die »Kohlenspringer«, 1946/47

Archiv Rudolf Schneider. Der Bericht wurde aufgezeichnet in den Siebziger Jahren des vorigen Jahrhunderts.

Schwierig war auch die Versorgung mit Brennstoff, den es offiziell nirgendwo zu kaufen gab. Aber: die Wälder um Hanau herum waren stark durch die Bombenangriffe in Mitleidenschaft gezogen. Es war an der Tagesordnung, dass die Leute mit kleinen Leiterwagen und sonstigen Fahrgeräten in den Wald zogen und von dort die Trümmerbäume nach Hause holten, um so Feuerholz für das Notwendigste (Wäsche kochen, Essen zubereiten usw.) zu haben. Eine andere Art und Weise an Brennstoff zu kommen war gefährlich und auch zuweilen mit schweren Opfern verbunden. Es ging darum, sich Kohlen zu verschaffen. Auf der Strecke Friedberg-Hanau fuhren die Kohlenzüge aus dem Ruhrgebiet in Richtung Bayern. Hinter der Dunlop mussten die Züge langsamer fahren, so dass geschickte Leute auf den fahrenden Zug aufspringen konnten. Diese waghalsigen Burschen bezeichnete man als »Kohlenspringer«, die nach folgender Methode vorgingen: In einem günstigen Augenblick sprangen sie auf den fahrenden Zug und begannen sofort Kohlen den Bahndamm hinunter zu werfen. Unten wurden die Kohlenbrocken dann von Helfern aufgelesen. Dies ging nicht immer gut ab, und es kam dabei auch zu Unfällen mit z.T. schweren Verletzungen. Mir ist bekannt, dass junge Menschen unter die Räder des Zuges kamen und ihre

Beine verloren. Nicht nur dies. Sogar zwei Todesopfer gab es allein auf diesem kurzen Streckenabschnitt zu beklagen.

224c Erinnerungsbericht des ehemaligen Jugendvertreters Oskar Ott über Kompensationsgeschäfte des Betriebsrates bei der Maschinenfabrik Wilhelm Schwahn, 1947

Ursula Krause-Schmitt, Werner Dreibus, Vom aufrechten Gang, von Widerständen und Stolpersteinen. Beiträge zur Gewerkschaftsgeschichte im Main-Kinzig-Kreis, Hanau 1993, S. 90.

Im März 1947 habe ich mich bei der Firma Schwahn gemeldet, um meine im Krieg begonnene und dann unterbrochene Lehre als Werkzeugmacher fortzusetzen. Der Meister schickte mich gleich zum Betriebsrat, um zu fragen, ob er mit meiner Einstellung einverstanden wäre. Ich bin dann im Portierhaus gelandet, da war ein gewisser Leo Herbert, ein Mann von kleiner Gestalt, leicht gerötetem Gesicht, der hat mich nach ein paar Nachfragen angenommen und dann gesagt: »Damit Du Bescheid weißt, wenn's Ärger gibt, kommst Du wieder zu mir. Und komm auch so noch mal vorbei, ich habe noch was mit Dir zu bereden.« Nach fünf Minuten war ich wieder bei ihm, und er fing an: »Damit Du Bescheid weißt, wir sind alle hier in der Gewerkschaft. Und die Gewerkschaft ist dafür da, dass wir unser Recht bekommen und ... und. Und wenn das schon vorher funktioniert hätte, dass alle organisiert gewesen wären, dann hätte es auch den Hitler gar nicht gegeben. Also hier gibt es keinen, der nicht in der Gewerkschaft ist, und ich fände es richtig, wenn Du auch drin bist. Und wenn was ist, ist auch die Gewerkschaft da und nicht nur der Betriebsrat!« Und er reichte mir mit den Worten »Ich hab's schon ausgefüllt!« den Aufnahmeantrag rüber. So wurde ich mit 17 Jahren zum 1. April 1947 Mitglied beim Freien Gewerkschaftsbund Hessen, Bezirk Hanau.

Paar Monate später ging es dann um die Jugendvertretung: Der Leo Herbert hat eine Jugendversammlung einberufen und mich für den Betriebsjugendausschuss vorgeschlagen. Wir waren drei Mann, kein Mädchen war darunter, es gab nur männliche Lehrlinge, und ich war der Vorsitzende. Als solcher durfte ich immer an den Betriebsratssitzungen teilnehmen, die jeden Freitag obligatorisch um 9 Uhr stattgefunden haben. Dort wurde alles durchgehechelt von der nicht mehr funktionierenden Kaffeemaschine über die Wärmer für die mitgebrachten Tender bis zu den Kompensationsgeschäften, z.B. Zahnräder gegen ein Fass Heringe aus Hamburg. Als das Fass dann ankam und sie es im Betriebsratszimmer aufgemacht haben, um die Heringe zu verteilen, da hatten die Drecksleut nur lauter Köpfe und Schwänze reingepackt, das ganze Fass voll. Daraufhin hat sich einer den Plastikbomber vom Treuhänder, so einen Zweitakter mit Holzvergaser, geben lassen und ist damit nach Hamburg gefahren, ohne Unterbrechung, und hat denen die Zahnräder wieder abgenommen. Und in Zukunft sah's dann so aus: Alle Kompensationsgeschäfte wurden bei uns im Hof unter Aufsicht des Betriebsrates abgewickelt. Wer was von uns wollte, der musste kommen und uns beliefern, wir haben besichtigt und ausprobiert. Uns hat keiner mehr beschissen. Und ich, als jugendlicher Held, war da mittendrin. Ich habe da erst mal gemerkt, was Gewerkschaft ist, und diese Leute waren für mich natürlich prägend. Mit Leo Herbert hatten wir einen Betriebsratsvorsitzenden, der die Firma wirklich von der ersten Stunde an in der Hand gehabt und alles organisiert hat, so dass die Frau Schwahn befürchtete, man wolle den Betrieb enteignen und in eigener Regie übernehmen. Der Betriebsrat, das waren Sozialdemokraten und Kommunisten, aber diese Unterschiede hat man im Betrieb nicht gemerkt, weil das alles Männer gewesen sind, der Keßler, der Kommunist, ebenso wie der Sozialdemokrat Herbert, die sich um ihre Kolleginnen und Kollegen gesorgt haben. Wenn da einer gemerkt hat, der sieht ja heute so blass aus, der Bub, was ist denn los mit ihm, es gab ja nichts zu fressen, dann hat er was zum Essen mitgebracht: Äpfel aus dem Garten oder mal ein Ei.

Ich selbst bin 1947 im Mai auf der Werkzeuggalerie vor dem Schraubstock gestanden, drei Tage nur Maisgrieß zu fressen gehabt – ich konnte die gelbe Farbe jahrelang nicht mehr sehen – auf einmal klatsch um und ich war fort. Wie ich wieder zu mir gekommen bin, habe ich auf einer Bank gelegen und sie haben sich um mich gekümmert, mir was zu Essen besorgt. Da gab es keinen Unterschied, ob Kommunist oder Sozialdemokrat. Den politischen Machtkampf, den habe ich erst später in der Gewerkschaft, nicht im Betrieb kennengelernt.

225 — August 1947

Aufruf des Freien Gewerkschaftsbundes (FGB) Hessen, Bezirk Hanau, zur Betriebsratswahl

DGB-Archiv Hanau. Anmerkung: Genehmigt durch die Militärregierung.

Zur Betriebsratswahl 1947

Kolleginnen! Kollegen!

Am 15. August 1947 endet die Wahlperiode der im Jahre 1946 gewählten Betriebsräte, da nach Art. III Absatz 2 des Kontrollratsgesetzes Nr. 22 und nach den Richtlinien des Freien Gewerkschaftsbundes Hessen, Abs. 8, die Betriebsräte ihr Amt nur ein Jahr ausüben. Ihr habt in dem verflossenen Jahr Gelegenheit gehabt, die Tätigkeit eures Betriebsrates zu beobachten, ob er seiner Pflicht, die Rechte der Belegschaft zu sichern, und seinen ihm gestellten Aufgaben gegenüber dem Volksganzen gerecht geworden ist. Es hat Betriebsräte gegeben, die in ihrem Betrieb Vorbildliches geleistet haben, es gab allerdings auch solche, die sich nur als ausführendes Organ der Anordnungen der Betriebsleitung missbrauchen ließen, ohne eigene Initiative zu entwickeln, zu der alle Vorraussetzungen fehlten. Es kommt nicht darauf an, in den Betriebsversammlungen Resolutionen und Entschließungen gegen Maßnahmen der Regierung oder Beschlüsse gesetzgebender Körperschaften fassen zu lassen, sondern im Sinne der ihnen gestellten Aufgaben tätig zu sein.

Welche Aufgaben hat der Betriebsrat?

1. Mit den Arbeitgebern über die Anwendung der Tarifverträge und der internen Betriebsordnung zu verhandeln.
2. Mit den Arbeitgebern über Vereinbarungen für den Erlass von Betriebsordnungen zum Zwecke des Arbeitsschutzes, Regelung von Einstellungen und Entlassungen und Abstellung von Beschwerden zu verhandeln.
3. Dem Arbeitgeber Vorschläge für die Verbesserung der Arbeitsmethoden und Produktionsweise zur Vermeidung von Arbeitslosigkeit zu unterbreiten.
4. Beschwerden zu untersuchen und mit dem Arbeitgeber zu besprechen, und bei der Schlichtung von Arbeitsstreitigkeiten behilflich zu sein.
5. Mit den Behörden bei der Verhinderung aller Rüstungsindustrie und bei der Entnazifizierung von öffentlichen und privaten Betrieben zusammen zu arbeiten.
6. An der Schaffung und Leitung von sozialen Einrichtungen, die der Wohlfahrt der Arbeiter eines Betriebes dienen sollen, mitzuwirken.

Die Betriebsräte bestimmen im Rahmen des Gesetzes selbst ihre Aufgaben im Einzelnen und die dabei zu befolgenden Verfahren. Die Betriebsräte sind die Verbindungsleute der Gewerkschaften in den Betrieben, es ist daher ganz selbstverständlich, dass nur solche Mitarbeiter in den Betriebsrat gewählt werden, die Mitglied einer Gewerkschaft sind.

Die Gewerkschaften sind mit die Träger der Wirtschaft Deutschlands. Sie erstreben die Wirtschaftsplanung und die Produktionslenkung im Sinne der Bedarfswirtschaft. Deshalb sind die Gewerkschaften daran interessiert, dass nur solche Kolleginnen und Kollegen in den Betriebsrat gewählt werden, die in der Lage sind, die Produktion ihres Betriebes zu überschauen, die zweckmäßige Verwendung vorhandener Rohstoffe und den Absatz der fertigen Produkte zu überwachen. Deshalb prüft die Wahlvorschläge und gebt nur den Kolleginnen und Kollegen Eure Stimme, bei denen sich Sachlichkeit und Könnertum paart! Die Betriebsratswahlen sind genau so wichtig, wenn nicht gar noch wichtiger, als die Wahlen zu den Parlamenten, denn hier greift jede Handlung unmittelbar in den Wirtschaftsprozess ein. Bewertet daher Eure Kandidaten nicht nach Großsprecherei, Kritik und Negierertum, sondern maßgeblich ist und bleibt das Können und die Leistung. Ihr entscheidet bei der Betriebsratswahl, ob die Wirtschaft Deutschlands schnell gesundet und mit sozialistischem und demokratischen Geiste erfüllt wird.

Deshalb die befähigsten Kolleginnen und Kollegen in den Betriebsrat! Um eine Einheitlichkeit der Wahlperiode sämtlicher Betriebsräte zu erreichen, ordnen wir an, dass die Betriebsratswahlen in allen Betrieben in der Woche vom 1. bis 6. September 1947 stattfinden. Bis zu diesem Zeitpunkt sind alle Vorbereitungen zu treffen. Wahlaushänge und Vordrucke für die Wahlniederschriften sind umgehend im Büro des FGB, Bezirk Hanau, Schloss Philippsruhe, Zimmer 14, beziehungsweise bei den Vorständen der Industrie-Gewerkschaften, in Empfang zu nehmen.

226 14. September 1947

Bericht des »Mitteilungsblattes für den Stadt- und Landkreis Hanau« über die Gedenkfeier für die Opfer des Naziregimes

Mitteilungsblatt für den Stadt- und Landkreis Hanau Nr. 127, 20. September 1947.

Unsterbliche Opfer mahnen
Erhebende Gedenkfeier in Wilhelmsbad

In würdiger Weise gedachte die Bevölkerung von Hanau-Stadt und -Land am 14. September der Opfer des Naziregimes, deren heiliges Vermächtnis mahnend und aufrüttelnd zugleich die Herzen einer überaus zahlreichen Teilnehmerschaft der erhebenden Gedenkfeier im leider viel zu kleinen Saale des Kurhauses Wilhelmsbad erfüllte. Den tiefen Sinn dieses Gedenktages erschloss eingangs Studienrat Saffran, der die Grüße des Kreisverbandes Hanau der Vereinigung der Verfolgten des Naziregimes (VVN) entbot. Als Stimme der Mahnung wolle der Tag gelten in einem Augenblick, in dem Hass und Misstrauen, Lüge und Gewalt schon wieder leichtfertig ihr Haupt zu erheben beginnen und an eine entschlossene Umkehr der Geister nach der schrecklichsten Katastrophe aller Zeiten zweifeln lassen, was vor allem für Deutschland mit seinen noch immer fest verwurzelten Idolen vergangener Tage gilt.

»Nie dürfen wir das Blutopfer jener ungezählten Aufrechten vergessen, die gestorben sind, auf dass wir leben und die verlorene Freiheit wiedererlangen«, so klang es in mahnender Eindringlichkeit aus der Gedenkansprache des Oberbürgermeisters Rehbein, der noch einmal die schwärzeste Zeit deutscher Geschichte in ihrer ganzen erschütternden Tragik vor uns wach werden ließ und das schändliche Treiben des verbrecherischen Naziregimes geißelte, das den Namen des deutschen Volkes für Jahrhunderte geschändet hat. Angesichts der im Namen des deutschen Volkes begangenen Verbrechen dürfen wir uns heute nicht wundern über den Hass, der sich in der ganzen Welt gegen uns angesammelt hat. Verkehrt wäre es, nicht einsehen zu wollen, dass wir alle uns im gewissen Sinne mitschuldig gemacht haben, indem wir es zwölf Jahre lang geduldet und die Augen davor geschlossen haben, dass millionenfacher Mord über Deutschland und die ganze Welt rasen konnte. Das größte Unglück aber wäre es, heute die Augen vor dem entsetzlichen Geschehen verschließen zu wollen und nicht die nötigen Lehren für die Zukunft aus ihm zu ziehen. Nicht blinder Hass dürfe fortan herrschen, sondern mit vereinten Kräften müsse man an den Aufbau einer besseren Welt herangehen. Die Verantwortlichen des Schreckensregiments aber sollten und müssten nach Recht und Gesetz den Gerichten zur Aburteilung ausgeliefert werden. Abschließend gab Oberbürgermeister Rehbein der Hoffnung Ausdruck, dass unser heutiges nationales Unglück zu einem engen Zusammenstehen und einem Näherkommen von Mensch zu Mensch führen möge, denn nur so werde für unser Volk eine bessere Zukunft erwachsen.

Von dem schon seit Jahrhunderten geführten großen Kampf für eine Welt des Rechtes und der Gerechtigkeit, für die auch die teueren Opfer des Faschismus ihr Leben hingaben, ging Landtagsabgeordneter Leo Bauer in seiner Gedenkansprache aus. Von ungeheurer Tragik sei dabei, dass Deutschland der Welt auf der einen Seite einen Goethe, Beethoven, Karl Marx und Engels geschenkt habe, auf der anderen Seite die größten Henker und Verbrecher aller Zeiten wie Hitler, Himmler, Göring und Konsorten hervorgebracht habe. Wenn wir uns heute die Frage vorlegten, wie wir bisher die Mission der toten Kameraden erfüllt haben, so müssten wir uns unserer Antwort schämen. Abgeordneter Bauer erinnerte in diesem Zusammenhang an die menschenunwürdige Behandlung der jüdischen Exodus-Flüchtlinge und an unsere heutige Lage in Deutschland. Denn, während wir trauernd der Toten gedenken, träfen sichtbar wieder jene dunklen Kräfte ihre Vorbereitungen, die mit der Dummheit, Müdigkeit und Angst der antifaschistischen Kreise rechnen. Nur im gemeinsamen Kampfe für Freiheit, Frieden und Wohlergehen aller Völker könne sich die Mission der unsterblichen Opfer erfüllen. Noch tausendmal schrecklichere Zeiten aber würden wiederkommen, wenn wir schon den Beginn der Freiheit leichtsinnig verspielten.

Der Volkschor Hanau und sein 13er Quartett, musikalische und rezitatorische Darbietungen im Geiste des Tages umrahmten die Feierstunde, die alle Teilnehmer aufs Tiefste beeindruckte.

227 **Juni – Juli 1948**

Die Währungsreform

227a Protokoll der Vorstandssitzung des FGB Hessen, Bezirk Hanau (Auszug), 29. Juni 1948

DGB-Archiv Hanau.

Zu Punkt 2 gibt Kollege Fischer einen Bericht zur jetzigen Situation nach der Währungsreform. Er geht aus von der Sitzung, die am Vortag mit dem Arbeitsausschuss des Arbeitsamtes, den Arbeitgeberorganisationen und den Gewerkschaften stattgefunden hat. Die Ansprache in der erwähnten Sitzung war sehr aufschlussreich und interessant. Kollege Fischer gibt Kenntnis von einem Expose, das von ihm für diese Sitzung ausgearbeitet worden ist, und [es] enthält eine scharfe Kritik an den bisherigen Zuständen und an der Auswirkung der Währungsreform, die von der Militärregierung vorbereitet worden ist und von ihr auch verantwortet werden muss; denn deutsche Regierungsstellen hätten sich bestimmt nicht bereitgefunden, eine solche Reform herauszubringen, die Deutschland in zwei Teile spaltet. Der gesuchte und gewollte wirtschaftliche Aufbau ist nicht in dem Maße erreicht, wie es wünschenswert war; er wurde hauptsächlich dadurch verhindert, dass unverantwortliche Elemente die Not des Volkes und die bestehenden Mangelerscheinungen dazu benutzten, um sich persönlich zu bereichern. Das eine gute hat die Währungsreform gehabt, dass [sie] diesen unsauberen Elementen die Früchte ihres unsauberen Handwerks wieder genommen hat. Trotzdem liegt kein Anlass zum Pessimismus vor, im Gegenteil müssen wir mit Optimismus an die Arbeit gehen, um die deutsche Wirtschaft nach der Neuordnung des Geldes wieder aufzubauen und zu konsolidieren. Es kann möglicherweise eine Arbeitslosigkeit in geringem Umfange eintreten, die aber nur von kurzer Dauer sein kann. Es ist deshalb notwendig, dass alle Maßnahmen getroffen werden, um eine weitgehende Erschütterung der deutschen Wirtschaft zu verhindern. Wir stehen also vor einer Aufgabe, die zu meistern wir alle Kraft einsetzen müssen. Die Aussprache mit der Unternehmerschaft hat ergeben, dass sie der Auffassung sind, dass die Industrie und die Produktion nicht mit den empfohlenen Akzepten und Wechseln aufrecht erhalten werden kann, es muss für möglichst langfristige Bankkredite gesorgt werden zur Zahlung von Löhnen und Gehältern und zur Beschaffung von Rohmaterialien. Die Ausschüttung der Kopfquote einheitlich in gleicher Höhe ist ein Unrecht gewesen, denn dadurch wurden die bereits bestehenden Härten nicht nur nicht ausgeglichen, sondern neue geschaffen. Vor dem Bestreben der Arbeitgeber, die Auswirkungen der Währungsreform allein auf die Schultern der Arbeitnehmer abzuwälzen, muss ernstlich gewarnt werden. Ein erfreuliches Zeichen hat sich jedoch herausgebildet, dass die Arbeitsmoral durch die Währungsreform sich wesentlich gebessert hat. Die Fehlschichten in den meisten Betrieben sind weit über die Hälfte abgesunken. Die Gewerkschaften müssen aber nunmehr alles einsetzen, um die Lohnverhältnisse nicht abgleiten zu lassen und die eventuell einsetzende Arbeitslosigkeit aufzufangen.

In der anschließenden Aussprache stellt Kollege Ernst fest, dass die Währungsreform gelungen sei, die Taschen der Arbeitnehmer sind leer. Die Erfahrungen der letzten Tage gehen dahin, übertarifliche Leistungen abzubauen, und es wird sogar der Versuch unternommen, den Arbeitern untertarifliche Löhne anzubieten. Die Deutsche Mark muss eine reale Zahlungsbasis finden, um mit dem Ausland Handel treiben zu können, damit die deutsche Wirtschaft gesunden kann. Er polemisiert gegen den Groß- und Einzelhandel und beweist an einem Beispiel, wie der Handel mit unlauteren Mitteln versucht, die Notlage und den zur Zeit noch bestehenden Mangel zur Kapitalbildung zum eigenen Nutzen auszuwerten. Die Rechte der arbeitenden Menschen müssen unter allen Umständen gesichert werden. Kollege Mattes weist darauf hin, dass durch die Aufhebung der Bewirtschaftung bisher bewirtschafteter Gegenstände und Waren Arbeitskräfte freigesetzt werden. Es muss dafür gesorgt werden, diese Kräfte an anderen Stellen wieder unterzubringen. Kurzarbeit ist keine Lösung, Notstandsarbeiten werden nicht zu vermeiden sein als Mittel zur Verhinderung wirtschaftlicher Störungen. Besonders die Bauwirtschaft kann und darf nicht zum Erliegen kommen, wenn die dringend notwendige Beschaffung von Wohnraum gesichert werden soll. Wo Schwierigkeiten eintreten, muss die öffentliche Hand eingreifen, wenn Private und Industrie die Bautätigkeit nicht aufrecht erhalten können. Die Neuordnung der Währung kann nur sinnvoll sein, wenn zugleich eine Neuordnung der Wirtschaft durchgeführt wird. Wir haben als Gewerkschaften dafür zu sorgen, dass der Anteil des Sozialprodukt gerecht verteilt wird, damit auch der Arbeiter zu seinem Recht kommt. Um diesen gerechten Anteil nicht auf der anderen Seite wieder abschöpfen zu lassen, müssen die Handelsspannen im Groß- und Kleinhandel auf ein erträgliches Maß zurückgeführt werden. Zur Zeit sind die Handelsspannen ungesund überhöht, wie Redner an einigen durchschlagenden Beispielen demonstriert. Es ist nicht nur die Aufgabe der Gewerkschaften für höhere Löhne und für ausreichenden Urlaub zu sorgen, sondern eine gerechte Ordnung in der Gesamtwirtschaft herbeizuführen. Kollege Eckhardt erklärt, dass in der kommenden Zeit schwierige Momente zu überwinden sind. Ohne Marshall-Plan keine Währungsreform, ohne Währungsreform kein Besatzungsstatut. Er unterzieht die bereits eingetretene Erkrankung der deutschen Wirtschaft gegenüber der ausländischen Exportindustrie einer mit Zahlen bewiesenen Kritik. Die Industrieherren wittern wieder Morgenluft. Wir müssen alle Kraft einsetzen, um den Arbeitern in den Betrieben ihr Los zu erleichtern. Notwendig sind Kontrollausschüsse, die mit den örtlichen Preisbehörden die Preisbindung überwachen. Die Erwerbslosigkeit wird nicht zu verhindern sein, es ist deshalb notwendig, einen Entlassungsstop herbeizuführen, um der Willkür der Industrieherren entgegenzuwirken. Nutznießer der Währungsreform ist der Groß- und Kleinhandel. Er hält es für angebracht, einen Aufruf des Bundes an die Arbeiter herauszubringen, damit Aufklärung über die derzeitigen Verhältnisse gegeben wird. – Kollege Breidenbach weist auf die Lage der Angestellten hin, die in den Betrieben jetzt überflüssig werden, die von den Arbeitgebern nach Willkür und Gutdünken zu jedem beliebigen Lohn eingesetzt werden. Den Betriebsräten muss in dieser Hinsicht eine Sicherheit gegeben werden. Kollege Kallnick ist der Ansicht, dass der derzeitige Zustand nur eine Schockwirkung sei, wir dürfen deshalb nicht pessimistisch sein, warten wir doch erst einmal 4–6 Wochen ab, bis sich ein klarer Überblick ermöglichen lässt. Die Kredite sind deshalb zurückgehalten worden, um die gehorteten Waren und die fertigen Produkte zu lockern. Für alle Exporte muss ein Gegenwert geschaffen werden; es kann nicht der Sinn der Maßnahmen der Militärregierung sein, die deutsche Wirtschaft zu zerschlagen, denn auch die Besatzungsmächte können sich einen brodelnden Wirtschaftsherd in Europa nicht leisten. Notwendig ist, dass die Verbraucher auch beim Einkauf Disziplin wahren, denn die derzeit bestehenden Preise werden auf die Dauer nicht bestehen bleiben. Die Gewerkschaften müssen stur am Reallohn festhalten, die Löhne dürfen nicht gekürzt werden. [...]

227b Aufruf des Aktionsauschusses des FGB Hessen, Bezirk Hanau mit Gelnhausen und Schlüchtern, Juli 1948

DGB-Archiv Hanau.

An alle Gewerkschaftsmitglieder!
Kolleginnen und Kollegen!

Am 20. Juni 1948 ist eine große Entscheidung gefallen. Es kommt nun darauf an, dass diese Entscheidung auch wirklich zum Wohle und zum Nutzen des deutschen Volkes umgewertet wird. Mit dieser Entscheidung wird uns die Rechnung der verbrecherischen Nazipolitik vorgelegt, und wenn viele das erarbeitete und ersparte Vermögen wieder verloren haben, so ist das einzig und allein auf diese abenteuerliche Politik der Nazis zurückzuführen. Vierundzwanzig Stunden nach dieser Entscheidung wurde offensichtlich, dass bisher an dem schaffenden Volk ungeheure Verbrechen verübt wurden. Nach der Geldneuordnung wurden die bisher in der großen Not des deutschen Volkes gehorteten Waren sichtbar. Es zeigt sich also, wie ungeheuerlich das Verbrechen war, das von gewissen Kreisen an dem eigenen Volk begannen wurde. Es zeigt sich aber auch, dass dieselben Kreise dabei sind, ihre verbrecherischen Methoden weiterhin fortzusetzen, indem sie die gehorteten Waren zu ungerechtfertigten Preisen dem werktätigen Volk vorsetzen. Die Gewerkschaften fordern von den zuständigen unteren Verwaltungsbehörden in Stadt und Land, dass mit aller Rücksichtslosigkeit gegen diese Kreise nunmehr vorgegangen wird.

Unverantwortlich wäre es, wenn im Zuge dieser Geldneuordnung die Arbeiter, Arbeiterinnen und Beamten ihre Arbeitsstelle verlieren müssten und erwerbslos würden. Es wäre widersinnig und geradezu unverständlich, wenn angesichts des großen Arbeitsvolumens, das vor uns liegt, wir eine Erwerbslosenarmee unterstützen müssten. Wir haben eine so ungeheuere Fülle von Arbeit und Aufgaben vor uns, dass schon der Gedanke an eine Erwerbslosigkeit absurd ist. Darum muss von den verantwortlichen Stellen alles getan werden, um den volkswirtschaftlich notwendigen Arbeitsplatz zu erhalten. Wir sind uns darüber klar, dass die Zeit der großen strukturellen Umwandlung schon längst gekommen war. Weil der Umwandlungsprozess so weit hinausgeschoben wurde, deshalb ist er so schwierig geworden, und weil diese notwendige Neuordnung nur einen Teil der deutschen Nation im Gegensatz zum anderen Teil stellt, deshalb ist es so schmerzvoll, und weil die Alliierten sich nicht einig sind, deshalb ist es so gefahrvoll. Aber die Geldneuordnung ist notwendig.

Wie immer bei großen Entscheidungen wird auch diesmal die Reaktion versuchen, zum Zuge zu kommen. Darum müssen sich die Gewerkschaftsmitglieder und alle schaffenden Menschen um so fester zusammenschließen. Es kommt jetzt darauf an, nicht nur die Arbeitskraft, sondern auch die Arbeitsstelle, Lohn und Brot dem schaffenden Menschen zu sichern. Der Kampf um die gerechte Verteilung des Sozialproduktes wird entbrennen. Je stärker und geschlossener die Gewerkschaftsfronten stehen, um so leichter werden wir den Angriffen der Reaktion entgegentreten können. Darum Kolleginnen und Kollegen, in dieser bedeutungsvollen Stunde gilt es, uns zu einer Schicksalsgemeinschaft zu verschmelzen. Gemeinsame Not wird nur gemeinsam überwunden.

Die Gewerkschaften haben, um der Situation gerecht zu werden, einen Aktionsausschuss gebildet, um gemeinsam das zu tun, was im Interesse der schaffenden Menschen jetzt nur getan werden muss. Alle betrieblichen Schwierigkeiten, die sich aus der Neuordnung ergeben, sind über den Betriebsrat an den Aktionsausschuss in Schloss Philippsruhe, Zimmer 14, zu richten.

Tabellen

Verzeichnis der Tabellen und Abbildungen

Tabelle/Abbildung 1

Bevölkerungsentwicklung in Hanau, 1819–2005 (jeweilige Stadtgebietsfläche)

Jahr	Bevölkerung	Jahr	Bevölkerung	Jahr	Bevölkerung	Jahr	Bevölkerung	Jahr	Bevölkerung
1819	9 634	1864	17 164	1914	39 736	1927	39 031	1950	31 477
1827	13 792	1871	20 292	1915	39 489	1928	39 251	1951	34 703
1832	13 983	1875	22 409	1916	37 637	1929	40 262	1955	43 464
1834	14 834	1880	23 086	1917	36 804	1930	40 086	1960	46 244
1837	14 733	1885	24 377	1918	35 536	1931	40 012	1965	51 823
1840	14 923	1890	25 029	1919	38 957	1933	40 655	1970	55 492
1843	15 265	1895	27 655	1920	37 765	1939	42 191	1972	57 073
1846	16 329	1900	29 847	1921	37 699	1945[1]	ca. 6 000	1975	88 017
1849	16 690	1905	34 307	1922	37 476	1945[2]	20 984	1980	86 402
1852	15 923	1910	37 472	1923	37 468	1946[3]	23 160	1981	86 619
1855	15 255	1911	37 807	1924	37 890	1947	24 473	1982	86 261
1858	16 165	1912	37 810	1925	38 670	1948	26 527	2000	88 294
1861	16 585	1913	38 090	1926	38 930	1949	28 643	2005	88 546

1 März 2 Oktober 3 Oktober

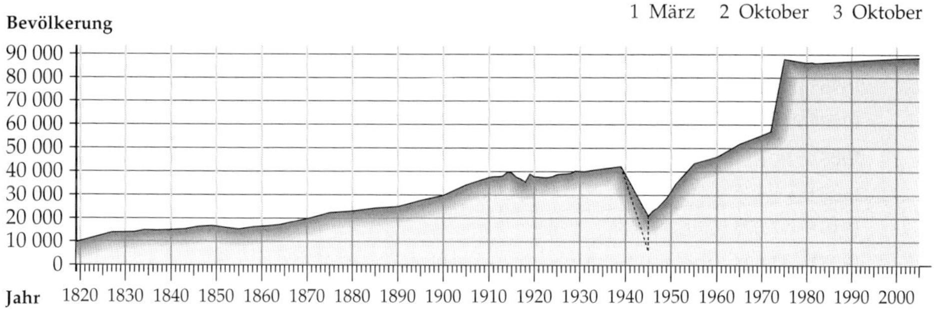

Quellen:

- 1819, 1834, 1852, 1871, 1880, 1890, 1900, 1910, 1925, 1933: Statistisches Reichsamt (Hrsg.), Statistik des Deutschen Reichs, Bd. 451/1, Berlin 1935, S. 37.
- 1827, 1832, 1837, 1840, 1843, 1846, 1849, 1855, 1858, 1861, 1864: Dieter Gessner, Die Anfänge der Industrialisierung am Mittelrhein und Untermain 1780–1866, Frankfurt/M. 1996, S. 266.
- 1875: HA Nr. 129, 4.6.1930.
- 1885: Statistik des Deutschen Reichs, Bd. 32, Berlin 1888, S. 53.
- 1895: Ebd., Bd. 151, Berlin 1903, S. 753.
- 1905: Ebd., Bd. 240, Berlin 1915, S. 142.
- 1911–1918: Bericht über die Verwaltung und den Stand der Gemeindeangelegenheiten der Stadt Hanau für die Rechnungsjahre 1911–1919, o. O., o. J., S. 10.
- 1919–1922: HA Nr. 284, 4.12.1922.
- 1923–1924, 1926–1928: HA Nr. 214, 11.9.1928.
- 1922–1931: HA Nr. 207, 5.9.1931; HA Nr. 212, 9.9.1932.
- 1939: Statistik des Deutschen Reichs, Bd. 552/1, Berlin 1943, S. 78.
- 1945[1]: Mitteilungsblatt der Stadtverwaltung Hanau Nr. 29, 27.10.1945.
- 1945[2] und 1946: Staat und Wirtschaft in Groß-Hessen, Heft 1, 1.10.1946, S. 6 f.; Heft 2, 1.12.1946, S. 7.
- 1947–1951: Magistrat der Stadt Hanau (Hrsg.), Hanau 1948–1952. Vier Jahre Arbeit und Erfolge, ein Rückblick und ein Ausblick, Hanau 1952, S. 5.
- 1955–1982: Magistrat der Stadt Hanau (Hrsg.), Hanau 1834–1984. In 150 Jahren 13 gewählte Oberbürgermeister, Hanau 1984, S. 34.
- 2000, 2005: Magistrat der Stadt Hanau, Statistikstelle.

Anmerkungen:

- Stichtage: 1. Dezember: 1871, 1875, 1880, 1885, 1890, 1895, 1900, 1905, 1910; 3. Dezember: 1834, 1840, 1846, 1852, 1858, 1864; 31. Dezember: 1929–1931, 1947–2000; 19. März: 1945[1]; 1. April: 1911–1924, 1926–1928; 16. Juni: 1925, 1933; 17. Mai: 1939; Ende Oktober: 1945[2], 1946
- Gebietsveränderungen: 1907: am 1. April Kesselstadt eingemeindet; 1928: am 15. September Wilhelmsbad eingemeindet; 1972: am 1. Januar Mittelbuchen eingemeindet; 1974: am 1. Juli Großauheim, Wolfgang, Steinheim, Klein-Auheim und der Wachenbuchener Ortsteil Hohe Tanne eingemeindet.

Tabelle/Abbildung 2

Bevölkerungsentwicklung im Landkreis Hanau und in ausgewählten Gemeinden des Landkreises Hanau und im Kreis Offenbach, 1819–1948

	Landkreis Hanau[1]	Dörnigheim	Großauheim[2]	Großkrotzenburg	Kesselstadt[3]	Langendiebach	Langenselbold	Groß-Steinheim[2]	Klein-Steinheim[2]	Klein-Auheim[2]
	Landkreis Hanau							Kreis Offenbach		
1819	–	479	1 114	617	436	779	1 682	•	•	•
1866	–	962	2 075	1 004	805	1 414	2 755	•	•	•
1880[4]	35 989	1 213	2 687	1 111	1 284	1 707	3 195	•	•	•
1885[4]	36 943	1 273	2 761	1 122	1 256	1 776	3 149	•	•	•
1890[4]	39 457	1 253	3 077	1 253	1 397	1 770	3 572	•	•	•
1895[4]	42 667	1 343	3 467	1 344	1 499	1 873	3 805	2 121	1 941	1 948
1900[4]	48 412	1 555	4 245	1 516	2 007	2 001	4 279	2 276	2 347	2 148
1905[4]	•	1 875	5 336	•	•	2 116	4 951	2 448	2 642	2 598
1907[4]	•	•	•	•	2 802	•	•	•	•	•
1910[4]	57 075	2 167	6 368	1 829	–	2 275	5 305	2 789	3 085	3 015
1925[5]	53 524	•	•	•	–	•	•	•	•	•
1933[5]	56 661	2 675	7 518	2 579	–	2 684	6 147	3 027	3 572	3 709
1939[6]	60 138	•	•	•	–	•	•	•	•	•
Okt. 1945	68 901	•	•	•	–	•	•	•	•	•
Dez. 1945	69 105	•	•	•	–	•	•	•	•	•
Okt. 1946	76 101	•	•	•	–	•	•	•	•	•
Febr. 1948	78 675	•	•	•	–	•	•	•	•	•

Zeichenerklärung: – Statistische Menge nicht vorhanden.
• Statistische Menge nicht bekannt.

Quellen:
- 1819, 1866, 1910 (betr. die Gemeinden im Landkreis Hanau): J. Wagner, Die Gerichte, Staats- und Kommunal-Verwaltungsbehörden in Hanau Stadt und Land und deren Umwandlungen in den Jahren 1801 bis 1911, Hanau 1911, S. 20 f.
- 1880–1939: Statistisches Reichsamt (Hrsg.), Statistik des Deutschen Reichs, Bd. 32, Berlin 1888, S. 53; Ebd., Bd. 68, Berlin 1894, S. 127; Ebd., Bd. 151, Berlin 1903, S. 546, 753, 768; Ebd., Bd. 240, Berlin 1915, S. 21, 39, 142; Ebd., Bd. 451/1, Berlin 1935, S. 3/53, 130; Ebd., Bd. 456/25, Berlin 1936, S. 48; Bd. 456/33, Berlin 1936, S. 43; Ebd., Bd. 552/1, Berlin 1943, S. I/78; Ernst J. Zimmermann, Hanau, Stadt und Land, Hanau 1903/04, S. 792.
- 1945–1946: Staat und Wirtschaft in Groß-Hessen, Heft 1, 1.10.1946, S. 7; Heft 2, 1.12.1946, S. 7.
- Febr. 1948: Frank Eisermann, Dokumentation zum Schicksal der Zwangsarbeiter und Kriegsgefangenen, der Flüchtlinge und Vertriebenen im Main-Kinzig-Kreis. Berichte, Dokumente, Interviews, 2. Auflage Hanau 1993, S. 137.

Anmerkungen:
1 1.4.1886: Entstehung des Stadtkreises Hanau; 1.4.1928: Fechenheim aus dem Landkreis Hanau nach Frankfurt eingemeindet; 15.9.1928: Wilhelmsbad aus dem Landkreis Hanau nach Hanau eingemeindet.
2 1.7.1974: nach Hanau eingemeindet.
3 1.4.1907: nach Hanau eingemeindet.
4 Stichtag am 1. Dezember.
5 Stichtag am 16. Juni.
6 Stichtag am 17. Mai.

Tabelle/Abbildung 3

Sozialdemokratischer Stimmenanteil in der Hauptwahl[1] bei den Reichstagswahlen im Wahlkreis Hanau-Bockenheim-Gelnhausen-Orb[2] und im Kreis Hanau Stadt, 1871–1912

Jahr	Wahlkreis		Stadt Hanau		sozialdemokratischer Kandidat	gewählter Abgeordneter	Parteizugehörigkeit	Wahlmodus
	Stimmen	in %[3]	Stimmen	in %[3]				
1871	1 141	12,1	•	•	Jacob Jodry	Hermann Weigel	National-liberal	Hauptwahl
1874	3 908	26,6	1 299	43,9	Ernst Bernh. Richter	Hermann Weigel	National-liberal	Hauptwahl
1877	5 622	31,8	1 648	48,2	Karl Frohme	Hermann Weigel	National-liberal	Stichwahl
1878	5 351	29,1	1 617	45,0[4]	Karl Frohme	Hermann Weigel	National-liberal	Stichwahl
1881	4 803	31,2	1 387	43,8	Karl Frohme	Karl Frohme	Sozial-demokrat	Stichwahl
1884	5 503	35,4	1 435	42,1[4]	Karl Frohme	Conrad Hellwig	Kon-servativ	Stichwahl
1887	5 203	24,5	1 472	38,5[4]	Karl Ulrich	Johann Heinr. Nickel	Freisinnig[6]	Stichwahl[7]
1890	8 446	38,6	2 190	51,4[4]	Adolf Geck	Karl Heinrich Schier	Kon-servativ	Stichwahl
1893	9 902	42,1	2 400	51,7[4]	Gustav Hoch	Wilh. Johannes Stroh	Kon-servativ	Stichwahl
1898	12 692	55,1	2 446	50,7	Gustav Hoch	Gustav Hoch	Sozial-demokrat	Hauptwahl
1903	15 470	47,7	2 970	51,7	Gustav Hoch	Georg Lucas	National-liberal	Stichwahl
1907	17 923	49,5	3 285	52,4	Gustav Hoch	Gustav Hoch	Sozial-demokrat	Stichwahl
1912	22 519	51,6	4 084	51,4[5]	Gustav Hoch	Gustav Hoch	Sozial-demokrat	Hauptwahl

Quelle:
Thomas Klein, Die Hessen als Reichstagswähler. Tabellenwerk zur politischen Landesgeschichte 1867 bis 1933, Bd. 1, Provinz Hessen-Nassau und Waldeck-Pyrmont 1867–1918, Marburg 1989, S. 457 ff.; Eigene Berechnungen.

1 Für das tatsächliche Kräfteverhältnis können lediglich die Ergebnisse des ersten Wahlganges, der Hauptwahl herangezogen werden.

2 Zum Wahlkreis Hanau-Bockenheim-Gelnhausen-Orb gehörten im Kaiserreich auch die Frankfurter Vororte Bockenheim, Berkersheim, Eckenheim, Enkheim, Eschersheim, Fechenheim, Ginnheim, Praunheim, Preungesheim und Seckbach.

3 Prozentwerte in Bezug zu den abgegebenen gültigen Stimmen. Abweichungen sind angemerkt.

4 In Bezug auf die Summe der Stimmen für die einzelnen Parteien, da die Zahl sowohl der abgegebenen Stimmen wie auch der abgegebenen gültigen Stimmen fehlt.

5 Zusammen mit den Wahlergebnissen von Kesselstadt.

6 Deutsche Freisinnige Volkspartei.

7 Entscheidung zwischen zwei bürgerlichen Kandidaten. Die Stichwahl in den anderen Fällen fand zwischen einem bürgerlichen und einem solzialdemokratischen Kandidaten statt.

Tabelle/Abbildung 4 Teil 1

Stimmanteile der Sozialdemokratie von über 50 Prozent bei den Reichstagswahlen in den Gemeinden des Landkreises Hanau, 1874–1887 (Ergebnisse der Hauptwahl)

Gemeinde	1874		1877		1878		1881		1884		1887	
	a	b	a	b	a	b	a	b	a	b	a	b
Bergen und Enkheim	94	38,2	94	38,2	206	43,5	194	46,3	225	52,0	241	44,8
Bischofsheim	44	34,4	16	10,1	53	31,7	52	44,1	81	59,1	69	36,9
Bruchköbel	21	18,3	60	37,0	14	10,3	24	10,9	26	22,4	32	21,8
Dörnigheim	120	72,3	171	90,0	142	74,3	92	57,5	126	78,3	119	60,1
Fechenheim	137	49,8	239	58,3	223	57,0	232	63,9	351	80,1	274	57,2
Großauheim	(265)	86,6	269	71,3	236	67,0	167	67,3	222	85,0	272	60,4
Großkrotzenburg	56	42,7	43	25,1	44	25,4	16	13,2	21	17,1	35	18,3
Kesselstadt	55	33,1	108	50,5	88	42,7	79	38,2	94	48,4	108	41,7
Kilianstädten	7	6,5	1	0,8	22	22,9	5	9,6	14	27,4	15	12,5
Langendiebach	48	17,2	105	36,1	125	45,1	108	51,9	117	57,6	127	42,9
Langenselbold	19	5,8	41	10,8	58	17,6	29	11,8	47	26,8	19	3,6
Mittelbuchen	32	34,8	21	17,9	21	15,3	22	23,1	17	18,7	31	19,4
Niederrodenbach	90	63,8	53	29,7	34	15,8	20	12,9	20	22,0	17	8,7
Ostheim	26	12,7	34	22,4	1	0,5	5	3,6	14	12,4	–	–
Ravolzhausen	7	6,2	58	45,3	46	48,4	36	36,0	47	67,1	44	32,3
Rückingen	84	49,1	107	64,5	115	64,2	102	55,7	99	66,0	85	46,2
Rüdigheim	17	6,2	62	57,9	16	20,5	7	7,7	26	38,8	18	9,8
Wachenbuchen	15	20,5	7	6,8	19	17,6	13	19,4	22	38,8	16	9,3
Windecken	63	25,7	78	27,6	34	11,2	40	21,4	46	28,6	68	24,0

Quelle:
Thomas Klein, Die Hessen als Reichstagswähler. Tabellenwerk zur politischen Landesgeschichte 1867 bis 1933, Bd. I, Provinz Hessen-Nassau und Waldeck-Pyrmont 1867–1918, Marburg 1989, S. 457 ff.; Eigene Berechnungen.

Anmerkungen:
- Spalten a = Stimmenzahl, Spalten b = Prozentberechnung in Bezug zu den abgegebenen gültigen Stimmen.
- In Betracht gezogen wurden nur die Gemeinden des engeren Hanauer Landkreises entsprechend der Zusammensetzung ab 1886.
- Die Reichtstagswahl 1871 konnte nicht dargestellt werden, da die Endergebnisse der Gemeinden fehlen. (Fortsetzung nächste Seite)

Tabelle/Abbildung 4 Teil 2

Stimmanteile der Sozialdemokratie von über 50 Prozent bei den Reichstagswahlen in den Gemeinden des Landkreises Hanau, 1890–1912 (Ergebnisse der Hauptwahl)

Gemeinde	1890		1893		1898		1903		1907		1912	
	a	b	a	b	a	b	a	b	a	b	a	b
Bergen und Enkheim	360	60,6	448	60,0	546	72,1	663	70,3	677	60,8	875	72,3
Bischofsheim	98	42,6	125	46,1	152	58,9	238	70,6	214	55,1	292	73,2
Bruchköbel	59	38,3	72	35,8	91	45,3	105	42,2	121	42,7	171	53,1
Dörnigheim	205	81,3	228	82,3	222	77,3	282	78,8	312	72,2	417	84,9
Fechenheim	441	72,3	597	71,9	940	80,1	1 159	70,3	1 284	68,1	1 513	68,6
Großauheim	383	77,4	424	68,0	406	63,1	587	62,6	728	67,5	823	59,1
Großkrotzenburg	50	29,1	69	37,1	58	34,3	112	37,5	142	59,9	217	56,6
Kesselstadt	140	93,9	153	59,8	178	63,8	305	59,8	372	56,9	417	50,1
Kilianstädten	43	31,8	52	30,8	72	56,2	108	49,3	165	56,7	228	70,6
Langendiebach	173	60,9	200	62,9	252	80,2	291	67,0	302	65,4	320	66,7
Langenselbold	114	22,7	160	28,7	278	56,5	398	45,3	488	48,5	646	61,3
Mittelbuchen	69	40,5	61	37,6	81	63,8	80	45,2	80	39,6	103	50,2
Niederrodenbach	53	26,4	39	19,4	90	40,0	106	37,9	125	41,2	154	46,8
Ostheim	18	7,4	19	11,2	37	28,0	127	47,2	113	35,6	167	54,6
Ravolzhausen	63	53,8	73	54,9	84	80,0	105	57,7	99	48,8	151	68,6
Rückingen	138	67,3	150	64,7	155	76,0	192	74,4	188	66,2	217	75,9
Rüdigheim	35	25,4	43	36,4	52	45,2	59	39,9	70	43,7	97	64,7
Wachenbuchen	66	36,7	69	31,2	82	42,0	129	51,4	116	44,1	165	58,9
Windecken	107	39,3	112	38,3	148	50,2	202	56,1	196	50,4	222	54,5

(Fortsetzung von vorheriger Seite)

- 1874: In Großauheim wurden die für den Sozialdemokraten Richter abgegebenen 265 Stimmen ohne Begründung für ungültig erklärt. Von den insgesamt 306 abgegebenen Stimmen wurden nur die 61 Stimmen für die bürgerlichen Kandidaten anerkannt. Bei Bergen/Enkheim und Windecken Prozentberechnung wie bei 1878.
- 1878: Prozentberechnung in Bezug auf die Summe der Stimmen für die einzelnen Parteien, da die Zahl sowohl der abgegebenen Stimmen wie auch der abgegebenen gültigen Stimmen fehlt.
- 1881: Niederrodenbach mit Pulverfabrik.
- 1884, 1887, 1890, 1893: Prozentberechnung wie 1878.
- 1912: Kesselstadt am 1.4.1907 in Hanau eingemeindet. Wahlergebnisse zusammen mit Philippsruhe/Wilhelmsbad.

Tabelle/Abbildung 5

Ergebnisse der Wahlen zur Nationalversammlung, zum Reichstag und zur Stadtverordnetenversammlung in der Stadt Hanau, 1919–1933

Wahl	Wahltag	SPD	USPD	KPD 3. Internationale	KPD Spartakus	DDP Staatspartei	Zentrum	DVP	Wirtschaftspartei	DNVP	Völkische/NSDAP	Andere
NV	19. Jan. 1919	7 026 30,7 *37,9*	6 089 26,6 *7,6*	–	–	5 690 24,8 *18,5*	1 704 7,4 *15,1*	1 916 8,4 *4,4*	–	491 2,1 *10,3*	–	–
SV (42)	2. März 1919	4 854 (10)	–	5 688 (12)		5 341 (12)	1 582 (3)	2 324 (5)	–	–	–	–
RT	6. Juni 1920	5 002 24,6 *21,6*	443 2,2 *18,6*	5 186 25,5 *1,7*		3 087 15,2 *8,4*	1 491 7,3 *13,6*	4 143 20,3 *13,9*	–	1 002 4,9 *14,4*	–	–
SV (42)	9. Jan. 1921	4 230 (8)	–	5 888 (12)		8 859 (18)			–	–	–	1 908 (4)
SV (36)	4. Mai 1924	3 054 (5)	–	4 600 (8)	2 420 (4)	7 867 (13)			–	–	–	3 550 (6)
RT	4. Mai 1924	3 351 15,3 *20,5*	248 1,1 *0,8*	6 028 27,5 *12,6*		1 938 8,8 *5,7*	1 988 9,1 *13,4*	2 924 13,3 *9,2*	967 4,4 •	2 523 11,5 *19,5*	1942 8,8 *6,5*	47 0,2 •
RT	7. Dez. 1924	4 984 22,5 *26,0*	56 0,3 *0,3*	4 854 21,9 *9,0*		2 212 10,0 *6,3*	1 960 8,9 *13,6*	3 764 17,0 *10,1*	1 229 5,5 *3,3*	2 605 11,8 *20,5*	440 2,0 *3,0*	26 0,1 •
RT	20. Mai 1928	5 345 25,6 *29,8*	– *0,1*	5 330 25,5 *10,6*		1 682 8,1 *4,9*	1 723 8,2 *12,1*	3 170 15,2 *8,7*	1 599 7,7 *4,6*	1 258 6,0 *14,3*	232 1,1 *2,6*	553 2,6 •
SV (36)	17. Nov. 1929	3 818 (8)	–	2 847 (6)	1 677 (3)	1 052 (2)	1 514 (3)	2 562 (6)	–	746 (1)	357 (–)	2 230 (7)
RT	14. Sept. 1930	4 568 18,8 *24,5*	– •	7 195 29,6 *13,1*		1 406 5,8 *3,8*	1 993 8,2 *11,8*	2 254 9,3 *4,5*	1 994 8,2 *3,9*	474 1,9 *7,0*	3 461 14,2 *18,3*	961 4,0 •
RT	31. Juli 1932	4 489 18,1 *21,6*	–	7 195 28,5 *14,5*		304 1,2 *1,0*	2 239 9,0 *12,5*	814 3,3 *1,2*	86 0,3 *0,4*	882 3,5 *5,9*	8 360 33,7 *37,4*	542 2,2 •
RT	6. Nov. 1932	3 862 15,6 *20,4*	–	7 876 31,8 *16,9*		355 1,4 *1,0*	2 124 8,6 *11,9*	1 459 5,9 *1,9*	93 0,4 *0,3*	1 256 5,1 *8,9*	7 273 29,3 *33,1*	483 1,9 •
RT	5. März 1933	3 892 14,4 *18,3*	–	7 128 26,3 *12,3*		408 1,5 *0,8*	2 266 8,4 *11,2*	885 3,3 *1,1*	–	1 368 5,0 *8,0*	10 599 39,2 *43,9*	515 1,9 •
SV (36)	12. März 1933	3 190 (5)	–	5 510 (9)	–	385 (–)	1 747 (3)	471 (–)	–	887 (1)	9494 (17)	1 964 (1)

Quellen: Thomas Klein, Die Hessen als Reichstagswähler. Tabellenwerk zur politischen Landesgeschichte 1867 bis 1933, Bd. 2, Marburg 1989, S. 375 ff.; HA v. 3.3.1919; HA Nr. 11, 14.1.1921; HA Nr. 105, 5.5.1924; HA Nr. 271, 18.11.1929; HA Nr. 61, 13.3.1933; Für das Reich: Bruno Gebhardt, Handbuch der deutschen Geschichte, Stuttgart 1959; Eigene Berechnungen.

Anmerkungen:

Angegeben sind jeweils die absoluten Stimmen (oben) und die entsprechenden Prozentwerte in Bezug zu den abgegebenen gültigen Stimmen. *Die kursiv gesetzten Prozentzahlen beziehen sich auf die Ergebnisse im Reich.*

- Bei den SV-Wahlen sind in Klammern die Zahlen der gewonnenen Mandate angegeben.
- 19.1.1919: Wahlen zur Verfassungsgebenden Nationalversammlung. Prozentwert des Zentrums ohne die Bayerische Volkspartei.
- SV 2.3.1919: Am 2. Mai 1919 gab die Fraktion der USPD den Übertritt zur KPD bekannt.
- SV 9.1.1921: DDP, Zentrum und DVP bildeten zusammen eine Bürgerliche Gemeinschaftsliste. In der Spalte „Andere" stehen hier die Stimmen für die Liste Handwerk und Gewerbe.
- RT 4.5.1924: Vor der Neugründung der NSDAP stellte sich der „Völkisch-Soziale Block" zur Wahl.
- SV 4.5.1924: Im Laufe des Jahres 1922 spaltete sich die KPD in Hanau. Die KPD, 3. Internationale und die KPD, Spartakusbund existierten auf kommunaler Ebene bis 1933 nebeneinander. Bei den Reichstagswahlen stimmten die Anhänger des Spartakusbundes für die KPD, 3. Internationale. DDP, Zentrum und DVP hielten auch bei diesen Wahlen an der Bürgerlichen Gemeinschaftsliste fest. In der Spalte „Andere" stehen die Stimmen für die Liste Handwerk und Gewerbe.
- SV 17.11.1929: In der Spalte „Andere" sind die Stimmen für die Liste Vereinigter Mittelstand (2 205 Stimmen, 5 Mandate) und für die Liste Handwerk und Gewerbe (1 025 Stimmen, 2 Mandate) zusammengefasst.
- RT 5.3.1933: Die DNVP trat unter dem Namen „Kampffront Schwarz-Weiß-Rot" zur Wahl an.
- SV 12.3.1933: Die DNVP trat unter dem Namen „Kampffront Schwarz-Weiß-Rot" zur Wahl an. In der Spalte „Andere" errang nur die Liste der Haus- und Grundeigentümer ein Mandat (1 107 Stimmen).

Tabelle/Abbildung 6

Die Vertretung der Arbeiterparteien und der NSDAP in der Hanauer Stadtverordnetenversammlung und im Kreistag des Landkreises Hanau, 1919–1933

Wahltag	SPD		USPD		KPD 3. Internationale		KPD Spartakusbund		Arbeiterparteien insgesamt		NSDAP		Gesamtzahl der Mandate	
	SV	KT	SV	KT	SV	KT	SV	KT					SV	KT
2. März 1919	10	10	–	2	12	5	–	–	22	17	–	–	42	25
9. Jan. 1921	8	8	–	1	12	5	–	–	20	14	–	–	42	24
4. Mai 1924	5	–	–	–	8	–	4	–	17	–	–	–	36	–
29. Nov. 1925	–	8	–	–	–	6	–	–	–	14	–	–	–	26
17. Nov. 1929	8	9	–	–	6	6	3	–	17	15	–	–	36	25
12. März 1933	5	6	–	–	9	6	–	–	14	12	17	10	36	25

Quellen:

Thomas Klein (Hrsg.), Der Regierungsbezirk Kassel 1933–1936. Die Berichte des Regierungspräsidenten und der Landräte, Darmstadt und Marburg 1985, Bd. 2, S. 866, 868; HA v. 3.3.1919;
HA Nr. 11, 14.1.1921; HA Nr. 105, 5.5.1924; HA Nr. 271, 18.11.1929; HA Nr. 61, 13.3.1933.

Anmerkung:

Die am 2.3.1919 gewählte Stadtverordnetenfraktion der USPD gab am 2.5.1919 den Übertritt zur KPD bekannt.

Tabelle/Abbildung 7

Ergebnisse der Wahlen zur Nationalversammlung und zum Reichstag im Landkreis Hanau, 1919–1933

Wahltag	SPD	USPD	KPD	SAP	DDP Staatspartei	Zentrum	DVP	Wirtschaftspartei	DNVP	Völkische/NSDAP	Andere
19. Jan. 1919	14 914 47,5 *37,9*	6 721 21,4 *7,6*	–	–	3 482 11,1 *18,5*	2 425 7,7 *15,1*	1 630 5,2 *4,4*	–	2 193 7,0 *10,3*	–	–
6. Juni 1920	8 413 28,2 *21,6*	2 095 7,0 *18,6*	7 318 24,5 *1,7*	–	1 882 6,3 *8,4*	2 315 7,7 *13,6*	1 960 6,6 *13,9*	–	5 883 19,7 *14,4*	–	–
4. Mai 1924	8 737 25,9 *20,5*	222 0,7 *0,8*	9 107 27,0 *12,6*	–	1 618 4,8 *5,7*	3 172 9,4 *13,4*	1 551 4,6 *9,2*	591 1,7 •	7 583 22,5 *19,5*	1 052 3,1 *6,5*	56 0,2 •
7. Dez. 1924	10 698 32,7 *26,0*	160 0,5 *0,3*	7 313 22,3 *9,0*	–	1 744 5,3 *6,3*	2 954 9,0 *13,6*	2 010 6,1 *10,1*	730 2,2 *3,3*	6 707 20,5 *20,5*	400 1,2 *3,0*	29 0,1 •
20. Mai 1928	9 386 33,8 *29,8*	52 0,2 *0,1*	7 327 26,4 *10,6*	–	954 3,4 *4,9*	1 987 7,1 *12,1*	1 108 4,0 *8,7*	1 265 4,5 *4,6*	4 166 15,0 *14,3*	205 0,7 *2,6*	1 331 4,8 •
14. Sept. 1930	8 506 26,8 *24,5*	9 0,0 •	9 688 30,6 *13,1*	–	839 2,6 *3,8*	2 159 6,8 *11,8*	547 1,7 *4,5*	1 927 6,1 *3,9*	610 1,9 *7,0*	3 188 10,1 *18,3*	4 217 13,3 •
31. Juli 1932	8 484 24,7 *21,6*	–	9 885 28,8 *14,5*	219 0,6 •	137 0,4 *1,0*	2 423 7,1 *12,5*	215 0,6 *1,2*	101 0,3 *0,4*	552 1,6 *5,9*	11 763 34,3 *37,4*	534 1,5 •
6. Nov. 1932	7 627 22,7 *20,4*	–	10 843 32,3 *16,9*	206 0,6 •	132 0,3 *1,0*	2 418 7,2 *11,9*	365 1,1 *1,9*	32 0,1 *0,3*	808 2,4 *8,9*	10 533 31,4 *33,1*	588 1,7 •
5. März 1933	7 756 21,7 *18,3*	–	9 752 27,3 *12,3*	–	198 0,5 *0,8*	2 611 7,3 *11,2*	278 0,8 *1,1*	–	700 1,9 *8,0*	14 057 39,3 *43,9*	408 1,1 •

Quellen:
Thomas Klein, Die Hessen als Reichstagswähler. Tabellenwerk zur politischen Landesgeschichte 1867 bis 1933, Bd. 2, Marburg 1989, S. 399 ff.; Für das Reich: Bruno Gebhardt, Handbuch der deutschen Geschichte, Stuttgart 1959; Eigene Berechnungen.

Anmerkungen:
Angegeben sind jeweils die absoluten Stimmen (oben) und die entsprechenden Prozentwerte in Bezug zu den abgegebenen gültigen Stimmen. *Die kursiv gesetzten Prozentzahlen beziehen sich auf die Ergebnisse im Reich.*

- 19.1.1919: Wahlen zur Verfassungsgebenden Nationalversammlung. Prozentwert des Zentrums im Reich ohne die Bayerische Volkspartei.
- 4.5.1924: Vor der Neugründung der NSDAP stellte sich der „Völkisch-Soziale Block" zur Wahl.
- 14.9.1930: In der Spalte „Andere" bildete das „Deutsche Landvolk" mit 3 046 Stimmen (9,6 %) die größte Gruppe.
- Bei der Reichstagswahl am 5.3.1933 trat die DNVP unter dem Namen „Kampffront Schwarz-Weiß-Rot" an.

Tabelle/Abbildung 8

Ergebnisse des Volksbegehrens und des Volksentscheides „Enteignung der Fürstenvermögen" am 20. Juni 1926 in den Kreisen Hanau-Stadt und Hanau-Land sowie im Deutschen Reich

	Hanau Stadtkreis	Hanau Landkreis	Reich
Stimmberechtigte	26 707	40 719	39 421 617
abgegebene Stimmen in %	14 483 54,2	27 147 66,7	15 599 890 39,3
gültige Stimmen	13 769	26 037	15 040 895
Ja-Stimmen in %	13 282 49,7	25 207 61,9	14 455 181 36,4
Nein-Stimmen in %	487 1,8	830 2,0	585 714 1,5
Zahl der Eintragungen für das Volksbegehren	11 029	24 944	12 523 939
Stimmen für die Arbeiterparteien bei der Reichtagswahlen am 7. Dez. 1924	9 894	18 171	10 688 117

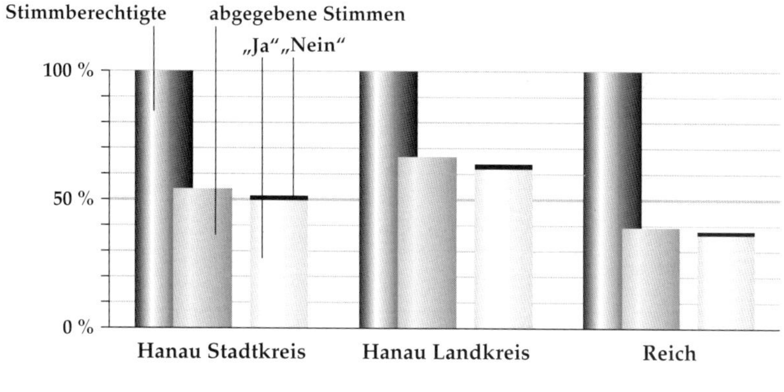

Quellen:
Thomas Klein, Die Hessen als Reichstagswähler. Tabellenwerk zur politischen Landesgeschichte 1867 bis 1933, Bd. 2, Marburg 1989, S. 379 f., 382 f.; HA Nr. 142, 21.6.1926; Statistisches Reichsamt (Bearb.), Volksbegehren und Volksentscheid „Enteignung der Fürstenvermögen", Berlin 1926, S. 28; Eigene Berechnungen.

Anmerkungen:
- Prozentangaben in Bezug zur Zahl der Stimmberechtigten.
- Für den Erfolg des Entscheides hätte die Mehrheit der Stimmberechtigten – etwa 19,8 Millionen Wähler – mit „Ja" stimmen müssen.

Tabelle/Abbildung 9

Ergebnisse des Volksbegehrens und des Volksentscheides „Enteignung der Fürstenvermögen" am 20. Juni 1926 in den Gemeinden des Landkreises Hanau

Gemeinde	Stimmbe-rechtigte	Ja-Stimmen	in %	Zahl der Eintragungen für das Volksbegehren	Reichstagswahl am 7.12.1924 Stimmen für die Arbeiterparteien	das Zentrum	die DDP
Bergen (-Enkheim)	4 071	2 841	69,8	2 618	1 777	161	240
Bischofsheim	1 391	1 000	71,9	1 062	745	24	466
Bruchköbel	972	589	60,6	604	444	4	36
Butterstadt	61	–	–	–	4	42	–
Dörnigheim	1 573	1 325	84,2	1 335	954	22	50
Eichen	577	239	41,4	145	172	1	6
Erbstadt	440	180	40,9	184	188	–	–
Fechenheim	6 368	4 077	64,0	4 344	2 987	585	414
Gronau	326	69	21,2	60	58	–	3
Großauheim	4 679	2 739	58,5	2 857	1 715	1 369	121
Großkrotzenburg	1 351	955	70,7	862	421	445	51
Hochstadt	1 032	548	53,1	508	462	3	46
Hüttengesäß	738	378	51,2	403	328	1	28
Kilianstädten	1 077	817	75,9	806	647	–	27
Langendiebach	1 573	1 128	71,7	1 094	978	17	117
Langenselbold	3 512	2 343	66,7	2 260	1 691	25	162
Marköbel	878	500	56,9	537	324	7	66
Mittelbuchen	740	407	55,0	382	327	–	24
Neuwiedermus	106	17	16,0	24	15	4	–
Niederdorfelden	577	275	47,7	286	203	–	2
Niederissigheim	246	49	19,9	31	42	3	2
Niederrodenbach	1 100	669	60,8	582	458	20	22
Oberdorfelden	208	60	28,8	49	63	–	3
Oberissigheim	310	96	31,0	89	97	1	1
Oberrodenbach	364	285	78,3	290	123	168	1
Ostheim	1 006	523	52,0	569	417	–	15
Philippsruhe und Wilhelmsbad	158	42	26,6	41	26	13	11
Pulverfabrik	192	103	53,6	57	41	19	10
Ravolzhausen	688	460	66,9	456	416	2	11
Roßdorf	649	270	41,6	338	242	1	6
Rückingen	914	715	78,2	735	576	1	33
Rüdigheim	426	223	52,3	230	219	–	3
Wachenbuchen	951	574	60,3	600	412	9	69
Windecken	1 191	711	59,7	706	592	5	79

Quellen:
Thomas Klein, Die Hessen als Reichstagswähler. Tabellenwerk zur politischen Landesgeschichte 1867 bis 1933, Bd. 2, Marburg 1989, S. 403 ff.; 407 ff.; HA Nr. 142, 21.6.1926; Eigene Berechnungen

Tabelle/Abbildung 10

Stimmanteile der Arbeiterparteien, des Zentrums und der NSDAP bei den Reichstagswahlen 1932 in den Gemeinden des Landkreises Hanau

	SPD		KPD		SAP		Zentrum		NSDAP		Andere	
Gemeinde	31.7.	6.11.	31.7.	6.11.	31.7.	6.11.	31.7.	6.11.	31.7.	6.11.	31.7.	6.11.
Bergen (-Enkheim)	1 233	1 069	783	936	4	5	181	162	1 575	1 391	207	259
Bischofsheim	479	485	423	464	2	–	23	20	454	401	48	60
Bruchköbel	321	277	262	303	3	2	9	8	381	318	68	85
Butterstadt	–	–	–	–	–	–	46	42	10	5	6	11
Dörnigheim	384	351	792	823	2	1	32	35	414	378	45	66
Eichen	172	166	23	27	–	–	1	–	404	386	11	10
Erbstadt	145	106	26	57	–	–	–	11	267	252	11	4
Gronau	32	22	20	45	–	–	1	1	237	214	11	15
Großauheim	428	377	1 697	1 793	1	1	1 099	1 189	1 088	972	213	259
Großkrotzenburg	228	183	471	487	1	1	633	604	120	101	19	14
Hochstadt	309	318	149	174	1	–	5	6	525	477	31	57
Hüttengesäß	274	250	53	68	86	90	5	1	336	332	31	32
Kilianstädten	595	532	195	253	1	2	2	–	373	309	25	46
Langendiebach	907	835	267	329	–	3	25	18	394	384	89	92
Langenselbold	330	302	1 930	1 934	3	2	58	42	1 030	1 007	173	189
Marköbel	349	315	52	77	1	1	4	4	405	392	71	83
Mittelbuchen	254	216	118	165	–	–	3	1	340	273	37	70
Neuwiedermus	5	3	4	5	–	–	3	2	106	94	–	1
Niederdorfelden	105	105	102	112	–	–	2	1	305	271	21	26
Nieserissigheim	21	21	38	39	–	–	1	–	160	128	7	18
Niederrodenbach	154	141	473	515	1	1	22	17	409	362	49	43
Oberdorfelden	51	50	48	47	–	–	2	–	107	97	1	7
Oberissigheim	30	32	51	47	–	–	–	–	157	131	34	57
Oberrodenbach	110	112	43	53	–	–	199	204	18	7	4	5
Ostheim	333	275	138	220	–	–	13	10	435	361	54	59
Ravolzhausen	195	177	304	327	1	1	–	1	197	175	26	22
Roßdorf	154	133	129	148	1	1	5	4	282	251	46	53
Rückingen	199	170	468	512	–	–	3	6	323	297	17	24
Rüdigheim	61	59	188	186	1	–	–	–	132	94	15	19
Wachenbuchen	272	223	270	304	–	–	17	16	393	354	53	62
Windecken	320	297	324	335	106	91	11	8	319	247	114	148
Wolfgang	34	27	44	56	–	–	18	16	67	59	20	25
insgesamt	**8 484**	**7 627**	**9 885**	**10 843**	**215**	**202**	**2 423**	**2 418**	**11 763**	**10 533**	**1 557**	**1 921**

Quellen:
Thomas Klein, Die Hessen als Reichstagswähler. Tabellenwerk zur politischen Landesgeschichte 1867 bis 1933, Bd. 2, Marburg 1989, S. 425 ff.

Anmerkung: Zahl der Wahlberechtigten, der abgegebenen Stimmen und der gültigen Stimmen nur bei der Gemeinde Bergen (-Enkheim) angegeben.

Tabelle/Abbildung 10a

Sozialdemokratischer Stimmanteil in der Hauptwahl[1] bei den Reichstagswahlen in den Gemeinden des Wahlkreises Dieburg- Offenbach[3], die 1974 nach Hanau eingemeindet wurden, 1877–1912[2]

Gemeinde	1877[4]	1878[4]	1881[4]	1884	1887	1890	1893	1898	1903	1907	1912
Groß-Steinheim	63	17	113	121	106	145	140	163	170	182	245
in %	13,5	6,8	53,0	53,3	37,3	44,7	37,9	37,0	32,6	33,0	41,6
Klein-Steinheim	118	94	151	131	161	232	195	209	278	326	368
in %	59,3	49,7	79,0	65,5	70,0	77,0	60,4	53,2	57,4	56,3	59,9
Klein-Auheim	112	63	47	125	162	164	188	214	281	358	401
in %	50,2	33,5	29,9	64,8	66,7	56,5	55,5	54,7	58,9	62,1	63,1[5]

Quelle: Thomas Klein, Die Hessen als Reichstagswähler. Tabellenwerk zur politischen Landesgeschichte 1867–1933, Bd. 3, Großherzogtum/Volksstaat Hessen 1867–1933, Marburg 1995, S. 197 ff.

Anmerkungen:

1 Für das tatsächliche Kräfteverhältnis können lediglich die Ergebnisse des ersten Wahlganges, der Hauptwahl herangezogen werden.

2 Für die Reichstagswahlen 1871 und 1874 sind die Einzelergebnisse der Gemeinden nicht bekannt.

3 Bis 1918 Teil des Großherzogtums Hessen.

4 Prozentberechnung in Bezug auf die Summe der Stimmen auf die einzelnen Parteien, da die Zahl der abgegebenen (gültigen) Stimmen fehlt. In den Jahren 1884–1912 ist die Zahl der abgegebenen Stimmen die Berechnungsgrundlage.

5 Die Zahl der abgegebenen Stimmen fehlt. Prozentberechnung wie bei Anmerkung 4.

Tabelle/Abbildung 10b

Wahlergebnisse der Arbeiterparteien und der NSDAP in den 1974 nach Hanau eingemeindeten Ortschaften des Kreises Offenbach[1], 1919–1933 und das Ergebnis des Volksentscheides „Enteignung der Fürstenvermögen“, 22.6.1926

Legende: ● SPD ◖◗ USPD ☽ KPD ⧗ SAP ✕ Völkische/NSDAP ✓ NSDAP

Gemeinde	NV 1919 SPD	NV 1919 USPD	RT 1920 SPD	RT 1920 USPD	RT 1920 KPD	RT 1924, I. SPD	RT 1924, I. USPD	RT 1924, I. KPD	RT 1924, I. Völkische/NSDAP	RT 1924, II. SPD	RT 1924, II. USPD	RT 1924, II. KPD	RT 1924, II. Völkische/NSDAP	VE 1926 Stimmberecht.	VE 1926 „Ja“
Groß-Steinheim	501[2]	78	214	277	79	253	19	220	35	346	7	129	3	1 860	1 242
in %	33,7[3]	5,2	15,3	19,7	5,6	17,2	1,3	14,9	2,4	23,8	0,5	8,8	0,2		66,8
Klein-Steinheim	571	328	274	285	263	363	25	360	41	420	1	338	12	2 071	1 502
in %	35,5	20,4	17,9	18,7	17,2	22,6	1,5	22,4	2,5	26,9	0,0	21,6	0,8		72,5
Klein-Auheim	941	247	464	441	65	405	6	392	10	513	2	326	7	2 087	1 620
in %	55,5	14,6	32,4	30,8	4,5	25,2	0,4	24,4	0,6	32,0	0,1	20,3	0,4		77,6

Gemeinde	RT 1928 SPD	RT 1928 KPD	RT 1928 Völkische/NSDAP	RT 1930 SPD	RT 1930 KPD	RT 1930 NSDAP	RT 1932, I. SPD	RT 1932, I. KPD	RT 1932, I. SAP	RT 1932, I. NSDAP	RT 1932, II. SPD	RT 1932, II. KPD	RT 1932, II. SAP	RT 1932, II. NSDAP	RT 1933 SPD	RT 1933 KPD	RT 1933 NSDAP
Groß-Steinheim	364	179	3	345	343	117	340	240	7	390	310	332	–	338	338	284	498
in %	24,7	12,1	0,2	19,6	19,4	6,6	17,8	12,6		20,4	17,4	18,7	–	19,0	17,3	14,6	25,5
Klein-Steinheim	403	358	–	486	556	234	504	479	3	475	485	496	2	421	528	457	596
in %	25,5	22,7	–	23,8	27,3	11,5	23,6	22,4		22,2	24,0	24,5		20,8	23,5	20,3	26,5
Klein-Auheim	507	513	5	433	737	70	681	537	3	210	695	576	1	158	849	410	313
in %	27,4	27,7	0,3	20,4	34,8	3,3	30,3	23,9		9,3	32,0	26,5		7,3	36,8	17,8	13,6

Quelle: wie oben, S. 745 ff.

Anmerkungen:

1 Teil des Volksstaats Hessen.

2 Obere Zeile: absolute Stimmen.

3 Prozentwerte in Bezug zu den abgegebenen gültigen Stimmen

Tabelle/Abbildung 11

Die Reichstagswahlen und Volksabstimmungen im Stadtkreis und im Landkreis Hanau, November 1933–April 1938

Wahl	Wahltag	Hanau Stadtkreis				Hanau Landkreis			
		Wahlbeteiligung in %	Zustimmung	Nein-Stimmen	ungültig	Wahlbeteiligung in %	Zustimmung	Nein-Stimmen	ungültig
Reichstag	12.11.1933	98,3	26 914 92,7	–	2 112 7,3	98,7	36 854 95,6	–	1 680 4,3
Volksabstimmung	12.11.1933	98,3	27 463 94,1	1 257 4,3	469 1,6	98,7	37 096 96,2	1 049 2,7	425 1,1
Volksabstimmung	19.8.1934	97,4	25 257 87,3	3 347 11,5	532 1,1	98,7	35 569 91,2	2 886 7,4	539 1,4
Reichstag	29.3.1936	99,2	29 100 99,7	81 0,3		•	38 701 99,1	345 0,9	
Volksabstimmung	9.4.1938	99,7	28 248 99,7	70 0,2	5 0,01	100,0	38 606 99,6	106 0,3	32 0,1

Quellen:
Hanauer Anzeiger Nr. 266, 13.11.1933; Nr. 193, 20.8.1934; Nr. 76, 30.3.1936; Nr. 77, 31.3.1936;
Hanauer Anzeiger vom 11.4.1938; Eigene Berechnungen

Anmerkungen:
- Die absoluten Zahlen stehen oben, die Prozentzahlen darunter.
- Bei den Reichstagswahlen stand nur die Liste der NSDAP zur Wahl.
- Bei der Reichtagswahl am 12.11.1933 unterschritt die Summe der für die NSDAP abgegebenen und der ungültigen Stimmen (29 026) die Zahl der abgegebenen Stimmen (29 063).
- Bei der Reichstagswahl am 29.3.1936 fehlt die Zahl der Wahlberechtigten im Landkreis.
- Am 12.11.1933 Volksabstimmung über den am 20. Oktober 1933 erfolgten Austritt Deutschlands aus dem Völkerbund.
- Am 19.8.1934 Volksabstimmung über die Vereinigung der Ämter des Reichspräsidenten und des Reichskanzlers in der Person Hitlers.
- Am 9.4.1938 Volksabstimmung über die am 12./13. März 1938 erfolgte Annexion – den so genannten „Anschluss" – Österreichs.

Tabelle/Abbildung 12

Die Reichstagswahlen und Volksabstimmungen in den Gemeinden des Landkreises Hanau, November 1933–April 1938

Gemeinde	Reichstag 12.11.1933		Volksabstimmung 12.11.1933			Volksabstimmung 19.8.1934			Reichstag 29.3.1936		Volksabstimm. 9.4.1938		
	Zustimmung	Ungültig	Zustimmung	Nein	Ungült.	Zustimmung	Nein	Ungült.	Zustimmung	Ungült.[1]	Zustimmung	Nein	Unglt.
Bergen-Enkheim	4 420	117	4 430	81	27	4 182	253	57	4 449	48	4 455	42	6
Bischofsheim	1 550	56	1 596	29	11	1 493	140	23	1 642	7	1 622	2	4
Bruchköbel	1 159	12	1 160	7	4	1 207	6	7	1 216	4	1 206	3	4
Butterstadt	59	–	59	–	–	61	1	1	59	2	62	–	–
Dörnigheim	1 827	95	1 856	46	20	1 703	190	26	1 946	7	1 934	7	–
Eichen	640	4	611	–	3	644	2	–	620	–	589	–	–
Erbstadt	489	–	489	–	–	484	–	–	476	1	459	–	–
Gronau	345	3	348	–	–	336	4	3	339	–	355	–	–
Großauheim	4 773	343	4 814	210	100	4 318	735	100	5 271	121	5 364	28	6
Großkrotzenburg	1 467	201	1 472	138	58	1 127	450	71	1 575	60	1 611	1	2
Hochstadt	1 103	46	1 113	24	12	1 086	50	11	1 176	4	1 168	2	2
Hüttengesäß	819	10	808	15	6	805	19	6	788	10	764	4	2
Kilianstädten	1 219	44	1 224	34	6	1 207	88	3	1 310	5	1 306	–	–
Langendiebach	1 559	262	1 573	186	72	1 556	281	19	1 835	27	1 967	–	1
Langenselbold	3 818	270	3 915	128	51	3 763	297	92	3 981	26	3 869	9	2
Marköbel	923	11	927	7	–	910	22	15	928	–	880	2	–
Mittelbuchen	792	82	802	55	17	838	50	8	909	3	879	2	2
Neuwiedermus	118	–	118	–	–	130	–	–	121	–	123	–	–
Niederdorfelden	609	7	612	4	1	591	16	8	603	8	573	–	–
Niederissigheim	280	–	280	–	–	282	3	–	282	–	279	–	–
Niederrodenbach	1 248	27	1 260	10	5	1 287	14	5	1 299	–	1 290	1	–
Oberdorfelden	226	9	227	4	4	217	12	7	230	–	227	–	–
Oberissigheim	318	–	318	–	–	314	5	2	324	–	313	–	–
Oberrodenbach	391	10	392	3	6	278	90	44	418	3	401	–	–
Ostheim	1 098	–	1 099	4	–	1 063	39	9	1 116	–	1 090	–	–
Ravolzhausen	762	31	760	25	8	763	16	4	814	4	809	2	–
Roßdorf	692	1	692	–	1	701	9	–	696	–	675	1	–
Rückingen	1 056	7	1 050	10	4	1 087	19	9	1 135	1	1 182	–	–
Rüdigheim	458	–	458	–	–	463	5	4	467	–	447	–	–
Wachenbuchen[2]	1 102	7	1 101	7	3	1 073	61	4	1 087	4	1 071	–	–
Windecken	1 318	24	1 321	18	4	1 370	9	–	1 332	–	1 329	–	1
Wolfgang	216	1	211	4	2	230	–	1	257	–	307	–	–
insgesamt	**36 854**	**1 680**	**37 096**	**1 049**	**425**	**35 569**	**2 886**	**539**	**38 701**	**345**	**38 606**	**106**	**32**

Quellen:

Hanuer Anzeiger Nr. 266, 13.11.1933; Nr. 193, 20.8.1934; Nr. 76, 30.3.1936; Nr. 77, 31.3.1936; Hanauer Anzeiger vom 11.4.1938; Eigene Berechnungen.

Anmerkungen:

1 Ungültige und „Nein"-Stimmen zusammengefasst.

2 Ab 1934 Wachenbuchen mit Hohe Tanne.

Siehe auch Tabelle auf voriger Seite.

Tabelle/Abbildung 13

Die Wahlen in der Stadt Hanau, 1946–1949

Wahl	Wahltag	Gültige Stimmen	SPD	KPD	AP	CDU	LDP/ FDP	Andere
Stadtverordnete **(24)**	26.5. 1946	11 273	4 041 35,8 (9)	2 933 26,1 (6)	–	4 299 38,1 (9)	–	–
Verfassungsberatende Landesversammlung	30.6. 1946	10 749	3 648 33,9 *44,3*	2 759 25,7 *9,7*	78 0,7 *0,6*	3 654 34,0 *37,3*	610 5,7 *8,1*	– –
Landtag	1.12. 1946	11 082	3 832 34,6 *42,7*	3 070 27,7 *10,7*	– –	2 641 23,8 *30,9*	1 539 13,9 *15,7*	– –
Stadtverordnete **(36)**	25.4. 1948	12 977	3 925 30,2 (11)	3 100 23,9 (9)	–	3 339 25,7 (9)	2 613 20,1 (7)	–
Bundestag	14.8. 1949	15 020	4 477 29,8 *32,1* **29,2**	3 328 22,1 *6,7* **5,7**	–	3 449 23,0 *21,3* **25,2**	3 201 21,3 *28,1* **11,9**	565 3,8 *11,8* •

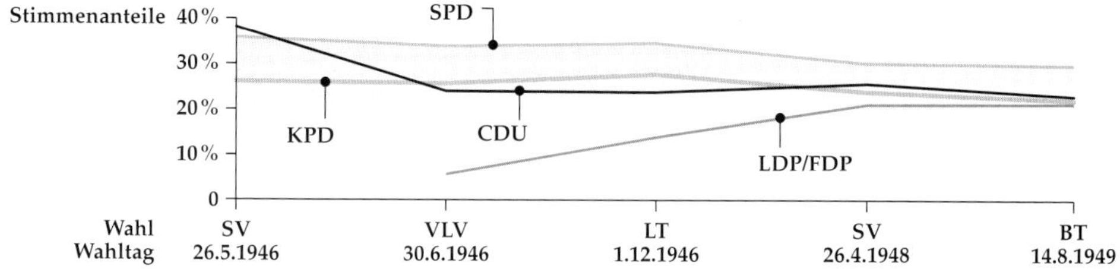

Quellen: Statistisches Landesamt für (Groß-)Hessen (Hrsg.), Staat und Wirtschaft in (Groß-)Hessen. Statistische Mitteilungen, Jg. 1946, H. 1; Jg. 1949, H. 1, Jg. 1949, H. 5;

Statistisches Amt der Stadt Hanau (Hrsg.), Zahlen, Daten, Fakten. Sonderbericht. Wahlergebnisse 1946–1977, Hanau 1978;

Karlheinz Hoppe (Bearb.), Stadt Hanau. Die städtischen Beschlussorgane seit 1946. Eine Dokumentation anlässlich des 40. Jahrestages der 1. freien Kommunalwahl nach dem 2. Weltkrieg am 26.5.1946, Hanau 1986;

Mitteilungsblatt für den Stadt- und Landkreis Hanau Nr. 65, 6.7.1946; Ebd. Nr. 87, 7.12.1946;

Gerhard Beier, SPD Hessen. Chronik 1945 bis 1988, Bonn 1989, S. 113;

Walter Mühlhausen, Hessen 1945–1950, Frankfurt am Main 1985, S. 275; Eigene Berechnungen.

Anmerkungen:

- Die absoluten Stimmen stehen oben, die Prozentangaben darunter. Die *kursiv gesetzten Prozentwerte* beziehen sich auf die Ergebnisse im Land Hessen, die **fett gesetzten Prozentwerte** auf das Gesamtergebnis in der Bundesrepublik. Prozentberechnung in Bezug zu den abgegebenen gültigen Stimmen. Bei den Stadtverordnetenwahlen sind in Klammern die Zahlen der gewonnenen Mandate angegeben.
- Die Arbeiter-Partei (AP) wurde nach Kriegsende von Heinrich Galm in Offenbach gegründet.
- Die Liberal-Demokratische Partei (LPD) nannte sich seit 1952 Freie Demokratische Partei (FDP). In Hanau trat die Partei bei der Stadtverordnetenwahl 1946 nicht an.
- Bei den Kommunalwahlen am 26.5.1946 galt die 15-Prozent-Klausel, bei den späteren die 5-Prozent-Klausel.
- 30.6.1946: Bei den Wahlen zur Verfassungsberatenden Landesversammlung wurden dem Wahlkreis Hanau-Stadt fünf Gemeinden des Landkreises zugeteilt: Bergen-Enkheim, Dörnigheim, Hochstadt, Bischofsheim und Wachenbuchen. Die Angaben zu diesen Gemeinden werden in der Tabelle Nr. 14 über die Wahlergebnisse des Landkreises Hanau dargestellt. Die hiesigen Angaben beziehen sich ausschließlich auf Hanau-Stadt.

Tabelle/Abbildung 14

Die Wahlen im Landkreis Hanau, 1946–1949

Wahl	Wahl-tag	Gültige Stimmen	SPD	KPD	AP	CDU	LDP/ FDP	NDP	Andere
Kreistag	28.4. 1946	34 008	14 345 42,2 (12) *43,2*	8 233 24,2 (7) *9,3*	– –	11 430 33,6 (9) *36,9*	– *7,3*	– •	– *3,3*
VLV	30.6. 1946	25 157	10 297 40,9 *44,3*	6 195 24,6 *9,7*	304 1,2 *0,6*	7 946 31,6 *37,3*	413 1,6 *8,1*	– –	– –
VLV Gemeinden Stadtkreis	30.6. 1946	8 942	3 822 42,7 *44,3*	2 030 22,7 *9,7*	116 1,3 *0,6*	2 790 31,2 *37,3*	211 2,3 *8,1*	– –	– –
Landtag	1.12. 1946	36 272	15 772 43,5 *42,7*	8 863 24,4 *10,7*	– –	9 192 25,3 *30,9*	2 445 6,7 *15,7*	– –	– –
Kreistag	25.4 1948	41 643	16 493 39,6 (13) *35,7*	8 427 20,2 (7) *7,9*	– –	12 297 29,6 (10) *29,1*	4 426 10,6 (3) *21,9*	– *3,4*	– *2,0*
Bundestag	14.8. 1949	42 644	16 017 37,6 *32,1* **29,2**	7 837 18,4 *6,7* **5,7**	–	8 540 20,0 *21,3* **25,2**	5 750 13,5 *28,1* **11,9**	• • • •	4 500 10,5 *11,8* •

Quellen:

Statistisches Landesamt für (Groß-)Hessen (Hrsg.), Staat und Wirtschaft in (Groß-)Hessen. Statistische Mitteilungen, Jg. 1946, H. 1; Jg. 1949, H. 1, Jg. 1949, H. 5;

Mitteilungsblatt für den Stadt- und Landkreis Hanau Nr. 65, 6.7.1946; Ebd. Nr. 87, 7.12.1946;

Gerhard Beier, SPD Hessen. Chronik 1945 bis 1988, Bonn 1989, S. 113;

Walter Mühlhausen, Hessen 1945–1950, Frankfurt am Main 1985, S. 275;

Eigene Berechnungen.

Anmerkungen:

- Die absoluten Stimmen stehen oben, die Prozentangaben darunter. Die *kursiv gesetzten Prozentwerte* beziehen sich auf die Ergebnisse im Land Hessen, die **fett gesetzten Prozentwerte** auf das Gesamtergebnis in der Bundesrepublik. Im Falle der Kreistagswahlen beziehen sich die hessischen Prozentangaben auf das Gesamtergebnis der Kreistags- und Stadtverordnetenwahlen. Prozentberechnung in Bezug zu den abgegebenen gültigen Stimmen. Bei den Kreistagswahlen sind in Klammern die Zahlen der gewonnenen Mandate angegeben.
- Die Arbeiter-Partei (AP) wurde nach Kriegsende von Heinrich Galm in Offenbach gegründet.
- Die Liberal-Demokratische Partei nannte sich seit 1952 Freie Demokratische Partei (FDP). Bei den Wahlen am 28.4.1946 trat die Partei im Landkreis Hanau nicht an.
- Die konservativ-reaktionäre National-demokratische Partei (NDP) trat bei den Wahlen imLandkreis Hanau nicht in Erscheinung.
- Bei den Kreistagswahlen am 26.5.1946 galt die 15-Prozent-Klausel, bei den späteren die 5-Prozent-Klausel.
- 30.6.1946: Bei den Wahlen zur Verfassungsberatenden Landesversammlung wurden fünf Gemeinden des Landkreises dem Wahlkreis Hanau-Stadt zugeteilt: Bergen-Enkheim, Dörnigheim, Hochstadt, Bischofsheim und Wachenbuchen. Das Gesamtergebnis dieser Gemeinden wird in dieser Tabelle dargestellt.
- 14.8.1949: Bei der Bundestagswahl zeigen die Zahlen die Verteilung der Zweitstimmen. Die Stimmen der CDU und CSU zusammen erreichten bundesweit 31,0 Prozent. Die Stimmen für die NPD sind zusammen mit den Stimmen für die FDP angegeben.

Tabelle/Abbildung 15

Ergebnisse der Volksentscheide über die Hessische Verfassung, über Artikel 41 (Sozialisierungsartikel) der Hessischen Verfassung und der Landtagswahl am 1. Dezember 1946

		Hanau Stadt	Hanau Landkreis	Land Hessen in %
Wahlberechtigt		15 172	46 743	•
abgegebene Stimmen		a) 11 923	a) 39 519	•
		b) 11 897	b) 39 328	•
Verfassung	Ja	8 704	30 741	
	%	80,6	88,7	76,8
	Nein	2 095	3 909	
	%	19,4	11,3	23,2
	ungültig	1 124	4 869	
	%	9,4	12,3	12,8
Artikel 41 (Sozialisierungs-artikel)	Ja	7 979	29 348	
	%	74,7	85,5	72,0
	Nein	2 708	4 976	
	%	25,3	14,5	28,0
	ungültig	1 210	5 004	
	%	10,2	12,7	13,0
Landtag	SPD	3 832	15 772	
	%	34,6	43,5	42,7
	KPD	3 070	8 863	
	%	27,7	24,4	10,7
	CDU	2 641	9 192	
	%	23,8	25,3	30,9
	LDP	1 539	2 445	
	%	13,9	6,7	15,7

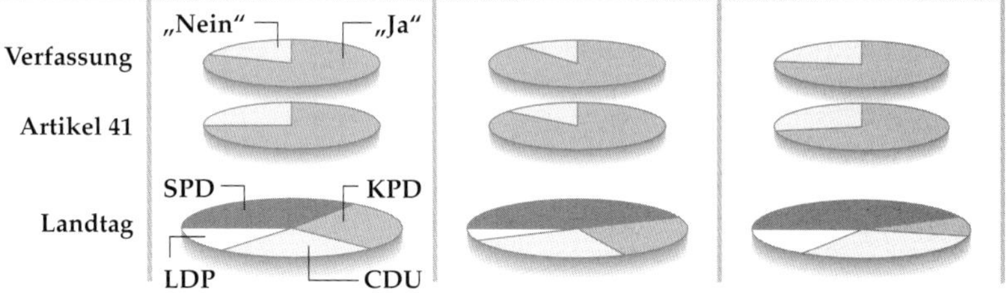

Quellen:
Mitteilungsblatt für den Stadt- und Landkreis Hanau Nr. 87, 7.12.1946;
Walter Mühlhausen, Hessen 1945–1950, Frankfurt am Main 1985, S. 275 f.; Eigene Berechnungen.

Anmerkungen:
Die abgegebenen Stimmen beziehen sich a) auf den Volksentscheid über die Genehmigung der Verfassung, b) auf den Volksentscheid über Artikel 41 der Verfassung. Unter den absoluten Stimmen stehen die Prozentangaben. Die Prozentwerte wurden aus den abgegebenen gültigen Stimmen berechnet, die der ungültigen Stimmen aus der Gesamtheit der abgegebenen Stimmen.

Tabelle/Abbildung 16

Die Wahlen zur Verfassungsgebenden Landesversammlung und zum Hessischen Landtag in den Gemeinden des Landkreises Hanau, 1946

Gemeinde	Verfassungsgebende Landesversammlung 30. Juni 1946						Landtag 1. Dezember 1946				
	SPD	KPD	AP	CDU	LDP	ungültig	SPD	KPD	CDU	LDP	ungültig
Bergen-Enkheim	1 636	590	46	1 135	112	198	1 684	631	898	366	365
Bischofsheim	612	303	20	456	10	99	710	333	326	96	199
Bruchköbel	578	236	7	361	22	44	651	322	311	81	62
Butterstadt	2	–	–	64	2	–	2	1	67	3	2
Dörnigheim	699	705	21	510	53	101	757	809	335	149	154
Eichen	288	25	1	195	7	44	332	57	156	53	67
Erbstadt	194	83	1	140	14	27	193	117	102	30	34
Gronau	65	15	–	133	6	34	86	15	82	59	38
Großauheim	944	1 148	34	1 839	76	144	1 227	1 126	1 671	265	279
Großkrotzenburg	404	347	8	748	11	123	476	384	705	33	200
Hochstadt	524	146	9	409	16	54	538	178	348	94	134
Hüttengesäß	363	47	90	232	5	34	430	87	216	30	79
Kilianstädten	788	172	5	153	31	102	839	147	145	78	140
Langendiebach	1 078	280	15	291	36	74	1 210	299	239	113	154
Langenselbold	993	1 466	21	846	64	227	1 076	1 488	771	194	397
Marköbel	415	114	25	325	18	62	425	135	257	100	107
Mittelbuchen	388	156	3	195	9	32	444	188	170	43	47
Neuwiedermus	21	2	5	55	–	7	33	7	39	–	9
Niederdorfelden	219	78	3	194	2	27	200	87	177	26	53
Niederissigheim	107	21	1	113	–	8	141	20	115	9	10
Niederrodenbach	493	353	8	392	10	94	558	385	369	56	142
Oberdorfelden	56	66	2	57	2	18	74	84	62	15	34
Oberissigheim	117	8	3	148	7	13	98	6	134	53	23
Oberrodenbach	110	8	3	185	7	45	137	30	206	9	55
Ostheim	507	150	19	294	11	51	498	198	238	92	137
Ravolzhausen	323	309	6	160	5	41	401	282	136	36	62
Roßdorf	290	135	5	227	11	51	387	164	184	50	59
Rückingen	527	481	12	217	15	47	574	472	215	53	42
Rüdigheim	121	157	2	111	7	30	164	154	90	30	42
Wachenbuchen	351	286	20	280	20	53	430	310	207	96	98
Windecken	739	299	24	218	31	65	829	305	163	100	104
Wolfgang	167	39	1	53	4	19	168	42	58	33	26
insgesamt	**14 119**	**8 225**	**420**	**10 736**	**624**	**1 968**	**15 772**	**8 863**	**9 192**	**2 445**	**3 354**

Quellen:
Mitteilungsblatt für den Stadt- und Landkreis Hanau Nr. 65, 6.7.1946;
Ebd. Nr. 87, 7.12.1946.

Tabelle/Abbildung 17

Entwicklung der Zahl der Mitglieder im Gewerkschaftskartell und im Ortsausschuss des ADGB in Hanau, 1901–1912, 1922, 1926–1928

Jahr	1901	1904	1905	1907	1908	1909	1911	1912	1922	1926	1927	1928
Mitgliederzahl	900	1 400	3 304	4 378	4 098	4 520	4 337	4 490	16000	5 543	6 447	7 353
Anzahl der Organisationen	•	•	29	•	24	24	25	25	•	23	25	22

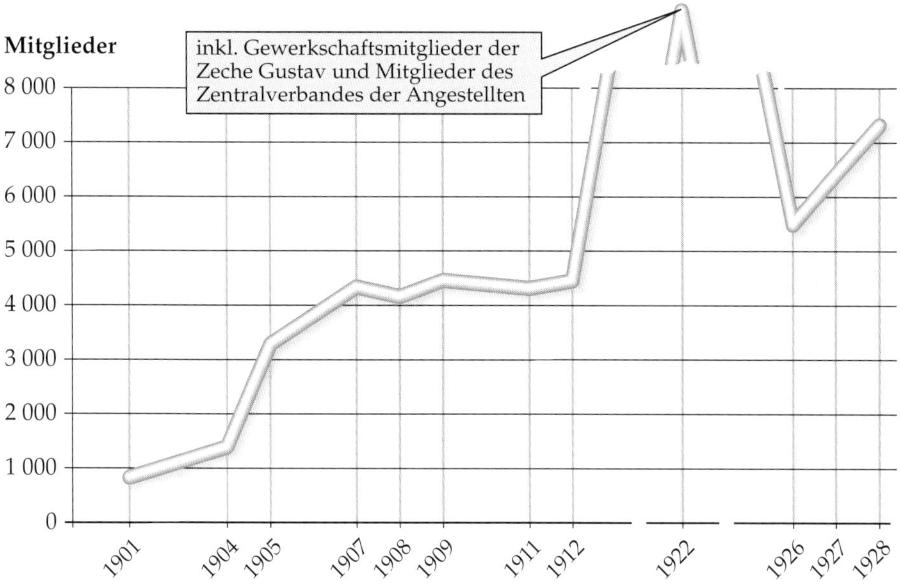

Quellen und Anmerkungen nach Jahren gegliedert:
- Aufgenommen sind nur die Jahre, aus denen Angaben vorhanden sind.
- Außer bei 1907 handelt es sich um Jahresendzahlen.
- 1901: Deutscher Metallarbeiter-Verband, Verwaltungsstelle Hanau am Main, Geschäftsbericht für das Jahr 1909, Stuttgart o. J., S. 85 f.
- 1904/1905: Arbeitersekretariat Hanau am Main, Jahresbericht für das 2. Geschäftsjahr 1905 nebst einem Anhang: Jahresbericht des Gewerkschaftskartells, Hanau 1906, S. 37.
- 1907: Volksstimme Nr. 191, 17.8.1907.
- 1908: Volksstimme Nr. 72, 26.3.1909.
- 1909: Volksstimme Nr. 59, 11.3.1910.
- 1911: Gewerkschaftskartell Hanau am Main, Jahresbericht und Kassen-Abrechnung für 1911, Frankfurt am Main o. J., S. 15. Auf S. 9 sind allerdings für das Jahresende rund 4 650 Mitglieder als dem Kartell angehörig erwähnt.
- 1912: Volksstimme Nr. 97, 26.4.1913.
- Nach 1919 wurde das Gewerkschaftskartell als Ortsausschuss bezeichnet.
- 1922: ADGB Ortsausschuss Hanau und Arbeitersekretariat, Jahresbericht 1926, Frankfurt am Main o. J., S. 6. Die Zahl schließt auch die Gewerkschaftsmitglieder der Braunkohlezeche Gustav in Dettingen und die Mitglieder des Zentralverbandes der Angestellten mit ein.
- 1926: wie bei 1922, S. 10.
- 1927: ADGB Ortsausschuss Hanau und Arbeitersekretariat, Jahresbericht 1927, Frankfurt am Main o. J., S. 8; in diesem Jahr wurde das Gewerkschaftskartell Gelnhausen dem Gewerkschaftskartell Hanau angegliedert. Ebd., S. 4 f.
- 1928: ADGB Ortsausschuss Hanau u. Arbeitersekretariat, Jahresbericht 1928, Frankfurt am Main o. J., S. 8.

Tabelle/Abbildung 18

Entwicklung der Zahl der Mitglieder in der Verwaltungsstelle des DMV in Hanau, 1891–1932

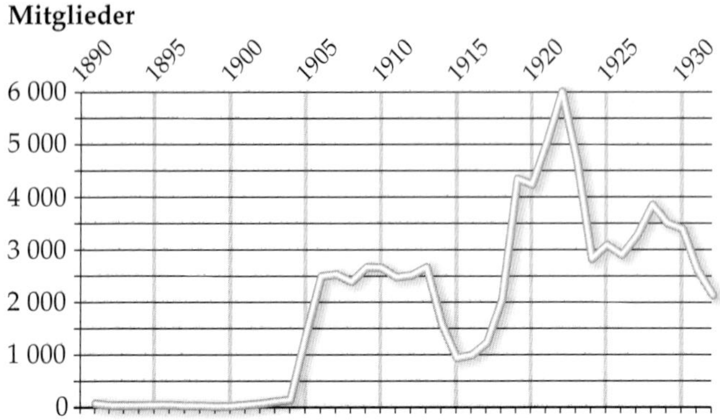

1891	84	1912	2 528
1892	59	1913	2 679
1893	42	1914	1 594
1894	44	1915	948
1895	61	1916	1 005
1896	58	1917	1 241
1897	40	1918	2 058
1898	52	1919	4 355
1899	31	1920	4 244
1900	33	1921	5 068
1901	57	1922	6 021
1902	80	1923	4 694
1903	120	1924	2 833
1904	152	1925	3 098
1905	1 365	1926	2 910
1906	2 509	1927	3 285
1907	2 546	1928	3 860
1908	2 404	1929	3 510
1909	2 678	1930	3 402
1910	2 673	1931	2 621
1911	2 493	1932	2 147

Quellen: Jahr- und Handbuch des Deutschen Metallarbeiter-Verbandes, lfd. (1908–1925); Geschäftsberichte des 8. Bezirks (Frankfurt/M.) des Deutschen Metallarbeiter-Verbandes lfd. (1926–1932); Arbeitersekretariat Hanau am Main, Jahresbericht für das Geschäftsjahr 1905 nebst einem Anhang: Jahresbericht des Gewerkschaftskartells, Hanau 1906; Deutscher Metallarbeiter-Verband, Verwaltung Hanau am Main, Geschäftsbericht für das Jahr 1909, Stuttgart o. J.; Gewerkschaftskartell Hanau am Main, Jahresbericht und Kassenabrechnung für 1911, Frankfurt/M. o. J.; Jahresbericht des Arbeitersekretaritat und Ortsausschuss des ADGB (Hanau) für das Jahr 1926, Frankfurt/M. o. J.; ADGB Ortsausschuss Hanau und Arbeitersekretariat, Jahresbericht 1927, Frankfurt/M. o. J.; ADGB Ortsausschuss Hanau und Arbeitersekretariat, Jahresbericht 1928, Frankfurt/M. o. J.; Deutscher Metallarbeiter-Verband, Vst. Hanau am Main, Geschäftsbericht über das Jahr 1927, Stuttgart o. J.; Deutscher Metallarbeiter-Verband, Verwaltung Hanau am Main, Geschäftsbericht 1928–1929, Frankfurt/M. o. J.

Anmerkungen:

- 1891: davon 18 Klempner.
- 1901: Der Ortsverein des Zentralvereins der Former löste sich auf, die Mitglieder traten zum DMV über.
- 1905: Die Mitglieder der Lokalorganisationen der Diamantschleifer und der Gold- und Silberarbeiter traten im IV. Quartal zum DMV über.

Tabelle/Abbildung 19

Mitglieder in der Verwaltungsstelle Hanau der hessischen Metallgewerkschaft (seit Sept. 1949 der IG Metall) **und im Bezirk Hanau-Gelnhausen-Schlüchtern des FGB Hessen** (seit Okt. 1949 des DGB) **1946–1949**

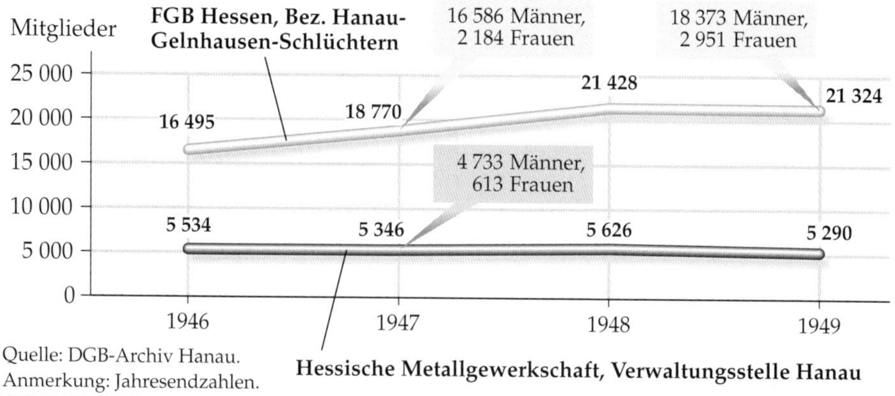

Quelle: DGB-Archiv Hanau.
Anmerkung: Jahresendzahlen.

Tabelle/Abbildung 20

Die Arbeitslosigkeit in der Stadt Hanau, Dezember 1918–Juli 1921

lfd. Nr.	Datum	Erwerbslos gemeldet	Erwerbslos unterstützt	Zuschlagsempfänger	Notstandsarbeiter
1918					
1	7.12.	272	244	•	•
2	9.12.	285	•	•	•
3	15.12.	515	438	•	•
4	30.12.	645	•	•	•
1919					
5	1.1.	647	•	•	•
6	30.1.	•	•	•	ca. 100
7	12.2.	1 620	•	•	•
8	28.2.	1 340	•	•	•
9	31.3.	769	•	•	•
10	1.4.	610	•	•	•
11	19.4.	619	•	•	•
12	25.4.	865	•	•	•
13	30.4.	699	•	•	413
14	1.5.	697	•	•	•
15	13.5.	736	•	•	•
16	31.5.	641	•	•	412
17	17.6.	515	•	•	412
18	23.6.	534	•	•	•
19	1.7.	620	•	•	•
20	13.9.	> 800	•	•	•
21	1.10.	835	•	•	•
22	31.10.	815	512	•	•
23	7.11.		•	•	357

lfd. Nr.	Datum	Erwerbslos gemeldet	Erwerbslos unterstützt	Zuschlagsempfänger	Notstandsarbeiter
1920					
24	31.1.	440	•	•	•
25	28.2.	414	•	•	•
26	31.3.	352	•	•	•
27	31.4.	382	405	•	•
28	31.5.	175	•	•	•
29	31.6.	556	•	•	•
30	1.7.	•	535	512	•
31	2.7.	•	•	•	310
32	8.7.	579	•	•	•
33	31.7.	> 600	•	•	mehrere Hundert
34	20.9.	•	•	•	fast 600
35	1.10.	•	568	483	•
36	1.12.	•	461	342	•
1921					
37	1.1.	•	431	357	•
38	1.2.	•	384	307	•
39	1.3.	•	448	367	•
40	1.4.	•	544	507	•
41	31.5.	774	598	•	•
42	7.6.	•	•	•	523
43	9.7.	•	598	564	•

Quellen:
1: HA Nr. 290, 11.12.1918; 2–4, 7–9: Bericht über die Verwaltung und den Stand der Gemeindeangelegenheiten der Stadt Hanau für die Rechnungsjahre 1911–1919, o. O., o. J., Diagramm Nr. 20a; 3: auch VS Nr. 296, 18.12.1918; 5, 10, 19: HStAM, 165–459/4, S. 162; 6: Ebd., 165–459/1; 11–13: HA Nr. 177, 1.8.1919; 14, 16: HA Nr. 136, 14.6.1919; 15: HStAM, 165–459/2, S. 194; 17: Ebd. S. 396; 18: Ebd., S. 372; 20: Ebd., S. 20; 21–23: Ebd., S. 139; 24–25: VS-Ha Nr. 68, 20.3.1920; 26–29, 31: HStAM, 165–459/5, S. 36 ff.; 30, 35–40: Ebd., 165–459/7, S. 395; 34: Ebd., 165–459/6, S. 5; 32: Ebd. 165–459/5, S. 323; 33: VS-Ha Nr. 177, 31.7.1920; 41–42: HStAM, 165–459/8, S. 211; 43: Ebd., 165–6586/8, S. 409.

Anmerkungen:
- 7: Ab 21.2.1919 Minderung der Erwerbslosenzahl (HA Nr. 61, 13.3.1919).
- 14, 16: An manchen Tagen 900 Personen ohne Erwerb.
- 17: Auch 200 Mitglieder der ständigen Bürgerwehr ohne regelmäßige Beschäftigung.

Abbildung 20a

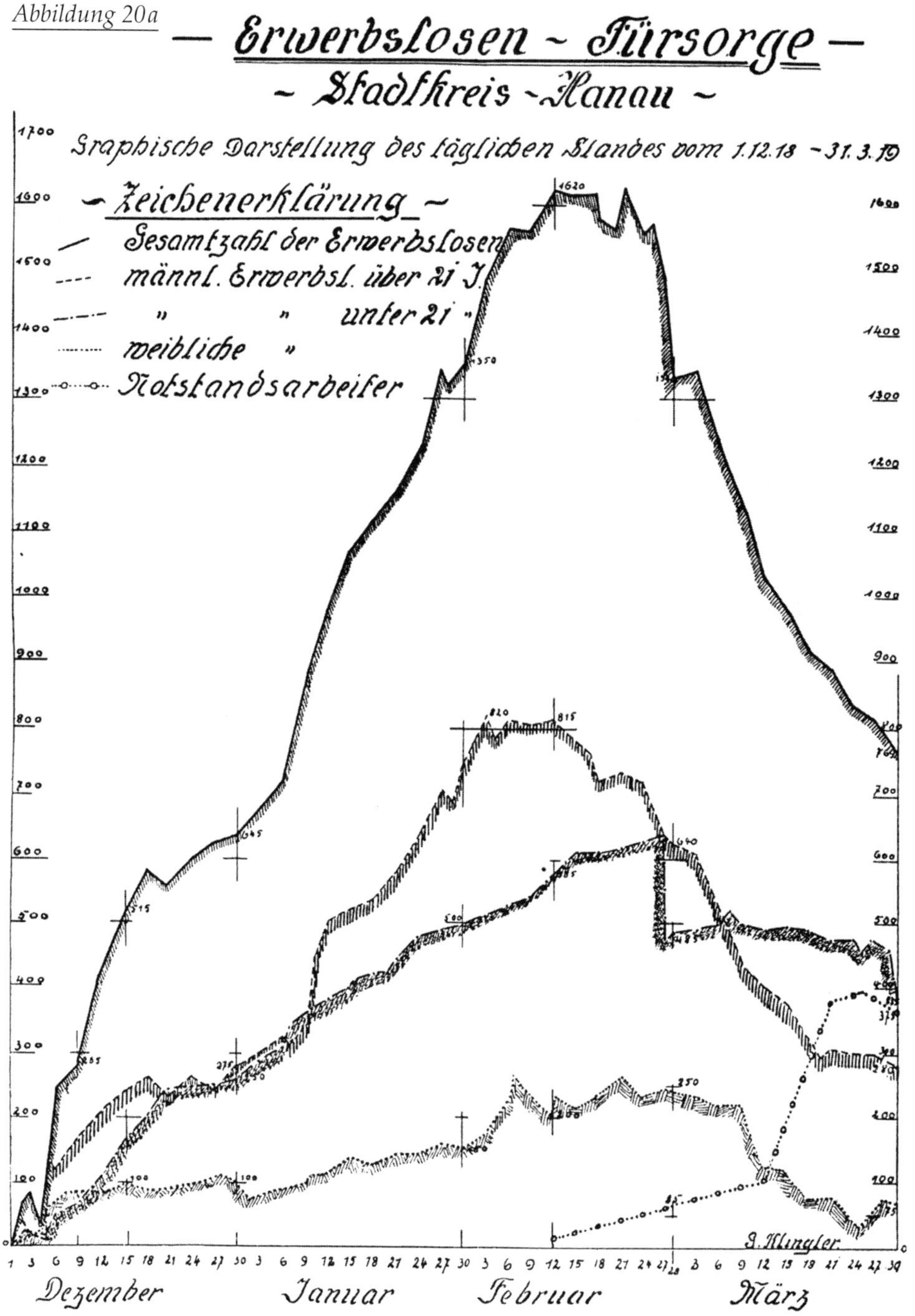

aus: Bericht über die Verwaltung und den Stand der Gemeindeangelegenheiten der Stadt Hanau für die Rechnungsjahre 1911–1919, o. O., o. J.

Tabelle/Abbildung 21

Die Arbeitslosigkeit im Landkreis Hanau, Nov. 1918–Febr. 1921

lfd. Nr.	Datum	Erwerbslos gemeldet	Erwerbslos unterstützt	Zuschlags-empfänger	Anmerkungen	Quellen
	1918					
1	Nov.	392	•	•		VS (Ha) Nr. 162, 14.7.1920
	1919					
2	1.1.	749	•	•		HStAM, 165–459/4, S. 140, 163
3	Febr.	1 385	•	•		VS (Ha) Nr. 162, 14.7.1920
4	1.4.	928	•	•		HStAM, 165–459/4, S. 140, 163
5	April	860	•	•	Verringerung seit Februar infolge Notstandsarbeiten.	VS (Ha) Nr. 162, 14.7.1920
6	9.5.	1 048	•	•		HStAM, 165–459/2, S. 195
7	Mai	1 085	•	•	Anstieg infolge Auflösung der Hanauer Militärbetriebe.	VS (Ha) Nr. 162, 14.7.1920
8	20.5.	1 088	•	•		HStAM, 165–459/2, S. 269
9	30.5.	1 041	•	•		Ebd., S. 295
10	29.6.	946	•	•		Ebd., S. 403
11	1.7.	946	•	•		HStAM, 165–459/4, S. 140, 163
12	1.10.	690	•	•		Ebd.
13	Okt.	639	•	•	Alle Notstandsarbeiter wieder eingestellt.	VS (Ha) Nr. 162, 14.7.1920
	1920					
14	31.3.	434	•	•		Ebd.
15	31.5.	653	•	•		HStAM, 165–2796/1
16	1.7.	•	776	847		
17	1.8.	•	751	770		
18	1.9.	•	683	697		
19	1.10.	•	680	885		
20	1.11.	•	486	970		HStAM, 165–459/7, S. 394 (für Nr. 16–23)
21	1.12.	•	418	692		
	1921					
22	1.1.	•	474	572		
23	1.2.	•	618	837		

Tabelle/Abbildung 22

Zahl der unterstützungsberechtigten Erwerbslosen (Vollerwerbslosen) in der Stadt Hanau, 22. November 1919–17. Dezember 1921

Stichtag	Erwerbslose	je 1 000 Einw.	Stichtag	Erwerbslose	je 1 000 Einw.	Stichtag	Erwerbslose	je 1 000 Einw.	Stichtag	Erwerbslose	je 1 000 Einw.
1919			22.5.	426	11,4	4.12.	411	11,4	11.6.	599	16,4
22.11.	523	•	29.5.	468	13,0	11.12.	401	11,2	18.6.	597	16,3
29.11.	523	•	5.6.	468	13,0	18.12.	397	11,0	25.6.	597	16,3
6.12.	537	•	12.6.	496	13,8	25.12.	389	10,8	2.7.	593	16,2
13.12.	509	•	19.6.	520	14,5	**1921**			9.7.	598	16,4
20.12.	•	•	26.6.	517	14,4	1.1.	417	11,6	16.7.	637	17,4
27.12.	517	•	3.7.	453	14,6	8.1.	405	11,3	23.7.	614	16,8
1920			10.7.	559	15,5	15.1.	406	11,3	30.7.	578	15,8
3.1.	554	•	17.7.	619	17,2	22.1.	423	11,8	6.8.	549	15,0
10.1.	540	•	24.7.	752	18,4	29.1.	424	11,8	13.8.	499	13,6
17.1.	528	•	31.7.	617	17,2	5.2.	425	11,8	20.8.	396	10,8
24.1.	507	•	7.8.	592	16,5	12.2.	448	12,5	27.8.	361	9,9
31.1.	508	•	14.8.	624	17,4	19.2.	464	12,7	3.9.	332	9,1
7.2.	498	•	21.8.	623	17,3	26.2.	464	12,7	10.9.	323	8,8
14.2.	491	•	28.8.	597	16,6	5.3.	459	12,6	17.9.	312	8,5
21.2.	477	•	4.9.	523	14,5	12.3.	473	12,9	24.9.	333	9,1
28.2.	475	12,4	11.9.	506	14,1	19.3.	481	13,2	1.10.	352	9,6
6.3.	•	•	18.9.	526	14,6	26.3.	491	13,4	8.10.	322	8,8
13.3.	464	12,4	25.9.	465	12,9	2.4.	511	14,0	15.10.	322	8,8
20.3.	403	10,8	2.10.	446	12,4	9.4.	525	14,4	22.10.	317	8,7
27.3.	369	9,8	9.10.	433	12,0	16.4.	545	15,0	29.10.	317	8,7
3.4.	354	9,4	16.10.	435	12,1	23.4.	557	15,2	5.11.	295	8,1
10.4.	419	11,2	23.10.	430	12,0	30.4.	588	16,1	12.11.	229	6,3
17.4.	437	11,7	30.10.	422	11,7	7.5.	595	16,3	19.11.	251	6,9
24.4.	421	11,2	6.11.	424	11,8	14.5.	582	15,9	28.11.	252	6,9
1.5.	415	11,1	13.11.	483	13,4	21.5.	597	16,3	3.12.	243	6,6
8.5.	433	11,6	20.11.	448	12,5	28.5.	623	17,0	10.12.	268	7,3
15.5.	409	10,9	27.11.	426	11,8	4.6.	601	16,4	17.12.	264	7,2

Quelle:

Statistisches Reichsamt, Abteilung für Arbeitsstatistik (Hrsg.), Arbeitsmarkt-Anzeiger der Reichszentrale der Arbeitsnachweise, Berlin, 1. Jg. 1919–3. Jg. 1921. Anmerkungen teilweise in der Vorlage.

Anmerkungen:

- Die Zahl der unterstützungsberechtigten Erwerbslosen ist fast durchweg kleiner als die Gesamtheit der Erwerbslosen.
- Einwohnerzahl (36 546) ab 11.6.1921 angegeben.
- Differenz zwischen den hier und in der Tabelle Nr. 20 angegebenen Daten können mit den unterschiedlichen statistischen Erfassungsmethoden zusammenhängen. Unterschiedliches Zahlenmaterial liefern daher schon die sich in Archiven befindlichen Überlieferungen im Vergleich zu den im Arbeitsmarkt-Anzeiger veröffentlichten Daten.

Tabelle/Abbildung 23 – Teil 1

Erscheinungsformen der Arbeitslosigkeit im Stadt- und Landkreis Hanau, Oktober 1922–August 1925

		Hanau Stadt					Hanau Landkreis		
			Erwerbslose					Erwerbslose	
lfd. Nr.	Datum	Arbeitssuchende	unterstützt	ohne Unterst.	Notstandsarbeiter	Kurzarbeiter	Arbeitssuchende	unterstützt	Kurzarbeiter
	1922								
1	Okt.	•	307	•	•	•	•	•	•
2	11.12.	> 700	> 300	•	ca. 100	> 2 000	•	•	•
	1923								
3	Januar	•	284	•	•	•	•	•	•
4	März	•	465	•	•	•	•	•	•
5	31.3.	1 558	•	•	•	•	732 (506)	194	13
6	April	•	542	5–600	•	•	•	•	•
7	21.4.	ca. 1 600		•		ca. 5 000	•	•	•
8	30.4.	942		•			645	320	241
9	31.5.	977	532	•	180	759	706	385	1 556
10	19.6.	•	524	•	•	•	•	•	•
11	30.6.	955	497	•	230	•	719	412	652
12	31.7.	878	430	•	87	237	460	99	237
13	31.8.	1 235	693	•	28	330	340	165	279
14	7.9.	•	1 000	600	•	ca. 1 600	•	•	•
15	30.9.	1 633	1 251	•	73	3 500	632	•	1 415
16	12.10.	•	•	•	•	•	•	650	2 000
17	13.10.	•	1 500	•	•	4 000	•	•	•
18	31.10.	2 148	1 820	•	94	ca. 6 500	1 901	•	2 493
19	31.11.	2 593	2 265	•	73	ca. 8 000	2 216	•	2 327
20	24.12.	•	2 200	•	•	•	•	•	•
21	31.12.	•	2 045	•	•	•	2 721	•	1 483
	1924								
22	31.1.	•	1 530	•	•	100	2 691	•	•
23	7.2.	•	1 346	•	•	•	•	•	•
24	29.2.	•	972	•	•	76	2 874	1 412	•
25	20.3.	•	754	•	•	•	•	•	•
26	31.3.	•	778	•	•	•	949	564	•

Tabelle/Abbildung 23 – Teil 2

Erscheinungsformen der Arbeitslosigkeit im Stadt- und Landkreis Hanau, Oktober 1922–August 1925

		Hanau Stadt					Hanau Landkreis		
			Erwerbslose					Erwerbslose	
lfd. Nr.	Datum	Arbeitssuchende	unterstützt	ohne Unterst.	Notstandsarbeiter	Kurzarbeiter	Arbeitssuchende	unterstützt	Kurzarbeiter
1924 (Fortsetzung)									
27	29.4.	•	553	250	•	•	•	•	•
28	31.5.	•	536	•	•	•	•	•	•
29	30.6.	•	429	•	•	•	•	•	•
30	31.7.	•	560	•	•	•	•	•	•
31	31.8.	•	597	•	•	•	•	•	•
32	30.9.	•	603	•	•	•	•	•	•
33	31.10.	•	456	•	•	•	•	•	•
34	30.11.	•	391	•	•	•	•	•	•
35	31.12.	•	482	•	•	•	•	•	•
1925									
36	31.1.	•	475	•	•	•	•	718	•
37	28.2.	•	430	•	•	•	•	578	•
38	31.3.	•	417	•	•	•	•	380	•
39	30.4.	•	275	•	•	•	•	261	•
40	30.6.	•	235	•	•	•	•	163	•
41	31.7.	•	•	•	•	•	•	•	•
42	31.8.	•	313	•	•	•	•	•	•

Quellen und Anmerkungen:
- 1, 3, 4, 6: VS (Ha) Nr. 130, 7.6.1923; Durchschnittszahlen.
- 2: HStAM, 165–292, S. 62.
- 5, 8, 9, 11–13, 15, 18, 19, 21, 22, 24, 26, 28–42: Für den Stadtkreis: HStAM, 165–2796/2, tabellarische Darstellungen des Arbeitsamtes Hanau, bei 37–40 auch für den Landkreis Hanau. Mai 1925 nicht vorhanden. Für den Landkreis: HStAM, 180 (Hanau)–5919; nach den Berichten des Landrats Kaiser.
- 7: HA Nr. 95, 24.4.1923.
- 10: HStAM, 165–1211/3, S. 106.
- 14: VS (Ha) Nr. 209, 7.9.1923.
- 16: HStAM, 165–2798/5, S. 434.
- 17: HStAM, 165–2800, S. 390.
- 20, 23: HA Nr. 33, 8.2.1924.
- 25: HA Nr. 69, 21.3.1924. Der Höchststand der unterstützten Erwerbslosen für Ende 1923 wird mit 2 400 angegeben.
- 27: HA Nr. 100, 29.4.1924. 553 Arbeiter, mit ihren Familienangehörigen. 1 479 Personen ohne jeden Verdienst. Weitere 250 Personen, mit Familienangehörigen 1 000 Personen, mussten wegen Fristablauf aus der Erwerbslosenfürsorge ausscheiden.

Tabelle/Abbildung 24 – Teil 1

Die Arbeitslosigkeit in der Stadt Hanau, Januar 1926–Januar 1929

lfd. Nr.	Datum	Arbeits- suchende	Hauptunterstützungsempfänger: Arbeitslosen- unterstützung	Hauptunterstützungsempfänger: Krisenunter- stützung	Hauptunterstützungsempfänger: Insgesamt	Ausge- steuerte	Unter- stützte insgesamt	Not- stands- arbeiter
	1926							
1	10.1.	•	1 807	–	1 807	•	•	–
2	18.1.	•	1 902	–	1 902	•	•	–
3	1.2.	•	1 936	–	1 936	•	•	–
4	11.2.	•	1 936	–	1 936	•	•	–
5	18.2.	•	2 201	–	2 201	•	•	15
6	25.2.	•	2 197	–	2 197	•	•	28
7	3.3.	•	2 175	–	2 175	•	•	30
8	10.3.	•	1 946	–	1 946	•	•	30
9	17.3.	•	1 905	–	1 905	•	•	38
10	1.5.	•	2 075	–	2 075	•	•	•
11	1.8.	•	2 307	–	2 307	•	•	•
12	24.8.	•	2 359	–	2 359	•	•	•
13	1.9.	•	2 277	–	2 277	•	•	•
14	30.9.	•	2 518	–	2 518	•	•	•
15	1.10.	•	2 144	–	2 144	•	•	•
16	15.10.	•	2 139	–	2 139	•	•	•
17	27.10.	•	2 004	–	2 004	•	•	•
18	1.12.	•	1 830	•	•	•	•	•
19	8.12.	•	1 812	303	2 115	•	•	•
	1927							
20	5.1.	•	1 857	495	2 352	•	•	•
21	2.2.	•	1 704	665	2 369	•	•	•
22	15.3.	•	1 447	734	2 181	•	•	•
23	15.4.	•	1 250	779	2 029	•	•	•
24	15.5.	•	1 063	820	1 883	•	•	•
25	15.6.	•	952	747	1 699	•	•	•
26	30.6.	1 899	•	•	•	•	•	•
27	15.7.	•	928	699	1 627	•	•	•
28	15.8.	•	883	685	1 568	•	•	•
29	15.9.	•	811	633	1 444	•	•	•

Tabelle/Abbildung 24 – Teil 2

Die Arbeitslosigkeit in der Stadt Hanau, Januar 1926–Januar 1929

lfd. Nr.	Datum	Arbeits-suchende	Hauptunterstützungsempfänger: Arbeitslosen-unterstützung	Hauptunterstützungsempfänger: Krisenunter-stützung	Hauptunterstützungsempfänger: Insgesamt	Ausge-steuerte	Unter-stützte insgesamt	Not-stands-arbeiter
1927 (Fortsetzung)								
30	1.10.	•	642	606	1 248	39	•	•
31	15.10.	•	620	570	1 190	•	•	•
32	31.10.	1 502	•	•	•	•	•	•
33	15.11.	•	582	332	914	•	•	•
34	31.12.	1 728	794	431	1 225	316	1 541	•
1928								
35	31.1.	•	761	435	1 196	•	•	•
36	29.2.	•	•	•	1 247	•	•	•
37	31.3.	1 770	•	•	1 173	•	•	•
38	30.4.	•	•	•	1 053	•	•	•
39	31.5.	•	•	•	917	•	•	•
40	30.6.	•	•	•	922	•	•	•
41	1.7.	•	549	373	922	276	1 198	•
42	31.7.	•	•	•	710	•	•	•
43	31.8.	•	•	•	709	•	•	•
44	30.9.	•	•	•	649	•	•	•
45	1.10.	•	457	192	649	444	1 093	•
46	31.10.	•	•	•	693	•	•	•
47	31.12.	•	•	•	•	448	•	•
1929								
48	1.1.	•	•	•	•	•	1 647	•

Quellen:
- 1–47: Alle Angaben aus den entsprechenden Jahrgängen des „Hanauer Anzeigers" entnommen.
- 14, 17, 19–25, 27–29, 31, 33–40, 42–44, 46: Zwischen dem 25. Nov. 1926 und dem 24. Nov. 1928 erschienen im HA regelmäßig monatlich bzw. halbmonatlich tabellarische Arbeitsamtsberichte über den Stand der Arbeitslosigkeit in der Stadt Hanau vom 30.9.1926 bis zum 31. Oktober 1928.

Angaben aus Berichten außerhalb der periodischen Mitteilungen:
- 1–9: Nr. 63, 19.3.1926;
- 3, 10–11, 13, 15, 16: Nr. 276, 25.11.1926;
- 12: Nr. 198, 25.8.1926;
- 18: Nr. 287, 8.12.1926;
- 26, 32: Nr. 278, 26.11.1927;
- 30, 41, 45: Nr. 266, 10.11.1928;
- 47: Nr. 145, 23.6.1932;
- 48: Thomas Klein, Der Regierungsbezirk Kassel 1933–1936. Die Berichte des Regierungspräsidenten und der Landräte, Bd.1, Darmstadt/Marburg 1985, S. XCVIII.

Anmerkung:
Die Krisenunterstützung mit Bedürftigkeitsprüfung für Langzeitarbeitslose wurde im November 1926 eingeführt.

Tabelle/Abbildung 25 – Teil 1

Die Arbeitslosigkeit in der Stadt Hanau, 1929–1934

lfd. Nr.	Datum	Arbeits-suchende	Hauptunterstützungsempfänger			Wohlfahrts-unter-stützung	Unter-stützte insgesamt
			Arbeitslosen-unterstützung	Krisenunter-stützung	Insgesamt		
	1929						
1	1.1.			•	•	•	1 647
2	11.7.	•	•	•	•	ca. 1 100	•
3	31.12.	•	•	•	•	624	•
	1930						
4	1.1.	•	•	•	•	•	3 132
5	30.1.	•				635	•
6	7.3.	•	1 046	307	1 353	•	•
7	12.3.	•	1 122	312	1 434	•	•
8	15.3.	•	1 106	331	1 437	ca. 1 000	2 437
9	31.3.	•	•	•	1 581	•	•
10	15.4.	•	1 073	324	1 397	•	•
11	30.4.	•	1 209	372	1 581	•	•
12	15.5.	•	1 250	345	1 595	•	•
13	14.6.	•	1 223	427	1 650	•	•
14	1.9.	•	1 283	502	1 785	985	2 770
15	30.9.	•	1 238	554	1 792	1 250	3 042
16	31.12.	•	•	•	•	1 573	•
	1931						
17	1.2.	•	•	•	1 951	•	•
18	15.3.	4 579	•	•	•	•	•
19	28.3.	4 004	•	•	•	•	•
20	31.3.	•	•	•	1 901	1 802	3 703
21	15.4.	3 718	•	•			
22	30.4.	3 896	•	•	•	1 927	•
23	15.5.	4 279	•	•	•	•	•
24	30.5.	4 312	•	•	•	•	•
25	15.6.	4 079	•	•	•	1 750	•
26	30.6.	4 333	•	•	•	•	•
27	15.7.	4 490	•	•	•	•	•
28	31.7.	4 661	•	•	•	•	•
29	31.8.	4 616	•	•	•	•	•
30	30.9.	4 667	•	•	•	•	•
31	15.10.	4 608	•	•	•	•	•
32	31.10.	4 970	•	•	•	•	•
33	15.11.	5 035	•	•	•	•	•
34	30.11.	5 001	•	•	•	•	•
35	15.12.	5 106	•	•	•	•	•
36	31.12.	5 181	•	•	•	3 128	•
	1932						
37	15.1.	5 343	•	•	•	•	•
38	31.1.	5 032	•	•	•	•	•
39	15.2.	5 152	•	•	•	•	•
40	29.2.	4 907	•	•	•	•	•
41	15.3.	4 877	•	•	•	•	•
42	31.3.	5 358	•	•	•	•	•
43	15.4.	4 837	•	•	•	•	•
44	30.4.	5 391	730	950	1 680	3 053	4 733
45	15.5.	5 503	•	•	•	•	•
46	31.5.	5 434	•	•	•	•	•
47	15.6.	5 337	•	•	•	3 600	•
48	30.6.	5 558	•	•	•	•	•
49	15.7.	5 498	•	•	•	•	•
50	31.7.	6 047	•	•	•	•	•
51	15.8.	5 728	•	•	•	•	•

Tabelle/Abbildung 25 – Teil 2

Die Arbeitslosigkeit in der Stadt Hanau, 1929–1934

lfd. Nr.	Datum	Arbeits-suchende	Hauptunterstützungsempfänger: Arbeitslosen-unterstützung	Hauptunterstützungsempfänger: Krisenunter-stützung	Hauptunterstützungsempfänger: Insgesamt	Wohlfahrts-unter-stützung	Unter-stützte insgesamt
	1932 (Fortsetzung)						
52	31.8.	5 172	•	•	•	•	•
53	30.9.	5 072	•	•	•	•	•
54	15.10.	4 884	333	722	1 055	•	•
55	15.11.	4 927	396	694	1 090	•	•
56	30.11.	4 995	342	769	1 111	2 517	3 628
57	15.12.	4 942	•	•	•	•	•
58	31.12.	4 849	326	807	1 133	2 538	3 671
	1933						
59	15.1.	4 885	353	812	1 165	•	•
60	31.1.	4 883	329	758	•	•	•
61	15.2.	4 817	349	790	1 139	2 744	3 883
62	28.2.	4 964	331	900	1 231	2 704	3 935
63	15.3.	4 934	316	882	1 198	•	•
	1934						
64	1.10.	•	•	•	•		3 659

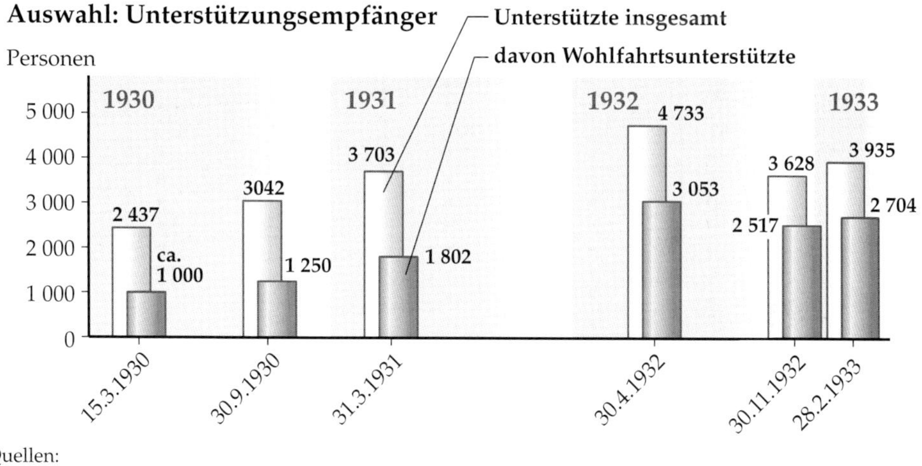

Quellen:

- 1, 4: Thomas Klein, Der Regierungsbezirk Kassel 1933–1936. Die Berichte des Regierungspräsidenten und der Landräte, Bd.1, Darmstadt/Marburg 1985, S. XCVIII.
- 6: VS (Ha) Nr. 56, 7.3.1930; 8: VS (Ha) Nr. 87, 12.4.1930; 11: VS (Ha) Nr. 102, 3.5.1930, HA Nr. 103, 3.5.1930.

Alle übrigen Angaben entstammen den entsprechenden Jahrgängen des „Hanauer Anzeigers":

- 2: Nr. 161, 12.7.1929; 3: Nr. 145, 23.6.1932; 5: Nr. 210, 3.9.1931; 7: Nr. 62, 14.3.1930; 9: Nr. 79, 3.4.1930; 10: Nr. 91, 17.4.1930; 12: Nr. 115, 17.5.1930; 13: Nr. 140, 18.6.1930; 14: Nr. 238, 10.10.1930; 15: Nr. 233, 4.10.1930, Nr. 267, 13.11.1930; 16: Nr. 102, 2.5.1931; 17, 20: Nr. 102, 2.5.1931; 18–63: Monatlich bzw. halbmonatlich erschienene Mitteilungen des Arbeitsamtes des Hanauer Arbeitsamtsbezirks zwischen dem 20.3.1931 und dem 18.3.1933.
- 22: Nr. 210, 3.9.1931; Nr. 104, 5.5.1931; 25: Nr. 141, 6.3.1931; Nr. 140, 17.6.1932; 36: Nr. 1, 2.1.1932, Nr. 145, 23.6.1932; 44: Nr. 104, 4.5.1932, Nr. 128, 3.6.1932; 64: Nr. 229, 1.10.1934.

Anmerkungen:

- 3: insgesamt 1 800 Personen; 14: insgesamt 6 629 Personen, 16,5% der Bevölkerung; 15: Die Angaben in Nr. 267 beziehen sich auf den 30.9.1930 und nicht auf den 1.9.1930; 16: insges. 3 739 Personen; 20: insges. 7 818 Personen; 36: Zahl der Wohlfahrtsunterstützten zusammen mit Familienmitgliedern: 7 461; 37: Zahl nach einem anderen Bericht 5 350 (HA Nr. 29, 30.1.1932); 44: Insgesamt mit Familienmitgliedern 10 371 Personen.

Tabelle/Abbildung 26 – Teil 1

Die Arbeitslosigkeit im Landkreis Hanau, 1929–1936

lfd. Nr.	Datum	Arbeits-suchende	Hauptunterstützungsempfänger: Arbeitslosen-unterstützung	Hauptunterstützungsempfänger: Krisenunter-stützung	Hauptunterstützungsempfänger: Insgesamt	Wohlfahrts-unter-stützung	Unter-stützte insgesamt
	1929						
1	1.1.	•	•	•	•	•	1 492
	1930						
2	1.1.	•	•	•	•	164	3 079
3	31.1.	•	2 973	•	•	•	•
4	28.2.	•	2 841			•	•
5	1.3.	•	•	•	•	287	•
6	7.3.	•	2 753	367	3 120	•	•
7	12.3.	•	2 616	351	2 967	•	•
8	31.3.	•	2 273	365	2 638	288	2 926
9	1.4.		2 273	363	2 636	317	2 953
10	15.4.	•	1 980	339	2 319	•	•
11	30.4.	•	1 828	373	2 201	•	•
12	15.5.	•	1 833	381	2 214	•	•
13	14.6.	•	1 602	419	2 021	•	•
14	1.7.	•	•	•	•	440	•
15	1.10.	•	1 710	553	2 263	753	3 016
	1931						
16	1.1.	•	•	•	•	1 008	•
17	15.3.	4 310	•	•	•	•	•
18	28.3.	4 353	•	•	•	•	•
19	15.4.	4 161	2 268	870	3 138	1 435	4 573
20	30.4.	4 299	•	•	•	•	•
21	15.5.	3 971	•	•	•	•	•
22	30.5.	4 160	•	•	•	•	•
23	15.6.	4 112	•	•	•	•	•
24	30.6.	4 110	•	•	•	•	•
25	1.7.	•	•	•	•	1 396	•
26	15.7.	4 216	•	•	•	•	•
27	31.7.	4 027	•	•	•	•	•
28	31.8.	4 439	•	•	•	•	•
29	30.9.	4 359	•	•	•	•	•
30	15.10.	4 466	•	•	•	•	•
31	31.10.	4 284	•	•	•	•	•
32	15.11.	4 290	•	•	•	•	•
33	30.11.	4 578	•	•	•	•	•
34	15.12.	4 682	•	•	•	•	•
35	31.12.	5 011	•	•	•	ca. 2 000	•
	1932						
36	1.1.	•	•	•	•	2 233	•
37	15.1.	5 594	•	•	•	•	•
38	31.1.	5 300	•	•	•	•	•
39	15.2.	5 328	•	•	•	•	•
40	29.2.	5 200	•	•	•	•	•
41	15.3.	5 186	•	•	•	•	•
42	31.3.	5 200	•	•	•	•	•
43	15.4.	5 117	•	•	•	•	•
44	30.4.	5 911	•	•	•	•	•
45	15.5.	4 850	•	•	•	•	•
46	31.5.	4 796	•	•	•	•	•
47	15.6.	4 825	•	•	•	•	•

Tabelle/Abbildung 26 – Teil 2

Die Arbeitslosigkeit im Landkreis Hanau, 1929–1936

lfd. Nr.	Datum	Arbeits-suchende	Hauptunterstützungsempfänger: Arbeitslosen-unterstützung	Krisenunter-stützung	Insgesamt	Wohlfahrts-unter-stützung	Unter-stützte insgesamt
	1932 (Fortsetzung)						
48	30.6.	4 846	•	•	•	•	•
49	1.7.	•	•	•	•	3 171	•
50	15.7.	4 697	•	•	•	•	•
51	31.7.	4 745	•	•	•	•	•
52	15.8.	4 944	•	•	•	•	•
53	31.8.	5 024	•	•	•	•	•
54	30.9.	5 195	•	•	•	•	•
55	14.10.	•	•	•	1 421	3 032	4 453
56	15.10.	5 111	426	964	1 390	•	•
57	15.11.	5 170	439	874	1 313	•	•
58	30.11.	5 117	470	806	1 276	2 744	4 020
59	15.12.	5 207	•	•	•	•	•
60	31.12.	5 457	438	1 022	1 460	2 860	4 320
	1933						
61	1.1.	•	•	•	•	3 236	•
62	15.1.	5 562	541	962	1 503	•	•
63	31.1.	5 260	605	1 063	1 668	•	•
64	15.2.	5 358	549	1 052	1 601	3 020	4 621
65	28.2.	5 100	512	1 046	1 558	3 005	4 563
66	1.3.	•	•	•	•	3 361	•
67	15.3.	5 222	459	1 028	1 487	•	•
68	1.7.	•	•	•	•	2 963	•
	1934						
69	1.1.	•	•	•	•	1 922	•
70	1.7.	•	•	•	•	1 179	•
	1935						
71	1.1.	•	•	•	•	933	•
72	1.7.	•	•	•	•	543	•
	1936						
73	1.1.	•	•	•	•	460	•
74	1.7.	•	•	•	•	341	•

Quellen:
- 1, 2: Thomas Klein, Der Regierungsbezirk Kassel 1933–1936. Die Berichte des Regierungspräsidenten und der Landräte, Bd.1, Darmstadt/Marburg 1985, S. XCVIII.
- 6: VS (Ha) Nr. 56, 7.3.1930.

Alle übrigen Angaben entstammen den entsprechenden Jahrgängen des „Hanauer Anzeigers":
- 2–5: Nr. 94, 23.4.1930; 7: Nr. 62, 14.3.1930; 8: Nr. 79, 3.4.1930, Nr. 94, 23.4.1930; 9: Nr. 107, 8.5.1931; 10: Nr. 91, 17.4.1930, Nr. 94, 23.4.1930; 11: Nr. 103, 3.5.1930; 12: Nr. 115, 17.5.1930; 13: Nr. 140, 18.6.1930; 14, 16, 25, 36, 49, 61, 66, 68–74: Nr. 75, 28.3.1936; 15: Nr. 247, 21.10.1930, Nr. 107, 8.5.1931; 17–24, 26–35, 37–48, 50–60, 62–65, 67: Monatlich bzw. halbmonatlich erschienene Mitteilungen des Arbeitsamtes des Hanauer Arbeitsamtsbezirks zwischen dem 20.3.1931 und dem 18.3.1933.
- 19: auch Nr. 107, 8.5.1931; 35: auch Nr. 305, 31.12.1931.

Anmerkungen:
- 8: Zwischen dem 1.4.1929 und dem 31.3.1930 insgesamt 435 Wohlfahrtsunterstützte (HA 268, 19.11.1930);
- 15: Zusammen mit 3 713 Zuschlagsempfängern insgesamt 6 729 unterstützte Personen.
- 19: Außer den 4 573 unterstützten Arbeitslosen noch 5 882 Zuschlagsempfänger.
- 35: Mit Familien ca. 6 000 Personen.
- 66: Höchststand der Wohlfahrtsunterstützten.

Tabelle/Abbildung 27

Die Arbeitslosigkeit in ausgewählten Städten des Rhein-Main-Gebiets und im Reich im Verhältnis zur Einwohnerzahl (je 1 000 Einwohner) am 30. September 1930

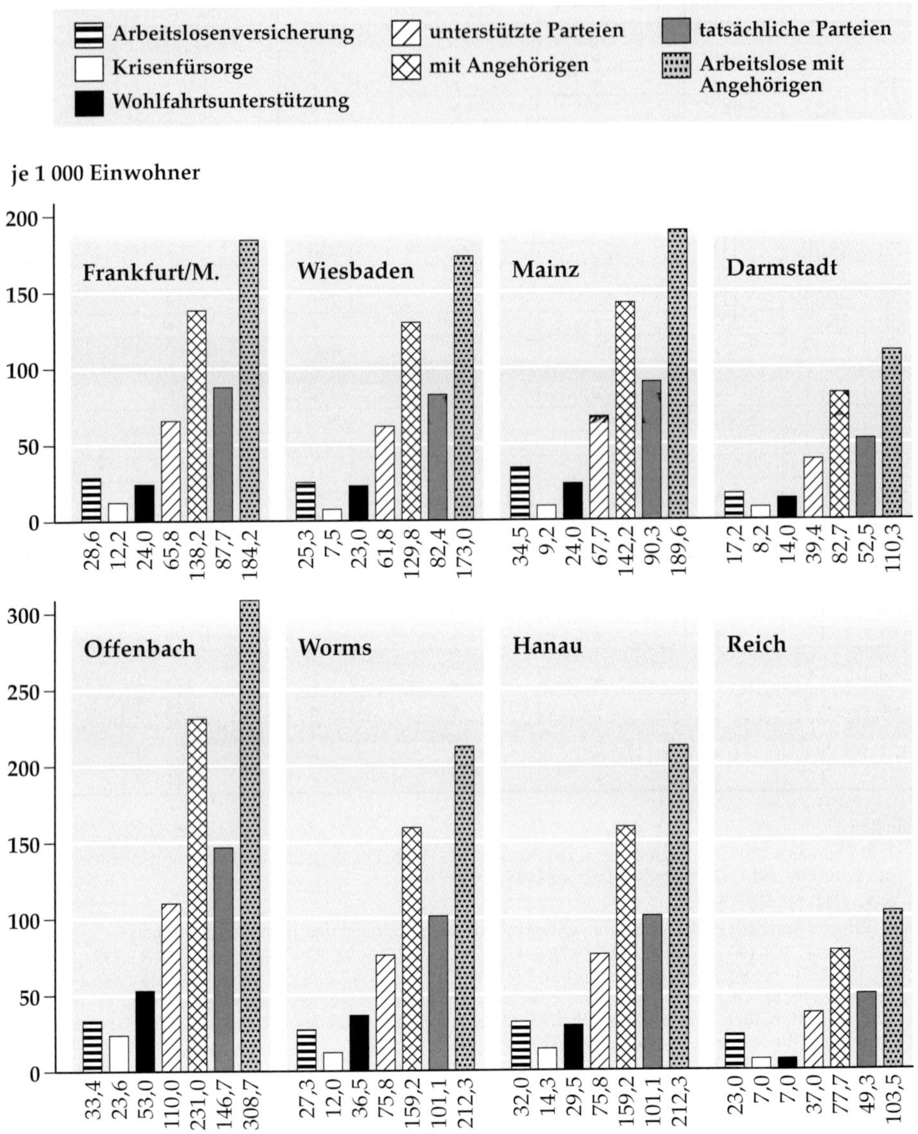

Quelle:
Die Zahlen wurden dem „Hanauer Anzeiger" Nr. 267, 13.11.1930 entnommen, dort allerdings irrtümlich auf den 1.9. 1930 datiert. Tatsächlich beziehen sich die Werte auf den Stand vom 30.9.1930 und sind das Ergebnis einer vom Deutschen Städtetag zusammengestellten Statistik über die öffentliche Fürsorge im dritten Quartal 1930 (1.7.–30.9.1930) in 88 Städten mit 50 000 und mehr Einwohnern (HA Nr. 102, 2.5.1931).

Tabelle/Abbildung 28

Der Wochenlohn in ausgewählten Gewerben um 1850 (in Gulden und Kreuzer)[1]

Gewerbe	Lohn
Hutmacher	6–15 fl.
Gold-/Silberarbeiter je nach Geschicklichkeit	3½–15 fl.
Gelernte Poliererin	3 fl.
Zigarrenarbeiter nach Stück; wöchentlich etwa	4–5 fl.[2]
Geschickte Zigarrenarbeiter	6–7 fl.[2]
Kinder als Zigarrenwickler	1–2 fl.
Seidenstrumpfwirker erster Klasse	8–9 fl.
Seidenstrumpfwirker zweiter Klasse	3½–5 fl.
Wollkämmer, Spinner, Weber, Färber (Teppichfabrikation)	3½–6 fl.
Tagelöhner in Fabriken	2½–3 fl.
Stricker- und Näherinnen	1¾–2 fl.
Kinder in der Spinnerei und Weberei	36 kr.–1 fl. 12 kr.[3]

Quelle: Harm-Hinrich Brandt, Wirtschaft und Wirtschaftspolitik im Raum Hanau. Die Geschichte der IHK Hanau-Gelnhausen-Schlüchtern und ihre Vorläufer, Hanau 1963, S. 67; Auf der Grundlage von Bruno Hildebrand, Statistische Mitteilungen über die volkswirtschaftlichen Zustände Kurhessens: nach amtlichen Quellen, Berlin 1853.

Anmerkungen:
1 1 Gulden (fl.) = 60 Kreuzer (kr.)
2 abzgl. des Lohnes d. zuarbeitenden Wickelmachers/Wickelmacherin
3 im Jahr 1840

Tabelle/Abbildung 29

Monatliche Ausgaben einer Hanauer Fabrikarbeiterfamilie um 1850 (in Gulden und Kreuzer)[1]

Insgesamt: 28 fl. 10 kr. (1 690 kr.)
je Kopf: 7 fl. 3 kr. (423 kr.)

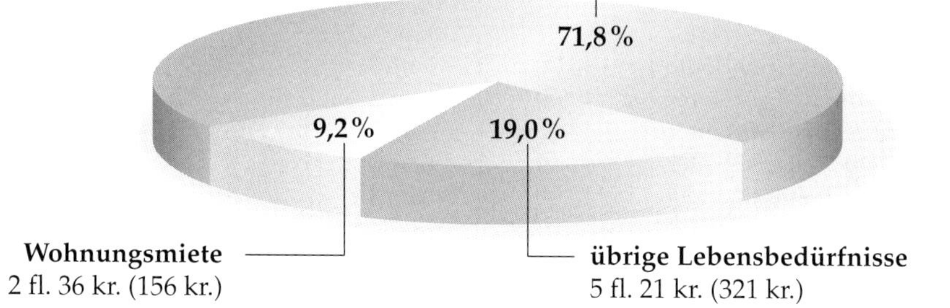

Quelle: Hessisches Statistisches Landesamt (Hrsg.), Hessen im Wandel der letzten hundert Jahre (1860–1960), Wiesbaden 1960, S. 317; Auf der Grundlage von Bruno Hildebrand, Statistische Mitteilungen über die volkswirtschaftlichen Zustände Kurhessens: nach amtlichen Quellen, Berlin 1853, S. 130; Eigene Berechnungen.
Anmerkungen: 1 1 Gulden (Fl.) = 60 Kreuzer (kr.)

Tabelle/Abbildung 30

Tariflöhne im Bereich des Ortsausschusses Hanau des ADBG, Ende 1928

Gewerkschaften	Wochenlohn[4]	Stundenlohn gelernte	Stundenlohn ungelernte	Stundenlohn weibl.
Bauarbeiter		1,28	1,06	–
Bekleidungsarbeiter		0,87	–	–
Buchbinder		1,04	0,86	0,62
Buchdrucker		1,12–1,34	0,92	0,63
Dachdecker		1,46	1,06	–
Eisenbahner[1]		0,95	0,78	–
Chemische Industrie		0,93	0,79	0,53
Seifen-Industrie		0,98	0,89	0,58
Papier-Industrie		0,93	0,85	0,54
Ziegel-Industrie		0,84	0,81	0,54
Beton-Industrie		0,95	0,92	0,61
Friseure	37,50	0,78	–	–
Friseusen		–	–	–
Gastwirtschaftsangestellte[2]		0,70	–	0,50
Gemeinde- und Staatsarbeiter[1]		1,11	1,03	0,63
Graphische Hilfsarbeiter		–	0,79	0,63
Holzarbeiter		1,09	0,93	0,70
Wickelformen-Industrie		–	0,75	0,53
Brauer	55,00	1,15	1,08	–
Bäcker	51,30	1,05	–	–
Fleischer	49,00	1,07	–	–
Böttcher		1,09	1,02	–
Lithographen und Steindrucker		1,20	–	–
Maler und Weißbinder		1,30	1,06	–
Metallarbeiter, Edel[3]		0,83	0,75	0,62
Metallarbeiter, Unedel[3]		0,83	0,68	0,48
Schlosser und Kupferschmiede		1,10	–	–
Elektromonteure		1,05	–	–
Heizungsmonteure		1,40	–	–
Spengler und Installateure		1,25	–	–
Diamantarbeiter		Akkordarbeit		
Tabakarbeiter		Akkordarbeit		
Verkehrsbund, Fuhrleute	44,70	0,93	–	–
Verkehrsbund, Kraftfahrer	49,00	1,02	–	–
Verkehrsbund, Mitfahrer	43,90	0,92	–	–
Verkehrsbund, Lagerarbeiter	42,60	0,90	–	0,53
Verkehrsbund, Einzelhandel	40,00	0,83	–	–
Zimmerer		1,28	1,06	–

Quelle: ADGB Ortsausschuss Hanau und Arbeiter-Sekretariat, Jahresbericht 1928, o. O., o. J., S. 9

Anmerkungen:

1 Die Löhne enthalten die sozialen Zulagen für Frau und Kind.
2 Außer dem Lohn wird auch Kost gestellt.
3 Außer dem Lohn wird noch eine durchschittliche Leistungszulage von 11 bis 14 Pfg. gezahlt.
4 Die Wochenlöhne sind bei einer Arbeitszeit von 48 Stunden berechnet.

Zeittafel

1806–1813	Hanau stand bis 1810 unter französischer Militärverwaltung, war dann bis 1813 Teil des von Napoleon geschaffenen Großherzogtums Frankfurt. 1813 Rückkehr von Kurfürst Wilhelm I. auf den kurhessischen Thron, Restauration der feudalabsolutistischen Herrschaftsverhältnisse.
1824	Einführung einer kurhessischen Zollordnung als Antwort auf das neue preußische Grenzzollsystem. Die Abgaben hemmen die Hanauer Wirtschaft und verteuern die Lebenshaltung der Bevölkerung.
Juli 1830	In der Juli-Revolution bricht das Volk von Paris die Herrschaft der Feudaladels und verhilft der Finanzbourgeoisie zur Macht. Frankreich wird eine konstitutionelle Monarchie.
Sept. 1830	Eine schlechte Ernte und Preiswucher führen zur Verteuerung des Brotpreises. Ausbreitung der Arbeitslosigkeit. Eine Deputation Hanauer Stadträte reist nach Kassel, um den Kurfürsten zur Aufhebung der Maut und zur Bewilligung einer landständischen Verfassung zu bewegen.
24. Sept. 1830	Die Hanauer Delegation kehrt ohne die kurfürstliche Zustimmung zurück. Das erzürnte Volk verwüstet und brandschatzt das Lizentamt am Heumarkt sowie das Zollamt am Mainkanal und plündert die Judengasse. Am folgenden Tag wird auch das kurhessische Zollamt auf der Mainkur angegriffen.
28. Sept. 1830	Vorläufige Aussetzung der Mauterhebung durch kürfürstliche Proklamation.
19./20. Nov. 1830	Tumulte infolge neuer Brotpreiserhöhung. Zusammenstöße mit dem Militär hinterlassen Verletzte und Tote. Die Hanauer Bevölkerung verjagt das einquartierte Militär aus den Privathäusern.
Dez. 1830	Hanauer Gold- und Silberarbeiter gründen eine »Kranken- und Beerdigungskasse«. 1831 folgen ihnen die Zigarrenarbeiter.
6. Januar 1831	Verkündung der kurhessischen Verfassung. Kurhessen wird eine konstitutionelle Monarchie mit einer Landesvertretung des Adels, der Bauern und des Bürgertums in einer Kammer.
Januar 1832	Mit dem Beitritt Kurhessens zum preußischen Zollverein wird das Zollsystem wieder eingeführt. Am 5. Januar zerstören protestierende Hanauer das neu eingerichtete Zollbüro. Bewohner der umliegenden Ortschaften setzen am nächsten Tag die Zollstätte an der Mainkur in Brand.
21. Januar 1832	Gründung des »Vaterlandsvereins zur Unterstützung der freien Presse« (Press- und Vaterlandsverein), der ersten gesamtnationalen Organisation der liberalen Opposition in Deutschland. Im Juli entsteht auch in Hanau eine Filiale.
27./28. Mai 1832	Auf dem vom Pressverein organisierten »Nationalfest der Deutschen« auf der Ruine des Hambacher Schlosses bei Neustadt an der Haardt fordern 30 000 Demokraten ein vereintes Deutschland und bürgerliche Grundrechte.
22. Juni 1832	Volksfest in Wilhelmsbad zur Unterstützung der Hambacher Forderungen. Im Park fordern um die 10 000 Teilnehmer aus Hanau, Frankfurt und der Umgebung von den Organisatoren mit Erfolg, die Redner nicht im Festsaal des Kurhauses, sondern vom Balkon zum Volk sprechen zu lassen.
28. Juni, 5. Juli 1932	Als Antwort auf die wachsende Oppositionsbewegung beschränkt der Bundestag die Rechte der Landtage, verschärft die Zensur und verbietet Volksversammlungen sowie politische Vereine. Unter Umgehung des Landtags übernimmt die kurhessische Regierung die Bundestagsbeschlüsse als Landesgesetze.
3. April 1833	Frankfurter Wachensturm: Burschenschaftsmitglieder in Verbindung mit Frankfurter Oppositionsvertretern stürmen die Haupt- und Konstablerwache und die Zollstätte in Preungesheim. Der Anschlag auf den als Hort der Reaktion empfundenen Sitz der Bundesversammlung

	sollte das Signal zu einer allgemeinen Volkserhebung werden. Der isolierte Putschversuch wird binnen Stundenfrist vom Stadtmilitär niedergeworfen, die erwartete Unterstützung aus kurhessischen Orten, so auch aus Hanau, bleibt aus.
20. Juni 1833	Der Bundestag errichtet zur Koordination der »Demagogen«-Verfolgung in Frankfurt die Bundeszentralbehörde für die politischen Untersuchungen, die bis zu ihrer Auflösung 1842 2140 verdächtige Personen registriert.
Herbst 1833	Führende Persönlichkeiten der ehemaligen Zentrale des verbotenen Press- und Vaterlandsvereins gründen in Frankfurt den geheimen, revolutionär-demokratischen Handwerkerbund »Union« oder »Männerbund«, der auch in Hanau über Mitglieder verfügt.
Mai–Juni 1834	Georg Büchner organisiert in Darmstadt und Gießen die »Gesellschaft der Menschenrechte« als erste frühkommunistische Geheimgesellschaft in Deutschland. Die von ihm verfasste Flugschrift »Hessischer Landbote« ermutigt die Landbevölkerung zur Auflehnung gegen ihre feudalen Ausbeuter. Die geheimen Verbindungen reichen bis Hanau.
Herbst 1834	Republikanische Mitglieder des aufgelösten Deutschen Volksvereins in Paris (dortige Filiale des Press- und Vaterlandsvereins) gründen den geheimen »Bund der Geächteten«. Sektionen entstehen ab 1836 in Frankfurt und Umgebung, 1839 auch in Dörnigheim. Mehrere Hanauer Handwerksgesellen gehören der Frankfurter Organisation an.
Okt. 1834	Die bisher getrennt verwalteten Städte Alt-Hanau und Neu-Hanau werden zu einer Stadt vereinigt.
15. Januar 1835	Der Bundestag erlässt Wanderverbot für die Gesellen in Staaten mit Versammlungsrecht.
1836–1838	Der abgespaltene proletarische Flügel des Bundes der Geächteten gründet in Paris die erste politische Organisation der deutschen Arbeiter, den geheimen »Bund der Gerechten«.
13. Juni 1836	Stiftung der Hanauer Kleinkinderschule zur Aufnahme der Kinder arbeitender Eltern im Vorschulalter.
1837	Gründung eines Turnvereins in Hanau. Der erste 1817 gegründete Turnverein wurde nach kaum zwei Jahren seiner Tätigkeit verboten.
1839/1840	Verbreitete Kinderarbeit in den Hanauer Fabriken. 1842 verpflichten sich die Fabrikanten, Kinder unter 12 Jahren nicht mehr zu beschäftigen.
Okt. 1840	Zahlreiche Mitglieder des Bundes der Geächteten werden in Frankfurt und in Hanau verhaftet.
3. Dez. 1840	Beschluss des Bundestages über das Streik- und Koalitionsverbot.
1842	Errichtung einer mechanischen Spinnerei in der Teppichfabrik Leisler & Co., die die erste in Hanau aufgestellten Dampfmaschine betreibt.
Juni 1844	Weberaufstand in Schlesien.
	Turnfeste werden in Kurhessen durch Erlass als »Volksfeste« deklariert und so im Sinne des Gesetzes von 1833 verboten.
Mai 1845	Eingewanderte katholische Gold- und Silberarbeiter gründen in Hanau eine »deutschkatholische« Gemeinde. Die deutschkatholische Bewegung erstrebt den Aufbau einer deutschen »Nationalkirche« ohne Priesterhierarchie, mit deutschsprachigem Gottesdienst. Die kurhessische Regierung bekämpft die deutschkatholische Religionsausübung.
1845/1846	Katastrophale Getreide- und Kartoffelernten führen zu einer Teuerungswelle und zu Hungersnot. Im Okt. 1846 Bildung eines »Hilfsvereins zur Beschaffung von Kartoffeln und Baumaterial« zur Unterstützung der Notleidenden in Hanau.
Januar 1847	Gründung eines »Hilfsvereins zur Verleihung von Brotkarten«
5. Aug. 1847	Gründung des Bundes der Kommunisten in Brüssel.
Herbst 1847	Durch Werkstattschließungen infolge einer Wirtschaftskrise verlieren in Hanau etwa 1000 Lohnarbeiter/innen den Arbeitsplatz.

16. Dez. 1847	Das Begräbnis eines deutschkatholischen Hasenhaarschneiders aus Klein-Auheim auf dem Hanauer Friedhof gerät zu einer Protestkundgebung gegen die Repressionspolitik der kurhessischen Regierung. Kurz darauf wird der Hanauer Turnverein verboten.
Ende 1847	Der aufgelöste Turnverein konstituiert sich als Gesangverein. Sein Treffpunkt, die Gastwirtschaft »Zum weißen Schwan« am Steinheimer Tor, dient als Begegnungsstätte der Hanauer radikalen Demokraten.
9. Januar 1848	Ein Turnertreff in Hattersheim fordert die Aufklärung der Arbeiter über die Notwendigkeit der Revolution.
Feb. 1848	Das Kommunistische Manifest von Karl Marx und Friedrich Engels erscheint in London.
22.–25. Feb. 1848	In der Februar-Revolution stürzen Pariser Arbeiter die vom Finanzbürgertum beherrschte Monarchie und proklamieren die Republik.
29. Feb. 1848	Eine Hanauer Bürgerdeputation überreicht in Kassel dem Kurfürsten eine Petition mit Reformwünschen. Die halbherzige kurfürstliche Antwort am 7. März bleibt hinter den Hanauer Erwartungen zurück.
4. März 1848	Formierung eines Arbeiterfreikorps. Wiedergründung des im Dezember 1847 aufgelösten Turnvereins.
8. März 1848	In einer Volksversammlung Wahl einer Volkskommission. Am 9. März bringt eine Deputation die von der Volkskommission in einem »Ultimatum« neu gefasste bürgerlich-liberale Forderungen nach Kassel.
8.–11. März 1848	Die Volkskommission bereitet die bewaffnete Verteidigung der Stadt für den Fall der kurfürstlichen Ablehnung der Hanauer Forderungen vor.
9. März 1848	Beschluss des Bundestags über die Einführung der Farben Schwarz-Rot-Gold.
12. März 1848	Die von Kassel zurückgekehrte Delegation verkündet vom Balkon des Rathauses, dass der Kurfürst die Forderungen des Ultimatums mit Ausnahme der Landtagsauflösung bewilligt hat. Am 13. März Siegesparade der Hanauer revolutionären Streitmacht am Neustädter Markt. Das Arbeiterfreikops gibt seine Waffen ab.
18. März 1848	Beginn der Revolution in Berlin. Unter den 183 Opfern der Straßenkämpfe befinden sich hauptsächlich Handwerker und Arbeiter. In Hanau zerstört eine Menschenmenge den »Wolf«, den verhassten Prügelbock der Polizeiwache.
22. März 1848	Die Wahl eines »Volksrats« anstelle der aufgelösten Volkskommission bringt eine Kräfteverschiebung zur demokratischen Linken hin.
30. März–3. April 1848	Tagung des Vorparlaments in Frankfurt. Zur Vorbereitung der Nationalversammlung wird der Fünfzigerausschuss eingesetzt.
2. April 1848	Der Bundestag setzt alle seit 1819 erlassenen Ausnahmegesetze gegen demokratische Bestrebungen außer Kraft.
2.–4. April 1848	Deutscher Turnertag in Hanau. Gründung des »Deutschen Turnerbundes«.
5. April 1848	Aufruf des Mainzer Arbeitervereins an die deutschen Arbeiter zur Bildung von Arbeitervereinen und zur Vorbereitung eines Arbeiterkongresses.
8. April 1848	Der Offenbacher Arbeiterverein protestiert gegen die vom Fünfzigerausschuss beschlossene Ausgrenzung der nicht ortsansässigen Arbeiter von den Wahlen zur Nationalversammlung.
10. April 1848	Erfolgloser Streik der Hanauer Schneidergesellen für Lohnerhöhung und Arbeitszeitverkürzung.
11. April 1848	Um einen befürchteten Militärangriff auf die Stadt zu vereiteln, erstürmt eine Volksmenge das Zeughaus und die Kaserne.
18. April 1848	Als Vertreter des Hanauer Wahlbezirks wird der republikanisch eingestellte Hanauer Oberbürgermeister August Rühl in die Nationalversammlung gewählt.

20. April 1848	Konstituierung des Hanauer Arbeitervereins. Die Gründungsversammlung am 23. April beschließt die Statuten und unterstützt den Protest des Offenbacher Arbeitervereins gegen die Wahlrechtesbeschränkung für große Teile der Arbeiterschaft.
7. Mai 1848	Gründung des »Politischen Vereins« als Zusammenschluss der liberalen Kräfte und der Anhänger der konstitutionellen Monarchie.
18. Mai 1848	Zusammentritt der Deutschen Nationalversammlung in der Frankfurter Paulskirche. Unter den 586 Abgeordneten befindet sich kein einziger Arbeiter.
8. Juni 1848	Hanauer Republikaner gründen den »Demokratischen Verein«.
11.–14. Juni 1848	Auf dem Mainzer Buchdruckerkongress wird der »Nationale Buchdruckerverein« gegründet.
14.–17. Juni 1848	Ein Demokratenkongress in Frankfurt fordert die Republik und die Vereinigung der demokratischen Vereine zu einer Partei sowie die Zusammenarbeit mit den Arbeiter- und Turnvereinen.
22.–24. Juni 1848	Der Pariser Arbeiteraufstand wird blutig niedergeschlagen. Die revolutionären Bewegungen in Mitteleuropa werden geschwächt.
28. Juni 1848	Beschluss der Nationalversammlung über die Einsetzung einer provisorischen Zentralgewalt. Am 29. Juni Wahl Erzherzog Johanns zum Reichsverweser als Oberhaupt für Deutschland.
2./3. Juli 1848	Turnertag in Hanau. Unter Führung des Hanauer Turnvereins Gründung des »Demokratischen Turnerbundes« als Abspaltung vom Deutschen Turnerbund mit republikanischer Zielsetzung.
12. Juli 1848	Übertragung der Bundestagsbefugnisse auf die provisorische Zentralgewalt, Auflösung des Bundestages.
15. Juli– 15. Aug. 1848	Allgemeiner Handwerker- und Gewerbekongress in Frankfurt. Nachdem die Meister ihnen das Stimmrecht verweigern, ziehen die Gesellen aus und konstituieren einen selbständigen Gesellenkongress.
20. Juli– 16. Sept. 1848	Der erweiterte Gesellenkongress nennt sich Allgemeiner Deutscher Arbeiterkongress. Unter dem Einfluss des Kasseler Gewerbelehrers Karl Georg Winkelblech beschließt der Kongress die Organisation eines föderalistisch aufgebauten Allgemeinen Deutschen Arbeitervereins, der sich dem Interessenausgleich zwischen Meistern und Gesellen verschreibt. Der Hanauer Arbeiterverein schließt sich der föderalistischen Richtung an.
23. Aug.– 3. Sept. 1848	Arbeiterkongress in Berlin. Gründung der »Arbeiterverbrüderung« als Dachorganisation aller Arbeiter- und Gewerbevereine. Während des Berliner Arbeiterkongresses wird die »Assoziation der Zigarrenarbeiter Deutschlands« als nationale Gewerkschaftsorganisation gegründet. Im Herbst 1848 entsteht ein Zweigverein in Hanau.
10. Sept. 1848	Eröffnung der Eisenbahnstrecke Hanau-Frankfurt.
16. Sept. 1848	Die Nationalversammlung bestätigt den am 26. Aug. in Malmö abgeschlossenen Waffenstillstand zwischen Preußen und Dänemark, durch den Preußen die Verbindung Schleswig-Holsteins mit Dänemark anerkannte.
18. Sept. 1848	Volksaufstand in Frankfurt gegen die Preisgabe nationaler Interessen in Schleswig-Holstein und gegen das Verhalten der Nationalversammlung. Die von Tagelöhnern, Gesellen, Handwerkern und Kleinhändlern getragenen Barrikadenkämpfe werden mit der Hilfe von Bundestruppen und hessischer Artillerie niedergeschlagen. Ein Marsch bewaffneter Hanauer Hilfstruppen nach Frankfurt kommt nicht zustande.
9. Nov. 1848	Nach dem Sieg der habsburgischen Konterrevolution wird der Abgesandte der Nationalversammlung Robert Blum wegen seiner Beteiligung am Wiener Volksaufstand standrechtlich erschossen.
10.–15. Nov. 1848	Sieg der Konterrevolution in Berlin. Auflösung der preußischen Nationalversammlung.

Mitte Nov. 1848	Mit Unterstützung der Stadt wandern 71 arbeitslose Hanauer Goldarbeiter in die Vereinigten Staaten von Amerika aus.
23. Nov. 1848	Abgeordnete des linken Flügels der Nationalversammlung gründen zur Verteidigung der März-Errungenschaften den Zentralmärzverein. Am 17. Dezember schließen sich der Turner-, der Arbeiter- und der Demokratische Verein zum Hanauer Märzverein zusammen.
14. Januar 1849	Kongress der Arbeitervereine des Rhein-Main-Gebietes in Hanau beschließt die Gründung eines Bezirksverbandes des allgemeinen Föderalisten-Vereins.
28./29. Januar 1849	Provinzialkongress der südwestdeutschen Arbeitervereine in Heidelberg. Die Föderalisten vereinigen sich mit der Arbeiterverbrüderung.
28. März 1849	Wahl des preußischen Königs Friedrich Wilhelm IV. zum erblichen Kaiser der Deutschen. Amtliche Verkündung der Reichsverfassung. Das Reichsgesetz über die Grundrechte des deutschen Volkes vom 27. Dez. 1848 ist integraler Bestandteil der Reichsverfassung.
3. April 1849	Der preußische König weist die von der Nationalversammlung angebotene Kaiserkrone zurück.
14. April 1849	Anerkennung der Reichsverfassung und der Kaiserwahl durch 28 kleine Teilstaaten in einer Kollektivnote. – Die Bundesstaaten Österreich, Preußen, Sachsen, Hannover, Bayern verweigern die Anerkennung.
30. April 1849	Die Hanauer politischen Vereine beschließen die Aufstellung eines Freikorps zum Schutze der Reichsverfassung.
19. Mai 1849	Beginn der badisch-pfälzischen Reichsverfassungskampagne.
2. Juni 1849	Auszug der Hanauer Turnerwehr nach Baden. Erfolgreiche Verteidigung des Schlosses Hirschhorn am 15. Juni gegen die Truppen des 3. kurhessischen Infanterieregiments.
29./30. Juni 1849	Niederlage der badischen Revolutionsarmee an der Murglinie gegen die preußischen und Reichstruppen. Überreste der geschlagenen Armee und der Hanauer Turnerwehr flüchten in die Schweiz.
23. Juli 1849	Kapitulation der Festung Rastatt. Standrechtliche Erschießungen von Revolutionären durch preußische Standgerichte. Ende der deutschen bürgerlich-demokratischen Revolution.
30. Sept.– 2. Okt. 1849	Gründungskongress einer gesamtdeutschen Druckerorganisation, des »Gutenbergbundes«, in Berlin. Ende Oktober konstituiert sich eine Hanauer Filiale als Zweigverein des Frankfurter Hauptvereins. Die Mitgliedschaft tritt am 1. Januar 1850 geschlossen in die vom Frankfurter Hauptverein gegründete Kranken-, Sterbe- und Invalidenkasse ein.
Anfang Feb. 1850	Mitgliedschaft des Hanauer Arbeitervereins in der Arbeiterverbrüderung.
10. Feb. 1850	Bezirkskongress der Arbeiterverbrüderung in Offenbach mit den Arbeitervereinen Frankfurt, Darmstadt, Hanau und Offenbach. Wahl des Offenbacher Anton Menkel zum Delegierten auf dem Leipziger Kongress.
20.–26. Feb. 1850	Illegaler Kongress der verbotenen Arbeiterverbrüderung in Leipzig.
24. März 1850	2. Bezirkskongress des Bezirks Frankfurt der Arbeiterverbrüderung. Anton Menkel berichtet über die Leipziger Generalversammlung.
März–Juni 1850	Die Frankfurter Gemeinde des Bundes der Kommunisten gehört im Sommer 1850 dem leitenden Kreis in Köln an. Kommunistische Gemeinden existieren auch in Hanau, Wiesbaden, Mainz und Rödelheim.
12. Juni 1850	Um einem Verbot zuvorzukommen, löst sich das Leipziger Zentralkomitee der Arbeiterverbrüderung samt den Bezirkskomitees auf.
1. Sept. 1850	Wiedereröffnung des Bundestages in Frankfurt. Der Deutsche Bund wird wiederhergestellt.
7. Sept. 1850	Der Ausnahmezustand wird über Kurhessen verhängt.
1. Nov. 1850	Einmarsch österreichischer und bayerischer Exekutionstruppen (»Strafbayern«) in Hanau, die die Stadt bis zum 5. Aug. 1851 besetzt halten.

	Der Demokratische Verein, der Arbeiterverein und der Turnverein lösen sich selbst auf. Der Bürgerausschuss wird wegen »kommunistischer, sozialistischer und republikanischer Tendenzen« auf dem Verordnungswege aufgelöst.
18. März–3. April 1851	Streiks der Hutmacher der Fabrik Rößler, der Zigarrenarbeiter der Fabrik Blachière und der Teppichweber der Fabrik Du Fay-Leisler.
22. März 1851	Verhaftung von 20 Zigarrenarbeitern durch Militär der Besatzungsmacht während einer Kassenversammlung unter dem Verdacht, der verbotenen Zigarrenarbeiterassoziation anzugehören. Das Kasseler Kriegsgericht spricht die Verhafteten frei. Mehrere Unterstützungskassen der Zigarrenarbeiter werden verboten.
29. Nov. 1851	Auflösung aller kurhessischen Arbeitervereine, der Arbeiterverbrüderungen, der Zigarrenarbeiterassoziationen und des Gutenbergbundes durch Ministerialerlass.
Anfang 1852	In den deutschen Ländern werden die »Grundrechte des deutschen Volkes« wieder aufgehoben.
1. April 1852	Selbstauflösung des Gutenbergbundes.
13. Juli 1854	Bundestagsbeschluss verbietet die noch bestehenden Arbeitervereine im gesamten Bundesgebiet.
April–Mitte Mai 1857	Streikwelle mit Beteiligung der Hasenhaarschneider, Maurergesellen, Zigarrenarbeiter.
1860	Arbeiter gründen in Großauheim, in Hanau und in Kesselstadt wieder Turnvereine.
April 1861	In Hanau wird die Turngesellschaft der Zigarrenarbeiter gegründet. Im Okt. vereinigen sich die Turner der Region im Maingauer Turnerbund.
1862/1863	Als informelle Organisation der Arbeiter im Maingau werden regelmäßig offene Arbeiterversammlungen (»Arbeitertage«) abgehalten. Vom Nov. 1862 bis Juli 1863 werden auf den Arbeitertagen neun Arbeiterbildungsvereine gegründet.
11. Feb. 1863	Das Zentralkomitee zur Berufung eines allgemeinen deutschen Arbeiterkongresses in Leipzig wendet sich an Ferdinand Lassalle und andere Nationalökonomen, um deren Ansichten und Vorschläge über die Arbeiterbewegung zu hören.
1. März 1863	Im »Offenen Antwortschreiben« an das Leipziger Zentralkomitee legt Lassalle sein soziales Arbeiterprogramm dar.
2. März 1863	Gründung eines Arbeiterbildungsvereins (ABV) in Hanau.
8. März 1863	An dem bis dahin größten Arbeitertag des Maingauverbandes in Hanau nimmt Leopold Sonnemann gegen die Politisierung der Arbeiterbewegung Stellung.
8. März 1863	Eine Leipziger Arbeiterversammlung entscheidet sich mit überwältigender Mehrheit für Lassalles »Antwortschreiben«
19. April 1863	Der Rödelheimer Arbeitertag beschließt, die Kontrahenten F. Lassalle und H. Schulze-Delitzsch zu einer für den 18. Mai angesetzten Versammlung nach Frankfurt einzuladen.
17. Mai 1863	Nach Schulze-Delitzsch' Absage redet Lassalle im Frankfurter Saalbau allein vor den Delegierten zahlreicher Arbeitervereine.
19. Mai 1863	Lassalle setzt seine Rede in der »Harmonie«, im Lokal des Frankfurter Arbeiterbildungsvereins, fort. In dieser offenen Arbeiterversammlung stimmen 400 Zuhörer für und einer gegen das »Offene Antwortschreiben«. Lassalles Frankfurter Rede wird mit dem Titel »Arbeiterlesebuch« veröffentlicht.
23. Mai 1863	In Leipzig wird durch F. Lassalle und zwölf Delegierte aus elf Städten der Allgemeine Deutsche Arbeiterverein (ADAV) gegründet, die erste vom Bürgertum programmatisch und organisatorisch unabhängige Arbeiterpartei. Im Gegenzug wird auf Initiative Sonnemanns ein Vereinstag der deutschen Arbeitervereine nach Frankfurt einberufen. Zu den einladenden Arbeiterbildungsvereinen gehört auch der ABV in Hanau.

7./8. Juni 1863	Am 1. Vereinstag der deutschen Arbeitervereine in Frankfurt, auf dem auch der Hanauer ABV vertreten ist, wird der »Verband Deutscher Arbeitervereine« (VDAV) gegründet.
28. Juni 1863	Gründung des »Mittelrheinischen Buchdruckerverbandes« in Frankfurt, auch ein Hanauer Delegierter ist beteiligt. Erst 1865 wird ein Buchdruckerverein in Hanau gegründet.
15. Nov. 1863	Auf dem Hanauer Arbeitertag wendet sich Sonnemann erneut gegen die politische Betätigung der Arbeitervereine.
9. Aug.–3. Sept. 1863	Lohnstreik der Hanauer Zigarrenarbeiter.
Sept. 1863	Gründung einer Sparkasse durch den Hanauer ABV. Im Aug. 1864 wird eine Krankenkasse, im Sept. ein Konsumverein ins Leben gerufen.
28. Sept. 1864	Gründung der »Internationalen Arbeiterassoziation« (IAA) in London (I. Internationale) unter Mitwirkung von Karl Marx.
Ende 1864	Unter dem Einfluss der Lassalleaner kommt es zur Spaltung des Maingau-Verbandes der Arbeiterbildungsvereine.
11. Dez. 1864	In Hanau wird im Rahmen eines Arbeitertages die erste »Gemeinde« des ADAV gegründet, die bis zum Frühjahr 1866 existiert.
Frühjahr 1865	Einige Arbeiterbildungsvereine, unter ihnen der Hanauer ABV, gründen einen neuen Maingauverband. Ein Verbandstag am 11. Juli in Darmstadt, auf dem auch Lassalleaner teilnehmen, spricht sich für die Wiedervereinigung der Arbeiterbewegung aus.
7. Mai 1865	Ein Treffen Hanauer, Offenbacher und Frankfurter Zigarrenmacher auf der Mainkur schlägt die Zentralisation der Unterstützungskassen vor. Im Juli 1865 ruft ein gemeinsam erarbeitetes Zirkular die Zigarrenarbeiter Deutschlands zur Gründung einer zentralen »Allgemeinen Kranken-, Reise- und Sterbekasse« auf.
25./26. Dez. 1865	Gründung des »Allgemeinen Deutschen Zigarrenarbeiterverbandes« (ADZV) in Leipzig. Im Mai 1866 wird ein Ortsverein in Hanau ins Leben gerufen.
13. Mai 1866	Der Arbeitertag des Maingauverbandes des VDAV in Darmstadt spricht sich gegen den drohenden Krieg zwischen Preußen und Österreich aus.
20.–22. Mai 1866	Gründung des »Deutschen Buchdruckerverbandes« in Leipzig, des ersten reinen Arbeiterverbandes in dieser Branche. 1868 schließt sich der Mitteldeutsche Buchdruckerverband an.
16. Juni–23. Aug. 1866	Preußisch-österreichischer (»Deutscher«) Krieg um die Vorherrschaft in Deutschland. Österreich und seine Verbündeten werden von Preußen geschlagen.
Juli 1866	Kurhessen wird von Preußen annektiert. Die kurhessiche Provinz Hanau wird Teil des Regierungsbezirks Kassel, der zur preußischen Provinz Hessen-Nassau gehört.
24. Feb. 1867	Gründung des Norddeutschen Bundes unter preußischer Führung. Bei den Wahlen zum Norddeutschen Reichstag im Feb. und im Aug. überflügelt der von bürgerlichen Demokraten und von den Arbeitern unterstützte Kandidat Adam Trabert in der Stadt Hanau seinen nationalliberalen Gegner.
1. Mai 1867	Einführung der Gewerbefreiheit.
12. Mai 1867	Auf Initiative Leonhard von Bonhorsts Gründung des »Mittelrheinischen Arbeiterbundes« als Regionalzusammenschluss der Arbeiterbildungsvereine im Rahmen des VDAV.
14. Okt. 1867	Gründung des »Allgemeinen Deutschen Schneidervereins« in Leipzig.
Nov. 1868	Neugründung der ADAV-Gemeinde in Hanau. Der dieser angeschlossene Konsumverein existiert unter dem Namen »Hanauer Arbeiterverein« schon seit Juni.
28. Nov. 1868	August Bebel veröffentlicht im »Demokratischen Wochenblatt« das von ihm entworfene Musterstatut für Gewerkschaften (»Gewerksgenossenschaften«).

Anfang 1869	Gründung einer Mitgliedschaft des »Gewerkvereins der Deutschen Holzarbeiter« in Hanau. Ende Februar treten darin organisierte Schreinergesellen wegen Akkordkürzung in den Streik.
18. Mai 1869	Gründung des Verbandes der deutschen Gewerkvereine (Hirsch-Duncker) in Berlin.
29. Mai 1869	Die Gewerbeordnung für den Norddeutschen Bund hebt das Koalitionsverbot auf und verbietet die Kinderarbeit.
12. Juli–5.Aug. 1869	Erfolgloser Lohnstreik der Teppichweber der Leislerschen Fabrik. Die Streikenden werden vom Fabrikanten zum Austritt aus der lassalleanischen »Allgemeinen Deutschen Manufaktuarbeiterschaft« genötigt.
7.–9. Aug. 1869	Auf dem Allgemeinen Deutschen Arbeiterkongress in Eisenach Gründung der Sozialdemokratischen Arbeiterpartei (SDAP) durch die Vereinigung des VDAV und der Mehrheit der Mitglieder des ADAV. Annahme des »Eisenacher Programms«. Die Hanauer ADAV-Gemeinde, deren Bevollmächtigter seit 1868 Matthias Daßbach ist, und der Hanauer ABV schließen sich der neuen Partei nicht an.
1. Sept. 1869	Die Hanauer Gold- und Silberarbeiter gründen einen Ortsverein des Hirsch-Dunckerschen Gewerkvereins.
12. Dez. 1869	Die Hanauer Zigarrenarbeiter verlassen den ADZV und treten der lassalletreuen »Allgemeinen Tabak- und Cigarrenarbeiter-Gewerkschaft« bei.
5.–10. April 1870	Streik der Hanauer Schneidergesellen für Lohnerhöhung und Begrenzung der Arbeitszeit.
2.–5. Mai 1870	Erfolgreicher Lohnstreik der Hanauer Maurergesellen.
19. Juli 1870– 28. Jan.1871	Deutsch-französischer Krieg. Die Abgeordneten beider sozialdemokratischer Parteien stimmen im Norddeutschen Reichstag im November 1870 gegen die Kriegskredite.
18. Januar 1871	Proklamation des Deutschen Kaiserreiches in Versailles.
3. März 1871	Der Goldarbeiter Jakob Jodry, Kandidat des Wahlkomitees der Hanauer Arbeiter, erringt bei der Reichstagswahl im Wahlkreis Hanau-Gelnhausen-Orb 12,1 Prozent der Stimmen. In Hanau bleibt er nur knapp hinter dem nationalliberalen Kandidaten, in Großauheim bekommt er die meisten Stimmen.
18. März– 27. Mai 1871	Arbeiter übernehmen in Paris die Macht. August Bebel bekennt sich am 25. Mai im Reichstag zur Pariser Kommune.
10. Mai 1871	Der Friede zwischen Deutschland und Frankreich wird in Frankfurt unterzeichnet. Die französischen Reparationszahlungen führen zwischen 1871 und 1873 zu einem industriellen Boom (»Gründerjahre«).
17.–22. Juni 1871	Allgemeiner deutscher Zigarrenarbeiterkongress in Hanau mit 34 Delegierten der verschiedensten Richtungen der Zigarrenarbeiterbewegung aus 60 Orten. Der Kongress beschließt eine deutschlandweite Lohnbewegung, notfalls sogar die Durchführung von Streiks. Zur Unterstützung der Streikenden werden Bezirksstreikkassen eingerichtet.
5. Juli–3. Okt. 1871	Der Streik der Zigarrenarbeiter in Hanau, Offenbach und Umgebung für höhere Löhne umfasst in der dritten Juliwoche um die 1500 Streikende. Die Unternehmer schließen sich in einem Fabrikantenbund zusammen und versuchen, die Produktion durch Verlagerung in das Umland aufrechtzuerhalten. Hunderte von Zigarrenarbeitern sind trotz der landesweiten Unterstützung ihrer Kollegen gezwungen, auswärts Arbeit zu suchen oder die Arbeit nach den alten Bedingungen wieder aufzunehmen. Ende August Gründung einer Produktionsgenossenschaft.
Aug. 1871	Arbeitsniederlegung in einigen Fabriken der Hanauer Bijouterieindustrie.
2. Nov. 1871	Metallfabrikanten aus Offenbach, Hanau, Mainz und Frankfurt gründen den Mitteldeutschen Arbeitgeberverband. Sie verpflichten sich, keinen Arbeiter einzustellen, der nicht einen ordnungsgemäß ausgestellten Entlassungsschein vorweisen kann.

Januar 1872	Streik der Hutmacher der Rößlerschen Fabrik als Reaktion auf die Maßregelung des Fabrikantenkartells, das die Mitglieder des »Zentralvereins Deutscher Hutmacher« durch Aussperrung zum Austritt zu bewegen versucht.
26.–29. Feb. 1872	Erfolgreicher Streik von Hanauer Schmiede- und Wagnergesellen für Lohnerhöhung und Arbeitszeitverkürzung.
Mitte April 1872	Lohnbewegung der Hanauer Schneidergesellen.
Okt. 1872	Kongress des Gewerkvereins der Gold- uns Silberarbeiter in Hanau. Differenzen zwischen der Einstellung der ADAV-nahen Hanauer Ortsverbandsmitglieder und der herrschenden liberalen Auffassung im Gewerkverein.
Ende April–Mitte Mai 1873	Lohnstreik der Hanauer Schuhmachergesellen.
9. Mai 1873	Wiener Börsenkrach. Beginn der ersten weltweiten Wirtschaftskrise, in die Deutschland voll einbezogen ist (»Große Depression«).
Januar 1874	H. v. Tessendorf wird Staatsanwalt in Berlin. Verschärfte Maßnahmen gegen die Organisationen der Arbeiterbewegung.
10. Januar 1874	Der Hanauer Kandidat des ADAV Ernst Bernhard Richter erhält in der Reichstagswahl in Hanau 44 Prozent der Stimmen, im gesamten Wahlkreis 26,6 Prozent.
17. Januar 1874	Eröffnung der ersten deutschen Diamantschleiferei von Gebr. Houy & Co. in Hanau.
22.–27. Mai 1875	Vereinigungsparteitag des ADAV und der SDAP zur Sozialistischen Arbeiterpartei Deutschland (SAPD) in Gotha. Annahme des »Gothaer Programms«.
12. Juni 1875	Nach Auflösung der ADAV-Mitgliedschaft Konstituierung des Hanauer »Sozialdemokratischen Wahlvereins«. Die Fahnenweihe findet in festlichem Rahmen am 17. April 1876 statt.
8. Aug. 1875	Gründung des »Allgemeinen Deutschen Schneidervereins« in Leipzig. Am 24. April 1876 konstituiert sich ein Ortsverein in Hanau.
15. Sept. 1875	Eröffnung der Königlichen Pulverfabrik bei Hanau.
Dez. 1875–Dez. 1876	Die Hanauer Sozialdemokratie gibt für den Reichstagswahlkreis eine eigene Zeitung mit dem Titel »Die Wacht« heraus. Am 1. Januar 1877 geht die Zeitung im Frankfurter »Volksfreund« auf.
25. Juni 1876	Gründung des »Bundes der Tischler und verwandter Berufsgenossen« in Frankfurt. Eine Hanauer Ortsgruppe wird im November ins Leben gerufen.
23. Januar 1877	Der Sozialdemokrat Wilhelm Liebknecht hält in Hanau eine Wahlversammlung mit 1500 Teilnehmern ab.
24. Januar 1877	Der sozialdemokratische Kandidat Karl Frohme erhält in der Reichstagswahl 48 Prozent der Hanauer Stimmen, in der Stichwahl erreicht er in der Stadt 57,1 Prozent.
12.–14. Aug. 1877	Generalversammlung des Allgemeinen Deutschen Schneidervereins in Hanau.
1. und 11. Mai 1878	Zwei Attentate auf Kaiser Wilhelm I. Auflösung des Reichstags und Hetzkampagne gegen die Sozialdemokraten.
30. Juli 1878	»Attentatswahlen« zum Reichstag. Karl Frohme bekommt in Hanau 35,3 Prozent der Stimmen.
21. Okt. 1878	»Das Gesetz gegen die gemeingefährlichen Bestrebungen der Sozialdemokratie« (Sozialistengesetz) tritt in Kraft. Der Hanauer sozialdemokratische Wahlverein löst sich schon Anfang Oktober auf.
Dez. 1878	Streik der Diamantarbeiter in der Schleiferei der Gebrüder Houy.
28. Sept. 1879	»Der Sozialdemokrat« erscheint erstmalig in Zürich (vom 1. Okt. 1888 an in London) und wird illegal nach Deutschland eingeführt. Der Polizei gelingt es im ganzen Zeitraum nicht, das Verteilernetz ernsthaft zu unterbrechen.
20.–23. Aug. 1880	Parteitag der deutschen Sozialdemokraten in Wyden (Schweiz).

10.–21. Okt. 1881	Hochverratsprozess vor dem Reichsgericht in Leipzig gegen die Anarchistengruppe um den Frankfurter Schuhmacher Joseph Breuder, in dem auch Hanauer Arbeiter angeklagt werden.
26. Okt. 1881	Karl Frohme erringt bei der Reichstagswahl im Wahlkreises Hanau-Bockenheim-Gelnhausen-Orb ein Reichstagsmandat.
17. Nov. 1881	Eine »Kaiserliche Botschaft« kündet sozialpolitische Reformen an. Damit beginnt die »milde Praxis« während des Sozialistengesetzes.
6. Dez. 1882	Gründung des Deutschen Kolonialvereins in Frankfurt am Main.
1883	Erneute Wirtschaftskrise, die bis 1886 dauert.
29. März–2. April 1883	Parteitag der SAPD in Kopenhagen.
22. Mai 1883	Gesetz über die Krankenversicherung.
Juli 1883	Gründung eines Fachvereins der Schreiner in Hanau.
Sept. 1883	Gründung eines Fachvereins der Hanauer Metallarbeiter.
15. Sept. 1883	Die erste Nummer der »Deutschen Metallarbeiter-Zeitung« erscheint in Nürnberg.
27.–28. Dez. 1883	Gründung der »Zentralverbandes von Vereinen der Tischler (Schreiner) und artverwandter Berufsgenossenschaften Deutschlands« in Mainz.
6. Juli 1884	Gesetz über die Unfallversicherung.
20.–22. Juli 1884	Gründung des »Zentralverbandes der Schneider und verwandten Berufsgenossen Deutschlands« in Gotha. Der ebenfalls im Juli gebildete Hanauer Schneiderfachverein schließt sich Ende Januar 1885 an.
28. Okt. 1884	Die Sozialdemokratie erreicht trotz der vielfältigen Behinderung der Wahlagitation mit 24 Abgeordneten ihr bis dahin bestes Reichstagswahlergebnis. Im Hanauer Reichstagswahlkreis unterliegt Karl Frohme in der Stichwahl dem konservativen Kandidaten.
26. Dez. 1884	Gründungskongress der »Vereinigung der Metallarbeiter Deutschlands« in Gera. Der Hanauer Metallarbeiterfachverein schließt sich diesem im Mai 1885 an.
März 1885	In Hanau und im Landkreis existieren zehn von Arbeitern verwaltete Hilfskassen.
2. Juli 1885	Im Laufe einer Kampagne in bürgerlichen Zeitungen gegen die linken Kräfte in der Sozialdemokratie und insbesondere innerhalb der Frankfurter Parteiorganisation versucht Karl Frohme, dem rechten Flügel der Reichstagsfraktion zugehörig, in Bockenheim offiziell eine eigenständige kleinbürgerlich-opportunistisch ausgerichtete sozialdemokratische Reichstagsfraktion zu konstituieren. Die Hanauer Sozialdemokraten wenden sich im »Sozialdemokrat« vehement dagegen, liberale Zeitungen zum Austragungsort parteiinterner Differenzen zu machen.
19. Aug. 1885	Verbot der Vereinigung der Metallarbeiter Deutschlands.
11. April 1886	Der »Streikerlass« des preußischen Innenministers Puttkamer beendet die Phase der »milden Praxis« des Sozialistengesetzes.
16. Dez. 1886	Infolge der Aufdeckung der illegalen Parteileitung der Frankfurter SAPD im November wird über den Stadt- und Landkreis Frankfurt und Hanau, den Kreis Höchst und den Obertaunuskreis der kleine Belagerungszustand verhängt. Am 11. Februar wird diese Maßnahme auch auf den Kreis Offenbach ausgeweitet.
2.–6. Okt. 1887	Illegaler Parteitag der SAPD in Sankt Gallen (Schweiz).
April–Aug. 1889	Streik in der Hanauer Diamantindustrie. Gründung eines »Diamantschleifer-Vereins« als lokale Gewerkschaftsorganisation.
22. Juni 1889	Gesetz über die Invaliden- und Altersversicherung.
14.–20. Juli 1889	Gründungskongress der 2. Internationale in Paris. Beschluss über eine große internationale Manifestation für den Achtstundentag am 1. Mai.
14. Nov. 1889	Bei einer Explosion in der Pulverfabrik sterben 17 Arbeiterinnen.
25. Dez. 1889	Probenummer der »Frankfurter Volksstimme«, die unter der Bezeichnung »Volksstimme« bald für die ganze Region das maßgebliche sozialdemokratische Presseorgan wird.

Frühjahr 1890	In Hanau und Umgebung sind über ein Dutzend gewerkschaftliche Branchenorganisationen tätig. Arbeitskämpfe in den meisten Beschäftigungszweigen.
Sommer 1890	Bildung des Vereins »Arbeiterschutz«.
30. Sept. 1890	Das Sozialistengesetz tritt außer Kraft.
12.–18. Okt.1890	Sozialdemokratischer Parteitag in Halle. Die Partei nennt sich jetzt Sozialdemokratische Partei Deutschlands (SPD).
17. Nov. 1890	Gründung der Generalkommission der Gewerkschaften Deutschlands.
27./28. Dez. 1890	Bezirkskonferenz der Metallarbeiter aller Branchen von Hessen, Hessen-Nassau und Frankfurt nebst Umgebung in Offenbach.
Anfang 1891	Gründung des »Vereins für volkstümliche Wahlen für den Reichstagswahlkreis Hanau-Gelnhausen-Orb«.
22. Feb. 1891	Erster sozialdemokratischer Parteitag für Hessen-(Darmstadt) und Hessen-Nassau in Frankfurt
1891	Wirtschaftskrise bis 1893. Durch die Gewerbeordnung wird die Sonntagsarbeit eingeschränkt.
8. März 1891	Sozialdemokraten aus Hanau und Umgebung vehindern eine vom Reichstagsabgeordneten Otto Böckel einberufene antisemitische Versammlung in Windecken.
1.–6. Juni 1891	Gründungskongress des DMV in Frankfurt am Main.
20. Juli 1891	Die Generalversammlung des Hanauer Metallarbeiter-Fachvereins beschließt seine Auflösung und ruft die Mitglieder auf, bis zum 1. August dem DMV beizutreten. Am 1. Januar 1892 schließt sich auch die Hanauer Sektion der Spengler der neuen Zahlstelle an.
Okt. 1891	Gründung des »Sozialdemokratischen Vereins für Frauen und Mädchen« in Hanau mit 260 Mitgliedern.
14.–20. Okt. 1891	Der Parteitag der SPD verabschiedet das »Erfurter Programm«.
7. Nov. 1891– 16. Januar 1892	Reichsweiter, erfolgloser Streik der Buchdrucker für den Minimallohn und den Neunstundentag.
14./18. März 1892	Der Gewerkschaftskongress in Halberstadt spricht sich für die Branchenzentralisation aus.
29. März 1892	Gründung eines evangelischen Arbeitervereins mit dem Namen »Allgemeiner Christlicher Arbeiterverein«.
20. März 1893	Gründung des »Saalbauvereins« zur Organisierung der Beitragssammlung für den Bau einer Heimstätte für die Aktivitäten der organisierten Arbeiterschaft. Der Bau in der Mühlstraße 2 wird 1896 fertiggestellt, erlangt aber, wegen polizeilicher Schikanen und juristischer Prozesse, erst 1910 seine endgültige Form.
11. Mai 1895	Die so genannte »Umsturzvorlage«, ein Gesetzentwurf mit dem Ziel, die bestehenden Strafgesetze zum Schutz der staatlichen Ordnung zu verschärfen, wird nach einer breiten, auch bürgerliche Kreise umfassenden Protestbewegung vom Reichtag verworfen.
12. Dez. 1896– 2. Dez. 1897	Diamantarbeiterstreik gegen Lohnkürzungen.
1897–1906	»Der Bauernfreund«, eine von Gustav Hoch redigierte Zeitschrift des des SPD-Wahlkreisvereins für die Landagitation, erscheint in Hanau.
19. Juni 1898	Der Kandidat der SPD Gustav Hoch gewinnt im ersten Wahlgang die Reichstagswahlen.
19. Sept. 1899	Tod von Matthias Daßbach. Mehrere Tausend Teilnehmer geben am Begräbnis das letzte Geleit.
20. Nov. 1899	Infolge massenhafter Proteste der Gewerkschaften und der Sozialdemokratie wird die »Zuchthausvorlage«, die schwere Strafandrohungen bei Streiks ermöglichen sollte, im Reichstag abgelehnt.
1. Mai 1900	Sämtliche Former (etwa 90 Mann) des von Arnimschen Eisenwerks Marienhütte bleiben der Arbeit fern und werden wegen Vertragsverletzung entlassen.
Sommer 1900	Beginn einer Wirschaftskrise.

6. Aug.–18. Dez. 1900	Erfolgloser Streik der Hanauer Maurer mit schweren Maßregelungen.
1900	Errichtung eines städtischen Arbeitsamtes. Zum ersten Mal werden
1901	vier Vertreter der SPD in die Stadtverordnetenversammlung gewählt.
1. Januar 1903	Eröffnung des Arbeitersekretariats der Hanauer Gewerkschaften. Sekretär wird Gustav Hoch.
16. Juni 1903	In den Reichstagswahlen unterliegt Gustav Hoch dem nationalliberalen Kandidaten. In der Stadt Hanau stehen in der Stichwahl 3 359 sozialdemokratischen Stimmen 2 627 bürgerliche Stimmen gegenüber.
22. Aug. 1903– 7. Januar 1904	Erfolgloser Kampf von rund 8000 Textilarbeitern und -arbeiterinnen in Crimmitschau für den Zehnstundentag und für Lohnerhöhung.
6. Juli–15. Aug. 1904	Die Angriffsaussperrung des Verbandes baugewerblicher Unternehmer in Frankfurt sowie des Mitteldeutschen Arbeitgeberverbandes für das Baugewerbe gegen die Organisationen der Maurer und Zimmerer trifft auf den gemeinsamen Widerstand der freien und der christlichen Gewerkschaften.
22. Januar 1905	Blutsonntag in Petersburg. Beginn der bürgerlich-demokratischen Revolution in Russland.
8. Sept. 1905	Die Mitglieder des Fachvereins der Gold- und Silberarbeiter beschließen den Übertritt zum DMV. Am 1. Januar 1906 erfolgt der Anschluss der Mitgliedschaft des Lokalvereins der Diamantarbeiter. Die Zahlstelle Hanau des DMV gewinnt durch den Übertritt 775 Mitglieder, zudem treten 469 neue Mitglieder bei.
Nov. 1905	Die Zahlstelle Hanau des Verbandes der Lithographen und Steindrucker (Sennefelder Bund) schließt einen Tarifvertrag ab, in dem für die Lithographen in Hanau, in Groß- und Klein-Steinheim der Achtstundentag, für die Steindrucker der Neunstundentag festgeschrieben wird. Diese Berufssparten sind fast vollzählig organisiert. Vom 1. Januar 1912 an gilt auch für die Diamantschleifer der Achtstundentag.
Januar 1906	Beitritt des Lokalvereins der städtischen Arbeiter zur neu gegründeten Zahlstelle des freien Gemeindearbeiterverbandes. Am 17. Januar findet in Hamburg der erste politische Massenstreik in Deutschland statt. Zehntausende protestieren gegen die Einschränkung des Wahlrechts zur Hamburger Bürgerschaft. Am 21. Januar, am »Roten Sonntag«, werden im ganzen Reich sozialdemokratische Sympathiekundgebungen für die Revolution in Russland durchgeführt.
1. März 1906	Der 1902 beschlossene neue Zolltarif tritt in Kraft.
April–Mai 1906	Aussperrungsdrohung der Metallindustriellen gegen die Bestrebungen der Arbeiter für Tarifverträge. Bei der Frankfurter Maschinenfabrik in Großauheim werden Anfang Juni 60 Prozent der Belegschaft ausgesperrt.
7. Juni 1906	Gründung eines graphischen Kartells innerhalb des Hanauer Gewerkschaftskartells, in dem die Buchdrucker, die Etuisarbeiter sowie die Lithographen und Steindrucker vereinigt sind.
24. Juni 1906	3. Bundesfest des Arbeiter-Sängerbundes für den Rhein- und Maingau in Hanau.
Juli 1906	Gründung einer Zahlstelle der Bauhilfs- und Grundarbeiter als Teil des Gewerkschaftskartells.
4. Juli–13. Aug. 1906	Streik und Aussperrung in der Hanauer Zigarrenfabrik Kehl & Gustine. Durch den solidarischen Beistand der SPD und der freien und der christlichen Gewerkschaften erreichen die kämpfenden Arbeiterinnen und Arbeiter eine Lohnerhöhung sogar für die besonders benachteiligten Heimarbeiterinnen.
14. Aug.– 17. Sept. 1906	Bierboykott wegen der Bierpreiserhöhung. Eine ähnliche Boykottaktion wird auch Sept. bis Okt. 1909 durchgeführt.
23–29. Sept. 1906	Der Parteitag in Mannheim beschließt, dass ein politischer Massenstreik nur mit der Zustimmung der Generalkommission der Gewerkschaften organisiert werden kann (»Mannheimer Abkommen«).

Sept.–Okt. 1906	Erfolgreicher Tarifabschluss der Gold- und Silberarbeiter mit Arbeitszeitverkürzung, Regulierung des Überstundenwesens und Lohnerhöhung.
8. Dez. 1906	Gründung einer Zahlstelle des Buch- und Steindruckereihilfsarbeiterverbandes mit 40 Arbeiterinnen.
25. Januar 1907	Die Reichstagswahl (»Hottentottenwahl«) führt zu Mandatsverlusten der SPD. Gustav Hoch siegt jedoch am 6. Februar in der Stichwahl im Wahlkreis Hanau-Gelnhausen-Orb.
April 1907	Um die Durchführung eines vom Gewerkschaftskartell veranstalteten Unterrichtskurses über die Grundlagen der Volkswirtschaft und über Gewerkschaftsgeschichte vor Polizeiwillkür sicherzustellen, wird ein Arbeiterbildungsverein gegründet.
28. März – 5. April 1907	Der Streik der Hanauer Bäckergehilfen endet mit einem Teilerfolg.
20. April 1907	Die Hanauer Fabrik der Tabakarbeitergenossenschaft wird nach Bockenheim verlegt. Scharfe Kritik der Zigarrenarbeiter an der Hamburger Genossenschaftsleitung.
1. Mai 1907	Die Diamantschleifer feiern mit einer vollständige Arbeitsruhe.
7./8. Juli 1907	3. Kreisturnfest des Arbeiterturnerbundes in Hanau. Trotz polizeilichen Verbots eines Festzuges werden die fünf große Umzüge, in deren Rahmen die etwa 50 Vereine von ihren Standquartieren zum zentralen Treffen ziehen, zu einer öffentlichen Manifestation.
18. –24. Aug. 1907	Der Internationale Sozialistenkongress in Stuttgart fordert in einer Resolution von den Arbeiterorganisationen, dass sie bei Ausbruch eines Krieges den Kampf gegen den imperialistischen Krieg mit dem Kampf für die Beseitigung der kapitalistischen Klassenherrschaft verbinden.
31. Aug. 1907	Eröffnung des Vereinshauses »Concordia« für die nicht freigewerkschaftlich organisierten Arbeiter. Der Fabrikant W. Heraeus gestaltet seine Festrede zu einem Frontalangriff gegen die sozialdemokratische Arbeiterbewegung. Am 13. September nehmen 1200 Arbeiter in einer Protestversammlung mit Gustav Hoch gegen die antisozialistisch und antisemitisch und gefärbten Diffamierungen von Heraeus Stellung.
Herbst 1907	Beginn einer wirtschaftlichen Depression, die bis 1909 dauert.
12. Januar 1908	»Spaziergang« von 2500 Teilnehmern einer Protestversammlung gegen das Dreiklassenwahlrecht von Hanau nach Kesselstadt.
1. April – 16. Mai 1908	Aussperrung im Baugewerbe.
8. April 1908	Verabschiedung des Reichsvereinsgesetzes. Es ermöglicht Frauen die politische Betätigung, diskriminiert aber weiterhin Jugendliche.
10. April – 12. Sept. 1908	Dank des solidarischen Zusammenhalts der Streikenden und ihrer arbeitslosen Kollegen gelingt der Streik der Diamantschleifer der Firma Ginsberg.
3. Aug. 1908	Die sozialdemokratische Fraktion des bayerischen Landtages stimmt erneut dem Budget zu. Am 13. August gibt auch die württembergische SPD ihre Zustimmung. Im September 1908 verurteilt der SPD-Parteitag in Nürnberg die Politik der Budgetbewilliger scharf.
1. Okt. 1908	Robert Dißmann wird hauptamtlicher Sekretär des Sozialdemokratischen Kreiswahlvereins. Auf diesem Posten ist er bis 1912 tätig.
1. Mai 1909	Eröffnung der von den Gewerkschaften und dem Sozialdemokratischen Verein gestifteten Zentralbibliothek der Arbeiter mit 500 Büchern.
Feb.–April 1910	Höhepunkt der Wahlrechtskämpfe in Preußen. Am 7. März, an einem Werktag, vereinigen sich in Hanau 5000 Teilnehmer drei gleichzeitig stattfindender Wahlrechtsversammlungen anschließend zu einem Demonstrationszug.
15. April – 20. Juni 1910	Reichsweite Aussperrung der Bauarbeiter. Die Unternehmer wollen die Annahme eines von ihnen diktierten Tarifvertrages erzwingen. In Hanau sind rund 400 Arbeiter betroffen.

27./28. Juli 1910	Streik der Hanauer Straßenbahner.
26./27. Aug. 1910	Internationale sozialistische Frauenkonferenz in Kopenhagen. Auf Antrag von Clara Zetkin wird der Internationale Frauentag als Kampftag für das Frauenwahlrecht eingeführt.
1911	Zusammenschluss der Hanauer Großindustriellen zu einer Ortsgruppe des Mitteldeutschen Industriellenverbandes.
April–Mai 1911	Neunwöchiger erfolgreicher Streik der Bauarbeiter der Firma Odoriko gegen die Nichtanerkennung der tariflichen Abmachungen.
12. Januar 1912	Bestes Ergebnis der SPD bei den Reichstagswahlen. Sie wird mit 35 Prozent stärkste Fraktion. Gustav Hoch gewinnt im Hanauer Wahlkreis im ersten Wahlgang.
4.–25. Mai 1912	Aussperrung im Eisenwerk »Marienhütte«.
8. März–1. Juni 1913	Aussperrung der Maler und Weißbinder.
Sommer 1913	Beginn einer Wirtschafskrise, die sich bis zum Ausbruch des 1. Weltkrieges hinzieht.
30. Juni 1913	Zustimmung der sozialdemokratischen Reichstagsfraktion zu einem einmaligen Wehrbeitrag und dem Vermögenszuwachssteuergesetz zur Finanzierung der von ihr zuvor abgelehnten Heeresvorlage. Damit wird der bisherige Grundsatz »Diesem System keinen Mann und keinen Groschen!« aufgegeben.
13. Aug. 1913	Tod August Bebels.
14.–20. Sept. 1913	Parteitag der SPD in Jena. Im Mittelpunkt der Diskussion steht die Haltung der Reichstagsfraktion vom 30. Juni 1913.
25./26. Sept. 1913	Rosa Luxemburg spricht in zwei sozialdemokratischen Versammlungen in Fechenheim und in Bockenheim gegen Militarismus und imperialistischen Krieg. Sie ruft die Arbeiter auf, im Kriegsfall gegen ihre ausländischen Brüder keinen Gebrauch von der Waffe zu machen. In Versammlungen am 25. und am 29. September in Hanau schildert sie die Aufgaben der Arbeiterklasse in der Zeit der wachsenden Kriegsgefahr und berichtet über den Jenaer Parteitag der SPD.
Januar 1914	Der Konsumverein Langenselbold eröffnet auch im Hanauer Gewerkschaftshaus eine Verteilungsstelle. Am 1. Juli schließt sich ihm auch der Konsumverein in Großauheim an. Am 1. Okt. 1915 wird der » Markenkonsumverein Hanau-Kesselstadt« mit dem »Konsumverein Langenselbold-Hanau und Umgebung« vereinigt.
10. Feb. 1914	Eine sieben Wochen dauernde Abwehrbewegung der Diamantarbeiter wird beendet.
20. Feb. 1914	Prozess gegen Rosa Luxemburg vor der 2. Strafkammer des Landgerichts Frankfurt wegen ihrer Bockenheimer Antikriegsrede am 26. September 1913. Im Februar 1915 muss sie die im Urteil ausgesprochene einjährige Gefängnisstrafe antreten. Am 22. Februar 1914 protestieren die Hanauer Arbeiter in einer Versammlung mit Paul Levi gegen das Frankfurter Urteil.
9. März 1914	Die zum internationalen Frauentag eingeladene Referentin Angelika Balabanoff wird vom Landrat des Kreises Hanau als »lästige Ausländerin« ausgewiesen. Die Hanauer Arbeiterschaft gestaltet den Abschied am Bahnhof zu einer Demonstration der Solidarität.
17. Juni–6. Juli 1914	Streik in der Frankfurter Maschinenfabrik in Großauheim gegen Lohn- und Akkordabzüge.
28. Juni 1914	Attentat auf den österreichischen Thronfolger in Sarajevo (»Julikrise«).
23. Juli 1914	Österreich-Ungarn überreicht Serbien ein auf 48 Stunden befristetes Ultimatum, dem am 28. Juli die Kriegserklärung folgt.
28.–30. Juli 1914	Dem Aufruf des Vorstandes der SPD folgend, finden in ganz Deutschland Massenkundgebungen gegen die Kriegsgefahr statt. Am 29. Juli versichert das Vorstandsmitglied der SPD Albert Südekum dem Reichskanzler in einer geheimen Unterredung, dass im Kriegsfall konkrete Gegenaktionen ausbleiben werden.

31. Juli 1914	Ermordung des französischen Sozialistenführers und Kriegsgegners Jean Jaurès in Paris. Russische Generalmobilmachung. Im Reichsgebiet wird der Kriegs- und der Belagerungszustand verkündet.
1. Aug. 1914	Mit der Kriegserklärung Deutschlands an Russland beginnt der Erste Weltkrieg. Wilhelm II. proklamiert den »Burgfrieden«. Ohne Kriegserklärung marschieren deutsche Truppen völkerrechtswidrig in das neutrale Luxemburg ein. Am 4. August folgt der Einmarsch in Belgien.
2. Aug. 1914	Die Vorständekonferenz der freien Gewerkschaften beschließt die Einstellung von Lohnforderungen für die Dauer des Krieges.
4. Aug. 1914	Im Reichstag bewilligt die SPD-Fraktion zusammen mit den bürgerlichen Parteien einstimmig die Kriegskredite. Ein Beschluss des Hanauer Kreiswahlvereins am Tag zuvor nimmt gegen eine Kreditbewilligung Stellung.
12. Aug. 1914	In Hanau werden für Bedürftige zwei Volksküchen eröffnet. Das Gewerkschaftshaus wird zum Kriegslazarett umfunktioniert.
Ende Aug. 1914	Besprechung der sozialdemokratischen Kriegsopposition in Frankfurt am Main.
5.–12. Sept. 1914	In der Schlacht an der Marne scheitert die deutsche Offensive gegen Frankreich. Im November/Dezember erstarrt die Westfront im Stellungskrieg.
27. Sept. 1914	Der Parteiausschuss der SPD befürwortet einstimmig die Einhaltung des Burgfriedens.
2. Nov. 1914	England erklärt die Nordsee zum Kriegsgebiet und verhängt eine Wirtschaftsblockade gegen Deutschland.
2. Dez. 1914	Karl Liebknecht stimmt im Reichstag als einziger Abgeordneter gegen die zweite Kriegskreditvorlage.
14. Feb. 1915	Die Mitgliederversammlung der Verwaltungsstelle Hanau des DMV verurteilt einstimmig den nationalistischen Kurs der »Metallarbeiter-Zeitung« und tritt für die Beendigung des imperialistischen Krieges ein.
15. März 1915	Einführung der Brotkarte in ganz Deutschland.
20. März 1915	Der Reichstag billigt die dritte Kriegskreditvorlage und den Etat gegen die Stimmen von Karl Liebknecht und Otto Rühle. 30 sozialdemokratische Abgeordnete verlassen vor der Abstimmung den Sitzungssaal.
14. April 1915	Die oppositionelle Zeitschrift »Die Internationale« erscheint in Berlin, weitere Ausgaben bleiben jedoch infolge der angeordneten Vorzensur aus. Im Juli wird gegen mehrere Mitglieder der »Gruppe Internationale«, wie Rosa Luxemburg, Franz Mehring, Clara Zetkin, ein Strafverfahren eingeleitet.
22. April 1915	In Flandern an der Westfront wird von deutscher Seite erstmals Giftgas eingesetzt. Dabei werden 5000 alliierte Soldaten getötet und weitere 10 000 verletzt. Im Mai erfolgen auch an der Ostfront Gasangriffe.
20. Mai 1915	Sechs große Wirtschaftsvereinigungen fordern in einer Eingabe an den Reichskanzler Annexionen in Europa und anderen Erdteilen.
21. Mai 1915	Italien erklärt Österreich-Ungarn den Krieg.
9. Juni 1915	Oppositionelle Sozialdemokraten und Gewerkschafter fordern in einem offenen Brief an den Vorstand und an die Reichstagsfraktion der SPD die Beendigung der Burgfriedenspolitik. 34 Unterzeichner stammen aus dem Stadt- und Landkreis Hanau.
Okt. 1915	Das Hanauer Garnisonskommando errichtet auf dem Großauheimer Exerzierplatz einen Musterschützengraben.
20. Sept. 1915	Bei einer Explosion in der Pulverfabrik Wolfgang kommen sieben Arbeiterinnen ums Leben.
21. Dez. 1915	Neben Liebknecht und Rühle stimmen im Reichstag 18 sozialdemokratische Abgeordnete gegen die 5. Kriegskreditvorlage. 22 Abgeordnete der Fraktion verlassen den Sitzungssaal vor der Abstimmung.
1. Januar 1916	Illegale Reichskonferenz der Gruppe Internationale in Berlin. Bildung der »Spartakusgruppe«.

12. Januar 1916	Karl Liebknecht wird aus der sozialdemokratischen Reichstagsfraktion ausgeschlossen. Am 14. Januar tritt Otto Rühle als Solidaritätsbekundung selbst aus der Fraktion aus.
Feb.–Dez. 1916	Die Schlachten um Verdun und an der Somme forderten über zwei Millionen Tote.
Mitte März 1916	Die illegale Reichskonferenz der Spartakusgruppe in Berlin, in der auch die Hanauer Opposition vertreten ist, entwickelt einen Plan zu revolutionären Massenaktionen.
24. März 1916	Gegen den Notetat stimmen im Reichstag außer Karl Liebknecht und Otto Rühle weitere 18 Abgeordnete der SPD. Sie werden aus der Fraktion ausgeschlossen und gründen unter der Bezeichnung »Sozialdemokratische Arbeitsgemeinschaft« eine selbständige Fraktion. Hugo Haase legt am 25. März als Mitglied der Arbeitsgemeinschaft sein Amt als Parteivorsitzender nieder.
1. Mai 1916	Demonstration auf dem Potsdamer Platz in Berlin unter dem Motto: »Brot! Freiheit! Frieden!«. Karl Liebknecht wird verhaftet.
3. Mai 1916	Wegen der schlechten Versorgungslage demonstrieren aufgebrachte Arbeiterfrauen am Hanauer Rathaus und schicken, von den sozialdemokratischen Stadtverordneten Friedrich Schnellbacher und Georg Wagner begleitet, eine Deputation zu den Stadtoberen. Am 4. Mai demonstrieren, ebenfalls von Friedrich Schnellbacher und Georg Wagner unterstützt, Arbeiterfrauen in der Stadtverordnetenversammlung.
28.–30. Juni 1916	In Berlin kommt es zu einem Massenstreik von Arbeitern gegen die Verurteilung von Karl Liebknecht zu zweieinhalb Jahren Zuchthaus und gegen den imperialistischen Krieg. Ende August wird das Strafmaß gegen Liebknecht durch die Berufungsinstanz noch verschärft (vier Jahren und ein Monat Zuchthaus, Aberkennung der bürgerlichen Ehrenrechte für die Dauer von sechs Jahren).
25. Juli 1916	Antistreikaufruf des SPD-Vorstandes und der Generalkommission der Gewerkschaften Deutschlands.
9. Aug. 1916	Das stellvertretende Generalkommando in Frankfurt gründet den »Kriegsausschuss für die Metallindustrie« als paritätische Schlichtungskommission für den Bereich des XVIII. Armeekorps.
11. Aug. 1916	Der Vorstand der SPD fordert zu einer Unterschriftensammlung für eine Petition gegen die Propaganda der Annexionisten auf. Die Petition wird mit rund 900 000 Unterschriften am 16. Dezember dem Reichskanzler zugestellt.
29. Aug. 1916	Paul von Hindenburg wird zum Generalstabschef ernannt, Erich Ludendorff wird Erster Generalquartiermeister.
1. Nov. 1916	Errichtung des Kriegsamtes für die zentrale Leitung der Kriegswirtschaft unter General Wilhelm Groener.
11. Nov. 1916	Arbeitsniederlegung von 22 Zimmerern der Hanauer Firma Franz wegen Beleidigung. Durch gewerkschaftliche Vermittlung entschuldigt sich der Geschäftsführer, der Tagesverdienst wird bezahlt.
2. Dez. 1916	Der Reichstag nimmt gegen die Stimmen der Sozialdemokratischen Arbeitsgemeinschaft das Gesetz über den vaterländischen Hilfsdienst an: Arbeitszwang für die nicht eingezogenen Männer vom 17. bis zum 60. Lebensjahr, Abschaffung der freien Arbeitsplatzwahl, Anerkennung der Gewerkschaften als berufene Vertreter der Arbeitnehmer, Einrichtung von Arbeiter- und Angestelltenausschüssen und paritätischen Schlichtungsstellen.
Winter 1916/1917	Außerordentliche Verschlechterung der Versorgungslage (»Steckrübenwinter«).
Januar 1917	Der Vorstand des sozialdemokratischen Parteibezirks Hessen-Nassau (Bezirkssekretär ist Robert Dißmann) ruft zum Boykott der »Volksstimme« auf.

7. Januar 1917	Reichskonferenz der sozialdemokratischen Opposition in Berlin. Der Parteiausschuss der SPD beschließt daraufhin am 18. Januar die organisatorische Trennung von der Sozialdemokratischen Arbeitsgemeinschaft.
8. Januar 1917	Infolge des erhöhten Bedarfs wird in Hanau eine Volksküche mit einer monatlichen Kapazität von 35 000 Essensausgaben eröffnet. Die bis dahin bestehenden zwei Volksküchen werden geschlossen. In diesen wurden seit Oktober 1915 monatlich 20 000 Essen ausgegeben.
1. Feb. 1917	Deutschland erklärt den uneingeschränkten U-Boot-Krieg.
20./21. Feb. 1917	Proteste in der Hanauer Markthalle wegen Kartoffelmangels.
1. März 1917	Die Hälfte der Beschäftigten in der Industrie sind Frauen, ihr Einsatz wächst besonders rasch in der Metallindustrie. Im Januar 1918 arbeiten über 4 Millionen Frauen in der Kriegswirtschaft, davon allein 750 000 in der Rüstungsindustrie.
10. März 1917	(25. Feb. nach dem alten Kalender.) Bürgerlich-demokratische Revolution in Russland. Sturz der Zarenherrschaft am 12. März.
11. März 1917	Spaltung des sozialdemokratischen Kreiswahlvereins Hanau-Gelnhausen-Orb. Von 69 Delegierten schließen sich 54 der Opposition an.
1. April 1917	In Deutschland wird eine erneute Kürzung der Rationen für Brot und Kartoffeln ab dem 15. April angekündigt.
6. April 1917	Die Vereinigten Staaten erklären Deutschland den Krieg.
6./8. April	Gründungsparteitag der »Unabhängigen Sozialdemokratischen Partei Deutschlands« (USPD) in Gotha. Die SPD nennt sich jetzt Mehrheitssozialdemokratische Partei Deutschlands (MSPD).
7. April 1917	Die »Osterbotschaft« Wilhelms II. stellt die Beseitigung des preußischen Dreiklassenwahlrechts in Aussicht.
16. April 1917	Beginn der Massenstreikbewegung in der Rüstungsindustrie für Frieden und Brot.
Mitte Juni – Mitte Juli 1917	Arbeitsniederlegungen in Rüstungsbetrieben im Landkreis Hanau wegen mangelhafter Lebensmittelversorgung.
27.–29. Juni 1917	Auf der 13. Generalversammlung des DMV in Köln übt die erstarkte, von Robert Dißmann angeführte Opposition scharfe Kritik an der Kriegspolitik des Vorstandes.
19. Juli 1917	Der Reichstag nimmt gegen die Stimmen der Konservativen und der Nationalliberalen die von der Zentrumspartei, der Fortschrittlichen Volkspartei und der SPD eingebrachte Friedensresolution mit dem Programm eines Friedens ohne Annexionen an. Vertreter der Fraktionen, die für die Friedensresolution stimmten, arbeiten künftig im »interfraktionellen Ausschuss« zusammen.
Mitte Aug. 1917	Nach vorangehenden Meutereien kommt es zu Massenverhaftungen in der deutschen Kriegsmarine.
20. Aug.1917	Konferenz der Arbeitervertreter aus den Ausschüssen des Hilfsdienstgesetzes auf dem Gebiet des XVIII. Armeekorps.
3. Sept. 1917	Infolge des kriegsbedingten Mitgliederrückgangs Auflösung der 1880 gegründeten Krankenzuschusskasse für Gold- und Silberarbeiter.
1. Okt. 1917	Max Quarck, der führende Vertreter der Burgfriedenspolitik in der Frankfurter SPD, scheidet auf Druck der Mitgliedschaft aus der Redaktion der »Volksstimme« aus. Sein Nachfolger wird der kritisch eingestellte Jakob Altmaier.
7. Nov. 1917	(26. Okt. nach dem alten Kalender.) Beginn der Oktoberrevolution in Russland. Der II. Gesamtrussische Sowjetkongress nimmt das Dekret über den Frieden an.
3.–15. Dez. 1917	Abschluss der Waffenstillstandsverhandlungen zwischen den Mittelmächten und Sowjetrussland in Brest-Litowsk. Am 22. Dezember Beginn der Friedensverhandlungen.
8. Januar 1918	14-Punkte-Programm des amerikanischen Präsidenten Woodrow Wilson zur Beendigung des Krieges.

28. Januar – 4. Feb. 1918	Politischer Massenstreik im gesamten Deutschen Reich gegen Hunger und Krieg.
10. Feb. 1918	Weigerung der sowjetischen Verhandlungsdelegation in Brest-Litowsk, einen annexionistischen Frieden zu unterzeichnen. Bekanntgabe der einseitigen Beendigung der Krieges durch Sowjetrussland.
15. Feb. 1918	Die deutsche Regierung kündigt den Waffenstillstand.
18. Feb. 1918	Beginn der deutschen Offensive gegen Sowjetrussland.
3. März 1918	Abschluss des nach den Bedingungen der Obersten Heeresleitung gestalteten Friedensvertrags zwischen den Mittelmächten und der Sowjetregierung in Brest-Litowsk. Am 22. März bestätigt der Reichstag den Diktatfrieden gegen die Stimmen der USPD und bei Stimmenthaltung der SPD.
21. März 1918	Beginn der deutschen Frühjahrsoffensive an der Westfront. Am 18. Juli geht die Entente zur entscheidenden Gegenoffensive über.
7. Mai 1918	Abschluss des Friedensvertrages zwischen den Mittelmächten und Rumänien in Bukarest.
7. Juli 1918	Jahreskonferenz der USPD für den Bezirk Südwestdeutschland in Frankfurt. 64 Abgeordnete vertreten 270 Orte in 33 Wahlkreisen.
29. Sept. 1918	In Anbetracht der militärischen Lage fordert die Oberste Heeresleitung sofortige Waffenstillstandsverhandlungen durch eine von der Reichstagsmehrheit getragene Regierung.
30. Sept. 1918	Kapitulation Bulgariens.
3. Okt. 1918	Prinz Max von Baden wird neuer Reichskanzler. Bildung einer dem Parlament verantwortlichen Regierung, in der neben dem Zentrum und der Fortschrittlichen Volkspartei erstmals auch die SPD beteiligt ist. – Friedensersuchen Deutschlands an den amerikanischen Präsidenten Wilson. In seiner Antwort am 23. Oktober bezeichnet er als Vorbedingung die Absetzung der »monarchischen Autokraten«.
17. Okt. 1918	Aufruf der MSPD zum Festhalten an der »Vaterlandsverteidigung«.
26. Okt. 1918	Im Zeichen der Parlamentarisierung verabschiedet der Reichstag eine Reihe verfassungsändernder Gesetze. Die Militärgewalten werden wieder der Zivilregierung unterstellt. – Ersetzung Erich Ludendorffs durch Wilhelm Groener in der Obersten Heeresleitung.
27.–30. Okt. 1918	Ein Aufstand der Matrosen in Wilhelmshaven verhindert das Auslaufen der deutschen Kriegsflotte.
29. Okt. 1918	Versetzung des Landrats Freiherr v. Laur aus Hanau wegen Lebensmittelschiebungen. Zusammen mit mehreren Kreisausschussmitgliedern muss er sich vor Gericht verantworten. – Erste öffentliche Versammlung der USPD in Hanau mit mehreren Tausend Teilnehmern. Anschließend Demonstration für die sozialistische Republik.
Nov. 1918	In der Stadt Hanau sind insgesamt um die 870 Gefallene zu beklagen.
3. Nov. 1918	Aufstand der Kieler Matrosen.
7. Nov. 1918	Von der USPD einberufene Volksversammlung vor dem Hanauer Rathaus, in dem die Stadtverordnetenversammlung tagt. Bei einem Zusammenstoß mit der Polizei werden 25 Personen verwundet.
8. Nov. 1918	Konstituierung des Hanauer Arbeiterrats (AR): Zu den 20 Mitgliedern des schon bestehenden AR der USPD werden fünf Mitglieder der SPD hinzu gewählt.
9. Nov. 1918	Revolution in Berlin. Sturz der Monarchie. Max von Baden übergibt die Regierungsgeschäfte an Friedrich Ebert (SPD). Ausrufung der Republik. – Konstituierung des Hanauer Soldatenrats (SR) anlässlich einer Soldatenversammlung auf dem Marktplatz.
10. Nov. 1918	Bildung des »Rates der Volksbeauftragten«, der von der Obersten Heeresleitung unterstützt wird (»Ebert-Groener-Pakt«).
11. Nov. 1918	Waffenstillstandsvertrag mit der Entente.
	Georg Wagner wird vom Hanauer Arbeiter- und Soldatenrat (ASR) als provisorischer Polizeidirektor und Landrat eingesetzt.

	Der kurz vor dem Ausbruch der Revolution kommissarisch eingesetzte Landrat Carl Christian Schmid erwirkt bei der Zentralregierung die Einsetzung einer Kommission. Diese nimmt nach ihrem Besuch in der zweiten Novemberhälfte zugunsten des Hanauer ASR Stellung.
14. Nov. 1918	Der ASR übernimmt den »Hanauer Anzeiger« als Publikationsorgan. Die Richtlinien für die wirtschaftliche Demobilisation werden bekannt gegeben, ebenso die vom Rat der Volksbeauftragten am 12. November verkündete Einführung des Achtstundentages.
15. Nov. 1918	Bildung der Zentralarbeitsgemeinschaft (ZAG) zwischen Arbeitgebern und Gewerkschaften.
18. Nov. 1918	Aufstellung einer Schutzwehr durch den Hanauer ASR.
21. Nov. 1918	Landrat Schmid wird vom sozialdemokratischen Regierungspräsidenten zum Vorsitzenden des Demobilmachungsausschusses für den Stadt- und Landkreis Hanau ernannt.
29. Nov. 1918	Landrat Schmid verpflichtet sich zu Arbeitsteilung mit Georg Wagner.
1. Dez. 1918	In einem Bericht an das preußische Innenministerium diffamiert Landrat Schmid die Arbeit des ASR und schlägt dessen Entmachtung vor. Seine Absichten bekräftigt er mit einem Besuch bei den Berliner Instanzen.
6. Dez. 1918	Konterrevolutionärer Putschversuch in Berlin.
9. Dez. 1918	Der preußische Innenminister Rudolf Breitscheid (SPD) verlangt vom ASR die volle Einsetzung Schmids in die Landratsgeschäfte. Der ASR bricht am 24. Dezember die Zusammenarbeit mit Schmid ab.
16.–21. Dez. 1918	Der 1. Kongress der Arbeiter- und Soldatenräte in Berlin beschließt die Durchführung der Wahlen zur Nationalversammlung. Ohnsmann (USPD) und Blumöhr (SPD) sind die Hanauer Delegierten.
21.–24. Dez. 1918	Vereitelter konterrevolutionärer Angriff gegen die Volksmarinedivision in Berlin.
28. Dez. 1918	Schmid verlegt nach einem erneuten Besuch bei den Berliner Regierungsvertretern seinen Sitz unter Mitnahme der Kreiskasse und mit Unterstützung des Kreisausschusses nach Frankfurt, wo er seine Amtsgeschäfte mit Unterstützung der SPD geführten preußischen Behörden weiterführt.
29. Dez. 1918	Ausscheiden der USPD aus dem Rat der Volksbeauftragten. Seit Ende Dezember zieht die Oberste Heeresleitung mit Billigung der Volksbeauftragten Freikorps um Berlin zusammen.
30./31. Dez. 1918	Gründungskongress der Kommunistischen Partei Deutschlands (KPD) unter Teilnahme des Spartakusbundes und anderer revolutionärer Gruppen. Georg Handke und Ernst Spinger sind die Hanauer Delegierten.
31. Dez. 1918	Arbeitsniederlegung und Demonstration der Hanauer Arbeiter und Angestellten sowie Arbeitsloser zur Unterstützung des ASR. Die Belegschaften wichtiger Betriebe (Heraeus, Schwahn) bleiben der Kundgebung fern.
2. Januar 1919	Der Kasseler Regierungspräsident bewilligt einen vom Hanauer ASR beantragten Kredit von 100 000 Mark nicht. Am 12. Januar billigt der Kreisausschuss des Landkreises Hanau für Landrat Schmid 100 000 Mark für Mehrausgaben.
5. Januar 1919	Gründung der Deutschen Arbeiterpartei in München. Sie wird im August 1919 in Nationalsozialistische Deutsche Arbeiterpartei (NSDAP) umbenannt. Am 29. Juli 1921 übernimmt Adolf Hitler die Führung der Partei.
14. Januar 1919	Landrat Schmid startet mit einem Bericht an das preußische Innenministerium und an das Generalkommando des 18. Armeekorps über die »Spartakistenherrschaft« des ASR einen neuen Anlauf zur Durchführung eines Militäreinsatzes in Hanau.
15. Januar 1919	Ermordung von Rosa Luxemburg und Karl Liebknecht.

	Terror gegen die Arbeiterbewegung im Gefolge der Januarkämpfe (5.–12. Januar). – Ein Putschplan zur Beseitigung der Schutzwehr und des Hanauer ASR in der Nacht vom 15. auf den 16. Januar wird rechtzeitig aufgedeckt.
16. Januar 1919	Die Zentralregierung verweigert der Hanauer Schutzwehr die Anerkennung als »Volkswehr« und die weitere Finanzierung. – Das Ulanenregiment, in den aufgedeckten Putschplan verwickelt, beschließt die Absetzung des Soldatenrates (SR) und Neuwahl. – Hanauer Arbeiter dringen in das Zeughaus ein und bewaffnen sich, um die Revolution zu schützen. Schnellbacher und Wagner verhindern durch persönlichen Einsatz gewaltsame Aktionen. Georg Wagner tritt von seinem Amt als Polizeidirektor und Landrat zurück.
17. Januar 1919	Trauerkundgebung im Gewerkschaftshaus zu Ehren der ermordeten Arbeiterführer Liebknecht und Luxemburg. Neuwahl des SR und seines Vorstandes, größtenteils in alter Besetzung.
19. Januar 1919	Die Wahlen zur Nationalversammlung bringen eine bürgerliche Mehrheit. Im Stadt- und Landkreis Hanau erringt die SPD den ersten Platz, die USPD schneidet deutlich über dem Reichsdurchschnitt ab.
22. Januar 1919	Ultimatum des Generalkommandos des 18. Armeekorps an den Hanauer ASR. Um der Stadt eine militärische Besetzung zu ersparen, willigt dieser in die Forderungen ein. – Landrat Schmid gründet im Landkreis einen eigenen »Arbeiter- und Soldatenrat«.
23. Januar 1919	Landrat Schmid erstattet bei der Hanauer Staatsanwaltschaft Strafanzeige gegen die Führer des ASR, Schnellbacher, Wagner, Hammer und Schwind, wegen ihrer Verwicklung in die Ereignisse vom 16. Januar.
25. Januar 1919	Rücktritt des AR in Hanau, Auflösung der Schutzwehr. Der »Hanauer Anzeiger« hört auf, das Publikationsorgan des ASR zu sein. Der SR besteht noch einige Zeit.
26. Januar 1919	Wahlen zur Verfassungsgebenden Landesversammlung in Preußen.
29. Januar 1919	Teilnehmer einer von der USPD organisierten Erwerbslosendemonstration dringen in das Landratsamt ein, entwaffnen die Wachmannschaft und hissen die rote Fahne.
3. Feb. 1919	Gründung des Reichsverbandes der Deutschen Industrie (RDI).
4. Feb. 1919	Zusammenstöße mit dem Militär beim Reservebekleidungsamt und bei der Kleiderausgabe in der Infanteriekaserne am Paradeplatz.
11. Feb. 1919	Die Nationalversammlung wählt Friedrich Ebert (SPD) zum Reichspräsidenten.
12. Feb. 1919	Die SPD organisiert die Neuwahl des Arbeiterrates. Der Vorgang wird von der USPD boykottiert.
Mitte Feb. 1919	Höhepunkt der Arbeitslosigkeit im Winter 1918/19 in Hanau. 1600 Personen sind ohne Arbeit. Die Erwerbslosen wählen einen zehnköpfigen Ausschuss.
18./19. Feb. 1919	Unruhen und Sturm des Gerichtsgefängnises. Plünderungen in Hanau und Philippsruhe. Am 19. Februar fordern blutige Zusammenstöße mit den Garnisontruppen auf dem Paradeplatz mehrere Tote.
22. Feb. 1919	Regierungstruppen besetzen Hanau. Verhängung des Belagerungszustandes. Verhaftung führender Vertreter der USPD. Durchsuchung des Gewerkschaftshauses.
1. März 1919	Erste Nummer der »Freiheit«, Organ der KPD für Hanau und Frankfurt, erscheint.
2. März 1919	Wahlen zur Hanauer Stadtverordnetenversammlung. Die USPD, deren Listenführer Schnellbacher, Wagner und Schwind im Gefängnis sitzen, bekommt die meisten Mandate (12), die beiden Arbeiterparteien bilden eine sozialistische Mehrheit.
	Nach Protesten der USPD-Stadtverordnetenfraktion und der Hanauer Arbeiterschaft kommt es zur Freilassung Wagners und Schnellbachers Mitte März bzw. Anfang April.

21. März 1919	Errichtung der ungarischen Räterepublik, die nach schweren Kämpfen am 1. August ihren Gegnern unterliegt. Errichtung eines faschistischen Regimes. Einrichtung von Konzentrationslagern.
10.–19. April 1919	Gemeinsamer Streik der Arbeiter und Angestellten in der Quarzlampen-Gesellschaft.
13. April 1919	Errichtung der bayerischen Räterepublik. Sie wird in den Tagen vom 1. bis 6. Mai durch Reichswehrtruppen und Freikorps blutig niedergeschlagen. – Scharfe Kritik in der Generalversammlung des Hanauer DMV an der Burgfriedenspolitik der Gewerkschaftsführung während des Krieges und an ihrer Arbeitsgemeinschaftspolitik nach der Revolution. Die Neuwahl des Ortsvorstandes mehrheitlich aus USPD-Mitgliedern wird wegen eines Formfehlers nicht anerkannt. Ein neuer Wahltermin wird auf den 1. Oktober festgesetzt.
Ende April 1919	Übertritt der USPD im Stadt- und Landkreis Hanau in die KPD. Die Stadtverordnetenfraktion gibt diesen Schritt Anfang Mai bekannt.
29./30. April 1919	Heidelberger Abkommen zwischen dem 8. (Frankfurt am Main) und 9. (Stuttgart) Bezirk des DMV und den süddeutschen Metallindustriellen über Lohn und Arbeitszeit (46-Stunden-Woche).
2. Mai 1919	Neuwahl des Arbeiterrates in Hanau. Sie wird von der SPD boykottiert. Am 28. Juni konstituiert sich der Arbeiterrat.
3. Juni 1919	Befristeter Generalstreik in Höchst am Main gegen die von der französischen Besatzungsmacht inszenierte »Rheinische Republik«.
10.–15. Juni 1919	Weimarer Parteitag der SPD.
28. Juni 1919	Unterzeichnung des Versailler Friedensvertrages, der Deutschland schwerste Lasten auferlegt. Er tritt am 10. Januar 1920 in Kraft.
30. Juni–5. Juli 1919	10. Kongress der Gewerkschaften Deutschlands in Nürnberg, Gründung des Allgemeinen Deutschen Gewerkschaftsbundes (ADGB).
Ende Juli 1919	In den Vorstand des Ortsauschusses Hanau des ADGB werden mehrheitlich KPD-Mitglieder gewählt. Die »Freiheit« wird das Publikationsorgan des Hanauer Ortsausschuss. Den Platz des bisherigen Arbeitersekretärs Gustav Hoch (SPD) nimmt Wilhelm Schwind (KPD) ein.
31. Juli 1919	Die Nationalversammlung verabschiedet die Weimarer Verfassung.
1. Aug. 1919	Der von den Gewerkschaften und Arbeitgebern ausgehandelte Reichstarifvertrag für die chemische Industrie tritt in Kraft.
4. Aug.–4. Sept. 1919	2 500 Metallarbeiter streiken in Hanau und Großauheim gegen die Akkordarbeit und für die Besserstellung der Hilfsarbeiter.
5.–8. Aug. 1919	Der Prozess gegen die vier angeklagten Hanauer Arbeiterführer vor dem Marburger Landgericht endet mit dem Freispruch von Friedrich Schnellbacher und Georg Wagner.
30. Sept. 1919	Errichtung der Technischen Nothilfe (Teno), die bei Arbeitskämpfen öfters als Streikbrecherorganisation eingesetzt wird.
1. Okt. 1919	Leitende DMV-Instanzen scheitern mit dem Versuch, durch zwei gleichzeitig abgehaltenen Metallarbeiterversammlungen die Neuwahl eines ihnen genehmen Hanauer Ortsvorstandes durchzusetzen. Die endgültige Vorstandswahl am 23. November im Urwahlverfahren erbringt den Sieg der kommunistischen Liste.
13.–23. Okt. 1919	Die 14. ordentliche Generalversammlung des DMV in Stuttgart verurteilt die Politik des Vorstandes in den Jahren des Krieges und wählt den Sprecher der Opposition, Robert Dißmann, zu einem von drei Vorsitzenden.
27. Okt.–4. Dez. 1919	Erfolgreicher Lohnstreik der Hanauer Silberarbeiter.
1. Januar 1920	Die Hanauer Ausgabe der »Volksstimme« erscheint für die Kreise Hanau, Gelnhausen, Schlüchtern und Fulda.
13. Januar 1920	»Blutiger Dienstag«. Militär schießt in die Massendemonstration gegen das Betriebsrätegesetz vor dem Reichstag. 42 Arbeiter werden getötet, 105 verwundet. Ausnahmezustand in Preußen
4. Feb. 1920	Das Betriebsrätegesetz tritt in Kraft.

10. Feb .– 28. März 1920	Streik der Arbeiter der Dunlop-Gummi-Compagnie AG gegen die Entlassung eines Betriebsobmannes. Das Gewerkschaftskartell veranstaltet Sammlungen zur Unterstützung der Streikenden.
13.– 20. März 1920	Vom ADGB und dem AfA-Bund ausgerufener Generalstreik gegen den reaktionären Kapp-Lüttwitz-Putsch. Am 14. März Verhängung des verschärften Belagerungszustands über den Stadt- und Landkreis Hanau. Am 18. März Ende des Streiks in Hanau und Umgebung.
18. März 1920	Neunpunkteprogramm der freien Gewerkschaften fordert Demokratisierung und Zurückdrängung der Reaktion.
24. März 1920	Das Bielefelder Abkommen zwischen Regierungsvertretern und Vertretern der Arbeiterschaft regelt die Entwaffnung der reaktionären Freikorps und die Waffenabgabe der Roten Ruhrarmee mit gleichzeitiger Bekräftigung von Garantien gegen den Einmarsch der Reichswehr. Die Arbeiter hatten sich gegen die Putschisten bewaffnet und politische Garantien gegen einen neuerlichen Putsch gefordert.
2.–8. April 1920	Die blutige Eroberung des Ruhrgebiets durch Reichswehr und Freikorps unter Bruch des Bielefelder Abkommens fordert über 1000 Tote. Da der Einzug der Reichswehr ins Ruhrgebiet gegen den Versailler Vertrag verstößt, erfolgt am 6. April die französische Besetzung von Frankfurt, Hanau, Darmstadt und Dieburg in der entmilitarisierten Zone. Das französische Militär zieht am 17. Mai wieder ab.
3./4. April 1920	Gründung der von der KPD abgespaltenen Kommunistischen Arbeiterpartei Deutschlands (KAPD) in Berlin.
9. Mai 1920	Gründung der rechtsgerichteten paramilitärischen Organisation Escherich (Orgesch).
17.–30. Mai 1920	Streik der Hanauer Gärtnereiarbeiter.
28. Mai–24. Juni 1920	Streik der Hanauer Kinoangestellten.
6. Juni 1920	Reichstagswahlen. Die Weimarer Koalition aus SPD, Zentrum und DDP verliert die Mehrheit. Die KPD erreicht im Landkreis Hanau mit 24,5 Prozent ihr bestes Ergebnis im Deutschen Reich.
Mitte Juni 1920	Anfang der amerikanischen Quäkerspeisung für unterernährte Kinder in Hanau.
21. Juni–26. Juli 1920	Aussperrung der streikenden Angestellten und der sich mit ihnen solidarisierenden Arbeiter der Quarzlampen-Gesellschaft.
25. Juni 1920	Einführung der zehnprozentigen Einkommensteuer.
7. Aug. 1920	ADGB, SPD, USPD und KPD rufen gemeinsam die Arbeiterschaft zur Verhinderung von Truppen- und Munitionstransporten der Entente nach Polen im Rahmen des Interventionsfeldzuges gegen Sowjetrussland auf. Der Hanauer Ortsauschuss des ADGB wendet sich in diesem Sinne an die Eisenbahner und Transportarbeiter.
13. Aug. 1920	Teilnehmer einer Erwerbslosendemonstration in Hanau dringen in die Stadtverordnetenversammlung ein.
28. Aug.– 6. Sept. 1920	Generalstreik der Hanauer Arbeiterschaft gegen den zehnprozentigen Lohnsteuerabzug. Am 2. Sept. spricht die sozialistische Mehrheit der Stadtverordnentenversammlung dem Magistrat wegen Ablehnung der Gehaltsforderung der städtischen Arbeiter das Misstrauen aus. Zum Ende der Streiks am 5. Sept. kommt es zu einer gemeinsamen Demonstration und Kundgebung von KPD und SPD auf dem Marktplatz.
12.–20. Sept. 1920	Die Aussperrung in dem von Arnimschen Eisenwerk »Marienhütte« endet mit der Maßregelung der kommunistischen Arbeiter.
12.–17. Okt. 1920	Parteitag der USPD in Halle. Die Mehrheit stimmt für die Vereinigung mit der KPD. Die Minderheit schließt sich am 24. September 1922 der SPD an.
12. Nov. 1920	Infolge unüberbrückbarer Gegensätze Auflösung der Hanauer Stadtverordnetenversammlung.
9. Januar 1921	Bei den Wahlen zur Hanauer Stadtverordnetenversammlung geht die sozialistische Mehrheit verloren. Die SPD erleidet Stimmenverlust.

24. März 1921	Nach Einmarsch der Schutzpolizei in das mitteldeutsche Industrierevier ruft die KPD-Zentrale zum Generalstreik auf. Anschließende Kämpfe zwischen Arbeitern und Polizeiformationen fordern 150 Tote.
15. April 1921	Das Vorstandsmitglied der KPD Paul Levi wird infolge seiner öffentlichen Kritik am »Putschismus« seiner Partei aus der KPD ausgeschlossen.
Mitte Juli 1921	Die Ortsgruppe Hanau der KPD fordert die Wiederaufnahme Levis in die Partei.
24. Aug. 1921	Ermordung des Reichsfinanzministers Matthias Erzberger (Zentrum) durch Angehörige einer rechtsradikalen Geheimorganisation.
3.–9. Sept. 1921	Erfolgreicher Streik in der Hanauer Edelmetallindustrie für höhere Löhne.
17./18. Sept. 1921	Die Delegierten des Unterbezirks Hanau der KPD verweigern auf dem Bezirksparteitag trotz Ausschlussdrohung die Annahme einer von der Zentrale vorgelegten Resolution gegen die Kritik an der so gennanten Märzaktion.
21. Sept. 1921	Eine Explosionskatastrophe im Oppauer Ammoniakwerk der BASF fordert 565 Tote und über 200 Verletzte.
25. Sept. 1921	Anhänger von Paul Levi gründen die Kommunistische Arbeitsgemeinschaft (KAG).
27. Sept.–3. Okt. 1921	Aussperrung bei der Deutschen Dunlop Gummi-Compagnie AG.
Januar 1922	Georg Wagner und Friedrich Schnellbacher werden wegen ihrer Unterstützung der kritischen Linie Paul Levis aus der KPD ausgeschlossen. Die Hanauer Unterbezirkskonferenz erklärt sich mit ihnen solidarisch. Die KPD in Hanau nennt sich jetzt »Kommunistische Partei Hanau« ohne die Zusatzbezeichnung »Sektion der III. Internationale«.
Frühjahr–Sommer 1922	Die KAG schließt sich der Rest-USPD an. Die Hanauer Kommunisten distanzieren sich von Paul Levi und unterstützen die Politik der KPD. Eine Gruppe um Georg Wagner spaltet sich unter dem Namen »Kommunistische Partei Spartakusbund« ab. Die »Wagner Kommunisten« behaupten sich bis 1933 in der Stadtverordnetenversammlung.
1.–7. Feb. 1922	Auf den Streik der Reichsgewerkschaft Deutscher Eisenbahnbeamter reagiert Reichspräsident Friedrich Ebert mit der Annullierung des Beamtenstreikrechts. Die Führung des ADGB und des freigewerkschaftlichen Deutschen Eisenbahner-Verbands lehnen den Streik ab, vielerorts jedoch solidarisieren sich die Eisenbahnarbeiter. Am 4. Februar Zusammenstoß auf dem Hanauer Ostbahnhof zwischen Streikenden und Streikbrechern.
15. Feb. – 20. März 1922	Lohnstreik der Hanauer Gold- und Silberarbeiter.
Mitte Feb.–Mai 1922	Streik zur Verteidigung der 46-Stunden-Woche sowie gegen die Entwertung der Löhne durch die Inflation in der süddeutschen Metallindustrie. Zwischen dem 23. und dem 25. Mai sind unter den 30 000 Metallern des Rhein-Main-Gebietes auch 600 Hanauer Metallarbeiter von der Aussperrung betroffen. Die am 24. Mai abgeschlossene Frankfurter Vereinbarung sieht die 46-Stunden-Woche mit Ausdehnungsmöglichkeit der Arbeitszeit auf 48 Stunden und Lohnanhebung vor.
16. April 1922	Der deutsche Außenminister Walther Rathenau unterzeichnet den Vertrag von Rapallo, der zwischen Deutschland und Sowjetrussland die Aufnahme diplomatischer und wirtschaftlicher Beziehungen ermöglicht.
24. Juni 1922	Tödliches Attentat auf den Reichsaußenminister Walther Rathenau durch Angehörige der rechtsgerichteten »Organisation Consul«.
25. Juni 1922	Rede des Reichskanzlers Joseph Wirth (Zentrum) im Reichstag: »Die Republik ist in Gefahr! Der Feind steht rechts!«.
27. Juni 1922	Das »Berliner Abkommen« zwischen ADGB, AfA-Bund und den drei Arbeiterparteien fordert ein Republikschutzgesetz gegen antirepubli-

	kanische Umtriebe. Reichsweit Demonstrationen der Arbeiterschaft gegen den Meuchelmord an Walter Rathenau. Am 4. Juli Generalstreik und wiederholte Kundgebungen zum Schutz der Republik.
8.–17. Juli 1922	Streik der Hanauer Etuisarbeiter.
18. Juli 1922	Annahme des Gesetzes zum Schutz der Republik. Es wird 1927 verlängert, 1930 durch das zweite Republikschutzgesetz ersetzt, 1932 außer Kraft gesetzt. Die Justiz missbraucht das Gesetz vornehmlich gegen linksgerichtete Kräfte.
12.–14. Aug. 1922	Erfolgreiche Lohnbewegung der 2 000 Mitglieder des Hanauer graphischen Kartells innerhalb des Gewerkschaftskartells. Am 14. Aug. Demonstrationszug mit 800 Teilnehmern.
24. Sept. 1922	Vereinigungsparteitag der SPD und der Rest-USPD in Nürnberg. Die SPD führt zeitweilig den Namen »Vereinigte Sozialdemokratische Partei Deutschlands« (VSPD).
31. Okt. 1922	Errichtung der faschistischen Diktatur in Italien.
11. Januar 1923	Besetzung des Ruhrgebietes durch französische und belgische Truppen. Beginn des »Ruhrkampfes«. Am 13. Januar verkündet Reichskanzler Cuno im Reichstag den »passiven Widerstand«, der Ende September abgebrochen wird. Die endgültige Räumung des Ruhrgebiets erfolgt Ende Aug. 1925.
24. Januar 1923	Gemeinsamer Aufruf der Unternehmerorganisationen und der Gewerkschaftsverbände zur Ruhrhilfe. Der DMV sammelt für einen eigenen Fonds.
Feb.–März 1923	Bildung proletarischer Hundertschaften gegen den Straßenterror der politischen Reaktion in Sachsen, Thüringen, Berlin und im Ruhrgebiet.
1. Mai 1923	Wie schon 1922 gemeinsame Maikundgebung der Arbeiterparteien und des Gewerkschaftskartells in Hanau.
31. Mai 1923	Demonstrationsversammlung der Hanauer Arbeiterschaft auf dem Marktplatz gegen Teuerung, Arbeitslosigkeit und Kurzarbeit.
Juli–Nov. 1923	Die Politik der systematischen Geldentwertung erreicht ihren Höhepunkt. Die Verelendung der lohnabhängigen Bevölkerung nimmt katastrophale Ausmaße an.
29. Juli 1923	»Antifaschistentag« auf Initiative der KPD in ganz Deutschland.
11.–14. Aug. 1923	Ein Generalstreik in Berlin führt zum Sturz der Regierung Cuno. Die SPD tritt der Reichsregierung unter Gustav Stresemann (DVP) bei.
26. Sept. 1923	Abbruch des »passiven Widerstandes« und Verhängung des Ausnahmezustandes über das ganze Reich. Die vollziehende Gewalt wird auf den Reichswehrminister übertragen.
10. Okt. 1923	Durch die Koalition von SPD und KPD kommt es zur Bildung einer Arbeiterregierung in Sachsen und am 16. Oktober auch in Thüringen.
13. Okt. 1923	Ein Ermächtigungsgesetz wird im Reichstag mit den Stimmen der SPD angenommen. Die Reichsregierung kann auf dem Verordnungsweg wirtschaftliche und soziale Maßnahmen treffen, wobei auch die Abweichung von Grundrechten möglich ist. Das Gesetz ist bis zum 31. März 1924 befristet.
22.–24. Okt. 1923	In Hamburg wird ein kommunistischer Aufstand niedergeschlagen.
24. Okt. 1923	Die Vollversammlung der Hanauer Betriebsräte fordert die Bildung von Aktionsausschüssen in den Betrieben gegen Unternehmerwillkür und Konterrevolution.
26. Okt. 1923	Der Aufruf der KPD zum Generalstreik zur Unterstützung der Arbeiterregierung in Sachsen wird kaum befolgt. Auch in Hanau arbeiten die meisten Betriebe. Die Vollversammlung der Hanauer Betriebsräte verkündet am 27. Oktober den Abbruch des Streiks.
29. Okt. 1923	Unter Bruch der Weimarer Verfassung lässt die Reichsregierung in Sachsen Militär einmarschieren und setzt die Koalitionsregierung aus SPD und KPD ab. Der gleiche Vorgang wiederholt sich am 5. November in Thüringen.

30. Okt. 1923	Die Schlichtungsverordnung der Reichsregierung sichert der staatlichen Zwangsschlichtung breite Eingriffsmöglichkeiten.
3. Nov. 1923	Austritt der sozialdemokratischen Minister aus der Reichsregierung.
8./9. Nov. 1923	Der Putsch der Hitler-Faschisten in München scheitert (»Marsch auf die Feldherrenhalle«). Adolf Hitler und Erich Ludendorff werden verhaftet. Übertragung der vollziehenden Gewalt auf General Hans von Seeckt durch Reichspräsident Friedrich Ebert.
15. Nov. 1923	Ende der Inflation durch Schaffung der Rentenmark. Beginn der bis 1929 reichenden relativen Stabilisierung der wirtschaftlichen Verhältnisse.
23. Nov. 1923	Verbot der KPD und der NSDAP durch den Inhaber der vollziehenden Gewalt, General Hans von Seeckt. Rücktritt des Kabinetts Stresemann.
30. Nov. 1930	Bildung eines neuen Kabinetts durch Wilhelm Marx (Zentrum).
8. Dez. 1923	Der Reichstag nimmt mit den Stimmen der SPD-Fraktion ein »Ermächtigungsgesetz« an, welches der Regierung Vollmacht zur Bewältigung der wirtschaftlichen Krise gibt.
Ende 1923	In Hanau erreicht die Arbeitslosigkeit einen Höhepunkt. 2400 Personen, ein Fünftel der Erwerbstätigen, bekommen mit ihren Familien staatliche Erwerbslosenunterstützung, um die 8000 Beschäftigte stehen in Kurzarbeit. 40 Prozent der Bevölkerung sind im Laufe des Jahres auf öffentliche Unterstützung angewiesen.
21. Dez. 1923	Die Arbeitszeitverordnung der Reichsregierung auf der Grundlage des Ermächtigungsgesetzes hebt faktisch den Achtstundentag auf.
Ende 1923	Der Reallohn liegt in Deutschland im Durchschnitt bei 77,5 Prozent des Lohnes der Vorkriegszeit.
6. Januar 1924	Verhaftung von mehreren KPD-Funktionären bei einer Sitzung im Hanauer Gewerkschaftshaus.
8. Januar 1924	600 Arbeitslose besetzen aus Protest gegen die »gemeinnützige Arbeitspflicht« das Hanauer Rathaus, das von der Schutzpolizei geräumt wird.
16. Januar 1924	Der ADGB erklärt seinen Austritt aus der ZAG, die daraufhin am 31. März aufgelöst wird. Die Reichsarbeitsgemeinschaft Chemie besteht bis 1933.
22. Feb. 1924	Gründung des »Reichsbanners Schwarz-Rot-Gold, Bund der republikanischen Kriegsteilnehmer«, eine im wesentlichen von der SPD und ihr nahe stehenden bürgerlichen Kräften (DDP, Zentrum) getragene Wehrorganisation.
26. Feb. – 27. März 1924	Der Hitler-Ludendorff-Prozess gestaltet sich zu einem Musterfall der Klassenjustiz. Hitler wird für seinen Hochverrat zu fünf Jahren Festungshaft verurteilt, die er dazu nutzt, sein programmatisches Buch »Mein Kampf« zu schreiben. Bereits am 20. Dezember wird er auf Bewährung entlassen. Erich Ludendorff wird freigesprochen.
1. März 1924	Teilweise Aufhebung des militärischen Ausnahmezustandes und des Verbots der KPD.
5. März 1924	Die erste Nummer der »Arbeiter-Zeitung«, des Presseorgans des KPD-Bezirks Hessen-Frankfurt, erscheint. Ab dem 1. September wird sie Tageszeitung.
6. März–9. Mai 1924	Aussperrung von 20 000 Arbeitern der BASF in Ludwigshafen wegen ihres Protestes gegen die Einführung des Neunstundentages. Ein Polizeiüberfall vor dem Haupttor des Werkes fordert fünf Tote und 40 Verletzte.
März 1924	Drei Wochen lang streiken die Arbeiter der Eisengießerei Slotosch in Hanau gegen Akkordabzüge.
7.–10. April 1924	Der 9. Parteitag der KPD, in Offenbach und Frankfurt illegal organisiert, bestätigt die Wendung nach links und toleriert »oppositionelle« Gewerkschaften. Kommunistische Gewerkschafter in Hanau lehnen diese Politik ab.

29. April – 3. Mai 1924	Erfolgloser Streik der Arbeiter der Papierfabrik Fues & Co. gegen Arbeitszeitverlängerung.
4. Mai 1924	Bei den Reichstagswahlen gewinnt die KPD einen großen Teil der ehemaligen USPD-Wähler für sich und entwickelt sich zu einer Massenpartei.
Juli 1924	Gründung des Roten Frontkämpferbundes (RFB) und des Roten Jungsturms als Wehrorganisationen der KPD, letzterer nennt sich ab 1926 Rote Jungfront. – Über drei Wochen dauernder Streik der Hanauer Maler und Weißbinder gegen Lohnabbau.
Aug. 1924	Streik der Hanauer Bauarbeiter.
16. Aug. 1924	Neuregelung der deutschen Reparationen durch den »Dawes-Plan«.
Okt. 1924	Bauarbeiteraussperrung im Rhein-Main-Gebiet.
24. Okt. 1924	Eröffnung des Hanauer Mainhafens.
Okt.–Nov. 1924	Die Buchdrucker erreichen durch Streik das Niveau der Vorkriegslöhne.
11. Okt. 1924	Einführung der Reichsmark (RM).
7. Dez. 1924	Bei den Reichstagswahlen gewinnt die SPD über 1,8 Millionen Stimmen hinzu, die KPD verliert rund 1 Million.
Frühjahr 1925	Kursänderung in der KPD mit dem Ziel der Einheitsfront mit der Sozialdemokratie und einer Stärkung der gewerkschaftlichen Arbeit.
2.–9. Feb. 1925	Lohnstreik und Aussperrung von 1000 Arbeitern der Dunlop Gummi-Compagnie AG.
Anfang Feb. 1925	Die Reichsregierung gewährt elf Konzernen 700 Millionen RM Ruhrentschädigung unter Missachtung des Bewilligungsrechts des Reichstags.
7. Feb. 1925	Neugründung der NSDAP.
28. Feb. 1925	Tod des Reichspräsidenten Friedrich Ebert.
17.–31. März 1925	540 Diamantarbeiter streiken für Akkordpreiserhöhung.
26. April 1925	Im 2. Wahlgang der Präsidentschaftswahlen wird der ehemalige Generalfeldmarschall Paul von Hindenburg zum Reichspräsidenten gewählt. In der Stichwahl unterstützt die SPD den Zentrumskandidaten Wilhelm Marx, für die KPD kandidiert in beiden Wahlgängen Ernst Thälmann.
24.–28. Juli 1925	Internationale Arbeiterolympiade im Frankfurter Waldstadion.
15.–28. Aug. 1925	Streik im Schwertransportgewerbe in Frankfurt, Offenbach, Hanau und Bad Homburg.
13.–18. Sept. 1925	Der Parteitag der SPD in Heidelberg beschließt ein neues Programm.
26. Okt.– 26. Nov. 1925	Der Streik und die Aussperrung von 27 000 Chemiearbeitern im gesamten Frankfurter Chemiebezirk (Hessen, Hessen-Nassau) endet mit minimaler Stundenlohnerhöhung. Am 31. Oktober werden 300 Beschäftigten der Gummifabrik Peter in Klein-Auheim entlassen, am 7. November 1500 Arbeiter der Firma Dunlop.
Nov. 1925	Beginn der »Rationalisierungskrise«, die bis zum Herbst 1926 andauert. Steiler Anstieg der Kurzarbeit und der Arbeitslosigkeit.
9. Dez. 1925	Fusion der sechs führenden deutschen Chemieunternehmen zur Interessengemeinschaft Farbenindustrie AG (IG Farben) mit Geschäftssitz in Frankfurt. Im engeren Frankfurter Raum gehören die Farbwerke Höchst, die Chemische Fabrik Griesheim-Elektron und die Fabrik Leopold Cassella dem neuen Konzern an.
14. Januar 1926	Gründung der Vereinigten Stahlwerke AG, die 50 Prozent der deutschen Steinkohlen- und Roheisenproduktion und 40 Prozent der Stahlproduktion beherrscht.
25. Januar 1926	Der gemeinsame Gesetzentwurf der SPD, der KPD und des Ausschusses für Fürstenenteignung über die entschädigungslose Enteignung der Fürsten wird vom ADGB unterstützt. Das Volksbegehren (4.–17. März) und der Volksentscheid (20. Juni) zur Durchsetzung des Gesetzes ist die größte gemeinsame Aktion aller Arbeiterorganisationen zwischen 1920 und 1933.

	Im Frankfurter Raum wird die Volksbewegung auch vom linken Zentrumflügel unterstützt. Auch der Katholische Arbeiterverein in Hanau fordert seine Mitglieder zur Einzeichnung in das Volksbegehren auf. Trotz einer breiten Mobilisierung wird die erforderliche Stimmenzahl nicht erreicht. In der Stadt Hanau bleibt die Zustimmung knapp unter 50 Prozent, hingegen unterstützen im Landkreis 62 Prozent der Wahlberechtigten den Volksentscheid.
Mitte April – Ende Juli 1926	In 53 Betrieben streiken die Diamantarbeiter 13 Wochen lang gegen den Versuch des Arbeitgeberverbandes, den Urlaub abzuschaffen. Am 19. April wird mit Unterstützung des Weltbundes der Diamantschleifer in Hanau eine Schleifereigenossenschaft gegründet. – Ende Mai kündigt die Firma Ginsberg, der größte Schleifereibetrieb in Hanau, ihren Arbeitern, um einen 20-prozentigen Lohnabbau zu erzwingen.
3. Sept. 1926	Deutschland wird in den Völkerbund aufgenommen. – Auf einer Tagung des RDI erklärt der Industrielle Paul Silverberg, die deutsche Sozialdemokratie müsse zur verantwortlichen Mitarbeit herangezogen werden. Wenig später distanzieren sich zahlreiche Industrievertreter von dieser Auffassung.
30.Okt. 1926	Tod des Vorsitzenden des DMV Robert Dißmann.
23. Dez. 1926	Arbeitsgerichtsgesetz.
1927	Wirtschaftsaufschwung.
9. April 1927	Die Arbeiterparteien stimmen im Reichstag gegen das Arbeitszeitnotgesetz. Es erkennt den Achtstundentag an, erlaubt aber eine Ausdehnung auf zehn Stunden pro Tag.
21. April – 16. Mai 1927	Erfolgreicher Streik der Hanauer Silberarbeiter gegen den Abzug der Leistungszulagen. Der Unternehmerverband versucht vergeblich, die Streikenden durch die Drohung mit der Aussperrung der Goldarbeiter gefügig zu machen.
1. Mai 1927	Ab diesem Zeitpunkt wird in der Metallindustrie des Frankfurter Wirtschaftsgebiets, zu dem auch Hanau gehört, die Arbeitswoche von 48 auf 52 Stunden verlängert, die obere Grenze liegt bei 54 Wochenstunden.
Juli–Okt. 1927	Infolge der ungünstigen Weltmarktverhältnisse sind die Hanauer Diamantschleifereien monatelang stillgelegt. 400 von den 600 Diamantarbeitern bleiben ohne Arbeit. Am 11. Nov. wird die Arbeit wieder aufgenommen. Im neuen Tarifvertrag gelingt es dem DMV, die von den Unternehmern gewünschte Scheinselbständigkeit (»Stuhlsystem«) zurückzuweisen, nicht aber den sechsprozentigen Lohnabbau.
16. Juli 1927	Gesetz über die Arbeitslosenversicherung. Errichtung der Reichsanstalt für Arbeitsvermittlung und Arbeitslosenversicherung.
22. Aug. 1927	Trotz weltweiter Massenproteste gegen den offensichtlichen Justizmord werden die Arbeiter Nicola Sacco und Bartolomei Vanzetti in den USA hingerichtet.
Okt. 1927	Die »Tribüne«, die kommunalpolitische Zeitschrift der Stadtverordnetenfraktion der Hanauer KPD, erscheint zum ersten Mal.
1. Nov. – 12. Dez. 1927	Die Reichsweite Aussperrung von 85 000 Zigarrenarbeitern endet dank der Unterstützung durch die freien Gewerkschaften mit einem Erfolg. Die Belegschaften der Hanauer Fabriken Hirsch und Oldenkott legten die Arbeit schon am 29. Oktober nieder, die übrigen Betriebe wurden am 12. November stillgelegt.
27. März 1928	Der Reichstag lehnt die Streichung der Mittel zum Bau des Panzerschiffes A gegen die Stimmen der Arbeiterparteien und der DDP ab. Am 31. März wird der Reichstag aufgelöst.
2. Mai 1928	Der preußische Innenminister Grzesinski (SPD) verhindert das vom Reichsinnenminister v. Keudell (DVP) geforderte Verbot des Roten Frontkämpferbundes.
20. Mai 1928	Die SPD erringt in den Reichstagswahlen unter der Losung »Für die Kinderspeisung – gegen Panzerkreuzer!« einen bedeutenden Sieg.

28. Juni 1928	Bildung einer Regierung der Großen Koalition unter dem Reichskanzler Hermann Müller (SPD).
17. Juli – 1. Sept. 1928	Der 6. Weltkongress der Kommunistischen Internationale sagt sich von dem Einheitsfrontgedanken der Arbeiterparteien los und räumt dem Kampf gegen die Sozialdemokratie Priorität ein.
4. Aug. 1928	Gründung einer Ortsgruppe der NSDAP in Hanau.
10. Aug. 1928	Die Reichsregierung beschließt mit den Stimmen der sozialdemokratischen Minister den Bau des Panzerschiffes A. Dies führt zu heftigen innerparteilichen Auseinandersetzungen über die Koalitionspolitik.
3.–7. Sept. 1928	Der Kongress des ADGB in Hamburg bezeichnet die Demokratisierung der Wirtschaft als Vorstufe des Sozialismus.
3.–16. Okt. 1928	Ein von der KPD eingeleitetes Volksbegehren gegen den Panzerkreuzerbau bleibt erfolglos.
14. Nov. 1928	Der Antrag der SPD auf einen Baustopp beim Panzerkreuzer A wird im Reichstag gegen die Stimmen der Arbeiterparteien abgelehnt.
1. Nov. – 2. Dez. 1928	»Nordwestaussperrung« in der rheinisch-westfälischen Eisenindustrie, von der 215 000 Arbeiter betroffen sind. Den Unternehmern gelingt es, durch die Aussperrung einen vom Reichsarbeitsministerium für verbindlich erklärten Schiedsspruch außer Kraft zu setzen. Zur Unterstützung der Ausgesperrten führt der ADGB-Ortsausschuss Hanau Sammlungen durch. Am 21. Dezember fällt Innenminister Severing (SPD) einen zweiten Schiedsspruch, der den ersten nach unten korrigiert.
7. Nov. 1928	Die Mitgliederversammlung der Ortsgruppe Hanau der KPD, auf der Willi Münzenberg die Linie des Zentralkomitees vertritt, verurteilt die Politik der Gruppe um August Thalheimer, Heinrich Brandler und Heinrich Galm, zu der auch Karl Rehbein gehört. Rehbein warnt am 20. November in einem Brief an die Bezirksleitung der KPD vor der Gründung kommunistischer Gewerkschaften.
19. Dez. 1928	Ausschluss des Offenbacher KPD-Vorsitzenden und Kandidaten des ZK Heinrich Galm aus der Partei. Am 21. Dez. wird Karl Rehbein, da er die Zustimmung zu den vom ZK gestellten Bedingungen verweigert, ebenfalls ausgeschlossen. Die ausgeschlossenen »Rechten« der KPD gründen am 29. Dez. die Kommunistische Partei Deutschlands-Opposition (KPO). Nach vorübergehender Mitgliedschaft in der KPO tritt Rehbein im April 1929 in die SPD ein.
Frühjahr 1929	Von Arbeitgeberseite und seitens der rechten bürgerlichen Parteien beginnt eine heftige Kampagne gegen die Arbeitslosenversicherung.
Feb. 1929	Die außergewöhnliche Kälte erzwingt mehrere Wochen lang die Stilllegung der Dunlop-Betriebsanlagen.
11. Feb.–7. Juni 1929	Die Pariser Sachverständigenkonferenz legt einen neuen Reparationsplan vor: Im Youngplan werden die deutschen Zahlungsverpflichtungen gegenüber dem Dawes-Plan herabgesetzt.
Mitte Feb. 1929	Spaltung in der Stadtverordnetenfraktion der Hanauer KPD. Karl Rehbein und seine Anhänger bilden bis zu ihrem Eintritt in die SPD im April 1929 eine eigenständige Fraktion.
10. März 1929	Bei der Ortsvorstandswahl des DMV in Hanau verliert die KPD ihre bisherige dominierende Position. Auf die gemeinsame Liste der ehemals kommunistischen »Abweichler« und der SPD entfallen 1007 Stimmen, auf die jetzt oppositionelle kommunistische Liste 890.
1. Mai 1929	Einsätze der Polizei unter dem Befehl des Polizeipräsidenten Karl Zörgiebel (SPD) gegen die verbotene Maidemonstration der KPD in Berlin fordern 31 Tote und Hunderte von Verwundeten (»Blutmai«).
3. Mai 1929	Verbot des Roten Frontkämpferbundes und der Roten Jungfront in Preußen. Am 7. Mai Protestdemonstration der Hanauer KPD.
26.–31. Mai 1929	Magdeburger Parteitag der SPD. Heftige Auseinandersetzungen über die Stellung der Partei zur Koalitionspolitik, zum Panzerkreuzerbau und zur Reichswehr.

8.–15. Juni 1929	Der 12. Parteitag der KPD in Berlin-Wedding bezeichnet die Sozialdemokratie als »sozialfaschistisch« und als »soziale Hauptstütze der Bourgeoisie«.
3./4. Aug. 1929	Auf dem Reichsparteitag der NSDAP in Nürnberg wird die Gründung der Nationalsozialistischen Betriebszellenorganisation (NSBO) beschlossen.
12. Okt. 1929	Der Reichstag stimmt mit den Stimmen der SPD-Fraktion, aber ohne die KPD, einer Änderung der Arbeitslosenversicherung zu. Bei der ersten Zahlung der Unterstützung muss der Empfänger innerhalb von zwei Jahren mindestens 52 Wochen gearbeitet haben, bei späteren Fällen mindestens 26 Wochen.
25. Okt. 1929	»Schwarzer Freitag«. Mit dem Zusammenbruch der New Yorker Börse beginnt die Weltwirtschaftskrise. Die bereits vor Ausbruch der Krise relativ hohe Arbeitslosigkeit in Deutschland steigt von 1,9 Millionen (1929) bis 1932 auf über 6 Millionen.
17. Nov. 1929	Bei den Stadtverordnetenwahlen in Hanau verzeichnet die SPD Gewinne. Die KPD muss Verluste hinnehmen. Beide Arbeiterparteien bleiben hinter ihrem Reichstagswahlergebnis zurück. Im Gegensatz zur Hanauer Stadtverordnetenversammlung behaupten SPD und KPD im Kreistag, wie schon 1925, die Mehrheit.
30. Nov .– 1. Dez. 1929(RGO)	1. Reichskongress der revolutionären Gewerkschaftsopposition in Berlin. Die von der KPD gegründete Organisation soll die Opposition in den Verbänden des ADGB und die ausgeschlossenen Mitglieder zusammenfassen. Der Versuch, sie zu einer selbständigen kommunistischen Richtungsgewerkschaft auszubauen, scheitert. Die RGO verfügt 1932 über 250 000 zumeist arbeitslose Mitglieder.
2. Dez. 1929	Der Reichsverband der Deutschen Industrie veröffentlicht seine Denkschrift »Aufstieg oder Niedergang?«, in der er eine radikale Umstellung der Wirtschaftspolitik zugunsten der Unternehmer fordert: Senkung der Steuern für die Kapitalseite, Erhöhung der Massenverbrauchsteuern, Abbau der Sozialleistung und Beseitigung der Beschränkungen bei der Festlegung der Löhne und der Arbeitsbedingungen.
3. Dez. 1929	Kommunistische Mitglieder sprengen die Mitgliederversammlung des DMV in Hanau. Der Sekretär der Verwaltungsstelle Karl Rehbein (SPD) beantragt gegen mehrere Teilnehmer Ausschlussverfahren.
3.–20. Januar 1930	Die Internationale Konferenz in Den Haag nimmt das neue Reparationsabkommen an (»Young-Plan«).
Mitte Januar 1930	Schiedsspruch für die Hanauer Metallindustrie ermöglicht 7 Prozent Lohnabbau. Eine weitere Lohnsenkung folgt im Nov.
27. März 1930	Sturz der Regierung Hermann Müller über die Frage einer Beitragserhöhung der Arbeitslosenversicherung.
30. März 1930	Heinrich Brüning (Zentrum) bildet sein Minderheitskabinett ohne sozialdemokratische Minister. Er regiert mit Hilfe von Notverordnungen nach Artikel 48 der Weimarer Reichsverfassung. Beginnend mit der Kürzung der Gehälter im öffentlichen Dienst am 16. Juli findet ein rücksichtsloser Lohn- und Sozialabbau statt.
12./13. April 1930	Parteitag des SPD-Bezirks Hessen-Nassau in Hanau.
10. Juni 1930	Reichsarbeitsminister Adam Stegerwald (Zentrum) erklärt den Schiedsspruch von Bad Oeynhausen für das Tarifgebiet der nordwestlichen Gruppe der Eisen- und Stahlindustrie vom 26. Mai verbindlich. Er sieht einen 7,5-prozentigen Lohnabbau vor.
14. Juni 1930	Der Vorstand des SPD-Bezirks Hessen-Nassau wendet sich gegen Sonderkonferenzen oppositioneller Parteimitglieder.
30. Juni 1930	Ende der Rheinlandbesetzung.
14. Sept. 1930	In den Reichstagswahlen muss die SPD schwere Verluste hinnehmen (800 000 Stimmen). Der NSDAP gelingt es, ihren Anteil von 2,6 (1928) auf 18,3 Prozent zu erhöhen. Die Faschisten stellen damit die nach der

	SPD zweitstärkste Fraktion im Reichstag. Die KPD gewinnt 1,3 Millionen Wähler hinzu.
3. Okt. 1930	Die Reichstagsfraktion der SPD beschließt, um der Bildung einer reinen Rechtsregierung vorzubeugen, die Tolerierung der Regierung Brüning.
16./17. Okt. 1930	Einbruch der Nazis in das Büro der KPD in Offenbach.
Ende Okt. 1930	Gründung des Roten Metallarbeiterverbandes in Berlin im Rahmen der RGO.
21. Dez. 1930	Die RGO veranstaltet eine Metalldelegierten-Konferenz der Hanauer Metallbetriebe. Aufruf zum gemeinsamen Kampf gegen den Lohnraub an die Metallarbeiter von Frankfurt, Offenbach und Darmstadt.
20. März 1931	Spaltung der SPD-Reichstagsfraktion. Neun Abgeordnete stimmen trotz des Fraktionsbeschlusses für Stimmenthaltung gegen die Finanzierung des Panzerkreuzers B und am 25. März gegen den Wehretat.
31. Mai–5. Juni 1931	Der SPD-Parteitag in Leipzig missbilligt die Haltung der »Neun« bei der Panzerschiffabstimmung. Auflösung der Jungsozialisten-Organisation wegen linksradikaler Abweichung. Fritz Tarnow charakterisiert die schwierige Aufgabe der Sozialdemokratie, gleichzeitig Arzt und Erbe am Krankenbett des Kapitalismus zu sein.
5. Juni 1931	Die »Notverordnung zur Sicherung von Wirtschaft und Finanzen« sieht Einsparungen bei der Arbeitslosenunterstützung um etwa 10 Prozent und die Einführung einer Krisenlohnsteuer vor. Die Löhne, Gehälter und Renten der Angestellten und Beamten des Reiches und der Gemeinden werden um 5 bis 8 Prozent gekürzt.
20. Juni 1931	Hoover Moratorium: Stundung der deutschen Reparationszahlungen auf ein Jahr.
13. Juli 1931	Bankenkrach. Die Darmstädter und Nationalbank (Danat-Bank) erklärt ihre Zahlungsunfähigkeit.
21. Juli 1931	Vierwöchiges Verbot der »Arbeiter-Zeitung«.
9. Aug. 1931	Ein von der NSDAP eingeleiteter Volksentscheid für die Auflösung des preußischen Landtags, an dem sich auch die KPD beteiligt, misslingt.
31. Aug.–4. Sept. 1931	Der 14. Kongress der Gewerkschaften Deutschlands in Frankfurt fordert die Einführung der 40-Stunden-Woche.
4. Okt. 1931	Gründung der Sozialistischen Arbeiterpartei (SAP) in Berlin.
10. Okt. 1931	Erste Verhandlung des Reichspräsidenten Hindenburg mit Hitler und Göring über eine Regierungsbeteiligung der Nazis.
11./12. Okt. 1931	Bildung der »Harzburger Front« aus Deutschnationalen, Stahlhelm Reichslandbund und Nationalsozialisten.
17. Nov.–14. Dez. 1931	Von der RGO geführte und von der Internationalen Arbeiterhilfe (IAH) unterstützte Streiks in der Quarzlampen-Gesellschaft und in der Vacuumschmelze gegen Lohnabbau bleiben ergebnislos. Von den 300 Streikenden werden 16 gemaßregelt und 45 entlassen. In der Quarzlampen-Gesellschaft kommt es zur Streichung von übertariflichen Leistungen und Vergünstigungen.
24. Nov. 1931	Der Bundesrat des Reichsbanners Schwarz-Rot-Gold erklärt die Mitgliedschaft in der SAP für unvereinbar mit der Reichsbannermitgliedschaft.
25, Nov. 1931	Bekanntwerden der »Boxheimer Dokumente«. Sie enthalten Pläne der Gauleitung Hessen der NSDAP für den Fall der Machtübernahme.
8. Dez. 1931	Eine Notverordnung des Reichspräsidenten senkt alle tariflichen Löhne und Gehälter auf das Niveau der Tarifverträge, die am 10. Januar 1927 Geltung hatten. Die Senkung soll jedoch 15 Prozent nicht überschreiten und ab dem 1. Januar 1932 durchgeführt werden. – Aus Furcht vor dem wachsenden Einfluss der KPD wird die Reichsregierung ermächtigt, die Betriebsratswahlen für 1932 auszusetzen.
16. Dez. 1931	Bildung der »Eisernen Front«, einer Propagandaorganisation der SPD, des ADGB, der Arbeiter-Sportorganisationen und des Reichsbanners.

Ende Dez. 1931	Gründung einer Ortsgruppe Hanau des christlichen »Deutschen Gewerkschaftsbundes« (DGB).
1932	Die Zahl der Arbeitslosen übersteigt die 6-Millionen-Grenze und fällt auch in den saisonal günstigen Monaten nicht mehr unter 5 Millionen.
3. Januar 1932	Erwerbslose stürmen das Hanauer Wohlfahrtsamt. Die Unruhen halten den ganzen Tag an.
27. Januar 1932	Adolf Hitler hält in Düsseldorf vor Vertretern der rheinischen Schwerindustrie einen programmatischen Vortrag.
29. Januar 1932	Nach einem Erlass des Reichswehrministers Wilhelm Groener darf die Zugehörigkeit zur NSDAP kein Hindernis mehr für die Einstellung in die Reichswehr sein. Für KPD-Mitglieder bleibt das Verbot dagegen bestehen.
3. Feb. 1932	Mehrere Hundert Kommunisten überfallen bei Rückingen eine Nazi-Kolonne auf dem Weg zu einer Versammlung.
1. April 1932	Der Kreisausschuss verordnet für die Wohlfahrtserwerbslosen des Landkreises Hanau die Verrichtung »gemeinnütziger Pflichtarbeit«. Der Protest der in Kampfausschüssen organisierten Arbeitslosen weitet sich bis Juni zum »Pflichtarbeiterstreik« aus.
13. März 1932	Bei der Reichspräsidentenwahl unterstützt die SPD in beiden Wahlgängen Hindenburg. Der Kandidat der KPD ist Ernst Thälmann. Im 2. Wahlgang am 10. April wird Hindenburg mit 19,3 Millionen Stimmen gewählt, auf Hitler entfallen 13,4 Millionen Stimmen, auf Thälmann 3,7 Millionen.
13. April 1932	Verbot der faschistischen Terrororganisationen SA und SS durch Notverordnung. – Außerordentlicher (15.) Kongress der Gewerkschaften Deutschlands in Berlin (»Krisenkongress«) fordert Maßnahmen zur Arbeitsbeschaffung.
24. April 1932	Bei den preußischen Landtagswahlen wird die NSDAP zur stärksten Partei, ebenso in der Stadt Hanau (8188 Stimmen). Die Regierungskoalition (SPD, Zentrum, DDP) verliert ihre Mehrheit, die Regierung Braun-Severing bleibt in Preußen geschäftsführend im Amt.
Ende April 1932	In Hanau bekommen 1680 Arbeitslose Unterstützung aus der staatlichen Arbeitslosenversicherung, 3053 Wohlfahrtserwerbslose sind auf kommunale Unterstützung angewiesen, mit den Familienmitgliedern ein Kreis von 10 371 Personen.
1. Mai 1932	Die KPD beschließt, eine große antifaschistische Aktion auf überparteilicher Basis in die Wege zu leiten.
21. Mai 1932	Erwerbslose stürmen in Langenselbold das Rathaus.
30. Mai 1932	Hindenburg entlässt Brüning. Am 1. Juni Bildung des reaktionären Minderheitskabinett Papen (»Kabinett der Barone«).
12. Juni 1932	1. Bezirkskongress der Antifaschistischen Aktion in Darmstadt mit 750 Delegierten und 800 Gästen. In Hanau werden zur Vorbereitung der Erwerbslosenbewegung Demonstrationen und Versammlungen organisiert.
14. Juni 1932	Aufhebung des Verbots von SA und SS. Als Gegenleistung sagt Hitler die Tolerierung der Regierung Papen zu.
16. Juni–9. Juli 1932	Reparationskonferenz in Lausanne bedeutet das faktische Ende der deutschen Reparationszahlungen.
21. Juni 1932	ADGB und AfA-Bund veröffentlichen ihr Programm für den »Umbau der Wirtschaft«. Es fordert die Verstaatlichung der Schlüsselindustrien, des Großgrundbesitzes und der Banken sowie ein staatliches Außenhandelsmonopol.
Juli 1932	Vom Hanauer Wohlfahrtsverband wird in der Waldstraße eine Erwerbslosenküche eingerichtet. Die Zahl der Erwerbslosenküchen erhöht sich bis Anfang 1933 auf vier.
6.–10. Juli 1932	Verbot der »Volksstimme«, das erneut vom 3.–5. Sept. verhängt wird.
15. Juli 1932	Bei der Auflösung einer Arbeitslosenversammlung in Langenselbold

	durch die Polizei werden drei Personen durch Schüsse tödlich getroffen. Bei der Beerdigung am 18. Juli kommt es erneut zu Unruhen. Beim Polizeieinsatz wird ein Arbeiter getötet.
17. Juli 1932	»Altonaer Blutsonntag«. Bei Zusammenstößen im Gefolge eines Demonstrationsmarsches der SA durch Arbeiterviertel werden 14 Arbeiter erschossen, 70 verletzt.
20. Juli 1932	Staatsstreich der Regierung Papen gegen die sozialdemokratisch geführte preußische Regierung Braun-Severing (»Preußenschlag«). Diese räumt unter Protest ihren Platz und reicht Klage beim Reichsgericht ein. – Der SPD-Vorstand lehnt das Angebot der KPD zur gemeinsamen Durchführung eines Generalstreiks ab.
31. Juli 1932	Bei den Reichstagswahlen gewinnt die NSDAP erstmals mehr Stimmen als SPD und KPD zusammen.
10. Aug. 1932	In Potempa in Schlesien wird der kommunistische Landarbeiter K. Pietzuch von SA-Leuten bestialisch ermordet. Hitler sagt den zum Tode verurteilten Mördern seine Unterstützung zu.
13. Aug. 1932	Hindenburg, Papen und General Kurt von Schleicher verhandeln ergebnislos mit Hitler über eine gemeinsame Regierungsbildung.
4./5. Sept. 1932	Die Notverordnung »zur Belebung der Wirtschaft« berechtigt die Regierung zu Eingriffen in die Sozialversicherung und in das Tarifrecht (Senkung der Tariflöhne).
Sept.–Dez. 1932	Streikwelle gegen die September-Notverordnung der Papen-Regierung. Höhepunkt ist der Streik der Arbeiter der Berliner Verkehrsgesellschaft (BVG) vom 3.–7. Nov., der aus opportunistischen Gründen zeitweilig auch von den Nazis unterstützt wird.
6. Nov. 1932	Bei den Reichstagswahlen verliert die NSDAP 2 Millionen Stimmen. Die SPD büßt 700 000 Stimmen ein, die der KPD zugute kommen. SPD und KPD sind gemeinsam wieder stärker als die NSDAP. Im Stadt- und Landkreis Hanau erreicht die KPD als stärkste Partei mit 32 Prozent das beste Ergebnis seit ihrem Bestehen.
17. Nov. 1932	Rücktritt der Regierung Franz von Papen.
19. Nov. 1932	Eine Gruppe von Bankiers und Industriellen fordert Hindenburg schriftlich auf, Hitler zum Reichskanzler zu ernennen.
3. Dez. 1932	Bildung des Kabinetts des General von Schleicher, der vergeblich ein Bündnis zwischen den Gewerkschaften und Teilen der NSDAP anstrebt (»Querfront«).
Ende Dez. 1932	In Hanau stehen 14 000 Menschen, 35 Prozent der Einwohner, in der öffentlichen Fürsorge des Reiches und der Stadt. Hanau gehört während der Krisenjahre zu den Kommunen mit den meisten Wohlfahrtserwerbslosen in Preußen.
4. Januar 1933	Hitler und Papen verhandeln in der Villa des Kölner Bankiers Kurt von Schröder über die Bildung einer faschistischen Koalitionsregierung.
7. Januar 1933	Treffen maßgeblicher Vertreter der Schwerindustrie mit Hitler im Hause des Großindustriellen Emil Kirdorf.
28. Januar 1933	Rücktritt der Regierung Kurt von Schleicher.
30. Januar 1933	Hindenburg ernennt Adolf Hitler zum Reichskanzler. Dieser bildet das Kabinett aus Vertretern des NSDAP und der DNVP sowie aus ehemaligen Mitgliedern der Papen-Regierung. Das Angebot der KPD zum Generalstreik gegen die Hitler-Hugenberg-Papen-Regierung wird von der Führung der SPD und des ADGB abgelehnt. Errichtung der faschistischen Diktatur.
31. Januar 1933	Aufruf des SPD-Vorstandes, den »Kampf auf dem Boden der Verfassung » zu führen. – Das Zentralorgan der KPD, »Die Rote Fahne«, wird wegen des Aufrufs zum Generalstreik beschlagnahmt. – Erste Haussuchungen bei Hanauer Antifaschisten.
1. Feb. 1933	Hindenburg löst auf Hitlers Wunsch den Reichstag auf. Ausschreibung von Neuwahlen.

2. Feb. 1933	Demonstrationsverbot für die KPD in Preußen. – In Hanau werden 45 Wahlkandidaten der KPD verhaftet.
3. Feb. 1933	Hitler referiert bei der Reichswehrführung über Eroberung neuen Lebensraums im Osten.
4. Feb. 1933	Verordnung des Reichspräsidenten »zum Schutze des deutschen Volkes« mit drastischen Einschränkungen der Versammlungs-, Rede- und Pressefreiheit.
17.Feb. 1933	Befehl des preußischen Innenministers Hermann Göring, bei Zusammenstößen mit Regimegegnern rücksichtslos vorzugehen (»Schießbefehl«)
20. Feb. 1933	Die Krupp AG, die IG-Farben AG, die Vereinigte Stahlwerke und andere Konzerne spenden der NSDAP und der DNVP 3 Millionen Reichsmark für den Wahlkampf.
21. Feb. 1933	Die letzte Nummer der »Arbeiter-Zeitung« erscheint.
24. Feb. 1933	Aufstellung von Hilfspolizei aus SA, SS und Stahlhelm in Preußen. In Hanau ist sie am 2. März einsatzbereit.
27. Feb. 1933	Die Nationalsozialisten nutzen den Reichstagsbrand als Vorwand für den offenen Terror. Massenverhaftungen von etwa 10 000 Regimegegnern allein in Preußen, vor allem Kommunisten.
28. Feb. 1933	Hindenburg erlässt die Verordnung »Zum Schutz von Volk und Staat«. Die Grundrechte der Weimarer Verfassung werden aufgehoben sowie verschärfte Strafbestimmungen und die »Schutzhaft« eingeführt.
1. März 1933	Der Landrat des Landkreises Hanau, Eugen Kaiser (SPD), wird beurlaubt, mehrere kommunistische Bürgermeister im Landkreis werden ihres Amtes enthoben. – Die »Volksstimme« erscheint zum letzten Mal.
Anfang März 1933	Bis zu seiner Verhaftung bereitet der Ortsgruppenleiter des Hanauer Roten Frontkämpfer-Bundes, Wilhelm Schad, die illegale Organisation für den bewaffneten Widerstand vor.
3. März 1933	Verhaftung des Vorsitzenden der KPD, Ernst Thälmann.
5. März 1933	Reichstagswahlen und Wahlen zum Preußischen Landtag. Trotz Terrors stimmen 7,2 Millionen für die SPD und 4,8 für die KPD. Mit 17,3 Millionen Stimmen verfehlt die NSDAP die absolute Mehrheit (43,9 Prozent). Im Stadt- und Landkreis Hanau stehen 24 600 Wählern der NSDAP 28 500 Wähler der Arbeiterparteien gegenüber. – Die Kandidaten der KPD sind in »Schutzhaft« oder auf der Flucht. Die Nazis betrachten die 81 Reichstagsmandate der KPD als nicht existent.
6. März 1933	Verfügung über die Beschlagnahmung von LKWs und Motorrädern im Besitz der KPD und ihrer Organisationen.
7. März 1933	Reichsbanner und Eiserne Front werden verboten.
12. März 1933	Gemeindevertreterwahlen. Die NSDAP kommt in der Hanauer Stadtverordnetenversammlung aus dem Stand auf 17 Sitze, im Kreistag auf 10. Die KPD behauptet in beiden Gremien ihre 9 bzw. 6 Mandate, ohne sie ausüben zu können. Im Landkreis überflügelt die Arbeiter-Wählerschaft (17 508 Stimmen) die Zahl der Nazi-Anhänger (14 057 Stimmen).
17. März 1933	Albert Kuntz, der Leiter des KPD-Bezirks Frankfurt, wird verhaftet.
20. März 1933	Errichtung des ersten offiziellen Konzentrationslagers in Dachau. Daneben Ausbreitung von »wilden« Lagern in leer stehenden Fabriken, Schulen oder Kellern. In Hanau ist der Keller im Haus des SA-Führers Eckardt eine Stätte ungehemmten Terrors.
24. März 1933	Verabschiedung des Ermächtigungsgesetzes, durch das Reichstag und Verfassung ausgeschaltet werden, mit den Stimmen der bürgerlichen Parteien gegen die Stimmen der SPD. 26 SPD-Abgeordnete sind in »Schutzhaft« oder geflohen.
25. März 1933	Im Reich sind bis zu diesem Tag in 45 Städten auf Gewerkschaftshäuser von Polizei oder SA Angriffe verübt worden. – Absetzung des Hanauer OB Blaum. Fritz Löser, Kreisleiter der NSDAP, wird zum politischen Kommissar (kommissarischer OB, Polizeidirektor und Landrat)

	für den Stadt- und Landkreis Hanau ernannt. Am 22. Mai wird er vom gleichgeschalteten Kreistag zum Landrat gewählt.
28. März 1933	Deutsche katholische Bischöfe nehmen in einem Hirtenbrief frühere Warnungen vor und Verbote gegen die NSDAP zurück.
1. April 1933	Erste von der NSDAP organisierte Boykottaktion gegen jüdische Geschäfte, Ärzte und Rechtsanwälte.
4. April 1933	Die Betriebsratswahlen werden nach der Auszählung von 1378 Betrieben ausgesetzt. Auf die freien Gewerkschaften entfallen 73,4 Prozent der Stimmen, die NSBO erhält nur 11,7 Prozent. Bei Heraeus und in den städtischen Betrieben votiert die Mehrheit der Arbeiter für die RGO. – Entlassung und teilweise Verhaftung von staatsfeindlich eingeschätzten Betriebsräten.
7. April 1933	»Gesetz zur Wiederherstellung des Berufsbeamtentums« bewirkt ein Berufsverbot gegen Beamte mit »marxistischer Gesinnung« oder jüdischer Herkunft. In Hanau werden Lehrer und andere Beschäftigte des öffentlichen Dienstes, die der KPD oder SPD angehören, entlassen.
26. April 1933	Errichtung der Geheimen Staatspolizei (Gestapo) in Berlin. Eine Außenstelle in Hanau unter der Leitung von Fritz Löser richtet sich Anfang Mai im Behördenhaus auf dem Paradeplatz ein.
1. Mai 1933	Propagandaaufmärsche zum »Tag der nationalen Arbeit«, zu denen auch die ADGB-Führung aufgerufen hat. Gleichzeitig Verhaftungswelle in Hanau und Umgebung. – Im Vorfeld des von den Nazis missbrauchten Feiertags der internationalen Arbeiterbewegung erfolgt die Gründung von NSBO-Zellen mit Fahnenweihe in Hanauer Betrieben.
2. Mai 1933	Rollkommandos von SA, SS und NSBO besetzen in ganz Deutschland Häuser und Betriebe der freien Gewerkschaften sowie die Arbeiterbank. Zerschlagung der Gewerkschaften.
10. Mai 1933	Als Zwangsvereinigung für Arbeiter und Angestellte wird die Deutsche Arbeitsfront (DAF) gegründet und im März 1935 zu einem angeschlossenen Verband der NSDAP erklärt.
15. Mai 1933	Selbstauflösung des Hanauer SPD-Ortsvereins.
17. Mai 1933	Die im Reich verbliebenen Mitglieder der SPD-Fraktion stimmen entgegen der Aufforderung der emigrierten Mitglieder des Parteivorstandes mit den anderen im Reichstag vertretenen Parteien Hitlers außenpolitischer Erklärung (»Friedensrede«) zu.
19. Mai 1933	Gesetz über die »Treuhänder der Arbeit«, die Arbeitsverträge rechtsverbindlich regeln. An die Stelle der Tarifautonomie tritt staatlicher Zwang.
2. Juni 1933	In Prag bildet sich der Exilvorstand der SPD (SOPADE).
Mitte Juni 1933	Aufdeckung der illegalen Tätigkeit der unter dem Namen »Roter Massenselbstschutz« zusammengeschlossenen und der KPD nahe stehenden Organisationen. Im Aug. erfolgt die Aburteilung von 12 Kommunisten vor dem Kasseler Oberlandesgericht.
15. Juni 1933	Errichtung des nordhessischen Konzentrationslagers Breitenau im Landkreis Melsungen, Gemeinde Guxhagen. Von den 478 Personen, die während des Bestehens des Lagers bis Mitte März 1934 in Breitenau inhaftiert waren, stammten 110, überwiegend Kommunisten, aus dem Stadt- und Landkreis Hanau.
18. Juni 1933	In Großauheim findet die Jubiläumsfeier des katholischen Arbeitervereins verbunden mit dem Bezirksdelegiertentag des Bezirks Main-Kinzig im Westdeutschen Arbeiter-Verband statt. Am Festzug, der ganz ohne Nazi-Insignien auskommt, nehmen 60 Arbeitervereine teil.
19. Juni 1933	Wahl eines neuen innerdeutschen Parteivorstands der SPD ohne jüdische Mitglieder.
22. Juni 1933	Verbot der SPD durch Erlass des Nazi-Innenministers Frick. – Vor dem Sondergericht Darmstadt Verurteilung von Großauheimer Kommunisten. Anfang Juli Hochverratsprozess gegen drei Kommunisten aus der gleichen Gemeinde.

24. Juni 1933	Selbstauflösung der christlichen Gewerkschaften.
27. Juni–5. Juli 1933	Selbstauflösung der bürgerlichen Parteien, unter ihnen am 5. Juli das Zentrum. Am 27. Juni Amtsenthebung der gewählten SPD-Vertreter der Kommunalparlamente.
Anfang Juli 1933	Durchsuchungsaktion von Polizei, SA und SS im Landkreis Hanau nach Waffen.
1. Juli 1933	Eingliederung der kirchlichen Arbeitervereine in die DAF.
14. Juli 1933	Das Gesetz zur Verhütung erbkranken Nachwuchses erlaubt Zwangssterilisierungen.
20. Juli 1933	Die Unterzeichnung des Reichskonkordats mit dem Vatikan trägt zur internationalen Aufwertung des Nazi-Regimes bei.
14. Aug. 1933	Zwangsweise Auflösung der Hanauer Naturfreunde.
16. Aug. 1933	Umbenennung des Hanauer Gewerkschaftshauses in »Jakob-Sprenger-Haus« nach dem Nazi-Gauleiter und Statthalter.
11. Sept. 1933	Gründung des »Pfarrernotbundes« durch Martin Niemöller gegen die Gleichschaltung der evangelischen Kirche durch »Deutsche Christen«. Unterstützung durch über ein Drittel aller Pfarrer, später Anhänger der »Bekennenden Kirche«.
13. Sept. 1933	Proklamation des »Winterhilfswerks« unter der Leitung der NS-Volkswohlfahrt (NSV). Die Zwangsspenden werden zusammen mit der Steuer in den Betrieben von Lohn und Gehalt abgezogen
27. Sept. 1933	Prozess gegen elf Hanauer Kommunisten vor dem OLG Kassel wegen Verbreitung der illegalen RGO-Zeitung »Der rote Gewerkschaftler«.
12. Nov. 1933	»Reichstagswahl« und »Volksabstimmung« über den am 19. Okt. erfolgten Austritt Deutschlands aus dem Völkerbund. Trotz schärfster Kontrolle stimmen reichsweit 2 Millionen Wähler dagegen; im Stadt- und Landkreis Hanau werden 2306 Nein-Stimmen abgegeben.
Dez. 1933	Die »Sozialistische Aktion«, eine vom Exilvorstand der SPD herausgegebene Zeitung, kommt auch in Hanau in Umlauf.
Mitte Dez. 1933	SS-Überfall auf die Gastwirtschaft »Vohwinkel« in Hanau, einen geheimen Treffpunkt der KPD. Mehrere der 30 Verhafteten werden von der Gestapo schwer gefoltert. Im Frühjahr weitere Verhaftungen. Urteilsverkündung im Prozess gegen 14 Hanauer Kommunisten wegen Aufbau eines illegalen kassentechnischen Apparates am 25. Mai 1934.
Januar 1934	Die gewählte Stadtverordnetenversammlung wird entsprechend der neuen Gemeindeordnung aufgelöst. Abschaffung der Selbstverwaltung. Die Mitglieder der kommunalen Körperschaft (Beigeordnete) werden vom Oberbürgermeister berufen. – Veröffentlichung des »Prager Manifests« durch den Vorstand der SPD.
20. Januar 1934	Das »Gesetz zur Ordnung der nationalen Arbeit« schafft das Arbeitsrecht der Weimarer Republik und die Betriebsräte ab. Die »Gefolgschaft« und der Unternehmer als der »Führer des Betriebs« bilden die »Betriebsgemeinschaft«. Wahl eines »Vertrauensrats« mit Beratungsfunktion nach der Kandidatenliste des Betriebsführers und der NSBO. Ab 1935 werden die Mitglieder nicht mehr gewählt, sondern vom Betriebsführer, der NSBO und vom Treuhänder der Arbeit bestellt.
27. Feb. 1934	Prozess gegen Hanauer Kommunisten wegen Hochverrat.
März/April 1934	Vertrauensrätewahlen in den Betrieben: rund die Hälfte der Arbeiter stimmt nicht für die Nazi-Einheitsliste; nach erneutem Misserfolg 1935 keine betrieblichen Wahlen mehr.
9. April 1934	Die Hanauer Pfarrer Scheig, Uloth und Boos fordern am Sonntagsgottesdienst die Gläubigen zum Gebet für 418 verhaftete evangelische Geistliche auf.
24. April 1934	Errichtung des Volksgerichtshofes für Hoch- und Landesverratsverfahren.
30. Juni–2. Juli 1934	Unter dem Vorwand angeblicher Putschpläne entledigt sich Hitler der auf die Verwirklichung sozialer Versprechungen drängenden Teile der

	SA um Ernst Röhm. In Hanau werden SA-Leute von der Schutzpolizei Frankfurt entwaffnet.
2. Aug. 1934	Hindenburgs Tod. Hitler wird auch Reichspräsident. Vereidigung der Wehrmacht auf Hitler.
19. Aug. 1934	Volksabstimmung über Zusammenlegung der Ämter des Reichspräsidenten und des Reichskanzlers. Reichsweit 10,1 Prozent Gegenstimmen, in Hanau 11,5 Prozent, im Landkreis 7,4 Prozent (6233 Stimmen).
21. Okt. 1934	Verhaftung einer kommunistischen Widerstandsgruppe in Bruchköbel.
26. Feb. 1935	Die Einführung des »Arbeitsbuches« ermöglicht die umfassende Kontrolle der Arbeitnehmer.
1. März 1935	Rückgliederung des Saarlandes an das Deutsche Reich. Bei der Saarabstimmung am 13. Januar hatte sich die Bevölkerung mit großer Mehrheit für den Anschluss entschieden.
4./5. März 1935	Eine Synode der Bekennenden Kirche beschließt Kanzelverkündigung gegen die NS-Rassenideologie und das »Neuheidentum«. In den folgenden Wochen werden über 700 Pfarrer verhaftet.
16. März 1935	Einführung der allgemeinen Wehrpflicht. Beginn der offenen Aufrüstung.
12. April 1935	Bei der Vertrauensratswahl bei Heraeus stimmen von 492 Wahlbeteiligten 82 gegen die NSBO-Einheitsliste.
27. Mai–7. Juni 1935	Prozess vor dem Strafsenat des OLG Kassel gegen 88 Angeklagte aus Hanau und aus den Landkreisen Hanau und Offenbach, unter ihnen 54 Kommunisten, 4 Sozialdemokraten, 30 Parteilose. Der Hauptanklagepunkt lautet: Wiederaufbau des Unterbezirks Hanau der illegalen KPD, unterstützt durch die Herstellung einer eigenen Zeitung mit dem Titel »Freiheit«.
19. Aug. 1935	Ein Hirtenbrief der Fuldaer Bischofskonferenz prangert die nationalsozialistische Hetze gegen Kirche und Christentum an.
Anfang Sept. 1935	Die illegale »Arbeiter-Zeitung« der KPD veröffentlicht einen gemeinsamen Aufruf von Mitgliedern der KPD und der SPD zur Bildung der antifaschistischen Aktionseinheit. Die Bezirksleitung der SPD distanziert sich davon.
15. Sept. 1935	Mit den »Nürnberger Gesetzen« beginnt die systematische Verfolgung der Juden.
3.–15. Okt. 1935	Die »Brüsseler Konferenz« der KPD in Moskau orientiert auf die Bildung von Bündnissen mit Sozialdemokraten und antifaschistischen bürgerlichen Gruppen (»Einheitsfront«).
Dez. 1935	Beginn von Massenprozessen gegen Kommunisten, Sozialdemokraten und Gewerkschafter in allen Teilen Deutschlands wegen Widerstand gegen das Naziregime. – Im Deutschen Reich sind noch immer 2,5 Millionen Arbeitslose amtlich registriert. In Hanau stagniert ihre Zahl bei rund 2000.
7. März 1936	Von den Westmächten toleriert, besetzt die Wehrmacht vertragswidrig das entmilitarisierte Rheinland.
29. März 1936	Scheinwahl zum Reichstag. Im Stadt- und Landkreis Hanau beträgt die Summe der ungültigen und Nein-Stimmen nur noch 426.
April 1936	Verschiebung der Vertrauensrätewahlen auf unbestimmte Zeit.
28. Mai 1936	Die Pfingst-Denkschrift der Bekennenden Kirche verurteilt die Rassenpolitik des NS-Regimes.
4. Juni 1936	Volksfrontregierung in Frankreich. Sie regiert bis Oktober 1938.
17. Juli 1936	Prozess vor dem OLG Kassel gegen 17 Hanauer Sozialdemokraten um den Hauptangeklagten, den Metall-Gewerkschafter August Schanz, wegen ihrer Bestrebung, durch die Verbreitung der Zeitung »Sozialistische Aktion« eine illegale Parteistruktur der SPD aufzubauen. In abgetrennten Verfahren werden Urteile gegen weiterer Hanauer Sozialdemokraten gefällt.

18. Juli 1936	Putsch der Franco-Faschisten gegen die spanische Republik. Beginn des bis 1939 dauernden spanischen Bürgerkrieges. Am 26. Juli entscheidet sich Hitler für eine militärische Intervention im spanischen Bürgerkrieg. Bildung der Fliegertruppe »Legion Condor« zur Unterstützung der Franco-Truppen, die auf dem Höhepunkt 16 000 Mann umfasst. Auf der Seite der spanischen Republik kämpfen von 1936–1939 etwa 5000 deutsche Antifaschisten in den Internationalen Brigaden, 3000 lassen ihr Leben. Auch etliche Kommunisten aus Hanau und aus dem Landkreis kämpfen mit.
8. Sept. 1936	Auf dem Nürnberger Parteitag verkündet Hitler den »Vierjahresplan« zur wirtschaftlichen und militärischen Kriegsvorbereitung.
14. März 1937	In der Enzyklika »Mit brennender Sorge« wendet sich Papst Pius XI. gegen die NS-Kirchenpolitik. Beschlagnahmungsaktionen der Gestapo in kirchlichen Druckereien. Nach der Kanzelverkündigung der Enzyklika kommt es zur Verhaftung zahlreicher Geistlicher.
11. April 1937	Der »Deutsche Freiheitssender 29,8« sendet aus dem republikanischen Spanien.
26. April 1937	Die baskische Stadt Guernica wird von der faschistischen Luftwaffe vernichtet: Erster Bombenangriff gegen die Zivilbevölkerung einer Stadt ohne militärische Ziele.
1. Juli 1937	Pastor Niemöller (Bekennende Kirche) wird verhaftet. Konzentrationslagerhaft bis 1945.
Mitte Juli 1937	Verhaftung von Kommunisten in Langenselbold. Verurteilung Ende Sept.
Mitte Sept. 1937	Verhaftung von Kommunisten in Bruchköbel. Verurteilung Ende Nov.
1. Okt. 1937	Max Else wird Lösers Nachfolger als NSDAP-Kreisleiter.
15. Okt. 1937	Zwangsumsiedlung der Hanauer Sintifamilien nach Frankfurt in das KZ für »Zigeuner« an der Dieselstraße.
Ende Okt. 1937	Nach einer Verhaftungswelle kommt es zu einem Prozess gegen 17 Langendiebacher Sozialdemokraten.
19. Nov. 1937	Unterredung zwischen Hitler und dem britischen Außenminister Lord Halifax. Halifx signalisiert Einverständnis mit den geplanten deutschen Annexionen in Mitteleuropa.
12. März 1938	Österreich wird von der Wehrmacht besetzt und als »Ostmark« dem Deutschen Reich eingegliedert (»Anschluss«).
26. April 1938	Verordnung zur Anmeldung des Vermögens von Juden. Beginn der systematischen »Arisierung« jüdischer Betriebe.
22. Juni 1938	Absicherung der Kriegsvorbereitung durch Einschränkung des Arbeitsplatzwechsels in der Rüstungsindustrie.
17. Aug. 1938	Juden müssen die Namen »Sara« bzw. »Israel« ihren Vornamen hinzufügen.
29./30. Sept. 1938	Im »Münchner Abkommen« geben Großbritannien, Frankreich und Italien Deutschland ihre Zustimmung zur Besetzung der überwiegend deutsch besiedelten Gebiete der Tschechoslowakei. Am 1. Okt. wird der nun so bezeichnete »Sudetengau« von der Wehrmacht besetzt. Polnische Truppen besetzen gleichzeitig das Teschener Gebiet.
9.–13. Nov. 1938	Zentral gesteuertes Judenpogrom (»Reichskristallnacht«). Brandstiftung und Plünderung von Synagogen, jüdischen Geschäfte und Wohnungen. 91 Juden werden ermordet, etwa 35 000 in Konzentrationslager gebracht. In Hanau wird die Synagoge in Brand gesetzt, die jüdische Schule und der jüdische Friedhof verwüstet. Die illegale KPD protestiert gegen die »Schmach der Judenpogrome«.
12. Nov. 1938	Verordnung über Zwangsarisierung und Auflösung jüdischer Unternehmen, die zu einer schamlosen Ausplünderung des jüdischen Vermögens durch »arische« Unternehmer genutzt wird.
8. Dez. 1938	»Erlass zur Bekämpfung der Zigeunerplage«.

15. März 1939	Besetzung der Tschechoslowakei und Bildung des Reichsprotektorats Böhmen und Mähren.
30. April 1939	Mieterschutz für Juden wird per Gesetz aufgehoben. Jüdische Mieter werden in »Judenhäuser« eingewiesen.
Juli 1939	»Euthanasie«-Planungsstab in der Kanzlei der Führers: Durch die Tötung von Geisteskranken soll Lazarettraum geschaffen werden.
23. Aug. 1939	Nach dem Scheitern der sowjetischen Verhandlungen mit den Westmächten über ein kollektives Sicherheitssystem in Europa schließen die Sowjetunion und Deutschland einen Nichtangriffspakt. In einem Geheimprotokoll wird die Aufteilung Osteuropas in Interessensphären festgelegt.
1. Sept. 1939	Nach Kündigung des Deutsch-Polnischen Nichtangriffpaktes von 1934 durch das Reich Überfall der Wehrmacht auf Polen. Beginn des Zweiten Weltkrieges. – Verhaftungswelle: Deutsche und österreichische Antifaschisten (»Aktionshäftlinge«) werden präventiv in Konzentrationslager eingewiesen. Allein in Hanau Stadt sind davon 18 Männer und Frauen betroffen.
3. Sept. 1939	Großbritannien und Frankreich erklären Deutschland den Krieg. – Verschärfung des Terrors durch den Runderlass »Grundsätze der inneren Staatssicherung während des Krieges«. Neue Strafbestände sind »Wehrkraftzersetzung« und »Abhören von Feindsendern«.
4. Sept. 1939	Die Kriegswirtschaftsverordnung bedeutet für die Arbeitnehmer Lohnstopp, Kriegssteuern, Arbeitszeitverlängerungen, Wegfall von Tarifurlaub und Lohnzuschlägen, Arbeitsdienstpflicht für Frauen und Mädchen.
5. Sept. 1939	Ein Nazi-Schlägertrupp überfällt in Hanau jüdische Wohnungen, Misshandlung der Bewohner. Der gleiche Vorgang wiederholt sich in der Nacht vom 10./11. Okt. Dem Hanauer Staatsanwalt Franz Cordier gelingt es, gegen die Täter und den Anstifter, den NSDAP-Kreisleiter Max Else, einen Prozess anzustrengen. Anfang Juli spricht ein Kasseler Sondergericht harte Strafen aus. Else wird zu acht Jahren Zuchthaus und zu zehn Jahren Ehrverlust verurteilt.
Okt. 1939	Der »Euthanasie-Befehl« ermächtigt Ärzte, unheilbar Kranke zu töten. Im April 1940 beginnen die Massentötungen psychisch Kranker.
8. Nov. 1939	Der Schreiner Johann Georg Elsner versucht, Hitler durch ein Bombenattentat im Münchner Bürgerbräukeller zu töten.
9. April 1940	Überfall der Wehrmacht auf Dänemark und Norwegen. Am 10. Mai folgt der Angriff auf Frankreich, Luxemburg, Belgien und die Niederlande.
Okt. 1940	Im Deutschen Reich werden ca. 1,2 Millionen überwiegend französische Kriegsgefangene zur Arbeit eingesetzt.
6. April 1941	Überfall auf Jugoslawien und Griechenland.
22. Juni 1941	Überfall auf die Sowjetunion. SS-Einsatztruppen ermorden bis 1942 in den besetzten Gebieten über 1 Mio. Juden, Kommunisten und Partisanen. – Massensterben sowjetischer Kriegsgefangener in den Sammellagern der Ostfront und in den Stammlagern der Wehrmacht. 3,3 Mio. der 5,7 Mio. gefangenen Sowjetsoldaten kommen ums Leben. Im November verrichten 700 000 sowjetische Kriegsgefangene Zwangsarbeit im Reich.
7. Juli 1941	Verhaftung des Pfarrers Robert Lutze in Mittelbuchen wegen seiner Tätigkeit im Sinne der Bekennenden Kirche. Drei Wochen Haft im KZ Breitenau.
31. Juli 1941	Beschluss über die physische Vernichtung der Juden (»Endlösung«), dem im Januar 1942 weitere Ausführungsbestimmungen folgen (»Wannsee-Konferenz«).
3. Aug. 1941	Der Bischof von Münster Graf von Galen bezeichnet die Tötung von Geisteskranken als Mord. Seine Predigt wird hektographiert verbreitet.

	Am 8. Nov. wird der Hanauer Kaplan Josef Albinger wegen Verbreitung des Predigttextes verhaftet. Einlieferung ins KZ Dachau (1945 durch die US-Armee befreit).
24. Aug. 1941	So gennanter »Euthanasie-Stopp«. Bis zu diesem Zeitpunkt wurden im Rahmen des Tötungsprogramms 70 273 Menschen ermordet. Tatsächlich wird die Aktion weitergeführt. Zu den Opfern gehören auch kranke Ostarbeiter, die von Hanauer Firmen arbeitsunfähig gemeldet werden. Eine der Tötungsanstalten befindet sich in Hadamar.
7. Dez. 1941	Überfall der Japaner auf den US-Stützpunkt Pearl Harbor. Beginn des bis Aug. 1945 dauernden Pazifikkrieges.
11. Dez. 1941	Deutsche Kriegserklärung an die USA.
Dez. 1941	Beginn der sowjetischen Gegenoffensive vor Moskau. Erste schwere Niederlage der Hitlerwehrmacht.
Frühjahr–Sommer 1942	Wegen des gravierenden Arbeitskräftemangels in Deutschland erfolgt die umfangreiche Zwangsrekrutierung von Fremdarbeitern in den besetzten Ostgebieten. Die Zahl der Fremdarbeiter erreicht Ende 1944 7,5 Mio.
28. März 1942	Der britische Luftangriff auf Lübeck leitet die systematische Flächenbombardierung deutscher Großstädte ein.
6. April 1942	Kürzung der Lebensmittelrationen in Deutschland. Im Laufe des Herbstes werden die Einschränkungen wieder gelockert.
30. Mai 1942	53 jüdische Einwohner aus dem Stadt- und Landkreis Hanau werden per Bahn vom Hanauer Hauptbahnhof deportiert. Am 5. Sept. verlässt ein zweiter Transport mit 57 Deportierten Hanau.
Sept. 1942	Im Stadt- und Landkreis Hanau sind 437 Kriegsgefangene und 2695 ausländische Zivilarbeiter in 34 Lagern untergebracht. Bis zum April 1943 verdoppelt sich ihre Zahl nahezu, bis zum Kriegsende steigt sie allein in der Stadt Hanau auf über 6300. Die größten Nutznießer der Ausbeutung von Zwangsarbeit sind die Rüstungsfirmen Dunlop und VDM in Großauheim. Die Heraeus Vacuumschmelze AG unterhält ein Zwangsarbeiterlager bei ihrer Außenstelle in Sterbfritz.
23. Okt. 1942	Niederlage des deutschen Afrikakorps in der Schlacht bei El Alamein.
19. Nov. 1942	Beginn der Schlacht um Stalingrad. Sie endet am 2. Feb. 1943 mit der Kapitulation der 6. Armee. Diese bis dahin schwerste Niederlage der Wehrmacht leitet die Wende des Zweiten Weltkrieges ein.
Feb. 1943	Anklage gegen die Mitglieder einer Widerstandszelle in der Frankfurter Fabrik elektrotechnischer Apparate Voigt&Häffner, unter ihnen aus Hanau der Sozialdemokrat Heinrich Fischer und der Kommunist Heinrich Müller.
18. Feb. 1943	Goebbels verkündet im Berliner Sportpalast den »totalen Krieg« zur »Verteidigung Europas gegen den Bolschewismus«. – Mitglieder der Widerstandsgruppe »Weiße Rose«, die Flugblätter gegen den Hitlerkrieg verbreitet hatten, werden am 18. Feb. verhaftet und nach einem Schnellverfahren am 22. Feb. hingerichtet.
März 1943	Juden aus Mischehen werden in Hanau zur Zwangsarbeit herangezogen.
	Die Sinti- und Roma-Häftlinge des für sie eingerichteten KZ in Frankfurt werden in das »Zigeunerlager« in Auschwitz-Birkenau transportiert. In der Nacht zum 2. Aug. 1944 werden die Lagerinsassen, unter ihnen 26 Erwachsene und 19 Kinder aus Hanau, in die Gaskammer getrieben.
	40 Arbeiter der Frankfurter Apparatebau-Gesellschaft Messer & Co, werden wegen Widerstandstätigkeit verhaftet. Im Prozess gegen acht Angeklagte vor dem Volksgerichtshof werden zwei Hanauer Arbeiter zu je fünf Jahren Zuchthausstrafe verurteilt.
12. Juli 1943	Beginn des sowjetischen Gegenangriffs im Kursker Bogen. Deutschland verliert an der Ostfront endgültig die strategische Initiative.

Sept. 1943	Von den 388 000 Verhaftungen, die die Gestapo in den ersten neun Monaten des Jahres aus politischen Gründen vornahm, betreffen 260 000 das Delikt »Arbeitsvertragsbruch« bei Ausländern.
Ende 1943	Über 500 KZ-Außenlager sind Industriebetrieben zugeordnet.
6. Juni 1944	Landung amerikanischer und britischer Truppen in der Normandie. Eröffnung der »Zweiten Front«.
20. Juli 1944	Scheitern eines von Oberst Graf von Stauffenberg unternommenen Attentats auf Adolf Hitler, dem Massenverhaftungen und zahlreiche Morde an Hitlergegnern folgen. Der Volksgerichtshof fällt über 400 Todesurteile. Im Rahmen der Vergeltungsmaßnahme »Aktion Gitter« werden Tausende ehemalige Vertreter der Arbeiterparteien in Kommunen, Kreis- und Landtagen in Konzentrationslager verschleppt, unter den zahlreichen Hanauer Verhafteten die Sozialdemokraten Karl Rehbein, Hans Kargl, Eugen Kaiser sowie die Kommunisten Hugo Conrad und Käthe Jonas. Eugen Kaiser stirbt im April 1945 auf dem Todesmarsch bei Dachau.
25. Sept. 1944	Erster amerikanischer Luftangriff auf Hanau fordert 88 Opfer.
21. Okt. 1944	Amerikanische Truppen besetzen als erste deutsche Stadt Aachen.
5./6. Januar 1945	Angriffe amerikanischer und britischer Bomber verursachen in Hanau beträchtliche Schäden und fordern 73 Tote.
4.–11.Feb. 1945	Auf der Konferenz von Jalta (»Krimkonferenz«) beraten die Regierungschefs Großbritanniens, der USA und der UdSSR über die Nachkriegsordnung für Deutschland.
14. Feb. 1945	Neunzehn jüdische Bewohner des Stadt- und Landkreises Hanau aus »Mischehen« werden mit einem Frankfurter Transport nach Theresienstadt deportiert. Alle erleben am 5. Mai die Befreiung durch die Rote Armee.
19. März 1945	Nächtlicher Angriff der britischen Luftwaffe legt die Stadt Hanau in Schutt und Asche. Über 70 Prozent der Stadt werden zerstört, 2500 Einwohner sterben.
28. März 1945	US-Truppen besetzen Hanau.
11. April 1945	Die Häftlinge des Konzentrationslagers Buchenwald befreien sich im Kampf gegen die SS.
April 1945	In Hanauer Betrieben bilden sich Betriebsausschüsse und fordern in einem gemeinsamen Aufruf Demokratisierung der Gesellschaft und Entnazifizierung.
8. Mai 1945	Bedingungslose Kapitulation der Wehrmacht in Berlin-Karlshorst. Befreiung Deutschlands vom Faschismus.
10. Juni 1945	Befehl Nr. 2 der Sowjetischen Militäradministration über die Zulassung von Parteien und Gewerkschaften in Berlin und der sowjetischen Zone.
Anfang Juli 1945	Vorläufige Gründung des »Allgemeinen Gewerkschaftsbundes Hanau«.
30. Juli 1945	Erste offizielle Sitzung des Alliierten Kontrollrats für Deutschland in Berlin.
1. Aug. 1945	Die Verordnung Nr. 8 des Regierungspräsidenten des Regierungsbezirks Wiesbaden befiehlt den Einsatz von ehemaligen Mitgliedern der NSDAP bei Aufräumungs- und Säuberungsarbeiten.
2. Aug. 1945	Unterzeichnung des Potsdamer Abkommens durch die Regierungschefs der UdSSR, der USA und Großbritanniens. Das Abkommen, dem später auch Frankreich beitritt, legt die Prinzipien für eine friedliche und demokratische Entwicklung in ganz Deutschland fest.
6. Aug. 1945	Kurz vor dem vereinbarten Kriegseintritt der UdSSR gegen Japan zünden die USA die erste Atombombe über Hiroshima. Am 8. Aug. folgt der Atombombenabwurf über Nagasaki.
10. Aug. 1945	Bekanntmachung über die Wahl von Arbeitnehmervertretern in den Hanauer Betrieben.

13./27. Aug. 1945	Die US-amerikanische Militärregierung lässt in ihrer Zone Parteien zu, allerdings nur auf Kreis- und Gemeindeebene.
22. Aug. 1945	Antrag an die US-Militärregierung auf Zulassung des »Allgemeinen Gewerkschaftsbundes, Einheitsorganisation, Hanau.« Am 1. Sept. Genehmigung der Gründung des Allgemeinen Gewerkschaftsbundes, begrenzt auf Stadt- und Landkreis Hanau (AGB Hanau).
Aug./Sept. 1945	Großeinsätze des Ehrendienstes zum Wiederaufbau Hanaus.
15. Sept. 1945	Ein programmatischer Aufruf des Allgemeinen Gewerkschaftsbundes Hanau begründet die Notwendigkeit seiner Existenz als zentrale Einheitsorganisation.
19. Sept. 1945	Bildung des Landes Groß-Hessen (ab 1. Dez. 1945 Hessen genannt) in der US-amerikanischen Besatzungszone.
26. Sept. 1945	Der Alliierte Kontrollrat erlässt das Gesetz Nr. 8 über die Entnazifizierung der deutschen Gesellschaft.
13. Okt. 1945	Die US-Militärregierung gibt Bedingungen für die Zulassung von Parteien bekannt.
14. Okt. 1945	Direktive des Alliierten Kontrollrats über die Aufrechterhaltung des Lohnstopps und der Preiskontrolle zur Vorbeugung einer Inflation.
Okt. 1945	Der Aktionsausschuss der SPD und der KPD für den Stadt- und Landkreis Hanau tritt in einem gemeinsamen Aufruf für die Schaffung einer einheitlichen Arbeiterpartei ein.
11. Nov. 1945	Einsetzung der provisorischen Regierung Groß-Hessens unter Ministerpräsident Karl Geiler (parteilos). Arbeitsminister wird Oskar Müller (KPD).
22. Nov. 1945	Der AGB Hanau bemängelt in seiner Denkschrift an die US-Militärregierung die zu vagen Beurteilungskriterien der Entnazifizierung.
13. Januar 1946	Die 1. außerordentliche Delegiertenversammlung des AGB Hanau wählt Vorstand und Fachgruppenbeiräte.
3. Feb. 1946	Eine Konferenz der Vertreter der Einheitsgewerkschaften Groß-Hessens in Wiesbaden spricht sich für den gewerkschaftlichen Neuaufbau in Form der zentralen Einheitsorganisation aus.
11. Feb. 1946	Die Landesdelegiertenkonferenz der Arbeiterwohlfahrt in Frankfurt bekräftigt die sozialdemokratische Dominanz in dieser Organisation.
24. Feb. 1946	2. Delegiertenkonferenz des AGB Hanau in Langendiebach.
27. Feb. 1946	Die US-amerikanische Militärregierung erlaubt den Zusammenschluss von Parteien auf Zonenebene.
5. März 1946	Die Entnazifizierung geht in die Verantwortung deutscher Stellen über. Einsetzung von Spruchkammern.
24. März 1946	Eine Konferenz der Vertreter der Gewerkschaften Groß-Hessens in Frankfurt beschließt Schritte zum Wiederaufbau der Gewerkschaft auf Landesebene.
10. April 1946	Kontrollratsgesetz Nr. 22 (Betriebsrätegesetz).
Ende April 1946	In der sowjetischen Besatzungszone Zusammenschluss von KPD und SPD zur »Sozialistischen Einheitspartei Deutschlands«.
1. Mai 1946	Kundgebung mit über 10 000 Teilnehmern aus dem Stadt- und Landkreis Hanau vor Schloss Philippsruhe.
Mai/Juni 1946	Gemäß dem Beschluss der Gewerkschaftskonferenz vom 24. März in Frankfurt, selbständige und überregionale Industrieverbände zu gründen, konstituieren sich in Hessen 14 Landesgewerkschaften. Im März 1947 bestehen im Bezirk Hanau sieben Industriegewerkschaften mit eigener Geschäftsstelle.
26. Mai 1946	Erste Kommunalwahlen in Hanau. Die SPD erringt mit 36 bzw. 42 Prozent der Stimmen in der Stadt und im Landkreis den ersten Platz, die KPD erreicht mit 26,1 Prozent in der Stadt und mit 24,2 Prozent im Landkreis ihr bestes Ergebnis in Hessen.
1. Juni 1946	Zusammenschluss des FDGB Bezirk Hanau mit den Nebenstellen Gelnhausen und Schlüchtern.

22./23. Juni 1946	Gründungsverbandstag der Gewerkschaft Metall für Hessen in den Heddernheimer Kupferwerken.
30. Juni 1946	Wahl zur Verfassungsberatenden Landesversammlung in Hessen. – Volksentscheid über die entschädigungslose Enteignung der Kriegsverbrecher und der aktiven Faschisten in der sowjetischen Besatzungszone.
16. Juli 1946	Resolution der Delegierten und Betriebsräte des FGB Schlüchtern zur Mitbestimmung.
18. Juli 1946	Karl Rehbein (SPD) zum Oberbürgermeister der Stadt Hanau gewählt.
20. Juli 1946	Funktionäre und Betriebsräte des FGB Bezirk Hanau verlangen die gesetzliche Festschreibung der Mitbestimmung.
10./11. Aug. 1946	3. Delegiertenkonferenz des FGB Bezirk Hanau in Schlüchtern.
10. Aug. 1946	Interzonale Tagung der »Vereinigung der Verfolgten des Naziregimes« (VVN) in Hanau.
24./25. Aug. 1946	Der Gründungsverbandstag des FGB-Hessen im Volkshaus Enkheim (Frankfurt) fordert Mitbestimmung, Sozialisierung und Planwirtschaft. Zum 1. Vorsitzenden wird Willi Richter gewählt.
Aug./Sept. 1946	Betriebsrätewahlen.
30. Sept.– 1. Okt. 1946	Urteilsverkündungen im Nürnberger Prozess gegen die Hauptkriegsverbrecher.
15. Okt. 1946	Protestresolution des Betriebsrats der Deutschen Dunlop AG gegen die Streichung der chemischen Industrie von der Liste der zu verstaatlichenden Betriebe. Am 18. Okt. wird vom Betriebsrat der Deutschen Kunstlederwerke Wolfgang eine Resolution im gleichen Sinne gefasst.
Anfang Nov. 1946	Die Betreuungsstelle für politisch, rassisch und religiös Verfolgte unterstützt in Hanau 259 Personen. Unter den 191 Personen, die aus politischen Gründen verfolgt waren, sind 32 Sozialdemokraten und 95 Kommunisten.
7.–8. Nov. 1946	1. Interzonenkonferenz der deutschen Gewerkschaften in Mainz. Bis Aug. 1948 folgen acht weitere Interzonenkonferenzen.
1. Dez. 1946	Volksabstimmung über die hessische Verfassung. Fast 77 Prozent der Wähler sprechen sich für die Verfassung einschließlich Aussperrungsverbot und Sozialisierungsartikel (Art. 41) aus, 72 Prozent stimmen in einer gesonderten Abstimmung dem Sozialisierungsartikel zu.
Dez. 1946	Bildung einer Koalitionsregierung von SPD und CDU unter Ministerpräsident Christian Stock (SPD). Arbeitsminister: J. Arndgen (CDU).
1. Januar 1947	Schaffung des Vereinigten Wirtschaftsgebietes der amerikanischen und britischen Zone (Bizone).
Januar 1947	Massendemonstrationen, Streiks und Hungermärsche im Ruhrgebiet.
Feb. 1947	Veröffentlichung des Gesetzes Nr. 56 der US-Militärregierung, das »Entflechtung« statt Enteignung vorsieht.
1. März 1947	Die ersten vier Betriebe der Eisen- und Stahlindustrie werden aus dem alten Konzernverbund ausgegliedert. Hier und bei den folgenden Entflechtungsmaßnahmen Einführung der paritätischen Mitbestimmung.
16. März 1947	Attentat auf die Spruchkammer in Schlüchtern.
3. April 1947	Streik von 334 000 Bergarbeitern des Ruhrgebiets für die Sozialisierung des Bergbaus.
Mai 1947	Gründung einer losen »Arbeitsgemeinschaft der Arbeitgeber der Westzone« als Vorstufe zur Bundesvereinigung Deutscher Arbeitgeberverbände (BDA).
5. Juni 1947	Der amerikanische Außenminister Marshall kündigt das European Recovery Program (ERP), den so genannten Marshallplan an.
25. Juni 1947	Erste Sitzung des Wirtschaftsrats des Vereinigten Wirtschaftsgebietes (Bizone) in Frankfurt am Main.
14. Sept. 1947	Gedenktag für die Opfer des faschistischen Terrors. Festversammlung im Kurhaussaal in Wilhelmsbad.
10.–12. Okt. 1947	2. Bundestag des FGB Hessen in Frankfurt-Enkheim.

2. Dez. 1947	Gründung des bizonalen Gewerkschaftsrates in Frankfurt. Hans Böckler wird Vorsitzender.
3. Feb. 1948	Der hessische Wirtschaftsminister Harald Koch (SPD) veröffentlicht sein Sozialisierungsprogramm. »Sozialgemeinschaften« als Rechtsträger des Gemeineigentums.
24. Feb. 1948	Schaffung der Arbeitsgemeinschaft Eisen und Metall, durch die die Gründung des Bundesverbandes der deutschen Industrie (BDI) vorbereitet wird.
2. März 1948	Ludwig Erhard wird Direktor der Wirtschaftsverwaltung der Bizone,
20. März 1948	Der Vertreter der UdSSR verlässt aus Protest gegen die Schritte der Westmächte zur wirtschaftlichen Eingliederung Westdeutschlands in Westeuropa den Alliierten Kontrollrat.
April 1948	US-Militärverwaltung bildet Sonderkommission zur Bekämpfung des Kommunismus.
3. April 1948	Das Gesetz über den Marshallplan tritt in den drei westlichen Besatzungszonen in Kraft.
28. Mai 1948	Verabschiedung des hessischen Betriebsrätegesetzes.
18. Juni 1948	Mit der Verabschiedung des »Gesetzes über Leitsätze für die Bewirtschaftung und Preispolitik nach der Geldreform« (Leitsätzegesetz) durch den Wirtschaftsrat wird die Restauration der kapitalistischen Wirtschaftsordnung vorangetrieben.
22.–26. Juni 1948	Währungsreform in den Westzonen. Verkündung von Währungs-, Emissions- und Umstellungsgesetz.
24. Juni 1948	Beginn der Blockade West-Berlins nach Einführung der D-Mark.
25. Juni 1948	Große Preisfreigabeverordnung des Wirtschaftsrates.
6. Aug. 1948	Der Landtag von Nordrhein-Westfalen verabschiedet ein Gesetz zur Sozialisierung des Bergbaus. Die britische Militärregierung verweigert ihre Zustimmung.
12. Aug. 1948	Landesweite Protestkundgebungen gegen Preiswucher, Lohndruck und für Mitbestimmungsrechte.
13. Aug. 1948	Der Landtag von Württemberg-Baden beschließt das »Gesetz Nr. 726 über die Beteiligung der Arbeitnehmer an der Verwaltung und Gestaltung der Betriebe der Privatwirtschaft« (Betriebsrätegesetz).
Ende Aug. 1948	US-Militärregierung genehmigt hessisches Betriebsrätegesetz bei Suspendierung der wirtschaftlichen Mitbestimmung.
1. Sept. 1948	Der Parlamentarischer Rat beginnt mit der Ausarbeitung einer westdeutschen Verfassung.
3. Okt. 1948	Aufhebung des Lohnstopps.
4. Okt. 1948	Die US-amerikanische Militärregierung suspendiert auf wiederholtes Drängen der Unternehmerverbände mehrere Artikel des württemberg-badischen Betriebsrätegesetzes. Die uneingeschränkte ökonomische Verfügungsgewalt der Unternehmer über die Produktionsmittel wird wieder hergestellt.
10.–18. Okt. 1948	Gewerkschaft Handel führt ersten Lohnstreik in Hessen.
19.–21. Okt. 1948	Vereinigungsverbandstag der Industriegewerkschaften Metall der britischen und amerikanischen Zone.
12. Nov. 1948	Aufruf der Gewerkschaften der Bizone zum Generalstreik gegen die Wirtschaftspolitik des Wirtschaftsrates.
10. Nov. 1948	Gesetz Nr. 75 der britischen und der US-amerikanischen Militärregierung entzieht unter dem Schlagwort »Entflechtung« sämtliche Unternehmen des Kohlebergbaus und der Eisen- und Stahlindustrie der Sozialisierung. Somit wird der Artikel 41 der Hessischen Verfassung außer Kraft gesetzt.
Dez. 1948	Laut Anordnung der US-Militärregierung sind die Ausführungsbestimmungen zu Artikel 39 (Planung) und Artikel 41 (Sozialisierung) der hessischen Verfassung sofort zu annullieren. – Abschlussbericht der US-Militärregierung zur Entnazifizierung.

21. Dez. 1948	Gründung des Gewerkschaftsrates für die drei Westzonen.
28. Jan. 1949	Gründung der Sozialpolitischen Arbeitsgemeinschaft der Arbeitgeber des vereinigten Wirtschaftsgebiets.
1. April 1949	Vereinigung der drei westlichen Besatzungszonen (Trizone).
4. April 1949	Gründung des Nordatlantik-Paktes (Nato).
5. April 1949	Ein Streik bei privaten Speditionsfirmen erstreckt sich auch auf Hanau.
9. April 1949	Tarifvertragsgesetz für die westlichen Besatzungszonen.
12./13. April 1949	Zusammenschluss der Deutschen Angestellten-Gewerkschaft (DAG) zur trizonalen Organisation.
23. Mai 1949	Das vom Parlamentarischen Rat am 8. Mai verabschiedete Grundgesetz für die Bundesrepublik Deutschland tritt in Kraft.
14. Aug. 1949	Wahl zum 1. Deutschen Bundestag. Die bürgerlichen Parteien erringen die Mehrheit der Sitze.
1. Sept. 1949	Gründung der IG Metall für die Bundesrepublik Deutschland.
15. Sept. 1949	Wahl Konrad Adenauers zum Bundeskanzler.
7. Okt. 1949	Gründung der Deutschen Demokratischen Republik (DDR).
12.–14. Okt. 1949	Gründungskongress des Deutschen Gewerkschaftsbundes (DGB) in München. Die Grundsätze des DGB fordern eine staatliche Vollbeschäftigungspolitik, Mitbestimmung der Arbeitnehmer in allen personellen, wirtschaftlichen und sozialen Fragen, Überführung der Schlüsselindustrie in Gemeineigentum und zentrale wirtschaftliche Planung.
15. Okt. 1949	Eröffnung des neuen Hanauer Gewerkschaftshauses.

Verzeichnis der Dokumente

1	24. Sept. 1830	Der Sturm auf das Lizentamt und das Mainzollhaus in Hanau
1a	24. Sept. 1830	Bericht des Rittmeisters Nössel, Kommandant der Gendarmerie, an den Major von Todenwarth, Provinz-Kommandant und interimistischer Kommandeur zu Kassel, über die Ereignisse auf dem Heumarkt und in der Judengasse
1b	24. Sept. 1830	Bericht des Niederländers van de Sande über die Ereignisse auf dem Heumarkt
2	Nov. 1830 – Juni 1832	Die Arbeitslosigkeit infolge der Einführung von Zöllen und der Krise des Handwerks
2a	9. Nov. 1830	Schreiben des Strumpffabrikanten H. Christian Wagner an den Neuhanauer Stadtrat über die Ursachen des Niedergangs dieser Industrie in Hanau und über die daraus resultierende Arbeitslosigkeit
2b	26. Okt. 1831	Bittschrift von Wilhelm Gummel und Jakob Ohler an das Ministerium des Inneren um Anweisung von Notstandsarbeiten für die Arbeiter am Rohr in Hanau
2c	29. Nov. 1831	Schreiben der Hanauer Polizeidirektion an die Provinzregierung in Hanau die Notstandsarbeiter und ihre Entlohnung betreffend (Auszug)
3	Juni 1832	Das Volksfest in Wilhelmsbad
3a	22. Juni 1832	Bericht der Bundeszentralbehörde an die Generalversammlung über die Vorkommnisse im Zusammenhang mit der Rede des Studenten Karl Heinrich Brüggemann vor der im Park versammelten Volksmenge
3b	22. Juni 1832	Zusammenfassung von Zeugenaussagen zum Inhalt der Rede des Studenten Karl Heinrich Brüggemann durch die Bundeszentralbehörde
3c	28. Juni 1832	Schreiben des kurhessischen Innenministeriums an die Provinzregierungen, das Verbot von Volksfesten und Volksversammlungen betreffend
4	1839	Bericht der Bundeszentralbehörde an den Bundestagsausschuss über die Organisation des Bundes der Geächteten in Dörnigheim
5	1841 – 1849	Die Kinderarbeit in den Fabriken
5a	14. Juni 1841	Bericht der Regierung Hanau an die Provinzialregierung in Fulda über die Arbeits- und Schulverhältnisse der in den Fabriken beschäftigten Kinder
5b	19. Feb. 1849	Bericht Wilhelm Zieglers in seiner Chronik über den Streik der Zigarrenarbeiter des Fabrikanten Emil Blachière gegen die Beschäftigung von Mädchen in der Fabrik
6	1845 – 1850	Darstellung der Entwicklung der Hanauer Industrie und der Lohn- und Lebensverhältnisse der Hanauer Fabrikarbeiter durch den Statistiker Bruno Hildebrandt
7	18. Okt. 1846	Aufruf zur Gründung eines Hilfsvereins zur Beschaffung von Kartoffeln und Brennmaterial
8	16. Dez. 1847	Bericht über die Protestdemonstration beim Begräbnis des deutschkatholischen Hasenhaarschneiders Conrad Braun
9	Jan. 1848	Anonymer Brief an die deutschen Proletarier zur Revolution
10	März 1848	Das »Hanauer Ultimatum« und die Vorbereitung der Stadtverteidigung
10a	1. März 1848	Bericht des Regierungsdirektors Robert an das Innenministerium über die Lage in Hanau (Auszug)
10b	8. März 1848	Bericht der Hanauer Polizeidirektion an das Innenministerium über die Neufassung der Hanauer Forderungen an den Kurfürst und über die Gründung einer Volkskommission

10c	9. März 1848	Die Forderungen der Hanauer Volkskommission an den Kurfürsten (»Hanauer Ultimatum«)
10d	10. März 1848	Botschaft der Volkskommission an die nach Kassel entsandte Deputation mit der Ermunterung, an den Forderungen ohne Abstriche festzuhalten
10e	März 1848	Aufruf an die Soldaten, sich nicht zur Unterdrückung der Revolution missbrauchen zu lassen
10f	11. März 1848	Proklamation des Kurfürsten mit der Erfüllung der Hanauer Forderungen
10g	14. März 1848	Bericht der Hanauer Polizeidirektion an das Innenministerium über die Freudenfeste anlässlich der Rückkehr der Deputation aus Kassel sowie über den Dankgottesdienst und die Parade der bewaffneten Einheiten auf dem Neustädter Marktplatz
11	18. März 1848	Aufruf zur Volksbewaffnung, um die errungenen Rechte zu sichern
12	30. März 1848	Aufruf des Volksrats an die Landbevölkerung gegen die antijüdischen Exzesse
13	5. April 1848	Aufruf des Mainzer Arbeiterbildungsvereins an alle Arbeiter Deutschlands zur Gründung von Arbeitervereinen und zur Vorbereitung eines Arbeiterkongresses
14	April – Okt. 1848	Die Arbeitslosigkeit und die Bemühungen um Notstandsmaßnahmen
14a	6. April 1848	Bekanntgabe der Bildung eines Arbeitsanweisungskomitees
14b	6. April 1848	Aufruf des Hilfsvereins zur Unterstützung arbeitsloser und notleidender Einwohner an die wohlhabenden Bürger zur Beitragsleistung
14c	13. April 1848	Schreiben des von Fabrikanten und Arbeitern gewählten Komitees zur Abhilfe des Notstandes an das Innenministerium um staatliche Hilfe für die durch die Krise bedrohten Bijouteriearbeiter
14d	4. Okt. 1848	Bekanntmachung des Hilfsvereins zur Unterstützung arbeitsloser und notleidender Einwohner über die kostenlose Rückgabe verpfändeten Bettzeugs
14e	[Okt. 1848]	Antrag der Arbeiterkommission an das Hilfskomitee, zur Abhilfe des Notstands auf Errichtung eines Fonds aus einer Anleihe bei der Kirche für Maßnahmen der Beschäftigungsförderung
14f	22. Okt. 1848	Schreiben der Notstandsarbeiter aus der Lehrhöfer Heide an das Arbeiter- und Hilfskomitee über ihre trostlose Lage mit der Bitte um weitere Unterstützung
14g	28. Okt. 1848	Protokoll der Verhandlungen des kurhessischen Landtages über die Unterstützung auswanderungswilliger arbeitsloser Goldarbeitergehilfen aus Hanau nach Amerika (Auszug),
15	8. April 1848	Resolution der Generalversammlung des Offenbacher Arbeitervereins gegen die Beschränkung des Wahlrechts zur Nationalversammlung (Auszug)
16	April 1848	Der Streikversuch der Schneidergesellen
16a	10. April 1848	Die Forderungen der Schneidergesellen an die Meister
16b	11. April 1848	Meldung der Hanauer Polizeidirektion an das Innenministerium über die Ausweisung der Rädelsführer
17	10. April 1848	Aufruf eines Arbeiters zur Unterstützung des Volksrats gegen die reaktionäre Propaganda der Aristokratie und Teilen des Bürgertums
18	17. – 20. April 1848	Bericht Wilhelm Zieglers in seiner Chronik über die Selbstauflösung der großbürgerlichen »Deutschen Gesellschaft (Assemblée)« wegen Aufnahmeanträgen von Arbeitern

32b	17. Nov. 1863	Tätigkeitsbericht des Vorstandes des Arbeiterbildungsvereins
32c	20. April 1864	Bericht der »Hanauer Zeitung« über die Tätigkeit des Vereins
33	März – Nov. 1863	Der Maingauverband der Arbeiterbildungsvereine und die Einflußnahme des liberalen Bürgertums auf die Arbeiterbewegung
33a	8. März 1863	Rede Leopold Sonnemanns, Herausgeber der »Neuen Frankfurter Zeitung«, auf dem Hanauer Arbeitertag über die Ziele der Arbeiterbildungsvereine und über die Notwendigkeit der Zusammenarbeit von Arbeitern und Arbeitgebern (Auszug)
33b	15. Nov. 1863	Bericht der »Hanauer Zeitung« über den Arbeitertag in Hanau, über die Debatte zur Lebensversicherung und über die Auseinandersetzung zwischen Leopold Sonnemann und Adam Trabert betreffend die politische Betätigung der Arbeitervereine
33c	15. Nov. 1863	Antrag Leopold Sonnemanns auf dem Hanauer Arbeitertag betreffend die Wichtigkeit der Lebensversicherung für die Arbeiter
34	17. Mai 1863	Rede Ferdinand Lassalles vor der Versammlung der Arbeitervereine des Maingaues in Frankfurt (Auszug)
35	Aug. – Sept. 1863	Der Streik der Hanauer Zigarrenarbeiter für den Einheitslohn
35a	11. – 18. Aug. 1863	Aufzeichnung Wilhelm Zieglers über den Streik und dessen Auswirkungen auf andere Gewerbe
35b	7. Sept. 1863	Bericht der »Hanauer Zeitung« über den Streikverlauf
36	15. Nov. 1863	Erörterung in der »Hanauer Zeitung« über die Notwendigkeit der Einrichtung einer zweiten »Kleinkinder-Bewahr-Anstalt«
37	Mai – Juli 1865	Die Neuorganisation der Zigarrenarbeiter
37a	7. Mai. 1865	Bericht des »Social-Demokrat« über eine Versammlung Frankfurter, Offenbacher und Hanauer Zigarrenarbeiter auf dem Mainkur zur Gründung einer »Allgemeinen Unterstützungskasse der Zigarrenarbeiter Deutschlands«
37b	7. Mai 1865	Antrag der Frankfurter Zigarrenarbeiter an die Versammlung
37c	23. Mai 1865	Bericht des »Social-Demokrat« über eine Versammlung Frankfurter, Offenbacher und Hanauer Zigarrenarbeiter in Frankfurt
37d	Juli 1865	Zirkular des Frankfurter Komitees der Zigarrenarbeiter an die Zigarrenarbeiter Deutschlands betreffend die Gründung einer zentralen »Allgemeinen Kranken-, Reise- und Sterbekasse«
38	Juli – Aug. 1869	Der Streik der Teppichweber der Firma Leisler für eine Lohnerhöhung und die Maßregelung wegen der Mitgliedschaft in der »Allgemeinen Deutschen Manufakturarbeiterschaft«
38a	17. Juli 1869	Bericht des Hanauer Landrats an den Regierungspräsidenten in Kassel
38b	5. Aug. 1869	Bericht des Hanauer Landrats an die Regierung in Kassel über die Beendigung des Streiks
39	9. Aug. 1869	Eisenacher Programm der Sozialdemokratischen Arbeiterpartei (SDAP)
40	Aug. 1869 – Jan. 1870	Der Hirsch-Dunkersche Gewerkverein der Hanauer Gold- und Silberarbeiter

40a	14. Aug. 1869	Bericht des »Komitees zu Gründung eines Ortsvereins« über eine Versammlung der Hanauer Gold- und Silberarbeiter zur Vorbereitung der Gründung
40b	10. Jan. 1870	Aufruf des Ortsvereins der Gold- und Silberarbeiter an die Arbeiter Hanaus zur Unterstützung der streikenden Bergleute in Waldenburg
41	April 1870	Der Streik der Hanauer Schneidergehilfen für höheren Lohn
41a	Vor dem 28. März 1871	Einladung der Hanauer Schneidergehilfen und Kleinmeister durch Joseph Schneider aus Frankfurt und Wilhelm Wolf aus Hamburg zu einer Versammlung zur Lohnfrage
41b	30. März 1870	Forderungen des Komitees für Besserstellung der Kleidermacher in Hanau an die Arbeitgeber
41c	10. April 1870	Öffentliche Begründung der Schneidermeister für ihre ablehnende Haltung gegenüber den Gehilfenforderungen
42	Mai 1870	Der Streik der Maurergehilfen für höheren Lohn
42a	28. April 1870	Forderungen der Maurerversammlung an die Meister
42b	4. Mai 1870	Öffentlicher Protest der streikenden Maurer gegen das Zurückhalten ihres ausstehenden Lohns und gegen willkürliche Kündigungspraktiken
43	1871 – 1874	Der Allgemeine Deutsche Arbeiterverein (ADAV) und die Reichstagswahlen
43a	8. Feb. 1871	Aufruf des Wahlkomitees der Arbeiter zur Wahl des Reichstagskandidaten Jakob Jodry für den Wahlkreis Hanau, Gelnhausen und Orb
43b	Feb. 1871	Programm des Reichstagskandidaten des ADAV, Jakob Jodry
43c	15. Jan. 1874	Bericht von Jakob Jodry im »Neuen Social-Demokrat« über die Ursachen der Niederlage des Reichstagskandidaten des ADAV, Ernst Bernhard Richter
44	Mai 1871	Die Versuche der Zigarrenarbeiter, höhere Löhne durch Verhandlungen zu erreichen
44a	4. Mai 1871	Bericht des Hanauer Landrats an die Regierung in Kassel über eine Versammlung der Zigarrenarbeiter, auf der die Lösung der Lohnfrage auf dem Petitionsweg erörtert wurde
44b	3. Mai 1871	Erklärung der Zigarrenarbeiterversammlung, die Lohnfrage zunächst den Fabrikanten zu unterbreiten
44c	10. Mai 1871	Öffentliche Bekanntmachung des Komitees der Zigarrenarbeiter über die Ablehnung von Lohnerhöhungen durch die Fabrikanten
45	17. – 22. Juni 1871	Der allgemeine deutsche Zigarrenarbeiterkongress in Hanau
45a	20. Mai 1871	Vorschlag des Komitees der Offenbacher Zigarrenarbeiter, einen Zigarrenarbeiterkongress einzuberufen, um eine deutschlandweite Lohnbewegung zu organisieren
45b	20. Juni 1871	Die Beschlüsse des Kongresses
46	Juli – Okt. 1871	Der große Streik der Zigarrenarbeiter und die landesweite Unterstützung
46a	3. Juli 1871	Schreiben der Zigarrenarbeiter an die Fabrikanten mit der Bitte um Lohnerhöhung
46b	7. Juli 1871	Bekanntmachung des Streikkomitees der Zigarrenarbeiter über den Streikbeginn und die Gründe für den Streik
46c	13. Juli 1871	Aufruf des Streikleiters Ernst Bernhard Richter aus Wandsbeck zur Unterstützung der Streikenden

46d	24. Juli 1871	Rundschreiben der Hanauer Zigarrenfabrikanten mit der Bekanntmachung ihrer Vereinbarung, während des Streiks keine Arbeiter aus anderen Fabriken einzustellen
46e	1. Aug. 1871	Bericht des Streikleiters Ernst Bernhard Richter über den Maingauer Streik in einer Versammlung in Hannover
46f	7. Sept. 1871	Bekanntmachung der Zigarrenfabrikanten von Versuchen der Arbeiter, durch Verhandlungen allgemeine Neueinstellungen zu erreichen
46g	6. Sept. 1871	Ablehnende Antwort der Fabrikanten auf die Verhandlungsangebote einzelner Fabrikdeputationen die Neueinstellung der Streikenden betreffend
46h	8. Sept. 1871	Erwiderung des Streikkomitees auf die Ablehnung der Verhandlungen über die Neueinstellung von Streikenden
46i	17. Okt. 1871	Bericht des Hanauer Landrats an die Regierung in Kassel über die Beendigung des Streiks
46j	Okt. 1871	Bewertung des Streikverlaufs durch das Streikkomitee
47	15. Nov. 1871	Bericht des »Volksstaat« über die Gründung eines mitteldeutschen Arbeitgeberverbandes in Frankfurt
48	Aug. 1872	Die Hanauer Arbeiter und die Erinnerungsfeier an den Sieg über Frankreich am 2. Sept. 1870 bei Sedan (Sedanfeier)
48a	22. Aug. 1872	Bericht der »Hanauer Zeitung« über eine Volksversammlung mit der Tagesordnung: Die Sedanfeier und der Arbeiterstand (Auszug)
48b	22. Aug. 1872	Beschluss der Volksversammlung gegen die Unterstützung der Sedanfeier
49	Mai 1873 – Okt. 1878	Die Polizeieinsätze gegen die Pendler in Arbeiterzügen
49a	10. Mai 1873	Meldung der »Hanauer Zeitung« über Ruhestörungen der Arbeiter auf der Neckarbahn
49b	14. Okt. 1878	Bericht des Hanauer Landrats an die Regierung in Kassel über Polizeikontrollen auf der Bahnstrecke Frankfurt-Gelnhausen
50	2. Nov. 1875	Beschwerdebrief des Kriegervereinsvorstandes von Großauheim an den Hanauer Landrat über die Feindseligkeit der dortigen Sozialdemokraten
51	15. Nov. 1875	Resolution einer Versammlung der Mitglieder der Arbeiterunterstützungskassen aus Hanau und Umgegend gegen die Vorlage eines Hilfskassengesetzes
52	17. April 1876	Die Fahnenweihe des Hanauer sozialdemokratischen Vereins
52a	17. April 1876	Bericht des »Volksstaat« über das Arbeiterfest
52b	17. April 1876	Rede einer Teilnehmerin im Namen der Frauen, die die Fahne gestiftet haben
53	Juni – Sept. 1878	Die antisozialistische Hetze nach den Attentaten auf Kaiser Wilhelm I.
53a	28. Juni 1878	Verhaltensmaßregeln für sozialdemokratische Arbeiter bei Verfolgungsmaßnahmen durch die Unternehmer
53b	9. Aug. 1878	Bericht des Hanauer Landrats an den Regierungspräsidenten in Kassel über die Tätigkeit der sozialdemokratischen Vereine im Stadt- und Landkreis Hanau während der letzten drei Jahre
53c	9. Aug. 1878	Beschreibung des Sozialdemokratischen Wahlvereins Hanau in der Anlage des Landratsberichts
53d	17. Sept. 1878	Rede des Reichskanzlers Fürst Otto von Bismarck im Deutschen Reichstag über die »Gefahr des Sozialismus« (Auszug)

53e	25. Sept. 1878	Bericht des Kasseler Regierungspräsidenten an den Kaiser über die Verbreitung der Sozialdemokratie im Regierungsbezirk Kassel
54	21. Okt. 1878	Gesetz gegen die gemeingefährlichen Bestrebungen der Sozialdemokratie (Auszug)
55	April 1880 – April 1882	Der Widerstand gegen das Sozialistengesetz
55a	6. April 1880	Anonymer Aufruf zur Unterstützung der Sozialdemokratie
55b	6. April 1882	Polizeibericht über die illegale Verbreitung des »Sozialdemokrat«, Zentralorgan der deutschen Sozialdemokratie
56	Sept. 1880 – Aug. 1882	Die Verfolgung der Arbeiterorganisationen
56a	9. Sept. 1880	Bericht des Hanauer Landrats an den Regierungspräsidenten in Kassel über eine Hausdurchsuchung bei dem Goldarbeiter Karl Steeg
56b	22. März 1881	Polizeibericht über Hausdurchsuchungen bei den Sozialisten Karl Crass, Philipp Spahn und August Menge sowie über den Einsatz bei einer nächtlichen Flugblattverteilung
56c	15. April 1882	Korrespondentenbericht im »Sozialdemokrat« über die Auflösung einer Tabakarbeiterversammlung und die Beschuldigung nicht anwesender Personen als Teilnehmer
57	Juni 1881 – Herbst 1884	Die Hanauer Sozialdemokratie und die Reichstagswahlen unter dem Sozialistengesetz
57a	24. Juni 1881	Korrespondentenbericht im »Sozialdemokrat« über die Wahlagitation in Hanau und über die Verhaftung eines Zigarrenarbeiters
57b	Okt. – Nov. 1884	Korrespondentenbericht im »Sozialdemokrat« über die Wahlkampagne im Vorfeld der Reichstagswahlen
58	1883 – 1889	Die Fachvereine als Zentren des Widerstandes
58a	13. Sept. 1883	Bericht des Hanauer Landrats an die Regierung in Kassel über Fachvereinsgründungen, die misslungene Generalversammlung der Krankenunterstützungskasse der Schneider und über Kontakte von Fachvereinen zu Frankfurter Sozialdemokraten
58b	11. März 1884	Bericht des Hanauer Landrats an die Regierung in Kassel über den Bestand und die Bedeutung der eingeschriebenen Hilfskassen (Auszug)
58c	14. März 1889	Bericht des Hanauer Landrats an die Regierung in Kassel über den Stand gewerkschaftlicher Organisationen und das Wirken sozialdemokratischer Referenten in den Versammlungen
59	Aug. 1884 – März 1885	Die Praxis, Gastwirte zu nötigen, für Fachvereinsversammlungen keine Räume zu vergeben
59a	1. Aug. 1884	Schreiben des Gastwirts C. Göbel an den Fachverein der Schneider in Hanau
59b	31. Jan. 1885	Bericht des Hanauer Landrats an den Regierungspräsidenten in Kassel über den Anschluss des Schneiderfachvereins an den Zentralverband der Schneider Deutschlands in Hamburg und die Behinderung seiner Tätigkeit durch Lokalverbote
59c	9. März 1885	Bericht des Hanauer Landrats an den Regierungspräsidenten in Kassel über das Vorgehen gegen Wirte, in deren Lokalen Sozialisten verkehren (Auszug)
60	Dez. 1884 – Mai 1885	Die Einigungsbestrebungen der Metallarbeiter
60a	26. Dez. 1884	Beschluss des Gründungskongresses der Vereinigung der Metallarbeiter Deutschlands in Gera betreffend die gewerkschaftliche Vereinigung der Arbeiter

60b	10. März 1885	Schreiben des Vorsitzenden des Fachvereins der Metallarbeiter, Jean Auffarth, an das Hanauer Landratsamt mit der Bitte um die Genehmigung einer öffentlichen Metallarbeiterversammlung
60c	28. Mai 1885	Bericht des Hanauer Landrats an den Regierungspräsidenten in Kassel über die Tätigkeit des Metallarbeiterfachvereins und über dessen Beitritt zur Vereinigung der Metallarbeiter Deutschlands (Auszug)
61	6. März 1887	Stellungnahme des Hanauer Landrats gegen die Ausweisung aktiver Sozialdemokraten trotz des auch für Hanau verhängten »kleinen Belagerungszustandes«
62	April – Aug. 1889	Der Streik der Hanauer Diamantschleifer
62a	24. Juni 1889	Bericht des Regierungspräsidenten in Kassel an den Kaiser
62b	20. Sept. 1889	Bericht des Regierungspräsidenten in Kassel an den Kaiser über die Beendigung des Streiks
63	14. – 20. Juli 1889	Der Internationale Arbeiterkongress in Paris vom 14. bis 20. Juli 1889
63a	20. Juli 1889	Beschluss über den Arbeiterschutz
63b	20. Juli 1889	Beschluss über die internationale Kundgebung zum 1. Mai 1890
64	17. Sept. 1890	Bericht der »Deutschen Metallarbeiter-Zeitung« über eine Metallarbeiterversammlung in Hanau und die Rede des Reichstagsabgeordneten Theodor Schwarz (SPD) über die Notwendigkeit einheitlicher zentralisierter Gewerkschaftsorganisationen
65	27. Sept. 1890	Brief von Friedrich Engels an die Redaktion des »Sozialdemokrat« anlässlich des Erscheinens der letzten Ausgabe (Auszug)
66	8. März 1891	Bericht der »Frankfurter Volksstimme« über die Verhinderung einer antisemitischen Versammlung mit dem Reichstagsabgeordneten Otto Böckel in Windecken durch Sozialdemokraten
67	Dez. 1890 – Juni 1891	Die Gründung des Deutschen Metallarbeiter-Verbandes (DMV)
67a	27./28. Dez. 1890	Resolution der Bezirkskonferenz der Metallarbeiter aller Branchen von Hessen, Hessen-Nassau und Frankfurt in Offenbach
67b	20. Juli 1891	Bericht der »Deutschen Metallarbeiter-Zeitung« über eine außerordentliche Generalversammlung des Fachvereins der Metallarbeiter in Hanau, die Auflösung des Fachvereins und den Anschluss an den DMV
68	14. Sept. 1892	Bericht des Hanauer Landrats an den Regierungspräsidenten in Kassel über den christlichen Arbeiterverein in Hanau und den Bezirkshandwerkerverein als Organisationen zur Eindämmung der Sozialdemokratie
69	Feb. 1895	Aufruf an das werktätige Volk im Wahlkreis Hanau-Gelnhausen-Orb zum Anschluss an die Sozialdemokratie in Anbetracht der aus der Umsturzvorlage ausgehenden Gefahren
70	Dezember 1896	Aufruf der organisierten Diamantenarbeiter Hanaus an die Arbeiter und Parteigenossen zur Unterstützung ihres Streiks
71	26. Feb. 1897	Bericht des Hanauer Landrats an den Regierungspräsidenten in Kassel über eine von Anarchisten einberufene Versammlung mit dem Schriftsteller Gustav Landauer
72	Juli 1901	Schreiben des Kreisvereins Hanau des Verbandes deutscher Handlungsgehilfen an die Prinzipale zur Einführung eines Sommerurlaubs

73	8. Sept. 1905	Bericht der »Metallarbeiter-Zeitung« über ein Referat, das der Leiter des 8. Bezirks des DMV, Fritz Ehrler, auf einer Versammlung des Fachvereins der Gold- und Silberarbeiter gehalten hat und über den Beschluss, geschlossen in den DMV überzutreten
74	1906 – 1913	Die Frage des Massenstreiks und das Verhältnis zwischen Sozialdemokratischer Partei und Gewerkschaften
74a	16. Feb. 1906	Bericht der »Volksstimme« über eine Versammlung der Gold- und Silberarbeiter und das Referat des Geschäftsführers der Verwaltungsstelle Frankfurt des DMV, Robert Dißmann, über die Kampfformen der Arbeiterbewegung
74b	1. Dez. 1906	Bericht der »Volkstimme« über den Vortrag des Geschäftsführers der Verwaltungsstelle des DMV Frankfurt, Robert Dißmann, über das Verhältnis zwischen der Sozialdemokratischen Partei und den Gewerkschaften in einer Mitgliederversammlung des sozialdemokratischen Wahlvereins Hanau
75	Ende April 1906	Tarifvertrag der Kunstgießerei Wilhelma in Kesselstadt, abgeschlossen zwischen dem Inhaber Konrad und dem Bezirksleiter des DMV, Fritz Ehrler, in Vertretung der Arbeiter
76	Aug. 1906	Der Kampf gegen die Bierpreiserhöhung (Bierboykott) und gegen indirekte Steuerbelastung
76a	6. Aug. 1906	Bericht der »Volksstimme« über eine Volksversammlung gegen die geplante Bierpreiserhöhung und die Rede des Reichstagsabgeordneten Gustav Hoch (SPD) über die volksfeindliche Steuerpolitik (Auszug)
76b	6. Aug. 1906	Resolution der Protestversammlung gegen die Bierpreiserhöhung
77	Sept. – Okt. 1906	Die Lohnbewegung der Gold- und Silberarbeiter
77a	13. Sept. 1906	Bericht der »Metallarbeiter-Zeitung« über die Forderungen, die die Gold- und Silberarbeiter in einer Versammlung im Saalbau an die Unternehmer gestellt haben
77b	13. Sept. 1906	Die in der Versammlung angenommenen Forderungen
77c	3. Okt. 1906	Vertrag zwischen den Arbeitgebern der Edelmetallindustrie von Hanau und Umgegend und den in dieser Industrie beschäftigten Arbeitern, vertreten durch den DMV
78	September 1907	Die Polemik des Fabrikanten Wilhelm Heraeus gegen die Sozialdemokratie
78a	7. Sept. 1907	Festrede des Fabrikanten Wilhelm Heraeus anlässlich der Einweihungsfeier des Volksgesellschaftshauses »Concordia« als Vereinshaus für die christlichen und national gesinnten Arbeiter (Auszug)
78b	13. Sept. 1907	Bericht der »Volksstimme« über eine Volksversammlung mit dem Reichstagsabgeordneten Gustav Hoch (SPD)
79	1909/1910	Die Maifeier
79a	5. Juni 1909	Beschlussa der 9. ordentlichen Generalversammlung des DMV in Hamburg über die Maifeier
79b	17. Juni 1909	Bericht der »Volksstimme« über die Mitgliederversammlung der Verwaltungsstelle Hanau des DMV, in der der Delegierte der Verwaltungsstelle, Robert Dißmann, über die Verhandlungen der 9. Generalversammlung des DMV, insbesondere den Beschluss über die Maifeier, referiert (Auszug)
79c	17. Juni 1909	Resolution der Mitgliederversammlung der Verwaltungsstelle Hanau des DMV gegen den Maifeier-Beschluss des DMV-Verbandstages und gegen die zensierte Berichterstattung des Verbandsvorstandes

79d	1. Mai 1910	Bericht der »Volkstimme« über die Feierlichkeiten im Wahlkreis Hanau-Bockenheim-Gelnhausen-Orb und in Hanau am 1. Mai 1910
80	April – Juni 1910	Die reichsweite Aussperrung der Bauarbeiter, um die Annahme eines von den Unternehmern diktierten Tarifvertrages zu erzwingen
80a	12. April 1910	Bekanntmachung des Mitteldeutschen Arbeitgeberverbandes für das Baugewerbe über den Beschluss des Deutschen Arbeitgeberbundes für das Baugewerbe zur Aussperrung (Auszug)
80b	3. Mai 1910	Aufruf des Frankfurter und des Hanauer Gewerkschaftskartells zur Unterstützung der von ihnen eingeleiteten Sammlungen zugunsten der ausgesperrten Bauarbeiter
81	28. Juli 1910	Bericht der »Volksstimme« über den erfolgreichen Streik der Hanauer Straßenbahner
82	7. Mai 1913	Die Ungerechtigkeit des Dreiklassenwahlrechts am Beispiel der Verteilung der Wähler auf die einzelnen Klassen in den Hanauer Wahlbezirken bei der Landtagswahl in einer Darstellung der »Volksstimme«
83	25. Sept. 1913	Bericht der »Volkstimme« über eine Volksversammlung, in der Rosa Luxemburg über die politische Situation und die Aufgaben der Arbeiterklasse in Anbetracht von Militarismus, Imperialismus und wachsender Kriegsgefahr sprach
84	März 1914	Ausweisung der zum Internationalen Frauentag eingeladenen Rednerin Angelika Balabanoff aus Hanau
84a	9. März 1914	Ausweisungsverfügung des Hanauer Landrats
84b	9. März 1914	Bericht der »Volksstimme« über die feierliche Verabschiedung von Angelika Balabanoff durch die Hanauer Arbeiterschaft
85	Juli 1914	Der Widerstand gegen den unmittelbar drohenden Weltkrieg
85a	28. Juli 1914	Bericht der »Volksstimme« über die Friedenskundgebung der Hanauer Arbeiterschaft
85b	28. Juli 1914	Resolution der Friedenskundgebung
86	Aug. 1914	Die Arbeiterorganisationen und der Beginn des Ersten Weltkrieges
86a	4. Aug. 1914	Erklärung der sozialdemokratischen Reichstagsfraktion
86b	8. Aug. 1914	Aufruf des DMV-Vorstandes an seine Mitglieder (Auszug)
87	Aug. 1914 – 1918	Der Widerstand gegen den Krieg
87a	Aug. 1914 – 1918	Rückblickende Schilderung Friedrich Schnellbachers über die Entwicklung der Opposition in Hanau
87b	14. Feb. 1915	Resolution der Mitgliederversammlung der Verwaltungsstelle Hanau des DMV gegen die Haltung der »Metallarbeiter-Zeitung« und für die Beendigung des imperialistischen Krieges
87c	27. Feb. 1915	Kommentar der »Metallarbeiter-Zeitung« zur Resolution der Mitgliederversammlung der Verwaltungsstelle Hanau des DMV vom 14. Feb. 1915
87d	9. Juni 1915	Erklärung oppositioneller Sozialdemokraten und Gewerkschafter an den Vorstand und die Reichstagsfraktion der SPD gegen die Fortsetzung der Burgfriedenspolitik
88	2. Nov. 1914	Resolution einer von dem Sozialdemokratischen Wahlverein und dem Gewerkschaftskartell einberufenen Protestversammlung gegen den Kartoffelwucher und für die Einführung einheitlicher Höchstpreise
89	16. Dez. 1914	Bericht der »Volksstimme« über die ungleiche Verteilung der Einquartierungslasten in Hanau

90	1914 – 1915	Das Verhalten der Unternehmer zu Beginn des Krieges
90a	14. Feb. 1915	Resolution der Mitgliederversammlung der Verwaltungsstelle Hanau des DMV gegen das Versagen der Unternehmer der Gold- und Silberindustrie gegenüber den Beschäftigten
90b	18. Juli 1915	Korrespondentenbericht in der »Metallarbeiter-Zeitung« anlässlich der vierteljährlichen Generalversammlung der Verwaltungsstelle Hanau des DMV (Auszug)
91	Mai 1916	Die Demonstrationen der Arbeiterfrauen gegen den Hunger
91a	3. Mai 1916	Aufzeichnung von Bürgermeister Hild über die Demonstration Hanauer Arbeiterfrauen am Rathaus und den Empfang der von den SPD-Stadtverordneten Friedrich Schnellbacher und Georg Wagner begleiteten Frauendeputation
91b	10. Mai 1916	Bericht des Hanauer Oberbürgermeisters Eugen Gebeschus an den Regierungspräsidenten in Kassel über die katastrophale Lebensmittelversorgung, die Schwierigkeit, die hungernde Arbeiterschaft zu beruhigen und über die von den SPD-Stadtverordneten Friedrich Schnellbacher und Georg Wagner angeführte Frauendemonstration am 4. Mai in der Stadtverordnetenversammlung
92	Juni 1916	Aufruf der Spartakusgruppe an das Proletariat zur Abschüttelung der Lethargie und zum Kampf gegen den Krieg
93	1916/1917	Der »Steckrübenwinter«
93a	11. Dez. 1916	Bekanntgabe der »Volksstimme« über die Mitteilung des Magistrats der Stadt Hanau, die Kartoffelrationen mit Kohlrüben zu strecken
93b	20. Feb. 1917	Bericht der »Volksstimme« über die Aussperrung mehrerer Hundert verzweifelter Frauen aus der Markthalle wegen Kartoffelmangels
94	11. März 1917	Bericht der »Volksstimme« über den Sieg der Opposition in der Generalversammlung des Sozialdemokratischen Kreiswahlvereins Hanau-Gelnhausen-Orb
95	1916–1918	Die Tätigkeit der Schlichtungsausschüsse auf der Grundlage des Gesetzes über den vaterländischen Hilfsdienst
95a	4. Mai 1917	Bericht der »Volksstimme« über die Verhandlung der Klage der Arbeiter der »Marienhütte« in Großauheim gegen ihren Arbeitgeber vor dem Hanauer Schlichtungsausschuss
95b	14. Juni 1917	Bericht der »Metallarbeiter-Zeitung« über die Verhandlungen vor dem Hanauer Schlichtungsausschuss (Auszug)
95c	29. Juli 1918	Bericht der »Volksstimme« über den Kampf der Arbeiter der Pulverfabrik für die Anerkennung des vom Hanauer Schlichtungsausschuss gefällten Schiedsspruchs bezüglich der Nachzahlung ihres rückständigen Lohnes durch das Kriegsamt
96	1917	Darstellung der Ursachen des hohen Krankenstandes im Geschäftsbericht der Allgemeinen Ortskrankenkasse (AOK) des Stadtkreises Hanau
97	13. Feb. 1918	Bericht der »Volksstimme« über die Lage der Hanauer Straßenbahnerinnen und über ihre Versammlung
98	20. Aug. 1918	Meldung des Kreisausschusses des Landkreises Hanau an den Regierungspräsidenten in Kassel über die unzulängliche Lebensmittelversorgung der Industriebevölkerung und der Rüstungsbetriebe sowie über die Gefahr von Unruhen

99	29. Okt. 1918	Bericht des »Mitteilung-Blattes« der Unabhängigen Sozialdemokratischen Partei (USPD) Berlin über die erste öffentliche Versammlung der Partei in Hanau
100	Nov. 1918	Der Beginn der Novemberrevolution
100a	7. Nov. 1918	Erinnerung Friedrich Schnellbachers an die Ereignisse in der Stadtverordnetenversammlung und am Marktplatz
100b	8. Nov. 1918.	Aufruf des Arbeiter- und Soldatenrates an die Bevölkerung Hanaus
100c	8. Nov. 1918	Aufruf des Arbeiter- und Soldatenrates an die Bevölkerung des Landkreises Hanau
101	10. Nov. 1918	Bericht der »Hanauer Zeitung« über eine von der USPD einberufene Massenversammlung auf dem Marktplatz mit einer Rede Georg Wagners über die Notwendigkeit der sozialistischen Republik
102	13. Dez. 1918	Bericht des »Hanauer Anzeigers« über die Verteilung und Verarbeitung der vom Arbeiter- und Soldatenrat beim Bekleidungsamt des 21. Armeekommandos beschlagnahmten Textilien
103	14. Nov. 1918	Mitteilung des Arbeiter- und Soldatenrates, in der die Einsetzung Georg Wagners als Landrat und Polizeidirektor und die Übernahme des »Hanauer Anzeigers« als offizielles Organ bekanntgegeben und zur Wachsamkeit gegen die Angriffe der Reaktion ermahnt wird
104	14. Nov. 1918	Bekanntmachung des Arbeiter- und Soldatenrates über die Richtlinien zur Durchführung der Demobilisation in den Betrieben, Werkstätten und Büros sowie über die Einführung des Achtstundentages
105	15. Nov. 1918	Das Zentralarbeitsgemeinschaftsabkommen zwischen den Unternehmerverbänden und den Gewerkschaften
106	29. Nov. 1918	Anordnung des Magistrats über die Durchführung der Erwerbslosenfürsorge der Stadt Hanau
107	Dez. 1918 – Jan. 1919	Der Kampf des Hanauer Soldatenrates für die Verwirklichung der revolutionären Soldatenforderungen
107a	18. Dez. 1918	Beschluss des Berliner Rätekongresses zur Kommandogewalt (Sieben Hamburger Punkte)
107b	14. Jan. 1919	Telegramm des Hanauer Soldatenrates an die Zentralregierung mit der Forderung nach Verwirklichung der Sieben Hamburger Punkte
107c	28. Jan. 1919	Protestresolution der Vollversammlung des Hanauer Soldatenrates an den Zentralrat der Arbeiter- und Soldatenräte gegen die am 19. Januar 1919 angeordneten Maßnahmen zur »Vorläufigen Regelung der Kommandogewalt und Stellung der Soldatenräte im Friedensheere«
108	21. Dez. 1918	Schreiben des Vorsitzenden des Arbeiter- und Soldatenrates Friedrich Schnellbacher an den preußischen Innenminister Rudolf Breitscheid (SPD) über die Machenschaften des Regierungsrates Schmid und die Einseitigkeit der behördlichen Meinungsbildung ohne Anhörung des Hanauer Arbeiter- und Soldatenrates
109	30. Dez. 1918 / 1. Jan. 1919	Das Programm der Kommunistischen Partei Deutschlands (KPD) (Auszug)
110	31. Dez. 1918	Die Streikdemonstration der Hanauer Arbeiterschaft für die Bezahlung der gesetzlichen Feiertage, für Notstandsarbeiten und für die Rätemacht
110a	31. Dez. 1918	Bericht des »Hanauer Anzeigers über die Kundgebung
110b	31. Dez. 1918	Resolution der Kundgebung

110c	7. März 1919	Aussage des Fabrikanten Konrad Schwahn bei seiner kriminalpolizeilichen Vernehmung über die Ereignisse in seiner Fabrik (Auszug)
111	Januar 1919	Die Bemühungen des kommissarischen Landrats Schmid um einen konterrevolutionären Militäreinsatz in Hanau
111a	14. Jan. 1919	Bericht Schmids an den Oberpräsidenten, an den Regierungspräsidenten, an das preußische Ministerium des Inneren und an das Generalkommando des 18. Armeekorps über die Spartakistenherrschaft im Stadt- und Landkreis Hanau (Auszug)
111b	16. Jan. 1919	Telegramm Schmids an das Generalkommando und den Soldatenrat des 18. Armeekorps mit der Bitte, im Sinne der ihm vom preußischen Ministerium des Innern zugesicherten Vollmacht nach dem Tag der Wahl für die Nationalversammlung in Hanau militärisch einzuschreiten (Auszug)
112	15./16. Jan. 1919	Der Putschversuch zur Beseitigung der Schutzwehr und des Arbeiter- und Soldatenrates sowie die Bewaffnungsaktion der Arbeiterschaft
112a	16. Jan. 1919	Erinnerung Friedrich Schnellbachers an den 16. Januar 1919
112b	8. Aug. 1919	Darstellung der Ereignisse am 16. Januar 1919 in der Urteilsbegründung des Prozesses gegen Georg Wagner, Friedrich Schnellbacher, Wilhelm Schwind und Gustav Hammer vor dem Landgericht in Marburg (Auszug)
113	17. Jan. 1919	Bericht des »Hanauer Anzeigers« über die Versammlung anlässlich der Ermordung von Rosa Luxemburg und Karl Liebknecht
114	18. Jan. 1919	Konterrevolutionärer Aufruf gegen den Hanauer Arbeiter- und Soldatenrat
115	Jan. 1919	Der Rücktritt des Hanauer Arbeiterrates
115a	22. Jan. 1919	Ultimatum des Generalkommandos des 18. Armeekorps an den Arbeiter- und Soldatenrat
115b	25. Jan. 1919	Rücktrittserklärung des Arbeiterrates der USPD
116	30. Jan. 1919	Entschließung einer Versammlung der Hanauer Arbeitslosen gegen die Maßnahmen der Reichsregierung und für die Sozialisierung der Produktionsmittel
117	Feb. – März 1919	Die militärische Besetzung und der Belagerungszustand über den Ortsbereich Hanau
117a	24. Feb. 1919	Bericht der »Hanauer Zeitung« über eine Besprechung zwischen dem Kommandanten der Besatzung, Generalmajor Rumschöttel, den Vertretern der Parteien und des Magistrats (Auszug)
117b	25. Feb. 1919	Resolution der Vollversammlung des Frankfurter Arbeiterrates gegen die Besetzung
117c	8. März 1919	Protestschreiben der USPD Hanau und der Fraktion der USPD in der Stadtverordnetenversammlung an die Reichsregierung gegen die rechtswidrige Verhaftung der Hanauer USPD-Führung
118	10. April 1919	Bericht der »Freiheit« über den Ausbruch eines gemeinsamen Streiks der Arbeiter und Angestellten in der Fabrik der Quarzlampen-Gesellschaft
119	April 1919	Die Kritik an der Burgfriedenspolitik der Gewerkschaftsführung im Krieg sowie an ihrer gegenwärtigen Arbeitsgemeinschaftspolitik und die Abwahl der bisherigen Leitung der Verwaltungsstelle Hanau des DMV

119a	13. April 1919	Bericht der »Freiheit« über die Generalversammlung der Verwaltungsstelle Hanau des DMV
119b	13. April 1919	Resolution der Generalversammlung der Verwaltungsstelle
120	25. Juli 1919	Aufruf der Ortsgruppe Hanau der Freien Sozialistischen Jugend an die ältere Generation, ihre Rolle im proletarischen Befreiungskampf zu respektieren
121	4. Aug. – 4. Sept. 1919	Der Streik der Hanauer Metallarbeiter gegen die Akkordarbeit und für die Besserstellung der Hilfsarbeiter
121a	Juli – Aug. 1919	Bericht der »Metallarbeiter-Zeitung« über die aufgestellten Forderungen, den Streikbeginn und die darauf folgende Aussperrung
121b	Aug. – Sept. 1919	Bericht der »Metallarbeiter-Zeitung« über das Streikergebnis, die einheitliche Kampffront und die Unterstützung der Hanauer und der auswärtigen Kollegen (Auszug)
121c	Anfang Sept. 1919	Vereinbarung zwischen dem Verband der Metallindustriellen für Hessen-Nassau, Hessen und angrenzende Gebiete e.V., Ortsgruppe Hanau, sowie den dem Industrieverband Hanau angeschlossenen Gießereien einerseits und der Verwaltungsstelle Hanau des DMV andererseits über die Löhne der Gießereiarbeiter, Anfang September 1919
122	Aug. 1919	Der Prozess gegen die Führer der revolutionären Arbeiterschaft vor dem Marburger Landgericht
122a	5. Aug. 1919	Kommentar der »Volksstimme« zum Beginn der Schwurgerichtsverhandlungen
122b	8. Aug. 1919	Erklärung von Friedrich Schnellbacher, Wilhelm Schwind und Georg Wagner vor der Urteilsverkündung
122c	8. Aug. 1919	Das Urteil der 2. Ferienkammer des Marburger Landgerichts
123	11. Aug. 1919	Richtlinien für Frauenarbeit, aufgestellt in einer Versammlung der Erwerbslosen und Notstandsarbeiter
124	1. Okt. 1919	Bericht der »Freiheit« über den misslungenen Versuch der leitenden DMV-Instanzen, durch zwei gleichzeitig abgehaltene Metallarbeiterversammlungen die Neuwahl eines ihnen genehmen Hanauer Ortsvorstandes herbeizuführen
125	1920	Die Tätigkeit des Arbeitsamtes im Stadtkreis und im Landkreis Hanau
125a	Vor dem 19. Jan. 1920	Bericht der »Volksstimme« über das Referat des Leiters des Hanauer Arbeitsamtes in einer sozialdemokratischen Parteiversammlung
125b	14. Juli 1920	Bericht des Kreisausschusses über die Tätigkeit des Arbeits- und Berufsamtes für den Landkreis Hanau
126	Feb. – März 1920	Der Solidaritätsstreik der Arbeiter der Deutschen Dunlop Gummi-Compagnie AG gegen die Entlassung des Betriebsobmanns Messer wegen angeblicher Beleidigung des Direktors Bräuning
126a	12. Feb. 1920	Schreiben der Verwaltungsstelle Hanau des DMV
126b	19. Feb. 1920	Bekanntmachung der Fabrikdirektion über die Hintergründe des Streiks
126c	20. Feb. 1920	Gemeinsame Erklärung der Verwaltungsstellen Hanau des Deutschen Fabrikarbeiterverbandes, des DMV und des Gewerkschaftskartells mit einer Berichtigung der von der Direktion gegebenen Darstellung der Vorgänge
126d	10. März 1920	Bericht der »Volksstimme« über den Stand des Streiks und über seine Bedeutung dei der Durchsetzung demokratischer Prinzipien im Arbeitsprozess
127	März – Juni 1920	Die Not der Arbeiterjugend

127a	11. März 1920	Betrachtung in der »Hanauer Zeitung« über die Versorgung der schulentlassenen Jugend mit Kleidung und Schuhwerk
127b	30. Juni 1920	Bekanntmachung der Grundsätze nach denen in Hanau die Auswahl der unterernährten Kinder für die Quäkerspeisung stattfindet
128	März 1920	Der Generalstreik gegen den Kapp-Lüttwitz-Putsch
128a	14. März 1920	Bericht der »Volksstimme« über die Einigungsbestrebungen der Hanauer Arbeiterparteien unter dem Eindruck der Berliner Ereignisse und über die Auseinandersetzung um den Umfang des Streiks
128b	17. März 1920	Aufruf des Aktionsausschusses der SPD an die Bevölkerung im Stadt- und Landkreis Hanau, den Generalstreik zu beenden und die Arbeit am 18. März 1920 wieder aufzunehmen
128c	17. März 1920	Bericht der »Freiheit« über die Mitgliederversammlung der KPD
128d	17. März 1920	Resolution der Mitgliederversammlung der KPD
128e	18. März 1920	Schreiben des Gesamtverbandes der Hanauer Arbeitgeber an die angeschlossenen Arbeitgeber über die Nichtbezahlung der Streiktage
128f	23. März 1920	Mahnung des Aktionsausschusses der drei Koalitionsparteien (SPD, Zentrum, DDP) an die Arbeitgeber, den Arbeitern und Angestellten die Streiktage restlos zu bezahlen
129	25. April 1920	Bericht des »Hanauer Anzeigers« über die Halbjahresversammlung des Konsumvereins für Langenselbold-Hanau und Umgegend
130	21. Juni – 26. Juli 1920	Die Aussperrung der Angestellten und der sich mit ihnen solidarisierenden Arbeiter der Fabrik Quarzlampen-Gesellschaft
130a	17. Juli 1920	Bericht der »Freiheit« über den Verlauf der Aussperrung
130b	21. Juli 1920	Aufruf des Gewerkschaftskartells zur Solidarität mit den Ausgesperrten
131	28. Aug. – 6. Sept. 1920	Der Generalstreik der Hanauer Arbeiterschaft gegen den zehnprozentigen Lohnsteuerabzug
131a	28./29. Aug. 1920	Bericht der »Volksstimme« über den Streikbeginn der städtischen Arbeiter
131b	2. Sept. 1920	Resolution einer öffentlichen Eisenbahnerversammlung in der Solidarität mit dem Streik der Hanauer Arbeiterschaft bekundet und die Verhinderung von Munitionstransporten gegen Russland und die Wahl politischer Arbeiterräte gefordert wird
132	19. Okt. 1920	Aufruf der Zentralleitung der Betriebsräte des Hanauer Kartellbereichs an die Angestellten-Betriebsräte zum Kampf gegen die durch Werkschließungen praktizierte Wirtschaftssabotage der Unternehmer, 19. Okt. 1920
133	Sept. – Okt. 1920	Die Säuberungsaussperrung in dem von Arnimschen Eisenwerk »Marienhütte« in Großauheim
133a	20. Sept. 1920	Die Bedingungen der Betriebsleitung für die Wiedereröffnung des Betriebs am 20. September 1920
133b	13. Okt. 1920	Aufruf der Zentralleitung der Betriebsräte und des Gewerkschaftskartells zur Unterstützung der gemaßregelten Arbeiter
133c	20. Okt. 1920	Mitteilung der Direktion und der Belegschaft über die Hintergründe der Maßregelungen (Auszug)

140	Jan. 1923	Die Besetzung des Ruhrgebietes und die Haltung der Arbeiterparteien in der Hanauer Stadtverordnetenversammlung
140a	18. Jan. 1923	Erklärung der sozialdemokratischen Stadtverordnetenfraktion
140b	18. Jan. 1923	Erklärung der kommunistischen Stadtverordnetenfraktion (III. Internationale)
141	Ende April 1923	Aufruf des Gewerkschaftskartells, des AfA-Bundes, des freigewerkschaftlichen Jugendkartells und der Arbeiterparteien zur Arbeitsruhe und zur gemeinsamen Kundgebung am 1. Mai in Hanau
142	Juni – Okt. 1923	Die Hyperinflation
142a	5. Juni 1923	Bericht der »Volksstimme« über die Schwierigkeiten der Lohnanpassung in der Zeit der Hyperinflation und eine Ermahnung an den DMV in Hanau, auf diesem Gebiet nicht nach parteipolitischen Gesichtspunkten zu handeln
142b	20. Aug. 1923	Meldung des Fabrikanten Wilhelm Schwahn and die Hanauer Gewerbeinspektion über Entlassungen infolge des stockenden Geschäftsganges und über seine Absicht, einen Teil seiner Werkstätten stillzulegen
142c	7. Sept. 1923	Bericht der »Volksstimme« über die Not der Erwerbslosen
142d	27. Okt. 1923	Bericht des Hanauer Landrats an den Regierungspräsidenten in Kassel über die katastrophale Lage der Lebensmittelversorgung der Industriebevölkerung und die horrenden Lebensmittelpreise
143	24. Okt. 1923	Die Forderungen der Hanauer Betriebsräteversammlung Aktionsausschüsse zur Mobilisierung der Arbeiterklasse gegen die Unternehmerwillkür und die Konterrevolution zu bilden
144	8. Jan. 1924	Mitteilung des Magistrats über die Besetzung des Rathauses durch streikende Erwerbslose
145	23. März 1924	Bericht des »Hanauer Anzeigers« über eine durch den Völkisch-sozialen Block einberufene Wahlversammlung anlässlich der bevorstehenden Reichstagswahl
146	Mai – Aug. 1924	Die Offensive der Unternehmer gegen tarifliche Regelungen und für die Verlängerung der Arbeitszeit
146a	2. Mai 1924	Erklärung der Direktion der Carl P. Fues Papierfabrik AG in Hanau zum Streik ihrer Belegschaft für den Achtstundentag
146b	Aug. 1924	Bericht der »Arbeiter-Zeitung« über die erpresserische Vorgehensweise der Direktion des Reichswerks Wolfgang, sich durch Stilllegungsdrohungen und Reverse der tariflichen und gesetzlichen Regelungen zu entziehen
146c	Aug. 1924	Bericht der »Arbeiter-Zeitung« über Unternehmerwillkür in der Maschinenfabrik Bracker & Söhne AG
147	Jan. – Feb. 1925	Der Streik der Dunlop-Arbeiter für höhere Löhne
147a	31. Jan. 1925	Schiedsspruch der Schlichterkammer des Reichsarbeitsministeriums
147b	2. Feb. 1925	Erklärung der Direktion der Deutschen Dunlop Gummi-Compagnie AG zum Ausbruch des Streiks
147c	2. Feb. 1925	Ankündigung der Direktion der Deutschen Dunlop Gummi-Compagnie AG über die Stilllegung des Betriebes und die bevorstehende fristlose Entlassung der Streikenden zum 4. Feb. 1925 bei Ablehnung der Arbeitsaufnahme
147d	11. Feb. 1925	Kritik der »Arbeiter-Zeitung« am Abbruch des Streiks

148	20. Feb. 1925	Betrachtung über das Bewusstsein der arbeitenden Frauen in der »Arbeiter-Zeitung« anlässlich der Frauenkonferenz des Unterbezirks Hanau der KPD am 15. Feb. 1925
149	13. Juni 1925	Bericht der »Metallarbeiter-Zeitung« über die Krise der Hanauer Edelmetallindustrie und ein Aufruf an die Gold- und Silberarbeiter, sich im DMV zu organisieren
150	24. Okt. 1925	Bericht des Mitglieds der kommunistischen Betriebszelle der Fabrik Wilhelma, Simon Mayer, über den freigewerkschaftlichen Organisationsgrad in der Hanauer und Großauheimer Metallindustrie, den kommunistischen Einfluss in der Verwaltungsstelle Hanau des DMV und die Rolle des Hanauer DMV im Organisationsgefüge des Unterbezirks Hanau der KPD
151	Okt. 1925 – Feb. 1926	Die Baufirma Wayß & Freitag in der Rationalisierungskrise
151a	27. Okt. 1925	Bericht eines Arbeiterkorrespondenten in der »Arbeiter-Zeitung«
151b	6. – 8. Feb. 1926	Bericht der »Arbeiter-Zeitung« über den Lohnabbau durch einen vorgeblichen Branchenwechsel
152	Jan. – Juni 1926	Das Volksbegehren und der Volksentscheid für die entschädigungslose Enteignung der Fürsten
152a	20. Jan. 1926	Resolution einer Gold- und Silberarbeiterversammlung gegen die geplante Abfindung der Fürsten und für die Durchführung eines Volksentscheids für ihre entschädigungslose Enteignung
152b	25. Jan. 1926	Gemeinsamer Gesetzentwurf der SPD, der KPD und des Ausschusses zur Durchführung des Volksentscheids für die entschädigungslose Enteignung der Fürstenvermögen
152c	26. Jan. 1926	Vereinbarung der KPD und der SPD über die Vorbereitung des Volksbegehrens zur entschädigungslosen Enteignung der Fürsten
152d	27. Jan. 1926	Bericht der »Arbeiter-Zeitung« über die Demonstration der Hanauer Arbeiterschaft für den Volksentscheid
153	24. Feb. 1927	Arbeiterkorrespondentenbericht in der »Arbeiter-Zeitung« über die Lage der Arbeiterinnen in der Schuhfabrik Walter in Großauheim
154	20. April – 16. Mai 1927	Der Streik in der Hanauer Silberwarenindustrie gegen den Abzug der Leistungszulagen
154a	12. Mai 1927	Bekanntmachung des Gewerkschaftskartells über den bisherigen Verlauf des Streiks und die Absicht des Unternehmerverbandes, die Silberarbeiter durch die Aussperrung der Goldarbeiter gefügig zu machen
154b	16. Mai 1927	Mitteilung der Verwaltungsstelle Hanau des DMV über die Beendigung des Streiks
155	8. – 10. Juli 1927	Bericht der »Volksstimme« über das 2. Bezirks-Arbeiter-Sängerfest in Hanau
156	Dez. 1927	Der Protest der Eisenbahner gegen die Lohnpolitik der Reichsbahnverwaltung, gegen den Personalabbau und den Raubbau am Personal
156a	28. Dez. 1927	Bericht der »Arbeiter-Zeitung« über eine öffentliche Eisenbahnerversammlung
156b	28. Dez. 1927	Entschließung der Eisenbahnerversammlung
157	10. Jan. 1928	Mahnung der Verwaltungsstelle Hanau des DMV an die Eltern der schulentlassenen Kinder, bei der Lehrstellensuche auf die Qualität der Ausbildung zu achten und im Zweifelsfall Rat bei den Gewerkschaftsorganisationen einzuholen
158	Mai 1928	Die Reichstagswahlen 1928

158a	16. Mai 1928	Wahlaufruf des Kreiskartells Hanau des Allgemeinen Deutschen Gewerkschaftsbundes (ADGB) an die Mitglieder der freien Gewerkschaften von Hessen, Hessen-Nassau und Waldeck
158b	18. Mai 1928	Wahlaufruf der sozialdemokratischen Mitglieder im Kreiskartell Hanau des Allgemeinen Deutschen Gewerkschaftsbundes (ADGB)
159	Nov. – Dez. 1928	Der Ausschluss der »Rechten« aus der KPD
159a	7. Nov. 1928	Bericht der »Arbeiter-Zeitung« über eine Mitgliederversammlung der Ortsgruppe Hanau der KPD
159b	7. Nov. 1928	Resolution der Mitgliederversammlung
159c	18. Dez. 1928	Schreiben des Sekretärs der Verwaltungsstelle Hanau des DMV und Abgeordneten im preußischen Landtag, Karl Rehbein (KPD), an das Zentralkomitee der KPD
160	16. Nov. 1928	Aufruf des Ortsausschusses Hanau des ADGB zur Solidarität mit den ausgesperrten Metall- und Hüttenarbeitern der rheinisch-westfälischen Eisenindustrie (»Nordwestaussperrung«)
161	25. – 30. Okt. 1929	Kommentar der »Arbeiter-Zeitung« zum New Yorker Börsenkrach
162	Dezember 1929	Die Spaltung des DMV in Hanau
162a	3. Dez. 1929	Bericht der »Arbeiter-Zeitung« über eine Mitgliederversammlung des DMV und deren Umfunktionierung zu einer Versammlung der revolutionären Gewerkschaftsopposition (RGO)
162b	9. Dez. 1929	Ausschlussantrag des Sekretärs der Verwaltungsstelle Hanau des DMV, Karl Rehbein, an die Bezirksleitung gegen mehrere Mitglieder nach den Erfahrungen der Mitgliederversammlung am 3. Dezember 1929
163	1930 – 1932	Der Aufstieg der NSDAP und die Abwehrmaßnahmen der Arbeiterorganisationen
163a	13. April 1930	Resolution des Bezirksparteitages der SPD für Hessen-Nassau in Hanau zur Bekämpfung der nationalsozialistischen Propaganda
163b	22. Feb. 1931	Bericht des »Hanauer Anzeigers« über eine antifaschistische Demonstration des Reichsbanners und seiner Schutzformation (Schufo) sowie über die anschließende Kundgebung
163c	3. Feb. 1932	Bericht des »Hanauer Anzeigers« über einen Überfall von Kommunisten auf eine Nazi-Gruppe bei Rückingen
164	21. Dez. 1930	Die von der Revolutionären Gewerkschaftsopposition (RGO) organisierte Metalldelegierten-Konferenz der Hanauer Metallbetriebe
164a	21. Dez. 1930	Aufruf an die Metallarbeiter von Frankfurt, Offenbach und Darmstadt zum gemeinsamen Kampf gegen den Lohnraub
164b	21. Dez. 1930	Kampfprogramm, beschlossen auf der Metalldelegierten-Konferenz (Auszug)
165	1930 – 1931	Die Kapitalismuskritik im DMV unter dem Eindruck der Auswirkungen der Wirtschaftskrise
165a	Anfang 1931	Urteil des Leiters des 8. Bezirks (Frankfurt am Main) des DMV, Georg Bernhard, über das Krisenjahr 1930, über die Ziele der Nazi-Bewegung und die Rolle der Gewerkschaften
165b	2. Sept. 1931	Bericht der »Volksstimme« über eine Mitgliederversammlung der Verwaltungsstelle Hanau des DMV mit dem Thema »Kapitalistische Wirtschaftsanarchie«

165c	2. Sept. 1931	Forderung der Mitgliederversammlung des DMV Hanau, eine einheitliche Kampffront der Arbeiter gegen die kapitalistische Wirtschaftsanarchie zu bilden, und die Verurteilung der antigewerkschaftlichen Kampfesweise der »Arbeiter-Zeitung« und der KPD
166	1931 – 1933	Die Not der Erwerbslosen, ihre Selbsthilfe- und Widerstandsaktionen
166a	24. Sept. 1931	Bericht des »Hanauer Anzeigers« über die Entstehung und die Tätigkeit der vom Verband der Hanauer Wohlfahrtsorganisationen eingerichteten Erwerbslosenküche
166b	Anfang Juni 1932	Bericht der Zeitung »Der Arbeitslose« über eine vom Erwerbslosenausschuss einberufene öffentliche Mieterversammlung
166c	Sept. 1932	Bericht der Zeitung »Der Arbeitslose« über die Ergebnisse der von den proletarischen Elternbeiräten eingeleiteten Befragungen über die Lage der Kinder
167	Nov. – Dez. 1931	Die Streiks der Revolutionären Gewerkschaftsopposition (RGO) in der Quarzlampen-Gesellschaft und bei der Heraeus-Vacuumschmelze gegen den Lohnabbau
167a	[nach dem] 17. Nov. 1931	Aufruf im »Roten Metallarbeiter« an die Hanauer Metallarbeiter, die Streikenden in der Quarzlampen-Gesellschaft durch Erweiterung der Streikfront zu unterstützen
167b	19. Nov. 1931	Vorschlag der Ortsgruppe Hanau des Verbandes der Metallindustriellen für Hessen-Nassau, Hessen und angrenzende Gebiete e.V. an den Direktor der Quarzlampen-Gesellschaft, wie bei einer fristlosen Entlassung der Streikenden vorzugehen ist
167c	26. Nov. 1931	Aufruf des Landesausschusses Hessen-Frankurt der Internationalen Arbeiterhilfe (IAH) zur Unterstützung der Streikenden
167d	11. Dez. 1931	Schreiben der Quarzlampen-Gesellschaft an die Belegschaftsmitglieder mit den Bedingungen ihrer Wiedereinstellung nach dem Streik
167e	15. Dez. 1931	Bericht der »Volksstimme« über die Beendigung der Streiks
167f	Herbst 1932	Analyse des Streikablaufs in einem Bericht des Bezirks Frankfurt-Hessen der KPD
168	Januar 1932	Bericht des »Hanauer Anzeigers« über eine Nazi-Versammlung und über die Ausführungen des Reichstagsabgeordneten Triebel (NSDAP) die Arbeiterverhältnisse im zukünftigen deutschen Sozialismus betreffend
169	26. Feb. 1932	Bericht des »Hanauer Anzeigers« über die Mitgliederversammlung des Ortsausschusses Hanau des Deutschen Gewerkschaftsbundes (DGB) betreffend die Aufgaben der christlich-nationalen Gewerkschaften
170	Juni – Juli 1932	Die Antifaschistische Aktion der KPD
170a	1. Juni 1932	Aufruf des Einheitskomitees in Frankfurt am Main-Westhausen zur Antifaschistischen Aktion sowie zu einem Einheitskongress der Arbeiterschaft für das Rhein-Main-Industriegebiet
170b	Anfang Juni 1932	Beschluss des Kampfausschusses der streikenden Pflichtarbeiter des Land- und Stadtkreises Hanau
170c	Anfang Juni 1932	Kommentar der Zeitung »Der Arbeitslose« zum Beschluss des Kampfausschusses der streikenden Pflichtarbeiter
171	Juli 1932	Der Staatsstreich in Preußen (»Preußenschlag«) und die Haltung der Arbeiterorganisationen

171a	20. Juli 1932	Aufruf des ZK der KPD an die SPD, an den ADGB, an den AfA-Bund und an alle deutschen Arbeiter zum Generalstreik
171b	20. Juli 1932	Aufruf des Parteivorstandes der SPD, den Kampf um die Wiederherstellung geordneter Rechtszustände als Wahlkampf zu führen
171c	20. Juli 1932	Aufruf der gewerkschaftlichen Dachorganisationen zur Disziplin und zur Beschränkung auf den Wahlkampf zu den bevorstehenden Reichstagswahlen
171d	29. Juli 1932	Bericht des »Hanauer Anzeigers« über eine Wahlkundgebung der Eisernen Front und über die Ausführungen des früheren Polizeipräsidenten von Berlin, Albert Grzesinski (SPD)
171e	Juli 1932	Bericht des Bezirks Frankfurt-Hessen der KPD über die Schwierigkeit der Organisierung von politischen Streiks und über das Versagen der Parteitaktik am 20. Juli 1932
172	Sept. 1932	Die Lohnabbaupolitik der Regierung Papen
172a	21. Sept. 1932	Kommentar der »Volksstimme« zur Auswirkung der Notverordnung »zur Belebung der Wirtschaft« vom 5. Sept. 1932
172b	21. Sept. 1932	Bericht der »Volksstimme« über den Antrag der Deutschen Dunlop Gummifabrik, als gefährdeter Betrieb anerkannt zu werden, und über die Reaktion der Betriebsvertrauensleute
172c	9. Okt. 1932	Protestresolution des Herbst-Delegiertentages der katholischen Arbeiter- und Männervereine des Main-Kinzig-Gaues in Somborn gegen die Notverordnung »zur Belebung der Wirtschaft« (Auszug)
173	29. Sept. 1932	Bitte der Stadtverordnetenversammlung an die preußische Staatsregierung, in Anbetracht der besonderen Hanauer Notlage eine außerordentlichen Finanzhilfe aus den staatlichen Notfonds zu gewähren
174	Nov. 1932	Resolution der Bezirkstagung der KPD über die Ergebnisse der Reichstagswahl am 6. November im Bezirk Hessen-Frankfurt (Auszug)
175	30. Jan. 1933	Die Reaktion der Arbeiterorganisationen auf die Ernennung Adolfs Hitlers zum Reichskanzler
175a	30. Jan. 1933	Aufruf des Vorstandes und der Reichstagsfraktion der SPD
175b	30. Jan. 1933	Gemeinsamer Aufruf von ADGB, AfA-Bund, Gesamtverband der Christlichen Gewerkschaften, Gewerkschaftsring deutscher Arbeiter-, Angestellten- und Beamtenverbände an die Mitglieder der Gewerkschaften
175c	30. Jan. 1933	Aufruf der KPD zum Generalstreik
176	31. Jan. – März 1933	Erlebnisbericht von Käthe Klösters über die Situation ihrer Familie nach dem Untertauchen ihres Vaters, des KPD-Stadtverordneten Heinrich Eckhardt
177	Feb. – März 1933	Die Märzwahlen
177a	10. Feb. 1933	Rundschreiben des Propagandaleiters des Gaues Hessen-Nassau-Süd der NSDAP, Müller-Scheld, die Richtlinien für den Reichstagswahlkampf betreffend (Auszug)
177b	Anfang März 1933	Aufruf des »Ausschusses zur Wahrung unterdrückter Volksrechte in Hanau« zur Unterstützung der SPD bei der Stadtverordnetenwahl
178	22. Feb. 1933	Bericht des »Hanauer Anzeigers« über zwei Kundgebungen der Eisernen Front mit dem ehemaligen preußischen Innenminister Carl Severing (SPD)

194d	September 1935	Bericht der Staatspolizeistelle Kassel über die Preisgestaltung und die Lohnfrage
195	Sept. – Dez. 1934	Das Ringen um die antifaschistische Aktionseinheit
195a	5. Sept. 1934	Gemeinsamer Aufruf der KPD-Bezirksleitung Hessen-Frankfurt und der SPD-Bezirksleitung Hessen-Nassau zur antifaschistischen Aktionseinheit (Auszug)
195b	Mitte Dez. 1934	Bericht im illegal vertriebenen »Gewerkschaftler«, in dem die Gemeinsamkeit des Aufrufs der Arbeiterparteien im KPD-Bezirk Hessen-Frankfurt bezweifelt wird
196	Okt. 1934 – Mai 1935	Die Zerschlagung der illegalen Organisation der KPD und der Prozess gegen 88 Antifaschisten
196a	1934 – Februar 1935	Erinnerungsbericht des Gruppenleiters der illegalen KPD in Steinheim, Franz Katzmann über die Zusammenarbeit mit dem Unterbezirksleiter Philipp Jörg, seine Verhaftung und Vernehmung sowie den Abtransport aus Hanau (Auszug)
196b	16. März 1935	Ermittlungsergebnisse über die Herstellung und den Vertrieb der illegalen KPD-Zeitung »Freiheit« vom Dezember 1934 bis Januar 1935 aus der Anklageschrift
197	22. Juni 1936	Anklageschrift gegen August Schanz und Genossen wegen Verbreitung der von der Exil-SPD herausgegebenen Zeitschrift »Sozialistische Aktion« (Auszug)
198	12. Juli 1938	Vertrauliche Mitteilung des Geschäftsführers der DAF an die Gauobleute über eine Besprechung zwischen seinem Beauftragten und einem Vertreter des Oberkommandos der Wehrmacht betreffend die Produktionssteigerung und Arbeitszeitverlängerung in Rüstungsbetrieben
199	18. Okt. 1938	Bericht des Betriebsobmanns Welm der Brown, Boveri & Co. AG, Werk Großauheim, an die Ortsverwaltung der DAF für den Monat Oktober 1938 (Auszug)
200	Nov. 1938	Das Judenpogrom (»Reichskristallnacht«)
200a	9. – 11. Nov. 1938	Anklageschrift im Landfriedensbruchprozess vor dem Hanauer Landgericht im November 1948 gegen den ehemaligen Kreisleiter der NSDAP, Max Else, und 13 Mitangeklagte (Auszug)
200b	10. Nov. 1938	Meldung des »Hanauer Anzeigers« über die Ereignisse
200c	10. Nov. 1938	Erlebnisbericht von Elfriede K. über den Brand der Hanauer Synagoge
200d	November 1938	Aufruf der illegalen KPD im »Deutschen Freiheitssender 29,8«
201	25. Juli 1939	Stimmungsbericht der Kreisleitung der NSDAP Hanau an die Gauleitung Hessen-Nassau, Stabsamt Politische Abteilung, für die Monate Juni/Juli 1939 (Auszug)
202	Sept. – Dez. 1939	Aufzeichnungen des ehemaligen Redakteurs der »Hanauer Volksstimme« und SPD-Stadtverordneten, Hans Kargl, über die Ankunft der bei Kriegsausbruch verhafteten politisch verdächtigen Personen aus Hanau und Umgebung im KZ Sachsenhausen und über das Lagerleben (Auszug), September – Dezember 1939
203	1940 – 1943	Die Tätigkeit der illegalen Betriebszelle in der Frankfurter Fabrik elektrotechnischer Apparate Voigt & Häffner AG
203a	1. Feb. 1943	Anklageschrift gegen den ehemaligen Hanauer Stadtverordneten Heinrich Fischer (SPD), den ehemaligen Gelnhausener Stadtverordneten Christian Weitzel (SPD) sowie die Frankfurter Richard Frenzel und Johann Reinhardt wegen Vorbereitung zum Hochverrat (Auszug)

211	Mai – Nov. 1944	Der Prozess vor dem Volksgerichtshof gegen den Angestellten Otto Lochmann und Ehefrau Emma Lochmann wegen Wehrkraftzersetzung
211a	10. Nov. 1944	Urteil
211b	10. Nov. 1944	Urteilsbegründung (Auszug)
212	März – Mai 1945	Erinnerungen von Käthe Klösters an den britischen Luftangriff auf Hanau am 19. März 1945 und an die Heimkehr ihres Vaters Heinrich Eckhardt (KPD) aus Buchenwald
213	April/Juli 1945	Die antifaschistischen Betriebsausschüsse
213a	23. Mai 1945	Vollmacht des kommissarischen Polizeidirektors Karl Rehbein für die Betriebsvertretung der Dunlop AG
213b	Mai 1945	Erinnerung des Betriebsausschussmitgliedes bei Heraeus, Wilhelm Habermann (KPD)
213c	Mai 1945	Die zwölf Mindestforderungen im Aufruf der Betriebsausschüsse
214	Juni 1945 – Jan. 1945	Die Gründung des Allgemeinen Gewerkschaftsbundes Hanau
214a	Aug. 1945	Statut
214b	17. Aug. 1945	Anordnung des Vertreters der US-Militärregierung in Hanau, Thomas Turner, betreffend die Gründung von Gewerkschaften
214c	15. Sept. 1946	Aufruf des vorläufigen Vorstandes
215	1945/1946	Erinnerung von Sepp Sigulla an die Gewerkschaftsarbeit in den ersten Nachkriegsjahren
216	1. Dez. 1945	Stellungnahme des Arbeitsamtes Hanau zum Arbeitseinsatz ehemaliger Mitglieder der NSDAP
217	Sept. – Dez. 1945	Die Entnazifizierung
217a	17. Okt. 1945	Veröffentlichung des Gesetzes Nr. 8 der US-Militärregierung betreffend die Entnazifizierung der Industrie vom 26. September 1945 durch die Stadtverwaltung Hanau
217b	17. Okt. 1945	Rundschreiben des Vertreters der US-Militärregierung in Hanau, Major Thomas Turner, an den Oberbürgermeister, den Landrat, das Arbeitsamt sowie die Industrie- und Handelskammer betreffend die Entnazifizierung der Industrie
217c	22. Nov. 1945	Eingabe des Allgemeinen Gewerkschaftsbundes Hanau an die Militärregierung in Wiesbaden zur Durchführung des Gesetzes Nr. 8
217d	15. Dez. 1945.	Einspruch des Arbeiterrates der Marienhütte in Großauheim an den Regierungspräsidenten in Wiesbaden gegen das Vorstellungsverfahren des Prokuristen der Firma, Emil Peschke (Auszug)
218	18. Aug. 1946	Stellungnahme des Oberbürgermeisters und der Betreuungsstelle für ehemalige politische Häftlinge zu Angriffen auf die Tätigkeit der Betreuungsstelle
219	Herbst 1945	Das Ringen um die politische Einheit der Arbeiterbewegung
219a	September 1945	Aufruf der Kommunistischen Partei Hanau Stadt und Land
219b	Herbst 1945	Gemeinsamer Aufruf der KPD und der SPD des Stadt- und Landkreises Hanau zur Aktionseinheit
220	17. Dez. 1945	Eingabe des Allgemeinen Gewerkschaftsbundes Hanau an die Militärregierung in Wiesbaden mit der Bitte um die Entlassung von Antifaschisten aus der Kriegsgefangenschaft
221	1. Mai 1946	Die Maifeier

Quellenübersicht

Die Quellen der einleitenden Darstellungen und die Herkunft der wiedergegebenen Dokumente sind in den Anmerkungen bzw. in den Kopfregesten genannt. Die nachstehende Übersicht erhebt keinen Anspruch auf Vollständigkeit. Die Literaturauswahl soll Interessierte zu weiterführender Lektüre anregen.

Ungedruckte Quellen

Archive

Bundesarchiv Berlin, insbesondere
Stiftung Archiv der Parteien und Massenorganisationen der DDR:
Ry I-3/23 KPD Bezirk Frankfurt-Hessen

Bundesarchiv-Militärarchiv Freiburg i. Br., insbesondere
RW 21/19 Rüstungskommando des Wehrbereichs Frankfurt am Main

Hessisches Hauptstaatsarchiv Wiesbaden, insbesondere

Abt. 483	NSDAP, Gau Hessen-Nassau und Kurhessen

Hessisches Staatsarchiv Marburg, insbesondere

Best. 6a	Hessisches Geheimes Kabinett
Best. 16	(Kurhessisches) Ministerium des Innern
Best. 24f	Provinzialpolizeidirektion
Best. 82c	Kurfürstliche Regierung Hanau, Polizei-Repositur
82d	Gewerbe-Repositur
Best. 165	Preußische Regierung Kassel, Abteilung des Innern, Präsidialabteilung
Best. 180	Landratsamt Hanau

Stadtarchiv Hanau, insbesondere

B 2	Protokoll- und Beschlussbücher der Stadtverordnetenversammlung
C 1	Altakten
K 12	Nachlass Gerhard Flämig
L	Archiv des Hanauer Geschichtsvereins 1844 e. V.: Wilhelm Ziegler, Hanauer Chronik 1825–1877 Sammlung von Bekanntmachungen, Flugblättern u. ä.

Studienkreis zur Erforschung und Vermittlung der Geschichte des deutschen Widerstandes 1933–1945 e. V. – Dokumentationsarchiv des deutschen Widerstandes
Archiv des DGB-Kreises Hanau
Archiv der IG Metall Hanau
Archiv Rudolf Schneider

Gedruckte Quellen in den Bibliotheken:

Stadtbibliothek Hanau, Landeskundliche Abteilung
Stadt- und Universitätsbibliothek, Frankfurt am Main
Deutsche Bibliothek, Frankfurt am Main
Zentralbibliothek beim Vorstand der IG Metall, Frankfurt am Main

Dokumente, Protokolle, Berichte, Erinnerungen (Auswahl)

Allgemeiner Deutscher Metallarbeiter-Kongress 1891, Frankfurt am Main (Nachdruck), Köln 1991

Becker, Gerhard: Das Protokoll des ersten Demokratenkongresses von Juni 1848, in: Jahrbuch für Geschichte, Bd. 8, 1873, S. 391ff.

Der Bund der Kommunisten, Dokumente und Materialien, Bd. 1: 1836–1849, Berlin 1970; Bd. 2: 1849–1851, Berlin 1982

Eberhard, Bernhard: Aus meinem Leben. Erinnerungen des Oberbürgermeisters von Hanau und Kurhessischen Staatsrates, in: Hanauer Geschichtsblätter NF 1, 1911, S. 1–74

Denkschrift zum Jubiläum des fünfundzwanzigjährigen Bestehens der Handelskammer zu Hanau, Hanau 1896

Dowe, Dieter (Hrsg.): Berichte über die Verhandlungen der Vereinstage deutscher Arbeitervereine 1863 bis 1869, Berlin/Bonn 1980

Dowe, Dieter (Hrsg.): Protokolle und Materialien des Allgemeinen Deutschen Arbeitervereins (inkl. Splittergruppen), Berlin/Bonn 1980

Dowe, Dieter/Offermann, Toni (Hrsg.): Deutsche Handwerker- und Arbeiterkongresse 1848–1852. Protokolle und Materialien, Berlin/Bonn 1983

Eiler, Klaus (Hrsg.): Hessen im Zeitalter der industriellen Revolution. Text- und Bilddokumente aus hessischen Archiven, Frankfurt am Main 1984

Erb, Dirk (Hrsg,): Gleichgeschaltet. Der Nazi-Terror gegen Gewerkschaften und Berufsverbände 1930 bis 1933, Eine Dokumentation. Göttingen 2001

Geisel, Karl: Die kurhessischen Petitionen an die Frankfurter Nationalversammlung 1848/49, in: Zeitschrift des Vereins für hessische Geschichte und Landeskunde, Bd. 81, 1970, S. 119–179

Geschäftsberichte der 8. Bezirks (Frankfurt am Main) des Deutschen-Metallarbeiter-Verbandes 1926–1932, Stuttgart und Berlin

Geschäftberichte der Verwaltungsstelle Hanau des Deutschen Metallarbeiter-Verbandes 1909, 1927, 1928/1929

Grassi, Ernesto (Hrsg.): Ferdinand Lassalle, Arbeiterlesebuch und andere Studientexte, Reinbek bei Hamburg 1972

Institut für Marxismus-Leninismus beim ZK der SED (Hg.), Dokumente und Materialien zur Geschichte der deutschen Arbeiterbewegung, Reihe II: 1914–1945, Bde 2 und 3, Berlin 1957, 1958; Bd. VII/2, Berlin 1966; Bd. 8, Berlin 1975

Jahr- und Handbuch des Deutschen Metallarbeiter-Verbandes 1903–1931, Stuttgart und Berlin

Jahresberichte des Gewerkschaftskartells Hanau/Ortsausschusses Hanau des ADGB 1905, 1911, 1926, 1927, 1928

Jahresberichte des Handel- und Gewerbevereins zu Hanau 1864–1871

Jahresberichte der Handelskammer zu Hanau 1871–1879

Klein, Thomas (Hrsg.): Der Regierungsbezirk Kassel 1933–1936. Die Berichte des Regierungspräsidenten und der Landräte, 2 Teilbände, Darmstadt/Marburg 1985

Klein, Thomas (Hrsg.): Die Lageberichte der Geheimen Staatspolizei über die Provinz Hessen-Nassau 1933–1936, Köln/Wien 1986

Klein, Thomas: Die Hessen als Reichstagswähler. Tabellenwerk zur politischen Landesgeschichte 1867–1933, Bd. 1: Provinz Hessen-Nassau und Waldeck-Pyrmont 1867–1918, Marburg 1989; Bd. 2: Provinz Hessen-Nassau 1919–1933, Marburg 1989; Bd. 3: Großherzogtum /Volksstaat Hessen 1867–1933, Marburg 1995

Klein, Thomas (Hrsg.): Die Zeitungsberichte des Regierungspräsidenten in Kassel an seine Majestät 1867–1918, Bd. 1: 1867–1890, Bd. 2: 1891–1918, Darmstadt 1993

Kowalski, Werner (Bearb.): Vom kleinbürgerlichen Demokratismus zum Kommunismus. Bd. 2: Die Hauptberichte der Bundeszentralbehörde in Frankfurt am Main von 1838 bis 1842 über die deutschen revolutionären Bewegungen, Vaduz 1978
Kropat, Wolf Arno: Kristallnacht in Hessen. Der Judenpogrom von November 1938, Eine Dokumentation, Wiesbaden 1988
Kropat, Wolf Arno: »Reichskristallnacht«. Der Judenpogrom vom 7. bis 10. November 1938, mit ausgewählten Dokumenten, Wiesbaden 1997
Küklich, Karl-Heinz/Küklich, Erika (Hrsg.): Die antifaschistische Aktion. Dokumentation und Chronik, Mai 1932 bis Januar 1933, Berlin 1965
Kuntz, Leo und Leopoldine/Diekmann, Götz und Hannelore (Hrsg.): Albert Kuntz, »Liebste Ellen…«. Briefe aus dem Gefängnis, Zuchthaus und KZ 1933 bis 1944, Berlin 2005
Moritz, Klaus/Noam, Ernst: Justiz und Judenverfolgung. Bd. 2 NS-Verbrechen vor Gericht 1945–1955, Dokumente aus hessischen Justizakten, Wiesbaden 1978
Noam, Ernst/Kropat, Wolf Arno: Justiz und Judenverfolgung, Bd. 1 Juden vor Gericht 1933–1945. Dokumente aus hessichen Justizakten, Wiesbaden 1975
Pákh, Judit (Bearb.): Frankfurter Arbeiterbewegung in Dokumenten, Bd. 1, Vom Hambacher Fest bis zum Ersten Weltkrieg 1832–1914, Frankfurt am Main 1994, Bd. 2, Vom Ersten Weltkrieg bis zur faschistischen Diktatur 1914–1933, Frankfurt am Main 1997.
Ritter, Gerhard A./Miller, Susanne (Hrsg.): Die Deutsche Revolution 1918–1919, Hamburg 1975
Protokoll des Gründungsparteitages der KPD, Berlin 1972
Ruge, Wolfgang/Schumann, Wolfgang (Hrsg.): Dokumente zur deutschen Geschichte. 12 Bände mit zeitgenössischen Quellen zur Geschichte des imperialistischen Deutschlands von 1897 bis 1945, Frankfurt am Main 1975–1977
Schlechte, Horst (Bearb.): Die Allgemeine Deutsche Arbeiterverbrüderung 1848–1850. Dokumente des Zentralkomitees für die deutschen Arbeiter in Leipzig, Weimar 1979
Schnellbacher, Friedrich: Hanau in der Revolution vom 7. November 1918 bis 7. November 1919. Mit einem Vorwort von Clara Zetkin, Hanau 1920
Seier, Hellmut (Hrsg.): Akten und Briefe aus den Anfängen der kurhessischen Verfassung seit 1830–1837, Marburg 1992
Seier, Hellmut (Hrsg.): Akten und Eingaben aus dem kurhessischen Vormärz 1837–1848, Marburg 1996
Seier, Hellmut (Hrsg.): Akten und Dokumente zur kurhessischen Parlaments-und Verfassungsgeschichte 1848–1866, Marburg 1987
Sozialdemokratischer Wahlverein für den Wahlkreis Hanau-Bockenheim-Gelnhausen-Orb, Berichte des Vorstandes für die Geschäftsjahre 1908/09 (1909), 1909/10 (1910), Frankfurt am Main
SPD Bezirk Hessen-Nassau. Bericht des Bezirksvorstandes über die Geschäftsjahre 1928 und 1929. Protokoll des Bezirksparteitages am 12. und 13. April 1930 in Hanau am Main, Frankfurt am Main [1930]
Statistisches Reichsamt (Hg.), Statistik des Deutschen Reiches, NF Bd. 32 (1888), Bd. 68 (1894), Bd. 151 (1903), Bd. 240 (1915), Bd. 332 (1926), Bd. 417 (1929), Bd. 451 (1935), Bd. 456 (1936), Bd. 465 (1935), Bd. 552 (1943), Bd. 557 (1942) Berlin
Vollnhals, Clemens (Hrsg.): Entnazifizierung. Politische Säuberung und Rehabilitierung in den vier Besatzungszonen 1945–1949, Düsseldorf 1991
VNN-Bund der Antifaschisteen, Kreisvereinigung Main-Kinzig (Hg.): Hanauer Hefte 1, Verfolgung und Widerstand 1933-1945. Quellensammlung, Frankfurt 1979.
Weber, Hermann (Bearb.): Die Generallinie. Rundschreiben des Zentralkomitees der KPD an die Bezirke 1929–1933, Düsseldorf 1981

Zeitungen und Zeitschriften

Arbeiter-Zeitung, Organ der KPD, Bezirk Hessen-Frankfurt (Frankfurt am Main) 1924–1933
Der Arbeitgeber. Archiv für die gesamte Volkswirtschaft. Zentralanzeiger für Stellen- und Arbeitergesuche (Frankfurt am Main) 1857
Der Arbeitslose, Kampforgan der Erwerbslosen, Notstands- und Fürsorgearbeiter des Bezirks Hessen-Frankfurt (Frankfurt am Main), 1932
Demokratisches Wochenblatt, Organ der Deutschen Volkspartei; ab 5. Dezember 1868: Organ der Deutschen Volkspartei und des Verbandes Deutscher Arbeitervereine 1868–1869, Nachdruck Leipzig 1969
Deutsche Volksstimme (Hanau) 1848
Frankfurter Rundschau (Frankfurt) 1945–1947
Freiheit, Organ des KPD-Bezirks Hessen-Nassau (Hanau) 1919–1920
Hanauer Anzeiger (Hanau) 1870–1941
Hanauer Zeitung (Hanau) 1830–1922
Hanauer Zeitung (Hanau) Juli 1943-März 1945
Kinzig Wacht (Hanau) Juni 1941-Juni 1943
Informationen der KPD, Landesleitung Hessen (ab März 1947 Informationen der KPD, Land Hessen) 1946–1947
Mitteilungsblatt der Stadtverwaltung Hanau (April – Dezember 1945)
Mitteilungsblatt für den Stadt- und Landkreis Hanau, (Hanau) 1946–1949
Neue Deutsche Zeitung (Frankfurt am Main) 1849
Neuer Social-Demokrat, Organ des Allgemeinen Deutschen Arbeiter-Vereins; ab Juni 1875: Organ der Sozialistischen Partei Deutschlands; ab Juni 1876: Organ der Sozialistischen Arbeiterpartei Deutschlands (Berlin)
Der Social-Demokrat, Organ des Allgemeinen Deutschen Arbeiter-Vereins (Berlin) 1864–1871
Der Sozialdemokrat, illegales Organ der Sozialistischen Arbeiterpartei Deutschlands (Zürich, London) 1879–1890, Nachdruck Berlin 1970
Staat und Wirtschaft in Hessen. Statistische Mitteilungen. Hg. v. Statistischen Landesamt für (Groß-) Hessen 1946–1949
Stimme der Arbeit, Organ des Freien Gewerkschaftsbundes Hessen (Frankfurt) 1946–1948
Die Verbrüderung. Correspondenzblatt aller deutscher Arbeiter. Hrsg. vom Zentralkomitee für die deutschen Arbeiter, 1848–1850, Nachdruck Leipzig 1971
Der Volksstaat, Organ der Sozialdemokratischen Arbeiterpartei und der Internationalen Gewerksgenossenschaften, (Leipzig) 1869–1876, Nachdruck Leipzig 1971
(Frankfurter) Volksstimme, Sozialdemokratisches Organ für den Main- und Rheingau, Wetterau, Taunus 1889–1919
Volksstimme (Hanau), Sozialdemokratisches Organ für die Kreise Hanau, Gelnhausen, Schlüchtern, Fulda 1920–1933
Volksstimme, Mitteilungsblatt der SPD (Groß-) Hessen 1946–1948
Zeitung des Arbeiter-Vereins zu Köln (Köln) 1848, Nachdruck: Glashütten im Taunus 1976

Ausgewählte Literatur

Übergreifende Darstellungen

Beier, Gerhard: Arbeiterbewegung in Hessen. Zur Geschichte der hessischen Arbeiterbewegung durch einhundertfünfzig Jahre (1834–1984), Frankfurt am Main 1984
Brandt, Harm-Hinrich: Wirtschaft und Wirtschaftspolitik im Raum Hanau 1597–1962. Die Geschichte der Industrie- und Handelskammer Hanau-Gelnhausen-Schlüchtern und ihrer Vorläufer, Hanau 1963
Deppe, Frank/Fülberth, Georg/Harrer, Jürgen (Hrsg.): Geschichte der deutschen Gewerkschaftsbewegung, Köln 1989
Freyberg, Jutta von/Fülberth, Georg u. a.: Geschichte der deutschen Sozialdemokratie von 1863 bis zur Gegenwart, Köln 1989

Fricke, Dieter: Die deutsche Arbeiterbewegung 1869 bis 1914, Berlin 1976
Fricke, Dieter: Kleine Geschichte des Ersten Mai, Frankfurt am Main 1980
Gniss, Daniela: Heraeus – Ein Familienunternehmen seit 1851. Die Entwicklung des Unternehmens im Wirtschaftsraum Hanau, [Hanau] 2001
Grünewald, Otto: Geschichte des Gaues Frankfurt-Hessen nebst Geschäftsbericht über das Jahr 1930, Frankfurt am Main 1931 (Gewerkschaft der Druckergehilfen)
Hanauer Geschichtsverein (Hg.): Hanau. Stadt und Land. Ein Heimatbuch für Schule und Haus, Hanau o. J.
Hessisches Statistisches Landesamt Wiesbaden (Hg.): Hessen im Wandel der letzten hundert Jahre 1860–1960, Wiesbaden 1960
Hohmann, Rolf: Wolfgang – Die Geschichte einer Industriegemeinde. Dokumentation der Degussa AG Zweigniederlassung Wolfgang und des »Hanauer Anzeigers«, Hanau 1987
Picard, Bertold: Grossauheim in Bildern und Dokumenten, Hanau 1986
Schrank, Ralf: Heraeus – Ein Familienunternehmen schreibt Industriegeschichte. Von der Einhornapotheke zum Weltkonzern, München 2001
100 Jahre SPD 1889–1989, SPD Ortsverein Grossauheim/Wolfgang
100 Jahre SPD Hanau, SPD Ortsverein Hanau 1867–1967
120 Jahre SPD Hanau, 1867–1987
Tenfelde, Klaus/Schönhoven, Klaus u. a.: Geschichte der deutschen Gewerkschaften von den Anfängen bis 1945, Köln 1987
Weber, Hermann u. a.: 1890–1990. 100 Jahre Industriegewerkschaft Chemie-Papier-Keramik, Köln 1990

Darstellungen zu den einzelnen Kapiteln

Kapitel I 1830–1890

Balser, Frolinde: Sozial-Demokratie 1848/49–1863. Die erste Arbeiterorganisation »Allgemeine Arbeiterverbrüderung« nach der Revolution, Bd. 1-2, Stuttgart 1962
Birker, Karl: Die deutschen Arbeiterbildungsvereine 1840–1870, Berlin 1973
Bovensiepen, Rudolf: Die kurhessische Gewerbepolitik und die wirtschaftliche Lage des zünftigen Handwerks in Kurhessen von 1816–1867, Marburg 1909
Brake, Ludwig: Die ersten Eisenbahnen in Hessen, Wiesbaden 1991
Düding, Dieter: Organisierter gesellschaftlicher Nationalismus in Deutschland (1808–1847). Bedeutung und Funktion der Turner- und Sängervereine für die deutsche Nationalbewegung, München 1984
Eckhardt, Albrecht: Arbeiterbewegung und Sozialdemokratie im Großherzogtum Hessen 1860–1900, in: Archiv für Hessische Geschichte und Altertumskunde, NF Bd. 34, 1976, S. 171ff.
Eichler, Volker: Sozialistische Arbeiterbewegung in Frankfurt am Main 1878–1895, Frankfurt am Main 1983
Engelhardt, Ulrich: Nur vereinigt sind wir stark. Die Anfänge der deutschen Gewerkschaftsbewegung 1862/63–1869/70, Bd. 1-2, Stuttgart 1977
Franz, Eckhart, G.: Die hessischen Arbeitervereine im Rahmen der politischen Arbeiterbewegung der Jahre 1848–1850, in: Archiv für hessische Geschichte und Altertumskunde, NF Bd. 33, 1975, S. 167–262
Friederici, Robert: Kinderarbeit in kurhessischen Fabriken und Bergbaubetrieben (1841–1866), in: Hessisches Jahrbuch für Landesgeschichte, H. 12, 1962, S. 211–229
Gbiorczyk, Peter: Die Revolution 1848/49 und das Hanauer Land, Hammersbach 1999
Geisel, Karl: Die Hanauer Turnerwehr. Ihr Einsatz in der badischen Mairevolution von 1849 und der Turnerprozess, Marburg 1974
Gessner, Dieter: Die Anfänge der Industrialisierung am Mittelrhein und Untermain 1780–1866, Frankfurt am Main 1996
Hahn, Hans-Werner: Wirtschaftliche Integration im 19. Jahrhundert. Die hessischen Staaten und der Deutsche Zollverein, Göttingen 1982

Heitzenröder, Wolfram: Sozialer Protest und organisierte Arbeiterbewegung in Hanau 1848–1851, in: Hessisches Jahrbuch für Landesgeschichte, Bd. 48, 1998, S. 165–195
Heitzenröder, Wolfram: Die Arbeiterbewegung in Hanau und Umgebung 1848 bis 1878, Hanau 2002
Hildebrand, Bruno: Statistische Mitteilungen über die volkswirtschaftlichen Zustände Kurhessens. Nach amtlichen Quellen, Berlin 1853
Hollenberg, Günter: 150 Jahre Revolution und Turnerbewegung, Hanau 1848–1998, in: Neues Magazin für hanauische Geschichte 1999
Klein, Thomas: Der preußisch-deutsche Konservativismus und die Entstehung des politischen Antisemitismus in Hessen-Kassel (1866–1893). Ein Beitrag zur hessischen Geschichte, Marburg 1995
Köhler, Manfred: Die nationale Petitionsbewegung zu Beginn der Revolution 1848 in Hessen. Eingaben an das Vorparlament und an den Fünfzigerausschuss aus Hessen (März bis Mai 1848), Darmstadt/Marburg 1985
Kukowski, Martin: Pauperismus in Kurhessen. Ein Beitrag zur Entstehung und Entwicklung der Massenarmut in Deutschland 1815–1855, Darmstadt/Marburg 1995
Machtan, Lothar: Streiks im frühen deutschen Kaiserreich, Frankfurt am Main/New-York 1983
Merk, Anton/Schaffer-Hartmann, Richard: Hanau im Vormärz und in der Revolution 1848/49, Hanau 1983
Na`aman, Shlomo: Die Konstituierung der deutschen Arbeiterbewegung 1862/63, Darstellung und Dokumente, Assen 1975
Offermann, Toni: Arbeiterbewegung und liberales Bürgertum 1850–1863, Bonn 1979
Rohlinger, Harald: Das Sozialprofil der Hanauer Turnerwehr 1849, in: Volkmann, Heinrich/Bergmann, Jürgen (Hrsg.), Sozialer Protest. Studien zur traditioneller Resistenz und kollektiver Gewalt in Deutschland vom Vormärz bis zur Reichsgründung, Opladen 1984, S. 115ff.
Sande, DFG van de: Die Hanauer Revolution, Hanau 1831
Schaffer-Hartmann, Richard: Stadtzeit. Geschichtsmagazin anlässlich des Jubiläums 150 Jahre Revolution und Turnbewegung Hanau 1848–1998
Scherer, Peter: Der Kampf gegen das Sozialistengesetz 1878–1890, [Frankfurt am Main 1978]
Schieder, Wolfgang: Anfänge der deutschen Arbeiterbewegung. Die Auslandsvereine im Jahrzehnt nach der Julirevolution von 1830, Stuttgart 1963
Schieder, Wolfgang: Die Rolle der deutschen Arbeiter in der Revolution von 1848/49, in: Archiv für Frankfurts Geschichte und Kunst, Bd. 54, 1974, S. 51ff.
Stöckl, Rudolf: Adam Trabert und die demokratisch-republikanischen Bestrebungen in Kurhessen 1848–1868, Diss. (Masch. schr.) Marburg 1958
Tapp, Alfred: Hanau im Vormärz und in der Revolution 1848/49. Ein Beitrag zur Geschichte des Kurfürstentums Hessen, Hanau 1976
Todt, Elisabeth: Die gewerkschaftliche Betätigung in Deutschland von 1850 bis 1859. (Ein Beitrag zur Entwicklungsgeschichte der deutschen Arbeiterbewegung), Diss. (Masch. schr.), Berlin 1949

Kapitel II 1890–1918

Arndt, Jens: Hanau im Ersten Weltkrieg, Neues Magazin für hanauische Geschichte 1999, S. 14–163.
Arndt, Paul (Hrsg.): Die Heimarbeit im rhein-mainischen Wirtschaftsgebiet, 3 Bde, Jena 1909, 1911, 1913, 1914
Fischer, Heinrich: Der Saalbau zu Hanau. Ein bedeutsamer Abschnitt aus der Geschichte der Hanauer Arbeiterbewegung, Hanau 1966
Hanauer Straßenbahn AG (Hg.): 75 Jahre Hanauer Straßenbahn AG 1908–1983, Hanau o. J.
Hoch, Gustav (Hrsg.): Beiträge zur Beleuchtung der Zustände in der Edelmetall-Industrie in Hanau, Hanau 1895
Hoch, Gustav: Der Kampf der Polizei gegen den Saalbau in Hanau. Ein Appell an das Rechtsbewusstsein der Einwohnerschaft Hanaus, Hanau 1897. Abgedruckt in: Fischer, Heinrich: Der Saalbau zu Hanau, Hanau 1966

Högl, Günter: Gewerkschaften und USPD von 1916–1922. Ein Beitrag zur Geschichte der deutschen Arbeiterbewegung unter besonderer Berücksichtigung des deutschen Metallarbeiter-, Textilarbeiter- und Schuhmacherverbandes, München 1982
Kocka, Jürgen: Klassengesellschaft im Krieg. Deutsche Sozialgeschichte 1914–1918, Göttingen 1973
Riemer-Schäfer, Ulla: Sozialstatus und Sozialstruktur der Arbeiterschaft in der chemischen Industrie und im Maschinenbau des Rhein-Main-Gebiets 1870–1914, in: Pohl, Hans (Hrsg.): Forschungen zur Lage der Arbeiter im Industrialisierungsprozess, Stuttgart 1978
Schaffer-Hartmann, Richard: Hanauer Industriedenkmäler, Fotografien v. R. Franz und J. Stenger, Hanau 1987
Thieme, Ernst: Der wirtschaftliche Aufbau der Hanauer Edelmetallindustrie, Tübingen 1920

Kapitel III 1918–1933

Angress, Werner T.: Die Kampfzeit der KPD 1921–1923, Düsseldorf 1973
Bahne, Siegfried: Die KPD und das Ende von Weimar. Das Scheitern einer Politik 1932–1935, Frankfurt am Main 1976
Blaum, Kurt/Stein, Erwin (Hrsg.): Hanau – Monographien deutscher Städte, Bd. 31, Berlin 1929
Bock, Hans Manfred: Syndikalismus und Linkskommunismus von 1918–1923. Zur Geschichte und Soziologie der Freien Arbeiter-Union Deutschlands (Syndikalisten), der Allgemeinen Arbeiter-Union Deutschlands und der Kommunistischen Arbeiter-Partei Deutschlands, Meisenheim am Glan 1969
Breuer, Wilhelm M.: Deutschland in der Weltwirtschaftskrise 1929–1932, Köln 1974
Drechsler, Hanno: Die Sozialistische Arbeiterpartei Deutschlands (SAPD). Ein Beitrag zur Geschichte der deutschen Arbeiterbewegung am Ende der Weimarer Republik, Meisenheim am Glan 1965
Deutsche Städte, Hanau, Stuttgart 1923/24
Escher, Hanna: Führer durch Hanau. Mit Stadtplan, Hanau 1926
Festschrift zur Eröffnung des Mainhafens der Stadt Hanau, Hanau 1924
Fritz, B. D.: Die Kommunistische Arbeitsgemeinschaft (KAG) im Vergleich mit der KPO und SAP. Eine Studie zur politischen Ideologie des deutschen »Rechts«-Kommunismus in der Zeit der Weimarer Republik, Diss., Bonn 1966
Fülberth, Georg: Die Beziehungen zwischen SPD und KPD bei der Kommunalpolitik der Weimarer Periode 1918/19 bis 1933, Köln 1985
Fukuzawa, Naoki: Staatliche Arbeitslosenunterstützung in der Weimarer Republik und die Entstehung der Arbeitslosenversicherung, Frankfurt am Main 1995
Heer-Kleinert, Lore: Die Gewerkschaftspolitik der KPD in der Weimarer Republik, Frankfurt am Main 1983
Keißling, Wolfgang: Stark und voller Hoffnung. Leben und Kampf von Albert Kuntz, Berlin 1964
Knortz, Heike: Wirtschaftliche Demobilmachung 1918/22. Das Beispiel Rhein-Main-Gebiet, Frankfurt am Main 1992
Krause, Hartfried, Revolution und Konterrevolution am Beispiel Hanau, Kronberg/Ts. 1977
Lewek, Peter: Arbeitslosigkeit und Arbeitslosenversicherung in der Weimarer Republik 1918–1927, Stuttgart 1992
Mallmann, Klaus-Michael: Milieu, Radikalismus und lokale Gesellschaft. Zur Sozialgeschichte des Kommunismus in der Weimarer Republik, in: Geschichte und Gesellschaft, Jg. 21, H. 1, 1995, S. 5-31.
Preller, Ludwig: Sozialpolitik in der Weimarer Republik (Nachdruck von 1949), Düsseldorf 1978
Schöck, Eva Cornelia: Arbeitslosigkeit und Rationalisierung, Frankfurt am Main/New-York 1977
Schön, Eberhard: Die Entstehung des Nationalsozialismus in Hessen, Meisenheim am Glan 1972

Struck, Wolf-Heino: Die Revolution von 1918/19 im Erleben des Rhein-Main-Gebietes, in: Hessisches Jahrbuch für Landesgeschichte, Bd. 19, 1969
Tjaden, Karl-Hermann: Struktur und Funktion der »KPD-Opposition« (KPO). Eine organisationssoziologische Untersuchung zur »Rechts«-Opposition im deutschen Kommunismus zur Zeit der Weimarer Republik, Meisenheim am Glan 1964
Weber, Hermann: Die Wandlung des deutschen Kommunismus. Die Stalinisierung der KPD in der Weimarer Republik, Bd. 1-2, Frankfurt am Main 1969
Weichlein, Siegfried: Sozialmilieu und politische Kultur in Weimar, Freiburg 1992
Winkler, Heinrich August: Von der Revolution zur Stabilisierung. Arbeiter und Arbeiterbewegung in der Weimarer Republik 1918 bis 1924, Berlin/Bonn 1984
Winkler, Heinrich August: Der Schein der Normalität. Arbeiter und Arbeiterbewegung in der Weimarer Republik 1924 bis 1930, Berlin/Bonn 1985
Winkler, Heinrich August: Der Weg in die Katastrophe. Arbeiter und Arbeiterbewegung in der Weimarer Republik 1930 bis 1933, Berlin/Bonn 1987

Kapitel IV 1933–1945

Aly, Götz: Hitlers Volksstaat. Raub, Rassenkrieg und nationaler Sozialismus, Frankfurt am Main 2005
Beckert, Sven: Bis zu diesem Punkt und nicht weiter. Arbeitsalltag während des Zweiten Weltkriegs in einer Industrieregion, Frankfurt am Main 1990
Braet, Karel: Lager Kinzig. Zwei Jahre Zwangsarbeit in Nazi-Deutschland 1943–1945, Hrsg.: Amicale »Lager Kinzig«, Winterswijk 1991
Cipa, Angelika u. a.: Hanauer Stadtführer. 30 Stätten demokratischer Geschichte und antifaschistischen Widerstandes, Hg.: VVN, Kreisvereinigung Main-Kinzig, Frankfurt am Main 1983
DGB-Bildungswerk Hessen/Studienkreis zur Erforschung und Vermittlung der Geschichte des deutschen Widerstandes (Hg.): Hessische Gewerkschafter im Widerstand 1933–1945, Gießen 1983
Engbring-Romang, Udo: Hanau. Auschwitz. Zur Verfolgung der Sinti in Hanau und Umgebung, Frankfurt am Main 2002
Engelke, Rolf/Form, Wolfgang: Kommunistischer Widerstand und NS-Verfolgungspraxis in Hessen, in: Knigge-Tesche, Renate/Ulrich, Axel (Hrsg.): Verfolgung und Widerstand in Hessen 1933–1945, Frankfurt am Main 1996
Flämig, Gerhard: Hanau im Dritten Reich. Bd. 1: (1930–1934) Wie es dazu kam – Die Machtergreifung, Hanau 1988; Bd. 2: (1933–1945) Verfolgung und Widerstand, Hanau 1987; Bd. 3: (1933–1945) Der Alltag, Hanau 1991
Flämig, Gerhard: Hanau 1932–1939. Von der zu Ende gehenden Weimarer Republik über die Machtübernahme durch die Nationalsozialisten bis zum Ausbruch des Zweiten Weltkrieges. Eine Dokumentation des »Hanauer Anzeigers« aus der Artikelserie »Hanauer Tagesgespräch vor 50 Jahren«, Hanau 1992
Flämig, Gerhard: Hanau im Zweiten Weltkrieg 1939–1945. Vom Einmarsch in Polen bis zur bedingungslosen Kapitulation. Eine Dokumentation des »Hanauer Anzeigers« aus der Artikelserie »Hanauer Tagesgespräch vor 50 Jahren«, Hanau 1995
Form, Wolfgang/Engelke, Rolf: »Hochverrat« – »Heimtücke« – »Wehrkraftzersetzung«. Zur politischen Strafjustiz in Hessen, in: Knigge-Tesche, Renate/Ulrich, Axel (Hrsg.): Verfolgung und Widerstand in Hessen 1933–1945, Frankfurt am Main 1996
Form, Wolfgang: »Deutschland - ein großes Gefängnis«. Politische Strafjustiz in Hessen – ein dunkles Kapitel deutscher Geschichte, in: Mitteilungsblatt des Vereins für Frankfurter Arbeitergeschichte Nr. 32, April 2006
Frese, Matthias, Betriebspolitik im »Dritten Reich«. Deutsche Arbeitsfront, Unternehmer und Staatsbürokratie in der westdeutschen Großindustrie 1933–1939, Paderborn 1991
Groppe, Theodor: Ein Kampf um Recht und Sitte. Erlebnisse um Wehrmacht, Partei, Gestapo, Trier 1959
Hachtmann, Rüdiger: Industriearbeit im »Dritten Reich«. Untersuchungen zu den Lohn- und Arbeitsbedingungen in Deutschland 1933–1945, Berlin 1986

Heimatgeschichtlicher Wegweiser zu Stätten des Widerstandes und der Verfolgung 1933–1945, Bd. 1 Hessen, Köln 1984
Hennig, Eike (Hrsg.): Hessen unterm Hakenkreuz. Studien zur Durchsetzung der NSDAP in Hessen, Frankfurt am Main 1983
Herbert, Ulrich: Arbeiterschaft im »Dritten Reich«. Zwischenbilanz und offene Fragen, in: Geschichte und Gesellschaft Bd. 15, 1989
Hoffmann, Friedrich: Die Verfolgung der nationalsozialistischen Gewaltverbrechen in Hessen, Baden-Baden 2001
Kaiser, Peter M.: Monopolprofit und Massenmord im Faschismus. Zur ökonomischen Funktion der Konzentrations- und Vernichtungslager im faschistischen Deutschland, in: Blätter für deutsche und internationale Politik, 20. Jg., 1975, S. 552-577.
Klemt, Hermann: Die Stadt Hanau und ihr Umland in ihren wechselseitigen Beziehungen. Eine geographische Untersuchung, Frankfurt am Main 1940
Klein, Thomas: Eine Stadt, die niemandem gehorchen will – Hanau im Dritten Reich 1866–1945, in: Neues Magazin für hanauische Geschichte, 1995, S. 48-67.
Krause-Vilmar, Dietfried: Das Konzentrationslager Breitenau. Ein staatliches Schutzhaftlager 1933/34, Marburg 1998
Mammach, Klaus: Die KPD und die antifaschistische Widerstandsbewegung 1933–1939, Berlin 1974
Mason, W. Timothy: Sozialpolitik im Dritten Reich. Arbeiterklasse und Volksgemeinschaft, Opladen 1977
Mausbach-Bromberger, Barbara: Arbeiterwiderstand in Frankfurt am Main gegen den Faschismus 1933–1945, Frankfurt am Main 1976
Mausbach-Bromberger, Barbara: Nieder mit Hitler! Frankfurter Arbeiterbewegung im Widerstand gegen den Faschismus 1933–1945, o. O., o. J.
Merson, Allan: Kommunistischer Widerstand in Nazi-Deutschland, Bonn 1999
Opfermann, Bernhard: Das Bistum Fulda im Dritten Reich (Ostteil und Westteil). Priester, Ordensleute und Laien, die für Christus Zeugnis ablegten, Fulda 1987
Pfeifer, Monika Ilona/Kingreen, Monica: Hanauer Juden 1933–1945. Entrechtung, Verfolgung, Deportation, Hanau 1998
Rebentisch, Dieter: Persönlichkeitsprofil und Karriereverlauf der NS-Führungskader in Hessen 1928–1945, in: Hessisches Jahrbuch für Landesgeschichte, Bd. 33, 1983, S. 293-331.
Roth, Karl Heinz: Ein Spezialunternehmen für Verbrennungskreisläufe. »Judengold«, Zyklon B, Atomprogramme seit 1939 – Ein Porträt der Degussa AG, in: Blätter für deutsche und internationale Politik, H. 4/1988
Schaffer-Hartmann, Richard: Die Nacht als Hanau unterging. 19. März 1945, Gudensberg-Gleichen 2004
Schneider, Rudolf Bernhard: 19. März, 4 Uhr 25. Dokumente, Tatsachen, Meinungen – Ein Bericht zum 25. Jahrestag der Zerstörung der Stadt Hanau, Frankfurt am Main 1970
Schneider, Ulrich (Hrsg.), Hessen vor fünfzig Jahren 1933. Naziterror und antifaschistischer Widerstand zwischen Kassel und Bergstraße 1932/1933, Frankfurt am Main 1983
Schönborn, Friedrich: Kriegsgefangene und Fremdarbeiter in unserer Heimat 1939–1945, Freigericht 1990
Thamer, Hans Ulrich: Verführung und Gewalt 1933–1945, Berlin 1986
Thielemann, Edgar: Industrie, Gewerbe, Handwerk und bürgerliche Haushalte – viele nutzten die Arbeitskraft der »Fremdarbeiter« in Hanau. Zwischenbericht des Forschungsprojekts am 30. September 2002
Ulrich, Axel: Freiheit! Das Reichsbanner Schwarz-Rot-Gold und der Kampf von Sozialdemokraten in Hessen gegen den Nationalsozialismus 1924–1938, Frankfurt am Main 1988
Ulrich, Axel: Verfolgung und Widerstand christlicher Gewerkschafter im Rhein-Main-Gebiet während der NS-Diktatur, in: Nassauische Annalen, Bd. 101 (1990), S. 185–198.
Ulrich, Axel: Kampf gegen Hitler. Zum politischen Widerstand gegen das NS-Regime im Rhein-Main-Gebiet, in: Mainzer Geschichtsblätter, H. 13, 2004
VVN-Bund der Antifaschisten, Kreisvereinigung Main-Kinzig (Hg.): Hanauer Hefte 2, So begann es 1933 – Naziterror und erster Widerstand in Hanau Stadt und Land, o. O.. o. J.

VVN-Bund der Antifaschisten, Kreisvereinigung Main-Kinzig (Hg.): Beiheft zum Heft 2 der Hanauer Hefte, Lebensbild des antifaschistischen Widerstandskämpfers Karl Hohmann, o. O. 1980

VVN-Bund der Antifaschisten, Kreisvereinigung Main-Kinzig (Hg.): Gedenkbuch. Vom Naziterror verfolgte Kinder, Frauen und Männer im Main-Kinzig-Kreis 1933–1945, o. O. 1990

Wagner-Wollanck, Karin: Historische Grundlagen für die Dokumentation zum Schicksal der Zwangsarbeiter und Kriegsgefangenen, der Flüchtlinge und Vertriebenen. Leitfaden zur Aufarbeitung der Lokal- und Regionalgeschichte im Main-Kinzig-Kreis, Gelnhausen 1990

Weinmann, Martin (Hrsg.), Das nationalsozialistische Lagersystem (CCP). Mit Beiträgen von Anne Kaiser und Ursula Krause-Schmitt, Frankfurt am Main 1990

Wolf, Werner/Peter, Antonio (Hrsg.): Als es mit der Freiheit zu Ende ging. Studien zur Machtergreifung der NSDAP in Hessen, Wiesbaden 1990

Wiesenberg, Klaus: Die Rechtssprechung der Erbgesundheitsgerichte Hanau und Gießen zu dem »Gesetz zur Verhütung erbkranken Nachwuchses« vom 14. Juli 1933, ergänzt durch eine Darstellung der heutigen Rechtslage zur Unfruchtbarmachung, Diss. Frankfurt am Main 1986

Wittrock, Christine: Das Unrecht geht einher mit sicherem Schritt. Notizen über den Nationalsozialismus in Langenselbold und Schlüchtern, Hanau 1999

Kapitel V 1945–1949

Beier, Gerhard: SPD Hessen. Chronik 1945–1948, Bonn 1989

Blome, Helmut: Hanau. Zerstörung und Wiederaufbau. Eine Dokumentation des »Hanauer Anzeigers« zum 19. 3. 1945, Hanau 1985

Eckhardt, Dieter und Hanna: Selbsthilfe aus Ruinen. Die Arbeiterwohlfahrt Frankfurt am Main in den drei wilden Jahren 1945–1948, Bad Vilbel 2005

Fisch, Gerhard/Krause, Fritz: SPD und KPD 1945/46. Einheitsbestrebungen der Arbeiterparteien, dargestellt an Beispielen aus Südhessen, Frankfurt am Main 1978

Geipel, Robert: Die regionale Ausbreitung der Sozialschichten im Rhein-Main-Raum, Bad Godesberg 1961

Jacobi-Bettien, Angelika: Metallgewerkschaft Hessen 1945 bis 1948, Marburg 1982

Krause-Schmitt, Ursula/Dreibus, Werner: Vom aufrechten Gang, von Widerständen und Stolpersteinen. Beiträge zur Gewerkschaftsgeschichte im Main-Kinzig-Kreis, Hanau 1993

Landgrebe, Erich (Hrsg.): Hanau. Menschen in der Stadt, Mühlheim/M., o. J.

Mühlhausen, Walter: Hessen 1945–1950. Zur politischen Geschichte eines Landes in der Besatzungszeit, Frankfurt am Main 1985

Weiß-Hartmann, Anne: Der Freie Gewerkschaftsbund Hessen 1945–1949, Marburg 1977

Werder, Ilse: Frauen in den Gewerkschaften 1945–1997 in Hessen und im Main-Kinzig-Kreis, Hanau 1998

Register

Personen- und Firmenregister

Geographisches Register

Sachregister

Abkürzungsverzeichnis

ABV	Arbeiterbildungsverein
a.c.	anni currentis, des laufenden Jahres
ADAV	Allgemeiner Deutscher Arbeiterverein
ADGB	Allgemeiner Deutscher Gewerkschaftsbund
ADZV	Allgemeiner Deutscher Zigarrenarbeiterverein
AEG	Allgemeine Elektrizitätsgesellschaft
AfA-Bund	Allgemeiner freier Angestelltenbund
AGB	Allgemeiner Gewerkschaftsbund
AL	Der Arbeitslose (Zeitung)
Alu	Arbeitslosenunterstützung
AOG	Gesetz zur Ordnung der nationalen Arbeit, Arbeitsordnungsgesetz
AP	Arbeiterpartei
AR	Arbeiterrat
AsL	Arbeitsgemeinschaft sozialdemokratischer Lehrer
ASR	Arbeiter- und Soldatenrat
AV	Arbeiterverein
AWO	Arbeiterwohlfahrt
AZ	Arbeiter-Zeitung
BAB	Bundesarchiv Berlin
BAMAF	Bundesarchiv-Militärarchiv Freiburg
BASF	Badische Anilin- und Sodafabrik
Bl	Bezirksleitung
BDM	Bund deutscher Mädel
BT	Bundestag
Butab	Bund der technischen Angestellten und Beamten
BZB	Bundeszentralbehörde
DAF	Deutsche Arbeitsfront
DB	Deutscher Bund
DBB	Deutscher Beamtenbund
DDP	Deutsche Demokratische Partei
DEV	Deutscher Eisenbahnerverband
DHV	Deutscher Handlungsgehilfen-Verband
DGB	Deutscher Gewerkschaftsbund (vor 1933 Dachverband der christlichen Gewerkschaften, ab 1949 Dachverband der Einheitsgewerkschaft in der BRD)
DMZ	Deutsche Metallarbeiter-Zeitung
DnHV	Deutschnationaler Handlungsgehilfen-Verband
DNVP	Deutschnationale Volkpartei
Dok.	Dokument
DRK	Deutsches Rotes Kreuz
DVP	Deutsche Volkpartei
DW	Demokratisches Wochenblatt
EdED	Einheitsverband der Eisenbahner Deutschlands
EKKI	Exekutivkomitee der Kommunistischen Internationale
Ew.	Euer
FAV	Fabrikarbeiterverband
FDGB	Freier Deutscher Gewerkschaftsbund
FGB	Freier Gewerkschaftsbund
fl.	florenus, Gulden
FPZ	Frankfurter Post-Zeitung
FRAMAG	Frankfurter Maschinenfabrik AG
Frh	Freiheit (Zeitung)
FZ	Frankfurter Zeitung
GG	Geschichte und Gesellschaft (Zeitschrift)
GO	Gewerbeordnung

GdA	Gewerkschaftsbund der Angestellten
Gedag	Gesamtverband deutscher Angestelltengewerkschaften
Gestapo	Geheime Staatspolizei
HA	Hanauer Anzeiger
Hg.	Herausgeber (Institution)
HGB	Handelsgesetzbuch
HHStAW	Hessisches Hauptstaatsarchiv Wiesbaden
HJ	Hitlerjugend
Hrsg.	Herausgeber (Person)
HStAM	Hessisches Staatsarchiv Marburg
HZ	Hanauer Zeitung (bis 1922, Juli 1943-März 1945)
IAA	Internationale Arbeiter-Assoziation
IAH	Internationale Arbeiterhilfe
IHK	Industrie- und Handelskammer
IWK	Internationale wissenschaftliche Korrespondenz zur Geschichte der deutschen Arbeiterbewegung
KAB	Katholische Arbeiterbewegung
KAG	Kommunistische Arbeitsgemeinschaft
KAPD	Kommunistische Arbeiterpartei Deutschlands
KdF	Kraft durch Freude
KJVD	Kommunistischer Jugendverband Deutschlands
KL	Konzentrationslager (amtlich)
KlP	Kleine Presse
Komintern	Kommunistische Internationale
KPD	Kommunistische Partei Deutschlands
KPdSU	Kommunistische Partei der Sowjetunion
KPO	Kommunistische Partei/Opposition
Kr.	Kreis
kr.	Kreuzer
Kru	Krisenunterstützung
KT	Kreistag
KV	Kreisversammlung
KW	Kinzig-Wacht
KZ	Konzentrationslager
LPD	Liberaldemokratische Partei
LT	Landtag
Mbl.	Mitteilungsblatt
m.c.	mensis currentis, des laufenden Monats
MdR	Mitglied des Reichstages.
Masch. schr.	Maschienschrift
MS	Manuskript
MSPD	Mehrheits-SPD
MZ	Metallarbeiter-Zeitung
NDP	Nationaldemokratische Partei
NF	Neue Folge
NMfHG	Neues Magazin für Hanauische Geschichte
NSBO	Nationalsozialistische Betriebszellenorganisation
NSD	Neuer Social-Demokrat (Zeitung)
NSDAP	Nationalsozialistische Deutsche Arbeiterpartei
NSV	Nationalsozialistische Volkswohlfahrt
NV	Nationalversammlung
OHL	Oberste Heeresleitung
OKW	Oberkommando der Wehrmacht
OLG	Oberlandesgericht
OMGUS	Office of Military Government for Germany, United States
OV	Ortsvorstand
p. / pp.	Auslassungszeichen für Titulatur
Pg.	Parteigenosse

Polleiter	Politscher Leiter
pr.a.	praeteriti anni, vorigen Jahres
RAF	Royal Air Force, britische Luftwaffe
RDI	Reichsverband der deutschen Industrie
REFA	Reichsausschuss für Arbeitsstudien
RFB	Roter Frontkämpfer-Bund
RGBl.	Reichsgesetzblatt
RGI	Rote Gewerkschaftsinternationale
RGO	Revòlutionäre Gewerkschafts-Opposition
RSHA	Reichssicherheitshauptamt
RSI	Rote Sport-Internationale
RT	Reichstag
RTW	Reichstagswahlen
RVO	Reichsversicherungsordnung
SA	Sturmabteilung
SAJ	Sozialistische Arbeiter-Jugend
SAPD	Sozialistische Arbeiterpartei Deutschlands
SAPMO	Stiftung Archiv der Parteien und Massenorganisationen der DDR
SASI	Sozialistische Arbeitersport-Internationale
SD	Der Social-Demokrat (Zeitung 1864-1871); Sicherheitsdienst (1933-1945)
Sd	Der Sozialdemokrat (Zeitung 1879-1890)
SdA	Stimme der Arbeit
SDAP	Sozialdemokratische Arbeiterpartei
SED	Sozialistische Arbeiterpartei Deutschlands
Sipo	Sicherheitspolizei
SJ	Sozialistischer Jugendverband
SOPADE	Sozialdemokratische Parte Deutschlands (im Exil)
SR	Soldatenrat
SS	Schutzstaffel
Stalag	Stammlager
Stapo	Staatspolizei
StAH	Stadtarchiv
StPO	Staatspolizeiordnung
SV	Stadtverordnetenversammlung
Schufo	Schutzformation (des Reichsbanners)
Tab.	Tabelle
Teno	Technische Nothilfe
Thlr.	Taler
UB	Unterbezirk
USPD	Unabhängige Sozialdemokratische Partei Deutschlands
USFET	United States Forces, European Theater
VDAV	Verband Deutscher Arbeitervereine
VDM	Vereinigte Deutsche Metallgesellschaft
VE	Volksentscheid
VKPD	Vereinigte KPD
VLV	Verfassungsberatende Landesversammlung
VO	Verordnung
Vr	Volksrecht (Zeitung)
Vst	Verwaltungsstelle
VS (Ha)	Volksstimme (Hanau)
VVN	Vereinigung der Verfolgten des Naziregimes
WHW	Winterhilfswerk
Wolu	Wohlfahrtsunterstützung
ZAG	Zentralarbeitsgemeinschaft
ZdA	Zentralverband der Angestellten
ZdH	Zentralverband der Handlungsgehilfen
ZfG	Zeitschrift für Geschichtswissenschaft
ZK	Zentralkomitee

Bildnachweis

Bundesarchiv Berlin: 699 (R 58/2037)
Deutesche Nationalbibliothek Leipzig: 56
Heraeus Werkarchiv: 265
Hessisches Hauptstaatsarchiv Wiesbaden: 271 (Volksstimme Nr. 119, 24. Mai 1891, Abriss aus 407/162-1)
Historisches Museum Frankfurt am Main: 38
Historisches Museum Hanau, Schloß Philippsruhe – Hanauer Geschichtsverein 1844 e.V.: 10, 16, 41, 59, 69, 79, 263, 279, 378, 394, 433
Hessisches Staatsarchiv Marburg: 45 (180 Hanau-6701)
Stadtarchiv Hanau:
Hanauer Anzeiger, 488 (Nr. 280, 30. Nov. 1931)
Hanauer Zeitung, 77 links (Nr. 290, 5. Dez. 1863), 93 (Nr. 14, 16. Jan. 1870), 101 (Nr. 89, 16. Apr. 1882)
Kinzig-Wacht, 733 (Nr. 2, 3. Jan. 1942)
Volksstimme (Hanau), 448 (Nr. 182, 6. Aug. 1927), 469 rechts (Nr. 131, 8. Juni 1920)
Hanauer Geschichtsverein 1844 e. V.: 36 (M 615-K113), 77 rechts, 88, 93 rechts, 96 (alle vier Bilder: Ziegler, Hanauer Chronik)
Stadtbibliothek Hanau, Landeskundliche Abteilung: 27, 44, 447, 487 (Mappe: Streik in der Quarzlampen-Gesellschaft 1931)
Stadtbildstelle Hanau: 108, 258, 291, 403, 463, 467, 470, 485, 674, 684, 724, 728, 739, 742, 745, 747, 749, 753, 761, 872, 882, 899, 905, 912
Universitätsbibliothek Frankfurt am Main:
Freiheit, 389 (Nr. 50, 1. Mai 1919), 392 (Nr. 1, 1. März 1919), 469 links (Nr. 119, 4. Aug. 1920)
Volksstimme, 272 (Nr. 21, 25. Jan. 1907)
Universitätsbibliothek Marburg: 715 (Hanauer Anzeiger Nr. 245, 19. Okt. 1938)

Sonstige Fundstellen:
Hessen in der Revolution 1848/49, Ausstellungskatalog, 14
Bertolt Picard, Großauheim in Bildern und Dokumenten, Hanau 1986, 100, 288
Kreissparkasse Hanau (Hg.), Der Landkreis und seine Landräte, Hanau 1989, 267 oben
Rolf Hohmann, Wolfgang. Geschichte einer Industriegemeinde, Hanau 1987, 267 unten
Festschrift zur Eröffnung des Mainhafens der Stadt Hanau, Hanau 1924, 397 oben, unten, 399 unten
Deutsche Städte, Hanau, Stuttgart o. J., 397 Mitte, 399 oben
Festschrift KAB Großauheim 1908–1988, Hanau 1988, 687
Privataufnahme Gertrud Steinhauser, 706
Theresienstadt in der »Endlösung der Judenfrage« 1941–1945. Führer durch die Daueraustellung des Ghetto-Museums in Theresienstadt, Prag 2003, 754
Hessisches Landesamt für Bodenmanagement und Geoinformation, Wiesbaden, 871
Quarzlampe, 50 Jahre Original Hanau 1906-1956, 875